AF829611

Holzhäuser

Begründet von Klaus Ridder

# ADR 2025

Anlagen A und B zum ADR · GGVSEB · GGBefG · GGAV · GbV · GGKontrollV · RSEB
Stichwortverzeichnis

2. Auflage

ecomed SICHERHEIT

Bibliografische Informationen der Deutschen Nationalbibliothek
Die Deutsche Nationalbibliothek verzeichnet diese Publikation in der Deutschen Nationalbibliografie; detaillierte bibliografische Daten sind im Internet über <https://www.dnb.de> abrufbar.

Dieses Buch ist aus Gründen des Umweltschutzes und der Nachhaltigkeit auf recyceltem Papier gedruckt.

Information zur Produktsicherheit: https://www.ecomed-storck.de/gpsr

ISBN 978-3-609-69203-6

E-Mail: kundenservice@ecomed-storck.de

Telefon: +49 89/2183-7922
Telefax: +49 89/2183-7620

2. Auflage 2025


https://www.ecomed-storck.de



Satz: WMTP, 69488 Birkenau
Druckerei: C.H. Beck, Nördlingen

1 Allgemeine Vorschriften | 2 Klassifizierung | 3 Gefahrgutliste, SV, Freistellungen | A Gefahrgutliste numerisch | B Gefahrgutliste alphabetisch | C Tank-Stoffliste

| | | | | | |
|---|---|---|---|---|---|
| 1 Allgemeine Vorschriften | 2 Klassifizierung | 3 Gefahrgutliste, SV, Freistellungen | A Gefahrgutliste numerisch | B Gefahrgutliste alphabetisch | C Tank-Stoffliste |

3.3 Sonder-vorschriften | 4 Verwendung Tanks, Umschließungen | 5 Versand | 6 Bau, Prüfung Tanks, Umschließungen | 7 Beförderung Be-/Entladung | 7 Laden/Löschen/ Handhabung

| | | | | | |
|---|---|---|---|---|---|
| 3.3 Sonder-vorschriften | 4 Verwendung Tanks, Umschließungen | 5 Versand | 6 Bau, Prüfung Tanks, Umschließungen | 7 Beförderung Be-/Entladung | 7 Laden/Löschen/ Handhabung |

7 Beförderung | 8 Fahrzeugbetrieb Ausrüstung | 8 Schiffsbetrieb, Ausrüstung | 9 Bau und Zulassung Fahrzeuge | 9 Bauvorschriften Schiffe | Index

| | | | | | |
|---|---|---|---|---|---|
| 7 Beförderung | 8 Fahrzeugbetrieb Ausrüstung | 8 Schiffsbetrieb, Ausrüstung | 9 Bau und Zulassung Fahrzeuge | 9 Bauvorschriften Schiffe | Index |

Anhänge | GGBefG | GGVSEB | GGAV | GbV | GGKontrollV

| | | | | | |
|---|---|---|---|---|---|
| Anhänge | GGBefG | GGVSEB | GGAV | GbV | GGKontrollV |

GGVSee | RSEB | Richtlinien zur GGVSee | MoU Ostsee | Stichwortverzeichnis | Inhaltsverzeichnis

| | | | | | |
|---|---|---|---|---|---|
| GGVSee | RSEB | Richtlinien zur GGVSee | MoU Ostsee | Stichwortverzeichnis | Inhaltsverzeichnis |

Sehr geehrte Anwenderin, geehrter Anwender,

dieses Kleberegister soll Sie beim Zugriff auf die benötigten Texte unterstützen.

Das Register ist gleichzeitig für verschiedene Werke vorgesehen und enthält die (z.T. gekürzten oder vereinfachten) Hauptkapitelüberschriften. Beachten Sie bitte: Für die Teile 7, 8 und 9 sind jeweils mehrere Registeraufkleber vorhanden, da sich diese Teile bei ADR/RID, ADN und IMDG-Code unterscheiden. Darüber hinaus enthält das Register einige freie Registertaben, die Sie Ihrem Bedarf entsprechend beschriften können.

Das Register kann sowohl am seitlichen als auch am oberen Seitenrand angebracht werden. Es empfiehlt sich der Übersichtlichkeit wegen, die Aufkleber für die einzelnen Kapitel von oben nach unten (bzw. von links nach rechts) versetzt anzuordnen. Beachten Sie dabei die von Ihnen beabsichtigte Reihenfolge bzw. Positionierung der Taben.

Wählen Sie bitte die für Ihr Werk zutreffenden Registeraufkleber aus und gehen Sie beim Einkleben wie folgt vor:

1. Öffnen Sie das Buch am Beginn eines Kapitels.

2. Ziehen Sie nun den zugehörigen Aufkleber vom Bogen ab und halten Sie ihn so an den Seitenrand, dass der transparente Teil auf dem Papier zu liegen kommt, der übrige Teil übersteht.

3. Drücken Sie den Aufkleber auf dem Papier fest.

4. Falzen Sie jetzt den Aufkleber an der Perforation und kleben ihn auch von der Rückseite ans Papier.

**Tipp:** Mit dem schwarzen Aufkleber können Sie z. B. den Anfang des internationalen Regelwerkes (ADR, RID, ADN oder IMDG-Code) kennzeichnen.

mit Download

# Ihr **Bonusmaterial** im Download-Bereich!

Zu Ihrem Buch **ADR 2025** stellen wir Ihnen wertvolles Bonusmaterial in Form von Übersichten, zusätzlichen wichtigen nationalen und internationalen Vorschriften sowie aktuellen Hinweisen zu wichtigen Änderungen nach Redaktionsschluss zum Download zur Verfügung. Im Buchtext erkennen Sie es am Symbol 🖵. Eine Übersicht finden Sie außerdem im Gesamtinhaltsverzeichnis Ihres Buches.

Ihr Bonusmaterial können Sie auf www.ecomed-storck.de/mein-konto herunterladen.

**Wichtig:** Sie müssen das Bonusmaterial dort zunächst **einmalig** mit Ihrem persönlichen Download-Code freischalten (siehe unten „So geht's"). Danach steht es Ihnen im Bereich **„Mein Konto"** bis zur nächsten Auflage des Buches zur Verfügung.

Ihr **persönlicher Download-Code** lautet: **p25-adr-5t6**

**So geht's:**

1. Haben Sie bereits **Zugangsdaten** für die Website www.ecomed-storck.de?
   Wenn **nein**: Bitte weiter mit **Schritt 2**.
   Wenn **ja**: Bitte weiter mit **Schritt 3**.
2. Bitte legen Sie sich ein **Konto** an unter: www.ecomed-storck.de/konto-eroeffnen
3. Loggen Sie sich mit Ihren Zugangsdaten im Bereich **„Mein Konto"** ein: www.ecomed-storck.de/mein-konto
4. Klicken Sie dort bitte auf den Punkt **„Download-Code einlösen"**. Tragen Sie nun **Ihren persönlichen Download-Code** ein, bestätigen Sie die AGB und Datenschutzhinweise und klicken Sie auf **„Einlösen"**.
5. Unter **„Online-Produkte & Downloads"** stehen Ihnen jetzt Ihre Inhalte zur Verfügung.

ecomed SICHERHEIT

storck HAMBURG

## Im Download finden Sie:

**Anwenderbezogene Hinweise auf Änderungen im ADR 2025**

Die Hinweise enthalten

- einen Gesamtüberblick über wichtige Änderungen in den Teilen 1 bis 9 des ADR, die zum 1.1.2025 in Kraft traten
- einen Überblick über die einzelnen Änderungen bezogen auf die Verantwortlichen nach Gefahrgutrecht:
  - Änderungen für den Auftraggeber des Absenders/für den Absender
  - Änderungen für den Beförderer
  - Änderungen für den Verlader
  - Änderungen für den Verpacker
  - Änderungen für den Befüller
  - Änderungen für den Betreiber eines Tankcontainers, ortsbeweglichen Tanks, MEGC, Schüttgut-Containers oder MEMU
  - Änderungen für den Hersteller, Wiederaufarbeiter und Rekonditionierer von Verpackungen, Hersteller und Wiederaufarbeiter von IBC, Stellen für Inspektionen und Prüfungen von IBC
  - Änderungen für den Fahrzeugführer

Diese Hinweise sollen Sie bei der Umsetzung der Neuerungen im ADR 2025 sowohl bei der täglichen Arbeit als auch bei der Aus- und Fortbildung unterstützen.

**Zusätzliche Vorschriftentexte**

Folgende Vorschriften sind über die im Buch veröffentlichten hinaus relevant für die Beförderung gefährlicher Güter auf der Straße:

- ADR-Gesetz
- Ortsbewegliche Druckbehälterverordnung
- EU-Binnenlandrichtlinie (RL 2008/68/EG)
- Durchführungsrichtlinien-Gefahrgut (RSEB)
  - Anlage 3
  - Anlage 8
  - Anlage 13
  - Anlage 19

**Änderungen und Hinweise nach Redaktionsschluss**

Hier finden Sie aktuelle Informationen im Fall von wichtigen Änderungen der in diesem Buch enthaltenen Vorschriftentexte durch den Gesetzgeber.

# ADR 2025

## Gesamtinhaltsverzeichnis

## Hinweise für den Gebrauch

Mit der aktuellen Ausgabe **ADR 2025** setzen Verlag und Autor die bewährte Tradition fort, die wesentlichen Gefahrgutvorschriften für den Straßentransport als handliches und kostengünstiges Buch herauszugeben.

Dieses Buch enthält

- das ADR in der Fassung der 30. ADR-Änderungsverordnung vom 19. Februar 2025 (BGBl. 2025 II Nr. 57),
- das Gefahrgutbeförderungsgesetz (GGBefG),
- die Gefahrgutverordnung Straße, Eisenbahn und Binnenschifffahrt (GGVSEB),
- die Gefahrgut-Ausnahmeverordnung (GGAV),
- die Gefahrgutbeauftragtenverordnung (GbV),
- die Gefahrgut-Kontrollverordnung (GGKontrollV) sowie
- die Durchführungsrichtlinien-Gefahrgut (RSEB).

Alle Vorschriften sind mit aktuellem Stand und im Originalwortlaut des BGBl. bzw. VkBl. enthalten. Genaue Angaben zu Verkündungsdatum und Fundstelle finden Sie zu Beginn jeder Vorschrift. Eventuelle Änderungen des Gesetzgebers nach Redaktionsschluss werden Ihnen als Zusatzservice im Download zu dieser ADR-Ausgabe bereitgestellt.

**Besonderheiten unserer ADR-Ausgabe:**

- **Änderungen** gegenüber dem Rechtsstand 2023 sind in den Vorschriften grau hinterlegt, um den Umstieg auf das neue Recht zu erleichtern.
- **Verweise** (z.B. → *5.3.3*) am Rand der Seite oder als Fußnote informieren über wichtige Zusammenhänge und weitere relevanten Regelungen innerhalb einer Vorschrift und auch vorschriftenübergreifend. In der untenstehenden Tabelle sind alle verwendeten Arten von Verweisen mit ihrer Zitierweise aufgeführt.
- Zur schnellen Orientierung stehen Ihnen am Anfang jeden Teils eine **Was-steht-wo-Übersicht** mit Seitenangaben zur Verfügung.
- Für den gezielten Zugriff sorgt auch das **Kleberegister**. Die Taben können am seitlichen oder oberen Seitenrand angebracht werden.
- Mit dem umfangreichen **Stichwortverzeichnis** finden Sie alle gesuchten Informationen im Buch mit wenigen Griffen.
- Für den besseren Überblick auf einer Seite sind alle Absätze mit einer **Überschrift** versehen. Redaktionell ergänzte Überschriften erkennen Sie an den eckigen Klammern: **[Überschrift]**.
- Zu Beginn jeder Seite steht außen eine Gliederungsnummer. Die Ergänzung **(Forts.)** weist darauf hin, dass hier ein Textabschnitt fortgesetzt wird.
- **Fußnoten mit Anmerkungen des Verlags** haben im Unterschied zu amtlichen Fußnoten des Gesetzgebers ein Fußnotenzeichen in eckigen Klammern[1] und *kursiv gesetzten* Text.
- In der **Tabelle A** sind alle Güter, die den Bestimmungen zu Verlagerung und Fahrwegbestimmungen nach den §§ 35 bis 35c der GGVSEB unterliegen können, mit einem schwarzen Punkt (•) am linken Rand markiert. Güter mit hohem Gefahrenpotenzial nach Abschnitt 1.10.3 ADR sind dort mit einem Ausrufezeichen (!) gekennzeichnet.

- Der **ADR-Wegweiser** enthält für alle Arten von Abkürzungen und Codierungen, die in der Tabelle A verwendet werden, die genauen Fundstellen. Deshalb finden Sie ihn neu direkt vor der Tabelle A.
- Im **Download** stellen wir Ihnen zusätzliche Vorschriften sowie eine anwenderbezogene Übersicht der wichtigsten Änderungen im ADR 2025 zur Verfügung. Sehen Sie dazu das Gesamtinhaltsverzeichnis.

Wir möchten Ihnen allen für ihre Vorschläge zur inhaltlichen Gestaltung des Werks danken. Senden Sie gerne bitte weiterhin Ihre Anregungen an den Autor Herrn Jörg Holzhäuser (E-Mail: joerg.holzhaeuser@t-online.de) oder an den Verlag (E-Mail: michaela.herbein@ecomed-storck.de, Tel.: 0 81 91 125 801, Anschrift: ecomed-Storck GmbH, Justus-von-Liebig-Straße 1, 86899 Landsberg).

**Verwendete Arten von Randverweisen:**

Verweise auf nationales Recht sind mit einem Nationalitäten-Kürzel (z.B. D für Deutschland) versehen. Verweise ohne Nationalitäten-Kürzel betreffen internationale Vorschriften.

| Land | Zitierbeispiel | Verwiesene Vorschrift | Wo steht sie? |
|---|---|---|---|
| D | → *D: ADR-Gesetz Art. 2* | ADR-Gesetz | Download-Bereich |
| D | → *D: GGBefG § 4* | GGBefG (Gefahrgutbeförderungsgesetz) | S. 1407 |
| D | → *D: § 27 (5) 2* bzw.<br>→ *D: GGVSEB § 27 (5) 2* | GGVSEB (Gefahrgutverordnung Straße, Eisenbahn und Binnenschifffahrt) | S. 1416 |
| D | → *D: RSEB 1-11* | RSEB (Durchführungsrichtlinien-Gefahrgut) | S. 1509 |
| D | → *D: ODV Anl. 1 Abschnitt B* | ODV (Ortsbewegliche-Druckgeräte-Verordnung) | Download-Bereich |
| D | → *D: GGAV 20* | GGAV (Gefahrgut-Ausnahmeverordnung) | S. 1471 |
| D | → *D: GbV § 6* | GbV (Gefahrgutbeauftragtenverordnung) | S. 1497 |
| D | → *D: BAM-GGR 010 Anhang 5* | BAM-GGR (BAM-Gefahrgutregeln) | z.B. „Gefahrguttransport Land online"*) |
| D | → *D: D/BAM/ADR* | BAM-Allgemeinverfügungen | z.B. „Gefahrguttransport Land online"*) |
| D | → *D: ATR 1/22* | ATR (Anerkannte technische Regelwerke [BAM]) | z.B. „Gefahrguttransport Land online"*) |
| D | → *D: BAM-Kampfmittel-Verfügung* | Allgemeinverfügung zur Klassifizierung von Kampfmitteln für die innerstaatliche Beförderung gefährlicher Güter auf der Straße durch die staatlichen Kampfmittelräumdienste der Länder | z.B. „Gefahrguttransport Land online"*) |
| D | → *D: EDV-Doku* | Bekanntmachung des BMV zum elektronischen Beförderungspapier | z.B. „Gefahrguttransport Land online"*) |
| D | → *D: Feuerwerk* | Bekanntmachung des BMV zu Feuerwerk | z.B. „Gefahrguttransport Land online"*) |

*) ecomed-Storck GmbH

| Land | Zitierbeispiel | Verwiesene Vorschrift | Wo steht sie? |
|---|---|---|---|
| D | → *Geschäftsordnung* | Geschäftsordnung für den Gefahrgut-Verkehrs-Beirat (Beirat) beim Bundesministerium für Verkehr | z.B. „Gefahrguttransport Land online"*) |
| D | → *D: AtG § 4 (1)* | AtG (Atomgesetz) | z.B. „Gefahrguttransport Land online"*) |
| D | → *D: AwSV § 3* | AwSV (Verordnung über Anlagen zum Umgang mit wassergefährdenden Stoffen) | z.B. „Gefahrguttransport Land online"*) |
| D | → *D: StrlSchG § 27* | StrlSchG (Strahlenschutzgesetz) | z.B. „Gefahrguttransport Land online"*) |
| D | → *D: StrlSchV § 12* | StrlSchV (Strahlenschutzverordnung) | z.B. „Gefahrguttransport Land online"*) |
| CH | → *CH: SDR Art. 7* | SDR (Verordnung über die Beförderung gefährlicher Güter auf der Strasse) | z.B. „Gefahrguttransport Land online"*) |
| CH | → *CH: SDR-Erlass* | Erläuterungen für die Umsetzung SDR/ ADR | z.B. „Gefahrguttransport Land online"*) |
| CH | → *CH: GGBV Abschnitt 4* | GGBV (Gefahrgutbeauftragtenverordnung) | z.B. „Gefahrguttransport Land online"*) |
| CH | → *CH: GGUV Art 8* | GGUV (Gefahrgutumschliessungsverordnung) | z.B. „Gefahrguttransport Land online"*) |
| NL | → *NL: VLG 6.8.3.4* | VLG (ADDITIONAL PROVISIONS in the Netherlands for the transport of dangerous goods by road) | z.B. „Gefahrguttransport Land online"*) |
| | → *5.5.2.2* | ADR | S. 9 bis 1406 |
| | → *UN 1938* | ADR (Tabelle A) | S. 302 bis 631 |
| | → *M342* | Multilaterale ADR-Vereinbarungen | Übersicht und Wortlaute der Vereinbarungen: z.B. „Gefahrguttransport Land online"*) |
| | → *CTU-Code Kap. 2* | CTU-Code | z.B. „CTU-Guide" mit zusätzlichen Informationsmaterialien der IMO in deutscher Sprache*) |
| | → *MoU § 3 (2)* | MoU (Memorandum of Understanding für die Beförderung verpackter gefährlicher Güter mit Ro/Ro-Schiffen in der Ostsee) | z.B. „Gefahrguttransport Land online"*) |
| | → *RO-a-IE-4* | RL 2008/68/EG (EU-Richtlinie über die Beförderung gefährlicher Güter im Binnenland) | Download-Bereich |
| | → *RO-a-CH-1* | Abkommen EU – Schweiz über den Güter- und Personenverkehr auf Schiene und Straße | z.B. „Gefahrguttransport Land online"*) |
| | → *HBPK* | Handbuch Prüfungen und Kriterien | z.B. „Gefahrguttransport Land online"*) |

*) ecomed-Storck GmbH

# ADR 2025

## Anlagen A und B des Übereinkommens vom 30. September 1957 über die internationale Beförderung gefährlicher Güter auf der Straße (ADR)

i.d.F. d. Bek. vom 16.11.2021 (BGBl. 2021 II S. 1184 und Anlageband)
zuletzt geändert durch V vom 19.2.2025 (BGBl. 2025 II Nr. 57)

**Bekanntmachung**
**der Neufassung der Anlagen A und B**
**zu dem Übereinkommen über die internationale Beförderung gefährlicher Güter**
**auf der Straße (ADR)**
**vom 16. November 2021**

Auf Grund des Artikels 2 der 28. ADR-Änderungsverordnung vom 14. Oktober 2020 (BGBl. 2020 II S. 757; 2021 II S. 242) wird der Wortlaut der amtlichen deutschen Übersetzung der Anlagen A und B zu dem Übereinkommen vom 30. September 1957 über die internationale Beförderung gefährlicher Güter auf der Straße (ADR) in der seit dem 1. Januar 2021 geltenden Fassung als Anlage[1] bekannt gemacht. *→ D: § 38 (1) → D: RSEB 70.1.S*

Die Neufassung berücksichtigt:

1. die Fassung der Bekanntmachung vom 4. Juli 2019 (BGBl. 2019 II S. 756) und
2. den am 1. Januar 2021 in Kraft getretenen Artikel 1 der eingangs genannten Verordnung.

Berlin, den 16. November 2021

Der Bundesminister
für Verkehr und digitale Infrastruktur
Andreas Scheuer

[1] Die Anlage wird als Anlageband zu dieser Ausgabe des Bundesgesetzblatts ausgegeben. Innerhalb des Abonnements werden Anlagebände auf Anforderung gemäß den Bezugsbedingungen des Verlags übersandt. Außerhalb des Abonnements erfolgt die Lieferung gegen Kostenerstattung.

# Inhaltsverzeichnis

*Anmerkung des Verlags:*

*Im amtlichen Text fehlen einzelne Einträge im Inhaltsverzeichnis. In dieser Ausgabe wurde das Verzeichnis redaktionell ergänzt und an erfolgte Änderungen im Vorschriftentext angepasst.*

# Anlage A
# Allgemeine Vorschriften und Vorschriften für gefährliche Stoffe und Gegenstände

→ D: § 5
→ RO-bi-SE-3
→ RO-bi-IE-8
→ RO-bi-DK-3 f.
→ RO-bi-HU-1

# Teil 1
# Allgemeine Vorschriften

### Was steht wo in Teil 1?



## Kapitel 1.1
## Geltungsbereich und Anwendbarkeit

**Aufbau** **1.1.1**

→ 1.6.1.1

Die Anlagen A und B des ADR sind in neun Teile gegliedert. Anlage A besteht aus den Teilen 1 bis 7 und Anlage B aus den Teilen 8 und 9. Jeder Teil ist in Kapitel und jedes Kapitel in Abschnitte und Unterabschnitte unterteilt (siehe Inhaltsverzeichnis).

Innerhalb jedes Teils ist die Ziffer des Teils Bestandteil der Kapitel-, Abschnitts- und Unterabschnittsnummer; z.B. hat der Abschnitt 1 in Kapitel 2 des Teils 4 die Nummer „4.2.1".

**Geltungsbereich** **1.1.2**

**[Vorschriften Anlage A – Inhalt]** **1.1.2.1**

→ D: § 1 (1)
→ D: § 3
→ D: § 1 (4)
→ D: Anl. 2
→ D: § 21 (1) 1
→ CH: SDR Art. 1, 12

Im Sinne von Artikel 2 des ADR legt die Anlage A fest:

a) die gefährlichen Güter, deren internationale Beförderung ausgeschlossen ist;
b) die gefährlichen Güter, deren internationale Beförderung zulässig ist, und die für diese Güter geltenden Vorschriften (einschließlich der Freistellungen), insbesondere hinsichtlich:
   - der Zuordnung (Klassifizierung) der Güter, einschließlich der Zuordnungskriterien und der diesbezüglichen Prüfverfahren;
   - der Verwendung von Verpackungen (einschließlich Zusammenpackung);
   - der Verwendung von Tanks (einschließlich ihrer Befüllung);

**1.1.2.1** (Forts.)

- der Verfahren beim Versand (einschließlich der Kennzeichnung und Bezettelung der Versandstücke, das Anbringen von Großzetteln (Placards) auf Beförderungsmitteln und die Kennzeichnung der Beförderungsmittel sowie der Dokumentation und der vorgeschriebenen Angaben und Vermerke);
- der Vorschriften über den Bau, die Prüfung und Zulassung der Verpackungen und Tanks;
- der Verwendung von Beförderungsmitteln (einschließlich der Beladung, Zusammenladung und Entladung).

**1.1.2.2 [Vorschriften Anlage A – Beziehung zu Anlage B]**

Die Anlage A enthält auch bestimmte Vorschriften, die gemäß Artikel 2 des ADR die Anlage B oder sowohl die Anlage A als auch die Anlage B wie folgt betreffen:

| | |
|---|---|
| 1.1.1 | Aufbau |
| 1.1.2.3 | (Geltungsbereich der Anlage B) |
| 1.1.2.4 | |
| 1.1.3.1 | Freistellungen in Zusammenhang mit der Art der Beförderungsdurchführung |
| 1.1.3.6 | Freistellungen in Zusammenhang mit Mengen, die je Beförderungseinheit befördert werden |
| 1.1.4 | Anwendbarkeit anderer Vorschriften |
| 1.1.4.5 | Beförderungen, die nicht auf der Straße erfolgen |
| Kapitel 1.2 | Begriffsbestimmungen, Maßeinheiten und Abkürzungen |
| Kapitel 1.3 | Unterweisung von Personen, die an der Beförderung gefährlicher Güter beteiligt sind |
| Kapitel 1.4 | Sicherheitspflichten der Beteiligten |
| Kapitel 1.5 | Abweichungen |
| Kapitel 1.6 | Übergangsvorschriften |
| Kapitel 1.8 | Maßnahmen zur Kontrolle und zur sonstigen Unterstützung der Einhaltung der Sicherheitsvorschriften |
| Kapitel 1.9 | Beförderungseinschränkungen durch die zuständigen Behörden |
| Kapitel 1.10 | Vorschriften für die Sicherung |
| Kapitel 3.1 | Allgemeines |
| Kapitel 3.2 | Spalten (1), (2), (14), (15) und (19) (Anwendung der Sondervorschriften der Teile 8 und 9 auf einzelne Stoffe und Gegenstände) |

**1.1.2.3 [Vorschriften Anlage B – Inhalt]**

Im Sinne von Artikel 2 des ADR legt die Anlage B die Bedingungen für Bau, Ausrüstung und Betrieb von Fahrzeugen fest, die für die Beförderung gefährlicher Güter zugelassen sind:

- Vorschriften für Fahrzeugbesatzungen, Ausrüstung und Betrieb der Fahrzeuge sowie Dokumentation;
- Vorschriften für den Bau und die Zulassung von Fahrzeugen.

**1.1.2.4 [Begriff Fahrzeug]**

*→1.2.1*
*→ D: § 2 (6)*

In Artikel 1 Buchstabe c) des ADR bedeutet das Wort „Fahrzeug" nicht notwendigerweise ein und dasselbe Fahrzeug. Ein internationaler Beförderungsvorgang kann mit mehreren verschiedenen Fahrzeugen durchgeführt werden, sofern er auf dem Gebiet mindestens zweier Vertragsparteien des ADR zwischen dem im Beförderungspapier angegebenen Absender und Empfänger erfolgt.

**1.1.3 Freistellungen*)**

**1.1.3.1 Freistellungen in Zusammenhang mit der Art der Beförderungsdurchführung**

*→ D: RSEB 1-1.1 ff.*

Die Vorschriften des ADR gelten nicht für:

*→ D: Anl. 2 Nr. 2.1*
*→ D: RSEB 1-2*
*→ D: RSEB 1-3.1.S f.*

a) (i) Beförderungen gefährlicher Güter, die von Privatpersonen durchgeführt werden, sofern diese Güter einzelhandelsgerecht abgepackt sind und für den persönlichen oder häuslichen Gebrauch oder für Freizeit und Sport bestimmt sind, vorausgesetzt, es werden Maßnahmen getroffen, die unter normalen Beförderungsbedingungen ein Freiwerden des Inhalts verhindern.

---

*) *→ RO-a-FR-7; → RO-a-SE-1; → CH: SDR-Erlass 1.1 ff.*

Wenn diese Güter entzündbare flüssige Stoffe sind, die in wiederbefüllbaren Behältern befördert werden, welche durch oder für Privatpersonen befüllt werden, darf die Gesamtmenge 60 Liter je Behälter und 240 Liter je Beförderungseinheit nicht überschreiten. Gefährliche Güter in Großpackmitteln (IBC), Großverpackungen oder Tanks gelten nicht als einzelhandelsgerecht verpackt*); 1.1.3.1 (Forts.)

(ii) Beförderungen gefährlicher Güter, die von Privatpersonen unter Einhaltung der in Absatz a) (i) festgelegten Beschränkungen durchgeführt werden, wobei die gefährlichen Güter ursprünglich für den persönlichen oder häuslichen Gebrauch oder für Freizeit oder Sport bestimmt waren und als Abfall befördert werden, einschließlich der Fälle, in denen diese gefährlichen Güter nicht mehr in der Originalverpackung einzelhandelsgerecht verpackt sind, vorausgesetzt, es werden Maßnahmen getroffen, die unter normalen Beförderungsbedingungen ein Freiwerden des Inhalts verhindern; *→ RO-bi-SE-13 → RO-bi-DK-4*

b) (gestrichen)

c) Beförderungen, die von Unternehmen in Verbindung mit ihrer Haupttätigkeit durchgeführt werden, wie Lieferungen für oder Rücklieferungen von Baustellen im Hoch- und Tiefbau, oder im Zusammenhang mit Messungen, Reparatur- und Wartungsarbeiten in Mengen, die 450 Liter je Verpackung, einschließlich Großpackmittel (IBC) und Großverpackungen, und die Höchstmengen gemäß Unterabschnitt 1.1.3.6 nicht überschreiten. Es sind Maßnahmen zu treffen, die unter normalen Beförderungsbedingungen ein Freiwerden des Inhalts verhindern. Diese Freistellungen gelten nicht für die Klasse 7. Beförderungen, die von solchen Unternehmen zu ihrer internen oder externen Versorgung durchgeführt werden, fallen jedoch nicht unter diese Ausnahmeregelung;**) *→ D: RSEB 1-2 → D: RSEB 1-4.1 ff. → D: Anl. 2 Nr. 2.1 → RO-bi-SE-9 → MoU § 3 (2)*

d) Beförderungen, die von den für Notfallmaßnahmen zuständigen Behörden oder unter deren Überwachung durchgeführt werden, soweit diese im Zusammenhang mit Notfallmaßnahmen erforderlich sind, insbesondere *→ D: RSEB 1-5.1 ff. → RO-bi-SE-4 → RO-bi-NI-14 → MoU § 3 (2)*
- Beförderungen mit Abschleppfahrzeugen, die Unfall- oder Pannenfahrzeuge mit gefährlichen Gütern befördern, oder
- Beförderungen, die durchgeführt werden, um die bei einem Zwischenfall oder Unfall betroffenen gefährlichen Güter einzudämmen, aufzunehmen und zum nächstgelegenen geeigneten sicheren Ort zu verbringen;

e) Notfallbeförderungen zur Rettung menschlichen Lebens oder zum Schutz der Umwelt, vorausgesetzt, es werden alle Maßnahmen zur völlig sicheren Durchführung dieser Beförderungen getroffen; *→ D: RSEB 1-6 → MoU § 3 (2)*

f) die Beförderung ungereinigter leerer ortsfester Lagerbehälter, die Gase der Klasse 2 Gruppe A, O oder F, Stoffe der Verpackungsgruppe II oder III der Klasse 3 oder 9 oder Pestizide der Verpackungsgruppe II oder III der Klasse 6.1 enthalten haben, unter den folgenden Bedingungen: *→ D: RSEB 1-2 → D: RSEB 1-7 → MoU § 3 (2) → CH: SDR-Erlass 1.2.5*
- alle Öffnungen mit Ausnahme der Druckentlastungseinrichtungen (sofern angebracht) sind luftdicht verschlossen;
- es wurden Maßnahmen getroffen, um unter normalen Beförderungsbedingungen ein Austreten des Inhalts zu verhindern, und
- die Ladung ist so auf Schlitten, in Verschlägen, in anderen Handhabungsvorrichtungen oder auf dem Fahrzeug oder im Container befestigt, dass sie sich unter normalen Beförderungsbedingungen nicht lösen oder bewegen kann.

Diese Freistellung gilt nicht für ortsfeste Lagerbehälter, die desensibilisierte explosive Stoffe oder Stoffe, deren Beförderung nach dem ADR verboten ist, enthalten haben.

**Bem.** Für radioaktive Stoffe siehe auch Unterabschnitt 1.7.1.4.

**Freistellungen in Zusammenhang mit der Beförderung von Gasen** **1.1.3.2**

Die Vorschriften des ADR gelten nicht für die Beförderung von:

a) Gasen, die in Brennstoffbehältern oder -flaschen[1] von Fahrzeugen, mit denen eine Beförderung durchgeführt wird, enthalten sind und die zu deren Antrieb oder zum Betrieb einer ihrer Einrichtungen dienen, die während der Beförderung verwendet wird oder für die Verwendung während der Beförderung bestimmt ist (z.B. Kühlanlage). *→ CH: SDR-Erlass 1.2.2.1 → CH: SDR-Erlass 1.2.4 → MoU § 3 (2)*

*) *→ RO-a-BE-3; → RO-a-AT-1; → RO-a-FI-1; → CH: SDR Anh. 1 1.1.3.1a; → CH: SDR-Erlass 1.1.2.1 f.; → MoU § 3 (3)*

**) *→ CH: SDR Anh. 1 1.1.3.1c, Anh. 1 4.8; → CH: SDR-Erlass 1.1.4, 1.2.1.1 ff., 1.3.3, 1.3.6, 1.3.8*

1) Der Begriff „Brennstoff" schließt auch Kraftstoffe ein.

1.1.3.2 (Forts.) Die Gase dürfen in festverbundenen Brennstoffbehältern oder -flaschen, die direkt an den Fahrzeugmotor und/oder an Zusatzeinrichtungen angeschlossen sind, oder in ortsbeweglichen Druckgefäßen befördert werden, die den entsprechenden gesetzlichen Vorschriften entsprechen.

Der Gesamtfassungsraum der Brennstoffbehälter oder -flaschen einer Beförderungseinheit, einschließlich der nach Unterabschnitt 1.1.3.3 a) zugelassenen, darf diejenige Energiemenge (MJ) oder Masse (kg) nicht überschreiten, die einem Energieäquivalent von 54 000 MJ entspricht.

**Bem.** 1. Der Wert von 54 000 MJ Energieäquivalent entspricht dem Brennstoffgrenzwert des Unterabschnitts 1.1.3.3 a) (1 500 Liter). Wegen des Energiegehalts von Brennstoffen siehe die nachstehende Tabelle:

| Brennstoff | Energiegehalt |
|---|---|
| Diesel | 36 MJ/Liter |
| Benzin | 32 MJ/Liter |
| Erdgas/Biogas | 35 MJ/Nm$^3$ [a)] |
| Flüssiggas (LPG) | 24 MJ/Liter |
| Ethanol | 21 MJ/Liter |
| Biodiesel | 33 MJ/Liter |
| Emulsionskraftstoff | 32 MJ/Liter |
| Wasserstoff | 11 MJ/Nm$^3$ [a)] |

[a)] 1 Nm$^3$ bezeichnet einen Normkubikmeter, d.h. die Menge eines Gases, die 1 m$^3$ unter Temperatur- und Druckbedingungen von 0 °C und 1,01325 bar (0,101325 MPa) einnimmt.

Der Gesamtfassungsraum darf nicht größer sein als:

– 1 080 kg für verflüssigtes Erdgas (LNG) und verdichtetes Erdgas (CNG);
– 2 250 Liter für Flüssiggas (LPG).

**Bem.** 2. Ein Container, der mit einer Einrichtung zur Verwendung während der Beförderung ausgerüstet ist und der auf einem Fahrzeug befestigt ist, gilt als Bestandteil dieses Fahrzeugs und kommt in Bezug auf den Brennstoff, der für den Betrieb der Einrichtung erforderlich ist, in den Genuss derselben Freistellungen.

b) (gestrichen)

→ *MoU § 3 (2)*
c) Gasen der Gruppen A und O (gemäß Unterabschnitt 2.2.2.1), wenn der Druck des Gases im Gefäß oder Tank bei einer Temperatur von 20 °C höchstens 200 kPa (2 bar) beträgt und das Gas kein verflüssigtes oder tiefgekühlt verflüssigtes Gas ist. Das schließt jede Art von Gefäß oder Tank ein, z.B. auch Maschinen- und Apparateteile;

**Bem.** Diese Freistellung gilt nicht für Leuchtmittel. Für Leuchtmittel siehe Unterabschnitt 1.1.3.10.

d) Gasen in Ausrüstungsteilen zum Betrieb des Fahrzeugs (z.B. Feuerlöscher), einschließlich in Ersatzteilen (z.B. gasgefüllte Fahrzeugreifen); diese Freistellung gilt auch für gasgefüllte Fahrzeugreifen, die als Ladung befördert werden;

→ *D: RSEB 1-8*
→ *CH: SDR-Erlass 1.2.2.1*
→ *CH: SDR-Erlass 1.2.4*
→ *MoU § 3 (2)*
e) Gasen in besonderen Einrichtungen von Fahrzeugen, die für den Betrieb dieser besonderen Einrichtungen während der Beförderung erforderlich sind (Kühlapparate, Fischbehälter, Heizapparate usw.), sowie Ersatzgefäße solcher Einrichtungen und ungereinigte leere Tauschgefäße, die in derselben Beförderungseinheit befördert werden;

f) Gasen, die in Nahrungsmitteln (ausgenommen UN-Nummer 1950) einschließlich mit Kohlensäure versetzten Getränken enthalten sind, und

g) Gasen, die in zur Sportausübung vorgesehenen Bällen enthalten sind.

h) (gestrichen)

**Freistellungen in Zusammenhang mit der Beförderung von flüssigen Brennstoffen**[1)] **1.1.3.3**

Die Vorschriften des ADR gelten nicht für die Beförderung von:

a) In Behältern von Fahrzeugen, mit denen eine Beförderung durchgeführt wird, enthaltenem Brennstoff, der zu deren Antrieb oder zum Betrieb einer ihrer Einrichtungen dient, die während der Beförderung verwendet wird oder für die Verwendung während der Beförderung bestimmt ist. *→ D: RSEB 1-9.1.S f. → CH: SDR-Erlass 1.1.4*

Der Brennstoff darf in befestigten Brennstoffbehältern, die direkt mit dem Fahrzeugmotor und/oder der Einrichtung verbunden sind und den entsprechenden gesetzlichen Vorschriften entsprechen, oder in tragbaren Brennstoffbehältern wie Kanistern befördert werden. *→ CH: SDR-Erlass 1.2.2.1 → CH: SDR-Erlass 1.2.4*

Der gesamte Fassungsraum der befestigten Behälter darf 1 500 Liter je Beförderungseinheit und der Fassungsraum eines auf einem Anhänger befestigten Behälters darf 500 Liter nicht überschreiten. Je Beförderungseinheit dürfen höchstens 60 Liter in tragbaren Brennstoffbehältern befördert werden. Diese Einschränkungen gelten nicht für Fahrzeuge von Einsatzkräften.

**Bem.** 1. Ein Container, der mit einer Einrichtung zur Verwendung während der Beförderung ausgerüstet ist und der auf einem Fahrzeug befestigt ist, gilt als Bestandteil dieses Fahrzeugs und kommt in Bezug auf den Brennstoff, der für den Betrieb der Einrichtung erforderlich ist, in den Genuss derselben Freistellungen.

2. Der Gesamtfassungsraum der Behälter oder Flaschen, einschließlich derjenigen, die gasförmige Brennstoffe enthalten, darf nicht größer sein als das Energieäquivalent von 54 000 MJ (siehe Bem. 1 in Unterabschnitt 1.1.3.2 a)).

b) (bleibt offen)

c) (bleibt offen)

**Freistellungen in Zusammenhang mit Sondervorschriften oder mit in begrenzten oder freigestellten Mengen verpackten gefährlichen Gütern** **1.1.3.4**

**Bem.** Für radioaktive Stoffe siehe auch Unterabschnitt 1.7.1.4.

**[Sondervorschriften]** **1.1.3.4.1** *→ MoU § 3 (2)*

Die Beförderung bestimmter gefährlicher Güter wird durch gewisse Sondervorschriften des Kapitels 3.3 teilweise oder vollständig von den Vorschriften des ADR freigestellt. Diese Freistellung gilt, wenn unter der Eintragung der entsprechenden gefährlichen Güter in Kapitel 3.2 Tabelle A Spalte (6) die Sondervorschrift aufgeführt ist.

**[Begrenzte Mengen]** **1.1.3.4.2**

Bestimmte gefährliche Güter können Freistellungen unterliegen, vorausgesetzt, die Vorschriften des Kapitels 3.4 werden erfüllt.

**[Freigestellte Mengen]** **1.1.3.4.3**

Bestimmte gefährliche Güter können Freistellungen unterliegen, vorausgesetzt, die Vorschriften des Kapitels 3.5 werden erfüllt.

**Freistellungen in Zusammenhang mit ungereinigten leeren Verpackungen** **1.1.3.5**

Ungereinigte leere Verpackungen, einschließlich Großpackmittel (IBC) und Großverpackungen, die Stoffe der Klassen 2, 3, 4.1, 5.1, 6.1, 8 und 9 enthalten haben, unterliegen nicht den Vorschriften des ADR, wenn geeignete Maßnahmen ergriffen wurden, um mögliche Gefahren auszuschließen. Gefahren sind ausgeschlossen, wenn Maßnahmen zur Beseitigung der Gefahren der Klassen 1 bis 9 ergriffen wurden. *→ D: RSEB 1-11 → CH: SDR-Erlass 1.1.5*

**Freistellungen in Zusammenhang mit Mengen, die je Beförderungseinheit befördert werden**[*)] **1.1.3.6**

**[Beförderungskategorien]** **1.1.3.6.1**

Im Sinne dieses Unterabschnittes werden gefährliche Güter der in Kapitel 3.2 Tabelle A Spalte (15) angegebenen Beförderungskategorie 0, 1, 2, 3 oder 4 zugeordnet. Ungereinigte leere Verpackungen, die Stoffe enthalten haben, die der Beförderungskategorie „0" zugeordnet sind, werden ebenfalls der Beförderungskategorie „0" zugeordnet. Ungereinigte leere Verpackungen, die Stoffe enthalten haben, die ande-

1) Der Begriff „Brennstoff" schließt auch Kraftstoffe ein.

*) *→ 1.1.4.2; → D: RSEB 1-12.1 ff.; → D: GGAV 18; → RO-bi-NL-13; → CH: SDR Anh. 1 1.1.3.6; → CH: SDR-Erlass 1.1.4 und 1.3.7*

1.1.3.6.1 (Forts.) ren Beförderungskategorien als der Beförderungskategorie „0" zugeordnet sind, werden der Beförderungskategorie „4" zugeordnet.

**1.1.3.6.2 [Nichtanwendung von Vorschriften]**

→ CH: SDR Anh. 1 4.8.1 f. → CH: SDR Anh. 1 1.1.3.6.2 → CH: SDR Anh. 1 1.10.1.7 → CH: SDR Anh. 1 1.6.14.4 → CH: SDR-Erlass 1.3.6 f.

Wenn die mit einer Beförderungseinheit beförderten Mengen gefährlicher Güter die in der Tabelle in Absatz 1.1.3.6.3 Spalte (3) für eine bestimmte Beförderungskategorie angegebenen Werte (sofern die mit der Beförderungseinheit beförderten gefährlichen Güter unter dieselbe Kategorie fallen) oder die nach Absatz 1.1.3.6.4 berechneten Werte (sofern die mit der Beförderungseinheit beförderten gefährlichen Güter unter verschiedene Kategorien fallen) nicht überschreiten, dürfen sie in Versandstücken in derselben Beförderungseinheit befördert werden, ohne dass nachfolgende Vorschriften anzuwenden sind:

- Kapitel 1.10, ausgenommen gefährliche Güter mit hohem Gefahrenpotenzial der Klasse 1 (gemäß Unterabschnitt 1.10.3.1) und ausgenommen freigestellte Versandstücke der UN-Nummern 2910 und 2911 der Klasse 7, sofern der Aktivitätswert den $A_2$-Wert überschreitet;
- Kapitel 5.3;
- Abschnitt 5.4.3;
- Kapitel 7.2 mit Ausnahme der Sondervorschriften V5 und V8 des Abschnitts 7.2.4;
- Sondervorschrift CV1 des Abschnitts 7.5.11;
- (→ 1.9.5.3.6) Teil 8 mit Ausnahme von Unterabschnitt 8.1.2.1 a),
  Unterabschnitten 8.1.4.2 bis 8.1.4.5,
  Abschnitt 8.2.3,
  Abschnitten 8.3.3,8.3.4, 8.3.5,
  Kapitel 8.4,
  Sondervorschrift S1 (3) und (6),
  Sondervorschrift S2 (1),
  Sondervorschrift S4,
  Sondervorschrift S5,
  Sondervorschriften S14 bis S21 und
  Sondervorschrift S24 des Kapitels 8.5;
- Teil 9.

**1.1.3.6.3 [Tabelle höchstzulässiger Mengen]**

→ 1.10.4

Werden gefährliche Güter derselben Beförderungskategorie in derselben Beförderungseinheit befördert, gilt die in der Spalte (3) der nachstehenden Tabelle angegebene höchstzulässige Menge je Beförderungseinheit.

→ 5.4.1.1.1 f) Bem.

| Beförderungskategorie | Stoffe oder Gegenstände Verpackungsgruppe oder Klassifizierungscode/-gruppe oder UN-Nummer | | Höchstzulässige Gesamtmenge je Beförderungseinheit[b)] | Verlagshinweis Faktor |
|---|---|---|---|---|
| 0 | Klasse 1: | 1.1 A, 1.1 L, 1.2 L, 1.3 L, UN-Nummer 0190 | 0 | – |
| | Klasse 3: | UN-Nummer 3343 | | |
| | Klasse 4.2: | Stoffe, die der Verpackungsgruppe I zugeordnet sind | | |
| | Klasse 4.3: | UN-Nummern 1183, 1242, 1295, 1340, 1390, 1403, 1928, 2813, 2965, 2968, 2988, 3129, 3130, 3131, 3132, 3134, 3148, 3396, 3398 und 3399 | | |
| | Klasse 5.1: | UN-Nummer 2426 | | |
| | Klasse 6.1: | UN-Nummern 1051, 1600, 1613, 1614, 2312, 3250 und 3294 | | |
| | Klasse 6.2: | UN-Nummern 2814, 2900 und 3549 | | |
| | Klasse 7: | UN-Nummern 2912 bis 2919, 2977, 2978 und 3321 bis 3333 | | |
| | Klasse 8: | UN-Nummer 2215 (MALEINSÄUREANHYDRID, GESCHMOLZEN) | | |
| | Klasse 9: | UN-Nummern 2315, 3151, 3152 und 3432 sowie Gegenstände, die solche Stoffe oder Gemische enthalten | | |
| | sowie ungereinigte leere Verpackungen, die Stoffe dieser Beförderungskategorie enthalten haben, ausgenommen Verpackungen, die der UN-Nummer 2908 zugeordnet sind. | | | |

**1.1.3.6.3** (Forts.)

| Beförde-rungs-kategorie | Stoffe oder Gegenstände<br>Verpackungsgruppe oder Klassifizierungscode/-gruppe oder UN-Nummer | Höchstzulässige Gesamtmenge je Beförderungseinheit[b] | Verlags-hinweis Faktor |
|---|---|---|---|
| 1 | Stoffe und Gegenstände, die der Verpackungsgruppe I zugeordnet sind und nicht unter die Beförderungskategorie 0 fallen,<br>sowie Stoffe und Gegenstände der folgenden Klassen:<br>Klasse 1: 1.1 B bis 1.1 J[a], 1.2 B bis 1.2 J, 1.3 C, 1.3 G, 1.3 H, 1.3 J und 1.5 D[a]<br>Klasse 2: Gruppen T, TC[a], TO, TF, TOC[a] und TFC<br>Druckgaspackungen: Gruppen C, CO, FC, T, TF, TC, TO, TFC und TOC<br>Chemikalien unter Druck: UN-Nummern 3502, 3503, 3504 und 3505<br>Klasse 4.1: UN-Nummern 3221 bis 3224, 3231 bis 3240, 3533 und 3534<br>Klasse 5.2: UN-Nummern 3101 bis 3104 und 3111 bis 3120 | 20 | 50 bzw. 20 |
| 2 | Stoffe, die der Verpackungsgruppe II zugeordnet sind und nicht unter die Beförderungskategorie 0, 1 oder 4 fallen,<br>sowie Stoffe und Gegenstände der folgenden Klassen:<br>Klasse 1: 1.4 B bis 1.4 G und 1.6 N<br>Klasse 2: Gruppe F<br>Druckgaspackungen: Gruppe F<br>Chemikalien unter Druck: UN-Nummer 3501<br>Klasse 4.1: UN-Nummern 3225 bis 3230, 3531 und 3532<br>Klasse 4.3: UN-Nummer 3292<br>Klasse 5.1: UN-Nummer 3356<br>Klasse 5.2: UN-Nummern 3105 bis 3110<br>Klasse 6.1: UN-Nummern 1700, 2016 und 2017 sowie Stoffe, die der Verpackungsgruppe III zugeordnet sind<br>Klasse 6.2: UN-Nummer 3291<br>Klasse 9: UN-Nummern 3090, 3091, 3245, 3480, 3481, 3536, 3551 und 3552 | 333 | 3 |
| 3 | Stoffe, die der Verpackungsgruppe III zugeordnet sind und nicht unter die Beförderungskategorie 0, 2 oder 4 fallen,<br>sowie Stoffe und Gegenstände der folgenden Klassen:<br>Klasse 2: Gruppen A und O<br>Druckgaspackungen: Gruppen A und O<br>Chemikalien unter Druck: UN-Nummer 3500<br>Klasse 3: UN-Nummer 3473<br>Klasse 4.3: UN-Nummer 3476<br>Klasse 8: UN-Nummern 2794, 2795, 2800, 3028, 3477, 3506 und 3554<br>Klasse 9: UN-Nummern 2990 und 3072 | 1 000 | 1 |
| 4 | Klasse 1: 1.4 S<br>Klasse 2: UN-Nummern 3537 bis 3539<br>Klasse 3: UN-Nummer 3540<br>Klasse 4.1: UN-Nummern 1331, 1345, 1944, 1945, 2254, 2623 und 3541<br>Klasse 4.2: UN-Nummern 1361 und 1362 der Verpackungsgruppe III und UN-Nummer 3542<br>Klasse 4.3: UN-Nummer 3543<br>Klasse 5.1: UN-Nummer 3544<br>Klasse 5.2: UN-Nummer 3545<br>Klasse 6.1: UN-Nummer 3546<br>Klasse 7: UN-Nummern 2908 bis 2911<br>Klasse 8: UN-Nummer 3547<br>Klasse 9: UN-Nummern 3268, 3499, 3508, 3509, 3548 und 3559<br>sowie ungereinigte leere Verpackungen, die gefährliche Stoffe enthalten haben, ausgenommen solche Verpackungen, die unter die Beförderungskategorie 0 fallen. | unbegrenzt | – |

→ *RO-a-CH-2*

[a] Für die UN-Nummern 0081, 0082, 0084, 0241, 0331, 0332, 0482, 1005 und 1017 beträgt die höchstzulässige Gesamtmenge je Beförderungseinheit 50 kg.

[b] Die höchstzulässige Gesamtmenge für jede Beförderungskategorie entspricht einem berechneten Wert von „1 000" (siehe auch Absatz 1.1.3.6.4).

**1.1.3.6.3** (Forts.) → *D: RSEB 1-13*

In vorstehender Tabelle bedeutet „höchstzulässige Gesamtmenge je Beförderungseinheit“:

- für Gegenstände die Gesamtmasse in kg der Gegenstände ohne ihre Verpackungen (für Gegenstände der Klasse 1 die Nettomasse des explosiven Stoffes in kg; für gefährliche Güter in Geräten und Ausrüstungen, die in dieser Anlage näher bezeichnet sind, die Gesamtmenge der darin enthaltenen gefährlichen Güter in kg bzw. in Liter);
- für feste Stoffe, verflüssigte Gase, tiefgekühlt verflüssigte Gase und gelöste Gase die Nettomasse in kg;
- für flüssige Stoffe die Gesamtmenge der enthaltenen gefährlichen Güter in Litern;
- für verdichtete Gase, adsorbierte Gase und Chemikalien unter Druck der mit Wasser ausgeliterte Fassungsraum des Gefäßes in Litern.

**1.1.3.6.4** **[Summe ≤ 1 000]**

Wenn gefährliche Güter, die verschiedenen Beförderungskategorien angehören, in derselben Beförderungseinheit befördert werden, darf die Summe

- der Menge der Stoffe und Gegenstände der Beförderungskategorie 1, multipliziert mit 50,
- der Menge der in Fußnote a) zur Tabelle in Absatz 1.1.3.6.3 aufgeführten Stoffe und Gegenstände der Beförderungskategorie 1, multipliziert mit 20,
- der Menge der Stoffe und Gegenstände der Beförderungskategorie 2, multipliziert mit 3, und
- der Menge der Stoffe und Gegenstände der Beförderungskategorie 3

einen berechneten Wert von 1 000 nicht überschreiten.

**1.1.3.6.5** **[Nichtberücksichtigung anderer Freistellungen]** → *5.4.1.1.1 f) Bem.*

Bezüglich dieses Unterabschnitts bleiben gefährliche Güter, die gemäß den Unterabschnitten 1.1.3.1 a) und d) bis f), 1.1.3.2 bis 1.1.3.5, 1.1.3.7, 1.1.3.9 und 1.1.3.10 freigestellt sind, unberücksichtigt.

**1.1.3.7** **Freistellungen in Zusammenhang mit der Beförderung von Einrichtungen zur Speicherung und Erzeugung elektrischer Energie** → *CH: SDR-Erlass 1.1.5*

Die Vorschriften des ADR gelten nicht für Einrichtungen zur Speicherung und Erzeugung elektrischer Energie (z.B. Lithiumbatterien, elektrische Kondensatoren, asymmetrische Kondensatoren, Metallhydrid-Speichersysteme, Brennstoffzellen),

a) die in Fahrzeugen eingebaut sind, mit denen eine Beförderung durchgeführt wird, und die für deren Antrieb oder den Betrieb einer ihrer Einrichtungen dienen;

b) die in einem Gerät für dessen Betrieb enthalten sind, das während der Beförderung verwendet wird oder für die Verwendung während der Beförderung bestimmt ist (z.B. tragbarer Rechner), ausgenommen Geräte, wie Datensammler und Ladungsortungseinrichtungen, die an Versandstücken, Umverpackungen, Containern oder Ladeabteilen angebracht oder in diese eingesetzt sind, die nur den Vorschriften des Abschnitts 5.5.4 unterliegen.

**1.1.3.8** (bleibt offen)

**1.1.3.9** **Freistellungen in Zusammenhang mit gefährlichen Gütern, die während der Beförderung als Kühl- oder Konditionierungsmittel verwendet werden** → *CH: SDR-Erlass 1.1.5*

Gefährliche Güter, die nur erstickend sind (die den in der Atmosphäre normalerweise vorhandenen Sauerstoff verdünnen oder verdrängen), unterliegen bei Verwendung zu Kühl- oder Konditionierungszwecken in Fahrzeugen oder Containern nur den Vorschriften des Abschnitts 5.5.3.

**1.1.3.10** **Freistellungen in Zusammenhang mit der Beförderung von Leuchtmitteln, die gefährliche Güter enthalten** → *D: RSEB 1-14* → *CH: SDR-Erlass 1.1.5*

Folgende Leuchtmittel unterliegen nicht den Vorschriften des ADR, vorausgesetzt, sie enthalten keine radioaktiven Stoffe und sie enthalten kein Quecksilber in größeren als den in der Sondervorschrift 366 des Kapitels 3.3 festgelegten Mengen:

a) Leuchtmittel, die direkt von Privatpersonen und Haushalten gesammelt werden, wenn sie zu einer Sammelstelle oder Recyclingeinrichtung befördert werden;

**Bem.** Dies schließt auch Leuchtmittel ein, die von Privatpersonen zu einer ersten Sammelstelle gebracht und anschließend zu einer anderen Sammelstelle, einer Zwischenverarbeitungsstelle oder einer Recyclingeinrichtung befördert werden.

b) Leuchtmittel, die jeweils höchstens 1 g gefährliche Güter enthalten und so verpackt sind, dass in einem Versandstück höchstens 30 g gefährliche Güter enthalten sind, vorausgesetzt: **1.1.3.10** (Forts.)

(i) die Leuchtmittel sind nach einem zertifizierten Qualitätsmanagementsystem hergestellt;

**Bem.** Die Norm ISO 9001 darf für diesen Zweck verwendet werden.

und

(ii) jedes Leuchtmittel ist zum Schutz entweder einzeln in Innenverpackungen verpackt, durch Unterteilungen abgetrennt oder mit Polstermaterial umgeben und in widerstandsfähige Außenverpackungen verpackt, die den allgemeinen Vorschriften des Unterabschnitts 4.1.1.1 entsprechen und in der Lage sind, eine Fallprüfung aus 1,2 m Höhe zu bestehen;

c) gebrauchte, beschädigte oder defekte Leuchtmittel, die jeweils höchstens 1 g gefährliche Güter enthalten, mit höchstens 30 g gefährliche Güter je Versandstück, wenn sie von einer Sammelstelle oder Recyclingeinrichtung befördert werden. Die Leuchtmittel müssen in Außenverpackungen verpackt sein, die ausreichend widerstandsfähig sind, um unter normalen Beförderungsbedingungen das Austreten des Inhalts zu verhindern, die den allgemeinen Vorschriften des Unterabschnitts 4.1.1.1 entsprechen und die in der Lage sind, eine Fallprüfung aus mindestens 1,2 m Höhe zu bestehen; *→ D: RSEB 1-15*

d) Leuchtmittel, die nur Gase der Gruppen A und O (gemäß Unterabschnitt 2.2.2.1) enthalten, vorausgesetzt, diese sind so verpackt, dass die durch ein Zubruchgehen des Leuchtmittels verursachte Splitterwirkung auf das Innere des Versandstücks begrenzt bleibt. *→ D: RSEB 1-16*

**Bem.** Leuchtmittel, die radioaktive Stoffe enthalten, werden in Absatz 2.2.7.2.2.2 b) behandelt.

**Anwendbarkeit anderer Vorschriften** **1.1.4**

(bleibt offen) **1.1.4.1**

**Beförderungen in einer Transportkette, die eine See- oder Luftbeförderung einschließt*)** **1.1.4.2**

**[Versandstücke, Container, Tanks]** **1.1.4.2.1**

Versandstücke, Container, Schüttgut-Container, ortsbewegliche Tanks, Tankcontainer und MEGC, die den Vorschriften für Verpackung, Zusammenpackung, Kennzeichnung und Bezettelung von Versandstücken oder Anbringen von Großzetteln (Placards) und Kennzeichnung mit orangefarbenen Tafeln des ADR nicht in vollem Umfang, wohl aber den Vorschriften des IMDG-Codes oder der Technischen Anweisungen der ICAO entsprechen, dürfen, sofern die Transportkette eine See- oder Luftbeförderung einschließt, unter folgenden Bedingungen befördert werden:

a) die Versandstücke müssen, sofern ihre Kennzeichen und Gefahrzettel nicht dem ADR entsprechen, mit Kennzeichen und Gefahrzetteln nach den Vorschriften des IMDG-Codes oder der Technischen Anweisungen der ICAO versehen sein; *→ D: § 22 (1) 5a)* *→ D: RSEB 1-17*

b) für die Zusammenpackung in einem Versandstück gelten die Vorschriften des IMDG-Codes oder der Technischen Anweisungen der ICAO; *→ D: § 22 (1) 4a)*

c) bei Beförderungen in einer Transportkette, die eine Seebeförderung einschließt, müssen die Container, die Schüttgut-Container, die ortsbeweglichen Tanks, die Tankcontainer und die MEGC nach Kapitel 5.3 des IMDG-Codes mit Großzetteln (Placards) versehen und gekennzeichnet sein, sofern sie nicht nach Kapitel 5.3 dieser Anlage mit Großzetteln (Placards) versehen und gekennzeichnet sind. In diesem Fall gilt für die Kennzeichnung der Fahrzeuge nur der Absatz 5.3.2.1.1 dieser Anlage. Für ungereinigte leere ortsbewegliche Tanks, Tankcontainer und MEGC gilt dies auch für die anschließende Beförderung zu einer Reinigungsstation.

Diese Abweichung gilt nicht für Güter, die nach den Klassen 1 bis 9 des ADR als gefährlich eingestuft sind, nach den Vorschriften des IMDG-Codes oder der Technischen Anweisungen der ICAO jedoch als nicht gefährlich gelten.

**[Beförderungseinheiten]** **1.1.4.2.2** *→ D: RSEB 1-18.S* *→ MoU*

Beförderungseinheiten, die aus einem oder mehreren anderen Fahrzeugen als Fahrzeuge zur Beförderung von den in Absatz 1.1.4.2.1 c) vorgesehenen Containern, ortsbeweglichen Tanks, Tankcontainern oder MEGC zusammengesetzt sind und die nicht nach den Vorschriften des Abschnitts 5.3.1 des ADR mit Großzetteln (Placards) versehen sind, jedoch nach Kapitel 5.3 des IMDG-Codes gekennzeichnet und mit Großzetteln (Placards) versehen sind, sind für die Beförderung in einer Transportkette einschließlich einer

*) *→ 1.1.3.6; → CTU-Code*

1.1.4.2.2 (Forts.) Seebeförderung zugelassen, vorausgesetzt, die Vorschriften für die Kennzeichnung mit orangefarbenen Tafeln des Abschnitts 5.3.2 ADR werden erfüllt.

**1.1.4.2.3 [Beförderungspapier-Angaben]**
→ *D: RSEB 1-19.S*

Bei der Beförderung in einer Transportkette, die eine See- oder Luftbeförderung einschließt, dürfen die in den Abschnitten 5.4.1 und 5.4.2 und in bestimmten Sondervorschriften des Kapitels 3.3 vorgeschriebenen Angaben durch das Beförderungspapier und die Angaben ersetzt werden, die gemäß dem IMDG-Code oder den Technischen Anweisungen der ICAO vorgeschrieben sind, vorausgesetzt, alle im ADR vorgeschriebenen zusätzlichen Angaben sind ebenfalls enthalten.

**Bem.** Für Beförderungen gemäß Absatz 1.1.4.2.1 siehe auch Absatz 5.4.1.1.7. Für Beförderungen in Containern siehe auch Abschnitt 5.4.2.

**1.1.4.3 Verwendung der für den Seeverkehr zugelassenen ortsbeweglichen Tanks des IMO-Typs**
→ *D: § 18 (1) 5*
→ *D: RSEB 1-20*

Ortsbewegliche Tanks der IMO-Typen 1, 2, 5 und 7, die den Vorschriften des Kapitel 6.7 oder 6.8 nicht entsprechen, die jedoch vor dem 1. Januar 2003 nach den Vorschriften des IMDG-Codes (Amendment 29-98) gebaut und zugelassen wurden, dürfen weiterverwendet werden, vorausgesetzt, sie entsprechen den anwendbaren Vorschriften für die wiederkehrende Prüfung des IMDG-Codes[2)]. Darüber hinaus müssen sie den Vorschriften der jeweiligen in Kapitel 3.2 Tabelle A Spalten (10) und (11) angegebenen Anweisungen und den Vorschriften des Kapitels 4.2 des ADR entsprechen. Siehe auch Unterabschnitt 4.2.0.1 des IMDG-Codes.

**1.1.4.4** (bleibt offen)

**1.1.4.5 Beförderungen, die nicht auf der Straße erfolgen**
→ *D: § 1 (2)*

**1.1.4.5.1 [Anwendung anderer Vorschriften]**

Wenn das Fahrzeug, das für eine den Vorschriften des ADR unterliegende Beförderung verwendet wird, einen Teil der Beförderungsstrecke nicht auf der Straße zurücklegt, sind für diesen Teil der Beförderungsstrecke nur jene nationalen oder internationalen Vorschriften anzuwenden, die hier gegebenenfalls für die Beförderung gefährlicher Güter mit dem Verkehrsträger gelten, mit dem das Straßenfahrzeug befördert wird.

**1.1.4.5.2 [Anwendung ADR aufgrund Vereinbarung]**
→ *D: § 5 (10)*

Für den in Absatz 1.1.4.5.1 aufgeführten Fall können die betroffenen Vertragsparteien des ADR für eine Teilstrecke, auf der ein Fahrzeug anders als auf der Straße befördert wird, vereinbaren, die Vorschriften des ADR, gegebenenfalls ergänzt durch zusätzliche Vorschriften, anzuwenden, sofern diese Vereinbarungen zwischen den betroffenen Vertragsparteien des ADR den Regelungen der internationalen Übereinkommen für die Beförderung gefährlicher Güter mit dem für die Beförderung des Straßenfahrzeugs auf der betreffenden Teilstrecke verwendeten Verkehrsträger nicht widersprechen, zum Beispiel das Internationale Übereinkommen zum Schutz des menschlichen Lebens auf See (SOLAS), zu dessen Vertragsparteien auch diese Vertragsparteien des ADR gehören.

Diese Vereinbarungen sind von der Vertragspartei, von der die Initiative zum Abschluss der Vereinbarung ausgeht, dem Sekretariat der Wirtschaftskommission der Vereinten Nationen für Europa mitzuteilen, das sie allen Vertragsparteien zur Kenntnis bringt.

**1.1.4.5.3 [Gleichzeitige Anwendung ADR/andere Vorschriften]**

Falls eine Beförderung, die den Vorschriften des ADR unterliegt, auf ihrer gesamten oder einem Teil ihrer Straßenstrecke auch den Vorschriften eines internationalen Übereinkommens unterliegt, das die Beförderung gefährlicher Güter durch einen anderen Verkehrsträger als die Straße regelt – und zwar auf Grund von Vorschriften, die dessen Anwendungsbereich auf bestimmte Kraftfahrzeugdienste ausdehnen –, so gelten die Vorschriften dieses internationalen Übereinkommens für diesen Streckenabschnitt gleichzeitig mit denen des ADR, soweit sie mit ihnen vereinbar sind; die übrigen Vorschriften des ADR gelten nicht für den betreffenden Streckenabschnitt.

**1.1.4.6** (bleibt offen)

---

2) Die Internationale Seeschifffahrtsorganisation (IMO) hat mit Rundschreiben CCC.1/Circ.3 einen Leitfaden für die Weiterverwendung von bestehenden ortsbeweglichen Tanks und von Straßentankfahrzeugen für die Beförderung gefährlicher Güter („Guidance on the Continued Use of Existing IMO Type Portable Tanks and Road Tank Vehicles for the Transport of Dangerous Goods") herausgegeben. Der englische Text dieses Leitfadens kann auf der Website der IMO unter www.imo.org eingesehen werden.

**Wiederbefüllbare Druckgefäße, die vom Verkehrsministerium der Vereinigten Staaten von Amerika zugelassen wurden** 1.1.4.7

**Bem.** Für Beförderungen gemäß Unterabschnitt 1.1.4.7 siehe auch Absatz 5.4.1.1.24.

**Einfuhr von Gasen** 1.1.4.7.1

Vom Verkehrsministerium der Vereinigten Staaten von Amerika zugelassene wiederbefüllbare Druckgefäße, die gemäß den Anforderungen in „Part 178, Specifications for Packagings of Title 49, Transportation, of the Code of Federal Regulations" (Teil 178, Spezifikationen für Verpackungen des Titels 49, Verkehr, des Bundesgesetzbuchs) gebaut und geprüft wurden und in einer Transportkette gemäß Unterabschnitt 1.1.4.2 befördert werden dürfen, dürfen vom Ort des zeitweiligen Aufenthalts am Endpunkt der Transportkette zum Endverbraucher befördert werden.

**Ausfuhr von Gasen und ungereinigten leeren Druckgefäßen** 1.1.4.7.2

Vom Verkehrsministerium der Vereinigten Staaten von Amerika zugelassene wiederbefüllbare Druckgefäße, die gemäß den Anforderungen in „Part 178, Specifications for Packagings of Title 49, Transportation, of the Code of Federal Regulations" (Teil 178, Spezifikationen für Verpackungen des Titels 49, Verkehr, des Bundesgesetzbuchs) gebaut wurden, dürfen nur zum Zweck der Ausfuhr in Länder, die keine Vertragsparteien des ADR sind, befüllt und befördert werden, wenn die folgenden Vorschriften erfüllt sind:

a) Die Befüllung des Druckgefäßes erfolgt nach den einschlägigen Vorschriften des „Code of Federal Regulations of the United States of America" (Bundesgesetzbuch der Vereinigten Staaten von Amerika).
b) Die Druckgefäße müssen gemäß Kapitel 5.2 gekennzeichnet und bezettelt sein.
c) Für Druckgefäße gelten die Vorschriften der Unterabschnitte 4.1.6.12 und 4.1.6.13. Druckgefäße dürfen nach Fälligkeit der wiederkehrenden Prüfung nicht befüllt werden, jedoch dürfen sie nach Ablauf der Frist befördert werden, um sie der Prüfung zuzuführen, einschließlich aller Zwischenbeförderungen.

**Anwendung von Normen** 1.1.5

Wenn die Anwendung einer Norm vorgeschrieben ist und ein Widerspruch zwischen der Norm und den Vorschriften des ADR besteht, haben die Vorschriften des ADR Vorrang. Die Anforderungen der Norm, die nicht in Widerspruch zum ADR stehen, müssen wie festgelegt angewendet werden, einschließlich Anforderungen einer anderen Norm oder von Teilen einer Norm, auf die in dieser Norm normativ verwiesen wird.

**Bem.** Eine Norm enthält Einzelheiten darüber, wie die Vorschriften des ADR zu erfüllen sind, und kann zusätzlich zu den im ADR festgelegten Vorschriften weitere Anforderungen enthalten.

# Kapitel 1.2 Begriffsbestimmungen, Maßeinheiten und Abkürzungen

## 1.2.1 Begriffsbestimmungen*)

**Bem.** In diesem Abschnitt sind alle allgemeinen und besonderen Begriffsbestimmungen aufgeführt.

Im ADR bedeutet:

**A**

***Abfälle:*** Stoffe, Lösungen, Gemische oder Gegenstände, für die keine unmittelbare Verwendung vorgesehen ist, die aber befördert werden zur Aufarbeitung, zur Deponie oder zur Beseitigung durch Verbrennung oder durch sonstige Entsorgungsverfahren.

***Absender:*** Das *Unternehmen*, das selbst oder für einen Dritten *gefährliche Güter* versendet. Erfolgt die *Beförderung* auf Grund eines Beförderungsvertrages, gilt als Absender der Absender gemäß diesem Vertrag.

***Aerosol:*** siehe *Druckgaspackung*.

***Aufsetztank:*** Ein Tank – ausgenommen *festverbundener Tank*, *ortsbeweglicher Tank*, *Tankcontainer* und Element eines *Batterie-Fahrzeugs* oder eines MEGC – mit einem *Fassungsraum* von mehr als 450 Litern, der durch seine Bauart nicht dazu bestimmt ist, Güter ohne Umschlag zu befördern, und der gewöhnlich nur in leerem Zustand abgenommen werden kann.

***Auslegungslebensdauer*** für Flaschen und Großflaschen aus Verbundwerkstoffen: Die höchste Lebensdauer (in Anzahl Jahren), für die die *Flasche* oder *Großflasche* in Übereinstimmung mit der anwendbaren Norm ausgelegt und zugelassen ist.

***Ausschließliche Verwendung*** für die Beförderung radioaktiver Stoffe: Die alleinige Benutzung eines *Fahrzeugs* oder eines *Großcontainers* durch einen einzigen *Absender*, wobei sämtliche Be- und Entladevorgänge vor, während und nach der *Beförderung* und die *Beförderung* selbst entsprechend den Anweisungen des *Absenders* oder des *Empfängers* ausgeführt werden, sofern dies im ADR vorgeschrieben ist.

***Außenverpackung:*** Der äußere Schutz einer *Kombinationsverpackung* oder einer *zusammengesetzten Verpackung*, einschließlich des saugfähigen Materials, des Polstermaterials und aller anderen Bestandteile, die erforderlich sind, um *Innengefäße* oder *Innenverpackungen* zu umschließen und zu schützen.

**B**

→ 1.1.2.4 ***Batterie-Fahrzeug:*** Ein *Fahrzeug*, das aus Elementen besteht, die durch ein Sammelrohr miteinander verbunden sind und die dauerhaft auf diesem *Fahrzeug* befestigt sind. Als Elemente eines Batterie-Fahrzeugs gelten *Flaschen, Großflaschen, Druckfässer* und *Flaschenbündel* sowie *Tanks* mit einem *Fassungsraum* von mehr als 450 Liter für in Absatz 2.2.2.1.1 definierte *Gase*.

***Bauart*** für die Beförderung radioaktiver Stoffe: Die Beschreibung eines gemäß Absatz 2.2.7.2.3.5 f) freigestellten spaltbaren Stoffes, eines radioaktiven Stoffes in besonderer Form, eines gering dispergierbaren radioaktiven Stoffes, eines *Versandstückes* oder einer *Verpackung*, die dessen/deren vollständige Identifizierung ermöglicht. Die Beschreibung kann Spezifikationen, Konstruktionszeichnungen, Berichte über den Nachweis der Übereinstimmung mit den Vorschriften und andere relevante Unterlagen enthalten.

***Bauliche Ausrüstung:***

a) des *Tanks* eines *Tankfahrzeugs oder eines Aufsetztanks*: die außen oder innen am *Tankkörper* angebrachten Versteifungselemente, Elemente für die Befestigung, den Schutz oder die Stabilisierung;

b) des *Tanks* eines *Tankcontainers*: die außen oder innen am *Tankkörper* angebrachten Versteifungselemente, Elemente für die Befestigung, den Schutz oder die Stabilisierung;

c) der Elemente eines *Batterie-Fahrzeugs* oder MEGC: die außen am *Tankkörper* oder *Gefäß* angebrachten Versteifungselemente, Elemente für die Befestigung, den Schutz oder die Stabilisierung;

---

*) *Anmerkungen des Verlags: Die in den Begriffsbestimmungen dieses Abschnitts enthaltenen Begriffe, die selbst Gegenstand einer Begriffsbestimmung sind, sind in Kursivdruck dargestellt. Begriffe in eckigen Klammern wurden redaktionell eingefügt.*
*Weitere Begriffsbestimmungen finden Sie in: → 2.2.1.1.7.5; → 2.2.1.4; → 2.2.7.1.3; → 2.2.41.1.3; → 2.2.41.1.9; → 2.2.52.1.11; → 2.2.61.1.3; → 2.2.62.1.3; → 2.2.9.1.10; → 6.2.2.5.0; → 6.7.2.1; → 6.7.3.1; → 6.7.4.1; → 6.9.2.1; → D: BAM-GGR 004 Anhang 6; → D: ODV § 2*

d) eines *Großpackmittels (IBC)* (ausgenommen *flexible IBC*): Verstärkungs-, Befestigungs-, Handhabungs-, Schutz- oder Stabilisierungsteile des *Packmittelkörpers* (einschließlich des Palettensockels für *Kombinations-IBC mit Kunststoff-Innenbehälter*). **1.2.1** (Forts.)

**Bem.** Für *ortsbewegliche Tanks* siehe Kapitel 6.7.

***Baustahl:*** Stahl, dessen Mindestzugfestigkeit zwischen 360 N/mm² und 440 N/mm² liegt.

**Bem.** Für *ortsbewegliche Tanks* siehe Kapitel 6.7.

***Bedeckter Container:*** siehe *Container*.

***Bedeckter Schüttgut-Container:*** siehe *Schüttgut-Container*.

***Bedecktes Fahrzeug:*** Ein offenes Fahrzeug, das zum Schutz der Ladung mit einer Plane versehen ist. *→ 1.1.2.4*

***Bedienungsausrüstung:***

a) eines *Tanks*: die Füll- und Entleerungseinrichtungen, die Über- und Unterdruckbelüftungseinrichtungen, die Sicherheits-, Heizungs-, Wärmeschutz- und Additivierungseinrichtungen sowie die Messinstrumente;

b) der Elemente eines *Batterie-Fahrzeugs* oder MEGC: die Füll- und Entleerungseinrichtungen einschließlich des Sammelrohrsystems, die Sicherheitseinrichtungen sowie die Messinstrumente;

c) eines *Großpackmittels (IBC)*: Befüllungs- und Entleerungseinrichtungen und gegebenenfalls vorhandene Druckausgleichs- oder Lüftungseinrichtungen, Sicherheits-, Heizungs- und Wärmeschutzeinrichtungen sowie Messinstrumente;

d) eines *Druckgefäßes*: *Verschlüsse*, Sammelrohre, Rohrleitungen, poröses, absorbierendes oder adsorbierendes Material und alle baulichen Einrichtungen, z.B. für die Handhabung.

**Bem.** Für *ortsbewegliche Tanks* siehe Kapitel 6.7.

***Beförderer:*** Das *Unternehmen*, das die *Beförderung* mit oder ohne Beförderungsvertrag durchführt.

***Beförderung:*** Die Ortsveränderung der *gefährlichen Güter* einschließlich der transportbedingten Aufenthalte und einschließlich des verkehrsbedingten Verweilens der *gefährlichen Güter* in den *Fahrzeugen*, *Tanks* und *Containern* vor, während und nach der Ortsveränderung.

Die vorliegende Begriffsbestimmung schließt auch das zeitweilige Abstellen *gefährlicher Güter* für den Wechsel der Beförderungsart oder des Beförderungsmittels (Umschlag) ein. Dies gilt unter der Voraussetzung, dass die Beförderungsdokumente, aus denen Versand- und Empfangsort feststellbar sind, auf Verlangen vorgelegt werden, sowie – außer für Kontrollzwecke der *zuständigen Behörde* – unter der Voraussetzung, dass *Versandstücke* und *Tanks* während des zeitweiligen Aufenthalts nicht geöffnet werden.

***Beförderung in loser Schüttung:*** *Beförderung* von unverpackten *festen Stoffen* oder Gegenständen in *Fahrzeugen*, *Containern* oder *Schüttgut-Containern*; dieser Begriff gilt weder für Güter, die als *Versandstücke*, noch für Stoffe, die in *Tanks* befördert werden.

***Beförderungseinheit:*** Ein Kraftfahrzeug ohne Anhänger oder eine Einheit aus einem Kraftfahrzeug mit Anhänger. *→ 1.1.2.4*

***Beförderungsmittel:*** Für die Straßen- oder Eisenbahnbeförderung ein *Fahrzeug* oder Wagen.

***Befüller:*** Das *Unternehmen*, das die *gefährlichen Güter* in einen *Tank* (*Tankfahrzeug, Aufsetztank, ortsbeweglicher Tank* oder *Tankcontainer*), in ein *Batterie-Fahrzeug* oder MEGC und/oder in ein *Fahrzeug, Großcontainer* oder *Kleincontainer* für die *Beförderung in loser Schüttung* einfüllt. *→ D: § 2 (2)*

***Behälter*** (*für Klasse 1*): Als *Innen-* oder *Zwischenverpackungen* verwendete *Kisten*, Flaschen, Dosen, *Fässer*, Kannen oder Hülsen sowie deren *Verschluss*einrichtungen aller Art.

***Beladen:*** siehe *Verladen*.

***Berechnungsdruck:*** Fiktiver Druck, der je nach dem Gefahrengrad des beförderten Stoffes mehr oder weniger stark nach oben vom Betriebsdruck abweichen kann, jedoch mindestens so hoch sein muss wie der *Prüfdruck*, und nur zur Bestimmung der Wanddicke des *Tankkörpers* dient, wobei die äußeren oder inneren Verstärkungseinrichtungen unberücksichtigt bleiben (siehe auch *Entleerungsdruck, Fülldruck, höchster Betriebsdruck (Überdruck)* und *Prüfdruck*).

**Bem.** Für *ortsbewegliche Tanks* siehe Kapitel 6.7.

1.2.1 (Forts.) → 1.6.2.12 ***Bergungsdruckgefäß:*** Ein Druckgefäß mit einem mit Wasser ausgeliterten Fassungsraum von höchstens 3 000 Litern, in das ein oder mehrere beschädigte, defekte, undichte oder nicht den Vorschriften entsprechende Druckgefäße zum Zwecke der Beförderung, z.B. zur Wiederverwertung oder Entsorgung, eingesetzt werden.

***Bergungsgroßverpackung:*** Sonder*verpackung*, die

a) für eine mechanische Handhabung ausgelegt ist und

b) eine Nettomasse von mehr als 400 kg oder einen Fassungsraum von mehr als 450 Liter, aber ein Höchstvolumen von 3 $m^3$ hat,

und in die beschädigte, defekte, undichte oder nicht den Vorschriften entsprechende *Versandstücke* mit *gefährlichen Gütern* oder *gefährliche Güter*, die verschüttet wurden oder ausgetreten sind, eingesetzt werden, um diese zu Zwecken der Wiedergewinnung oder der Entsorgung zu befördern.

***Bergungsverpackung:*** Sonder*verpackung*, in die beschädigte, defekte, undichte oder nicht den Vorschriften entsprechende *Versandstücke* mit *gefährlichen Gütern* oder *gefährliche Güter*, die verschüttet wurden oder ausgetreten sind, eingesetzt werden, um diese zu Zwecken der Wiedergewinnung oder der Entsorgung zu befördern.

→ CTU-Code Kap. 2 ***Betreiber eines Tankcontainers oder eines ortsbeweglichen Tanks:*** Das *Unternehmen*, in dessen Namen der *Tankcontainer* oder *ortsbewegliche Tank* betrieben wird.

***Betriebsdauer*** für Flaschen und Großflaschen aus Verbundwerkstoffen: Die Anzahl Jahre, für die der Betrieb der *Flasche* oder *Großflasche* zugelassen ist.

***Betriebsdruck:***

a) für ein verdichtetes *Gas* der *entwickelte Druck* bei einer Bezugstemperatur von 15 °C in einem vollen *Druckgefäß;*

b) für UN 1001 Acetylen, gelöst, der berechnete *entwickelte Druck* bei einer einheitlichen Bezugstemperatur von 15 °C in einer Acetylen-*Flasche*, welche den festgelegten Lösungsmittelgehalt und den Höchstgehalt an Acetylen enthält;

c) für UN 3374 Acetylen, lösungsmittelfrei, der für eine gleichwertige *Flasche* für UN 1001 Acetylen, gelöst, berechnete *Betriebsdruck*.

**Bem.** Für *Tanks* siehe Begriffsbestimmung für *höchster Betriebsdruck*.

***Bezugsstahl:*** Stahl mit einer Zugfestigkeit von 370 $N/mm^2$ und einer Bruchdehnung von 27 %.

***Brennstoffzelle:*** Eine elektrochemische Vorrichtung, welche die chemische Energie eines Brennstoffs in elektrische Energie, Wärme und Reaktionsprodukte umwandelt.

***Brennstoffzellen-Motor:*** Eine Vorrichtung, die für den Antrieb von Einrichtungen verwendet wird und die aus einer *Brennstoffzelle* und ihrer Brennstoffversorgung besteht – unabhängig davon, ob diese in die *Brennstoffzelle* integriert oder von dieser getrennt ist – und die alle Zubehörteile umfasst, die für ihre Funktion notwendig sind.

### C

→ 7.1.6 → CTU-Code Kap. 2 ***Container:*** Ein Beförderungsgerät (Rahmenkonstruktion oder ähnliches Gerät),

- das von dauerhafter Beschaffenheit und deshalb genügend widerstandsfähig ist, um wiederholt verwendet werden zu können,
- das besonders dafür gebaut ist, um die *Beförderung* von Gütern durch einen oder mehrere Verkehrsträger ohne Veränderung der Ladung zu erleichtern,
- das mit Vorrichtungen versehen ist, welche die Befestigung und die Handhabung insbesondere beim Übergang von einem Beförderungsmittel auf ein anderes erleichtern,
- das so gebaut ist, dass die Befüllung und Entleerung erleichtert wird,
- das mit der Ausnahme von Containern zur Beförderung radioaktiver Stoffe ein Innenvolumen von mindestens 1 $m^3$ hat.

→ CTU-Code Nr. 6.4 Ein *Wechselaufbau (Wechselbehälter)* ist ein *Container*, der laut der europäischen Norm EN 283:1991 folgende Besonderheiten aufweist:

- er ist hinsichtlich der mechanischen Festigkeit ausschließlich für die *Beförderung* mit *Wagen* oder *Fahrzeugen* im Land- und Fährverkehr ausgelegt, **1.2.1** (Forts.)
- er ist nicht stapelbar,
- er kann von *Fahrzeugen* mit bordeigenen Mitteln auf Stützbeinen abgesetzt und wieder aufgenommen werden.

**Bem.** Der Begriff *Container* schließt weder die üblichen *Verpackungen*, noch die *Großpackmittel (IBC)*, die *Tankcontainer* oder die *Fahrzeuge* ein. Dennoch darf ein Container für die Beförderung radioaktiver Stoffe als Verpackung verwendet werden.

Außerdem:

***Bedeckter Container:*** Ein offener *Container*, der zum Schutz der Ladung mit einer Plane versehen ist.

***Geschlossener Container:*** Ein vollständig geschlossener *Container* mit einem starren Dach, starren Seitenwänden, starren Stirnseiten und einem Boden. Der Begriff umfasst *Container* mit öffnungsfähigem Dach, sofern das Dach während der *Beförderung* geschlossen ist.

***Großcontainer:***

a) ein *Container*, der nicht der Begriffsbestimmung für *Kleincontainer* entspricht;
b) im Sinne des *CSC* ein *Container* mit einer durch die vier unteren äußeren Ecken begrenzten Grundfläche
   (i) von mindestens 14 $m^2$ (150 sq ft) oder
   (ii) von mindestens 7 $m^2$ (75 sq ft), wenn er mit oberen Eckbeschlägen ausgerüstet ist.

***Kleincontainer:*** Ein *Container*, der ein Innenvolumen von höchstens 3 $m^3$ hat.

***Offener Container:*** Ein *Container* mit offenem Dach oder ein Flachcontainer.

**D**

***Dichte Umschließung*** für die Beförderung radioaktiver Stoffe: Die vom Konstrukteur festgelegte Anordnung der Verpackungsbauteile, die ein Entweichen der radioaktiven Stoffe während der *Beförderung* verhindern sollen.

***Dichtheitsprüfung:*** Eine Prüfung, bei der die Dichtheit eines *Tanks*, einer *Verpackung* oder eines *Großpackmittels (IBC)* sowie der Ausrüstung oder der Verschlusseinrichtungen geprüft wird.

**Bem.** Für *ortsbewegliche Tanks* siehe Kapitel 6.7.

***Dosisleistung:*** Die Umgebungsäquivalentdosis bzw. die Richtungsäquivalentdosis je Zeiteinheit, die am fraglichen Punkt gemessen wird.

***Druckfass:*** Geschweißtes *Druckgefäß* mit einem mit Wasser ausgeliterten Fassungsraum von mehr als 150 Liter und höchstens 1 000 Liter (z.B. zylindrisches *Gefäß* mit Rollreifen, kugelförmige *Gefäße* auf Gleiteinrichtungen).

***Druckgaspackung (Aerosol):*** Ein Gegenstand, der aus einem nicht wiederbefüllbaren *Gefäß* besteht, das den Vorschriften des Abschnitts 6.2.6 entspricht, aus Metall, Glas oder Kunststoff hergestellt ist, ein verdichtetes, verflüssigtes oder unter Druck gelöstes *Gas* mit oder ohne einen *flüssigen*, pastösen oder pulverförmigen *Stoff* enthält und mit einer Entnahmeeinrichtung ausgerüstet ist, die ein Ausstoßen des Inhalts in Form einer Suspension von festen oder flüssigen Teilchen in einem *Gas*, in Form eines Schaums, einer Paste oder eines Pulvers oder in flüssigem oder *gas*förmigem Zustand ermöglicht.

***Druckgefäß:*** Ein ortsbewegliches *Gefäß* zur Aufnahme von Stoffen unter Druck, einschließlich seines *Verschlusses*/seiner Verschlüsse und anderer Bedienungsausrüstungen, und ein Sammelbegriff für *Flasche*, *Großflasche*, *Druckfass*, verschlossener *Kryo-Behälter*, *Metallhydrid-Speichersystem*, *Flaschenbündel* und *Bergungsdruckgefäße*. *→ D: ODV Anl. 1, Anl. 2 → CH: GGUV Art. 2 b*

***Druckgefäßkörper:*** Eine *Flasche*, eine *Großflasche*, ein *Druckfass* oder ein *Bergungsdruckgefäß* ohne ihre/seine *Verschlüsse* oder sonstige *Bedienungsausrüstung*, jedoch einschließlich aller dauerhaft angebrachter Einrichtungen (z.B. Halsring, Fußring).

**Bem.** Die Begriffe „Flaschenkörper", „Druckfasskörper" und „Großflaschenkörper" werden ebenfalls verwendet.

1.2.1 (Forts.) ***Durchmesser*** (für *Tankkörper* von *Tanks*): Der innere Durchmesser des *Tankkörpers*.

***durch oder in*** für die Beförderung radioaktiver Stoffe: Durch oder in die Länder, in denen eine Sendung befördert wird, jedoch werden Länder, „über" die eine Sendung in der Luft befördert wird, ausdrücklich ausgeschlossen, vorausgesetzt, in diesen Ländern erfolgt keine planmäßige Zwischenlandung.

**E**

*[**ECE-Regelung** siehe UN-Regelung]*.

***EG-Richtlinie:*** Von den zuständigen Institutionen der Europäischen Gemeinschaften verabschiedete Bestimmungen, die für jeden Mitgliedstaat, an den sie gerichtet sind, hinsichtlich des zu erreichenden Ziels verbindlich sind, jedoch den innerstaatlichen Stellen die Wahl der Form und der Mittel überlassen.

***Einschließungssystem*** für die Beförderung radioaktiver Stoffe: Die vom Konstrukteur festgelegte und von der *zuständigen Behörde* anerkannte Anordnung der spaltbaren Stoffe und der Verpackungsbauteile, die zur Erhaltung der Kritikalitätssicherheit vorgesehen ist.

***Empfänger:*** Der *Empfänger* gemäß Beförderungsvertrag. Bezeichnet der *Empfänger* gemäß den für den Beförderungsvertrag geltenden Bestimmungen einen Dritten, so gilt dieser als *Empfänger* im Sinne des ADR. Erfolgt die *Beförderung* ohne Beförderungsvertrag, so ist *Empfänger* das *Unternehmen*, welches die *gefährlichen Güter* bei der Ankunft übernimmt.

***Entladen:*** Alle Tätigkeiten, die vom *Entlader* gemäß der Begriffsbestimmung von *Entlader* vorgenommen werden.

*→ D: GbV § 2 Nr. 3* ***Entlader:*** Das *Unternehmen*, das

a) einen *Container*, *Schüttgut-Container*, MEGC, *Tankcontainer* oder *ortsbeweglichen Tank* von einem *Fahrzeug* absetzt oder

b) verpackte *gefährliche Güter*, *Kleincontainer* oder *ortsbewegliche Tanks* aus oder von einem *Fahrzeug* oder *Container* entlädt oder

c) *gefährliche Güter* aus einem *Tank* (*Tankfahrzeug, Aufsetztank, ortsbeweglicher Tank* oder *Tankcontainer*) oder aus einem *Batterie-Fahrzeug*, MEMU oder MEGC oder aus einem *Fahrzeug, Großcontainer* oder *Kleincontainer* für die *Beförderung in loser Schüttung* oder einem *Schüttgut-Container* entleert.

***Entleerungsdruck:*** Höchster Druck, der sich bei Druckentleerung im *Tank* tatsächlich entwickelt (siehe auch *Berechnungsdruck, Fülldruck, höchster Betriebsdruck (Überdruck)* und *Prüfdruck*).

***Entwickelter Druck:*** Der Druck des Inhalts eines *Druckgefäßes* bei Temperatur- und Diffusionsgleichgewicht.

***Entzündbare Bestandteile*** *(Druckgaspackungen):* Entzündbare *flüssige Stoffe*, entzündbare *feste Stoffe* oder die im *Handbuch Prüfungen und Kriterien* Teil III Unterabschnitt 31.1.3 Bem. 1 bis 3 definierten entzündbaren *Gase* oder Gasgemische. Durch diese Bezeichnung werden pyrophore, selbsterhitzungsfähige oder mit Wasser reagierende Stoffe nicht erfasst. Die chemische Verbrennungswärme ist durch eines der folgenden Verfahren zu bestimmen: ASTM D 240, ISO/FDIS 13943:1999 (E/F) 86.1 bis 86.3 oder NFPA 30B.

**F**

*→ 1.1.2.4 → D: § 2 (6)* ***Fahrzeug:*** siehe *Batterie-Fahrzeug, bedecktes Fahrzeug, gedecktes Fahrzeug, offenes Fahrzeug* und *Tankfahrzeug*.

***Faserverstärkter Kunststoff:*** Ein Werkstoff, der aus einer faser- und/oder partikelförmigen Verstärkung besteht, die in einem duroplastischen oder thermoplastischen Polymer (Matrix) enthalten ist.

*→ CTU-Code Begriffsbestimmungen* ***Fass:*** Zylindrische *Verpackung* aus Metall, Pappe, Kunststoff, Sperrholz oder einem anderen geeigneten Stoff mit flachen oder gewölbten Böden. Unter diesen Begriff fallen auch *Verpackungen* anderer Form, z. B. runde *Verpackungen* mit kegelförmigem Hals oder eimerförmige *Verpackungen*. Nicht unter diesen Begriff fallen *Holzfass* und *Kanister*.

*→ CH: SDR Anh. 1 6.14.1.1* ***Fassungsraum eines Tankkörpers oder eines Tankkörperabteils*** *für Tanks*: Das gesamte Innenvolumen des *Tankkörpers* oder des *Tankkörper*abteils in Liter oder Kubikmeter. Wenn es nicht möglich ist, den *Tankkörper* oder das *Tankkörper*abteil wegen seiner Form oder seines Baus vollständig zu befüllen, ist dieser geringere Fassungsraum für die Bestimmung des *Füllungsgrades* und die Kennzeichnung des *Tanks* zu verwenden.

***Feinstblechverpackung:*** *Verpackung* mit rundem, elliptischem, rechteckigem oder mehreckigem Querschnitt (auch konisch) sowie *Verpackung* mit kegelförmigem Hals oder eimerförmige *Verpackung* aus Metall mit einer Wanddicke unter 0,5 mm (z.B. Weißblech), mit flachen oder gewölbten Böden, mit einer oder mehreren Öffnungen, die nicht unter die Begriffsbestimmung für *Fass* oder *Kanister* fällt. **1.2.1** (Forts.)

***Fester Stoff:***

a) ein Stoff mit einem Schmelzpunkt oder Schmelzbeginn über 20 °C bei einem Druck von 101,3 kPa oder

b) ein Stoff, der nach dem Prüfverfahren ASTM D 4359-90 nicht flüssig ist oder der nach den Kriterien des in Abschnitt 2.3.4 beschriebenen Prüfverfahrens für die Bestimmung des Fließverhaltens (Penetrometerverfahren) dickflüssig ist.

***Festverbundener Tank:*** Ein *Tank* mit einem *Fassungsraum* von mehr als 1 000 Liter, der dauerhaft auf einem *Fahrzeug* (das damit zum *Tankfahrzeug* wird) befestigt ist oder einen Bestandteil des Fahrgestells eines solchen *Fahrzeugs* bildet.

***Flammpunkt:*** Die niedrigste Temperatur eines *flüssigen Stoffes*, bei der seine Dämpfe mit der Luft ein entzündbares Gemisch bilden.

***Flasche:*** *Druckgefäß* mit einem mit Wasser ausgeliterten Fassungsraum von höchstens 150 Liter.

***Flaschenbündel:*** Ein *Druckgefäß*, das aus einer Einheit aus *Flaschen* oder Flaschenkörpern besteht, die aneinander befestigt und untereinander mit einem Sammelrohr verbunden sind und die als untrennbare Einheit befördert werden. Der gesamte mit Wasser ausgeliterte Fassungsraum darf 3 000 Liter nicht überschreiten; bei Flaschenbündeln, die für die *Beförderung* von giftigen *Gasen* der Klasse 2 (Gruppen, die gemäß Absatz 2.2.2.1.3 mit dem Buchstaben T beginnen) vorgesehen sind, ist dieser mit Wasser ausgeliterte Fassungsraum auf 1 000 Liter begrenzt.

***Flexibler Schüttgut-Container:*** siehe *Schüttgut-Container.*

***Flexibles Großpackmittel (IBC):*** Ein *Großpackmittel*, das aus einem mit geeigneten *Bedienungsausrüstungen* und *Handhabungsvorrichtungen* versehenen *Packmittelkörper* besteht, der aus einer Folie, einem Gewebe oder einem anderen flexiblen Werkstoff oder aus Zusammensetzungen von Werkstoffen dieser Art gebildet wird, soweit erforderlich, mit einer inneren Beschichtung oder einer *Innenauskleidung*.

***Flüssiger Stoff:*** Ein Stoff, der bei 50 °C einen Dampfdruck von höchstens 300 kPa (3 bar) hat und bei 20 °C und einem Druck von 101,3 kPa nicht vollständig *gas*förmig ist und der *→ 4.3.2.2.4*

a) bei einem Druck von 101,3 kPa einen Schmelzpunkt oder Schmelzbeginn von 20 °C oder darunter hat oder

b) nach dem Prüfverfahren ASTM D 4359-90 flüssig ist oder

c) nach den Kriterien des in Abschnitt 2.3.4 beschriebenen Prüfverfahrens für die Bestimmung des Fließverhaltens (Penetrometerverfahren) nicht dickflüssig ist.

**Bem.** Im Sinne der Tankvorschriften gelten als *Beförderung* in flüssigem Zustand:

- die *Beförderung* von gemäß oben stehender Definition *flüssigen Stoffen* oder
- die *Beförderung* von *festen Stoffen*, die in geschmolzenem Zustand zur *Beförderung* aufgegeben werden.

***Flüssiggas (LPG):*** Unter geringem Druck verflüssigtes Gas, das aus einem oder mehreren nur der UN-Nummer 1011, 1075, 1965, 1969 oder 1978 zugeordneten leichten Kohlenwasserstoffen besteht und das neben Spuren anderer Kohlenwasserstoffgase hauptsächlich Propan, Propen, Butan, Butan-Isomeren und/oder Buten enthält.

**Bem.** 1. Entzündbare Gase, die anderen UN-Nummern zugeordnet sind, gelten nicht als LPG.

2. Für UN-Nummer 1075 siehe Bem. 2 unter Klassifizierungscode 2F UN-Nummer 1965 in der Tabelle für verflüssigte Gase in Unterabschnitt 2.2.2.3.

***Fülldruck:*** Höchster Druck, der sich bei Druckfüllung im *Tank* tatsächlich entwickelt (siehe auch *Berechnungsdruck, Entleerungsdruck, höchster Betriebsdruck (Überdruck)* und *Prüfdruck*).

***Füllfaktor:*** Das Verhältnis zwischen der Masse an Gas und der Masse an Wasser bei 15 °C, die das für die Verwendung vorbereitete Umschließungsmittel vollständig ausfüllen würde.

1.2.1 (Forts.) → D: § 28 Nr. 3 ***Füllungsgrad:*** Das Verhältnis zwischen dem Volumen des bei 15 °C in das Umschließungsmittel eingebrachten *flüssigen* oder *festen Stoffes* und dem Volumen des gebrauchsfertigen Umschließungsmittels, ausgedrückt in %.

**G**

***Gas:*** Stoff, der

a) bei 50 °C einen Dampfdruck von mehr als 300 kPa (3 bar) hat oder
b) bei 20 °C und dem Standarddruck von 101,3 kPa vollständig *gas*förmig ist.

***Gascontainer mit mehreren Elementen (MEGC):*** Ein Beförderungsgerät, das aus Elementen besteht, die durch ein Sammelrohr miteinander verbunden sind und die in einem Rahmen montiert sind. Als Elemente eines MEGC gelten *Flaschen, Großflaschen, Druckfässer* und *Flaschenbündel* sowie *Tanks* mit einem *Fassungsraum* von mehr als 450 Liter für in Absatz 2.2.2.1.1 definierte *Gase*.

**Bem.** Für UN-MEGC siehe Kapitel 6.7.

***Gaspatrone:*** siehe *Gefäß, klein, mit Gas.*

→ 1.1.2.4 ***Gedecktes Fahrzeug:*** Ein *Fahrzeug* mit einem Aufbau, der geschlossen werden kann.

→ D: GGBefG § 2 (2) → CTU-Code Kap. 2 „nicht regulierte Güter" ***Gefährliche Güter:*** Stoffe und Gegenstände, deren *Beförderung* gemäß ADR verboten oder nur unter in diesem Übereinkommen vorgesehenen Bedingungen gestattet ist.

***Gefährliche Reaktion:***

a) eine Verbrennung und/oder Entwicklung beträchtlicher Wärme;
b) eine Entwicklung entzündbarer, erstickend wirkender, oxidierender und/oder giftiger *Gase*;
c) die Bildung ätzender Stoffe;
d) die Bildung instabiler Stoffe;
e) ein gefährlicher Druckanstieg (nur für *Tanks*).

***Gefäß:*** Behältnis, das Stoffe oder Gegenstände aufnehmen und enthalten kann, einschließlich aller *Verschluss*mittel. *Tankkörper* fallen nicht unter diese Begriffsbestimmung. (Siehe auch *Druckgefäß* und *Innengefäß.)*

***Gefäß, klein, mit Gas (Gaspatrone):*** Ein nicht wiederbefüllbares Gefäß, das im Falle von *Gefäßen* aus Metall einen mit Wasser ausgeliterten Fassungsraum von höchstens 1 000 ml und im Falle von *Gefäßen* aus Kunststoff oder Glas von höchstens 500 ml hat und das ein *Gas* oder *Gas*gemisch unter Druck enthält. Es kann mit einem Ventil ausgerüstet sein.

***Genehmigung/Zulassung:***

***Multilaterale Genehmigung/Zulassung*** für die Beförderung radioaktiver Stoffe: Eine je nach Fall durch die jeweils *zuständige Behörde* des Ursprungslandes der *Bauart* oder der *Beförderung* und durch die *zuständige Behörde* jedes Landes, durch oder in das eine Sendung zu befördern ist, erteilte Genehmigung/Zulassung.

***Unilaterale Zulassung*** für die Beförderung radioaktiver Stoffe: Eine Zulassung einer *Bauart*, die nur von der *zuständigen Behörde* des Ursprungslandes der *Bauart* erteilt werden muss.

Ist das Ursprungsland keine Vertragspartei des ADR, so bedarf die Genehmigung/Zulassung der Anerkennung durch die *zuständige Behörde* einer Vertragspartei des ADR (siehe Unterabschnitt 6.4.22.8).

***Geschlossene Ladung:*** Jede Ladung, die von einem einzigen *Absender* kommt, dem der ausschließliche Gebrauch eines *Fahrzeugs* oder *Großcontainers* vorbehalten ist, wobei alle Ladevorgänge nach den Anweisungen des *Absenders* oder des *Empfängers* durchgeführt werden.

**Bem.** Der entsprechende Begriff für Zwecke radioaktiver Stoffe ist *„ausschließliche Verwendung"*.

***Geschlossener Container:*** siehe *Container.*

***Geschlossener Schüttgut-Container:*** siehe *Schüttgut-Container.*

***Geschütztes Großpackmittel (IBC)*** (für *metallene IBC*): Ein *IBC*, der mit einem zusätzlichen Schutz gegen Stöße ausgestattet ist. Dieser Schutz kann z.B. aus einer Mehrschicht-(Sandwich-) oder Doppelwandkonstruktion oder aus einem Rahmen mit Gitter aus Metall bestehen.

***Gewährleistung der Einhaltung der Vorschriften*** (radioaktive Stoffe): Ein systematisches Programm von Maßnahmen, das von einer zuständigen Behörde mit dem Ziel angewendet wird, die Einhaltung des ADR in der Praxis sicherzustellen. **1.2.1** (Forts.)

***Global harmonisiertes System zur Einstufung und Kennzeichnung von Chemikalien:*** Zehnte überarbeitete Ausgabe der Veröffentlichung der Vereinten Nationen mit diesem Titel (ST/SG/AC.10/30/Rev.10).

***Großcontainer:*** siehe *Container.*

***Großflasche:*** *Druckgefäß* einer nahtlosen Bauweise oder einer Bauweise aus Verbundwerkstoff mit einem mit Wasser ausgeliterten Fassungsraum von mehr als 150 Liter bis höchstens 3 000 Liter.

***Großpackmittel (IBC):*** Starre oder flexible, transportable *Verpackung*, die nicht in Kapitel 6.1 aufgeführt ist und:

a) einen Fassungsraum hat von
   (i) höchstens 3,0 $m^3$ für *feste* und *flüssige Stoffe* der *Verpackungsgruppen* II und III,
   (ii) höchstens 1,5 $m^3$ für *feste Stoffe* der *Verpackungsgruppe* I, soweit diese in *flexiblen IBC*, Kunststoff-*IBC*, *Kombinations-IBC*, *IBC aus Pappe* oder *aus Holz* verpackt sind,
   (iii) höchstens 3,0 $m^3$ für *feste Stoffe* der *Verpackungsgruppe* I, soweit diese in *metallenen IBC* verpackt sind,
   (iv) höchstens 3,0 $m^3$ für radioaktive Stoffe der Klasse 7;
b) für mechanische Handhabung ausgelegt ist;
c) den Beanspruchungen bei der Handhabung und *Beförderung* standhalten kann, was durch die in Kapitel 6.5 festgelegten Prüfungen zu bestätigen ist

(siehe auch *flexibles Großpackmittel (IBC), Großpackmittel (IBC) aus Holz, Großpackmittel (IBC) aus Pappe, Kombinations-IBC mit Kunststoff-Innenbehälter, metallenes Großpackmittel (IBC)* und *starrer Kunststoff-IBC*).

**Bem.** 1. *Ortsbewegliche Tanks* oder *Tankcontainer*, die den Vorschriften des Kapitels 6.7 oder 6.8 entsprechen, gelten nicht als *Großpackmittel (IBC)*.
2. *Großpackmittel (IBC)*, die den Vorschriften des Kapitels 6.5 entsprechen, gelten nicht als *Container* im Sinne des ADR.

***Großpackmittel (IBC) aus Holz:*** Ein *Großpackmittel aus Holz* besteht aus einem starren oder zerlegbaren *Packmittelkörper* aus Holz mit einer *Innenauskleidung* (aber keinen *Innenverpackungen*) sowie der geeigneten *Bedienungsausrüstung* und *baulichen Ausrüstung*.

***Großpackmittel (IBC) aus Pappe:*** Ein *Großpackmittel*, das aus einem *Packmittelkörper* aus Pappe mit oder ohne getrennten oberen und unteren Deckeln, gegebenenfalls mit einer *Innenauskleidung* (aber keinen *Innenverpackungen*), sowie der geeigneten *Bedienungsausrüstung* und *baulichen Ausrüstung* besteht.

***Regelmäßige Wartung eines flexiblen Großpackmittels (IBC):*** Die routinemäßige Ausführung von Arbeiten an *flexiblen* Kunststoff-*IBC* oder *flexiblen IBC* aus Textilgewebe, wie: *→ 6.5.4.5.1*

a) Reinigung oder
b) Ersatz nicht integraler Bestandteile, wie nicht integrale *Innenauskleidungen* und Verschlussverbindungen, durch Bestandteile, die den ursprünglichen Spezifikationen des Herstellers entsprechen,

vorausgesetzt, diese Arbeiten haben keine negativen Auswirkungen auf die Behältnisfunktion des *flexiblen IBC* und verändern nicht die Bauart.

***Regelmäßige Wartung eines starren Großpackmittels (IBC):*** Die Ausführung regelmäßiger Arbeiten an *metallenen IBC, starren Kunststoff-IBC* oder *Kombinations-IBC* wie *→ 6.5.4.5.1*

a) Reinigung;
b) Entfernen und Wiederanbringen oder Ersetzen der Verschlüsse des *Packmittelkörpers* (einschließlich der damit verbundenen Dichtungen) oder der *Bedienungsausrüstung* entsprechend den ursprünglichen Spezifikationen des Herstellers, vorausgesetzt, die Dichtheit des IBC wird überprüft; oder
c) Wiederherstellen der *baulichen Ausrüstung*, die nicht direkt die Funktion hat, ein gefährliches Gut einzuschließen oder einen Entleerungsdruck aufrechtzuerhalten, um eine Übereinstimmung mit der geprüften Bauart herzustellen (z.B. Richten der Stützfüße oder der Hebeeinrichtungen), vorausgesetzt, die Behältnisfunktion des *IBC* wird nicht beeinträchtigt.

1.2.1 (Forts.)

→ 6.5.4.5.1 → D: 8 (1) 3 → D: 8 (2)

***Repariertes Großpackmittel (IBC):*** Ein *metallener IBC*, ein *starrer Kunststoff-IBC* oder ein *Kombinations-IBC*, der wegen eines Stoßes oder eines anderen Grundes (z.B. Korrosion, Versprödung oder andere Anzeichen einer gegenüber der geprüften Bauart verminderten Festigkeit) so wiederhergestellt wurde, dass er wieder der geprüften Bauart entspricht und in der Lage ist, den Bauartprüfungen standzuhalten. Für Zwecke des ADR gilt das Ersetzen des *starren Innenbehälters* eines *Kombinations-IBC* durch einen der ursprünglichen Bauart desselben Herstellers entsprechenden Behälter als Reparatur. Dieser Begriff schließt jedoch nicht die *regelmäßige Wartung eines starren IBC* ein. Der *Packmittelkörper* eines *starren Kunststoff-IBC* und der Innenbehälter eines *Kombinations-IBC* sind nicht reparabel. *Flexible IBC* sind, sofern dies nicht von der *zuständigen Behörde* zugelassen ist, nicht reparabel.

→ 6.5.4.5.1

***Wiederaufgearbeitetes Großpackmittel (IBC):*** Ein *metallener IBC*, ein *starrer Kunststoff-IBC* oder ein *Kombinations-IBC*:

a) der sich, ausgehend von einem den Vorschriften nicht entsprechenden Typ, aus der Fertigung eines den Vorschriften entsprechenden UN-Typs ergibt oder
b) der sich aus der Umwandlung eines den Vorschriften entsprechenden UN-Typs in einen anderen, den Vorschriften entsprechenden Typ ergibt.

*Wiederaufgearbeitete IBC* unterliegen denselben Vorschriften des ADR wie ein neuer *IBC* desselben Typs (siehe auch Definition der Bauart in Absatz 6.5.6.1.1).

***Großverpackung:*** Eine aus einer *Außenverpackung* bestehende *Verpackung*, die Gegenstände oder *Innenverpackungen* enthält,

a) für eine mechanische Handhabung ausgelegt ist und
b) eine Nettomasse von mehr als 400 kg oder einen Fassungsraum von mehr als 450 Liter, aber ein Höchstvolumen von 3,0 $m^3$ hat.

***Wiederaufgearbeitete Großverpackung:*** Eine *Großverpackung* aus Metall oder aus starrem Kunststoff:

a) die sich, ausgehend von einem den Vorschriften nicht entsprechenden Typ, aus der Fertigung eines den Vorschriften entsprechenden UN-Typs ergibt oder
b) die sich aus der Umwandlung eines den Vorschriften entsprechenden UN-Typs in einen anderen, den Vorschriften entsprechenden UN-Typ ergibt.

*Wiederaufgearbeitete Großverpackungen* unterliegen denselben Vorschriften des ADR wie eine neue *Großverpackung* desselben Typs (siehe auch Definition der Bauart in Absatz 6.6.5.1.2).

***Wiederverwendete Großverpackung:*** Eine zur Wiederbefüllung vorgesehene *Großverpackung*, die nach einer Untersuchung als frei von solchen Mängeln befunden wurde, die das erfolgreiche Bestehen der Funktionsprüfungen beeinträchtigen könnten; unter diese Begriffsbestimmung fallen insbesondere solche *Großverpackungen*, die mit gleichen oder ähnlichen verträglichen Gütern wiederbefüllt und innerhalb von Vertriebsnetzen, die vom *Absender* des Produktes überwacht werden, befördert werden.

→ CTU-Code Kap. 6

***Güterbeförderungseinheit:*** Ein *Fahrzeug*, ein *Wagen*, ein *Container*, ein *Tankcontainer*, ein *ortsbeweglicher Tank* oder ein MEGC.

**H**

***Haltezeit:*** Der Zeitraum zwischen der Herstellung des erstmaligen Füllzustandes bis zu dem Zeitpunkt, in dem der Druck durch Wärmezufuhr auf den niedrigsten Ansprechdruck der Druckbegrenzungseinrichtung(en) von *Tanks* für die Beförderung tiefgekühlt verflüssigter *Gase* gestiegen ist.

**Bem.** Für *ortsbewegliche Tanks* siehe Unterabschnitt 6.7.4.1.

***Handbuch Prüfungen und Kriterien:*** Achte überarbeitete Ausgabe der Veröffentlichung der Vereinten Nationen mit diesem Titel (ST/SG/AC.10/11/Rev.8).

***Handhabungsvorrichtung*** (für *flexible IBC*): Traggurte, Schlingen, Ösen oder Rahmen, die am *Packmittelkörper* des *IBC* befestigt oder aus dem *Packmittelkörper* herausgebildet sind.

***Höchste Nettomasse:*** Die höchste Nettomasse des Inhalts einer einzelnen *Verpackung* oder die höchste Summe der Massen der *Innenverpackungen* und ihrem Inhalt, ausgedrückt in Kilogramm.

***Höchster Betriebsdruck*** (*Überdruck*): Größter der drei folgenden Werte, die im Scheitel des *Tanks* im Betriebszustand erreicht werden können:

a) höchster effektiver Druck, der im *Tank* während des Füllens zugelassen ist (höchstzulässiger *Fülldruck*);

b) höchster effektiver Druck, der im *Tank* während des Entleerens zugelassen ist (höchstzulässiger *Entleerungsdruck*); **1.2.1** (Forts.)

c) durch das Füllgut (einschließlich eventuell vorhandener Fremdgase) bewirkter effektiver Überdruck im *Tank* bei der höchsten Betriebstemperatur.

Wenn im Kapitel 4.3 nichts anderes vorgeschrieben ist, darf der Zahlenwert dieses Betriebsdrucks (Überdruck) nicht geringer sein als der Dampfdruck (absolut) des Füllgutes bei 50 °C.

Bei *Tanks* mit *Sicherheitsventilen* (mit oder ohne Berstscheibe) mit Ausnahme von *Tanks* zur *Beförderung* verdichteter, verflüssigter oder gelöster *Gase* der Klasse 2 ist der *höchste Betriebsdruck (Überdruck)* jedoch gleich dem vorgeschriebenen Ansprechdruck dieser *Sicherheitsventile* (siehe auch *Berechnungsdruck*, *Entleerungsdruck*, *Fülldruck* und *Prüfdruck*).

**Bem.** 1. Der *höchste Betriebsdruck* ist für *Tanks* mit Schwerkraftentleerung gemäß Absatz 6.8.2.1.14 a) nicht anwendbar.

2. Für *ortsbewegliche Tanks* siehe Kapitel 6.7.

3. Für verschlossene *Kryo-Behälter* siehe Bem. zu Absatz 6.2.1.3.6.5.

***Höchster Fassungsraum:*** Das höchste Innenvolumen von *Gefäßen* oder *Verpackungen*, einschließlich *Großverpackungen* und *Großpackmittel (IBC)*, ausgedrückt in m³ oder Liter. *→ 1.1.3.6.3*

***Höchster normaler Betriebsdruck*** für die Beförderung radioaktiver Stoffe: Der höchste Druck über dem Luftdruck bei mittlerer Meereshöhe, der sich in der *dichten Umschließung* im Laufe eines Jahres unter den Temperatur- und Sonneneinstrahlungsbedingungen entwickeln würde, die den Umgebungsbedingungen während der *Beförderung* ohne Entlüftung, äußere Kühlung durch ein Hilfssystem oder betriebliche Überwachung entsprechen.

***Höchstzulässige Bruttomasse:***

a) (für *IBC*): die Summe aus Masse des *IBC* und der gesamten *Bedienungsausrüstung* oder *baulichen Ausrüstung* und höchstzulässiger Nettomasse;

b) (für *Tanks*): die Summe aus Eigenmasse des *Tanks* und höchster für die *Beförderung* zugelassener Ladung.

**Bem.** Für *ortsbewegliche Tanks* siehe Kapitel 6.7.

***Holzfass:*** *Verpackung* aus Naturholz mit rundem Querschnitt und bauchig geformten Wänden, die aus Dauben und Böden besteht und mit Reifen versehen ist.

***Horde*** (Klasse 1): Ein Blatt aus Metall, Kunststoff, Pappe oder einem anderen geeigneten Werkstoff, das in die *Innen-*, *Zwischen-* oder *Außenverpackungen* eingesetzt und durch das eine kompakte Verstauung in diesen *Verpackungen* ermöglicht wird. Die Oberfläche der *Horde* darf so geformt sein, dass *Verpackungen* oder Gegenstände eingesetzt, sicher gehalten und voneinander getrennt werden können.

**I**

***IAEO-Regelungen für die sichere Beförderung radioaktiver Stoffe:*** Eine der folgenden Ausgaben dieser Regelungen:

a) für die Ausgaben 1985 und 1985 (in der Fassung 1990): die IAEA Safety Series No. 6;

b) für die Ausgabe 1996: die IAEA Safety Series No. ST-1;

c) für die Ausgabe 1996 (überarbeitet): die IAEA Safety Series No. TS-R-1 (ST-1, überarbeitet);

d) für die Ausgaben 1996 (in der Fassung 2003), 2005 und 2009: die IAEA Safety Standards Series No. TS-R-1;

e) für die Ausgabe 2012: die IAEA Safety Standards Series No. SSR-6;

f) für die Ausgabe 2018: die IAEA Safety Standards Series No. SSR-6 (Rev.1).

***IMDG-Code[3]:*** Internationaler Code für die Beförderung gefährlicher Güter mit Seeschiffen, Anwendungsbestimmungen zu Kapitel VII Teil A des Internationalen Übereinkommens von 1974 zum Schutz des menschlichen Lebens auf See (SOLAS-Übereinkommen), herausgegeben von der Internationalen Seeschifffahrtsorganisation (*IMO*), London. *→ D: § 2 (12)*

[3] Die Buchstaben „IMDG-Code" sind die Abkürzung des englischen Ausdrucks „International Maritime Dangerous Goods Code".

1.2.1 (Forts.) ***Innenauskleidung:*** Eine schlauchförmige Hülle oder ein *Sack*, die/der in eine *Verpackung*, einschließlich *Großverpackung* oder *Großpackmittel (IBC)*, eingesetzt wird, aber nicht ein Bestandteil davon ist, einschließlich der *Verschluss*mittel für ihre/seine Öffnungen.

***Innenbehälter*** eines *verschlossenen Kryo-Behälters*: Der Druckbehälter, der für die Aufnahme des tiefgekühlt verflüssigten *Gases* bestimmt ist.

***Innengefäß:*** *Gefäß*, das eine *Außenverpackung* erfordert, um seine Behältnisfunktion zu erfüllen.

***Innenverpackung:*** *Verpackung*, für deren *Beförderung* eine *Außenverpackung* erforderlich ist.

*[**Inspektionsstelle** siehe Prüfstelle]*.

**K**

***Kanister:*** *Verpackung* aus Metall oder Kunststoff von rechteckigem oder mehreckigem Querschnitt mit einer oder mehreren Öffnungen.

***Kiste:*** Rechteckige oder mehreckige vollwandige *Verpackung* aus Metall, Holz, Sperrholz, Holzfaserwerkstoff, Pappe, Kunststoff oder einem anderen geeigneten Werkstoff. Sofern die Unversehrtheit der *Verpackung* während der *Beförderung* dadurch nicht gefährdet wird, dürfen kleine Öffnungen angebracht werden, um die Handhabung oder das Öffnen zu erleichtern oder um den Zuordnungskriterien zu entsprechen.

***Kleincontainer:*** siehe *Container*.

***Kombinations-IBC mit Kunststoff-Innenbehälter:*** Ein *IBC*, der aus einer *baulichen Ausrüstung* in Form einer starren äußeren Umhüllung um einen Kunststoff-Innenbehälter mit den Bedienungs- oder anderen *baulichen Ausrüstungen* besteht. Er ist so ausgelegt, dass der Innenbehälter und die äußere Umhüllung nach der Zusammensetzung eine untrennbare Einheit bilden, die als solche gefüllt, gelagert, befördert oder entleert wird.

**Bem.** Wenn der Ausdruck „Kunststoff" in Zusammenhang mit Innenbehältern von Kombinations-IBC verwendet wird, schließt er auch andere polymere Werkstoffe wie Gummi ein.

***Kombinationsverpackung:*** Aus einer *Außenverpackung* und einem *Innengefäß* bestehende *Verpackung*, die so gebaut ist, dass das *Innengefäß* und die *Außenverpackung* eine integrale Verpackung bilden. Ist sie einmal zusammengebaut, so bildet sie eine untrennbare Einheit, die als solche gefüllt, gelagert, befördert und entleert wird.

**Bem.** Der Begriff *„Innengefäß"* einer *Kombinationsverpackung* darf nicht mit dem Begriff *„Innenverpackung"* einer *zusammengesetzten Verpackung* verwechselt werden. So ist zum Beispiel der Innenteil einer 6HA1-*Kombinationsverpackung* (Kunststoff) ein solches *Innengefäß*, da er normalerweise nicht dazu bestimmt ist, eine Behältnisfunktion ohne seine *Außenverpackung* auszuüben, daher ist er keine *Innenverpackung*.

Wenn nach dem Begriff *„Kombinationsverpackung"* in Klammern ein Werkstoff angegeben ist, bezieht sich dieser auf das *Innengefäß*.

*→ CH: GGUV Art. 8* ***Konformitätsbewertung:*** Der Prozess der Überprüfung der Konformität eines Produkts nach den Vorschriften der Abschnitte 1.8.6 und 1.8.7 betreffend die Baumusterprüfung, die Überwachung der Herstellung und die erstmalige Prüfung.

***Kontrolltemperatur:*** Die höchste Temperatur, bei der das organische Peroxid, der selbstzersetzliche Stoff oder der polymerisierende Stoff sicher befördert werden kann.

***Kritikalitätssicherheitskennzahl (CSI),*** *die einem Versandstück, einer Umverpackung oder einem Container mit spaltbaren Stoffen zugeordnet ist*, für die Beförderung radioaktiver Stoffe: Eine Zahl, anhand derer die Ansammlung von *Versandstücken, Umverpackungen* oder *Containern*, die spaltbare Stoffe enthalten, überwacht wird.

***Kritische Temperatur:*** Die Temperatur, oberhalb der ein Stoff nicht in *flüssigem* Zustand existieren kann.

***Kunststoffgewebe*** (für *flexible IBC*): Werkstoff aus gedehnten Bändern oder Einzelfasern eines geeigneten Kunststoffes.

1.2.1 (Forts.)

**L**

***[Lose Schüttung*** siehe *Beförderung in loser Schüttung].*

***Luftdicht verschlossener Tank:*** Ein *Tank*, der

- nicht mit *Sicherheitsventilen*, Berstscheiben, anderen ähnlichen Sicherheitseinrichtungen oder *Vakuumventilen* ausgerüstet ist oder
- mit *Sicherheitsventilen*, denen gemäß Absatz 6.8.2.2.10 eine Berstscheibe vorgeschaltet ist, nicht jedoch mit *Vakuumventilen* ausgerüstet ist.

Ein *Tank* für die *Beförderung flüssiger Stoffe* mit einem *Berechnungsdruck* von mindestens 4 bar oder für die *Beförderung fester* (pulverförmiger oder körniger) *Stoffe* ungeachtet seines *Berechnungsdrucks* gilt ebenfalls als luftdicht verschlossen, wenn er

- mit *Sicherheitsventilen*, denen gemäß Absatz 6.8.2.2.10 eine Berstscheibe vorgeschaltet ist, und mit *Vakuumventilen* ausgerüstet ist, die dem Absatz 6.8.2.2.3 entsprechen, oder
- nicht mit *Sicherheitsventilen*, Berstscheiben oder anderen ähnlichen Sicherheitseinrichtungen, jedoch mit *Vakuumventilen* ausgerüstet ist, die dem Absatz 6.8.2.2.3 entsprechen.

**M**

***Managementsystem*** für die Beförderung radioaktiver Stoffe: Eine Reihe zusammenhängender oder sich gegenseitig beeinflussender Elemente (System) für die Festlegung von Strategien und Zielen und die Ermöglichung der Erreichung der Ziele in einer wirksamen und nachhaltigen Weise.

***Masse eines Versandstückes:*** Sofern nichts anderes bestimmt ist, die Bruttomasse des *Versandstückes*. Die Masse der für die Beförderung der Güter verwendeten Container und Tanks ist in den Bruttomassen nicht enthalten. → *D: RSEB 0-1*

***Metallenes Großpackmittel (IBC):*** Ein *Großpackmittel (IBC)*, das aus einem *Packmittelkörper* aus Metall sowie der geeigneten *Bedienungsausrüstung* und *baulichen Ausrüstung* besteht.

***Metallhydrid-Speichersystem:*** Ein einzelnes vollständiges Wasserstoff-Speichersystem, das einen *Druckgefäßkörper*, ein Metallhydrid, eine Druckentlastungseinrichtung, ein Absperrventil, eine *Bedienungsausrüstung* und innere Bestandteile enthält und nur für die *Beförderung* von Wasserstoff verwendet wird.

***Mitglied der Fahrzeugbesatzung:*** Ein Fahrer oder jede andere Person, die den Fahrer aus Sicherheits-, Sicherungs-, Ausbildungs- oder Betriebsgründen begleitet.

***Mobile Einheit zur Herstellung von explosiven Stoffen oder Gegenständen mit Explosivstoff (MEMU):*** Eine Einheit oder ein *Fahrzeug*, auf dem eine Einheit befestigt ist, zur Herstellung und zum Laden von explosiven Stoffen oder Gegenständen mit Explosivstoff aus *gefährlichen Gütern*, die selbst keine explosiven Stoffe oder Gegenstände mit Explosivstoff sind. Die Einheit besteht aus verschiedenen *Tanks*, *Schüttgut-Containern* und Herstelleinrichtungen sowie aus Pumpen und der damit zusammenhängenden Ausrüstung. Die MEMU kann verschiedene besondere Ladeabteile für verpackte explosive Stoffe oder Gegenstände mit Explosivstoff haben[1]. → *D: BAM-GGR 010 Anhang 5*

**Bem.** Obwohl die Begriffsbestimmung von MEMU den Ausdruck „zur Herstellung und zum Laden von explosiven Stoffen oder Gegenständen mit Explosivstoff" enthält, gelten die Vorschriften für MEMU nur für die Beförderung und nicht für die Herstellung und das Laden von explosiven Stoffen oder Gegenständen mit Explosivstoff.

**N**

***n.a.g.-Eintragung (nicht anderweitig genannte Eintragung):*** Eine Sammelbezeichnung, der solche Stoffe, Gemische, Lösungen oder Gegenstände zugeordnet werden können, die

a) in Kapitel 3.2 Tabelle A nicht namentlich genannt sind und
b) chemische, physikalische und/oder gefährliche Eigenschaften besitzen, die der Klasse, dem Klassifizierungscode, der *Verpackungsgruppe* und der Benennung der *n.a.g.-Eintragung* entsprechen.

***Netto-Explosivstoffmasse (NEM):*** Die Gesamtmasse der explosiven Stoffe ohne Verpackungen, Gehäuse usw. (Die Begriffe „Netto-Explosivstoffmenge", „Netto-Explosivstoffinhalt", „Netto-Explosivstoffgewicht" oder „Nettomasse des explosiven Inhalts" werden oft mit derselben Bedeutung verwendet.)

[1] *Anmerkung des Verlags: In Deutschland ist „Mischladefahrzeug" üblich.*

1.2.1 (Forts.) ***Neutronenstrahlungsdetektor:*** Eine Einrichtung zum Feststellen von Neutronenstrahlung. In einer derartigen Einrichtung kann ein Gas in einem dicht verschlossenen Elektronenröhrenwandler, der Neutronenstrahlung in ein messbares elektrisches Signal umwandelt, enthalten sein.

***Notfalltemperatur:*** Die Temperatur, bei der bei Ausfall der Temperaturkontrolle Notfallmaßnahmen zu ergreifen sind.

**O**

***Offener Container:*** siehe *Container*.

→ *1.1.2.4* → *CTU-Code Kap. 2 „Ladefläche"*

***Offenes Fahrzeug:*** Ein *Fahrzeug*, dessen Ladefläche offen oder nur mit Seitenwänden und einer Rückwand versehen ist.

***Offener Kryo-Behälter:*** Ortsbewegliches wärmeisoliertes *Gefäß* für tiefgekühlt verflüssigte *Gase*, das durch ständiges Entlüften des tiefgekühlt verflüssigten *Gases* auf Umgebungsdruck gehalten wird.

***Offshore-Schüttgut-Container:*** Ein *Schüttgut-Container*, der besonders für die wiederholte Verwendung für die *Beförderung* von, zu und zwischen Offshore-Einrichtungen ausgelegt ist. Ein Offshore-Schüttgut-Container wird nach den Richtlinien für die Zulassung von auf hoher See eingesetzten Offshore-Containern, die von der Internationalen Seeschifffahrtsorganisation (*IMO*) im Dokument MSC/Circ.860 festgelegt wurden, ausgelegt und gebaut.

***Ortsbeweglicher Tank:*** Ein multimodaler *Tank*, der, wenn er für die *Beförderung* von in Absatz 2.2.2.1.1 definierten *Gasen* verwendet wird, einen *Fassungsraum* von mehr als 450 Liter hat, der Begriffsbestimmung im Kapitel 6.7 oder im *IMDG-Code* entspricht und in Kapitel 3.2 Tabelle A Spalte (10) mit einer Anweisung für ortsbewegliche Tanks (Code T) aufgeführt ist.

**P**

***Packmittelkörper*** (für alle Arten von *IBC* außer für *Kombinations-IBC*): Eigentlicher Behälter, einschließlich der Öffnungen und deren Verschlüsse, jedoch ohne *Bedienungsausrüstung*.

***Prüfdruck:*** Druck, der bei einer Druckprüfung für die erstmalige oder wiederkehrende Prüfung anzuwenden ist (siehe auch *Berechnungsdruck*, *Entleerungsdruck*, *Fülldruck* und *höchster Betriebsdruck (Überdruck)*).

**Bem.** Für *ortsbewegliche Tanks* siehe Kapitel 6.7.

***Prüfstelle:*** Eine von der *zuständigen Behörde* zugelassene unabhängige Prüfstelle.

**Q**

***Qualitätssicherung:*** Ein systematisches Überwachungs- und Kontrollprogramm, das von jeder Organisation oder Stelle mit dem Ziel angewendet wird, dass die im ADR vorgeschriebenen Sicherheitsvorschriften in der Praxis eingehalten werden.

**R**

***Radioaktiver Inhalt*** für die Beförderung radioaktiver Stoffe: Die radioaktiven Stoffe mit allen kontaminierten oder aktivierten *festen Stoffen, flüssigen Stoffen* und *Gasen* innerhalb der *Verpackung*.

→ *D: § 8 (1) 4* → *D: § 8 (2)*

***Recycling-Kunststoffe:*** Werkstoffe, die aus gebrauchten Industrie*verpackungen* oder aus anderen Kunststoffen wiedergewonnen, vorsortiert und für die Verarbeitung zu neuen *Verpackungen*, einschließlich *Großpackmittel (IBC)*, vorbereitet wurden. Die besonderen Eigenschaften der für die Herstellung neuer Verpackungen, einschließlich *Großpackmittel (IBC)*, verwendeten Recycling-Kunststoffe müssen garantiert und regelmäßig als Teil eines von der *zuständigen Behörde* anerkannten Qualitätssicherungsprogramms dokumentiert werden. Das Qualitätssicherungsprogramm muss Aufzeichnungen über eine zweckmäßige Vorsortierung sowie den Nachweis umfassen, dass jede Charge Recycling-Kunststoff, die eine homogene Zusammensetzung aufweist, den Werkstoffspezifikationen (Schmelzindex, Dichte und Zugeigenschaften) der aus einem solchen Recycling-Werkstoff hergestellten Bauart entspricht. Zu den Qualitätssicherheitsangaben gehören notwendigerweise Angaben über die Kunststoffe, aus denen die Recycling-Kunststoffe gewonnen wurden, ebenso wie die Kenntnis der früheren Verwendung, einschließlich der früheren Füllgüter, der Kunststoffe, sofern diese möglicherweise die Eignung neuer, unter Verwendung dieser Werkstoffe hergestellter *Verpackungen*, einschließlich *Großpackmittel (IBC)*, beeinträchtigen könnten. Darüber hinaus muss das vom Hersteller der *Verpackung* oder des *Großpackmittels (IBC)* angewandte Qualitätssicherungsprogramm nach Unterabschnitt 6.1.1.4 oder 6.5.4.1 die Durchführung der geeigneten mechanischen Bauartprüfungen an *Verpackungen* oder *Großpackmitteln (IBC)* aus jeder Charge Recycling-Kunststoff nach Abschnitt 6.1.5 oder 6.5.6 umfassen. Bei diesen Prüfungen darf die Stapelfestigkeit durch eine geeignete dynamische Druckprüfung anstelle einer statischen Lastprüfung nachgewiesen werden. **1.2.1** (Forts.)

**Bem.** Die Norm ISO 16103:2005 „Verpackung – Verpackungen zur Beförderung gefährlicher Güter – Recycling-Kunststoffe" enthält zusätzliche Leitlinien für Verfahren, die bei der Zulassung der Verwendung von Recycling-Kunststoffen in Betracht kommen können. Diese Leitlinien wurden auf der Grundlage der Erfahrungen bei der Herstellung von Fässern und Kanistern aus Recycling-Kunststoffen entwickelt und müssen als solche möglicherweise für andere Arten von Verpackungen, Großpackmitteln (IBC) und Großverpackungen aus Recycling-Kunststoff angepasst werden.

***Regelmäßige Wartung eines flexiblen Großpackmittels (IBC):*** siehe *Großpackmittel (IBC)*.

***Regelmäßige Wartung eines starren Großpackmittels (IBC):*** siehe *Großpackmittel (IBC)*. *→ 6.5.4.5.1*

***Rekonditionierte Verpackung:*** *Verpackung*, insbesondere

a) ein Metall*fass*:
   (i) das so gereinigt wurde, dass die Konstruktionswerkstoffe wieder ihr ursprüngliches Aussehen erhalten und dabei alle Reste des früheren Inhalts, ebenso wie innere und äußere Korrosion sowie äußere Beschichtungen und Bezettelungen entfernt wurden,
   (ii) das wieder in seine ursprüngliche Form und sein ursprüngliches Profil gebracht wurde, wobei die Verbindungen zwischen Böden und Mantel (soweit vorhanden) gerichtet und abgedichtet und alle Dichtungen, die nicht integrierter Teil der *Verpackung* sind, ausgetauscht wurden, und
   (iii) das nach der Reinigung, aber vor dem erneuten Anstrich untersucht wurde, wobei *Verpackungen*, die sichtbare punktförmige Vertiefungen (Pitting), eine wesentliche Verminderung der Materialstärke, eine Ermüdung des Metalls, beschädigte Gewinde oder Verschlüsse oder andere bedeutende Mängel aufweisen, zurückgewiesen werden müssen;

b) ein *Fass* oder *Kanister* aus Kunststoff:
   (i) das/der so gereinigt wurde, dass die Konstruktionswerkstoffe wieder ihr ursprüngliches Aussehen erhalten und dabei alle Reste des früheren Inhalts sowie äußere Beschichtungen und Bezettelungen entfernt wurden,
   (ii) dessen Dichtungen, die nicht integrierter Teil der *Verpackung* sind, ausgetauscht wurden und
   (iii) das/der nach der Reinigung untersucht wurde, wobei *Verpackungen*, die sichtbare Schäden, wie Risse, Falten oder Bruchstellen, oder beschädigte Gewinde oder Verschlüsse oder andere bedeutende Mängel aufweisen, zurückgewiesen werden müssen.

***Repariertes Großpackmittel (IBC):*** siehe *Großpackmittel (IBC)*.

## S

***Sack:*** Flexible *Verpackung* aus Papier, Kunststofffolien, Textilien, gewebten oder anderen geeigneten Werkstoffen.

***Sammeleintragung:*** Eine definierte Gruppe von Stoffen oder Gegenständen (siehe Unterabschnitt 2.1.1.2 Buchstaben B, C und D).

***Saug-Druck-Tank für Abfälle:*** Ein hauptsächlich für die *Beförderung* gefährlicher *Abfälle* verwendeter *festverbundener Tank, Aufsetztank, Tankcontainer* oder *Tankwechselaufbau (Tankwechselbehälter)*, der in besonderer Weise gebaut oder ausgerüstet ist, um das Einfüllen und Entleeren von *Abfällen* gemäß den Vorschriften des Kapitels 6.10 zu erleichtern.

Ein Tank, der vollständig den Vorschriften des Kapitels 6.7 oder 6.8 entspricht, gilt nicht als *Saug-Druck-Tank für Abfälle.*

***Schüttgut-Container:*** Ein Behältnissystem (einschließlich eventueller Auskleidungen oder Beschichtungen), das für die *Beförderung fester Stoffe* in direktem Kontakt mit dem Behältnissystem vorgesehen ist. *Verpackungen, Großpackmittel (IBC), Großverpackungen* und *Tanks* sind nicht eingeschlossen.

Ein Schüttgut-Container:

- ist von dauerhafter Beschaffenheit und genügend widerstandsfähig, um wiederholt verwendet werden zu können,

1.2.1 (Forts.)
- ist besonders dafür gebaut, um die *Beförderung* von Gütern durch ein oder mehrere Beförderungsmittel ohne Veränderung der Ladung zu erleichtern,
- ist mit Vorrichtungen versehen, welche die Handhabung erleichtern,
- hat einen Fassungsraum von mindestens 1,0 $m^3$.

Beispiele für Schüttgut-Container sind *Container, Offshore-Schüttgut-Container*, Mulden, Silos für Güter in loser Schüttung, *Wechselaufbauten (Wechselbehälter)*, trichterförmige *Container*, Roll*container*, Ladeabteile von *Fahrzeugen*.

**Bem.** Diese Begriffsbestimmung gilt nur für *Schüttgut-Container*, die den Vorschriften des Kapitels 6.11 entsprechen.

***Bedeckter Schüttgut-Container:*** Ein oben offener *Schüttgut-Container* mit starrem Boden (einschließlich trichterförmiger Böden), starren Seitenwänden und starren Stirnseiten und einer nicht starren Abdeckung.

***Flexibler Schüttgut-Container:*** Ein flexibler *Container* mit einem Fassungsraum von höchstens 15 $m^3$, einschließlich Auskleidungen, angebrachte Handhabungseinrichtungen und Bedienungsausrüstung.

***Geschlossener Schüttgut-Container:*** Ein vollständig geschlossener *Schüttgut-Container* mit einem starren Dach, starren Seitenwänden, starren Stirnseiten und einem starren Boden (einschließlich trichterförmiger Böden). Der Begriff umfasst *Schüttgut-Container* mit einem öffnungsfähigen Dach, öffnungsfähigen Seitenwänden oder öffnungsfähigen Stirnseiten, das/die während der *Beförderung* geschlossen werden kann/können. Geschlossene *Schüttgut-Container* dürfen mit Öffnungen ausgerüstet sein, die einen Austausch von Dämpfen und Gasen mit Luft ermöglichen und die unter normalen Beförderungsbedingungen ein Freiwerden *fester Stoffe* sowie ein Eindringen von Regen- oder Spritzwasser verhindern.

***Schutzauskleidung*** (von *Tanks*): Auskleidung oder Beschichtung, die den metallenen Werkstoff des *Tanks* vor den zu befördernden Stoffen schützt.

**Bem.** Diese Begriffsbestimmung gilt nicht für Auskleidungen oder Beschichtungen, die nur für den Schutz des zu befördernden Stoffes verwendet werden.

***Sendung:*** Ein einzelnes *Versandstück* oder mehrere *Versandstücke* oder eine Ladung *gefährlicher Güter*, die ein *Absender* zur *Beförderung* aufgibt.

***Sicherheitsventil:*** Eine selbsttätige druckabhängige federbelastete Einrichtung zum Schutz des *Tanks* gegen einen unzulässigen inneren Überdruck.

***Spule*** (Klasse 1): Eine Einrichtung aus Kunststoff, Holz, Pappe, Metall oder einem anderen geeigneten Werkstoff, der aus einer Spindel und gegebenenfalls aus Seitenwänden an jedem Ende der Spindel besteht. Die Stoffe und Gegenstände müssen auf die Spindel aufgewickelt und gegebenenfalls durch die Seitenwände gesichert werden können.

***Starrer Innenbehälter*** (für *Kombinations-IBC*): Behälter, der seine Form in leerem Zustand im Großen und Ganzen beibehält, ohne dass die Verschlüsse eingesetzt sind und ohne dass er durch die äußere Umhüllung gestützt wird. Innenbehälter, die nicht „starr" sind, gelten als „flexibel".

***Starrer Kunststoff-IBC:*** Ein *Großpackmittel (IBC)*, das aus einem *Packmittelkörper* aus starrem Kunststoff besteht und mit einer *baulichen Ausrüstung* und einer geeigneten *Bedienungsausrüstung* versehen sein kann.

***Staubdichte Verpackung:*** *Verpackung*, die für trockenen Inhalt, einschließlich während der *Beförderung* entstandener feinstaubiger *fester Stoffe*, undurchlässig ist.

***Strahlungsdetektionssystem:*** Ein Gerät, das als Bestandteile Strahlungsdetektoren enthält.

**T**

→ *CH: SDR Anh. 1 6.14.1.1* ***Tank:*** Ein *Tankkörper* mit seiner *Bedienungsausrüstung* und *baulichen Ausrüstung*. Wenn der Begriff allein verwendet wird, umfasst er die in diesem Abschnitt definierten *Tankcontainer, ortsbeweglichen Tanks, Aufsetztanks* und *festverbundenen Tanks* sowie die Tanks als Elemente von *Batterie-Fahrzeugen* oder MEGC.

***Tankakte:*** Ein Dokument, das alle technisch relevanten Informationen eines *Tanks*, eines *Batterie-Fahrzeugs* oder eines MEGC, wie die in den Unterabschnitten 6.8.2.3, 6.8.2.4 und 6.8.3.4 genannten Bescheinigungen, enthält.

***Tankcontainer:*** Ein Beförderungsgerät, das der Begriffsbestimmung für *Container* entspricht, das aus einem *Tankkörper* und den Ausrüstungsteilen besteht, einschließlich der Einrichtungen, die das Umsetzen des *Tankcontainers* ohne wesentliche Veränderung der Gleichgewichtslage erlauben, das für die *Beförderung* von *gas*förmigen, *flüssigen*, pulverförmigen oder körnigen *Stoffen* verwendet wird und das einen *Fassungsraum* von mehr als 0,45 $m^3$ (450 Liter) hat, wenn es für die *Beförderung* von in Absatz 2.2.2.1.1 definierten *Gasen* verwendet wird. **1.2.1** (Forts.)

**Bem.** *Großpackmittel (IBC)*, die den Vorschriften des Kapitels 6.5 entsprechen, gelten nicht als *Tankcontainer.*

Außerdem:

***Besonders großer Tankcontainer:*** Ein *Tankcontainer* mit einem *Fassungsraum* von mehr als 40 000 Litern.

***Tankfahrzeug:*** Ein *Fahrzeug* mit einem oder mehreren *festverbundenen Tanks* zur *Beförderung* von *flüssigen*, *gas*förmigen, pulverförmigen oder körnigen Stoffen. Es besteht – außer dem eigentlichen *Fahrzeug* oder einem Fahrgestell – aus einem oder mehreren *Tankkörpern*, deren Ausrüstungsteilen und den Verbindungsteilen zum *Fahrzeug* oder zum Fahrgestell. *→ 1.1.2.4*

***Tankkörper*** (für Tanks): Der Teil des *Tanks*, der den zu befördernden Stoff enthält, einschließlich der Öffnungen und ihrer Verschlüsse, jedoch mit Ausnahme der *Bedienungsausrüstung* und der äußeren *baulichen Ausrüstung*.

**Bem.** Für *ortsbewegliche Tanks* siehe Kapitel 6.7.

***Tankwechselaufbau (Tankwechselbehälter):*** Ein Tankwechselaufbau (Tankwechselbehälter) gilt als *Tankcontainer.*

***Technische Anweisungen der ICAO:*** Technische Anweisungen für die sichere Beförderung gefährlicher Güter im Luftverkehr, Ergänzung zu Anhang 18 zum Chicagoer Übereinkommen für den internationalen Zivilluftverkehr (Chicago, 1944), herausgegeben von der Internationalen Zivilluftfahrt-Organisation (*ICAO*), Montreal.

***Technische Benennung:*** Eine anerkannte chemische Benennung, gegebenenfalls eine anerkannte biologische Benennung oder eine andere Benennung, die üblicherweise in wissenschaftlichen und technischen Handbüchern, Zeitschriften und Texten verwendet wird (siehe Absatz 3.1.2.8.1.1).

***Temperatur der selbstbeschleunigenden Polymerisation (SAPT):*** Die niedrigste Temperatur, bei der die selbstbeschleunigende Polymerisation eines Stoffes in den zur Beförderung aufgegebenen *Verpackungen*, *Großpackmitteln (IBC)* oder *Tanks* auftreten kann. Die SAPT ist nach den für die *Temperatur der selbstbeschleunigenden Zersetzung* von selbstzersetzlichen Stoffen im *Handbuch Prüfungen und Kriterien* Teil II Abschnitt 28 festgelegten Prüfverfahren zu bestimmen.

***Temperatur der selbstbeschleunigenden Zersetzung (SADT):*** Die niedrigste Temperatur, bei der in einem Stoff in den zur Beförderung aufgegebenen *Verpackungen*, *Großpackmitteln (IBC)* oder *Tanks* eine selbstbeschleunigende Zersetzung auftreten kann. Die SADT ist nach den im *Handbuch Prüfungen und Kriterien* Teil II Abschnitt 28 enthaltenen Prüfverfahren zu bestimmen.

***Tierische Stoffe:*** Tierkörper, Tierkörperteile oder aus Tieren gewonnene Nahrungsmittel oder Futtermittel.

***Transportkennzahl (TI),*** *die einem Versandstück, einer Umverpackung oder einem Container oder unverpackten LSA-I-Stoffen oder SCO-I- oder SCO-III-Gegenständen zugeordnet ist*, für die Beförderung radioaktiver Stoffe: Eine Zahl, anhand derer die Strahlenexposition überwacht wird.

**U**

***Umformte Flasche:*** Eine *Flasche* zur *Beförderung* von *Flüssiggas* mit einem mit Wasser ausgeliterten Fassungsraum von höchstens 13 Litern aus einem beschichteten geschweißten Innen*flaschenkörper* aus Stahl mit einem Schutzgehäuse, das aus einer Umformung aus Schaumstoff besteht, die nicht abnehmbar und auf der äußeren Oberfläche der Wand des Stahl*flaschenkörpers* aufgeklebt ist.

***Umverpackung:*** Eine Umschließung, die (im Falle radioaktiver Stoffe von einem einzigen *Absender*) für die Aufnahme von einem oder mehreren *Versandstücken* und für die Bildung einer Einheit zur leichteren Handhabung und Verladung während der *Beförderung* verwendet wird. Beispiele für *Umverpackungen* sind: *→ CH: GGUV Art. 2a → CH: GGUV Art. 7*

**1.2.1** (Forts.)

a) eine Ladeplatte, wie eine Palette, auf die mehrere *Versandstücke* gestellt oder gestapelt werden und die durch Kunststoffband, Schrumpf- oder Dehnfolie oder andere geeignete Mittel gesichert werden, oder

b) eine äußere Schutz*verpackung* wie eine *Kiste* oder ein *Verschlag.*

→ *D: RSEB 1-21* ***UN-Modellvorschriften:*** Die Modellvorschriften, die in der Anlage der dreiundzwanzigsten überarbeiteten Ausgabe der UN-Empfehlungen für die Beförderung gefährlicher Güter, herausgegeben von den Vereinten Nationen (ST/SG/AC.10/1/Rev.23), enthalten sind.

***UN-Nummer:*** Vierstellige Zahl als Nummer zur Kennzeichnung von Stoffen oder Gegenständen gemäß *UN-Modellvorschriften.*

***UN-Regelung:*** Eine Regelung als Anlage zum Übereinkommen über die Annahme einheitlicher technischer Vorschriften für Radfahrzeuge, Ausrüstungsgegenstände und Teile, die in Radfahrzeuge(n) eingebaut und/oder verwendet werden können, und die Bedingungen für die gegenseitige Anerkennung von Genehmigungen, die nach diesen Vorschriften erteilt werden (Übereinkommen von 1958 in der jeweils geänderten Fassung).

***Unternehmen:*** Jede natürliche Person, jede juristische Person mit oder ohne Erwerbszweck, jede Vereinigung oder jeder Zusammenschluss von Personen ohne Rechtspersönlichkeit mit oder ohne Erwerbszweck sowie jede staatliche Einrichtung, unabhängig davon, ob diese über eine eigene Rechtspersönlichkeit verfügt oder von einer Behörde mit Rechtspersönlichkeit abhängt.

**V**

***Vakuumventil:*** Eine selbsttätige druckabhängige federbelastete Einrichtung zum Schutz des *Tanks* gegen einen unzulässigen inneren Unterdruck.

***Verbrennungsheizgerät:*** Eine Einrichtung, die unmittelbar einen flüssigen oder gasförmigen Brennstoff verwendet und keine Abwärme des Antriebsmotors des *Fahrzeugs* aufnimmt.

***Verdichtetes Erdgas (CNG):*** Ein verdichtetes *Gas*, das aus Erdgas mit einem hohen Methangehalt besteht und der UN-Nummer 1971 zugeordnet ist.

***Verflüssigtes Erdgas (LNG):*** Ein tiefgekühlt verflüssigtes *Gas*, das aus Erdgas mit einem hohen Methangehalt besteht und der UN-Nummer 1972 zugeordnet ist.

***Verladen:*** Alle Tätigkeiten, die vom *Verlader* gemäß der Begriffsbestimmung von *Verlader* vorgenommen werden.

→ *D: § 2 (3)* → *D: § 21* ***Verlader:*** Das *Unternehmen*, das

a) verpackte *gefährliche Güter, Kleincontainer* oder *ortsbewegliche Tanks* in oder auf ein *Fahrzeug* oder einen *Container* verlädt oder

b) einen *Container, Schüttgut-Container*, MEGC, *Tankcontainer* oder *ortsbeweglichen Tank* auf ein *Fahrzeug* verlädt.

→ *D: § 2 (4)* → *D: § 22* ***Verpacker:*** Das *Unternehmen*, das die *gefährlichen Güter* in *Verpackungen*, einschließlich *Großverpackungen* und *Großpackmittel (IBC)*, einfüllt und gegebenenfalls die *Versandstücke* zur *Beförderung* vorbereitet.

***Verpackung:*** Ein oder mehrere *Gefäße* und alle anderen Bestandteile und Werkstoffe, die notwendig sind, damit die *Gefäße* ihre Behältnis- und andere Sicherheitsfunktionen erfüllen können (siehe auch *Außenverpackung, Bergungsverpackung, Feinstblechverpackung, Großpackmittel (IBC), Großverpackung, Innenverpackung, Kombinationsverpackung, rekonditionierte Verpackung, staubdichte Verpackung, Zwischenverpackung, wiederaufgearbeitete Verpackung, wiederverwendete Verpackung* und *zusammengesetzte Verpackung*).

***Verpackungsgruppe:*** Eine Gruppe, der gewisse Stoffe auf Grund ihres Gefahrengrades während der *Beförderung* für Verpackungszwecke zugeordnet sind. Die *Verpackungsgruppen* haben folgende Bedeutung, die in Teil 2 genauer erläutert wird:

*Verpackungsgruppe* I: Stoffe mit hoher Gefahr
*Verpackungsgruppe* II: Stoffe mit mittlerer Gefahr
*Verpackungsgruppe* III: Stoffe mit geringer Gefahr.

***Versandstück:*** Das versandfertige Endprodukt des Verpackungsvorganges, bestehend aus der *Verpackung*, der *Großverpackung* oder dem *Großpackmittel (IBC)* und ihrem bzw. seinem Inhalt. Der Begriff umfasst die *Druckgefäße für Gase* gemäß Begriffsbestimmung in diesem Abschnitt sowie die Gegenstände, die wegen ihrer Größe, Masse oder Formgebung unverpackt, oder in Schlitten, Verschlägen oder Handhabungseinrichtungen befördert werden dürfen. Mit Ausnahme der Beförderung radioaktiver Stoffe gilt dieser Begriff weder für Güter, die *in loser Schüttung* befördert werden, noch für Stoffe, die in *Tanks* befördert werden. **1.2.1** (Forts.) → *D: § 2 (5)* → *CTU-Code Begriffsbestimmungen*

**Bem.** Für radioaktive Stoffe siehe Unterabschnitt 2.2.7.2, Absatz 4.1.9.1.1 und Kapitel 6.4.

***Verschlag:*** Eine *Außenverpackung*, die eine durchbrochene Oberfläche aufweist.

***Verschlossener Kryo-Behälter:*** Wärmeisoliertes *Druckgefäß* für tiefgekühlt verflüssigte *Gase* mit einem mit Wasser ausgeliterten Fassungsraum von höchstens 1000 Litern.

***Verschluss:*** Eine Einrichtung, die dazu dient, die Öffnung eines *Gefäßes* zu verschließen.

**Bem.** *Verschlüsse* von *Druckgefäßen* sind zum Beispiel Ventile, Druckentlastungseinrichtungen, Druckmessgeräte oder Füllstandsanzeiger.

**W**

***Wechselaufbau (Wechselbehälter):*** siehe *Container.*

***Wiederaufgearbeitetes Großpackmittel (IBC):*** siehe *Großpackmittel (IBC).*

***Wiederaufgearbeitete Großverpackung:*** siehe *Großverpackung.*

***Wiederaufgearbeitete Verpackung:*** *Verpackung*, insbesondere

a) ein Metall*fass*:
   (i) das sich, ausgehend von einem den Vorschriften des Kapitels 6.1 nicht entsprechenden Typ, aus der Fertigung eines UN-Verpackungstyps ergibt, der diesen Vorschriften entspricht;
   (ii) das sich aus der Umwandlung eines UN-Verpackungstyps, der den Vorschriften des Kapitels 6.1 entspricht, in einen anderen Typ, der denselben Vorschriften entspricht, ergibt oder
   (iii) bei dem fest eingebaute Konstruktionsbestandteile (wie nicht abnehmbare Deckel) ausgetauscht wurden;
b) ein *Fass* aus Kunststoff:
   (i) das sich aus der Umwandlung eines UN-Verpackungstyps in einen anderen UN-Verpackungstyp ergibt (z.B. 1H1 in 1H2) oder
   (ii) bei dem fest eingebaute Konstruktionsbestandteile ausgetauscht wurden.

Wiederaufgearbeitete *Fässer* unterliegen den Vorschriften des Kapitels 6.1, die für neue *Fässer* des gleichen Typs gelten.

***Wiederverwendete Großverpackung:*** siehe *Großverpackung.*

***Wiederverwendete Verpackung:*** Eine *Verpackung*, die nach einer Untersuchung als frei von solchen Mängeln befunden wurde, die das erfolgreiche Bestehen der Funktionsprüfungen beeinträchtigen könnten; unter diese Definition fallen insbesondere solche *Verpackungen*, die mit gleichen oder ähnlichen verträglichen Gütern wiederbefüllt und innerhalb von Vertriebsnetzen, die vom *Absender* des Produktes überwacht werden, befördert werden.

**Z**

***Zusammengesetzte Verpackung:*** Eine Kombination von *Verpackungen* für Beförderungszwecke, bestehend aus einer oder mehreren *Innenverpackungen*, die nach Unterabschnitt 4.1.1.5 in eine *Außenverpackung* eingesetzt sein müssen.

**Bem.** Der Begriff *„Innenverpackung"* einer *zusammengesetzten Verpackung* darf nicht mit dem Begriff *„Innengefäß"* einer *Kombinationsverpackung* verwechselt werden.

***Zuständige Behörde:*** Die Behörde(n) oder sonstige Stelle(n), die in jedem Staat und in jedem Einzelfall gemäß Landesrecht als solche bestimmt wird (werden). → *D: ADR-Gesetz*

***Zwischenverpackung:*** Eine *Verpackung*, die sich zwischen *Innenverpackungen* oder Gegenständen und einer *Außenverpackung* befindet.

## 1.2.2 Maßeinheiten

### 1.2.2.1 [Aufzählung]

Im ADR gelten folgende Maßeinheiten[4]:

| Größe | SI-Einheit[5] | Zusätzlich zugelassene Einheit | Beziehung zwischen den Einheiten |
|---|---|---|---|
| Länge | m (Meter) | – | – |
| Fläche | $m^2$ (Quadratmeter) | – | – |
| Volumen | $m^3$ (Kubikmeter) | l[6] (Liter) | $1\ l = 10^{-3}\ m^3$ |
| Zeit | s (Sekunde) | min (Minute)<br>h (Stunde)<br>d (Tag) | 1 min = 60 s<br>1 h = 3 600 s<br>1 d = 86 400 s |
| Masse | kg (Kilogramm) | g (Gramm)<br>t (Tonne) | $1\ g = 10^{-3}\ kg$<br>$1\ t = 10^3\ kg$ |
| Dichte | $kg/m^3$ | kg/l | $1\ kg/l = 10^3\ kg/m^3$ |
| Temperatur | K (Kelvin) | °C (Grad Celsius) | 0 °C = 273,15 K |
| Temperaturdifferenz | K (Kelvin) | °C (Grad Celsius) | 1 °C = 1 K |
| Kraft | N (Newton) | – | $1\ N = 1\ kg \cdot m/s^2$ |
| Druck | Pa (Pascal) | bar (Bar) | $1\ Pa = 1\ N/m^2$<br>$1\ bar = 10^5\ Pa$ |
| Mechanische Spannung | $N/m^2$ | $N/mm^2$ | $1\ N/mm^2 = 1\ MPa$ |
| Arbeit | J (Joule) | kWh (Kilowattstunde) | 1 kWh = 3,6 MJ |
| Energie | J (Joule) | | $1\ J = 1\ N \cdot m = 1\ W \cdot s$ |
| Wärmemenge | J (Joule) | eV (Elektronvolt) | $1\ eV = 0{,}1602 \cdot 10^{-18}\ J$ |
| Leistung | W (Watt) | – | $1\ W = 1\ J/s = 1\ N \cdot m/s$ |
| Elektrischer Widerstand | Ω (Ohm) | – | $1\ \Omega = 1\ kg \cdot m^2 \cdot s^{-3} \cdot A^{-2}$ |
| Kinematische Viskosität | $m^2/s$ | $mm^2/s$ | $1\ mm^2/s = 10^{-6}\ m^2/s$ |
| Dynamische Viskosität | $Pa \cdot s$ | $mPa \cdot s$ | $1\ mPa \cdot s = 10^{-3}\ Pa \cdot s$ |
| Aktivität | Bq (Becquerel) | – | – |
| Äquivalentdosis | Sv (Sievert) | – | – |

4) Für die Umrechnung der bisher gebräuchlichen Einheiten in SI-Einheiten gelten folgende gerundete Werte:

| | | | | |
|---|---|---|---|---|
| *Kraft* | | | | |
| 1 kg | = 9,807 N | | | |
| 1 N | = 0,102 kg | | | |
| *Mechanische Spannung* | | | | |
| $1\ kg/mm^2$ | $= 9{,}807\ N/mm^2$ | | | |
| $1\ N/mm^2$ | $= 0{,}102\ kg/mm^2$ | | | |
| *Druck* | | | | |
| 1 Pa | $= 1\ N/m^2$ | $= 10^{-5}\ bar$ | $= 1{,}02 \cdot 10^{-5}\ kg/cm^2$ | $= 0{,}75 \cdot 10^{-2}\ Torr$ |
| 1 bar | $= 10^5\ Pa$ | $= 1{,}02\ kg/cm^2$ | = 750 Torr | |
| $1\ kg/cm^2$ | $= 9{,}807 \cdot 10^4\ Pa$ | = 0,9807 bar | = 736 Torr | |
| 1 Torr | $= 1{,}33 \cdot 10^2\ Pa$ | $= 1{,}33 \cdot 10^{-3}\ bar$ | $= 1{,}36 \cdot 10^{-3}\ kg/cm^2$ | |
| *Arbeit, Energie, Wärmemenge* | | | | |
| 1 J | $= 1\ N \cdot m$ | $= 0{,}278 \cdot 10^{-6}\ kWh$ | $= 0{,}102\ kg \cdot m$ | $= 0{,}239 \cdot 10^{-3}\ kcal$ |
| 1 kWh | $= 3{,}6 \cdot 10^6\ J$ | $= 367 \cdot 10^3\ kg \cdot m$ | = 860 kcal | |
| $1\ kg \cdot m$ | = 9,807 J | $= 2{,}72 \cdot 10^{-6}\ kWh$ | $= 2{,}34 \cdot 10^{-3}\ kcal$ | |
| 1 kcal | $= 4{,}19 \cdot 10^3\ J$ | $= 1{,}16 \cdot 10^{-3}\ kWh$ | $= 427\ kg \cdot m$ | |
| *Leistung* | | | | |
| 1 W | $= 0{,}102\ kg \cdot m/s$ | = 0,86 kcal/h | | |
| $1\ kg \cdot m/s$ | = 9,807 W | = 8,43 kcal/h | | |
| 1 kcal/h | = 1,16 W | $= 0{,}119\ kg \cdot m/s$ | | |
| *Viskosität, kinematisch* | | | | |
| $1\ m^2/s$ | $= 10^4\ St$ (Stokes) | | | |
| 1 St | $= 10^{-4}\ m^2/s$ | | | |
| *Viskosität, dynamisch* | | | | |
| $1\ Pa \cdot s$ | $= 1\ N \cdot s/m^2$ | = 10 P (Poise) | $= 0{,}102\ kg \cdot s/m^2$ | |
| 1 P | $= 0{,}1\ Pa \cdot s$ | $= 0{,}1\ N \cdot s/m^2$ | $= 1{,}02 \cdot 10^{-2}\ kg \cdot s/m^2$ | |
| $1\ kg \cdot s/m^2$ | $= 9{,}807\ Pa \cdot s$ | $= 9{,}807\ N \cdot s/m^2$ | = 98,07 P | |

5) Das internationale Einheitensystem (SI) ist das Ergebnis von Beschlüssen der Generalkonferenz für Maße und Gewichte (Adr.: Pavillon de Breteuil, Parc de St-Cloud, F-92310 Sèvres).

6) Beim Schreiben mit der Schreibmaschine ist für Liter neben dem Zeichen „l" auch das Zeichen „L" zulässig.

Dezimale Vielfache und Teile einer Einheit können durch Vorsetzen der nachfolgenden Vorsätze bzw. Vorsatzzeichen vor den Namen bzw. das Zeichen der Einheit gebildet werden: 1.2.2.1 (Forts.)

| Faktor | | Vorsatz | Vorsatzzeichen |
|---|---|---|---|
| 1 000 000 000 000 000 000 = $10^{18}$ | Trillionenfach | Exa | E |
| 1 000 000 000 000 000 = $10^{15}$ | Billiardenfach | Peta | P |
| 1 000 000 000 000 = $10^{12}$ | Billionenfach | Tera | T |
| 1 000 000 000 = $10^{9}$ | Milliardenfach | Giga | G |
| 1 000 000 = $10^{6}$ | Millionenfach | Mega | M |
| 1 000 = $10^{3}$ | Tausendfach | Kilo | k |
| 100 = $10^{2}$ | Hundertfach | Hekto | h |
| 10 = $10^{1}$ | Zehnfach | Deka | da |
| 0,1 = $10^{-1}$ | Zehntel | Dezi | d |
| 0,01 = $10^{-2}$ | Hundertstel | Zenti | c |
| 0,001 = $10^{-3}$ | Tausendstel | Milli | m |
| 0,000 001 = $10^{-6}$ | Millionstel | Mikro | µ |
| 0,000 000 001 = $10^{-9}$ | Milliardstel | Nano | n |
| 0,000 000 000 001 = $10^{-12}$ | Billionstel | Piko | p |
| 0,000 000 000 000 001 = $10^{-15}$ | Billiardstel | Femto | f |
| 0,000 000 000 000 000 001 = $10^{-18}$ | Trillionstel | Atto | a |

**[Prozentzeichen]** 1.2.2.2

Sofern nicht ausdrücklich etwas anderes angegeben ist, bedeutet im ADR das Zeichen „%“:

a) bei Gemischen von festen oder flüssigen Stoffen, bei Lösungen oder bei festen, von einer Flüssigkeit getränkten Stoffen den in Prozent angegebenen Massenanteil, bezogen auf die Gesamtmasse des Gemisches, der Lösung oder des getränkten Stoffes;

b) bei verdichteten Gasgemischen, wenn sie unter Druck eingefüllt werden, den in Prozent angegebenen Volumenanteil, bezogen auf das Gesamtvolumen des Gasgemisches, oder, wenn sie nach Masse eingefüllt werden, den in Prozent angegebenen Massenanteil, bezogen auf die Gesamtmasse des Gemisches;

c) bei verflüssigten Gasgemischen sowie gelösten Gasen den in Prozent angegebenen Massenanteil, bezogen auf die Gesamtmasse des Gemisches.

**[Drücke]** 1.2.2.3

Drücke jeder Art bei Gefäßen (z.B. Prüfdruck, innerer Druck, Öffnungsdruck von Sicherheitsventilen) werden immer als Überdruck (über dem atmosphärischen Druck liegender Druck) angegeben; der Dampfdruck von Stoffen wird dagegen immer als Absolutdruck angegeben.

**[Bezugstemperatur für Füllungsgrad]** 1.2.2.4

Sieht das ADR einen Füllungsgrad für Gefäße vor, so bezieht sich dieser auf eine Temperatur des Stoffes von 15 °C, sofern nicht eine andere Temperatur genannt ist.

**Verzeichnis der Abkürzungen** 1.2.3

*→ CH: SDR Art. 3*

Im ADR werden Abkürzungen, Akronyme und abgekürzte Bezeichnungen von Gesetzestexten mit folgender Bedeutung verwendet:

**A**

***ADN*[7]*:*** Europäisches Übereinkommen über die internationale *Beförderung gefährlicher Güter* auf Binnenwasserstraßen.

***ASTM:*** American Society for Testing and Materials (Amerikanische Gesellschaft für Materialprüfung), 100 Barr Harbor Drive, PO Box C700, West Conshohocken, PA, 19428-2959, Vereinigte Staaten von Amerika, www.astm.org.

[7] Die Buchstaben „ADN“ sind die Abkürzung des französischen Ausdrucks „Accord européen relatif au transport international des marchandises dangereuses par voies de navigation intérieures“.

1.2.3 (Forts.) **C**

***CGA:*** Compressed Gas Association (Verband für verdichtete Gase), 8484 Westpark Drive, Suite 220, McLean, Virginia 22102, Vereinigte Staaten von Amerika, www.cganet.com

***CIM***[8)]***:*** Einheitliche Rechtsvorschriften für den Vertrag über die internationale Eisenbahnbeförderung von Gütern (Anhang B des Übereinkommens über den internationalen Eisenbahnverkehr (COTIF)) in der jeweils geänderten Fassung.

***CMR***[9)]***:*** Übereinkommen über den Beförderungsvertrag im internationalen Straßengüterverkehr (Genf, 19. Mai 1956) in der jeweils geänderten Fassung.

***CNG***[10)]***:*** Verdichtetes Erdgas (siehe Abschnitt 1.2.1).

***CSC***[11)]***:*** Internationales Übereinkommen über sichere Container (Genf, 1972) in der jeweils geänderten Fassung, herausgegeben von der Internationalen Seeschifffahrtsorganisation (*IMO*) in London.

***CSI***[12)]***:*** Kritikalitätssicherheitskennzahl (siehe Abschnitt 1.2.1).

**E**

***EIGA:*** European Industrial Gases Association (Europäischer Industriegaseverband), 30 Avenue de l'Astronomie, 1210 Brüssel, Belgien), www.eiga.eu.

***EN(-Norm):*** Vom Europäischen Komitee für Normung (CEN), Avenue Marnix 17, 1000 Brüssel, Belgien, www.cen.eu veröffentlichte europäische Norm.

**F**

***FVK:*** Faserverstärkter Kunststoff (siehe Abschnitt 1.2.1).

**G**

***GHS:*** Global harmonisiertes System zur Einstufung und Kennzeichnung von Chemikalien (siehe Abschnitt 1.2.1).

**I**

***IAEO:*** Internationale Atomenergieorganisation, Postfach 100, 1400 Wien, Österreich, www.iaea.org.

***IBC***[13)]***:*** Großpackmittel (siehe Abschnitt 1.2.1).

***ICAO***[14)]***:*** Internationale Zivilluftfahrt-Organisation, 999 University Street, Montreal, Quebec H3C 5H7, Kanada, www.icao.org.

***IMDG:*** siehe Begriffsbestimmung von IMDG-Code in Abschnitt 1.2.1.

***IMO***[15)]***:*** Internationale Seeschifffahrtsorganisation, 4 Albert Embankment, London SE1 7SR, Vereinigtes Königreich, www.imo.org.

***ISO***[16)]***(-Norm):*** Von der Internationalen Organisation für Normung, 1, rue de Varembé, 1204 Genf 20, Schweiz veröffentlichte internationale Norm, www.iso.org.

---

8) Die Buchstaben „CIM" sind die Abkürzung des französischen Ausdrucks „Contrat de transport international ferroviaire de marchandises".

9) Die Buchstaben „CMR" sind die Abkürzung des französischen Ausdrucks „Convention relative au contrat de transport international de marchandises par route".

10) Die Buchstaben „CNG" sind die Abkürzung des englischen Ausdrucks „compressed natural gas".

11) Die Buchstaben „CSC" sind die Abkürzung des englischen Ausdrucks „International Convention for Safe Containers".

12) Die Buchstaben „CSI" sind die Abkürzung des englischen Ausdrucks „criticality safety index".

13) Die Buchstaben „IBC" sind die Abkürzung des englischen Ausdrucks „intermediate bulk container".

14) Die Buchstaben „ICAO" sind die Abkürzung des englischen Ausdrucks „International Civil Aviation Organization".

15) Die Buchstaben „IMO" sind die Abkürzung des englischen Ausdrucks „International Maritime Organization".

16) Die Buchstaben „ISO" sind die Abkürzung des englischen Ausdrucks „International Organization for Standardization".

**L** 1.2.3 (Forts.)

***LNG*[17]*:*** Verflüssigtes Erdgas (siehe Abschnitt 1.2.1).

***LPG*[18]*:*** Flüssiggas (siehe Abschnitt 1.2.1).

***LSA*[19]*(-Stoff):*** Stoff mit geringer spezifischer Aktivität (siehe Absatz 2.2.7.1.3).

**M**

***MEGC*[20]*:*** Gascontainer mit mehreren Elementen (siehe Abschnitt 1.2.1).

***MEMU*[21]*:*** Mobile Einheit zur Herstellung von explosiven Stoffen oder Gegenständen mit Explosivstoff (siehe Abschnitt 1.2.1).

**N**

***n.a.g.:*** nicht anderweitig genannte Eintragung siehe Abschnitt 1.2.1).

**R**

***RID*[22]*:*** Ordnung für die internationale Eisenbahnbeförderung gefährlicher Güter (Anhang C des COTIF (Übereinkommen über den internationalen Eisenbahnverkehr)).

**S**

***SADT*[23]*:*** Temperatur der selbstbeschleunigenden Zersetzung (siehe Abschnitt 1.2.1).

***SAPT*[24]*:*** Temperatur der selbstbeschleunigenden Polymerisation (siehe Abschnitt 1.2.1).

***SCO*[25]*(-Gegenstand):*** Oberflächenkontaminierter Gegenstand (siehe Absatz 2.2.7.1.3).

**T**

***TI*[26]*:*** Transportkennzahl (siehe Abschnitt 1.2.1).

**U**

***UIC*[27]*:*** Internationaler Eisenbahnverband, 16 rue Jean Rey, 75015 Paris, Frankreich, www.uic.org.

***UNECE*[28]*:*** Wirtschaftskommission der Vereinten Nationen für Europa, Palais des Nations, 8-14 avenue de la Paix, 1211 Genf 10, Schweiz, www.unece.org.

---

17) Die Buchstaben „LNG" sind die Abkürzung des englischen Ausdrucks „liquefied natural gas".
18) Die Buchstaben „LPG" sind die Abkürzung des englischen Ausdrucks „liquefied petroleum gas".
19) Die Buchstaben „LSA" sind die Abkürzung des englischen Ausdrucks „low specific activity".
20) Die Buchstaben „MEGC" sind die Abkürzung des englischen Ausdrucks „multiple-element gas container".
21) Die Buchstaben „MEMU" sind die Abkürzung des englischen Ausdrucks „mobile explosives manufacturing unit".
22) Die Buchstaben „RID" sind die Abkürzung des französischen Ausdrucks „Règlement concernant le transport international ferroviaire de marchandises dangereuses".
23) Die Buchstaben „SADT" sind die Abkürzung des englischen Ausdrucks „self-accelerating decomposition temperature".
24) Die Buchstaben „SAPT" sind die Abkürzung des englischen Ausdrucks „self-accelerating polymerization temperature".
25) Die Buchstaben „SCO" sind die Abkürzung des englischen Ausdrucks „surface contaminated object".
26) Die Buchstaben „TI" sind die Abkürzung des englischen Ausdrucks „transport index".
27) Die Buchstaben „UIC" sind die Abkürzung des französischen Ausdrucks „Union internationale des chemins de fer".
28) Die Buchstaben „UNECE" sind die Abkürzung des englischen Ausdrucks „United Nations Economic Commission for Europe".

# Kapitel 1.3
# Unterweisung von Personen, die an der Beförderung gefährlicher Güter beteiligt sind

## 1.3.1 Anwendungsbereich

→ D: § 27 (5) 1 → 1.8 → D: RSEB 1-22 → CH: SDR Art. 9

Die bei den Beteiligten gemäß Kapitel 1.4 beschäftigten Personen, deren Arbeitsbereich die Beförderung gefährlicher Güter umfasst, müssen in den Anforderungen, die die Beförderung gefährlicher Güter an ihren Arbeits- und Verantwortungsbereich stellt, unterwiesen sein. Arbeitnehmer müssen vor der Übernahme von Pflichten nach den Vorschriften des Abschnitts 1.3.2 unterwiesen sein und dürfen Aufgaben, für die eine erforderliche Unterweisung noch nicht stattgefunden hat, nur unter der direkten Überwachung einer unterwiesenen Person wahrnehmen. Die Unterweisung muss auch die in Kapitel 1.10 aufgeführten besonderen Vorschriften für die Sicherung von Beförderungen gefährlicher Güter beinhalten.

**Bem.** 1. Wegen der Ausbildung des Sicherheitsberaters siehe anstelle dieses Abschnitts Abschnitt 1.8.3.

2. Wegen der Schulung der Fahrzeugbesatzung siehe anstelle dieses Abschnitts Kapitel 8.2.

3. Für die Unterweisung in Bezug auf die Klasse 7 siehe auch Unterabschnitt 1.7.2.5.

## 1.3.2 Art der Unterweisung

Je nach Verantwortlichkeiten und Aufgaben muss die betreffende Person in folgender Form unterwiesen sein:

### 1.3.2.1 Unterweisung in Bezug auf das allgemeine Sicherheitsbewusstsein

Das Personal muss mit den allgemeinen Bestimmungen der Vorschriften für die Beförderung gefährlicher Güter vertraut gemacht sein.

### 1.3.2.2 Aufgabenbezogene Unterweisung

→ CTU-Code Anl. 10

Das Personal muss seinen Aufgaben und Verantwortlichkeiten entsprechend über die Vorschriften unterwiesen sein, die die Beförderung gefährlicher Güter regeln.

In den Fällen, in denen die Beförderung gefährlicher Güter multimodale Transportvorgänge umfasst, muss das Personal die für andere Verkehrsträger geltenden Vorschriften kennen.

### 1.3.2.3 Sicherheitsunterweisung

Entsprechend den bei der Beförderung gefährlicher Güter und ihrer Be- und Entladung möglichen Gefahren einer Verletzung oder Schädigung als Folge von Zwischenfällen muss das Personal über die von den gefährlichen Gütern ausgehenden Risiken und Gefahren unterwiesen sein.

Ziel der Unterweisung muss es sein, dem Personal die sichere Handhabung und die Notfallmaßnahmen zu verdeutlichen.

### 1.3.2.4 [Auffrischungskurse]

Die Unterweisung ist in regelmäßigen Abständen durch Auffrischungskurse zu ergänzen, um Änderungen in den Vorschriften Rechnung zu tragen.

## 1.3.3 Dokumentation

→ D: § 27 (5) 2 → CH: SDR Anh. 1 1.3.3 → NL: VLG Art. 11

Aufzeichnungen der nach diesem Kapitel erhaltenen Unterweisung sind vom Arbeitgeber aufzubewahren und dem Arbeitnehmer oder der zuständigen Behörde auf Verlangen zur Verfügung zu stellen. Die Aufzeichnungen müssen vom Arbeitgeber für den von der zuständigen Behörde festgelegten Zeitraum aufbewahrt werden. Die Aufzeichnungen der erhaltenen Unterweisung sind bei der Aufnahme einer neuen Tätigkeit zu überprüfen.

# Kapitel 1.4
# Sicherheitspflichten der Beteiligten[1]

**Allgemeine Sicherheitsvorsorge*)** **1.4.1**

**[Vorkehrungen]** **1.4.1.1** *→ D: § 4 (1)*

Die an der Beförderung gefährlicher Güter Beteiligten haben die nach Art und Ausmaß der vorhersehbaren Gefahren erforderlichen Vorkehrungen zu treffen, um Schadensfälle zu verhindern und bei Eintritt eines Schadens dessen Umfang so gering wie möglich zu halten. Sie haben in jedem Fall die für sie jeweils geltenden Bestimmungen des ADR einzuhalten.

**[Informationspflicht]** **1.4.1.2** *→ D: § 4 (2) → D: § 4 (3)*

Die Beteiligten haben im Fall einer möglichen unmittelbaren Gefahr für die öffentliche Sicherheit unverzüglich die Einsatz- und Sicherheitskräfte zu verständigen und mit den für den Einsatz notwendigen Informationen zu versehen.

**[Pflichtenübertragung]** **1.4.1.3** *→ D: § 2 (1) → D: § 2 (3) → D: § 2 (17) → D: § 17 ff. → CTU-Code Kap. 4*

Das ADR kann bestimmte Pflichten der Beteiligten näher bestimmen.

Unter der Voraussetzung, dass die in den Abschnitten 1.4.2 und 1.4.3 aufgeführten Pflichten beachtet werden, kann eine Vertragspartei in ihrer nationalen Gesetzgebung die einem genannten Beteiligten obliegenden Pflichten auf einen oder mehrere andere Beteiligte übertragen, wenn sie der Auffassung ist, dass dies keine Verringerung der Sicherheit zur Folge hat. Diese Abweichungen sind von der Vertragspartei dem Sekretariat der Wirtschaftskommission der Vereinten Nationen für Europa mitzuteilen, das sie den übrigen Vertragsparteien zur Kenntnis bringt.

Die Vorschriften der Abschnitte 1.2.1, 1.4.2 und 1.4.3 über die Definitionen der Beteiligten und deren jeweilige Pflichten berühren nicht die Vorschriften des Landesrechts betreffend die rechtlichen Folgen (Strafbarkeit, Haftung usw.), die sich daraus ergeben, dass der jeweilige Beteiligte z.B. eine juristische Person, eine auf eigene Rechnung tätige Person, ein Arbeitgeber oder eine Person im Angestelltenverhältnis ist. *→ D: § 4 (3)*

**Pflichten der Hauptbeteiligten** **1.4.2** *→ D: § 2*

**Bem.** 1. Verschiedene Beteiligte, denen in diesem Abschnitt Sicherheitspflichten zugeordnet sind, können ein und dasselbe Unternehmen sein. Die Tätigkeiten und die entsprechenden Sicherheitspflichten eines Beteiligten können auch von verschiedenen Unternehmen wahrgenommen werden.

2. Für radioaktive Stoffe siehe auch Abschnitt 1.7.6.

**Absender** **1.4.2.1**

**[Vorschriftenkonforme Sendung]** **1.4.2.1.1** *→ CH: SDR Art. 7*

Der Absender gefährlicher Güter ist verpflichtet, eine den Vorschriften des ADR entsprechende Sendung zur Beförderung zu übergeben. Im Rahmen des Abschnitts 1.4.1 hat er insbesondere:

a) sich zu vergewissern, dass die gefährlichen Güter gemäß ADR klassifiziert und zur Beförderung zugelassen sind; *→ D: § 18 (1) 3*

b) dem Beförderer in nachweisbarer Form die erforderlichen Angaben und Informationen und gegebenenfalls die erforderlichen Beförderungspapiere und Begleitpapiere (Genehmigungen, Zulassungen, Benachrichtigungen, Zeugnisse usw.) unter Berücksichtigung insbesondere der Vorschriften des Kapitels 5.4 und der Tabelle A des Kapitels 3.2 zu liefern; *→ D: § 18 (2)*

c) nur Verpackungen, Großverpackungen, Großpackmittel (IBC) und Tanks (Tankfahrzeuge, Aufsetztanks, Batterie-Fahrzeuge, MEGC, ortsbewegliche Tanks und Tankcontainer) zu verwenden, die für die Beförderung der betreffenden Güter zugelassen und geeignet sowie mit den im ADR vorgeschriebenen Kennzeichen versehen sind; *→ D: § 18 (1) 5*

---

[1] *Anmerkung des Verlags: Der Fahrzeugführer wird hier im ADR nicht aufgeführt. Seine Verantwortung im Einzelnen ergibt sich aus §§ 4, 28, 29 und 35a GGVSEB.*

*) *→ D: § 28 Nr. 13; → CH: SDR Art. 19-24*

1.4.2.1.1 (Forts.)

d) die Vorschriften über die Versandart und die Versandbeschränkungen zu beachten;

e) dafür zu sorgen, dass auch ungereinigte und nicht entgaste leere Tanks (Tankfahrzeuge, Aufsetztanks, Batterie-Fahrzeuge, MEGC, ortsbewegliche Tanks und Tankcontainer) oder ungereinigte leere Fahrzeuge und Container für die Beförderung in loser Schüttung gemäß Kapitel 5.3 mit Großzetteln (Placards) versehen, gekennzeichnet und bezettelt werden und dass ungereinigte leere Tanks ebenso verschlossen und undurchlässig sind wie in gefülltem Zustand;

f) bei Tankcontainern und ortsbeweglichen Tanks zur Beförderung tiefgekühlt verflüssigter Gase dafür zu sorgen, dass, sofern erforderlich, die tatsächliche Haltezeit bestimmt wird, oder bei ungereinigten leeren Tankcontainern und ortsbeweglichen Tanks dafür zu sorgen, dass der Druck ausreichend abgesenkt wird.

**1.4.2.1.2 [Inanspruchnahme Dritter]**

→ *1.4.2.2.2* → *1.4.3.1.2* → *D: § 21* → *D: § 22* → *D: § 23 (1)*

Nimmt der Absender die Dienste anderer Beteiligter (Verpacker, Verlader, Befüller usw.) in Anspruch, hat er geeignete Maßnahmen zu ergreifen, damit gewährleistet ist, dass die Sendung den Vorschriften des ADR entspricht. Er kann jedoch in den Fällen des Absatzes 1.4.2.1.1 a), b), c) und e) auf die ihm von anderen Beteiligten zur Verfügung gestellten Informationen und Daten vertrauen.

**1.4.2.1.3 [Hinweis auf Gefahrgut]**

Handelt der Absender im Auftrag eines Dritten, so hat dieser den Absender schriftlich auf das gefährliche Gut hinzuweisen und ihm alle Auskünfte und Dokumente, die zur Erfüllung seiner Aufgaben erforderlich sind, zur Verfügung zu stellen.

**1.4.2.2 Beförderer*)**

**1.4.2.2.1 [Prüfpflicht]**

→ *CH: SDR Art. 10*

Der Beförderer hat gegebenenfalls im Rahmen des Abschnitts 1.4.1 insbesondere

a) zu prüfen, ob die zu befördernden gefährlichen Güter gemäß ADR zur Beförderung zugelassen sind;

b) sich zu vergewissern, dass alle im ADR vorgeschriebenen Informationen zu den zu befördernden gefährlichen Gütern vom Absender vor der Beförderung zur Verfügung gestellt wurden, dass die vorgeschriebenen Unterlagen in der Beförderungseinheit mitgeführt werden oder, wenn anstelle der Papierdokumentation Arbeitsverfahren der elektronischen Datenverarbeitung (EDV) oder des elektronischen Datenaustausches (EDI) verwendet werden, die Daten während der Beförderung in einer Art verfügbar sind, die der Papierdokumentation zumindest gleichwertig ist;

c) sich durch eine Sichtprüfung zu vergewissern, dass die Fahrzeuge und die Ladung keine offensichtlichen Mängel, keine Undichtheiten oder Risse aufweisen, dass keine Ausrüstungsteile fehlen usw.;

d) sich zu vergewissern, dass bei Tankfahrzeugen, Batterie-Fahrzeugen, Aufsetztanks, MEGC, ortsbeweglichen Tanks und Tankcontainern das festgelegte Datum für die nächste Prüfung nicht überschritten ist;

**Bem.** Tanks, Batterie-Fahrzeuge und MEGC dürfen jedoch nach Ablauf dieser Frist unter den Vorschriften des Unterabschnitts 4.1.6.10 (bei Batterie-Fahrzeugen und MEGC, deren Elemente aus Druckgefäßen bestehen), des Unterabschnitts 4.2.4.4, des Absatzes 4.3.2.3.7, 4.3.2.4.4, 6.7.2.19.6, 6.7.3.15.6 oder 6.7.4.14.6 befördert werden.

e) zu prüfen, dass die Fahrzeuge nicht überladen sind;

f) sich zu vergewissern, dass die für die Fahrzeuge in Kapitel 5.3 vorgeschriebenen Großzettel (Placards), Kennzeichen und orangefarbenen Tafeln angebracht sind;

g) sich zu vergewissern, dass die im ADR für die Beförderungseinheit, für die Fahrzeugbesatzung und für bestimmte Klassen vorgeschriebenen Ausrüstungen in der Beförderungseinheit mitgeführt werden.

Dies ist gegebenenfalls anhand der Beförderungspapiere und der Begleitpapiere durch eine Sichtprüfung des Fahrzeugs oder des Containers und gegebenenfalls der Ladung durchzuführen.

**1.4.2.2.2 [Vertrauenswürdigkeit von Informationen]**

→ *1.4.2.1.2*

Der Beförderer kann jedoch in den Fällen des Absatzes 1.4.2.2.1 a), b), e) und f) auf die ihm von anderen Beteiligten zur Verfügung gestellten Informationen und Daten vertrauen. Im Falle des Absatzes 1.4.2.2.1 c)

*) *→ D: §§ 19, 27, 29 (2); → CH: SDR Art. 9 f.*

kann er auf das vertrauen, was in dem gemäß Abschnitt 5.4.2 bereitgestellten Container-/Fahrzeugpackzertifikat bescheinigt wird. 1.4.2.2.2 (Forts.)

**[Nichtbefördern]** 1.4.2.2.3

→ D: § 4 (3)
→ D: § 19 (1) 2

Stellt der Beförderer gemäß Absatz 1.4.2.2.1 einen Verstoß gegen die Vorschriften des ADR fest, so hat er die Sendung nicht zu befördern, bis die Vorschriften erfüllt sind.

**[Beförderungsunterbrechung bei Verstoß]** 1.4.2.2.4

→ D: § 4 (3)

Wird unterwegs ein Verstoß festgestellt, der die Sicherheit der Beförderung beeinträchtigen könnte, so ist die Sendung unter Berücksichtigung der Erfordernisse der Verkehrssicherheit, eines sicheren Abstellens der Sendung und der öffentlichen Sicherheit möglichst rasch anzuhalten.

Die Beförderung darf erst fortgesetzt werden, wenn die Vorschriften erfüllt sind. Die für den verbleibenden Teil der Beförderung zuständige(n) Behörde(n) kann (können) für die Fortsetzung der Beförderung eine Genehmigung erteilen.

Können die Vorschriften nicht erfüllt werden und wird für den verbleibenden Teil der Beförderung keine Genehmigung erteilt, gewährleistet (gewährleisten) die zuständige(n) Behörde(n) dem Beförderer die notwendige administrative Unterstützung. Dies gilt auch, wenn der Beförderer dieser (diesen) Behörde(n) mitteilt, dass ihm die gefährlichen Eigenschaften der zur Beförderung übergebenen Güter vom Absender nicht angezeigt wurden und er auf Grund des insbesondere für den Beförderungsvertrag geltenden Rechts wünscht, die Güter auszuladen, zu vernichten oder unschädlich zu machen.

(bleibt offen) 1.4.2.2.5

**[Schriftliche Weisungen]** 1.4.2.2.6

Der Beförderer muss der Fahrzeugbesatzung die schriftlichen Weisungen, die im ADR vorgeschrieben sind, bereitstellen.

**Empfänger*)** 1.4.2.3

**[Verzögerungsfreie Annahme]** 1.4.2.3.1

→ 7.5.1 ff.
→ D: § 20 (1) 1

Der Empfänger ist verpflichtet, die Annahme des Gutes nicht ohne zwingenden Grund zu verzögern und nach dem Entladen zu prüfen, dass die ihn betreffenden Vorschriften des ADR eingehalten worden sind.

**[Zurückstellen eines Containers nach Verstoß]** 1.4.2.3.2

→ D: § 20 (2)

Wenn diese Prüfung im Falle eines Containers einen Verstoß gegen die Vorschriften des ADR aufzeigt, darf der Empfänger dem Beförderer den Container erst dann zurückstellen, wenn der Verstoß behoben worden ist.

**[Inanspruchnahme Dritter]** 1.4.2.3.3

Nimmt der Empfänger die Dienste anderer Beteiligter (Entlader, Reiniger, Entgiftungsstelle usw.) in Anspruch, hat er geeignete Maßnahmen zu ergreifen, damit gewährleistet ist, dass den Vorschriften der Absätze 1.4.2.3.1 und 1.4.2.3.2 des ADR entsprochen wird.

**Pflichten anderer Beteiligter** 1.4.3

Nachstehend sind die anderen Beteiligten und deren Pflichten beispielhaft aufgeführt. Die Pflichten der anderen Beteiligten ergeben sich aus dem vorstehenden Abschnitt 1.4.1, soweit diese wissen oder wissen müssten, dass sie ihre Aufgaben im Rahmen einer Beförderung ausüben, die dem ADR unterliegt.

**Verlader**)** 1.4.3.1

**[Pflichten]** 1.4.3.1.1

Im Rahmen des Abschnitts 1.4.1 hat der Verlader insbesondere folgende Pflichten: Der Verlader

a) darf gefährliche Güter dem Beförderer nur übergeben, wenn sie gemäß ADR zur Beförderung zugelassen sind; → D: § 21 (1) 1, 2

b) hat bei der Übergabe verpackter gefährlicher Güter oder ungereinigter leerer Verpackungen zur Beförderung zu prüfen, ob die Verpackung beschädigt ist. Er darf ein Versandstück, dessen Verpackung

*) → D: §§ 20, 27, 29 (2)

**) → D: §§ 21, 27, 29

1.4.3.1.1 (Forts.) beschädigt, insbesondere undicht ist, so dass gefährliches Gut austritt oder austreten kann, zur Beförderung erst übergeben, wenn der Mangel beseitigt worden ist; Gleiches gilt für ungereinigte leere Verpackungen;

c) hat die Vorschriften für die Beladung und Handhabung zu beachten;

d) hat nach dem Verladen gefährlicher Güter in Container die Vorschriften für das Anbringen von Großzetteln (Placards), die Kennzeichnung und das Anbringen orangefarbener Tafeln gemäß Kapitel 5.3 zu beachten;

e) hat beim Verladen von Versandstücken die Zusammenladeverbote auch unter Berücksichtigung der bereits im Fahrzeug oder Großcontainer befindlichen gefährlichen Güter sowie die Vorschriften über die Trennung von Nahrungs-, Genuss- und Futtermitteln zu beachten.

**1.4.3.1.2 [Vertrauenswürdigkeit von Informationen]**

→ 1.4.2.1.2

Der Verlader kann jedoch in den Fällen des Absatzes 1.4.3.1.1 a), d) und e) auf die ihm von anderen Beteiligten zur Verfügung gestellten Informationen und Daten vertrauen.

**1.4.3.2 Verpacker**

→ D: §§ 22, 27 (4), 27 (5)

Im Rahmen des Abschnitts 1.4.1 hat der Verpacker insbesondere zu beachten:

a) die Verpackungsvorschriften und die Vorschriften über die Zusammenpackung und

b) wenn er die Versandstücke zur Beförderung vorbereitet, die Vorschriften über die Kennzeichnung und Bezettelung von Versandstücken.

**1.4.3.3 Befüller**

→ D: §§ 23, 27, 28 Nr. 3

Im Rahmen des Abschnitts 1.4.1 hat der Befüller insbesondere folgende Pflichten: Der Befüller

a) hat sich vor dem Befüllen der Tanks zu vergewissern, dass sich die Tanks und ihre Ausrüstungsteile in einem technisch einwandfreien Zustand befinden;

b) hat sich zu vergewissern, dass bei Tankfahrzeugen, Batterie-Fahrzeugen, Aufsetztanks, MEGC, ortsbeweglichen Tanks und Tankcontainern das festgelegte Datum für die nächste Prüfung nicht überschritten ist;

c) darf Tanks nur mit den für diese Tanks zugelassenen gefährlichen Gütern befüllen;

d) hat beim Befüllen des Tanks die Vorschriften hinsichtlich gefährlicher Güter in unmittelbar nebeneinanderliegenden Tankabteilen zu beachten;

→ D: § 28 Nr. 3 e) hat beim Befüllen des Tanks den zulässigen Füllungsgrad, den zulässsigen Füllfaktor bzw. die zulässige Masse der Füllung je Liter Fassungsraum für das Füllgut einzuhalten;

f) hat nach dem Befüllen des Tanks sicherzustellen, dass alle Verschlüsse in geschlossener Stellung sind und keine Undichtheit auftritt;

g) hat dafür zu sorgen, dass an den von ihm befüllten Tanks außen keine gefährlichen Reste des Füllgutes anhaften;

h) hat, wenn er die gefährlichen Güter zur Beförderung vorbereitet, dafür zu sorgen, dass die Großzettel (Placards), Kennzeichen, orangefarbenen Tafeln und Gefahrzettel gemäß Kapitel 5.3 an den Tanks, an den Fahrzeugen und an den Containern für die Beförderung in loser Schüttung angebracht sind;

i) (bleibt offen);

j) hat beim Befüllen von Fahrzeugen oder Containern mit gefährlichen Gütern in loser Schüttung die Beachtung der anwendbaren Vorschriften des Kapitels 7.3 sicherzustellen.

**1.4.3.4 Betreiber eines Tankcontainers oder eines ortsbeweglichen Tanks**

→ D: § 24

Im Rahmen des Abschnitts 1.4.1 hat der Betreiber eines Tankcontainers oder eines ortsbeweglichen Tanks insbesondere dafür zu sorgen, dass:

a) die Vorschriften betreffend Bau, Ausrüstung, Prüfungen und Kennzeichnung beachtet werden;

b) die Instandhaltung der Tankkörper und ihrer Ausrüstungen in einer Weise durchgeführt wird, die gewährleistet, dass der Tankcontainer oder der ortsbewegliche Tank unter normalen Betriebsbeanspruchungen bis zur nächsten Prüfung die Vorschriften des ADR erfüllt;

c) eine außerordentliche Prüfung durchgeführt wird, wenn die Sicherheit des Tankkörpers oder seiner Ausrüstungen durch Ausbesserung, Umbau oder Unfall beeinträchtigt sein kann.

(bleibt offen) **1.4.3.5**

(bleibt offen) **1.4.3.6**

**Entlader** **1.4.3.7**
*→ D: § 29*

**[Entladerpflichten]** **1.4.3.7.1**
*→ D: § 23a*
*→ D: § 27 (1)*

Im Rahmen des Abschnitts 1.4.1 hat der Entlader insbesondere folgende Pflichten: Der Entlader

a) hat sich durch einen Vergleich der entsprechenden Informationen im Beförderungspapier mit den Informationen auf dem Versandstück, Container, Tank, MEMU, MEGC oder Fahrzeug zu vergewissern, dass die richtigen Güter ausgeladen werden;

b) hat vor und während der Entladung zu prüfen, ob die Verpackungen, der Tank, das Fahrzeug oder der Container so stark beschädigt worden sind, dass eine Gefahr für den Entladevorgang entsteht. In diesem Fall hat er sich zu vergewissern, dass die Entladung erst durchgeführt wird, wenn geeignete Maßnahmen ergriffen wurden;

c) hat alle anwendbaren Vorschriften für die Entladung und Handhabung einzuhalten;

d) hat unmittelbar nach der Entladung des Tanks, Fahrzeugs oder Containers
   (i) gefährliche Rückstände zu entfernen, die sich während des Entladevorgangs an der Außenseite des Tanks, Fahrzeugs oder Containers angehaftet haben;
   (ii) den Verschluss der Ventile und der Besichtigungsöffnungen sicherzustellen;

e) hat sicherzustellen, dass die vorgeschriebene Reinigung und Entgiftung von Fahrzeugen oder Containern vorgenommen wird, und

f) hat dafür zu sorgen, dass bei vollständig entladenen, gereinigten und entgifteten Containern keine Großzettel (Placards), keine Kennzeichen und keine orangefarbenen Tafeln mehr sichtbar sind, die gemäß Kapitel 5.3 angebracht wurden.

**[Inanspruchnahme Dritter]** **1.4.3.7.2**
*→ 5.5.2.2*
*→ CTU-Code Nr. 12.2*
*→ D: § 27 (1)*

Nimmt der Entlader die Dienste anderer Beteiligter (Reiniger, Entgiftungseinrichtung usw.) in Anspruch, hat er geeignete Maßnahmen zu ergreifen, um zu gewährleisten, dass den Vorschriften des ADR entsprochen worden ist.

# Kapitel 1.5
# Abweichungen

## 1.5.1 Zeitweilige Abweichungen

### 1.5.1.1 [Vereinbarung durch Vertragsparteien]

*→ D: § 5 (9)*
*→ D: § 6 Nr. 1*
*→ D: RSEB 5.13*
*→ D: ADR-Gesetz Art. 2*
*→ CH: SDR Art. 4, 5*
*→ NL: VLG 1.5.1.1*

Gemäß Artikel 4 Absatz 3 des ADR können die zuständigen Behörden der Vertragsparteien unmittelbar untereinander vereinbaren, bestimmte Beförderungen auf ihren Gebieten unter zeitweiligen Abweichungen von den Vorschriften des ADR zu genehmigen, sofern dadurch die Sicherheit nicht beeinträchtigt wird. Diese Abweichungen sind von der Behörde, die hinsichtlich der zeitweiligen Abweichung die Initiative ergreift, dem Sekretariat der Wirtschaftskommission der Vereinten Nationen für Europa mitzuteilen, das sie den Vertragsparteien zur Kenntnis bringt.[29)]

**Bem.** Die „Sondervereinbarung" nach Abschnitt 1.7.4 gilt nicht als zeitweilige Abweichung im Sinne dieses Abschnitts.

### 1.5.1.2 [Geltungsdauer]

Die Geltungsdauer der zeitweiligen Abweichung darf fünf Jahre ab dem Zeitpunkt des Inkrafttretens nicht überschreiten. Die zeitweilige Abweichung tritt automatisch mit dem Zeitpunkt außer Kraft, zu dem eine entsprechende Änderung des ADR in Kraft tritt.

### 1.5.1.3 [ADR-Konformität]

Beförderungen auf Grund zeitweiliger Abweichungen sind Beförderungen gemäß ADR.

## 1.5.2 (bleibt offen)

29) Anmerkung des Sekretariats: Die auf der Grundlage dieses Kapitels abgeschlossenen Sondervereinbarungen können auf der Website des Sekretariats der Wirtschaftskommission der Vereinten Nationen für Europa (https://unece.org/adr-multilateral-agreements) eingesehen werden.

# Kapitel 1.6
# Übergangsvorschriften

**Verschiedenes** 1.6.1

**[Übergangsfrist ADR]** 1.6.1.1

Sofern nichts anderes vorgeschrieben ist, dürfen Stoffe und Gegenstände des ADR bis zum 30. Juni 2025 nach den bis zum 31. Dezember 2024 geltenden Vorschriften des ADR befördert werden. → D: RSEB 0-1

(gestrichen) 1.6.1.2

**[Klasse-1-Güter Streitkräfte]** 1.6.1.3

Stoffe und Gegenstände der Klasse 1, die den Streitkräften einer Vertragspartei gehören und die vor dem 1. Januar 1990 in Übereinstimmung mit den damals geltenden Bestimmungen des ADR verpackt wurden, dürfen nach dem 31. Dezember 1989 befördert werden, sofern die Verpackungen unversehrt sind und im Beförderungspapier angegeben wird, dass es sich um vor dem 1. Januar 1990 verpackte militärische Güter handelt. Die übrigen für diese Klasse ab 1. Januar 1990 geltenden Vorschriften sind zu beachten. → D: § 1 (2) 1 → D: § 5 (6)

**[Klasse-1-Güter bis 1996]** 1.6.1.4

Stoffe und Gegenstände der Klasse 1, die zwischen dem 1. Januar 1990 und dem 31. Dezember 1996 in Übereinstimmung mit den während dieses Zeitraums geltenden Vorschriften des ADR verpackt wurden, dürfen nach dem 31. Dezember 1996 befördert werden, sofern die Verpackungen unversehrt sind und im Beförderungspapier angegeben wird, dass es sich um Güter der Klasse 1 handelt, die zwischen dem 1. Januar 1990 und dem 31. Dezember 1996 verpackt wurden.

(bleibt offen) 1.6.1.5

**[IBC, vor 2003 gebaut]** 1.6.1.6

Großpackmittel (IBC), die vor dem 1. Januar 2003 gemäß den bis zum 30. Juni 2001 geltenden Vorschriften der Rn. 3612 (1) gebaut wurden und nicht den ab 1. Juli 2001 geltenden Vorschriften des Absatzes 6.5.2.1.1 hinsichtlich der Zeichenhöhe der Buchstaben, Ziffern und Symbole entsprechen, dürfen weiterverwendet werden.

**[Baumusterzulassung PE-Umschließungen bis 2004]** 1.6.1.7

Baumusterzulassungen für Fässer, Kanister und Kombinationsverpackungen aus hochmolekularem oder mittelmolekularem Polyethylen, die vor dem 1. Juli 2005 gemäß den bis zum 31. Dezember 2004 geltenden Vorschriften des Absatzes 6.1.5.2.6 ausgestellt wurden, jedoch nicht den Vorschriften des Unterabschnitts 4.1.1.21 entsprechen, bleiben bis 31. Dezember 2009 gültig. Alle Verpackungen, die auf der Grundlage dieser Baumusterzulassungen gebaut und gekennzeichnet wurden, dürfen bis zum Ablauf ihrer in Unterabschnitt 4.1.1.15 festgelegten Verwendungsdauer weiterverwendet werden.

**[Orangefarbene Tafeln]** 1.6.1.8

Noch vorhandene orangefarbene Tafeln, die den bis zum 31. Dezember 2004 geltenden Vorschriften des Unterabschnitts 5.3.2.2 entsprechen, dürfen bis zum 31. Dezember 2026 weiterverwendet werden, vorausgesetzt, die Vorschriften der Absätze 5.3.2.2.1 und 5.3.2.2.2, wonach die Tafel, die Ziffern und die Buchstaben unabhängig von der Ausrichtung des Fahrzeugs befestigt bleiben müssen, werden erfüllt.

(gestrichen) 1.6.1.9–1.6.10

**[Baumusterzulassung PE-Umschließungen und -IBC bis 2006]** 1.6.1.11

Baumusterzulassungen für Fässer, Kanister und Kombinationsverpackungen aus hochmolekularem oder mittelmolekularem Polyethylen und für Großpackmittel (IBC) aus hochmolekularem Polyethylen, die vor dem 1. Juli 2007 gemäß den bis zum 31. Dezember 2006 geltenden Vorschriften des Abschnitts 6.1.6 a) ausgestellt wurden, jedoch nicht den ab 1. Januar 2007 geltenden Vorschriften des Unterabschnitts 6.1.6.1 a) entsprechen, bleiben weiterhin gültig.

(gestrichen) 1.6.1.12–1.6.1.13

**1.6.1.14 [IBC Weiterverwendung (Vibrationsprüfung)]**

Großpackmittel (IBC), die vor dem 1. Januar 2011 nach einer Bauart gebaut wurden, welche die Vibrationsprüfung des Unterabschnitts 6.5.6.13 nicht bestanden hat oder zum Zeitpunkt der Durchführung der Fallprüfung nicht den Kriterien des Absatzes 6.5.6.9.5 d) entsprechen musste, dürfen weiterverwendet werden.

**1.6.1.15 [IBC Weiterverwendung (Stapellast-Kennzeichnung)]**

Großpackmittel (IBC), die vor dem 1. Januar 2011 gebaut, wiederaufgearbeitet oder repariert wurden, müssen nicht mit der höchstzulässigen Stapellast gemäß Absatz 6.5.2.2.2 gekennzeichnet sein. Derartige Großpackmittel (IBC), die nicht gemäß Absatz 6.5.2.2.2 gekennzeichnet sind, dürfen nach dem 31. Dezember 2010 weiterverwendet werden, müssen jedoch gemäß Absatz 6.5.2.2.2 gekennzeichnet werden, wenn sie nach diesem Zeitpunkt wiederaufgearbeitet oder repariert werden.

Zwischen dem 1. Januar 2011 und dem 31. Dezember 2016 gebaute, wiederaufgearbeitete oder reparierte Großpackmittel (IBC), die gemäß den bis zum 31. Dezember 2014 geltenden Vorschriften des Absatzes 6.5.2.2.2 mit der höchstzulässigen Stapellast gekennzeichnet sind, dürfen weiterverwendet werden.

**1.6.1.16– 1.6.1.22** (gestrichen)

**1.6.1.23 [Feuerlöschgeräte, vor 1.7.2011 gebaut]**

Feuerlöschgeräte, die vor dem 1. Juli 2011 gemäß den bis zum 31. Dezember 2010 geltenden Vorschriften des Unterabschnitts 8.1.4.3 gebaut wurden, dürfen weiterverwendet werden.

**1.6.1.24– 1.6.1.25** (gestrichen)

**1.6.1.26 [Großverpackungen – Kennzeichnung mit Stapellast]**

Großverpackungen, die vor dem 1. Januar 2014 hergestellt oder wiederaufgearbeitet wurden und nicht den ab 1. Januar 2013 geltenden Vorschriften des Unterabschnitts 6.6.3.1 hinsichtlich der Zeichenhöhe von Buchstaben, Ziffern und Symbolen entsprechen, dürfen weiterverwendet werden. Großverpackungen, die vor dem 1. Januar 2015 hergestellt oder wiederaufgearbeitet wurden, müssen nicht mit der höchstzulässigen Stapellast gemäß Unterabschnitt 6.6.3.3 gekennzeichnet sein. Solche nicht nach Unterabschnitt 6.6.3.3 gekennzeichnete Großverpackungen dürfen nach dem 31. Dezember 2014 weiterverwendet werden, müssen jedoch gemäß Unterabschnitt 6.6.3.3 gekennzeichnet werden, wenn sie nach diesem Zeitpunkt wiederaufgearbeitet werden.

Zwischen dem 1. Januar 2011 und dem 31. Dezember 2016 gebaute, wiederaufgearbeitete oder reparierte Großverpackungen, die gemäß den bis zum 31. Dezember 2014 geltenden Vorschriften des Unterabschnitts 6.6.3.3 mit der höchstzulässigen Stapellast gekennzeichnet sind, dürfen weiterverwendet werden.

**1.6.1.27 [Umschließungsmittel als Bestandteil von Geräten/Maschinen vor 1.7.2013]**

Vor dem 1. Juli 2013 gebaute Umschließungsmittel, die Bestandteil von Geräten oder Maschinen sind und die flüssige Brennstoffe der UN-Nummern 1202, 1203, 1223, 1268, 1863 und 3475 enthalten und nicht den ab 1. Januar 2013 anwendbaren Vorschriften des Absatzes a) der Sondervorschrift 363 des Kapitels 3.3 entsprechen, dürfen weiterverwendet werden.

**1.6.1.28** (gestrichen)

**1.6.1.29 [Beförderung von Lithiumzellen und -batterien]**
*→ HBPK*

Sofern im ADR nichts anderes vorgesehen ist, dürfen Lithiumzellen und -batterien, die nach einem Typ hergestellt wurden, der den Vorschriften des Unterabschnitts 38.3 des Handbuchs Prüfungen und Kriterien, dritte überarbeitete Ausgabe, Änderung 1 oder einer zum Zeitpunkt der Typprüfung anwendbaren nachfolgenden überarbeiteten Ausgabe und Änderung entspricht, weiter befördert werden.

Lithiumzellen und -batterien, die vor dem 1. Juli 2003 hergestellt wurden und den Vorschriften der dritten überarbeiteten Ausgabe des Handbuchs Prüfungen und Kriterien entsprechen, dürfen weiter befördert werden, wenn alle übrigen anwendbaren Vorschriften erfüllt sind.

**1.6.1.30– 1.6.1.32** (gestrichen)

**[Elektrische Doppelschicht-Kondensatoren vor 2014]** **1.6.1.33**

Vor dem 1. Januar 2014 hergestellte elektrische Doppelschicht-Kondensatoren der UN-Nummer 3499 müssen nicht mit der gemäß Absatz e) der Sondervorschrift 361 in Kapitel 3.3 vorgeschriebenen Energiespeicherkapazität in Wattstunden (Wh) gekennzeichnet sein.

**[Asymmetrische Kondensatoren vor 2016]** **1.6.1.34**

Vor dem 1. Januar 2016 hergestellte asymmetrische Kondensatoren der UN-Nummer 3508 müssen nicht mit der gemäß Absatz c) der Sondervorschrift 372 in Kapitel 3.3 vorgeschriebenen Energiespeicherkapazität in Wattstunden (Wh) gekennzeichnet sein.

(gestrichen) **1.6.1.35–1.6.1.36**

(bleibt offen) **1.6.1.37**

(gestrichen) **1.6.1.38–1.6.1.42**

**[Lithiumbatterien in Fahrzeugen]** **1.6.1.43**

Die in den Sondervorschriften 388 und 669 des Kapitels 3.3 definierten Fahrzeuge, die vor dem 1. Juli 2017 zum Verkehr zugelassen oder in Betrieb genommen wurden, sowie deren Einrichtungen, die für eine Verwendung während der Beförderung bestimmt sind, die den bis zum 31. Dezember 2016 geltenden Vorschriften entsprechen, jedoch Lithiumzellen und -batterien enthalten, die den Vorschriften des Absatzes 2.2.9.1.7.1 nicht entsprechen, dürfen in Übereinstimmung mit den Vorschriften der Sondervorschrift 666 des Kapitels 3.3 weiterhin als Ladung befördert werden.

(gestrichen) **1.6.1.44**

**[Schulungsnachweise für Gefahrgutbeauftragte]** **1.6.1.45**

Die Vertragsparteien dürfen bis zum 31. Dezember 2020 weiterhin Schulungsnachweise für Gefahrgutbeauftragte gemäß dem bis zum 31. Dezember 2018 geltenden Muster anstelle des den ab 1. Januar 2019 geltenden Vorschriften des Unterabschnitts 1.8.3.18 entsprechenden Musters ausstellen. Diese Schulungsnachweise dürfen bis zum Ablauf ihrer fünfjährigen Geltungsdauer weiterverwendet werden.

(gestrichen) **1.6.1.46–1.6.1.47**

**[Zulassungsbescheinigungen]** **1.6.1.48**

Zulassungsbescheinigungen für Fahrzeuge zur Beförderung gefährlicher Güter, die vor dem 1. Juli 2021 gemäß dem bis zum 31. Dezember 2020 geltenden Muster des Unterabschnitts 9.1.3.5 ausgestellt wurden, dürfen weiterverwendet werden.

**[Kennzeichen für Lithiumbatterien vor 2023]** **1.6.1.49**

Das Kennzeichen gemäß der Abbildung 5.2.1.9.2, das den bis zum 31. Dezember 2022 geltenden Vorschriften entspricht, darf bis zum 31. Dezember 2026 weiterverwendet werden.

**[SPRENGKAPSELN, ELEKTRISCH/ELEKTRONISCH]** **1.6.1.50**

Für Gegenstände, die der in Unterabschnitt 2.2.1.4 Glossar der Benennungen aufgeführten Begriffsbestimmung von „SPRENGKAPSELN, ELEKTRONISCH" entsprechen und die den UN-Nummern 0511, 0512 und 0513 zugeordnet sind, dürfen die Eintragungen für „SPRENGKAPSELN, ELEKTRISCH" (UN-Nummern 0030, 0255 und 0456) bis zum 30. Juni 2025 weiterverwendet werden.

**[Verpackung bestimmter Stoffe UN 3082]** **1.6.1.51**

Klebstoffe, Farben und Farbzubehörstoffe, Druckfarben und Druckfarbzubehörstoffe sowie Harzlösungen, die in Übereinstimmung mit Absatz 2.2.9.1.10.6 infolge von Absatz 2.2.9.1.10.5[30)] der UN-Nummer 3082

30) Ab dem 1. März 2022 geltende Delegierte Verordnung (EU) 2020/1182 der Kommission vom 19. Mai 2020 zur Änderung des Anhangs VI Teil 3 der Verordnung (EG) Nr. 1272/2008 des Europäischen Parlaments und des Rates über die Einstufung, Kennzeichnung und Verpackung von Stoffen und Gemischen zwecks Anpassung an den technischen und wissenschaftlichen Fortschritt (fünfzehnte ATP zur CLP).

**1.6.1.51** (Forts.) Umweltgefährdender Stoff, flüssig, n.a.g., Verpackungsgruppe III zugeordnet sind und die mindestens 0,025 % der folgenden Stoffe einzeln oder in Kombination enthalten:

- 4,5-Dichlor-2-octyl-2H-isothiazol-3-on (DCOIT),
- Octhilinon (OIT) und
- Zinkpyrithion (ZnPT),

dürfen bis zum 30. Juni 2027 in Verpackungen aus Stahl, Aluminium, einem anderen Metall oder Kunststoff, die nicht den Vorschriften des Unterabschnitts 4.1.1.3 entsprechen, wie folgt in Mengen von höchstens 30 Litern je Verpackung befördert werden:

a) als Palettenladung, in Gitterboxpaletten oder Ladungseinheiten, z.B. einzelne Verpackungen, die auf eine Palette gestellt oder gestapelt sind und die mit Gurten, Dehn- oder Schrumpffolie oder einer anderen geeigneten Methode auf der Palette befestigt sind, oder

b) als Innenverpackungen von zusammengesetzten Verpackungen mit einer höchsten Nettomasse von 40 kg.

**1.6.1.52 [Innenbehälter von Kombinations-IBC, vor 1.7.2021 hergestellt]**

Innenbehälter von Kombinations-IBC, die vor dem 1. Juli 2021 gemäß den bis zum 31. Dezember 2020 geltenden Vorschriften des Absatzes 6.5.2.2.4 hergestellt wurden, jedoch nicht den ab 1. Januar 2021 geltenden Vorschriften des Absatzes 6.5.2.2.4 in Bezug auf die Kennzeichen auf dem Innenbehälter entsprechen, die wegen der Auslegung der äußeren Umhüllung nicht leicht für die Prüfung zugänglich sind, dürfen bis zu dem in Unterabschnitt 4.1.1.15 festgelegten Ende ihrer Verwendungsdauer weiterverwendet werden.

**1.6.1.53** (gestrichen)

**1.6.1.54 [Tiegel für geschmolzenes Aluminium]**

→ D: § 8 (1) 12

Tiegel für die Beförderung von geschmolzenem Aluminium der UN-Nummer 3257, die vor dem 1. Juli 2025 gemäß den nationalen Vorschriften gebaut und zugelassen wurden, jedoch nicht den ab 1. Januar 2025 geltenden Vorschriften der ergänzenden Vorschrift AP11 in Absatz 7.3.3.2.7 für den Bau und die Zulassung entsprechen, dürfen mit Zulassung der zuständigen Behörden der Verwendungsländer weiterverwendet werden.

**1.6.1.55 [Stoffe der UN-Nummern 1835 und 3560]**

Stoffe, die der UN-Nummer 1835 oder 3560 zugeordnet sind, dürfen bis zum 31. Dezember 2026 nach den bis zum 31. Dezember 2024 geltenden Klassifizierungsvorschriften und Beförderungsbedingungen des ADR für UN 1835 TETRAMETHYLAMMONIUMHYDROXID, LÖSUNG befördert werden.

**1.6.1.56 [Stoffe der UN-Nummer 3423]**

Stoffe, die der UN-Nummer 3423 zugeordnet sind, dürfen bis zum 31. Dezember 2026 nach den bis zum 31. Dezember 2024 geltenden Klassifizierungsvorschriften und Beförderungsbedingungen des ADR befördert werden.

**1.6.1.57 [Verpackungskennzeichen auf nicht abnehmbaren Bauteilen]**

Verpackungen, die vor dem 1. Januar 2027 hergestellt wurden und nicht den ab 1. Januar 2025 geltenden Vorschriften des Unterabschnitts 6.1.3.1 hinsichtlich der Anbringung der Kennzeichen auf nicht abnehmbaren Bauteilen entsprechen, dürfen weiterverwendet werden.

### 1.6.2 Druckgefäße und Gefäße für die Klasse 2

**1.6.2.1 [Druckgefäße bis 1996]**

Druckgefäße, die vor dem 1. Januar 1997 gebaut wurden und die nicht den ab 1. Januar 1997 geltenden Vorschriften des ADR entsprechen, deren Beförderung aber nach den bis zum 31. Dezember 1996 geltenden Vorschriften des ADR zugelassen war, dürfen nach diesem Zeitpunkt weiterhin verwendet werden, sofern sie den in den Verpackungsanweisungen P200 und P203 enthaltenen Vorschriften für die wiederkehrenden Prüfungen entsprechen.

**1.6.2.2** (gestrichen)

**[Druckgefäße bis 2002]** 1.6.2.3

Vor dem 1. Januar 2003 gebaute Druckgefäße für Stoffe der Klasse 2 dürfen nach dem 1. Januar 2003 nach den bis zum 31. Dezember 2002 geltenden Vorschriften gekennzeichnet sein.

**[Druckgefäße nach technischen Regeln]** 1.6.2.4

Druckgefäße, die nach technischen Regelwerken ausgelegt und gebaut sind, die gemäß Abschnitt 6.2.5 nicht mehr anerkannt sind, dürfen weiterverwendet werden.

**[Druckgefäße nach Normen]** 1.6.2.5

Druckgefäße und ihre Verschlüsse, die in Übereinstimmung mit Normen ausgelegt und gebaut sind, die gemäß den zum Zeitpunkt ihres Baus anwendbaren Vorschriften des ADR zu diesem Zeitpunkt anwendbar waren (siehe Abschnitt 6.2.4), dürfen weiterverwendet werden, sofern dies nicht durch eine spezifische Übergangsvorschrift eingeschränkt wird.

**[Druckgefäße außer Klasse 2]** 1.6.2.6

Druckgefäße für nicht unter die Klasse 2 fallende Stoffe, die vor dem 1. Juli 2009 gemäß den bis zum 31. Dezember 2008 geltenden Vorschriften des Unterabschnitts 4.1.4.4 gebaut wurden, jedoch nicht den ab 1. Januar 2009 geltenden Vorschriften des Unterabschnitts 4.1.3.6 entsprechen, dürfen weiterverwendet werden, vorausgesetzt, die bis zum 31. Dezember 2008 anwendbaren Vorschriften des Unterabschnitts 4.1.4.4 werden eingehalten.

(gestrichen) 1.6.2.7–1.6.2.8

**[Flaschen bis 2010]** 1.6.2.9

Die bis zum 31. Dezember 2010 anwendbaren Vorschriften der Sondervorschrift für die Verpackung v in Absatz (10) der Verpackungsanweisung P200 des Unterabschnitts 4.1.4.1 dürfen von den Vertragsparteien des ADR für Flaschen angewendet werden, die vor dem 1. Januar 2015 gebaut werden.

**[Wiederbefüllbare geschweißte Flaschen bis 2010]** 1.6.2.10

Wiederbefüllbare geschweißte Flaschen aus Stahl für die Beförderung von Gasen der UN-Nummer 1011, 1075, 1965, 1969 oder 1978, für die nach den bis zum 31. Dezember 2010 anwendbaren Vorschriften der Sondervorschrift für die Verpackung v in Absatz (10) der Verpackungsanweisung P200 des Unterabschnitts 4.1.4.1 durch die zuständige Behörde des Staates (der Staaten) der Beförderung eine Frist von 15 Jahren für die wiederkehrende Prüfung gewährt wurde, dürfen weiterhin nach diesen Vorschriften wiederkehrend geprüft werden.

**[Gaspatronen, vor 2013 gebaut]** 1.6.2.11

Gaspatronen, die vor dem 1. Januar 2013 gebaut und für die Beförderung vorbereitet wurden, ohne dass die Vorschriften des Abschnitts 1.8.6, 1.8.7 oder 1.8.8 für die Konformitätsbewertung von Gaspatronen angewendet wurden, dürfen nach diesem Zeitpunkt weiterhin befördert werden, vorausgesetzt, alle übrigen anwendbaren Vorschriften des ADR werden eingehalten.

**[Bergungsdruckgefäße, vor 2014 nach nationalem Recht]** 1.6.2.12

Bergungsdruckgefäße dürfen bis zum 31. Dezember 2013 weiterhin nach nationalen Vorschriften gebaut und zugelassen werden. Bergungsdruckgefäße, die vor dem 1. Januar 2014 nach nationalen Vorschriften gebaut und zugelassen wurden, dürfen mit Zulassung der zuständigen Behörden der Verwendungsländer weiterverwendet werden.

**[Flaschenbündel, vor 1.7.2013 hergestellt]** 1.6.2.13

Flaschenbündel, die vor dem 1. Juli 2013 hergestellt wurden und nicht nach den Vorschriften der ab 1. Januar 2013 anwendbaren Absätze 6.2.3.9.7.2 und 6.2.3.9.7.3 oder des ab 1. Januar 2015 anwendbaren Absatzes 6.2.3.9.7.2 gekennzeichnet sind, dürfen bis zur nächsten, nach dem 1. Juli 2015 vorzunehmenden wiederkehrenden Prüfung weiterverwendet werden.

**[Flaschen, vor 2016 gebaut]** 1.6.2.14

Flaschen, die vor dem 1. Januar 2016 gemäß Abschnitt 6.2.3 und einer von den zuständigen Behörden der Beförderungs- und Verwendungsländer zugelassenen Spezifikation, nicht jedoch nach der in Unterabschnitt 4.1.4.1 Verpackungsanweisung P208 (1) vorgeschriebenen Norm ISO 11513:2011 oder ISO 9809-

1.6.2.14 (Forts.) 1:2010 gebaut wurden, dürfen für die Beförderung adsorbierter Gase verwendet werden, vorausgesetzt, die allgemeinen Verpackungsvorschriften des Unterabschnitts 4.1.6.1 werden erfüllt.

1.6.2.15 **[Flaschenbündel, vor 1.7.2015 wiederkehrend geprüft]**

Flaschenbündel, die vor dem 1. Juli 2015 wiederkehrend geprüft wurden und nicht nach den Vorschriften des ab 1. Januar 2015 anwendbaren Absatzes 6.2.3.9.7.3 gekennzeichnet sind, dürfen bis zur nächsten, nach dem 1. Juli 2015 vorzunehmenden wiederkehrenden Prüfung weiterverwendet werden.

1.6.2.16–1.6.2.17 (gestrichen)

1.6.2.18 **[Verschlossene Kryo-Behälter, vor 1.7.2023 gebaut]**

Verschlossene Kryo-Behälter, die vor dem 1. Juli 2023 gebaut wurden und die den Vorschriften für die erstmalige Prüfung des bis zum 31. Dezember 2022 anwendbaren Absatzes 6.2.1.5.2 unterlagen, jedoch nicht den ab 1. Januar 2023 anwendbaren Vorschriften für die erstmalige Prüfung des Absatzes 6.2.1.5.2 entsprechen, dürfen weiterverwendet werden.

1.6.2.19 **[Acetylen-Flaschen, vor 1.7.2023 gebaut]**

*→ M359*

Acetylen-Flaschen, die vor dem 1. Juli 2023 gebaut wurden und nicht nach den Vorschriften des ab 1. Januar 2023 anwendbaren Absatzes 6.2.2.7.3 k) oder l) gekennzeichnet sind, dürfen bis zur nächsten, nach dem 1. Juli 2023 vorzunehmenden wiederkehrenden Prüfung weiterverwendet werden.

1.6.2.20 **[Verschlüsse, vor 1.7.2023 gebaut]**

Verschlüsse von wiederbefüllbaren Druckgefäßen, die vor dem 1. Juli 2023 gebaut wurden und nicht nach den Vorschriften des ab 1. Januar 2023 anwendbaren Unterabschnitts 6.2.2.11 oder Absatzes 6.2.3.9.8 gekennzeichnet sind, dürfen weiterverwendet werden.

1.6.2.21–1.6.2.22 (gestrichen)

1.6.2.23 **[Norm ISO 18119:2018]**

Die bis zum 31. Dezember 2024 geltenden Vorschriften der Bem. 3 des Absatzes 6.2.1.6.1 dürfen bis zum 31. Dezember 2026 weiter angewendet werden.

1.6.2.24 **[Sondervorschrift 653]**

Für die Beförderung von Gasen der UN-Nummern 1006, 1013, 1046 und 1066 in Flaschen, deren Produkt aus Prüfdruck und Fassungsraum höchstens 15,2 MPa × l (152 bar × l) beträgt, dürfen die bis zum 31. Dezember 2024 geltenden Vorschriften der Sondervorschrift 653 bis zum 31. Dezember 2026 weiter angewendet werden.

## 1.6.3 Festverbundene Tanks (Tankfahrzeuge), Aufsetztanks und Batterie-Fahrzeuge

1.6.3.1 **[Vor 1978 gebaut]**

*→ 1.6.3.2*
*→ 1.6.3.3*

Festverbundene Tanks (Tankfahrzeuge), Aufsetztanks und Batterie-Fahrzeuge, die vor Inkrafttreten der ab 1. Oktober 1978 geltenden Vorschriften gebaut wurden, dürfen weiterverwendet werden, wenn die Ausrüstung der Tanks den Vorschriften des Kapitels 6.8 entspricht. Die Wanddicke der Tankkörper, mit Ausnahme jener der Tankkörper für tiefgekühlt verflüssigte Gase der Klasse 2, muss mindestens einem Berechnungsdruck von 0,4 MPa (4 bar) (Überdruck) bei Baustahl und 200 kPa (2 bar) (Überdruck) bei Aluminium und Aluminiumlegierungen entsprechen. Für die Tankquerschnitte, die nicht kreisförmig sind, wird der für die Berechnung dienende Durchmesser auf der Grundlage eines Kreises festgelegt, dessen Fläche dem tatsächlichen Querschnitt des Tanks entspricht.

1.6.3.2 **[Wiederkehrende Prüfungen]**

Die wiederkehrenden Prüfungen an den nach den Übergangsvorschriften weiterverwendeten festverbundenen Tanks (Tankfahrzeugen), Aufsetztanks und Batterie-Fahrzeugen sind nach den Vorschriften der Unterabschnitte 6.8.2.4 und 6.8.3.4 und den entsprechenden Sondervorschriften der einzelnen Klassen durchzuführen. Soweit nach den bisherigen Vorschriften kein höherer Prüfdruck vorgeschrieben war, genügt bei Tanks aus Aluminium und Aluminiumlegierungen ein Prüfdruck von 200 kPa (2 bar) (Überdruck).

**[Nichtgeltung Übergangszeit]** 1.6.3.3

Festverbundene Tanks (Tankfahrzeuge), Aufsetztanks und Batterie-Fahrzeuge, welche die Übergangsbestimmungen der Unterabschnitte 1.6.3.1 und 1.6.3.2 erfüllen, dürfen bis zum 30. September 1993 für die Beförderung gefährlicher Güter, für die sie zugelassen sind, verwendet werden. Diese Übergangszeit gilt weder für festverbundene Tanks (Tankfahrzeuge), Aufsetztanks und Batterie-Fahrzeuge für Stoffe der Klasse 2 noch für festverbundene Tanks (Tankfahrzeuge), Aufsetztanks und Batterie-Fahrzeuge, die hinsichtlich Wanddicke und Ausrüstung den Vorschriften des Kapitels 6.8 entsprechen.

**[Vor 1985 und 1988 gebaut]** 1.6.3.4

*→ CH: SDR Art. 30*

a) Festverbundene Tanks (Tankfahrzeuge), Aufsetztanks und Batterie-Fahrzeuge, die vor dem 1. Mai 1985 nach den Vorschriften des ADR, die zwischen dem 1. Oktober 1978 und dem 30. April 1985 in Kraft waren, gebaut wurden, jedoch nicht den ab 1. Mai 1985 geltenden Vorschriften entsprechen, dürfen auch nach diesem Zeitpunkt weiterverwendet werden.

b) Festverbundene Tanks (Tankfahrzeuge), Aufsetztanks und Batterie-Fahrzeuge, die zwischen dem 1. Mai 1985 und dem Inkrafttreten der ab 1. Januar 1988 anzuwendenden Vorschriften gebaut wurden und die diesen nicht entsprechen, jedoch nach den Vorschriften des ADR gebaut wurden, die bis zu diesem Zeitpunkt in Kraft waren, dürfen auch nach diesem Zeitpunkt weiterverwendet werden.

**[Vor 1993 gebaut]** 1.6.3.5

*→ CH: SDR Art. 30*

Festverbundene Tanks (Tankfahrzeuge), Aufsetztanks und Batterie-Fahrzeuge, die vor dem 1. Januar 1993 gemäß den bis zum 31. Dezember 1992 geltenden Vorschriften gebaut wurden, jedoch nicht den ab 1. Januar 1993 geltenden Vorschriften entsprechen, dürfen weiterverwendet werden.

**[Vor 1984 und 1989 gebaut]** 1.6.3.6

*→ RO-bi-EL 1*

a) Festverbundene Tanks (Tankfahrzeuge), Aufsetztanks und Batterie-Fahrzeuge, die zwischen dem 1. Januar 1978 und dem 31. Dezember 1984 gebaut wurden, müssen, wenn sie nach dem 31. Dezember 2004 verwendet werden, den ab 1. Januar 1990 geltenden Vorschriften der Rn. 211 127 (5) über die Wanddicken und den Schutz gegen Beschädigungen entsprechen.

b) Festverbundene Tanks (Tankfahrzeuge), Aufsetztanks und Batterie-Fahrzeuge, die zwischen dem 1. Januar 1985 und dem 31. Dezember 1989 gebaut wurden, müssen, wenn sie nach dem 31. Dezember 2010 verwendet werden, den ab 1. Januar 1990 geltenden Vorschriften der Rn. 211 127 (5) über die Wanddicken und den Schutz gegen Beschädigungen entsprechen.

**[Vor 1999 gebaut]** 1.6.3.7

Festverbundene Tanks (Tankfahrzeuge), Aufsetztanks und Batterie-Fahrzeuge, die vor dem 1. Januar 1999 gemäß den bis zum 31. Dezember 1998 geltenden Vorschriften gebaut wurden, jedoch nicht den ab 1. Januar 1999 geltenden Vorschriften entsprechen, dürfen weiterverwendet werden.

**[Benennungen am Tankschild oder am Tankkörper]** 1.6.3.8

Wenn auf Grund von Änderungen des ADR bestimmte offizielle Benennungen für die Beförderung der Gase geändert wurden, so ist es nicht erforderlich, die Benennungen am Tankschild oder am Tankkörper selbst (siehe Absatz 6.8.3.5.2 oder 6.8.3.5.3) zu ändern, vorausgesetzt, die Benennungen der Gase an den festverbundenen Tanks (Tankfahrzeugen), Aufsetztanks und Batterie-Fahrzeugen oder auf den Tafeln (siehe Absatz 6.8.3.5.6 b) oder c)) werden bei der ersten darauf folgenden wiederkehrenden Prüfung angepasst.

(bleibt offen) 1.6.3.9–1.6.3.10

**[Vor 1997 gebaut]** 1.6.3.11

Festverbundene Tanks (Tankfahrzeuge) und Aufsetztanks, die vor dem 1. Januar 1997 gemäß den bis zum 31. Dezember 1996 geltenden Vorschriften gebaut wurden, jedoch nicht den ab 1. Januar 1997 geltenden Vorschriften der Rn. 211 332 und 211 333 entsprechen, dürfen weiterverwendet werden.

(bleibt offen) 1.6.3.12

(gestrichen) 1.6.3.13

**1.6.3.14** (bleibt offen)

**1.6.3.15** (gestrichen)

**1.6.3.16** **[Vor 2007 gebaut – Tankakte]**

Bei festverbundenen Tanks (Tankfahrzeugen), Aufsetztanks und Batterie-Fahrzeugen, die vor dem 1. Januar 2007 gebaut wurden und nicht den Vorschriften des Abschnitts 4.3.2 sowie der Unterabschnitte 6.8.2.3, 6.8.2.4 und 6.8.3.4 betreffend der Tankakte entsprechen, muss spätestens bei der nächsten, nach dem 30. Juni 2007 durchzuführenden wiederkehrenden Prüfung mit der Aufbewahrung der Dokumente für die Tankakte begonnen werden.

**1.6.3.17** (gestrichen)

**1.6.3.18** **[Vor 2003 gebaut – Tankcodierung]**

Festverbundene Tanks (Tankfahrzeuge), Aufsetztanks und Batterie-Fahrzeuge, die vor dem 1. Januar 2003 gemäß den bis zum 30. Juni 2001 geltenden Vorschriften gebaut wurden, jedoch nicht den ab 1. Juli 2001 geltenden Vorschriften entsprechen, dürfen weiterverwendet werden, vorausgesetzt, die Zuordnung zu der entsprechenden Tankcodierung wurde vorgenommen.

**1.6.3.19** **[Vor 2003 gebaut]**

Festverbundene Tanks (Tankfahrzeuge) und Aufsetztanks, die vor dem 1. Januar 2003 gemäß den bis zum 31. Dezember 2002 geltenden Vorschriften des Absatzes 6.8.2.1.21 gebaut wurden, jedoch nicht den ab 1. Januar 2003 geltenden Vorschriften entsprechen, dürfen weiterverwendet werden.

**1.6.3.20** **[Vor 1.7.2003 gebaut – TE15]**

Festverbundene Tanks (Tankfahrzeuge) und Aufsetztanks, die vor dem 1. Juli 2003 gemäß den bis zum 31. Dezember 2002 geltenden Vorschriften gebaut wurden, jedoch nicht den ab 1. Januar 2003 geltenden Vorschriften des Absatzes 6.8.2.1.7 und den vom 1. Januar 2003 bis 31. Dezember 2006 geltenden Vorschriften des Abschnitts 6.8.4 b) Sondervorschrift TE15 entsprechen, dürfen weiterverwendet werden.

**1.6.3.21** (gestrichen)

**1.6.3.22–1.6.3.24** (bleibt offen)

**1.6.3.25** (gestrichen)

**1.6.3.26** **[Vor 2007 gebaut – äußerer Auslegungsdruck]**

Festverbundene Tanks (Tankfahrzeuge) und Aufsetztanks, die vor dem 1. Januar 2007 gemäß den bis zum 31. Dezember 2006 geltenden Vorschriften gebaut wurden, jedoch nicht den ab 1. Januar 2007 geltenden Vorschriften bezüglich der Kennzeichnung mit dem äußeren Auslegungsdruck gemäß Absatz 6.8.2.5.1 entsprechen, dürfen weiterverwendet werden.

**1.6.3.27–1.6.3.29** (bleibt offen)

**1.6.3.30** **[Vor 2005 gebaute Saug-Druck-Tanks]**
*→ CH: SDR Anh. 1 1.6.3.30a*

Saug-Druck-Tanks für Abfälle (festverbundene Tanks (Tankfahrzeuge) oder Aufsetztanks), die vor dem 1. Januar 2005 gemäß den bis zum 31. Dezember 2004 geltenden Vorschriften des Unterabschnitts 6.10.3.9 gebaut wurden, jedoch nicht den ab 1. Januar 2005 geltenden Vorschriften entsprechen, dürfen weiterverwendet werden.

**1.6.3.31** **[Technisches Regelwerk für Tanks]**

Festverbundene Tanks (Tankfahrzeuge), Aufsetztanks und Tanks als Elemente eines Batterie-Fahrzeugs, die nach einem technischen Regelwerk ausgelegt und gebaut wurden, das zum Zeitpunkt ihres Baus nach den zu diesem Zeitpunkt anwendbaren Vorschriften des Unterabschnitts 6.8.2.7 anerkannt war, dürfen weiterverwendet werden.

**1.6.3.32** **[Vor 1.7.2007 gebaut, nach EN 13317:2002]**

Festverbundene Tanks (Tankfahrzeuge) und Aufsetztanks, die vor dem 1. Juli 2007 gemäß den bis zum 31. Dezember 2006 geltenden Vorschriften gebaut wurden und mit Deckeln für Einsteigeöffnungen ausgerüstet sind, die den Vorschriften der Norm EN 13317:2002, auf die in der Tabelle des bis zum 31. Dezember 2006 geltenden Unterabschnitts 6.8.2.6 verwiesen wurde, einschließlich der Vorschriften der Abbildung und der Tabelle B.2 in der Anlage B dieser Norm entsprechen und ab 1. Januar 2007 nicht mehr zugelassen sind oder deren Werkstoff nicht den Vorschriften der Norm EN 13094:2004 Absatz 5.2 entspricht, dürfen weiterverwendet werden. 1.6.3.32 (Forts.)

(gestrichen) 1.6.3.33

**[Trenn- oder Schwallwände (Tanks 7 000 Liter) bis 2008]** 1.6.3.34

Abweichend von den Vorschriften des Absatzes 4.3.2.2.4 dürfen festverbundene Tanks (Tankfahrzeuge) und Aufsetztanks zur Beförderung verflüssigter oder tiefgekühlt verflüssigter Gase, die den anwendbaren Bauvorschriften des ADR entsprechen, jedoch vor dem 1. Juli 2009 durch Trenn- oder Schwallwände in Abschnitte von mehr als 7 500 Liter Fassungsraum unterteilt wurden, weiterhin zu mehr als 20 % und zu weniger als 80 % ihres Fassungsraums gefüllt sein.

(gestrichen) 1.6.3.35

**[Vor 1.7.2011 gebaut]** 1.6.3.36

Festverbundene Tanks (Tankfahrzeuge) zur Beförderung verflüssigter nicht giftiger entzündbarer Gase, die vor dem 1. Juli 2011 gebaut wurden, mit Rückschlagventilen anstelle von inneren Absperreinrichtungen ausgerüstet sind und den Vorschriften des Absatzes 6.8.3.2.3 nicht entsprechen, dürfen weiterverwendet werden.

(gestrichen) 1.6.3.37

**[Nach Normen gebaut]** 1.6.3.38

Festverbundene Tanks (Tankfahrzeuge), Aufsetztanks und Batterie-Fahrzeuge, die in Übereinstimmung mit Normen, die zum Zeitpunkt ihres Baus anwendbar waren (siehe Unterabschnitte 6.8.2.6 und 6.8.3.6), nach den zu diesem Zeitpunkt anwendbaren Vorschriften des ADR ausgelegt und gebaut wurden, dürfen weiterverwendet werden, sofern dies nicht durch eine spezifische Übergangsvorschrift eingeschränkt wird.

**[Vor 1.7.2011 gebaut]** 1.6.3.39

Festverbundene Tanks (Tankfahrzeuge) und Aufsetztanks, die vor dem 1. Juli 2011 gemäß den bis zum 31. Dezember 2010 geltenden Vorschriften des Absatzes 6.8.2.2.3 gebaut wurden, jedoch nicht den Vorschriften des dritten Unterabsatzes des Absatzes 6.8.2.2.3 betreffend die Anordnung des Flammensiebs oder der Flammendurchschlagsicherung entsprechen, dürfen weiterverwendet werden.

(gestrichen) 1.6.3.40

**[Vor 1.7.2013 gebaut – Kennzeichnung]** 1.6.3.41

Festverbundene Tanks (Tankfahrzeuge) und Aufsetztanks, die vor dem 1. Juli 2013 gemäß den bis zum 31. Dezember 2012 geltenden Vorschriften gebaut wurden, jedoch nicht den ab 1. Januar 2013 geltenden Vorschriften für die Kennzeichnung nach Absatz 6.8.2.5.2 oder 6.8.3.5.6 entsprechen, dürfen bis zur nächsten, nach dem 1. Juli 2013 vorzunehmenden wiederkehrenden Prüfung nach den bis zum 31. Dezember 2012 geltenden Vorschriften gekennzeichnet sein. *→ D: § 19 (2) 5 a) → D: § 28 Nr. 10 a)*

(gestrichen) 1.6.3.42

**[Vor 2012 gebaut – Nichtanwendung von Normen]** 1.6.3.43

Festverbundene Tanks (Tankfahrzeuge) und Aufsetztanks, die vor dem 1. Januar 2012 gemäß den bis zum 31. Dezember 2012 geltenden Vorschriften gebaut wurden, jedoch nicht den ab 1. Januar 2011 geltenden Vorschriften des Unterabschnitts 6.8.2.6 bezüglich der Normen EN 14432:2006 und EN 14433:2006 entsprechen, dürfen weiterverwendet werden.

**[Additivierungseinrichtungen]** 1.6.3.44

Festverbundene Tanks (Tankfahrzeuge) und Aufsetztanks zur Beförderung von Stoffen der UN-Nummern 1202, 1203, 1223 und 3475 sowie der UN-Nummer 1268 oder 1863 zugeordnetem Flugkraftstoff, die mit vor dem 1. Juli 2015 gemäß nationalen Vorschriften ausgelegten und gebauten Additivierungseinrichtungen ausgerüstet sind, jedoch nicht den ab 1. Januar 2015 geltenden Vorschriften für den Bau, die Zulas- *→ D: RSEB 1-24.S → D: BAM-GGR 018*

**1.6.3.44** (Forts.) sung und die Prüfung der Sondervorschrift 664 des Kapitels 3.3 entsprechen, dürfen nur mit Zustimmung der zuständigen Behörden der Verwendungsländer verwendet werden.

**1.6.3.45** (bleibt offen)

**1.6.3.46** **[Vor 1.7.2017 gebaut]**

Festverbundene Tanks (Tankfahrzeuge) und Aufsetztanks, die vor dem 1. Juli 2017 gemäß den bis zum 31. Dezember 2016 geltenden Vorschriften gebaut wurden, jedoch nicht den ab 1. Januar 2017 geltenden Vorschriften des Unterabschnitts 6.8.2.1.23 entsprechen, dürfen weiterverwendet werden.

**1.6.3.47** **[Vor 1.7.2019 gebaut – Sicherheitsventil]**

Festverbundene Tanks (Tankfahrzeuge) und Aufsetztanks, die vor dem 1. Juli 2019 gebaut wurden und mit Sicherheitsventilen ausgerüstet sind, die den bis zum 31. Dezember 2018 geltenden Vorschriften, nicht jedoch den ab 1. Januar 2019 geltenden Vorschriften des letzten Unterabsatzes des Absatzes 6.8.3.2.9 in Bezug auf ihre Auslegung oder ihren Schutz entsprechen, dürfen bis zur nächsten nach dem 1. Januar 2021 durchzuführenden Zwischenprüfung oder wiederkehrenden Prüfung weiterverwendet werden.

**1.6.3.48** **[Sondervorschrift TU42]**

Ungeachtet der ab dem 1. Januar 2019 anwendbaren Vorschriften der Sondervorschrift TU42 des Abschnitts 4.3.5 dürfen festverbundene Tanks (Tankfahrzeuge) und Aufsetztanks mit einem Tankkörper aus Aluminiumlegierung, einschließlich solcher mit einer Schutzauskleidung, die vor dem 1. Januar 2019 für die Beförderung von Stoffen mit einem pH-Wert von weniger als 5,0 oder mehr als 8,0 verwendet wurden, bis zum 31. Dezember 2026 für die Beförderung dieser Stoffe weiterverwendet werden.

**1.6.3.49** **[Vor 1.7.2019 gebaut – Berstdruck]**

Festverbundene Tanks (Tankfahrzeuge) und Aufsetztanks, die vor dem 1. Juli 2019 gemäß den bis zum 31. Dezember 2018 geltenden Vorschriften gebaut wurden, jedoch nicht den ab 1. Januar 2019 geltenden Vorschriften des Absatzes 6.8.2.2.10 betreffend den Berstdruck der Berstscheibe entsprechen, dürfen weiterverwendet werden.

**1.6.3.50** **[Vor 1.7.2019 gebaut – Flammensperre]**

Festverbundene Tanks (Tankfahrzeuge) und Aufsetztanks, die vor dem 1. Juli 2019 gemäß den bis zum 31. Dezember 2018 geltenden Vorschriften des Absatzes 6.8.2.2.3 gebaut wurden, jedoch nicht den ab 1. Januar 2019 geltenden Vorschriften des letzten Unterabsatzes des Absatzes 6.8.2.2.3 für Flammensperren an Überdruck- und Unterdruckbelüftungseinrichtungen entsprechen, dürfen weiterverwendet werden.

**1.6.3.51** **[Vor 1.7.2019 gebaut – Tankbodenschweißnähte]**

Festverbundene Tanks (Tankfahrzeuge) und Aufsetztanks, die vor dem 1. Juli 2019 gemäß den bis zum 31. Dezember 2018 geltenden Vorschriften gebaut wurden, jedoch nicht den ab 1. Januar 2019 geltenden Vorschriften des Absatzes 6.8.2.1.23 betreffend die Prüfung der Schweißnähte im Kantenbereich der Tankböden entsprechen, dürfen weiterverwendet werden.

**1.6.3.52** **[Vor 1.7.2019 gebaut – Füllstandsanzeiger]**

Festverbundene Tanks (Tankfahrzeuge) und Aufsetztanks, die vor dem 1. Juli 2019 gemäß den bis zum 31. Dezember 2018 geltenden Vorschriften gebaut wurden, jedoch nicht den ab 1. Januar 2019 geltenden Vorschriften des Absatzes 6.8.2.2.11 entsprechen, dürfen weiterverwendet werden.

**1.6.3.53** **[Vor 1.7.2019 gebaut – Unterscheidungszeichen]**

Baumusterzulassungsbescheinigungen für festverbundende Tanks (Tankfahrzeuge), Aufsetztanks und Batterie-Fahrzeuge, die vor dem 1. Juli 2019 gemäß den bis zum 31. Dezember 2018 geltenden Vorschriften des Absatzes 6.8.2.3.1 ausgestellt wurden, jedoch nicht den ab 1. Januar 2019 geltenden Vorschriften des Absatzes 6.8.2.3.1 in Bezug auf die Angabe des Unterscheidungszeichens für Kraftfahrzeuge im internationalen Verkehr[31] des Staates, in dem die Zulassung erteilt wurde, und der Registriernummer entsprechen, dürfen weiterverwendet werden.

[31] Das für Kraftfahrzeuge und Anhänger im internationalen Straßenverkehr verwendete Unterscheidungszeichen des Zulassungsstaates, z.B. gemäß dem Genfer Übereinkommen über den Straßenverkehr von 1949 oder dem Wiener Übereinkommen über den Straßenverkehr von 1968.

**[Sachverständigenzulassungs-Verfahren bis 31.12.2032]** 1.6.3.54

Verfahren der zuständigen Behörde für die Zulassung von Sachverständigen, die Tätigkeiten in Bezug auf festverbundene Tanks (Tankfahrzeuge) und Aufsetztanks zur Beförderung von anderen Stoffen als denen durchführen, für welche die Sondervorschriften TA4 und TT9 des Abschnitts 6.8.4 gelten, die den bis zum 31. Dezember 2022 geltenden Vorschriften des Kapitels 6.8, nicht jedoch den ab 1. Januar 2023 für Prüfstellen geltenden Vorschriften des Abschnitts 1.8.6 entsprechen, dürfen bis zum 31. Dezember 2032 weiter angewendet werden.

**Bem.** Der Begriff „Sachverständiger" wurde durch den Begriff „Prüfstelle" ersetzt.

**[Baumusterzulassungen, vor 1.7.2023 ausgestellt]** 1.6.3.55

Baumusterzulassungsbescheinigungen, die vor dem 1. Juli 2023 für festverbundene Tanks (Tankfahrzeuge) und Aufsetztanks zur Beförderung von anderen Stoffen als denen, für welche die Sondervorschriften TA4 und TT9 des Abschnitts 6.8.4 gelten, in Übereinstimmung mit Kapitel 6.8 ausgestellt wurden, jedoch nicht dem ab 1. Januar 2023 geltenden Abschnitt 1.8.7 entsprechen, dürfen bis zum Ende ihrer Gültigkeitsdauer weiterverwendet werden.

**[Vor 1.7.2033 gebaut]** 1.6.3.56

Festverbundene Tanks (Tankfahrzeuge) und Aufsetztanks, die vor dem 1. Juli 2033 gemäß den bis zum 31. Dezember 2022 geltenden Vorschriften des Kapitels 6.9 gebaut wurden, jedoch nicht den ab 1. Januar 2023 geltenden Vorschriften des Kapitels 6.13 entsprechen, dürfen weiterverwendet werden.

**[Vor 2024 gebaut]** 1.6.3.57

Festverbundene Tanks (Tankfahrzeuge) und Aufsetztanks, die vor dem 1. Januar 2024 gemäß den bis zum 31. Dezember 2022 geltenden Vorschriften gebaut wurden, jedoch nicht den ab 1. Januar 2023 geltenden Vorschriften für die Ausrüstung mit Sicherheitsventilen gemäß Absatz 6.8.3.2.9 entsprechen, dürfen weiterverwendet werden.

(bleibt offen) 1.6.3.58

**[Vor 1.7.2023 gebaut]** 1.6.3.59

Festverbundene Tanks (Tankfahrzeuge) und Aufsetztanks, die vor dem 1. Juli 2023 gemäß den bis zum 31. Dezember 2022 geltenden Vorschriften gebaut wurden, jedoch nicht den ab 1. Januar 2023 geltenden Vorschriften des Abschnitts 6.8.4 b) Sondervorschrift TE26 entsprechen, dürfen weiterverwendet werden.

**[Sicherheitsventile – Kennzeichen]** 1.6.3.60

Festverbundene Tanks (Tankfahrzeuge) und Aufsetztanks, die bereits mit Sicherheitsventilen ausgerüstet sind, die den ab 1. Januar 2023 geltenden Vorschriften des Absatzes 6.8.3.2.9 entsprechen, müssen bis zur nächsten nach dem 31. Dezember 2023 durchzuführenden Zwischenprüfung oder wiederkehrenden Prüfung nicht mit den Kennzeichen in Übereinstimmung mit Absatz 6.8.3.2.9.6 versehen sein.

**[Füllstandsanzeiger]** 1.6.3.61

Festverbundene Tanks (Tankfahrzeuge) und Aufsetztanks, die vor dem 1. Juli 2025 gemäß den bis zum 31. Dezember 2024 geltenden Vorschriften gebaut wurden, jedoch nicht den ab 1. Januar 2025 geltenden Vorschriften des Absatzes 6.8.2.2.11 entsprechen, dürfen weiterverwendet werden.

(bleibt offen) 1.6.3.62–1.6.3.99

**Tanks aus faserverstärkten Kunststoffen (FVK-Tanks)** 1.6.3.100

**[Vor 1.7.2002 gebaut]** 1.6.3.100.1

Tanks aus faserverstärkten Kunststoffen, die vor dem 1. Juli 2002 nach einem vor dem 1. Juli 2001 zugelassenen Baumuster gemäß den Vorschriften des Anhangs B.1c gebaut wurden, die bis zum 30. Juni 2001 in Kraft waren, dürfen bis an das Ende ihrer Lebensdauer weiterverwendet werden, vorausgesetzt, alle Vorschriften, die bis zum 30. Juni 2001 in Kraft waren, wurden und werden beachtet. Jedoch darf ab 1. Juli 2001 kein neues Baumuster nach den Vorschriften zugelassen werden, die bis zum 30. Juni 2001 in Kraft waren.

**1.6.3.100.2 [Vor 1.7.2021 gebaut – Tankcodierung]**

Tanks aus faserverstärkten Kunststoffen, die vor dem 1. Juli 2021 gemäß den bis zum 31. Dezember 2020 geltenden Vorschriften gebaut wurden, jedoch nicht den vom 1. Januar 2021 bis 31. Dezember 2022 geltenden Vorschriften für die Kennzeichnung mit der Tankcodierung des Unterabschnitts 6.9.6.1 oder den ab 1. Januar 2023 geltenden Vorschriften für die Kennzeichnung mit der Tankcodierung des Unterabschnitts 6.13.6.1 entsprechen, dürfen bis zur nächsten, nach dem 1. Juli 2021 vorzunehmenden wiederkehrenden Prüfung nach den bis zum 31. Dezember 2020 geltenden Vorschriften gekennzeichnet sein.

## 1.6.4 Tankcontainer, ortsbewegliche Tanks und MEGC

**1.6.4.1 [Vor 1988 gebaute TC]**

*→ CH: SDR Anh. 1 1.6.4.1a*

Tankcontainer, die vor dem 1. Januar 1988 gemäß den bis zum 31. Dezember 1987 geltenden Vorschriften gebaut wurden, jedoch nicht den ab 1. Januar 1988 geltenden Vorschriften entsprechen, dürfen weiterverwendet werden.

**1.6.4.2 [Vor 1993 gebaute TC]**

Tankcontainer, die vor dem 1. Januar 1993 gemäß den bis zum 31. Dezember 1992 geltenden Vorschriften gebaut wurden, jedoch nicht den ab 1. Januar 1993 geltenden Vorschriften entsprechen, dürfen weiterverwendet werden.

**1.6.4.3 [Vor 1999 gebaute TC]**

Tankcontainer, die vor dem 1. Januar 1999 gemäß den bis zum 31. Dezember 1998 geltenden Vorschriften gebaut wurden, jedoch nicht den ab 1. Januar 1999 geltenden Vorschriften entsprechen, dürfen weiterverwendet werden.

**1.6.4.4** (bleibt offen)

**1.6.4.5 [Benennung am Tankschild oder am Tankörper]**

Wenn auf Grund von Änderungen des ADR bestimmte offizielle Benennungen für die Beförderung der Gase geändert wurden, so ist es nicht erforderlich, die Benennungen am Tankschild oder am Tankkörper selbst (siehe Absatz 6.8.3.5.2 oder 6.8.3.5.3) zu ändern, vorausgesetzt, die Benennungen der Gase an den Tankcontainern und MEGC oder auf den Tafeln (siehe Absatz 6.8.3.5.6 b) oder c)) werden bei der ersten darauf folgenden wiederkehrenden Prüfung angepasst.

**1.6.4.6 [Vor 2007 gebaute TC – äußerer Auslegungsdruck]**

Tankcontainer, die vor dem 1. Januar 2007 gemäß den bis zum 31. Dezember 2006 geltenden Vorschriften gebaut wurden, jedoch nicht den ab 1. Januar 2007 geltenden Vorschriften bezüglich der Kennzeichnung mit dem äußeren Auslegungsdruck gemäß Absatz 6.8.2.5.1 entsprechen, dürfen weiterverwendet werden.

**1.6.4.7 [Vor 1997 gebaute TC]**

Tankcontainer, die vor dem 1. Januar 1997 gemäß den bis zum 31. Dezember 1996 geltenden Vorschriften gebaut wurden, jedoch nicht den ab 1. Januar 1997 geltenden Vorschriften der Rn. 212 332 und 212 333 entsprechen, dürfen weiterverwendet werden.

**1.6.4.8** (bleibt offen)

**1.6.4.9 [Technisches Regelwerk für TC]**

Tankcontainer und MEGC, die nach einem technischen Regelwerk ausgelegt und gebaut wurden, das zum Zeitpunkt ihres Baus nach den zu diesem Zeitpunkt anwendbaren Vorschriften des Unterabschnitts 6.8.2.7 anerkannt war, dürfen weiterverwendet werden.

**1.6.4.10** (gestrichen)

**1.6.4.11** (bleibt offen)

**1.6.4.12 [Vor 2003 gebaut – Tankcodierung]**

Tankcontainer und MEGC, die vor dem 1. Januar 2003 gemäß den bis zum 30. Juni 2001 geltenden Vorschriften gebaut wurden, jedoch nicht den ab 1. Juli 2001 geltenden Vorschriften entsprechen, dürfen weiterverwendet werden.

Jedoch müssen sie mit der entsprechenden Tankcodierung und, sofern anwendbar, mit den entsprechenden alphanumerischen Codes der Sondervorschriften TC und TE gemäß Abschnitt 6.8.4 gekennzeichnet sein. 1.6.4.12 (Forts.)

**[Vor 1.7.2003 gebaute TC – TE15]** 1.6.4.13

Tankcontainer, die vor dem 1. Juli 2003 gemäß den bis zum 31. Dezember 2002 geltenden Vorschriften gebaut wurden, jedoch nicht den ab 1. Januar 2003 geltenden Vorschriften des Absatzes 6.8.2.1.7 und den vom 1. Januar 2003 bis 31. Dezember 2006 geltenden Vorschriften des Abschnitts 6.8.4 b) Sondervorschrift TE15 entsprechen, dürfen weiterverwendet werden.

(bleibt offen) 1.6.4.14

(gestrichen) 1.6.4.15–1.6.4.17

**[Vor 2007 gebaute TC – Tankakte]** 1.6.4.18

Bei Tankcontainern und MEGC, die vor dem 1. Januar 2007 gebaut wurden und nicht den Vorschriften des Abschnitts 4.3.2 sowie der Unterabschnitte 6.8.2.3, 6.8.2.4 und 6.8.3.4 betreffend die Tankakte entsprechen, muss spätestens bei der nächsten, nach dem 30. Juni 2007 durchzuführenden wiederkehrenden Prüfung mit der Aufbewahrung der Dokumente für die Tankakte begonnen werden.

(gestrichen) 1.6.4.19

**[Vor 1.7.2005 gebaute Saug-Druck-TC]** 1.6.4.20

Saug-Druck-Tankcontainer für Abfälle, die vor dem 1. Juli 2005 gemäß den bis zum 31. Dezember 2004 geltenden Vorschriften gebaut wurden, jedoch nicht den ab 1. Januar 2005 geltenden Vorschriften des Unterabschnitts 6.10.3.9 entsprechen, dürfen weiterverwendet werden.

(bleibt offen) 1.6.4.21–1.6.4.29

**[Baumusterzulassungsbescheinigung]** 1.6.4.30

Ortsbewegliche Tanks und UN-MEGC, die den ab 1. Januar 2007 geltenden Vorschriften für die Auslegung nicht entsprechen, jedoch nach einer vor dem 1. Januar 2008 ausgestellten Baumusterzulassungsbescheinigung gebaut wurden, dürfen weiterverwendet werden.

(gestrichen) 1.6.4.31–1.6.4.32

**[Füllungsgrad von Tankabteilen]** 1.6.4.33

Abweichend von den Vorschriften des Absatzes 4.3.2.2.4 dürfen Tankcontainer zur Beförderung verflüssigter oder tiefgekühlt verflüssigter Gase, die den anwendbaren Bauvorschriften des ADR entsprechen, jedoch vor dem 1. Juli 2009 durch Trenn- oder Schwallwände in Abschnitte von mehr als 7 500 Liter Fassungsraum unterteilt wurden, weiterhin zu mehr als 20 % und zu weniger als 80 % ihres Fassungsraums gefüllt sein.

(gestrichen) 1.6.4.34–1.6.4.36

**[Ortsbewegliche Tanks nach Kennzeichnungsvorschriften bis 2010]** 1.6.4.37

Ortsbewegliche Tanks und MEGC, die vor dem 1. Januar 2012 nach den bis zum 31. Dezember 2010 geltenden Kennzeichnungsvorschriften des Absatzes 6.7.2.20.1, 6.7.3.16.1, 6.7.4.15.1 oder 6.7.5.13.1 gebaut wurden, dürfen weiterverwendet werden, wenn sie allen übrigen, ab dem 1. Januar 2011 geltenden Vorschriften des ADR entsprechen, einschließlich der Vorschrift des Absatzes 6.7.2.20.1 g) betreffend die Angabe des Symbols „S" auf dem Tankschild, wenn der Tankkörper oder die Tankkammer durch Schwallwände in Abschnitte von höchstens 7 500 Liter Fassungsraum unterteilt ist.

(gestrichen) 1.6.4.38

**[TC und MEGC – Weiterverwendunge]** 1.6.4.39

Tankcontainer und MEGC, die in Übereinstimmung mit Normen, die zum Zeitpunkt ihres Baus anwendbar waren (siehe Unterabschnitte 6.8.2.6 und 6.8.3.6), nach den zu diesem Zeitpunkt anwendbaren Vor-

1.6.4.39 (Forts.) schriften des ADR ausgelegt und gebaut wurden, dürfen weiterverwendet werden, sofern dies nicht durch eine spezifische Übergangsvorschrift eingeschränkt wird.

**1.6.4.40 [TC – bis 2010]**

Tankcontainer, die vor dem 1. Juli 2011 gemäß den bis zum 31. Dezember 2010 geltenden Vorschriften des Absatzes 6.8.2.2.3 gebaut wurden, jedoch nicht den Vorschriften des dritten Unterabsatzes des Absatzes 6.8.2.2.3 betreffend die Anordnung des Flammensiebs oder der Flammendurchschlagsicherung entsprechen, dürfen weiterverwendet werden.

**1.6.4.41** (gestrichen)

**1.6.4.42 [Vor 1.7.2013 gebaute TC – Kennzeichnung]**

Tankcontainer, die vor dem 1. Juli 2013 gemäß den bis zum 31. Dezember 2012 geltenden Vorschriften gebaut wurden, jedoch nicht den ab 1. Januar 2013 geltenden Vorschriften für die Kennzeichnung nach Absatz 6.8.2.5.2 oder 6.8.3.5.6 entsprechen, dürfen bis zur nächsten, nach dem 1. Juli 2013 vorzunehmenden wiederkehrenden Prüfung nach den bis zum 31. Dezember 2012 geltenden Vorschriften gekennzeichnet sein.

**1.6.4.43 [Vor 2014 gebaut – Kennzeichnung der Druckentlastungseinrichtung]**

Ortsbewegliche Tanks und MEGC, die vor dem 1. Januar 2014 gebaut wurden, müssen die Vorschriften der Absätze 6.7.2.13.1 f), 6.7.3.9.1 e), 6.7.4.8.1 e) und 6.7.5.6.1 d) betreffend die Kennzeichnung der Druckentlastungseinrichtungen nicht erfüllen.

**1.6.4.44–1.6.4.45** (gestrichen)

**1.6.4.46 [Vor 2012 gebaute TC]**

Tankcontainer, die vor dem 1. Januar 2012 gemäß den bis zum 31. Dezember 2012 geltenden Vorschriften gebaut wurden, jedoch nicht den ab 1. Januar 2011 geltenden Vorschriften des Unterabschnitts 6.8.2.6 bezüglich der Normen EN 14432:2006 und EN 14433:2006 entsprechen, dürfen weiterverwendet werden.

**1.6.4.47 [Vor 1.7.2017 gebaute TC – Haltezeiten]**

Tankcontainer für tiefgekühlt verflüssigte Gase, die vor dem 1. Juli 2017 gemäß den bis zum 31. Dezember 2016 geltenden Vorschriften gebaut wurden, jedoch nicht den ab 1. Januar 2017 geltenden Vorschriften der Absätze 6.8.3.4.10, 6.8.3.4.11 und 6.8.3.5.4 entsprechen, dürfen bis zur nächsten, nach dem 1. Juli 2017 vorzunehmenden Prüfung weiterverwendet werden. Bis zu diesem Zeitpunkt dürfen für die Einhaltung der Vorschriften des Unterabschnitts 4.3.3.5 und des Absatzes 5.4.1.2.2 d) die tatsächlichen Haltezeiten ohne Rückgriff auf die Referenzhaltezeit geschätzt werden.

**1.6.4.48 [Vor 1.7.2017 gebaute TC]**

Tankcontainer, die vor dem 1. Juli 2017 gemäß den bis zum 31. Dezember 2016 geltenden Vorschriften gebaut wurden, jedoch nicht den ab 1. Januar 2017 geltenden Vorschriften des Unterabschnitts 6.8.2.1.23 entsprechen, dürfen weiterverwendet werden.

**1.6.4.49 [Vor 1.7.2019 gebaute TC – Sicherheitsventil]**

Tankcontainer, die vor dem 1. Juli 2019 gebaut wurden und mit Sicherheitsventilen ausgerüstet sind, die den bis zum 31. Dezember 2018 geltenden Vorschriften, nicht jedoch den ab 1. Januar 2019 geltenden Vorschriften des letzten Unterabsatzes des Absatzes 6.8.3.2.9 in Bezug auf ihre Auslegung oder ihren Schutz entsprechen, dürfen bis zur nächsten nach dem 1. Januar 2021 durchzuführenden Zwischenprüfung oder wiederkehrenden Prüfung weiterverwendet werden.

**1.6.4.50 [Sondervorschrift TU42]**

Ungeachtet der ab dem 1. Januar 2019 anwendbaren Vorschriften der Sondervorschrift TU42 des Abschnitts 4.3.5 dürfen Tankcontainer mit einem Tankkörper aus Aluminiumlegierung, einschließlich solcher mit einer Schutzauskleidung, die vor dem 1. Januar 2019 für die Beförderung von Stoffen mit einem pH-Wert von weniger als 5,0 oder mehr als 8,0 verwendet wurden, bis zum 31. Dezember 2026 für die Beförderung dieser Stoffe weiterverwendet werden.

**[Vor 1.7.2019 gebaute TC – Berstdruck]** 1.6.4.51

Tankcontainer, die vor dem 1. Juli 2019 gemäß den bis zum 31. Dezember 2018 geltenden Vorschriften gebaut wurden, jedoch nicht den ab 1. Januar 2019 geltenden Vorschriften des Absatzes 6.8.2.2.10 betreffend den Berstdruck der Berstscheibe entsprechen, dürfen weiterverwendet werden.

**[Vor 1.7.2019 gebaute TC – Flammensperre]** 1.6.4.52

Tankcontainer, die vor dem 1. Juli 2019 gemäß den bis zum 31. Dezember 2018 geltenden Vorschriften des Absatzes 6.8.2.2.3 gebaut wurden, jedoch nicht den ab 1. Januar 2019 geltenden Vorschriften des letzten Unterabsatzes des Absatzes 6.8.2.2.3 für Flammensperren an Überdruck- und Unterdruckbelüftungseinrichtungen entsprechen, dürfen weiterverwendet werden.

**[Vor 1.7.2019 gebaute TC – Tankbodenschweißnähte]** 1.6.4.53

Tankcontainer, die vor dem 1. Juli 2019 gemäß den bis zum 31. Dezember 2018 geltenden Vorschriften gebaut wurden, jedoch nicht den ab 1. Januar 2019 geltenden Vorschriften des Absatzes 6.8.2.1.23 betreffend die Prüfung der Schweißnähte im Kantenbereich der Tankböden entsprechen, dürfen weiterverwendet werden.

**[Vor 1.7.2019 gebaute TC – Füllstandsanzeiger]** 1.6.4.54

Tankcontainer, die vor dem 1. Juli 2019 gemäß den bis zum 31. Dezember 2018 geltenden Vorschriften gebaut wurden, jedoch nicht den ab 1. Januar 2019 geltenden Vorschriften des Absatzes 6.8.2.2.11 entsprechen, dürfen weiterverwendet werden.

(bleibt offen) 1.6.4.55

**[Weiterverwendung von TC]** 1.6.4.56

Tankcontainer, die den ab 1. Januar 2023 geltenden Vorschriften des Absatzes 6.8.3.4.6 b) nicht entsprechen, dürfen weiterverwendet werden, wenn nach dem 1. Juli 2023 spätestens alle sechs Jahre nach jeder wiederkehrenden Prüfung eine Zwischenprüfung durchgeführt wird.

**[Sachverständigenzulassungs-Verfahren (TC) bis 31.12.2032]** 1.6.4.57

Ausgenommen in Verbindung mit Unterabschnitt 6.8.1.5, zweiter Unterabsatz, zweiter Spiegelstrich dürfen Verfahren der zuständigen Behörde für die Zulassung von Sachverständigen, die Tätigkeiten in Bezug auf Tankcontainer zur Beförderung von anderen Stoffen als denen durchführen, für welche die Sondervorschriften TA4 und TT9 des Abschnitts 6.8.4 gelten, die den bis zum 31. Dezember 2022 geltenden Vorschriften des Kapitels 6.8, nicht jedoch den ab 1. Januar 2023 für Prüfstellen geltenden Vorschriften des Abschnitts 1.8.6 entsprechen, bis zum 31. Dezember 2032 weiter angewendet werden.

**Bem.** Der Begriff „Sachverständiger" wurde durch den Begriff „Prüfstelle" ersetzt.

**[Baumusterzulassungsbescheinigungen für TC]** 1.6.4.58

Baumusterzulassungsbescheinigungen, die vor dem 1. Juli 2023 für Tankcontainer zur Beförderung von anderen Stoffen als denen, für welche die Sondervorschriften TA4 und TT9 des Abschnitts 6.8.4 gelten, in Übereinstimmung mit Kapitel 6.8 ausgestellt wurden, jedoch nicht dem ab 1. Januar 2023 geltenden Abschnitt 1.8.7 entsprechen, dürfen bis zum Ende ihrer Gültigkeitsdauer weiterverwendet werden.

**[Vor 1.7.2033 gebaute TC aus faserverstärkten Kunststoffen]** 1.6.4.59

Tankcontainer aus faserverstärkten Kunststoffen, die vor dem 1. Juli 2033 gemäß den bis zum 31. Dezember 2022 geltenden Vorschriften des Kapitels 6.9 gebaut wurden, dürfen in Übereinstimmung mit den bis zum 31. Dezember 2022 geltenden Vorschriften des Kapitels 4.4 weiterverwendet werden.

**[Vor 2024 gebaute TC – Sicherheitsventil ]** 1.6.4.60

Tankcontainer, die vor dem 1. Januar 2024 gemäß den bis zum 31. Dezember 2022 geltenden Vorschriften gebaut wurden, jedoch nicht den ab 1. Januar 2023 geltenden Vorschriften für die Ausrüstung mit Sicherheitsventilen gemäß Absatz 6.8.3.2.9 entsprechen, dürfen weiterverwendet werden.

**[Vor 1.7.2023 gebaute TC]** 1.6.4.61

Tankcontainer, die vor dem 1. Juli 2023 gemäß den bis zum 31. Dezember 2022 geltenden Vorschriften gebaut wurden, jedoch nicht den ab 1. Januar 2023 geltenden Vorschriften des zweiten und dritten Unterabsatzes des Absatzes 6.8.2.2.4 entsprechen, dürfen weiterverwendet werden.

**1.6.4.62 [Besonders große TC, vor dem 1.7.2023 gebaut]**

Besonders große Tankcontainer, die vor dem 1. Juli 2023 gemäß den bis zum 31. Dezember 2022 geltenden Vorschriften gebaut wurden, jedoch nicht den ab 1. Januar 2023 geltenden Vorschriften des dritten Unterabsatzes des Absatzes 6.8.2.1.18 betreffend die Mindestwanddicke des Tankkörpers entsprechen, dürfen weiterverwendet werden.

**1.6.4.63 [Sondervorschrift TE26]**

Tankcontainer, die vor dem 1. Juli 2023 gemäß den bis zum 31. Dezember 2022 geltenden Vorschriften gebaut wurden, jedoch nicht den ab 1. Januar 2023 geltenden Vorschriften des Abschnitts 6.8.4 b) Sondervorschrift TE26 entsprechen, dürfen weiterverwendet werden.

**1.6.4.64 [Sicherheitsventile – Kennzeichen]**

Tankcontainer, die bereits mit Sicherheitsventilen ausgerüstet sind, die den ab 1. Januar 2023 geltenden Vorschriften des Absatzes 6.8.3.2.9 entsprechen, müssen bis zur nächsten nach dem 31. Dezember 2023 durchzuführenden Zwischenprüfung oder wiederkehrenden Prüfung nicht mit den Kennzeichen in Übereinstimmung mit Absatz 6.8.3.2.9.6 versehen sein.

**1.6.4.65 [Füllstandsanzeiger]**

Tankcontainer, die vor dem 1. Juli 2025 gemäß den bis zum 31. Dezember 2024 geltenden Vorschriften gebaut wurden, jedoch nicht den ab 1. Januar 2025 geltenden Vorschriften des Absatzes 6.8.2.2.11 entsprechen, dürfen weiterverwendet werden.

**1.6.4.66 [Angabe „höchstzulässige Masse des eingefüllten Gases" auf dem Tankschild]**

Ortsbewegliche Tanks, die vor dem 1. Januar 2027 nach den bis zum 31. Dezember 2024 geltenden Vorschriften gebaut wurden, jedoch nicht den ab 1. Januar 2025 geltenden Vorschriften des Absatzes 6.7.4.15.1 (i) (iv) entsprechen, dürfen weiterverwendet werden.

## 1.6.5 Fahrzeuge

1.6.5.1– 1.6.5.2 (bleibt offen)

1.6.5.3 (gestrichen)

**1.6.5.4 [Bau von Fahrzeugen AT]**

Hinsichtlich des Baus der Fahrzeuge AT bleiben die Vorschriften des Teils 9, die bis zum 31. Dezember 2024 in Kraft waren, bis zum 31. Dezember 2026 anwendbar.

**1.6.5.5 [Vor 2003 zugelassene elektrische Ausrüstung]**

Fahrzeuge, die vor dem 1. Januar 2003 zum Verkehr zugelassen oder in Betrieb genommen wurden und deren elektrische Ausrüstung zwar nicht den Vorschriften des Abschnitts 9.2.2, 9.3.7 oder 9.7.8, aber den bis zum 30. Juni 2001 geltenden Vorschriften entspricht, dürfen weiterverwendet werden.

1.6.5.6 (gestrichen)

**1.6.5.7 [Vor 31.12.2002 typgenehmigte Fahrzeuge]**

Vollständige oder vervollständigte Fahrzeuge, die vor dem 31. Dezember 2002 nach der UN-Regelung Nr. 105[32] in der durch die Änderungen der Serie 01 geänderten Fassung oder nach den entsprechenden Bestimmungen der Richtlinie 98/91/EG[33] typgenehmigt wurden und nicht den Vorschriften des Kapitels 9.2 entsprechen, jedoch den bis zum 30. Juni 2001 anwendbaren Vorschriften für den Bau der Basisfahrzeuge (Rn. 220 100 bis 220 540 des Anhanges B.2) entsprechen, dürfen weiterhin genehmigt und verwendet werden, vorausgesetzt, sie wurden vor dem 1. Juli 2003 erstmalig zum Verkehr zugelassen oder in Betrieb gesetzt.

32) UN-Regelung Nr. 105 (Einheitliche Bedingungen für die Genehmigung von Fahrzeugen für den Transport gefährlicher Güter hinsichtlich ihrer besonderen konstruktiven Merkmale).

33) Richtlinie 98/91/EG des Europäischen Parlaments und des Rates vom 14. Dezember 1998 über Kraftfahrzeuge und Kraftfahrzeuganhänger, die zur Beförderung gefährlicher Güter auf der Straße bestimmt sind, und zur Änderung der Richtlinie 70/156/EWG über die Betriebserlaubnis für Kraftfahrzeuge und Kraftfahrzeuganhänger (Amtsblatt Nr. L 011 vom 16.01.1999, S. 25 bis 36).

**[Vor 1.7.2005 zugelassene Fahrzeuge EX/II, EX/III]** 1.6.5.8

Fahrzeuge EX/II und EX/III, die erstmalig vor dem 1. Juli 2005 zugelassen wurden und den bis zum 31. Dezember 2004 anwendbaren Vorschriften des Teils 9, jedoch nicht den ab 1. Januar 2005 anwendbaren Vorschriften entsprechen, dürfen weiterverwendet werden.

**[Vor 1.7.2004 zugelassen – Kippstabilität]** 1.6.5.9

Tankfahrzeuge mit festverbundenen Tanks mit einem Fassungsraum von mehr als 3 $m^3$, die zur Beförderung gefährlicher Güter in flüssigem oder geschmolzenem Zustand vorgesehen und mit einem Druck von weniger als 4 bar geprüft sind und die nicht den Vorschriften des Unterabschnitts 9.7.5.2 entsprechen und erstmals vor dem 1. Juli 2004 zugelassen wurden (oder, falls eine Zulassung nicht erforderlich ist, in Betrieb gesetzt wurden), dürfen weiterverwendet werden.

**[Zulassungsbescheinigung]** 1.6.5.10

Zulassungsbescheinigungen, die dem bis zum 31. Dezember 2006 geltenden Muster des Unterabschnitts 9.1.3.5 entsprechen, und solche, die dem vom 1. Januar 2007 bis zum 31. Dezember 2008 geltenden Muster des Unterabschnitts 9.1.3.5 entsprechen, dürfen weiterverwendet werden. Zulassungsbescheinigungen, die dem vom 1. Januar 2009 bis zum 31. Dezember 2014 geltenden Muster des Unterabschnitts 9.1.3.5 entsprechen, dürfen weiterverwendet werden.

**[Vor 2009 zugelassene MEMU]** 1.6.5.11

MEMU, die vor dem 1. Januar 2009 gemäß den nationalen Vorschriften gebaut und zugelassen wurden, jedoch nicht den ab 1. Januar 2009 geltenden Vorschriften für den Bau und die Zulassung entsprechen, dürfen mit Zulassung der zuständigen Behörden der Verwendungsländer verwendet werden. *→ D: BAM-GGR 010*

**[Vor 1.4.2012 zugelassene Fahrzeuge EX/III und FL]** 1.6.5.12

Fahrzeuge EX/III und FL, die vor dem 1. April 2012 erstmalig zum Verkehr zugelassen oder in Betrieb genommen wurden und deren elektrische Anschlussverbindungen zwar nicht den Vorschriften des Absatzes 9.2.2.6.3, aber den bis zum 31. Dezember 2010 anwendbaren Vorschriften entsprechen, dürfen weiterverwendet werden.

**[Vor 1.7.1995 zugelassene Anhänger]** 1.6.5.13

Anhänger, die vor dem 1. Juli 1995 erstmalig zum Verkehr zugelassen wurden (oder in Betrieb genommen wurden, sofern eine Zulassung zum Verkehr nicht zwingend vorgeschrieben ist) und mit einem automatischen Blockierverhinderer in Übereinstimmung mit der UN-Regelung Nr. 13 Änderungsreihe 06 ausgerüstet sind, jedoch nicht den technischen Vorschriften für automatische Blockierverhinderer der Kategorie A entsprechen, dürfen weiterverwendet werden.

**[Vor 1.7.2013 zugelassene MEMU]** 1.6.5.14

MEMU, die vor dem 1. Juli 2013 gemäß den bis zum 31. Dezember 2012 geltenden Vorschriften des ADR zugelassen wurden, jedoch nicht den ab 1. Januar 2013 geltenden Vorschriften des Absatzes 6.12.3.1.2 oder 6.12.3.2.2 entsprechen, dürfen weiterverwendet werden.

**[Vor 1.11.2014 zugelassene Fahrzeuge]** 1.6.5.15

Hinsichtlich der Anwendung der Vorschriften des Teils 9 dürfen Fahrzeuge, die vor dem 1. November 2014 erstmalig zum Verkehr zugelassen oder in Betrieb genommen wurden und die nach den Vorschriften der durch die Verordnung (EG) Nr. 661/2009[34)] aufgehobenen Richtlinien zugelassen wurden, weiterverwendet werden.

**[Fahrzeuge EX/II, EX/III, FL, OX – Kraftstoffbehälter]** 1.6.5.16

Fahrzeuge EX/II, EX/III, FL und OX, die vor dem 1. April 2018 zugelassen wurden und die mit Kraftstoffbehältern ausgerüstet sind, die nicht nach der UN-Regelung Nr. 34 zugelassen sind, dürfen weiterverwendet werden.

---

34) Verordnung (EG) Nr. 661/2009 des Europäischen Parlaments und des Rates vom 13. Juli 2009 über die Typgenehmigung von Kraftfahrzeugen, Kraftfahrzeuganhängern und von Systemen, Bauteilen und selbstständigen technischen Einheiten für diese Fahrzeuge hinsichtlich ihrer allgemeinen Sicherheit (Amtsblatt L 200 vom 31. Juli 2009, S. 1).

**1.6.5.17 [Kabel]**

Fahrzeuge, die erstmalig vor dem 1. April 2018 zum Verkehr zugelassen oder in Betrieb genommen wurden und in Bezug auf Kabel des Absatzes 9.2.2.2.1 zwar nicht den Vorschriften des Absatzes 9.2.2.8.5 oder der Norm ISO 6722-1:2011 + Cor 01:2012 oder ISO 6722-2:2013 entsprechen, aber den bis zum 31. Dezember 2016 geltenden Vorschriften entsprechen, dürfen weiterverwendet werden.

**1.6.5.18 [Fahrzeuge OX – UN 2015]**

Fahrzeuge, die erstmalig vor dem 1. April 2018 ausdrücklich als Fahrzeuge OX zum Verkehr zugelassen oder in Betrieb genommen wurden, dürfen für die Beförderung von Stoffen der UN-Nummer 2015 weiterverwendet werden.

**1.6.5.19 [Vor 1.4.2018 zugelassene Fahrzeuge OX – jährliche technische Untersuchung]**

Hinsichtlich der jährlichen technischen Untersuchung von Fahrzeugen, die vor dem 1. April 2018 erstmalig zum Verkehr zugelassen oder in Betrieb genommen wurden und die ausdrücklich als Fahrzeug OX zugelassen wurden, dürfen die bis zum 31. Dezember 2016 geltenden Vorschriften des Teils 9 weiterhin angewendet werden.

**1.6.5.20 [Zulassungsbescheinigung OX]**

*→ D: RSEB 1-25.5*

Zulassungsbescheinigungen für Fahrzeuge OX, die dem bis zum 31. Dezember 2016 geltenden Muster des Unterabschnitts 9.1.3.5 entsprechen, dürfen weiterverwendet werden.

**1.6.5.21** (gestrichen)

**1.6.5.22 [Vor 2021 zugelassene Fahrzeuge]**

Fahrzeuge, die erstmalig vor dem 1. Januar 2021 zum Verkehr zugelassen wurden (oder in Betrieb genommen wurden, sofern eine Zulassung zum Verkehr nicht zwingend vorgeschrieben ist) und den bis zum 31. Dezember 2018 geltenden Vorschriften des Abschnitts 9.7.3, nicht jedoch den ab 1. Januar 2019 geltenden Vorschriften des Abschnitts 9.7.3 entsprechen, dürfen weiterverwendet werden.

**1.6.5.23 [Vor 2029 zugelassene Fahrzeuge EX/III]**

Fahrzeuge EX/III, die vor dem 1. Januar 2029 in Übereinstimmung mit den bis zum 31. Dezember 2022 geltenden Vorschriften des Unterabschnitts 9.7.9.2 erstmalig zum Verkehr zugelassen oder in Betrieb genommen wurden, jedoch nicht den ab 1. Januar 2023 geltenden Vorschriften des Unterabschnitts 9.7.9.2 entsprechen, dürfen weiterverwendet werden.

**1.6.5.24 [Vor 2029 zugelassene Fahrzeuge FL]**

Fahrzeuge FL, die vor dem 1. Januar 2029 erstmalig zum Verkehr zugelassen oder in Betrieb genommen wurden und die nicht den ab 1. Januar 2023 geltenden Vorschriften des Unterabschnitts 9.7.9.1 entsprechen, dürfen weiterverwendet werden.

**1.6.5.25 [Vor 2029 zugelassene Fahrzeuge FL]**

Fahrzeuge FL, die vor dem 1. Januar 2029 erstmalig zum Verkehr zugelassen oder in Betrieb genommen wurden und die nicht den ab 1. Januar 2023 geltenden Vorschriften des Unterabschnitts 9.7.9.2 entsprechen, dürfen weiterverwendet werden.

**1.6.5.26 [Kraftstoffbehälter von Fahrzeugen AT]**

Fahrzeuge, die erstmalig vor dem 1. Januar 2027 als Fahrzeuge AT zum Verkehr zugelassen wurden (oder in Betrieb genommen wurden, sofern eine Zulassung zum Verkehr nicht zwingend vorgeschrieben ist) und nicht den Vorschriften des Unterabschnitts 9.2.4.2 für Kraftstoffbehälter entsprechen, dürfen weiterverwendet werden.

**1.6.5.27 [Wiederaufladbare Energiespeichersysteme von Fahrzeugen AT]**

Fahrzeuge, die erstmalig vor dem 1. Januar 2027 als Fahrzeuge AT zum Verkehr zugelassen wurden (oder in Betrieb genommen wurden, sofern eine Zulassung zum Verkehr nicht zwingend vorgeschrieben ist) und nicht den Vorschriften des Absatzes 9.2.4.4.2 für die Bewertung des wiederaufladbaren Energiespeichersystems entsprechen, dürfen weiterverwendet werden.

**[Motoren von Fahrzeugen AT]** 1.6.5.28

Fahrzeuge, die erstmalig vor dem 1. Januar 2027 als Fahrzeuge AT zum Verkehr zugelassen wurden (oder in Betrieb genommen wurden, sofern eine Zulassung zum Verkehr nicht zwingend vorgeschrieben ist) und nicht den Vorschriften des Absatzes 9.2.4.3.1 für Motoren entsprechen, dürfen weiterverwendet werden.

## Klasse 7 1.6.6

**Versandstücke, für die nach den Vorschriften der Ausgaben 1985, 1985 (in der Fassung 1990), 1996, 1996 (überarbeitet), 1996 (in der Fassung 2003), 2005, 2009 oder 2012 der IAEO-Regelungen für die sichere Beförderung radioaktiver Stoffe keine Bauartzulassung durch die zuständige Behörde erforderlich ist** 1.6.6.1

Versandstücke, für die eine Bauartzulassung durch die zuständige Behörde nicht erforderlich ist (freigestellte Versandstücke, Industrieversandstücke Typ IP-1, Typ IP-2 und Typ IP-3 sowie Typ A-Versandstücke), müssen den Vorschriften des ADR vollständig entsprechen, mit der Ausnahme, dass

a) Versandstücke, die den Vorschriften der Ausgabe 1985 oder 1985 (in der Fassung 1990) der IAEO-Regelungen für die sichere Beförderung radioaktiver Stoffe entsprechen,
   (i) weiter befördert werden dürfen, vorausgesetzt, sie wurden vor dem 31. Dezember 2003 für den Versand vorbereitet und sie unterliegen, sofern anwendbar, den Vorschriften des Unterabschnitts 1.6.6.2.3, oder
   (ii) weiterverwendet werden dürfen, vorausgesetzt, alle folgenden Vorschriften sind erfüllt:
   - sie sind nicht für die Aufnahme von Uranhexafluorid ausgelegt;
   - die anwendbaren Vorschriften des Abschnitts 1.7.3 werden angewendet;
   - die Aktivitätsgrenzwerte und die Klassifizierung in Abschnitt 2.2.7 werden angewendet;
   - die Vorschriften und Beförderungskontrollen in den Teilen 1, 3, 4, 5 und 7 werden angewendet und
   - die Verpackung wurde nicht nach dem 31. Dezember 2003 hergestellt oder verändert;

b) Versandstücke, die den Vorschriften der Ausgabe 1996, 1996 (überarbeitet), 1996 (in der Fassung 2003), 2005, 2009 oder 2012 der IAEO-Regelungen für die sichere Beförderung radioaktiver Stoffe entsprechen,
   (i) weiter befördert werden dürfen, vorausgesetzt, sie wurden vor dem 31. Dezember 2025 für den Versand vorbereitet und sie unterliegen, sofern anwendbar, den Vorschriften des Absatzes 1.6.6.2.3, oder
   (ii) weiterverwendet werden dürfen, vorausgesetzt, alle folgenden Vorschriften sind erfüllt:
   - die anwendbaren Vorschriften des Abschnitts 1.7.3 werden angewendet;
   - die Aktivitätsgrenzwerte und die Klassifizierung in Abschnitt 2.2.7 werden angewendet;
   - die Vorschriften und Beförderungskontrollen in den Teilen 1, 3, 4, 5 und 7 werden angewendet und
   - die Verpackung wurde nicht nach dem 31. Dezember 2025 hergestellt oder verändert.

**Versandstückmuster, die nach den Vorschriften der Ausgaben 1985, 1985 (in der Fassung 1990), 1996, 1996 (überarbeitet), 1996 (in der Fassung 2003), 2005, 2009 oder 2012 der IAEO-Regelungen für die sichere Beförderung radioaktiver Stoffe zugelassen wurden** 1.6.6.2

**[Weiterverwendung von Verpackungen]** 1.6.6.2.1

Versandstücke, für die eine Bauartzulassung durch die zuständige Behörde erforderlich ist, müssen den Vorschriften des ADR vollständig entsprechen, mit der Ausnahme, dass:

a) Verpackungen, die nach einem Versandstückmuster hergestellt wurden, das von der zuständigen Behörde nach den Vorschriften der Ausgabe 1985 oder 1985 (in der Fassung 1990) der IAEO-Regelungen für die sichere Beförderung radioaktiver Stoffe zugelassen wurde, weiterverwendet werden dürfen, vorausgesetzt, alle folgenden Bedingungen werden erfüllt:
   (i) das Versandstückmuster unterliegt einer multilateralen Zulassung;
   (ii) die anwendbaren Vorschriften des Abschnitts 1.7.3 werden angewendet;
   (iii) die Aktivitätsgrenzwerte und die Klassifizierung in Abschnitt 2.2.7 werden angewendet und

1.6.6.2.1 (Forts.)

(iv) die Vorschriften und Beförderungskontrollen in den Teilen 1, 3, 4, 5 und 7 werden angewendet.

(v) (bleibt offen)

b) Verpackungen, die nach einem Versandstückmuster hergestellt wurden, das von der zuständigen Behörde nach den Vorschriften der Ausgabe 1996, 1996 (überarbeitet), 1996 (in der Fassung 2003), 2005, 2009 oder 2012 der IAEO-Regelungen für die sichere Beförderung radioaktiver Stoffe zugelassen wurde, weiterverwendet werden dürfen, vorausgesetzt, alle folgenden Bedingungen werden erfüllt:

(i) das Versandstückmuster unterliegt nach dem 31. Dezember 2025 einer multilateralen Zulassung;

(ii) die anwendbaren Vorschriften des Abschnitts 1.7.3 werden angewendet;

(iii) die Aktivitätsgrenzwerte und die Stoffbegrenzungen des Abschnitt 2.2.7 werden angewendet;

(iv) die Vorschriften und Beförderungskontrollen in den Teilen 1, 3, 4, 5 und 7 werden angewendet.

**1.6.6.2.2 [Neuaufnahme der Herstellung von Verpackungen – Genehmigungsverbot]**

Die Neuaufnahme der Herstellung von Verpackungen eines Versandstückmusters, das den Vorschriften der Ausgaben 1985 und 1985 (in der Fassung 1990) der IAEO-Regelungen für die sichere Beförderung radioaktiver Stoffe entspricht, darf nicht genehmigt werden.

**1.6.6.2.3 [Neuaufnahme der Herstellung von Verpackungen – Genehmigungsbeschränkung]**

Die Neuaufnahme der Herstellung von Verpackungen eines Versandstückmusters, das den Vorschriften der Ausgabe 1996, 1996 (überarbeitet), 1996 (in der Fassung 2003), 2005, 2009 oder 2012 der IAEO-Regelungen für die sichere Beförderung radioaktiver Stoffe entspricht, darf nach dem 31. Dezember 2028 nicht genehmigt werden.

### 1.6.6.3 Versandstücke, die nach den Ausgaben 2011 und 2013 des ADR (Ausgabe 2009 der IAEO-Regelungen für die sichere Beförderung radioaktiver Stoffe) von den Vorschriften für spaltbare Stoffe freigestellt waren

Versandstücke, die spaltbare Stoffe enthalten und die nach den Vorschriften des Absatzes 2.2.7.2.3.5 a) (i) oder (iii) der Ausgaben 2011 und 2013 des ADR (Absatz 417 a) (i) oder (iii) der Ausgabe 2009 der IAEO-Regelungen für die sichere Beförderung radioaktiver Stoffe) von der Klassifizierung als „SPALTBAR" freigestellt sind und die vor dem 31. Dezember 2014 für den Versand vorbereitet wurden, dürfen weiter befördert und weiterhin als „nicht spaltbar oder spaltbar, freigestellt" klassifiziert werden, mit der Ausnahme, dass die Begrenzungen je Sendung in der Tabelle 2.2.7.2.3.5 dieser Ausgaben für das Fahrzeug gelten. Die Sendung muss unter ausschließlicher Verwendung befördert werden.

### 1.6.6.4 Radioaktive Stoffe in besonderer Form, die nach den Vorschriften der Ausgaben 1985 und 1985 (in der Fassung 1990), 1996, 1996 (überarbeitet), 1996 (in der Fassung 2003), 2005, 2009 oder 2012 der IAEO-Regelungen für die sichere Beförderung radioaktiver Stoffe zugelassen wurden

Radioaktive Stoffe in besonderer Form, die nach einer Bauart hergestellt wurden, die eine unilaterale Zulassung durch die zuständige Behörde nach den Vorschriften der Ausgaben 1985, 1985 (in der Fassung 1990), 1996, 1996 (überarbeitet), 1996 (in der Fassung 2003), 2005, 2009 oder 2012 der IAEO-Regelungen für die sichere Beförderung radioaktiver Stoffe erhalten hat, dürfen weiterverwendet werden, wenn das vorgeschriebene Managementsystem nach den anwendbaren Vorschriften des Abschnitts 1.7.3 erfüllt wird. Eine erneute Herstellung von radioaktiven Stoffen in besonderer Form nach einer Bauart, die nach den Vorschriften der Ausgabe 1985 oder 1985 (in der Fassung 1990) der IAEO-Regelungen für die sichere Beförderung radioaktiver Stoffe eine unilaterale Zulassung durch die zuständige Behörde erhalten hat, darf nicht erfolgen. Die Neuaufnahme der Herstellung von radioaktiven Stoffen in besonderer Form nach einer Bauart, die nach den Vorschriften der Ausgaben 1996, 1996 (überarbeitet), 1996 (in der Fassung 2003), 2005, 2009 oder 2012 der IAEO-Regelungen für die sichere Beförderung radioaktiver Stoffe eine unilaterale Zulassung durch die zuständige Behörde erhalten hat, darf nach dem 31. Dezember 2025 nicht genehmigt werden.

# Kapitel 1.7
# Allgemeine Vorschriften für radioaktive Stoffe

**Anwendungsbereich** 1.7.1

→ CH: SDR Art. 25 Satz 3
→ D: StrlSchG § 97 ff.

**Bem.** 1. Bei nuklearen oder radiologischen Notfällen bei der Beförderung radioaktiver Stoffe sind die von den entsprechenden nationalen und/oder internationalen Organisationen festgelegten Vorschriften zu beachten, um Personen, Eigentum und die Umwelt zu schützen. Dies schließt Vorkehrungen für die Vorbereitung und Reaktion ein, die in Übereinstimmung mit den nationalen und/oder internationalen Anforderungen und in kohärenter und koordinierter Weise mit den nationalen und/oder internationalen Notfallvorkehrungen getroffen werden.

2. Die Vorkehrungen für die Vorbereitung und Reaktion müssen auf einem abgestuften Ansatz basieren und die festgestellten Gefahren und ihre möglichen Folgen, einschließlich der Bildung anderer gefährlicher Stoffe, die sich aus der Reaktion zwischen dem Inhalt einer Sendung und der Umgebung bei einem nuklearen oder radiologischen Notfall ergeben können, berücksichtigen. Leitlinien für das Treffen solcher Vorkehrungen sind in „Preparedness and Response for a Nuclear or Radiological Emergency" (Vorbereitung und Reaktion auf einen nuklearen oder radiologischen Notfall), IAEA Safety Standards Series No. GSR Part 7, IAEO, Wien (2015); „Criteria for Use in Preparedness and Response for a Nuclear or Radiological Emergency" (Kriterien für die Verwendung bei der Vorbereitung und Reaktion auf einen nuklearen oder radiologischen Notfall), IAEA Safety Standards Series No. GSG-2, IAEO, Wien (2011); „Arrangements for Preparedness for a Nuclear or Radiological Emergency" (Vorkehrungen für die Vorbereitung auf einen nuklearen oder radiologischen Notfall), IAEA Safety Standards Series No. GS-G-2.1, IAEO, Wien (2007), und „Arrangements for the Termination of a Nuclear or Radiological Emergency" (Vorkehrungen für die Beendigung eines nuklearen oder radiologischen Notfalls), IAEA Safety Standards Series No. GSG-11, IAEO, Wien (2018) enthalten.

**[Sicherheitsstandards]** 1.7.1.1

Das ADR setzt Sicherheitsstandards fest, die eine ausreichende Überwachung der Strahlungsgefahr, der Kritikalitätsgefahr und der thermischen Gefahr für Personen, Eigentum und Umwelt ermöglichen, soweit diese mit der Beförderung radioaktiver Stoffe in Zusammenhang stehen. Das ADR basiert auf der Ausgabe 2018 der IAEO-Regelungen für die sichere Beförderung radioaktiver Stoffe. Das erläuternde Material ist in „Advisory Material for the IAEA Regulations for the Safe Transport of Radioactive Material (2018 edition)", Safety Standards Series No. SSG-26, (Rev.1), IAEO, Wien (2019) enthalten.

**[Schutzanforderungen]** 1.7.1.2

Das Ziel des ADR besteht darin, Anforderungen aufzustellen, die für die Gewährleistung der Sicherheit und den Schutz von Personen, Eigentum und der Umwelt vor den schädlichen Einflüssen ionisierender Strahlung während der Beförderung radioaktiver Stoffe zu erfüllen sind. Dieser Schutz wird erreicht durch:

a) Umschließung des radioaktiven Inhalts;
b) Kontrolle der äußeren Dosisleistung;
c) Verhinderung der Kritikalität und
d) Verhinderung von Schäden durch Hitze.

Diese Anforderungen werden erstens durch die Anwendung eines abgestuften Ansatzes zur Begrenzung der Inhalte für Versandstücke und Fahrzeuge und zur Aufstellung von Standards, die für Versandstückbauarten in Abhängigkeit von der Gefahr des radioaktiven Inhalts angewendet werden, erreicht. Zweitens werden sie durch das Aufstellen von Bedingungen für die Auslegung und den Betrieb der Versandstücke und an die Instandhaltung der Verpackungen einschließlich der Berücksichtigung der Art des radioaktiven Inhalts erreicht. Drittens werden sie durch die Forderung administrativer Kontrollen einschließlich, soweit erforderlich, der Genehmigung/Zulassung durch die zuständigen Behörden erreicht. Schließlich wird ein weiterer Schutz durch Vorkehrungen für die Planung und Vorbereitung von Notfallmaßnahmen zum Schutz von Personen, Eigentum und Umwelt gewährleistet.

**[Geltungsbereich]** 1.7.1.3

Das ADR gilt für die Beförderung radioaktiver Stoffe auf der Straße einschließlich der Beförderung, die zum Gebrauch der radioaktiven Stoffe gehört. Die Beförderung schließt alle Tätigkeiten und Maßnahmen

**1.7.1.3** (Forts.) ein, die mit der Ortsveränderung radioaktiver Stoffe in Zusammenhang stehen und von dieser umfasst werden; das schließt sowohl die Auslegung, Herstellung, Wartung und Instandsetzung der Verpackung als auch die Vorbereitung, den Versand, das Verladen, die Beförderung einschließlich beförderungsbedingter Zwischenaufenthalt, das Entladen und den Eingang am endgültigen Bestimmungsort von Ladungen radioaktiver Stoffe und Versandstücken ein. Ein abgestufter Ansatz wird für die Leistungsvorgaben des ADR angewendet, die durch drei Schweregrade charakterisiert sind:

a) Routine-Beförderungsbedingungen (zwischenfallfrei);

b) normale Beförderungsbedingungen (kleinere Zwischenfälle);

c) Unfall-Beförderungsbedingungen.

**1.7.1.4 [Nichtgeltung]**

Die Vorschriften des ADR gelten nicht für:

a) radioaktive Stoffe, die integraler Bestandteil der Beförderungsmittel sind;

b) radioaktive Stoffe, die innerhalb von Anlagen befördert werden, in denen geeignete Sicherheitsvorschriften in Kraft sind und wo die Beförderung nicht auf öffentlichen Straßen oder Schienenwegen erfolgt;

c) radioaktive Stoffe, die in Personen oder lebende Tiere für diagnostische oder therapeutische Zwecke implantiert oder inkorporiert wurden;

d) radioaktive Stoffe, die sich im Organismus oder auf dem Körper einer Person befinden, die nach einer zufälligen oder unfreiwilligen Aufnahme radioaktiver Stoffe oder nach einer Kontamination zur medizinischen Behandlung befördert wird;

*→ RO-a-BE-4* e) radioaktive Stoffe in Konsumgütern, die eine vorschriftsmäßige Genehmigung/Zulassung erhalten haben, nach ihrem Verkauf an den Endverbraucher;

f) natürliche Stoffe und Erze, die in der Natur vorkommende Radionuklide enthalten (und die bearbeitet worden sein können), vorausgesetzt, die Aktivitätskonzentration dieser Stoffe überschreitet nicht das Zehnfache der in der Tabelle in Absatz 2.2.7.2.2.1 angegebenen oder gemäß den Absätzen 2.2.7.2.2.2 a) und 2.2.7.2.2.3 bis 2.2.7.2.2.6 berechneten Werte. Bei natürlichen Stoffen und Erzen, die in der Natur vorkommende Radionuklide enthalten, die sich nicht im säkularen Gleichgewicht befinden, muss die Berechnung der Aktivitätskonzentration gemäß Absatz 2.2.7.2.2.4 erfolgen;

g) nicht radioaktive feste Gegenstände, bei denen die auf der Oberfläche vorhandenen Mengen radioaktiver Stoffe an keiner Stelle den in der Begriffsbestimmung für Kontamination in Absatz 2.2.7.1.2 festgelegten Grenzwert überschreiten.

**1.7.1.5 Besondere Vorschriften für die Beförderung freigestellter Versandstücke**

**1.7.1.5.1 [Vorschriftengeltung für Beförderungsdurchführung]**

Freigestellte Versandstücke, die gemäß Absatz 2.2.7.2.4.1 radioaktive Stoffe in begrenzten Mengen, Instrumente, Fabrikate oder leere Verpackungen enthalten können, unterliegen nur den folgenden Vorschriften der Teile 5 bis 7:

a) den anwendbaren Vorschriften des Unterabschnitts 5.1.2.1, des Unterabschnitts 5.1.3.2, des Absatzes 5.1.5.2.2, des Absatzes 5.1.5.2.3, der Unterabschnitte 5.1.5.4 und 5.2.1.10 , der Absätze 5.4.1.2.5.1 f) (i) und (ii), 5.4.1.2.5.1 i), und des Abschnitts 7.5.11 Sondervorschrift CV33 (3.1), (4.3), (5.1) bis (5.4) und (6) und

b) den in Abschnitt 6.4.4 aufgeführten Vorschriften für freigestellte Versandstücke,

es sei denn, die radioaktiven Stoffe besitzen andere Gefahreneigenschaften und müssen gemäß Sondervorschrift 290 oder 369 des Kapitels 3.3 einer anderen Klasse als der Klasse 7 zugeordnet werden, wobei die in den Absätzen a) und b) aufgeführten Vorschriften nur sofern zutreffend und zusätzlich zu den für die Hauptklasse geltenden Vorschriften gelten.

**1.7.1.5.2 [Geltung sonstige ADR-Vorschriften]**

Freigestellte Versandstücke unterliegen den entsprechenden Vorschriften aller übrigen Teile des ADR.

**Strahlenschutzprogramm** 1.7.2

**[Ziel]** 1.7.2.1

Die Beförderung radioaktiver Stoffe ist einem Strahlenschutzprogramm zu unterziehen, das aus einer systematischen Zusammenstellung mit dem Ziel besteht, eine angemessene Berücksichtigung von Strahlenschutzmaßnahmen sicherzustellen.

**[Personendosen]** 1.7.2.2

Die Personendosen müssen unter den relevanten Dosisgrenzwerten liegen. Schutz und Sicherheit müssen so optimiert sein, dass die Höhe der Individualdosen, die Anzahl der exponierten Personen sowie die Wahrscheinlichkeit der einwirkenden Exposition so niedrig wie vernünftigerweise erreichbar gehalten werden, wobei wirtschaftliche und soziale Faktoren zu berücksichtigen sind, mit der Einschränkung, dass die Dosen für Einzelpersonen Dosisbeschränkungen unterliegen. Ein strukturiertes und systematisches Herangehen ist zu wählen, wobei die Berücksichtigung der Wechselwirkung zwischen der Beförderung und anderen Aktivitäten einzuschließen ist.

**[Maßnahmen]** 1.7.2.3

Art und Umfang der im Programm zu ergreifenden Maßnahmen ist abhängig von der Höhe und Wahrscheinlichkeit der Strahlenexposition. Das Programm muss die Vorschriften der Unterabschnitte 1.7.2.2, 1.7.2.4 und 1.7.2.5 sowie des Abschnitts 7.5.11 Sondervorschrift CV33 (1.1) einschließen. Programmdokumente müssen auf Anfrage der entsprechenden zuständigen Behörde für eine Begutachtung verfügbar sein.

**[Individualüberwachung]** 1.7.2.4

Für berufsbedingte, von Beförderungsaktivitäten herrührende Expositionen, bei denen eingeschätzt wird, dass die Effektivdosis entweder

a) wahrscheinlich zwischen 1 und 6 mSv pro Jahr liegt, ist ein Dosiseinschätzungsprogramm durch Arbeitsplatzüberwachung oder Individualüberwachung durchzuführen, oder

b) wahrscheinlich 6 mSv pro Jahr überschreitet, ist eine Individualüberwachung durchzuführen.

Wenn eine Arbeitsplatz- oder Individualüberwachung durchgeführt wird, ist eine angemessene Buchführung durchzuführen.

**Bem.** Für berufsbedingte, von Beförderungsaktivitäten herrührende Expositionen, bei denen eingeschätzt wird, dass die Effektivdosis höchstwahrscheinlich 1 mSv pro Jahr nicht überschreitet, sind keine besonderen Arbeitsverhaltensmuster, genauen Überwachungen, Dosiseinschätzungsprogramme oder Individualbuchführungen erforderlich.

**[Unterweisung bezüglich Strahlenschutz]** 1.7.2.5

*→ D: StrlSchV § 63*

Beschäftigte (siehe Abschnitt 7.5.11 Sondervorschrift CV33 Bem. 3) müssen bezüglich des Strahlenschutzes, einschließlich der zu beachtenden Vorsichtsmaßnahmen, angemessen unterwiesen sein, um ihre berufsbedingte Exposition und die Exposition anderer Personen, die durch ihre Tätigkeiten betroffen sein können, zu beschränken.

**Managementsystem** 1.7.3

*→ 1.6.6.1*
*→ 1.6.6.2*
*→ 1.6.6.3*
*→ 6.4*
*→ D: BAM-GGR 011*

Für alle Tätigkeiten in dem durch Unterabschnitt 1.7.1.3 festgelegten Anwendungsbereich des ADR muss ein Managementsystem, das auf internationalen, nationalen oder anderen Standards basiert und durch die zuständige Behörde akzeptiert ist, erstellt und umgesetzt werden, um die Einhaltung der zutreffenden Vorschriften des ADR zu gewährleisten. Die Bescheinigung, dass die Spezifikation der Bauart in vollem Umfang umgesetzt worden ist, muss der zuständigen Behörde zur Verfügung stehen. Der Hersteller, Absender oder Verwender muss auf Anfrage

a) Einrichtungen für die Inspektion während der Herstellung und Verwendung zur Verfügung stellen und

b) der zuständigen Behörde die Einhaltung der Vorschriften des ADR nachweisen.

Soweit eine Genehmigung/Zulassung der zuständigen Behörde erforderlich ist, muss diese Genehmigung/Zulassung die Angemessenheit des Managementsystems berücksichtigen und davon abhängig sein.

**1.7.4 Sondervereinbarung**

**1.7.4.1 [Begriffsbestimmung]**

Unter Sondervereinbarung versteht man solche Vorschriften, die von der zuständigen Behörde genehmigt sind und nach denen Sendungen, die nicht alle für radioaktive Stoffe geltenden Vorschriften des ADR erfüllen, befördert werden dürfen.

**Bem.** Eine Sondervereinbarung gilt nicht als zeitweilige Abweichung im Sinne des Abschnitts 1.5.1.

**1.7.4.2 [Voraussetzungen]**

Sendungen, für die eine Übereinstimmung mit den Vorschriften für radioaktive Stoffe undurchführbar ist, dürfen nur auf Grund einer Sondervereinbarung befördert werden. Vorausgesetzt, die zuständige Behörde ist überzeugt, dass die Übereinstimmung mit den Vorschriften für radioaktive Stoffe des ADR undurchführbar ist und dass die erforderlichen, durch das ADR festgesetzten Sicherheitsstandards durch Mittel nachgewiesen wurden, die eine Alternative zu den übrigen Bestimmungen des ADR darstellen, kann die zuständige Behörde Sondervereinbarungen für eine einzelne Sendung oder für eine geplante Serie von mehreren Sendungen genehmigen. Die insgesamt erreichte Sicherheit bei der Beförderung muss der bei Erfüllung aller anwendbaren Vorschriften des ADR erreichbaren Sicherheit mindestens gleichwertig sein. Für internationale Sendungen dieser Art ist eine multilaterale Genehmigung erforderlich.

**1.7.5 Radioaktive Stoffe mit weiteren gefährlichen Eigenschaften**

Bei der Dokumentation, der Verpackung, der Bezettelung, der Kennzeichnung, dem Anbringen von Großzetteln (Placards), der Zwischenlagerung, der Trennung und der Beförderung sind zusätzlich zu den Eigenschaften der Radioaktivität und der Spaltbarkeit alle anderen Nebengefahren des Inhalts des Versandstücks, wie Explosivität, Entzündbarkeit, Pyrophorität, chemische Giftigkeit und Ätzwirkung, zu berücksichtigen, um allen anwendbaren Vorschriften für gefährliche Güter des ADR zu entsprechen.

**1.7.6 Nichteinhaltung**

**1.7.6.1 [Maßnahmen bei Nichteinhaltung]**

→ D: § 20 (1) 2 Bei Nichteinhaltung irgendeines Grenzwertes des ADR für die Dosisleistung oder die Kontamination

a) müssen der Absender, der Beförderer, der Empfänger und jede gegebenenfalls an der Beförderung beteiligte Stelle, der oder die davon betroffen sein könnte, über die Nichteinhaltung informiert werden
   - → D: § 19 (1) 1 (i) durch den Beförderer, wenn die Nichteinhaltung während der Beförderung festgestellt wird, oder
   - → D: § 20 (1) 2 (ii) durch den Empfänger, wenn die Nichteinhaltung beim Empfang festgestellt wird;

→ D: § 27 (2) 1 b) muss, je nach Fall, der Absender, der Beförderer oder der Empfänger
   - (i) sofortige Maßnahmen ergreifen, um die Folgen der Nichteinhaltung abzuschwächen;
   - (ii) die Nichteinhaltung und ihre Ursachen, Umstände und Folgen untersuchen;
   - (iii) geeignete Maßnahmen ergreifen, um die Ursachen und Umstände, die zu der Nichteinhaltung geführt haben, abzustellen und ein erneutes Auftreten ähnlicher Ursachen und Umstände, die zu der Nichteinhaltung geführt haben, zu verhindern, und
   - (iv) die zuständige(n) Behörde(n) über die Gründe der Nichteinhaltung und über die eingeleiteten oder einzuleitenden Maßnahmen zur Abhilfe oder Vorbeugung informieren;

→ D: RSEB 1-26 c) muss die Mitteilung über die Nichteinhaltung an den Absender und an die zuständige(n) Behörde(n) sobald wie möglich und, wenn sich eine Notfallexpositionssituation entwickelt hat oder entwickelt, sofort erfolgen.

# Kapitel 1.8
# Maßnahmen zur Kontrolle und zur sonstigen Unterstützung der Einhaltung der Sicherheitsvorschriften

**Behördliche Gefahrgutkontrollen** **1.8.1** → *D: RSEB 1-27*

**[Berechtigung]** **1.8.1.1** → *D: GGKontrollV* → *CTU-Code Nr. 13.2*

Die zuständigen Behörden der Vertragsparteien können auf ihrem Hoheitsgebiet jederzeit an Ort und Stelle prüfen, ob die Vorschriften für die Beförderung gefährlicher Güter eingehalten sind, und zwar gemäß Unterabschnitt 1.10.1.5 einschließlich der Vorschriften betreffend die Maßnahmen für die Sicherung.

Diese Kontrollen sind jedoch ohne Gefährdung von Personen, Sachen und der Umwelt und ohne erhebliche Störung des Straßenverkehrs durchzuführen.

**[Auskunftspflicht]** **1.8.1.2** → *CH: SDR Art. 16*

Die an der Beförderung gefährlicher Güter Beteiligten (Kapitel 1.4) haben im Rahmen ihrer jeweiligen Verpflichtung den zuständigen Behörden und deren Beauftragten die zur Durchführung der Kontrollen erforderlichen Auskünfte unverzüglich zu erteilen.

**[Unternehmen]** **1.8.1.3**

Die zuständigen Behörden können auch in den Betrieben der an der Beförderung gefährlicher Güter beteiligten Unternehmen (Kapitel 1.4) zu Kontrollzwecken Besichtigungen vornehmen, Unterlagen einsehen und zu Prüfzwecken Proben der gefährlichen Güter oder der Verpackungen entnehmen, sofern dies die Sicherheit nicht gefährdet. Die an der Beförderung gefährlicher Güter Beteiligten (Kapitel 1.4) haben Fahrzeuge, Fahrzeugteile sowie Ausrüstungs- und Ausstattungsgegenstände für Kontrollzwecke zugänglich zu machen, soweit dies möglich und zumutbar ist. Sie können, soweit sie dies als erforderlich erachten, eine Person des Unternehmens bezeichnen, die den Vertreter der zuständigen Behörde begleitet.

**[Mängel]** **1.8.1.4** → *D: ADR-Gesetz Art. 3*

Stellen die zuständigen Behörden fest, dass die Vorschriften des ADR nicht eingehalten sind, so können sie die Sendung verbieten oder die Beförderung unterbrechen, bis die festgestellten Mängel behoben sind, oder andere geeignete Maßnahmen ergreifen. Das Anhalten kann an Ort und Stelle erfolgen oder an einem von den Behörden aus Sicherheitsgründen gewählten anderen Ort. Diese Maßnahmen dürfen den Straßenverkehr nicht unangemessen stören.

**Amtshilfe** **1.8.2**

**[Vertragsparteien]** **1.8.2.1** → *D: GGBefG § 9a*

Die Vertragsparteien gewähren einander Amtshilfe bei der Durchführung des ADR.

**[Verstöße]** **1.8.2.2** → *CH: SDR Art. 17* → *CH: SDR Art. 25*

Wird auf dem Gebiet einer Vertragspartei bei schwerwiegenden oder wiederholten Verstößen durch ein Unternehmen mit Sitz im Gebiet einer anderen Vertragspartei die Sicherheit der Beförderung gefährlicher Güter gefährdet, müssen diese Verstöße den zuständigen Behörden der Vertragspartei gemeldet werden, in deren Gebiet das Unternehmen seinen Sitz hat. Die zuständigen Behörden der Vertragspartei, auf deren Gebiet schwerwiegende oder wiederholte Verstöße festgestellt wurden, können die zuständigen Behörden der Vertragspartei, in deren Gebiet das Unternehmen seinen Sitz hat, ersuchen, gegenüber dem oder den Zuwiderhandelnden angemessene Maßnahmen zu ergreifen. Die Übermittlung personenbezogener Daten ist nur zulässig, soweit dies zur Verfolgung von schwerwiegenden oder wiederholten Verstößen erforderlich ist.

**[Mitteilung der Maßnahmen]** **1.8.2.3**

Die ersuchten Behörden teilen den zuständigen Behörden der Vertragspartei, auf deren Gebiet die Verstöße festgestellt wurden, die gegebenenfalls gegenüber dem Unternehmen ergriffenen Maßnahmen mit.

## 1.8.3 Sicherheitsberater*)

### 1.8.3.1 [Benennungspflicht]

→ CH: SDR Art. 2
→ CH: GGBV Art. 23

Jedes Unternehmen, dessen Tätigkeiten den Versand oder die Beförderung gefährlicher Güter auf der Straße oder das damit zusammenhängende Verpacken, Beladen, Befüllen oder Entladen umfassen, muss einen oder mehrere Sicherheitsberater für die Beförderung gefährlicher Güter, nachstehend „Gefahrgutbeauftragter" genannt, benennen, deren Aufgabe darin besteht, die Risiken verhüten zu helfen, die sich aus solchen Tätigkeiten für Personen, Sachen und die Umwelt ergeben.

### 1.8.3.2 [Befreiung von Unternehmen]

→ CH: GGBV Art. 5
→ NL: VLG Art. 12

Die zuständigen Behörden der Vertragsparteien können vorsehen, dass diese Vorschriften nicht für Unternehmen gelten,

a) (bleibt offen)

b) deren betroffene Tätigkeiten sich auf begrenzte Mengen je Beförderungseinheit erstrecken, welche die in Unterabschnitt 1.1.3.6, in Unterabschnitt 1.7.1.4 sowie in den Kapiteln 3.3, 3.4 und 3.5 festgelegten Grenzwerte nicht überschreiten, oder

c) deren Haupt- oder Nebentätigkeit nicht in dem Versenden oder Befördern gefährlicher Güter oder im damit zusammenhängenden Verpacken, Befüllen, Be- oder Entladen besteht, sondern die gelegentlich das innerstaatliche Versenden oder Befördern gefährlicher Güter oder das damit zusammenhängende Verpacken, Befüllen, Be- oder Entladen vornehmen, wenn mit diesen Tätigkeiten nur eine sehr geringe Gefahr oder Umweltbelastung verbunden ist.

### 1.8.3.3 [Aufgaben]

→ CH: GGBV Art. 11

Der Gefahrgutbeauftragte hat unter der Verantwortung des Unternehmensleiters im Wesentlichen die Aufgabe, im Rahmen der betroffenen Tätigkeiten des Unternehmens nach Mitteln und Wegen zu suchen und Maßnahmen zu veranlassen, die die Durchführung dieser Tätigkeiten unter Einhaltung der geltenden Bestimmungen und unter optimalen Sicherheitsbedingungen erleichtern.

Seine den Tätigkeiten des Unternehmens entsprechenden Aufgaben sind insbesondere:

- Überwachung der Einhaltung der Vorschriften für die Beförderung gefährlicher Güter;
- Beratung des Unternehmens bei den Tätigkeiten im Zusammenhang mit der Beförderung gefährlicher Güter;
- Erstellung eines Jahresberichts für die Unternehmensleitung oder gegebenenfalls für eine örtliche Behörde über die Tätigkeiten des Unternehmens in Bezug auf die Beförderung gefährlicher Güter. Die Berichte sind fünf Jahre lang aufzubewahren und den einzelstaatlichen Behörden auf Verlangen vorzulegen.

Darüber hinaus umfassen die Aufgaben des Gefahrgutbeauftragten insbesondere die Überprüfung des nachstehenden Vorgehens bzw. der nachstehenden Verfahren hinsichtlich der betroffenen Tätigkeiten:

- Verfahren, mit denen die Einhaltung der Vorschriften zur Identifizierung des beförderten gefährlichen Guts sichergestellt werden soll;
- Vorgehen des Unternehmens, um beim Kauf von Beförderungsmitteln den besonderen Erfordernissen in Bezug auf das beförderte gefährliche Gut Rechnung zu tragen;
- Verfahren, mit denen das für die Beförderung gefährlicher Güter oder für das Verpacken, Befüllen, Be- oder Entladen verwendete Material überprüft wird;
- ausreichende Schulung der betreffenden Arbeitnehmer des Unternehmens, einschließlich zu Änderungen der Vorschriften, und Vermerk über diese Schulung in der Personalakte;
- Durchführung geeigneter Sofortmaßnahmen bei etwaigen Unfällen oder Zwischenfällen, die unter Umständen die Sicherheit während der Beförderung gefährlicher Güter oder während des Verpackens, Befüllens, Be- oder Entladens gefährden;
- Durchführung von Untersuchungen und, sofern erforderlich, Erstellung von Berichten über Unfälle, Zwischenfälle oder schwere Verstöße, die während der Beförderung gefährlicher Güter oder während des Verpackens, Befüllens, Be- oder Entladens festgestellt wurden;
- Einführung geeigneter Maßnahmen, mit denen das erneute Auftreten von Unfällen, Zwischenfällen oder schweren Verstößen verhindert werden soll;

*) → D: GbV § 3; → CH: GGBV

- Berücksichtigung der Rechtsvorschriften und der besonderen Anforderungen der Beförderung gefährlicher Güter bei der Auswahl und dem Einsatz von Subunternehmern oder sonstigen Dritten; 1.8.3.3 (Forts.)
- Überprüfung, ob das mit dem Versenden, Befördern, Verpacken, Befüllen, Verladen oder Entladen der gefährlichen Güter betraute Personal über ausführliche Arbeitsanleitungen und Anweisungen verfügt;
- Einführung von Maßnahmen zur Aufklärung über die Risiken bei der Beförderung gefährlicher Güter oder beim Verpacken, Befüllen, Verladen oder Entladen der gefährlichen Güter;
- Einführung von Maßnahmen zur Überprüfung des Vorhandenseins der im Beförderungsmittel mitzuführenden Papiere und Sicherheitsausrüstungen sowie der Vorschriftsmäßigkeit dieser Papiere und Ausrüstungen;
- Einführung von Verfahren zur Überprüfung der Einhaltung der Vorschriften für das Verpacken, Befüllen, Be- und Entladen;
- Vorhandensein des Sicherungsplanes gemäß Unterabschnitt 1.10.3.2.

**[Person]** 1.8.3.4 → *CH: GGBV Art. 4*

Die Funktion des Gefahrgutbeauftragten kann vom Leiter des Unternehmens, von einer Person mit anderen Aufgaben in dem Unternehmen oder von einer dem Unternehmen nicht angehörenden Person wahrgenommen werden, sofern diese tatsächlich in der Lage ist, die Aufgaben des Gefahrgutbeauftragten zu erfüllen.

**[Namensmitteilung]** 1.8.3.5 → *CH: GGBV Art. 7*

Das Unternehmen teilt der zuständigen Behörde oder der hierzu von der Vertragspartei benannten Stelle auf Verlangen den Namen seines Gefahrgutbeauftragten mit.

**[Unfallbericht]** 1.8.3.6 → *CH: GGBV Art. 12*

Der Gefahrgutbeauftragte trägt dafür Sorge, dass nach einem Unfall, der sich während einer von dem jeweiligen Unternehmen durchgeführten Beförderung oder während des von dem Unternehmen vorgenommenen Verpackens, Befüllens, Be- oder Entladens ereignet und bei dem Personen, Sachen oder die Umwelt zu Schaden gekommen sind, nach Einholung aller sachdienlichen Auskünfte ein Unfallbericht für die Unternehmensleitung oder gegebenenfalls für eine örtliche Behörde erstellt wird. Dieser Unfallbericht ersetzt nicht die Berichte der Unternehmensleitung, die entsprechend sonstiger internationaler oder innerstaatlicher Rechtsvorschriften zu erstellen sind.

**[Schulungsnachweis]** 1.8.3.7 → *CH: GGBV Art. 6*

Der Gefahrgutbeauftragte muss Inhaber eines für die Beförderung auf der Straße gültigen Schulungsnachweises sein. Dieser wird von der zuständigen Behörde oder der hierzu von der Vertragspartei benannten Stelle ausgestellt.

**[Schulung]*)** 1.8.3.8

Zur Erlangung des Nachweises muss der Bewerber eine Schulung erhalten, die durch das Bestehen einer von der zuständigen Behörde der Vertragspartei anerkannten Prüfung nachgewiesen wird.

**[Kenntnisse]** 1.8.3.9 → *CH: GGBV Art. 14*

Mit der Schulung sollen dem Bewerber in erster Linie eine ausreichende Kenntnis über die Risiken bei der Beförderung, dem Verpacken, Befüllen, Be- oder Entladen von gefährlichen Gütern, eine ausreichende Kenntnis der anwendbaren Rechts- und Verwaltungsvorschriften sowie eine ausreichende Kenntnis der in Unterabschnitt 1.8.3.3 festgelegten Aufgaben vermittelt werden.

**[Prüfungsstelle]** 1.8.3.10 → *CH: GGBV Art. 20*

Die Prüfung wird von der zuständigen Behörde oder einer von dieser bestimmten Prüfungsstelle durchgeführt. Die Prüfungsstelle darf nicht Schulungsveranstalter sein.

Die Benennung der Prüfungsstelle erfolgt in schriftlicher Form. Diese Zulassung kann befristet sein und muss unter Zugrundelegung folgender Kriterien erfolgen:

- Kompetenz der Prüfungsstelle;

*) → *CH: GGBV Art. 13*

1.8.3.10 (Forts.)

- Spezifikation der von der Prüfungsstelle vorgeschlagenen Prüfungsmodalitäten, einschließlich gegebenenfalls der Infrastruktur und Organisation elektronischer Prüfungen entsprechend Absatz 1.8.3.12.5, wenn diese durchgeführt werden sollen;
- Maßnahmen zur Gewährleistung der Objektivität der Prüfungen;
- Unabhängigkeit der Prüfungsstelle gegenüber allen natürlichen oder juristischen Personen, die Gefahrgutbeauftragte beschäftigen.

**1.8.3.11 [Prüfungsinhalte]**

→ CH: GGBV 4. Abschnitt

Ziel der Prüfung ist es, festzustellen, ob die Kandidaten über den erforderlichen Kenntnisstand zur Erfüllung der Aufgaben eines Gefahrgutbeauftragten gemäß Unterabschnitt 1.8.3.3 und somit zum Erhalt des in Unterabschnitt 1.8.3.7 vorgesehenen Schulungsnachweises verfügen; die Prüfung muss mindestens folgende Sachgebiete umfassen:

a) Kenntnisse über Unfallfolgen im Zusammenhang mit der Beförderung gefährlicher Güter und Kenntnisse der wichtigsten Unfallursachen;
b) Bestimmungen in einzelstaatlichen Rechtsvorschriften sowie in internationalen Übereinkommen, die insbesondere folgende Bereiche betreffen:
   - Klassifizierung der gefährlichen Güter (Verfahren zur Klassifizierung von Lösungen und Gemischen, Aufbau des Stoffverzeichnisses, Klassen der gefährlichen Güter und Klassifizierungskriterien, Eigenschaften der beförderten gefährlichen Güter, physikalische und chemische sowie toxikologische Eigenschaften der gefährlichen Güter);
   - allgemeine Vorschriften für Verpackungen und Tanks (Typen, Codierung, Kennzeichnung, Bau, erste und wiederkehrende Prüfungen);
   - Kennzeichnung, Bezettelung, Anbringen von Großzetteln (Placards) und Kennzeichnung mit orangefarbenen Tafeln (Kennzeichnung und Bezettelung von Versandstücken, Anbringen und Entfernen der Großzettel (Placards) und der orangefarbenen Tafeln);
   - → D: RSEB 5-27 Vermerke im Beförderungspapier (erforderliche Angaben);
   - Versandart und Versandbeschränkungen (geschlossene Ladung, Beförderung in loser Schüttung, Beförderung in Großpackmitteln (IBC), Beförderung in Containern, Beförderung in Tanks);
   - Beförderung von Fahrgästen;
   - Zusammenladeverbote und Vorsichtsmaßnahmen bei der Zusammenladung;
   - Trennung von Gütern;
   - begrenzte Mengen und freigestellte Mengen;
   - Handhabung und Sicherung der Ladung (Verpacken, Befüllen – Füllungsgrad bzw. Füllfaktor –, Be- und Entladen, Stauen und Trennen);
   - Reinigung bzw. Entgasung vor dem Verpacken, Befüllen und Beladen sowie nach dem Entladen;
   - Fahrpersonal bzw. Besatzung: Ausbildung;
   - mitzuführende Papiere (Beförderungspapiere, schriftliche Weisungen, Zulassungsbescheinigung des Fahrzeugs, Bescheinigung über die Schulung der Fahrzeugführer, Kopie der etwaigen Ausnahme oder Abweichung, sonstige Papiere);
   - schriftliche Weisungen (Durchführung der Anweisungen sowie Schutzausrüstung für die Fahrzeugbesatzung);
   - Überwachungspflichten (Halten und Parken);
   - Verkehrsregeln und -beschränkungen;
   - Freiwerden umweltbelastender Stoffe auf Grund eines Betriebsvorgangs oder eines Unfalls;
   - Vorschriften für Beförderungsausrüstungen.

**1.8.3.12 Prüfungen**

**1.8.3.12.1 [Prüfungsform]**

→ D: GbV § 6
→ CH: GGBV Abschnitt 4

Die Prüfung besteht aus einer schriftlichen Prüfung, die durch eine mündliche Prüfung ergänzt werden kann.

**[Aufsicht, zulässige Unterlagen, Prüfungsunterlagen]** 1.8.3.12.2

Die zuständige Behörde oder eine von dieser bestimmte Prüfungsstelle muss jede Prüfung beaufsichtigen. Jegliche Manipulation und Täuschung muss weitestgehend ausgeschlossen sein. Eine Authentifizierung des Teilnehmers muss sichergestellt sein. Bei der schriftlichen Prüfung ist die Verwendung von Unterlagen mit Ausnahme von internationalen oder nationalen Vorschriften nicht zugelassen. Alle Prüfungsunterlagen müssen durch einen Ausdruck oder elektronisch als Datei erfasst und aufbewahrt werden.

**[Elektronische Hilfsmittel]** 1.8.3.12.3

Es dürfen nur die von der Prüfungsstelle zur Verfügung gestellten elektronischen Hilfsmittel verwendet werden. Es darf nicht die Möglichkeit bestehen, dass der Kandidat auf dem zur Verfügung gestellten elektronischen Hilfsmittel andere Daten aufnimmt; der Kandidat darf nur auf die gestellten Fragen antworten.

**[Prüfungsinhalt]** 1.8.3.12.4

Die schriftliche Prüfung besteht aus zwei Teilen:

a) Dem Kandidaten wird ein Fragebogen vorgelegt. Dieser besteht aus mindestens 20 Fragen mit direkter Antwort, die mindestens die in der Liste gemäß Unterabschnitt 1.8.3.11 genannten Sachgebiete betreffen. Multiple-Choice-Fragen sind jedoch auch möglich. In diesem Fall entsprechen zwei Multiple-Choice-Fragen einer Frage mit direkter Antwort. Innerhalb dieser Sachgebiete ist folgenden Aspekten besondere Aufmerksamkeit zu widmen:
   - allgemeine Verhütungs- und Sicherheitsmaßnahmen
   - Klassifizierung der gefährlichen Güter
   - allgemeine Vorschriften für Verpackungen, Tanks, Tankcontainer, Tankfahrzeuge usw.
   - Kennzeichen, Gefahrzettel und Großzettel (Placards)
   - Vermerke im Beförderungspapier
   - Handhabung und Sicherung der Ladung
   - Ausbildung des Fahrpersonals bzw. der Besatzung
   - mitzuführende Papiere und Beförderungspapiere
   - schriftliche Weisungen
   - Vorschriften für Beförderungsausrüstungen.

b) Jeder Kandidat hat eine Fallstudie in Zusammenhang mit den in Unterabschnitt 1.8.3.3 aufgeführten Aufgaben des Gefahrgutbeauftragten zu bearbeiten, bei der er nachweisen kann, dass er in der Lage ist, die Aufgaben eines Gefahrgutbeauftragten zu erfüllen.

**[Elektronische Prüfungen]** 1.8.3.12.5

Schriftliche Prüfungen können ganz oder teilweise auch als elektronische Prüfungen durchgeführt werden, bei denen die Antworten in Arbeitsverfahren der elektronischen Datenverarbeitung (EDV) erfasst und ausgewertet werden, wenn folgende Voraussetzungen erfüllt sind:

a) Die Hard- und Software muss von der zuständigen Behörde oder einer von dieser bestimmten Prüfungsstelle geprüft und akzeptiert sein.

b) Die einwandfreie technische Funktion ist sicherzustellen. Es müssen Vorkehrungen bei Ausfall von Geräten und Anwendungen getroffen werden, ob und wie die Prüfung fortgesetzt werden kann. Die Geräte dürfen über keine Hilfsmittel (z.B. elektronische Suchfunktion) verfügen; bei der gemäß Absatz 1.8.3.12.3 zur Verfügung gestellten Ausrüstung muss die Möglichkeit ausgeschlossen sein, dass die Kandidaten während der Prüfung mit anderen Geräten kommunizieren können.

c) Die endgültigen Eingaben der jeweiligen Teilnehmer müssen erfasst werden. Die Ergebnisermittlung muss nachvollziehbar sein.

**[Beschränkung auf bestimmte Güter]** 1.8.3.13

*→ D: GbV § 7 (2)*
*→ CH: GGBV Art. 14*

Die Vertragsparteien können vorsehen, dass die Kandidaten, die für Unternehmen tätig werden wollen, die sich auf die Beförderung bestimmter Arten gefährlicher Güter spezialisiert haben, nur auf den ihre Tätigkeit betreffenden Gebieten geprüft werden. Bei diesen Arten von Gütern handelt es sich um Güter der

- Klasse 1
- Klasse 2

1.8.3.13 (Forts.)

- Klasse 7
- Klassen 3, 4.1, 4.2, 4.3, 5.1, 5.2, 6.1, 6.2, 8 und 9
- UN-Nummern 1202, 1203, 1223, 3475 und Flugkraftstoff, welcher der UN-Nummer 1268 oder 1863 zugeordnet ist.

Im Schulungsnachweis gemäß Unterabschnitt 1.8.3.7 ist deutlich anzugeben, dass dieser nur für die unter diesem Unterabschnitt genannten Arten gefährlicher Güter gültig ist, für die der Gefahrgutbeauftragte gemäß den im Unterabschnitt 1.8.3.12 genannten Bedingungen geprüft worden ist.

**1.8.3.14 [Fragenkatalog]**

Die zuständige Behörde oder die Prüfungsstelle erstellt im Laufe der Zeit einen Katalog der Fragen, die Gegenstand der Prüfungen waren.

**1.8.3.15 [Schulungsnachweis]**

Der Schulungsnachweis gemäß Unterabschnitt 1.8.3.7 wird entsprechend dem Muster in Unterabschnitt 1.8.3.18 ausgestellt und von allen Vertragsparteien anerkannt.

**1.8.3.16 Geltungsdauer und Verlängerung des Schulungsnachweises**

**1.8.3.16.1 [Geltungsdauer]**

*→ D: GbV § 4*
*→ CH: GGBV Art. 21*

Der Nachweis hat eine Geltungsdauer von fünf Jahren. Die Geltungsdauer des Nachweises wird ab dem Zeitpunkt seines Ablaufens um fünf Jahre verlängert, wenn der Inhaber des Nachweises im Jahr vor dessen Ablaufen einen Test bestanden hat. Der Test muss von der zuständigen Behörde anerkannt sein.

**1.8.3.16.2 [Test]**

Ziel des Tests ist es, sicherzustellen, dass der Inhaber die notwendigen Kenntnisse hat, um die in Unterabschnitt 1.8.3.3 aufgeführten Pflichten zu erfüllen. Die erforderlichen Kenntnisse sind in Unterabschnitt 1.8.3.11 b) aufgeführt und müssen die seit dem Erwerb des letzten Schulungsnachweises eingeführten Vorschriftenänderungen einschließen. Der Test muss auf derselben Grundlage, wie in den Unterabschnitten 1.8.3.10 und 1.8.3.12 bis 1.8.3.14 beschrieben, durchgeführt und überwacht werden. Jedoch muss der Inhaber nicht die in Absatz 1.8.3.12.4 b) festgelegte Fallstudie bearbeiten.

**1.8.3.17** (gestrichen)

**1.8.3.18 Muster des Nachweises**

*→ 1.6.1.45*
*→ D: GbV § 4*
*→ CH: GGBV Art. 21*

**Schulungsnachweis des Gefahrgutbeauftragten**

Nummer des Schulungsnachweises: ....................

Nationalitätszeichen des ausstellenden Staates: ....................

Name: ....................

Vorname(n): ....................

Geburtsdatum und Geburtsort: ....................

Staatsangehörigkeit: ....................

Unterschrift des Inhabers: ....................

Gültig bis .................... (Datum) für gefährliche Güter befördernde Unternehmen sowie Unternehmen, die das Versenden, Verpacken, Befüllen, Be- oder Entladen im Zusammenhang mit Beförderungen gefährlicher Güter durchführen:

☐ im Straßenverkehr

☐ im Eisenbahnverkehr

☐ im Binnenschiffsverkehr

Ausgestellt durch: ....................

Datum: ....................

Unterschrift: ....................

**Ausdehnung des Schulungsnachweises** 1.8.3.19

Wenn ein Gefahrgutbeauftragter den Geltungsbereich seines Schulungsnachweises während dessen Geltungsdauer unter Einhaltung der Vorschriften des Absatzes 1.8.3.16.2 ausdehnt, bleibt die Geltungsdauer des neuen Schulungsnachweises gegenüber derjenigen des vorherigen Schulungsnachweises unverändert.

**Liste der zuständigen Behörden und der von ihnen benannten Stellen** 1.8.4

*→ D: RSEB 1-28.1.S*

Die Vertragsparteien teilen dem Sekretariat der Wirtschaftskommission der Vereinten Nationen für Europa die Adressen der gemäß Landesrecht für die Anwendung des ADR zuständigen Behörden und der von ihnen benannten Stellen, jeweils bezogen auf die betreffende Bestimmung des ADR, sowie die Adressen mit, an welche die jeweiligen Anträge zu stellen sind.

Das Sekretariat der Wirtschaftskommission der Vereinten Nationen für Europa erstellt aus den erhaltenen Informationen eine Liste und hält sie auf dem Laufenden. Es teilt die Liste und deren Änderungen den Vertragsparteien mit.

**Meldungen von Ereignissen mit gefährlichen Gütern** 1.8.5

**[Berichtspflicht]** 1.8.5.1

*→ D: § 6 Nr. 5*
*→ D: § 14 (1)*
*→ D: § 27 (1) 1*
*→ D: RSEB 1-29.1*
*→ D: RSEB 1-29.3*
*→ CH: SDR Art. 26*

Ereignet sich beim Beladen, beim Befüllen, bei der Beförderung oder beim Entladen gefährlicher Güter auf dem Gebiet einer Vertragspartei ein schwerer Unfall oder Zwischenfall, so hat der Verlader, Befüller, Beförderer, Entlader oder Empfänger sicherzustellen, dass der zuständigen Behörde der betreffenden Vertragspartei spätestens einen Monat nach dem Ereignis ein Bericht gemäß dem in Unterabschnitt 1.8.5.4 vorgeschriebenen Muster vorgelegt wird.

**[Information der Vertragsparteien]** 1.8.5.2

Diese Vertragspartei leitet erforderlichenfalls ihrerseits einen Bericht an das Sekretariat der Wirtschaftskommission der Vereinten Nationen für Europa zwecks Information der anderen Vertragsparteien weiter.

**[Meldepflichtiges Ereignis]** 1.8.5.3

Ein meldepflichtiges Ereignis nach Unterabschnitt 1.8.5.1 liegt vor, wenn gefährliche Güter ausgetreten sind oder die unmittelbare Gefahr eines Produktaustritts bestand, ein Personen-, Sach- oder Umweltschaden eingetreten ist oder Behörden beteiligt waren und ein oder mehrere der nachfolgenden Kriterien erfüllt sind:

Ein Personenschaden ist ein Ereignis, bei dem der Tod oder eine Verletzung im unmittelbaren Zusammenhang mit dem beförderten gefährlichen Gut steht, und die Verletzung

a) zu einer intensiven medizinischen Behandlung führt,
b) einen Krankenhausaufenthalt von mindestens einem Tag zur Folge hat oder
c) eine Arbeitsunfähigkeit von mindestens drei aufeinander folgenden Tagen zur Folge hat.

Ein Produktaustritt liegt vor, wenn gefährliche Güter

a) der Beförderungskategorie 0 oder 1 ab 50 kg oder Liter,
b) der Beförderungskategorie 2 ab 333 kg oder Liter oder
c) der Beförderungskategorie 3 oder 4 ab 1 000 kg oder Liter

ausgetreten sind.

Das Kriterium des Produktaustritts liegt auch vor, wenn die unmittelbare Gefahr eines Produktaustrittes in der vorgenannten Menge bestand. In der Regel ist dies anzunehmen, wenn das Behältnis auf Grund von strukturellen Schäden für die nachfolgende Beförderung nicht mehr geeignet ist oder aus anderen Gründen keine ausreichende Sicherheit gewährleistet ist (z.B. durch Verformung von Tanks oder Containern, Umkippen eines Tanks oder Brand in unmittelbarer Nähe).

Sind gefährliche Güter der Klasse 6.2 beteiligt, gilt die Berichtspflicht ohne Mengenbegrenzung.

Sind bei einem Ereignis radioaktive Stoffe beteiligt, gelten folgende Kriterien für den Produktaustritt:

a) jedes Austreten radioaktiver Stoffe aus Versandstücken;
b) Exposition, die zu einer Überschreitung der in den Regelungen für den Schutz von Beschäftigten und der Öffentlichkeit vor ionisierender Strahlung („Radiation Protection and Safety of Radiation Sources: International Basic Safety Standards" (Strahlenschutz und Sicherheit von Strahlenquellen:

1.8.5.3 (Forts.) Internationale grundlegende Sicherheitsnormen), IAEA Safety Standards Series No. GSR Teil 3, IAEO, Wien (2014)) festgelegten Grenzwerte führt, oder

c) wenn Grund zur Annahme besteht, dass eine bedeutende Verminderung der Sicherheitsfunktionen des Versandstücks (dichte Umschließung, Abschirmung, Wärmeschutz oder Kritikalität) stattgefunden hat, durch die das Versandstück für die Fortsetzung der Beförderung ohne zusätzliche Sicherheitsmaßnahmen ungeeignet geworden ist.

**Bem.** Siehe Vorschriften für unzustellbare Sendungen in Abschnitt 7.5.11 Sondervorschrift CV33 (6).

Ein Sach- und/oder Umweltschaden liegt vor, wenn gefährliche Güter in beliebiger Menge ausgetreten sind und dabei eine geschätzte Schadenshöhe von 50 000 Euro überschritten wird. Schäden an unmittelbar betroffenen Beförderungsmitteln mit gefährlichen Gütern und an der Infrastruktur des Verkehrsträgers bleiben dabei unberücksichtigt.

Eine Behördenbeteiligung liegt vor, wenn bei dem Ereignis mit gefährlichen Gütern Behörden oder Hilfsdienste unmittelbar involviert waren und eine Evakuierung von Personen oder die Sperrung von öffentlichen Verkehrswegen (Straße/Schiene) bedingt durch die von dem gefährlichen Gut ausgehende Gefahr für eine Dauer von mindestens drei Stunden erfolgte.

Falls erforderlich, kann die zuständige Behörde weitere sachdienliche Auskünfte anfordern.

1.8.5.4 **Muster des Berichts über Ereignisse bei der Beförderung gefährlicher Güter**

→ CH: GGBV Art. 12

**Bericht über Ereignisse bei der Beförderung gefährlicher Güter gemäß Abschnitt 1.8.5 RID/ADR**

| | | |
|---|---|---|
| Beförderer/<br>Eisenbahninfrastrukturbetreiber: .................................................. | | |
| Adresse: ........................................................................ | | |
| Kontaktperson: ................. | Telefon: ................. | Telefax: ................. |

(Dieses Deckblatt ist vor Weitergabe des Berichts durch die zuständige Behörde zu entfernen.)

| **1. Verkehrsträger** | |
|---|---|
| ☐ Schiene<br>Wagen-Nummer (Angabe freigestellt):<br>.................................. | ☐ Straße<br>Fahrzeugkennzeichen (Angabe freigestellt):<br>.................................. |
| **2. Datum und Ort des Ereignisses** | |
| Jahr: ...... Monat: ............ | Tag: ............ Stunde: ............ |
| Schiene<br>☐ Bahnhof<br>☐ Rangierbahnhof/Zugbildungsbahnhof<br>☐ Belade-/Entlade-/Umschlaganlage<br>Ort/Staat: ..........................<br>oder<br>☐ freie Strecke<br>Streckenbezeichnung: ..............<br>Kilometer: .......................... | Straße<br>☐ innerorts<br>☐ Belade-/Entlade-/Umschlaganlage<br>☐ außerorts<br>Ort/Staat: .......................... |
| **3. Topographie** | |
| ☐ Steigung/Gefälle<br>☐ Tunnel<br>☐ Brücke/Unterführung<br>☐ Kreuzung | |

1.8.5.4 (Forts.)

**4. Besondere Wetterbedingungen**

☐ Regen
☐ Schneefall
☐ Glätte
☐ Nebel
☐ Gewitter
☐ Sturm

Temperatur: ...... °C

**5. Beschreibung des Ereignisses**

☐ Entgleisung/Abkommen von der Fahrbahn
☐ Kollision (Zusammenstoß/Aufprall)
☐ Umkippen/Überrollen
☐ Brand
☐ Explosion
☐ Leckage
☐ technischer Mangel

Zusätzliche Beschreibung des Ereignisses:

..........................................................................................
..........................................................................................
..........................................................................................
..........................................................................................
..........................................................................................
..........................................................................................
..........................................................................................
..........................................................................................

**6. Betroffene gefährliche Güter**

| UN-Nummer[1)] | Klasse | Verpackungsgruppe | geschätzte Menge des ausgetretenen Produktes (kg oder l)[2)] | Art der Umschließung[3)] | Werkstoff der Umschließung | Art des Versagens der Umschließung[4)] |
|---|---|---|---|---|---|---|
| | | | | | | |
| | | | | | | |
| | | | | | | |
| | | | | | | |
| | | | | | | |

1) Bei gefährlichen Gütern, die unter eine Sammeleintragung fallen, für die die Sondervorschrift 274 gilt, ist zusätzlich die technische Benennung anzugeben.

2) Für radioaktive Stoffe der Klasse 7 sind die Werte gemäß den Kriterien in Unterabschnitt 1.8.5.3 anzugeben.

3) Es ist die entsprechende Nummer anzugeben:

| | | | | |
|---|---|---|---|---|
| 1 Verpackung | 5 Wagen | 9 Batteriewagen | 12 Aufsetztank | 16 ortsbeweglicher Tank |
| 2 Großpackmittel (IBC) | 6 Fahrzeug | 10 Batterie-Fahrzeug | 13 Großcontainer | 17 MEMU |
| 3 Großverpackung | 7 Kesselwagen | 11 Wagen mit abnehmbaren Tanks | 14 Tankcontainer | 18 besonders großer Tankcontainer |
| 4 Kleincontainer | 8 Tankfahrzeug | | 15 MEGC | |

4) Es ist die entsprechende Nummer anzugeben:

| | |
|---|---|
| 1 Leckage | 3 Explosion |
| 2 Brand | 4 strukturelles Versagen |

1.8.5.4 (Forts.)

| | |
|---|---|
| **7.** | **Ereignisursache** (falls eindeutig bekannt) |
| ☐ | technischer Mangel |
| ☐ | nicht ordnungsgemäße Ladungssicherung |
| ☐ | betriebliche Ursache (Eisenbahnbetrieb) |
| ☐ | Sonstiges: ........................................................................ |
| **8.** | **Auswirkungen des Ereignisses** |
| | Personenschaden in Zusammenhang mit den betroffenen gefährlichen Gütern: |
| ☐ | Tote (Anzahl: .....) |
| ☐ | Verletzte (Anzahl: ....) |
| | Produktaustritt: |
| ☐ | ja |
| ☐ | nein |
| ☐ | unmittelbare Gefahr eines Produktaustritts |
| | Sach-/Umweltschaden: |
| ☐ | geschätzte Schadenhöhe ≤ 50 000 Euro |
| ☐ | geschätzte Schadenhöhe > 50 000 Euro |
| | Behördenbeteiligung: |
| ☐ | ja → ☐ durch die betroffenen gefährlichen Güter bedingte Evakuierung von Personen für eine Dauer von mindestens drei Stunden |
| | ☐ durch die betroffenen gefährlichen Güter bedingte Sperrung von öffentlichen Verkehrswegen für eine Dauer von mindestens drei Stunden |
| ☐ | nein |

Falls erforderlich, kann die zuständige Behörde weitere sachdienliche Auskünfte anfordern.

### 1.8.6 Administrative Kontrollen für die in den Abschnitten 1.8.7 und 1.8.8 beschriebenen Tätigkeiten

*→ 1.6.2.11*
*→ 1.6.3.54*
*→ 1.6.4.57*

**Bem.** 1. Im Sinne dieses Abschnitts bedeuten:

- „zugelassene Prüfstelle" eine Prüfstelle, die von der zuständigen Behörde für die Durchführung verschiedener Tätigkeiten in Übereinstimmung mit Unterabschnitt 1.8.6.1 zugelassen ist, und
- „anerkannte Prüfstelle" eine zugelassene Prüfstelle, die von einer anderen zuständigen Behörde anerkannt ist.

2. Eine Prüfstelle darf von der zuständigen Behörde dazu bestimmt werden, als zuständige Behörde tätig zu werden (siehe Begriffsbestimmung von zuständiger Behörde in Abschnitt 1.2.1).

#### 1.8.6.1 Allgemeine Vorschriften

*→ D: ODV § 16*

Die zuständige Behörde einer Vertragspartei des ADR kann Prüfstellen für folgende Tätigkeiten zulassen: für die nach den Kapiteln 6.2 und 6.8 zutreffenden Konformitätsbewertungen, wiederkehrenden Prüfungen, Zwischenprüfungen, außerordentlichen Prüfungen, Inbetriebnahmeüberprüfungen sowie die Zulassung und die Überwachung des betriebseigenen Prüfdienstes.

#### 1.8.6.2 Pflichten der zuständigen Behörde*)

##### 1.8.6.2.1 [Akkreditierung von Prüfstellen]

Wenn die zuständige Behörde eine Prüfstelle für die Durchführung der in Unterabschnitt 1.8.6.1 genannten Tätigkeiten zulässt, muss die Akkreditierung der Prüfstelle gemäß den Anforderungen des Typs A der Norm EN ISO/IEC 17020:2012 (ausgenommen Absatz 8.1.3) erfolgen.

---

*) *→ D: ODV § 15; → CH: GGUV Anh. 4*

Wenn die zuständige Behörde eine Prüfstelle für die Durchführung von wiederkehrenden Prüfungen von Druckgefäßen gemäß Kapitel 6.2 zulässt, muss die Akkreditierung der Prüfstelle gemäß den Anforderungen des Typs A oder des Typs B der Norm EN ISO/IEC 17020:2012 (ausgenommen Absatz 8.1.3) erfolgen. 1.8.6.2.1 (Forts.)

Die Akkreditierung muss sich eindeutig auf die Tätigkeiten der Zulassung erstrecken.

Wenn die zuständige Behörde die Aufgaben der Prüfstelle selbst durchführt, muss sie die Vorschriften des Unterabschnitts 1.8.6.3 erfüllen. Wenn jedoch eine zuständige Behörde eine Prüfstelle benennt, um als zuständige Behörde zu handeln, muss die benannte Stelle nach der Norm EN ISO/IEC 17020:2012 (ausgenommen Absatz 8.1.3) Typ A akkreditiert sein.

**Zulassung von Prüfstellen** 1.8.6.2.2

**[Prüfstellen – Typ A und Typ B]** 1.8.6.2.2.1

Prüfstellen des Typs A müssen nach nationalem Recht errichtet und eine juristische Person in der Vertragspartei des ADR sein, in der der Antrag auf Zulassung gestellt wird.

Prüfstellen des Typs B müssen nach nationalem Recht errichtet und Teil einer Gas liefernden juristischen Person in der Vertragspartei des ADR sein, in der der Antrag auf Zulassung gestellt wird.

**[Entzug der Zulassung]** 1.8.6.2.2.2

Die zuständige Behörde muss sicherstellen, dass die Prüfstelle die Bedingungen für ihre Zulassung ständig erfüllt, und muss die Zulassung entziehen, wenn diese Bedingungen nicht erfüllt sind. Im Falle der Aussetzung der Akkreditierung wird die Zulassung jedoch nur während der Aussetzungsdauer der Akkreditierung ausgesetzt.

**[Vorübergehende Zulassung]** 1.8.6.2.2.3

Eine Prüfstelle, die eine neue Tätigkeit aufnimmt, darf vorübergehend zugelassen werden. Vor einer vorübergehenden Zulassung muss die zuständige Behörde sicherstellen, dass die Prüfstelle die Anforderungen des Absatzes 1.8.6.3.1 erfüllt. Die Prüfstelle muss im ersten Jahr ihrer Tätigkeit nach der Norm EN ISO/IEC 17020:2012 (ausgenommen Absatz 8.1.3) akkreditiert werden, um diese neue Tätigkeit fortsetzen zu können.

**Überwachung der Prüfstellen** 1.8.6.2.3

**[Überwachung sowie Zurückziehung bzw. Einschränkung der Zulassung]** 1.8.6.2.3.1

Wo auch immer Tätigkeiten einer Prüfstelle durchgeführt werden, muss die zuständige Behörde, die diese Stelle zugelassen hat, die Überwachung der Tätigkeiten dieser Stelle, einschließlich der Überwachung vor Ort, sicherstellen. Die zuständige Behörde muss die erteilte Zulassung zurückziehen oder einschränken, wenn diese Stelle die Zulassung oder die Vorschriften des Absatzes 1.8.6.3.1 nicht mehr erfüllt oder die in den Vorschriften des ADR festgelegten Verfahren nicht einhält.

**Bem.** Die in Absatz 1.8.6.3.3 genannte Überwachung der Unterauftragnehmer durch die Prüfstelle muss ebenfalls in die Überwachung der Prüfstelle einbezogen werden.

**[Aktenverbleib bei zurückgezogener Zulassung]** 1.8.6.2.3.2

Wenn die Zulassung der Prüfstelle zurückgezogen oder eingeschränkt wurde oder wenn die Prüfstelle ihre Tätigkeit eingestellt hat, muss die zuständige Behörde die entsprechenden Schritte einleiten, um sicherzustellen, dass die Akten entweder von einer anderen Prüfstelle bearbeitet werden oder verfügbar bleiben.

**Meldepflichten** 1.8.6.2.4

**[Veröffentlichungspflicht für nationale Verfahren]** 1.8.6.2.4.1 *→ D: § 6 Nr. 9*

Die Vertragsparteien des ADR müssen ihre nationalen Verfahren für die Bewertung, Zulassung und Überwachung von Prüfstellen und alle Änderungen dieser Informationen veröffentlichen.

**[Verzeichnis zugelassener Prüfstellen]** 1.8.6.2.4.2

Die zuständige Behörde der Vertragspartei des ADR muss ein aktuelles Verzeichnis aller von ihr zugelassenen Prüfstellen, einschließlich der vorübergehend zugelassenen Prüfstellen gemäß Absatz 1.8.6.2.2.3, veröffentlichen. Dieses Verzeichnis muss mindestens folgende Informationen enthalten:

a) Name, Adresse(n) des Firmensitzes (der Firmensitze) der Prüfstelle;

1.8.6.2.4.2 (Forts.)

b) Tätigkeitsbereich, für den die Prüfstelle zugelassen ist;

c) eine Bestätigung, dass die Prüfstelle von der nationalen Akkreditierungsstelle nach der Norm EN ISO/IEC 17020:2012 (ausgenommen Absatz 8.1.3) akkreditiert ist, und dass die Akkreditierung den Tätigkeitsbereich abdeckt, für den die Prüfstelle zugelassen ist;

d) das Kennzeichen oder der Stempel der Prüfstelle, das/der in den Kapiteln 6.2 und 6.8 festgelegt ist, und gegebenenfalls das Kennzeichen eines von der Prüfstelle bevollmächtigten betriebseigenen Prüfdienstes.

Die Website der UNECE muss einen Verweis auf dieses Verzeichnis enthalten.

1.8.6.2.4.3 **[Anerkennung von Prüfstellen anderer zuständiger Behörden]**

Eine von einer zuständigen Behörde zugelassene Prüfstelle kann von einer anderen zuständigen Behörde anerkannt werden.

Wenn eine zuständige Behörde die Dienste einer bereits von einer anderen zuständigen Behörde zugelassenen Prüfstelle in Anspruch nehmen möchte, um in ihrem Namen Tätigkeiten im Zusammenhang mit Konformitätsbewertungen und Prüfungen durchzuführen, muss diese zuständige Behörde diese Prüfstelle, den Tätigkeitsbereich, für den sie zugelassen ist, und die zuständige Behörde, welche die Prüfstelle zugelassen hat, in das in Absatz 1.8.6.2.4.2 genannte Verzeichnis aufnehmen und das Sekretariat der UNECE darüber in Kenntnis setzen. Wenn die Zulassung zurückgezogen oder ausgesetzt wird, ist die Anerkennung nicht mehr gültig.

**Bem.** In diesem Zusammenhang müssen Vereinbarungen über die gegenseitige Anerkennung zwischen Vertragsparteien des ADR berücksichtigt werden.

## 1.8.6.3 Pflichten der Prüfstellen

### 1.8.6.3.1 Allgemeine Vorschriften

Die Prüfstelle muss:

a) über in einer Organisationsstruktur eingebundenes, geeignetes, geschultes, sachkundiges und erfahrenes Personal verfügen, das seine technischen Aufgaben in zufrieden stellender Weise ausüben kann;

b) Zugang zu geeigneten und hinreichenden Einrichtungen und Ausrüstungen haben;

c) in unabhängiger Art und Weise arbeiten und frei von Einflüssen sein, die sie daran hindern könnten;

d) geschäftliche Verschwiegenheit über die unternehmerischen und eigentumsrechtlich geschützten Tätigkeiten des Herstellers und anderer Stellen bewahren;

e) eine klare Trennung zwischen den eigentlichen Aufgaben als Prüfstelle und den damit nicht zusammenhängenden Aufgaben einhalten;

f) ein dokumentiertes Qualitätssicherungssystem haben, das dem in der Norm EN ISO/IEC 17020:2012 (ausgenommen Absatz 8.1.3) dargestellten System gleichwertig ist;

g) sicherstellen, dass die in den entsprechenden Normen und im ADR festgelegten Prüfungen durchgeführt werden;

h) ein wirksames und geeignetes Berichts- und Aufzeichnungssystem in Übereinstimmung mit den Abschnitten 1.8.7 und 1.8.8 unterhalten;

i) frei von jeglichem wirtschaftlichen oder finanziellen Druck sein und sein Personal unabhängig von der Anzahl der durchgeführten Prüfungen oder den Ergebnissen dieser Prüfungen vergüten;

j) über eine Haftpflichtversicherung verfügen, welche die Risiken im Zusammenhang mit den ausgeübten Tätigkeiten abdeckt;

**Bem.** Dies ist nicht erforderlich, wenn die Vertragspartei des ADR die Haftung nach nationalem Recht übernimmt.

k) über Personal verfügen, das für die Durchführung der Prüfungen verantwortlich ist und das

(i) nicht direkt an der Auslegung, der Herstellung, der Lieferung, der Installation, der Beschaffung, dem Eigentum, der Verwendung oder der Wartung des zu prüfenden Produkts (Druckgefäß, Tank, Batterie-Fahrzeug oder MEGC) beteiligt ist;

(ii) in allen Aspekten der Tätigkeiten, für welche die Prüfstelle zugelassen worden ist, geschult worden ist;

(iii) über angemessene Kenntnisse, technische Fähigkeiten und Verständnis der anwendbaren Vorschriften, der anwendbaren Normen und der entsprechenden Vorschriften der Teile 4 und 6 verfügt; **1.8.6.3.1** (Forts.)

(iv) in der Lage ist, Bescheinigungen, Aufzeichnungen und Berichte zu erstellen, mit denen nachgewiesen wird, dass Bewertungen durchgeführt wurden;

(v) das Berufsgeheimnis in Bezug auf Informationen wahrt, die es bei der Ausübung seiner Aufgaben erhält, oder jede Vorschrift des innerstaatlichen Rechts, die es betrifft, beachtet, ausgenommen im Verhältnis zu den zuständigen Behörden der Vertragspartei des ADR, in der seine Tätigkeiten ausgeübt werden. Auf Verlangen anderer Prüfstellen dürfen Informationen weitergegeben werden, soweit dies für die Durchführung von Prüfungen erforderlich ist.

Die oben genannten Vorschriften gelten bei einer Akkreditierung nach der Norm EN ISO/IEC 17020:2012 (ausgenommen Absatz 8.1.3) als erfüllt.

**Betriebliche Pflichten** **1.8.6.3.2**

**[Verhältnismäßigkeit beim Konformitätsverfahren]** **1.8.6.3.2.1**

Die zuständige Behörde oder die Prüfstelle muss Konformitätsbewertungen, wiederkehrende Prüfungen, Zwischenprüfungen, außerordentliche Prüfungen und Inbetriebnahmeüberprüfungen unter Wahrung der Verhältnismäßigkeit und der Vermeidung unnötiger Belastungen durchführen. Die zuständige Behörde oder die Prüfstelle muss ihre Tätigkeiten unter Berücksichtigung der Größe, der Branche und der Struktur der betroffenen Unternehmen, der relativen Komplexität der Technologie und des Seriencharakters der Fertigung ausüben.

**[Einzuhaltendes Schutzniveau]** **1.8.6.3.2.2**

Die zuständige Behörde oder die Prüfstelle muss ein Maß an Strenge und ein Schutzniveau einhalten, die für die Einhaltung der Vorschriften des Teils 4 bzw. 6 erforderlich sind.

**[Aufforderung zu Korrekturmaßnahmen]** **1.8.6.3.2.3**

Wenn eine zuständige Behörde oder eine Prüfstelle feststellt, dass ein Hersteller die in Teil 4 oder 6 enthaltenen Vorschriften nicht erfüllt hat, muss sie den Hersteller auffordern, angemessene Korrekturmaßnahmen zu ergreifen, und darf eine Baumusterzulassungsbescheinigung oder Bescheinigung über die erstmalige Prüfung erst dann ausstellen, wenn die angemessenen Korrekturmaßnahmen umgesetzt worden sind.

**Delegation von Prüfaufgaben** **1.8.6.3.3**

**Bem.** Die nachfolgenden Vorschriften gelten nur für Prüfstellen des Typs A. Prüfstellen des Typs B dürfen Tätigkeiten, für die sie eine Zulassung haben, nicht delegieren. Für betriebseigene Prüfdienste siehe Absatz 1.8.7.7.2.

**[Akkreditierung, Anforderungen]** **1.8.6.3.3.1**

Wenn sich eine Prüfstelle der Dienste eines Unterauftragnehmers für die Durchführung bestimmter Aufgaben bedient, die mit ihren Tätigkeiten verbunden sind, muss der Unterauftragnehmer von der Prüfstelle bewertet und überwacht werden oder getrennt akkreditiert sein. Im Fall der getrennten Akkreditierung muss der Unterauftragnehmer gemäß der Norm EN ISO/IEC 17025:2017 (ausgenommen Absatz 8.1.3) oder EN ISO/IEC 17020:2012 (ausgenommen Absatz 8.1.3) als unabhängiges und unparteiisches Prüflaboratorium oder als unabhängige und unparteiische Prüfstelle akkreditiert sein, um Prüfaufgaben gemäß seiner Akkreditierung durchführen zu können. Die Prüfstelle muss sicherstellen, dass dieser Unterauftragnehmer die Vorschriften für die ihm übertragenen Aufgaben mit demselben Maß an Sachkunde und Sicherheit erfüllt, wie es für Prüfstellen (siehe Absatz 1.8.6.3.1) festgelegt ist, und muss dies beaufsichtigen. Die Prüfstelle muss die zuständige Behörde über die oben genannten Vorkehrungen informieren.

**[Verantwortung bei Inanspruchnahme Dritter]** **1.8.6.3.3.2**

Die Prüfstelle muss die volle Verantwortung für die Aufgaben übernehmen, die von diesen Unterauftragnehmern ausgeführt werden, unabhängig davon, wo die Aufgaben von diesen ausgeführt werden.

**[Begrenzung delegierbarer Aufgaben]** **1.8.6.3.3.3**

Die Prüfstelle des Typs A darf nur einen Teil ihrer Tätigkeiten delegieren. In jedem Fall müssen die Bewertung und die Ausstellung von Bescheinigungen von der Prüfstelle selbst vorgenommen werden.

1.8.6.3.3.4 **[Zustimmung des Antragstellers]**

Tätigkeiten dürfen nicht ohne Zustimmung des Herstellers, Eigentümers bzw. Betreibers delegiert werden.

1.8.6.3.3.5 **[Unterlagen über Qualifikation Dritter]**

Die Prüfstelle muss für die zuständige Behörde die einschlägigen Unterlagen über die Bewertung der Qualifikation und die von den oben genannten Unterauftragnehmern ausgeführten Arbeiten bereithalten.

1.8.6.3.4 **Meldepflichten**

Jede Prüfstelle muss der zuständigen Behörde, die sie zugelassen hat, folgende Informationen melden:

a) jede Ablehnung, Einschränkung, Aussetzung oder Rücknahme einer Baumusterzulassungsbescheinigung, ausgenommen in den Fällen, in denen die Vorschriften des Absatzes 1.8.7.2.2.2 Anwendung finden;
b) alle Umstände, die Folgen für den Geltungsbereich und die Bedingungen der von der zuständigen Behörde erteilten Zulassung haben;
c) jede Ablehnung von Prüfbescheinigungen;
d) jedes Auskunftsersuchen über durchgeführte Tätigkeiten, das sie von den zuständigen Behörden, welche die Konformität nach diesem Abschnitt überwachen, erhalten haben;
e) auf Verlangen, welche Tätigkeiten sie im Geltungsbereich ihrer Zulassung, einschließlich der Delegation von Aufgaben, ausgeführt hat;
f) jede Zulassung oder jede Aussetzung oder Rücknahme einer Zulassung eines betriebseigenen Prüfdienstes.

1.8.7 **Verfahren für die Konformitätsbewertung, die Ausstellung der Baumusterzulassungsbescheinigung und die Prüfungen**

→ 1.6.2.11
→ 1.6.3.54
→ 1.6.4.57
→ D: § 13 (2)
→ D: ODV § 5 (2) 1
→ CH: GGUV Art. 6

**Bem.** 1. Im Sinne dieses Abschnitts bedeutet „entsprechende Stelle" eine Stelle, die gemäß den Kapiteln 6.2 und 6.8 zugewiesen ist.

2. Im Sinne dieses Abschnitts bedeutet „Hersteller" das Unternehmen, das gegenüber der zuständigen Behörde für alle Aspekte der Konformitätsbewertung und für die Sicherstellung der Konformität des Baus verantwortlich ist und dessen Namen und Kennzeichen in den Zulassungen und auf den Kennzeichen erscheint. Es ist nicht zwingend erforderlich, dass das Unternehmen in alle Phasen des Baus des Produkts (siehe Absatz 1.8.7.1.5), das Gegenstand der Konformitätsbewertung ist, direkt einbezogen ist.

1.8.7.1 **Allgemeine Vorschriften**

1.8.7.1.1 **[Anwendung des Verfahrens]**

Die Verfahren des Abschnitts 1.8.7 müssen wie in den Kapiteln 6.2 und 6.8 festgelegt angewendet werden. Wenn die zuständige Behörde die Aufgaben selbst wahrnimmt, muss sie die Vorschriften dieses Abschnitts erfüllen.

1.8.7.1.2 **[Antragstellung]**

Jeder Antrag auf

a) Baumusterprüfung gemäß Absatz 1.8.7.2.1;
b) Ausstellung der Baumusterzulassungsbescheinigung gemäß Absatz 1.8.7.2.2;
c) Überwachung der Herstellung gemäß Unterabschnitt 1.8.7.3 oder
d) erstmalige Prüfung gemäß Unterabschnitt 1.8.7.4

muss vom Hersteller in Übereinstimmung mit den Kapiteln 6.2 und 6.8 bei einer zuständigen Behörde bzw. einer Prüfstelle eingereicht werden.

Jeder Antrag auf

e) Inbetriebnahmeüberprüfung gemäß Unterabschnitt 1.8.7.5 oder
f) wiederkehrende Prüfung, Zwischenprüfung und außerordentliche Prüfung gemäß Unterabschnitt 1.8.7.6

muss vom Eigentümer oder seinem bevollmächtigten Vertreter oder vom Betreiber oder seinem bevollmächtigten Vertreter bei einer zuständigen Behörde oder einer Prüfstelle eingereicht werden.

Wenn der betriebseigene Prüfdienst für c), d) oder f) bevollmächtigt ist, ist es nicht notwendig, einen Antrag auf c), d) oder f) einzureichen.

**[Antragsinhalt]** 1.8.7.1.3

Der Antrag muss folgende Angaben enthalten:

a) den Namen und die Adresse des Antragstellers gemäß Absatz 1.8.7.1.2;

b) eine schriftliche Erklärung, dass derselbe Antrag nicht bei einer anderen zuständigen Behörde oder Prüfstelle eingereicht worden ist;

c) die entsprechenden in Unterabschnitt 1.8.7.8 festgelegten technischen Unterlagen;

d) eine Erklärung, die der zuständigen Behörde bzw. der Prüfstelle zu Zwecken der Konformitätsbewertung oder der Prüfung Zugang zu den Orten der Herstellung, Prüfung und Lagerung und die Zurverfügungstellung aller für die Erfüllung ihrer Aufgaben notwendigen Informationen gewährt.

**[Betriebseigener Prüfdienst]** 1.8.7.1.4

Sofern der Hersteller oder ein Unternehmen mit einer Prüfeinrichtung die Erlaubnis hat, einen betriebseigenen Prüfdienst in Übereinstimmung mit Unterabschnitt 6.2.2.12, Absatz 6.2.3.6.1, 6.8.1.5.3 b) oder 6.8.1.5.4 b) einzurichten, muss er/es zur Zufriedenheit der Prüfstelle nachweisen, dass der betriebseigene Prüfdienst in der Lage ist, Prüfungen in Übereinstimmung mit Abschnitt 1.8.7 durchzuführen.

**[Aufbewahrung von Bescheinigungen]** 1.8.7.1.5

*→ D: ODV § 3*

Baumusterzulassungsbescheinigungen, Prüfbescheinigungen und -berichte für die Produkte (Druckgefäße, Tanks, Bedienungsausrüstung und der Zusammenbau von Elementen, der baulichen Ausrüstung und der Bedienungsausrüstung von Batterie-Fahrzeugen oder MEGC), einschließlich der technischen Unterlagen, müssen wie folgt aufbewahrt werden:

a) vom Hersteller für eine Dauer von mindestens 20 Jahren nach Ablauf der Baumusterzulassung;

b) von der ausstellenden zuständigen Behörde oder der ausstellenden Prüfstelle für eine Dauer von mindestens 20 Jahren ab dem Ausstellungsdatum;

c) vom Eigentümer oder Betreiber für eine Dauer von mindestens 15 Monaten nach Außerbetriebnahme des Produkts.

**Baumusterprüfung und Ausstellung der Baumusterzulassungsbescheinigung** 1.8.7.2

**Baumusterprüfung** 1.8.7.2.1

**[Pflichten des Herstellers]** 1.8.7.2.1.1

Der Hersteller muss

a) im Fall von Druckgefäßen der Prüfstelle repräsentative Muster der vorgesehenen Produktion zur Verfügung stellen. Die Prüfstelle darf weitere Muster anfordern, wenn dies durch das Prüfprogramm vorgeschrieben ist;

b) im Fall von Tanks, Batterie-Fahrzeugen oder MEGC für die Baumusterprüfung Zugang zum Prototyp gewähren;

c) im Fall von Bedienungsausrüstung der Prüfstelle repräsentative Muster der vorgesehenen Produktion zur Verfügung stellen. Die Prüfstelle darf weitere Muster anfordern, wenn dies durch das Prüfprogramm vorgeschrieben ist.

**Bem.** Die Ergebnisse der Bewertungen und Prüfungen gemäß anderen Vorschriften oder Normen dürfen berücksichtigt werden.

**[Pflichten der Prüfstelle]** 1.8.7.2.1.2

Die Prüfstelle muss

a) die in Absatz 1.8.7.8.1 festgelegten technischen Unterlagen begutachten, um zu überprüfen, ob die Auslegung den entsprechenden Vorschriften des ADR entspricht und der Prototyp oder das Fertigungslos des Prototyps in Übereinstimmung mit den technischen Unterlagen hergestellt wurde und für die Auslegung repräsentativ ist;

b) die Untersuchungen und Prüfungen durchführen oder die Untersuchungen durchführen und die Prüfbedingungen überprüfen und die Prüfungen vor Ort beaufsichtigen, wie dies im ADR, einschließlich der anwendbaren Normen, festgelegt ist, um festzustellen, ob die Vorschriften angewandt und erfüllt worden sind und die vom Hersteller angewandten Verfahren den Vorschriften entsprechen;

1.8.7.2.1.2 (Forts.)

c) die vom (von den) Werkstoffhersteller(n) ausgestellte(n) Werkstoffbescheinigung(en) anhand der entsprechenden Vorschriften des ADR überprüfen;

d) sofern zutreffend, die Verfahren zur Ausführung dauerhafter Verbindungen zulassen oder überprüfen, ob diese bereits zugelassen worden sind, und überprüfen, ob das mit der Ausführung dauerhafter Verbindungen und der zerstörungsfreien Prüfung betraute Personal qualifiziert oder zugelassen ist;

e) mit dem Hersteller den Ort (die Orte) vereinbaren, an dem/denen die Untersuchungen und erforderlichen Prüfungen durchgeführt werden sollen.

Die Prüfstelle muss für den Hersteller einen Bericht über die Baumusterprüfung ausstellen.

**1.8.7.2.2 Ausstellung der Baumusterzulassungsbescheinigung**

→ D: ODV § 5 (2) 2

Durch die Baumusterzulassungen wird die Herstellung von Produkten während der Gültigkeitsdauer dieser Zulassung genehmigt.

**1.8.7.2.2.1 [Baumusterzulassungsbescheinigung]**

Wenn das Baumuster allen anwendbaren Vorschriften entspricht, muss die zuständige Behörde oder die Prüfstelle dem Hersteller eine Baumusterzulassungsbescheinigung in Übereinstimmung mit den Kapiteln 6.2 und 6.8 ausstellen.

Diese Bescheinigung muss folgende Angaben enthalten:

a) den Namen und die Adresse des Ausstellers;

b) die zuständige Behörde, unter der die Bescheinigung ausgestellt wurde;

c) den Namen und die Adresse des Herstellers;

d) einen Verweis auf die für die Baumusterprüfung verwendete Ausgabe des ADR und die für die Baumusterprüfung verwendeten Normen;

e) alle Anforderungen, die sich aus der Baumusterprüfung ergeben;

f) die in den Unterlagen für die Baumusterprüfung gemäß Absatz 1.8.7.8.1 enthalten Angaben, die für die Identifizierung des Baumusters und die Abweichung vom Baumuster erforderlich sind und in den entsprechenden Normen festgelegt sind. Die Unterlagen oder ein Verzeichnis der Unterlagen, in denen diese Daten enthalten sind, sind in der Bescheinigung anzugeben oder der Bescheinigung beizufügen;

g) den Verweis auf den (die) Baumusterprüfbericht(e);

h) die maximale Gültigkeitsdauer der Baumusterzulassung und

i) jede in den Kapiteln 6.2 und 6.8 verlangte besondere Anforderung.

**1.8.7.2.2.2 [Gültigkeitsdauer, Entzug, Erneuerung]**

→ CH: SDR Anh. 1 1.6.14.2

Die Baumusterzulassung darf höchstens zehn Jahre gültig sein. Wenn sich die entsprechenden technischen Vorschriften des ADR während dieses Zeitraums geändert haben, so dass das zugelassene Baumuster nicht mehr in Übereinstimmung mit diesen Vorschriften ist, verliert die Baumusterzulassung ihre Gültigkeit. Wenn während dieses Zeitraums der Zeitpunkt des Entzugs der Baumusterzulassung gemäß der Spalte (3) der Tabellen in den Unterabschnitten 6.2.2.1 und 6.2.2.3 oder der Spalte (5) der Tabellen in Unterabschnitt 6.2.4.1, Absatz 6.8.2.6.1 und Unterabschnitt 6.8.3.6 eintritt, verliert die Baumusterzulassung ebenfalls ihre Gültigkeit. Sie muss dann von der zuständigen Behörde oder der Prüfstelle, welche die Baumusterzulassungsbescheinigung ausgestellt hat, zurückgezogen werden.

**Bem.** Hinsichtlich des spätesten Zeitpunkts des Entzugs bestehender Baumusterzulassungen siehe Spalte (5) der Tabellen in Unterabschnitt 6.2.4.1, in Absatz 6.8.2.6.1 bzw. in Unterabschnitt 6.8.3.6.

Wenn eine Baumusterzulassung abgelaufen ist oder zurückgezogen wurde, ist die Herstellung von Produkten in Übereinstimmung mit dieser Baumusterzulassung nicht mehr zugelassen.

**Bem.** Die entsprechenden Vorschriften für die Verwendung, die wiederkehrende Prüfung und die Zwischenprüfung von Produkten, die in einer abgelaufenen oder zurückgezogenen Baumusterzulassung enthalten sind, gelten weiterhin für die vor dem Ablauf oder dem Entzug der Baumusterzulassung gemäß dieser Zulassung gebauten Produkte, sofern diese weiterverwendet werden dürfen.

Baumusterzulassungen dürfen auf der Grundlage einer neuen Baumusterprüfung erneuert werden. Die Ergebnisse der Prüfungen der vorherigen Baumusterprüfung müssen berücksichtigt werden, wenn diese Prüfungen weiterhin den zum Zeitpunkt der Erneuerung anwendbaren Vorschriften des ADR, einschließlich der Normen, entsprechen. Eine Erneuerung ist nicht zulässig, nachdem eine Baumusterzulassung zurückgezogen wurde. 1.8.7.2.2.2 (Forts.)

**Bem.** Die Baumusterprüfung für die Erneuerung darf durch eine andere als diejenige Prüfstelle durchgeführt werden, welche den ursprünglichen Baumusterprüfbericht ausgestellt hat.

Zwischenzeitliche Änderungen einer bestehenden Baumusterzulassung (z.B. für Druckgefäße kleinere Änderungen wie die Hinzufügung weiterer Größen oder Volumen, welche keinen Einfluss auf die Konformität haben, oder für Tanks siehe Absatz 6.8.2.3.3) verlängern oder verändern nicht die ursprüngliche Gültigkeit der Bescheinigung.

**[Änderungen am Produkt]** **1.8.7.2.2.3**

Bei Änderungen an einem Produkt mit einer gültigen, abgelaufenen oder zurückgezogenen Baumusterzulassung beschränken sich die entsprechende Baumusterprüfung, die Prüfung und die Zulassung auf die Teile des Produkts, die geändert worden sind. *→ D: § 12 (1) 6* *→ D: § 13 (1) 1*

Die Änderung muss den zum Zeitpunkt der Änderung anwendbaren Vorschriften des ADR entsprechen. Für alle von der Änderung nicht betroffenen Teile des Produkts behalten die Unterlagen der ursprünglichen Baumusterzulassung ihre Gültigkeit.

Eine Änderung kann für ein oder mehrere unter ein und dieselbe Baumusterzulassung fallende Produkte gelten.

Wenn das veränderte Produkt alle anwendbaren Vorschriften erfüllt, muss die zuständige Behörde oder Prüfstelle einer ADR-Vertragspartei in Übereinstimmung mit den Kapiteln 6.2 und 6.8 dem Eigentümer oder Betreiber eine ergänzende Zulassungsbescheinigung über die Änderung ausstellen. Bei Tanks, Batterie-Fahrzeugen oder MEGC muss eine Kopie als Teil der Tankakte aufbewahrt werden.

**Überwachung der Herstellung** **1.8.7.3**

**[Pflichten des Herstellers]** **1.8.7.3.1**

Der Hersteller muss alle notwendigen Maßnahmen ergreifen, um sicherzustellen, dass der Herstellungsprozess den anwendbaren Vorschriften des ADR und der Baumusterzulassungsbescheinigung, den technischen Unterlagen gemäß Absatz 1.8.7.8.3 und den Berichten entspricht. *→ D: § 12 (1) 9*

**[Pflichten der entsprechenden Stelle]** **1.8.7.3.2**

Der Herstellungsprozess muss einer Überwachung durch die entsprechende Stelle unterliegen.

Die entsprechende Stelle muss

a) die Übereinstimmung mit den in Absatz 1.8.7.8.3 festgelegten technischen Unterlagen und den anwendbaren Vorschriften des ADR und der Baumusterzulassungsbescheinigung und den Berichten überprüfen;
b) überprüfen, ob der Herstellungsprozess Produkte liefert, die mit den anwendbaren Anforderungen und Unterlagen übereinstimmen;
c) die Rückverfolgbarkeit von Werkstoffen überprüfen und die Werkstoffbescheinigung(en) anhand der Spezifikationen kontrollieren;
d) sofern zutreffend, überprüfen, ob das mit der Ausführung dauerhafter Verbindungen und der zerstörungsfreien Prüfung betraute Personal qualifiziert oder zugelassen ist;
e) mit dem Hersteller den Ort vereinbaren, an dem die Untersuchungen und erforderlichen Prüfungen durchgeführt werden sollen, und
f) einen schriftlichen Bericht über die Ergebnisse der Überwachung der Herstellung zur Verfügung stellen.

**Erstmalige Prüfung** **1.8.7.4**

**[Pflichen des Herstellers]** **1.8.7.4.1**

Der Hersteller muss

a) die im ADR festgelegten Kennzeichen anbringen und
b) der entsprechenden Stelle die in Absatz 1.8.7.8.4 festgelegten technischen Unterlagen zur Verfügung stellen.

**1.8.7.4.2 [Pflichten der entsprechenden Stelle]**

Die entsprechende Stelle muss

a) die Untersuchungen und Prüfungen durchführen oder die Untersuchungen durchführen und die Prüfbedingungen überprüfen und die Prüfungen vor Ort beaufsichtigen, um sicherzustellen, dass das Produkt in Übereinstimmung mit der Baumusterzulassung und den entsprechenden Vorschriften hergestellt wird;

b) die von den Herstellern der Bedienungsausrüstung zur Verfügung gestellten Bescheinigungen anhand der Bedienungsausrüstung kontrollieren;

c) einen Bericht über die erstmalige Prüfung ausstellen, der auf die durchgeführten detaillierten Prüfungen und Überprüfungen und die überprüften technischen Unterlagen Bezug nimmt;

d) eine Bescheinigung über die erstmalige Prüfung ausstellen und ihr Kennzeichen anbringen, wenn die Herstellung den Vorschriften entspricht, und

e) prüfen, ob die Baumusterzulassung gültig bleibt, nachdem sich die für die Baumusterzulassung relevanten Vorschriften des ADR (einschließlich der in Bezug genommenen Normen) geändert haben. Wenn die Baumusterzulassung nicht mehr gültig ist, muss die entsprechende Stelle einen ablehnenden Prüfbericht ausstellen und die zuständige Behörde oder die Prüfstelle, welche die Baumusterzulassungsbescheinigung ausgestellt hat, darüber informieren.

Die Bescheinigung in Absatz d) und der Bericht in Absatz c) dürfen eine Anzahl von Produkten desselben Baumusters abdecken (Gruppenbescheinigung oder Gruppenbericht).

**1.8.7.4.3 [Inhalt der Bescheinigung]**

Die Bescheinigung in Absatz 1.8.7.4.2 d) muss mindestens folgende Angaben enthalten:

a) den Namen und die Adresse der Prüfstelle und, sofern zutreffend, den Namen und die Adresse des betriebseigenen Prüfdienstes;

b) den Namen und die Adresse des Herstellers;

c) den Ort der erstmaligen Prüfung;

d) einen Verweis auf die für die erstmalige Prüfung verwendete Ausgabe des ADR und die für die erstmalige Prüfung verwendeten Normen;

e) die Ergebnisse der Prüfungen;

f) die Daten für die Identifizierung des (der) geprüften Produkts (Produkte), und zwar mindestens die Seriennummer oder bei nicht wiederbefüllbaren Flaschen die Chargennummer;

g) die Nummer der Baumusterzulassung und

h) sofern zutreffend, den Verweis auf die Zulassungsbescheinigung des betriebseigenen Prüfdienstes.

**1.8.7.5 Inbetriebnahmeüberprüfung**

*→ D: § 12 (1) 10*

**1.8.7.5.1 [Beauftragungspflicht des Eigentümers oder Betreibers]**

Sofern von der zuständigen Behörde in Übereinstimmung mit Absatz 6.8.1.5.5 eine Inbetriebnahmeüberprüfung verlangt wird, muss der Eigentümer oder Betreiber eine einzige Prüfstelle beauftragen, diese Inbetriebnahmeüberprüfung durchzuführen, und ihr die Baumusterzulassungsbescheinigung und die in Absatz 1.8.7.8.4 festgelegten technischen Unterlagen zur Verfügung stellen.

**1.8.7.5.2 [Pflichten der Prüfstelle]**

Die Prüfstelle muss die Unterlagen überprüfen und

a) äußere Prüfungen (z.B. Kennzeichnung, Zustand) durchführen;

b) die Konformität mit der Baumusterzulassungsbescheinigung überprüfen;

c) die Gültigkeit der Zulassungen der Prüfstellen, welche die vorherigen Prüfungen durchgeführt haben, überprüfen;

d) überprüfen, ob die Übergangsvorschriften des Abschnitts 1.6.3 oder 1.6.4 erfüllt worden sind.

**1.8.7.5.3 [Prüfbericht]**

Die Prüfstelle muss einen Bericht über die Inbetriebnahmeüberprüfung ausstellen, welcher die Ergebnisse der Bewertung enthält. Der Eigentümer oder Betreiber muss diesen Bericht auf Anforderung der zuständigen Behörde, welche die Inbetriebnahmeüberprüfung verlangt hat, und der (den) für nachfolgende Prüfungen verantwortlichen Prüfstelle(n) vorlegen. 1.8.7.5.3 (Forts.)

Bei Nichtbestehen der Inbetriebnahmeüberprüfung müssen vor der Verwendung des Tanks die Mängel beseitigt und eine erneute Inbetriebnahmeüberprüfung bestanden werden.

Die für die Inbetriebnahmeüberprüfung verantwortliche Prüfstelle muss ihre zuständige Behörde unverzüglich über eine Ablehnung informieren.

**Wiederkehrende Prüfung, Zwischenprüfung und außerordentliche Prüfung** 1.8.7.6

**[Aufgaben der entsprechenden Stelle]** 1.8.7.6.1

Die entsprechende Stelle muss

a) die Identifizierung vornehmen und die Übereinstimmung mit den Unterlagen überprüfen;
b) die Prüfungen durchführen oder die Prüfungen durchführen und die Prüfbedingungen überprüfen und die Prüfungen vor Ort beaufsichtigen, um zu kontrollieren, dass die Vorschriften erfüllt sind;
c) Berichte und, sofern zutreffend, Bescheinigungen über die Ergebnisse der Prüfungen ausstellen, die auch eine Anzahl von Produkten abdecken können, und
d) sicherstellen, dass die vorgeschriebenen Kennzeichen angebracht sind.

**[Aufbewahrungsfrist für Berichte]** 1.8.7.6.2

Berichte über die wiederkehrenden Prüfungen von Druckgefäßen müssen vom Eigentümer oder Betreiber mindestens bis zur nächsten wiederkehrenden Prüfung aufbewahrt werden.

**Bem.** Für Tanks siehe die Vorschriften für die Tankakte in Absatz 4.3.2.1.7.

**Zulassung und Überwachung des betriebseigenen Prüfdienstes** 1.8.7.7

**[Pflichten des Herstellers oder der Prüfeinrichtung]** 1.8.7.7.1

Wenn ein betriebseigener Prüfdienst in Übereinstimmung mit Unterabschnitt 6.2.2.12, Absatz 6.2.3.6.1, 6.8.1.5.3 b) oder 6.8.1.5.4 b) verwendet wird, muss der Hersteller oder die Prüfeinrichtung:

a) ein gemäß Absatz 1.8.7.8.6 dokumentiertes Qualitätssicherungssystem für den betriebseigenen Prüfdienst, einschließlich technischer Verfahren, für Prüfungen einrichten und einer Überwachung unterziehen;
b) die sich aus dem zugelassenen Qualitätssicherungssystem ergebenden Pflichten erfüllen und sicherstellen, dass das Qualitätssicherungssystem zufrieden stellend und wirksam bleibt, insbesondere
   (i) ausgebildetes und sachkundiges Personal für den betriebseigenen Prüfdienst zulassen und
   (ii) das Kennzeichen oder den Stempel der Prüfstelle, das/der in den Kapiteln 6.2 und 6.8 festgelegt ist, und gegebenenfalls das Kennzeichen des betriebseigenen Prüfdienstes auf dem Produkt anbringen, um die Rückverfolgbarkeit zu gewährleisten.

**[Erstmalige Nachprüfung (Audit)]** 1.8.7.7.2

Die Prüfstelle muss an jedem Standort eine erstmalige Nachprüfung (Audit) durchführen. Wenn diese zufrieden stellend verlaufen ist, muss die Prüfstelle die zuständige Behörde über die Zulassung des betriebseigenen Prüfdienstes informieren und eine Zulassungsbescheinigung für einen Zeitraum von höchstens drei Jahren ausstellen. Folgende Vorschriften müssen eingehalten werden:

a) Diese Nachprüfung (Audit) muss an jedem Standort durchgeführt werden, um zu bestätigen, dass die durchgeführten Prüfungen mit den Vorschriften des ADR übereinstimmen.
b) Die Prüfstelle darf den betriebseigenen Prüfdienst bevollmächtigen, das Kennzeichen oder den Stempel der Prüfstelle, das/der in den Kapiteln 6.2 und 6.8 festgelegt ist, an jedem zugelassenen Produkt anzubringen.
c) Die Zulassung darf nach einer zufrieden stellenden Nachprüfung (Audit) an jedem Standort im letzten Jahr vor Ablauf erneuert werden. Die neue Gültigkeitsdauer muss mit dem Tag des Ablaufs der Zulassung beginnen.
d) Die Prüfer der Prüfstelle, welche die Nachprüfungen (Audits) durchführen, müssen sachkundig sein, um die Konformitätsbewertung des durch das Qualitätssicherungssystem abgedeckten Produkts durchzuführen und das Qualitätssicherungssystem selbst zu bewerten.

1.8.7.7.2 (Forts.) e) Der betriebseigene Prüfdienst muss die Tätigkeiten so häufig durchführen, dass das erforderliche Maß an Sachkunde gewährleistet ist.

Der betriebseigene Prüfdienst darf nur in bestimmten Fällen bestimmte Teile seiner Tätigkeiten an Unterauftragnehmer vergeben, sofern die Prüfstelle, die ihn zugelassen hat, dies genehmigt. Der Unterauftragnehmer muss zusätzlich nach der Norm EN ISO/IEC 17025:2017 (ausgenommen Absatz 8.1.3) oder EN ISO/IEC 17020:2012 (ausgenommen Absatz 8.1.3) als unabhängiges und unparteiisches Prüflaboratorium oder als unabhängige und unparteiische Prüfstelle akkreditiert sein, um Prüfaufgaben gemäß seiner Akkreditierung durchführen zu können.

**1.8.7.7.3 [Inhalt der Zulassungsbescheinigung]**

Die Zulassungsbescheinigung muss mindestens folgende Angaben enthalten:

a) den Namen und die Adresse der Prüfstelle;

b) den Namen und die Adresse des Herstellers oder der Prüfeinrichtung und die Adressen aller Standorte des betriebseigenen Prüfdienstes;

c) einen Verweis auf die für die Zulassung des betriebseigenen Prüfdienstes verwendete Ausgabe des ADR und die für die erstmaligen oder wiederkehrenden Prüfungen verwendeten Normen oder anerkannten technischen Regelwerke gemäß Abschnitt 6.2.5;

d) den Verweis auf den ursprünglichen Nachprüfungsbericht;

e) sofern notwendig, weitere Informationen zur Festlegung des Aufgabenbereichs des betriebseigenen Prüfdienstes (z.B. Baumusterzulassungen der Produkte für die erstmalige Prüfung);

f) sofern zutreffend, das Kennzeichen des betriebseigenen Prüfdienstes und

g) das Ablaufdatum.

**1.8.7.7.4 [Regelmäßige Nachprüfungen]**

Die Prüfstelle muss innerhalb der Gültigkeitsdauer der Zulassung regelmäßige Nachprüfungen (Audits) an jedem Standort durchführen, um sicherzustellen, dass der betriebseigene Prüfdienst das Qualitätssicherungssystem, einschließlich der technischen Verfahren, aufrechterhält und anwendet. Folgende Vorschriften müssen eingehalten werden:

a) Die Nachprüfungen (Audits) müssen spätestens alle sechs Monate durchgeführt werden.

b) Die Prüfstelle darf zusätzliche Besuche, Ausbildungen, technische Veränderungen und Änderungen des Qualitätssicherungssystems vorschreiben und die Durchführung der Prüfungen durch den betriebseigenen Prüfdienst einschränken oder verbieten.

c) Die Prüfstelle muss alle Änderungen im Qualitätssicherungssystem bewerten und entscheiden, ob das geänderte Qualitätssicherungssystem noch die Vorschriften der erstmaligen Nachprüfung (Audit) erfüllt oder ob eine vollständige Neubewertung erforderlich ist.

d) Die Prüfer der Prüfstelle, welche die Nachprüfungen (Audits) durchführen, müssen sachkundig sein, um die Konformitätsbewertung des durch das Qualitätssicherungssystem abgedeckten Produkts durchzuführen und das Qualitätssicherungssystem selbst zu bewerten.

e) Die Prüfstelle muss dem Hersteller bzw. der Prüfeinrichtung und dem betriebseigenen Prüfdienst den Nachprüfungsbericht und, wenn Prüfungen stattgefunden haben, einen Prüfbericht zur Verfügung stellen.

**1.8.7.7.5 [Korrekturmaßnahmen bei Nichteinhaltung]**

Bei Nichteinhaltung der entsprechenden Vorschriften muss die Prüfstelle sicherstellen, dass Korrekturmaßnahmen ergriffen werden. Wenn die Korrekturmaßnahmen nicht in angemessener Zeit ergriffen werden, muss die Prüfstelle die Erlaubnis für den betriebseigenen Prüfdienst, seine Tätigkeiten durchzuführen, aussetzen oder zurückziehen. Die Mitteilung der Aussetzung oder des Zurückziehens muss der zuständigen Behörde übermittelt werden. Dem Hersteller bzw. der Prüfeinrichtung und dem betriebseigenen Prüfdienst muss ein Bericht zur Verfügung gestellt werden, in dem die genauen Gründe für die von der Prüfstelle getroffenen Entscheidungen dargelegt werden.

**1.8.7.8 Unterlagen**

Die technischen Unterlagen müssen die Durchführung einer Bewertung der Konformität mit den entsprechenden Vorschriften ermöglichen.

**Unterlagen für die Baumusterprüfung** 1.8.7.8.1

Der Hersteller muss, sofern zutreffend, folgende Unterlagen zur Verfügung stellen:

a) das Verzeichnis der Normen, die für die Auslegung und Herstellung verwendet werden;

b) eine Beschreibung des Baumusters einschließlich aller Abweichungen;

c) die Anweisungen gemäß der entsprechenden Spalte in Kapitel 3.2 Tabelle A oder bei bestimmten Produkten ein Verzeichnis der zu befördernden gefährlichen Güter;

d) eine allgemeine Montagezeichnung oder -zeichnungen;

e) die für die Überprüfung der Konformität notwendigen detaillierten Zeichnungen, einschließlich der für die Berechnungen verwendeten Abmessungen, des Produkts, der Bedienungsausrüstung, der baulichen Ausrüstung, der Kennzeichnung und/oder der Bezettelung;

f) die Berechnungsaufzeichnungen, -ergebnisse und -schlussfolgerungen;

g) das Verzeichnis der Bedienungsausrüstung mit den entsprechenden technischen Daten und Informationen über die Sicherheitseinrichtungen, gegebenenfalls einschließlich der Berechnung der Abblasmenge;

h) das in der Norm für die Herstellung geforderte Verzeichnis der Werkstoffe, die für jedes Bauteil, jedes Unterbauteil, jede Auskleidung, jede Bedienungsausrüstung und jede bauliche Ausrüstung verwendet werden, und die entsprechenden Werkstoffspezifikationen oder die entsprechende Erklärung der Konformität mit dem ADR;

i) die zugelassene Qualifizierung der Arbeitsverfahren zur Ausführung dauerhafter Verbindungen;

j) die Beschreibung der (des) Wärmebehandlungsverfahren(s) und

k) die Verfahren, Beschreibungen und Aufzeichnungen aller entsprechenden Prüfungen, die in den Normen oder im ADR für die Baumusterzulassung und die Herstellung aufgeführt sind.

**Unterlagen für die Ausstellung der Baumusterzulassung** 1.8.7.8.2

Der Hersteller muss, sofern zutreffend, folgende Unterlagen zur Verfügung stellen:

a) das Verzeichnis der Normen, die für die Auslegung und Herstellung verwendet werden;

b) eine Beschreibung des Baumusters, einschließlich aller Abweichungen;

c) die Anweisungen gemäß der entsprechenden Spalte in Kapitel 3.2 Tabelle A oder bei bestimmten Produkten ein Verzeichnis der zu befördernden gefährlichen Güter;

d) eine allgemeine Montagezeichnung oder -zeichnungen;

e) das Verzeichnis der Werkstoffe, die mit den gefährlichen Gütern in Berührung kommen;

f) das Verzeichnis der Bedienungsausrüstung;

g) den Baumusterprüfbericht und

h) auf Verlangen der zuständigen Behörde oder der Prüfstelle weitere in Absatz 1.8.7.8.1 genannte Unterlagen.

**Unterlagen für die Überwachung der Herstellung** 1.8.7.8.3

Der Hersteller muss, sofern zutreffend, folgende Unterlagen zur Verfügung stellen:

a) die in den Absätzen 1.8.7.8.1 und 1.8.7.8.2 aufgeführten Unterlagen;

b) eine Kopie der Baumusterzulassungsbescheinigung;

c) die Herstellungsverfahren einschließlich Prüfverfahren;

d) die Herstellungsaufzeichnungen;

e) die zugelassenen Qualifizierungen der Personen, die dauerhafte Verbindungen ausführen;

f) die zugelassenen Qualifizierungen der Personen, die zerstörungsfreie Prüfungen durchführen;

g) die Berichte der zerstörenden und zerstörungsfreien Prüfungen;

h) die Aufzeichnungen über die Wärmebehandlung und

i) die Kalibrierungsaufzeichnungen.

**1.8.7.8.4 Unterlagen für die erstmalige Prüfung und für die Inbetriebnahmeüberprüfung**

Bei erstmaligen Prüfungen muss der Hersteller und bei der Inbetriebnahmeüberprüfung muss der Eigentümer oder Betreiber, sofern zutreffend, folgende Unterlagen zur Verfügung stellen:

a) die in den Absätzen 1.8.7.8.1, 1.8.7.8.2 und 1.8.7.8.3 aufgeführten Unterlagen;
b) die Werkstoffbescheinigungen des Produkts und aller Unterbauteile, einschließlich der Bedienungsausrüstung;
c) die Konformitätsbescheinigungen für die Bedienungsausrüstung und
d) eine Konformitätserklärung einschließlich der Beschreibung des Produkts und aller aus der Baumusterzulassung übernommenen Abweichungen.

**1.8.7.8.5 Unterlagen für die wiederkehrende Prüfung, Zwischenprüfung und außerordentliche Prüfung**

Der Eigentümer oder sein bevollmächtigter Vertreter oder der Betreiber oder sein bevollmächtigter Vertreter muss, sofern zutreffend, folgende Unterlagen zur Verfügung stellen:

a) für Druckgefäße die Unterlagen, in denen besondere Anforderungen festgelegt werden, sofern dies durch die Normen für die Herstellung und die wiederkehrenden Prüfungen vorgeschrieben wird;
b) für Tanks
   (i) die Tankakte und
   (ii) alle in den Absätzen 1.8.7.8.1 bis 1.8.7.8.4 aufgeführten zutreffenden Unterlagen, sofern sie von der Prüfstelle verlangt werden.

**1.8.7.8.6 Unterlagen für die Überwachung des betriebseigenen Prüfdienstes**

Der betriebseigene Prüfdienst muss, sofern zutreffend, folgende Unterlagen des Qualitätssicherungssystems zur Verfügung stellen:

a) die Organisationsstruktur und die Verantwortlichkeiten;
b) die entsprechenden Anweisungen für die Prüfung, Qualitätskontrolle, Qualitätssicherung und Arbeitsvorgänge und die systematischen Abläufe, die verwendet werden;
c) die Qualitätsaufzeichnungen, wie Prüfberichte, Prüf- und Kalibrierungsdaten und Bescheinigungen;
d) die Überprüfungen durch die Geschäftsleitung in Folge der Nachprüfungen (Audits) vor Ort gemäß Unterabschnitt 1.8.7.7, um die erfolgreiche Wirkungsweise des Qualitätssicherungssystems sicherzustellen;
e) das Verfahren, das beschreibt, wie Kundenanforderungen erfüllt und Vorschriften eingehalten werden;
f) das Verfahren für die Kontrolle der Dokumente und deren Überarbeitung;
g) die Verfahrensweisen für nicht konforme Produkte und
h) die Schulungsprogramme und Qualifizierungsverfahren für das betroffene Personal.

**1.8.8 Konformitätsbewertungsverfahren für Gaspatronen**

→ 1.6.2.11
→ D: § 13 (2)
→ CH: GGUV Art. 6

Bei der Konformitätsbewertung von Gaspatronen muss eines der folgenden Verfahren angewendet werden:

a) das Verfahren in Abschnitt 1.8.7 für Druckgefäße, die keine UN-Druckgefäße sind, mit Ausnahme von Unterabschnitt 1.8.7.6 oder
b) das Verfahren in den Unterabschnitten 1.8.8.1 bis 1.8.8.7.

**1.8.8.1 Allgemeine Vorschriften**

**1.8.8.1.1 [Zuständigkeiten]**

Die Überwachung der Herstellung muss von einer Xa-Stelle und die in Abschnitt 6.2.6 vorgeschriebenen Prüfungen müssen entweder von dieser Xa-Stelle oder einer von dieser Xa-Stelle bevollmächtigten IS durchgeführt werden; für die Definition von Xa und IS siehe Absatz 6.2.3.6.1. Die Konformitätsbewertung muss von der zuständigen Behörde, ihrem Beauftragten oder der von ihr zugelassenen Prüfstelle einer Vertragspartei des ADR durchgeführt werden.

**1.8.8.1.2 [ADR-Konformität]**

Bei Anwendung des Abschnitts 1.8.8 muss der Antragsteller unter alleiniger Verantwortung die Konformität der Gaspatronen mit den Vorschriften des Abschnitts 6.2.6 und allen weiteren anwendbaren Vorschriften des ADR nachweisen, sicherstellen und erklären.

**[Antragstellerpflichten]** 1.8.8.1.3

Der Antragsteller muss

a) eine Baumusterprüfung jedes Baumusters von Gaspatronen (einschließlich der zu verwendenden Werkstoffe und Variationen dieses Baumusters, z.B. Volumen, Drücke, Zeichnungen sowie Verschluss- und Entlastungseinrichtungen) gemäß Unterabschnitt 1.8.8.2 durchführen;

b) ein zugelassenes Qualitätssicherungssystem für die Auslegung, Herstellung und Prüfung gemäß Unterabschnitt 1.8.8.3 betreiben;

c) ein zugelassenes Prüfsystem gemäß Unterabschnitt 1.8.8.4 für die in Abschnitt 6.2.6 vorgeschriebenen Prüfungen betreiben;

d) die Zulassung seines Qualitätssicherungssystems für die Überwachung der Herstellung und für die Prüfung bei einer Xa-Stelle seiner Wahl der Vertragspartei beantragen; wenn der Antragsteller nicht in einer Vertragspartei niedergelassen ist, muss er diese Zulassung vor der ersten Beförderung in einer Vertragspartei bei einer Xa-Stelle einer Vertragspartei beantragen;

e) wenn die Gaspatrone aus vom Antragsteller hergestellten Teilen durch ein oder mehrere Unternehmen endgültig zusammengebaut wird, schriftliche Anweisungen zur Verfügung stellen, wie die Gaspatronen zusammengebaut und befüllt werden müssen, um die Vorschriften seiner Baumusterprüfbescheinigung zu erfüllen.

**[Betriebseigener Prüfdienst]** 1.8.8.1.4

Wenn der Antragsteller und die Unternehmen, welche die Gaspatronen nach den Anweisungen des Antragstellers zusammenbauen oder befüllen, zur Zufriedenheit der Xa-Stelle die Übereinstimmung mit den Vorschriften des Unterabschnitts 1.8.7.7 mit Ausnahme der Absätze 1.8.7.7.1 b) (ii) und 1.8.7.7.2 b) belegen können, dürfen sie einen betriebseigenen Prüfdienst einrichten, der die in Abschnitt 6.2.6 festgelegten Prüfungen teilweise oder in ihrer Gesamtheit durchführt.

**Baumusterprüfung** 1.8.8.2

**[Technische Dokumentation]** 1.8.8.2.1

Der Antragsteller muss für jedes Baumuster von Gaspatronen eine technische Dokumentation einschließlich der angewandten technischen Norm(en) zusammenstellen. Wenn er die Anwendung einer in Abschnitt 6.2.6 nicht in Bezug genommenen Norm wählt, muss er den Unterlagen die angewandte Norm beifügen.

**[Aufbewahrung von Unterlagen und Baumusterproben]** 1.8.8.2.2

Der Antragsteller muss die technischen Unterlagen zusammen mit Proben dieses Baumusters zur Verfügung der Xa-Stelle während der Produktion und danach für einen Zeitraum von mindestens fünf Jahren, beginnend ab dem letzten Produktionszeitpunkt von Gaspatronen nach dieser Baumusterprüfbescheinigung, aufbewahren.

**[Ausstellen der Baumusterbescheinigung]** 1.8.8.2.3

*→ D: ODV § 5 (2) Satz 1 Nr. 2*

Der Antragsteller muss nach einer sorgfältigen Prüfung eine Baumusterbescheinigung ausstellen, die für einen Zeitraum von höchstens zehn Jahren gültig sein muss; diese Bescheinigung muss er den Unterlagen beifügen. Diese Bescheinigung gestattet ihm für diesen Zeitraum die Produktion von Gaspatronen dieses Baumusters.

**[Zurückziehen der Baumusterbescheinigung]** 1.8.8.2.4

Wenn sich innerhalb dieses Zeitraums die entsprechenden technischen Vorschriften des ADR (einschließlich der in Bezug genommenen Normen) geändert haben, so dass das Baumuster nicht mehr mit diesen Vorschriften übereinstimmt, muss der Antragsteller die Baumusterprüfbescheinigung zurückziehen und die Xa-Stelle informieren.

**[Verlängerung nach Überprüfung]** 1.8.8.2.5

Der Antragsteller darf die Bescheinigung nach einer sorgfältigen und vollständigen Überprüfung erneut für einen weiteren Zeitraum von höchstens zehn Jahren ausstellen.

**1.8.8.3 Überwachung der Herstellung**

**1.8.8.3.1 [Begutachtung durch Xa-Stelle]**

Das Verfahren der Baumusterprüfung sowie der Herstellungsprozess müssen Gegenstand einer Begutachtung durch die Xa-Stelle sein, um sicherzustellen, dass das vom Antragsteller bescheinigte Baumuster und das hergestellte Produkt in Übereinstimmung mit den Vorschriften der Baumusterbescheinigung und den anwendbaren Vorschriften des ADR sind. Wenn der Absatz 1.8.8.1.3 e) Anwendung findet, müssen die Unternehmen, welche den Zusammenbau und das Befüllen vornehmen, in dieses Verfahren einbezogen werden.

**1.8.8.3.2 [Konformität mit ADR und Baumusterbescheinigung]**

Der Antragsteller muss alle notwendigen Maßnahmen ergreifen, um sicherzustellen, dass der Herstellungsprozess mit den anwendbaren Vorschriften des ADR und seiner Baumusterbescheinigung mit deren Anlagen übereinstimmt. Wenn der Absatz 1.8.8.1.3 e) Anwendung findet, müssen die Unternehmen, welche den Zusammenbau und das Befüllen vornehmen, in dieses Verfahren einbezogen werden.

**1.8.8.3.3 [Aufgaben der Xa-Stelle]**

Die Xa-Stelle muss:

a) die Konformität der Baumusterprüfung des Antragstellers und die Konformität des Baumusters von Gaspatronen mit den in Unterabschnitt 1.8.8.2 festgelegten technischen Unterlagen überprüfen;

b) überprüfen, dass durch den Herstellungsprozess Produkte in Konformität mit den Vorschriften und den dafür geltenden Unterlagen hergestellt werden; wenn die Gaspatrone aus vom Antragsteller hergestellten Teilen durch ein oder mehrere Unternehmen endgültig zusammengebaut wird, muss die Xa-Stelle auch überprüfen, dass die Gaspatronen nach dem endgültigen Zusammenbau und dem Befüllen in voller Konformität mit allen anwendbaren Vorschriften sind und dass die Anweisungen des Antragstellers korrekt angewendet werden;

c) überprüfen, dass das Personal, das die dauerhafte Verbindung der Bauteile herstellt und die Prüfungen durchführt, qualifiziert oder anerkannt ist;

d) die Ergebnisse ihrer Begutachtungen aufzeichnen.

**1.8.8.3.4 [Anordnung von Korrekturmaßnahmen]**

Wenn die Ergebnisse der Xa-Stelle eine Nichtkonformität der Baumusterbescheinigung des Antragstellers oder des Herstellungsprozesses aufzeigen, muss sie geeignete Korrekturmaßnahmen oder die Rücknahme der Bescheinigung des Antragstellers anordnen.

**1.8.8.4 Dichtheitsprüfung**

**1.8.8.4.1 [Antragstellerpflichten]**

Der Antragsteller und die Unternehmen, die den endgültigen Zusammenbau und das Befüllen der Gaspatronen nach den Anweisungen des Antragstellers vornehmen, müssen:

a) die in Abschnitt 6.2.6 vorgeschriebenen Prüfungen vornehmen;

b) die Prüfergebnisse aufzeichnen;

c) eine Konformitätsbescheinigung nur für die Gaspatronen ausstellen, welche in voller Übereinstimmung mit den Vorschriften seiner Baumusterprüfung und den anwendbaren Vorschriften des ADR sind und welche die in Abschnitt 6.2.6 vorgeschriebenen Prüfungen erfolgreich bestanden haben;

d) die in Unterabschnitt 1.8.8.7 vorgeschriebenen Unterlagen während der Produktion und danach für einen Zeitraum von mindestens fünf Jahren ab dem letzten Produktionszeitpunkt von Gaspatronen, die zu einer Baumusterbescheinigung gehören, zur Einsichtnahme in unregelmäßigen Abständen durch die Xa-Stelle aufbewahren;

e) ein dauerhaftes und lesbares Kennzeichen für die Identifizierung des Baumusters der Gaspatrone, des Antragstellers und des Produktionszeitpunktes oder der Chargennummer anbringen; wenn das Kennzeichen wegen des begrenzt verfügbaren Platzes nicht vollständig auf dem Gehäuse der Gaspatrone angebracht werden kann, muss er ein dauerhaftes Anhängeschild mit diesen Informationen an der Gaspatrone befestigen oder zusammen mit einer Gaspatrone in eine Innenverpackung einlegen.

**[Aufgaben der Xa-Stelle]** 1.8.8.4.2

Die Xa-Stelle muss:

a) die notwendigen Untersuchungen und Prüfungen in unregelmäßigen Zeitabständen, mindestens jedoch kurz nach Aufnahme der Herstellung eines Baumusters von Gaspatronen und danach mindestens einmal in drei Jahren durchführen, um zu überprüfen, dass das Verfahren der Baumusterprüfung des Antragstellers sowie die Herstellung und Prüfung des Produkts in Übereinstimmung mit der Baumusterbescheinigung und den entsprechenden Vorschriften durchgeführt werden;

b) die vom Antragsteller zur Verfügung gestellten Bescheinigungen kontrollieren;

c) die in Abschnitt 6.2.6 vorgeschriebenen Prüfungen durchführen oder das Prüfprogramm und den betriebseigenen Prüfdienst für die Durchführung der Prüfungen zulassen.

**[Inhalt der Bescheinigung]** 1.8.8.4.3

Die Bescheinigung muss mindestens enthalten:

a) den Namen und die Adresse des Antragstellers und, wenn der endgültige Zusammenbau nicht durch den Antragsteller, sondern durch ein oder mehrere Unternehmen nach den schriftlichen Anweisungen des Antragstellers vorgenommen wird, den (die) Namen und die Adresse(n) dieser Unternehmen;

b) einen Verweis auf die Ausgabe des ADR und die Norm(en), die für die Herstellung und die Prüfungen verwendet wird (werden);

c) das Ergebnis der Prüfungen;

d) die in Absatz 1.8.8.4.1 e) vorgeschriebenen Einzelheiten der Kennzeichnung.

(bleibt offen) 1.8.8.5

**Beaufsichtigung des betriebseigenen Prüfdienstes** 1.8.8.6

Wenn der Antragsteller oder das Unternehmen, welches die Gaspatronen des Antragstellers zusammenbaut oder befüllt, einen betriebseigenen Prüfdienst eingerichtet hat, müssen die Vorschriften des Unterabschnitts 1.8.7.7 mit Ausnahme der Absätze 1.8.7.7.1 b) (ii) und 1.8.7.7.2 b) angewendet werden. Das Unternehmen, welches die Gaspatronen zusammenbaut oder befüllt, muss die für den Antragsteller relevanten Vorschriften erfüllen.

**Unterlagen** 1.8.8.7

Die Vorschriften der Absätze 1.8.7.8.1, 1.8.7.8.2, 1.8.7.8.3, 1.8.7.8.4 und 1.8.7.8.6 müssen angewendet werden.

# Kapitel 1.9
# Beförderungseinschränkungen durch die zuständigen Behörden

**1.9.1 [Bekanntgabe Einfuhrvorschriften]**

Gemäß Artikel 4 Absatz 1 des ADR kann die Einfuhr gefährlicher Güter in das Gebiet einer Vertragspartei Vorschriften oder Verboten unterliegen, die aus anderen Gründen als denen der Sicherheit während der Beförderung erlassen wurden. Diese Vorschriften oder Verbote sind in entsprechender Weise bekannt zu geben.

**1.9.2 [Nationale ergänzende Vorschriften]**

*→ D: RSEB 5.6.S f. → D: Anl. 2 → D: §§ 35-35c → CH: SDR Art. 5 → NL: VLG Chapter II*

Vorbehaltlich der Vorschriften des Abschnittes 1.9.3 kann eine Vertragspartei für Fahrzeuge, die internationale Beförderungen gefährlicher Güter auf der Straße auf ihrem Hoheitsgebiet durchführen, bestimmte ergänzende Vorschriften anwenden, die nicht im ADR enthalten sind, sofern diese Vorschriften nicht im Widerspruch zu den Vorschriften des Artikels 2 Absatz 2 des Übereinkommens stehen und sie in seinem innerstaatlichen Recht aufgeführt sind und auch für Fahrzeuge gelten, die eine innerstaatliche Beförderung gefährlicher Güter auf der Straße im Hoheitsgebiet der besagten Vertragspartei durchführen.

**1.9.3 [Vorschriftenart]**

*→ D: §§ 35-35c → D: § 17 (1) 2 → NL: VLG Art. 1*

Die in Abschnitt 1.9.2 genannten ergänzenden Vorschriften sind:

a) zusätzliche Vorschriften oder der Sicherheit dienende Einschränkungen für Fahrzeuge, die bestimmte Kunstbauwerke wie Brücken befahren, für Fahrzeuge, die Mittel des kombinierten Verkehrs, wie z. B. Umschlageinrichtungen oder Züge, benutzen, oder für Fahrzeuge, die in Häfen oder anderen besonderen Beförderungsterminals ankommen oder von diesen ausgehen;

*→ CH: SDR Anh. 2 2.1*

b) Vorschriften, in denen bestimmte von den Fahrzeugen einzuhaltende Fahrstrecken genannt sind, um Wirtschaftszentren, Wohngebiete oder ökologisch sensible Gebiete oder Industriegebiete mit gefährlichen Anlagen oder Straßen zu umgehen, die bedeutende physische Gefahren aufweisen;

c) besondere Vorschriften, in denen bestimmte einzuhaltende Fahrstrecken genannt sind, oder einzuhaltende Vorschriften für das Halten und Parken der Fahrzeuge mit gefährlichen Gütern bei extremen Witterungsbedingungen, Erdbeben, Unfällen, Demonstrationen, öffentlichen Unruhen oder bewaffneten Aufständen;

d) Einschränkungen für den Verkehr der Fahrzeuge mit gefährlichen Gütern an bestimmten Tagen der Woche oder des Jahres.

**1.9.4 [Unterrichtung UNECE]**

Die zuständige Behörde der Vertragspartei, die auf ihrem Hoheitsgebiet die ergänzenden Vorschriften nach Abschnitt 1.9.3 a) und d) anwendet, unterrichtet das Sekretariat der Wirtschaftskommission der Vereinten Nationen für Europa über die besagten Bestimmungen, das diese den Vertragsparteien zur Kenntnis bringt.[35)] [36)]

**1.9.5 Tunnelbeschränkungen**

*→ D: RSEB 2.4.S → CH: SDR Anh. 2 Nr. 1 → NL: VLG Art. 3*

**Bem.** Vorschriften betreffend Beschränkungen für die Durchfahrt von Fahrzeugen durch Straßentunnel sind auch in Kapitel 8.6 enthalten.

**1.9.5.1 Allgemeine Vorschriften**

*→ CH: SDR Art. 13*

Bei der Anwendung von Beschränkungen für die Durchfahrt von Fahrzeugen mit gefährlichen Gütern durch Tunnel muss die zuständige Behörde den Straßentunnel einer der in Absatz 1.9.5.2.2 festgelegten Tunnelkategorien zuordnen. Dabei sind die Tunneleigenschaften, die Risikoeinschätzung, einschließlich Verfügbarkeit und Eignung alternativer Strecken und Verkehrsträger, und Überlegungen zur Verkehrslenkung zu berücksichtigen. Derselbe Tunnel darf mehreren Tunnelkategorien zugeordnet sein, z.B. in Abhängigkeit von der Uhrzeit oder dem Wochentag usw.

---

35) Ein allgemeiner Leitfaden für die Berechnung von Risiken durch die Beförderung gefährlicher Güter auf der Straße kann auf der Website des Sekretariats der UNECE (https://unece.org/guidelines-telematics-application-standards-construction-and-approval-vehicles-calculation-risks) eingesehen werden.

36) Multimodale Leitfäden („Inland TDG Risk Management Framework") können auf der Website der Generaldirektion für Mobilität und Verkehr der Europäischen Kommission (https://ec.europa.eu/transport/themes/dangerous_good/risk_management_framework_en) eingesehen werden.

**Kategorisierung** 1.9.5.2

**[Drei Hauptgefahren]** 1.9.5.2.1

Die Kategorisierung basiert auf der Annahme, dass in Tunneln drei Hauptgefahren bestehen, die zu zahlreichen Opfern oder ernsthaften Schäden am Tunnelbauwerk führen können:

a) Explosionen;
b) Freiwerden giftiger Gase oder flüchtiger giftiger flüssiger Stoffe;
c) Brände.

**[Fünf Tunnelkategorien]** 1.9.5.2.2

Die fünf Tunnelkategorien sind:

*Tunnelkategorie A:*

Keine Beschränkungen für die Beförderung gefährlicher Güter.

*Tunnelkategorie B:*

Beschränkungen für die Beförderung gefährlicher Güter, die zu einer sehr großen Explosion führen können.

Bei folgenden gefährlichen Gütern wird davon ausgegangen, dass sie diese Bedingungen erfüllen[37]:

| | |
|---|---|
| Klasse 1: | Verträglichkeitsgruppen A und L; |
| Klasse 2: | UN-Nummer 3529; |
| Klasse 3: | Klassifizierungscode D (UN-Nummern 1204, 2059, 3064, 3343, 3357 und 3379); |
| Klasse 4.1: | Klassifizierungscodes D und DT und<br>selbstzersetzliche Stoffe des Typs B (UN-Nummern 3221, 3222, 3231 und 3232); |
| Klasse 5.2: | organische Peroxide des Typs B (UN-Nummern 3101, 3102, 3111 und 3112). |
| Wenn die gesamte Nettoexplosivstoffmasse je Beförderungseinheit größer als 1 000 kg ist: | |
| Klasse 1: | Unterklassen 1.1, 1.2 und 1.5 (ausgenommen Verträglichkeitsgruppen A und L). |
| Bei der Beförderung in Tanks: | |
| Klasse 2: | Klassifizierungscodes F, TF und TFC; |
| Klasse 4.2: | Verpackungsgruppe I; |
| Klasse 4.3: | Verpackungsgruppe I; |
| Klasse 5.1: | Verpackungsgruppe I; |
| Klasse 6.1: | UN-Nummer 1510. |

*Tunnelkategorie C:*

Beschränkungen für die Beförderung gefährlicher Güter, die zu einer sehr großen Explosion, einer großen Explosion oder einem umfangreichen Freiwerden giftiger Stoffe führen können.

Bei folgenden gefährlichen Gütern wird davon ausgegangen, dass sie diese Bedingungen erfüllen[37]:

- gefährliche Güter, die in der Tunnelkategorie B Beschränkungen unterliegen, und
- folgende gefährliche Güter:

| | |
|---|---|
| Klasse 1: | Unterklassen 1.1, 1.2 und 1.5 (ausgenommen Verträglichkeitsgruppen A und L) und<br>Unterklasse 1.3 (Verträglichkeitsgruppen H und J); |
| Klasse 7: | UN-Nummern 2977 und 2978. |
| Wenn die gesamte Nettoexplosivstoffmasse je Beförderungseinheit größer als 5 000 kg ist: | |
| Klasse 1: | Unterklasse 1.3 (Verträglichkeitsgruppen C und G). |
| Bei der Beförderung in Tanks: | |
| Klasse 2: | Klassifizierungscodes 2A, 2O, 3A und 3O und Klassifizierungscodes, die nur den Buchstaben T oder die Buchstaben TC, TO und TOC enthalten; |
| Klasse 3: | Verpackungsgruppe I für Klassifizierungscodes FC, FT1, FT2 und FTC; |
| Klasse 6.1: | Verpackungsgruppe I, ausgenommen UN-Nummer 1510; |
| Klasse 8: | Verpackungsgruppe I für Klassifizierungscodes CT1, CFT und COT. |

37) Diese Zuordnung basiert auf den intrinsischen gefährlichen Eigenschaften der Güter, der Art ihrer Umschließung und der beförderten Menge.

1.9.5.2.2 (Forts.) *Tunnelkategorie D:*

Beschränkungen für die Beförderung gefährlicher Güter, die zu einer sehr großen Explosion, einer großen Explosion, einem umfangreichen Freiwerden giftiger Stoffe oder einem großen Brand führen können.

Bei folgenden gefährlichen Gütern wird davon ausgegangen, dass sie diese Bedingungen erfüllen[37]:

- gefährliche Güter, die in der Tunnelkategorie C Beschränkungen unterliegen, und
- folgende gefährliche Güter:

| | |
|---|---|
| Klasse 1: | Unterklasse 1.3 (Verträglichkeitsgruppen C und G); |
| Klasse 2: | Klassifizierungscodes F, FC, T, TF, TC, TO, TFC und TOC; |
| Klasse 3: | UN-Nummer 3528; |
| Klasse 4.1: | selbstzersetzliche Stoffe der Typen C, D, E und F und UN-Nummern 2956, 3241, 3242, 3251, 3531, 3532, 3533 und 3534; |
| Klasse 5.2: | organische Peroxide der Typen C, D, E und F; |
| Klasse 6.1: | Verpackungsgruppe I für Klassifizierungscodes TF1, TFC und TFW sowie für die UN-Nummer 3507 und Eintragungen für beim Einatmen giftige Stoffe, denen in Kapitel 3.2 Tabelle A Spalte (6) die Sondervorschrift 354 zugeordnet ist, sowie Eintragungen für beim Einatmen giftige Stoffe der UN-Nummern 3381 bis 3390; |
| Klasse 8: | Verpackungsgruppe I für Klassifizierungscodes CT1, CTF und COT; |
| Klasse 9: | Klassifizierungscodes M9 und M10. |
| Bei der Beförderung in loser Schüttung oder in Tanks: | |
| Klasse 3; | |
| Klasse 4.2: | Verpackungsgruppe II; |
| Klasse 4.3: | Verpackungsgruppe II; |
| Klasse 6.1: | Verpackungsgruppe II und Verpackungsgruppe III für Klassifizierungscode TF2; |
| Klasse 8: | Verpackungsgruppe I für Klassifizierungscodes CF1, CFT und CW1 und Verpackungsgruppe II für Klassifizierungscodes CF1 und CFT; |
| Klasse 9: | Klassifizierungscodes M2 und M3. |

*Tunnelkategorie E:*

Beschränkungen für die Beförderung aller gefährlichen Güter mit Ausnahme derer, bei denen in Kapitel 3.2 Tabelle A Spalte (15) „(–)“ angegeben ist, sowie für alle gefährlichen Güter nach den Vorschriften des Kapitels 3.4, wenn die beförderten Mengen 8 Tonnen Bruttogesamtmasse je Beförderungseinheit überschreiten.

**Bem.** Für gefährliche Güter, die den UN-Nummern 2919 und 3331 zugeordnet sind, können Beschränkungen für die Durchfahrt durch Tunnel jedoch Teil der von der (den) zuständigen Behörde(n) auf der Grundlage des Unterabschnitts 1.7.4.2 genehmigten Sondervereinbarungen sein.

### 1.9.5.3 Vorschriften für Straßenverkehrszeichen und die Bekanntgabe von Einschränkungen

#### 1.9.5.3.1 [Verkehrszeichen]

→ 1.9.5.2.2

Die Vertragsparteien müssen Tunnelverbote und alternative Strecken mit Hilfe von Straßenverkehrszeichen angeben.

#### 1.9.5.3.2 [Verkehrszeichen-Arten]

Für diesen Zweck können sie die Zeichen C $3^h$ und D $10^a$, $10^b$ und $10^c$ gemäß dem Wiener Übereinkommen über Straßenverkehrszeichen (Wien, 1968) und dem Europäischen Zusatzübereinkommen zum Übereinkommen über Straßenverkehrszeichen (Genf, 1971) in der Interpretation der Resolution über Straßenverkehrszeichen (R.E.2) der Hauptarbeitsgruppe Straßenverkehr des UNECE-Binnenverkehrsausschusses in der jeweils geänderten Fassung verwenden.

#### 1.9.5.3.3 [Wiener Übereinkommen]

Um das internationale Verständnis von Straßenverkehrszeichen zu erleichtern, basiert das in dem Wiener Übereinkommen beschriebene System von Straßenverkehrszeichen auf der Verwendung von Formen

[37] Diese Zuordnung basiert auf den intrinsischen gefährlichen Eigenschaften der Güter, der Art ihrer Umschließung und der beförderten Menge.

und Farben, die für jede Klasse von Zeichen charakteristisch sind, und so weit wie möglich auf der Verwendung grafischer Symbole anstelle von Aufschriften. Sofern es die Vertragsparteien als notwendig erachten, die vorgeschriebenen Zeichen und Symbole abzuändern, dürfen die vorgenommenen Änderungen die wesentlichen Eigenschaften der Zeichen und Symbole nicht verändern. Sofern Vertragsparteien das Wiener Übereinkommen nicht anwenden, dürfen die vorgeschriebenen Zeichen und Symbole verändert werden, vorausgesetzt, die vorgenommenen Änderungen verändern nicht die wesentliche Bedeutung der Zeichen und Symbole. 1.9.5.3.3 (Forts.)

**[Anbringung Verkehrszeichen]** 1.9.5.3.4

Straßenverkehrszeichen für das Durchfahrtsverbot von Fahrzeugen mit gefährlichen Gütern durch Straßentunnel müssen an einem Ort angebracht sein, an dem die Wahl alternativer Strecken möglich ist.

**[Tunnelbeschilderung]** 1.9.5.3.5

Wenn der Zugang zu Tunneln beschränkt ist oder alternative Strecken vorgeschrieben sind, müssen die Straßenverkehrszeichen wie folgt mit zusätzlichen Tafeln versehen sein:

Kein Zeichen: keine Einschränkung;

Zeichen mit zusätzlicher Tafel, auf der der Buchstabe B angegeben ist: gilt für Fahrzeuge mit gefährlichen Gütern, die nicht in Tunneln der Kategorie B zugelassen sind;

Zeichen mit zusätzlicher Tafel, auf der der Buchstabe C angegeben ist: gilt für Fahrzeuge mit gefährlichen Gütern, die nicht in Tunneln der Kategorie C zugelassen sind;

Zeichen mit zusätzlicher Tafel, auf der der Buchstabe D angegeben ist: gilt für Fahrzeuge mit gefährlichen Gütern, die nicht in Tunneln der Kategorie D zugelassen sind;

Zeichen mit zusätzlicher Tafel, auf der der Buchstabe E angegeben ist: gilt für Fahrzeuge mit gefährlichen Gütern, die nicht in Tunneln der Kategorie E zugelassen sind.

**[Nichtgeltung bei 1.1.3]** 1.9.5.3.6

*→ CH: SDR-Erlass 2.1.1*

Tunnelbeschränkungen gelten für Beförderungseinheiten, für die eine Kennzeichnung mit orangefarbenen Tafeln gemäß Abschnitt 5.3.2 vorgeschrieben ist, ausgenommen Beförderungseinheiten für die Beförderung von gefährlichen Gütern, bei denen in Kapitel 3.2 Tabelle A Spalte (15) „(–)“ angegeben ist. Für gefährliche Güter, die den UN-Nummern 2919 und 3331 zugeordnet sind, dürfen Beschränkungen für die Durchfahrt von Tunneln jedoch Teil der von der (den) zuständige(n) Behörde(n) auf der Grundlage des Unterabschnitts 1.7.4.2 genehmigten Sondervereinbarung sein. Für Tunnel der Kategorie E gelten die Tunnelbeschränkungen auch für Beförderungseinheiten, für die eine Kennzeichnung gemäß Abschnitt 3.4.13 vorgeschrieben ist oder die Container befördern, für die eine Kennzeichnung gemäß Abschnitt 3.4.13 vorgeschrieben ist.

Tunnelbeschränkungen finden keine Anwendung, wenn gefährliche Güter in Übereinstimmung mit Abschnitt 1.1.3 befördert werden, es sei denn, Beförderungseinheiten mit solchen gefährlichen Gütern sind mit der in Abschnitt 3.4.13 unter Vorbehalt des Abschnitts 3.4.14 vorgeschriebenen Kennzeichnung versehen.

**[Bekanntgabe Tunnelbeschränkungen]** 1.9.5.3.7

*→ D: RSEB Anl. 9*
*→ D: RSEB 1-30.S*

Die Beschränkungen müssen offiziell bekannt und der Allgemeinheit zugänglich gemacht werden. Die Vertragsparteien müssen dem Sekretariat der UNECE solche Beschränkungen mitteilen, das diese Informationen auf seiner Website öffentlich zugänglich macht.

**[Bekanntgabe nationaler Regelungen]** 1.9.5.3.8

*→ CH: SDR Anh. 2 Nr. 1*

Wenn Vertragsparteien besondere betriebliche Maßnahmen anwenden, die für die Verringerung von Risiken ausgelegt sind und sich auf bestimmte oder alle Fahrzeuge beziehen, die den Tunnel benutzen, wie Anmeldung vor dem Befahren oder Durchfahrt in Konvois mit Begleitfahrzeugen, müssen diese offiziell bekannt und der Allgemeinheit zugänglich gemacht werden.

→ 1.1.3.6.3

# Kapitel 1.10 Vorschriften für die Sicherung

→ D: § 27 (3) 1

**Bem.** Für Zwecke dieses Kapitels versteht man unter „Sicherung" die Maßnahmen oder Vorkehrungen, die zu treffen sind, um den Diebstahl oder den Missbrauch gefährlicher Güter, durch den Personen, Güter oder die Umwelt gefährdet werden können, zu minimieren.

## 1.10.1 Allgemeine Vorschriften

### 1.10.1.1 [Personeller Geltungsbereich]

Alle an der Beförderung gefährlicher Güter beteiligten Personen müssen entsprechend ihren Verantwortlichkeiten die in diesem Kapitel aufgeführten Vorschriften für die Sicherung beachten.

### 1.10.1.2 [Identitätsfeststellung]

→ D: § 21 (1) 1 f.

Gefährliche Güter dürfen nur Beförderern zur Beförderung übergeben werden, deren Identität in geeigneter Weise festgestellt wurde.

### 1.10.1.3 [Gesicherte Abstellplätze]

→ D: § 27 (3) 1
→ D: § 19 (2) 18

Bereiche innerhalb von Terminals für das zeitweilige Abstellen, Plätzen für das zeitweilige Abstellen, Fahrzeugdepots, Liegeplätzen und Rangierbahnhöfen, die für das zeitweilige Abstellen während der Beförderung gefährlicher Güter verwendet werden, müssen ordnungsgemäß gesichert, gut beleuchtet und, soweit möglich und angemessen, für die Öffentlichkeit unzugänglich sein.

### 1.10.1.4 [Lichtbildausweis]

→ D: RSEB 1-31.S

Jedes Mitglied der Fahrzeugbesatzung muss während der Beförderung gefährlicher Güter einen Lichtbildausweis mit sich führen.

### 1.10.1.5 [Kontrollen]

Sicherheitsüberprüfungen gemäß Abschnitt 1.8.1 und Unterabschnitt 7.5.1.1 müssen sich auch auf angemessene Maßnahmen für die Sicherung erstrecken.

### 1.10.1.6 [Verzeichnis von ADR-Bescheinigungen]

→ D: § 7 (1) 4
→ D: § 7 (2) 3
→ D: § 14 (3) 3

Die zuständige Behörde muss auf dem neuesten Stand befindliche Verzeichnisse über alle gültigen Schulungsbescheinigungen für Fahrzeugführer gemäß Abschnitt 8.2.1 führen, die durch sie oder andere anerkannte Stellen ausgestellt wurden.

## 1.10.2 Unterweisung im Bereich der Sicherung

### 1.10.2.1 [Sicherungsthemen]

Die in Kapitel 1.3 festgelegte erstmalige Unterweisung und Auffrischungsunterweisung muss auch Bestandteile beinhalten, die der Sensibilisierung gegenüber der Sicherung dienen. Die Auffrischungsunterweisung im Bereich der Sicherung muss nicht unbedingt nur mit Änderungen der Vorschriften zusammenhängen.

### 1.10.2.2 [Kenntnisse]

Die Unterweisung zur Sensibilisierung gegenüber der Sicherung muss sich auf die Art der Sicherungsrisiken, deren Erkennung und die Verfahren zur Verringerung dieser Risiken sowie die bei Beeinträchtigung der Sicherung zu ergreifenden Maßnahmen beziehen. Sie muss Kenntnisse über eventuelle Sicherungspläne entsprechend dem Arbeits- und Verantwortungsbereich des Einzelnen und dessen Rolle bei der Umsetzung dieser Pläne vermitteln.

### 1.10.2.3 [Zeitpunkt, Abstände]

→ D: § 27 (3) 2a)

Eine solche Unterweisung muss bei der Aufnahme einer Tätigkeit, welche die Beförderung gefährlicher Güter umfasst, erfolgen oder überprüft und in regelmäßigen Abständen durch Auffrischungskurse ergänzt werden.

**[Detaillierte Beschreibung, Aufbewahrung]** 1.10.2.4

→ D: § 27 (3) 2b) → CH: SDR Anh. 1 1.10.2.4 → NL: VLG Art. 11

Eine detaillierte Beschreibung der gesamten im Bereich der Sicherung erhaltenen Unterweisung ist vom Arbeitgeber aufzubewahren und dem Arbeitnehmer oder der zuständigen Behörde auf Verlangen zur Verfügung zu stellen. Die detaillierten Beschreibungen müssen vom Arbeitgeber für den von der zuständigen Behörde festgelegten Zeitraum aufbewahrt werden.

**Vorschriften für gefährliche Güter mit hohem Gefahrenpotenzial** 1.10.3

**Bem.** Zusätzlich zu den Vorschriften des ADR für die Sicherung dürfen die zuständigen Behörden weitere Vorschriften für die Sicherung aus anderen Gründen als denen der Sicherheit während der Beförderung in Kraft setzen (siehe Artikel 4 Absatz 1 des Übereinkommens). Um die internationale und multimodale Beförderung nicht durch verschiedene Kennzeichen für die Sicherung von Explosivstoffen zu erschweren, wird empfohlen, solche Kennzeichen in Übereinstimmung mit einer international harmonisierten Norm (z.B. Richtlinie der Europäischen Kommission 2008/43/EG) zu gestalten.

**Begriffsbestimmung gefährlicher Güter mit hohem Gefahrenpotenzial** 1.10.3.1

**[Begriffsbestimmung]** 1.10.3.1.1

Gefährliche Güter mit hohem Gefahrenpotenzial sind solche, bei denen die Möglichkeit eines Missbrauchs zu terroristischen Zwecken und damit die Gefahr schwerwiegender Folgen, wie der Verlust zahlreicher Menschenleben, massive Zerstörungen oder, insbesondere im Fall der Klasse 7, tiefgreifende sozioökonomische Veränderungen, besteht.

**[Tabelle hohes Gefahrenpotenzial]** 1.10.3.1.2

→ 1.10.3.1.3 → 1.10.4 → Markierung „!" in Tabelle A → D: § 27 (4a)

Gefährliche Güter mit hohem Gefahrenpotenzial der verschiedenen Klassen mit Ausnahme der Klasse 7 sind solche, die in der nachstehenden Tabelle 1.10.3.1.2 aufgeführt sind und in Mengen befördert werden, welche die in der Tabelle angegebenen Mengen überschreiten.

**Tabelle 1.10.3.1.2: Liste der gefährlichen Güter mit hohem Gefahrenpotenzial**

| Klasse | Unterklasse | Stoff oder Gegenstand | Menge | | |
|---|---|---|---|---|---|
| | | | Tank (Liter)[c] | lose Schüttung (kg)[d] | Versandstück (kg) |
| 1 | 1.1 | explosive Stoffe und Gegenstände mit Explosivstoff | a) | a) | 0 |
| | 1.2 | explosive Stoffe und Gegenstände mit Explosivstoff | a) | a) | 0 |
| | 1.3 | explosive Stoffe und Gegenstände mit Explosivstoff der Verträglichkeitsgruppe C | a) | a) | 0 |
| | 1.4 | explosive Stoffe und Gegenstände mit Explosivstoff der UN-Nummern 0104, 0237, 0255, 0267, 0289, 0361, 0365, 0366, 0440, 0441, 0455, 0456, 0500, 0512 und 0513 | a) | a) | 0 |
| | 1.5 | explosive Stoffe und Gegenstände mit Explosivstoff | 0 | a) | 0 |
| | 1.6 | explosive Stoffe und Gegenstände mit Explosivstoff | a) | a) | 0 |
| 2 | | entzündbare, nicht giftige Gase (Klassifizierungscodes, die nur den/die Buchstaben F oder FC enthalten) | 3 000 | a) | b) |
| | | giftige Gase (Klassifizierungscodes, die den/die Buchstaben T, TF, TC, TO, TFC oder TOC enthalten) mit Ausnahme von Druckgaspackungen | 0 | a) | 0 |
| 3 | | entzündbare flüssige Stoffe der Verpackungsgruppen I und II | 3 000 | a) | b) |
| | | desensibilisierte explosive flüssige Stoffe | 0 | a) | 0 |
| 4.1 | | desensibilisierte explosive Stoffe | a) | a) | 0 |
| 4.2 | | Stoffe der Verpackungsgruppe I | 3 000 | a) | b) |
| 4.3 | | Stoffe der Verpackungsgruppe I | 3 000 | a) | b) |

1.10.3.1.2 (Forts.)

| Klasse | Unterklasse | Stoff oder Gegenstand | Menge | | |
|---|---|---|---|---|---|
| | | | Tank (Liter)[c)] | lose Schüttung (kg)[d)] | Versandstück (kg) |
| 5.1 | | entzündend (oxidierend) wirkende flüssige Stoffe der Verpackungsgruppe I | 3 000 | [a)] | [b)] |
| | | Perchlorate, Ammoniumnitrat, ammoniumnitrathaltige Düngemittel und Ammoniumnitrat-Emulsionen oder -Suspensionen oder -Gele | 3 000 | 3 000 | [b)] |
| 6.1 | | giftige Stoffe der Verpackungsgruppe I | 0 | [a)] | 0 |
| 6.2 | | ansteckungsgefährliche Stoffe der Kategorie A (UN-Nummern 2814 und 2900 mit Ausnahme von tierischen Stoffen) und medizinische Abfälle der Kategorie A (UN-Nummer 3549) | [a)] | 0 | 0 |
| 8 | | ätzende Stoffe der Verpackungsgruppe I | 3 000 | [a)] | [b)] |

a) gegenstandslos
b) Unabhängig von der Menge gelten die Vorschriften des Abschnitts 1.10.3 nicht.
c) Ein in dieser Spalte angegebener Wert gilt nur, wenn die Beförderung in Tanks gemäß Kapitel 3.2 Tabelle A Spalte (10) oder (12) zugelassen ist. Für Stoffe, die nicht zur Beförderung in Tanks zugelassen sind, ist die Angabe in dieser Spalte gegenstandslos.
d) Ein in dieser Spalte angegebener Wert gilt nur, wenn die Beförderung in loser Schüttung gemäß Kapitel 3.2 Tabelle A Spalte (10) oder (17) zugelassen ist. Für Stoffe, die nicht zur Beförderung in loser Schüttung zugelassen sind, ist die Angabe in dieser Spalte gegenstandslos.

**1.10.3.1.3 [Grenzwerte für radioaktive Stoffe mit hohem Gefahrenpotenzial]**

→ *D: § 27 (4a)*

Bei gefährlichen Gütern der Klasse 7 sind radioaktive Stoffe mit hohem Gefahrenpotenzial solche mit einer Aktivität, die je Versandstück mindestens so hoch ist wie der Grenzwert für die Beförderungssicherung von 3 000 $A_2$ (siehe auch Absatz 2.2.7.2.2.1), ausgenommen jedoch folgende Radionuklide, für die der Grenzwert für die Beförderungssicherung in nachstehender Tabelle 1.10.3.1.3 angegeben ist.

**Tabelle 1.10.3.1.3: Grenzwerte für die Beförderungssicherung für bestimmte Radionuklide**

| Element | Radionuklid | Grenzwert für die Beförderungssicherung (TBq) |
|---|---|---|
| Americium | Am-241 | 0,6 |
| Gold | Au-198 | 2 |
| Cadmium | Cd-109 | 200 |
| Californium | Cf-252 | 0,2 |
| Curium | Cm-244 | 0,5 |
| Cobalt | Co-57 | 7 |
| Cobalt | Co-60 | 0,3 |
| Caesium | Cs-137 | 1 |
| Eisen | Fe-55 | 8 000 |
| Germanium | Ge-68 | 7 |
| Gadolinium | Gd-153 | 10 |
| Iridium | Ir-192 | 0,8 |
| Nickel | Ni-63 | 600 |
| Palladium | Pd-103 | 900 |
| Promethium | Pm-147 | 400 |
| Polonium | Po-210 | 0,6 |
| Plutonium | Pu-238 | 0,6 |
| Plutonium | Pu-239 | 0,6 |
| Radium | Ra-226 | 0,4 |
| Ruthenium | Ru-106 | 3 |
| Selenium | Se-75 | 2 |

| Element | Radionuklid | Grenzwert für die Beförderungssicherung (TBq) |
|---|---|---|
| Strontium | Sr-90 | 10 |
| Thallium | Tl-204 | 200 |
| Thulium | Tm-170 | 200 |
| Ytterbium | Yb-169 | 3 |

1.10.3.1.3 (Forts.)

**[Grenzwerte für Gemische radioaktiver Stoffe mit hohem Gefahrenpotenzial]** 1.10.3.1.4 → D: § 27 (4a)

Für Gemische von Radionukliden kann die Feststellung, ob der Grenzwert für die Beförderungssicherung erreicht oder überschritten wurde, durch Bildung der Summe der Quotienten aus der Aktivität jedes Radionuklids und dem für dieses Radionuklid geltenden Grenzwert für die Beförderungssicherung berechnet werden. Wenn die Summe der Quotienten kleiner als 1 ist, ist der Radioaktivitätsgrenzwert des Gemisches weder erreicht noch überschritten.

Diese Berechnung kann mit folgender Formel erfolgen:

$$\sum_i \frac{A_i}{T_i} < 1,$$

wobei:

$A_i$ = Aktivität des im Versandstück enthaltenen Radionuklids i (TBq)

$T_i$ = Grenzwert für die Beförderungssicherung des Radionuklids i (TBq)

**[Radioaktive Stoffe mit Nebengefahren anderer Klassen]** 1.10.3.1.5 → D: § 27 (4a)

Wenn radioaktive Stoffe Nebengefahren anderer Klassen aufweisen, müssen die Kriterien der Tabelle 1.10.3.1.2 ebenfalls berücksichtigt werden (siehe auch Abschnitt 1.7.5).

**Sicherungspläne** 1.10.3.2 → D: RSEB 1-34.1 ff.

**[Einführung und Anwendung]** 1.10.3.2.1 → D: § 27 (4)

Die an der Beförderung gefährlicher Güter mit hohem Gefahrenpotenzial (siehe Tabelle 1.10.3.1.2) oder radioaktiver Stoffe mit hohem Gefahrenpotenzial (siehe Absatz 1.10.3.1.3) beteiligten Beförderer und Absender sowie andere Beteiligte gemäß den Abschnitten 1.4.2 und 1.4.3 müssen Sicherungspläne, die mindestens die in Absatz 1.10.3.2.2 aufgeführten Elemente beinhalten, einführen und tatsächlich anwenden.

**[Elemente]** 1.10.3.2.2

Jeder Sicherungsplan muss mindestens folgende Elemente beinhalten:

a) spezifische Zuweisung der Verantwortlichkeiten im Bereich der Sicherung an Personen, welche über die erforderlichen Kompetenzen und Qualifikationen verfügen und mit den entsprechenden Befugnissen ausgestattet sind;

b) Verzeichnis der betroffenen gefährlichen Güter oder der Arten der betroffenen gefährlichen Güter;

c) Bewertung der üblichen Vorgänge und den sich daraus ergebenden Sicherungsrisiken, einschließlich der transportbedingten Aufenthalte, des verkehrsbedingten Verweilens der Güter in den Fahrzeugen, Tanks oder Containern vor, während und nach der Ortsveränderung und des zeitweiligen Abstellens gefährlicher Güter für den Wechsel der Beförderungsart oder des Beförderungsmittels (Umschlag), soweit angemessen;

d) klare Darstellung der Maßnahmen, die für die Verringerung der Sicherungsrisiken entsprechend den Verantwortlichkeiten und Pflichten des Beteiligten zu ergreifen sind, einschließlich:

- Unterweisung;
- Sicherungspolitik (z.B. Maßnahmen bei erhöhter Bedrohung, Überprüfung bei Einstellung von Personal oder Versetzung von Personal auf bestimmte Stellen usw.);
- Betriebsverfahren (z.B. Wahl und Nutzung von Strecken, sofern diese bekannt sind, Zugang zu gefährlichen Gütern während des zeitweiligen Abstellens (wie in Absatz c) bestimmt), Nähe zu gefährdeten Infrastruktureinrichtungen usw.);
- für die Verringerung der Sicherungsrisiken zu verwendende Ausrüstungen und Ressourcen;

1.10.3.2.2 (Forts.)

e) wirksame und aktualisierte Verfahren zur Meldung von und für das Verhalten bei Bedrohungen, Verletzungen der Sicherung oder damit zusammenhängenden Zwischenfällen;

f) Verfahren zur Bewertung und Erprobung der Sicherungspläne und Verfahren zur wiederkehrenden Überprüfung und Aktualisierung der Pläne;

g) Maßnahmen zur Gewährleistung der physischen Sicherung der im Sicherungsplan enthaltenen Beförderungsinformation und

h) Maßnahmen zur Gewährleistung, dass die Verbreitung der im Sicherungsplan enthaltenen Information betreffend den Beförderungsvorgang auf diejenigen Personen begrenzt ist, die diese Informationen benötigen. Diese Maßnahmen dürfen die an anderen Stellen des ADR vorgeschriebene Bereitstellung von Informationen nicht ausschließen.

**Bem.** Beförderer, Absender und Empfänger sollten untereinander und mit den zuständigen Behörden zusammenarbeiten, um Hinweise über eventuelle Bedrohungen auszutauschen, geeignete Sicherungsmaßnahmen zu treffen und auf Zwischenfälle, welche die Sicherung gefährden, zu reagieren.

**1.10.3.3 [Diebstahlschutzvorrichtung]**

Vorrichtungen, Ausrüstungen oder Verfahren zum Schutz gegen Diebstahl der Fahrzeuge, die gefährliche Güter mit hohem Gefahrenpotenzial (siehe Tabelle 1.10.3.1.2) oder radioaktive Stoffe mit hohem Gefahrenpotenzial (siehe Absatz 1.10.3.1.3) befördern, und deren Ladung müssen verwendet werden, und es sind Maßnahmen zu treffen, um sicherzustellen, dass diese jederzeit funktionsfähig und wirksam sind. Die Anwendung dieser Schutzmaßnahmen darf die Reaktion auf Notfälle nicht gefährden.

**Bem.** Sofern dies geeignet ist und die notwendigen Ausrüstungen bereits vorhanden sind, sollten Telemetriesysteme oder andere Methoden oder Vorrichtungen, die eine Transportverfolgung von gefährlichen Gütern mit hohem Gefahrenpotenzial (siehe Tabelle 1.10.3.1.2) oder von radioaktiven Stoffen mit hohem Gefahrenpotenzial (siehe Absatz 1.10.3.1.3) ermöglichen, eingesetzt werden.

**1.10.4 [Nichtgeltung bei 1.1.3.6.3]**

Die Vorschriften der Abschnitte 1.10.1, 1.10.2 und 1.10.3 sowie des Unterabschnitts 8.1.2.1 d) gelten nicht, wenn die in einer Beförderungseinheit in Tanks oder in loser Schüttung beförderten Mengen die in Absatz 1.1.3.6.3 aufgeführten Mengen nicht überschreiten. Darüber hinaus gelten die Vorschriften dieses Kapitels nicht für die Beförderung von UN 2912 RADIOAKTIVE STOFFE MIT GERINGER SPEZIFISCHER AKTIVITÄT (LSA-I) und UN 2913 RADIOAKTIVE STOFFE, OBERFLÄCHENKONTAMINIERTE GEGENSTÄNDE (SCO-I).

**1.10.5 [Sicherung radioaktiver Stoffe]**

*→ Markierung „!" in Tabelle A*

Bei Anwendung der Vorschriften der Convention on Physical Protection of Nuclear Material (Übereinkommen über den physischen Schutz von Kernmaterial) (INFCIRC/274/Rev.1, IAEO, Wien (1980)) und des IAEA circular on „Nuclear Security Recommendations on Physical Protection of Nuclear Material and Nuclear Facilities" (IAEO-Rundschreiben über nukleare Sicherheitsempfehlungen zum physischen Schutz von Kernmaterial und Atomanlagen) (INFCIRC/225/Rev.5, IAEO, Wien (2011)) gelten die Vorschriften dieses Kapitels für radioaktive Stoffe als erfüllt.

# Kapitel 1.11

(bleibt offen)

# Teil 2
# Klassifizierung

**Was steht wo in Teil 2?**



## Kapitel 2.1
## Allgemeine Vorschriften

→ D: § 8 (1) 1a
→ D: § 18 (1) 3

**Einleitung** 2.1.1

**[Gefahrklassen]** 2.1.1.1

→ D: § 17 (1) 1
→ D: § 3

Im ADR gibt es folgende Klassen gefährlicher Güter:

| | |
|---|---|
| Klasse 1 | Explosive Stoffe und Gegenstände mit Explosivstoff |
| Klasse 2 | Gase |
| Klasse 3 | Entzündbare flüssige Stoffe |
| Klasse 4.1 | Entzündbare feste Stoffe, selbstzersetzliche Stoffe, polymerisierende Stoffe und desensibilisierte explosive feste Stoffe |
| Klasse 4.2 | Selbstentzündliche Stoffe |
| Klasse 4.3 | Stoffe, die in Berührung mit Wasser entzündbare Gase entwickeln |
| Klasse 5.1 | Entzündend (oxidierend) wirkende Stoffe |
| Klasse 5.2 | Organische Peroxide |
| Klasse 6.1 | Giftige Stoffe |
| Klasse 6.2 | Ansteckungsgefährliche Stoffe |
| Klasse 7 | Radioaktive Stoffe |
| Klasse 8 | Ätzende Stoffe |
| Klasse 9 | Verschiedene gefährliche Stoffe und Gegenstände. |

**2.1.1.2 [Eintragungsarten]**

→ 2.1.3.6

Jeder Eintragung in den verschiedenen Klassen ist eine UN-Nummer zugeordnet. Folgende Arten von Eintragungen werden verwendet:

A. Einzeleintragungen für genau definierte Stoffe oder Gegenstände, einschließlich Eintragungen für Stoffe, die verschiedene Isomere abdecken, z.B.:

UN 1090 ACETON

UN 1104 AMYLACETATE

UN 1194 ETHYLNITRIT, LÖSUNG

B. Gattungseintragungen für genau definierte Gruppen von Stoffen oder Gegenständen, die nicht unter n.a.g.-Eintragungen fallen, z.B.:

UN 1133 KLEBSTOFFE

UN 1266 PARFÜMERIEERZEUGNISSE

UN 2757 CARBAMAT-PESTIZID, FEST, GIFTIG

UN 3101 ORGANISCHES PEROXID TYP B, FLÜSSIG

C. Spezifische n.a.g.-Eintragungen, die Gruppen von nicht anderweitig genannten Stoffen oder Gegenständen einer bestimmten chemischen oder technischen Beschaffenheit umfassen, z.B.:

UN 1477 NITRATE, ANORGANISCH, N.A.G.

UN 1987 ALKOHOLE, N.A.G.

D. Allgemeine n.a.g.-Eintragungen, die Gruppen von nicht anderweitig genannten Stoffen oder Gegenständen mit einer oder mehreren gefährlichen Eigenschaften umfassen, z.B.:

UN 1325 ENTZÜNDBARER ORGANISCHER FESTER STOFF, N.A.G.

UN 1993 ENTZÜNDBARER FLÜSSIGER STOFF, N.A.G.

Die unter B, C und D aufgeführten Eintragungen werden als Sammeleintragungen bezeichnet.

**2.1.1.3 [Verpackungsgruppen]**

→ 4.1.5.5
→ 4.1.7.1.1
→ 4.1.9

Mit Ausnahme von Stoffen der Klassen 1, 2, 5.2, 6.2 und 7 sowie mit Ausnahme der selbstzersetzlichen Stoffe der Klasse 4.1 sind die Stoffe für Verpackungszwecke auf Grund ihres Gefahrengrades Verpackungsgruppen zugeordnet:

- Verpackungsgruppe I: Stoffe mit hoher Gefahr;
- Verpackungsgruppe II: Stoffe mit mittlerer Gefahr;
- Verpackungsgruppe III: Stoffe mit geringer Gefahr.

Die Verpackungsgruppe(n), der (denen) ein Stoff zugeordnet ist, ist (sind) in Kapitel 3.2 Tabelle A angegeben.

Gegenstände sind keinen Verpackungsgruppen zugeordnet. Für Zwecke der Verpackung sind eventuelle Prüfanforderungen an die Verpackung in der anwendbaren Verpackungsanweisung festgelegt.

**2.1.2 Grundsätze der Klassifizierung**

**2.1.2.1 [Zuordnung nach Kriterien]**

Die gefährlichen Güter, die unter die Überschrift einer Klasse fallen, werden nach Unterabschnitt 2.2.x.1 der entsprechenden Klasse auf der Grundlage ihrer Eigenschaften definiert. Die Zuordnung eines gefährlichen Gutes zu einer Klasse und einer Verpackungsgruppe erfolgt nach den im gleichen Unterabschnitt 2.2.x.1 aufgeführten Kriterien. Die Zuordnung einer oder mehrerer Nebengefahr(en) zu einem gefährlichen Stoff oder Gegenstand erfolgt nach den Kriterien des Unterabschnitts (der Unterabschnitte) 2.2.x.1 der Klasse(n), die diesen Gefahren entsprechen.

**2.1.2.2 [Eintragungen Tabelle A]**

→ Tabelle B

Alle Eintragungen für gefährliche Güter sind in Kapitel 3.2 Tabelle A in der Reihenfolge ihrer UN-Nummern aufgeführt. Diese Tabelle enthält entsprechende Informationen über das aufgeführte Gut, wie Benennung, Klasse, Verpackungsgruppe(n), anzubringende(r) Zettel sowie Verpackungs- und Beförderungsvorschriften.[1] Die in Kapitel 3.2 Tabelle A Spalte (2) namentlich genannten Stoffe müssen entsprechend

[1] Ein alphabetisches Verzeichnis dieser Eintragungen wurde vom Sekretariat erstellt und ist in Kapitel 3.2 Tabelle B enthalten. Diese Tabelle ist kein offizieller Teil des ADR.

ihrer Klassifizierung in der Tabelle A oder unter den in Unterabschnitt 2.1.2.8 festgelegten Vorschriften befördert werden. 2.1.2.2 (Forts.)

**[Technische Unreinheiten, Additive]** 2.1.2.3

Stoffe können technische Unreinheiten (z.B. aus dem Produktionsprozess) oder Additive für die Stabilisierung oder für andere Zwecke enthalten, die keine Auswirkungen auf ihre Klassifizierung haben. Jedoch gilt ein namentlich genannter Stoff, d.h. ein in Kapitel 3.2 Tabelle A als Einzeleintragung aufgeführter Stoff, der technische Unreinheiten oder Additive für die Stabilisierung oder für andere Zwecke enthält, die Auswirkungen auf seine Klassifizierung haben, als Lösung oder Gemisch (siehe Unterabschnitt 2.1.3.3).

**[Nicht zugelassene Güter]** 2.1.2.4

Die in Unterabschnitt 2.2.x.2 der einzelnen Klassen aufgeführten oder definierten gefährlichen Güter sind nicht zur Beförderung zugelassen.

**[Nicht namentlich genannte Güter]** 2.1.2.5

Nicht namentlich genannte Güter, d.h. Güter, die in Kapitel 3.2 Tabelle A nicht als Einzeleintragungen aufgeführt und in einem der oben genannten Unterabschnitte 2.2.x.2 nicht aufgeführt oder definiert sind, sind nach dem Verfahren des Abschnitts 2.1.3 der entsprechenden Klasse zuzuordnen. Zusätzlich ist die Nebengefahr (soweit vorhanden) und die Verpackungsgruppe (soweit vorhanden) zu bestimmen. Nachdem die Klasse, die Nebengefahr (soweit vorhanden) und die Verpackungsgruppe (soweit vorhanden) festgelegt ist, ist die entsprechende UN-Nummer zu bestimmen. In den Entscheidungsbäumen im Unterabschnitt 2.2.x.3 (Verzeichnis der Sammeleintragungen) am Ende jeder Klasse sind die jeweiligen Parameter für die Auswahl der entsprechenden Sammeleintragung (UN-Nummer) angegeben. In allen Fällen ist die jeweils zutreffendste Sammeleintragung, welche die Eigenschaften des Stoffes oder Gegenstandes erfasst, nach der in Unterabschnitt 2.1.1.2 durch die Buchstaben B, C und D dargestellten Rangfolge auszuwählen. Nur wenn der Stoff oder Gegenstand nicht einer Eintragung des Typs B oder C nach Unterabschnitt 2.1.1.2 zugeordnet werden kann, darf er einer Eintragung des Typs D zugeordnet werden.

**[Nichtzugehörigkeit zu einer Klasse]** 2.1.2.6

Auf der Grundlage der Prüfverfahren des Kapitels 2.3 und der in den Unterabschnitten 2.2.x.1 derjenigen Klassen, in denen dies so festgelegt ist, angegebenen Kriterien kann festgestellt werden, dass ein in Kapitel 3.2 Tabelle A namentlich genannter Stoff, eine namentlich genannte Lösung oder ein namentlich genanntes Gemisch einer bestimmten Klasse die Kriterien dieser Klasse nicht erfüllt. In diesem Fall gehört dieser Stoff, diese Lösung oder dieses Gemisch nicht zu dieser Klasse.

**[Viskose Stoffe]** 2.1.2.7

Für die Klassifizierung gelten Stoffe mit einem Schmelzpunkt oder Schmelzbeginn von 20 °C oder darunter bei einem Druck von 101,3 kPa als flüssige Stoffe. Ein viskoser Stoff, für den ein spezifischer Schmelzpunkt nicht bestimmt werden kann, ist dem Prüfverfahren ASTM D 4359-90 oder der in Abschnitt 2.3.4 beschriebenen Prüfung zur Bestimmung des Fließverhaltens (Penetrometerverfahren) zu unterziehen.

**[Behördlich genehmigte Umklassifizierung für Stoffe aus Tabelle A]** 2.1.2.8

Mit Genehmigung der zuständigen Behörde darf ein Absender, der auf der Grundlage von Prüfdaten festgestellt hat, dass ein in Kapitel 3.2 Tabelle A Spalte (2) namentlich genannter Stoff die Klassifizierungskriterien einer in Kapitel 3.2 Tabelle A Spalte (3a) oder (5) nicht ausgewiesenen Klasse erfüllt, den Stoff wie folgt versenden:

- unter der am besten geeigneten in Unterabschnitt 2.2.x.3 aufgeführten Sammeleintragung, die alle Gefahren widerspiegelt, oder
- unter derselben UN-Nummer und Benennung, jedoch mit zusätzlichen Angaben zur Gefahr, die erforderlich sind, um die zusätzliche(n) Nebengefahr(en) abzubilden (Dokumentation, Gefahrzettel, Großzettel (Placard)), vorausgesetzt, die Klasse bleibt unverändert und alle übrigen Beförderungsvorschriften (z.B. begrenzte Mengen, Verpackung und Tankvorschriften), die normalerweise für Stoffe mit einer solchen Gefahrenkombination anwendbar wären, sind dieselben wie die für den aufgeführten Stoff.

**Bem.** 1. Die zuständige Behörde, welche die Genehmigung erteilt, kann die zuständige Behörde irgendeiner Vertragspartei des ADR sein, wobei diese zuständige Behörde auch eine von der zuständigen Behörde eines Landes, das keine Vertragspartei des ADR ist, erteilte Genehmi-

2.1.2.8 (Forts.) gung anerkennen kann, vorausgesetzt, diese wurde in Übereinstimmung mit den gemäß dem RID, dem ADR, dem ADN, dem IMDG-Code oder den Technischen Anweisungen der ICAO anwendbaren Verfahren erteilt.

2. Wenn eine zuständige Behörde eine solche Genehmigung erteilt, sollte sie den Expertenunterausschuss für die Beförderung gefährlicher Güter der Vereinten Nationen entsprechend unterrichten und einen diesbezüglichen Antrag auf Änderung der Gefahrgutliste der UN-Modellvorschriften unterbreiten. Sollte die vorgeschlagene Änderung abgelehnt werden, sollte die zuständige Behörde ihre Genehmigung zurückziehen.
3. Für Beförderungen gemäß Unterabschnitt 2.1.2.8 siehe auch Absatz 5.4.1.1.20.

### 2.1.3 Zuordnung von nicht namentlich genannten Stoffen einschließlich Lösungen und Gemische (wie Präparate, Zubereitungen und Abfälle)

*→ D: GGAV 20*

#### 2.1.3.1 [Zuordnung nach Gefahrengrad]

Nicht namentlich genannte Stoffe, einschließlich Lösungen und Gemische, sind auf der Grundlage der in Unterabschnitt 2.2.x.1 der verschiedenen Klassen aufgeführten Kriterien entsprechend ihrem Gefahrengrad zuzuordnen. Die von einem Stoff ausgehende(n) Gefahr(en) ist (sind) auf der Grundlage seiner physikalischen, chemischen und physiologischen Eigenschaften zu bestimmen. Diese Eigenschaften sind auch zu berücksichtigen, wenn Erfahrungen zu einer strengeren Zuordnung führen.

#### 2.1.3.2 [Eine Gefahr]

Ein in Kapitel 3.2 Tabelle A nicht namentlich genannter Stoff, der eine einzige Gefahr aufweist, ist in der entsprechenden Klasse einer in Unterabschnitt 2.2.x.3 dieser Klasse aufgeführten Sammeleintragung zuzuordnen.

#### 2.1.3.3 [Einstofflösungen/-gemische]

Eine Lösung oder ein Gemisch, die/das den Klassifizierungskriterien des ADR entspricht und nur einen in Kapitel 3.2 Tabelle A namentlich genannten überwiegenden gefährlichen Stoff und einen oder mehrere nicht dem ADR unterliegende Stoffe oder Spuren eines oder mehrerer in Kapitel 3.2 Tabelle A namentlich genannter Stoffe enthält, ist der UN-Nummer und der offiziellen Benennung für die Beförderung des in Kapitel 3.2 Tabelle A genannten überwiegenden Stoffes zuzuordnen, es sei denn:

a) die Lösung oder das Gemisch ist in Kapitel 3.2 Tabelle A namentlich genannt;
b) aus der Benennung und der Beschreibung des in Kapitel 3.2 Tabelle A namentlich genannten Stoffes geht hervor, dass die Eintragung nur für den reinen Stoff gilt;
c) die Klasse, der Klassifizierungscode, die Verpackungsgruppe oder der Aggregatzustand der Lösung oder des Gemisches unterscheidet sich von denen des in Kapitel 3.2 Tabelle A namentlich genannten Stoffes oder
d) die Gefahrenmerkmale und -eigenschaften der Lösung oder des Gemisches machen Notfallmaßnahmen erforderlich, die sich von denen des in Kapitel 3.2 Tabelle A namentlich genannten Stoffes unterscheiden.

In anderen als den in Absatz a) beschriebenen Fällen ist die Lösung oder das Gemisch als nicht namentlich genannter Stoff in der entsprechenden Klasse einer in Unterabschnitt 2.2.x.3 dieser Klasse aufgeführten Sammeleintragung unter Berücksichtigung der eventuell vorhandenen Nebengefahren der Lösung oder des Gemisches zuzuordnen, es sei denn, die Lösung oder das Gemisch entspricht den Kriterien keiner Klasse und unterliegt deshalb nicht den Vorschriften des ADR.

#### 2.1.3.4 [Zuordnung bestimmter Lösungen/Gemische]

Lösungen und Gemische, die einen Stoff einer der in Absatz 2.1.3.4.1 oder 2.1.3.4.2 genannten Eintragungen enthalten, sind nach den in diesen Absätzen genannten Bedingungen zuzuordnen.

#### 2.1.3.4.1 [Klassen 3, 6.1, 8]

Lösungen und Gemische, die einen der folgenden namentlich genannten Stoffe enthalten, sind immer derselben Eintragung zuzuordnen wie der in ihnen enthaltene Stoff selbst, vorausgesetzt, diese Lösungen und Gemische weisen nicht die in Absatz 2.1.3.5.3 angegebenen Gefahreneigenschaften auf:

- Klasse 3 2.1.3.4.1 (Forts.)
  UN 1921 PROPYLENIMIN, STABILISIERT
  UN 3064 NITROGLYCERIN, LÖSUNG IN ALKOHOL mit mehr als 1 %, aber höchstens 5 % Nitroglycerin
- Klasse 6.1
  UN 1051 CYANWASSERSTOFF, STABILISIERT, mit weniger als 3 % Wasser
  UN 1185 ETHYLENIMIN, STABILISIERT
  UN 1259 NICKELTETRACARBONYL
  UN 1613 CYANWASSERSTOFF, WÄSSERIGE LÖSUNG (CYANWASSERSTOFFSÄURE, WÄSSERIGE LÖSUNG) mit höchstens 20 % Cyanwasserstoff
  UN 1614 CYANWASSERSTOFF, STABILISIERT, mit weniger als 3 % Wasser und aufgesaugt durch ein inertes poröses Material
  UN 1994 EISENPENTACARBONYL
  UN 2480 METHYLISOCYANAT
  UN 2481 ETHYLISOCYANAT
  UN 3294 CYANWASSERSTOFF, LÖSUNG IN ALKOHOL mit höchstens 45 % Cyanwasserstoff
- Klasse 8
  UN 1052 FLUORWASSERSTOFF, WASSERFREI
  UN 1744 BROM oder UN 1744 BROM, LÖSUNG
  UN 1790 FLUORWASSERSTOFFSÄURE mit mehr als 85 % Fluorwasserstoff
  UN 2576 PHOSPHOROXYBROMID, GESCHMOLZEN.

**[Klasse 9]** 2.1.3.4.2

Lösungen und Gemische, die einen Stoff enthalten, der unter eine der folgenden Eintragungen der Klasse 9 fällt:

UN 2315 POLYCHLORIERTE BIPHENYLE, FLÜSSIG,
UN 3151 POLYHALOGENIERTE BIPHENYLE, FLÜSSIG,
UN 3151 HALOGENIERTE MONOMETHYLDIPHENYLMETHANE, FLÜSSIG,
UN 3151 POLYHALOGENIERTE TERPHENYLE, FLÜSSIG,
UN 3152 POLYHALOGENIERTE BIPHENYLE, FEST,
UN 3152 HALOGENIERTE MONOMETHYLDIPHENYLMETHANE, FEST,
UN 3152 POLYHALOGENIERTE TERPHENYLE, FEST oder
UN 3432 POLYCHLORIERTE BIPHENYLE, FEST

sind immer derselben Eintragung der Klasse 9 zuzuordnen, vorausgesetzt,

- sie enthalten darüber hinaus keine anderen gefährlichen Bestandteile mit Ausnahme von Bestandteilen der Verpackungsgruppe III der Klasse 3, 4.1, 4.2, 4.3, 5.1, 6.1 oder 8 und
- sie weisen nicht die in Absatz 2.1.3.5.3 angegebenen Gefahreneigenschaften auf.

**[Gebrauchte Gegenstände]** 2.1.3.4.3

Gebrauchte Gegenstände, wie z.B. Transformatoren und Kondensatoren, die eine in Absatz 2.1.3.4.2 genannte Lösung oder ein in Absatz 2.1.3.4.2 genanntes Gemisch enthalten, sind immer derselben Eintragung der Klasse 9 zuzuordnen, vorausgesetzt:

a) sie enthalten darüber hinaus keine anderen gefährlichen Bestandteile mit Ausnahme von polyhalogenierten Dibenzodioxinen und -furanen der Klasse 6.1 oder von Bestandteilen der Verpackungsgruppe III der Klasse 3, 4.1, 4.2, 4.3, 5.1, 6.1 oder 8 und
b) sie weisen nicht die in Absatz 2.1.3.5.3 a) bis g) und i) angegebenen Gefahreigenschaften auf.

**[Mehrere Gefahren]** 2.1.3.5

In Kapitel 3.2 Tabelle A nicht namentlich genannte Stoffe mit mehreren gefährlichen Eigenschaften sowie Lösungen oder Gemische, die den Klassifizierungskriterien des ADR entsprechen und mehrere gefährliche Stoffe enthalten, sind einer Sammeleintragung (siehe Unterabschnitt 2.1.2.5) und einer den Gefah-

2.1.3.5 (Forts.) reneigenschaften entsprechenden Verpackungsgruppe der jeweiligen Klasse zuzuordnen. Bei dieser Zuordnung auf Grund der gefährlichen Eigenschaften ist wie folgt zu verfahren:

**2.1.3.5.1 [Ermittlung durch Messung/Berechnung]**

Die physikalischen, chemischen und physiologischen Eigenschaften sind durch Messung oder Berechnung zu bestimmen, und die Zuordnung des Stoffes, der Lösung oder des Gemisches hat nach den Kriterien des Unterabschnitts 2.2.x.1 der einzelnen Klassen zu erfolgen.

**2.1.3.5.2 [Ermittlung überwiegende Gefahr]**

*→ D: GGAV 20*

Wenn diese Bestimmung nur mit unverhältnismäßig großem Aufwand möglich ist (z.B. bei gewissen Abfällen), so ist der Stoff, die Lösung oder das Gemisch der Klasse der Komponente mit der überwiegenden Gefahr zuzuordnen.

**2.1.3.5.3 [Gefahrenvorrang]**

*→ D: GGAV 20*

Sofern die gefährlichen Eigenschaften des Stoffes, der Lösung oder des Gemisches in mehr als eine der nachstehend aufgeführten Klassen oder Stoffgruppen fallen, ist der Stoff, die Lösung oder das Gemisch der Klasse oder Stoffgruppe mit der überwiegenden Gefahr entsprechend nachstehender Reihenfolge zuzuordnen:

a) Stoffe der Klasse 7 (ausgenommen radioaktive Stoffe in freigestellten Versandstücken, für welche mit Ausnahme von UN 3507 URANHEXAFLUORID, RADIOAKTIVE STOFFE, FREIGESTELLTES VERSANDSTÜCK die Sondervorschrift 290 des Kapitels 3.3 gilt und bei denen die anderen gefährlichen Eigenschaften überwiegen);
b) Stoffe der Klasse 1;
c) Stoffe der Klasse 2;
d) desensibilisierte explosive flüssige Stoffe der Klasse 3;
e) selbstzersetzliche Stoffe und desensibilisierte explosive feste Stoffe der Klasse 4.1;
f) pyrophore Stoffe der Klasse 4.2;
g) Stoffe der Klasse 5.2;
h) Stoffe der Klasse 6.1, welche die Kriterien für die Giftigkeit beim Einatmen der Verpackungsgruppe I erfüllen (Stoffe, die die Zuordnungskriterien der Klasse 8 erfüllen und eine Giftigkeit beim Einatmen von Staub und Nebel ($LC_{50}$) entsprechend Verpackungsgruppe I, aber eine Giftigkeit bei Einnahme oder bei Absorption durch die Haut, die nur Verpackungsgruppe III entspricht, oder eine geringere Giftigkeit aufweisen, sind der Klasse 8 zuzuordnen.);
i) ansteckungsgefährliche Stoffe der Klasse 6.2.

**2.1.3.5.4 [Gefahrenvorrang nach Tabelle]**

Sofern die gefährlichen Eigenschaften des Stoffes in mehr als eine Klasse oder Stoffgruppe fallen, die in Absatz 2.1.3.5.3 nicht aufgeführt sind, ist der Stoff nach demselben Verfahren zuzuordnen, wobei jedoch die entsprechende Klasse nach der Tabelle der überwiegenden Gefahr in Unterabschnitt 2.1.3.10 auszuwählen ist.

**2.1.3.5.5 [Abfall nicht genau bekannter Zusammensetzung]**

*→ D: GGAV 20*
*→ 5.4.1.1.3*
*→ M329*
*→ CH: SDR Anh. 1 1.1.3.11.2*

Handelt es sich bei dem zu befördernden Stoff um einen Abfall, dessen Zusammensetzung nicht genau bekannt ist, kann die Zuordnung zu einer UN-Nummer und Verpackungsgruppe gemäß Absatz 2.1.3.5.2 auf der Grundlage der Kenntnisse des Absenders, einschließlich aller verfügbaren, von der geltenden Sicherheits- und Umweltgesetzgebung[2)] geforderten technischen und sicherheitstechnischen Daten, erfolgen.

Im Zweifelsfall ist das höchste Gefahrenniveau anzuwenden.

*→ CH: SDR Anh. 1 1.1.3.11.1*

Wenn jedoch auf der Grundlage der Kenntnisse über die Zusammensetzung des Abfalls und der physikalischen und chemischen Eigenschaften der festgestellten Bestandteile der Nachweis möglich ist, dass die Eigenschaften des Abfalls nicht den Eigenschaften der Verpackungsgruppe I entsprechen, darf der Abfall

---

2) Zu diesen Rechtsvorschriften gehört zum Beispiel die Entscheidung der Kommission 2000/532/EG vom 3. Mai 2000 zur Ersetzung der Entscheidung 94/3/EG über ein Abfallverzeichnis gemäß Artikel 1 Buchstabe a) der Richtlinie 75/442/EWG des Rates über Abfälle und der Entscheidung 94/904/EG des Rates über ein Verzeichnis gefährlicher Abfälle im Sinne von Artikel 1 Absatz 4 der Richtlinie 91/689/EWG des Rates über gefährliche Abfälle (Amtsblatt der Europäischen Gemeinschaften Nr. L 226 vom 6.9.2000, S. 3) in der jeweils geänderten Fassung sowie Richtlinie 2008/98/EG des Europäischen Parlaments und des Rates vom 19. November 2008 über Abfälle und zur Aufhebung bestimmter Richtlinien (Amtsblatt der Europäischen Union Nr. L 312 vom 22.11.2008, S. 3 bis 30) in der jeweils geänderten Fassung.

standardmäßig der am besten geeigneten n.a.g.-Eintragung der Verpackungsgruppe II zugeordnet werden. Wenn jedoch bekannt ist, dass der Abfall nur umweltgefährdende Eigenschaften besitzt, darf er der Verpackungsgruppe III der UN-Nummer 3077 oder 3082 zugeordnet werden. **2.1.3.5.5** (Forts.)

Dieses Verfahren darf nicht für Abfälle angewendet werden, die in Absatz 2.1.3.5.3 genannte Stoffe, Stoffe der Klasse 4.3, Stoffe des in Unterabschnitt 2.1.3.7 genannten Falls oder Stoffe enthalten, die gemäß Unterabschnitt 2.2.x.2 nicht zur Beförderung zugelassen sind.

**[Zutreffendste Sammeleintragung]** **2.1.3.6**

Es ist immer die jeweils zutreffendste Sammeleintragung (siehe Unterabschnitt 2.1.2.5) zu verwenden, d. h. eine allgemeine n.a.g.-Eintragung ist nur zu verwenden, wenn eine Gattungseintragung oder eine spezifische n.a.g.-Eintragung nicht verwendet werden kann.

**[Entzündend (oxidierend) wirkende Stoffe]** **2.1.3.7**

Lösungen und Gemische entzündend (oxidierend) wirkender Stoffe oder Stoffe mit der Nebengefahr entzündend (oxidierend) wirkend können explosive Eigenschaften haben. In diesem Fall sind sie zur Beförderung nicht zugelassen, es sei denn, sie erfüllen die Vorschriften der Klasse 1. Für feste ammoniumnitrathaltige Düngemittel siehe auch Absatz 2.2.51.2.2 dreizehnter und vierzehnter Spiegelstrich und Handbuch Prüfungen und Kriterien Teil III Abschnitt 39.

**[Umweltgefährdende Stoffe]** **2.1.3.8**

Stoffe der Klassen 1 bis 6.2, 8 und 9 mit Ausnahme von Stoffen der UN-Nummern 3077 und 3082, die den Kriterien des Absatzes 2.2.9.1.10 entsprechen, gelten zusätzlich zu ihren Gefahren der Klassen 1 bis 6.2, 8 und 9 als umweltgefährdende Stoffe. Andere Stoffe, die den Kriterien keiner anderen Klasse oder keines anderen Stoffes der Klasse 9, aber den Kriterien des Absatzes 2.2.9.1.10 entsprechen, sind der UN-Nummer 3077 bzw. 3082 zuzuordnen. *→ 1.9.5.3.4* *→ D: RSEB 2-19.1 f.*

**[Abfälle]** **2.1.3.9**

Abfälle, die nicht den Kriterien für eine Zuordnung zu den Klassen 1 bis 9 entsprechen, jedoch unter das Basler Übereinkommen über die Kontrolle der grenzüberschreitenden Verbringung von gefährlichen Abfällen und ihrer Entsorgung fallen, dürfen unter den UN-Nummern 3077 oder 3082 befördert werden. *→ D: RSEB 2-1* *→ RO-bi-CH-1*

*(Fortsetzung aus technischen Gründen auf Seite 136)*

## 2.1.3.10 Tabelle der überwiegenden Gefahr

→ D: GGAV 20

| Klasse und Verpackungsgruppe | 4.1 II | 4.1 III | 4.2 II | 4.2 III | 4.3 I | 4.3 II | 4.3 III | 5.1 I | 5.1 II | 5.1 III | 6.1 I DERMAL | 6.1 I ORAL | 6.1 II | 6.1 III | 8 I | 8 II | 8 III | 9 |
|---|---|---|---|---|---|---|---|---|---|---|---|---|---|---|---|---|---|---|
| 3 I | SOL 4.1<br>LIQ 3 I | SOL 4.1<br>LIQ 3 I | SOL 4.2<br>LIQ 3 I | SOL 4.2<br>LIQ 3 I | 4.3 I | 4.3 I | 4.3 I | SOL 5.1 I<br>LIQ 3 I | SOL 5.1 I<br>LIQ 3 I | SOL 5.1 I<br>LIQ 3 I | 3 I | 3 I | 3 I | 3 I | 3 I | 3 I | 3 I | 3 I |
| 3 II | SOL 4.1<br>LIQ 3 II | SOL 4.1<br>LIQ 3 II | SOL 4.2<br>LIQ 3 II | SOL 4.2<br>LIQ 3 II | 4.3 I | 4.3 II | 4.3 II | SOL 5.1 I<br>LIQ 3 I | SOL 5.1 II<br>LIQ 3 II | SOL 5.1 II<br>LIQ 3 II | 3 I | 3 I | 3 II | 3 II | 8 I | 3 II | 3 II | 3 II |
| 3 III | SOL 4.1<br>LIQ 3 II | SOL 4.1<br>LIQ 3 III | SOL 4.2<br>LIQ 3 II | SOL 4.2<br>LIQ 3 III | 4.3 I | 4.3 II | 4.3 III | SOL 5.1 I<br>LIQ 3 I | SOL 5.1 II<br>LIQ 3 II | SOL 5.1 III<br>LIQ 3 III | 6.1 I | 6.1 I | 6.1 II | 3 III *) | 8 I | 8 II | 3 III | 3 III |
| 4.1 II | | | 4.2 II | 4.2 II | 4.3 I | 4.3 II | 4.3 II | 5.1 I | 4.1 II | 4.1 II | 6.1 I | 6.1 I | SOL 4.1 II<br>LIQ 6.1 II | SOL 4.1 II<br>LIQ 6.1 II | 8 I | SOL 4.1 II<br>LIQ 8 II | SOL 4.1 II<br>LIQ 8 II | 4.1 II |
| 4.1 III | | | 4.2 II | 4.2 III | 4.3 I | 4.3 II | 4.3 III | 5.1 I | 4.1 II | 4.1 III | 6.1 I | 6.1 I | 6.1 II | SOL 4.1 III<br>LIQ 6.1 III | 8 I | 8 II | SOL 4.1 III<br>LIQ 8 III | 4.1 III |
| 4.2 II | | | | | 4.3 I | 4.3 II | 4.3 II | 5.1 I | 4.2 II | 4.2 II | 6.1 I | 6.1 I | 4.2 II | 4.2 II | 8 I | 4.2 II | 4.2 II | 4.2 II |
| 4.2 III | | | | | 4.3 I | 4.3 II | 4.3 III | 5.1 I | 5.1 II | 4.2 III | 6.1 I | 6.1 I | 6.1 II | 4.2 III | 8 I | 8 II | 4.2 III | 4.2 III |
| 4.3 I | | | | | | | | 5.1 I | 4.3 I | 4.3 I | 6.1 I | 4.3 I | 4.3 I | 4.3 I | 4.3 I | 4.3 I | 4.3 I | 4.3 I |
| 4.3 II | | | | | | | | 5.1 I | 4.3 II | 4.3 II | 6.1 I | 4.3 I | 4.3 II | 4.3 II | 8 I | 4.3 II | 4.3 II | 4.3 II |
| 4.3 III | | | | | | | | 5.1 I | 5.1 II | 4.3 III | 6.1 I | 6.1 I | 6.1 II | 4.3 III | 8 I | 8 II | 4.3 III | 4.3 III |
| 5.1 I | | | | | | | | | | | 5.1 I | 5.1 I | 5.1 I | 5.1 I | 5.1 I | 5.1 I | 5.1 I | 5.1 I |
| 5.1 II | | | | | | | | | | | 6.1 I | 5.1 I | 5.1 II | 5.1 II | 8 I | 5.1 II | 5.1 II | 5.1 II |
| 5.1 III | | | | | | | | | | | 6.1 I | 6.1 I | 6.1 II | 5.1 III | 8 I | 8 II | 5.1 III | 5.1 III |
| 6.1 I DERMAL | | | | | | | | | | | | | | | SOL 6.1 I<br>LIQ 8 I | 6.1 I | 6.1 I | 6.1 I |
| 6.1 I ORAL | | | | | | | | | | | | | | | SOL 6.1 I<br>LIQ 8 I | 6.1 I | 6.1 I | 6.1 I |
| 6.1 II INHAL | | | | | | | | | | | | | | | SOL 6.1 I<br>LIQ 8 I | 6.1 II | 6.1 II | 6.1 II |
| 6.1 II DERMAL | | | | | | | | | | | | | | | SOL 6.1 I<br>LIQ 8 I | SOL 6.1 II<br>LIQ 8 II | 6.1 II | 6.1 II |
| 6.1 II ORAL | | | | | | | | | | | | | | | 8 I | SOL 6.1 II<br>LIQ 8 II | 6.1 II | 6.1 II |
| 6.1 III | | | | | | | | | | | | | | | 8 I | 8 II | 8 III | 6.1 III |
| 8 I | | | | | | | | | | | | | | | | | | 8 I |
| 8 II | | | | | | | | | | | | | | | | | | 8 II |
| 8 III | | | | | | | | | | | | | | | | | | 8 III |

SOL = feste Stoffe und Gemische
LIQ = flüssige Stoffe, Gemische und Lösungen
DERMAL = Giftigkeit bei Absorption durch die Haut
ORAL = Giftigkeit bei Einnahme
INHAL = Giftigkeit beim Einatmen
*) Bei Mitteln zur Schädlingsbekämpfung (Pestizide) Klasse 6.1.

**Bem.** 1. Beispiele für die Anwendung der Tabelle: 2.1.3.10 (Forts.)

**Zuordnung eines einzelnen Stoffes**

Beschreibung des zuzuordnenden Stoffes:

Ein nicht namentlich genanntes Amin, das sowohl den Kriterien der Klasse 3 Verpackungsgruppe II als auch den Kriterien der Klasse 8 Verpackungsgruppe I entspricht.

Vorgehensweise:

Schnittpunkt von Zeile 3 II mit Spalte 8 I ergibt 8 I. Dieses Amin ist somit der Klasse 8 zuzuordnen, und zwar unter UN 2734 AMINE, FLÜSSIG, ÄTZEND, ENTZÜNDBAR, N.A.G. oder UN 2734 POLYAMINE, FLÜSSIG, ÄTZEND, ENTZÜNDBAR, N.A.G. Verpackungsgruppe I.

**Zuordnung eines Gemisches**

Beschreibung des zuzuordnenden Gemisches:

Ein Gemisch bestehend aus einem entzündbaren flüssigen Stoff der Klasse 3 Verpackungsgruppe III, einem giftigen Stoff der Klasse 6.1 Verpackungsgruppe II und einem ätzenden Stoff der Klasse 8 Verpackungsgruppe I.

Vorgehensweise:

Schnittpunkt von Zeile 3 III mit Spalte 6.1 II ergibt 6.1 II.

Schnittpunkt von Zeile 6.1 II mit Spalte 8 I ergibt 8 I LIQ.

Dieses nicht näher definierte Gemisch ist somit der Klasse 8 zuzuordnen, und zwar unter UN 2922 ÄTZENDER FLÜSSIGER STOFF, GIFTIG, N.A.G. Verpackungsgruppe I.

2. Beispiele für die Zuordnung der Gemische und Lösungen zu einer Klasse und Verpackungsgruppe:

Eine Lösung von Phenol der Klasse 6.1 Verpackungsgruppe II in Benzen der Klasse 3 Verpackungsgruppe II ist der Klasse 3 Verpackungsgruppe II zuzuordnen; auf Grund der Giftigkeit des Phenols ist diese Lösung der UN-Nummer 1992 ENTZÜNDBARER FLÜSSIGER STOFF, GIFTIG, N.A.G. in Klasse 3 Verpackungsgruppe II zuzuordnen.

Ein festes Gemisch von Natriumarsenat der Klasse 6.1 Verpackungsgruppe II und Natriumhydroxid der Klasse 8 Verpackungsgruppe II ist der UN-Nummer 3290 GIFTIGER ANORGANISCHER FESTER STOFF, ÄTZEND, N.A.G. in Klasse 6.1 Verpackungsgruppe II zuzuordnen.

Eine Lösung von Naphthalen, roh oder raffiniert, der Klasse 4.1 Verpackungsgruppe III in Benzin der Klasse 3 Verpackungsgruppe II ist der UN-Nummer 3295 KOHLENWASSERSTOFFE, FLÜSSIG, N.A.G. in Klasse 3 Verpackungsgruppe II zuzuordnen.

Ein Gemisch von Kohlenwasserstoffen der Klasse 3 Verpackungsgruppe III und polychlorierten Biphenylen (PCB) der Klasse 9 Verpackungsgruppe II ist der UN-Nummer 2315 POLYCHLORIERTE BIPHENYLE, FLÜSSIG oder 3432 POLYCHLORIERTE BIPHENYLE, FEST in Klasse 9 Verpackungsgruppe II zuzuordnen.

Ein Gemisch von Propylenimin der Klasse 3 und polychlorierten Biphenylen (PCB) der Klasse 9 Verpackungsgruppe II ist der Eintragung UN 1921 PROPYLENIMIN, STABILISIERT in Klasse 3 zuzuordnen.

**Zuordnung von Proben** 2.1.4

**[Einstufung]** 2.1.4.1 → D: GGAV 20

Wenn die Klasse eines Stoffes unsicher ist und der Stoff zur weiteren Prüfung befördert wird, ist auf der Grundlage der Kenntnis des Absenders über den Stoff eine vorläufige Klasse, offizielle Benennung für die Beförderung und UN-Nummer zuzuordnen, und zwar unter Anwendung:

a) der Klassifizierungskriterien des Kapitels 2.2 und

b) der Vorschriften dieses Kapitels.

Die strengste, für die gewählte offizielle Benennung für die Beförderung mögliche Verpackungsgruppe ist anzuwenden.

Bei Anwendung dieser Vorschrift ist die offizielle Benennung für die Beförderung durch den Ausdruck „PROBE" zu ergänzen (z.B. „ENTZÜNDBARER FLÜSSIGER STOFF, N.A.G., PROBE"). In den Fällen, in denen für eine Probe eines Stoffes, von dem man annimmt, dass er bestimmten Klassifizierungskriterien entspricht, eine bestimmte Benennung für die Beförderung vorgesehen ist (z.B. „UN 3167 GASPROBE, NICHT

**2.1.4.1** (Forts.) UNTER DRUCK STEHEND, ENTZÜNDBAR, N.A.G."), ist diese offizielle Benennung für die Beförderung zu verwenden. Wenn für die Beförderung einer Probe eine n.a.g.-Eintragung verwendet wird, muss die offizielle Benennung für die Beförderung nicht durch die technische Benennung ergänzt werden, wie dies in Kapitel 3.3 Sondervorschrift 274 vorgeschrieben ist.

**2.1.4.2 [Bedingungen]**

Proben des Stoffes sind in Übereinstimmung mit den für die vorläufig zugeordnete offizielle Benennung für die Beförderung anwendbaren Vorschriften zu befördern, vorausgesetzt:

a) der Stoff gilt nicht als Stoff, der nach den Unterabschnitten 2.2.x.2 des Kapitels 2.2 oder nach Kapitel 3.2 nicht zur Beförderung zugelassen ist;

b) der Stoff gilt nicht als Stoff, der die Kriterien der Klasse 1 erfüllt, und nicht als ansteckungsgefährlicher oder radioaktiver Stoff;

c) der Stoff entspricht den Vorschriften des Absatzes 2.2.41.1.15 bzw. 2.2.52.1.9, wenn es sich um einen selbstzersetzlichen Stoff bzw. um ein organisches Peroxid handelt;

d) die Probe wird in einer zusammengesetzten Verpackung mit einer Nettomasse von höchstens 2,5 kg je Versandstück befördert und

e) die Probe wird nicht mit anderen Gütern zu einem Versandstück vereinigt.

**2.1.4.3 Proben energetischer Stoffe für Prüfzwecke**

**2.1.4.3.1 [Nichtexplosive energetische Proben]**

Proben organischer Stoffe, die funktionelle Gruppen enthalten, die in den Tabellen A6.1 und/oder A6.3 in Anhang 6 (Screening Procedures – Voruntersuchungen) des Handbuchs Prüfungen und Kriterien aufgeführt sind, dürfen unter der UN-Nummer 3224 (Selbstzersetzlicher Stoff Typ C, fest) bzw. 3223 (Selbstzersetzlicher Stoff Typ C, flüssig) der Klasse 4.1 befördert werden, vorausgesetzt:

a) die Proben enthalten:
   (i) keine bekannten explosiven Stoffe,
   (ii) keine Stoffe, die bei der Prüfung explosive Effekte aufweisen,
   (iii) keine Verbindungen, die mit der Absicht entwickelt wurden, einen praktischen explosiven oder pyrotechnischen Effekt zu erzeugen, oder
   (iv) keine Bestandteile, die aus synthetischen Grundstoffen beabsichtigter explosiver Stoffe bestehen;

b) die Konzentration des anorganischen oxidierenden Stoffs beträgt bei Gemischen, Komplexen oder Salzen anorganischer entzündend (oxidierend) wirkender Stoffe der Klasse 5.1 mit einem oder mehreren organischen Stoffen:
   (i) weniger als 15 Masse-% bei einer Zuordnung zur Verpackungsgruppe I (hohe Gefahr) oder II (mittlere Gefahr) oder
   (ii) weniger als 30 Masse-% bei einer Zuordnung zur Verpackungsgruppe III (niedrige Gefahr);

c) die verfügbaren Daten ermöglichen keine genauere Klassifizierung;

d) die Probe ist nicht mit anderen Gütern zusammengepackt und

e) die Probe ist gemäß der Verpackungsanweisung P520 und der Sondervorschrift für die Verpackung PP94 bzw. PP95 des Unterabschnitts 4.1.4.1 verpackt.

## 2.1.5 Klassifizierung von Gegenständen als Gegenstände, die gefährliche Güter enthalten, n.a.g.

**Bem.** Für Gegenstände, die keine offizielle Benennung für die Beförderung haben und die nur gefährliche Güter im Rahmen der in Kapitel 3.2 Tabelle A Spalte (7a) zugelassenen begrenzten Mengen enthalten, dürfen die UN-Nummer 3363 und die Sondervorschriften 301 und 672 des Kapitels 3.3 angewendet werden.

**2.1.5.1 [Zuordnung nach Inhalt]**

Gegenstände, die gefährliche Güter enthalten, dürfen, wie an anderer Stelle im ADR vorgesehen, der offiziellen Benennung für die Beförderung der gefährlichen Güter, die in ihnen enthalten sind, zugeordnet oder in Übereinstimmung mit diesem Abschnitt klassifiziert werden.

Für Zwecke dieses Abschnitts ist ein „Gegenstand" eine Maschine, ein Gerät oder eine andere Einrichtung, das/die ein oder mehrere gefährliche Güter (oder Rückstände dieser Güter) enthält, die fester Bestandteil des Gegenstandes sind, für die Funktion des Gegenstandes notwendig sind und für Beförderungszwecke nicht entfernt werden können. 2.1.5.1 (Forts.)

Eine Innenverpackung ist kein Gegenstand.

**[Anforderungen an Zellen und Batterien in Gegenständen]** 2.1.5.2

Solche Gegenstände dürfen darüber hinaus Zellen oder Batterien enthalten. Lithium-Metall-, Lithium-Ionen- und Natrium-Ionen-Zellen und -Batterien, die Bestandteil des Gegenstandes sind, müssen einem Typ entsprechen, für den nachgewiesen wurde, dass er die Prüfvorschriften des Handbuchs Prüfungen und Kriterien Teil III Unterabschnitt 38.3 erfüllt. Für Gegenstände, die Lithium-Metall-, Lithium-Ionen- oder Natrium-Ionen-Zellen oder -Batterien eines Vorproduktionsprototyps enthalten und die zur Prüfung befördert werden, oder für Gegenstände, die Lithium-Metall-, Lithium-Ionen- oder Natrium-Ionen-Zellen oder -Batterien enthalten, die in Produktionsserien von höchstens 100 Zellen oder Batterien hergestellt werden, gelten die Vorschriften der Sondervorschrift 310 des Kapitels 3.3.

**[Nichtgeltung für klassifizierte Gegenstände]** 2.1.5.3

Dieser Abschnitt gilt nicht für Gegenstände, für die in Kapitel 3.2 Tabelle A bereits eine genauere offizielle Benennung für die Beförderung besteht.

**[Nichtgeltung für bestimme Güter]** 2.1.5.4

Dieser Abschnitt gilt nicht für gefährliche Güter der Klasse 1, der Klasse 6.2 und der Klasse 7 oder für radioaktive Stoffe, die in Gegenständen enthalten sind. Dieser Abschnitt gilt jedoch für Gegenstände, die explosive Stoffe enthalten, die in Übereinstimmung mit Absatz 2.2.1.1.8.2 aus der Klasse 1 ausgeschlossen sind.

**[Zuordnung nach überwiegender Gefahr]** 2.1.5.5

*→ D: RSEB 2-2*

Gegenstände, die gefährliche Güter enthalten, müssen der zutreffenden Klasse zugeordnet werden, die durch die in jedem einzelnen im Gegenstand enthaltenen gefährlichen Gut vorhandenen Gefahren, gegebenenfalls unter Verwendung der Tabelle der überwiegenden Gefahr in Unterabschnitt 2.1.3.10, bestimmt wird. Wenn im Gegenstand gefährliche Güter enthalten sind, die der Klasse 9 zugeordnet sind, wird davon ausgegangen, dass alle anderen im Gegenstand enthaltenen gefährlichen Güter eine größere Gefahr darstellen.

**[Nebengefahr nach überwiegender Gefahr]** 2.1.5.6

Nebengefahren müssen repräsentativ für die Hauptgefahren der anderen im Gegenstand enthaltenen gefährlichen Güter sein. Wenn im Gegenstand nur ein gefährliches Gut vorhanden ist, ist (sind) die eventuell vorhandene(n) Nebengefahr(en) diejenige(n), die durch den (die) Nebengefahrzettel in Kapitel 3.2 Tabelle A Spalte (5) ausgewiesen ist (sind). Wenn der Gegenstand mehrere gefährliche Güter enthält und diese während der Beförderung gefährlich miteinander reagieren können, muss jedes gefährliche Gut getrennt umschlossen sein (siehe Unterabschnitt 4.1.1.6).

**Klassifizierung von Altverpackungen, leer, ungereinigt** 2.1.6

Leere ungereinigte Verpackungen, Großverpackungen oder Großpackmittel (IBC) oder Teile davon, die zur Entsorgung, zum Recycling oder zur Wiederverwendung ihrer Werkstoffe, nicht aber zur Rekonditionierung, Reparatur, regelmäßigen Wartung, Wiederaufarbeitung oder Wiederverwendung befördert werden, dürfen der UN-Nummer 3509 zugeordnet werden, wenn sie den Vorschriften für diese Eintragung entsprechen.

→ D: § 8 (1) 1 a)
→ D: § 10 Nr. 1

# Kapitel 2.2 Besondere Vorschriften für die einzelnen Klassen

## 2.2.1 Klasse 1: Explosive Stoffe und Gegenstände mit Explosivstoff

### 2.2.1.1 Kriterien

#### 2.2.1.1.1 [Zugeordnete Güter]

→ D: GGAV 32

Unter den Begriff der Klasse 1 fallen:

a) Explosive Stoffe: Feste oder flüssige Stoffe (oder Stoffgemische), die durch chemische Reaktion Gase solcher Temperatur, solchen Drucks und solcher Geschwindigkeit entwickeln können, dass hierdurch in der Umgebung Zerstörungen eintreten können.

Pyrotechnische Sätze: Explosive Stoffe, mit denen eine Wirkung in Form von Wärme, Licht, Schall, Gas, Nebel oder Rauch oder einer Kombination dieser Wirkungen als Folge nicht detonativer, selbstunterhaltender, exothermer chemischer Reaktionen erzielt werden soll.

**Bem.** 1. Stoffe, die selbst keine explosiven Stoffe sind, die aber ein explosionsfähiges Gas-, Dampf- oder Staubgemisch bilden können, sind keine Stoffe der Klasse 1.

2. Ausgenommen von der Klasse 1 sind auch wasser- und alkoholfeuchte Explosivstoffe, deren Wasser- bzw. Alkoholgehalt die angegebenen Grenzwerte überschreitet, sowie Explosivstoffe mit Plastifizierungsmitteln – diese explosiven Stoffe sind der Klasse 3 oder 4.1 zugeordnet – sowie explosive Stoffe, die auf Grund ihrer überwiegenden Gefahr der Klasse 5.2 zugeordnet sind.

→ UN 2990

b) Gegenstände mit Explosivstoff: Gegenstände, die einen oder mehrere explosive Stoffe oder pyrotechnische Sätze enthalten.

**Bem.** Gegenstände, die explosive Stoffe oder pyrotechnische Sätze in so geringer Menge oder solcher Art enthalten, dass ihre unbeabsichtigte oder zufällige Entzündung oder Zündung während der Beförderung außerhalb des Gegenstandes sich nicht durch Splitter, Feuer, Nebel, Rauch, Wärme oder starken Schall bemerkbar macht, unterliegen nicht den Vorschriften der Klasse 1.

c) Stoffe und Gegenstände, die oben nicht genannt sind und die hergestellt worden sind, um einen praktischen explosiven oder pyrotechnischen Effekt zu erzeugen.

Im Sinne der Klasse 1 gelten folgende Begriffsbestimmungen:

*Phlegmatisiert:* Einem explosiven Stoff wurde ein Stoff (oder ein „Phlegmatisierungsmittel") hinzugefügt, um die Sicherheit bei der Handhabung und Beförderung dieses explosiven Stoffes zu erhöhen. Das Phlegmatisierungsmittel macht den explosiven Stoff bei folgenden Einflüssen unempfindlich oder weniger empfindlich: Wärme, Stoß, Aufprall, Schlag oder Reibung. Typische Phlegmatisierungsmittel sind unter anderem: Wachs, Papier, Wasser, Polymere (wie Fluor-Chlor-Polymere), Alkohol und Öle (wie Vaseline und Paraffin).

*Explosiver oder pyrotechnischer Effekt* in Zusammenhang mit Absatz c): Eine Wirkung, die durch selbstunterhaltende, exotherme chemische Reaktionen erzeugt wird, einschließlich Stoß, Luftdruck, Zertrümmerung, Splitter, Wärme, Licht, Schall, Gas und Rauch.

#### 2.2.1.1.2 [Ausschlusskriterien]

→ 1.6.1.3
→ 1.6.1.4
→ D: Feuerwerk

Stoffe oder Gegenstände, die explosive Eigenschaften aufweisen oder aufweisen können, werden nach den im Handbuch Prüfungen und Kriterien Teil I aufgeführten Prüfungen, Verfahren und Kriterien für eine Zuordnung nach Klasse 1 in Betracht gezogen.

Ein der Klasse 1 zugeordneter Stoff oder Gegenstand darf nur zur Beförderung zugelassen werden, wenn er einer der Benennungen oder einer der n.a.g.-Eintragungen in Kapitel 3.2 Tabelle A zugeordnet worden ist und den Kriterien des Handbuchs Prüfungen und Kriterien entspricht.

#### 2.2.1.1.3 [Behördenvorbehalt]

→ D: BAM-Kampfmittel-Verfügung

Die Stoffe und Gegenstände der Klasse 1 müssen einer UN-Nummer und einer Benennung oder n.a.g.-Eintragung zugeordnet sein, die in Kapitel 3.2 Tabelle A aufgeführt ist. Die Interpretation der Benennungen der in Kapitel 3.2 Tabelle A namentlich genannten Stoffe und Gegenstände erfolgt auf der Grundlage des Glossars in Unterabschnitt 2.2.1.4.

Muster von neuen oder bereits bestehenden explosiven Stoffen oder Gegenständen mit Explosivstoff, ausgenommen Initialsprengstoffe, die unter anderem zu Versuchs-, Zuordnungs-, Forschungs- und Entwicklungszwecken, zu Qualitätskontrollzwecken oder als Handelsmuster befördert werden, dürfen der UN-Nummer 0190 EXPLOSIVSTOFF, MUSTER zugeordnet werden. 2.2.1.1.3 (Forts.)

Die Zuordnung von in Kapitel 3.2 Tabelle A nicht namentlich genannten Stoffen und Gegenständen zu einer n.a.g.-Eintragung oder der UN-Nummer 0190 EXPLOSIVSTOFF, MUSTER sowie die Zuordnung von bestimmten Stoffen, deren Beförderung nach den Sondervorschriften in Kapitel 3.2 Tabelle A Spalte (6) von einer Sondergenehmigung der zuständigen Behörde abhängig ist, erfolgt durch die zuständige Behörde des Ursprungslandes. Diese zuständige Behörde muss auch die Beförderungsbedingungen für diese Stoffe und Gegenstände schriftlich genehmigen. Ist das Ursprungsland keine Vertragspartei des ADR, müssen die Zuordnung und die Beförderungsbedingungen von der zuständigen Behörde der ersten von der Sendung berührten Vertragspartei des ADR anerkannt werden.

**[Grundsatz]** 2.2.1.1.4

Stoffe und Gegenstände der Klasse 1 müssen einer Unterklasse nach Absatz 2.2.1.1.5 und einer Verträglichkeitsgruppe nach Absatz 2.2.1.1.6 zugeordnet sein. Die Unterklasse muss auf der Grundlage der Ergebnisse der in den Abschnitten 2.3.0 und 2.3.1 beschriebenen Prüfungen unter Verwendung der Beschreibungen in Absatz 2.2.1.1.5 ermittelt sein. Die Verträglichkeitsgruppe muss nach den Beschreibungen in Absatz 2.2.1.1.6 bestimmt sein. Die Nummern der Unterklasse zusammen mit dem Buchstaben der Verträglichkeitsgruppe bilden den Klassifizierungscode.

**Beschreibung der Unterklassen** 2.2.1.1.5

Unterklasse 1.1 Stoffe und Gegenstände, die massenexplosionsfähig sind. (Eine Massenexplosion ist eine Explosion, die nahezu die gesamte Ladung praktisch gleichzeitig erfasst.)

Unterklasse 1.2 Stoffe und Gegenstände, die die Gefahr der Bildung von Splittern, Spreng- und Wurfstücken aufweisen, aber nicht massenexplosionsfähig sind.

Unterklasse 1.3 Stoffe und Gegenstände, die eine Feuergefahr besitzen und die entweder eine geringe Gefahr durch Luftdruck oder eine geringe Gefahr durch Splitter, Spreng- und Wurfstücke oder durch beides aufweisen, aber nicht massenexplosionsfähig sind,

a) bei deren Verbrennung beträchtliche Strahlungswärme entsteht oder
b) die nacheinander so abbrennen, dass eine geringe Luftdruckwirkung oder Splitter-, Sprengstück-, Wurfstückwirkung oder beide Wirkungen entstehen.

Unterklasse 1.4 Stoffe und Gegenstände, die im Falle der Entzündung oder Zündung während der Beförderung nur eine geringe Explosionsgefahr darstellen. Die Auswirkungen bleiben im Wesentlichen auf das Versandstück beschränkt, und es ist nicht zu erwarten, dass Sprengstücke mit größeren Abmessungen oder größerer Reichweite entstehen. Ein von außen einwirkendes Feuer darf keine praktisch gleichzeitige Explosion des nahezu gesamten Inhalts des Versandstückes nach sich ziehen.

Unterklasse 1.5 Sehr unempfindliche massenexplosionsfähige Stoffe, die so unempfindlich sind, dass die Wahrscheinlichkeit einer Zündung oder des Überganges eines Brandes in eine Detonation unter normalen Beförderungsbedingungen sehr gering ist. Als Minimalanforderung für diese Stoffe gilt, dass sie beim Außenbrandversuch nicht explodieren dürfen.

Unterklasse 1.6 Extrem unempfindliche Gegenstände, die nicht massenexplosionsfähig sind. Diese Gegenstände enthalten überwiegend extrem unempfindliche Stoffe und weisen eine zu vernachlässigende Wahrscheinlichkeit einer unbeabsichtigten Zündung oder Fortpflanzung auf.

**Bem.** Die von Gegenständen der Unterklasse 1.6 ausgehende Gefahr ist auf die Explosion eines einzigen Gegenstandes beschränkt.

**Beschreibung der Verträglichkeitsgruppen der Stoffe und Gegenstände** 2.2.1.1.6

A Zündstoff

B Gegenstand mit Zündstoff und weniger als zwei wirksamen Sicherungsvorrichtungen. Eingeschlossen sind einige Gegenstände, wie Sprengkapseln, Zündeinrichtungen für Sprengungen und Anzündhütchen, selbst wenn diese keinen Zündstoff enthalten

2.2.1.1.6 (Forts.)

C Treibstoff oder anderer deflagrierender explosiver Stoff oder Gegenstand mit solchem explosiven Stoff

D Detonierender explosiver Stoff oder Schwarzpulver oder Gegenstand mit detonierendem explosivem Stoff, jeweils ohne Zündmittel und ohne treibende Ladung, oder Gegenstand mit Zündstoff mit mindestens zwei wirksamen Sicherungsvorrichtungen

E Gegenstand mit detonierendem explosivem Stoff ohne Zündmittel mit treibender Ladung (andere als solche, die aus entzündbarer Flüssigkeit oder entzündbarem Gel oder Hypergolen bestehen)

F Gegenstand mit detonierendem explosivem Stoff mit seinem eigenen Zündmittel, mit treibender Ladung (andere als solche, die aus entzündbarer Flüssigkeit oder entzündbarem Gel oder Hypergolen bestehen) oder ohne treibende Ladung

G Pyrotechnischer Stoff oder Gegenstand mit pyrotechnischem Stoff oder Gegenstand mit sowohl explosivem Stoff als auch Leucht-, Brand-, Augenreiz- oder Nebelstoff (außer Gegenständen, die durch Wasser aktiviert werden oder die weißen Phosphor, Phosphide, einen pyrophoren Stoff, eine entzündbare Flüssigkeit oder ein entzündbares Gel oder Hypergole enthalten)

H Gegenstand, der sowohl explosiven Stoff als auch weißen Phosphor enthält

J Gegenstand, der sowohl explosiven Stoff als auch entzündbare Flüssigkeit oder entzündbares Gel enthält

K Gegenstand, der sowohl explosiven Stoff als auch giftigen chemischen Wirkstoff enthält

L Explosiver Stoff oder Gegenstand mit explosivem Stoff, der eine besondere Gefahr darstellt (z.B. wegen seiner Aktivierung bei Zutritt von Wasser oder wegen der Anwesenheit von Hypergolen, Phosphiden oder eines pyrophoren Stoffes) und eine Trennung jeder einzelnen Art erfordert

N Gegenstände, die überwiegend extrem unempfindliche Stoffe enthalten

S Stoff oder Gegenstand, der so verpackt oder gestaltet ist, dass jede durch nicht beabsichtigte Reaktion auftretende gefährliche Wirkung auf das Versandstück beschränkt bleibt, außer das Versandstück wurde durch Brand beschädigt; in diesem Falle müssen die Luftdruck- und Splitterwirkung auf ein Maß beschränkt bleiben, dass Feuerbekämpfungs- oder andere Notmaßnahmen in der unmittelbaren Nähe des Versandstückes weder wesentlich eingeschränkt noch verhindert werden.

**Bem.** 1. Jeder Stoff oder Gegenstand in einer spezifizierten Verpackung darf nur einer Verträglichkeitsgruppe zugeordnet werden. Da das Kriterium der Verträglichkeitsgruppe S empirischer Natur ist, ist die Zuordnung zu dieser Gruppe notwendigerweise an die Versuche zur Zuordnung eines Klassifizierungscodes gebunden.

2. Gegenstände der Verträglichkeitsgruppen D und E dürfen mit ihren eigenen Zündmitteln versehen oder mit ihnen zusammengepackt werden, vorausgesetzt, die Zündeinrichtung enthält zumindest zwei wirksame Sicherungsvorrichtungen, um die Auslösung einer Explosion im Falle einer nicht beabsichtigten Reaktion des Zündmittels zu verhindern. Solche Gegenstände und Versandstücke sind der Verträglichkeitsgruppe D oder E zuzuordnen.

3. Gegenstände der Verträglichkeitsgruppen D und E dürfen mit ihren eigenen Zündmitteln, welche nicht zwei wirksame Sicherungsvorrichtungen enthalten, zusammengepackt werden (d.h. Zündmittel, die der Verträglichkeitsgruppe B zugeordnet sind), vorausgesetzt, sie entsprechen der Vorschrift für die Zusammenpackung MP21 in Abschnitt 4.1.10. Solche Versandstücke sind der Verträglichkeitsgruppe D oder E zuzuordnen.

4. Gegenstände dürfen mit ihren eigenen Anzündmitteln versehen oder mit ihnen zusammengepackt werden, vorausgesetzt, die Anzündmittel können unter normalen Beförderungsbedingungen nicht ausgelöst werden.

5. Gegenstände der Verträglichkeitsgruppen C, D und E dürfen zusammengepackt werden. Solche Versandstücke sind der Verträglichkeitsgruppe E zuzuordnen.

**2.2.1.1.7 Zuordnung von Feuerwerkskörpern zu Unterklassen**

**2.2.1.1.7.1 [Prüfverfahren]**

Feuerwerkskörper müssen normalerweise auf der Grundlage der von der Prüfreihe 6 des Handbuchs Prüfungen und Kriterien erzielten Prüfdaten den Unterklassen 1.1, 1.2, 1.3 und 1.4 zugeordnet werden. Jedoch gilt Folgendes:

a) Wasserfälle, die einen Blitzknallsatz enthalten (siehe Absatz 2.2.1.1.7.5 Bem. 2), müssen ungeachtet der Ergebnisse der Prüfreihe 6 als 1.1G klassifiziert werden. **2.2.1.1.7.1** (Forts.)

b) Da das Angebot an Feuerwerkskörpern sehr umfangreich ist und die Verfügbarkeit von Prüfeinrichtungen begrenzt sein kann, darf die Zuordnung zu Unterklassen auch gemäß dem Verfahren in Absatz 2.2.1.1.7.2 erfolgen.

**[Zuordnung lt. Tabelle]** **2.2.1.1.7.2**

Die Zuordnung von Feuerwerkskörpern zur UN-Nummer 0333, 0334, 0335 oder 0336 sowie die Zuordnung von Gegenständen zur UN-Nummer 0431, sofern diese für bühnenpyrotechnische Effekte verwendet werden, die der Begriffsbestimmung für den Typ des Gegenstands und der Spezifikation 1.4G in der Tabelle für die vorgegebene Klassifizierung von Feuerwerkskörpern in Absatz 2.2.1.1.7.5 entsprechen, darf ohne Prüfung gemäß Prüfreihe 6 auf der Grundlage eines Analogieschlusses gemäß der Tabelle für die vorgegebene Klassifizierung von Feuerwerkskörpern in Absatz 2.2.1.1.7.5 erfolgen. Eine solche Zuordnung muss mit Zustimmung der zuständigen Behörde erfolgen. Gegenstände, die in der Tabelle nicht aufgeführt sind, müssen auf der Grundlage der von der Prüfreihe 6 erzielten Prüfdaten klassifiziert werden.

**Bem.** 1. Die Aufnahme anderer Typen von Feuerwerkskörpern in die Spalte (1) der Tabelle in Absatz 2.2.1.1.7.5 darf nur auf der Grundlage vollständiger Prüfdaten, die dem UN-Expertenunterausschuss für die Beförderung gefährlicher Güter zur Prüfung unterbreitet werden, erfolgen.

2. Die von den zuständigen Behörden erzielten Prüfdaten, die eine Bestätigung der oder einen Widerspruch zur Zuordnung von in der Spalte (4) der Tabelle in Absatz 2.2.1.1.7.5 spezifizierten Feuerwerkskörpern zu den Unterklassen der Spalte (5) darstellen, sollten dem UN-Expertenunterausschuss für die Beförderung gefährlicher Güter zur Information unterbreitet werden.

**[Zuordnung bei Zusammenpackung]** **2.2.1.1.7.3**

Wenn Feuerwerkskörper, die mehr als einer Unterklasse zugeordnet sind, in einem Versandstück zusammengepackt werden, müssen sie auf der Grundlage der Unterklasse mit der höchsten Gefahr klassifiziert werden, es sei denn, die von der Prüfreihe 6 erzielten Prüfdaten liefern ein anderes Ergebnis.

**[Einschränkung Tabelle]** **2.2.1.1.7.4**

Die in der Tabelle in Absatz 2.2.1.1.7.5 angegebene Klassifizierung gilt nur für Gegenstände, die in Kisten aus Pappe (4G) verpackt sind.

**Tabelle für die vorgegebene Klassifizierung von Feuerwerkskörpern[3)]** **2.2.1.1.7.5**

**Bem.** 1. Die in der Tabelle angegebenen Prozentsätze beziehen sich, sofern nichts anderes angegeben ist, auf die Masse aller pyrotechnischen Stoffe (z.B. Raketenmotoren, Treibladung, Zerlegerladung und Effektladung). *→ D: RSEB 0-1*

2. Der in dieser Tabelle verwendete Ausdruck „Blitzknallsatz" bezieht sich auf pyrotechnische Stoffe in Pulverform oder als pyrotechnische Einheiten, wie sie in Feuerwerkskörpern vorhanden sind, die in Wasserfällen verwendet werden, oder für die Erzeugung eines akustischen Effekts oder als Zerlegerladung oder Treibladung verwendet werden, es sei denn,

   a) es wird nachgewiesen, dass die Zeit für den Druckanstieg in der HSL-Prüfung für Blitzknallsätze in Anhang 7 des Handbuchs Prüfungen und Kriterien mehr als 6 ms für 0,5 g eines pyrotechnischen Stoffes beträgt, oder

   b) der pyrotechnische Stoff liefert beim US Flash Composition Test (US-Blitzknallsatz-Prüfung) in Anhang 7 des Handbuchs Prüfungen und Kriterien ein negatives „-" Ergebnis.

3. Angaben in mm beziehen sich

   a) bei kugelförmigen Großfeuerwerksbomben und Mehrfachkugelbomben auf den Kugeldurchmesser der Großfeuerwerksbombe;

   b) bei zylindrischen Großfeuerwerksbomben auf die Länge der Großfeuerwerksbombe;

3) Diese Tabelle enthält ein Verzeichnis von Klassifizierungen für Feuerwerkskörper, die bei fehlenden Prüfdaten der Prüfreihe 6 (siehe Absatz 2.2.1.1.7.2) verwendet werden dürfen.

**2.2.1.1.7.5** (Forts.)

c) bei einer Großfeuerwerksbombe in einem Mörser, einem Römischen Licht, einem Feuerwerkskörper in einem geschlossenen Rohr oder einem Feuerwerkstopf auf den Innendurchmesser des Rohres, das den Feuerwerkskörper einschließt oder enthält;

d) bei einem Feuertopf ohne Mörser oder einem zylindrischen Feuertopf auf den Innendurchmesser des Mörsers, der für die Aufnahme des Feuertopfes vorgesehen ist.

| Typ | einschließlich:/ Synonyme: | Begriffsbestimmung | Spezifikation | Klassifizierung |
|---|---|---|---|---|
| Großfeuerwerksbombe, kugelförmig oder zylindrisch | Sternbombe, Kugelbombe, Blitzknallbombe, Tageslichtbombe, Wasserbombe, Mehrschlagbombe, Display Shell | Gegenstand mit oder ohne Ausstoßladung, mit Verzögerungszünder und Zerlegerladung, pyrotechnischer Einheit (pyrotechnischen Einheiten) oder losem pyrotechnischen Stoff, für den Abschuss aus einem Mörser ausgelegt | alle Blitzknallbomben | 1.1G |
| | | | Sterneffektbombe: ≥ 180 mm | 1.1G |
| | | | Sterneffektbombe: < 180 mm mit > 25 % Blitzknallsatz, als loses Pulver und/oder Knalleffekte | 1.1G |
| | | | Sterneffektbombe: < 180 mm mit ≤ 25 % Blitzknallsatz, als loses Pulver und/oder Knalleffekte | 1.3G |
| | | | Sterneffektbombe: ≤ 50 mm oder ≤ 60 g pyrotechnischer Stoff mit ≤ 2 % Blitzknallsatz, als loses Pulver und/oder Knalleffekte | 1.4G |
| | Mehrfachkugelbombe (engl. peanut shell) | Gegenstand mit zwei oder mehreren Kugelbomben in einer gemeinsamen Hülle, die von derselben Ausstoßladung angetrieben werden, mit getrennten externen Verzögerungszündern | Die gefährlichste Kugelbombe bestimmt die Klassifizierung. | |
| | vorgeladener Mörser, Großfeuerwerksbombe in einem Mörser (engl. shell in mortar) | Anordnung aus einer kugelförmigen oder zylindrischen Großfeuerwerksbombe in einem Mörser, die für einen Abschuss aus diesem Mörser ausgelegt ist | alle Blitzknallbomben | 1.1G |
| | | | Sterneffektbombe: ≥ 180 mm | 1.1G |
| | | | Sterneffektbombe: > 25 % Blitzknallsatz, als loses Pulver und/oder Knalleffekte | 1.1G |
| | | | Sterneffektbombe: > 50 mm und < 180 mm | 1.2G |
| | | | Sterneffektbombe: ≤ 50 mm oder ≤ 60 g pyrotechnischer Stoff mit ≤ 25 % Blitzknallsatz, als loses Pulver und/oder Knalleffekte | 1.3G |
| | Kugelbombe aus Kugelbomben (engl. shell of shells (spherical)) (die angegebenen Prozentsätze von Kugelbomben aus Kugelbomben beziehen sich auf die Bruttomasse von Feuerwerksartikeln) | Gegenstand ohne Ausstoßladung und mit Verzögerungszünder und Zerlegerladung, der Blitzknallbomben und inertes Material enthält und für den Abschuss aus einem Mörser ausgelegt ist | > 120 mm | 1.1G |
| | | Gegenstand ohne Ausstoßladung und mit Verzögerungszünder und Zerlegerladung, der Blitzknallbomben mit ≤ 25 g Blitzknallsatz pro Knalleinheit enthält, mit ≤ 33 % Blitzknallsatz und ≥ 60 % inertem Material, und der für den Abschuss aus einem Mörser ausgelegt ist | ≤ 120 mm | 1.3G |
| | | Gegenstand ohne Ausstoßladung und mit Verzögerungszünder und Zerlegerladung, der Sterneffektbomben und/oder pyrotechnische Einheiten enthält und für den Abschuss aus einem Mörser ausgelegt ist | > 300 mm | 1.1G |

## 2.2 Besondere Vorschriften für einzelne Klassen [Klasse 1]

**2.2.1.1.7.5** (Forts.)

| Typ | einschließlich:/ Synonyme: | Begriffsbestimmung | Spezifikation | Klassifizierung |
|---|---|---|---|---|
| Großfeuerwerksbombe *(Forts.)* | Kugelbombe aus Kugelbomben *(Forts.)* | Gegenstand ohne Ausstoßladung und mit Verzögerungszünder und Zerlegerladung, der Sterneffektbomben ≤ 70 mm und/oder pyrotechnische Einheiten enthält, mit ≤ 25 % Blitzknallsatz und ≤ 60 % pyrotechnischem Stoff, und der für den Abschuss aus einem Mörser ausgelegt ist | > 200 mm und ≤ 300 mm | 1.3G |
| | | Gegenstand mit Ausstoßladung und mit Verzögerungszünder und Zerlegerladung, der Sterneffektbomben ≤ 70 mm und/oder pyrotechnische Einheiten enthält, mit ≤ 25 % Blitzknallsatz und ≤ 60 % pyrotechnischem Stoff, und der für den Abschuss aus einem Mörser ausgelegt ist | ≤ 200 mm | 1.3G |
| Batterie/ Kombination | Kombinationsfeuerwerk, Feuerwerksbatterie, Cake, Battery | Anordnung, die mehrere Elemente desselben Typs oder verschiedener Typen enthält, wobei jeder Typ einem der in dieser Tabelle aufgeführten Feuerwerkstypen entspricht, mit einer oder zwei Anzündstellen | Der gefährlichste Feuerwerkstyp bestimmt die Klassifizierung. | |
| Römisches Licht (engl. Roman candle) | | Rohr, das eine Serie pyrotechnischer Einheiten enthält, die abwechselnd aus einem pyrotechnischen Stoff, einer Ausstoßladung und einer Überzündung bestehen | Innendurchmesser ≥ 50 mm mit Blitzknallsatz oder Innendurchmesser < 50 mm mit > 25 % Blitzknallsatz | 1.1G |
| | | | Innendurchmesser ≥ 50 mm ohne Blitzknallsatz | 1.2G |
| | | | Innendurchmesser < 50 mm und mit ≤ 25 % Blitzknallsatz | 1.3G |
| | | | Innendurchmesser ≤ 30 mm, jede pyrotechnische Einheit ≤ 25 g, mit ≤ 5 % Blitzknallsatz | 1.4G |
| Feuerwerksrohr | Römisches Licht mit Einzelschuss (engl. single shot Roman candle), kleiner vorgeladener Mörser (engl. small preloaded mortar) | Rohr, das eine pyrotechnische Einheit enthält, die wiederum aus einem pyrotechnischen Stoff, einer Ausstoßladung und mit oder ohne Überzündung besteht | Innendurchmesser ≤ 30 mm und pyrotechnische Einheit > 25 g oder > 5 % und ≤ 25 % Blitzknallsatz | 1.3G |
| | | | Innendurchmesser ≤ 30 mm, pyrotechnische Einheit ≤ 25 g und ≤ 5 % Blitzknallsatz | 1.4G |
| Rakete (engl. rocket) | Signalrakete, Pfeifrakete | Hülse, die einen pyrotechnischen Stoff und/oder pyrotechnische Einheiten enthält, mit Leitstab (Leitstäben) oder anderen Mitteln zur Flugstabilisierung ausgerüstet, und die für einen Aufstieg in die Luft ausgelegt ist | nur Effekte von Blitzknallsätzen | 1.1G |
| | | | Blitzknallsatz > 25 % des pyrotechnischen Stoffes | 1.1G |
| | | | pyrotechnischer Stoff > 20 g und Blitzknallsatz ≤ 25 % | 1.3G |
| | | | pyrotechnischer Stoff ≤ 20 g, Schwarzpulver-Zerlegerladung und Blitzknallsatz ≤ 0,13 g je Knall und ≤ 1 g insgesamt | 1.4G |

**2.2.1.1.7.5** (Forts.)

| Typ | einschließlich:/ Synonyme: | Begriffsbestimmung | Spezifikation | Klassifizierung |
|---|---|---|---|---|
| Feuertopf (engl. mine) | Feuertopf, Bodenfeuertopf, Feuertopf ohne Mörser | Rohr, das eine Ausstoßladung und pyrotechnische Einheiten enthält und für ein Abstellen auf dem Boden oder ein Fixieren im Boden ausgelegt ist. Der Haupteffekt besteht darin, alle pyrotechnischen Einheiten mit einem Mal auszustoßen und dabei in der Luft einen großräumig verteilten visuellen und/oder akustischen Effekt zu erzeugen; oder<br>Stoff- oder Papiertüte oder Stoff- oder Papierzylinder, die/der eine Ausstoßladung und pyrotechnische Einheiten enthält und für ein Einsetzen in einen Mörser und für eine Funktion als Feuertopf ausgelegt ist. | > 25 % Blitzknallsatz, als loses Pulver und/oder als Knalleffekte | 1.1G |
| | | | ≥ 180 mm und ≤ 25 % Blitzknallsatz, als loses Pulver und/oder als Knalleffekte | 1.1G |
| | | | < 180 mm und ≤ 25 % Blitzknallsatz, als loses Pulver und/oder als Knalleffekte | 1.3G |
| | | | ≤ 150 g pyrotechnischer Stoff mit ≤ 5 % Blitzknallsatz, als loses Pulver und/oder als Knalleffekte. Jede pyrotechnische Einheit ≤ 25 g, jeder Knalleffekt < 2 g; jeder Heuler (sofern vorhanden) ≤ 3 g | 1.4G |
| Fontäne | Vulkane, Lanzen, Bengalisches Feuer, zylindrische Fontänen, Kegelfontänen, Leuchtfackeln | nicht metallener Behälter, der einen gepressten oder verdichteten pyrotechnischen Stoff enthält, der Funken und Flammen erzeugt<br>**Bem.** Fontänen, die dazu bestimmt sind, eine senkrechte Kaskade oder einen Funkenvorhang zu erzeugen, gelten als Wasserfälle (siehe nachfolgende Zeile). | ≥ 1 kg pyrotechnischer Stoff | 1.3G |
| | | | < 1 kg pyrotechnischer Stoff | 1.4G |
| Wasserfall | Kaskade, Schauer | pyrotechnische Fontäne, die dazu bestimmt ist, eine senkrechte Kaskade oder einen Funkenvorhang zu erzeugen | enthält ungeachtet der Ergebnisse der Prüfreihe 6 (siehe Absatz 2.2.1.1.7.1 a)) einen Blitzknallsatz | 1.1G |
| | | | enthält keinen Blitzknallsatz | 1.3G |
| Wunderkerze (engl. sparkler) | Wunderkerzen, die in der Hand gehalten werden, Wunderkerzen, die nicht in der Hand gehalten werden, Draht-Wunderkerzen | starrer Draht, der teilweise (an einem Ende) mit langsam abbrennendem pyrotechnischen Stoff beschichtet ist, mit oder ohne Anzündkopf | Wunderkerzen auf Perchlorat-Basis: > 5 g je Einheit oder > 10 Einheiten je Packung | 1.3G |
| | | | Wunderkerzen auf Perchlorat-Basis: ≤ 5 g je Einheit und ≤ 10 g je Packung;<br>Wunderkerzen auf Nitrat-Basis: ≤ 30 g je Einheit | 1.4G |
| Bengalholz (engl. Bengal stick) | | nicht metallener Stock, der teilweise (an einem Ende) mit langsam abbrennendem pyrotechnischen Stoff beschichtet und für das Halten in der Hand ausgelegt ist | Einheiten auf Perchlorat-Basis: > 5 g je Einheit oder > 10 Einheiten je Packung | 1.3G |
| | | | Einheiten auf Perchlorat-Basis: ≤ 5 g je Einheit und ≤ 10 Einheiten je Packung;<br>Einheiten auf Nitrat-Basis: ≤ 30 g je Einheit | 1.4G |
| Party- und Tischfeuerwerk | Tischbomben, Knallerbsen, Knatterartikel, Rauchkörper, Schlangenmasse, Knaller, Partyknaller, Novelties, Party Poppers | Vorrichtung, die für die Erzeugung sehr beschränkter visueller und/oder akustischer Effekte ausgelegt ist und geringe Mengen eines pyrotechnischen Stoffes und/oder eines explosiven Satzes enthält | Knallerbsen und Knaller dürfen bis zu 1,6 mg Silberfulminat enthalten;<br>Knaller und Partyknaller dürfen bis zu 16 mg eines Gemisches aus Kaliumchlorat und rotem Phosphor enthalten;<br>andere Artikel dürfen bis zu 5 g pyrotechnischen Stoff, jedoch keinen Blitzknallsatz enthalten | 1.4G |

2.2.1.1.7.5 (Forts.)

| Typ | einschließlich:/ Synonyme: | Begriffsbestimmung | Spezifikation | Klassifizierung |
|---|---|---|---|---|
| Wirbel (engl. spinner) | Luftkreisel, Hubschrauber, Schwärmer, Bodenkreisel | nicht metallene Hülse(n), die einen Gas oder Funken erzeugenden pyrotechnischen Stoff enthält (enthalten), mit oder ohne Geräusch erzeugenden Satz, mit oder ohne angebaute Flügel | pyrotechnischer Stoff je Einheit > 20 g, die ≤ 3 % Blitzknallsatz als Knalleffekte enthält, oder Pfeifsatz ≤ 5 g | 1.3G |
| | | | pyrotechnischer Stoff je Einheit ≤ 20 g, die ≤ 3 % Blitzknallsatz als Knalleffekte enthält, oder Pfeifsatz ≤ 5 g | 1.4G |
| Räder (engl. wheels) | Sonnen | Anordnung mit Treiberhülsen, die einen pyrotechnischen Stoff enthält und die mit Hilfsmitteln zur Befestigung an einer Halterung ausgerüstet ist, um eine Rotation zu ermöglichen | gesamter pyrotechnischer Stoff ≥ 1 kg, kein Knalleffekt, jeder Heuler (sofern vorhanden) ≤ 25 g und je Rad ≤ 50 g Pfeifsatz | 1.3G |
| | | | gesamter pyrotechnischer Stoff < 1 kg, kein Knalleffekt, jeder Heuler (sofern vorhanden) ≤ 5 g und je Rad ≤ 10 g Pfeifsatz | 1.4G |
| Steigende Krone (engl. aerial wheel) | UFO, aufsteigende Krone | Hülsen, die Ausstoßladungen und Funken, Flammen und/oder Geräusch erzeugende pyrotechnische Stoffe enthalten, wobei die Hülsen an einem Trägerring befestigt sind | gesamter pyrotechnischer Stoff > 200 g oder pyrotechnischer Stoff je Antrieb > 60 g, Blitzknallsatz als Knalleffekte ≤ 3 %, jeder Heuler (sofern vorhanden) ≤ 25 g und je Rad ≤ 50 g Pfeifsatz | 1.3G |
| | | | gesamter pyrotechnischer Stoff ≤ 200 g und pyrotechnischer Stoff je Antrieb ≤ 60 g, Blitzknallsatz als Knalleffekte ≤ 3 %, jeder Heuler (sofern vorhanden) ≤ 5 g und je Rad ≤ 10 g Pfeifsatz | 1.4G |
| Sortimente (engl. selection pack) | Sortimentspackung | eine Packung mit mehr als einem Feuerwerkstyp, wobei jeder Typ einem der in dieser Tabelle aufgeführten Typen entspricht | Der gefährlichste Feuerwerkstyp bestimmt die Klassifizierung. | |
| Knallkörperbatterie | China Cracker, Celebration Cracker | Anordnung von Rohren (aus Papier oder Pappe), die durch eine pyrotechnische Zündschnur verbunden sind, wobei jedes Rohr für die Erzeugung eines akustischen Effekts vorgesehen ist | jedes Rohr ≤ 140 mg Blitzknallsatz oder ≤ 1 g Schwarzpulver | 1.4G |
| Knallkörper (engl. banger) | Salut-Knallkörper, Blitz-Knallkörper, Kracher, Lady Cracker, Böller | nicht metallene Hülse, die einen Knallsatz für die Erzeugung eines akustischen Effekts enthält | Blitzknallsatz je Einheit > 2 g | 1.1G |
| | | | Blitzknallsatz je Einheit ≤ 2 g und je Innenverpackung ≤ 10 g | 1.3G |
| | | | Blitzknallsatz je Einheit ≤ 1 g und je Innenverpackung ≤ 10 g oder Schwarzpulver je Einheit ≤ 10 g | 1.4G |

**Ausschluss aus der Klasse 1** 2.2.1.1.8

**[Grundsatz/Behördengenehmigung]** 2.2.1.1.8.1

Ein Stoff oder Gegenstand darf auf der Grundlage von Prüfergebnissen und der Begriffsbestimmung der Klasse 1 mit Genehmigung der zuständigen Behörde einer Vertragspartei des ADR aus der Klasse 1 ausgeschlossen werden, wobei diese zuständige Behörde auch eine von der zuständigen Behörde eines Landes, das keine Vertragspartei des ADR ist, erteilte Genehmigung anerkennen kann, vorausgesetzt, diese wurde in Übereinstimmung mit den gemäß dem RID, dem ADR, dem ADN, dem IMDG-Code oder den Technischen Anweisungen der ICAO anwendbaren Verfahren erteilt.

**[Prüfkriterien]** 2.2.1.1.8.2

Mit Genehmigung der zuständigen Behörde gemäß Absatz 2.2.1.1.8.1 darf ein Gegenstand aus der Klasse 1 ausgeschlossen werden, wenn drei unverpackte Gegenstände, die für die vorgesehene Funktion

**2.2.1.1.8.2** (Forts.) durch ihre eigenen Zünd- oder Anzündmittel oder durch externe Mittel einzeln aktiviert werden, folgende Prüfkriterien erfüllen:

a) Temperatur an keiner Außenfläche größer als 65 °C; kurzzeitige Temperaturspitzen von bis zu 200 °C sind dabei zulässig;

b) kein Bruch oder keine Zertrümmerung des externen Gehäuses und keine Bewegung des Gegenstandes und davon abgelöster Teile um mehr als einen Meter in jede Richtung;

**Bem.** Wenn die Unversehrtheit des Gegenstandes im Falle eines externen Brands beeinträchtigt werden kann, müssen diese Kriterien anhand einer Brandprüfung geprüft werden. Eine solche Methode ist in der Norm ISO 14451-2 mit einer Aufheizrate von 80 K/min beschrieben.

c) kein hörbarer Knall mit einem Spitzenwert über 135 dB (C) in einem Meter Entfernung;

d) kein Blitz oder keine Flamme, durch die sich ein Stoff, wie beispielsweise ein Blatt Papier von 80 ± 10 g/m$^2$, in Kontakt mit dem Gegenstand entzünden kann, und

e) keine Bildung von Rauch, Dämpfen und Staub in Mengen, welche die Sichtbarkeit in einem 1 m$^3$ großen, mit Berstplatten geeigneter Größe ausgestatteten Raum um mehr als 50 % verringern, wobei die Messung durch einen geeichten Belichtungsmesser (Luxmeter) oder Radiometer erfolgt, der sich in einem Abstand von einem Meter von einer in der Mitte der gegenüberliegenden Wand angeordneten konstanten Lichtquelle befindet. Die allgemeinen Leitlinien der Norm ISO 5659-1 zur Prüfung der optischen Dichte und des Abschnitts 7.5 der Norm ISO 5659-2 zum photometrischen Verfahren oder ähnliche Verfahren zur Messung der optischen Dichte, die den gleichen Zweck verfolgen, dürfen angewendet werden. Es muss eine passende Abdeckhaube, die den hinteren Teil und die Seiten des Belichtungsmessers umschließt, verwendet werden, um die Effekte nicht direkt aus der Lichtquelle ausgestrahlten Lichts oder Streulichts zu minimieren.

**Bem.** 1. Wenn bei den Prüfungen zu den Kriterien in den Absätzen a), b), c) und d) keine oder nur eine sehr geringe Rauchentwicklung festgestellt wird, darf auf die in Absatz e) genannte Prüfung verzichtet werden.

2. Die zuständige Behörde, auf die in Absatz 2.2.1.1.8.1 Bezug genommen wird, kann eine Prüfung des Gegenstandes in seiner Verpackung anordnen, wenn festgestellt wird, dass der für die Beförderung verpackte Gegenstand eine größere Gefahr darstellen kann.

**2.2.1.1.9 Klassifizierungsdokumentation**

**2.2.1.1.9.1 [Behördenpflicht]**

Die zuständige Behörde, die einen Stoff oder Gegenstand der Klasse 1 zuordnet, muss dem Antragsteller diese Klassifizierung schriftlich bestätigen.

**2.2.1.1.9.2 [Klassifizierungsdokument]**

Das Klassifizierungsdokument der zuständigen Behörde kann formlos sein und darf aus mehr als einer Seite bestehen, vorausgesetzt, die Seiten sind fortlaufend nummeriert. Das Dokument muss eine einmal vergebene Referenznummer haben.

**2.2.1.1.9.3 [Lesbarkeit]**

Die in diesem Dokument zur Verfügung gestellten Informationen müssen leicht erkennbar, lesbar und dauerhaft sein.

**2.2.1.1.9.4 [Enthaltene Informationen]**

Beispiele für Informationen, die im Klassifizierungsdokument zur Verfügung gestellt werden können:

a) der Name der zuständigen Behörde und die Vorschriften in der nationalen Gesetzgebung, nach denen die zuständige Behörde ermächtigt ist;

b) die Verkehrsträgervorschriften oder nationalen Vorschriften, für die das Klassifizierungsdokument anwendbar ist;

c) die Bestätigung, dass die Klassifizierung in Übereinstimmung mit den UN-Modellvorschriften oder den entsprechenden Verkehrsträgervorschriften genehmigt, erfolgt oder angenommen wurde;

d) der Name und die Adresse der juristischen Person, der die Klassifizierung erteilt worden ist, und eine Unternehmensregistrierung, durch die ein Unternehmen oder eine andere Körperschaft nationalen Rechts eindeutig identifiziert wird;

e) die Benennung, unter der die explosiven Stoffe oder Gegenstände mit Explosivstoff in Verkehr gebracht oder anderweitig zur Beförderung aufgegeben werden; 2.2.1.1.9.4 (Forts.)

f) die offizielle Benennung für die Beförderung, die UN-Nummer, die Klasse, die Unterklasse und die entsprechende Verträglichkeitsgruppe der explosiven Stoffe oder Gegenstände mit Explosivstoff;

g) gegebenenfalls die höchste im Versandstück oder Gegenstand enthaltene Nettoexplosivstoffmasse;

h) der Name, die Unterschrift, der Stempel, das Siegel oder jedes andere Identifizierungskennzeichen der Person, die von der zuständigen Behörde für die Ausstellung des Klassifizierungsdokuments zugelassen ist, wobei diese deutlich sichtbar sein müssen;

i) wenn die Bewertung ergibt, dass die Beförderungssicherheit oder die Unterklasse von der Verpackung abhängig ist, das Kennzeichen der Verpackung oder eine Beschreibung der zugelassenen Innenverpackungen, Zwischenverpackungen, Außenverpackungen;

j) die Artikelnummer, die Lagernummer oder eine andere Referenznummer, unter der die explosiven Stoffe oder Gegenstände mit Explosivstoff in Verkehr gebracht oder anderweitig zur Beförderung aufgegeben werden;

k) der Name und die Adresse der juristischen Person, welche die explosiven Stoffe oder Gegenstände mit Explosivstoff hergestellt hat, und eine Unternehmensregistrierung, durch die ein Unternehmen oder eine andere Körperschaft nationalen Rechts eindeutig identifiziert wird;

l) jede zusätzliche Information in Bezug auf die anwendbare Verpackungsanweisung und gegebenenfalls auf die anwendbaren Sondervorschriften für die Verpackung;

m) die Grundlage für die Klassifizierung, d.h. Prüfergebnisse, vorgegebene Klassifizierung bei Feuerwerkskörpern, Analogie zu zugeordneten explosiven Stoffen oder Gegenständen mit Explosivstoff, Festlegung in Kapitel 3.2 Tabelle A usw.;

n) besondere Bedingungen oder Beschränkungen, welche die zuständige Behörde für die Beförderungssicherheit der explosiven Stoffe oder der Gegenstände mit Explosivstoff, die Mitteilung der Gefahr und die internationale Beförderung als relevant ermittelt hat;

o) das Ablaufdatum des Klassifizierungsdokuments, sofern die zuständige Behörde dies für erforderlich hält.

**Nicht zur Beförderung zugelassene Stoffe und Gegenstände** 2.2.1.2

**[Nicht zuordenbare Stoffe]** 2.2.1.2.1

Explosive Stoffe, die nach den Kriterien des Handbuchs Prüfungen und Kriterien Teil I eine unzulässig hohe Empfindlichkeit aufweisen oder bei denen eine spontane Reaktion eintreten kann, sowie explosive Stoffe und Gegenstände mit Explosivstoff, die einer in Kapitel 3.2 Tabelle A aufgeführten Benennung oder n.a.g.-Eintragung nicht zugeordnet werden können, sind nicht zur Beförderung zugelassen.

**[Verträglichkeitsgruppe K]** 2.2.1.2.2

Gegenstände der Verträglichkeitsgruppe K (1.2 K UN-Nummer 0020 und 1.3 K UN-Nummer 0021) sind zur Beförderung nicht zugelassen.

**Verzeichnis der Sammeleintragungen** 2.2.1.3

| Klassifizierungscode (siehe Absatz 2.2.1.1.4) | UN-Nummer | Benennung des Stoffes oder Gegenstandes |
|---|---|---|
| **1.1A** | 0473 | EXPLOSIVE STOFFE, N.A.G. |
| **1.1B** | 0461 | BESTANDTEILE, ZÜNDKETTE, N.A.G. |
| **1.1C** | 0474 | EXPLOSIVE STOFFE, N.A.G. |
| | 0497 | TREIBSTOFF, FLÜSSIG |
| | 0498 | TREIBSTOFF, FEST |
| | 0462 | GEGENSTÄNDE MIT EXPLOSIVSTOFF, N.A.G. |
| **1.1D** | 0475 | EXPLOSIVE STOFFE, N.A.G. |
| | 0463 | GEGENSTÄNDE MIT EXPLOSIVSTOFF, N.A.G. |
| **1.1E** | 0464 | GEGENSTÄNDE MIT EXPLOSIVSTOFF, N.A.G. |
| **1.1F** | 0465 | GEGENSTÄNDE MIT EXPLOSIVSTOFF, N.A.G. |
| **1.1G** | 0476 | EXPLOSIVE STOFFE, N.A.G. |

**2.2.1.3** (Forts.)

| Klassifizierungscode (siehe Absatz 2.2.1.1.4) | UN-Nummer | Benennung des Stoffes oder Gegenstandes |
|---|---|---|
| 1.1L | 0357 | EXPLOSIVE STOFFE, N.A.G. |
| | 0354 | GEGENSTÄNDE MIT EXPLOSIVSTOFF, N.A.G. |
| 1.2B | 0382 | BESTANDTEILE, ZÜNDKETTE, N.A.G. |
| 1.2C | 0466 | GEGENSTÄNDE MIT EXPLOSIVSTOFF, N.A.G. |
| 1.2D | 0467 | GEGENSTÄNDE MIT EXPLOSIVSTOFF, N.A.G. |
| 1.2E | 0468 | GEGENSTÄNDE MIT EXPLOSIVSTOFF, N.A.G. |
| 1.2F | 0469 | GEGENSTÄNDE MIT EXPLOSIVSTOFF, N.A.G. |
| 1.2L | 0358 | EXPLOSIVE STOFFE, N.A.G. |
| | 0248 | VORRICHTUNGEN, DURCH WASSER AKTIVIERBAR, mit Zerleger, Ausstoß- oder Treibladung |
| | 0355 | GEGENSTÄNDE MIT EXPLOSIVSTOFF, N.A.G. |
| 1.3C | 0132 | DEFLAGRIERENDE METALLSALZE AROMATISCHER NITROVERBINDUNGEN, N.A.G. |
| | 0477 | EXPLOSIVE STOFFE, N.A.G. |
| | 0495 | TREIBSTOFF, FLÜSSIG |
| | 0499 | TREIBSTOFF, FEST |
| | 0470 | GEGENSTÄNDE MIT EXPLOSIVSTOFF, N.A.G. |
| 1.3G | 0478 | EXPLOSIVE STOFFE, N.A.G. |
| 1.3L | 0359 | EXPLOSIVE STOFFE, N.A.G. |
| | 0249 | VORRICHTUNGEN, DURCH WASSER AKTIVIERBAR, mit Zerleger, Ausstoß- oder Treibladung |
| | 0356 | GEGENSTÄNDE MIT EXPLOSIVSTOFF, N.A.G. |
| 1.4B | 0350 | GEGENSTÄNDE MIT EXPLOSIVSTOFF, N.A.G. |
| | 0383 | BESTANDTEILE, ZÜNDKETTE, N.A.G. |
| 1.4C | 0479 | EXPLOSIVE STOFFE, N.A.G. |
| | 0501 | TREIBSTOFF, FEST |
| | 0351 | GEGENSTÄNDE MIT EXPLOSIVSTOFF, N.A.G. |
| 1.4D | 0480 | EXPLOSIVE STOFFE, N.A.G. |
| | 0352 | GEGENSTÄNDE MIT EXPLOSIVSTOFF, N.A.G. |
| 1.4E | 0471 | GEGENSTÄNDE MIT EXPLOSIVSTOFF, N.A.G. |
| 1.4F | 0472 | GEGENSTÄNDE MIT EXPLOSIVSTOFF, N.A.G. |
| 1.4G | 0485 | EXPLOSIVE STOFFE, N.A.G. |
| | 0353 | GEGENSTÄNDE MIT EXPLOSIVSTOFF, N.A.G. |
| 1.4S | 0481 | EXPLOSIVE STOFFE, N.A.G. |
| | 0349 | GEGENSTÄNDE MIT EXPLOSIVSTOFF, N.A.G. |
| | 0384 | BESTANDTEILE, ZÜNDKETTE, N.A.G. |
| 1.5D | 0482 | EXPLOSIVE STOFFE, SEHR UNEMPFINDLICH (STOFFE, EVI[a]), N.A.G. |
| 1.6N | 0486 | GEGENSTÄNDE MIT EXPLOSIVSTOFF, EXTREM UNEMPFINDLICH (GEGENSTÄNDE, EEI[b]) |
| | 0190 | EXPLOSIVSTOFF, MUSTER, außer Initialsprengstoff |
| | **Bem.** | Die Unterklasse und die Verträglichkeitsgruppe werden in Übereinstimmung mit der zuständigen Behörde und nach den Grundsätzen des Absatzes 2.2.1.1.4 bestimmt. |

Fußnoten
a) EVI = explosive, very insensitive
b) EEI = explosive, extremely insensitive

### 2.2.1.4 Glossar der Benennungen

→ 1.2.1

**Bem.** 1. Es ist nicht Zweck der Beschreibungen im Glossar, die Prüfverfahren zu ersetzen, noch die Gefahrenklassifizierung eines Stoffes oder Gegenstandes der Klasse 1 zu bestimmen. Die Zuordnung zur richtigen Unterklasse und die Entscheidung darüber, ob sie der Verträglichkeitsgruppe S zuzuordnen sind, muss auf Grund der Prüfungen des Produktes gemäß Handbuch

Prüfungen und Kriterien Teil I oder in Analogie zu gleichartigen, bereits geprüften und nach den Verfahren des Handbuchs Prüfungen und Kriterien zugeordneten Produkten erfolgen. **2.2.1.4** (Forts.)

2. Nach den Benennungen sind die jeweiligen UN-Nummern (Kapitel 3.2 Tabelle A Spalte (1)) angegeben. Hinsichtlich der Klassifizierungscodes siehe Absatz 2.2.1.1.4.

**ANZÜNDER:** UN-Nummern 0121, 0314, 0315, 0325, 0454

Gegenstände, die einen oder mehrere explosive Stoffe enthalten und dazu dienen, eine Deflagration in einer Anzünd- oder Zündkette auszulösen. Die Gegenstände werden chemisch, elektrisch oder mechanisch ausgelöst.

**Bem.** Die folgenden Gegenstände fallen nicht unter diesen Begriff: ANZÜNDER, ANZÜNDSCHNUR; ANZÜNDHÜTCHEN; ANZÜNDLITZE; ANZÜNDSCHNUR; STOPPINEN, NICHT SPRENGKRÄFTIG; TREIBLADUNGSANZÜNDER; ZÜNDER, NICHT SPRENGKRÄFTIG. Sie sind in diesem Glossar gesondert aufgeführt.

**ANZÜNDER, ANZÜNDSCHNUR:** UN-Nummer 0131

Gegenstände unterschiedlichen Aufbaus, die zur Anzündung von Anzündschnur dienen und durch Reibung, Perkussion oder elektrisch ausgelöst werden.

**ANZÜNDHÜTCHEN:** UN-Nummern 0044, 0377, 0378

Gegenstände, die aus Metall- oder Kunststoffkapseln bestehen, in denen eine kleine Menge eines Gemisches aus Zünd- oder Anzündstoffen, die sich leicht durch Schlag entzünden lassen, enthalten ist. Sie dienen als Anzündmittel in Patronen für Handfeuerwaffen und als Perkussionsanzünder für Treibladungen.

**ANZÜNDLITZE:** UN-Nummer 0066

Gegenstand, der entweder aus Textilfäden, die mit Schwarzpulver oder einer anderen pyrotechnischen Mischung bedeckt sind und sich in einem biegsamen Schlauch befinden, oder aus einer Seele aus Schwarzpulver in einer biegsamen Textilumspinnung bestehen. Er brennt entlang seiner Längenausdehnung mit offener Flamme und dient der Übertragung der Anzündung von einer Einrichtung auf eine Ladung oder einen Anzünder.

**ANZÜNDSCHNUR,** rohrförmig, mit Metallmantel: UN-Nummer 0103

Gegenstand, der aus einer Metallröhre mit einer Seele aus deflagrierendem Explosivstoff besteht.

**ANZÜNDSCHNUR (SICHERHEITSZÜNDSCHNUR):** UN-Nummer 0105

Gegenstand, der aus einer Seele aus feinkörnigem Schwarzpulver besteht, die von einem biegsamen Textilgewebe mit einem oder mehreren äußeren Schutzüberzügen umhüllt ist. Er brennt nach dem Anzünden mit vorbestimmter Geschwindigkeit ohne jegliche explosive Wirkung ab.

**AUSLÖSEVORRICHTUNG MIT EXPLOSIVSTOFF:** UN-Nummer 0173

Gegenstand, der aus einer kleinen Explosivstoffladung, einem Zündmittel und einem Gestänge oder Verbindungsstück besteht. Er dient dazu, Einrichtungen durch Durchtrennen des Gestänges oder Verbindungsstückes rasch auszulösen.

**BESTANDTEILE, ZÜNDKETTE, N.A.G.:** UN-Nummern 0382, 0383, 0384, 0461

Gegenstände mit Explosivstoff, die dazu bestimmt sind, eine Detonation oder eine Deflagration in einer Zündkette zu übertragen.

**BLITZLICHTPULVER:** UN-Nummern 0094, 0305

Pyrotechnischer Stoff, der beim Anzünden intensives Licht aussendet.

**BOMBEN,** mit Sprengladung: UN-Nummern 0034, 0035

Gegenstände mit Explosivstoff, die aus Luftfahrzeugen abgeworfen werden, ohne Zündmittel oder mit Zündmitteln, die mindestens zwei wirksame Sicherungsvorrichtungen beinhalten.

**BOMBEN,** mit Sprengladung: UN-Nummern 0033, 0291

Gegenstände mit Explosivstoff, die aus Luftfahrzeugen abgeworfen werden, mit Zündmitteln, die weniger als zwei wirksame Sicherungsvorrichtungen haben.

2.2.1.4 (Forts.) **BOMBEN, BLITZLICHT:** UN-Nummer 0038

Gegenstände mit Explosivstoff, die aus Luftfahrzeugen abgeworfen werden, um eine kurzzeitig wirkende, intensive Lichtquelle für photographische Zwecke zu liefern. Sie enthalten eine Ladung detonierenden Explosivstoffs ohne Zündmittel oder mit Zündmitteln, die mindestens zwei wirksame Sicherungsvorrichtungen beinhalten.

**BOMBEN, BLITZLICHT:** UN-Nummer 0037

Gegenstände mit Explosivstoff, die aus Luftfahrzeugen abgeworfen werden, um eine kurzzeitig wirkende, intensive Lichtquelle für photographische Zwecke zu liefern. Sie enthalten eine Ladung detonierenden Explosivstoffs mit Zündmitteln, die weniger als zwei wirksame Sicherungsvorrichtungen haben.

**BOMBEN, BLITZLICHT:** UN-Nummern 0039, 0299

Gegenstände mit Explosivstoff, die aus Luftfahrzeugen abgeworfen werden, um eine kurzzeitig wirkende, intensive Lichtquelle für photographische Zwecke zu liefern. Sie enthalten einen Blitzsatz.

**BOMBEN, DIE ENTZÜNDBARE FLÜSSIGKEIT ENTHALTEN,** mit Sprengladung: UN-Nummern 0399, 0400

Gegenstände, die aus Luftfahrzeugen abgeworfen werden und die aus einem Tank, der entzündbare Flüssigkeit enthält, und einer explosiven Sprengladung bestehen.

**DETONATOREN FÜR MUNITION:** UN-Nummern 0073, 0364, 0365, 0366

Gegenstände, die aus kleinen Metall- oder Kunststoffrohren bestehen und Explosivstoffe wie Bleiazid, PETN oder Kombinationen von Explosivstoffen enthalten. Sie sind zur Auslösung von Zündketten bestimmt.

**EXPLOSIVE STOFFE, SEHR UNEMPFINDLICH (STOFFE, EVI), N.A.G.:** UN-Nummer 0482

Massenexplosionsgefährliche Stoffe, die aber so unempfindlich sind, dass bei normalen Beförderungsbedingungen nur eine geringe Wahrscheinlichkeit einer Auslösung oder eines Übergangs vom Brand zur Detonation besteht, und die die Prüfreihe 5 bestanden haben.

**EXPLOSIVSTOFF, MUSTER,** außer Initialsprengstoff: UN-Nummer 0190

Neue oder bereits bestehende explosive Stoffe oder Gegenstände mit Explosivstoff, die noch keiner Benennung des Kapitels 3.2 Tabelle A zugeordnet sind und die entsprechend den Anweisungen der zuständigen Behörde im Allgemeinen in kleinen Mengen unter anderem zu Versuchs-, Zuordnungs-, Forschungs- und Entwicklungszwecken, zu Qualitätskontrollzwecken oder als Handelsmuster befördert werden.

**Bem.** Explosive Stoffe oder Gegenstände mit Explosivstoff, die bereits einer anderen Benennung des Kapitels 3.2 Tabelle A zugeordnet sind, fallen nicht unter diesen Begriff.

**FALLLOTE, MIT EXPLOSIVSTOFF:** UN-Nummern 0374, 0375

Gegenstände, die aus einer Ladung detonierenden Explosivstoffs bestehen, ohne Zündmittel oder mit Zündmitteln, die mindestens zwei wirksame Sicherungsvorrichtungen beinhalten. Sie werden von Schiffen über Bord geworfen und explodieren entweder in vorbestimmter Wassertiefe oder wenn sie auf dem Meeresboden auftreffen.

**FALLLOTE, MIT EXPLOSIVSTOFF:** UN-Nummern 0204, 0296

Gegenstände, die aus einer Ladung detonierenden Explosivstoffs bestehen, mit Zündmitteln, die weniger als zwei wirksame Sicherungsvorrichtungen haben. Sie werden von Schiffen über Bord geworfen und explodieren entweder in vorbestimmter Wassertiefe oder wenn sie auf dem Meeresboden auftreffen.

**FEUERLÖSCHMITTEL-DISPERGIERVORRICHTUNGEN:** UN-Nummer 0514

Gegenstände, die einen pyrotechnischen Satz enthalten und dafür vorgesehen sind, bei Auslösung ein Feuerlöschmittel (oder -aerosol) zu versprühen, und die keine anderen gefährlichen Güter enthalten.

**FEUERWERKSKÖRPER:** UN-Nummern 0333, 0334, 0335, 0336, 0337

Pyrotechnische Gegenstände, die für Unterhaltungszwecke bestimmt sind.

**FÜLLSPRENGKÖRPER:** UN-Nummer 0060

Gegenstände, die aus einer kleinen entfernbaren Verstärkungsladung bestehen, die in Höhlungen von Geschossen zwischen Zünder und Hauptsprengladung eingesetzt werden.

**GEFECHTSKÖPFE, RAKETE,** mit Sprengladung: UN-Nummern 0286, 0287 2.2.1.4 (Forts.)

Gegenstände, die aus detonierenden Explosivstoffen bestehen, ohne Zündmittel oder mit Zündmitteln, die mindestens zwei wirksame Sicherungsvorrichtungen beinhalten. Sie sind dazu bestimmt, mit einer Rakete verbunden zu werden. Unter diese Benennung fallen auch Gefechtsköpfe für Lenkflugkörper.

**GEFECHTSKÖPFE, RAKETE,** mit Sprengladung: UN-Nummer 0369

Gegenstände, die aus detonierenden Explosivstoffen bestehen, mit Zündmitteln, die weniger als zwei wirksame Sicherungsvorrichtungen haben. Sie sind dazu bestimmt, mit einer Rakete verbunden zu werden. Unter diese Benennung fallen auch Gefechtsköpfe für Lenkflugkörper.

**GEFECHTSKÖPFE, RAKETE,** mit Zerleger- oder Ausstoßladung: UN-Nummer 0370

Gegenstände, die aus einer inerten Nutzlast und einer kleinen Ladung aus detonierendem oder deflagrierendem Explosivstoff bestehen, ohne Zündmittel oder mit Zündmitteln, die mindestens zwei wirksame Sicherungsvorrichtungen beinhalten. Sie sind dazu bestimmt, mit einer Rakete verbunden zu werden, um das inerte Material zu zerstreuen. Unter diese Benennung fallen auch Gefechtsköpfe für Lenkflugkörper.

**GEFECHTSKÖPFE, RAKETE,** mit Zerleger- oder Ausstoßladung: UN-Nummer 0371

Gegenstände, die aus einer inerten Nutzlast und einer kleinen Ladung aus detonierendem oder deflagrierendem Explosivstoff bestehen, mit Zündmitteln, die weniger als zwei wirksame Sicherungsvorrichtungen haben. Sie sind dazu bestimmt, mit einer Rakete verbunden zu werden, um das inerte Material zu zerstreuen. Unter diese Benennung fallen auch Gefechtsköpfe für Lenkflugkörper.

**GEFECHTSKÖPFE, TORPEDO,** mit Sprengladung: UN-Nummer 0221

Gegenstände, die aus detonierendem Explosivstoff bestehen, ohne Zündmittel oder mit Zündmitteln, die mindestens zwei wirksame Sicherungsvorrichtungen beinhalten. Sie sind dazu bestimmt, mit einem Torpedo verbunden zu werden.

**GEGENSTÄNDE MIT EXPLOSIVSTOFF, EXTREM UNEMPFINDLICH (GEGENSTÄNDE, EEI):** UN-Nummer 0486

Gegenstände, die überwiegend extrem unempfindliche Stoffe enthalten, die bei normalen Beförderungsbedingungen nur eine geringfügige Wahrscheinlichkeit einer unbeabsichtigten Zündung oder Fortpflanzung aufweisen, und die die Prüfreihe 7 bestanden haben.

**GEGENSTÄNDE, PYROPHOR:** UN-Nummer 0380

Gegenstände, die einen pyrophoren Stoff (selbstentzündungsfähig in Berührung mit Luft) und einen Explosivstoff oder eine explosive Komponente enthalten. Diese Benennung schließt Gegenstände aus, die weißen Phosphor enthalten.

**GESCHOSSE,** inert, mit Leuchtspurmitteln: UN-Nummern 0345, 0424, 0425

Gegenstände wie Granaten oder Kugeln, die aus Kanonen oder anderen Artilleriegeschützen, Gewehren oder anderen Handfeuerwaffen abgefeuert werden.

**GESCHOSSE,** mit Sprengladung: UN-Nummern 0168, 0169, 0344

Gegenstände wie Granaten oder Kugeln, die aus Kanonen oder anderen Artilleriegeschützen abgefeuert werden. Sie enthalten keine Zündmittel oder Zündmittel, die mindestens zwei wirksame Sicherungsvorrichtungen beinhalten.

**GESCHOSSE,** mit Sprengladung: UN-Nummern 0167, 0324

Gegenstände wie Granaten oder Kugeln, die aus Kanonen oder anderen Artilleriegeschützen abgefeuert werden. Sie enthalten Zündmittel, die weniger als zwei wirksame Sicherungsvorrichtungen haben.

**GESCHOSSE,** mit Zerleger- oder Ausstoßladung: UN-Nummern 0346, 0347

Gegenstände wie Granaten oder Kugeln, die aus Kanonen oder anderen Artilleriegeschützen verschossen werden. Sie enthalten keine Zündmittel oder Zündmittel, die mindestens zwei wirksame Sicherungsvorrichtungen beinhalten. Sie dienen dem Verteilen von Farbstoffen für Markierungszwecke oder von anderen inerten Stoffen.

2.2.1.4 (Forts.) **GESCHOSSE,** mit Zerleger- oder Ausstoßladung: UN-Nummern 0426, 0427

Gegenstände wie Granaten oder Kugeln, die aus Kanonen oder anderen Artilleriegeschützen abgefeuert werden. Sie enthalten Zündmittel, die weniger als zwei wirksame Sicherungsvorrichtungen haben. Sie dienen dem Verteilen von Farbstoffen für Markierungszwecke oder von anderen inerten Stoffen.

**GESCHOSSE,** mit Zerleger- oder Ausstoßladung: UN-Nummern 0434, 0435

Gegenstände wie Granaten oder Kugeln, die aus Kanonen oder anderen Artilleriegeschützen, Gewehren oder anderen Handfeuerwaffen abgefeuert werden. Sie dienen dem Verteilen von Farbstoffen für Markierungszwecke oder von anderen inerten Stoffen.

**GRANATEN,** Hand oder Gewehr, mit Sprengladung: UN-Nummern 0284, 0285

Gegenstände, die dazu bestimmt sind, mit der Hand geworfen oder aus einem Gewehr abgefeuert zu werden. Sie enthalten keine Zündmittel oder Zündmittel, die mindestens zwei wirksame Sicherungsvorrichtungen beinhalten.

**GRANATEN,** Hand oder Gewehr, mit Sprengladung: UN-Nummern 0292, 0293

Gegenstände, die dazu bestimmt sind, mit der Hand geworfen oder aus einem Gewehr abgefeuert zu werden. Sie enthalten Zündmittel, die weniger als zwei wirksame Sicherungsvorrichtungen haben.

**GRANATEN, ÜBUNG,** Hand oder Gewehr: UN-Nummern 0110, 0318, 0372, 0452

Gegenstände ohne Hauptsprengladung, die dazu bestimmt sind, mit der Hand geworfen oder aus einem Gewehr abgefeuert zu werden. Sie enthalten die Anzündeinrichtung und können eine Markierungsladung enthalten.

**HEXOLIT (HEXOTOL),** trocken oder mit weniger als 15 Masse-% Wasser: UN-Nummer 0118

Stoff, der aus einer innigen Mischung aus Cyclotrimethylentrinitramin (RDX) und Trinitrotoluen (TNT) besteht. Unter diese Benennung fällt auch „Composition B".

**HEXOTONAL:** UN-Nummer 0393

Stoff, der aus einer innigen Mischung aus Cyclotrimethylentrinitramin (RDX), Trinitrotoluen (TNT) und Aluminium besteht.

**HOHLLADUNGEN,** ohne Zündmittel: UN-Nummern 0059, 0439, 0440, 0441

Gegenstände, die aus einem Gehäuse mit einer Ladung aus detonierendem Explosivstoff mit einer Höhlung, welche mit festem Material ausgekleidet ist, ohne Zündmittel bestehen. Sie sind dazu bestimmt, einen starken, materialdurchschlagenden Hohlladungseffekt zu erzeugen.

**KARTUSCHEN, ERDÖLBOHRLOCH:** UN-Nummern 0277, 0278

Gegenstände, die aus einem dünnwandigen Gehäuse aus Pappe, Metall oder anderem Material bestehen und ausschließlich Treibladungspulver enthalten und die dazu dienen, gehärtete Projektile auszustoßen, um damit Verrohrungen von Erdölbohrlöchern zu perforieren.

**Bem.** Folgende Gegenstände fallen nicht unter diese Benennung: HOHLLADUNGEN. Sie sind in diesem Glossar gesondert aufgeführt.

**KARTUSCHEN FÜR TECHNISCHE ZWECKE:** UN-Nummern 0275, 0276, 0323, 0381

Gegenstände, die dazu bestimmt sind, mechanische Wirkungen hervorzurufen. Sie bestehen aus einem Gehäuse mit einer Ladung aus deflagrierendem Explosivstoff und einem Anzündmittel. Die gasförmigen Deflagrationsprodukte dienen zum Aufblasen, erzeugen lineare oder rotierende Bewegung oder bewirken die Funktion von Unterbrechern, Ventilen oder Schaltern oder sie stoßen Befestigungselemente oder Löschmittel aus.

**KNALLKAPSELN, EISENBAHN:** UN-Nummern 0192, 0193, 0492, 0493

Gegenstände, die einen pyrotechnischen Stoff enthalten, der bei Zerstörung des Gegenstandes mit lautem Knall explodiert. Sie sind dazu bestimmt, auf Eisenbahngleise gelegt zu werden.

**LEUCHTKÖRPER, BODEN:** UN-Nummern 0092, 0418, 0419

Gegenstände, die pyrotechnische Stoffe enthalten und dazu bestimmt sind, auf der Erdoberfläche für Beleuchtungs-, Erkennungs-, Signal- oder Warnzwecke verwendet zu werden.

**LEUCHTKÖRPER, LUFTFAHRZEUG:** UN-Nummern 0093, 0403, 0404, 0420, 0421 **2.2.1.4** (Forts.)

Gegenstände, die pyrotechnische Stoffe enthalten und dazu bestimmt sind, für Beleuchtungs-, Erkennungs-, Signal- oder Warnzwecke aus Luftfahrzeugen abgeworfen zu werden.

**LEUCHTSPURKÖRPER FÜR MUNITION:** UN-Nummern 0212, 0306

Geschlossene Gegenstände, die pyrotechnische Stoffe enthalten und dazu dienen, die Flugbahnen von Geschossen sichtbar zu machen.

**LOCKERUNGSSPRENGGERÄTE MIT EXPLOSIVSTOFF,** für Erdölbohrungen, ohne Zündmittel: UN-Nummer 0099

Gegenstände, die aus einem Gehäuse mit detonierendem Explosivstoff ohne Zündmittel bestehen. Sie werden zur Auflockerung des Gesteins in der Umgebung eines Bohrlochs eingesetzt, um dadurch den Austritt des Rohöls aus dem Gestein zu erleichtern.

**MINEN,** mit Sprengladung: UN-Nummern 0137, 0138

Gegenstände, die im Allgemeinen aus Behältern aus Metall oder kombinierten Materialien bestehen, die detonierenden Explosivstoff enthalten, ohne Zündmittel oder mit Zündmitteln, die mindestens zwei wirksame Sicherungsvorrichtungen beinhalten. Sie sind dazu bestimmt, beim Passieren von Schiffen, Fahrzeugen oder Personen ausgelöst zu werden. Unter diese Benennung fallen auch „Bangalore Torpedos".

**MINEN,** mit Sprengladung: UN-Nummern 0136, 0294

Gegenstände, die im Allgemeinen aus Behältern aus Metall oder kombinierten Materialien bestehen, die detonierenden Explosivstoff enthalten, mit Zündmitteln, die weniger als zwei wirksame Sicherungsvorrichtungen haben. Sie sind dazu bestimmt, beim Passieren von Schiffen, Fahrzeugen oder Personen ausgelöst zu werden. Unter diese Benennung fallen auch „Bangalore Torpedos".

**MUNITION, AUGENREIZSTOFF,** mit Zerleger, Ausstoß- oder Treibladung: UN-Nummern 0018, 0019, 0301

Munition, die einen Augenreizstoff enthält. Sie enthält außerdem eine oder mehrere der folgenden Komponenten: einen pyrotechnischen Stoff; eine Treibladung mit Treibladungsanzünder und Anzündladung; einen Zünder mit Zerleger oder einer Ausstoßladung.

**MUNITION, BRAND,** mit flüssigem oder geliertem Brandstoff, mit Zerleger, Ausstoß- oder Treibladung: UN-Nummer 0247

Munition, die einen flüssigen oder gelförmigen Brandstoff enthält. Sofern der Brandstoff selbst kein explosiver Stoff ist, enthält sie außerdem eine oder mehrere der folgenden Komponenten: eine Treibladung mit Treibladungsanzünder und Anzündladung; einen Zünder mit Zerleger oder einer Ausstoßladung.

**MUNITION, BRAND,** mit oder ohne Zerleger, Ausstoß- oder Treibladung: UN-Nummern 0009, 0010, 0300

Munition, die einen Brandstoff enthält. Sofern der Brandstoff selbst kein explosiver Stoff ist, enthält sie außerdem eine oder mehrere der folgenden Komponenten: eine Treibladung mit Treibladungsanzünder und Anzündladung; einen Zünder mit Zerleger oder Ausstoßladung.

**MUNITION, BRAND, WEISSER PHOSPHOR,** mit Zerleger, Ausstoß- oder Treibladung: UN-Nummern 0243, 0244

Munition, die weißen Phosphor als Brandstoff enthält. Sie enthält außerdem eine oder mehrere der folgenden Komponenten: eine Treibladung mit Treibladungsanzünder und Anzündladung; einen Zünder mit Zerleger oder Ausstoßladung.

**MUNITION, LEUCHT,** mit oder ohne Zerleger, Ausstoß- oder Treibladung: UN-Nummern 0171, 0254, 0297

Munition, die eine intensive Lichtquelle erzeugen kann, die zur Beleuchtung eines Gebietes bestimmt ist. Diese Benennung schließt Leuchtgranaten und Leuchtgeschosse sowie Leuchtbomben und Zielerkennungsbomben mit ein.

**Bem.** Die folgenden Gegenstände fallen nicht unter diese Benennung: LEUCHTKÖRPER, BODEN und LEUCHTKÖRPER, LUFTFAHRZEUG; PATRONEN, SIGNAL; SIGNALKÖRPER, HAND; SIGNALKÖRPER, SEENOT. Sie sind in diesem Glossar gesondert aufgeführt.

**MUNITION, NEBEL,** mit oder ohne Zerleger, Ausstoß- oder Treibladung: UN-Nummern 0015, 0016, 0303

Munition, die einen Nebelstoff wie Chlorsulfonsäuremischung, Titantetrachlorid oder einen auf Hexachlorethan oder rotem Phosphor basierenden nebelbildenden pyrotechnischen Satz enthält. Sofern der Nebelstoff selbst kein explosiver Stoff ist, enthält die Munition außerdem eine oder mehrere der folgen-

2.2.1.4 (Forts.) den Komponenten: eine Treibladung mit Treibladungsanzünder und Anzündladung; einen Zünder mit Zerleger oder einer Ausstoßladung. Diese Benennung schließt Nebelgranaten mit ein.

**Bem.** Die folgenden Gegenstände fallen nicht unter diese Benennung: SIGNALKÖRPER, RAUCH. Sie sind in diesem Glossar gesondert aufgeführt.

**MUNITION, NEBEL, WEISSER PHOSPHOR,** mit Zerleger, Ausstoß- oder Treibladung: UN-Nummern 0245, 0246

Munition, die weißen Phosphor als Nebelstoff enthält. Sie enthält außerdem eine oder mehrere der folgenden Komponenten: eine Treibladung mit Treibladungsanzünder und Anzündladung; einen Zünder mit Zerleger oder Ausstoßladung. Diese Benennung schließt Nebelgranaten mit ein.

**MUNITION, PRÜF:** UN-Nummer 0363

Munition, die pyrotechnische Stoffe enthält und die zur Prüfung der Funktionsfähigkeit und Stärke neuer Munition, Waffenteile oder Waffensysteme dient.

**MUNITION, ÜBUNG:** UN-Nummern 0362, 0488

Munition ohne Hauptsprengladung, aber mit Zerleger oder Ausstoßladung. Im Allgemeinen enthält die Munition auch einen Zünder und eine Treibladung.

**Bem.** Die folgenden Gegenstände fallen nicht unter diese Benennung: GRANATEN, ÜBUNG. Sie sind in diesem Glossar gesondert aufgeführt.

**OCTONAL:** UN-Nummer 0496

Stoff, der aus einer innigen Mischung aus Cyclotetramethylentetranitramin (HMX), Trinitrotoluen (TNT) und Aluminium besteht.

**OKTOLIT (OCTOL),** trocken oder mit weniger als 15 Masse-% Wasser: UN-Nummer 0266

Stoff, der aus einer innigen Mischung aus Cyclotetramethylentetranitramin (HMX) und Trinitrotoluen (TNT) besteht.

**PATRONEN, BLITZLICHT:** UN-Nummern 0049, 0050

Gegenstände, die aus einem Gehäuse, einem Anzündelement und einem Blitzsatz bestehen, alle zu einer Einheit vereinigt und fertig zum Abschuss.

**PATRONEN FÜR HANDFEUERWAFFEN:** UN-Nummern 0012, 0339, 0417

Munition, die aus einer Treibladungshülse mit Zentral- oder Randfeuerung besteht und sowohl eine Treibladung als auch ein Geschoss enthält. Sie ist dazu bestimmt, aus Waffen mit einem Kaliber von höchstens 19,1 mm abgefeuert zu werden. Schrotpatronen jeden Kalibers sind in dieser Benennung eingeschlossen.

*→ CH: SDR Anh. 1 1.5.3*

**Bem.** PATRONEN FÜR HANDFEUERWAFFEN, MANÖVER fallen nicht unter diese Benennung. Diese sind getrennt aufgeführt. Einige Patronen für militärische Handfeuerwaffen fallen nicht unter diese Benennung. Diese sind unter PATRONEN FÜR WAFFEN, MIT INERTEM GESCHOSS aufgeführt.

**PATRONEN FÜR HANDFEUERWAFFEN, MANÖVER:** UN-Nummern 0014, 0327, 0338

Munition, die aus einer geschlossenen Treibladungshülse mit Zentral- oder Randfeuerung und aus einer Ladung aus Treibladungspulver oder aus Schwarzpulver besteht. Die Treibladungshülsen tragen keine Geschosse. Die Patronen sind dazu bestimmt, aus Waffen mit einem Kaliber von höchstens 19,1 mm abgefeuert zu werden und dienen der Erzeugung eines lauten Knalls und werden für Übungszwecke, zum Salutschießen, als Treibladung und für Starterpistolen usw. verwendet.

**PATRONEN FÜR WAFFEN, MANÖVER:** UN-Nummern 0014, 0326, 0327, 0338, 0413

Munition, die aus einer geschlossenen Treibladungshülse mit Zentral- oder Randfeuerung und aus einer Ladung aus Treibladungspulver oder aus Schwarzpulver besteht, aber ohne Geschosse. Sie dient zur Erzeugung eines lauten Knalls und wird für Übungszwecke, zum Salutschießen, als Treibladungen und für Starterpistolen usw. verwendet. Unter diese Benennung fällt auch Munition, Manöver.

**PATRONEN, FÜR WAFFEN, MIT INERTEM GESCHOSS (PATRONEN FÜR HANDFEUERWAFFEN):** UN-Nummern 0012, 0328, 0339, 0417 2.2.1.4 (Forts.)

Munition, die aus einem Geschoss ohne Sprengladung und einer Treibladung mit oder ohne Treibladungsanzünder besteht. Die Munition kann ein Lichtspurmittel enthalten, vorausgesetzt, die Hauptgefahr rührt von der Treibladung her.

**PATRONEN FÜR WAFFEN,** mit Sprengladung: UN-Nummern 0006, 0321, 0412

Munition, die aus einem Geschoss mit Sprengladung und einer Treibladung mit oder ohne Treibladungsanzünder besteht, ohne Zündmittel oder mit Zündmitteln, die mindestens zwei wirksame Sicherungsvorrichtungen beinhalten. Unter diese Benennung fallen auch Patronen ohne Ladungswahl, Patronen mit Ladungswahl und getrennt zu ladende Rohrwaffenmunition, sofern sie zusammengepackt sind.

**PATRONEN FÜR WAFFEN,** mit Sprengladung: UN-Nummern 0005, 0007, 0348

Munition, die aus einem Geschoss mit Sprengladung und einer Treibladung mit oder ohne Treibladungsanzünder besteht, mit Zündmitteln, die weniger als zwei wirksame Sicherungsvorrichtungen haben. Unter diese Benennung fallen auch Patronen ohne Ladungswahl, Patronen mit Ladungswahl und getrennt zu ladende Rohrwaffenmunition, sofern sie zusammengepackt sind.

**PATRONEN FÜR WERKZEUGE, OHNE GESCHOSS:** UN-Nummer 0014

In Werkzeugen verwendeter Gegenstand, der aus einer geschlossenen Treibladungshülse mit Zentral- oder Randfeuerung mit oder ohne Ladung aus Treibladungspulver oder aus Schwarzpulver besteht, aber ohne Geschoss.

**PATRONEN, SIGNAL:** UN-Nummern 0054, 0312, 0405

Gegenstände, die dazu bestimmt sind, farbige Lichtzeichen oder andere Signale auszustoßen und aus Signalpistolen usw. abgefeuert zu werden.

**PENTOLIT,** trocken oder mit weniger als 15 Masse-% Wasser: UN-Nummer 0151

Stoff, der aus einer innigen Mischung aus Pentaerythritoltetranitrat (PETN) und Trinitrotoluen (TNT) besteht.

**PERFORATIONSHOHLLADUNGSTRÄGER, GELADEN,** für Erdölbohrlöcher, ohne Zündmittel: UN-Nummern 0124, 0494

Gegenstände, die aus Stahlrohren oder Metallbändern bestehen, in die durch Sprengschnur miteinander verbundene Hohlladungen eingesetzt sind, ohne Zündmittel.

**PULVERROHMASSE, ANGEFEUCHTET** mit nicht weniger als 17 Masse-% Alkohol: UN-Nummer 0433;
**PULVERROHMASSE, ANGEFEUCHTET** mit mindestens 25 Masse-% Wasser: UN-Nummer 0159

Stoff, der aus Nitrocellulose besteht, die mit höchstens 60 Masse-% Nitroglycerin, anderen flüssigen organischen Nitraten oder deren Mischungen imprägniert ist.

**PYROTECHNISCHE GEGENSTÄNDE** für technische Zwecke: UN-Nummern 0428, 0429, 0430, 0431, 0432

Gegenstände, die pyrotechnische Stoffe enthalten und für technische Anwendungszwecke wie Wärmeentwicklung, Gasentwicklung oder Theatereffekte usw. verwendet werden.

**Bem.** Die folgenden Gegenstände fallen nicht unter diese Benennung: Alle Arten von Munition; AUSLÖSEVORRICHTUNGEN, MIT EXPLOSIVSTOFF; FEUERWERKSKÖRPER; KNALLKAPSELN, EISENBAHN; LEUCHTKÖRPER, BODEN; LEUCHTKÖRPER, LUFTFAHRZEUG; PATRONEN, SIGNAL; SCHNEIDVORRICHTUNGEN, KABEL, MIT EXPLOSIVSTOFF; SIGNALKÖRPER, HAND; SIGNALKÖRPER, RAUCH; SIGNALKÖRPER, SEENOT; SPRENGNIETE. Sie sind in diesem Glossar gesondert aufgeführt.

**RAKETEN,** mit Ausstoßladung: UN-Nummern 0436, 0437, 0438

Gegenstände, die aus einem Raketenmotor und einer Ausstoßladung zum Ausstoßen der Nutzlast aus dem Raketenkopf bestehen. Unter diese Benennung fallen auch Lenkflugkörper.

**RAKETEN,** mit inertem Kopf: UN-Nummern 0183, 0502

Gegenstände, die aus einem Raketenmotor und einem inerten Raketenkopf bestehen. Unter diese Benennung fallen auch Lenkflugkörper.

2.2.1.4 (Forts.) **RAKETEN,** mit Sprengladung: UN-Nummern 0181, 0182

Gegenstände, die aus einem Raketenmotor und einem Gefechtskopf bestehen, ohne Zündmittel oder mit Zündmitteln, die mindestens zwei wirksame Sicherungsvorrichtungen beinhalten. Unter diese Benennung fallen auch Lenkflugkörper.

**RAKETEN,** mit Sprengladung: UN-Nummern 0180, 0295

Gegenstände, die aus einem Raketenmotor und einem Gefechtskopf bestehen, mit Zündmitteln, die weniger als zwei wirksame Sicherungsvorrichtungen haben. Unter diese Benennung fallen auch Lenkflugkörper.

**RAKETEN, FLÜSSIGTREIBSTOFF,** mit Sprengladung: UN-Nummern 0397, 0398

Gegenstände, die aus einem mit flüssigem Treibstoff gefüllten Zylinder mit einer oder mehreren Düsen und einem Gefechtskopf bestehen. Unter diese Benennung fallen auch Lenkflugkörper.

**RAKETEN, LEINENWURF:** UN-Nummern 0238, 0240, 0453

Gegenstände, die aus einem Raketenmotor bestehen und dazu bestimmt sind, eine Leine hinter sich her zu schleppen.

**RAKETENMOTOREN:** UN-Nummern 0186, 0280, 0281, 0510

Gegenstände, die aus einer Treibladung, im Allgemeinen einem Festtreibstoff, bestehen, die in einem Zylinder mit einer oder mehreren Düsen enthalten ist. Sie sind dazu bestimmt, eine Rakete oder einen Lenkflugkörper anzutreiben.

**RAKETENMOTOREN, FLÜSSIGTREIBSTOFF:** UN-Nummern 0395, 0396

Gegenstände, die aus einem Zylinder mit einer oder mehreren Düsen bestehen, der einen Flüssigtreibstoff enthält. Sie sind dazu bestimmt, eine Rakete oder einen Lenkflugkörper anzutreiben.

**RAKETENTRIEBWERKE MIT HYPERGOLEN,** mit oder ohne Ausstoßladung: UN-Nummern 0250, 0322

Gegenstände, die aus einem Zylinder mit einer oder mehreren Düsen bestehen und einen hypergolischen Treibstoff enthalten. Sie sind dazu bestimmt, eine Rakete oder einen Lenkflugkörper anzutreiben.

**SCHNEIDLADUNG, BIEGSAM, GESTRECKT:** UN-Nummern 0237, 0288

Gegenstände, die aus einer V-förmigen Seele aus detonierendem Explosivstoff in einem biegsamen Mantel bestehen.

**SCHNEIDVORRICHTUNG, KABEL, MIT EXPLOSIVSTOFF:** UN-Nummer 0070

Gegenstände, die aus einer messerartigen Vorrichtung bestehen, die durch eine kleine Ladung deflagrierenden Explosivstoffs auf ein Widerlager gepresst wird.

**SCHWARZPULVER,** gekörnt oder in Mehlform: UN-Nummer 0027

Stoff, der aus einem innigen Gemisch aus Holzkohle oder einer anderen Kohleart und entweder Kaliumnitrat oder Natriumnitrat mit oder ohne Schwefel besteht.

**SCHWARZPULVER GEPRESST *oder als* PELLETS:** UN-Nummer 0028

Stoff, der aus geformtem Schwarzpulver besteht.

**SICHERHEITSEINRICHTUNGEN, PYROTECHNISCH:** UN-Nummer 0503

Gegenstände, die pyrotechnische Stoffe oder gefährliche Güter anderer Klassen enthalten und zur Erhöhung der Sicherheit von Personen in Fahrzeugen, Schiffen oder Flugzeugen verwendet werden. Beispiele sind: Airbag-Gasgeneratoren , Airbag-Module , Gurtstraffer und pyromechanische Einrichtungen. Bei diesen pyromechanischen Einrichtungen handelt es sich um montierte Bauteile für Aufgaben wie beispielsweise Trennung, Verschluss oder Rückhalt von Insassen.

**SIGNALKÖRPER, HAND:** UN-Nummern 0191, 0373

Tragbare Gegenstände, die pyrotechnische Stoffe enthalten und die sichtbare Signale oder Warnzeichen aussenden. Unter diese Benennung fallen auch kleine Leuchtkörper, Boden, wie Autobahnfackeln, Eisenbahnfackeln oder kleine Seenotfackeln.

**SIGNALKÖRPER, RAUCH:** UN-Nummern 0196, 0197, 0313, 0487, 0507

Gegenstände, die pyrotechnische Stoffe enthalten und Rauch ausstoßen. Sie können zusätzlich auch Einrichtungen zum Erzeugen hörbarer Signale enthalten.

**SIGNALKÖRPER, SEENOT:** UN-Nummern 0194, 0195, 0505, 0506 2.2.1.4 (Forts.)

Gegenstände, die pyrotechnische Stoffe enthalten und dazu bestimmt sind, Signale in Form von Knall, Flammen oder Rauch oder einer Kombination davon zu geben.

**SPRENGKAPSELN, ELEKTRISCH:** UN-Nummern 0030, 0255, 0456

Gegenstände, die insbesondere zur Auslösung gewerblicher Sprengstoffe bestimmt sind. Es kann sich um Sprengkapseln mit oder ohne Verzögerungselement handeln. Elektrische Sprengkapseln werden durch elektrischen Strom ausgelöst.

**SPRENGKAPSELN, ELEKTRONISCH,** programmierbar: UN-Nummern 0511, 0512, 0513

Sprengkapseln mit verbesserten Sicherheits- und Sicherungsmerkmalen, die elektronische Komponenten verwenden, um ein Zündsignal mit validierten Befehlen und sicherer Kommunikation zu übertragen. Sprengkapseln dieser Art können nicht mit anderen Mitteln ausgelöst werden.

**SPRENGKAPSELN, NICHT ELEKTRISCH:** UN-Nummern 0029, 0267, 0455

Gegenstände, die insbesondere zur Auslösung gewerblicher Sprengstoffe bestimmt sind. Es kann sich um Sprengkapseln mit oder ohne Verzögerungselement handeln. Nicht elektrische Sprengkapseln werden durch Stoßrohr, Anzündschlauch, Anzündschnur, andere Anzündmittel oder schmiegsame Sprengschnur ausgelöst. Unter diese Benennung fallen auch Verbindungsstücke ohne Sprengschnur.

**SPRENGKÖRPER:** UN-Nummer 0048

Gegenstände, die eine Ladung aus einem detonierenden Explosivstoff in einem Gehäuse aus Pappe, Kunststoff, Metall oder einem anderen Material enthalten. Sie enthalten keine Zündmittel oder sie enthalten Zündmittel, die mindestens zwei wirksame Sicherungsvorrichtungen beinhalten.

**Bem.** Die folgenden Gegenstände fallen nicht unter diese Benennung: BOMBEN, GESCHOSSE, MINEN usw. Sie sind in diesem Glossar gesondert aufgeführt.

**SPRENGLADUNGEN, GEWERBLICHE,** ohne Zündmittel: UN-Nummern 0442, 0443, 0444, 0445

Gegenstände, die aus einer Ladung eines detonierenden Explosivstoffs ohne Zündmittel bestehen und zum Sprengschweißen, Sprengplattieren, Sprengverformen oder für andere metallurgische Prozesse verwendet werden.

**SPRENGLADUNGEN, KUNSTSTOFFGEBUNDEN:** UN-Nummern 0457, 0458, 0459, 0460

Gegenstände, die aus einer kunststoffgebundenen Ladung eines detonierenden Explosivstoffs bestehen, in spezieller Form ohne Umhüllung hergestellt sind und keine Zündmittel enthalten. Sie dienen als Bestandteil von Munition, z.B. Gefechtsköpfen.

**SPRENGNIETE:** UN-Nummer 0174

Gegenstände, die aus kleinen Explosivstoffladungen innerhalb eines Metallniets bestehen.

**SPRENGSCHNUR,** biegsam: UN-Nummern 0065, 0289

Gegenstand, der aus einer Seele aus detonierendem Explosivstoff in einer Umspinnung aus Textilfäden besteht, mit einer Beschichtung aus Kunststoff oder einem anderen Werkstoff. Die Beschichtung ist nicht erforderlich, wenn die Umspinnung staubdicht ist.

**SPRENGSCHNUR MIT GERINGER WIRKUNG,** mit Metallmantel: UN-Nummer 0104

Gegenstand, der aus einer Seele aus detonierendem Explosivstoff in einem Rohr aus weichem Metall mit oder ohne Schutzbeschichtung besteht. Die Menge an Explosivstoff ist so begrenzt, dass nur eine geringe Wirkung nach außen auftritt.

**SPRENGSCHNUR,** mit Metallmantel: UN-Nummern 0102, 0290

Gegenstand, der aus einer Seele aus detonierendem Explosivstoff in einem Rohr aus weichem Metall mit oder ohne Schutzbeschichtung besteht.

**SPRENGSTOFF, TYP A:** UN-Nummer 0081

Stoffe, die aus flüssigen organischen Nitraten wie Nitroglycerin oder einer Mischung derartiger Stoffe bestehen, mit einem oder mehreren der folgenden Bestandteile: Nitrocellulose; Ammoniumnitrat oder andere anorganische Nitrate; aromatische Nitroverbindungen oder brennbare Stoffe wie Holzmehl oder Aluminium-Pulver. Sie können außerdem inerte Bestandteile, wie Kieselgur, oder geringfügige Zuschläge,

2.2.1.4 (Forts.) wie Farbstoffe oder Stabilisatoren, enthalten. Diese Sprengstoffe haben pulverförmige, gelatinöse oder elastische Konsistenz. Unter diese Benennung fallen auch Dynamite, Sprenggelatine, Gelatinedynamite.

**SPRENGSTOFF, TYP B:** UN-Nummern 0082, 0331

Stoffe, die aus

a) einer Mischung von Ammoniumnitrat oder anderen anorganischen Nitraten mit Explosivstoffen, wie Trinitrotoluen (TNT), mit oder ohne anderen Stoffen, wie Holzmehl und Aluminium-Pulver, oder

b) einer Mischung aus Ammoniumnitrat oder anderen anorganischen Nitraten mit anderen brennbaren, nicht explosiven Stoffen

bestehen.

In beiden Fällen können die Sprengstoffe inerte Bestandteile, wie Kieselgur, und Zusätze, wie Farbstoffe und Stabilisatoren, enthalten. Diese Sprengstoffe dürfen kein Nitroglycerin oder ähnliche flüssige organische Nitrate und keine Chlorate enthalten.

**SPRENGSTOFF, TYP C:** UN-Nummer 0083

Stoffe, die aus einer Mischung aus Kalium- oder Natriumchlorat oder Kalium-, Natrium- oder Ammoniumperchlorat mit organischen Nitroverbindungen oder brennbaren Stoffen, wie Holzmehl, Aluminium-Pulver oder Kohlenwasserstoffen, bestehen. Sie können außerdem inerte Bestandteile, wie Kieselgur, und Zusätze, wie Farbstoffe und Stabilisatoren, enthalten. Diese Sprengstoffe dürfen kein Nitroglycerin oder ähnliche flüssige organische Nitrate enthalten.

**SPRENGSTOFF, TYP D:** UN-Nummer 0084

Stoffe, die aus einer Mischung organischer nitrierter Verbindungen und brennbarer Stoffe, wie Kohlenwasserstoffe und Aluminium-Pulver, bestehen. Sie können inerte Bestandteile, wie Kieselgur, und Zusätze, wie Farbstoffe und Stabilisatoren, enthalten. Diese Sprengstoffe dürfen kein Nitroglycerin oder ähnliche flüssige organische Nitrate, keine Chlorate und kein Ammoniumnitrat enthalten. Unter diese Benennung fallen im Allgemeinen die Plastiksprengstoffe.

**SPRENGSTOFF, TYP E:** UN-Nummern 0241, 0332

Stoffe, die aus Wasser als wesentlichen Bestandteil und einem hohen Anteil an Ammoniumnitrat oder anderen Oxidationsmitteln, die ganz oder teilweise gelöst sind, bestehen. Die anderen Bestandteile können Nitroverbindungen, wie Trinitrotoluen, Kohlenwasserstoffe oder Aluminium-Pulver, sein. Sie können inerte Bestandteile, wie Kieselgur, und Zusätze, wie Farbstoffe und Stabilisatoren, enthalten. Unter diese Benennung fallen die Emulsionssprengstoffe, die Slurry-Sprengstoffe und die „Wassergele".

**STOPPINEN, NICHT SPRENGKRÄFTIG:** UN-Nummer 0101

Gegenstände, die aus Baumwollfäden bestehen, die mit feinem Schwarzpulver imprägniert sind (Zündschnur). Sie brennen mit offener Flamme und werden in Anzündketten für Feuerwerkskörper usw. verwendet.

**TORPEDOS, MIT FLÜSSIGTREIBSTOFF,** mit inertem Kopf: UN-Nummer 0450

Gegenstände, die aus einem flüssigen explosiven Antriebssystem, das den Torpedo durch das Wasser bewegt, und einem inerten Kopf bestehen.

**TORPEDOS, MIT FLÜSSIGTREIBSTOFF,** mit oder ohne Sprengladung: UN-Nummer 0449

Gegenstände, die entweder aus einem flüssigen, explosiven Antriebssystem bestehen, das den Torpedo durch das Wasser bewegt, mit oder ohne Gefechtskopf, oder aus einem flüssigen, nicht explosiven Antriebssystem, das den Torpedo durch das Wasser bewegt, mit einem Gefechtskopf.

**TORPEDOS,** mit Sprengladung: UN-Nummer 0451

Gegenstände, die aus einem nicht explosiven Antriebssystem bestehen, das den Torpedo durch das Wasser bewegt, mit einem Gefechtskopf, ohne Zündmittel oder mit Zündmitteln, die mindestens zwei wirksame Sicherungsvorrichtungen beinhalten.

**TORPEDOS,** mit Sprengladung: UN-Nummer 0329

Gegenstände, die aus einem explosiven Antriebssystem bestehen, das den Torpedo durch das Wasser bewegt, mit einem Gefechtskopf, ohne Zündmittel oder mit Zündmitteln, die mindestens zwei wirksame Sicherungsvorrichtungen beinhalten.

2.2.1.4 (Forts.)

**TORPEDOS,** mit Sprengladung: UN-Nummer 0330

Gegenstände, die aus einem explosiven oder einem nicht explosiven Antriebssystem bestehen, das den Torpedo durch das Wasser bewegt, und einem Gefechtskopf und mit Zündmitteln, die weniger als zwei wirksame Sicherungsvorrichtungen haben.

**TREIBLADUNGEN FÜR GESCHÜTZE:** UN-Nummern 0242, 0279, 0414

Treibladungen in jeglicher physikalischer Form für getrennt zu ladende Geschützmunition.

**TREIBLADUNGSANZÜNDER:** UN-Nummern 0319, 0320, 0376

Gegenstände, die aus einem Anzündmittel und einer zusätzlichen Ladung aus deflagrierendem Explosivstoff, wie Schwarzpulver, bestehen und als Anzünder für Treibladungen in Treibladungshülsen für Geschütze usw. dienen.

**TREIBLADUNGSHÜLSEN, LEER, MIT TREIBLADUNGSANZÜNDER:** UN-Nummern 0055, 0379

Gegenstände, die aus einer Treibladungshülse aus Metall, Kunststoff oder einem anderen nicht entzündbaren Material bestehen, deren einziger explosive Bestandteil der Treibladungsanzünder ist.

**TREIBLADUNGSHÜLSEN, VERBRENNLICH, LEER, OHNE TREIBLADUNGSANZÜNDER:** UN-Nummern 0446, 0447

Gegenstände, die aus einer Treibladungshülse bestehen, die teilweise oder vollständig aus Nitrocellulose hergestellt ist.

**TREIBLADUNGSPULVER:** UN-Nummern 0160, 0161, 0509

Stoffe, die auf Nitrocellulosebasis aufgebaut sind und als Treibladungspulver verwendet werden. Unter den Begriff fallen einbasige Treibladungspulver (Nitrocellulose (NC) allein), zweibasige Treibladungspulver (wie NC mit Nitroglycerin (NG)) und dreibasige Treibladungspulver (wie NC/NG/Nitroguanidin).

**Bem.** Gegossenes, gepresstes oder in Beuteln enthaltenes Treibladungspulver ist unter TREIBLADUNGEN FÜR GESCHÜTZE oder TREIBSÄTZE aufgeführt.

**TREIBSTOFF, FEST:** UN-Nummern 0498, 0499, 0501

Stoffe, die aus festem deflagrierendem Explosivstoff bestehen und für den Antrieb verwendet werden.

**TREIBSTOFF, FLÜSSIG:** UN-Nummern 0495, 0497

Stoffe, die aus flüssigem deflagrierendem Explosivstoff bestehen und für den Antrieb verwendet werden.

**TREIBSÄTZE:** UN-Nummern 0271, 0272, 0415, 0491

Gegenstände, die aus einer Treibladung in beliebiger Form bestehen, mit oder ohne Umhüllung; sie werden als Bestandteile von Raketenmotoren und zur Reduzierung des Luftwiderstands von Geschossen verwendet.

**TRITONAL:** UN-Nummer 0390

Stoff, der aus einem Gemisch aus Trinitrotoluen (TNT) und Aluminium besteht.

**VORRICHTUNGEN, DURCH WASSER AKTIVIERBAR,** mit Zerleger, Ausstoß- oder Treibladung: UN-Nummern 0248, 0249

Gegenstände, deren Funktion auf einer physikalisch-chemischen Reaktion ihres Inhalts mit Wasser beruht.

**WASSERBOMBEN:** UN-Nummer 0056

Gegenstände, die aus einem Fass oder einem Geschoss bestehen, mit einer Ladung eines detonierenden Explosivstoffs, ohne Zündmittel oder mit Zündmitteln, die mindestens zwei wirksame Sicherungsvorrichtungen beinhalten. Sie sind dazu bestimmt, unter Wasser zu detonieren.

**ZERLEGER,** mit Explosivstoff: UN-Nummer 0043

Gegenstände, die aus einer kleinen Explosivstoffladung bestehen und der Zerlegung von Geschossen oder anderer Munition dienen, um deren Inhalt zu zerstreuen.

**ZÜNDEINRICHTUNGEN,** für Sprengungen, **NICHT ELEKTRISCH**: UN-Nummern 0360, 0361, 0500

Nicht elektrische Sprengkapseln, die aus Anzündschnur, Stoßrohr, Anzündschlauch oder Sprengschnur bestehen und durch diese ausgelöst werden. Dies können Zündeinrichtungen mit oder ohne Verzögerung sein. Unter diese Benennung fallen auch Verbindungsstücke, die eine Sprengschnur enthalten.

2.2.1.4 (Forts.) **ZÜNDER, NICHT SPRENGKRÄFTIG:** UN-Nummern 0316, 0317, 0368

Gegenstände, die Bestandteile mit Zündstoffen enthalten und dazu bestimmt sind, eine Deflagration in Munition auszulösen. Sie enthalten mechanisch, elektrisch, chemisch oder hydrostatisch aktivierbare Einrichtungen zur Auslösung der Deflagration. Sie haben im Allgemeinen Sicherungsvorrichtungen.

**ZÜNDER, SPRENGKRÄFTIG:** UN-Nummern 0106, 0107, 0257, 0367

Gegenstände, die explosive Bestandteile enthalten und dazu bestimmt sind, eine Detonation in Munition auszulösen. Sie enthalten mechanisch, elektrisch, chemisch oder hydrostatisch aktivierbare Einrichtungen zur Auslösung der Detonation. Sie haben im Allgemeinen Sicherungsvorrichtungen.

**ZÜNDER, SPRENGKRÄFTIG,** mit Sicherungsvorrichtungen: UN-Nummern 0408, 0409, 0410

Gegenstände, die explosive Bestandteile enthalten und dazu bestimmt sind, eine Detonation in Munition auszulösen. Sie enthalten mechanisch, elektrisch, chemisch oder hydrostatisch aktivierbare Einrichtungen zur Auslösung der Detonation. Der sprengkräftige Zünder muss mindestens zwei wirksame Sicherungsvorrichtungen beinhalten.

**ZÜNDVERSTÄRKER, MIT DETONATOR:** UN-Nummern 0225, 0268

Gegenstände, die aus detonierendem Explosivstoff und einem Zündmittel bestehen. Sie dienen der Verstärkung des Zündimpulses eines Detonators oder einer Sprengschnur.

**ZÜNDVERSTÄRKER,** ohne Detonator: UN-Nummern 0042, 0283

Gegenstände, die aus detonierendem Explosivstoff ohne Zündmittel bestehen. Sie dienen der Verstärkung des Zündimpulses eines Detonators oder einer Sprengschnur.

**Klasse 2: Gase** 2.2.2

→ M329

**Kriterien** 2.2.2.1

**[Zugeordnete Güter]** 2.2.2.1.1

Der Begriff der Klasse 2 umfasst reine Gase, Gasgemische, Gemische eines oder mehrerer Gase mit einem oder mehreren anderen Stoffen sowie Gegenstände, die solche Stoffe enthalten.

Gase sind Stoffe, die

a) bei 50 °C einen Dampfdruck von mehr als 300 kPa (3 bar) haben oder

b) bei 20 °C und dem Standarddruck von 101,3 kPa vollständig gasförmig sind.

**Bem.** 1. UN 1052 FLUORWASSERSTOFF, WASSERFREI ist dennoch ein Stoff der Klasse 8.

2. Ein reines Gas darf andere Bestandteile enthalten, die vom Produktionsprozess herrühren oder die hinzugefügt werden, um die Stabilität des Produkts aufrechtzuerhalten, vorausgesetzt, die Konzentration dieser Bestandteile verändert nicht die Klassifizierung oder die Beförderungsvorschriften wie Füllfaktor, Fülldruck oder Prüfdruck.

3. Die n.a.g.-Eintragungen in Unterabschnitt 2.2.2.3 können sowohl reine Gase als auch Gemische einschließen.

**[Gaszustände und Gegenstände]** 2.2.2.1.2

Die Stoffe und Gegenstände der Klasse 2 sind wie folgt unterteilt:

1. *Verdichtetes Gas*: Ein Gas, das im für die Beförderung unter Druck verpackten Zustand bei –50 °C vollständig gasförmig ist; diese Kategorie schließt alle Gase ein, die eine kritische Temperatur von höchstens –50 °C haben.
2. *Verflüssigtes Gas*: Ein Gas, das im für die Beförderung unter Druck verpackten Zustand bei Temperaturen über –50 °C teilweise flüssig ist. Es wird unterschieden zwischen:
   *unter hohem Druck verflüssigtes Gas*: ein Gas, das eine kritische Temperatur über –50 °C bis höchstens +65 °C hat; und
   *unter geringem Druck verflüssigtes Gas*: ein Gas, das eine kritische Temperatur über +65 °C hat.
3. *Tiefgekühlt verflüssigtes Gas*: Ein Gas, das im für die Beförderung verpackten Zustand wegen seiner niedrigen Temperatur teilweise flüssig ist.
4. *Gelöstes Gas*: Ein Gas, das im für die Beförderung unter Druck verpackten Zustand in einem Lösungsmittel in flüssiger Phase gelöst ist.
5. Druckgaspackungen und Gefäße, klein, mit Gas (Gaspatronen). → 1.2.1 Gefäß, klein, mit Gas
6. Andere Gegenstände, die Gas unter Druck enthalten.
7. Nicht unter Druck stehende Gase, die besonderen Vorschriften unterliegen (Gasproben).
8. Chemikalien unter Druck: flüssige, pastöse oder pulverförmige Stoffe, die mit einem Treibmittel unter Druck gesetzt werden, das der Begriffsbestimmung für verdichtetes oder verflüssigtes Gas entspricht, und Gemische dieser Stoffe.
9. *Adsorbiertes Gas:* Ein Gas, das im für die Beförderung verpackten Zustand an einem festen porösen Werkstoff adsorbiert ist, was zu einem Gefäßinnendruck bei 20 °C von weniger als 101,3 kPa und bei 50 °C von weniger als 300 kPa führt.

**[Unterteilung nach Eigenschaften]** 2.2.2.1.3

Die Stoffe und Gegenstände (ausgenommen Druckgaspackungen und Chemikalien unter Druck) der Klasse 2 werden ihren gefährlichen Eigenschaften entsprechend einer der folgenden Gruppen zugeordnet:

A erstickend
O oxidierend
F entzündbar
T giftig
TF giftig, entzündbar
TC giftig, ätzend
TO giftig, oxidierend

**2.2.2.1.3** (Forts.)
TFC giftig, entzündbar, ätzend
TOC giftig, oxidierend, ätzend.

Wenn nach diesen Kriterien Gase oder Gasgemische gefährliche Eigenschaften haben, die mehr als einer Gruppe zugeordnet werden können, haben die mit dem Buchstaben T bezeichneten Gruppen Vorrang vor allen anderen Gruppen. Die mit dem Buchstaben F bezeichneten Gruppen haben Vorrang vor den mit dem Buchstaben A oder O bezeichneten Gruppen.

**Bem.**
1. In den UN-Modellvorschriften, im IMDG-Code und in den Technischen Anweisungen der ICAO werden die Gase auf Grund ihrer Hauptgefahr einer der folgenden drei Unterklassen zugeordnet:

   Unterklasse 2.1: entzündbare Gase (entspricht den Gruppen, die durch den Großbuchstaben F bezeichnet sind)

   Unterklasse 2.2: nicht entzündbare, nicht giftige Gase (entspricht den Gruppen, die durch den Großbuchstaben A oder O bezeichnet sind)

   Unterklasse 2.3: giftige Gase (entspricht den Gruppen, die durch den Großbuchstaben T bezeichnet sind, d.h. T, TF, TC, TO, TFC und TOC).
2. Gefäße, klein, mit Gas (UN-Nummer 2037), sind entsprechend der vom Inhalt ausgehenden Gefahren den Gruppen A bis TOC zuzuordnen. Für Druckgaspackungen (UN-Nummer 1950) siehe Absatz 2.2.2.1.6. Für Chemikalien unter Druck (UN-Nummern 3500 bis 3505) siehe Absatz 2.2.2.1.7.
3. Ätzende Gase gelten als giftig und werden daher der Gruppe TC, TFC oder TOC zugeordnet.

**2.2.2.1.4 [Gemischzuordnung]**

Wenn ein in Kapitel 3.2 Tabelle A namentlich genanntes Gemisch der Klasse 2 anderen als den in den Absätzen 2.2.2.1.2 und 2.2.2.1.5 genannten Kriterien entspricht, so ist dieses Gemisch entsprechend den Kriterien einzuordnen und einer geeigneten n.a.g.-Eintragung zuzuordnen.

**2.2.2.1.5 [Sammeleintragungskriterien]**

Die in Kapitel 3.2 Tabelle A nicht namentlich genannten Stoffe und Gegenstände (ausgenommen Druckgaspackungen und Chemikalien unter Druck) der Klasse 2 sind nach den Absätzen 2.2.2.1.2 und 2.2.2.1.3 einer in Unterabschnitt 2.2.2.3 aufgeführten Sammeleintragung zuzuordnen. Es gelten folgende Kriterien:

**Erstickende Gase**

Nicht oxidierende, nicht entzündbare und nicht giftige Gase, die in der Atmosphäre normalerweise vorhandenen Sauerstoff verdünnen oder verdrängen.

**Entzündbare Gase**

Gase, die bei 20 °C und dem Standarddruck von 101,3 kPa

a) in einer Mischung von höchstens 13 Vol.-% mit Luft entzündbar sind oder
b) unabhängig von der unteren Explosionsgrenze einen Explosionsbereich mit Luft von mindestens 12 Prozentpunkten besitzen.

Die Entzündbarkeit muss durch Versuche oder durch Berechnungen nach den von der ISO angenommenen Methoden (siehe Norm ISO 10156:2017) festgestellt werden.

Stehen für die Anwendung dieser Methoden nur unzureichende Daten zur Verfügung, dürfen Prüfungen nach vergleichbaren Methoden, die von der zuständigen Behörde des Ursprungslandes anerkannt sind, angewendet werden.

Ist das Ursprungsland keine Vertragspartei des ADR, so müssen die Methoden von der zuständigen Behörde der ersten von der Sendung berührten Vertragspartei des ADR anerkannt werden.

**Oxidierende Gase**

Gase, die im Allgemeinen durch Lieferung von Sauerstoff die Verbrennung anderer Stoffe stärker als Luft verursachen oder begünstigen können. Dies sind reine Gase oder Gasgemische mit einer Oxidationsfähigkeit von mehr als 23,5 %, die nach einer in der Norm ISO 10156:2017 festgelegten Methode bestimmt wird.

**Giftige Gase** 2.2.2.1.5 (Forts.)

**Bem.** Gase, die wegen ihrer Ätzwirkung teilweise oder vollständig den Kriterien für die Giftigkeit entsprechen, sind als giftig einzustufen. Wegen der möglichen Nebengefahr der Ätzwirkung siehe auch die Kriterien unter der Überschrift „Ätzende Gase".

Gase,

a) die bekanntermaßen so giftig oder ätzend auf den Menschen wirken, dass sie eine Gefahr für die Gesundheit darstellen; oder

b) von denen man annimmt, dass sie giftig oder ätzend auf den Menschen wirken, weil sie bei den Prüfungen gemäß Unterabschnitt 2.2.61.1 einen $LC_{50}$-Wert für die akute Giftigkeit von höchstens 5 000ml/m $^3$ (ppm) aufweisen.

Für die Zuordnung von Gasgemischen (einschließlich Dämpfe von Stoffen anderer Klassen) darf folgende Formel verwendet werden:

$$LC_{50} \text{ giftig (Gemisch)} = \frac{1}{\sum_{i=1}^{n} \frac{f_i}{T_i}},$$

wobei:

$f_i$ = Molenbruch des i-ten Bestandteils des Gemisches

$T_i$ = Giftigkeitskennzahl des i-ten Bestandteils des Gemisches. Der $T_i$-Wert entspricht dem $LC_{50}$-Wert nach Unterabschnitt 4.1.4.1 Verpackungsanweisung P200. Ist der $LC_{50}$-Wert in Unterabschnitt 4.1.4.1 Verpackungsanweisung P200 nicht aufgeführt, so ist der in der wissenschaftlichen Literatur vorhandene $LC_{50}$-Wert zu verwenden. Ist der $LC_{50}$-Wert nicht bekannt, wird die Giftigkeitskennzahl anhand des niedrigsten $LC_{50}$-Wertes von Stoffen mit ähnlichen physiologischen und chemischen Eigenschaften oder, wenn dies die einzige Möglichkeit ist, anhand von Versuchen berechnet.

**Ätzende Gase**

Gase oder Gasgemische, die wegen ihrer Ätzwirkung vollständig den Kriterien für die Giftigkeit entsprechen, sind als giftig mit der Nebengefahr der Ätzwirkung einzustufen.

Ein Gasgemisch, das wegen der Verbindung von Ätzwirkung und Giftigkeit als giftig angesehen wird, besitzt die Nebengefahr der Ätzwirkung, wenn durch Erfahrungswerte in Bezug auf den Menschen bekannt ist, dass das Gemisch schädlich für die Haut, die Augen oder die Schleimhäute ist, oder wenn der $LC_{50}$-Wert der ätzenden Bestandteile des Gemisches bei Berechnung nach der folgenden Formel höchstens 5 000 ml/m$^3$ (ppm) beträgt:

$$LC_{50} \text{ ätzend (Gemisch)} = \frac{1}{\sum_{i=1}^{n} \frac{fc_i}{Tc_i}},$$

wobei:

$fc_i$ = Molenbruch des i-ten ätzenden Bestandteils des Gemisches

$Tc_i$ = Giftigkeitskennzahl des i-ten ätzenden Bestandteils des Gemisches. Der $Tc_i$-Wert entspricht dem $LC_{50}$-Wert nach Unterabschnitt 4.1.4.1 Verpackungsanweisung P200. Ist der $LC_{50}$-Wert in Unterabschnitt 4.1.4.1 Verpackungsanweisung P200 nicht aufgeführt, so ist der in der wissenschaftlichen Literatur vorhandene $LC_{50}$-Wert zu verwenden. Ist der $LC_{50}$-Wert nicht bekannt, wird die Giftigkeitskennzahl anhand des niedrigsten $LC_{50}$-Wertes von Stoffen mit ähnlichen physiologischen und chemischen Eigenschaften oder, wenn dies die einzige Möglichkeit ist, anhand von Versuchen berechnet.

**Druckgaspackungen** 2.2.2.1.6

Druckgaspackungen (UN-Nummer 1950) werden ihren gefährlichen Eigenschaften entsprechend einer der folgenden Gruppen zugeordnet:

A erstickend
O oxidierend
F entzündbar
T giftig
C ätzend
CO ätzend, oxidierend

**2.2.2.1.6** (Forts.)

FC entzündbar, ätzend
TF giftig, entzündbar
TC giftig, ätzend
TO giftig, oxidierend
TFC giftig, entzündbar, ätzend
TOC giftig, oxidierend, ätzend.

Die Klassifizierung ist abhängig von der Art des Inhalts der Druckgaspackung.

**Bem.** Gase, die der Begriffsbestimmung für giftige Gase gemäß Absatz 2.2.2.1.5 entsprechen, und Gase, die durch die Fußnote c) der Tabelle 2 in Verpackungsanweisung P200 des Unterabschnitts 4.1.4.1 als „Gilt als selbstentzündlich (pyrophor)" ausgewiesen sind, dürfen nicht als Treibmittel in Druckgaspackungen verwendet werden. Druckgaspackungen mit einem Inhalt, der hinsichtlich der Giftigkeit und der Ätzwirkung den Kriterien der Verpackungsgruppe I entspricht, sind zur Beförderung nicht zugelassen (siehe auch Absatz 2.2.2.2.2).

Es gelten folgende Kriterien:

a) Eine Zuordnung zur Gruppe A erfolgt, wenn der Inhalt nicht den Kriterien einer anderen Gruppe gemäß den Absätzen b) bis f) entspricht.

b) Eine Zuordnung zur Gruppe O erfolgt, wenn die Druckgaspackung ein oxidierendes Gas gemäß Absatz 2.2.2.1.5 enthält.

c) Eine Zuordnung zur Gruppe F erfolgt, wenn der Inhalt mindestens 85 Masse-% entzündbare Bestandteile enthält und die chemische Verbrennungswärme mindestens 30 kJ/g beträgt.

   Eine Zuordnung zur Gruppe F erfolgt nicht, wenn der Inhalt höchstens 1 Masse-% entzündbare Bestandteile enthält und die Verbrennungswärme geringer als 20 kJ/g ist.

   Andernfalls ist die Druckgaspackung gemäß den im Handbuch Prüfungen und Kriterien Teil III Abschnitt 31 beschriebenen Prüfungen auf Entzündbarkeit zu prüfen. Leicht entzündbare und entzündbare Druckgaspackungen sind der Gruppe F zuzuordnen.

   **Bem.** Entzündbare Bestandteile sind entzündbare flüssige Stoffe, entzündbare feste Stoffe oder die im Handbuch Prüfungen und Kriterien Teil III Unterabschnitt 31.1.3 Bem. 1 bis 3 definierten entzündbaren Gase oder Gasgemische. Durch diese Bezeichnung werden pyrophore, selbsterhitzungsfähige oder mit Wasser reagierende Stoffe nicht erfasst. Die chemische Verbrennungswärme ist durch eines der folgenden Verfahren zu bestimmen: ASTM D 240, ISO/FDIS 13943:1999 (E/F) 86.1 bis 86.3 oder NFPA 30B.

d) Eine Zuordnung zur Gruppe T erfolgt, wenn der Inhalt, ausgenommen das Treibmittel der Druckgaspackung, der Klasse 6.1 Verpackungsgruppe II oder III zugeordnet ist.

e) Eine Zuordnung zur Gruppe C erfolgt, wenn der Inhalt, ausgenommen das Treibmittel der Druckgaspackung, den Kriterien der Klasse 8 Verpackungsgruppe II oder III entspricht.

f) Wenn die Kriterien für mehr als eine Gruppe der Gruppen O, F, T und C erfüllt werden, erfolgt eine Zuordnung zu den Gruppen CO, FC, TF, TC, TO, TFC bzw. TOC.

**2.2.2.1.7 Chemikalien unter Druck**

Chemikalien unter Druck (UN-Nummern 3500 bis 3505) werden ihren gefährlichen Eigenschaften entsprechend einer der folgenden Gruppen zugeordnet:

A erstickend
F entzündbar
T giftig
C ätzend
FC entzündbar, ätzend
TF giftig, entzündbar.

Die Klassifizierung ist abhängig von den Gefahreneigenschaften der Bestandteile in den verschiedenen Aggregatzuständen:

das Treibmittel,
der flüssige Stoff oder
der feste Stoff.

**Bem.** 1. Gase, die der Begriffsbestimmung für giftige Gase oder für oxidierende Gase gemäß Absatz 2.2.2.1.5 entsprechen, oder Gase, die durch die Fußnote c) der Tabelle 2 in Verpackungsanweisung P200 des Unterabschnitts 4.1.4.1 als „Gilt als selbstentzündlich (pyrophor)" ausgewiesen sind, dürfen nicht als Treibmittel in Chemikalien unter Druck verwendet werden. **2.2.2.1.7** (Forts.)

2. Chemikalien unter Druck mit einem Inhalt, der hinsichtlich der Giftigkeit oder der Ätzwirkung den Kriterien der Verpackungsgruppe I entspricht, oder mit einem Inhalt, der sowohl hinsichtlich der Giftigkeit als auch hinsichtlich der Ätzwirkung den Kriterien der Verpackungsgruppe II oder III entspricht, sind zur Beförderung unter diesen UN-Nummern nicht zugelassen.

3. Chemikalien unter Druck mit Bestandteilen, die die Eigenschaften der Klasse 1, von desensibilisierten explosiven flüssigen Stoffen der Klasse 3, von selbstzersetzlichen Stoffen und desensibilisierten explosiven festen Stoffen der Klasse 4.1, der Klasse 4.2, der Klasse 4.3, der Klasse 5.1, der Klasse 5.2, der Klasse 6.2 oder der Klasse 7 aufweisen, dürfen nicht für die Beförderung unter diesen UN-Nummern verwendet werden.

4. Eine Chemikalie unter Druck in einer Druckgaspackung muss unter der UN-Nummer 1950 befördert werden.

Es gelten folgende Kriterien:

a) Eine Zuordnung zur Gruppe A erfolgt, wenn der Inhalt nicht den Kriterien einer anderen Gruppe gemäß den Absätzen b) bis e) entspricht.

b) Eine Zuordnung zur Gruppe F erfolgt, wenn einer der Bestandteile, bei dem es sich um einen reinen Stoff oder ein Gemisch handeln kann, als entzündbar klassifiziert werden muss. Entzündbare Bestandteile sind entzündbare flüssige Stoffe und Gemische entzündbarer flüssiger Stoffe, entzündbare feste Stoffe und Gemische entzündbarer fester Stoffe oder entzündbare Gase und Gasgemische, die den folgenden Kriterien entsprechen:
   (i) ein entzündbarer flüssiger Stoff ist ein flüssiger Stoff mit einem Flammpunkt von höchstens 93 °C;
   (ii) ein entzündbarer fester Stoff ist ein fester Stoff, der den Kriterien des Unterabschnitts 2.2.41.1 entspricht;
   (iii) ein entzündbares Gas ist ein Gas, das den Kriterien des Absatzes 2.2.2.1.5 entspricht.

c) Eine Zuordnung zur Gruppe T erfolgt, wenn der Inhalt mit Ausnahme des Treibmittels als gefährliches Gut der Klasse 6.1 Verpackungsgruppe II oder III zugeordnet ist.

d) Eine Zuordnung zur Gruppe C erfolgt, wenn der Inhalt mit Ausnahme des Treibmittels als gefährliches Gut der Klasse 8 Verpackungsgruppe II oder III zugeordnet ist.

e) Wenn die Kriterien zweier Gruppen der Gruppen F, T und C erfüllt werden, erfolgt eine Zuordnung zur Gruppe FC bzw. TF.

**Nicht zur Beförderung zugelassene Gase** **2.2.2.2**

**[Chemisch instabile Gase]** **2.2.2.2.1**

Chemisch instabile Gase der Klasse 2 sind zur Beförderung nur zugelassen, wenn die erforderlichen Vorsichtsmaßnahmen zur Verhinderung der Möglichkeit einer gefährlichen Zersetzung oder Polymerisation unter normalen Beförderungsbedingungen getroffen wurden oder wenn die Beförderung, sofern zutreffend, gemäß Unterabschnitt 4.1.4.1 Verpackungsanweisung P200 (10) Sondervorschrift für die Verpackung r erfolgt. Für die Vorsichtsmaßnahmen zur Verhinderung einer Polymerisation siehe Kapitel 3.3 Sondervorschrift 386. Zu diesem Zweck muss insbesondere dafür gesorgt werden, dass die Gefäße und Tanks keine Stoffe enthalten, die diese Reaktionen begünstigen können.

**[Nicht zugelassene Stoffe/Gemische]** **2.2.2.2.2**

Folgende Stoffe und Gemische sind zur Beförderung nicht zugelassen:

- UN 2186 CHLORWASSERSTOFF, TIEFGEKÜHLT, FLÜSSIG;
- UN 2421 DISTICKSTOFFTRIOXID;
- UN 2455 METHYLNITRIT;
- tiefgekühlt verflüssigte Gase, die den Klassifizierungscodes 3A, 3O oder 3F nicht zugeordnet werden können;
- gelöste Gase, die den UN-Nummern 1001, 1043, 2073 oder 3318 nicht zugeordnet werden können. Für die UN-Nummer 1043 siehe Sondervorschrift 642;

**2.2.2.2.2** (Forts.)

- Druckgaspackungen, bei denen Gase, die gemäß Absatz 2.2.2.1.5 giftig oder gemäß Unterabschnitt 4.1.4.1 Verpackungsanweisung P200 pyrophor sind, als Treibmittel verwendet werden;
- Druckgaspackungen mit einem Inhalt, der hinsichtlich seiner Giftigkeit oder Ätzwirkung den Kriterien der Verpackungsgruppe I entspricht (siehe Abschnitte 2.2.61 und 2.2.8);
- Gefäße, klein, mit Gas, die sehr giftige Gase ($LC_{50}$-Wert kleiner als 200 ppm) oder gemäß Unterabschnitt 4.1.4.1 Verpackungsanweisung P200 pyrophore Gase enthalten.

**2.2.2.3 Verzeichnis der Sammeleintragungen**

**Verdichtete Gase**

| Klassifizierungscode | UN-Nummer | Benennung des Stoffes oder Gegenstandes |
|---|---|---|
| **1A** | 1956 | VERDICHTETES GAS, N.A.G. |
| **1O** | 3156 | VERDICHTETES GAS, OXIDIEREND, N.A.G. |
| **1F** | 1964 | KOHLENWASSERSTOFFGAS, GEMISCH, VERDICHTET, N.A.G. |
| | 1954 | VERDICHTETES GAS, ENTZÜNDBAR, N.A.G. |
| **1T** | 1955 | VERDICHTETES GAS, GIFTIG, N.A.G. |
| **1TF** | 1953 | VERDICHTETES GAS, GIFTIG, ENTZÜNDBAR, N.A.G. |
| **1TC** | 3304 | VERDICHTETES GAS, GIFTIG, ÄTZEND, N.A.G. |
| **1TO** | 3303 | VERDICHTETES GAS, GIFTIG, OXIDIEREND, N.A.G. |
| **1TFC** | 3305 | VERDICHTETES GAS, GIFTIG, ENTZÜNDBAR, ÄTZEND, N.A.G. |
| **1TOC** | 3306 | VERDICHTETES GAS, GIFTIG, OXIDIEREND, ÄTZEND, N.A.G. |

**Verflüssigte Gase**

| Klassifizierungscode | UN-Nummer | Benennung des Stoffes oder Gegenstandes |
|---|---|---|
| **2A** | 1058 | VERFLÜSSIGTE GASE, nicht entzündbar, überlagert mit Stickstoff, Kohlendioxid oder Luft |
| | 1078 | GAS ALS KÄLTEMITTEL, N.A.G., wie Gemische von Gasen mit der Bezeichnung R …, die als:<br>Gemisch F 1 bei 70 °C einen Dampfdruck von höchstens 1,3 MPa (13 bar) und bei 50 °C eine Dichte haben, die mindestens der von Dichlorfluormethan (1,30 kg/l) entspricht;<br>Gemisch F 2 bei 70 °C einen Dampfdruck von höchstens 1,9 MPa (19 bar) und bei 50 °C eine Dichte haben, die mindestens der von Dichlordifluormethan (1,21 kg/l) entspricht;<br>Gemisch F 3 bei 70 °C einen Dampfdruck von höchstens 3 MPa (30 bar) und bei 50 °C eine Dichte haben, die mindestens der von Chlordifluormethan (1,09 kg/l) entspricht.<br>**Bem.** Trichlorfluormethan (Kältemittel R 11), 1,1,2-Trichlor-1,2,2-trifluorethan (Kältemittel R 113), 1,1,1-Trichlor-2,2,2-trifluorethan (Kältemittel R 113a), 1-Chlor-1,2,2-trifluorethan (Kältemittel R 133) und 1-Chlor-1,1,2-trifluorethan (Kältemittel R 133b) sind keine Stoffe der Klasse 2. Sie können jedoch Bestandteil der Gemische F 1 bis F 3 sein. |
| | 1968 | INSEKTENBEKÄMPFUNGSMITTEL, GASFÖRMIG, N.A.G. |
| | 3163 | VERFLÜSSIGTES GAS, N.A.G. |
| **2O** | 3157 | VERFLÜSSIGTES GAS, OXIDIEREND, N.A.G. |

2.2.2.3 (Forts.)

→ D: GGAV 24

| Klassifizierungscode | UN-Nummer | Benennung des Stoffes oder Gegenstandes |
|---|---|---|
| **2F** | 1010 | BUTADIENE, STABILISIERT oder BUTADIENE UND KOHLENWASSERSTOFF, GEMISCH, STABILISIERT mit mehr als 20 % Butadienen |
| | 1060 | METHYLACETYLEN UND PROPADIEN, GEMISCH, STABILISIERT, wie Gemische von Methylacetylen und Propadien mit Kohlenwasserstoffen, die als:<br>Gemisch P 1 höchstens 63 Vol.-% Methylacetylen und Propadien und höchstens 24 Vol.-% Propan und Propen enthalten, wobei der Prozentsatz an gesättigten Kohlenwasserstoffen $C_4$ mindestens 14 Vol.-% betragen muss;<br>Gemisch P 2 höchstens 48 Vol.-% Methylacetylen und Propadien und höchstens 50 Vol.-% Propan und Propen enthalten, wobei der Prozentsatz an gesättigten Kohlenwasserstoffen $C_4$ mindestens 5 Vol.-% betragen muss;<br>sowie Gemische von Propadien mit 1 % bis 4 % Methylacetylen. |
| | 1965 | KOHLENWASSERSTOFFGAS, GEMISCH, VERFLÜSSIGT, N.A.G., wie Gemische, die als<br>Gemisch A bei 70 °C einen Dampfdruck von höchstens 1,1 MPa (11 bar) und bei 50 °C eine Dichte von mindestens 0,525 kg/l haben,<br>Gemisch A 01 bei 70 °C einen Dampfdruck von höchstens 1,6 MPa (16 bar) und bei 50 °C eine Dichte von mindestens 0,516 kg/l haben,<br>Gemisch A 02 bei 70 °C einen Dampfdruck von höchstens 1,6 MPa (16 bar) und bei 50 °C eine Dichte von mindestens 0,505 kg/l haben,<br>Gemisch A 0 bei 70 °C einen Dampfdruck von höchstens 1,6 MPa (16 bar) und bei 50 °C eine Dichte von mindestens 0,495 kg/l haben,<br>Gemisch A 1 bei 70 °C einen Dampfdruck von höchstens 2,1 MPa (21 bar) und bei 50 °C eine Dichte von mindestens 0,485 kg/l haben,<br>Gemisch B 1 bei 70 °C einen Dampfdruck von höchstens 2,6 MPa (26 bar) und bei 50 °C eine Dichte von mindestens 0,474 kg/l haben,<br>Gemisch B 2 bei 70 °C einen Dampfdruck von höchstens 2,6 MPa (26 bar) und bei 50 °C eine Dichte von mindestens 0,463 kg/l haben,<br>Gemisch B bei 70 °C einen Dampfdruck von höchstens 2,6 MPa (26 bar) und bei 50 °C eine Dichte von mindestens 0,450 kg/l haben,<br>Gemisch C bei 70 °C einen Dampfdruck von höchstens 3,1 MPa (31 bar) und bei 50 °C eine Dichte von mindestens 0,440 kg/l haben.<br>**Bem.** 1. Für die vorerwähnten Gemische sind auch folgende Handelsnamen für die Beschreibung zugelassen: für Gemische A, A 01, A 02 und A 0 BUTAN, für Gemisch C PROPAN.<br>2. Wenn eine See- oder Luftbeförderung vorangeht oder folgt, darf für UN 1965 KOHLENWASSERSTOFFGAS, GEMISCH, VERFLÜSSIGT, N.A.G., die Eintragung UN 1075 PETROLEUMGASE, VERFLÜSSIGT, verwendet werden. |
| | 3354 | INSEKTENBEKÄMPFUNGSMITTEL, GASFÖRMIG, ENTZÜNDBAR, N.A.G. |
| | 3161 | VERFLÜSSIGTES GAS, ENTZÜNDBAR, N.A.G. |
| **2T** | 1967 | INSEKTENBEKÄMPFUNGSMITTEL, GASFÖRMIG, GIFTIG, N.A.G. |
| | 3162 | VERFLÜSSIGTES GAS, GIFTIG, N.A.G. |
| **2TF** | 3355 | INSEKTENBEKÄMPFUNGSMITTEL, GASFÖRMIG, GIFTIG, ENTZÜNDBAR, N.A.G. |
| | 3160 | VERFLÜSSIGTES GAS, GIFTIG, ENTZÜNDBAR, N.A.G. |
| **2TC** | 3308 | VERFLÜSSIGTES GAS, GIFTIG, ÄTZEND, N.A.G. |
| **2TO** | 3307 | VERFLÜSSIGTES GAS, GIFTIG, OXIDIEREND, N.A.G. |
| **2TFC** | 3309 | VERFLÜSSIGTES GAS, GIFTIG, ENTZÜNDBAR, ÄTZEND, N.A.G. |
| **2TOC** | 3310 | VERFLÜSSIGTES GAS, GIFTIG, OXIDIEREND, ÄTZEND, N.A.G. |

2.2.2.3 **Tiefgekühlt verflüssigte Gase**
(Forts.)

| Klassifizierungscode | UN-Nummer | Benennung des Stoffes oder Gegenstandes |
|---|---|---|
| **3A** | 3158 | GAS, TIEFGEKÜHLT, FLÜSSIG, N.A.G. |
| **3O** | 3311 | GAS, TIEFGEKÜHLT, FLÜSSIG, OXIDIEREND, N.A.G. |
| **3F** | 3312 | GAS, TIEFGEKÜHLT, FLÜSSIG, ENTZÜNDBAR, N.A.G. |

**Gelöste Gase**

| Klassifizierungscode | UN-Nummer | Benennung des Stoffes oder Gegenstandes |
|---|---|---|
| **4** | Nur die in Kapitel 3.2 Tabelle A namentlich genannten Stoffe sind zur Beförderung zugelassen. | |

**Druckgaspackungen und Gefäße, klein, mit Gas (Gaspatronen)**

| Klassifizierungscode | UN-Nummer | Benennung des Stoffes oder Gegenstandes |
|---|---|---|
| **5** | 1950 | DRUCKGASPACKUNGEN |
| | 2037 | GEFÄSSE, KLEIN, MIT GAS (GASPATRONEN), ohne Entnahmeeinrichtung, nicht wiederbefüllbar |

**Andere Gegenstände, die Gas unter Druck enthalten**

| Klassifizierungscode | UN-Nummer | Benennung des Stoffes oder Gegenstandes |
|---|---|---|
| **6A** | 2857 | KÄLTEMASCHINEN mit nicht entzündbaren, nicht giftigen Gasen oder Ammoniaklösungen (UN 2672) |
| | 3164 | GEGENSTÄNDE UNTER PNEUMATISCHEM DRUCK (mit nicht entzündbarem Gas) oder |
| | 3164 | GEGENSTÄNDE UNTER HYDRAULISCHEM DRUCK (mit nicht entzündbarem Gas) |
| | 3538 | GEGENSTÄNDE, DIE NICHT ENTZÜNDBARES, NICHT GIFTIGES GAS ENTHALTEN, N.A.G. |
| **6F** | 3150 | GERÄTE, KLEIN, MIT KOHLENWASSERSTOFFGAS, mit Entnahmeeinrichtung, oder |
| | 3150 | KOHLENWASSERSTOFFGAS-NACHFÜLLPATRONEN FÜR KLEINE GERÄTE mit Entnahmeeinrichtung |
| | 3358 | KÄLTEMASCHINEN mit entzündbarem, nicht giftigem verflüssigtem Gas |
| | 3478 | BRENNSTOFFZELLEN-KARTUSCHEN, verflüssigtes entzündbares Gas enthaltend, oder |
| | 3478 | BRENNSTOFFZELLEN-KARTUSCHEN IN AUSRÜSTUNGEN, verflüssigtes entzündbares Gas enthaltend, oder |
| | 3478 | BRENNSTOFFZELLEN-KARTUSCHEN, MIT AUSRÜSTUNGEN VERPACKT, verflüssigtes entzündbares Gas enthaltend |
| | 3479 | BRENNSTOFFZELLEN-KARTUSCHEN, Wasserstoff in Metallhydrid enthaltend, oder |
| | 3479 | BRENNSTOFFZELLEN-KARTUSCHEN IN AUSRÜSTUNGEN, Wasserstoff in Metallhydrid enthaltend, oder |
| | 3479 | BRENNSTOFFZELLEN-KARTUSCHEN, MIT AUSRÜSTUNGEN VERPACKT, Wasserstoff in Metallhydrid enthaltend |
| | 3529 | VERBRENNUNGSMOTOR MIT ANTRIEB DURCH ENTZÜNDBARES GAS oder |
| | 3529 | BRENNSTOFFZELLEN-MOTOR MIT ANTRIEB DURCH ENTZÜNDBARES GAS oder |
| | 3529 | VERBRENNUNGSMASCHINE MIT ANTRIEB DURCH ENTZÜNDBARES GAS oder |

2.2.2.3 (Forts.)

| Klassifizierungscode | UN-Nummer | Benennung des Stoffes oder Gegenstandes |
|---|---|---|
| **6F** *(Forts.)* | 3529 | MASCHINE MIT BRENNSTOFFZELLEN-MOTOR MIT ANTRIEB DURCH ENTZÜNDBARES GAS |
| | 3537 | GEGENSTÄNDE, DIE ENTZÜNDBARES GAS ENTHALTEN, N.A.G. *→ M329* |
| **6T** | 3539 | GEGENSTÄNDE, DIE GIFTIGES GAS ENTHALTEN, N.A.G. *→ M329* |

**Gasproben**

| Klassifizierungscode | UN-Nummer | Benennung des Stoffes oder Gegenstandes |
|---|---|---|
| **7F** | 3167 | GASPROBE, NICHT UNTER DRUCK STEHEND, ENTZÜNDBAR, N.A.G., nicht tiefgekühlt flüssig |
| **7T** | 3169 | GASPROBE, NICHT UNTER DRUCK STEHEND, GIFTIG, N.A.G., nicht tiefgekühlt flüssig |
| **7TF** | 3168 | GASPROBE, NICHT UNTER DRUCK STEHEND, GIFTIG, ENTZÜNDBAR, N.A.G., nicht tiefgekühlt flüssig |

**Chemikalien unter Druck**

| Klassifizierungscode | UN-Nummer | Benennung des Stoffes oder Gegenstandes |
|---|---|---|
| **8A** | 3500 | CHEMIKALIE UNTER DRUCK, N.A.G. |
| **8F** | 3501 | CHEMIKALIE UNTER DRUCK, ENTZÜNDBAR, N.A.G. |
| **8T** | 3502 | CHEMIKALIE UNTER DRUCK, GIFTIG, N.A.G. |
| **8C** | 3503 | CHEMIKALIE UNTER DRUCK, ÄTZEND, N.A.G. |
| **8TF** | 3504 | CHEMIKALIE UNTER DRUCK, ENTZÜNDBAR, GIFTIG, N.A.G. |
| **8FC** | 3505 | CHEMIKALIE UNTER DRUCK, ENTZÜNDBAR, ÄTZEND, N.A.G. |

**Adsorbierte Gase**

| Klassifizierungscode | UN-Nummer | Benennung des Stoffes oder Gegenstandes |
|---|---|---|
| **9A** | 3511 | ADSORBIERTES GAS, N.A.G. |
| **9O** | 3513 | ADSORBIERTES GAS, OXIDIEREND, N.A.G. |
| **9F** | 3510 | ADSORBIERTES GAS, ENTZÜNDBAR, N.A.G. |
| **9T** | 3512 | ADSORBIERTES GAS, GIFTIG, N.A.G. |
| **9TF** | 3514 | ADSORBIERTES GAS, GIFTIG, ENTZÜNDBAR, N.A.G. |
| **9TC** | 3516 | ADSORBIERTES GAS, GIFTIG, ÄTZEND, N.A.G. |
| **9TO** | 3515 | ADSORBIERTES GAS, GIFTIG, OXIDIEREND, N.A.G. |
| **9TFC** | 3517 | ADSORBIERTES GAS, GIFTIG, ENTZÜNDBAR, ÄTZEND, N.A.G. |
| **9TOC** | 3518 | ADSORBIERTES GAS, GIFTIG, OXIDIEREND, ÄTZEND, N.A.G. |

### 2.2.3 Klasse 3: Entzündbare flüssige Stoffe

#### 2.2.3.1 Kriterien

**2.2.3.1.1 [Zugeordnete Güter]**

*→ D: GGAV 20*
*→ M329*

Der Begriff der Klasse 3 umfasst Stoffe sowie Gegenstände, die Stoffe dieser Klasse enthalten, die

- gemäß Absatz a) der Begriffsbestimmung für „flüssig" in Abschnitt 1.2.1 flüssige Stoffe sind;
- einen Dampfdruck bei 50 °C von höchstens 300 kPa (3 bar) haben und bei 20 °C und dem Standarddruck von 101,3 kPa nicht vollständig gasförmig sind und
- *→ D: RSEB 2-3* *→ D: RSEB 2-4* einen Flammpunkt von höchstens 60 °C haben (wegen der entsprechenden Prüfung siehe Unterabschnitt 2.3.3.1).

Der Begriff der Klasse 3 umfasst auch flüssige Stoffe und feste Stoffe in geschmolzenem Zustand mit einem Flammpunkt über 60 °C, die auf oder über ihren Flammpunkt erwärmt zur Beförderung aufgegeben oder befördert werden. Diese Stoffe sind der UN-Nummer 3256 zugeordnet.

Der Begriff der Klasse 3 umfasst auch desensibilisierte explosive flüssige Stoffe. Desensibilisierte explosive flüssige Stoffe sind explosive Stoffe, die in Wasser oder anderen Flüssigkeiten gelöst oder suspendiert sind, um zur Unterdrückung ihrer explosiven Eigenschaften ein homogenes flüssiges Gemisch zu bilden. In Kapitel 3.2 Tabelle A sind dies die Eintragungen der UN-Nummern 1204, 2059, 3064, 3343, 3357, 3379 und 3555.

**Bem.** 1. Stoffe mit einem Flammpunkt von mehr als 35 °C, die gemäß den Kriterien des Handbuchs Prüfungen und Kriterien Teil III Unterabschnitt 32.2.5 keine selbstständige Verbrennung unterhalten, sind keine Stoffe der Klasse 3; werden diese Stoffe jedoch auf oder über ihren Flammpunkt erwärmt zur Beförderung aufgegeben und befördert, sind sie Stoffe dieser Klasse.

2. In Abweichung zu Absatz 2.2.3.1.1 gilt Dieselkraftstoff oder Gasöl oder Heizöl (leicht), einschließlich synthetisch hergestellter Produkte, mit einem Flammpunkt über 60 °C bis höchstens 100 °C als Stoff der Klasse 3 UN-Nummer 1202.

3. Entzündbare flüssige Stoffe, die nach den Absätzen 2.2.61.1.4 bis 2.2.61.1.9 beim Einatmen sehr giftig sind, und giftige Stoffe mit einem Flammpunkt von 23 °C oder darüber sind Stoffe der Klasse 6.1 (siehe Unterabschnitt 2.2.61.1). Flüssige Stoffe, die beim Einatmen sehr giftig sind, sind in ihrer offiziellen Benennung für die Beförderung in Kapitel 3.2 Tabelle A Spalte (2) als „beim Einatmen giftig" bezeichnet oder in Spalte (6) durch die Sondervorschrift 354 gekennzeichnet.

4. Als Mittel zur Schädlingsbekämpfung (Pestizide) verwendete flüssige Stoffe und Präparate, die sehr giftig, giftig oder schwach giftig sind und einen Flammpunkt von 23 °C oder darüber haben, sind Stoffe der Klasse 6.1 (siehe Unterabschnitt 2.2.61.1).

**2.2.3.1.2 [Unterteilung nach Eigenschaften]**

Die Stoffe und Gegenstände der Klasse 3 sind wie folgt unterteilt:

F Entzündbare flüssige Stoffe ohne Nebengefahr und Gegenstände, die solche Stoffe enthalten

*→ D: GGAV 24* F1 Entzündbare flüssige Stoffe mit einem Flammpunkt von höchstens 60 °C

F2 Entzündbare flüssige Stoffe mit einem Flammpunkt über 60 °C, die auf oder über ihren Flammpunkt erwärmt zur Beförderung aufgegeben oder befördert werden (erwärmte Stoffe)

F3 Gegenstände, die entzündbare flüssige Stoffe enthalten

FT Entzündbare flüssige Stoffe, giftig

FT1 Entzündbare flüssige Stoffe, giftig

FT2 Mittel zur Schädlingsbekämpfung (Pestizide)

FC Entzündbare flüssige Stoffe, ätzend

FTC Entzündbare flüssige Stoffe, giftig, ätzend

D Desensibilisierte explosive flüssige Stoffe

**2.2.3.1.3 [Verpackungsgruppenzuordnung]**

Die der Klasse 3 zugeordneten Stoffe und Gegenstände sind in Kapitel 3.2 Tabelle A aufgeführt. In Kapitel 3.2 Tabelle A nicht namentlich genannte Stoffe sind nach den Vorschriften dieses Abschnitts der entsprechenden Eintragung des Unterabschnitts 2.2.3.3 und der entsprechenden Verpackungsgruppe zuzuordnen. Entzündbare flüssige Stoffe sind auf Grund ihres Gefahrengrades, den sie bei der Beförderung darstellen, einer der folgenden Verpackungsgruppen zuzuordnen. 2.2.3.1.3 (Forts.)

| Verpackungsgruppe | Flammpunkt (geschlossener Tiegel) | Siedebeginn |
|---|---|---|
| I | – | ≤ 35 °C |
| II[a)] | < 23 °C | > 35 °C |
| III[a)] | ≥ 23 °C und ≤ 60 °C | > 35 °C |

a) Siehe auch Absatz 2.2.3.1.4.

Bei flüssigen Stoffen mit (einer) Nebengefahr(en) ist die gemäß oben stehender Tabelle bestimmte Verpackungsgruppe und die auf der Grundlage der Nebengefahr(en) bestimmte Verpackungsgruppe zu berücksichtigen; die Klassifizierung und Verpackungsgruppe ist in Übereinstimmung mit den Vorschriften der Tabelle der überwiegenden Gefahr in Unterabschnitt 2.1.3.10 zu bestimmen.

**[Viskositätskriterien]** 2.2.3.1.4

Viskose entzündbare flüssige Stoffe, wie Farben, Emaillen, Lacke, Firnisse, Klebstoffe und Polituren, mit einem Flammpunkt unter 23 °C dürfen in Übereinstimmung mit den im Handbuch Prüfungen und Kriterien Teil III Unterabschnitt 32.3 vorgeschriebenen Verfahren der Verpackungsgruppe III zugeordnet werden, vorausgesetzt:

a) die Viskosität[4)] und der Flammpunkt stimmen mit der folgenden Tabelle überein:

| Extrapolierte kinematische Viskosität ν (bei einer Schergeschwindigkeit nahe 0) mm²/s bei 23 °C | Auslaufzeit t in Sekunden | Durchmesser der Auslaufdüse (mm) | Flammpunkt, geschlossener Tiegel (°C) |
|---|---|---|---|
| 20 < ν ≤ 80 | 20 < t ≤ 60 | 4 | über 17 |
| 80 < ν ≤ 135 | 60 < t ≤ 100 | 4 | über 10 |
| 135 < ν ≤ 220 | 20 < t ≤ 32 | 6 | über 5 |
| 220 < ν ≤ 300 | 32 < t ≤ 44 | 6 | über –1 |
| 300 < ν ≤ 700 | 44 < t ≤ 100 | 6 | über –5 |
| 700 < ν | 100 < t | 6 | keine Begrenzung |

b) bei der Lösungsmittel-Trennprüfung werden weniger als 3 % der Schicht des klaren Lösungsmittels abgetrennt;

c) das Gemisch oder das eventuell abgetrennte Lösungsmittel entspricht nicht den Kriterien der Klasse 6.1 oder 8;

d) die Stoffe werden in Gefäßen mit einem Fassungsraum von höchstens 450 Litern verpackt.

**Bem.** Diese Vorschriften gelten auch für Gemische mit höchstens 20 % Nitrocellulose mit einem Stickstoffgehalt von höchstens 12,6 % in der Trockenmasse. Gemische mit mehr als 20 %, aber höchstens 55 % Nitrocellulose mit einem Stickstoffgehalt von höchstens 12,6 % in der Trockenmasse sind der UN-Nummer 2059 zugeordnet.

Gemische mit einem Flammpunkt unter 23 °C

- mit mehr als 55 % Nitrocellulose mit beliebigem Stickstoffgehalt oder
- mit höchstens 55 % Nitrocellulose mit einem Stickstoffgehalt von mehr als 12,6 % in der Trockenmasse

sind Stoffe der Klasse 1 (UN-Nummer 0340 oder 0342) oder der Klasse 4.1 (UN-Nummer 2555, 2556 oder 2557).

4) Bestimmung der Viskosität: Wenn der betreffende Stoff sich nicht newtonisch verhält oder wenn die Auslaufbecher-Methode zur Bestimmung der Viskosität ungeeignet ist, muss ein Viskosimeter mit variabler Schergeschwindigkeit verwendet werden, um den Koeffizienten der dynamischen Viskosität des Stoffes bei 23 °C bei einer Anzahl von Schergeschwindigkeiten zu bestimmen. Die ermittelten Werte müssen in Abhängigkeit von den Schergeschwindigkeiten auf eine Schergeschwindigkeit 0 extrapoliert werden. Die auf diese Weise festgestellte dynamische Viskosität dividiert durch die Dichte ergibt die scheinbare kinematische Viskosität bei einer Schergeschwindigkeit nahe 0.

**2.2.3.1.5 Viskose flüssige Stoffe**

**2.2.3.1.5.1 [Freistellung]**

Sofern in Absatz 2.2.3.1.5.2 nichts anderes vorgesehen ist, unterliegen viskose flüssige Stoffe, die

- einen Flammpunkt von mindestens 23 °C und höchstens 60 °C haben,
- nicht giftig, ätzend oder umweltgefährdend sind,
- höchstens 20 % Nitrocellulose enthalten, vorausgesetzt, die Nitrocellulose enthält höchstens 12,6 % Stickstoff in der Trockenmasse, und
- in Gefäßen mit einem Fassungsraum von höchstens 450 Litern verpackt sind,

nicht den Vorschriften des ADR, wenn

a) bei der Lösungsmittel-Trennprüfung (siehe Handbuch Prüfungen und Kriterien Teil III Abschnitt 32.5.1) die Höhe der sich abtrennenden Schicht des Lösungsmittels weniger als 3 % der Gesamthöhe beträgt und

b) die Auslaufzeit bei der Viskositätsprüfung (siehe Handbuch Prüfungen und Kriterien Teil III Abschnitt 32.4.3) mit einer Auslaufdüse von 6 mm

  (i) mindestens 60 Sekunden beträgt oder

  (ii) mindestens 40 Sekunden beträgt, wenn der viskose flüssige Stoff höchstens 60 % Stoffe der Klasse 3 enthält.

**2.2.3.1.5.2 [Freistellung bei Umweltgefährdung]**

Viskose flüssige Stoffe, die auch umweltgefährdend sind, aber allen anderen Kriterien des Absatzes 2.2.3.1.5.1 entsprechen, unterliegen, wenn sie in Einzelverpackungen oder zusammengesetzten Verpackungen mit einer Nettomenge von höchstens 5 Litern je Einzel- oder Innenverpackung befördert werden, nicht den übrigen Vorschriften des ADR, vorausgesetzt, die Verpackungen entsprechen den allgemeinen Vorschriften der Unterabschnitte 4.1.1.1, 4.1.1.2 und 4.1.1.4 bis 4.1.1.8.

**2.2.3.1.6 [Tatsächliche Gefahr]**

Wenn die Stoffe der Klasse 3 durch Beimengungen in andere Gefahrenkategorien fallen als die, zu denen die in Kapitel 3.2 Tabelle A namentlich genannten Stoffe gehören, sind diese Gemische oder Lösungen den Eintragungen zuzuordnen, zu denen sie auf Grund ihrer tatsächlichen Gefahr gehören.

**Bem.** Für die Zuordnung von Lösungen und Gemischen (wie Präparate, Zubereitungen und Abfälle) siehe auch Abschnitt 2.1.3.

**2.2.3.1.7 [Prüfung Klassenzugehörigkeit]**

Auf Grundlage der Prüfverfahren des Unterabschnitts 2.3.3.1 und des Abschnitts 2.3.4 sowie der Kriterien des Absatzes 2.2.3.1.1 kann auch festgestellt werden, ob eine namentlich genannte Lösung oder ein namentlich genanntes Gemisch bzw. eine Lösung oder ein Gemisch, das einen namentlich genannten Stoff enthält, so beschaffen ist, dass diese Lösung oder dieses Gemisch nicht den Vorschriften dieser Klasse unterliegt (siehe auch Abschnitt 2.1.3).

**2.2.3.2 Nicht zur Beförderung zugelassene Stoffe**

**2.2.3.2.1 [Peroxidhaltige Stoffe]**

Stoffe der Klasse 3, die leicht peroxidieren (wie Ether oder gewisse heterozyklische sauerstoffhaltige Stoffe), sind nicht zur Beförderung zugelassen, wenn ihr Gehalt an Peroxid, auf Wasserstoffperoxid ($H_2O_2$) berechnet, 0,3 % übersteigt. Der Gehalt an Peroxid ist nach den Vorschriften des Unterabschnitts 2.3.3.3 zu bestimmen.

**2.2.3.2.2 [Chemisch instabile Stoffe]**

Chemisch instabile Stoffe der Klasse 3 sind zur Beförderung nur zugelassen, wenn die erforderlichen Vorsichtsmaßnahmen zur Verhinderung der Möglichkeit einer gefährlichen Zersetzung oder Polymerisation unter normalen Beförderungsbedingungen getroffen wurden. Für die Vorsichtsmaßnahmen zur Verhinderung einer Polymerisation siehe Kapitel 3.3 Sondervorschrift 386. Zu diesem Zweck muss insbesondere dafür gesorgt werden, dass die Gefäße und Tanks keine Stoffe enthalten, die diese Reaktionen begünstigen können.

**[Desensibilisierte explosive flüssige Stoffe]** 2.2.3.2.3

In Kapitel 3.2 Tabelle A nicht aufgeführte desensibilisierte explosive flüssige Stoffe sind als Stoffe der Klasse 3 nicht zur Beförderung zugelassen.

**Verzeichnis der Sammeleintragungen** 2.2.3.3

| Nebengefahr | Klassifizierungscode | UN-Nummer | Benennung des Stoffes oder Gegenstandes |
|---|---|---|---|
| **Entzündbare flüssige Stoffe und Gegenstände, die solche Stoffe enthalten** | | | |
| ohne Nebengefahr F | F1 | 1133 | KLEBSTOFFE, mit entzündbarem flüssigem Stoff |
| | | 1136 | STEINKOHLENTEERDESTILLATE, ENTZÜNDBAR |
| | | 1139 | SCHUTZANSTRICHLÖSUNG (einschließlich zu Industrie- oder anderen Zwecken verwendete Oberflächenbehandlungen oder Beschichtungen, wie Zwischenbeschichtung für Fahrzeugkarosserien, Auskleidung für Fässer) |
| | | 1197 | EXTRAKTE, FLÜSSIG, für Geschmack oder Aroma |
| | | 1210 | DRUCKFARBE, entzündbar oder |
| | | 1210 | DRUCKFARBZUBEHÖRSTOFFE (einschließlich Druckfarbverdünnung und -lösemittel), entzündbar |
| | | 1263 | FARBE (einschließlich Farbe, Lack, Emaille, Beize, Schellack, Firnis, Politur, flüssiger Füllstoff und flüssige Lackgrundlage) oder |
| | | 1263 | FARBZUBEHÖRSTOFFE (einschließlich Farbverdünnung und -lösemittel) |
| | | 1266 | PARFÜMERIEERZEUGNISSE mit entzündbaren Lösungsmitteln |
| | | 1293 | TINKTUREN, MEDIZINISCHE |
| | | 1306 | HOLZSCHUTZMITTEL, FLÜSSIG |
| | | 1866 | HARZLÖSUNG, entzündbar |
| | | 1999 | TEERE, FLÜSSIG, einschließlich Straßenöle und Cutback-Bitumen (Verschnittbitumen) |
| | | 3065 | ALKOHOLISCHE GETRÄNKE |
| | | 3269 | POLYESTERHARZ-MEHRKOMPONENTENSYSTEME, flüssiges Grundprodukt |
| | | 1224 | KETONE, FLÜSSIG, N.A.G. |
| | | 1268 | ERDÖLDESTILLATE, N.A.G. oder |
| | | 1268 | ERDÖLPRODUKTE, N.A.G. |
| | | 1987 | ALKOHOLE, N.A.G. |
| | | 1989 | ALDEHYDE, N.A.G. |
| | | 2319 | TERPENKOHLENWASSERSTOFFE, N.A.G. |
| | | 3271 | ETHER, N.A.G. |
| | | 3272 | ESTER, N.A.G. |
| | | 3295 | KOHLENWASSERSTOFFE, FLÜSSIG, N.A.G. |
| | | 3336 | MERCAPTANE, FLÜSSIG, ENTZÜNDBAR, N.A.G. oder |
| | | 3336 | MERCAPTANE, MISCHUNG, FLÜSSIG, ENTZÜNDBAR, N.A.G. |
| | | 1993 | ENTZÜNDBARER FLÜSSIGER STOFF, N.A.G. |
| | F2 erwärmter Stoff | 3256 | ERWÄRMTER FLÜSSIGER STOFF, ENTZÜNDBAR, N.A.G., mit einem Flammpunkt über 60 °C, bei oder über seinem Flammpunkt |
| | F3 Gegenstände | 3473 | BRENNSTOFFZELLEN-KARTUSCHEN oder |
| | | 3473 | BRENNSTOFFZELLEN-KARTUSCHEN IN AUSRÜSTUNGEN oder |
| | | 3473 | BRENNSTOFFZELLEN-KARTUSCHEN, MIT AUSRÜSTUNGEN VERPACKT |
| | | 3528 | VERBRENNUNGSMOTOR MIT ANTRIEB DURCH ENTZÜNDBARE FLÜSSIGKEIT oder |
| | | 3528 | BRENNSTOFFZELLEN-MOTOR MIT ANTRIEB DURCH ENTZÜNDBARE FLÜSSIGKEIT oder |
| | | 3528 | VERBRENNUNGSMASCHINE MIT ANTRIEB DURCH ENTZÜNDBARE FLÜSSIGKEIT oder |
| | | 3528 | MASCHINE MIT BRENNSTOFFZELLEN-MOTOR MIT ANTRIEB DURCH ENTZÜNDBARE FLÜSSIGKEIT |
| | | 3540 | GEGENSTÄNDE, DIE EINEN ENTZÜNDBAREN FLÜSSIGEN STOFF ENTHALTEN, N.A.G. → *M329* |

## 2.2 Besondere Vorschriften für einzelne Klassen [Klasse 3]

**2.2.3.3** (Forts.)

| Nebengefahr | Klassifizierungscode | UN-Nummer | Benennung des Stoffes oder Gegenstandes |
|---|---|---|---|
| giftig FT | FT1 | 1228 | MERCAPTANE, FLÜSSIG, ENTZÜNDBAR, GIFTIG, N.A.G. oder |
| | | 1228 | MERCAPTANE, MISCHUNG, FLÜSSIG, ENTZÜNDBAR, GIFTIG, N.A.G. |
| | | 1986 | ALKOHOLE, ENTZÜNDBAR, GIFTIG, N.A.G. |
| | | 1988 | ALDEHYDE, ENTZÜNDBAR, GIFTIG, N.A.G. |
| | | 2478 | ISOCYANATE, ENTZÜNDBAR, GIFTIG, N.A.G. oder |
| | | 2478 | ISOCYANATE, LÖSUNG, ENTZÜNDBAR, GIFTIG, N.A.G. |
| | | 3248 | MEDIKAMENT, FLÜSSIG, ENTZÜNDBAR, GIFTIG, N.A.G. |
| | | 3273 | NITRILE, ENTZÜNDBAR, GIFTIG, N.A.G. |
| | | 1992 | ENTZÜNDBARER FLÜSSIGER STOFF, GIFTIG, N.A.G. |
| | Pestizide (Flammpunkt unter 23 °C) FT2 | 2758 | CARBAMAT-PESTIZID, FLÜSSIG, ENTZÜNDBAR, GIFTIG |
| | | 2760 | ARSENHALTIGES PESTIZID, FLÜSSIG, ENTZÜNDBAR, GIFTIG |
| | | 2762 | ORGANOCHLOR-PESTIZID, FLÜSSIG, ENTZÜNDBAR, GIFTIG |
| | | 2764 | TRIAZIN-PESTIZID, FLÜSSIG, ENTZÜNDBAR, GIFTIG |
| | | 2772 | THIOCARBAMAT-PESTIZID, FLÜSSIG, ENTZÜNDBAR, GIFTIG |
| | | 2776 | KUPFERHALTIGES PESTIZID, FLÜSSIG, ENTZÜNDBAR, GIFTIG |
| | | 2778 | QUECKSILBERHALTIGES PESTIZID, FLÜSSIG, ENTZÜNDBAR, GIFTIG |
| | | 2780 | SUBSTITUIERTES NITROPHENOL-PESTIZID, FLÜSSIG, ENTZÜNDBAR, GIFTIG |
| | | 2782 | BIPYRIDILIUM-PESTIZID, FLÜSSIG, ENTZÜNDBAR, GIFTIG |
| | | 2784 | ORGANOPHOSPHOR-PESTIZID, FLÜSSIG, ENTZÜNDBAR, GIFTIG |
| | | 2787 | ORGANOZINN-PESTIZID, FLÜSSIG, ENTZÜNDBAR, GIFTIG |
| | | 3024 | CUMARIN-PESTIZID, FLÜSSIG, ENTZÜNDBAR, GIFTIG |
| | | 3346 | PHENOXYESSIGSÄUREDERIVAT-PESTIZID, FLÜSSIG, ENTZÜNDBAR, GIFTIG |
| | | 3350 | PYRETHROID-PESTIZID, FLÜSSIG, ENTZÜNDBAR, GIFTIG |
| | | 3021 | PESTIZID, FLÜSSIG, ENTZÜNDBAR, GIFTIG, N.A.G. |
| *→ 2.2.3.1.1 Bem. 4* | | Bem. | Die Klassifizierung eines Pestizids unter einer Eintragung ist auf der Grundlage des aktiven Bestandteils, des Aggregatzustands des Pestizids und aller möglicherweise gegebenen Nebengefahren durchzuführen. |
| ätzend | FC | 3469 | FARBE, ENTZÜNDBAR, ÄTZEND (einschließlich Farbe, Lack, Emaille, Beize, Schellack, Firnis, Politur, flüssiger Füllstoff und flüssige Lackgrundlage) oder |
| | | 3469 | FARBZUBEHÖRSTOFFE, ENTZÜNDBAR, ÄTZEND (einschließlich Farbverdünnung und -lösemittel) |
| | | 2733 | AMINE, ENTZÜNDBAR, ÄTZEND, N.A.G. oder |
| | | 2733 | POLYAMINE, ENTZÜNDBAR, ÄTZEND, N.A.G. |
| | | 2985 | CHLORSILANE, ENTZÜNDBAR, ÄTZEND, N.A.G. |
| | | 3274 | ALKOHOLATE, LÖSUNG in Alkohol, N.A.G. |
| | | 2924 | ENTZÜNDBARER FLÜSSIGER STOFF, ÄTZEND, N.A.G. |
| giftig, ätzend | FTC | 3286 | ENTZÜNDBARER FLÜSSIGER STOFF, GIFTIG, ÄTZEND, N.A.G. |
| desensibilisierter explosiver flüssiger Stoff | D | 3343 | NITROGLYCERIN, GEMISCH, DESENSIBILISIERT, FLÜSSIG, ENTZÜNDBAR, N.A.G., mit höchstens 30 Masse-% Nitroglycerin |
| | | 3357 | NITROGLYCERIN, GEMISCH, DESENSIBILISIERT, FLÜSSIG, N.A.G., mit höchstens 30 Masse-% Nitroglycerin |
| | | 3379 | DESENSIBILISIERTER EXPLOSIVER FLÜSSIGER STOFF, N.A.G. |

## Klasse 4.1: Entzündbare feste Stoffe, selbstzersetzliche Stoffe, polymerisierende Stoffe und desensibilisierte explosive feste Stoffe 2.2.41

→ D: GGAV 20

### Kriterien 2.2.41.1

**[Zugeordnete Güter]** 2.2.41.1.1

→ M329

Der Begriff der Klasse 4.1 umfasst entzündbare Stoffe und Gegenstände, desensibilisierte explosive Stoffe, die gemäß Absatz a) der Begriffsbestimmung für „fest" in Abschnitt 1.2.1 feste Stoffe sind, selbstzersetzliche flüssige oder feste Stoffe und polymerisierende Stoffe.

Der Klasse 4.1 sind zugeordnet:

- leicht brennbare feste Stoffe und Gegenstände (siehe Absätze 2.2.41.1.3 bis 2.2.41.1.8);
- selbstzersetzliche feste oder flüssige Stoffe (siehe Absätze 2.2.41.1.9 bis 2.2.41.1.17);
- desensibilisierte explosive feste Stoffe (siehe Absatz 2.2.41.1.18);
- mit selbstzersetzlichen Stoffen verwandte Stoffe (siehe Absatz 2.2.41.1.19);
- polymerisierende Stoffe (siehe Absätze 2.2.41.1.20 und 2.2.41.1.21).

**[Unterteilung nach Eigenschaften]** 2.2.41.1.2

Die Stoffe und Gegenstände der Klasse 4.1 sind wie folgt unterteilt:

F Entzündbare feste Stoffe ohne Nebengefahr und Gegenstände, die solche Stoffe enthalten
- F1 organische Stoffe
- F2 organische Stoffe, geschmolzen
- F3 anorganische Stoffe
- F4 Gegenstände

FO Entzündbare feste Stoffe, entzündend (oxidierend) wirkend

FT Entzündbare feste Stoffe, giftig
- FT1 organische Stoffe, giftig
- FT2 anorganische Stoffe, giftig

FC Entzündbare feste Stoffe, ätzend
- FC1 organische Stoffe, ätzend
- FC2 anorganische Stoffe, ätzend

D Desensibilisierte explosive feste Stoffe ohne Nebengefahr → 2.2.41.1.18

DT Desensibilisierte explosive feste Stoffe, giftig

SR Selbstzersetzliche Stoffe → 2.2.41.1.9
- SR1 Stoffe, für die keine Temperaturkontrolle erforderlich ist
- SR2 Stoffe, für die eine Temperaturkontrolle erforderlich ist

PM Polymerisierende Stoffe
- PM1 Stoffe, für die keine Temperaturkontrolle erforderlich ist
- PM2 Stoffe, für die eine Temperaturkontrolle erforderlich ist.

***Entzündbare feste Stoffe***

*Begriffsbestimmungen und Eigenschaften*

**[Begriffsbestimmungen]** 2.2.41.1.3

*Entzündbare feste Stoffe* sind leicht brennbare feste Stoffe und feste Stoffe, die durch Reibung in Brand geraten können.

*Leicht brennbare feste Stoffe* sind pulverförmige, körnige oder pastöse Stoffe, die gefährlich sind, wenn sie durch einen kurzen Kontakt mit einer Zündquelle wie einem brennenden Zündholz leicht entzündet werden können und sich die Flammen schnell ausbreiten. Die Gefahr kann dabei nicht nur vom Feuer, sondern auch von giftigen Verbrennungsprodukten ausgehen. Metallpulver sind wegen der Schwierigkeit beim Löschen eines Feuers besonders gefährlich, da normale Löschmittel wie Kohlendioxid oder Wasser die Gefahr vergrößern können.

*Metallpulver* sind Pulver von Metallen oder Metalllegierungen.

*Zuordnung*

**2.2.41.1.4 [Zuordnung]**

→ D: RSEB 2-5

Stoffe und Gegenstände, die der Klasse 4.1 als entzündbare feste Stoffe zugeordnet sind, sind in Kapitel 3.2 Tabelle A aufgeführt. Die Zuordnung von organischen Stoffen und Gegenständen, die in Kapitel 3.2 Tabelle A nicht namentlich genannt sind, zur entsprechenden Eintragung des Unterabschnitts 2.2.41.3 in Übereinstimmung mit den Vorschriften des Kapitels 2.1 kann auf Grund von Erfahrungen oder auf Grund der Ergebnisse der Prüfverfahren gemäß Handbuch Prüfungen und Kriterien Teil III Unterabschnitt 33.2 erfolgen. Die Zuordnung nicht namentlich genannter anorganischer Stoffe muss auf Grund der Ergebnisse der Prüfverfahren gemäß Handbuch Prüfungen und Kriterien Teil III Unterabschnitt 33.2 erfolgen; hierbei müssen auch Erfahrungen berücksichtigt werden, wenn sie zu einer strengeren Einstufung führen.

**2.2.41.1.5 [Zuordnungskriterien]**

Wenn nicht namentlich genannte Stoffe auf Grund der Prüfverfahren gemäß Handbuch Prüfungen und Kriterien Teil III Unterabschnitt 33.2 einer der in Unterabschnitt 2.2.41.3 aufgeführten Eintragungen zugeordnet werden, gelten folgende Kriterien:

a) Pulverförmige, körnige oder pastöse Stoffe mit Ausnahme von Metallpulvern sind als leicht brennbare Stoffe der Klasse 4.1 zu klassifizieren, wenn sie durch kurzzeitigen Kontakt mit einer Zündquelle leicht entzündet werden können (z.B. durch ein brennendes Zündholz) oder sich die Flamme bei Zündung schnell ausbreitet, die Abbrandzeit für eine Messstrecke von 100 mm kürzer als 45 s ist oder die Abbrandgeschwindigkeit größer als 2,2 mm/s ist.

b) Metallpulver sind der Klasse 4.1 zuzuordnen, wenn sie durch eine Flamme entzündet werden können und die Reaktion sich in 10 Minuten oder weniger über die ganze Probe ausbreitet.

Feste Stoffe, die durch Reibung in Brand geraten können, sind analog zu bestehenden Eintragungen (z.B. Zündhölzer) oder in Übereinstimmung mit einer zutreffenden Sondervorschrift der Klasse 4.1 zuzuordnen.

**2.2.41.1.6 [Prüfung Klassenzugehörigkeit]**

Mit den Prüfverfahren gemäß Handbuch Prüfungen und Kriterien Teil III Unterabschnitt 33.2 und den Kriterien der Absätze 2.2.41.1.4 und 2.2.41.1.5 kann auch festgestellt werden, ob ein namentlich genannter Stoff so beschaffen ist, dass er nicht den Vorschriften dieser Klasse unterliegt.

**2.2.41.1.7 [Tatsächliche Gefahr]**

Wenn die Stoffe der Klasse 4.1 durch Beimengungen in andere Gefahrenkategorien fallen als die, zu denen die in Kapitel 3.2 Tabelle A namentlich genannten Stoffe gehören, sind diese Gemische den Eintragungen zuzuordnen, zu denen sie auf Grund ihrer tatsächlichen Gefahr gehören.

**Bem.** Für die Zuordnung von Lösungen und Gemischen (wie Präparate, Zubereitungen und Abfälle) siehe auch Abschnitt 2.1.3.

*Zuordnung zu Verpackungsgruppen*

**2.2.41.1.8 [Verpackungsgruppenzuordnung]**

Die den verschiedenen Eintragungen des Kapitels 3.2 Tabelle A zugeordneten entzündbaren festen Stoffe sind auf Grund der Prüfverfahren des Handbuchs Prüfungen und Kriterien Teil III Unterabschnitt 33.2 in Übereinstimmung mit den folgenden Kriterien der Verpackungsgruppe II oder III zuzuordnen:

a) Leicht brennbare feste Stoffe, die bei der Prüfung eine Abbrandzeit für eine Messstrecke von 100 mm haben, die kürzer ist als 45 s, sind

der Verpackungsgruppe II zuzuordnen, wenn die Flamme die befeuchtete Zone durchläuft;

der Verpackungsgruppe III zuzuordnen, wenn die befeuchtete Zone die Ausbreitung der Flamme mindestens vier Minuten lang aufhält.

b) Metallpulver sind

der Verpackungsgruppe II zuzuordnen, wenn sich bei der Prüfung die Reaktion in fünf Minuten oder weniger über die gesamte Länge der Probe ausbreitet;

der Verpackungsgruppe III zuzuordnen, wenn sich bei der Prüfung die Reaktion in mehr als fünf Minuten über die gesamte Länge der Probe ausbreitet.

Bei festen Stoffen, die durch Reibung in Brand geraten können, erfolgt die Zuordnung zu einer Verpackungsgruppe in Analogie zu bestehenden Eintragungen oder in Übereinstimmung mit einer entsprechenden Sondervorschrift. 2.2.41.1.8 (Forts.)

***Selbstzersetzliche Stoffe***

*Begriffsbestimmungen*

**[Begriffsbestimmungen]** 2.2.41.1.9

Für Zwecke des ADR sind *selbstzersetzliche Stoffe* thermisch instabile Stoffe, die sich auch ohne Beteiligung von Sauerstoff (Luft) stark exotherm zersetzen können. Stoffe gelten nicht als selbstzersetzliche Stoffe der Klasse 4.1, wenn:

a) sie explosive Stoffe gemäß den Kriterien der Klasse 1 sind;
b) sie entzündend (oxidierend) wirkende Stoffe gemäß dem Klassifizierungsverfahren der Klasse 5.1 sind (siehe Unterabschnitt 2.2.51.1), ausgenommen Gemische entzündend (oxidierend) wirkender Stoffe, die mindestens 5 % brennbare organische Stoffe enthalten und die dem in Bem. 2 festgelegten Klassifizierungsverfahren zu unterziehen sind;
c) sie organische Peroxide gemäß den Kriterien der Klasse 5.2 sind (siehe Unterabschnitt 2.2.52.1);
d) ihre Zersetzungswärme geringer als 300 J/g ist oder
e) ihre Temperatur der selbstbeschleunigenden Zersetzung (SADT) (siehe Bem. 3) bei einem Versandstück von 50 kg höher als 75 °C ist.

**Bem.** 1. Die Zersetzungswärme kann durch eine beliebige international anerkannte Methode bestimmt werden, z.B. der dynamischen Differenz-Kalorimetrie und der adiabatischen Kalorimetrie.

2. Gemische entzündend (oxidierend) wirkender Stoffe, die den Kriterien der Klasse 5.1 entsprechen, mindestens 5 % brennbare organische Stoffe enthalten und nicht den in Absatz a), c), d) oder e) aufgeführten Kriterien entsprechen, sind dem Klassifizierungsverfahren für selbstzersetzliche Stoffe zu unterziehen.

Gemische, welche die Eigenschaften selbstzersetzlicher Stoffe der Typen B bis F aufweisen, sind als selbstzersetzliche Stoffe der Klasse 4.1 zu klassifizieren.

Gemische, welche nach dem Grundsatz des Handbuchs Prüfungen und Kriterien Teil II Abschnitt 20.4.3 g) die Eigenschaften selbstzersetzlicher Stoffe des Typs G aufweisen, gelten für Zwecke der Klassifizierung als Stoffe der Klasse 5.1 (siehe Unterabschnitt 2.2.51.1).

3. Die Temperatur der selbstbeschleunigenden Zersetzung (SADT) ist die niedrigste Temperatur, bei der sich ein Stoff in versandmäßiger Verpackung exotherm zersetzen kann. Die notwendigen Vorschriften zur Bestimmung dieser Temperatur sind im Handbuch Prüfungen und Kriterien Teil II Kapitel 20 und Abschnitt 28.4 enthalten.

4. Stoffe, welche die Eigenschaften von selbstzersetzlichen Stoffen aufweisen, sind als solche zuzuordnen, auch wenn diese Stoffe nach Absatz 2.2.42.1.5 ein positives Prüfergebnis für die Zuordnung zur Klasse 4.2 aufweisen.

*Eigenschaften*

**[Eigenschaften]** 2.2.41.1.10

Die Zersetzung von selbstzersetzlichen Stoffen kann durch Wärme, Kontakt mit katalytischen Verunreinigungen (z.B. Säuren, Schwermetallverbindungen, Basen), Reibung oder Stoß ausgelöst werden. Die Zersetzungsgeschwindigkeit nimmt mit der Temperatur zu und ist je nach Stoff unterschiedlich. Die Zersetzung kann, besonders wenn keine Entzündung eintritt, die Entwicklung giftiger Gase oder Dämpfe zur Folge haben. Bei bestimmten selbstzersetzlichen Stoffen muss die Temperatur kontrolliert werden. Bestimmte selbstzersetzliche Stoffe können sich vor allem unter Einschluss explosionsartig zersetzen. Diese Eigenschaft kann durch Hinzufügen von Verdünnungsmitteln oder die Verwendung geeigneter Verpackungen verändert werden. Bestimmte selbstzersetzliche Stoffe brennen heftig. Selbstzersetzliche Stoffe sind zum Beispiel bestimmte Verbindungen der unten angegebenen Typen:

aliphatische Azoverbindungen (-C-N=N-C-);

organische Azide ($-C-N_3$);

Diazoniumsalze ($-CN_2^+Z^-$);

**2.2.41.1.10** (Forts.) N-Nitrosoverbindungen (-N-N=O);
aromatische Sulfonylhydrazide ($-SO_2-NH-NH_2$).

Diese Aufzählung ist unvollständig, Stoffe mit anderen reaktiven Gruppen und bestimmte Stoffgemische können ähnliche Eigenschaften haben.

*Zuordnung*

**2.2.41.1.11 [Typ-Einteilung]**

Selbstzersetzliche Stoffe werden auf Grund ihres Gefahrengrades in sieben Typen eingeteilt. Die Typen reichen von Typ A, der nicht zur Beförderung in der Verpackung, in der er geprüft worden ist, zugelassen ist, bis zu Typ G, der nicht den Vorschriften für selbstzersetzliche Stoffe der Klasse 4.1 unterliegt. Die Zuordnung der selbstzersetzlichen Stoffe der Typen B bis F steht in unmittelbarer Beziehung zu der zulässigen Höchstmenge in einer Verpackung. Die für die Zuordnung anzuwendenden Grundsätze sowie die anwendbaren Zuordnungsverfahren, Prüfmethoden und Kriterien und ein Muster eines geeigneten Prüfberichts sind im Handbuch Prüfungen und Kriterien Teil II aufgeführt.

**2.2.41.1.12 [Zur Beförderung zugelassene Stoffe]**

Bereits klassifizierte selbstzersetzliche Stoffe, die bereits zur Beförderung in Verpackungen zugelassen sind, sind in Unterabschnitt 2.2.41.4 aufgeführt, diejenigen, die bereits zur Beförderung in Großpackmitteln (IBC) zugelassen sind, sind in Unterabschnitt 4.1.4.2 Verpackungsanweisung IBC520 aufgeführt und diejenigen, die bereits zur Beförderung in Tanks gemäß Kapitel 4.2 zugelassen sind, sind in Unterabschnitt 4.2.5.2 Anweisung für ortsbewegliche Tanks T23 aufgeführt. Für jeden aufgeführten zugelassenen Stoff ist die Gattungseintragung aus Kapitel 3.2 Tabelle A (UN-Nummern 3221 bis 3240) zugeordnet und sind die entsprechenden Nebengefahren und Bemerkungen mit relevanten Informationen für die Beförderung angegeben.

Diese Sammeleintragungen geben an:

- den Typ (B bis F) des selbstzersetzlichen Stoffes, siehe Absatz 2.2.41.1.11;
- den Aggregatzustand (flüssig/fest) und
- gegebenenfalls die Temperaturkontrolle, siehe Absatz 2.2.41.1.17.

Die Zuordnung der in Unterabschnitt 2.2.41.4 aufgeführten selbstzersetzlichen Stoffe erfolgt auf der Grundlage des technisch reinen Stoffes (sofern nicht eine geringere Konzentration als 100 % besonders angegeben ist).

**2.2.41.1.13 [Behördengenehmigung]**

Die Klassifizierung selbstzersetzlicher Stoffe, die in Unterabschnitt 2.2.41.4, in Unterabschnitt 4.1.4.2 Verpackungsanweisung IBC520 oder in Unterabschnitt 4.2.5.2 Anweisung für ortsbewegliche Tanks T23 nicht aufgeführt sind, sowie ihre Zuordnung zu einer Sammeleintragung sind von der zuständigen Behörde des Ursprungslandes auf der Grundlage eines Prüfberichts vorzunehmen. Das Genehmigungszeugnis muss die Zuordnung und die entsprechenden Beförderungsbedingungen enthalten. Ist das Ursprungsland keine Vertragspartei des ADR, so müssen die Zuordnung und die Beförderungsbedingungen von der zuständigen Behörde der ersten von der Sendung berührten Vertragspartei des ADR anerkannt werden.

**2.2.41.1.14 [Neubewertung bei Eigenschaftsänderung]**

Aktivatoren wie Zinkverbindungen dürfen bestimmten selbstzersetzlichen Stoffen zugefügt werden, um deren Reaktionsfähigkeit zu verändern. Je nach Typ und Konzentration des Aktivators kann dies eine Abnahme der thermischen Stabilität und eine Veränderung der explosiven Eigenschaften zur Folge haben. Wenn eine dieser Eigenschaften verändert wird, ist die neue Zubereitung gemäß dem Zuordnungsverfahren zu bewerten.

**2.2.41.1.15 [Stoffmuster]**

*→ 5.4.1.2.3.4*

Muster von selbstzersetzlichen Stoffen oder Zubereitungen selbstzersetzlicher Stoffe, die in Unterabschnitt 2.2.41.4 nicht genannt sind, für die ein vollständiger Prüfdatensatz nicht vorliegt und die für die Durchführung weiterer Prüfungen und Bewertungen zu befördern sind, sind einer der für selbstzersetzliche Stoffe Typ C zutreffenden Eintragung zuzuordnen, vorausgesetzt,

- aus den vorliegenden Daten geht hervor, dass das Muster nicht gefährlicher ist als ein selbstzersetzlicher Stoff Typ B;

- das Muster ist gemäß Verpackungsmethode OP2 verpackt und die Masse je Beförderungseinheit beträgt nicht mehr als 10 kg; 2.2.41.1.15 (Forts.)
- aus den vorliegenden Daten geht hervor, dass die Kontrolltemperatur, falls sie erforderlich ist, so niedrig ist, dass eine gefährliche Zersetzung vermieden wird, und hoch genug ist, um eine gefährliche Phasentrennung zu vermeiden.

*Desensibilisierung*

**[Verdünnungsmittel]** 2.2.41.1.16

Um eine sichere Beförderung selbstzersetzlicher Stoffe zu gewährleisten, werden sie in vielen Fällen durch ein Verdünnungsmittel desensibilisiert. Wenn ein Prozentgehalt eines Stoffes festgesetzt ist, bezieht sich dieser auf den Massengehalt, gerundet auf die nächste ganze Zahl. Wird ein Verdünnungsmittel verwendet, muss der selbstzersetzliche Stoff zusammen mit dem Verdünnungsmittel in der bei der Beförderung verwendeten Konzentration und Form geprüft werden. Verdünnungsmittel, durch die sich ein selbstzersetzlicher Stoff beim Freiwerden aus einer Verpackung auf einen gefährlichen Grad anreichern kann, dürfen nicht verwendet werden. Jedes Verdünnungsmittel muss mit dem selbstzersetzlichen Stoff verträglich sein. In dieser Hinsicht sind die festen oder flüssigen Verdünnungsmittel verträglich, die keine nachteiligen Auswirkungen auf die thermische Stabilität und den Gefahrentyp des selbstzersetzlichen Stoffes haben.

Flüssige Verdünnungsmittel in Zubereitungen, die eine Temperaturkontrolle erfordern (siehe Absatz 2.2.41.1.14), müssen einen Siedepunkt von mindestens 60 °C und einen Flammpunkt von mindestens 5 °C besitzen. Der Siedepunkt des flüssigen Stoffes muss um mindestens 50 °C höher sein als die Kontrolltemperatur des selbstzersetzlichen Stoffes.

*Vorschriften für die Temperaturkontrolle*

**[Temperaturkontrolle]** 2.2.41.1.17

Selbstzersetzliche Stoffe mit einer SADT von höchstens 55 °C müssen unter Temperaturkontrolle befördert werden. Siehe Abschnitt 7.1.7.

***Desensibilisierte explosive feste Stoffe***

**[Begriffsbestimmung]** 2.2.41.1.18

Desensibilisierte explosive feste Stoffe sind Stoffe, die mit Wasser oder mit Alkoholen angefeuchtet oder mit anderen Stoffen verdünnt sind, um ihre explosiven Eigenschaften zu unterdrücken. In Kapitel 3.2 Tabelle A sind dies die Eintragungen der UN-Nummern 1310, 1320, 1321, 1322, 1336, 1337, 1344, 1347, 1348, 1349, 1354, 1355, 1356, 1357, 1517, 1571, 2555, 2556, 2557, 2852, 2907, 3317, 3319, 3344, 3364, 3365, 3366, 3367, 3368, 3369, 3370, 3376, 3380 und 3474.

***Mit selbstzersetzlichen Stoffen verwandte Stoffe***

**[Zuordnung]** 2.2.41.1.19

Stoffe, die

a) gemäß den Prüfreihen 1 und 2 vorläufig der Klasse 1 zugeordnet wurden, jedoch durch die Prüfreihe 6 von der Klasse 1 freigestellt sind,
b) keine selbstzersetzlichen Stoffe der Klasse 4.1 sind,
c) keine Stoffe der Klasse 5.1 oder 5.2 sind,

werden ebenfalls der Klasse 4.1 zugeordnet. Die UN-Nummern 2956, 3241, 3242 und 3251 sind solche Eintragungen.

***Polymerisierende Stoffe***

*Begriffsbestimmungen und Eigenschaften*

**[Begriffsbestimmungen]** 2.2.41.1.20

*Polymerisierende Stoffe* sind Stoffe, die ohne Stabilisierung eine stark exotherme Reaktion eingehen können, die unter normalen Beförderungsbedingungen zur Bildung größerer Moleküle oder zur Bildung von Polymeren führt. Solche Stoffe gelten als polymerisierende Stoffe der Klasse 4.1, wenn:

a) ihre Temperatur der selbstbeschleunigenden Polymerisation (SAPT) unter den Bedingungen (mit oder ohne chemische Stabilisierung bei der Übergabe zur Beförderung) und in den Verpackungen,

2.2.41.1.20 (Forts.) Großpackmitteln (IBC) oder Tanks, in denen der Stoff oder das Gemisch befördert wird, höchstens 75 °C beträgt;

b) sie eine Reaktionswärme von mehr als 300 J/g aufweisen und

c) sie keine anderen Kriterien für eine Zuordnung zu den Klassen 1 bis 8 erfüllen.

Ein Gemisch, das die Kriterien eines polymerisierenden Stoffes erfüllt, ist als polymerisierender Stoff der Klasse 4.1 zuzuordnen.

*Vorschriften für die Temperaturkontrolle*

2.2.41.1.21 **[Temperaturkontrolle]**

Polymerisierende Stoffe unterliegen während der Beförderung einer Temperaturkontrolle, wenn:

a) bei der Übergabe zur Beförderung in Verpackungen oder Großpackmitteln (IBC) ihre Temperatur der selbstbeschleunigenden Polymerisation (SAPT) in der Verpackung oder dem Großpackmittel (IBC), in der/dem der Stoff befördert wird, höchstens 50 °C beträgt oder

b) bei der Übergabe zur Beförderung in Tanks ihre Temperatur der selbstbeschleunigenden Polymerisation (SAPT) im Tank, in dem der Stoff befördert wird, höchstens 45 °C beträgt.

Siehe Abschnitt 7.1.7.

**Bem.** Stoffe, die den Kriterien für polymerisierende Stoffe und darüber hinaus den Kriterien für eine Aufnahme in die Klassen 1 bis 8 entsprechen, unterliegen den Vorschriften der Sondervorschrift 386 des Kapitels 3.3.

**2.2.41.2 Nicht zur Beförderung zugelassene Stoffe**

2.2.41.2.1 **[Chemisch instabile Stoffe]**

Die chemisch instabilen Stoffe der Klasse 4.1 sind zur Beförderung nur zugelassen, wenn die erforderlichen Maßnahmen zur Verhinderung jeglicher gefährlichen Zerfalls- oder Polymerisationsreaktion während der Beförderung getroffen wurden. Zu diesem Zweck muss insbesondere auch dafür gesorgt werden, dass die Gefäße und Tanks keine Stoffe enthalten, die diese Reaktionen begünstigen können.

2.2.41.2.2 **[UN 3097]**

Entzündbare feste Stoffe, entzündend (oxidierend) wirkend, die der UN-Nummer 3097 zugeordnet sind, sind zur Beförderung nicht zugelassen, es sei denn, sie entsprechen den Vorschriften der Klasse 1 (siehe auch Unterabschnitt 2.1.3.7).

2.2.41.2.3 **[Diverse Stoffe]**

Folgende Stoffe sind nicht zur Beförderung zugelassen:

- selbstzersetzliche Stoffe Typ A (siehe Handbuch Prüfungen und Kriterien Teil II Absatz 20.4.2 a));
- Phosphorsulfide, die nicht frei von weißem oder gelbem Phosphor sind;
- andere als in Kapitel 3.2 Tabelle A aufgeführte desensibilisierte explosive feste Stoffe;
- anorganische entzündbare Stoffe in geschmolzenem Zustand mit Ausnahme von UN 2448 SCHWEFEL, GESCHMOLZEN.

**2.2.41.3 Verzeichnis der Sammeleintragungen**

| Nebengefahr | | Klassifizierungscode | UN-Nummer | Benennung des Stoffes oder Gegenstandes |
|---|---|---|---|---|
| | organisch | F1 | 3527 | POLYESTERHARZ-MEHRKOMPONENTENSYSTEME, festes Grundprodukt |
| | | | 3175 | FESTE STOFFE, DIE ENTZÜNDBARE FLÜSSIGE STOFFE ENTHALTEN, N.A.G. |
| | | | 1353 | FASERN, IMPRÄGNIERT MIT SCHWACH NITRIERTER CELLULOSE, N.A.G. oder |
| | | | 1353 | GEWEBE, IMPRÄGNIERT MIT SCHWACH NITRIERTER CELLULOSE, N.A.G. |
| | | | 1325 | ENTZÜNDBARER ORGANISCHER FESTER STOFF, N.A.G. |

2.2.41.3 (Forts.)

| Stoffgruppe | Nebengefahr | | Klassifizierungscode | UN-Nummer | Benennung des Stoffes oder Gegenstandes | |
|---|---|---|---|---|---|---|
| entzündbare feste Stoffe F | ohne Nebengefahr | organisch, geschmolzen | F2 | 3176 | ENTZÜNDBARER ORGANISCHER FESTER STOFF IN GESCHMOLZENEM ZUSTAND, N.A.G. | |
| | | anorganisch | F3 | 3089 | ENTZÜNDBARES METALLPULVER, N.A.G.[a), b)] | |
| | | | | 3181 | ENTZÜNDBARE METALLSALZE ORGANISCHER VERBINDUNGEN, N.A.G. | |
| | | | | 3182 | ENTZÜNDBARE METALLHYDRIDE, N.A.G.[c)] | |
| | | | | 3178 | ENTZÜNDBARER ANORGANISCHER FESTER STOFF, N.A.G. | |
| | | Gegenstände | F4 | 3541 | GEGENSTÄNDE, DIE EINEN ENTZÜNDBAREN FESTEN STOFF ENTHALTEN, N.A.G. | → M329 |
| | entzündend (oxidierend) wirkend | | FO | 3097 | ENTZÜNDBARER FESTER STOFF, ENTZÜNDEND (OXIDIEREND) WIRKEND, N.A.G. (nicht zur Beförderung zugelassen, siehe Absatz 2.2.41.2.2) | |
| | giftig FT | organisch | FT1 | 2926 | ENTZÜNDBARER ORGANISCHER FESTER STOFF, GIFTIG, N.A.G. | |
| | | anorganisch | FT2 | 3179 | ENTZÜNDBARER ANORGANISCHER FESTER STOFF, GIFTIG, N.A.G. | |
| | ätzend FC | organisch | FC1 | 2925 | ENTZÜNDBARER ORGANISCHER FESTER STOFF, ÄTZEND, N.A.G. | |
| | | anorganisch | FC2 | 3180 | ENTZÜNDBARER ANORGANISCHER FESTER STOFF, ÄTZEND, N.A.G. | |
| desensibilisierte explosive feste Stoffe | ohne Nebengefahr | | D | 3319 | NITROGLYCERIN, GEMISCH, DESENSIBILISIERT, FEST, N.A.G., mit mehr als 2 Masse-%, aber höchstens 10 Masse-% Nitroglycerin | |
| | | | | 3344 | PENTAERYTHRITTETRANITRAT (PENTAERYTHRITOLTETRANITRAT) (PETN), GEMISCH, DESENSIBILISIERT, FEST, N.A.G., mit mehr als 10 Masse-%, aber höchstens 20 Masse-% PETN | |
| | | | | 3380 | DESENSIBILISIERTER EXPLOSIVER FESTER STOFF, N.A.G. | |
| | giftig | | DT | | nur die in Kapitel 3.2 Tabelle A aufgeführten Stoffe sind als Stoffe der Klasse 4.1 zur Beförderung zugelassen | |
| selbstzersetzliche Stoffe SR | keine Temperaturkontrolle erforderlich | | SR1 | | SELBSTZERSETZLICHER STOFF TYP A, FLÜSSIG (nicht zur Beförderung zugelassen, siehe Absatz 2.2.41.2.3) | |
| | | | | | SELBSTZERSETZLICHER STOFF TYP A, FEST (nicht zur Beförderung zugelassen, siehe Absatz 2.2.41.2.3) | |
| | | | | 3221 | SELBSTZERSETZLICHER STOFF TYP B, FLÜSSIG | |
| | | | | 3222 | SELBSTZERSETZLICHER STOFF TYP B, FEST | |
| | | | | 3223 | SELBSTZERSETZLICHER STOFF TYP C, FLÜSSIG | → 2.1.4.3.1 |
| | | | | 3224 | SELBSTZERSETZLICHER STOFF TYP C, FEST | → 2.1.4.3.1 |
| | | | | 3225 | SELBSTZERSETZLICHER STOFF TYP D, FLÜSSIG | |
| | | | | 3226 | SELBSTZERSETZLICHER STOFF TYP D, FEST | |
| | | | | 3227 | SELBSTZERSETZLICHER STOFF TYP E, FLÜSSIG | |
| | | | | 3228 | SELBSTZERSETZLICHER STOFF TYP E, FEST | |
| | | | | 3229 | SELBSTZERSETZLICHER STOFF TYP F, FLÜSSIG | |
| | | | | 3230 | SELBSTZERSETZLICHER STOFF TYP F, FEST | |
| | | | | | SELBSTZERSETZLICHER STOFF TYP G, FLÜSSIG (unterliegt nicht den für die Klasse 4.1 geltenden Vorschriften, siehe Absatz 2.2.41.1.11) | |
| | | | | | SELBSTZERSETZLICHER STOFF TYP G, FEST (unterliegt nicht den für die Klasse 4.1 geltenden Vorschriften, siehe Absatz 2.2.41.1.11) | |

**2.2.41.3** (Forts.)

| | Nebengefahr | Klassifi-zierungs-code | UN-Nummer | Benennung des Stoffes oder Gegenstandes |
|---|---|---|---|---|
| | **Temperaturkontrolle erforderlich** | **SR2** | 3231 | SELBSTZERSETZLICHER STOFF TYP B, FLÜSSIG, TEMPERATURKONTROLLIERT |
| | | | 3232 | SELBSTZERSETZLICHER STOFF TYP B, FEST, TEMPERATURKONTROLLIERT |
| | | | 3233 | SELBSTZERSETZLICHER STOFF TYP C, FLÜSSIG, TEMPERATURKONTROLLIERT |
| | | | 3234 | SELBSTZERSETZLICHER STOFF TYP C, FEST, TEMPERATURKONTROLLIERT |
| | | | 3235 | SELBSTZERSETZLICHER STOFF TYP D, FLÜSSIG, TEMPERATURKONTROLLIERT |
| | | | 3236 | SELBSTZERSETZLICHER STOFF TYP D, FEST, TEMPERATURKONTROLLIERT |
| | | | 3237 | SELBSTZERSETZLICHER STOFF TYP E, FLÜSSIG, TEMPERATURKONTROLLIERT |
| | | | 3238 | SELBSTZERSETZLICHER STOFF TYP E, FEST, TEMPERATURKONTROLLIERT |
| | | | 3239 | SELBSTZERSETZLICHER STOFF TYP F, FLÜSSIG, TEMPERATURKONTROLLIERT |
| | | | 3240 | SELBSTZERSETZLICHER STOFF TYP F, FEST, TEMPERATURKONTROLLIERT |
| **polymerisierende Stoffe PM** | **keine Temperaturkontrolle erforderlich** | **PM1** | 3531 | POLYMERISIERENDER STOFF, FEST, STABILISIERT, N.A.G. |
| | | | 3532 | POLYMERISIERENDER STOFF, FLÜSSIG, STABILISIERT, N.A.G. |
| | **Temperaturkontrolle erforderlich** | **PM2** | 3533 | POLYMERISIERENDER STOFF, FEST, TEMPERATURKONTROLLIERT, N.A.G. |
| | | | 3534 | POLYMERISIERENDER STOFF, FLÜSSIG, TEMPERATURKONTROLLIERT, N.A.G. |

Fußnoten

[a] Metalle und Metalllegierungen in Pulverform oder anderer entzündbarer Form, die selbstentzündlich sind, sind Stoffe der Klasse 4.2.

[b] Metalle und Metalllegierungen in Pulverform oder anderer entzündbarer Form, die in Berührung mit Wasser entzündliche Gase entwickeln, sind Stoffe der Klasse 4.3.

[c] Metallhydride, die in Berührung mit Wasser entzündbare Gase entwickeln, sind Stoffe der Klasse 4.3. Aluminiumborhydrid oder Aluminiumborhydrid in Geräten ist ein Stoff der Klasse 4.2 UN-Nummer 2870.

**2.2.41.4 Verzeichnis der bereits zugeordneten selbstzersetzlichen Stoffe in Verpackungen**

Die in der Spalte „Verpackungsmethode" angegebenen Codes „OP1" bis „OP8" verweisen auf die Verpackungsmethoden in Unterabschnitt 4.1.4.1 Verpackungsanweisung P520 (siehe auch Unterabschnitt 4.1.7.1). Die zu befördernden selbstzersetzlichen Stoffe müssen der angegebenen Klassifizierung und den angegebenen (von der SADT abgeleiteten) Kontroll- und Notfalltemperaturen entsprechen. Für Stoffe, die in Großpackmitteln (IBC) zugelassen sind, siehe Unterabschnitt 4.1.4.2 Verpackungsanweisung IBC520, und für Stoffe, die in Tanks gemäß Kapitel 4.2 zugelassen sind, siehe Absatz 4.2.5.2.6 Anweisung für ortsbewegliche Tanks T23. Die Zubereitungen, die in diesem Unterabschnitt nicht aufgeführt sind, jedoch in der Verpackungsanweisung IBC520 des Unterabschnitts 4.1.4.2 und in der Anweisung für ortsbewegliche Tanks T23 des Absatzes 4.2.5.2.6 enthalten sind, dürfen, gegebenenfalls mit denselben Kontroll- und Notfalltemperaturen, auch gemäß Unterabschnitt 4.1.4.1 Verpackungsanweisung P520 Verpackungsmethode OP8 verpackt befördert werden.

**Bem.** Die in dieser Tabelle enthaltene Zuordnung bezieht sich auf den technisch reinen Stoff (es sei denn, es ist eine Konzentration unter 100 % angegeben). Für andere Konzentrationen kann der Stoff unter Berücksichtigung der Verfahren des Handbuchs Prüfungen und Kriterien Teil II und des Absatzes 2.2.41.1.17 abweichend zugeordnet werden.

2.2.41.4 (Forts.)

| Selbstzersetzlicher Stoff | Konzentration (%) | Verpackungsmethode | Kontrolltemperatur (°C) | Notfalltemperatur (°C) | UN-Nummer der Gattungseintragung | Bemerkungen |
|---|---|---|---|---|---|---|
| ACETON-PYROGALLOL-COPOLYMER-2-DIAZO-1-NAPHTHOL-5-SULFONAT | 100 | OP8 | | | 3228 | |
| AZODICARBONAMID, ZUBEREITUNG TYP B, TEMPERATURKONTROLLIERT | < 100 | OP5 | | | 3232 | (1) (2) |
| AZODICARBONAMID, ZUBEREITUNG TYP C | < 100 | OP6 | | | 3224 | (3) |
| AZODICARBONAMID, ZUBEREITUNG TYP C, TEMPERATURKONTROLLIERT | < 100 | OP6 | | | 3234 | (4) |
| AZODICARBONAMID, ZUBEREITUNG TYP D | < 100 | OP7 | | | 3226 | (5) |
| AZODICARBONAMID, ZUBEREITUNG TYP D, TEMPERATURKONTROLLIERT | < 100 | OP7 | | | 3236 | (6) |
| 2,2′-AZODI-(2,4-DIMETHYL-4-METHOXYVALERONITRIL) | 100 | OP7 | –5 | +5 | 3236 | |
| 2,2′-AZODI-(2,4-DIMETHYLVALERONITRIL) | 100 | OP7 | +10 | +15 | 3236 | |
| 2,2′-AZODI-(ETHYL-2-METHYLPROPIONAT) | 100 | OP7 | +20 | +25 | 3235 | |
| 1,1-AZODI-(HEXAHYDROBENZONITRIL) | 100 | OP7 | | | 3226 | |
| 2,2′-AZODI-(ISOBUTYRONITRIL) | 100 | OP6 | +40 | +45 | 3234 | |
| 2,2′-AZODI-(ISOBUTYRONITRIL), als Paste auf Wasserbasis | ≤ 50 | OP6 | | | 3224 | |
| 2,2′-AZODI-(2-METHYLBUTYRONITRIL) | 100 | OP7 | +35 | +40 | 3236 | |
| BENZEN-1,3-DISULFONYLHYDRAZID, als Paste | 52 | OP7 | | | 3226 | |
| BENZENSULFONYLHYDRAZID | 100 | OP7 | | | 3226 | |
| 4-(BENZYL(ETHYL)AMINO)-3-ETHOXYBENZENDIAZONIUM-ZINKCHLORID | 100 | OP7 | | | 3226 | |
| 4-(BENZYL(METHYL)AMINO)-3-ETHOXYBENZENDIAZONIUM-ZINKCHLORID | 100 | OP7 | +40 | +45 | 3236 | |
| 3-CHLOR-4-DIETHYLAMINOBENZENDIAZONIUM-ZINKCHLORID | 100 | OP7 | | | 3226 | |
| 2-DIAZO-1-NAPHTHOL-4-SULFONYLCHLORID | 100 | OP5 | | | 3222 | (2) |
| 2-DIAZO-1-NAPHTHOL-5-SULFONYLCHLORID | 100 | OP5 | | | 3222 | (2) |
| 2-DIAZO-1-NAPHTHOL-SULFONSÄUREESTER, GEMISCH, TYP D | < 100 | OP7 | | | 3226 | (9) |
| 2,5-DIBUTOXY-4-(4-MORPHOLINYL)-BENZENDIAZONIUM, TETRACHLORZINKAT (2:1) | 100 | OP8 | | | 3228 | |
| 2,5-DIETHOXY-4-MORPHOLINOBENZENDIAZONIUM-ZINKCHLORID | 67–100 | OP7 | +35 | +40 | 3236 | |
| 2,5-DIETHOXY-4-MORPHOLINOBENZENDIAZONIUM-ZINKCHLORID | 66 | OP7 | +40 | +45 | 3236 | |
| 2,5-DIETHOXY-4-MORPHOLINOBENZENDIAZONIUM-TETRAFLUOROBORAT | 100 | OP7 | +30 | +35 | 3236 | |
| 2,5-DIETHOXY-4-(4-MORPHOLINYL)-BENZENDIAZONIUM-SULFAT | 100 | OP7 | | | 3226 | |
| 2,5-DIETHOXY-4-(PHENYLSULFONYL)-BENZENDIAZONIUM-ZINKCHLORID | 67 | OP7 | +40 | +45 | 3236 | |
| DIETHYLENGLYCOL-BIS-(ALLYLCARBONAT) + DIISOPROPYLPEROXYDICARBONAT | ≥ 88 + ≤ 12 | OP8 | –10 | 0 | 3237 | |
| 2,5-DIMETHOXY-4-(4-METHYLPHENYLSULFONYL)-BENZENDIAZONIUM-ZINKCHLORID | 79 | OP7 | +40 | +45 | 3236 | |
| 4-(DIMETHYLAMINO)-BENZENDIAZONIUM-TRICHLORZINKAT(-1) | 100 | OP8 | | | 3228 | |
| 4-DIMETHYLAMINO-6-(2-DIMETHYL-AMINOETHOXY)TOLUEN-2-DIAZONIUM-ZINKCHLORID | 100 | OP7 | +40 | +45 | 3236 | |
| N,N′-DINITROSO-N,N′-DIMETHYL-TEREPHTHALAMID, als Paste | 72 | OP6 | | | 3224 | |
| N,N′-DINITROSOPENTAMETHYLEN-TETRAMIN | 82 | OP6 | | | 3224 | (7) |
| DIPHENYLOXID-4,4′-DISULFONYLHYDRAZID | 100 | OP7 | | | 3226 | |

2.2.41.4 (Forts.)

| Selbstzersetzlicher Stoff | Konzentration (%) | Verpackungsmethode | Kontrolltemperatur (°C) | Notfalltemperatur (°C) | UN-Nummer der Gattungseintragung | Bemerkungen |
|---|---|---|---|---|---|---|
| 4-DIPROPYLAMINOBENZENDIAZONIUM-ZINKCHLORID | 100 | OP7 | | | 3226 | |
| 2-(N,N-ETHOXYCARBONYLPHENYLAMINO)-3-METHOXY-4-(N-METHYL-N-CYCLOHEXYLAMINO)-BENZENDIAZONIUM-ZINKCHLORID | 63–92 | OP7 | +40 | +45 | 3236 | |
| 2-(N,N-ETHOXYCARBONYLPHENYLAMINO)-3-METHOXY-4-(N-METHYL-N-CYCLOHEXYLAMINO)-BENZENDIAZONIUM-ZINKCHLORID | 62 | OP7 | +35 | +40 | 3236 | |
| N-FORMYL-2-(NITROMETHYLEN)-1,3-PERHYDROTHIAZIN | 100 | OP7 | +45 | +50 | 3236 | |
| 2-(2-HYDROXYETHOXY)-1-(PYRROLIDIN-1-YL)-BENZEN-4-DIAZONIUM-ZINKCHLORID | 100 | OP7 | +45 | +50 | 3236 | |
| 3-(2-HYDROXYETHOXY)-4-(PYRROLIDIN-1-YL)-BENZEN-DIAZONIUM-ZINKCHLORID | 100 | OP7 | +40 | +45 | 3236 | |
| (7-METHOXY-5-METHYL-BENZOTHIOPHEN-2-YL) BORONSÄURE | 88–100 | OP7 | | | 3230 | (11) |
| 2-(N,N-METHYLAMINOETHYL-CARBONYL)-4-(3,4-DIMETHYL-PHENYLSULFONYL)-BENZENDIAZONIUM-HYDROGENSULFAT | 96 | OP7 | +45 | +50 | 3236 | |
| 4-METHYLBENZENSULFONYLHYDRAZID | 100 | OP7 | | | 3226 | |
| 3-METHYL-4-(PYRROLIDIN-1-YL)-BENZENDIAZONIUM-TETRAFLUOROBORAT | 95 | OP6 | +45 | +50 | 3234 | |
| NATRIUM-2-DIAZO-1-NAPHTHOL-4-SULFONAT | 100 | OP7 | | | 3226 | |
| NATRIUM-2-DIAZO-1-NAPHTHOL-5-SULFONAT | 100 | OP7 | | | 3226 | |
| 4-NITROSOPHENOL | 100 | OP7 | +35 | +40 | 3236 | |
| SELBSTZERSETZLICHER STOFF, FLÜSSIG, MUSTER | | OP2 | | | 3223 | (8) |
| SELBSTZERSETZLICHER STOFF, FLÜSSIG, MUSTER, TEMPERATURKONTROLLIERT | | OP2 | | | 3233 | (8) |
| SELBSTZERSETZLICHER STOFF, FEST, MUSTER | | OP2 | | | 3224 | (8) |
| SELBSTZERSETZLICHER STOFF, FEST, MUSTER, TEMPERATURKONTROLLIERT | | OP2 | | | 3234 | (8) |
| TETRAMINOPALLADIUM-(II)-NITRAT | 100 | OP6 | +30 | +35 | 3234 | |
| THIOPHOSPHORSÄURE-O-[(CYANOPHENYLMETHYLEN)-AZANYL]-O,O-DIETHYLESTER | 82–91 (Z-Isomer) | OP8 | | | 3227 | (10) |

**Bemerkungen:**

(1) Azodicarbonamid-Zubereitungen, die die Kriterien des Handbuchs Prüfungen und Kriterien Teil II Absatz 20.4.2 b) erfüllen. Die Kontrolltemperatur und die Notfalltemperatur sind anhand des Verfahrens in den Absätzen 7.1.7.3.1 bis 7.1.7.3.6 zu bestimmen.

(2) Nebengefahrzettel „EXPLOSIV“ nach Muster 1 (siehe Absatz 5.2.2.2.2) erforderlich.

(3) Azodicarbonamid-Zubereitungen, die die Kriterien des Handbuchs Prüfungen und Kriterien Teil II Absatz 20.4.2 c) erfüllen.

(4) Azodicarbonamid-Zubereitungen, die die Kriterien des Handbuchs Prüfungen und Kriterien Teil II Absatz 20.4.2 c) erfüllen. Die Kontrolltemperatur und die Notfalltemperatur sind anhand des Verfahrens in den Absätzen 7.1.7.3.1 bis 7.1.7.3.6 zu bestimmen.

(5) Azodicarbonamid-Zubereitungen, die die Kriterien des Handbuchs Prüfungen und Kriterien Teil II Absatz 20.4.2 d) erfüllen.

(6) Azodicarbonamid-Zubereitungen, die die Kriterien des Handbuchs Prüfungen und Kriterien Teil II Absatz 20.4.2 d) erfüllen. Die Kontrolltemperatur und die Notfalltemperatur sind anhand des Verfahrens in den Absätzen 7.1.7.3.1 bis 7.1.7.3.6 zu bestimmen.

(7) Mit einem verträglichen Verdünnungsmittel mit einem Siedepunkt von mindestens 150 °C.

(8) Siehe Absatz 2.2.41.1.15.

(9) Diese Eintragung bezieht sich auf Gemische von 2-Diazo-1-naphthol-4-sulfonsäureester und 2-Diazo-1-naphthol-5-sulfonsäureester, die die Kriterien des Handbuchs Prüfungen und Kriterien Teil II Absatz 20.4.2 d) erfüllen.

(10) Diese Eintragung gilt für das technische Gemisch in n-Butanol mit den angegebenen Konzentrationsgrenzwerten des (Z-)Isomers.

(11) Die technische Verbindung mit den angegebenen Konzentrationsgrenzwerten darf bis zu 12 % Wasser und bis zu 1 % organische Verunreinigungen enthalten.

**Klasse 4.2: Selbstentzündliche Stoffe** 2.2.42
→ D: GGAV 20

**Kriterien** 2.2.42.1

**[Begriffsbestimmung]** 2.2.42.1.1

Der Begriff der Klasse 4.2 umfasst:

- *pyrophore Stoffe*; dies sind Stoffe einschließlich Gemische und Lösungen (flüssig oder fest), die sich in Berührung mit Luft schon in kleinen Mengen innerhalb von fünf Minuten entzünden. Diese Stoffe sind die am leichtesten selbstentzündlichen Stoffe der Klasse 4.2; und
- *selbsterhitzungsfähige Stoffe und Gegenstände*; dies sind Stoffe und Gegenstände einschließlich Gemische und Lösungen, die in Berührung mit Luft ohne Energiezufuhr selbsterhitzungsfähig sind. Diese Stoffe können sich nur in großen Mengen (mehrere Kilogramm) und nach einem längeren Zeitraum (Stunden oder Tagen) entzünden.

**[Unterteilung nach Eigenschaften]** 2.2.42.1.2

Die Stoffe und Gegenstände der Klasse 4.2 sind wie folgt unterteilt:

| | | |
|---|---|---|
| S | Selbstentzündliche Stoffe ohne Nebengefahr und Gegenstände, die solche Stoffe enthalten | |
| | S1 | organische flüssige Stoffe |
| | S2 | organische feste Stoffe |
| | S3 | anorganische flüssige Stoffe |
| | S4 | anorganische feste Stoffe |
| | S5 | metallorganische Stoffe |
| | S6 | Gegenstände |
| SW | Selbstentzündliche Stoffe, die in Berührung mit Wasser entzündbare Gase entwickeln, und Gegenstände, die solche Stoffe enthalten | |
| | SW1 | Stoffe |
| | SW2 | Gegenstände |
| SO | Selbstentzündliche oxidierende Stoffe | |
| ST | Selbstentzündliche giftige Stoffe | |
| | ST1 | organische giftige flüssige Stoffe |
| | ST2 | organische giftige feste Stoffe |
| | ST3 | anorganische giftige flüssige Stoffe |
| | ST4 | anorganische giftige feste Stoffe |
| SC | Selbstentzündliche ätzende Stoffe | |
| | SC1 | organische ätzende flüssige Stoffe |
| | SC2 | organische ätzende feste Stoffe |
| | SC3 | anorganische ätzende flüssige Stoffe |
| | SC4 | anorganische ätzende feste Stoffe. |

*Eigenschaften*

**[Eigenschaften]** 2.2.42.1.3

Die Selbsterhitzung eines Stoffes ist ein Prozess, bei dem die fortschreitende Reaktion dieses Stoffes mit Sauerstoff (der Luft) Wärme erzeugt. Wenn die Menge der entstandenen Wärme größer ist als die Menge der abgeführten Wärme, führt dies zu einem Anstieg der Temperatur des Stoffes, was nach einer Induktionszeit zur Selbstentzündung und Verbrennung führen kann.

*Zuordnung*

**[Zuordnung]** 2.2.42.1.4
→ M329

Die der Klasse 4.2 zugeordneten Stoffe und Gegenstände sind in Kapitel 3.2 Tabelle A aufgeführt. Die Zuordnung der in Kapitel 3.2 Tabelle A nicht namentlich genannten Stoffe und Gegenstände zu den entsprechenden spezifischen n.a.g.-Eintragungen des Unterabschnitts 2.2.42.3 in Übereinstimmung mit den Vorschriften des Kapitels 2.1 kann auf Grund von Erfahrungen oder auf Grund der Ergebnisse der Prüfverfahren gemäß Handbuch Prüfungen und Kriterien Teil III Unterabschnitt 33.4 erfolgen. Die Zuordnung zu

**2.2.42.1.4** (Forts.) den allgemeinen n.a.g.-Eintragungen der Klasse 4.2 hat auf Grund der Ergebnisse der Prüfverfahren gemäß Handbuch Prüfungen und Kriterien Teil III Unterabschnitt 33.4 zu erfolgen; hierbei müssen auch Erfahrungen berücksichtigt werden, wenn sie zu einer strengeren Einstufung führen.

**2.2.42.1.5 [Zuordnungskriterien]**

Wenn nicht namentlich genannte Stoffe oder Gegenstände auf Grund der Prüfverfahren gemäß Handbuch Prüfungen und Kriterien Teil III Unterabschnitt 33.4 einer der in Unterabschnitt 2.2.42.3 aufgeführten Eintragungen zugeordnet werden, gelten folgende Kriterien:

a) selbstentzündliche (pyrophore) feste Stoffe sind der Klasse 4.2 zuzuordnen, wenn sie sich beim Fall aus 1 m Höhe oder innerhalb von fünf Minuten danach entzünden;

b) selbstentzündliche (pyrophore) flüssige Stoffe sind der Klasse 4.2 zuzuordnen,
   (i) wenn sie, aufgetragen auf ein inertes Trägermaterial, sich innerhalb von fünf Minuten entzünden oder
   (ii) wenn sie bei negativem Ergebnis der Prüfung nach (i), aufgetragen auf ein eingerissenes trockenes Filterpapier (Whatman-Filter Nr. 3), dieses innerhalb von fünf Minuten entzünden oder verkohlen;

c) Stoffe, bei denen in einer kubischen Probe von 10 cm Kantenlänge bei 140 °C Versuchstemperatur innerhalb von 24 Stunden eine Selbstentzündung oder ein Temperaturanstieg auf über 200 °C eintritt, sind der Klasse 4.2 zuzuordnen. Dieses Kriterium basiert auf der Selbstentzündungstemperatur von Holzkohle, die 50 °C für eine kubische Probe von 27 $m^3$ beträgt. Stoffe mit einer Selbstentzündungstemperatur von mehr als 50 °C für ein Volumen von 27 $m^3$ sind nicht der Klasse 4.2 zuzuordnen.

**Bem.** 1. Stoffe, die in Verpackungen mit einem Volumen von höchstens 3 $m^3$ befördert werden, unterliegen nicht der Klasse 4.2, wenn bei Prüfung in einer kubischen Probe von 10 cm Kantenlänge bei 120 °C innerhalb von 24 Stunden keine Selbstentzündung oder ein Temperaturanstieg auf über 180 °C eintritt.

2. Stoffe, die in Verpackungen mit einem Volumen von höchstens 450 Liter befördert werden, unterliegen nicht der Klasse 4.2, wenn bei Prüfung in einer kubischen Probe von 10 cm Kantenlänge bei 100 °C innerhalb von 24 Stunden keine Selbstentzündung oder ein Temperaturanstieg auf über 160 °C eintritt.

3. Da metallorganische Stoffe in Abhängigkeit von ihren Eigenschaften der Klasse 4.2 oder 4.3 mit zusätzlichen Nebengefahren zugeordnet werden können, ist in Abschnitt 2.3.5 ein besonderes Flussdiagramm für die Klassifizierung dieser Stoffe aufgeführt.

**2.2.42.1.6 [Tatsächliche Gefahr]**

Wenn die Stoffe der Klasse 4.2 durch Beimengungen in andere Gefahrenkategorien fallen als die, zu denen die in Kapitel 3.2 Tabelle A namentlich genannten Stoffe gehören, sind diese Gemische den Eintragungen zuzuordnen, zu denen sie auf Grund ihrer tatsächlichen Gefahr gehören.

**Bem.** Für die Zuordnung von Lösungen und Gemischen (wie Präparate, Zubereitungen und Abfälle) siehe auch Abschnitt 2.1.3.

**2.2.42.1.7 [Prüfung Klassenzugehörigkeit]**

Mit dem Prüfverfahren gemäß Handbuch Prüfungen und Kriterien Teil III Unterabschnitt 33.4 und den Kriterien des Absatzes 2.2.42.1.5 kann auch festgestellt werden, ob ein namentlich genannter Stoff so beschaffen ist, dass er nicht den Vorschriften dieser Klasse unterliegt.

*Zuordnung zu Verpackungsgruppen*

**2.2.42.1.8 [Verpackungsgruppenzuordnung]**

Die den verschiedenen Eintragungen des Kapitels 3.2 Tabelle A zugeordneten Stoffe und Gegenstände sind auf Grund der Prüfverfahren des Handbuchs Prüfungen und Kriterien Teil III Unterabschnitt 33.4 in Übereinstimmung mit den folgenden Kriterien der Verpackungsgruppe I, II oder III zuzuordnen:

a) selbstentzündliche (pyrophore) Stoffe sind der Verpackungsgruppe I zuzuordnen;

b) selbsterhitzungsfähige Stoffe und Gegenstände, bei denen in einer kubischen Probe von 2,5 cm Kantenlänge bei 140 °C Versuchstemperatur innerhalb von 24 Stunden eine Selbstentzündung oder ein Temperaturanstieg auf über 200 °C eintritt, sind der Verpackungsgruppe II zuzuordnen;

Stoffe mit einer Selbstentzündungstemperatur von mehr als 50 °C für ein Volumen von 450 Litern sind nicht der Verpackungsgruppe II zuzuordnen; **2.2.42.1.8** (Forts.)

c) weniger selbsterhitzungsfähige Stoffe, bei denen in einer kubischen Probe von 2,5 cm Kantenlänge die unter b) genannten Ereignisse unter den dort genannten Bedingungen nicht eintreten, in einer kubischen Probe von 10 cm Kantenlänge bei 140 °C Versuchstemperatur innerhalb von 24 Stunden jedoch eine Selbstentzündung oder ein Temperaturanstieg auf über 200 °C eintritt, sind der Verpackungsgruppe III zuzuordnen.

**Nicht zur Beförderung zugelassene Stoffe** **2.2.42.2**

Folgende Stoffe sind nicht zur Beförderung zugelassen:

- UN 3255 tert-BUTYLHYPOCHLORIT;
- selbsterhitzungsfähige feste Stoffe, entzündend (oxidierend) wirkend, die der UN-Nummer 3127 zugeordnet sind, es sei denn, sie entsprechen den Vorschriften der Klasse 1 (siehe auch Unterabschnitt 2.1.3.7).

**Verzeichnis der Sammeleintragungen** **2.2.42.3**

| Nebengefahr | | | Klassifizierungscode | UN-Nummer | Benennung des Stoffes oder Gegenstandes |
|---|---|---|---|---|---|
| **Selbstentzündliche Stoffe und Gegenstände, die solche Stoffe enthalten** | | | | | |
| **ohne Nebengefahr S** | **organisch** | **flüssig** | **S1** | 2845 | PYROPHORER ORGANISCHER FLÜSSIGER STOFF, N.A.G. |
| | | | | 3183 | SELBSTERHITZUNGSFÄHIGER ORGANISCHER FLÜSSIGER STOFF, N.A.G. |
| | | **fest** | **S2** | 1373 | FASERN, TIERISCHEN oder PFLANZLICHEN oder SYNTHETISCHEN URSPRUNGS, imprägniert mit Öl, N.A.G. oder |
| | | | | 1373 | GEWEBE, TIERISCHEN oder PFLANZLICHEN oder SYNTHETISCHEN URSPRUNGS, imprägniert mit Öl, N.A.G. |
| | | | | 2006 | KUNSTSTOFFE AUF NITROCELLULOSEBASIS, SELBSTERHITZUNGSFÄHIG, N.A.G. |
| | | | | 3313 | SELBSTERHITZUNGSFÄHIGE ORGANISCHE PIGMENTE |
| | | | | 2846 | PYROPHORER ORGANISCHER FESTER STOFF, N.A.G. |
| | | | | 3088 | SELBSTERHITZUNGSFÄHIGER ORGANISCHER FESTER STOFF, N.A.G. |
| | **anorganisch** | **flüssig** | **S3** | 3194 | PYROPHORER ANORGANISCHER FLÜSSIGER STOFF, N.A.G. |
| | | | | 3186 | SELBSTERHITZUNGSFÄHIGER ANORGANISCHER FLÜSSIGER STOFF, N.A.G. |
| | | **fest** | **S4** | 1383 | PYROPHORES METALL, N.A.G. oder |
| | | | | 1383 | PYROPHORE LEGIERUNG, N.A.G. |
| | | | | 1378 | METALLKATALYSATOR, ANGEFEUCHTET, mit einem sichtbaren Überschuss an Flüssigkeit |
| | | | | 2881 | METALLKATALYSATOR, TROCKEN |
| | | | | 3189 | SELBSTERHITZUNGSFÄHIGES METALLPULVER, N.A.G.[a)] |
| | | | | 3205 | ERDALKALIMETALLALKOHOLATE, N.A.G. |
| | | | | 3200 | PYROPHORER ANORGANISCHER FESTER STOFF, N.A.G. |
| | | | | 3190 | SELBSTERHITZUNGSFÄHIGER ANORGANISCHER FESTER STOFF, N.A.G. |
| | **metallorganisch** | | **S5** | 3391 | PYROPHORER METALLORGANISCHER FESTER STOFF |
| | | | | 3392 | PYROPHORER METALLORGANISCHER FLÜSSIGER STOFF |
| | | | | 3400 | SELBSTERHITZUNGSFÄHIGER METALLORGANISCHER FESTER STOFF |
| | **Gegenstände** | | **S6** | 3542 | GEGENSTÄNDE, DIE EINEN SELBSTENTZÜNDLICHEN STOFF ENTHALTEN, N.A.G. |

**2.2.42.3** (Forts.)

| Nebengefahr | | | Klassifizierungscode | UN-Nummer | Benennung des Stoffes oder Gegenstandes |
|---|---|---|---|---|---|
| mit Wasser reagierend SW | Stoffe | | SW1 | 3393 | PYROPHORER METALLORGANISCHER FESTER STOFF, MIT WASSER REAGIEREND |
| | | | | 3394 | PYROPHORER METALLORGANISCHER FLÜSSIGER STOFF, MIT WASSER REAGIEREND |
| mit Wasser reagierend SW | Gegenstände | | SW2 | | (keine Sammeleintragung mit diesem Klassifizierungscode vorhanden; soweit erforderlich, Zuordnung zu einer Sammeleintragung mit einem Klassifizierungscode, der nach der Tabelle der überwiegenden Gefahr in Unterabschnitt 2.1.3.10 zu bestimmen ist) |
| oxidierend | | | SO | 3127 | SELBSTERHITZUNGSFÄHIGER STOFF, ENTZÜNDEND (OXIDIEREND) WIRKEND, N.A.G. (nicht zur Beförderung zugelassen, siehe Unterabschnitt 2.2.42.2) |
| giftig ST | organisch | flüssig | ST1 | 3184 | SELBSTERHITZUNGSFÄHIGER ORGANISCHER FLÜSSIGER STOFF, GIFTIG, N.A.G. |
| giftig ST | organisch | fest | ST2 | 3128 | SELBSTERHITZUNGSFÄHIGER ORGANISCHER FESTER STOFF, GIFTIG, N.A.G. |
| giftig ST | anorganisch | flüssig | ST3 | 3187 | SELBSTERHITZUNGSFÄHIGER ANORGANISCHER FLÜSSIGER STOFF, GIFTIG, N.A.G. |
| giftig ST | anorganisch | fest | ST4 | 3191 | SELBSTERHITZUNGSFÄHIGER ANORGANISCHER FESTER STOFF, GIFTIG, N.A.G. |
| ätzend SC | organisch | flüssig | SC1 | 3185 | SELBSTERHITZUNGSFÄHIGER ORGANISCHER FLÜSSIGER STOFF, ÄTZEND, N.A.G. |
| ätzend SC | organisch | fest | SC2 | 3126 | SELBSTERHITZUNGSFÄHIGER ORGANISCHER FESTER STOFF, ÄTZEND, N.A.G. |
| ätzend SC | anorganisch | flüssig | SC3 | 3188 | SELBSTERHITZUNGSFÄHIGER ANORGANISCHER FLÜSSIGER STOFF, ÄTZEND, N.A.G. |
| ätzend SC | anorganisch | fest | SC4 | 3206 | ALKALIMETALLALKOHOLATE, SELBSTERHITZUNGSFÄHIG, ÄTZEND, N.A.G. |
| | | | | 3192 | SELBSTERHITZUNGSFÄHIGER ANORGANISCHER FESTER STOFF, ÄTZEND, N.A.G. |

Fußnote

[a] Staub und Pulver von Metallen, nicht giftig, in nicht selbstentzündlicher Form, die jedoch in Berührung mit Wasser entzündbare Gase entwickeln, sind Stoffe der Klasse 4.3.

## Klasse 4.3: Stoffe, die in Berührung mit Wasser entzündbare Gase entwickeln 2.2.43

→ D: GGAV 20

### Kriterien 2.2.43.1

**[Begriffsbestimmung]** 2.2.43.1.1

Der Begriff der Klasse 4.3 umfasst Stoffe, die bei Reaktion mit Wasser entzündbare Gase entwickeln, welche mit Luft explosionsfähige Gemische bilden können, sowie Gegenstände, die solche Stoffe enthalten.

**[Unterteilung nach Eigenschaften]** 2.2.43.1.2

Die Stoffe und Gegenstände der Klasse 4.3 sind wie folgt unterteilt:

W Stoffe, die in Berührung mit Wasser entzündbare Gase entwickeln, ohne Nebengefahr sowie Gegenstände, die solche Stoffe enthalten
- W1 flüssige Stoffe
- W2 feste Stoffe
- W3 Gegenstände

WF1 Stoffe, die in Berührung mit Wasser entzündbare Gase entwickeln, entzündbar, flüssig

WF2 Stoffe, die in Berührung mit Wasser entzündbare Gase entwickeln, entzündbar, fest

WS Stoffe, die in Berührung mit Wasser entzündbare Gase entwickeln, selbsterhitzungsfähig, fest

WO Stoffe, die in Berührung mit Wasser entzündbare Gase entwickeln, entzündend (oxidierend) wirkend, fest

WT Stoffe, die in Berührung mit Wasser entzündbare Gase entwickeln, giftig
- WT1 flüssige Stoffe
- WT2 feste Stoffe

WC Stoffe, die in Berührung mit Wasser entzündbare Gase entwickeln, ätzend
- WC1 flüssige Stoffe
- WC2 feste Stoffe

WFC Stoffe, die in Berührung mit Wasser entzündbare Gase entwickeln, entzündbar, ätzend.

*Eigenschaften*

**[Eigenschaften]** 2.2.43.1.3

Bestimmte Stoffe können in Berührung mit Wasser entzündbare Gase entwickeln, welche mit Luft explosionsfähige Gemische bilden können. Solche Gemische werden durch alle gewöhnlichen Zündquellen, z. B. offenes Feuer, von einem Werkzeug ausgehende Funken oder ungeschützte Leuchtmittel, leicht entzündet. Die dabei entstehenden Druckwellen und Flammen können Menschen und die Umwelt gefährden. Das Prüfverfahren, auf das in Absatz 2.2.43.1.4 Bezug genommen wird, wird angewendet, um festzustellen, ob die Reaktion eines Stoffes mit Wasser zur Entwicklung einer gefährlichen Menge von möglicherweise entzündbaren Gasen führt. Dieses Prüfverfahren darf nicht bei pyrophoren Stoffen angewendet werden.

*Zuordnung*

**[Zuordnung]** 2.2.43.1.4

→ M329

Die der Klasse 4.3 zugeordneten Stoffe und Gegenstände sind in Kapitel 3.2 Tabelle A aufgeführt. Die Zuordnung der in Kapitel 3.2 Tabelle A nicht namentlich genannten Stoffe und Gegenstände zur entsprechenden Eintragung des Unterabschnitts 2.2.43.3 in Übereinstimmung mit den Vorschriften des Kapitels 2.1 erfolgt auf Grund der Ergebnisse der Prüfverfahren gemäß Handbuch Prüfungen und Kriterien Teil III Unterabschnitt 33.5; hierbei müssen auch Erfahrungen berücksichtigt werden, wenn sie zu einer strengeren Einstufung führen.

**[Zuordnungskriterien]** 2.2.43.1.5

Wenn nicht namentlich genannte Stoffe auf Grund der Prüfverfahren gemäß Handbuch Prüfungen und Kriterien Teil III Unterabschnitt 33.5 einer der in Unterabschnitt 2.2.43.3 aufgeführten Eintragungen zugeordnet werden, gelten folgende Kriterien:

**2.2.43.1.5** (Forts.) Ein Stoff ist der Klasse 4.3 zuzuordnen, wenn

a) sich das entwickelte Gas während irgendeiner Phase der Prüfung selbst entzündet oder
b) die Menge des je Stunde entwickelten entzündbaren Gases größer ist als 1 Liter pro Kilogramm des Stoffes.

**Bem.** Da metallorganische Stoffe in Abhängigkeit von ihren Eigenschaften der Klasse 4.2 oder 4.3 mit zusätzlichen Nebengefahren zugeordnet werden können, ist in Abschnitt 2.3.5 ein besonderes Flussdiagramm für die Klassifizierung dieser Stoffe aufgeführt.

**2.2.43.1.6 [Tatsächliche Gefahr]**

Wenn die Stoffe der Klasse 4.3 durch Beimengungen in andere Gefahrenkategorien fallen als die, zu denen die in Kapitel 3.2 Tabelle A namentlich genannten Stoffe gehören, sind diese Gemische den Eintragungen zuzuordnen, zu denen sie auf Grund ihrer tatsächlichen Gefahr gehören.

**Bem.** Für die Zuordnung von Lösungen und Gemischen (wie Präparate, Zubereitungen und Abfälle) siehe auch Abschnitt 2.1.3.

**2.2.43.1.7 [Prüfung Klassenzugehörigkeit]**

Mit den Prüfverfahren gemäß Handbuch Prüfungen und Kriterien Teil III Unterabschnitt 33.5 und den Kriterien des Absatzes 2.2.43.1.5 kann auch festgestellt werden, ob ein namentlich genannter Stoff so beschaffen ist, dass er nicht den Vorschriften dieser Klasse unterliegt.

*Zuordnung zu Verpackungsgruppen*

**2.2.43.1.8 [Verpackungsgruppenzuordnung]**

Die den verschiedenen Eintragungen in Kapitel 3.2 Tabelle A zugeordneten Stoffe und Gegenstände sind auf Grund der Prüfverfahren des Handbuchs Prüfungen und Kriterien Teil III Unterabschnitt 33.5 in Übereinstimmung mit den folgenden Kriterien der Verpackungsgruppe I, II oder III zuzuordnen:

a) Der Verpackungsgruppe I ist jeder Stoff zuzuordnen, der bei Raumtemperatur heftig mit Wasser reagiert, wobei sich das entwickelte Gas im Allgemeinen selbst entzünden kann, oder der bei Raumtemperatur leicht mit Wasser reagiert, wobei die Menge des entwickelten entzündbaren Gases größer oder gleich 10 Liter pro Kilogramm des Stoffes innerhalb einer Minute ist.
b) Der Verpackungsgruppe II ist jeder Stoff zuzuordnen, der bei Raumtemperatur leicht mit Wasser reagiert, wobei die größte Menge des entwickelten entzündbaren Gases größer oder gleich 20 Liter pro Kilogramm des Stoffes je Stunde ist, und der nicht die Zuordnungskriterien der Verpackungsgruppe I erfüllt.
c) Der Verpackungsgruppe III ist jeder Stoff zuzuordnen, der bei Raumtemperatur langsam mit Wasser reagiert, wobei die größte Menge des entwickelten entzündbaren Gases größer als 1 Liter pro Kilogramm des Stoffes je Stunde ist, und der nicht die Zuordnungskriterien der Verpackungsgruppe I oder II erfüllt.

**2.2.43.2 Nicht zur Beförderung zugelassene Stoffe**

Mit Wasser reagierende feste Stoffe, entzündend (oxidierend) wirkend, die der UN-Nummer 3133 zugeordnet sind, sind zur Beförderung nicht zugelassen, es sei denn, sie entsprechen den Vorschriften der Klasse 1 (siehe auch Unterabschnitt 2.1.3.7).

*(Fortsetzung aus technischen Gründen auf Seite 193)*

**Verzeichnis der Sammeleintragungen** 2.2.43.3

**Stoffe, die in Berührung mit Wasser entzündbare Gase entwickeln, und Gegenstände, die solche Stoffe enthalten**

| Nebengefahr | | Klassifizierungscode | UN-Nummer | Benennung des Stoffes oder Gegenstandes |
|---|---|---|---|---|
| ohne Nebengefahr W | flüssig | W1 | 1389 | ALKALIMETALLAMALGAM, FLÜSSIG |
| | | | 1391 | ALKALIMETALLDISPERSION oder |
| | | | 1391 | ERDALKALIMETALLDISPERSION |
| | | | 1392 | ERDALKALIMETALLAMALGAM, FLÜSSIG |
| | | | 1420 | KALIUMMETALLLEGIERUNGEN, FLÜSSIG |
| | | | 1422 | KALIUM-NATRIUM-LEGIERUNGEN, FLÜSSIG |
| | | | 3398 | MIT WASSER REAGIERENDER METALLORGANISCHER FLÜSSIGER STOFF |
| | | | 1421 | ALKALIMETALLLEGIERUNG, FLÜSSIG, N.A.G. |
| | | | 3148 | MIT WASSER REAGIERENDER FLÜSSIGER STOFF, N.A.G. |
| | fest | W2[a)] | 1390 | ALKALIMETALLAMIDE |
| | | | 3170 | NEBENPRODUKTE DER ALUMINIUMHERSTELLUNG oder |
| | | | 3170 | NEBENPRODUKTE DER ALUMINIUMUMSCHMELZUNG |
| | | | 3401 | ALKALIMETALLAMALGAM, FEST |
| | | | 3402 | ERDALKALIMETALLAMALGAM, FEST |
| | | | 3403 | KALIUMMETALLLEGIERUNGEN, FEST |
| | | | 3404 | KALIUM-NATRIUM-LEGIERUNGEN, FEST |
| | | | 3395 | MIT WASSER REAGIERENDER METALLORGANISCHER FESTER STOFF |
| | | | 1393 | ERDALKALIMETALLLEGIERUNG, N.A.G. |
| | | | 1409 | METALLHYDRIDE, MIT WASSER REAGIEREND, N.A.G. |
| | | | 3208 | METALLISCHER STOFF, MIT WASSER REAGIEREND, N.A.G. |
| | | | 2813 | MIT WASSER REAGIERENDER FESTER STOFF, N.A.G. |
| | Gegenstände | W3 | 3292 | BATTERIEN, DIE METALLISCHES NATRIUM ODER NATRIUMLEGIERUNGEN ENTHALTEN oder |
| | | | 3292 | ZELLEN, DIE METALLISCHES NATRIUM ODER NATRIUMLEGIERUNGEN ENTHALTEN |
| | | | 3543 | GEGENSTÄNDE, DIE EINEN STOFF ENTHALTEN, DER IN BERÜHRUNG MIT WASSER ENTZÜNDBARE GASE ENTWICKELT, N.A.G. |
| entzündbar, flüssig | | WF1 | 3482 | ALKALIMETALLDISPERSION, ENTZÜNDBAR oder |
| | | | 3482 | ERDALKALIMETALLDISPERSION, ENTZÜNDBAR |
| | | | 3399 | MIT WASSER REAGIERENDER METALLORGANISCHER FLÜSSIGER STOFF, ENTZÜNDBAR |
| entzündbar, fest | | WF2 | 3396 | MIT WASSER REAGIERENDER METALLORGANISCHER FESTER STOFF, ENTZÜNDBAR |
| | | | 3132 | MIT WASSER REAGIERENDER FESTER STOFF, ENTZÜNDBAR, N.A.G. |
| selbsterhitzungsfähig, fest | | WS[b)] | 3397 | MIT WASSER REAGIERENDER METALLORGANISCHER FESTER STOFF, SELBSTERHITZUNGSFÄHIG |
| | | | 3209 | METALLISCHER STOFF, MIT WASSER REAGIEREND, SELBSTERHITZUNGSFÄHIG, N.A.G. |
| | | | 3135 | MIT WASSER REAGIERENDER FESTER STOFF, SELBSTERHITZUNGSFÄHIG, N.A.G. |
| entzündend (oxidierend) wirkend, fest | | WO | 3133 | MIT WASSER REAGIERENDER FESTER STOFF, ENTZÜNDEND (OXIDIEREND) WIRKEND, N.A.G. (nicht zur Beförderung zugelassen, siehe Unterabschnitt 2.2.43.2) |
| giftig WT | flüssig | WT1 | 3130 | MIT WASSER REAGIERENDER FLÜSSIGER STOFF, GIFTIG, N.A.G. |
| | fest | WT2 | 3134 | MIT WASSER REAGIERENDER FESTER STOFF, GIFTIG, N.A.G. |

## 2.2 Besondere Vorschriften für einzelne Klassen [Klasse 4.3]

**2.2.43.3** (Forts.)

| Nebengefahr | | Klassifizierungscode | UN-Nummer | Benennung des Stoffes oder Gegenstandes |
|---|---|---|---|---|
| ätzend WC | flüssig | WC1 | 3129 | MIT WASSER REAGIERENDER FLÜSSIGER STOFF, ÄTZEND, N.A.G. |
| | fest | WC2 | 3131 | MIT WASSER REAGIERENDER FESTER STOFF, ÄTZEND, N.A.G. |
| entzündbar, ätzend | | WFC[c] | 2988 | CHLORSILANE, MIT WASSER REAGIEREND, ENTZÜNDBAR, ÄTZEND, N.A.G. (keine weitere Sammeleintragung mit diesem Klassifizierungscode vorhanden; soweit erforderlich, Zuordnung zu einer Sammeleintragung mit einem Klassifizierungscode, der nach der Tabelle der überwiegenden Gefahr in Unterabschnitt 2.1.3.10 zu bestimmen ist) |

Fußnoten

[a] Metalle und Metalllegierungen, die in Berührung mit Wasser keine entzündbaren Gase entwickeln, nicht pyrophor oder selbsterhitzungsfähig, aber leicht entzündbar sind, sind Stoffe der Klasse 4.1. Erdalkalimetalle und Erdalkalimetalllegierungen in pyrophorer Form sind Stoffe der Klasse 4.2. Staub und Pulver von Metallen in pyrophorem Zustand sind Stoffe der Klasse 4.2. Metalle und Metalllegierungen in pyrophorem Zustand sind Stoffe der Klasse 4.2. Verbindungen von Phosphor mit Schwermetallen wie Eisen, Kupfer usw. unterliegen nicht den Vorschriften des ADR.

[b] Metalle und Metalllegierungen in pyrophorem Zustand sind Stoffe der Klasse 4.2.

[c] Chlorsilane mit einem Flammpunkt unter 23 °C, die in Berührung mit Wasser keine entzündbaren Gase entwickeln, sind Stoffe der Klasse 3. Chlorsilane mit einem Flammpunkt von 23 °C oder darüber, die in Berührung mit Wasser keine entzündbaren Gase entwickeln, sind Stoffe der Klasse 8.

## Klasse 5.1: Entzündend (oxidierend) wirkende Stoffe 2.2.51

→ D: GGAV 20

### Kriterien 2.2.51.1

**[Begriffsbestimmung]** 2.2.51.1.1

Der Begriff der Klasse 5.1 umfasst Stoffe, die obwohl selbst nicht notwendigerweise brennbar, im Allgemeinen durch Abgabe von Sauerstoff einen Brand verursachen oder einen Brand anderer Stoffe unterstützen können, sowie Gegenstände, die solche Stoffe enthalten.

**[Unterteilung nach Eigenschaften]** 2.2.51.1.2

Die Stoffe der Klasse 5.1 sowie die Gegenstände, die solche Stoffe enthalten, sind wie folgt unterteilt:

O Entzündend (oxidierend) wirkende Stoffe ohne Nebengefahr oder Gegenstände, die solche Stoffe enthalten
- O1 flüssige Stoffe
- O2 feste Stoffe
- O3 Gegenstände

OF Entzündend (oxidierend) wirkende feste Stoffe, entzündbar

OS Entzündend (oxidierend) wirkende feste Stoffe, selbsterhitzungsfähig

OW Entzündend (oxidierend) wirkende feste Stoffe, die in Berührung mit Wasser entzündbare Gase entwickeln

OT Entzündend (oxidierend) wirkende Stoffe, giftig
- OT1 flüssige Stoffe
- OT2 feste Stoffe

OC Entzündend (oxidierend) wirkende Stoffe, ätzend
- OC1 flüssige Stoffe
- OC2 feste Stoffe

OTC Entzündend (oxidierend) wirkende Stoffe, giftig, ätzend.

**[Zuordnung]** 2.2.51.1.3

→ M329

Die der Klasse 5.1 zugeordneten Stoffe und Gegenstände sind in Kapitel 3.2 Tabelle A aufgeführt. Die Zuordnung der in Kapitel 3.2 Tabelle A nicht namentlich genannten Stoffe und Gegenstände zur entsprechenden Eintragung des Unterabschnitts 2.2.51.3 in Übereinstimmung mit den Vorschriften des Kapitels 2.1 kann auf Grund der Prüfungen, Methoden und Kriterien der Absätze 2.2.51.1.6 bis 2.2.51.1.10 und des Handbuchs Prüfungen und Kriterien Teil III Abschnitt 34.4 oder – bei festen ammoniumnitrathaltigen Düngemitteln – Abschnitt 39 vorbehaltlich der Einschränkungen in Absatz 2.2.51.2.2 dreizehnter und vierzehnter Spiegelstrich erfolgen. Falls sich die Prüfergebnisse von bekannten Erfahrungen unterscheiden, muss der Beurteilung auf Grund der bekannten Erfahrungen der Vorzug vor den Prüfergebnissen gegeben werden.

**[Tatsächliche Gefahr]** 2.2.51.1.4

Wenn die Stoffe der Klasse 5.1 durch Beimengungen in andere Gefahrenkategorien fallen als die, zu denen die in Kapitel 3.2 Tabelle A namentlich genannten Stoffe gehören, sind diese Gemische oder Lösungen den Eintragungen zuzuordnen, zu denen sie auf Grund ihrer tatsächlichen Gefahr gehören.

**Bem.** Für die Zuordnung von Lösungen und Gemischen (wie Präparate, Zubereitungen und Abfälle) siehe auch Abschnitt 2.1.3.

**[Prüfung Klassenzugehörigkeit]** 2.2.51.1.5

Mit den Prüfverfahren gemäß Handbuch Prüfungen und Kriterien Teil III Abschnitt 34.4 oder – bei festen ammoniumnitrathaltigen Düngemitteln – Abschnitt 39 und den Kriterien der Absätze 2.2.51.1.6 bis 2.2.51.1.10 kann auch festgestellt werden, ob ein in Kapitel 3.2 Tabelle A namentlich genannter Stoff so beschaffen ist, dass er nicht den Vorschriften dieser Klasse unterliegt.

***Entzündend (oxidierend) wirkende feste Stoffe***

*Zuordnung*

**2.2.51.1.6 [Zuordnung fester Stoffe]**

Wenn in Kapitel 3.2 Tabelle A nicht namentlich genannte entzündend (oxidierend) wirkende feste Stoffe auf Grund der Prüfverfahren gemäß Handbuch Prüfungen und Kriterien Teil III Unterabschnitt 34.4.1 (Prüfung O.1) oder alternativ Unterabschnitt 34.4.3 (Prüfung O.3) einer der in Unterabschnitt 2.2.51.3 aufgeführten Eintragungen zugeordnet werden, gelten folgende Kriterien:

a) bei der Prüfung O.1 ist ein fester Stoff der Klasse 5.1 zuzuordnen, wenn er sich in einem Gemisch mit Cellulose von 4:1 oder 1:1 (Masseverhältnis) entzündet oder brennt oder eine gleiche oder kürzere durchschnittliche Brenndauer aufweist als ein Gemisch von Kaliumbromat/Cellulose von 3:7 (Masseverhältnis), oder

b) bei der Prüfung O.3 ist ein fester Stoff der Klasse 5.1 zuzuordnen, wenn er in einem Gemisch mit Cellulose von 4:1 oder 1:1 (Masseverhältnis) eine gleiche oder größere durchschnittliche Abbrandgeschwindigkeit aufweist als ein Gemisch von Calciumperoxid/Cellulose von 1:2 (Masseverhältnis).

**2.2.51.1.7 [Zuordnung Ammoniumnitratdünger]**

Ausgenommen hiervon sind feste ammoniumnitrathaltige Düngemittel, die in Übereinstimmung mit dem im Handbuch Prüfungen und Kriterien Teil III Abschnitt 39 festgelegten Verfahren klassifiziert werden müssen.

*Zuordnung zu Verpackungsgruppen*

**2.2.51.1.8 [Verpackungsgruppenzuordnung Feststoffe]**

Die den verschiedenen Eintragungen des Kapitels 3.2 Tabelle A zugeordneten entzündend (oxidierend) wirkenden festen Stoffe sind auf Grund der Prüfverfahren des Handbuchs Prüfungen und Kriterien Teil III Unterabschnitt 34.4.1 (Prüfung O.1) oder Unterabschnitt 34.4.3 (Prüfung O.3) in Übereinstimmung mit den folgenden Kriterien der Verpackungsgruppe I, II oder III zuzuordnen:

a) Prüfung O.1:
   (i) Verpackungsgruppe I: Stoffe, die in einem Gemisch mit Cellulose von 4:1 oder 1:1 (Masseverhältnis) eine geringere durchschnittliche Brenndauer als die durchschnittliche Brenndauer eines Gemisches Kaliumbromat/Cellulose von 3:2 (Masseverhältnis) aufweisen;
   (ii) Verpackungsgruppe II: Stoffe, die in einem Gemisch mit Cellulose von 4:1 oder 1:1 (Masseverhältnis) eine gleiche oder geringere durchschnittliche Brenndauer als die durchschnittliche Brenndauer eines Gemisches Kaliumbromat/Cellulose von 2:3 (Masseverhältnis) aufweisen und nicht die Kriterien der Verpackungsgruppe I erfüllen;
   (iii) Verpackungsgruppe III: Stoffe, die in einem Gemisch mit Cellulose von 4:1 oder 1:1 (Masseverhältnis) eine gleiche oder geringere durchschnittliche Brenndauer als die durchschnittliche Brenndauer eines Gemisches Kaliumbromat/Cellulose von 3:7 (Masseverhältnis) aufweisen und nicht die Kriterien der Verpackungsgruppen I und II erfüllen.

b) Prüfung O.3:
   (i) Verpackungsgruppe I: Stoffe, die in einem Gemisch mit Cellulose von 4:1 oder 1:1 (Masseverhältnis) eine größere durchschnittliche Abbrandgeschwindigkeit aufweisen als ein Gemisch von Calciumperoxid/Cellulose von 3:1 (Masseverhältnis);
   (ii) Verpackungsgruppe II: Stoffe, die in einem Gemisch mit Cellulose von 4:1 oder 1:1 (Masseverhältnis) eine gleiche oder größere durchschnittliche Abbrandgeschwindigkeit aufweisen als ein Gemisch von Calciumperoxid/Cellulose von 1:1 (Masseverhältnis) und nicht die Kriterien der Verpackungsgruppe I erfüllen;
   (iii) Verpackungsgruppe III: Stoffe, die in einem Gemisch mit Cellulose von 4:1 oder 1:1 (Masseverhältnis) eine gleiche oder größere durchschnittliche Abbrandgeschwindigkeit aufweisen als ein Gemisch von Calciumperoxid/Cellulose von 1:2 (Masseverhältnis) und nicht die Kriterien der Verpackungsgruppen I und II erfüllen.

***Entzündend (oxidierend) wirkende flüssige Stoffe***

*Zuordnung*

**[Zuordnung Flüssigkeiten]** 2.2.51.1.9

Wenn in Kapitel 3.2 Tabelle A nicht namentlich genannte entzündend (oxidierend) wirkende flüssige Stoffe auf Grund der Prüfverfahren gemäß Handbuch Prüfungen und Kriterien Teil III Unterabschnitt 34.4.2 einer der in Unterabschnitt 2.2.51.3 aufgeführten Eintragungen zugeordnet werden, gelten folgende Kriterien:

Ein flüssiger Stoff ist der Klasse 5.1 zuzuordnen, wenn er in einem Gemisch mit Cellulose von 1:1 (Masseverhältnis) einen Druck von mindestens 2 070 kPa (Überdruck) und eine geringere oder gleiche durchschnittliche Druckanstiegszeit aufweist als ein Gemisch 65%iger Salpetersäure in wässeriger Lösung/Cellulose von 1:1 (Masseverhältnis).

*Zuordnung zu Verpackungsgruppen*

**[Verpackungsgruppenzuordnung Flüssigkeiten]** 2.2.51.1.10

Die den verschiedenen Eintragungen des Kapitels 3.2 Tabelle A zugeordneten entzündend (oxidierend) wirkenden flüssigen Stoffe sind auf Grund der Prüfverfahren des Handbuchs Prüfungen und Kriterien Teil III Abschnitt 34.4.2 in Übereinstimmung mit den folgenden Kriterien der Verpackungsgruppe I, II oder III zuzuordnen:

a) Verpackungsgruppe I: Stoffe, die sich in einem Gemisch mit Cellulose von 1:1 (Masseverhältnis) selbst entzünden oder eine geringere durchschnittliche Druckanstiegszeit aufweisen als ein Gemisch 50%iger Perchlorsäure/Cellulose von 1:1 (Masseverhältnis);

b) Verpackungsgruppe II: Stoffe, die in einem Gemisch mit Cellulose von 1:1 (Masseverhältnis) eine geringere oder gleiche durchschnittliche Druckanstiegszeit aufweisen als ein Gemisch von 40%-igem Natriumchlorat in wässeriger Lösung/Cellulose von 1:1 (Masseverhältnis) und nicht die Zuordnungskriterien der Verpackungsgruppe I erfüllen;

c) Verpackungsgruppe III: Stoffe, die in einem Gemisch mit Cellulose von 1:1 (Masseverhältnis) eine geringere oder gleiche durchschnittliche Druckanstiegszeit aufweisen als ein Gemisch von 65%iger Salpetersäure in wässeriger Lösung/Cellulose von 1:1 (Masseverhältnis) und nicht die Zuordnungskriterien der Verpackungsgruppen I und II erfüllen.

**Nicht zur Beförderung zugelassene Stoffe** 2.2.51.2

**[Chemisch instabile Stoffe]** 2.2.51.2.1

Die chemisch instabilen Stoffe der Klasse 5.1 sind zur Beförderung nur zugelassen, wenn die erforderlichen Maßnahmen zur Verhinderung jeglicher gefährlichen Zerfalls- oder Polymerisationsreaktion während der Beförderung getroffen wurden. Zu diesem Zweck muss insbesondere auch dafür gesorgt werden, dass die Gefäße und Tanks keine Stoffe enthalten, die diese Reaktionen begünstigen können.

**[Diverse Stoffe]** 2.2.51.2.2

Folgende Stoffe und Gemische sind zur Beförderung nicht zugelassen:

- Entzündend (oxidierend) wirkende feste Stoffe, selbsterhitzungsfähig, die der UN-Nummer 3100, entzündend (oxidierend) wirkende feste Stoffe, mit Wasser reagierend, die der UN-Nummer 3121, und entzündend (oxidierend) wirkende feste Stoffe, entzündbar, die der UN-Nummer 3137 zugeordnet sind, es sei denn, sie entsprechen den Vorschriften der Klasse 1 (siehe auch Unterabschnitt 2.1.3.7);
- nicht stabilisiertes Wasserstoffperoxid oder nicht stabilisierte wässerige Lösungen von Wasserstoffperoxid mit mehr als 60 % Wasserstoffperoxid;
- Tetranitromethan, nicht frei von brennbaren Verunreinigungen;
- Lösungen von Perchlorsäure mit mehr als 72 Masse-% Säure oder Gemische von Perchlorsäure mit irgendeinem flüssigen Stoff außer Wasser;
- Lösung von Chlorsäure mit mehr als 10 % Chlorsäure oder Gemische von Chlorsäure mit irgendeinem flüssigen Stoff außer Wasser;
- andere halogenierte Fluorverbindungen als UN 1745 BROMPENTAFLUORID, UN 1746 BROMTRIFLUORID und UN 2495 IODPENTAFLUORID der Klasse 5.1 sowie UN 1749 CHLORTRIFLUORID und UN 2548 CHLORPENTAFLUORID der Klasse 2;

**2.2.51.2.2** (Forts.)

- Ammoniumchlorat und seine wässerigen Lösungen sowie Gemische von Chlorat mit einem Ammoniumsalz;
- Ammoniumchlorit und seine wässerigen Lösungen sowie Gemische eines Chlorits mit einem Ammoniumsalz;
- Hypochloritgemische mit einem Ammoniumsalz;
- Ammoniumbromat und seine wässerigen Lösungen sowie Gemische eines Bromats mit einem Ammoniumsalz;
- Ammoniumpermanganat und seine wässerigen Lösungen sowie Gemische eines Permanganats mit einem Ammoniumsalz;
- Ammoniumnitrat mit mehr als 0,2 % brennbaren Stoffen (einschließlich aller organischen Stoffe als Kohlenstoff-Äquivalent), ausgenommen als Bestandteil eines Stoffes oder Gegenstandes der Klasse 1;
- ammoniumnitrathaltige Düngemittel mit Zusammensetzungen, die zu Ausgang 4, 6, 8, 15, 31 oder 33 des Ablaufdiagramms in Absatz 39.5.1 des Handbuchs Prüfungen und Kriterien Teil III Abschnitt 39 führen, es sei denn, sie wurden einer geeigneten UN-Nummer der Klasse 1 zugeordnet;
- ammoniumnitrathaltige Düngemittel mit Zusammensetzungen, die zu Ausgang 20, 23 oder 39 des Ablaufdiagramms in Absatz 39.5.1 des Handbuchs Prüfungen und Kriterien Teil III Abschnitt 39 führen, es sei denn, sie wurden einer geeigneten UN-Nummer der Klasse 1 oder unter der Voraussetzung, dass die Eignung für die Beförderung nachgewiesen und dies von der zuständigen Behörde genehmigt wurde, einer geeigneten UN-Nummer der Klasse 5.1 mit Ausnahme der UN-Nummer 2067 zugeordnet;

  **Bem.** Der Begriff „zuständige Behörde" bedeutet die zuständige Behörde des Ursprungslandes. Ist das Ursprungsland keine Vertragspartei des ADR, so müssen die Klassifizierung und die Beförderungsbedingungen von der zuständigen Behörde der ersten von der Sendung berührten Vertragspartei des ADR anerkannt werden.
- Ammoniumnitrit und seine wässerigen Lösungen sowie Gemische von einem anorganischen Nitrit mit einem Ammoniumsalz;
- Gemische von Kaliumnitrat und Natriumnitrit mit einem Ammoniumsalz.

### 2.2.51.3 Verzeichnis der Sammeleintragungen

| Nebengefahr | | Klassifizierungscode | UN-Nummer | Benennung des Stoffes oder Gegenstandes |
|---|---|---|---|---|
| **Entzündend (oxidierend) wirkende Stoffe und Gegenstände, die solche Stoffe enthalten** | | | | |
| | **flüssig** | **O1** | 3210 | CHLORATE, ANORGANISCHE, WÄSSERIGE LÖSUNG, N.A.G. |
| | | | 3211 | PERCHLORATE, ANORGANISCHE, WÄSSERIGE LÖSUNG, N.A.G. |
| | | | 3213 | BROMATE, ANORGANISCHE, WÄSSERIGE LÖSUNG, N.A.G. |
| | | | 3214 | PERMANGANATE, ANORGANISCHE, WÄSSERIGE LÖSUNG, N.A.G. |
| | | | 3216 | PERSULFATE, ANORGANISCHE, WÄSSERIGE LÖSUNG, N.A.G. |
| | | | 3218 | NITRATE, ANORGANISCHE, WÄSSERIGE LÖSUNG, N.A.G. |
| | | | 3219 | NITRITE, ANORGANISCHE, WÄSSERIGE LÖSUNG, N.A.G. |
| | | | 3139 | ENTZÜNDEND (OXIDIEREND) WIRKENDER FLÜSSIGER STOFF, N.A.G. |
| **ohne Nebengefahr O** | **fest** | **O2** | 1450 | BROMATE, ANORGANISCHE, N.A.G. |
| | | | 1461 | CHLORATE, ANORGANISCHE, N.A.G. |
| | | | 1462 | CHLORITE, ANORGANISCHE, N.A.G. |
| | | | 1477 | NITRATE, ANORGANISCHE, N.A.G. |
| | | | 1481 | PERCHLORATE, ANORGANISCHE, N.A.G. |
| | | | 1482 | PERMANGANATE, ANORGANISCHE, N.A.G. |
| | | | 1483 | PEROXIDE, ANORGANISCHE, N.A.G. |
| | | | 2627 | NITRITE, ANORGANISCHE, N.A.G. |
| | | | 3212 | HYPOCHLORITE, ANORGANISCHE, N.A.G. |
| | | | 3215 | PERSULFATE, ANORGANISCHE, N.A.G. |
| | | | 1479 | ENTZÜNDEND (OXIDIEREND) WIRKENDER FESTER STOFF, N.A.G. |
| → *M329* | **Gegenstände** | **O3** | 3356 | SAUERSTOFFGENERATOR, CHEMISCH |
| | | | 3544 | GEGENSTÄNDE, DIE EINEN ENTZÜNDEND (OXIDIEREND) WIRKENDEN STOFF ENTHALTEN, N.A.G. |

**2.2.51.3** (Forts.)

| Nebengefahr | | Klassifizierungscode | UN-Nummer | Benennung des Stoffes oder Gegenstandes |
|---|---|---|---|---|
| **entzündbar, fest** | | OF | 3137 | ENTZÜNDEND (OXIDIEREND) WIRKENDER FESTER STOFF, ENTZÜNDBAR, N.A.G. (nicht zur Beförderung zugelassen, siehe Unterabschnitt 2.2.51.2) |
| **selbsterhitzungsfähig, fest** | | OS | 3100 | ENTZÜNDEND (OXIDIEREND) WIRKENDER FESTER STOFF, SELBSTERHITZUNGSFÄHIG, N.A.G. (nicht zur Beförderung zugelassen, siehe Unterabschnitt 2.2.51.2) |
| **mit Wasser reagierend, fest** | | OW | 3121 | ENTZÜNDEND (OXIDIEREND) WIRKENDER FESTER STOFF, MIT WASSER REAGIEREND, N.A.G. (nicht zur Beförderung zugelassen, siehe Unterabschnitt 2.2.51.2) |
| **giftig OT** | **flüssig** | OT1 | 3099 | ENTZÜNDEND (OXIDIEREND) WIRKENDER FLÜSSIGER STOFF, GIFTIG, N.A.G. |
| | **fest** | OT2 | 3087 | ENTZÜNDEND (OXIDIEREND) WIRKENDER FESTER STOFF, GIFTIG, N.A.G. |
| **ätzend OC** | **flüssig** | OC1 | 3098 | ENTZÜNDEND (OXIDIEREND) WIRKENDER FLÜSSIGER STOFF, ÄTZEND, N.A.G. |
| | **fest** | OC2 | 3085 | ENTZÜNDEND (OXIDIEREND) WIRKENDER FESTER STOFF, ÄTZEND, N.A.G. |
| **giftig, ätzend** | | OTC | | (keine Sammeleintragung mit diesem Klassifizierungscode vorhanden; soweit erforderlich, Zuordnung zu einer Sammeleintragung mit einem Klassifizierungscode, der nach der Tabelle der überwiegenden Gefahr in Unterabschnitt 2.1.3.10 zu bestimmen ist) |

## 2.2.52 Klasse 5.2: Organische Peroxide

→ D: GGAV 20

### 2.2.52.1 Kriterien

**2.2.52.1.1 [Zugeordnete Stoffe]**

→ M329

Der Begriff der Klasse 5.2 umfasst organische Peroxide und Zubereitungen organischer Peroxide.

**2.2.52.1.2 [Unterteilung nach Temperaturempfindlichkeit]**

Die Stoffe der Klasse 5.2 sind wie folgt unterteilt:

P1 organische Peroxide, für die keine Temperaturkontrolle erforderlich ist

P2 organische Peroxide, für die eine Temperaturkontrolle erforderlich ist.

*Begriffsbestimmung*

**2.2.52.1.3 [Begriffsbestimmung]**

*Organische Peroxide* sind organische Stoffe, die das bivalente -O-O-Strukturelement enthalten und die als Derivate des Wasserstoffperoxids, in welchem ein Wasserstoffatom oder beide Wasserstoffatome durch organische Radikale ersetzt sind, angesehen werden können.

*Eigenschaften*

**2.2.52.1.4 [Eigenschaften]**

Organische Peroxide können sich bei normalen oder erhöhten Temperaturen exotherm zersetzen. Die Zersetzung kann durch Wärme, Kontakt mit Verunreinigungen (z.B. Säuren, Schwermetallverbindungen, Amine), Reibung oder Stoß ausgelöst werden. Die Zersetzungsgeschwindigkeit nimmt mit der Temperatur zu und ist abhängig von der Zusammensetzung des organischen Peroxids. Bei der Zersetzung können sich schädliche oder entzündliche Gase oder Dämpfe entwickeln. Für bestimmte organische Peroxide ist eine Temperaturkontrolle während der Beförderung erforderlich. Bestimmte organische Peroxide können sich vor allem unter Einschluss explosionsartig zersetzen. Diese Eigenschaft kann durch Hinzufügen von Verdünnungsmitteln oder die Verwendung geeigneter Verpackungen verändert werden. Viele organische Peroxide brennen heftig. Es ist zu vermeiden, dass organische Peroxide mit den Augen in Berührung kommen. Schon nach sehr kurzer Berührung verursachen bestimmte organische Peroxide ernste Hornhautschäden oder Hautverätzungen.

**Bem.** Prüfverfahren zur Bestimmung der Entzündbarkeit organischer Peroxide sind im Handbuch Prüfungen und Kriterien Teil III Abschnitt 32.4 enthalten. Da organische Peroxide bei Erwärmung heftig reagieren können, wird empfohlen, für die Bestimmung ihres Flammpunktes kleine Probengrößen, wie in ISO-Norm 3679:1983 beschrieben, zu verwenden.

*Zuordnung*

**2.2.52.1.5 [Aktivsauerstoffgehalt]**

Jedes organische Peroxid ist als der Klasse 5.2 zugeordnet anzusehen, es sei denn, die Zubereitung des organischen Peroxids

a) enthält nicht mehr als 1,0 % Aktivsauerstoff bei höchstens 1,0 % Wasserstoffperoxid;

b) enthält nicht mehr als 0,5 % Aktivsauerstoff bei mehr als 1,0 %, jedoch höchstens 7,0 % Wasserstoffperoxid.

**Bem.** Der Aktivsauerstoffgehalt (%) einer Zubereitung eines organischen Peroxids ergibt sich aus der Formel

$16 \times \sum (n_i \times c_i/m_i)$,

wobei:

$n_i$ = Anzahl der Peroxygruppen je Molekül des organischen Peroxids i;

$c_i$ = Konzentration (Masse-%) des organischen Peroxids i;

$m_i$ = molekulare Masse des organischen Peroxids i.

**2.2.52.1.6 [Typzuordnung]**

Organische Peroxide werden auf Grund ihres Gefahrengrades in sieben Typen eingeteilt. Die Typen reichen von Typ A, der nicht zur Beförderung in der Verpackung, in der er geprüft worden ist, zugelassen ist, bis zu Typ G, der nicht den Vorschriften der Klasse 5.2 unterliegt. Die Zuordnung zu den Typen B bis F steht in unmittelbarer Beziehung zu der zulässigen Höchstmenge in einem Versandstück. Die Grundsätze für die Zuordnung von Stoffen, die in Unterabschnitt 2.2.52.4 nicht genannt sind, sind im Handbuch Prüfungen und Kriterien Teil II aufgeführt. 2.2.52.1.6 (Forts.)

**[Klassifizierte Peroxide]** 2.2.52.1.7

Bereits klassifizierte organische Peroxide, die bereits zur Beförderung in Verpackungen zugelassen sind, sind in Unterabschnitt 2.2.52.4 aufgeführt, diejenigen, die bereits zur Beförderung in Großpackmitteln (IBC) zugelassen sind, sind in Unterabschnitt 4.1.4.2 Verpackungsanweisung IBC520 aufgeführt und diejenigen, die bereits zur Beförderung in Tanks gemäß den Kapiteln 4.2 und 4.3 zugelassen sind, sind in Unterabschnitt 4.2.5.2 Anweisung für ortsbewegliche Tanks T23 aufgeführt. Für jeden aufgeführten zugelassenen Stoff ist die Gattungseintragung aus Kapitel 3.2 Tabelle A (UN-Nummern 3101 bis 3120) zugeordnet und sind die entsprechenden Nebengefahren und Bemerkungen mit relevanten Informationen für die Beförderung angegeben.

Diese Gattungseintragungen geben an:

- den Typ (B bis F) des organischen Peroxids, siehe Absatz 2.2.52.1.6;
- den Aggregatzustand (flüssig/fest) und
- gegebenenfalls die Temperaturkontrolle, siehe Absätze 2.2.52.1.15 und 2.2.52.1.16.

Gemische dieser Zubereitungen können dem Typ des organischen Peroxids, der dem gefährlichsten Bestandteil entspricht, gleichgestellt und unter den für diesen Typ geltenden Beförderungsbedingungen befördert werden. Wenn jedoch zwei stabile Bestandteile ein thermisch weniger stabiles Gemisch bilden können, so ist die Temperatur der selbstbeschleunigenden Zersetzung (SADT) des Gemisches zu bestimmen und, falls erforderlich, die aus der SADT nach den Vorschriften des Absatzes 7.1.7.3.6 berechnete Kontroll- und Notfalltemperatur.

**[Zuordnung anderer Stoffe]** 2.2.52.1.8

Die Klassifizierung organischer Peroxide, die in Unterabschnitt 2.2.52.4, in Unterabschnitt 4.1.4.2 Verpackungsanweisung IBC520 oder in Unterabschnitt 4.2.5.2 Anweisung für ortsbewegliche Tanks T23 nicht aufgeführt sind, sowie ihre Zuordnung zu einer Sammeleintragung sind von der zuständigen Behörde des Ursprungslandes vorzunehmen. Das Genehmigungszeugnis muss die Zuordnung und die entsprechenden Beförderungsbedingungen enthalten. Ist das Ursprungsland keine Vertragspartei des ADR, so müssen die Zuordnung und die Beförderungsbedingungen von der zuständigen Behörde der ersten von der Sendung berührten Vertragspartei des ADR anerkannt werden.

**[Stoffmuster]** 2.2.52.1.9 → *5.4.1.2.3.4*

Muster von organischen Peroxiden oder von Zubereitungen organischer Peroxide, die in Unterabschnitt 2.2.52.4 nicht aufgeführt sind, für die ein vollständiger Prüfdatensatz nicht vorliegt und die für die Durchführung weiterer Prüfungen und Bewertungen zu befördern sind, sind einer der für organische Peroxide Typ C zutreffenden Eintragung zuzuordnen, vorausgesetzt:

- aus den vorliegenden Daten geht hervor, dass das Muster nicht gefährlicher ist als ein organisches Peroxid Typ B;
- das Muster ist gemäß Verpackungsmethode OP2 verpackt und die Masse je Beförderungseinheit beträgt nicht mehr als 10 kg;
- aus den vorliegenden Daten geht hervor, dass die Kontrolltemperatur, falls sie erforderlich ist, so niedrig ist, dass eine gefährliche Zersetzung vermieden wird, und hoch genug ist, um eine gefährliche Phasentrennung zu vermeiden.

*Desensibilisierung organischer Peroxide*

**[Zielvorgabe Desensibilisierung]** 2.2.52.1.10

Um eine sichere Beförderung organischer Peroxide zu gewährleisten, werden sie in vielen Fällen durch organische flüssige oder feste Stoffe, anorganische feste Stoffe oder Wasser desensibilisiert. Wenn ein Prozentgehalt eines Stoffes festgesetzt ist, bezieht sich dieser auf den Massengehalt, gerundet auf die nächste ganze Zahl. Grundsätzlich ist die Desensibilisierung so vorzunehmen, dass beim Freiwerden keine gefährliche Aufkonzentrierung des organischen Peroxids eintreten kann.

**2.2.52.1.11 [Begriffsbestimmung Verdünnungsmittel]**

Soweit für eine einzelne Zubereitung eines organischen Peroxids nichts anderes bestimmt ist, gelten die nachfolgenden Begriffsbestimmungen für Verdünnungsmittel, die zur Desensibilisierung verwendet werden:

- Verdünnungsmittel des Typs A sind organische flüssige Stoffe, die mit dem organischen Peroxid verträglich sind und die einen Siedepunkt von mindestens 150 °C haben. Verdünnungsmittel des Typs A dürfen zur Desensibilisierung aller organischen Peroxide verwendet werden.
- Verdünnungsmittel des Typs B sind organische flüssige Stoffe, die mit dem organischen Peroxid verträglich sind und die einen Siedepunkt unter 150 °C, jedoch nicht unter 60 °C, und einen Flammpunkt nicht unter 5 °C haben.

Verdünnungsmittel des Typs B dürfen zur Desensibilisierung aller organischen Peroxide verwendet werden, vorausgesetzt, der Siedepunkt des flüssigen Stoffes ist mindestens 60 °C höher als die SADT in einem Versandstück von 50 kg.

**2.2.52.1.12 [Alternative Verdünnungsmittel]**

Verdünnungsmittel, die nicht zum Typ A oder B gehören, dürfen den in Unterabschnitt 2.2.52.4 aufgeführten Zubereitungen organischer Peroxide hinzugefügt werden, wenn sie mit diesen verträglich sind. Das vollständige oder teilweise Ersetzen von Verdünnungsmitteln des Typs A oder B durch ein anderes Verdünnungsmittel mit unterschiedlichen Eigenschaften erfordert jedoch eine erneute Bewertung der Zubereitung nach dem normalen Zuordnungsverfahren für die Klasse 5.2.

**2.2.52.1.13 [Verwendung von Wasser]**

Wasser darf zur Desensibilisierung nur den organischen Peroxiden zugefügt werden, die in Unterabschnitt 2.2.52.4 oder in der Genehmigung der zuständigen Behörde gemäß Absatz 2.2.52.1.8 als „mit Wasser" oder als „stabile Dispersion in Wasser" bezeichnet sind. Muster und Zubereitungen organischer Peroxide, die in Unterabschnitt 2.2.52.4 nicht aufgeführt sind, dürfen ebenfalls mit Wasser desensibilisiert sein, vorausgesetzt, die Bedingungen in Absatz 2.2.52.1.9 sind erfüllt.

**2.2.52.1.14 [Andere Desensibilisierungsstoffe]**

Organische und anorganische feste Stoffe dürfen zur Desensibilisierung organischer Peroxide verwendet werden, wenn sie mit diesen verträglich sind. Flüssige und feste Stoffe gelten als verträglich, wenn sie weder die thermische Stabilität noch den Gefahrentyp der Zubereitung des organischen Peroxids nachteilig beeinflussen.

*Vorschriften für die Temperaturkontrolle*

**2.2.52.1.15 [Von Temperaturkontrolle betroffene Stoffe]**

Folgende organische Peroxide unterliegen der Temperaturkontrolle während der Beförderung:

- organische Peroxide der Typen B und C mit einer SADT ≤ 50 °C;
- organische Peroxide des Typs D, die eine mäßige Reaktion beim Erwärmen unter Einschluss zeigen, mit einer SADT ≤ 50 °C, oder die eine schwache oder keine Reaktion beim Erwärmen unter Einschluss zeigen, mit einer SADT ≤ 45 °C, und
- organische Peroxide der Typen E und F mit einer SADT ≤ 45 °C.

**Bem.** Vorschriften zur Bestimmung der Reaktionen beim Erwärmen unter Einschluss sind im Handbuch Prüfungen und Kriterien Teil II Abschnitt 20 und Prüfreihe E in Abschnitt 25 angegeben.

Siehe Abschnitt 7.1.7.

**2.2.52.1.16 [Fundstellenhinweis Temperaturkontrolle]**

Soweit zutreffend, sind die Kontroll- und Notfalltemperaturen in Unterabschnitt 2.2.52.4 angegeben. Die tatsächliche Temperatur während der Beförderung darf niedriger sein als die Kontrolltemperatur, ist aber so zu wählen, dass keine gefährliche Phasentrennung eintritt.

**2.2.52.2 Nicht zur Beförderung zugelassene Stoffe**

Die organischen Peroxide des Typs A (siehe Handbuch Prüfungen und Kriterien Teil II Absatz 20.4.3 a)) sind unter den Bedingungen der Klasse 5.2 nicht zur Beförderung zugelassen.

## Verzeichnis der Sammeleintragungen 2.2.52.3

| | Klassifizierungscode | UN-Nummer | Benennung des Stoffes oder Gegenstandes |
|---|---|---|---|
| **Organische Peroxide** | | | |
| **keine Temperaturkontrolle erforderlich** | P1 | | ORGANISCHES PEROXID TYP A, FLÜSSIG (nicht zur Beförderung zugelassen, siehe Unterabschnitt 2.2.52.2) |
| | | | ORGANISCHES PEROXID TYP A, FEST (nicht zur Beförderung zugelassen, siehe Unterabschnitt 2.2.52.2) |
| | | 3101 | ORGANISCHES PEROXID TYP B, FLÜSSIG |
| | | 3102 | ORGANISCHES PEROXID TYP B, FEST |
| | | 3103 | ORGANISCHES PEROXID TYP C, FLÜSSIG |
| | | 3104 | ORGANISCHES PEROXID TYP C, FEST |
| | | 3105 | ORGANISCHES PEROXID TYP D, FLÜSSIG |
| | | 3106 | ORGANISCHES PEROXID TYP D, FEST |
| | | 3107 | ORGANISCHES PEROXID TYP E, FLÜSSIG |
| | | 3108 | ORGANISCHES PEROXID TYP E, FEST |
| | | 3109 | ORGANISCHES PEROXID TYP F, FLÜSSIG |
| | | 3110 | ORGANISCHES PEROXID TYP F, FEST |
| | | | ORGANISCHES PEROXID TYP G, FLÜSSIG (unterliegt nicht den für die Klasse 5.2 geltenden Vorschriften, siehe Absatz 2.2.52.1.6) |
| | | | ORGANISCHES PEROXID TYP G, FEST (unterliegt nicht den für die Klasse 5.2 geltenden Vorschriften, siehe Absatz 2.2.52.1.6) |
| | | 3545 | GEGENSTÄNDE, DIE ORGANISCHES PEROXID ENTHALTEN, N.A.G. → *1.6.1.46* |
| **Temperaturkontrolle erforderlich** | P2 | 3111 | ORGANISCHES PEROXID TYP B, FLÜSSIG, TEMPERATURKONTROLLIERT |
| | | 3112 | ORGANISCHES PEROXID TYP B, FEST, TEMPERATURKONTROLLIERT |
| | | 3113 | ORGANISCHES PEROXID TYP C, FLÜSSIG, TEMPERATURKONTROLLIERT |
| | | 3114 | ORGANISCHES PEROXID TYP C, FEST, TEMPERATURKONTROLLIERT |
| | | 3115 | ORGANISCHES PEROXID TYP D, FLÜSSIG, TEMPERATURKONTROLLIERT |
| | | 3116 | ORGANISCHES PEROXID TYP D, FEST, TEMPERATURKONTROLLIERT |
| | | 3117 | ORGANISCHES PEROXID TYP E, FLÜSSIG, TEMPERATURKONTROLLIERT |
| | | 3118 | ORGANISCHES PEROXID TYP E, FEST, TEMPERATURKONTROLLIERT |
| | | 3119 | ORGANISCHES PEROXID TYP F, FLÜSSIG, TEMPERATURKONTROLLIERT |
| | | 3120 | ORGANISCHES PEROXID TYP F, FEST, TEMPERATURKONTROLLIERT |
| | | 3545 | GEGENSTÄNDE, DIE ORGANISCHES PEROXID ENTHALTEN, N.A.G. |

## Verzeichnis der bereits zugeordneten organischen Peroxide in Verpackungen 2.2.52.4

Die in der Spalte „Verpackungsmethode" angegebenen Codes „OP1" bis „OP8" verweisen auf die Verpackungsmethoden in Unterabschnitt 4.1.4.1 Verpackungsanweisung P520 (siehe auch Unterabschnitt 4.1.7.1). Die zu befördernden organischen Peroxide müssen der angegebenen Klassifizierung und den angegebenen (von der SADT abgeleiteten) Kontroll- und Notfalltemperaturen entsprechen. Für Stoffe, die in Großpackmitteln (IBC) zugelassen sind, siehe Unterabschnitt 4.1.4.2 Verpackungsanweisung IBC520, und für Stoffe, die in Tanks gemäß den Kapiteln 4.2 und 4.3 zugelassen sind, siehe Absatz 4.2.5.2.6 Anweisung für ortsbewegliche Tanks T23. Die Zubereitungen, die in diesem Unterabschnitt nicht aufgeführt sind, jedoch in der Verpackungsanweisung IBC520 des Unterabschnitts 4.1.4.2 und in der Anweisung für ortsbewegliche Tanks T23 des Absatzes 4.2.5.2.6 enthalten sind, dürfen, gegebenenfalls mit denselben Kontroll- und Notfalltemperaturen, auch gemäß Unterabschnitt 4.1.4.1 Verpackungsanweisung P520 Verpackungsmethode OP8 verpackt befördert werden.

| Organisches Peroxid | Konzentration (%) | Verdünnungsmittel Typ A (%) | Verdünnungsmittel Typ B (%)[1] | inerter fester Stoff (%) | Wasser (%) | Verpackungsmethode | Kontrolltemperatur (°C) | Notfalltemperatur (°C) | UN-Nummer der Gattungseintragung | Nebengefahr und Bemerkungen |
|---|---|---|---|---|---|---|---|---|---|---|
| ACETYLACETONPEROXID | ≤ 42 | ≥ 48 | | | ≥ 8 | OP7 | | | 3105 | 2) |
| " | ≤ 35 | ≥ 57 | | | ≥ 8 | OP8 | | | 3107 | 32) |
| " (als Paste) | ≤ 32 | | | | | OP7 | | | 3106 | 20) |
| ACETYLCYCLOHEXANSULFONYLPEROXID | ≤ 82 | | | | ≥ 12 | OP4 | –10 | 0 | 3112 | 3) |
| " | ≤ 32 | | ≥ 68 | | | OP7 | –10 | 0 | 3115 | |

2.2.52.4 (Forts.)

| Organisches Peroxid | Konzentration (%) | Verdünnungsmittel Typ A (%) | Verdünnungsmittel Typ B (%)[1] | inerter fester Stoff (%) | Wasser (%) | Verpackungsmethode | Kontrolltemperatur (°C) | Notfalltemperatur (°C) | UN-Nummer der Gattungseintragung | Nebengefahr und Bemerkungen |
|---|---|---|---|---|---|---|---|---|---|---|
| tert-AMYLHYDROPEROXID | ≤ 88 | ≥ 6 | | | ≥ 6 | OP8 | | | 3107 | |
| tert-AMYLPEROXYACETAT | ≤ 62 | ≥ 38 | | | | OP7 | | | 3105 | |
| tert-AMYLPEROXYBENZOAT | ≤ 100 | | | | | OP5 | | | 3103 | |
| tert-AMYLPEROXY-2-ETHYLHEXANOAT | ≤ 100 | | | | | OP7 | +20 | +25 | 3115 | |
| tert-AMYLPEROXY-2-ETHYLHEXYLCARBONAT | ≤ 100 | | | | | OP7 | | | 3105 | |
| tert-AMYLPEROXYISOPROPYLCARBONAT | ≤ 77 | ≥ 23 | | | | OP5 | | | 3103 | |
| tert-AMYLPEROXYNEODECANOAT | ≤ 77 | | ≥ 23 | | | OP7 | 0 | +10 | 3115 | |
| " | ≤ 47 | ≥ 53 | | | | OP8 | 0 | +10 | 3119 | |
| tert-AMYLPEROXYPIVALAT | ≤ 77 | | ≥ 23 | | | OP5 | +10 | +15 | 3113 | |
| tert-AMYLPEROXY-3,5,5-TRIMETHYLHEXANOAT | ≤ 100 | | | | | OP7 | | | 3105 | |
| tert-BUTYLCUMYLPEROXID | > 42–100 | | | | | OP8 | | | 3109 | |
| " | ≤ 52 | | | ≥ 48 | | OP8 | | | 3108 | |
| n-BUTYL-4,4-DI-(tert-BUTYLPEROXY)-VALERAT | > 52–100 | | | | | OP5 | | | 3103 | |
| " | ≤ 52 | | | ≥ 48 | | OP8 | | | 3108 | |
| tert-BUTYLHYDROPEROXID | > 79–90 | | | | ≥ 10 | OP5 | | | 3103 | 13) |
| " | ≤ 80 | ≥ 20 | | | | OP7 | | | 3105 | 4) 13) |
| " | ≤ 79 | | | | > 14 | OP8 | | | 3107 | 13) 23) |
| " | ≤ 72 | | | | ≥ 28 | OP8 | | | 3109 | 13) |
| tert-BUTYLHYDROPEROXID + DI-tert-BUTYLPEROXID | < 82 + > 9 | | | | ≥ 7 | OP5 | | | 3103 | 13) |
| tert-BUTYLMONOPEROXYMALEAT | > 52–100 | | | | | OP5 | | | 3102 | 3) |
| " | ≤ 52 | ≥ 48 | | | | OP6 | | | 3103 | |
| " | ≤ 52 | | | ≥ 48 | | OP8 | | | 3108 | |
| " (als Paste) | ≤ 52 | | | | | OP8 | | | 3108 | |
| tert-BUTYLPEROXYACETAT | > 52–77 | ≥ 23 | | | | OP5 | | | 3101 | 3) |
| " | > 32–52 | ≥ 48 | | | | OP6 | | | 3103 | |
| " | ≤ 32 | | ≥ 68 | | | OP8 | | | 3109 | |
| tert-BUTYLPEROXYBENZOAT | > 77–100 | | | | | OP5 | | | 3103 | |
| " | > 52–77 | ≥ 23 | | | | OP7 | | | 3105 | |
| " | ≤ 52 | | | ≥ 48 | | OP7 | | | 3106 | |
| tert-BUTYLPEROXYBUTYLFUMARAT | ≤ 52 | ≥ 48 | | | | OP7 | | | 3105 | |
| tert-BUTYLPEROXYCROTONAT | ≤ 77 | ≥ 23 | | | | OP7 | | | 3105 | |
| tert-BUTYLPEROXYDIETHYLACETAT | ≤ 100 | | | | | OP5 | +20 | +25 | 3113 | |
| tert-BUTYLPEROXY-2-ETHYLHEXANOAT | > 52–100 | | | | | OP6 | +20 | +25 | 3113 | |
| " | > 32–52 | | ≥ 48 | | | OP8 | +30 | +35 | 3117 | |
| " | ≤ 52 | | | ≥ 48 | | OP8 | +20 | +25 | 3118 | |
| " | ≤ 32 | | ≥ 68 | | | OP8 | +40 | +45 | 3119 | |
| tert-BUTYLPEROXY-2-ETHYLHEXANOAT + 2,2-DI-(tert-BUTYLPEROXY)-BUTAN | ≤ 12 + ≤ 14 | ≥ 14 | | ≥ 60 | | OP7 | | | 3106 | |
| " | ≤ 31 + ≤ 36 | | ≥ 33 | | | OP7 | +35 | +40 | 3115 | |
| tert-BUTYLPEROXY-2-ETHYLHEXYLCARBONAT | ≤ 100 | | | | | OP7 | | | 3105 | |
| tert-BUTYLPEROXYISOBUTYRAT | > 52–77 | | ≥ 23 | | | OP5 | +15 | +20 | 3111 | 3) |
| " | ≤ 52 | | ≥ 48 | | | OP7 | +15 | +20 | 3115 | |

**2.2.52.4** (Forts.)

| Organisches Peroxid | Konzentration (%) | Verdünnungsmittel Typ A (%) | Verdünnungsmittel Typ B (%)[1)] | inerter fester Stoff (%) | Wasser (%) | Verpackungsmethode | Kontrolltemperatur (°C) | Notfalltemperatur (°C) | UN-Nummer der Gattungseintragung | Nebengefahr und Bemerkungen |
|---|---|---|---|---|---|---|---|---|---|---|
| tert-BUTYLPEROXYISOPROPYLCARBONAT | ≤ 77 | ≥ 23 | | | | OP5 | | | 3103 | |
| " | ≤ 62 | | ≥ 38 | | | OP7 | | | 3105 | |
| 1-(2-tert-BUTYLPEROXYISOPROPYL)-3-ISOPROPENYLBENZEN | ≤ 77 | ≥ 23 | | | | OP7 | | | 3105 | |
| " | ≤ 42 | | | ≥ 58 | | OP8 | | | 3108 | |
| tert-BUTYLPEROXY-2-METHYLBENZOAT | ≤ 100 | | | | | OP5 | | | 3103 | |
| tert-BUTYLPEROXYNEODECANOAT | > 77–100 | | | | | OP7 | –5 | +5 | 3115 | |
| " | ≤ 77 | | ≥ 23 | | | OP7 | 0 | +10 | 3115 | |
| " (als stabile Dispersion in Wasser) | ≤ 52 | | | | | OP8 | 0 | +10 | 3119 | |
| " (als stabile Dispersion in Wasser (gefroren)) | ≤ 42 | | | | | OP8 | 0 | +10 | 3118 | |
| " | ≤ 32 | ≥ 68 | | | | OP8 | 0 | +10 | 3119 | |
| tert-BUTYLPEROXYNEOHEPTANOAT | ≤ 77 | ≥ 23 | | | | OP7 | 0 | +10 | 3115 | |
| " (als stabile Dispersion in Wasser) | ≤ 42 | | | | | OP8 | 0 | +10 | 3117 | |
| tert-BUTYLPEROXYPIVALAT | > 67–77 | ≥ 23 | | | | OP5 | 0 | +10 | 3113 | |
| " | > 27–67 | | ≥ 33 | | | OP7 | 0 | +10 | 3115 | |
| " | ≤ 27 | | ≥ 73 | | | OP8 | +30 | +35 | 3119 | |
| tert-BUTYLPEROXYSTEARYLCARBONAT | ≤ 100 | | | | | OP7 | | | 3106 | |
| tert-BUTYLPEROXY-3,5,5-TRIMETHYLHEXANOAT | > 37–100 | | | | | OP7 | | | 3105 | |
| " | ≤ 42 | | | ≥ 58 | | OP7 | | | 3106 | |
| " | ≤ 37 | | ≥ 63 | | | OP8 | | | 3109 | |
| 3-CHLORPEROXYBENZOESÄURE | > 57–86 | | | ≥ 14 | | OP1 | | | 3102 | [3)] |
| " | ≤ 57 | | | ≥ 3 | ≥ 40 | OP7 | | | 3106 | |
| " | ≤ 77 | | | ≥ 6 | ≥ 17 | OP7 | | | 3106 | |
| CUMYLHYDROPEROXID | > 90–98 | ≤ 10 | | | | OP8 | | | 3107 | [13)] |
| " | ≤ 90 | ≥ 10 | | | | OP8 | | | 3109 | [13) 18)] |
| CUMYLPEROXYNEODECANOAT | ≤ 87 | ≥ 13 | | | | OP7 | –10 | 0 | 3115 | |
| " | ≤ 77 | | ≥ 23 | | | OP7 | –10 | 0 | 3115 | |
| " (als stabile Dispersion in Wasser) | ≤ 52 | | | | | OP8 | –10 | 0 | 3119 | |
| CUMYLPEROXYNEOHEPTANOAT | ≤ 77 | ≥ 23 | | | | OP7 | –10 | 0 | 3115 | |
| CUMYLPEROXYPIVALAT | ≤ 77 | | ≥ 23 | | | OP7 | –5 | +5 | 3115 | |
| CYCLOHEXANONPEROXID(E) | ≤ 91 | | | | ≥ 9 | OP6 | | | 3104 | [13)] |
| " | ≤ 72 | ≥ 28 | | | | OP7 | | | 3105 | [5)] |
| " (als Paste) | ≤ 72 | | | | | OP7 | | | 3106 | [5) 20)] |
| " | ≤ 32 | | | ≥ 68 | | | | | freigestellt | [29)] |
| ([3R-(3R,5aS,6S,8aS,9R,10R,12S,12aR**)]-DECAHYDRO-10-METHOXY-3,6,9-TRIMETHYL-3,12-EPOXY-12H-PYRANO[4,3-j]-1,2-BENZODIOXEPIN) | ≤ 100 | | | | | OP7 | | | 3106 | |
| DIACETONALKOHOLPEROXIDE | ≤ 57 | | ≥ 26 | | ≥ 8 | OP7 | +40 | +45 | 3115 | [6)] |
| DIACETYLPEROXID | ≤ 27 | | ≥ 73 | | | OP7 | +20 | +25 | 3115 | [7) 13)] |
| DI-tert-AMYLPEROXID | ≤ 100 | | | | | OP8 | | | 3107 | |
| 2,2-DI-(tert-AMYLPEROXY)-BUTAN | ≤ 57 | ≥ 43 | | | | OP7 | | | 3105 | |
| 1,1-DI-(tert-AMYLPEROXY)-CYCLOHEXAN | ≤ 82 | ≥ 18 | | | | OP6 | | | 3103 | |

**2.2.52.4** (Forts.)

| Organisches Peroxid | Konzentration (%) | Verdünnungsmittel Typ A (%) | Verdünnungsmittel Typ B (%)[1)] | inerter fester Stoff (%) | Wasser (%) | Verpackungsmethode | Kontrolltemperatur (°C) | Notfalltemperatur (°C) | UN-Nummer der Gattungseintragung | Nebengefahr und Bemerkungen |
|---|---|---|---|---|---|---|---|---|---|---|
| DIBENZOYLPEROXID | > 52–100 | | | ≤ 48 | | OP2 | | | 3102 | 3) |
| " | > 77–94 | | | | ≥ 6 | OP4 | | | 3102 | 3) |
| " | ≤ 77 | | | | ≥ 23 | OP6 | | | 3104 | |
| " | ≤ 62 | | | ≥ 28 | ≥ 10 | OP7 | | | 3106 | |
| " (als Paste) | > 52–62 | | | | | OP7 | | | 3106 | 20) |
| " | > 35–52 | | | ≥ 48 | | OP7 | | | 3106 | |
| " | > 36–42 | ≥ 18 | | | ≤ 40 | OP8 | | | 3107 | |
| " | ≤ 56,5 | | | | ≥ 15 | OP8 | | | 3108 | |
| " | ≤ 52 | | | | | OP8 | | | 3108 | 20) |
| " | ≤ 42 | ≥ 38 | | | ≥ 13 | OP8 | | | 3109 | |
| " (als stabile Dispersion in Wasser) | ≤ 42 | | | | | OP8 | | | 3109 | |
| " | ≤ 35 | | | ≥ 65 | | | | | freigestellt | 29) |
| DIBERNSTEINSÄUREPEROXID | > 72–100 | | | | | OP4 | | | 3102 | 3) 17) |
| " | ≤ 72 | | | | ≥ 28 | OP7 | +10 | +15 | 3116 | |
| DI-(4-tert-BUTYLCYCLOHEXYL)-PEROXYDICARBONAT | ≤ 100 | | | | | OP6 | +30 | +35 | 3114 | |
| " (als stabile Dispersion in Wasser) | ≤ 42 | | | | | OP8 | +30 | +35 | 3119 | |
| " (als Paste) | ≤ 42 | | | | | OP8 | +35 | +40 | 3118 | |
| DI-tert-BUTYLPEROXID | > 52–100 | | | | | OP8 | | | 3107 | |
| " | ≤ 52 | | ≥ 48 | | | OP8 | | | 3109 | 25) |
| DI-tert-BUTYLPEROXYAZELAT | ≤ 52 | ≥ 48 | | | | OP7 | | | 3105 | |
| 2,2-DI-(tert-BUTYLPEROXY)-BUTAN | ≤ 52 | ≥ 48 | | | | OP6 | | | 3103 | |
| 1,6-DI-(tert-BUTYLPEROXYCARBONYLOXY)-HEXAN | ≤ 72 | ≥ 28 | | | | OP5 | | | 3103 | |
| 1,1-DI-(tert-BUTYLPEROXY)-CYCLOHEXAN | > 80–100 | | | | | OP5 | | | 3101 | 3) |
| " | ≤ 72 | | ≥ 28 | | | OP5 | | | 3103 | 30) |
| " | > 52–80 | ≥ 20 | | | | OP5 | | | 3103 | |
| " | > 42–52 | ≥ 48 | | | | OP7 | | | 3105 | |
| " | ≤ 42 | ≥ 13 | | ≥ 45 | | OP7 | | | 3106 | |
| " | ≤ 42 | ≥ 58 | | | | OP8 | | | 3109 | |
| " | ≤ 27 | ≥ 25 | | | | OP8 | | | 3107 | 21) |
| " | ≤ 13 | ≥ 13 | ≥ 74 | | | OP8 | | | 3109 | |
| 1,1-DI-(tert-BUTYLPEROXY)-CYCLOHEXAN + tert-BUTYLPEROXY-2-ETHYLHEXANOAT | ≤ 43 + ≤ 16 | ≥ 41 | | | | OP7 | | | 3105 | |
| DI-n-BUTYLPEROXYDICARBONAT | > 27–52 | | ≥ 48 | | | OP7 | –15 | –5 | 3115 | |
| " | ≤ 27 | | ≥ 73 | | | OP8 | –10 | 0 | 3117 | |
| " (als stabile Dispersion in Wasser (gefroren)) | ≤ 42 | | | | | OP8 | –15 | –5 | 3118 | |
| DI-sec-BUTYLPEROXYDICARBONAT | > 52–100 | | | | | OP4 | –20 | –10 | 3113 | |
| " | ≤ 52 | | ≥ 48 | | | OP7 | –15 | –5 | 3115 | |
| DI-(tert-BUTYLPEROXYISOPROPYL)-BENZEN(E) | > 42–100 | | | ≤ 57 | | OP7 | | | 3106 | |
| " | ≤ 42 | | | ≥ 58 | | | | | freigestellt | 29) |
| DI-(tert-BUTYLPEROXY)-PHTHALAT | > 42–52 | ≥ 48 | | | | OP7 | | | 3105 | |
| " (als Paste) | ≤ 52 | | | | | OP7 | | | 3106 | 20) |
| " | ≤ 42 | ≥ 58 | | | | OP8 | | | 3107 | |

**2.2.52.4** (Forts.)

| Organisches Peroxid | Konzentration (%) | Verdünnungsmittel Typ A (%) | Verdünnungsmittel Typ B (%)[1] | inerter fester Stoff (%) | Wasser (%) | Verpackungsmethode | Kontrolltemperatur (°C) | Notfalltemperatur (°C) | UN-Nummer der Gattungseintragung | Nebengefahr und Bemerkungen |
|---|---|---|---|---|---|---|---|---|---|---|
| 2,2-DI-(tert-BUTYLPEROXY)-PROPAN | ≤ 52 | ≥ 48 | | | | OP7 | | | 3105 | |
| " | ≤ 42 | ≥ 13 | | ≥ 45 | | OP7 | | | 3106 | |
| 1,1-DI-(tert-BUTYLPEROXY)-3,3,5-TRIMETHYLCYCLOHEXAN | > 90–100 | | | | | OP5 | | | 3101 | 3) |
| " | ≤ 90 | | ≥ 10 | | | OP5 | | | 3103 | 30) |
| " | > 57–90 | ≥ 10 | | | | OP5 | | | 3103 | |
| " | ≤ 77 | | ≥ 23 | | | OP5 | | | 3103 | |
| " | ≤ 57 | | | ≥ 43 | | OP8 | | | 3110 | |
| " | ≤ 57 | ≥ 43 | | | | OP8 | | | 3107 | |
| " | ≤ 32 | ≥ 26 | ≥ 42 | | | OP8 | | | 3107 | |
| DICETYLPEROXYDICARBONAT | ≤ 100 | | | | | OP8 | +30 | +35 | 3120 | |
| " (als stabile Dispersion in Wasser) | ≤ 42 | | | | | OP8 | +30 | +35 | 3119 | |
| DI-(4-CHLORBENZOYL)-PEROXID | ≤ 77 | | | | ≥ 23 | OP5 | | | 3102 | 3) |
| " (als Paste) | ≤ 52 | | | | | OP7 | | | 3106 | 20) |
| " | ≤ 32 | | | ≥ 68 | | | | | freigestellt | 29) |
| DICUMYLPEROXID | > 52–100 | | | | | OP8 | | | 3110 | 12) |
| " | ≤ 52 | | | ≥ 48 | | | | | freigestellt | 29) |
| DICYCLOHEXYLPEROXYDICARBONAT | > 91–100 | | | | | OP3 | +10 | +15 | 3112 | 3) |
| " | ≤ 91 | | | | ≥ 9 | OP5 | +10 | +15 | 3114 | |
| " (als stabile Dispersion in Wasser) | ≤ 42 | | | | | OP8 | +15 | +20 | 3119 | |
| DIDECANOYLPEROXID | ≤ 100 | | | | | OP6 | +30 | +35 | 3114 | |
| 2,2-DI-(4,4-DI-(tert-BUTYLPEROXY)-CYCLOHEXYL)-PROPAN | ≤ 42 | | | ≥ 58 | | OP7 | | | 3106 | |
| " | ≤ 22 | | ≥ 78 | | | OP8 | | | 3107 | |
| DI-(2,4-DICHLORBENZOYL)-PEROXID | ≤ 77 | | | | ≥ 23 | OP5 | | | 3102 | 3) |
| " (als Paste) | ≤ 52 | | | | | OP8 | +20 | +25 | 3118 | |
| " (als Paste mit Silikonöl) | ≤ 52 | | | | | OP5 | | | 3104 | |
| DI-(2-ETHOXYETHYL)-PEROXYDICARBONAT | ≤ 52 | | ≥ 48 | | | OP7 | –10 | 0 | 3115 | |
| DI-(2-ETHYLHEXYL)-PEROXYDICARBONAT | > 77–100 | | | | | OP5 | –20 | –10 | 3113 | |
| " | ≤ 77 | | ≥ 23 | | | OP7 | –15 | –5 | 3115 | |
| " (als stabile Dispersion in Wasser) | ≤ 62 | | | | | OP8 | –15 | –5 | 3119 | |
| " (als stabile Dispersion in Wasser (gefroren)) | ≤ 52 | | | | | OP8 | –15 | –5 | 3120 | |
| 2,2-DIHYDROPEROXYPROPAN | ≤ 27 | | | ≥ 73 | | OP5 | | | 3102 | 3) |
| DI-(1-HYDROXYCYCLOHEXYL)-PEROXID | ≤ 100 | | | | | OP7 | | | 3106 | |
| DIISOBUTYRYLPEROXID | > 32–52 | | ≥ 48 | | | OP5 | –20 | –10 | 3111 | 3) |
| " | ≤ 32 | | ≥ 68 | | | OP7 | –20 | –10 | 3115 | |
| " (als stabile Dispersion in Wasser) | ≤ 42 | | | | | OP8 | –20 | –10 | 3119 | |
| DIISOPROPYLBENZEN-DIHYDROPEROXID | ≤ 82 | ≥ 5 | | | ≥ 5 | OP7 | | | 3106 | 24) |
| DIISOPROPYLPEROXYDICARBONAT | > 52–100 | | | | | OP2 | –15 | –5 | 3112 | 3) |
| " | ≤ 52 | | ≥ 48 | | | OP7 | –20 | –10 | 3115 | |
| " | ≤ 32 | ≥ 68 | | | | OP7 | –15 | –5 | 3115 | |
| DILAUROYLPEROXID | ≤ 100 | | | | | OP7 | | | 3106 | |
| " (als stabile Dispersion in Wasser) | ≤ 42 | | | | | OP8 | | | 3109 | |
| DI-(3-METHOXYBUTYL)-PEROXYDICARBONAT | ≤ 52 | | ≥ 48 | | | OP7 | –5 | +5 | 3115 | |

**2.2.52.4** (Forts.)

| Organisches Peroxid | Konzentration (%) | Verdünnungsmittel Typ A (%) | Verdünnungsmittel Typ B (%)[1] | inerter fester Stoff (%) | Wasser (%) | Verpackungsmethode | Kontrolltemperatur (°C) | Notfalltemperatur (°C) | UN-Nummer der Gattungseintragung | Nebengefahr und Bemerkungen |
|---|---|---|---|---|---|---|---|---|---|---|
| DI-(2-METHYLBENZOYL)-PEROXID | ≤ 87 | | | | ≥ 13 | OP5 | +30 | +35 | 3112 | [3] |
| DI-(4-METHYLBENZOYL)-PEROXID (als Paste mit Silikonöl) | ≤ 52 | | | | | OP7 | | | 3106 | |
| DI-(3-METHYLBENZOYL)-PEROXID + BENZOYL-(3-METHYLBENZOYL)-PEROXID + DIBENZOYLPEROXID | ≤ 20 + ≤ 18 + ≤ 4 | | ≥ 58 | | | OP7 | +35 | +40 | 3115 | |
| 2,5-DIMETHYL-2,5-DI-(BENZOYLPEROXY)-HEXAN | > 82–100 | | | | | OP5 | | | 3102 | [3] |
| " | ≤ 82 | | | ≥ 18 | | OP7 | | | 3106 | |
| " | ≤ 82 | | | | ≥ 18 | OP5 | | | 3104 | |
| 2,5-DIMETHYL-2,5-DI-(tert-BUTYLPEROXY)-HEXAN | > 90–100 | | | | | OP5 | | | 3103 | |
| " | > 52–90 | ≥ 10 | | | | OP7 | | | 3105 | |
| " | ≤ 77 | | | ≥ 23 | | OP8 | | | 3108 | |
| " | ≤ 52 | ≥ 48 | | | | OP8 | | | 3109 | |
| " (als Paste) | ≤ 47 | | | | | OP8 | | | 3108 | |
| " | ≤ 22 | | | ≥ 78 | | | | | freigestellt | [29] |
| 2,5-DIMETHYL-2,5-DI-(tert-BUTYLPEROXY)-HEX-3-IN | > 86–100 | | | | | OP5 | | | 3101 | [3] |
| " | > 52–86 | ≥ 14 | | | | OP5 | | | 3103 | [26] |
| " | ≤ 52 | | | ≥ 48 | | OP7 | | | 3106 | |
| 2,5-DIMETHYL-2,5-DI-(2-ETHYLHEXANOYLPEROXY)-HEXAN | ≤ 100 | | | | | OP5 | +20 | +25 | 3113 | |
| 2,5-DIMETHYL-2-5-DIHYDROPEROXYHEXAN | ≤ 82 | | | | ≥ 18 | OP6 | | | 3104 | |
| 2,5-DIMETHYL-2,5-DI-(3,5,5-TRIMETHYLHEXANOYLPEROXY)-HEXAN | ≤ 77 | ≥ 23 | | | | OP7 | | | 3105 | |
| 1,1-DIMETHYL-3-HYDROXYBUTYLPEROXYNEOHEPTANOAT | ≤ 52 | ≥ 48 | | | | OP8 | 0 | +10 | 3117 | |
| DIMYRISTYLPEROXYDICARBONAT | ≤ 100 | | | | | OP7 | +20 | +25 | 3116 | |
| " (als stabile Dispersion in Wasser) | ≤ 42 | | | | | OP8 | +20 | +25 | 3119 | |
| DI-(2-NEODECANOYLPEROXYISOPROPYL)-BENZEN | ≤ 52 | ≥ 48 | | | | OP7 | –10 | 0 | 3115 | |
| DI-n-NONANOYLPEROXID | ≤ 100 | | | | | OP7 | 0 | +10 | 3116 | |
| DI-n-OCTANOYLPEROXID | ≤ 100 | | | | | OP5 | +10 | +15 | 3114 | |
| DI-(2-PHENOXYETHYL)-PEROXYDICARBONAT | > 85–100 | | | | | OP5 | | | 3102 | [3] |
| " | ≤ 85 | | | | ≥ 15 | OP7 | | | 3106 | |
| DIPROPIONYLPEROXID | ≤ 27 | | ≥ 73 | | | OP8 | +15 | +20 | 3117 | |
| DI-n-PROPYLPEROXYDICARBONAT | ≤ 100 | | | | | OP3 | –25 | –15 | 3113 | |
| " | ≤ 77 | | ≤ 23 | | | OP5 | –20 | –10 | 3113 | |
| DI-(3,5,5-TRIMETHYLHEXANOYL)-PEROXID | > 52–82 | ≥ 18 | | | | OP7 | 0 | +10 | 3115 | |
| " | > 38–52 | ≥ 48 | | | | OP8 | +10 | +15 | 3119 | |
| " (als stabile Dispersion in Wasser) | ≤ 52 | | | | | OP8 | +10 | +15 | 3119 | |
| " | ≤ 38 | ≥ 62 | | | | OP8 | +20 | +25 | 3119 | |
| ETHYL-3,3-DI-(tert-AMYLPEROXY)-BUTYRAT | ≤ 67 | ≥ 33 | | | | OP7 | | | 3105 | |
| ETHYL-3,3-DI-(tert-BUTYLPEROXY)-BUTYRAT | > 77–100 | | | | | OP5 | | | 3103 | |
| " | ≤ 77 | ≥ 23 | | | | OP7 | | | 3105 | |
| " | ≤ 52 | | | ≥ 48 | | OP7 | | | 3106 | |

2.2.52.4 (Forts.)

| Organisches Peroxid | Konzentration (%) | Verdünnungsmittel Typ A (%) | Verdünnungsmittel Typ B (%)[1] | inerter fester Stoff (%) | Wasser (%) | Verpackungsmethode | Kontrolltemperatur (°C) | Notfalltemperatur (°C) | UN-Nummer der Gattungseintragung | Nebengefahr und Bemerkungen |
|---|---|---|---|---|---|---|---|---|---|---|
| 1-(2-ETHYLHEXANOYLPEROXY)-1,3-DIMETHYLBUTYLPEROXYPIVALAT | ≤ 52 | ≥ 45 | ≥ 10 | | | OP7 | −20 | −10 | 3115 | |
| tert-HEXYLPEROXYNEODECANOAT | ≤ 71 | ≥ 29 | | | | OP7 | 0 | +10 | 3115 | |
| tert-HEXYLPEROXYPIVALAT | ≤ 72 | | ≥ 28 | | | OP7 | +10 | +15 | 3115 | |
| " (als stabile Dispersion in Wasser) | ≤ 52 | | | | | OP8 | +15 | +20 | 3117 | |
| 3-HYDROXY-1,1-DIMETHYLBUTYLPEROXY-NEODECANOAT | ≤ 77 | ≥ 23 | | | | OP7 | −5 | +5 | 3115 | |
| " | ≤ 52 | ≥ 48 | | | | OP8 | −5 | +5 | 3117 | |
| " (als stabile Dispersion in Wasser) | ≤ 52 | | | | | OP8 | −5 | +5 | 3119 | |
| ISOPROPYL-sec-BUTYLPEROXYDICARBONAT + DI-sec-BUTYLPEROXYDICARBONAT + DIISOPROPYLPEROXYDICARBONAT | ≤ 32 + ≤ 15–18 + ≤ 12–15 | ≥ 38 | | | | OP7 | −20 | −10 | 3115 | |
| " | ≤ 52 + ≤ 28 + ≤ 22 | | | | | OP5 | -20 | -10 | 3111 | 3) |
| ISOPROPYLCUMYLHYDROPEROXID | ≤ 72 | ≥ 28 | | | | OP8 | | | 3109 | 13) |
| p-MENTHYLHYDROPEROXID | > 72–100 | | | | | OP7 | | | 3105 | 13) |
| " | ≤ 72 | ≥ 28 | | | | OP8 | | | 3109 | 27) |
| METHYLCYCLOHEXANONPEROXID(E) | ≤ 67 | | ≥ 33 | | | OP7 | +35 | +40 | 3115 | |
| METHYLETHYLKETONPEROXID(E) | siehe Bemerkung 33) | ≥ 41 | | | ≥ 9 | OP8 | | | 3105 | 33) 34) |
| " | siehe Bemerkung 8) | ≥ 48 | | | | OP5 | | | 3101 | 3) 8) 13) |
| " | siehe Bemerkung 9) | ≥ 55 | | | | OP7 | | | 3105 | 9) |
| " | siehe Bemerkung 10) | ≥ 60 | | | | OP8 | | | 3107 | 10) |
| METHYLISOBUTYLKETONPEROXID(E) | ≤ 62 | ≥ 19 | | | | OP7 | | | 3105 | 22) |
| METHYLISOPROPYLKETONPEROXID(E) | siehe Bemerkung 31) | ≥ 70 | | | | OP8 | | | 3109 | 31) |
| ORGANISCHES PEROXID, FEST, MUSTER | | | | | | OP2 | | | 3104 | 11) |
| ORGANISCHES PEROXID, FEST, MUSTER, TEMPERATURKONTROLLIERT | | | | | | OP2 | | | 3114 | 11) |
| ORGANISCHES PEROXID, FLÜSSIG, MUSTER | | | | | | OP2 | | | 3103 | 11) |
| ORGANISCHES PEROXID, FLÜSSIG, MUSTER, TEMPERATURKONTROLLIERT | | | | | | OP2 | | | 3113 | 11) |
| 3,3,5,7,7-PENTAMETHYL-1,2,4-TRIOXEPAN | ≤ 100 | | | | | OP8 | | | 3107 | |
| PEROXYESSIGSÄURE, TYP D, stabilisiert | ≤ 43 | | | | | OP7 | | | 3105 | 13) 14) 19) |
| PEROXYESSIGSÄURE, TYP E, stabilisiert | ≤ 43 | | | | | OP8 | | | 3107 | 13) 15) 19) |
| PEROXYESSIGSÄURE, TYP F, stabilisiert | ≤ 43 | | | | | OP8 | | | 3109 | 13) 16) 19) |
| PEROXYLAURINSÄURE | ≤ 100 | | | | | OP8 | +35 | +40 | 3118 | |
| 1-PHENYLETHYLHYDROPEROXID | ≤ 38 | | ≥ 62 | | | OP8 | | | 3109 | |
| PINANYLHYDROPEROXID | > 56–100 | | | | | OP7 | | | 3105 | 13) |
| " | ≤ 56 | ≥ 44 | | | | OP8 | | | 3109 | |
| POLYETHER-POLY-tert-BUTYLPEROXYCARBONAT | ≤ 52 | | ≥ 48 | | | OP8 | | | 3107 | |

**2.2.52.4** (Forts.)

| Organisches Peroxid | Konzentration (%) | Verdünnungsmittel Typ A (%) | Verdünnungsmittel Typ B (%)[1)] | inerter fester Stoff (%) | Wasser (%) | Verpackungsmethode | Kontrolltemperatur (°C) | Notfalltemperatur (°C) | UN-Nummer der Gattungseintragung | Nebengefahr und Bemerkungen |
|---|---|---|---|---|---|---|---|---|---|---|
| 1,1,3,3-TETRAMETHYLBUTYLHYDROPEROXID | ≤ 100 | | | | | OP7 | | | 3105 | |
| 1,1,3,3-TETRAMETHYLBUTYLPEROXY-2-ETHYLHEXANOAT | ≤ 100 | | | | | OP7 | +15 | +20 | 3115 | |
| 1,1,3,3-TETRAMETHYLBUTYLPEROXYNEODECANOAT | ≤ 72 | | ≥ 28 | | | OP7 | –5 | +5 | 3115 | |
| " (als stabile Dispersion in Wasser) | ≤ 52 | | | | | OP8 | –5 | +5 | 3119 | |
| 1,1,3,3-TETRAMETHYLBUTYLPEROXYPIVALAT | ≤ 77 | ≥ 23 | | | | OP7 | 0 | +10 | 3115 | |
| 3,6,9-TRIETHYL-3,6,9-TRIMETHYL-1,4,7-TRIPEROXONAN | ≤ 42 | ≥ 58 | | | | OP7 | | | 3105 | 28) |
| " | ≤ 17 | ≥ 18 | | ≥ 65 | | OP8 | | | 3110 | |

Bemerkungen (siehe letzte Spalte der Tabelle in Unterabschnitt 2.2.52.4):

1) Verdünnungsmittel Typ B darf jeweils durch Verdünnungsmittel Typ A ersetzt werden. Der Siedepunkt des Verdünnungsmittels Typ B muss mindestens 60 °C höher sein als die SADT des organischen Peroxids.
2) Aktivsauerstoffgehalt ≤ 4,7 %.
3) Nebengefahrzettel „EXPLOSIV" nach Muster 1 (siehe Absatz 5.2.2.2.2) erforderlich.
4) Verdünnungsmittel darf durch Di-tert-butylperoxid ersetzt werden.
5) Aktivsauerstoffgehalt ≤ 9 %.
6) Mit ≤ 9 % Wasserstoffperoxid; Aktivsauerstoffgehalt ≤ 10 %.
7) Nur in Nichtmetallverpackungen zugelassen.
8) Aktivsauerstoffgehalt > 10 % und ≤ 10,7 %, mit oder ohne Wasser.
9) Aktivsauerstoffgehalt ≤ 10 %, mit oder ohne Wasser.
10) Aktivsauerstoffgehalt ≤ 8,2 %, mit oder ohne Wasser.
11) Siehe Absatz 2.2.52.1.9.
12) Bis 2 000 kg je Gefäß auf der Grundlage von Großversuchen der Eintragung ORGANISCHES PEROXID TYP F zugeordnet.
13) Nebengefahrzettel „ÄTZEND" nach Muster 8 (siehe Absatz 5.2.2.2.2) erforderlich.
14) Zubereitungen von Peroxyessigsäure, die den Kriterien des Handbuchs Prüfungen und Kriterien Absatz 20.4.3 d) entsprechen.
15) Zubereitungen von Peroxyessigsäure, die den Kriterien des Handbuchs Prüfungen und Kriterien Absatz 20.4.3 e) entsprechen.
16) Zubereitungen von Peroxyessigsäure, die den Kriterien des Handbuchs Prüfungen und Kriterien Absatz 20.4.3 f) entsprechen.
17) Durch Wasserzusatz wird die thermische Stabilität dieses organischen Peroxids vermindert.
18) Für Konzentrationen unter 80 % ist kein Nebengefahrzettel „ÄTZEND" nach Muster 8 (siehe Absatz 5.2.2.2.2) erforderlich.
19) Gemische mit Wasserstoffperoxid, Wasser und Säure(n).
20) Mit Verdünnungsmittel Typ A, mit oder ohne Wasser.
21) Mit ≥ 25 Masse-% Verdünnungsmittel Typ A und zusätzlich Ethylbenzen.
22) Mit ≥ 19 Masse-% Verdünnungsmittel Typ A und zusätzlich Methylisobutylketon.
23) Mit < 6 % Di-tert-butylperoxid.
24) Mit ≤ 8 % 1-Isopropylhydroperoxy-4-isopropylhydroxybenzen.
25) Verdünnungsmittel Typ B mit einem Siedepunkt > 110 °C.
26) Hydroperoxidgehalt < 0,5 %.
27) Für Konzentrationen über 56 % ist ein Nebengefahrzettel „ÄTZEND" nach Muster 8 (siehe Absatz 5.2.2.2.2) erforderlich.
28) Aktivsauerstoffgehalt ≤ 7,6 % in Verdünnungsmittel Typ A mit einem Siedepunkt, der zu 95 % im Bereich zwischen 200 °C und 260 °C liegt.
29) Unterliegt nicht den für die Klasse 5.2 geltenden Vorschriften des ADR.
30) Verdünnungsmittel Typ B mit einem Siedepunkt > 130 °C.
31) Aktivsauerstoffgehalt ≤ 6,7 %.
32) Aktivsauerstoffgehalt ≤ 4,15 %.
33) Aktivsauerstoffgehalt ≤ 10 %.
34) Summe aus Verdünnungsmittel Typ A und Wasser ≥ 55 % und zusätzlich Methylethylketon.

## Klasse 6.1: Giftige Stoffe 2.2.61

→ D: GGAV 20

### Kriterien 2.2.61.1

**[Zugeordnete Güter]** 2.2.61.1.1

→ M329

Der Begriff der Klasse 6.1 umfasst Stoffe, von denen aus der Erfahrung bekannt oder nach tierexperimentellen Untersuchungen anzunehmen ist, dass sie bei einmaliger oder kurzdauernder Einwirkung in relativ kleiner Menge beim Einatmen, bei Absorption durch die Haut oder Einnahme zu Gesundheitsschäden oder zum Tode eines Menschen führen können.

**Bem.** Genetisch veränderte Mikroorganismen und Organismen sind dieser Klasse zuzuordnen, wenn sie deren Bedingungen erfüllen.

**[Unterteilung nach Eigenschaften]** 2.2.61.1.2

Die Stoffe und Gegenstände der Klasse 6.1 sind wie folgt unterteilt:

T Giftige Stoffe ohne Nebengefahr und Gegenstände, die solche Stoffe enthalten
- T1 organische flüssige Stoffe
- T2 organische feste Stoffe
- T3 metallorganische Stoffe
- T4 anorganische flüssige Stoffe
- T5 anorganische feste Stoffe
- T6 Mittel zur Schädlingsbekämpfung (Pestizide), flüssig
- T7 Mittel zur Schädlingsbekämpfung (Pestizide), fest
- T8 Proben
- T9 sonstige giftige Stoffe
- T10 Gegenstände

TF Giftige entzündbare Stoffe und Gegenstände, die solche Stoffe enthalten
- TF1 flüssige Stoffe
- TF2 flüssige Stoffe, die als Mittel zur Schädlingsbekämpfung (Pestizide) verwendet werden
- TF3 feste Stoffe
- TF4 Gegenstände

TS Giftige selbsterhitzungsfähige feste Stoffe

TW Giftige Stoffe, die in Berührung mit Wasser entzündbare Gase bilden
- TW1 flüssige Stoffe
- TW2 feste Stoffe

TO Giftige entzündend (oxidierend) wirkende Stoffe
- TO1 flüssige Stoffe
- TO2 feste Stoffe

TC Giftige ätzende Stoffe und Gegenstände, die solche Stoffe enthalten
- TC1 organische flüssige Stoffe
- TC2 organische feste Stoffe
- TC3 anorganische flüssige Stoffe
- TC4 anorganische feste Stoffe
- TC5 Gegenstände

TFC Giftige entzündbare ätzende Stoffe

TFW Giftige entzündbare Stoffe, die in Berührung mit Wasser entzündbare Gase bilden.

*Begriffsbestimmuhgen*

**[Begriffsbestimmungen]** 2.2.61.1.3

Für Zwecke des ADR gilt:

*$LD_{50}$-Wert (mittlere tödliche Dosis) für die akute Giftigkeit bei Einnahme* ist die statistisch abgeleitete Einzeldosis eines Stoffes, bei der erwartet werden kann, dass innerhalb von 14 Tagen bei oraler Einnahme der

**2.2.61.1.3** (Forts.) Tod von 50 Prozent junger ausgewachsener Albino-Ratten herbeigeführt wird. Der $LD_{50}$-Wert wird in Masse Prüfsubstanz zu Masse Versuchstier (mg/kg) ausgedrückt.

*$LD_{50}$-Wert für die akute Giftigkeit bei Absorption durch die Haut* ist diejenige Menge, die bei kontinuierlichem Kontakt während 24 Stunden mit der nackten Haut von Albino-Kaninchen mit der größten Wahrscheinlichkeit den Tod der Hälfte der Tiergruppe innerhalb von 14 Tagen herbeiführt. Die Anzahl Tiere, die diesem Versuch unterworfen wird, muss genügend groß sein, damit das Ergebnis statistisch signifikant ist und den guten Gepflogenheiten der Pharmakologie entspricht. Das Ergebnis wird in mg je kg Körpermasse ausgedrückt.

*$LC_{50}$-Wert für die akute Giftigkeit beim Einatmen* ist diejenige Konzentration von Dampf, Nebel oder Staub, die bei kontinuierlichem Einatmen während einer Stunde durch junge, erwachsene männliche und weibliche Albino-Ratten mit der größten Wahrscheinlichkeit den Tod der Hälfte der Tiergruppe innerhalb von 14 Tagen herbeiführt. Ein fester Stoff muss einer Prüfung unterzogen werden, wenn die Gefahr gegeben ist, dass mindestens 10 % seiner Gesamtmasse aus Staub besteht, der eingeatmet werden kann, z.B. wenn der aerodynamische Durchmesser dieser Partikelfraktion höchstens 10 µm beträgt. Ein flüssiger Stoff muss einer Prüfung unterzogen werden, wenn die Gefahr gegeben ist, dass bei einer Undichtigkeit der für die Beförderung verwendeten Umschließung Nebel entsteht. Sowohl bei den festen als auch bei den flüssigen Stoffen müssen mehr als 90 Masse-% einer für die Prüfung vorbereiteten Probe aus Partikeln bestehen, die, wie oben beschrieben, eingeatmet werden können. Das Ergebnis wird in mg je Liter Luft für Staub und Nebel und in ml je $m^3$ Luft (ppm) für Dampf ausgedrückt.

*Klassifizierung und Zuordnung zu Verpackungsgruppen*

**2.2.61.1.4 [Verpackungsgruppenzuordnung]**

→ *2.1.1.3*

Die Stoffe der Klasse 6.1 sind auf Grund ihres Gefahrengrades, den sie bei der Beförderung darstellen, einer der folgenden Verpackungsgruppen zuzuordnen:

Verpackungsgruppe I: sehr giftige Stoffe;
Verpackungsgruppe II: giftige Stoffe;
Verpackungsgruppe III: schwach giftige Stoffe.

**2.2.61.1.5 [Zuordnungskriterien]**

Die der Klasse 6.1 zugeordneten Stoffe, Lösungen, Gemische und Gegenstände sind in Kapitel 3.2 Tabelle A aufgeführt. Die Zuordnung von Stoffen, Lösungen und Gemischen, die in Kapitel 3.2 Tabelle A nicht namentlich genannt sind, zur entsprechenden Eintragung des Unterabschnitts 2.2.61.3 und zur entsprechenden Verpackungsgruppe in Übereinstimmung mit den Vorschriften des Kapitels 2.1 muss nach den Kriterien der Absätze 2.2.61.1.6 bis 2.2.61.1.11 erfolgen:

**2.2.61.1.6 [Erfahrungswerte Giftigkeitsgrad]**

Der Beurteilung des Giftigkeitsgrades sind Erfahrungen aus Vergiftungsfällen bei Menschen zugrunde zu legen. Ferner sollten besondere Eigenschaften des zu beurteilenden Stoffes, wie flüssiger Zustand, hohe Flüchtigkeit, besondere Wahrscheinlichkeit der Absorption durch die Haut und besondere biologische Wirkungen, berücksichtigt werden.

**2.2.61.1.7 [Giftigkeitsgrad nach Toxizitätswerten]**

Sofern keine Erfahrungswerte in Bezug auf den Menschen vorliegen, wird der Giftigkeitsgrad durch Auswertung von tierexperimentellen Untersuchungen nach nachstehender Tabelle beurteilt:

| | Verpackungsgruppe | Giftigkeit bei Einnahme $LD_{50}$ (mg/kg) | Giftigkeit bei Absorption durch die Haut $LD_{50}$ (mg/kg) | Giftigkeit beim Einatmen von Staub und Nebel $LC_{50}$ (mg/l) |
|---|---|---|---|---|
| sehr giftig | I | ≤ 5 | ≤ 50 | ≤ 0,2 |
| giftig | II | > 5 und ≤ 50 | > 50 und ≤ 200 | > 0,2 und ≤ 2 |
| schwach giftig | III[a)] | > 50 und ≤ 300 | > 200 und ≤ 1 000 | > 2 und ≤ 4 |

[a)] Stoffe zur Herstellung von Tränengasen sind der Verpackungsgruppe II zuzuordnen, selbst wenn die Daten über ihre Giftigkeit den Kriterien der Verpackungsgruppe III entsprechen.

**[Priorität des Giftigkeitsgrads]** 2.2.61.1.7.1

Wenn ein Stoff bei zwei oder mehr verschiedenen Zuführungsarten verschiedene Toxizitätswerte ergibt, so ist die höchste Toxizität zugrunde zu legen.

**[Klasse-8-Kriterien]** 2.2.61.1.7.2

Stoffe, welche die Kriterien der Klasse 8 erfüllen und eine Giftigkeit beim Einatmen von Staub und Nebel ($LC_{50}$) entsprechend Verpackungsgruppe I aufweisen, dürfen in die Klasse 6.1 nur eingeordnet werden, wenn gleichzeitig die Giftigkeit bei Einnahme oder bei Absorption durch die Haut mindestens der Verpackungsgruppe I oder II entspricht. Andernfalls ist der Stoff, soweit erforderlich, der Klasse 8 zuzuordnen (siehe Absatz 2.2.8.1.4.5).

**[Applikationsdauer Stäube/Nebel]** 2.2.61.1.7.3

Die Kriterien für die Giftigkeit beim Einatmen von Staub und Nebel beruhen auf $LC_{50}$-Werten bei einer Versuchsdauer von einer Stunde, und diese Werte müssen, soweit sie vorhanden sind, auch verwendet werden. Wenn jedoch nur $LC_{50}$-Werte bei einer Versuchsdauer von 4 Stunden zur Verfügung stehen, dürfen die entsprechenden Werte mit 4 multipliziert werden, und das Resultat kann an die Stelle des oben genannten Kriteriums treten, d.h. der vervierfachte $LC_{50}$-Wert (4 Stunden) wird als Äquivalent des $LC_{50}$-Wertes (1 Stunde) angesehen.

*Giftigkeit beim Einatmen von Dämpfen*

**[Giftigkeit Dämpfe]** 2.2.61.1.8

Flüssige Stoffe, die giftige Dämpfe abgeben, sind den nachstehenden Gruppen zuzuordnen; der Buchstabe „V" stellt die gesättigte Dampfkonzentration (Flüchtigkeit) (in ml/m³ Luft) bei 20 °C und Standardatmosphärendruck dar:

| | Verpackungsgruppe | |
|---|---|---|
| sehr giftig | I | wenn $V \geq 10\ LC_{50}$ und $LC_{50} \leq 1\,000$ ml/m³ |
| giftig | II | wenn $V \geq LC_{50}$ und $LC_{50} \leq 3\,000$ ml/m³ und die Kriterien für Verpackungsgruppe I nicht erfüllt sind |
| schwach giftig | III[a)] | wenn $V \geq 1/5\ LC_{50}$ und $LC_{50} \leq 5\,000$ ml/m³ und die Kriterien für Verpackungsgruppen I und II nicht erfüllt sind |

a) Stoffe zur Herstellung von Tränengasen sind der Verpackungsgruppe II zuzuordnen, selbst wenn die Daten über ihre Giftigkeit den Kriterien der Verpackungsgruppe III entsprechen.

Diese Kriterien beruhen auf $LC_{50}$-Werten bei einer Versuchsdauer von einer Stunde, und diese Werte müssen, soweit sie vorhanden sind, auch verwendet werden.

Wenn jedoch nur $LC_{50}$-Werte bei einer Versuchsdauer von 4 Stunden zur Verfügung stehen, dürfen die entsprechenden Werte mit 2 multipliziert werden, und das Resultat kann an die Stelle des oben genannten Kriteriums treten, d.h. der doppelte $LC_{50}$-Wert (4 Stunden) wird als Äquivalent des $LC_{50}$-Wertes (1 Stunde) angesehen.

*(Fortsetzung aus technischen Gründen auf Seite 214)*

2.2.61.1.8 (Forts.) **Trennlinien der Verpackungsgruppen – Giftigkeit beim Einatmen von Dämpfen**

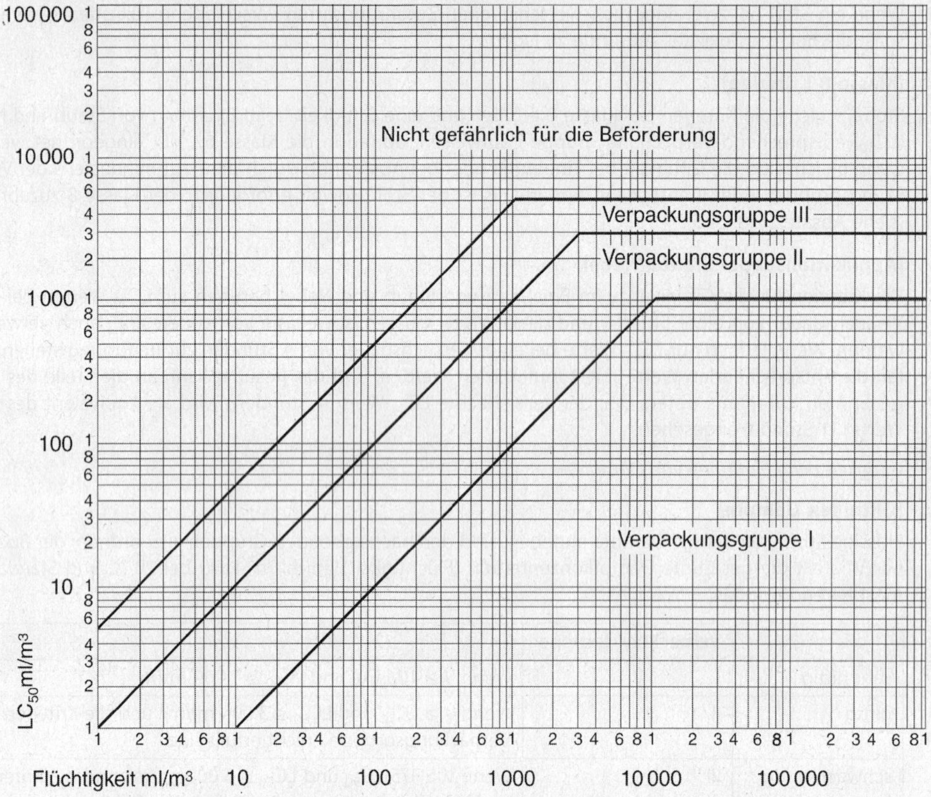


In dieser Abbildung sind die Kriterien graphisch dargestellt, um die Zuordnung zu vereinfachen. Wegen der näherungsweisen Genauigkeit bei Verwendung graphischer Darstellungen sind jedoch Stoffe, die in der Nähe von oder direkt auf Trennlinien liegen, mit Hilfe der numerischen Kriterien zu überprüfen.

*Gemische flüssiger Stoffe*

2.2.61.1.9 **[Gemische flüssiger Stoffe]**

Gemische flüssiger Stoffe, die beim Einatmen giftig sind, sind den Verpackungsgruppen unter Beachtung der nachfolgend aufgeführten Kriterien zuzuordnen:

2.2.61.1.9.1 **[Gemisch-Formeln]**

Ist der $LC_{50}$-Wert für jeden giftigen Stoff, der Bestandteil des Gemisches ist, bekannt, kann die Verpackungsgruppe wie folgt bestimmt werden:

a) Berechnung des $LC_{50}$-Wertes des Gemisches:

$$LC_{50}\ (\text{Gemisch}) = \frac{1}{\sum_{i=1}^{n} \frac{f_i}{LC_{50i}}},$$

wobei:

$f_i$ = Molenbruch des i-ten Bestandteils des Gemisches,

$LC_{50i}$ = mittlere tödliche Konzentration des i-ten Bestandteils in ml/m³.

b) Berechnung der Flüchtigkeit jedes Bestandteils des Gemisches: 2.2.61.1.9.1 (Forts.)

$$V_i = P_i \times \frac{10^6}{101,3}(\text{ml/m}^3),$$

wobei:

$P_i$ = Partialdruck des i-ten Bestandteils in kPa bei 20 °C und atmosphärischem Normaldruck.

c) Berechnung des Verhältnisses Flüchtigkeit zu $LC_{50}$-Wert:

$$R = \sum_{i=1}^{n} \frac{V_i}{LC_{50i}}.$$

d) Die errechneten Werte für $LC_{50}$ (Gemisch) und R dienen dann dazu, die Verpackungsgruppe des Gemisches zu bestimmen:

| | |
|---|---|
| Verpackungsgruppe I: | $R \geq 10$ und $LC_{50}$ (Gemisch) $\leq$ 1 000 ml/m³. |
| Verpackungsgruppe II: | $R \geq 1$ und $LC_{50}$ (Gemisch) $\leq$ 3 000 ml/m³ und wenn das Gemisch nicht die Kriterien der Verpackungsgruppe I erfüllt. |
| Verpackungsgruppe III: | $R \geq 1/5$ und $LC_{50}$ (Gemisch) $\leq$ 5 000 ml/m³ und wenn das Gemisch nicht die Kriterien der Verpackungsgruppe I oder II erfüllt. |

**[Vereinfachte Prüfungen]** 2.2.61.1.9.2

Ist der $LC_{50}$-Wert der giftigen Komponenten nicht bekannt, kann das Gemisch einer Verpackungsgruppe auf Grund der nachstehend beschriebenen vereinfachten Prüfungen der Schwellentoxizität zugeordnet werden. In diesem Fall muss die strengste Verpackungsgruppe bestimmt und für die Beförderung des Gemisches verwendet werden.

**[Verpackungsgruppe I]** 2.2.61.1.9.3

Ein Gemisch wird der Verpackungsgruppe I nur dann zugeordnet, wenn es die beiden folgenden Kriterien erfüllt:

a) Eine Probe des flüssigen Gemisches wird versprüht und derart mit Luft verdünnt, dass sich eine Prüfatmosphäre von 1 000 ml/m³ versprühten Gemisches in Luft bildet. Zehn Albino-Ratten (fünf männliche und fünf weibliche) werden während einer Stunde dieser Prüfatmosphäre ausgesetzt und anschließend 14 Tage beobachtet. Falls fünf oder mehr der Versuchstiere innerhalb des Beobachtungszeitraums sterben, wird angenommen, dass das Gemisch einen $LC_{50}$-Wert von gleich oder weniger als 1 000 ml/m³ hat.

b) Eine Probe des Dampfes im Gleichgewicht mit dem flüssigen Gemisch wird mit dem neunfachen Luftvolumen verdünnt, um eine Prüfatmosphäre zu bilden. Zehn Albino-Ratten (fünf männliche und fünf weibliche) werden während einer Stunde dieser Prüfatmosphäre ausgesetzt und anschließend 14 Tage beobachtet. Falls fünf oder mehr der Versuchstiere innerhalb des Beobachtungszeitraums sterben, wird angenommen, dass das Gemisch eine Flüchtigkeit hat, die gleich oder größer ist als der zehnfache $LC_{50}$-Wert des Gemisches.

**[Verpackungsgruppe II]** 2.2.61.1.9.4

Ein Gemisch wird der Verpackungsgruppe II nur dann zugeordnet, wenn es die beiden folgenden Kriterien, nicht aber die Kriterien für die Verpackungsgruppe I erfüllt:

a) Eine Probe des flüssigen Gemisches wird versprüht und derart mit Luft verdünnt, dass sich eine Prüfatmosphäre von 3 000 ml/m³ versprühten Gemisches in Luft bildet. Zehn Albino-Ratten (fünf männliche und fünf weibliche) werden während einer Stunde dieser Prüfatmosphäre ausgesetzt und anschließend 14 Tage beobachtet. Falls fünf oder mehr der Versuchstiere innerhalb des Beobachtungszeitraums sterben, wird angenommen, dass das Gemisch einen $LC_{50}$-Wert von gleich oder weniger als 3 000 ml/m³ hat.

b) Eine Probe des Dampfes im Gleichgewicht mit dem flüssigen Gemisch wird verwendet, um eine Prüfatmosphäre zu bilden. Zehn Albino-Ratten (fünf männliche und fünf weibliche) werden während einer Stunde dieser Prüfatmosphäre ausgesetzt und anschließend 14 Tage beobachtet. Falls fünf oder mehr der Versuchstiere innerhalb des Beobachtungszeitraums sterben, wird angenommen, dass das Gemisch eine Flüchtigkeit hat, die gleich oder größer ist als der $LC_{50}$-Wert des Gemisches.

**2.2.61.1.9.5 [Verpackungsgruppe III]**

Ein Gemisch wird der Verpackungsgruppe III nur dann zugeordnet, wenn es die beiden folgenden Kriterien, nicht aber die Kriterien für die Verpackungsgruppe I oder II erfüllt:

a) Eine Probe des flüssigen Gemisches wird versprüht und derart mit Luft verdünnt, dass sich eine Prüfatmosphäre von 5 000 ml/m³ versprühten Gemisches in Luft bildet. Zehn Albino-Ratten (fünf männliche und fünf weibliche) werden während einer Stunde dieser Prüfatmosphäre ausgesetzt und anschließend 14 Tage beobachtet. Falls fünf oder mehr der Versuchstiere innerhalb des Beobachtungszeitraums sterben, wird angenommen, dass das Gemisch einen $LC_{50}$-Wert von gleich oder weniger als 5 000 ml/m³ hat.

b) Die Dampfkonzentration (Flüchtigkeit) des flüssigen Gemisches wird gemessen; ist sie gleich oder größer als 1 000 ml/m³, wird angenommen, dass das Gemisch eine Flüchtigkeit hat, die gleich oder größer ist als 1/5 des $LC_{50}$-Wertes des Gemisches.

*Berechnungsmethoden für die Giftigkeit der Gemische bei Einnahme und bei Absorption durch die Haut*

**2.2.61.1.10 [Berechnung $LD_{50}$-Wert]**

Für die Zuordnung der Gemische der Klasse 6.1 und die Bestimmung der nach den Kriterien für die Giftigkeit bei Einnahme und bei Absorption durch die Haut geeigneten Verpackungsgruppe (siehe Absatz 2.2.61.1.3) ist es notwendig, den akuten $LD_{50}$-Wert des Gemisches zu berechnen.

**2.2.61.1.10.1 [Berechnung Einstoffgemisch]**

Wenn ein Gemisch nur einen Wirkstoff enthält, dessen $LD_{50}$-Wert bekannt ist, kann bei fehlenden zuverlässigen Daten für die akute Giftigkeit bei Einnahme und bei Absorption durch die Haut des zu befördernden Gemisches der $LD_{50}$-Wert für die Einnahme oder die Absorption durch die Haut wie folgt bestimmt werden:

$$LD_{50}\text{-Wert der Zubereitung} = \frac{LD_{50}\text{-Wert des Wirkstoffes} \times 100}{\text{Anteil des Wirkstoffes (Masse-\%)}}.$$

**2.2.61.1.10.2 [Berechnung Mehrstoffgemisch]**

Wenn ein Gemisch mehr als einen Wirkstoff enthält, können drei mögliche Methoden für die Berechnung des $LD_{50}$-Wertes für die Einnahme oder die Absorption durch die Haut verwendet werden. Die bevorzugte Methode besteht darin, zuverlässige Daten für die akute Giftigkeit bei Einnahme und bei Absorption durch die Haut des tatsächlich zu befördernden Gemisches zu erhalten. Wenn keine zuverlässigen genauen Daten vorliegen, greift man auf eine der folgenden Methoden zurück:

a) Zuordnung der Zubereitung in Abhängigkeit des gefährlichsten Wirkstoffes des Gemisches unter der Annahme, dass dieser in der gleichen Konzentration wie die Gesamtkonzentration aller Wirkstoffe vorliegt;

b) Anwendung der Formel:

$$\frac{C_A}{T_A} + \frac{C_B}{T_B} + \ldots + \frac{C_Z}{T_Z} = \frac{100}{T_M},$$

wobei:

C = die Konzentration in Prozent des Bestandteils A, B, ..., Z des Gemisches

T = der $LD_{50}$-Wert bei Einnahme des Bestandteils A, B, ..., Z

$T_M$ = der $LD_{50}$-Wert bei Einnahme des Gemisches.

**Bem.** Diese Formel kann auch für die Giftigkeit bei Absorption durch die Haut verwendet werden, vorausgesetzt, diese Informationen liegen in der gleichen Art für alle Bestandteile vor. Die Verwendung dieser Formel berücksichtigt nicht eventuelle Potenzierungs- oder Schutzeffekte.

*Klassifizierung und Zuordnung von Mitteln zur Schädlingsbekämpfung (Pestiziden)*

**2.2.61.1.11 [Klassifizierung Pestizide]**

Alle Pestizid-Wirkstoffe und ihre Zubereitungen, für welche die $LC_{50}$- und/oder $LD_{50}$-Werte bekannt sind und die der Klasse 6.1 zugeordnet sind, sind in Übereinstimmung mit den Kriterien in den Absätzen 2.2.61.1.6 bis 2.2.61.1.9 den entsprechenden Verpackungsgruppen zuzuordnen. Stoffe und Zubereitungen, die Nebengefahren aufweisen, sind nach der Tabelle der überwiegenden Gefahr in Unterabschnitt 2.1.3.10 mit der Zuordnung der entsprechenden Verpackungsgruppen zu klassifizieren. 2.2.61.1.11 (Forts.)

**[$LD_{50}$-Wert]** 2.2.61.1.11.1

Ist für eine Pestizidzubereitung der $LD_{50}$-Wert für die Einnahme oder die Absorption durch die Haut nicht bekannt, der $LD_{50}$-Wert des (der) Wirkstoffe(s) jedoch bekannt, kann der $LD_{50}$-Wert für die Zubereitung durch Anwendung der Verfahren nach Absatz 2.2.61.1.10 ermittelt werden.

**Bem.** Die $LD_{50}$-Giftigkeitsdaten für eine gewisse Anzahl gebräuchlicher Schädlingsbekämpfungsmittel (Pestizide) können aus der neuesten Ausgabe des Dokuments „The WHO Recommended Classification of Pesticides by Hazard and Guidelines to Classification", das über die Weltgesundheitsorganisation (WHO), International Programme on Chemical Safety, CH-1211 Genf 27, bezogen werden kann, entnommen werden. Während dieses Dokument als Datenquelle für die $LD_{50}$-Werte der Schädlingsbekämpfungsmittel (Pestizide) verwendet werden kann, darf das darin enthaltene Zuordnungssystem nicht dafür verwendet werden, die Schädlingsbekämpfungsmittel (Pestizide) für die Beförderung zuzuordnen oder deren Verpackungsgruppen zu bestimmen, was nach den Vorschriften des ADR erfolgen muss.

**[Offizielle Benennung]** 2.2.61.1.11.2

Die für die Beförderung des Pestizids verwendete offizielle Benennung ist auf der Grundlage des aktiven Bestandteils, des Aggregatzustandes des Pestizids und aller möglicherweise gegebenen Nebengefahren zu wählen (siehe Abschnitt 3.1.2).

**[Tatsächliche Gefahr]** 2.2.61.1.12

Wenn die Stoffe der Klasse 6.1 durch Beimengungen in andere Gefahrenkategorien fallen als die, zu denen die in Kapitel 3.2 Tabelle A namentlich genannten Stoffe gehören, sind diese Gemische oder Lösungen den Eintragungen zuzuordnen, zu denen sie auf Grund ihrer tatsächlichen Gefahr gehören.

**Bem.** Für die Zuordnung von Lösungen und Gemischen (wie Präparate, Zubereitungen und Abfälle) siehe auch Abschnitt 2.1.3.

**[Prüfung Klassenzugehörigkeit]** 2.2.61.1.13

Auf Grundlage der Kriterien der Absätze 2.2.61.1.6 bis 2.2.61.1.11 kann auch festgestellt werden, ob eine namentlich genannte Lösung oder ein namentlich genanntes Gemisch bzw. eine Lösung oder ein Gemisch, das einen namentlich genannten Stoff enthält, so beschaffen ist, dass diese Lösung oder dieses Gemisch nicht den Vorschriften dieser Klasse unterliegt.

**[Einstufung nach GHS]** 2.2.61.1.14

Stoffe, Lösungen und Gemische – mit Ausnahme der als Mittel zur Schädlingsbekämpfung (Pestizide) dienenden Stoffe und Zubereitungen –, die nach der Verordnung (EG) Nr. 1272/2008[5)] nicht als akut giftig der Kategorie 1, 2 oder 3 eingestuft sind, können als nicht zur Klasse 6.1 gehörige Stoffe angesehen werden.

**Nicht zur Beförderung zugelassene Stoffe** 2.2.61.2

**[Chemisch instabile Stoffe]** 2.2.61.2.1

Chemisch instabile Stoffe der Klasse 6.1 sind zur Beförderung nur zugelassen, wenn die erforderlichen Vorsichtsmaßnahmen zur Verhinderung der Möglichkeit einer gefährlichen Zersetzung oder Polymerisation unter normalen Beförderungsbedingungen getroffen wurden. Für die Vorsichtsmaßnahmen zur Verhinderung einer Polymerisation siehe Kapitel 3.3 Sondervorschrift 386. Zu diesem Zweck muss insbesondere dafür gesorgt werden, dass die Gefäße und Tanks keine Stoffe enthalten, die diese Reaktionen begünstigen können.

5) Verordnung (EG) Nr. 1272/2008 des Europäischen Parlaments und des Rates vom 16. Dezember 2008 über die Einstufung, Kennzeichnung und Verpackung von Stoffen und Gemischen, zur Änderung und Aufhebung der Richtlinien 67/548/EWG und 1999/45/EG und zur Änderung der Verordnung (EG) Nr. 1907/2006, veröffentlicht im Amtsblatt der Europäischen Union L 353 vom 31. Dezember 2008, Seiten 1 bis 1355.

**2.2.61.2.2 [Nicht zugelassene Stoffe/Gemische]**

Folgende Stoffe und Gemische sind zur Beförderung nicht zugelassen:

- Cyanwasserstoff, wasserfrei, und Cyanwasserstofflösungen (Blausäurelösungen), die nicht den Bedingungen der UN-Nummern 1051, 1613, 1614 und 3294 entsprechen,
- andere Metallcarbonyle als UN 1259 NICKELTETRACARBONYL und UN 1994 EISENPENTACARBONYL mit einem Flammpunkt unter 23 °C,
- 2,3,7,8-TETRACHLORDIBENZO-1,4-DIOXIN (TCDD) in Konzentrationen, die nach den Kriterien des Unterabschnitts 2.2.61.1.7 als sehr giftig gelten,
- UN 2249 DICHLORDIMETHYLETHER, SYMMETRISCH,
- Zubereitungen von Phosphiden ohne Zusätze zur Verzögerung der Entwicklung von giftigen entzündbaren Gasen.

### 2.2.61.3 Verzeichnis der Sammeleintragungen

| Nebengefahr | Klassifizierungscode | UN-Nummer | Benennung des Stoffes oder Gegenstandes |
|---|---|---|---|
| **Giftige Stoffe und Gegenstände, die solche Stoffe enthalten** | | | |
| **ohne Nebengefahr** – **organisch** – **flüssig**[a)] | **T1** | 1583 | CHLORPIKRIN, MISCHUNG, N.A.G. |
| | | 1602 | FARBE, FLÜSSIG, GIFTIG, N.A.G. oder |
| | | 1602 | FARBSTOFFZWISCHENPRODUKT, FLÜSSIG, GIFTIG, N.A.G. |
| | | 1693 | STOFF ZUR HERSTELLUNG VON TRÄNENGASEN, FLÜSSIG, N.A.G. |
| | | 1851 | MEDIKAMENT, FLÜSSIG, GIFTIG, N.A.G. |
| | | 2206 | ISOCYANATE, GIFTIG, N.A.G. oder |
| | | 2206 | ISOCYANAT, LÖSUNG, GIFTIG, N.A.G. |
| | | 3140 | ALKALOIDE, FLÜSSIG, N.A.G. oder |
| | | 3140 | ALKALOIDSALZE, FLÜSSIG, N.A.G. |
| | | 3142 | DESINFEKTIONSMITTEL, FLÜSSIG, GIFTIG, N.A.G. |
| | | 3144 | NICOTINVERBINDUNG, FLÜSSIG, N.A.G. oder |
| | | 3144 | NICOTINZUBEREITUNG, FLÜSSIG, N.A.G. |
| | | 3172 | TOXINE, GEWONNEN AUS LEBENDEN ORGANISMEN, FLÜSSIG, N.A.G. |
| | | 3276 | NITRILE, FLÜSSIG, GIFTIG, N.A.G. |
| | | 3278 | ORGANISCHE PHOSPHORVERBINDUNG, FLÜSSIG, GIFTIG, N.A.G. |
| | | 3381 | BEIM EINATMEN GIFTIGER FLÜSSIGER STOFF, N.A.G., mit einem $LC_{50}$-Wert von höchstens 200 ml/m$^3$ und einer gesättigten Dampfkonzentration von mindestens 500 $LC_{50}$ |
| | | 3382 | BEIM EINATMEN GIFTIGER FLÜSSIGER STOFF, N.A.G., mit einem $LC_{50}$-Wert von höchstens 1 000 ml/m$^3$ und einer gesättigten Dampfkonzentration von mindestens 10 $LC_{50}$ |
| | | 2810 | GIFTIGER ORGANISCHER FLÜSSIGER STOFF, N.A.G. |
| **fest**[a), b)] | **T2** | 1544 | ALKALOIDE, FEST, N.A.G. oder |
| | | 1544 | ALKALOIDSALZE, FEST, N.A.G. |
| | | 1601 | DESINFEKTIONSMITTEL, FEST, GIFTIG, N.A.G. |
| | | 1655 | NICOTINVERBINDUNG, FEST, N.A.G. oder |
| | | 1655 | NICOTINZUBEREITUNG, FEST, N.A.G. |
| | | 3143 | FARBE, FEST, GIFTIG, N.A.G. oder |
| | | 3143 | FARBSTOFFZWISCHENPRODUKT, FEST, GIFTIG, N.A.G. |
| | | 3249 | MEDIKAMENT, FEST, GIFTIG, N.A.G. |
| | | 3439 | NITRILE, FEST, GIFTIG, N.A.G. |
| | | 3448 | STOFF ZUR HERSTELLUNG VON TRÄNENGASEN, FEST, N.A.G. |
| | | 3462 | TOXINE, GEWONNEN AUS LEBENDEN ORGANISMEN, FEST, N.A.G. |
| | | 3464 | ORGANISCHE PHOSPHORVERBINDUNG, FEST, GIFTIG, N.A.G. |
| | | 2811 | GIFTIGER ORGANISCHER FESTER STOFF, N.A.G. |
| **ohne Nebengefahr** | | 2026 | PHENYLQUECKSILBERVERBINDUNG, N.A.G. |
| | | 2788 | ORGANISCHE ZINNVERBINDUNG, FLÜSSIG, N.A.G. |
| | | 3146 | ORGANISCHE ZINNVERBINDUNG, FEST, N.A.G. |

2.2.61.3 (Forts.)

| Nebengefahr | | | Klassifizierungscode | UN-Nummer | Benennung des Stoffes oder Gegenstandes |
|---|---|---|---|---|---|
| | metallorganisch[c), d)] | | T3 | 3280 | ORGANISCHE ARSENVERBINDUNG, FLÜSSIG, N.A.G. |
| | | | | 3281 | METALLCARBONYLE, FLÜSSIG, N.A.G. |
| | | | | 3465 | ORGANISCHE ARSENVERBINDUNG, FEST, N.A.G. |
| | | | | 3466 | METALLCARBONYLE, FEST, N.A.G. |
| | | | | 3282 | METALLORGANISCHE VERBINDUNG, FLÜSSIG, GIFTIG, N.A.G. |
| | | | | 3467 | METALLORGANISCHE VERBINDUNG, FEST, GIFTIG, N.A.G. |
| | anorganisch | flüssig[e)] | T4 | 1556 | ARSENVERBINDUNG, FLÜSSIG, N.A.G., anorganisch, einschließlich Arsenate, n.a.g., Arsenite, n.a.g. und Arsensulfide, n.a.g. |
| | | | | 1935 | CYANID, LÖSUNG, N.A.G. |
| | | | | 2024 | QUECKSILBERVERBINDUNG, FLÜSSIG, N.A.G. |
| | | | | 3141 | ANORGANISCHE ANTIMONVERBINDUNG, FLÜSSIG, N.A.G. |
| | | | | 3381 | BEIM EINATMEN GIFTIGER FLÜSSIGER STOFF, N.A.G., mit einem $LC_{50}$-Wert von höchstens 200 ml/m$^3$ und einer gesättigten Dampfkonzentration von mindestens 500 $LC_{50}$ |
| | | | | 3382 | BEIM EINATMEN GIFTIGER FLÜSSIGER STOFF, N.A.G., mit einem $LC_{50}$-Wert von höchstens 1 000 ml/m$^3$ und einer gesättigten Dampfkonzentration von mindestens 10 $LC_{50}$ |
| | | | | 3440 | SELENVERBINDUNG, FLÜSSIG, N.A.G. |
| | | | | 3287 | GIFTIGER ANORGANISCHER FLÜSSIGER STOFF, N.A.G. |
| | | fest[f), g)] | T5 | 1549 | ANORGANISCHE ANTIMONVERBINDUNG, FEST, N.A.G. |
| | | | | 1557 | ARSENVERBINDUNG, FEST, N.A.G., anorganisch, einschließlich Arsenate, n.a.g., Arsenite, n.a.g. und Arsensulfide, n.a.g. |
| | | | | 1564 | BARIUMVERBINDUNG, N.A.G. |
| | | | | 1566 | BERYLLIUMVERBINDUNG, N.A.G. |
| | | | | 1588 | CYANIDE, ANORGANISCH, FEST, N.A.G. |
| | | | | 1707 | THALLIUMVERBINDUNG, N.A.G. |
| | | | | 2025 | QUECKSILBERVERBINDUNG, FEST, N.A.G. |
| | | | | 2291 | BLEIVERBINDUNG, LÖSLICH, N.A.G. |
| | | | | 2570 | CADMIUMVERBINDUNG |
| | | | | 2630 | SELENATE oder |
| | | | | 2630 | SELENITE |
| | | | | 2856 | FLUOROSILICATE, N.A.G. |
| | | | | 3283 | SELENVERBINDUNG, FEST, N.A.G. |
| | | | | 3284 | TELLURVERBINDUNG, N.A.G. |
| | | | | 3285 | VANADIUMVERBINDUNG, N.A.G. |
| | | | | 3288 | GIFTIGER ANORGANISCHER FESTER STOFF, N.A.G. |
| | Mittel zur Schädlingsbekämpfung (Pestizide) | flüssig[h)] | T6 | 2992 | CARBAMAT-PESTIZID, FLÜSSIG, GIFTIG |
| | | | | 2994 | ARSENHALTIGES PESTIZID, FLÜSSIG, GIFTIG |
| | | | | 2996 | ORGANOCHLOR-PESTIZID, FLÜSSIG, GIFTIG |
| | | | | 2998 | TRIAZIN-PESTIZID, FLÜSSIG, GIFTIG |
| | | | | 3006 | THIOCARBAMAT-PESTIZID, FLÜSSIG, GIFTIG |
| | | | | 3010 | KUPFERHALTIGES PESTIZID, FLÜSSIG, GIFTIG |
| | | | | 3012 | QUECKSILBERHALTIGES PESTIZID, FLÜSSIG, GIFTIG |
| | | | | 3014 | SUBSTITUIERTES NITROPHENOL-PESTIZID, FLÜSSIG, GIFTIG |
| | | | | 3016 | BIPYRIDILIUM-PESTIZID, FLÜSSIG, GIFTIG |
| | | | | 3018 | ORGANOPHOSPHOR-PESTIZID, FLÜSSIG, GIFTIG |
| | | | | 3020 | ORGANOZINN-PESTIZID, FLÜSSIG, GIFTIG |
| | | | | 3026 | CUMARIN-PESTIZID, FLÜSSIG, GIFTIG |
| | | | | 3348 | PHENOXYESSIGSÄUREDERIVAT-PESTIZID, FLÜSSIG, GIFTIG |
| | | | | 3352 | PYRETHROID-PESTIZID, FLÜSSIG, GIFTIG |
| | | | | 2902 | PESTIZID, FLÜSSIG, GIFTIG, N.A.G. |
| | | | | 2757 | CARBAMAT-PESTIZID, FEST, GIFTIG |
| | | | | 2759 | ARSENHALTIGES PESTIZID, FEST, GIFTIG |
| | | | | 2761 | ORGANOCHLOR-PESTIZID, FEST, GIFTIG |
| | | | | 2763 | TRIAZIN-PESTIZID, FEST, GIFTIG |

**2.2.61.3** (Forts.)

| Nebengefahr | | Klassifizierungscode | UN-Nummer | Benennung des Stoffes oder Gegenstandes |
|---|---|---|---|---|
| | | | 2771 | THIOCARBAMAT-PESTIZID, FEST, GIFTIG |
| | | | 2775 | KUPFERHALTIGES PESTIZID, FEST, GIFTIG |
| | | | 2777 | QUECKSILBERHALTIGES PESTIZID, FEST, GIFTIG |
| | | | 2779 | SUBSTITUIERTES NITROPHENOL-PESTIZID, FEST, GIFTIG |
| | **fest**[h)] | **T7** | 2781 | BIPYRIDILIUM-PESTIZID, FEST, GIFTIG |
| | | | 2783 | ORGANOPHOSPHOR-PESTIZID, FEST, GIFTIG |
| | | | 2786 | ORGANOZINN-PESTIZID, FEST, GIFTIG |
| | | | 3027 | CUMARIN-PESTIZID, FEST, GIFTIG |
| | | | 3048 | ALUMINIUMPHOSPHID-PESTIZID |
| | | | 3345 | PHENOXYESSIGSÄUREDERIVAT-PESTIZID, FEST, GIFTIG |
| | | | 3349 | PYRETHROID-PESTIZID, FEST, GIFTIG |
| | | | 2588 | PESTIZID, FEST, GIFTIG, N.A.G. |
| | **Proben** | **T8** | 3315 | CHEMISCHE PROBE, GIFTIG |
| | **sonstige giftige Stoffe**[i)] | **T9** | 3243 | FESTE STOFFE MIT GIFTIGEM FLÜSSIGEM STOFF, N.A.G. |
| → *M329* | **Gegenstände** | **T10** | 3546 | GEGENSTÄNDE, DIE EINEN GIFTIGEN STOFF ENTHALTEN, N.A.G. |
| **entzündbar TF** | **flüssig**[j), k)] | **TF1** | 3071 | MERCAPTANE, FLÜSSIG, GIFTIG, ENTZÜNDBAR, N.A.G. oder |
| | | | 3071 | MERCAPTANE, MISCHUNG, FLÜSSIG, GIFTIG, ENTZÜNDBAR, N.A.G. |
| | | | 3080 | ISOCYANATE, GIFTIG, ENTZÜNDBAR, N.A.G. oder |
| | | | 3080 | ISOCYANAT, LÖSUNG, GIFTIG, ENTZÜNDBAR, N.A.G. |
| | | | 3275 | NITRILE, GIFTIG, ENTZÜNDBAR, N.A.G. |
| | | | 3279 | ORGANISCHE PHOSPHORVERBINDUNG, GIFTIG, ENTZÜNDBAR, N.A.G. |
| | | | 3383 | BEIM EINATMEN GIFTIGER FLÜSSIGER STOFF, ENTZÜNDBAR, N.A.G., mit einem $LC_{50}$-Wert von höchstens 200 $ml/m^3$ und einer gesättigten Dampfkonzentration von mindestens 500 $LC_{50}$ |
| | | | 3384 | BEIM EINATMEN GIFTIGER FLÜSSIGER STOFF, ENTZÜNDBAR, N.A.G., mit einem $LC_{50}$-Wert von höchstens 1 000 $ml/m^3$ und einer gesättigten Dampfkonzentration von mindestens 10 $LC_{50}$ |
| | | | 2929 | GIFTIGER ORGANISCHER FLÜSSIGER STOFF, ENTZÜNDBAR, N.A.G. |
| | **Mittel zur Schädlingsbekämpfung (Pestizide)** (Flammpunkt von 23 °C oder darüber) | **TF2** | 2991 | CARBAMAT-PESTIZID, FLÜSSIG, GIFTIG, ENTZÜNDBAR |
| | | | 2993 | ARSENHALTIGES PESTIZID, FLÜSSIG, GIFTIG, ENTZÜNDBAR |
| | | | 2995 | ORGANOCHLOR-PESTIZID, FLÜSSIG, GIFTIG, ENTZÜNDBAR |
| | | | 2997 | TRIAZIN-PESTIZID, FLÜSSIG, GIFTIG, ENTZÜNDBAR |
| | | | 3005 | DITHIOCARBAMAT-PESTIZID, FLÜSSIG, GIFTIG, ENTZÜNDBAR |
| | | | 3009 | KUPFERHALTIGES PESTIZID, FLÜSSIG, GIFTIG, ENTZÜNDBAR |
| | | | 3011 | QUECKSILBERHALTIGES PESTIZID, FLÜSSIG, GIFTIG, ENTZÜNDBAR |
| | | | 3013 | SUBSTITUIERTES NITROPHENOL-PESTIZID, FLÜSSIG, GIFTIG, ENTZÜNDBAR |
| | | | 3015 | BIPYRIDILIUM-PESTIZID, FLÜSSIG, GIFTIG, ENTZÜNDBAR |
| | | | 3017 | ORGANOPHOSPHOR-PESTIZID, FLÜSSIG, GIFTIG, ENTZÜNDBAR |
| | | | 3019 | ORGANOZINN-PESTIZID, FLÜSSIG, GIFTIG, ENTZÜNDBAR |
| | | | 3025 | CUMARIN-PESTIZID, FLÜSSIG, GIFTIG, ENTZÜNDBAR |
| | | | 3347 | PHENOXYESSIGSÄUREDERIVAT-PESTIZID, FLÜSSIG, GIFTIG, ENTZÜNDBAR |
| | | | 3351 | PYRETHROID-PESTIZID, FLÜSSIG, GIFTIG, ENTZÜNDBAR |
| | | | 2903 | PESTIZID, FLÜSSIG, GIFTIG, ENTZÜNDBAR, N.A.G. |
| | **fest** | **TF3** | 2930 | GIFTIGER ORGANISCHER FESTER STOFF, ENTZÜNDBAR, N.A.G. |
| | | | 3535 | GIFTIGER ANORGANISCHER FESTER STOFF, ENTZÜNDBAR, N.A.G. |
| | **Gegenstände** | **TF4** | 1700 | TRÄNENGAS-KERZEN |

2.2.61.3 (Forts.)

| Nebengefahr | | | Klassifizierungscode | UN-Nummer | Benennung des Stoffes oder Gegenstandes |
|---|---|---|---|---|---|
| **selbsterhitzungsfähig, fest**[c)] | | | **TS** | 3124 | GIFTIGER FESTER STOFF, SELBSTERHITZUNGSFÄHIG, N.A.G. |
| **mit Wasser reagierend**[d)] **TW** | | **flüssig** | **TW1** | 3385 | BEIM EINATMEN GIFTIGER FLÜSSIGER STOFF, MIT WASSER REAGIEREND, N.A.G., mit einem $LC_{50}$-Wert von höchstens 200 $ml/m^3$ und einer gesättigten Dampfkonzentration von mindestens 500 $LC_{50}$ |
| | | | | 3386 | BEIM EINATMEN GIFTIGER FLÜSSIGER STOFF, MIT WASSER REAGIEREND, N.A.G., mit einem $LC_{50}$-Wert von höchstens 1 000 $ml/m^3$ und einer gesättigten Dampfkonzentration von mindestens 10 $LC_{50}$ |
| | | | | 3123 | GIFTIGER FLÜSSIGER STOFF, MIT WASSER REAGIEREND, N.A.G. |
| | | **fest**[l)] | **TW2** | 3125 | GIFTIGER FESTER STOFF, MIT WASSER REAGIEREND, N.A.G. |
| **entzündend (oxidierend) wirkend**[m)] **TO** | | **flüssig** | **TO1** | 3387 | BEIM EINATMEN GIFTIGER FLÜSSIGER STOFF, ENTZÜNDEND (OXIDIEREND) WIRKEND, N.A.G., mit einem $LC_{50}$-Wert von höchstens 200 $ml/m^3$ und einer gesättigten Dampfkonzentration von mindestens 500 $LC_{50}$ |
| | | | | 3388 | BEIM EINATMEN GIFTIGER FLÜSSIGER STOFF, ENTZÜNDEND (OXIDIEREND) WIRKEND, N.A.G., mit einem $LC_{50}$-Wert von höchstens 1 000 $ml/m^3$ und einer gesättigten Dampfkonzentration von mindestens 10 $LC_{50}$ |
| | | | | 3122 | GIFTIGER FLÜSSIGER STOFF, ENTZÜNDEND (OXIDIEREND) WIRKEND, N.A.G |
| | | **fest** | **TO2** | 3086 | GIFTIGER FESTER STOFF, ENTZÜNDEND (OXIDIEREND) WIRKEND, N.A.G. |
| **ätzend**[n)] **TC** | **organisch** | **flüssig** | **TC1** | 3277 | CHLORFORMIATE, GIFTIG, ÄTZEND, N.A.G. |
| | | | | 3361 | CHLORSILANE, GIFTIG, ÄTZEND, N.A.G. |
| | | | | 3389 | BEIM EINATMEN GIFTIGER FLÜSSIGER STOFF, ÄTZEND, N.A.G., mit einem $LC_{50}$-Wert von höchstens 200 $ml/m^3$ und einer gesättigten Dampfkonzentration von mindestens 500 $LC_{50}$ |
| | | | | 3390 | BEIM EINATMEN GIFTIGER FLÜSSIGER STOFF, ÄTZEND, N.A.G., mit einem $LC_{50}$-Wert von höchstens 1 000 $ml/m^3$ und einer gesättigten Dampfkonzentration von mindestens 10 $LC_{50}$ |
| | | | | 2927 | GIFTIGER ORGANISCHER FLÜSSIGER STOFF, ÄTZEND, N.A.G. |
| | | **fest** | **TC2** | 2928 | GIFTIGER ORGANISCHER FESTER STOFF, ÄTZEND, N.A.G. |
| | **anorganisch** | **flüssig** | **TC3** | 3389 | BEIM EINATMEN GIFTIGER FLÜSSIGER STOFF, ÄTZEND, N.A.G., mit einem $LC_{50}$-Wert von höchstens 200 $ml/m^3$ und einer gesättigten Dampfkonzentration von mindestens 500 $LC_{50}$ |
| | | | | 3390 | BEIM EINATMEN GIFTIGER FLÜSSIGER STOFF, ÄTZEND, N.A.G., mit einem $LC_{50}$-Wert von höchstens 1 000 $ml/m^3$ und einer gesättigten Dampfkonzentration von mindestens 10 $LC_{50}$ |
| | | | | 3289 | GIFTIGER ANORGANISCHER FLÜSSIGER STOFF, ÄTZEND, N.A.G. |
| | | **fest** | **TC4** | 3290 | GIFTIGER ANORGANISCHER FESTER STOFF, ÄTZEND, N.A.G. |
| | **Gegenstände** | | **TC5** | | (keine Sammeleintragung mit diesem Klassifizierungscode vorhanden; soweit erforderlich, Zuordnung zu einer Sammeleintragung mit einem Klassifizierungscode, der nach der Tabelle der überwiegenden Gefahr in Unterabschnitt 2.1.3.10 zu bestimmen ist) |

**2.2.61.3** (Forts.)

| Nebengefahr | Klassifizierungscode | UN-Nummer | Benennung des Stoffes oder Gegenstandes |
|---|---|---|---|
| | | 2742 | CHLORFORMIATE, GIFTIG, ÄTZEND, ENTZÜNDBAR, N.A.G. |
| | | 3362 | CHLORSILANE, GIFTIG, ÄTZEND, ENTZÜNDBAR, N.A.G. |
| **entzündbar, ätzend** | **TFC** | 3488 | BEIM EINATMEN GIFTIGER FLÜSSIGER STOFF, ENTZÜNDBAR, ÄTZEND, N.A.G., mit einem $LC_{50}$-Wert von höchstens 200 ml/m$^3$ und einer gesättigten Dampfkonzentration von mindestens 500 $LC_{50}$ |
| | | 3489 | BEIM EINATMEN GIFTIGER FLÜSSIGER STOFF, ENTZÜNDBAR, ÄTZEND, N.A.G., mit einem $LC_{50}$-Wert von höchstens 1 000 ml/m$^3$ und einer gesättigten Dampfkonzentration von mindestens 10 $LC_{50}$ |
| **entzündbar, mit Wasser reagierend** | **TFW** | 3490 | BEIM EINATMEN GIFTIGER FLÜSSIGER STOFF, MIT WASSER REAGIEREND, ENTZÜNDBAR, N.A.G., mit einem $LC_{50}$-Wert von höchstens 200 ml/m$^3$ und einer gesättigten Dampfkonzentration von mindestens 500 $LC_{50}$ |
| | | 3491 | BEIM EINATMEN GIFTIGER FLÜSSIGER STOFF, MIT WASSER REAGIEREND, ENTZÜNDBAR, N.A.G., mit einem $LC_{50}$-Wert von höchstens 1 000 ml/m$^3$ und einer gesättigten Dampfkonzentration von mindestens 10 $LC_{50}$ |

Fußnoten:

[a] Stoffe und Zubereitungen zur Schädlingsbekämpfung, die Alkaloide oder Nicotin enthalten, sind den Eintragungen UN 2588 PESTIZID, FEST, GIFTIG, N.A.G., UN 2902 PESTIZID, FLÜSSIG, GIFTIG, N.A.G. oder UN 2903 PESTIZID, FLÜSSIG, GIFTIG, ENTZÜNDBAR, N.A.G. zugeordnet.

[b] Wirkstoffe sowie Verreibungen oder Mischungen, die für Labor- und Versuchszwecke sowie zur Herstellung von Arzneimitteln bestimmt sind, mit anderen Stoffen sind entsprechend ihrer Toxizität zuzuordnen (siehe Absätze 2.2.61.1.7 bis 2.2.61.1.11).

[c] Schwach giftige selbsterhitzungsfähige Stoffe und selbstentzündliche metallorganische Verbindungen sind Stoffe der Klasse 4.2.

[d] Schwach giftige Stoffe, die in Berührung mit Wasser entzündbare Gase entwickeln, und metallorganische Verbindungen, die in Berührung mit Wasser entzündbare Gase entwickeln, sind Stoffe der Klasse 4.3.

[e] Quecksilberfulminat, angefeuchtet mit mindestens 20 Masse-% Wasser oder einer Alkohol/Wasser-Mischung ist ein Stoff der Klasse 1 UN-Nummer 0135.

[f] Die Ferricyanide, Ferrocyanide sowie die Alkali- und Ammoniumthiocyanate (Rhodanide) unterliegen nicht den Vorschriften des ADR.

[g] Bleisalze und Bleipigmente, die, wenn sie im Verhältnis von 1:1000 mit 0,07 M-Salzsäure gemischt bei einer Temperatur von 23 °C ± 2 °C während einer Stunde umgerührt werden, eine Löslichkeit von höchstens 5 % aufweisen, unterliegen nicht den Vorschriften des ADR.

[h] Mit diesem Mittel zur Schädlingsbekämpfung (Pestizid) imprägnierte Gegenstände, wie Pappteller, Papierstreifen, Wattekugeln, Kunststoffplatten, in luftdicht verschlossenen Umhüllungen unterliegen nicht den Vorschriften des ADR.

[i] Gemische fester Stoffe, die den Vorschriften des ADR nicht unterliegen, mit giftigen flüssigen Stoffen dürfen unter der UN-Nummer 3243 befördert werden, ohne dass zuvor die Klassifizierungskriterien der Klasse 6.1 angewendet werden, vorausgesetzt, zum Zeitpunkt des Verladens des Stoffes oder des Verschließens der Verpackung, des Containers oder der Beförderungseinheit ist keine freie Flüssigkeit sichtbar. Jede Verpackung muss einer Bauart entsprechen, die erfolgreich eine Dichtheitsprüfung für die Verpackungsgruppe II bestanden hat. Diese Eintragung darf nicht für feste Stoffe verwendet werden, die einen flüssigen Stoff der Verpackungsgruppe I enthalten.

[j] Sehr giftige und giftige entzündbare flüssige Stoffe mit einem Flammpunkt unter 23 °C, ausgenommen Stoffe, die nach den Absätzen 2.2.61.1.4 bis 2.2.61.1.9 beim Einatmen sehr giftig sind, sind Stoffe der Klasse 3. Flüssige Stoffe, die beim Einatmen sehr giftig sind, sind in ihrer offiziellen Benennung für die Beförderung in Kapitel 3.2 Tabelle A Spalte (2) als „beim Einatmen giftig" bezeichnet oder in Spalte (6) durch die Sondervorschrift 354 gekennzeichnet.

[k] Schwach giftige entzündbare flüssige Stoffe mit einem Flammpunkt von 23 °C bis einschließlich 60 °C, mit Ausnahme der Mittel zur Schädlingsbekämpfung, sind Stoffe der Klasse 3.

[l] Die Metallphosphide der UN-Nummern 1360, 1397, 1432, 1714, 2011 und 2013 sind Stoffe der Klasse 4.3.

[m] Schwach giftige entzündend (oxidierend) wirkende Stoffe sind Stoffe der Klasse 5.1.

[n] Schwach giftige schwach ätzende Stoffe sind Stoffe der Klasse 8.

## Klasse 6.2: Ansteckungsgefährliche Stoffe 2.2.62

### Kriterien 2.2.62.1

**[Zuordnungskriterien]** 2.2.62.1.1

→ D: RSEB 2-6

Der Begriff der Klasse 6.2 umfasst ansteckungsgefährliche Stoffe. Ansteckungsgefährliche Stoffe im Sinne des ADR sind Stoffe, von denen bekannt oder anzunehmen ist, dass sie Krankheitserreger enthalten. Krankheitserreger sind Mikroorganismen (einschließlich Bakterien, Viren, Parasiten und Pilze) und andere Erreger wie Prionen, die bei Menschen oder Tieren Krankheiten hervorrufen können.

**Bem.** 1. Genetisch veränderte Mikroorganismen und Organismen, biologische Produkte, diagnostische Proben und absichtlich infizierte lebende Tiere sind dieser Klasse zuzuordnen, wenn sie deren Bedingungen erfüllen. → D: RSEB 2-15.1

Die Beförderung nicht absichtlich oder auf natürliche Weise infizierter lebender Tiere unterliegt nur den relevanten Rechtsvorschriften der jeweiligen Ursprungs-, Transit- und Bestimmungsländer.

2. Toxine aus Pflanzen, Tieren oder Bakterien, die keine ansteckungsgefährlichen Stoffe oder Organismen enthalten oder die nicht in ansteckungsgefährlichen Stoffen oder Organismen enthalten sind, sind Stoffe der Klasse 6.1 UN-Nummer 3172 oder 3462.

**[Unterteilung nach Eigenschaften]** 2.2.62.1.2

Die Stoffe der Klasse 6.2 sind wie folgt unterteilt:

I1 Ansteckungsgefährliche Stoffe, gefährlich für Menschen

I2 Ansteckungsgefährliche Stoffe, gefährlich nur für Tiere

I3 Klinische Abfälle

I4 Biologische Stoffe → 2.2.62.1.9

*Begriffsbestimmungen*

**[Begriffsbestimmungen]** 2.2.62.1.3

Für Zwecke des ADR gilt:

*Biologische Produkte* sind Produkte von lebenden Organismen, die in Übereinstimmung mit den Vorschriften der entsprechenden nationalen Behörden, die besondere Zulassungsvorschriften erlassen können, hergestellt und verteilt werden und die entweder für die Vorbeugung, Behandlung oder Diagnose von Krankheiten an Menschen oder Tieren oder für diesbezügliche Entwicklungs-, Versuchs- oder Forschungszwecke verwendet werden. Sie schließen Fertigprodukte, wie Impfstoffe, oder Zwischenprodukte ein, sind aber nicht auf diese begrenzt. → D: RSEB 2-7
→ 2.2.62.1.9

*Kulturen* sind das Ergebnis eines Prozesses, bei dem Krankheitserreger absichtlich vermehrt werden. Diese Begriffsbestimmung schließt von menschlichen oder tierischen Patienten entnommene Proben gemäß der in diesem Absatz aufgeführten Begriffsbestimmung nicht ein.

*Medizinische oder klinische Abfälle* sind Abfälle, die aus der veterinärmedizinischen Behandlung von Tieren, der medizinischen Behandlung von Menschen oder aus der biologischen Forschung stammen.

*Von Patienten entnommene Proben (Patientenproben)* sind solche, die direkt von Menschen oder Tieren entnommen werden, einschließlich, jedoch nicht begrenzt auf Ausscheidungsstoffe, Sekrete, Blut und Blutbestandteile, Gewebe und Abstriche von Gewebsflüssigkeit sowie Körperteile, die insbesondere zu Forschungs-, Diagnose-, Untersuchungs-, Behandlungs- oder Vorsorgezwecken befördert werden.

*Zuordnung*

**[Zuordnung]** 2.2.62.1.4

Ansteckungsgefährliche Stoffe sind der Klasse 6.2 und je nach Fall der UN-Nummer 2814, 2900, 3291, 3373 oder 3549 zuzuordnen.

Ansteckungsgefährliche Stoffe werden in folgende Kategorien unterteilt:

**[Kategorie A]** 2.2.62.1.4.1

Kategorie A: Ein ansteckungsgefährlicher Stoff, der in einer solchen Form befördert wird, dass er bei einer Exposition bei sonst gesunden Menschen oder Tieren eine dauerhafte Behinderung oder eine lebens- → D: RSEB 2-8.1 f.
→ D: RSEB 2-9
→ M347

**2.2.62.1.4.1** (Forts.) bedrohende oder tödliche Krankheit hervorrufen kann. Beispiele für Stoffe, die diese Kriterien erfüllen, sind in der Tabelle dieses Absatzes aufgeführt.

**Bem.** Eine Exposition erfolgt, wenn ein ansteckungsgefährlicher Stoff aus der Schutzverpackung austritt und zu einem physischen Kontakt mit Menschen oder Tieren führt.

a) Ansteckungsgefährliche Stoffe, die diese Kriterien erfüllen und die bei Menschen oder sowohl bei Menschen als auch bei Tieren eine Krankheit hervorrufen können, sind der UN-Nummer 2814 zuzuordnen. Ansteckungsgefährliche Stoffe, die nur bei Tieren eine Krankheit hervorrufen können, sind der UN-Nummer 2900 zuzuordnen.

→ 4.1.8.6 b) Die Zuordnung zur UN-Nummer 2814 oder 2900 hat auf der Grundlage der bekannten Anamnese und Symptome des erkrankten Menschen oder Tieres, der lokalen endemischen Gegebenheiten oder der Einschätzung eines Spezialisten bezüglich des individuellen Zustands des erkrankten Menschen oder Tieres zu erfolgen.

**Bem.** 1. Die offizielle Benennung für die Beförderung der UN-Nummer 2814 lautet „ANSTECKUNGSGEFÄHRLICHER STOFF, GEFÄHRLICH FÜR MENSCHEN". Die offizielle Benennung für die Beförderung der UN-Nummer 2900 lautet „ANSTECKUNGSGEFÄHRLICHER STOFF, nur GEFÄHRLICH FÜR TIERE".

2. Die nachfolgende Tabelle ist nicht vollständig. Ansteckungsgefährliche Stoffe, einschließlich neue oder auftauchende Krankheitserreger, die in der Tabelle nicht aufgeführt sind, die jedoch dieselben Kriterien erfüllen, sind der Kategorie A zuzuordnen. Darüber hinaus ist ein Stoff in die Kategorie A aufzunehmen, wenn Zweifel darüber bestehen, ob dieser die Kriterien erfüllt oder nicht.

3. Diejenigen Mikroorganismen, die in der nachfolgenden Tabelle in Kursivschrift dargestellt sind, sind Bakterien oder Pilze.

| **Beispiele für ansteckungsgefährliche Stoffe, die in jeder Form unter die Kategorie A fallen, sofern nichts anderes angegeben ist (siehe Absatz 2.2.62.1.4.1)** | |
|---|---|
| **UN-Nummer und Benennung** | **Mikroorganismus** |
| UN 2814 ANSTECKUNGS-GEFÄHRLICHER STOFF, GEFÄHRLICH FÜR MENSCHEN | *Bacillus anthracis* (nur Kulturen) |
| | *Brucella abortus* (nur Kulturen) |
| | *Brucella melitensis* (nur Kulturen) |
| | *Brucella suis* (nur Kulturen) |
| | *Burkholderia mallei – Pseudomonas mallei* – Rotz (nur Kulturen) |
| | *Burkholderia pseudomallei – Pseudomonas pseudomallei* (nur Kulturen) |
| | *Chlamydia psittaci* – aviäre Stämme (nur Kulturen) |
| | *Clostridium botulinum* (nur Kulturen) |
| | *Coccidioides immitis* (nur Kulturen) |
| | *Coxiella burnetii* (nur Kulturen) |
| | Virus des hämorrhagischen Krim-Kongo-Fiebers |
| | Dengue-Virus (nur Kulturen) |
| | Virus der östlichen Pferde-Encephalitis (nur Kulturen) |
| | *Escherichia coli*, verotoxigen (nur Kulturen)[a)] |
| | Ebola-Virus |
| | Flexal-Virus |
| | *Francisella tularensis* (nur Kulturen) |
| | Guanarito-Virus |
| | Hantaan-Virus |
| | Hanta-Virus, das hämorrhagisches Fieber mit Nierensyndrom hervorruft |

2.2.62.1.4.1 (Forts.)

| Beispiele für ansteckungsgefährliche Stoffe, die in jeder Form unter die Kategorie A fallen, sofern nichts anderes angegeben ist (siehe Absatz 2.2.62.1.4.1) | |
|---|---|
| **UN-Nummer und Benennung** | **Mikroorganismus** |
| UN 2814 *(Forts.)* | Hendra-Virus |
| | Hepatitis-B-Virus (nur Kulturen) |
| | Herpes-B-Virus (nur Kulturen) |
| | humanes Immundefizienz-Virus (nur Kulturen) |
| | hoch pathogenes Vogelgrippe-Virus (nur Kulturen) |
| | japanisches Encephalitis-Virus (nur Kulturen) |
| | Junin-Virus |
| | Kyasanur-Waldkrankheit-Virus |
| | Lassa-Virus |
| | Machupo-Virus |
| | Marburg-Virus |
| | Affenpocken-Virus (nur Kulturen) |
| | *Mycobacterium tuberculosis* (nur Kulturen)[a)] |
| | Nipah-Virus |
| | Virus des hämorrhagischen Omsk-Fiebers |
| | Polio-Virus (nur Kulturen) |
| | Tollwut-Virus (nur Kulturen) |
| | *Rickettsia prowazekii* (nur Kulturen) |
| | *Rickettsia rickettsii* (nur Kulturen) |
| | Rifttal-Fiebervirus (nur Kulturen) |
| | Virus der russischen Frühsommer-Encephalitis (nur Kulturen) |
| | Sabia-Virus |
| | *Shigella dysenteriae type 1* (nur Kulturen)[a)] |
| | Zecken-Encephalitis-Virus (nur Kulturen) |
| | Pocken-Virus |
| | Virus der Venezuela-Pferde-Encephalitis (nur Kulturen) |
| | West-Nil-Virus (nur Kulturen) |
| | Gelbfieber-Virus (nur Kulturen) |
| | *Yersinia pestis* (nur Kulturen) |
| UN 2900 ANSTECKUNGS-GEFÄHRLICHER STOFF, nur GEFÄHR-LICH FÜR TIERE | Virus der afrikanischen Schweinepest (nur Kulturen) |
| | aviäres Paramyxovirus Typ 1 – velogenes Newcastle-Disease-Virus (nur Kulturen) |
| | klassisches Schweinepest-Virus (nur Kulturen) |
| | Maul- und Klauenseuche-Virus (nur Kulturen) |
| | Virus der Dermatitis nodularis (lumpy skin disease) (nur Kulturen) |
| | *Mycoplasma mycoides* – Erreger der infektiösen bovinen Pleuropneumonie (nur Kulturen) |
| | Kleinwiederkäuer-Pest-Virus (nur Kulturen) |
| | Rinderpest-Virus (nur Kulturen) |

→ *D/BAM/ADR*

2.2.62.1.4.1 (Forts.)

| Beispiele für ansteckungsgefährliche Stoffe, die in jeder Form unter die Kategorie A fallen, sofern nichts anderes angegeben ist (siehe Absatz 2.2.62.1.4.1) | |
|---|---|
| **UN-Nummer und Benennung** | **Mikroorganismus** |
| UN 2900 *(Forts.)* | Schafpocken-Virus (nur Kulturen) |
| | Ziegenpocken-Virus (nur Kulturen) |
| | Virus der vesikulären Schweinekrankheit (nur Kulturen) |
| | vesikuläres Stomatitis-Virus (nur Kulturen) |

a) Kulturen, die für diagnostische oder klinische Zwecke vorgesehen sind, dürfen jedoch als ansteckungsgefährliche Stoffe der Kategorie B klassifiziert werden.

**2.2.62.1.4.2 [Kategorie B]**

→ D: RSEB 2-10.1 f.

Kategorie B: Ein ansteckungsgefährlicher Stoff, der den Kriterien für eine Aufnahme in Kategorie A nicht entspricht. Ansteckungsgefährliche Stoffe der Kategorie B sind der UN-Nummer 3373 zuzuordnen.

**Bem.** Die offizielle Benennung für die Beförderung der UN-Nummer 3373 lautet „BIOLOGISCHER STOFF, KATEGORIE B".

**2.2.62.1.5 Freistellungen**

→ D: RSEB 2-11.1 f.

**2.2.62.1.5.1 [Nicht ansteckungsgefährliche Stoffe]**

Stoffe, die keine ansteckungsgefährlichen Stoffe enthalten, oder Stoffe, bei denen es unwahrscheinlich ist, dass sie bei Menschen oder Tieren Krankheiten hervorrufen, unterliegen nicht den Vorschriften des ADR, es sei denn, sie entsprechen den Kriterien für die Aufnahme in eine andere Klasse.

**2.2.62.1.5.2 [Nicht pathogene Mikroorganismen]**

Stoffe, die Mikroorganismen enthalten, die gegenüber Menschen oder Tieren nicht pathogen sind, unterliegen nicht den Vorschriften des ADR, es sei denn, sie entsprechen den Kriterien für die Aufnahme in eine andere Klasse.

**2.2.62.1.5.3 [Deaktivierte Krankheitserreger]**

Stoffe in einer Form, in der jegliche vorhandene Krankheitserreger so neutralisiert oder deaktiviert wurden, dass sie kein Gesundheitsrisiko mehr darstellen, unterliegen nicht den Vorschriften des ADR, es sei denn, sie entsprechen den Kriterien für die Aufnahme in eine andere Klasse.

**Bem.** Medizinische Geräte, denen freie Flüssigkeit entzogen wurde, gelten als den Vorschriften dieses Absatzes entsprechend und unterliegen nicht den Vorschriften des ADR.

**2.2.62.1.5.4 [Gering konzentrierte Krankheitserreger]**

Stoffe, bei denen sich die Konzentration von Krankheitserregern auf einem in der Natur vorkommenden Niveau befindet (einschließlich Nahrungsmittel und Wasserproben) und bei denen nicht davon auszugehen ist, dass sie ein bedeutsames Infektionsrisiko darstellen, unterliegen nicht den Vorschriften des ADR, es sei denn, sie entsprechen den Kriterien für die Aufnahme in eine andere Klasse.

**2.2.62.1.5.5 [Getrocknetes Blut]**

→ aber 2.2.62.1.12.1

Getrocknetes Blut, das durch Aufbringen eines Bluttropfens auf ein saugfähiges Material gewonnen wird, unterliegt nicht den Vorschriften des ADR.

**2.2.62.1.5.6 [Screening-Proben]**

Vorsorgeuntersuchungsproben (Screening-Proben) für im Stuhl enthaltenes Blut unterliegen nicht den Vorschriften des ADR.

**2.2.62.1.5.7 [Blut, Blutbestandteile, Gewebe, Organe, Proben]**

Blut oder Blutbestandteile, die für Zwecke der Transfusion oder der Zubereitung von Blutprodukten für die Verwendung bei der Transfusion oder der Transplantation gesammelt wurden, und alle Gewebe oder

Organe, die zur Transplantation bestimmt sind, sowie Proben, die zu diesen Zwecken entnommen wurden, unterliegen nicht den Vorschriften des ADR. 2.2.62.1.5.7 (Forts.)

**[Medizinische Proben]** 2.2.62.1.5.8

Von Menschen oder Tieren entnommene Proben (Patientenproben), bei denen eine minimale Wahrscheinlichkeit besteht, dass sie Krankheitserreger enthalten, unterliegen nicht den Vorschriften des ADR, wenn die Probe in einer Verpackung befördert wird, die jegliches Freiwerden verhindert und die mit dem Ausdruck „FREIGESTELLTE MEDIZINISCHE PROBE" bzw. „FREIGESTELLTE VETERINÄRMEDIZINISCHE PROBE" gekennzeichnet ist.

Die Verpackung wird als den oben aufgeführten Vorschriften entsprechend angesehen, wenn sie folgende Bedingungen erfüllt:

a) Die Verpackung besteht aus drei Bestandteilen:
   (i) (einem) wasserdichten Primärgefäß(en);
   (ii) einer wasserdichten Sekundärverpackung und
   (iii) einer in Bezug auf ihren Fassungsraum, ihre Masse und ihre beabsichtigte Verwendung ausreichend festen Außenverpackung, bei der mindestens eine der Oberflächen eine Mindestabmessung von 100 mm × 100 mm aufweist.

b) Für flüssige Stoffe ist zwischen dem (den) Primärgefäß(en) und der Sekundärverpackung absorbierendes Material in einer für die Aufnahme des gesamten Inhalts ausreichenden Menge eingesetzt, so dass ein während der Beförderung austretender oder auslaufender flüssiger Stoff nicht die Außenverpackung erreicht und nicht zu einer Beeinträchtigung der Unversehrtheit des Polstermaterials führt.

c) Wenn mehrere zerbrechliche Primärgefäße in eine einzige Sekundärverpackung eingesetzt werden, sind diese entweder einzeln eingewickelt oder so voneinander getrennt, dass eine gegenseitige Berührung verhindert wird.

**Bem.** 1. Für die Feststellung, ob ein Stoff nach den Vorschriften dieses Absatzes freigestellt ist, ist eine fachliche Beurteilung erforderlich. Diese Beurteilung sollte auf der Grundlage der bekannten Anamnese, Symptome und individuellen Gegebenheiten des betreffenden Patienten oder Tieres und den lokalen endemischen Bedingungen erfolgen. Beispiele für Proben, die nach den Vorschriften dieses Absatzes befördert werden können, sind

– Blut- oder Urinproben zur Kontrolle des Cholesterin-Spiegels, des Blutzucker-Spiegels, des Hormon-Spiegels oder prostataspezifischer Antikörper (PSA),
– erforderliche Proben zur Kontrolle der Organfunktionen, wie Herz-, Leber- oder Nierenfunktion, bei Menschen oder Tieren mit nicht ansteckenden Krankheiten oder zur therapeutischen Arzneimittel-Kontrolle,
– für Versicherungs- oder Beschäftigungszwecke entnommene Proben mit dem Ziel, Drogen oder Alkohol festzustellen,
– Schwangerschaftstests,
– Biopsien zur Feststellung von Krebs und
– Feststellung von Antikörpern bei Menschen oder Tieren bei Nichtvorhandensein eines Infektionsverdachts (z.B. Bewertung einer durch einen Impfstoff herbeigeführten Immunität, Diagnose einer Autoimmunerkrankung usw.).

2. Im Luftverkehr müssen Verpackungen für Proben, die nach diesem Absatz freigestellt sind, den Vorschriften der Absätze a) bis c) entsprechen.

**[Medizinische Instrumente und Geräte]** 2.2.62.1.5.9

Mit Ausnahme von

a) medizinischem Abfall (UN-Nummern 3291 und 3549),

b) medizinischen Instrumenten oder Geräten, die mit ansteckungsgefährlichen Stoffen der Kategorie A (UN-Nummer 2814 oder 2900) kontaminiert sind oder solche Stoffe enthalten, und

c) medizinischen Instrumenten oder Geräten, die mit gefährlichen Gütern, welche unter die Begriffsbestimmung einer anderen Klasse fallen, kontaminiert sind oder solche Güter enthalten,

unterliegen medizinische Instrumente oder Geräte, die möglicherweise mit ansteckungsgefährlichen Stoffen kontaminiert sind oder solche Stoffe enthalten und die zur Desinfektion, Reinigung, Sterilisation,

2.2.62.1.5.9 (Forts.) Reparatur oder zur Beurteilung der Geräte befördert werden, mit Ausnahme der Vorschriften dieses Absatzes, nicht den Vorschriften des ADR, wenn sie in Verpackungen verpackt sind, die so ausgelegt und gebaut sind, dass sie unter normalen Beförderungsbedingungen nicht zu Bruch gehen, durchstoßen werden oder ihren Inhalt freisetzen können. Die Verpackungen müssen so ausgelegt sein, dass sie den Bauvorschriften des Abschnitts 6.1.4 oder 6.6.4 entsprechen.

Diese Verpackungen müssen den allgemeinen Verpackungsvorschriften der Unterabschnitte 4.1.1.1 und 4.1.1.2 entsprechen und müssen in der Lage sein, nach einem Fall aus einer Höhe von 1,20 m die medizinischen Instrumente und Geräte zurückzuhalten.

Die Verpackungen müssen mit „GEBRAUCHTES MEDIZINISCHES INSTRUMENT" oder „GEBRAUCHTES MEDIZINISCHES GERÄT" gekennzeichnet sein. Bei Verwendung von Umverpackungen müssen diese in gleicher Weise gekennzeichnet sein, es sei denn, die Aufschrift bleibt sichtbar.

2.2.62.1.6–2.2.62.1.8 (bleibt offen)

**2.2.62.1.9 Biologische Produkte**

Für Zwecke des ADR werden biologische Produkte in folgende Gruppen unterteilt:

a) solche Produkte, die in Übereinstimmung mit den Vorschriften der zuständigen nationalen Behörden hergestellt und verpackt sind und zum Zwecke ihrer endgültigen Verpackung oder Verteilung befördert werden und die für die Behandlung durch medizinisches Personal oder Einzelpersonen verwendet werden. Stoffe dieser Gruppe unterliegen nicht den Vorschriften des ADR;

b) solche Produkte, die nicht unter den Absatz a) fallen und von denen bekannt ist oder bei denen Gründe für die Annahme bestehen, dass sie ansteckungsgefährliche Stoffe enthalten, und die den Kriterien für eine Aufnahme in Kategorie A oder B entsprechen. Stoffe dieser Gruppe sind je nach Fall der UN-Nummer 2814, 2900 oder 3373 zuzuordnen.

**Bem.** Bei einigen amtlich zugelassenen biologischen Produkten ist eine biologische Gefahr nur in bestimmten Teilen der Welt gegeben. In diesem Fall können die zuständigen Behörden vorschreiben, dass diese biologischen Produkte den örtlichen Vorschriften für ansteckungsgefährliche Stoffe entsprechen müssen, oder andere Einschränkungen verfügen.

**2.2.62.1.10 Genetisch veränderte Mikroorganismen und Organismen**

Genetisch veränderte Mikroorganismen, die nicht der Begriffsbestimmung für ansteckungsgefährliche Stoffe entsprechen, sind nach Abschnitt 2.2.9 zu klassifizieren.

**2.2.62.1.11 Medizinische oder klinische Abfälle**

**2.2.62.1.11.1 [UN-Nummern 2814, 2900 und 3291]**

Medizinische oder klinische Abfälle,

a) die ansteckungsgefährliche Stoffe der Kategorie A enthalten, sind der UN-Nummer 2814, 2900 bzw. 3549 zuzuordnen. Feste medizinische Abfälle, die ansteckungsgefährliche Stoffe der Kategorie A enthalten, die aus der medizinischen Behandlung von Menschen oder der veterinärmedizinischen Behandlung von Tieren stammen, dürfen der UN-Nummer 3549 zugeordnet werden. Die Eintragung der UN-Nummer 3549 darf nicht für Abfälle, die aus der biologischen Forschung stammen, oder für flüssige Abfälle verwendet werden;

→ D: RSEB 2-12 b) die ansteckungsgefährliche Stoffe der Kategorie B enthalten, sind der UN-Nummer 3291 zuzuordnen.

**Bem.** 1. Die offizielle Benennung für die Beförderung der UN-Nummer 3549 lautet „MEDIZINISCHE ABFÄLLE, KATEGORIE A, GEFÄHRLICH FÜR MENSCHEN, fest" oder „MEDIZINISCHE ABFÄLLE, KATEGORIE A, nur GEFÄHRLICH FÜR TIERE, fest".

2. Medizinische oder klinische Abfälle, die nach dem Europäischen Abfallartenkatalog in der Anlage zur Entscheidung der Europäischen Kommission 2000/532/EG[6)] in der jeweils geänderten Fassung der EAK-Nummer 18 01 03 (Abfälle aus der humanmedizinischen oder tierärztlichen Versorgung und Forschung – Abfälle aus der Geburtshilfe, Diagnose, Behandlung

6) Entscheidung der Kommission 2000/532/EG vom 3. Mai 2000 zur Ersetzung der Entscheidung 94/3/EG über ein Abfallverzeichnis gemäß Artikel 1 Buchstabe a) der Richtlinie 75/442/EWG des Rates über Abfälle (ersetzt durch Richtlinie 2006/12/EG des Europäischen Parlaments und des Rates (Amtsblatt der Europäischen Union Nr. L 114 vom 27. April 2006, Seite 9)) und der Entscheidung 94/904/EG des Rates über ein Verzeichnis gefährlicher Abfälle im Sinne von Artikel 1 Absatz 4 der Richtlinie 91/689/EWG des Rates über gefährliche Abfälle (Amtsblatt der Europäischen Gemeinschaften Nr. L 226 vom 6. September 2000, Seite 3).

oder Vorbeugung von Krankheiten beim Menschen – Abfälle, an deren Sammlung und Entsorgung aus infektionspräventiver Sicht besondere Anforderungen gestellt werden) oder 18 02 02 (Abfälle aus der humanmedizinischen oder tierärztlichen Versorgung und Forschung – Abfälle aus Forschung, Diagnose, Krankenbehandlung und Vorsorge bei Tieren – Abfälle, an deren Sammlung und Entsorgung aus infektionspräventiver Sicht besondere Anforderungen gestellt werden) zugeordnet sind, müssen nach den Vorschriften dieses Absatzes auf Grund der ärztlichen bzw. tierärztlichen Diagnose des betreffenden Patienten bzw. Tieres klassifiziert werden. **2.2.62.1.11.1** (Forts.)

**[UN-Nummer 3291]** **2.2.62.1.11.2** → *D: RSEB 2-13*

Medizinische oder klinische Abfälle, bei denen Gründe für die Annahme bestehen, dass eine geringe Wahrscheinlichkeit für das Vorhandensein ansteckungsgefährlicher Stoffe besteht, sind der UN-Nummer 3291 zuzuordnen. Für die Zuordnung dürfen internationale, regionale oder nationale Abfallartenkataloge herangezogen werden.

**Bem.** 1. Die offizielle Benennung für die Beförderung der UN-Nummer 3291 lautet „KLINISCHER ABFALL, UNSPEZIFIZIERT, N.A.G." oder „(BIO)MEDIZINISCHER ABFALL, N.A.G." oder „UNTER DIE VORSCHRIFTEN FALLENDER MEDIZINISCHER ABFALL, N.A.G.".

2. Ungeachtet der oben aufgeführten Klassifizierungskriterien unterliegen medizinische oder klinische Abfälle, die nach dem Europäischen Abfallartenkatalog in der Anlage zur Entscheidung der Europäischen Kommission 2000/532/EG[6)] in der jeweils geänderten Fassung der EAK-Nummer 18 01 04 (Abfälle aus der humanmedizinischen oder tierärztlichen Versorgung und Forschung – Abfälle aus der Geburtshilfe, Diagnose, Behandlung oder Vorbeugung von Krankheiten beim Menschen – Abfälle, an deren Sammlung und Entsorgung aus infektionspräventiver Sicht keine besonderen Anforderungen gestellt werden (z.B. Wund- und Gipsverbände, Wäsche, Einwegkleidung, Windeln)) oder 18 02 03 (Abfälle aus der humanmedizinischen oder tierärztlichen Versorgung und Forschung – Abfälle aus Forschung, Diagnose, Krankenbehandlung und Vorsorge bei Tieren – Abfälle, an deren Sammlung und Entsorgung aus infektionspräventiver Sicht keine besonderen Anforderungen gestellt werden) zugeordnet sind, nicht den Vorschriften des ADR.

**[Dekontaminierte Abfälle]** **2.2.62.1.11.3** → *D: RSEB 2-14*

Dekontaminierte medizinische oder klinische Abfälle, die vorher ansteckungsgefährliche Stoffe enthalten haben, unterliegen nicht den Vorschriften des ADR, es sei denn, sie entsprechen den Kriterien für die Aufnahme in eine andere Klasse.

(gestrichen) **2.2.62.1.11.4**

**Infizierte Tiere** **2.2.62.1.12**

**[Lebende Tiere]** **2.2.62.1.12.1** → *D: RSEB 2-15.2* → *D: RSEB 2-16*

Lebende Tiere dürfen nicht dazu benutzt werden, ansteckungsgefährliche Stoffe zu befördern, es sei denn, dieser kann nicht auf eine andere Weise befördert werden. Lebende Tiere, die absichtlich infiziert wurden und von denen bekannt ist oder bei denen der Verdacht besteht, dass sie einen ansteckungsgefährlichen Stoff enthalten, dürfen nur unter den von den zuständigen Behörden genehmigten Bedingungen befördert werden.

**Bem.** Die Genehmigung der zuständigen Behörden ist auf der Grundlage der einschlägigen Regelungen für Tiertransporte zu erteilen, gefahrgutrechtliche Gesichtspunkte sind dabei zu berücksichtigen. Welche Behörden für die Festlegung dieser Bedingungen und Regelungen für eine Genehmigung zuständig sind, ist auf nationaler Ebene zu regeln.

Falls keine Genehmigung der zuständigen Behörde einer Vertragspartei des ADR vorliegt, kann die zuständige Behörde einer Vertragspartei des ADR eine von der zuständigen Behörde eines Landes, das keine Vertragspartei des ADR ist, erteilte Genehmigung anerkennen.

---

6) Entscheidung der Kommission 2000/532/EG vom 3. Mai 2000 zur Ersetzung der Entscheidung 94/3/EG über ein Abfallverzeichnis gemäß Artikel 1 Buchstabe a) der Richtlinie 75/442/EWG des Rates über Abfälle (ersetzt durch Richtlinie 2006/12/EG des Europäischen Parlaments und des Rates (Amtsblatt der Europäischen Union Nr. L 114 vom 27. April 2006, Seite 9)) und der Entscheidung 94/904/EG des Rates über ein Verzeichnis gefährlicher Abfälle im Sinne von Artikel 1 Absatz 4 der Richtlinie 91/689/EWG des Rates über gefährliche Abfälle (Amtsblatt der Europäischen Gemeinschaften Nr. L 226 vom 6. September 2000, Seite 3).

**2.2.62.1.12.1** (Forts.) Regelungen für Tiertransporte sind z.B. enthalten in der Verordnung (EG) Nr. 1/2005 des Rates vom 22. Dezember 2004 über den Schutz von Tieren beim Transport (Amtsblatt der Europäischen Union Nr. L 3 vom 5. Januar 2005, S. 1) in der jeweils geltenden Fassung.

**2.2.62.1.12.2** (gestrichen)

### 2.2.62.2 Nicht zur Beförderung zugelassene Stoffe

*→ D: RSEB 2-15.2*

Lebende Wirbeltiere oder wirbellose Tiere dürfen nicht dazu benutzt werden, einen ansteckungsgefährlichen Stoff zu befördern, es sei denn, dieser kann nicht auf eine andere Weise befördert werden oder diese Beförderung ist von der zuständigen Behörde zugelassen (siehe Absatz 2.2.62.1.12.1).

### 2.2.62.3 Verzeichnis der Sammeleintragungen

| | Klassifizierungscode | UN-Nummer | Benennung des Stoffes oder Gegenstandes |
|---|---|---|---|
| **Ansteckungsgefährliche Stoffe** | | | |
| **Ansteckungsgefährliche Stoffe, gefährlich für Menschen** | I1 | 2814 | ANSTECKUNGSGEFÄHRLICHER STOFF, GEFÄHRLICH FÜR MENSCHEN |
| **Ansteckungsgefährliche Stoffe, gefährlich nur für Tiere** | I2 | 2900 | ANSTECKUNGSGEFÄHRLICHER STOFF, nur GEFÄHRLICH FÜR TIERE |
| **Klinische Abfälle** | I3 | 3549 | MEDIZINISCHE ABFÄLLE, KATEGORIE A, GEFÄHRLICH FÜR MENSCHEN, fest oder |
| | | 3549 | MEDIZINISCHE ABFÄLLE, KATEGORIE A, nur GEFÄHRLICH FÜR TIERE, fest |
| | | 3291 | KLINISCHER ABFALL, UNSPEZIFIZIERT, N.A.G. oder |
| | | 3291 | (BIO)MEDIZINISCHER ABFALL, N.A.G. oder |
| | | 3291 | UNTER DIE VORSCHRIFTEN FALLENDER MEDIZINISCHER ABFALL, N.A.G. |
| **Biologische Stoffe** | I4 | 3373 | BIOLOGISCHER STOFF, KATEGORIE B |

**Klasse 7: Radioaktive Stoffe** 2.2.7
→ *1.6.6.3*

**Begriffsbestimmungen** 2.2.7.1

**[Radioaktive Stoffe]** 2.2.7.1.1
→ *1.7.5*
→ *1.7.1.4*

***Radioaktive Stoffe*** sind Stoffe, die Radionuklide enthalten, bei denen sowohl die Aktivitätskonzentration als auch die Gesamtaktivität je Sendung die in den Absätzen 2.2.7.2.2.1 bis 2.2.7.2.2.6 aufgeführten Werte übersteigt.

**Kontamination** 2.2.7.1.2
→ *1.7.6.1 c)*

***Kontamination*** ist das Vorhandensein eines radioaktiven Stoffes auf einer Oberfläche in Mengen von mehr als 0,4 $Bq/cm^2$ für Beta- und Gammastrahler und Alphastrahler geringer Toxizität oder 0,04 $Bq/cm^2$ für alle anderen Alphastrahler.

***Nicht festhaftende Kontamination*** ist eine Kontamination, die unter Routine-Beförderungsbedingungen von der Oberfläche ablösbar ist.

***Festhaftende Kontamination*** ist jede Kontamination mit Ausnahme der nicht festhaftenden Kontamination.

**Besondere Begriffsbestimmungen** 2.2.7.1.3
→ *1.7.4.1*

***$A_1$ und $A_2$***

> ***$A_1$*** ist der in der Tabelle 2.2.7.2.2.1 aufgeführte oder der nach Absatz 2.2.7.2.2.2 abgeleitete Aktivitätswert von radioaktiven Stoffen in besonderer Form, der für die Bestimmung der Aktivitätsgrenzwerte für die Vorschriften des ADR verwendet wird.
>
> ***$A_2$*** ist der in der Tabelle 2.2.7.2.2.1 aufgeführte oder der nach Absatz 2.2.7.2.2.2 abgeleitete Aktivitätswert von radioaktiven Stoffen, ausgenommen radioaktive Stoffe in besonderer Form, der für die Bestimmung der Aktivitätsgrenzwerte für die Vorschriften des ADR verwendet wird.

***Alphastrahler geringer Toxizität*** sind: natürliches Uran, abgereichertes Uran, natürliches Thorium, Uran-235 oder Uran-238, Thorium-232, Thorium-228 und Thorium-230, wenn sie in Erzen oder in physikalischen oder chemischen Konzentraten enthalten sind, oder Alphastrahler mit einer Halbwertszeit von weniger als 10 Tagen.

***Gering dispergierbarer radioaktiver Stoff*** ist entweder ein fester radioaktiver Stoff oder ein fester radioaktiver Stoff in einer dichten Kapsel, der eine begrenzte Dispersibilität hat und nicht pulverförmig ist.

***Oberflächenkontaminierter Gegenstand (SCO)*** ist ein fester Gegenstand, der selbst nicht radioaktiv ist, auf dessen Oberfläche jedoch radioaktive Stoffe verteilt sind.

***Radioaktiver Stoff in besonderer Form*** ist entweder

a) ein nicht dispergierbarer fester radioaktiver Stoff oder
b) eine dichte Kapsel, die radioaktive Stoffe enthält.

***Spaltbare Nuklide*** sind Uran-233, Uran-235, Plutonium-239 und Plutonium-241.

***Spaltbare Stoffe*** sind Stoffe, die irgendein spaltbares Nuklid enthalten. Unter diese Begriffsbestimmung fallen nicht:

a) unbestrahltes natürliches oder abgereichertes Uran;
b) natürliches Uran oder abgereichertes Uran, das nur in thermischen Reaktoren bestrahlt worden ist;
c) Stoffe mit spaltbaren Nukliden mit einer Gesamtmasse von weniger als 0,25 g;
d) alle Kombinationen von a), b) und/oder c).

Diese Ausnahmen gelten nur, wenn im Versandstück oder in der unverpackt beförderten Sendung kein anderer Stoff mit spaltbaren Nukliden enthalten ist.

***Spezifische Aktivität eines Radionuklids*** ist die Aktivität des Radionuklids je Masseeinheit dieses Nuklids. Die spezifische Aktivität eines Stoffes ist die Aktivität je Masseeinheit dieses Stoffes, in dem die Radionuklide im Wesentlichen gleichmäßig verteilt sind.

**Bem.** Für Zwecke des ADR gelten die Begriffe „Aktivitätskonzentration“ und „spezifische Aktivität“ als Synonyme.

2.2.7.1.3 (Forts.) ***Stoff mit geringer spezifischer Aktivität (LSA)*** ist ein radioaktiver Stoff mit begrenzter spezifischer Eigenaktivität oder ein radioaktiver Stoff, für den die Grenzwerte der geschätzten mittleren spezifischen Aktivität gelten. Äußere, den LSA-Stoff umgebende Abschirmungsmaterialien sind bei der Bestimmung der geschätzten mittleren spezifischen Aktivität nicht zu berücksichtigen.

***Unbestrahltes Thorium*** ist Thorium, das höchstens $10^{-7}$ g Uran-233 pro Gramm Thorium-232 enthält.

***Unbestrahltes Uran*** ist Uran, das höchstens $2 \times 10^3$ Bq Plutonium pro Gramm Uran-235, höchstens $9 \times 10^6$ Bq Spaltprodukte pro Gramm Uran-235 und höchstens $5 \times 10^{-3}$ g Uran-236 pro Gramm Uran-235 enthält.

***Uran – natürlich, abgereichert, angereichert***

***Natürliches Uran*** ist Uran (das chemisch abgetrennt sein darf) mit der natürlichen Zusammensetzung der Uranisotope (ca. 99,28 Masse-% Uran-238 und 0,72 Masse-% Uran-235).

***Abgereichertes Uran*** ist Uran mit einem geringeren Masseanteil an Uran-235 als natürliches Uran.

***Angereichertes Uran*** ist Uran mit einem Masseanteil an Uran-235 von mehr als 0,72 %.

In allen Fällen ist ein sehr kleiner Masseanteil an Uran-234 vorhanden.

## 2.2.7.2 Klassifizierung

### 2.2.7.2.1 Allgemeine Vorschriften

### 2.2.7.2.1.1 [Radioaktive Stoffe]

→ 1.7.1.4

Radioaktive Stoffe sind nach den Vorschriften der Absätze 2.2.7.2.4 und 2.2.7.2.5 unter Berücksichtigung der in Absatz 2.2.7.2.3 bestimmten Stoffeigenschaften einer der in der Tabelle 2.2.7.2.1.1 festgelegten UN-Nummern zuzuordnen.

**Tabelle 2.2.7.2.1.1: Zuordnung der UN-Nummern**

| | UN-Nummer | offizielle Benennung für die Beförderung und Beschreibung[a)] |
|---|---|---|
| | **Freigestellte Versandstücke** (Unterabschnitt 1.7.1.5) | |
| → 2.2.7.2.4.1.7 | UN 2908 | RADIOAKTIVE STOFFE, FREIGESTELLTES VERSANDSTÜCK – LEERE VERPACKUNG |
| → 2.2.7.2.4.1.6 | UN 2909 | RADIOAKTIVE STOFFE, FREIGESTELLTES VERSANDSTÜCK – FABRIKATE AUS NATÜRLICHEM URAN oder AUS ABGEREICHERTEM URAN oder AUS NATÜRLICHEM THORIUM |
| → 2.2.7.2.4.1.4 | UN 2910 | RADIOAKTIVE STOFFE, FREIGESTELLTES VERSANDSTÜCK – BEGRENZTE STOFFMENGE |
| → 2.2.7.2.4.1.3 | UN 2911 | RADIOAKTIVE STOFFE, FREIGESTELLTES VERSANDSTÜCK – INSTRUMENTE oder FABRIKATE |
| → 2.2.7.2.4.1.5 | UN 3507 | URANHEXAFLUORID, RADIOAKTIVE STOFFE, FREIGESTELLTES VERSANDSTÜCK mit weniger als 0,1 kg je Versandstück, nicht spaltbar oder spaltbar, freigestellt[b), c)] |
| → 2.2.7.2.4.2 | **Radioaktive Stoffe mit geringer spezifischer Aktivität** (Absatz 2.2.7.2.3.1) | |
| | UN 2912 | RADIOAKTIVE STOFFE MIT GERINGER SPEZIFISCHER AKTIVITÄT (LSA-I), nicht spaltbar oder spaltbar, freigestellt[b)] |
| | UN 3321 | RADIOAKTIVE STOFFE MIT GERINGER SPEZIFISCHER AKTIVITÄT (LSA-II), nicht spaltbar oder spaltbar, freigestellt[b)] |
| | UN 3322 | RADIOAKTIVE STOFFE MIT GERINGER SPEZIFISCHER AKTIVITÄT (LSA-III), nicht spaltbar oder spaltbar, freigestellt[b)] |
| | UN 3324 | RADIOAKTIVE STOFFE MIT GERINGER SPEZIFISCHER AKTIVITÄT (LSA-II), SPALTBAR |
| | UN 3325 | RADIOAKTIVE STOFFE MIT GERINGER SPEZIFISCHER AKTIVITÄT (LSA-III), SPALTBAR |
| → 2.2.7.2.4.3 | **Oberflächenkontaminierte Gegenstände** (Absatz 2.2.7.2.3.2) | |
| | UN 2913 | RADIOAKTIVE STOFFE, OBERFLÄCHENKONTAMINIERTE GEGENSTÄNDE (SCO-I, SCO-II oder SCO-III), nicht spaltbar oder spaltbar, freigestellt[b)] |
| | UN 3326 | RADIOAKTIVE STOFFE, OBERFLÄCHENKONTAMINIERTE GEGENSTÄNDE (SCO-I oder SCO-II), SPALTBAR |

2.2.7.2.1.1 (Forts.)

| UN-Nummer | offizielle Benennung für die Beförderung und Beschreibung[a)] |
|---|---|
| **Typ A-Versandstücke** (Absatz 2.2.7.2.4.4) | |
| UN 2915 | RADIOAKTIVE STOFFE, TYP A-VERSANDSTÜCK, nicht in besonderer Form, nicht spaltbar oder spaltbar, freigestellt[b)] |
| UN 3327 | RADIOAKTIVE STOFFE, TYP A-VERSANDSTÜCK, SPALTBAR, nicht in besonderer Form |
| UN 3332 | RADIOAKTIVE STOFFE, TYP A-VERSANDSTÜCK, IN BESONDERER FORM, nicht spaltbar oder spaltbar, freigestellt[b)] |
| UN 3333 | RADIOAKTIVE STOFFE, TYP A-VERSANDSTÜCK, IN BESONDERER FORM, SPALTBAR |
| **Typ B(U)-Versandstücke** (Absatz 2.2.7.2.4.6) | |
| UN 2916 | RADIOAKTIVE STOFFE, TYP B(U)-VERSANDSTÜCK, nicht spaltbar oder spaltbar, freigestellt[b)] |
| UN 3328 | RADIOAKTIVE STOFFE, TYP B(U)-VERSANDSTÜCK, SPALTBAR |
| **Typ B(M)-Versandstücke** (Absatz 2.2.7.2.4.6) | |
| UN 2917 | RADIOAKTIVE STOFFE, TYP B(M)-VERSANDSTÜCK, nicht spaltbar oder spaltbar, freigestellt[b)] |
| UN 3329 | RADIOAKTIVE STOFFE, TYP B(M)-VERSANDSTÜCK, SPALTBAR |
| **Typ C-Versandstücke** (Absatz 2.2.7.2.4.6) | |
| UN 3323 | RADIOAKTIVE STOFFE, TYP C-VERSANDSTÜCK, nicht spaltbar oder spaltbar, freigestellt[b)] |
| UN 3330 | RADIOAKTIVE STOFFE, TYP C-VERSANDSTÜCK, SPALTBAR |
| **Sondervereinbarung** (Absatz 2.2.7.2.5) | |
| UN 2919 | RADIOAKTIVE STOFFE, UNTER SONDERVEREINBARUNG BEFÖRDERT, nicht spaltbar oder spaltbar, freigestellt[b)] |
| UN 3331 | RADIOAKTIVE STOFFE, UNTER SONDERVEREINBARUNG BEFÖRDERT, SPALTBAR |
| **Uranhexafluorid** (Absatz 2.2.7.2.4.5) | |
| UN 2977 | RADIOAKTIVE STOFFE, URANHEXAFLUORID, SPALTBAR |
| UN 2978 | RADIOAKTIVE STOFFE, URANHEXAFLUORID, nicht spaltbar oder spaltbar, freigestellt[b)] |
| UN 3507 | URANHEXAFLUORID, RADIOAKTIVE STOFFE, FREIGESTELLTES VERSANDSTÜCK mit weniger als 0,1 kg je Versandstück, nicht spaltbar oder spaltbar, freigestellt[b), c)] |

a) Die offizielle Benennung für die Beförderung ist in der Spalte „offizielle Benennung für die Beförderung und Beschreibung" enthalten und beschränkt sich auf die Teile, die in Großbuchstaben angegeben sind. In den Fällen der UN-Nummern 2909, 2911, 2913 und 3326, in denen alternative offizielle Benennungen für die Beförderung durch den Ausdruck „oder" getrennt sind, darf nur die zutreffende offizielle Benennung für die Beförderung verwendet werden.

b) Der Ausdruck „spaltbar, freigestellt" bezieht sich nur auf Stoffe, die gemäß Absatz 2.2.7.2.3.5 freigestellt sind.

c) Für UN-Nummer 3507 siehe auch Kapitel 3.3 Sondervorschrift 369.

### Bestimmung grundlegender Radionuklidwerte

2.2.7.2.2 → *1.6.6.1 f.*

### [Grundlegende Werte]

2.2.7.2.2.1

Die folgenden grundlegenden Werte für die einzelnen Radionuklide sind in Tabelle 2.2.7.2.2.1 angegeben:

a) $A_1$ und $A_2$ in TBq;

b) Aktivitätskonzentrationsgrenzwert für freigestellte Stoffe in Bq/g und

c) Aktivitätsgrenzwerte für freigestellte Sendungen in Bq.

2.2.7.2.2.1 (Forts.)

**Tabelle 2.2.7.2.2.1: Grundlegende Radionuklidwerte für einzelne Radionuklide**

| Radionuklid (Atomzahl) | $A_1$ (TBq) | $A_2$ (TBq) | Aktivitätskonzentrationsgrenzwert für freigestellte Stoffe (Bq/g) | Aktivitätsgrenzwert für eine freigestellte Sendung (Bq) |
|---|---|---|---|---|
| Actinium (89) | | | | |
| Ac-225[a)] | $8 \times 10^{-1}$ | $6 \times 10^{-3}$ | $1 \times 10^{1}$ | $1 \times 10^{4}$ |
| Ac-227[a)] | $9 \times 10^{-1}$ | $9 \times 10^{-5}$ | $1 \times 10^{-1}$ | $1 \times 10^{3}$ |
| Ac-228 | $6 \times 10^{-1}$ | $5 \times 10^{-1}$ | $1 \times 10^{1}$ | $1 \times 10^{6}$ |
| Silber (47) | | | | |
| Ag-105 | $2 \times 10^{0}$ | $2 \times 10^{0}$ | $1 \times 10^{2}$ | $1 \times 10^{6}$ |
| Ag-108m[a)] | $7 \times 10^{-1}$ | $7 \times 10^{-1}$ | $1 \times 10^{1}$ [b)] | $1 \times 10^{6}$ [b)] |
| Ag-110m[a)] | $4 \times 10^{-1}$ | $4 \times 10^{-1}$ | $1 \times 10^{1}$ | $1 \times 10^{6}$ |
| Ag-111 | $2 \times 10^{0}$ | $6 \times 10^{-1}$ | $1 \times 10^{3}$ | $1 \times 10^{6}$ |
| Aluminium (13) | | | | |
| Al-26 | $1 \times 10^{-1}$ | $1 \times 10^{-1}$ | $1 \times 10^{1}$ | $1 \times 10^{5}$ |
| Americium (95) | | | | |
| Am-241 | $1 \times 10^{1}$ | $1 \times 10^{-3}$ | $1 \times 10^{0}$ | $1 \times 10^{4}$ |
| Am-242m[a)] | $1 \times 10^{1}$ | $1 \times 10^{-3}$ | $1 \times 10^{0}$ [b)] | $1 \times 10^{4}$ [b)] |
| Am-243[a)] | $5 \times 10^{0}$ | $1 \times 10^{-3}$ | $1 \times 10^{0}$ [b)] | $1 \times 10^{3}$ [b)] |
| Argon (18) | | | | |
| Ar-37 | $4 \times 10^{1}$ | $4 \times 10^{1}$ | $1 \times 10^{6}$ | $1 \times 10^{8}$ |
| Ar-39 | $4 \times 10^{1}$ | $2 \times 10^{1}$ | $1 \times 10^{7}$ | $1 \times 10^{4}$ |
| Ar-41 | $3 \times 10^{-1}$ | $3 \times 10^{-1}$ | $1 \times 10^{2}$ | $1 \times 10^{9}$ |
| Arsen (33) | | | | |
| As-72 | $3 \times 10^{-1}$ | $3 \times 10^{-1}$ | $1 \times 10^{1}$ | $1 \times 10^{5}$ |
| As-73 | $4 \times 10^{1}$ | $4 \times 10^{1}$ | $1 \times 10^{3}$ | $1 \times 10^{7}$ |
| As-74 | $1 \times 10^{0}$ | $9 \times 10^{-1}$ | $1 \times 10^{1}$ | $1 \times 10^{6}$ |
| As-76 | $3 \times 10^{-1}$ | $3 \times 10^{-1}$ | $1 \times 10^{2}$ | $1 \times 10^{5}$ |
| As-77 | $2 \times 10^{1}$ | $7 \times 10^{-1}$ | $1 \times 10^{3}$ | $1 \times 10^{6}$ |
| Astat (85) | | | | |
| At-211[a)] | $2 \times 10^{1}$ | $5 \times 10^{-1}$ | $1 \times 10^{3}$ | $1 \times 10^{7}$ |
| Gold (79) | | | | |
| Au-193 | $7 \times 10^{0}$ | $2 \times 10^{0}$ | $1 \times 10^{2}$ | $1 \times 10^{7}$ |
| Au-194 | $1 \times 10^{0}$ | $1 \times 10^{0}$ | $1 \times 10^{1}$ | $1 \times 10^{6}$ |
| Au-195 | $1 \times 10^{1}$ | $6 \times 10^{0}$ | $1 \times 10^{2}$ | $1 \times 10^{7}$ |
| Au-198 | $1 \times 10^{0}$ | $6 \times 10^{-1}$ | $1 \times 10^{2}$ | $1 \times 10^{6}$ |
| Au-199 | $1 \times 10^{1}$ | $6 \times 10^{-1}$ | $1 \times 10^{2}$ | $1 \times 10^{6}$ |
| Barium (56) | | | | |
| Ba-131[a)] | $2 \times 10^{0}$ | $2 \times 10^{0}$ | $1 \times 10^{2}$ | $1 \times 10^{6}$ |
| Ba-133 | $3 \times 10^{0}$ | $3 \times 10^{0}$ | $1 \times 10^{2}$ | $1 \times 10^{6}$ |
| Ba-133m | $2 \times 10^{1}$ | $6 \times 10^{-1}$ | $1 \times 10^{2}$ | $1 \times 10^{6}$ |
| Ba-135m | $2 \times 10^{1}$ | $6 \times 10^{-1}$ | $1 \times 10^{2}$ | $1 \times 10^{6}$ |
| Ba-140[a)] | $5 \times 10^{-1}$ | $3 \times 10^{-1}$ | $1 \times 10^{1}$ [b)] | $1 \times 10^{5}$ [b)] |
| Beryllium (4) | | | | |
| Be-7 | $2 \times 10^{1}$ | $2 \times 10^{1}$ | $1 \times 10^{3}$ | $1 \times 10^{7}$ |
| Be-10 | $4 \times 10^{1}$ | $6 \times 10^{-1}$ | $1 \times 10^{4}$ | $1 \times 10^{6}$ |
| Bismut (83) | | | | |
| Bi-205 | $7 \times 10^{-1}$ | $7 \times 10^{-1}$ | $1 \times 10^{1}$ | $1 \times 10^{6}$ |
| Bi-206 | $3 \times 10^{-1}$ | $3 \times 10^{-1}$ | $1 \times 10^{1}$ | $1 \times 10^{5}$ |
| Bi-207 | $7 \times 10^{-1}$ | $7 \times 10^{-1}$ | $1 \times 10^{1}$ | $1 \times 10^{6}$ |
| Bi-210 | $1 \times 10^{0}$ | $6 \times 10^{-1}$ | $1 \times 10^{3}$ | $1 \times 10^{6}$ |
| Bi-210m[a)] | $6 \times 10^{-1}$ | $2 \times 10^{-2}$ | $1 \times 10^{1}$ | $1 \times 10^{5}$ |
| Bi-212[a)] | $7 \times 10^{-1}$ | $6 \times 10^{-1}$ | $1 \times 10^{1}$ [b)] | $1 \times 10^{5}$ [b)] |
| Berkelium (97) | | | | |
| Bk-247 | $8 \times 10^{0}$ | $8 \times 10^{-4}$ | $1 \times 10^{0}$ | $1 \times 10^{4}$ |
| Bk-249[a)] | $4 \times 10^{1}$ | $3 \times 10^{-1}$ | $1 \times 10^{3}$ | $1 \times 10^{6}$ |
| Brom (35) | | | | |
| Br-76 | $4 \times 10^{-1}$ | $4 \times 10^{-1}$ | $1 \times 10^{1}$ | $1 \times 10^{5}$ |
| Br-77 | $3 \times 10^{0}$ | $3 \times 10^{0}$ | $1 \times 10^{2}$ | $1 \times 10^{6}$ |
| Br-82 | $4 \times 10^{-1}$ | $4 \times 10^{-1}$ | $1 \times 10^{1}$ | $1 \times 10^{6}$ |
| Kohlenstoff (6) | | | | |
| C-11 | $1 \times 10^{0}$ | $6 \times 10^{-1}$ | $1 \times 10^{1}$ | $1 \times 10^{6}$ |
| C-14 | $4 \times 10^{1}$ | $3 \times 10^{0}$ | $1 \times 10^{4}$ | $1 \times 10^{7}$ |

2.2.7.2.2.1 (Forts.)

| Radionuklid (Atomzahl) | $A_1$ (TBq) | $A_2$ (TBq) | Aktivitätskonzentrationsgrenzwert für freigestellte Stoffe (Bq/g) | Aktivitätsgrenzwert für eine freigestellte Sendung (Bq) |
|---|---|---|---|---|
| Calcium (20) | | | | |
| Ca-41 | unbegrenzt | unbegrenzt | $1 \times 10^5$ | $1 \times 10^7$ |
| Ca-45 | $4 \times 10^1$ | $1 \times 10^0$ | $1 \times 10^4$ | $1 \times 10^7$ |
| Ca-47[a)] | $3 \times 10^0$ | $3 \times 10^{-1}$ | $1 \times 10^1$ | $1 \times 10^6$ |
| Cadmium (48) | | | | |
| Cd-109 | $3 \times 10^1$ | $2 \times 10^0$ | $1 \times 10^4$ | $1 \times 10^6$ |
| Cd-113m | $4 \times 10^1$ | $5 \times 10^{-1}$ | $1 \times 10^3$ | $1 \times 10^6$ |
| Cd-115[a)] | $3 \times 10^0$ | $4 \times 10^{-1}$ | $1 \times 10^2$ | $1 \times 10^6$ |
| Cd-115m | $5 \times 10^{-1}$ | $5 \times 10^{-1}$ | $1 \times 10^3$ | $1 \times 10^6$ |
| Cer (58) | | | | |
| Ce-139 | $7 \times 10^0$ | $2 \times 10^0$ | $1 \times 10^2$ | $1 \times 10^6$ |
| Ce-141 | $2 \times 10^1$ | $6 \times 10^{-1}$ | $1 \times 10^2$ | $1 \times 10^7$ |
| Ce-143 | $9 \times 10^{-1}$ | $6 \times 10^{-1}$ | $1 \times 10^2$ | $1 \times 10^6$ |
| Ce-144[a)] | $2 \times 10^{-1}$ | $2 \times 10^{-1}$ | $1 \times 10^2$ [b)] | $1 \times 10^5$ [b)] |
| Californium (98) | | | | |
| Cf-248 | $4 \times 10^1$ | $6 \times 10^{-3}$ | $1 \times 10^1$ | $1 \times 10^4$ |
| Cf-249 | $3 \times 10^0$ | $8 \times 10^{-4}$ | $1 \times 10^0$ | $1 \times 10^3$ |
| Cf-250 | $2 \times 10^1$ | $2 \times 10^{-3}$ | $1 \times 10^1$ | $1 \times 10^4$ |
| Cf-251 | $7 \times 10^0$ | $7 \times 10^{-4}$ | $1 \times 10^0$ | $1 \times 10^3$ |
| Cf-252 | $1 \times 10^{-1}$ | $3 \times 10^{-3}$ | $1 \times 10^1$ | $1 \times 10^4$ |
| Cf-253[a)] | $4 \times 10^1$ | $4 \times 10^{-2}$ | $1 \times 10^2$ | $1 \times 10^5$ |
| Cf-254 | $1 \times 10^{-3}$ | $1 \times 10^{-3}$ | $1 \times 10^0$ | $1 \times 10^3$ |
| Chlor (17) | | | | |
| Cl-36 | $1 \times 10^1$ | $6 \times 10^{-1}$ | $1 \times 10^4$ | $1 \times 10^6$ |
| Cl-38 | $2 \times 10^{-1}$ | $2 \times 10^{-1}$ | $1 \times 10^1$ | $1 \times 10^5$ |
| Curium (96) | | | | |
| Cm-240 | $4 \times 10^1$ | $2 \times 10^{-2}$ | $1 \times 10^2$ | $1 \times 10^5$ |
| Cm-241 | $2 \times 10^0$ | $1 \times 10^0$ | $1 \times 10^2$ | $1 \times 10^6$ |
| Cm-242 | $4 \times 10^1$ | $1 \times 10^{-2}$ | $1 \times 10^2$ | $1 \times 10^5$ |
| Cm-243 | $9 \times 10^0$ | $1 \times 10^{-3}$ | $1 \times 10^0$ | $1 \times 10^4$ |
| Cm-244 | $2 \times 10^1$ | $2 \times 10^{-3}$ | $1 \times 10^1$ | $1 \times 10^4$ |
| Cm-245 | $9 \times 10^0$ | $9 \times 10^{-4}$ | $1 \times 10^0$ | $1 \times 10^3$ |
| Cm-246 | $9 \times 10^0$ | $9 \times 10^{-4}$ | $1 \times 10^0$ | $1 \times 10^3$ |
| Cm-247[a)] | $3 \times 10^0$ | $1 \times 10^{-3}$ | $1 \times 10^0$ | $1 \times 10^4$ |
| Cm-248 | $2 \times 10^{-2}$ | $3 \times 10^{-4}$ | $1 \times 10^0$ | $1 \times 10^3$ |
| Cobalt (27) | | | | |
| Co-55 | $5 \times 10^{-1}$ | $5 \times 10^{-1}$ | $1 \times 10^1$ | $1 \times 10^6$ |
| Co-56 | $3 \times 10^{-1}$ | $3 \times 10^{-1}$ | $1 \times 10^1$ | $1 \times 10^5$ |
| Co-57 | $1 \times 10^1$ | $1 \times 10^1$ | $1 \times 10^2$ | $1 \times 10^6$ |
| Co-58 | $1 \times 10^0$ | $1 \times 10^0$ | $1 \times 10^1$ | $1 \times 10^6$ |
| Co-58m | $4 \times 10^1$ | $4 \times 10^1$ | $1 \times 10^4$ | $1 \times 10^7$ |
| Co-60 | $4 \times 10^{-1}$ | $4 \times 10^{-1}$ | $1 \times 10^1$ | $1 \times 10^5$ |
| Chrom (24) | | | | |
| Cr-51 | $3 \times 10^1$ | $3 \times 10^1$ | $1 \times 10^3$ | $1 \times 10^7$ |
| Caesium (55) | | | | |
| Cs-129 | $4 \times 10^0$ | $4 \times 10^0$ | $1 \times 10^2$ | $1 \times 10^5$ |
| Cs-131 | $3 \times 10^1$ | $3 \times 10^1$ | $1 \times 10^3$ | $1 \times 10^6$ |
| Cs-132 | $1 \times 10^0$ | $1 \times 10^0$ | $1 \times 10^1$ | $1 \times 10^5$ |
| Cs-134 | $7 \times 10^{-1}$ | $7 \times 10^{-1}$ | $1 \times 10^1$ | $1 \times 10^4$ |
| Cs-134m | $4 \times 10^1$ | $6 \times 10^{-1}$ | $1 \times 10^3$ | $1 \times 10^5$ |
| Cs-135 | $4 \times 10^1$ | $1 \times 10^0$ | $1 \times 10^4$ | $1 \times 10^7$ |
| Cs-136 | $5 \times 10^{-1}$ | $5 \times 10^{-1}$ | $1 \times 10^1$ | $1 \times 10^5$ |
| Cs-137[a)] | $2 \times 10^0$ | $6 \times 10^{-1}$ | $1 \times 10^1$ [b)] | $1 \times 10^4$ [b)] |
| Kupfer (29) | | | | |
| Cu-64 | $6 \times 10^0$ | $1 \times 10^0$ | $1 \times 10^2$ | $1 \times 10^6$ |
| Cu-67 | $1 \times 10^1$ | $7 \times 10^{-1}$ | $1 \times 10^2$ | $1 \times 10^6$ |
| Dysprosium (66) | | | | |
| Dy-159 | $2 \times 10^1$ | $2 \times 10^1$ | $1 \times 10^3$ | $1 \times 10^7$ |
| Dy-165 | $9 \times 10^{-1}$ | $6 \times 10^{-1}$ | $1 \times 10^3$ | $1 \times 10^6$ |
| Dy-166[a)] | $9 \times 10^{-1}$ | $3 \times 10^{-1}$ | $1 \times 10^3$ | $1 \times 10^6$ |

2.2.7.2.2.1 (Forts.)

| Radionuklid (Atomzahl) | $A_1$ (TBq) | $A_2$ (TBq) | Aktivitätskonzentrationsgrenzwert für freigestellte Stoffe (Bq/g) | Aktivitätsgrenzwert für eine freigestellte Sendung (Bq) |
|---|---|---|---|---|
| Erbium (68) | | | | |
| Er-169 | $4 \times 10^{1}$ | $1 \times 10^{0}$ | $1 \times 10^{4}$ | $1 \times 10^{7}$ |
| Er-171 | $8 \times 10^{-1}$ | $5 \times 10^{-1}$ | $1 \times 10^{2}$ | $1 \times 10^{6}$ |
| Europium (63) | | | | |
| Eu-147 | $2 \times 10^{0}$ | $2 \times 10^{0}$ | $1 \times 10^{2}$ | $1 \times 10^{6}$ |
| Eu-148 | $5 \times 10^{-1}$ | $5 \times 10^{-1}$ | $1 \times 10^{1}$ | $1 \times 10^{6}$ |
| Eu-149 | $2 \times 10^{1}$ | $2 \times 10^{1}$ | $1 \times 10^{2}$ | $1 \times 10^{7}$ |
| Eu-150 (kurzlebig) | $2 \times 10^{0}$ | $7 \times 10^{-1}$ | $1 \times 10^{3}$ | $1 \times 10^{6}$ |
| Eu-150 (langlebig) | $7 \times 10^{-1}$ | $7 \times 10^{-1}$ | $1 \times 10^{1}$ | $1 \times 10^{6}$ |
| Eu-152 | $1 \times 10^{0}$ | $1 \times 10^{0}$ | $1 \times 10^{1}$ | $1 \times 10^{6}$ |
| Eu-152m | $8 \times 10^{-1}$ | $8 \times 10^{-1}$ | $1 \times 10^{2}$ | $1 \times 10^{6}$ |
| Eu-154 | $9 \times 10^{-1}$ | $6 \times 10^{-1}$ | $1 \times 10^{1}$ | $1 \times 10^{6}$ |
| Eu-155 | $2 \times 10^{1}$ | $3 \times 10^{0}$ | $1 \times 10^{2}$ | $1 \times 10^{7}$ |
| Eu-156 | $7 \times 10^{-1}$ | $7 \times 10^{-1}$ | $1 \times 10^{1}$ | $1 \times 10^{6}$ |
| Fluor (9) | | | | |
| F-18 | $1 \times 10^{0}$ | $6 \times 10^{-1}$ | $1 \times 10^{1}$ | $1 \times 10^{6}$ |
| Eisen (26) | | | | |
| Fe-52[a)] | $3 \times 10^{-1}$ | $3 \times 10^{-1}$ | $1 \times 10^{1}$ | $1 \times 10^{6}$ |
| Fe-55 | $4 \times 10^{1}$ | $4 \times 10^{1}$ | $1 \times 10^{4}$ | $1 \times 10^{6}$ |
| Fe-59 | $9 \times 10^{-1}$ | $9 \times 10^{-1}$ | $1 \times 10^{1}$ | $1 \times 10^{6}$ |
| Fe-60[a)] | $4 \times 10^{1}$ | $2 \times 10^{-1}$ | $1 \times 10^{2}$ | $1 \times 10^{5}$ |
| Gallium (31) | | | | |
| Ga-67 | $7 \times 10^{0}$ | $3 \times 10^{0}$ | $1 \times 10^{2}$ | $1 \times 10^{6}$ |
| Ga-68 | $5 \times 10^{-1}$ | $5 \times 10^{-1}$ | $1 \times 10^{1}$ | $1 \times 10^{5}$ |
| Ga-72 | $4 \times 10^{-1}$ | $4 \times 10^{-1}$ | $1 \times 10^{1}$ | $1 \times 10^{5}$ |
| Gadolinium (64) | | | | |
| Gd-146[a)] | $5 \times 10^{-1}$ | $5 \times 10^{-1}$ | $1 \times 10^{1}$ | $1 \times 10^{6}$ |
| Gd-148 | $2 \times 10^{1}$ | $2 \times 10^{-3}$ | $1 \times 10^{1}$ | $1 \times 10^{4}$ |
| Gd-153 | $1 \times 10^{1}$ | $9 \times 10^{0}$ | $1 \times 10^{2}$ | $1 \times 10^{7}$ |
| Gd-159 | $3 \times 10^{0}$ | $6 \times 10^{-1}$ | $1 \times 10^{3}$ | $1 \times 10^{6}$ |
| Germanium (32) | | | | |
| Ge-68[a)] | $5 \times 10^{-1}$ | $5 \times 10^{-1}$ | $1 \times 10^{1}$ | $1 \times 10^{5}$ |
| Ge-69 | $1 \times 10^{0}$ | $1 \times 10^{0}$ | $1 \times 10^{1}$ | $1 \times 10^{6}$ |
| Ge-71 | $4 \times 10^{1}$ | $4 \times 10^{1}$ | $1 \times 10^{4}$ | $1 \times 10^{8}$ |
| Ge-77 | $3 \times 10^{-1}$ | $3 \times 10^{-1}$ | $1 \times 10^{1}$ | $1 \times 10^{5}$ |
| Hafnium (72) | | | | |
| Hf-172[a)] | $6 \times 10^{-1}$ | $6 \times 10^{-1}$ | $1 \times 10^{1}$ | $1 \times 10^{6}$ |
| Hf-175 | $3 \times 10^{0}$ | $3 \times 10^{0}$ | $1 \times 10^{2}$ | $1 \times 10^{6}$ |
| Hf-181 | $2 \times 10^{0}$ | $5 \times 10^{-1}$ | $1 \times 10^{1}$ | $1 \times 10^{6}$ |
| Hf-182 | unbegrenzt | unbegrenzt | $1 \times 10^{2}$ | $1 \times 10^{6}$ |
| Quecksilber (80) | | | | |
| Hg-194[a)] | $1 \times 10^{0}$ | $1 \times 10^{0}$ | $1 \times 10^{1}$ | $1 \times 10^{6}$ |
| Hg-195m[a)] | $3 \times 10^{0}$ | $7 \times 10^{-1}$ | $1 \times 10^{2}$ | $1 \times 10^{6}$ |
| Hg-197 | $2 \times 10^{1}$ | $1 \times 10^{1}$ | $1 \times 10^{2}$ | $1 \times 10^{7}$ |
| Hg-197m | $1 \times 10^{1}$ | $4 \times 10^{-1}$ | $1 \times 10^{2}$ | $1 \times 10^{6}$ |
| Hg-203 | $5 \times 10^{0}$ | $1 \times 10^{0}$ | $1 \times 10^{2}$ | $1 \times 10^{5}$ |
| Holmium (67) | | | | |
| Ho-166 | $4 \times 10^{-1}$ | $4 \times 10^{-1}$ | $1 \times 10^{3}$ | $1 \times 10^{5}$ |
| Ho-166m | $6 \times 10^{-1}$ | $5 \times 10^{-1}$ | $1 \times 10^{1}$ | $1 \times 10^{6}$ |
| Iod (53) | | | | |
| I-123 | $6 \times 10^{0}$ | $3 \times 10^{0}$ | $1 \times 10^{2}$ | $1 \times 10^{7}$ |
| I-124 | $1 \times 10^{0}$ | $1 \times 10^{0}$ | $1 \times 10^{1}$ | $1 \times 10^{6}$ |
| I-125 | $2 \times 10^{1}$ | $3 \times 10^{0}$ | $1 \times 10^{3}$ | $1 \times 10^{6}$ |
| I-126 | $2 \times 10^{0}$ | $1 \times 10^{0}$ | $1 \times 10^{2}$ | $1 \times 10^{6}$ |
| I-129 | unbegrenzt | unbegrenzt | $1 \times 10^{2}$ | $1 \times 10^{5}$ |
| I-131 | $3 \times 10^{0}$ | $7 \times 10^{-1}$ | $1 \times 10^{2}$ | $1 \times 10^{6}$ |
| I-132 | $4 \times 10^{-1}$ | $4 \times 10^{-1}$ | $1 \times 10^{1}$ | $1 \times 10^{5}$ |
| I-133 | $7 \times 10^{-1}$ | $6 \times 10^{-1}$ | $1 \times 10^{1}$ | $1 \times 10^{6}$ |
| I-134 | $3 \times 10^{-1}$ | $3 \times 10^{-1}$ | $1 \times 10^{1}$ | $1 \times 10^{5}$ |
| I-135[a)] | $6 \times 10^{-1}$ | $6 \times 10^{-1}$ | $1 \times 10^{1}$ | $1 \times 10^{6}$ |

2.2.7.2.2.1 (Forts.)

| Radionuklid (Atomzahl) | $A_1$ (TBq) | $A_2$ (TBq) | Aktivitätskonzentrationsgrenzwert für freigestellte Stoffe (Bq/g) | Aktivitätsgrenzwert für eine freigestellte Sendung (Bq) |
|---|---|---|---|---|
| Indium (49) | | | | |
| In-111 | $3 \times 10^0$ | $3 \times 10^0$ | $1 \times 10^2$ | $1 \times 10^6$ |
| In-113m | $4 \times 10^0$ | $2 \times 10^0$ | $1 \times 10^2$ | $1 \times 10^6$ |
| In-114m[a)] | $1 \times 10^1$ | $5 \times 10^{-1}$ | $1 \times 10^2$ | $1 \times 10^6$ |
| In-115m | $7 \times 10^0$ | $1 \times 10^0$ | $1 \times 10^2$ | $1 \times 10^6$ |
| Iridium (77) | | | | |
| Ir-189[a)] | $1 \times 10^1$ | $1 \times 10^1$ | $1 \times 10^2$ | $1 \times 10^7$ |
| Ir-190 | $7 \times 10^{-1}$ | $7 \times 10^{-1}$ | $1 \times 10^1$ | $1 \times 10^6$ |
| Ir-192 | $1 \times 10^0$ [c)] | $6 \times 10^{-1}$ | $1 \times 10^1$ | $1 \times 10^4$ |
| Ir-193m | $4 \times 10^1$ | $4 \times 10^0$ | $1 \times 10^4$ | $1 \times 10^7$ |
| Ir-194 | $3 \times 10^{-1}$ | $3 \times 10^{-1}$ | $1 \times 10^2$ | $1 \times 10^5$ |
| Kalium (19) | | | | |
| K-40 | $9 \times 10^{-1}$ | $9 \times 10^{-1}$ | $1 \times 10^2$ | $1 \times 10^6$ |
| K-42 | $2 \times 10^{-1}$ | $2 \times 10^{-1}$ | $1 \times 10^2$ | $1 \times 10^6$ |
| K-43 | $7 \times 10^{-1}$ | $6 \times 10^{-1}$ | $1 \times 10^1$ | $1 \times 10^6$ |
| Krypton (36) | | | | |
| Kr-79 | $4 \times 10^0$ | $2 \times 10^0$ | $1 \times 10^3$ | $1 \times 10^5$ |
| Kr-81 | $4 \times 10^1$ | $4 \times 10^1$ | $1 \times 10^4$ | $1 \times 10^7$ |
| Kr-85 | $1 \times 10^1$ | $1 \times 10^1$ | $1 \times 10^5$ | $1 \times 10^4$ |
| Kr-85m | $8 \times 10^0$ | $3 \times 10^0$ | $1 \times 10^3$ | $1 \times 10^{10}$ |
| Kr-87 | $2 \times 10^{-1}$ | $2 \times 10^{-1}$ | $1 \times 10^2$ | $1 \times 10^9$ |
| Lanthan (57) | | | | |
| La-137 | $3 \times 10^1$ | $6 \times 10^0$ | $1 \times 10^3$ | $1 \times 10^7$ |
| La-140 | $4 \times 10^{-1}$ | $4 \times 10^{-1}$ | $1 \times 10^1$ | $1 \times 10^5$ |
| Lutetium (71) | | | | |
| Lu-172 | $6 \times 10^{-1}$ | $6 \times 10^{-1}$ | $1 \times 10^1$ | $1 \times 10^6$ |
| Lu-173 | $8 \times 10^0$ | $8 \times 10^0$ | $1 \times 10^2$ | $1 \times 10^7$ |
| Lu-174 | $9 \times 10^0$ | $9 \times 10^0$ | $1 \times 10^2$ | $1 \times 10^7$ |
| Lu-174m | $2 \times 10^1$ | $1 \times 10^1$ | $1 \times 10^2$ | $1 \times 10^7$ |
| Lu-177 | $3 \times 10^1$ | $7 \times 10^{-1}$ | $1 \times 10^3$ | $1 \times 10^7$ |
| Magnesium (12) | | | | |
| Mg-28[a)] | $3 \times 10^{-1}$ | $3 \times 10^{-1}$ | $1 \times 10^1$ | $1 \times 10^5$ |
| Mangan (25) | | | | |
| Mn-52 | $3 \times 10^{-1}$ | $3 \times 10^{-1}$ | $1 \times 10^1$ | $1 \times 10^5$ |
| Mn-53 | unbegrenzt | unbegrenzt | $1 \times 10^4$ | $1 \times 10^9$ |
| Mn-54 | $1 \times 10^0$ | $1 \times 10^0$ | $1 \times 10^1$ | $1 \times 10^6$ |
| Mn-56 | $3 \times 10^{-1}$ | $3 \times 10^{-1}$ | $1 \times 10^1$ | $1 \times 10^5$ |
| Molybdän (42) | | | | |
| Mo-93 | $4 \times 10^1$ | $2 \times 10^1$ | $1 \times 10^3$ | $1 \times 10^8$ |
| Mo-99[a)] | $1 \times 10^0$ | $6 \times 10^{-1}$ | $1 \times 10^2$ | $1 \times 10^6$ |
| Stickstoff (7) | | | | |
| N-13 | $9 \times 10^{-1}$ | $6 \times 10^{-1}$ | $1 \times 10^2$ | $1 \times 10^9$ |
| Natrium (11) | | | | |
| Na-22 | $5 \times 10^{-1}$ | $5 \times 10^{-1}$ | $1 \times 10^1$ | $1 \times 10^6$ |
| Na-24 | $2 \times 10^{-1}$ | $2 \times 10^{-1}$ | $1 \times 10^1$ | $1 \times 10^5$ |
| Niobium (41) | | | | |
| Nb-93m | $4 \times 10^1$ | $3 \times 10^1$ | $1 \times 10^4$ | $1 \times 10^7$ |
| Nb-94 | $7 \times 10^{-1}$ | $7 \times 10^{-1}$ | $1 \times 10^1$ | $1 \times 10^6$ |
| Nb-95 | $1 \times 10^0$ | $1 \times 10^0$ | $1 \times 10^1$ | $1 \times 10^6$ |
| Nb-97 | $9 \times 10^{-1}$ | $6 \times 10^{-1}$ | $1 \times 10^1$ | $1 \times 10^6$ |
| Neodymium (60) | | | | |
| Nd-147 | $6 \times 10^0$ | $6 \times 10^{-1}$ | $1 \times 10^2$ | $1 \times 10^6$ |
| Nd-149 | $6 \times 10^{-1}$ | $5 \times 10^{-1}$ | $1 \times 10^2$ | $1 \times 10^6$ |
| Nickel (28) | | | | |
| Ni-57 | $6 \times 10^{-1}$ | $6 \times 10^{-1}$ | $1 \times 10^1$ | $1 \times 10^6$ |
| Ni-59 | unbegrenzt | unbegrenzt | $1 \times 10^4$ | $1 \times 10^8$ |
| Ni-63 | $4 \times 10^1$ | $3 \times 10^1$ | $1 \times 10^5$ | $1 \times 10^8$ |
| Ni-65 | $4 \times 10^{-1}$ | $4 \times 10^{-1}$ | $1 \times 10^1$ | $1 \times 10^6$ |

2.2.7.2.2.1 (Forts.)

| Radionuklid (Atomzahl) | $A_1$ (TBq) | $A_2$ (TBq) | Aktivitätskonzentrationsgrenzwert für freigestellte Stoffe (Bq/g) | Aktivitätsgrenzwert für eine freigestellte Sendung (Bq) |
|---|---|---|---|---|
| Neptunium (93) | | | | |
| Np-235 | $4 \times 10^1$ | $4 \times 10^1$ | $1 \times 10^3$ | $1 \times 10^7$ |
| Np-236 (kurzlebig) | $2 \times 10^1$ | $2 \times 10^0$ | $1 \times 10^3$ | $1 \times 10^7$ |
| Np-236 (langlebig) | $9 \times 10^0$ | $2 \times 10^{-2}$ | $1 \times 10^2$ | $1 \times 10^5$ |
| Np-237 | $2 \times 10^1$ | $2 \times 10^{-3}$ | $1 \times 10^0$ b) | $1 \times 10^3$ b) |
| Np-239 | $7 \times 10^0$ | $4 \times 10^{-1}$ | $1 \times 10^2$ | $1 \times 10^7$ |
| Osmium (76) | | | | |
| Os-185 | $1 \times 10^0$ | $1 \times 10^0$ | $1 \times 10^1$ | $1 \times 10^6$ |
| Os-191 | $1 \times 10^1$ | $2 \times 10^0$ | $1 \times 10^2$ | $1 \times 10^7$ |
| Os-191m | $4 \times 10^1$ | $3 \times 10^1$ | $1 \times 10^3$ | $1 \times 10^7$ |
| Os-193 | $2 \times 10^0$ | $6 \times 10^{-1}$ | $1 \times 10^2$ | $1 \times 10^6$ |
| Os-194a) | $3 \times 10^{-1}$ | $3 \times 10^{-1}$ | $1 \times 10^2$ | $1 \times 10^5$ |
| Phosphor (15) | | | | |
| P-32 | $5 \times 10^{-1}$ | $5 \times 10^{-1}$ | $1 \times 10^3$ | $1 \times 10^5$ |
| P-33 | $4 \times 10^1$ | $1 \times 10^0$ | $1 \times 10^5$ | $1 \times 10^8$ |
| Protactinium (91) | | | | |
| Pa-230a) | $2 \times 10^0$ | $7 \times 10^{-2}$ | $1 \times 10^1$ | $1 \times 10^6$ |
| Pa-231 | $4 \times 10^0$ | $4 \times 10^{-4}$ | $1 \times 10^0$ | $1 \times 10^3$ |
| Pa-233 | $5 \times 10^0$ | $7 \times 10^{-1}$ | $1 \times 10^2$ | $1 \times 10^7$ |
| Blei (82) | | | | |
| Pb-201 | $1 \times 10^0$ | $1 \times 10^0$ | $1 \times 10^1$ | $1 \times 10^6$ |
| Pb-202 | $4 \times 10^1$ | $2 \times 10^1$ | $1 \times 10^3$ | $1 \times 10^6$ |
| Pb-203 | $4 \times 10^0$ | $3 \times 10^0$ | $1 \times 10^2$ | $1 \times 10^6$ |
| Pb-205 | unbegrenzt | unbegrenzt | $1 \times 10^4$ | $1 \times 10^7$ |
| Pb-210a) | $1 \times 10^0$ | $5 \times 10^{-2}$ | $1 \times 10^1$ b) | $1 \times 10^4$ b) |
| Pb-212a) | $7 \times 10^{-1}$ | $2 \times 10^{-1}$ | $1 \times 10^1$ b) | $1 \times 10^5$ b) |
| Palladium (46) | | | | |
| Pd-103a) | $4 \times 10^1$ | $4 \times 10^1$ | $1 \times 10^3$ | $1 \times 10^8$ |
| Pd-107 | unbegrenzt | unbegrenzt | $1 \times 10^5$ | $1 \times 10^8$ |
| Pd-109 | $2 \times 10^0$ | $5 \times 10^{-1}$ | $1 \times 10^3$ | $1 \times 10^6$ |
| Promethium (61) | | | | |
| Pm-143 | $3 \times 10^0$ | $3 \times 10^0$ | $1 \times 10^2$ | $1 \times 10^6$ |
| Pm-144 | $7 \times 10^{-1}$ | $7 \times 10^{-1}$ | $1 \times 10^1$ | $1 \times 10^6$ |
| Pm-145 | $3 \times 10^1$ | $1 \times 10^1$ | $1 \times 10^3$ | $1 \times 10^7$ |
| Pm-147 | $4 \times 10^1$ | $2 \times 10^0$ | $1 \times 10^4$ | $1 \times 10^7$ |
| Pm-148ma) | $8 \times 10^{-1}$ | $7 \times 10^{-1}$ | $1 \times 10^1$ | $1 \times 10^6$ |
| Pm-149 | $2 \times 10^0$ | $6 \times 10^{-1}$ | $1 \times 10^3$ | $1 \times 10^6$ |
| Pm-151 | $2 \times 10^0$ | $6 \times 10^{-1}$ | $1 \times 10^2$ | $1 \times 10^6$ |
| Polonium (84) | | | | |
| Po-210 | $4 \times 10^1$ | $2 \times 10^{-2}$ | $1 \times 10^1$ | $1 \times 10^4$ |
| Praseodymium (59) | | | | |
| Pr-142 | $4 \times 10^{-1}$ | $4 \times 10^{-1}$ | $1 \times 10^2$ | $1 \times 10^5$ |
| Pr-143 | $3 \times 10^0$ | $6 \times 10^{-1}$ | $1 \times 10^4$ | $1 \times 10^6$ |
| Platin (78) | | | | |
| Pt-188a) | $1 \times 10^0$ | $8 \times 10^{-1}$ | $1 \times 10^1$ | $1 \times 10^6$ |
| Pt-191 | $4 \times 10^0$ | $3 \times 10^0$ | $1 \times 10^2$ | $1 \times 10^6$ |
| Pt-193 | $4 \times 10^1$ | $4 \times 10^1$ | $1 \times 10^4$ | $1 \times 10^7$ |
| Pt-193m | $4 \times 10^1$ | $5 \times 10^{-1}$ | $1 \times 10^3$ | $1 \times 10^7$ |
| Pt-195m | $1 \times 10^1$ | $5 \times 10^{-1}$ | $1 \times 10^2$ | $1 \times 10^6$ |
| Pt-197 | $2 \times 10^1$ | $6 \times 10^{-1}$ | $1 \times 10^3$ | $1 \times 10^6$ |
| Pt-197m | $1 \times 10^1$ | $6 \times 10^{-1}$ | $1 \times 10^2$ | $1 \times 10^6$ |
| Plutonium (94) | | | | |
| Pu-236 | $3 \times 10^1$ | $3 \times 10^{-3}$ | $1 \times 10^1$ | $1 \times 10^4$ |
| Pu-237 | $2 \times 10^1$ | $2 \times 10^1$ | $1 \times 10^3$ | $1 \times 10^7$ |
| Pu-238 | $1 \times 10^1$ | $1 \times 10^{-3}$ | $1 \times 10^0$ | $1 \times 10^4$ |
| Pu-239 | $1 \times 10^1$ | $1 \times 10^{-3}$ | $1 \times 10^0$ | $1 \times 10^4$ |
| Pu-240 | $1 \times 10^1$ | $1 \times 10^{-3}$ | $1 \times 10^0$ | $1 \times 10^3$ |
| Pu-241a) | $4 \times 10^1$ | $6 \times 10^{-2}$ | $1 \times 10^2$ | $1 \times 10^5$ |
| Pu-242 | $1 \times 10^1$ | $1 \times 10^{-3}$ | $1 \times 10^0$ | $1 \times 10^4$ |
| Pu-244a) | $4 \times 10^{-1}$ | $1 \times 10^{-3}$ | $1 \times 10^0$ | $1 \times 10^4$ |

2.2.7.2.2.1 (Forts.)

| Radionuklid (Atomzahl) | $A_1$ (TBq) | $A_2$ (TBq) | Aktivitätskonzentrationsgrenzwert für freigestellte Stoffe (Bq/g) | Aktivitätsgrenzwert für eine freigestellte Sendung (Bq) |
|---|---|---|---|---|
| Radium (88) | | | | |
| Ra-223[a)] | $4 \times 10^{-1}$ | $7 \times 10^{-3}$ | $1 \times 10^{2}$ [b)] | $1 \times 10^{5}$ [b)] |
| Ra-224[a)] | $4 \times 10^{-1}$ | $2 \times 10^{-2}$ | $1 \times 10^{1}$ [b)] | $1 \times 10^{5}$ [b)] |
| Ra-225[a)] | $2 \times 10^{-1}$ | $4 \times 10^{-3}$ | $1 \times 10^{2}$ | $1 \times 10^{5}$ |
| Ra-226[a)] | $2 \times 10^{-1}$ | $3 \times 10^{-3}$ | $1 \times 10^{1}$ [b)] | $1 \times 10^{4}$ [b)] |
| Ra-228[a)] | $6 \times 10^{-1}$ | $2 \times 10^{-2}$ | $1 \times 10^{1}$ [b)] | $1 \times 10^{5}$ [b)] |
| Rubidium (37) | | | | |
| Rb-81 | $2 \times 10^{0}$ | $8 \times 10^{-1}$ | $1 \times 10^{1}$ | $1 \times 10^{6}$ |
| Rb-83[a)] | $2 \times 10^{0}$ | $2 \times 10^{0}$ | $1 \times 10^{2}$ | $1 \times 10^{6}$ |
| Rb-84 | $1 \times 10^{0}$ | $1 \times 10^{0}$ | $1 \times 10^{1}$ | $1 \times 10^{6}$ |
| Rb-86 | $5 \times 10^{-1}$ | $5 \times 10^{-1}$ | $1 \times 10^{2}$ | $1 \times 10^{5}$ |
| Rb-87 | unbegrenzt | unbegrenzt | $1 \times 10^{4}$ | $1 \times 10^{7}$ |
| Rb (natürlich) | unbegrenzt | unbegrenzt | $1 \times 10^{4}$ | $1 \times 10^{7}$ |
| Rhenium (75) | | | | |
| Re-184 | $1 \times 10^{0}$ | $1 \times 10^{0}$ | $1 \times 10^{1}$ | $1 \times 10^{6}$ |
| Re-184m | $3 \times 10^{0}$ | $1 \times 10^{0}$ | $1 \times 10^{2}$ | $1 \times 10^{6}$ |
| Re-186 | $2 \times 10^{0}$ | $6 \times 10^{-1}$ | $1 \times 10^{3}$ | $1 \times 10^{6}$ |
| Re-187 | unbegrenzt | unbegrenzt | $1 \times 10^{6}$ | $1 \times 10^{9}$ |
| Re-188 | $4 \times 10^{-1}$ | $4 \times 10^{-1}$ | $1 \times 10^{2}$ | $1 \times 10^{5}$ |
| Re-189[a)] | $3 \times 10^{0}$ | $6 \times 10^{-1}$ | $1 \times 10^{2}$ | $1 \times 10^{6}$ |
| Re (natürlich) | unbegrenzt | unbegrenzt | $1 \times 10^{6}$ | $1 \times 10^{9}$ |
| Rhodium (45) | | | | |
| Rh-99 | $2 \times 10^{0}$ | $2 \times 10^{0}$ | $1 \times 10^{1}$ | $1 \times 10^{6}$ |
| Rh-101 | $4 \times 10^{0}$ | $3 \times 10^{0}$ | $1 \times 10^{2}$ | $1 \times 10^{7}$ |
| Rh-102 | $5 \times 10^{-1}$ | $5 \times 10^{-1}$ | $1 \times 10^{1}$ | $1 \times 10^{6}$ |
| Rh-102m | $2 \times 10^{0}$ | $2 \times 10^{0}$ | $1 \times 10^{2}$ | $1 \times 10^{6}$ |
| Rh-103m | $4 \times 10^{1}$ | $4 \times 10^{1}$ | $1 \times 10^{4}$ | $1 \times 10^{8}$ |
| Rh-105 | $1 \times 10^{1}$ | $8 \times 10^{-1}$ | $1 \times 10^{2}$ | $1 \times 10^{7}$ |
| Radon (86) | | | | |
| Rn-222[a)] | $3 \times 10^{-1}$ | $4 \times 10^{-3}$ | $1 \times 10^{1}$ [b)] | $1 \times 10^{8}$ [b)] |
| Ruthenium (44) | | | | |
| Ru-97 | $5 \times 10^{0}$ | $5 \times 10^{0}$ | $1 \times 10^{2}$ | $1 \times 10^{7}$ |
| Ru-103[a)] | $2 \times 10^{0}$ | $2 \times 10^{0}$ | $1 \times 10^{2}$ | $1 \times 10^{6}$ |
| Ru-105 | $1 \times 10^{0}$ | $6 \times 10^{-1}$ | $1 \times 10^{1}$ | $1 \times 10^{6}$ |
| Ru-106[a)] | $2 \times 10^{-1}$ | $2 \times 10^{-1}$ | $1 \times 10^{2}$ [b)] | $1 \times 10^{5}$ [b)] |
| Schwefel (16) | | | | |
| S-35 | $4 \times 10^{1}$ | $3 \times 10^{0}$ | $1 \times 10^{5}$ | $1 \times 10^{8}$ |
| Antimon (51) | | | | |
| Sb-122 | $4 \times 10^{-1}$ | $4 \times 10^{-1}$ | $1 \times 10^{2}$ | $1 \times 10^{4}$ |
| Sb-124 | $6 \times 10^{-1}$ | $6 \times 10^{-1}$ | $1 \times 10^{1}$ | $1 \times 10^{6}$ |
| Sb-125 | $2 \times 10^{0}$ | $1 \times 10^{0}$ | $1 \times 10^{2}$ | $1 \times 10^{6}$ |
| Sb-126 | $4 \times 10^{-1}$ | $4 \times 10^{-1}$ | $1 \times 10^{1}$ | $1 \times 10^{5}$ |
| Scandium (21) | | | | |
| Sc-44 | $5 \times 10^{-1}$ | $5 \times 10^{-1}$ | $1 \times 10^{1}$ | $1 \times 10^{5}$ |
| Sc-46 | $5 \times 10^{-1}$ | $5 \times 10^{-1}$ | $1 \times 10^{1}$ | $1 \times 10^{6}$ |
| Sc-47 | $1 \times 10^{1}$ | $7 \times 10^{-1}$ | $1 \times 10^{2}$ | $1 \times 10^{6}$ |
| Sc-48 | $3 \times 10^{-1}$ | $3 \times 10^{-1}$ | $1 \times 10^{1}$ | $1 \times 10^{5}$ |
| Selen (34) | | | | |
| Se-75 | $3 \times 10^{0}$ | $3 \times 10^{0}$ | $1 \times 10^{2}$ | $1 \times 10^{6}$ |
| Se-79 | $4 \times 10^{1}$ | $2 \times 10^{0}$ | $1 \times 10^{4}$ | $1 \times 10^{7}$ |
| Silicium (14) | | | | |
| Si-31 | $6 \times 10^{-1}$ | $6 \times 10^{-1}$ | $1 \times 10^{3}$ | $1 \times 10^{6}$ |
| Si-32 | $4 \times 10^{1}$ | $5 \times 10^{-1}$ | $1 \times 10^{3}$ | $1 \times 10^{6}$ |
| Samarium (62) | | | | |
| Sm-145 | $1 \times 10^{1}$ | $1 \times 10^{1}$ | $1 \times 10^{2}$ | $1 \times 10^{7}$ |
| Sm-147 | unbegrenzt | unbegrenzt | $1 \times 10^{1}$ | $1 \times 10^{4}$ |
| Sm-151 | $4 \times 10^{1}$ | $1 \times 10^{1}$ | $1 \times 10^{4}$ | $1 \times 10^{8}$ |
| Sm-153 | $9 \times 10^{0}$ | $6 \times 10^{-1}$ | $1 \times 10^{2}$ | $1 \times 10^{6}$ |

2.2.7.2.2.1 (Forts.)

| Radionuklid (Atomzahl) | $A_1$ (TBq) | $A_2$ (TBq) | Aktivitätskonzentrationsgrenzwert für freigestellte Stoffe (Bq/g) | Aktivitätsgrenzwert für eine freigestellte Sendung (Bq) |
|---|---|---|---|---|
| Zinn (50) | | | | |
| Sn-113[a)] | $4 \times 10^0$ | $2 \times 10^0$ | $1 \times 10^3$ | $1 \times 10^7$ |
| Sn-117m | $7 \times 10^0$ | $4 \times 10^{-1}$ | $1 \times 10^2$ | $1 \times 10^6$ |
| Sn-119m | $4 \times 10^1$ | $3 \times 10^1$ | $1 \times 10^3$ | $1 \times 10^7$ |
| Sn-121m[a)] | $4 \times 10^1$ | $9 \times 10^{-1}$ | $1 \times 10^3$ | $1 \times 10^7$ |
| Sn-123 | $8 \times 10^{-1}$ | $6 \times 10^{-1}$ | $1 \times 10^3$ | $1 \times 10^6$ |
| Sn-125 | $4 \times 10^{-1}$ | $4 \times 10^{-1}$ | $1 \times 10^2$ | $1 \times 10^5$ |
| Sn-126[a)] | $6 \times 10^{-1}$ | $4 \times 10^{-1}$ | $1 \times 10^1$ | $1 \times 10^5$ |
| Strontium (38) | | | | |
| Sr-82[a)] | $2 \times 10^{-1}$ | $2 \times 10^{-1}$ | $1 \times 10^1$ | $1 \times 10^5$ |
| Sr-83 | $1 \times 10^0$ | $1 \times 10^0$ | $1 \times 10^1$ | $1 \times 10^6$ |
| Sr-85 | $2 \times 10^0$ | $2 \times 10^0$ | $1 \times 10^2$ | $1 \times 10^6$ |
| Sr-85m | $5 \times 10^0$ | $5 \times 10^0$ | $1 \times 10^2$ | $1 \times 10^7$ |
| Sr-87m | $3 \times 10^0$ | $3 \times 10^0$ | $1 \times 10^2$ | $1 \times 10^6$ |
| Sr-89 | $6 \times 10^{-1}$ | $6 \times 10^{-1}$ | $1 \times 10^3$ | $1 \times 10^6$ |
| Sr-90[a)] | $3 \times 10^{-1}$ | $3 \times 10^{-1}$ | $1 \times 10^2$ [b)] | $1 \times 10^4$ [b)] |
| Sr-91[a)] | $3 \times 10^{-1}$ | $3 \times 10^{-1}$ | $1 \times 10^1$ | $1 \times 10^5$ |
| Sr-92[a)] | $1 \times 10^0$ | $3 \times 10^{-1}$ | $1 \times 10^1$ | $1 \times 10^6$ |
| Tritium (1) | | | | |
| T (H-3) | $4 \times 10^1$ | $4 \times 10^1$ | $1 \times 10^6$ | $1 \times 10^9$ |
| Tantal (73) | | | | |
| Ta-178 (langlebig) | $1 \times 10^0$ | $8 \times 10^{-1}$ | $1 \times 10^1$ | $1 \times 10^6$ |
| Ta-179 | $3 \times 10^1$ | $3 \times 10^1$ | $1 \times 10^3$ | $1 \times 10^7$ |
| Ta-182 | $9 \times 10^{-1}$ | $5 \times 10^{-1}$ | $1 \times 10^1$ | $1 \times 10^4$ |
| Terbium (65) | | | | |
| Tb-149 | $8 \times 10^{-1}$ | $8 \times 10^{-1}$ | $1 \times 10^1$ | $1 \times 10^6$ |
| Tb-157 | $4 \times 10^1$ | $4 \times 10^1$ | $1 \times 10^4$ | $1 \times 10^7$ |
| Tb-158 | $1 \times 10^0$ | $1 \times 10^0$ | $1 \times 10^1$ | $1 \times 10^6$ |
| Tb-160 | $1 \times 10^0$ | $6 \times 10^{-1}$ | $1 \times 10^1$ | $1 \times 10^6$ |
| Tb-161 | $3 \times 10^1$ | $7 \times 10^{-1}$ | $1 \times 10^3$ | $1 \times 10^6$ |
| Technetium (43) | | | | |
| Tc-95m[a)] | $2 \times 10^0$ | $2 \times 10^0$ | $1 \times 10^1$ | $1 \times 10^6$ |
| Tc-96 | $4 \times 10^{-1}$ | $4 \times 10^{-1}$ | $1 \times 10^1$ | $1 \times 10^6$ |
| Tc-96m[a)] | $4 \times 10^{-1}$ | $4 \times 10^{-1}$ | $1 \times 10^3$ | $1 \times 10^7$ |
| Tc-97 | unbegrenzt | unbegrenzt | $1 \times 10^3$ | $1 \times 10^8$ |
| Tc-97m | $4 \times 10^1$ | $1 \times 10^0$ | $1 \times 10^3$ | $1 \times 10^7$ |
| Tc-98 | $8 \times 10^{-1}$ | $7 \times 10^{-1}$ | $1 \times 10^1$ | $1 \times 10^6$ |
| Tc-99 | $4 \times 10^1$ | $9 \times 10^{-1}$ | $1 \times 10^4$ | $1 \times 10^7$ |
| Tc-99m | $1 \times 10^1$ | $4 \times 10^0$ | $1 \times 10^2$ | $1 \times 10^7$ |
| Tellur (52) | | | | |
| Te-121 | $2 \times 10^0$ | $2 \times 10^0$ | $1 \times 10^1$ | $1 \times 10^6$ |
| Te-121m | $5 \times 10^0$ | $3 \times 10^0$ | $1 \times 10^2$ | $1 \times 10^6$ |
| Te-123m | $8 \times 10^0$ | $1 \times 10^0$ | $1 \times 10^2$ | $1 \times 10^7$ |
| Te-125m | $2 \times 10^1$ | $9 \times 10^{-1}$ | $1 \times 10^3$ | $1 \times 10^7$ |
| Te-127 | $2 \times 10^1$ | $7 \times 10^{-1}$ | $1 \times 10^3$ | $1 \times 10^6$ |
| Te-127m[a)] | $2 \times 10^1$ | $5 \times 10^{-1}$ | $1 \times 10^3$ | $1 \times 10^7$ |
| Te-129 | $7 \times 10^{-1}$ | $6 \times 10^{-1}$ | $1 \times 10^2$ | $1 \times 10^6$ |
| Te-129m[a)] | $8 \times 10^{-1}$ | $4 \times 10^{-1}$ | $1 \times 10^3$ | $1 \times 10^6$ |
| Te-131m[a)] | $7 \times 10^{-1}$ | $5 \times 10^{-1}$ | $1 \times 10^1$ | $1 \times 10^6$ |
| Te-132[a)] | $5 \times 10^{-1}$ | $4 \times 10^{-1}$ | $1 \times 10^2$ | $1 \times 10^7$ |
| Thorium (90) | | | | |
| Th-227 | $1 \times 10^1$ | $5 \times 10^{-3}$ | $1 \times 10^1$ | $1 \times 10^4$ |
| Th-228[a)] | $5 \times 10^{-1}$ | $1 \times 10^{-3}$ | $1 \times 10^0$ [b)] | $1 \times 10^4$ [b)] |
| Th-229 | $5 \times 10^0$ | $5 \times 10^{-4}$ | $1 \times 10^0$ [b)] | $1 \times 10^3$ [b)] |
| Th-230 | $1 \times 10^1$ | $1 \times 10^{-3}$ | $1 \times 10^0$ | $1 \times 10^4$ |
| Th-231 | $4 \times 10^1$ | $2 \times 10^{-2}$ | $1 \times 10^3$ | $1 \times 10^7$ |
| Th-232 | unbegrenzt | unbegrenzt | $1 \times 10^1$ | $1 \times 10^4$ |
| Th-234[a)] | $3 \times 10^{-1}$ | $3 \times 10^{-1}$ | $1 \times 10^3$ [b)] | $1 \times 10^5$ [b)] |
| Th (natürlich) | unbegrenzt | unbegrenzt | $1 \times 10^0$ [b)] | $1 \times 10^3$ [b)] |

2.2.7.2.2.1 (Forts.)

| Radionuklid (Atomzahl) | $A_1$ (TBq) | $A_2$ (TBq) | Aktivitätskonzentrationsgrenzwert für freigestellte Stoffe (Bq/g) | Aktivitätsgrenzwert für eine freigestellte Sendung (Bq) |
|---|---|---|---|---|
| Titan (22) | | | | |
| Ti-44[a] | $5 \times 10^{-1}$ | $4 \times 10^{-1}$ | $1 \times 10^{1}$ | $1 \times 10^{5}$ |
| Thallium (81) | | | | |
| Tl-200 | $9 \times 10^{-1}$ | $9 \times 10^{-1}$ | $1 \times 10^{1}$ | $1 \times 10^{6}$ |
| Tl-201 | $1 \times 10^{1}$ | $4 \times 10^{0}$ | $1 \times 10^{2}$ | $1 \times 10^{6}$ |
| Tl-202 | $2 \times 10^{0}$ | $2 \times 10^{0}$ | $1 \times 10^{2}$ | $1 \times 10^{6}$ |
| Tl-204 | $1 \times 10^{1}$ | $7 \times 10^{-1}$ | $1 \times 10^{4}$ | $1 \times 10^{4}$ |
| Thulium (69) | | | | |
| Tm-167 | $7 \times 10^{0}$ | $8 \times 10^{-1}$ | $1 \times 10^{2}$ | $1 \times 10^{6}$ |
| Tm-170 | $3 \times 10^{0}$ | $6 \times 10^{-1}$ | $1 \times 10^{3}$ | $1 \times 10^{6}$ |
| Tm-171 | $4 \times 10^{1}$ | $4 \times 10^{1}$ | $1 \times 10^{4}$ | $1 \times 10^{8}$ |
| Uran (92) | | | | |
| U-230 (schnelle Absorption durch die Lunge)[a] [d] | $4 \times 10^{1}$ | $1 \times 10^{-1}$ | $1 \times 10^{1}$ [b] | $1 \times 10^{5}$ [b] |
| U-230 (mittlere Absorption durch die Lunge)[a] [e] | $4 \times 10^{1}$ | $4 \times 10^{-3}$ | $1 \times 10^{1}$ | $1 \times 10^{4}$ |
| U-230 (langsame Absorption durch die Lunge)[a] [f] | $3 \times 10^{1}$ | $3 \times 10^{-3}$ | $1 \times 10^{1}$ | $1 \times 10^{4}$ |
| U-232 (schnelle Absorption durch die Lunge)[d] | $4 \times 10^{1}$ | $1 \times 10^{-2}$ | $1 \times 10^{0}$ [b] | $1 \times 10^{3}$ [b] |
| U-232 (mittlere Absorption durch die Lunge)[e] | $4 \times 10^{1}$ | $7 \times 10^{-3}$ | $1 \times 10^{1}$ | $1 \times 10^{4}$ |
| U-232 (langsame Absorption durch die Lunge)[f] | $1 \times 10^{1}$ | $1 \times 10^{-3}$ | $1 \times 10^{1}$ | $1 \times 10^{4}$ |
| U-233 (schnelle Absorption durch die Lunge)[d] | $4 \times 10^{1}$ | $9 \times 10^{-2}$ | $1 \times 10^{1}$ | $1 \times 10^{4}$ |
| U-233 (mittlere Absorption durch die Lunge)[e] | $4 \times 10^{1}$ | $2 \times 10^{-2}$ | $1 \times 10^{2}$ | $1 \times 10^{5}$ |
| U-233 (langsame Absorption durch die Lunge)[f] | $4 \times 10^{1}$ | $6 \times 10^{-3}$ | $1 \times 10^{1}$ | $1 \times 10^{5}$ |
| U-234 (schnelle Absorption durch die Lunge)[d] | $4 \times 10^{1}$ | $9 \times 10^{-2}$ | $1 \times 10^{1}$ | $1 \times 10^{4}$ |
| U-234 (mittlere Absorption durch die Lunge)[e] | $4 \times 10^{1}$ | $2 \times 10^{-2}$ | $1 \times 10^{2}$ | $1 \times 10^{5}$ |
| U-234 (langsame Absorption durch die Lunge)[f] | $4 \times 10^{1}$ | $6 \times 10^{-3}$ | $1 \times 10^{1}$ | $1 \times 10^{5}$ |
| U-235 (alle Arten der Absorption durch die Lunge)[a] [d] [e] [f] | unbegrenzt | unbegrenzt | $1 \times 10^{1}$ [b] | $1 \times 10^{4}$ [b] |
| U-236 (schnelle Absorption durch die Lunge)[d] | unbegrenzt | unbegrenzt | $1 \times 10^{1}$ | $1 \times 10^{4}$ |
| U-236 (mittlere Absorption durch die Lunge)[e] | $4 \times 10^{1}$ | $2 \times 10^{-2}$ | $1 \times 10^{2}$ | $1 \times 10^{5}$ |
| U-236 (langsame Absorption durch die Lunge)[f] | $4 \times 10^{1}$ | $6 \times 10^{-3}$ | $1 \times 10^{1}$ | $1 \times 10^{4}$ |
| U-238 (alle Arten der Absorption durch die Lunge)[d] [e] [f] | unbegrenzt | unbegrenzt | $1 \times 10^{1}$ [b] | $1 \times 10^{4}$ [b] |
| U (natürlich) | unbegrenzt | unbegrenzt | $1 \times 10^{0}$ [b] | $1 \times 10^{3}$ [b] |
| U (angereichert ≤ 20 %)[g] | unbegrenzt | unbegrenzt | $1 \times 10^{0}$ | $1 \times 10^{3}$ |
| U (abgereichert) | unbegrenzt | unbegrenzt | $1 \times 10^{0}$ | $1 \times 10^{3}$ |
| Vanadium (23) | | | | |
| V-48 | $4 \times 10^{-1}$ | $4 \times 10^{-1}$ | $1 \times 10^{1}$ | $1 \times 10^{5}$ |
| V-49 | $4 \times 10^{1}$ | $4 \times 10^{1}$ | $1 \times 10^{4}$ | $1 \times 10^{7}$ |
| Wolfram (74) | | | | |
| W-178[a] | $9 \times 10^{0}$ | $5 \times 10^{0}$ | $1 \times 10^{1}$ | $1 \times 10^{6}$ |
| W-181 | $3 \times 10^{1}$ | $3 \times 10^{1}$ | $1 \times 10^{3}$ | $1 \times 10^{7}$ |
| W-185 | $4 \times 10^{1}$ | $8 \times 10^{-1}$ | $1 \times 10^{4}$ | $1 \times 10^{7}$ |
| W-187 | $2 \times 10^{0}$ | $6 \times 10^{-1}$ | $1 \times 10^{2}$ | $1 \times 10^{6}$ |
| W-188[a] | $4 \times 10^{-1}$ | $3 \times 10^{-1}$ | $1 \times 10^{2}$ | $1 \times 10^{5}$ |

**2.2.7.2.2.1** (Forts.)

| Radionuklid (Atomzahl) | $A_1$ (TBq) | $A_2$ (TBq) | Aktivitätskonzentrationsgrenzwert für freigestellte Stoffe (Bq/g) | Aktivitätsgrenzwert für eine freigestellte Sendung (Bq) |
|---|---|---|---|---|
| Xenon (54) | | | | |
| Xe-122[a)] | $4 \times 10^{-1}$ | $4 \times 10^{-1}$ | $1 \times 10^{2}$ | $1 \times 10^{9}$ |
| Xe-123 | $2 \times 10^{0}$ | $7 \times 10^{-1}$ | $1 \times 10^{2}$ | $1 \times 10^{9}$ |
| Xe-127 | $4 \times 10^{0}$ | $2 \times 10^{0}$ | $1 \times 10^{3}$ | $1 \times 10^{5}$ |
| Xe-131m | $4 \times 10^{1}$ | $4 \times 10^{1}$ | $1 \times 10^{4}$ | $1 \times 10^{4}$ |
| Xe-133 | $2 \times 10^{1}$ | $1 \times 10^{1}$ | $1 \times 10^{3}$ | $1 \times 10^{4}$ |
| Xe-135 | $3 \times 10^{0}$ | $2 \times 10^{0}$ | $1 \times 10^{3}$ | $1 \times 10^{10}$ |
| Yttrium (39) | | | | |
| Y-87[a)] | $1 \times 10^{0}$ | $1 \times 10^{0}$ | $1 \times 10^{1}$ | $1 \times 10^{6}$ |
| Y-88 | $4 \times 10^{-1}$ | $4 \times 10^{-1}$ | $1 \times 10^{1}$ | $1 \times 10^{6}$ |
| Y-90 | $3 \times 10^{-1}$ | $3 \times 10^{-1}$ | $1 \times 10^{3}$ | $1 \times 10^{5}$ |
| Y-91 | $6 \times 10^{-1}$ | $6 \times 10^{-1}$ | $1 \times 10^{3}$ | $1 \times 10^{6}$ |
| Y-91m | $2 \times 10^{0}$ | $2 \times 10^{0}$ | $1 \times 10^{2}$ | $1 \times 10^{6}$ |
| Y-92 | $2 \times 10^{-1}$ | $2 \times 10^{-1}$ | $1 \times 10^{2}$ | $1 \times 10^{5}$ |
| Y-93 | $3 \times 10^{-1}$ | $3 \times 10^{-1}$ | $1 \times 10^{2}$ | $1 \times 10^{5}$ |
| Ytterbium (70) | | | | |
| Yb-169 | $4 \times 10^{0}$ | $1 \times 10^{0}$ | $1 \times 10^{2}$ | $1 \times 10^{7}$ |
| Yb-175 | $3 \times 10^{1}$ | $9 \times 10^{-1}$ | $1 \times 10^{3}$ | $1 \times 10^{7}$ |
| Zink (30) | | | | |
| Zn-65 | $2 \times 10^{0}$ | $2 \times 10^{0}$ | $1 \times 10^{1}$ | $1 \times 10^{6}$ |
| Zn-69 | $3 \times 10^{0}$ | $6 \times 10^{-1}$ | $1 \times 10^{4}$ | $1 \times 10^{6}$ |
| Zn-69m[a)] | $3 \times 10^{0}$ | $6 \times 10^{-1}$ | $1 \times 10^{2}$ | $1 \times 10^{6}$ |
| Zirkonium (40) | | | | |
| Zr-88 | $3 \times 10^{0}$ | $3 \times 10^{0}$ | $1 \times 10^{2}$ | $1 \times 10^{6}$ |
| Zr-93 | unbegrenzt | unbegrenzt | $1 \times 10^{3}$ [b)] | $1 \times 10^{7}$ [b)] |
| Zr-95[a)] | $2 \times 10^{0}$ | $8 \times 10^{-1}$ | $1 \times 10^{1}$ | $1 \times 10^{6}$ |
| Zr-97[a)] | $4 \times 10^{-1}$ | $4 \times 10^{-1}$ | $1 \times 10^{1}$ [b)] | $1 \times 10^{5}$ [b)] |

[a)] Die $A_1$- und/oder $A_2$-Werte dieser Ausgangsnuklide schließen Beiträge ihrer Folgenuklide mit einer Halbwertszeit von weniger als 10 Tagen wie folgt ein:

| | |
|---|---|
| Mg-28 | Al-28 |
| Ar-42 | K-42 |
| Ca-47 | Sc-47 |
| Ti-44 | Sc-44 |
| Fe-52 | Mn-52m |
| Fe-60 | Co-60m |
| Zn-69m | Zn-69 |
| Ge-68 | Ga-68 |
| Rb-83 | Kr-83m |
| Sr-82 | Rb-82 |
| Sr-90 | Y-90 |
| Sr-91 | Y-91m |
| Sr-92 | Y-92 |
| Y-87 | Sr-87m |
| Zr-95 | Nb-95m |
| Zr-97 | Nb-97m, Nb-97 |
| Mo-99 | Tc-99m |
| Tc-95m | Tc-95 |
| Tc-96m | Tc-96 |
| Ru-103 | Rh-103m |
| Ru-106 | Rh-106 |
| Pd-103 | Rh-103m |
| Ag-108m | Ag-108 |
| Ag-110m | Ag-110 |
| Cd-115 | In-115m |
| In-114m | In-114 |
| Sn-113 | In-113m |

2.2.7.2.2.1 (Forts.)

| | |
|---|---|
| Sn-121m | Sn-121 |
| Sn-126 | Sb-126m |
| Te-118 | Sb-118 |
| Te-127m | Te-127 |
| Te-129m | Te-129 |
| Te-131m | Te-131 |
| Te-132 | I-132 |
| I-135 | Xe-135m |
| Xe-122 | I-122 |
| Cs-137 | Ba-137m |
| Ba-131 | Cs-131 |
| Ba-140 | La-140 |
| Ce-144 | Pr-144m, Pr-144 |
| Pm-148m | Pm-148 |
| Gd-146 | Eu-146 |
| Dy-166 | Ho-166 |
| Hf-172 | Lu-172 |
| W-178 | Ta-178 |
| W-188 | Re-188 |
| Re-189 | Os-189m |
| Os-194 | Ir-194 |
| Ir-189 | Os-189m |
| Pt-188 | Ir-188 |
| Hg-194 | Au-194 |
| Hg-195m | Hg-195 |
| Pb-210 | Bi-210 |
| Pb-212 | Bi-212, Tl-208, Po-212 |
| Bi-210m | Tl-206 |
| Bi-212 | Tl-208, Po-212 |
| At-211 | Po-211 |
| Rn-222 | Po-218, Pb-214, At-218, Bi-214, Po-214 |
| Ra-223 | Rn-219, Po-215, Pb-211, Bi-211, Po-211, Tl-207 |
| Ra-224 | Rn-220, Po-216, Pb-212, Bi-212, Tl-208, Po-212 |
| Ra-225 | Ac-225, Fr-221, At-217, Bi-213, Tl-209, Po-213, Pb-209 |
| Ra-226 | Rn-222, Po-218, Pb-214, At-218, Bi-214, Po-214 |
| Ra-228 | Ac-228 |
| Ac-225 | Fr-221, At-217, Bi-213, Tl-209, Po-213, Pb-209 |
| Ac-227 | Fr-223 |
| Th-228 | Ra-224, Rn-220, Po-216, Pb-212, Bi-212, Tl-208, Po-212 |
| Th-234 | Pa-234m, Pa-234 |
| Pa-230 | Ac-226, Th-226, Fr-222, Ra-222, Rn-218, Po-214 |
| U-230 | Th-226, Ra-222, Rn-218, Po-214 |
| U-235 | Th-231 |
| Pu-241 | U-237 |
| Pu-244 | U-240, Np-240m |
| Am-242m | Am-242, Np-238 |
| Am-243 | Np-239 |
| Cm-247 | Pu-243 |
| Bk-249 | Am-245 |
| Cf-253 | Cm-249 |

b) Ausgangsnuklide und ihre im säkularen Gleichgewicht stehenden Folgenuklide sind nachfolgend dargestellt (die zu berücksichtigende Aktivität ist nur diejenige des Ausgangsnuklids):

| | |
|---|---|
| Sr-90 | Y-90 |
| Zr-93 | Nb-93m |
| Zr-97 | Nb-97 |
| Ru-106 | Rh-106 |
| Ag-108m | Ag-108 |
| Cs-137 | Ba-137m |

2.2.7.2.2.1 (Forts.)

| | |
|---|---|
| Ce-144 | Pr-144 |
| Ba-140 | La-140 |
| Bi-212 | Tl-208 (0,36), Po-212 (0,64) |
| Pb-210 | Bi-210, Po-210 |
| Pb-212 | Bi-212, Tl-208 (0,36), Po-212 (0,64) |
| Rn-222 | Po-218, Pb-214, Bi-214, Po-214 |
| Ra-223 | Rn-219, Po-215, Pb-211, Bi-211, Tl-207 |
| Ra-224 | Rn-220, Po-216, Pb-212, Bi-212, Tl-208 (0,36), Po-212 (0,64) |
| Ra-226 | Rn-222, Po-218, Pb-214, Bi-214, Po-214, Pb-210, Bi-210, Po-210 |
| Ra-228 | Ac-228 |
| Th-228 | Ra-224, Rn-220, Po-216, Pb-212, Bi-212, Tl-208 (0,36), Po-212 (0,64) |
| Th-229 | Ra-225, Ac-225, Fr-221, At-217, Bi-213, Po-213, Pb-209 |
| Th (nat)[7)] | Ra-228, Ac-228, Th-228, Ra-224, Rn-220, Po-216, Pb-212, Bi-212, Tl-208 (0,36), Po-212 (0,64) |

[7)] Im Falle von Th-natürlich ist das Ausgangsnuklid Th-232, im Falle von U-natürlich ist das Ausgangsnuklid U-238.

| | |
|---|---|
| Th-234 | Pa-234m |
| U-230 | Th-226, Ra-222, Rn-218, Po-214 |
| U-232 | Th-228, Ra-224, Rn-220, Po-216, Pb-212, Bi-212, Tl-208 (0,36), Po-212 (0,64) |
| U-235 | Th-231 |
| U-238 | Th-234, Pa-234m |
| U (nat)[7)] | Th-234, Pa-234m, U-234, Th-230, Ra-226, Rn-222, Po-218, Pb-214, Bi-214, Po-214, Pb-210, Bi-210, Po-210 |

[7)] Im Falle von Th-natürlich ist das Ausgangsnuklid Th-232, im Falle von U-natürlich ist das Ausgangsnuklid U-238.

| | |
|---|---|
| Np-237 | Pa-233 |
| Am-242m | Am-242 |
| Am-243 | Np-239 |

[c)] Die Menge kann durch Messung der Zerfallsrate oder Messung der Dosisleistung in einem vorgeschriebenen Abstand von der Quelle bestimmt werden.

[d)] Diese Werte gelten nur für Uranverbindungen, die sowohl unter normalen Beförderungsbedingungen als auch unter Unfall-Beförderungsbedingungen die chemische Form $UF_6$, $UO_2F_2$ und $UO_2(NO_3)_2$ einnehmen.

[e)] Diese Werte gelten nur für Uranverbindungen, die sowohl unter normalen Beförderungsbedingungen als auch unter Unfall-Beförderungsbedingungen die chemische Form $UO_3$, $UF_4$ und $UCl_4$ und sechswertige Verbindungen einnehmen.

[f)] Diese Werte gelten für alle in den Fußnoten d) und e) nicht genannten Uranverbindungen.

[g)] Diese Werte gelten nur für unbestrahltes Uran.

**2.2.7.2.2.2 [Genehmigungsvorbehalt]**

*→ D: § 11 Nr. 1*

Für einzelne Radionuklide

a) die nicht in Tabelle 2.2.7.2.2.1 aufgeführt sind, ist für die Bestimmung der in Absatz 2.2.7.2.2.1 genannten grundlegenden Radionuklidwerte eine multilaterale Genehmigung erforderlich. Für diese Radionuklide müssen die Aktivitätskonzentrationsgrenzwerte für freigestellte Stoffe und die Aktivitätsgrenzwerte für freigestellte Sendungen gemäß den in den „Radiation Protection and Safety of Radiation Sources: International Basic Safety Standards" (Strahlenschutz und Sicherheit von Strahlungsquellen: Internationale grundlegende Sicherheitsnormen), IAEA Safety Standards Series No. GSR Teil 3, IAEO, Wien (2014) aufgestellten Grundsätzen berechnet werden. Es ist zulässig, einen $A_2$-Wert zu verwenden, der gemäß der Empfehlung der Internationalen Strahlenschutzkommission (International Commission on Radiological Protection – ICRP) unter Verwendung eines Dosiskoeffizienten für den entsprechenden Lungenabsorptionstyp berechnet wird, sofern die chemischen Formen jedes Radionuklids sowohl unter normalen Beförderungsbedingungen als auch unter Unfall-Beförderungsbedingungen berücksichtigt werden. Alternativ dürfen ohne Genehmigung der zuständigen Behörde die Radionuklidwerte der Tabelle 2.2.7.2.2.2 verwendet werden;

b) in Instrumenten oder Fabrikaten, in denen die radioaktiven Stoffe eingeschlossen oder als Bauteil des Instruments oder eines anderen Fabrikats enthalten sind und die den Vorschriften des Absatzes 2.2.7.2.4.1.3 c) entsprechen, sind zu dem in der Tabelle 2.2.7.2.2.1 angegebenen Aktivitätsgrenzwert für eine freigestellte Sendung alternative grundlegende Radionuklidwerte zugelassen, für die eine multilaterale Genehmigung erforderlich ist. Solche alternativen Aktivitätsgrenzwerte für eine freigestellte Sendung müssen gemäß den in GSR Teil 3 aufgestellten Grundsätzen berechnet werden.

**Tabelle 2.2.7.2.2.2: Grundlegende Radionuklidwerte für unbekannte Radionuklide oder Gemische** 2.2.7.2.2.2 (Forts.)

| Radioaktiver Inhalt | $A_1$ | $A_2$ | Aktivitätskonzentrationsgrenzwert für freigestellte Stoffe | Aktivitätsgrenzwert für freigestellte Sendungen |
|---|---|---|---|---|
| | (TBq) | (TBq) | (Bq/g) | (Bq) |
| nur das Vorhandensein von Nukliden, die Beta- oder Gammastrahlen emittieren, ist bekannt | 0,1 | 0,02 | $1 \times 10^1$ | $1 \times 10^4$ |
| das Vorhandensein von Nukliden, die Alphastrahlen, jedoch keine Neutronenstrahlen emittieren, ist bekannt | 0,2 | $9 \times 10^{-5}$ | $1 \times 10^{-1}$ | $1 \times 10^3$ |
| das Vorhandensein von Nukliden, die Neutronenstrahlen emittieren, ist bekannt oder es sind keine relevanten Daten verfügbar | 0,001 | $9 \times 10^{-5}$ | $1 \times 10^{-1}$ | $1 \times 10^3$ |

**[Andere Radionuklide]** 2.2.7.2.2.3

Bei den Berechnungen von $A_1$ und $A_2$ für ein in Tabelle 2.2.7.2.2.1 nicht enthaltenes Radionuklid ist eine radioaktive Zerfallskette, in der Radionuklide in ihrem natürlich vorkommenden Maße vorhanden sind und in der kein Folgenuklid eine Halbwertszeit hat, die entweder größer als zehn Tage oder größer als die des Ausgangsnuklids ist, als einzelnes Radionuklid zu betrachten; die zu berücksichtigende Aktivität und der zu verwendende $A_1$- oder $A_2$-Wert sind die Werte des Ausgangsnuklids dieser Zerfallskette. Bei radioaktiven Zerfallsketten, in denen ein Folgenuklid eine Halbwertszeit hat, die entweder größer als zehn Tage oder größer als die des Ausgangsnuklids ist, sind das Ausgangsnuklid und derartige Folgenuklide als Gemisch verschiedener Nuklide zu betrachten.

**[Radionuklidgemische]** 2.2.7.2.2.4

Für Gemische von Radionukliden können die in Absatz 2.2.7.2.2.1 genannten grundlegenden Radionuklidwerte wie folgt bestimmt werden:

$$X_m = \frac{1}{\sum_i \frac{f(i)}{X(i)}},$$

wobei:

f(i) der Anteil der Aktivität oder der Aktivitätskonzentration des Radionuklids i im Gemisch ist,

X(i) der entsprechende $A_1$- oder $A_2$-Wert oder der Aktivitätskonzentrationsgrenzwert für freigestellte Stoffe oder der Aktivitätsgrenzwert für eine freigestellte Sendung für das entsprechende Radionuklid i ist, und

$X_m$ im Falle von Gemischen der abgeleitete $A_1$- oder $A_2$-Wert, der Aktivitätskonzentrationsgrenzwert für freigestellte Stoffe oder der Aktivitätsgrenzwert für eine freigestellte Sendung ist.

**[Gruppenbildung]** 2.2.7.2.2.5

Wenn die Identität jedes Radionuklids bekannt ist, aber die Einzelaktivitäten einiger Radionuklide unbekannt sind, dürfen die Radionuklide in Gruppen zusammengefasst werden und der jeweils niedrigste entsprechende Radionuklidwert für die Radionuklide in jeder Gruppe bei der Anwendung der Formeln der Absätze 2.2.7.2.2.4 und 2.2.7.2.4.4 verwendet werden. Basis für die Gruppeneinteilung können die gesamte Alphaaktivität und die gesamte Beta-/Gammaaktivität sein, sofern diese bekannt sind, wobei die niedrigsten Radionuklidwerte für Alphastrahler bzw. Beta-/Gammastrahler zu verwenden sind.

**[Datenanalogie]** 2.2.7.2.2.6

Für einzelne Radionuklide oder Radionuklidgemische, für die keine relevanten Daten vorliegen, sind die Werte aus Tabelle 2.2.7.2.2.2 anzuwenden.

**2.2.7.2.3 Bestimmung anderer Stoffeigenschaften**

**2.2.7.2.3.1 Stoffe mit geringer spezifischer Aktivität (LSA)**

2.2.7.2.3.1.1 (bleibt offen)

**2.2.7.2.3.1.2 [Unterteilung]**

LSA-Stoffe werden in drei Gruppen unterteilt:

a) LSA-I
   (i) Uran- oder Thoriumerze und deren Konzentrate sowie andere Erze, die in der Natur vorkommende Radionuklide enthalten;
   (ii) natürliches Uran, abgereichertes Uran, natürliches Thorium oder deren Verbindungen oder Gemische, die unbestrahlt und in festem oder flüssigem Zustand sind;
   (iii) radioaktive Stoffe, für die der $A_2$-Wert unbegrenzt ist. Spaltbare Stoffe dürfen nur eingeschlossen werden, wenn sie nach Absatz 2.2.7.2.3.5 freigestellt sind;
   (iv) andere radioaktive Stoffe, in denen die Aktivität über den gesamten Stoff verteilt ist und die geschätzte mittlere spezifische Aktivität das Dreißigfache der Werte der in den Absätzen 2.2.7.2.2.1 bis 2.2.7.2.2.6 festgelegten Aktivitätskonzentration nicht überschreitet. Spaltbare Stoffe dürfen nur eingeschlossen werden, wenn sie nach Absatz 2.2.7.2.3.5 freigestellt sind.

b) LSA-II
   (i) Wasser mit einer Tritium-Konzentration bis zu 0,8 TBq/l;
   (ii) andere Stoffe, in denen die Aktivität über den gesamten Stoff verteilt ist und die geschätzte mittlere spezifische Aktivität $10^{-4}$ $A_2$/g bei festen Stoffen und Gasen und $10^{-5}$ $A_2$/g bei flüssigen Stoffen nicht überschreitet.

c) LSA-III
   Feste Stoffe (z.B. verfestigte Abfälle, aktivierte Stoffe), ausgenommen pulverförmige Stoffe, bei denen
   (i) die radioaktiven Stoffe über einen gesamten festen Stoff oder eine gesamte Ansammlung fester Gegenstände verteilt sind oder in einem festen kompakten Bindemittel (wie Beton, Bitumen, Keramik) im Wesentlichen gleichmäßig verteilt sind;
   (ii) die geschätzte mittlere spezifische Aktivität des festen Stoffes mit Ausnahme des Abschirmmaterials $2 \times 10^{-3}$ $A_2$/g nicht übersteigt.

2.2.7.2.3.1.3– 2.2.7.2.3.1.5 (gestrichen)

**2.2.7.2.3.2 Oberflächenkontaminierter Gegenstand (SCO)**

SCO werden in drei Gruppen unterteilt:

a) SCO-I: Ein fester Gegenstand, auf dem
   (i) die nicht festhaftende Kontamination auf der zugänglichen Oberfläche, gemittelt über 300 $cm^2$ (oder über die Gesamtoberfläche bei weniger als 300 $cm^2$), 4 $Bq/cm^2$ für Beta- und Gammastrahler sowie Alphastrahler geringer Toxizität oder 0,4 $Bq/cm^2$ für alle anderen Alphastrahler nicht überschreitet und
   (ii) die festhaftende Kontamination auf der zugänglichen Oberfläche, gemittelt über 300 $cm^2$ (oder über die Gesamtoberfläche bei weniger als 300 $cm^2$), $4 \times 10^4$ $Bq/cm^2$ für Beta- und Gammastrahler sowie Alphastrahler geringer Toxizität oder $4 \times 10^3$ $Bq/cm^2$ für alle anderen Alphastrahler nicht überschreitet und
   (iii) die Summe aus nicht festhaftender Kontamination und festhaftender Kontamination auf der unzugänglichen Oberfläche, gemittelt über 300 $cm^2$ (oder über die Gesamtoberfläche bei weniger als 300 $cm^2$), $4 \times 10^4$ $Bq/cm^2$ für Beta- und Gammastrahler sowie Alphastrahler geringer Toxizität oder $4 \times 10^3$ $Bq/cm^2$ für alle anderen Alphastrahler nicht überschreitet.

b) SCO-II: Ein fester Gegenstand, auf dessen Oberfläche entweder die festhaftende oder die nicht festhaftende Kontamination die unter a) für SCO-I festgelegten, jeweils zutreffenden Grenzwerte überschreitet und auf dem
   (i) die nicht festhaftende Kontamination auf der zugänglichen Oberfläche, gemittelt über 300 $cm^2$ (oder über die Gesamtoberfläche bei weniger als 300 $cm^2$), 400 $Bq/cm^2$ für Beta- und Gamma-

strahler sowie Alphastrahler geringer Toxizität oder 40 $Bq/cm^2$ für alle anderen Alphastrahler nicht überschreitet und 2.2.7.2.3.2 (Forts.)

(ii) die festhaftende Kontamination auf der zugänglichen Oberfläche, gemittelt über 300 $cm^2$ (oder über die Gesamtoberfläche bei weniger als 300 $cm^2$), $8 \times 10^5$ $Bq/cm^2$ für Beta- und Gammastrahler sowie Alphastrahler geringer Toxizität oder $8 \times 10^4$ $Bq/cm^2$ für alle anderen Alphastrahler nicht überschreitet und

(iii) die Summe aus nicht festhaftender Kontamination und festhaftender Kontamination auf der unzugänglichen Oberfläche, gemittelt über 300 $cm^2$ (oder über die Gesamtoberfläche bei weniger als 300 $cm^2$), $8 \times 10^5$ $Bq/cm^2$ für Beta- und Gammastrahler sowie Alphastrahler geringer Toxizität oder $8 \times 10^4$ $Bq/cm^2$ für alle anderen Alphastrahler nicht überschreitet.

c) SCO-III: Ein großer fester Gegenstand, der wegen seiner Größe nicht in einer im ADR beschriebenen Versandstückart befördert werden kann und bei dem:

(i) alle Öffnungen abgedichtet sind, um die Freisetzung radioaktiver Stoffe während der in Absatz 4.1.9.2.4 e) festgelegten Bedingungen zu verhindern;

(ii) das Innere des Gegenstandes so trocken wie möglich ist;

(iii) die nicht festhaftende Kontamination auf den äußeren Oberflächen die in Absatz 4.1.9.1.2 festgelegten Grenzwerte nicht überschreitet und

(iv) die Summe aus nicht festhaftender Kontamination und festhaftender Kontamination auf der unzugänglichen Oberfläche, gemittelt über 300 $cm^2$, $8 \times 10^5$ $Bq/cm^2$ für Beta- und Gammastrahler sowie Alphastrahler geringer Toxizität oder $8 \times 10^4$ $Bq/cm^2$ für alle anderen Alphastrahler nicht überschreitet.

**Radioaktive Stoffe in besonderer Form** 2.2.7.2.3.3

**[Mindestabmessungen, Bauartzulassungspflicht]** 2.2.7.2.3.3.1

Radioaktive Stoffe in besonderer Form müssen mindestens eine Abmessung von wenigstens 5 mm aufweisen. Wenn eine dichte Kapsel Bestandteil des radioaktiven Stoffs in besonderer Form ist, ist die Kapsel so zu fertigen, dass sie nur durch Zerstörung geöffnet werden kann. Für die Bauart eines radioaktiven Stoffes in besonderer Form ist eine unilaterale Zulassung erforderlich.

**[Beschaffenheit, Auslegung]** 2.2.7.2.3.3.2

Radioaktive Stoffe in besonderer Form müssen so beschaffen oder ausgelegt sein, dass sie, wenn sie den Prüfungen der Absätze 2.2.7.2.3.3.4 bis 2.2.7.2.3.3.8 unterzogen werden, folgende Vorschriften erfüllen:

a) Sie dürfen bei den Stoßempfindlichkeits-, Schlag- und Biegeprüfungen der Absätze 2.2.7.2.3.3.5 a), b) und c) und, sofern anwendbar, des Absatzes 2.2.7.2.3.3.6 a) weder zerbrechen noch zersplittern.

b) Sie dürfen bei der anzuwendenden Erhitzungsprüfung des Absatzes 2.2.7.2.3.3.5 d) oder, sofern anwendbar, des Absatzes 2.2.7.2.3.3.6 b) weder schmelzen noch dispergieren.

c) Die Aktivität im Wasser darf nach den Auslaugprüfungen der Absätze 2.2.7.2.3.3.7 und 2.2.7.2.3.3.8 2 kBq nicht überschreiten; alternativ darf bei umschlossenen Quellen die Undichtheitsrate bei dem volumetrischen Dichtheitsprüfverfahren gemäß Norm ISO 9978:1992 „Strahlenschutz; Geschlossene radioaktive Quellen – Dichtheitsprüfungen" den anwendbaren und von der zuständigen Behörde akzeptierten Grenzwert nicht überschreiten.

**[Einhaltungsnachweis der Auslegungskriterien]** 2.2.7.2.3.3.3

Der Nachweis der Einhaltung der nach Absatz 2.2.7.2.3.3.2 geforderten Leistungsvorgaben muss nach den Unterabschnitten 6.4.12.1 und 6.4.12.2 erfolgen.

**[Anforderungen an Prüfmuster]** 2.2.7.2.3.3.4

Prüfmuster, die die radioaktiven Stoffe in besonderer Form darstellen oder simulieren, müssen der in Absatz 2.2.7.2.3.3.5 festgelegten Stoßempfindlichkeitsprüfung, Schlagprüfung, Biegeprüfung und Erhitzungsprüfung oder den in Absatz 2.2.7.2.3.3.6 zugelassenen alternativen Prüfungen unterzogen werden. Für jede Prüfung darf ein anderes Prüfmuster verwendet werden. Im Anschluss an jede Prüfung ist das Prüfmuster nach einem Verfahren, das mindestens so empfindlich ist wie die in Absatz 2.2.7.2.3.3.7 für nicht dispergierbare feste Stoffe oder in Absatz 2.2.7.2.3.3.8 für gekapselte Stoffe beschriebenen Verfahren, einer Auslaugprüfung oder einer volumetrischen Dichtheitsprüfung zu unterziehen.

**2.2.7.2.3.3.5 [Anzuwendende Prüfverfahren]**

Die anzuwendenden Prüfverfahren sind:

a) Stoßempfindlichkeitsprüfung: Das Prüfmuster muss aus 9 m Höhe auf ein Aufprallfundament fallen. Das Aufprallfundament muss so beschaffen sein, dass es dem Abschnitt 6.4.14 entspricht.

b) Schlagprüfung: Das Prüfmuster wird auf eine Bleiplatte gelegt, die auf einer glatten, festen Unterlage aufliegt; ihm wird mit dem flachen Ende einer Baustahlstange ein Schlag versetzt, dessen Wirkung dem freien Fall von 1,4 kg aus 1 m Höhe entspricht. Die untere Seite der Stange muss einen Durchmesser von 25 mm haben, die Kanten sind auf einen Radius von (3,0 ± 0,3) mm abgerundet. Das Blei mit einer Vickers-Härte von 3,5 bis 4,5 und einer Dicke von höchstens 25 mm muss eine größere Fläche als das Prüfmuster überdecken. Für jede Prüfung ist eine neue Bleiplatte zu verwenden. Die Stange muss das Prüfmuster so treffen, dass die größtmögliche Beschädigung eintritt.

c) Biegeprüfung: Die Prüfung gilt nur für lange, dünne Quellen mit einer Mindestlänge von 10 cm und einem Verhältnis von Länge zur minimalen Breite von mindestens 10. Das Prüfmuster wird starr waagerecht eingespannt, so dass eine Hälfte seiner Länge aus der Einspannung herausragt. Das Prüfmuster ist so auszurichten, dass es die größtmögliche Beschädigung erleidet, wenn seinem freien Ende mit der flachen Seite der Stahlstange ein Schlag versetzt wird. Die Stange muss das Prüfmuster so treffen, dass die Wirkung des Schlags dem freien Fall von 1,4 kg aus 1 m Höhe entspricht. Die untere Seite der Stange muss einen Durchmesser von 25 mm haben, die Kanten sind auf einen Radius von (3,0 ± 0,3) mm abgerundet.

d) Erhitzungsprüfung: Das Prüfmuster ist in Luftatmosphäre auf 800 °C zu erhitzen und 10 Minuten bei dieser Temperatur zu belassen; danach lässt man es abkühlen.

**2.2.7.2.3.3.6 [Ausnahmen für bestimmte Prüfmuster]**

Prüfmuster, die in eine dichte Kapsel eingeschlossene radioaktive Stoffe darstellen oder simulieren, dürfen ausgenommen werden von:

a) den in den Absätzen 2.2.7.2.3.3.5 a) und b) vorgeschriebenen Prüfungen, vorausgesetzt, die Prüfmuster werden alternativ der Stoßempfindlichkeitsprüfung gemäß Norm ISO 2919:2012 „Strahlenschutz – Umschlossene radioaktive Stoffe – Allgemeine Anforderungen und Klassifikation" unterzogen:
   (i) Stoßempfindlichkeitsprüfung der Klasse 4, sofern die Masse der radioaktiven Stoffe in besonderer Form kleiner als 200 g ist;
   (ii) Stoßempfindlichkeitsprüfung der Klasse 5, sofern die Masse der radioaktiven Stoffe in besonderer Form mindestens 200 g, aber kleiner als 500 g ist;

b) der in Absatz 2.2.7.2.3.3.5 d) vorgeschriebenen Prüfung, wenn die Prüfmuster alternativ der Erhitzungsprüfung der Klasse 6 gemäß Norm ISO 2919:2012 „Strahlenschutz – Umschlossene radioaktive Stoffe – Allgemeine Anforderungen und Klassifikation" unterzogen werden.

**2.2.7.2.3.3.7 [Nicht dispergierbare feste Stoffe]**

Bei Prüfmustern, die nicht dispergierbare feste Stoffe darstellen oder simulieren, ist folgende Auslaugprüfung durchzuführen:

a) Das Prüfmuster ist sieben Tage in Wasser bei Umgebungstemperatur einzutauchen. Das für die Prüfung zu verwendende Wasservolumen muss ausreichend sein, dass am Ende des Zeitraums von sieben Tagen das freie Volumen des nicht absorbierten und ungebundenen Wassers noch mindestens 10 % des Volumens des festen Prüfmusters beträgt. Das Wasser muss zu Beginn einen pH-Wert von 6 bis 8 und eine maximale Leitfähigkeit von 1 mS/m bei 20 °C aufweisen.

b) Das Wasser und das Prüfmuster sind dann auf eine Temperatur von (50 ± 5) °C zu erhitzen und vier Stunden bei dieser Temperatur zu belassen.

c) Danach ist die Aktivität des Wassers zu bestimmen.

d) Anschließend ist das Prüfmuster mindestens sieben Tage in unbewegter Luft bei mindestens 30 °C und einer relativen Feuchtigkeit von mindestens 90 % zu lagern.

e) Das Prüfmuster wird dann in Wasser von derselben Beschaffenheit wie in a) eingetaucht, das Wasser und das Prüfmuster werden auf eine Temperatur von (50 ± 5) °C erhitzt und vier Stunden bei dieser Temperatur belassen.

f) Danach ist die Aktivität des Wassers zu bestimmen.

**[In eine dichte Kapsel eingeschlossene Stoffe]** 2.2.7.2.3.3.8

Bei Prüfmustern, die in eine dichte Kapsel eingeschlossene radioaktive Stoffe darstellen oder simulieren, ist entweder eine Auslaugprüfung oder eine volumetrische Dichtheitsprüfung wie folgt durchzuführen:

a) Die Auslaugprüfung besteht aus folgenden Schritten:
   (i) Das Prüfmuster ist in Wasser bei Umgebungstemperatur einzutauchen. Das Wasser muss zu Beginn einen pH-Wert von 6 bis 8 und eine maximale Leitfähigkeit von 1 mS/m bei 20 °C aufweisen.
   (ii) Wasser und Prüfmuster werden dann auf eine Temperatur von (50 ± 5) °C erhitzt und vier Stunden bei dieser Temperatur belassen.
   (iii) Danach ist die Aktivität des Wassers zu bestimmen.
   (iv) Anschließend ist das Prüfmuster mindestens sieben Tage in unbewegter Luft bei mindestens 30 °C und einer relativen Feuchtigkeit von mindestens 90 % zu lagern.
   (v) Die Schritte gemäß den Absätzen (i), (ii) und (iii) sind zu wiederholen.

b) Die alternative volumetrische Dichtheitsprüfung muss eine der in der Norm ISO 9978:1992 „Strahlenschutz; Geschlossene radioaktive Quellen – Dichtheitsprüfungen" beschriebenen Prüfungen, sofern sie für die zuständige Behörde annehmbar sind, umfassen.

**Gering dispergierbare radioaktive Stoffe** 2.2.7.2.3.4

**[Zulassungspflicht, Beschaffenheit]** 2.2.7.2.3.4.1

Für die Bauart gering dispergierbarer radioaktiver Stoffe ist eine multilaterale Zulassung erforderlich. Gering dispergierbare radioaktive Stoffe müssen so beschaffen sein, dass die Gesamtmenge dieser radioaktiven Stoffe in einem Versandstück unter Berücksichtigung der Vorschriften des Unterabschnitts 6.4.8.14 die folgenden Vorschriften erfüllt:

a) Die Dosisleistung darf in einem Abstand von 3 m vom unabgeschirmten radioaktiven Stoff 10 mSv/h nicht übersteigen.

b) Bei den in den Unterabschnitten 6.4.20.3 und 6.4.20.4 festgelegten Prüfungen darf die Freisetzung in Luft von Gas und Partikeln bis zu einem aerodynamischen äquivalenten Durchmesser von 100 µm den Wert von 100 $A_2$ nicht überschreiten. Für jede Prüfung darf ein separates Prüfmuster verwendet werden.

c) Bei der in Absatz 2.2.7.2.3.4.3 festgelegten Prüfung darf die Aktivität im Wasser 100 $A_2$ nicht übersteigen. Bei der Anwendung dieser Prüfung sind die in Absatz b) festgelegten Beschädigungen durch die Prüfungen zu berücksichtigen.

**[Prüfung gering dispergierbarer radioaktiver Stoffe]** 2.2.7.2.3.4.2

Gering dispergierbare radioaktive Stoffe sind wie folgt zu prüfen:

Ein Prüfmuster, das einen gering dispergierbaren radioaktiven Stoff darstellt oder simuliert, muss der in Unterabschnitt 6.4.20.3 festgelegten gesteigerten Erhitzungsprüfung und der in Unterabschnitt 6.4.20.4 festgelegten Aufprallprüfung unterzogen werden. Für jede Prüfung darf ein anderes Prüfmuster verwendet werden. Im Anschluss an jede Prüfung muss das Prüfmuster der in Absatz 2.2.7.2.3.4.3 festgelegten Auslaugprüfung unterzogen werden. Nach jeder Prüfung muss ermittelt werden, ob die anwendbaren Vorschriften des Absatzes 2.2.7.2.3.4.1 erfüllt wurden.

**[Auslaugprüfung]** 2.2.7.2.3.4.3

Eine feste Stoffprobe, die den gesamten Inhalt des Versandstücks repräsentiert, ist sieben Tage lang in Wasser bei Umgebungstemperatur einzutauchen. Das für die Prüfung zu verwendende Wasservolumen muss ausreichend sein, dass am Ende des Zeitraums von sieben Tagen das freie Volumen des nicht absorbierten und ungebundenen Wassers noch mindestens 10 % des Volumens des festen Prüfmusters beträgt. Das Wasser muss zu Beginn einen pH-Wert von 6 bis 8 und eine maximale Leitfähigkeit von 1 mS/m bei 20 °C aufweisen. Im Anschluss an das siebentägige Eintauchen des Prüfmusters ist die Gesamtaktivität des freien Wasservolumens zu messen.

**[Einhaltungsnachweis der Leistungsvorgaben]** 2.2.7.2.3.4.4

Der Nachweis der Einhaltung der Leistungsvorgaben der Absätze 2.2.7.2.3.4.1, 2.2.7.2.3.4.2 und 2.2.7.2.3.4.3 muss den Unterabschnitten 6.4.12.1 und 6.4.12.2 entsprechen.

**2.2.7.2.3.5 Spaltbare Stoffe**

Spaltbare Stoffe und Versandstücke, die spaltbare Stoffe enthalten, müssen der jeweiligen „SPALTBAR"-Eintragung gemäß Tabelle 2.2.7.2.1.1 zugeordnet werden, es sei denn, sie sind durch eine der Vorschriften der nachfolgenden Absätze a) bis f) ausgenommen und werden nach den Vorschriften des Abschnitts 7.5.11 Sondervorschrift CV33 (4.3) befördert. Alle Vorschriften gelten nur für Stoffe in Versandstücken, welche die Vorschriften des Unterabschnitts 6.4.7.2 erfüllen, es sei denn, unverpackte Stoffe sind in der Vorschrift ausdrücklich zugelassen.

a) Uran mit einer auf die Masse bezogenen Anreicherung an Uran-235 von maximal 1 % und mit einem Gesamtgehalt von Plutonium und Uran-233, der 1 % der Uran-235-Masse nicht übersteigt, vorausgesetzt, die spaltbaren Nuklide sind im Wesentlichen homogen über den gesamten Stoff verteilt. Außerdem darf Uran-235 keine gitterförmige Anordnung bilden, wenn es in metallischer, oxidischer oder karbidischer Form vorhanden ist.

b) Flüssige Uranylnitratlösungen mit einer auf die Masse bezogenen Anreicherung an Uran-235 von maximal 2 %, mit einem Gesamtgehalt von Plutonium und Uran-233, der 0,002 % der Uran-Masse nicht übersteigt, und mit einem Atomzahlverhältnis von Stickstoff zu Uran (N/U) von mindestens 2.

c) Uran mit einer maximalen Uran-Anreicherung von 5 Masse-% Uran-235, vorausgesetzt:
   (i) in jedem Versandstück sind höchstens 3,5 g Uran-235 enthalten;
   (ii) der Gesamtinhalt an Plutonium und Uran-233 je Versandstück überschreitet nicht 1 % der Masse an Uran-235 im Versandstück;
   (iii) die Beförderung des Versandstücks unterliegt dem in Abschnitt 7.5.11 Sondervorschrift CV33 (4.3) c) vorgesehenen Sendungsgrenzwert.

d) Spaltbare Nuklide mit einer Gesamtmasse von höchstens 2,0 g je Versandstück, vorausgesetzt, das Versandstück wird unter dem in Abschnitt 7.5.11 Sondervorschrift CV33 (4.3) d) vorgesehenen Sendungsgrenzwert befördert.

e) Spaltbare Nuklide mit einer Gesamtmasse von höchstens 45 g entweder verpackt oder unverpackt gemäß den Vorschriften des Abschnitts 7.5.11 Sondervorschrift CV33 (4.3) e).

f) Ein spaltbarer Stoff, der den Vorschriften des Abschnitts 7.5.11 Sondervorschrift CV33 (4.3) b) und der Absätze 2.2.7.2.3.6 und 5.1.5.2.1 entspricht.

**2.2.7.2.3.6 [Von der Klassifizierung als „SPALTBAR" ausgenommene Stoffe]**

Spaltbare Stoffe, die gemäß Absatz 2.2.7.2.3.5 f) von der Klassifizierung als „SPALTBAR" ausgenommen sind, müssen unter den folgenden Bedingungen unterkritisch sein, ohne dass eine Überwachung der Ansammlung notwendig ist:

a) den Bedingungen des Unterabschnitts 6.4.11.1 a);

b) den Bedingungen, die mit den in den Unterabschnitten 6.4.11.12 b) und 6.4.11.13 b) für Versandstücke festgelegten Bewertungsvorschriften im Einklang sind.

**2.2.7.2.4 Klassifizierung von Versandstücken oder unverpackten Stoffen**

Die Menge radioaktiver Stoffe in einem Versandstück darf die nachfolgend festgelegten, dem Versandstück-Typ entsprechenden Grenzwerte nicht übersteigen.

**2.2.7.2.4.1 Klassifizierung als freigestelltes Versandstück**

*→ 1.6.6.1 f.*

**2.2.7.2.4.1.1 [Voraussetzungen]**

Ein Versandstück darf als freigestelltes Versandstück klassifiziert werden, wenn es eine der folgenden Bedingungen erfüllt:

a) es handelt sich um ein leeres Versandstück, das radioaktive Stoffe enthalten hat;

b) es enthält Instrumente oder Fabrikate, welche die in den Spalten (2) und (3) der Tabelle 2.2.7.2.4.1.2 festgelegten Aktivitätsgrenzwerte nicht überschreiten;

c) es enthält Fabrikate, die aus natürlichem Uran, abgereichertem Uran oder natürlichem Thorium hergestellt sind;

d) es enthält radioaktive Stoffe, welche die in der Spalte (4) der Tabelle 2.2.7.2.4.1.2 festgelegten Aktivitätsgrenzwerte nicht überschreiten, oder

e) es enthält weniger als 0,1 kg Uranhexafluorid, das die in Spalte 4 der Tabelle 2.2.7.2.4.1.2 festgelegten Aktivitätsgrenzwerte nicht überschreitet.

**[Aktivitätsgrenzwerte]** 2.2.7.2.4.1.2

Ein Versandstück, das radioaktive Stoffe enthält, darf als freigestelltes Versandstück klassifiziert werden, vorausgesetzt, die Dosisleistung überschreitet an keinem Punkt der Außenfläche des Versandstückes 5 µSv/h.

**Tabelle 2.2.7.2.4.1.2: Aktivitätsgrenzwerte für freigestellte Versandstücke**

| Aggregatzustand des Inhalts | Instrumente oder Fabrikate | | Stoffe |
|---|---|---|---|
| | Grenzwerte je Einzelstück[a)] | Grenzwerte je Versandstück[a)] | Grenzwerte je Versandstück[a)] |
| (1) | (2) | (3) | (4) |
| **feste Stoffe** | | | |
| in besonderer Form | $10^{-2}$ $A_1$ | $A_1$ | $10^{-3}$ $A_1$ |
| in anderer Form | $10^{-2}$ $A_2$ | $A_2$ | $10^{-3}$ $A_2$ |
| **flüssige Stoffe** | $10^{-3}$ $A_2$ | $10^{-1}$ $A_2$ | $10^{-4}$ $A_2$ |
| **Gase** | | | |
| Tritium | $2 \times 10^{-2}$ $A_2$ | $2 \times 10^{-1}$ $A_2$ | $2 \times 10^{-2}$ $A_2$ |
| in besonderer Form | $10^{-3}$ $A_1$ | $10^{-2}$ $A_1$ | $10^{-3}$ $A_1$ |
| in anderer Form | $10^{-3}$ $A_2$ | $10^{-2}$ $A_2$ | $10^{-3}$ $A_2$ |

a) Für Radionuklidgemische siehe Absätze 2.2.7.2.2.4 bis 2.2.7.2.2.6.

**[Zuordnung zu UN 2911]** 2.2.7.2.4.1.3

Radioaktive Stoffe, die in einem Instrument oder Fabrikat eingeschlossen oder als Bauteil enthalten sind, dürfen der UN-Nummer 2911 RADIOAKTIVE STOFFE, FREIGESTELLTES VERSANDSTÜCK – INSTRUMENTE oder FABRIKATE zugeordnet werden, vorausgesetzt:

a) die Dosisleistung in 10 cm Abstand von jedem Punkt der Außenfläche jedes unverpackten Instruments oder Fabrikats ist nicht größer als 0,1 mSv/h;

b) jedes Instrument oder Fabrikat ist auf seiner Außenfläche mit dem Kennzeichen „RADIOACTIVE" versehen, mit Ausnahme von:
   (i) radiolumineszierenden Uhren oder Geräten;
   (ii) Konsumgütern, die entweder eine vorschriftsmäßige Genehmigung/Zulassung gemäß Absatz 1.7.1.4 e) erhalten haben oder einzeln nicht die Aktivitätsgrenzwerte für eine freigestellte Sendung in Spalte (5) der Tabelle 2.2.7.2.2.1 überschreiten, vorausgesetzt, solche Produkte werden in einem Versandstück befördert, das auf seiner Innenfläche so mit dem Kennzeichen „RADIOACTIVE" versehen ist, dass beim Öffnen des Versandstücks vor dem Vorhandensein radioaktiver Stoffe gewarnt wird, und
   (iii) anderen Instrumenten oder Fabrikaten, die für das Kennzeichen „RADIOACTIVE" zu klein sind, vorausgesetzt, sie werden in einem Versandstück befördert, das auf seiner Innenfläche so mit dem Kennzeichen „RADIOACTIVE" versehen ist, dass beim Öffnen des Versandstücks vor dem Vorhandensein radioaktiver Stoffe gewarnt wird;

c) die aktiven Stoffe sind vollständig von nicht aktiven Bestandteilen eingeschlossen (ein Gerät, dessen alleinige Funktion in der Umschließung radioaktiver Stoffe besteht, gilt nicht als Instrument oder Fabrikat);

d) die in Tabelle 2.2.7.2.4.1.2 Spalte (2) bzw. (3) für jedes Einzelstück bzw. für jedes Versandstück festgelegten Grenzwerte werden eingehalten;

e) (bleibt offen)

f) es gilt eine der Vorschriften des Absatzes 2.2.7.2.3.5 a) bis f), wenn das Versandstück spaltbare Stoffe enthält.

**[Zuordnung zu UN 2910]** 2.2.7.2.4.1.4

Radioaktive Stoffe in anderer als der in Absatz 2.2.7.2.4.1.3 festgelegten Form mit einer Aktivität, welche die in Tabelle 2.2.7.2.4.1.2 Spalte (4) festgelegten Grenzwerte nicht überschreitet, dürfen der UN-Num-

2.2.7.2.4.1.4 (Forts.) mer 2910 RADIOAKTIVE STOFFE, FREIGESTELLTES VERSANDSTÜCK – BEGRENZTE STOFFMENGE zugeordnet werden, vorausgesetzt:

a) das Versandstück hält unter Routine-Beförderungsbedingungen den radioaktiven Inhalt eingeschlossen;
b) das Versandstück ist mit dem Kennzeichen „RADIOACTIVE" versehen, und zwar
   (i) entweder so auf einer Innenfläche, dass beim Öffnen des Versandstücks vor dem Vorhandensein radioaktiver Stoffe gewarnt wird,
   (ii) oder auf der Außenseite des Versandstücks, sofern die Kennzeichnung einer Innenfläche unmöglich ist, und
c) es gilt eine der Vorschriften des Absatzes 2.2.7.2.3.5 a) bis f), wenn das Versandstück spaltbare Stoffe enthält.

2.2.7.2.4.1.5 **[Zuordnung zu UN 3507]**

Uranhexafluorid, das die in Spalte (4) der Tabelle 2.2.7.2.4.1.2 festgelegten Aktivitätsgrenzwerte nicht überschreitet, darf der Eintragung UN 3507 URANHEXAFLUORID, RADIOAKTIVE STOFFE, FREIGESTELLTES VERSANDSTÜCK mit weniger als 0,1 kg je Versandstück, nicht spaltbar oder spaltbar, freigestellt zugeordnet werden, vorausgesetzt:

a) die Masse an Uranhexafluorid im Versandstück ist kleiner als 0,1 kg;
b) die Vorschriften der Absätze 2.2.7.2.4.5.2 und 2.2.7.2.4.1.4 a) und b) werden erfüllt.

2.2.7.2.4.1.6 **[Zuordnung zu UN 2909]**

Fabrikate, die aus natürlichem Uran, abgereichertem Uran oder natürlichem Thorium hergestellt sind, und Fabrikate, in denen unbestrahltes natürliches Uran, unbestrahltes abgereichertes Uran oder unbestrahltes natürliches Thorium die einzigen radioaktiven Stoffe sind, dürfen der UN-Nummer 2909 RADIOAKTIVE STOFFE, FREIGESTELLTES VERSANDSTÜCK – FABRIKATE AUS NATÜRLICHEM URAN oder AUS ABGEREICHERTEM URAN oder AUS NATÜRLICHEM THORIUM zugeordnet werden, vorausgesetzt, die äußere Oberfläche des Urans oder des Thoriums besitzt eine inaktive Ummantelung aus Metall oder einem anderen festen Werkstoff.

2.2.7.2.4.1.7 **[Zuordnung zu UN 2908]**

Eine leere Verpackung, in der vorher radioaktive Stoffe enthalten waren, darf der UN-Nummer 2908 RADIOAKTIVE STOFFE, FREIGESTELLTES VERSANDSTÜCK – LEERE VERPACKUNG zugeordnet werden, vorausgesetzt:

a) die Verpackung ist in einem gut erhaltenen Zustand und sicher verschlossen;
b) die Außenfläche des Urans oder des Thoriums in der Verpackungskonstruktion besitzt eine inaktive Ummantelung aus Metall oder einem anderen festen Werkstoff;
c) die innere nicht festhaftende Kontamination, gemittelt über 300 $cm^2$, überschreitet nicht:
   (i) 400 $Bq/cm^2$ für Beta- und Gammastrahler sowie Alphastrahler geringer Toxizität und
   (ii) 40 $Bq/cm^2$ für alle anderen Alphastrahler;
d) alle Gefahrzettel, die in Übereinstimmung mit Absatz 5.2.2.1.11.1 gegebenenfalls auf der Verpackung angebracht waren, sind nicht mehr sichtbar und
e) es gilt eine der Vorschriften des Absatzes 2.2.7.2.3.5 a) bis f) oder eine der Vorschriften des Absatzes 2.2.7.1.3 für den Ausschluss, wenn das Versandstück spaltbare Stoffe enthalten hat.

2.2.7.2.4.2 **Klassifizierung als Stoffe mit geringer spezifischer Aktivität (LSA)**

Radioaktive Stoffe dürfen nur als LSA-Stoffe klassifiziert werden, wenn die Begriffsbestimmung für LSA in Absatz 2.2.7.1.3 und die Vorschriften des Absatzes 2.2.7.2.3.1, des Unterabschnitts 4.1.9.2 und des Abschnitts 7.5.11 Sondervorschrift CV33 (2) erfüllt sind.

2.2.7.2.4.3 **Klassifizierung als oberflächenkontaminierte Gegenstände (SCO)**

Radioaktive Stoffe dürfen nur als SCO-Gegenstände klassifiziert werden, wenn die Begriffsbestimmung für SCO in Absatz 2.2.7.1.3 und die Vorschriften des Absatzes 2.2.7.2.3.2, des Unterabschnitts 4.1.9.2 und des Abschnitts 7.5.11 Sondervorschrift CV33 (2) erfüllt sind.

**Klassifizierung als Typ A-Versandstück** 2.2.7.2.4.4

→ 1.6.6.1 f.

Versandstücke, die radioaktive Stoffe enthalten, dürfen als Typ A-Versandstücke klassifiziert werden, vorausgesetzt, die folgenden Vorschriften werden eingehalten:

Typ A-Versandstücke dürfen höchstens eine der beiden folgenden Aktivitäten enthalten:

a) radioaktive Stoffe in besonderer Form: $A_1$;

b) alle anderen radioaktiven Stoffe: $A_2$.

Bei Radionuklidgemischen, deren Identitäten und jeweiligen Aktivitäten bekannt sind, ist die folgende Bedingung für den radioaktiven Inhalt eines Typ A-Versandstücks anzuwenden:

$$\sum_i \frac{B(i)}{A_1(i)} + \sum_j \frac{C(j)}{A_2(j)} \leq 1,$$

wobei:

$B(i)$ die Aktivität des Radionuklids i als radioaktiver Stoff in besonderer Form ist;

$A_1(i)$ der $A_1$-Wert für das Radionuklid i ist;

$C(j)$ die Aktivität des Radionuklids j, das kein radioaktiver Stoff in besonderer Form ist;

$A_2(j)$ der $A_2$-Wert für das Radionuklid j ist.

**Klassifizierung von Uranhexafluorid** 2.2.7.2.4.5

→ 1.6.6.1 f.

**[Zuordnung zu UN 2977, UN 2978 oder UN 3507]** 2.2.7.2.4.5.1

Uranhexafluorid darf nur einer der folgenden UN-Nummern zugeordnet werden:

a) UN 2977 RADIOAKTIVE STOFFE, URANHEXAFLUORID, SPALTBAR;

b) UN 2978 RADIOAKTIVE STOFFE, URANHEXAFLUORID, nicht spaltbar oder spaltbar, freigestellt, oder

c) UN 3507 URANHEXAFLUORID, RADIOAKTIVE STOFFE, FREIGESTELLTES VERSANDSTÜCK mit weniger als 0,1 kg je Versandstück, nicht spaltbar oder spaltbar, freigestellt.

**[Versandstückinhalt]** 2.2.7.2.4.5.2

Der Inhalt eines Versandstücks mit Uranhexafluorid muss folgenden Vorschriften entsprechen:

a) für die UN-Nummern 2977 und 2978 darf die Masse an Uranhexafluorid nicht von der für das Versandstückmuster zugelassenen Masse abweichen, für die UN-Nummer 3507 muss die Masse an Uranhexafluorid geringer sein als 0,1 kg;

b) die Masse an Uranhexafluorid darf nicht größer als ein Wert sein, der bei der höchsten Temperatur des Versandstücks, die für die Betriebsanlagen festgelegt ist, in denen das Versandstück verwendet werden soll, zu einem Leerraum von weniger als 5 % führen würde, und

c) das Uranhexafluorid muss in fester Form vorliegen, und der Innendruck darf bei der Übergabe zur Beförderung nicht oberhalb des Luftdrucks liegen.

**Klassifizierung als Typ B(U)-, Typ B(M)- oder Typ C-Versandstücke** 2.2.7.2.4.6

→ 1.6.6.1 f.

**[Klassifizierung gemäß Zulassungszeugnis]** 2.2.7.2.4.6.1

Versandstücke, die gemäß Absatz 2.2.7.2.4 (Absätze 2.2.7.2.4.1 bis 2.2.7.2.4.5) nicht anderweitig klassifiziert sind, sind in Übereinstimmung mit dem von der zuständigen Behörde des Ursprungslandes der Bauart ausgestellten Zulassungszeugnis des Versandstücks zu klassifizieren.

**[Versandstückinhalt]** 2.2.7.2.4.6.2

Der Inhalt eines Typ B(U)-, Typ B(M)- oder Typ C-Versandstücks muss den Festlegungen im Zulassungszeugnis entsprechen.

**Sondervereinbarungen** 2.2.7.2.5

Radioaktive Stoffe sind als Beförderung unter Sondervereinbarung zu klassifizieren, wenn sie gemäß Abschnitt 1.7.4 befördert werden sollen.

## 2.2.8 Klasse 8: Ätzende Stoffe

→ *M329*

### 2.2.8.1 Begriffsbestimmung, allgemeine Vorschriften und Kriterien

→ *D: GGAV 20*

**2.2.8.1.1 [Begriffsbestimmung]**

*Ätzende Stoffe* sind Stoffe, die durch chemische Einwirkung eine irreversible Schädigung der Haut verursachen oder beim Freiwerden materielle Schäden an anderen Gütern oder Transportmitteln herbeiführen oder sie sogar zerstören. Unter den Begriff dieser Klasse fallen auch Stoffe, die erst bei Vorhandensein von Wasser einen ätzenden flüssigen Stoff oder in Gegenwart von natürlicher Luftfeuchtigkeit ätzende Dämpfe oder Nebel bilden.

**2.2.8.1.2 [Hautätzung]**

Für Stoffe und Gemische, die ätzend für die Haut sind, sind die allgemeinen Zuordnungskriterien in Absatz 2.2.8.1.4 enthalten. Die Ätzwirkung auf die Haut bezieht sich auf die Verursachung einer irreversiblen Schädigung der Haut, und zwar eine sichtbare Nekrose durch die Epidermis und in die Dermis, die nach Exposition gegenüber einem Stoff oder einem Gemisch auftritt.

**2.2.8.1.3 [Metallkorrosion bestimmter Stoffe]**

Bei flüssigen Stoffen und festen Stoffen, die sich während der Beförderung verflüssigen können, von denen angenommen wird, dass sie nicht ätzend für die Haut sind, ist dennoch die Korrosionswirkung auf bestimmte Metalloberflächen in Übereinstimmung mit den Kriterien in Absatz 2.2.8.1.5.3 c) (ii) zu berücksichtigen.

**2.2.8.1.4 Allgemeine Vorschriften für die Klassifizierung**

**2.2.8.1.4.1 [Unterteilung nach Eigenschaften]**

Die Stoffe und Gegenstände der Klasse 8 sind wie folgt unterteilt:

C1–C11 Ätzende Stoffe ohne Nebengefahr und Gegenstände, die solche Stoffe enthalten
- C1–C4 Stoffe sauren Charakters
  - C1 anorganische flüssige Stoffe
  - C2 anorganische feste Stoffe
  - C3 organische flüssige Stoffe
  - C4 organische feste Stoffe
- C5–C8 Stoffe basischen Charakters
  - C5 anorganische flüssige Stoffe
  - C6 anorganische feste Stoffe
  - C7 organische flüssige Stoffe
  - C8 organische feste Stoffe
- C9–C10 Sonstige ätzende Stoffe
  - C9 flüssige Stoffe
  - C10 feste Stoffe
- C11 Gegenstände

CF Ätzende entzündbare Stoffe
- CF1 flüssige Stoffe
- CF2 feste Stoffe

CS Ätzende selbsterhitzungsfähige Stoffe
- CS1 flüssige Stoffe
- CS2 feste Stoffe

CW Ätzende Stoffe, die in Berührung mit Wasser entzündbare Gase entwickeln
- CW1 flüssige Stoffe
- CW2 feste Stoffe

| | | | |
|---|---|---|---|
| CO | Ätzende entzündend (oxidierend) wirkende Stoffe | | 2.2.8.1.4.1 (Forts.) |
| | CO1 | flüssige Stoffe | |
| | CO2 | feste Stoffe | |
| CT | Ätzende giftige Stoffe und Gegenstände, die solche Stoffe enthalten | | |
| | CT1 | flüssige Stoffe | |
| | CT2 | feste Stoffe | |
| | CT3 | Gegenstände | |
| CFT | Ätzende entzündbare giftige flüssige Stoffe | | |
| COT | Ätzende entzündend (oxidierend) wirkende giftige Stoffe. | | |

**[Verpackungsgruppen]** 2.2.8.1.4.2

Die Stoffe und Gemische der Klasse 8 sind auf Grund ihres Gefahrengrades während der Beförderung in folgende Verpackungsgruppen unterteilt:

a) Verpackungsgruppe I: sehr gefährliche Stoffe und Gemische;
b) Verpackungsgruppe II: Stoffe und Gemische, die eine mittlere Gefahr darstellen;
c) Verpackungsgruppe III: Stoffe und Gemische, die eine geringe Gefahr darstellen.

**[Verpackungsgruppenzuordnung]** 2.2.8.1.4.3

Die Zuordnung der in Kapitel 3.2 Tabelle A aufgeführten Stoffe zu Verpackungsgruppen in der Klasse 8 wurde auf Grundlage von Erfahrungen unter Berücksichtigung zusätzlicher Faktoren, wie Risiko des Einatmens (siehe Absatz 2.2.8.1.4.5) und Reaktionsfähigkeit mit Wasser (einschließlich der Bildung gefährlicher Zerfallsprodukte), durchgeführt.

**[Hautschädigung]** 2.2.8.1.4.4

Neue Stoffe und Gemische können, in Übereinstimmung mit den Kriterien des Absatzes 2.2.8.1.5, auf der Grundlage der Länge der Kontaktzeit, die nötig ist, um eine irreversible Schädigung des unverletzten Hautgewebes zu verursachen, den Verpackungsgruppen zugeordnet werden. Für Gemische dürfen alternativ die Kriterien in Absatz 2.2.8.1.6 verwendet werden.

**[Zuordnung giftiger Stoffe]** 2.2.8.1.4.5

Ein Stoff oder ein Gemisch, der/das die Kriterien der Klasse 8 erfüllt und eine Giftigkeit beim Einatmen von Staub und Nebel ($LC_{50}$) entsprechend Verpackungsgruppe I, aber eine Giftigkeit bei Einnahme oder bei Absorption durch die Haut entsprechend Verpackungsgruppe III oder eine geringere Giftigkeit aufweist, ist der Klasse 8 zuzuordnen (siehe Absatz 2.2.61.1.7.2).

**Zuordnung von Stoffen und Gemischen zu Verpackungsgruppen** 2.2.8.1.5

**[Vorrang Expositionsdaten]** 2.2.8.1.5.1

In erster Linie sind bestehende Daten in Bezug auf den Menschen oder auf Tiere, einschließlich Informationen über einzelne oder wiederholte Expositionen, zu betrachten, da sie Informationen liefern, die unmittelbar für die Auswirkungen auf die Haut von Relevanz sind.

**[Verpackungsgruppenzuordnung lt. OECD]** 2.2.8.1.5.2
*→ D: RSEB 2-17*

Bei der Zuordnung zu Verpackungsgruppen in Übereinstimmung mit Absatz 2.2.8.1.4.4 sind die bei unbeabsichtigter Exposition gemachten Erfahrungen in Bezug auf den Menschen zu berücksichtigen. Fehlen Erfahrungen in Bezug auf den Menschen, ist die Klassifizierung auf der Grundlage der Ergebnisse von Versuchen gemäß OECD Test Guideline 404[8)], 435[9)], 431[10)] oder 430[11)] vorzunehmen. Ein Stoff oder Gemisch, der/das in Übereinstimmung mit einer dieser OECD Test Guidelines als nicht ätzend bestimmt ist

---

8) OECD Guideline for the testing of chemicals No. 404 „Acute Dermal Irritation/Corrosion" 2015 (OECD-Richtlinie für die Prüfung von Chemikalien Nr. 404 „Akute Irritation/Verätzung der Haut" 2015).

9) OECD Guideline for the testing of chemicals No. 435 „In Vitro Membrane Barrier Test Method for Skin Corrosion" 2015 (OECD-Richtlinie für die Prüfung von Chemikalien Nr. 435 „In-vitro-Membranbarriere-Prüfmethode für die Verätzung der Haut" 2015).

10) OECD Guideline for the testing of chemicals No. 431 „In Vitro Skin Corrosion: reconstructed human epidermis (RHE) test method" 2016 (OECD-Richtlinie für die Prüfung von Chemikalien Nr. 431 „In-vitro-Verätzung der Haut: Prüfmethode mit rekonstruierter menschlicher Epidermis (RHE)" 2016).

11) OECD Guideline for the testing of chemicals No. 430 „In Vitro Skin Corrosion: Transcutaneous Electrical Resistance Test Method (TER)" 2015 (OECD-Richtlinie für die Prüfung von Chemikalien Nr. 430 „In-vitro-Verätzung der Haut: Tanskutane elektrische Widerstandsprüfmethode (TER)" 2015).

2.2.8.1.5.2 (Forts.) oder in Übereinstimmung mit der OECD Test Guideline 439[12)] nicht zugeordnet ist, kann für Zwecke des ADR ohne weitere Prüfungen als nicht ätzend für die Haut angesehen werden. Wenn die Prüfergebnisse ergeben, dass der Stoff oder das Gemisch ätzend und nicht der Verpackungsgruppe I zugeordnet ist, aber das Prüfverfahren keine Abgrenzung zwischen den Verpackungsgruppen II und III zulässt, so gilt der Stoff oder das Gemisch als der Verpackungsgruppe II zugeordnet. Wenn die Prüfergebnisse ergeben, dass der Stoff oder das Gemisch ätzend ist, aber das Prüfverfahren keine Abgrenzung zwischen den Verpackungsgruppen zulässt, so muss der Stoff oder das Gemisch der Verpackungsgruppe I zugeordnet werden, sofern andere Prüfergebnisse keine andere Verpackungsgruppe ergeben.

2.2.8.1.5.3 **[Zuordnungskriterien]**

Die Zuordnung von ätzenden Stoffen zu Verpackungsgruppen erfolgt in Übereinstimmung mit den folgenden Kriterien (siehe Tabelle 2.2.8.1.5.3):

a) Der Verpackungsgruppe I sind Stoffe zugeordnet, die innerhalb eines Beobachtungszeitraums von bis zu 60 Minuten nach einer Einwirkungszeit von 3 Minuten oder weniger eine irreversible Schädigung des unverletzten Hautgewebes verursachen.

b) Der Verpackungsgruppe II sind Stoffe zugeordnet, die innerhalb eines Beobachtungszeitraums von bis zu 14 Tagen nach einer Einwirkungszeit von mehr als 3 Minuten, aber höchstens 60 Minuten eine irreversible Schädigung des unverletzten Hautgewebes verursachen.

c) Der Verpackungsgruppe III sind Stoffe zugeordnet:

(i) die innerhalb eines Beobachtungszeitraums von bis zu 14 Tagen nach einer Einwirkungszeit von mehr als 60 Minuten, aber höchstens 4 Stunden eine irreversible Schädigung des unverletzten Hautgewebes verursachen oder

(ii) von denen angenommen wird, dass sie keine irreversible Schädigung des unverletzten Hautgewebes verursachen, bei denen aber die Korrosionsrate auf Stahl- oder Aluminiumoberflächen bei einer Prüftemperatur von 55 °C den Wert von 6,25 mm pro Jahr überschreitet, wenn die Stoffe an beiden Werkstoffen geprüft wurden. Für Prüfungen an Stahl ist der Typ S235JR+CR (1.0037 bzw. St 37-2), S275J2G3+CR (1.0144 bzw. St 44-3), ISO 3574, „Unified Numbering System (UNS)" G10200 oder SAE 1020 und für Prüfungen an Aluminium der unbeschichtete Typ 7075-T6 oder AZ5GU-T6 zu verwenden. Eine zulässige Prüfung ist im Handbuch Prüfungen und Kriterien Teil III Abschnitt 37 beschrieben.

**Bem.** Wenn bei einer anfänglichen Prüfung entweder auf Stahl oder auf Aluminium festgestellt wird, dass der geprüfte Stoff ätzend ist, ist die anschließende Prüfung an dem anderen Metall nicht erforderlich.

**Tabelle 2.2.8.1.5.3: Zusammenfassende Darstellung der Kriterien des Absatzes 2.2.8.1.5.3**[1]

| Verpackungsgruppe | Einwirkungszeit | Beobachtungszeitraum | Auswirkungen |
|---|---|---|---|
| I | ≤ 3 min | ≤ 60 min | irreversible Schädigung des unverletzten Hautgewebes |
| II | > 3 min ≤ 1 h | ≤ 14 Tage | irreversible Schädigung des unverletzten Hautgewebes |
| III | > 1 h ≤ 4 h | ≤ 14 Tage | irreversible Schädigung des unverletzten Hautgewebes |
| III | – | – | Korrosionsrate auf Stahl- oder Aluminiumoberflächen, die bei einer Prüftemperatur von 55 °C den Wert von 6,25 mm pro Jahr überschreitet, wenn die Stoffe an beiden Werkstoffen geprüft wurden |

2.2.8.1.6 **Alternative Methoden für die Zuordnung von Gemischen zu Verpackungsgruppen: schrittweises Vorgehen**

2.2.8.1.6.1 *Allgemeine Vorschriften*

Für Gemische ist es notwendig, Informationen zu erhalten oder abzuleiten, mit denen die Kriterien für Zwecke der Klassifizierung und der Zuordnung von Verpackungsgruppen auf das Gemisch angewendet werden können. Das Vorgehen für die Klassifizierung und die Zuordnung von Verpackungsgruppen ist

12) OECD Guideline for the testing of chemicals No. 439 „In Vitro Skin Irritation: Reconstructed Human Epidermis Test Method" 2015 (OECD-Richtlinie für die Prüfung von Chemikalien Nr. 439 „In-vitro-Irritation der Haut: Prüfung an einem Modell menschlicher Haut" 2015).

[1] *Anmerkung des Verlags: Den VG I / II / III entsprechen die CLP-Unterkategorien 1A/1B/1C für Ätzwirkung auf der Haut.*

mehrstufig und hängt von der Menge an Informationen ab, die für das Gemisch selbst, für ähnliche Gemische und/oder für seine Bestandteile verfügbar sind. Das Ablaufdiagramm in Abbildung 2.2.8.1.6.1 zeigt die Schritte des Verfahrens. 2.2.8.1.6.1 (Forts.)

**Abbildung 2.2.8.1.6.1: Schrittweises Vorgehen für die Klassifizierung von ätzenden Gemischen und die Zuordnung von ätzenden Gemischen zu Verpackungsgruppen**

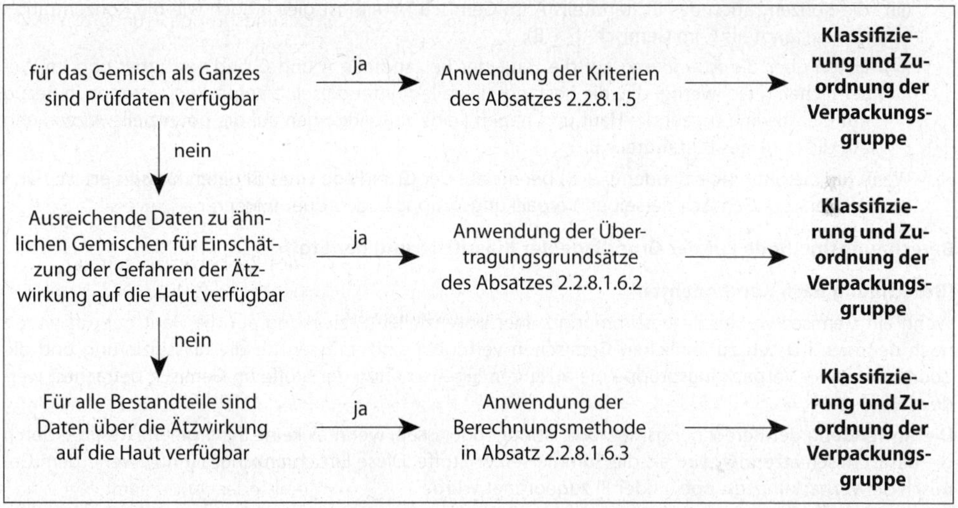


**Übertragungsgrundsätze** 2.2.8.1.6.2

Wurde das Gemisch selbst nicht auf seine potenzielle Ätzwirkung auf die Haut geprüft, liegen jedoch ausreichende Daten sowohl über die einzelnen Bestandteile als auch über ähnliche geprüfte Gemische vor, um eine angemessene Klassifizierung des Gemisches und die Zuordnung des Gemisches zu einer Verpackungsgruppe vorzunehmen, dann werden diese Daten nach Maßgabe der nachstehenden Übertragungsgrundsätze verwendet. Dies stellt sicher, dass für das Klassifizierungsverfahren die verfügbaren Daten in größtmöglichem Maße für die Beschreibung der Gefahren des Gemisches verwendet werden.

a) Verdünnung: Wenn ein geprüftes Gemisch mit einem Verdünnungsmittel verdünnt ist, das nicht den Kriterien der Klasse 8 entspricht und keine Auswirkungen auf die Verpackungsgruppe anderer Bestandteile hat, darf das neue verdünnte Gemisch derselben Verpackungsgruppe zugeordnet werden wie das ursprünglich geprüfte Gemisch.

   **Bem.** In bestimmten Fällen kann die Verdünnung eines Gemisches oder Stoffes zu einer Verstärkung der ätzenden Eigenschaften führen. Wenn dies der Fall ist, darf dieser Übertragungsgrundsatz nicht angewendet werden.

b) Fertigungslose: Es kann angenommen werden, dass die potenzielle Ätzwirkung auf die Haut eines geprüften Fertigungsloses eines Gemisches mit dem eines anderen ungeprüften Fertigungsloses desselben Handelsproduktes, wenn es von oder unter Überwachung desselben Herstellers produziert wurde, im Wesentlichen gleichwertig ist, es sei denn, es besteht Grund zur Annahme, dass bedeutende Schwankungen auftreten, die zu einer Änderung der potenziellen Ätzwirkung auf die Haut des ungeprüften Loses führen. In diesem Fall ist eine neue Klassifizierung erforderlich.

c) Konzentration von Gemischen der Verpackungsgruppe I: Wenn ein geprüftes Gemisch, das den Kriterien für eine Aufnahme in die Verpackungsgruppe I entspricht, konzentriert wird, darf das ungeprüfte Gemisch mit der höheren Konzentration ohne zusätzliche Prüfungen der Verpackungsgruppe I zugeordnet werden.

d) Interpolation innerhalb einer Verpackungsgruppe: Bei drei Gemischen (A, B und C) mit identischen Bestandteilen, wobei die Gemische A und B geprüft wurden und unter dieselbe Verpackungsgruppe in Bezug auf die Ätzwirkung auf die Haut fallen und das ungeprüfte Gemisch C dieselben Bestandteile der Klasse 8 wie die Gemische A und B hat, die Konzentrationen der Bestandteile der Klasse 8 dieses Gemisches jedoch zwischen den Konzentrationen in den Gemischen A und B liegen, wird an-

2.2.8.1.6.2 (Forts.) genommen, dass das Gemisch C in dieselbe Verpackungsgruppe in Bezug auf die Ätzwirkung auf die Haut fällt wie die Gemische A und B.

e) Im Wesentlichen ähnliche Gemische liegen vor, wenn Folgendes gegeben ist:

(i) zwei Gemische: (A + B) und (C + B);

(ii) die Konzentration des Bestandteils B ist in beiden Gemischen gleich;

(iii) die Konzentration des Bestandteils A im Gemisch (A + B) ist gleich hoch wie die Konzentration des Bestandteils C im Gemisch (C + B);

(iv) Daten über die Ätzwirkung auf die Haut der Bestandteile A und C sind verfügbar und im Wesentlichen gleichwertig, d.h. die Bestandteile fallen unter dieselbe Verpackungsgruppe in Bezug auf die Ätzwirkung auf die Haut und haben keine Auswirkungen auf die potenzielle Ätzwirkung auf die Haut des Bestandteils B.

Wenn das Gemisch (A + B) oder (C + B) bereits auf der Grundlage von Prüfdaten klassifiziert ist, dann kann das andere Gemisch derselben Verpackungsgruppe zugeordnet werden.

**2.2.8.1.6.3 Berechnungsmethode auf der Grundlage der Klassifizierung der Stoffe**

**2.2.8.1.6.3.1 [Berechnung nach Komponenten]**

Wenn ein Gemisch weder zur Bestimmung seiner potenziellen Ätzwirkung auf die Haut geprüft wurde noch genügend Daten zu ähnlichen Gemischen verfügbar sind, müssen für die Klassifizierung und die Zuordnung einer Verpackungsgruppe die ätzenden Eigenschaften der Stoffe im Gemisch betrachtet werden.

Die Anwendung der Berechnungsmethode ist nur zugelassen, wenn es keine Synergieeffekte gibt, durch die das Gemisch ätzender wird als die Summe seiner Stoffe. Diese Einschränkung gilt nur, wenn dem Gemisch die Verpackungsgruppe II oder III zugeordnet würde.

**2.2.8.1.6.3.2 [Relevante Konzentrationsgrenzen]**

Bei der Anwendung der Berechnungsmethode müssen alle Bestandteile der Klasse 8 in Konzentrationen ≥ 1 % berücksichtigt werden oder in Konzentrationen < 1 %, sofern diese Bestandteile in dieser Konzentration noch für die Klassifizierung des Gemisches als ätzend für die Haut relevant sind.

**2.2.8.1.6.3.3 [Berechnungsmethode Gemisch]**

Für die Bestimmung, ob ein Gemisch, das ätzende Stoffe enthält, als ätzendes Gemisch anzusehen ist, und für die Zuordnung einer Verpackungsgruppe muss die Berechnungsmethode im Ablaufdiagramm in Abbildung 2.2.8.1.6.3 angewendet werden. Für diese Berechnungsmethode gelten allgemeine Konzentrationsgrenzwerte, wenn im ersten Schritt für die Bewertung von Stoffen der Verpackungsgruppe I 1 % bzw. in den übrigen Schritten 5 % verwendet wird.

**2.2.8.1.6.3.4 [Verhältnis SCL/GCL]**

Wenn einem Stoff gemäß seiner Eintragung in Kapitel 3.2 Tabelle A oder durch eine Sondervorschrift ein spezifischer Konzentrationsgrenzwert (SCL) zugeordnet ist, muss dieser Grenzwert anstelle der allgemeinen Konzentrationsgrenzwerte (GCL) angewendet werden.

**2.2.8.1.6.3.5 [Berechnungsformel]**

Zu diesem Zweck muss die Summenformel für jeden einzelnen Schritt der Berechnungsmethode angepasst werden. Dies bedeutet, dass der allgemeine Konzentrationsgrenzwert, sofern anwendbar, durch den dem Stoff (den Stoffen) zugeordneten spezifischen Konzentrationsgrenzwert ($SCL_i$) ersetzt werden muss; die angepasste Formel ist ein gewichteter Mittelwert der verschiedenen Konzentrationsgrenzwerte, die den verschiedenen Stoffen im Gemisch zugeordnet sind:

$$\frac{VG\ x_1}{GCL} + \frac{VG\ x_2}{SCL_2} + \ldots + \frac{VG\ x_i}{SCL_i} \geq 1,$$

wobei:

$VG\ x_i$ = Konzentration des Stoffes 1, 2 … i im Gemisch, welcher der Verpackungsgruppe x (I, II oder III) zugeordnet ist

GCL = allgemeiner Konzentrationsgrenzwert

$SCL_i$ = spezifischer Konzentrationsgrenzwert, der dem Stoff i zugeordnet ist

Das Kriterium für eine Verpackungsgruppe ist erfüllt, wenn das Ergebnis der Berechnung ≥ 1 ist. Die für die Bewertung in jedem einzelnen Schritt der Berechnungsmethode zu verwendenden allgemeinen Konzentrationsgrenzwerte entsprechen denen in der Abbildung 2.2.8.1.6.3. **2.2.8.1.6.3.5** (Forts.)

Beispiele für die Anwendung der oben genannten Formel können der nachfolgenden Bem. entnommen werden.

**Bem.** Beispiele für die Anwendung der oben genannten Formel

Beispiel 1: Ein Gemisch enthält einen der Verpackungsgruppe I zugeordneten ätzenden Stoff ohne spezifischen Konzentrationsgrenzwert in einer Konzentration von 5 %:

Berechnung für die Verpackungsgruppe I: $\frac{5}{5(\text{GCL})} = 1$

→ Zuordnung zur Klasse 8, Verpackungsgruppe I.

Beispiel 2: Ein Gemisch enthält drei Stoffe, die ätzend für die Haut sind; zwei dieser Stoffe (A und B) haben spezifische Konzentrationsgrenzwerte; für den dritten Stoff (C) gilt der allgemeine Konzentrationsgrenzwert. Der Rest des Gemisches muss nicht berücksichtigt werden:

| Stoff X im Gemisch und die Zuordnung seiner Verpackungsgruppe in Klasse 8 | Konzentration (conc) im Gemisch in % | spezifischer Konzentrationsgrenzwert (SCL) für die Verpackungsgruppe I | spezifischer Konzentrationsgrenzwert (SCL) für die Verpackungsgruppe II | spezifischer Konzentrationsgrenzwert (SCL) für die Verpackungsgruppe III |
|---|---|---|---|---|
| A, der Verpackungsgruppe I zugeordnet | 3 | 30 % | keiner | keiner |
| B, der Verpackungsgruppe I zugeordnet | 2 | 20 % | 10 % | keiner |
| C, der Verpackungsgruppe III zugeordnet | 10 | keiner | keiner | keiner |

Berechnung für die Verpackungsgruppe I:

$$\frac{3(\text{conc A})}{30(\text{SCL VG I})} + \frac{2(\text{conc B})}{20(\text{SCL VG I})} = 0,2 < 1$$

Das Kriterium für die Verpackungsgruppe I ist nicht erfüllt.

Berechnung für die Verpackungsgruppe II:

$$\frac{3(\text{conc A})}{5(\text{GCL VG II})} + \frac{2(\text{conc B})}{10(\text{SCL VG II})} = 0,8 < 1$$

Das Kriterium für die Verpackungsgruppe II ist nicht erfüllt.

Berechnung für die Verpackungsgruppe III:

$$\frac{3(\text{conc A})}{5(\text{GCL VG III})} + \frac{2(\text{conc B})}{5(\text{GCL VG III})} + \frac{10(\text{conc C})}{5(\text{GCL VG III})} = 3 \geq 1$$

Das Kriterium für die Verpackungsgruppe III ist erfüllt, das Gemisch muss der Klasse 8 Verpackungsgruppe III zugeordnet werden.

2.2.8.1.6.3.5 (Forts.)

**Abbildung 2.2.8.1.6.3: Berechnungsmethode**

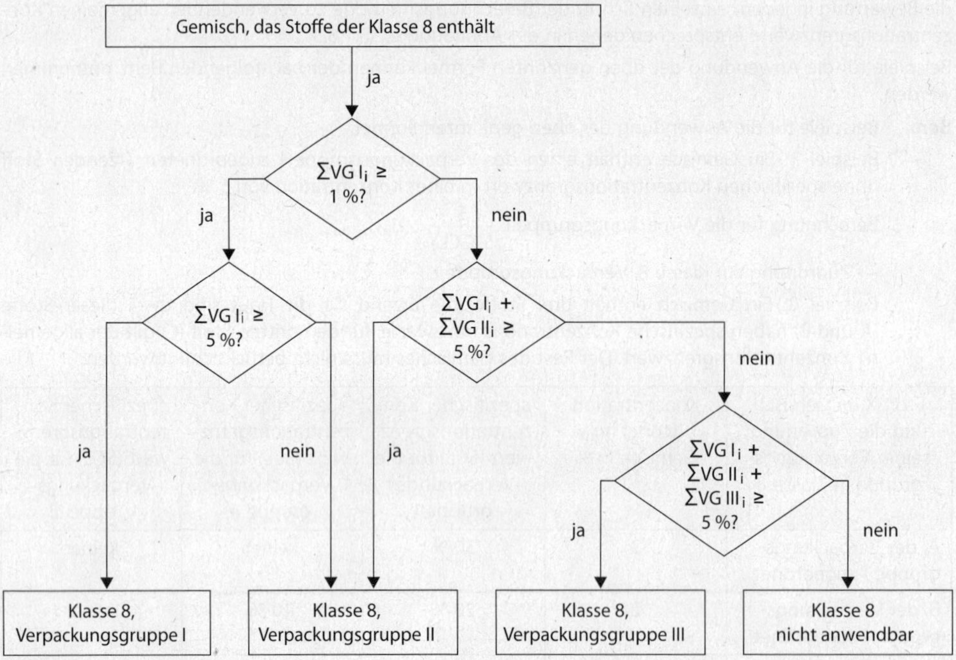


**2.2.8.1.7 [Abweichende Zuordnungen]**

Wenn die Stoffe der Klasse 8 durch Beimengungen in andere Gefahrenkategorien fallen als die, zu denen die in Kapitel 3.2 Tabelle A namentlich genannten Stoffe gehören, sind diese Gemische oder Lösungen den Eintragungen zuzuordnen, zu denen sie auf Grund ihrer tatsächlichen Gefahr gehören.

**Bem.** Für die Zuordnung von Lösungen und Gemischen (wie Präparate, Zubereitungen und Abfälle) siehe auch Abschnitt 2.1.3.

**2.2.8.1.8 [Freistellung klassifizierter Stoffe]**

Auf Grundlage der Kriterien des Absatzes 2.2.8.1.6 kann auch festgestellt werden, ob eine namentlich genannte Lösung oder ein namentlich genanntes Gemisch bzw. eine Lösung oder ein Gemisch, das einen namentlich genannten Stoff enthält, so beschaffen ist, dass diese Lösung oder dieses Gemisch nicht den Vorschriften dieser Klasse unterliegt.

**Bem.** Die in den UN-Modellvorschriften aufgeführten Stoffe UN 1910 CALCIUMOXID und UN 2812 NATRIUMALUMINAT unterliegen nicht den Vorschriften des ADR.

**2.2.8.2 Nicht zur Beförderung zugelassene Stoffe**

**2.2.8.2.1 [Chemisch instabile Stoffe]**

Chemisch instabile Stoffe der Klasse 8 sind zur Beförderung nur zugelassen, wenn die erforderlichen Vorsichtsmaßnahmen zur Verhinderung der Möglichkeit einer gefährlichen Zersetzung oder Polymerisation unter normalen Beförderungsbedingungen getroffen wurden. Für die Vorsichtsmaßnahmen zur Verhinderung einer Polymerisation siehe Kapitel 3.3 Sondervorschrift 386. Zu diesem Zweck muss insbesondere dafür gesorgt werden, dass die Gefäße und Tanks keine Stoffe enthalten, die diese Reaktionen begünstigen können.

**2.2.8.2.2 [Diverse Stoffe]**

Folgende Stoffe sind zur Beförderung nicht zugelassen:

- UN 1798 GEMISCHE AUS SALPETERSÄURE UND SALZSÄURE,
- chemisch instabile Gemische von Abfallschwefelsäuren,
- chemisch instabile Gemische von Nitriersäure oder Abfallmischsäuren, nicht denitriert,

## 2.2 Besondere Vorschriften für einzelne Klassen [Klasse 8]

– Perchlorsäure, wässerige Lösungen mit mehr als 72 Masse-% reiner Säure, oder Gemische von Perchlorsäure mit anderen flüssigen Stoffen als Wasser. **2.2.8.2.2** (Forts.)

### Verzeichnis der Sammeleintragungen **2.2.8.3**

| | | Klassifizierungscode | UN-Nummer | Benennung des Stoffes oder Gegenstandes |
|---|---|---|---|---|
| **Ätzende Stoffe ohne Nebengefahr und Gegenstände, die solche Stoffe enthalten** | | | | |
| **Stoffe sauren Charakters** | **anorganisch** | **flüssig C1** | 2584 | ALKYLSULFONSÄUREN, FLÜSSIG, mit mehr als 5 % freier Schwefelsäure oder |
| | | | 2584 | ARYLSULFONSÄUREN, FLÜSSIG, mit mehr als 5 % freier Schwefelsäure |
| | | | 2693 | HYDROGENSULFITE, WÄSSERIGE LÖSUNG, N.A.G. |
| | | | 2837 | HYDROGENSULFATE, WÄSSERIGE LÖSUNG (Bisulfate, wässerige Lösung) |
| | | | 3264 | ÄTZENDER SAURER ANORGANISCHER FLÜSSIGER STOFF, N.A.G. |
| | | **fest C2** | 1740 | HYDROGENDIFLUORIDE, FEST, N.A.G. |
| | | | 2583 | ALKYLSULFONSÄUREN, FEST, mit mehr als 5 % freier Schwefelsäure oder |
| | | | 2583 | ARYLSULFONSÄUREN, FEST, mit mehr als 5 % freier Schwefelsäure |
| | | | 3260 | ÄTZENDER SAURER ANORGANISCHER FESTER STOFF, N.A.G. |
| | **organisch** | **flüssig C3** | 2586 | ALKYLSULFONSÄUREN, FLÜSSIG, mit höchstens 5 % freier Schwefelsäure oder |
| | | | 2586 | ARYLSULFONSÄUREN, FLÜSSIG, mit höchstens 5 % freier Schwefelsäure |
| | | | 2987 | CHLORSILANE, ÄTZEND, N.A.G. |
| | | | 3145 | ALKYLPHENOLE, FLÜSSIG, N.A.G. (einschließlich $C_2$-$C_{12}$-Homologe) |
| | | | 3265 | ÄTZENDER SAURER ORGANISCHER FLÜSSIGER STOFF, N.A.G. |
| | | **fest C4** | 2430 | ALKYLPHENOLE, FEST, N.A.G. (einschließlich $C_2$-$C_{12}$-Homologe) |
| | | | 2585 | ALKYLSULFONSÄUREN, FEST, mit höchstens 5 % freier Schwefelsäure oder |
| | | | 2585 | ARYLSULFONSÄUREN, FEST, mit höchstens 5 % freier Schwefelsäure |
| | | | 3261 | ÄTZENDER SAURER ORGANISCHER FESTER STOFF, N.A.G. |
| **Stoffe basischen Charakters** | **anorganisch** | **flüssig C5** | 1719 | ÄTZENDER ALKALISCHER FLÜSSIGER STOFF, N.A.G. |
| | | | 2797 | BATTERIEFLÜSSIGKEIT, ALKALISCH |
| | | | 3266 | ÄTZENDER BASISCHER ANORGANISCHER FLÜSSIGER STOFF, N.A.G. |
| | | **fest C6** | 3262 | ÄTZENDER BASISCHER ANORGANISCHER FESTER STOFF, N.A.G. |
| | **organisch** | **flüssig C7** | 2735 | AMINE, FLÜSSIG, ÄTZEND, N.A.G. oder |
| | | | 2735 | POLYAMINE, FLÜSSIG, ÄTZEND, N.A.G. |
| | | | 3267 | ÄTZENDER BASISCHER ORGANISCHER FLÜSSIGER STOFF, N.A.G. |
| | | **fest C8** | 3259 | AMINE, FEST, ÄTZEND, N.A.G. oder |
| | | | 3259 | POLYAMINE, FEST, ÄTZEND, N.A.G. |
| | | | 3263 | ÄTZENDER BASISCHER ORGANISCHER FESTER STOFF, N.A.G. |
| **andere ätzende Stoffe** | | **flüssig C9** | 1903 | DESINFEKTIONSMITTEL, FLÜSSIG, ÄTZEND, N.A.G. |
| | | | 2801 | FARBSTOFF, FLÜSSIG, ÄTZEND, N.A.G. oder |
| | | | 2801 | FARBSTOFFZWISCHENPRODUKT, FLÜSSIG, ÄTZEND, N.A.G. |
| | | | 3066 | FARBE (einschließlich Farbe, Lack, Emaille, Beize, Schellack, Firnis, Politur und flüssige Lackgrundlage) oder |
| | | | 3066 | FARBZUBEHÖRSTOFFE (einschließlich Farbverdünner und Entferner-Komponenten) |
| | | | 1760 | ÄTZENDER FLÜSSIGER STOFF, N.A.G. |
| | | **fest[a)] C10** | 3147 | FARBSTOFF, FEST, ÄTZEND, N.A.G. oder |
| | | | 3147 | FARBSTOFFZWISCHENPRODUKT, FEST, ÄTZEND, N.A.G. |
| | | | 3244 | FESTE STOFFE MIT ÄTZENDEM FLÜSSIGEM STOFF, N.A.G. |
| | | | 1759 | ÄTZENDER FESTER STOFF, N.A.G. |

2.2.8.3 (Forts.)

| | | Klassifizierungscode | UN-Nummer | Benennung des Stoffes oder Gegenstandes |
|---|---|---|---|---|
| Gegenstände | | C11 | 1774 | FEUERLÖSCHERLADUNGEN, ätzender flüssiger Stoff |
| | | | 2028 | RAUCHBOMBEN, NEBELBOMBEN, NICHT EXPLOSIV, ätzenden flüssigen Stoff enthaltend, ohne Zünder |
| | | | 2794 | BATTERIEN (AKKUMULATOREN), NASS, GEFÜLLT MIT SÄURE, elektrische Sammler |
| | | | 2795 | BATTERIEN (AKKUMULATOREN), NASS, GEFÜLLT MIT ALKALIEN, elektrische Sammler |
| | | | 2800 | BATTERIEN (AKKUMULATOREN), NASS, AUSLAUFSICHER, elektrische Sammler |
| | | | 3028 | BATTERIEN (AKKUMULATOREN), TROCKEN, KALIUMHYDROXID, FEST, ENTHALTEND, elektrische Sammler |
| | | | 3477 | BRENNSTOFFZELLEN-KARTUSCHEN, ätzende Stoffe enthaltend, oder |
| | | | 3477 | BRENNSTOFFZELLEN-KARTUSCHEN IN AUSRÜSTUNGEN, ätzende Stoffe enthaltend, oder |
| | | | 3477 | BRENNSTOFFZELLEN-KARTUSCHEN, MIT AUSRÜSTUNGEN VERPACKT, ätzende Stoffe enthaltend |
| → *M329* | | | 3547 | GEGENSTÄNDE, DIE EINEN ÄTZENDEN STOFF ENTHALTEN, N.A.G. |

**Ätzende Stoffe mit Nebengefahr(en) und Gegenstände, die solche Stoffe enthalten**

| | | | | |
|---|---|---|---|---|
| **entzündbar CF** | **flüssig**[b)] | **CF1** | 3470 | FARBE, ÄTZEND, ENTZÜNDBAR (einschließlich Farbe, Lack, Emaille, Beize, Schellack, Firnis, Politur, flüssiger Füllstoff und flüssige Lackgrundlage) oder |
| | | | 3470 | FARBZUBEHÖRSTOFFE, ÄTZEND, ENTZÜNDBAR (einschließlich Farbverdünnung und -lösemittel) |
| | | | 2734 | AMINE, FLÜSSIG, ÄTZEND, ENTZÜNDBAR, N.A.G. oder |
| | | | 2734 | POLYAMINE, FLÜSSIG, ÄTZEND, ENTZÜNDBAR, N.A.G. |
| | | | 2986 | CHLORSILANE, ÄTZEND, ENTZÜNDBAR, N.A.G. |
| | | | 2920 | ÄTZENDER FLÜSSIGER STOFF, ENTZÜNDBAR, N.A.G. |
| | **fest** | **CF2** | 2921 | ÄTZENDER FESTER STOFF, ENTZÜNDBAR, N.A.G. |
| **selbsterhitzungsfähig CS** | **flüssig** | **CS1** | 3301 | ÄTZENDER FLÜSSIGER STOFF, SELBSTERHITZUNGSFÄHIG, N.A.G. |
| | **fest** | **CS2** | 3095 | ÄTZENDER FESTER STOFF, SELBSTERHITZUNGSFÄHIG, N.A.G. |
| **mit Wasser reagierend CW** | **flüssig**[b)] | **CW1** | 3094 | ÄTZENDER FLÜSSIGER STOFF, MIT WASSER REAGIEREND, N.A.G. |
| | **fest** | **CW2** | 3096 | ÄTZENDER FESTER STOFF, MIT WASSER REAGIEREND, N.A.G. |
| **entzündend (oxidierend) wirkend CO** | **flüssig** | **CO1** | 3093 | ÄTZENDER FLÜSSIGER STOFF, ENTZÜNDEND (OXIDIEREND) WIRKEND, N.A.G. |
| | **fest** | **CO2** | 3084 | ÄTZENDER FESTER STOFF, ENTZÜNDEND (OXIDIEREND) WIRKEND, N.A.G. |
| **giftig**[d)] **CT** | **flüssig**[c)] | **CT1** | 3471 | HYDROGENDIFLUORIDE, LÖSUNG, N.A.G. |
| | | | 2922 | ÄTZENDER FLÜSSIGER STOFF, GIFTIG, N.A.G. |
| | **fest**[e)] | **CT2** | 2923 | ÄTZENDER FESTER STOFF, GIFTIG, N.A.G. |
| | **Gegenstände** | **CT3** | 3506 | QUECKSILBER IN HERGESTELLTEN GEGENSTÄNDEN |
| **entzündbar, giftig, flüssig**[d)] | | **CFT** | | (keine Sammeleintragung mit diesem Klassifizierungscode vorhanden; soweit erforderlich, Zuordnung zu einer Sammeleintragung mit einem Klassifizierungscode, der nach der Tabelle der überwiegenden Gefahr in Unterabschnitt 2.1.3.10 zu bestimmen ist) |

2.2.8.3 (Forts.)

| | Klassifizierungscode | UN-Nummer | Benennung des Stoffes oder Gegenstandes |
|---|---|---|---|
| **entzündend (oxidierend) wirkend, giftig**[d) e)] | COT | | (keine Sammeleintragung mit diesem Klassifizierungscode vorhanden; soweit erforderlich, Zuordnung zu einer Sammeleintragung mit einem Klassifizierungscode, der nach der Tabelle der überwiegenden Gefahr in Unterabschnitt 2.1.3.10 zu bestimmen ist) |

Fußnoten

a) Gemische fester Stoffe, die den Vorschriften des ADR nicht unterliegen, mit ätzenden flüssigen Stoffen dürfen unter der UN-Nummer 3244 befördert werden, ohne dass zuvor die Zuordnungskriterien der Klasse 8 angewendet werden, vorausgesetzt, zum Zeitpunkt des Verladens des Stoffes oder des Verschließens der Verpackung, des Containers oder der Beförderungseinheit ist keine freie Flüssigkeit sichtbar. Jede Verpackung muss einer Bauart entsprechen, die erfolgreich eine Dichtheitsprüfung für die Verpackungsgruppe II bestanden hat.

b) Chlorsilane, die mit Wasser oder an feuchter Luft entzündbare Gase entwickeln, sind Stoffe der Klasse 4.3.

c) Chlorformiate mit vorwiegend giftigen Eigenschaften sind Stoffe der Klasse 6.1.

d) Ätzende Stoffe, die nach den Absätzen 2.2.61.1.4 bis 2.2.61.1.9 beim Einatmen sehr giftig sind, sind Stoffe der Klasse 6.1.

e) UN 1690 NATRIUMFLUORID, FEST, UN 1812 KALIUMFLUORID, FEST, UN 2505 AMMONIUMFLUORID, UN 2674 NATRIUMFLUOROSILICAT, UN 2856 FLUOROSILICATE, N.A.G., UN 3415 NATRIUMFLUORID, LÖSUNG und UN 3422 KALIUMFLUORID, LÖSUNG sind Stoffe der Klasse 6.1.

## 2.2.9 Klasse 9: Verschiedene gefährliche Stoffe und Gegenstände

→ D: GGAV 20

### 2.2.9.1 Kriterien

**2.2.9.1.1 [Begriffsbestimmung]**

Unter den Begriff der Klasse 9 fallen Stoffe und Gegenstände, die während der Beförderung eine Gefahr darstellen, die nicht unter die Begriffe anderer Klassen fällt.

**2.2.9.1.2 [Unterteilung nach Eigenschaften]**

Die Stoffe und Gegenstände der Klasse 9 sind wie folgt unterteilt:

M1 Stoffe, die beim Einatmen als Feinstaub die Gesundheit gefährden können
M2 Stoffe und Gegenstände, die im Brandfall Dioxine bilden können
M3 Stoffe, die entzündbare Dämpfe abgeben
M4 Lithiumbatterien und Natrium-Ionen-Batterien
M5 Rettungsmittel
M6–M8 Umweltgefährdende Stoffe

→ D: GGAV 24

- M6 Wasserverunreinigende flüssige Stoffe
- M7 Wasserverunreinigende feste Stoffe
- M8 Genetisch veränderte Mikroorganismen und Organismen

M9–M10 Erwärmte Stoffe

- M9 flüssige Stoffe
- M10 feste Stoffe

M11 Andere Stoffe und Gegenstände, die während der Beförderung eine Gefahr darstellen und nicht unter die Begriffsbestimmung einer anderen Klasse fallen.

**2.2.9.1.3 Begriffsbestimmung und Zuordnung**

→ M329

Die der Klasse 9 zugeordneten Stoffe und Gegenstände sind in Kapitel 3.2 Tabelle A aufgeführt. Die Zuordnung der in Kapitel 3.2 Tabelle A nicht namentlich genannten Stoffe und Gegenstände zu den entsprechenden Eintragungen dieser Tabelle oder des Unterabschnitts 2.2.9.3 erfolgt in Übereinstimmung mit den Absätzen 2.2.9.1.4 bis 2.2.9.1.8, 2.2.9.1.10, 2.2.9.1.11, 2.2.9.1.13 und 2.2.9.1.14.

**2.2.9.1.4 Stoffe, die beim Einatmen als Feinstaub die Gesundheit gefährden können**

Stoffe, die beim Einatmen als Feinstaub die Gesundheit gefährden können, umfassen Asbest und asbesthaltige Gemische.

**2.2.9.1.5 Stoffe und Gegenstände, die im Brandfall Dioxine bilden können**

Stoffe und Gegenstände, die im Brandfall Dioxine bilden können, umfassen polychlorierte Biphenyle (PCB) und Terphenyle (PCT) und polyhalogenierte Biphenyle und Terphenyle sowie Gemische, die diese Stoffe enthalten, sowie Gegenstände wie Transformatoren, Kondensatoren und andere Gegenstände, die solche Stoffe oder Gemische enthalten.

**Bem.** Gemische mit einem PCB- oder PCT-Gehalt von nicht mehr als 50 mg/kg unterliegen nicht den Vorschriften des ADR.

**2.2.9.1.6 Stoffe, die entzündbare Dämpfe abgeben**

Stoffe, die entzündbare Dämpfe abgeben, umfassen Polymere, die entzündbare flüssige Stoffe mit einem Flammpunkt bis 55 °C enthalten.

**2.2.9.1.7 Lithiumbatterien und Natrium-Ionen-Batterien**

**2.2.9.1.7.1 Lithiumbatterien**

Sofern im ADR nichts anderes vorgeschrieben ist (z.B. für Batterie-Prototypen und kleine Produktionsserien von Batterien gemäß Sondervorschrift 310 oder beschädigte Batterien gemäß Sondervorschrift 376), müssen Lithiumbatterien den folgenden Vorschriften entsprechen.

**Bem.** Für UN 3536 LITHIUMBATTERIEN, IN GÜTERBEFÖRDERUNGSEINHEITEN EINGEBAUT, siehe Kapitel 3.3 Sondervorschrift 389.

Zellen und Batterien, Zellen und Batterien in Ausrüstungen oder Zellen und Batterien mit Ausrüstungen verpackt, die Lithium in irgendeiner Form enthalten, müssen der UN-Nummer 3090, 3091, 3480 bzw. 3481 zugeordnet werden. Sie dürfen unter diesen Eintragungen befördert werden, wenn sie den folgenden Vorschriften entsprechen: **2.2.9.1.7.1** (Forts.)

a) jede Zelle oder Batterie entspricht einem Typ, für den nachgewiesen wurde, dass er die Anforderungen aller Prüfungen des Handbuchs Prüfungen und Kriterien Teil III Unterabschnitt 38.3 erfüllt;

   **Bem.** Batterien müssen einem Typ entsprechen, für den nachgewiesen wurde, dass er die Prüfanforderungen des Handbuchs Prüfungen und Kriterien Teil III Unterabschnitt 38.3 erfüllt, unabhängig davon, ob die Zellen, aus denen sie zusammengesetzt sind, einem geprüften Typ entsprechen. *→ D: RSEB 2-18.1*

b) jede Zelle und Batterie ist mit einer Schutzeinrichtung gegen inneren Überdruck versehen oder so ausgelegt, dass ein Gewaltbruch unter normalen Beförderungsbedingungen verhindert wird;

c) jede Zelle und Batterie ist mit einer wirksamen Vorrichtung zur Verhinderung äußerer Kurzschlüsse ausgerüstet;

d) jede Batterie mit Zellen oder mit mehreren Zellen in Parallelschaltung ist mit wirksamen Einrichtungen ausgerüstet, die einen gefährlichen Rückstrom verhindern (z.B. Dioden, Sicherungen usw.);

e) die Zellen und Batterien sind gemäß einem Qualitätssicherungsprogramm hergestellt, das Folgendes beinhaltet:

   (i) eine Beschreibung der Organisationsstruktur und der Verantwortlichkeiten des Personals hinsichtlich der Auslegung und der Produktqualität;

   (ii) die entsprechenden Anweisungen, die für die Prüfung, die Qualitätskontrolle, die Qualitätssicherung und die Arbeitsabläufe verwendet werden;

   (iii) Prozesskontrollen, die entsprechende Aktivitäten zur Vorbeugung und Feststellung innerer Kurzschlussdefekte während der Herstellung von Zellen umfassen sollten;

   (iv) Qualitätsaufzeichnungen, wie Prüfberichte, Prüf- und Kalibrierungsdaten und Nachweise; Prüfdaten müssen aufbewahrt und der zuständigen Behörde auf Verlangen zur Verfügung gestellt werden;

   (v) Überprüfungen durch die Geschäftsleitung, um die erfolgreiche Wirkungsweise des Qualitätssicherungsprogramms sicherzustellen;

   (vi) ein Verfahren für die Kontrolle der Dokumente und deren Überarbeitung;

   (vii) ein Mittel für die Kontrolle von Zellen oder Batterien, die dem in Absatz a) genannten geprüften Typ nicht entsprechen; *→ D: RSEB 2-18.2*

   (viii) Schulungsprogramme und Qualifizierungsverfahren für das betroffene Personal und

   (ix) Verfahren um sicherzustellen, dass am Endprodukt keine Schäden vorhanden sind.

   **Bem.** Betriebseigene Qualitätssicherungsprogramme dürfen zugelassen werden. Eine Zertifizierung durch Dritte ist nicht erforderlich, jedoch müssen die in den Absätzen (i) bis (ix) aufgeführten Verfahren genau aufgezeichnet werden und nachvollziehbar sein. Eine Kopie des Qualitätssicherungsprogramms muss der zuständigen Behörde auf Verlangen zur Verfügung gestellt werden.

f) Lithiumbatterien, die sowohl Lithium-Metall-Primärzellen als auch wiederaufladbare Lithium-Ionen-Zellen enthalten und die nicht für eine externe Aufladung ausgelegt sind (siehe Sondervorschrift 387 des Kapitels 3.3), müssen folgenden Vorschriften entsprechen:

   (i) die wiederaufladbaren Lithium-Ionen-Zellen können nur von den Lithium-Metall-Primärzellen aufgeladen werden;

   (ii) eine Überladung der wiederaufladbaren Lithium-Ionen-Zellen ist auslegungsbedingt ausgeschlossen;

   (iii) die Batterie wurde als Lithium-Primärbatterie geprüft;

   (iv) die Komponentenzellen der Batterie müssen einer Bauart entsprechen, für die nachgewiesen wurde, dass sie die entsprechenden Prüfvorschriften des Handbuchs Prüfungen und Kriterien Teil III Unterabschnitt 38.3 erfüllen;

g) Mit Ausnahme von Knopfzellen-Batterien, die in Ausrüstungen (einschließlich Platinen) eingebaut sind, müssen Hersteller und nachfolgende Vertreiber von Zellen oder Batterien, die nach dem 30. Juni *→ HBPK*

**2.2.9.1.7.1** (Forts.) 2003 hergestellt wurden, die im Handbuch Prüfungen und Kriterien Teil III Unterabschnitt 38.3 Absatz 38.3.5 festgelegte Prüfzusammenfassung zur Verfügung stellen.

**Bem.** Der Begriff „zur Verfügung stellen" bedeutet, dass Hersteller und nachfolgende Vertreiber sicherstellen, dass die Prüfzusammenfassung zugänglich ist, damit der Absender oder andere Personen in der Lieferkette die Einhaltung der Vorschriften bestätigen können.

Lithiumbatterien unterliegen den Vorschriften des ADR nicht, wenn sie den Anforderungen des Kapitels 3.3 Sondervorschrift 188 entsprechen.

**2.2.9.1.7.2 Natrium-Ionen-Batterien**

Zellen und Batterien, Zellen und Batterien in Ausrüstungen oder Zellen und Batterien, mit Ausrüstungen verpackt, die Natriumionen enthalten und ein wiederaufladbares elektrochemisches System darstellen, bei dem sowohl die positive als auch die negative Elektrode Interkalations- oder Einlagerungsverbindungen sind, und die so gebaut sind, dass keine der beiden Elektroden metallisches Natrium (oder eine Natriumlegierung) enthält und als Elektrolyt eine organische, nicht wässerige Verbindung verwendet wird, müssen der UN-Nummer 3551 bzw. 3552 zugeordnet werden.

**Bem.** Interkaliertes Natrium liegt in ionischer oder quasi-atomarer Form im Gitter des Elektrodenmaterials vor.

Sie dürfen unter diesen Eintragungen befördert werden, wenn sie den folgenden Vorschriften entsprechen:

a) jede Zelle oder Batterie entspricht einem Typ, für den nachgewiesen wurde, dass er die Anforderungen der anwendbaren Prüfungen des Handbuchs Prüfungen und Kriterien Teil III Unterabschnitt 38.3 erfüllt;

*→ D: RSEB 2-18.1* **Bem.** Batterien müssen einem Typ entsprechen, für den nachgewiesen wurde, dass er die Prüfanforderungen des Handbuchs Prüfungen und Kriterien Teil III Unterabschnitt 38.3 erfüllt, unabhängig davon, ob die Zellen, aus denen sie zusammengesetzt sind, einem geprüften Typ entsprechen.

b) jede Zelle und Batterie verfügt über eine Sicherheitsentlüftungseinrichtung oder ist so ausgelegt, dass unter normalen Beförderungsbedingungen ein Gewaltbruch verhindert wird;

c) jede Zelle und Batterie ist mit einer wirksamen Vorrichtung zur Verhinderung äußerer Kurzschlüsse ausgerüstet;

d) jede Batterie mit Zellen oder mit mehreren Zellen in Parallelschaltung ist mit wirksamen Einrichtungen ausgerüstet, die einen gefährlichen Rückstrom verhindern (z.B. Dioden, Sicherungen usw.);

*→ D: RSEB 2-18.2* e) die Zellen und Batterien sind gemäß einem in Absatz 2.2.9.1.7.1 e) (i) bis (ix) beschriebenen Qualitätssicherungsprogramm hergestellt;

f) Hersteller und nachfolgende Vertreiber von Zellen oder Batterien müssen die im Handbuch Prüfungen und Kriterien Teil III Unterabschnitt 38.3 Absatz 38.3.5 festgelegte Prüfzusammenfassung zur Verfügung stellen.

**Bem.** Der Begriff „zur Verfügung stellen" bedeutet, dass Hersteller und nachfolgende Vertreiber sicherstellen, dass die Prüfzusammenfassung zugänglich ist, damit der Absender oder andere Personen in der Lieferkette die Einhaltung der Vorschriften bestätigen können.

Natrium-Ionen-Batterien unterliegen den Vorschriften des ADR nicht, wenn sie den Anforderungen des Kapitels 3.3 Sondervorschrift 188 oder 400 entsprechen.

**2.2.9.1.8 Rettungsmittel**

Rettungsmittel umfassen Rettungsmittel und Automobilteile, die den Beschreibungen des Kapitels 3.3 Sondervorschrift 235 oder 296 entsprechen.

**2.2.9.1.9** (gestrichen)

**Schadstoffe für die aquatische Umwelt: umweltgefährdende Stoffe (aquatische Umwelt)** 2.2.9.1.10
→ D: RSEB 2-4
→ D: RSEB 2-19.1 f.

**Allgemeine Begriffsbestimmungen** 2.2.9.1.10.1

**[Umweltgefährdende Stoffe]** 2.2.9.1.10.1.1
→ 2.1.3.8
→ AwSV § 3

Umweltgefährdende Stoffe umfassen unter anderem flüssige oder feste gewässerverunreinigende Stoffe sowie Lösungen und Gemische mit solchen Stoffen (wie Präparate, Zubereitungen und Abfälle).

Im Sinne des Absatzes 2.2.9.1.10 sind *„Stoffe"* chemische Elemente und deren Verbindungen, wie sie in der Natur vorkommen oder durch ein Herstellungsverfahren gewonnen werden, einschließlich notwendiger Zusatzstoffe für die Aufrechterhaltung der Stabilität des Produkts und durch das verwendete Verfahren entstandene Verunreinigungen, ausgenommen jedoch Lösungsmittel, die ohne Beeinträchtigung der Stabilität des Stoffes oder ohne Änderung seiner Zusammensetzung extrahiert werden können.

**[Aquatische Umwelt]** 2.2.9.1.10.1.2

Als aquatische Umwelt können die aquatischen Organismen, die im Wasser leben, und das aquatische Ökosystem, zu dem sie gehören[13], betrachtet werden. Die Basis für die Gefahrenermittlung ist daher die aquatische Toxizität des Stoffes oder Gemisches, auch wenn diese unter Berücksichtigung weiterer Informationen über das Abbau- und Bioakkumulationsverhalten geändert werden kann.

**[Anwendbarkeit des Einstufungsverfahrens]** 2.2.9.1.10.1.3

Obwohl das folgende Einstufungsverfahren für alle Stoffe und Gemische zur Anwendung vorgesehen ist, wird anerkannt, dass in einigen Fällen, z.B. bei Metallen oder schwach löslichen anorganischen Verbindungen, besondere Richtlinien erforderlich sind[14].

**[Abkürzungen, Begriffe]** 2.2.9.1.10.1.4

Die folgenden Begriffsbestimmungen gelten für die in diesem Abschnitt verwendeten Abkürzungen oder Begriffe:

- BCF: Biokonzentrationsfaktor;
- BOD: biochemischer Sauerstoffbedarf;
- COD: chemischer Sauerstoffbedarf;
- GLP: gute Laborpraxis;
- $EC_x$: die Konzentration, die mit x % der Reaktion verbunden ist;
- $EC_{50}$: die wirksame Konzentration des Stoffes, die 50 % der höchsten Reaktion verursacht;
- $ErC_{50}$: der $EC_{50}$-Wert als Verringerung der Wachstumsrate;
- $K_{ow}$: Verteilungskoeffizient Octanol/Wasser;
- $LC_{50}$ (50 % der tödlichen Konzentration):
  die Konzentration des Stoffes in Wasser, die zum Tod von 50 % (der Hälfte) der Versuchstiere einer Gruppe führt;
- $L(E)C_{50}$: $LC_{50}$ oder $EC_{50}$;
- NOEC (höchste geprüfte Konzentration ohne beobachtete schädliche Wirkung):
  die Prüfkonzentration unmittelbar unterhalb der niedrigsten geprüften Konzentration mit statistisch signifikanter schädlicher Wirkung. Die NOEC hat im Vergleich zur Kontrolle keine statistisch signifikante schädliche Wirkung;
- OECD-Prüfrichtlinien:
  die von der Organisation für wirtschaftliche Zusammenarbeit und Entwicklung (OECD) veröffentlichten Prüfrichtlinien.

[13] Dabei werden gewässerverunreinigende Stoffe nicht erfasst, für die es notwendig sein kann, die Auswirkungen über die aquatische Umwelt hinaus, wie z.B. auf die menschliche Gesundheit, zu berücksichtigen.

[14] Diese sind in Anlage 10 des GHS enthalten.

**2.2.9.1.10.2 Begriffsbestimmungen und Anforderungen an die Daten**

**2.2.9.1.10.2.1 [Datenarten]**

Die Grundelemente für die Einstufung umweltgefährdender Stoffe (aquatische Umwelt) sind:

a) akute aquatische Toxizität;

b) chronische aquatische Toxizität;

c) potenzielle oder tatsächliche Bioakkumulation sowie

d) Abbau (biotisch oder abiotisch) bei organischen Chemikalien.

**2.2.9.1.10.2.2 [Gleichwertigkeit verfügbarer Daten]**

Obwohl Daten aus international harmonisierten Prüfverfahren bevorzugt werden, dürfen in der Praxis auch aus nationalen Methoden hervorgegangene Daten verwendet werden, wenn diese als gleichwertig gelten. Die Toxizitätsdaten von Süß- und Salzwasserarten gelten allgemein als gleichwertige Daten und sind bevorzugt unter Verwendung der OECD-Prüfrichtlinien oder von Verfahren, die nach den Grundsätzen guter Laborpraxis (GLP) gleichwertig sind, abzuleiten. Liegen keine derartigen Daten vor, erfolgt die Einstufung auf der Grundlage der besten verfügbaren Daten.

**2.2.9.1.10.2.3 [Daten für akute aquatische Toxizität]**

**Akute aquatische Toxizität:** Die intrinsische Eigenschaft eines Stoffes, einen Organismus bei kurzzeitiger aquatischer Exposition zu schädigen.

**Akute (kurzfristige) Gefährdung:** Für Einstufungszwecke die durch die akute Toxizität einer Chemikalie für einen Organismus hervorgerufene Gefahr bei kurzfristiger aquatischer Exposition.

Die akute aquatische Toxizität muss normalerweise unter Verwendung eines 96-Stunden-$LC_{50}$-Wertes für Fische (OECD-Prüfrichtlinie 203 oder ein gleichwertiges Verfahren), eines 48-Stunden-$EC_{50}$-Wertes für Krebstiere (OECD-Prüfrichtlinie 202 oder ein gleichwertiges Verfahren) und/oder eines 72- oder 96-Stunden-$EC_{50}$-Wertes für Algen (OECD-Prüfrichtlinie 201 oder ein gleichwertiges Verfahren) bestimmt werden. Diese Spezies werden stellvertretend für alle Wasserorganismen betrachtet, und Daten über andere Spezies, wie Lemna (Wasserlinsen), dürfen bei geeigneter Testmethodik auch berücksichtigt werden.

**2.2.9.1.10.2.4 [Daten für chronische aquatische Toxizität]**

**Chronische aquatische Toxizität:** Die intrinsische Eigenschaft eines Stoffes, schädliche Wirkungen bei Wasserorganismen hervorzurufen im Zuge von aquatischen Expositionen, die im Verhältnis zum Lebenszyklus des Organismus bestimmt werden.

**Langfristige Gefährdung:** Für Einstufungszwecke die durch die chronische Toxizität einer Chemikalie hervorgerufene Gefahr bei langfristiger aquatischer Exposition.

Es existieren weniger Daten über die chronische Toxizität als über die akute Toxizität, und die Gesamtheit der Prüfmethoden ist weniger standardisiert. Daten, die gemäß der OECD-Richtlinie 210 (Fisch in einem frühen Lebensstadium) oder 211 (Reproduktion von Daphnien) und 201 (Hemmung des Algenwachstums) gewonnen wurden, können akzeptiert werden. Andere validierte und international anerkannte Prüfungen dürfen ebenfalls verwendet werden. Es sind die NOEC-Werte oder andere gleichwertige $EC_x$-Werte zu verwenden.

**2.2.9.1.10.2.5 [Daten für Bioakkumulation]**

**Bioakkumulation:** Das Nettoergebnis von Aufnahme, Umwandlung und Ausscheidung eines Stoffes in einem Organismus über sämtliche Expositionswege (d.h. Luft, Wasser, Sediment/Boden und Nahrung).

Das **Bioakkumulationspotenzial** ist in der Regel durch den Octanol/Wasser-Verteilungskoeffizienten zu ermitteln, der üblicherweise als der gemäß OECD-Prüfrichtlinie 107, 117 oder 123 bestimmte log $K_{ow}$ ausgedrückt wird. Dies stellt dann zwar ein Bioakkumulationspotenzial dar, ein experimentell bestimmter Biokonzentrationsfaktor (BCF) eignet sich jedoch besser als Maßzahl und ist, falls verfügbar, vorzuziehen. Der BCF muss gemäß OECD-Prüfrichtlinie 305 bestimmt werden.

**2.2.9.1.10.2.6 [Daten für Abbau in der Umwelt]**

→ 2.2.9.1.10.1.4

**Abbau:** Die Zersetzung organischer Moleküle in kleinere Moleküle und schließlich in Kohlendioxid, Wasser und Salze.

**Abbau in der Umwelt** kann biotisch oder abiotisch (z.B. durch Hydrolyse) erfolgen; die verwendeten Kriterien geben diesen Umstand wieder. Die leichte biologische Abbaubarkeit wird am einfachsten unter

Verwendung der Prüfungen für die biologische Abbaubarkeit (A – F) der OECD-Prüfrichtlinie 301 festgestellt. Ein Bestehen dieser Prüfungen kann als Indikator für die schnelle Abbaubarkeit in den meisten Umgebungen angesehen werden. Dies sind Süßwasser-Prüfungen; damit müssen auch die Ergebnisse aus der OECD-Prüfrichtlinie 306 berücksichtigt werden, die für die Meeresumwelt besser geeignet ist. Sind derartige Daten nicht verfügbar, gilt ein $BOD_5$ (5 Tage)/COD-Verhältnis von ≥ 0,5 als Hinweis auf die schnelle Abbaubarkeit. **2.2.9.1.10.2.6** (Forts.)

Abiotische Abbaubarkeit, wie Hydrolyse, sowohl abiotische als auch biotische Primärabbaubarkeit, Abbaubarkeit in nicht aquatischen Medien und eine nachgewiesene schnelle Abbaubarkeit in der Umwelt dürfen bei der Bestimmung der schnellen Abbaubarkeit berücksichtigt werden[15].

Stoffe gelten als schnell in der Umwelt abbaubar, wenn die folgenden Kriterien erfüllt sind:

a) in 28-tägigen Studien auf leichte Bioabbaubarkeit werden mindestens folgende Abbauwerte erreicht:
   (i) Tests basierend auf gelöstem organischem Kohlenstoff: 70 %;
   (ii) Tests basierend auf Sauerstoffverbrauch oder Kohlendioxidbildung: 60 % des theoretischen Maximums.

   Diese Schwellenwerte der Bioabbaubarkeit müssen innerhalb von 10 Tagen nach dem Beginn des Abbauprozesses (Zeitpunkt, zu dem 10 % des Stoffes abgebaut sind) erreicht sein, sofern der Stoff nicht als komplexer Stoff mit mehreren Komponenten mit strukturell ähnlichen Bestandteilen identifiziert ist. In diesem Fall und in Fällen, in denen eine ausreichende Begründung vorliegt, kann auf die Bedingung des Intervalls von 10 Tagen verzichtet und das Niveau für das Bestehen der Prüfung auf 28 Tage[16] angesetzt werden; oder

b) in Fällen, in denen nur BOD- und COD-Daten vorliegen, beträgt das Verhältnis $BOD_5$/COD ≥ 0,5, oder

c) es liegen andere stichhaltige wissenschaftliche Nachweise darüber vor, dass der Stoff in Gewässern innerhalb von 28 Tagen zu > 70 % (biotisch und/oder abiotisch) abgebaut werden kann.

**Kategorien und Kriterien für die Einstufung von Stoffen** **2.2.9.1.10.3**

→ *2.2.9.1.10.1.2*
→ *2.2.9.1.10.5*

**[Grundsätze, Einstufungskriterien]** **2.2.9.1.10.3.1**

Stoffe sind als „umweltgefährdende Stoffe (aquatische Umwelt)" einzustufen, wenn sie den Kriterien für Akut 1, Chronisch 1 oder Chronisch 2 gemäß der Tabelle 2.2.9.1.10.3.1 entsprechen. Diese Kriterien beschreiben genau die Einstufungskategorien. Sie sind in der Tabelle 2.2.9.1.10.3.2 als Diagramm zusammengefasst.

**Tabelle 2.2.9.1.10.3.1: Kategorien für gewässergefährdende Stoffe (siehe Bem. 1)**

**a) gewässergefährdend, akute (kurzfristige) Gefährdung**

| | |
|---|---|
| **Kategorie Akut 1:** (siehe Bem. 2) | |
| 96-Stunden-$LC_{50}$-Wert (für Fische) | ≤ 1 mg/l und/oder |
| 48-Stunden-$EC_{50}$-Wert (für Krebstiere) | ≤ 1 mg/l und/oder |
| 72- oder 96-Stunden-$ErC_{50}$-Wert (für Algen oder andere Wasserpflanzen) | ≤ 1 mg/l (siehe Bem. 3) |

**b) gewässergefährdend, langfristige Gefährdung** (siehe auch Abbildung 2.2.9.1.10.3.1)

(i) **nicht schnell abbaubare Stoffe (siehe Bem. 4), für die hinreichende Daten über die chronische Toxizität vorhanden sind**

| | |
|---|---|
| **Kategorie Chronisch 1:** (siehe Bem. 2) | |
| chronischer NOEC- oder $EC_x$-Wert (für Fische) | ≤ 0,1 mg/l und/oder |
| chronischer NOEC- oder $EC_x$-Wert (für Krebstiere) | ≤ 0,1 mg/l und/oder |
| chronischer NOEC- oder $EC_x$-Wert (für Algen oder andere Wasserpflanzen) | ≤ 0,1 mg/l |

15) Eine besondere Anleitung für die Interpretation der Daten ist in Kapitel 4.1 und Anlage 9 des GHS enthalten.
16) Siehe Kapitel 4.1 und Anlage 9 Absatz A9.4.2.2.3 des GHS.

2.2.9.1.10.3.1 (Forts.)

| | |
|---|---|
| **Kategorie Chronisch 2:** | |
| chronischer NOEC- oder $EC_x$-Wert (für Fische) | ≤ 1 mg/l und/oder |
| chronischer NOEC- oder $EC_x$-Wert (für Krebstiere) | ≤ 1 mg/l und/oder |
| chronischer NOEC- oder $EC_x$-Wert (für Algen oder andere Wasserpflanzen) | ≤ 1 mg/l |

(ii) **schnell abbaubare Stoffe, für die hinreichende Daten über die chronische Toxizität vorhanden sind**

| | |
|---|---|
| **Kategorie Chronisch 1:** (siehe Bem. 2) | |
| chronischer NOEC- oder $EC_x$-Wert (für Fische) | ≤ 0,01 mg/l und/oder |
| chronischer NOEC- oder $EC_x$-Wert (für Krebstiere) | ≤ 0,01 mg/l und/oder |
| chronischer NOEC- oder $EC_x$-Wert (für Algen oder andere Wasserpflanzen) | ≤ 0,01 mg/l |
| **Kategorie Chronisch 2:** | |
| chronischer NOEC- oder $EC_x$-Wert (für Fische) | ≤ 0,1 mg/l und/oder |
| chronischer NOEC- oder $EC_x$-Wert (für Krebstiere) | ≤ 0,1 mg/l und/oder |
| chronischer NOEC- oder $EC_x$-Wert (für Algen oder andere Wasserpflanzen) | ≤ 0,1 mg/l |

(iii) **Stoffe, für die keine hinreichenden Daten über die chronische Toxizität vorhanden sind**

| | |
|---|---|
| **Kategorie Chronisch 1:** (siehe Bem. 2) | |
| 96-Stunden-$LC_{50}$-Wert (für Fische) | ≤ 1 mg/l und/oder |
| 48-Stunden-$EC_{50}$-Wert (für Krebstiere) | ≤ 1 mg/l und/oder |
| 72- oder 96-Stunden-$ErC_{50}$-Wert (für Algen oder andere Wasserpflanzen) | ≤ 1 mg/l (siehe Bem. 3) |
| und der Stoff ist nicht schnell abbaubar und/oder der experimentell bestimmte BCF beträgt ≥ 500 (oder, wenn nicht vorhanden, log $K_{ow}$ ≥ 4) (siehe Bem. 4 und 5) | |
| **Kategorie Chronisch 2:** | |
| 96-Stunden-$LC_{50}$-Wert (für Fische) | > 1 bis ≤ 10 mg/l und/oder |
| 48-Stunden-$EC_{50}$-Wert (für Krebstiere) | > 1 bis ≤ 10 mg/l und/oder |
| 72- oder 96-Stunden-$ErC_{50}$-Wert (für Algen oder andere Wasserpflanzen) | > 1 bis ≤ 10 mg/l (siehe Bem. 3) |
| und der Stoff ist nicht schnell abbaubar und/oder der experimentell bestimmte BCF beträgt ≥ 500 (oder, wenn nicht vorhanden, log $K_{ow}$ ≥ 4) (siehe Bem. 4 und 5) | |

**Bem.**

1. Die Organismen Fisch, Krebstiere und Algen werden als stellvertretende Spezies geprüft, die eine Bandbreite von trophischen Ebenen und Gruppen von Lebewesen abdecken; die Prüfmethoden sind stark standardisiert. Daten über andere Organismen können ebenfalls betrachtet werden, sofern sie gleichwertige Spezies und Prüfendpunkte repräsentieren.
2. Bei der Einstufung von Stoffen als Akut 1 und/oder Chronisch 1 muss ein entsprechender M-Faktor für die Anwendung der Summierungsmethode angegeben werden (siehe Absatz 2.2.9.1.10.4.6.4).
3. Wenn die Toxizität für Algen $ErC_{50}$ (= $EC_{50}$ (Wachstumsgeschwindigkeit)) mehr als das Hundertfache unter der der nächst empfindlichsten Spezies liegt und die Einstufung einzig und allein auf dieser Wirkung basiert, muss abgewogen werden, ob diese Toxizität repräsentativ für die Toxizität für Wasserpflanzen ist. Wenn nachgewiesen werden kann, dass dies nicht der Fall ist, muss für die Entscheidung, ob die Einstufung so vorge-

nommen werden muss, von einem Sachverständigen eine Beurteilung durchgeführt werden. Die Einstufung erfolgt auf der Grundlage des $ErC_{50}$-Wertes. Ist die Grundlage des $EC_{50}$-Wertes nicht angegeben und wird kein $ErC_{50}$-Wert berichtet, hat die Einstufung auf dem niedrigsten verfügbaren $EC_{50}$-Wert zu basieren. **2.2.9.1.10.3.1** (Forts.)

4. Der Mangel an schneller Abbaubarkeit beruht entweder auf einem Mangel an leichter Bioabbaubarkeit oder auf anderen Anhaltspunkten für einen Mangel an schnellem Abbau. Wenn weder experimentell bestimmte noch geschätzte verwendbare Daten über die Abbaubarkeit verfügbar sind, gilt der Stoff als nicht schnell abbaubar.
5. Bioakkumulationspotenzial auf Grundlage eines experimentell abgeleiteten BCF ≥ 500 oder, sofern dieser nicht vorhanden ist, eines log $K_{ow}$ ≥ 4, vorausgesetzt, log $K_{ow}$ ist ein geeigneter Deskriptor für das Bioakkumulationspotenzial des Stoffes. Gemessene log $K_{ow}$-Werte haben den Vorrang vor geschätzten Werten und gemessene BCF-Werte haben den Vorrang vor log $K_{ow}$-Werten.

**Abbildung 2.2.9.1.10.3.1: Kategorien für langfristig gewässergefährdende Stoffe**

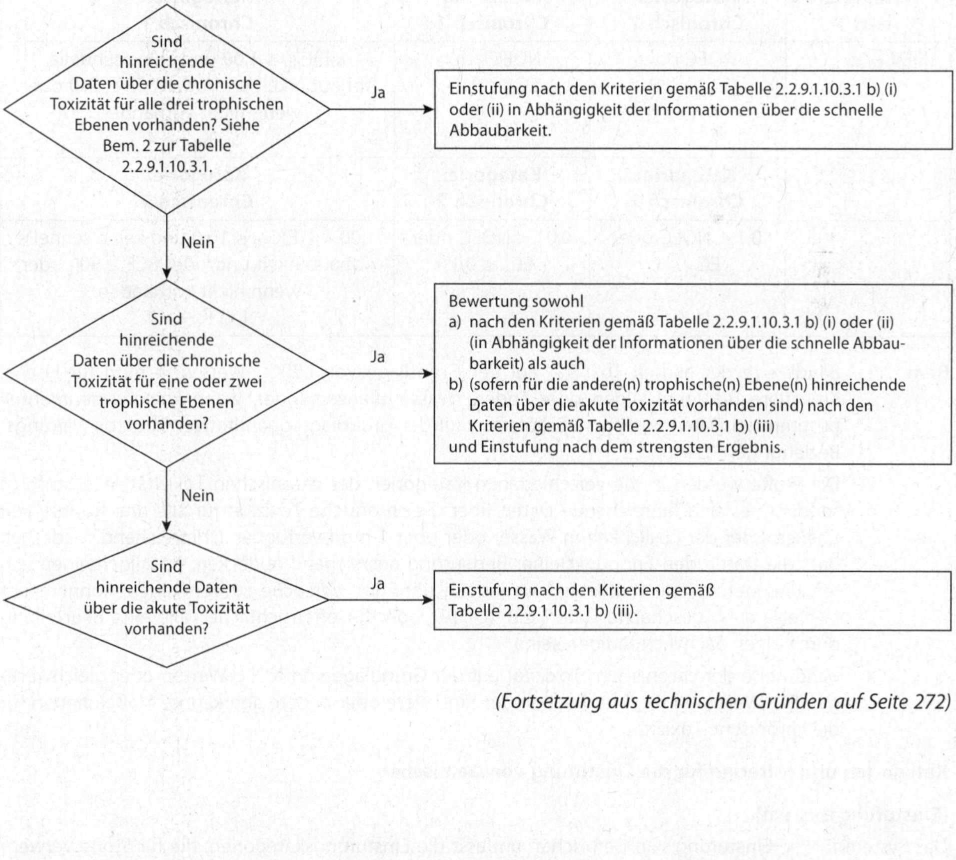


*(Fortsetzung aus technischen Gründen auf Seite 272)*

2.2.9.1.10.3.2 **[Einstufungsschema]**

Das Einstufungsschema in der nachstehenden Tabelle 2.2.9.1.10.3.2 fasst die Einstufungskriterien für Stoffe zusammen.

**Tabelle 2.2.9.1.10.3.2: Einstufungsschema für gewässergefährdende Stoffe**

| **Einstufungskategorien** | | | |
|---|---|---|---|
| **akute Gefährdung** (siehe Bem. 1) | **langfristige Gefährdung** (siehe Bem. 2) | | |
| | **hinreichende Daten über die chronische Toxizität vorhanden** | | **hinreichende Daten über die chronische Toxizität nicht vorhanden** (siehe Bem. 1) |
| | **nicht schnell abbaubare Stoffe** (siehe Bem. 3) | **schnell abbaubare Stoffe** (siehe Bem. 3) | |
| **Kategorie: Akut 1** | **Kategorie: Chronisch 1** | **Kategorie: Chronisch 1** | **Kategorie: Chronisch 1** |
| $L(E)C_{50} \leq 1{,}00$ | NOEC oder $EC_x \leq 0{,}1$ | NOEC oder $EC_x \leq 0{,}01$ | $L(E)C_{50} \leq 1{,}00$ und keine schnelle Abbaubarkeit und/oder $BCF \geq 500$ oder, wenn nicht vorhanden, $\log K_{ow} \geq 4$ |
| | **Kategorie: Chronisch 2** | **Kategorie: Chronisch 2** | **Kategorie: Chronisch 2** |
| | $0{,}1 <$ NOEC oder $EC_x \leq 1$ | $0{,}01 <$ NOEC oder $EC_x \leq 0{,}1$ | $1{,}00 < L(E)C_{50} \leq 10{,}0$ und keine schnelle Abbaubarkeit und/oder $BCF \geq 500$ oder, wenn nicht vorhanden, $\log K_{ow} \geq 4$ |

**Bem.**

1. Bandbreite der akuten Toxizität auf der Grundlage von $L(E)C_{50}$-Werten in mg/l für Fische, Krebstiere und/oder Algen oder andere Wasserpflanzen (oder, wenn keine experimentell bestimmten Daten vorliegen, Schätzung auf der Grundlage quantitativer Struktur-Wirkungs-Beziehungen (QSAR)[17)]).
2. Die Stoffe werden in die verschiedenen Kategorien der chronischen Toxizität eingestuft, es sei denn, es sind hinreichende Daten über die chronische Toxizität für alle drei trophischen Ebenen über der Löslichkeit in Wasser oder über 1 mg/l verfügbar. („Hinreichend“ bedeutet, dass die Daten den Endpunkt einer Bedeutung ausreichend abdecken. Im Allgemeinen wären dies gemessene Prüfdaten; um jedoch unnötige Versuche zu vermeiden, können dies fallweise auch geschätzte Daten, z.B. (Q)SAR, oder für offensichtliche Fälle eine Beurteilung durch einen Sachverständigen sein.)
3. Bandbreite der chronischen Toxizität auf der Grundlage von NOEC-Werten oder gleichwertigen $EC_x$-Werten in mg/l für Fische oder Krebstiere oder andere anerkannte Maßeinheiten für die chronische Toxizität.

2.2.9.1.10.4 **Kategorien und Kriterien für die Einstufung von Gemischen**

2.2.9.1.10.4.1 **[Einstufungssystem]**

Das System für die Einstufung von Gemischen umfasst die Einstufungskategorien, die für Stoffe verwendet werden, d.h. die Kategorien Akut 1 und Chronisch 1 und 2. Um alle verfügbaren Daten zur Einstufung eines Gemisches auf Grund seiner Gewässergefährdung zu nutzen, wird folgende Annahme getroffen und gegebenenfalls angewendet:

Als „relevante Bestandteile“ eines Gemisches gelten jene, die für Bestandteile, die als Akut und/oder Chronisch 1 eingestuft sind, in Konzentrationen von mindestens 0,1 Masse-% und für andere Bestandteile in Konzentrationen von mindestens 1 % vorliegen, sofern (z.B. bei hochtoxischen Bestandteilen) kein Anlass zu der Annahme besteht, dass ein in einer Konzentration von weniger als 0,1 % enthaltener Bestand-

17) Eine besondere Anleitung ist in Kapitel 4.1 Absatz 4.1.2.13 und in Anlage 9 Abschnitt A9.6 des GHS enthalten.

teil dennoch für die Einstufung des Gemisches auf Grund seiner Gefahren für die aquatische Umwelt relevant sein kann. 2.2.9.1.10.4.1 (Forts.)

**[Einstufung nach wassergefährdenden Eigenschaften – Stufenkonzept]** 2.2.9.1.10.4.2

Die Einstufung von Gefahren für die aquatische Umwelt ist ein mehrstufiger Prozess und von der Art der Information abhängig, die zu dem Gemisch selbst und seinen Bestandteilen verfügbar ist. Das Stufenkonzept beinhaltet folgende Elemente:

a) die Einstufung auf der Grundlage von Prüfergebnissen des Gemisches;

b) die Einstufung auf der Grundlage von Übertragungsgrundsätzen;

c) die „Summierung eingestufter Bestandteile" und/oder die Verwendung einer „Additivitätsformel".

Die nachstehende Abbildung 2.2.9.1.10.4.2 zeigt die Schritte des Verfahrens.

**Abbildung 2.2.9.1.10.4.2: Mehrstufiges Verfahren zur Einstufung von Gemischen nach ihrer akuten und langfristigen Gewässergefährdung**

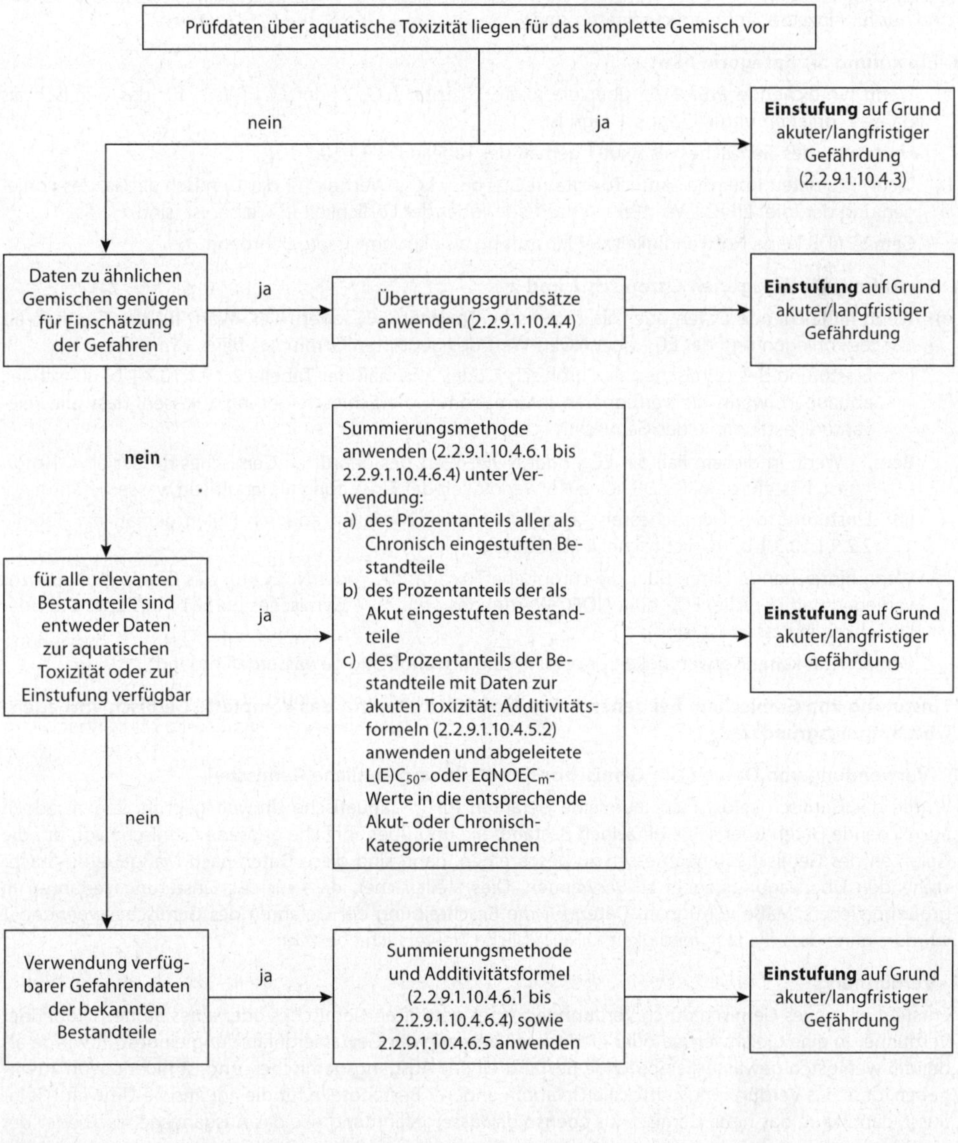

**2.2.9.1.10.4.3 Einstufung von Gemischen, wenn Toxizitätsdaten für das komplette Gemisch vorliegen**

**2.2.9.1.10.4.3.1 [Einstufung bezüglich aquatischer Toxizität]**

Wurde das Gemisch als Ganzes auf seine aquatische Toxizität geprüft, muss diese Information für die Einstufung des Gemisches nach den Kriterien verwendet werden, die für Stoffe festgelegt wurden. Die Einstufung basiert üblicherweise auf Daten für Fische, Krebstiere und Algen/Pflanzen (siehe Absätze 2.2.9.1.10.2.3 und 2.2.9.1.10.2.4). Wenn hinreichende Daten über die akute oder chronische Toxizität des Gemisches als Ganzes nicht vorliegen, sind die „Übertragungsgrundsätze" oder die „Summierungsmethode" anzuwenden (siehe Absätze 2.2.9.1.10.4.4 bis 2.2.9.1.10.4.6).

**2.2.9.1.10.4.3.2 [Einstufung nach langfristiger Gefährdung]**

Die Einstufung von Gemischen nach der langfristigen Gefährdung erfordert zusätzliche Informationen über die Abbaubarkeit und in bestimmten Fällen über die Bioakkumulation. Es gibt keine Daten über die Abbaubarkeit und die Bioakkumulation von Gemischen als Ganzes. Abbaubarkeits- und Bioakkumulationsprüfungen werden bei Gemischen nicht eingesetzt, da sie normalerweise schwer zu interpretieren und nur für einzelne Stoffe aussagekräftig sind.

**2.2.9.1.10.4.3.3 Einstufung als Kategorie Akut 1**

a) Wenn hinreichende Prüfdaten über die akute Toxizität ($LC_{50}$- oder $EC_{50}$-Wert) für das Gemisch als Ganzes vorliegen und $L(E)C_{50} \leq 1$ mg/l ist:

   Einstufung des Gemisches als Akut 1 gemäß der Tabelle 2.2.9.1.10.3.1 a).

b) Wenn Prüfdaten über die akute Toxizität ($LC_{50}$- oder $EC_{50}$-Wert(e)) für das Gemisch als Ganzes vorliegen und der (die) $L(E)C_{50}$-Wert(e) > 1 mg/l oder über der Löslichkeit in Wasser ist (sind):

   Gemäß ADR keine Notwendigkeit der Einstufung als akut gewässergefährdend.

**2.2.9.1.10.4.3.4 Einstufung als Kategorien Chronisch 1 und 2**

a) Wenn hinreichende Daten über die chronische Toxizität ($EC_x$- oder NOEC-Wert) für das Gemisch als Ganzes vorliegen und der $EC_x$- oder NOEC-Wert des geprüften Gemisches bei ≤ 1 mg/l ist:

   (i) Einstufung des Gemisches als Chronisch 1 oder 2 gemäß der Tabelle 2.2.9.1.10.3.1 b) (ii) (schnell abbaubar), wenn die verfügbaren Informationen die Schlussfolgerung zulassen, dass alle relevanten Bestandteile des Gemisches schnell abbaubar sind;

   **Bem.** Wenn in diesem Fall der $EC_x$- oder NOEC-Wert des geprüften Gemisches größer als 0,1 mg/l ist, besteht gemäß ADR keine Notwendigkeit der Einstufung als langfristig wassergefährdend.

   (ii) Einstufung des Gemisches als Chronisch 1 oder 2 in allen anderen Fällen gemäß der Tabelle 2.2.9.1.10.3.1 b) (i) (nicht schnell abbaubar).

b) Wenn hinreichende Daten über die chronische Toxizität ($EC_x$ oder NOEC) für das Gemisch als Ganzes vorliegen und der (die) $EC_x$- oder NOEC-Wert(e) des geprüften Gemisches bei > 1 mg/l oder über der Löslichkeit in Wasser ist (sind):

   Gemäß ADR keine Notwendigkeit der Einstufung als langfristig gewässergefährdend.

**2.2.9.1.10.4.4 Einstufung von Gemischen, bei denen keine Toxizitätsdaten für das komplette Gemisch vorliegen: Übertragungsgrundsätze**

**2.2.9.1.10.4.4.1 [Verwendung von Daten über Gemischbestandteile und ähnliche Gemische]**

Wurde das Gemisch selbst nicht auf seine Gefahren für die aquatische Umwelt geprüft, liegen jedoch ausreichende Daten über seine einzelnen Bestandteile und über ähnliche geprüfte Gemische vor, um die Gefahren des Gemisches angemessen zu beschreiben, dann sind diese Daten nach Maßgabe der nachstehenden Übertragungsregeln zu verwenden. Dies stellt sicher, dass für das Einstufungsverfahren in größtmöglichem Maße verfügbare Daten für die Beschreibung der Gefahren des Gemisches verwendet werden, ohne dass die Notwendigkeit für zusätzliche Tierversuche besteht.

**2.2.9.1.10.4.4.2 Verdünnung**

Entsteht ein neues Gemisch durch Verdünnung eines geprüften Gemisches oder eines Stoffes, wobei der Verdünner in eine gleichwertige oder niedrigere Kategorie der Gewässergefährdung eingestuft wurde als der am wenigsten gewässergefährdende Bestandteil des Ausgangsgemisches, und ist nicht davon auszugehen, dass das Verdünnungsmittel die Gefahren anderer Bestandteile für die aquatische Umwelt beeinflusst, dann kann das neue Gemisch als ebenso gewässergefährdend wie das Ausgangsgemisch oder der

Ausgangsstoff eingestuft werden. Alternativ darf die in Absatz 2.2.9.1.10.4.5 erläuterte Methode angewendet werden. 2.2.9.1.10.4.4.2 (Forts.)

**Fertigungslose** 2.2.9.1.10.4.4.3

Es wird angenommen, dass die Einstufung der gewässergefährdenden Eigenschaften eines geprüften Fertigungsloses eines Gemisches mit der eines anderen ungeprüften Fertigungsloses desselben Handelsproduktes, wenn es von oder unter Überwachung desselben Herstellers produziert wurde, im Wesentlichen gleichwertig ist, es sei denn, es besteht Grund zur Annahme, dass bedeutende Schwankungen auftreten, die zu einer Änderung der Einstufung der gewässergefährdenden Eigenschaften des ungeprüften Loses führen. In diesem Fall ist eine neue Einstufung erforderlich.

**Konzentration von Gemischen, die als strengste Kategorien (Chronisch 1 und Akut 1) eingestuft sind** 2.2.9.1.10.4.4.4

Wenn ein geprüftes Gemisch als Chronisch 1 und/oder als Akut 1 eingestuft ist und die Bestandteile des Gemisches, die als Chronisch 1 und/oder als Akut 1 eingestuft sind, weiter ungeprüft konzentriert werden, ist das Gemisch mit der höheren Konzentration ohne zusätzliche Prüfungen in dieselbe Kategorie einzustufen wie das ursprüngliche geprüfte Gemisch.

**Interpolation innerhalb einer Toxizitätskategorie** 2.2.9.1.10.4.4.5

Bei drei Gemischen (A, B und C) mit identischen Bestandteilen, wobei die Gemische A und B geprüft wurden und unter dieselbe Toxizitätskategorie fallen und das ungeprüfte Gemisch C dieselben toxikologisch aktiven Bestandteile wie die Gemische A und B hat, die Konzentrationen der toxikologisch aktiven Bestandteile dieses Gemisches jedoch zwischen den Konzentrationen in den Gemischen A und B liegen, wird angenommen, dass das Gemisch C in dieselbe Kategorie wie die Gemische A und B fällt.

**Im Wesentlichen ähnliche Gemische** 2.2.9.1.10.4.4.6

Wenn Folgendes gegeben ist:

a) zwei Gemische:
   (i) A + B;
   (ii) C + B;

b) die Konzentration des Bestandteils B ist in beiden Gemischen im Wesentlichen gleich;

c) die Konzentration des Bestandteils A im Gemisch (i) ist gleich hoch wie die Konzentration des Bestandteils C im Gemisch (ii);

d) die Daten über die Gewässergefährdungseigenschaften der Bestandteile A und C sind verfügbar und substanziell gleichwertig, d.h. die Bestandteile fallen unter dieselbe Gefährdungskategorie, und es ist nicht zu erwarten, dass sie die aquatische Toxizität des Bestandteils B beeinträchtigen,

und das Gemisch (i) oder (ii) bereits auf der Grundlage von Prüfdaten eingestuft ist, dann kann das andere Gemisch in dieselbe Gefährdungskategorie eingestuft werden.

**Einstufung von Gemischen, wenn Toxizitätsdaten für alle Bestandteile oder nur manche Bestandteile des Gemisches vorliegen** 2.2.9.1.10.4.5

**[Summierungsmethode]** 2.2.9.1.10.4.5.1

Die Einstufung eines Gemisches muss auf der Summierung der Konzentrationen seiner eingestuften Bestandteile basieren. Der Prozentanteil der als akut oder als chronisch gewässergefährdend eingestuften Bestandteile fließt direkt in die Summierungsmethode ein. Diese Methode wird in den Absätzen 2.2.9.1.10.4.6.1 bis 2.2.9.1.10.4.6.4 detailliert beschrieben.

**[Kombinierte Toxizität/Additivitätsformel]** 2.2.9.1.10.4.5.2

Gemische können aus einer Kombination sowohl von (als Akut 1 und/oder Chronisch 1, 2) eingestuften Bestandteilen als auch von Bestandteilen bestehen, für die geeignete Prüfdaten für die Toxizität verfügbar sind. Sind geeignete Toxizitätsdaten für mehr als einen Bestandteil des Gemisches verfügbar, wird die kombinierte Toxizität dieser Bestandteile mit Hilfe der Additivitätsformel in Absatz a) oder b) in Abhängigkeit von der Art der Toxizitätsdaten berechnet:

**2.2.9.1.10.4.5.2** (Forts.)

a) auf der Grundlage der akuten aquatischen Toxizität:

$$\frac{\sum C_i}{L(E)C_{50m}} = \sum_n \frac{C_i}{L(E)C_{50i}},$$

wobei:

$C_i$ = Konzentration des Bestandteils i (Masseprozent);

$L(E)C_{50i}$ = (mg/l) $LC_{50}$- oder $EC_{50}$-Wert für Bestandteil i;

n = Anzahl der Bestandteile, wobei i zwischen 1 und n liegt;

$L(E)C_{50m}$ = $L(E)C_{50}$-Wert des Teils des Gemisches mit Prüfdaten.

Die errechnete Toxizität dient dazu, diesen Anteil des Gemisches in eine Kategorie der akuten Gefährdung einzustufen, die anschließend in die Anwendung der Summierungsmethode einfließt.

b) auf der Grundlage der chronischen aquatischen Toxizität:

$$\frac{\sum C_i + \sum C_j}{EqNOEC_m} = \sum_n \frac{C_i}{NOEC_i} + \sum_n \frac{C_j}{0,1 \times NOEC_j},$$

wobei:

$C_i$ = Konzentration des Bestandteils i (Masseprozent), wobei i die schnell abbaubaren Bestandteile umfasst;

$C_j$ = Konzentration des Bestandteils j (Masseprozent), wobei j die nicht schnell abbaubaren Bestandteile umfasst;

$NOEC_i$ = NOEC (oder andere anerkannte Größenwerte für die chronische Toxizität) des Bestandteils i, wobei i die schnell abbaubaren Bestandteile umfasst, in mg/l;

$NOEC_j$ = NOEC (oder andere anerkannte Größenwerte für die chronische Toxizität) des Bestandteils j, wobei j die nicht schnell abbaubaren Bestandteile umfasst, in mg/l;

n = Anzahl der Bestandteile, wobei i und j zwischen 1 und n liegen;

$EqNOEC_m$ = NOEC-Äquivalent des Teils des Gemisches mit Prüfdaten.

Die gleichwertige Toxizität spiegelt somit die Tatsache wider, dass nicht schnell abbaubare Stoffe eine Gefährdungskategorie-Stufe „strenger“ als schnell abbaubare Stoffe eingestuft werden.

Die errechnete gleichwertige Toxizität dient dazu, diesen Anteil des Gemisches in Übereinstimmung mit den Kriterien für schnell abbaubare Stoffe (Tabelle 2.2.9.1.10.3.1 b) (ii)) in eine Kategorie der langfristigen Gefährdung einzustufen, die anschließend in die Anwendung der Summierungsmethode einfließt.

**2.2.9.1.10.4.5.3 [Anwendung der Additivitätsformel]**

Bei Anwendung der Additivitätsformel auf einen Teil des Gemisches sollten bei der Berechnung der Toxizität dieses Teils des Gemisches für jeden Bestandteil vorzugsweise Toxizitätswerte verwendet werden, die sich auf dieselbe taxonomische Gruppe beziehen (d.h. Fisch, Krebstiere oder Algen); anschließend sollte die höchste errechnete Toxizität (niedrigster Wert) verwendet werden (d.h. Verwendung der sensibelsten der drei taxonomischen Gruppen). Sind die Toxizitätsdaten für die einzelnen Bestandteile jedoch nicht für dieselbe taxonomische Gruppe verfügbar, wird der Toxizitätswert der einzelnen Bestandteile auf dieselbe Art und Weise ausgewählt wie die Toxizitätswerte für die Einstufung von Stoffen, d.h. es wird die höhere Toxizität (des sensibelsten Prüforganismus) verwendet. Anhand der errechneten akuten und chronischen Toxizität wird dieser Teil des Gemisches in Anwendung der auch für Stoffe geltenden Kriterien als Akut 1 und/oder Chronisch 1 oder 2 eingestuft.

**2.2.9.1.10.4.5.4 [Einstufung nach mehreren Methoden]**

Wird ein Gemisch nach mehreren Methoden eingestuft, ist dem Ergebnis der Methode zu folgen, die das konservativere Ergebnis erbringt.

**2.2.9.1.10.4.6 Summierungsmethode**

**2.2.9.1.10.4.6.1 Einstufungsverfahren**

Im Allgemeinen hebt eine strengere Einstufung von Gemischen eine weniger strenge auf, z.B. eine Einstufung als Chronisch 1 hebt eine Einstufung als Chronisch 2 auf. Folglich ist das Einstufungsverfahren bereits abgeschlossen, wenn das Ergebnis der Einstufung Chronisch 1 lautet. Eine strengere Einstufung als Chronisch 1 ist nicht möglich; daher ist es nicht erforderlich, das Einstufungsverfahren fortzusetzen. 2.2.9.1.10.4.6.1 (Forts.)

**Einstufung als Kategorie Akut 1** 2.2.9.1.10.4.6.2

**[Grundsatz]** 2.2.9.1.10.4.6.2.1

Zunächst werden sämtliche als Akut 1 eingestuften Bestandteile betrachtet. Übersteigt die Summe der Konzentrationen (in %) dieser Bestandteile 25 %, wird das gesamte Gemisch als Akut 1 eingestuft. Wenn das Ergebnis der Berechnung eine Einstufung des Gemisches als Akut 1 ergibt, ist das Einstufungsverfahren abgeschlossen.

**[Zusammenfassung]** 2.2.9.1.10.4.6.2.2

Die Einstufung von Gemischen auf Grund ihrer akuten Gewässergefährdung mit Hilfe dieser Summierung der Konzentrationen der eingestuften Bestandteile ist in der nachstehenden Tabelle 2.2.9.1.10.4.6.2.2 zusammengefasst.

**Tabelle 2.2.9.1.10.4.6.2.2: Einstufung eines Gemisches nach seiner akuten Gewässergefährdung auf der Grundlage der Summierung der Konzentrationen der eingestuften Bestandteile**

| Summe der Konzentrationen (in %) der Bestandteile, die eingestuft sind als | Gemisch wird eingestuft als |
|---|---|
| Akut 1 × M[a)] ≥ 25 % | Akut 1 |

a) Siehe Absatz 2.2.9.1.10.4.6.4 zur Erläuterung des Faktors M.

**Einstufung als Kategorien Chronisch 1 und 2** 2.2.9.1.10.4.6.3

**[Einstufung als Chronisch 1]** 2.2.9.1.10.4.6.3.1

Zunächst werden sämtliche als Chronisch 1 eingestuften Bestandteile betrachtet. Ist die Summe der Konzentrationen (in %) dieser Bestandteile größer oder gleich 25 %, wird das gesamte Gemisch als Chronisch 1 eingestuft. Ergibt die Berechnung eine Einstufung des Gemisches als Chronisch 1, ist das Einstufungsverfahren abgeschlossen.

**[Einstufung als Chronisch 2]** 2.2.9.1.10.4.6.3.2

Falls das Gemisch nicht als Chronisch 1 eingestuft wird, wird eine Einstufung als Chronisch 2 geprüft. Ein Gemisch ist dann als Chronisch 2 einzustufen, wenn die zehnfache Summe der Konzentrationen (in %) aller Bestandteile, die als Chronisch 1 eingestuft sind, zuzüglich der Summe der Konzentrationen (in %) aller Bestandteile, die als Chronisch 2 eingestuft sind, größer oder gleich 25 % ist. Ergibt die Berechnung eine Einstufung des Gemisches als Chronisch 2, ist das Einstufungsverfahren abgeschlossen.

**[Zusammenfassung]** 2.2.9.1.10.4.6.3.3

Die Einstufung von Gemischen nach ihrer langfristigen Gewässergefährdung mit Hilfe der Summierung der Konzentrationen von eingestuften Bestandteilen wird in der nachstehenden Tabelle 2.2.9.1.10.4.6.3.3 zusammengefasst.

**Tabelle 2.2.9.1.10.4.6.3.3: Einstufung eines Gemisches nach seiner langfristigen Gewässergefährdung auf der Grundlage der Summierung der Konzentrationen von eingestuften Bestandteilen**

| Summe der Konzentrationen (in %) der Bestandteile, die eingestuft sind als | Gemisch wird eingestuft als |
|---|---|
| Chronisch 1 × M[a)] ≥ 25 % | Chronisch 1 |
| (M × 10 × Chronisch 1) + Chronisch 2 ≥ 25 % | Chronisch 2 |

a) Siehe Absatz 2.2.9.1.10.4.6.4 zur Erläuterung des Faktors M.

**2.2.9.1.10.4.6.4 Gemische mit hochtoxischen Bestandteilen**

Als Akut 1 oder Chronisch 1 eingestufte Bestandteile mit akuten Toxizitäten von weit unter 1 mg/l und/oder chronischen Toxizitäten weit unter 0,1 mg/l (für nicht schnell abbaubare Bestandteile) und 0,01 mg/l (für schnell abbaubare Bestandteile) tragen zur Toxizität des Gemisches bei und erhalten bei der Einstufung mit Hilfe der Summierungsmethode ein größeres Gewicht. Enthält ein Gemisch Bestandteile, die als Akut 1 oder Chronisch 1 eingestuft sind, ist das unter den Absätzen 2.2.9.1.10.4.6.2 und 2.2.9.1.10.4.6.3 beschriebene Stufenkonzept anzuwenden, das eine gewichtete Summe verwendet, die aus der Multiplikation der Konzentrationen der als Akut 1 und Chronisch 1 eingestuften Bestandteile mit einem Faktor resultiert, anstatt lediglich Prozentanteile zu addieren. Dies bedeutet, dass die Konzentration von „Akut 1" in der linken Spalte der Tabelle 2.2.9.1.10.4.6.2.2 und die Konzentration von „Chronisch 1" in der linken Spalte der Tabelle 2.2.9.1.10.4.6.3.3 mit dem entsprechenden Multiplikationsfaktor multipliziert werden. Die auf diese Bestandteile anzuwendenden Multiplikationsfaktoren werden anhand des Toxizitätswertes bestimmt, wie in nachstehender Tabelle 2.2.9.1.10.4.6.4 zusammenfassend dargestellt. Zur Einstufung eines Gemisches mit als Akut 1 und/oder Chronisch 1 eingestuften Bestandteilen muss daher die für die Einstufung zuständige Person den Wert des Faktors M kennen, um die Summierungsmethode anwenden zu können. Alternativ darf die Additivitätsformel (siehe Absatz 2.2.9.1.10.4.5.2) verwendet werden, sofern für alle hochtoxischen Bestandteile des Gemisches Toxizitätsdaten vorliegen und es schlüssige Belege dafür gibt, dass sämtliche anderen Bestandteile (einschließlich derjenigen, für die keine spezifischen Daten über die akute und/oder chronische Toxizität vorliegen) wenig oder gar nicht toxisch sind und nicht deutlich zur Umweltgefahr des Gemisches beitragen.

**Tabelle 2.2.9.1.10.4.6.4: Multiplikationsfaktoren für hochtoxische Bestandteile von Gemischen**

| akute Toxizität | M-Faktor | chronische Toxizität | M-Faktor | |
|---|---|---|---|---|
| $L(E)C_{50}$-Wert | | NOEC-Wert | nicht schnell abbaubare Bestandteile | schnell abbaubare Bestandteile |
| $0,1 < L(E)C_{50} \leq 1$ | 1 | $0,01 < NOEC \leq 0,1$ | 1 | – |
| $0,01 < L(E)C_{50} \leq 0,1$ | 10 | $0,001 < NOEC \leq 0,01$ | 10 | 1 |
| $0,001 < L(E)C_{50} \leq 0,01$ | 100 | $0,0001 < NOEC \leq 0,001$ | 100 | 10 |
| $0,0001 < L(E)C_{50} \leq 0,001$ | 1000 | $0,00001 < NOEC \leq 0,0001$ | 1000 | 100 |
| $0,00001 < L(E)C_{50} \leq 0,0001$ | 10000 | $0,000001 < NOEC \leq 0,00001$ | 10000 | 1000 |
| (weiter in Faktor-10-Intervallen) | | (weiter in Faktor-10-Intervallen) | | |

**2.2.9.1.10.4.6.5 Einstufung von Gemischen mit Bestandteilen, zu denen keine verwertbaren Informationen vorliegen**

Liegen für einen oder mehrere relevante Bestandteile keinerlei verwertbare Informationen über eine akute und/oder chronische aquatische Toxizität vor, führt dies zu dem Schluss, dass eine endgültige Zuordnung des Gemisches zu einer oder mehreren Gefahrenkategorien nicht möglich ist. In einem solchen Fall wird das Gemisch lediglich auf Grund der bekannten Bestandteile eingestuft.

**2.2.9.1.10.5 Stoffe oder Gemische, die auf der Grundlage der Verordnung (EG) Nr. 1272/2008[18] als umweltgefährdende Stoffe (aquatische Umwelt) eingestuft sind**

Wenn Daten für eine Einstufung nach den Kriterien der Absätze 2.2.9.1.10.3 und 2.2.9.1.10.4 nicht vorliegen,

a) muss ein Stoff oder ein Gemisch als umweltgefährdender Stoff (aquatische Umwelt) eingestuft werden, wenn ihm nach der Verordnung (EG) Nr. 1272/2008[18] die Kategorie(n) Aquatisch Akut 1, Aquatisch Chronisch 1 oder Aquatisch Chronisch 2 zugeordnet werden muss (müssen);

b) darf ein Stoff oder ein Gemisch als nicht umweltgefährdender Stoff (aquatische Umwelt) angesehen werden, wenn ihm nach der genannten Verordnung keine derartige Kategorie zugeordnet werden muss.

[18] Verordnung (EG) Nr. 1272/2008 des Europäischen Parlaments und des Rates vom 16. Dezember 2008 über die Einstufung, Kennzeichnung und Verpackung von Stoffen und Gemischen, zur Änderung und Aufhebung der Richtlinien 67/548/EWG und 1999/45/EG und zur Änderung der Verordnung (EG) Nr. 1907/2006, veröffentlicht im Amtsblatt der Europäischen Union L 353 vom 31.12.2008, S. 1 bis 1355.

**Zuordnung von Stoffen oder Gemischen, die auf der Grundlage der Vorschriften des Absatzes 2.2.9.1.10.3, 2.2.9.1.10.4 oder 2.2.9.1.10.5 als umweltgefährdende Stoffe (aquatische Umwelt) eingestuft sind** 2.2.9.1.10.6

Stoffe oder Gemische, die als umweltgefährdende Stoffe (aquatische Umwelt) eingestuft sind und nicht den Zuordnungskriterien einer anderen Klasse oder eines anderen Stoffes der Klasse 9 entsprechen, werden wie folgt bezeichnet:

UN 3077 UMWELTGEFÄHRDENDER STOFF, FEST, N.A.G., oder
UN 3082 UMWELTGEFÄHRDENDER STOFF, FLÜSSIG, N.A.G.

Sie sind der Verpackungsgruppe III zuzuordnen.

**Genetisch veränderte Mikroorganismen oder Organismen** 2.2.9.1.11
*→ D: RSEB 2-15.3*

Genetisch veränderte Mikroorganismen (GMMO) und genetisch veränderte Organismen (GMO) sind Mikroorganismen und Organismen, in denen das genetische Material durch gentechnische Methoden absichtlich in einer Weise verändert worden ist, die in der Natur nicht vorkommt. Sie sind der Klasse 9 (UN-Nummer 3245) zuzuordnen, wenn sie nicht der Begriffsbestimmung für giftige Stoffe oder ansteckungsgefährliche Stoffe entsprechen, sie jedoch in der Lage sind, Tiere, Pflanzen oder mikrobiologische Stoffe in einer Weise zu verändern, die normalerweise nicht aus natürlicher Reproduktion resultiert.

**Bem.**
1. GMMO und GMO, die ansteckungsgefährliche Stoffe sind, sind Stoffe der Klasse 6.2 (UN-Nummer 2814, 2900 oder 3373).
2. GMMO oder GMO unterliegen nicht den Vorschriften des ADR, wenn sie von den zuständigen Behörden der Ursprungs-, Transit- und Bestimmungsländer zur Verwendung zugelassen wurden.[19]
3. Pharmazeutische Produkte (wie Impfstoffe), die in einer zur Verabreichung bereiten Form verpackt sind, einschließlich solcher, die sich in der klinischen Erprobung befinden, und die GMMO oder GMO enthalten, unterliegen nicht dem ADR.
4. Genetisch veränderte lebende Tiere, die nach dem derzeitigen Stand der wissenschaftlichen Erkenntnisse keine pathogenen Auswirkungen auf Menschen, Tiere und Pflanzen haben und die in Behältnissen befördert werden, die geeignet sind, sowohl ein Entweichen der Tiere als auch einen unzulässigen Zugriff sicher zu verhindern, unterliegen nicht den Vorschriften des ADR. Die für den Luftverkehr vom Internationalen Luftverkehrsverband (IATA) festgelegten Bestimmungen „Live Animals Regulations, LAR" (Vorschriften für Lebendtiertransporte) können als Leitfaden für geeignete Behältnisse für die Beförderung lebender Tiere herangezogen werden.
5. Lebende Tiere dürfen nicht dazu benutzt werden, der Klasse 9 zugeordnete genetisch veränderte Mikroorganismen zu befördern, es sei denn, diese können nicht auf eine andere Weise befördert werden. Genetisch veränderte lebende Tiere müssen nach den von den zuständigen Behörden der Ursprungs- und Bestimmungsländer festgelegten Bedingungen befördert werden.

(bleibt offen) 2.2.9.1.12

**Erwärmte Stoffe** 2.2.9.1.13
*→ D: RSEB 2-4*

Erwärmte Stoffe umfassen Stoffe, die in flüssigem Zustand bei oder über 100 °C und, sofern diese einen Flammpunkt haben, bei einer Temperatur unter ihrem Flammpunkt befördert oder zur Beförderung aufgegeben werden. Sie umfassen auch feste Stoffe, die bei oder über 240 °C befördert oder zur Beförderung aufgegeben werden.

**Bem.** Erwärmte Stoffe dürfen der Klasse 9 nur dann zugeordnet werden, wenn sie nicht die Kriterien einer anderen Klasse erfüllen.

[19] Siehe Teil C der Richtlinie 2001/18/EG des Europäischen Parlaments und des Rates über die absichtliche Freisetzung genetisch veränderter Organismen in die Umwelt und zur Aufhebung der Richtlinie 90/220/EWG des Rates (Amtsblatt der Europäischen Gemeinschaften Nr. L 106 vom 17.4.2001, S. 8 bis 14) und Verordnung (EG) Nr. 1829/2003 des Europäischen Parlaments und des Rates über genetisch veränderte Lebensmittel und Futtermittel (Amtsblatt der Europäischen Union Nr. L 268 vom 18.10.2003, S. 1 bis 23), in denen die Zulassungsverfahren für die Europäische Union festgelegt sind.

**2.2.9.1.14 Andere Stoffe und Gegenstände, die während der Beförderung eine Gefahr darstellen und nicht unter die Begriffsbestimmung einer anderen Klasse fallen**

Die nachfolgend genannten verschiedenen Stoffe und Gegenstände, die nicht unter die Begriffsbestimmung einer anderen Klasse fallen, sind der Klasse 9 zugeordnet:

feste Ammoniakverbindung mit einem Flammpunkt unter 60 °C

weniger gefährliches Dithionit

sehr leicht flüchtiger flüssiger Stoff

Stoff, der schädliche Dämpfe abgibt

Stoffe, die Allergene enthalten

Chemie-Testsätze und Erste-Hilfe-Ausrüstungen

elektrische Doppelschicht-Kondensatoren (mit einer Energiespeicherkapazität von mehr als 0,3 Wh)

Fahrzeuge, Verbrennungsmotoren und Verbrennungsmaschinen

Gegenstände, die verschiedene gefährliche Güter enthalten.

**Bem.** Die folgenden in den UN-Modellvorschriften aufgeführten UN-Nummern unterliegen nicht den Vorschriften des ADR:

UN 1845 KOHLENDIOXID, FEST (TROCKENEIS)[20],

UN 2216 FISCHMEHL (FISCHABFÄLLE), STABILISIERT,

UN 2807 MAGNETISIERTE STOFFE,

UN 3334 FLÜSSIGER STOFF, DEN FÜR DIE LUFTFAHRT GELTENDEN VORSCHRIFTEN UNTERLIEGEND, N.A.G.,

UN 3335 FESTER STOFF, DEN FÜR DIE LUFTFAHRT GELTENDEN VORSCHRIFTEN UNTERLIEGEND, N.A.G.

**2.2.9.1.15 Zuordnung zu Verpackungsgruppen**

Auf Grund ihres Gefahrengrades sind die Stoffe und Gegenstände[2] der Klasse 9 einer der folgenden Verpackungsgruppen zugeordnet, sofern diese in Kapitel 3.2 Tabelle A Spalte (4) angegeben ist:

Verpackungsgruppe II: Stoffe mit mittlerer Gefahr;

Verpackungsgruppe III: Stoffe mit geringer Gefahr.

**2.2.9.2 Nicht zur Beförderung zugelassene Stoffe und Gegenstände**

Folgende Stoffe und Gegenstände sind zur Beförderung nicht zugelassen:

- Lithiumbatterien und Natrium-Ionen-Batterien, die den Bedingungen des Kapitels 3.3 Sondervorschrift 188, 230, 310, 636 oder 670 nicht entsprechen;
- ungereinigte leere Auffangbehältnisse (Auffangwannen) für Gegenstände wie Transformatoren, Kondensatoren und hydraulische Geräte, die Stoffe der UN-Nummer 2315, 3151, 3152 oder 3432 enthalten.

*(Fortsetzung aus technischen Gründen auf Seite 281)*

[20] Für UN 1845 KOHLENDIOXID, FEST (TROCKENEIS) siehe Abschnitt 5.5.3.

[2] *Anmerkung des Verlags: O.-Text BGBl. II; siehe aber 2.1.1.3 letzter Satz.*

## Verzeichnis der Eintragungen 2.2.9.3

| | | Klassifizierungscode | UN-Nummer | Benennung des Stoffes oder Gegenstandes |
|---|---|---|---|---|
| **Verschiedene gefährliche Stoffe und Gegenstände** | | | | |
| **Stoffe, die beim Einatmen als Feinstaub die Gesundheit gefährden können** | | **M1** | 2212 | ASBEST, AMPHIBOL (Amosit, Tremolit, Aktinolith, Anthophyllit, Krokydolith) |
| | | | 2590 | ASBEST, CHRYSOTIL |
| **Stoffe und Gegenstände, die im Brandfall Dioxine bilden können** | | **M2** | 2315 | POLYCHLORIERTE BIPHENYLE, FLÜSSIG |
| | | | 3432 | POLYCHLORIERTE BIPHENYLE, FEST |
| | | | 3151 | POLYHALOGENIERTE BIPHENYLE, FLÜSSIG oder |
| | | | 3151 | HALOGENIERTE MONOMETHYLDIPHENYLMETHANE, FLÜSSIG oder |
| | | | 3151 | POLYHALOGENIERTE TERPHENYLE, FLÜSSIG |
| | | | 3152 | POLYHALOGENIERTE BIPHENYLE, FEST oder |
| | | | 3152 | HALOGENIERTE MONOMETHYLDIPHENYLMETHANE, FEST oder |
| | | | 3152 | POLYHALOGENIERTE TERPHENYLE, FEST |
| **Stoffe, die entzündbare Dämpfe abgeben** | | **M3** | 2211 | SCHÄUMBARE POLYMER-KÜGELCHEN, entzündbare Dämpfe abgebend |
| | | | 3314 | KUNSTSTOFFPRESSMISCHUNG, in Teig-, Platten- oder Strangpressform, entzündbare Dämpfe abgebend |
| **Lithiumbatterien und Natrium-Ionen-Batterien** | | **M4** | 3090 | LITHIUM-METALL-BATTERIEN (einschließlich Batterien aus Lithiumlegierung) |
| | | | 3091 | LITHIUM-METALL-BATTERIEN IN AUSRÜSTUNGEN (einschließlich Batterien aus Lithiumlegierung) oder |
| | | | 3091 | LITHIUM-METALL-BATTERIEN, MIT AUSRÜSTUNGEN VERPACKT (einschließlich Batterien aus Lithiumlegierung) |
| | | | 3480 | LITHIUM-IONEN-BATTERIEN (einschließlich Lithium-Ionen-Polymer-Batterien) |
| | | | 3481 | LITHIUM-IONEN-BATTERIEN IN AUSRÜSTUNGEN (einschließlich Lithium-Ionen-Polymer-Batterien) oder |
| | | | 3481 | LITHIUM-IONEN-BATTERIEN, MIT AUSRÜSTUNGEN VERPACKT (einschließlich Lithium-Ionen-Polymer-Batterien) |
| | | | 3536 | LITHIUMBATTERIEN, IN GÜTERBEFÖRDERUNGSEINHEITEN EINGEBAUT, Lithium-Ionen-Batterien oder Lithium-Metall-Batterien |
| | | | 3551 | NATRIUM-IONEN-BATTERIEN mit einem organischen Elektrolyt |
| | | | 3552 | NATRIUM-IONEN-BATTERIEN IN AUSRÜSTUNGEN oder NATRIUM-IONEN-BATTERIEN, MIT AUSRÜSTUNGEN VERPACKT, mit einem organischen Elektrolyt |
| **Rettungsmittel** | | **M5** | 2990 | RETTUNGSMITTEL, SELBSTAUFBLASEND, wie Flugzeug-Notrutschen, Flugzeug-Überlebensausrüstungen und Seenotrettungsgeräte |
| | | | 3072 | RETTUNGSMITTEL, NICHT SELBSTAUFBLASEND, gefährliche Güter als Ausrüstung enthaltend |
| | | | 3268 | SICHERHEITSEINRICHTUNGEN, elektrische Auslösung |
| | | | 3559 | FEUERLÖSCHMITTEL-DISPERGIERVORRICHTUNGEN |
| **umweltgefährdende Stoffe** | **wasserverunreinigend** | **flüssig M6** | 3082 | UMWELTGEFÄHRDENDER STOFF, FLÜSSIG, N.A.G. |
| | | **fest M7** | 3077 | UMWELTGEFÄHRDENDER STOFF, FEST, N.A.G. |
| | **genetisch veränderte Mikroorganismen und Organismen** | **M8** | 3245 | GENETISCH VERÄNDERTE MIKROORGANISMEN oder |
| | | | 3245 | GENETISCH VERÄNDERTE ORGANISMEN |

2.2.9.3
(Forts.)

| | Klassifizierungscode | UN-Nummer | Benennung des Stoffes oder Gegenstandes |
|---|---|---|---|
| erwärmte Stoffe | flüssig M9 | 3257 | ERWÄRMTER FLÜSSIGER STOFF, N.A.G., bei oder über 100 °C und, bei Stoffen mit einem Flammpunkt, unter seinem Flammpunkt (einschließlich geschmolzenes Metall, geschmolzenes Salz usw.) |
| | fest M10 | 3258 | ERWÄRMTER FESTER STOFF, N.A.G., bei oder über 240 °C |
| andere Stoffe und Gegenstände, die während der Beförderung eine Gefahr darstellen und nicht unter die Begriffsbestimmung einer anderen Klasse fallen | M11 | | Nur die folgenden, in Kapitel 3.2 Tabelle A mit diesem Klassifizierungscode aufgeführten Stoffe und Gegenstände unterliegen den Vorschriften der Klasse 9: |
| | | 1841 | ACETALDEHYDAMMONIAK |
| | | 1931 | ZINKDITHIONIT |
| | | 1941 | DIBROMDIFLUORMETHAN |
| | | 1990 | BENZALDEHYD |
| | | 2071 | AMMONIUMNITRATHALTIGES DÜNGEMITTEL |
| | | 2969 | RIZINUSSAAT oder |
| | | 2969 | RIZINUSMEHL oder |
| | | 2969 | RIZINUSKUCHEN oder |
| | | 2969 | RIZINUSFLOCKEN |
| | | 3166 | FAHRZEUG MIT ANTRIEB DURCH ENTZÜNDBARES GAS oder |
| | | 3166 | FAHRZEUG MIT ANTRIEB DURCH ENTZÜNDBARE FLÜSSIGKEIT oder |
| | | 3166 | BRENNSTOFFZELLEN-FAHRZEUG MIT ANTRIEB DURCH ENTZÜNDBARES GAS oder |
| | | 3166 | BRENNSTOFFZELLEN-FAHRZEUG MIT ANTRIEB DURCH ENTZÜNDBARE FLÜSSIGKEIT |
| | | 3171 | BATTERIEBETRIEBENES FAHRZEUG oder |
| | | 3171 | BATTERIEBETRIEBENES GERÄT |
| | | 3316 | CHEMIE-TESTSATZ oder |
| | | 3316 | ERSTE-HILFE-AUSRÜSTUNG |
| | | 3359 | BEGASTE GÜTERBEFÖRDERUNGSEINHEIT |
| | | 3363 | GEFÄHRLICHE GÜTER IN GEGENSTÄNDEN oder |
| | | 3363 | GEFÄHRLICHE GÜTER IN MASCHINEN oder |
| | | 3363 | GEFÄHRLICHE GÜTER IN GERÄTEN |
| | | 3499 | KONDENSATOR, ELEKTRISCHE DOPPELSCHICHT (mit einer Energiespeicherkapazität von mehr als 0,3 Wh) |
| | | 3508 | KONDENSATOR, ASYMMETRISCH (mit einer Energiespeicherkapazität von mehr als 0,3 Wh) |
| → M329 | | 3509 | ALTVERPACKUNGEN, LEER, UNGEREINIGT |
| | | 3530 | VERBRENNUNGSMOTOR oder |
| | | 3530 | VERBRENNUNGSMASCHINE |
| | | 3556 | FAHRZEUG MIT ANTRIEB DURCH LITHIUM-IONEN-BATTERIEN |
| | | 3557 | FAHRZEUG MIT ANTRIEB DURCH LITHIUM-METALL-BATTERIEN |
| | | 3558 | FAHRZEUG MIT ANTRIEB DURCH NATRIUM-IONEN-BATTERIEN |
| → M329 | | 3548 | GEGENSTÄNDE, DIE VERSCHIEDENE GEFÄHRLICHE GÜTER ENTHALTEN, N.A.G. |

# Kapitel 2.3
# Prüfverfahren

**Allgemeines** 2.3.0

Sofern in Kapitel 2.2 oder in diesem Kapitel nichts anderes vorgeschrieben ist, entsprechen die für die Klassifizierung gefährlicher Güter verwendeten Prüfverfahren denen, die im Handbuch Prüfungen und Kriterien beschrieben sind.

**Prüfung auf Ausschwitzen für Sprengstoffe des Typs A** 2.3.1

**[Prüferfordernis]** 2.3.1.1

UN 0081 Sprengstoffe Typ A müssen, wenn sie einen Gehalt an flüssigem Salpetersäureester von mehr als 40 % aufweisen, zusätzlich zu der im Handbuch Prüfungen und Kriterien erwähnten Prüfung noch der nachstehenden Prüfung auf Ausschwitzen genügen.

**[Prüfapparat]** 2.3.1.2

Der Apparat für die Prüfung der Sprengstoffe auf Ausschwitzen (Abbildungen 1 bis 3) besteht aus einem hohlen Bronzezylinder. Dieser Zylinder, der an einer Seite durch eine Platte aus dem gleichen Metall verschlossen ist, hat einen inneren Durchmesser von 15,7 mm und eine Tiefe von 40 mm. Er weist an der Wand 20 Löcher von je 0,5 mm Durchmesser (4 Reihen zu 5 Löchern) auf. Ein auf einer Länge von 48 mm zylindrisch gestalteter Bronzekolben, dessen Gesamtlänge 52 mm beträgt, kann in den senkrecht gestellten Zylinder hineingleiten; dieser Kolben, dessen Durchmesser 15,6 mm beträgt, wird mit einer Masse von 2 220 g belastet, so dass ein Druck von 120 kPa (1,2 bar) auf den Zylinderboden ausgeübt wird.

**[Prüfablauf]** 2.3.1.3

Man bildet aus 5 Gramm bis 8 Gramm Sprengstoff einen kleinen Wulst von 30 mm Länge und 15 mm Durchmesser, den man mit ganz feiner Gaze umgibt und in den Zylinder bringt; dann setzt man den Kolben und die Belastungsmasse darauf, damit der Sprengstoff einem Druck von 120 kPa (1,2 bar) ausgesetzt wird.

Man notiert die Zeit, die es braucht, bis die ersten öligen Tröpfchen (Nitroglycerin) an der Außenseite der Löcher des Zylinders erscheinen.

**[Prüfergebnis]** 2.3.1.4

Wenn bei einem bei 15 °C bis 25 °C durchgeführten Versuch die ersten Tröpfchen erst nach einem Zeitraum von mehr als fünf Minuten erscheinen, entspricht der Sprengstoff den Bedingungen.

*(Fortsetzung aus technischen Gründen auf Seite 284)*

2.3.1.4 (Forts.)

**Prüfung der Sprengstoffe auf Ausschwitzen**

**Abb. 1: Belastungskörper, glockenförmig; Masse 2 220 g; aufhängbar auf Bronzekolben**

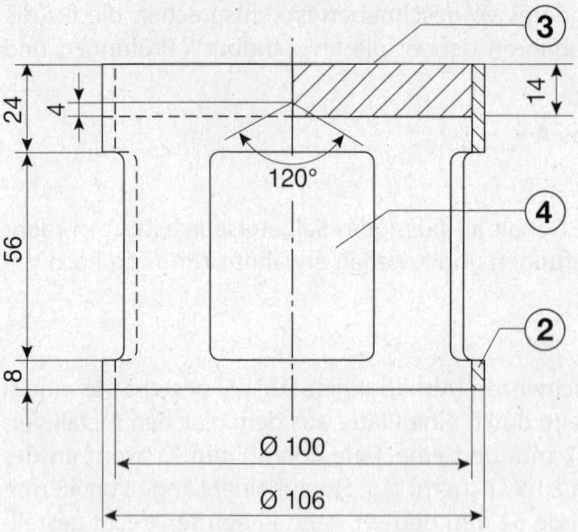


**Abb. 2: Zylindrischer Bronzekolben; Maße in mm**

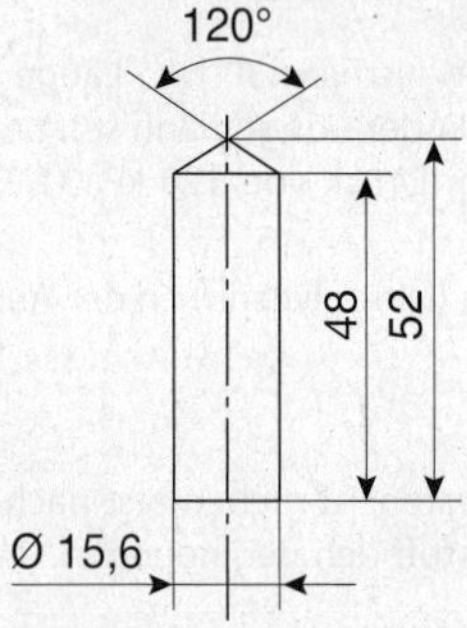


**Abb. 3: Hohler Bronzezylinder, einseitig verschlossen Aufriss und Grundriss; Maße in mm**

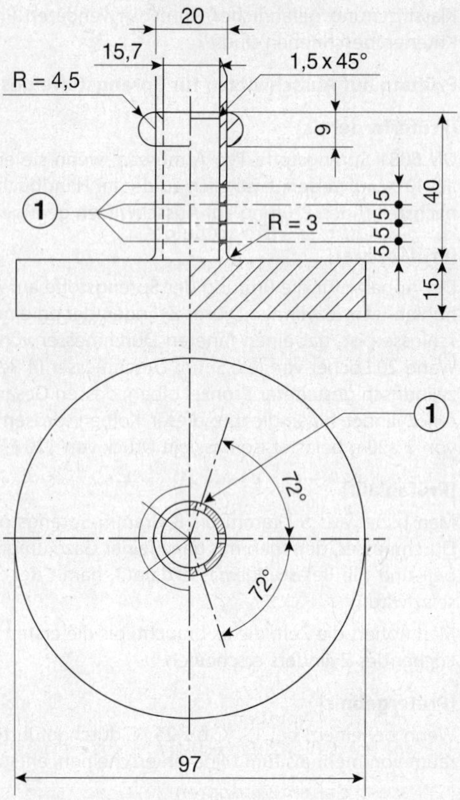


zu Abbildungen 1 bis 3:

(1) 4 Reihen zu 5 Löchern mit einem Durchmesser von 0,5 mm

(2) Kupfer

(3) Bleiplatte mit zentrischem Konus an der Unterseite

(4) 4 Öffnungen, ca. 46 mm × 56 mm, gleichmäßig auf Umfang verteilt

## 2.3.2 Prüfungen bezüglich der nitrierten Cellulosemischungen der Klasse 1 und der Klasse 4.1

**2.3.2.1 [Wärmebeständigkeitsprüfung Nitrocellulose]**

Zur Feststellung der Kriterien der Nitrocellulose muss der Bergmann-Junk-Test oder der Methylviolettpapier-Test im Handbuch Prüfungen und Kriterien Anhang 10 (siehe Kapitel 3.3 Sondervorschriften 393 und 394) durchgeführt werden. Wenn Zweifel daran bestehen, dass die Entzündungstemperatur der Nitrocellulose im Falle des Bergmann-Junk-Tests deutlich höher als 132 °C oder im Falle des Methylviolettpapier-Tests deutlich höher als 134,5 °C ist, sollte vor der Durchführung dieser Tests der in Abschnitt 2.3.2.5 beschriebene Test der Entzündungstemperatur durchgeführt werden. Wenn die Entzündungstemperatur von Nitrocellulosemischungen über 180 °C oder die Entzündungstemperatur von plastifizierter Nitrocellulose über 170 °C liegt, kann der Bergmann-Junk-Test oder der Methylviolettpapier-Test sicher durchgeführt werden.

**[Trocknung]** 2.3.2.2

Vor den Prüfungen nach Unterabschnitt 2.3.2.5 müssen die Proben während mindestens 15 Stunden in einem mit geschmolzenem und gekörntem Chlorcalcium beschickten Vakuum-Exsikkator bei Raumtemperatur getrocknet werden, wobei die Probe in dünner Schicht ausgelegt wird; zu diesem Zwecke müssen die Proben, die weder pulverförmig noch faserig sind, entweder zu Stücken mit kleinen Abmessungen zerbrochen, geraspelt oder geschnitten werden. Der Druck muss im Exsikkator unter 6,5 kPa (0,065 bar) gehalten werden.

**[Vortrocknung]** 2.3.2.3

Vor der unter den Bedingungen des Unterabschnitts 2.3.2.2 vorzunehmenden Trocknung muss plastifizierte Nitrocellulose einer Vortrocknung in einem Trockenschrank mit guter Durchlüftung, dessen Temperatur auf 70 °C eingestellt ist, so lange unterworfen werden, bis der Masseverlust innerhalb von 15 Minuten weniger als 0,3 % der Einwaage beträgt.

**[Schwach nitrierte Nitrocellulose]** 2.3.2.4

Schwach nitrierte Nitrocellulose ist zunächst einer Vortrocknung nach den Bedingungen des Unterabschnitts 2.3.2.3 zu unterwerfen; die Trocknung wird durch einen Aufenthalt von mindestens 15 Stunden in einem mit konzentrierter Schwefelsäure beschickten Exsikkator abgeschlossen.

**Entzündungstemperatur** 2.3.2.5

(siehe Unterabschnitt 2.3.2.1)

a) Zur Bestimmung der Entzündungstemperatur werden 0,2 g des Stoffes in einem Probierglas erhitzt, das in ein Wood'sches Metallbad eingetaucht ist. Das Probierglas wird in das Bad eingesetzt, nachdem dieses 100 °C erreicht hat. Die Temperatur wird dann um 5 °C je Minute erhöht.

b) Die Probiergläser müssen

| | |
|---|---|
| eine Länge von | 125 mm, |
| einen inneren Durchmesser von | 15 mm, |
| eine Wanddicke von | 0,5 mm |

haben und 20 mm tief eingetaucht sein.

c) Bei dem dreimal zu wiederholenden Versuch ist jedes Mal festzustellen, bei welcher Temperatur eine Entzündung des Stoffes eintritt, ob unter langsamer oder schneller Verbrennung, ob unter Verpuffung oder Explosion.

d) Die bei den drei Versuchen festgestellte niedrigste Temperatur ist die Entzündungstemperatur.

**Prüfungen der entzündbaren flüssigen Stoffe der Klassen 3, 6.1 und 8** 2.3.3

**Bestimmung des Flammpunktes** 2.3.3.1

**[Bestimmungsmethoden]** 2.3.3.1.1

Für die Bestimmung des Flammpunktes von entzündbaren flüssigen Stoffen dürfen folgende Methoden verwendet werden:

<u>Internationale Normen:</u>

ISO 1516 (Flammpunktbestimmung – Ja/Nein-Verfahren – Gleichgewichtsverfahren mit geschlossenem Tiegel)

ISO 1523 (Bestimmung des Flammpunktes – Gleichgewichtsverfahren mit geschlossenem Tiegel)

ISO 2719 (Bestimmung des Flammpunktes – Verfahren nach Pensky-Martens mit geschlossenem Tiegel)

ISO 13736 (Bestimmung des Flammpunktes – Verfahren mit geschlossenem Tiegel nach Abel)

ISO 3679 (Bestimmung des Flammpunktes – Schnelles Gleichgewichtsverfahren mit geschlossenem Tiegel)

ISO 3680 (Bestimmung des Flammpunktes – Ja/Nein-Verfahren – Schnelles Gleichgewichtsverfahren mit geschlossenem Tiegel)

<u>Nationale Normen:</u>

*American Society for Testing Materials International, 100 Barr Harbor Drive, PO Box C700, West Conshohocken, Pennsylvania, USA 19428-2959:*

ASTM D3828-07a, Standard Test Methods for Flash Point by Small Scale Closed-Cup Tester (Standard-Prüfmethoden zur Bestimmung des Flammpunktes mit einem Kleinprüfgerät mit geschlossenem Tiegel)

**2.3.3.1.1** (Forts.) ASTM D56-05, Standard Test Method for Flash Point by Tag Closed-Cup Tester (Standard-Prüfmethode zur Bestimmung des Flammpunktes mit einem Tag-Prüfgerät mit geschlossenem Tiegel)

ASTM D3278-96(2004)e1, Standard Test Methods for Flash Point of Liquids by Small Scale Closed-Cup Apparatus (Standard-Prüfmethoden zur Bestimmung des Flammpunktes von flüssigen Stoffen mit einem Kleinprüfgerät mit geschlossenem Tiegel)

ASTM D93-08, Standard Test Methods for Flash Point by Pensky-Martens Closed-Cup Tester (Standard-Prüfmethoden zur Bestimmung des Flammpunktes durch Pensky-Martens-Prüfgeräte mit geschlossenem Tiegel)

*Association française de normalisation, AFNOR, 11, rue de Pressensé, F-93571 La Plaine Saint-Denis Cedex:*

Französische Norm NF M 07 - 019

Französische Normen NF M 07 - 011 / NF T 30 - 050 / NF T 66 - 009

Französische Norm NF M 07 - 036

*Deutsches Institut für Normung, Burggrafenstraße 6, D-10787 Berlin:*

Norm DIN 51755 (Flammpunkte unter 65 °C)

*Staatskomittee des Ministerrates für Normung, RUS-113813, GSP, Moskau, M-49 Leninsky Prospect, 9:*

GOST 12.1.044-84.

**2.3.3.1.2 [Normen]**

Für die Flammpunktbestimmung von Anstrichstoffen, Klebstoffen und ähnlichen viskosen lösungsmittelhaltigen Produkten dürfen nur Apparate und Prüfmethoden verwendet werden, die für die Flammpunktbestimmung viskoser Flüssigkeiten geeignet sind und den folgenden Normen entsprechen:

a) Internationale Norm ISO 3679:1983
b) Internationale Norm ISO 3680:1983
c) Internationale Norm ISO 1523:1983
d) Internationale Normen EN ISO 13736 und EN ISO 2719 Methode B.

**2.3.3.1.3 [Sicherheitshinweise]**

Die in Absatz 2.3.3.1.1 aufgeführten Normen sind nur für die darin angegebenen Flammpunktbereiche anzuwenden. Die Möglichkeit einer chemischen Reaktion zwischen dem Stoff und dem Probenhalter ist bei der Auswahl der anzuwendenden Norm zu beachten. Der Apparat ist, soweit dies mit der Sicherheit vereinbar ist, an einem zugfreien Ort aufzustellen. Aus Sicherheitsgründen dürfen für organische Peroxide und selbstzersetzliche Stoffe (auch als „energetische" Stoffe bekannt) oder für giftige Stoffe nur Prüfverfahren angewendet werden, bei denen kleine Probengrößen von ca. 2 ml verwendet werden.

**2.3.3.1.4 [Ergebnisbestätigung]**

Wenn nach einer Ungleichgewichtsmethode ein Flammpunkt von 23 °C ± 2 °C oder von 60 °C ± 2 °C festgestellt wird, ist dieses Ergebnis für jeden Temperaturbereich mit einer Gleichgewichtsmethode zu bestätigen.

**2.3.3.1.5 [Vorgehen bei Abweichung]**

Ist die Zuordnung eines entzündbaren flüssigen Stoffes umstritten, so gilt die vom Absender vorgeschlagene Zuordnung, wenn sich bei der Nachprüfung des Flammpunktes ein Wert ergibt, der um nicht mehr als 2 °C von den in Unterabschnitt 2.2.3.1 festgelegten Grenzwerten (23 °C bzw. 60 °C) abweicht. Ist die Abweichung größer als 2 °C, so ist eine zweite Nachprüfung vorzunehmen, und es gilt der niedrigste der bei den Nachprüfungen festgestellten Werte.

**2.3.3.2 Bestimmung des Siedebeginns**

Für die Bestimmung des Siedebeginns von entzündbaren flüssigen Stoffen dürfen folgende Methoden verwendet werden:

<u>Internationale Normen:</u>

ISO 3924 (Mineralölerzeugnisse – Bestimmung der Siedebereichsverteilung – Gaschromatographisches Verfahren)

ISO 4626 (Flüchtige organische Flüssigkeiten – Bestimmung des Siedebereiches von organischen Lösemitteln, die als Rohstoffe verwendet werden)

ISO 3405 (Mineralölerzeugnisse – Bestimmung des Destillationsverlaufes bei Atmosphärendruck)

Nationale Normen: 2.3.3.2 (Forts.)

*American Society for Testing Materials International, 100 Barr Harbor Drive, PO Box C700, West Conshohocken, Pennsylvania, USA 19428–2959:*

ASTM D86-07a, Standard Test Method for Distillation of Petroleum Products at Atmospheric Pressure (Standard-Prüfmethode für die Destillation von Erdölprodukten bei Atmosphärendruck)

ASTM D1078-05, Standard Test Method for Distillation Range of Volatile Organic Liquids (Standard-Prüfmethode für den Destillationsbereich flüchtiger organischer flüssiger Stoffe)

Weitere anwendbare Methoden:

Die in Teil A des Anhangs zur Verordnung (EG) Nr. 440/2008[21)] der Kommission beschriebene Methode A.2.

**Prüfung zur Bestimmung des Gehalts an Peroxid** 2.3.3.3

Der Gehalt an Peroxid eines flüssigen Stoffes wird wie folgt bestimmt:

Man gießt eine Menge p (ungefähr 5 g, auf 0,01 g genau gewogen) der zu prüfenden Flüssigkeit in einen Erlenmeyerkolben, fügt 20 $cm^3$ Essigsäureanhydrid und ungefähr 1 g festes pulverisiertes Kaliumiodid bei und rührt um. Nach 10 Minuten wird die Flüssigkeit während 3 Minuten bis auf 60 °C erwärmt, dann lässt man sie 5 Minuten abkühlen und gibt 25 $cm^3$ Wasser bei. Das frei gewordene Iod wird nach einer halben Stunde mit einer zehntelnormalen Natriumthiosulfatlösung ohne Beigabe eines Indikators titriert. Die vollständige Entfärbung zeigt das Ende der Reaktion an. Werden die erforderlichen $cm^3$ der Thiosulfatlösung mit n bezeichnet, so ergibt sich der prozentuale Peroxidgehalt der Probe (in $H_2O_2$ berechnet) durch die Formel

$$\frac{17n}{100p}.$$

**Prüfung zur Bestimmung des Fließverhaltens** 2.3.4

Zur Bestimmung des Fließverhaltens flüssiger, dickflüssiger oder pastenförmiger Stoffe und Gemische ist folgendes Verfahren anzuwenden:

**Prüfgerät** 2.3.4.1

Handelsübliches Penetrometer nach ISO-Norm 2137:1985 mit einer Führungsstange von 47,5 g ± 0,05 g;

Siebscheibe aus Duraluminium mit konischen Bohrungen und einer Masse von 102,5 g ± 0,05 g (siehe Abbildung 1);

Penetrationsgefäß mit einem Innendurchmesser von 72 mm bis 80 mm zur Aufnahme der Probe.

**Prüfverfahren** 2.3.4.2

Die Probe wird mindestens eine halbe Stunde vor der Messung in das Penetrationsgefäß gefüllt. Das Gefäß wird dicht verschlossen und bis zur Messung ruhig gelagert. Die Probe wird in dem dicht verschlossenen Penetrationsgefäß auf 35 °C ± 0,5 °C erwärmt und erst unmittelbar (höchstens 2 Minuten) vor der Messung auf den Tisch des Penetrometers gebracht. Nun wird die Spitze S der Siebscheibe auf die Flüssigkeitsoberfläche aufgesetzt und die Eindringtiefe in Abhängigkeit von der Zeit gemessen.

**Beurteilung der Prüfergebnisse** 2.3.4.3

Ein Stoff ist pastenförmig, wenn nach Aufsetzen der Spitze S auf die Oberfläche der Probe die auf dem Messgerät abgelesene Penetration

a) nach einer Belastungszeit von 5 s ± 0,1 s weniger als 15 mm ± 0,3 mm oder

b) nach einer Belastungszeit von 5 s ± 0,1 s mehr als 15 mm ± 0,3 mm, jedoch die zusätzliche Penetration nach weiteren 55 s ± 0,5 s weniger als 5,0 mm ± 0,5 mm

beträgt.

**Bem.** Bei Proben mit einer Fließgrenze ist es häufig nicht möglich, im Penetrationsgefäß eine stabile Oberfläche zu erreichen und somit beim Aufsetzen der Spitze S eindeutige Anfangsbedingungen der Messung zu schaffen. Darüber hinaus kann bei manchen Proben eine elastische Verformung der Oberfläche beim Auftreffen der Siebscheibe auftreten und in den ersten Sekunden eine größere Penetration vortäuschen. In all diesen Fällen kann eine Beurteilung der Ergebnisse nach Absatz b) zweckmäßig sein.

21) Verordnung (EG) Nr. 440/2008 der Kommission vom 30. Mai 2008 zur Festlegung von Prüfmethoden gemäß der Verordnung (EG) Nr. 1907/2006 des Europäischen Parlaments und des Rates zur Registrierung, Bewertung, Zulassung und Beschränkung chemischer Stoffe (REACH) (Amtsblatt der Europäischen Union Nr. L 142 vom 31.5.2008, S. 1 bis 739).

2.3.4.3 (Forts.)

**Abbildung 1: Penetrometer**

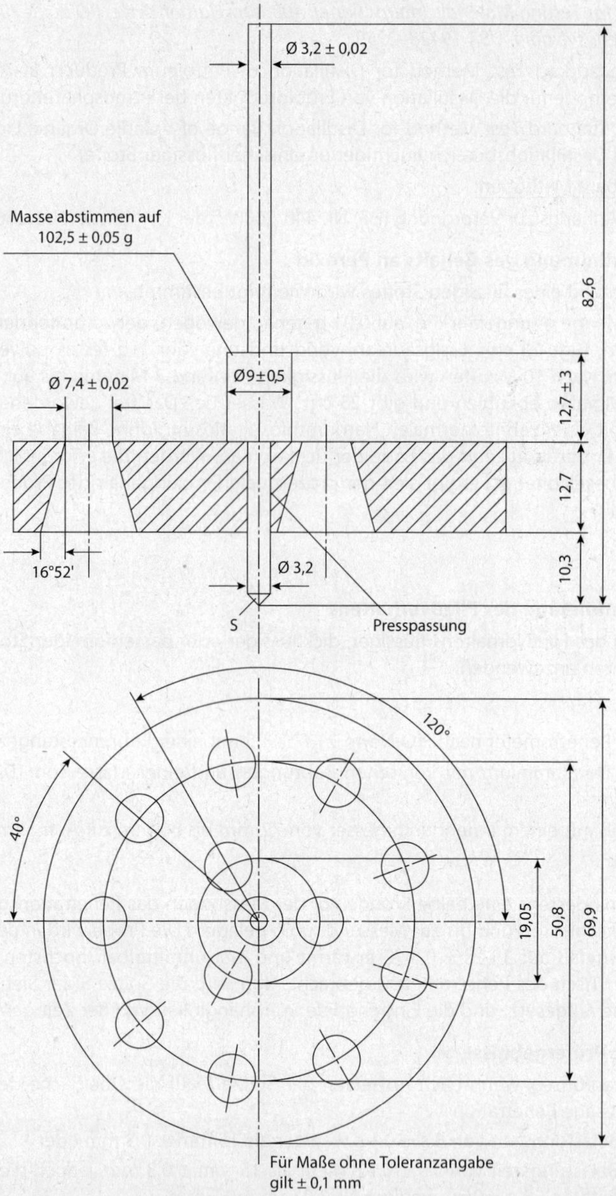


## 2.3.5 Zuordnung metallorganischer Stoffe zu den Klassen 4.2 und 4.3

Abhängig von ihren gemäß den Prüfungen N.1 bis N.5 des Handbuchs Prüfungen und Kriterien Teil III Abschnitt 33 festgestellten Eigenschaften können metallorganische Stoffe in Übereinstimmung mit dem in Abbildung 2.3.5 dargestellten Flussdiagramm je nach Fall der Klasse 4.2 oder 4.3 zugeordnet werden.

**Bem.**
1. Abhängig von ihren übrigen Eigenschaften und der Tabelle der überwiegenden Gefahr (siehe Unterabschnitt 2.1.3.10) können Stoffe anderen Klassen zugeordnet werden.
2. Entzündbare Lösungen mit metallorganischen Verbindungen in Konzentrationen, die nicht selbstentzündlich sind oder die in Berührung mit Wasser keine entzündbaren Gase in gefährlichen Mengen entwickeln, sind Stoffe der Klasse 3.

2.3.5 (Forts.)

**Abbildung 2.3.5: Flussdiagramm für die Zuordnung metallorganischer Stoffe zu den Klassen 4.2 und 4.3[a), b)]**

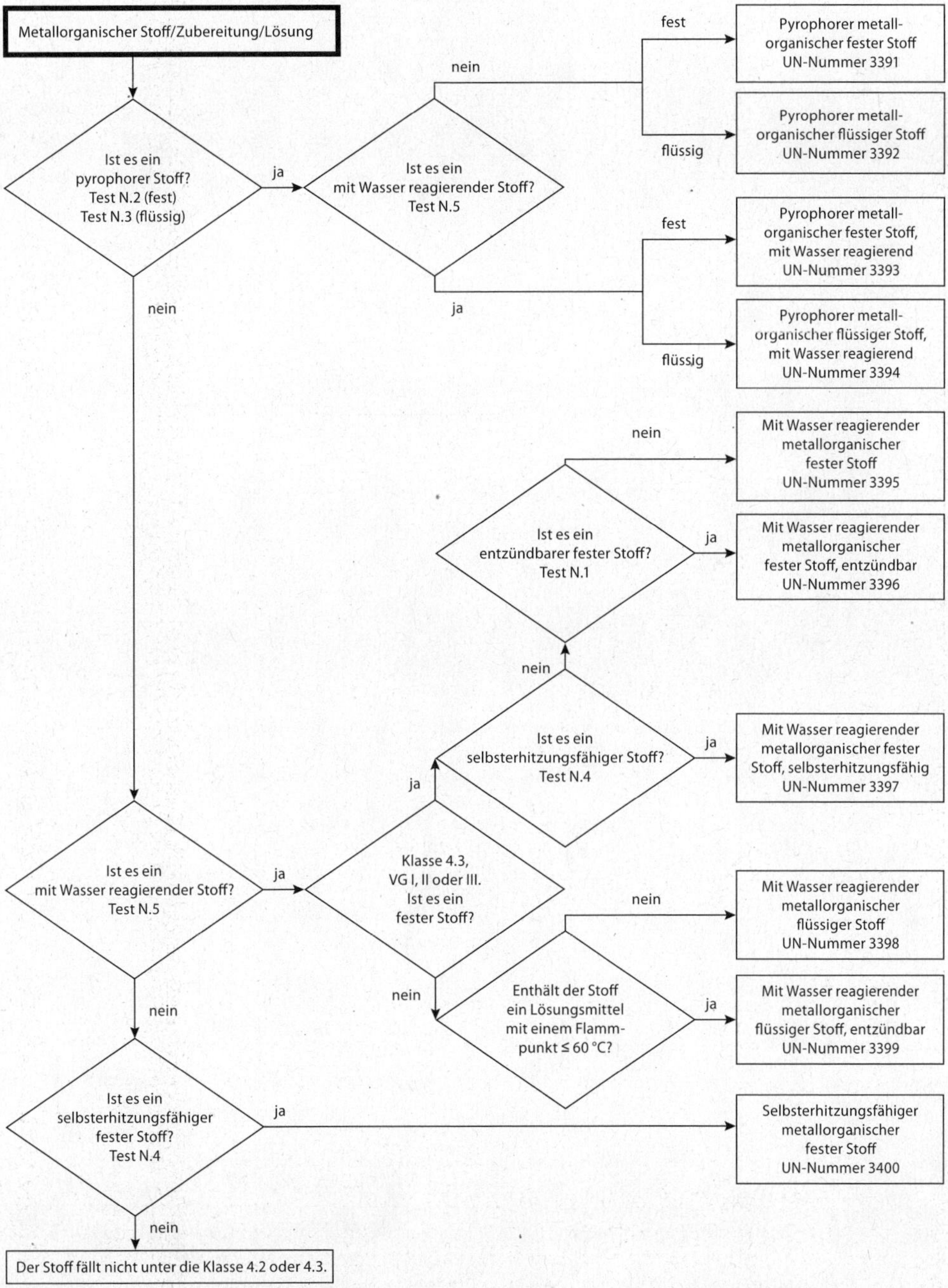


a) Die Prüfverfahren N.1 bis N.5 sind im Handbuch Prüfungen und Kriterien Teil III Abschnitt 33 enthalten.

b) Sofern anwendbar und sofern eine Prüfung unter Berücksichtigung der Reaktionseigenschaften angebracht ist, sind die Eigenschaften der Klassen 6.1 und 8 gemäß der Tabelle der überwiegenden Gefahr in Unterabschnitt 2.1.3.10 zu bestimmen.

# Teil 3
# Verzeichnis der gefährlichen Güter, Sondervorschriften und Freistellungen im Zusammenhang mit begrenzten und freigestellten Mengen

### Was steht wo in Teil 3?



## Kapitel 3.1
## Allgemeines

**Einführung** 3.1.1

Neben den Vorschriften, die in den Tabellen dieses Teils angegeben sind oder auf die verwiesen wird, sind die allgemeinen Vorschriften jedes Teils, Kapitels und/oder Abschnitts zu beachten. Diese allgemeinen Vorschriften sind in den Tabellen nicht angegeben. Wenn eine allgemeine Vorschrift in Widerspruch zu einer Sondervorschrift steht, hat die Sondervorschrift Vorrang.

**Offizielle Benennung für die Beförderung** 3.1.2

**Bem.** Wegen der offiziellen Benennungen für die Beförderung, die für die Beförderung von Proben verwendet werden, siehe Unterabschnitt 2.1.4.1.

**[Begriffsbestimmung]** 3.1.2.1

Die offizielle Benennung für die Beförderung ist derjenige Teil der Eintragung, der die Güter in Kapitel 3.2 Tabelle A am genauesten beschreibt und in Großbuchstaben erscheint (Zahlen, griechische Buchstaben und die Angaben in Kleinbuchstaben „sec-", „tert-", „m-", „n-", „o-" und „p-" sind Bestandteil der Benennung). Nach der vorwiegend verwendeten offiziellen Benennung für die Beförderung kann eine alternative offizielle Benennung für die Beförderung in Klammern angegeben sein (z.B. ETHANOL (ETHYLALKOHOL)). Teile der Eintragung, die in Kleinbuchstaben angegeben sind, gelten nicht als Bestandteil der offiziellen Benennung für die Beförderung.

**[Mehrere Benennungen]** 3.1.2.2

Wenn unter einer einzelnen UN-Nummer eine Kombination mehrerer unterschiedlicher offizieller Benennungen für die Beförderung aufgeführt ist und diese durch „oder" in Kleinbuchstaben oder durch Kommas getrennt sind, darf im Beförderungspapier oder auf den Kennzeichen des Versandstücks nur die zutreffendste offizielle Benennung für die Beförderung angegeben werden. Folgende Beispiele veranschaulichen die Auswahl der offiziellen Benennung für die Beförderung in derartigen Fällen:

a) UN 1057 FEUERZEUGE oder NACHFÜLLPATRONEN FÜR FEUERZEUGE – Die offizielle Benennung für die Beförderung ist diejenige der nachstehenden Benennungen, die am besten geeignet ist:
FEUERZEUGE
NACHFÜLLPATRONEN FÜR FEUERZEUGE;

3.1.2.2 (Forts.) b) UN 2793 METALLISCHES EISEN als BOHRSPÄNE, FRÄSSPÄNE, DREHSPÄNE, ABFÄLLE in selbsterhitzungsfähiger Form. Die offizielle Benennung für die Beförderung ist die am besten geeignete der nachstehenden Kombinationen:

METALLISCHES EISEN, BOHRSPÄNE

METALLISCHES EISEN, FRÄSSPÄNE

METALLISCHES EISEN, DREHSPÄNE

METALLISCHES EISEN, ABFÄLLE.

**3.1.2.3 [Singular oder Plural]**

Die offizielle Benennung für die Beförderung darf im Singular oder im Plural verwendet werden. Wenn diese Benennung zur näheren Bestimmung Begriffe enthält, ist außerdem die Reihenfolge dieser Begriffe im Beförderungspapier oder in den Kennzeichen der Versandstücke freigestellt. Zum Beispiel darf anstelle von „DIMETHYLAMIN, WÄSSERIGE LÖSUNG" alternativ angegeben werden „WÄSSERIGE LÖSUNG VON DIMETHYLAMIN". Für Güter der Klasse 1 dürfen Handelsnamen oder militärische Benennungen verwendet werden, welche die durch einen beschreibenden Wortlaut ergänzte offizielle Benennung enthalten.

**3.1.2.4 [Fest- und Flüssigstoff]**

Zahlreiche Stoffe haben eine Eintragung sowohl für den flüssigen als auch für den festen Zustand (siehe Begriffsbestimmungen von „flüssiger Stoff" und „fester Stoff" in Abschnitt 1.2.1) oder für den festen Stoff und die Lösung. Diese sind verschiedenen UN-Nummern zugeordnet, die nicht unbedingt nacheinander erscheinen.[1)]

**3.1.2.5 [Geschmolzener Stoff]**

Wird ein Stoff, der gemäß Begriffsbestimmung in Abschnitt 1.2.1 ein fester Stoff ist, in geschmolzenem Zustand zur Beförderung aufgegeben, ist die offizielle Benennung für die Beförderung durch die Präzisierung „GESCHMOLZEN" zu ergänzen, sofern dies nicht bereits in Großbuchstaben in der in Kapitel 3.2 Tabelle A angegebenen Benennung enthalten ist (z.B. ALKYLPHENOL, FEST, N.A.G., GESCHMOLZEN).

**3.1.2.6 [Stabilisierter Stoff]**

Mit Ausnahme der selbstzersetzlichen Stoffe und der organischen Peroxide und mit Ausnahme der Fälle, in denen der Ausdruck „STABILISIERT" bereits in der in Kapitel 3.2 Tabelle A Spalte (2) angegebenen Benennung in Großbuchstaben angegeben ist, ist bei einem Stoff, der auf Grund der Vorschriften in den Unterabschnitten 2.2.x.2 ohne Stabilisierung für die Beförderung verboten wäre, da er unter normalen Beförderungsbedingungen in der Lage ist, gefährlich zu reagieren, der Ausdruck „STABILISIERT" als Teil der offiziellen Benennung für die Beförderung hinzuzufügen (z.B. „GIFTIGER ORGANISCHER FLÜSSIGER STOFF, N.A.G., STABILISIERT").

Wenn für die Stabilisierung eines solchen Stoffes eine Temperaturkontrolle angewendet wird, um die Entwicklung eines gefährlichen Überdrucks oder eine zu starke Wärmeentwicklung zu verhindern, oder wenn eine chemische Stabilisierung in Verbindung mit einer Temperaturkontrolle angewendet wird, gilt Folgendes:

a) Wenn bei flüssigen und festen Stoffen die SAPT[2)] (bei Anwendung einer chemischen Stabilisierung mit oder ohne Inhibitor gemessen) höchstens dem in Absatz 2.2.41.1.21 vorgeschriebenen Wert entspricht, gelten die Vorschriften des Absatzes 2.2.41.1.17, die Sondervorschrift 386 des Kapitels 3.3, die Vorschriften des Abschnitts 7.1.7, die Sondervorschrift V8 des Kapitels 7.2, die Sondervorschrift S4 des Kapitels 8.5 und die Vorschriften des Kapitels 9.6 mit der Ausnahme, dass der in diesen Absätzen verwendete Begriff „SADT" auch die „SAPT" einschließt, wenn der betreffende Stoff durch Polymerisation reagiert;

b) sofern der Ausdruck „TEMPERATURKONTROLLIERT" nicht bereits in der in Kapitel 3.2 Tabelle A Spalte (2) angegebenen Benennung in Großbuchstaben enthalten ist, ist er als Teil der offiziellen Benennung für die Beförderung hinzuzufügen;

*→ D: § 8 (1) 6* *→ D: § 8 (2)* c) für Gase: Die Beförderungsbedingungen sind von der zuständigen Behörde zu genehmigen.

---

1) Einzelheiten sind aus dem alphabetischen Verzeichnis (Kapitel 3.2 Tabelle B) ersichtlich, z.B.:

| | | |
|---|---|---|
| NITROXYLENE, FLÜSSIG | 6.1 | 1665 |
| NITROXYLENE, FEST | 6.1 | 3447. |

2) Für die Begriffsbestimmung von „Temperatur der selbstbeschleunigenden Polymerisation (SAPT)" siehe Abschnitt 1.2.1.

**[Hydrate]** 3.1.2.7

Hydrate dürfen unter der offiziellen Benennung für die Beförderung des wasserfreien Stoffes befördert werden.

**Benennungen der Gattungseintragungen oder der „nicht anderweitig genannten" (n.a.g.) Eintragungen** 3.1.2.8

**[Technische Benennung]** 3.1.2.8.1

→ D: § 36a

Die offiziellen Benennungen für die Beförderung von Gattungseintragungen und „nicht anderweitig genannten" Eintragungen, denen in Kapitel 3.2 Tabelle A Spalte (6) die Sondervorschrift 274 oder 318 zugeordnet ist, sind mit der technischen Benennung des Gutes zu ergänzen, sofern nicht ein nationales Gesetz oder ein internationales Übereinkommen bei Stoffen, die einer Kontrolle unterstehen, die genaue Beschreibung verbietet. Bei explosiven Stoffen und Gegenständen mit Explosivstoff der Klasse 1 darf die Beschreibung der gefährlichen Güter durch eine zusätzliche Beschreibung für die Angabe der Handelsnamen oder der militärischen Benennungen ergänzt werden. Die technischen Benennungen sind unmittelbar nach der offiziellen Benennung für die Beförderung in Klammern anzugeben. Eine geeignete nähere Bestimmung, wie „ENTHÄLT" oder „ENTHALTEND", oder andere bezeichnende Ausdrücke, wie „GEMISCH", „LÖSUNG" usw., und der Prozentsatz des technischen Bestandteils dürfen ebenfalls verwendet werden. Zum Beispiel: „UN 1993 ENTZÜNDBARER FLÜSSIGER STOFF, N.A.G. (ENTHÄLT XYLEN UND BENZEN), 3, II".

**[Begriffsbestimmung technische Benennung]** 3.1.2.8.1.1

Die technische Benennung ist eine anerkannte chemische oder biologische Benennung oder eine andere Benennung, die üblicherweise in wissenschaftlichen und technischen Handbüchern, Zeitschriften und Texten verwendet wird. Handelsnamen dürfen zu diesem Zweck nicht verwendet werden. Bei Mitteln zur Schädlingsbekämpfung (Pestiziden) darf (dürfen) nur die allgemein gebräuchliche(n) ISO-Benennung(en), (eine) andere Benennung(en) gemäß „The WHO Recommended Classification of Pesticides by Hazard and Guidelines to Classification" oder die Benennung(en) des (der) aktiven Bestandteils (Bestandteile) verwendet werden.

**[Gemischkomponenten]** 3.1.2.8.1.2

Wenn ein Gemisch gefährlicher Güter oder Gegenstände, die gefährliche Güter enthalten, durch eine der „n.a.g.-" oder „Gattungseintragungen" beschrieben wird (werden), denen in Kapitel 3.2 Tabelle A Spalte (6) die Sondervorschrift 274 zugeordnet ist, müssen nicht mehr als die zwei Komponenten angegeben werden, die für die Gefahr(en) des Gemisches oder der Gegenstände maßgebend sind, ausgenommen Stoffe, die einer Kontrolle unterstehen und deren Offenlegung durch ein nationales Gesetz oder ein internationales Übereinkommen verboten ist. Ist das Versandstück, das ein Gemisch enthält, mit einem Gefahrzettel für die Nebengefahr versehen, muss eine der beiden in Klammern angegebenen technischen Benennungen die Benennung der Komponente sein, welche die Verwendung des Gefahrzettels für die Nebengefahr erforderlich macht.

**Bem.** Siehe Absatz 5.4.1.2.2.

**[Beispiele]** 3.1.2.8.1.3

Folgende Beispiele veranschaulichen, wie bei den n.a.g.-Eintragungen die offizielle Benennung für die Beförderung durch die technische Benennung ergänzt wird:

UN 3394 PYROPHORER METALLORGANISCHER FLÜSSIGER STOFF, MIT WASSER REAGIEREND (Trimethylgallium)

UN 2902 PESTIZID, FLÜSSIG, GIFTIG, N.A.G. (Drazoxolon)

UN 3540 GEGENSTÄNDE, DIE EINEN ENTZÜNDBAREN FLÜSSIGEN STOFF ENTHALTEN, N.A.G. (Pyrrolidin).

**[Sonderfall technische Benennung – UN 3077 und 3082]** 3.1.2.8.1.4

Nur bei den UN-Nummern 3077 und 3082 darf die technische Benennung eine Benennung sein, die in Kapitel 3.2 Tabelle A Spalte (2) in Großbuchstaben angegeben ist, vorausgesetzt, diese Benennung enthält nicht die Bezeichnung „N.A.G." und die Sondervorschrift 274 ist nicht zugeordnet. Es ist die Benennung zu verwenden, die den Stoff oder das Gemisch am zutreffendsten beschreibt, z.B.:

UN 3082 UMWELTGEFÄHRDENDER STOFF, FLÜSSIG, N.A.G. (FARBE)

UN 3082 UMWELTGEFÄHRDENDER STOFF, FLÜSSIG, N.A.G. (PARFÜMERIEERZEUGNISSE).

### 3.1.3 Lösungen oder Gemische

**Bem.** Wenn ein Stoff in Kapitel 3.2 Tabelle A namentlich aufgeführt ist, muss er bei der Beförderung durch die offizielle Benennung für die Beförderung gemäß Kapitel 3.2 Tabelle A Spalte (2) identifiziert werden. Solche Stoffe können technische Unreinheiten (die z.B. aus dem Produktionsprozess herrühren) oder Additive für die Stabilisierung oder für andere Zwecke enthalten, die keine Auswirkungen auf ihre Klassifizierung haben. Jedoch gilt ein namentlich genannter Stoff, der technische Unreinheiten oder Additive für die Stabilisierung oder für andere Zwecke enthält, die Auswirkungen auf seine Klassifizierung haben, als Lösung oder Gemisch (siehe Unterabschnitt 2.1.3.3).

### 3.1.3.1 [Nichtgeltung ADR]

Eine Lösung oder ein Gemisch unterliegt nicht dem ADR, wenn die Merkmale, Eigenschaften, die Form oder der Aggregatzustand der Lösung oder des Gemisches so ausgeprägt sind, dass die Lösung oder das Gemisch nicht den Kriterien, einschließlich der Kriterien der menschlichen Erfahrung, für die Aufnahme in eine Klasse entspricht.

### 3.1.3.2 [Zuordnung bei nur einem gefährlichen Gut]

Eine Lösung oder ein Gemisch, die/das den Klassifizierungskriterien des ADR entspricht und nur einen in Kapitel 3.2 Tabelle A namentlich genannten überwiegenden Stoff und einen oder mehrere nicht dem ADR unterliegende Stoffe oder Spuren eines oder mehrerer in Kapitel 3.2 Tabelle A namentlich genannter Stoffe enthält, ist der UN-Nummer und der offiziellen Benennung für die Beförderung des in Kapitel 3.2 Tabelle A genannten überwiegenden Stoffes zuzuordnen, es sei denn:

a) die Lösung oder das Gemisch ist in Kapitel 3.2 Tabelle A namentlich genannt;

b) aus der Benennung und der Beschreibung des in Kapitel 3.2 Tabelle A namentlich genannten Stoffes geht hervor, dass die Eintragung nur für den reinen Stoff gilt;

c) die Klasse, der Klassifizierungscode, die Verpackungsgruppe oder der Aggregatzustand der Lösung oder des Gemisches unterscheidet sich von denen des in Kapitel 3.2 Tabelle A namentlich genannten Stoffes oder

d) die Gefahrenmerkmale und -eigenschaften der Lösung oder des Gemisches machen Notfallmaßnahmen erforderlich, die sich von denen des in Kapitel 3.2 Tabelle A namentlich genannten Stoffes unterscheiden.

Bezeichnende Ausdrücke, wie „LÖSUNG" bzw. „GEMISCH", sind als Teil der offiziellen Benennung für die Beförderung hinzuzufügen, z.B. „ACETON, LÖSUNG". Darüber hinaus darf nach der Grundbeschreibung des Gemisches oder der Lösung auch die Konzentration des Gemisches oder der Lösung angegeben werden, z.B. „ACETON, LÖSUNG, 75 %".

### 3.1.3.3 [Zuordnung bei mehreren gefährlichen Gütern]

Eine Lösung oder ein Gemisch, die/das den Klassifizierungskriterien des ADR entspricht und in Kapitel 3.2 Tabelle A nicht namentlich genannt ist und mehrere gefährliche Güter enthält, ist einer Eintragung zuzuordnen, deren offizielle Benennung für die Beförderung, Beschreibung, Klasse, Klassifizierungscode und Verpackungsgruppe die Lösung oder das Gemisch am genauesten beschreibt.

# Kapitel 3.2
# Verzeichnis der gefährlichen Güter

## Tabelle A: Verzeichnis der gefährlichen Güter

3.2.1 → *Alphabetisches Verzeichnis (Tabelle B)*

### Erläuterungen

Jede Zeile der Tabelle A dieses Kapitels behandelt in der Regel den (die) Stoff(e) oder Gegenstand (Gegenstände), der (die) durch eine bestimmte UN-Nummer erfasst wird (werden). Wenn jedoch Stoffe oder Gegenstände, die zu ein und derselben UN-Nummer gehören, unterschiedliche chemische Eigenschaften, physikalische Eigenschaften und/oder Beförderungsvorschriften haben, können für diese UN-Nummer mehrere aufeinanderfolgende Zeilen verwendet werden.

Jede Spalte der Tabelle A ist, wie in den nachstehenden erläuternden Bemerkungen angegeben, einem bestimmten Thema gewidmet. Der Schnittpunkt von Spalten und Zeilen (Zelle) enthält Informationen zu dem in der Spalte behandelten Thema für den (die) Stoff(e) oder Gegenstand (Gegenstände) dieser Zeile:

- Die ersten vier Zellen identifizieren den (die) zu dieser Zeile gehörenden Stoff(e) oder Gegenstand (Gegenstände) (die Sondervorschriften in Spalte (6) können diesbezügliche zusätzliche Informationen angeben).
- Die nachfolgenden Zellen geben die anwendbaren besonderen Vorschriften entweder als vollständige Information oder in kodierter Form an. Die Codes verweisen auf detaillierte Informationen, die in dem in den nachstehenden erläuternden Bemerkungen angegebenen Teil, Kapitel, Abschnitt und/oder Unterabschnitt enthalten sind. Eine leere Zelle bedeutet entweder, dass es keine besonderen Vorschriften gibt und nur die allgemeinen Vorschriften anwendbar sind oder dass die in den erläuternden Bemerkungen angegebene Beförderungseinschränkung gilt. Ein in dieser Tabelle verwendeter mit den Buchstaben „SV" beginnender alphanumerischer Code bezeichnet eine Sondervorschrift des Kapitels 3.3.

Auf die anwendbaren allgemeinen Vorschriften wird in den entsprechenden Spalten nicht verwiesen. Die nachstehenden erläuternden Bemerkungen geben für jede Spalte den/das (die) Teil(e), Kapitel, Abschnitt(e) und/oder Unterabschnitt(e) an, in dem (denen) diese enthalten sind.

**Erläuternde Bemerkungen für jede Spalte:**

**Spalte (1)** **„UN-Nummer"**

Diese Spalte enthält die UN-Nummer

- des gefährlichen Stoffes oder Gegenstandes, wenn diesem Stoff oder Gegenstand eine spezifische UN-Nummer zugeordnet ist, oder
- der Gattungseintragung oder n.a.g.-Eintragung, welcher die nicht namentlich genannten gefährlichen Stoffe oder Gegenstände gemäß den Kriterien des Teils 2 („Entscheidungsbäume") zuzuordnen sind.

**Spalte (2)** **„Benennung und Beschreibung"**[1]

Diese Spalte enthält in Großbuchstaben die Benennung des Stoffes oder Gegenstandes, wenn dem Stoff oder Gegenstand eine spezifische UN-Nummer zugeordnet ist, oder der Gattungseintragung oder n.a.g.-Eintragung, welcher der gefährliche Stoff oder Gegenstand gemäß den Kriterien des Teils 2 („Entscheidungsbäume") zugeordnet ist. Diese Benennung ist als offizielle Benennung für die Beförderung oder gegebenenfalls als Teil der offiziellen Benennung für die Beförderung zu verwenden (für weitere Einzelheiten zur offiziellen Benennung für die Beförderung siehe Abschnitt 3.1.2).

Nach der offiziellen Benennung für die Beförderung ist ein beschreibender Text in Kleinbuchstaben hinzugefügt, um den Anwendungsbereich der Eintragung in den Fällen zu erläutern, in denen die Klassifizierungs- und/oder Beförderungsvorschriften für den Stoff oder Gegenstand unter bestimmten Umständen unterschiedlich sein können. → *RSEB 5-16.2*

[1] *Anmerkung des Verlags: Um Platz für die Zusatzinformationen (§-35-Kennzeichnung und Identifizierung gefährlicher Güter mit hohem Gefahrenpotenzial) sowie die Verweise zu gewinnen, wurde von der Verdoppelung der Spalte (2) – wie im BGBl. – abgesehen und nur die Spalte (1) jeweils rechts wiederholt.*

3.2.1 (Forts.) **Spalte (3a) „Klasse"**

Diese Spalte enthält die Nummer der Klasse, unter deren Begriff der gefährliche Stoff oder Gegenstand fällt. Diese Nummer der Klasse wird nach den Verfahren und Kriterien des Teils 2 zugeordnet.

**Spalte (3b) „Klassifizierungscode"**

*→ 4.1.10.3*

Diese Spalte enthält den Klassifizierungscode des gefährlichen Stoffes oder Gegenstandes.

- Für gefährliche Stoffe oder Gegenstände der Klasse 1 besteht der Code aus der Nummer der Unterklasse und dem Buchstaben der Verträglichkeitsgruppe, die nach den Verfahren und Kriterien des Absatzes 2.2.1.1.4 zugeordnet werden.
- Für gefährliche Stoffe oder Gegenstände der Klasse 2 besteht der Code aus einer Ziffer und einem oder mehreren, die Gruppe der gefährlichen Eigenschaften wiedergebenden Buchstaben, die in den Absätzen 2.2.2.1.2 und 2.2.2.1.3 erläutert werden.
- Für gefährliche Stoffe oder Gegenstände der Klassen 3, 4.1, 4.2, 4.3, 5.1, 5.2, 6.1, 6.2 und 9 werden die Codes in Absatz 2.2.x.1.2[1] erläutert.
- Für gefährliche Stoffe oder Gegenstände der Klasse 8 werden die Codes in Absatz 2.2.8.1.4.1 erläutert.
- Gefährliche Stoffe oder Gegenstände der Klasse 7 haben keinen Klassifizierungscode.

**Spalte (4) „Verpackungsgruppe"**

Diese Spalte enthält die Nummer(n) der Verpackungsgruppe(n) (I, II oder III), die dem gefährlichen Stoff zugeordnet ist (sind). Diese Nummern der Verpackungsgruppen werden auf der Grundlage der Verfahren und Kriterien des Teils 2 zugeordnet. Gegenstände und bestimmte Stoffe sind keiner Verpackungsgruppe zugeordnet. Verpackungsgruppen können auch über die in der Spalte (6) angegebenen Sondervorschriften des Kapitels 3.3 zugeordnet werden.

**Spalte (5) „Gefahrzettel"**

Diese Spalte enthält die Nummer des Musters der Gefahrzettel/Großzettel (Placards) (siehe Unterabschnitte 5.2.2.2 und 5.3.1.7), die an Versandstücken, Containern, Tankcontainern, ortsbeweglichen Tanks, MEGC und Fahrzeugen anzubringen sind.

Jedoch bedeutet für Stoffe oder Gegenstände der Klasse 7 „7X" abhängig von der Kategorie ein Gefahrzettel nach Muster 7A, 7B bzw. 7C (siehe Absätze 5.1.5.3.4 und 5.2.2.1.11.1) oder ein Großzettel (Placard) nach Muster 7D (siehe Absätze 5.3.1.1.3 und 5.3.1.7.2).

Die allgemeinen Vorschriften für das Anbringen der Gefahrzettel/Großzettel (Placards) (z.B. Nummer der Gefahrzettel oder Stelle, an der diese anzubringen sind) sind für Versandstücke in Unterabschnitt 5.2.2.1 und für Container, Tankcontainer, MEGC, ortsbewegliche Tanks und Fahrzeuge in Abschnitt 5.3.1 enthalten.

**Bem.** Die oben genannten Bezettelungsvorschriften können durch in Spalte (6) angegebene Sondervorschriften abgeändert werden.

**Spalte (6) „Sondervorschriften"**

Diese Spalte enthält die numerischen Codes der einzuhaltenden Sondervorschriften. Diese Vorschriften betreffen einen ausgedehnten Themenbereich, der hauptsächlich mit dem Inhalt der Spalten (1) bis (5) zusammenhängt (z.B. Beförderungsverbote, Freistellungen von Vorschriften, Erläuterungen zur Klassifizierung bestimmter Formen der betreffenden gefährlichen Güter sowie zusätzliche Bezettelungs- und Kennzeichnungsvorschriften), und sind in Kapitel 3.3 in numerischer Reihenfolge aufgeführt. Enthält die Spalte (6) keinen Eintrag, gelten für das betreffende gefährliche Gut in Bezug auf den Inhalt der Spalten (1) bis (5) keine Sondervorschriften.

**Spalte (7a) „Begrenzte Mengen"**

*→ D: § 22 (1) 1*

Diese Spalte enthält die Höchstmenge des Stoffes je Innenverpackung oder Gegenstand für die Beförderung gefährlicher Güter in begrenzten Mengen in Übereinstimmung mit Kapitel 3.4.

[1] x = Nummer der Klasse des gefährlichen Stoffes oder Gegenstandes, gegebenenfalls ohne Punkt.

3.2.1 (Forts.) → D: § 22 (1) 2

**Spalte (7b) „Freigestellte Mengen"**

Diese Spalte enthält einen alphanumerischen Code mit folgender Bedeutung:

- „E0" bedeutet, dass für das in freigestellten Mengen verpackte gefährliche Gut keine Freistellung von den Vorschriften des ADR besteht.
- Die übrigen, mit dem Buchstaben „E" beginnenden alphanumerischen Codes bedeuten, dass die Vorschriften des ADR nicht anwendbar sind, wenn die in Kapitel 3.5 angegebenen Bedingungen erfüllt sind.

**Spalte (8) „Verpackungsanweisungen"**

Diese Spalte enthält die alphanumerischen Codes der anwendbaren Verpackungsanweisungen:

- Die mit dem Buchstaben „P" beginnenden alphanumerischen Codes beziehen sich auf Verpackungsanweisungen für Verpackungen und Gefäße (ausgenommen Großpackmittel (IBC) und Großverpackungen), die mit dem Buchstaben „R" beginnenden alphanumerischen Codes[2] beziehen sich auf Verpackungsanweisungen für Feinstblechverpackungen. Diese Anweisungen sind in Unterabschnitt 4.1.4.1 in numerischer Reihenfolge aufgeführt und legen die zugelassenen Verpackungen und Gefäße fest. Sie geben auch an, welche der allgemeinen Verpackungsvorschriften der Abschnitte 4.1.1, 4.1.2 und 4.1.3 und welche der besonderen Verpackungsvorschriften der Abschnitte 4.1.5, 4.1.6, 4.1.7, 4.1.8 und 4.1.9 einzuhalten sind. Wenn die Spalte (8) keinen mit dem Buchstaben „P" oder „R" beginnenden Code enthält, darf das betreffende gefährliche Gut nicht in Verpackungen befördert werden.
- Die mit den Buchstaben „IBC" beginnenden alphanumerischen Codes beziehen sich auf Verpackungsanweisungen für Großpackmittel (IBC). Diese Anweisungen sind in Unterabschnitt 4.1.4.2 in numerischer Reihenfolge aufgeführt und legen die zugelassenen Großpackmittel (IBC) fest. Sie geben auch an, welche der allgemeinen Verpackungsvorschriften der Abschnitte 4.1.1, 4.1.2 und 4.1.3 und welche der besonderen Verpackungsvorschriften der Abschnitte 4.1.5, 4.1.6, 4.1.7, 4.1.8 und 4.1.9 einzuhalten sind. Wenn die Spalte (8) keinen mit den Buchstaben „IBC" beginnenden Code enthält, darf das betreffende gefährliche Gut nicht in Großpackmitteln (IBC) befördert werden.
- Die mit den Buchstaben „LP" beginnenden alphanumerischen Codes beziehen sich auf Verpackungsanweisungen für Großverpackungen. Diese Anweisungen sind in Unterabschnitt 4.1.4.3 in numerischer Reihenfolge aufgeführt und legen die zugelassenen Großverpackungen fest. Sie geben auch an, welche der allgemeinen Verpackungsvorschriften der Abschnitte 4.1.1, 4.1.2 und 4.1.3 und welche der besonderen Verpackungsvorschriften der Abschnitte 4.1.5, 4.1.6, 4.1.7, 4.1.8 und 4.1.9 einzuhalten sind. Wenn die Spalte (8) keinen mit den Buchstaben „LP" beginnenden Code enthält, darf das betreffende gefährliche Gut nicht in Großverpackungen befördert werden.

**Bem.** Die oben genannten Verpackungsanweisungen können durch in Spalte (9a) angegebene Sondervorschriften für die Verpackungen abgeändert werden.

**Spalte (9a) „Sondervorschriften für die Verpackung"**

Diese Spalte enthält die alphanumerischen Codes der anwendbaren Sondervorschriften für die Verpackung:

- Die mit den Buchstaben „PP" oder „RR" beginnenden alphanumerischen Codes beziehen sich auf zusätzlich einzuhaltende Sondervorschriften für Verpackungen und Gefäße (ausgenommen Großpackmittel (IBC) und Großverpackungen). Diese sind in Unterabschnitt 4.1.4.1 am Ende der entsprechenden, in Spalte (8) angegebenen Verpackungsanweisung (mit dem Buchstaben „P" oder „R") aufgeführt. Wenn die Spalte (9a) keinen mit den Buchstaben „PP" oder „RR" beginnenden Code enthält, gilt keine der am Ende der entsprechenden Verpackungsanweisung aufgeführten Sondervorschriften für die Verpackung.
- Die mit dem (den) Buchstaben „B" oder „BB" beginnenden alphanumerischen Codes beziehen sich auf zusätzlich einzuhaltende Sondervorschriften für Großpackmittel (IBC).

[2] *Anmerkung des Verlags: siehe letzte Anweisung vor 4.1.4.2 für Code „R"*

**3.2.1** (Forts.)

Diese sind in Unterabschnitt 4.1.4.2 am Ende der entsprechenden, in Spalte (8) angegebenen Verpackungsanweisung (mit den Buchstaben „IBC") aufgeführt. Wenn die Spalte (9a) keinen mit dem (den) Buchstaben „B" oder „BB" beginnenden Code enthält, gilt keine der am Ende der entsprechenden Verpackungsanweisung aufgeführten Sondervorschriften für die Verpackung.

– Die mit dem Buchstaben „L" oder den Buchstaben „LL" beginnenden alphanumerischen Codes beziehen sich auf zusätzlich einzuhaltende Sondervorschriften für Großverpackungen. Diese sind in Unterabschnitt 4.1.4.3 am Ende der entsprechenden, in Spalte (8) angegebenen Verpackungsanweisung (mit den Buchstaben „LP") aufgeführt. Wenn die Spalte (9a) keinen mit dem Buchstaben „L" oder den Buchstaben „LL" beginnenden Code enthält, gilt keine der am Ende der entsprechenden Verpackungsanweisung aufgeführten Sondervorschriften für die Verpackung.

**Spalte (9b)** **„Sondervorschriften für die Zusammenpackung"**

Diese Spalte enthält die mit den Buchstaben „MP" beginnenden alphanumerischen Codes der anwendbaren Sondervorschriften für die Zusammenpackung. Diese Sondervorschriften sind in Abschnitt 4.1.10 in numerischer Reihenfolge aufgeführt. Wenn die Spalte (9b) keinen mit den Buchstaben „MP" beginnenden Code enthält, gelten nur die allgemeinen Vorschriften (siehe Unterabschnitte 4.1.1.5 und 4.1.1.6).

→ 4.3.4.1.3
→ MoU § 8

**Spalte (10)** **„Anweisungen für ortsbewegliche Tanks und Schüttgut-Container"**

Diese Spalte enthält einen alphanumerischen Code, der nach den Absätzen 4.2.5.2.1 bis 4.2.5.2.4 und 4.2.5.2.6 einer Anweisung für ortsbewegliche Tanks zugeordnet ist. Diese Anweisung für ortsbewegliche Tanks entspricht den am wenigsten strengen Vorschriften, die für die Beförderung des betreffenden Stoffes in ortsbeweglichen Tanks zugelassen sind. Die Codes, welche die übrigen, ebenfalls für die Beförderung des Stoffes zugelassenen Anweisungen für ortsbewegliche Tanks kennzeichnen, sind in Absatz 4.2.5.2.5 enthalten. Wenn kein Code angegeben ist, ist die Beförderung in ortsbeweglichen Tanks nicht zugelassen, es sei denn, eine zuständige Behörde hat eine Zulassung gemäß Unterabschnitt 6.7.1.3 erteilt.

Die allgemeinen Vorschriften für die Auslegung, den Bau, die Ausrüstung, die Bauartzulassung, die Prüfung und die Kennzeichnung von ortsbeweglichen Tanks sind in Kapitel 6.7 enthalten. Die allgemeinen Vorschriften für die Verwendung (z.B. Befüllen) sind in den Abschnitten 4.2.1 bis 4.2.4 enthalten.

Für ortsbewegliche Tanks mit Tankkörpern aus faserverstärkten Kunststoffen (FVK) siehe Kapitel 6.9.

Die Angabe „(M)" bedeutet, dass der Stoff in UN-MEGC befördert werden darf.

**Bem.** Die oben genannten Vorschriften können durch in Spalte (11) angegebene Sondervorschriften abgeändert werden.

Diese Spalte kann auch mit den Buchstaben „BK" beginnende alphanumerische Codes enthalten, die sich auf die in Kapitel 6.11 beschriebenen Schüttgut-Container-Typen beziehen, die in Übereinstimmung mit Unterabschnitt 7.3.1.1 a) und Abschnitt 7.3.2 für die Beförderung von Gütern in loser Schüttung verwendet werden dürfen.

**Spalte (11)** **„Sondervorschriften für ortsbewegliche Tanks und Schüttgut-Container"**

Diese Spalte enthält die alphanumerischen Codes für die zusätzlich einzuhaltenden Sondervorschriften für ortsbewegliche Tanks. Diese mit den Buchstaben „TP" beginnenden Codes beziehen sich auf Sondervorschriften für den Bau oder die Verwendung dieser ortsbeweglichen Tanks. Sie sind in Unterabschnitt 4.2.5.3 enthalten.

**Bem.** Diese Sondervorschriften sind, sofern sie technisch relevant sind, nicht nur für die in Spalte (10) angegebenen ortsbeweglichen Tanks anwendbar, sondern auch für die ortsbeweglichen Tanks, die gemäß der Tabelle in Absatz 4.2.5.2.5 verwendet werden dürfen.

**Spalte (12)** **„Tankcodierungen für ADR-Tanks"**

Diese Spalte enthält einen alphanumerischen Code, der gemäß Absatz 4.3.3.1.1 (für Gase der Klasse 2) oder 4.3.4.1.1 (für Stoffe der Klassen 3 bis 9) einen Tanktyp beschreibt. Dieser Tanktyp entspricht den am wenigsten strengen Tankvorschriften, die für die Beförderung des betreffenden Stoffes in ADR-Tanks zugelassen sind. Die Codierungen, welche die übrigen zugelassenen Tanktypen beschreiben, sind in Absatz 4.3.3.1.2 (für Gase der Klasse 2) oder 4.3.4.1.2 (für Stoffe der Klassen 3 bis 9) aufgeführt. Wenn keine Codierung angegeben ist, ist die Beförderung in ADR-Tanks nicht zugelassen. **3.2.1** (Forts.)

Wenn in dieser Spalte eine Tankcodierung für feste Stoffe (S) und für flüssige Stoffe (L) angegeben ist, bedeutet dies, dass dieser Stoff in festem oder flüssigem (geschmolzenem) Zustand zur Beförderung aufgegeben werden darf. Im Allgemeinen gilt diese Vorschrift für Stoffe mit einem Schmelzpunkt zwischen 20 °C und 180 °C.

Wenn für einen festen Stoff in dieser Spalte nur eine Tankcodierung für flüssige Stoffe (L) angegeben ist, bedeutet dies, dass dieser Stoff nur in flüssigem (geschmolzenem) Zustand zur Beförderung aufgegeben wird.

Die allgemeinen Vorschriften für den Bau, die Ausrüstung, die Bauartzulassung, die Prüfung und die Kennzeichnung, die nicht in der Tankcodierung angegeben sind, sind in den Abschnitten 6.8.1, 6.8.2, 6.8.3 und 6.8.5 enthalten. Die allgemeinen Vorschriften für die Verwendung (z.B. höchster Füllungsgrad bzw. Füllfaktor, Mindestprüfdruck) sind in den Abschnitten 4.3.1 bis 4.3.4 enthalten.

Die Angabe „(M)" nach der Tankcodierung bedeutet, dass der Stoff auch in Batterie-Fahrzeugen oder MEGC befördert werden darf.

Die Angabe „(+)" nach der Tankcodierung bedeutet, dass die wechselweise Verwendung von Tanks nur zugelassen ist, wenn dies in der Bescheinigung über die Baumusterzulassung spezifiziert ist. *→ 4.3.4.1.3*

Für Tanks aus faserverstärkten Kunststoffen siehe Abschnitt 4.4.1 und Kapitel 6.13; für Saug-Druck-Tanks für Abfälle siehe Abschnitt 4.5.1 und Kapitel 6.10.

**Bem.** Die oben genannten Vorschriften können durch in Spalte (13) angegebene Sondervorschriften abgeändert werden.

**Spalte (13) „Sondervorschriften für ADR-Tanks"**

Diese Spalte enthält alphanumerische Codes für die zusätzlich einzuhaltenden Sondervorschriften für ADR-Tanks: *→ D: § 18 (1) 5*

- Die mit den Buchstaben „TU" beginnenden alphanumerischen Codes beziehen sich auf Sondervorschriften für die Verwendung dieser Tanks. Diese sind in Abschnitt 4.3.5 enthalten.
- Die mit den Buchstaben „TC" beginnenden alphanumerischen Codes beziehen sich auf die Sondervorschriften für den Bau dieser Tanks. Diese sind in Abschnitt 6.8.4 a) enthalten.
- Die mit den Buchstaben „TE" beginnenden alphanumerischen Codes beziehen sich auf die Sondervorschriften für die Ausrüstung dieser Tanks. Diese sind in Abschnitt 6.8.4 b) enthalten.
- Die mit den Buchstaben „TA" beginnenden alphanumerischen Codes beziehen sich auf die Sondervorschriften für die Bauartzulassung dieser Tanks. Diese sind in Abschnitt 6.8.4 c) enthalten.
- Die mit den Buchstaben „TT" beginnenden alphanumerischen Codes beziehen sich auf die Sondervorschriften für die Prüfung dieser Tanks. Diese sind in Abschnitt 6.8.4 d) enthalten.
- Die mit den Buchstaben „TM" beginnenden alphanumerischen Codes beziehen sich auf die Sondervorschriften für die Kennzeichnung dieser Tanks. Diese sind in Abschnitt 6.8.4 e) enthalten.

**Bem.** Diese Sondervorschriften sind, sofern sie technisch relevant sind, nicht nur für die in Spalte (12) angegebenen Tanks anwendbar, sondern auch für die Tanks, die gemäß den Hierarchien in den Absätzen 4.3.3.1.2 und 4.3.4.1.2 verwendet werden dürfen.

**Spalte (14) „Fahrzeug für die Beförderung in Tanks"**

Diese Spalte enthält einen Code, der das gemäß Abschnitt 7.4.2 für die Beförderung des Stoffes in Tanks zu verwendende Fahrzeug (einschließlich des Zugfahrzeugs von Anhän-

3.2.1 (Forts.) gern und Sattelanhängern) (siehe Abschnitt 9.1.1) angibt. Die Vorschriften für den Bau und die Zulassung der Fahrzeuge sind in den Kapiteln 9.1, 9.2 und 9.7 aufgeführt.

**Spalte (15) „Beförderungskategorie / (Tunnelbeschränkungscode)"**

Diese Spalte enthält im oberen Teil der Zelle eine Ziffer, welche die Beförderungskategorie angibt, der der Stoff oder Gegenstand für Zwecke der Freistellungen in Zusammenhang mit Mengen, die je Beförderungseinheit befördert werden, zugeordnet ist (siehe Unterabschnitt 1.1.3.6). Die Angabe „–" bedeutet, dass keine Beförderungskategorie zugeordnet wurde.

Diese Spalte enthält im unteren Teil der Zelle in Klammern den Tunnelbeschränkungscode, der sich auf die anwendbare Beschränkung für die Durchfahrt von Fahrzeugen, mit denen der Stoff oder Gegenstand durch Tunnel befördert wird, bezieht. Diese sind in Kapitel 8.6 aufgeführt. Die Angabe „(–)" bedeutet, dass kein Tunnelbeschränkungscode zugeordnet wurde.

**Spalte (16) „Sondervorschriften für die Beförderung – Versandstücke"**

Diese Spalte enthält den (die) mit dem Buchstaben „V" beginnenden alphanumerischen Code(s) der für die Beförderung in Versandstücken anwendbaren Sondervorschriften (sofern zutreffend). Diese Vorschriften sind in Abschnitt 7.2.4 aufgeführt. Die allgemeinen Vorschriften für die Beförderung in Versandstücken sind in den Kapiteln 7.1 und 7.2 aufgeführt.

**Bem.** Darüber hinaus sind die in Spalte (18) angegebenen Sondervorschriften für die Be- und Entladung sowie die Handhabung zu beachten.

**Spalte (17) „Sondervorschriften für die Beförderung – lose Schüttung"**

*→ MoU § 8* Diese Spalte enthält den (die) mit den Buchstaben „VC" beginnenden alphanumerischen Code(s) sowie den (die) mit den Buchstaben „AP" beginnenden alphanumerischen Code(s) der für die Beförderung in loser Schüttung anwendbaren Vorschriften. Diese Vorschriften sind in Abschnitt 7.3.3 aufgeführt. Wenn keine mit dem Code „VC" bezeichnete Sondervorschrift oder kein Verweis auf einen bestimmten Absatz angegeben ist, welche/welcher diese Beförderungsart ausdrücklich zulässt, und wenn in Spalte (10) keine mit dem Code „BK" bezeichnete Sondervorschrift oder kein Verweis auf einen bestimmten Absatz angegeben ist, welche/welcher diese Beförderungsart ausdrücklich zulässt, ist die Beförderung in loser Schüttung nicht zugelassen. Die allgemeinen und zusätzlichen Vorschriften für die Beförderung in loser Schüttung sind in den Kapiteln 7.1 und 7.3 aufgeführt.

**Bem.** Darüber hinaus sind die in Spalte (18) angegebenen Sondervorschriften für die Be- und Entladung sowie die Handhabung zu beachten.

**Spalte (18) „Sondervorschriften für die Beförderung – Be- und Entladung, Handhabung"**

Diese Spalte enthält den (die) mit den Buchstaben „CV" beginnenden alphanumerischen Code(s) der für die Be- und Entladung sowie die Handhabung anwendbaren Sondervorschriften. Diese Vorschriften sind in Abschnitt 7.5.11 aufgeführt. Wenn die Spalte (18) keinen Code enthält, gelten nur die allgemeinen Vorschriften (siehe Abschnitte 7.5.1 bis 7.5.10).

**Spalte (19) „Sondervorschriften für die Beförderung – Betrieb"**

Diese Spalte enthält den (die) mit dem Buchstaben „S" beginnenden alphanumerischen Code(s) der für den Betrieb anwendbaren Vorschriften, die in Kapitel 8.5 aufgeführt sind. Diese Vorschriften gelten zusätzlich zu den Vorschriften der Kapitel 8.1 bis 8.4; bei Widersprüchen zu den Vorschriften der Kapitel 8.1 bis 8.4 haben die Sondervorschriften jedoch Vorrang.

**Spalte (20) „Nummer zur Kennzeichnung der Gefahr"**[3]

Diese Spalte enthält eine Nummer, die für Stoffe und Gegenstände der Klassen 2 bis 9 aus zwei oder drei Ziffern (in bestimmten Fällen mit vorangestelltem Buchstaben „X") und für Stoffe und Gegenstände der Klasse 1 aus dem Klassifizierungscode (siehe Spalte (3b)) besteht. Diese Nummer muss in den in Unterabschnitt 5.3.2.1 vorgeschriebenen Fällen im oberen Teil der orangefarbenen Tafeln erscheinen. Die Bedeutung der Nummer zur Kennzeichnung der Gefahr ist in Unterabschnitt 5.3.2.3 erläutert.

[3] *Anmerkung des Verlags: Im RID ist für nahezu alle Einträge eine Gefahrnummer vergeben.*

**Anmerkung des Verlags zur Tabelle A**

## ADR-Wegweiser

(Fundstellen zur Entschlüsselung der Codes aus der Tabelle in 3.2)

### Verlags-Hinweis

• **GGVSEB §§ 35—35c**
Anwendbarkeit der Vorschriften für Verlagerung und Fahrwegbestimmung prüfen

! **1.10.3 — Sicherung**
Notwendigkeit der Erstellung von Sicherungsplänen oder anderer Maßnahmen nach 1.10.3 prüfen

→ **„Gut zu wissen"**
Versteckte Zusammenhänge erkennen

| | | |
|---|---|---|
| **3b** | **Klassifizierungscode** | |
| | Klasse 1 | 2.2.1.1.5 und 2.2.1.1.6 |
| | Klasse 2 | 2.2.2.1.2 und 2.2.2.1.3 |
| | Klasse 3 | 2.2.3.1.2 |
| | Klasse 4.1 | 2.2.41.1.2 |
| | Klasse 4.2 | 2.2.42.1.2 |
| | Klasse 4.3 | 2.2.43.1.2 |
| | Klasse 5.1 | 2.2.51.1.2 |
| | Klasse 5.2 | 2.2.52.1.2 |
| | Klasse 6.1 | 2.2.61.1.2 |
| | Klasse 6.2 | 2.2.62.1.2 |
| | Klasse 8 | 2.2.8.1.4.1 |
| | Klasse 9 | 2.2.9.1.2 |
| **5** | **Gefahrzettel** | 5.2 und 5.3 |
| **6** | **Sondervorschriften (SV)** | 3.3 |
| **7a** | **Begrenzte Mengen** | 3.4 |
| **7b** | **Freigestellte Mengen** | |
| | E0 bis E5 | 3.5.1.2 |
| **8** | **Verpackungsanweisungen** | |
| | P… | 4.1.4.1 |
| | IBC… | 4.1.4.2 |
| | LP… | 4.1.4.3 |
| | R 001 | 4.1.4.1 |
| **9a** | **Sondervorschriften Verpackung** | |
| | PP…, RR… | 4.1.4.1 |
| | B…, BB… | 4.1.4.2 |
| | L…, LL… | 4.1.4.3 |
| **9b** | **Zusammenpackung** | |
| | MP… | 4.1.10 |
| | kein MP… | 4.1.1.6 |
| **10** | **Ortsbewegliche Tanks u. Schüttgut-Container** | |
| | T1 bis T22 | 4.2.5.2.5 und 4.2.5.2.6 |
| | T23 | 4.2.5.2.2, 4.2.5.2.5 und 4.2.5.2.6 |
| | T50 | 4.2.5.2.3 und 4.2.5.2.6 |
| | T75 | 4.2.5.2.4 und 4.2.5.2.6 |
| | BK | 7.3.2.1 |
| | (M) | 3.2.1 |
| **11** | **Sondervorschriften ortsbewegliche Tanks und Schüttgut-Container** | |
| | TP… | 4.2.5.3 |
| **12** | **Tankkodierungen** | |
| | Klasse 2 | 4.3.3.1.1 und 4.3.3.1.2 |
| | Klassen 3 bis 9 | 4.3.4.1.1 und 4.3.4.1.2 |
| | (M), (+) | 3.2.1 |
| **13** | **Sondervorschriften ADR-Tanks** | |
| | TU… | 4.3.5 |
| | TC… | 6.8.4 a) |
| | TE… | 6.8.4 b) |
| | TA… | 6.8.4 c) |
| | TT… | 6.8.4 d) |
| | TM… | 6.8.4 e) |
| **14** | **Fahrzeug für Tankbeförderung** | |
| | FL, AT, EX/III | 7.4 und 9.1.1.2 |
| **15** | **Beförderungskategorie** | |
| | 0 bis 4 | 1.1.3.6 |
| | **Tunnelbeschränkungscode** | |
| | B, B1000C, B/D, B/E, C, C5000D, C/D, C/E, D, D/E, E, –) | 8.6.4 |
| **16** | **Sondervorschriften Versandstücke** | |
| | V… | 7.2.4 |
| | kein V… | 7.2.1 bis 7.2.3 |
| **17** | **Sondervorschriften lose Schüttung** | |
| | VC… | 7.3.3.1 |
| | AP… | 7.3.3.2 |
| **18** | **Sondervorschriften Be-, Entladung, Handhabung** | |
| | CV… | 7.5.11 |
| **19** | **Zusätzliche Beförderungsvorschriften** | |
| | S… | 8.5 |
| **20** | **Gefahrnummern** | 5.3.2.3.2 |

| Verlagshinweis | | UN-Nummer | Benennung und Beschreibung | Klasse | Klassifizierungscode | Verpackungsgruppe | Gefahrzettel | Sondervorschriften | Begrenzte und freigestellte Mengen | | Verpackungen | | |
|---|---|---|---|---|---|---|---|---|---|---|---|---|---|
| Sicherung | Fahrweg | | | | | | | | | | Anweisungen | Sondervorschriften | Zusammenpackung |
| | | | 3.1.2 | 2.2 | 2.2 | 2.1.1.3 | 5.2.2 | 3.3 | 3.4/3.5.1.2 | | 4.1.4 | 4.1.4 | 4.1.10 |
| | | (1) | (2) | (3a) | (3b) | (4) | (5) | (6) | (7a) | (7b) | (8) | (9a) | (9b) |
| ! | ● | 0004 | AMMONIUMPIKRAT, trocken oder angefeuchtet mit weniger als 10 Masse-% Wasser | 1 | 1.1D | | 1 | | 0 | E0 | P112a P112b P112c | PP26 | MP20 |
| ! | ● | 0005 | PATRONEN FÜR WAFFEN, mit Sprengladung | 1 | 1.1F | | 1 | | 0 | E0 | P130 LP101 | | MP23 |
| ! | ● | 0006 | PATRONEN FÜR WAFFEN, mit Sprengladung | 1 | 1.1E | | 1 | | 0 | E0 | P130 LP101 | PP67 L1 | MP21 |
| ! | ● | 0007 | PATRONEN FÜR WAFFEN, mit Sprengladung | 1 | 1.2F | | 1 | | 0 | E0 | P130 LP101 | | MP23 |
| ! | ● | 0009 | MUNITION, BRAND, mit oder ohne Zerleger, Ausstoß- oder Treibladung | 1 | 1.2G | | 1 | | 0 | E0 | P130 LP101 | PP67 L1 | MP23 |
| | | 0010 | MUNITION, BRAND, mit oder ohne Zerleger, Ausstoß- oder Treibladung | 1 | 1.3G | | 1 | | 0 | E0 | P130 LP101 | PP67 L1 | MP23 |
| | | 0012 | PATRONEN FÜR WAFFEN, MIT INERTEM GESCHOSS oder PATRONEN FÜR HANDFEUERWAFFEN | 1 | 1.4S | | 1.4 | 364 | 5 kg | E0 | P130 LP101 | | MP23 MP24 |
| | | 0014 | PATRONEN FÜR WAFFEN, MANÖVER oder PATRONEN FÜR HANDFEUERWAFFEN, MANÖVER oder PATRONEN FÜR WERKZEUGE, OHNE GESCHOSS | 1 | 1.4S | | 1.4 | 364 | 5 kg | E0 | P130 LP101 | | MP23 MP24 |
| ! | ● | 0015 | MUNITION, NEBEL, mit oder ohne Zerleger, Ausstoß- oder Treibladung | 1 | 1.2G | | 1 | | 0 | E0 | P130 LP101 | PP67 L1 | MP23 |
| ! | ● | 0015 | MUNITION, NEBEL, mit oder ohne Zerleger, Ausstoß- oder Treibladung, mit ätzenden Stoffen | 1 | 1.2G | | 1+8 | | 0 | E0 | P130 LP101 | PP67 L1 | MP23 |
| | ● | 0015 | MUNITION, NEBEL, mit oder ohne Zerleger, Ausstoß- oder Treibladung, mit beim Einatmen giftigen Stoffen | 1 | 1.2G | | 1+6.1 | | 0 | E0 | P130 LP101 | PP67 L1 | MP23 |
| | | 0016 | MUNITION, NEBEL, mit oder ohne Zerleger, Ausstoß- oder Treibladung | 1 | 1.3G | | 1 | | 0 | E0 | P130 LP101 | PP67 L1 | MP23 |
| | | 0016 | MUNITION, NEBEL, mit oder ohne Zerleger, Ausstoß- oder Treibladung, mit ätzenden Stoffen | 1 | 1.3G | | 1+8 | | 0 | E0 | P130 LP101 | PP67 L1 | MP23 |
| | | 0016 | MUNITION, NEBEL, mit oder ohne Zerleger, Ausstoß- oder Treibladung, mit beim Einatmen giftigen Stoffen | 1 | 1.3G | | 1+6.1 | | 0 | E0 | P130 LP101 | PP67 L1 | MP23 |
| ! | ● | 0018 | MUNITION, AUGENREIZSTOFF, mit Zerleger, Ausstoß- oder Treibladung | 1 | 1.2G | | 1+6.1+8 | | 0 | E0 | P130 LP101 | PP67 L1 | MP23 |
| | | 0019 | MUNITION, AUGENREIZSTOFF, mit Zerleger, Ausstoß- oder Treibladung | 1 | 1.3G | | 1+6.1+8 | | 0 | E0 | P130 LP101 | PP67 L1 | MP23 |
| ! | ● | 0020 | MUNITION, GIFTIG, mit Zerleger, Ausstoß- oder Treibladung | 1 | 1.2K | BEFÖRDERUNG VERBOTEN | | | | | | | |
| | | 0021 | MUNITION, GIFTIG, mit Zerleger, Ausstoß- oder Treibladung | 1 | 1.3K | BEFÖRDERUNG VERBOTEN | | | | | | | |

| Ortsbewegliche Tanks und Schüttgut-Container | | ADR-Tanks | | Fahrzeug für die Beförderung in Tanks | Beförderungskategorie (Tunnelbeschränkungscode) | Sondervorschriften für die Beförderung | | | | Nummer zur Kennzeichnung der Gefahr | UN-Nummer | Verlagshinweis *„Gut zu wissen"* |
|---|---|---|---|---|---|---|---|---|---|---|---|---|
| Anweisungen | Sondervorschriften | Tankcodierung | Sondervorschriften | | | Versandstücke | lose Schüttung | Be- und Entladung, Handhabung | Betrieb | | | |
| 4.2.5.2<br>7.3.2 | 4.2.5.3 | 4.3 | 4.3.5<br>6.8.4 | 9.1.1.2 | 1.1.3.6<br>(8.6) | 7.2.4 | 7.3.3 | 7.5.11 | 8.5 | 5.3.2.3 | | |
| (10) | (11) | (12) | (13) | (14) | (15) | (16) | (17) | (18) | (19) | (20) | (1) | |
| | | | | | 1<br>(B1000C) | V2<br>V3 | | CV1<br>CV2<br>CV3 | S1 | | 0004 | |
| | | | | | 1<br>(B1000C) | V2 | | CV1<br>CV2<br>CV3 | S1 | | 0005 | |
| | | | | | 1<br>(B1000C) | V2 | | CV1<br>CV2<br>CV3 | S1 | | 0006 | |
| | | | | | 1<br>(B1000C) | V2 | | CV1<br>CV2<br>CV3 | S1 | | 0007 | |
| | | | | | 1<br>(B1000C) | V2 | | CV1<br>CV2<br>CV3 | S1 | | 0009 | |
| | | | | | 1<br>(C5000D) | V2 | | CV1<br>CV2<br>CV3 | S1 | | 0010 | |
| | | | | | 4<br>(E) | | | CV1<br>CV2<br>CV3 | S1 | | 0012 | *→D: GGAV 21* |
| | | | | | 4<br>(E) | | | CV1<br>CV2<br>CV3 | S1 | | 0014 | *→D: GGAV 21* |
| | | | | | 1<br>(B1000C) | V2 | | CV1<br>CV2<br>CV3 | S1 | | 0015 | |
| | | | | | 1<br>(B1000C) | V2 | | CV1<br>CV2<br>CV3 | S1 | | 0015 | |
| | | | | | 1<br>(B1000C) | V2 | | CV1<br>CV2<br>CV3<br>CV28 | S1 | | 0015 | |
| | | | | | 1<br>(C5000D) | V2 | | CV1<br>CV2<br>CV3 | S1 | | 0016 | |
| | | | | | 1<br>(C5000D) | V2 | | CV1<br>CV2<br>CV3 | S1 | | 0016 | |
| | | | | | 1<br>(C5000D) | V2 | | CV1<br>CV2<br>CV3<br>CV28 | S1 | | 0016 | |
| | | | | | 1<br>(B1000C) | V2 | | CV1<br>CV2<br>CV3<br>CV28 | S1 | | 0018 | |
| | | | | | 1<br>(C5000D) | V2 | | CV1<br>CV2<br>CV3<br>CV28 | S1 | | 0019 | |
| BEFÖRDERUNG VERBOTEN | | | | | | | | | | | 0020 | |
| BEFÖRDERUNG VERBOTEN | | | | | | | | | | | 0021 | |

## UN-numerisches Verzeichnis (Tabelle A)

| Verlagshinweis | | UN-Nummer | Benennung und Beschreibung | Klasse | Klassifizierungscode | Verpackungsgruppe | Gefahrzettel | Sondervorschriften | Begrenzte und freigestellte Mengen | | Verpackungen | | |
|---|---|---|---|---|---|---|---|---|---|---|---|---|---|
| Sicherung | Fahrweg | | | | | | | | | | Anweisungen | Sondervorschriften | Zusammenpackung* |
| | | | 3.1.2 | 2.2 | 2.2 | 2.1.1.3 | 5.2.2 | 3.3 | 3.4/3.5.1.2 | | 4.1.4 | 4.1.4 | 4.1.10 |
| | | (1) | (2) | (3a) | (3b) | (4) | (5) | (6) | (7a) | (7b) | (8) | (9a) | (9b) |
| ! | ● | 0027 | SCHWARZPULVER, gekörnt oder in Mehlform | 1 | 1.1D | | 1 | | 0 | E0 | P113 | PP50 | MP20<br>MP24 |
| ! | ● | 0028 | SCHWARZPULVER, GEPRESST oder als PELLETS | 1 | 1.1D | | 1 | | 0 | E0 | P113 | PP51 | MP20<br>MP24 |
| ! | ● | 0029 | SPRENGKAPSELN, NICHT ELEKTRISCH | 1 | 1.1B | | 1 | | 0 | E0 | P131 | PP68 | MP23 |
| ! | ● | 0030 | SPRENGKAPSELN, ELEKTRISCH | 1 | 1.1B | | 1 | | 0 | E0 | P131 | | MP23 |
| ! | ● | 0033 | BOMBEN, mit Sprengladung | 1 | 1.1F | | 1 | | 0 | E0 | P130<br>LP101 | | MP23 |
| ! | ● | 0034 | BOMBEN, mit Sprengladung | 1 | 1.1D | | 1 | | 0 | E0 | P130<br>LP101 | PP67<br>L1 | MP21 |
| ! | ● | 0035 | BOMBEN, mit Sprengladung | 1 | 1.2D | | 1 | | 0 | E0 | P130<br>LP101 | PP67<br>L1 | MP21 |
| ! | ● | 0037 | BOMBEN, BLITZLICHT | 1 | 1.1F | | 1 | | 0 | E0 | P130<br>LP101 | | MP23 |
| ! | ● | 0038 | BOMBEN, BLITZLICHT | 1 | 1.1D | | 1 | | 0 | E0 | P130<br>LP101 | PP67<br>L1 | MP21 |
| ! | ● | 0039 | BOMBEN, BLITZLICHT | 1 | 1.2G | | 1 | | 0 | E0 | P130<br>LP101 | PP67<br>L1 | MP23 |
| ! | ● | 0042 | ZÜNDVERSTÄRKER, ohne Detonator | 1 | 1.1D | | 1 | | 0 | E0 | P132a<br>P132b | | MP21 |
| ! | ● | 0043 | ZERLEGER, mit Explosivstoff | 1 | 1.1D | | 1 | | 0 | E0 | P133 | PP69 | MP21 |
| | | 0044 | ANZÜNDHÜTCHEN | 1 | 1.4S | | 1.4 | | 0 | E0 | P133 | | MP23<br>MP24 |
| ! | ● | 0048 | SPRENGKÖRPER | 1 | 1.1D | | 1 | | 0 | E0 | P130<br>LP101 | PP67<br>L1 | MP21 |
| ! | ● | 0049 | PATRONEN, BLITZLICHT | 1 | 1.1G | | 1 | | 0 | E0 | P135 | | MP23 |
| | | 0050 | PATRONEN, BLITZLICHT | 1 | 1.3G | | 1 | | 0 | E0 | P135 | | MP23 |
| | | 0054 | PATRONEN, SIGNAL | 1 | 1.3G | | 1 | | 0 | E0 | P135 | | MP23<br>MP24 |
| | | 0055 | TREIBLADUNGSHÜLSEN, LEER, MIT TREIBLADUNGSANZÜNDER | 1 | 1.4S | | 1.4 | 364 | 5 kg | E0 | P136 | | MP23 |
| ! | ● | 0056 | WASSERBOMBEN | 1 | 1.1D | | 1 | | 0 | E0 | P130<br>LP101 | PP67<br>L1 | MP21 |

| Ortsbewegliche Tanks und Schüttgut-Container: Anweisungen | Ortsbewegliche Tanks und Schüttgut-Container: Sondervorschriften | ADR-Tanks: Tankcodierung | ADR-Tanks: Sondervorschriften | Fahrzeug für die Beförderung in Tanks | Beförderungskategorie (Tunnelbeschränkungscode) | Sondervorschriften für die Beförderung: Versandstücke | Sondervorschriften für die Beförderung: lose Schüttung | Sondervorschriften für die Beförderung: Be- und Entladung, Handhabung | Sondervorschriften für die Beförderung: Betrieb | Nummer zur Kennzeichnung der Gefahr | UN-Nummer | Verlagshinweis *„Gut zu wissen"* |
|---|---|---|---|---|---|---|---|---|---|---|---|---|
| 4.2.5.2<br>7.3.2 | 4.2.5.3 | 4.3 | 4.3.5<br>6.8.4 | 9.1.1.2 | 1.1.3.6<br>(8.6) | 7.2.4 | 7.3.3 | 7.5.11 | 8.5 | 5.3.2.3 | | |
| (10) | (11) | (12) | (13) | (14) | (15) | (16) | (17) | (18) | (19) | (20) | (1) | |
| | | | | | 1<br>(B1000C) | V2<br>V3 | | CV1<br>CV2<br>CV3 | S1 | | 0027 | *→D: RSEB 1-3.1.S* |
| | | | | | 1<br>(B1000C) | V2 | | CV1<br>CV2<br>CV3 | S1 | | 0028 | |
| | | | | | 1<br>(B1000C) | V2 | | CV1<br>CV2<br>CV3 | S1 | | 0029 | |
| | | | | | 1<br>(B1000C) | V2 | | CV1<br>CV2<br>CV3 | S1 | | 0030 | *→1.6.1.50* |
| | | | | | 1<br>(B1000C) | V2 | | CV1<br>CV2<br>CV3 | S1 | | 0033 | |
| | | | | | 1<br>(B1000C) | V2 | | CV1<br>CV2<br>CV3 | S1 | | 0034 | |
| | | | | | 1<br>(B1000C) | V2 | | CV1<br>CV2<br>CV3 | S1 | | 0035 | |
| | | | | | 1<br>(B1000C) | V2 | | CV1<br>CV2<br>CV3 | S1 | | 0037 | |
| | | | | | 1<br>(B1000C) | V2 | | CV1<br>CV2<br>CV3 | S1 | | 0038 | |
| | | | | | 1<br>(B1000C) | V2 | | CV1<br>CV2<br>CV3 | S1 | | 0039 | |
| | | | | | 1<br>(B1000C) | V2 | | CV1<br>CV2<br>CV3 | S1 | | 0042 | |
| | | | | | 1<br>(B1000C) | V2 | | CV1<br>CV2<br>CV3 | S1 | | 0043 | |
| | | | | | 4<br>(E) | | | CV1<br>CV2<br>CV3 | S1 | | 0044 | |
| | | | | | 1<br>(B1000C) | V2 | | CV1<br>CV2<br>CV3 | S1 | | 0048 | |
| | | | | | 1<br>(B1000C) | V2 | | CV1<br>CV2<br>CV3 | S1 | | 0049 | |
| | | | | | 1<br>(C5000D) | V2 | | CV1<br>CV2<br>CV3 | S1 | | 0050 | |
| | | | | | 1<br>(C5000D) | V2 | | CV1<br>CV2<br>CV3 | S1 | | 0054 | |
| | | | | | 4<br>(E) | | | CV1<br>CV2<br>CV3 | S1 | | 0055 | |
| | | | | | 1<br>(B1000C) | V2 | | CV1<br>CV2<br>CV3 | S1 | | 0056 | |

## UN-numerisches Verzeichnis (Tabelle A)

| Verlagshinweis: Sicherung | Verlagshinweis: Fahrweg | UN-Nummer | Benennung und Beschreibung | Klasse | Klassifizierungscode | Verpackungsgruppe | Gefahrzettel | Sondervorschriften | Begrenzte und freigestellte Mengen | | Verpackungen: Anweisungen | Verpackungen: Sondervorschriften | Verpackungen: Zusammenpackung |
|---|---|---|---|---|---|---|---|---|---|---|---|---|---|
| | | | 3.1.2 | 2.2 | 2.2 | 2.1.1.3 | 5.2.2 | 3.3 | 3.4/3.5.1.2 | | 4.1.4 | 4.1.4 | 4.1.10 |
| | | (1) | (2) | (3a) | (3b) | (4) | (5) | (6) | (7a) | (7b) | (8) | (9a) | (9b) |
| ! | ● | 0059 | HOHLLADUNGEN, ohne Zündmittel | 1 | 1.1D | | 1 | | 0 | E0 | P137 | PP70 | MP21 |
| ! | ● | 0060 | FÜLLSPRENGKÖRPER | 1 | 1.1D | | 1 | | 0 | E0 | P132a<br>P132b | | MP21 |
| ! | ● | 0065 | SPRENGSCHNUR, biegsam | 1 | 1.1D | | 1 | | 0 | E0 | P139 | PP71<br>PP72 | MP21 |
| | | 0066 | ANZÜNDLITZE | 1 | 1.4G | | 1.4 | | 0 | E0 | P140 | | MP23 |
| | | 0070 | SCHNEIDVORRICHTUNGEN, KABEL, MIT EXPLOSIVSTOFF | 1 | 1.4S | | 1.4 | | 0 | E0 | P134<br>LP102 | | MP23 |
| ! | ● | 0072 | CYCLOTRIMETHYLENTRINITRAMIN (CYCLONIT), (HEXOGEN), (RDX), ANGEFEUCHTET mit mindestens 15 Masse-% Wasser | 1 | 1.1D | | 1 | 266 | 0 | E0 | P112a | PP45 | MP20 |
| ! | ● | 0073 | DETONATOREN FÜR MUNITION | 1 | 1.1B | | 1 | | 0 | E0 | P133 | | MP23 |
| ! | ● | 0074 | DIAZODINITROPHENOL, ANGEFEUCHTET mit mindestens 40 Masse-% Wasser oder einer Alkohol/Wasser-Mischung | 1 | 1.1A | | 1 | 266 | 0 | E0 | P110b | PP42 | MP20 |
| ! | ● | 0075 | DIETHYLENGLYCOLDINITRAT, DESENSIBILISIERT, mit mindestens 25 Masse-% nicht flüchtigem, wasserunlöslichem Phlegmatisierungsmittel | 1 | 1.1D | | 1 | 266 | 0 | E0 | P115 | PP53<br>PP54<br>PP57<br>PP58 | MP20 |
| ! | ● | 0076 | DINITROPHENOL, trocken oder angefeuchtet mit weniger als 15 Masse-% Wasser | 1 | 1.1D | | 1+6.1 | | 0 | E0 | P112a<br>P112b<br>P112c | PP26 | MP20 |
| ! | | 0077 | DINITROPHENOLATE der Alkalimetalle, trocken oder angefeuchtet mit weniger als 15 Masse-% Wasser | 1 | 1.3C | | 1+6.1 | | 0 | E0 | P114a<br>P114b | PP26 | MP20 |
| ! | ● | 0078 | DINITRORESORCINOL, trocken oder angefeuchtet mit weniger als 15 Masse-% Wasser | 1 | 1.1D | | 1 | | 0 | E0 | P112a<br>P112b<br>P112c | PP26 | MP20 |
| ! | ● | 0079 | HEXANITRODIPHENYLAMIN (DIPIKRYLAMIN), (HEXYL) | 1 | 1.1D | | 1 | | 0 | E0 | P112b<br>P112c | | MP20 |
| ! | ● | 0081 | SPRENGSTOFF, TYP A | 1 | 1.1D | | 1 | 616<br>617 | 0 | E0 | P116 | PP63<br>PP66 | MP20 |
| ! | ● | 0082 | SPRENGSTOFF, TYP B | 1 | 1.1D | | 1 | 617 | 0 | E0 | P116<br>IBC100 | PP61<br>PP62<br>B9 | MP20 |
| ! | ● | 0083 | SPRENGSTOFF, TYP C | 1 | 1.1D | | 1 | 267<br>617 | 0 | E0 | P116 | | MP20 |
| ! | ● | 0084 | SPRENGSTOFF, TYP D | 1 | 1.1D | | 1 | 617 | 0 | E0 | P116 | | MP20 |
| | | 0092 | LEUCHTKÖRPER, BODEN | 1 | 1.3G | | 1 | | 0 | E0 | P135 | | MP23 |

| Ortsbewegliche Tanks und Schüttgut-Container | | ADR-Tanks | | Fahrzeug für die Beförderung in Tanks | Beförderungskategorie (Tunnelbeschränkungscode) | Sondervorschriften für die Beförderung | | | | Nummer zur Kennzeichnung der Gefahr | UN-Nummer | Verlagshinweis „Gut zu wissen" |
|---|---|---|---|---|---|---|---|---|---|---|---|---|
| Anweisungen | Sondervorschriften | Tankcodierung | Sondervorschriften | | | Versandstücke | lose Schüttung | Be- und Entladung, Handhabung | Betrieb | | | |
| 4.2.5.2<br>7.3.2 | 4.2.5.3 | 4.3 | 4.3.5<br>6.8.4 | 9.1.1.2 | 1.1.3.6<br>(8.6) | 7.2.4 | 7.3.3 | 7.5.11 | 8.5 | 5.3.2.3 | | |
| (10) | (11) | (12) | (13) | (14) | (15) | (16) | (17) | (18) | (19) | (20) | (1) | |
| | | | | | 1<br>(B1000C) | V2 | | CV1<br>CV2<br>CV3 | S1 | | 0059 | |
| | | | | | 1<br>(B1000C) | V2 | | CV1<br>CV2<br>CV3 | S1 | | 0060 | |
| | | | | | 1<br>(B1000C) | V2 | | CV1<br>CV2<br>CV3 | S1 | | 0065 | |
| | | | | | 2<br>(E) | V2 | | CV1<br>CV2<br>CV3 | S1 | | 0066 | |
| | | | | | 4<br>(E) | | | CV1<br>CV2<br>CV3 | S1 | | 0070 | |
| | | | | | 1<br>(B1000C) | V2 | | CV1<br>CV2<br>CV3 | S1 | | 0072 | |
| | | | | | 1<br>(B1000C) | V2 | | CV1<br>CV2<br>CV3 | S1 | | 0073 | |
| | | | | | 0<br>(B) | V2 | | CV1<br>CV2<br>CV3 | S1 | | 0074 | |
| | | | | | 1<br>(B1000C) | V2 | | CV1<br>CV2<br>CV3 | S1 | | 0075 | |
| | | | | | 1<br>(B1000C) | V2<br>V3 | | CV1<br>CV2<br>CV3<br>CV28 | S1 | | 0076 | |
| | | | | | 1<br>(C5000D) | V2<br>V3 | | CV1<br>CV2<br>CV3<br>CV28 | S1 | | 0077 | |
| | | | | | 1<br>(B1000C) | V2<br>V3 | | CV1<br>CV2<br>CV3 | S1 | | 0078 | |
| | | | | | 1<br>(B1000C) | V2<br>V3 | | CV1<br>CV2<br>CV3 | S1 | | 0079 | |
| | | | | | 1<br>(B1000C) | V2<br>V3 | | CV1<br>CV2<br>CV3 | S1 | | 0081 | |
| | | | | | 1<br>(B1000C) | V2<br>V3<br>V12 | | CV1<br>CV2<br>CV3 | S1 | | 0082 | |
| | | | | | 1<br>(B1000C) | V2<br>V3 | | CV1<br>CV2<br>CV3 | S1 | | 0083 | |
| | | | | | 1<br>(B1000C) | V2 | | CV1<br>CV2<br>CV3 | S1 | | 0084 | |
| | | | | | 1<br>(C5000D) | V2 | | CV1<br>CV2<br>CV3 | S1 | | 0092 | *→RO-a-IE-6* |

| Verlagshinweis | | UN-Nummer | Benennung und Beschreibung | Klasse | Klassifizierungscode | Verpackungsgruppe | Gefahrzettel | Sondervorschriften | Begrenzte und freigestellte Mengen | | Verpackungen | | |
|---|---|---|---|---|---|---|---|---|---|---|---|---|---|
| Sicherung | Fahrweg | | | | | | | | | | Anweisungen | Sondervorschriften | Zusammenpackung |
| | | | 3.1.2 | 2.2 | 2.2 | 2.1.1.3 | 5.2.2 | 3.3 | 3.4/3.5.1.2 | | 4.1.4 | 4.1.4 | 4.1.10 |
| | | (1) | (2) | (3a) | (3b) | (4) | (5) | (6) | (7a) | (7b) | (8) | (9a) | (9b) |
| | | 0093 | LEUCHTKÖRPER, LUFTFAHRZEUG | 1 | 1.3G | | 1 | | 0 | E0 | P135 | | MP23 |
| ! | ● | 0094 | BLITZLICHTPULVER | 1 | 1.1G | | 1 | | 0 | E0 | P113 | PP49 | MP20 |
| ! | ● | 0099 | LOCKERUNGSSPRENGGERÄTE MIT EXPLOSIVSTOFF, für Erdölbohrungen, ohne Zündmittel | 1 | 1.1D | | 1 | | 0 | E0 | P134<br>LP102 | | MP21 |
| | | 0101 | STOPPINEN, NICHT SPRENGKRÄFTIG | 1 | 1.3G | | 1 | | 0 | E0 | P140 | PP74<br>PP75 | MP23 |
| ! | ● | 0102 | SPRENGSCHNUR, mit Metallmantel | 1 | 1.2D | | 1 | | 0 | E0 | P139 | PP71 | MP21 |
| | | 0103 | ANZÜNDSCHNUR, rohrförmig, mit Metallmantel | 1 | 1.4G | | 1.4 | | 0 | E0 | P140 | | MP23 |
| ! | | 0104 | SPRENGSCHNUR MIT GERINGER WIRKUNG, mit Metallmantel | 1 | 1.4D | | 1.4 | | 0 | E0 | P139 | PP71 | MP21 |
| | | 0105 | ANZÜNDSCHNUR (SICHERHEITSZÜNDSCHNUR) | 1 | 1.4S | | 1.4 | | 0 | E0 | P140 | PP73 | MP23 |
| ! | ● | 0106 | ZÜNDER, SPRENGKRÄFTIG | 1 | 1.1B | | 1 | | 0 | E0 | P141 | | MP23 |
| ! | ● | 0107 | ZÜNDER, SPRENGKRÄFTIG | 1 | 1.2B | | 1 | | 0 | E0 | P141 | | MP23 |
| | | 0110 | GRANATEN, ÜBUNG, Hand oder Gewehr | 1 | 1.4S | | 1.4 | | 0 | E0 | P141 | | MP23 |
| ! | ● | 0113 | GUANYLNITROSAMINOGUANYLIDENHYDRAZIN, ANGEFEUCHTET mit mindestens 30 Masse-% Wasser | 1 | 1.1A | | 1 | 266 | 0 | E0 | P110b | PP42 | MP20 |
| ! | ● | 0114 | GUANYLNITROSAMINOGUANYLTETRAZEN (TETRACEN), ANGEFEUCHTET mit mindestens 30 Masse-% Wasser oder einer Alkohol/Wasser-Mischung | 1 | 1.1A | | 1 | 266 | 0 | E0 | P110b | PP42 | MP20 |
| ! | ● | 0118 | HEXOLIT (HEXOTOL), trocken oder angefeuchtet mit weniger als 15 Masse-% Wasser | 1 | 1.1D | | 1 | | 0 | E0 | P112a<br>P112b<br>P112c | | MP20 |
| ! | ● | 0121 | ANZÜNDER | 1 | 1.1G | | 1 | | 0 | E0 | P142 | | MP23 |
| ! | ● | 0124 | PERFORATIONSHOHLLADUNGSTRÄGER, GELADEN, für Erdölbohrlöcher, ohne Zündmittel | 1 | 1.1D | | 1 | | 0 | E0 | P101 | | MP21 |
| ! | ● | 0129 | BLEIAZID, ANGEFEUCHTET mit mindestens 20 Masse-% Wasser oder einer Alkohol/Wasser-Mischung | 1 | 1.1A | | 1 | 266 | 0 | E0 | P110b | PP42 | MP20 |
| ! | ● | 0130 | BLEISTYPHNAT (BLEITRINITRORESORCINAT), ANGEFEUCHTET, mit mindestens 20 Masse-% Wasser oder einer Alkohol/Wasser-Mischung | 1 | 1.1A | | 1 | 266 | 0 | E0 | P110b | PP42 | MP20 |

| Ortsbewegliche Tanks und Schüttgut-Container | | ADR-Tanks | | Fahrzeug für die Beförderung in Tanks | Beförderungskategorie (Tunnelbeschränkungscode) | Sondervorschriften für die Beförderung | | | | Nummer zur Kennzeichnung der Gefahr | UN-Nummer | Verlagshinweis *„Gut zu wissen"* |
|---|---|---|---|---|---|---|---|---|---|---|---|---|
| Anweisungen | Sondervorschriften | Tankcodierung | Sondervorschriften | | | Versandstücke | lose Schüttung | Be- und Entladung, Handhabung | Betrieb | | | |
| 4.2.5.2<br>7.3.2 | 4.2.5.3 | 4.3 | 4.3.5<br>6.8.4 | 9.1.1.2 | 1.1.3.6<br>(8.6) | 7.2.4 | 7.3.3 | 7.5.11 | 8.5 | 5.3.2.3 | | |
| (10) | (11) | (12) | (13) | (14) | (15) | (16) | (17) | (18) | (19) | (20) | (1) | |
| | | | | | 1<br>(C5000D) | V2 | | CV1<br>CV2<br>CV3 | S1 | | 0093 | →*RO-a-IE-6* |
| | | | | | 1<br>(B1000C) | V2<br>V3 | | CV1<br>CV2<br>CV3 | S1 | | 0094 | |
| | | | | | 1<br>(B1000C) | V2 | | CV1<br>CV2<br>CV3 | S1 | | 0099 | |
| | | | | | 1<br>(C5000D) | V2 | | CV1<br>CV2<br>CV3 | S1 | | 0101 | |
| | | | | | 1<br>(B1000C) | V2 | | CV1<br>CV2<br>CV3 | S1 | | 0102 | |
| | | | | | 2<br>(E) | V2 | | CV1<br>CV2<br>CV3 | S1 | | 0103 | |
| | | | | | 2<br>(E) | V2 | | CV1<br>CV2<br>CV3 | S1 | | 0104 | |
| | | | | | 4<br>(E) | | | CV1<br>CV2<br>CV3 | S1 | | 0105 | |
| | | | | | 1<br>(B1000C) | V2 | | CV1<br>CV2<br>CV3 | S1 | | 0106 | |
| | | | | | 1<br>(B1000C) | V2 | | CV1<br>CV2<br>CV3 | S1 | | 0107 | |
| | | | | | 4<br>(E) | | | CV1<br>CV2<br>CV3 | S1 | | 0110 | |
| | | | | | 0<br>(B) | V2 | | CV1<br>CV2<br>CV3 | S1 | | 0113 | |
| | | | | | 0<br>(B) | V2 | | CV1<br>CV2<br>CV3 | S1 | | 0114 | |
| | | | | | 1<br>(B1000C) | V2<br>V3 | | CV1<br>CV2<br>CV3 | S1 | | 0118 | |
| | | | | | 1<br>(B1000C) | V2 | | CV1<br>CV2<br>CV3 | S1 | | 0121 | |
| | | | | | 1<br>(B1000C) | V2 | | CV1<br>CV2<br>CV3 | S1 | | 0124 | |
| | | | | | 0<br>(B) | V2 | | CV1<br>CV2<br>CV3 | S1 | | 0129 | |
| | | | | | 0<br>(B) | V2 | | CV1<br>CV2<br>CV3 | S1 | | 0130 | |

## UN-numerisches Verzeichnis (Tabelle A)

| Verlagshinweis: Sicherung | Verlagshinweis: Fahrweg | UN-Nummer | Benennung und Beschreibung | Klasse | Klassifizierungscode | Verpackungsgruppe | Gefahrzettel | Sondervorschriften | Begrenzte und freigestellte Mengen | | Verpackungen: Anweisungen | Verpackungen: Sondervorschriften | Verpackungen: Zusammenpackung |
|---|---|---|---|---|---|---|---|---|---|---|---|---|---|
| | | | 3.1.2 | 2.2 | 2.2 | 2.1.1.3 | 5.2.2 | 3.3 | 3.4/3.5.1.2 | | 4.1.4 | 4.1.4 | 4.1.10 |
| | | (1) | (2) | (3a) | (3b) | (4) | (5) | (6) | (7a) | (7b) | (8) | (9a) | (9b) |
| | | 0131 | ANZÜNDER, ANZÜNDSCHNUR | 1 | 1.4S | | 1.4 | | 0 | E0 | P142 | | MP23 |
| ! | | 0132 | DEFLAGRIERENDE METALLSALZE AROMATISCHER NITROVERBINDUNGEN, N.A.G. | 1 | 1.3C | | 1 | 274 | 0 | E0 | P114a P114b | PP26 | MP2 |
| ! | ● | 0133 | MANNITOLHEXANITRAT (NITROMANNITOL), ANGEFEUCHTET mit mindestens 40 Masse-% Wasser oder einer Alkohol/Wasser-Mischung | 1 | 1.1D | | 1 | 266 | 0 | E0 | P112a | | MP20 |
| ! | ● | 0135 | QUECKSILBERFULMINAT, ANGEFEUCHTET mit mindestens 20 Masse-% Wasser oder einer Alkohol/Wasser-Mischung | 1 | 1.1A | | 1 | 266 | 0 | E0 | P110b | PP42 | MP20 |
| ! | ● | 0136 | MINEN, mit Sprengladung | 1 | 1.1F | | 1 | | 0 | E0 | P130 LP101 | | MP23 |
| ! | ● | 0137 | MINEN, mit Sprengladung | 1 | 1.1D | | 1 | | 0 | E0 | P130 LP101 | PP67 L1 | MP21 |
| ! | ● | 0138 | MINEN, mit Sprengladung | 1 | 1.2D | | 1 | | 0 | E0 | P130 LP101 | PP67 L1 | MP21 |
| ! | ● | 0143 | NITROGLYCERIN, DESENSIBILISIERT mit mindestens 40 Masse-% nicht flüchtigem, wasserunlöslichem Phlegmatisierungsmittel | 1 | 1.1D | | 1+6.1 | 266 271 | 0 | E0 | P115 | PP53 PP54 PP57 PP58 | MP20 |
| ! | ● | 0144 | NITROGLYCERIN, LÖSUNG IN ALKOHOL mit mehr als 1 %, aber nicht mehr als 10 % Nitroglycerin | 1 | 1.1D | | 1 | 358 | 0 | E0 | P115 | PP45 PP55 PP56 PP59 PP60 | MP20 |
| ! | ● | 0146 | NITROSTÄRKE, trocken oder angefeuchtet mit weniger als 20 Masse-% Wasser | 1 | 1.1D | | 1 | | 0 | E0 | P112a P112b P112c | | MP20 |
| ! | ● | 0147 | NITROHARNSTOFF | 1 | 1.1D | | 1 | | 0 | E0 | P112b | | MP20 |
| ! | ● | 0150 | PENTAERYTHRITTETRANITRAT (PENTAERYTHRITOLTETRANITRAT) (PETN), ANGEFEUCHTET mit mindestens 25 Masse-% Wasser oder DESENSIBILISIERT mit mindestens 15 Masse-% Phlegmatisierungsmittel | 1 | 1.1D | | 1 | 266 | 0 | E0 | P112a P112b | | MP20 |
| ! | ● | 0151 | PENTOLIT, trocken oder angefeuchtet mit weniger als 15 Masse-% Wasser | 1 | 1.1D | | 1 | | 0 | E0 | P112a P112b P112c | | MP20 |
| ! | ● | 0153 | TRINITROANILIN (PIKRAMID) | 1 | 1.1D | | 1 | | 0 | E0 | P112b P112c | | MP20 |
| ! | ● | 0154 | TRINITROPHENOL (PIKRINSÄURE), trocken oder angefeuchtet mit weniger als 30 Masse-% Wasser | 1 | 1.1D | | 1 | | 0 | E0 | P112a P112b P112c | PP26 | MP20 |
| ! | ● | 0155 | TRINITROCHLORBENZEN (PIKRYLCHLORID) | 1 | 1.1D | | 1 | | 0 | E0 | P112b P112c | | MP20 |
| ! | | 0159 | PULVERROHMASSE, ANGEFEUCHTET mit mindestens 25 Masse-% Wasser | 1 | 1.3C | | 1 | 266 | 0 | E0 | P111 | PP43 | MP20 |

| Ortsbewegliche Tanks und Schüttgut-Container | | ADR-Tanks | | Fahrzeug für die Beförderung in Tanks | Beförderungskategorie (Tunnelbeschränkungscode) | Sondervorschriften für die Beförderung | | | | Nummer zur Kennzeichnung der Gefahr | UN-Nummer | Verlagshinweis *„Gut zu wissen"* |
|---|---|---|---|---|---|---|---|---|---|---|---|---|
| Anweisungen | Sondervorschriften | Tankcodierung | Sondervorschriften | | | Versandstücke | lose Schüttung | Be- und Entladung, Handhabung | Betrieb | | | |
| 4.2.5.2<br>7.3.2 | 4.2.5.3 | 4.3 | 4.3.5<br>6.8.4 | 9.1.1.2 | 1.1.3.6<br>(8.6) | 7.2.4 | 7.3.3 | 7.5.11 | 8.5 | 5.3.2.3 | | |
| (10) | (11) | (12) | (13) | (14) | (15) | (16) | (17) | (18) | (19) | (20) | (1) | |
| | | | | | 4<br>(E) | | | CV1<br>CV2<br>CV3 | S1 | | 0131 | |
| | | | | | 1<br>(C5000D) | V2<br>V3 | | CV1<br>CV2<br>CV3 | S1 | | 0132 | |
| | | | | | 1<br>(B1000C) | V2 | | CV1<br>CV2<br>CV3 | S1 | | 0133 | |
| | | | | | 0<br>(B) | V2 | | CV1<br>CV2<br>CV3 | S1 | | 0135 | |
| | | | | | 1<br>(B1000C) | V2 | | CV1<br>CV2<br>CV3 | S1 | | 0136 | |
| | | | | | 1<br>(B1000C) | V2 | | CV1<br>CV2<br>CV3 | S1 | | 0137 | |
| | | | | | 1<br>(B1000C) | V2 | | CV1<br>CV2<br>CV3 | S1 | | 0138 | |
| | | | | | 1<br>(B1000C) | V2 | | CV1<br>CV2<br>CV3<br>CV28 | S1 | | 0143 | |
| | | | | | 1<br>(B1000C) | V2 | | CV1<br>CV2<br>CV3 | S1 | | 0144 | |
| | | | | | 1<br>(B1000C) | V2<br>V3 | | CV1<br>CV2<br>CV3 | S1 | | 0146 | |
| | | | | | 1<br>(B1000C) | V2<br>V3 | | CV1<br>CV2<br>CV3 | S1 | | 0147 | |
| | | | | | 1<br>(B1000C) | V2<br>V3 | | CV1<br>CV2<br>CV3 | S1 | | 0150 | |
| | | | | | 1<br>(B1000C) | V2<br>V3 | | CV1<br>CV2<br>CV3 | S1 | | 0151 | |
| | | | | | 1<br>(B1000C) | V2<br>V3 | | CV1<br>CV2<br>CV3 | S1 | | 0153 | |
| | | | | | 1<br>(B1000C) | V2<br>V3 | | CV1<br>CV2<br>CV3 | S1 | | 0154 | *→UN 1344*<br>*→UN 3364* |
| | | | | | 1<br>(B1000C) | V2<br>V3 | | CV1<br>CV2<br>CV3 | S1 | | 0155 | |
| | | | | | 1<br>(C5000D) | V2 | | CV1<br>CV2<br>CV3 | S1 | | 0159 | |

## UN-numerisches Verzeichnis (Tabelle A)

| Verlagshinweis Sicherung | Verlagshinweis Fahrweg | UN-Nummer | Benennung und Beschreibung | Klasse | Klassifizierungscode | Verpackungsgruppe | Gefahrzettel | Sondervorschriften | Begrenzte und freigestellte Mengen | | Verpackungen Anweisungen | Verpackungen Sondervorschriften | Verpackungen Zusammenpackung |
|---|---|---|---|---|---|---|---|---|---|---|---|---|---|
| | | | 3.1.2 | 2.2 | 2.2 | 2.1.1.3 | 5.2.2 | 3.3 | 3.4/3.5.1.2 | | 4.1.4 | 4.1.4 | 4.1.10 |
| | | (1) | (2) | (3a) | (3b) | (4) | (5) | (6) | (7a) | (7b) | (8) | (9a) | (9b) |
| ! | ● | 0160 | TREIBLADUNGSPULVER | 1 | 1.1C | | 1 | | 0 | E0 | P114b | PP50<br>PP52 | MP20<br>MP24 |
| ! | | 0161 | TREIBLADUNGSPULVER | 1 | 1.3C | | 1 | | 0 | E0 | P114b | PP50<br>PP52 | MP20<br>MP24 |
| ! | ● | 0167 | GESCHOSSE, mit Sprengladung | 1 | 1.1F | | 1 | | 0 | E0 | P130<br>LP101 | | MP23 |
| ! | ● | 0168 | GESCHOSSE, mit Sprengladung | 1 | 1.1D | | 1 | | 0 | E0 | P130<br>LP101 | PP67<br>L1 | MP21 |
| ! | ● | 0169 | GESCHOSSE, mit Sprengladung | 1 | 1.2D | | 1 | | 0 | E0 | P130<br>LP101 | PP67<br>L1 | MP21 |
| ! | ● | 0171 | MUNITION, LEUCHT, mit oder ohne Zerleger, Ausstoß- oder Treibladung | 1 | 1.2G | | 1 | | 0 | E0 | P130<br>LP101 | PP67<br>L1 | MP23 |
| | | 0173 | AUSLÖSEVORRICHTUNGEN MIT EXPLOSIVSTOFF | 1 | 1.4S | | 1.4 | | 0 | E0 | P134<br>LP102 | | MP23 |
| | | 0174 | SPRENGNIETE | 1 | 1.4S | | 1.4 | | 0 | E0 | P134<br>LP102 | | MP23 |
| ! | ● | 0180 | RAKETEN, mit Sprengladung | 1 | 1.1F | | 1 | | 0 | E0 | P130<br>LP101 | | MP23 |
| ! | ● | 0181 | RAKETEN, mit Sprengladung | 1 | 1.1E | | 1 | | 0 | E0 | P130<br>LP101 | PP67<br>L1 | MP21 |
| ! | ● | 0182 | RAKETEN, mit Sprengladung | 1 | 1.2E | | 1 | | 0 | E0 | P130<br>LP101 | PP67<br>L1 | MP21 |
| ! | | 0183 | RAKETEN, mit inertem Kopf | 1 | 1.3C | | 1 | | 0 | E0 | P130<br>LP101 | PP67<br>L1 | MP22 |
| ! | | 0186 | RAKETENMOTOREN | 1 | 1.3C | | 1 | | 0 | E0 | P130<br>LP101 | PP67<br>L1 | MP22<br>MP24 |
| | | 0190 | EXPLOSIVSTOFF, MUSTER, außer Initialsprengstoff | 1 | | | | 16<br>274 | 0 | E0 | P101 | | MP2 |
| | | 0191 | SIGNALKÖRPER, HAND | 1 | 1.4G | | 1.4 | | 0 | E0 | P135 | | MP23<br>MP24 |
| ! | ● | 0192 | KNALLKAPSELN, EISENBAHN | 1 | 1.1G | | 1 | | 0 | E0 | P135 | | MP23 |
| | | 0193 | KNALLKAPSELN, EISENBAHN | 1 | 1.4S | | 1.4 | | 0 | E0 | P135 | | MP23 |
| ! | ● | 0194 | SIGNALKÖRPER, SEENOT | 1 | 1.1G | | 1 | | 0 | E0 | P135 | | MP23<br>MP24 |
| | | 0195 | SIGNALKÖRPER, SEENOT | 1 | 1.3G | | 1 | | 0 | E0 | P135 | | MP23<br>MP24 |

| Ortsbewegliche Tanks und Schüttgut-Container | | ADR-Tanks | | Fahrzeug für die Beförderung in Tanks | Beförderungskategorie (Tunnelbeschränkungscode) | Sondervorschriften für die Beförderung | | | | Nummer zur Kennzeichnung der Gefahr | UN-Nummer | Verlagshinweis „Gut zu wissen" |
|---|---|---|---|---|---|---|---|---|---|---|---|---|
| Anweisungen | Sondervorschriften | Tankcodierung | Sondervorschriften | | | Versandstücke | lose Schüttung | Be- und Entladung, Handhabung | Betrieb | | | |
| 4.2.5.2 7.3.2 | 4.2.5.3 | 4.3 | 4.3.5 6.8.4 | 9.1.1.2 | 1.1.3.6 (8.6) | 7.2.4 | 7.3.3 | 7.5.11 | 8.5 | 5.3.2.3 | | |
| (10) | (11) | (12) | (13) | (14) | (15) | (16) | (17) | (18) | (19) | (20) | (1) | |
| | | | | | 1 (B1000C) | V2 V3 | | CV1 CV2 CV3 | S1 | | 0160 | |
| | | | | | 1 (C5000D) | V2 V3 | | CV1 CV2 CV3 | S1 | | 0161 | →D: RSEB 1-3.1.S |
| | | | | | 1 (B1000C) | V2 | | CV1 CV2 CV3 | S1 | | 0167 | |
| | | | | | 1 (B1000C) | V2 | | CV1 CV2 CV3 | S1 | | 0168 | |
| | | | | | 1 (B1000C) | V2 | | CV1 CV2 CV3 | S1 | | 0169 | |
| | | | | | 1 (B1000C) | V2 | | CV1 CV2 CV3 | S1 | | 0171 | |
| | | | | | 4 (E) | | | CV1 CV2 CV3 | S1 | | 0173 | |
| | | | | | 4 (E) | | | CV1 CV2 CV3 | S1 | | 0174 | |
| | | | | | 1 (B1000C) | V2 | | CV1 CV2 CV3 | S1 | | 0180 | |
| | | | | | 1 (B1000C) | V2 | | CV1 CV2 CV3 | S1 | | 0181 | |
| | | | | | 1 (B1000C) | V2 | | CV1 CV2 CV3 | S1 | | 0182 | |
| | | | | | 1 (C5000D) | V2 | | CV1 CV2 CV3 | S1 | | 0183 | |
| | | | | | 1 (C5000D) | V2 | | CV1 CV2 CV3 | S1 | | 0186 | |
| | | | | | 0 (E) | V2 | | CV1 CV2 CV3 | S1 | | 0190 | |
| | | | | | 2 (E) | V2 | | CV1 CV2 CV3 | S1 | | 0191 | →RO-a-IE-6 →3.3 SV296 |
| | | | | | 1 (B1000C) | V2 | | CV1 CV2 CV3 | S1 | | 0192 | |
| | | | | | 4 (E) | | | CV1 CV2 CV3 | S1 | | 0193 | |
| | | | | | 1 (B1000C) | V2 | | CV1 CV2 CV3 | S1 | | 0194 | →3.3 SV296 |
| | | | | | 1 (C5000D) | V2 | | CV1 CV2 CV3 | S1 | | 0195 | →RO-a-IE-6 →3.3 SV296 |

## UN-numerisches Verzeichnis (Tabelle A)

| Verlagshinweis: Sicherung | Verlagshinweis: Fahrweg | UN-Nummer | Benennung und Beschreibung | Klasse | Klassifizierungscode | Verpackungsgruppe | Gefahrzettel | Sondervorschriften | Begrenzte und freigestellte Mengen | | Verpackungen: Anweisungen | Verpackungen: Sondervorschriften | Verpackungen: Zusammenpackung |
|---|---|---|---|---|---|---|---|---|---|---|---|---|---|
| | | | 3.1.2 | 2.2 | 2.2 | 2.1.1.3 | 5.2.2 | 3.3 | 3.4/3.5.1.2 | | 4.1.4 | 4.1.4 | 4.1.10 |
| | | (1) | (2) | (3a) | (3b) | (4) | (5) | (6) | (7a) | (7b) | (8) | (9a) | (9b) |
| ! | ● | 0196 | SIGNALKÖRPER, RAUCH | 1 | 1.1G | | 1 | | 0 | E0 | P135 | | MP23 |
| | | 0197 | SIGNALKÖRPER, RAUCH | 1 | 1.4G | | 1.4 | | 0 | E0 | P135 | | MP23<br>MP24 |
| ! | ● | 0204 | FALLLOTE, MIT EXPLOSIVSTOFF | 1 | 1.2F | | 1 | | 0 | E0 | P134<br>LP102 | | MP23 |
| ! | ● | 0207 | TETRANITROANILIN | 1 | 1.1D | | 1 | | 0 | E0 | P112b<br>P112c | | MP20 |
| ! | ● | 0208 | TRINITROPHENYLMETHYLNITRAMIN (TETRYL) | 1 | 1.1D | | 1 | | 0 | E0 | P112b<br>P112c | | MP20 |
| ! | ● | 0209 | TRINITROTOLUEN (TNT), trocken oder angefeuchtet mit weniger als 30 Masse-% Wasser | 1 | 1.1D | | 1 | | 0 | E0 | P112b<br>P112c | PP46 | MP20 |
| | | 0212 | LEUCHTSPURKÖRPER FÜR MUNITION | 1 | 1.3G | | 1 | | 0 | E0 | P133 | PP69 | MP23 |
| ! | ● | 0213 | TRINITROANISOL | 1 | 1.1D | | 1 | | 0 | E0 | P112b<br>P112c | | MP20 |
| ! | ● | 0214 | TRINITROBENZEN, trocken oder angefeuchtet mit weniger als 30 Masse-% Wasser | 1 | 1.1D | | 1 | | 0 | E0 | P112a<br>P112b<br>P112c | | MP20 |
| ! | ● | 0215 | TRINITROBENZOESÄURE, trocken oder angefeuchtet mit weniger als 30 Masse-% Wasser | 1 | 1.1D | | 1 | | 0 | E0 | P112a<br>P112b<br>P112c | | MP20 |
| ! | ● | 0216 | TRINITRO-m-CRESOL | 1 | 1.1D | | 1 | | 0 | E0 | P112b<br>P112c | PP26 | MP20 |
| ! | ● | 0217 | TRINITRONAPHTHALEN | 1 | 1.1D | | 1 | | 0 | E0 | P112b<br>P112c | | MP20 |
| ! | ● | 0218 | TRINITROPHENETOL | 1 | 1.1D | | 1 | | 0 | E0 | P112b<br>P112c | | MP20 |
| ! | ● | 0219 | TRINITRORESORCINOL (STYPHNINSÄURE), trocken oder angefeuchtet mit weniger als 20 Masse-% Wasser oder einer Alkohol/Wasser-Mischung | 1 | 1.1D | | 1 | | 0 | E0 | P112a<br>P112b<br>P112c | PP26 | MP20 |
| ! | ● | 0220 | HARNSTOFFNITRAT, trocken oder angefeuchtet mit weniger als 20 Masse-% Wasser | 1 | 1.1D | | 1 | | 0 | E0 | P112a<br>P112b<br>P112c | | MP20 |
| ! | ● | 0221 | GEFECHTSKÖPFE, TORPEDO, mit Sprengladung | 1 | 1.1D | | 1 | | 0 | E0 | P130<br>LP101 | PP67<br>L1 | MP21 |
| ! | ● | 0222 | AMMONIUMNITRAT | 1 | 1.1D | | 1 | 370 | 0 | E0 | P112b<br>P112c<br>IBC100 | PP47<br><br>B3 B17 | MP20 |
| ! | ● | 0224 | BARIUMAZID, trocken oder angefeuchtet mit weniger als 50 Masse-% Wasser | 1 | 1.1A | | 1+6.1 | | 0 | E0 | P110b | PP42 | MP20 |

| Ortsbewegliche Tanks und Schüttgut-Container | | ADR-Tanks | | Fahrzeug für die Beförderung in Tanks | Beförderungskategorie (Tunnelbeschränkungscode) | Sondervorschriften für die Beförderung | | | | Nummer zur Kennzeichnung der Gefahr | UN-Nummer | Verlagshinweis „Gut zu wissen“ |
|---|---|---|---|---|---|---|---|---|---|---|---|---|
| Anweisungen | Sondervorschriften | Tankcodierung | Sondervorschriften | | | Versandstücke | lose Schüttung | Be- und Entladung, Handhabung | Betrieb | | | |
| 4.2.5.2<br>7.3.2 | 4.2.5.3 | 4.3 | 4.3.5<br>6.8.4 | 9.1.1.2 | 1.1.3.6<br>(8.6) | 7.2.4 | 7.3.3 | 7.5.11 | 8.5 | 5.3.2.3 | | |
| (10) | (11) | (12) | (13) | (14) | (15) | (16) | (17) | (18) | (19) | (20) | (1) | |
| | | | | | 1<br>(B1000C) | V2 | | CV1<br>CV2<br>CV3 | S1 | | 0196 | →*3.3 SV296* |
| | | | | | 2<br>(E) | V2 | | CV1<br>CV2<br>CV3 | S1 | | 0197 | →*RO-a-IE-6*<br>→*3.3 SV296* |
| | | | | | 1<br>(B1000C) | V2 | | CV1<br>CV2<br>CV3 | S1 | | 0204 | |
| | | | | | 1<br>(B1000C) | V2<br>V3 | | CV1<br>CV2<br>CV3 | S1 | | 0207 | |
| | | | | | 1<br>(B1000C) | V2<br>V3 | | CV1<br>CV2<br>CV3 | S1 | | 0208 | |
| | | | | | 1<br>(B1000C) | V2<br>V3 | | CV1<br>CV2<br>CV3 | S1 | | 0209 | |
| | | | | | 1<br>(C5000D) | V2 | | CV1<br>CV2<br>CV3 | S1 | | 0212 | |
| | | | | | 1<br>(B1000C) | V2<br>V3 | | CV1<br>CV2<br>CV3 | S1 | | 0213 | |
| | | | | | 1<br>(B1000C) | V2<br>V3 | | CV1<br>CV2<br>CV3 | S1 | | 0214 | |
| | | | | | 1<br>(B1000C) | V2<br>V3 | | CV1<br>CV2<br>CV3 | S1 | | 0215 | |
| | | | | | 1<br>(B1000C) | V2<br>V3 | | CV1<br>CV2<br>CV3 | S1 | | 0216 | |
| | | | | | 1<br>(B1000C) | V2<br>V3 | | CV1<br>CV2<br>CV3 | S1 | | 0217 | |
| | | | | | 1<br>(B1000C) | V2<br>V3 | | CV1<br>CV2<br>CV3 | S1 | | 0218 | |
| | | | | | 1<br>(B1000C) | V2<br>V3 | | CV1<br>CV2<br>CV3 | S1 | | 0219 | |
| | | | | | 1<br>(B1000C) | V2<br>V3 | | CV1<br>CV2<br>CV3 | S1 | | 0220 | |
| | | | | | 1<br>(B1000C) | V2 | | CV1<br>CV2<br>CV3 | S1 | | 0221 | |
| | | | | | 1<br>(B1000C) | V2<br>V3 | | CV1<br>CV2<br>CV3 | S1 | | 0222 | |
| | | | | | 0<br>(B) | V2<br>V3 | | CV1<br>CV2<br>CV3<br>CV28 | S1 | | 0224 | |

## UN-numerisches Verzeichnis (Tabelle A)

| Verlagshinweis: Sicherung | Verlagshinweis: Fahrweg | UN-Nummer | Benennung und Beschreibung | Klasse | Klassifizierungscode | Verpackungsgruppe | Gefahrzettel | Sondervorschriften | Begrenzte und freigestellte Mengen | | Verpackungen: Anweisungen | Verpackungen: Sondervorschriften | Verpackungen: Zusammenpackung |
|---|---|---|---|---|---|---|---|---|---|---|---|---|---|
| | | | 3.1.2 | 2.2 | 2.2 | 2.1.1.3 | 5.2.2 | 3.3 | 3.4/3.5.1.2 | | 4.1.4 | 4.1.4 | 4.1.10 |
| | | (1) | (2) | (3a) | (3b) | (4) | (5) | (6) | (7a) | (7b) | (8) | (9a) | (9b) |
| ! | ● | 0225 | ZÜNDVERSTÄRKER, MIT DETONATOR | 1 | 1.1B | | 1 | | 0 | E0 | P133 | PP69 | MP23 |
| ! | ● | 0226 | CYCLOTETRAMETHYLENTETRANITRAMIN (HMX) (OKTOGEN), ANGEFEUCHTET mit mindestens 15 Masse-% Wasser | 1 | 1.1D | | 1 | 266 | 0 | E0 | P112a | PP45 | MP20 |
| ! | | 0234 | NATRIUMDINITROORTHOCRESOLAT, trocken oder angefeuchtet mit weniger als 15 Masse-% Wasser | 1 | 1.3C | | 1 | | 0 | E0 | P114a<br>P114b | PP26 | MP20 |
| ! | | 0235 | NATRIUMPIKRAMAT, trocken oder angefeuchtet mit weniger als 20 Masse-% Wasser | 1 | 1.3C | | 1 | | 0 | E0 | P114a<br>P114b | PP26 | MP20 |
| ! | | 0236 | ZIRKONIUMPIKRAMAT, trocken oder angefeuchtet mit weniger als 20 Masse-% Wasser | 1 | 1.3C | | 1 | | 0 | E0 | P114a<br>P114b | PP26 | MP20 |
| ! | | 0237 | SCHNEIDLADUNG, BIEGSAM, GESTRECKT | 1 | 1.4D | | 1.4 | | 0 | E0 | P138 | | MP21 |
| ! | ● | 0238 | RAKETEN, LEINENWURF | 1 | 1.2G | | 1 | | 0 | E0 | P130<br>LP101 | | MP23<br>MP24 |
| | | 0240 | RAKETEN, LEINENWURF | 1 | 1.3G | | 1 | | 0 | E0 | P130<br>LP101 | | MP23<br>MP24 |
| ! | ● | 0241 | SPRENGSTOFF, TYP E | 1 | 1.1D | | 1 | 617 | 0 | E0 | P116<br>IBC100 | PP61<br>PP62<br>B10 | MP20 |
| ! | | 0242 | TREIBLADUNGEN FÜR GESCHÜTZE | 1 | 1.3C | | 1 | | 0 | E0 | P130<br>LP101 | | MP22 |
| ! | ● | 0243 | MUNITION, BRAND, WEISSER PHOSPHOR, mit Zerleger, Ausstoß- oder Treibladung | 1 | 1.2H | | 1 | | 0 | E0 | P130<br>LP101 | PP67<br>L1 | MP23 |
| | | 0244 | MUNITION, BRAND, WEISSER PHOSPHOR, mit Zerleger, Ausstoß- oder Treibladung | 1 | 1.3H | | 1 | | 0 | E0 | P130<br>LP101 | PP67<br>L1 | MP23 |
| ! | ● | 0245 | MUNITION, NEBEL, WEISSER PHOSPHOR, mit Zerleger, Ausstoß- oder Treibladung | 1 | 1.2H | | 1 | | 0 | E0 | P130<br>LP101 | PP67<br>L1 | MP23 |
| | | 0246 | MUNITION, NEBEL, WEISSER PHOSPHOR, mit Zerleger, Ausstoß- oder Treibladung | 1 | 1.3H | | 1 | | 0 | E0 | P130<br>LP101 | PP67<br>L1 | MP23 |
| | | 0247 | MUNITION, BRAND, mit flüssigem oder geliertem Brandstoff, mit Zerleger, Ausstoß- oder Treibladung | 1 | 1.3J | | 1 | | 0 | E0 | P101 | | MP23 |
| ! | ● | 0248 | VORRICHTUNGEN, DURCH WASSER AKTIVIERBAR, mit Zerleger, Ausstoß- oder Treibladung | 1 | 1.2L | | 1 | 274 | 0 | E0 | P144 | PP77 | MP1 |
| | | 0249 | VORRICHTUNGEN, DURCH WASSER AKTIVIERBAR, mit Zerleger, Ausstoß- oder Treibladung | 1 | 1.3L | | 1 | 274 | 0 | E0 | P144 | PP77 | MP1 |
| | | 0250 | RAKETENTRIEBWERKE MIT HYPERGOLEN, mit oder ohne Ausstoßladung | 1 | 1.3L | | 1 | | 0 | E0 | P101 | | MP1 |

| Ortsbewegliche Tanks und Schüttgut-Container | | ADR-Tanks | | Fahrzeug für die Beförderung in Tanks | Beförderungskategorie (Tunnelbeschränkungscode) | Sondervorschriften für die Beförderung | | | | Nummer zur Kennzeichnung der Gefahr | UN-Nummer | Verlagshinweis „Gut zu wissen" |
|---|---|---|---|---|---|---|---|---|---|---|---|---|
| Anweisungen | Sondervorschriften | Tankcodierung | Sondervorschriften | | | Versandstücke | lose Schüttung | Be- und Entladung, Handhabung | Betrieb | | | |
| 4.2.5.2<br>7.3.2 | 4.2.5.3 | 4.3 | 4.3.5<br>6.8.4 | 9.1.1.2 | 1.1.3.6<br>(8.6) | 7.2.4 | 7.3.3 | 7.5.11 | 8.5 | 5.3.2.3 | | |
| (10) | (11) | (12) | (13) | (14) | (15) | (16) | (17) | (18) | (19) | (20) | (1) | |
| | | | | | 1<br>(B1000C) | V2 | | CV1<br>CV2<br>CV3 | S1 | | 0225 | |
| | | | | | 1<br>(B1000C) | V2 | | CV1<br>CV2<br>CV3 | S1 | | 0226 | |
| | | | | | 1<br>(C5000D) | V2<br>V3 | | CV1<br>CV2<br>CV3 | S1 | | 0234 | |
| | | | | | 1<br>(C5000D) | V2<br>V3 | | CV1<br>CV2<br>CV3 | S1 | | 0235 | |
| | | | | | 1<br>(C5000D) | V2<br>V3 | | CV1<br>CV2<br>CV3 | S1 | | 0236 | |
| | | | | | 2<br>(E) | V2 | | CV1<br>CV2<br>CV3 | S1 | | 0237 | |
| | | | | | 1<br>(B1000C) | V2 | | CV1<br>CV2<br>CV3 | S1 | | 0238 | |
| | | | | | 1<br>(C5000D) | V2 | | CV1<br>CV2<br>CV3 | S1 | | 0240 | *→RO-a-IE-6* |
| | | | | | 1<br>(B1000C) | V2<br>V12 | | CV1<br>CV2<br>CV3 | S1 | | 0241 | |
| | | | | | 1<br>(C5000D) | V2 | | CV1<br>CV2<br>CV3 | S1 | | 0242 | |
| | | | | | 1<br>(B1000C) | V2 | | CV1<br>CV2<br>CV3 | S1 | | 0243 | |
| | | | | | 1<br>(C) | V2 | | CV1<br>CV2<br>CV3 | S1 | | 0244 | |
| | | | | | 1<br>(B1000C) | V2 | | CV1<br>CV2<br>CV3 | S1 | | 0245 | |
| | | | | | 1<br>(C) | V2 | | CV1<br>CV2<br>CV3 | S1 | | 0246 | |
| | | | | | 1<br>(C) | V2 | | CV1<br>CV2<br>CV3 | S1 | | 0247 | |
| | | | | | 0<br>(B) | V2 | | CV1<br>CV2<br>CV3<br>CV4 | S1 | | 0248 | |
| | | | | | 0<br>(B) | V2 | | CV1<br>CV2<br>CV3<br>CV4 | S1 | | 0249 | |
| | | | | | 0<br>(B) | V2 | | CV1<br>CV2<br>CV3<br>CV4 | S1 | | 0250 | |

## UN-numerisches Verzeichnis (Tabelle A)

| Verlagshinweis: Sicherung | Verlagshinweis: Fahrweg | UN-Nummer | Benennung und Beschreibung | Klasse | Klassifizierungscode | Verpackungsgruppe | Gefahrzettel | Sondervorschriften | Begrenzte und freigestellte Mengen | | Verpackungen: Anweisungen | Verpackungen: Sondervorschriften | Verpackungen: Zusammenpackung |
|---|---|---|---|---|---|---|---|---|---|---|---|---|---|
| | | | 3.1.2 | 2.2 | 2.2 | 2.1.1.3 | 5.2.2 | 3.3 | 3.4/3.5.1.2 | | 4.1.4 | 4.1.4 | 4.1.10 |
| | | (1) | (2) | (3a) | (3b) | (4) | (5) | (6) | (7a) | (7b) | (8) | (9a) | (9b) |
| | | 0254 | MUNITION, LEUCHT, mit oder ohne Zerleger, Ausstoß- oder Treibladung | 1 | 1.3G | | 1 | | 0 | E0 | P130<br>LP101 | PP67<br>L1 | MP23 |
| ! | | 0255 | SPRENGKAPSELN, ELEKTRISCH | 1 | 1.4B | | 1.4 | | 0 | E0 | P131 | | MP23 |
| | | 0257 | ZÜNDER, SPRENGKRÄFTIG | 1 | 1.4B | | 1.4 | | 0 | E0 | P141 | | MP23 |
| ! | ● | 0266 | OKTOLIT (OCTOL), trocken oder angefeuchtet mit weniger als 15 Masse-% Wasser | 1 | 1.1D | | 1 | | 0 | E0 | P112a<br>P112b<br>P112c | | MP20 |
| ! | | 0267 | SPRENGKAPSELN, NICHT ELEKTRISCH | 1 | 1.4B | | 1.4 | | 0 | E0 | P131 | PP68 | MP23 |
| ! | ● | 0268 | ZÜNDVERSTÄRKER, MIT DETONATOR | 1 | 1.2B | | 1 | | 0 | E0 | P133 | PP69 | MP23 |
| ! | ● | 0271 | TREIBSÄTZE | 1 | 1.1C | | 1 | | 0 | E0 | P143 | PP76 | MP22 |
| ! | | 0272 | TREIBSÄTZE | 1 | 1.3C | | 1 | | 0 | E0 | P143 | PP76 | MP22 |
| ! | | 0275 | KARTUSCHEN FÜR TECHNISCHE ZWECKE | 1 | 1.3C | | 1 | | 0 | E0 | P134<br>LP102 | | MP22 |
| | | 0276 | KARTUSCHEN FÜR TECHNISCHE ZWECKE | 1 | 1.4C | | 1.4 | | 0 | E0 | P134<br>LP102 | | MP22 |
| ! | | 0277 | KARTUSCHEN, ERDÖLBOHRLOCH | 1 | 1.3C | | 1 | | 0 | E0 | P134<br>LP102 | | MP22 |
| | | 0278 | KARTUSCHEN, ERDÖLBOHRLOCH | 1 | 1.4C | | 1.4 | | 0 | E0 | P134<br>LP102 | | MP22 |
| ! | ● | 0279 | TREIBLADUNGEN FÜR GESCHÜTZE | 1 | 1.1C | | 1 | | 0 | E0 | P130<br>LP101 | | MP22 |
| ! | ● | 0280 | RAKETENMOTOREN | 1 | 1.1C | | 1 | | 0 | E0 | P130<br>LP101 | PP67<br>L1 | MP22 |
| ! | ● | 0281 | RAKETENMOTOREN | 1 | 1.2C | | 1 | | 0 | E0 | P130<br>LP101 | PP67<br>L1 | MP22 |
| ! | ● | 0282 | NITROGUANIDIN (PICRIT), trocken oder angefeuchtet mit weniger als 20 Masse-% Wasser | 1 | 1.1D | | 1 | | 0 | E0 | P112a<br>P112b<br>P112c | | MP20 |
| ! | ● | 0283 | ZÜNDVERSTÄRKER, ohne Detonator | 1 | 1.2D | | 1 | | 0 | E0 | P132a<br>P132b | | MP21 |
| ! | ● | 0284 | GRANATEN, Hand oder Gewehr, mit Sprengladung | 1 | 1.1D | | 1 | | 0 | E0 | P141 | | MP21 |
| ! | ● | 0285 | GRANATEN, Hand oder Gewehr, mit Sprengladung | 1 | 1.2D | | 1 | | 0 | E0 | P141 | | MP21 |

| Ortsbewegliche Tanks und Schüttgut-Container | | ADR-Tanks | | Fahrzeug für die Beförderung in Tanks | Beförderungskategorie (Tunnelbeschränkungscode) | Sondervorschriften für die Beförderung | | | | Nummer zur Kennzeichnung der Gefahr | UN-Nummer | Verlagshinweis „Gut zu wissen" |
|---|---|---|---|---|---|---|---|---|---|---|---|---|
| Anweisungen | Sondervorschriften | Tankcodierung | Sondervorschriften | | | Versandstücke | lose Schüttung | Be- und Entladung, Handhabung | Betrieb | | | |
| 4.2.5.2 7.3.2 | 4.2.5.3 | 4.3 | 4.3.5 6.8.4 | 9.1.1.2 | 1.1.3.6 (8.6) | 7.2.4 | 7.3.3 | 7.5.11 | 8.5 | 5.3.2.3 | | |
| (10) | (11) | (12) | (13) | (14) | (15) | (16) | (17) | (18) | (19) | (20) | (1) | |
| | | | | | 1 (C5000D) | V2 | | CV1 CV2 CV3 | S1 | | 0254 | |
| | | | | | 2 (E) | V2 | | CV1 CV2 CV3 | S1 | | 0255 | →1.6.1.50 |
| | | | | | 2 (E) | V2 | | CV1 CV2 CV3 | S1 | | 0257 | |
| | | | | | 1 (B1000C) | V2 V3 | | CV1 CV2 CV3 | S1 | | 0266 | |
| | | | | | 2 (E) | V2 | | CV1 CV2 CV3 | S1 | | 0267 | |
| | | | | | 1 (B1000C) | V2 | | CV1 CV2 CV3 | S1 | | 0268 | |
| | | | | | 1 (B1000C) | V2 | | CV1 CV2 CV3 | S1 | | 0271 | |
| | | | | | 1 (C5000D) | V2 | | CV1 CV2 CV3 | S1 | | 0272 | |
| | | | | | 1 (C5000D) | V2 | | CV1 CV2 CV3 | S1 | | 0275 | |
| | | | | | 2 (E) | V2 | | CV1 CV2 CV3 | S1 | | 0276 | |
| | | | | | 1 (C5000D) | V2 | | CV1 CV2 CV3 | S1 | | 0277 | |
| | | | | | 2 (E) | V2 | | CV1 CV2 CV3 | S1 | | 0278 | |
| | | | | | 1 (B1000C) | V2 | | CV1 CV2 CV3 | S1 | | 0279 | |
| | | | | | 1 (B1000C) | V2 | | CV1 CV2 CV3 | S1 | | 0280 | |
| | | | | | 1 (B1000C) | V2 | | CV1 CV2 CV3 | S1 | | 0281 | |
| | | | | | 1 (B1000C) | V2 V3 | | CV1 CV2 CV3 | S1 | | 0282 | |
| | | | | | 1 (B1000C) | V2 | | CV1 CV2 CV3 | S1 | | 0283 | |
| | | | | | 1 (B1000C) | V2 | | CV1 CV2 CV3 | S1 | | 0284 | |
| | | | | | 1 (B1000C) | V2 | | CV1 CV2 CV3 | S1 | | 0285 | |

| Verlagshinweis Sicherung | Verlagshinweis Fahrweg | UN-Nummer | Benennung und Beschreibung | Klasse | Klassifizierungscode | Verpackungsgruppe | Gefahrzettel | Sondervorschriften | Begrenzte und freigestellte Mengen | | Verpackungen Anweisungen | Verpackungen Sondervorschriften | Verpackungen Zusammenpackung |
|---|---|---|---|---|---|---|---|---|---|---|---|---|---|
| | | | 3.1.2 | 2.2 | 2.2 | 2.1.1.3 | 5.2.2 | 3.3 | 3.4/3.5.1.2 | | 4.1.4 | 4.1.4 | 4.1.10 |
| | | (1) | (2) | (3a) | (3b) | (4) | (5) | (6) | (7a) | (7b) | (8) | (9a) | (9b) |
| ! | ● | 0286 | GEFECHTSKÖPFE, RAKETE, mit Sprengladung | 1 | 1.1D | | 1 | | 0 | E0 | P130<br>LP101 | PP67<br>L1 | MP21 |
| ! | ● | 0287 | GEFECHTSKÖPFE, RAKETE, mit Sprengladung | 1 | 1.2D | | 1 | | 0 | E0 | P130<br>LP101 | PP67<br>L1 | MP21 |
| ! | ● | 0288 | SCHNEIDLADUNG, BIEGSAM, GESTRECKT | 1 | 1.1D | | 1 | | 0 | E0 | P138 | | MP21 |
| ! | | 0289 | SPRENGSCHNUR, biegsam | 1 | 1.4D | | 1.4 | | 0 | E0 | P139 | PP71<br>PP72 | MP21 |
| ! | ● | 0290 | SPRENGSCHNUR, mit Metallmantel | 1 | 1.1D | | 1 | | 0 | E0 | P139 | PP71 | MP21 |
| ! | ● | 0291 | BOMBEN, mit Sprengladung | 1 | 1.2F | | 1 | | 0 | E0 | P130<br>LP101 | | MP23 |
| ! | ● | 0292 | GRANATEN, Hand oder Gewehr, mit Sprengladung | 1 | 1.1F | | 1 | | 0 | E0 | P141 | | MP23 |
| ! | ● | 0293 | GRANATEN, Hand oder Gewehr, mit Sprengladung | 1 | 1.2F | | 1 | | 0 | E0 | P141 | | MP23 |
| ! | ● | 0294 | MINEN, mit Sprengladung | 1 | 1.2F | | 1 | | 0 | E0 | P130<br>LP101 | | MP23 |
| ! | ● | 0295 | RAKETEN, mit Sprengladung | 1 | 1.2F | | 1 | | 0 | E0 | P130<br>LP101 | | MP23 |
| ! | ● | 0296 | FALLLOTE, MIT EXPLOSIVSTOFF | 1 | 1.1F | | 1 | | 0 | E0 | P134<br>LP102 | | MP23 |
| | | 0297 | MUNITION, LEUCHT, mit oder ohne Zerleger, Ausstoß- oder Treibladung | 1 | 1.4G | | 1.4 | | 0 | E0 | P130<br>LP101 | PP67<br>L1 | MP23 |
| | | 0299 | BOMBEN, BLITZLICHT | 1 | 1.3G | | 1 | | 0 | E0 | P130<br>LP101 | PP67<br>L1 | MP23 |
| | | 0300 | MUNITION, BRAND, mit oder ohne Zerleger, Ausstoß- oder Treibladung | 1 | 1.4G | | 1.4 | | 0 | E0 | P130<br>LP101 | PP67<br>L1 | MP23 |
| | | 0301 | MUNITION, AUGENREIZSTOFF, mit Zerleger, Ausstoß- oder Treibladung | 1 | 1.4G | | 1.4+6.1+8 | | 0 | E0 | P130<br>LP101 | PP67<br>L1 | MP23 |
| | | 0303 | MUNITION, NEBEL, mit oder ohne Zerleger, Ausstoß- oder Treibladung | 1 | 1.4G | | 1.4 | | 0 | E0 | P130<br>LP101 | PP67<br>L1 | MP23 |
| | | 0303 | MUNITION, NEBEL, mit oder ohne Zerleger, Ausstoß- oder Treibladung, mit ätzenden Stoffen | 1 | 1.4G | | 1.4+8 | | 0 | E0 | P130<br>LP101 | PP67<br>L1 | MP23 |
| | | 0303 | MUNITION, NEBEL, mit oder ohne Zerleger, Ausstoß- oder Treibladung, mit beim Einatmen giftigen Stoffen | 1 | 1.4G | | 1.4+6.1 | | 0 | E0 | P130<br>LP101 | PP67<br>L1 | MP23 |

| Ortsbewegliche Tanks und Schüttgut-Container | | ADR-Tanks | | Fahrzeug für die Beförderung in Tanks | Beförderungskategorie (Tunnelbeschränkungscode) | Sondervorschriften für die Beförderung | | | | Nummer zur Kennzeichnung der Gefahr | UN-Nummer | Verlagshinweis „Gut zu wissen" |
|---|---|---|---|---|---|---|---|---|---|---|---|---|
| Anweisungen | Sondervorschriften | Tankcodierung | Sondervorschriften | | | Versandstücke | lose Schüttung | Be- und Entladung, Handhabung | Betrieb | | | |
| 4.2.5.2<br>7.3.2 | 4.2.5.3 | 4.3 | 4.3.5<br>6.8.4 | 9.1.1.2 | 1.1.3.6<br>(8.6) | 7.2.4 | 7.3.3 | 7.5.11 | 8.5 | 5.3.2.3 | | |
| (10) | (11) | (12) | (13) | (14) | (15) | (16) | (17) | (18) | (19) | (20) | (1) | |
| | | | | | 1<br>(B1000C) | V2 | | CV1<br>CV2<br>CV3 | S1 | | 0286 | |
| | | | | | 1<br>(B1000C) | V2 | | CV1<br>CV2<br>CV3 | S1 | | 0287 | |
| | | | | | 1<br>(B1000C) | V2 | | CV1<br>CV2<br>CV3 | S1 | | 0288 | |
| | | | | | 2<br>(E) | V2 | | CV1<br>CV2<br>CV3 | S1 | | 0289 | |
| | | | | | 1<br>(B1000C) | V2 | | CV1<br>CV2<br>CV3 | S1 | | 0290 | |
| | | | | | 1<br>(B1000C) | V2 | | CV1<br>CV2<br>CV3 | S1 | | 0291 | |
| | | | | | 1<br>(B1000C) | V2 | | CV1<br>CV2<br>CV3 | S1 | | 0292 | |
| | | | | | 1<br>(B1000C) | V2 | | CV1<br>CV2<br>CV3 | S1 | | 0293 | |
| | | | | | 1<br>(B1000C) | V2 | | CV1<br>CV2<br>CV3 | S1 | | 0294 | |
| | | | | | 1<br>(B1000C) | V2 | | CV1<br>CV2<br>CV3 | S1 | | 0295 | |
| | | | | | 1<br>(B1000C) | V2 | | CV1<br>CV2<br>CV3 | S1 | | 0296 | |
| | | | | | 2<br>(E) | V2 | | CV1<br>CV2<br>CV3 | S1 | | 0297 | |
| | | | | | 1<br>(C5000D) | V2 | | CV1<br>CV2<br>CV3 | S1 | | 0299 | |
| | | | | | 2<br>(E) | V2 | | CV1<br>CV2<br>CV3 | S1 | | 0300 | |
| | | | | | 2<br>(E) | V2 | | CV1<br>CV2<br>CV3<br>CV28 | S1 | | 0301 | |
| | | | | | 2<br>(E) | V2 | | CV1<br>CV2<br>CV3 | S1 | | 0303 | |
| | | | | | 2<br>(E) | V2 | | CV1<br>CV2<br>CV3 | S1 | | 0303 | |
| | | | | | 2<br>(E) | V2 | | CV1<br>CV2<br>CV3<br>CV28 | S1 | | 0303 | |

## UN-numerisches Verzeichnis (Tabelle A)

| Verlagshinweis Sicherung | Verlagshinweis Fahrweg | UN-Nummer | Benennung und Beschreibung | Klasse | Klassifizierungscode | Verpackungsgruppe | Gefahrzettel | Sondervorschriften | Begrenzte und freigestellte Mengen | | Verpackungen Anweisungen | Verpackungen Sondervorschriften | Verpackungen Zusammenpackung |
|---|---|---|---|---|---|---|---|---|---|---|---|---|---|
| | | | 3.1.2 | 2.2 | 2.2 | 2.1.1.3 | 5.2.2 | 3.3 | 3.4/3.5.1.2 | | 4.1.4 | 4.1.4 | 4.1.10 |
| | | (1) | (2) | (3a) | (3b) | (4) | (5) | (6) | (7a) | (7b) | (8) | (9a) | (9b) |
| | | 0305 | BLITZLICHTPULVER | 1 | 1.3G | | 1 | | 0 | E0 | P113 | PP49 | MP20 |
| | | 0306 | LEUCHTSPURKÖRPER FÜR MUNITION | 1 | 1.4G | | 1.4 | | 0 | E0 | P133 | PP69 | MP23 |
| | | 0312 | PATRONEN, SIGNAL | 1 | 1.4G | | 1.4 | | 0 | E0 | P135 | | MP23<br>MP24 |
| ! | ● | 0313 | SIGNALKÖRPER, RAUCH | 1 | 1.2G | | 1 | | 0 | E0 | P135 | | MP23 |
| ! | ● | 0314 | ANZÜNDER | 1 | 1.2G | | 1 | | 0 | E0 | P142 | | MP23 |
| | | 0315 | ANZÜNDER | 1 | 1.3G | | 1 | | 0 | E0 | P142 | | MP23 |
| | | 0316 | ZÜNDER, NICHT SPRENGKRÄFTIG | 1 | 1.3G | | 1 | | 0 | E0 | P141 | | MP23 |
| | | 0317 | ZÜNDER, NICHT SPRENGKRÄFTIG | 1 | 1.4G | | 1.4 | | 0 | E0 | P141 | | MP23 |
| | | 0318 | GRANATEN, ÜBUNG, Hand oder Gewehr | 1 | 1.3G | | 1 | | 0 | E0 | P141 | | MP23 |
| | | 0319 | TREIBLADUNGSANZÜNDER | 1 | 1.3G | | 1 | | 0 | E0 | P133 | | MP23 |
| | | 0320 | TREIBLADUNGSANZÜNDER | 1 | 1.4G | | 1.4 | | 0 | E0 | P133 | | MP23 |
| ! | ● | 0321 | PATRONEN FÜR WAFFEN, mit Sprengladung | 1 | 1.2E | | 1 | | 0 | E0 | P130<br>LP101 | PP67<br>L1 | MP21 |
| ! | ● | 0322 | RAKETENTRIEBWERKE, MIT HYPERGOLEN, mit oder ohne Ausstoßladung | 1 | 1.2L | | 1 | | 0 | E0 | P101 | | MP1 |
| | | 0323 | KARTUSCHEN FÜR TECHNISCHE ZWECKE | 1 | 1.4S | | 1.4 | 347 | 0 | E0 | P134<br>LP102 | | MP23 |
| ! | ● | 0324 | GESCHOSSE, mit Sprengladung | 1 | 1.2F | | 1 | | 0 | E0 | P130<br>LP101 | | MP23 |
| | | 0325 | ANZÜNDER | 1 | 1.4G | | 1.4 | | 0 | E0 | P142 | | MP23 |
| ! | ● | 0326 | PATRONEN FÜR WAFFEN, MANÖVER | 1 | 1.1C | | 1 | | 0 | E0 | P130<br>LP101 | | MP22 |
| ! | | 0327 | PATRONEN FÜR WAFFEN, MANÖVER oder PATRONEN FÜR HANDFEUERWAFFEN, MANÖVER | 1 | 1.3C | | 1 | | 0 | E0 | P130<br>LP101 | | MP22 |
| ! | ● | 0328 | PATRONEN FÜR WAFFEN, MIT INERTEM GESCHOSS | 1 | 1.2C | | 1 | | 0 | E0 | P130<br>LP101 | PP67<br>L1 | MP22 |

| Ortsbewegliche Tanks und Schüttgut-Container | | ADR-Tanks | | Fahrzeug für die Beförderung in Tanks | Beförderungskategorie (Tunnelbeschränkungscode) | Sondervorschriften für die Beförderung | | | | Nummer zur Kennzeichnung der Gefahr | UN-Nummer | Verlagshinweis „Gut zu wissen" |
|---|---|---|---|---|---|---|---|---|---|---|---|---|
| Anweisungen | Sondervorschriften | Tankcodierung | Sondervorschriften | | | Versandstücke | lose Schüttung | Be- und Entladung, Handhabung | Betrieb | | | |
| 4.2.5.2<br>7.3.2 | 4.2.5.3 | 4.3 | 4.3.5<br>6.8.4 | 9.1.1.2 | 1.1.3.6<br>(8.6) | 7.2.4 | 7.3.3 | 7.5.11 | 8.5 | 5.3.2.3 | | |
| (10) | (11) | (12) | (13) | (14) | (15) | (16) | (17) | (18) | (19) | (20) | (1) | |
| | | | | | 1<br>(C5000D) | V2<br>V3 | | CV1<br>CV2<br>CV3 | S1 | | 0305 | |
| | | | | | 2<br>(E) | V2 | | CV1<br>CV2<br>CV3 | S1 | | 0306 | |
| | | | | | 2<br>(E) | V2 | | CV1<br>CV2<br>CV3 | S1 | | 0312 | *→RO-a-IE-6* |
| | | | | | 1<br>(B1000C) | V2 | | CV1<br>CV2<br>CV3 | S1 | | 0313 | *→3.3 SV296* |
| | | | | | 1<br>(B1000C) | V2 | | CV1<br>CV2<br>CV3 | S1 | | 0314 | |
| | | | | | 1<br>(C5000D) | V2 | | CV1<br>CV2<br>CV3 | S1 | | 0315 | |
| | | | | | 1<br>(C5000D) | V2 | | CV1<br>CV2<br>CV3 | S1 | | 0316 | |
| | | | | | 2<br>(E) | V2 | | CV1<br>CV2<br>CV3 | S1 | | 0317 | |
| | | | | | 1<br>(C5000D) | V2 | | CV1<br>CV2<br>CV3 | S1 | | 0318 | |
| | | | | | 1<br>(C5000D) | V2 | | CV1<br>CV2<br>CV3 | S1 | | 0319 | |
| | | | | | 2<br>(E) | V2 | | CV1<br>CV2<br>CV3 | S1 | | 0320 | |
| | | | | | 1<br>(B1000C) | V2 | | CV1<br>CV2<br>CV3 | S1 | | 0321 | |
| | | | | | 0<br>(B) | V2 | | CV1<br>CV2<br>CV3<br>CV4 | S1 | | 0322 | |
| | | | | | 4<br>(E) | | | CV1<br>CV2<br>CV3 | S1 | | 0323 | *→D: GGAV 21* |
| | | | | | 1<br>(B1000C) | V2 | | CV1<br>CV2<br>CV3 | S1 | | 0324 | |
| | | | | | 2<br>(E) | V2 | | CV1<br>CV2<br>CV3 | S1 | | 0325 | |
| | | | | | 1<br>(B1000C) | V2 | | CV1<br>CV2<br>CV3 | S1 | | 0326 | |
| | | | | | 1<br>(C5000D) | V2 | | CV1<br>CV2<br>CV3 | S1 | | 0327 | |
| | | | | | 1<br>(B1000C) | V2 | | CV1<br>CV2<br>CV3 | S1 | | 0328 | |

## UN-numerisches Verzeichnis (Tabelle A)

| Verlagshinweis Sicherung | Verlagshinweis Fahrweg | UN-Nummer | Benennung und Beschreibung | Klasse | Klassifizierungscode | Verpackungsgruppe | Gefahrzettel | Sondervorschriften | Begrenzte und freigestellte Mengen | | Verpackungen Anweisungen | Verpackungen Sondervorschriften | Verpackungen Zusammenpackung |
|---|---|---|---|---|---|---|---|---|---|---|---|---|---|
| | | | 3.1.2 | 2.2 | 2.2 | 2.1.1.3 | 5.2.2 | 3.3 | 3.4/3.5.1.2 | | 4.1.4 | 4.1.4 | 4.1.10 |
| | | (1) | (2) | (3a) | (3b) | (4) | (5) | (6) | (7a) | (7b) | (8) | (9a) | (9b) |
| ! | ● | 0329 | TORPEDOS, mit Sprengladung | 1 | 1.1E | | 1 | | 0 | E0 | P130<br>LP101 | PP67<br>L1 | MP21 |
| ! | ● | 0330 | TORPEDOS, mit Sprengladung | 1 | 1.1F | | 1 | | 0 | E0 | P130<br>LP101 | | MP23 |
| ! | ● | 0331 | SPRENGSTOFF, TYP B | 1 | 1.5D | | 1.5 | 617 | 0 | E0 | P116<br><br><br>IBC100 | PP61<br>PP62<br>PP64 | MP20 |
| ! | ● | 0332 | SPRENGSTOFF, TYP E | 1 | 1.5D | | 1.5 | 617 | 0 | E0 | P116<br><br>IBC100 | PP61<br>PP62 | MP20 |
| ! | ● | 0333 | FEUERWERKSKÖRPER | 1 | 1.1G | | 1 | 645 | 0 | E0 | P135 | | MP23<br>MP24 |
| ! | ● | 0334 | FEUERWERKSKÖRPER | 1 | 1.2G | | 1 | 645 | 0 | E0 | P135 | | MP23<br>MP24 |
| | | 0335 | FEUERWERKSKÖRPER | 1 | 1.3G | | 1 | 645 | 0 | E0 | P135 | | MP23<br>MP24 |
| | | 0336 | FEUERWERKSKÖRPER | 1 | 1.4G | | 1.4 | 645<br>651 | 0 | E0 | P135 | | MP23<br>MP24 |
| | | 0337 | FEUERWERKSKÖRPER | 1 | 1.4S | | 1.4 | 645 | 0 | E0 | P135 | | MP23<br>MP24 |
| | | 0338 | PATRONEN FÜR WAFFEN, MANÖVER oder PATRONEN FÜR HANDFEUERWAFFEN, MANÖVER | 1 | 1.4C | | 1.4 | | 0 | E0 | P130<br>LP101 | | MP22 |
| | | 0339 | PATRONEN FÜR WAFFEN MIT INERTEM GESCHOSS oder PATRONEN FÜR HANDFEUERWAFFEN | 1 | 1.4C | | 1.4 | | 0 | E0 | P130<br>LP101 | | MP22 |
| ! | ● | 0340 | NITROCELLULOSE, trocken oder angefeuchtet mit weniger als 25 Masse-% Wasser (oder Alkohol) | 1 | 1.1D | | 1 | 393 | 0 | E0 | P112a<br>P112b | | MP20 |
| ! | ● | 0341 | NITROCELLULOSE, nicht behandelt oder plastifiziert mit weniger als 18 Masse-% Plastifizierungsmittel | 1 | 1.1D | | 1 | 393 | 0 | E0 | P112b | | MP20 |
| ! | | 0342 | NITROCELLULOSE, ANGEFEUCHTET mit mindestens 25 Masse-% Alkohol | 1 | 1.3C | | 1 | 105<br>393 | 0 | E0 | P114a | PP43 | MP20 |
| ! | | 0343 | NITROCELLULOSE, PLASTIFIZIERT, mit mindestens 18 Masse-% Plastifizierungsmittel | 1 | 1.3C | | 1 | 105<br>393 | 0 | E0 | P111 | | MP20 |
| | | 0344 | GESCHOSSE, mit Sprengladung | 1 | 1.4D | | 1.4 | | 0 | E0 | P130<br>LP101 | PP67<br>L1 | MP21 |
| | | 0345 | GESCHOSSE, inert, mit Leuchtspurmitteln | 1 | 1.4S | | 1.4 | | 0 | E0 | P130<br>LP101 | PP67<br>L1 | MP23 |
| ! | ● | 0346 | GESCHOSSE, mit Zerleger oder Ausstoßladung | 1 | 1.2D | | 1 | | 0 | E0 | P130<br>LP101 | PP67<br>L1 | MP21 |

| Ortsbewegliche Tanks und Schüttgut-Container | | ADR-Tanks | | Fahrzeug für die Beförderung in Tanks | Beförderungskategorie (Tunnelbeschränkungscode) | Sondervorschriften für die Beförderung | | | | Nummer zur Kennzeichnung der Gefahr | UN-Nummer | Verlagshinweis „Gut zu wissen" |
|---|---|---|---|---|---|---|---|---|---|---|---|---|
| Anweisungen | Sondervorschriften | Tankcodierung | Sondervorschriften | | | Versandstücke | lose Schüttung | Be- und Entladung, Handhabung | Betrieb | | | |
| 4.2.5.2<br>7.3.2 | 4.2.5.3 | 4.3 | 4.3.5<br>6.8.4 | 9.1.1.2 | 1.1.3.6<br>(8.6) | 7.2.4 | 7.3.3 | 7.5.11 | 8.5 | 5.3.2.3 | | |
| (10) | (11) | (12) | (13) | (14) | (15) | (16) | (17) | (18) | (19) | (20) | (1) | |
| | | | | | 1<br>(B1000C) | V2 | | CV1<br>CV2<br>CV3 | S1 | | 0329 | |
| | | | | | 1<br>(B1000C) | V2 | | CV1<br>CV2<br>CV3 | S1 | | 0330 | |
| T1 | TP17<br>TP32 | S2,65AN(+) | TU3<br>TU12<br>TU41<br>TC8<br>TA1<br>TA5 | EX/III | 1<br>(B1000C) | V2<br>V12 | | CV1<br>CV2<br>CV3 | S1 | 1.5D | 0331 | |
| T1 | TP1<br>TP17<br>TP32 | | | EX/III | 1<br>(B1000C) | V2<br>V12 | | CV1<br>CV2<br>CV3 | S1 | 1.5D | 0332 | |
| | | | | | 1<br>(B1000C) | V2<br>V3 | | CV1<br>CV2<br>CV3 | S1 | | 0333 | →*Feuerwerk* |
| | | | | | 1<br>(B1000C) | V2<br>V3 | | CV1<br>CV2<br>CV3 | S1 | | 0334 | |
| | | | | | 1<br>(C5000D) | V2<br>V3 | | CV1<br>CV2<br>CV3 | S1 | | 0335 | →*RO-bi-SE-12*<br>→*RO-bi-CH-2*<br>→*CH: SDR Anh. 1 1.1.3.12* |
| | | | | | 2<br>(E) | V2 | | CV1<br>CV2<br>CV3 | S1 | | 0336 | →*RO-bi-CH-2*<br>→*CH: SDR Anh. 1 1.1.3.12* |
| | | | | | 4<br>(E) | | | CV1<br>CV2<br>CV3 | S1 | | 0337 | →*RO-bi-CH-2*<br>→*CH: SDR Anh. 1 1.1.3.12* |
| | | | | | 2<br>(E) | V2 | | CV1<br>CV2<br>CV3 | S1 | | 0338 | |
| | | | | | 2<br>(E) | V2 | | CV1<br>CV2<br>CV3 | S1 | | 0339 | |
| | | | | | 1<br>(B1000C) | V2<br>V3 | | CV1<br>CV2<br>CV3 | S1 | | 0340 | |
| | | | | | 1<br>(B1000C) | V2<br>V3 | | CV1<br>CV2<br>CV3 | S1 | | 0341 | |
| | | | | | 1<br>(C5000D) | V2 | | CV1<br>CV2<br>CV3 | S1 | | 0342 | |
| | | | | | 1<br>(C5000D) | V2 | | CV1<br>CV2<br>CV3 | S1 | | 0343 | |
| | | | | | 2<br>(E) | V2 | | CV1<br>CV2<br>CV3 | S1 | | 0344 | |
| | | | | | 4<br>(E) | | | CV1<br>CV2<br>CV3 | S1 | | 0345 | |
| | | | | | 1<br>(B1000C) | V2 | | CV1<br>CV2<br>CV3 | S1 | | 0346 | |

## UN-numerisches Verzeichnis (Tabelle A)

| Verlagshinweis: Sicherung | Verlagshinweis: Fahrweg | UN-Nummer | Benennung und Beschreibung | Klasse | Klassifizierungscode | Verpackungsgruppe | Gefahrzettel | Sondervorschriften | Begrenzte und freigestellte Mengen | | Verpackungen: Anweisungen | Verpackungen: Sondervorschriften | Verpackungen: Zusammenpackung |
|---|---|---|---|---|---|---|---|---|---|---|---|---|---|
| | | | 3.1.2 | 2.2 | 2.2 | 2.1.1.3 | 5.2.2 | 3.3 | 3.4/3.5.1.2 | | 4.1.4 | 4.1.4 | 4.1.10 |
| | | (1) | (2) | (3a) | (3b) | (4) | (5) | (6) | (7a) | (7b) | (8) | (9a) | (9b) |
| | | 0347 | GESCHOSSE, mit Zerleger oder Ausstoßladung | 1 | 1.4D | | 1.4 | | 0 | E0 | P130<br>LP101 | PP67<br>L1 | MP21 |
| | | 0348 | PATRONEN FÜR WAFFEN, mit Sprengladung | 1 | 1.4F | | 1.4 | | 0 | E0 | P130<br>LP101 | | MP23 |
| | | 0349 | GEGENSTÄNDE MIT EXPLOSIVSTOFF, N.A.G. | 1 | 1.4S | | 1.4 | 178<br>274<br>347 | 0 | E0 | P101 | | MP2 |
| | | 0350 | GEGENSTÄNDE MIT EXPLOSIVSTOFF, N.A.G. | 1 | 1.4B | | 1.4 | 178<br>274 | 0 | E0 | P101 | | MP2 |
| | | 0351 | GEGENSTÄNDE MIT EXPLOSIVSTOFF, N.A.G. | 1 | 1.4C | | 1.4 | 178<br>274 | 0 | E0 | P101 | | MP2 |
| | | 0352 | GEGENSTÄNDE MIT EXPLOSIVSTOFF, N.A.G. | 1 | 1.4D | | 1.4 | 178<br>274 | 0 | E0 | P101 | | MP2 |
| | | 0353 | GEGENSTÄNDE MIT EXPLOSIVSTOFF, N.A.G. | 1 | 1.4G | | 1.4 | 178<br>274 | 0 | E0 | P101 | | MP2 |
| ! | ● | 0354 | GEGENSTÄNDE MIT EXPLOSIVSTOFF, N.A.G. | 1 | 1.1L | | 1 | 178<br>274 | 0 | E0 | P101 | | MP1 |
| ! | ● | 0355 | GEGENSTÄNDE MIT EXPLOSIVSTOFF, N.A.G. | 1 | 1.2L | | 1 | 178<br>274 | 0 | E0 | P101 | | MP1 |
| | | 0356 | GEGENSTÄNDE MIT EXPLOSIVSTOFF, N.A.G. | 1 | 1.3L | | 1 | 178<br>274 | 0 | E0 | P101 | | MP1 |
| ! | ● | 0357 | EXPLOSIVE STOFFE, N.A.G. | 1 | 1.1L | | 1 | 178<br>274 | 0 | E0 | P101 | | MP1 |
| ! | ● | 0358 | EXPLOSIVE STOFFE, N.A.G. | 1 | 1.2L | | 1 | 178<br>274 | 0 | E0 | P101 | | MP1 |
| | | 0359 | EXPLOSIVE STOFFE, N.A.G. | 1 | 1.3L | | 1 | 178<br>274 | 0 | E0 | P101 | | MP1 |
| ! | ● | 0360 | ZÜNDEINRICHTUNGEN für Sprengungen, NICHT ELEKTRISCH | 1 | 1.1B | | 1 | | 0 | E0 | P131 | | MP23 |
| ! | | 0361 | ZÜNDEINRICHTUNGEN für Sprengungen, NICHT ELEKTRISCH | 1 | 1.4B | | 1.4 | | 0 | E0 | P131 | | MP23 |
| | | 0362 | MUNITION, ÜBUNG | 1 | 1.4G | | 1.4 | | 0 | E0 | P130<br>LP101 | PP67<br>L1 | MP23 |
| | | 0363 | MUNITION, PRÜF | 1 | 1.4G | | 1.4 | | 0 | E0 | P130<br>LP101 | PP67<br>L1 | MP23 |

| Ortsbewegliche Tanks und Schüttgut-Container | | ADR-Tanks | | Fahrzeug für die Beförderung in Tanks | Beförderungskategorie (Tunnelbeschränkungscode) | Sondervorschriften für die Beförderung | | | | Nummer zur Kennzeichnung der Gefahr | UN-Nummer | Verlagshinweis *„Gut zu wissen"* |
|---|---|---|---|---|---|---|---|---|---|---|---|---|
| Anweisungen | Sondervorschriften | Tankcodierung | Sondervorschriften | | | Versandstücke | lose Schüttung | Be- und Entladung, Handhabung | Betrieb | | | |
| 4.2.5.2 7.3.2 | 4.2.5.3 | 4.3 | 4.3.5 6.8.4 | 9.1.1.2 | 1.1.3.6 (8.6) | 7.2.4 | 7.3.3 | 7.5.11 | 8.5 | 5.3.2.3 | | |
| (10) | (11) | (12) | (13) | (14) | (15) | (16) | (17) | (18) | (19) | (20) | (1) | |
| | | | | | 2 (E) | V2 | | CV1 CV2 CV3 | S1 | | 0347 | |
| | | | | | 2 (E) | V2 | | CV1 CV2 CV3 | S1 | | 0348 | |
| | | | | | 4 (E) | | | CV1 CV2 CV3 | S1 | | 0349 | |
| | | | | | 2 (E) | V2 | | CV1 CV2 CV3 | S1 | | 0350 | |
| | | | | | 2 (E) | V2 | | CV1 CV2 CV3 | S1 | | 0351 | |
| | | | | | 2 (E) | V2 | | CV1 CV2 CV3 | S1 | | 0352 | |
| | | | | | 2 (E) | V2 | | CV1 CV2 CV3 | S1 | | 0353 | |
| | | | | | 0 (B) | V2 | | CV1 CV2 CV3 CV4 | S1 | | 0354 | |
| | | | | | 0 (B) | V2 | | CV1 CV2 CV3 CV4 | S1 | | 0355 | |
| | | | | | 0 (B) | V2 | | CV1 CV2 CV3 CV4 | S1 | | 0356 | |
| | | | | | 0 (B) | V2 | | CV1 CV2 CV3 CV4 | S1 | | 0357 | |
| | | | | | 0 (B) | V2 | | CV1 CV2 CV3 CV4 | S1 | | 0358 | |
| | | | | | 0 (B) | V2 | | CV1 CV2 CV3 CV4 | S1 | | 0359 | |
| | | | | | 1 (B1000C) | V2 | | CV1 CV2 CV3 | S1 | | 0360 | |
| | | | | | 2 (E) | V2 | | CV1 CV2 CV3 | S1 | | 0361 | |
| | | | | | 2 (E) | V2 | | CV1 CV2 CV3 | S1 | | 0362 | |
| | | | | | 2 (E) | V2 | | CV1 CV2 CV3 | S1 | | 0363 | |

| Verlagshinweis: Sicherung | Verlagshinweis: Fahrweg | UN-Nummer | Benennung und Beschreibung | Klasse | Klassifizierungscode | Verpackungsgruppe | Gefahrzettel | Sondervorschriften | Begrenzte und freigestellte Mengen | | Verpackungen: Anweisungen | Verpackungen: Sondervorschriften | Verpackungen: Zusammenpackung |
|---|---|---|---|---|---|---|---|---|---|---|---|---|---|
| | | | 3.1.2 | 2.2 | 2.2 | 2.1.1.3 | 5.2.2 | 3.3 | 3.4/3.5.1.2 | | 4.1.4 | 4.1.4 | 4.1.10 |
| | | (1) | (2) | (3a) | (3b) | (4) | (5) | (6) | (7a) | (7b) | (8) | (9a) | (9b) |
| ! | ● | 0364 | DETONATOREN FÜR MUNITION | 1 | 1.2B | | 1 | | 0 | E0 | P133 | | MP23 |
| ! | | 0365 | DETONATOREN FÜR MUNITION | 1 | 1.4B | | 1.4 | | 0 | E0 | P133 | | MP23 |
| ! | | 0366 | DETONATOREN FÜR MUNITION | 1 | 1.4S | | 1.4 | 347 | 0 | E0 | P133 | | MP23 |
| | | 0367 | ZÜNDER, SPRENGKRÄFTIG | 1 | 1.4S | | 1.4 | 347 | 0 | E0 | P141 | | MP23 |
| | | 0368 | ZÜNDER, NICHT SPRENGKRÄFTIG | 1 | 1.4S | | 1.4 | | 0 | E0 | P141 | | MP23 |
| ! | ● | 0369 | GEFECHTSKÖPFE, RAKETE, mit Sprengladung | 1 | 1.1F | | 1 | | 0 | E0 | P130<br>LP101 | | MP23 |
| | | 0370 | GEFECHTSKÖPFE, RAKETE, mit Zerleger oder Ausstoßladung | 1 | 1.4D | | 1.4 | | 0 | E0 | P130<br>LP101 | PP67<br>L1 | MP21 |
| | | 0371 | GEFECHTSKÖPFE, RAKETE, mit Zerleger oder Ausstoßladung | 1 | 1.4F | | 1.4 | | 0 | E0 | P130<br>LP101 | | MP23 |
| ! | ● | 0372 | GRANATEN, ÜBUNG, Hand oder Gewehr | 1 | 1.2G | | 1 | | 0 | E0 | P141 | | MP23 |
| | | 0373 | SIGNALKÖRPER, HAND | 1 | 1.4S | | 1.4 | | 0 | E0 | P135 | | MP23<br>MP24 |
| ! | ● | 0374 | FALLLOTE, MIT EXPLOSIVSTOFF | 1 | 1.1D | | 1 | | 0 | E0 | P134<br>LP102 | | MP21 |
| ! | ● | 0375 | FALLLOTE, MIT EXPLOSIVSTOFF | 1 | 1.2D | | 1 | | 0 | E0 | P134<br>LP102 | | MP21 |
| | | 0376 | TREIBLADUNGSANZÜNDER | 1 | 1.4S | | 1.4 | | 0 | E0 | P133 | | MP23 |
| ! | ● | 0377 | ANZÜNDHÜTCHEN | 1 | 1.1B | | 1 | | 0 | E0 | P133 | | MP23 |
| | | 0378 | ANZÜNDHÜTCHEN | 1 | 1.4B | | 1.4 | | 0 | E0 | P133 | | MP23 |
| | | 0379 | TREIBLADUNGSHÜLSEN, LEER, MIT TREIBLADUNGSANZÜNDER | 1 | 1.4C | | 1.4 | | 0 | E0 | P136 | | MP22 |
| ! | ● | 0380 | GEGENSTÄNDE, PYROPHOR | 1 | 1.2L | | 1 | | 0 | E0 | P101 | | MP1 |
| ! | ● | 0381 | KARTUSCHEN FÜR TECHNISCHE ZWECKE | 1 | 1.2C | | 1 | | 0 | E0 | P134<br>LP102 | | MP22 |

| Ortsbewegliche Tanks und Schüttgut-Container | | ADR-Tanks | | Fahrzeug für die Beförderung in Tanks | Beförderungskategorie (Tunnelbeschränkungscode) | Sondervorschriften für die Beförderung | | | | Nummer zur Kennzeichnung der Gefahr | UN-Nummer | Verlagshinweis „Gut zu wissen" |
|---|---|---|---|---|---|---|---|---|---|---|---|---|
| Anweisungen | Sondervorschriften | Tankcodierung | Sondervorschriften | | | Versandstücke | lose Schüttung | Be- und Entladung, Handhabung | Betrieb | | | |
| 4.2.5.2 7.3.2 | 4.2.5.3 | 4.3 | 4.3.5 6.8.4 | 9.1.1.2 | 1.1.3.6 (8.6) | 7.2.4 | 7.3.3 | 7.5.11 | 8.5 | 5.3.2.3 | | |
| (10) | (11) | (12) | (13) | (14) | (15) | (16) | (17) | (18) | (19) | (20) | (1) | |
| | | | | | 1 (B1000C) | V2 | | CV1 CV2 CV3 | S1 | | 0364 | |
| | | | | | 2 (E) | V2 | | CV1 CV2 CV3 | S1 | | 0365 | |
| | | | | | 4 (E) | | | CV1 CV2 CV3 | S1 | | 0366 | |
| | | | | | 4 (E) | | | CV1 CV2 CV3 | S1 | | 0367 | |
| | | | | | 4 (E) | | | CV1 CV2 CV3 | S1 | | 0368 | |
| | | | | | 1 (B1000C) | V2 | | CV1 CV2 CV3 | S1 | | 0369 | |
| | | | | | 2 (E) | V2 | | CV1 CV2 CV3 | S1 | | 0370 | |
| | | | | | 2 (E) | V2 | | CV1 CV2 CV3 | S1 | | 0371 | |
| | | | | | 1 (B1000C) | V2 | | CV1 CV2 CV3 | S1 | | 0372 | |
| | | | | | 4 (E) | | | CV1 CV2 CV3 | S1 | | 0373 | →3.3 SV296 |
| | | | | | 1 (B1000C) | V2 | | CV1 CV2 CV3 | S1 | | 0374 | |
| | | | | | 1 (B1000C) | V2 | | CV1 CV2 CV3 | S1 | | 0375 | |
| | | | | | 4 (E) | | | CV1 CV2 CV3 | S1 | | 0376 | |
| | | | | | 1 (B1000C) | V2 | | CV1 CV2 CV3 | S1 | | 0377 | |
| | | | | | 2 (E) | V2 | | CV1 CV2 CV3 | S1 | | 0378 | |
| | | | | | 2 (E) | V2 | | CV1 CV2 CV3 | S1 | | 0379 | |
| | | | | | 0 (B) | V2 | | CV1 CV2 CV3 CV4 | S1 | | 0380 | |
| | | | | | 1 (B1000C) | V2 | | CV1 CV2 CV3 | S1 | | 0381 | |

## UN-numerisches Verzeichnis (Tabelle A)

| Verlagshinweis Sicherung | Verlagshinweis Fahrweg | UN-Nummer | Benennung und Beschreibung | Klasse | Klassifizierungscode | Verpackungsgruppe | Gefahrzettel | Sondervorschriften | Begrenzte und freigestellte Mengen | | Verpackungen Anweisungen | Verpackungen Sondervorschriften | Verpackungen Zusammenpackung |
|---|---|---|---|---|---|---|---|---|---|---|---|---|---|
| | | | 3.1.2 | 2.2 | 2.2 | 2.1.1.3 | 5.2.2 | 3.3 | 3.4/3.5.1.2 | | 4.1.4 | 4.1.4 | 4.1.10 |
| | | (1) | (2) | (3a) | (3b) | (4) | (5) | (6) | (7a) | (7b) | (8) | (9a) | (9b) |
| ! | ● | 0382 | BESTANDTEILE, ZÜNDKETTE, N.A.G. | 1 | 1.2B | | 1 | 178<br>274 | 0 | E0 | P101 | | MP2 |
| | | 0383 | BESTANDTEILE, ZÜNDKETTE, N.A.G. | 1 | 1.4B | | 1.4 | 178<br>274 | 0 | E0 | P101 | | MP2 |
| | | 0384 | BESTANDTEILE, ZÜNDKETTE, N.A.G. | 1 | 1.4S | | 1.4 | 178<br>274<br>347 | 0 | E0 | P101 | | MP2 |
| ! | ● | 0385 | 5-NITROBENZOTRIAZOL | 1 | 1.1D | | 1 | | 0 | E0 | P112b<br>P112c | | MP20 |
| ! | ● | 0386 | TRINITROBENZENSULFONSÄURE | 1 | 1.1D | | 1 | | 0 | E0 | P112b<br>P112c | PP26 | MP20 |
| ! | ● | 0387 | TRINITROFLUORENON | 1 | 1.1D | | 1 | | 0 | E0 | P112b<br>P112c | | MP20 |
| ! | ● | 0388 | TRINITROTOLUEN (TNT) IN MISCHUNG MIT TRINITROBENZEN oder TRINITROTOLUEN (TNT) IN MISCHUNG MIT HEXANITROSTILBEN | 1 | 1.1D | | 1 | | 0 | E0 | P112b<br>P112c | | MP20 |
| ! | ● | 0389 | TRINITROTOLUEN (TNT) IN MISCHUNG MIT TRINITROBENZEN UND HEXANITROSTILBEN | 1 | 1.1D | | 1 | | 0 | E0 | P112b<br>P112c | | MP20 |
| ! | ● | 0390 | TRITONAL | 1 | 1.1D | | 1 | | 0 | E0 | P112b<br>P112c | | MP20 |
| ! | ● | 0391 | CYCLOTRIMETHYLENTRINITRAMIN (CYCLONIT), (HEXOGEN), (RDX), IN MISCHUNG MIT CYCLOTETRAMETHYLENTETRANITRAMIN (HMX), (OKTOGEN), ANGEFEUCHTET mit mindestens 15 Masse-% Wasser oder DESENSIBILISIERT mit mindestens 10 Masse-% Phlegmatisierungsmittel | 1 | 1.1D | | 1 | 266 | 0 | E0 | P112a<br>P112b | | MP20 |
| ! | ● | 0392 | HEXANITROSTILBEN | 1 | 1.1D | | 1 | | 0 | E0 | P112b<br>P112c | | MP20 |
| ! | ● | 0393 | HEXOTONAL | 1 | 1.1D | | 1 | | 0 | E0 | P112b | | MP20 |
| ! | ● | 0394 | TRINITRORESORCINOL (STYPHNINSÄURE), ANGEFEUCHTET mit mindestens 20 Masse-% Wasser oder einer Alkohol/Wasser-Mischung | 1 | 1.1D | | 1 | | 0 | E0 | P112a | PP26 | MP20 |
| ! | ● | 0395 | RAKETENMOTOREN, FLÜSSIGTREIBSTOFF | 1 | 1.2J | | 1 | | 0 | E0 | P101 | | MP23 |
| | | 0396 | RAKETENMOTOREN, FLÜSSIGTREIBSTOFF | 1 | 1.3J | | 1 | | 0 | E0 | P101 | | MP23 |
| ! | ● | 0397 | RAKETEN, FLÜSSIGTREIBSTOFF, mit Sprengladung | 1 | 1.1J | | 1 | | 0 | E0 | P101 | | MP23 |
| ! | ● | 0398 | RAKETEN, FLÜSSIGTREIBSTOFF, mit Sprengladung | 1 | 1.2J | | 1 | | 0 | E0 | P101 | | MP23 |

## UN-numerisches Verzeichnis (Tabelle A)

| Ortsbewegliche Tanks und Schüttgut-Container | | ADR-Tanks | | Fahrzeug für die Beförderung in Tanks | Beförderungskategorie (Tunnelbeschränkungscode) | Sondervorschriften für die Beförderung | | | | Nummer zur Kennzeichnung der Gefahr | UN-Nummer | Verlagshinweis „Gut zu wissen" |
|---|---|---|---|---|---|---|---|---|---|---|---|---|
| Anweisungen | Sondervorschriften | Tankcodierung | Sondervorschriften | | | Versandstücke | lose Schüttung | Be- und Entladung, Handhabung | Betrieb | | | |
| 4.2.5.2<br>7.3.2 | 4.2.5.3 | 4.3 | 4.3.5<br>6.8.4 | 9.1.1.2 | 1.1.3.6<br>(8.6) | 7.2.4 | 7.3.3 | 7.5.11 | 8.5 | 5.3.2.3 | | |
| (10) | (11) | (12) | (13) | (14) | (15) | (16) | (17) | (18) | (19) | (20) | (1) | |
| | | | | | 1<br>(B1000C) | V2 | | CV1<br>CV2<br>CV3 | S1 | | 0382 | |
| | | | | | 2<br>(E) | V2 | | CV1<br>CV2<br>CV3 | S1 | | 0383 | |
| | | | | | 4<br>(E) | | | CV1<br>CV2<br>CV3 | S1 | | 0384 | |
| | | | | | 1<br>(B1000C) | V2<br>V3 | | CV1<br>CV2<br>CV3 | S1 | | 0385 | |
| | | | | | 1<br>(B1000C) | V2<br>V3 | | CV1<br>CV2<br>CV3 | S1 | | 0386 | |
| | | | | | 1<br>(B1000C) | V2<br>V3 | | CV1<br>CV2<br>CV3 | S1 | | 0387 | |
| | | | | | 1<br>(B1000C) | V2<br>V3 | | CV1<br>CV2<br>CV3 | S1 | | 0388 | |
| | | | | | 1<br>(B1000C) | V2<br>V3 | | CV1<br>CV2<br>CV3 | S1 | | 0389 | |
| | | | | | 1<br>(B1000C) | V2<br>V3 | | CV1<br>CV2<br>CV3 | S1 | | 0390 | |
| | | | | | 1<br>(B1000C) | V2<br>V3 | | CV1<br>CV2<br>CV3 | S1 | | 0391 | |
| | | | | | 1<br>(B1000C) | V2<br>V3 | | CV1<br>CV2<br>CV3 | S1 | | 0392 | |
| | | | | | 1<br>(B1000C) | V2<br>V3 | | CV1<br>CV2<br>CV3 | S1 | | 0393 | |
| | | | | | 1<br>(B1000C) | V2 | | CV1<br>CV2<br>CV3 | S1 | | 0394 | |
| | | | | | 1<br>(B1000C) | V2 | | CV1<br>CV2<br>CV3 | S1 | | 0395 | |
| | | | | | 1<br>(C) | V2 | | CV1<br>CV2<br>CV3 | S1 | | 0396 | |
| | | | | | 1<br>(B1000C) | V2 | | CV1<br>CV2<br>CV3 | S1 | | 0397 | |
| | | | | | 1<br>(B1000C) | V2 | | CV1<br>CV2<br>CV3 | S1 | | 0398 | |

## UN-numerisches Verzeichnis (Tabelle A)

| Verlagshinweis: Sicherung | Verlagshinweis: Fahrweg | UN-Nummer | Benennung und Beschreibung | Klasse | Klassifizierungscode | Verpackungsgruppe | Gefahrzettel | Sondervorschriften | Begrenzte und freigestellte Mengen | | Verpackungen: Anweisungen | Verpackungen: Sondervorschriften | Verpackungen: Zusammenpackung |
|---|---|---|---|---|---|---|---|---|---|---|---|---|---|
| | | | 3.1.2 | 2.2 | 2.2 | 2.1.1.3 | 5.2.2 | 3.3 | 3.4/3.5.1.2 | | 4.1.4 | 4.1.4 | 4.1.10 |
| | | (1) | (2) | (3a) | (3b) | (4) | (5) | (6) | (7a) | (7b) | (8) | (9a) | (9b) |
| ! | ● | 0399 | BOMBEN, DIE ENTZÜNDBARE FLÜSSIGKEIT ENTHALTEN, mit Sprengladung | 1 | 1.1J | | 1 | | 0 | E0 | P101 | | MP23 |
| ! | ● | 0400 | BOMBEN, DIE ENTZÜNDBARE FLÜSSIGKEIT ENTHALTEN, mit Sprengladung | 1 | 1.2J | | 1 | | 0 | E0 | P101 | | MP23 |
| ! | ● | 0401 | DIPIKRYLSULFID, trocken oder angefeuchtet mit weniger als 10 Masse-% Wasser | 1 | 1.1D | | 1 | | 0 | E0 | P112a<br>P112b<br>P112c | | MP20 |
| ! | ● | 0402 | AMMONIUMPERCHLORAT | 1 | 1.1D | | 1 | 152 | 0 | E0 | P112b<br>P112c | | MP20 |
| | | 0403 | LEUCHTKÖRPER, LUFTFAHRZEUG | 1 | 1.4G | | 1.4 | | 0 | E0 | P135 | | MP23 |
| | | 0404 | LEUCHTKÖRPER, LUFTFAHRZEUG | 1 | 1.4S | | 1.4 | | 0 | E0 | P135 | | MP23 |
| | | 0405 | PATRONEN, SIGNAL | 1 | 1.4S | | 1.4 | | 0 | E0 | P135 | | MP23<br>MP24 |
| ! | | 0406 | DINITROSOBENZEN | 1 | 1.3C | | 1 | | 0 | E0 | P114b | | MP20 |
| | | 0407 | TETRAZOL-1-ESSIGSÄURE | 1 | 1.4C | | 1.4 | | 0 | E0 | P114b | | MP20 |
| ! | ● | 0408 | ZÜNDER, SPRENGKRÄFTIG, mit Sicherungsvorrichtungen | 1 | 1.1D | | 1 | | 0 | E0 | P141 | | MP21 |
| ! | ● | 0409 | ZÜNDER, SPRENGKRÄFTIG, mit Sicherungsvorrichtungen | 1 | 1.2D | | 1 | | 0 | E0 | P141 | | MP21 |
| | | 0410 | ZÜNDER, SPRENGKRÄFTIG, mit Sicherungsvorrichtungen | 1 | 1.4D | | 1.4 | | 0 | E0 | P141 | | MP21 |
| ! | ● | 0411 | PENTAERYTHRITTETRANITRAT (PENTAERYTHRITOLTETRANITRAT) (PETN), mit nicht weniger als 7 Masse-% Wachs | 1 | 1.1D | | 1 | 131 | 0 | E0 | P112b<br>P112c | | MP20 |
| | | 0412 | PATRONEN FÜR WAFFEN, mit Sprengladung | 1 | 1.4E | | 1.4 | | 0 | E0 | P130<br>LP101 | PP67<br>L1 | MP21 |
| ! | ● | 0413 | PATRONEN FÜR WAFFEN, MANÖVER | 1 | 1.2C | | 1 | | 0 | E0 | P130<br>LP101 | | MP22 |
| ! | ● | 0414 | TREIBLADUNGEN FÜR GESCHÜTZE | 1 | 1.2C | | 1 | | 0 | E0 | P130<br>LP101 | | MP22 |
| ! | ● | 0415 | TREIBSÄTZE | 1 | 1.2C | | 1 | | 0 | E0 | P143 | PP76 | MP22 |
| ! | | 0417 | PATRONEN FÜR WAFFEN, MIT INERTEM GESCHOSS oder PATRONEN FÜR HANDFEUERWAFFEN | 1 | 1.3C | | 1 | | 0 | E0 | P130<br>LP101 | | MP22 |
| ! | ● | 0418 | LEUCHTKÖRPER, BODEN | 1 | 1.1G | | 1 | | 0 | E0 | P135 | | MP23 |

| Ortsbewegliche Tanks und Schüttgut-Container | | ADR-Tanks | | Fahrzeug für die Beförderung in Tanks | Beförderungskategorie (Tunnelbeschränkungscode) | Sondervorschriften für die Beförderung | | | | Nummer zur Kennzeichnung der Gefahr | UN-Nummer | Verlagshinweis „Gut zu wissen" |
|---|---|---|---|---|---|---|---|---|---|---|---|---|
| Anweisungen | Sondervorschriften | Tankcodierung | Sondervorschriften | | | Versandstücke | lose Schüttung | Be- und Entladung, Handhabung | Betrieb | | | |
| 4.2.5.2 7.3.2 | 4.2.5.3 | 4.3 | 4.3.5 6.8.4 | 9.1.1.2 | 1.1.3.6 (8.6) | 7.2.4 | 7.3.3 | 7.5.11 | 8.5 | 5.3.2.3 | | |
| (10) | (11) | (12) | (13) | (14) | (15) | (16) | (17) | (18) | (19) | (20) | (1) | |
| | | | | | 1 (B1000C) | V2 | | CV1 CV2 CV3 | S1 | | 0399 | |
| | | | | | 1 (B1000C) | V2 | | CV1 CV2 CV3 | S1 | | 0400 | |
| | | | | | 1 (B1000C) | V2 V3 | | CV1 CV2 CV3 | S1 | | 0401 | |
| | | | | | 1 (B1000C) | V2 V3 | | CV1 CV2 CV3 | S1 | | 0402 | |
| | | | | | 2 (E) | V2 | | CV1 CV2 CV3 | S1 | | 0403 | →*RO-a-IE-6* |
| | | | | | 4 (E) | | | CV1 CV2 CV3 | S1 | | 0404 | →*RO-a-IE-6* |
| | | | | | 4 (E) | | | CV1 CV2 CV3 | S1 | | 0405 | |
| | | | | | 1 (C5000D) | V2 V3 | | CV1 CV2 CV3 | S1 | | 0406 | |
| | | | | | 2 (E) | V2 | | CV1 CV2 CV3 | S1 | | 0407 | |
| | | | | | 1 (B1000C) | V2 | | CV1 CV2 CV3 | S1 | | 0408 | |
| | | | | | 1 (B1000C) | V2 | | CV1 CV2 CV3 | S1 | | 0409 | |
| | | | | | 2 (E) | V2 | | CV1 CV2 CV3 | S1 | | 0410 | |
| | | | | | 1 (B1000C) | V2 V3 | | CV1 CV2 CV3 | S1 | | 0411 | |
| | | | | | 2 (E) | V2 | | CV1 CV2 CV3 | S1 | | 0412 | |
| | | | | | 1 (B1000C) | V2 | | CV1 CV2 CV3 | S1 | | 0413 | |
| | | | | | 1 (B1000C) | V2 | | CV1 CV2 CV3 | S1 | | 0414 | |
| | | | | | 1 (B1000C) | V2 | | CV1 CV2 CV3 | S1 | | 0415 | |
| | | | | | 1 (C5000D) | V2 | | CV1 CV2 CV3 | S1 | | 0417 | |
| | | | | | 1 (B1000C) | V2 | | CV1 CV2 CV3 | S1 | | 0418 | |

## UN-numerisches Verzeichnis (Tabelle A)

| Verlagshinweis | | UN-Nummer | Benennung und Beschreibung | Klasse | Klassifizierungscode | Verpackungsgruppe | Gefahrzettel | Sondervorschriften | Begrenzte und freigestellte Mengen | | Verpackungen | | |
|---|---|---|---|---|---|---|---|---|---|---|---|---|---|
| | | | | | | | | | | | Anweisungen | Sondervorschriften | Zusammenpackung |
| Sicherung | Fahrweg | | 3.1.2 | 2.2 | 2.2 | 2.1.1.3 | 5.2.2 | 3.3 | 3.4/3.5.1.2 | | 4.1.4 | 4.1.4 | 4.1.10 |
| | | (1) | (2) | (3a) | (3b) | (4) | (5) | (6) | (7a) | (7b) | (8) | (9a) | (9b) |
| ! | ● | 0419 | LEUCHTKÖRPER, BODEN | 1 | 1.2G | | 1 | | 0 | E0 | P135 | | MP23 |
| ! | ● | 0420 | LEUCHTKÖRPER, LUFTFAHRZEUG | 1 | 1.1G | | 1 | | 0 | E0 | P135 | | MP23 |
| ! | ● | 0421 | LEUCHTKÖRPER, LUFTFAHRZEUG | 1 | 1.2G | | 1 | | 0 | E0 | P135 | | MP23 |
| | | 0424 | GESCHOSSE, inert, mit Leuchtspurmitteln | 1 | 1.3G | | 1 | | 0 | E0 | P130<br>LP101 | PP67<br>L1 | MP23 |
| | | 0425 | GESCHOSSE, inert, mit Leuchtspurmitteln | 1 | 1.4G | | 1.4 | | 0 | E0 | P130<br>LP101 | PP67<br>L1 | MP23 |
| ! | ● | 0426 | GESCHOSSE, mit Zerleger oder Ausstoßladung | 1 | 1.2F | | 1 | | 0 | E0 | P130<br>LP101 | | MP23 |
| | | 0427 | GESCHOSSE, mit Zerleger oder Ausstoßladung | 1 | 1.4F | | 1.4 | | 0 | E0 | P130<br>LP101 | | MP23 |
| ! | ● | 0428 | PYROTECHNISCHE GEGENSTÄNDE für technische Zwecke | 1 | 1.1G | | 1 | | 0 | E0 | P135 | | MP23<br>MP24 |
| ! | ● | 0429 | PYROTECHNISCHE GEGENSTÄNDE für technische Zwecke | 1 | 1.2G | | 1 | | 0 | E0 | P135 | | MP23<br>MP24 |
| | | 0430 | PYROTECHNISCHE GEGENSTÄNDE für technische Zwecke | 1 | 1.3G | | 1 | | 0 | E0 | P135 | | MP23<br>MP24 |
| | | 0431 | PYROTECHNISCHE GEGENSTÄNDE für technische Zwecke | 1 | 1.4G | | 1.4 | | 0 | E0 | P135 | | MP23<br>MP24 |
| | | 0432 | PYROTECHNISCHE GEGENSTÄNDE für technische Zwecke | 1 | 1.4S | | 1.4 | | 0 | E0 | P135 | | MP23<br>MP24 |
| ! | ● | 0433 | PULVERROHMASSE, ANGEFEUCHTET mit nicht weniger als 17 Masse-% Alkohol | 1 | 1.1C | | 1 | 266 | 0 | E0 | P111 | | MP20 |
| ! | ● | 0434 | GESCHOSSE, mit Zerleger oder Ausstoßladung | 1 | 1.2G | | 1 | | 0 | E0 | P130<br>LP101 | PP67<br>L1 | MP23 |
| | | 0435 | GESCHOSSE, mit Zerleger oder Ausstoßladung | 1 | 1.4G | | 1.4 | | 0 | E0 | P130<br>LP101 | PP67<br>L1 | MP23 |
| ! | ● | 0436 | RAKETEN, mit Ausstoßladung | 1 | 1.2C | | 1 | | 0 | E0 | P130<br>LP101 | PP67<br>L1 | MP22 |
| ! | | 0437 | RAKETEN, mit Ausstoßladung | 1 | 1.3C | | 1 | | 0 | E0 | P130<br>LP101 | PP67<br>L1 | MP22 |
| | | 0438 | RAKETEN, mit Ausstoßladung | 1 | 1.4C | | 1.4 | | 0 | E0 | P130<br>LP101 | PP67<br>L1 | MP22 |
| ! | ● | 0439 | HOHLLADUNGEN, ohne Zündmittel | 1 | 1.2D | | 1 | | 0 | E0 | P137 | PP70 | MP21 |

| Ortsbewegliche Tanks und Schüttgut-Container | | ADR-Tanks | | Fahrzeug für die Beförderung in Tanks | Beförderungskategorie (Tunnelbeschränkungscode) | Sondervorschriften für die Beförderung | | | | Nummer zur Kennzeichnung der Gefahr | UN-Nummer | Verlagshinweis *„Gut zu wissen"* |
|---|---|---|---|---|---|---|---|---|---|---|---|---|
| Anweisungen | Sondervorschriften | Tankcodierung | Sondervorschriften | | | Versandstücke | lose Schüttung | Be- und Entladung, Handhabung | Betrieb | | | |
| 4.2.5.2<br>7.3.2 | 4.2.5.3 | 4.3 | 4.3.5<br>6.8.4 | 9.1.1.2 | 1.1.3.6<br>(8.6) | 7.2.4 | 7.3.3 | 7.5.11 | 8.5 | 5.3.2.3 | | |
| (10) | (11) | (12) | (13) | (14) | (15) | (16) | (17) | (18) | (19) | (20) | (1) | |
| | | | | | 1<br>(B1000C) | V2 | | CV1<br>CV2<br>CV3 | S1 | | 0419 | |
| | | | | | 1<br>(B1000C) | V2 | | CV1<br>CV2<br>CV3 | S1 | | 0420 | |
| | | | | | 1<br>(B1000C) | V2 | | CV1<br>CV2<br>CV3 | S1 | | 0421 | |
| | | | | | 1<br>(C5000D) | V2 | | CV1<br>CV2<br>CV3 | S1 | | 0424 | |
| | | | | | 2<br>(E) | V2 | | CV1<br>CV2<br>CV3 | S1 | | 0425 | |
| | | | | | 1<br>(B1000C) | V2 | | CV1<br>CV2<br>CV3 | S1 | | 0426 | |
| | | | | | 2<br>(E) | V2 | | CV1<br>CV2<br>CV3 | S1 | | 0427 | |
| | | | | | 1<br>(B1000C) | V2 | | CV1<br>CV2<br>CV3 | S1 | | 0428 | |
| | | | | | 1<br>(B1000C) | V2 | | CV1<br>CV2<br>CV3 | S1 | | 0429 | |
| | | | | | 1<br>(C5000D) | V2 | | CV1<br>CV2<br>CV3 | S1 | | 0430 | |
| | | | | | 2<br>(E) | V2 | | CV1<br>CV2<br>CV3 | S1 | | 0431 | *→D: GGAV 28*<br>*→RO-a-DE-1* |
| | | | | | 4<br>(E) | | | CV1<br>CV2<br>CV3 | S1 | | 0432 | |
| | | | | | 1<br>(B1000C) | V2 | | CV1<br>CV2<br>CV3 | S1 | | 0433 | |
| | | | | | 1<br>(B1000C) | V2 | | CV1<br>CV2<br>CV3 | S1 | | 0434 | |
| | | | | | 2<br>(E) | V2 | | CV1<br>CV2<br>CV3 | S1 | | 0435 | |
| | | | | | 1<br>(B1000C) | V2 | | CV1<br>CV2<br>CV3 | S1 | | 0436 | |
| | | | | | 1<br>(C5000D) | V2 | | CV1<br>CV2<br>CV3 | S1 | | 0437 | |
| | | | | | 2<br>(E) | V2 | | CV1<br>CV2<br>CV3 | S1 | | 0438 | |
| | | | | | 1<br>(B1000C) | V2 | | CV1<br>CV2<br>CV3 | S1 | | 0439 | |

## UN-numerisches Verzeichnis (Tabelle A)

| Verlagshinweis Sicherung | Verlagshinweis Fahrweg | UN-Nummer | Benennung und Beschreibung | Klasse | Klassifizierungscode | Verpackungsgruppe | Gefahrzettel | Sondervorschriften | Begrenzte und freigestellte Mengen | | Verpackungen Anweisungen | Verpackungen Sondervorschriften | Verpackungen Zusammenpackung |
|---|---|---|---|---|---|---|---|---|---|---|---|---|---|
| | | | 3.1.2 | 2.2 | 2.2 | 2.1.1.3 | 5.2.2 | 3.3 | 3.4/3.5.1.2 | | 4.1.4 | 4.1.4 | 4.1.10 |
| | | (1) | (2) | (3a) | (3b) | (4) | (5) | (6) | (7a) | (7b) | (8) | (9a) | (9b) |
| ! | | 0440 | HOHLLADUNGEN, ohne Zündmittel | 1 | 1.4D | | 1.4 | | 0 | E0 | P137 | PP70 | MP21 |
| ! | | 0441 | HOHLLADUNGEN, ohne Zündmittel | 1 | 1.4S | | 1.4 | 347 | 0 | E0 | P137 | PP70 | MP23 |
| ! | ● | 0442 | SPRENGLADUNGEN, GEWERBLICHE, ohne Zündmittel | 1 | 1.1D | | 1 | | 0 | E0 | P137 | | MP21 |
| ! | ● | 0443 | SPRENGLADUNGEN, GEWERBLICHE, ohne Zündmittel | 1 | 1.2D | | 1 | | 0 | E0 | P137 | | MP21 |
| | | 0444 | SPRENGLADUNGEN, GEWERBLICHE, ohne Zündmittel | 1 | 1.4D | | 1.4 | | 0 | E0 | P137 | | MP21 |
| | | 0445 | SPRENGLADUNGEN, GEWERBLICHE, ohne Zündmittel | 1 | 1.4S | | 1.4 | 347 | 0 | E0 | P137 | | MP23 |
| | | 0446 | TREIBLADUNGSHÜLSEN, VERBRENNLICH, LEER, OHNE TREIBLADUNGSANZÜNDER | 1 | 1.4C | | 1.4 | | 0 | E0 | P136 | | MP22 |
| ! | | 0447 | TREIBLADUNGSHÜLSEN, VERBRENNLICH, LEER, OHNE TREIBLADUNGSANZÜNDER | 1 | 1.3C | | 1 | | 0 | E0 | P136 | | MP22 |
| | | 0448 | 5-MERCAPTOTETRAZOL-1-ESSIGSÄURE | 1 | 1.4C | | 1.4 | | 0 | E0 | P114b | | MP20 |
| ! | ● | 0449 | TORPEDOS, MIT FLÜSSIGTREIBSTOFF, mit oder ohne Sprengladung | 1 | 1.1J | | 1 | | 0 | E0 | P101 | | MP23 |
| | | 0450 | TORPEDOS, MIT FLÜSSIGTREIBSTOFF, mit inertem Kopf | 1 | 1.3J | | 1 | | 0 | E0 | P101 | | MP23 |
| ! | ● | 0451 | TORPEDOS, mit Sprengladung | 1 | 1.1D | | 1 | | 0 | E0 | P130<br>LP101 | PP67<br>L1 | MP21 |
| | | 0452 | GRANATEN, ÜBUNG, Hand oder Gewehr | 1 | 1.4G | | 1.4 | | 0 | E0 | P141 | | MP23 |
| | | 0453 | RAKETEN, LEINENWURF | 1 | 1.4G | | 1.4 | | 0 | E0 | P130<br>LP101 | | MP23 |
| | | 0454 | ANZÜNDER | 1 | 1.4S | | 1.4 | | 0 | E0 | P142 | | MP23 |
| ! | | 0455 | SPRENGKAPSELN, NICHT ELEKTRISCH | 1 | 1.4S | | 1.4 | 347 | 0 | E0 | P131 | PP68 | MP23 |
| ! | | 0456 | SPRENGKAPSELN, ELEKTRISCH | 1 | 1.4S | | 1.4 | 347 | 0 | E0 | P131 | | MP23 |
| ! | ● | 0457 | SPRENGLADUNGEN, KUNSTSTOFFGEBUNDEN | 1 | 1.1D | | 1 | | 0 | E0 | P130<br>LP101 | | MP21 |
| ! | ● | 0458 | SPRENGLADUNGEN, KUNSTSTOFFGEBUNDEN | 1 | 1.2D | | 1 | | 0 | E0 | P130<br>LP101 | | MP21 |

| Ortsbewegliche Tanks und Schüttgut-Container | | ADR-Tanks | | Fahrzeug für die Beförderung in Tanks | Beförderungskategorie (Tunnelbeschränkungscode) | Sondervorschriften für die Beförderung | | | | Nummer zur Kennzeichnung der Gefahr | UN-Nummer | Verlagshinweis *„Gut zu wissen"* |
|---|---|---|---|---|---|---|---|---|---|---|---|---|
| Anweisungen | Sondervorschriften | Tankcodierung | Sondervorschriften | | | Versandstücke | lose Schüttung | Be- und Entladung, Handhabung | Betrieb | | | |
| 4.2.5.2<br>7.3.2 | 4.2.5.3 | 4.3 | 4.3.5<br>6.8.4 | 9.1.1.2 | 1.1.3.6<br>(8.6) | 7.2.4 | 7.3.3 | 7.5.11 | 8.5 | 5.3.2.3 | | |
| (10) | (11) | (12) | (13) | (14) | (15) | (16) | (17) | (18) | (19) | (20) | (1) | |
| | | | | | 2<br>(E) | V2 | | CV1<br>CV2<br>CV3 | S1 | | 0440 | |
| | | | | | 4<br>(E) | | | CV1<br>CV2<br>CV3 | S1 | | 0441 | |
| | | | | | 1<br>(B1000C) | V2 | | CV1<br>CV2<br>CV3 | S1 | | 0442 | |
| | | | | | 1<br>(B1000C) | V2 | | CV1<br>CV2<br>CV3 | S1 | | 0443 | |
| | | | | | 2<br>(E) | V2 | | CV1<br>CV2<br>CV3 | S1 | | 0444 | |
| | | | | | 4<br>(E) | | | CV1<br>CV2<br>CV3 | S1 | | 0445 | |
| | | | | | 2<br>(E) | V2 | | CV1<br>CV2<br>CV3 | S1 | | 0446 | |
| | | | | | 1<br>(C5000D) | V2 | | CV1<br>CV2<br>CV3 | S1 | | 0447 | |
| | | | | | 2<br>(E) | V2 | | CV1<br>CV2<br>CV3 | S1 | | 0448 | |
| | | | | | 1<br>(B1000C) | V2 | | CV1<br>CV2<br>CV3 | S1 | | 0449 | |
| | | | | | 1<br>(C) | V2 | | CV1<br>CV2<br>CV3 | S1 | | 0450 | |
| | | | | | 1<br>(B1000C) | V2 | | CV1<br>CV2<br>CV3 | S1 | | 0451 | |
| | | | | | 2<br>(E) | V2 | | CV1<br>CV2<br>CV3 | S1 | | 0452 | |
| | | | | | 2<br>(E) | V2 | | CV1<br>CV2<br>CV3 | S1 | | 0453 | *→RO-a-IE-6* |
| | | | | | 4<br>(E) | | | CV1<br>CV2<br>CV3 | S1 | | 0454 | |
| | | | | | 4<br>(E) | | | CV1<br>CV2<br>CV3 | S1 | | 0455 | |
| | | | | | 4<br>(E) | | | CV1<br>CV2<br>CV3 | S1 | | 0456 | *→1.6.1.50* |
| | | | | | 1<br>(B1000C) | V2 | | CV1<br>CV2<br>CV3 | S1 | | 0457 | |
| | | | | | 1<br>(B1000C) | V2 | | CV1<br>CV2<br>CV3 | S1 | | 0458 | |

| Verlagshinweis | | UN-Nummer | Benennung und Beschreibung | Klasse | Klassifizierungscode | Verpackungsgruppe | Gefahrzettel | Sondervorschriften | Begrenzte und freigestellte Mengen | | Verpackungen | | |
|---|---|---|---|---|---|---|---|---|---|---|---|---|---|
| Sicherung | Fahrweg | | | | | | | | | | Anweisungen | Sondervorschriften | Zusammenpackung |
| | | | 3.1.2 | 2.2 | 2.2 | 2.1.1.3 | 5.2.2 | 3.3 | 3.4/3.5.1.2 | | 4.1.4 | 4.1.4 | 4.1.10 |
| | | (1) | (2) | (3a) | (3b) | (4) | (5) | (6) | (7a) | (7b) | (8) | (9a) | (9b) |
| | | 0459 | SPRENGLADUNGEN, KUNSTSTOFFGEBUNDEN | 1 | 1.4D | | 1.4 | | 0 | E0 | P130<br>LP101 | | MP21 |
| | | 0460 | SPRENGLADUNGEN, KUNSTSTOFFGEBUNDEN | 1 | 1.4S | | 1.4 | 347 | 0 | E0 | P130<br>LP101 | | MP23 |
| ! | ● | 0461 | BESTANDTEILE, ZÜNDKETTE, N.A.G. | 1 | 1.1B | | 1 | 178<br>274 | 0 | E0 | P101 | | MP2 |
| ! | ● | 0462 | GEGENSTÄNDE MIT EXPLOSIVSTOFF, N.A.G. | 1 | 1.1C | | 1 | 178<br>274 | 0 | E0 | P101 | | MP2 |
| ! | ● | 0463 | GEGENSTÄNDE MIT EXPLOSIVSTOFF, N.A.G. | 1 | 1.1D | | 1 | 178<br>274 | 0 | E0 | P101 | | MP2 |
| ! | ● | 0464 | GEGENSTÄNDE MIT EXPLOSIVSTOFF, N.A.G. | 1 | 1.1E | | 1 | 178<br>274 | 0 | E0 | P101 | | MP2 |
| ! | ● | 0465 | GEGENSTÄNDE MIT EXPLOSIVSTOFF, N.A.G. | 1 | 1.1F | | 1 | 178<br>274 | 0 | E0 | P101 | | MP2 |
| ! | ● | 0466 | GEGENSTÄNDE MIT EXPLOSIVSTOFF, N.A.G. | 1 | 1.2C | | 1 | 178<br>274 | 0 | E0 | P101 | | MP2 |
| ! | ● | 0467 | GEGENSTÄNDE MIT EXPLOSIVSTOFF, N.A.G. | 1 | 1.2D | | 1 | 178<br>274 | 0 | E0 | P101 | | MP2 |
| ! | ● | 0468 | GEGENSTÄNDE MIT EXPLOSIVSTOFF, N.A.G. | 1 | 1.2E | | 1 | 178<br>274 | 0 | E0 | P101 | | MP2 |
| ! | ● | 0469 | GEGENSTÄNDE MIT EXPLOSIVSTOFF, N.A.G. | 1 | 1.2F | | 1 | 178<br>274 | 0 | E0 | P101 | | MP2 |
| ! | | 0470 | GEGENSTÄNDE MIT EXPLOSIVSTOFF, N.A.G. | 1 | 1.3C | | 1 | 178<br>274 | 0 | E0 | P101 | | MP2 |
| | | 0471 | GEGENSTÄNDE MIT EXPLOSIVSTOFF, N.A.G. | 1 | 1.4E | | 1.4 | 178<br>274 | 0 | E0 | P101 | | MP2 |
| | | 0472 | GEGENSTÄNDE MIT EXPLOSIVSTOFF, N.A.G. | 1 | 1.4F | | 1.4 | 178<br>274 | 0 | E0 | P101 | | MP2 |
| ! | ● | 0473 | EXPLOSIVE STOFFE, N.A.G. | 1 | 1.1A | | 1 | 178<br>274 | 0 | E0 | P101 | | MP2 |
| ! | ● | 0474 | EXPLOSIVE STOFFE, N.A.G. | 1 | 1.1C | | 1 | 178<br>274 | 0 | E0 | P101 | | MP2 |
| ! | ● | 0475 | EXPLOSIVE STOFFE, N.A.G. | 1 | 1.1D | | 1 | 178<br>274 | 0 | E0 | P101 | | MP2 |
| ! | ● | 0476 | EXPLOSIVE STOFFE, N.A.G. | 1 | 1.1G | | 1 | 178<br>274 | 0 | E0 | P101 | | MP2 |
| ! | | 0477 | EXPLOSIVE STOFFE, N.A.G. | 1 | 1.3C | | 1 | 178<br>274 | 0 | E0 | P101 | | MP2 |

| Ortsbewegliche Tanks und Schüttgut-Container | | ADR-Tanks | | Fahrzeug für die Beförderung in Tanks | Beförderungskategorie (Tunnelbeschränkungscode) | Sondervorschriften für die Beförderung | | | | Nummer zur Kennzeichnung der Gefahr | UN-Nummer | Verlagshinweis „Gut zu wissen" |
|---|---|---|---|---|---|---|---|---|---|---|---|---|
| Anweisungen | Sondervorschriften | Tankcodierung | Sondervorschriften | | | Versandstücke | lose Schüttung | Be- und Entladung, Handhabung | Betrieb | | | |
| 4.2.5.2 7.3.2 | 4.2.5.3 | 4.3 | 4.3.5 6.8.4 | 9.1.1.2 | 1.1.3.6 (8.6) | 7.2.4 | 7.3.3 | 7.5.11 | 8.5 | 5.3.2.3 | | |
| (10) | (11) | (12) | (13) | (14) | (15) | (16) | (17) | (18) | (19) | (20) | (1) | |
| | | | | | 2 (E) | V2 | | CV1 CV2 CV3 | S1 | | 0459 | |
| | | | | | 4 (E) | | | CV1 CV2 CV3 | S1 | | 0460 | |
| | | | | | 1 (B1000C) | V2 | | CV1 CV2 CV3 | S1 | | 0461 | |
| | | | | | 1 (B1000C) | V2 | | CV1 CV2 CV3 | S1 | | 0462 | |
| | | | | | 1 (B1000C) | V2 | | CV1 CV2 CV3 | S1 | | 0463 | |
| | | | | | 1 (B1000C) | V2 | | CV1 CV2 CV3 | S1 | | 0464 | |
| | | | | | 1 (B1000C) | V2 | | CV1 CV2 CV3 | S1 | | 0465 | |
| | | | | | 1 (B1000C) | V2 | | CV1 CV2 CV3 | S1 | | 0466 | |
| | | | | | 1 (B1000C) | V2 | | CV1 CV2 CV3 | S1 | | 0467 | |
| | | | | | 1 (B1000C) | V2 | | CV1 CV2 CV3 | S1 | | 0468 | |
| | | | | | 1 (B1000C) | V2 | | CV1 CV2 CV3 | S1 | | 0469 | |
| | | | | | 1 (C5000D) | V2 | | CV1 CV2 CV3 | S1 | | 0470 | |
| | | | | | 2 (E) | V2 | | CV1 CV2 CV3 | S1 | | 0471 | |
| | | | | | 2 (E) | V2 | | CV1 CV2 CV3 | S1 | | 0472 | |
| | | | | | 0 (B) | V2 | | CV1 CV2 CV3 | S1 | | 0473 | |
| | | | | | 1 (B1000C) | V2 V3 | | CV1 CV2 CV3 | S1 | | 0474 | |
| | | | | | 1 (B1000C) | V2 V3 | | CV1 CV2 CV3 | S1 | | 0475 | |
| | | | | | 1 (B1000C) | V2 V3 | | CV1 CV2 CV3 | S1 | | 0476 | |
| | | | | | 1 (C5000D) | V2 V3 | | CV1 CV2 CV3 | S1 | | 0477 | |

| Verlagshinweis: Sicherung | Verlagshinweis: Fahrweg | UN-Nummer | Benennung und Beschreibung | Klasse | Klassifizierungscode | Verpackungsgruppe | Gefahrzettel | Sondervorschriften | Begrenzte und freigestellte Mengen | | Verpackungen: Anweisungen | Verpackungen: Sondervorschriften | Verpackungen: Zusammenpackung |
|---|---|---|---|---|---|---|---|---|---|---|---|---|---|
| | | | 3.1.2 | 2.2 | 2.2 | 2.1.1.3 | 5.2.2 | 3.3 | 3.4/3.5.1.2 | | 4.1.4 | 4.1.4 | 4.1.10 |
| | | (1) | (2) | (3a) | (3b) | (4) | (5) | (6) | (7a) | (7b) | (8) | (9a) | (9b) |
| | | 0478 | EXPLOSIVE STOFFE, N.A.G. | 1 | 1.3G | | 1 | 178<br>274 | 0 | E0 | P101 | | MP2 |
| | | 0479 | EXPLOSIVE STOFFE, N.A.G. | 1 | 1.4C | | 1.4 | 178<br>274 | 0 | E0 | P101 | | MP2 |
| | | 0480 | EXPLOSIVE STOFFE, N.A.G. | 1 | 1.4D | | 1.4 | 178<br>274 | 0 | E0 | P101 | | MP2 |
| | | 0481 | EXPLOSIVE STOFFE, N.A.G. | 1 | 1.4S | | 1.4 | 178<br>274<br>347 | 0 | E0 | P101 | | MP2 |
| ! | ● | 0482 | EXPLOSIVE STOFFE, SEHR UNEMPFINDLICH, N.A.G. (STOFFE, EVI, N.A.G.) | 1 | 1.5D | | 1.5 | 178<br>274 | 0 | E0 | P101 | | MP2 |
| ! | ● | 0483 | CYCLOTRIMETHYLENTRINITRAMIN (CYCLONIT), (HEXOGEN), (RDX), DESENSIBILISIERT | 1 | 1.1D | | 1 | | 0 | E0 | P112b<br>P112c | | MP20 |
| ! | ● | 0484 | CYCLOTETRAMETHYLENTETRANITRAMIN (HMX), (OKTOGEN), DESENSIBILISIERT | 1 | 1.1D | | 1 | | 0 | E0 | P112b<br>P112c | | MP20 |
| | | 0485 | EXPLOSIVE STOFFE, N.A.G. | 1 | 1.4G | | 1.4 | 178<br>274 | 0 | E0 | P101 | | MP2 |
| ! | | 0486 | GEGENSTÄNDE MIT EXPLOSIVSTOFF, EXTREM UNEMPFINDLICH (GEGENSTÄNDE, EEI) | 1 | 1.6N | | 1.6 | | 0 | E0 | P101 | | MP23 |
| | | 0487 | SIGNALKÖRPER, RAUCH | 1 | 1.3G | | 1 | | 0 | E0 | P135 | | MP23 |
| | | 0488 | MUNITION, ÜBUNG | 1 | 1.3G | | 1 | | 0 | E0 | P130<br>LP101 | PP67<br>L1 | MP23 |
| ! | ● | 0489 | DINITROGLYCOLURIL (DINGU) | 1 | 1.1D | | 1 | | 0 | E0 | P112b<br>P112c | | MP20 |
| ! | ● | 0490 | OXYNITROTRIAZOL (ONTA) | 1 | 1.1D | | 1 | | 0 | E0 | P112b<br>P112c | | MP20 |
| | | 0491 | TREIBSÄTZE | 1 | 1.4C | | 1.4 | | 0 | E0 | P143 | PP76 | MP22 |
| | | 0492 | KNALLKAPSELN, EISENBAHN | 1 | 1.3G | | 1 | | 0 | E0 | P135 | | MP23 |
| | | 0493 | KNALLKAPSELN, EISENBAHN | 1 | 1.4G | | 1.4 | | 0 | E0 | P135 | | MP23 |
| | | 0494 | PERFORATIONSHOHLLADUNGSTRÄGER, GELADEN, für Erdölbohrlöcher, ohne Zündmittel | 1 | 1.4D | | 1.4 | | 0 | E0 | P101 | | MP21 |
| ! | | 0495 | TREIBSTOFF, FLÜSSIG | 1 | 1.3C | | 1 | 224 | 0 | E0 | P115 | PP53<br>PP54<br>PP57<br>PP58 | MP20 |
| ! | ● | 0496 | OCTONAL | 1 | 1.1D | | 1 | | 0 | E0 | P112b<br>P112c | | MP20 |

| Ortsbewegliche Tanks und Schüttgut-Container | | ADR-Tanks | | Fahrzeug für die Beförderung in Tanks | Beförderungskategorie (Tunnelbeschränkungscode) | Sondervorschriften für die Beförderung | | | | Nummer zur Kennzeichnung der Gefahr | UN-Nummer | Verlagshinweis „Gut zu wissen" |
|---|---|---|---|---|---|---|---|---|---|---|---|---|
| Anweisungen | Sondervorschriften | Tankcodierung | Sondervorschriften | | | Versandstücke | lose Schüttung | Be- und Entladung, Handhabung | Betrieb | | | |
| 4.2.5.2<br>7.3.2 | 4.2.5.3 | 4.3 | 4.3.5<br>6.8.4 | 9.1.1.2 | 1.1.3.6<br>(8.6) | 7.2.4 | 7.3.3 | 7.5.11 | 8.5 | 5.3.2.3 | | |
| (10) | (11) | (12) | (13) | (14) | (15) | (16) | (17) | (18) | (19) | (20) | (1) | |
| | | | | | 1<br>(C5000D) | V2<br>V3 | | CV1<br>CV2<br>CV3 | S1 | | 0478 | |
| | | | | | 2<br>(E) | V2 | | CV1<br>CV2<br>CV3 | S1 | | 0479 | |
| | | | | | 2<br>(E) | V2 | | CV1<br>CV2<br>CV3 | S1 | | 0480 | |
| | | | | | 4<br>(E) | | | CV1<br>CV2<br>CV3 | S1 | | 0481 | |
| | | | | | 1<br>(B1000C) | V2 | | CV1<br>CV2<br>CV3 | S1 | | 0482 | |
| | | | | | 1<br>(B1000C) | V2<br>V3 | | CV1<br>CV2<br>CV3 | S1 | | 0483 | |
| | | | | | 1<br>(B1000C) | V2<br>V3 | | CV1<br>CV2<br>CV3 | S1 | | 0484 | |
| | | | | | 2<br>(E) | V2<br>V3 | | CV1<br>CV2<br>CV3 | S1 | | 0485 | |
| | | | | | 2<br>(E) | V2 | | CV1<br>CV2<br>CV3 | S1 | | 0486 | |
| | | | | | 1<br>(C5000D) | V2 | | CV1<br>CV2<br>CV3 | S1 | | 0487 | *→3.3 SV296* |
| | | | | | 1<br>(C5000D) | V2 | | CV1<br>CV2<br>CV3 | S1 | | 0488 | |
| | | | | | 1<br>(B1000C) | V2<br>V3 | | CV1<br>CV2<br>CV3 | S1 | | 0489 | |
| | | | | | 1<br>(B1000C) | V2<br>V3 | | CV1<br>CV2<br>CV3 | S1 | | 0490 | |
| | | | | | 2<br>(E) | V2 | | CV1<br>CV2<br>CV3 | S1 | | 0491 | |
| | | | | | 1<br>(C5000D) | V2 | | CV1<br>CV2<br>CV3 | S1 | | 0492 | |
| | | | | | 2<br>(E) | V2 | | CV1<br>CV2<br>CV3 | S1 | | 0493 | |
| | | | | | 2<br>(E) | V2 | | CV1<br>CV2<br>CV3 | S1 | | 0494 | |
| | | | | | 1<br>(C5000D) | V2 | | CV1<br>CV2<br>CV3 | S1 | | 0495 | |
| | | | | | 1<br>(B1000C) | V2<br>V3 | | CV1<br>CV2<br>CV3 | S1 | | 0496 | |

## UN-numerisches Verzeichnis (Tabelle A)

| Verlagshinweis Sicherung | Verlagshinweis Fahrweg | UN-Nummer | Benennung und Beschreibung | Klasse | Klassifizierungscode | Verpackungsgruppe | Gefahrzettel | Sondervorschriften | Begrenzte und freigestellte Mengen | | Verpackungen Anweisungen | Verpackungen Sondervorschriften | Verpackungen Zusammenpackung |
|---|---|---|---|---|---|---|---|---|---|---|---|---|---|
| | | | 3.1.2 | 2.2 | 2.2 | 2.1.1.3 | 5.2.2 | 3.3 | 3.4/3.5.1.2 | | 4.1.4 | 4.1.4 | 4.1.10 |
| | | (1) | (2) | (3a) | (3b) | (4) | (5) | (6) | (7a) | (7b) | (8) | (9a) | (9b) |
| ! | ● | 0497 | TREIBSTOFF, FLÜSSIG | 1 | 1.1C | | 1 | 224 | 0 | E0 | P115 | PP53<br>PP54<br>PP57<br>PP58 | MP20 |
| ! | ● | 0498 | TREIBSTOFF, FEST | 1 | 1.1C | | 1 | | 0 | E0 | P114b | | MP20 |
| ! | | 0499 | TREIBSTOFF, FEST | 1 | 1.3C | | 1 | | 0 | E0 | P114b | | MP20 |
| ! | | 0500 | ZÜNDEINRICHTUNGEN für Sprengungen, NICHT ELEKTRISCH | 1 | 1.4S | | 1.4 | 347 | 0 | E0 | P131 | | MP23 |
| | | 0501 | TREIBSTOFF, FEST | 1 | 1.4C | | 1.4 | | 0 | E0 | P114b | | MP20 |
| ! | ● | 0502 | RAKETEN, mit inertem Kopf | 1 | 1.2C | | 1 | | 0 | E0 | P130<br>LP101 | PP67<br>L1 | MP22 |
| | | 0503 | SICHERHEITSEINRICHTUNGEN, PYROTECHNISCH | 1 | 1.4G | | 1.4 | 235<br>289 | 0 | E0 | P135 | | MP23 |
| ! | ● | 0504 | 1H-TETRAZOL | 1 | 1.1D | | 1 | | 0 | E0 | P112c | PP48 | MP20 |
| | | 0505 | SIGNALKÖRPER, SEENOT | 1 | 1.4G | | 1.4 | | 0 | E0 | P135 | | MP23<br>MP24 |
| | | 0506 | SIGNALKÖRPER, SEENOT | 1 | 1.4S | | 1.4 | | 0 | E0 | P135 | | MP23<br>MP24 |
| | | 0507 | SIGNALKÖRPER, RAUCH | 1 | 1.4S | | 1.4 | | 0 | E0 | P135 | | MP23<br>MP24 |
| ! | | 0508 | 1-HYDROXYBENZOTRIAZOL, WASSERFREI, trocken oder angefeuchtet mit weniger als 20 Masse-% Wasser | 1 | 1.3C | | 1 | | 0 | E0 | P114b | PP48<br>PP50 | MP20 |
| | | 0509 | TREIBLADUNGSPULVER | 1 | 1.4C | | 1.4 | | 0 | E0 | P114b | PP48 | MP20<br>MP24 |
| | | 0510 | RAKETENMOTOREN | 1 | 1.4C | | 1.4 | | 0 | E0 | P130<br>LP101 | PP67<br>L1 | MP22 |
| ! | | 0511 | SPRENGKAPSELN, ELEKTRONISCH, programmierbar | 1 | 1.1B | | 1 | | 0 | E0 | P131 | | MP23 |
| ! | | 0512 | SPRENGKAPSELN, ELEKTRONISCH, programmierbar | 1 | 1.4B | | 1.4 | | 0 | E0 | P131 | | MP23 |
| ! | | 0513 | SPRENGKAPSELN, ELEKTRONISCH, programmierbar | 1 | 1.4S | | 1.4 | 347 | 0 | E0 | P131 | | MP23 |
| | | 0514 | FEUERLÖSCHMITTEL-DISPERGIERVORRICHTUNGEN | 1 | 1.4S | | 1.4 | 407 | 0 | E0 | P135 | | MP23 |
| ! | ● | 1001 | ACETYLEN, GELÖST | 2 | 4F | | 2.1 | 662 | 0 | E0 | P200 | | MP9 |

| Ortsbewegliche Tanks und Schüttgut-Container | | ADR-Tanks | | Fahrzeug für die Beförderung in Tanks | Beförderungskategorie (Tunnelbeschränkungscode) | Sondervorschriften für die Beförderung | | | | Nummer zur Kennzeichnung der Gefahr | UN-Nummer | Verlagshinweis „Gut zu wissen" |
|---|---|---|---|---|---|---|---|---|---|---|---|---|
| Anweisungen | Sondervorschriften | Tankcodierung | Sondervorschriften | | | Versandstücke | lose Schüttung | Be- und Entladung, Handhabung | Betrieb | | | |
| 4.2.5.2<br>7.3.2 | 4.2.5.3 | 4.3 | 4.3.5<br>6.8.4 | 9.1.1.2 | 1.1.3.6<br>(8.6) | 7.2.4 | 7.3.3 | 7.5.11 | 8.5 | 5.3.2.3 | | |
| (10) | (11) | (12) | (13) | (14) | (15) | (16) | (17) | (18) | (19) | (20) | (1) | |
| | | | | | 1<br>(B1000C) | V2 | | CV1<br>CV2<br>CV3 | S1 | | 0497 | |
| | | | | | 1<br>(B1000C) | V2 | | CV1<br>CV2<br>CV3 | S1 | | 0498 | |
| | | | | | 1<br>(C5000D) | V2 | | CV1<br>CV2<br>CV3 | S1 | | 0499 | |
| | | | | | 4<br>(E) | | | CV1<br>CV2<br>CV3 | S1 | | 0500 | |
| | | | | | 2<br>(E) | V2 | | CV1<br>CV2<br>CV3 | S1 | | 0501 | |
| | | | | | 1<br>(B1000C) | V2 | | CV1<br>CV2<br>CV3 | S1 | | 0502 | |
| | | | | | 2<br>(E) | V2 | | CV1<br>CV2<br>CV3 | S1 | | 0503 | *→D: GGAV 28<br>→RO-a-DE-1* |
| | | | | | 1<br>(B1000C) | V2<br>V3 | | CV1<br>CV2<br>CV3 | S1 | | 0504 | |
| | | | | | 2<br>(E) | V2 | | CV1<br>CV2<br>CV3 | S1 | | 0505 | *→RO-a-IE-6* |
| | | | | | 4<br>(E) | | | CV1<br>CV2<br>CV3 | S1 | | 0506 | *→RO-a-IE-6* |
| | | | | | 4<br>(E) | | | CV1<br>CV2<br>CV3 | S1 | | 0507 | *→RO-a-IE-6* |
| | | | | | 1<br>(C5000D) | V2<br>V3 | | CV1<br>CV2<br>CV3 | S1 | | 0508 | |
| | | | | | 2<br>(E) | V2 | | CV1<br>CV2<br>CV3 | S1 | | 0509 | |
| | | | | | 2<br>(E) | V2 | | CV1<br>CV2<br>CV3 | S1 | | 0510 | |
| | | | | | 1<br>(B1000C) | V2 | | CV1<br>CV2<br>CV3 | S1 | | 0511 | *→1.6.1.50* |
| | | | | | 2<br>(E) | V2 | | CV1<br>CV2<br>CV3 | S1 | | 0512 | *→1.6.1.50* |
| | | | | | 4<br>(E) | | | CV1<br>CV2<br>CV3 | S1 | | 0513 | *→1.6.1.50* |
| | | | | | 4<br>(E) | | | CV1<br>CV2<br>CV3 | S1 | | 0514 | *→UN 3559* |
| | | PxBN(M) | TU17<br>TA4<br>TT9 | FL | 2<br>(B/D) | | | CV9<br>CV10<br>CV36 | S2 | 239 | 1001 | *→2.2.2.2.2<br>→M359* |

## UN-numerisches Verzeichnis (Tabelle A)

| Verlagshinweis: Sicherung | Verlagshinweis: Fahrweg | UN-Nummer | Benennung und Beschreibung | Klasse | Klassifizierungscode | Verpackungsgruppe | Gefahrzettel | Sondervorschriften | Begrenzte und freigestellte Mengen | | Verpackungen: Anweisungen | Verpackungen: Sondervorschriften | Verpackungen: Zusammenpackung |
|---|---|---|---|---|---|---|---|---|---|---|---|---|---|
| | | | 3.1.2 | 2.2 | 2.2 | 2.1.1.3 | 5.2.2 | 3.3 | 3.4/3.5.1.2 | | 4.1.4 | 4.1.4 | 4.1.10 |
| | | (1) | (2) | (3a) | (3b) | (4) | (5) | (6) | (7a) | (7b) | (8) | (9a) | (9b) |
| | | 1002 | LUFT, VERDICHTET (DRUCKLUFT) | 2 | 1A | | 2.2 | 392 397 655 662 | 120 ml | E1 | P200 | | MP9 |
| | | 1003 | LUFT, TIEFGEKÜHLT, FLÜSSIG | 2 | 3O | | 2.2+5.1 | | 0 | E0 | P203 | | MP9 |
| ! | ● | 1005 | AMMONIAK, WASSERFREI | 2 | 2TC | | 2.3+8 | 23 379 | 0 | E0 | P200 | | MP9 |
| | | 1006 | ARGON, VERDICHTET | 2 | 1A | | 2.2 | 378 392 406 662 | 120 ml | E1 | P200 | | MP9 |
| ! | ● | 1008 | BORTRIFLUORID | 2 | 2TC | | 2.3+8 | 373 | 0 | E0 | P200 | | MP9 |
| | | 1009 | BROMTRIFLUORMETHAN (GAS ALS KÄLTEMITTEL R 13B1) | 2 | 2A | | 2.2 | 662 | 120 ml | E1 | P200 | | MP9 |
| ! | ● | 1010 | BUTADIENE, STABILISIERT oder BUTADIENE UND KOHLENWASSERSTOFF, GEMISCH, STABILISIERT mit mehr als 20 % Butadienen | 2 | 2F | | 2.1 | 386 402 618 662 676 | 0 | E0 | P200 | | MP9 |
| ! | ● | 1011 | BUTAN | 2 | 2F | | 2.1 | 392 652 657 662 674 | 0 | E0 | P200 | | MP9 |
| ! | ● | 1012 | BUTEN | 2 | 2F | | 2.1 | 398 662 | 0 | E0 | P200 | | MP9 |
| | | 1013 | KOHLENDIOXID | 2 | 2A | | 2.2 | 378 392 406 584 662 | 120 ml | E1 | P200 | | MP9 |
| ! | ● | 1016 | KOHLENMONOXID, VERDICHTET | 2 | 1TF | | 2.3+2.1 | | 0 | E0 | P200 | | MP9 |
| ! | ● | 1017 | CHLOR | 2 | 2TOC | | 2.3+5.1+8 | | 0 | E0 | P200 | | MP9 |
| | | 1018 | CHLORDIFLUORMETHAN (GAS ALS KÄLTEMITTEL R 22) | 2 | 2A | | 2.2 | 662 | 120 ml | E1 | P200 | | MP9 |
| | | 1020 | CHLORPENTAFLUORETHAN (GAS ALS KÄLTEMITTEL R 115) | 2 | 2A | | 2.2 | 662 | 120 ml | E1 | P200 | | MP9 |
| | | 1021 | 1-CHLOR-1,2,2,2-TETRAFLUORETHAN (GAS ALS KÄLTEMITTEL R 124) | 2 | 2A | | 2.2 | 662 | 120 ml | E1 | P200 | | MP9 |
| | | 1022 | CHLORTRIFLUORMETHAN (GAS ALS KÄLTEMITTEL R 13) | 2 | 2A | | 2.2 | 662 | 120 ml | E1 | P200 | | MP9 |
| ! | ● | 1023 | STADTGAS, VERDICHTET | 2 | 1TF | | 2.3+2.1 | | 0 | E0 | P200 | | MP9 |

| Ortsbewegliche Tanks und Schüttgut-Container | | ADR-Tanks | | Fahrzeug für die Beförderung in Tanks | Beförderungskategorie (Tunnelbeschränkungscode) | Sondervorschriften für die Beförderung | | | | Nummer zur Kennzeichnung der Gefahr | UN-Nummer | Verlagshinweis „Gut zu wissen" |
|---|---|---|---|---|---|---|---|---|---|---|---|---|
| Anweisungen | Sondervorschriften | Tankcodierung | Sondervorschriften | | | Versandstücke | lose Schüttung | Be- und Entladung, Handhabung | Betrieb | | | |
| 4.2.5.2<br>7.3.2 | 4.2.5.3 | 4.3 | 4.3.5<br>6.8.4 | 9.1.1.2 | 1.1.3.6<br>(8.6) | 7.2.4 | 7.3.3 | 7.5.11 | 8.5 | 5.3.2.3 | | |
| (10) | (11) | (12) | (13) | (14) | (15) | (16) | (17) | (18) | (19) | (20) | (1) | |
| (M) | | CxBN(M) | TA4<br>TT9 | AT | 3<br>(E) | | | CV9<br>CV10 | | 20 | 1002 | *→CH: SDR Anh. 1 8.1.2.1a* |
| T75 | TP5<br>TP22 | RxBN | TU7<br>TU19<br>TA4<br>TT9 | AT | 3<br>(C/E) | V5 | | CV9<br>CV11<br>CV36 | S20 | 225 | 1003 | |
| T50<br>(M) | | PxBH(M) | TA4<br>TT8<br>TT9 | AT | 1<br>(C/D) | | | CV9<br>CV10<br>CV36 | S14 | 268 | 1005 | |
| (M) | | CxBN(M) | TA4<br>TT9 | AT | 3<br>(E) | | | CV9<br>CV10<br>CV36 | | 20 | 1006 | *→1.6.2.24* |
| (M) | | PxBH(M) | TA4<br>TT9<br>TT10 | AT | 1<br>(C/D) | | | CV9<br>CV10<br>CV36 | S14 | 268 | 1008 | |
| T50<br>(M) | | PxBN(M) | TA4<br>TT9 | AT | 3<br>(C/E) | | | CV9<br>CV10<br>CV36 | | 20 | 1009 | |
| T50<br>(M) | | PxBN(M) | TA4<br>TT9 | FL | 2<br>(B/D) | V8 | | CV9<br>CV10<br>CV36 | S2<br>S4<br>S20 | 239 | 1010 | |
| T50<br>(M) | | PxBN(M) | TA4<br>TT9<br>TT11 | FL | 2<br>(B/D) | | | CV9<br>CV10<br>CV36 | S2<br>S20 | 23 | 1011 | *→M349<br>→D: RSEB Anl. 11* |
| T50<br>(M) | | PxBN(M) | TA4<br>TT9 | FL | 2<br>(B/D) | | | CV9<br>CV10<br>CV36 | S2<br>S20 | 23 | 1012 | *→D: GGAV 24<br>→D: RSEB Anl. 11* |
| (M) | | PxBN(M) | TA4<br>TT9 | AT | 3<br>(C/E) | | | CV9<br>CV10<br>CV36 | | 20 | 1013 | *→1.6.2.24* |
| (M) | | CxBH(M) | TA4<br>TT9 | FL | 1<br>(B/D) | | | CV9<br>CV10<br>CV36 | S2<br>S14 | 263 | 1016 | |
| T50<br>(M) | TP19 | P22DH(M) | TA4<br>TT9<br>TT10 | AT | 1<br>(C/D) | | | CV9<br>CV10<br>CV36 | S14 | 265 | 1017 | *→CH: SDR Anh. 3* |
| T50<br>(M) | | PxBN(M) | TA4<br>TT9 | AT | 3<br>(C/E) | | | CV9<br>CV10<br>CV36 | | 20 | 1018 | |
| T50<br>(M) | | PxBN(M) | TA4<br>TT9 | AT | 3<br>(C/E) | | | CV9<br>CV10<br>CV36 | | 20 | 1020 | |
| T50<br>(M) | | PxBN(M) | TA4<br>TT9 | AT | 3<br>(C/E) | | | CV9<br>CV10<br>CV36 | | 20 | 1021 | |
| (M) | | PxBN(M) | TA4<br>TT9 | AT | 3<br>(C/E) | | | CV9<br>CV10<br>CV36 | | 20 | 1022 | |
| (M) | | CxBH(M) | TA4<br>TT9 | FL | 1<br>(B/D) | | | CV9<br>CV10<br>CV36 | S2<br>S14 | 263 | 1023 | |

## UN-numerisches Verzeichnis (Tabelle A)

| Verlagshinweis: Sicherung | Verlagshinweis: Fahrweg | UN-Nummer | Benennung und Beschreibung | Klasse | Klassifizierungscode | Verpackungsgruppe | Gefahrzettel | Sondervorschriften | Begrenzte und freigestellte Mengen | | Verpackungen: Anweisungen | Verpackungen: Sondervorschriften | Verpackungen: Zusammenpackung |
|---|---|---|---|---|---|---|---|---|---|---|---|---|---|
| | | | 3.1.2 | 2.2 | 2.2 | 2.1.1.3 | 5.2.2 | 3.3 | 3.4/3.5.1.2 | | 4.1.4 | 4.1.4 | 4.1.10 |
| | | (1) | (2) | (3a) | (3b) | (4) | (5) | (6) | (7a) | (7b) | (8) | (9a) | (9b) |
| ! | ● | 1026 | DICYAN | 2 | 2TF | | 2.3+2.1 | | 0 | E0 | P200 | | MP9 |
| ! | ● | 1027 | CYCLOPROPAN | 2 | 2F | | 2.1 | 662 | 0 | E0 | P200 | | MP9 |
| | | 1028 | DICHLORDIFLUORMETHAN (GAS ALS KÄLTEMITTEL R 12) | 2 | 2A | | 2.2 | 662 | 120 ml | E1 | P200 | | MP9 |
| | | 1029 | DICHLORMONOFLUORMETHAN (GAS ALS KÄLTEMITTEL R 21) | 2 | 2A | | 2.2 | 662 | 120 ml | E1 | P200 | | MP9 |
| ! | ● | 1030 | 1,1-DIFLUORETHAN (GAS ALS KÄLTEMITTEL R 152a) | 2 | 2F | | 2.1 | 662 | 0 | E0 | P200 | | MP9 |
| ! | ● | 1032 | DIMETHYLAMIN, WASSERFREI | 2 | 2F | | 2.1 | 662 | 0 | E0 | P200 | | MP9 |
| ! | ● | 1033 | DIMETHYLETHER | 2 | 2F | | 2.1 | 662 | 0 | E0 | P200 | | MP9 |
| ! | ● | 1035 | ETHAN | 2 | 2F | | 2.1 | 662 | 0 | E0 | P200 | | MP9 |
| ! | ● | 1036 | ETHYLAMIN | 2 | 2F | | 2.1 | 662 | 0 | E0 | P200 | | MP9 |
| ! | ● | 1037 | ETHYLCHLORID | 2 | 2F | | 2.1 | 662 | 0 | E0 | P200 | | MP9 |
| ! | ● | 1038 | ETHYLEN, TIEFGEKÜHLT, FLÜSSIG | 2 | 3F | | 2.1 | | 0 | E0 | P203 | | MP9 |
| ! | ● | 1039 | ETHYLMETHYLETHER | 2 | 2F | | 2.1 | 662 | 0 | E0 | P200 | | MP9 |
| ! | ● | 1040 | ETHYLENOXID | 2 | 2TF | | 2.3+2.1 | 342 | 0 | E0 | P200 | | MP9 |
| ! | ● | 1040 | ETHYLENOXID MIT STICKSTOFF bis zu einem Gesamtdruck von 1 MPa (10 bar) bei 50 °C | 2 | 2TF | | 2.3+2.1 | 342 | 0 | E0 | P200 | | MP9 |
| ! | ● | 1041 | ETHYLENOXID UND KOHLENDIOXID, GEMISCH mit mehr als 9 %, aber höchstens 87 % Ethylenoxid | 2 | 2F | | 2.1 | 662 | 0 | E0 | P200 | | MP9 |
| | | 1043 | DÜNGEMITTEL, LÖSUNG, mit freiem Ammoniak | 2 | 4A | | 2.2 | 642 | [1] | [1] | | | |
| | | 1044 | FEUERLÖSCHER mit verdichtetem oder verflüssigtem Gas | 2 | 6A | | 2.2 | 225 594 | 120 ml | E0 | P003 | PP91 | MP9 |
| ! | | 1045 | FLUOR, VERDICHTET | 2 | 1TOC | | 2.3+5.1+8 | | 0 | E0 | P200 | | MP9 |

[1] *Anmerkung des Verlags: Kein Eintrag in dieser Spalte, da diese UN-Nummer nur für Beförderungen verwendet werden darf, denen eine Seebeförderung vorausgeht.*

| Ortsbewegliche Tanks und Schüttgut-Container | | ADR-Tanks | | Fahrzeug für die Beförderung in Tanks | Beförderungskategorie (Tunnelbeschränkungscode) | Sondervorschriften für die Beförderung | | | | Nummer zur Kennzeichnung der Gefahr | UN-Nummer | Verlagshinweis *„Gut zu wissen"* |
|---|---|---|---|---|---|---|---|---|---|---|---|---|
| Anweisungen | Sondervorschriften | Tankcodierung | Sondervorschriften | | | Versandstücke | lose Schüttung | Be- und Entladung, Handhabung | Betrieb | | | |
| 4.2.5.2<br>7.3.2 | 4.2.5.3 | 4.3 | 4.3.5<br>6.8.4 | 9.1.1.2 | 1.1.3.6<br>(8.6) | 7.2.4 | 7.3.3 | 7.5.11 | 8.5 | 5.3.2.3 | | |
| (10) | (11) | (12) | (13) | (14) | (15) | (16) | (17) | (18) | (19) | (20) | (1) | |
| (M) | | PxBH(M) | TA4<br>TT9 | FL | 1<br>(B/D) | | | CV9<br>CV10<br>CV36 | S2<br>S14 | 263 | 1026 | |
| T50<br>(M) | | PxBN(M) | TA4<br>TT9 | FL | 2<br>(B/D) | | | CV9<br>CV10<br>CV36 | S2<br>S20 | 23 | 1027 | |
| T50<br>(M) | | PxBN(M) | TA4<br>TT9 | AT | 3<br>(C/E) | | | CV9<br>CV10<br>CV36 | | 20 | 1028 | |
| T50<br>(M) | | PxBN(M) | TA4<br>TT9 | AT | 3<br>(C/E) | | | CV9<br>CV10<br>CV36 | | 20 | 1029 | |
| T50<br>(M) | | PxBN(M) | TA4<br>TT9 | FL | 2<br>(B/D) | | | CV9<br>CV10<br>CV36 | S2<br>S20 | 23 | 1030 | |
| T50<br>(M) | | PxBN(M) | TA4<br>TT9 | FL | 2<br>(B/D) | | | CV9<br>CV10<br>CV36 | S2<br>S20 | 23 | 1032 | |
| T50<br>(M) | | PxBN(M) | TA4<br>TT9 | FL | 2<br>(B/D) | | | CV9<br>CV10<br>CV36 | S2<br>S20 | 23 | 1033 | |
| (M) | | PxBN(M) | TA4<br>TT9 | FL | 2<br>(B/D) | | | CV9<br>CV10<br>CV36 | S2<br>S20 | 23 | 1035 | |
| T50<br>(M) | | PxBN(M) | TA4<br>TT9 | FL | 2<br>(B/D) | | | CV9<br>CV10<br>CV36 | S2<br>S20 | 23 | 1036 | |
| T50<br>(M) | | PxBN(M) | TA4<br>TT9 | FL | 2<br>(B/D) | | | CV9<br>CV10<br>CV36 | S2<br>S20 | 23 | 1037 | |
| T75 | TP5 | RxBN | TU18<br>TE26<br>TA4<br>TT9 | FL | 2<br>(B/D) | V5 | | CV9<br>CV11<br>CV36 | S2<br>S17 | 223 | 1038 | |
| (M) | | PxBN(M) | TA4<br>TT9 | FL | 2<br>(B/D) | | | CV9<br>CV10<br>CV36 | S2<br>S20 | 23 | 1039 | |
| (M) | | | | FL | 1<br>(B/D) | | | CV9<br>CV10<br>CV36 | S2<br>S14 | 263 | 1040 | |
| T50<br>(M) | TP20 | PxBH(M) | TA4<br>TT9 | FL | 1<br>(B/D) | | | CV9<br>CV10<br>CV36 | S2<br>S14 | 263 | 1040 | |
| T50<br>(M) | | PxBN(M) | TA4<br>TT9 | FL | 2<br>(B/D) | | | CV9<br>CV10<br>CV36 | S2<br>S20 | 239 | 1041 | |
| | | | | | –<br>(E) | | | | | | 1043 | |
| | | | | | 3<br>(E) | | | CV9 | | | 1044 | |
| | | | | | 1<br>(D) | | | CV9<br>CV10<br>CV36 | S14 | | 1045 | |

## UN-numerisches Verzeichnis (Tabelle A)

| Verlagshinweis: Sicherung | Verlagshinweis: Fahrweg | UN-Nummer | Benennung und Beschreibung | Klasse | Klassifizierungscode | Verpackungsgruppe | Gefahrzettel | Sondervorschriften | Begrenzte und freigestellte Mengen | | Verpackungen: Anweisungen | Verpackungen: Sondervorschriften | Verpackungen: Zusammenpackung |
|---|---|---|---|---|---|---|---|---|---|---|---|---|---|
| | | | 3.1.2 | 2.2 | 2.2 | 2.1.1.3 | 5.2.2 | 3.3 | 3.4/3.5.1.2 | | 4.1.4 | 4.1.4 | 4.1.10 |
| | | (1) | (2) | (3a) | (3b) | (4) | (5) | (6) | (7a) | (7b) | (8) | (9a) | (9b) |
| | | 1046 | HELIUM, VERDICHTET | 2 | 1A | | 2.2 | 378 392 406 662 | 120 ml | E1 | P200 | | MP9 |
| ! | ● | 1048 | BROMWASSERSTOFF, WASSERFREI | 2 | 2TC | | 2.3+8 | | 0 | E0 | P200 | | MP9 |
| ! | ● | 1049 | WASSERSTOFF, VERDICHTET | 2 | 1F | | 2.1 | 392 662 | 0 | E0 | P200 | | MP9 |
| ! | ● | 1050 | CHLORWASSERSTOFF, WASSERFREI | 2 | 2TC | | 2.3+8 | | 0 | E0 | P200 | | MP9 |
| ! | | 1051 | CYANWASSERSTOFF, STABILISIERT, mit weniger als 3 % Wasser | 6.1 | TF1 | I | 6.1+3 | 386 603 676 | 0 | E0 | P200 | | MP2 |
| ! | ● | 1052 | FLUORWASSERSTOFF, WASSERFREI | 8 | CT1 | I | 8+6.1 | | 0 | E0 | P200 | | MP2 |
| ! | ● | 1053 | SCHWEFELWASSERSTOFF | 2 | 2TF | | 2.3+2.1 | | 0 | E0 | P200 | | MP9 |
| ! | ● | 1055 | ISOBUTEN | 2 | 2F | | 2.1 | 662 | 0 | E0 | P200 | | MP9 |
| | | 1056 | KRYPTON, VERDICHTET | 2 | 1A | | 2.2 | 378 392 662 | 120 ml | E1 | P200 | | MP9 |
| | | 1057 | FEUERZEUGE mit entzündbarem Gas oder NACHFÜLLPATRONEN FÜR FEUERZEUGE mit entzündbarem Gas | 2 | 6F | | 2.1 | 201 654 658 | 0 | E0 | P002 | PP84 RR5 | MP9 |
| | | 1058 | VERFLÜSSIGTE GASE, nicht entzündbar, überlagert mit Stickstoff, Kohlendioxid oder Luft | 2 | 2A | | 2.2 | 392 662 | 120 ml | E1 | P200 | | MP9 |
| ! | ● | 1060 | METHYLACETYLEN UND PROPADIEN, GEMISCH, STABILISIERT (Gemisch P 1) (Gemisch P 2) | 2 | 2F | | 2.1 | 386 581 662 676 | 0 | E0 | P200 | | MP9 |
| ! | ● | 1061 | METHYLAMIN, WASSERFREI | 2 | 2F | | 2.1 | 662 | 0 | E0 | P200 | | MP9 |
| ! | ● | 1062 | METHYLBROMID mit höchstens 2 % Chlorpikrin | 2 | 2T | | 2.3 | 23 | 0 | E0 | P200 | | MP9 |
| ! | ● | 1063 | METHYLCHLORID (GAS ALS KÄLTEMITTEL R 40) | 2 | 2F | | 2.1 | 662 | 0 | E0 | P200 | | MP9 |
| ! | ● | 1064 | METHYLMERCAPTAN | 2 | 2TF | | 2.3+2.1 | | 0 | E0 | P200 | | MP9 |
| | | 1065 | NEON, VERDICHTET | 2 | 1A | | 2.2 | 378 392 662 | 120 ml | E1 | P200 | | MP9 |

| Ortsbewegliche Tanks und Schüttgut-Container | | ADR-Tanks | | Fahrzeug für die Beförderung in Tanks | Beförderungskategorie (Tunnelbeschränkungscode) | Sondervorschriften für die Beförderung | | | | Nummer zur Kennzeichnung der Gefahr | UN-Nummer | Verlagshinweis „Gut zu wissen" |
|---|---|---|---|---|---|---|---|---|---|---|---|---|
| Anweisungen | Sondervorschriften | Tankcodierung | Sondervorschriften | | | Versandstücke | lose Schüttung | Be- und Entladung, Handhabung | Betrieb | | | |
| 4.2.5.2<br>7.3.2 | 4.2.5.3 | 4.3 | 4.3.5<br>6.8.4 | 9.1.1.2 | 1.1.3.6<br>(8.6) | 7.2.4 | 7.3.3 | 7.5.11 | 8.5 | 5.3.2.3 | | |
| (10) | (11) | (12) | (13) | (14) | (15) | (16) | (17) | (18) | (19) | (20) | (1) | |
| (M) | | CxBN(M) | TA4<br>TT9 | AT | 3<br>(E) | | | CV9<br>CV10<br>CV36 | | 20 | 1046 | →*1.6.2.24* |
| (M) | | PxBH(M) | TA4<br>TT9<br>TT10 | AT | 1<br>(C/D) | | | CV9<br>CV10<br>CV36 | S14 | 268 | 1048 | |
| (M) | | CxBN(M) | TA4<br>TT9 | FL | 2<br>(B/D) | | | CV9<br>CV10<br>CV36 | S2<br>S20 | 23 | 1049 | |
| (M) | | PxBH(M) | TA4<br>TT9<br>TT10 | AT | 1<br>(C/D) | | | CV9<br>CV10<br>CV36 | S14 | 268 | 1050 | |
| | | | | | 0<br>(D) | V8 | | CV1<br>CV13<br>CV28 | S2<br>S4<br>S9<br>S10<br>S14 | | 1051 | →*2.1.3.4.1* |
| T10 | TP2 | L21DH(+) | TU14<br>TU34<br>TC1<br>TE21<br>TA4<br>TT9<br>TM3 | AT | 1<br>(C/D) | | | CV13<br>CV28<br>CV34 | S14 | 886 | 1052 | →*2.1.3.4.1* |
| (M) | | PxDH(M) | TA4<br>TT9<br>TT10 | FL | 1<br>(B/D) | | | CV9<br>CV10<br>CV36 | S2<br>S14 | 263 | 1053 | |
| T50<br>(M) | | PxBN(M) | TA4<br>TT9 | FL | 2<br>(B/D) | | | CV9<br>CV10<br>CV36 | S2<br>S20 | 23 | 1055 | |
| (M) | | CxBN(M) | TA4<br>TT9 | AT | 3<br>(E) | | | CV9<br>CV10<br>CV36 | | 20 | 1056 | |
| | | | | | 2<br>(D) | | | CV9 | S2 | | 1057 | |
| (M) | | PxBN(M) | TA4<br>TT9 | AT | 3<br>(C/E) | | | CV9<br>CV10<br>CV36 | | 20 | 1058 | |
| T50<br>(M) | | PxBN(M) | TA4<br>TT9 | FL | 2<br>(B/D) | V8 | | CV9<br>CV10<br>CV36 | S2<br>S4<br>S20 | 239 | 1060 | |
| T50<br>(M) | | PxBN(M) | TA4<br>TT9 | FL | 2<br>(B/D) | | | CV9<br>CV10<br>CV36 | S2<br>S20 | 23 | 1061 | |
| T50<br>(M) | | PxBH(M) | TA4<br>TT9 | AT | 1<br>(C/D) | | | CV9<br>CV10<br>CV36 | S14 | 26 | 1062 | |
| T50<br>(M) | | PxBN(M) | TA4<br>TT9 | FL | 2<br>(B/D) | | | CV9<br>CV10<br>CV36 | S2<br>S20 | 23 | 1063 | |
| T50<br>(M) | | PxDH(M) | TA4<br>TT9 | FL | 1<br>(B/D) | | | CV9<br>CV10<br>CV36 | S2<br>S14 | 263 | 1064 | |
| (M) | | CxBN(M) | TA4<br>TT9 | AT | 3<br>(E) | | | CV9<br>CV10<br>CV36 | | 20 | 1065 | |

## UN-numerisches Verzeichnis (Tabelle A)

| Verlagshinweis Sicherung | Verlagshinweis Fahrweg | UN-Nummer | Benennung und Beschreibung | Klasse | Klassifizierungscode | Verpackungsgruppe | Gefahrzettel | Sondervorschriften | Begrenzte und freigestellte Mengen | | Verpackungen Anweisungen | Verpackungen Sondervorschriften | Verpackungen Zusammenpackung |
|---|---|---|---|---|---|---|---|---|---|---|---|---|---|
| | | | 3.1.2 | 2.2 | 2.2 | 2.1.1.3 | 5.2.2 | 3.3 | 3.4/3.5.1.2 | | 4.1.4 | 4.1.4 | 4.1.10 |
| | | (1) | (2) | (3a) | (3b) | (4) | (5) | (6) | (7a) | (7b) | (8) | (9a) | (9b) |
| | | 1066 | STICKSTOFF, VERDICHTET | 2 | 1A | | 2.2 | 378 392 406 662 | 120 ml | E1 | P200 | | MP9 |
| ! | ● | 1067 | DISTICKSTOFFTETROXID (STICKSTOFF-DIOXID) | 2 | 2TOC | | 2.3+5.1+8 | | 0 | E0 | P200 | | MP9 |
| ! | | 1069 | NITROSYLCHLORID | 2 | 2TC | | 2.3+8 | | 0 | E0 | P200 | | MP9 |
| | | 1070 | DISTICKSTOFFMONOXID | 2 | 2O | | 2.2+5.1 | 584 662 | 0 | E0 | P200 | | MP9 |
| ! | ● | 1071 | ÖLGAS, VERDICHTET | 2 | 1TF | | 2.3+2.1 | | 0 | E0 | P200 | | MP9 |
| | | 1072 | SAUERSTOFF, VERDICHTET | 2 | 1O | | 2.2+5.1 | 355 655 662 | 0 | E0 | P200 | | MP9 |
| | | 1073 | SAUERSTOFF, TIEFGEKÜHLT, FLÜSSIG | 2 | 3O | | 2.2+5.1 | | 0 | E0 | P203 | | MP9 |
| ! | ● | 1075 | PETROLEUMGASE, VERFLÜSSIGT | 2 | 2F | | 2.1 | 274 392 583 639 662 674 | 0 | E0 | P200 | | MP9 |
| ! | ● | 1076 | PHOSGEN | 2 | 2TC | | 2.3+8 | | 0 | E0 | P200 | | MP9 |
| ! | ● | 1077 | PROPEN | 2 | 2F | | 2.1 | 662 | 0 | E0 | P200 | | MP9 |
| | | 1078 | GAS ALS KÄLTEMITTEL, N.A.G. (Gemisch F 1) (Gemisch F 2) (Gemisch F 3) | 2 | 2A | | 2.2 | 274 582 662 | 120 ml | E1 | P200 | | MP9 |
| ! | ● | 1079 | SCHWEFELDIOXID | 2 | 2TC | | 2.3+8 | | 0 | E0 | P200 | | MP9 |
| | | 1080 | SCHWEFELHEXAFLUORID | 2 | 2A | | 2.2 | 392 662 | 120 ml | E1 | P200 | | MP9 |
| ! | ● | 1081 | TETRAFLUORETHYLEN, STABILISIERT | 2 | 2F | | 2.1 | 386 662 676 | 0 | E0 | P200 | | MP9 |
| ! | ● | 1082 | CHLORTRIFLUORETHYLEN, STABILISIERT (GAS ALS KÄLTEMITTEL R 1113) | 2 | 2TF | | 2.3+2.1 | 386 676 | 0 | E0 | P200 | | MP9 |
| ! | ● | 1083 | TRIMETHYLAMIN, WASSERFREI | 2 | 2F | | 2.1 | 662 | 0 | E0 | P200 | | MP9 |
| ! | ● | 1085 | VINYLBROMID, STABILISIERT | 2 | 2F | | 2.1 | 386 662 676 | 0 | E0 | P200 | | MP9 |
| ! | ● | 1086 | VINYLCHLORID, STABILISIERT | 2 | 2F | | 2.1 | 386 662 676 | 0 | E0 | P200 | | MP9 |

| Ortsbewegliche Tanks und Schüttgut-Container | | ADR-Tanks | | Fahrzeug für die Beförderung in Tanks | Beförderungskategorie (Tunnelbeschränkungscode) | Sondervorschriften für die Beförderung | | | | Nummer zur Kennzeichnung der Gefahr | UN-Nummer | Verlagshinweis „Gut zu wissen" |
|---|---|---|---|---|---|---|---|---|---|---|---|---|
| Anweisungen | Sondervorschriften | Tankcodierung | Sondervorschriften | | | Versandstücke | lose Schüttung | Be- und Entladung, Handhabung | Betrieb | | | |
| 4.2.5.2 7.3.2 | 4.2.5.3 | 4.3 | 4.3.5 6.8.4 | 9.1.1.2 | 1.1.3.6 (8.6) | 7.2.4 | 7.3.3 | 7.5.11 | 8.5 | 5.3.2.3 | | |
| (10) | (11) | (12) | (13) | (14) | (15) | (16) | (17) | (18) | (19) | (20) | (1) | |
| (M) | | CxBN(M) | TA4 TT9 | AT | 3 (E) | | | CV9 CV10 CV36 | | 20 | 1066 | *→1.6.2.24 →M362* |
| T50 | TP21 | PxBH(M) | TU17 TA4 TT9 | AT | 1 (C/D) | | | CV9 CV10 CV36 | S14 | 265 | 1067 | |
| | | | | | 1 (D) | | | CV9 CV10 CV36 | S14 | | 1069 | |
| (M) | | PxBN(M) | TA4 TT9 | AT | 3 (C/E) | | | CV9 CV10 CV36 | | 25 | 1070 | |
| (M) | | CxBH(M) | TA4 TT9 | FL | 1 (B/D) | | | CV9 CV10 CV36 | S2 S14 | 263 | 1071 | |
| (M) | | CxBN(M) | TA4 TT9 | AT | 3 (E) | | | CV9 CV10 CV36 | | 25 | 1072 | |
| T75 | TP5 TP22 | RxBN | TU7 TU19 TA4 TT9 | AT | 3 (C/E) | V5 | | CV9 CV11 CV36 | S20 | 225 | 1073 | |
| T50 (M) | | PxBN(M) | TA4 TT9 TT11 | FL | 2 (B/D) | | | CV9 CV10 CV36 | S2 S20 | 23 | 1075 | *→M349 →RO-bi-FR-3* |
| | | P22DH(M) | TU17 TA4 TT9 | AT | 1 (C/D) | | | CV9 CV10 CV36 | S14 | 268 | 1076 | *→CH: SDR Anh. 3* |
| T50 (M) | | PxBN(M) | TA4 TT9 | FL | 2 (B/D) | | | CV9 CV10 CV36 | S2 S20 | 23 | 1077 | *→D: GGAV 24 →D: RSEB Anl. 11* |
| T50 (M) | | PxBN(M) | TA4 TT9 | AT | 3 (C/E) | | | CV9 CV10 CV36 | | 20 | 1078 | |
| T50 (M) | TP19 | PxDH(M) | TA4 TT9 TT10 | AT | 1 (C/D) | | | CV9 CV10 CV36 | S14 | 268 | 1079 | *→CH: SDR Anh. 3* |
| (M) | | PxBN(M) | TA4 TT9 | AT | 3 (C/E) | | | CV9 CV10 CV36 | | 20 | 1080 | |
| (M) | | PxBN(M) | TU40 TA4 TT9 | FL | 2 (B/D) | V8 | | CV9 CV10 CV36 | S2 S4 S20 | 239 | 1081 | |
| T50 (M) | | PxBH(M) | TA4 TT9 | FL | 1 (B/D) | V8 | | CV9 CV10 CV36 | S2 S4 S14 | 263 | 1082 | |
| T50 (M) | | PxBN(M) | TA4 TT9 | FL | 2 (B/D) | | | CV9 CV10 CV36 | S2 S20 | 23 | 1083 | |
| T50 (M) | | PxBN(M) | TA4 TT9 | FL | 2 (B/D) | V8 | | CV9 CV10 CV36 | S2 S4 S20 | 239 | 1085 | |
| T50 (M) | | PxBN(M) | TA4 TT9 | FL | 2 (B/D) | V8 | | CV9 CV10 CV36 | S2 S4 S20 | 239 | 1086 | |

| Verlagshinweis | | UN-Nummer | Benennung und Beschreibung | Klasse | Klassifizierungscode | Verpackungsgruppe | Gefahrzettel | Sondervorschriften | Begrenzte und freigestellte Mengen | | Verpackungen | | |
|---|---|---|---|---|---|---|---|---|---|---|---|---|---|
| | | | | | | | | | | | Anweisungen | Sondervorschriften | Zusammenpackung |
| Sicherung | Fahrweg | | 3.1.2 | 2.2 | 2.2 | 2.1.1.3 | 5.2.2 | 3.3 | 3.4/3.5.1.2 | | 4.1.4 | 4.1.4 | 4.1.10 |
| | | (1) | (2) | (3a) | (3b) | (4) | (5) | (6) | (7a) | (7b) | (8) | (9a) | (9b) |
| ! | ● | 1087 | VINYLMETHYLETHER, STABILISIERT | 2 | 2F | | 2.1 | 386<br>662<br>676 | 0 | E0 | P200 | | MP9 |
| ! | ● | 1088 | ACETAL | 3 | F1 | II | 3 | | 1 L | E2 | P001<br>IBC02<br>R001 | | MP19 |
| ! | ● | 1089 | ACETALDEHYD | 3 | F1 | I | 3 | | 0 | E0 | P001 | | MP7<br>MP17 |
| ! | ● | 1090 | ACETON | 3 | F1 | II | 3 | | 1 L | E2 | P001<br>IBC02<br>R001 | | MP19 |
| ! | ● | 1091 | ACETONÖLE | 3 | F1 | II | 3 | | 1 L | E2 | P001<br>IBC02<br>R001 | | MP19 |
| ! | ● | 1092 | ACROLEIN, STABILISIERT | 6.1 | TF1 | I | 6.1+3 | 354<br>386<br>676 | 0 | E0 | P601 | | MP8<br>MP17 |
| ! | ● | 1093 | ACRYLNITRIL, STABILISIERT | 3 | FT1 | I | 3+6.1 | 386<br>676 | 0 | E0 | P001 | | MP7<br>MP17 |
| ! | ● | 1098 | ALLYLALKOHOL | 6.1 | TF1 | I | 6.1+3 | 354 | 0 | E0 | P602 | | MP8<br>MP17 |
| ! | ● | 1099 | ALLYLBROMID | 3 | FT1 | I | 3+6.1 | | 0 | E0 | P001 | | MP7<br>MP17 |
| ! | ● | 1100 | ALLYLCHLORID | 3 | FT1 | I | 3+6.1 | | 0 | E0 | P001 | | MP7<br>MP17 |
| | | 1104 | AMYLACETATE | 3 | F1 | III | 3 | | 5 L | E1 | P001<br>IBC03<br>LP01<br>R001 | | MP19 |
| ! | ● | 1105 | PENTANOLE | 3 | F1 | II | 3 | | 1 L | E2 | P001<br>IBC02<br>R001 | | MP19 |
| | | 1105 | PENTANOLE | 3 | F1 | III | 3 | | 5 L | E1 | P001<br>IBC03<br>LP01<br>R001 | | MP19 |
| ! | ● | 1106 | AMYLAMINE | 3 | FC | II | 3+8 | | 1 L | E2 | P001<br>IBC02 | | MP19 |
| | | 1106 | AMYLAMINE | 3 | FC | III | 3+8 | | 5 L | E1 | P001<br>IBC03<br>R001 | | MP19 |
| ! | ● | 1107 | AMYLCHLORIDE | 3 | F1 | II | 3 | | 1 L | E2 | P001<br>IBC02<br>R001 | | MP19 |
| ! | ● | 1108 | PENT-1-EN (n-AMYLEN) | 3 | F1 | I | 3 | | 0 | E3 | P001 | | MP7<br>MP17 |
| | | 1109 | AMYLFORMIATE | 3 | F1 | III | 3 | | 5 L | E1 | P001<br>IBC03<br>LP01<br>R001 | | MP19 |

| Ortsbewegliche Tanks und Schüttgut-Container | | ADR-Tanks | | Fahrzeug für die Beförderung in Tanks | Beförderungskategorie (Tunnelbeschränkungscode) | Sondervorschriften für die Beförderung | | | | Nummer zur Kennzeichnung der Gefahr | UN-Nummer | Verlagshinweis *„Gut zu wissen"* |
|---|---|---|---|---|---|---|---|---|---|---|---|---|
| Anweisungen | Sondervorschriften | Tankcodierung | Sondervorschriften | | | Versandstücke | lose Schüttung | Be- und Entladung, Handhabung | Betrieb | | | |
| 4.2.5.2<br>7.3.2 | 4.2.5.3 | 4.3 | 4.3.5<br>6.8.4 | 9.1.1.2 | 1.1.3.6<br>(8.6) | 7.2.4 | 7.3.3 | 7.5.11 | 8.5 | 5.3.2.3 | | |
| (10) | (11) | (12) | (13) | (14) | (15) | (16) | (17) | (18) | (19) | (20) | (1) | |
| T50<br>(M) | | PxBN(M) | TA4<br>TT9 | FL | 2<br>(B/D) | V8 | | CV9<br>CV10<br>CV36 | S2<br>S4<br>S20 | 239 | 1087 | |
| T4 | TP1 | LGBF | | FL | 2<br>(D/E) | | | | S2<br>S20 | 33 | 1088 | |
| T11 | TP2<br>TP7 | L4BN | TU8 | FL | 1<br>(D/E) | | | | S2<br>S20 | 33 | 1089 | |
| T4 | TP1 | LGBF | | FL | 2<br>(D/E) | | | | S2<br>S20 | 33 | 1090 | |
| T4 | TP1<br>TP8 | LGBF | | FL | 2<br>(D/E) | | | | S2<br>S20 | 33 | 1091 | |
| T22 | TP2<br>TP7 | L15CH | TU14<br>TU15<br>TE19<br>TE21 | FL | 1<br>(C/D) | V8 | | CV1<br>CV13<br>CV28 | S2<br>S4<br>S9<br>S14 | 663 | 1092 | |
| T14 | TP2 | L10CH | TU14<br>TU15<br>TE21 | FL | 1<br>(C/E) | V8 | | CV13<br>CV28 | S2<br>S4<br>S22 | 336 | 1093 | |
| T20 | TP2 | L10CH | TU14<br>TU15<br>TE19<br>TE21 | FL | 1<br>(C/D) | | | CV1<br>CV13<br>CV28 | S2<br>S9<br>S14 | 663 | 1098 | |
| T14 | TP2 | L10CH | TU14<br>TU15<br>TE21 | FL | 1<br>(C/E) | | | CV13<br>CV28 | S2<br>S22 | 336 | 1099 | |
| T14 | TP2 | L10CH | TU14<br>TU15<br>TE21 | FL | 1<br>(C/E) | | | CV13<br>CV28 | S2<br>S22 | 336 | 1100 | |
| T2 | TP1 | LGBF | | FL | 3<br>(D/E) | V12 | | | S2 | 30 | 1104 | |
| T4 | TP1<br>TP29 | LGBF | | FL | 2<br>(D/E) | | | | S2<br>S20 | 33 | 1105 | |
| T2 | TP1 | LGBF | | FL | 3<br>(D/E) | V12 | | | S2 | 30 | 1105 | |
| T7 | TP1 | L4BH | | FL | 2<br>(D/E) | | | | S2<br>S20 | 338 | 1106 | |
| T4 | TP1 | L4BN | | FL | 3<br>(D/E) | V12 | | | S2 | 38 | 1106 | |
| T4 | TP1 | LGBF | | FL | 2<br>(D/E) | | | | S2<br>S20 | 33 | 1107 | |
| T11 | TP2 | L4BN | | FL | 1<br>(D/E) | | | | S2<br>S20 | 33 | 1108 | |
| T2 | TP1 | LGBF | | FL | 3<br>(D/E) | V12 | | | S2 | 30 | 1109 | |

## UN-numerisches Verzeichnis (Tabelle A)

| Verlagshinweis Sicherung | Verlagshinweis Fahrweg | UN-Nummer | Benennung und Beschreibung | Klasse | Klassifizierungscode | Verpackungsgruppe | Gefahrzettel | Sondervorschriften | Begrenzte und freigestellte Mengen | | Verpackungen Anweisungen | Verpackungen Sondervorschriften | Verpackungen Zusammenpackung |
|---|---|---|---|---|---|---|---|---|---|---|---|---|---|
| | | | 3.1.2 | 2.2 | 2.2 | 2.1.1.3 | 5.2.2 | 3.3 | 3.4/3.5.1.2 | | 4.1.4 | 4.1.4 | 4.1.10 |
| | | (1) | (2) | (3a) | (3b) | (4) | (5) | (6) | (7a) | (7b) | (8) | (9a) | (9b) |
| | | 1110 | n-AMYLMETHYLKETON | 3 | F1 | III | 3 | | 5 L | E1 | P001<br>IBC03<br>LP01<br>R001 | | MP19 |
| ! | ● | 1111 | AMYLMERCAPTAN | 3 | F1 | II | 3 | | 1 L | E2 | P001<br>IBC02<br>R001 | | MP19 |
| | | 1112 | AMYLNITRATE | 3 | F1 | III | 3 | | 5 L | E1 | P001<br>IBC03<br>LP01<br>R001 | | MP19 |
| ! | ● | 1113 | AMYLNITRITE | 3 | F1 | II | 3 | | 1 L | E2 | P001<br>IBC02<br>R001 | | MP19 |
| ! | ● | 1114 | BENZEN | 3 | F1 | II | 3 | | 1 L | E2 | P001<br>IBC02<br>R001 | | MP19 |
| ! | ● | 1120 | BUTANOLE | 3 | F1 | II | 3 | | 1 L | E2 | P001<br>IBC02<br>R001 | | MP19 |
| | | 1120 | BUTANOLE | 3 | F1 | III | 3 | | 5 L | E1 | P001<br>IBC03<br>LP01<br>R001 | | MP19 |
| ! | ● | 1123 | BUTYLACETATE | 3 | F1 | II | 3 | | 1 L | E2 | P001<br>IBC02<br>R001 | | MP19 |
| | | 1123 | BUTYLACETATE | 3 | F1 | III | 3 | | 5 L | E1 | P001<br>IBC03<br>LP01<br>R001 | | MP19 |
| ! | ● | 1125 | n-BUTYLAMIN | 3 | FC | II | 3+8 | | 1 L | E2 | P001<br>IBC02 | | MP19 |
| ! | ● | 1126 | 1-BROMBUTAN | 3 | F1 | II | 3 | | 1 L | E2 | P001<br>IBC02<br>R001 | | MP19 |
| ! | ● | 1127 | CHLORBUTANE | 3 | F1 | II | 3 | | 1 L | E2 | P001<br>IBC02<br>R001 | | MP19 |
| ! | ● | 1128 | n-BUTYLFORMIAT | 3 | F1 | II | 3 | | 1 L | E2 | P001<br>IBC02<br>R001 | | MP19 |
| ! | ● | 1129 | BUTYRALDEHYD | 3 | F1 | II | 3 | | 1 L | E2 | P001<br>IBC02<br>R001 | | MP19 |
| | | 1130 | KAMPFERÖL | 3 | F1 | III | 3 | | 5 L | E1 | P001<br>IBC03<br>LP01<br>R001 | | MP19 |
| ! | ● | 1131 | KOHLENSTOFFDISULFID | 3 | FT1 | I | 3+6.1 | | 0 | E0 | P001 | PP31 | MP7<br>MP17 |
| ! | ● | 1133 | KLEBSTOFFE, mit entzündbarem flüssigem Stoff | 3 | F1 | I | 3 | | 500 ml | E3 | P001 | | MP7<br>MP17 |
| ! | ● | 1133 | KLEBSTOFFE, mit entzündbarem flüssigem Stoff (Dampfdruck bei 50 °C größer als 110 kPa) | 3 | F1 | II | 3 | 640C | 5 L | E2 | P001 | PP1 | MP19 |

| Ortsbewegliche Tanks und Schüttgut-Container | | ADR-Tanks | | Fahrzeug für die Beförderung in Tanks | Beförderungskategorie (Tunnelbeschränkungscode) | Sondervorschriften für die Beförderung | | | | Nummer zur Kennzeichnung der Gefahr | UN-Nummer | Verlagshinweis „Gut zu wissen" |
|---|---|---|---|---|---|---|---|---|---|---|---|---|
| Anweisungen | Sondervorschriften | Tankcodierung | Sondervorschriften | | | Versandstücke | lose Schüttung | Be- und Entladung, Handhabung | Betrieb | | | |
| 4.2.5.2<br>7.3.2 | 4.2.5.3 | 4.3 | 4.3.5<br>6.8.4 | 9.1.1.2 | 1.1.3.6<br>(8.6) | 7.2.4 | 7.3.3 | 7.5.11 | 8.5 | 5.3.2.3 | | |
| (10) | (11) | (12) | (13) | (14) | (15) | (16) | (17) | (18) | (19) | (20) | (1) | |
| T2 | TP1 | LGBF | | FL | 3<br>(D/E) | V12 | | | S2 | 30 | 1110 | |
| T4 | TP1 | LGBF | | FL | 2<br>(D/E) | | | | S2<br>S20 | 33 | 1111 | |
| T2 | TP1 | LGBF | | FL | 3<br>(D/E) | V12 | | | S2 | 30 | 1112 | |
| T4 | TP1 | LGBF | | FL | 2<br>(D/E) | | | | S2<br>S20 | 33 | 1113 | |
| T4 | TP1 | LGBF | | FL | 2<br>(D/E) | | | | S2<br>S20 | 33 | 1114 | |
| T4 | TP1<br>TP29 | LGBF | | FL | 2<br>(D/E) | | | | S2<br>S20 | 33 | 1120 | |
| T2 | TP1 | LGBF | | FL | 3<br>(D/E) | V12 | | | S2 | 30 | 1120 | |
| T4 | TP1 | LGBF | | FL | 2<br>(D/E) | | | | S2<br>S20 | 33 | 1123 | |
| T2 | TP1 | LGBF | | FL | 3<br>(D/E) | V12 | | | S2 | 30 | 1123 | |
| T7 | TP1 | L4BH | | FL | 2<br>(D/E) | | | | S2<br>S20 | 338 | 1125 | |
| T4 | TP1 | LGBF | | FL | 2<br>(D/E) | | | | S2<br>S20 | 33 | 1126 | |
| T4 | TP1 | LGBF | | FL | 2<br>(D/E) | | | | S2<br>S20 | 33 | 1127 | |
| T4 | TP1 | LGBF | | FL | 2<br>(D/E) | | | | S2<br>S20 | 33 | 1128 | |
| T4 | TP1 | LGBF | | FL | 2<br>(D/E) | | | | S2<br>S20 | 33 | 1129 | |
| T2 | TP1 | LGBF | | FL | 3<br>(D/E) | V12 | | | S2 | 30 | 1130 | |
| T14 | TP2<br>TP7 | L10CH | TU2<br>TU14<br>TU15<br>TE21 | FL | 1<br>(C/E) | | | CV13<br>CV28 | S2<br>S22 | 336 | 1131 | |
| T11 | TP1<br>TP8<br>TP27 | L4BN | | FL | 1<br>(D/E) | | | | S2<br>S20 | 33 | 1133 | |
| T4 | TP1<br>TP8 | L1,5BN | | FL | 2<br>(D/E) | | | | S2<br>S20 | 33 | 1133 | |

## UN-numerisches Verzeichnis (Tabelle A)

| Verlagshinweis | | UN-Nummer | Benennung und Beschreibung | Klasse | Klassifizierungscode | Verpackungsgruppe | Gefahrzettel | Sondervorschriften | Begrenzte und freigestellte Mengen | | Verpackungen | | |
|---|---|---|---|---|---|---|---|---|---|---|---|---|---|
| Sicherung | Fahrweg | | | | | | | | | | Anweisungen | Sondervorschriften | Zusammenpackung |
| | | | 3.1.2 | 2.2 | 2.2 | 2.1.1.3 | 5.2.2 | 3.3 | 3.4/3.5.1.2 | | 4.1.4 | 4.1.4 | 4.1.10 |
| | | (1) | (2) | (3a) | (3b) | (4) | (5) | (6) | (7a) | (7b) | (8) | (9a) | (9b) |
| ! | ● | 1133 | KLEBSTOFFE, mit entzündbarem flüssigem Stoff (Dampfdruck bei 50 °C höchstens 110 kPa) | 3 | F1 | II | 3 | 640D | 5 L | E2 | P001<br>IBC02<br>R001 | PP1 | MP19 |
| | | 1133 | KLEBSTOFFE, mit entzündbarem flüssigem Stoff | 3 | F1 | III | 3 | | 5 L | E1 | P001<br>IBC03<br>LP01<br>R001 | PP1 | MP19 |
| | | 1133 | KLEBSTOFFE, mit entzündbarem flüssigem Stoff (mit einem Flammpunkt unter 23 °C und viskos gemäß 2.2.3.1.4) (Dampfdruck bei 50 °C größer als 110 kPa) | 3 | F1 | III | 3 | | 5 L | E1 | P001<br>R001 | PP1 | MP19 |
| | | 1133 | KLEBSTOFFE, mit entzündbarem flüssigem Stoff (mit einem Flammpunkt unter 23 °C und viskos gemäß 2.2.3.1.4) (Dampfdruck bei 50 °C höchstens 110 kPa) | 3 | F1 | III | 3 | | 5 L | E1 | P001<br>IBC02<br>R001 | PP1<br>BB4 | MP19 |
| | | 1134 | CHLORBENZEN | 3 | F1 | III | 3 | | 5 L | E1 | P001<br>IBC03<br>LP01<br>R001 | | MP19 |
| ! | ● | 1135 | ETHYLENCHLORHYDRIN | 6.1 | TF1 | I | 6.1+3 | 354 | 0 | E0 | P602 | | MP8<br>MP17 |
| ! | ● | 1136 | STEINKOHLENTEERDESTILLATE, ENTZÜNDBAR | 3 | F1 | II | 3 | | 1 L | E2 | P001<br>IBC02<br>R001 | | MP19 |
| | | 1136 | STEINKOHLENTEERDESTILLATE, ENTZÜNDBAR | 3 | F1 | III | 3 | | 5 L | E1 | P001<br>IBC03<br>LP01<br>R001 | | MP19 |
| ! | ● | 1139 | SCHUTZANSTRICHLÖSUNG (einschließlich zu Industrie- oder anderen Zwecken verwendete Oberflächenbehandlungen oder Beschichtungen, wie Zwischenbeschichtung für Fahrzeugkarosserien, Auskleidung für Fässer) | 3 | F1 | I | 3 | | 500 ml | E3 | P001 | | MP7<br>MP17 |
| ! | ● | 1139 | SCHUTZANSTRICHLÖSUNG (einschließlich zu Industrie- oder anderen Zwecken verwendete Oberflächenbehandlungen oder Beschichtungen, wie Zwischenbeschichtung für Fahrzeugkarosserien, Auskleidung für Fässer) (Dampfdruck bei 50 °C größer als 110 kPa) | 3 | F1 | II | 3 | 640C | 5 L | E2 | P001 | | MP19 |
| ! | ● | 1139 | SCHUTZANSTRICHLÖSUNG (einschließlich zu Industrie- oder anderen Zwecken verwendete Oberflächenbehandlungen oder Beschichtungen, wie Zwischenbeschichtung für Fahrzeugkarosserien, Auskleidung für Fässer) (Dampfdruck bei 50 °C höchstens 110 kPa) | 3 | F1 | II | 3 | 640D | 5 L | E2 | P001<br>IBC02<br>R001 | | MP19 |
| | | 1139 | SCHUTZANSTRICHLÖSUNG (einschließlich zu Industrie- oder anderen Zwecken verwendete Oberflächenbehandlungen oder Beschichtungen, wie Zwischenbeschichtung für Fahrzeugkarosserien, Auskleidung für Fässer) | 3 | F1 | III | 3 | | 5 L | E1 | P001<br>IBC03<br>LP01<br>R001 | | MP19 |

| Ortsbewegliche Tanks und Schüttgut-Container | | ADR-Tanks | | Fahrzeug für die Beförderung in Tanks | Beförderungskategorie (Tunnelbeschränkungscode) | Sondervorschriften für die Beförderung | | | | Nummer zur Kennzeichnung der Gefahr | UN-Nummer | Verlagshinweis *„Gut zu wissen"* |
|---|---|---|---|---|---|---|---|---|---|---|---|---|
| Anweisungen | Sondervorschriften | Tankcodierung | Sondervorschriften | | | Versandstücke | lose Schüttung | Be- und Entladung, Handhabung | Betrieb | | | |
| 4.2.5.2<br>7.3.2 | 4.2.5.3 | 4.3 | 4.3.5<br>6.8.4 | 9.1.1.2 | 1.1.3.6<br>(8.6) | 7.2.4 | 7.3.3 | 7.5.11 | 8.5 | 5.3.2.3 | | |
| (10) | (11) | (12) | (13) | (14) | (15) | (16) | (17) | (18) | (19) | (20) | (1) | |
| T4 | TP1<br>TP8 | LGBF | | FL | 2<br>(D/E) | | | | S2<br>S20 | 33 | 1133 | |
| T2 | TP1 | LGBF | | FL | 3<br>(D/E) | V12 | | | S2 | 30 | 1133 | |
| | | | | | 3<br>(E) | | | | S2 | | 1133 | |
| | | | | | 3<br>(E) | | | | S2 | | 1133 | |
| T2 | TP1 | LGBF | | FL | 3<br>(D/E) | V12 | | | S2 | 30 | 1134 | |
| T20 | TP2 | L10CH | TU14<br>TU15<br>TE19<br>TE21 | FL | 1<br>(C/D) | | | CV1<br>CV13<br>CV28 | S2<br>S9<br>S14 | 663 | 1135 | |
| T4 | TP1 | LGBF | | FL | 2<br>(D/E) | | | | S2<br>S20 | 33 | 1136 | |
| T4 | TP1<br>TP29 | LGBF | | FL | 3<br>(D/E) | V12 | | | S2 | 30 | 1136 | |
| T11 | TP1<br>TP8<br>TP27 | L4BN | | FL | 1<br>(D/E) | | | | S2<br>S20 | 33 | 1139 | |
| T4 | TP1<br>TP8 | L1,5BN | | FL | 2<br>(D/E) | | | | S2<br>S20 | 33 | 1139 | |
| T4 | TP1<br>TP8 | LGBF | | FL | 2<br>(D/E) | | | | S2<br>S20 | 33 | 1139 | |
| T2 | TP1 | LGBF | | FL | 3<br>(D/E) | V12 | | | S2 | 30 | 1139 | |

| Verlagshinweis | | UN-Nummer | Benennung und Beschreibung | Klasse | Klassifizierungscode | Verpackungsgruppe | Gefahrzettel | Sondervorschriften | Begrenzte und freigestellte Mengen | | Verpackungen | | |
|---|---|---|---|---|---|---|---|---|---|---|---|---|---|
| Sicherung | Fahrweg | | | | | | | | | | Anweisungen | Sondervorschriften | Zusammenpackung |
| | | | 3.1.2 | 2.2 | 2.2 | 2.1.1.3 | 5.2.2 | 3.3 | 3.4/3.5.1.2 | | 4.1.4 | 4.1.4 | 4.1.10 |
| | | (1) | (2) | (3a) | (3b) | (4) | (5) | (6) | (7a) | (7b) | (8) | (9a) | (9b) |
| | | 1139 | SCHUTZANSTRICHLÖSUNG (einschließlich zu Industrie- oder anderen Zwecken verwendete Oberflächenbehandlungen oder Beschichtungen, wie Zwischenbeschichtung für Fahrzeugkarosserien, Auskleidung für Fässer) (mit einem Flammpunkt unter 23 °C und viskos gemäß 2.2.3.1.4) (Dampfdruck bei 50 °C größer als 110 kPa) | 3 | F1 | III | 3 | | 5 L | E1 | P001<br>R001 | | MP19 |
| | | 1139 | SCHUTZANSTRICHLÖSUNG (einschließlich zu Industrie- oder anderen Zwecken verwendete Oberflächenbehandlungen oder Beschichtungen, wie Zwischenbeschichtung für Fahrzeugkarosserien, Auskleidung für Fässer) (mit einem Flammpunkt unter 23 °C und viskos gemäß 2.2.3.1.4) (Dampfdruck bei 50 °C höchstens 110 kPa) | 3 | F1 | III | 3 | | 5 L | E1 | P001<br>IBC02<br>R001 | BB4 | MP19 |
| ! | ● | 1143 | CROTONALDEHYD oder CROTONALDEHYD, STABILISIERT | 6.1 | TF1 | I | 6.1+3 | 324<br>354<br>386<br>676 | 0 | E0 | P602 | | MP8<br>MP17 |
| ! | ● | 1144 | CROTONYLEN | 3 | F1 | I | 3 | | 0 | E3 | P001 | | MP7<br>MP17 |
| ! | ● | 1145 | CYCLOHEXAN | 3 | F1 | II | 3 | | 1 L | E2 | P001<br>IBC02<br>R001 | | MP19 |
| ! | ● | 1146 | CYCLOPENTAN | 3 | F1 | II | 3 | | 1 L | E2 | P001<br>IBC02<br>R001 | | MP19 |
| | | 1147 | DECAHYDRONAPHTHALEN | 3 | F1 | III | 3 | | 5 L | E1 | P001<br>IBC03<br>LP01<br>R001 | | MP19 |
| ! | ● | 1148 | DIACETONALKOHOL | 3 | F1 | II | 3 | | 1 L | E2 | P001<br>IBC02<br>R001 | | MP19 |
| | | 1148 | DIACETONALKOHOL | 3 | F1 | III | 3 | | 5 L | E1 | P001<br>IBC03<br>LP01<br>R001 | | MP19 |
| | | 1149 | DIBUTYLETHER | 3 | F1 | III | 3 | | 5 L | E1 | P001<br>IBC03<br>LP01<br>R001 | | MP19 |
| ! | ● | 1150 | 1,2-DICHLORETHYLEN | 3 | F1 | II | 3 | | 1 L | E2 | P001<br>IBC02<br>R001 | | MP19 |
| | | 1152 | DICHLORPENTANE | 3 | F1 | III | 3 | | 5 L | E1 | P001<br>IBC03<br>LP01<br>R001 | | MP19 |
| ! | ● | 1153 | ETHYLENGLYCOLDIETHYLETHER | 3 | F1 | II | 3 | | 1 L | E2 | P001<br>IBC02<br>R001 | | MP19 |
| ! | | 1153 | ETHYLENGLYCOLDIETHYLETHER | 3 | F1 | III | 3 | | 5 L | E1 | P001<br>IBC03<br>LP01<br>R001 | | MP19 |

| Ortsbewegliche Tanks und Schüttgut-Container | | ADR-Tanks | | Fahrzeug für die Beförderung in Tanks | Beförderungskategorie (Tunnelbeschränkungscode) | Sondervorschriften für die Beförderung | | | | Nummer zur Kennzeichnung der Gefahr | UN-Nummer | Verlagshinweis „Gut zu wissen" |
|---|---|---|---|---|---|---|---|---|---|---|---|---|
| Anweisungen | Sondervorschriften | Tankcodierung | Sondervorschriften | | | Versandstücke | lose Schüttung | Be- und Entladung, Handhabung | Betrieb | | | |
| 4.2.5.2<br>7.3.2 | 4.2.5.3 | 4.3 | 4.3.5<br>6.8.4 | 9.1.1.2 | 1.1.3.6<br>(8.6) | 7.2.4 | 7.3.3 | 7.5.11 | 8.5 | 5.3.2.3 | | |
| (10) | (11) | (12) | (13) | (14) | (15) | (16) | (17) | (18) | (19) | (20) | (1) | |
| | | | | | 3<br>(E) | | | | S2 | | 1139 | |
| | | | | | 3<br>(E) | | | | S2 | | 1139 | |
| T20 | TP2 | L10CH | TU14<br>TU15<br>TE19<br>TE21 | FL | 1<br>(C/D) | V8 | | CV1<br>CV13<br>CV28 | S2<br>S4<br>S9<br>S14 | 663 | 1143 | |
| T11 | TP2 | L4BN | | FL | 1<br>(D/E) | | | | S2<br>S20 | 339 | 1144 | |
| T4 | TP1 | LGBF | | FL | 2<br>(D/E) | | | | S2<br>S20 | 33 | 1145 | |
| T7 | TP1 | LGBF | | FL | 2<br>(D/E) | | | | S2<br>S20 | 33 | 1146 | |
| T2 | TP1 | LGBF | | FL | 3<br>(D/E) | V12 | | | S2 | 30 | 1147 | *→D: GGAV 21* |
| T4 | TP1 | LGBF | | FL | 2<br>(D/E) | | | | S2<br>S20 | 33 | 1148 | |
| T2 | TP1 | LGBF | | FL | 3<br>(D/E) | V12 | | | S2 | 30 | 1148 | |
| T2 | TP1 | LGBF | | FL | 3<br>(D/E) | V12 | | | S2 | 30 | 1149 | |
| T7 | TP2 | LGBF | | FL | 2<br>(D/E) | | | | S2<br>S20 | 33 | 1150 | |
| T2 | TP1 | LGBF | | FL | 3<br>(D/E) | V12 | | | S2 | 30 | 1152 | |
| T4 | TP1 | LGBF | | FL | 2<br>(D/E) | | | | S2<br>S20 | 33 | 1153 | |
| T2 | TP1 | LGBF | | FL | 3<br>(D/E) | V12 | | | S2 | 30 | 1153 | |

## UN-numerisches Verzeichnis (Tabelle A)

| Verlagshinweis: Sicherung | Verlagshinweis: Fahrweg | UN-Nummer | Benennung und Beschreibung | Klasse | Klassifizierungscode | Verpackungsgruppe | Gefahrzettel | Sondervorschriften | Begrenzte und freigestellte Mengen | | Verpackungen: Anweisungen | Verpackungen: Sondervorschriften | Verpackungen: Zusammenpackung |
|---|---|---|---|---|---|---|---|---|---|---|---|---|---|
| | | | 3.1.2 | 2.2 | 2.2 | 2.1.1.3 | 5.2.2 | 3.3 | 3.4/3.5.1.2 | | 4.1.4 | 4.1.4 | 4.1.10 |
| | | (1) | (2) | (3a) | (3b) | (4) | (5) | (6) | (7a) | (7b) | (8) | (9a) | (9b) |
| ! | ● | 1154 | DIETHYLAMIN | 3 | FC | II | 3+8 | | 1 L | E2 | P001<br>IBC02 | | MP19 |
| ! | ● | 1155 | DIETHYLETHER (ETHYLETHER) | 3 | F1 | I | 3 | | 0 | E3 | P001 | | MP7<br>MP17 |
| ! | ● | 1156 | DIETHYLKETON | 3 | F1 | II | 3 | | 1 L | E2 | P001<br>IBC02<br>R001 | | MP19 |
| | | 1157 | DIISOBUTYLKETON | 3 | F1 | III | 3 | | 5 L | E1 | P001<br>IBC03<br>LP01<br>R001 | | MP19 |
| ! | ● | 1158 | DIISOPROPYLAMIN | 3 | FC | II | 3+8 | | 1 L | E2 | P001<br>IBC02 | | MP19 |
| ! | ● | 1159 | DIISOPROPYLETHER | 3 | F1 | II | 3 | | 1 L | E2 | P001<br>IBC02<br>R001 | | MP19 |
| ! | ● | 1160 | DIMETHYLAMIN, WÄSSERIGE LÖSUNG | 3 | FC | II | 3+8 | | 1 L | E2 | P001<br>IBC02 | | MP19 |
| ! | ● | 1161 | DIMETHYLCARBONAT | 3 | F1 | II | 3 | | 1 L | E2 | P001<br>IBC02<br>R001 | | MP19 |
| ! | ● | 1162 | DIMETHYLDICHLORSILAN | 3 | FC | II | 3+8 | | 0 | E0 | P010 | | MP19 |
| ! | ● | 1163 | DIMETHYLHYDRAZIN, ASYMMETRISCH | 6.1 | TFC | I | 6.1+3+8 | 354 | 0 | E0 | P602 | | MP8<br>MP17 |
| ! | ● | 1164 | DIMETHYLSULFID | 3 | F1 | II | 3 | | 1 L | E2 | P001<br>IBC02 | B8 | MP19 |
| ! | ● | 1165 | DIOXAN | 3 | F1 | II | 3 | | 1 L | E2 | P001<br>IBC02<br>R001 | | MP19 |
| ! | ● | 1166 | DIOXOLAN | 3 | F1 | II | 3 | | 1 L | E2 | P001<br>IBC02<br>R001 | | MP19 |
| ! | ● | 1167 | DIVINYLETHER, STABILISIERT | 3 | F1 | I | 3 | 386<br>676 | 0 | E3 | P001 | | MP7<br>MP17 |
| ! | ● | 1170 | ETHANOL (ETHYLALKOHOL) oder ETHANOL, LÖSUNG (ETHYLALKOHOL, LÖSUNG) | 3 | F1 | II | 3 | 144<br>601 | 1 L | E2 | P001<br>IBC02<br>R001 | | MP19 |
| | | 1170 | ETHANOL, LÖSUNG (ETHYLALKOHOL, LÖSUNG) | 3 | F1 | III | 3 | 144<br>601 | 5 L | E1 | P001<br>IBC03<br>LP01<br>R001 | | MP19 |
| | | 1171 | ETHYLENGLYCOLMONOETHYLETHER | 3 | F1 | III | 3 | | 5 L | E1 | P001<br>IBC03<br>LP01<br>R001 | | MP19 |
| | | 1172 | ETHYLENGLYCOLMONOETHYLETHER-ACETAT | 3 | F1 | III | 3 | | 5 L | E1 | P001<br>IBC03<br>LP01<br>R001 | | MP19 |
| ! | ● | 1173 | ETHYLACETAT | 3 | F1 | II | 3 | | 1 L | E2 | P001<br>IBC02<br>R001 | | MP19 |

| Ortsbewegliche Tanks und Schüttgut-Container | | ADR-Tanks | | Fahrzeug für die Beförderung in Tanks | Beförderungskategorie (Tunnelbeschränkungscode) | Sondervorschriften für die Beförderung | | | | Nummer zur Kennzeichnung der Gefahr | UN-Nummer | Verlagshinweis „Gut zu wissen" |
|---|---|---|---|---|---|---|---|---|---|---|---|---|
| Anweisungen | Sondervorschriften | Tankcodierung | Sondervorschriften | | | Versandstücke | lose Schüttung | Be- und Entladung, Handhabung | Betrieb | | | |
| 4.2.5.2 7.3.2 | 4.2.5.3 | 4.3 | 4.3.5 6.8.4 | 9.1.1.2 | 1.1.3.6 (8.6) | 7.2.4 | 7.3.3 | 7.5.11 | 8.5 | 5.3.2.3 | | |
| (10) | (11) | (12) | (13) | (14) | (15) | (16) | (17) | (18) | (19) | (20) | (1) | |
| T7 | TP1 | L4BH | | FL | 2 (D/E) | | | | S2 S20 | 338 | 1154 | |
| T11 | TP2 | L4BN | | FL | 1 (D/E) | | | | S2 S20 | 33 | 1155 | |
| T4 | TP1 | LGBF | | FL | 2 (D/E) | | | | S2 S20 | 33 | 1156 | |
| T2 | TP1 | LGBF | | FL | 3 (D/E) | V12 | | | S2 | 30 | 1157 | |
| T7 | TP1 | L4BH | | FL | 2 (D/E) | | | | S2 S20 | 338 | 1158 | |
| T4 | TP1 | LGBF | | FL | 2 (D/E) | | | | S2 S20 | 33 | 1159 | |
| T7 | TP1 | L4BH | | FL | 2 (D/E) | | | | S2 S20 | 338 | 1160 | |
| T4 | TP1 | LGBF | | FL | 2 (D/E) | | | | S2 S20 | 33 | 1161 | |
| T10 | TP2 TP7 | L4BH | | FL | 2 (D/E) | | | | S2 S20 | X338 | 1162 | |
| T20 | TP2 | L10CH | TU14 TU15 TE19 TE21 | FL | 1 (C/D) | | | CV1 CV13 CV28 | S2 S9 S14 | 663 | 1163 | |
| T7 | TP2 | L1,5BN | | FL | 2 (D/E) | | | | S2 S20 | 33 | 1164 | |
| T4 | TP1 | LGBF | | FL | 2 (D/E) | | | | S2 S20 | 33 | 1165 | |
| T4 | TP1 | LGBF | | FL | 2 (D/E) | | | | S2 S20 | 33 | 1166 | |
| T11 | TP2 | L4BN | | FL | 1 (D/E) | V8 | | | S2 S4 S20 | 339 | 1167 | |
| T4 | TP1 | LGBF | | FL | 2 (D/E) | | | | S2 S20 | 33 | 1170 | →D: RSEB 2-3 |
| T2 | TP1 | LGBF | | FL | 3 (D/E) | V12 | | | S2 | 30 | 1170 | →D: RSEB 2-3 |
| T2 | TP1 | LGBF | | FL | 3 (D/E) | V12 | | | S2 | 30 | 1171 | |
| T2 | TP1 | LGBF | | FL | 3 (D/E) | V12 | | | S2 | 30 | 1172 | |
| T4 | TP1 | LGBF | | FL | 2 (D/E) | | | | S2 S20 | 33 | 1173 | |

| Verlagshinweis Sicherung | Verlagshinweis Fahrweg | UN-Nummer | Benennung und Beschreibung | Klasse | Klassifizierungscode | Verpackungsgruppe | Gefahrzettel | Sondervorschriften | Begrenzte und freigestellte Mengen | | Verpackungen Anweisungen | Verpackungen Sondervorschriften | Verpackungen Zusammenpackung |
|---|---|---|---|---|---|---|---|---|---|---|---|---|---|
| | | | 3.1.2 | 2.2 | 2.2 | 2.1.1.3 | 5.2.2 | 3.3 | 3.4/3.5.1.2 | | 4.1.4 | 4.1.4 | 4.1.10 |
| | | (1) | (2) | (3a) | (3b) | (4) | (5) | (6) | (7a) | (7b) | (8) | (9a) | (9b) |
| ! | ● | 1175 | ETHYLBENZEN | 3 | F1 | II | 3 | | 1 L | E2 | P001<br>IBC02<br>R001 | | MP19 |
| ! | ● | 1176 | TRIETHYLBORAT | 3 | F1 | II | 3 | | 1 L | E2 | P001<br>IBC02<br>R001 | | MP19 |
| | | 1177 | 2-ETHYLBUTYLACETAT | 3 | F1 | III | 3 | | 5 L | E1 | P001<br>IBC03<br>LP01<br>R001 | | MP19 |
| ! | ● | 1178 | 2-ETHYLBUTYRALDEHYD | 3 | F1 | II | 3 | | 1 L | E2 | P001<br>IBC02<br>R001 | | MP19 |
| ! | ● | 1179 | ETHYLBUTYLETHER | 3 | F1 | II | 3 | | 1 L | E2 | P001<br>IBC02<br>R001 | | MP19 |
| | | 1180 | ETHYLBUTYRAT | 3 | F1 | III | 3 | | 5 L | E1 | P001<br>IBC03<br>LP01<br>R001 | | MP19 |
| | | 1181 | ETHYLCHLORACETAT | 6.1 | TF1 | II | 6.1+3 | | 100 ml | E4 | P001<br>IBC02 | | MP15 |
| ! | ● | 1182 | ETHYLCHLORFORMIAT | 6.1 | TFC | I | 6.1+3+8 | 354 | 0 | E0 | P602 | | MP8<br>MP17 |
| ! | | 1183 | ETHYLDICHLORSILAN | 4.3 | WFC | I | 4.3+3+8 | | 0 | E0 | P401 | RR7 | MP2 |
| ! | ● | 1184 | ETHYLENDICHLORID | 3 | FT1 | II | 3+6.1 | | 1 L | E2 | P001<br>IBC02 | | MP19 |
| ! | ● | 1185 | ETHYLENIMIN, STABILISIERT | 6.1 | TF1 | I | 6.1+3 | 354<br>386<br>676 | 0 | E0 | P601 | | MP2 |
| | | 1188 | ETHYLENGLYCOLMONOMETHYLETHER | 3 | F1 | III | 3 | | 5 L | E1 | P001<br>IBC03<br>LP01<br>R001 | | MP19 |
| | | 1189 | ETHYLENGLYCOLMONOMETHYL-ETHERACETAT | 3 | F1 | III | 3 | | 5 L | E1 | P001<br>IBC03<br>LP01<br>R001 | | MP19 |
| ! | ● | 1190 | ETHYLFORMIAT | 3 | F1 | II | 3 | | 1 L | E2 | P001<br>IBC02<br>R001 | | MP19 |
| | | 1191 | OCTYLALDEHYDE | 3 | F1 | III | 3 | | 5 L | E1 | P001<br>IBC03<br>LP01<br>R001 | | MP19 |
| | | 1192 | ETHYLLACTAT | 3 | F1 | III | 3 | | 5 L | E1 | P001<br>IBC03<br>LP01<br>R001 | | MP19 |
| ! | ● | 1193 | ETHYLMETHYLKETON (METHYLETHYL-KETON) | 3 | F1 | II | 3 | | 1 L | E2 | P001<br>IBC02<br>R001 | | MP19 |

| Ortsbewegliche Tanks und Schüttgut-Container | | ADR-Tanks | | Fahrzeug für die Beförderung in Tanks | Beförderungskategorie (Tunnelbeschränkungscode) | Sondervorschriften für die Beförderung | | | | Nummer zur Kennzeichnung der Gefahr | UN-Nummer | Verlagshinweis „Gut zu wissen" |
|---|---|---|---|---|---|---|---|---|---|---|---|---|
| Anweisungen | Sondervorschriften | Tankcodierung | Sondervorschriften | | | Versandstücke | lose Schüttung | Be- und Entladung, Handhabung | Betrieb | | | |
| 4.2.5.2 7.3.2 | 4.2.5.3 | 4.3 | 4.3.5 6.8.4 | 9.1.1.2 | 1.1.3.6 (8.6) | 7.2.4 | 7.3.3 | 7.5.11 | 8.5 | 5.3.2.3 | | |
| (10) | (11) | (12) | (13) | (14) | (15) | (16) | (17) | (18) | (19) | (20) | (1) | |
| T4 | TP1 | LGBF | | FL | 2 (D/E) | | | | S2 S20 | 33 | 1175 | |
| T4 | TP1 | LGBF | | FL | 2 (D/E) | | | | S2 S20 | 33 | 1176 | |
| T2 | TP1 | LGBF | | FL | 3 (D/E) | V12 | | | S2 | 30 | 1177 | |
| T4 | TP1 | LGBF | | FL | 2 (D/E) | | | | S2 S20 | 33 | 1178 | |
| T4 | TP1 | LGBF | | FL | 2 (D/E) | | | | S2 S20 | 33 | 1179 | |
| T2 | TP1 | LGBF | | FL | 3 (D/E) | V12 | | | S2 | 30 | 1180 | |
| T7 | TP2 | L4BH | TU15 TE19 | FL | 2 (D/E) | | | CV13 CV28 | S2 S9 S19 | 63 | 1181 | |
| T20 | TP2 | L10CH | TU14 TU15 TE19 TE21 | FL | 1 (C/D) | | | CV1 CV13 CV28 | S2 S9 S14 | 663 | 1182 | |
| T14 | TP2 TP7 | L10DH | TU14 TU23 TE21 TM2 TM3 | FL | 0 (B/E) | V1 | | CV23 | S2 S20 | X338 | 1183 | |
| T7 | TP1 | L4BH | TU15 | FL | 2 (D/E) | | | CV13 CV28 | S2 S19 | 336 | 1184 | |
| T22 | TP2 | L15CH | TU14 TU15 TE19 TE21 | FL | 1 (C/D) | V8 | | CV1 CV13 CV28 | S2 S4 S9 S14 | 663 | 1185 | →2.1.3.4.1 |
| T2 | TP1 | LGBF | | FL | 3 (D/E) | V12 | | | S2 | 30 | 1188 | |
| T2 | TP1 | LGBF | | FL | 3 (D/E) | V12 | | | S2 | 30 | 1189 | |
| T4 | TP1 | LGBF | | FL | 2 (D/E) | | | | S2 S20 | 33 | 1190 | |
| T2 | TP1 | LGBF | | FL | 3 (D/E) | V12 | | | S2 | 30 | 1191 | |
| T2 | TP1 | LGBF | | FL | 3 (D/E) | V12 | | | S2 | 30 | 1192 | |
| T4 | TP1 | LGBF | | FL | 2 (D/E) | | | | S2 S20 | 33 | 1193 | |

| Verlagshinweis: Sicherung | Verlagshinweis: Fahrweg | UN-Nummer | Benennung und Beschreibung | Klasse | Klassifizierungscode | Verpackungsgruppe | Gefahrzettel | Sondervorschriften | Begrenzte und freigestellte Mengen | | Verpackungen: Anweisungen | Verpackungen: Sondervorschriften | Verpackungen: Zusammenpackung |
|---|---|---|---|---|---|---|---|---|---|---|---|---|---|
| | | | 3.1.2 | 2.2 | 2.2 | 2.1.1.3 | 5.2.2 | 3.3 | 3.4/3.5.1.2 | | 4.1.4 | 4.1.4 | 4.1.10 |
| | | (1) | (2) | (3a) | (3b) | (4) | (5) | (6) | (7a) | (7b) | (8) | (9a) | (9b) |
| ! | ● | 1194 | ETHYLNITRIT, LÖSUNG | 3 | FT1 | I | 3+6.1 | | 0 | E0 | P001 | | MP7<br>MP17 |
| ! | ● | 1195 | ETHYLPROPIONAT | 3 | F1 | II | 3 | | 1 L | E2 | P001<br>IBC02<br>R001 | | MP19 |
| ! | ● | 1196 | ETHYLTRICHLORSILAN | 3 | FC | II | 3+8 | | 0 | E0 | P010 | | MP19 |
| ! | ● | 1197 | EXTRAKTE, FLÜSSIG, für Geschmack oder Aroma (Dampfdruck bei 50 °C größer als 110 kPa) | 3 | F1 | II | 3 | 601<br>640C | 5 L | E2 | P001 | | MP19 |
| ! | ● | 1197 | EXTRAKTE, FLÜSSIG, für Geschmack oder Aroma (Dampfdruck bei 50 °C höchstens 110 kPa) | 3 | F1 | II | 3 | 601<br>640D | 5 L | E2 | P001<br>IBC02<br>R001 | | MP19 |
| | | 1197 | EXTRAKTE, FLÜSSIG, für Geschmack oder Aroma | 3 | F1 | III | 3 | 601 | 5 L | E1 | P001<br>IBC03<br>LP01<br>R001 | | MP19 |
| | | 1197 | EXTRAKTE, FLÜSSIG, für Geschmack oder Aroma (mit einem Flammpunkt unter 23 °C und viskos gemäß 2.2.3.1.4) (Dampfdruck bei 50 °C größer als 110 kPa) | 3 | F1 | III | 3 | 601 | 5 L | E1 | P001<br>R001 | | MP19 |
| | | 1197 | EXTRAKTE, FLÜSSIG, für Geschmack oder Aroma (mit einem Flammpunkt unter 23 °C und viskos gemäß 2.2.3.1.4) (Dampfdruck bei 50 °C höchstens 110 kPa) | 3 | F1 | III | 3 | 601 | 5 L | E1 | P001<br>IBC02<br>R001 | BB4 | MP19 |
| | | 1198 | FORMALDEHYDLÖSUNG, ENTZÜNDBAR | 3 | FC | III | 3+8 | | 5 L | E1 | P001<br>IBC03<br>R001 | | MP19 |
| | | 1199 | FURALDEHYDE | 6.1 | TF1 | II | 6.1+3 | | 100 ml | E4 | P001<br>IBC02 | | MP15 |
| ! | ● | 1201 | FUSELÖL | 3 | F1 | II | 3 | | 1 L | E2 | P001<br>IBC02<br>R001 | | MP19 |
| | | 1201 | FUSELÖL | 3 | F1 | III | 3 | | 5 L | E1 | P001<br>IBC03<br>LP01<br>R001 | | MP19 |
| | | 1202 | DIESELKRAFTSTOFF oder GASÖL oder HEIZÖL, LEICHT (Flammpunkt höchstens 60 °C) | 3 | F1 | III | 3 | 640K<br>664 | 5 L | E1 | P001<br>IBC03<br>LP01<br>R001 | | MP19 |
| | | 1202 | DIESELKRAFTSTOFF, der Norm EN 590:2013 + A1:2017 entsprechend, oder GASÖL oder HEIZÖL, LEICHT mit einem Flammpunkt gemäß EN 590:2013 + A1:2017 | 3 | F1 | III | 3 | 640L<br>664 | 5 L | E1 | P001<br>IBC03<br>LP01<br>R001 | | MP19 |

| Ortsbewegliche Tanks und Schüttgut-Container | | ADR-Tanks | | Fahrzeug für die Beförderung in Tanks | Beförderungskategorie (Tunnelbeschränkungscode) | Sondervorschriften für die Beförderung | | | | Nummer zur Kennzeichnung der Gefahr | UN-Nummer | Verlagshinweis *„Gut zu wissen"* |
|---|---|---|---|---|---|---|---|---|---|---|---|---|
| Anweisungen | Sondervorschriften | Tankcodierung | Sondervorschriften | | | Versandstücke | lose Schüttung | Be- und Entladung, Handhabung | Betrieb | | | |
| 4.2.5.2<br>7.3.2 | 4.2.5.3 | 4.3 | 4.3.5<br>6.8.4 | 9.1.1.2 | 1.1.3.6<br>(8.6) | 7.2.4 | 7.3.3 | 7.5.11 | 8.5 | 5.3.2.3 | | |
| (10) | (11) | (12) | (13) | (14) | (15) | (16) | (17) | (18) | (19) | (20) | (1) | |
| | | L10CH | TU14<br>TU15<br>TE21 | FL | 1<br>(C/E) | | | CV13<br>CV28 | S2<br>S22 | 336 | 1194 | |
| T4 | TP1 | LGBF | | FL | 2<br>(D/E) | | | | S2<br>S20 | 33 | 1195 | |
| T10 | TP2<br>TP7 | L4BH | | FL | 2<br>(D/E) | | | | S2<br>S20 | X338 | 1196 | |
| T4 | TP1<br>TP8 | L1,5BN | | FL | 2<br>(D/E) | | | | S2<br>S20 | 33 | 1197 | |
| T4 | TP1<br>TP8 | LGBF | | FL | 2<br>(D/E) | | | | S2<br>S20 | 33 | 1197 | |
| T2 | TP1 | LGBF | | FL | 3<br>(D/E) | V12 | | | S2 | 30 | 1197 | |
| | | | | | 3<br>(E) | | | | S2 | | 1197 | |
| | | | | | 3<br>(E) | | | | S2 | | 1197 | |
| T4 | TP1 | L4BN | | FL | 3<br>(D/E) | V12 | | | S2 | 38 | 1198 | |
| T7 | TP2 | L4BH | TU15<br>TE19 | FL | 2<br>(D/E) | | | CV13<br>CV28 | S2<br>S9<br>S19 | 63 | 1199 | |
| T4 | TP1 | LGBF | | FL | 2<br>(D/E) | | | | S2<br>S20 | 33 | 1201 | |
| T2 | TP1 | LGBF | | FL | 3<br>(D/E) | V12 | | | S2 | 30 | 1201 | |
| T2 | TP1 | LGBF | | FL | 3<br>(D/E) | V12 | | | S2 | 30 | 1202 | *→1.6.3.44<br>→5.3.2.1.3<br>→D: GGAV 24<br>→RO-bi-SE-7<br>→RO-a-DE-3<br>→RO-bi-DK-1<br>→RO-bi-EL-1<br>→RO-a-CH-1<br>→D: RSEB 2-19.2<br>→D: RSEB 4-6.S* |
| T2 | TP1 | LGBF | | AT | 3<br>(D/E) | V12 | | | S2 | 30 | 1202 | *→1.6.3.44<br>→5.3.2.1.3<br>→D: GGAV 24<br>→RO-bi-SE-7<br>→RO-a-DE-3<br>→RO-bi-DK-1<br>→RO-bi-EL-1<br>→RO-a-CH-1<br>→D: RSEB 2-19.2<br>→D: RSEB 4-6.S* |

| Verlagshinweis | | UN-Nummer | Benennung und Beschreibung | Klasse | Klassifizierungscode | Verpackungsgruppe | Gefahrzettel | Sondervorschriften | Begrenzte und freigestellte Mengen | | Verpackungen | | |
|---|---|---|---|---|---|---|---|---|---|---|---|---|---|
| Sicherung | Fahrweg | | | | | | | | | | Anweisungen | Sondervorschriften | Zusammenpackung |
| | | | 3.1.2 | 2.2 | 2.2 | 2.1.1.3 | 5.2.2 | 3.3 | 3.4/3.5.1.2 | | 4.1.4 | 4.1.4 | 4.1.10 |
| | | (1) | (2) | (3a) | (3b) | (4) | (5) | (6) | (7a) | (7b) | (8) | (9a) | (9b) |
| | | 1202 | DIESELKRAFTSTOFF oder GASÖL oder HEIZÖL, LEICHT (Flammpunkt über 60 °C bis einschließlich 100 °C) | 3 | F1 | III | 3 | 640M<br>664 | 5 L | E1 | P001<br>IBC03<br>LP01<br>R001 | | MP19 |
| ! | ● | 1203 | BENZIN oder OTTOKRAFTSTOFF | 3 | F1 | II | 3 | 243<br>534<br>664 | 1 L | E2 | P001<br>IBC02<br>R001 | BB2 | MP19 |
| ! | | 1204 | NITROGLYCERIN, LÖSUNG IN ALKOHOL mit höchstens 1 % Nitroglycerin | 3 | D | II | 3 | 28<br>601 | 1 L | E0 | P001<br>IBC02 | PP5 | MP2 |
| ! | ● | 1206 | HEPTANE | 3 | F1 | II | 3 | | 1 L | E2 | P001<br>IBC02<br>R001 | | MP19 |
| | | 1207 | HEXALDEHYD | 3 | F1 | III | 3 | | 5 L | E1 | P001<br>IBC03<br>LP01<br>R001 | | MP19 |
| ! | ● | 1208 | HEXANE | 3 | F1 | II | 3 | | 1 L | E2 | P001<br>IBC02<br>R001 | | MP19 |
| ! | ● | 1210 | DRUCKFARBE, entzündbar oder DRUCKFARBZUBEHÖRSTOFFE (einschließlich Druckfarbverdünnung und -lösemittel), entzündbar | 3 | F1 | I | 3 | 163<br>367 | 500 ml | E3 | P001 | | MP7<br>MP17 |
| ! | ● | 1210 | DRUCKFARBE, entzündbar oder DRUCKFARBZUBEHÖRSTOFFE (einschließlich Druckfarbverdünnung und -lösemittel), entzündbar (Dampfdruck bei 50 °C größer als 110 kPa) | 3 | F1 | II | 3 | 163<br>367<br>640C | 5 L | E2 | P001 | PP1 | MP19 |
| ! | ● | 1210 | DRUCKFARBE, entzündbar oder DRUCKFARBZUBEHÖRSTOFFE (einschließlich Druckfarbverdünnung und -lösemittel), entzündbar (Dampfdruck bei 50 °C höchstens 110 kPa) | 3 | F1 | II | 3 | 163<br>367<br>640D | 5 L | E2 | P001<br>IBC02<br>R001 | PP1 | MP19 |
| | | 1210 | DRUCKFARBE, entzündbar oder DRUCKFARBZUBEHÖRSTOFFE (einschließlich Druckfarbverdünnung und -lösemittel), entzündbar | 3 | F1 | III | 3 | 163<br>367 | 5 L | E1 | P001<br>IBC03<br>LP01<br>R001 | PP1 | MP19 |
| | | 1210 | DRUCKFARBE, entzündbar oder DRUCKFARBZUBEHÖRSTOFFE (einschließlich Druckfarbverdünnung und -lösemittel), entzündbar (mit einem Flammpunkt unter 23 °C und viskos gemäß 2.2.3.1.4) (Dampfdruck bei 50 °C größer als 110 kPa) | 3 | F1 | III | 3 | 163<br>367 | 5 L | E1 | P001<br>R001 | PP1 | MP19 |
| | | 1210 | DRUCKFARBE, entzündbar oder DRUCKFARBZUBEHÖRSTOFFE (einschließlich Druckfarbverdünnung und -lösemittel), entzündbar (mit einem Flammpunkt unter 23 °C und viskos gemäß 2.2.3.1.4) (Dampfdruck bei 50 °C höchstens 110 kPa) | 3 | F1 | III | 3 | 163<br>367 | 5 L | E1 | P001<br>IBC02<br>R001 | PP1<br>BB4 | MP19 |

| Ortsbewegliche Tanks und Schüttgut-Container | | ADR-Tanks | | Fahrzeug für die Beförderung in Tanks | Beförderungskategorie (Tunnelbeschränkungscode) | Sondervorschriften für die Beförderung | | | | Nummer zur Kennzeichnung der Gefahr | UN-Nummer | Verlagshinweis *„Gut zu wissen"* |
|---|---|---|---|---|---|---|---|---|---|---|---|---|
| Anweisungen | Sondervorschriften | Tankcodierung | Sondervorschriften | | | Versandstücke | lose Schüttung | Be- und Entladung, Handhabung | Betrieb | | | |
| 4.2.5.2<br>7.3.2 | 4.2.5.3 | 4.3 | 4.3.5<br>6.8.4 | 9.1.1.2 | 1.1.3.6<br>(8.6) | 7.2.4 | 7.3.3 | 7.5.11 | 8.5 | 5.3.2.3 | | |
| (10) | (11) | (12) | (13) | (14) | (15) | (16) | (17) | (18) | (19) | (20) | (1) | |
| T2 | TP1 | LGBV | | AT | 3<br>(D/E) | V12 | | | | 30 | 1202 | *→1.6.3.44<br>→5.3.2.1.3<br>→D: GGAV 24<br>→RO-bi-SE-7<br>→RO-a-DE-3<br>→RO-bi-DK-1<br>→RO-bi-EL-1,<br>→RO-a-CH-1<br>→D: RSEB 2-19.2<br>→D: RSEB 4-6.S* |
| T4 | TP1 | LGBF | TU9 | FL | 2<br>(D/E) | | | | S2<br>S20 | 33 | 1203 | *→1.6.3.44<br>→5.3.2.1.3<br>→D: GGAV 24<br>→RO-bi-SE-7<br>→RO-a-DE-3<br>→RO-bi-DK-1<br>→D: RSEB 4-6.S* |
| | | | | | 2<br>(B) | | | | S2<br>S14 | | 1204 | |
| T4 | TP1 | LGBF | | FL | 2<br>(D/E) | | | | S2<br>S20 | 33 | 1206 | |
| T2 | TP1 | LGBF | | FL | 3<br>(D/E) | V12 | | | S2 | 30 | 1207 | |
| T4 | TP1 | LGBF | | FL | 2<br>(D/E) | | | | S2<br>S20 | 33 | 1208 | |
| T11 | TP1<br>TP8 | L4BN | | FL | 1<br>(D/E) | | | | S2<br>S20 | 33 | 1210 | |
| T4 | TP1<br>TP8 | L1,5BN | | FL | 2<br>(D/E) | | | | S2<br>S20 | 33 | 1210 | |
| T4 | TP1<br>TP8 | LGBF | | FL | 2<br>(D/E) | | | | S2<br>S20 | 33 | 1210 | |
| T2 | TP1 | LGBF | | FL | 3<br>(D/E) | V12 | | | S2 | 30 | 1210 | |
| | | | | | 3<br>(E) | | | | S2 | | 1210 | |
| | | | | | 3<br>(E) | | | | S2 | | 1210 | |

## UN-numerisches Verzeichnis (Tabelle A)

| Verlags-hinweis Sicherung | Verlags-hinweis Fahrweg | UN-Nummer | Benennung und Beschreibung | Klasse | Klassifizierungscode | Verpackungsgruppe | Gefahrzettel | Sondervorschriften | Begrenzte und freigestellte Mengen | | Verpackungen Anweisungen | Verpackungen Sondervorschriften | Verpackungen Zusammenpackung |
|---|---|---|---|---|---|---|---|---|---|---|---|---|---|
| | | | 3.1.2 | 2.2 | 2.2 | 2.1.1.3 | 5.2.2 | 3.3 | 3.4/3.5.1.2 | | 4.1.4 | 4.1.4 | 4.1.10 |
| | | (1) | (2) | (3a) | (3b) | (4) | (5) | (6) | (7a) | (7b) | (8) | (9a) | (9b) |
| | | 1212 | ISOBUTANOL (ISOBUTYLALKOHOL) | 3 | F1 | III | 3 | | 5 L | E1 | P001<br>IBC03<br>LP01<br>R001 | | MP19 |
| ! | ● | 1213 | ISOBUTYLACETAT | 3 | F1 | II | 3 | | 1 L | E2 | P001<br>IBC02<br>R001 | | MP19 |
| ! | ● | 1214 | ISOBUTYLAMIN | 3 | FC | II | 3+8 | | 1 L | E2 | P001<br>IBC02 | | MP19 |
| ! | ● | 1216 | ISOOCTENE | 3 | F1 | II | 3 | | 1 L | E2 | P001<br>IBC02<br>R001 | | MP19 |
| ! | ● | 1218 | ISOPREN, STABILISIERT | 3 | F1 | I | 3 | 386<br>676 | 0 | E3 | P001 | | MP7<br>MP17 |
| ! | ● | 1219 | ISOPROPANOL (ISOPROPYLALKOHOL) | 3 | F1 | II | 3 | 601 | 1 L | E2 | P001<br>IBC02<br>R001 | | MP19 |
| ! | ● | 1220 | ISOPROPYLACETAT | 3 | F1 | II | 3 | | 1 L | E2 | P001<br>IBC02<br>R001 | | MP19 |
| ! | ● | 1221 | ISOPROPYLAMIN | 3 | FC | I | 3+8 | | 0 | E0 | P001 | | MP7<br>MP17 |
| | | 1222 | ISOPROPYLNITRAT | 3 | F1 | II | 3 | | 1 L | E2 | P001<br>IBC02<br>R001 | B7 | MP19 |
| | | 1223 | KEROSIN | 3 | F1 | III | 3 | 664 | 5 L | E1 | P001<br>IBC03<br>LP01<br>R001 | | MP19 |
| ! | ● | 1224 | KETONE, FLÜSSIG, N.A.G. (Dampfdruck bei 50 °C größer als 110 kPa) | 3 | F1 | II | 3 | 274<br>640C | 1 L | E2 | P001 | | MP19 |
| ! | ● | 1224 | KETONE, FLÜSSIG, N.A.G. (Dampfdruck bei 50 °C höchstens 110 kPa) | 3 | F1 | II | 3 | 274<br>640D | 1 L | E2 | P001<br>IBC02<br>R001 | | MP19 |
| | | 1224 | KETONE, FLÜSSIG, N.A.G. | 3 | F1 | III | 3 | 274 | 5 L | E1 | P001<br>IBC03<br>LP01<br>R001 | | MP19 |
| ! | ● | 1228 | MERCAPTANE, FLÜSSIG, ENTZÜNDBAR, GIFTIG, N.A.G. oder MERCAPTANE, MISCHUNG, FLÜSSIG, ENTZÜNDBAR, GIFTIG, N.A.G. | 3 | FT1 | II | 3+6.1 | 274 | 1 L | E0 | P001<br>IBC02 | | MP19 |
| | | 1228 | MERCAPTANE, FLÜSSIG, ENTZÜNDBAR, GIFTIG, N.A.G. oder MERCAPTANE, MISCHUNG, FLÜSSIG, ENTZÜNDBAR, GIFTIG, N.A.G. | 3 | FT1 | III | 3+6.1 | 274 | 5 L | E1 | P001<br>IBC03<br>R001 | | MP19 |
| | | 1229 | MESITYLOXID | 3 | F1 | III | 3 | | 5 L | E1 | P001<br>IBC03<br>LP01<br>R001 | | MP19 |
| ! | ● | 1230 | METHANOL | 3 | FT1 | II | 3+6.1 | 279 | 1 L | E2 | P001<br>IBC02 | | MP19 |

| Ortsbewegliche Tanks und Schüttgut-Container | | ADR-Tanks | | Fahrzeug für die Beförderung in Tanks | Beförderungskategorie (Tunnelbeschränkungscode) | Sondervorschriften für die Beförderung | | | | Nummer zur Kennzeichnung der Gefahr | UN-Nummer | Verlagshinweis *„Gut zu wissen"* |
|---|---|---|---|---|---|---|---|---|---|---|---|---|
| Anweisungen | Sondervorschriften | Tankcodierung | Sondervorschriften | | | Versandstücke | lose Schüttung | Be- und Entladung, Handhabung | Betrieb | | | |
| 4.2.5.2<br>7.3.2 | 4.2.5.3 | 4.3 | 4.3.5<br>6.8.4 | 9.1.1.2 | 1.1.3.6<br>(8.6) | 7.2.4 | 7.3.3 | 7.5.11 | 8.5 | 5.3.2.3 | | |
| (10) | (11) | (12) | (13) | (14) | (15) | (16) | (17) | (18) | (19) | (20) | (1) | |
| T2 | TP1 | LGBF | | FL | 3<br>(D/E) | V12 | | | S2 | 30 | 1212 | |
| T4 | TP1 | LGBF | | FL | 2<br>(D/E) | | | | S2<br>S20 | 33 | 1213 | |
| T7 | TP1 | L4BH | | FL | 2<br>(D/E) | | | | S2<br>S20 | 338 | 1214 | |
| T4 | TP1 | LGBF | | FL | 2<br>(D/E) | | | | S2<br>S20 | 33 | 1216 | |
| T11 | TP2 | L4BN | | FL | 1<br>(D/E) | V8 | | | S2<br>S4<br>S20 | 339 | 1218 | |
| T4 | TP1 | LGBF | | FL | 2<br>(D/E) | | | | S2<br>S20 | 33 | 1219 | |
| T4 | TP1 | LGBF | | FL | 2<br>(D/E) | | | | S2<br>S20 | 33 | 1220 | |
| T11 | TP2 | L10CH | TU14<br>TE21 | FL | 1<br>(C/E) | | | | S2<br>S20 | 338 | 1221 | |
| | | | | | 2<br>(E) | | | | S2<br>S20 | | 1222 | |
| T2 | TP2 | LGBF | | FL | 3<br>(D/E) | V12 | | | S2 | 30 | 1223 | *→1.6.3.44<br>→5.3.2.1.3<br>→D: GGAV 24<br>→RO-bi-SE-7<br>→RO-a-DE-3<br>→RO-bi-DK-1<br>→D: RSEB 2-19.2<br>→UN 1863* |
| T7 | TP1<br>TP8<br>TP28 | L1,5BN | | FL | 2<br>(D/E) | | | | S2<br>S20 | 33 | 1224 | |
| T7 | TP1<br>TP8<br>TP28 | LGBF | | FL | 2<br>(D/E) | | | | S2<br>S20 | 33 | 1224 | |
| T4 | TP1<br>TP29 | LGBF | | FL | 3<br>(D/E) | V12 | | | S2 | 30 | 1224 | |
| T11 | TP2<br>TP27 | L4BH | TU15 | FL | 2<br>(D/E) | | | CV13<br>CV28 | S2<br>S19 | 336 | 1228 | |
| T7 | TP1<br>TP28 | L4BH | TU15 | FL | 3<br>(D/E) | V12 | | CV13<br>CV28 | S2 | 36 | 1228 | |
| T2 | TP1 | LGBF | | FL | 3<br>(D/E) | V12 | | | S2 | 30 | 1229 | |
| T7 | TP2 | L4BH | TU15 | FL | 2<br>(D/E) | | | CV13<br>CV28 | S2<br>S19 | 336 | 1230 | |

| Verlagshinweis: Sicherung | Verlagshinweis: Fahrweg | UN-Nummer | Benennung und Beschreibung | Klasse | Klassifizierungscode | Verpackungsgruppe | Gefahrzettel | Sondervorschriften | Begrenzte und freigestellte Mengen | | Verpackungen: Anweisungen | Verpackungen: Sondervorschriften | Verpackungen: Zusammenpackung |
|---|---|---|---|---|---|---|---|---|---|---|---|---|---|
| | | | 3.1.2 | 2.2 | 2.2 | 2.1.1.3 | 5.2.2 | 3.3 | 3.4/3.5.1.2 | | 4.1.4 | 4.1.4 | 4.1.10 |
| | | (1) | (2) | (3a) | (3b) | (4) | (5) | (6) | (7a) | (7b) | (8) | (9a) | (9b) |
| ! | ● | 1231 | METHYLACETAT | 3 | F1 | II | 3 | | 1 L | E2 | P001<br>IBC02<br>R001 | | MP19 |
| | | 1233 | METHYLAMYLACETAT | 3 | F1 | III | 3 | | 5 L | E1 | P001<br>IBC03<br>LP01<br>R001 | | MP19 |
| ! | ● | 1234 | METHYLAL | 3 | F1 | II | 3 | | 1 L | E2 | P001<br>IBC02 | B8 | MP19 |
| ! | ● | 1235 | METHYLAMIN, WÄSSERIGE LÖSUNG | 3 | FC | II | 3+8 | | 1 L | E2 | P001<br>IBC02 | | MP19 |
| ! | ● | 1237 | METHYLBUTYRAT | 3 | F1 | II | 3 | | 1 L | E2 | P001<br>IBC02<br>R001 | | MP19 |
| ! | ● | 1238 | METHYLCHLORFORMIAT | 6.1 | TFC | I | 6.1+3+8 | 354 | 0 | E0 | P602 | | MP8<br>MP17 |
| ! | ● | 1239 | METHYLCHLORMETHYLETHER | 6.1 | TF1 | I | 6.1+3 | 354 | 0 | E0 | P602 | | MP8<br>MP17 |
| ! | | 1242 | METHYLDICHLORSILAN | 4.3 | WFC | I | 4.3+3+8 | | 0 | E0 | P401 | RR7 | MP2 |
| ! | ● | 1243 | METHYLFORMIAT | 3 | F1 | I | 3 | | 0 | E3 | P001 | | MP7<br>MP17 |
| ! | ● | 1244 | METHYLHYDRAZIN | 6.1 | TFC | I | 6.1+3+8 | 354 | 0 | E0 | P602 | | MP8<br>MP17 |
| ! | ● | 1245 | METHYLISOBUTYLKETON | 3 | F1 | II | 3 | | 1 L | E2 | P001<br>IBC02<br>R001 | | MP19 |
| ! | ● | 1246 | METHYLISOPROPENYLKETON, STABILISIERT | 3 | F1 | II | 3 | 386<br>676 | 1 L | E2 | P001<br>IBC02<br>R001 | | MP19 |
| ! | ● | 1247 | METHYLMETHACRYLAT, MONOMER, STABILISIERT | 3 | F1 | II | 3 | 386<br>676 | 1 L | E2 | P001<br>IBC02<br>R001 | | MP19 |
| ! | ● | 1248 | METHYLPROPIONAT | 3 | F1 | II | 3 | | 1 L | E2 | P001<br>IBC02<br>R001 | | MP19 |
| ! | ● | 1249 | METHYLPROPYLKETON | 3 | F1 | II | 3 | | 1 L | E2 | P001<br>IBC02<br>R001 | | MP19 |
| ! | ● | 1250 | METHYLTRICHLORSILAN | 3 | FC | II | 3+8 | | 0 | E0 | P010 | | MP19 |
| ! | ● | 1251 | METHYLVINYLKETON, STABILISIERT | 6.1 | TFC | I | 6.1+3+8 | 354<br>386<br>676 | 0 | E0 | P601 | RR7 | MP8<br>MP17 |

| Ortsbewegliche Tanks und Schüttgut-Container | | ADR-Tanks | | Fahrzeug für die Beförderung in Tanks | Beförderungskategorie (Tunnelbeschränkungscode) | Sondervorschriften für die Beförderung | | | | Nummer zur Kennzeichnung der Gefahr | UN-Nummer | Verlagshinweis „Gut zu wissen" |
|---|---|---|---|---|---|---|---|---|---|---|---|---|
| Anweisungen | Sondervorschriften | Tankcodierung | Sondervorschriften | | | Versandstücke | lose Schüttung | Be- und Entladung, Handhabung | Betrieb | | | |
| 4.2.5.2<br>7.3.2 | 4.2.5.3 | 4.3 | 4.3.5<br>6.8.4 | 9.1.1.2 | 1.1.3.6<br>(8.6) | 7.2.4 | 7.3.3 | 7.5.11 | 8.5 | 5.3.2.3 | | |
| (10) | (11) | (12) | (13) | (14) | (15) | (16) | (17) | (18) | (19) | (20) | (1) | |
| T4 | TP1 | LGBF | | FL | 2<br>(D/E) | | | | S2<br>S20 | 33 | 1231 | |
| T2 | TP1 | LGBF | | FL | 3<br>(D/E) | V12 | | | S2 | 30 | 1233 | |
| T7 | TP2 | L1,5BN | | FL | 2<br>(D/E) | | | | S2<br>S20 | 33 | 1234 | |
| T7 | TP1 | L4BH | | FL | 2<br>(D/E) | | | | S2<br>S20 | 338 | 1235 | |
| T4 | TP1 | LGBF | | FL | 2<br>(D/E) | | | | S2<br>S20 | 33 | 1237 | |
| T22 | TP2 | L15CH | TU14<br>TU15<br>TE19<br>TE21 | FL | 1<br>(C/D) | | | CV1<br>CV13<br>CV28 | S2<br>S9<br>S14 | 663 | 1238 | |
| T22 | TP2 | L15CH | TU14<br>TU15<br>TE19<br>TE21 | FL | 1<br>(C/D) | | | CV1<br>CV13<br>CV28 | S2<br>S9<br>S14 | 663 | 1239 | |
| T14 | TP2<br>TP7 | L10DH | TU14<br>TU24<br>TE21<br>TM2<br>TM3 | FL | 0<br>(B/E) | V1 | | CV23 | S2<br>S20 | X338 | 1242 | |
| T11 | TP2 | L4BN | | FL | 1<br>(D/E) | | | | S2<br>S20 | 33 | 1243 | |
| T22 | TP2 | L15CH | TU14<br>TU15<br>TE19<br>TE21 | FL | 1<br>(C/D) | | | CV1<br>CV13<br>CV28 | S2<br>S9<br>S14 | 663 | 1244 | |
| T4 | TP1 | LGBF | | FL | 2<br>(D/E) | | | | S2<br>S20 | 33 | 1245 | |
| T4 | TP1 | LGBF | | FL | 2<br>(D/E) | V8 | | | S2<br>S4<br>S20 | 339 | 1246 | |
| T4 | TP1 | LGBF | | FL | 2<br>(D/E) | V8 | | | S2<br>S4<br>S20 | 339 | 1247 | |
| T4 | TP1 | LGBF | | FL | 2<br>(D/E) | | | | S2<br>S20 | 33 | 1248 | |
| T4 | TP1 | LGBF | | FL | 2<br>(D/E) | | | | S2<br>S20 | 33 | 1249 | |
| T10 | TP2<br>TP7 | L4BH | | FL | 2<br>(D/E) | | | | S2<br>S20 | X338 | 1250 | |
| T22 | TP2 | L15CH | TU14<br>TU15<br>TE19<br>TE21 | FL | 1<br>(C/D) | V8 | | CV1<br>CV13<br>CV28 | S2<br>S4<br>S9<br>S14 | 639 | 1251 | |

## UN-numerisches Verzeichnis (Tabelle A)

| Verlagshinweis Sicherung | Verlagshinweis Fahrweg | UN-Nummer | Benennung und Beschreibung | Klasse | Klassifizierungscode | Verpackungsgruppe | Gefahrzettel | Sondervorschriften | Begrenzte und freigestellte Mengen | | Verpackungen Anweisungen | Verpackungen Sondervorschriften | Verpackungen Zusammenpackung |
|---|---|---|---|---|---|---|---|---|---|---|---|---|---|
| | | | 3.1.2 | 2.2 | 2.2 | 2.1.1.3 | 5.2.2 | 3.3 | 3.4/3.5.1.2 | | 4.1.4 | 4.1.4 | 4.1.10 |
| | | (1) | (2) | (3a) | (3b) | (4) | (5) | (6) | (7a) | (7b) | (8) | (9a) | (9b) |
| ! | ● | 1259 | NICKELTETRACARBONYL | 6.1 | TF1 | I | 6.1+3 | | 0 | E0 | P601 | | MP2 |
| | | 1261 | NITROMETHAN | 3 | F1 | II | 3 | | 1 L | E0 | P001<br>R001 | RR2 | MP19 |
| ! | ● | 1262 | OCTANE | 3 | F1 | II | 3 | | 1 L | E2 | P001<br>IBC02<br>R001 | | MP19 |
| ! | ● | 1263 | FARBE (einschließlich Farbe, Lack, Emaille, Beize, Schellack, Firnis, Politur, flüssiger Füllstoff und flüssige Lackgrundlage) oder FARBZUBEHÖRSTOFFE (einschließlich Farbverdünnung und -lösemittel) | 3 | F1 | I | 3 | 163<br>367<br>650 | 500 ml | E3 | P001 | | MP7<br>MP17 |
| ! | ● | 1263 | FARBE (einschließlich Farbe, Lack, Emaille, Beize, Schellack, Firnis, Politur, flüssiger Füllstoff und flüssige Lackgrundlage) oder FARBZUBEHÖRSTOFFE (einschließlich Farbverdünnung und -lösemittel) (Dampfdruck bei 50 °C größer als 110 kPa) | 3 | F1 | II | 3 | 163<br>367<br>640C<br>650 | 5 L | E2 | P001 | PP1 | MP19 |
| ! | ● | 1263 | FARBE (einschließlich Farbe, Lack, Emaille, Beize, Schellack, Firnis, Politur, flüssiger Füllstoff und flüssige Lackgrundlage) oder FARBZUBEHÖRSTOFFE (einschließlich Farbverdünnung und -lösemittel) (Dampfdruck bei 50 °C höchstens 110 kPa) | 3 | F1 | II | 3 | 163<br>367<br>640D<br>650 | 5 L | E2 | P001<br>IBC02<br>R001 | PP1 | MP19 |
| | | 1263 | FARBE (einschließlich Farbe, Lack, Emaille, Beize, Schellack, Firnis, Politur, flüssiger Füllstoff und flüssige Lackgrundlage) oder FARBZUBEHÖRSTOFFE (einschließlich Farbverdünnung und -lösemittel) | 3 | F1 | III | 3 | 163<br>367<br>650 | 5 L | E1 | P001<br>IBC03<br>LP01<br>R001 | PP1 | MP19 |
| | | 1263 | FARBE (einschließlich Farbe, Lack, Emaille, Beize, Schellack, Firnis, Politur, flüssiger Füllstoff und flüssige Lackgrundlage) oder FARBZUBEHÖRSTOFFE (einschließlich Farbverdünnung und -lösemittel) (mit einem Flammpunkt unter 23 °C und viskos gemäß 2.2.3.1.4) (Dampfdruck bei 50 °C größer als 110 kPa) | 3 | F1 | III | 3 | 163<br>367<br>650 | 5 L | E1 | P001<br>R001 | PP1 | MP19 |
| | | 1263 | FARBE (einschließlich Farbe, Lack, Emaille, Beize, Schellack, Firnis, Politur, flüssiger Füllstoff und flüssige Lackgrundlage) oder FARBZUBEHÖRSTOFFE (einschließlich Farbverdünnung und -lösemittel) (mit einem Flammpunkt unter 23 °C und viskos gemäß 2.2.3.1.4) (Dampfdruck bei 50 °C höchstens 110 kPa) | 3 | F1 | III | 3 | 163<br>367<br>650 | 5 L | E1 | P001<br>IBC02<br>R001 | PP1<br>BB4 | MP19 |
| | | 1264 | PARALDEHYD | 3 | F1 | III | 3 | | 5 L | E1 | P001<br>IBC03<br>LP01<br>R001 | | MP19 |
| ! | ● | 1265 | PENTANE, flüssig | 3 | F1 | I | 3 | | 0 | E3 | P001 | | MP7<br>MP17 |
| ! | ● | 1265 | PENTANE, flüssig | 3 | F1 | II | 3 | | 1 L | E2 | P001<br>IBC02 | <br>B8 | MP19 |

| Ortsbewegliche Tanks und Schüttgut-Container | | ADR-Tanks | | Fahrzeug für die Beförderung in Tanks | Beförderungskategorie (Tunnelbeschränkungscode) | Sondervorschriften für die Beförderung | | | | Nummer zur Kennzeichnung der Gefahr | UN-Nummer | Verlagshinweis „Gut zu wissen" |
|---|---|---|---|---|---|---|---|---|---|---|---|---|
| Anweisungen | Sondervorschriften | Tankcodierung | Sondervorschriften | | | Versandstücke | lose Schüttung | Be- und Entladung, Handhabung | Betrieb | | | |
| 4.2.5.2<br>7.3.2 | 4.2.5.3 | 4.3 | 4.3.5<br>6.8.4 | 9.1.1.2 | 1.1.3.6<br>(8.6) | 7.2.4 | 7.3.3 | 7.5.11 | 8.5 | 5.3.2.3 | | |
| (10) | (11) | (12) | (13) | (14) | (15) | (16) | (17) | (18) | (19) | (20) | (1) | |
| | | L15CH | TU14<br>TU15<br>TU31<br>TE19<br>TE21<br>TM3 | FL | 1<br>(C/D) | | | CV1<br>CV13<br>CV28 | S2<br>S9<br>S14 | 663 | 1259 | →2.1.3.4.1 |
| | | | | | 2<br>(E) | | | | S2<br>S20 | | 1261 | |
| T4 | TP1 | LGBF | | FL | 2<br>(D/E) | | | | S2<br>S20 | 33 | 1262 | |
| T11 | TP1<br>TP8<br>TP27 | L4BN | | FL | 1<br>(D/E) | | | | S2<br>S20 | 33 | 1263 | |
| T4 | TP1<br>TP8<br>TP28 | L1,5BN | | FL | 2<br>(D/E) | | | | S2<br>S20 | 33 | 1263 | |
| T4 | TP1<br>TP8<br>TP28 | LGBF | | FL | 2<br>(D/E) | | | | S2<br>S20 | 33 | 1263 | |
| T2 | TP1<br>TP29 | LGBF | | FL | 3<br>(D/E) | V12 | | | S2 | 30 | 1263 | |
| | | | | | 3<br>(E) | | | | S2 | | 1263 | |
| | | | | | 3<br>(E) | | | | S2 | | 1263 | |
| T2 | TP1 | LGBF | | FL | 3<br>(D/E) | V12 | | | S2 | 30 | 1264 | |
| T11 | TP2 | L4BN | | FL | 1<br>(D/E) | | | | S2<br>S20 | 33 | 1265 | |
| T4 | TP1 | L1,5BN | | FL | 2<br>(D/E) | | | | S2<br>S20 | 33 | 1265 | |

| Verlagshinweis: Sicherung | Verlagshinweis: Fahrweg | UN-Nummer | Benennung und Beschreibung | Klasse | Klassifizierungscode | Verpackungsgruppe | Gefahrzettel | Sondervorschriften | Begrenzte und freigestellte Mengen | | Verpackungen: Anweisungen | Verpackungen: Sondervorschriften | Verpackungen: Zusammenpackung |
|---|---|---|---|---|---|---|---|---|---|---|---|---|---|
| | | | 3.1.2 | 2.2 | 2.2 | 2.1.1.3 | 5.2.2 | 3.3 | 3.4/3.5.1.2 | | 4.1.4 | 4.1.4 | 4.1.10 |
| | | (1) | (2) | (3a) | (3b) | (4) | (5) | (6) | (7a) | (7b) | (8) | (9a) | (9b) |
| ! | ● | 1266 | PARFÜMERIEERZEUGNISSE mit entzündbaren Lösungsmitteln (Dampfdruck bei 50 °C größer als 110 kPa) | 3 | F1 | II | 3 | 163<br>640C | 5 L | E2 | P001 | | MP19 |
| ! | ● | 1266 | PARFÜMERIEERZEUGNISSE mit entzündbaren Lösungsmitteln (Dampfdruck bei 50 °C höchstens 110 kPa) | 3 | F1 | II | 3 | 163<br>640D | 5 L | E2 | P001<br>IBC02<br>R001 | | MP19 |
| | | 1266 | PARFÜMERIEERZEUGNISSE mit entzündbaren Lösungsmitteln | 3 | F1 | III | 3 | 163 | 5 L | E1 | P001<br>IBC03<br>LP01<br>R001 | | MP19 |
| | | 1266 | PARFÜMERIEERZEUGNISSE mit entzündbaren Lösungsmitteln (mit einem Flammpunkt unter 23 °C und viskos gemäß 2.2.3.1.4) (Dampfdruck bei 50 °C größer als 110 kPa) | 3 | F1 | III | 3 | 163 | 5 L | E1 | P001<br>R001 | | MP19 |
| | | 1266 | PARFÜMERIEERZEUGNISSE mit entzündbaren Lösungsmitteln (mit einem Flammpunkt unter 23 °C und viskos gemäß 2.2.3.1.4) (Dampfdruck bei 50 °C höchstens 110 kPa) | 3 | F1 | III | 3 | 163 | 5 L | E1 | P001<br>IBC02<br>R001 | BB4 | MP19 |
| ! | ● | 1267 | ROHERDÖL | 3 | F1 | I | 3 | 357 | 500 ml | E3 | P001 | | MP7<br>MP17 |
| ! | ● | 1267 | ROHERDÖL (Dampfdruck bei 50 °C größer als 110 kPa) | 3 | F1 | II | 3 | 357<br>640C | 1 L | E2 | P001 | | MP19 |
| ! | ● | 1267 | ROHERDÖL (Dampfdruck bei 50 °C höchstens 110 kPa) | 3 | F1 | II | 3 | 357<br>640D | 1 L | E2 | P001<br>IBC02<br>R001 | | MP19 |
| | | 1267 | ROHERDÖL | 3 | F1 | III | 3 | 357 | 5 L | E1 | P001<br>IBC03<br>LP01<br>R001 | | MP19 |
| ! | ● | 1268 | ERDÖLDESTILLATE, N.A.G. oder ERDÖLPRODUKTE, N.A.G. | 3 | F1 | I | 3 | 664 | 500 ml | E3 | P001 | | MP7<br>MP17 |
| ! | ● | 1268 | ERDÖLDESTILLATE, N.A.G. oder ERDÖLPRODUKTE, N.A.G. (Dampfdruck bei 50 °C größer als 110 kPa) | 3 | F1 | II | 3 | 640C<br>664 | 1 L | E2 | P001 | | MP19 |
| ! | ● | 1268 | ERDÖLDESTILLATE, N.A.G. oder ERDÖLPRODUKTE, N.A.G. (Dampfdruck bei 50 °C höchstens 110 kPa) | 3 | F1 | II | 3 | 640D<br>664 | 1 L | E2 | P001<br>IBC02<br>R001 | | MP19 |
| | | 1268 | ERDÖLDESTILLATE, N.A.G. oder ERDÖLPRODUKTE, N.A.G. | 3 | F1 | III | 3 | 664 | 5 L | E1 | P001<br>IBC03<br>LP01<br>R001 | | MP19 |
| | | 1272 | KIEFERNÖL | 3 | F1 | III | 3 | | 5 L | E1 | P001<br>IBC03<br>LP01<br>R001 | | MP19 |
| ! | ● | 1274 | n-PROPANOL (n-PROPYLALKOHOL) | 3 | F1 | II | 3 | | 1 L | E2 | P001<br>IBC02<br>R001 | | MP19 |
| | | 1274 | n-PROPANOL (n-PROPYLALKOHOL) | 3 | F1 | III | 3 | | 5 L | E1 | P001<br>IBC03<br>LP01<br>R001 | | MP19 |
| ! | ● | 1275 | PROPIONALDEHYD | 3 | F1 | II | 3 | | 1 L | E2 | P001<br>IBC02<br>R001 | | MP19 |

| Ortsbewegliche Tanks und Schüttgut-Container | | ADR-Tanks | | Fahrzeug für die Beförderung in Tanks | Beförderungskategorie (Tunnelbeschränkungscode) | Sondervorschriften für die Beförderung | | | | Nummer zur Kennzeichnung der Gefahr | UN-Nummer | Verlagshinweis „Gut zu wissen" |
|---|---|---|---|---|---|---|---|---|---|---|---|---|
| Anweisungen | Sondervorschriften | Tankcodierung | Sondervorschriften | | | Versandstücke | lose Schüttung | Be- und Entladung, Handhabung | Betrieb | | | |
| 4.2.5.2<br>7.3.2 | 4.2.5.3 | 4.3 | 4.3.5<br>6.8.4 | 9.1.1.2 | 1.1.3.6<br>(8.6) | 7.2.4 | 7.3.3 | 7.5.11 | 8.5 | 5.3.2.3 | | |
| (10) | (11) | (12) | (13) | (14) | (15) | (16) | (17) | (18) | (19) | (20) | (1) | |
| T4 | TP1<br>TP8 | L1,5BN | | FL | 2<br>(D/E) | | | | S2<br>S20 | 33 | 1266 | |
| T4 | TP1<br>TP8 | LGBF | | FL | 2<br>(D/E) | | | | S2<br>S20 | 33 | 1266 | |
| T2 | TP1 | LGBF | | FL | 3<br>(D/E) | V12 | | | S2 | 30 | 1266 | |
| | | | | | 3<br>(E) | | | | S2 | | 1266 | |
| | | | | | 3<br>(E) | | | | S2 | | 1266 | |
| T11 | TP1<br>TP8 | L4BN | | FL | 1<br>(D/E) | | | | S2<br>S20 | 33 | 1267 | |
| T4 | TP1<br>TP8 | L1,5BN | | FL | 2<br>(D/E) | | | | S2<br>S20 | 33 | 1267 | |
| T4 | TP1<br>TP8 | LGBF | | FL | 2<br>(D/E) | | | | S2<br>S20 | 33 | 1267 | |
| T2 | TP1 | LGBF | | FL | 3<br>(D/E) | V12 | | | S2 | 30 | 1267 | |
| T11 | TP1<br>TP8 | L4BN | | FL | 1<br>(D/E) | | | | S2<br>S20 | 33 | 1268 | *→1.6.3.44<br>→5.3.2.1.3<br>→D: RSEB 2-4* |
| T7 | TP1<br>TP8<br>TP28 | L1,5BN | | FL | 2<br>(D/E) | | | | S2<br>S20 | 33 | 1268 | *→1.6.3.44<br>→5.3.2.1.3<br>→D: RSEB 2-4* |
| T7 | TP1<br>TP8<br>TP28 | LGBF | | FL | 2<br>(D/E) | | | | S2<br>S20 | 33 | 1268 | *→1.6.3.44<br>→D: RSEB 2-4* |
| T4 | TP1<br>TP29 | LGBF | | FL | 3<br>(D/E) | V12 | | | S2 | 30 | 1268 | *→1.6.3.44<br>→D: RSEB 2-4* |
| T2 | TP1 | LGBF | | FL | 3<br>(D/E) | V12 | | | S2 | 30 | 1272 | |
| T4 | TP1 | LGBF | | FL | 2<br>(D/E) | | | | S2<br>S20 | 33 | 1274 | |
| T2 | TP1 | LGBF | | FL | 3<br>(D/E) | V12 | | | S2 | 30 | 1274 | |
| T7 | TP1 | LGBF | | FL | 2<br>(D/E) | | | | S2<br>S20 | 33 | 1275 | |

## UN-numerisches Verzeichnis (Tabelle A)

| Verlagshinweis Sicherung | Verlagshinweis Fahrweg | UN-Nummer | Benennung und Beschreibung | Klasse | Klassifizierungscode | Verpackungsgruppe | Gefahrzettel | Sondervorschriften | Begrenzte und freigestellte Mengen | | Verpackungen Anweisungen | Verpackungen Sondervorschriften | Verpackungen Zusammenpackung |
|---|---|---|---|---|---|---|---|---|---|---|---|---|---|
| | | | 3.1.2 | 2.2 | 2.2 | 2.1.1.3 | 5.2.2 | 3.3 | 3.4/3.5.1.2 | | 4.1.4 | 4.1.4 | 4.1.10 |
| | | (1) | (2) | (3a) | (3b) | (4) | (5) | (6) | (7a) | (7b) | (8) | (9a) | (9b) |
| ! | ● | 1276 | n-PROPYLACETAT | 3 | F1 | II | 3 | | 1 L | E2 | P001<br>IBC02<br>R001 | | MP19 |
| ! | ● | 1277 | PROPYLAMIN | 3 | FC | II | 3+8 | | 1 L | E2 | P001<br>IBC02 | | MP19 |
| ! | ● | 1278 | 1-CHLORPROPAN | 3 | F1 | II | 3 | | 1 L | E0 | P001<br>IBC02 | <br>B8 | MP19 |
| ! | ● | 1279 | 1,2-DICHLORPROPAN | 3 | F1 | II | 3 | | 1 L | E2 | P001<br>IBC02<br>R001 | | MP19 |
| ! | ● | 1280 | PROPYLENOXID | 3 | F1 | I | 3 | | 0 | E3 | P001 | | MP7<br>MP17 |
| ! | ● | 1281 | PROPYLFORMIATE | 3 | F1 | II | 3 | | 1 L | E2 | P001<br>IBC02<br>R001 | | MP19 |
| ! | ● | 1282 | PYRIDIN | 3 | F1 | II | 3 | | 1 L | E2 | P001<br>IBC02<br>R001 | | MP19 |
| ! | ● | 1286 | HARZÖL (Dampfdruck bei 50 °C größer als 110 kPa) | 3 | F1 | II | 3 | 640C | 5 L | E2 | P001 | | MP19 |
| ! | ● | 1286 | HARZÖL (Dampfdruck bei 50 °C höchstens 110 kPa) | 3 | F1 | II | 3 | 640D | 5 L | E2 | P001<br>IBC02<br>R001 | | MP19 |
| | | 1286 | HARZÖL | 3 | F1 | III | 3 | | 5 L | E1 | P001<br>IBC03<br>LP01<br>R001 | | MP19 |
| | | 1286 | HARZÖL (mit einem Flammpunkt unter 23 °C und viskos gemäß 2.2.3.1.4) (Dampfdruck bei 50 °C größer als 110 kPa) | 3 | F1 | III | 3 | | 5 L | E1 | P001<br>R001 | | MP19 |
| | | 1286 | HARZÖL (mit einem Flammpunkt unter 23 °C und viskos gemäß 2.2.3.1.4) (Dampfdruck bei 50 °C höchstens 110 kPa) | 3 | F1 | III | 3 | | 5 L | E1 | P001<br>IBC02<br>R001 | <br>BB4 | MP19 |
| ! | ● | 1287 | GUMMILÖSUNG (Dampfdruck bei 50 °C größer als 110 kPa) | 3 | F1 | II | 3 | 640C | 5 L | E2 | P001 | | MP19 |
| ! | ● | 1287 | GUMMILÖSUNG (Dampfdruck bei 50 °C höchstens 110 kPa) | 3 | F1 | II | 3 | 640D | 5 L | E2 | P001<br>IBC02<br>R001 | | MP19 |
| | | 1287 | GUMMILÖSUNG | 3 | F1 | III | 3 | | 5 L | E1 | P001<br>IBC03<br>LP01<br>R001 | | MP19 |
| | | 1287 | GUMMILÖSUNG (mit einem Flammpunkt unter 23 °C und viskos gemäß 2.2.3.1.4) (Dampfdruck bei 50 °C größer als 110 kPa) | 3 | F1 | III | 3 | | 5 L | E1 | P001<br>R001 | | MP19 |
| | | 1287 | GUMMILÖSUNG (mit einem Flammpunkt unter 23 °C und viskos gemäß 2.2.3.1.4) (Dampfdruck bei 50 °C höchstens 110 kPa) | 3 | F1 | III | 3 | | 5 L | E1 | P001<br>IBC02<br>R001 | <br>BB4 | MP19 |
| ! | ● | 1288 | SCHIEFERÖL | 3 | F1 | II | 3 | | 1 L | E2 | P001<br>IBC02<br>R001 | | MP19 |

| Ortsbewegliche Tanks und Schüttgut-Container | | ADR-Tanks | | Fahrzeug für die Beförderung in Tanks | Beförderungskategorie (Tunnelbeschränkungscode) | Sondervorschriften für die Beförderung | | | | Nummer zur Kennzeichnung der Gefahr | UN-Nummer | Verlagshinweis *„Gut zu wissen"* |
|---|---|---|---|---|---|---|---|---|---|---|---|---|
| Anweisungen | Sondervorschriften | Tankcodierung | Sondervorschriften | | | Versandstücke | lose Schüttung | Be- und Entladung, Handhabung | Betrieb | | | |
| 4.2.5.2<br>7.3.2 | 4.2.5.3 | 4.3 | 4.3.5<br>6.8.4 | 9.1.1.2 | 1.1.3.6<br>(8.6) | 7.2.4 | 7.3.3 | 7.5.11 | 8.5 | 5.3.2.3 | | |
| (10) | (11) | (12) | (13) | (14) | (15) | (16) | (17) | (18) | (19) | (20) | (1) | |
| T4 | TP1 | LGBF | | FL | 2<br>(D/E) | | | | S2<br>S20 | 33 | 1276 | |
| T7 | TP1 | L4BH | | FL | 2<br>(D/E) | | | | S2<br>S20 | 338 | 1277 | |
| T7 | TP2 | L1,5BN | | FL | 2<br>(D/E) | | | | S2<br>S20 | 33 | 1278 | |
| T4 | TP1 | LGBF | | FL | 2<br>(D/E) | | | | S2<br>S20 | 33 | 1279 | |
| T11 | TP2<br>TP7 | L4BN | | FL | 1<br>(D/E) | | | | S2<br>S20 | 33 | 1280 | |
| T4 | TP1 | LGBF | | FL | 2<br>(D/E) | | | | S2<br>S20 | 33 | 1281 | |
| T4 | TP2 | LGBF | | FL | 2<br>(D/E) | | | | S2<br>S20 | 33 | 1282 | |
| T4 | TP1 | L1,5BN | | FL | 2<br>(D/E) | | | | S2<br>S20 | 33 | 1286 | |
| T4 | TP1 | LGBF | | FL | 2<br>(D/E) | | | | S2<br>S20 | 33 | 1286 | |
| T2 | TP1 | LGBF | | FL | 3<br>(D/E) | V12 | | | S2 | 30 | 1286 | |
| | | | | | 3<br>(E) | | | | S2 | | 1286 | |
| | | | | | 3<br>(E) | | | | S2 | | 1286 | |
| T4 | TP1<br>TP8 | L1,5BN | | FL | 2<br>(D/E) | | | | S2<br>S20 | 33 | 1287 | |
| T4 | TP1<br>TP8 | LGBF | | FL | 2<br>(D/E) | | | | S2<br>S20 | 33 | 1287 | |
| T2 | TP1 | LGBF | | FL | 3<br>(D/E) | V12 | | | S2 | 30 | 1287 | |
| | | | | | 3<br>(E) | | | | S2 | | 1287 | |
| | | | | | 3<br>(E) | | | | S2 | | 1287 | |
| T4 | TP1<br>TP8 | LGBF | | FL | 2<br>(D/E) | | | | S2<br>S20 | 33 | 1288 | |

| Verlagshinweis: Sicherung | Verlagshinweis: Fahrweg | UN-Nummer | Benennung und Beschreibung | Klasse | Klassifizierungscode | Verpackungsgruppe | Gefahrzettel | Sondervorschriften | Begrenzte und freigestellte Mengen | | Verpackungen: Anweisungen | Verpackungen: Sondervorschriften | Verpackungen: Zusammenpackung |
|---|---|---|---|---|---|---|---|---|---|---|---|---|---|
| | | | 3.1.2 | 2.2 | 2.2 | 2.1.1.3 | 5.2.2 | 3.3 | 3.4/3.5.1.2 | | 4.1.4 | 4.1.4 | 4.1.10 |
| | | (1) | (2) | (3a) | (3b) | (4) | (5) | (6) | (7a) | (7b) | (8) | (9a) | (9b) |
| | | 1288 | SCHIEFERÖL | 3 | F1 | III | 3 | | 5 L | E1 | P001<br>IBC03<br>LP01<br>R001 | | MP19 |
| ! | ● | 1289 | NATRIUMMETHYLAT, LÖSUNG in Alkohol | 3 | FC | II | 3+8 | | 1 L | E2 | P001<br>IBC02 | | MP19 |
| | | 1289 | NATRIUMMETHYLAT, LÖSUNG in Alkohol | 3 | FC | III | 3+8 | | 5 L | E1 | P001<br>IBC02<br>R001 | | MP19 |
| | | 1292 | TETRAETHYLSILICAT | 3 | F1 | III | 3 | | 5 L | E1 | P001<br>IBC03<br>LP01<br>R001 | | MP19 |
| ! | ● | 1293 | TINKTUREN, MEDIZINISCHE | 3 | F1 | II | 3 | 601 | 1 L | E2 | P001<br>IBC02<br>R001 | | MP19 |
| | | 1293 | TINKTUREN, MEDIZINISCHE | 3 | F1 | III | 3 | 601 | 5 L | E1 | P001<br>IBC03<br>LP01<br>R001 | | MP19 |
| ! | ● | 1294 | TOLUEN | 3 | F1 | II | 3 | | 1 L | E2 | P001<br>IBC02<br>R001 | | MP19 |
| ! | | 1295 | TRICHLORSILAN | 4.3 | WFC | I | 4.3+3+8 | | 0 | E0 | P401 | RR7 | MP2 |
| ! | ● | 1296 | TRIETHYLAMIN | 3 | FC | II | 3+8 | | 1 L | E2 | P001<br>IBC02 | | MP19 |
| ! | ● | 1297 | TRIMETHYLAMIN, WÄSSERIGE LÖSUNG mit höchstens 50 Masse-% Trimethylamin | 3 | FC | I | 3+8 | | 0 | E0 | P001 | | MP7<br>MP17 |
| ! | ● | 1297 | TRIMETHYLAMIN, WÄSSERIGE LÖSUNG mit höchstens 50 Masse-% Trimethylamin | 3 | FC | II | 3+8 | | 1 L | E2 | P001<br>IBC02 | | MP19 |
| | | 1297 | TRIMETHYLAMIN, WÄSSERIGE LÖSUNG mit höchstens 50 Masse-% Trimethylamin | 3 | FC | III | 3+8 | | 5 L | E1 | P001<br>IBC03<br>R001 | | MP19 |
| ! | ● | 1298 | TRIMETHYLCHLORSILAN | 3 | FC | II | 3+8 | | 0 | E0 | P010 | | MP19 |
| | | 1299 | TERPENTIN | 3 | F1 | III | 3 | | 5 L | E1 | P001<br>IBC03<br>LP01<br>R001 | | MP19 |
| ! | ● | 1300 | TERPENTINÖLERSATZ | 3 | F1 | II | 3 | | 1 L | E2 | P001<br>IBC02<br>R001 | | MP19 |
| | | 1300 | TERPENTINÖLERSATZ | 3 | F1 | III | 3 | | 5 L | E1 | P001<br>IBC03<br>LP01<br>R001 | | MP19 |
| ! | ● | 1301 | VINYLACETAT, STABILISIERT | 3 | F1 | II | 3 | 386<br>676 | 1 L | E2 | P001<br>IBC02<br>R001 | | MP19 |
| ! | ● | 1302 | VINYLETHYLETHER, STABILISIERT | 3 | F1 | I | 3 | 386<br>676 | 0 | E3 | P001 | | MP7<br>MP17 |

| Ortsbewegliche Tanks und Schüttgut-Container | | ADR-Tanks | | Fahrzeug für die Beförderung in Tanks | Beförderungskategorie (Tunnelbeschränkungscode) | Sondervorschriften für die Beförderung | | | | Nummer zur Kennzeichnung der Gefahr | UN-Nummer | Verlagshinweis *„Gut zu wissen"* |
|---|---|---|---|---|---|---|---|---|---|---|---|---|
| Anweisungen | Sondervorschriften | Tankcodierung | Sondervorschriften | | | Versandstücke | lose Schüttung | Be- und Entladung, Handhabung | Betrieb | | | |
| 4.2.5.2<br>7.3.2 | 4.2.5.3 | 4.3 | 4.3.5<br>6.8.4 | 9.1.1.2 | 1.1.3.6<br>(8.6) | 7.2.4 | 7.3.3 | 7.5.11 | 8.5 | 5.3.2.3 | | |
| (10) | (11) | (12) | (13) | (14) | (15) | (16) | (17) | (18) | (19) | (20) | (1) | |
| T2 | TP1 | LGBF | | FL | 3<br>(D/E) | V12 | | | S2 | 30 | 1288 | |
| T7 | TP1<br>TP8 | L4BH | | FL | 2<br>(D/E) | | | | S2<br>S20 | 338 | 1289 | |
| T4 | TP1 | L4BN | | FL | 3<br>(D/E) | | | | S2 | 38 | 1289 | |
| T2 | TP1 | LGBF | | FL | 3<br>(D/E) | V12 | | | S2 | 30 | 1292 | |
| T4 | TP1<br>TP8 | LGBF | | FL | 2<br>(D/E) | | | | S2<br>S20 | 33 | 1293 | |
| T2 | TP1 | LGBF | | FL | 3<br>(D/E) | V12 | | | S2 | 30 | 1293 | |
| T4 | TP1 | LGBF | | FL | 2<br>(D/E) | | | | S2<br>S20 | 33 | 1294 | |
| T14 | TP2<br>TP7 | L10DH | TU14<br>TU25<br>TE21<br>TM2<br>TM3 | FL | 0<br>(B/E) | V1 | | CV23 | S2<br>S20 | X338 | 1295 | |
| T7 | TP1 | L4BH | | FL | 2<br>(D/E) | | | | S2<br>S20 | 338 | 1296 | |
| T11 | TP1 | L10CH | TU14<br>TE21 | FL | 1<br>(C/E) | | | | S2<br>S20 | 338 | 1297 | |
| T7 | TP1 | L4BH | | FL | 2<br>(D/E) | | | | S2<br>S20 | 338 | 1297 | |
| T7 | TP1 | L4BN | | FL | 3<br>(D/E) | V12 | | | S2 | 38 | 1297 | |
| T10 | TP2<br>TP7 | L4BH | | FL | 2<br>(D/E) | | | | S2<br>S20 | X338 | 1298 | |
| T2 | TP1 | LGBF | | FL | 3<br>(D/E) | V12 | | | S2 | 30 | 1299 | *→D: GGAV 21* |
| T4 | TP1 | LGBF | | FL | 2<br>(D/E) | | | | S2<br>S20 | 33 | 1300 | *→D: GGAV 21* |
| T2 | TP1 | LGBF | | FL | 3<br>(D/E) | V12 | | | S2 | 30 | 1300 | *→D: GGAV 21* |
| T4 | TP1 | LGBF | | FL | 2<br>(D/E) | V8 | | | S2<br>S4<br>S20 | 339 | 1301 | |
| T11 | TP2 | L4BN | | FL | 1<br>(D/E) | V8 | | | S2<br>S4<br>S20 | 339 | 1302 | |

## UN-numerisches Verzeichnis (Tabelle A)

| Verlagshinweis: Sicherung | Verlagshinweis: Fahrweg | UN-Nummer | Benennung und Beschreibung | Klasse | Klassifizierungscode | Verpackungsgruppe | Gefahrzettel | Sondervorschriften | Begrenzte und freigestellte Mengen | | Verpackungen: Anweisungen | Verpackungen: Sondervorschriften | Verpackungen: Zusammenpackung |
|---|---|---|---|---|---|---|---|---|---|---|---|---|---|
| | | | 3.1.2 | 2.2 | 2.2 | 2.1.1.3 | 5.2.2 | 3.3 | 3.4/3.5.1.2 | | 4.1.4 | 4.1.4 | 4.1.10 |
| | | (1) | (2) | (3a) | (3b) | (4) | (5) | (6) | (7a) | (7b) | (8) | (9a) | (9b) |
| ! | ● | 1303 | VINYLIDENCHLORID, STABILISIERT | 3 | F1 | I | 3 | 386<br>676 | 0 | E3 | P001 | | MP7<br>MP17 |
| ! | ● | 1304 | VINYLISOBUTYLETHER, STABILISIERT | 3 | F1 | II | 3 | 386<br>676 | 1 L | E2 | P001<br>IBC02<br>R001 | | MP19 |
| ! | ● | 1305 | VINYLTRICHLORSILAN | 3 | FC | II | 3+8 | | 0 | E0 | P010 | | MP19 |
| ! | ● | 1306 | HOLZSCHUTZMITTEL, FLÜSSIG (Dampfdruck bei 50 °C größer als 110 kPa) | 3 | F1 | II | 3 | 640C | 5 L | E2 | P001 | | MP19 |
| ! | ● | 1306 | HOLZSCHUTZMITTEL, FLÜSSIG (Dampfdruck bei 50 °C höchstens 110 kPa) | 3 | F1 | II | 3 | 640D | 5 L | E2 | P001<br>IBC02<br>R001 | | MP19 |
| | | 1306 | HOLZSCHUTZMITTEL, FLÜSSIG | 3 | F1 | III | 3 | | 5 L | E1 | P001<br>IBC03<br>LP01<br>R001 | | MP19 |
| | | 1306 | HOLZSCHUTZMITTEL, FLÜSSIG (mit einem Flammpunkt unter 23 °C und viskos gemäß 2.2.3.1.4) (Dampfdruck bei 50 °C größer als 110 kPa) | 3 | F1 | III | 3 | | 5 L | E1 | P001<br>R001 | | MP19 |
| | | 1306 | HOLZSCHUTZMITTEL, FLÜSSIG (mit einem Flammpunkt unter 23 °C und viskos gemäß 2.2.3.1.4) (Dampfdruck bei 50 °C höchstens 110 kPa) | 3 | F1 | III | 3 | | 5 L | E1 | P001<br>IBC02<br>R001 | BB4 | MP19 |
| ! | ● | 1307 | XYLENE | 3 | F1 | II | 3 | | 1 L | E2 | P001<br>IBC02<br>R001 | | MP19 |
| | | 1307 | XYLENE | 3 | F1 | III | 3 | | 5 L | E1 | P001<br>IBC03<br>LP01<br>R001 | | MP19 |
| ! | ● | 1308 | ZIRKONIUM, SUSPENDIERT IN EINEM ENTZÜNDBAREN FLÜSSIGEN STOFF | 3 | F1 | I | 3 | | 0 | E0 | P001 | PP33 | MP7<br>MP17 |
| ! | ● | 1308 | ZIRKONIUM, SUSPENDIERT IN EINEM ENTZÜNDBAREN FLÜSSIGEN STOFF (Dampfdruck bei 50 °C größer als 110 kPa) | 3 | F1 | II | 3 | 640C | 1 L | E2 | P001<br>R001 | PP33 | MP19 |
| ! | ● | 1308 | ZIRKONIUM, SUSPENDIERT IN EINEM ENTZÜNDBAREN FLÜSSIGEN STOFF (Dampfdruck bei 50 °C höchstens 110 kPa) | 3 | F1 | II | 3 | 640D | 1 L | E2 | P001<br>R001 | PP33 | MP19 |
| | | 1308 | ZIRKONIUM, SUSPENDIERT IN EINEM ENTZÜNDBAREN FLÜSSIGEN STOFF | 3 | F1 | III | 3 | | 5 L | E1 | P001<br>R001 | | MP19 |
| | | 1309 | ALUMINIUM-PULVER, ÜBERZOGEN | 4.1 | F3 | II | 4.1 | | 1 kg | E2 | P002<br>IBC08 | PP38<br>B4 | MP11 |
| | | 1309 | ALUMINIUM-PULVER, ÜBERZOGEN | 4.1 | F3 | III | 4.1 | | 5 kg | E1 | P002<br>IBC08<br>LP02<br>R001 | PP11<br>B3 | MP11 |
| ! | | 1310 | AMMONIUMPIKRAT, ANGEFEUCHTET mit mindestens 10 Masse-% Wasser | 4.1 | D | I | 4.1 | 28 | 0 | E0 | P406 | PP26 | MP2 |
| | | 1312 | BORNEOL | 4.1 | F1 | III | 4.1 | | 5 kg | E1 | P002<br>IBC08<br>LP02<br>R001 | B3 | MP10 |

| Ortsbewegliche Tanks und Schüttgut-Container | | ADR-Tanks | | Fahrzeug für die Beförderung in Tanks | Beförderungskategorie (Tunnelbeschränkungscode) | Sondervorschriften für die Beförderung | | | | Nummer zur Kennzeichnung der Gefahr | UN-Nummer | Verlagshinweis *„Gut zu wissen"* |
|---|---|---|---|---|---|---|---|---|---|---|---|---|
| Anweisungen | Sondervorschriften | Tankcodierung | Sondervorschriften | | | Versandstücke | lose Schüttung | Be- und Entladung, Handhabung | Betrieb | | | |
| 4.2.5.2 7.3.2 | 4.2.5.3 | 4.3 | 4.3.5 6.8.4 | 9.1.1.2 | 1.1.3.6 (8.6) | 7.2.4 | 7.3.3 | 7.5.11 | 8.5 | 5.3.2.3 | | |
| (10) | (11) | (12) | (13) | (14) | (15) | (16) | (17) | (18) | (19) | (20) | (1) | |
| T12 | TP2 TP7 | L4BN | | FL | 1 (D/E) | V8 | | | S2 S4 S20 | 339 | 1303 | |
| T4 | TP1 | LGBF | | FL | 2 (D/E) | V8 | | | S2 S4 S20 | 339 | 1304 | |
| T10 | TP2 TP7 | L4BH | | FL | 2 (D/E) | | | | S2 S20 | X338 | 1305 | |
| T4 | TP1 TP8 | L1,5BN | | FL | 2 (D/E) | | | | S2 S20 | 33 | 1306 | |
| T4 | TP1 TP8 | LGBF | | FL | 2 (D/E) | | | | S2 S20 | 33 | 1306 | |
| T2 | TP1 | LGBF | | FL | 3 (D/E) | V12 | | | S2 | 30 | 1306 | |
| | | | | | 3 (E) | | | | S2 | | 1306 | |
| | | | | | 3 (E) | | | | S2 | | 1306 | |
| T4 | TP1 | LGBF | | FL | 2 (D/E) | | | | S2 S20 | 33 | 1307 | *→D: GGAV 21* |
| T2 | TP1 | LGBF | | FL | 3 (D/E) | V12 | | | S2 | 30 | 1307 | *→D: GGAV 21* |
| | | L4BN | | FL | 1 (D/E) | | | | S2 S20 | 33 | 1308 | |
| | | L1,5BN | | FL | 2 (D/E) | | | | S2 S20 | 33 | 1308 | |
| | | LGBF | | FL | 2 (D/E) | | | | S2 S20 | 33 | 1308 | |
| | | LGBF | | FL | 3 (D/E) | | | | S2 | 30 | 1308 | |
| T3 | TP33 | SGAN | | AT | 2 (E) | V11 | | | | 40 | 1309 | |
| T1 | TP33 | SGAV | | AT | 3 (E) | | VC1 VC2 | | | 40 | 1309 | |
| | | | | | 1 (B) | | | | S14 | | 1310 | |
| T1 | TP33 | SGAV | | AT | 3 (E) | | VC1 VC2 | | | 40 | 1312 | |

## UN-numerisches Verzeichnis (Tabelle A)

| Verlagshinweis: Sicherung | Verlagshinweis: Fahrweg | UN-Nummer | Benennung und Beschreibung | Klasse | Klassifizierungscode | Verpackungsgruppe | Gefahrzettel | Sondervorschriften | Begrenzte und freigestellte Mengen | | Verpackungen: Anweisungen | Verpackungen: Sondervorschriften | Verpackungen: Zusammenpackung |
|---|---|---|---|---|---|---|---|---|---|---|---|---|---|
| | | | 3.1.2 | 2.2 | 2.2 | 2.1.1.3 | 5.2.2 | 3.3 | 3.4/3.5.1.2 | | 4.1.4 | 4.1.4 | 4.1.10 |
| | | (1) | (2) | (3a) | (3b) | (4) | (5) | (6) | (7a) | (7b) | (8) | (9a) | (9b) |
| | | 1313 | CALCIUMRESINAT | 4.1 | F3 | III | 4.1 | | 5 kg | E1 | P002<br>IBC06<br>R001 | | MP11 |
| | | 1314 | CALCIUMRESINAT, GESCHMOLZEN und erstarrt | 4.1 | F3 | III | 4.1 | | 5 kg | E1 | P002<br>IBC04<br>R001 | | MP11 |
| | | 1318 | COBALTRESINAT, GEFÄLLT | 4.1 | F3 | III | 4.1 | | 5 kg | E1 | P002<br>IBC06<br>R001 | | MP11 |
| ! | | 1320 | DINITROPHENOL, ANGEFEUCHTET mit mindestens 15 Masse-% Wasser | 4.1 | DT | I | 4.1+6.1 | 28 | 0 | E0 | P406 | PP26 | MP2 |
| ! | | 1321 | DINITROPHENOLATE, ANGEFEUCHTET mit mindestens 15 Masse-% Wasser | 4.1 | DT | I | 4.1+6.1 | 28 | 0 | E0 | P406 | PP26 | MP2 |
| ! | | 1322 | DINITRORESORCINOL, ANGEFEUCHTET mit mindestens 15 Masse-% Wasser | 4.1 | D | I | 4.1 | 28 | 0 | E0 | P406 | PP26 | MP2 |
| | | 1323 | CEREISEN | 4.1 | F3 | II | 4.1 | 249 | 1 kg | E2 | P002<br>IBC08 | <br>B4 | MP11 |
| | | 1324 | FILME AUF NITROCELLULOSEBASIS, gelatiniert, ausgenommen Abfälle | 4.1 | F1 | III | 4.1 | | 5 kg | E1 | P002<br>R001 | PP15 | MP11 |
| | | 1325 | ENTZÜNDBARER ORGANISCHER FESTER STOFF, N.A.G. | 4.1 | F1 | II | 4.1 | 274 | 1 kg | E2 | P002<br>IBC08 | <br>B4 | MP10 |
| | | 1325 | ENTZÜNDBARER ORGANISCHER FESTER STOFF, N.A.G. | 4.1 | F1 | III | 4.1 | 274 | 5 kg | E1 | P002<br>IBC08<br>LP02<br>R001 | <br>B3 | MP10 |
| | | 1326 | HAFNIUM-PULVER, ANGEFEUCHTET mit mindestens 25 % Wasser | 4.1 | F3 | II | 4.1 | 586 | 1 kg | E2 | P410<br>IBC06 | PP40 | MP11 |
| | | 1327 | Heu oder Stroh oder Bhusa | 4.1 | F1 | UNTERLIEGT NICHT DEN VORSCHRIFTEN DES ADR | | | | | | | |
| | | 1328 | HEXAMETHYLENTETRAMIN | 4.1 | F1 | III | 4.1 | | 5 kg | E1 | P002<br>IBC08<br>R001 | <br>B3 | MP10 |
| | | 1330 | MANGANRESINAT | 4.1 | F3 | III | 4.1 | | 5 kg | E1 | P002<br>IBC06<br>R001 | | MP11 |
| | | 1331 | ZÜNDHÖLZER, ÜBERALL ZÜNDBAR | 4.1 | F1 | III | 4.1 | 293 | 5 kg | E0 | P407 | PP27 | MP12 |
| | | 1332 | METALDEHYD | 4.1 | F1 | III | 4.1 | | 5 kg | E1 | P002<br>IBC08<br>LP02<br>R001 | <br>B3 | MP10 |
| | | 1333 | CER, Platten, Barren, Stangen | 4.1 | F3 | II | 4.1 | | 1 kg | E2 | P002<br>IBC08 | <br>B4 | MP11 |
| | | 1334 | NAPHTHALEN, ROH oder NAPHTHALEN, RAFFINIERT | 4.1 | F1 | III | 4.1 | 501 | 5 kg | E1 | P002<br>IBC08<br>LP02<br>R001 | <br>B3 | MP10 |
| ! | | 1336 | NITROGUANIDIN (PICRIT), ANGEFEUCHTET mit mindestens 20 Masse-% Wasser | 4.1 | D | I | 4.1 | 28 | 0 | E0 | P406 | | MP2 |
| ! | | 1337 | NITROSTÄRKE, ANGEFEUCHTET mit mindestens 20 Masse-% Wasser | 4.1 | D | I | 4.1 | 28 | 0 | E0 | P406 | | MP2 |
| | | 1338 | PHOSPHOR, AMORPH | 4.1 | F3 | III | 4.1 | | 5 kg | E1 | P410<br>IBC08<br>R001 | <br>B3 | MP11 |
| | | 1339 | PHOSPHORHEPTASULFID (chemische Formel $P_4S_7$), frei von gelbem oder weißem Phosphor | 4.1 | F3 | II | 4.1 | 602 | 1 kg | E2 | P410<br>IBC04 | | MP11 |

| Ortsbewegliche Tanks und Schüttgut-Container | | ADR-Tanks | | Fahrzeug für die Beförderung in Tanks | Beförderungskategorie (Tunnelbeschränkungscode) | Sondervorschriften für die Beförderung | | | | Nummer zur Kennzeichnung der Gefahr | UN-Nummer | Verlagshinweis „Gut zu wissen" |
|---|---|---|---|---|---|---|---|---|---|---|---|---|
| Anweisungen | Sondervorschriften | Tankcodierung | Sondervorschriften | | | Versandstücke | lose Schüttung | Be- und Entladung, Handhabung | Betrieb | | | |
| 4.2.5.2<br>7.3.2 | 4.2.5.3 | 4.3 | 4.3.5<br>6.8.4 | 9.1.1.2 | 1.1.3.6<br>(8.6) | 7.2.4 | 7.3.3 | 7.5.11 | 8.5 | 5.3.2.3 | | |
| (10) | (11) | (12) | (13) | (14) | (15) | (16) | (17) | (18) | (19) | (20) | (1) | |
| T1 | TP33 | SGAV | | AT | 3<br>(E) | | VC1<br>VC2 | | | 40 | 1313 | |
| T1 | TP33 | SGAV | | AT | 3<br>(E) | | VC1<br>VC2 | | | 40 | 1314 | |
| T1 | TP33 | SGAV | | AT | 3<br>(E) | | VC1<br>VC2 | | | 40 | 1318 | |
| | | | | | 1<br>(B) | | | CV28 | S14 | | 1320 | |
| | | | | | 1<br>(B) | | | CV28 | S14 | | 1321 | |
| | | | | | 1<br>(B) | | | | S14 | | 1322 | |
| T3 | TP33 | SGAN | | AT | 2<br>(E) | V11 | | | | 40 | 1323 | |
| | | | | | 3<br>(E) | | | | | | 1324 | |
| T3 | TP33 | SGAN | | AT | 2<br>(E) | V11 | | | | 40 | 1325 | |
| T1 | TP33 | SGAV | | AT | 3<br>(E) | | VC1<br>VC2 | | | 40 | 1325 | |
| T3 | TP33 | SGAN | | AT | 2<br>(E) | V11 | | | | 40 | 1326 | |
| UNTERLIEGT NICHT DEN VORSCHRIFTEN DES ADR | | | | | | | | | | | 1327 | |
| T1 | TP33 | SGAV | | AT | 3<br>(E) | | VC1<br>VC2 | | | 40 | 1328 | |
| T1 | TP33 | SGAV | | AT | 3<br>(E) | | VC1<br>VC2 | | | 40 | 1330 | |
| | | | | | 4<br>(E) | | | | | | 1331 | →3.3 SV296 |
| T1 | TP33 | SGAV | | AT | 3<br>(E) | | VC1<br>VC2 | | | 40 | 1332 | |
| | | | | | 2<br>(E) | V11 | | | | | 1333 | |
| T1<br>BK1<br>BK2<br>BK3 | TP33 | SGAV | | AT | 3<br>(E) | | VC1<br>VC2<br>AP1 | | | 40 | 1334 | |
| | | | | | 1<br>(B) | | | | S14 | | 1336 | |
| | | | | | 1<br>(B) | | | | S14 | | 1337 | |
| T1 | TP33 | SGAV | | AT | 3<br>(E) | | VC1<br>VC2 | | | 40 | 1338 | |
| T3 | TP33 | SGAN | | AT | 2<br>(E) | | | | | 40 | 1339 | |

| Verlagshinweis Sicherung | Verlagshinweis Fahrweg | UN-Nummer | Benennung und Beschreibung | Klasse | Klassifizierungscode | Verpackungsgruppe | Gefahrzettel | Sondervorschriften | Begrenzte und freigestellte Mengen | | Verpackungen Anweisungen | Verpackungen Sondervorschriften | Verpackungen Zusammenpackung |
|---|---|---|---|---|---|---|---|---|---|---|---|---|---|
| | | | 3.1.2 | 2.2 | 2.2 | 2.1.1.3 | 5.2.2 | 3.3 | 3.4/3.5.1.2 | | 4.1.4 | 4.1.4 | 4.1.10 |
| | | (1) | (2) | (3a) | (3b) | (4) | (5) | (6) | (7a) | (7b) | (8) | (9a) | (9b) |
| | | 1340 | PHOSPHORPENTASULFID (chemische Formel $P_2S_5$), frei von gelbem oder weißem Phosphor | 4.3 | WF2 | II | 4.3+4.1 | 602 | 500 g | E2 | P410<br>IBC04 | | MP14 |
| | | 1341 | PHOSPHORSESQUISULFID (chemische Formel $P_4S_3$), frei von gelbem oder weißem Phosphor | 4.1 | F3 | II | 4.1 | 602 | 1 kg | E2 | P410<br>IBC04 | | MP11 |
| | | 1343 | PHOSPHORTRISULFID (chemische Formel $P_4S_6$), frei von gelbem oder weißem Phosphor | 4.1 | F3 | II | 4.1 | 602 | 1 kg | E2 | P410<br>IBC04 | | MP11 |
| ! | | 1344 | TRINITROPHENOL (PIKRINSÄURE), ANGEFEUCHTET mit mindestens 30 Masse-% Wasser | 4.1 | D | I | 4.1 | 28 | 0 | E0 | P406 | PP26 | MP2 |
| | | 1345 | KAUTSCHUK- (Gummi-) ABFÄLLE oder KAUTSCHUK- (Gummi-) RESTE, pulverförmig oder granuliert, höchstens 840 µm und mehr als 45 % Kautschuk-Gehalt | 4.1 | F1 | II | 4.1 | | 1 kg | E2 | P002<br>IBC08 | <br>B4 | MP11 |
| | | 1346 | SILICIUM-PULVER, AMORPH | 4.1 | F3 | III | 4.1 | 32 | 5 kg | E1 | P002<br>IBC08<br>LP02<br>R001 | <br>B3 | MP11 |
| ! | | 1347 | SILBERPIKRAT, ANGEFEUCHTET mit mindestens 30 Masse-% Wasser | 4.1 | D | I | 4.1 | 28 | 0 | E0 | P406 | PP25<br>PP26 | MP2 |
| ! | | 1348 | NATRIUMDINITROORTHOCRESOLAT, ANGEFEUCHTET mit mindestens 15 Masse-% Wasser | 4.1 | DT | I | 4.1+6.1 | 28 | 0 | E0 | P406 | PP26 | MP2 |
| ! | | 1349 | NATRIUMPIKRAMAT, ANGEFEUCHTET mit mindestens 20 Masse-% Wasser | 4.1 | D | I | 4.1 | 28 | 0 | E0 | P406 | PP26 | MP2 |
| | | 1350 | SCHWEFEL | 4.1 | F3 | III | 4.1 | 242 | 5 kg | E1 | P002<br>IBC08<br>LP02<br>R001 | <br>B3 | MP11 |
| | | 1352 | TITAN-PULVER, ANGEFEUCHTET mit mindestens 25 % Wasser | 4.1 | F3 | II | 4.1 | 586 | 1 kg | E2 | P410<br>IBC06 | PP40 | MP11 |
| | | 1353 | FASERN, IMPRÄGNIERT MIT SCHWACH NITRIERTER CELLULOSE, N.A.G. oder GEWEBE, IMPRÄGNIERT MIT SCHWACH NITRIERTER CELLULOSE, N.A.G. | 4.1 | F1 | III | 4.1 | 502 | 5 kg | E1 | P410<br>IBC08<br>R001 | <br>B3 | MP11 |
| ! | | 1354 | TRINITROBENZEN, ANGEFEUCHTET mit mindestens 30 Masse-% Wasser | 4.1 | D | I | 4.1 | 28 | 0 | E0 | P406 | | MP2 |
| ! | | 1355 | TRINITROBENZOESÄURE, ANGEFEUCHTET mit mindestens 30 Masse-% Wasser | 4.1 | D | I | 4.1 | 28 | 0 | E0 | P406 | | MP2 |
| ! | | 1356 | TRINITROTOLUEN (TNT), ANGEFEUCHTET mit mindestens 30 Masse-% Wasser | 4.1 | D | I | 4.1 | 28 | 0 | E0 | P406 | | MP2 |
| ! | | 1357 | HARNSTOFFNITRAT, ANGEFEUCHTET mit mindestens 20 Masse-% Wasser | 4.1 | D | I | 4.1 | 28<br>227 | 0 | E0 | P406 | | MP2 |
| | | 1358 | ZIRKONIUM-PULVER, ANGEFEUCHTET mit mindestens 25 % Wasser | 4.1 | F3 | II | 4.1 | 586 | 1 kg | E2 | P410<br>IBC06 | PP40 | MP11 |
| | | 1360 | CALCIUMPHOSPHID | 4.3 | WT2 | I | 4.3+6.1 | | 0 | E0 | P403 | | MP2 |
| | | 1361 | KOHLE oder RUSS, tierischen oder pflanzlichen Ursprungs | 4.2 | S2 | II | 4.2 | | 0 | E0 | P002<br>IBC06 | PP12 | MP14 |
| | | 1361 | KOHLE oder RUSS, tierischen oder pflanzlichen Ursprungs | 4.2 | S2 | III | 4.2 | 665 | 0 | E0 | P002<br>IBC08<br>LP02<br>R001 | PP12<br>B3 | MP14 |

| Ortsbewegliche Tanks und Schüttgut-Container | | ADR-Tanks | | Fahrzeug für die Beförderung in Tanks | Beförderungskategorie (Tunnelbeschränkungscode) | Sondervorschriften für die Beförderung | | | | Nummer zur Kennzeichnung der Gefahr | UN-Nummer | Verlagshinweis *„Gut zu wissen"* |
|---|---|---|---|---|---|---|---|---|---|---|---|---|
| Anweisungen | Sondervorschriften | Tankcodierung | Sondervorschriften | | | Versandstücke | lose Schüttung | Be- und Entladung, Handhabung | Betrieb | | | |
| 4.2.5.2 7.3.2 | 4.2.5.3 | 4.3 | 4.3.5 6.8.4 | 9.1.1.2 | 1.1.3.6 (8.6) | 7.2.4 | 7.3.3 | 7.5.11 | 8.5 | 5.3.2.3 | | |
| (10) | (11) | (12) | (13) | (14) | (15) | (16) | (17) | (18) | (19) | (20) | (1) | |
| T3 | TP33 | SGAN | | AT | 0 (D/E) | V1 | | CV23 | | 423 | 1340 | |
| T3 | TP33 | SGAN | | AT | 2 (E) | | | | | 40 | 1341 | |
| T3 | TP33 | SGAN | | AT | 2 (E) | | | | | 40 | 1343 | |
| | | | | | 1 (B) | | | | S14 | | 1344 | *→UN 0154* *→UN 3364* |
| T3 | TP33 | SGAN | | AT | 4 (E) | V11 | | | | 40 | 1345 | |
| T1 | TP33 | SGAV | | AT | 3 (E) | | VC1 VC2 | | | 40 | 1346 | |
| | | | | | 1 (B) | | | | S14 | | 1347 | |
| | | | | | 1 (B) | | | CV28 | S14 | | 1348 | *→UN 3369* |
| | | | | | 1 (B) | | | | S14 | | 1349 | |
| T1 BK1 BK2 BK3 | TP33 | SGAV | | AT | 3 (E) | | VC1 VC2 | | | 40 | 1350 | |
| T3 | TP33 | SGAN | | AT | 2 (E) | V11 | | | | 40 | 1352 | |
| | | | | | 3 (E) | | | | | | 1353 | |
| | | | | | 1 (B) | | | | S14 | | 1354 | |
| | | | | | 1 (B) | | | | S14 | | 1355 | |
| | | | | | 1 (B) | | | | S14 | | 1356 | |
| | | | | | 1 (B) | | | | S14 | | 1357 | |
| T3 | TP33 | SGAN | | AT | 2 (E) | V11 | | | | 40 | 1358 | |
| | | | | | 1 (E) | V1 | | CV23 CV28 | S20 | | 1360 | |
| T3 | TP33 | SGAN | TU11 | AT | 2 (D/E) | V1 V13 | | | | 40 | 1361 | |
| T1 | TP33 | SGAV | | AT | 4 (E) | V1 V13 | VC1 VC2 AP1 | | | 40 | 1361 | |

| Verlagshinweis | | UN-Nummer | Benennung und Beschreibung | Klasse | Klassifizierungscode | Verpackungsgruppe | Gefahrzettel | Sondervorschriften | Begrenzte und freigestellte Mengen | | Verpackungen | | |
|---|---|---|---|---|---|---|---|---|---|---|---|---|---|
| Sicherung | Fahrweg | | | | | | | | | | Anweisungen | Sondervorschriften | Zusammenpackung |
| | | | 3.1.2 | 2.2 | 2.2 | 2.1.1.3 | 5.2.2 | 3.3 | 3.4/3.5.1.2 | | 4.1.4 | 4.1.4 | 4.1.10 |
| | | (1) | (2) | (3a) | (3b) | (4) | (5) | (6) | (7a) | (7b) | (8) | (9a) | (9b) |
| | | 1362 | KOHLE, AKTIVIERT | 4.2 | S2 | III | 4.2 | 646 | 0 | E1 | P002<br>IBC08<br>LP02<br>R001 | PP11<br>B3 | MP14 |
| | | 1363 | KOPRA | 4.2 | S2 | III | 4.2 | | 0 | E0 | P003<br>IBC08<br>LP02<br>R001 | PP20<br>B3 B6 | MP14 |
| | | 1364 | BAUMWOLLABFÄLLE, ÖLHALTIG | 4.2 | S2 | III | 4.2 | | 0 | E0 | P003<br>IBC08<br>LP02<br>R001 | PP19<br>B3 B6 | MP14 |
| | | 1365 | BAUMWOLLE, NASS | 4.2 | S2 | III | 4.2 | | 0 | E0 | P003<br>IBC08<br>LP02<br>R001 | PP19<br>B3 B6 | MP14 |
| | | 1369 | p-NITROSODIMETHYLANILIN | 4.2 | S2 | II | 4.2 | | 0 | E2 | P410<br>IBC06 | | MP14 |
| | | 1372 | Fasern, tierischen Ursprungs oder Fasern, pflanzlichen Ursprungs, gebrannt, nass oder feucht | 4.2 | S2 | UNTERLIEGT NICHT DEN VORSCHRIFTEN DES ADR | | | | | | | |
| | | 1373 | FASERN oder GEWEBE, TIERISCHEN oder PFLANZLICHEN oder SYNTHETISCHEN URSPRUNGS, N.A.G., imprägniert mit Öl | 4.2 | S2 | III | 4.2 | | 0 | E0 | P410<br>IBC08<br>R001 | <br>B3 | MP14 |
| | | 1374 | FISCHMEHL (FISCHABFALL), NICHT STABILISIERT | 4.2 | S2 | II | 4.2 | 300 | 0 | E2 | P410<br>IBC08 | <br>B4 | MP14 |
| | | 1376 | EISENOXID, GEBRAUCHT oder EISENSCHWAMM, GEBRAUCHT, aus der Kokereigasreinigung | 4.2 | S4 | III | 4.2 | 592 | 0 | E0 | P002<br>IBC08<br>LP02<br>R001 | <br>B3 | MP14 |
| | | 1378 | METALLKATALYSATOR, ANGEFEUCHTET mit einem sichtbaren Überschuss an Flüssigkeit | 4.2 | S4 | II | 4.2 | 274 | 0 | E0 | P410<br>IBC01 | PP39 | MP14 |
| | | 1379 | PAPIER, MIT UNGESÄTTIGTEN ÖLEN BEHANDELT, unvollständig getrocknet (auch Kohlepapier) | 4.2 | S2 | III | 4.2 | | 0 | E0 | P410<br>IBC08<br>R001 | <br>B3 | MP14 |
| ! | | 1380 | PENTABORAN | 4.2 | ST3 | I | 4.2+6.1 | | 0 | E0 | P601 | | MP2 |
| ! | | 1381 | PHOSPHOR WEISS oder GELB, UNTER WASSER oder IN LÖSUNG | 4.2 | ST3 | I | 4.2+6.1 | 503 | 0 | E0 | P405 | | MP2 |
| ! | | 1381 | PHOSPHOR WEISS oder GELB, TROCKEN | 4.2 | ST4 | I | 4.2+6.1 | 503 | 0 | E0 | P405 | | MP2 |
| | | 1382 | KALIUMSULFID, WASSERFREI oder KALIUMSULFID mit weniger als 30 % Kristallwasser | 4.2 | S4 | II | 4.2 | 504 | 0 | E2 | P410<br>IBC06 | | MP14 |
| ! | | 1383 | PYROPHORES METALL, N.A.G. oder PYROPHORE LEGIERUNG, N.A.G. | 4.2 | S4 | I | 4.2 | 274 | 0 | E0 | P404 | | MP13 |
| | | 1384 | NATRIUMDITHIONIT (NATRIUMHYDROSULFIT) | 4.2 | S4 | II | 4.2 | | 0 | E2 | P410<br>IBC06 | | MP14 |

| Ortsbewegliche Tanks und Schüttgut-Container | | ADR-Tanks | | Fahrzeug für die Beförderung in Tanks | Beförderungskategorie (Tunnelbeschränkungscode) | Sondervorschriften für die Beförderung | | | | Nummer zur Kennzeichnung der Gefahr | UN-Nummer |
|---|---|---|---|---|---|---|---|---|---|---|---|
| Anweisungen | Sondervorschriften | Tankcodierung | Sondervorschriften | | | Versandstücke | lose Schüttung | Be- und Entladung, Handhabung | Betrieb | | |
| 4.2.5.2<br>7.3.2 | 4.2.5.3 | 4.3 | 4.3.5<br>6.8.4 | 9.1.1.2 | 1.1.3.6<br>(8.6) | 7.2.4 | 7.3.3 | 7.5.11 | 8.5 | 5.3.2.3 | |
| (10) | (11) | (12) | (13) | (14) | (15) | (16) | (17) | (18) | (19) | (20) | (1) |
| T1 | TP33 | SGAV | | AT | 4<br>(E) | V1 | VC1<br>VC2<br>AP1 | | | 40 | 1362 |
| BK2 | | | | | 3<br>(E) | V1 | VC1<br>VC2<br>AP1 | | | 40 | 1363 |
| | | | | | 3<br>(E) | V1 | VC1<br>VC2<br>AP1 | | | 40 | 1364 |
| | | | | | 3<br>(E) | V1 | VC1<br>VC2<br>AP1 | | | 40 | 1365 |
| T3 | TP33 | SGAN | | AT | 2<br>(D/E) | V1 | | | | 40 | 1369 |
| UNTERLIEGT NICHT DEN VORSCHRIFTEN DES ADR | | | | | | | | | | | 1372 |
| T1 | TP33 | | | AT | 3<br>(E) | V1 | VC1<br>VC2<br>AP1 | | | 40 | 1373 |
| T3 | TP33 | | | AT | 2<br>(D/E) | V1 | | | | 40 | 1374 |
| T1<br>BK2 | TP33 | SGAV | | AT | 3<br>(E) | V1 | VC1<br>VC2<br>AP1 | | | 40 | 1376 |
| T3 | TP33 | SGAN | | AT | 2<br>(D/E) | V1 | | | | 40 | 1378 |
| | | | | | 3<br>(E) | V1 | VC1<br>VC2<br>AP1 | | | 40 | 1379 |
| | | L21DH | TU14<br>TC1<br>TE21<br>TM1 | AT | 0<br>(B/E) | V1 | | CV28 | S20 | 333 | 1380 |
| T9 | TP3<br>TP31 | L10DH(+) | TU14<br>TU16<br>TU21<br>TE3<br>TE21 | AT | 0<br>(B/E) | V1 | | CV28 | S20 | 46 | 1381 |
| T9 | TP3<br>TP31 | L10DH(+) | TU14<br>TU16<br>TU21<br>TE3<br>TE21 | AT | 0<br>(B/E) | V1 | | CV28 | S20 | 46 | 1381 |
| T3 | TP33 | SGAN | | AT | 2<br>(D/E) | V1 | | | | 40 | 1382 |
| T21 | TP7<br>TP33 | | | AT | 0<br>(B/E) | V1 | | | S20 | 43 | 1383 |
| T3 | TP33 | SGAN | | AT | 2<br>(D/E) | V1 | | | | 40 | 1384 |

## UN-numerisches Verzeichnis (Tabelle A)

| Verlagshinweis: Sicherung | Verlagshinweis: Fahrweg | UN-Nummer | Benennung und Beschreibung | Klasse | Klassifizierungscode | Verpackungsgruppe | Gefahrzettel | Sondervorschriften | Begrenzte und freigestellte Mengen | | Verpackungen: Anweisungen | Verpackungen: Sondervorschriften | Verpackungen: Zusammenpackung |
|---|---|---|---|---|---|---|---|---|---|---|---|---|---|
| | | | 3.1.2 | 2.2 | 2.2 | 2.1.1.3 | 5.2.2 | 3.3 | 3.4/3.5.1.2 | | 4.1.4 | 4.1.4 | 4.1.10 |
| | | (1) | (2) | (3a) | (3b) | (4) | (5) | (6) | (7a) | (7b) | (8) | (9a) | (9b) |
| | | 1385 | NATRIUMSULFID, WASSERFREI oder NATRIUMSULFID mit weniger als 30 % Kristallwasser | 4.2 | S4 | II | 4.2 | 504 | 0 | E2 | P410<br>IBC06 | | MP14 |
| | | 1386 | ÖLSAATKUCHEN mit mehr als 1,5 Masse-% Öl und höchstens 11 Masse-% Feuchtigkeit | 4.2 | S2 | III | 4.2 | | 0 | E0 | P003<br>IBC08<br>LP02<br>R001 | PP20<br>B3 B6 | MP14 |
| | | 1387 | Wollabfälle, nass | 4.2 | S2 | UNTERLIEGT NICHT DEN VORSCHRIFTEN DES ADR | | | | | | | |
| ! | | 1389 | ALKALIMETALLAMALGAM, FLÜSSIG | 4.3 | W1 | I | 4.3 | 182 | 0 | E0 | P402 | RR8 | MP2 |
| | | 1390 | ALKALIMETALLAMIDE | 4.3 | W2 | II | 4.3 | 182<br>505 | 500 g | E2 | P410<br>IBC07 | | MP14 |
| ! | | 1391 | ALKALIMETALLDISPERSION oder ERDALKALIMETALLDISPERSION | 4.3 | W1 | I | 4.3 | 182<br>183<br>506 | 0 | E0 | P402 | RR8 | MP2 |
| ! | | 1392 | ERDALKALIMETALLAMALGAM, FLÜSSIG | 4.3 | W1 | I | 4.3 | 183<br>506 | 0 | E0 | P402 | | MP2 |
| | | 1393 | ERDALKALIMETALLLEGIERUNG, N.A.G. | 4.3 | W2 | II | 4.3 | 183<br>506 | 500 g | E2 | P410<br>IBC07 | | MP14 |
| | | 1394 | ALUMINIUMCARBID | 4.3 | W2 | II | 4.3 | | 500 g | E2 | P410<br>IBC07 | | MP14 |
| | | 1395 | ALUMINIUMFERROSILICIUM-PULVER | 4.3 | WT2 | II | 4.3+6.1 | | 500 g | E2 | P410<br>IBC05 | PP40 | MP14 |
| | | 1396 | ALUMINIUM-PULVER, NICHT ÜBERZOGEN | 4.3 | W2 | II | 4.3 | | 500 g | E2 | P410<br>IBC07 | PP40 | MP14 |
| | | 1396 | ALUMINIUM-PULVER, NICHT ÜBERZOGEN | 4.3 | W2 | III | 4.3 | | 1 kg | E1 | P410<br>IBC08<br>R001 | <br>B4 | MP14 |
| | | 1397 | ALUMINIUMPHOSPHID | 4.3 | WT2 | I | 4.3+6.1 | 507 | 0 | E0 | P403 | | MP2 |
| | | 1398 | ALUMINIUMSILICIUM-PULVER, NICHT ÜBERZOGEN | 4.3 | W2 | III | 4.3 | 37 | 1 kg | E1 | P410<br>IBC08<br>R001 | <br>B4 | MP14 |
| | | 1400 | BARIUM | 4.3 | W2 | II | 4.3 | | 500 g | E2 | P410<br>IBC07 | | MP14 |
| | | 1401 | CALCIUM | 4.3 | W2 | II | 4.3 | | 500 g | E2 | P410<br>IBC07 | | MP14 |
| ! | | 1402 | CALCIUMCARBID | 4.3 | W2 | I | 4.3 | | 0 | E0 | P403<br>IBC04 | | MP2 |
| | | 1402 | CALCIUMCARBID | 4.3 | W2 | II | 4.3 | | 500 g | E2 | P410<br>IBC07 | | MP14 |
| | | 1403 | CALCIUMCYANAMID mit mehr als 0,1 Masse-% Calciumcarbid | 4.3 | W2 | III | 4.3 | 38 | 1 kg | E1 | P410<br>IBC08<br>R001 | <br>B4 | MP14 |

| Ortsbewegliche Tanks und Schüttgut-Container | | ADR-Tanks | | Fahrzeug für die Beförderung in Tanks | Beförderungskategorie (Tunnelbeschränkungscode) | Sondervorschriften für die Beförderung | | | | Nummer zur Kennzeichnung der Gefahr | UN-Nummer | Verlagshinweis „Gut zu wissen" |
|---|---|---|---|---|---|---|---|---|---|---|---|---|
| Anweisungen | Sondervorschriften | Tankcodierung | Sondervorschriften | | | Versandstücke | lose Schüttung | Be- und Entladung, Handhabung | Betrieb | | | |
| 4.2.5.2<br>7.3.2 | 4.2.5.3 | 4.3 | 4.3.5<br>6.8.4 | 9.1.1.2 | 1.1.3.6<br>(8.6) | 7.2.4 | 7.3.3 | 7.5.11 | 8.5 | 5.3.2.3 | | |
| (10) | (11) | (12) | (13) | (14) | (15) | (16) | (17) | (18) | (19) | (20) | (1) | |
| T3 | TP33 | SGAN | | AT | 2<br>(D/E) | V1 | | | | 40 | 1385 | |
| BK2 | | | | | 3<br>(E) | V1 | VC1<br>VC2<br>AP1 | | | 40 | 1386 | →UN 2217 |
| UNTERLIEGT NICHT DEN VORSCHRIFTEN DES ADR | | | | | | | | | | | 1387 | |
| | | L10BN(+) | TU1<br>TE5<br>TT3<br>TM2 | AT | 1<br>(B/E) | V1 | | CV23 | S20 | X323 | 1389 | →UN 3401 |
| T3 | TP33 | SGAN | | AT | 0<br>(D/E) | V1 | | CV23 | | 423 | 1390 | |
| T13 | TP2<br>TP7<br>TP42 | L10BN(+) | TU1<br>TE5<br>TT3<br>TM2 | AT | 1<br>(B/E) | V1 | | CV23 | S20 | X323 | 1391 | |
| | | L10BN(+) | TU1<br>TE5<br>TT3<br>TM2 | AT | 1<br>(B/E) | V1 | | CV23 | S20 | X323 | 1392 | →UN 3402 |
| T3 | TP33 | SGAN | | AT | 2<br>(D/E) | V1 | | CV23 | | 423 | 1393 | |
| T3 | TP33 | SGAN | | AT | 2<br>(D/E) | V1 | VC1<br>VC2<br>AP3<br>AP4<br>AP5 | CV23 | | 423 | 1394 | |
| T3 | TP33 | SGAN | | AT | 2<br>(D/E) | V1 | | CV23<br>CV28 | | 462 | 1395 | |
| T3 | TP33 | SGAN | | AT | 2<br>(D/E) | V1 | | CV23 | | 423 | 1396 | |
| T1 | TP33 | SGAN | | AT | 3<br>(E) | V1 | VC2<br>AP4<br>AP5 | CV23 | | 423 | 1396 | |
| | | | | | 1<br>(E) | V1 | | CV23<br>CV28 | S20 | | 1397 | |
| T1<br>BK2 | TP33 | SGAN | | AT | 3<br>(E) | V1 | VC2<br>AP4<br>AP5 | CV23 | | 423 | 1398 | |
| T3 | TP33 | SGAN | | AT | 2<br>(D/E) | V1 | | CV23 | | 423 | 1400 | |
| T3 | TP33 | SGAN | | AT | 2<br>(D/E) | V1 | | CV23 | | 423 | 1401 | |
| T9 | TP7<br>TP33 | S2,65AN(+) | TU4<br>TU22<br>TM2<br>TA5 | AT | 1<br>(B/E) | V1 | | CV23 | S20 | X423 | 1402 | |
| T3 | TP33 | SGAN | | AT | 2<br>(D/E) | V1 | VC1<br>VC2<br>AP3<br>AP4<br>AP5 | CV23 | | 423 | 1402 | |
| T1 | TP33 | SGAN | | AT | 0<br>(E) | V1 | | CV23 | | 423 | 1403 | |

## UN-numerisches Verzeichnis (Tabelle A)

| Verlagshinweis: Sicherung | Verlagshinweis: Fahrweg | UN-Nummer | Benennung und Beschreibung | Klasse | Klassifizierungscode | Verpackungsgruppe | Gefahrzettel | Sondervorschriften | Begrenzte und freigestellte Mengen | | Verpackungen: Anweisungen | Verpackungen: Sondervorschriften | Verpackungen: Zusammenpackung |
|---|---|---|---|---|---|---|---|---|---|---|---|---|---|
| | | | 3.1.2 | 2.2 | 2.2 | 2.1.1.3 | 5.2.2 | 3.3 | 3.4/3.5.1.2 | | 4.1.4 | 4.1.4 | 4.1.10 |
| | | (1) | (2) | (3a) | (3b) | (4) | (5) | (6) | (7a) | (7b) | (8) | (9a) | (9b) |
| | | 1404 | CALCIUMHYDRID | 4.3 | W2 | I | 4.3 | | 0 | E0 | P403 | | MP2 |
| | | 1405 | CALCIUMSILICID | 4.3 | W2 | II | 4.3 | | 500 g | E2 | P410<br>IBC07 | | MP14 |
| | | 1405 | CALCIUMSILICID | 4.3 | W2 | III | 4.3 | | 1 kg | E1 | P410<br>IBC08<br>R001 | <br>B4 | MP14 |
| ! | | 1407 | CAESIUM | 4.3 | W2 | I | 4.3 | | 0 | E0 | P403<br>IBC04 | | MP2 |
| | | 1408 | FERROSILICIUM mit mindestens 30 Masse-%, aber weniger als 90 Masse-% Silicium | 4.3 | WT2 | III | 4.3+6.1 | 39 | 1 kg | E1 | P003<br>IBC08<br>R001 | PP20<br>B4 B6 | MP14 |
| | | 1409 | METALLHYDRIDE, MIT WASSER REAGIEREND, N.A.G. | 4.3 | W2 | I | 4.3 | 274<br>508 | 0 | E0 | P403 | | MP2 |
| | | 1409 | METALLHYDRIDE, MIT WASSER REAGIEREND, N.A.G. | 4.3 | W2 | II | 4.3 | 274<br>508 | 500 g | E2 | P410<br>IBC04 | | MP14 |
| | | 1410 | LITHIUMALUMINIUMHYDRID | 4.3 | W2 | I | 4.3 | | 0 | E0 | P403 | | MP2 |
| | | 1411 | LITHIUMALUMINIUMHYDRID IN ETHER | 4.3 | WF1 | I | 4.3+3 | | 0 | E0 | P402 | RR8 | MP2 |
| | | 1413 | LITHIUMBORHYDRID | 4.3 | W2 | I | 4.3 | | 0 | E0 | P403 | | MP2 |
| | | 1414 | LITHIUMHYDRID | 4.3 | W2 | I | 4.3 | | 0 | E0 | P403 | | MP2 |
| ! | | 1415 | LITHIUM | 4.3 | W2 | I | 4.3 | | 0 | E0 | P403<br>IBC04 | | MP2 |
| | | 1417 | LITHIUMSILICIUM | 4.3 | W2 | II | 4.3 | | 500 g | E2 | P410<br>IBC07 | | MP14 |
| | | 1418 | MAGNESIUM-PULVER oder MAGNESIUMLEGIERUNGSPULVER | 4.3 | WS | I | 4.3+4.2 | | 0 | E0 | P403 | | MP2 |
| | | 1418 | MAGNESIUM-PULVER oder MAGNESIUMLEGIERUNGSPULVER | 4.3 | WS | II | 4.3+4.2 | | 0 | E2 | P410<br>IBC05 | | MP14 |
| | | 1418 | MAGNESIUM-PULVER oder MAGNESIUMLEGIERUNGSPULVER | 4.3 | WS | III | 4.3+4.2 | | 0 | E1 | P410<br>IBC08<br>R001 | <br>B4 | MP14 |
| | | 1419 | MAGNESIUMALUMINIUMPHOSPHID | 4.3 | WT2 | I | 4.3+6.1 | | 0 | E0 | P403 | | MP2 |
| ! | | 1420 | KALIUMMETALLLEGIERUNGEN, FLÜSSIG | 4.3 | W1 | I | 4.3 | | 0 | E0 | P402 | | MP2 |
| ! | | 1421 | ALKALIMETALLLEGIERUNG, FLÜSSIG, N.A.G. | 4.3 | W1 | I | 4.3 | 182 | 0 | E0 | P402 | RR8 | MP2 |

| Ortsbewegliche Tanks und Schüttgut-Container | | ADR-Tanks | | Fahrzeug für die Beförderung in Tanks | Beförderungskategorie (Tunnelbeschränkungscode) | Sondervorschriften für die Beförderung | | | | Nummer zur Kennzeichnung der Gefahr | UN-Nummer | Verlagshinweis *„Gut zu wissen"* |
|---|---|---|---|---|---|---|---|---|---|---|---|---|
| Anweisungen | Sondervorschriften | Tankcodierung | Sondervorschriften | | | Versandstücke | lose Schüttung | Be- und Entladung, Handhabung | Betrieb | | | |
| 4.2.5.2<br>7.3.2 | 4.2.5.3 | 4.3 | 4.3.5<br>6.8.4 | 9.1.1.2 | 1.1.3.6<br>(8.6) | 7.2.4 | 7.3.3 | 7.5.11 | 8.5 | 5.3.2.3 | | |
| (10) | (11) | (12) | (13) | (14) | (15) | (16) | (17) | (18) | (19) | (20) | (1) | |
| | | | | | 1<br>(E) | V1 | | CV23 | S20 | | 1404 | |
| T3 | TP33 | SGAN | | AT | 2<br>(D/E) | V1 | VC1<br>VC2<br>AP3<br>AP4<br>AP5 | CV23 | | 423 | 1405 | |
| T1 | TP33 | SGAN | | AT | 3<br>(E) | V1 | VC1<br>VC2<br>AP3<br>AP4<br>AP5 | CV23 | | 423 | 1405 | |
| | | L10CH(+) | TU2<br>TU14<br>TE5<br>TE21<br>TT3<br>TM2 | AT | 1<br>(B/E) | V1 | | CV23 | S20 | X423 | 1407 | |
| T1<br>BK2 | TP33 | SGAN | | AT | 3<br>(E) | V1 | VC1<br>VC2<br>AP3<br>AP4<br>AP5 | CV23<br>CV28 | | 462 | 1408 | |
| | | | | | 1<br>(E) | V1 | | CV23 | S20 | | 1409 | |
| T3 | TP33 | SGAN | | AT | 2<br>(D/E) | V1 | | CV23 | | 423 | 1409 | |
| | | | | | 1<br>(E) | V1 | | CV23 | S20 | | 1410 | |
| | | | | | 1<br>(E) | V1 | | CV23 | S2<br>S20 | | 1411 | |
| | | | | | 1<br>(E) | V1 | | CV23 | S20 | | 1413 | |
| | | | | | 1<br>(E) | V1 | | CV23 | S20 | | 1414 | |
| T9 | TP7<br>TP33 | L10BN(+) | TU1<br>TE5<br>TT3<br>TM2 | AT | 1<br>(B/E) | V1 | | CV23 | S20 | X423 | 1415 | |
| T3 | TP33 | SGAN | | AT | 2<br>(D/E) | V1 | | CV23 | | 423 | 1417 | |
| | | | | | 1<br>(E) | V1 | | CV23 | S20 | | 1418 | |
| T3 | TP33 | SGAN | | AT | 2<br>(D/E) | V1 | | CV23 | | 423 | 1418 | |
| T1 | TP33 | SGAN | | AT | 3<br>(E) | V1 | VC2<br>AP4<br>AP5 | CV23 | | 423 | 1418 | |
| | | | | | 1<br>(E) | V1 | | CV23<br>CV28 | S20 | | 1419 | |
| | | L10BN(+) | TU1<br>TE5<br>TT3<br>TM2 | AT | 1<br>(B/E) | V1 | | CV23 | S20 | X323 | 1420 | →*UN 3403* |
| | | L10BN(+) | TU1<br>TE5<br>TT3<br>TM2 | AT | 1<br>(B/E) | V1 | | CV23 | S20 | X323 | 1421 | |

| Verlagshinweis Sicherung | Verlagshinweis Fahrweg | UN-Nummer | Benennung und Beschreibung | Klasse | Klassifizierungscode | Verpackungsgruppe | Gefahrzettel | Sondervorschriften | Begrenzte und freigestellte Mengen | | Verpackungen Anweisungen | Verpackungen Sondervorschriften | Verpackungen Zusammenpackung |
|---|---|---|---|---|---|---|---|---|---|---|---|---|---|
| | | | 3.1.2 | 2.2 | 2.2 | 2.1.1.3 | 5.2.2 | 3.3 | 3.4/3.5.1.2 | | 4.1.4 | 4.1.4 | 4.1.10 |
| | | (1) | (2) | (3a) | (3b) | (4) | (5) | (6) | (7a) | (7b) | (8) | (9a) | (9b) |
| ! | | 1422 | KALIUM-NATRIUM-LEGIERUNGEN, FLÜSSIG | 4.3 | W1 | I | 4.3 | | 0 | E0 | P402 | | MP2 |
| ! | | 1423 | RUBIDIUM | 4.3 | W2 | I | 4.3 | | 0 | E0 | P403<br>IBC04 | | MP2 |
| | | 1426 | NATRIUMBORHYDRID | 4.3 | W2 | I | 4.3 | | 0 | E0 | P403 | | MP2 |
| | | 1427 | NATRIUMHYDRID | 4.3 | W2 | I | 4.3 | | 0 | E0 | P403 | | MP2 |
| ! | | 1428 | NATRIUM | 4.3 | W2 | I | 4.3 | | 0 | E0 | P403<br>IBC04 | | MP2 |
| | | 1431 | NATRIUMMETHYLAT | 4.2 | SC4 | II | 4.2+8 | | 0 | E2 | P410<br>IBC05 | | MP14 |
| | | 1432 | NATRIUMPHOSPHID | 4.3 | WT2 | I | 4.3+6.1 | | 0 | E0 | P403 | | MP2 |
| | | 1433 | ZINNPHOSPHIDE | 4.3 | WT2 | I | 4.3+6.1 | | 0 | E0 | P403 | | MP2 |
| | | 1435 | ZINK-ASCHEN | 4.3 | W2 | III | 4.3 | | 1 kg | E1 | P002<br>IBC08<br>R001 | <br>B4 | MP14 |
| | | 1436 | ZINK-PULVER oder ZINK-STAUB | 4.3 | WS | I | 4.3+4.2 | | 0 | E0 | P403 | | MP2 |
| | | 1436 | ZINK-PULVER oder ZINK-STAUB | 4.3 | WS | II | 4.3+4.2 | | 0 | E2 | P410<br>IBC07 | PP40 | MP14 |
| | | 1436 | ZINK-PULVER oder ZINK-STAUB | 4.3 | WS | III | 4.3+4.2 | | 0 | E1 | P410<br>IBC08<br>R001 | <br>B4 | MP14 |
| | | 1437 | ZIRKONIUMHYDRID | 4.1 | F3 | II | 4.1 | | 1 kg | E2 | P410<br>IBC04 | PP40 | MP11 |
| | | 1438 | ALUMINIUMNITRAT | 5.1 | O2 | III | 5.1 | | 5 kg | E1 | P002<br>IBC08<br>LP02<br>R001 | <br>B3 | MP10 |
| | | 1439 | AMMONIUMDICHROMAT | 5.1 | O2 | II | 5.1 | | 1 kg | E2 | P002<br>IBC08 | <br>B4 | MP2 |
| ! | | 1442 | AMMONIUMPERCHLORAT | 5.1 | O2 | II | 5.1 | 152 | 1 kg | E2 | P002<br>IBC06 | | MP2 |
| | | 1444 | AMMONIUMPERSULFAT | 5.1 | O2 | III | 5.1 | | 5 kg | E1 | P002<br>IBC08<br>LP02<br>R001 | <br>B3 | MP10 |
| | | 1445 | BARIUMCHLORAT, FEST | 5.1 | OT2 | II | 5.1+6.1 | | 1 kg | E2 | P002<br>IBC06 | | MP2 |
| | | 1446 | BARIUMNITRAT | 5.1 | OT2 | II | 5.1+6.1 | | 1 kg | E2 | P002<br>IBC08 | <br>B4 | MP2 |
| ! | | 1447 | BARIUMPERCHLORAT, FEST | 5.1 | OT2 | II | 5.1+6.1 | | 1 kg | E2 | P002<br>IBC06 | | MP2 |

| Ortsbewegliche Tanks und Schüttgut-Container | | ADR-Tanks | | Fahrzeug für die Beförderung in Tanks | Beförderungskategorie (Tunnelbeschränkungscode) | Sondervorschriften für die Beförderung | | | | Nummer zur Kennzeichnung der Gefahr | UN-Nummer | Verlagshinweis „Gut zu wissen" |
|---|---|---|---|---|---|---|---|---|---|---|---|---|
| Anweisungen | Sondervorschriften | Tankcodierung | Sondervorschriften | | | Versandstücke | lose Schüttung | Be- und Entladung, Handhabung | Betrieb | | | |
| 4.2.5.2<br>7.3.2 | 4.2.5.3 | 4.3 | 4.3.5<br>6.8.4 | 9.1.1.2 | 1.1.3.6<br>(8.6) | 7.2.4 | 7.3.3 | 7.5.11 | 8.5 | 5.3.2.3 | | |
| (10) | (11) | (12) | (13) | (14) | (15) | (16) | (17) | (18) | (19) | (20) | (1) | |
| T9 | TP3<br>TP7<br>TP31 | L10BN(+) | TU1<br>TE5<br>TT3<br>TM2 | AT | 1<br>(B/E) | V1 | | CV23 | S20 | X323 | 1422 | →UN 3404 |
| | | L10CH(+) | TU2<br>TU14<br>TE5<br>TE21<br>TT3<br>TM2 | AT | 1<br>(B/E) | V1 | | CV23 | S20 | X423 | 1423 | |
| | | | | | 1<br>(E) | V1 | | CV23 | S20 | | 1426 | |
| | | | | | 1<br>(E) | V1 | | CV23 | S20 | | 1427 | |
| T9 | TP7<br>TP33 | L10BN(+) | TU1<br>TE5<br>TT3<br>TM2 | AT | 1<br>(B/E) | V1 | | CV23 | S20 | X423 | 1428 | →1.1.3.10 |
| T3 | TP33 | SGAN | | AT | 2<br>(D/E) | V1 | | | | 48 | 1431 | |
| | | | | | 1<br>(E) | V1 | | CV23<br>CV28 | S20 | | 1432 | |
| | | | | | 1<br>(E) | V1 | | CV23<br>CV28 | S20 | | 1433 | |
| T1<br>BK2 | TP33 | SGAN | | AT | 3<br>(E) | V1 | VC1<br>VC2<br>AP3<br>AP4<br>AP5 | CV23 | | 423 | 1435 | |
| | | | | | 1<br>(E) | V1 | | CV23 | S20 | | 1436 | |
| T3 | TP33 | SGAN | | AT | 2<br>(D/E) | V1 | | CV23 | | 423 | 1436 | |
| T1 | TP33 | SGAN | | AT | 3<br>(E) | V1 | VC2<br>AP4<br>AP5 | CV23 | | 423 | 1436 | |
| T3 | TP33 | SGAN | | AT | 2<br>(E) | | | | | 40 | 1437 | |
| T1<br>BK1<br>BK2 | TP33 | SGAV | TU3 | AT | 3<br>(E) | | VC1<br>VC2<br>AP6<br>AP7 | CV24 | | 50 | 1438 | |
| T3 | TP33 | SGAN | TU3 | AT | 2<br>(E) | V11 | | CV24 | | 50 | 1439 | |
| T3 | TP33 | | | AT | 2<br>(E) | V11 | VC1<br>VC2<br>AP6<br>AP7 | CV24 | S23 | 50 | 1442 | |
| T1 | TP33 | SGAV | TU3 | AT | 3<br>(E) | | VC1<br>VC2<br>AP6<br>AP7 | CV24 | | 50 | 1444 | |
| T3 | TP33 | SGAN | TU3 | AT | 2<br>(E) | V11 | | CV24<br>CV28 | | 56 | 1445 | →UN 3405 |
| T3 | TP33 | SGAN | TU3 | AT | 2<br>(E) | V11 | | CV24<br>CV28 | | 56 | 1446 | |
| T3 | TP33 | SGAN | TU3 | AT | 2<br>(E) | V11 | | CV24<br>CV28 | S23 | 56 | 1447 | →UN 3406 |

| Verlagshinweis | | UN-Nummer | Benennung und Beschreibung | Klasse | Klassifizierungscode | Verpackungsgruppe | Gefahrzettel | Sondervorschriften | Begrenzte und freigestellte Mengen | | Verpackungen | | |
|---|---|---|---|---|---|---|---|---|---|---|---|---|---|
| Sicherung | Fahrweg | | | | | | | | | | Anweisungen | Sondervorschriften | Zusammenpackung |
| | | | 3.1.2 | 2.2 | 2.2 | 2.1.1.3 | 5.2.2 | 3.3 | 3.4/3.5.1.2 | | 4.1.4 | 4.1.4 | 4.1.10 |
| | | (1) | (2) | (3a) | (3b) | (4) | (5) | (6) | (7a) | (7b) | (8) | (9a) | (9b) |
| | | 1448 | BARIUMPERMANGANAT | 5.1 | OT2 | II | 5.1+6.1 | | 1 kg | E2 | P002<br>IBC06 | | MP2 |
| | | 1449 | BARIUMPEROXID | 5.1 | OT2 | II | 5.1+6.1 | | 1 kg | E2 | P002<br>IBC06 | | MP2 |
| | | 1450 | BROMATE, ANORGANISCHE, N.A.G. | 5.1 | O2 | II | 5.1 | 274<br>350 | 1 kg | E2 | P002<br>IBC08 | <br>B4 | MP2 |
| | | 1451 | CAESIUMNITRAT | 5.1 | O2 | III | 5.1 | | 5 kg | E1 | P002<br>IBC08<br>LP02<br>R001 | <br>B3 | MP10 |
| | | 1452 | CALCIUMCHLORAT | 5.1 | O2 | II | 5.1 | | 1 kg | E2 | P002<br>IBC08 | <br>B4 | MP2 |
| | | 1453 | CALCIUMCHLORIT | 5.1 | O2 | II | 5.1 | | 1 kg | E2 | P002<br>IBC08 | <br>B4 | MP2 |
| | | 1454 | CALCIUMNITRAT | 5.1 | O2 | III | 5.1 | 208 | 5 kg | E1 | P002<br>IBC08<br>LP02<br>R001 | <br>B3 | MP10 |
| ! | | 1455 | CALCIUMPERCHLORAT | 5.1 | O2 | II | 5.1 | | 1 kg | E2 | P002<br>IBC06 | | MP2 |
| | | 1456 | CALCIUMPERMANGANAT | 5.1 | O2 | II | 5.1 | | 1 kg | E2 | P002<br>IBC06 | | MP2 |
| | | 1457 | CALCIUMPEROXID | 5.1 | O2 | II | 5.1 | | 1 kg | E2 | P002<br>IBC06 | | MP2 |
| | | 1458 | CHLORAT UND BORAT, MISCHUNG | 5.1 | O2 | II | 5.1 | | 1 kg | E2 | P002<br>IBC08 | <br>B4 | MP2 |
| | | 1458 | CHLORAT UND BORAT, MISCHUNG | 5.1 | O2 | III | 5.1 | | 5 kg | E1 | P002<br>IBC08<br>LP02<br>R001 | <br>B3 | MP2 |
| | | 1459 | CHLORAT UND MAGNESIUMCHLORID, MISCHUNG, FEST | 5.1 | O2 | II | 5.1 | | 1 kg | E2 | P002<br>IBC08 | <br>B4 | MP2 |
| | | 1459 | CHLORAT UND MAGNESIUMCHLORID, MISCHUNG, FEST | 5.1 | O2 | III | 5.1 | | 5 kg | E1 | P002<br>IBC08<br>LP02<br>R001 | <br>B3 | MP2 |
| | | 1461 | CHLORATE, ANORGANISCHE, N.A.G. | 5.1 | O2 | II | 5.1 | 274<br>351 | 1 kg | E2 | P002<br>IBC06 | | MP2 |
| | | 1462 | CHLORITE, ANORGANISCHE, N.A.G. | 5.1 | O2 | II | 5.1 | 274<br>352<br>509 | 1 kg | E2 | P002<br>IBC06 | | MP2 |
| | | 1463 | CHROMTRIOXID, WASSERFREI | 5.1 | OTC | II | 5.1+6.1+8 | 510 | 1 kg | E2 | P002<br>IBC08 | <br>B4 | MP2 |
| | | 1465 | DIDYMIUMNITRAT | 5.1 | O2 | III | 5.1 | | 5 kg | E1 | P002<br>IBC08<br>LP02<br>R001 | <br>B3 | MP10 |

| Ortsbewegliche Tanks und Schüttgut-Container | | ADR-Tanks | | Fahrzeug für die Beförderung in Tanks | Beförderungskategorie (Tunnelbeschränkungscode) | Sondervorschriften für die Beförderung | | | | Nummer zur Kennzeichnung der Gefahr | UN-Nummer | Verlagshinweis „Gut zu wissen" |
|---|---|---|---|---|---|---|---|---|---|---|---|---|
| Anweisungen | Sondervorschriften | Tankcodierung | Sondervorschriften | | | Versandstücke | lose Schüttung | Be- und Entladung, Handhabung | Betrieb | | | |
| 4.2.5.2<br>7.3.2 | 4.2.5.3 | 4.3 | 4.3.5<br>6.8.4 | 9.1.1.2 | 1.1.3.6<br>(8.6) | 7.2.4 | 7.3.3 | 7.5.11 | 8.5 | 5.3.2.3 | | |
| (10) | (11) | (12) | (13) | (14) | (15) | (16) | (17) | (18) | (19) | (20) | (1) | |
| T3 | TP33 | SGAN | TU3 | AT | 2<br>(E) | V11 | | CV24<br>CV28 | | 56 | 1448 | |
| T3 | TP33 | SGAN | TU3 | AT | 2<br>(E) | V11 | | CV24<br>CV28 | | 56 | 1449 | |
| T3 | TP33 | SGAV | TU3 | AT | 2<br>(E) | V11 | VC1<br>VC2<br>AP6<br>AP7 | CV24 | | 50 | 1450 | |
| T1 | TP33 | SGAV | TU3 | AT | 3<br>(E) | | VC1<br>VC2<br>AP6<br>AP7 | CV24 | | 50 | 1451 | |
| T3 | TP33 | SGAV | TU3 | AT | 2<br>(E) | V11 | VC1<br>VC2<br>AP6<br>AP7 | CV24 | | 50 | 1452 | |
| T3 | TP33 | SGAN | TU3 | AT | 2<br>(E) | V11 | | CV24 | | 50 | 1453 | |
| T1<br>BK1<br>BK2<br>BK3 | TP33 | SGAV | TU3 | AT | 3<br>(E) | | VC1<br>VC2<br>AP6<br>AP7 | CV24 | | 50 | 1454 | |
| T3 | TP33 | SGAV | TU3 | AT | 2<br>(E) | V11 | VC1<br>VC2<br>AP6<br>AP7 | CV24 | S23 | 50 | 1455 | |
| T3 | TP33 | SGAN | TU3 | AT | 2<br>(E) | V11 | | CV24 | | 50 | 1456 | |
| T3 | TP33 | SGAN | TU3 | AT | 2<br>(E) | V11 | | CV24 | | 50 | 1457 | |
| T3 | TP33 | SGAV | TU3 | AT | 2<br>(E) | V11 | VC1<br>VC2<br>AP6<br>AP7 | CV24 | | 50 | 1458 | |
| T1 | TP33 | SGAV | TU3 | AT | 3<br>(E) | | VC1<br>VC2<br>AP6<br>AP7 | CV24 | | 50 | 1458 | |
| T3 | TP33 | SGAV | TU3 | AT | 2<br>(E) | V11 | VC1<br>VC2<br>AP6<br>AP7 | CV24 | | 50 | 1459 | *→UN 3407* |
| T1 | TP33 | SGAV | TU3 | AT | 3<br>(E) | | VC1<br>VC2<br>AP6<br>AP7 | CV24 | | 50 | 1459 | *→UN 3407* |
| T3 | TP33 | SGAV | TU3 | AT | 2<br>(E) | V11 | VC1<br>VC2<br>AP6<br>AP7 | CV24 | | 50 | 1461 | |
| T3 | TP33 | SGAN | TU3 | AT | 2<br>(E) | V11 | | CV24 | | 50 | 1462 | |
| T3 | TP33 | SGAN | TU3 | AT | 2<br>(E) | V11 | | CV24<br>CV28 | | 568 | 1463 | |
| T1 | TP33 | SGAV | TU3 | AT | 3<br>(E) | | VC1<br>VC2<br>AP6<br>AP7 | CV24 | | 50 | 1465 | |

| Verlagshinweis | | UN-Nummer | Benennung und Beschreibung | Klasse | Klassifizierungscode | Verpackungsgruppe | Gefahrzettel | Sondervorschriften | Begrenzte und freigestellte Mengen | | Verpackungen | | |
|---|---|---|---|---|---|---|---|---|---|---|---|---|---|
| Sicherung | Fahrweg | | | | | | | | | | Anweisungen | Sondervorschriften | Zusammenpackung |
| | | | 3.1.2 | 2.2 | 2.2 | 2.1.1.3 | 5.2.2 | 3.3 | 3.4/3.5.1.2 | | 4.1.4 | 4.1.4 | 4.1.10 |
| | | (1) | (2) | (3a) | (3b) | (4) | (5) | (6) | (7a) | (7b) | (8) | (9a) | (9b) |
| | | 1466 | EISEN(III)NITRAT | 5.1 | O2 | III | 5.1 | | 5 kg | E1 | P002<br>IBC08<br>LP02<br>R001 | <br>B3 | MP10 |
| | | 1467 | GUANIDINNITRAT | 5.1 | O2 | III | 5.1 | | 5 kg | E1 | P002<br>IBC08<br>LP02<br>R001 | <br>B3 | MP10 |
| | | 1469 | BLEINITRAT | 5.1 | OT2 | II | 5.1+6.1 | | 1 kg | E2 | P002<br>IBC08 | <br>B4 | MP2 |
| ! | | 1470 | BLEIPERCHLORAT, FEST | 5.1 | OT2 | II | 5.1+6.1 | | 1 kg | E2 | P002<br>IBC06 | | MP2 |
| | | 1471 | LITHIUMHYPOCHLORIT, TROCKEN oder LITHIUMHYPOCHLORIT, MISCHUNG | 5.1 | O2 | II | 5.1 | | 1 kg | E2 | P002<br>IBC08 | <br>B4 | MP10 |
| | | 1471 | LITHIUMHYPOCHLORIT, TROCKEN oder LITHIUMHYPOCHLORIT, MISCHUNG | 5.1 | O2 | III | 5.1 | | 5 kg | E1 | P002<br>IBC08<br>LP02<br>R001 | <br>B3 | MP10 |
| | | 1472 | LITHIUMPEROXID | 5.1 | O2 | II | 5.1 | | 1 kg | E2 | P002<br>IBC06 | | MP2 |
| | | 1473 | MAGNESIUMBROMAT | 5.1 | O2 | II | 5.1 | | 1 kg | E2 | P002<br>IBC08 | <br>B4 | MP2 |
| | | 1474 | MAGNESIUMNITRAT | 5.1 | O2 | III | 5.1 | 332 | 5 kg | E1 | P002<br>IBC08<br>LP02<br>R001 | <br>B3 | MP10 |
| ! | | 1475 | MAGNESIUMPERCHLORAT | 5.1 | O2 | II | 5.1 | | 1 kg | E2 | P002<br>IBC06 | | MP2 |
| | | 1476 | MAGNESIUMPEROXID | 5.1 | O2 | II | 5.1 | | 1 kg | E2 | P002<br>IBC06 | | MP2 |
| | | 1477 | NITRATE, ANORGANISCHE, N.A.G. | 5.1 | O2 | II | 5.1 | 511 | 1 kg | E2 | P002<br>IBC08 | <br>B4 | MP10 |
| | | 1477 | NITRATE, ANORGANISCHE, N.A.G. | 5.1 | O2 | III | 5.1 | 511 | 5 kg | E1 | P002<br>IBC08<br>LP02<br>R001 | <br>B3 | MP10 |
| | | 1479 | ENTZÜNDEND (OXIDIEREND) WIRKENDER FESTER STOFF, N.A.G. | 5.1 | O2 | I | 5.1 | 274 | 0 | E0 | P503<br>IBC05 | | MP2 |
| | | 1479 | ENTZÜNDEND (OXIDIEREND) WIRKENDER FESTER STOFF, N.A.G. | 5.1 | O2 | II | 5.1 | 274 | 1 kg | E2 | P002<br>IBC08 | <br>B4 | MP2 |
| | | 1479 | ENTZÜNDEND (OXIDIEREND) WIRKENDER FESTER STOFF, N.A.G. | 5.1 | O2 | III | 5.1 | 274 | 5 kg | E1 | P002<br>IBC08<br>LP02<br>R001 | <br>B3 | MP2 |
| ! | | 1481 | PERCHLORATE, ANORGANISCHE, N.A.G. | 5.1 | O2 | II | 5.1 | | 1 kg | E2 | P002<br>IBC06 | | MP2 |
| ! | | 1481 | PERCHLORATE, ANORGANISCHE, N.A.G. | 5.1 | O2 | III | 5.1 | | 5 kg | E1 | P002<br>IBC08<br>LP02<br>R001 | <br>B3 | MP2 |
| | | 1482 | PERMANGANATE, ANORGANISCHE, N.A.G. | 5.1 | O2 | II | 5.1 | 274<br>353 | 1 kg | E2 | P002<br>IBC06 | | MP2 |

| Ortsbewegliche Tanks und Schüttgut-Container | | ADR-Tanks | | Fahrzeug für die Beförderung in Tanks | Beförderungskategorie (Tunnelbeschränkungscode) | Sondervorschriften für die Beförderung | | | | Nummer zur Kennzeichnung der Gefahr | UN-Nummer | Verlagshinweis *„Gut zu wissen"* |
|---|---|---|---|---|---|---|---|---|---|---|---|---|
| Anweisungen | Sondervorschriften | Tankcodierung | Sondervorschriften | | | Versandstücke | lose Schüttung | Be- und Entladung, Handhabung | Betrieb | | | |
| 4.2.5.2<br>7.3.2 | 4.2.5.3 | 4.3 | 4.3.5<br>6.8.4 | 9.1.1.2 | 1.1.3.6<br>(8.6) | 7.2.4 | 7.3.3 | 7.5.11 | 8.5 | 5.3.2.3 | | |
| (10) | (11) | (12) | (13) | (14) | (15) | (16) | (17) | (18) | (19) | (20) | (1) | |
| T1 | TP33 | SGAV | TU3 | AT | 3<br>(E) | | VC1<br>VC2<br>AP6<br>AP7 | CV24 | | 50 | 1466 | |
| T1 | TP33 | SGAV | TU3 | AT | 3<br>(E) | | VC1<br>VC2<br>AP6<br>AP7 | CV24 | | 50 | 1467 | |
| T3 | TP33 | SGAN | TU3 | AT | 2<br>(E) | V11 | | CV24<br>CV28 | | 56 | 1469 | |
| T3 | TP33 | SGAN | TU3 | AT | 2<br>(E) | V11 | | CV24<br>CV28 | S23 | 56 | 1470 | →*UN 3408* |
| | | SGAN | TU3 | AT | 2<br>(E) | V11 | | CV24 | | 50 | 1471 | |
| T1 | TP33 | SGAV | TU3 | AT | 3<br>(E) | | | CV24 | | 50 | 1471 | |
| T3 | TP33 | SGAN | TU3 | AT | 2<br>(E) | V11 | | CV24 | | 50 | 1472 | |
| T3 | TP33 | SGAV | TU3 | AT | 2<br>(E) | V11 | VC1<br>VC2<br>AP6<br>AP7 | CV24 | | 50 | 1473 | |
| T1<br>BK1<br>BK2<br>BK3 | TP33 | SGAV | TU3 | AT | 3<br>(E) | | VC1<br>VC2<br>AP6<br>AP7 | CV24 | | 50 | 1474 | |
| T3 | TP33 | SGAV | TU3 | AT | 2<br>(E) | V11 | VC1<br>VC2<br>AP6<br>AP7 | CV24 | S23 | 50 | 1475 | |
| T3 | TP33 | SGAN | TU3 | AT | 2<br>(E) | V11 | | CV24 | | 50 | 1476 | |
| T3 | TP33 | SGAN | TU3 | AT | 2<br>(E) | V11 | | CV24 | | 50 | 1477 | |
| T1 | TP33 | SGAV | TU3 | AT | 3<br>(E) | | VC1<br>VC2<br>AP6<br>AP7 | CV24 | | 50 | 1477 | |
| | | | | | 1<br>(E) | V10 | | CV24 | S20 | | 1479 | |
| T3 | TP33 | SGAN | TU3 | AT | 2<br>(E) | V11 | | CV24 | | 50 | 1479 | |
| T1 | TP33 | SGAN | TU3 | AT | 3<br>(E) | | | CV24 | | 50 | 1479 | |
| T3 | TP33 | SGAV | TU3 | AT | 2<br>(E) | V11 | VC1<br>VC2<br>AP6<br>AP7 | CV24 | S23 | 50 | 1481 | |
| T1 | TP33 | SGAV | TU3 | AT | 3<br>(E) | | VC1<br>VC2<br>AP6<br>AP7 | CV24 | S23 | 50 | 1481 | |
| T3 | TP33 | SGAN | TU3 | AT | 2<br>(E) | V11 | | CV24 | | 50 | 1482 | |

| Verlagshinweis Sicherung | Verlagshinweis Fahrweg | UN-Nummer | Benennung und Beschreibung | Klasse | Klassifizierungscode | Verpackungsgruppe | Gefahrzettel | Sondervorschriften | Begrenzte und freigestellte Mengen | | Verpackungen Anweisungen | Verpackungen Sondervorschriften | Verpackungen Zusammenpackung |
|---|---|---|---|---|---|---|---|---|---|---|---|---|---|
| | | | 3.1.2 | 2.2 | 2.2 | 2.1.1.3 | 5.2.2 | 3.3 | 3.4/3.5.1.2 | | 4.1.4 | 4.1.4 | 4.1.10 |
| | | (1) | (2) | (3a) | (3b) | (4) | (5) | (6) | (7a) | (7b) | (8) | (9a) | (9b) |
| | | 1482 | PERMANGANATE, ANORGANISCHE, N.A.G. | 5.1 | O2 | III | 5.1 | 274<br>353 | 5 kg | E1 | P002<br>IBC08<br>LP02<br>R001 | <br>B3 | MP2 |
| | | 1483 | PEROXIDE, ANORGANISCHE, N.A.G. | 5.1 | O2 | II | 5.1 | | 1 kg | E2 | P002<br>IBC06 | | MP2 |
| | | 1483 | PEROXIDE, ANORGANISCHE, N.A.G. | 5.1 | O2 | III | 5.1 | | 5 kg | E1 | P002<br>IBC08<br>LP02<br>R001 | <br>B3 | MP2 |
| | | 1484 | KALIUMBROMAT | 5.1 | O2 | II | 5.1 | | 1 kg | E2 | P002<br>IBC08 | <br>B4 | MP2 |
| | | 1485 | KALIUMCHLORAT | 5.1 | O2 | II | 5.1 | | 1 kg | E2 | P002<br>IBC08 | <br>B4 | MP2 |
| | | 1486 | KALIUMNITRAT | 5.1 | O2 | III | 5.1 | | 5 kg | E1 | P002<br>IBC08<br>LP02<br>R001 | <br>B3 | MP10 |
| | | 1487 | KALIUMNITRAT UND NATRIUMNITRIT, MISCHUNG | 5.1 | O2 | II | 5.1 | 607 | 1 kg | E2 | P002<br>IBC08 | <br>B4 | MP10 |
| | | 1488 | KALIUMNITRIT | 5.1 | O2 | II | 5.1 | | 1 kg | E2 | P002<br>IBC08 | <br>B4 | MP10 |
| ! | | 1489 | KALIUMPERCHLORAT | 5.1 | O2 | II | 5.1 | | 1 kg | E2 | P002<br>IBC06 | | MP2 |
| | | 1490 | KALIUMPERMANGANAT | 5.1 | O2 | II | 5.1 | | 1 kg | E2 | P002<br>IBC08 | <br>B4 | MP2 |
| | | 1491 | KALIUMPEROXID | 5.1 | O2 | I | 5.1 | | 0 | E0 | P503<br>IBC06 | | MP2 |
| | | 1492 | KALIUMPERSULFAT | 5.1 | O2 | III | 5.1 | | 5 kg | E1 | P002<br>IBC08<br>LP02<br>R001 | <br>B3 | MP10 |
| | | 1493 | SILBERNITRAT | 5.1 | O2 | II | 5.1 | | 1 kg | E2 | P002<br>IBC08 | <br>B4 | MP10 |
| | | 1494 | NATRIUMBROMAT | 5.1 | O2 | II | 5.1 | | 1 kg | E2 | P002<br>IBC08 | <br>B4 | MP2 |
| | | 1495 | NATRIUMCHLORAT | 5.1 | O2 | II | 5.1 | | 1 kg | E2 | P002<br>IBC08 | <br>B4 | MP2 |
| | | 1496 | NATRIUMCHLORIT | 5.1 | O2 | II | 5.1 | | 1 kg | E2 | P002<br>IBC08 | <br>B4 | MP2 |
| | | 1498 | NATRIUMNITRAT | 5.1 | O2 | III | 5.1 | | 5 kg | E1 | P002<br>IBC08<br>LP02<br>R001 | <br>B3 | MP10 |

| Ortsbewegliche Tanks und Schüttgut-Container | | ADR-Tanks | | Fahrzeug für die Beförderung in Tanks | Beförderungskategorie (Tunnelbeschränkungscode) | Sondervorschriften für die Beförderung | | | | Nummer zur Kennzeichnung der Gefahr | UN-Nummer | Verlagshinweis *„Gut zu wissen"* |
|---|---|---|---|---|---|---|---|---|---|---|---|---|
| Anweisungen | Sondervorschriften | Tankcodierung | Sondervorschriften | | | Versandstücke | lose Schüttung | Be- und Entladung, Handhabung | Betrieb | | | |
| 4.2.5.2<br>7.3.2 | 4.2.5.3 | 4.3 | 4.3.5<br>6.8.4 | 9.1.1.2 | 1.1.3.6<br>(8.6) | 7.2.4 | 7.3.3 | 7.5.11 | 8.5 | 5.3.2.3 | | |
| (10) | (11) | (12) | (13) | (14) | (15) | (16) | (17) | (18) | (19) | (20) | (1) | |
| T1 | TP33 | SGAN | TU3 | AT | 3<br>(E) | | | CV24 | | 50 | 1482 | |
| T3 | TP33 | SGAN | TU3 | AT | 2<br>(E) | V11 | | CV24 | | 50 | 1483 | |
| T1 | TP33 | SGAN | TU3 | AT | 3<br>(E) | | | CV24 | | 50 | 1483 | |
| T3 | TP33 | SGAV | TU3 | AT | 2<br>(E) | V11 | VC1<br>VC2<br>AP6<br>AP7 | CV24 | | 50 | 1484 | |
| T3 | TP33 | SGAV | TU3 | AT | 2<br>(E) | V11 | VC1<br>VC2<br>AP6<br>AP7 | CV24 | | 50 | 1485 | |
| T1<br>BK1<br>BK2<br>BK3 | TP33 | SGAV | TU3 | AT | 3<br>(E) | | VC1<br>VC2<br>AP6<br>AP7 | CV24 | | 50 | 1486 | |
| T3 | TP33 | SGAV | TU3 | AT | 2<br>(E) | V11 | VC1<br>VC2<br>AP6<br>AP7 | CV24 | | 50 | 1487 | |
| T3 | TP33 | SGAV | TU3 | AT | 2<br>(E) | V11 | VC1<br>VC2<br>AP6<br>AP7 | CV24 | | 50 | 1488 | |
| T3 | TP33 | SGAV | TU3 | AT | 2<br>(E) | V11 | VC1<br>VC2<br>AP6<br>AP7 | CV24 | S23 | 50 | 1489 | |
| T3 | TP33 | SGAN | TU3 | AT | 2<br>(E) | V11 | | CV24 | | 50 | 1490 | |
| | | | | | 1<br>(E) | V10 | | CV24 | S20 | | 1491 | |
| T1 | TP33 | SGAV | TU3 | AT | 3<br>(E) | | VC1<br>VC2<br>AP6<br>AP7 | CV24 | | 50 | 1492 | |
| T3 | TP33 | SGAV | TU3 | AT | 2<br>(E) | V11 | VC1<br>VC2<br>AP6<br>AP7 | CV24 | | 50 | 1493 | |
| T3 | TP33 | SGAV | TU3 | AT | 2<br>(E) | V11 | VC1<br>VC2<br>AP6<br>AP7 | CV24 | | 50 | 1494 | |
| T3<br>BK1<br>BK2 | TP33 | SGAV | TU3 | AT | 2<br>(E) | V11 | VC1<br>VC2<br>AP6<br>AP7 | CV24 | | 50 | 1495 | |
| T3 | TP33 | SGAN | TU3 | AT | 2<br>(E) | V11 | | CV24 | | 50 | 1496 | |
| T1<br>BK1<br>BK2<br>BK3 | TP33 | SGAV | TU3 | AT | 3<br>(E) | | VC1<br>VC2<br>AP6<br>AP7 | CV24 | | 50 | 1498 | |

| Verlagshinweis | | UN-Nummer | Benennung und Beschreibung | Klasse | Klassifizierungscode | Verpackungsgruppe | Gefahrzettel | Sondervorschriften | Begrenzte und freigestellte Mengen | | Verpackungen | | |
|---|---|---|---|---|---|---|---|---|---|---|---|---|---|
| Sicherung | Fahrweg | | | | | | | | | | Anweisungen | Sondervorschriften | Zusammenpackung |
| | | | 3.1.2 | 2.2 | 2.2 | 2.1.1.3 | 5.2.2 | 3.3 | 3.4/3.5.1.2 | | 4.1.4 | 4.1.4 | 4.1.10 |
| | | (1) | (2) | (3a) | (3b) | (4) | (5) | (6) | (7a) | (7b) | (8) | (9a) | (9b) |
| | | 1499 | NATRIUMNITRAT UND KALIUMNITRAT, MISCHUNG | 5.1 | O2 | III | 5.1 | | 5 kg | E1 | P002<br>IBC08<br>LP02<br>R001 | B3 | MP10 |
| | | 1500 | NATRIUMNITRIT | 5.1 | OT2 | III | 5.1+6.1 | | 5 kg | E1 | P002<br>IBC08<br>R001 | B3 | MP10 |
| ! | | 1502 | NATRIUMPERCHLORAT | 5.1 | O2 | II | 5.1 | | 1 kg | E2 | P002<br>IBC06 | | MP2 |
| | | 1503 | NATRIUMPERMANGANAT | 5.1 | O2 | II | 5.1 | | 1 kg | E2 | P002<br>IBC06 | | MP2 |
| | | 1504 | NATRIUMPEROXID | 5.1 | O2 | I | 5.1 | | 0 | E0 | P503<br>IBC05 | | MP2 |
| | | 1505 | NATRIUMPERSULFAT | 5.1 | O2 | III | 5.1 | | 5 kg | E1 | P002<br>IBC08<br>LP02<br>R001 | B3 | MP10 |
| | | 1506 | STRONTIUMCHLORAT | 5.1 | O2 | II | 5.1 | | 1 kg | E2 | P002<br>IBC08 | B4 | MP2 |
| | | 1507 | STRONTIUMNITRAT | 5.1 | O2 | III | 5.1 | | 5 kg | E1 | P002<br>IBC08<br>LP02<br>R001 | B3 | MP10 |
| | | 1508 | STRONTIUMPERCHLORAT | 5.1 | O2 | II | 5.1 | | 1 kg | E2 | P002<br>IBC06 | | MP2 |
| | | 1509 | STRONTIUMPEROXID | 5.1 | O2 | II | 5.1 | | 1 kg | E2 | P002<br>IBC06 | | MP2 |
| ! | ● | 1510 | TETRANITROMETHAN | 6.1 | TO1 | I | 6.1+5.1 | 354<br>609 | 0 | E0 | P602 | | MP8<br>MP17 |
| | | 1511 | HARNSTOFFWASSERSTOFFPEROXID | 5.1 | OC2 | III | 5.1+8 | | 5 kg | E1 | P002<br>IBC08<br>R001 | B3 | MP2 |
| | | 1512 | ZINKAMMONIUMNITRIT | 5.1 | O2 | II | 5.1 | | 1 kg | E2 | P002<br>IBC08 | B4 | MP10 |
| | | 1513 | ZINKCHLORAT | 5.1 | O2 | II | 5.1 | | 1 kg | E2 | P002<br>IBC08 | B4 | MP2 |
| | | 1514 | ZINKNITRAT | 5.1 | O2 | II | 5.1 | | 1 kg | E2 | P002<br>IBC08 | B4 | MP10 |
| | | 1515 | ZINKPERMANGANAT | 5.1 | O2 | II | 5.1 | | 1 kg | E2 | P002<br>IBC06 | | MP2 |
| | | 1516 | ZINKPEROXID | 5.1 | O2 | II | 5.1 | | 1 kg | E2 | P002<br>IBC06 | | MP2 |
| ! | | 1517 | ZIRKONIUMPIKRAMAT, ANGEFEUCHTET mit mindestens 20 Masse-% Wasser | 4.1 | D | I | 4.1 | 28 | 0 | E0 | P406 | PP26 | MP2 |

| Ortsbewegliche Tanks und Schüttgut-Container | | ADR-Tanks | | Fahrzeug für die Beförderung in Tanks | Beförderungskategorie (Tunnelbeschränkungscode) | Sondervorschriften für die Beförderung | | | | Nummer zur Kennzeichnung der Gefahr | UN-Nummer | Verlagshinweis *„Gut zu wissen"* |
|---|---|---|---|---|---|---|---|---|---|---|---|---|
| Anweisungen | Sondervorschriften | Tankcodierung | Sondervorschriften | | | Versandstücke | lose Schüttung | Be- und Entladung, Handhabung | Betrieb | | | |
| 4.2.5.2<br>7.3.2 | 4.2.5.3 | 4.3 | 4.3.5<br>6.8.4 | 9.1.1.2 | 1.1.3.6<br>(8.6) | 7.2.4 | 7.3.3 | 7.5.11 | 8.5 | 5.3.2.3 | | |
| (10) | (11) | (12) | (13) | (14) | (15) | (16) | (17) | (18) | (19) | (20) | (1) | |
| T1<br>BK1<br>BK2<br>BK3 | TP33 | SGAV | TU3 | AT | 3<br>(E) | | VC1<br>VC2<br>AP6<br>AP7 | CV24 | | 50 | 1499 | |
| T1 | TP33 | SGAN | TU3 | AT | 3<br>(E) | | | CV24<br>CV28 | | 56 | 1500 | |
| T3 | TP33 | SGAV | TU3 | AT | 2<br>(E) | V11 | VC1<br>VC2<br>AP6<br>AP7 | CV24 | S23 | 50 | 1502 | |
| T3 | TP33 | SGAN | TU3 | AT | 2<br>(E) | V11 | | CV24 | | 50 | 1503 | |
| | | | | | 1<br>(E) | V10 | | CV24 | S20 | | 1504 | |
| T1 | TP33 | SGAV | TU3 | AT | 3<br>(E) | | VC1<br>VC2<br>AP6<br>AP7 | CV24 | | 50 | 1505 | |
| T3 | TP33 | SGAV | TU3 | AT | 2<br>(E) | V11 | VC1<br>VC2<br>AP6<br>AP7 | CV24 | | 50 | 1506 | |
| T1 | TP33 | SGAV | TU3 | AT | 3<br>(E) | | VC1<br>VC2<br>AP6<br>AP7 | CV24 | | 50 | 1507 | |
| T3 | TP33 | SGAV | TU3 | AT | 2<br>(E) | V11 | VC1<br>VC2<br>AP6<br>AP7 | CV24 | S23 | 50 | 1508 | |
| T3 | TP33 | SGAN | TU3 | AT | 2<br>(E) | V11 | | CV24 | | 50 | 1509 | |
| | | L10CH | TU14<br>TU15<br>TE19<br>TE21 | AT | 1<br>(B/D) | | | CV1<br>CV13<br>CV28 | S9<br>S14 | 665 | 1510 | →*2.2.51.2.2* |
| T1 | TP33 | SGAN | TU3 | AT | 3<br>(E) | | | CV24 | | 58 | 1511 | |
| T3 | TP33 | SGAN | TU3 | AT | 2<br>(E) | V11 | | CV24 | | 50 | 1512 | |
| T3 | TP33 | SGAV | TU3 | AT | 2<br>(E) | V11 | VC1<br>VC2<br>AP6<br>AP7 | CV24 | | 50 | 1513 | |
| T3 | TP33 | SGAN | TU3 | AT | 2<br>(E) | V11 | | CV24 | | 50 | 1514 | |
| T3 | TP33 | SGAN | TU3 | AT | 2<br>(E) | V11 | | CV24 | | 50 | 1515 | |
| T3 | TP33 | SGAN | TU3 | AT | 2<br>(E) | V11 | | CV24 | | 50 | 1516 | |
| | | | | | 1<br>(B) | | | | S14 | | 1517 | |

## UN-numerisches Verzeichnis (Tabelle A)

| Verlagshinweis: Sicherung | Verlagshinweis: Fahrweg | UN-Nummer | Benennung und Beschreibung | Klasse | Klassifizierungscode | Verpackungsgruppe | Gefahrzettel | Sondervorschriften | Begrenzte und freigestellte Mengen | | Verpackungen: Anweisungen | Verpackungen: Sondervorschriften | Verpackungen: Zusammenpackung |
|---|---|---|---|---|---|---|---|---|---|---|---|---|---|
| | | | 3.1.2 | 2.2 | 2.2 | 2.1.1.3 | 5.2.2 | 3.3 | 3.4/3.5.1.2 | | 4.1.4 | 4.1.4 | 4.1.10 |
| | | (1) | (2) | (3a) | (3b) | (4) | (5) | (6) | (7a) | (7b) | (8) | (9a) | (9b) |
| ! | ● | 1541 | ACETONCYANHYDRIN, STABILISIERT | 6.1 | T1 | I | 6.1 | 354 | 0 | E0 | P602 | | MP8<br>MP17 |
| ! | | 1544 | ALKALOIDE, FEST, N.A.G. oder ALKALOIDSALZE, FEST, N.A.G. | 6.1 | T2 | I | 6.1 | 43<br>274 | 0 | E5 | P002<br>IBC07 | | MP18 |
| | | 1544 | ALKALOIDE, FEST, N.A.G. oder ALKALOIDSALZE, FEST, N.A.G. | 6.1 | T2 | II | 6.1 | 43<br>274 | 500 g | E4 | P002<br>IBC08 | <br>B4 | MP10 |
| | | 1544 | ALKALOIDE, FEST, N.A.G. oder ALKALOIDSALZE, FEST, N.A.G. | 6.1 | T2 | III | 6.1 | 43<br>274 | 5 kg | E1 | P002<br>IBC08<br>LP02<br>R001 | <br>B3 | MP10 |
| | | 1545 | ALLYLISOTHIOCYANAT, STABILISIERT | 6.1 | TF1 | II | 6.1+3 | 386<br>676 | 100 ml | E0 | P001<br>IBC02 | | MP15 |
| | | 1546 | AMMONIUMARSENAT | 6.1 | T5 | II | 6.1 | | 500 g | E4 | P002<br>IBC08 | <br>B4 | MP10 |
| | | 1547 | ANILIN | 6.1 | T1 | II | 6.1 | 279 | 100 ml | E4 | P001<br>IBC02 | | MP15 |
| | | 1548 | ANILINHYDROCHLORID | 6.1 | T2 | III | 6.1 | | 5 kg | E1 | P002<br>IBC08<br>LP02<br>R001 | <br>B3 | MP10 |
| | | 1549 | ANORGANISCHE ANTIMONVERBINDUNG, FEST, N.A.G. | 6.1 | T5 | III | 6.1 | 45<br>274<br>512 | 5 kg | E1 | P002<br>IBC08<br>LP02<br>R001 | <br>B3 | MP10 |
| | | 1550 | ANTIMONLAKTAT | 6.1 | T5 | III | 6.1 | | 5 kg | E1 | P002<br>IBC08<br>LP02<br>R001 | <br>B3 | MP10 |
| | | 1551 | ANTIMONYLKALIUMTARTRAT | 6.1 | T5 | III | 6.1 | | 5 kg | E1 | P002<br>IBC08<br>LP02<br>R001 | <br>B3 | MP10 |
| ! | ● | 1553 | ARSENSÄURE, FLÜSSIG | 6.1 | T4 | I | 6.1 | | 0 | E5 | P001 | | MP8<br>MP17 |
| | | 1554 | ARSENSÄURE, FEST | 6.1 | T5 | II | 6.1 | | 500 g | E4 | P002<br>IBC08 | <br>B4 | MP10 |
| | | 1555 | ARSENBROMID | 6.1 | T5 | II | 6.1 | | 500 g | E4 | P002<br>IBC08 | <br>B4 | MP10 |
| ! | ● | 1556 | ARSENVERBINDUNG, FLÜSSIG, N.A.G., anorganisch, einschließlich Arsenate, n.a.g., Arsenite, n.a.g. und Arsensulfide, n.a.g. | 6.1 | T4 | I | 6.1 | 43<br>274 | 0 | E5 | P001 | | MP8<br>MP17 |
| | | 1556 | ARSENVERBINDUNG, FLÜSSIG, N.A.G., anorganisch, einschließlich Arsenate, n.a.g., Arsenite, n.a.g. und Arsensulfide, n.a.g. | 6.1 | T4 | II | 6.1 | 43<br>274 | 100 ml | E4 | P001<br>IBC02 | | MP15 |
| | | 1556 | ARSENVERBINDUNG, FLÜSSIG, N.A.G., anorganisch, einschließlich Arsenate, n.a.g., Arsenite, n.a.g. und Arsensulfide, n.a.g. | 6.1 | T4 | III | 6.1 | 43<br>274 | 5 L | E1 | P001<br>IBC03<br>LP01<br>R001 | | MP19 |

| Ortsbewegliche Tanks und Schüttgut-Container | | ADR-Tanks | | Fahrzeug für die Beförderung in Tanks | Beförderungskategorie (Tunnelbeschränkungscode) | Sondervorschriften für die Beförderung | | | | Nummer zur Kennzeichnung der Gefahr | UN-Nummer | Verlagshinweis *„Gut zu wissen"* |
|---|---|---|---|---|---|---|---|---|---|---|---|---|
| Anweisungen | Sondervorschriften | Tankcodierung | Sondervorschriften | | | Versandstücke | lose Schüttung | Be- und Entladung, Handhabung | Betrieb | | | |
| 4.2.5.2<br>7.3.2 | 4.2.5.3 | 4.3 | 4.3.5<br>6.8.4 | 9.1.1.2 | 1.1.3.6<br>(8.6) | 7.2.4 | 7.3.3 | 7.5.11 | 8.5 | 5.3.2.3 | | |
| (10) | (11) | (12) | (13) | (14) | (15) | (16) | (17) | (18) | (19) | (20) | (1) | |
| T20 | TP2 | L10CH | TU14<br>TU15<br>TE19<br>TE21 | AT | 1<br>(C/D) | | | CV1<br>CV13<br>CV28 | S9<br>S14 | 669 | 1541 | |
| T6 | TP33 | S10AH | TU15<br>TE19 | AT | 1<br>(C/E) | V10 | | CV1<br>CV13<br>CV28 | S9<br>S14 | 66 | 1544 | |
| T3 | TP33 | SGAH<br>L4BH | TU15<br>TE19 | AT | 2<br>(D/E) | V11 | | CV13<br>CV28 | S9<br>S19 | 60 | 1544 | |
| T1 | TP33 | SGAH<br>L4BH | TU15<br>TE19 | AT | 2<br>(E) | | VC1<br>VC2<br>AP7 | CV13<br>CV28 | S9 | 60 | 1544 | |
| T7 | TP2 | L4BH | TU15<br>TE19 | FL | 2<br>(D/E) | V8 | | CV13<br>CV28 | S2<br>S4<br>S9<br>S19 | 639 | 1545 | |
| T3 | TP33 | SGAH | TU15<br>TE19 | AT | 2<br>(D/E) | V11 | | CV13<br>CV28 | S9<br>S19 | 60 | 1546 | |
| T7 | TP2 | L4BH | TU15<br>TE19 | AT | 2<br>(D/E) | | | CV13<br>CV28 | S9<br>S19 | 60 | 1547 | |
| T1 | TP33 | SGAH | TU15<br>TE19 | AT | 2<br>(E) | | VC1<br>VC2<br>AP7 | CV13<br>CV28 | S9 | 60 | 1548 | |
| T1 | TP33 | SGAH<br>L4BH | TU15<br>TE19 | AT | 2<br>(E) | | VC1<br>VC2<br>AP7 | CV13<br>CV28 | S9 | 60 | 1549 | |
| T1 | TP33 | SGAH<br>L4BH | TU15<br>TE19 | AT | 2<br>(E) | | VC1<br>VC2<br>AP7 | CV13<br>CV28 | S9 | 60 | 1550 | |
| T1 | TP33 | SGAH<br>L4BH | TU15<br>TE19 | AT | 2<br>(E) | | VC1<br>VC2<br>AP7 | CV13<br>CV28 | S9 | 60 | 1551 | |
| T20 | TP2<br>TP7 | L10CH | TU14<br>TU15<br>TE19<br>TE21 | AT | 1<br>(C/E) | | | CV1<br>CV13<br>CV28 | S9<br>S14 | 66 | 1553 | |
| T3 | TP33 | SGAH<br>L4BH | TU15<br>TE19 | AT | 2<br>(D/E) | V11 | | CV13<br>CV28 | S9<br>S19 | 60 | 1554 | |
| T3 | TP33 | SGAH<br>L4BH | TU15<br>TE19 | AT | 2<br>(D/E) | V11 | | CV13<br>CV28 | S9<br>S19 | 60 | 1555 | |
| T14 | TP2<br>TP27 | L10CH | TU14<br>TU15<br>TE19<br>TE21 | AT | 1<br>(C/E) | | | CV1<br>CV13<br>CV28 | S9<br>S14 | 66 | 1556 | |
| T11 | TP2<br>TP27 | L4BH | TU15<br>TE19 | AT | 2<br>(D/E) | | | CV13<br>CV28 | S9<br>S19 | 60 | 1556 | |
| T7 | TP2<br>TP28 | L4BH | TU15<br>TE19 | AT | 2<br>(E) | V12 | | CV13<br>CV28 | S9 | 60 | 1556 | |

## UN-numerisches Verzeichnis (Tabelle A)

| Verlags-hinweis | | UN-Nummer | Benennung und Beschreibung | Klasse | Klassifizierungscode | Verpackungsgruppe | Gefahrzettel | Sondervorschriften | Begrenzte und freigestellte Mengen | | Verpackungen | | |
|---|---|---|---|---|---|---|---|---|---|---|---|---|---|
| Sicherung | Fahrweg | | | | | | | | | | Anweisungen | Sondervorschriften | Zusammenpackung |
| | | | 3.1.2 | 2.2 | 2.2 | 2.1.1.3 | 5.2.2 | 3.3 | 3.4/3.5.1.2 | | 4.1.4 | 4.1.4 | 4.1.10 |
| | | (1) | (2) | (3a) | (3b) | (4) | (5) | (6) | (7a) | (7b) | (8) | (9a) | (9b) |
| ! | | 1557 | ARSENVERBINDUNG, FEST, N.A.G., anorganisch, einschließlich Arsenate, n.a.g., Arsenite, n.a.g. und Arsensulfide, n.a.g. | 6.1 | T5 | I | 6.1 | 43<br>274 | 0 | E5 | P002<br>IBC07 | | MP18 |
| | | 1557 | ARSENVERBINDUNG, FEST, N.A.G., anorganisch, einschließlich Arsenate, n.a.g., Arsenite, n.a.g. und Arsensulfide, n.a.g. | 6.1 | T5 | II | 6.1 | 43<br>274 | 500 g | E4 | P002<br>IBC08 | B4 | MP10 |
| | | 1557 | ARSENVERBINDUNG, FEST, N.A.G., anorganisch, einschließlich Arsenate, n.a.g., Arsenite, n.a.g. und Arsensulfide, n.a.g. | 6.1 | T5 | III | 6.1 | 43<br>274 | 5 kg | E1 | P002<br>IBC08<br>LP02<br>R001 | B3 | MP10 |
| | | 1558 | ARSEN | 6.1 | T5 | II | 6.1 | | 500 g | E4 | P002<br>IBC08 | B4 | MP10 |
| | | 1559 | ARSENPENTOXID | 6.1 | T5 | II | 6.1 | | 500 g | E4 | P002<br>IBC08 | B4 | MP10 |
| ! | ● | 1560 | ARSENTRICHLORID | 6.1 | T4 | I | 6.1 | | 0 | E0 | P602 | | MP8<br>MP17 |
| | | 1561 | ARSENTRIOXID | 6.1 | T5 | II | 6.1 | | 500 g | E4 | P002<br>IBC08 | B4 | MP10 |
| | | 1562 | ARSEN-STAUB | 6.1 | T5 | II | 6.1 | | 500 g | E4 | P002<br>IBC08 | B4 | MP10 |
| | | 1564 | BARIUMVERBINDUNG, N.A.G. | 6.1 | T5 | II | 6.1 | 177<br>274<br>513<br>587 | 500 g | E4 | P002<br>IBC08 | B4 | MP10 |
| | | 1564 | BARIUMVERBINDUNG, N.A.G. | 6.1 | T5 | III | 6.1 | 177<br>274<br>513<br>587 | 5 kg | E1 | P002<br>IBC08<br>LP02<br>R001 | B3 | MP10 |
| ! | | 1565 | BARIUMCYANID | 6.1 | T5 | I | 6.1 | | 0 | E5 | P002<br>IBC07 | | MP18 |
| | | 1566 | BERYLLIUMVERBINDUNG, N.A.G. | 6.1 | T5 | II | 6.1 | 274<br>514 | 500 g | E4 | P002<br>IBC08 | B4 | MP10 |
| | | 1566 | BERYLLIUMVERBINDUNG, N.A.G. | 6.1 | T5 | III | 6.1 | 274<br>514 | 5 kg | E1 | P002<br>IBC08<br>LP02<br>R001 | B3 | MP10 |
| | | 1567 | BERYLLIUM-PULVER | 6.1 | TF3 | II | 6.1+4.1 | | 500 g | E4 | P002<br>IBC08 | B4 | MP10 |
| | | 1569 | BROMACETON | 6.1 | TF1 | II | 6.1+3 | | 0 | E0 | P602 | | MP15 |
| ! | | 1570 | BRUCIN | 6.1 | T2 | I | 6.1 | 43 | 0 | E5 | P002<br>IBC07 | | MP18 |
| ! | | 1571 | BARIUMAZID, ANGEFEUCHTET mit mindestens 50 Masse-% Wasser | 4.1 | DT | I | 4.1+6.1 | 28<br>568 | 0 | E0 | P406 | | MP2 |
| | | 1572 | KAKODYLSÄURE | 6.1 | T5 | II | 6.1 | | 500 g | E4 | P002<br>IBC08 | B4 | MP10 |
| | | 1573 | CALCIUMARSENAT | 6.1 | T5 | II | 6.1 | | 500 g | E4 | P002<br>IBC08 | B4 | MP10 |
| | | 1574 | CALCIUMARSENAT UND CALCIUMARSENIT, MISCHUNG, FEST | 6.1 | T5 | II | 6.1 | | 500 g | E4 | P002<br>IBC08 | B4 | MP10 |

| Ortsbewegliche Tanks und Schüttgut-Container | | ADR-Tanks | | Fahrzeug für die Beförderung in Tanks | Beförderungskategorie (Tunnelbeschränkungscode) | Sondervorschriften für die Beförderung | | | | Nummer zur Kennzeichnung der Gefahr | UN-Nummer | Verlagshinweis „Gut zu wissen" |
|---|---|---|---|---|---|---|---|---|---|---|---|---|
| Anweisungen | Sondervorschriften | Tankcodierung | Sondervorschriften | | | Versandstücke | lose Schüttung | Be- und Entladung, Handhabung | Betrieb | | | |
| 4.2.5.2<br>7.3.2 | 4.2.5.3 | 4.3 | 4.3.5<br>6.8.4 | 9.1.1.2 | 1.1.3.6<br>(8.6) | 7.2.4 | 7.3.3 | 7.5.11 | 8.5 | 5.3.2.3 | | |
| (10) | (11) | (12) | (13) | (14) | (15) | (16) | (17) | (18) | (19) | (20) | (1) | |
| T6 | TP33 | S10AH<br>L10CH | TU15<br>TE19 | AT | 1<br>(C/E) | V10 | | CV1<br>CV13<br>CV28 | S9<br>S14 | 66 | 1557 | |
| T3 | TP33 | SGAH<br>L4BH | TU15<br>TE19 | AT | 2<br>(D/E) | V11 | | CV13<br>CV28 | S9<br>S19 | 60 | 1557 | |
| T1 | TP33 | SGAH<br>L4BH | TU15<br>TE19 | AT | 2<br>(E) | | VC1<br>VC2<br>AP7 | CV13<br>CV28 | S9 | 60 | 1557 | |
| T3 | TP33 | SGAH | TU15<br>TE19 | AT | 2<br>(D/E) | V11 | | CV13<br>CV28 | S9<br>S19 | 60 | 1558 | |
| T3 | TP33 | SGAH | TU15<br>TE19 | AT | 2<br>(D/E) | V11 | | CV13<br>CV28 | S9<br>S19 | 60 | 1559 | |
| T14 | TP2 | L10CH | TU14<br>TU15<br>TE19<br>TE21 | AT | 1<br>(C/E) | | | CV1<br>CV13<br>CV28 | S9<br>S14 | 66 | 1560 | |
| T3 | TP33 | SGAH | TU15<br>TE19 | AT | 2<br>(D/E) | V11 | | CV13<br>CV28 | S9<br>S19 | 60 | 1561 | |
| T3 | TP33 | SGAH | TU15<br>TE19 | AT | 2<br>(D/E) | V11 | | CV13<br>CV28 | S9<br>S19 | 60 | 1562 | |
| T3 | TP33 | SGAH<br>L4BH | TU15<br>TE19 | AT | 2<br>(D/E) | V11 | | CV13<br>CV28 | S9<br>S19 | 60 | 1564 | |
| T1 | TP33 | SGAH<br>L4BH | TU15<br>TE19 | AT | 2<br>(E) | | VC1<br>VC2<br>AP7 | CV13<br>CV28 | S9 | 60 | 1564 | |
| T6 | TP33 | S10AH | TU15<br>TE19 | AT | 1<br>(C/E) | V10 | | CV1<br>CV13<br>CV28 | S9<br>S14 | 66 | 1565 | |
| T3 | TP33 | SGAH<br>L4BH | TU15<br>TE19 | AT | 2<br>(D/E) | V11 | | CV13<br>CV28 | S9<br>S19 | 60 | 1566 | |
| T1 | TP33 | SGAH<br>L4BH | TU15<br>TE19 | AT | 2<br>(E) | | VC1<br>VC2<br>AP7 | CV13<br>CV28 | S9 | 60 | 1566 | |
| T3 | TP33 | SGAH | TU15<br>TE19 | AT | 2<br>(D/E) | V11 | | CV13<br>CV28 | S9<br>S19 | 64 | 1567 | |
| T20 | TP2 | L4BH | TU15<br>TE19 | FL | 2<br>(D/E) | | | CV13<br>CV28 | S2<br>S9<br>S19 | 63 | 1569 | |
| T6 | TP33 | S10AH<br>L10CH | TU14<br>TU15<br>TE19<br>TE21 | AT | 1<br>(C/E) | V10 | | CV1<br>CV13<br>CV28 | S9<br>S14 | 66 | 1570 | |
| | | | | | 1<br>(B) | | | CV28 | S14 | | 1571 | |
| T3 | TP33 | SGAH | TU15<br>TE19 | AT | 2<br>(D/E) | V11 | | CV13<br>CV28 | S9<br>S19 | 60 | 1572 | |
| T3 | TP33 | SGAH | TU15<br>TE19 | AT | 2<br>(D/E) | V11 | | CV13<br>CV28 | S9<br>S19 | 60 | 1573 | |
| T3 | TP33 | SGAH | TU15<br>TE19 | AT | 2<br>(D/E) | V11 | | CV13<br>CV28 | S9<br>S19 | 60 | 1574 | |

## UN-numerisches Verzeichnis (Tabelle A)

| Verlagshinweis: Sicherung | Verlagshinweis: Fahrweg | UN-Nummer | Benennung und Beschreibung | Klasse | Klassifizierungscode | Verpackungsgruppe | Gefahrzettel | Sondervorschriften | Begrenzte und freigestellte Mengen | | Verpackungen: Anweisungen | Verpackungen: Sondervorschriften | Verpackungen: Zusammenpackung |
|---|---|---|---|---|---|---|---|---|---|---|---|---|---|
| | | | 3.1.2 | 2.2 | 2.2 | 2.1.1.3 | 5.2.2 | 3.3 | 3.4/3.5.1.2 | | 4.1.4 | 4.1.4 | 4.1.10 |
| | | (1) | (2) | (3a) | (3b) | (4) | (5) | (6) | (7a) | (7b) | (8) | (9a) | (9b) |
| ! | | 1575 | CALCIUMCYANID | 6.1 | T5 | I | 6.1 | | 0 | E5 | P002<br>IBC07 | | MP18 |
| | | 1577 | CHLORDINITROBENZENE, FLÜSSIG | 6.1 | T1 | II | 6.1 | 279 | 100 ml | E4 | P001<br>IBC02 | | MP15 |
| | | 1578 | CHLORNITROBENZENE, FEST | 6.1 | T2 | II | 6.1 | 279 | 500 g | E4 | P002<br>IBC08 | B4 | MP10 |
| | | 1579 | 4-CHLOR-o-TOLUIDIN-HYDROCHLORID, FEST | 6.1 | T2 | III | 6.1 | | 5 kg | E1 | P002<br>IBC08<br>LP02<br>R001 | B3 | MP10 |
| ! | ● | 1580 | CHLORPIKRIN | 6.1 | T1 | I | 6.1 | 354 | 0 | E0 | P601 | | MP8<br>MP17 |
| ! | ● | 1581 | CHLORPIKRIN UND METHYLBROMID, GEMISCH mit mehr als 2 % Chlorpikrin | 2 | 2T | | 2.3 | | 0 | E0 | P200 | | MP9 |
| ! | ● | 1582 | CHLORPIKRIN UND METHYLCHLORID, GEMISCH | 2 | 2T | | 2.3 | | 0 | E0 | P200 | | MP9 |
| ! | ● | 1583 | CHLORPIKRIN, MISCHUNG, N.A.G. | 6.1 | T1 | I | 6.1 | 274<br>315<br>515 | 0 | E0 | P602 | | MP8<br>MP17 |
| | | 1583 | CHLORPIKRIN, MISCHUNG, N.A.G. | 6.1 | T1 | II | 6.1 | 274<br>515 | 100 ml | E0 | P001<br>IBC02 | | MP15 |
| | | 1583 | CHLORPIKRIN, MISCHUNG, N.A.G. | 6.1 | T1 | III | 6.1 | 274<br>515 | 5 L | E0 | P001<br>IBC03<br>LP01<br>R001 | | MP19 |
| | | 1585 | KUPFERACETOARSENIT | 6.1 | T5 | II | 6.1 | | 500 g | E4 | P002<br>IBC08 | B4 | MP10 |
| | | 1586 | KUPFERARSENIT | 6.1 | T5 | II | 6.1 | | 500 g | E4 | P002<br>IBC08 | B4 | MP10 |
| | | 1587 | KUPFERCYANID | 6.1 | T5 | II | 6.1 | | 500 g | E4 | P002<br>IBC08 | B4 | MP10 |
| ! | | 1588 | CYANIDE, ANORGANISCH, FEST, N.A.G. | 6.1 | T5 | I | 6.1 | 47<br>274 | 0 | E5 | P002<br>IBC07 | | MP18 |
| | | 1588 | CYANIDE, ANORGANISCH, FEST, N.A.G. | 6.1 | T5 | II | 6.1 | 47<br>274 | 500 g | E4 | P002<br>IBC08 | B4 | MP10 |
| | | 1588 | CYANIDE, ANORGANISCH, FEST, N.A.G. | 6.1 | T5 | III | 6.1 | 47<br>274 | 5 kg | E1 | P002<br>IBC08<br>LP02<br>R001 | B3 | MP10 |
| ! | | 1589 | CHLORCYAN, STABILISIERT | 2 | 2TC | | 2.3+8 | 386<br>676 | 0 | E0 | P200 | | MP9 |
| | | 1590 | DICHLORANILINE, FLÜSSIG | 6.1 | T1 | II | 6.1 | 279 | 100 ml | E4 | P001<br>IBC02 | | MP15 |
| | | 1591 | o-DICHLORBENZEN | 6.1 | T1 | III | 6.1 | 279 | 5 L | E1 | P001<br>IBC03<br>LP01<br>R001 | | MP19 |

| Ortsbewegliche Tanks und Schüttgut-Container | | ADR-Tanks | | Fahrzeug für die Beförderung in Tanks | Beförderungskategorie (Tunnelbeschränkungscode) | Sondervorschriften für die Beförderung | | | | Nummer zur Kennzeichnung der Gefahr | UN-Nummer | Verlagshinweis „Gut zu wissen“ |
|---|---|---|---|---|---|---|---|---|---|---|---|---|
| Anweisungen | Sondervorschriften | Tankcodierung | Sondervorschriften | | | Versandstücke | lose Schüttung | Be- und Entladung, Handhabung | Betrieb | | | |
| 4.2.5.2<br>7.3.2 | 4.2.5.3 | 4.3 | 4.3.5<br>6.8.4 | 9.1.1.2 | 1.1.3.6<br>(8.6) | 7.2.4 | 7.3.3 | 7.5.11 | 8.5 | 5.3.2.3 | | |
| (10) | (11) | (12) | (13) | (14) | (15) | (16) | (17) | (18) | (19) | (20) | (1) | |
| T6 | TP33 | S10AH | TU15<br>TE19 | AT | 1<br>(C/E) | V10 | | CV1<br>CV13<br>CV28 | S9<br>S14 | 66 | 1575 | |
| T7 | TP2 | L4BH | TU15<br>TE19 | AT | 2<br>(D/E) | | | CV13<br>CV28 | S9<br>S19 | 60 | 1577 | →*UN 3441* |
| T3 | TP33 | SGAH | TU15<br>TE19 | AT | 2<br>(D/E) | V11 | | CV13<br>CV28 | S9<br>S19 | 60 | 1578 | →*5.3.3*<br>→*5.4.1.1.14*<br>→*UN 3409* |
| T1 | TP33 | SGAH<br>L4BH | TU15<br>TE19 | AT | 2<br>(E) | | VC1<br>VC2<br>AP7 | CV13<br>CV28 | S9 | 60 | 1579 | →*UN 3410* |
| T22 | TP2 | L15CH | TU14<br>TU15<br>TE19<br>TE21 | AT | 1<br>(C/D) | | | CV1<br>CV13<br>CV28 | S9<br>S14 | 66 | 1580 | |
| T50<br>(M) | | PxBH(M) | TA4<br>TT9 | AT | 1<br>(C/D) | | | CV9<br>CV10<br>CV36 | S14 | 26 | 1581 | |
| T50<br>(M) | | PxBH(M) | TA4<br>TT9 | AT | 1<br>(C/D) | | | CV9<br>CV10<br>CV36 | S14 | 26 | 1582 | |
| | | L10CH | TU14<br>TU15<br>TE19<br>TE21 | AT | 1<br>(C/E) | | | CV1<br>CV13<br>CV28 | S9<br>S14 | 66 | 1583 | |
| | | L4BH | TU15<br>TE19 | AT | 2<br>(D/E) | | | CV13<br>CV28 | S9<br>S19 | 60 | 1583 | |
| | | L4BH | TU15<br>TE19 | AT | 2<br>(E) | V12 | | CV13<br>CV28 | S9 | 60 | 1583 | |
| T3 | TP33 | SGAH | TU15<br>TE19 | AT | 2<br>(D/E) | V11 | | CV13<br>CV28 | S9<br>S19 | 60 | 1585 | |
| T3 | TP33 | SGAH | TU15<br>TE19 | AT | 2<br>(D/E) | V11 | | CV13<br>CV28 | S9<br>S14 | 60 | 1586 | |
| T3 | TP33 | SGAH | TU15<br>TE19 | AT | 2<br>(D/E) | V11 | | CV13<br>CV28 | S9<br>S19 | 60 | 1587 | |
| T6 | TP33 | S10AH | TU15<br>TE19 | AT | 1<br>(C/E) | V10 | | CV1<br>CV13<br>CV28 | S9<br>S14 | 66 | 1588 | |
| T3 | TP33 | SGAH | TU15<br>TE19 | AT | 2<br>(D/E) | V11 | | CV13<br>CV28 | S9<br>S19 | 60 | 1588 | |
| T1 | TP33 | SGAH | TU15<br>TE19 | AT | 2<br>(E) | | VC1<br>VC2<br>AP7 | CV13<br>CV28 | S9 | 60 | 1588 | |
| | | | | | 1<br>(D) | V8 | | CV9<br>CV10<br>CV36 | S4<br>S14 | | 1589 | |
| T7 | TP2 | L4BH | TU15<br>TE19 | AT | 2<br>(D/E) | | | CV13<br>CV28 | S9<br>S19 | 60 | 1590 | →*UN 3442* |
| T4 | TP1 | L4BH | TU15<br>TE19 | AT | 2<br>(E) | V12 | | CV13<br>CV28 | S9 | 60 | 1591 | |

| Verlagshinweis | | UN-Nummer | Benennung und Beschreibung | Klasse | Klassifizierungscode | Verpackungsgruppe | Gefahrzettel | Sondervorschriften | Begrenzte und freigestellte Mengen | | Verpackungen | | |
|---|---|---|---|---|---|---|---|---|---|---|---|---|---|
| Sicherung | Fahrweg | | | | | | | | | | Anweisungen | Sondervorschriften | Zusammenpackung |
| | | | 3.1.2 | 2.2 | 2.2 | 2.1.1.3 | 5.2.2 | 3.3 | 3.4/3.5.1.2 | | 4.1.4 | 4.1.4 | 4.1.10 |
| | | (1) | (2) | (3a) | (3b) | (4) | (5) | (6) | (7a) | (7b) | (8) | (9a) | (9b) |
| | | 1593 | DICHLORMETHAN | 6.1 | T1 | III | 6.1 | 516 | 5 L | E1 | P001<br>IBC03<br>LP01<br>R001 | <br>B8 | MP19 |
| | | 1594 | DIETHYLSULFAT | 6.1 | T1 | II | 6.1 | | 100 ml | E4 | P001<br>IBC02 | | MP15 |
| ! | ● | 1595 | DIMETHYLSULFAT | 6.1 | TC1 | I | 6.1+8 | 354 | 0 | E0 | P602 | | MP8<br>MP17 |
| | | 1596 | DINITROANILINE | 6.1 | T2 | II | 6.1 | | 500 g | E4 | P002<br>IBC08 | <br>B4 | MP10 |
| | | 1597 | DINITROBENZENE, FLÜSSIG | 6.1 | T1 | II | 6.1 | | 100 ml | E4 | P001<br>IBC02 | | MP15 |
| | | 1597 | DINITROBENZENE, FLÜSSIG | 6.1 | T1 | III | 6.1 | | 5 L | E1 | P001<br>IBC03<br>LP01<br>R001 | | MP19 |
| | | 1598 | DINITRO-o-CRESOL | 6.1 | T2 | II | 6.1 | 43 | 500 g | E4 | P002<br>IBC08 | <br>B4 | MP10 |
| | | 1599 | DINITROPHENOL, LÖSUNG | 6.1 | T1 | II | 6.1 | | 100 ml | E4 | P001<br>IBC02 | | MP15 |
| | | 1599 | DINITROPHENOL, LÖSUNG | 6.1 | T1 | III | 6.1 | | 5 L | E1 | P001<br>IBC03<br>LP01<br>R001 | | MP19 |
| | | 1600 | DINITROTOLUENE, GESCHMOLZEN | 6.1 | T1 | II | 6.1 | | 0 | E0 | | | |
| ! | | 1601 | DESINFEKTIONSMITTEL, FEST, GIFTIG, N.A.G. | 6.1 | T2 | I | 6.1 | 274 | 0 | E5 | P002<br>IBC07 | | MP18 |
| | | 1601 | DESINFEKTIONSMITTEL, FEST, GIFTIG, N.A.G. | 6.1 | T2 | II | 6.1 | 274 | 500 g | E4 | P002<br>IBC08 | <br>B4 | MP10 |
| | | 1601 | DESINFEKTIONSMITTEL, FEST, GIFTIG, N.A.G. | 6.1 | T2 | III | 6.1 | 274 | 5 kg | E1 | P002<br>IBC08<br>LP02<br>R001 | <br>B3 | MP10 |
| ! | ● | 1602 | FARBSTOFF, FLÜSSIG, GIFTIG, N.A.G. oder FARBSTOFFZWISCHENPRODUKT, FLÜSSIG, GIFTIG, N.A.G. | 6.1 | T1 | I | 6.1 | 274 | 0 | E5 | P001 | | MP8<br>MP17 |
| | | 1602 | FARBSTOFF, FLÜSSIG, GIFTIG, N.A.G. oder FARBSTOFFZWISCHENPRODUKT, FLÜSSIG, GIFTIG, N.A.G. | 6.1 | T1 | II | 6.1 | 274 | 100 ml | E4 | P001<br>IBC02 | | MP15 |
| | | 1602 | FARBSTOFF, FLÜSSIG, GIFTIG, N.A.G. oder FARBSTOFFZWISCHENPRODUKT, FLÜSSIG, GIFTIG, N.A.G. | 6.1 | T1 | III | 6.1 | 274 | 5 L | E1 | P001<br>IBC03<br>LP01<br>R001 | | MP19 |
| | | 1603 | ETHYLBROMACETAT | 6.1 | TF1 | II | 6.1+3 | | 100 ml | E0 | P001<br>IBC02 | | MP15 |
| | | 1604 | ETHYLENDIAMIN | 8 | CF1 | II | 8+3 | | 1 L | E2 | P001<br>IBC02 | | MP15 |
| ! | ● | 1605 | ETHYLENDIBROMID | 6.1 | T1 | I | 6.1 | 354 | 0 | E0 | P602 | | MP8<br>MP17 |

| Ortsbewegliche Tanks und Schüttgut-Container | | ADR-Tanks | | Fahrzeug für die Beförderung in Tanks | Beförderungskategorie (Tunnelbeschränkungscode) | Sondervorschriften für die Beförderung | | | | Nummer zur Kennzeichnung der Gefahr | UN-Nummer | Verlagshinweis *„Gut zu wissen"* |
|---|---|---|---|---|---|---|---|---|---|---|---|---|
| Anweisungen | Sondervorschriften | Tankcodierung | Sondervorschriften | | | Versandstücke | lose Schüttung | Be- und Entladung, Handhabung | Betrieb | | | |
| 4.2.5.2<br>7.3.2 | 4.2.5.3 | 4.3 | 4.3.5<br>6.8.4 | 9.1.1.2 | 1.1.3.6<br>(8.6) | 7.2.4 | 7.3.3 | 7.5.11 | 8.5 | 5.3.2.3 | | |
| (10) | (11) | (12) | (13) | (14) | (15) | (16) | (17) | (18) | (19) | (20) | (1) | |
| T7 | TP2 | L4BH | TU15<br>TE19 | AT | 2<br>(E) | V12 | | CV13<br>CV28 | S9 | 60 | 1593 | |
| T7 | TP2 | L4BH | TU15<br>TE19 | AT | 2<br>(D/E) | | | CV13<br>CV28 | S9<br>S19 | 60 | 1594 | |
| T20 | TP2 | L10CH | TU14<br>TU15<br>TE19<br>TE21 | AT | 1<br>(C/D) | | | CV1<br>CV13<br>CV28 | S9<br>S14 | 668 | 1595 | |
| T3 | TP33 | SGAH<br>L4BH | TU15<br>TE19 | AT | 2<br>(D/E) | V11 | | CV13<br>CV28 | S9<br>S19 | 60 | 1596 | |
| T7 | TP2 | L4BH | TU15<br>TE19 | AT | 2<br>(D/E) | | | CV13<br>CV28 | S9<br>S19 | 60 | 1597 | *→UN 3443* |
| T7 | TP2 | L4BH | TU15<br>TE19 | AT | 2<br>(E) | V12 | | CV13<br>CV28 | S9 | 60 | 1597 | *→UN 3443* |
| T3 | TP33 | SGAH<br>L4BH | TU15<br>TE19 | AT | 2<br>(D/E) | V11 | | CV13<br>CV28 | S9<br>S19 | 60 | 1598 | |
| T7 | TP2 | L4BH | TU15<br>TE19 | AT | 2<br>(D/E) | | | CV13<br>CV28 | S9<br>S19 | 60 | 1599 | |
| T4 | TP1 | L4BH | TU15<br>TE19 | AT | 2<br>(E) | V12 | | CV13<br>CV28 | S9 | 60 | 1599 | |
| T7 | TP3 | L4BH | TU15<br>TE19 | AT | 0<br>(D/E) | | | CV13 | S9<br>S19 | 60 | 1600 | |
| T6 | TP33 | S10AH<br>L10CH | TU15<br>TE19 | AT | 1<br>(C/E) | V10 | | CV1<br>CV13<br>CV28 | S9<br>S14 | 66 | 1601 | |
| T3 | TP33 | SGAH<br>L4BH | TU15<br>TE19 | AT | 2<br>(D/E) | V11 | | CV13<br>CV28 | S9<br>S19 | 60 | 1601 | |
| T1 | TP33 | SGAH<br>L4BH | TU15<br>TE19 | AT | 2<br>(E) | | VC1<br>VC2<br>AP7 | CV13<br>CV28 | S9 | 60 | 1601 | |
| | | L10CH | TU14<br>TU15<br>TE19<br>TE21 | AT | 1<br>(C/E) | | | CV1<br>CV13<br>CV28 | S9<br>S14 | 66 | 1602 | |
| | | L4BH | TU15<br>TE19 | AT | 2<br>(D/E) | | | CV13<br>CV28 | S9<br>S19 | 60 | 1602 | |
| | | L4BH | TU15<br>TE19 | AT | 2<br>(E) | V12 | | CV13<br>CV28 | S9 | 60 | 1602 | |
| T7 | TP2 | L4BH | TU15<br>TE19 | FL | 2<br>(D/E) | | | CV13<br>CV28 | S2<br>S9<br>S19 | 63 | 1603 | |
| T7 | TP2 | L4BN | | FL | 2<br>(D/E) | | | | S2 | 83 | 1604 | |
| T20 | TP2 | L10CH | TU14<br>TU15<br>TE19<br>TE21 | AT | 1<br>(C/D) | | | CV1<br>CV13<br>CV28 | S9<br>S14 | 66 | 1605 | |

| Verlagshinweis Sicherung | Verlagshinweis Fahrweg | UN-Nummer | Benennung und Beschreibung | Klasse | Klassifizierungscode | Verpackungsgruppe | Gefahrzettel | Sondervorschriften | Begrenzte und freigestellte Mengen | | Verpackungen Anweisungen | Verpackungen Sondervorschriften | Verpackungen Zusammenpackung |
|---|---|---|---|---|---|---|---|---|---|---|---|---|---|
| | | | 3.1.2 | 2.2 | 2.2 | 2.1.1.3 | 5.2.2 | 3.3 | 3.4/3.5.1.2 | | 4.1.4 | 4.1.4 | 4.1.10 |
| | | (1) | (2) | (3a) | (3b) | (4) | (5) | (6) | (7a) | (7b) | (8) | (9a) | (9b) |
| | | 1606 | EISEN(III)ARSENAT | 6.1 | T5 | II | 6.1 | | 500 g | E4 | P002<br>IBC08 | <br>B4 | MP10 |
| | | 1607 | EISEN(III)ARSENIT | 6.1 | T5 | II | 6.1 | | 500 g | E4 | P002<br>IBC08 | <br>B4 | MP10 |
| | | 1608 | EISEN(II)ARSENAT | 6.1 | T5 | II | 6.1 | | 500 g | E4 | P002<br>IBC08 | <br>B4 | MP10 |
| | | 1611 | HEXAETHYLTETRAPHOSPHAT | 6.1 | T1 | II | 6.1 | | 100 ml | E4 | P001<br>IBC02 | | MP15 |
| ! | ● | 1612 | HEXAETHYLTETRAPHOSPHAT UND VERDICHTETES GAS, GEMISCH | 2 | 1T | | 2.3 | | 0 | E0 | P200 | | MP9 |
| ! | ● | 1613 | CYANWASSERSTOFF, WÄSSERIGE LÖSUNG (CYANWASSERSTOFFSÄURE, WÄSSERIGE LÖSUNG) mit höchstens 20 % Cyanwasserstoff | 6.1 | TF1 | I | 6.1+3 | 48 | 0 | E0 | P601 | | MP8<br>MP17 |
| ! | | 1614 | CYANWASSERSTOFF, STABILISIERT, mit weniger als 3 % Wasser und aufgesaugt durch ein inertes poröses Material | 6.1 | TF1 | I | 6.1+3 | 386<br>603<br>676 | 0 | E0 | P099<br>P601 | <br>RR10 | MP2 |
| | | 1616 | BLEIACETAT | 6.1 | T5 | III | 6.1 | | 5 kg | E1 | P002<br>IBC08<br>LP02<br>R001 | <br>B3 | MP10 |
| | | 1617 | BLEIARSENATE | 6.1 | T5 | II | 6.1 | | 500 g | E4 | P002<br>IBC08 | <br>B4 | MP10 |
| | | 1618 | BLEIARSENITE | 6.1 | T5 | II | 6.1 | | 500 g | E4 | P002<br>IBC08 | <br>B4 | MP10 |
| | | 1620 | BLEICYANID | 6.1 | T5 | II | 6.1 | | 500 g | E4 | P002<br>IBC08 | <br>B4 | MP10 |
| | | 1621 | LONDON PURPLE | 6.1 | T5 | II | 6.1 | 43 | 500 g | E4 | P002<br>IBC08 | <br>B4 | MP10 |
| | | 1622 | MAGNESIUMARSENAT | 6.1 | T5 | II | 6.1 | | 500 g | E4 | P002<br>IBC08 | <br>B4 | MP10 |
| | | 1623 | QUECKSILBER(II)ARSENAT | 6.1 | T5 | II | 6.1 | | 500 g | E4 | P002<br>IBC08 | <br>B4 | MP10 |
| | | 1624 | QUECKSILBER(II)CHLORID | 6.1 | T5 | II | 6.1 | | 500 g | E4 | P002<br>IBC08 | <br>B4 | MP10 |
| | | 1625 | QUECKSILBER(II)NITRAT | 6.1 | T5 | II | 6.1 | | 500 g | E4 | P002<br>IBC08 | <br>B4 | MP10 |
| ! | | 1626 | KALIUMQUECKSILBER(II)CYANID | 6.1 | T5 | I | 6.1 | | 0 | E5 | P002<br>IBC07 | | MP18 |
| | | 1627 | QUECKSILBER(I)NITRAT | 6.1 | T5 | II | 6.1 | | 500 g | E4 | P002<br>IBC08 | <br>B4 | MP10 |
| | | 1629 | QUECKSILBERACETAT | 6.1 | T5 | II | 6.1 | | 500 g | E4 | P002<br>IBC08 | <br>B4 | MP10 |
| | | 1630 | QUECKSILBER(II)AMMONIUMCHLORID | 6.1 | T5 | II | 6.1 | | 500 g | E4 | P002<br>IBC08 | <br>B4 | MP10 |
| | | 1631 | QUECKSILBER(II)BENZOAT | 6.1 | T5 | II | 6.1 | | 500 g | E4 | P002<br>IBC08 | <br>B4 | MP10 |
| | | 1634 | QUECKSILBERBROMIDE | 6.1 | T5 | II | 6.1 | | 500 g | E4 | P002<br>IBC08 | <br>B4 | MP10 |
| | | 1636 | QUECKSILBERCYANID | 6.1 | T5 | II | 6.1 | | 500 g | E4 | P002<br>IBC08 | <br>B4 | MP10 |

| Ortsbewegliche Tanks und Schüttgut-Container | | ADR-Tanks | | Fahrzeug für die Beförderung in Tanks | Beförderungskategorie (Tunnelbeschränkungscode) | Sondervorschriften für die Beförderung | | | | Nummer zur Kennzeichnung der Gefahr | UN-Nummer | Verlagshinweis „Gut zu wissen" |
|---|---|---|---|---|---|---|---|---|---|---|---|---|
| Anweisungen | Sondervorschriften | Tankcodierung | Sondervorschriften | | | Versandstücke | lose Schüttung | Be- und Entladung, Handhabung | Betrieb | | | |
| 4.2.5.2 7.3.2 | 4.2.5.3 | 4.3 | 4.3.5 6.8.4 | 9.1.1.2 | 1.1.3.6 (8.6) | 7.2.4 | 7.3.3 | 7.5.11 | 8.5 | 5.3.2.3 | | |
| (10) | (11) | (12) | (13) | (14) | (15) | (16) | (17) | (18) | (19) | (20) | (1) | |
| T3 | TP33 | SGAH | TU15 TE19 | AT | 2 (D/E) | V11 | | CV13 CV28 | S9 S19 | 60 | 1606 | |
| T3 | TP33 | SGAH | TU15 TE19 | AT | 2 (D/E) | V11 | | CV13 CV28 | S9 S19 | 60 | 1607 | |
| T3 | TP33 | SGAH | TU15 TE19 | AT | 2 (D/E) | V11 | | CV13 CV28 | S9 S19 | 60 | 1608 | |
| T7 | TP2 | L4BH | TU15 TE19 | AT | 2 (D/E) | | | CV13 CV28 | S9 S19 | 60 | 1611 | |
| (M) | | CxBH(M) | TA4 TT9 | AT | 1 (C/D) | | | CV9 CV10 CV36 | S14 | 26 | 1612 | |
| T14 | TP2 | L15DH(+) | TU14 TU15 TE19 TE21 | FL | 0 (C/D) | | | CV1 CV13 CV28 | S2 S9 S14 | 663 | 1613 | →2.1.3.4.1 |
| | | | | | 0 (D) | V8 | | CV1 CV13 CV28 | S2 S4 S9 S10 S14 | | 1614 | →2.1.3.4.1 |
| T1 | TP33 | SGAH L4BH | TU15 TE19 | AT | 2 (E) | | VC1 VC2 AP7 | CV13 CV28 | S9 | 60 | 1616 | |
| T3 | TP33 | SGAH | TU15 TE19 | AT | 2 (D/E) | V11 | | CV13 CV28 | S9 S19 | 60 | 1617 | |
| T3 | TP33 | SGAH | TU15 TE19 | AT | 2 (D/E) | V11 | | CV13 CV28 | S9 S19 | 60 | 1618 | |
| T3 | TP33 | SGAH | TU15 TE19 | AT | 2 (D/E) | V11 | | CV13 CV28 | S9 S19 | 60 | 1620 | |
| T3 | TP33 | SGAH | TU15 TE19 | AT | 2 (D/E) | V11 | | CV13 CV28 | S9 S19 | 60 | 1621 | |
| T3 | TP33 | SGAH | TU15 TE19 | AT | 2 (D/E) | V11 | | CV13 CV28 | S9 S19 | 60 | 1622 | |
| T3 | TP33 | SGAH | TU15 TE19 | AT | 2 (D/E) | V11 | | CV13 CV28 | S9 S19 | 60 | 1623 | |
| T3 | TP33 | SGAH | TU15 TE19 | AT | 2 (D/E) | V11 | | CV13 CV28 | S9 S19 | 60 | 1624 | |
| T3 | TP33 | SGAH | TU15 TE19 | AT | 2 (D/E) | V11 | | CV13 CV28 | S9 S19 | 60 | 1625 | |
| T6 | TP33 | S10AH | TU15 TE19 | AT | 1 (C/E) | V10 | | CV1 CV13 CV28 | S9 S14 | 66 | 1626 | |
| T3 | TP33 | SGAH | TU15 TE19 | AT | 2 (D/E) | V11 | | CV13 CV28 | S9 S19 | 60 | 1627 | |
| T3 | TP33 | SGAH | TU15 TE19 | AT | 2 (D/E) | V11 | | CV13 CV28 | S9 S19 | 60 | 1629 | |
| T3 | TP33 | SGAH | TU15 TE19 | AT | 2 (D/E) | V11 | | CV13 CV28 | S9 S19 | 60 | 1630 | |
| T3 | TP33 | SGAH | TU15 TE19 | AT | 2 (D/E) | V11 | | CV13 CV28 | S9 S19 | 60 | 1631 | |
| T3 | TP33 | SGAH | TU15 TE19 | AT | 2 (D/E) | V11 | | CV13 CV28 | S9 S19 | 60 | 1634 | →1.1.3.10 |
| T3 | TP33 | SGAH | TU15 TE19 | AT | 2 (D/E) | V11 | | CV13 CV28 | S9 S19 | 60 | 1636 | |

| Verlagshinweis: Sicherung | Verlagshinweis: Fahrweg | UN-Nummer | Benennung und Beschreibung | Klasse | Klassifizierungscode | Verpackungsgruppe | Gefahrzettel | Sondervorschriften | Begrenzte und freigestellte Mengen | | Verpackungen: Anweisungen | Verpackungen: Sondervorschriften | Verpackungen: Zusammenpackung |
|---|---|---|---|---|---|---|---|---|---|---|---|---|---|
| | | | 3.1.2 | 2.2 | 2.2 | 2.1.1.3 | 5.2.2 | 3.3 | 3.4/3.5.1.2 | | 4.1.4 | 4.1.4 | 4.1.10 |
| | | (1) | (2) | (3a) | (3b) | (4) | (5) | (6) | (7a) | (7b) | (8) | (9a) | (9b) |
| | | 1637 | QUECKSILBERGLUCONAT | 6.1 | T5 | II | 6.1 | | 500 g | E4 | P002<br>IBC08 | <br>B4 | MP10 |
| | | 1638 | QUECKSILBERIODID | 6.1 | T5 | II | 6.1 | | 500 g | E4 | P002<br>IBC08 | <br>B4 | MP10 |
| | | 1639 | QUECKSILBERNUCLEAT | 6.1 | T5 | II | 6.1 | | 500 g | E4 | P002<br>IBC08 | <br>B4 | MP10 |
| | | 1640 | QUECKSILBEROLEAT | 6.1 | T5 | II | 6.1 | | 500 g | E4 | P002<br>IBC08 | <br>B4 | MP10 |
| | | 1641 | QUECKSILBEROXID | 6.1 | T5 | II | 6.1 | | 500 g | E4 | P002<br>IBC08 | <br>B4 | MP10 |
| | | 1642 | QUECKSILBEROXYCYANID, DESENSIBILISIERT | 6.1 | T5 | II | 6.1 | | 500 g | E4 | P002<br>IBC08 | <br>B4 | MP10 |
| | | 1643 | KALIUMQUECKSILBER(II)IODID | 6.1 | T5 | II | 6.1 | | 500 g | E4 | P002<br>IBC08 | <br>B4 | MP10 |
| | | 1644 | QUECKSILBERSALICYLAT | 6.1 | T5 | II | 6.1 | | 500 g | E4 | P002<br>IBC08 | <br>B4 | MP10 |
| | | 1645 | QUECKSILBERSULFAT | 6.1 | T5 | II | 6.1 | | 500 g | E4 | P002<br>IBC08 | <br>B4 | MP10 |
| | | 1646 | QUECKSILBERTHIOCYANAT | 6.1 | T5 | II | 6.1 | | 500 g | E4 | P002<br>IBC08 | <br>B4 | MP10 |
| ! | ● | 1647 | METHYLBROMID UND ETHYLENDIBROMID, MISCHUNG, FLÜSSIG | 6.1 | T1 | I | 6.1 | 354 | 0 | E0 | P602 | | MP8<br>MP17 |
| ! | ● | 1648 | ACETONITRIL | 3 | F1 | II | 3 | | 1 L | E2 | P001<br>IBC02<br>R001 | | MP19 |
| ! | ● | 1649 | ANTIKLOPFMISCHUNG FÜR MOTORKRAFTSTOFF | 6.1 | T3 | I | 6.1 | | 0 | E0 | P602 | | MP8<br>MP17 |
| | | 1650 | beta-NAPHTHYLAMIN, FEST | 6.1 | T2 | II | 6.1 | | 500 g | E4 | P002<br>IBC08 | <br>B4 | MP10 |
| | | 1651 | NAPHTHYLTHIOHARNSTOFF | 6.1 | T2 | II | 6.1 | 43 | 500 g | E4 | P002<br>IBC08 | <br>B4 | MP10 |
| | | 1652 | NAPHTHYLHARNSTOFF | 6.1 | T2 | II | 6.1 | | 500 g | E4 | P002<br>IBC08 | <br>B4 | MP10 |
| | | 1653 | NICKELCYANID | 6.1 | T5 | II | 6.1 | | 500 g | E4 | P002<br>IBC08 | <br>B4 | MP10 |
| | | 1654 | NICOTIN | 6.1 | T1 | II | 6.1 | | 100 ml | E4 | P001<br>IBC02 | | MP15 |
| ! | | 1655 | NICOTINVERBINDUNG, FEST, N.A.G. oder NICOTINZUBEREITUNG, FEST, N.A.G. | 6.1 | T2 | I | 6.1 | 43<br>274 | 0 | E5 | P002<br>IBC07 | | MP18 |
| | | 1655 | NICOTINVERBINDUNG, FEST, N.A.G. oder NICOTINZUBEREITUNG, FEST, N.A.G. | 6.1 | T2 | II | 6.1 | 43<br>274 | 500 g | E4 | P002<br>IBC08 | <br>B4 | MP10 |
| | | 1655 | NICOTINVERBINDUNG, FEST, N.A.G. oder NICOTINZUBEREITUNG, FEST, N.A.G. | 6.1 | T2 | III | 6.1 | 43<br>274 | 5 kg | E1 | P002<br>IBC08<br>LP02<br>R001 | <br>B3 | MP10 |
| | | 1656 | NICOTINHYDROCHLORID, FLÜSSIG oder NICOTINHYDROCHLORID, LÖSUNG | 6.1 | T1 | II | 6.1 | 43 | 100 ml | E4 | P001<br>IBC02 | | MP15 |

| Ortsbewegliche Tanks und Schüttgut-Container | | ADR-Tanks | | Fahrzeug für die Beförderung in Tanks | Beförderungskategorie (Tunnelbeschränkungscode) | Sondervorschriften für die Beförderung | | | | Nummer zur Kennzeichnung der Gefahr | UN-Nummer | Verlagshinweis „Gut zu wissen" |
|---|---|---|---|---|---|---|---|---|---|---|---|---|
| Anweisungen | Sondervorschriften | Tankcodierung | Sondervorschriften | | | Versandstücke | lose Schüttung | Be- und Entladung, Handhabung | Betrieb | | | |
| 4.2.5.2<br>7.3.2 | 4.2.5.3 | 4.3 | 4.3.5<br>6.8.4 | 9.1.1.2 | 1.1.3.6<br>(8.6) | 7.2.4 | 7.3.3 | 7.5.11 | 8.5 | 5.3.2.3 | | |
| (10) | (11) | (12) | (13) | (14) | (15) | (16) | (17) | (18) | (19) | (20) | (1) | |
| T3 | TP33 | SGAH | TU15<br>TE19 | AT | 2<br>(D/E) | V11 | | CV13<br>CV28 | S9<br>S19 | 60 | 1637 | |
| T3 | TP33 | SGAH | TU15<br>TE19 | AT | 2<br>(D/E) | V11 | | CV13<br>CV28 | S9<br>S19 | 60 | 1638 | →1.1.3.10 |
| T3 | TP33 | SGAH | TU15<br>TE19 | AT | 2<br>(D/E) | V11 | | CV13<br>CV28 | S9<br>S19 | 60 | 1639 | |
| T3 | TP33 | SGAH | TU15<br>TE19 | AT | 2<br>(D/E) | V11 | | CV13<br>CV28 | S9<br>S19 | 60 | 1640 | |
| T3 | TP33 | SGAH | TU15<br>TE19 | AT | 2<br>(D/E) | V11 | | CV13<br>CV28 | S9<br>S19 | 60 | 1641 | |
| T3 | TP33 | SGAH | TU15<br>TE19 | AT | 2<br>(D/E) | V11 | | CV13<br>CV28 | S9<br>S19 | 60 | 1642 | |
| T3 | TP33 | SGAH | TU15<br>TE19 | AT | 2<br>(D/E) | V11 | | CV13<br>CV28 | S9<br>S19 | 60 | 1643 | |
| T3 | TP33 | SGAH | TU15<br>TE19 | AT | 2<br>(D/E) | V11 | | CV13<br>CV28 | S9<br>S19 | 60 | 1644 | |
| T3 | TP33 | SGAH | TU15<br>TE19 | AT | 2<br>(D/E) | V11 | | CV13<br>CV28 | S9<br>S19 | 60 | 1645 | |
| T3 | TP33 | SGAH | TU15<br>TE19 | AT | 2<br>(D/E) | V11 | | CV13<br>CV28 | S9<br>S19 | 60 | 1646 | |
| T20 | TP2 | L10CH | TU14<br>TU15<br>TE19<br>TE21 | AT | 1<br>(C/D) | | | CV1<br>CV13<br>CV28 | S9<br>S14 | 66 | 1647 | |
| T7 | TP2 | LGBF | | FL | 2<br>(D/E) | | | | S2<br>S20 | 33 | 1648 | |
| T14 | TP2 | L10CH | TU14<br>TU15<br>TE19<br>TE21<br>TT6 | AT | 1<br>(C/E) | | | CV1<br>CV13<br>CV28 | S9<br>S14 | 66 | 1649 | |
| T3 | TP33 | SGAH<br>L4BH | TU15<br>TE19 | AT | 2<br>(D/E) | V11 | | CV13<br>CV28 | S9<br>S19 | 60 | 1650 | →UN 3411 |
| T3 | TP33 | SGAH | TU15<br>TE19 | AT | 2<br>(D/E) | V11 | | CV13<br>CV28 | S9<br>S19 | 60 | 1651 | |
| T3 | TP33 | SGAH | TU15<br>TE19 | AT | 2<br>(D/E) | V11 | | CV13<br>CV28 | S9<br>S19 | 60 | 1652 | |
| T3 | TP33 | SGAH<br>L4BH | TU15<br>TE19 | AT | 2<br>(D/E) | V11 | | CV13<br>CV28 | S9<br>S19 | 60 | 1653 | |
| | | L4BH | TU15<br>TE19 | AT | 2<br>(D/E) | | | CV13<br>CV28 | S9<br>S19 | 60 | 1654 | |
| T6 | TP33 | S10AH<br>L10CH | TU15<br>TE19 | AT | 1<br>(C/E) | V10 | | CV1<br>CV13<br>CV28 | S9<br>S14 | 66 | 1655 | |
| T3 | TP33 | SGAH<br>L4BH | TU15<br>TE19 | AT | 2<br>(D/E) | V11 | | CV13<br>CV28 | S9<br>S19 | 60 | 1655 | |
| T1 | TP33 | SGAH<br>L4BH | TU15<br>TE19 | AT | 2<br>(E) | | VC1<br>VC2<br>AP7 | CV13<br>CV28 | S9 | 60 | 1655 | |
| | | L4BH | TU15<br>TE19 | AT | 2<br>(D/E) | | | CV13<br>CV28 | S9<br>S19 | 60 | 1656 | →UN 3444 |

| Verlagshinweis | | UN-Nummer | Benennung und Beschreibung | Klasse | Klassifizierungscode | Verpackungsgruppe | Gefahrzettel | Sondervorschriften | Begrenzte und freigestellte Mengen | | Verpackungen | | |
|---|---|---|---|---|---|---|---|---|---|---|---|---|---|
| Sicherung | Fahrweg | | | | | | | | | | Anweisungen | Sondervorschriften | Zusammenpackung |
| | | | 3.1.2 | 2.2 | 2.2 | 2.1.1.3 | 5.2.2 | 3.3 | 3.4/3.5.1.2 | | 4.1.4 | 4.1.4 | 4.1.10 |
| | | (1) | (2) | (3a) | (3b) | (4) | (5) | (6) | (7a) | (7b) | (8) | (9a) | (9b) |
| | | 1656 | NICOTINHYDROCHLORID, FLÜSSIG oder NICOTINHYDROCHLORID, LÖSUNG | 6.1 | T1 | III | 6.1 | 43 | 5 L | E1 | P001<br>IBC03<br>LP01<br>R001 | | MP19 |
| | | 1657 | NICOTINSALICYLAT | 6.1 | T2 | II | 6.1 | | 500 g | E4 | P002<br>IBC08 | <br>B4 | MP10 |
| | | 1658 | NICOTINSULFAT, LÖSUNG | 6.1 | T1 | II | 6.1 | | 100 ml | E4 | P001<br>IBC02 | | MP15 |
| | | 1658 | NICOTINSULFAT, LÖSUNG | 6.1 | T1 | III | 6.1 | | 5 L | E1 | P001<br>IBC03<br>LP01<br>R001 | | MP19 |
| | | 1659 | NICOTINTARTRAT | 6.1 | T2 | II | 6.1 | | 500 g | E4 | P002<br>IBC08 | <br>B4 | MP10 |
| ! | | 1660 | STICKSTOFFMONOXID, VERDICHTET (STICKSTOFFOXID, VERDICHTET) | 2 | 1TOC | | 2.3+5.1+8 | | 0 | E0 | P200 | | MP9 |
| | | 1661 | NITROANILINE (o-, m-, p-) | 6.1 | T2 | II | 6.1 | 279 | 500 g | E4 | P002<br>IBC08 | <br>B4 | MP10 |
| | | 1662 | NITROBENZEN | 6.1 | T1 | II | 6.1 | 279 | 100 ml | E4 | P001<br>IBC02 | | MP15 |
| | | 1663 | NITROPHENOLE (o-, m-, p-) | 6.1 | T2 | III | 6.1 | 279 | 5 kg | E1 | P002<br>IBC08<br>LP02<br>R001 | <br>B3 | MP10 |
| | | 1664 | NITROTOLUENE, FLÜSSIG | 6.1 | T1 | II | 6.1 | | 100 ml | E4 | P001<br>IBC02 | | MP15 |
| | | 1665 | NITROXYLENE, FLÜSSIG | 6.1 | T1 | II | 6.1 | | 100 ml | E4 | P001<br>IBC02 | | MP15 |
| | | 1669 | PENTACHLORETHAN | 6.1 | T1 | II | 6.1 | | 100 ml | E4 | P001<br>IBC02 | | MP15 |
| ! | ● | 1670 | PERCHLORMETHYLMERCAPTAN | 6.1 | T1 | I | 6.1 | 354 | 0 | E0 | P602 | | MP8<br>MP17 |
| | | 1671 | PHENOL, FEST | 6.1 | T2 | II | 6.1 | 279 | 500 g | E4 | P002<br>IBC08 | <br>B4 | MP10 |
| ! | ● | 1672 | PHENYLCARBYLAMINCHLORID | 6.1 | T1 | I | 6.1 | | 0 | E0 | P602 | | MP8<br>MP17 |
| | | 1673 | PHENYLENDIAMINE (o-, m-, p-) | 6.1 | T2 | III | 6.1 | 279 | 5 kg | E1 | P002<br>IBC08<br>LP02<br>R001 | <br>B3 | MP10 |
| | | 1674 | PHENYLQUECKSILBER(II)ACETAT | 6.1 | T3 | II | 6.1 | 43 | 500 g | E4 | P002<br>IBC08 | <br>B4 | MP10 |
| | | 1677 | KALIUMARSENAT | 6.1 | T5 | II | 6.1 | | 500 g | E4 | P002<br>IBC08 | <br>B4 | MP10 |
| | | 1678 | KALIUMARSENIT | 6.1 | T5 | II | 6.1 | | 500 g | E4 | P002<br>IBC08 | <br>B4 | MP10 |
| | | 1679 | KALIUMKUPFER(I)CYANID | 6.1 | T5 | II | 6.1 | | 500 g | E4 | P002<br>IBC08 | <br>B4 | MP10 |
| ! | | 1680 | KALIUMCYANID, FEST | 6.1 | T5 | I | 6.1 | | 0 | E5 | P002<br>IBC07 | | MP18 |

| Ortsbewegliche Tanks und Schüttgut-Container | | ADR-Tanks | | Fahrzeug für die Beförderung in Tanks | Beförderungskategorie (Tunnelbeschränkungscode) | Sondervorschriften für die Beförderung | | | | Nummer zur Kennzeichnung der Gefahr | UN-Nummer | Verlagshinweis *„Gut zu wissen"* |
|---|---|---|---|---|---|---|---|---|---|---|---|---|
| Anweisungen | Sondervorschriften | Tankcodierung | Sondervorschriften | | | Versandstücke | lose Schüttung | Be- und Entladung, Handhabung | Betrieb | | | |
| 4.2.5.2<br>7.3.2 | 4.2.5.3 | 4.3 | 4.3.5<br>6.8.4 | 9.1.1.2 | 1.1.3.6<br>(8.6) | 7.2.4 | 7.3.3 | 7.5.11 | 8.5 | 5.3.2.3 | | |
| (10) | (11) | (12) | (13) | (14) | (15) | (16) | (17) | (18) | (19) | (20) | (1) | |
| | | L4BH | TU15<br>TE19 | AT | 2<br>(E) | V12 | | CV13<br>CV28 | S9 | 60 | 1656 | *→UN 3444* |
| T3 | TP33 | SGAH<br>L4BH | TU15<br>TE19 | AT | 2<br>(D/E) | V11 | | CV13<br>CV28 | S9<br>S19 | 60 | 1657 | |
| T7 | TP2 | L4BH | TU15<br>TE19 | AT | 2<br>(D/E) | | | CV13<br>CV28 | S9<br>S19 | 60 | 1658 | *→UN 3445* |
| T7 | TP2 | L4BH | TU15<br>TE19 | AT | 2<br>(E) | V12 | | CV13<br>CV28 | S9 | 60 | 1658 | *→UN 3445* |
| T3 | TP33 | SGAH<br>L4BH | TU15<br>TE19 | AT | 2<br>(D/E) | V11 | | CV13<br>CV28 | S9<br>S19 | 60 | 1659 | |
| | | | | | 1<br>(D) | | | CV9<br>CV10<br>CV36 | S14 | | 1660 | |
| T3 | TP33 | SGAH<br>L4BH | TU15<br>TE19 | AT | 2<br>(D/E) | V11 | | CV13<br>CV28 | S9<br>S19 | 60 | 1661 | |
| T7 | TP2 | L4BH | TU15<br>TE19 | AT | 2<br>(D/E) | | | CV13<br>CV28 | S9<br>S19 | 60 | 1662 | |
| T1 | TP33 | SGAH<br>L4BH | TU15<br>TE19 | AT | 2<br>(E) | | VC1<br>VC2<br>AP7 | CV13<br>CV28 | S9 | 60 | 1663 | |
| T7 | TP2 | L4BH | TU15<br>TE19 | AT | 2<br>(D/E) | | | CV13<br>CV28 | S9<br>S19 | 60 | 1664 | *→UN 3446* |
| T7 | TP2 | L4BH | TU15<br>TE19 | AT | 2<br>(D/E) | | | CV13<br>CV28 | S9<br>S19 | 60 | 1665 | *→UN 3447* |
| T7 | TP2 | L4BH | TU15<br>TE19 | AT | 2<br>(D/E) | | | CV13<br>CV28 | S9<br>S19 | 60 | 1669 | |
| T20 | TP2 | L10CH | TU14<br>TU15<br>TE19<br>TE21 | AT | 1<br>(C/D) | | | CV1<br>CV13<br>CV28 | S9<br>S14 | 66 | 1670 | |
| T3 | TP33 | SGAH | TU15<br>TE19 | AT | 2<br>(D/E) | V11 | | CV13<br>CV28 | S9<br>S19 | 60 | 1671 | |
| T14 | TP2 | L10CH | TU14<br>TU15<br>TE19<br>TE21 | AT | 1<br>(C/E) | | | CV1<br>CV13<br>CV28 | S9<br>S14 | 66 | 1672 | |
| T1 | TP33 | SGAH<br>L4BH | TU15<br>TE19 | AT | 2<br>(E) | | VC1<br>VC2<br>AP7 | CV13<br>CV28 | S9 | 60 | 1673 | |
| T3 | TP33 | SGAH<br>L4BH | TU15<br>TE19 | AT | 2<br>(D/E) | V11 | | CV13<br>CV28 | S9<br>S19 | 60 | 1674 | |
| T3 | TP33 | SGAH | TU15<br>TE19 | AT | 2<br>(D/E) | V11 | | CV13<br>CV28 | S9<br>S19 | 60 | 1677 | |
| T3 | TP33 | SGAH | TU15<br>TE19 | AT | 2<br>(D/E) | V11 | | CV13<br>CV28 | S9<br>S19 | 60 | 1678 | |
| T3 | TP33 | SGAH | TU15<br>TE19 | AT | 2<br>(D/E) | V11 | | CV13<br>CV28 | S9<br>S19 | 60 | 1679 | |
| T6 | TP33 | S10AH | TU15<br>TE19 | AT | 1<br>(C/E) | V10 | | CV1<br>CV13<br>CV28 | S9<br>S14 | 66 | 1680 | *→UN 3413* |

## UN-numerisches Verzeichnis (Tabelle A)

| Verlagshinweis Sicherung | Verlagshinweis Fahrweg | UN-Nummer | Benennung und Beschreibung | Klasse | Klassifizierungscode | Verpackungsgruppe | Gefahrzettel | Sondervorschriften | Begrenzte und freigestellte Mengen | | Verpackungen Anweisungen | Verpackungen Sondervorschriften | Verpackungen Zusammenpackung |
|---|---|---|---|---|---|---|---|---|---|---|---|---|---|
| | | | 3.1.2 | 2.2 | 2.2 | 2.1.1.3 | 5.2.2 | 3.3 | 3.4/3.5.1.2 | | 4.1.4 | 4.1.4 | 4.1.10 |
| | | (1) | (2) | (3a) | (3b) | (4) | (5) | (6) | (7a) | (7b) | (8) | (9a) | (9b) |
| | | 1683 | SILBERARSENIT | 6.1 | T5 | II | 6.1 | | 500 g | E4 | P002<br>IBC08 | <br>B4 | MP10 |
| | | 1684 | SILBERCYANID | 6.1 | T5 | II | 6.1 | | 500 g | E4 | P002<br>IBC08 | <br>B4 | MP10 |
| | | 1685 | NATRIUMARSENAT | 6.1 | T5 | II | 6.1 | | 500 g | E4 | P002<br>IBC08 | <br>B4 | MP10 |
| | | 1686 | NATRIUMARSENIT, WÄSSERIGE LÖSUNG | 6.1 | T4 | II | 6.1 | 43 | 100 ml | E4 | P001<br>IBC02 | | MP15 |
| | | 1686 | NATRIUMARSENIT, WÄSSERIGE LÖSUNG | 6.1 | T4 | III | 6.1 | 43 | 5 L | E1 | P001<br>IBC03<br>LP01<br>R001 | | MP19 |
| | | 1687 | NATRIUMAZID | 6.1 | T5 | II | 6.1 | | 500 g | E4 | P002<br>IBC08 | <br>B4 | MP10 |
| | | 1688 | NATRIUMKAKODYLAT | 6.1 | T5 | II | 6.1 | | 500 g | E4 | P002<br>IBC08 | <br>B4 | MP10 |
| ! | | 1689 | NATRIUMCYANID, FEST | 6.1 | T5 | I | 6.1 | | 0 | E5 | P002<br>IBC07 | | MP18 |
| | | 1690 | NATRIUMFLUORID, FEST | 6.1 | T5 | III | 6.1 | | 5 kg | E1 | P002<br>IBC08<br>LP02<br>R001 | <br>B3 | MP10 |
| | | 1691 | STRONTIUMARSENIT | 6.1 | T5 | II | 6.1 | | 500 g | E4 | P002<br>IBC08 | <br>B4 | MP10 |
| ! | | 1692 | STRYCHNIN oder STRYCHNINSALZE | 6.1 | T2 | I | 6.1 | | 0 | E5 | P002<br>IBC07 | | MP18 |
| ! | ● | 1693 | STOFF ZUR HERSTELLUNG VON TRÄNENGASEN, FLÜSSIG, N.A.G. | 6.1 | T1 | I | 6.1 | 274 | 0 | E0 | P001 | | MP8<br>MP17 |
| | | 1693 | STOFF ZUR HERSTELLUNG VON TRÄNENGASEN, FLÜSSIG, N.A.G. | 6.1 | T1 | II | 6.1 | 274 | 0 | E0 | P001<br>IBC02 | | MP15 |
| ! | ● | 1694 | BROMBENZYLCYANIDE, FLÜSSIG | 6.1 | T1 | I | 6.1 | 138 | 0 | E0 | P001 | | MP8<br>MP17 |
| ! | ● | 1695 | CHLORACETON, STABILISIERT | 6.1 | TFC | I | 6.1+3+8 | 354 | 0 | E0 | P602 | | MP8<br>MP17 |
| | | 1697 | CHLORACETOPHENON, FEST | 6.1 | T2 | II | 6.1 | | 0 | E0 | P002<br>IBC08 | <br>B4 | MP10 |
| ! | | 1698 | DIPHENYLAMINOCHLORARSIN | 6.1 | T3 | I | 6.1 | | 0 | E0 | P002 | | MP18 |
| ! | ● | 1699 | DIPHENYLCHLORARSIN, FLÜSSIG | 6.1 | T3 | I | 6.1 | | 0 | E0 | P001 | | MP8<br>MP17 |
| | | 1700 | TRÄNENGAS-KERZEN | 6.1 | TF4 | | 6.1+4.1 | | 0 | E0 | P600 | | |
| | | 1701 | XYLYLBROMID, FLÜSSIG | 6.1 | T1 | II | 6.1 | | 0 | E0 | P001<br>IBC02 | | MP15 |
| | | 1702 | 1,1,2,2-TETRACHLORETHAN | 6.1 | T1 | II | 6.1 | | 100 ml | E4 | P001<br>IBC02 | | MP15 |

| Ortsbewegliche Tanks und Schüttgut-Container | | ADR-Tanks | | Fahrzeug für die Beförderung in Tanks | Beförderungskategorie (Tunnelbeschränkungscode) | Sondervorschriften für die Beförderung | | | | Nummer zur Kennzeichnung der Gefahr | UN-Nummer | Verlagshinweis *„Gut zu wissen"* |
|---|---|---|---|---|---|---|---|---|---|---|---|---|
| Anweisungen | Sondervorschriften | Tankcodierung | Sondervorschriften | | | Versandstücke | lose Schüttung | Be- und Entladung, Handhabung | Betrieb | | | |
| 4.2.5.2<br>7.3.2 | 4.2.5.3 | 4.3 | 4.3.5<br>6.8.4 | 9.1.1.2 | 1.1.3.6<br>(8.6) | 7.2.4 | 7.3.3 | 7.5.11 | 8.5 | 5.3.2.3 | | |
| (10) | (11) | (12) | (13) | (14) | (15) | (16) | (17) | (18) | (19) | (20) | (1) | |
| T3 | TP33 | SGAH | TU15<br>TE19 | AT | 2<br>(D/E) | V11 | | CV13<br>CV28 | S9<br>S19 | 60 | 1683 | |
| T3 | TP33 | SGAH | TU15<br>TE19 | AT | 2<br>(D/E) | V11 | | CV13<br>CV28 | S9<br>S19 | 60 | 1684 | |
| T3 | TP33 | SGAH | TU15<br>TE19 | AT | 2<br>(D/E) | V11 | | CV13<br>CV28 | S9<br>S19 | 60 | 1685 | |
| T7 | TP2 | L4BH | TU15<br>TE19 | AT | 2<br>(D/E) | | | CV13<br>CV28 | S9<br>S19 | 60 | 1686 | |
| T4 | TP2 | L4BH | TU15<br>TE19 | AT | 2<br>(E) | V12 | | CV13<br>CV28 | S9 | 60 | 1686 | |
| | | | | | 2<br>(E) | V11 | | CV13<br>CV28 | S9<br>S19 | | 1687 | |
| T3 | TP33 | SGAH | TU15<br>TE19 | AT | 2<br>(D/E) | V11 | | CV13<br>CV28 | S9<br>S19 | 60 | 1688 | |
| T6 | TP33 | S10AH | TU15<br>TE19 | AT | 1<br>(C/E) | V10 | | CV1<br>CV13<br>CV28 | S9<br>S14 | 66 | 1689 | →*UN 3414* |
| T1 | TP33 | SGAH | TU15<br>TE19 | AT | 2<br>(E) | | VC1<br>VC2<br>AP7 | CV13<br>CV28 | S9 | 60 | 1690 | →*UN 3415* |
| T3 | TP33 | SGAH | TU15<br>TE19 | AT | 2<br>(D/E) | V11 | | CV13<br>CV28 | S9<br>S19 | 60 | 1691 | |
| T6 | TP33 | S10AH | TU15<br>TE19 | AT | 1<br>(C/E) | V10 | | CV1<br>CV13<br>CV28 | S9<br>S14 | 66 | 1692 | |
| | | L10CH | TU14<br>TU15<br>TE19<br>TE21 | AT | 1<br>(C/E) | | | CV1<br>CV13<br>CV28 | S9<br>S14 | 66 | 1693 | →*UN 3448* |
| | | L4BH | TU15<br>TE19 | AT | 2<br>(D/E) | | | CV13<br>CV28 | S9<br>S19 | 60 | 1693 | →*UN 3448* |
| T14 | TP2 | L10CH | TU14<br>TU15<br>TE19<br>TE21 | AT | 1<br>(C/E) | | | CV1<br>CV13<br>CV28 | S9<br>S14 | 66 | 1694 | →*UN 3449* |
| T20 | TP2 | L10CH | TU14<br>TU15<br>TE19<br>TE21 | FL | 1<br>(C/D) | | | CV1<br>CV13<br>CV28 | S2<br>S9<br>S14 | 663 | 1695 | |
| T3 | TP33 | SGAH<br>L4BH | TU15<br>TE19 | AT | 2<br>(D/E) | V11 | | CV13<br>CV28 | S9<br>S19 | 60 | 1697 | →*UN 3416* |
| T6 | TP33 | S10AH | TU15<br>TE19 | AT | 1<br>(C/E) | | | CV1<br>CV13<br>CV28 | S9<br>S14 | 66 | 1698 | |
| | | L10CH | TU14<br>TU15<br>TE19<br>TE21 | AT | 1<br>(C/E) | | | CV1<br>CV13<br>CV28 | S9<br>S14 | 66 | 1699 | →*UN 3450* |
| | | | | | 2<br>(E) | | | CV13<br>CV28 | S9<br>S19 | | 1700 | |
| T7 | TP2 | L4BH | TU15<br>TE19 | AT | 2<br>(D/E) | | | CV13<br>CV28 | S9<br>S19 | 60 | 1701 | →*UN 3417* |
| T7 | TP2 | L4BH | TU15<br>TE19 | AT | 2<br>(D/E) | | | CV13<br>CV28 | S9<br>S19 | 60 | 1702 | |

## UN-numerisches Verzeichnis (Tabelle A)

| Verlagshinweis: Sicherung | Verlagshinweis: Fahrweg | UN-Nummer | Benennung und Beschreibung | Klasse | Klassifizierungscode | Verpackungsgruppe | Gefahrzettel | Sondervorschriften | Begrenzte und freigestellte Mengen | | Verpackungen: Anweisungen | Verpackungen: Sondervorschriften | Verpackungen: Zusammenpackung |
|---|---|---|---|---|---|---|---|---|---|---|---|---|---|
| | | | 3.1.2 | 2.2 | 2.2 | 2.1.1.3 | 5.2.2 | 3.3 | 3.4/3.5.1.2 | | 4.1.4 | 4.1.4 | 4.1.10 |
| | | (1) | (2) | (3a) | (3b) | (4) | (5) | (6) | (7a) | (7b) | (8) | (9a) | (9b) |
| | | 1704 | TETRAETHYLDITHIOPYROPHOSPHAT | 6.1 | T1 | II | 6.1 | 43 | 100 ml | E4 | P001<br>IBC02 | | MP15 |
| | | 1707 | THALLIUMVERBINDUNG, N.A.G. | 6.1 | T5 | II | 6.1 | 43<br>274 | 500 g | E4 | P002<br>IBC08 | B4 | MP10 |
| | | 1708 | TOLUIDINE, FLÜSSIG | 6.1 | T1 | II | 6.1 | 279 | 100 ml | E4 | P001<br>IBC02 | | MP15 |
| | | 1709 | 2,4-TOLUYLENDIAMIN, FEST | 6.1 | T2 | III | 6.1 | | 5 kg | E1 | P002<br>IBC08<br>LP02<br>R001 | B3 | MP10 |
| | | 1710 | TRICHLORETHYLEN | 6.1 | T1 | III | 6.1 | | 5 L | E1 | P001<br>IBC03<br>LP01<br>R001 | | MP19 |
| | | 1711 | XYLIDINE, FLÜSSIG | 6.1 | T1 | II | 6.1 | | 100 ml | E4 | P001<br>IBC02 | | MP15 |
| | | 1712 | ZINKARSENAT oder ZINKARSENIT oder ZINKARSENAT UND ZINKARSENIT, MISCHUNG | 6.1 | T5 | II | 6.1 | | 500 g | E4 | P002<br>IBC08 | B4 | MP10 |
| ! | | 1713 | ZINKCYANID | 6.1 | T5 | I | 6.1 | | 0 | E5 | P002<br>IBC07 | | MP18 |
| | | 1714 | ZINKPHOSPHID | 4.3 | WT2 | I | 4.3+6.1 | | 0 | E0 | P403 | | MP2 |
| | | 1715 | ESSIGSÄUREANHYDRID | 8 | CF1 | II | 8+3 | | 1 L | E2 | P001<br>IBC02 | | MP15 |
| | | 1716 | ACETYLBROMID | 8 | C3 | II | 8 | | 1 L | E2 | P001<br>IBC02 | | MP15 |
| ! | ● | 1717 | ACETYLCHLORID | 3 | FC | II | 3+8 | | 1 L | E2 | P001<br>IBC02 | | MP19 |
| | | 1718 | BUTYLPHOSPHAT | 8 | C3 | III | 8 | | 5 L | E1 | P001<br>IBC03<br>LP01<br>R001 | | MP19 |
| | | 1719 | ÄTZENDER ALKALISCHER FLÜSSIGER STOFF, N.A.G. | 8 | C5 | II | 8 | 274 | 1 L | E2 | P001<br>IBC02 | | MP15 |
| | | 1719 | ÄTZENDER ALKALISCHER FLÜSSIGER STOFF, N.A.G. | 8 | C5 | III | 8 | 274 | 5 L | E1 | P001<br>IBC03<br>R001 | | MP19 |
| ! | ● | 1722 | ALLYLCHLORFORMIAT | 6.1 | TFC | I | 6.1+3+8 | | 0 | E0 | P001 | | MP8<br>MP17 |
| ! | ● | 1723 | ALLYLIODID | 3 | FC | II | 3+8 | | 1 L | E2 | P001<br>IBC02 | | MP19 |
| | | 1724 | ALLYLTRICHLORSILAN, STABILISIERT | 8 | CF1 | II | 8+3 | 386<br>676 | 0 | E0 | P010 | | MP15 |
| | | 1725 | ALUMINIUMBROMID, WASSERFREI | 8 | C2 | II | 8 | 588 | 1 kg | E2 | P002<br>IBC08 | B4 | MP10 |
| | | 1726 | ALUMINIUMCHLORID, WASSERFREI | 8 | C2 | II | 8 | 588 | 1 kg | E2 | P002<br>IBC08 | B4 | MP10 |
| | | 1727 | AMMONIUMHYDROGENDIFLUORID, FEST | 8 | C2 | II | 8 | | 1 kg | E2 | P002<br>IBC08 | B4 | MP10 |
| | | 1728 | AMYLTRICHLORSILAN | 8 | C3 | II | 8 | | 0 | E0 | P010 | | MP15 |

| Ortsbewegliche Tanks und Schüttgut-Container | | ADR-Tanks | | Fahrzeug für die Beförderung in Tanks | Beförderungskategorie (Tunnelbeschränkungscode) | Sondervorschriften für die Beförderung | | | | Nummer zur Kennzeichnung der Gefahr | UN-Nummer | Verlagshinweis *„Gut zu wissen"* |
|---|---|---|---|---|---|---|---|---|---|---|---|---|
| Anweisungen | Sondervorschriften | Tankcodierung | Sondervorschriften | | | Versandstücke | lose Schüttung | Be- und Entladung, Handhabung | Betrieb | | | |
| 4.2.5.2<br>7.3.2 | 4.2.5.3 | 4.3 | 4.3.5<br>6.8.4 | 9.1.1.2 | 1.1.3.6<br>(8.6) | 7.2.4 | 7.3.3 | 7.5.11 | 8.5 | 5.3.2.3 | | |
| (10) | (11) | (12) | (13) | (14) | (15) | (16) | (17) | (18) | (19) | (20) | (1) | |
| T7 | TP2 | L4BH | TU15<br>TE19 | AT | 2<br>(D/E) | | | CV13<br>CV28 | S9<br>S19 | 60 | 1704 | |
| T3 | TP33 | SGAH<br>L4BH | TU15<br>TE19 | AT | 2<br>(D/E) | V11 | | CV13<br>CV28 | S9<br>S19 | 60 | 1707 | *→1.1.3.10* |
| T7 | TP2 | L4BH | TU15<br>TE19 | AT | 2<br>(D/E) | | | CV13<br>CV28 | S9<br>S19 | 60 | 1708 | *→UN 3451* |
| T1 | TP33 | SGAH<br>L4BH | TU15<br>TE19 | AT | 2<br>(E) | | VC1<br>VC2<br>AP7 | CV13<br>CV28 | S9 | 60 | 1709 | *→UN 3418* |
| T4 | TP1 | L4BH | TU15<br>TE19 | AT | 2<br>(E) | V12 | | CV13<br>CV28 | S9 | 60 | 1710 | |
| T7 | TP2 | L4BH | TU15<br>TE19 | AT | 2<br>(D/E) | | | CV13<br>CV28 | S9<br>S19 | 60 | 1711 | *→UN 3452* |
| T3 | TP33 | SGAH | TU15<br>TE19 | AT | 2<br>(D/E) | V11 | | CV13<br>CV28 | S9<br>S19 | 60 | 1712 | |
| T6 | TP33 | S10AH | TU15<br>TE19 | AT | 1<br>(C/E) | V10 | | CV1<br>CV13<br>CV28 | S9<br>S14 | 66 | 1713 | |
| | | | | | 1<br>(E) | V1 | | CV23<br>CV28 | S14 | | 1714 | |
| T7 | TP2 | L4BN | | FL | 2<br>(D/E) | | | | S2 | 83 | 1715 | |
| T8 | TP2 | L4BN | | AT | 2<br>(E) | | | | | 80 | 1716 | |
| T8 | TP2 | L4BH | | FL | 2<br>(D/E) | | | | S2<br>S20 | X338 | 1717 | |
| T4 | TP1 | L4BN | | AT | 3<br>(E) | V12 | | | | 80 | 1718 | |
| T11 | TP2<br>TP27 | L4BN | | AT | 2<br>(E) | | | | | 80 | 1719 | |
| T7 | TP1<br>TP28 | L4BN | | AT | 3<br>(E) | V12 | | | | 80 | 1719 | |
| T14 | TP2 | L10CH | TU14<br>TU15<br>TE19<br>TE21 | FL | 1<br>(C/D) | | | CV1<br>CV13<br>CV28 | S2<br>S9<br>S14 | 668 | 1722 | |
| T7 | TP2 | L4BH | | FL | 2<br>(D/E) | | | | S2<br>S20 | 338 | 1723 | |
| T10 | TP2<br>TP7 | L4BN | | FL | 2<br>(D/E) | V8 | | | S2<br>S4 | X839 | 1724 | |
| T3 | TP33 | SGAN | | AT | 2<br>(E) | V11 | | | | 80 | 1725 | |
| T3 | TP33 | SGAN | | AT | 2<br>(E) | V11 | | | | 80 | 1726 | |
| T3 | TP33 | SGAN | | AT | 2<br>(E) | V11 | | | | 80 | 1727 | |
| T10 | TP2<br>TP7 | L4BN | | AT | 2<br>(E) | | | | | X80 | 1728 | |

| Verlagshinweis | | UN-Nummer | Benennung und Beschreibung | Klasse | Klassifizierungscode | Verpackungsgruppe | Gefahrzettel | Sondervorschriften | Begrenzte und freigestellte Mengen | | Verpackungen | | |
|---|---|---|---|---|---|---|---|---|---|---|---|---|---|
| Sicherung | Fahrweg | | | | | | | | | | Anweisungen | Sondervorschriften | Zusammenpackung |
| | | | 3.1.2 | 2.2 | 2.2 | 2.1.1.3 | 5.2.2 | 3.3 | 3.4/3.5.1.2 | | 4.1.4 | 4.1.4 | 4.1.10 |
| | | (1) | (2) | (3a) | (3b) | (4) | (5) | (6) | (7a) | (7b) | (8) | (9a) | (9b) |
| | | 1729 | ANISOYLCHLORID | 8 | C4 | II | 8 | | 1 kg | E2 | P002<br>IBC08 | <br>B4 | MP10 |
| | | 1730 | ANTIMONPENTACHLORID, FLÜSSIG | 8 | C1 | II | 8 | | 1 L | E2 | P001<br>IBC02 | | MP15 |
| | | 1731 | ANTIMONPENTACHLORID, LÖSUNG | 8 | C1 | II | 8 | | 1 L | E2 | P001<br>IBC02 | | MP15 |
| | | 1731 | ANTIMONPENTACHLORID, LÖSUNG | 8 | C1 | III | 8 | | 5 L | E1 | P001<br>IBC03<br>LP01<br>R001 | | MP19 |
| | | 1732 | ANTIMONPENTAFLUORID | 8 | CT1 | II | 8+6.1 | | 1 L | E0 | P001<br>IBC02 | | MP15 |
| | | 1733 | ANTIMONTRICHLORID | 8 | C2 | II | 8 | | 1 kg | E2 | P002<br>IBC08 | <br>B4 | MP10 |
| | | 1736 | BENZOYLCHLORID | 8 | C3 | II | 8 | | 1 L | E2 | P001<br>IBC02 | | MP15 |
| | | 1737 | BENZYLBROMID | 6.1 | TC1 | II | 6.1+8 | | 0 | E4 | P001<br>IBC02 | | MP15 |
| | | 1738 | BENZYLCHLORID | 6.1 | TC1 | II | 6.1+8 | | 0 | E4 | P001<br>IBC02 | | MP15 |
| ! | ● | 1739 | BENZYLCHLORFORMIAT | 8 | C9 | I | 8 | | 0 | E0 | P001 | | MP8<br>MP17 |
| | | 1740 | HYDROGENDIFLUORIDE, FEST, N.A.G. | 8 | C2 | II | 8 | 517 | 1 kg | E2 | P002<br>IBC08 | <br>B4 | MP10 |
| | | 1740 | HYDROGENDIFLUORIDE, FEST, N.A.G. | 8 | C2 | III | 8 | 517 | 5 kg | E1 | P002<br>IBC08<br>LP02<br>R001 | <br>B3 | MP10 |
| ! | ● | 1741 | BORTRICHLORID | 2 | 2TC | | 2.3+8 | | 0 | E0 | P200 | | MP9 |
| | | 1742 | BORTRIFLUORID-ESSIGSÄURE-KOMPLEX, FLÜSSIG | 8 | C3 | II | 8 | | 1 L | E2 | P001<br>IBC02 | | MP15 |
| | | 1743 | BORTRIFLUORID-PROPIONSÄURE-KOMPLEX, FLÜSSIG | 8 | C3 | II | 8 | | 1 L | E2 | P001<br>IBC02 | | MP15 |
| ! | ● | 1744 | BROM oder BROM, LÖSUNG | 8 | CT1 | I | 8+6.1 | | 0 | E0 | P804 | | MP2 |
| ! | ● | 1745 | BROMPENTAFLUORID | 5.1 | OTC | I | 5.1+6.1+8 | | 0 | E0 | P200 | | MP2 |
| ! | ● | 1746 | BROMTRIFLUORID | 5.1 | OTC | I | 5.1+6.1+8 | | 0 | E0 | P200 | | MP2 |
| | | 1747 | BUTYLTRICHLORSILAN | 8 | CF1 | II | 8+3 | | 0 | E0 | P010 | | MP15 |
| | | 1748 | CALCIUMHYPOCHLORIT, TROCKEN oder CALCIUMHYPOCHLORIT, MISCHUNG, TROCKEN, mit mehr als 39 % aktivem Chlor (8,8 % aktivem Sauerstoff) | 5.1 | O2 | II | 5.1 | 314 | 1 kg | E2 | P002<br>IBC08 | <br>B4 B13 | MP10 |

| Ortsbewegliche Tanks und Schüttgut-Container | | ADR-Tanks | | Fahrzeug für die Beförderung in Tanks | Beförderungskategorie (Tunnelbeschränkungscode) | Sondervorschriften für die Beförderung | | | | Nummer zur Kennzeichnung der Gefahr | UN-Nummer | Verlagshinweis *„Gut zu wissen"* |
|---|---|---|---|---|---|---|---|---|---|---|---|---|
| Anweisungen | Sondervorschriften | Tankcodierung | Sondervorschriften | | | Versandstücke | lose Schüttung | Be- und Entladung, Handhabung | Betrieb | | | |
| 4.2.5.2<br>7.3.2 | 4.2.5.3 | 4.3 | 4.3.5<br>6.8.4 | 9.1.1.2 | 1.1.3.6<br>(8.6) | 7.2.4 | 7.3.3 | 7.5.11 | 8.5 | 5.3.2.3 | | |
| (10) | (11) | (12) | (13) | (14) | (15) | (16) | (17) | (18) | (19) | (20) | (1) | |
| T3 | TP33 | SGAN<br>L4BN | | AT | 2<br>(E) | V11 | | | | 80 | 1729 | |
| T7 | TP2 | L4BN | | AT | 2<br>(E) | | | | | X80 | 1730 | |
| T7 | TP2 | L4BN | | AT | 2<br>(E) | | | | | 80 | 1731 | |
| T4 | TP1 | L4BN | | AT | 3<br>(E) | V12 | | | | 80 | 1731 | |
| T7 | TP2 | L4BN | | AT | 2<br>(E) | | | CV13<br>CV28 | | 86 | 1732 | |
| T3 | TP33 | SGAN<br>L4BN | | AT | 2<br>(E) | V11 | | | | 80 | 1733 | |
| T8 | TP2 | L4BN | | AT | 2<br>(E) | | | | | 80 | 1736 | |
| T8 | TP2 | L4BH | TU15<br>TE19 | AT | 2<br>(D/E) | | | CV13<br>CV28 | S9<br>S19 | 68 | 1737 | |
| T8 | TP2 | L4BH | TU15<br>TE19 | AT | 2<br>(D/E) | | | CV13<br>CV28 | S9<br>S19 | 68 | 1738 | |
| T10 | TP2 | L10BH | | AT | 1<br>(E) | | | | S20 | 88 | 1739 | |
| T3 | TP33 | SGAN | | AT | 2<br>(E) | V11 | | | | 80 | 1740 | →*UN 3471* |
| T1 | TP33 | SGAV | | AT | 3<br>(E) | | VC1<br>VC2<br>AP7 | | | 80 | 1740 | →*UN 3471* |
| (M) | | | | AT | 1<br>(C/D) | | | CV9<br>CV10<br>CV36 | S14 | 268 | 1741 | |
| T8 | TP2 | L4BN | | AT | 2<br>(E) | | | | | 80 | 1742 | →*UN 3419* |
| T8 | TP2 | L4BN | | AT | 2<br>(E) | | | | | 80 | 1743 | →*UN 3420* |
| T22 | TP2<br>TP10 | L21DH(+) | TU14<br>TU33<br>TU43<br>TC5<br>TE21<br>TT2<br>TM3<br>TM5 | AT | 1<br>(C/D) | | | CV13<br>CV28 | S14 | 886 | 1744 | →*2.1.3.4.1* |
| T22 | TP2 | L10DH | TU3 | AT | 1<br>(B/E) | | | CV24<br>CV28 | S14 | 568 | 1745 | |
| T22 | TP2 | L10DH | TU3 | AT | 1<br>(B/E) | | | CV24<br>CV28 | S14 | 568 | 1746 | |
| T10 | TP2<br>TP7 | L4BN | | FL | 2<br>(D/E) | | | | S2 | X83 | 1747 | |
| | | SGAN | TU3 | AT | 2<br>(E) | V11 | | CV24<br>CV35 | | 50 | 1748 | |

| Verlagshinweis | | UN-Nummer | Benennung und Beschreibung | Klasse | Klassifizierungscode | Verpackungsgruppe | Gefahrzettel | Sondervorschriften | Begrenzte und freigestellte Mengen | | Verpackungen | | |
|---|---|---|---|---|---|---|---|---|---|---|---|---|---|
| Sicherung | Fahrweg | | | | | | | | | | Anweisungen | Sondervorschriften | Zusammenpackung |
| | | | 3.1.2 | 2.2 | 2.2 | 2.1.1.3 | 5.2.2 | 3.3 | 3.4/3.5.1.2 | | 4.1.4 | 4.1.4 | 4.1.10 |
| | | (1) | (2) | (3a) | (3b) | (4) | (5) | (6) | (7a) | (7b) | (8) | (9a) | (9b) |
| | | 1748 | CALCIUMHYPOCHLORIT, TROCKEN oder CALCIUMHYPOCHLORIT, MISCHUNG, TROCKEN, mit mehr als 39 % aktivem Chlor (8,8 % aktivem Sauerstoff) | 5.1 | O2 | III | 5.1 | 316 | 5 kg | E1 | P002<br>IBC08<br>R001 | B4 B13 | MP10 |
| ! | ● | 1749 | CHLORTRIFLUORID | 2 | 2TOC | | 2.3+5.1+8 | | 0 | E0 | P200 | | MP9 |
| | | 1750 | CHLORESSIGSÄURE, LÖSUNG | 6.1 | TC1 | II | 6.1+8 | | 100 ml | E4 | P001<br>IBC02 | | MP15 |
| | | 1751 | CHLORESSIGSÄURE, FEST | 6.1 | TC2 | II | 6.1+8 | | 500 g | E4 | P002<br>IBC08 | B4 | MP10 |
| ! | ● | 1752 | CHLORACETYLCHLORID | 6.1 | TC1 | I | 6.1+8 | 354 | 0 | E0 | P602 | | MP8<br>MP17 |
| | | 1753 | CHLORPHENYLTRICHLORSILAN | 8 | C3 | II | 8 | | 0 | E0 | P010 | | MP15 |
| ! | | 1754 | CHLORSULFONSÄURE mit oder ohne Schwefeltrioxid | 8 | C1 | I | 8 | | 0 | E0 | P001 | | MP8<br>MP17 |
| | | 1755 | CHROMSÄURE, LÖSUNG | 8 | C1 | II | 8 | 518 | 1 L | E2 | P001<br>IBC02 | | MP15 |
| | | 1755 | CHROMSÄURE, LÖSUNG | 8 | C1 | III | 8 | 518 | 5 L | E1 | P001<br>IBC02<br>LP01<br>R001 | | MP19 |
| | | 1756 | CHROMFLUORID, FEST | 8 | C2 | II | 8 | | 1 kg | E2 | P002<br>IBC08 | B4 | MP10 |
| | | 1757 | CHROMFLUORID, LÖSUNG | 8 | C1 | II | 8 | | 1 L | E2 | P001<br>IBC02 | | MP15 |
| | | 1757 | CHROMFLUORID, LÖSUNG | 8 | C1 | III | 8 | | 5 L | E1 | P001<br>IBC03<br>LP01<br>R001 | | MP19 |
| ! | | 1758 | CHROMOXYCHLORID | 8 | C1 | I | 8 | | 0 | E0 | P001 | | MP8<br>MP17 |
| ! | | 1759 | ÄTZENDER FESTER STOFF, N.A.G. | 8 | C10 | I | 8 | 274 | 0 | E0 | P002<br>IBC07 | | MP18 |
| | | 1759 | ÄTZENDER FESTER STOFF, N.A.G. | 8 | C10 | II | 8 | 274 | 1 kg | E2 | P002<br>IBC08 | B4 | MP10 |
| | | 1759 | ÄTZENDER FESTER STOFF, N.A.G. | 8 | C10 | III | 8 | 274 | 5 kg | E1 | P002<br>IBC08<br>LP02<br>R001 | B3 | MP10 |
| ! | | 1760 | ÄTZENDER FLÜSSIGER STOFF, N.A.G. | 8 | C9 | I | 8 | 274 | 0 | E0 | P001 | | MP8<br>MP17 |
| | | 1760 | ÄTZENDER FLÜSSIGER STOFF, N.A.G. | 8 | C9 | II | 8 | 274 | 1 L | E2 | P001<br>IBC02 | | MP15 |
| | | 1760 | ÄTZENDER FLÜSSIGER STOFF, N.A.G. | 8 | C9 | III | 8 | 274 | 5 L | E1 | P001<br>IBC03<br>LP01<br>R001 | | MP19 |
| | | 1761 | KUPFERETHYLENDIAMIN, LÖSUNG | 8 | CT1 | II | 8+6.1 | | 1 L | E2 | P001<br>IBC02 | | MP15 |
| | | 1761 | KUPFERETHYLENDIAMIN, LÖSUNG | 8 | CT1 | III | 8+6.1 | | 5 L | E1 | P001<br>IBC03<br>R001 | | MP19 |

| Ortsbewegliche Tanks und Schüttgut-Container | | ADR-Tanks | | Fahrzeug für die Beförderung in Tanks | Beförderungskategorie (Tunnelbeschränkungscode) | Sondervorschriften für die Beförderung | | | | Nummer zur Kennzeichnung der Gefahr | UN-Nummer | Verlagshinweis *„Gut zu wissen"* |
|---|---|---|---|---|---|---|---|---|---|---|---|---|
| Anweisungen | Sondervorschriften | Tankcodierung | Sondervorschriften | | | Versandstücke | lose Schüttung | Be- und Entladung, Handhabung | Betrieb | | | |
| 4.2.5.2<br>7.3.2 | 4.2.5.3 | 4.3 | 4.3.5<br>6.8.4 | 9.1.1.2 | 1.1.3.6<br>(8.6) | 7.2.4 | 7.3.3 | 7.5.11 | 8.5 | 5.3.2.3 | | |
| (10) | (11) | (12) | (13) | (14) | (15) | (16) | (17) | (18) | (19) | (20) | (1) | |
| | | SGAV | TU3 | AT | 3<br>(E) | | | CV24<br>CV35 | | 50 | 1748 | |
| (M) | | PxBH(M) | TA4<br>TT9 | AT | 1<br>(C/D) | | | CV9<br>CV10<br>CV36 | S14 | 265 | 1749 | |
| T7 | TP2 | L4BH | TU15<br>TE19 | AT | 2<br>(D/E) | | | CV13<br>CV28 | S9<br>S19 | 68 | 1750 | |
| T3 | TP33 | SGAH | TU15<br>TE19 | AT | 2<br>(D/E) | V11 | | CV13<br>CV28 | S9<br>S19 | 68 | 1751 | |
| T20 | TP2 | L10CH | TU14<br>TU15<br>TE19<br>TE21 | AT | 1<br>(C/D) | | | CV1<br>CV13<br>CV28 | S9<br>S14 | 668 | 1752 | |
| T10 | TP2<br>TP7 | L4BN | | AT | 2<br>(E) | | | | | X80 | 1753 | |
| T20 | TP2 | L10BH | | AT | 1<br>(E) | | | | S20 | X88 | 1754 | |
| T8 | TP2 | L4BN | TU42 | AT | 2<br>(E) | | | | | 80 | 1755 | |
| T4 | TP1 | L4BN | TU42 | AT | 3<br>(E) | | | | | 80 | 1755 | |
| T3 | TP33 | SGAN | | AT | 2<br>(E) | V11 | | | | 80 | 1756 | |
| T7 | TP2 | L4BN | | AT | 2<br>(E) | | | | | 80 | 1757 | |
| T4 | TP1 | L4BN | | AT | 3<br>(E) | V12 | | | | 80 | 1757 | |
| T10 | TP2 | L10BH | | AT | 1<br>(E) | | | | S20 | X88 | 1758 | |
| T6 | TP33 | S10AN<br>L10BH | | AT | 1<br>(E) | V10 | | | S20 | 88 | 1759 | *→5.3.3<br>→5.4.1.1.14* |
| T3 | TP33 | SGAN<br>L4BN | | AT | 2<br>(E) | V11 | | | | 80 | 1759 | *→5.3.3<br>→5.4.1.1.14* |
| T1 | TP33 | SGAV<br>L4BN | | AT | 3<br>(E) | | VC1<br>VC2<br>AP7 | | | 80 | 1759 | *→5.3.3<br>→5.4.1.1.14* |
| T14 | TP2<br>TP27 | L10BH | | AT | 1<br>(E) | | | | S20 | 88 | 1760 | |
| T11 | TP2<br>TP27 | L4BN | | AT | 2<br>(E) | | | | | 80 | 1760 | |
| T7 | TP1<br>TP28 | L4BN | | AT | 3<br>(E) | V12 | | | | 80 | 1760 | |
| T7 | TP2 | L4BN | | AT | 2<br>(E) | | | CV13<br>CV28 | | 86 | 1761 | |
| T7 | TP1<br>TP28 | L4BN | | AT | 3<br>(E) | V12 | | CV13<br>CV28 | | 86 | 1761 | |

| Verlagshinweis | | UN-Nummer | Benennung und Beschreibung | Klasse | Klassifizierungscode | Verpackungsgruppe | Gefahrzettel | Sondervorschriften | Begrenzte und freigestellte Mengen | | Verpackungen | | |
|---|---|---|---|---|---|---|---|---|---|---|---|---|---|
| Sicherung | Fahrweg | | | | | | | | | | Anweisungen | Sondervorschriften | Zusammenpackung |
| | | | 3.1.2 | 2.2 | 2.2 | 2.1.1.3 | 5.2.2 | 3.3 | 3.4/3.5.1.2 | | 4.1.4 | 4.1.4 | 4.1.10 |
| | | (1) | (2) | (3a) | (3b) | (4) | (5) | (6) | (7a) | (7b) | (8) | (9a) | (9b) |
| | | 1762 | CYCLOHEXENYLTRICHLORSILAN | 8 | C3 | II | 8 | | 0 | E0 | P010 | | MP15 |
| | | 1763 | CYCLOHEXYLTRICHLORSILAN | 8 | C3 | II | 8 | | 0 | E0 | P010 | | MP15 |
| | | 1764 | DICHLORESSIGSÄURE | 8 | C3 | II | 8 | | 1 L | E2 | P001<br>IBC02 | | MP15 |
| | | 1765 | DICHLORACETYLCHLORID | 8 | C3 | II | 8 | | 1 L | E2 | P001<br>IBC02 | | MP15 |
| | | 1766 | DICHLORPHENYLTRICHLORSILAN | 8 | C3 | II | 8 | | 0 | E0 | P010 | | MP15 |
| | | 1767 | DIETHYLDICHLORSILAN | 8 | CF1 | II | 8+3 | | 0 | E0 | P010 | | MP15 |
| | | 1768 | DIFLUORPHOSPHORSÄURE, WASSERFREI | 8 | C1 | II | 8 | | 1 L | E2 | P001<br>IBC02 | | MP15 |
| | | 1769 | DIPHENYLDICHLORSILAN | 8 | C3 | II | 8 | | 0 | E0 | P010 | | MP15 |
| | | 1770 | DIPHENYLBROMMETHAN | 8 | C10 | II | 8 | | 1 kg | E2 | P002<br>IBC08 | <br>B4 | MP10 |
| | | 1771 | DODECYLTRICHLORSILAN | 8 | C3 | II | 8 | | 0 | E0 | P010 | | MP15 |
| | | 1773 | EISENCHLORID, WASSERFREI | 8 | C2 | III | 8 | 590 | 5 kg | E1 | P002<br>IBC08<br>LP02<br>R001 | <br>B3 | MP10 |
| | | 1774 | FEUERLÖSCHER-LADUNGEN, ätzender flüssiger Stoff | 8 | C9 | II | 8 | | 1 L | E0 | P001 | PP4 | |
| | | 1775 | FLUORBORSÄURE | 8 | C1 | II | 8 | | 1 L | E2 | P001<br>IBC02 | | MP15 |
| | | 1776 | FLUORPHOSPHORSÄURE, WASSERFREI | 8 | C1 | II | 8 | | 1 L | E2 | P001<br>IBC02 | | MP15 |
| ! | ● | 1777 | FLUORSULFONSÄURE | 8 | C1 | I | 8 | | 0 | E0 | P001 | | MP8<br>MP17 |
| | | 1778 | FLUORKIESELSÄURE | 8 | C1 | II | 8 | | 1 L | E2 | P001<br>IBC02 | | MP15 |
| | | 1779 | AMEISENSÄURE mit mehr als 85 Masse-% Säure | 8 | CF1 | II | 8+3 | | 1 L | E2 | P001<br>IBC02 | | MP15 |
| | | 1780 | FUMARYLCHLORID | 8 | C3 | II | 8 | | 1 L | E2 | P001<br>IBC02 | | MP15 |
| | | 1781 | HEXADECYLTRICHLORSILAN | 8 | C3 | II | 8 | | 0 | E0 | P010 | | MP15 |
| | | 1782 | HEXAFLUORPHOSPHORSÄURE | 8 | C1 | II | 8 | | 1 L | E2 | P001<br>IBC02 | | MP15 |
| | | 1783 | HEXAMETHYLENDIAMIN, LÖSUNG | 8 | C7 | II | 8 | | 1 L | E2 | P001<br>IBC02 | | MP15 |
| | | 1783 | HEXAMETHYLENDIAMIN, LÖSUNG | 8 | C7 | III | 8 | | 5 L | E1 | P001<br>IBC03<br>LP01<br>R001 | | MP19 |
| | | 1784 | HEXYLTRICHLORSILAN | 8 | C3 | II | 8 | | 0 | E0 | P010 | | MP15 |
| ! | | 1786 | FLUORWASSERSTOFFSÄURE UND SCHWEFELSÄURE, MISCHUNG | 8 | CT1 | I | 8+6.1 | | 0 | E0 | P001 | | MP8<br>MP17 |
| | | 1787 | IODWASSERSTOFFSÄURE | 8 | C1 | II | 8 | | 1 L | E2 | P001<br>IBC02 | | MP15 |

| Ortsbewegliche Tanks und Schüttgut-Container | | ADR-Tanks | | Fahrzeug für die Beförderung in Tanks | Beförderungskategorie (Tunnelbeschränkungscode) | Sondervorschriften für die Beförderung | | | | Nummer zur Kennzeichnung der Gefahr | UN-Nummer | Verlagshinweis „Gut zu wissen" |
|---|---|---|---|---|---|---|---|---|---|---|---|---|
| Anweisungen | Sondervorschriften | Tankcodierung | Sondervorschriften | | | Versandstücke | lose Schüttung | Be- und Entladung, Handhabung | Betrieb | | | |
| 4.2.5.2<br>7.3.2 | 4.2.5.3 | 4.3 | 4.3.5<br>6.8.4 | 9.1.1.2 | 1.1.3.6<br>(8.6) | 7.2.4 | 7.3.3 | 7.5.11 | 8.5 | 5.3.2.3 | | |
| (10) | (11) | (12) | (13) | (14) | (15) | (16) | (17) | (18) | (19) | (20) | (1) | |
| T10 | TP2<br>TP7 | L4BN | | AT | 2<br>(E) | | | | | X80 | 1762 | |
| T10 | TP2<br>TP7 | L4BN | | AT | 2<br>(E) | | | | | X80 | 1763 | |
| T8 | TP2 | L4BN | | AT | 2<br>(E) | | | | | 80 | 1764 | |
| T7 | TP2 | L4BN | | AT | 2<br>(E) | | | | | X80 | 1765 | |
| T10 | TP2<br>TP7 | L4BN | | AT | 2<br>(E) | | | | | X80 | 1766 | |
| T10 | TP2<br>TP7 | L4BN | | FL | 2<br>(D/E) | | | | S2 | X83 | 1767 | |
| T8 | TP2 | L4BN | | AT | 2<br>(E) | | | | | 80 | 1768 | |
| T10 | TP2<br>TP7 | L4BN | | AT | 2<br>(E) | | | | | X80 | 1769 | |
| T3 | TP33 | SGAN<br>L4BN | | AT | 2<br>(E) | V11 | | | | 80 | 1770 | |
| T10 | TP2<br>TP7 | L4BN | | AT | 2<br>(E) | | | | | X80 | 1771 | |
| T1 | TP33 | SGAV | | AT | 3<br>(E) | | VC1<br>VC2<br>AP7 | | | 80 | 1773 | |
| | | | | | 2<br>(E) | | | | | | 1774 | |
| T7 | TP2 | L4BN | | AT | 2<br>(E) | | | | | 80 | 1775 | |
| T8 | TP2 | L4BN | | AT | 2<br>(E) | | | | | 80 | 1776 | |
| T10 | TP2 | L10BH | | AT | 1<br>(E) | | | | S20 | 88 | 1777 | |
| T8 | TP2 | L4BN | TU42 | AT | 2<br>(E) | | | | | 80 | 1778 | |
| T7 | TP2 | L4BN | TU42 | FL | 2<br>(D/E) | | | | S2 | 83 | 1779 | *→UN 3412* |
| T7 | TP2 | L4BN | | AT | 2<br>(E) | | | | | 80 | 1780 | |
| T10 | TP2<br>TP7 | L4BN | | AT | 2<br>(E) | | | | | X80 | 1781 | |
| T8 | TP2 | L4BN | | AT | 2<br>(E) | | | | | 80 | 1782 | |
| T7 | TP2 | L4BN | | AT | 2<br>(E) | | | | | 80 | 1783 | |
| T4 | TP1 | L4BN | | AT | 3<br>(E) | V12 | | | | 80 | 1783 | |
| T10 | TP2<br>TP7 | L4BN | | AT | 2<br>(E) | | | | | X80 | 1784 | |
| T10 | TP2 | L10DH | TU14<br>TE21 | AT | 1<br>(C/D) | | | CV13<br>CV28 | S14 | 886 | 1786 | |
| T7 | TP2 | L4BN | | AT | 2<br>(E) | | | | | 80 | 1787 | |

| Verlagshinweis: Sicherung | Verlagshinweis: Fahrweg | UN-Nummer | Benennung und Beschreibung | Klasse | Klassifizierungscode | Verpackungsgruppe | Gefahrzettel | Sondervorschriften | Begrenzte und freigestellte Mengen | | Verpackungen: Anweisungen | Verpackungen: Sondervorschriften | Verpackungen: Zusammenpackung |
|---|---|---|---|---|---|---|---|---|---|---|---|---|---|
| | | | 3.1.2 | 2.2 | 2.2 | 2.1.1.3 | 5.2.2 | 3.3 | 3.4/3.5.1.2 | | 4.1.4 | 4.1.4 | 4.1.10 |
| | | (1) | (2) | (3a) | (3b) | (4) | (5) | (6) | (7a) | (7b) | (8) | (9a) | (9b) |
| | | 1787 | IODWASSERSTOFFSÄURE | 8 | C1 | III | 8 | | 5 L | E1 | P001<br>IBC03<br>LP01<br>R001 | | MP19 |
| | | 1788 | BROMWASSERSTOFFSÄURE | 8 | C1 | II | 8 | 519 | 1 L | E2 | P001<br>IBC02 | | MP15 |
| | | 1788 | BROMWASSERSTOFFSÄURE | 8 | C1 | III | 8 | 519 | 5 L | E1 | P001<br>IBC03<br>LP01<br>R001 | | MP19 |
| | | 1789 | CHLORWASSERSTOFFSÄURE | 8 | C1 | II | 8 | 520 | 1 L | E2 | P001<br>IBC02 | | MP15 |
| | | 1789 | CHLORWASSERSTOFFSÄURE | 8 | C1 | III | 8 | 520 | 5 L | E1 | P001<br>IBC03<br>LP01<br>R001 | | MP19 |
| ! | ● | 1790 | FLUORWASSERSTOFFSÄURE mit mehr als 85 % Fluorwasserstoff | 8 | CT1 | I | 8+6.1 | 640I | 0 | E0 | P802 | | MP2 |
| ! | ● | 1790 | FLUORWASSERSTOFFSÄURE mit mehr als 60 % Fluorwasserstoff, aber höchstens 85 % Fluorwasserstoff | 8 | CT1 | I | 8+6.1 | 640J | 0 | E0 | P001 | PP81 | MP8<br>MP17 |
| | | 1790 | FLUORWASSERSTOFFSÄURE mit höchstens 60 % Fluorwasserstoff | 8 | CT1 | II | 8+6.1 | | 1 L | E2 | P001<br>IBC02 | | MP15 |
| | | 1791 | HYPOCHLORITLÖSUNG | 8 | C9 | II | 8 | 521 | 1 L | E2 | P001<br>IBC02 | PP10<br>B5 | MP15 |
| | | 1791 | HYPOCHLORITLÖSUNG | 8 | C9 | III | 8 | 521 | 5 L | E1 | P001<br>IBC02<br>LP01<br>R001 | B5 | MP19 |
| | | 1792 | IODMONOCHLORID, FEST | 8 | C2 | II | 8 | | 1 kg | E0 | P002<br>IBC08 | B4 | MP10 |
| | | 1793 | ISOPROPYLPHOSPHAT | 8 | C3 | III | 8 | | 5 L | E1 | P001<br>IBC02<br>LP01<br>R001 | | MP19 |
| | | 1794 | BLEISULFAT mit mehr als 3 % freier Säure | 8 | C2 | II | 8 | 591 | 1 kg | E2 | P002<br>IBC08 | B4 | MP10 |
| ! | | 1796 | NITRIERSÄUREMISCHUNG mit mehr als 50 % Salpetersäure | 8 | CO1 | I | 8+5.1 | | 0 | E0 | P001 | | MP8<br>MP17 |
| | | 1796 | NITRIERSÄUREMISCHUNG mit höchstens 50 % Salpetersäure | 8 | C1 | II | 8 | | 1 L | E0 | P001<br>IBC02 | | MP15 |
| ! | | 1798 | GEMISCHE AUS SALPETERSÄURE UND SALZSÄURE | 8 | COT | BEFÖRDERUNG VERBOTEN | | | | | | | |
| | | 1799 | NONYLTRICHLORSILAN | 8 | C3 | II | 8 | | 0 | E0 | P010 | | MP15 |
| | | 1800 | OCTADECYLTRICHLORSILAN | 8 | C3 | II | 8 | | 0 | E0 | P010 | | MP15 |
| | | 1801 | OCTYLTRICHLORSILAN | 8 | C3 | II | 8 | | 0 | E0 | P010 | | MP15 |
| | | 1802 | PERCHLORSÄURE mit höchstens 50 Masse-% Säure | 8 | CO1 | II | 8+5.1 | 522 | 1 L | E0 | P001<br>IBC02 | | MP3 |

| Ortsbewegliche Tanks und Schüttgut-Container | | ADR-Tanks | | Fahrzeug für die Beförderung in Tanks | Beförderungskategorie (Tunnelbeschränkungscode) | Sondervorschriften für die Beförderung | | | | Nummer zur Kennzeichnung der Gefahr | UN-Nummer | Verlagshinweis „Gut zu wissen" |
|---|---|---|---|---|---|---|---|---|---|---|---|---|
| Anweisungen | Sondervorschriften | Tankcodierung | Sondervorschriften | | | Versandstücke | lose Schüttung | Be- und Entladung, Handhabung | Betrieb | | | |
| 4.2.5.2 7.3.2 | 4.2.5.3 | 4.3 | 4.3.5 6.8.4 | 9.1.1.2 | 1.1.3.6 (8.6) | 7.2.4 | 7.3.3 | 7.5.11 | 8.5 | 5.3.2.3 | | |
| (10) | (11) | (12) | (13) | (14) | (15) | (16) | (17) | (18) | (19) | (20) | (1) | |
| T4 | TP1 | L4BN | | AT | 3 (E) | V12 | | | | 80 | 1787 | |
| T7 | TP2 | L4BN | TU42 | AT | 2 (E) | | | | | 80 | 1788 | |
| T4 | TP1 | L4BN | TU42 | AT | 3 (E) | V12 | | | | 80 | 1788 | |
| T8 | TP2 | L4BN | TU42 | AT | 2 (E) | | | | | 80 | 1789 | |
| T4 | TP1 | L4BN | TU42 | AT | 3 (E) | V12 | | | | 80 | 1789 | |
| T10 | TP2 | L21DH(+) | TU14 TU34 TC1 TE21 TA4 TT9 TM3 | AT | 1 (C/D) | | | CV13 CV28 | S14 | 886 | 1790 | →2.1.3.4.1 |
| T10 | TP2 | L10DH | TU14 TE21 | AT | 1 (C/D) | | | CV13 CV28 | S14 | 886 | 1790 | →2.1.3.4.1 |
| T8 | TP2 | L4DH | TU14 TE21 | AT | 2 (E) | | | CV13 CV28 | | 86 | 1790 | →2.1.3.4.1 |
| T7 | TP2 TP24 | L4BV(+) | TU42 TE11 | AT | 2 (E) | | | | | 80 | 1791 | →2.2.51.2.2 |
| T4 | TP2 TP24 | L4BV(+) | TU42 TE11 | AT | 3 (E) | | | | | 80 | 1791 | →2.2.51.2.2 |
| T7 | TP2 | SGAN L4BN | | AT | 2 (E) | V11 | | | | 80 | 1792 | →UN 3498 |
| T4 | TP1 | L4BN | | AT | 3 (E) | | | | | 80 | 1793 | |
| T3 | TP33 | SGAN | | AT | 2 (E) | V11 | VC1 VC2 AP7 | | | 80 | 1794 | |
| T10 | TP2 | L10BH | TC6 TT1 | AT | 1 (E) | | | CV24 | S14 | 885 | 1796 | |
| T8 | TP2 | L4BN | | AT | 2 (E) | | | | | 80 | 1796 | |
| BEFÖRDERUNG VERBOTEN | | | | | | | | | | | 1798 | |
| T10 | TP2 TP7 | L4BN | | AT | 2 (E) | | | | | X80 | 1799 | |
| T10 | TP2 TP7 | L4BN | | AT | 2 (E) | | | | | X80 | 1800 | |
| T10 | TP2 TP7 | L4BN | | AT | 2 (E) | | | | | X80 | 1801 | |
| T7 | TP2 | L4BN | | AT | 2 (E) | | | CV24 | | 85 | 1802 | →2.2.51.2.2 |

## UN-numerisches Verzeichnis (Tabelle A)

| Verlagshinweis | | UN-Nummer | Benennung und Beschreibung | Klasse | Klassifizierungscode | Verpackungsgruppe | Gefahrzettel | Sondervorschriften | Begrenzte und freigestellte Mengen | | Verpackungen | | |
|---|---|---|---|---|---|---|---|---|---|---|---|---|---|
| Sicherung | Fahrweg | | | | | | | | | | Anweisungen | Sondervorschriften | Zusammenpackung |
| | | | 3.1.2 | 2.2 | 2.2 | 2.1.1.3 | 5.2.2 | 3.3 | 3.4/3.5.1.2 | | 4.1.4 | 4.1.4 | 4.1.10 |
| | | (1) | (2) | (3a) | (3b) | (4) | (5) | (6) | (7a) | (7b) | (8) | (9a) | (9b) |
| | | 1803 | PHENOLSULFONSÄURE, FLÜSSIG | 8 | C3 | II | 8 | | 1 L | E2 | P001<br>IBC02 | | MP15 |
| | | 1804 | PHENYLTRICHLORSILAN | 8 | C3 | II | 8 | | 0 | E0 | P010 | | MP15 |
| | | 1805 | PHOSPHORSÄURE, LÖSUNG | 8 | C1 | III | 8 | | 5 L | E1 | P001<br>IBC03<br>LP01<br>R001 | | MP19 |
| | | 1806 | PHOSPHORPENTACHLORID | 8 | C2 | II | 8 | | 1 kg | E0 | P002<br>IBC08 | <br>B4 | MP10 |
| | | 1807 | PHOSPHORPENTOXID | 8 | C2 | II | 8 | | 1 kg | E2 | P002<br>IBC08 | <br>B4 | MP10 |
| | | 1808 | PHOSPHORTRIBROMID | 8 | C1 | II | 8 | | 1 L | E0 | P001<br>IBC02 | | MP15 |
| ! | ● | 1809 | PHOSPHORTRICHLORID | 6.1 | TC3 | I | 6.1+8 | 354 | 0 | E0 | P602 | | MP8<br>MP17 |
| ! | ● | 1810 | PHOSPHOROXYCHLORID | 6.1 | TC3 | I | 6.1+8 | 354 | 0 | E0 | P602 | | MP8<br>MP17 |
| | | 1811 | KALIUMHYDROGENDIFLUORID, FEST | 8 | CT2 | II | 8+6.1 | | 1 kg | E2 | P002<br>IBC08 | <br>B4 | MP10 |
| | | 1812 | KALIUMFLUORID, FEST | 6.1 | T5 | III | 6.1 | | 5 kg | E1 | P002<br>IBC08<br>LP02<br>R001 | <br>B3 | MP10 |
| | | 1813 | KALIUMHYDROXID, FEST | 8 | C6 | II | 8 | | 1 kg | E2 | P002<br>IBC08 | <br>B4 | MP10 |
| | | 1814 | KALIUMHYDROXIDLÖSUNG | 8 | C5 | II | 8 | | 1 L | E2 | P001<br>IBC02 | | MP15 |
| | | 1814 | KALIUMHYDROXIDLÖSUNG | 8 | C5 | III | 8 | | 5 L | E1 | P001<br>IBC03<br>LP01<br>R001 | | MP19 |
| ! | ● | 1815 | PROPIONYLCHLORID | 3 | FC | II | 3+8 | | 1 L | E2 | P001<br>IBC02 | | MP19 |
| | | 1816 | PROPYLTRICHLORSILAN | 8 | CF1 | II | 8+3 | | 0 | E0 | P010 | | MP15 |
| | | 1817 | PYROSULFURYLCHLORID | 8 | C1 | II | 8 | | 1 L | E2 | P001<br>IBC02 | | MP15 |
| | | 1818 | SILICIUMTETRACHLORID | 8 | C1 | II | 8 | | 0 | E0 | P010 | | MP15 |
| | | 1819 | NATRIUMALUMINATLÖSUNG | 8 | C5 | II | 8 | | 1 L | E2 | P001<br>IBC02 | | MP15 |
| | | 1819 | NATRIUMALUMINATLÖSUNG | 8 | C5 | III | 8 | | 5 L | E1 | P001<br>IBC03<br>LP01<br>R001 | | MP19 |
| | | 1823 | NATRIUMHYDROXID, FEST | 8 | C6 | II | 8 | | 1 kg | E2 | P002<br>IBC08 | <br>B4 | MP10 |
| | | 1824 | NATRIUMHYDROXIDLÖSUNG | 8 | C5 | II | 8 | | 1 L | E2 | P001<br>IBC02 | | MP15 |

| Ortsbewegliche Tanks und Schüttgut-Container | | ADR-Tanks | | Fahrzeug für die Beförderung in Tanks | Beförderungskategorie (Tunnelbeschränkungscode) | Sondervorschriften für die Beförderung | | | | Nummer zur Kennzeichnung der Gefahr | UN-Nummer | Verlagshinweis *„Gut zu wissen"* |
|---|---|---|---|---|---|---|---|---|---|---|---|---|
| Anweisungen | Sondervorschriften | Tankcodierung | Sondervorschriften | | | Versandstücke | lose Schüttung | Be- und Entladung, Handhabung | Betrieb | | | |
| 4.2.5.2<br>7.3.2 | 4.2.5.3 | 4.3 | 4.3.5<br>6.8.4 | 9.1.1.2 | 1.1.3.6<br>(8.6) | 7.2.4 | 7.3.3 | 7.5.11 | 8.5 | 5.3.2.3 | | |
| (10) | (11) | (12) | (13) | (14) | (15) | (16) | (17) | (18) | (19) | (20) | (1) | |
| T7 | TP2 | L4BN | TU42 | AT | 2<br>(E) | | | | | 80 | 1803 | |
| T10 | TP2<br>TP7 | L4BN | | AT | 2<br>(E) | | | | | X80 | 1804 | |
| T4 | TP1 | L4BN | TU42 | AT | 3<br>(E) | V12 | | | | 80 | 1805 | *→UN 3453* |
| T3 | TP33 | SGAN | | AT | 2<br>(E) | V11 | | | | 80 | 1806 | |
| T3 | TP33 | SGAN | | AT | 2<br>(E) | V11 | | | | 80 | 1807 | |
| T7 | TP2 | L4BN | | AT | 2<br>(E) | | | | | X80 | 1808 | |
| T20 | TP2 | L10CH | TU14<br>TU15<br>TE19<br>TE21 | AT | 1<br>(C/D) | | | CV1<br>CV13<br>CV28 | S9<br>S14 | 668 | 1809 | |
| T20 | TP2 | L10CH | TU14<br>TU15<br>TE19<br>TE21 | AT | 1<br>(C/D) | | | CV1<br>CV13<br>CV28 | S9<br>S14 | X668 | 1810 | |
| T3 | TP33 | SGAN | | AT | 2<br>(E) | V11 | | CV13<br>CV28 | | 86 | 1811 | *→UN 3421* |
| T1 | TP33 | SGAH | TU15<br>TE19 | AT | 2<br>(E) | | VC1<br>VC2<br>AP7 | CV13<br>CV28 | S9 | 60 | 1812 | *→UN 3422* |
| T3 | TP33 | SGAN | | AT | 2<br>(E) | V11 | | | | 80 | 1813 | |
| T7 | TP2 | L4BN | TU42 | AT | 2<br>(E) | | | | | 80 | 1814 | |
| T4 | TP1 | L4BN | TU42 | AT | 3<br>(E) | V12 | | | | 80 | 1814 | |
| T7 | TP1 | L4BH | | FL | 2<br>(D/E) | | | | S2<br>S20 | 338 | 1815 | |
| T10 | TP2<br>TP7 | L4BN | | FL | 2<br>(D/E) | | | | S2 | X83 | 1816 | |
| T8 | TP2 | L4BN | | AT | 2<br>(E) | | | | | X80 | 1817 | |
| T10 | TP2<br>TP7 | L4BN | | AT | 2<br>(E) | | | | | X80 | 1818 | |
| T7 | TP2 | L4BN | TU42 | AT | 2<br>(E) | | | | | 80 | 1819 | |
| T4 | TP1 | L4BN | TU42 | AT | 3<br>(E) | V12 | | | | 80 | 1819 | |
| T3 | TP33 | SGAN | | AT | 2<br>(E) | V11 | | | | 80 | 1823 | |
| T7 | TP2 | L4BN | TU42 | AT | 2<br>(E) | | | | | 80 | 1824 | |

## UN-numerisches Verzeichnis (Tabelle A)

| Verlagshinweis: Sicherung | Verlagshinweis: Fahrweg | UN-Nummer | Benennung und Beschreibung | Klasse | Klassifizierungscode | Verpackungsgruppe | Gefahrzettel | Sondervorschriften | Begrenzte und freigestellte Mengen | | Verpackungen: Anweisungen | Verpackungen: Sondervorschriften | Verpackungen: Zusammenpackung |
|---|---|---|---|---|---|---|---|---|---|---|---|---|---|
| | | | 3.1.2 | 2.2 | 2.2 | 2.1.1.3 | 5.2.2 | 3.3 | 3.4/3.5.1.2 | | 4.1.4 | 4.1.4 | 4.1.10 |
| | | (1) | (2) | (3a) | (3b) | (4) | (5) | (6) | (7a) | (7b) | (8) | (9a) | (9b) |
| | | 1824 | NATRIUMHYDROXIDLÖSUNG | 8 | C5 | III | 8 | | 5 L | E1 | P001<br>IBC03<br>LP01<br>R001 | | MP19 |
| | | 1825 | NATRIUMMONOXID | 8 | C6 | II | 8 | | 1 kg | E2 | P002<br>IBC08 | <br>B4 | MP10 |
| ! | | 1826 | ABFALLNITRIERSÄUREMISCHUNG mit mehr als 50 % Salpetersäure | 8 | CO1 | I | 8+5.1 | 113 | 0 | E0 | P001 | | MP8<br>MP17 |
| | | 1826 | ABFALLNITRIERSÄUREMISCHUNG mit höchstens 50 % Salpetersäure | 8 | C1 | II | 8 | 113 | 1 L | E0 | P001<br>IBC02 | | MP15 |
| | | 1827 | ZINNTETRACHLORID, WASSERFREI | 8 | C1 | II | 8 | | 1 L | E2 | P001<br>IBC02 | | MP15 |
| ! | | 1828 | SCHWEFELCHLORIDE | 8 | C1 | I | 8 | | 0 | E0 | P602 | | MP8<br>MP17 |
| ! | ● | 1829 | SCHWEFELTRIOXID, STABILISIERT | 8 | C1 | I | 8 | 386<br>623<br>676 | 0 | E0 | P001 | | MP8<br>MP17 |
| | | 1830 | SCHWEFELSÄURE mit mehr als 51 % Säure | 8 | C1 | II | 8 | | 1 L | E2 | P001<br>IBC02 | | MP15 |
| ! | | 1831 | SCHWEFELSÄURE, RAUCHEND | 8 | CT1 | I | 8+6.1 | | 0 | E0 | P602 | | MP8<br>MP17 |
| | | 1832 | SCHWEFELSÄURE, GEBRAUCHT | 8 | C1 | II | 8 | 113 | 1 L | E0 | P001<br>IBC02 | | MP15 |
| | | 1833 | SCHWEFELIGE SÄURE | 8 | C1 | II | 8 | | 1 L | E2 | P001<br>IBC02 | | MP15 |
| ! | ● | 1834 | SULFURYLCHLORID | 6.1 | TC3 | I | 6.1+8 | 354 | 0 | E0 | P602 | | MP8<br>MP17 |
| | | 1835 | TETRAMETHYLAMMONIUMHYDROXID, WÄSSERIGE LÖSUNG mit mehr als 2,5 %, aber weniger als 25 % Tetramethylammoniumhydroxid | 8 | CT1 | II | 8 + 6.1 | 279<br>408 | 1 L | E2 | P001<br>IBC02 | | MP15 |
| | | 1835 | TETRAMETHYLAMMONIUMHYDROXID, WÄSSERIGE LÖSUNG mit höchstens 2,5 % Tetramethylammoniumhydroxid | 8 | C7 | III | 8 | 408 | 5 L | E1 | P001<br>IBC03<br>LP01<br>R001 | | MP19 |
| ! | | 1836 | THIONYLCHLORID | 8 | C1 | I | 8 | | 0 | E0 | P802 | | MP8<br>MP17 |
| | | 1837 | THIOPHOSPHORYLCHLORID | 8 | C1 | II | 8 | | 1 L | E0 | P001<br>IBC02 | | MP15 |
| ! | ● | 1838 | TITANTETRACHLORID | 6.1 | TC3 | I | 6.1+8 | 354 | 0 | E0 | P602 | | MP8<br>MP17 |
| | | 1839 | TRICHLORESSIGSÄURE | 8 | C4 | II | 8 | | 1 kg | E2 | P002<br>IBC08 | <br>B4 | MP10 |
| | | 1840 | ZINKCHLORID, LÖSUNG | 8 | C1 | III | 8 | | 5 L | E1 | P001<br>IBC03<br>LP01<br>R001 | | MP19 |
| | | 1841 | ACETALDEHYDAMMONIAK | 9 | M11 | III | 9 | | 5 kg | E1 | P002<br>IBC08<br>LP02<br>R001 | <br>B3 B6 | MP10 |

| Ortsbewegliche Tanks und Schüttgut-Container | | ADR-Tanks | | Fahrzeug für die Beförderung in Tanks | Beförderungskategorie (Tunnelbeschränkungscode) | Sondervorschriften für die Beförderung | | | | Nummer zur Kennzeichnung der Gefahr | UN-Nummer | Verlagshinweis *„Gut zu wissen"* |
|---|---|---|---|---|---|---|---|---|---|---|---|---|
| Anweisungen | Sondervorschriften | Tankcodierung | Sondervorschriften | | | Versandstücke | lose Schüttung | Be- und Entladung, Handhabung | Betrieb | | | |
| 4.2.5.2<br>7.3.2 | 4.2.5.3 | 4.3 | 4.3.5<br>6.8.4 | 9.1.1.2 | 1.1.3.6<br>(8.6) | 7.2.4 | 7.3.3 | 7.5.11 | 8.5 | 5.3.2.3 | | |
| (10) | (11) | (12) | (13) | (14) | (15) | (16) | (17) | (18) | (19) | (20) | (1) | |
| T4 | TP1 | L4BN | TU42 | AT | 3<br>(E) | V12 | | | | 80 | 1824 | |
| T3 | TP33 | SGAN | | AT | 2<br>(E) | V11 | | | | 80 | 1825 | |
| T10 | TP2 | L10BH | | AT | 1<br>(E) | | | CV24 | S14 | 885 | 1826 | |
| T8 | TP2 | L4BN | | AT | 2<br>(E) | | | | | 80 | 1826 | |
| T7 | TP2 | L4BN | | AT | 2<br>(E) | | | | | X80 | 1827 | |
| T20 | TP2 | L10BH | | AT | 1<br>(E) | | | | S20 | X88 | 1828 | |
| T20 | TP4<br>TP25<br>TP26 | L10BH | TU32<br>TE13<br>TT5<br>TM3 | AT | 1<br>(E) | V8 | | | S4<br>S20 | X88 | 1829 | →*NL: VLG Art. 4* |
| T8 | TP2 | L4BN | TU42 | AT | 2<br>(E) | | | | | 80 | 1830 | |
| T20 | TP2 | L10BH | | AT | 1<br>(C/D) | | | CV13<br>CV28 | S14 | X886 | 1831 | |
| T8 | TP2 | L4BN | TU42 | AT | 2<br>(E) | | | | | 80 | 1832 | |
| T7 | TP2 | L4BN | | AT | 2<br>(E) | | | | | 80 | 1833 | |
| T20 | TP2 | L10CH | TU14<br>TU15<br>TE19<br>TE21 | AT | 1<br>(C/D) | | | CV1<br>CV13<br>CV28 | S9<br>S14 | X668 | 1834 | |
| T7 | TP2 | L4BN | | AT | 2<br>(E) | | | CV13<br>CV28 | | 86 | 1835 | →*1.6.1.55*<br>→*UN 3560* |
| T7 | TP2 | L4BN | | AT | 3<br>(E) | V12 | | | | 80 | 1835 | →*UN 3560* |
| T10 | TP2 | L10BH | | AT | 1<br>(E) | | | | S20 | X88 | 1836 | |
| T7 | TP2 | L4BN | | AT | 2<br>(E) | | | | | X80 | 1837 | |
| T20 | TP2 | L10CH | TU14<br>TU15<br>TE19<br>TE21 | AT | 1<br>(C/D) | | | CV1<br>CV13<br>CV28 | S9<br>S14 | X668 | 1838 | |
| T3 | TP33 | SGAN<br>L4BN | | AT | 2<br>(E) | V11 | | | | 80 | 1839 | |
| T4 | TP1 | L4BN | TU42 | AT | 3<br>(E) | V12 | | | | 80 | 1840 | |
| T1 | TP33 | SGAV | | AT | 3<br>(E) | | VC1<br>VC2 | | | 90 | 1841 | |

## UN-numerisches Verzeichnis (Tabelle A)

| Verlagshinweis: Sicherung | Verlagshinweis: Fahrweg | UN-Nummer | Benennung und Beschreibung | Klasse | Klassifizierungscode | Verpackungsgruppe | Gefahrzettel | Sondervorschriften | Begrenzte und freigestellte Mengen | | Verpackungen: Anweisungen | Verpackungen: Sondervorschriften | Verpackungen: Zusammenpackung |
|---|---|---|---|---|---|---|---|---|---|---|---|---|---|
| | | | 3.1.2 | 2.2 | 2.2 | 2.1.1.3 | 5.2.2 | 3.3 | 3.4/3.5.1.2 | | 4.1.4 | 4.1.4 | 4.1.10 |
| | | (1) | (2) | (3a) | (3b) | (4) | (5) | (6) | (7a) | (7b) | (8) | (9a) | (9b) |
| | | 1843 | AMMONIUMDINITRO-o-CRESOLAT, FEST | 6.1 | T2 | II | 6.1 | | 500 g | E4 | P002<br>IBC08 | <br>B4 | MP10 |
| | | 1845 | Kohlendioxid, fest (Trockeneis) | 9 | M11 | UNTERLIEGT NICHT DEN VORSCHRIFTEN DES ADR mit Ausnahme von Abschnitt 5.5.3 | | | | | | | |
| | | 1846 | TETRACHLORKOHLENSTOFF | 6.1 | T1 | II | 6.1 | | 100 ml | E4 | P001<br>IBC02 | | MP15 |
| | | 1847 | KALIUMSULFID, HYDRATISIERT mit mindestens 30 % Kristallwasser | 8 | C6 | II | 8 | 523 | 1 kg | E2 | P002<br>IBC08 | <br>B4 | MP10 |
| | | 1848 | PROPIONSÄURE mit mindestens 10 % und weniger als 90 Masse-% Säure | 8 | C3 | III | 8 | | 5 L | E1 | P001<br>IBC03<br>LP01<br>R001 | | MP19 |
| | | 1849 | NATRIUMSULFID, HYDRATISIERT mit mindestens 30 % Kristallwasser | 8 | C6 | II | 8 | 523 | 1 kg | E2 | P002<br>IBC08 | <br>B4 | MP10 |
| | | 1851 | MEDIKAMENT, FLÜSSIG, GIFTIG, N.A.G. | 6.1 | T1 | II | 6.1 | 221<br>601 | 100 ml | E4 | P001 | | MP15 |
| | | 1851 | MEDIKAMENT, FLÜSSIG, GIFTIG, N.A.G. | 6.1 | T1 | III | 6.1 | 221<br>601 | 5 L | E1 | P001<br>LP01<br>R001 | | MP19 |
| ! | | 1854 | BARIUMLEGIERUNGEN, PYROPHOR | 4.2 | S4 | I | 4.2 | | 0 | E0 | P404 | | MP13 |
| | | 1855 | CALCIUM, PYROPHOR oder CALCIUM-LEGIERUNGEN, PYROPHOR | 4.2 | S4 | I | 4.2 | | 0 | E0 | P404 | | MP13 |
| | | 1856 | Lappen, ölhaltig | 4.2 | S2 | UNTERLIEGT NICHT DEN VORSCHRIFTEN DES ADR | | | | | | | |
| | | 1857 | Textilabfälle, nass | 4.2 | S2 | UNTERLIEGT NICHT DEN VORSCHRIFTEN DES ADR | | | | | | | |
| | | 1858 | HEXAFLUORPROPYLEN (GAS ALS KÄLTEMITTEL R 1216) | 2 | 2A | | 2.2 | 662 | 120 ml | E1 | P200 | | MP9 |
| ! | ● | 1859 | SILICIUMTETRAFLUORID | 2 | 2TC | | 2.3+8 | | 0 | E0 | P200 | | MP9 |
| ! | ● | 1860 | VINYLFLUORID, STABILISIERT | 2 | 2F | | 2.1 | 386<br>662<br>676 | 0 | E0 | P200 | | MP9 |
| ! | ● | 1862 | ETHYLCROTONAT | 3 | F1 | II | 3 | | 1 L | E2 | P001<br>IBC02<br>R001 | | MP19 |
| ! | ● | 1863 | DÜSENKRAFTSTOFF | 3 | F1 | I | 3 | 664 | 500 ml | E3 | P001 | | MP7<br>MP17 |
| ! | ● | 1863 | DÜSENKRAFTSTOFF (Dampfdruck bei 50 °C größer als 110 kPa) | 3 | F1 | II | 3 | 640C<br>664 | 1 L | E2 | P001 | | MP19 |
| ! | ● | 1863 | DÜSENKRAFTSTOFF (Dampfdruck bei 50 °C höchstens 110 kPa) | 3 | F1 | II | 3 | 640D<br>664 | 1 L | E2 | P001<br>IBC02<br>R001 | | MP19 |
| | | 1863 | DÜSENKRAFTSTOFF | 3 | F1 | III | 3 | 664 | 5 L | E1 | P001<br>IBC03<br>LP01<br>R001 | | MP19 |
| | ● | 1865 | n-PROPYLNITRAT | 3 | F1 | II | 3 | | 1 L | E2 | P001<br>IBC02<br>R001 | <br>B7 | MP19 |
| ! | ● | 1866 | HARZLÖSUNG, entzündbar | 3 | F1 | I | 3 | | 500 ml | E3 | P001 | | MP7<br>MP17 |

| Ortsbewegliche Tanks und Schüttgut-Container | | ADR-Tanks | | Fahrzeug für die Beförderung in Tanks | Beförderungskategorie (Tunnelbeschränkungscode) | Sondervorschriften für die Beförderung | | | | Nummer zur Kennzeichnung der Gefahr | UN-Nummer | Verlagshinweis *„Gut zu wissen"* |
|---|---|---|---|---|---|---|---|---|---|---|---|---|
| Anweisungen | Sondervorschriften | Tankcodierung | Sondervorschriften | | | Versandstücke | lose Schüttung | Be- und Entladung, Handhabung | Betrieb | | | |
| 4.2.5.2<br>7.3.2 | 4.2.5.3 | 4.3 | 4.3.5<br>6.8.4 | 9.1.1.2 | 1.1.3.6<br>(8.6) | 7.2.4 | 7.3.3 | 7.5.11 | 8.5 | 5.3.2.3 | | |
| (10) | (11) | (12) | (13) | (14) | (15) | (16) | (17) | (18) | (19) | (20) | (1) | |
| T3 | TP33 | SGAH | TU15<br>TE19 | AT | 2<br>(D/E) | V11 | | CV13<br>CV28 | S9<br>S19 | 60 | 1843 | *→UN 3424* |
| UNTERLIEGT NICHT DEN VORSCHRIFTEN DES ADR mit Ausnahme von Abschnitt 5.5.3 | | | | | | | | | | | 1845 | |
| T7 | TP2 | L4BH | TU15<br>TE19 | AT | 2<br>(D/E) | | | CV13<br>CV28 | S9<br>S19 | 60 | 1846 | |
| T3 | TP33 | SGAN<br>L4BN | | AT | 2<br>(E) | V11 | | | | 80 | 1847 | |
| T4 | TP1 | L4BN | | AT | 3<br>(E) | V12 | | | | 80 | 1848 | *→UN 3463* |
| T3 | TP33 | SGAN<br>L4BN | | AT | 2<br>(E) | V11 | | | | 80 | 1849 | |
| | | L4BH | TU15<br>TE19 | AT | 2<br>(D/E) | | | CV13<br>CV28 | S9<br>S19 | 60 | 1851 | *→2.2.61.3 Fußnote b)* |
| | | L4BH | TU15<br>TE19 | AT | 2<br>(E) | | | CV13<br>CV28 | S9 | 60 | 1851 | *→2.2.61.3 Fußnote b)* |
| T21 | TP7<br>TP33 | | | AT | 0<br>(B/E) | V1 | | | S20 | 43 | 1854 | |
| | | | | | 0<br>(E) | V1 | | | S20 | | 1855 | |
| UNTERLIEGT NICHT DEN VORSCHRIFTEN DES ADR | | | | | | | | | | | 1856 | |
| UNTERLIEGT NICHT DEN VORSCHRIFTEN DES ADR | | | | | | | | | | | 1857 | |
| T50<br>(M) | | PxBN(M) | TA4<br>TT9 | AT | 3<br>(C/E) | | | CV9<br>CV10<br>CV36 | | 20 | 1858 | |
| (M) | | PxBH(M) | TA4<br>TT9 | AT | 1<br>(C/D) | | | CV9<br>CV10<br>CV36 | S14 | 268 | 1859 | |
| (M) | | PxBN(M) | TA4<br>TT9 | FL | 2<br>(B/D) | V8 | | CV9<br>CV10<br>CV36 | S2<br>S4<br>S20 | 239 | 1860 | |
| T4 | TP2 | LGBF | | FL | 2<br>(D/E) | | | | S2<br>S20 | 33 | 1862 | |
| T11 | TP1<br>TP8<br>TP28 | L4BN | | FL | 1<br>(D/E) | | | | S2<br>S20 | 33 | 1863 | *→1.6.3.44*<br>*→5.3.2.1.3*<br>*→UN 1223* |
| T4 | TP1<br>TP8 | L1,5BN | | FL | 2<br>(D/E) | | | | S2<br>S20 | 33 | 1863 | *→1.6.3.44*<br>*→5.3.2.1.3*<br>*→UN 1223* |
| T4 | TP1<br>TP8 | LGBF | | FL | 2<br>(D/E) | | | | S2<br>S20 | 33 | 1863 | *→1.6.3.44*<br>*→5.3.2.1.3*<br>*→UN 1223* |
| T2 | TP1 | LGBF | | FL | 3<br>(D/E) | V12 | | | S2 | 30 | 1863 | *→1.6.3.44*<br>*→5.3.2.1.3* |
| | | | | | 2<br>(E) | | | | S2<br>S20 | | 1865 | |
| T11 | TP1<br>TP8<br>TP28 | L4BN | | FL | 1<br>(D/E) | | | | S2<br>S20 | 33 | 1866 | |

## UN-numerisches Verzeichnis (Tabelle A)

| Verlagshinweis: Sicherung | Verlagshinweis: Fahrweg | UN-Nummer | Benennung und Beschreibung | Klasse | Klassifizierungscode | Verpackungsgruppe | Gefahrzettel | Sondervorschriften | Begrenzte und freigestellte Mengen | | Verpackungen: Anweisungen | Verpackungen: Sondervorschriften | Verpackungen: Zusammenpackung |
|---|---|---|---|---|---|---|---|---|---|---|---|---|---|
| | | | 3.1.2 | 2.2 | 2.2 | 2.1.1.3 | 5.2.2 | 3.3 | 3.4/3.5.1.2 | | 4.1.4 | 4.1.4 | 4.1.10 |
| | | (1) | (2) | (3a) | (3b) | (4) | (5) | (6) | (7a) | (7b) | (8) | (9a) | (9b) |
| ! | ● | 1866 | HARZLÖSUNG, entzündbar (Dampfdruck bei 50 °C größer als 110 kPa) | 3 | F1 | II | 3 | 640C | 5 L | E2 | P001 | PP1 | MP19 |
| ! | ● | 1866 | HARZLÖSUNG, entzündbar (Dampfdruck bei 50 °C höchstens 110 kPa) | 3 | F1 | II | 3 | 640D | 5 L | E2 | P001<br>IBC02<br>R001 | PP1 | MP19 |
| | | 1866 | HARZLÖSUNG, entzündbar | 3 | F1 | III | 3 | | 5 L | E1 | P001<br>IBC03<br>LP01<br>R001 | PP1 | MP19 |
| | | 1866 | HARZLÖSUNG, entzündbar (mit einem Flammpunkt unter 23 °C und viskos gemäß 2.2.3.1.4) (Dampfdruck bei 50 °C größer als 110 kPa) | 3 | F1 | III | 3 | | 5 L | E1 | P001<br>R001 | PP1 | MP19 |
| | | 1866 | HARZLÖSUNG, entzündbar (mit einem Flammpunkt unter 23 °C und viskos gemäß 2.2.3.1.4) (Dampfdruck bei 50 °C höchstens 110 kPa) | 3 | F1 | III | 3 | | 5 L | E1 | P001<br>IBC02<br>R001 | PP1<br>BB4 | MP19 |
| | | 1868 | DECABORAN | 4.1 | FT2 | II | 4.1+6.1 | | 1 kg | E0 | P002<br>IBC06 | | MP10 |
| | | 1869 | MAGNESIUM oder MAGNESIUMLEGIERUNGEN, mit mehr als 50 % Magnesium, in Pellets, Spänen, Bändern | 4.1 | F3 | III | 4.1 | 59 | 5 kg | E1 | P002<br>IBC08<br>LP02<br>R001 | B3 | MP11 |
| | | 1870 | KALIUMBORHYDRID | 4.3 | W2 | I | 4.3 | | 0 | E0 | P403 | | MP2 |
| | | 1871 | TITANHYDRID | 4.1 | F3 | II | 4.1 | | 1 kg | E2 | P410<br>IBC04 | PP40 | MP11 |
| | | 1872 | BLEIDIOXID | 5.1 | O2 | III | 5.1 | | 5 kg | E1 | P002<br>IBC08<br>LP02<br>R001 | B3 | MP2 |
| ! | ● | 1873 | PERCHLORSÄURE mit mehr als 50 Masse-%, aber höchstens 72 Masse-% Säure | 5.1 | OC1 | I | 5.1+8 | 60 | 0 | E0 | P502 | PP28 | MP3 |
| | | 1884 | BARIUMOXID | 6.1 | T5 | III | 6.1 | | 5 kg | E1 | P002<br>IBC08<br>LP02<br>R001 | B3 | MP10 |
| | | 1885 | BENZIDIN | 6.1 | T2 | II | 6.1 | | 500 g | E4 | P002<br>IBC08 | B4 | MP10 |
| | | 1886 | BENZYLIDENCHLORID | 6.1 | T1 | II | 6.1 | | 100 ml | E4 | P001<br>IBC02 | | MP15 |
| | | 1887 | BROMCHLORMETHAN | 6.1 | T1 | III | 6.1 | | 5 L | E1 | P001<br>IBC03<br>LP01<br>R001 | | MP19 |
| | | 1888 | CHLOROFORM | 6.1 | T1 | III | 6.1 | | 5 L | E1 | P001<br>IBC03<br>LP01<br>R001 | | MP19 |
| ! | | 1889 | CYANBROMID | 6.1 | TC2 | I | 6.1+8 | | 0 | E0 | P002 | | MP18 |
| ! | ● | 1891 | ETHYLBROMID | 3 | FT1 | II | 3+6.1 | | 1 L | E2 | P001<br>IBC02 | B8 | MP19 |

| Ortsbewegliche Tanks und Schüttgut-Container | | ADR-Tanks | | Fahrzeug für die Beförderung in Tanks | Beförderungskategorie (Tunnelbeschränkungscode) | Sondervorschriften für die Beförderung | | | | Nummer zur Kennzeichnung der Gefahr | UN-Nummer | Verlagshinweis *„Gut zu wissen"* |
|---|---|---|---|---|---|---|---|---|---|---|---|---|
| Anweisungen | Sondervorschriften | Tankcodierung | Sondervorschriften | | | Versandstücke | lose Schüttung | Be- und Entladung, Handhabung | Betrieb | | | |
| 4.2.5.2<br>7.3.2 | 4.2.5.3 | 4.3 | 4.3.5<br>6.8.4 | 9.1.1.2 | 1.1.3.6<br>(8.6) | 7.2.4 | 7.3.3 | 7.5.11 | 8.5 | 5.3.2.3 | | |
| (10) | (11) | (12) | (13) | (14) | (15) | (16) | (17) | (18) | (19) | (20) | (1) | |
| T4 | TP1<br>TP8 | L1,5BN | | FL | 2<br>(D/E) | | | | S2<br>S20 | 33 | 1866 | |
| T4 | TP1<br>TP8 | LGBF | | FL | 2<br>(D/E) | | | | S2<br>S20 | 33 | 1866 | |
| T2 | TP1 | LGBF | | FL | 3<br>(D/E) | V12 | | | S2 | 30 | 1866 | →*2.2.3.1.5* |
| | | | | | 3<br>(E) | | | | S2 | | 1866 | →*2.2.3.1.5* |
| | | | | | 3<br>(E) | | | | S2 | | 1866 | →*2.2.3.1.5* |
| T3 | TP33 | SGAN | | AT | 2<br>(E) | V11 | | CV28 | | 46 | 1868 | |
| T1 | TP33 | SGAV | | AT | 3<br>(E) | | VC1<br>VC2 | | | 40 | 1869 | |
| | | | | | 1<br>(E) | V1 | | CV23 | S20 | | 1870 | |
| T3 | TP33 | SGAN | | AT | 2<br>(E) | | | | | 40 | 1871 | |
| T1 | TP33 | SGAV | TU3 | AT | 3<br>(E) | | VC1<br>VC2<br>AP6<br>AP7 | CV24 | | 50 | 1872 | |
| T10 | TP1 | L4DN(+) | TU3<br>TU28 | AT | 1<br>(B/E) | | | CV24 | S20 | 558 | 1873 | →*2.2.51.2.2* |
| T1 | TP33 | SGAH<br>L4BH | TU15<br>TE19 | AT | 2<br>(E) | | VC1<br>VC2<br>AP7 | CV13<br>CV28 | S9 | 60 | 1884 | |
| T3 | TP33 | SGAH<br>L4BH | TU15<br>TE19 | AT | 2<br>(D/E) | V11 | | CV13<br>CV28 | S9<br>S19 | 60 | 1885 | |
| T7 | TP2 | L4BH | TU15<br>TE19 | AT | 2<br>(D/E) | | | CV13<br>CV28 | S9<br>S19 | 60 | 1886 | |
| T4 | TP1 | L4BH | TU15<br>TE19 | AT | 2<br>(E) | V12 | | CV13<br>CV28 | S9 | 60 | 1887 | |
| T7 | TP2 | L4BH | TU15<br>TE19 | AT | 2<br>(E) | V12 | | CV13<br>CV28 | S9 | 60 | 1888 | |
| T6 | TP33 | S10AH<br>L10CH | TU14<br>TU15<br>TE19<br>TE21 | AT | 1<br>(C/E) | | | CV1<br>CV13<br>CV28 | S9<br>S14 | 668 | 1889 | |
| T7 | TP2 | L4BH | TU15 | FL | 2<br>(D/E) | | | CV13<br>CV28 | S2<br>S19 | 336 | 1891 | |

| Verlagshinweis Sicherung | Verlagshinweis Fahrweg | UN-Nummer | Benennung und Beschreibung | Klasse | Klassifizierungscode | Verpackungsgruppe | Gefahrzettel | Sondervorschriften | Begrenzte und freigestellte Mengen | | Verpackungen Anweisungen | Verpackungen Sondervorschriften | Verpackungen Zusammenpackung |
|---|---|---|---|---|---|---|---|---|---|---|---|---|---|
| | | | 3.1.2 | 2.2 | 2.2 | 2.1.1.3 | 5.2.2 | 3.3 | 3.4/3.5.1.2 | | 4.1.4 | 4.1.4 | 4.1.10 |
| | | (1) | (2) | (3a) | (3b) | (4) | (5) | (6) | (7a) | (7b) | (8) | (9a) | (9b) |
| ! | ● | 1892 | ETHYLDICHLORARSIN | 6.1 | T3 | I | 6.1 | 354 | 0 | E0 | P602 | | MP8<br>MP17 |
| | | 1894 | PHENYLQUECKSILBER(II)HYDROXID | 6.1 | T3 | II | 6.1 | | 500 g | E4 | P002<br>IBC08 | <br>B4 | MP10 |
| | | 1895 | PHENYLQUECKSILBER(II)NITRAT | 6.1 | T3 | II | 6.1 | | 500 g | E4 | P002<br>IBC08 | <br>B4 | MP10 |
| | | 1897 | TETRACHLORETHYLEN | 6.1 | T1 | III | 6.1 | | 5 L | E1 | P001<br>IBC03<br>LP01<br>R001 | | MP19 |
| | | 1898 | ACETYLIODID | 8 | C3 | II | 8 | | 1 L | E2 | P001<br>IBC02 | | MP15 |
| | | 1902 | DIISOOCTYLPHOSPHAT | 8 | C3 | III | 8 | | 5 L | E1 | P001<br>IBC03<br>LP01<br>R001 | | MP19 |
| ! | | 1903 | DESINFEKTIONSMITTEL, FLÜSSIG, ÄTZEND, N.A.G. | 8 | C9 | I | 8 | 274 | 0 | E0 | P001 | | MP8<br>MP17 |
| | | 1903 | DESINFEKTIONSMITTEL, FLÜSSIG, ÄTZEND, N.A.G. | 8 | C9 | II | 8 | 274 | 1 L | E2 | P001<br>IBC02 | | MP15 |
| | | 1903 | DESINFEKTIONSMITTEL, FLÜSSIG, ÄTZEND, N.A.G. | 8 | C9 | III | 8 | 274 | 5 L | E1 | P001<br>IBC03<br>LP01<br>R001 | | MP19 |
| ! | | 1905 | SELENSÄURE | 8 | C2 | I | 8 | | 0 | E0 | P002<br>IBC07 | | MP18 |
| | | 1906 | ABFALLSCHWEFELSÄURE | 8 | C1 | II | 8 | | 1 L | E0 | P001<br>IBC02 | | MP15 |
| | | 1907 | NATRONKALK mit mehr als 4 % Natriumhydroxid | 8 | C6 | III | 8 | 62 | 5 kg | E1 | P002<br>IBC08<br>LP02<br>R001 | <br>B3 | MP10 |
| | | 1908 | CHLORITLÖSUNG | 8 | C9 | II | 8 | 521 | 1 L | E2 | P001<br>IBC02 | | MP15 |
| | | 1908 | CHLORITLÖSUNG | 8 | C9 | III | 8 | 521 | 5 L | E1 | P001<br>IBC03<br>LP01<br>R001 | | MP19 |
| | | 1910 | Calciumoxid | 8 | C6 | UNTERLIEGT NICHT DEN VORSCHRIFTEN DES ADR | | | | | | | |
| ! | | 1911 | DIBORAN | 2 | 2TF | | 2.3+2.1 | | 0 | E0 | P200 | | MP9 |
| ! | ● | 1912 | METHYLCHLORID UND DICHLORMETHAN, GEMISCH | 2 | 2F | | 2.1 | 228<br>662 | 0 | E0 | P200 | | MP9 |
| | | 1913 | NEON, TIEFGEKÜHLT, FLÜSSIG | 2 | 3A | | 2.2 | 593 | 120 ml | E1 | P203 | | MP9 |
| | | 1914 | BUTYLPROPIONATE | 3 | F1 | III | 3 | | 5 L | E1 | P001<br>IBC03<br>LP01<br>R001 | | MP19 |
| | | 1915 | CYCLOHEXANON | 3 | F1 | III | 3 | | 5 L | E1 | P001<br>IBC03<br>LP01<br>R001 | | MP19 |

| Ortsbewegliche Tanks und Schüttgut-Container | | ADR-Tanks | | Fahrzeug für die Beförderung in Tanks | Beförderungskategorie* (Tunnelbeschränkungscode) | Sondervorschriften für die Beförderung | | | | Nummer zur Kennzeichnung der Gefahr | UN-Nummer | Verlagshinweis „Gut zu wissen" |
|---|---|---|---|---|---|---|---|---|---|---|---|---|
| Anweisungen | Sondervorschriften | Tankcodierung | Sondervorschriften | | | Versandstücke | lose Schüttung | Be- und Entladung, Handhabung | Betrieb | | | |
| 4.2.5.2<br>7.3.2 | 4.2.5.3 | 4.3 | 4.3.5<br>6.8.4 | 9.1.1.2 | 1.1.3.6<br>(8.6) | 7.2.4 | 7.3.3 | 7.5.11 | 8.5 | 5.3.2.3 | | |
| (10) | (11) | (12) | (13) | (14) | (15) | (16) | (17) | (18) | (19) | (20) | (1) | |
| T20 | TP2 | L10CH | TU14<br>TU15<br>TE19<br>TE21 | AT | 1<br>(C/D) | | | CV1<br>CV13<br>CV28 | S9<br>S14 | 66 | 1892 | |
| T3 | TP33 | SGAH | TU15<br>TE19 | AT | 2<br>(D/E) | V11 | | CV13<br>CV28 | S9<br>S19 | 60 | 1894 | |
| T3 | TP33 | SGAH | TU15<br>TE19 | AT | 2<br>(D/E) | V11 | | CV13<br>CV28 | S9<br>S19 | 60 | 1895 | |
| T4 | TP1 | L4BH | TU15<br>TE19 | AT | 2<br>(E) | V12 | | CV13<br>CV28 | S9 | 60 | 1897 | |
| T7 | TP2 | L4BN | | AT | 2<br>(E) | | | | | 80 | 1898 | |
| T4 | TP1 | L4BN | | AT | 3<br>(E) | V12 | | | | 80 | 1902 | |
| | | L10BH | | AT | 1<br>(E) | | | | S20 | 88 | 1903 | |
| | | L4BN | | AT | 2<br>(E) | | | | | 80 | 1903 | |
| | | L4BN | | AT | 3<br>(E) | V12 | | | | 80 | 1903 | |
| T6 | TP33 | S10AN | | AT | 1<br>(E) | V10 | | | S20 | 88 | 1905 | |
| T8 | TP2<br>TP28 | L4BN | TU42 | AT | 2<br>(E) | | | | | 80 | 1906 | |
| T1 | TP33 | SGAV | | AT | 3<br>(E) | | VC1<br>VC2<br>AP7 | | | 80 | 1907 | |
| T7 | TP2<br>TP24 | L4BV(+) | TE11 | AT | 2<br>(E) | | | | | 80 | 1908 | |
| T4 | TP2<br>TP24 | L4BV(+) | TE11 | AT | 3<br>(E) | V12 | | | | 80 | 1908 | |
| UNTERLIEGT NICHT DEN VORSCHRIFTEN DES ADR | | | | | | | | | | | 1910 | |
| | | | | | 1<br>(D) | | | CV9<br>CV10<br>CV36 | S2<br>S14 | | 1911 | |
| T50<br>(M) | | PxBN(M) | TA4<br>TT9 | FL | 2<br>(B/D) | | | CV9<br>CV10<br>CV36 | S2<br>S20 | 23 | 1912 | |
| T75 | TP5 | RxBN | TU19<br>TA4<br>TT9 | AT | 3<br>(C/E) | V5 | | CV9<br>CV11<br>CV36 | S20 | 22 | 1913 | |
| T2 | TP1 | LGBF | | FL | 3<br>(D/E) | V12 | | | S2 | 30 | 1914 | |
| T2 | TP1 | LGBF | | FL | 3<br>(D/E) | V12 | | | S2 | 30 | 1915 | |

| Verlagshinweis: Sicherung | Verlagshinweis: Fahrweg | UN-Nummer | Benennung und Beschreibung | Klasse | Klassifizierungscode | Verpackungsgruppe | Gefahrzettel | Sondervorschriften | Begrenzte und freigestellte Mengen | | Verpackungen: Anweisungen | Verpackungen: Sondervorschriften | Verpackungen: Zusammenpackung |
|---|---|---|---|---|---|---|---|---|---|---|---|---|---|
| | | | 3.1.2 | 2.2 | 2.2 | 2.1.1.3 | 5.2.2 | 3.3 | 3.4/3.5.1.2 | | 4.1.4 | 4.1.4 | 4.1.10 |
| | | (1) | (2) | (3a) | (3b) | (4) | (5) | (6) | (7a) | (7b) | (8) | (9a) | (9b) |
| | | 1916 | 2,2'-DICHLORDIETHYLETHER | 6.1 | TF1 | II | 6.1+3 | | 100 ml | E4 | P001<br>IBC02 | | MP15 |
| ! | ● | 1917 | ETHYLACRYLAT, STABILISIERT | 3 | F1 | II | 3 | 386<br>676 | 1 L | E2 | P001<br>IBC02<br>R001 | | MP19 |
| | | 1918 | ISOPROPYLBENZEN | 3 | F1 | III | 3 | | 5 L | E1 | P001<br>IBC03<br>LP01<br>R001 | | MP19 |
| ! | ● | 1919 | METHYLACRYLAT, STABILISIERT | 3 | F1 | II | 3 | 386<br>676 | 1 L | E2 | P001<br>IBC02<br>R001 | | MP19 |
| | | 1920 | NONANE | 3 | F1 | III | 3 | | 5 L | E1 | P001<br>IBC03<br>LP01<br>R001 | | MP19 |
| ! | ● | 1921 | PROPYLENIMIN, STABILISIERT | 3 | FT1 | I | 3+6.1 | 386<br>676 | 0 | E0 | P001 | | MP2 |
| ! | ● | 1922 | PYRROLIDIN | 3 | FC | II | 3+8 | | 1 L | E2 | P001<br>IBC02 | | MP19 |
| | | 1923 | CALCIUMDITHIONIT (CALCIUM-HYDROSULFIT) | 4.2 | S4 | II | 4.2 | | 0 | E2 | P410<br>IBC06 | | MP14 |
| ! | ● | 1928 | METHYLMAGNESIUMBROMID IN ETHYLETHER | 4.3 | WF1 | I | 4.3+3 | | 0 | E0 | P402 | RR8 | MP2 |
| | | 1929 | KALIUMDITHIONIT (KALIUMHYDRO-SULFIT) | 4.2 | S4 | II | 4.2 | | 0 | E2 | P410<br>IBC06 | | MP14 |
| | | 1931 | ZINKDITHIONIT | 9 | M11 | III | 9 | | 5 kg | E1 | P002<br>IBC08<br>LP02<br>R001 | B3 | MP10 |
| | | 1932 | ZIRKONIUM-ABFALL | 4.2 | S4 | III | 4.2 | 524<br>592 | 0 | E0 | P002<br>IBC08<br>LP02<br>R001 | B3 | MP14 |
| ! | ● | 1935 | CYANID, LÖSUNG, N.A.G. | 6.1 | T4 | I | 6.1 | 274<br>525 | 0 | E5 | P001 | | MP8<br>MP17 |
| | | 1935 | CYANID, LÖSUNG, N.A.G. | 6.1 | T4 | II | 6.1 | 274<br>525 | 100 ml | E4 | P001<br>IBC02 | | MP15 |
| | | 1935 | CYANID, LÖSUNG, N.A.G. | 6.1 | T4 | III | 6.1 | 274<br>525 | 5 L | E1 | P001<br>IBC03<br>LP01<br>R001 | | MP19 |
| | | 1938 | BROMESSIGSÄURE, LÖSUNG | 8 | C3 | II | 8 | | 1 L | E2 | P001<br>IBC02 | | MP15 |
| | | 1938 | BROMESSIGSÄURE, LÖSUNG | 8 | C3 | III | 8 | | 5 L | E1 | P001<br>IBC02<br>LP01<br>R001 | | MP19 |
| | | 1939 | PHOSPHOROXYBROMID | 8 | C2 | II | 8 | | 1 kg | E0 | P002<br>IBC08 | B4 | MP10 |

| Ortsbewegliche Tanks und Schüttgut-Container | | ADR-Tanks | | Fahrzeug für die Beförderung in Tanks | Beförderungskategorie (Tunnelbeschränkungscode) | Sondervorschriften für die Beförderung | | | | Nummer zur Kennzeichnung der Gefahr | UN-Nummer | Verlagshinweis „Gut zu wissen" |
|---|---|---|---|---|---|---|---|---|---|---|---|---|
| Anweisungen | Sondervorschriften | Tankcodierung | Sondervorschriften | | | Versandstücke | lose Schüttung | Be- und Entladung, Handhabung | Betrieb | | | |
| 4.2.5.2 7.3.2 | 4.2.5.3 | 4.3 | 4.3.5 6.8.4 | 9.1.1.2 | 1.1.3.6 (8.6) | 7.2.4 | 7.3.3 | 7.5.11 | 8.5 | 5.3.2.3 | | |
| (10) | (11) | (12) | (13) | (14) | (15) | (16) | (17) | (18) | (19) | (20) | (1) | |
| T7 | TP2 | L4BH | TU15 TE19 | FL | 2 (D/E) | | | CV13 CV28 | S2 S9 S19 | 63 | 1916 | |
| T4 | TP1 | LGBF | | FL | 2 (D/E) | V8 | | | S2 S4 S20 | 339 | 1917 | |
| T2 | TP1 | LGBF | | FL | 3 (D/E) | V12 | | | S2 | 30 | 1918 | →D: GGAV 21 |
| T4 | TP1 | LGBF | | FL | 2 (D/E) | V8 | | | S2 S4 S20 | 339 | 1919 | |
| T2 | TP1 | LGBF | | FL | 3 (D/E) | V12 | | | S2 | 30 | 1920 | →D: GGAV 21 |
| T14 | TP2 | L15CH | TU14 TU15 TE21 | FL | 1 (C/E) | V8 | | CV13 CV28 | S2 S4 S22 | 336 | 1921 | →2.1.3.4.1 |
| T7 | TP1 | L4BH | | FL | 2 (D/E) | | | | S2 S20 | 338 | 1922 | |
| T3 | TP33 | SGAN | | AT | 2 (D/E) | V1 | | | | 40 | 1923 | |
| | | L10DH | TU4 TU14 TU22 TE21 TM2 | FL | 0 (B/E) | V1 | | CV23 | S2 S20 | X323 | 1928 | |
| T3 | TP33 | SGAN | | AT | 2 (D/E) | V1 | | | | 40 | 1929 | |
| T1 | TP33 | SGAV | | AT | 3 (E) | | VC1 VC2 | | | 90 | 1931 | |
| T1 | TP33 | SGAN | | AT | 3 (E) | V1 | VC1 VC2 AP1 | | | 40 | 1932 | |
| T14 | TP2 TP27 | L10CH | TU14 TU15 TE19 TE21 | AT | 1 (C/E) | | | CV1 CV13 CV28 | S9 S14 | 66 | 1935 | |
| T11 | TP2 TP27 | L4BH | TU15 TE19 | AT | 2 (D/E) | | | CV13 CV28 | S9 S19 | 60 | 1935 | |
| T7 | TP2 TP28 | L4BH | TU15 TE19 | AT | 2 (E) | V12 | | CV13 CV28 | S9 | 60 | 1935 | |
| T7 | TP2 | L4BN | | AT | 2 (E) | | | | | 80 | 1938 | →UN 3425 |
| T7 | TP2 | L4BN | | AT | 3 (E) | | | | | 80 | 1938 | →UN 3425 |
| T3 | TP33 | SGAN | | AT | 2 (E) | V11 | | | | 80 | 1939 | |

| Verlagshinweis Sicherung | Verlagshinweis Fahrweg | UN-Nummer | Benennung und Beschreibung | Klasse | Klassifizierungscode | Verpackungsgruppe | Gefahrzettel | Sondervorschriften | Begrenzte und freigestellte Mengen | | Verpackungen Anweisungen | Verpackungen Sondervorschriften | Verpackungen Zusammenpackung |
|---|---|---|---|---|---|---|---|---|---|---|---|---|---|
| | | | 3.1.2 | 2.2 | 2.2 | 2.1.1.3 | 5.2.2 | 3.3 | 3.4/3.5.1.2 | | 4.1.4 | 4.1.4 | 4.1.10 |
| | | (1) | (2) | (3a) | (3b) | (4) | (5) | (6) | (7a) | (7b) | (8) | (9a) | (9b) |
| | | 1940 | THIOGLYCOLSÄURE | 8 | C3 | II | 8 | | 1 L | E2 | P001<br>IBC02 | | MP15 |
| | | 1941 | DIBROMDIFLUORMETHAN | 9 | M11 | III | 9 | | 5 L | E1 | P001<br>LP01<br>R001 | | MP15 |
| ! | | 1942 | AMMONIUMNITRAT mit höchstens 0,2 % brennbaren Stoffen, einschließlich jedes als Kohlenstoff berechneten organischen Stoffes, unter Ausschluss jedes anderen zugesetzten Stoffes | 5.1 | O2 | III | 5.1 | 306<br>611 | 5 kg | E1 | P002<br>IBC08<br>LP02<br>R001 | <br>B3 | MP10 |
| | | 1944 | SICHERHEITSZÜNDHÖLZER (Heftchen, Kärtchen oder Schachteln mit Reibfläche) | 4.1 | F1 | III | 4.1 | 293 | 5 kg | E1 | P407<br>R001 | | MP11 |
| | | 1945 | WACHSZÜNDHÖLZER | 4.1 | F1 | III | 4.1 | 293 | 5 kg | E1 | P407<br>R001 | | MP11 |
| | | 1950 | DRUCKGASPACKUNGEN, erstickend | 2 | 5A | | 2.2 | 190<br>327<br>344<br>625 | 1 L | E0 | P207<br><br>LP200 | PP87<br>RR6<br>L2 | MP9 |
| | | 1950 | DRUCKGASPACKUNGEN, ätzend | 2 | 5C | | 2.2+8 | 190<br>327<br>344<br>625 | 1 L | E0 | P207<br><br>LP200 | PP87<br>RR6<br>L2 | MP9 |
| | | 1950 | DRUCKGASPACKUNGEN, ätzend, oxidierend | 2 | 5CO | | 2.2+5.1+8 | 190<br>327<br>344<br>625 | 1 L | E0 | P207<br><br>LP200 | PP87<br>RR6<br>L2 | MP9 |
| | | 1950 | DRUCKGASPACKUNGEN, entzündbar | 2 | 5F | | 2.1 | 190<br>327<br>344<br>625 | 1 L | E0 | P207<br><br>LP200 | PP87<br>RR6<br>L2 | MP9 |
| | | 1950 | DRUCKGASPACKUNGEN, entzündbar, ätzend | 2 | 5FC | | 2.1+8 | 190<br>327<br>344<br>625 | 1 L | E0 | P207<br><br>LP200 | PP87<br>RR6<br>L2 | MP9 |
| | | 1950 | DRUCKGASPACKUNGEN, oxidierend | 2 | 5O | | 2.2+5.1 | 190<br>327<br>344<br>625 | 1 L | E0 | P207<br><br>LP200 | PP87<br>RR6<br>L2 | MP9 |
| | | 1950 | DRUCKGASPACKUNGEN, giftig | 2 | 5T | | 2.2+6.1 | 190<br>327<br>344<br>625 | 120 ml | E0 | P207<br><br>LP200 | PP87<br>RR6<br>L2 | MP9 |
| | | 1950 | DRUCKGASPACKUNGEN, giftig, ätzend | 2 | 5TC | | 2.2+6.1+8 | 190<br>327<br>344<br>625 | 120 ml | E0 | P207<br><br>LP200 | PP87<br>RR6<br>L2 | MP9 |
| | | 1950 | DRUCKGASPACKUNGEN, giftig, entzündbar | 2 | 5TF | | 2.1+6.1 | 190<br>327<br>344<br>625 | 120 ml | E0 | P207<br><br>LP200 | PP87<br>RR6<br>L2 | MP9 |
| | | 1950 | DRUCKGASPACKUNGEN, giftig, entzündbar, ätzend | 2 | 5TFC | | 2.1+6.1+8 | 190<br>327<br>344<br>625 | 120 ml | E0 | P207<br><br>LP200 | PP87<br>RR6<br>L2 | MP9 |
| | | 1950 | DRUCKGASPACKUNGEN, giftig, oxidierend | 2 | 5TO | | 2.2+5.1+6.1 | 190<br>327<br>344<br>625 | 120 ml | E0 | P207<br><br>LP200 | PP87<br>RR6<br>L2 | MP9 |

| Ortsbewegliche Tanks und Schüttgut-Container | | ADR-Tanks | | Fahrzeug für die Beförderung in Tanks | Beförderungskategorie (Tunnelbeschränkungscode) | Sondervorschriften für die Beförderung | | | | Nummer zur Kennzeichnung der Gefahr | UN-Nummer | Verlagshinweis *„Gut zu wissen"* |
|---|---|---|---|---|---|---|---|---|---|---|---|---|
| Anweisungen | Sondervorschriften | Tankcodierung | Sondervorschriften | | | Versandstücke | lose Schüttung | Be- und Entladung, Handhabung | Betrieb | | | |
| 4.2.5.2<br>7.3.2 | 4.2.5.3 | 4.3 | 4.3.5<br>6.8.4 | 9.1.1.2 | 1.1.3.6<br>(8.6) | 7.2.4 | 7.3.3 | 7.5.11 | 8.5 | 5.3.2.3 | | |
| (10) | (11) | (12) | (13) | (14) | (15) | (16) | (17) | (18) | (19) | (20) | (1) | |
| T7 | TP2 | L4BN | | AT | 2<br>(E) | | | | | 80 | 1940 | |
| T11 | TP2 | L4BN | | AT | 3<br>(E) | | | | | 90 | 1941 | |
| T1<br>BK1<br>BK2<br>BK3 | TP33 | SGAV | TU3 | AT | 3<br>(E) | | VC1<br>VC2<br>AP6<br>AP7 | CV24 | S23 | 50 | 1942 | |
| | | | | | 4<br>(E) | | | | | | 1944 | |
| | | | | | 4<br>(E) | | | | | | 1945 | |
| | | | | | 3<br>(E) | V14 | | CV9<br>CV12 | | | 1950 | *→2.2.2.2.2<br>→D: GGAV 21* |
| | | | | | 1<br>(E) | V14 | | CV9<br>CV12 | | | 1950 | *→2.2.2.2.2* |
| | | | | | 1<br>(E) | V14 | | CV9<br>CV12 | | | 1950 | *→2.2.2.2.2* |
| | | | | | 2<br>(D) | V14 | | CV9<br>CV12 | S2 | | 1950 | *→2.2.2.2.2<br>→D: GGAV 21* |
| | | | | | 1<br>(D) | V14 | | CV9<br>CV12 | S2 | | 1950 | *→2.2.2.2.2* |
| | | | | | 3<br>(E) | V14 | | CV9<br>CV12 | | | 1950 | *→2.2.2.2.2<br>→D: GGAV 21* |
| | | | | | 1<br>(D) | V14 | | CV9<br>CV12<br>CV28 | | | 1950 | *→2.2.2.2.2<br>→D: GGAV 21* |
| | | | | | 1<br>(D) | V14 | | CV9<br>CV12<br>CV28 | | | 1950 | *→2.2.2.2.2<br>→D: GGAV 21* |
| | | | | | 1<br>(D) | V14 | | CV9<br>CV12<br>CV28 | S2 | | 1950 | *→2.2.2.2.2<br>→D: GGAV 21* |
| | | | | | 1<br>(D) | V14 | | CV9<br>CV12<br>CV28 | S2 | | 1950 | *→2.2.2.2.2<br>→D: GGAV 21* |
| | | | | | 1<br>(D) | V14 | | CV9<br>CV12<br>CV28 | | | 1950 | *→2.2.2.2.2<br>→D: GGAV 21* |

| Verlagshinweis: Sicherung | Verlagshinweis: Fahrweg | UN-Nummer | Benennung und Beschreibung | Klasse | Klassifizierungscode | Verpackungsgruppe | Gefahrzettel | Sondervorschriften | Begrenzte und freigestellte Mengen | | Verpackungen: Anweisungen | Verpackungen: Sondervorschriften | Verpackungen: Zusammenpackung |
|---|---|---|---|---|---|---|---|---|---|---|---|---|---|
| | | | 3.1.2 | 2.2 | 2.2 | 2.1.1.3 | 5.2.2 | 3.3 | 3.4/3.5.1.2 | | 4.1.4 | 4.1.4 | 4.1.10 |
| | | (1) | (2) | (3a) | (3b) | (4) | (5) | (6) | (7a) | (7b) | (8) | (9a) | (9b) |
| | | 1950 | DRUCKGASPACKUNGEN, giftig, oxidierend, ätzend | 2 | 5TOC | | 2.2+5.1+ 6.1+8 | 190 327 344 625 | 120 ml | E0 | P207 LP200 | PP87 RR6 L2 | MP9 |
| | | 1951 | ARGON, TIEFGEKÜHLT, FLÜSSIG | 2 | 3A | | 2.2 | 593 | 120 ml | E1 | P203 | | MP9 |
| | | 1952 | ETHYLENOXID UND KOHLENDIOXID, GEMISCH mit höchstens 9 % Ethylenoxid | 2 | 2A | | 2.2 | 392 662 | 120 ml | E1 | P200 | | MP9 |
| ! | ● | 1953 | VERDICHTETES GAS, GIFTIG, ENTZÜNDBAR, N.A.G. | 2 | 1TF | | 2.3+2.1 | 274 | 0 | E0 | P200 | | MP9 |
| ! | ● | 1954 | VERDICHTETES GAS, ENTZÜNDBAR, N.A.G. | 2 | 1F | | 2.1 | 274 392 662 | 0 | E0 | P200 | | MP9 |
| ! | ● | 1955 | VERDICHTETES GAS, GIFTIG, N.A.G. | 2 | 1T | | 2.3 | 274 | 0 | E0 | P200 | | MP9 |
| | | 1956 | VERDICHTETES GAS, N.A.G. | 2 | 1A | | 2.2 | 274 378 392 655 662 | 120 ml | E1 | P200 | | MP9 |
| ! | ● | 1957 | DEUTERIUM, VERDICHTET | 2 | 1F | | 2.1 | 662 | 0 | E0 | P200 | | MP9 |
| | | 1958 | 1,2-DICHLOR-1,1,2,2-TETRAFLUORETHAN (GAS ALS KÄLTEMITTEL R 114) | 2 | 2A | | 2.2 | 662 | 120 ml | E1 | P200 | | MP9 |
| ! | ● | 1959 | 1,1-DIFLUORETHYLEN (GAS ALS KÄLTEMITTEL R 1132a) | 2 | 2F | | 2.1 | 662 | 0 | E0 | P200 | | MP9 |
| ! | ● | 1961 | ETHAN, TIEFGEKÜHLT, FLÜSSIG | 2 | 3F | | 2.1 | | 0 | E0 | P203 | | MP9 |
| ! | ● | 1962 | ETHYLEN | 2 | 2F | | 2.1 | 662 | 0 | E0 | P200 | | MP9 |
| | | 1963 | HELIUM, TIEFGEKÜHLT, FLÜSSIG | 2 | 3A | | 2.2 | 593 | 120 ml | E1 | P203 | | MP9 |
| ! | ● | 1964 | KOHLENWASSERSTOFFGAS, GEMISCH, VERDICHTET, N.A.G. | 2 | 1F | | 2.1 | 274 662 | 0 | E0 | P200 | | MP9 |
| ! | ● | 1965 | KOHLENWASSERSTOFFGAS, GEMISCH, VERFLÜSSIGT, N.A.G. (Gemisch A, A 01, A 02, A 0, A 1, B 1, B 2, B oder C) | 2 | 2F | | 2.1 | 274 392 583 652 662 674 | 0 | E0 | P200 | | MP9 |
| ! | ● | 1966 | WASSERSTOFF, TIEFGEKÜHLT, FLÜSSIG | 2 | 3F | | 2.1 | | 0 | E0 | P203 | | MP9 |
| ! | ● | 1967 | INSEKTENBEKÄMPFUNGSMITTEL, GASFÖRMIG, GIFTIG, N.A.G. | 2 | 2T | | 2.3 | 274 | 0 | E0 | P200 | | MP9 |

| Ortsbewegliche Tanks und Schüttgut-Container | | ADR-Tanks | | Fahrzeug für die Beförderung in Tanks | Beförderungskategorie (Tunnelbeschränkungscode) | Sondervorschriften für die Beförderung | | | | Nummer zur Kennzeichnung der Gefahr | UN-Nummer | Verlagshinweis *„Gut zu wissen"* |
|---|---|---|---|---|---|---|---|---|---|---|---|---|
| Anweisungen | Sondervorschriften | Tankcodierung | Sondervorschriften | | | Versandstücke | lose Schüttung | Be- und Entladung, Handhabung | Betrieb | | | |
| 4.2.5.2<br>7.3.2 | 4.2.5.3 | 4.3 | 4.3.5<br>6.8.4 | 9.1.1.2 | 1.1.3.6<br>(8.6) | 7.2.4 | 7.3.3 | 7.5.11 | 8.5 | 5.3.2.3 | | |
| (10) | (11) | (12) | (13) | (14) | (15) | (16) | (17) | (18) | (19) | (20) | (1) | |
| | | | | | 1<br>(D) | V14 | | CV9<br>CV12<br>CV28 | | | 1950 | *→2.2.2.2.2<br>→D: GGAV 21* |
| T75 | TP5 | RxBN | TU19<br>TA4<br>TT9 | AT | 3<br>(C/E) | V5 | | CV9<br>CV11<br>CV36 | S20 | 22 | 1951 | *→5.5.3* |
| (M) | | PxBN(M) | TA4<br>TT9 | AT | 3<br>(C/E) | | | CV9<br>CV10<br>CV36 | | 20 | 1952 | |
| (M) | | CxBH(M) | TU6<br>TA4<br>TT9 | FL | 1<br>(B/D) | | | CV9<br>CV10<br>CV36 | S2<br>S14 | 263 | 1953 | |
| (M) | | CxBN(M) | TA4<br>TT9 | FL | 2<br>(B/D) | | | CV9<br>CV10<br>CV36 | S2<br>S20 | 23 | 1954 | |
| (M) | | CxBH(M) | TU6<br>TA4<br>TT9 | AT | 1<br>(C/D) | | | CV9<br>CV10<br>CV36 | S14 | 26 | 1955 | |
| (M) | | CxBN(M) | TA4<br>TT9 | AT | 3<br>(E) | | | CV9<br>CV10<br>CV36 | | 20 | 1956 | |
| (M) | | CxBN(M) | TA4<br>TT9 | FL | 2<br>(B/D) | | | CV9<br>CV10<br>CV36 | S2<br>S20 | 23 | 1957 | |
| T50<br>(M) | | PxBN(M) | TA4<br>TT9 | AT | 3<br>(C/E) | | | CV9<br>CV10<br>CV36 | | 20 | 1958 | |
| (M) | | PxBN(M) | TA4<br>TT9 | FL | 2<br>(B/D) | | | CV9<br>CV10<br>CV36 | S2<br>S20 | 239 | 1959 | |
| T75 | TP5 | RxBN | TU18<br>TE26<br>TA4<br>TT9 | FL | 2<br>(B/D) | V5 | | CV9<br>CV11<br>CV36 | S2<br>S17 | 223 | 1961 | |
| (M) | | PxBN(M) | TA4<br>TT9 | FL | 2<br>(B/D) | | | CV9<br>CV10<br>CV36 | S2<br>S20 | 23 | 1962 | |
| T75 | TP5<br>TP34 | RxBN | TU19<br>TA4<br>TT9 | AT | 3<br>(C/E) | V5 | | CV9<br>CV11<br>CV36 | S20 | 22 | 1963 | |
| (M) | | CxBN(M) | TA4<br>TT9 | FL | 2<br>(B/D) | | | CV9<br>CV10<br>CV36 | S2<br>S20 | 23 | 1964 | |
| T50<br>(M) | | PxBN(M) | TA4<br>TT9<br>TT11 | FL | 2<br>(B/D) | | | CV9<br>CV10<br>CV36 | S2<br>S20 | 23 | 1965 | *→D: GGAV 24<br>→D: RSEB Anl. 11<br>→M349<br>→RO-bi-PT-1<br>→RO-bi-BE-11* |
| T75 | TP5<br>TP34 | RxBN | TU18<br>TE26<br>TA4<br>TT9 | FL | 2<br>(B/D) | V5 | | CV9<br>CV11<br>CV36 | S2<br>S17 | 223 | 1966 | |
| (M) | | PxBH(M) | TU6<br>TA4<br>TT9 | AT | 1<br>(C/D) | | | CV9<br>CV10<br>CV36 | S14 | 26 | 1967 | |

| Verlagshinweis: Sicherung | Verlagshinweis: Fahrweg | UN-Nummer | Benennung und Beschreibung | Klasse | Klassifizierungscode | Verpackungsgruppe | Gefahrzettel | Sondervorschriften | Begrenzte und freigestellte Mengen | | Verpackungen: Anweisungen | Verpackungen: Sondervorschriften | Verpackungen: Zusammenpackung |
|---|---|---|---|---|---|---|---|---|---|---|---|---|---|
| | | | 3.1.2 | 2.2 | 2.2 | 2.1.1.3 | 5.2.2 | 3.3 | 3.4/3.5.1.2 | | 4.1.4 | 4.1.4 | 4.1.10 |
| | | (1) | (2) | (3a) | (3b) | (4) | (5) | (6) | (7a) | (7b) | (8) | (9a) | (9b) |
| | | 1968 | INSEKTENBEKÄMPFUNGSMITTEL, GASFÖRMIG, N.A.G. | 2 | 2A | | 2.2 | 274<br>662 | 120 ml | E1 | P200 | | MP9 |
| ! | ● | 1969 | ISOBUTAN | 2 | 2F | | 2.1 | 392<br>657<br>662<br>674 | 0 | E0 | P200 | | MP9 |
| | | 1970 | KRYPTON, TIEFGEKÜHLT, FLÜSSIG | 2 | 3A | | 2.2 | 593 | 120 ml | E1 | P203 | | MP9 |
| ! | ● | 1971 | METHAN, VERDICHTET oder ERDGAS, VERDICHTET, mit hohem Methangehalt | 2 | 1F | | 2.1 | 392<br>662 | 0 | E0 | P200 | | MP9 |
| ! | ● | 1972 | METHAN, TIEFGEKÜHLT, FLÜSSIG oder ERDGAS, TIEFGEKÜHLT, FLÜSSIG, mit hohem Methangehalt | 2 | 3F | | 2.1 | 392 | 0 | E0 | P203 | | MP9 |
| | | 1973 | CHLORDIFLUORMETHAN UND CHLORPENTAFLUORETHAN, GEMISCH mit einem konstanten Siedepunkt, mit ca. 49 % Chlordifluormethan (GAS ALS KÄLTEMITTEL R 502) | 2 | 2A | | 2.2 | 662 | 120 ml | E1 | P200 | | MP9 |
| | | 1974 | BROMCHLORDIFLUORMETHAN (GAS ALS KÄLTEMITTEL R 12B1) | 2 | 2A | | 2.2 | 662 | 120 ml | E1 | P200 | | MP9 |
| ! | | 1975 | STICKSTOFFMONOXID UND DISTICKSTOFFTETROXID, GEMISCH (STICKSTOFFMONOXID UND STICKSTOFFDIOXID, GEMISCH) | 2 | 2TOC | | 2.3+5.1+8 | | 0 | E0 | P200 | | MP9 |
| | | 1976 | OCTAFLUORCYCLOBUTAN (GAS ALS KÄLTEMITTEL RC 318) | 2 | 2A | | 2.2 | 662 | 120 ml | E1 | P200 | | MP9 |
| | | 1977 | STICKSTOFF, TIEFGEKÜHLT, FLÜSSIG | 2 | 3A | | 2.2 | 345<br>346<br>593 | 120 ml | E1 | P203 | | MP9 |
| ! | ● | 1978 | PROPAN | 2 | 2F | | 2.1 | 392<br>652<br>657<br>662<br>674 | 0 | E0 | P200 | | MP9 |
| | | 1982 | TETRAFLUORMETHAN (GAS ALS KÄLTEMITTEL R 14) | 2 | 2A | | 2.2 | 662 | 120 ml | E1 | P200 | | MP9 |
| | | 1983 | 1-CHLOR-2,2,2-TRIFLUORETHAN (GAS ALS KÄLTEMITTEL R 133a) | 2 | 2A | | 2.2 | 662 | 120 ml | E1 | P200 | | MP9 |
| | | 1984 | TRIFLUORMETHAN (GAS ALS KÄLTEMITTEL R 23) | 2 | 2A | | 2.2 | 662 | 120 ml | E1 | P200 | | MP9 |
| ! | ● | 1986 | ALKOHOLE, ENTZÜNDBAR, GIFTIG, N.A.G. | 3 | FT1 | I | 3+6.1 | 274 | 0 | E0 | P001 | | MP7<br>MP17 |
| ! | ● | 1986 | ALKOHOLE, ENTZÜNDBAR, GIFTIG, N.A.G. | 3 | FT1 | II | 3+6.1 | 274 | 1 L | E2 | P001<br>IBC02 | | MP19 |
| | | 1986 | ALKOHOLE, ENTZÜNDBAR, GIFTIG, N.A.G. | 3 | FT1 | III | 3+6.1 | 274 | 5 L | E1 | P001<br>IBC03<br>R001 | | MP19 |

| Ortsbewegliche Tanks und Schüttgut-Container | | ADR-Tanks | | Fahrzeug für die Beförderung in Tanks | Beförderungskategorie (Tunnelbeschränkungscode) | Sondervorschriften für die Beförderung | | | | Nummer zur Kennzeichnung der Gefahr | UN-Nummer | Verlagshinweis *„Gut zu wissen"* |
|---|---|---|---|---|---|---|---|---|---|---|---|---|
| Anweisungen | Sondervorschriften | Tankcodierung | Sondervorschriften | | | Versandstücke | lose Schüttung | Be- und Entladung, Handhabung | Betrieb | | | |
| 4.2.5.2 7.3.2 | 4.2.5.3 | 4.3 | 4.3.5 6.8.4 | 9.1.1.2 | 1.1.3.6 (8.6) | 7.2.4 | 7.3.3 | 7.5.11 | 8.5 | 5.3.2.3 | | |
| (10) | (11) | (12) | (13) | (14) | (15) | (16) | (17) | (18) | (19) | (20) | (1) | |
| (M) | | PxBN(M) | TA4 TT9 | AT | 3 (C/E) | | | CV9 CV10 CV36 | | 20 | 1968 | |
| T50 (M) | | PxBN(M) | TA4 TT9 TT11 | FL | 2 (B/D) | | | CV9 CV10 CV36 | S2 S20 | 23 | 1969 | *→D: GGAV 24 →D: RSEB Anl. 11 →M349* |
| T75 | TP5 | RxBN | TU19 TA4 TT9 | AT | 3 (C/E) | V5 | | CV9 CV11 CV36 | S20 | 22 | 1970 | |
| (M) | | CxBN(M) | TA4 TT9 | FL | 2 (B/D) | | | CV9 CV10 CV36 | S2 S20 | 23 | 1971 | |
| T75 | TP5 | RxBN | TU18 TE26 TA4 TT9 | FL | 2 (B/D) | V5 | | CV9 CV11 CV36 | S2 S17 | 223 | 1972 | *→D: GGAV 24* |
| T50 (M) | | PxBN(M) | TA4 TT9 | AT | 3 (C/E) | | | CV9 CV10 CV36 | | 20 | 1973 | |
| T50 (M) | | PxBN(M) | TA4 TT9 | AT | 3 (C/E) | | | CV9 CV10 CV36 | | 20 | 1974 | |
| | | | | | 1 (D) | | | CV9 CV10 CV36 | S14 | | 1975 | |
| T50 (M) | | PxBN(M) | TA4 TT9 | AT | 3 (C/E) | | | CV9 CV10 CV36 | | 20 | 1976 | |
| T75 | TP5 | RxBN | TU19 TA4 TT9 | AT | 3 (C/E) | V5 | | CV9 CV11 CV36 | S20 | 22 | 1977 | *→5.5.3* |
| T50 (M) | | PxBN(M) | TA4 TT9 TT11 | FL | 2 (B/D) | | | CV9 CV10 CV36 | S2 S20 | 23 | 1978 | *→D: RSEB Anl. 11 →M349* |
| (M) | | PxBN(M) | TA4 TT9 | AT | 3 (C/E) | | | CV9 CV10 CV36 | | 20 | 1982 | |
| T50 (M) | | PxBN(M) | TA4 TT9 | AT | 3 (C/E) | | | CV9 CV10 CV36 | | 20 | 1983 | |
| (M) | | PxBN(M) | TA4 TT9 | AT | 3 (C/E) | | | CV9 CV10 CV36 | | 20 | 1984 | |
| T14 | TP2 TP27 | L10CH | TU14 TU15 TE21 | FL | 1 (C/E) | | | CV13 CV28 | S2 S22 | 336 | 1986 | |
| T11 | TP2 TP27 | L4BH | TU15 | FL | 2 (D/E) | | | CV13 CV28 | S2 S22 | 336 | 1986 | |
| T7 | TP1 TP28 | L4BH | TU15 | FL | 3 (D/E) | V12 | | CV13 CV28 | S2 | 36 | 1986 | |

## UN-numerisches Verzeichnis (Tabelle A)

| Verlagshinweis: Sicherung | Verlagshinweis: Fahrweg | UN-Nummer | Benennung und Beschreibung | Klasse | Klassifizierungscode | Verpackungsgruppe | Gefahrzettel | Sondervorschriften | Begrenzte und freigestellte Mengen | | Verpackungen: Anweisungen | Verpackungen: Sondervorschriften | Verpackungen: Zusammenpackung |
|---|---|---|---|---|---|---|---|---|---|---|---|---|---|
| | | | 3.1.2 | 2.2 | 2.2 | 2.1.1.3 | 5.2.2 | 3.3 | 3.4/3.5.1.2 | | 4.1.4 | 4.1.4 | 4.1.10 |
| | | (1) | (2) | (3a) | (3b) | (4) | (5) | (6) | (7a) | (7b) | (8) | (9a) | (9b) |
| ! | ● | 1987 | ALKOHOLE, N.A.G. (Dampfdruck bei 50 °C größer als 110 kPa) | 3 | F1 | II | 3 | 274 601 640C | 1 L | E2 | P001 | | MP19 |
| ! | ● | 1987 | ALKOHOLE, N.A.G. (Dampfdruck bei 50 °C höchstens 110 kPa) | 3 | F1 | II | 3 | 274 601 640D | 1 L | E2 | P001 IBC02 R001 | | MP19 |
| | | 1987 | ALKOHOLE, N.A.G. | 3 | F1 | III | 3 | 274 601 | 5 L | E1 | P001 IBC03 LP01 R001 | | MP19 |
| ! | ● | 1988 | ALDEHYDE, ENTZÜNDBAR, GIFTIG, N.A.G. | 3 | FT1 | I | 3+6.1 | 274 | 0 | E0 | P001 | | MP7 MP17 |
| ! | ● | 1988 | ALDEHYDE, ENTZÜNDBAR, GIFTIG, N.A.G. | 3 | FT1 | II | 3+6.1 | 274 | 1 L | E2 | P001 IBC02 | | MP19 |
| | | 1988 | ALDEHYDE, ENTZÜNDBAR, GIFTIG, N.A.G. | 3 | FT1 | III | 3+6.1 | 274 | 5 L | E1 | P001 IBC03 R001 | | MP19 |
| ! | ● | 1989 | ALDEHYDE, N.A.G. | 3 | F1 | I | 3 | 274 | 0 | E3 | P001 | | MP7 MP17 |
| ! | ● | 1989 | ALDEHYDE, N.A.G. (Dampfdruck bei 50 °C größer als 110 kPa) | 3 | F1 | II | 3 | 274 640C | 1 L | E2 | P001 | | MP19 |
| ! | ● | 1989 | ALDEHYDE, N.A.G. (Dampfdruck bei 50 °C höchstens 110 kPa) | 3 | F1 | II | 3 | 274 640D | 1 L | E2 | P001 IBC02 R001 | | MP19 |
| | | 1989 | ALDEHYDE, N.A.G. | 3 | F1 | III | 3 | 274 | 5 L | E1 | P001 IBC03 LP01 R001 | | MP19 |
| | | 1990 | BENZALDEHYD | 9 | M11 | III | 9 | | 5 L | E1 | P001 IBC03 LP01 R001 | | MP15 |
| ! | ● | 1991 | CHLOROPREN, STABILISIERT | 3 | FT1 | I | 3+6.1 | 386 676 | 0 | E0 | P001 | | MP7 MP17 |
| ! | ● | 1992 | ENTZÜNDBARER FLÜSSIGER STOFF, GIFTIG, N.A.G. | 3 | FT1 | I | 3+6.1 | 274 | 0 | E0 | P001 | | MP7 MP17 |
| ! | ● | 1992 | ENTZÜNDBARER FLÜSSIGER STOFF, GIFTIG, N.A.G. | 3 | FT1 | II | 3+6.1 | 274 | 1 L | E2 | P001 IBC02 | | MP19 |
| | | 1992 | ENTZÜNDBARER FLÜSSIGER STOFF, GIFTIG, N.A.G. | 3 | FT1 | III | 3+6.1 | 274 | 5 L | E1 | P001 IBC03 R001 | | MP19 |
| ! | ● | 1993 | ENTZÜNDBARER FLÜSSIGER STOFF, N.A.G. | 3 | F1 | I | 3 | 274 | 0 | E3 | P001 | | MP7 MP17 |
| ! | ● | 1993 | ENTZÜNDBARER FLÜSSIGER STOFF, N.A.G. (Dampfdruck bei 50 °C größer als 110 kPa) | 3 | F1 | II | 3 | 274 601 640C | 1 L | E2 | P001 | | MP19 |
| ! | ● | 1993 | ENTZÜNDBARER FLÜSSIGER STOFF, N.A.G. (Dampfdruck bei 50 °C höchstens 110 kPa) | 3 | F1 | II | 3 | 274 601 640D | 1 L | E2 | P001 IBC02 R001 | | MP19 |
| | | 1993 | ENTZÜNDBARER FLÜSSIGER STOFF, N.A.G. | 3 | F1 | III | 3 | 274 601 | 5 L | E1 | P001 IBC03 LP01 R001 | | MP19 |

| Ortsbewegliche Tanks und Schüttgut-Container: Anweisungen | Ortsbewegliche Tanks und Schüttgut-Container: Sondervorschriften | ADR-Tanks: Tankcodierung | ADR-Tanks: Sondervorschriften | Fahrzeug für die Beförderung in Tanks | Beförderungskategorie (Tunnelbeschränkungscode) | Sondervorschriften für die Beförderung: Versandstücke | Sondervorschriften für die Beförderung: lose Schüttung | Sondervorschriften für die Beförderung: Be- und Entladung, Handhabung | Sondervorschriften für die Beförderung: Betrieb | Nummer zur Kennzeichnung der Gefahr | UN-Nummer | Verlagshinweis *„Gut zu wissen"* |
|---|---|---|---|---|---|---|---|---|---|---|---|---|
| 4.2.5.2 7.3.2 | 4.2.5.3 | 4.3 | 4.3.5 6.8.4 | 9.1.1.2 | 1.1.3.6 (8.6) | 7.2.4 | 7.3.3 | 7.5.11 | 8.5 | 5.3.2.3 | | |
| (10) | (11) | (12) | (13) | (14) | (15) | (16) | (17) | (18) | (19) | (20) | (1) | |
| T7 | TP1 TP8 TP28 | L1,5BN | | FL | 2 (D/E) | | | | S2 S20 | 33 | 1987 | |
| T7 | TP1 TP8 TP28 | LGBF | | FL | 2 (D/E) | | | | S2 S20 | 33 | 1987 | |
| T4 | TP1 TP29 | LGBF | | FL | 3 (D/E) | V12 | | | S2 | 30 | 1987 | |
| T14 | TP2 TP27 | L10CH | TU14 TU15 TE21 | FL | 1 (C/E) | | | CV13 CV28 | S2 S22 | 336 | 1988 | |
| T11 | TP2 TP27 | L4BH | TU15 | FL | 2 (D/E) | | | CV13 CV28 | S2 S22 | 336 | 1988 | |
| T7 | TP1 TP28 | L4BH | TU15 | FL | 3 (D/E) | V12 | | CV13 CV28 | S2 | 36 | 1988 | |
| T11 | TP1 TP27 | L4BN | | FL | 1 (D/E) | | | | S2 S20 | 33 | 1989 | |
| T7 | TP1 TP8 TP28 | L1,5BN | | FL | 2 (D/E) | | | | S2 S20 | 33 | 1989 | |
| T7 | TP1 TP8 TP28 | LGBF | | FL | 2 (D/E) | | | | S2 S20 | 33 | 1989 | |
| T4 | TP1 TP29 | LGBF | | FL | 3 (D/E) | V12 | | | S2 | 30 | 1989 | |
| T2 | TP1 | LGBV | | AT | 3 (E) | V12 | | | | 90 | 1990 | |
| T14 | TP2 TP6 | L10CH | TU14 TU15 TE21 | FL | 1 (C/E) | V8 | | CV13 CV28 | S2 S4 S22 | 336 | 1991 | |
| T14 | TP2 TP27 | L10CH | TU14 TU15 TE21 | FL | 1 (C/E) | | | CV13 CV28 | S2 S22 | 336 | 1992 | |
| T7 | TP2 | L4BH | TU15 | FL | 2 (D/E) | | | CV13 CV28 | S2 S22 | 336 | 1992 | |
| T7 | TP1 TP28 | L4BH | TU15 | FL | 3 (D/E) | V12 | | CV13 CV28 | S2 | 36 | 1992 | |
| T11 | TP1 TP27 | L4BN | | FL | 1 (D/E) | | | | S2 S20 | 33 | 1993 | |
| T7 | TP1 TP8 TP28 | L1,5BN | | FL | 2 (D/E) | | | | S2 S20 | 33 | 1993 | |
| T7 | TP1 TP8 TP28 | LGBF | | FL | 2 (D/E) | | | | S2 S20 | 33 | 1993 | |
| T4 | TP1 TP29 | LGBF | | FL | 3 (D/E) | V12 | | | S2 | 30 | 1993 | |

| Verlagshinweis: Sicherung | Verlagshinweis: Fahrweg | UN-Nummer | Benennung und Beschreibung | Klasse | Klassifizierungscode | Verpackungsgruppe | Gefahrzettel | Sondervorschriften | Begrenzte und freigestellte Mengen | | Verpackungen: Anweisungen | Verpackungen: Sondervorschriften | Verpackungen: Zusammenpackung |
|---|---|---|---|---|---|---|---|---|---|---|---|---|---|
| | | | 3.1.2 | 2.2 | 2.2 | 2.1.1.3 | 5.2.2 | 3.3 | 3.4/3.5.1.2 | | 4.1.4 | 4.1.4 | 4.1.10 |
| | | (1) | (2) | (3a) | (3b) | (4) | (5) | (6) | (7a) | (7b) | (8) | (9a) | (9b) |
| | | 1993 | ENTZÜNDBARER FLÜSSIGER STOFF, N.A.G. (mit einem Flammpunkt unter 23 °C und viskos gemäß 2.2.3.1.4) (Dampfdruck bei 50 °C größer als 110 kPa) | 3 | F1 | III | 3 | 274<br>601 | 5 L | E1 | P001<br>R001 | | MP19 |
| | | 1993 | ENTZÜNDBARER FLÜSSIGER STOFF, N.A.G. (mit einem Flammpunkt unter 23 °C und viskos gemäß 2.2.3.1.4) (Dampfdruck bei 50 °C höchstens 110 kPa) | 3 | F1 | III | 3 | 274<br>601 | 5 L | E1 | P001<br>IBC02<br>R001 | BB4 | MP19 |
| ! | ● | 1994 | EISENPENTACARBONYL | 6.1 | TF1 | I | 6.1+3 | 354 | 0 | E0 | P601 | | MP2 |
| ! | ● | 1999 | TEERE, FLÜSSIG, einschließlich Straßenöle und Cutback-Bitumen (Verschnittbitumen) (Dampfdruck bei 50 °C größer als 110 kPa) | 3 | F1 | II | 3 | 640C | 5 L | E2 | P001 | | MP19 |
| ! | ● | 1999 | TEERE, FLÜSSIG, einschließlich Straßenöle und Cutback-Bitumen (Verschnittbitumen) (Dampfdruck bei 50 °C höchstens 110 kPa) | 3 | F1 | II | 3 | 640D | 5 L | E2 | P001<br>IBC02<br>R001 | | MP19 |
| | | 1999 | TEERE, FLÜSSIG, einschließlich Straßenöle und Cutback-Bitumen (Verschnittbitumen) | 3 | F1 | III | 3 | | 5 L | E1 | P001<br>IBC03<br>LP01<br>R001 | | MP19 |
| | | 1999 | TEERE, FLÜSSIG, einschließlich Straßenöle und Cutback-Bitumen (Verschnittbitumen) (mit einem Flammpunkt unter 23 °C und viskos gemäß 2.2.3.1.4) (Dampfdruck bei 50 °C größer als 110 kPa) | 3 | F1 | III | 3 | | 5 L | E1 | P001<br>R001 | | MP19 |
| | | 1999 | TEERE, FLÜSSIG, einschließlich Straßenöle und Cutback-Bitumen (Verschnittbitumen) (mit einem Flammpunkt unter 23 °C und viskos gemäß 2.2.3.1.4) (Dampfdruck bei 50 °C höchstens 110 kPa) | 3 | F1 | III | 3 | | 5 L | E1 | P001<br>IBC02<br>R001 | BB4 | MP19 |
| | | 2000 | ZELLULOID in Blöcken, Stangen, Platten, Rohren usw. (ausgenommen Abfälle) | 4.1 | F1 | III | 4.1 | 383<br>502 | 5 kg | E1 | P002<br>LP02<br>R001 | PP7 | MP11 |
| | | 2001 | COBALTNAPHTHENAT-PULVER | 4.1 | F3 | III | 4.1 | | 5 kg | E1 | P002<br>IBC08<br>LP02<br>R001 | B3 | MP11 |
| | | 2002 | ZELLULOID, ABFALL | 4.2 | S2 | III | 4.2 | 526<br>592 | 0 | E0 | P002<br>IBC08<br>LP02<br>R001 | PP8<br>B3 | MP14 |
| | | 2004 | MAGNESIUMDIAMID | 4.2 | S4 | II | 4.2 | | 0 | E2 | P410<br>IBC06 | | MP14 |
| | | 2006 | KUNSTSTOFFE AUF NITROCELLULOSE-BASIS, SELBSTERHITZUNGSFÄHIG, N.A.G. | 4.2 | S2 | III | 4.2 | 274<br>528 | 0 | E0 | P002<br>R001 | | MP14 |
| ! | | 2008 | ZIRKONIUM-PULVER, TROCKEN | 4.2 | S4 | I | 4.2 | 524<br>540 | 0 | E0 | P404 | | MP13 |
| | | 2008 | ZIRKONIUM-PULVER, TROCKEN | 4.2 | S4 | II | 4.2 | 524<br>540 | 0 | E2 | P410<br>IBC06 | | MP14 |

| Ortsbewegliche Tanks und Schüttgut-Container | | ADR-Tanks | | Fahrzeug für die Beförderung in Tanks | Beförderungskategorie (Tunnelbeschränkungscode) | Sondervorschriften für die Beförderung | | | | Nummer zur Kennzeichnung der Gefahr | UN-Nummer | Verlagshinweis *„Gut zu wissen"* |
|---|---|---|---|---|---|---|---|---|---|---|---|---|
| Anweisungen | Sondervorschriften | Tankcodierung | Sondervorschriften | | | Versandstücke | lose Schüttung | Be- und Entladung, Handhabung | Betrieb | | | |
| 4.2.5.2<br>7.3.2 | 4.2.5.3 | 4.3 | 4.3.5<br>6.8.4 | 9.1.1.2 | 1.1.3.6<br>(8.6) | 7.2.4 | 7.3.3 | 7.5.11 | 8.5 | 5.3.2.3 | | |
| (10) | (11) | (12) | (13) | (14) | (15) | (16) | (17) | (18) | (19) | (20) | (1) | |
| | | | | | 3<br>(E) | | | | S2 | | 1993 | |
| | | | | | 3<br>(E) | | | | S2 | | 1993 | |
| T22 | TP2 | L15CH | TU14<br>TU15<br>TU31<br>TE19<br>TE21<br>TM3 | FL | 1<br>(C/D) | | | CV1<br>CV13<br>CV28 | S2<br>S9<br>S14 | 663 | 1994 | *→2.1.3.4.1* |
| T3 | TP3<br>TP29 | L1,5BN | | FL | 2<br>(D/E) | | | | S2<br>S20 | 33 | 1999 | *→D: GGAV 21*<br>*→D: RSEB 2-19.2* |
| T3 | TP3<br>TP29 | LGBF | | FL | 2<br>(D/E) | | | | S2<br>S20 | 33 | 1999 | *→D: GGAV 21*<br>*→D: RSEB 2-19.2* |
| T1 | TP3 | LGBF | | FL | 3<br>(D/E) | V12 | | | S2 | 30 | 1999 | *→D: GGAV 21*<br>*→D: RSEB 2-19.2* |
| | | | | | 3<br>(E) | | | | S2 | | 1999 | *→D: GGAV 21*<br>*→D: RSEB 2-19.2* |
| | | | | | 3<br>(E) | | | | S2 | | 1999 | *→D: GGAV 21*<br>*→D: RSEB 2-19.2* |
| | | | | | 3<br>(E) | | | | | | 2000 | |
| T1 | TP33 | SGAV | | AT | 3<br>(E) | | VC1<br>VC2 | | | 40 | 2001 | |
| | | | | | 3<br>(E) | V1 | | | | | 2002 | |
| T3 | TP33 | SGAN | | AT | 2<br>(D/E) | V1 | | | | 40 | 2004 | |
| | | | | | 3<br>(E) | V1 | | | | | 2006 | |
| T21 | TP7<br>TP33 | | | AT | 0<br>(B/E) | V1 | | | S20 | 43 | 2008 | |
| T3 | TP33 | SGAN | | AT | 2<br>(D/E) | V1 | | | | 40 | 2008 | |

## UN-numerisches Verzeichnis (Tabelle A)

| Verlagshinweis: Sicherung | Verlagshinweis: Fahrweg | UN-Nummer | Benennung und Beschreibung | Klasse | Klassifizierungscode | Verpackungsgruppe | Gefahrzettel | Sondervorschriften | Begrenzte und freigestellte Mengen | | Verpackungen: Anweisungen | Verpackungen: Sondervorschriften | Verpackungen: Zusammenpackung |
|---|---|---|---|---|---|---|---|---|---|---|---|---|---|
| | | | 3.1.2 | 2.2 | 2.2 | 2.1.1.3 | 5.2.2 | 3.3 | 3.4/3.5.1.2 | | 4.1.4 | 4.1.4 | 4.1.10 |
| | | (1) | (2) | (3a) | (3b) | (4) | (5) | (6) | (7a) | (7b) | (8) | (9a) | (9b) |
| | | 2008 | ZIRKONIUM-PULVER, TROCKEN | 4.2 | S4 | III | 4.2 | 524<br>540 | 0 | E1 | P002<br>IBC08<br>LP02<br>R001 | <br>B3 | MP14 |
| | | 2009 | ZIRKONIUM, TROCKEN, Bleche, Streifen oder gerollter Draht (dünner als 18 µm) | 4.2 | S4 | III | 4.2 | 524<br>592 | 0 | E1 | P002<br>LP02<br>R001 | | MP14 |
| | | 2010 | MAGNESIUMHYDRID | 4.3 | W2 | I | 4.3 | | 0 | E0 | P403 | | MP2 |
| | | 2011 | MAGNESIUMPHOSPHID | 4.3 | WT2 | I | 4.3+6.1 | | 0 | E0 | P403 | | MP2 |
| | | 2012 | KALIUMPHOSPHID | 4.3 | WT2 | I | 4.3+6.1 | | 0 | E0 | P403 | | MP2 |
| | | 2013 | STRONTIUMPHOSPHID | 4.3 | WT2 | I | 4.3+6.1 | | 0 | E0 | P403 | | MP2 |
| | | 2014 | WASSERSTOFFPEROXID, WÄSSERIGE LÖSUNG mit mindestens 20 %, aber höchstens 60 % Wasserstoffperoxid (Stabilisierung nach Bedarf) | 5.1 | OC1 | II | 5.1+8 | | 1 L | E2 | P504<br>IBC02 | PP10<br>B5 | MP15 |
| ! | ● | 2015 | WASSERSTOFFPEROXID, STABILISIERT oder WASSERSTOFFPEROXID, WÄSSERIGE LÖSUNG, STABILISIERT, mit mehr als 70 % Wasserstoffperoxid | 5.1 | OC1 | I | 5.1+8 | 640N | 0 | E0 | P501 | | MP2 |
| ! | ● | 2015 | WASSERSTOFFPEROXID, WÄSSERIGE LÖSUNG, STABILISIERT, mit mehr als 60 %, aber höchstens 70 % Wasserstoffperoxid | 5.1 | OC1 | I | 5.1+8 | 640O | 0 | E0 | P501 | | MP2 |
| | | 2016 | MUNITION, GIFTIG, NICHT EXPLOSIV, ohne Zerleger oder Ausstoßladung, nicht scharf | 6.1 | T10 | | 6.1 | | 0 | E0 | P600 | | MP10 |
| | | 2017 | MUNITION, TRÄNENERZEUGEND, NICHT EXPLOSIV, ohne Zerleger oder Ausstoßladung, nicht scharf | 6.1 | TC5 | | 6.1+8 | | 0 | E0 | P600 | | |
| | | 2018 | CHLORANILINE, FEST | 6.1 | T2 | II | 6.1 | | 500 g | E4 | P002<br>IBC08 | <br>B4 | MP10 |
| | | 2019 | CHLORANILINE, FLÜSSIG | 6.1 | T1 | II | 6.1 | | 100 ml | E4 | P001<br>IBC02 | | MP15 |
| | | 2020 | CHLORPHENOLE, FEST | 6.1 | T2 | III | 6.1 | 205 | 5 kg | E1 | P002<br>IBC08<br>LP02<br>R001 | <br>B3 | MP10 |
| | | 2021 | CHLORPHENOLE, FLÜSSIG | 6.1 | T1 | III | 6.1 | | 5 L | E1 | P001<br>IBC03<br>LP01<br>R001 | | MP19 |
| | | 2022 | CRESYLSÄURE | 6.1 | TC1 | II | 6.1+8 | | 100 ml | E4 | P001<br>IBC02 | | MP15 |
| | | 2023 | EPICHLORHYDRIN | 6.1 | TF1 | II | 6.1+3 | 279 | 100 ml | E4 | P001<br>IBC02 | | MP15 |

| Ortsbewegliche Tanks und Schüttgut-Container | | ADR-Tanks | | Fahrzeug für die Beförderung in Tanks | Beförderungskategorie (Tunnelbeschränkungscode) | Sondervorschriften für die Beförderung | | | | Nummer zur Kennzeichnung der Gefahr | UN-Nummer | Verlagshinweis „Gut zu wissen" |
|---|---|---|---|---|---|---|---|---|---|---|---|---|
| Anweisungen | Sondervorschriften | Tankcodierung | Sondervorschriften | | | Versandstücke | lose Schüttung | Be- und Entladung, Handhabung | Betrieb | | | |
| 4.2.5.2 7.3.2 | 4.2.5.3 | 4.3 | 4.3.5 6.8.4 | 9.1.1.2 | 1.1.3.6 (8.6) | 7.2.4 | 7.3.3 | 7.5.11 | 8.5 | 5.3.2.3 | | |
| (10) | (11) | (12) | (13) | (14) | (15) | (16) | (17) | (18) | (19) | (20) | (1) | |
| T1 | TP33 | SGAN | | AT | 3 (E) | V1 | VC1 VC2 AP1 | | | 40 | 2008 | |
| | | | | | 3 (E) | V1 | VC1 VC2 AP1 | | | 40 | 2009 | |
| | | | | | 1 (E) | V1 | | CV23 | S20 | | 2010 | |
| | | | | | 1 (E) | V1 | | CV23 CV28 | S20 | | 2011 | |
| | | | | | 1 (E) | V1 | | CV23 CV28 | S20 | | 2012 | |
| | | | | | 1 (E) | V1 | | CV23 CV28 | S20 | | 2013 | |
| T7 | TP2 TP6 TP24 | L4BV(+) | TU3 TC2 TE8 TE11 TT1 | AT | 2 (E) | | | CV24 | | 58 | 2014 | |
| T9 | TP2 TP6 TP24 | L4DV(+) | TU3 TU28 TC2 TE8 TE9 TT1 | FL | 1 (B/E) | V5 | | CV24 | S20 | 559 | 2015 | →*1.6.5.18* |
| T9 | TP2 TP6 TP24 | L4BV(+) | TU3 TU28 TC2 TE7 TE8 TE9 TT1 | FL | 1 (B/E) | V5 | | CV24 | S20 | 559 | 2015 | →*1.6.5.18* |
| | | | | | 2 (E) | | | CV13 CV28 | S9 S19 | | 2016 | |
| | | | | | 2 (E) | | | CV13 CV28 | S9 S19 | | 2017 | |
| T3 | TP33 | SGAH L4BH | TU15 TE19 | AT | 2 (D/E) | V11 | | CV13 CV28 | S9 S19 | 60 | 2018 | |
| T7 | TP2 | L4BH | TU15 TE19 | AT | 2 (D/E) | | | CV13 CV28 | S9 S19 | 60 | 2019 | |
| T1 | TP33 | SGAH | TU15 TE19 | AT | 2 (E) | | VC1 VC2 AP7 | CV13 CV28 | S9 | 60 | 2020 | |
| T4 | TP1 | L4BH | TU15 TE19 | AT | 2 (E) | V12 | | CV13 CV28 | S9 | 60 | 2021 | |
| T7 | TP2 | L4BH | TU15 TE19 | AT | 2 (D/E) | | | CV13 CV28 | S9 S19 | 68 | 2022 | |
| T7 | TP2 | L4BH | TU15 TE19 | FL | 2 (D/E) | | | CV13 CV28 | S2 S9 S19 | 63 | 2023 | |

| Verlagshinweis | | UN-Nummer | Benennung und Beschreibung | Klasse | Klassifizierungscode | Verpackungsgruppe | Gefahrzettel | Sondervorschriften | Begrenzte und freigestellte Mengen | | Verpackungen | | |
|---|---|---|---|---|---|---|---|---|---|---|---|---|---|
| Sicherung | Fahrweg | | | | | | | | | | Anweisungen | Sondervorschriften | Zusammenpackung |
| | | | 3.1.2 | 2.2 | 2.2 | 2.1.1.3 | 5.2.2 | 3.3 | 3.4/3.5.1.2 | | 4.1.4 | 4.1.4 | 4.1.10 |
| | | (1) | (2) | (3a) | (3b) | (4) | (5) | (6) | (7a) | (7b) | (8) | (9a) | (9b) |
| ! | ● | 2024 | QUECKSILBERVERBINDUNG, FLÜSSIG, N.A.G. | 6.1 | T4 | I | 6.1 | 43<br>274 | 0 | E5 | P001 | | MP8<br>MP17 |
| | | 2024 | QUECKSILBERVERBINDUNG, FLÜSSIG, N.A.G. | 6.1 | T4 | II | 6.1 | 43<br>274 | 100 ml | E4 | P001<br>IBC02 | | MP15 |
| | | 2024 | QUECKSILBERVERBINDUNG, FLÜSSIG, N.A.G. | 6.1 | T4 | III | 6.1 | 43<br>274 | 5 L | E1 | P001<br>IBC03<br>LP01<br>R001 | | MP19 |
| ! | | 2025 | QUECKSILBERVERBINDUNG, FEST, N.A.G. | 6.1 | T5 | I | 6.1 | 43<br>66<br>274<br>529 | 0 | E5 | P002<br>IBC07 | | MP18 |
| | | 2025 | QUECKSILBERVERBINDUNG, FEST, N.A.G. | 6.1 | T5 | II | 6.1 | 43<br>66<br>274<br>529 | 500 g | E4 | P002<br>IBC08 | B4 | MP10 |
| | | 2025 | QUECKSILBERVERBINDUNG, FEST, N.A.G. | 6.1 | T5 | III | 6.1 | 43<br>66<br>274<br>529 | 5 kg | E1 | P002<br>IBC08<br>LP02<br>R001 | B3 | MP10 |
| ! | | 2026 | PHENYLQUECKSILBERVERBINDUNG, N.A.G. | 6.1 | T3 | I | 6.1 | 43<br>274 | 0 | E5 | P002<br>IBC07 | | MP18 |
| | | 2026 | PHENYLQUECKSILBERVERBINDUNG, N.A.G. | 6.1 | T3 | II | 6.1 | 43<br>274 | 500 g | E4 | P002<br>IBC08 | B4 | MP10 |
| | | 2026 | PHENYLQUECKSILBERVERBINDUNG, N.A.G. | 6.1 | T3 | III | 6.1 | 43<br>274 | 5 kg | E1 | P002<br>IBC08<br>LP02<br>R001 | B3 | MP10 |
| | | 2027 | NATRIUMARSENIT, FEST | 6.1 | T5 | II | 6.1 | 43 | 500 g | E4 | P002<br>IBC08 | B4 | MP10 |
| | | 2028 | RAUCHBOMBEN, NEBELBOMBEN, NICHT EXPLOSIV, ätzenden flüssigen Stoff enthaltend, ohne Zünder | 8 | C11 | | 8 | | 0 | E0 | P803 | | |
| | | 2029 | HYDRAZIN, WASSERFREI | 8 | CFT | I | 8+3+6.1 | | 0 | E0 | P001 | | MP8<br>MP17 |
| ! | | 2030 | HYDRAZIN, WÄSSERIGE LÖSUNG mit mehr als 37 Masse-% Hydrazin | 8 | CT1 | I | 8+6.1 | 530 | 0 | E0 | P001 | | MP8<br>MP17 |
| | | 2030 | HYDRAZIN, WÄSSERIGE LÖSUNG mit mehr als 37 Masse-% Hydrazin | 8 | CT1 | II | 8+6.1 | 530 | 1 L | E0 | P001<br>IBC02 | | MP15 |
| | | 2030 | HYDRAZIN, WÄSSERIGE LÖSUNG mit mehr als 37 Masse-% Hydrazin | 8 | CT1 | III | 8+6.1 | 530 | 5 L | E1 | P001<br>IBC03<br>LP01<br>R001 | | MP19 |
| ! | | 2031 | SALPETERSÄURE, andere als rotrauchende, mit mehr als 70 % Säure | 8 | CO1 | I | 8+5.1 | | 0 | E0 | P001 | PP81 | MP8<br>MP17 |
| | | 2031 | SALPETERSÄURE, andere als rotrauchende, mit mindestens 65 %, aber höchstens 70 % Säure | 8 | CO1 | II | 8+5.1 | | 1 L | E2 | P001<br>IBC02 | PP81<br>B15 | MP15 |
| | | 2031 | SALPETERSÄURE, andere als rotrauchende, mit weniger als 65 % Säure | 8 | C1 | II | 8 | | 1 L | E2 | P001<br>IBC02 | PP81<br>B15 | MP15 |
| ! | | 2032 | SALPETERSÄURE, ROTRAUCHEND | 8 | COT | I | 8+5.1+6.1 | | 0 | E0 | P602 | | MP8<br>MP17 |

| Ortsbewegliche Tanks und Schüttgut-Container | | ADR-Tanks | | Fahrzeug für die Beförderung in Tanks | Beförderungskategorie (Tunnelbeschränkungscode) | Sondervorschriften für die Beförderung | | | | Nummer zur Kennzeichnung der Gefahr | UN-Nummer | Verlagshinweis *„Gut zu wissen"* |
|---|---|---|---|---|---|---|---|---|---|---|---|---|
| Anweisungen | Sondervorschriften | Tankcodierung | Sondervorschriften | | | Versandstücke | lose Schüttung | Be- und Entladung, Handhabung | Betrieb | | | |
| 4.2.5.2<br>7.3.2 | 4.2.5.3 | 4.3 | 4.3.5<br>6.8.4 | 9.1.1.2 | 1.1.3.6<br>(8.6) | 7.2.4 | 7.3.3 | 7.5.11 | 8.5 | 5.3.2.3 | | |
| (10) | (11) | (12) | (13) | (14) | (15) | (16) | (17) | (18) | (19) | (20) | (1) | |
| | | L10CH | TU14<br>TU15<br>TE19<br>TE21 | AT | 1<br>(C/E) | | | CV1<br>CV13<br>CV28 | S9<br>S14 | 66 | 2024 | |
| | | L4BH | TU15<br>TE19 | AT | 2<br>(D/E) | | | CV13<br>CV28 | S9<br>S19 | 60 | 2024 | |
| | | L4BH | TU15<br>TE19 | AT | 2<br>(E) | V12 | | CV13<br>CV28 | S9 | 60 | 2024 | |
| T6 | TP33 | S10AH | TU15<br>TE19 | AT | 1<br>(C/E) | V10 | | CV1<br>CV13<br>CV28 | S9<br>S14 | 66 | 2025 | |
| T3 | TP33 | SGAH | TU15<br>TE19 | AT | 2<br>(D/E) | V11 | | CV13<br>CV28 | S9<br>S19 | 60 | 2025 | |
| T1 | TP33 | SGAH | TU15<br>TE19 | AT | 2<br>(E) | | VC1<br>VC2<br>AP7 | CV13<br>CV28 | S9 | 60 | 2025 | |
| T6 | TP33 | S10AH<br>L10CH | TU14<br>TU15<br>TE19<br>TE21 | AT | 1<br>(C/E) | V10 | | CV1<br>CV13<br>CV28 | S9<br>S14 | 66 | 2026 | |
| T3 | TP33 | SGAH<br>L4BH | TU15<br>TE19 | AT | 2<br>(D/E) | V11 | | CV13<br>CV28 | S9<br>S19 | 60 | 2026 | |
| T1 | TP33 | SGAH<br>L4BH | TU15<br>TE19 | AT | 2<br>(E) | | VC1<br>VC2<br>AP7 | CV13<br>CV28 | S9 | 60 | 2026 | |
| T3 | TP33 | SGAH | TU15<br>TE19 | AT | 2<br>(D/E) | V11 | | CV13<br>CV28 | S9<br>S19 | 60 | 2027 | |
| | | | | | 2<br>(E) | | | | | | 2028 | |
| | | | | | 1<br>(E) | | | CV13<br>CV28 | S2<br>S14 | | 2029 | |
| T10 | TP2 | L10BH | | AT | 1<br>(C/D) | | | CV13<br>CV28 | S14 | 886 | 2030 | →*UN 3293* |
| T7 | TP2 | L4BN | | AT | 2<br>(E) | | | CV13<br>CV28 | | 86 | 2030 | →*UN 3293* |
| T4 | TP1 | L4BN | | AT | 3<br>(E) | V12 | | CV13<br>CV28 | | 86 | 2030 | →*UN 3293* |
| T10 | TP2 | L10BH | TC6<br>TT1 | AT | 1<br>(E) | | | CV24 | S14 | 885 | 2031 | |
| T8 | TP2 | L4BN | TU42 | AT | 2<br>(E) | | | CV24 | | 85 | 2031 | |
| T8 | TP2 | L4BN | TU42 | AT | 2<br>(E) | | | | | 80 | 2031 | |
| T20 | TP2 | L10BH | TC6<br>TT1 | AT | 1<br>(C/D) | | | CV13<br>CV24<br>CV28 | S14 | 856 | 2032 | |

## UN-numerisches Verzeichnis (Tabelle A)

| Verlagshinweis: Sicherung | Verlagshinweis: Fahrweg | UN-Nummer | Benennung und Beschreibung | Klasse | Klassifizierungscode | Verpackungsgruppe | Gefahrzettel | Sondervorschriften | Begrenzte und freigestellte Mengen | | Verpackungen: Anweisungen | Verpackungen: Sondervorschriften | Verpackungen: Zusammenpackung |
|---|---|---|---|---|---|---|---|---|---|---|---|---|---|
| | | | 3.1.2 | 2.2 | 2.2 | 2.1.1.3 | 5.2.2 | 3.3 | 3.4/3.5.1.2 | | 4.1.4 | 4.1.4 | 4.1.10 |
| | | (1) | (2) | (3a) | (3b) | (4) | (5) | (6) | (7a) | (7b) | (8) | (9a) | (9b) |
| | | 2033 | KALIUMMONOXID | 8 | C6 | II | 8 | | 1 kg | E2 | P002<br>IBC08 | <br>B4 | MP10 |
| ! | ● | 2034 | WASSERSTOFF UND METHAN, GEMISCH, VERDICHTET | 2 | 1F | | 2.1 | 662 | 0 | E0 | P200 | | MP9 |
| ! | ● | 2035 | 1,1,1-TRIFLUORETHAN (GAS ALS KÄLTEMITTEL R 143a) | 2 | 2F | | 2.1 | 662 | 0 | E0 | P200 | | MP9 |
| | | 2036 | XENON | 2 | 2A | | 2.2 | 378<br>392<br>662 | 120 ml | E1 | P200 | | MP9 |
| | | 2037 | GEFÄSSE, KLEIN, MIT GAS (GASPATRONEN), ohne Entnahmeeinrichtung, nicht wiederbefüllbar | 2 | 5A | | 2.2 | 191<br>303<br>327<br>344 | 1 L | E0 | P003<br><br><br>LP200 | PP17<br>PP96<br>RR6<br>L2 | MP9 |
| | | 2037 | GEFÄSSE, KLEIN, MIT GAS (GASPATRONEN), ohne Entnahmeeinrichtung, nicht wiederbefüllbar | 2 | 5F | | 2.1 | 191<br>303<br>327<br>344 | 1 L | E0 | P003<br><br><br>LP200 | PP17<br>PP96<br>RR6<br>L2 | MP9 |
| | | 2037 | GEFÄSSE, KLEIN, MIT GAS (GASPATRONEN), ohne Entnahmeeinrichtung, nicht wiederbefüllbar | 2 | 5O | | 2.2+5.1 | 191<br>303<br>327<br>344 | 1 L | E0 | P003<br><br><br>LP200 | PP17<br>PP96<br>RR6<br>L2 | MP9 |
| | | 2037 | GEFÄSSE, KLEIN, MIT GAS (GASPATRONEN), ohne Entnahmeeinrichtung, nicht wiederbefüllbar | 2 | 5T | | 2.3 | 303<br>327<br>344 | 120 ml | E0 | P003<br><br><br>LP200 | PP17<br>PP96<br>RR6<br>L2 | MP9 |
| | | 2037 | GEFÄSSE, KLEIN, MIT GAS (GASPATRONEN), ohne Entnahmeeinrichtung, nicht wiederbefüllbar | 2 | 5TC | | 2.3+8 | 303<br>327<br>344 | 120 ml | E0 | P003<br><br><br>LP200 | PP17<br>PP96<br>RR6<br>L2 | MP9 |
| | | 2037 | GEFÄSSE, KLEIN, MIT GAS (GASPATRONEN), ohne Entnahmeeinrichtung, nicht wiederbefüllbar | 2 | 5TF | | 2.3+2.1 | 303<br>327<br>344 | 120 ml | E0 | P003<br><br><br>LP200 | PP17<br>PP96<br>RR6<br>L2 | MP9 |
| | | 2037 | GEFÄSSE, KLEIN, MIT GAS (GASPATRONEN), ohne Entnahmeeinrichtung, nicht wiederbefüllbar | 2 | 5TFC | | 2.3+2.1+8 | 303<br>327<br>344 | 120 ml | E0 | P003<br><br><br>LP200 | PP17<br>PP96<br>RR6<br>L2 | MP9 |
| | | 2037 | GEFÄSSE, KLEIN, MIT GAS (GASPATRONEN), ohne Entnahmeeinrichtung, nicht wiederbefüllbar | 2 | 5TO | | 2.3+5.1 | 303<br>327<br>344 | 120 ml | E0 | P003<br><br><br>LP200 | PP17<br>PP96<br>RR6<br>L2 | MP9 |
| | | 2037 | GEFÄSSE, KLEIN, MIT GAS (GASPATRONEN), ohne Entnahmeeinrichtung, nicht wiederbefüllbar | 2 | 5TOC | | 2.3+5.1+8 | 303<br>327<br>344 | 120 ml | E0 | P003<br><br><br>LP200 | PP17<br>PP96<br>RR6<br>L2 | MP9 |
| | | 2038 | DINITROTOLUENE, FLÜSSIG | 6.1 | T1 | II | 6.1 | | 100 ml | E4 | P001<br>IBC02 | | MP15 |
| ! | ● | 2044 | 2,2-DIMETHYLPROPAN | 2 | 2F | | 2.1 | 662 | 0 | E0 | P200 | | MP9 |
| ! | ● | 2045 | ISOBUTYRALDEHYD (ISOBUTYLALDEHYD) | 3 | F1 | II | 3 | | 1 L | E2 | P001<br>IBC02<br>R001 | | MP19 |
| | | 2046 | CYMENE | 3 | F1 | III | 3 | | 5 L | E1 | P001<br>IBC03<br>LP01<br>R001 | | MP19 |

| Ortsbewegliche Tanks und Schüttgut-Container | | ADR-Tanks | | Fahrzeug für die Beförderung in Tanks | Beförderungskategorie (Tunnelbeschränkungscode) | Sondervorschriften für die Beförderung | | | | Nummer zur Kennzeichnung der Gefahr | UN-Nummer | Verlagshinweis „Gut zu wissen" |
|---|---|---|---|---|---|---|---|---|---|---|---|---|
| Anweisungen | Sondervorschriften | Tankcodierung | Sondervorschriften | | | Versandstücke | lose Schüttung | Be- und Entladung, Handhabung | Betrieb | | | |
| 4.2.5.2<br>7.3.2 | 4.2.5.3 | 4.3 | 4.3.5<br>6.8.4 | 9.1.1.2 | 1.1.3.6<br>(8.6) | 7.2.4 | 7.3.3 | 7.5.11 | 8.5 | 5.3.2.3 | | |
| (10) | (11) | (12) | (13) | (14) | (15) | (16) | (17) | (18) | (19) | (20) | (1) | |
| T3 | TP33 | SGAN | | AT | 2<br>(E) | V11 | | | | 80 | 2033 | |
| (M) | | CxBN(M) | TA4<br>TT9 | FL | 2<br>(B/D) | | | CV9<br>CV10<br>CV36 | S2<br>S20 | 23 | 2034 | |
| T50<br>(M) | | PxBN(M) | TA4<br>TT9 | FL | 2<br>(B/D) | | | CV9<br>CV10<br>CV36 | S2<br>S20 | 23 | 2035 | |
| (M) | | PxBN(M) | TA4<br>TT9 | AT | 3<br>(C/E) | | | CV9<br>CV10<br>CV36 | | 20 | 2036 | |
| | | | | | 3<br>(E) | V14 | | CV9<br>CV12 | | | 2037 | |
| | | | | | 2<br>(D) | V14 | | CV9<br>CV12 | S2 | | 2037 | |
| | | | | | 3<br>(E) | V14 | | CV9<br>CV12 | | | 2037 | |
| | | | | | 1<br>(D) | V14 | | CV9<br>CV12 | | | 2037 | |
| | | | | | 1<br>(D) | V14 | | CV9<br>CV12 | | | 2037 | |
| | | | | | 1<br>(D) | V14 | | CV9<br>CV12 | S2 | | 2037 | |
| | | | | | 1<br>(D) | V14 | | CV9<br>CV12 | S2 | | 2037 | |
| | | | | | 1<br>(D) | V14 | | CV9<br>CV12 | | | 2037 | |
| | | | | | 1<br>(D) | V14 | | CV9<br>CV12 | | | 2037 | |
| T7 | TP2 | L4BH | TU15<br>TE19 | AT | 2<br>(D/E) | | | CV13<br>CV28 | S9<br>S19 | 60 | 2038 | *→UN 3454* |
| (M) | | PxBN(M) | TA4<br>TT9 | FL | 2<br>(B/D) | | | CV9<br>CV10<br>CV36 | S2<br>S20 | 23 | 2044 | |
| T4 | TP1 | LGBF | | FL | 2<br>(D/E) | | | | S2<br>S20 | 33 | 2045 | |
| T2 | TP1 | LGBF | | FL | 3<br>(D/E) | V12 | | | S2 | 30 | 2046 | *→D: GGAV 21* |

## UN-numerisches Verzeichnis (Tabelle A)

| Verlagshinweis: Sicherung | Verlagshinweis: Fahrweg | UN-Nummer | Benennung und Beschreibung | Klasse | Klassifizierungscode | Verpackungsgruppe | Gefahrzettel | Sondervorschriften | Begrenzte und freigestellte Mengen | | Verpackungen: Anweisungen | Verpackungen: Sondervorschriften | Verpackungen: Zusammenpackung |
|---|---|---|---|---|---|---|---|---|---|---|---|---|---|
| | | | 3.1.2 | 2.2 | 2.2 | 2.1.1.3 | 5.2.2 | 3.3 | 3.4/3.5.1.2 | | 4.1.4 | 4.1.4 | 4.1.10 |
| | | (1) | (2) | (3a) | (3b) | (4) | (5) | (6) | (7a) | (7b) | (8) | (9a) | (9b) |
| ! | ● | 2047 | DICHLORPROPENE | 3 | F1 | II | 3 | | 1 L | E2 | P001<br>IBC02<br>R001 | | MP19 |
| | | 2047 | DICHLORPROPENE | 3 | F1 | III | 3 | | 5 L | E1 | P001<br>IBC03<br>LP01<br>R001 | | MP19 |
| | | 2048 | DICYCLOPENTADIEN | 3 | F1 | III | 3 | | 5 L | E1 | P001<br>IBC03<br>LP01<br>R001 | | MP19 |
| | | 2049 | DIETHYLBENZEN | 3 | F1 | III | 3 | | 5 L | E1 | P001<br>IBC03<br>LP01<br>R001 | | MP19 |
| ! | ● | 2050 | DIISOBUTYLEN, ISOMERE VERBINDUNGEN | 3 | F1 | II | 3 | | 1 L | E2 | P001<br>IBC02<br>R001 | | MP19 |
| | | 2051 | 2-DIMETHYLAMINOETHANOL | 8 | CF1 | II | 8+3 | | 1 L | E2 | P001<br>IBC02 | | MP15 |
| | | 2052 | DIPENTEN | 3 | F1 | III | 3 | | 5 L | E1 | P001<br>IBC03<br>LP01<br>R001 | | MP19 |
| | | 2053 | METHYLISOBUTYLCARBINOL | 3 | F1 | III | 3 | | 5 L | E1 | P001<br>IBC03<br>LP01<br>R001 | | MP19 |
| ! | | 2054 | MORPHOLIN | 8 | CF1 | I | 8+3 | | 0 | E0 | P001 | | MP8<br>MP17 |
| | | 2055 | STYREN, MONOMER, STABILISIERT | 3 | F1 | III | 3 | 386<br>676 | 5 L | E1 | P001<br>IBC03<br>LP01<br>R001 | | MP19 |
| ! | ● | 2056 | TETRAHYDROFURAN | 3 | F1 | II | 3 | | 1 L | E2 | P001<br>IBC02<br>R001 | | MP19 |
| ! | ● | 2057 | TRIPROPYLEN | 3 | F1 | II | 3 | | 1 L | E2 | P001<br>IBC02<br>R001 | | MP19 |
| | | 2057 | TRIPROPYLEN | 3 | F1 | III | 3 | | 5 L | E1 | P001<br>IBC03<br>LP01<br>R001 | | MP19 |
| ! | ● | 2058 | VALERALDEHYD | 3 | F1 | II | 3 | | 1 L | E2 | P001<br>IBC02<br>R001 | | MP19 |
| ! | ● | 2059 | NITROCELLULOSE, LÖSUNG, ENTZÜNDBAR, mit höchstens 12,6 % Stickstoff in der Trockenmasse und höchstens 55 % Nitrocellulose | 3 | D | I | 3 | 28<br>198<br>531 | 0 | E0 | P001 | | MP7<br>MP17 |
| ! | ● | 2059 | NITROCELLULOSE, LÖSUNG, ENTZÜNDBAR, mit höchstens 12,6 % Stickstoff in der Trockenmasse und höchstens 55 % Nitrocellulose (Dampfdruck bei 50 °C größer als 110 kPa) | 3 | D | II | 3 | 28<br>198<br>531<br>640C | 1 L | E0 | P001<br>IBC02 | | MP19 |

| Ortsbewegliche Tanks und Schüttgut-Container | | ADR-Tanks | | Fahrzeug für die Beförderung in Tanks | Beförderungskategorie (Tunnelbeschränkungscode) | Sondervorschriften für die Beförderung | | | | Nummer zur Kennzeichnung der Gefahr | UN-Nummer | Verlagshinweis „Gut zu wissen" |
|---|---|---|---|---|---|---|---|---|---|---|---|---|
| Anweisungen | Sondervorschriften | Tankcodierung | Sondervorschriften | | | Versandstücke | lose Schüttung | Be- und Entladung, Handhabung | Betrieb | | | |
| 4.2.5.2 7.3.2 | 4.2.5.3 | 4.3 | 4.3.5 6.8.4 | 9.1.1.2 | 1.1.3.6 (8.6) | 7.2.4 | 7.3.3 | 7.5.11 | 8.5 | 5.3.2.3 | | |
| (10) | (11) | (12) | (13) | (14) | (15) | (16) | (17) | (18) | (19) | (20) | (1) | |
| T4 | TP1 | LGBF | | FL | 2 (D/E) | | | | S2 S20 | 33 | 2047 | |
| T2 | TP1 | LGBF | | FL | 3 (D/E) | V12 | | | S2 | 30 | 2047 | |
| T2 | TP1 | LGBF | | FL | 3 (D/E) | V12 | | | S2 | 30 | 2048 | →D: GGAV 21 |
| T2 | TP1 | LGBF | | FL | 3 (D/E) | V12 | | | S2 | 30 | 2049 | →D: GGAV 21 |
| T4 | TP1 | LGBF | | FL | 2 (D/E) | | | | S2 S20 | 33 | 2050 | |
| T7 | TP2 | L4BN | | FL | 2 (D/E) | | | | S2 | 83 | 2051 | |
| T2 | TP1 | LGBF | | FL | 3 (D/E) | V12 | | | S2 | 30 | 2052 | →D: GGAV 21 |
| T2 | TP1 | LGBF | | FL | 3 (D/E) | V12 | | | S2 | 30 | 2053 | |
| T10 | TP2 | L10BH | | FL | 1 (D/E) | | | | S2 S14 | 883 | 2054 | |
| T2 | TP1 | LGBF | | FL | 3 (D/E) | V8 V12 | | | S2 S4 | 39 | 2055 | →D: GGAV 21 |
| T4 | TP1 | LGBF | | FL | 2 (D/E) | | | | S2 S20 | 33 | 2056 | |
| T4 | TP1 | LGBF | | FL | 2 (D/E) | | | | S2 S20 | 33 | 2057 | →D: GGAV 21 |
| T2 | TP1 | LGBF | | FL | 3 (D/E) | V12 | | | S2 | 30 | 2057 | →D: GGAV 21 |
| T4 | TP1 | LGBF | | FL | 2 (D/E) | | | | S2 S20 | 33 | 2058 | |
| T11 | TP1 TP8 TP27 | L4BN | | FL | 1 (B) | | | | S2 S14 | 33 | 2059 | |
| T4 | TP1 TP8 | L1,5BN | | FL | 2 (B) | | | | S2 S14 | 33 | 2059 | |

| Verlagshinweis Sicherung | Verlagshinweis Fahrweg | UN-Nummer | Benennung und Beschreibung | Klasse | Klassifizierungscode | Verpackungsgruppe | Gefahrzettel | Sondervorschriften | Begrenzte und freigestellte Mengen | | Verpackungen Anweisungen | Verpackungen Sondervorschriften | Verpackungen Zusammenpackung |
|---|---|---|---|---|---|---|---|---|---|---|---|---|---|
| | | | 3.1.2 | 2.2 | 2.2 | 2.1.1.3 | 5.2.2 | 3.3 | 3.4/3.5.1.2 | | 4.1.4 | 4.1.4 | 4.1.10 |
| | | (1) | (2) | (3a) | (3b) | (4) | (5) | (6) | (7a) | (7b) | (8) | (9a) | (9b) |
| ! | ● | 2059 | NITROCELLULOSE, LÖSUNG, ENTZÜNDBAR, mit höchstens 12,6 % Stickstoff in der Trockenmasse und höchstens 55 % Nitrocellulose (Dampfdruck bei 50 °C höchstens 110 kPa) | 3 | D | II | 3 | 28<br>198<br>531<br>640D | 1 L | E0 | P001<br>IBC02<br>R001 | | MP19 |
| ! | | 2059 | NITROCELLULOSE, LÖSUNG, ENTZÜNDBAR, mit höchstens 12,6 % Stickstoff in der Trockenmasse und höchstens 55 % Nitrocellulose | 3 | D | III | 3 | 28<br>198<br>531 | 5 L | E0 | P001<br>IBC03<br>LP01<br>R001 | | MP19 |
| ! | | 2067 | AMMONIUMNITRATHALTIGES DÜNGEMITTEL | 5.1 | O2 | III | 5.1 | 306<br>307 | 5 kg | E1 | P002<br>IBC08<br>LP02<br>R001 | <br>B3 | MP10 |
| | | 2071 | AMMONIUMNITRATHALTIGES DÜNGEMITTEL | 9 | M11 | | | 193 | [2] | | | | |
| | | 2073 | AMMONIAKLÖSUNG in Wasser, relative Dichte kleiner als 0,880 bei 15 °C, mit mehr als 35 %, aber höchstens 50 % Ammoniak | 2 | 4A | | 2.2 | | 120 ml | E0 | P200 | | MP9 |
| | | 2074 | ACRYLAMID, FEST | 6.1 | T2 | III | 6.1 | | 5 kg | E1 | P002<br>IBC08<br>LP02<br>R001 | <br>B3 | MP10 |
| | | 2075 | CHLORAL, WASSERFREI, STABILISIERT | 6.1 | T1 | II | 6.1 | | 100 ml | E4 | P001<br>IBC02 | | MP15 |
| | | 2076 | CRESOLE, FLÜSSIG | 6.1 | TC1 | II | 6.1+8 | | 100 ml | E4 | P001<br>IBC02 | | MP15 |
| | | 2077 | alpha-NAPHTHYLAMIN | 6.1 | T2 | III | 6.1 | | 5 kg | E1 | P002<br>IBC08<br>LP02<br>R001 | <br>B3 | MP10 |
| | | 2078 | TOLUENDIISOCYANAT | 6.1 | T1 | II | 6.1 | 279 | 100 ml | E4 | P001<br>IBC02 | | MP15 |
| | | 2079 | DIETHYLENTRIAMIN | 8 | C7 | II | 8 | | 1 L | E2 | P001<br>IBC02 | | MP15 |
| ! | ● | 2186 | CHLORWASSERSTOFF, TIEFGEKÜHLT, FLÜSSIG | 2 | 3TC | BEFÖRDERUNG VERBOTEN | | | | | | | |
| | | 2187 | KOHLENDIOXID, TIEFGEKÜHLT, FLÜSSIG | 2 | 3A | | 2.2 | | 120 ml | E1 | P203 | | MP9 |
| ! | | 2188 | ARSENWASSERSTOFF (ARSIN) | 2 | 2TF | | 2.3+2.1 | | 0 | E0 | P200 | | MP9 |
| ! | ● | 2189 | DICHLORSILAN | 2 | 2TFC | | 2.3+2.1+8 | | 0 | E0 | P200 | | MP9 |
| ! | | 2190 | SAUERSTOFFDIFLUORID, VERDICHTET | 2 | 1TOC | | 2.3+5.1+8 | | 0 | E0 | P200 | | MP9 |
| ! | ● | 2191 | SULFURYLFLUORID | 2 | 2T | | 2.3 | | 0 | E0 | P200 | | MP9 |
| ! | ● | 2192 | GERMANIUMWASSERSTOFF (GERMAN) | 2 | 2TF | | 2.3+2.1 | 632 | 0 | E0 | P200 | | MP9 |

[2] *Anmerkung des Verlags: Kein Eintrag in dieser Spalte, da gemäß SV193 die Vorschriften des ADR nicht anwendbar sind.*

| Ortsbewegliche Tanks und Schüttgut-Container | | ADR-Tanks | | Fahrzeug für die Beförderung in Tanks | Beförderungskategorie (Tunnelbeschränkungscode) | Sondervorschriften für die Beförderung | | | | Nummer zur Kennzeichnung der Gefahr | UN-Nummer | Verlagshinweis *„Gut zu wissen"* |
|---|---|---|---|---|---|---|---|---|---|---|---|---|
| Anweisungen | Sondervorschriften | Tankcodierung | Sondervorschriften | | | Versandstücke | lose Schüttung | Be- und Entladung, Handhabung | Betrieb | | | |
| 4.2.5.2<br>7.3.2 | 4.2.5.3 | 4.3 | 4.3.5<br>6.8.4 | 9.1.1.2 | 1.1.3.6<br>(8.6) | 7.2.4 | 7.3.3 | 7.5.11 | 8.5 | 5.3.2.3 | | |
| (10) | (11) | (12) | (13) | (14) | (15) | (16) | (17) | (18) | (19) | (20) | (1) | |
| T4 | TP1<br>TP8 | LGBF | | FL | 2<br>(B) | | | | S2<br>S14 | 33 | 2059 | |
| T2 | TP1 | LGBF | | FL | 3<br>(B) | V12 | | | S2<br>S14 | 30 | 2059 | |
| T1<br>BK1<br>BK2<br>BK3 | TP33 | SGAV | TU3 | AT | 3<br>(E) | | VC1<br>VC2<br>AP6<br>AP7 | CV24 | S23 | 50 | 2067 | *→RO-bi-IE-7* |
| | | | | | | | | | | | 2071 | |
| (M) | | PxBN(M) | TA4<br>TT9 | AT | 3<br>(E) | | | CV9<br>CV10 | | 20 | 2073 | *→2.2.2.2.2* |
| T1 | TP33 | SGAH<br>L4BH | TU15<br>TE19 | AT | 2<br>(E) | | VC1<br>VC2<br>AP7 | CV13<br>CV28 | S9 | 60 | 2074 | *→UN 3426* |
| T7 | TP2 | L4BH | TU15<br>TE19 | AT | 2<br>(D/E) | | | CV13<br>CV28 | S9<br>S19 | 69 | 2075 | |
| T7 | TP2 | L4BH | TU15<br>TE19 | AT | 2<br>(D/E) | | | CV13<br>CV28 | S9<br>S19 | 68 | 2076 | *→UN 3455* |
| T1 | TP33 | SGAH<br>L4BH | TU15<br>TE19 | AT | 2<br>(E) | | VC1<br>VC2<br>AP7 | CV13<br>CV28 | S9 | 60 | 2077 | |
| T7 | TP2 | L4BH | TU15<br>TE19 | AT | 2<br>(D/E) | | | CV13<br>CV28 | S9<br>S19 | 60 | 2078 | |
| T7 | TP2 | L4BN | | AT | 2<br>(E) | | | | | 80 | 2079 | |
| BEFÖRDERUNG VERBOTEN | | | | | | | | | | | 2186 | |
| T75 | TP5 | RxBN | TU19<br>TA4<br>TT9 | AT | 3<br>(C/E) | V5 | | CV9<br>CV11<br>CV36 | S20 | 22 | 2187 | |
| | | | | | 1<br>(D) | | | CV9<br>CV10<br>CV36 | S2<br>S14 | | 2188 | |
| (M) | | PxBH(M) | TA4<br>TT9 | FL | 1<br>(B/D) | | | CV9<br>CV10<br>CV36 | S2<br>S14 | 263 | 2189 | |
| | | | | | 1<br>(D) | | | CV9<br>CV10<br>CV36 | S14 | | 2190 | |
| (M) | | PxBH(M) | TA4<br>TT9 | AT | 1<br>(C/D) | | | CV9<br>CV10<br>CV36 | S14 | 26 | 2191 | |
| (M) | | | | FL | 1<br>(B/D) | | | CV9<br>CV10<br>CV36 | S2<br>S14 | 263 | 2192 | |

| Verlagshinweis | | UN-Nummer | Benennung und Beschreibung | Klasse | Klassifizierungscode | Verpackungsgruppe | Gefahrzettel | Sondervorschriften | Begrenzte und freigestellte Mengen | | Verpackungen | | |
|---|---|---|---|---|---|---|---|---|---|---|---|---|---|
| Sicherung | Fahrweg | | | | | | | | | | Anweisungen | Sondervorschriften | Zusammenpackung |
| | | | 3.1.2 | 2.2 | 2.2 | 2.1.1.3 | 5.2.2 | 3.3 | 3.4/3.5.1.2 | | 4.1.4 | 4.1.4 | 4.1.10 |
| | | (1) | (2) | (3a) | (3b) | (4) | (5) | (6) | (7a) | (7b) | (8) | (9a) | (9b) |
| | | 2193 | HEXAFLUORETHAN (GAS ALS KÄLTEMITTEL R 116) | 2 | 2A | | 2.2 | 662 | 120 ml | E1 | P200 | | MP9 |
| ! | | 2194 | SELENHEXAFLUORID | 2 | 2TC | | 2.3+8 | | 0 | E0 | P200 | | MP9 |
| ! | | 2195 | TELLURHEXAFLUORID | 2 | 2TC | | 2.3+8 | | 0 | E0 | P200 | | MP9 |
| ! | | 2196 | WOLFRAMHEXAFLUORID | 2 | 2TC | | 2.3+8 | | 0 | E0 | P200 | | MP9 |
| ! | ● | 2197 | IODWASSERSTOFF, WASSERFREI | 2 | 2TC | | 2.3+8 | | 0 | E0 | P200 | | MP9 |
| ! | | 2198 | PHOSPHORPENTAFLUORID | 2 | 2TC | | 2.3+8 | | 0 | E0 | P200 | | MP9 |
| ! | | 2199 | PHOSPHORWASSERSTOFF (PHOSPHIN) | 2 | 2TF | | 2.3+2.1 | 632 | 0 | E0 | P200 | | MP9 |
| ! | ● | 2200 | PROPADIEN, STABILISIERT | 2 | 2F | | 2.1 | 386<br>662<br>676 | 0 | E0 | P200 | | MP9 |
| | | 2201 | DISTICKSTOFFMONOXID, TIEFGEKÜHLT, FLÜSSIG | 2 | 3O | | 2.2+5.1 | | 0 | E0 | P203 | | MP9 |
| ! | | 2202 | SELENWASSERSTOFF, WASSERFREI | 2 | 2TF | | 2.3+2.1 | | 0 | E0 | P200 | | MP9 |
| ! | ● | 2203 | SILICIUMWASSERSTOFF (SILAN) | 2 | 2F | | 2.1 | 632<br>662 | 0 | E0 | P200 | | MP9 |
| ! | ● | 2204 | CARBONYLSULFID | 2 | 2TF | | 2.3+2.1 | | 0 | E0 | P200 | | MP9 |
| | | 2205 | ADIPONITRIL | 6.1 | T1 | III | 6.1 | | 5 L | E1 | P001<br>IBC03<br>LP01<br>R001 | | MP19 |
| | | 2206 | ISOCYANATE, GIFTIG, N.A.G. oder ISOCYANAT, LÖSUNG, GIFTIG, N.A.G. | 6.1 | T1 | II | 6.1 | 274<br>551 | 100 ml | E4 | P001<br>IBC02 | | MP15 |
| | | 2206 | ISOCYANATE, GIFTIG, N.A.G. oder ISOCYANAT, LÖSUNG, GIFTIG, N.A.G. | 6.1 | T1 | III | 6.1 | 274<br>551 | 5 L | E1 | P001<br>IBC03<br>LP01<br>R001 | | MP19 |
| | | 2208 | CALCIUMHYPOCHLORIT, MISCHUNG, TROCKEN, mit mehr als 10 %, aber höchstens 39 % aktivem Chlor | 5.1 | O2 | III | 5.1 | 314 | 5 kg | E1 | P002<br>IBC08<br>LP02<br>R001 | B3 B13<br>L3 | MP10 |
| | | 2209 | FORMALDEHYDLÖSUNG mit mindestens 25 % Formaldehyd | 8 | C9 | III | 8 | 533 | 5 L | E1 | P001<br>IBC03<br>LP01<br>R001 | | MP19 |
| | | 2210 | MANEB oder MANEBZUBEREITUNGEN mit mindestens 60 Masse-% Maneb | 4.2 | SW1 | III | 4.2+4.3 | 273 | 0 | E1 | P002<br>IBC06<br>R001 | | MP14 |

| Ortsbewegliche Tanks und Schüttgut-Container | | ADR-Tanks | | Fahrzeug für die Beförderung in Tanks | Beförderungskategorie (Tunnelbeschränkungscode) | Sondervorschriften für die Beförderung | | | | Nummer zur Kennzeichnung der Gefahr | UN-Nummer | Verlagshinweis *„Gut zu wissen"* |
|---|---|---|---|---|---|---|---|---|---|---|---|---|
| Anweisungen | Sondervorschriften | Tankcodierung | Sondervorschriften | | | Versandstücke | lose Schüttung | Be- und Entladung, Handhabung | Betrieb | | | |
| 4.2.5.2<br>7.3.2 | 4.2.5.3 | 4.3 | 4.3.5<br>6.8.4 | 9.1.1.2 | 1.1.3.6<br>(8.6) | 7.2.4 | 7.3.3 | 7.5.11 | 8.5 | 5.3.2.3 | | |
| (10) | (11) | (12) | (13) | (14) | (15) | (16) | (17) | (18) | (19) | (20) | (1) | |
| (M) | | PxBN(M) | TA4<br>TT9 | AT | 3<br>(C/E) | | | CV9<br>CV10<br>CV36 | | 20 | 2193 | |
| | | | | | 1<br>(D) | | | CV9<br>CV10<br>CV36 | S14 | | 2194 | |
| | | | | | 1<br>(D) | | | CV9<br>CV10<br>CV36 | S14 | | 2195 | |
| | | | | | 1<br>(D) | | | CV9<br>CV10<br>CV36 | S14 | | 2196 | |
| (M) | | PxBH(M) | TA4<br>TT9 | AT | 1<br>(C/D) | | | CV9<br>CV10<br>CV36 | S14 | 268 | 2197 | |
| | | | | | 1<br>(D) | | | CV9<br>CV10<br>CV36 | S14 | | 2198 | |
| | | | | | 1<br>(D) | | | CV9<br>CV10<br>CV36 | S2<br>S14 | | 2199 | |
| (M) | | PxBN(M) | TA4<br>TT9 | FL | 2<br>(B/D) | V8 | | CV9<br>CV10<br>CV36 | S2<br>S4<br>S20 | 239 | 2200 | |
| T75 | TP5<br>TP22 | RxBN | TU7<br>TU19<br>TA4<br>TT9 | AT | 3<br>(C/E) | V5 | | CV9<br>CV11<br>CV36 | S20 | 225 | 2201 | |
| | | | | | 1<br>(D) | | | CV9<br>CV10<br>CV36 | S2<br>S14 | | 2202 | |
| (M) | | PxBN(M) | TA4<br>TT9 | FL | 2<br>(B/D) | | | CV9<br>CV10<br>CV36 | S2<br>S20 | 23 | 2203 | |
| (M) | | PxBH(M) | TA4<br>TT9 | FL | 1<br>(B/D) | | | CV9<br>CV10<br>CV36 | S2<br>S14 | 263 | 2204 | |
| T3 | TP1 | L4BH | TU15<br>TE19 | AT | 2<br>(E) | V12 | | CV13<br>CV28 | S9 | 60 | 2205 | |
| T11 | TP2<br>TP27 | L4BH | TU15<br>TE19 | AT | 2<br>(D/E) | | | CV13<br>CV28 | S9<br>S19 | 60 | 2206 | |
| T7 | TP1<br>TP28 | L4BH | TU15<br>TE19 | AT | 2<br>(E) | V12 | | CV13<br>CV28 | S9 | 60 | 2206 | |
| | | SGAN | TU3 | AT | 3<br>(E) | | | CV24<br>CV35 | | 50 | 2208 | |
| T4 | TP1 | L4BN | | AT | 3<br>(E) | V12 | | | | 80 | 2209 | |
| T1 | TP33 | SGAN | | AT | 3<br>(E) | V1 | VC1<br>VC2<br>AP1 | | | 40 | 2210 | |

## UN-numerisches Verzeichnis (Tabelle A)

| Verlagshinweis | | UN-Nummer | Benennung und Beschreibung | Klasse | Klassifizierungscode | Verpackungsgruppe | Gefahrzettel | Sondervorschriften | Begrenzte und freigestellte Mengen | | Verpackungen | | |
|---|---|---|---|---|---|---|---|---|---|---|---|---|---|
| Sicherung | Fahrweg | | | | | | | | | | Anweisungen | Sondervorschriften | Zusammenpackung |
| | | | 3.1.2 | 2.2 | 2.2 | 2.1.1.3 | 5.2.2 | 3.3 | 3.4/3.5.1.2 | | 4.1.4 | 4.1.4 | 4.1.10 |
| | | (1) | (2) | (3a) | (3b) | (4) | (5) | (6) | (7a) | (7b) | (8) | (9a) | (9b) |
| | | 2211 | SCHÄUMBARE POLYMER-KÜGELCHEN, entzündbare Dämpfe abgebend | 9 | M3 | III | keine | 382<br>633<br>675 | 5 kg | E1 | P002<br>IBC08<br>R001 | PP14<br>B3 B6 | MP10 |
| | | 2212 | ASBEST, AMPHIBOL (Amosit, Tremolit, Aktinolith, Anthophyllit, Krokydolith) | 9 | M1 | II | 9 | 168<br>274<br>542<br>678 | 1 kg | E0 | P002<br>IBC08 | PP37<br>B4 | MP10 |
| | | 2213 | PARAFORMALDEHYD | 4.1 | F1 | III | 4.1 | | 5 kg | E1 | P002<br>IBC08<br>LP02<br>R001 | PP12<br>B3 | MP10 |
| | | 2214 | PHTHALSÄUREANHYDRID mit mehr als 0,05 % Maleinsäureanhydrid | 8 | C4 | III | 8 | 169 | 5 kg | E1 | P002<br>IBC08<br>LP02<br>R001 | B3 | MP10 |
| | | 2215 | MALEINSÄUREANHYDRID, GESCHMOLZEN | 8 | C3 | III | 8 | | 0 | E0 | | | |
| | | 2215 | MALEINSÄUREANHYDRID | 8 | C4 | III | 8 | | 5 kg | E1 | P002<br>IBC08<br>R001 | B3 | MP10 |
| | | 2216 | Fischmehl (Fischabfälle), stabilisiert | 9 | M11 | UNTERLIEGT NICHT DEN VORSCHRIFTEN DES ADR | | | | | | | |
| | | 2217 | ÖLSAATKUCHEN mit höchstens 1,5 Masse-% Öl und höchstens 11 Masse-% Feuchtigkeit | 4.2 | S2 | III | 4.2 | 142 | 0 | E0 | P002<br>IBC08<br>LP02<br>R001 | PP20<br>B3 B6 | MP14 |
| | | 2218 | ACRYLSÄURE, STABILISIERT | 8 | CF1 | II | 8+3 | 386<br>676 | 1 L | E2 | P001<br>IBC02 | | MP15 |
| | | 2219 | ALLYLGLYCIDYLETHER | 3 | F1 | III | 3 | | 5 L | E1 | P001<br>IBC03<br>LP01<br>R001 | | MP19 |
| | | 2222 | ANISOL | 3 | F1 | III | 3 | | 5 L | E1 | P001<br>IBC03<br>LP01<br>R001 | | MP19 |
| | | 2224 | BENZONITRIL | 6.1 | T1 | II | 6.1 | | 100 ml | E4 | P001<br>IBC02 | | MP15 |
| | | 2225 | BENZENSULFONYLCHLORID | 8 | C3 | III | 8 | | 5 L | E1 | P001<br>IBC03<br>LP01<br>R001 | | MP19 |
| | | 2226 | BENZOTRICHLORID | 8 | C9 | II | 8 | | 1 L | E2 | P001<br>IBC02 | | MP15 |
| | | 2227 | n-BUTYLMETHACRYLAT, STABILISIERT | 3 | F1 | III | 3 | 386<br>676 | 5 L | E1 | P001<br>IBC03<br>LP01<br>R001 | | MP19 |
| ! | ● | 2232 | 2-CHLORETHANAL | 6.1 | T1 | I | 6.1 | 354 | 0 | E0 | P602 | | MP8<br>MP17 |
| | | 2233 | CHLORANISIDINE | 6.1 | T2 | III | 6.1 | | 5 kg | E1 | P002<br>IBC08<br>LP02<br>R001 | B3 | MP10 |
| | | 2234 | CHLORBENZOTRIFLUORIDE | 3 | F1 | III | 3 | | 5 L | E1 | P001<br>IBC03<br>LP01<br>R001 | | MP19 |

| Ortsbewegliche Tanks und Schüttgut-Container | | ADR-Tanks | | Fahrzeug für die Beförderung in Tanks | Beförderungskategorie (Tunnelbeschränkungscode) | Sondervorschriften für die Beförderung | | | | Nummer zur Kennzeichnung der Gefahr | UN-Nummer | Verlagshinweis *„Gut zu wissen"* |
|---|---|---|---|---|---|---|---|---|---|---|---|---|
| Anweisungen | Sondervorschriften | Tankcodierung | Sondervorschriften | | | Versandstücke | lose Schüttung | Be- und Entladung, Handhabung | Betrieb | | | |
| 4.2.5.2<br>7.3.2 | 4.2.5.3 | 4.3 | 4.3.5<br>6.8.4 | 9.1.1.2 | 1.1.3.6<br>(8.6) | 7.2.4 | 7.3.3 | 7.5.11 | 8.5 | 5.3.2.3 | | |
| (10) | (11) | (12) | (13) | (14) | (15) | (16) | (17) | (18) | (19) | (20) | (1) | |
| T1 | TP33 | SGAN | TE20 | AT | 3<br>(D/E) | | VC1<br>VC2<br>AP2 | CV36 | | 90 | 2211 | |
| T3 | TP33 | SGAH | TU15 | AT | 2<br>(E) | V11 | VC1<br>VC2<br>AP12 | CV1<br>CV13<br>CV28<br>CV38 | S19 | 90 | 2212 | *→5.4.1.1.4* |
| T1<br>BK1<br>BK2<br>BK3 | TP33 | SGAV | | AT | 3<br>(E) | V13 | VC1<br>VC2 | | | 40 | 2213 | |
| T1 | TP33 | SGAV<br>L4BN | | AT | 3<br>(E) | | VC1<br>VC2<br>AP7 | | | 80 | 2214 | |
| T4 | TP3 | L4BN | | AT | 0<br>(E) | | | | | 80 | 2215 | |
| T1 | TP33 | SGAV | | AT | 3<br>(E) | | VC1<br>VC2<br>AP7 | | | 80 | 2215 | |
| UNTERLIEGT NICHT DEN VORSCHRIFTEN DES ADR | | | | | | | | | | | 2216 | *→UN 3497* |
| BK2 | | | | | 3<br>(E) | V1 | VC1<br>VC2<br>AP1 | | | 40 | 2217 | *→UN 1386* |
| T7 | TP2 | L4BN | | FL | 2<br>(D/E) | V8 | | | S2<br>S4 | 839 | 2218 | |
| T2 | TP1 | LGBF | | FL | 3<br>(D/E) | V12 | | | S2 | 30 | 2219 | |
| T2 | TP1 | LGBF | | FL | 3<br>(D/E) | V12 | | | S2 | 30 | 2222 | |
| T7 | TP2 | L4BH | TU15<br>TE19 | AT | 2<br>(D/E) | | | CV13<br>CV28 | S9<br>S19 | 60 | 2224 | |
| T4 | TP1 | L4BN | | AT | 3<br>(E) | V12 | | | | 80 | 2225 | |
| T7 | TP2 | L4BN | | AT | 2<br>(E) | | | | | 80 | 2226 | |
| T2 | TP1 | LGBF | | FL | 3<br>(D/E) | V8<br>V12 | | | S2<br>S4 | 39 | 2227 | |
| T20 | TP2 | L10CH | TU14<br>TU15<br>TE19<br>TE21 | AT | 1<br>(C/D) | | | CV1<br>CV13<br>CV28 | S9<br>S14 | 66 | 2232 | |
| T1 | TP33 | SGAH<br>L4BH | TU15<br>TE19 | AT | 2<br>(E) | | VC1<br>VC2<br>AP7 | CV13<br>CV28 | S9 | 60 | 2233 | |
| T2 | TP1 | LGBF | | FL | 3<br>(D/E) | V12 | | | S2 | 30 | 2234 | |

| Verlagshinweis Sicherung | Verlagshinweis Fahrweg | UN-Nummer | Benennung und Beschreibung | Klasse | Klassifizierungscode | Verpackungsgruppe | Gefahrzettel | Sondervorschriften | Begrenzte und freigestellte Mengen | | Verpackungen Anweisungen | Verpackungen Sondervorschriften | Verpackungen Zusammenpackung |
|---|---|---|---|---|---|---|---|---|---|---|---|---|---|
| | | | 3.1.2 | 2.2 | 2.2 | 2.1.1.3 | 5.2.2 | 3.3 | 3.4/3.5.1.2 | | 4.1.4 | 4.1.4 | 4.1.10 |
| | | (1) | (2) | (3a) | (3b) | (4) | (5) | (6) | (7a) | (7b) | (8) | (9a) | (9b) |
| | | 2235 | CHLORBENZYLCHLORIDE, FLÜSSIG | 6.1 | T1 | III | 6.1 | | 5 L | E1 | P001<br>IBC03<br>LP01<br>R001 | | MP19 |
| | | 2236 | 3-CHLOR-4-METHYLPHENYLISOCYANAT, FLÜSSIG | 6.1 | T1 | II | 6.1 | | 100 ml | E4 | P001<br>IBC02 | | MP15 |
| | | 2237 | CHLORNITROANILINE | 6.1 | T2 | III | 6.1 | | 5 kg | E1 | P002<br>IBC08<br>LP02<br>R001 | B3 | MP10 |
| | | 2238 | CHLORTOLUENE | 3 | F1 | III | 3 | | 5 L | E1 | P001<br>IBC03<br>LP01<br>R001 | | MP19 |
| | | 2239 | CHLORTOLUIDINE, FEST | 6.1 | T2 | III | 6.1 | | 5 kg | E1 | P002<br>IBC08<br>LP02<br>R001 | B3 | MP10 |
| ! | | 2240 | CHROMSCHWEFELSÄURE | 8 | C1 | I | 8 | | 0 | E0 | P001 | | MP8<br>MP17 |
| ! | ● | 2241 | CYCLOHEPTAN | 3 | F1 | II | 3 | | 1 L | E2 | P001<br>IBC02<br>R001 | | MP19 |
| ! | ● | 2242 | CYCLOHEPTEN | 3 | F1 | II | 3 | | 1 L | E2 | P001<br>IBC02<br>R001 | | MP19 |
| | | 2243 | CYCLOHEXYLACETAT | 3 | F1 | III | 3 | | 5 L | E1 | P001<br>IBC03<br>LP01<br>R001 | | MP19 |
| | | 2244 | CYCLOPENTANOL | 3 | F1 | III | 3 | | 5 L | E1 | P001<br>IBC03<br>LP01<br>R001 | | MP19 |
| | | 2245 | CYCLOPENTANON | 3 | F1 | III | 3 | | 5 L | E1 | P001<br>IBC03<br>LP01<br>R001 | | MP19 |
| ! | ● | 2246 | CYCLOPENTEN | 3 | F1 | II | 3 | | 1 L | E2 | P001<br>IBC02 | B8 | MP19 |
| | | 2247 | n-DECAN | 3 | F1 | III | 3 | | 5 L | E1 | P001<br>IBC03<br>LP01<br>R001 | | MP19 |
| | | 2248 | DI-n-BUTYLAMIN | 8 | CF1 | II | 8+3 | | 1 L | E2 | P001<br>IBC02 | | MP15 |
| ! | ● | 2249 | DICHLORDIMETHYLETHER, SYMMETRISCH | 6.1 | TF1 | BEFÖRDERUNG VERBOTEN | | | | | | | |
| | | 2250 | DICHLORPHENYLISOCYANATE | 6.1 | T2 | II | 6.1 | | 500 g | E4 | P002<br>IBC08 | B4 | MP10 |
| ! | ● | 2251 | BICYCLO-[2,2,1]-HEPTA-2,5-DIEN, STABILISIERT (NORBORNAN-2,5-DIEN, STABILISIERT) | 3 | F1 | II | 3 | 386<br>676 | 1 L | E2 | P001<br>IBC02<br>R001 | | MP19 |
| ! | ● | 2252 | 1,2-DIMETHOXYETHAN | 3 | F1 | II | 3 | | 1 L | E2 | P001<br>IBC02<br>R001 | | MP19 |
| | | 2253 | N,N-DIMETHYLANILIN | 6.1 | T1 | II | 6.1 | | 100 ml | E4 | P001<br>IBC02 | | MP15 |

| Ortsbewegliche Tanks und Schüttgut-Container | | ADR-Tanks | | Fahrzeug für die Beförderung in Tanks | Beförderungskategorie (Tunnelbeschränkungscode) | Sondervorschriften für die Beförderung | | | | Nummer zur Kennzeichnung der Gefahr | UN-Nummer | Verlagshinweis „Gut zu wissen" |
|---|---|---|---|---|---|---|---|---|---|---|---|---|
| Anweisungen | Sondervorschriften | Tankcodierung | Sondervorschriften | | | Versandstücke | lose Schüttung | Be- und Entladung, Handhabung | Betrieb | | | |
| 4.2.5.2<br>7.3.2 | 4.2.5.3 | 4.3 | 4.3.5<br>6.8.4 | 9.1.1.2 | 1.1.3.6<br>(8.6) | 7.2.4 | 7.3.3 | 7.5.11 | 8.5 | 5.3.2.3 | | |
| (10) | (11) | (12) | (13) | (14) | (15) | (16) | (17) | (18) | (19) | (20) | (1) | |
| T4 | TP1 | L4BH | TU15<br>TE19 | AT | 2<br>(E) | V12 | | CV13<br>CV28 | S9 | 60 | 2235 | →UN 3427 |
| | | L4BH | TU15<br>TE19 | AT | 2<br>(D/E) | | | CV13<br>CV28 | S9<br>S19 | 60 | 2236 | →UN 3428 |
| T1 | TP33 | SGAH<br>L4BH | TU15<br>TE19 | AT | 2<br>(E) | | VC1<br>VC2<br>AP7 | CV13<br>CV28 | S9 | 60 | 2237 | |
| T2 | TP1 | LGBF | | FL | 3<br>(D/E) | V12 | | | S2 | 30 | 2238 | |
| T1 | TP33 | SGAH<br>L4BH | TU15<br>TE19 | AT | 2<br>(E) | | VC1<br>VC2<br>AP7 | CV13<br>CV28 | S9 | 60 | 2239 | →UN 3429 |
| T10 | TP2 | L10BH | | AT | 1<br>(E) | | | | S20 | 88 | 2240 | →NL: VLG Art. 4 |
| T4 | TP1 | LGBF | | FL | 2<br>(D/E) | | | | S2<br>S20 | 33 | 2241 | |
| T4 | TP1 | LGBF | | FL | 2<br>(D/E) | | | | S2<br>S20 | 33 | 2242 | |
| T2 | TP1 | LGBF | | FL | 3<br>(D/E) | V12 | | | S2 | 30 | 2243 | |
| T2 | TP1 | LGBF | | FL | 3<br>(D/E) | V12 | | | S2 | 30 | 2244 | |
| T2 | TP1 | LGBF | | FL | 3<br>(D/E) | V12 | | | S2 | 30 | 2245 | |
| T7 | TP2 | L1,5BN | | FL | 2<br>(D/E) | | | | S2<br>S20 | 33 | 2246 | |
| T2 | TP1 | LGBF | | FL | 3<br>(D/E) | V12 | | | S2 | 30 | 2247 | →D: GGAV 21 |
| T7 | TP2 | L4BN | | FL | 2<br>(D/E) | | | | S2 | 83 | 2248 | |
| BEFÖRDERUNG VERBOTEN | | | | | | | | | | | 2249 | |
| T3 | TP33 | SGAH<br>L4BH | TU15<br>TE19 | AT | 2<br>(D/E) | V11 | | CV13<br>CV28 | S9<br>S19 | 60 | 2250 | |
| T7 | TP2 | LGBF | | FL | 2<br>(D/E) | V8 | | | S2<br>S4<br>S20 | 339 | 2251 | |
| T4 | TP1 | LGBF | | FL | 2<br>(D/E) | | | | S2<br>S20 | 33 | 2252 | |
| T7 | TP2 | L4BH | TU15<br>TE19 | AT | 2<br>(D/E) | | | CV13<br>CV28 | S9<br>S19 | 60 | 2253 | |

## UN-numerisches Verzeichnis (Tabelle A)

| Verlagshinweis: Sicherung | Verlagshinweis: Fahrweg | UN-Nummer | Benennung und Beschreibung | Klasse | Klassifizierungscode | Verpackungsgruppe | Gefahrzettel | Sondervorschriften | Begrenzte und freigestellte Mengen | | Verpackungen: Anweisungen | Verpackungen: Sondervorschriften | Verpackungen: Zusammenpackung |
|---|---|---|---|---|---|---|---|---|---|---|---|---|---|
| | | | 3.1.2 | 2.2 | 2.2 | 2.1.1.3 | 5.2.2 | 3.3 | 3.4/3.5.1.2 | | 4.1.4 | 4.1.4 | 4.1.10 |
| | | (1) | (2) | (3a) | (3b) | (4) | (5) | (6) | (7a) | (7b) | (8) | (9a) | (9b) |
| | | 2254 | STURMZÜNDHÖLZER | 4.1 | F1 | III | 4.1 | 293 | 5 kg | E0 | P407<br>R001 | | MP11 |
| ! | ● | 2256 | CYCLOHEXEN | 3 | F1 | II | 3 | | 1 L | E2 | P001<br>IBC02<br>R001 | | MP19 |
| ! | | 2257 | KALIUM | 4.3 | W2 | I | 4.3 | | 0 | E0 | P403<br>IBC04 | | MP2 |
| | | 2258 | 1,2-PROPYLENDIAMIN | 8 | CF1 | II | 8+3 | | 1 L | E2 | P001<br>IBC02 | | MP15 |
| | | 2259 | TRIETHYLENTETRAMIN | 8 | C7 | II | 8 | | 1 L | E2 | P001<br>IBC02 | | MP15 |
| | | 2260 | TRIPROPYLAMIN | 3 | FC | III | 3+8 | | 5 L | E1 | P001<br>IBC03<br>R001 | | MP19 |
| | | 2261 | XYLENOLE, FEST | 6.1 | T2 | II | 6.1 | | 500 g | E4 | P002<br>IBC08 | <br>B4 | MP10 |
| | | 2262 | N,N-DIMETHYLCARBAMOYLCHLORID | 8 | C3 | II | 8 | | 1 L | E2 | P001<br>IBC02 | | MP15 |
| ! | ● | 2263 | DIMETHYLCYCLOHEXANE | 3 | F1 | II | 3 | | 1 L | E2 | P001<br>IBC02<br>R001 | | MP19 |
| | | 2264 | N,N-DIMETHYLCYCLOHEXYLAMIN | 8 | CF1 | II | 8+3 | | 1 L | E2 | P001<br>IBC02 | | MP15 |
| | | 2265 | N,N-DIMETHYLFORMAMID | 3 | F1 | III | 3 | | 5 L | E1 | P001<br>IBC03<br>LP01<br>R001 | | MP19 |
| ! | ● | 2266 | DIMETHYL-N-PROPYLAMIN | 3 | FC | II | 3+8 | | 1 L | E2 | P001<br>IBC02 | | MP19 |
| | | 2267 | DIMETHYLTHIOPHOSPHORYLCHLORID | 6.1 | TC1 | II | 6.1+8 | | 100 ml | E4 | P001<br>IBC02 | | MP15 |
| | | 2269 | 3,3'-IMINOBISPROPYLAMIN | 8 | C7 | III | 8 | | 5 L | E1 | P001<br>IBC03<br>LP01<br>R001 | | MP19 |
| ! | ● | 2270 | ETHYLAMIN, WÄSSERIGE LÖSUNG mit mindestens 50 Masse-% und höchstens 70 Masse-% Ethylamin | 3 | FC | II | 3+8 | | 1 L | E2 | P001<br>IBC02 | | MP19 |
| | | 2271 | ETHYLAMYLKETON | 3 | F1 | III | 3 | | 5 L | E1 | P001<br>IBC03<br>LP01<br>R001 | | MP19 |
| | | 2272 | N-ETHYLANILIN | 6.1 | T1 | III | 6.1 | | 5 L | E1 | P001<br>IBC03<br>LP01<br>R001 | | MP19 |
| | | 2273 | 2-ETHYLANILIN | 6.1 | T1 | III | 6.1 | | 5 L | E1 | P001<br>IBC03<br>LP01<br>R001 | | MP19 |
| | | 2274 | N-ETHYL-N-BENZYLANILIN | 6.1 | T1 | III | 6.1 | | 5 L | E1 | P001<br>IBC03<br>LP01<br>R001 | | MP19 |

| Ortsbewegliche Tanks und Schüttgut-Container | | ADR-Tanks | | Fahrzeug für die Beförderung in Tanks | Beförderungskategorie (Tunnelbeschränkungscode) | Sondervorschriften für die Beförderung | | | | Nummer zur Kennzeichnung der Gefahr | UN-Nummer | Verlagshinweis „Gut zu wissen" |
|---|---|---|---|---|---|---|---|---|---|---|---|---|
| Anweisungen | Sondervorschriften | Tankcodierung | Sondervorschriften | | | Versandstücke | lose Schüttung | Be- und Entladung, Handhabung | Betrieb | | | |
| 4.2.5.2 7.3.2 | 4.2.5.3 | 4.3 | 4.3.5 6.8.4 | 9.1.1.2 | 1.1.3.6 (8.6) | 7.2.4 | 7.3.3 | 7.5.11 | 8.5 | 5.3.2.3 | | |
| (10) | (11) | (12) | (13) | (14) | (15) | (16) | (17) | (18) | (19) | (20) | (1) | |
| | | | | | 4 (E) | | | | | | 2254 | →D: GGAV 21 |
| T4 | TP1 | LGBF | | FL | 2 (D/E) | | | | S2 S20 | 33 | 2256 | |
| T9 | TP7 TP33 | L10BN(+) | TU1 TE5 TT3 TM2 | AT | 1 (B/E) | V1 | | CV23 | S20 | X423 | 2257 | →1.1.3.10 |
| T7 | TP2 | L4BN | | FL | 2 (D/E) | | | | S2 | 83 | 2258 | |
| T7 | TP2 | L4BN | | AT | 2 (E) | | | | | 80 | 2259 | |
| T4 | TP1 | L4BN | | FL | 3 (D/E) | V12 | | | S2 | 38 | 2260 | |
| T3 | TP33 | SGAH L4BH | TU15 TE19 | AT | 2 (D/E) | V11 | | CV13 CV28 | S9 S19 | 60 | 2261 | →UN 3430 |
| T7 | TP2 | L4BN | | AT | 2 (E) | | | | | 80 | 2262 | |
| T4 | TP1 | LGBF | | FL | 2 (D/E) | | | | S2 S20 | 33 | 2263 | |
| T7 | TP2 | L4BN | | FL | 2 (D/E) | | | | S2 | 83 | 2264 | |
| T2 | TP2 | LGBF | | FL | 3 (D/E) | V12 | | | S2 | 30 | 2265 | |
| T7 | TP2 | L4BH | | FL | 2 (D/E) | | | | S2 S20 | 338 | 2266 | |
| T7 | TP2 | L4BH | TU15 TE19 | AT | 2 (D/E) | | | CV13 CV28 | S9 S19 | 68 | 2267 | |
| T4 | TP2 | L4BN | | AT | 3 (E) | V12 | | | | 80 | 2269 | |
| T7 | TP1 | L4BH | | FL | 2 (D/E) | | | | S2 S20 | 338 | 2270 | |
| T2 | TP1 | LGBF | | FL | 3 (D/E) | V12 | | | S2 | 30 | 2271 | |
| T4 | TP1 | L4BH | TU15 TE19 | AT | 2 (E) | V12 | | CV13 CV28 | S9 | 60 | 2272 | |
| T4 | TP1 | L4BH | TU15 TE19 | AT | 2 (E) | V12 | | CV13 CV28 | S9 | 60 | 2273 | |
| T4 | TP1 | L4BH | TU15 TE19 | AT | 2 (E) | V12 | | CV13 CV28 | S9 | 60 | 2274 | |

| Verlagshinweis: Sicherung | Verlagshinweis: Fahrweg | UN-Nummer | Benennung und Beschreibung | Klasse | Klassifizierungscode | Verpackungsgruppe | Gefahrzettel | Sondervorschriften | Begrenzte und freigestellte Mengen | | Verpackungen: Anweisungen | Verpackungen: Sondervorschriften | Verpackungen: Zusammenpackung |
|---|---|---|---|---|---|---|---|---|---|---|---|---|---|
| | | | 3.1.2 | 2.2 | 2.2 | 2.1.1.3 | 5.2.2 | 3.3 | 3.4/3.5.1.2 | | 4.1.4 | 4.1.4 | 4.1.10 |
| | | (1) | (2) | (3a) | (3b) | (4) | (5) | (6) | (7a) | (7b) | (8) | (9a) | (9b) |
| | | 2275 | 2-ETHYLBUTANOL | 3 | F1 | III | 3 | | 5 L | E1 | P001<br>IBC03<br>LP01<br>R001 | | MP19 |
| | | 2276 | 2-ETHYLHEXYLAMIN | 3 | FC | III | 3+8 | | 5 L | E1 | P001<br>IBC03<br>R001 | | MP19 |
| ! | ● | 2277 | ETHYLMETHACRYLAT, STABILISIERT | 3 | F1 | II | 3 | 386<br>676 | 1 L | E2 | P001<br>IBC02<br>R001 | | MP19 |
| ! | ● | 2278 | n-HEPTEN | 3 | F1 | II | 3 | | 1 L | E2 | P001<br>IBC02<br>R001 | | MP19 |
| | | 2279 | HEXACHLORBUTADIEN | 6.1 | T1 | III | 6.1 | | 5 L | E1 | P001<br>IBC03<br>LP01<br>R001 | | MP19 |
| | | 2280 | HEXAMETHYLENDIAMIN, FEST | 8 | C8 | III | 8 | | 5 kg | E1 | P002<br>IBC08<br>LP02<br>R001 | B3 | MP10 |
| | | 2281 | HEXAMETHYLENDIISOCYANAT | 6.1 | T1 | II | 6.1 | | 100 ml | E4 | P001<br>IBC02 | | MP15 |
| | | 2282 | HEXANOLE | 3 | F1 | III | 3 | | 5 L | E1 | P001<br>IBC03<br>LP01<br>R001 | | MP19 |
| | | 2283 | ISOBUTYLMETHACRYLAT, STABILISIERT | 3 | F1 | III | 3 | 386<br>676 | 5 L | E1 | P001<br>IBC03<br>LP01<br>R001 | | MP19 |
| ! | ● | 2284 | ISOBUTYRONITRIL | 3 | FT1 | II | 3+6.1 | | 1 L | E2 | P001<br>IBC02 | | MP19 |
| | | 2285 | ISOCYANATOBENZOTRIFLUORIDE | 6.1 | TF1 | II | 6.1+3 | | 100 ml | E4 | P001<br>IBC02 | | MP15 |
| | | 2286 | PENTAMETHYLHEPTAN | 3 | F1 | III | 3 | | 5 L | E1 | P001<br>IBC03<br>LP01<br>R001 | | MP19 |
| ! | ● | 2287 | ISOHEPTENE | 3 | F1 | II | 3 | | 1 L | E2 | P001<br>IBC02<br>R001 | | MP19 |
| ! | ● | 2288 | ISOHEXENE | 3 | F1 | II | 3 | | 1 L | E2 | P001<br>IBC02<br>R001 | B8 | MP19 |
| | | 2289 | ISOPHORONDIAMIN | 8 | C7 | III | 8 | | 5 L | E1 | P001<br>IBC03<br>LP01<br>R001 | | MP19 |
| | | 2290 | ISOPHORONDIISOCYANAT | 6.1 | T1 | III | 6.1 | | 5 L | E1 | P001<br>IBC03<br>LP01<br>R001 | | MP19 |
| | | 2291 | BLEIVERBINDUNG, LÖSLICH, N.A.G. | 6.1 | T5 | III | 6.1 | 199<br>274<br>535 | 5 kg | E1 | P002<br>IBC08<br>LP02<br>R001 | B3 | MP10 |

| Ortsbewegliche Tanks und Schüttgut-Container | | ADR-Tanks | | Fahrzeug für die Beförderung in Tanks | Beförderungskategorie (Tunnelbeschränkungscode) | Sondervorschriften für die Beförderung | | | | Nummer zur Kennzeichnung der Gefahr | UN-Nummer | Verlagshinweis *„Gut zu wissen"* |
|---|---|---|---|---|---|---|---|---|---|---|---|---|
| Anweisungen | Sondervorschriften | Tankcodierung | Sondervorschriften | | | Versandstücke | lose Schüttung | Be- und Entladung, Handhabung | Betrieb | | | |
| 4.2.5.2<br>7.3.2 | 4.2.5.3 | 4.3 | 4.3.5<br>6.8.4 | 9.1.1.2 | 1.1.3.6<br>(8.6) | 7.2.4 | 7.3.3 | 7.5.11 | 8.5 | 5.3.2.3 | | |
| (10) | (11) | (12) | (13) | (14) | (15) | (16) | (17) | (18) | (19) | (20) | (1) | |
| T2 | TP1 | LGBF | | FL | 3<br>(D/E) | V12 | | | S2 | 30 | 2275 | |
| T4 | TP1 | L4BN | | FL | 3<br>(D/E) | V12 | | | S2 | 38 | 2276 | |
| T4 | TP1 | LGBF | | FL | 2<br>(D/E) | V8 | | | S2<br>S4<br>S20 | 339 | 2277 | |
| T4 | TP1 | LGBF | | FL | 2<br>(D/E) | | | | S2<br>S20 | 33 | 2278 | |
| T4 | TP1 | L4BH | TU15<br>TE19 | AT | 2<br>(E) | V12 | | CV13<br>CV28 | S9 | 60 | 2279 | |
| T1 | TP33 | SGAV<br>L4BN | | AT | 3<br>(E) | | VC1<br>VC2<br>AP7 | | | 80 | 2280 | |
| T7 | TP2 | L4BH | TU15<br>TE19 | AT | 2<br>(D/E) | | | CV13<br>CV28 | S9<br>S19 | 60 | 2281 | |
| T2 | TP1 | LGBF | | FL | 3<br>(D/E) | V12 | | | S2 | 30 | 2282 | |
| T2 | TP1 | LGBF | | FL | 3<br>(D/E) | V8<br>V12 | | | S2<br>S4 | 39 | 2283 | |
| T7 | TP2 | L4BH | TU15 | FL | 2<br>(D/E) | | | CV13<br>CV28 | S2<br>S19 | 336 | 2284 | |
| T7 | TP2 | L4BH | TU15<br>TE19 | FL | 2<br>(D/E) | | | CV13<br>CV28 | S2<br>S9<br>S19 | 63 | 2285 | |
| T2 | TP1 | LGBF | | FL | 3<br>(D/E) | V12 | | | S2 | 30 | 2286 | |
| T4 | TP1 | LGBF | | FL | 2<br>(D/E) | | | | S2<br>S20 | 33 | 2287 | |
| T11 | TP1 | LGBF | | FL | 2<br>(D/E) | | | | S2<br>S20 | 33 | 2288 | |
| T4 | TP1 | L4BN | | AT | 3<br>(E) | V12 | | | | 80 | 2289 | |
| T4 | TP2 | L4BH | TU15<br>TE19 | AT | 2<br>(E) | V12 | | CV13<br>CV28 | S9 | 60 | 2290 | |
| T1 | TP33 | SGAH<br>L4BH | TU15<br>TE19 | AT | 2<br>(E) | | VC1<br>VC2<br>AP7 | CV13<br>CV28 | S9 | 60 | 2291 | |

| Verlagshinweis Sicherung | Verlagshinweis Fahrweg | UN-Nummer | Benennung und Beschreibung | Klasse | Klassifizierungscode | Verpackungsgruppe | Gefahrzettel | Sondervorschriften | Begrenzte und freigestellte Mengen | | Verpackungen Anweisungen | Verpackungen Sondervorschriften | Verpackungen Zusammenpackung |
|---|---|---|---|---|---|---|---|---|---|---|---|---|---|
| | | | 3.1.2 | 2.2 | 2.2 | 2.1.1.3 | 5.2.2 | 3.3 | 3.4/3.5.1.2 | | 4.1.4 | 4.1.4 | 4.1.10 |
| | | (1) | (2) | (3a) | (3b) | (4) | (5) | (6) | (7a) | (7b) | (8) | (9a) | (9b) |
| | | 2293 | 4-METHOXY-4-METHYLPENTAN-2-ON | 3 | F1 | III | 3 | | 5 L | E1 | P001<br>IBC03<br>LP01<br>R001 | | MP19 |
| | | 2294 | N-METHYLANILIN | 6.1 | T1 | III | 6.1 | | 5 L | E1 | P001<br>IBC03<br>LP01<br>R001 | | MP19 |
| ! | ● | 2295 | METHYLCHLORACETAT | 6.1 | TF1 | I | 6.1+3 | | 0 | E0 | P001 | | MP8<br>MP17 |
| ! | ● | 2296 | METHYLCYCLOHEXAN | 3 | F1 | II | 3 | | 1 L | E2 | P001<br>IBC02<br>R001 | | MP19 |
| | | 2297 | METHYLCYCLOHEXANON | 3 | F1 | III | 3 | | 5 L | E1 | P001<br>IBC03<br>LP01<br>R001 | | MP19 |
| ! | ● | 2298 | METHYLCYCLOPENTAN | 3 | F1 | II | 3 | | 1 L | E2 | P001<br>IBC02<br>R001 | | MP19 |
| | | 2299 | METHYLDICHLORACETAT | 6.1 | T1 | III | 6.1 | | 5 L | E1 | P001<br>IBC03<br>LP01<br>R001 | | MP19 |
| | | 2300 | 2-METHYL-5-ETHYLPYRIDIN | 6.1 | T1 | III | 6.1 | | 5 L | E1 | P001<br>IBC03<br>LP01<br>R001 | | MP19 |
| ! | ● | 2301 | 2-METHYLFURAN | 3 | F1 | II | 3 | | 1 L | E2 | P001<br>IBC02<br>R001 | | MP19 |
| | | 2302 | 5-METHYLHEXAN-2-ON | 3 | F1 | III | 3 | | 5 L | E1 | P001<br>IBC03<br>LP01<br>R001 | | MP19 |
| | | 2303 | ISOPROPENYLBENZEN | 3 | F1 | III | 3 | | 5 L | E1 | P001<br>IBC03<br>LP01<br>R001 | | MP19 |
| | | 2304 | NAPHTHALEN, GESCHMOLZEN | 4.1 | F2 | III | 4.1 | 536 | 0 | E0 | | | |
| | | 2305 | NITROBENZENSULFONSÄURE | 8 | C4 | II | 8 | | 1 kg | E2 | P002<br>IBC08 | <br>B4 | MP10 |
| | | 2306 | NITROBENZOTRIFLUORIDE, FLÜSSIG | 6.1 | T1 | II | 6.1 | | 100 ml | E4 | P001<br>IBC02 | | MP15 |
| | | 2307 | 3-NITRO-4-CHLORBENZOTRIFLUORID | 6.1 | T1 | II | 6.1 | | 100 ml | E4 | P001<br>IBC02 | | MP10 |
| | | 2308 | NITROSYLSCHWEFELSÄURE, FLÜSSIG | 8 | C1 | II | 8 | | 1 L | E2 | P001<br>IBC02 | | MP15 |
| ! | ● | 2309 | OCTADIENE | 3 | F1 | II | 3 | | 1 L | E2 | P001<br>IBC02<br>R001 | | MP19 |
| | | 2310 | PENTAN-2,4-DION | 3 | FT1 | III | 3+6.1 | | 5 L | E1 | P001<br>IBC03<br>R001 | | MP19 |

| Ortsbewegliche Tanks und Schüttgut-Container | | ADR-Tanks | | Fahrzeug für die Beförderung in Tanks | Beförderungskategorie (Tunnelbeschränkungscode) | Sondervorschriften für die Beförderung | | | | Nummer zur Kennzeichnung der Gefahr | UN-Nummer | Verlagshinweis „Gut zu wissen" |
|---|---|---|---|---|---|---|---|---|---|---|---|---|
| Anweisungen | Sondervorschriften | Tankcodierung | Sondervorschriften | | | Versandstücke | lose Schüttung | Be- und Entladung, Handhabung | Betrieb | | | |
| 4.2.5.2<br>7.3.2 | 4.2.5.3 | 4.3 | 4.3.5<br>6.8.4 | 9.1.1.2 | 1.1.3.6<br>(8.6) | 7.2.4 | 7.3.3 | 7.5.11 | 8.5 | 5.3.2.3 | | |
| (10) | (11) | (12) | (13) | (14) | (15) | (16) | (17) | (18) | (19) | (20) | (1) | |
| T2 | TP1 | LGBF | | FL | 3<br>(D/E) | V12 | | | S2 | 30 | 2293 | |
| T4 | TP1 | L4BH | TU15<br>TE19 | AT | 2<br>(E) | V12 | | CV13<br>CV28 | S9 | 60 | 2294 | |
| T14 | TP2 | L10CH | TU14<br>TU15<br>TE19<br>TE21 | FL | 1<br>(C/D) | | | CV1<br>CV13<br>CV28 | S2<br>S9<br>S14 | 663 | 2295 | |
| T4 | TP1 | LGBF | | FL | 2<br>(D/E) | | | | S2<br>S20 | 33 | 2296 | |
| T2 | TP1 | LGBF | | FL | 3<br>(D/E) | V12 | | | S2 | 30 | 2297 | |
| T4 | TP1 | LGBF | | FL | 2<br>(D/E) | | | | S2<br>S20 | 33 | 2298 | |
| T4 | TP1 | L4BH | TU15<br>TE19 | AT | 2<br>(E) | V12 | | CV13<br>CV28 | S9 | 60 | 2299 | |
| T4 | TP1 | L4BH | TU15<br>TE19 | AT | 2<br>(E) | V12 | | CV13<br>CV28 | S9 | 60 | 2300 | |
| T4 | TP1 | LGBF | | FL | 2<br>(D/E) | | | | S2<br>S20 | 33 | 2301 | |
| T2 | TP1 | LGBF | | FL | 3<br>(D/E) | V12 | | | S2 | 30 | 2302 | |
| T2 | TP1 | LGBF | | FL | 3<br>(D/E) | V12 | | | S2 | 30 | 2303 | *→D: GGAV 21* |
| T1 | TP3 | LGBV | TU27<br>TE4<br>TE6 | AT | 3<br>(E) | | | | | 44 | 2304 | |
| T3 | TP33 | SGAN<br>L4BN | | AT | 2<br>(E) | V11 | | | | 80 | 2305 | |
| T7 | TP2 | L4BH | TU15<br>TE19 | AT | 2<br>(D/E) | | | CV13<br>CV28 | S9<br>S19 | 60 | 2306 | *→UN 3431* |
| T7 | TP2 | L4BH | TU15<br>TE19 | AT | 2<br>(D/E) | | | CV13<br>CV28 | S9<br>S19 | 60 | 2307 | |
| T8 | TP2 | L4BN | | AT | 2<br>(E) | | | | | X80 | 2308 | *→UN 3456* |
| T4 | TP1 | LGBF | | FL | 2<br>(D/E) | | | | S2<br>S20 | 33 | 2309 | |
| T4 | TP1 | L4BH | TU15 | FL | 3<br>(D/E) | V12 | | CV13<br>CV28 | S2 | 36 | 2310 | |

| Verlagshinweis | | UN-Nummer | Benennung und Beschreibung | Klasse | Klassifizierungscode | Verpackungsgruppe | Gefahrzettel | Sondervorschriften | Begrenzte und freigestellte Mengen | | Verpackungen | | |
|---|---|---|---|---|---|---|---|---|---|---|---|---|---|
| Sicherung | Fahrweg | | | | | | | | | | Anweisungen | Sondervorschriften | Zusammenpackung |
| | | | 3.1.2 | 2.2 | 2.2 | 2.1.1.3 | 5.2.2 | 3.3 | 3.4/3.5.1.2 | | 4.1.4 | 4.1.4 | 4.1.10 |
| | | (1) | (2) | (3a) | (3b) | (4) | (5) | (6) | (7a) | (7b) | (8) | (9a) | (9b) |
| | | 2311 | PHENETIDINE | 6.1 | T1 | III | 6.1 | 279 | 5 L | E1 | P001<br>IBC03<br>LP01<br>R001 | | MP19 |
| | | 2312 | PHENOL, GESCHMOLZEN | 6.1 | T1 | II | 6.1 | | 0 | E0 | | | |
| | | 2313 | PICOLINE | 3 | F1 | III | 3 | | 5 L | E1 | P001<br>IBC03<br>LP01<br>R001 | | MP19 |
| | | 2315 | POLYCHLORIERTE BIPHENYLE, FLÜSSIG | 9 | M2 | II | 9 | 305 | 1 L | E2 | P906<br>IBC02 | | MP15 |
| ! | | 2316 | NATRIUMKUPFER(I)CYANID, FEST | 6.1 | T5 | I | 6.1 | | 0 | E5 | P002<br>IBC07 | | MP18 |
| ! | ● | 2317 | NATRIUMKUPFER(I)CYANID, LÖSUNG | 6.1 | T4 | I | 6.1 | | 0 | E5 | P001 | | MP8<br>MP17 |
| | | 2318 | NATRIUMHYDROGENSULFID mit weniger als 25 % Kristallwasser | 4.2 | S4 | II | 4.2 | 504 | 0 | E2 | P410<br>IBC06 | | MP14 |
| | | 2319 | TERPENKOHLENWASSERSTOFFE, N.A.G. | 3 | F1 | III | 3 | | 5 L | E1 | P001<br>IBC03<br>LP01<br>R001 | | MP19 |
| | | 2320 | TETRAETHYLENPENTAMIN | 8 | C7 | III | 8 | | 5 L | E1 | P001<br>IBC03<br>LP01<br>R001 | | MP19 |
| | | 2321 | TRICHLORBENZENE, FLÜSSIG | 6.1 | T1 | III | 6.1 | | 5 L | E1 | P001<br>IBC03<br>LP01<br>R001 | | MP19 |
| | | 2322 | TRICHLORBUTEN | 6.1 | T1 | II | 6.1 | | 100 ml | E4 | P001<br>IBC02 | | MP15 |
| | | 2323 | TRIETHYLPHOSPHIT | 3 | F1 | III | 3 | | 5 L | E1 | P001<br>IBC03<br>LP01<br>R001 | | MP19 |
| | | 2324 | TRIISOBUTYLEN | 3 | F1 | III | 3 | | 5 L | E1 | P001<br>IBC03<br>LP01<br>R001 | | MP19 |
| | | 2325 | 1,3,5-TRIMETHYLBENZEN | 3 | F1 | III | 3 | | 5 L | E1 | P001<br>IBC03<br>LP01<br>R001 | | MP19 |
| | | 2326 | TRIMETHYLCYCLOHEXYLAMIN | 8 | C7 | III | 8 | | 5 L | E1 | P001<br>IBC03<br>LP01<br>R001 | | MP19 |
| | | 2327 | TRIMETHYLHEXAMETHYLENDIAMINE | 8 | C7 | III | 8 | | 5 L | E1 | P001<br>IBC03<br>LP01<br>R001 | | MP19 |

| Ortsbewegliche Tanks und Schüttgut-Container | | ADR-Tanks | | Fahrzeug für die Beförderung in Tanks | Beförderungskategorie (Tunnelbeschränkungscode) | Sondervorschriften für die Beförderung | | | | Nummer zur Kennzeichnung der Gefahr | UN-Nummer | Verlagshinweis „Gut zu wissen" |
|---|---|---|---|---|---|---|---|---|---|---|---|---|
| Anweisungen | Sondervorschriften | Tankcodierung | Sondervorschriften | | | Versandstücke | lose Schüttung | Be- und Entladung, Handhabung | Betrieb | | | |
| 4.2.5.2 7.3.2 | 4.2.5.3 | 4.3 | 4.3.5 6.8.4 | 9.1.1.2 | 1.1.3.6 (8.6) | 7.2.4 | 7.3.3 | 7.5.11 | 8.5 | 5.3.2.3 | | |
| (10) | (11) | (12) | (13) | (14) | (15) | (16) | (17) | (18) | (19) | (20) | (1) | |
| T4 | TP1 | L4BH | TU15 TE19 | AT | 2 (E) | V12 | | CV13 CV28 | S9 | 60 | 2311 | |
| T7 | TP3 | L4BH | TU15 TE19 | AT | 0 (D/E) | | | CV13 | S9 S19 | 60 | 2312 | |
| T4 | TP1 | LGBF | | FL | 3 (D/E) | V12 | | | S2 | 30 | 2313 | |
| T4 | TP1 | L4BH | TU15 | AT | 0 (D/E) | | VC1 VC2 AP9 | CV1 CV13 CV28 | S19 | 90 | 2315 | →2.2.9.2 →2.1.3.4.1 →D: RSEB 4-7.3 →UN 3432 |
| T6 | TP33 | S10AH | TU15 TE19 | AT | 1 (C/E) | V10 | | CV1 CV13 CV28 | S9 S14 | 66 | 2316 | |
| T14 | TP2 | L10CH | TU14 TU15 TE19 TE21 | AT | 1 (C/E) | | | CV1 CV13 CV28 | S9 S14 | 66 | 2317 | |
| T3 | TP33 | SGAN | | AT | 2 (D/E) | V1 | | | | 40 | 2318 | |
| T4 | TP1 TP29 | LGBF | | FL | 3 (D/E) | V12 | | | S2 | 30 | 2319 | →D: GGAV 21 |
| T4 | TP1 | L4BN | | AT | 3 (E) | V12 | | | | 80 | 2320 | |
| T4 | TP1 | L4BH | TU15 TE19 | AT | 2 (E) | V12 | | CV13 CV28 | S9 | 60 | 2321 | |
| T7 | TP2 | L4BH | TU15 TE19 | AT | 2 (D/E) | | | CV13 CV28 | S9 S19 | 60 | 2322 | |
| T2 | TP1 | LGBF | | FL | 3 (D/E) | V12 | | | S2 | 30 | 2323 | |
| T4 | TP1 | LGBF | | FL | 3 (D/E) | V12 | | | S2 | 30 | 2324 | →D: GGAV 21 |
| T2 | TP1 | LGBF | | FL | 3 (D/E) | V12 | | | S2 | 30 | 2325 | →D: GGAV 21 |
| T4 | TP1 | L4BN | | AT | 3 (E) | V12 | | | | 80 | 2326 | |
| T4 | TP1 | L4BN | | AT | 3 (E) | V12 | | | | 80 | 2327 | |

## UN-numerisches Verzeichnis (Tabelle A)

| Verlagshinweis Sicherung | Verlagshinweis Fahrweg | UN-Nummer | Benennung und Beschreibung | Klasse | Klassifizierungscode | Verpackungsgruppe | Gefahrzettel | Sondervorschriften | Begrenzte und freigestellte Mengen | | Verpackungen Anweisungen | Verpackungen Sondervorschriften | Verpackungen Zusammenpackung |
|---|---|---|---|---|---|---|---|---|---|---|---|---|---|
| | | | 3.1.2 | 2.2 | 2.2 | 2.1.1.3 | 5.2.2 | 3.3 | 3.4/3.5.1.2 | | 4.1.4 | 4.1.4 | 4.1.10 |
| | | (1) | (2) | (3a) | (3b) | (4) | (5) | (6) | (7a) | (7b) | (8) | (9a) | (9b) |
| | | 2328 | TRIMETHYLHEXAMETHYLENDIISOCYANAT (und isomere Gemische) | 6.1 | T1 | III | 6.1 | | 5 L | E1 | P001<br>IBC03<br>LP01<br>R001 | | MP19 |
| | | 2329 | TRIMETHYLPHOSPHIT | 3 | F1 | III | 3 | | 5 L | E1 | P001<br>IBC03<br>LP01<br>R001 | | MP19 |
| | | 2330 | UNDECAN | 3 | F1 | III | 3 | | 5 L | E1 | P001<br>IBC03<br>LP01<br>R001 | | MP19 |
| | | 2331 | ZINKCHLORID, WASSERFREI | 8 | C2 | III | 8 | | 5 kg | E1 | P002<br>IBC08<br>LP02<br>R001 | B3 | MP10 |
| | | 2332 | ACETALDEHYDOXIM | 3 | F1 | III | 3 | | 5 L | E1 | P001<br>IBC03<br>LP01<br>R001 | | MP19 |
| ! | ● | 2333 | ALLYLACETAT | 3 | FT1 | II | 3+6.1 | | 1 L | E2 | P001<br>IBC02 | | MP19 |
| ! | ● | 2334 | ALLYLAMIN | 6.1 | TF1 | I | 6.1+3 | 354 | 0 | E0 | P602 | | MP8<br>MP17 |
| ! | ● | 2335 | ALLYLETHYLETHER | 3 | FT1 | II | 3+6.1 | | 1 L | E2 | P001<br>IBC02 | | MP19 |
| ! | ● | 2336 | ALLYLFORMIAT | 3 | FT1 | I | 3+6.1 | | 0 | E0 | P001 | | MP7<br>MP17 |
| ! | ● | 2337 | PHENYLMERCAPTAN | 6.1 | TF1 | I | 6.1+3 | 354 | 0 | E0 | P602 | | MP8<br>MP17 |
| ! | ● | 2338 | BENZOTRIFLUORID | 3 | F1 | II | 3 | | 1 L | E2 | P001<br>IBC02<br>R001 | | MP19 |
| ! | ● | 2339 | 2-BROMBUTAN | 3 | F1 | II | 3 | | 1 L | E2 | P001<br>IBC02<br>R001 | | MP19 |
| ! | ● | 2340 | 2-BROMETHYLETHYLETHER | 3 | F1 | II | 3 | | 1 L | E2 | P001<br>IBC02<br>R001 | | MP19 |
| | | 2341 | 1-BROM-3-METHYLBUTAN | 3 | F1 | III | 3 | | 5 L | E1 | P001<br>IBC03<br>LP01<br>R001 | | MP19 |
| ! | ● | 2342 | BROMMETHYLPROPANE | 3 | F1 | II | 3 | | 1 L | E2 | P001<br>IBC02<br>R001 | | MP19 |
| ! | ● | 2343 | 2-BROMPENTAN | 3 | F1 | II | 3 | | 1 L | E2 | P001<br>IBC02<br>R001 | | MP19 |
| ! | ● | 2344 | BROMPROPANE | 3 | F1 | II | 3 | | 1 L | E2 | P001<br>IBC02<br>R001 | | MP19 |

| Ortsbewegliche Tanks und Schüttgut-Container | | ADR-Tanks | | Fahrzeug für die Beförderung in Tanks | Beförderungskategorie (Tunnelbeschränkungscode) | Sondervorschriften für die Beförderung | | | | Nummer zur Kennzeichnung der Gefahr | UN-Nummer | Verlagshinweis „Gut zu wissen“ |
|---|---|---|---|---|---|---|---|---|---|---|---|---|
| Anweisungen | Sondervorschriften | Tankcodierung | Sondervorschriften | | | Versandstücke | lose Schüttung | Be- und Entladung, Handhabung | Betrieb | | | |
| 4.2.5.2<br>7.3.2 | 4.2.5.3 | 4.3 | 4.3.5<br>6.8.4 | 9.1.1.2 | 1.1.3.6<br>(8.6) | 7.2.4 | 7.3.3 | 7.5.11 | 8.5 | 5.3.2.3 | | |
| (10) | (11) | (12) | (13) | (14) | (15) | (16) | (17) | (18) | (19) | (20) | (1) | |
| T4 | TP2 | L4BH | TU15<br>TE19 | AT | 2<br>(E) | V12 | | CV13<br>CV28 | S9 | 60 | 2328 | |
| T2 | TP1 | LGBF | | FL | 3<br>(D/E) | V12 | | | S2 | 30 | 2329 | |
| T2 | TP1 | LGBF | | FL | 3<br>(D/E) | V12 | | | S2 | 30 | 2330 | →D: GGAV 21 |
| T1 | TP33 | SGAV | | AT | 3<br>(E) | | VC1<br>VC2<br>AP7 | | | 80 | 2331 | |
| T4 | TP1 | LGBF | | FL | 3<br>(D/E) | V12 | | | S2 | 30 | 2332 | |
| T7 | TP1 | L4BH | TU15 | FL | 2<br>(D/E) | | | CV13<br>CV28 | S2<br>S19 | 336 | 2333 | |
| T20 | TP2 | L10CH | TU14<br>TU15<br>TE19<br>TE21 | FL | 1<br>(C/D) | | | CV1<br>CV13<br>CV28 | S2<br>S9<br>S14 | 663 | 2334 | |
| T7 | TP1 | L4BH | TU15 | FL | 2<br>(D/E) | | | CV13<br>CV28 | S2<br>S19 | 336 | 2335 | |
| T14 | TP2 | L10CH | TU14<br>TU15<br>TE21 | FL | 1<br>(C/E) | | | CV13<br>CV28 | S2<br>S22 | 336 | 2336 | |
| T20 | TP2 | L10CH | TU14<br>TU15<br>TE19<br>TE21 | FL | 1<br>(C/D) | | | CV1<br>CV13<br>CV28 | S2<br>S9<br>S14 | 663 | 2337 | |
| T4 | TP1 | LGBF | | FL | 2<br>(D/E) | | | | S2<br>S20 | 33 | 2338 | |
| T4 | TP1 | LGBF | | FL | 2<br>(D/E) | | | | S2<br>S20 | 33 | 2339 | |
| T4 | TP1 | LGBF | | FL | 2<br>(D/E) | | | | S2<br>S20 | 33 | 2340 | |
| T2 | TP1 | LGBF | | FL | 3<br>(D/E) | V12 | | | S2 | 30 | 2341 | |
| T4 | TP1 | LGBF | | FL | 2<br>(D/E) | | | | S2<br>S20 | 33 | 2342 | |
| T4 | TP1 | LGBF | | FL | 2<br>(D/E) | | | | S2<br>S20 | 33 | 2343 | |
| T4 | TP1 | LGBF | | FL | 2<br>(D/E) | | | | S2<br>S20 | 33 | 2344 | |

## UN-numerisches Verzeichnis (Tabelle A)

| Verlagshinweis: Sicherung | Verlagshinweis: Fahrweg | UN-Nummer | Benennung und Beschreibung | Klasse | Klassifizierungscode | Verpackungsgruppe | Gefahrzettel | Sondervorschriften | Begrenzte und freigestellte Mengen | | Verpackungen: Anweisungen | Verpackungen: Sondervorschriften | Verpackungen: Zusammenpackung |
|---|---|---|---|---|---|---|---|---|---|---|---|---|---|
| | | | 3.1.2 | 2.2 | 2.2 | 2.1.1.3 | 5.2.2 | 3.3 | 3.4/3.5.1.2 | | 4.1.4 | 4.1.4 | 4.1.10 |
| | | (1) | (2) | (3a) | (3b) | (4) | (5) | (6) | (7a) | (7b) | (8) | (9a) | (9b) |
| | | 2344 | BROMPROPANE | 3 | F1 | III | 3 | | 5 L | E1 | P001<br>IBC03<br>LP01<br>R001 | | MP19 |
| ! | ● | 2345 | 3-BROMPROPIN | 3 | F1 | II | 3 | | 1 L | E2 | P001<br>IBC02<br>R001 | | MP19 |
| ! | ● | 2346 | BUTANDION | 3 | F1 | II | 3 | | 1 L | E2 | P001<br>IBC02<br>R001 | | MP19 |
| ! | ● | 2347 | BUTYLMERCAPTAN | 3 | F1 | II | 3 | | 1 L | E2 | P001<br>IBC02<br>R001 | | MP19 |
| | | 2348 | BUTYLACRYLATE, STABILISIERT | 3 | F1 | III | 3 | 386<br>676 | 5 L | E1 | P001<br>IBC03<br>LP01<br>R001 | | MP19 |
| ! | ● | 2350 | BUTYLMETHYLETHER | 3 | F1 | II | 3 | | 1 L | E2 | P001<br>IBC02<br>R001 | | MP19 |
| ! | ● | 2351 | BUTYLNITRITE | 3 | F1 | II | 3 | | 1 L | E2 | P001<br>IBC02<br>R001 | | MP19 |
| | | 2351 | BUTYLNITRITE | 3 | F1 | III | 3 | | 5 L | E1 | P001<br>IBC03<br>LP01<br>R001 | | MP19 |
| ! | ● | 2352 | BUTYLVINYLETHER, STABILISIERT | 3 | F1 | II | 3 | 386<br>676 | 1 L | E2 | P001<br>IBC02<br>R001 | | MP19 |
| ! | ● | 2353 | BUTYRYLCHLORID | 3 | FC | II | 3+8 | | 1 L | E2 | P001<br>IBC02 | | MP19 |
| ! | ● | 2354 | CHLORMETHYLETHYLETHER | 3 | FT1 | II | 3+6.1 | | 1 L | E2 | P001<br>IBC02 | | MP19 |
| ! | ● | 2356 | 2-CHLORPROPAN | 3 | F1 | I | 3 | | 0 | E3 | P001 | | MP7<br>MP17 |
| | | 2357 | CYCLOHEXYLAMIN | 8 | CF1 | II | 8+3 | | 1 L | E2 | P001<br>IBC02 | | MP15 |
| ! | ● | 2358 | CYCLOOCTATETRAEN | 3 | F1 | II | 3 | | 1 L | E2 | P001<br>IBC02<br>R001 | | MP19 |
| ! | ● | 2359 | DIALLYLAMIN | 3 | FTC | II | 3+6.1+8 | | 1 L | E2 | P001<br>IBC02 | | MP19 |
| ! | ● | 2360 | DIALLYLETHER | 3 | FT1 | II | 3+6.1 | | 1 L | E2 | P001<br>IBC02 | | MP19 |
| | | 2361 | DIISOBUTYLAMIN | 3 | FC | III | 3+8 | | 5 L | E1 | P001<br>IBC03<br>R001 | | MP19 |
| ! | ● | 2362 | 1,1-DICHLORETHAN | 3 | F1 | II | 3 | | 1 L | E2 | P001<br>IBC02<br>R001 | | MP19 |
| ! | ● | 2363 | ETHYLMERCAPTAN | 3 | F1 | I | 3 | | 0 | E0 | P001 | | MP7<br>MP17 |
| | | 2364 | n-PROPYLBENZEN | 3 | F1 | III | 3 | | 5 L | E1 | P001<br>IBC03<br>LP01<br>R001 | | MP19 |

| Ortsbewegliche Tanks und Schüttgut-Container | | ADR-Tanks | | Fahrzeug für die Beförderung in Tanks | Beförderungskategorie (Tunnelbeschränkungscode) | Sondervorschriften für die Beförderung | | | | Nummer zur Kennzeichnung der Gefahr | UN-Nummer | Verlagshinweis „Gut zu wissen" |
|---|---|---|---|---|---|---|---|---|---|---|---|---|
| Anweisungen | Sondervorschriften | Tankcodierung | Sondervorschriften | | | Versandstücke | lose Schüttung | Be- und Entladung, Handhabung | Betrieb | | | |
| 4.2.5.2 7.3.2 | 4.2.5.3 | 4.3 | 4.3.5 6.8.4 | 9.1.1.2 | 1.1.3.6 (8.6) | 7.2.4 | 7.3.3 | 7.5.11 | 8.5 | 5.3.2.3 | | |
| (10) | (11) | (12) | (13) | (14) | (15) | (16) | (17) | (18) | (19) | (20) | (1) | |
| T2 | TP1 | LGBF | | FL | 3 (D/E) | V12 | | | S2 | 30 | 2344 | |
| T4 | TP1 | LGBF | | FL | 2 (D/E) | | | | S2 S20 | 33 | 2345 | |
| T4 | TP1 | LGBF | | FL | 2 (D/E) | | | | S2 S20 | 33 | 2346 | |
| T4 | TP1 | LGBF | | FL | 2 (D/E) | | | | S2 S20 | 33 | 2347 | |
| T2 | TP1 | LGBF | | FL | 3 (D/E) | V8 V12 | | | S2 S4 | 39 | 2348 | |
| T4 | TP1 | LGBF | | FL | 2 (D/E) | | | | S2 S20 | 33 | 2350 | |
| T4 | TP1 | LGBF | | FL | 2 (D/E) | | | | S2 S20 | 33 | 2351 | |
| T2 | TP1 | LGBF | | FL | 3 (D/E) | V12 | | | S2 | 30 | 2351 | |
| T4 | TP1 | LGBF | | FL | 2 (D/E) | V8 | | | S2 S4 S20 | 339 | 2352 | |
| T8 | TP2 | L4BH | | FL | 2 (D/E) | | | | S2 S20 | 338 | 2353 | |
| T7 | TP1 | L4BH | TU15 | FL | 2 (D/E) | | | CV13 CV28 | S2 S19 | 336 | 2354 | |
| T11 | TP2 | L4BN | | FL | 1 (D/E) | | | | S2 S20 | 33 | 2356 | |
| T7 | TP2 | L4BN | | FL | 2 (D/E) | | | | S2 | 83 | 2357 | |
| T4 | TP1 | LGBF | | FL | 2 (D/E) | | | | S2 S20 | 33 | 2358 | |
| T7 | TP1 | L4BH | TU15 | FL | 2 (D/E) | | | CV13 CV28 | S2 S19 | 338 | 2359 | |
| T7 | TP1 | L4BH | TU15 | FL | 2 (D/E) | | | CV13 CV28 | S2 S19 | 336 | 2360 | |
| T4 | TP1 | L4BN | | FL | 3 (D/E) | V12 | | | S2 | 38 | 2361 | |
| T4 | TP1 | LGBF | | FL | 2 (D/E) | | | | S2 S20 | 33 | 2362 | |
| T11 | TP2 | L4BN | | FL | 1 (D/E) | | | | S2 S20 | 33 | 2363 | |
| T2 | TP1 | LGBF | | FL | 3 (D/E) | V12 | | | S2 | 30 | 2364 | →D: GGAV 21 |

| Verlagshinweis Sicherung | Verlagshinweis Fahrweg | UN-Nummer | Benennung und Beschreibung | Klasse | Klassifizierungscode | Verpackungsgruppe | Gefahrzettel | Sondervorschriften | Begrenzte und freigestellte Mengen | | Verpackungen Anweisungen | Verpackungen Sondervorschriften | Verpackungen Zusammenpackung |
|---|---|---|---|---|---|---|---|---|---|---|---|---|---|
| | | | 3.1.2 | 2.2 | 2.2 | 2.1.1.3 | 5.2.2 | 3.3 | 3.4/3.5.1.2 | | 4.1.4 | 4.1.4 | 4.1.10 |
| | | (1) | (2) | (3a) | (3b) | (4) | (5) | (6) | (7a) | (7b) | (8) | (9a) | (9b) |
| | | 2366 | DIETHYLCARBONAT | 3 | F1 | III | 3 | | 5 L | E1 | P001<br>IBC03<br>LP01<br>R001 | | MP19 |
| ! | ● | 2367 | alpha-METHYLVALERALDEHYD | 3 | F1 | II | 3 | | 1 L | E2 | P001<br>IBC02<br>R001 | | MP19 |
| | | 2368 | alpha-PINEN | 3 | F1 | III | 3 | | 5 L | E1 | P001<br>IBC03<br>LP01<br>R001 | | MP19 |
| ! | ● | 2370 | HEX-1-EN | 3 | F1 | II | 3 | | 1 L | E2 | P001<br>IBC02<br>R001 | | MP19 |
| ! | ● | 2371 | ISOPENTENE | 3 | F1 | I | 3 | | 0 | E3 | P001 | | MP7<br>MP17 |
| ! | ● | 2372 | 1,2-DI-(DIMETHYLAMINO)-ETHAN | 3 | F1 | II | 3 | | 1 L | E2 | P001<br>IBC02<br>R001 | | MP19 |
| ! | ● | 2373 | DIETHOXYMETHAN | 3 | F1 | II | 3 | | 1 L | E2 | P001<br>IBC02<br>R001 | | MP19 |
| ! | ● | 2374 | 3,3-DIETHOXYPROPEN | 3 | F1 | II | 3 | | 1 L | E2 | P001<br>IBC02<br>R001 | | MP19 |
| ! | ● | 2375 | DIETHYLSULFID | 3 | F1 | II | 3 | | 1 L | E2 | P001<br>IBC02<br>R001 | | MP19 |
| ! | ● | 2376 | 2,3-DIHYDROPYRAN | 3 | F1 | II | 3 | | 1 L | E2 | P001<br>IBC02<br>R001 | | MP19 |
| ! | ● | 2377 | 1,1-DIMETHOXYETHAN | 3 | F1 | II | 3 | | 1 L | E2 | P001<br>IBC02<br>R001 | | MP19 |
| ! | ● | 2378 | 2-DIMETHYLAMINOACETONITRIL | 3 | FT1 | II | 3+6.1 | | 1 L | E2 | P001<br>IBC02 | | MP19 |
| ! | ● | 2379 | 1,3-DIMETHYLBUTYLAMIN | 3 | FC | II | 3+8 | | 1 L | E2 | P001<br>IBC02 | | MP19 |
| ! | ● | 2380 | DIMETHYLDIETHOXYSILAN | 3 | F1 | II | 3 | | 1 L | E2 | P001<br>IBC02<br>R001 | | MP19 |
| ! | ● | 2381 | DIMETHYLDISULFID | 3 | FT1 | II | 3+6.1 | | 1 L | E0 | P001<br>IBC02 | | MP19 |
| ! | ● | 2382 | DIMETHYLHYDRAZIN, SYMMETRISCH | 6.1 | TF1 | I | 6.1+3 | 354 | 0 | E0 | P602 | | MP8<br>MP17 |
| ! | ● | 2383 | DIPROPYLAMIN | 3 | FC | II | 3+8 | | 1 L | E2 | P001<br>IBC02 | | MP19 |
| ! | ● | 2384 | DI-n-PROPYLETHER | 3 | F1 | II | 3 | | 1 L | E2 | P001<br>IBC02<br>R001 | | MP19 |
| ! | ● | 2385 | ETHYLISOBUTYRAT | 3 | F1 | II | 3 | | 1 L | E2 | P001<br>IBC02<br>R001 | | MP19 |
| ! | ● | 2386 | 1-ETHYLPIPERIDIN | 3 | FC | II | 3+8 | | 1 L | E2 | P001<br>IBC02 | | MP19 |

| Ortsbewegliche Tanks und Schüttgut-Container | | ADR-Tanks | | Fahrzeug für die Beförderung in Tanks | Beförderungskategorie (Tunnelbeschränkungscode) | Sondervorschriften für die Beförderung | | | | Nummer zur Kennzeichnung der Gefahr | UN-Nummer | Verlagshinweis „Gut zu wissen" |
|---|---|---|---|---|---|---|---|---|---|---|---|---|
| Anweisungen | Sondervorschriften | Tankcodierung | Sondervorschriften | | | Versandstücke | lose Schüttung | Be- und Entladung, Handhabung | Betrieb | | | |
| 4.2.5.2 7.3.2 | 4.2.5.3 | 4.3 | 4.3.5 6.8.4 | 9.1.1.2 | 1.1.3.6 (8.6) | 7.2.4 | 7.3.3 | 7.5.11 | 8.5 | 5.3.2.3 | | |
| (10) | (11) | (12) | (13) | (14) | (15) | (16) | (17) | (18) | (19) | (20) | (1) | |
| T2 | TP1 | LGBF | | FL | 3 (D/E) | V12 | | | S2 | 30 | 2366 | |
| T4 | TP1 | LGBF | | FL | 2 (D/E) | | | | S2 S20 | 33 | 2367 | |
| T2 | TP1 | LGBF | | FL | 3 (D/E) | V12 | | | S2 | 30 | 2368 | →D: GGAV 21 |
| T4 | TP1 | LGBF | | FL | 2 (D/E) | | | | S2 S20 | 33 | 2370 | |
| T11 | TP2 | L4BN | | FL | 1 (D/E) | | | | S2 S20 | 33 | 2371 | |
| T4 | TP1 | LGBF | | FL | 2 (D/E) | | | | S2 S20 | 33 | 2372 | |
| T4 | TP1 | LGBF | | FL | 2 (D/E) | | | | S2 S20 | 33 | 2373 | |
| T4 | TP1 | LGBF | | FL | 2 (D/E) | | | | S2 S20 | 33 | 2374 | |
| T7 | TP1 | LGBF | | FL | 2 (D/E) | | | | S2 S20 | 33 | 2375 | |
| T4 | TP1 | LGBF | | FL | 2 (D/E) | | | | S2 S20 | 33 | 2376 | |
| T7 | TP1 | LGBF | | FL | 2 (D/E) | | | | S2 S20 | 33 | 2377 | |
| T7 | TP1 | L4BH | TU15 | FL | 2 (D/E) | | | CV13 CV28 | S2 S19 | 336 | 2378 | |
| T7 | TP1 | L4BH | | FL | 2 (D/E) | | | | S2 S20 | 338 | 2379 | |
| T4 | TP1 | LGBF | | FL | 2 (D/E) | | | | S2 S20 | 33 | 2380 | |
| T7 | TP2 | L4BH | TU15 | FL | 2 (D/E) | | | CV13 CV28 | S2 S22 | 336 | 2381 | |
| T20 | TP2 | L10CH | TU14 TU15 TE19 TE21 | FL | 1 (C/D) | | | CV1 CV13 CV28 | S2 S9 S14 | 663 | 2382 | |
| T7 | TP1 | L4BH | | FL | 2 (D/E) | | | | S2 S20 | 338 | 2383 | |
| T4 | TP1 | LGBF | | FL | 2 (D/E) | | | | S2 S20 | 33 | 2384 | |
| T4 | TP1 | LGBF | | FL | 2 (D/E) | | | | S2 S20 | 33 | 2385 | |
| T7 | TP1 | L4BH | | FL | 2 (D/E) | | | | S2 S20 | 338 | 2386 | |

## UN-numerisches Verzeichnis (Tabelle A)

| Verlagshinweis Sicherung | Verlagshinweis Fahrweg | UN-Nummer | Benennung und Beschreibung | Klasse | Klassifizierungscode | Verpackungsgruppe | Gefahrzettel | Sondervorschriften | Begrenzte und freigestellte Mengen | | Verpackungen Anweisungen | Verpackungen Sondervorschriften | Verpackungen Zusammenpackung |
|---|---|---|---|---|---|---|---|---|---|---|---|---|---|
| | | | 3.1.2 | 2.2 | 2.2 | 2.1.1.3 | 5.2.2 | 3.3 | 3.4/3.5.1.2 | | 4.1.4 | 4.1.4 | 4.1.10 |
| | | (1) | (2) | (3a) | (3b) | (4) | (5) | (6) | (7a) | (7b) | (8) | (9a) | (9b) |
| ! | ● | 2387 | FLUORBENZEN | 3 | F1 | II | 3 | | 1 L | E2 | P001<br>IBC02<br>R001 | | MP19 |
| ! | ● | 2388 | FLUORTOLUENE | 3 | F1 | II | 3 | | 1 L | E2 | P001<br>IBC02<br>R001 | | MP19 |
| ! | ● | 2389 | FURAN | 3 | F1 | I | 3 | | 0 | E3 | P001 | | MP7<br>MP17 |
| ! | ● | 2390 | 2-IODBUTAN | 3 | F1 | II | 3 | | 1 L | E2 | P001<br>IBC02<br>R001 | | MP19 |
| ! | ● | 2391 | IODMETHYLPROPANE | 3 | F1 | II | 3 | | 1 L | E2 | P001<br>IBC02<br>R001 | | MP19 |
| | | 2392 | IODPROPANE | 3 | F1 | III | 3 | | 5 L | E1 | P001<br>IBC03<br>LP01<br>R001 | | MP19 |
| ! | ● | 2393 | ISOBUTYLFORMIAT | 3 | F1 | II | 3 | | 1 L | E2 | P001<br>IBC02<br>R001 | | MP19 |
| | | 2394 | ISOBUTYLPROPIONAT | 3 | F1 | III | 3 | | 5 L | E1 | P001<br>IBC03<br>LP01<br>R001 | | MP19 |
| ! | ● | 2395 | ISOBUTYRYLCHLORID | 3 | FC | II | 3+8 | | 1 L | E2 | P001<br>IBC02 | | MP19 |
| ! | ● | 2396 | METHACRYLALDEHYD, STABILISIERT | 3 | FT1 | II | 3+6.1 | 386<br>676 | 1 L | E2 | P001<br>IBC02 | | MP19 |
| ! | ● | 2397 | 3-METHYLBUTAN-2-ON | 3 | F1 | II | 3 | | 1 L | E2 | P001<br>IBC02<br>R001 | | MP19 |
| ! | ● | 2398 | METHYL-tert-BUTYLETHER | 3 | F1 | II | 3 | | 1 L | E2 | P001<br>IBC02<br>R001 | | MP19 |
| ! | ● | 2399 | 1-METHYLPIPERIDIN | 3 | FC | II | 3+8 | | 1 L | E2 | P001<br>IBC02 | | MP19 |
| ! | ● | 2400 | METHYLISOVALERAT | 3 | F1 | II | 3 | | 1 L | E2 | P001<br>IBC02<br>R001 | | MP19 |
| ! | | 2401 | PIPERIDIN | 8 | CF1 | I | 8+3 | | 0 | E0 | P001 | | MP8<br>MP17 |
| ! | ● | 2402 | PROPANTHIOLE | 3 | F1 | II | 3 | | 1 L | E2 | P001<br>IBC02<br>R001 | | MP19 |
| ! | ● | 2403 | ISOPROPENYLACETAT | 3 | F1 | II | 3 | | 1 L | E2 | P001<br>IBC02<br>R001 | | MP19 |
| ! | ● | 2404 | PROPIONITRIL | 3 | FT1 | II | 3+6.1 | | 1 L | E0 | P001<br>IBC02 | | MP19 |
| | | 2405 | ISOPROPYLBUTYRAT | 3 | F1 | III | 3 | | 5 L | E1 | P001<br>IBC03<br>LP01<br>R001 | | MP19 |
| ! | ● | 2406 | ISOPROPYLISOBUTYRAT | 3 | F1 | II | 3 | | 1 L | E2 | P001<br>IBC02<br>R001 | | MP19 |

| Ortsbewegliche Tanks und Schüttgut-Container | | ADR-Tanks | | Fahrzeug für die Beförderung in Tanks | Beförderungskategorie (Tunnelbeschränkungscode) | Sondervorschriften für die Beförderung | | | | Nummer zur Kennzeichnung der Gefahr | UN-Nummer | Verlagshinweis „Gut zu wissen" |
|---|---|---|---|---|---|---|---|---|---|---|---|---|
| Anweisungen | Sondervorschriften | Tankcodierung | Sondervorschriften | | | Versandstücke | lose Schüttung | Be- und Entladung, Handhabung | Betrieb | | | |
| 4.2.5.2<br>7.3.2 | 4.2.5.3 | 4.3 | 4.3.5<br>6.8.4 | 9.1.1.2 | 1.1.3.6<br>(8.6) | 7.2.4 | 7.3.3 | 7.5.11 | 8.5 | 5.3.2.3 | | |
| (10) | (11) | (12) | (13) | (14) | (15) | (16) | (17) | (18) | (19) | (20) | (1) | |
| T4 | TP1 | LGBF | | FL | 2<br>(D/E) | | | | S2<br>S20 | 33 | 2387 | |
| T4 | TP1 | LGBF | | FL | 2<br>(D/E) | | | | S2<br>S20 | 33 | 2388 | |
| T12 | TP2 | L4BN | | FL | 1<br>(D/E) | | | | S2<br>S20 | 33 | 2389 | |
| T4 | TP1 | LGBF | | FL | 2<br>(D/E) | | | | S2<br>S20 | 33 | 2390 | |
| T4 | TP1 | LGBF | | FL | 2<br>(D/E) | | | | S2<br>S20 | 33 | 2391 | |
| T2 | TP1 | LGBF | | FL | 3<br>(D/E) | V12 | | | S2 | 30 | 2392 | |
| T4 | TP1 | LGBF | | FL | 2<br>(D/E) | | | | S2<br>S20 | 33 | 2393 | |
| T2 | TP1 | LGBF | | FL | 3<br>(D/E) | V12 | | | S2 | 30 | 2394 | |
| T7 | TP2 | L4BH | | FL | 2<br>(D/E) | | | | S2<br>S20 | 338 | 2395 | |
| T7 | TP1 | L4BH | TU15 | FL | 2<br>(D/E) | V8 | | CV13<br>CV28 | S2<br>S4<br>S19 | 336 | 2396 | |
| T4 | TP1 | LGBF | | FL | 2<br>(D/E) | | | | S2<br>S20 | 33 | 2397 | |
| T7 | TP1 | LGBF | | FL | 2<br>(D/E) | | | | S2<br>S20 | 33 | 2398 | |
| T7 | TP1 | L4BH | | FL | 2<br>(D/E) | | | | S2<br>S20 | 338 | 2399 | |
| T4 | TP1 | LGBF | | FL | 2<br>(D/E) | | | | S2<br>S20 | 33 | 2400 | |
| T10 | TP2 | L10BH | | FL | 1<br>(D/E) | | | | S2<br>S14 | 883 | 2401 | |
| T4 | TP1 | LGBF | | FL | 2<br>(D/E) | | | | S2<br>S20 | 33 | 2402 | |
| T4 | TP1 | LGBF | | FL | 2<br>(D/E) | | | | S2<br>S20 | 33 | 2403 | |
| T7 | TP1 | L4BH | TU15 | FL | 2<br>(D/E) | | | CV13<br>CV28 | S2<br>S19 | 336 | 2404 | |
| T2 | TP1 | LGBF | | FL | 3<br>(D/E) | V12 | | | S2 | 30 | 2405 | |
| T4 | TP1 | LGBF | | FL | 2<br>(D/E) | | | | S2<br>S20 | 33 | 2406 | |

## UN-numerisches Verzeichnis (Tabelle A)

| Verlagshinweis | | UN-Nummer | Benennung und Beschreibung | Klasse | Klassifizierungscode | Verpackungsgruppe | Gefahrzettel | Sondervorschriften | Begrenzte und freigestellte Mengen | | Verpackungen | | |
|---|---|---|---|---|---|---|---|---|---|---|---|---|---|
| Sicherung | Fahrweg | | | | | | | | | | Anweisungen | Sondervorschriften | Zusammenpackung |
| | | | 3.1.2 | 2.2 | 2.2 | 2.1.1.3 | 5.2.2 | 3.3 | 3.4/3.5.1.2 | | 4.1.4 | 4.1.4 | 4.1.10 |
| | | (1) | (2) | (3a) | (3b) | (4) | (5) | (6) | (7a) | (7b) | (8) | (9a) | (9b) |
| ! | | 2407 | ISOPROPYLCHLORFORMIAT | 6.1 | TFC | I | 6.1+3+8 | 354 | 0 | E0 | P602 | | MP8<br>MP17 |
| ! | ● | 2409 | ISOPROPYLPROPIONAT | 3 | F1 | II | 3 | | 1 L | E2 | P001<br>IBC02<br>R001 | | MP19 |
| ! | ● | 2410 | 1,2,3,6-TETRAHYDROPYRIDIN | 3 | F1 | II | 3 | | 1 L | E2 | P001<br>IBC02<br>R001 | | MP19 |
| ! | ● | 2411 | BUTYRONITRIL | 3 | FT1 | II | 3+6.1 | | 1 L | E2 | P001<br>IBC02 | | MP19 |
| ! | ● | 2412 | TETRAHYDROTHIOPHEN | 3 | F1 | II | 3 | | 1 L | E2 | P001<br>IBC02<br>R001 | | MP19 |
| | | 2413 | TETRAPROPYLORTHOTITANAT | 3 | F1 | III | 3 | | 5 L | E1 | P001<br>IBC03<br>LP01<br>R001 | | MP19 |
| ! | ● | 2414 | THIOPHEN | 3 | F1 | II | 3 | | 1 L | E2 | P001<br>IBC02<br>R001 | | MP19 |
| ! | ● | 2416 | TRIMETHYLBORAT | 3 | F1 | II | 3 | | 1 L | E2 | P001<br>IBC02<br>R001 | | MP19 |
| ! | ● | 2417 | CARBONYLFLUORID | 2 | 2TC | | 2.3+8 | | 0 | E0 | P200 | | MP9 |
| ! | | 2418 | SCHWEFELTETRAFLUORID | 2 | 2TC | | 2.3+8 | | 0 | E0 | P200 | | MP9 |
| ! | ● | 2419 | BROMTRIFLUORETHYLEN | 2 | 2F | | 2.1 | 662 | 0 | E0 | P200 | | MP9 |
| ! | ● | 2420 | HEXAFLUORACETON | 2 | 2TC | | 2.3+8 | | 0 | E0 | P200 | | MP9 |
| ! | ● | 2421 | DISTICKSTOFFTRIOXID | 2 | 2TOC | BEFÖRDERUNG VERBOTEN | | | | | | | |
| | | 2422 | OCTAFLUORBUT-2-EN (GAS ALS KÄLTEMITTEL R 1318) | 2 | 2A | | 2.2 | 662 | 120 ml | E1 | P200 | | MP9 |
| | | 2424 | OCTAFLUORPROPAN (GAS ALS KÄLTEMITTEL R 218) | 2 | 2A | | 2.2 | 662 | 120 ml | E1 | P200 | | MP9 |
| ! | | 2426 | AMMONIUMNITRAT, FLÜSSIG (heiße konzentrierte Lösung) | 5.1 | O1 | | 5.1 | 252 | 0 | E0 | | | |
| | | 2427 | KALIUMCHLORAT, WÄSSERIGE LÖSUNG | 5.1 | O1 | II | 5.1 | | 1 L | E2 | P504<br>IBC02 | | MP2 |
| | | 2427 | KALIUMCHLORAT, WÄSSERIGE LÖSUNG | 5.1 | O1 | III | 5.1 | | 5 L | E1 | P504<br>IBC02<br>R001 | | MP2 |
| | | 2428 | NATRIUMCHLORAT, WÄSSERIGE LÖSUNG | 5.1 | O1 | II | 5.1 | | 1 L | E2 | P504<br>IBC02 | | MP2 |

| Ortsbewegliche Tanks und Schüttgut-Container | | ADR-Tanks | | Fahrzeug für die Beförderung in Tanks | Beförderungskategorie (Tunnelbeschränkungscode) | Sondervorschriften für die Beförderung | | | | Nummer zur Kennzeichnung der Gefahr | UN-Nummer | Verlagshinweis „Gut zu wissen" |
|---|---|---|---|---|---|---|---|---|---|---|---|---|
| Anweisungen | Sondervorschriften | Tankcodierung | Sondervorschriften | | | Versandstücke | lose Schüttung | Be- und Entladung, Handhabung | Betrieb | | | |
| 4.2.5.2<br>7.3.2 | 4.2.5.3 | 4.3 | 4.3.5<br>6.8.4 | 9.1.1.2 | 1.1.3.6<br>(8.6) | 7.2.4 | 7.3.3 | 7.5.11 | 8.5 | 5.3.2.3 | | |
| (10) | (11) | (12) | (13) | (14) | (15) | (16) | (17) | (18) | (19) | (20) | (1) | |
| | | | | | 1<br>(D) | | | CV1<br>CV13<br>CV28 | S2<br>S9<br>S14 | | 2407 | |
| T4 | TP1 | LGBF | | FL | 2<br>(D/E) | | | | S2<br>S20 | 33 | 2409 | |
| T4 | TP1 | LGBF | | FL | 2<br>(D/E) | | | | S2<br>S20 | 33 | 2410 | |
| T7 | TP1 | L4BH | TU15 | FL | 2<br>(D/E) | | | CV13<br>CV28 | S2<br>S19 | 336 | 2411 | |
| T4 | TP1 | LGBF | | FL | 2<br>(D/E) | | | | S2<br>S20 | 33 | 2412 | |
| T4 | TP1 | LGBF | | FL | 3<br>(D/E) | V12 | | | S2 | 30 | 2413 | |
| T4 | TP1 | LGBF | | FL | 2<br>(D/E) | | | | S2<br>S20 | 33 | 2414 | |
| T7 | TP1 | LGBF | | FL | 2<br>(D/E) | | | | S2<br>S20 | 33 | 2416 | |
| (M) | | PxBH(M) | TA4<br>TT9 | AT | 1<br>(C/D) | | | CV9<br>CV10<br>CV36 | S14 | 268 | 2417 | |
| | | | | | 1<br>(D) | | | CV9<br>CV10<br>CV36 | S14 | | 2418 | |
| (M) | | PxBN(M) | TA4<br>TT9 | FL | 2<br>(B/D) | | | CV9<br>CV10<br>CV36 | S2<br>S20 | 23 | 2419 | |
| (M) | | PxBH(M) | TA4<br>TT9 | AT | 1<br>(C/D) | | | CV9<br>CV10<br>CV36 | S14 | 268 | 2420 | |
| BEFÖRDERUNG VERBOTEN | | | | | | | | | | | 2421 | |
| (M) | | PxBN(M) | TA4<br>TT9 | AT | 3<br>(C/E) | | | CV9<br>CV10<br>CV36 | | 20 | 2422 | |
| T50<br>(M) | | PxBN(M) | TA4<br>TT9 | AT | 3<br>(C/E) | | | CV9<br>CV10<br>CV36 | | 20 | 2424 | |
| T7 | TP1<br>TP16<br>TP17 | L4BV(+) | TU3<br>TU12<br>TU29<br>TC3<br>TE9<br>TE10<br>TA1 | AT | 0<br>(E) | | | | S23 | 59 | 2426 | |
| T4 | TP1 | L4BN | TU3 | AT | 2<br>(E) | | | CV24 | | 50 | 2427 | |
| T4 | TP1 | LGBV | TU3 | AT | 3<br>(E) | | | CV24 | | 50 | 2427 | |
| T4 | TP1 | L4BN | TU3 | AT | 2<br>(E) | | | CV24 | | 50 | 2428 | |

| Verlagshinweis | | UN-Nummer | Benennung und Beschreibung | Klasse | Klassifizierungscode | Verpackungsgruppe | Gefahrzettel | Sondervorschriften | Begrenzte und freigestellte Mengen | | Verpackungen | | |
|---|---|---|---|---|---|---|---|---|---|---|---|---|---|
| | | | | | | | | | | | Anweisungen | Sondervorschriften | Zusammenpackung |
| Sicherung | Fahrweg | | 3.1.2 | 2.2 | 2.2 | 2.1.1.3 | 5.2.2 | 3.3 | 3.4/3.5.1.2 | | 4.1.4 | 4.1.4 | 4.1.10 |
| | | (1) | (2) | (3a) | (3b) | (4) | (5) | (6) | (7a) | (7b) | (8) | (9a) | (9b) |
| | | 2428 | NATRIUMCHLORAT, WÄSSERIGE LÖSUNG | 5.1 | O1 | III | 5.1 | | 5 L | E1 | P504<br>IBC02<br>R001 | | MP2 |
| | | 2429 | CALCIUMCHLORAT, WÄSSERIGE LÖSUNG | 5.1 | O1 | II | 5.1 | | 1 L | E2 | P504<br>IBC02 | | MP2 |
| | | 2429 | CALCIUMCHLORAT, WÄSSERIGE LÖSUNG | 5.1 | O1 | III | 5.1 | | 5 L | E1 | P504<br>IBC02<br>R001 | | MP2 |
| ! | | 2430 | ALKYLPHENOLE, FEST, N.A.G. (einschließlich $C_2$-$C_{12}$-Homologe) | 8 | C4 | I | 8 | | 0 | E0 | P002<br>IBC07 | | MP18 |
| | | 2430 | ALKYLPHENOLE, FEST, N.A.G. (einschließlich $C_2$-$C_{12}$-Homologe) | 8 | C4 | II | 8 | | 1 kg | E2 | P002<br>IBC08 | B4 | MP10 |
| | | 2430 | ALKYLPHENOLE, FEST, N.A.G. (einschließlich $C_2$-$C_{12}$-Homologe) | 8 | C4 | III | 8 | | 5 kg | E1 | P002<br>IBC08<br>LP02<br>R001 | B3 | MP10 |
| | | 2431 | ANISIDINE | 6.1 | T1 | III | 6.1 | | 5 L | E1 | P001<br>IBC03<br>LP01<br>R001 | | MP19 |
| | | 2432 | N,N-DIETHYLANILIN | 6.1 | T1 | III | 6.1 | 279 | 5 L | E1 | P001<br>IBC03<br>LP01<br>R001 | | MP19 |
| | | 2433 | CHLORNITROTOLUENE, FLÜSSIG | 6.1 | T1 | III | 6.1 | | 5 L | E1 | P001<br>IBC03<br>LP01<br>R001 | | MP19 |
| | | 2434 | DIBENZYLDICHLORSILAN | 8 | C3 | II | 8 | | 0 | E0 | P010 | | MP15 |
| | | 2435 | ETHYLPHENYLDICHLORSILAN | 8 | C3 | II | 8 | | 0 | E0 | P010 | | MP15 |
| ! | ● | 2436 | THIOESSIGSÄURE | 3 | F1 | II | 3 | | 1 L | E2 | P001<br>IBC02<br>R001 | | MP19 |
| | | 2437 | METHYLPHENYLDICHLORSILAN | 8 | C3 | II | 8 | | 0 | E0 | P010 | | MP15 |
| ! | ● | 2438 | TRIMETHYLACETYLCHLORID | 6.1 | TFC | I | 6.1+3+8 | | 0 | E0 | P001 | | MP8<br>MP17 |
| | | 2439 | NATRIUMHYDROGENDIFLUORID | 8 | C2 | II | 8 | | 1 kg | E2 | P002<br>IBC08 | B4 | MP10 |
| | | 2440 | ZINNTETRACHLORID-PENTAHYDRAT | 8 | C2 | III | 8 | | 5 kg | E1 | P002<br>IBC08<br>LP02<br>R001 | B3 | MP10 |
| | | 2441 | TITANTRICHLORID, PYROPHOR oder TITANTRICHLORIDMISCHUNGEN, PYROPHOR | 4.2 | SC4 | I | 4.2+8 | 537 | 0 | E0 | P404 | | MP13 |
| | | 2442 | TRICHLORACETYLCHLORID | 8 | C3 | II | 8 | | 0 | E0 | P001 | | MP15 |
| | | 2443 | VANADIUMOXYTRICHLORID | 8 | C1 | II | 8 | | 1 L | E0 | P001<br>IBC02 | | MP15 |
| ! | | 2444 | VANADIUMTETRACHLORID | 8 | C1 | I | 8 | | 0 | E0 | P802 | | MP8<br>MP17 |

| Ortsbewegliche Tanks und Schüttgut-Container | | ADR-Tanks | | Fahrzeug für die Beförderung in Tanks | Beförderungskategorie (Tunnelbeschränkungscode) | Sondervorschriften für die Beförderung | | | | Nummer zur Kennzeichnung der Gefahr | UN-Nummer | Verlagshinweis *„Gut zu wissen"* |
|---|---|---|---|---|---|---|---|---|---|---|---|---|
| Anweisungen | Sondervorschriften | Tankcodierung | Sondervorschriften | | | Versandstücke | lose Schüttung | Be- und Entladung, Handhabung | Betrieb | | | |
| 4.2.5.2<br>7.3.2 | 4.2.5.3 | 4.3 | 4.3.5<br>6.8.4 | 9.1.1.2 | 1.1.3.6<br>(8.6) | 7.2.4 | 7.3.3 | 7.5.11 | 8.5 | 5.3.2.3 | | |
| (10) | (11) | (12) | (13) | (14) | (15) | (16) | (17) | (18) | (19) | (20) | (1) | |
| T4 | TP1 | LGBV | TU3 | AT | 3<br>(E) | | | CV24 | | 50 | 2428 | |
| T4 | TP1 | L4BN | TU3 | AT | 2<br>(E) | | | CV24 | | 50 | 2429 | |
| T4 | TP1 | LGBV | TU3 | AT | 3<br>(E) | | | CV24 | | 50 | 2429 | |
| T6 | TP33 | S10AN<br>L10BH | | AT | 1<br>(E) | V10 | | | S20 | 88 | 2430 | *→UN 3145* |
| T3 | TP33 | SGAN<br>L4BN | | AT | 2<br>(E) | V11 | | | | 80 | 2430 | *→UN 3145* |
| T1 | TP33 | SGAV<br>L4BN | | AT | 3<br>(E) | | VC1<br>VC2<br>AP7 | | | 80 | 2430 | *→UN 3145* |
| T4 | TP1 | L4BH | TU15<br>TE19 | AT | 2<br>(E) | V12 | | CV13<br>CV28 | S9 | 60 | 2431 | |
| T4 | TP1 | L4BH | TU15<br>TE19 | AT | 2<br>(E) | V12 | | CV13<br>CV28 | S9 | 60 | 2432 | |
| T4 | TP1 | L4BH | TU15<br>TE19 | AT | 2<br>(E) | V12 | | CV13<br>CV28 | S9 | 60 | 2433 | *→UN 3457* |
| T10 | TP2<br>TP7 | L4BN | | AT | 2<br>(E) | | | | | X80 | 2434 | |
| T10 | TP2<br>TP7 | L4BN | | AT | 2<br>(E) | | | | | X80 | 2435 | |
| T4 | TP1 | LGBF | | FL | 2<br>(D/E) | | | | S2<br>S20 | 33 | 2436 | |
| T10 | TP2<br>TP7 | L4BN | | AT | 2<br>(E) | | | | | X80 | 2437 | |
| T14 | TP2 | L10CH | TU14<br>TU15<br>TE19<br>TE21 | FL | 1<br>(C/D) | | | CV1<br>CV13<br>CV28 | S2<br>S9<br>S14 | 663 | 2438 | |
| T3 | TP33 | SGAN | | AT | 2<br>(E) | V11 | | | | 80 | 2439 | |
| T1 | TP33 | SGAV | | AT | 3<br>(E) | | VC1<br>VC2<br>AP7 | | | 80 | 2440 | |
| | | | | | 0<br>(E) | V1 | | | S20 | | 2441 | |
| T7 | TP2 | L4BN | | AT | 2<br>(E) | | | | | X80 | 2442 | |
| T7 | TP2 | L4BN | | AT | 2<br>(E) | | | | | 80 | 2443 | |
| T10 | TP2 | L10BH | | AT | 1<br>(E) | | | | S20 | X88 | 2444 | |

## UN-numerisches Verzeichnis (Tabelle A)

| Verlagshinweis Sicherung | Verlagshinweis Fahrweg | UN-Nummer | Benennung und Beschreibung | Klasse | Klassifizierungscode | Verpackungsgruppe | Gefahrzettel | Sondervorschriften | Begrenzte und freigestellte Mengen | | Verpackungen Anweisungen | Verpackungen Sondervorschriften | Verpackungen Zusammenpackung |
|---|---|---|---|---|---|---|---|---|---|---|---|---|---|
| | | | 3.1.2 | 2.2 | 2.2 | 2.1.1.3 | 5.2.2 | 3.3 | 3.4/3.5.1.2 | | 4.1.4 | 4.1.4 | 4.1.10 |
| | | (1) | (2) | (3a) | (3b) | (4) | (5) | (6) | (7a) | (7b) | (8) | (9a) | (9b) |
| | | 2446 | NITROCRESOLE, FEST | 6.1 | T2 | III | 6.1 | | 5 kg | E1 | P002<br>IBC08<br>LP02<br>R001 | <br>B3 | MP10 |
| ! | | 2447 | PHOSPHOR, WEISS, GESCHMOLZEN | 4.2 | ST3 | I | 4.2+6.1 | | 0 | E0 | | | |
| | | 2448 | SCHWEFEL, GESCHMOLZEN | 4.1 | F3 | III | 4.1 | 538 | 0 | E0 | | | |
| | | 2451 | STICKSTOFFTRIFLUORID | 2 | 2O | | 2.2+5.1 | 662 | 0 | E0 | P200 | | MP9 |
| ! | ● | 2452 | ETHYLACETYLEN, STABILISIERT | 2 | 2F | | 2.1 | 386<br>662<br>676 | 0 | E0 | P200 | | MP9 |
| ! | ● | 2453 | ETHYLFLUORID (GAS ALS KÄLTEMITTEL R 161) | 2 | 2F | | 2.1 | 662 | 0 | E0 | P200 | | MP9 |
| ! | ● | 2454 | METHYLFLUORID (GAS ALS KÄLTEMITTEL R 41) | 2 | 2F | | 2.1 | 662 | 0 | E0 | P200 | | MP9 |
| | | 2455 | METHYLNITRIT | 2 | 2A | BEFÖRDERUNG VERBOTEN | | | | | | | |
| ! | ● | 2456 | 2-CHLORPROPEN | 3 | F1 | I | 3 | | 0 | E3 | P001 | | MP7<br>MP17 |
| ! | ● | 2457 | 2,3-DIMETHYLBUTAN | 3 | F1 | II | 3 | | 1 L | E2 | P001<br>IBC02<br>R001 | | MP19 |
| ! | ● | 2458 | HEXADIENE | 3 | F1 | II | 3 | | 1 L | E2 | P001<br>IBC02<br>R001 | | MP19 |
| ! | ● | 2459 | 2-METHYLBUT-1-EN | 3 | F1 | I | 3 | | 0 | E3 | P001 | | MP7<br>MP17 |
| ! | ● | 2460 | 2-METHYLBUT-2-EN | 3 | F1 | II | 3 | | 1 L | E2 | P001<br>IBC02 | <br>B8 | MP19 |
| ! | ● | 2461 | METHYLPENTADIENE | 3 | F1 | II | 3 | | 1 L | E2 | P001<br>IBC02<br>R001 | | MP19 |
| | | 2463 | ALUMINIUMHYDRID | 4.3 | W2 | I | 4.3 | | 0 | E0 | P403 | | MP2 |
| | | 2464 | BERYLLIUMNITRAT | 5.1 | OT2 | II | 5.1+6.1 | | 1 kg | E2 | P002<br>IBC08 | <br>B4 | MP2 |
| | | 2465 | DICHLORISOCYANURSÄURE, TROCKEN oder DICHLORISOCYANURSÄURE-SALZE | 5.1 | O2 | II | 5.1 | 135 | 1 kg | E2 | P002<br>IBC08 | <br>B4 | MP10 |
| | | 2466 | KALIUMSUPEROXID | 5.1 | O2 | I | 5.1 | | 0 | E0 | P503<br>IBC06 | | MP2 |
| | | 2468 | TRICHLORISOCYANURSÄURE, TROCKEN | 5.1 | O2 | II | 5.1 | | 1 kg | E2 | P002<br>IBC08 | <br>B4 | MP10 |
| | | 2469 | ZINKBROMAT | 5.1 | O2 | III | 5.1 | | 5 kg | E1 | P002<br>IBC08<br>LP02<br>R001 | <br>B3 | MP10 |

| Ortsbewegliche Tanks und Schüttgut-Container | | ADR-Tanks | | Fahrzeug für die Beförderung in Tanks | Beförderungskategorie (Tunnelbeschränkungscode) | Sondervorschriften für die Beförderung | | | | Nummer zur Kennzeichnung der Gefahr | UN-Nummer | Verlagshinweis *„Gut zu wissen"* |
|---|---|---|---|---|---|---|---|---|---|---|---|---|
| Anweisungen | Sondervorschriften | Tankcodierung | Sondervorschriften | | | Versandstücke | lose Schüttung | Be- und Entladung, Handhabung | Betrieb | | | |
| 4.2.5.2<br>7.3.2 | 4.2.5.3 | 4.3 | 4.3.5<br>6.8.4 | 9.1.1.2 | 1.1.3.6<br>(8.6) | 7.2.4 | 7.3.3 | 7.5.11 | 8.5 | 5.3.2.3 | | |
| (10) | (11) | (12) | (13) | (14) | (15) | (16) | (17) | (18) | (19) | (20) | (1) | |
| T1 | TP33 | SGAH<br>L4BH | TU15<br>TE19 | AT | 2<br>(E) | | VC1<br>VC2<br>AP7 | CV13<br>CV28 | S9 | 60 | 2446 | *→UN 3434* |
| T21 | TP3<br>TP7<br>TP26 | L10DH(+) | TU14<br>TU16<br>TU21<br>TE3<br>TE21 | AT | 0<br>(B/E) | | | | S20 | 446 | 2447 | |
| T1 | TP3 | LGBV(+) | TU27<br>TE4<br>TE6 | AT | 3<br>(E) | | | | | 44 | 2448 | |
| (M) | | PxBN(M) | TA4<br>TT9 | AT | 3<br>(C/E) | | | CV9<br>CV10<br>CV36 | | 25 | 2451 | |
| (M) | | PxBN(M) | TA4<br>TT9 | FL | 2<br>(B/D) | V8 | | CV9<br>CV10<br>CV36 | S2<br>S4<br>S20 | 239 | 2452 | |
| (M) | | PxBN(M) | TA4<br>TT9 | FL | 2<br>(B/D) | | | CV9<br>CV10<br>CV36 | S2<br>S20 | 23 | 2453 | |
| (M) | | PxBN(M) | TA4<br>TT9 | FL | 2<br>(B/D) | | | CV9<br>CV10<br>CV36 | S2<br>S20 | 23 | 2454 | |
| BEFÖRDERUNG VERBOTEN | | | | | | | | | | | 2455 | |
| T11 | TP2 | L4BN | | FL | 1<br>(D/E) | | | | S2<br>S20 | 33 | 2456 | |
| T7 | TP1 | LGBF | | FL | 2<br>(D/E) | | | | S2<br>S20 | 33 | 2457 | |
| T4 | TP1 | LGBF | | FL | 2<br>(D/E) | | | | S2<br>S20 | 33 | 2458 | |
| T11 | TP2 | L4BN | | FL | 1<br>(D/E) | | | | S2<br>S20 | 33 | 2459 | |
| T7 | TP1 | L1,5BN | | FL | 2<br>(D/E) | | | | S2<br>S20 | 33 | 2460 | |
| T4 | TP1 | LGBF | | FL | 2<br>(D/E) | | | | S2<br>S20 | 33 | 2461 | |
| | | | | | 1<br>(E) | V1 | | CV23 | S20 | | 2463 | |
| T3 | TP33 | SGAN | TU3 | AT | 2<br>(E) | V11 | | CV24<br>CV28 | | 56 | 2464 | |
| T3 | TP33 | SGAN | TU3 | AT | 2<br>(E) | V11 | | CV24 | | 50 | 2465 | |
| | | | | | 1<br>(E) | V10 | | CV24 | S20 | | 2466 | |
| T3 | TP33 | SGAN | TU3 | AT | 2<br>(E) | V11 | | CV24 | | 50 | 2468 | |
| T1 | TP33 | SGAV | TU3 | AT | 3<br>(E) | | VC1<br>VC2<br>AP6<br>AP7 | CV24 | | 50 | 2469 | |

| Verlagshinweis: Sicherung | Verlagshinweis: Fahrweg | UN-Nummer | Benennung und Beschreibung | Klasse | Klassifizierungscode | Verpackungsgruppe | Gefahrzettel | Sondervorschriften | Begrenzte und freigestellte Mengen | | Verpackungen: Anweisungen | Verpackungen: Sondervorschriften | Verpackungen: Zusammenpackung |
|---|---|---|---|---|---|---|---|---|---|---|---|---|---|
| | | | 3.1.2 | 2.2 | 2.2 | 2.1.1.3 | 5.2.2 | 3.3 | 3.4/3.5.1.2 | | 4.1.4 | 4.1.4 | 4.1.10 |
| | | (1) | (2) | (3a) | (3b) | (4) | (5) | (6) | (7a) | (7b) | (8) | (9a) | (9b) |
| | | 2470 | PHENYLACETONITRIL, FLÜSSIG | 6.1 | T1 | III | 6.1 | | 5 L | E1 | P001<br>IBC03<br>LP01<br>R001 | | MP19 |
| ! | | 2471 | OSMIUMTETROXID | 6.1 | T5 | I | 6.1 | | 0 | E5 | P002<br>IBC07 | PP30 | MP18 |
| | | 2473 | NATRIUMARSANILAT | 6.1 | T3 | III | 6.1 | | 5 kg | E1 | P002<br>IBC08<br>LP02<br>R001 | B3 | MP10 |
| ! | ● | 2474 | THIOPHOSGEN | 6.1 | T1 | I | 6.1 | 279<br>354 | 0 | E0 | P602 | | MP8<br>MP17 |
| | | 2475 | VANADIUMTRICHLORID | 8 | C2 | III | 8 | | 5 kg | E1 | P002<br>IBC08<br>LP02<br>R001 | B3 | MP10 |
| ! | ● | 2477 | METHYLISOTHIOCYANAT | 6.1 | TF1 | I | 6.1+3 | 354 | 0 | E0 | P602 | | MP8<br>MP17 |
| ! | ● | 2478 | ISOCYANATE, ENTZÜNDBAR, GIFTIG, N.A.G. oder ISOCYANAT, LÖSUNG, ENTZÜNDBAR, GIFTIG, N.A.G. | 3 | FT1 | II | 3+6.1 | 274<br>539 | 1 L | E2 | P001<br>IBC02 | | MP19 |
| | | 2478 | ISOCYANATE, ENTZÜNDBAR, GIFTIG, N.A.G. oder ISOCYANAT, LÖSUNG, ENTZÜNDBAR, GIFTIG, N.A.G. | 3 | FT1 | III | 3+6.1 | 274 | 5 L | E1 | P001<br>IBC03<br>R001 | | MP19 |
| ! | ● | 2480 | METHYLISOCYANAT | 6.1 | TF1 | I | 6.1+3 | 354 | 0 | E0 | P601 | | MP2 |
| ! | ● | 2481 | ETHYLISOCYANAT | 6.1 | TF1 | I | 6.1+3 | 354 | 0 | E0 | P602 | | MP8<br>MP17 |
| ! | ● | 2482 | n-PROPYLISOCYANAT | 6.1 | TF1 | I | 6.1+3 | 354 | 0 | E0 | P602 | | MP8<br>MP17 |
| ! | ● | 2483 | ISOPROPYLISOCYANAT | 6.1 | TF1 | I | 6.1+3 | 354 | 0 | E0 | P602 | | MP8<br>MP17 |
| ! | ● | 2484 | tert-BUTYLISOCYANAT | 6.1 | TF1 | I | 6.1+3 | 354 | 0 | E0 | P602 | | MP8<br>MP17 |
| ! | ● | 2485 | n-BUTYLISOCYANAT | 6.1 | TF1 | I | 6.1+3 | 354 | 0 | E0 | P602 | | MP8<br>MP17 |
| ! | ● | 2486 | ISOBUTYLISOCYANAT | 6.1 | TF1 | I | 6.1+3 | 354 | 0 | E0 | P602 | | MP8<br>MP17 |

| Ortsbewegliche Tanks und Schüttgut-Container | | ADR-Tanks | | Fahrzeug für die Beförderung in Tanks | Beförderungskategorie (Tunnelbeschränkungscode) | Sondervorschriften für die Beförderung | | | | Nummer zur Kennzeichnung der Gefahr | UN-Nummer | Verlagshinweis „Gut zu wissen" |
|---|---|---|---|---|---|---|---|---|---|---|---|---|
| Anweisungen | Sondervorschriften | Tankcodierung | Sondervorschriften | | | Versandstücke | lose Schüttung | Be- und Entladung, Handhabung | Betrieb | | | |
| 4.2.5.2 7.3.2 | 4.2.5.3 | 4.3 | 4.3.5 6.8.4 | 9.1.1.2 | 1.1.3.6 (8.6) | 7.2.4 | 7.3.3 | 7.5.11 | 8.5 | 5.3.2.3 | | |
| (10) | (11) | (12) | (13) | (14) | (15) | (16) | (17) | (18) | (19) | (20) | (1) | |
| T4 | TP1 | L4BH | TU15 TE19 | AT | 2 (E) | V12 | | CV13 CV28 | S9 | 60 | 2470 | |
| T6 | TP33 | S10AH | TU15 TE19 | AT | 1 (C/E) | V10 | | CV1 CV13 CV28 | S9 S14 | 66 | 2471 | |
| T1 | TP33 | SGAH L4BH | TU15 TE19 | AT | 2 (E) | | VC1 VC2 AP7 | CV13 CV28 | S9 | 60 | 2473 | |
| T20 | TP2 | L10CH | TU14 TU15 TE19 TE21 | AT | 1 (C/D) | | | CV1 CV13 CV28 | S9 S14 | 66 | 2474 | |
| T1 | TP33 | SGAV | | AT | 3 (E) | | VC1 VC2 AP7 | | | 80 | 2475 | |
| T20 | TP2 | L10CH | TU14 TU15 TE19 TE21 | FL | 1 (C/D) | | | CV1 CV13 CV28 | S2 S9 S14 | 663 | 2477 | |
| T11 | TP2 TP27 | L4BH | TU15 | FL | 2 (D/E) | | | CV13 CV28 | S2 S19 | 336 | 2478 | |
| T7 | TP1 TP28 | L4BH | TU15 | FL | 3 (D/E) | V12 | | CV13 CV28 | S2 | 36 | 2478 | |
| T22 | TP2 | L15CH | TU14 TU15 TE19 TE21 | FL | 1 (C/D) | | | CV1 CV13 CV28 | S2 S9 S14 | 663 | 2480 | →*2.1.3.4.1* |
| T20 | TP2 | L15CH | TU14 TU15 TE19 TE21 | FL | 1 (C/D) | | | CV1 CV13 CV28 | S2 S9 S14 | 663 | 2481 | →*2.1.3.4.1* |
| T20 | TP2 | L10CH | TU14 TU15 TE19 TE21 | FL | 1 (C/D) | | | CV1 CV13 CV28 | S2 S9 S14 | 663 | 2482 | |
| T20 | TP2 | L10CH | TU14 TU15 TE19 TE21 | FL | 1 (C/D) | | | CV1 CV13 CV28 | S2 S9 S14 | 663 | 2483 | |
| T20 | TP2 | L10CH | TU14 TU15 TE19 TE21 | FL | 1 (C/D) | | | CV1 CV13 CV28 | S2 S9 S14 | 663 | 2484 | |
| T20 | TP2 | L10CH | TU14 TU15 TE19 TE21 | FL | 1 (C/D) | | | CV1 CV13 CV28 | S2 S9 S14 | 663 | 2485 | |
| T20 | TP2 | L10CH | TU14 TU15 TE19 TE21 | FL | 1 (C/D) | | | CV1 CV13 CV28 | S2 S9 S14 | 663 | 2486 | |

| Verlagshinweis | | UN-Nummer | Benennung und Beschreibung | Klasse | Klassifizierungscode | Verpackungsgruppe | Gefahrzettel | Sondervorschriften | Begrenzte und freigestellte Mengen | | Verpackungen | | |
|---|---|---|---|---|---|---|---|---|---|---|---|---|---|
| Sicherung | Fahrweg | | | | | | | | | | Anweisungen | Sondervorschriften | Zusammenpackung |
| | | | 3.1.2 | 2.2 | 2.2 | 2.1.1.3 | 5.2.2 | 3.3 | 3.4/3.5.1.2 | | 4.1.4 | 4.1.4 | 4.1.10 |
| | | (1) | (2) | (3a) | (3b) | (4) | (5) | (6) | (7a) | (7b) | (8) | (9a) | (9b) |
| ! | ● | 2487 | PHENYLISOCYANAT | 6.1 | TF1 | I | 6.1+3 | 354 | 0 | E0 | P602 | | MP8<br>MP17 |
| ! | ● | 2488 | CYCLOHEXYLISOCYANAT | 6.1 | TF1 | I | 6.1+3 | 354 | 0 | E0 | P602 | | MP8<br>MP17 |
| | | 2490 | DICHLORISOPROPYLETHER | 6.1 | T1 | II | 6.1 | | 100 ml | E4 | P001<br>IBC02 | | MP15 |
| | | 2491 | ETHANOLAMIN oder ETHANOLAMIN, LÖSUNG | 8 | C7 | III | 8 | | 5 L | E1 | P001<br>IBC03<br>LP01<br>R001 | | MP19 |
| ! | ● | 2493 | HEXAMETHYLENIMIN | 3 | FC | II | 3+8 | | 1 L | E2 | P001<br>IBC02 | | MP19 |
| ! | | 2495 | IODPENTAFLUORID | 5.1 | OTC | I | 5.1+6.1+8 | | 0 | E0 | P200 | | MP2 |
| | | 2496 | PROPIONSÄUREANHYDRID | 8 | C3 | III | 8 | | 5 L | E1 | P001<br>IBC03<br>LP01<br>R001 | | MP19 |
| | | 2498 | 1,2,3,6-TETRAHYDROBENZALDEHYD | 3 | F1 | III | 3 | | 5 L | E1 | P001<br>IBC03<br>LP01<br>R001 | | MP19 |
| | | 2501 | TRIS-(1-AZIRIDINYL)-PHOSPHINOXID, LÖSUNG | 6.1 | T1 | II | 6.1 | | 100 ml | E4 | P001<br>IBC02 | | MP15 |
| | | 2501 | TRIS-(1-AZIRIDINYL)-PHOSPHINOXID, LÖSUNG | 6.1 | T1 | III | 6.1 | | 5 L | E1 | P001<br>IBC03<br>LP01<br>R001 | | MP19 |
| | | 2502 | VALERYLCHLORID | 8 | CF1 | II | 8+3 | | 1 L | E2 | P001<br>IBC02 | | MP15 |
| | | 2503 | ZIRKONIUMTETRACHLORID | 8 | C2 | III | 8 | | 5 kg | E1 | P002<br>IBC08<br>LP02<br>R001 | B3 | MP10 |
| | | 2504 | TETRABROMETHAN | 6.1 | T1 | III | 6.1 | | 5 L | E1 | P001<br>IBC03<br>LP01<br>R001 | | MP19 |
| | | 2505 | AMMONIUMFLUORID | 6.1 | T5 | III | 6.1 | | 5 kg | E1 | P002<br>IBC08<br>LP02<br>R001 | B3 | MP10 |
| | | 2506 | AMMONIUMHYDROGENSULFAT | 8 | C2 | II | 8 | | 1 kg | E2 | P002<br>IBC08 | B4 | MP10 |
| | | 2507 | HEXACHLORPLATINSÄURE, FEST | 8 | C2 | III | 8 | | 5 kg | E1 | P002<br>IBC08<br>LP02<br>R001 | B3 | MP10 |
| | | 2508 | MOLYBDÄNPENTACHLORID | 8 | C2 | III | 8 | | 5 kg | E1 | P002<br>IBC08<br>LP02<br>R001 | B3 | MP10 |

| Ortsbewegliche Tanks und Schüttgut-Container | | ADR-Tanks | | Fahrzeug für die Beförderung in Tanks | Beförderungskategorie (Tunnelbeschränkungscode) | Sondervorschriften für die Beförderung | | | | Nummer zur Kennzeichnung der Gefahr | UN-Nummer | Verlagshinweis *„Gut zu wissen"* |
|---|---|---|---|---|---|---|---|---|---|---|---|---|
| Anweisungen | Sondervorschriften | Tankcodierung | Sondervorschriften | | | Versandstücke | lose Schüttung | Be- und Entladung, Handhabung | Betrieb | | | |
| 4.2.5.2<br>7.3.2 | 4.2.5.3 | 4.3 | 4.3.5<br>6.8.4 | 9.1.1.2 | 1.1.3.6<br>(8.6) | 7.2.4 | 7.3.3 | 7.5.11 | 8.5 | 5.3.2.3 | | |
| (10) | (11) | (12) | (13) | (14) | (15) | (16) | (17) | (18) | (19) | (20) | (1) | |
| T20 | TP2 | L10CH | TU14<br>TU15<br>TE19<br>TE21 | FL | 1<br>(C/D) | | | CV1<br>CV13<br>CV28 | S2<br>S9<br>S14 | 663 | 2487 | |
| T20 | TP2 | L10CH | TU14<br>TU15<br>TE19<br>TE21 | FL | 1<br>(C/D) | | | CV1<br>CV13<br>CV28 | S2<br>S9<br>S14 | 663 | 2488 | |
| T7 | TP2 | L4BH | TU15<br>TE19 | AT | 2<br>(D/E) | | | CV13<br>CV28 | S9<br>S19 | 60 | 2490 | |
| T4 | TP1 | L4BN | | AT | 3<br>(E) | V12 | | | | 80 | 2491 | |
| T7 | TP1 | L4BH | | FL | 2<br>(D/E) | | | | S2<br>S20 | 338 | 2493 | |
| | | L10DH | TU3 | AT | 1<br>(B/E) | | | CV24<br>CV28 | S20 | 568 | 2495 | |
| T4 | TP1 | L4BN | | AT | 3<br>(E) | V12 | | | | 80 | 2496 | |
| T2 | TP1 | LGBF | | FL | 3<br>(D/E) | V12 | | | S2 | 30 | 2498 | |
| T7 | TP2 | L4BH | TU15<br>TE19 | AT | 2<br>(D/E) | | | CV13<br>CV28 | S9<br>S19 | 60 | 2501 | |
| T4 | TP1 | L4BH | TU15<br>TE19 | AT | 2<br>(E) | V12 | | CV13<br>CV28 | S9 | 60 | 2501 | |
| T7 | TP2 | L4BN | | FL | 2<br>(D/E) | | | | S2 | 83 | 2502 | →*NL: VLG Art. 4* |
| T1 | TP33 | SGAV | | AT | 3<br>(E) | | VC1<br>VC2<br>AP7 | | | 80 | 2503 | |
| T4 | TP1 | L4BH | TU15<br>TE19 | AT | 2<br>(E) | V12 | | CV13<br>CV28 | S9 | 60 | 2504 | |
| T1 | TP33 | SGAH | TU15<br>TE19 | AT | 2<br>(E) | | VC1<br>VC2<br>AP7 | CV13<br>CV28 | S9 | 60 | 2505 | |
| T3 | TP33 | SGAV | | AT | 2<br>(E) | V11 | VC1<br>VC2<br>AP7 | | | 80 | 2506 | |
| T1 | TP33 | SGAV | | AT | 3<br>(E) | | VC1<br>VC2<br>AP7 | | | 80 | 2507 | |
| T1 | TP33 | SGAV | | AT | 3<br>(E) | | VC1<br>VC2<br>AP7 | | | 80 | 2508 | |

## UN-numerisches Verzeichnis (Tabelle A)

| Verlagshinweis Sicherung | Verlagshinweis Fahrweg | UN-Nummer | Benennung und Beschreibung | Klasse | Klassifizierungscode | Verpackungsgruppe | Gefahrzettel | Sondervorschriften | Begrenzte und freigestellte Mengen | | Verpackungen Anweisungen | Verpackungen Sondervorschriften | Verpackungen Zusammenpackung |
|---|---|---|---|---|---|---|---|---|---|---|---|---|---|
| | | | 3.1.2 | 2.2 | 2.2 | 2.1.1.3 | 5.2.2 | 3.3 | 3.4/3.5.1.2 | | 4.1.4 | 4.1.4 | 4.1.10 |
| | | (1) | (2) | (3a) | (3b) | (4) | (5) | (6) | (7a) | (7b) | (8) | (9a) | (9b) |
| | | 2509 | KALIUMHYDROGENSULFAT | 8 | C2 | II | 8 | | 1 kg | E2 | P002<br>IBC08 | <br>B4 | MP10 |
| | | 2511 | alpha-CHLORPROPIONSÄURE | 8 | C3 | III | 8 | | 5 L | E1 | P001<br>IBC03<br>LP01<br>R001 | | MP19 |
| | | 2512 | AMINOPHENOLE (o-, m-, p-) | 6.1 | T2 | III | 6.1 | 279 | 5 kg | E1 | P002<br>IBC08<br>LP02<br>R001 | <br>B3 | MP10 |
| | | 2513 | BROMACETYLBROMID | 8 | C3 | II | 8 | | 1 L | E2 | P001<br>IBC02 | | MP15 |
| | | 2514 | BROMBENZEN | 3 | F1 | III | 3 | | 5 L | E1 | P001<br>IBC03<br>LP01<br>R001 | | MP19 |
| | | 2515 | BROMOFORM | 6.1 | T1 | III | 6.1 | | 5 L | E1 | P001<br>IBC03<br>LP01<br>R001 | | MP19 |
| | | 2516 | TETRABROMKOHLENSTOFF | 6.1 | T2 | III | 6.1 | | 5 kg | E1 | P002<br>IBC08<br>LP02<br>R001 | <br>B3 | MP10 |
| ! | ● | 2517 | 1-CHLOR-1,1-DIFLUORETHAN (GAS ALS KÄLTEMITTEL R 142b) | 2 | 2F | | 2.1 | 662 | 0 | E0 | P200 | | MP9 |
| | | 2518 | 1,5,9-CYCLODODECATRIEN | 6.1 | T1 | III | 6.1 | | 5 L | E1 | P001<br>IBC03<br>LP01<br>R001 | | MP19 |
| | | 2520 | CYCLOOCTADIENE | 3 | F1 | III | 3 | | 5 L | E1 | P001<br>IBC03<br>LP01<br>R001 | | MP19 |
| ! | ● | 2521 | DIKETEN, STABILISIERT | 6.1 | TF1 | I | 6.1+3 | 354<br>386<br>676 | 0 | E0 | P602 | | MP8<br>MP17 |
| | | 2522 | 2-DIMETHYLAMINOETHYLMETH-ACRYLAT, STABILISIERT | 6.1 | T1 | II | 6.1 | 386<br>676 | 100 ml | E4 | P001<br>IBC02 | | MP15 |
| | | 2524 | ETHYLORTHOFORMIAT | 3 | F1 | III | 3 | | 5 L | E1 | P001<br>IBC03<br>LP01<br>R001 | | MP19 |
| | | 2525 | ETHYLOXALAT | 6.1 | T1 | III | 6.1 | | 5 L | E1 | P001<br>IBC03<br>LP01<br>R001 | | MP19 |
| | | 2526 | FURFURYLAMIN | 3 | FC | III | 3+8 | | 5 L | E1 | P001<br>IBC03<br>R001 | | MP19 |
| | | 2527 | ISOBUTYLACRYLAT, STABILISIERT | 3 | F1 | III | 3 | 386<br>676 | 5 L | E1 | P001<br>IBC03<br>LP01<br>R001 | | MP19 |

| Ortsbewegliche Tanks und Schüttgut-Container | | ADR-Tanks | | Fahrzeug für die Beförderung in Tanks | Beförderungskategorie (Tunnelbeschränkungscode) | Sondervorschriften für die Beförderung | | | | Nummer zur Kennzeichnung der Gefahr | UN-Nummer | Verlagshinweis *„Gut zu wissen"* |
|---|---|---|---|---|---|---|---|---|---|---|---|---|
| Anweisungen | Sondervorschriften | Tankcodierung | Sondervorschriften | | | Versandstücke | lose Schüttung | Be- und Entladung, Handhabung | Betrieb | | | |
| 4.2.5.2<br>7.3.2 | 4.2.5.3 | 4.3 | 4.3.5<br>6.8.4 | 9.1.1.2 | 1.1.3.6<br>(8.6) | 7.2.4 | 7.3.3 | 7.5.11 | 8.5 | 5.3.2.3 | | |
| (10) | (11) | (12) | (13) | (14) | (15) | (16) | (17) | (18) | (19) | (20) | (1) | |
| T3 | TP33 | SGAV | | AT | 2<br>(E) | V11 | VC1<br>VC2<br>AP7 | | | 80 | 2509 | |
| T4 | TP2 | L4BN | | AT | 3<br>(E) | V12 | | | | 80 | 2511 | |
| T1 | TP33 | SGAH<br>L4BH | TU15<br>TE19 | AT | 2<br>(E) | | VC1<br>VC2<br>AP7 | CV13<br>CV28 | S9 | 60 | 2512 | |
| T8 | TP2 | L4BN | | AT | 2<br>(E) | | | | | X80 | 2513 | |
| T2 | TP1 | LGBF | | FL | 3<br>(D/E) | V12 | | | S2 | 30 | 2514 | |
| T4 | TP1 | L4BH | TU15<br>TE19 | AT | 2<br>(E) | V12 | | CV13<br>CV28 | S9 | 60 | 2515 | |
| T1 | TP33 | SGAH<br>L4BH | TU15<br>TE19 | AT | 2<br>(E) | | VC1<br>VC2<br>AP7 | CV13<br>CV28 | S9 | 60 | 2516 | |
| T50<br>(M) | | PxBN(M) | TA4<br>TT9 | FL | 2<br>(B/D) | | | CV9<br>CV10<br>CV36 | S2<br>S20 | 23 | 2517 | |
| T4 | TP1 | L4BH | TU15<br>TE19 | AT | 2<br>(E) | V12 | | CV13<br>CV28 | S9 | 60 | 2518 | |
| T2 | TP1 | LGBF | | FL | 3<br>(D/E) | V12 | | | S2 | 30 | 2520 | *→D: GGAV 21* |
| T20 | TP2 | L10CH | TU14<br>TU15<br>TE19<br>TE21 | FL | 1<br>(C/D) | V8 | | CV1<br>CV13<br>CV28 | S2<br>S4<br>S9<br>S14 | 663 | 2521 | |
| T7 | TP2 | L4BH | TU15<br>TE19 | AT | 2<br>(D/E) | V8 | | CV13<br>CV28 | S4<br>S9<br>S19 | 69 | 2522 | |
| T2 | TP1 | LGBF | | FL | 3<br>(D/E) | V12 | | | S2 | 30 | 2524 | |
| T4 | TP1 | L4BH | TU15<br>TE19 | AT | 2<br>(E) | V12 | | CV13<br>CV28 | S9 | 60 | 2525 | |
| T4 | TP1 | L4BN | | FL | 3<br>(D/E) | V12 | | | S2 | 38 | 2526 | |
| T2 | TP1 | LGBF | | FL | 3<br>(D/E) | V8<br>V12 | | | S2<br>S4 | 39 | 2527 | |

## UN-numerisches Verzeichnis (Tabelle A)

| Verlagshinweis | | UN-Nummer | Benennung und Beschreibung | Klasse | Klassifizierungscode | Verpackungsgruppe | Gefahrzettel | Sondervorschriften | Begrenzte und freigestellte Mengen | | Verpackungen | | |
|---|---|---|---|---|---|---|---|---|---|---|---|---|---|
| Sicherung | Fahrweg | | | | | | | | | | Anweisungen | Sondervorschriften | Zusammenpackung |
| | | | 3.1.2 | 2.2 | 2.2 | 2.1.1.3 | 5.2.2 | 3.3 | 3.4/3.5.1.2 | | 4.1.4 | 4.1.4 | 4.1.10 |
| | | (1) | (2) | (3a) | (3b) | (4) | (5) | (6) | (7a) | (7b) | (8) | (9a) | (9b) |
| | | 2528 | ISOBUTYLISOBUTYRAT | 3 | F1 | III | 3 | | 5 L | E1 | P001<br>IBC03<br>LP01<br>R001 | | MP19 |
| | | 2529 | ISOBUTTERSÄURE | 3 | FC | III | 3+8 | | 5 L | E1 | P001<br>IBC03<br>R001 | | MP19 |
| | | 2531 | METHACRYLSÄURE, STABILISIERT | 8 | C3 | II | 8 | 386<br>676 | 1 L | E2 | P001<br>IBC02<br>LP01 | | MP15 |
| | | 2533 | METHYLTRICHLORACETAT | 6.1 | T1 | III | 6.1 | | 5 L | E1 | P001<br>IBC03<br>LP01<br>R001 | | MP19 |
| ! | ● | 2534 | METHYLCHLORSILAN | 2 | 2TFC | | 2.3+2.1+8 | | 0 | E0 | P200 | | MP9 |
| ! | ● | 2535 | 4-METHYLMORPHOLIN (N-METHYL-MORPHOLIN) | 3 | FC | II | 3+8 | | 1 L | E2 | P001<br>IBC02 | | MP19 |
| ! | ● | 2536 | METHYLTETRAHYDROFURAN | 3 | F1 | II | 3 | | 1 L | E2 | P001<br>IBC02<br>R001 | | MP19 |
| | | 2538 | NITRONAPHTHALEN | 4.1 | F1 | III | 4.1 | | 5 kg | E1 | P002<br>IBC08<br>LP02<br>R001 | B3 | MP10 |
| | | 2541 | TERPINOLEN | 3 | F1 | III | 3 | | 5 L | E1 | P001<br>IBC03<br>LP01<br>R001 | | MP19 |
| | | 2542 | TRIBUTYLAMIN | 6.1 | T1 | II | 6.1 | | 100 ml | E4 | P001<br>IBC02 | | MP15 |
| | | 2545 | HAFNIUM-PULVER, TROCKEN | 4.2 | S4 | I | 4.2 | 540 | 0 | E0 | P404 | | MP13 |
| | | 2545 | HAFNIUM-PULVER, TROCKEN | 4.2 | S4 | II | 4.2 | 540 | 0 | E2 | P410<br>IBC06 | | MP14 |
| | | 2545 | HAFNIUM-PULVER, TROCKEN | 4.2 | S4 | III | 4.2 | 540 | 0 | E1 | P002<br>IBC08<br>LP02<br>R001 | B3 | MP14 |
| | | 2546 | TITAN-PULVER, TROCKEN | 4.2 | S4 | I | 4.2 | 540 | 0 | E0 | P404 | | MP13 |
| | | 2546 | TITAN-PULVER, TROCKEN | 4.2 | S4 | II | 4.2 | 540 | 0 | E2 | P410<br>IBC06 | | MP14 |
| | | 2546 | TITAN-PULVER, TROCKEN | 4.2 | S4 | III | 4.2 | 540 | 0 | E1 | P002<br>IBC08<br>LP02<br>R001 | B3 | MP14 |
| | | 2547 | NATRIUMSUPEROXID | 5.1 | O2 | I | 5.1 | | 0 | E0 | P503<br>IBC06 | | MP2 |
| ! | | 2548 | CHLORPENTAFLUORID | 2 | 2TOC | | 2.3+5.1+8 | | 0 | E0 | P200 | | MP9 |
| | | 2552 | HEXAFLUORACETONHYDRAT, FLÜSSIG | 6.1 | T1 | II | 6.1 | | 100 ml | E4 | P001<br>IBC02 | | MP15 |
| ! | ● | 2554 | METHYLALLYLCHLORID | 3 | F1 | II | 3 | | 1 L | E2 | P001<br>IBC02<br>R001 | | MP19 |

| Ortsbewegliche Tanks und Schüttgut-Container | | ADR-Tanks | | Fahrzeug für die Beförderung in Tanks | Beförderungskategorie (Tunnelbeschränkungscode) | Sondervorschriften für die Beförderung | | | | Nummer zur Kennzeichnung der Gefahr | UN-Nummer | Verlagshinweis *„Gut zu wissen"* |
|---|---|---|---|---|---|---|---|---|---|---|---|---|
| Anweisungen | Sondervorschriften | Tankcodierung | Sondervorschriften | | | Versandstücke | lose Schüttung | Be- und Entladung, Handhabung | Betrieb | | | |
| 4.2.5.2<br>7.3.2 | 4.2.5.3 | 4.3 | 4.3.5<br>6.8.4 | 9.1.1.2 | 1.1.3.6<br>(8.6) | 7.2.4 | 7.3.3 | 7.5.11 | 8.5 | 5.3.2.3 | | |
| (10) | (11) | (12) | (13) | (14) | (15) | (16) | (17) | (18) | (19) | (20) | (1) | |
| T2 | TP1 | LGBF | | FL | 3<br>(D/E) | V12 | | | S2 | 30 | 2528 | |
| T4 | TP1 | L4BN | | FL | 3<br>(D/E) | V12 | | | S2 | 38 | 2529 | |
| T7 | TP2<br>TP18<br>TP30 | L4BN | | AT | 2<br>(E) | V8 | | | S4 | 89 | 2531 | |
| T4 | TP1 | L4BH | TU15<br>TE19 | AT | 2<br>(E) | V12 | | CV13<br>CV28 | S9 | 60 | 2533 | |
| (M) | | | | FL | 1<br>(B/D) | | | CV9<br>CV10<br>CV36 | S2<br>S14 | 263 | 2534 | |
| T7 | TP1 | L4BH | | FL | 2<br>(D/E) | | | | S2<br>S20 | 338 | 2535 | |
| T4 | TP1 | LGBF | | FL | 2<br>(D/E) | | | | S2<br>S20 | 33 | 2536 | |
| T1 | TP33 | SGAV | | AT | 3<br>(E) | | VC1<br>VC2 | | | 40 | 2538 | |
| T2 | TP1 | LGBF | | FL | 3<br>(D/E) | V12 | | | S2 | 30 | 2541 | *→D: GGAV 21* |
| T7 | TP2 | L4BH | TU15<br>TE19 | AT | 2<br>(D/E) | | | CV13<br>CV28 | S9<br>S19 | 60 | 2542 | |
| | | | | | 0<br>(E) | V1 | | | S20 | | 2545 | |
| T3 | TP33 | SGAN | | AT | 2<br>(D/E) | V1 | | | | 40 | 2545 | |
| T1 | TP33 | SGAN | | AT | 3<br>(E) | V1 | VC1<br>VC2<br>AP1 | | | 40 | 2545 | |
| | | | | | 0<br>(E) | V1 | | | S20 | | 2546 | |
| T3 | TP33 | SGAN | | AT | 2<br>(D/E) | V1 | | | | 40 | 2546 | |
| T1 | TP33 | SGAN | | AT | 3<br>(E) | V1 | VC1<br>VC2<br>AP1 | | | 40 | 2546 | |
| | | | | | 1<br>(E) | V10 | | CV24 | S20 | | 2547 | |
| | | | | | 1<br>(D) | | | CV9<br>CV10<br>CV36 | S14 | | 2548 | |
| T7 | TP2 | L4BH | TU15<br>TE19 | AT | 2<br>(D/E) | | | CV13<br>CV28 | S9<br>S19 | 60 | 2552 | *→UN 3436* |
| T4 | TP1 | LGBF | | FL | 2<br>(D/E) | | | | S2<br>S20 | 33 | 2554 | |

## UN-numerisches Verzeichnis (Tabelle A)

| Verlagshinweis: Sicherung | Verlagshinweis: Fahrweg | UN-Nummer | Benennung und Beschreibung | Klasse | Klassifizierungscode | Verpackungsgruppe | Gefahrzettel | Sondervorschriften | Begrenzte und freigestellte Mengen | | Verpackungen: Anweisungen | Verpackungen: Sondervorschriften | Verpackungen: Zusammenpackung |
|---|---|---|---|---|---|---|---|---|---|---|---|---|---|
| | | | 3.1.2 | 2.2 | 2.2 | 2.1.1.3 | 5.2.2 | 3.3 | 3.4/3.5.1.2 | | 4.1.4 | 4.1.4 | 4.1.10 |
| | | (1) | (2) | (3a) | (3b) | (4) | (5) | (6) | (7a) | (7b) | (8) | (9a) | (9b) |
| ! | | 2555 | NITROCELLULOSE MIT mindestens 25 Masse-% WASSER | 4.1 | D | II | 4.1 | 28<br>394<br>541 | 0 | E0 | P406 | | MP2 |
| ! | | 2556 | NITROCELLULOSE MIT mindestens 25 Masse-% ALKOHOL und höchstens 12,6 % Stickstoff in der Trockenmasse | 4.1 | D | II | 4.1 | 28<br>394<br>541 | 0 | E0 | P406 | | MP2 |
| ! | | 2557 | NITROCELLULOSE, MISCHUNG mit höchstens 12,6 % Stickstoff in der Trockenmasse, MIT oder OHNE PLASTIFIZIERUNGSMITTEL, MIT oder OHNE PIGMENT | 4.1 | D | II | 4.1 | 241<br>394<br>541 | 0 | E0 | P406 | | MP2 |
| ! | ● | 2558 | EPIBROMHYDRIN | 6.1 | TF1 | I | 6.1+3 | | 0 | E0 | P001 | | MP8<br>MP17 |
| | | 2560 | 2-METHYLPENTAN-2-OL | 3 | F1 | III | 3 | | 5 L | E1 | P001<br>IBC03<br>LP01<br>R001 | | MP19 |
| ! | ● | 2561 | 3-METHYLBUT-1-EN | 3 | F1 | I | 3 | | 0 | E3 | P001 | | MP7<br>MP17 |
| | | 2564 | TRICHLORESSIGSÄURE, LÖSUNG | 8 | C3 | II | 8 | | 1 L | E2 | P001<br>IBC02 | | MP15 |
| | | 2564 | TRICHLORESSIGSÄURE, LÖSUNG | 8 | C3 | III | 8 | | 5 L | E1 | P001<br>IBC03<br>LP01<br>R001 | | MP19 |
| | | 2565 | DICYCLOHEXYLAMIN | 8 | C7 | III | 8 | | 5 L | E1 | P001<br>IBC03<br>LP01<br>R001 | | MP19 |
| | | 2567 | NATRIUMPENTACHLORPHENOLAT | 6.1 | T2 | II | 6.1 | | 500 g | E4 | P002<br>IBC08 | B4 | MP10 |
| ! | | 2570 | CADMIUMVERBINDUNG | 6.1 | T5 | I | 6.1 | 274<br>596 | 0 | E5 | P002<br>IBC07 | | MP18 |
| | | 2570 | CADMIUMVERBINDUNG | 6.1 | T5 | II | 6.1 | 274<br>596 | 500 g | E4 | P002<br>IBC08 | B4 | MP10 |
| | | 2570 | CADMIUMVERBINDUNG | 6.1 | T5 | III | 6.1 | 274<br>596 | 5 kg | E1 | P002<br>IBC08<br>LP02<br>R001 | B3 | MP10 |
| | | 2571 | ALKYLSCHWEFELSÄUREN | 8 | C3 | II | 8 | | 1 L | E2 | P001<br>IBC02 | | MP15 |
| | | 2572 | PHENYLHYDRAZIN | 6.1 | T1 | II | 6.1 | | 100 ml | E4 | P001<br>IBC02 | | MP15 |
| | | 2573 | THALLIUMCHLORAT | 5.1 | OT2 | II | 5.1+6.1 | | 1 kg | E2 | P002<br>IBC06 | | MP2 |
| | | 2574 | TRICRESYLPHOSPHAT mit mehr als 3 % ortho-Isomer | 6.1 | T1 | II | 6.1 | | 100 ml | E4 | P001<br>IBC02 | | MP15 |
| | | 2576 | PHOSPHOROXYBROMID, GESCHMOLZEN | 8 | C1 | II | 8 | | 0 | E0 | | | |
| | | 2577 | PHENYLACETYLCHLORID | 8 | C3 | II | 8 | | 1 L | E2 | P001<br>IBC02 | | MP15 |

| Ortsbewegliche Tanks und Schüttgut-Container | | ADR-Tanks | | Fahrzeug für die Beförderung in Tanks | Beförderungskategorie (Tunnelbeschränkungscode) | Sondervorschriften für die Beförderung | | | | Nummer zur Kennzeichnung der Gefahr | UN-Nummer | Verlagshinweis „Gut zu wissen" |
|---|---|---|---|---|---|---|---|---|---|---|---|---|
| Anweisungen | Sondervorschriften | Tankcodierung | Sondervorschriften | | | Versandstücke | lose Schüttung | Be- und Entladung, Handhabung | Betrieb | | | |
| 4.2.5.2<br>7.3.2 | 4.2.5.3 | 4.3 | 4.3.5<br>6.8.4 | 9.1.1.2 | 1.1.3.6<br>(8.6) | 7.2.4 | 7.3.3 | 7.5.11 | 8.5 | 5.3.2.3 | | |
| (10) | (11) | (12) | (13) | (14) | (15) | (16) | (17) | (18) | (19) | (20) | (1) | |
| | | | | | 2<br>(B) | | | | S14 | | 2555 | |
| | | | | | 2<br>(B) | | | | S14 | | 2556 | |
| | | | | | 2<br>(B) | | | | S14 | | 2557 | |
| T14 | TP2 | L10CH | TU14<br>TU15<br>TE19<br>TE21 | FL | 1<br>(C/D) | | | CV1<br>CV13<br>CV28 | S2<br>S9<br>S14 | 663 | 2558 | |
| T2 | TP1 | LGBF | | FL | 3<br>(D/E) | V12 | | | S2 | 30 | 2560 | |
| T11 | TP2 | L4BN | | FL | 1<br>(D/E) | | | | S2<br>S20 | 33 | 2561 | |
| T7 | TP2 | L4BN | | AT | 2<br>(E) | | | | | 80 | 2564 | |
| T4 | TP1 | L4BN | | AT | 3<br>(E) | V12 | | | | 80 | 2564 | |
| T4 | TP1 | L4BN | | AT | 3<br>(E) | V12 | | | | 80 | 2565 | |
| T3 | TP33 | SGAH | TU15<br>TE19 | AT | 2<br>(D/E) | V11 | | CV13<br>CV28 | S9<br>S19 | 60 | 2567 | |
| T6 | TP33 | S10AH<br>L10CH | TU14<br>TU15<br>TE19<br>TE21 | AT | 1<br>(C/E) | V10 | | CV1<br>CV13<br>CV28 | S9<br>S14 | 66 | 2570 | |
| T3 | TP33 | SGAH<br>L4BH | TU15<br>TE19 | AT | 2<br>(D/E) | V11 | | CV13<br>CV28 | S9<br>S19 | 60 | 2570 | |
| T1 | TP33 | SGAH<br>L4BH | TU15<br>TE19 | AT | 2<br>(E) | | VC1<br>VC2<br>AP7 | CV13<br>CV28 | S9 | 60 | 2570 | |
| T8 | TP2<br>TP28 | L4BN | | AT | 2<br>(E) | | | | | 80 | 2571 | |
| T7 | TP2 | L4BH | TU15<br>TE19 | AT | 2<br>(D/E) | | | CV13<br>CV28 | S9<br>S19 | 60 | 2572 | |
| T3 | TP33 | SGAN | TU3 | AT | 2<br>(E) | V11 | | CV24<br>CV28 | | 56 | 2573 | |
| T7 | TP2 | L4BH | TU15<br>TE19 | AT | 2<br>(D/E) | | | CV13<br>CV28 | S9<br>S19 | 60 | 2574 | |
| T7 | TP3 | L4BN | | AT | 2<br>(E) | | | | | 80 | 2576 | →2.1.3.4.1 |
| T7 | TP2 | L4BN | | AT | 2<br>(E) | | | | | 80 | 2577 | |

## UN-numerisches Verzeichnis (Tabelle A)

| Verlags-hinweis (Sicherung / Fahrweg) | UN-Nummer | Benennung und Beschreibung | Klasse | Klassifizierungscode | Verpackungsgruppe | Gefahrzettel | Sondervorschriften | Begrenzte und freigestellte Mengen | | Verpackungen | | |
|---|---|---|---|---|---|---|---|---|---|---|---|---|
| | | | | | | | | | | Anweisungen | Sondervorschriften | Zusammenpackung |
| | | 3.1.2 | 2.2 | 2.2 | 2.1.1.3 | 5.2.2 | 3.3 | 3.4/3.5.1.2 | | 4.1.4 | 4.1.4 | 4.1.10 |
| | (1) | (2) | (3a) | (3b) | (4) | (5) | (6) | (7a) | (7b) | (8) | (9a) | (9b) |
| | 2578 | PHOSPHORTRIOXID | 8 | C2 | III | 8 | | 5 kg | E1 | P002<br>IBC08<br>LP02<br>R001 | <br>B3 | MP10 |
| | 2579 | PIPERAZIN | 8 | C8 | III | 8 | | 5 kg | E1 | P002<br>IBC08<br>LP02<br>R001 | <br>B3 | MP10 |
| | 2580 | ALUMINIUMBROMID, LÖSUNG | 8 | C1 | III | 8 | | 5 L | E1 | P001<br>IBC03<br>LP01<br>R001 | | MP19 |
| | 2581 | ALUMINIUMCHLORID, LÖSUNG | 8 | C1 | III | 8 | | 5 L | E1 | P001<br>IBC03<br>LP01<br>R001 | | MP19 |
| | 2582 | EISEN(III)CHLORID, LÖSUNG | 8 | C1 | III | 8 | | 5 L | E1 | P001<br>IBC03<br>LP01<br>R001 | | MP19 |
| | 2583 | ALKYLSULFONSÄUREN, FEST oder ARYLSULFONSÄUREN, FEST, mit mehr als 5 % freier Schwefelsäure | 8 | C2 | II | 8 | | 1 kg | E2 | P002<br>IBC08 | <br>B4 | MP10 |
| | 2584 | ALKYLSULFONSÄUREN, FLÜSSIG oder ARYLSULFONSÄUREN, FLÜSSIG, mit mehr als 5 % freier Schwefelsäure | 8 | C1 | II | 8 | | 1 L | E2 | P001<br>IBC02 | | MP15 |
| | 2585 | ALKYLSULFONSÄUREN, FEST oder ARYLSULFONSÄUREN, FEST, mit höchstens 5 % freier Schwefelsäure | 8 | C4 | III | 8 | | 5 kg | E1 | P002<br>IBC08<br>LP02<br>R001 | <br>B3 | MP10 |
| | 2586 | ALKYLSULFONSÄUREN, FLÜSSIG oder ARYLSULFONSÄUREN, FLÜSSIG, mit höchstens 5 % freier Schwefelsäure | 8 | C3 | III | 8 | | 5 L | E1 | P001<br>IBC03<br>LP01<br>R001 | | MP19 |
| | 2587 | BENZOCHINON | 6.1 | T2 | II | 6.1 | | 500 g | E4 | P002<br>IBC08 | <br>B4 | MP10 |
| ! | 2588 | PESTIZID, FEST, GIFTIG, N.A.G. | 6.1 | T7 | I | 6.1 | 61<br>274<br>648 | 0 | E5 | P002<br>IBC02 | | MP18 |
| | 2588 | PESTIZID, FEST, GIFTIG, N.A.G. | 6.1 | T7 | II | 6.1 | 61<br>274<br>648 | 500 g | E4 | P002<br>IBC08 | <br>B4 | MP10 |
| | 2588 | PESTIZID, FEST, GIFTIG, N.A.G. | 6.1 | T7 | III | 6.1 | 61<br>274<br>648 | 5 kg | E1 | P002<br>IBC08<br>LP02<br>R001 | <br>B3 | MP10 |
| | 2589 | VINYLCHLORACETAT | 6.1 | TF1 | II | 6.1+3 | | 100 ml | E4 | P001<br>IBC02 | | MP15 |
| | 2590 | ASBEST, CHRYSOTIL | 9 | M1 | III | 9 | 168<br>678 | 5 kg | E1 | P002<br>IBC08<br>R001 | PP37<br>B4 | MP10 |
| | 2591 | XENON, TIEFGEKÜHLT, FLÜSSIG | 2 | 3A | | 2.2 | 593 | 120 ml | E1 | P203 | | MP9 |
| | 2599 | CHLORTRIFLUORMETHAN UND TRIFLUORMETHAN, AZEOTROPES GEMISCH mit ca. 60 % Chlortrifluormethan (GAS ALS KÄLTEMITTEL R 503) | 2 | 2A | | 2.2 | 662 | 120 ml | E1 | P200 | | MP9 |

| Ortsbewegliche Tanks und Schüttgut-Container | | ADR-Tanks | | Fahrzeug für die Beförderung in Tanks | Beförderungskategorie (Tunnelbeschränkungscode) | Sondervorschriften für die Beförderung | | | | Nummer zur Kennzeichnung der Gefahr | UN-Nummer | Verlagshinweis *„Gut zu wissen"* |
|---|---|---|---|---|---|---|---|---|---|---|---|---|
| Anweisungen | Sondervorschriften | Tankcodierung | Sondervorschriften | | | Versandstücke | lose Schüttung | Be- und Entladung, Handhabung | Betrieb | | | |
| 4.2.5.2<br>7.3.2 | 4.2.5.3 | 4.3 | 4.3.5<br>6.8.4 | 9.1.1.2 | 1.1.3.6<br>(8.6) | 7.2.4 | 7.3.3 | 7.5.11 | 8.5 | 5.3.2.3 | | |
| (10) | (11) | (12) | (13) | (14) | (15) | (16) | (17) | (18) | (19) | (20) | (1) | |
| T1 | TP33 | SGAV | | AT | 3<br>(E) | | VC1<br>VC2<br>AP7 | | | 80 | 2578 | |
| T1 | TP33 | SGAV<br>L4BN | | AT | 3<br>(E) | | VC1<br>VC2<br>AP7 | | | 80 | 2579 | |
| T4 | TP1 | L4BN | | AT | 3<br>(E) | V12 | | | | 80 | 2580 | |
| T4 | TP1 | L4BN | TU42 | AT | 3<br>(E) | V12 | | | | 80 | 2581 | |
| T4 | TP1 | L4BN | TU42 | AT | 3<br>(E) | V12 | | | | 80 | 2582 | |
| T3 | TP33 | SGAN<br>L4BN | | AT | 2<br>(E) | V11 | | | | 80 | 2583 | |
| T8 | TP2 | L4BN | | AT | 2<br>(E) | | | | | 80 | 2584 | |
| T1 | TP33 | SGAV | | AT | 3<br>(E) | | VC1<br>VC2<br>AP7 | | | 80 | 2585 | |
| T4 | TP1 | L4BN | TU42 | AT | 3<br>(E) | V12 | | | | 80 | 2586 | |
| T3 | TP33 | SGAH<br>L4BH | TU15<br>TE19 | AT | 2<br>(D/E) | V11 | | CV13<br>CV28 | S9<br>S19 | 60 | 2587 | |
| T6 | TP33 | S10AH<br>L10CH | TU14<br>TU15<br>TE19<br>TE21 | AT | 1<br>(C/E) | | | CV1<br>CV13<br>CV28 | S9<br>S14 | 66 | 2588 | |
| T3 | TP33 | SGAH<br>L4BH | TU15<br>TE19 | AT | 2<br>(D/E) | V11 | | CV13<br>CV28 | S9<br>S19 | 60 | 2588 | |
| T1 | TP33 | SGAH<br>L4BH | TU15<br>TE19 | AT | 2<br>(E) | | VC1<br>VC2<br>AP7 | CV13<br>CV28 | S9 | 60 | 2588 | |
| T7 | TP2 | L4BH | TU15<br>TE19 | FL | 2<br>(D/E) | | | CV13<br>CV28 | S2<br>S9<br>S19 | 63 | 2589 | |
| T1 | TP33 | SGAH | TU15 | AT | 3<br>(E) | V11 | VC1<br>VC2<br>AP12 | CV13<br>CV28<br>CV38 | | 90 | 2590 | *→5.4.1.1.4* |
| T75 | TP5 | RxBN | TU19<br>TA4<br>TT9 | AT | 3<br>(C/E) | V5 | | CV9<br>CV11<br>CV36 | S20 | 22 | 2591 | |
| (M) | | PxBN(M) | TA4<br>TT9 | AT | 3<br>(C/E) | | | CV9<br>CV10<br>CV36 | | 20 | 2599 | |

| Verlagshinweis: Sicherung | Verlagshinweis: Fahrweg | UN-Nummer | Benennung und Beschreibung | Klasse | Klassifizierungscode | Verpackungsgruppe | Gefahrzettel | Sondervorschriften | Begrenzte und freigestellte Mengen | | Verpackungen: Anweisungen | Verpackungen: Sondervorschriften | Verpackungen: Zusammenpackung |
|---|---|---|---|---|---|---|---|---|---|---|---|---|---|
| | | | 3.1.2 | 2.2 | 2.2 | 2.1.1.3 | 5.2.2 | 3.3 | 3.4/3.5.1.2 | | 4.1.4 | 4.1.4 | 4.1.10 |
| | | (1) | (2) | (3a) | (3b) | (4) | (5) | (6) | (7a) | (7b) | (8) | (9a) | (9b) |
| ! | ● | 2601 | CYCLOBUTAN | 2 | 2F | | 2.1 | 662 | 0 | E0 | P200 | | MP9 |
| | | 2602 | DICHLORDIFLUORMETHAN UND 1,1-DIFLUORETHAN, AZEOTROPES GEMISCH mit ca. 74 % Dichlordifluormethan (GAS ALS KÄLTEMITTEL R 500) | 2 | 2A | | 2.2 | 662 | 120 ml | E1 | P200 | | MP9 |
| ! | ● | 2603 | CYCLOHEPTATRIEN | 3 | FT1 | II | 3+6.1 | | 1 L | E2 | P001<br>IBC02 | | MP19 |
| ! | | 2604 | BORTRIFLUORIDDIETHYLETHERAT | 8 | CF1 | I | 8+3 | | 0 | E0 | P001 | | MP8<br>MP17 |
| ! | ● | 2605 | METHOXYMETHYLISOCYANAT | 6.1 | TF1 | I | 6.1+3 | 354 | 0 | E0 | P602 | | MP8<br>MP17 |
| ! | ● | 2606 | METHYLORTHOSILICAT | 6.1 | TF1 | I | 6.1+3 | 354 | 0 | E0 | P602 | | MP8<br>MP17 |
| | | 2607 | ACROLEIN, DIMER, STABILISIERT | 3 | F1 | III | 3 | 386<br>676 | 5 L | E1 | P001<br>IBC03<br>LP01<br>R001 | | MP19 |
| | | 2608 | NITROPROPANE | 3 | F1 | III | 3 | | 5 L | E1 | P001<br>IBC03<br>LP01<br>R001 | | MP19 |
| | | 2609 | TRIALLYLBORAT | 6.1 | T1 | III | 6.1 | | 5 L | E1 | P001<br>IBC03<br>LP01<br>R001 | | MP19 |
| | | 2610 | TRIALLYLAMIN | 3 | FC | III | 3+8 | | 5 L | E1 | P001<br>IBC03<br>R001 | | MP19 |
| | | 2611 | 1-CHLORPROPAN-2-OL | 6.1 | TF1 | II | 6.1+3 | | 100 ml | E4 | P001<br>IBC02 | | MP15 |
| ! | ● | 2612 | METHYLPROPYLETHER | 3 | F1 | II | 3 | | 1 L | E2 | P001<br>IBC02 | B8 | MP19 |
| | | 2614 | METHYLALLYLALKOHOL | 3 | F1 | III | 3 | | 5 L | E1 | P001<br>IBC03<br>LP01<br>R001 | | MP19 |
| ! | ● | 2615 | ETHYLPROPYLETHER | 3 | F1 | II | 3 | | 1 L | E2 | P001<br>IBC02<br>R001 | | MP19 |
| ! | ● | 2616 | TRIISOPROPYLBORAT | 3 | F1 | II | 3 | | 1 L | E2 | P001<br>IBC02<br>R001 | | MP19 |
| | | 2616 | TRIISOPROPYLBORAT | 3 | F1 | III | 3 | | 5 L | E1 | P001<br>IBC03<br>LP01<br>R001 | | MP19 |
| | | 2617 | METHYLCYCLOHEXANOLE, entzündbar | 3 | F1 | III | 3 | | 5 L | E1 | P001<br>IBC03<br>LP01<br>R001 | | MP19 |

| Ortsbewegliche Tanks und Schüttgut-Container | | ADR-Tanks | | Fahrzeug für die Beförderung in Tanks | Beförderungskategorie (Tunnelbeschränkungscode) | Sondervorschriften für die Beförderung | | | | Nummer zur Kennzeichnung der Gefahr | UN-Nummer | Verlagshinweis *„Gut zu wissen"* |
|---|---|---|---|---|---|---|---|---|---|---|---|---|
| Anweisungen | Sondervorschriften | Tankcodierung | Sondervorschriften | | | Versandstücke | lose Schüttung | Be- und Entladung, Handhabung | Betrieb | | | |
| 4.2.5.2<br>7.3.2 | 4.2.5.3 | 4.3 | 4.3.5<br>6.8.4 | 9.1.1.2 | 1.1.3.6<br>(8.6) | 7.2.4 | 7.3.3 | 7.5.11 | 8.5 | 5.3.2.3 | | |
| (10) | (11) | (12) | (13) | (14) | (15) | (16) | (17) | (18) | (19) | (20) | (1) | |
| (M) | | PxBN(M) | TA4<br>TT9 | FL | 2<br>(B/D) | | | CV9<br>CV10<br>CV36 | S2<br>S20 | 23 | 2601 | |
| T50<br>(M) | | PxBN(M) | TA4<br>TT9 | AT | 3<br>(C/E) | | | CV9<br>CV10<br>CV36 | | 20 | 2602 | |
| T7 | TP1 | L4BH | TU15 | FL | 2<br>(D/E) | | | CV13<br>CV28 | S2<br>S19 | 336 | 2603 | |
| T10 | TP2 | L10BH | | FL | 1<br>(D/E) | | | | S2<br>S14 | 883 | 2604 | |
| T20 | TP2 | L10CH | TU14<br>TU15<br>TE19<br>TE21 | FL | 1<br>(C/D) | | | CV1<br>CV13<br>CV28 | S2<br>S9<br>S14 | 663 | 2605 | |
| T20 | TP2 | L10CH | TU14<br>TU15<br>TE19<br>TE21 | FL | 1<br>(C/D) | | | CV1<br>CV13<br>CV28 | S2<br>S9<br>S14 | 663 | 2606 | |
| T2 | TP1 | LGBF | | FL | 3<br>(D/E) | V8<br>V12 | | | S2<br>S4 | 39 | 2607 | |
| T2 | TP1 | LGBF | | FL | 3<br>(D/E) | V12 | | | S2 | 30 | 2608 | |
| | | L4BH | TU15<br>TE19 | AT | 2<br>(E) | V12 | | CV13<br>CV28 | S9 | 60 | 2609 | |
| T4 | TP1 | L4BN | | FL | 3<br>(D/E) | V12 | | | S2 | 38 | 2610 | |
| T7 | TP2 | L4BH | TU15<br>TE19 | FL | 2<br>(D/E) | | | CV13<br>CV28 | S2<br>S9<br>S19 | 63 | 2611 | |
| T7 | TP2 | L1,5BN | | FL | 2<br>(D/E) | | | | S2<br>S20 | 33 | 2612 | |
| T2 | TP1 | LGBF | | FL | 3<br>(D/E) | V12 | | | S2 | 30 | 2614 | |
| T4 | TP1 | LGBF | | FL | 2<br>(D/E) | | | | S2<br>S20 | 33 | 2615 | |
| T4 | TP1 | LGBF | | FL | 2<br>(D/E) | | | | S2<br>S20 | 33 | 2616 | |
| T2 | TP1 | LGBF | | FL | 3<br>(D/E) | V12 | | | S2 | 30 | 2616 | |
| T2 | TP1 | LGBF | | FL | 3<br>(D/E) | V12 | | | S2 | 30 | 2617 | |

## UN-numerisches Verzeichnis (Tabelle A)

| Verlagshinweis | | UN-Nummer | Benennung und Beschreibung | Klasse | Klassifizierungscode | Verpackungsgruppe | Gefahrzettel | Sondervorschriften | Begrenzte und freigestellte Mengen | | Verpackungen | | |
|---|---|---|---|---|---|---|---|---|---|---|---|---|---|
| | | | | | | | | | | | Anweisungen | Sondervorschriften | Zusammenpackung |
| Sicherung | Fahrweg | | 3.1.2 | 2.2 | 2.2 | 2.1.1.3 | 5.2.2 | 3.3 | 3.4/3.5.1.2 | | 4.1.4 | 4.1.4 | 4.1.10 |
| | | (1) | (2) | (3a) | (3b) | (4) | (5) | (6) | (7a) | (7b) | (8) | (9a) | (9b) |
| | | 2618 | VINYLTOLUENE, STABILISIERT | 3 | F1 | III | 3 | 386<br>676 | 5 L | E1 | P001<br>IBC03<br>LP01<br>R001 | | MP19 |
| | | 2619 | BENZYLDIMETHYLAMIN | 8 | CF1 | II | 8+3 | | 1 L | E2 | P001<br>IBC02 | | MP15 |
| | | 2620 | AMYLBUTYRATE | 3 | F1 | III | 3 | | 5 L | E1 | P001<br>IBC03<br>LP01<br>R001 | | MP19 |
| | | 2621 | ACETYLMETHYLCARBINOL | 3 | F1 | III | 3 | | 5 L | E1 | P001<br>IBC03<br>LP01<br>R001 | | MP19 |
| ! | ● | 2622 | GLYCIDALDEHYD | 3 | FT1 | II | 3+6.1 | | 1 L | E2 | P001<br>IBC02 | <br>B8 | MP19 |
| | | 2623 | FEUERANZÜNDER, FEST, mit entzündbarem flüssigem Stoff getränkt | 4.1 | F1 | III | 4.1 | | 5 kg | E1 | P002<br>LP02<br>R001 | PP15 | MP11 |
| | | 2624 | MAGNESIUMSILICID | 4.3 | W2 | II | 4.3 | | 500 g | E2 | P410<br>IBC07 | | MP14 |
| | | 2626 | CHLORSÄURE, WÄSSERIGE LÖSUNG mit höchstens 10 % Säure | 5.1 | O1 | II | 5.1 | 613 | 1 L | E0 | P504<br>IBC02 | | MP2 |
| | | 2627 | NITRITE, ANORGANISCHE, N.A.G. | 5.1 | O2 | II | 5.1 | 103<br>274 | 1 kg | E2 | P002<br>IBC08 | <br>B4 | MP10 |
| ! | | 2628 | KALIUMFLUORACETAT | 6.1 | T2 | I | 6.1 | | 0 | E5 | P002<br>IBC07 | | MP18 |
| ! | | 2629 | NATRIUMFLUORACETAT | 6.1 | T2 | I | 6.1 | | 0 | E5 | P002<br>IBC07 | | MP18 |
| ! | | 2630 | SELENATE oder SELENITE | 6.1 | T5 | I | 6.1 | 274 | 0 | E5 | P002<br>IBC07 | | MP18 |
| ! | | 2642 | FLUORESSIGSÄURE | 6.1 | T2 | I | 6.1 | | 0 | E5 | P002<br>IBC07 | | MP18 |
| | | 2643 | METHYLBROMACETAT | 6.1 | T1 | II | 6.1 | | 100 ml | E4 | P001<br>IBC02 | | MP15 |
| ! | ● | 2644 | METHYLIODID | 6.1 | T1 | I | 6.1 | 354 | 0 | E0 | P602 | | MP8<br>MP17 |
| | | 2645 | PHENACYLBROMID | 6.1 | T2 | II | 6.1 | | 500 g | E4 | P002<br>IBC08 | <br>B4 | MP10 |
| ! | ● | 2646 | HEXACHLORCYCLOPENTADIEN | 6.1 | T1 | I | 6.1 | 354 | 0 | E0 | P602 | | MP8<br>MP17 |
| | | 2647 | MALONONITRIL | 6.1 | T2 | II | 6.1 | | 500 g | E4 | P002<br>IBC08 | <br>B4 | MP10 |
| | | 2648 | 1,2-DIBROMBUTAN-3-ON | 6.1 | T1 | II | 6.1 | | 100 ml | E4 | P001<br>IBC02 | | MP15 |
| | | 2649 | 1,3-DICHLORACETON | 6.1 | T2 | II | 6.1 | | 500 g | E4 | P002<br>IBC08 | <br>B4 | MP10 |

| Ortsbewegliche Tanks und Schüttgut-Container | | ADR-Tanks | | Fahrzeug für die Beförderung in Tanks | Beförderungskategorie (Tunnelbeschränkungscode) | Sondervorschriften für die Beförderung | | | | Nummer zur Kennzeichnung der Gefahr | UN-Nummer | Verlagshinweis „Gut zu wissen" |
|---|---|---|---|---|---|---|---|---|---|---|---|---|
| Anweisungen | Sondervorschriften | Tankcodierung | Sondervorschriften | | | Versandstücke | lose Schüttung | Be- und Entladung, Handhabung | Betrieb | | | |
| 4.2.5.2<br>7.3.2 | 4.2.5.3 | 4.3 | 4.3.5<br>6.8.4 | 9.1.1.2 | 1.1.3.6<br>(8.6) | 7.2.4 | 7.3.3 | 7.5.11 | 8.5 | 5.3.2.3 | | |
| (10) | (11) | (12) | (13) | (14) | (15) | (16) | (17) | (18) | (19) | (20) | (1) | |
| T2 | TP1 | LGBF | | FL | 3<br>(D/E) | V8<br>V12 | | | S2<br>S4 | 39 | 2618 | →D: GGAV 21 |
| T7 | TP2 | L4BN | | FL | 2<br>(D/E) | | | | S2 | 83 | 2619 | |
| T2 | TP1 | LGBF | | FL | 3<br>(D/E) | V12 | | | S2 | 30 | 2620 | |
| T2 | TP1 | LGBF | | FL | 3<br>(D/E) | V12 | | | S2 | 30 | 2621 | |
| T7 | TP1 | L4BH | TU15 | FL | 2<br>(D/E) | | | CV13<br>CV28 | S2<br>S19 | 336 | 2622 | |
| | | | | | 4<br>(E) | | | | | | 2623 | |
| T3 | TP33 | SGAN | | AT | 2<br>(D/E) | V1 | | CV23 | | 423 | 2624 | |
| T4 | TP1 | L4BN | TU3 | AT | 2<br>(E) | | | CV24 | | 50 | 2626 | |
| T3 | TP33 | SGAN | TU3 | AT | 2<br>(E) | V11 | | CV24 | | 50 | 2627 | |
| T6 | TP33 | S10AH | TU15<br>TE19 | AT | 1<br>(C/E) | V10 | | CV1<br>CV13<br>CV28 | S9<br>S14 | 66 | 2628 | |
| T6 | TP33 | S10AH | TU15<br>TE19 | AT | 1<br>(C/E) | V10 | | CV1<br>CV13<br>CV28 | S9<br>S14 | 66 | 2629 | |
| T6 | TP33 | S10AH<br>L10CH | TU14<br>TU15<br>TE19<br>TE21 | AT | 1<br>(C/E) | V10 | | CV1<br>CV13<br>CV28 | S9<br>S14 | 66 | 2630 | |
| T6 | TP33 | S10AH<br>L10CH | TU14<br>TU15<br>TE19<br>TE21 | AT | 1<br>(C/E) | V10 | | CV1<br>CV13<br>CV28 | S9<br>S14 | 66 | 2642 | |
| T7 | TP2 | L4BH | TU15<br>TE19 | AT | 2<br>(D/E) | | | CV13<br>CV28 | S9<br>S19 | 60 | 2643 | |
| T20 | TP2 | L10CH | TU14<br>TU15<br>TE19<br>TE21 | AT | 1<br>(C/D) | | | CV1<br>CV13<br>CV28 | S9<br>S14 | 66 | 2644 | |
| T3 | TP33 | SGAH<br>L4BH | TU15<br>TE19 | AT | 2<br>(D/E) | V11 | | CV13<br>CV28 | S9<br>S19 | 60 | 2645 | |
| T20 | TP2 | L10CH | TU14<br>TU15<br>TE19<br>TE21 | AT | 1<br>(C/D) | | | CV1<br>CV13<br>CV28 | S9<br>S14 | 66 | 2646 | |
| T3 | TP33 | SGAH<br>L4BH | TU15<br>TE19 | AT | 2<br>(D/E) | V11 | | CV13<br>CV28 | S9<br>S19 | 60 | 2647 | |
| | | L4BH | TU15<br>TE19 | AT | 2<br>(D/E) | | | CV13<br>CV28 | S9<br>S19 | 60 | 2648 | |
| T3 | TP33 | SGAH<br>L4BH | TU15<br>TE19 | AT | 2<br>(D/E) | V11 | | CV13<br>CV28 | S9<br>S19 | 60 | 2649 | |

| Verlagshinweis: Sicherung | Verlagshinweis: Fahrweg | UN-Nummer | Benennung und Beschreibung | Klasse | Klassifizierungscode | Verpackungsgruppe | Gefahrzettel | Sondervorschriften | Begrenzte und freigestellte Mengen | | Verpackungen: Anweisungen | Verpackungen: Sondervorschriften | Verpackungen: Zusammenpackung |
|---|---|---|---|---|---|---|---|---|---|---|---|---|---|
| | | | 3.1.2 | 2.2 | 2.2 | 2.1.1.3 | 5.2.2 | 3.3 | 3.4/3.5.1.2 | | 4.1.4 | 4.1.4 | 4.1.10 |
| | | (1) | (2) | (3a) | (3b) | (4) | (5) | (6) | (7a) | (7b) | (8) | (9a) | (9b) |
| | | 2650 | 1,1-DICHLOR-1-NITROETHAN | 6.1 | T1 | II | 6.1 | | 100 ml | E4 | P001<br>IBC02 | | MP15 |
| | | 2651 | 4,4'-DIAMINODIPHENYLMETHAN | 6.1 | T2 | III | 6.1 | | 5 kg | E1 | P002<br>IBC08<br>LP02<br>R001 | B3 | MP10 |
| | | 2653 | BENZYLIODID | 6.1 | T1 | II | 6.1 | | 100 ml | E4 | P001<br>IBC02 | | MP15 |
| | | 2655 | KALIUMFLUOROSILICAT | 6.1 | T5 | III | 6.1 | | 5 kg | E1 | P002<br>IBC08<br>LP02<br>R001 | B3 | MP10 |
| | | 2656 | CHINOLIN | 6.1 | T1 | III | 6.1 | | 5 L | E1 | P001<br>IBC03<br>LP01<br>R001 | | MP19 |
| | | 2657 | SELENDISULFID | 6.1 | T5 | II | 6.1 | | 500 g | E4 | P002<br>IBC08 | B4 | MP10 |
| | | 2659 | NATRIUMCHLORACETAT | 6.1 | T2 | III | 6.1 | | 5 kg | E1 | P002<br>IBC08<br>LP02<br>R001 | B3 | MP10 |
| | | 2660 | NITROTOLUIDINE (MONO) | 6.1 | T2 | III | 6.1 | | 5 kg | E1 | P002<br>IBC08<br>LP02<br>R001 | B3 | MP10 |
| | | 2661 | HEXACHLORACETON | 6.1 | T1 | III | 6.1 | | 5 L | E1 | P001<br>IBC03<br>LP01<br>R001 | | MP19 |
| | | 2664 | DIBROMMETHAN | 6.1 | T1 | III | 6.1 | | 5 L | E1 | P001<br>IBC03<br>LP01<br>R001 | | MP19 |
| | | 2667 | BUTYLTOLUENE | 6.1 | T1 | III | 6.1 | | 5 L | E1 | P001<br>IBC03<br>LP01<br>R001 | | MP19 |
| ! | ● | 2668 | CHLORACETONITRIL | 6.1 | TF1 | I | 6.1+3 | 354 | 0 | E0 | P602 | | MP8<br>MP17 |
| | | 2669 | CHLORCRESOLE, LÖSUNG | 6.1 | T1 | II | 6.1 | | 100 ml | E4 | P001<br>IBC02 | | MP15 |
| | | 2669 | CHLORCRESOLE, LÖSUNG | 6.1 | T1 | III | 6.1 | | 5 L | E1 | P001<br>IBC03<br>LP01<br>R001 | | MP19 |
| | | 2670 | CYANURCHLORID | 8 | C4 | II | 8 | | 1 kg | E2 | P002<br>IBC08 | B4 | MP10 |
| | | 2671 | AMINOPYRIDINE (o-, m-, p-) | 6.1 | T2 | II | 6.1 | | 500 g | E4 | P002<br>IBC08 | B4 | MP10 |
| | | 2672 | AMMONIAKLÖSUNG in Wasser, relative Dichte zwischen 0,880 und 0,957 bei 15 °C, mit mehr als 10 %, aber höchstens 35 % Ammoniak | 8 | C5 | III | 8 | | 5 L | E1 | P001<br>IBC03<br>LP01<br>R001 | | MP19 |
| | | 2673 | 2-AMINO-4-CHLORPHENOL | 6.1 | T2 | II | 6.1 | | 500 g | E4 | P002<br>IBC08 | B4 | MP10 |

| Ortsbewegliche Tanks und Schüttgut-Container | | ADR-Tanks | | Fahrzeug für die Beförderung in Tanks | Beförderungskategorie (Tunnelbeschränkungscode) | Sondervorschriften für die Beförderung | | | | Nummer zur Kennzeichnung der Gefahr | UN-Nummer | Verlagshinweis *„Gut zu wissen"* |
|---|---|---|---|---|---|---|---|---|---|---|---|---|
| Anweisungen | Sondervorschriften | Tankcodierung | Sondervorschriften | | | Versandstücke | lose Schüttung | Be- und Entladung, Handhabung | Betrieb | | | |
| 4.2.5.2<br>7.3.2 | 4.2.5.3 | 4.3 | 4.3.5<br>6.8.4 | 9.1.1.2 | 1.1.3.6<br>(8.6) | 7.2.4 | 7.3.3 | 7.5.11 | 8.5 | 5.3.2.3 | | |
| (10) | (11) | (12) | (13) | (14) | (15) | (16) | (17) | (18) | (19) | (20) | (1) | |
| T7 | TP2 | L4BH | TU15<br>TE19 | AT | 2<br>(D/E) | | | CV13<br>CV28 | S9<br>S19 | 60 | 2650 | |
| T1 | TP33 | SGAH<br>L4BH | TU15<br>TE19 | AT | 2<br>(E) | | VC1<br>VC2<br>AP7 | CV13<br>CV28 | S9 | 60 | 2651 | *→5.3.3*<br>*→5.4.1.1.14* |
| T7 | TP2 | L4BH | TU15<br>TE19 | AT | 2<br>(D/E) | | | CV13<br>CV28 | S9<br>S19 | 60 | 2653 | |
| T1 | TP33 | SGAH<br>L4BH | TU15<br>TE19 | AT | 2<br>(E) | | VC1<br>VC2<br>AP7 | CV13<br>CV28 | S9 | 60 | 2655 | |
| T4 | TP1 | L4BH | TU15<br>TE19 | AT | 2<br>(E) | V12 | | CV13<br>CV28 | S9 | 60 | 2656 | |
| T3 | TP33 | SGAH<br>L4BH | TU15<br>TE19 | AT | 2<br>(D/E) | V11 | | CV13<br>CV28 | S9<br>S19 | 60 | 2657 | |
| T1 | TP33 | SGAH | TU15<br>TE19 | AT | 2<br>(E) | | VC1<br>VC2<br>AP7 | CV13<br>CV28 | S9 | 60 | 2659 | |
| T1 | TP33 | SGAH<br>L4BH | TU15<br>TE19 | AT | 2<br>(E) | | VC1<br>VC2<br>AP7 | CV13<br>CV28 | S9 | 60 | 2660 | |
| T4 | TP1 | L4BH | TU15<br>TE19 | AT | 2<br>(E) | V12 | | CV13<br>CV28 | S9 | 60 | 2661 | |
| T4 | TP1 | L4BH | TU15<br>TE19 | AT | 2<br>(E) | V12 | | CV13<br>CV28 | S9 | 60 | 2664 | |
| T4 | TP1 | L4BH | TU15<br>TE19 | AT | 2<br>(E) | V12 | | CV13<br>CV28 | S9 | 60 | 2667 | |
| T20 | TP2 | L10CH | TU14<br>TU15<br>TE19<br>TE21 | FL | 1<br>(C/D) | | | CV1<br>CV13<br>CV28 | S2<br>S9<br>S14 | 663 | 2668 | |
| T7 | TP2 | L4BH | TU15<br>TE19 | AT | 2<br>(D/E) | | | CV13<br>CV28 | S9<br>S19 | 60 | 2669 | *→UN 3437* |
| T7 | TP2 | L4BH | TU15<br>TE19 | AT | 2<br>(E) | V12 | | CV13<br>CV28 | S9 | 60 | 2669 | *→UN 3437* |
| T3 | TP33 | SGAN<br>L4BN | | AT | 2<br>(E) | V11 | | | | 80 | 2670 | *→5.3.3*<br>*→5.4.1.1.14* |
| T3 | TP33 | SGAH<br>L4BH | TU15<br>TE19 | AT | 2<br>(D/E) | V11 | | CV13<br>CV28 | S9<br>S19 | 60 | 2671 | |
| T7 | TP1 | L4BN | | AT | 3<br>(E) | V12 | | | | 80 | 2672 | *→M345* |
| T3 | TP33 | SGAH<br>L4BH | TU15<br>TE19 | AT | 2<br>(D/E) | V11 | | CV13<br>CV28 | S9<br>S19 | 60 | 2673 | |

| Verlagshinweis: Sicherung | Verlagshinweis: Fahrweg | UN-Nummer | Benennung und Beschreibung | Klasse | Klassifizierungscode | Verpackungsgruppe | Gefahrzettel | Sondervorschriften | Begrenzte und freigestellte Mengen | | Verpackungen: Anweisungen | Verpackungen: Sondervorschriften | Verpackungen: Zusammenpackung |
|---|---|---|---|---|---|---|---|---|---|---|---|---|---|
| | | | 3.1.2 | 2.2 | 2.2 | 2.1.1.3 | 5.2.2 | 3.3 | 3.4/3.5.1.2 | | 4.1.4 | 4.1.4 | 4.1.10 |
| | | (1) | (2) | (3a) | (3b) | (4) | (5) | (6) | (7a) | (7b) | (8) | (9a) | (9b) |
| | | 2674 | NATRIUMFLUOROSILICAT | 6.1 | T5 | III | 6.1 | | 5 kg | E1 | P002<br>IBC08<br>LP02<br>R001 | B3 | MP10 |
| ! | | 2676 | ANTIMONWASSERSTOFF (STIBIN) | 2 | 2TF | | 2.3+2.1 | | 0 | E0 | P200 | | MP9 |
| | | 2677 | RUBIDIUMHYDROXIDLÖSUNG | 8 | C5 | II | 8 | | 1 L | E2 | P001<br>IBC02 | | MP15 |
| | | 2677 | RUBIDIUMHYDROXIDLÖSUNG | 8 | C5 | III | 8 | | 5 L | E1 | P001<br>IBC03<br>LP01<br>R001 | | MP19 |
| | | 2678 | RUBIDIUMHYDROXID | 8 | C6 | II | 8 | | 1 kg | E2 | P002<br>IBC08 | B4 | MP10 |
| | | 2679 | LITHIUMHYDROXIDLÖSUNG | 8 | C5 | II | 8 | | 1 L | E2 | P001<br>IBC02 | | MP15 |
| | | 2679 | LITHIUMHYDROXIDLÖSUNG | 8 | C5 | III | 8 | | 5 L | E1 | P001<br>IBC03<br>LP01<br>R001 | | MP19 |
| | | 2680 | LITHIUMHYDROXID | 8 | C6 | II | 8 | | 1 kg | E2 | P002<br>IBC08 | B4 | MP10 |
| | | 2681 | CAESIUMHYDROXIDLÖSUNG | 8 | C5 | II | 8 | | 1 L | E2 | P001<br>IBC02 | | MP15 |
| | | 2681 | CAESIUMHYDROXIDLÖSUNG | 8 | C5 | III | 8 | | 5 L | E1 | P001<br>IBC03<br>LP01<br>R001 | | MP19 |
| | | 2682 | CAESIUMHYDROXID | 8 | C6 | II | 8 | | 1 kg | E2 | P002<br>IBC08 | B4 | MP10 |
| | | 2683 | AMMONIUMSULFID, LÖSUNG | 8 | CFT | II | 8+3+6.1 | | 1 L | E2 | P001<br>IBC01 | | MP15 |
| | | 2684 | 3-DIETHYLAMINOPROPYLAMIN | 3 | FC | III | 3+8 | | 5 L | E1 | P001<br>IBC03<br>R001 | | MP19 |
| | | 2685 | N,N-DIETHYLETHYLENDIAMIN | 8 | CF1 | II | 8+3 | | 1 L | E2 | P001<br>IBC02 | | MP15 |
| | | 2686 | 2-DIETHYLAMINOETHANOL | 8 | CF1 | II | 8+3 | | 1 L | E2 | P001<br>IBC02 | | MP15 |
| | | 2687 | DICYCLOHEXYLAMMONIUMNITRIT | 4.1 | F3 | III | 4.1 | | 5 kg | E1 | P002<br>IBC08<br>LP02<br>R001 | B3 | MP11 |
| | | 2688 | 1-BROM-3-CHLORPROPAN | 6.1 | T1 | III | 6.1 | | 5 L | E1 | P001<br>IBC03<br>LP01<br>R001 | | MP19 |
| | | 2689 | GLYCEROL-alpha-MONOCHLOR-HYDRIN | 6.1 | T1 | III | 6.1 | | 5 L | E1 | P001<br>IBC03<br>LP01<br>R001 | | MP19 |
| | | 2690 | N,n-BUTYLIMIDAZOL | 6.1 | T1 | II | 6.1 | | 100 ml | E4 | P001<br>IBC02 | | MP15 |
| | | 2691 | PHOSPHORPENTABROMID | 8 | C2 | II | 8 | | 1 kg | E0 | P002<br>IBC08 | B4 | MP10 |

| Ortsbewegliche Tanks und Schüttgut-Container | | ADR-Tanks | | Fahrzeug für die Beförderung in Tanks | Beförderungskategorie (Tunnelbeschränkungscode) | Sondervorschriften für die Beförderung | | | | Nummer zur Kennzeichnung der Gefahr | UN-Nummer | Verlagshinweis *„Gut zu wissen"* |
|---|---|---|---|---|---|---|---|---|---|---|---|---|
| Anweisungen | Sondervorschriften | Tankcodierung | Sondervorschriften | | | Versandstücke | lose Schüttung | Be- und Entladung, Handhabung | Betrieb | | | |
| 4.2.5.2<br>7.3.2 | 4.2.5.3 | 4.3 | 4.3.5<br>6.8.4 | 9.1.1.2 | 1.1.3.6<br>(8.6) | 7.2.4 | 7.3.3 | 7.5.11 | 8.5 | 5.3.2.3 | | |
| (10) | (11) | (12) | (13) | (14) | (15) | (16) | (17) | (18) | (19) | (20) | (1) | |
| T1 | TP33 | SGAH<br>L4BH | TU15<br>TE19 | AT | 2<br>(E) | | VC1<br>VC2<br>AP7 | CV13<br>CV28 | S9 | 60 | 2674 | |
| | | | | | 1<br>(D) | | | CV9<br>CV10<br>CV36 | S2<br>S14 | | 2676 | |
| T7 | TP2 | L4BN | | AT | 2<br>(E) | | | | | 80 | 2677 | |
| T4 | TP1 | L4BN | | AT | 3<br>(E) | V12 | | | | 80 | 2677 | |
| T3 | TP33 | SGAN | | AT | 2<br>(E) | V11 | | | | 80 | 2678 | |
| T7 | TP2 | L4BN | | AT | 2<br>(E) | | | | | 80 | 2679 | |
| T4 | TP2 | L4BN | | AT | 3<br>(E) | V12 | | | | 80 | 2679 | |
| T3 | TP33 | SGAN | | AT | 2<br>(E) | V11 | | | | 80 | 2680 | |
| T7 | TP2 | L4BN | | AT | 2<br>(E) | | | | | 80 | 2681 | |
| T4 | TP1 | L4BN | | AT | 3<br>(E) | V12 | | | | 80 | 2681 | |
| T3 | TP33 | SGAN | | AT | 2<br>(E) | V11 | | | | 80 | 2682 | |
| T7 | TP2 | L4BN | | FL | 2<br>(D/E) | | | CV13<br>CV28 | S2 | 836 | 2683 | |
| T4 | TP1 | L4BN | | FL | 3<br>(D/E) | V12 | | | S2 | 38 | 2684 | |
| T7 | TP2 | L4BN | | FL | 2<br>(D/E) | | | | S2 | 83 | 2685 | |
| T7 | TP2 | L4BN | | FL | 2<br>(D/E) | | | | S2 | 83 | 2686 | |
| T1 | TP33 | SGAV | | AT | 3<br>(E) | | VC1<br>VC2 | | | 40 | 2687 | |
| T4 | TP1 | L4BH | TU15<br>TE19 | AT | 2<br>(E) | V12 | | CV13<br>CV28 | S9 | 60 | 2688 | |
| T4 | TP1 | L4BH | TU15<br>TE19 | AT | 2<br>(E) | V12 | | CV13<br>CV28 | S9 | 60 | 2689 | |
| T7 | TP2 | L4BH | TU15<br>TE19 | AT | 2<br>(D/E) | | | CV13<br>CV28 | S9<br>S19 | 60 | 2690 | |
| T3 | TP33 | SGAN | | AT | 2<br>(E) | V11 | | | | 80 | 2691 | |

| Verlagshinweis | | UN-Nummer | Benennung und Beschreibung | Klasse | Klassifizierungscode | Verpackungsgruppe | Gefahrzettel | Sondervorschriften | Begrenzte und freigestellte Mengen | | Verpackungen | | |
|---|---|---|---|---|---|---|---|---|---|---|---|---|---|
| Sicherung | Fahrweg | | | | | | | | | | Anweisungen | Sondervorschriften | Zusammenpackung |
| | | | 3.1.2 | 2.2 | 2.2 | 2.1.1.3 | 5.2.2 | 3.3 | 3.4/3.5.1.2 | | 4.1.4 | 4.1.4 | 4.1.10 |
| | | (1) | (2) | (3a) | (3b) | (4) | (5) | (6) | (7a) | (7b) | (8) | (9a) | (9b) |
| ! | | 2692 | BORTRIBROMID | 8 | C1 | I | 8 | | 0 | E0 | P602 | | MP8<br>MP17 |
| | | 2693 | HYDROGENSULFITE, WÄSSERIGE LÖSUNG, N.A.G. | 8 | C1 | III | 8 | 274 | 5 L | E1 | P001<br>IBC03<br>LP01<br>R001 | | MP19 |
| | | 2698 | TETRAHYDROPHTHALSÄUREANHYDRIDE mit mehr als 0,05 % Maleinsäureanhydrid | 8 | C4 | III | 8 | 169 | 5 kg | E1 | P002<br>IBC08<br>LP02<br>R001 | PP14<br>B3 | MP10 |
| ! | ● | 2699 | TRIFLUORESSIGSÄURE | 8 | C3 | I | 8 | | 0 | E0 | P001 | | MP8<br>MP17 |
| | | 2705 | 1-PENTOL | 8 | C9 | II | 8 | | 1 L | E2 | P001<br>IBC02 | | MP15 |
| ! | ● | 2707 | DIMETHYLDIOXANE | 3 | F1 | II | 3 | | 1 L | E2 | P001<br>IBC02<br>R001 | | MP19 |
| | | 2707 | DIMETHYLDIOXANE | 3 | F1 | III | 3 | | 5 L | E1 | P001<br>IBC03<br>LP01<br>R001 | | MP19 |
| | | 2709 | BUTYLBENZENE | 3 | F1 | III | 3 | | 5 L | E1 | P001<br>IBC03<br>LP01<br>R001 | | MP19 |
| | | 2710 | DIPROPYLKETON | 3 | F1 | III | 3 | | 5 L | E1 | P001<br>IBC03<br>LP01<br>R001 | | MP19 |
| | | 2713 | ACRIDIN | 6.1 | T2 | III | 6.1 | | 5 kg | E1 | P002<br>IBC08<br>LP02<br>R001 | B3 | MP10 |
| | | 2714 | ZINKRESINAT | 4.1 | F3 | III | 4.1 | | 5 kg | E1 | P002<br>IBC06<br>R001 | | MP11 |
| | | 2715 | ALUMINIUMRESINAT | 4.1 | F3 | III | 4.1 | | 5 kg | E1 | P002<br>IBC06<br>R001 | | MP11 |
| | | 2716 | BUTIN-1,4-DIOL | 6.1 | T2 | III | 6.1 | | 5 kg | E1 | P002<br>IBC08<br>LP02<br>R001 | B3 | MP10 |
| | | 2717 | CAMPHER, synthetisch | 4.1 | F1 | III | 4.1 | | 5 kg | E1 | P002<br>IBC08<br>LP02<br>R001 | B3 | MP10 |
| | | 2719 | BARIUMBROMAT | 5.1 | OT2 | II | 5.1+6.1 | | 1 kg | E2 | P002<br>IBC08 | B4 | MP2 |
| | | 2720 | CHROMNITRAT | 5.1 | O2 | III | 5.1 | | 5 kg | E1 | P002<br>IBC08<br>LP02<br>R001 | B3 | MP10 |
| | | 2721 | KUPFERCHLORAT | 5.1 | O2 | II | 5.1 | | 1 kg | E2 | P002<br>IBC08 | B4 | MP2 |

| Ortsbewegliche Tanks und Schüttgut-Container | | ADR-Tanks | | Fahrzeug für die Beförderung in Tanks | Beförderungskategorie (Tunnelbeschränkungscode) | Sondervorschriften für die Beförderung | | | | Nummer zur Kennzeichnung der Gefahr | UN-Nummer | Verlagshinweis „Gut zu wissen" |
|---|---|---|---|---|---|---|---|---|---|---|---|---|
| Anweisungen | Sondervorschriften | Tankcodierung | Sondervorschriften | | | Versandstücke | lose Schüttung | Be- und Entladung, Handhabung | Betrieb | | | |
| 4.2.5.2 7.3.2 | 4.2.5.3 | 4.3 | 4.3.5 6.8.4 | 9.1.1.2 | 1.1.3.6 (8.6) | 7.2.4 | 7.3.3 | 7.5.11 | 8.5 | 5.3.2.3 | | |
| (10) | (11) | (12) | (13) | (14) | (15) | (16) | (17) | (18) | (19) | (20) | (1) | |
| T20 | TP2 | L10BH | | AT | 1 (E) | | | | S20 | X88 | 2692 | |
| T7 | TP1 TP28 | L4BN | TU42 | AT | 3 (E) | V12 | | | | 80 | 2693 | |
| T1 | TP33 | SGAV L4BN | | AT | 3 (E) | | VC1 VC2 AP7 | | | 80 | 2698 | |
| T10 | TP2 | L10BH | | AT | 1 (E) | | | | S20 | 88 | 2699 | |
| T7 | TP2 | L4BN | | AT | 2 (E) | | | | | 80 | 2705 | |
| T4 | TP1 | LGBF | | FL | 2 (D/E) | | | | S2 S20 | 33 | 2707 | |
| T2 | TP1 | LGBF | | FL | 3 (D/E) | V12 | | | S2 | 30 | 2707 | |
| T2 | TP1 | LGBF | | FL | 3 (D/E) | V12 | | | S2 | 30 | 2709 | →D: GGAV 21 |
| T2 | TP1 | LGBF | | FL | 3 (D/E) | V12 | | | S2 | 30 | 2710 | |
| T1 | TP33 | SGAH L4BH | TU15 TE19 | AT | 2 (E) | | VC1 VC2 AP7 | CV13 CV28 | S9 | 60 | 2713 | |
| T1 | TP33 | SGAV | | AT | 3 (E) | | VC1 VC2 | | | 40 | 2714 | |
| T1 | TP33 | SGAV | | AT | 3 (E) | | VC1 VC2 | | | 40 | 2715 | |
| T1 | TP33 | SGAH L4BH | TU15 TE19 | AT | 2 (E) | | VC1 VC2 AP7 | CV13 CV28 | S9 | 60 | 2716 | |
| T1 | TP33 | SGAV | | AT | 3 (E) | | VC1 VC2 | | | 40 | 2717 | |
| T3 | TP33 | SGAN | TU3 | AT | 2 (E) | V11 | | CV24 CV28 | | 56 | 2719 | |
| T1 | TP33 | SGAV | TU3 | AT | 3 (E) | | VC1 VC2 AP6 AP7 | CV24 | | 50 | 2720 | |
| T3 | TP33 | SGAV | TU3 | AT | 2 (E) | V11 | VC1 VC2 AP6 AP7 | CV24 | | 50 | 2721 | |

| Verlagshinweis | | UN-Nummer | Benennung und Beschreibung | Klasse | Klassifizierungscode | Verpackungsgruppe | Gefahrzettel | Sondervorschriften | Begrenzte und freigestellte Mengen | | Verpackungen | | |
|---|---|---|---|---|---|---|---|---|---|---|---|---|---|
| Sicherung | Fahrweg | | | | | | | | | | Anweisungen | Sondervorschriften | Zusammenpackung |
| | | | 3.1.2 | 2.2 | 2.2 | 2.1.1.3 | 5.2.2 | 3.3 | 3.4/3.5.1.2 | | 4.1.4 | 4.1.4 | 4.1.10 |
| | | (1) | (2) | (3a) | (3b) | (4) | (5) | (6) | (7a) | (7b) | (8) | (9a) | (9b) |
| | | 2722 | LITHIUMNITRAT | 5.1 | O2 | III | 5.1 | | 5 kg | E1 | P002<br>IBC08<br>LP02<br>R001 | B3 | MP10 |
| | | 2723 | MAGNESIUMCHLORAT | 5.1 | O2 | II | 5.1 | | 1 kg | E2 | P002<br>IBC08 | B4 | MP2 |
| | | 2724 | MANGANNITRAT | 5.1 | O2 | III | 5.1 | | 5 kg | E1 | P002<br>IBC08<br>LP02<br>R001 | B3 | MP10 |
| | | 2725 | NICKELNITRAT | 5.1 | O2 | III | 5.1 | | 5 kg | E1 | P002<br>IBC08<br>LP02<br>R001 | B3 | MP10 |
| | | 2726 | NICKELNITRIT | 5.1 | O2 | III | 5.1 | | 5 kg | E1 | P002<br>IBC08<br>LP02<br>R001 | B3 | MP10 |
| | | 2727 | THALLIUMNITRAT | 6.1 | TO2 | II | 6.1+5.1 | | 500 g | E4 | P002<br>IBC06 | | MP10 |
| | | 2728 | ZIRKONIUMNITRAT | 5.1 | O2 | III | 5.1 | | 5 kg | E1 | P002<br>IBC08<br>LP02<br>R001 | B3 | MP10 |
| | | 2729 | HEXACHLORBENZEN | 6.1 | T2 | III | 6.1 | | 5 kg | E1 | P002<br>IBC08<br>LP02<br>R001 | B3 | MP10 |
| | | 2730 | NITROANISOLE, FLÜSSIG | 6.1 | T1 | III | 6.1 | 279 | 5 L | E1 | P001<br>IBC03<br>LP01<br>R001 | | MP19 |
| | | 2732 | NITROBROMBENZENE, FLÜSSIG | 6.1 | T1 | III | 6.1 | | 5 L | E1 | P001<br>IBC03<br>LP01<br>R001 | | MP19 |
| ! | ● | 2733 | AMINE, ENTZÜNDBAR, ÄTZEND, N.A.G. oder POLYAMINE, ENTZÜNDBAR, ÄTZEND, N.A.G. | 3 | FC | I | 3+8 | 274<br>544 | 0 | E0 | P001 | | MP7<br>MP17 |
| ! | ● | 2733 | AMINE, ENTZÜNDBAR, ÄTZEND, N.A.G. oder POLYAMINE, ENTZÜNDBAR, ÄTZEND, N.A.G. | 3 | FC | II | 3+8 | 274<br>544 | 1 L | E2 | P001<br>IBC02 | | MP19 |
| | | 2733 | AMINE, ENTZÜNDBAR, ÄTZEND, N.A.G. oder POLYAMINE, ENTZÜNDBAR, ÄTZEND, N.A.G. | 3 | FC | III | 3+8 | 274<br>544 | 5 L | E1 | P001<br>IBC03<br>R001 | | MP19 |
| ! | | 2734 | AMINE, FLÜSSIG, ÄTZEND, ENTZÜNDBAR, N.A.G. oder POLYAMINE, FLÜSSIG, ÄTZEND, ENTZÜNDBAR, N.A.G. | 8 | CF1 | I | 8+3 | 274 | 0 | E0 | P001 | | MP8<br>MP17 |
| | | 2734 | AMINE, FLÜSSIG, ÄTZEND, ENTZÜNDBAR, N.A.G. oder POLYAMINE, FLÜSSIG, ÄTZEND, ENTZÜNDBAR, N.A.G. | 8 | CF1 | II | 8+3 | 274 | 1 L | E2 | P001<br>IBC02 | | MP15 |
| ! | | 2735 | AMINE, FLÜSSIG, ÄTZEND, N.A.G. oder POLYAMINE, FLÜSSIG, ÄTZEND, N.A.G. | 8 | C7 | I | 8 | 274 | 0 | E0 | P001 | | MP8<br>MP17 |
| | | 2735 | AMINE, FLÜSSIG, ÄTZEND, N.A.G. oder POLYAMINE, FLÜSSIG, ÄTZEND, N.A.G. | 8 | C7 | II | 8 | 274 | 1 L | E2 | P001<br>IBC02 | | MP15 |

| Ortsbewegliche Tanks und Schüttgut-Container | | ADR-Tanks | | Fahrzeug für die Beförderung in Tanks | Beförderungskategorie (Tunnelbeschränkungscode) | Sondervorschriften für die Beförderung | | | | Nummer zur Kennzeichnung der Gefahr | UN-Nummer | Verlagshinweis *„Gut zu wissen"* |
|---|---|---|---|---|---|---|---|---|---|---|---|---|
| Anweisungen | Sondervorschriften | Tankcodierung | Sondervorschriften | | | Versandstücke | lose Schüttung | Be- und Entladung, Handhabung | Betrieb | | | |
| 4.2.5.2<br>7.3.2 | 4.2.5.3 | 4.3 | 4.3.5<br>6.8.4 | 9.1.1.2 | 1.1.3.6<br>(8.6) | 7.2.4 | 7.3.3 | 7.5.11 | 8.5 | 5.3.2.3 | | |
| (10) | (11) | (12) | (13) | (14) | (15) | (16) | (17) | (18) | (19) | (20) | (1) | |
| T1 | TP33 | SGAV | TU3 | AT | 3<br>(E) | | VC1<br>VC2<br>AP6<br>AP7 | CV24 | | 50 | 2722 | |
| T3 | TP33 | SGAV | TU3 | AT | 2<br>(E) | V11 | VC1<br>VC2<br>AP6<br>AP7 | CV24 | | 50 | 2723 | |
| T1 | TP33 | SGAV | TU3 | AT | 3<br>(E) | | VC1<br>VC2<br>AP6<br>AP7 | CV24 | | 50 | 2724 | |
| T1 | TP33 | SGAV | TU3 | AT | 3<br>(E) | | VC1<br>VC2<br>AP6<br>AP7 | CV24 | | 50 | 2725 | |
| T1 | TP33 | SGAV | TU3 | AT | 3<br>(E) | | VC1<br>VC2<br>AP6<br>AP7 | CV24 | | 50 | 2726 | |
| T3 | TP33 | SGAH | TU15<br>TE19 | AT | 2<br>(D/E) | V11 | | CV13<br>CV28 | S9<br>S19 | 65 | 2727 | |
| T1 | TP33 | SGAV | TU3 | AT | 3<br>(E) | | VC1<br>VC2<br>AP6<br>AP7 | CV24 | | 50 | 2728 | |
| T1 | TP33 | SGAH | TU15<br>TE19 | AT | 2<br>(E) | | VC1<br>VC2<br>AP7 | CV13<br>CV28 | S9 | 60 | 2729 | |
| T4 | TP1 | L4BH | TU15<br>TE19 | AT | 2<br>(E) | V12 | | CV13<br>CV28 | S9 | 60 | 2730 | →*UN 3458* |
| T4 | TP1 | L4BH | TU15<br>TE19 | AT | 2<br>(E) | V12 | | CV13<br>CV28 | S9 | 60 | 2732 | →*UN 3459* |
| T14 | TP1<br>TP27 | L10CH | TU14<br>TE21 | FL | 1<br>(C/E) | | | | S2<br>S20 | 338 | 2733 | |
| T11 | TP1<br>TP27 | L4BH | | FL | 2<br>(D/E) | | | | S2<br>S20 | 338 | 2733 | |
| T7 | TP1<br>TP28 | L4BN | | FL | 3<br>(D/E) | V12 | | | S2 | 38 | 2733 | |
| T14 | TP2<br>TP27 | L10BH | | FL | 1<br>(D/E) | | | | S2<br>S14 | 883 | 2734 | |
| T11 | TP2<br>TP27 | L4BN | | FL | 2<br>(D/E) | | | | S2 | 83 | 2734 | |
| T14 | TP2<br>TP27 | L10BH | | AT | 1<br>(E) | | | | S20 | 88 | 2735 | |
| T11 | TP1<br>TP27 | L4BN | | AT | 2<br>(E) | | | | | 80 | 2735 | |

## UN-numerisches Verzeichnis (Tabelle A)

| Verlagshinweis: Sicherung | Verlagshinweis: Fahrweg | UN-Nummer | Benennung und Beschreibung | Klasse | Klassifizierungscode | Verpackungsgruppe | Gefahrzettel | Sondervorschriften | Begrenzte und freigestellte Mengen | | Verpackungen: Anweisungen | Verpackungen: Sondervorschriften | Verpackungen: Zusammenpackung |
|---|---|---|---|---|---|---|---|---|---|---|---|---|---|
| | | | 3.1.2 | 2.2 | 2.2 | 2.1.1.3 | 5.2.2 | 3.3 | 3.4/3.5.1.2 | | 4.1.4 | 4.1.4 | 4.1.10 |
| | | (1) | (2) | (3a) | (3b) | (4) | (5) | (6) | (7a) | (7b) | (8) | (9a) | (9b) |
| | | 2735 | AMINE, FLÜSSIG, ÄTZEND, N.A.G. oder POLYAMINE, FLÜSSIG, ÄTZEND, N.A.G. | 8 | C7 | III | 8 | 274 | 5 L | E1 | P001<br>IBC03<br>LP01<br>R001 | | MP19 |
| | | 2738 | N-BUTYLANILIN | 6.1 | T1 | II | 6.1 | | 100 ml | E4 | P001<br>IBC02 | | MP15 |
| | | 2739 | BUTTERSÄUREANHYDRID | 8 | C3 | III | 8 | | 5 L | E1 | P001<br>IBC03<br>LP01<br>R001 | | MP19 |
| ! | ● | 2740 | n-PROPYLCHLORFORMIAT | 6.1 | TFC | I | 6.1+3+8 | | 0 | E0 | P602 | | MP8<br>MP17 |
| | | 2741 | BARIUMHYPOCHLORIT mit mehr als 22 % aktivem Chlor | 5.1 | OT2 | II | 5.1+6.1 | | 1 kg | E2 | P002<br>IBC08 | <br>B4 | MP2 |
| | | 2742 | CHLORFORMIATE, GIFTIG, ÄTZEND, ENTZÜNDBAR, N.A.G. | 6.1 | TFC | II | 6.1+3+8 | 274<br>561 | 100 ml | E4 | P001<br>IBC01 | | MP15 |
| | | 2743 | n-BUTYLCHLORFORMIAT | 6.1 | TFC | II | 6.1+3+8 | | 100 ml | E0 | P001 | | MP15 |
| | | 2744 | CYCLOBUTYLCHLORFORMIAT | 6.1 | TFC | II | 6.1+3+8 | | 100 ml | E4 | P001<br>IBC01 | | MP15 |
| | | 2745 | CHLORMETHYLCHLORFORMIAT | 6.1 | TC1 | II | 6.1+8 | | 100 ml | E4 | P001<br>IBC02 | | MP15 |
| | | 2746 | PHENYLCHLORFORMIAT | 6.1 | TC1 | II | 6.1+8 | | 100 ml | E4 | P001<br>IBC02 | | MP15 |
| | | 2747 | tert-BUTYLCYCLOHEXYLCHLOR-FORMIAT | 6.1 | T1 | III | 6.1 | | 5 L | E1 | P001<br>IBC03<br>LP01<br>R001 | | MP19 |
| | | 2748 | 2-ETHYLHEXYLCHLORFORMIAT | 6.1 | TC1 | II | 6.1+8 | | 100 ml | E4 | P001<br>IBC02 | | MP15 |
| ! | ● | 2749 | TETRAMETHYLSILAN | 3 | F1 | I | 3 | | 0 | E0 | P001 | | MP7<br>MP17 |
| | | 2750 | 1,3-DICHLORPROPAN-2-OL | 6.1 | T1 | II | 6.1 | | 100 ml | E4 | P001<br>IBC02 | | MP15 |
| | | 2751 | DIETHYLTHIOPHOSPHORYLCHLORID | 8 | C3 | II | 8 | | 1 L | E2 | P001<br>IBC02 | | MP15 |
| | | 2752 | 1,2-EPOXY-3-ETHOXYPROPAN | 3 | F1 | III | 3 | | 5 L | E1 | P001<br>IBC03<br>LP01<br>R001 | | MP19 |
| | | 2753 | N-ETHYL-N-BENZYLTOLUIDINE, FLÜSSIG | 6.1 | T1 | III | 6.1 | | 5 L | E1 | P001<br>IBC03<br>LP01<br>R001 | | MP19 |
| | | 2754 | N-ETHYLTOLUIDINE | 6.1 | T1 | II | 6.1 | | 100 ml | E4 | P001<br>IBC02 | | MP15 |
| ! | | 2757 | CARBAMAT-PESTIZID, FEST, GIFTIG | 6.1 | T7 | I | 6.1 | 61<br>274<br>648 | 0 | E5 | P002<br>IBC07 | | MP18 |
| | | 2757 | CARBAMAT-PESTIZID, FEST, GIFTIG | 6.1 | T7 | II | 6.1 | 61<br>274<br>648 | 500 g | E4 | P002<br>IBC08 | <br>B4 | MP10 |

| Ortsbewegliche Tanks und Schüttgut-Container | | ADR-Tanks | | Fahrzeug für die Beförderung in Tanks | Beförderungskategorie (Tunnelbeschränkungscode) | Sondervorschriften für die Beförderung | | | | Nummer zur Kennzeichnung der Gefahr | UN-Nummer | Verlagshinweis *„Gut zu wissen"* |
|---|---|---|---|---|---|---|---|---|---|---|---|---|
| Anweisungen | Sondervorschriften | Tankcodierung | Sondervorschriften | | | Versandstücke | lose Schüttung | Be- und Entladung, Handhabung | Betrieb | | | |
| 4.2.5.2<br>7.3.2 | 4.2.5.3 | 4.3 | 4.3.5<br>6.8.4 | 9.1.1.2 | 1.1.3.6<br>(8.6) | 7.2.4 | 7.3.3 | 7.5.11 | 8.5 | 5.3.2.3 | | |
| (10) | (11) | (12) | (13) | (14) | (15) | (16) | (17) | (18) | (19) | (20) | (1) | |
| T7 | TP1<br>TP28 | L4BN | | AT | 3<br>(E) | V12 | | | | 80 | 2735 | |
| T7 | TP2 | L4BH | TU15<br>TE19 | AT | 2<br>(D/E) | | | CV13<br>CV28 | S9<br>S19 | 60 | 2738 | |
| T4 | TP1 | L4BN | | AT | 3<br>(E) | V12 | | | | 80 | 2739 | |
| T20 | TP2 | L10CH | TU14<br>TU15<br>TE19<br>TE21 | FL | 1<br>(C/D) | | | CV1<br>CV13<br>CV28 | S2<br>S9<br>S14 | 668 | 2740 | |
| T3 | TP33 | SGAN | TU3 | AT | 2<br>(E) | V11 | | CV24<br>CV28 | | 56 | 2741 | |
| | | L4BH | TU15<br>TE19 | FL | 2<br>(D/E) | | | CV13<br>CV28 | S2<br>S9<br>S19 | 638 | 2742 | |
| T20 | TP2 | L4BH | TU15<br>TE19 | FL | 2<br>(D/E) | | | CV13<br>CV28 | S2<br>S9<br>S19 | 638 | 2743 | |
| T7 | TP2 | L4BH | TU15<br>TE19 | FL | 2<br>(D/E) | | | CV13<br>CV28 | S2<br>S9<br>S19 | 638 | 2744 | |
| T7 | TP2 | L4BH | TU15<br>TE19 | AT | 2<br>(D/E) | | | CV13<br>CV28 | S9<br>S19 | 68 | 2745 | |
| T7 | TP2 | L4BH | TU15<br>TE19 | AT | 2<br>(D/E) | | | CV13<br>CV28 | S9<br>S19 | 68 | 2746 | |
| T4 | TP1 | L4BH | TU15<br>TE19 | AT | 2<br>(E) | V12 | | CV13<br>CV28 | S9 | 60 | 2747 | |
| T7 | TP2 | L4BH | TU15<br>TE19 | AT | 2<br>(D/E) | | | CV13<br>CV28 | S9<br>S19 | 68 | 2748 | |
| T14 | TP2 | L4BN | | FL | 1<br>(D/E) | | | | S2<br>S20 | 33 | 2749 | |
| T7 | TP2 | L4BH | TU15<br>TE19 | AT | 2<br>(D/E) | | | CV13<br>CV28 | S9<br>S19 | 60 | 2750 | |
| T7 | TP2 | L4BN | | AT | 2<br>(E) | | | | | 80 | 2751 | |
| T2 | TP1 | LGBF | | FL | 3<br>(D/E) | V12 | | | S2 | 30 | 2752 | |
| T7 | TP1 | L4BH | TU15<br>TE19 | AT | 2<br>(E) | V12 | | CV13<br>CV28 | S9 | 60 | 2753 | *→UN 3460* |
| T7 | TP2 | L4BH | TU15<br>TE19 | AT | 2<br>(D/E) | | | CV13<br>CV28 | S9<br>S19 | 60 | 2754 | |
| T6 | TP33 | S10AH<br>L10CH | TU14<br>TU15<br>TE19<br>TE21 | AT | 1<br>(C/E) | V10 | | CV1<br>CV13<br>CV28 | S9<br>S14 | 66 | 2757 | |
| T3 | TP33 | SGAH<br>L4BH | TU15<br>TE19 | AT | 2<br>(D/E) | V11 | | CV13<br>CV28 | S9<br>S19 | 60 | 2757 | |

| Verlagshinweis: Sicherung | Verlagshinweis: Fahrweg | UN-Nummer | Benennung und Beschreibung | Klasse | Klassifizierungscode | Verpackungsgruppe | Gefahrzettel | Sondervorschriften | Begrenzte und freigestellte Mengen | | Verpackungen: Anweisungen | Verpackungen: Sondervorschriften | Verpackungen: Zusammenpackung |
|---|---|---|---|---|---|---|---|---|---|---|---|---|---|
| | | | 3.1.2 | 2.2 | 2.2 | 2.1.1.3 | 5.2.2 | 3.3 | 3.4/3.5.1.2 | | 4.1.4 | 4.1.4 | 4.1.10 |
| | | (1) | (2) | (3a) | (3b) | (4) | (5) | (6) | (7a) | (7b) | (8) | (9a) | (9b) |
| | | 2757 | CARBAMAT-PESTIZID, FEST, GIFTIG | 6.1 | T7 | III | 6.1 | 61<br>274<br>648 | 5 kg | E1 | P002<br>IBC08<br>LP02<br>R001 | B3 | MP10 |
| ! | ● | 2758 | CARBAMAT-PESTIZID, FLÜSSIG, ENTZÜNDBAR, GIFTIG, Flammpunkt unter 23 °C | 3 | FT2 | I | 3+6.1 | 61<br>274 | 0 | E0 | P001 | | MP7<br>MP17 |
| ! | ● | 2758 | CARBAMAT-PESTIZID, FLÜSSIG, ENTZÜNDBAR, GIFTIG, Flammpunkt unter 23 °C | 3 | FT2 | II | 3+6.1 | 61<br>274 | 1 L | E2 | P001<br>IBC02<br>R001 | | MP19 |
| ! | | 2759 | ARSENHALTIGES PESTIZID, FEST, GIFTIG | 6.1 | T7 | I | 6.1 | 61<br>274<br>648 | 0 | E5 | P002<br>IBC07 | | MP18 |
| | | 2759 | ARSENHALTIGES PESTIZID, FEST, GIFTIG | 6.1 | T7 | II | 6.1 | 61<br>274<br>648 | 500 g | E4 | P002<br>IBC08 | B4 | MP10 |
| | | 2759 | ARSENHALTIGES PESTIZID, FEST, GIFTIG | 6.1 | T7 | III | 6.1 | 61<br>274<br>648 | 5 kg | E1 | P002<br>IBC08<br>LP02<br>R001 | B3 | MP10 |
| ! | ● | 2760 | ARSENHALTIGES PESTIZID, FLÜSSIG, ENTZÜNDBAR, GIFTIG, Flammpunkt unter 23 °C | 3 | FT2 | I | 3+6.1 | 61<br>274 | 0 | E0 | P001 | | MP7<br>MP17 |
| ! | ● | 2760 | ARSENHALTIGES PESTIZID, FLÜSSIG, ENTZÜNDBAR, GIFTIG, Flammpunkt unter 23 °C | 3 | FT2 | II | 3+6.1 | 61<br>274 | 1 L | E2 | P001<br>IBC02<br>R001 | | MP19 |
| ! | | 2761 | ORGANOCHLOR-PESTIZID, FEST, GIFTIG | 6.1 | T7 | I | 6.1 | 61<br>274<br>648 | 0 | E5 | P002<br>IBC07 | | MP18 |
| | | 2761 | ORGANOCHLOR-PESTIZID, FEST, GIFTIG | 6.1 | T7 | II | 6.1 | 61<br>274<br>648 | 500 g | E4 | P002<br>IBC08 | B4 | MP10 |
| | | 2761 | ORGANOCHLOR-PESTIZID, FEST, GIFTIG | 6.1 | T7 | III | 6.1 | 61<br>274<br>648 | 5 kg | E1 | P002<br>IBC08<br>LP02<br>R001 | B3 | MP10 |
| ! | ● | 2762 | ORGANOCHLOR-PESTIZID, FLÜSSIG, ENTZÜNDBAR, GIFTIG, Flammpunkt unter 23 °C | 3 | FT2 | I | 3+6.1 | 61<br>274 | 0 | E0 | P001 | | MP7<br>MP17 |
| ! | ● | 2762 | ORGANOCHLOR-PESTIZID, FLÜSSIG, ENTZÜNDBAR, GIFTIG, Flammpunkt unter 23 °C | 3 | FT2 | II | 3+6.1 | 61<br>274 | 1 L | E2 | P001<br>IBC02<br>R001 | | MP19 |
| ! | | 2763 | TRIAZIN-PESTIZID, FEST, GIFTIG | 6.1 | T7 | I | 6.1 | 61<br>274<br>648 | 0 | E5 | P002<br>IBC07 | | MP18 |
| | | 2763 | TRIAZIN-PESTIZID, FEST, GIFTIG | 6.1 | T7 | II | 6.1 | 61<br>274<br>648 | 500 g | E4 | P002<br>IBC08 | B4 | MP10 |
| | | 2763 | TRIAZIN-PESTIZID, FEST, GIFTIG | 6.1 | T7 | III | 6.1 | 61<br>274<br>648 | 5 kg | E1 | P002<br>IBC08<br>R001 | B3 | MP10 |
| ! | ● | 2764 | TRIAZIN-PESTIZID, FLÜSSIG, ENTZÜNDBAR, GIFTIG, Flammpunkt unter 23 °C | 3 | FT2 | I | 3+6.1 | 61<br>274 | 0 | E0 | P001 | | MP7<br>MP17 |

| Ortsbewegliche Tanks und Schüttgut-Container | | ADR-Tanks | | Fahrzeug für die Beförderung in Tanks | Beförderungskategorie (Tunnelbeschränkungscode) | Sondervorschriften für die Beförderung | | | | Nummer zur Kennzeichnung der Gefahr | UN-Nummer | Verlagshinweis *„Gut zu wissen"* |
|---|---|---|---|---|---|---|---|---|---|---|---|---|
| Anweisungen | Sondervorschriften | Tankcodierung | Sondervorschriften | | | Versandstücke | lose Schüttung | Be- und Entladung, Handhabung | Betrieb | | | |
| 4.2.5.2 7.3.2 | 4.2.5.3 | 4.3 | 4.3.5 6.8.4 | 9.1.1.2 | 1.1.3.6 (8.6) | 7.2.4 | 7.3.3 | 7.5.11 | 8.5 | 5.3.2.3 | | |
| (10) | (11) | (12) | (13) | (14) | (15) | (16) | (17) | (18) | (19) | (20) | (1) | |
| T1 | TP33 | SGAH L4BH | TU15 TE19 | AT | 2 (E) | | VC1 VC2 AP7 | CV13 CV28 | S9 | 60 | 2757 | |
| T14 | TP2 TP27 | L10CH | TU14 TU15 TE21 | FL | 1 (C/E) | | | CV13 CV28 | S2 S22 | 336 | 2758 | |
| T11 | TP2 TP27 | L4BH | TU15 | FL | 2 (D/E) | | | CV13 CV28 | S2 S22 | 336 | 2758 | |
| T6 | TP33 | S10AH L10CH | TU14 TU15 TE19 TE21 | AT | 1 (C/E) | V10 | | CV1 CV13 CV28 | S9 S14 | 66 | 2759 | |
| T3 | TP33 | SGAH L4BH | TU15 TE19 | AT | 2 (D/E) | V11 | | CV13 CV28 | S9 S19 | 60 | 2759 | |
| T1 | TP33 | SGAH L4BH | TU15 TE19 | AT | 2 (E) | | VC1 VC2 AP7 | CV13 CV28 | S9 | 60 | 2759 | |
| T14 | TP2 TP27 | L10CH | TU14 TU15 TE21 | FL | 1 (C/E) | | | CV13 CV28 | S2 S22 | 336 | 2760 | |
| T11 | TP2 TP27 | L4BH | TU15 | FL | 2 (D/E) | | | CV13 CV28 | S2 S22 | 336 | 2760 | |
| T6 | TP33 | S10AH L10CH | TU14 TU15 TE19 TE21 | AT | 1 (C/E) | V10 | | CV1 CV13 CV28 | S9 S14 | 66 | 2761 | |
| T3 | TP33 | SGAH L4BH | TU15 TE19 | AT | 2 (D/E) | V11 | | CV13 CV28 | S9 S19 | 60 | 2761 | |
| T1 | TP33 | SGAH L4BH | TU15 TE19 | AT | 2 (E) | | VC1 VC2 AP7 | CV13 CV28 | S9 | 60 | 2761 | |
| T14 | TP2 TP27 | L10CH | TU14 TU15 TE21 | FL | 1 (C/E) | | | CV13 CV28 | S2 S22 | 336 | 2762 | |
| T11 | TP2 TP27 | L4BH | TU15 | FL | 2 (D/E) | | | CV13 CV28 | S2 S22 | 336 | 2762 | |
| T6 | TP33 | S10AH L10CH | TU14 TU15 TE19 TE21 | AT | 1 (C/E) | V10 | | CV1 CV13 CV28 | S9 S14 | 66 | 2763 | |
| T3 | TP33 | SGAH L4BH | TU15 TE19 | AT | 2 (D/E) | V11 | | CV13 CV28 | S9 S19 | 60 | 2763 | |
| T1 | TP33 | SGAH L4BH | TU15 TE19 | AT | 2 (E) | | VC1 VC2 AP7 | CV13 CV28 | S9 | 60 | 2763 | |
| T14 | TP2 TP27 | L10CH | TU14 TU15 TE21 | FL | 1 (C/E) | | | CV13 CV28 | S2 S22 | 336 | 2764 | |

## UN-numerisches Verzeichnis (Tabelle A)

| Verlagshinweis: Sicherung | Verlagshinweis: Fahrweg | UN-Nummer | Benennung und Beschreibung | Klasse | Klassifizierungscode | Verpackungsgruppe | Gefahrzettel | Sondervorschriften | Begrenzte und freigestellte Mengen | | Verpackungen: Anweisungen | Verpackungen: Sondervorschriften | Verpackungen: Zusammenpackung |
|---|---|---|---|---|---|---|---|---|---|---|---|---|---|
| | | | 3.1.2 | 2.2 | 2.2 | 2.1.1.3 | 5.2.2 | 3.3 | 3.4/3.5.1.2 | | 4.1.4 | 4.1.4 | 4.1.10 |
| | | (1) | (2) | (3a) | (3b) | (4) | (5) | (6) | (7a) | (7b) | (8) | (9a) | (9b) |
| ! | ● | 2764 | TRIAZIN-PESTIZID, FLÜSSIG, ENTZÜNDBAR, GIFTIG, Flammpunkt unter 23 °C | 3 | FT2 | II | 3+6.1 | 61<br>274 | 1 L | E2 | P001<br>IBC02<br>R001 | | MP19 |
| ! | | 2771 | THIOCARBAMAT-PESTIZID, FEST, GIFTIG | 6.1 | T7 | I | 6.1 | 61<br>274<br>648 | 0 | E5 | P002<br>IBC07 | | MP18 |
| | | 2771 | THIOCARBAMAT-PESTIZID, FEST, GIFTIG | 6.1 | T7 | II | 6.1 | 61<br>274<br>648 | 500 g | E4 | P002<br>IBC08 | B4 | MP10 |
| | | 2771 | THIOCARBAMAT-PESTIZID, FEST, GIFTIG | 6.1 | T7 | III | 6.1 | 61<br>274<br>648 | 5 kg | E1 | P002<br>IBC08<br>LP02<br>R001 | B3 | MP10 |
| ! | ● | 2772 | THIOCARBAMAT-PESTIZID, FLÜSSIG, ENTZÜNDBAR, GIFTIG, Flammpunkt unter 23 °C | 3 | FT2 | I | 3+6.1 | 61<br>274 | 0 | E0 | P001 | | MP7<br>MP17 |
| ! | ● | 2772 | THIOCARBAMAT-PESTIZID, FLÜSSIG, ENTZÜNDBAR, GIFTIG, Flammpunkt unter 23 °C | 3 | FT2 | II | 3+6.1 | 61<br>274 | 1 L | E2 | P001<br>IBC02<br>R001 | | MP19 |
| ! | | 2775 | KUPFERHALTIGES PESTIZID, FEST, GIFTIG | 6.1 | T7 | I | 6.1 | 61<br>274<br>648 | 0 | E5 | P002<br>IBC07 | | MP18 |
| | | 2775 | KUPFERHALTIGES PESTIZID, FEST, GIFTIG | 6.1 | T7 | II | 6.1 | 61<br>274<br>648 | 500 g | E4 | P002<br>IBC08 | B4 | MP10 |
| | | 2775 | KUPFERHALTIGES PESTIZID, FEST, GIFTIG | 6.1 | T7 | III | 6.1 | 61<br>274<br>648 | 5 kg | E1 | P002<br>IBC08<br>LP02<br>R001 | B3 | MP10 |
| ! | ● | 2776 | KUPFERHALTIGES PESTIZID, FLÜSSIG, ENTZÜNDBAR, GIFTIG, Flammpunkt unter 23 °C | 3 | FT2 | I | 3+6.1 | 61<br>274 | 0 | E0 | P001 | | MP7<br>MP17 |
| | ● | 2776 | KUPFERHALTIGES PESTIZID, FLÜSSIG, ENTZÜNDBAR, GIFTIG, Flammpunkt unter 23 °C | 3 | FT2 | II | 3+6.1 | 61<br>274 | 1 L | E2 | P001<br>IBC02<br>R001 | | MP19 |
| ! | | 2777 | QUECKSILBERHALTIGES PESTIZID, FEST, GIFTIG | 6.1 | T7 | I | 6.1 | 61<br>274<br>648 | 0 | E5 | P002<br>IBC07 | | MP18 |
| | | 2777 | QUECKSILBERHALTIGES PESTIZID, FEST, GIFTIG | 6.1 | T7 | II | 6.1 | 61<br>274<br>648 | 500 g | E4 | P002<br>IBC08 | B4 | MP10 |
| | | 2777 | QUECKSILBERHALTIGES PESTIZID, FEST, GIFTIG | 6.1 | T7 | III | 6.1 | 61<br>274<br>648 | 5 kg | E1 | P002<br>IBC08<br>LP02<br>R001 | B3 | MP10 |
| ! | ● | 2778 | QUECKSILBERHALTIGES PESTIZID, FLÜSSIG, ENTZÜNDBAR, GIFTIG, Flammpunkt unter 23 °C | 3 | FT2 | I | 3+6.1 | 61<br>274 | 0 | E0 | P001 | | MP7<br>MP17 |
| ! | ● | 2778 | QUECKSILBERHALTIGES PESTIZID, FLÜSSIG, ENTZÜNDBAR, GIFTIG, Flammpunkt unter 23 °C | 3 | FT2 | II | 3+6.1 | 61<br>274 | 1 L | E2 | P001<br>IBC02<br>R001 | | MP19 |
| ! | | 2779 | SUBSTITUIERTES NITROPHENOL-PESTIZID, FEST, GIFTIG | 6.1 | T7 | I | 6.1 | 61<br>274<br>648 | 0 | E5 | P002<br>IBC07 | | MP18 |

| Ortsbewegliche Tanks und Schüttgut-Container | | ADR-Tanks | | Fahrzeug für die Beförderung in Tanks | Beförderungskategorie (Tunnelbeschränkungscode) | Sondervorschriften für die Beförderung | | | | Nummer zur Kennzeichnung der Gefahr | UN-Nummer | Verlagshinweis „Gut zu wissen" |
|---|---|---|---|---|---|---|---|---|---|---|---|---|
| Anweisungen | Sondervorschriften | Tankcodierung | Sondervorschriften | | | Versandstücke | lose Schüttung | Be- und Entladung, Handhabung | Betrieb | | | |
| 4.2.5.2<br>7.3.2 | 4.2.5.3 | 4.3 | 4.3.5<br>6.8.4 | 9.1.1.2 | 1.1.3.6<br>(8.6) | 7.2.4 | 7.3.3 | 7.5.11 | 8.5 | 5.3.2.3 | | |
| (10) | (11) | (12) | (13) | (14) | (15) | (16) | (17) | (18) | (19) | (20) | (1) | |
| T11 | TP2<br>TP27 | L4BH | TU15 | FL | 2<br>(D/E) | | | CV13<br>CV28 | S2<br>S22 | 336 | 2764 | |
| T6 | TP33 | S10AH<br>L10CH | TU14<br>TU15<br>TE19<br>TE21 | AT | 1<br>(C/E) | V10 | | CV1<br>CV13<br>CV28 | S9<br>S14 | 66 | 2771 | |
| T3 | TP33 | SGAH<br>L4BH | TU15<br>TE19 | AT | 2<br>(D/E) | V11 | | CV13<br>CV28 | S9<br>S19 | 60 | 2771 | |
| T1 | TP33 | SGAH<br>L4BH | TU15<br>TE19 | AT | 2<br>(E) | | VC1<br>VC2<br>AP7 | CV13<br>CV28 | S9 | 60 | 2771 | |
| T14 | TP2<br>TP27 | L10CH | TU14<br>TU15<br>TE21 | FL | 1<br>(C/E) | | | CV13<br>CV28 | S2<br>S22 | 336 | 2772 | |
| T11 | TP2<br>TP27 | L4BH | TU15 | FL | 2<br>(D/E) | | | CV13<br>CV28 | S2<br>S22 | 336 | 2772 | |
| T6 | TP33 | S10AH<br>L10CH | TU14<br>TU15<br>TE19<br>TE21 | AT | 1<br>(C/E) | V10 | | CV1<br>CV13<br>CV28 | S9<br>S14 | 66 | 2775 | |
| T3 | TP33 | SGAH<br>L4BH | TU15<br>TE19 | AT | 2<br>(D/E) | V11 | | CV13<br>CV28 | S9<br>S19 | 60 | 2775 | |
| T1 | TP33 | SGAH<br>L4BH | TU15<br>TE19 | AT | 2<br>(E) | | VC1<br>VC2<br>AP7 | CV13<br>CV28 | S9 | 60 | 2775 | |
| T14 | TP2<br>TP27 | L10CH | TU14<br>TU15<br>TE21 | FL | 1<br>(C/E) | | | CV13<br>CV28 | S2<br>S22 | 336 | 2776 | |
| T11 | TP2<br>TP27 | L4BH | TU15 | FL | 2<br>(D/E) | | | CV13<br>CV28 | S2<br>S22 | 336 | 2776 | |
| T6 | TP33 | S10AH<br>L10CH | TU14<br>TU15<br>TE19<br>TE21 | AT | 1<br>(C/E) | V10 | | CV1<br>CV13<br>CV28 | S9<br>S14 | 66 | 2777 | |
| T3 | TP33 | SGAH<br>L4BH | TU15<br>TE19 | AT | 2<br>(D/E) | V11 | | CV13<br>CV28 | S9<br>S19 | 60 | 2777 | |
| T1 | TP33 | SGAH<br>L4BH | TU15<br>TE19 | AT | 2<br>(E) | | VC1<br>VC2<br>AP7 | CV13<br>CV28 | S9 | 60 | 2777 | |
| T14 | TP2<br>TP27 | L10CH | TU14<br>TU15<br>TE21 | FL | 1<br>(C/E) | | | CV13<br>CV28 | S2<br>S22 | 336 | 2778 | |
| T11 | TP2<br>TP27 | L4BH | TU15 | FL | 2<br>(D/E) | | | CV13<br>CV28 | S2<br>S22 | 336 | 2778 | |
| T6 | TP33 | S10AH<br>L10CH | TU14<br>TU15<br>TE19<br>TE21 | AT | 1<br>(C/E) | V10 | | CV1<br>CV13<br>CV28 | S9<br>S14 | 66 | 2779 | |

## UN-numerisches Verzeichnis (Tabelle A)

| Verlagshinweis | | UN-Nummer | Benennung und Beschreibung | Klasse | Klassifizierungscode | Verpackungsgruppe | Gefahrzettel | Sondervorschriften | Begrenzte und freigestellte Mengen | | Verpackungen | | |
|---|---|---|---|---|---|---|---|---|---|---|---|---|---|
| Sicherung | Fahrweg | | | | | | | | | | Anweisungen | Sondervorschriften | Zusammenpackung |
| | | | 3.1.2 | 2.2 | 2.2 | 2.1.1.3 | 5.2.2 | 3.3 | 3.4/3.5.1.2 | | 4.1.4 | 4.1.4 | 4.1.10 |
| | | (1) | (2) | (3a) | (3b) | (4) | (5) | (6) | (7a) | (7b) | (8) | (9a) | (9b) |
| | | 2779 | SUBSTITUIERTES NITROPHENOL-PESTIZID, FEST, GIFTIG | 6.1 | T7 | II | 6.1 | 61<br>274<br>648 | 500 g | E4 | P002<br>IBC08 | <br>B4 | MP10 |
| | | 2779 | SUBSTITUIERTES NITROPHENOL-PESTIZID, FEST, GIFTIG | 6.1 | T7 | III | 6.1 | 61<br>274<br>648 | 5 kg | E1 | P002<br>IBC08<br>LP02<br>R001 | <br>B3 | MP10 |
| ! | ● | 2780 | SUBSTITUIERTES NITROPHENOL-PESTIZID, FLÜSSIG, ENTZÜNDBAR, GIFTIG, Flammpunkt unter 23 °C | 3 | FT2 | I | 3+6.1 | 61<br>274 | 0 | E0 | P001 | | MP7<br>MP17 |
| ! | ● | 2780 | SUBSTITUIERTES NITROPHENOL-PESTIZID, FLÜSSIG, ENTZÜNDBAR, GIFTIG, Flammpunkt unter 23 °C | 3 | FT2 | II | 3+6.1 | 61<br>274 | 1 L | E2 | P001<br>IBC02<br>R001 | | MP19 |
| ! | | 2781 | BIPYRIDILIUM-PESTIZID, FEST, GIFTIG | 6.1 | T7 | I | 6.1 | 61<br>274<br>648 | 0 | E5 | P002<br>IBC07 | | MP18 |
| | | 2781 | BIPYRIDILIUM-PESTIZID, FEST, GIFTIG | 6.1 | T7 | II | 6.1 | 61<br>274<br>648 | 500 g | E4 | P002<br>IBC08 | <br>B4 | MP10 |
| | | 2781 | BIPYRIDILIUM-PESTIZID, FEST, GIFTIG | 6.1 | T7 | III | 6.1 | 61<br>274<br>648 | 5 kg | E1 | P002<br>IBC08<br>LP02<br>R001 | <br>B3 | MP10 |
| ! | ● | 2782 | BIPYRIDILIUM-PESTIZID, FLÜSSIG, ENTZÜNDBAR, GIFTIG, Flammpunkt unter 23 °C | 3 | FT2 | I | 3+6.1 | 61<br>274 | 0 | E0 | P001 | | MP7<br>MP17 |
| ! | ● | 2782 | BIPYRIDILIUM-PESTIZID, FLÜSSIG, ENTZÜNDBAR, GIFTIG, Flammpunkt unter 23 °C | 3 | FT2 | II | 3+6.1 | 61<br>274 | 1 L | E2 | P001<br>IBC02<br>R001 | | MP19 |
| ! | | 2783 | ORGANOPHOSPHOR-PESTIZID, FEST, GIFTIG | 6.1 | T7 | I | 6.1 | 61<br>274<br>648 | 0 | E5 | P002<br>IBC07 | | MP18 |
| | | 2783 | ORGANOPHOSPHOR-PESTIZID, FEST, GIFTIG | 6.1 | T7 | II | 6.1 | 61<br>274<br>648 | 500 g | E4 | P002<br>IBC08 | <br>B4 | MP10 |
| | | 2783 | ORGANOPHOSPHOR-PESTIZID, FEST, GIFTIG | 6.1 | T7 | III | 6.1 | 61<br>274<br>648 | 5 kg | E1 | P002<br>IBC08<br>LP02<br>R001 | <br>B3 | MP10 |
| ! | ● | 2784 | ORGANOPHOSPHOR-PESTIZID, FLÜSSIG, ENTZÜNDBAR, GIFTIG, Flammpunkt unter 23 °C | 3 | FT2 | I | 3+6.1 | 61<br>274 | 0 | E0 | P001 | | MP7<br>MP17 |
| ! | ● | 2784 | ORGANOPHOSPHOR-PESTIZID, FLÜSSIG, ENTZÜNDBAR, GIFTIG, Flammpunkt unter 23 °C | 3 | FT2 | II | 3+6.1 | 61<br>274 | 1 L | E2 | P001<br>IBC02<br>R001 | | MP19 |
| | | 2785 | 4-THIAPENTANAL | 6.1 | T1 | III | 6.1 | | 5 L | E1 | P001<br>IBC03<br>LP01<br>R001 | | MP19 |
| ! | | 2786 | ORGANOZINN-PESTIZID, FEST, GIFTIG | 6.1 | T7 | I | 6.1 | 61<br>274<br>648 | 0 | E5 | P002<br>IBC07 | | MP18 |
| | | 2786 | ORGANOZINN-PESTIZID, FEST, GIFTIG | 6.1 | T7 | II | 6.1 | 61<br>274<br>648 | 500 g | E4 | P002<br>IBC08 | <br>B4 | MP10 |

| Ortsbewegliche Tanks und Schüttgut-Container | | ADR-Tanks | | Fahrzeug für die Beförderung in Tanks | Beförderungskategorie (Tunnelbeschränkungscode) | Sondervorschriften für die Beförderung | | | | Nummer zur Kennzeichnung der Gefahr | UN-Nummer | Verlagshinweis *„Gut zu wissen"* |
|---|---|---|---|---|---|---|---|---|---|---|---|---|
| Anweisungen | Sondervorschriften | Tankcodierung | Sondervorschriften | | | Versandstücke | lose Schüttung | Be- und Entladung, Handhabung | Betrieb | | | |
| 4.2.5.2<br>7.3.2 | 4.2.5.3 | 4.3 | 4.3.5<br>6.8.4 | 9.1.1.2 | 1.1.3.6<br>(8.6) | 7.2.4 | 7.3.3 | 7.5.11 | 8.5 | 5.3.2.3 | | |
| (10) | (11) | (12) | (13) | (14) | (15) | (16) | (17) | (18) | (19) | (20) | (1) | |
| T3 | TP33 | SGAH<br>L4BH | TU15<br>TE19 | AT | 2<br>(D/E) | V11 | | CV13<br>CV28 | S9<br>S19 | 60 | 2779 | |
| T1 | TP33 | SGAH<br>L4BH | TU15<br>TE19 | AT | 2<br>(E) | | VC1<br>VC2<br>AP7 | CV13<br>CV28 | S9 | 60 | 2779 | |
| T14 | TP2<br>TP27 | L10CH | TU14<br>TU15<br>TE21 | FL | 1<br>(C/E) | | | CV13<br>CV28 | S2<br>S22 | 336 | 2780 | |
| T11 | TP2<br>TP27 | L4BH | TU15 | FL | 2<br>(D/E) | | | CV13<br>CV28 | S2<br>S22 | 336 | 2780 | |
| T6 | TP33 | S10AH<br>L10CH | TU14<br>TU15<br>TE19<br>TE21 | AT | 1<br>(C/E) | V10 | | CV1<br>CV13<br>CV28 | S9<br>S14 | 66 | 2781 | |
| T3 | TP33 | SGAH<br>L4BH | TU15<br>TE19 | AT | 2<br>(D/E) | V11 | | CV13<br>CV28 | S9<br>S19 | 60 | 2781 | |
| T1 | TP33 | SGAH<br>L4BH | TU15<br>TE19 | AT | 2<br>(E) | | VC1<br>VC2<br>AP7 | CV13<br>CV28 | S9 | 60 | 2781 | |
| T14 | TP2<br>TP27 | L10CH | TU14<br>TU15<br>TE21 | FL | 1<br>(C/E) | | | CV13<br>CV28 | S2<br>S22 | 336 | 2782 | |
| T11 | TP2<br>TP27 | L4BH | TU15 | FL | 2<br>(D/E) | | | CV13<br>CV28 | S2<br>S22 | 336 | 2782 | |
| T6 | TP33 | S10AH<br>L10CH | TU14<br>TU15<br>TE19<br>TE21 | AT | 1<br>(C/E) | V10 | | CV1<br>CV13<br>CV28 | S9<br>S14 | 66 | 2783 | |
| T3 | TP33 | SGAH<br>L4BH | TU15<br>TE19 | AT | 2<br>(D/E) | V11 | | CV13<br>CV28 | S9<br>S19 | 60 | 2783 | |
| T1 | TP33 | SGAH<br>L4BH | TU15<br>TE19 | AT | 2<br>(E) | | VC1<br>VC2<br>AP7 | CV13<br>CV28 | S9 | 60 | 2783 | |
| T14 | TP2<br>TP27 | L10CH | TU14<br>TU15<br>TE21 | FL | 1<br>(C/E) | | | CV13<br>CV28 | S2<br>S22 | 336 | 2784 | |
| T11 | TP2<br>TP27 | L4BH | TU15 | FL | 2<br>(D/E) | | | CV13<br>CV28 | S2<br>S22 | 336 | 2784 | |
| T4 | TP1 | L4BH | TU15<br>TE19 | AT | 2<br>(E) | V12 | | CV13<br>CV28 | S9 | 60 | 2785 | |
| T6 | TP33 | S10AH<br>L10CH | TU14<br>TU15<br>TE19<br>TE21 | AT | 1<br>(C/E) | V10 | | CV1<br>CV13<br>CV28 | S9<br>S14 | 66 | 2786 | |
| T3 | TP33 | SGAH<br>L4BH | TU15<br>TE19 | AT | 2<br>(D/E) | V11 | | CV13<br>CV28 | S9<br>S19 | 60 | 2786 | |

## UN-numerisches Verzeichnis (Tabelle A)

| Verlagshinweis: Sicherung | Verlagshinweis: Fahrweg | UN-Nummer | Benennung und Beschreibung | Klasse | Klassifizierungscode | Verpackungsgruppe | Gefahrzettel | Sondervorschriften | Begrenzte und freigestellte Mengen | | Verpackungen: Anweisungen | Verpackungen: Sondervorschriften | Verpackungen: Zusammenpackung |
|---|---|---|---|---|---|---|---|---|---|---|---|---|---|
| | | | 3.1.2 | 2.2 | 2.2 | 2.1.1.3 | 5.2.2 | 3.3 | 3.4/3.5.1.2 | | 4.1.4 | 4.1.4 | 4.1.10 |
| | | (1) | (2) | (3a) | (3b) | (4) | (5) | (6) | (7a) | (7b) | (8) | (9a) | (9b) |
| | | 2786 | ORGANOZINN-PESTIZID, FEST, GIFTIG | 6.1 | T7 | III | 6.1 | 61<br>274<br>648 | 5 kg | E1 | P002<br>IBC08<br>LP02<br>R001 | B3 | MP10 |
| ! | ● | 2787 | ORGANOZINN-PESTIZID, FLÜSSIG, ENTZÜNDBAR, GIFTIG, Flammpunkt unter 23 °C | 3 | FT2 | I | 3+6.1 | 61<br>274 | 0 | E0 | P001 | | MP7<br>MP17 |
| ! | ● | 2787 | ORGANOZINN-PESTIZID, FLÜSSIG, ENTZÜNDBAR, GIFTIG, Flammpunkt unter 23 °C | 3 | FT2 | II | 3+6.1 | 61<br>274 | 1 L | E2 | P001<br>IBC02<br>R001 | | MP19 |
| ! | ● | 2788 | ORGANISCHE ZINNVERBINDUNG, FLÜSSIG, N.A.G. | 6.1 | T3 | I | 6.1 | 43<br>274 | 0 | E5 | P001 | | MP8<br>MP17 |
| | | 2788 | ORGANISCHE ZINNVERBINDUNG, FLÜSSIG, N.A.G. | 6.1 | T3 | II | 6.1 | 43<br>274 | 100 ml | E4 | P001<br>IBC02 | | MP15 |
| | | 2788 | ORGANISCHE ZINNVERBINDUNG, FLÜSSIG, N.A.G. | 6.1 | T3 | III | 6.1 | 43<br>274 | 5 L | E1 | P001<br>IBC03<br>LP01<br>R001 | | MP19 |
| | | 2789 | EISESSIG oder ESSIGSÄURE, LÖSUNG mit mehr als 80 Masse-% Säure | 8 | CF1 | II | 8+3 | | 1 L | E2 | P001<br>IBC02 | | MP15 |
| | | 2790 | ESSIGSÄURE, LÖSUNG mit mindestens 50 Masse-% und höchstens 80 Masse-% Säure | 8 | C3 | II | 8 | | 1 L | E2 | P001<br>IBC02 | | MP15 |
| | | 2790 | ESSIGSÄURE, LÖSUNG, mit mehr als 10 Masse-%, aber weniger als 50 Masse-% Säure | 8 | C3 | III | 8 | 597<br>647 | 5 L | E1 | P001<br>IBC03<br>LP01<br>R001 | | MP19 |
| | | 2793 | METALLISCHES EISEN als BOHRSPÄNE, FRÄSSPÄNE, DREHSPÄNE, ABFÄLLE in selbsterhitzungsfähiger Form | 4.2 | S4 | III | 4.2 | 592 | 0 | E1 | P003<br>IBC08<br>LP02<br>R001 | PP20<br>B3 B6 | MP14 |
| | | 2794 | BATTERIEN (AKKUMULATOREN), NASS, GEFÜLLT MIT SÄURE, elektrische Sammler | 8 | C11 | | 8 | 295<br>598 | 1 L | E0 | P801 | | |
| | | 2795 | BATTERIEN (AKKUMULATOREN), NASS, GEFÜLLT MIT ALKALIEN, elektrische Sammler | 8 | C11 | | 8 | 295<br>401<br>598 | 1 L | E0 | P801 | | |
| | | 2796 | SCHWEFELSÄURE mit höchstens 51 % Säure oder BATTERIEFLÜSSIGKEIT, SAUER | 8 | C1 | II | 8 | | 1 L | E2 | P001<br>IBC02 | | MP15 |
| | | 2797 | BATTERIEFLÜSSIGKEIT, ALKALISCH | 8 | C5 | II | 8 | | 1 L | E2 | P001<br>IBC02 | | MP15 |
| | | 2798 | PHENYLPHOSPHORDICHLORID | 8 | C3 | II | 8 | | 1 L | E0 | P001<br>IBC02 | | MP15 |
| | | 2799 | PHENYLPHOSPHORTHIODICHLORID | 8 | C3 | II | 8 | | 1 L | E0 | P001<br>IBC02 | | MP15 |
| | | 2800 | BATTERIEN (AKKUMULATOREN), NASS, AUSLAUFSICHER, elektrische Sammler | 8 | C11 | | 8 | 238<br>295<br>598 | 1 L | E0 | P003<br>P801 | PP16 | |
| ! | | 2801 | FARBSTOFF, FLÜSSIG, ÄTZEND, N.A.G. oder FARBSTOFFZWISCHENPRODUKT, FLÜSSIG, ÄTZEND, N.A.G. | 8 | C9 | I | 8 | 274 | 0 | E0 | P001 | | MP8<br>MP17 |
| | | 2801 | FARBSTOFF, FLÜSSIG, ÄTZEND, N.A.G. oder FARBSTOFFZWISCHENPRODUKT, FLÜSSIG, ÄTZEND, N.A.G. | 8 | C9 | II | 8 | 274 | 1 L | E2 | P001<br>IBC02 | | MP15 |

| Ortsbewegliche Tanks und Schüttgut-Container | | ADR-Tanks | | Fahrzeug für die Beförderung in Tanks | Beförderungskategorie (Tunnelbeschränkungscode) | Sondervorschriften für die Beförderung | | | | Nummer zur Kennzeichnung der Gefahr | UN-Nummer | Verlagshinweis „Gut zu wissen" |
|---|---|---|---|---|---|---|---|---|---|---|---|---|
| Anweisungen | Sondervorschriften | Tankcodierung | Sondervorschriften | | | Versandstücke | lose Schüttung | Be- und Entladung, Handhabung | Betrieb | | | |
| 4.2.5.2 7.3.2 | 4.2.5.3 | 4.3 | 4.3.5 6.8.4 | 9.1.1.2 | 1.1.3.6 (8.6) | 7.2.4 | 7.3.3 | 7.5.11 | 8.5 | 5.3.2.3 | | |
| (10) | (11) | (12) | (13) | (14) | (15) | (16) | (17) | (18) | (19) | (20) | (1) | |
| T1 | TP33 | SGAH L4BH | TU15 TE19 | AT | 2 (E) | | VC1 VC2 AP7 | CV13 CV28 | S9 | 60 | 2786 | |
| T14 | TP2 TP27 | L10CH | TU14 TU15 TE21 | FL | 1 (C/E) | | | CV13 CV28 | S2 S22 | 336 | 2787 | |
| T11 | TP2 TP27 | L4BH | TU15 | FL | 2 (D/E) | | | CV13 CV28 | S2 S22 | 336 | 2787 | |
| T14 | TP2 TP27 | L10CH | TU14 TU15 TE19 TE21 | AT | 1 (C/E) | | | CV1 CV13 CV28 | S9 S14 | 66 | 2788 | |
| T11 | TP2 TP27 | L4BH | TU15 TE19 | AT | 2 (D/E) | | | CV13 CV28 | S9 S19 | 60 | 2788 | |
| T7 | TP2 TP28 | L4BH | TU15 TE19 | AT | 2 (E) | V12 | | CV13 CV28 | S9 | 60 | 2788 | |
| T7 | TP2 | L4BN | | FL | 2 (D/E) | | | | S2 | 83 | 2789 | |
| T7 | TP2 | L4BN | | AT | 2 (E) | | | | | 80 | 2790 | |
| T4 | TP1 | L4BN | | AT | 3 (E) | V12 | | | | 80 | 2790 | |
| BK2 | | | | | 3 (E) | V1 | VC1 VC2 AP1 | | | 40 | 2793 | |
| | | | | | 3 (E) | | VC1 VC2 AP8 | | | 80 | 2794 | →*UN 3363* |
| | | | | | 3 (E) | | VC1 VC2 AP8 | | | 80 | 2795 | →*UN 3363* |
| T8 | TP2 | L4BN | TU42 | AT | 2 (E) | | | | | 80 | 2796 | |
| T7 | TP2 TP28 | L4BN | | AT | 2 (E) | | | | | 80 | 2797 | |
| T7 | TP2 | L4BN | | AT | 2 (E) | | | | | 80 | 2798 | |
| T7 | TP2 | L4BN | | AT | 2 (E) | | | | | 80 | 2799 | |
| | | | | | 3 (E) | | VC1 VC2 AP8 | | | 80 | 2800 | →*UN 3363* |
| T14 | TP2 TP27 | L10BH | | AT | 1 (E) | | | | S20 | 88 | 2801 | |
| T11 | TP2 TP27 | L4BN | | AT | 2 (E) | | | | | 80 | 2801 | |

## UN-numerisches Verzeichnis (Tabelle A)

| Verlagshinweis | | UN-Nummer | Benennung und Beschreibung | Klasse | Klassifizierungscode | Verpackungsgruppe | Gefahrzettel | Sondervorschriften | Begrenzte und freigestellte Mengen | | Verpackungen | | |
|---|---|---|---|---|---|---|---|---|---|---|---|---|---|
| Sicherung | Fahrweg | | | | | | | | | | Anweisungen | Sondervorschriften | Zusammenpackung |
| | | | 3.1.2 | 2.2 | 2.2 | 2.1.1.3 | 5.2.2 | 3.3 | 3.4/3.5.1.2 | | 4.1.4 | 4.1.4 | 4.1.10 |
| | | (1) | (2) | (3a) | (3b) | (4) | (5) | (6) | (7a) | (7b) | (8) | (9a) | (9b) |
| | | 2801 | FARBSTOFF, FLÜSSIG, ÄTZEND, N.A.G. oder FARBSTOFFZWISCHENPRODUKT, FLÜSSIG, ÄTZEND, N.A.G. | 8 | C9 | III | 8 | 274 | 5 L | E1 | P001<br>IBC03<br>LP01<br>R001 | | MP19 |
| | | 2802 | KUPFERCHLORID | 8 | C2 | III | 8 | | 5 kg | E1 | P002<br>IBC08<br>LP02<br>R001 | B3 | MP10 |
| | | 2803 | GALLIUM | 8 | C10 | III | 8 | 365 | 5 kg | E0 | P800 | PP41 | MP10 |
| | | 2805 | LITHIUMHYDRID, GESCHMOLZEN UND ERSTARRT | 4.3 | W2 | II | 4.3 | | 500 g | E2 | P410<br>IBC04 | PP40 | MP14 |
| | | 2806 | LITHIUMNITRID | 4.3 | W2 | I | 4.3 | | 0 | E0 | P403<br>IBC04 | | MP2 |
| | | 2807 | Magnetisierte Stoffe | 9 | M11 | UNTERLIEGT NICHT DEN VORSCHRIFTEN DES ADR | | | | | | | |
| | | 2809 | QUECKSILBER | 8 | CT1 | III | 8+6.1 | 365 | 5 kg | E0 | P800 | | MP15 |
| ! | ● | 2810 | GIFTIGER ORGANISCHER FLÜSSIGER STOFF, N.A.G. | 6.1 | T1 | I | 6.1 | 274<br>315<br>614 | 0 | E5 | P001 | | MP8<br>MP17 |
| | | 2810 | GIFTIGER ORGANISCHER FLÜSSIGER STOFF, N.A.G. | 6.1 | T1 | II | 6.1 | 274<br>614 | 100 ml | E4 | P001<br>IBC02 | | MP15 |
| | | 2810 | GIFTIGER ORGANISCHER FLÜSSIGER STOFF, N.A.G. | 6.1 | T1 | III | 6.1 | 274<br>614 | 5 L | E1 | P001<br>IBC03<br>LP01<br>R001 | | MP19 |
| ! | | 2811 | GIFTIGER ORGANISCHER FESTER STOFF, N.A.G. | 6.1 | T2 | I | 6.1 | 274<br>614 | 0 | E5 | P002<br>IBC07 | | MP18 |
| | | 2811 | GIFTIGER ORGANISCHER FESTER STOFF, N.A.G. | 6.1 | T2 | II | 6.1 | 274<br>614 | 500 g | E4 | P002<br>IBC08 | B4 | MP10 |
| | | 2811 | GIFTIGER ORGANISCHER FESTER STOFF, N.A.G. | 6.1 | T2 | III | 6.1 | 274<br>614 | 5 kg | E1 | P002<br>IBC08<br>LP02<br>R001 | B3 | MP10 |
| | | 2812 | Natriumaluminat, fest | 8 | C6 | UNTERLIEGT NICHT DEN VORSCHRIFTEN DES ADR | | | | | | | |
| ! | | 2813 | MIT WASSER REAGIERENDER FESTER STOFF, N.A.G. | 4.3 | W2 | I | 4.3 | 274 | 0 | E0 | P403<br>IBC99 | | MP2 |
| | | 2813 | MIT WASSER REAGIERENDER FESTER STOFF, N.A.G. | 4.3 | W2 | II | 4.3 | 274 | 500 g | E2 | P410<br>IBC07 | | MP14 |
| | | 2813 | MIT WASSER REAGIERENDER FESTER STOFF, N.A.G. | 4.3 | W2 | III | 4.3 | 274 | 1 kg | E1 | P410<br>IBC08<br>R001 | B4 | MP14 |
| ! | | 2814 | ANSTECKUNGSGEFÄHRLICHER STOFF, GEFÄHRLICH FÜR MENSCHEN | 6.2 | I1 | | 6.2 | 318 | 0 | E0 | P620 | | MP5 |
| ! | | 2814 | ANSTECKUNGSGEFÄHRLICHER STOFF, GEFÄHRLICH FÜR MENSCHEN, in tiefgekühlt verflüssigtem Stickstoff | 6.2 | I1 | | 6.2+2.2 | 318 | 0 | E0 | P620 | | MP5 |

| Ortsbewegliche Tanks und Schüttgut-Container | | ADR-Tanks | | Fahrzeug für die Beförderung in Tanks | Beförderungskategorie (Tunnelbeschränkungscode) | Sondervorschriften für die Beförderung | | | | Nummer zur Kennzeichnung der Gefahr | UN-Nummer | Verlagshinweis *„Gut zu wissen"* |
|---|---|---|---|---|---|---|---|---|---|---|---|---|
| Anweisungen | Sondervorschriften | Tankcodierung | Sondervorschriften | | | Versandstücke | lose Schüttung | Be- und Entladung, Handhabung | Betrieb | | | |
| 4.2.5.2<br>7.3.2 | 4.2.5.3 | 4.3 | 4.3.5<br>6.8.4 | 9.1.1.2 | 1.1.3.6<br>(8.6) | 7.2.4 | 7.3.3 | 7.5.11 | 8.5 | 5.3.2.3 | | |
| (10) | (11) | (12) | (13) | (14) | (15) | (16) | (17) | (18) | (19) | (20) | (1) | |
| T7 | TP1<br>TP28 | L4BN | | AT | 3<br>(E) | V12 | | | | 80 | 2801 | |
| T1 | TP33 | SGAV | | AT | 3<br>(E) | | VC1<br>VC2<br>AP7 | | | 80 | 2802 | |
| T1 | TP33 | SGAV<br>L4BN | | AT | 3<br>(E) | | VC1<br>VC2<br>AP7 | | | 80 | 2803 | *→1.1.3.10* |
| T3 | TP33 | SGAN | | AT | 2<br>(D/E) | V1 | | CV23 | | 423 | 2805 | |
| | | | | | 1<br>(E) | V1 | | CV23 | S20 | | 2806 | |
| UNTERLIEGT NICHT DEN VORSCHRIFTEN DES ADR | | | | | | | | | | | 2807 | |
| | | L4BN | | AT | 3<br>(E) | | | CV13<br>CV28 | | 86 | 2809 | |
| T14 | TP2<br>TP27 | L10CH | TU14<br>TU15<br>TE19<br>TE21 | AT | 1<br>(C/E) | | | CV1<br>CV13<br>CV28 | S9<br>S14 | 66 | 2810 | |
| T11 | TP2<br>TP27 | L4BH | TU15<br>TE19 | AT | 2<br>(D/E) | | | CV13<br>CV28 | S9<br>S19 | 60 | 2810 | |
| T7 | TP1<br>TP28 | L4BH | TU15<br>TE19 | AT | 2<br>(E) | V12 | | CV13<br>CV28 | S9 | 60 | 2810 | |
| T6 | TP33 | S10AH<br>L10CH | TU15<br>TE19 | AT | 1<br>(C/E) | V10 | | CV1<br>CV13<br>CV28 | S9<br>S14 | 66 | 2811 | *→5.3.3*<br>*→5.4.1.1.14* |
| T3 | TP33 | SGAH<br>L4BH | TU15<br>TE19 | AT | 2<br>(D/E) | V11 | | CV13<br>CV28 | S9<br>S19 | 60 | 2811 | *→5.3.3*<br>*→5.4.1.1.14* |
| T1 | TP33 | SGAH<br>L4BH | TU15<br>TE19 | AT | 2<br>(E) | | VC1<br>VC2<br>AP7 | CV13<br>CV28 | S9 | 60 | 2811 | *→5.3.3*<br>*→5.4.1.1.14* |
| UNTERLIEGT NICHT DEN VORSCHRIFTEN DES ADR | | | | | | | | | | | 2812 | |
| T9 | TP7<br>TP33 | S10AN<br>L10DH | TU4<br>TU14<br>TU22<br>TE21<br>TM2 | AT | 0<br>(B/E) | V1 | | CV23 | S20 | X423 | 2813 | |
| T3 | TP33 | SGAN | | AT | 0<br>(D/E) | V1 | | CV23 | | 423 | 2813 | |
| T1 | TP33 | SGAN | | AT | 0<br>(E) | V1 | VC1<br>VC2<br>AP3<br>AP4<br>AP5 | CV23 | | 423 | 2813 | |
| | | | | | 0<br>(–) | | | CV13<br>CV25<br>CV26<br>CV28 | S3<br>S9<br>S15 | | 2814 | *→2.2.62.1.5*<br>*→2.2.62.2*<br>*→UN 3373*<br>*→UN 2900* |
| | | | | | 0<br>(E) | | | CV13<br>CV25<br>CV26<br>CV28 | S3<br>S9<br>S15 | | 2814 | *→2.2.62.1.5*<br>*→UN 3373* |

| Verlagshinweis | | UN-Nummer | Benennung und Beschreibung | Klasse | Klassifizierungscode | Verpackungsgruppe | Gefahrzettel | Sondervorschriften | Begrenzte und freigestellte Mengen | | Verpackungen | | |
|---|---|---|---|---|---|---|---|---|---|---|---|---|---|
| Sicherung | Fahrweg | | | | | | | | | | Anweisungen | Sondervorschriften | Zusammenpackung |
| | | | 3.1.2 | 2.2 | 2.2 | 2.1.1.3 | 5.2.2 | 3.3 | 3.4/3.5.1.2 | | 4.1.4 | 4.1.4 | 4.1.10 |
| | | (1) | (2) | (3a) | (3b) | (4) | (5) | (6) | (7a) | (7b) | (8) | (9a) | (9b) |
| ! | | 2814 | ANSTECKUNGSGEFÄHRLICHER STOFF, GEFÄHRLICH FÜR MENSCHEN (nur tierische Stoffe) | 6.2 | I1 | | 6.2 | 318 | 0 | E0 | P620 | | MP5 |
| | | 2815 | N-AMINOETHYLPIPERAZIN | 8 | CT1 | III | 8+6.1 | | 5 L | E1 | P001<br>IBC03<br>LP01<br>R001 | | MP19 |
| | | 2817 | AMMONIUMHYDROGENDIFLUORID, LÖSUNG | 8 | CT1 | II | 8+6.1 | | 1 L | E2 | P001<br>IBC02 | | MP15 |
| | | 2817 | AMMONIUMHYDROGENDIFLUORID, LÖSUNG | 8 | CT1 | III | 8+6.1 | | 5 L | E1 | P001<br>IBC03<br>R001 | | MP19 |
| | | 2818 | AMMONIUMPOLYSULFID, LÖSUNG | 8 | CT1 | II | 8+6.1 | | 1 L | E2 | P001<br>IBC02 | | MP15 |
| | | 2818 | AMMONIUMPOLYSULFID, LÖSUNG | 8 | CT1 | III | 8+6.1 | | 5 L | E1 | P001<br>IBC03<br>R001 | | MP19 |
| | | 2819 | AMYLPHOSPHAT | 8 | C3 | III | 8 | | 5 L | E1 | P001<br>IBC03<br>LP01<br>R001 | | MP19 |
| | | 2820 | BUTTERSÄURE | 8 | C3 | III | 8 | | 5 L | E1 | P001<br>IBC03<br>LP01<br>R001 | | MP19 |
| | | 2821 | PHENOL, LÖSUNG | 6.1 | T1 | II | 6.1 | | 100 ml | E4 | P001<br>IBC02 | | MP15 |
| | | 2821 | PHENOL, LÖSUNG | 6.1 | T1 | III | 6.1 | | 5 L | E1 | P001<br>IBC03<br>LP01<br>R001 | | MP19 |
| | | 2822 | 2-CHLORPYRIDIN | 6.1 | T1 | II | 6.1 | | 100 ml | E4 | P001<br>IBC02 | | MP15 |
| | | 2823 | CROTONSÄURE, FEST | 8 | C4 | III | 8 | | 5 kg | E1 | P002<br>IBC08<br>LP02<br>R001 | <br>B3 | MP10 |
| | | 2826 | ETHYLCHLORTHIOFORMIAT | 8 | CF1 | II | 8+3 | | 0 | E0 | P001 | | MP15 |
| | | 2829 | CAPRONSÄURE | 8 | C3 | III | 8 | | 5 L | E1 | P001<br>IBC03<br>LP01<br>R001 | | MP19 |
| | | 2830 | LITHIUMFERROSILICID | 4.3 | W2 | II | 4.3 | | 500 g | E2 | P410<br>IBC07 | | MP14 |
| | | 2831 | 1,1,1-TRICHLORETHAN | 6.1 | T1 | III | 6.1 | | 5 L | E1 | P001<br>IBC03<br>LP01<br>R001 | | MP19 |
| | | 2834 | PHOSPHORIGE SÄURE | 8 | C2 | III | 8 | | 5 kg | E1 | P002<br>IBC08<br>LP02<br>R001 | <br>B3 | MP10 |
| | | 2835 | NATRIUMALUMINIUMHYDRID | 4.3 | W2 | II | 4.3 | | 500 g | E0 | P410<br>IBC04 | | MP14 |

| Ortsbewegliche Tanks und Schüttgut-Container | | ADR-Tanks | | Fahrzeug für die Beförderung in Tanks | Beförderungskategorie (Tunnelbeschränkungscode) | Sondervorschriften für die Beförderung | | | | Nummer zur Kennzeichnung der Gefahr | UN-Nummer | Verlagshinweis *„Gut zu wissen"* |
|---|---|---|---|---|---|---|---|---|---|---|---|---|
| Anweisungen | Sondervorschriften | Tankcodierung | Sondervorschriften | | | Versandstücke | lose Schüttung | Be- und Entladung, Handhabung | Betrieb | | | |
| 4.2.5.2<br>7.3.2 | 4.2.5.3 | 4.3 | 4.3.5<br>6.8.4 | 9.1.1.2 | 1.1.3.6<br>(8.6) | 7.2.4 | 7.3.3 | 7.5.11 | 8.5 | 5.3.2.3 | | |
| (10) | (11) | (12) | (13) | (14) | (15) | (16) | (17) | (18) | (19) | (20) | (1) | |
| BK1<br>BK2 | | | | | 0<br>(E) | | | CV13<br>CV25<br>CV26<br>CV28 | S3<br>S9<br>S15 | 606 | 2814 | *→2.2.62.1.5<br>→2.2.62.2<br>→D/BAM/ADR<br>→D: RSEB 4-8.2<br>→UN 3373<br>→UN 2900* |
| T4 | TP1 | L4BN | | AT | 3<br>(E) | V12 | | | | 86 | 2815 | |
| T8 | TP2 | L4DH | TU14<br>TE21 | AT | 2<br>(E) | | | CV13<br>CV28 | | 86 | 2817 | *→NL: VLG Art. 4* |
| T4 | TP1 | L4DH | TU14<br>TE21 | AT | 3<br>(E) | V12 | | CV13<br>CV28 | | 86 | 2817 | *→NL: VLG Art. 4* |
| T7 | TP2 | L4BN | | AT | 2<br>(E) | | | CV13<br>CV28 | | 86 | 2818 | |
| T4 | TP1 | L4BN | | AT | 3<br>(E) | V12 | | CV13<br>CV28 | | 86 | 2818 | |
| T4 | TP1 | L4BN | | AT | 3<br>(E) | V12 | | | | 80 | 2819 | |
| T4 | TP1 | L4BN | | AT | 3<br>(E) | V12 | | | | 80 | 2820 | |
| T7 | TP2 | L4BH | TU15<br>TE19 | AT | 2<br>(D/E) | | | CV13<br>CV28 | S9<br>S19 | 60 | 2821 | |
| T4 | TP1 | L4BH | TU15<br>TE19 | AT | 2<br>(E) | V12 | | CV13<br>CV28 | S9 | 60 | 2821 | |
| T7 | TP2 | L4BH | TU15<br>TE19 | AT | 2<br>(D/E) | | | CV13<br>CV28 | S9<br>S19 | 60 | 2822 | |
| T1 | TP33 | SGAV<br>L4BN | | AT | 3<br>(E) | | VC1<br>VC2<br>AP7 | | | 80 | 2823 | *→UN 3472* |
| T7 | TP2 | L4BN | | FL | 2<br>(D/E) | | | | S2 | 83 | 2826 | |
| T4 | TP1 | L4BN | | AT | 3<br>(E) | V12 | | | | 80 | 2829 | |
| T3 | TP33 | SGAN | | AT | 2<br>(D/E) | V1 | | CV23 | | 423 | 2830 | |
| T4 | TP1 | L4BH | TU15<br>TE19 | AT | 2<br>(E) | V12 | | CV13<br>CV28 | S9 | 60 | 2831 | *→D: GGAV 21* |
| T1 | TP33 | SGAV | | AT | 3<br>(E) | | VC1<br>VC2<br>AP7 | | | 80 | 2834 | |
| T3 | TP33 | SGAN | | AT | 2<br>(D/E) | V1 | | CV23 | | 423 | 2835 | |

| Verlagshinweis | | UN-Nummer | Benennung und Beschreibung | Klasse | Klassifizierungscode | Verpackungsgruppe | Gefahrzettel | Sondervorschriften | Begrenzte und freigestellte Mengen | | Verpackungen | | |
|---|---|---|---|---|---|---|---|---|---|---|---|---|---|
| | | | | | | | | | | | Anweisungen | Sondervorschriften | Zusammenpackung |
| Sicherung | Fahrweg | | 3.1.2 | 2.2 | 2.2 | 2.1.1.3 | 5.2.2 | 3.3 | 3.4/3.5.1.2 | | 4.1.4 | 4.1.4 | 4.1.10 |
| | | (1) | (2) | (3a) | (3b) | (4) | (5) | (6) | (7a) | (7b) | (8) | (9a) | (9b) |
| | | 2837 | HYDROGENSULFATE, WÄSSERIGE LÖSUNG | 8 | C1 | II | 8 | | 1 L | E2 | P001<br>IBC02 | | MP15 |
| | | 2837 | HYDROGENSULFATE, WÄSSERIGE LÖSUNG | 8 | C1 | III | 8 | | 5 L | E1 | P001<br>IBC03<br>LP01<br>R001 | | MP19 |
| ! | ● | 2838 | VINYLBUTYRAT, STABILISIERT | 3 | F1 | II | 3 | 386<br>676 | 1 L | E2 | P001<br>IBC02<br>R001 | | MP19 |
| | | 2839 | ALDOL (3-HYDROXYBUTYRALDEHYD) | 6.1 | T1 | II | 6.1 | | 100 ml | E4 | P001<br>IBC02 | | MP15 |
| | | 2840 | BUTYRALDOXIM | 3 | F1 | III | 3 | | 5 L | E1 | P001<br>IBC03<br>LP01<br>R001 | | MP19 |
| | | 2841 | DI-n-AMYLAMIN | 3 | FT1 | III | 3+6.1 | | 5 L | E1 | P001<br>IBC03<br>R001 | | MP19 |
| | | 2842 | NITROETHAN | 3 | F1 | III | 3 | | 5 L | E1 | P001<br>IBC03<br>LP01<br>R001 | | MP19 |
| | | 2844 | CALCIUMMANGANSILICIUM | 4.3 | W2 | III | 4.3 | | 1 kg | E1 | P410<br>IBC08<br>R001 | B4 | MP14 |
| ! | | 2845 | PYROPHORER ORGANISCHER FLÜSSIGER STOFF, N.A.G. | 4.2 | S1 | I | 4.2 | 274 | 0 | E0 | P400 | | MP2 |
| | | 2846 | PYROPHORER ORGANISCHER FESTER STOFF, N.A.G. | 4.2 | S2 | I | 4.2 | 274 | 0 | E0 | P404 | | MP13 |
| | | 2849 | 3-CHLORPROPAN-1-OL | 6.1 | T1 | III | 6.1 | | 5 L | E1 | P001<br>IBC03<br>LP01<br>R001 | | MP19 |
| | | 2850 | TETRAPROPYLEN (PROPYLENTETRAMER) | 3 | F1 | III | 3 | | 5 L | E1 | P001<br>IBC03<br>LP01<br>R001 | | MP19 |
| | | 2851 | BORTRIFLUORID-DIHYDRAT | 8 | C1 | II | 8 | | 1 L | E2 | P001<br>IBC02 | | MP15 |
| ! | | 2852 | DIPIKRYLSULFID, ANGEFEUCHTET mit mindestens 10 Masse-% Wasser | 4.1 | D | I | 4.1 | 28<br>545 | 0 | E0 | P406 | PP24 | MP2 |
| | | 2853 | MAGNESIUMFLUOROSILICAT | 6.1 | T5 | III | 6.1 | | 5 kg | E1 | P002<br>IBC08<br>LP02<br>R001 | B3 | MP10 |
| | | 2854 | AMMONIUMFLUOROSILICAT | 6.1 | T5 | III | 6.1 | | 5 kg | E1 | P002<br>IBC08<br>LP02<br>R001 | B3 | MP10 |
| | | 2855 | ZINKFLUOROSILICAT | 6.1 | T5 | III | 6.1 | | 5 kg | E1 | P002<br>IBC08<br>LP02<br>R001 | B3 | MP10 |

| Ortsbewegliche Tanks und Schüttgut-Container | | ADR-Tanks | | Fahrzeug für die Beförderung in Tanks | Beförderungskategorie (Tunnelbeschränkungscode) | Sondervorschriften für die Beförderung | | | | Nummer zur Kennzeichnung der Gefahr | UN-Nummer | Verlagshinweis *„Gut zu wissen"* |
|---|---|---|---|---|---|---|---|---|---|---|---|---|
| Anweisungen | Sondervorschriften | Tankcodierung | Sondervorschriften | | | Versandstücke | lose Schüttung | Be- und Entladung, Handhabung | Betrieb | | | |
| 4.2.5.2<br>7.3.2 | 4.2.5.3 | 4.3 | 4.3.5<br>6.8.4 | 9.1.1.2 | 1.1.3.6<br>(8.6) | 7.2.4 | 7.3.3 | 7.5.11 | 8.5 | 5.3.2.3 | | |
| (10) | (11) | (12) | (13) | (14) | (15) | (16) | (17) | (18) | (19) | (20) | (1) | |
| T7 | TP2 | L4BN | | AT | 2<br>(E) | | | | | 80 | 2837 | |
| T4 | TP1 | L4BN | | AT | 3<br>(E) | V12 | | | | 80 | 2837 | |
| T4 | TP1 | LGBF | | FL | 2<br>(D/E) | V8 | | | S2<br>S4<br>S20 | 339 | 2838 | |
| T7 | TP2 | L4BH | TU15<br>TE19 | AT | 2<br>(D/E) | | | CV13<br>CV28 | S9<br>S19 | 60 | 2839 | |
| T2 | TP1 | LGBF | | FL | 3<br>(D/E) | V12 | | | S2 | 30 | 2840 | |
| T4 | TP1 | L4BH | TU15 | FL | 3<br>(D/E) | V12 | | CV13<br>CV28 | S2 | 36 | 2841 | |
| T2 | TP1 | LGBF | | FL | 3<br>(D/E) | V12 | | | S2 | 30 | 2842 | |
| T1 | TP33 | SGAN | | AT | 3<br>(E) | V1 | VC1<br>VC2<br>AP3<br>AP4<br>AP5 | CV23 | | 423 | 2844 | |
| T22 | TP2<br>TP7 | L21DH | TU14<br>TC1<br>TE21<br>TM1 | AT | 0<br>(B/E) | V1 | | | S20 | 333 | 2845 | |
| | | | | | 0<br>(E) | V1 | | | S20 | | 2846 | |
| T4 | TP1 | L4BH | TU15<br>TE19 | AT | 2<br>(E) | V12 | | CV13<br>CV28 | S9 | 60 | 2849 | |
| T2 | TP1 | LGBF | | FL | 3<br>(D/E) | V12 | | | S2 | 30 | 2850 | *→D: GGAV 21* |
| T7 | TP2 | L4BN | | AT | 2<br>(E) | | | | | 80 | 2851 | |
| | | | | | 1<br>(B) | | | | S14 | | 2852 | |
| T1 | TP33 | SGAH<br>L4BH | TU15<br>TE19 | AT | 2<br>(E) | | VC1<br>VC2<br>AP7 | CV13<br>CV28 | S9 | 60 | 2853 | |
| T1 | TP33 | SGAH<br>L4BH | TU15<br>TE19 | AT | 2<br>(E) | | VC1<br>VC2<br>AP7 | CV13<br>CV28 | S9 | 60 | 2854 | |
| T1 | TP33 | SGAH<br>L4BH | TU15<br>TE19 | AT | 2<br>(E) | | VC1<br>VC2<br>AP7 | CV13<br>CV28 | S9 | 60 | 2855 | |

## UN-numerisches Verzeichnis (Tabelle A)

| Verlagshinweis Sicherung | Verlagshinweis Fahrweg | UN-Nummer | Benennung und Beschreibung | Klasse | Klassifizierungscode | Verpackungsgruppe | Gefahrzettel | Sondervorschriften | Begrenzte und freigestellte Mengen | | Verpackungen Anweisungen | Verpackungen Sondervorschriften | Verpackungen Zusammenpackung |
|---|---|---|---|---|---|---|---|---|---|---|---|---|---|
| | | | 3.1.2 | 2.2 | 2.2 | 2.1.1.3 | 5.2.2 | 3.3 | 3.4/3.5.1.2 | | 4.1.4 | 4.1.4 | 4.1.10 |
| | | (1) | (2) | (3a) | (3b) | (4) | (5) | (6) | (7a) | (7b) | (8) | (9a) | (9b) |
| | | 2856 | FLUOROSILICATE, N.A.G. | 6.1 | T5 | III | 6.1 | 274 | 5 kg | E1 | P002<br>IBC08<br>LP02<br>R001 | <br>B3 | MP10 |
| | | 2857 | KÄLTEMASCHINEN mit nicht entzündbaren, nicht giftigen Gasen oder Ammoniaklösungen (UN 2672) | 2 | 6A | | 2.2 | 119 | 0 | E0 | P003 | PP32 | MP9 |
| | | 2858 | ZIRKONIUM, TROCKEN, gerollter Draht, fertige Bleche, Streifen (dünner als 254 µm, aber nicht dünner als 18 µm) | 4.1 | F3 | III | 4.1 | 546 | 5 kg | E1 | P002<br>LP02<br>R001 | | MP11 |
| | | 2859 | AMMONIUMMETAVANADAT | 6.1 | T5 | II | 6.1 | | 500 g | E4 | P002<br>IBC08 | <br>B4 | MP10 |
| | | 2861 | AMMONIUMPOLYVANADAT | 6.1 | T5 | II | 6.1 | | 500 g | E4 | P002<br>IBC08 | <br>B4 | MP10 |
| | | 2862 | VANADIUMPENTOXID, nicht geschmolzen | 6.1 | T5 | III | 6.1 | 600 | 5 kg | E1 | P002<br>IBC08<br>LP02<br>R001 | <br>B3 | MP10 |
| | | 2863 | NATRIUMAMMONIUMVANADAT | 6.1 | T5 | II | 6.1 | | 500 g | E4 | P002<br>IBC08 | <br>B4 | MP10 |
| | | 2864 | KALIUMMETAVANADAT | 6.1 | T5 | II | 6.1 | | 500 g | E4 | P002<br>IBC08 | <br>B4 | MP10 |
| | | 2865 | HYDROXYLAMINSULFAT | 8 | C2 | III | 8 | | 5 kg | E1 | P002<br>IBC08<br>LP02<br>R001 | <br>B3 | MP10 |
| | | 2869 | TITANTRICHLORID, GEMISCH | 8 | C2 | II | 8 | | 1 kg | E2 | P002<br>IBC08 | <br>B4 | MP10 |
| | | 2869 | TITANTRICHLORID, GEMISCH | 8 | C2 | III | 8 | | 5 kg | E1 | P002<br>IBC08<br>LP02<br>R001 | <br>B3 | MP10 |
| ! | | 2870 | ALUMINIUMBORHYDRID | 4.2 | SW1 | I | 4.2+4.3 | | 0 | E0 | P400 | | MP2 |
| | | 2870 | ALUMINIUMBORHYDRID IN GERÄTEN | 4.2 | SW2 | | 4.2+4.3 | | 0 | E0 | P002 | PP13 | MP2 |
| | | 2871 | ANTIMON-PULVER | 6.1 | T5 | III | 6.1 | | 5 kg | E1 | P002<br>IBC08<br>LP02<br>R001 | <br>B3 | MP10 |
| | | 2872 | DIBROMCHLORPROPANE | 6.1 | T1 | II | 6.1 | | 100 ml | E4 | P001<br>IBC02 | | MP15 |
| | | 2872 | DIBROMCHLORPROPANE | 6.1 | T1 | III | 6.1 | | 5 L | E1 | P001<br>IBC03<br>LP01<br>R001 | | MP19 |
| | | 2873 | DIBUTYLAMINOETHANOL | 6.1 | T1 | III | 6.1 | | 5 L | E1 | P001<br>IBC03<br>LP01<br>R001 | | MP19 |
| | | 2874 | FURFURYLALKOHOL | 6.1 | T1 | III | 6.1 | | 5 L | E1 | P001<br>IBC03<br>LP01<br>R001 | | MP19 |

| Ortsbewegliche Tanks und Schüttgut-Container | | ADR-Tanks | | Fahrzeug für die Beförderung in Tanks | Beförderungskategorie (Tunnelbeschränkungscode) | Sondervorschriften für die Beförderung | | | | Nummer zur Kennzeichnung der Gefahr | UN-Nummer | Verlagshinweis „Gut zu wissen" |
|---|---|---|---|---|---|---|---|---|---|---|---|---|
| Anweisungen | Sondervorschriften | Tankcodierung | Sondervorschriften | | | Versandstücke | lose Schüttung | Be- und Entladung, Handhabung | Betrieb | | | |
| 4.2.5.2<br>7.3.2 | 4.2.5.3 | 4.3 | 4.3.5<br>6.8.4 | 9.1.1.2 | 1.1.3.6<br>(8.6) | 7.2.4 | 7.3.3 | 7.5.11 | 8.5 | 5.3.2.3 | | |
| (10) | (11) | (12) | (13) | (14) | (15) | (16) | (17) | (18) | (19) | (20) | (1) | |
| T1 | TP33 | SGAH<br>L4BH | TU15<br>TE19 | AT | 2<br>(E) | | VC1<br>VC2<br>AP7 | CV13<br>CV28 | S9 | 60 | 2856 | |
| | | | | | 3<br>(E) | | | CV9 | | | 2857 | →*D: RSEB 1-13* |
| | | | | | 3<br>(E) | | VC1<br>VC2 | | | 40 | 2858 | |
| T3 | TP33 | SGAH | TU15<br>TE19 | AT | 2<br>(D/E) | V11 | | CV13<br>CV28 | S9<br>S19 | 60 | 2859 | |
| T3 | TP33 | SGAH | TU15<br>TE19 | AT | 2<br>(D/E) | V11 | | CV13<br>CV28 | S9<br>S19 | 60 | 2861 | |
| T1 | TP33 | SGAH | TU15<br>TE19 | AT | 2<br>(E) | | VC1<br>VC2<br>AP7 | CV13<br>CV28 | S9 | 60 | 2862 | |
| T3 | TP33 | SGAH | TU15<br>TE19 | AT | 2<br>(D/E) | V11 | | CV13<br>CV28 | S9<br>S19 | 60 | 2863 | |
| T3 | TP33 | SGAH | TU15<br>TE19 | AT | 2<br>(D/E) | V11 | | CV13<br>CV28 | S9<br>S19 | 60 | 2864 | |
| T1 | TP33 | SGAV | | AT | 3<br>(E) | | VC1<br>VC2<br>AP7 | | | 80 | 2865 | |
| T3 | TP33 | SGAN | | AT | 2<br>(E) | V11 | | | | 80 | 2869 | |
| T1 | TP33 | SGAV | | AT | 3<br>(E) | | VC1<br>VC2<br>AP7 | | | 80 | 2869 | |
| T21 | TP7<br>TP33 | L21DH | TU14<br>TC1<br>TE21<br>TM1 | AT | 0<br>(B/E) | V1 | | | S20 | X333 | 2870 | |
| | | | | | 0<br>(E) | V1 | | | S20 | | 2870 | →*D: RSEB 1-13* |
| T1 | TP33 | SGAH<br>L4BH | TU15<br>TE19 | AT | 2<br>(E) | | VC1<br>VC2<br>AP7 | CV13<br>CV28 | S9 | 60 | 2871 | |
| T7 | TP2 | L4BH | TU15<br>TE19 | AT | 2<br>(D/E) | | | CV13<br>CV28 | S9<br>S19 | 60 | 2872 | |
| T4 | TP1 | L4BH | TU15<br>TE19 | AT | 2<br>(E) | V12 | | CV13<br>CV28 | S9 | 60 | 2872 | |
| T4 | TP1 | L4BH | TU15<br>TE19 | AT | 2<br>(E) | V12 | | CV13<br>CV28 | S9 | 60 | 2873 | |
| T4 | TP1 | L4BH | TU15<br>TE19 | AT | 2<br>(E) | V12 | | CV13<br>CV28 | S9 | 60 | 2874 | |

| Verlagshinweis: Sicherung | Verlagshinweis: Fahrweg | UN-Nummer | Benennung und Beschreibung | Klasse | Klassifizierungscode | Verpackungsgruppe | Gefahrzettel | Sondervorschriften | Begrenzte und freigestellte Mengen | | Verpackungen: Anweisungen | Verpackungen: Sondervorschriften | Verpackungen: Zusammenpackung |
|---|---|---|---|---|---|---|---|---|---|---|---|---|---|
| | | | 3.1.2 | 2.2 | 2.2 | 2.1.1.3 | 5.2.2 | 3.3 | 3.4/3.5.1.2 | | 4.1.4 | 4.1.4 | 4.1.10 |
| | | (1) | (2) | (3a) | (3b) | (4) | (5) | (6) | (7a) | (7b) | (8) | (9a) | (9b) |
| | | 2875 | HEXACHLOROPHEN | 6.1 | T2 | III | 6.1 | | 5 kg | E1 | P002<br>IBC08<br>LP02<br>R001 | <br>B3 | MP10 |
| | | 2876 | RESORCINOL | 6.1 | T2 | III | 6.1 | | 5 kg | E1 | P002<br>IBC08<br>LP02<br>R001 | <br>B3 | MP10 |
| | | 2878 | TITAN-SCHWAMMGRANULATE oder TITAN-SCHWAMMPULVER | 4.1 | F3 | III | 4.1 | | 5 kg | E1 | P002<br>IBC08<br>LP02<br>R001 | <br>B3 | MP11 |
| ! | | 2879 | SELENOXYCHLORID | 8 | CT1 | I | 8+6.1 | | 0 | E0 | P001 | | MP8<br>MP17 |
| | | 2880 | CALCIUMHYPOCHLORIT, HYDRATISIERT oder CALCIUMHYPOCHLORIT, HYDRATISIERTE MISCHUNG mit mindestens 5,5 %, aber höchstens 16 % Wasser | 5.1 | O2 | II | 5.1 | 314<br>322 | 1 kg | E2 | P002<br>IBC08 | <br>B4 B13 | MP10 |
| | | 2880 | CALCIUMHYPOCHLORIT, HYDRATISIERT oder CALCIUMHYPOCHLORIT, HYDRATISIERTE MISCHUNG mit mindestens 5,5 %, aber höchstens 16 % Wasser | 5.1 | O2 | III | 5.1 | 314 | 5 kg | E1 | P002<br>IBC08<br>R001 | <br>B4 B13 | MP10 |
| ! | | 2881 | METALLKATALYSATOR, TROCKEN | 4.2 | S4 | I | 4.2 | 274 | 0 | E0 | P404 | | MP13 |
| | | 2881 | METALLKATALYSATOR, TROCKEN | 4.2 | S4 | II | 4.2 | 274 | 0 | E0 | P410<br>IBC06 | | MP14 |
| | | 2881 | METALLKATALYSATOR, TROCKEN | 4.2 | S4 | III | 4.2 | 274 | 0 | E1 | P002<br>IBC08<br>LP02<br>R001 | <br>B3 | MP14 |
| ! | | 2900 | ANSTECKUNGSGEFÄHRLICHER STOFF, nur GEFÄHRLICH FÜR TIERE | 6.2 | I2 | | 6.2 | 318 | 0 | E0 | P620 | | MP5 |
| ! | | 2900 | ANSTECKUNGSGEFÄHRLICHER STOFF, nur GEFÄHRLICH FÜR TIERE, in tiefgekühlt verflüssigtem Stickstoff | 6.2 | I2 | | 6.2+2.2 | 318 | 0 | E0 | P620 | | MP5 |
| ! | | 2900 | ANSTECKUNGSGEFÄHRLICHER STOFF, nur GEFÄHRLICH FÜR TIERE (nur tierische Stoffe) | 6.2 | I2 | | 6.2 | 318 | 0 | E0 | P620 | | MP5 |
| ! | ● | 2901 | BROMCHLORID | 2 | 2TOC | | 2.3+5.1+8 | | 0 | E0 | P200 | | MP9 |
| ! | ● | 2902 | PESTIZID, FLÜSSIG, GIFTIG, N.A.G. | 6.1 | T6 | I | 6.1 | 61<br>274<br>648 | 0 | E5 | P001 | | MP8<br>MP17 |
| | | 2902 | PESTIZID, FLÜSSIG, GIFTIG, N.A.G. | 6.1 | T6 | II | 6.1 | 61<br>274<br>648 | 100 ml | E4 | P001<br>IBC02 | | MP15 |
| | | 2902 | PESTIZID, FLÜSSIG, GIFTIG, N.A.G. | 6.1 | T6 | III | 6.1 | 61<br>274<br>648 | 5 L | E1 | P001<br>IBC03<br>LP01<br>R001 | | MP19 |

| Ortsbewegliche Tanks und Schüttgut-Container | | ADR-Tanks | | Fahrzeug für die Beförderung in Tanks | Beförderungskategorie (Tunnelbeschränkungscode) | Sondervorschriften für die Beförderung | | | | Nummer zur Kennzeichnung der Gefahr | UN-Nummer | Verlagshinweis *„Gut zu wissen"* |
|---|---|---|---|---|---|---|---|---|---|---|---|---|
| Anweisungen | Sondervorschriften | Tankcodierung | Sondervorschriften | | | Versandstücke | lose Schüttung | Be- und Entladung, Handhabung | Betrieb | | | |
| 4.2.5.2<br>7.3.2 | 4.2.5.3 | 4.3 | 4.3.5<br>6.8.4 | 9.1.1.2 | 1.1.3.6<br>(8.6) | 7.2.4 | 7.3.3 | 7.5.11 | 8.5 | 5.3.2.3 | | |
| (10) | (11) | (12) | (13) | (14) | (15) | (16) | (17) | (18) | (19) | (20) | (1) | |
| T1 | TP33 | SGAH<br>L4BH | TU15<br>TE19 | AT | 2<br>(E) | | VC1<br>VC2<br>AP7 | CV13<br>CV28 | S9 | 60 | 2875 | |
| T1 | TP33 | SGAH<br>L4BH | TU15<br>TE19 | AT | 2<br>(E) | | VC1<br>VC2<br>AP7 | CV13<br>CV28 | S9 | 60 | 2876 | |
| T1 | TP33 | SGAV | | AT | 3<br>(E) | | VC1<br>VC2 | | | 40 | 2878 | |
| T10 | TP2 | L10BH | | AT | 1<br>(C/D) | | | CV13<br>CV28 | S14 | X886 | 2879 | |
| | | SGAN | TU3 | AT | 2<br>(E) | V11 | | CV24<br>CV35 | | 50 | 2880 | |
| | | SGAV | TU3 | AT | 3<br>(E) | | VC1<br>VC2<br>AP6<br>AP7 | CV24<br>CV35 | | 50 | 2880 | |
| T21 | TP7<br>TP33 | | | AT | 0<br>(B/E) | V1 | | | S20 | 43 | 2881 | |
| T3 | TP33 | SGAN | | AT | 2<br>(D/E) | V1 | | | | 40 | 2881 | |
| T1 | TP33 | SGAN | | AT | 3<br>(E) | V1 | VC1<br>VC2<br>AP1 | | | 40 | 2881 | |
| | | | | | 0<br>(–) | | | CV13<br>CV25<br>CV26<br>CV28 | S3<br>S9<br>S15 | | 2900 | *→2.2.62.1.5<br>→2.2.62.2<br>→UN 2814* |
| | | | | | 0<br>(E) | | | CV13<br>CV25<br>CV26<br>CV28 | S3<br>S9<br>S15 | | 2900 | *→2.2.62.1.5* |
| BK1<br>BK2 | | | | | 0<br>(E) | | | CV13<br>CV25<br>CV26<br>CV28 | S3<br>S9<br>S15 | 606 | 2900 | *→2.2.62.1.5<br>→2.2.62.2<br>→D/BAM/ADR<br>→D: RSEB 4-8.S<br>→UN 2814* |
| (M) | | PxBH(M) | TA4<br>TT9 | AT | 1<br>(C/D) | | | CV9<br>CV10<br>CV36 | S14 | 265 | 2901 | |
| T14 | TP2<br>TP27 | L10CH | TU14<br>TU15<br>TE19<br>TE21 | AT | 1<br>(C/E) | | | CV1<br>CV13<br>CV28 | S9<br>S14 | 66 | 2902 | |
| T11 | TP2<br>TP27 | L4BH | TU15<br>TE19 | AT | 2<br>(D/E) | | | CV13<br>CV28 | S9<br>S19 | 60 | 2902 | |
| T7 | TP2<br>TP28 | L4BH | TU15<br>TE19 | AT | 2<br>(E) | V12 | | CV13<br>CV28 | S9 | 60 | 2902 | |

| Verlagshinweis Sicherung | Verlagshinweis Fahrweg | UN-Nummer | Benennung und Beschreibung | Klasse | Klassifizierungscode | Verpackungsgruppe | Gefahrzettel | Sondervorschriften | Begrenzte und freigestellte Mengen | | Verpackungen Anweisungen | Verpackungen Sondervorschriften | Verpackungen Zusammenpackung |
|---|---|---|---|---|---|---|---|---|---|---|---|---|---|
| | | | 3.1.2 | 2.2 | 2.2 | 2.1.1.3 | 5.2.2 | 3.3 | 3.4/3.5.1.2 | | 4.1.4 | 4.1.4 | 4.1.10 |
| | | (1) | (2) | (3a) | (3b) | (4) | (5) | (6) | (7a) | (7b) | (8) | (9a) | (9b) |
| ! | ● | 2903 | PESTIZID, FLÜSSIG, GIFTIG, ENTZÜNDBAR, N.A.G., mit einem Flammpunkt von 23 °C oder darüber | 6.1 | TF2 | I | 6.1+3 | 61<br>274 | 0 | E5 | P001 | | MP8<br>MP17 |
| | | 2903 | PESTIZID, FLÜSSIG, GIFTIG, ENTZÜNDBAR, N.A.G., mit einem Flammpunkt von 23 °C oder darüber | 6.1 | TF2 | II | 6.1+3 | 61<br>274 | 100 ml | E4 | P001<br>IBC02 | | MP15 |
| | | 2903 | PESTIZID, FLÜSSIG, GIFTIG, ENTZÜNDBAR, N.A.G., mit einem Flammpunkt von 23 °C oder darüber | 6.1 | TF2 | III | 6.1+3 | 61<br>274 | 5 L | E1 | P001<br>IBC03<br>R001 | | MP19 |
| | | 2904 | CHLORPHENOLATE, FLÜSSIG oder PHENOLATE, FLÜSSIG | 8 | C9 | III | 8 | | 5 L | E1 | P001<br>IBC03<br>LP01<br>R001 | | MP19 |
| | | 2905 | CHLORPHENOLATE, FEST oder PHENOLATE, FEST | 8 | C10 | III | 8 | | 5 kg | E1 | P002<br>IBC08<br>LP02<br>R001 | B3 | MP10 |
| ! | | 2907 | ISOSORBIDDINITRAT, MISCHUNG mit mindestens 60 % Lactose, Mannose, Stärke oder Calciumhydrogenphosphat | 4.1 | D | II | 4.1 | 28<br>127 | 0 | E0 | P406<br>IBC06 | PP26<br>PP80<br>B12 | MP2 |
| | | 2908 | RADIOAKTIVE STOFFE, FREIGESTELLTES VERSANDSTÜCK – LEERE VERPACKUNG | 7 | | | | 290<br>368 | 0 | E0 | siehe 1.7 | siehe 4.1.9.1.3 | |
| | | 2909 | RADIOAKTIVE STOFFE, FREIGESTELLTES VERSANDSTÜCK – FABRIKATE AUS NATÜRLICHEM URAN oder AUS ABGEREICHERTEM URAN oder AUS NATÜRLICHEM THORIUM | 7 | | | | 290 | 0 | E0 | siehe 1.7 | siehe 4.1.9.1.3 | |
| | | 2910 | RADIOAKTIVE STOFFE, FREIGESTELLTES VERSANDSTÜCK – BEGRENZTE STOFFMENGE | 7 | | | | 290<br>368 | 0 | E0 | siehe 1.7 | siehe 4.1.9.1.3 | |
| | | 2911 | RADIOAKTIVE STOFFE, FREIGESTELLTES VERSANDSTÜCK – INSTRUMENTE oder FABRIKATE | 7 | | | | 290 | 0 | E0 | siehe 1.7 | siehe 4.1.9.1.3 | |
| | | 2912 | RADIOAKTIVE STOFFE MIT GERINGER SPEZIFISCHER AKTIVITÄT (LSA-I), nicht spaltbar oder spaltbar, freigestellt | 7 | | | 7X | 172<br>317<br>325 | 0 | E0 | siehe 2.2.7 und 4.1.9 | siehe 4.1.9.1.3 | |
| | | 2913 | RADIOAKTIVE STOFFE, OBERFLÄCHENKONTAMINIERTE GEGENSTÄNDE (SCO-I, SCO-II oder SCO-III), nicht spaltbar oder spaltbar, freigestellt | 7 | | | 7X | 172<br>317<br>325 | 0 | E0 | siehe 2.2.7 und 4.1.9 | siehe 4.1.9.1.3 | |
| | | 2915 | RADIOAKTIVE STOFFE, TYP A-VERSANDSTÜCK, nicht in besonderer Form, nicht spaltbar oder spaltbar, freigestellt | 7 | | | 7X | 172<br>317<br>325 | 0 | E0 | siehe 2.2.7 und 4.1.9 | siehe 4.1.9.1.3 | |
| ! | | 2916 | RADIOAKTIVE STOFFE, TYP B(U)-VERSANDSTÜCK, nicht spaltbar oder spaltbar, freigestellt | 7 | | | 7X | 172<br>317<br>325<br>337 | 0 | E0 | siehe 2.2.7 und 4.1.9 | siehe 4.1.9.1.3 | |
| ! | | 2917 | RADIOAKTIVE STOFFE, TYP B(M)-VERSANDSTÜCK, nicht spaltbar oder spaltbar, freigestellt | 7 | | | 7X | 172<br>317<br>325<br>337 | 0 | E0 | siehe 2.2.7 und 4.1.9 | siehe 4.1.9.1.3 | |
| ! | | 2919 | RADIOAKTIVE STOFFE, UNTER SONDERVEREINBARUNG BEFÖRDERT, nicht spaltbar oder spaltbar, freigestellt | 7 | | | 7X | 172<br>317<br>325 | 0 | E0 | siehe 2.2.7 und 4.1.9 | siehe 4.1.9.1.3 | |

| Ortsbewegliche Tanks und Schüttgut-Container | | ADR-Tanks | | Fahrzeug für die Beförderung in Tanks | Beförderungskategorie (Tunnelbeschränkungscode) | Sondervorschriften für die Beförderung | | | | Nummer zur Kennzeichnung der Gefahr | UN-Nummer | Verlagshinweis „Gut zu wissen" |
|---|---|---|---|---|---|---|---|---|---|---|---|---|
| Anweisungen | Sondervorschriften | Tankcodierung | Sondervorschriften | | | Versandstücke | lose Schüttung | Be- und Entladung, Handhabung | Betrieb | | | |
| 4.2.5.2<br>7.3.2 | 4.2.5.3 | 4.3 | 4.3.5<br>6.8.4 | 9.1.1.2 | 1.1.3.6<br>(8.6) | 7.2.4 | 7.3.3 | 7.5.11 | 8.5 | 5.3.2.3 | | |
| (10) | (11) | (12) | (13) | (14) | (15) | (16) | (17) | (18) | (19) | (20) | (1) | |
| T14 | TP2<br>TP27 | L10CH | TU14<br>TU15<br>TE19<br>TE21 | FL | 1<br>(C/E) | | | CV1<br>CV13<br>CV28 | S2<br>S9<br>S14 | 663 | 2903 | |
| T11 | TP2<br>TP27 | L4BH | TU15<br>TE19 | FL | 2<br>(D/E) | | | CV13<br>CV28 | S2<br>S9<br>S19 | 63 | 2903 | |
| T7 | TP2 | L4BH | TU15<br>TE19 | FL | 2<br>(D/E) | V12 | | CV13<br>CV28 | S2<br>S9 | 63 | 2903 | |
| | | L4BN | | AT | 3<br>(E) | V12 | | | | 80 | 2904 | |
| T1 | TP33 | SGAV<br>L4BN | | AT | 3<br>(E) | | VC1<br>VC2<br>AP7 | | | 80 | 2905 | |
| | | | | | 2<br>(B) | V11 | | | S14 | | 2907 | |
| | | | | | 4<br>(–) | | | CV33<br>(siehe<br>1.7.1.5.1) | S5<br>S21 | | 2908 | →1.7.5 |
| | | | | | 4<br>(–) | | | CV33<br>(siehe<br>1.7.1.5.1) | S5<br>S21 | | 2909 | →1.7.5 |
| | | | | | 4<br>(–) | | | CV33<br>(siehe<br>1.7.1.5.1) | S5<br>S21 | | 2910 | →1.7.5 |
| | | | | | 4<br>(–) | | | CV33<br>(siehe<br>1.7.1.5.1) | S5<br>S21 | | 2911 | →1.7.5 |
| T5<br>siehe<br>4.1.9.2.4 | TP4 | S2,65AN(+)<br>L2,65CN(+) | TU36<br>TT7<br>TM7 | AT | 0<br>(E) | | siehe<br>4.1.9.2.4 | CV33 | S6<br>S11<br>S21 | 70 | 2912 | →1.7.5<br>→CH: SDR Anh. 1 8.2.1.7 |
| siehe<br>4.1.9.2.4 | | | | | 0<br>(E) | | siehe<br>4.1.9.2.4 | CV33 | S6<br>S11<br>S21 | 70 | 2913 | →1.7.5<br>→CH: SDR Anh. 1 8.2.1.7 |
| | | | | | 0<br>(E) | | | CV33 | S6<br>S11<br>S12<br>S21 | 70 | 2915 | →1.7.5<br>→CH: SDR Anh. 1 8.2.1.7 |
| | | | | | 0<br>(E) | | | CV33 | S6<br>S11<br>S21 | 70 | 2916 | →1.7.5<br>→CH: SDR Anh. 1 8.2.1.7 |
| | | | | | 0<br>(E) | | | CV33 | S6<br>S11<br>S21 | 70 | 2917 | →1.7.5<br>→CH: SDR Anh. 1 8.2.1.7 |
| | | | | | 0<br>(–) | | | CV33 | S6<br>S11<br>S21 | 70 | 2919 | →1.7.5<br>→CH: SDR Anh. 1 8.2.1.7 |

## UN-numerisches Verzeichnis (Tabelle A)

| Verlagshinweis | | UN-Nummer | Benennung und Beschreibung | Klasse | Klassifizierungscode | Verpackungsgruppe | Gefahrzettel | Sondervorschriften | Begrenzte und freigestellte Mengen | | Verpackungen | | |
|---|---|---|---|---|---|---|---|---|---|---|---|---|---|
| | | | | | | | | | | | Anweisungen | Sondervorschriften | Zusammenpackung |
| Sicherung | Fahrweg | | 3.1.2 | 2.2 | 2.2 | 2.1.1.3 | 5.2.2 | 3.3 | 3.4/3.5.1.2 | | 4.1.4 | 4.1.4 | 4.1.10 |
| | | (1) | (2) | (3a) | (3b) | (4) | (5) | (6) | (7a) | (7b) | (8) | (9a) | (9b) |
| ! | | 2920 | ÄTZENDER FLÜSSIGER STOFF, ENTZÜNDBAR, N.A.G. | 8 | CF1 | I | 8+3 | 274 | 0 | E0 | P001 | | MP8<br>MP17 |
| | | 2920 | ÄTZENDER FLÜSSIGER STOFF, ENTZÜNDBAR, N.A.G. | 8 | CF1 | II | 8+3 | 274 | 1 L | E2 | P001<br>IBC02 | | MP15 |
| ! | | 2921 | ÄTZENDER FESTER STOFF, ENTZÜNDBAR, N.A.G. | 8 | CF2 | I | 8+4.1 | 274 | 0 | E0 | P002<br>IBC05 | | MP18 |
| | | 2921 | ÄTZENDER FESTER STOFF, ENTZÜNDBAR, N.A.G. | 8 | CF2 | II | 8+4.1 | 274 | 1 kg | E2 | P002<br>IBC08 | <br>B4 | MP10 |
| ! | | 2922 | ÄTZENDER FLÜSSIGER STOFF, GIFTIG, N.A.G. | 8 | CT1 | I | 8+6.1 | 274 | 0 | E0 | P001 | | MP8<br>MP17 |
| | | 2922 | ÄTZENDER FLÜSSIGER STOFF, GIFTIG, N.A.G. | 8 | CT1 | II | 8+6.1 | 274 | 1 L | E2 | P001<br>IBC02 | | MP15 |
| | | 2922 | ÄTZENDER FLÜSSIGER STOFF, GIFTIG, N.A.G. | 8 | CT1 | III | 8+6.1 | 274 | 5 L | E1 | P001<br>IBC03<br>R001 | | MP19 |
| ! | | 2923 | ÄTZENDER FESTER STOFF, GIFTIG, N.A.G. | 8 | CT2 | I | 8+6.1 | 274 | 0 | E0 | P002<br>IBC05 | | MP18 |
| | | 2923 | ÄTZENDER FESTER STOFF, GIFTIG, N.A.G. | 8 | CT2 | II | 8+6.1 | 274 | 1 kg | E2 | P002<br>IBC08 | <br>B4 | MP10 |
| | | 2923 | ÄTZENDER FESTER STOFF, GIFTIG, N.A.G. | 8 | CT2 | III | 8+6.1 | 274 | 5 kg | E1 | P002<br>IBC08<br>R001 | <br>B3 | MP10 |
| ! | ● | 2924 | ENTZÜNDBARER FLÜSSIGER STOFF, ÄTZEND, N.A.G. | 3 | FC | I | 3+8 | 274 | 0 | E0 | P001 | | MP7<br>MP17 |
| ! | ● | 2924 | ENTZÜNDBARER FLÜSSIGER STOFF, ÄTZEND, N.A.G. | 3 | FC | II | 3+8 | 274 | 1 L | E2 | P001<br>IBC02 | | MP19 |
| | | 2924 | ENTZÜNDBARER FLÜSSIGER STOFF, ÄTZEND, N.A.G. | 3 | FC | III | 3+8 | 274 | 5 L | E1 | P001<br>IBC03<br>R001 | | MP19 |
| | | 2925 | ENTZÜNDBARER ORGANISCHER FESTER STOFF, ÄTZEND, N.A.G. | 4.1 | FC1 | II | 4.1+8 | 274 | 1 kg | E2 | P002<br>IBC06 | | MP10 |
| | | 2925 | ENTZÜNDBARER ORGANISCHER FESTER STOFF, ÄTZEND, N.A.G. | 4.1 | FC1 | III | 4.1+8 | 274 | 5 kg | E1 | P002<br>IBC06<br>R001 | | MP10 |
| | | 2926 | ENTZÜNDBARER ORGANISCHER FESTER STOFF, GIFTIG, N.A.G. | 4.1 | FT1 | II | 4.1+6.1 | 274 | 1 kg | E2 | P002<br>IBC06 | | MP10 |
| | | 2926 | ENTZÜNDBARER ORGANISCHER FESTER STOFF, GIFTIG, N.A.G. | 4.1 | FT1 | III | 4.1+6.1 | 274 | 5 kg | E1 | P002<br>IBC06<br>R001 | | MP10 |
| ! | ● | 2927 | GIFTIGER ORGANISCHER FLÜSSIGER STOFF, ÄTZEND, N.A.G. | 6.1 | TC1 | I | 6.1+8 | 274<br>315 | 0 | E5 | P001 | | MP8<br>MP17 |
| | | 2927 | GIFTIGER ORGANISCHER FLÜSSIGER STOFF, ÄTZEND, N.A.G. | 6.1 | TC1 | II | 6.1+8 | 274 | 100 ml | E4 | P001<br>IBC02 | | MP15 |
| ! | | 2928 | GIFTIGER ORGANISCHER FESTER STOFF, ÄTZEND, N.A.G. | 6.1 | TC2 | I | 6.1+8 | 274 | 0 | E5 | P002<br>IBC05 | | MP18 |
| | | 2928 | GIFTIGER ORGANISCHER FESTER STOFF, ÄTZEND, N.A.G. | 6.1 | TC2 | II | 6.1+8 | 274 | 500 g | E4 | P002<br>IBC06 | | MP10 |
| ! | ● | 2929 | GIFTIGER ORGANISCHER FLÜSSIGER STOFF, ENTZÜNDBAR, N.A.G. | 6.1 | TF1 | I | 6.1+3 | 274<br>315 | 0 | E5 | P001 | | MP8<br>MP17 |

| Ortsbewegliche Tanks und Schüttgut-Container | | ADR-Tanks | | Fahrzeug für die Beförderung in Tanks | Beförderungskategorie (Tunnelbeschränkungscode) | Sondervorschriften für die Beförderung | | | | Nummer zur Kennzeichnung der Gefahr | UN-Nummer | Verlagshinweis *„Gut zu wissen"* |
|---|---|---|---|---|---|---|---|---|---|---|---|---|
| Anweisungen | Sondervorschriften | Tankcodierung | Sondervorschriften | | | Versandstücke | lose Schüttung | Be- und Entladung, Handhabung | Betrieb | | | |
| 4.2.5.2<br>7.3.2 | 4.2.5.3 | 4.3 | 4.3.5<br>6.8.4 | 9.1.1.2 | 1.1.3.6<br>(8.6) | 7.2.4 | 7.3.3 | 7.5.11 | 8.5 | 5.3.2.3 | | |
| (10) | (11) | (12) | (13) | (14) | (15) | (16) | (17) | (18) | (19) | (20) | (1) | |
| T14 | TP2<br>TP27 | L10BH | | FL | 1<br>(D/E) | | | | S2<br>S14 | 883 | 2920 | *→UN 3470* |
| T11 | TP2<br>TP27 | L4BN | | FL | 2<br>(D/E) | | | | S2 | 83 | 2920 | *→UN 3470* |
| T6 | TP33 | S10AN<br>L10BH | | AT | 1<br>(E) | V10 | | | S14 | 884 | 2921 | *→5.3.3*<br>*→5.4.1.1.14* |
| T3 | TP33 | SGAN<br>L4BN | | AT | 2<br>(E) | V11 | | | | 84 | 2921 | *→5.3.3* |
| T14 | TP2<br>TP27 | L10BH | | AT | 1<br>(C/D) | | | CV13<br>CV28 | S14 | 886 | 2922 | |
| T7 | TP2 | L4BN | | AT | 2<br>(E) | | | CV13<br>CV28 | | 86 | 2922 | |
| T7 | TP1<br>TP28 | L4BN | | AT | 3<br>(E) | V12 | | CV13<br>CV28 | | 86 | 2922 | |
| T6 | TP33 | S10AN<br>L10BH | | AT | 1<br>(E) | V10 | | CV13<br>CV28 | S14 | 886 | 2923 | *→5.3.3*<br>*→5.4.1.1.14* |
| T3 | TP33 | SGAN<br>L4BN | | AT | 2<br>(E) | V11 | | CV13<br>CV28 | | 86 | 2923 | *→5.3.3*<br>*→5.4.1.1.14* |
| T1 | TP33 | SGAV<br>L4BN | | AT | 3<br>(E) | | VC1<br>VC2<br>AP7 | CV13<br>CV28 | | 86 | 2923 | *→5.3.3*<br>*→5.4.1.1.14* |
| T14 | TP2 | L10CH | TU14<br>TE21 | FL | 1<br>(C/E) | | | | S2<br>S20 | 338 | 2924 | *→UN 3469* |
| T11 | TP2<br>TP27 | L4BH | | FL | 2<br>(D/E) | | | | S2<br>S20 | 338 | 2924 | *→UN 3469* |
| T7 | TP1<br>TP28 | L4BN | | FL | 3<br>(D/E) | V12 | | | S2 | 38 | 2924 | *→UN 3469* |
| T3 | TP33 | SGAN | | AT | 2<br>(E) | V11 | | | | 48 | 2925 | |
| T1 | TP33 | SGAN | | AT | 3<br>(E) | | | | | 48 | 2925 | |
| T3 | TP33 | SGAN | | AT | 2<br>(E) | V11 | | CV28 | | 46 | 2926 | |
| T1 | TP33 | SGAN | | AT | 3<br>(E) | | | CV28 | | 46 | 2926 | |
| T14 | TP2<br>TP27 | L10CH | TU14<br>TU15<br>TE19<br>TE21 | AT | 1<br>(C/E) | | | CV1<br>CV13<br>CV28 | S9<br>S14 | 668 | 2927 | |
| T11 | TP2<br>TP27 | L4BH | TU15<br>TE19 | AT | 2<br>(D/E) | | | CV13<br>CV28 | S9<br>S19 | 68 | 2927 | |
| T6 | TP33 | S10AH | TU14<br>TU15<br>TE19<br>TE21 | AT | 1<br>(C/E) | V10 | | CV1<br>CV13<br>CV28 | S9<br>S14 | 668 | 2928 | *→5.3.3*<br>*→5.4.1.1.14* |
| T3 | TP33 | SGAH<br>L4BH | TU15<br>TE19 | AT | 2<br>(D/E) | V11 | | CV13<br>CV28 | S9<br>S19 | 68 | 2928 | *→5.3.3*<br>*→5.4.1.1.14* |
| T14 | TP2<br>TP27 | L10CH | TU14<br>TU15<br>TE19<br>TE21 | FL | 1<br>(C/D) | | | CV1<br>CV13<br>CV28 | S2<br>S9<br>S14 | 663 | 2929 | |

| Verlagshinweis: Sicherung | Verlagshinweis: Fahrweg | UN-Nummer | Benennung und Beschreibung | Klasse | Klassifizierungscode | Verpackungsgruppe | Gefahrzettel | Sondervorschriften | Begrenzte und freigestellte Mengen | | Verpackungen: Anweisungen | Verpackungen: Sondervorschriften | Verpackungen: Zusammenpackung |
|---|---|---|---|---|---|---|---|---|---|---|---|---|---|
| | | | 3.1.2 | 2.2 | 2.2 | 2.1.1.3 | 5.2.2 | 3.3 | 3.4/3.5.1.2 | | 4.1.4 | 4.1.4 | 4.1.10 |
| | | (1) | (2) | (3a) | (3b) | (4) | (5) | (6) | (7a) | (7b) | (8) | (9a) | (9b) |
| | | 2929 | GIFTIGER ORGANISCHER FLÜSSIGER STOFF, ENTZÜNDBAR, N.A.G. | 6.1 | TF1 | II | 6.1+3 | 274 | 100 ml | E4 | P001<br>IBC02 | | MP15 |
| ! | | 2930 | GIFTIGER ORGANISCHER FESTER STOFF, ENTZÜNDBAR, N.A.G. | 6.1 | TF3 | I | 6.1+4.1 | 274 | 0 | E5 | P002<br>IBC05 | | MP18 |
| | | 2930 | GIFTIGER ORGANISCHER FESTER STOFF, ENTZÜNDBAR, N.A.G. | 6.1 | TF3 | II | 6.1+4.1 | 274 | 500 g | E4 | P002<br>IBC08 | B4 | MP10 |
| | | 2931 | VANADYLSULFAT | 6.1 | T5 | II | 6.1 | | 500 g | E4 | P002<br>IBC08 | B4 | MP10 |
| | | 2933 | METHYL-2-CHLORPROPIONAT | 3 | F1 | III | 3 | | 5 L | E1 | P001<br>IBC03<br>LP01<br>R001 | | MP19 |
| | | 2934 | ISOPROPYL-2-CHLORPROPIONAT | 3 | F1 | III | 3 | | 5 L | E1 | P001<br>IBC03<br>LP01<br>R001 | | MP19 |
| | | 2935 | ETHYL-2-CHLORPROPIONAT | 3 | F1 | III | 3 | | 5 L | E1 | P001<br>IBC03<br>LP01<br>R001 | | MP19 |
| | | 2936 | THIOMILCHSÄURE | 6.1 | T1 | II | 6.1 | | 100 ml | E4 | P001<br>IBC02 | | MP15 |
| | | 2937 | alpha-METHYLBENZYLALKOHOL, FLÜSSIG | 6.1 | T1 | III | 6.1 | | 5 L | E1 | P001<br>IBC03<br>LP01<br>R001 | | MP19 |
| | | 2940 | 9-PHOSPHABICYCLONONANE (CYCLOOCTADIENPHOSPHINE) | 4.2 | S2 | II | 4.2 | | 0 | E2 | P410<br>IBC06 | | MP14 |
| | | 2941 | FLUORANILINE | 6.1 | T1 | III | 6.1 | | 5 L | E1 | P001<br>IBC03<br>LP01<br>R001 | | MP19 |
| | | 2942 | 2-TRIFLUORMETHYLANILIN | 6.1 | T1 | III | 6.1 | | 5 L | E1 | P001<br>IBC03<br>LP01<br>R001 | | MP19 |
| | | 2943 | TETRAHYDROFURFURYLAMIN | 3 | F1 | III | 3 | | 5 L | E1 | P001<br>IBC03<br>LP01<br>R001 | | MP19 |
| ! | ● | 2945 | N-METHYLBUTYLAMIN | 3 | FC | II | 3+8 | | 1 L | E2 | P001<br>IBC02 | | MP19 |
| | | 2946 | 2-AMINO-5-DIETHYLAMINOPENTAN | 6.1 | T1 | III | 6.1 | | 5 L | E1 | P001<br>IBC03<br>LP01<br>R001 | | MP19 |
| | | 2947 | ISOPROPYLCHLORACETAT | 3 | F1 | III | 3 | | 5 L | E1 | P001<br>IBC03<br>LP01<br>R001 | | MP19 |
| | | 2948 | 3-TRIFLUORMETHYLANILIN | 6.1 | T1 | II | 6.1 | | 100 ml | E4 | P001<br>IBC02 | | MP15 |
| | | 2949 | NATRIUMHYDROGENSULFID, HYDRATISIERT mit mindestens 25 % Kristallwasser | 8 | C6 | II | 8 | 523 | 1 kg | E2 | P002<br>IBC08 | B4 | MP10 |

| Ortsbewegliche Tanks und Schüttgut-Container | | ADR-Tanks | | Fahrzeug für die Beförderung in Tanks | Beförderungskategorie (Tunnelbeschränkungscode) | Sondervorschriften für die Beförderung | | | | Nummer zur Kennzeichnung der Gefahr | UN-Nummer | Verlagshinweis „Gut zu wissen" |
|---|---|---|---|---|---|---|---|---|---|---|---|---|
| Anweisungen | Sondervorschriften | Tankcodierung | Sondervorschriften | | | Versandstücke | lose Schüttung | Be- und Entladung, Handhabung | Betrieb | | | |
| 4.2.5.2 7.3.2 | 4.2.5.3 | 4.3 | 4.3.5 6.8.4 | 9.1.1.2 | 1.1.3.6 (8.6) | 7.2.4 | 7.3.3 | 7.5.11 | 8.5 | 5.3.2.3 | | |
| (10) | (11) | (12) | (13) | (14) | (15) | (16) | (17) | (18) | (19) | (20) | (1) | |
| T11 | TP2 TP27 | L4BH | TU15 TE19 | FL | 2 (D/E) | | | CV13 CV28 | S2 S9 S19 | 63 | 2929 | |
| T6 | TP33 | | | AT | 1 (C/E) | V10 | | CV1 CV13 CV28 | S9 S14 | 664 | 2930 | →5.3.3 →5.4.1.1.14 |
| T3 | TP33 | SGAH L4BH | TU15 TE19 | AT | 2 (D/E) | V11 | | CV13 CV28 | S9 S19 | 64 | 2930 | →5.3.3 →5.4.1.1.14 |
| T3 | TP33 | SGAH | TU15 TE19 | AT | 2 (D/E) | V11 | | CV13 CV28 | S9 S19 | 60 | 2931 | |
| T2 | TP1 | LGBF | | FL | 3 (D/E) | V12 | | | S2 | 30 | 2933 | |
| T2 | TP1 | LGBF | | FL | 3 (D/E) | V12 | | | S2 | 30 | 2934 | |
| T2 | TP1 | LGBF | | FL | 3 (D/E) | V12 | | | S2 | 30 | 2935 | |
| T7 | TP2 | L4BH | TU15 TE19 | AT | 2 (D/E) | | | CV13 CV28 | S9 S19 | 60 | 2936 | |
| T4 | TP1 | L4BH | TU15 TE19 | AT | 2 (E) | V12 | | CV13 CV28 | S9 | 60 | 2937 | →UN 3438 |
| T3 | TP33 | SGAN | | AT | 2 (D/E) | V1 | | | | 40 | 2940 | |
| T4 | TP1 | L4BH | TU15 TE19 | AT | 2 (E) | V12 | | CV13 CV28 | S9 | 60 | 2941 | |
| | | L4BH | TU15 TE19 | AT | 2 (E) | V12 | | CV13 CV28 | S9 | 60 | 2942 | |
| T2 | TP1 | LGBF | | FL | 3 (D/E) | V12 | | | S2 | 30 | 2943 | |
| T7 | TP1 | L4BH | | FL | 2 (D/E) | | | | S2 S20 | 338 | 2945 | |
| T4 | TP1 | L4BH | TU15 TE19 | AT | 2 (E) | V12 | | CV13 CV28 | S9 | 60 | 2946 | |
| T2 | TP1 | LGBF | | FL | 3 (D/E) | V12 | | | S2 | 30 | 2947 | |
| T7 | TP2 | L4BH | TU15 TE19 | AT | 2 (D/E) | | | CV13 CV28 | S9 S19 | 60 | 2948 | |
| T7 | TP2 | SGAN L4BN | | AT | 2 (E) | V11 | | | | 80 | 2949 | |

| Verlagshinweis | | UN-Nummer | Benennung und Beschreibung | Klasse | Klassifizierungscode | Verpackungsgruppe | Gefahrzettel | Sondervorschriften | Begrenzte und freigestellte Mengen | | Verpackungen | | |
|---|---|---|---|---|---|---|---|---|---|---|---|---|---|
| Sicherung | Fahrweg | | | | | | | | | | Anweisungen | Sondervorschriften | Zusammenpackung |
| | | | 3.1.2 | 2.2 | 2.2 | 2.1.1.3 | 5.2.2 | 3.3 | 3.4/3.5.1.2 | | 4.1.4 | 4.1.4 | 4.1.10 |
| | | (1) | (2) | (3a) | (3b) | (4) | (5) | (6) | (7a) | (7b) | (8) | (9a) | (9b) |
| | | 2950 | MAGNESIUM-GRANULATE, ÜBERZOGEN, mit einer Teilchengröße von mindestens 149 µm | 4.3 | W2 | III | 4.3 | | 1 kg | E1 | P410<br>IBC08<br>R001 | B4 | MP14 |
| | | 2956 | 5-tert-BUTYL-2,4,6-TRINITRO-m-XYLEN (XYLENMOSCHUS) | 4.1 | SR1 | III | 4.1 | 638 | 5 kg | E0 | P409 | | MP2 |
| ! | | 2965 | BORTRIFLUORIDDIMETHYLETHERAT | 4.3 | WFC | I | 4.3+3+8 | | 0 | E0 | P401 | | MP2 |
| | | 2966 | THIOGLYCOL | 6.1 | T1 | II | 6.1 | | 100 ml | E4 | P001<br>IBC02 | | MP15 |
| | | 2967 | SULFAMINSÄURE | 8 | C2 | III | 8 | | 5 kg | E1 | P002<br>IBC08<br>LP02<br>R001 | B3 | MP10 |
| | | 2968 | MANEB, STABILISIERT oder MANEBZUBEREITUNGEN, STABILISIERT gegen Selbsterhitzung | 4.3 | W2 | III | 4.3 | 547 | 1 kg | E1 | P002<br>IBC08<br>R001 | B4 | MP14 |
| | | 2969 | RIZINUSSAAT oder RIZINUSMEHL oder RIZINUSSAATKUCHEN oder RIZINUSFLOCKEN | 9 | M11 | II | 9 | 141 | 5 kg | E2 | P002<br>IBC08 | PP34<br>B4 | MP10 |
| | | 2977 | RADIOAKTIVE STOFFE, URANHEXAFLUORID, SPALTBAR | 7 | | | 7X+7E+6.1+8 | | 0 | E0 | siehe 2.2.7 und 4.1.9 | siehe 4.1.9.1.3 | |
| | | 2978 | RADIOAKTIVE STOFFE, URANHEXAFLUORID, nicht spaltbar oder spaltbar, freigestellt | 7 | | | 7X+6.1+8 | 317 | 0 | E0 | siehe 2.2.7 und 4.1.9 | siehe 4.1.9.1.3 | |
| ! | ● | 2983 | ETHYLENOXID UND PROPYLENOXID, MISCHUNG mit höchstens 30 % Ethylenoxid | 3 | FT1 | I | 3+6.1 | | 0 | E0 | P001 | | MP7<br>MP17 |
| | | 2984 | WASSERSTOFFPEROXID, WÄSSERIGE LÖSUNG mit mindestens 8 %, aber weniger als 20 % Wasserstoffperoxid (Stabilisierung nach Bedarf) | 5.1 | O1 | III | 5.1 | 65 | 5 L | E1 | P504<br>IBC02<br>R001 | PP10<br>B5 | MP15 |
| ! | ● | 2985 | CHLORSILANE, ENTZÜNDBAR, ÄTZEND, N.A.G. | 3 | FC | II | 3+8 | 548 | 0 | E0 | P010 | | MP19 |
| | | 2986 | CHLORSILANE, ÄTZEND, ENTZÜNDBAR, N.A.G. | 8 | CF1 | II | 8+3 | 548 | 0 | E0 | P010 | | MP15 |
| | | 2987 | CHLORSILANE, ÄTZEND, N.A.G. | 8 | C3 | II | 8 | 548 | 0 | E0 | P010 | | MP15 |
| ! | | 2988 | CHLORSILANE, MIT WASSER REAGIEREND, ENTZÜNDBAR, ÄTZEND, N.A.G. | 4.3 | WFC | I | 4.3+3+8 | 549 | 0 | E0 | P401 | RR7 | MP2 |
| | | 2989 | BLEIPHOSPHIT, ZWEIBASIG | 4.1 | F3 | II | 4.1 | | 1 kg | E2 | P002<br>IBC08 | B4 | MP11 |
| | | 2989 | BLEIPHOSPHIT, ZWEIBASIG | 4.1 | F3 | III | 4.1 | | 5 kg | E1 | P002<br>IBC08<br>LP02<br>R001 | B3 | MP11 |

| Ortsbewegliche Tanks und Schüttgut-Container | | ADR-Tanks | | Fahrzeug für die Beförderung in Tanks | Beförderungskategorie (Tunnelbeschränkungscode) | Sondervorschriften für die Beförderung | | | | Nummer zur Kennzeichnung der Gefahr | UN-Nummer | Verlagshinweis *„Gut zu wissen"* |
|---|---|---|---|---|---|---|---|---|---|---|---|---|
| Anweisungen | Sondervorschriften | Tankcodierung | Sondervorschriften | | | Versandstücke | lose Schüttung | Be- und Entladung, Handhabung | Betrieb | | | |
| 4.2.5.2<br>7.3.2 | 4.2.5.3 | 4.3 | 4.3.5<br>6.8.4 | 9.1.1.2 | 1.1.3.6<br>(8.6) | 7.2.4 | 7.3.3 | 7.5.11 | 8.5 | 5.3.2.3 | | |
| (10) | (11) | (12) | (13) | (14) | (15) | (16) | (17) | (18) | (19) | (20) | (1) | |
| T1<br>BK2 | TP33 | SGAN | | AT | 3<br>(E) | V1 | VC2<br>AP4<br>AP5 | CV23 | | 423 | 2950 | |
| | | | | | 3<br>(D) | | | CV14 | S24 | | 2956 | |
| T10 | TP2<br>TP7 | L10DH | TU4<br>TU14<br>TU22<br>TE21<br>TM2 | FL | 0<br>(B/E) | V1 | | CV23 | S2<br>S20 | 382 | 2965 | |
| T7 | TP2 | L4BH | TU15<br>TE19 | AT | 2<br>(D/E) | | | CV13<br>CV28 | S9<br>S19 | 60 | 2966 | |
| T1 | TP33 | SGAV | | AT | 3<br>(E) | | VC1<br>VC2<br>AP7 | | | 80 | 2967 | |
| T1 | TP33 | SGAN | | AT | 0<br>(E) | V1 | VC1<br>VC2<br>AP3<br>AP4<br>AP5 | CV23 | | 423 | 2968 | |
| T3<br>BK1<br>BK2 | TP33 | SGAV | | AT | 2<br>(E) | V11 | VC1<br>VC2 | | | 90 | 2969 | |
| | | | | | 0<br>(C) | | | CV33 | S6<br>S11<br>S21 | 768 | 2977 | *→1.7.5<br>→CH: SDR Anh. 1 8.2.1.7* |
| | | | | | 0<br>(C) | | | CV33 | S6<br>S11<br>S21 | 768 | 2978 | *→1.7.5<br>→CH: SDR Anh. 1 8.2.1.7* |
| T14 | TP2<br>TP7 | L10CH | TU14<br>TU15<br>TE21 | FL | 1<br>(C/E) | | | CV13<br>CV28 | S2<br>S22 | 336 | 2983 | |
| T4 | TP1<br>TP6<br>TP24 | LGBV | TU3<br>TC2<br>TE8<br>TE11<br>TT1 | AT | 3<br>(E) | | | CV24 | | 50 | 2984 | |
| T14 | TP2<br>TP7<br>TP27 | L4BH | | FL | 2<br>(D/E) | | | | S2<br>S20 | X338 | 2985 | |
| T14 | TP2<br>TP7<br>TP27 | L4BN | | FL | 2<br>(D/E) | | | | S2 | X83 | 2986 | |
| T14 | TP2<br>TP7<br>TP27 | L4BN | | AT | 2<br>(E) | | | | | X80 | 2987 | |
| T14 | TP2<br>TP7 | L10DH | TU14<br>TU26<br>TE21<br>TM2<br>TM3 | FL | 0<br>(B/E) | V1 | | CV23 | S2<br>S20 | X338 | 2988 | |
| T3 | TP33 | SGAN | | AT | 2<br>(E) | V11 | | | | 40 | 2989 | |
| T1 | TP33 | SGAV | | AT | 3<br>(E) | | VC1<br>VC2 | | | 40 | 2989 | |

| Verlagshinweis: Sicherung | Verlagshinweis: Fahrweg | UN-Nummer | Benennung und Beschreibung | Klasse | Klassifizierungscode | Verpackungsgruppe | Gefahrzettel | Sondervorschriften | Begrenzte und freigestellte Mengen | | Verpackungen: Anweisungen | Verpackungen: Sondervorschriften | Verpackungen: Zusammenpackung |
|---|---|---|---|---|---|---|---|---|---|---|---|---|---|
| | | | 3.1.2 | 2.2 | 2.2 | 2.1.1.3 | 5.2.2 | 3.3 | 3.4/3.5.1.2 | | 4.1.4 | 4.1.4 | 4.1.10 |
| | | (1) | (2) | (3a) | (3b) | (4) | (5) | (6) | (7a) | (7b) | (8) | (9a) | (9b) |
| | | 2990 | RETTUNGSMITTEL, SELBSTAUFBLASEND | 9 | M5 | | 9 | 296<br>635 | 0 | E0 | P905 | | |
| ! | ● | 2991 | CARBAMAT-PESTIZID, FLÜSSIG, GIFTIG, ENTZÜNDBAR, mit einem Flammpunkt von 23 °C oder darüber | 6.1 | TF2 | I | 6.1+3 | 61<br>274 | 0 | E5 | P001 | | MP8<br>MP17 |
| | | 2991 | CARBAMAT-PESTIZID, FLÜSSIG, GIFTIG, ENTZÜNDBAR, mit einem Flammpunkt von 23 °C oder darüber | 6.1 | TF2 | II | 6.1+3 | 61<br>274 | 100 ml | E4 | P001<br>IBC02 | | MP15 |
| | | 2991 | CARBAMAT-PESTIZID, FLÜSSIG, GIFTIG, ENTZÜNDBAR, mit einem Flammpunkt von 23 °C oder darüber | 6.1 | TF2 | III | 6.1+3 | 61<br>274 | 5 L | E1 | P001<br>IBC03<br>R001 | | MP19 |
| ! | ● | 2992 | CARBAMAT-PESTIZID, FLÜSSIG, GIFTIG | 6.1 | T6 | I | 6.1 | 61<br>274<br>648 | 0 | E5 | P001 | | MP8<br>MP17 |
| | | 2992 | CARBAMAT-PESTIZID, FLÜSSIG, GIFTIG | 6.1 | T6 | II | 6.1 | 61<br>274<br>648 | 100 ml | E4 | P001<br>IBC02 | | MP15 |
| | | 2992 | CARBAMAT-PESTIZID, FLÜSSIG, GIFTIG | 6.1 | T6 | III | 6.1 | 61<br>274<br>648 | 5 L | E1 | P001<br>IBC03<br>LP01<br>R001 | | MP19 |
| ! | ● | 2993 | ARSENHALTIGES PESTIZID, FLÜSSIG, GIFTIG, ENTZÜNDBAR, mit einem Flammpunkt von 23 °C oder darüber | 6.1 | TF2 | I | 6.1+3 | 61<br>274 | 0 | E5 | P001 | | MP8<br>MP17 |
| | | 2993 | ARSENHALTIGES PESTIZID, FLÜSSIG, GIFTIG, ENTZÜNDBAR, mit einem Flammpunkt von 23 °C oder darüber | 6.1 | TF2 | II | 6.1+3 | 61<br>274 | 100 ml | E4 | P001<br>IBC02 | | MP15 |
| | | 2993 | ARSENHALTIGES PESTIZID, FLÜSSIG, GIFTIG, ENTZÜNDBAR, mit einem Flammpunkt von 23 °C oder darüber | 6.1 | TF2 | III | 6.1+3 | 61<br>274 | 5 L | E1 | P001<br>IBC03<br>R001 | | MP19 |
| ! | ● | 2994 | ARSENHALTIGES PESTIZID, FLÜSSIG, GIFTIG | 6.1 | T6 | I | 6.1 | 61<br>274<br>648 | 0 | E5 | P001 | | MP8<br>MP17 |
| | | 2994 | ARSENHALTIGES PESTIZID, FLÜSSIG, GIFTIG | 6.1 | T6 | II | 6.1 | 61<br>274<br>648 | 100 ml | E4 | P001<br>IBC02 | | MP15 |
| | | 2994 | ARSENHALTIGES PESTIZID, FLÜSSIG, GIFTIG | 6.1 | T6 | III | 6.1 | 61<br>274<br>648 | 5 L | E1 | P001<br>IBC03<br>LP01<br>R001 | | MP19 |
| ! | ● | 2995 | ORGANOCHLOR-PESTIZID, FLÜSSIG, GIFTIG, ENTZÜNDBAR, mit einem Flammpunkt von 23 °C oder darüber | 6.1 | TF2 | I | 6.1+3 | 61<br>274 | 0 | E5 | P001 | | MP8<br>MP17 |
| | | 2995 | ORGANOCHLOR-PESTIZID, FLÜSSIG, GIFTIG, ENTZÜNDBAR, mit einem Flammpunkt von 23 °C oder darüber | 6.1 | TF2 | II | 6.1+3 | 61<br>274 | 100 ml | E4 | P001<br>IBC02 | | MP15 |
| | | 2995 | ORGANOCHLOR-PESTIZID, FLÜSSIG, GIFTIG, ENTZÜNDBAR, mit einem Flammpunkt von 23 °C oder darüber | 6.1 | TF2 | III | 6.1+3 | 61<br>274 | 5 L | E1 | P001<br>IBC03<br>R001 | | MP19 |
| ! | ● | 2996 | ORGANOCHLOR-PESTIZID, FLÜSSIG, GIFTIG | 6.1 | T6 | I | 6.1 | 61<br>274<br>648 | 0 | E5 | P001 | | MP8<br>MP17 |

| Ortsbewegliche Tanks und Schüttgut-Container | | ADR-Tanks | | Fahrzeug für die Beförderung in Tanks | Beförderungskategorie (Tunnelbeschränkungscode) | Sondervorschriften für die Beförderung | | | | Nummer zur Kennzeichnung der Gefahr | UN-Nummer | Verlagshinweis *„Gut zu wissen"* |
|---|---|---|---|---|---|---|---|---|---|---|---|---|
| Anweisungen | Sondervorschriften | Tankcodierung | Sondervorschriften | | | Versandstücke | lose Schüttung | Be- und Entladung, Handhabung | Betrieb | | | |
| 4.2.5.2<br>7.3.2 | 4.2.5.3 | 4.3 | 4.3.5<br>6.8.4 | 9.1.1.2 | 1.1.3.6<br>(8.6) | 7.2.4 | 7.3.3 | 7.5.11 | 8.5 | 5.3.2.3 | | |
| (10) | (11) | (12) | (13) | (14) | (15) | (16) | (17) | (18) | (19) | (20) | (1) | |
| | | | | | 3<br>(E) | | | | | | 2990 | *→D: GGAV 32*<br>*→D: RSEB 1-13* |
| T14 | TP2<br>TP27 | L10CH | TU14<br>TU15<br>TE19<br>TE21 | FL | 1<br>(C/E) | | | CV1<br>CV13<br>CV28 | S2<br>S9<br>S14 | 663 | 2991 | |
| T11 | TP2<br>TP27 | L4BH | TU15<br>TE19 | FL | 2<br>(D/E) | | | CV13<br>CV28 | S2<br>S9<br>S19 | 63 | 2991 | |
| T7 | TP2<br>TP28 | L4BH | TU15<br>TE19 | FL | 2<br>(D/E) | V12 | | CV13<br>CV28 | S2<br>S9 | 63 | 2991 | |
| T14 | TP2<br>TP27 | L10CH | TU14<br>TU15<br>TE19<br>TE21 | AT | 1<br>(C/E) | | | CV1<br>CV13<br>CV28 | S9<br>S14 | 66 | 2992 | |
| T11 | TP2<br>TP27 | L4BH | TU15<br>TE19 | AT | 2<br>(D/E) | | | CV13<br>CV28 | S9<br>S19 | 60 | 2992 | |
| T7 | TP2<br>TP28 | L4BH | TU15<br>TE19 | AT | 2<br>(E) | V12 | | CV13<br>CV28 | S9 | 60 | 2992 | |
| T14 | TP2<br>TP27 | L10CH | TU14<br>TU15<br>TE19<br>TE21 | FL | 1<br>(C/E) | | | CV1<br>CV13<br>CV28 | S2<br>S9<br>S14 | 663 | 2993 | |
| T11 | TP2<br>TP27 | L4BH | TU15<br>TE19 | FL | 2<br>(D/E) | | | CV13<br>CV28 | S2<br>S9<br>S19 | 63 | 2993 | |
| T7 | TP2<br>TP28 | L4BH | TU15<br>TE19 | FL | 2<br>(D/E) | V12 | | CV13<br>CV28 | S2<br>S9 | 63 | 2993 | |
| T14 | TP2<br>TP27 | L10CH | TU14<br>TU15<br>TE19<br>TE21 | AT | 1<br>(C/E) | | | CV1<br>CV13<br>CV28 | S9<br>S14 | 66 | 2994 | |
| T11 | TP2<br>TP27 | L4BH | TU15<br>TE19 | AT | 2<br>(D/E) | | | CV13<br>CV28 | S9<br>S19 | 60 | 2994 | |
| T7 | TP2<br>TP28 | L4BH | TU15<br>TE19 | AT | 2<br>(E) | V12 | | CV13<br>CV28 | S9 | 60 | 2994 | |
| T14 | TP2<br>TP27 | L10CH | TU14<br>TU15<br>TE19<br>TE21 | FL | 1<br>(C/E) | | | CV1<br>CV13<br>CV28 | S2<br>S9<br>S14 | 663 | 2995 | |
| T11 | TP2<br>TP27 | L4BH | TU15<br>TE19 | FL | 2<br>(D/E) | | | CV13<br>CV28 | S2<br>S9<br>S19 | 63 | 2995 | |
| T7 | TP2<br>TP28 | L4BH | TU15<br>TE19 | FL | 2<br>(D/E) | V12 | | CV13<br>CV28 | S2<br>S9 | 63 | 2995 | |
| T14 | TP2<br>TP27 | L10CH | TU14<br>TU15<br>TE19<br>TE21 | AT | 1<br>(C/E) | | | CV1<br>CV13<br>CV28 | S9<br>S14 | 66 | 2996 | |

| Verlagshinweis Sicherung | Verlagshinweis Fahrweg | UN-Nummer | Benennung und Beschreibung | Klasse | Klassifizierungscode | Verpackungsgruppe | Gefahrzettel | Sondervorschriften | Begrenzte und freigestellte Mengen | | Verpackungen Anweisungen | Verpackungen Sondervorschriften | Verpackungen Zusammenpackung |
|---|---|---|---|---|---|---|---|---|---|---|---|---|---|
| | | | 3.1.2 | 2.2 | 2.2 | 2.1.1.3 | 5.2.2 | 3.3 | 3.4/3.5.1.2 | | 4.1.4 | 4.1.4 | 4.1.10 |
| | | (1) | (2) | (3a) | (3b) | (4) | (5) | (6) | (7a) | (7b) | (8) | (9a) | (9b) |
| | | 2996 | ORGANOCHLOR-PESTIZID, FLÜSSIG, GIFTIG | 6.1 | T6 | II | 6.1 | 61<br>274<br>648 | 100 ml | E4 | P001<br>IBC02 | | MP15 |
| | | 2996 | ORGANOCHLOR-PESTIZID, FLÜSSIG, GIFTIG | 6.1 | T6 | III | 6.1 | 61<br>274<br>648 | 5 L | E1 | P001<br>IBC03<br>LP01<br>R001 | | MP19 |
| ! | ● | 2997 | TRIAZIN-PESTIZID, FLÜSSIG, GIFTIG, ENTZÜNDBAR, mit einem Flammpunkt von 23 °C oder darüber | 6.1 | TF2 | I | 6.1+3 | 61<br>274 | 0 | E5 | P001 | | MP8<br>MP17 |
| | | 2997 | TRIAZIN-PESTIZID, FLÜSSIG, GIFTIG, ENTZÜNDBAR, mit einem Flammpunkt von 23 °C oder darüber | 6.1 | TF2 | II | 6.1+3 | 61<br>274 | 100 ml | E4 | P001<br>IBC02 | | MP15 |
| | | 2997 | TRIAZIN-PESTIZID, FLÜSSIG, GIFTIG, ENTZÜNDBAR, mit einem Flammpunkt von 23 °C oder darüber | 6.1 | TF2 | III | 6.1+3 | 61<br>274 | 5 L | E1 | P001<br>IBC03<br>R001 | | MP19 |
| ! | ● | 2998 | TRIAZIN-PESTIZID, FLÜSSIG, GIFTIG | 6.1 | T6 | I | 6.1 | 61<br>274<br>648 | 0 | E5 | P001 | | MP8<br>MP17 |
| | | 2998 | TRIAZIN-PESTIZID, FLÜSSIG, GIFTIG | 6.1 | T6 | II | 6.1 | 61<br>274<br>648 | 100 ml | E4 | P001<br>IBC02 | | MP15 |
| | | 2998 | TRIAZIN-PESTIZID, FLÜSSIG, GIFTIG | 6.1 | T6 | III | 6.1 | 61<br>274<br>648 | 5 L | E1 | P001<br>IBC03<br>LP01<br>R001 | | MP19 |
| ! | ● | 3005 | THIOCARBAMAT-PESTIZID, FLÜSSIG, GIFTIG, ENTZÜNDBAR, mit einem Flammpunkt von 23 °C oder darüber | 6.1 | TF2 | I | 6.1+3 | 61<br>274 | 0 | E5 | P001 | | MP8<br>MP17 |
| | | 3005 | THIOCARBAMAT-PESTIZID, FLÜSSIG, GIFTIG, ENTZÜNDBAR, mit einem Flammpunkt von 23 °C oder darüber | 6.1 | TF2 | II | 6.1+3 | 61<br>274 | 100 ml | E4 | P001<br>IBC02 | | MP15 |
| | | 3005 | THIOCARBAMAT-PESTIZID, FLÜSSIG, GIFTIG, ENTZÜNDBAR, mit einem Flammpunkt von 23 °C oder darüber | 6.1 | TF2 | III | 6.1+3 | 61<br>274 | 5 L | E1 | P001<br>IBC03<br>R001 | | MP19 |
| ! | ● | 3006 | THIOCARBAMAT-PESTIZID, FLÜSSIG, GIFTIG | 6.1 | T6 | I | 6.1 | 61<br>274<br>648 | 0 | E5 | P001 | | MP8<br>MP17 |
| | | 3006 | THIOCARBAMAT-PESTIZID, FLÜSSIG, GIFTIG | 6.1 | T6 | II | 6.1 | 61<br>274<br>648 | 100 ml | E4 | P001<br>IBC02 | | MP15 |
| | | 3006 | THIOCARBAMAT-PESTIZID, FLÜSSIG, GIFTIG | 6.1 | T6 | III | 6.1 | 61<br>274<br>648 | 5 L | E1 | P001<br>IBC03<br>LP01<br>R001 | | MP19 |
| ! | ● | 3009 | KUPFERHALTIGES PESTIZID, FLÜSSIG, GIFTIG, ENTZÜNDBAR, mit einem Flammpunkt von 23 °C oder darüber | 6.1 | TF2 | I | 6.1+3 | 61<br>274 | 0 | E5 | P001 | | MP8<br>MP17 |
| | | 3009 | KUPFERHALTIGES PESTIZID, FLÜSSIG, GIFTIG, ENTZÜNDBAR, mit einem Flammpunkt von 23 °C oder darüber | 6.1 | TF2 | II | 6.1+3 | 61<br>274 | 100 ml | E4 | P001<br>IBC02 | | MP15 |
| | | 3009 | KUPFERHALTIGES PESTIZID, FLÜSSIG, GIFTIG, ENTZÜNDBAR, mit einem Flammpunkt von 23 °C oder darüber | 6.1 | TF2 | III | 6.1+3 | 61<br>274 | 5 L | E1 | P001<br>IBC03<br>R001 | | MP19 |

| Ortsbewegliche Tanks und Schüttgut-Container | | ADR-Tanks | | Fahrzeug für die Beförderung in Tanks | Beförderungskategorie (Tunnelbeschränkungscode) | Sondervorschriften für die Beförderung | | | | Nummer zur Kennzeichnung der Gefahr | UN-Nummer | Verlagshinweis „Gut zu wissen" |
|---|---|---|---|---|---|---|---|---|---|---|---|---|
| Anweisungen | Sondervorschriften | Tankcodierung | Sondervorschriften | | | Versandstücke | lose Schüttung | Be- und Entladung, Handhabung | Betrieb | | | |
| 4.2.5.2<br>7.3.2 | 4.2.5.3 | 4.3 | 4.3.5<br>6.8.4 | 9.1.1.2 | 1.1.3.6<br>(8.6) | 7.2.4 | 7.3.3 | 7.5.11 | 8.5 | 5.3.2.3 | | |
| (10) | (11) | (12) | (13) | (14) | (15) | (16) | (17) | (18) | (19) | (20) | (1) | |
| T11 | TP2<br>TP27 | L4BH | TU15<br>TE19 | AT | 2<br>(D/E) | | | CV13<br>CV28 | S9<br>S19 | 60 | 2996 | |
| T7 | TP2<br>TP28 | L4BH | TU15<br>TE19 | AT | 2<br>(E) | V12 | | CV13<br>CV28 | S9 | 60 | 2996 | |
| T14 | TP2<br>TP27 | L10CH | TU14<br>TU15<br>TE19<br>TE21 | FL | 1<br>(C/E) | | | CV1<br>CV13<br>CV28 | S2<br>S9<br>S14 | 663 | 2997 | |
| T11 | TP2<br>TP27 | L4BH | TU15<br>TE19 | FL | 2<br>(D/E) | | | CV13<br>CV28 | S2<br>S9<br>S19 | 63 | 2997 | |
| T7 | TP2<br>TP28 | L4BH | TU15<br>TE19 | FL | 2<br>(D/E) | V12 | | CV13<br>CV28 | S2<br>S9 | 63 | 2997 | |
| T14 | TP2<br>TP27 | L10CH | TU14<br>TU15<br>TE19<br>TE21 | AT | 1<br>(C/E) | | | CV1<br>CV13<br>CV28 | S9<br>S14 | 66 | 2998 | |
| T11 | TP2<br>TP27 | L4BH | TU15<br>TE19 | AT | 2<br>(D/E) | | | CV13<br>CV28 | S9<br>S19 | 60 | 2998 | |
| T7 | TP2<br>TP28 | L4BH | TU15<br>TE19 | AT | 2<br>(E) | V12 | | CV13<br>CV28 | S9 | 60 | 2998 | |
| T14 | TP2 | L10CH | TU14<br>TU15<br>TE19<br>TE21 | FL | 1<br>(C/E) | | | CV1<br>CV13<br>CV28 | S2<br>S9<br>S14 | 663 | 3005 | |
| T11 | TP2<br>TP27 | L4BH | TU15<br>TE19 | FL | 2<br>(D/E) | | | CV13<br>CV28 | S2<br>S9<br>S19 | 63 | 3005 | |
| T7 | TP2<br>TP28 | L4BH | TU15<br>TE19 | FL | 2<br>(D/E) | V12 | | CV13<br>CV28 | S2<br>S9 | 63 | 3005 | |
| T14 | TP2 | L10CH | TU14<br>TU15<br>TE19<br>TE21 | AT | 1<br>(C/E) | | | CV1<br>CV13<br>CV28 | S9<br>S14 | 66 | 3006 | |
| T11 | TP2<br>TP27 | L4BH | TU15<br>TE19 | AT | 2<br>(D/E) | | | CV13<br>CV28 | S9<br>S19 | 60 | 3006 | |
| T7 | TP2<br>TP28 | L4BH | TU15<br>TE19 | AT | 2<br>(E) | V12 | | CV13<br>CV28 | S9 | 60 | 3006 | |
| T14 | TP2<br>TP27 | L10CH | TU14<br>TU15<br>TE19<br>TE21 | FL | 1<br>(C/E) | | | CV1<br>CV13<br>CV28 | S2<br>S9<br>S14 | 663 | 3009 | |
| T11 | TP2<br>TP27 | L4BH | TU15<br>TE19 | FL | 2<br>(D/E) | | | CV13<br>CV28 | S2<br>S9<br>S19 | 63 | 3009 | |
| T7 | TP2<br>TP28 | L4BH | TU15<br>TE19 | FL | 2<br>(D/E) | V12 | | CV13<br>CV28 | S2<br>S9 | 63 | 3009 | |

## UN-numerisches Verzeichnis (Tabelle A)

| Verlagshinweis | | UN-Nummer | Benennung und Beschreibung | Klasse | Klassifizierungscode | Verpackungsgruppe | Gefahrzettel | Sondervorschriften | Begrenzte und freigestellte Mengen | | Verpackungen | | |
|---|---|---|---|---|---|---|---|---|---|---|---|---|---|
| Sicherung | Fahrweg | | | | | | | | | | Anweisungen | Sondervorschriften | Zusammenpackung |
| | | | 3.1.2 | 2.2 | 2.2 | 2.1.1.3 | 5.2.2 | 3.3 | 3.4/3.5.1.2 | | 4.1.4 | 4.1.4 | 4.1.10 |
| | | (1) | (2) | (3a) | (3b) | (4) | (5) | (6) | (7a) | (7b) | (8) | (9a) | (9b) |
| ! | ● | 3010 | KUPFERHALTIGES PESTIZID, FLÜSSIG, GIFTIG | 6.1 | T6 | I | 6.1 | 61<br>274<br>648 | 0 | E5 | P001 | | MP8<br>MP17 |
| | | 3010 | KUPFERHALTIGES PESTIZID, FLÜSSIG, GIFTIG | 6.1 | T6 | II | 6.1 | 61<br>274<br>648 | 100 ml | E4 | P001<br>IBC02 | | MP15 |
| | | 3010 | KUPFERHALTIGES PESTIZID, FLÜSSIG, GIFTIG | 6.1 | T6 | III | 6.1 | 61<br>274<br>648 | 5 L | E1 | P001<br>IBC03<br>LP01<br>R001 | | MP19 |
| ! | ● | 3011 | QUECKSILBERHALTIGES PESTIZID, FLÜSSIG, GIFTIG, ENTZÜNDBAR, mit einem Flammpunkt von 23 °C oder darüber | 6.1 | TF2 | I | 6.1+3 | 61<br>274 | 0 | E5 | P001 | | MP8<br>MP17 |
| | | 3011 | QUECKSILBERHALTIGES PESTIZID, FLÜSSIG, GIFTIG, ENTZÜNDBAR, mit einem Flammpunkt von 23 °C oder darüber | 6.1 | TF2 | II | 6.1+3 | 61<br>274 | 100 ml | E4 | P001<br>IBC02 | | MP15 |
| | | 3011 | QUECKSILBERHALTIGES PESTIZID, FLÜSSIG, GIFTIG, ENTZÜNDBAR, mit einem Flammpunkt von 23 °C oder darüber | 6.1 | TF2 | III | 6.1+3 | 61<br>274 | 5 L | E1 | P001<br>IBC03<br>R001 | | MP19 |
| ! | ● | 3012 | QUECKSILBERHALTIGES PESTIZID, FLÜSSIG, GIFTIG | 6.1 | T6 | I | 6.1 | 61<br>274<br>648 | 0 | E5 | P001 | | MP8<br>MP17 |
| | | 3012 | QUECKSILBERHALTIGES PESTIZID, FLÜSSIG, GIFTIG | 6.1 | T6 | II | 6.1 | 61<br>274<br>648 | 100 ml | E4 | P001<br>IBC02 | | MP15 |
| | | 3012 | QUECKSILBERHALTIGES PESTIZID, FLÜSSIG, GIFTIG | 6.1 | T6 | III | 6.1 | 61<br>274<br>648 | 5 L | E1 | P001<br>IBC03<br>LP01<br>R001 | | MP19 |
| ! | ● | 3013 | SUBSTITUIERTES NITROPHENOL-PESTIZID, FLÜSSIG, GIFTIG, ENTZÜNDBAR, mit einem Flammpunkt von 23 °C oder darüber | 6.1 | TF2 | I | 6.1+3 | 61<br>274 | 0 | E5 | P001 | | MP8<br>MP17 |
| | | 3013 | SUBSTITUIERTES NITROPHENOL-PESTIZID, FLÜSSIG, GIFTIG, ENTZÜNDBAR, mit einem Flammpunkt von 23 °C oder darüber | 6.1 | TF2 | II | 6.1+3 | 61<br>274 | 100 ml | E4 | P001<br>IBC02 | | MP15 |
| | | 3013 | SUBSTITUIERTES NITROPHENOL-PESTIZID, FLÜSSIG, GIFTIG, ENTZÜNDBAR, mit einem Flammpunkt von 23 °C oder darüber | 6.1 | TF2 | III | 6.1+3 | 61<br>274 | 5 L | E1 | P001<br>IBC03<br>R001 | | MP19 |
| ! | ● | 3014 | SUBSTITUIERTES NITROPHENOL-PESTIZID, FLÜSSIG, GIFTIG | 6.1 | T6 | I | 6.1 | 61<br>274<br>648 | 0 | E5 | P001 | | MP8<br>MP17 |
| | | 3014 | SUBSTITUIERTES NITROPHENOL-PESTIZID, FLÜSSIG, GIFTIG | 6.1 | T6 | II | 6.1 | 61<br>274<br>648 | 100 ml | E4 | P001<br>IBC02 | | MP15 |
| | | 3014 | SUBSTITUIERTES NITROPHENOL-PESTIZID, FLÜSSIG, GIFTIG | 6.1 | T6 | III | 6.1 | 61<br>274<br>648 | 5 L | E1 | P001<br>IBC03<br>LP01<br>R001 | | MP19 |

| Ortsbewegliche Tanks und Schüttgut-Container | | ADR-Tanks | | Fahrzeug für die Beförderung in Tanks | Beförderungskategorie (Tunnelbeschränkungscode) | Sondervorschriften für die Beförderung | | | | Nummer zur Kennzeichnung der Gefahr | UN-Nummer | Verlagshinweis „Gut zu wissen" |
|---|---|---|---|---|---|---|---|---|---|---|---|---|
| Anweisungen | Sondervorschriften | Tankcodierung | Sondervorschriften | | | Versandstücke | lose Schüttung | Be- und Entladung, Handhabung | Betrieb | | | |
| 4.2.5.2 7.3.2 | 4.2.5.3 | 4.3 | 4.3.5 6.8.4 | 9.1.1.2 | 1.1.3.6 (8.6) | 7.2.4 | 7.3.3 | 7.5.11 | 8.5 | 5.3.2.3 | | |
| (10) | (11) | (12) | (13) | (14) | (15) | (16) | (17) | (18) | (19) | (20) | (1) | |
| T14 | TP2 TP27 | L10CH | TU14 TU15 TE19 TE21 | AT | 1 (C/E) | | | CV1 CV13 CV28 | S9 S14 | 66 | 3010 | |
| T11 | TP2 TP27 | L4BH | TU15 TE19 | AT | 2 (D/E) | | | CV13 CV28 | S9 S19 | 60 | 3010 | |
| T7 | TP2 TP28 | L4BH | TU15 TE19 | AT | 2 (E) | V12 | | CV13 CV28 | S9 | 60 | 3010 | |
| T14 | TP2 TP27 | L10CH | TU14 TU15 TE19 TE21 | FL | 1 (C/E) | | | CV1 CV13 CV28 | S2 S9 S14 | 663 | 3011 | |
| T11 | TP2 TP27 | L4BH | TU15 TE19 | FL | 2 (D/E) | | | CV13 CV28 | S2 S9 S19 | 63 | 3011 | |
| T7 | TP2 TP28 | L4BH | TU15 TE19 | FL | 2 (D/E) | V12 | | CV13 CV28 | S2 S9 | 63 | 3011 | |
| T14 | TP2 TP27 | L10CH | TU14 TU15 TE19 TE21 | AT | 1 (C/E) | | | CV1 CV13 CV28 | S9 S14 | 66 | 3012 | |
| T11 | TP2 TP27 | L4BH | TU15 TE19 | AT | 2 (D/E) | | | CV13 CV28 | S9 S19 | 60 | 3012 | |
| T7 | TP2 TP28 | L4BH | TU15 TE19 | AT | 2 (E) | V12 | | CV13 CV28 | S9 | 60 | 3012 | |
| T14 | TP2 TP27 | L10CH | TU14 TU15 TE19 TE21 | FL | 1 (C/E) | | | CV1 CV13 CV28 | S2 S9 S14 | 663 | 3013 | |
| T11 | TP2 TP27 | L4BH | TU15 TE19 | FL | 2 (D/E) | | | CV13 CV28 | S2 S9 S19 | 63 | 3013 | |
| T7 | TP2 TP28 | L4BH | TU15 TE19 | FL | 2 (D/E) | V12 | | CV13 CV28 | S2 S9 | 63 | 3013 | |
| T14 | TP2 TP27 | L10CH | TU14 TU15 TE19 TE21 | AT | 1 (C/E) | | | CV1 CV13 CV28 | S9 S14 | 66 | 3014 | |
| T11 | TP2 TP27 | L4BH | TU15 TE19 | AT | 2 (D/E) | | | CV13 CV28 | S9 S19 | 60 | 3014 | |
| T7 | TP2 TP28 | L4BH | TU15 TE19 | AT | 2 (E) | V12 | | CV13 CV28 | S9 | 60 | 3014 | |

| Verlagshinweis Sicherung | Verlagshinweis Fahrweg | UN-Nummer | Benennung und Beschreibung | Klasse | Klassifizierungscode | Verpackungsgruppe | Gefahrzettel | Sondervorschriften | Begrenzte und freigestellte Mengen | | Verpackungen Anweisungen | Verpackungen Sondervorschriften | Verpackungen Zusammenpackung |
|---|---|---|---|---|---|---|---|---|---|---|---|---|---|
| | | | 3.1.2 | 2.2 | 2.2 | 2.1.1.3 | 5.2.2 | 3.3 | 3.4/3.5.1.2 | | 4.1.4 | 4.1.4 | 4.1.10 |
| | | (1) | (2) | (3a) | (3b) | (4) | (5) | (6) | (7a) | (7b) | (8) | (9a) | (9b) |
| ! | ● | 3015 | BIPYRIDILIUM-PESTIZID, FLÜSSIG, GIFTIG, ENTZÜNDBAR, mit einem Flammpunkt von 23 °C oder darüber | 6.1 | TF2 | I | 6.1+3 | 61 274 | 0 | E5 | P001 | | MP8 MP17 |
| | | 3015 | BIPYRIDILIUM-PESTIZID, FLÜSSIG, GIFTIG, ENTZÜNDBAR, mit einem Flammpunkt von 23 °C oder darüber | 6.1 | TF2 | II | 6.1+3 | 61 274 | 100 ml | E4 | P001 IBC02 | | MP15 |
| | | 3015 | BIPYRIDILIUM-PESTIZID, FLÜSSIG, GIFTIG, ENTZÜNDBAR, mit einem Flammpunkt von 23 °C oder darüber | 6.1 | TF2 | III | 6.1+3 | 61 274 | 5 L | E1 | P001 IBC03 R001 | | MP19 |
| ! | ● | 3016 | BIPYRIDILIUM-PESTIZID, FLÜSSIG, GIFTIG | 6.1 | T6 | I | 6.1 | 61 274 648 | 0 | E5 | P001 | | MP8 MP17 |
| | | 3016 | BIPYRIDILIUM-PESTIZID, FLÜSSIG, GIFTIG | 6.1 | T6 | II | 6.1 | 61 274 648 | 100 ml | E4 | P001 IBC02 | | MP15 |
| | | 3016 | BIPYRIDILIUM-PESTIZID, FLÜSSIG, GIFTIG | 6.1 | T6 | III | 6.1 | 61 274 648 | 5 L | E1 | P001 IBC03 LP01 R001 | | MP19 |
| ! | ● | 3017 | ORGANOPHOSPHOR-PESTIZID, FLÜSSIG, GIFTIG, ENTZÜNDBAR, mit einem Flammpunkt von 23 °C oder darüber | 6.1 | TF2 | I | 6.1+3 | 61 274 | 0 | E5 | P001 | | MP8 MP17 |
| | | 3017 | ORGANOPHOSPHOR-PESTIZID, FLÜSSIG, GIFTIG, ENTZÜNDBAR, mit einem Flammpunkt von 23 °C oder darüber | 6.1 | TF2 | II | 6.1+3 | 61 274 | 100 ml | E4 | P001 IBC02 | | MP15 |
| | | 3017 | ORGANOPHOSPHOR-PESTIZID, FLÜSSIG, GIFTIG, ENTZÜNDBAR, mit einem Flammpunkt von 23 °C oder darüber | 6.1 | TF2 | III | 6.1+3 | 61 274 | 5 L | E1 | P001 IBC03 R001 | | MP19 |
| ! | ● | 3018 | ORGANOPHOSPHOR-PESTIZID, FLÜSSIG, GIFTIG | 6.1 | T6 | I | 6.1 | 61 274 648 | 0 | E5 | P001 | | MP8 MP17 |
| | | 3018 | ORGANOPHOSPHOR-PESTIZID, FLÜSSIG, GIFTIG | 6.1 | T6 | II | 6.1 | 61 274 648 | 100 ml | E4 | P001 IBC02 | | MP15 |
| | | 3018 | ORGANOPHOSPHOR-PESTIZID, FLÜSSIG, GIFTIG | 6.1 | T6 | III | 6.1 | 61 274 648 | 5 L | E1 | P001 IBC03 LP01 R001 | | MP19 |
| ! | ● | 3019 | ORGANOZINN-PESTIZID, FLÜSSIG, GIFTIG, ENTZÜNDBAR, mit einem Flammpunkt von 23 °C oder darüber | 6.1 | TF2 | I | 6.1+3 | 61 274 | 0 | E5 | P001 | | MP8 MP17 |
| | | 3019 | ORGANOZINN-PESTIZID, FLÜSSIG, GIFTIG, ENTZÜNDBAR, mit einem Flammpunkt von 23 °C oder darüber | 6.1 | TF2 | II | 6.1+3 | 61 274 | 100 ml | E4 | P001 IBC02 | | MP15 |
| | | 3019 | ORGANOZINN-PESTIZID, FLÜSSIG, GIFTIG, ENTZÜNDBAR, mit einem Flammpunkt von 23 °C oder darüber | 6.1 | TF2 | III | 6.1+3 | 61 274 | 5 L | E1 | P001 IBC03 R001 | | MP19 |
| ! | ● | 3020 | ORGANOZINN-PESTIZID, FLÜSSIG, GIFTIG | 6.1 | T6 | I | 6.1 | 61 274 648 | 0 | E5 | P001 | | MP8 MP17 |
| | | 3020 | ORGANOZINN-PESTIZID, FLÜSSIG, GIFTIG | 6.1 | T6 | II | 6.1 | 61 274 648 | 100 ml | E4 | P001 IBC02 | | MP15 |

| Ortsbewegliche Tanks und Schüttgut-Container | | ADR-Tanks | | Fahrzeug für die Beförderung in Tanks | Beförderungskategorie (Tunnelbeschränkungscode) | Sondervorschriften für die Beförderung | | | | Nummer zur Kennzeichnung der Gefahr | UN-Nummer | Verlagshinweis *„Gut zu wissen"* |
|---|---|---|---|---|---|---|---|---|---|---|---|---|
| Anweisungen | Sondervorschriften | Tankcodierung | Sondervorschriften | | | Versandstücke | lose Schüttung | Be- und Entladung, Handhabung | Betrieb | | | |
| 4.2.5.2<br>7.3.2 | 4.2.5.3 | 4.3 | 4.3.5<br>6.8.4 | 9.1.1.2 | 1.1.3.6<br>(8.6) | 7.2.4 | 7.3.3 | 7.5.11 | 8.5 | 5.3.2.3 | | |
| (10) | (11) | (12) | (13) | (14) | (15) | (16) | (17) | (18) | (19) | (20) | (1) | |
| T14 | TP2<br>TP27 | L10CH | TU14<br>TU15<br>TE19<br>TE21 | FL | 1<br>(C/E) | | | CV1<br>CV13<br>CV28 | S2<br>S9<br>S14 | 663 | 3015 | |
| T11 | TP2<br>TP27 | L4BH | TU15<br>TE19 | FL | 2<br>(D/E) | | | CV13<br>CV28 | S2<br>S9<br>S19 | 63 | 3015 | |
| T7 | TP2<br>TP28 | L4BH | TU15<br>TE19 | FL | 2<br>(D/E) | V12 | | CV13<br>CV28 | S2<br>S9 | 63 | 3015 | |
| T14 | TP2<br>TP27 | L10CH | TU14<br>TU15<br>TE19<br>TE21 | AT | 1<br>(C/E) | | | CV1<br>CV13<br>CV28 | S9<br>S14 | 66 | 3016 | |
| T11 | TP2<br>TP27 | L4BH | TU15<br>TE19 | AT | 2<br>(D/E) | | | CV13<br>CV28 | S9<br>S19 | 60 | 3016 | |
| T7 | TP2<br>TP28 | L4BH | TU15<br>TE19 | AT | 2<br>(E) | V12 | | CV13<br>CV28 | S9 | 60 | 3016 | |
| T14 | TP2<br>TP27 | L10CH | TU14<br>TU15<br>TE19<br>TE21 | FL | 1<br>(C/E) | | | CV1<br>CV13<br>CV28 | S2<br>S9<br>S14 | 663 | 3017 | |
| T11 | TP2<br>TP27 | L4BH | TU15<br>TE19 | FL | 2<br>(D/E) | | | CV13<br>CV28 | S2<br>S9<br>S19 | 63 | 3017 | |
| T7 | TP2<br>TP28 | L4BH | TU15<br>TE19 | FL | 2<br>(D/E) | V12 | | CV13<br>CV28 | S2<br>S9 | 63 | 3017 | |
| T14 | TP2<br>TP27 | L10CH | TU14<br>TU15<br>TE19<br>TE21 | AT | 1<br>(C/E) | | | CV1<br>CV13<br>CV28 | S9<br>S14 | 66 | 3018 | |
| T11 | TP2<br>TP27 | L4BH | TU15<br>TE19 | AT | 2<br>(D/E) | | | CV13<br>CV28 | S9<br>S19 | 60 | 3018 | |
| T7 | TP2<br>TP28 | L4BH | TU15<br>TE19 | AT | 2<br>(E) | V12 | | CV13<br>CV28 | S9 | 60 | 3018 | |
| T14 | TP2<br>TP27 | L10CH | TU14<br>TU15<br>TE19<br>TE21 | FL | 1<br>(C/E) | | | CV1<br>CV13<br>CV28 | S2<br>S9<br>S14 | 663 | 3019 | |
| T11 | TP2<br>TP27 | L4BH | TU15<br>TE19 | FL | 2<br>(D/E) | | | CV13<br>CV28 | S2<br>S9<br>S19 | 63 | 3019 | |
| T7 | TP2<br>TP28 | L4BH | TU15<br>TE19 | FL | 2<br>(D/E) | V12 | | CV13<br>CV28 | S2<br>S9 | 63 | 3019 | |
| T14 | TP2<br>TP27 | L10CH | TU14<br>TU15<br>TE19<br>TE21 | AT | 1<br>(C/E) | | | CV1<br>CV13<br>CV28 | S9<br>S14 | 66 | 3020 | |
| T11 | TP2<br>TP27 | L4BH | TU15<br>TE19 | AT | 2<br>(D/E) | | | CV13<br>CV28 | S9<br>S19 | 60 | 3020 | |

| Verlagshinweis: Sicherung | Verlagshinweis: Fahrweg | UN-Nummer | Benennung und Beschreibung | Klasse | Klassifizierungscode | Verpackungsgruppe | Gefahrzettel | Sondervorschriften | Begrenzte und freigestellte Mengen | | Verpackungen: Anweisungen | Verpackungen: Sondervorschriften | Verpackungen: Zusammenpackung |
|---|---|---|---|---|---|---|---|---|---|---|---|---|---|
| | | | 3.1.2 | 2.2 | 2.2 | 2.1.1.3 | 5.2.2 | 3.3 | 3.4/3.5.1.2 | | 4.1.4 | 4.1.4 | 4.1.10 |
| | | (1) | (2) | (3a) | (3b) | (4) | (5) | (6) | (7a) | (7b) | (8) | (9a) | (9b) |
| | | 3020 | ORGANOZINN-PESTIZID, FLÜSSIG, GIFTIG | 6.1 | T6 | III | 6.1 | 61<br>274<br>648 | 5 L | E1 | P001<br>IBC03<br>LP01<br>R001 | | MP19 |
| ! | ● | 3021 | PESTIZID, FLÜSSIG, ENTZÜNDBAR, GIFTIG, N.A.G., Flammpunkt unter 23 °C | 3 | FT2 | I | 3+6.1 | 61<br>274 | 0 | E0 | P001 | | MP7<br>MP17 |
| ! | ● | 3021 | PESTIZID, FLÜSSIG, ENTZÜNDBAR, GIFTIG, N.A.G., Flammpunkt unter 23 °C | 3 | FT2 | II | 3+6.1 | 61<br>274 | 1 L | E2 | P001<br>IBC02<br>R001 | | MP19 |
| ! | ● | 3022 | 1,2-BUTYLENOXID, STABILISIERT | 3 | F1 | II | 3 | 386<br>676 | 1 L | E2 | P001<br>IBC02<br>R001 | | MP19 |
| ! | ● | 3023 | 2-METHYL-2-HEPTANTHIOL | 6.1 | TF1 | I | 6.1+3 | 354 | 0 | E0 | P602 | | MP8<br>MP17 |
| ! | ● | 3024 | CUMARIN-PESTIZID, FLÜSSIG, ENTZÜNDBAR, GIFTIG, Flammpunkt unter 23 °C | 3 | FT2 | I | 3+6.1 | 61<br>274 | 0 | E0 | P001 | | MP7<br>MP17 |
| ! | ● | 3024 | CUMARIN-PESTIZID, FLÜSSIG, ENTZÜNDBAR, GIFTIG, Flammpunkt unter 23 °C | 3 | FT2 | II | 3+6.1 | 61<br>274 | 1 L | E2 | P001<br>IBC02<br>R001 | | MP19 |
| ! | ● | 3025 | CUMARIN-PESTIZID, FLÜSSIG, GIFTIG, ENTZÜNDBAR, mit einem Flammpunkt von 23 °C oder darüber | 6.1 | TF2 | I | 6.1+3 | 61<br>274 | 0 | E5 | P001 | | MP8<br>MP17 |
| | | 3025 | CUMARIN-PESTIZID, FLÜSSIG, GIFTIG, ENTZÜNDBAR, mit einem Flammpunkt von 23 °C oder darüber | 6.1 | TF2 | II | 6.1+3 | 61<br>274 | 100 ml | E4 | P001<br>IBC02 | | MP15 |
| | | 3025 | CUMARIN-PESTIZID, FLÜSSIG, GIFTIG, ENTZÜNDBAR, mit einem Flammpunkt von 23 °C oder darüber | 6.1 | TF2 | III | 6.1+3 | 61<br>274 | 5 L | E1 | P001<br>IBC03<br>R001 | | MP19 |
| ! | ● | 3026 | CUMARIN-PESTIZID, FLÜSSIG, GIFTIG | 6.1 | T6 | I | 6.1 | 61<br>274<br>648 | 0 | E5 | P001 | | MP8<br>MP17 |
| | | 3026 | CUMARIN-PESTIZID, FLÜSSIG, GIFTIG | 6.1 | T6 | II | 6.1 | 61<br>274<br>648 | 100 ml | E4 | P001<br>IBC02 | | MP15 |
| | | 3026 | CUMARIN-PESTIZID, FLÜSSIG, GIFTIG | 6.1 | T6 | III | 6.1 | 61<br>274<br>648 | 5 L | E1 | P001<br>IBC03<br>LP01<br>R001 | | MP19 |
| ! | | 3027 | CUMARIN-PESTIZID, FEST, GIFTIG | 6.1 | T7 | I | 6.1 | 61<br>274<br>648 | 0 | E5 | P002<br>IBC07 | | MP18 |
| | | 3027 | CUMARIN-PESTIZID, FEST, GIFTIG | 6.1 | T7 | II | 6.1 | 61<br>274<br>648 | 500 g | E4 | P002<br>IBC08 | B4 | MP10 |
| | | 3027 | CUMARIN-PESTIZID, FEST, GIFTIG | 6.1 | T7 | III | 6.1 | 61<br>274<br>648 | 5 kg | E1 | P002<br>IBC08<br>LP02<br>R001 | B3 | MP10 |
| | | 3028 | BATTERIEN (AKKUMULATOREN), TROCKEN, KALIUMHYDROXID, FEST, ENTHALTEND, elektrische Sammler | 8 | C11 | | 8 | 295<br>304<br>598 | 2 kg | E0 | P801 | | |

| Ortsbewegliche Tanks und Schüttgut-Container | | ADR-Tanks | | Fahrzeug für die Beförderung in Tanks | Beförderungskategorie (Tunnelbeschränkungscode) | Sondervorschriften für die Beförderung | | | | Nummer zur Kennzeichnung der Gefahr | UN-Nummer | Verlagshinweis *„Gut zu wissen"* |
|---|---|---|---|---|---|---|---|---|---|---|---|---|
| Anweisungen | Sondervorschriften | Tankcodierung | Sondervorschriften | | | Versandstücke | lose Schüttung | Be- und Entladung, Handhabung | Betrieb | | | |
| 4.2.5.2<br>7.3.2 | 4.2.5.3 | 4.3 | 4.3.5<br>6.8.4 | 9.1.1.2 | 1.1.3.6<br>(8.6) | 7.2.4 | 7.3.3 | 7.5.11 | 8.5 | 5.3.2.3 | | |
| (10) | (11) | (12) | (13) | (14) | (15) | (16) | (17) | (18) | (19) | (20) | (1) | |
| T7 | TP2<br>TP28 | L4BH | TU15<br>TE19 | AT | 2<br>(E) | V12 | | CV13<br>CV28 | S9 | 60 | 3020 | |
| T14 | TP2<br>TP27 | L10CH | TU14<br>TU15<br>TE21 | FL | 1<br>(C/E) | | | CV13<br>CV28 | S2<br>S22 | 336 | 3021 | |
| T11 | TP2<br>TP27 | L4BH | TU15 | FL | 2<br>(D/E) | | | CV13<br>CV28 | S2<br>S22 | 336 | 3021 | |
| T4 | TP1 | LGBF | | FL | 2<br>(D/E) | V8 | | | S2<br>S4<br>S20 | 339 | 3022 | |
| T20 | TP2 | L10CH | TU14<br>TU15<br>TE19<br>TE21 | FL | 1<br>(C/D) | | | CV1<br>CV13<br>CV28 | S2<br>S9<br>S14 | 663 | 3023 | |
| T14 | TP2<br>TP27 | L10CH | TU14<br>TU15<br>TE21 | FL | 1<br>(C/E) | | | CV13<br>CV28 | S2<br>S22 | 336 | 3024 | |
| T11 | TP2<br>TP27 | L4BH | TU15 | FL | 2<br>(D/E) | | | CV13<br>CV28 | S2<br>S22 | 336 | 3024 | |
| T14 | TP2<br>TP27 | L10CH | TU14<br>TU15<br>TE19<br>TE21 | FL | 1<br>(C/E) | | | CV1<br>CV13<br>CV28 | S2<br>S9<br>S14 | 663 | 3025 | |
| T11 | TP2<br>TP27 | L4BH | TU15<br>TE19 | FL | 2<br>(D/E) | | | CV13<br>CV28 | S2<br>S9<br>S19 | 63 | 3025 | |
| T7 | TP1<br>TP28 | L4BH | TU15<br>TE19 | FL | 2<br>(D/E) | V12 | | CV13<br>CV28 | S2<br>S9 | 63 | 3025 | |
| T14 | TP2<br>TP27 | L10CH | TU14<br>TU15<br>TE19<br>TE21 | AT | 1<br>(C/E) | | | CV1<br>CV13<br>CV28 | S9<br>S14 | 66 | 3026 | |
| T11 | TP2<br>TP27 | L4BH | TU15<br>TE19 | AT | 2<br>(D/E) | | | CV13<br>CV28 | S9<br>S19 | 60 | 3026 | |
| T7 | TP1<br>TP28 | L4BH | TU15<br>TE19 | AT | 2<br>(E) | V12 | | CV13<br>CV28 | S9 | 60 | 3026 | |
| T6 | TP33 | S10AH<br>L10CH | TU14<br>TU15<br>TE19<br>TE21 | AT | 1<br>(C/E) | V10 | | CV1<br>CV13<br>CV28 | S9<br>S14 | 66 | 3027 | |
| T3 | TP33 | SGAH<br>L4BH | TU15<br>TE19 | AT | 2<br>(D/E) | V11 | | CV13<br>CV28 | S9<br>S19 | 60 | 3027 | |
| T1 | TP33 | SGAH<br>L4BH | TU15<br>TE19 | AT | 2<br>(E) | | VC1<br>VC2<br>AP7 | CV13<br>CV28 | S9 | 60 | 3027 | |
| | | | | | 3<br>(E) | | VC1<br>VC2<br>AP8 | | | 80 | 3028 | *→3.3 SV296*<br>*→UN 3363* |

| Verlagshinweis: Sicherung | Verlagshinweis: Fahrweg | UN-Nummer | Benennung und Beschreibung | Klasse | Klassifizierungscode | Verpackungsgruppe | Gefahrzettel | Sondervorschriften | Begrenzte und freigestellte Mengen | | Verpackungen: Anweisungen | Verpackungen: Sondervorschriften | Verpackungen: Zusammenpackung |
|---|---|---|---|---|---|---|---|---|---|---|---|---|---|
| | | | 3.1.2 | 2.2 | 2.2 | 2.1.1.3 | 5.2.2 | 3.3 | 3.4/3.5.1.2 | | 4.1.4 | 4.1.4 | 4.1.10 |
| | | (1) | (2) | (3a) | (3b) | (4) | (5) | (6) | (7a) | (7b) | (8) | (9a) | (9b) |
| ! | | 3048 | ALUMINIUMPHOSPHID-PESTIZID | 6.1 | T7 | I | 6.1 | 153<br>648 | 0 | E0 | P002<br>IBC07 | | MP18 |
| | | 3054 | CYCLOHEXYLMERCAPTAN | 3 | F1 | III | 3 | | 5 L | E1 | P001<br>IBC03<br>LP01<br>R001 | | MP19 |
| | | 3055 | 2-(2-AMINOETHOXY)-ETHANOL | 8 | C7 | III | 8 | | 5 L | E1 | P001<br>IBC03<br>LP01<br>R001 | | MP19 |
| | | 3056 | n-HEPTALDEHYD | 3 | F1 | III | 3 | | 5 L | E1 | P001<br>IBC03<br>LP01<br>R001 | | MP19 |
| ! | ● | 3057 | TRIFLUORACETYLCHLORID | 2 | 2TC | | 2.3+8 | | 0 | E0 | P200 | | MP9 |
| ! | | 3064 | NITROGLYCERIN, LÖSUNG IN ALKOHOL mit mehr als 1 %, aber höchstens 5 % Nitroglycerin | 3 | D | II | 3 | 28<br>359 | 0 | E0 | P300 | | MP2 |
| ! | ● | 3065 | ALKOHOLISCHE GETRÄNKE mit mehr als 70 Vol.-% Alkohol | 3 | F1 | II | 3 | | 5 L | E2 | P001<br>IBC02<br>R001 | PP2 | MP19 |
| | | 3065 | ALKOHOLISCHE GETRÄNKE mit mehr als 24 Vol.-% und höchstens 70 Vol.-% Alkohol | 3 | F1 | III | 3 | 144<br>145<br>247 | 5 L | E1 | P001<br>IBC03<br>R001 | PP2 | MP19 |
| | | 3066 | FARBE (einschließlich Farbe, Lack, Emaille, Beize, Schellack, Firnis, Politur, flüssiger Füllstoff und flüssige Lackgrundlage) oder FARBZUBEHÖRSTOFFE (einschließlich Farbverdünnung und -lösemittel) | 8 | C9 | II | 8 | 163<br>367 | 1 L | E2 | P001<br>IBC02 | | MP15 |
| | | 3066 | FARBE (einschließlich Farbe, Lack, Emaille, Beize, Schellack, Firnis, Politur, flüssiger Füllstoff und flüssige Lackgrundlage) oder FARBZUBEHÖRSTOFFE (einschließlich Farbverdünnung und -lösemittel) | 8 | C9 | III | 8 | 163<br>367 | 5 L | E1 | P001<br>IBC03<br>R001 | | MP19 |
| | | 3070 | ETHYLENOXID UND DICHLORDIFLUORMETHAN, GEMISCH mit höchstens 12,5 % Ethylenoxid | 2 | 2A | | 2.2 | 392<br>662 | 120 ml | E1 | P200 | | MP9 |
| | | 3071 | MERCAPTANE, FLÜSSIG, GIFTIG, ENTZÜNDBAR, N.A.G. oder MERCAPTANE, MISCHUNG, FLÜSSIG, GIFTIG, ENTZÜNDBAR, N.A.G. | 6.1 | TF1 | II | 6.1+3 | 274 | 100 ml | E4 | P001<br>IBC02 | | MP15 |
| | | 3072 | RETTUNGSMITTEL, NICHT SELBSTAUFBLASEND, gefährliche Güter als Ausrüstung enthaltend | 9 | M5 | | 9 | 296<br>635 | 0 | E0 | P905 | | |
| | | 3073 | VINYLPYRIDINE, STABILISIERT | 6.1 | TFC | II | 6.1+3+8 | 386<br>676 | 100 ml | E4 | P001<br>IBC01 | | MP15 |
| | | 3077 | UMWELTGEFÄHRDENDER STOFF, FEST, N.A.G. | 9 | M7 | III | 9 | 274<br>335<br>375<br>601 | 5 kg | E1 | P002<br>IBC08<br>LP02<br>R001 | PP12<br>B3 | MP10 |
| | | 3078 | CER, Späne oder Grieß | 4.3 | W2 | II | 4.3 | 550 | 500 g | E2 | P410<br>IBC07 | | MP14 |

| Ortsbewegliche Tanks und Schüttgut-Container | | ADR-Tanks | | Fahrzeug für die Beförderung in Tanks | Beförderungskategorie (Tunnelbeschränkungscode) | Sondervorschriften für die Beförderung | | | | Nummer zur Kennzeichnung der Gefahr | UN-Nummer | Verlagshinweis „Gut zu wissen" |
|---|---|---|---|---|---|---|---|---|---|---|---|---|
| Anweisungen | Sondervorschriften | Tankcodierung | Sondervorschriften | | | Versandstücke | lose Schüttung | Be- und Entladung, Handhabung | Betrieb | | | |
| 4.2.5.2<br>7.3.2 | 4.2.5.3 | 4.3 | 4.3.5<br>6.8.4 | 9.1.1.2 | 1.1.3.6<br>(8.6) | 7.2.4 | 7.3.3 | 7.5.11 | 8.5 | 5.3.2.3 | | |
| (10) | (11) | (12) | (13) | (14) | (15) | (16) | (17) | (18) | (19) | (20) | (1) | |
| T6 | TP33 | S10AH | TU15<br>TE19 | AT | 1<br>(C/E) | V10 | | CV1<br>CV13<br>CV28 | S9<br>S14 | 642 | 3048 | |
| T2 | TP1 | LGBF | | FL | 3<br>(D/E) | V12 | | | S2 | 30 | 3054 | |
| T4 | TP1 | L4BN | | AT | 3<br>(E) | V12 | | | | 80 | 3055 | |
| T2 | TP1 | LGBF | | FL | 3<br>(D/E) | V12 | | | S2 | 30 | 3056 | |
| T50 | TP21 | PxBH(M) | TA4<br>TT9 | AT | 1<br>(C/D) | | | CV9<br>CV10<br>CV36 | S14 | 268 | 3057 | |
| | | | | | 2<br>(B) | | | | S2<br>S14 | | 3064 | →*2.1.3.4.1* |
| T4 | TP1 | LGBF | | FL | 2<br>(D/E) | | | | S2<br>S20 | 33 | 3065 | →*D: RSEB 2-3* |
| T2 | TP1 | LGBF | | FL | 3<br>(D/E) | V12 | | | S2 | 30 | 3065 | →*D: RSEB 2-3* |
| T7 | TP2<br>TP28 | L4BN | | AT | 2<br>(E) | | | | | 80 | 3066 | |
| T4 | TP1<br>TP29 | L4BN | | AT | 3<br>(E) | V12 | | | | 80 | 3066 | |
| T50<br>(M) | | PxBN(M) | TA4<br>TT9 | AT | 3<br>(C/E) | | | CV9<br>CV10<br>CV36 | | 20 | 3070 | |
| T11 | TP2<br>TP27 | L4BH | TU15<br>TE19 | FL | 2<br>(D/E) | | | CV13<br>CV28 | S2<br>S9<br>S19 | 63 | 3071 | |
| | | | | | 3<br>(E) | | | | | | 3072 | →*D: RSEB 1-13* |
| T7 | TP2 | L4BH | TU15<br>TE19 | FL | 2<br>(D/E) | V8 | | CV13<br>CV28 | S2<br>S4<br>S9<br>S19 | 638 | 3073 | |
| T1<br>BK1<br>BK2<br>BK3 | TP33 | SGAV<br>LGBV | | AT | 3<br>(–) | V13 | VC1<br>VC2 | CV13 | | 90 | 3077 | →*1.9.5.3.4*<br>→*D: RSEB 2-1* |
| T3 | TP33 | SGAN | | AT | 2<br>(D/E) | V1 | | CV23 | | 423 | 3078 | |

## UN-numerisches Verzeichnis (Tabelle A)

| Verlagshinweis Sicherung | Verlagshinweis Fahrweg | UN-Nummer | Benennung und Beschreibung | Klasse | Klassifizierungscode | Verpackungsgruppe | Gefahrzettel | Sondervorschriften | Begrenzte und freigestellte Mengen | | Verpackungen Anweisungen | Verpackungen Sondervorschriften | Verpackungen Zusammenpackung |
|---|---|---|---|---|---|---|---|---|---|---|---|---|---|
| | | | 3.1.2 | 2.2 | 2.2 | 2.1.1.3 | 5.2.2 | 3.3 | 3.4/3.5.1.2 | | 4.1.4 | 4.1.4 | 4.1.10 |
| | | (1) | (2) | (3a) | (3b) | (4) | (5) | (6) | (7a) | (7b) | (8) | (9a) | (9b) |
| ! | ● | 3079 | METHACRYLNITRIL, STABILISIERT | 6.1 | TF1 | I | 6.1+3 | 354<br>386<br>676 | 0 | E0 | P602 | | MP8<br>MP17 |
| | | 3080 | ISOCYANATE, GIFTIG, ENTZÜNDBAR, N.A.G. oder ISOCYANAT, LÖSUNG, GIFTIG, ENTZÜNDBAR, N.A.G. | 6.1 | TF1 | II | 6.1+3 | 274<br>551 | 100 ml | E4 | P001<br>IBC02 | | MP15 |
| | | 3082 | UMWELTGEFÄHRDENDER STOFF, FLÜSSIG, N.A.G. | 9 | M6 | III | 9 | 274<br>335<br>375<br>601<br>650 | 5 L | E1 | P001<br>IBC03<br>LP01<br>R001 | PP1 | MP19 |
| ! | ● | 3083 | PERCHLORYLFLUORID | 2 | 2TO | | 2.3+5.1 | | 0 | E0 | P200 | | MP9 |
| ! | | 3084 | ÄTZENDER FESTER STOFF, ENTZÜNDEND (OXIDIEREND) WIRKEND, N.A.G. | 8 | CO2 | I | 8+5.1 | 274 | 0 | E0 | P002 | | MP18 |
| | | 3084 | ÄTZENDER FESTER STOFF, ENTZÜNDEND (OXIDIEREND) WIRKEND, N.A.G. | 8 | CO2 | II | 8+5.1 | 274 | 1 kg | E2 | P002<br>IBC06 | | MP10 |
| | | 3085 | ENTZÜNDEND (OXIDIEREND) WIRKENDER FESTER STOFF, ÄTZEND, N.A.G. | 5.1 | OC2 | I | 5.1+8 | 274 | 0 | E0 | P503 | | MP2 |
| | | 3085 | ENTZÜNDEND (OXIDIEREND) WIRKENDER FESTER STOFF, ÄTZEND, N.A.G. | 5.1 | OC2 | II | 5.1+8 | 274 | 1 kg | E2 | P002<br>IBC06 | | MP2 |
| | | 3085 | ENTZÜNDEND (OXIDIEREND) WIRKENDER FESTER STOFF, ÄTZEND, N.A.G. | 5.1 | OC2 | III | 5.1+8 | 274 | 5 kg | E1 | P002<br>IBC08<br>R001 | B3 | MP2 |
| ! | | 3086 | GIFTIGER FESTER STOFF, ENTZÜNDEND (OXIDIEREND) WIRKEND, N.A.G. | 6.1 | TO2 | I | 6.1+5.1 | 274 | 0 | E5 | P002 | | MP18 |
| | | 3086 | GIFTIGER FESTER STOFF, ENTZÜNDEND (OXIDIEREND) WIRKEND, N.A.G. | 6.1 | TO2 | II | 6.1+5.1 | 274 | 500 g | E4 | P002<br>IBC06 | | MP10 |
| | | 3087 | ENTZÜNDEND (OXIDIEREND) WIRKENDER FESTER STOFF, GIFTIG, N.A.G. | 5.1 | OT2 | I | 5.1+6.1 | 274 | 0 | E0 | P503 | | MP2 |
| | | 3087 | ENTZÜNDEND (OXIDIEREND) WIRKENDER FESTER STOFF, GIFTIG, N.A.G. | 5.1 | OT2 | II | 5.1+6.1 | 274 | 1 kg | E2 | P002<br>IBC06 | | MP2 |
| | | 3087 | ENTZÜNDEND (OXIDIEREND) WIRKENDER FESTER STOFF, GIFTIG, N.A.G. | 5.1 | OT2 | III | 5.1+6.1 | 274 | 5 kg | E1 | P002<br>IBC08<br>R001 | B3 | MP2 |
| | | 3088 | SELBSTERHITZUNGSFÄHIGER ORGANISCHER FESTER STOFF, N.A.G. | 4.2 | S2 | II | 4.2 | 274 | 0 | E2 | P410<br>IBC06 | | MP14 |
| | | 3088 | SELBSTERHITZUNGSFÄHIGER ORGANISCHER FESTER STOFF, N.A.G. | 4.2 | S2 | III | 4.2 | 274<br>665 | 0 | E1 | P002<br>IBC08<br>LP02<br>R001 | B3 | MP14 |
| | | 3089 | ENTZÜNDBARES METALLPULVER, N.A.G. | 4.1 | F3 | II | 4.1 | 552 | 1 kg | E2 | P002<br>IBC08 | B4 | MP11 |
| | | 3089 | ENTZÜNDBARES METALLPULVER, N.A.G. | 4.1 | F3 | III | 4.1 | 552 | 5 kg | E1 | P002<br>IBC08<br>R001 | B4 | MP11 |

| Ortsbewegliche Tanks und Schüttgut-Container | | ADR-Tanks | | Fahrzeug für die Beförderung in Tanks | Beförderungskategorie (Tunnelbeschränkungscode) | Sondervorschriften für die Beförderung | | | | Nummer zur Kennzeichnung der Gefahr | UN-Nummer | Verlagshinweis „Gut zu wissen" |
|---|---|---|---|---|---|---|---|---|---|---|---|---|
| Anweisungen | Sondervorschriften | Tankcodierung | Sondervorschriften | | | Versandstücke | lose Schüttung | Be- und Entladung, Handhabung | Betrieb | | | |
| 4.2.5.2<br>7.3.2 | 4.2.5.3 | 4.3 | 4.3.5<br>6.8.4 | 9.1.1.2 | 1.1.3.6<br>(8.6) | 7.2.4 | 7.3.3 | 7.5.11 | 8.5 | 5.3.2.3 | | |
| (10) | (11) | (12) | (13) | (14) | (15) | (16) | (17) | (18) | (19) | (20) | (1) | |
| T20 | TP2 | L10CH | TU14<br>TU15<br>TE19<br>TE21 | FL | 1<br>(C/D) | V8 | | CV1<br>CV13<br>CV28 | S2<br>S4<br>S9<br>S14 | 663 | 3079 | |
| T11 | TP2<br>TP27 | L4BH | TU15<br>TE19 | FL | 2<br>(D/E) | | | CV13<br>CV28 | S2<br>S9<br>S19 | 63 | 3080 | |
| T4 | TP1<br>TP29 | LGBV | | AT | 3<br>(–) | V12 | | CV13 | | 90 | 3082 | *→1.6.1.51*<br>*→1.9.5.3.4*<br>*→D: RSEB 2-1*<br>*→D: RSEB 2-4* |
| (M) | | PxBH(M) | TA4<br>TT9 | AT | 1<br>(C/D) | | | CV9<br>CV10<br>CV36 | S14 | 265 | 3083 | |
| T6 | TP33 | S10AN<br>L10BH | | AT | 1<br>(E) | | | CV24 | S14 | 885 | 3084 | |
| T3 | TP33 | SGAN<br>L4BN | | AT | 2<br>(E) | V11 | | CV24 | | 85 | 3084 | |
| | | | | | 1<br>(E) | | | CV24 | S20 | | 3085 | |
| T3 | TP33 | SGAN | TU3 | AT | 2<br>(E) | V11 | | CV24 | | 58 | 3085 | |
| T1 | TP33 | SGAN | TU3 | AT | 3<br>(E) | | | CV24 | | 58 | 3085 | |
| T6 | TP33 | S10AH<br>L10CH | TU14<br>TU15<br>TE19<br>TE21 | AT | 1<br>(C/E) | | | CV1<br>CV13<br>CV28 | S9<br>S14 | 665 | 3086 | |
| T3 | TP33 | SGAH<br>L4BH | TU15<br>TE19 | AT | 2<br>(D/E) | V11 | | CV13<br>CV28 | S9<br>S19 | 65 | 3086 | |
| | | | | | 1<br>(E) | | | CV24<br>CV28 | S20 | | 3087 | |
| T3 | TP33 | SGAN | TU3 | AT | 2<br>(E) | V11 | | CV24<br>CV28 | | 56 | 3087 | |
| T1 | TP33 | SGAN | TU3 | AT | 3<br>(E) | | | CV24<br>CV28 | | 56 | 3087 | |
| T3 | TP33 | SGAV | | AT | 2<br>(D/E) | V1 | | | | 40 | 3088 | |
| T1 | TP33 | SGAV | | AT | 3<br>(E) | V1 | | | | 40 | 3088 | |
| T3 | TP33 | SGAN | | AT | 2<br>(E) | V11 | | | | 40 | 3089 | |
| T1 | TP33 | SGAV | | AT | 3<br>(E) | V11 | VC1<br>VC2 | | | 40 | 3089 | |

| Verlagshinweis: Sicherung | Verlagshinweis: Fahrweg | UN-Nummer | Benennung und Beschreibung | Klasse | Klassifizierungscode | Verpackungsgruppe | Gefahrzettel | Sondervorschriften | Begrenzte und freigestellte Mengen | | Verpackungen: Anweisungen | Verpackungen: Sondervorschriften | Verpackungen: Zusammenpackung |
|---|---|---|---|---|---|---|---|---|---|---|---|---|---|
| | | | 3.1.2 | 2.2 | 2.2 | 2.1.1.3 | 5.2.2 | 3.3 | 3.4/3.5.1.2 | | 4.1.4 | 4.1.4 | 4.1.10 |
| | | (1) | (2) | (3a) | (3b) | (4) | (5) | (6) | (7a) | (7b) | (8) | (9a) | (9b) |
| | | 3090 | LITHIUM-METALL-BATTERIEN (einschließlich Batterien aus Lithiumlegierung) | 9 | M4 | | 9A | 188<br>230<br>310<br>376<br>377<br>387<br>636<br>677 | 0 | E0 | P903<br>P908<br>P909<br>P910<br>P911<br>LP903<br>LP904<br>LP905<br>LP906 | | |
| | | 3091 | LITHIUM-METALL-BATTERIEN IN AUSRÜSTUNGEN oder LITHIUM-METALL-BATTERIEN, MIT AUSRÜSTUNGEN VERPACKT (einschließlich Batterien aus Lithiumlegierung) | 9 | M4 | | 9A | 188<br>230<br>310<br>360<br>376<br>377<br>387<br>390<br>670<br>677 | 0 | E0 | P903<br>P908<br>P909<br>P910<br>P911<br>LP903<br>LP904<br>LP905<br>LP906 | | |
| | | 3092 | 1-METHOXY-2-PROPANOL | 3 | F1 | III | 3 | | 5 L | E1 | P001<br>IBC03<br>LP01<br>R001 | | MP19 |
| ! | | 3093 | ÄTZENDER FLÜSSIGER STOFF, ENTZÜNDEND (OXIDIEREND) WIRKEND, N.A.G. | 8 | CO1 | I | 8+5.1 | 274 | 0 | E0 | P001 | | MP8<br>MP17 |
| | | 3093 | ÄTZENDER FLÜSSIGER STOFF, ENTZÜNDEND (OXIDIEREND) WIRKEND, N.A.G. | 8 | CO1 | II | 8+5.1 | 274 | 1 L | E2 | P001<br>IBC02 | | MP15 |
| ! | | 3094 | ÄTZENDER FLÜSSIGER STOFF, MIT WASSER REAGIEREND, N.A.G. | 8 | CW1 | I | 8+4.3 | 274 | 0 | E0 | P001 | | MP8<br>MP17 |
| | | 3094 | ÄTZENDER FLÜSSIGER STOFF, MIT WASSER REAGIEREND, N.A.G. | 8 | CW1 | II | 8+4.3 | 274 | 1 L | E2 | P001 | | MP15 |
| ! | | 3095 | ÄTZENDER FESTER STOFF, SELBSTERHITZUNGSFÄHIG, N.A.G. | 8 | CS2 | I | 8+4.2 | 274 | 0 | E0 | P002 | | MP18 |
| | | 3095 | ÄTZENDER FESTER STOFF, SELBSTERHITZUNGSFÄHIG, N.A.G. | 8 | CS2 | II | 8+4.2 | 274 | 1 kg | E2 | P002<br>IBC06 | | MP10 |
| ! | | 3096 | ÄTZENDER FESTER STOFF, MIT WASSER REAGIEREND, N.A.G. | 8 | CW2 | I | 8+4.3 | 274 | 0 | E0 | P002 | | MP18 |
| | | 3096 | ÄTZENDER FESTER STOFF, MIT WASSER REAGIEREND, N.A.G. | 8 | CW2 | II | 8+4.3 | 274 | 1 kg | E2 | P002<br>IBC06 | | MP10 |
| | | 3097 | ENTZÜNDBARER FESTER STOFF, ENTZÜNDEND (OXIDIEREND) WIRKEND, N.A.G. | 4.1 | FO | BEFÖRDERUNG VERBOTEN | | | | | | | |
| | | 3098 | ENTZÜNDEND (OXIDIEREND) WIRKENDER FLÜSSIGER STOFF, ÄTZEND, N.A.G. | 5.1 | OC1 | I | 5.1+8 | 274 | 0 | E0 | P502 | | MP2 |
| | | 3098 | ENTZÜNDEND (OXIDIEREND) WIRKENDER FLÜSSIGER STOFF, ÄTZEND, N.A.G. | 5.1 | OC1 | II | 5.1+8 | 274 | 1 L | E2 | P504<br>IBC01 | | MP2 |
| | | 3098 | ENTZÜNDEND (OXIDIEREND) WIRKENDER FLÜSSIGER STOFF, ÄTZEND, N.A.G. | 5.1 | OC1 | III | 5.1+8 | 274 | 5 L | E1 | P504<br>IBC02<br>R001 | | MP2 |
| | | 3099 | ENTZÜNDEND (OXIDIEREND) WIRKENDER FLÜSSIGER STOFF, GIFTIG, N.A.G. | 5.1 | OT1 | I | 5.1+6.1 | 274 | 0 | E0 | P502 | | MP2 |
| | | 3099 | ENTZÜNDEND (OXIDIEREND) WIRKENDER FLÜSSIGER STOFF, GIFTIG, N.A.G. | 5.1 | OT1 | II | 5.1+6.1 | 274 | 1 L | E2 | P504<br>IBC01 | | MP2 |

| Ortsbewegliche Tanks und Schüttgut-Container | | ADR-Tanks | | Fahrzeug für die Beförderung in Tanks | Beförderungskategorie (Tunnelbeschränkungscode) | Sondervorschriften für die Beförderung | | | | Nummer zur Kennzeichnung der Gefahr | UN-Nummer | Verlagshinweis „Gut zu wissen" |
|---|---|---|---|---|---|---|---|---|---|---|---|---|
| Anweisungen | Sondervorschriften | Tankcodierung | Sondervorschriften | | | Versandstücke | lose Schüttung | Be- und Entladung, Handhabung | Betrieb | | | |
| 4.2.5.2<br>7.3.2 | 4.2.5.3 | 4.3 | 4.3.5<br>6.8.4 | 9.1.1.2 | 1.1.3.6<br>(8.6) | 7.2.4 | 7.3.3 | 7.5.11 | 8.5 | 5.3.2.3 | | |
| (10) | (11) | (12) | (13) | (14) | (15) | (16) | (17) | (18) | (19) | (20) | (1) | |
| | | | | | 2<br>(E) | | | | | | 3090 | *→1.6.1.29<br>→D: GGAV 32<br>→D: RSEB 1-4.5<br>→D: RSEB 4-4* |
| | | | | | 2<br>(E) | | | | | | 3091 | *→1.6.1.29<br>→D: GGAV 32<br>→D: RSEB 1-13<br>→D: RSEB 1-4.5<br>→D: RSEB 4-4<br>→3.3 SV296* |
| T2 | TP1 | LGBF | | FL | 3<br>(D/E) | V12 | | | S2 | 30 | 3092 | |
| | | L10BH | | AT | 1<br>(E) | | | CV24 | S14 | 885 | 3093 | |
| | | L4BN | | AT | 2<br>(E) | | | CV24 | | 85 | 3093 | |
| | | L10BH | | AT | 1<br>(D/E) | | | | S14 | 823 | 3094 | |
| | | L4BN | | AT | 2<br>(E) | | | | | 823 | 3094 | |
| T6 | TP33 | S10AN | | AT | 1<br>(E) | | | | S14 | 884 | 3095 | |
| T3 | TP33 | SGAN | | AT | 2<br>(E) | V11 | | | | 84 | 3095 | |
| T6 | TP33 | S10AN<br>L10BH | | AT | 1<br>(E) | | | | S14 | 842 | 3096 | |
| T3 | TP33 | SGAN<br>L4BN | | AT | 2<br>(E) | V11 | | | | 842 | 3096 | |
| BEFÖRDERUNG VERBOTEN | | | | | | | | | | | 3097 | |
| | | | | | 1<br>(E) | | | CV24 | S20 | | 3098 | |
| | | | | | 2<br>(E) | | | CV24 | | | 3098 | |
| | | | | | 3<br>(E) | | | CV24 | | | 3098 | |
| | | | | | 1<br>(E) | | | CV24<br>CV28 | S20 | | 3099 | |
| | | | | | 2<br>(E) | | | CV24<br>CV28 | | | 3099 | |

| Verlagshinweis Sicherung | Verlagshinweis Fahrweg | UN-Nummer | Benennung und Beschreibung | Klasse | Klassifizierungscode | Verpackungsgruppe | Gefahrzettel | Sondervorschriften | Begrenzte und freigestellte Mengen | | Verpackungen | | |
|---|---|---|---|---|---|---|---|---|---|---|---|---|---|
| | | | | | | | | | | | Anweisungen | Sondervorschriften | Zusammenpackung |
| | | | 3.1.2 | 2.2 | 2.2 | 2.1.1.3 | 5.2.2 | 3.3 | 3.4/3.5.1.2 | | 4.1.4 | 4.1.4 | 4.1.10 |
| | | (1) | (2) | (3a) | (3b) | (4) | (5) | (6) | (7a) | (7b) | (8) | (9a) | (9b) |
| | | 3099 | ENTZÜNDEND (OXIDIEREND) WIRKENDER FLÜSSIGER STOFF, GIFTIG, N.A.G. | 5.1 | OT1 | III | 5.1+6.1 | 274 | 5 L | E1 | P504<br>IBC02<br>R001 | | MP2 |
| | | 3100 | ENTZÜNDEND (OXIDIEREND) WIRKENDER FESTER STOFF, SELBSTERHITZUNGSFÄHIG, N.A.G. | 5.1 | OS | BEFÖRDERUNG VERBOTEN | | | | | | | |
| | | 3101 | ORGANISCHES PEROXID TYP B, FLÜSSIG | 5.2 | P1 | | 5.2+1 | 122<br>181<br>274 | 25 ml | E0 | P520 | | MP4 |
| | | 3102 | ORGANISCHES PEROXID TYP B, FEST | 5.2 | P1 | | 5.2+1 | 122<br>181<br>274 | 100 g | E0 | P520 | | MP4 |
| | | 3103 | ORGANISCHES PEROXID TYP C, FLÜSSIG | 5.2 | P1 | | 5.2 | 122<br>274 | 25 ml | E0 | P520 | | MP4 |
| | | 3104 | ORGANISCHES PEROXID TYP C, FEST | 5.2 | P1 | | 5.2 | 122<br>274 | 100 g | E0 | P520 | | MP4 |
| | | 3105 | ORGANISCHES PEROXID TYP D, FLÜSSIG | 5.2 | P1 | | 5.2 | 122<br>274 | 125 ml | E0 | P520 | | MP4 |
| | | 3106 | ORGANISCHES PEROXID TYP D, FEST | 5.2 | P1 | | 5.2 | 122<br>274 | 500 g | E0 | P520 | | MP4 |
| | | 3107 | ORGANISCHES PEROXID TYP E, FLÜSSIG | 5.2 | P1 | | 5.2 | 122<br>274 | 125 ml | E0 | P520 | | MP4 |
| | | 3108 | ORGANISCHES PEROXID TYP E, FEST | 5.2 | P1 | | 5.2 | 122<br>274 | 500 g | E0 | P520 | | MP4 |
| | | 3109 | ORGANISCHES PEROXID TYP F, FLÜSSIG | 5.2 | P1 | | 5.2 | 122<br>274 | 125 ml | E0 | P520<br>IBC520 | | MP4 |
| | | 3110 | ORGANISCHES PEROXID TYP F, FEST | 5.2 | P1 | | 5.2 | 122<br>274 | 500 g | E0 | P520<br>IBC520 | | MP4 |
| | | 3111 | ORGANISCHES PEROXID TYP B, FLÜSSIG, TEMPERATURKONTROLLIERT | 5.2 | P2 | | 5.2+1 | 122<br>181<br>274 | 0 | E0 | P520 | | MP4 |

| Ortsbewegliche Tanks und Schüttgut-Container | | ADR-Tanks | | Fahrzeug für die Beförderung in Tanks | Beförderungskategorie (Tunnelbeschränkungscode) | Sondervorschriften für die Beförderung | | | | Nummer zur Kennzeichnung der Gefahr | UN-Nummer | Verlagshinweis „Gut zu wissen" |
|---|---|---|---|---|---|---|---|---|---|---|---|---|
| Anweisungen | Sondervorschriften | Tankcodierung | Sondervorschriften | | | Versandstücke | lose Schüttung | Be- und Entladung, Handhabung | Betrieb | | | |
| 4.2.5.2<br>7.3.2 | 4.2.5.3 | 4.3 | 4.3.5<br>6.8.4 | 9.1.1.2 | 1.1.3.6<br>(8.6) | 7.2.4 | 7.3.3 | 7.5.11 | 8.5 | 5.3.2.3 | | |
| (10) | (11) | (12) | (13) | (14) | (15) | (16) | (17) | (18) | (19) | (20) | (1) | |
| | | | | | 3<br>(E) | | | CV24<br>CV28 | | | 3099 | |
| BEFÖRDERUNG VERBOTEN | | | | | | | | | | | 3100 | |
| | | | | | 1<br>(B) | V1<br>V5 | | CV15<br>CV20<br>CV22<br>CV24<br>CV29 | S9<br>S17 | | 3101 | |
| | | | | | 1<br>(B) | V1<br>V5 | | CV15<br>CV20<br>CV22<br>CV24<br>CV29 | S9<br>S17 | | 3102 | |
| | | | | | 1<br>(D) | V1 | | CV15<br>CV20<br>CV22<br>CV24<br>CV29 | S8<br>S18 | | 3103 | |
| | | | | | 1<br>(D) | V1 | | CV15<br>CV20<br>CV22<br>CV24<br>CV29 | S8<br>S18 | | 3104 | |
| | | | | | 2<br>(D) | V1 | | CV15<br>CV22<br>CV24<br>CV29 | S19 | | 3105 | |
| | | | | | 2<br>(D) | V1 | | CV15<br>CV22<br>CV24<br>CV29 | S19 | | 3106 | |
| | | | | | 2<br>(D) | V1 | | CV15<br>CV22<br>CV24<br>CV29 | | | 3107 | |
| | | | | | 2<br>(D) | V1 | | CV15<br>CV22<br>CV24<br>CV29 | | | 3108 | |
| T23 | | L4BN(+) | TU3<br>TU13<br>TU30<br>TE12<br>TA2<br>TM4 | AT | 2<br>(D) | V1 | | CV15<br>CV22<br>CV24<br>CV29 | | 539 | 3109 | |
| T23 | TP33 | S4AN(+) | TU3<br>TU13<br>TU30<br>TE12<br>TA2<br>TM4 | AT | 2<br>(D) | V1 | | CV15<br>CV22<br>CV24<br>CV29 | | 539 | 3110 | |
| | | | | | 1<br>(B) | V8 | | CV15<br>CV20<br>CV21<br>CV22<br>CV24 | S4<br>S9<br>S16 | | 3111 | |

| Verlagshinweis: Sicherung | Verlagshinweis: Fahrweg | UN-Nummer | Benennung und Beschreibung | Klasse | Klassifizierungscode | Verpackungsgruppe | Gefahrzettel | Sondervorschriften | Begrenzte und freigestellte Mengen | | Verpackungen: Anweisungen | Verpackungen: Sondervorschriften | Verpackungen: Zusammenpackung |
|---|---|---|---|---|---|---|---|---|---|---|---|---|---|
| | | | 3.1.2 | 2.2 | 2.2 | 2.1.1.3 | 5.2.2 | 3.3 | 3.4/3.5.1.2 | | 4.1.4 | 4.1.4 | 4.1.10 |
| | | (1) | (2) | (3a) | (3b) | (4) | (5) | (6) | (7a) | (7b) | (8) | (9a) | (9b) |
| | | 3112 | ORGANISCHES PEROXID TYP B, FEST, TEMPERATURKONTROLLIERT | 5.2 | P2 | | 5.2+1 | 122<br>181<br>274 | 0 | E0 | P520 | | MP4 |
| | | 3113 | ORGANISCHES PEROXID TYP C, FLÜSSIG, TEMPERATURKONTROLLIERT | 5.2 | P2 | | 5.2 | 122<br>274 | 0 | E0 | P520 | | MP4 |
| | | 3114 | ORGANISCHES PEROXID TYP C, FEST, TEMPERATURKONTROLLIERT | 5.2 | P2 | | 5.2 | 122<br>274 | 0 | E0 | P520 | | MP4 |
| | | 3115 | ORGANISCHES PEROXID TYP D, FLÜSSIG, TEMPERATURKONTROLLIERT | 5.2 | P2 | | 5.2 | 122<br>274 | 0 | E0 | P520 | | MP4 |
| | | 3116 | ORGANISCHES PEROXID TYP D, FEST, TEMPERATURKONTROLLIERT | 5.2 | P2 | | 5.2 | 122<br>274 | 0 | E0 | P520 | | MP4 |
| | | 3117 | ORGANISCHES PEROXID TYP E, FLÜSSIG, TEMPERATURKONTROLLIERT | 5.2 | P2 | | 5.2 | 122<br>274 | 0 | E0 | P520 | | MP4 |
| | | 3118 | ORGANISCHES PEROXID TYP E, FEST, TEMPERATURKONTROLLIERT | 5.2 | P2 | | 5.2 | 122<br>274 | 0 | E0 | P520 | | MP4 |
| | | 3119 | ORGANISCHES PEROXID TYP F, FLÜSSIG, TEMPERATURKONTROLLIERT | 5.2 | P2 | | 5.2 | 122<br>274 | 0 | E0 | P520<br>IBC520 | | MP4 |
| | | 3120 | ORGANISCHES PEROXID TYP F, FEST, TEMPERATURKONTROLLIERT | 5.2 | P2 | | 5.2 | 122<br>274 | 0 | E0 | P520<br>IBC520 | | MP4 |
| | | 3121 | ENTZÜNDEND (OXIDIEREND) WIRKENDER FESTER STOFF, MIT WASSER REAGIEREND, N.A.G. | 5.1 | OW | BEFÖRDERUNG VERBOTEN | | | | | | | |
| ! | ● | 3122 | GIFTIGER FLÜSSIGER STOFF, ENTZÜNDEND (OXIDIEREND) WIRKEND, N.A.G. | 6.1 | TO1 | I | 6.1+5.1 | 274<br>315 | 0 | E0 | P001 | | MP8<br>MP17 |
| | | 3122 | GIFTIGER FLÜSSIGER STOFF, ENTZÜNDEND (OXIDIEREND) WIRKEND, N.A.G. | 6.1 | TO1 | II | 6.1+5.1 | 274 | 100 ml | E4 | P001<br>IBC02 | | MP15 |
| ! | ● | 3123 | GIFTIGER FLÜSSIGER STOFF, MIT WASSER REAGIEREND, N.A.G. | 6.1 | TW1 | I | 6.1+4.3 | 274<br>315 | 0 | E0 | P099 | | MP8<br>MP17 |
| | | 3123 | GIFTIGER FLÜSSIGER STOFF, MIT WASSER REAGIEREND, N.A.G. | 6.1 | TW1 | II | 6.1+4.3 | 274 | 100 ml | E4 | P001<br>IBC02 | | MP15 |

| Ortsbewegliche Tanks und Schüttgut-Container | | ADR-Tanks | | Fahrzeug für die Beförderung in Tanks | Beförderungskategorie (Tunnelbeschränkungscode) | Sondervorschriften für die Beförderung | | | | Nummer zur Kennzeichnung der Gefahr | UN-Nummer | Verlagshinweis *„Gut zu wissen"* |
|---|---|---|---|---|---|---|---|---|---|---|---|---|
| Anweisungen | Sondervorschriften | Tankcodierung | Sondervorschriften | | | Versandstücke | lose Schüttung | Be- und Entladung, Handhabung | Betrieb | | | |
| 4.2.5.2<br>7.3.2 | 4.2.5.3 | 4.3 | 4.3.5<br>6.8.4 | 9.1.1.2 | 1.1.3.6<br>(8.6) | 7.2.4 | 7.3.3 | 7.5.11 | 8.5 | 5.3.2.3 | | |
| (10) | (11) | (12) | (13) | (14) | (15) | (16) | (17) | (18) | (19) | (20) | (1) | |
| | | | | | 1<br>(B) | V8 | | CV15<br>CV20<br>CV21<br>CV22<br>CV24 | S4<br>S9<br>S16 | | 3112 | |
| | | | | | 1<br>(D) | V8 | | CV15<br>CV20<br>CV21<br>CV22<br>CV24 | S4<br>S8<br>S17 | | 3113 | |
| | | | | | 1<br>(D) | V8 | | CV15<br>CV20<br>CV21<br>CV22<br>CV24 | S4<br>S8<br>S17 | | 3114 | |
| | | | | | 1<br>(D) | V8 | | CV15<br>CV21<br>CV22<br>CV24 | S4<br>S18 | | 3115 | |
| | | | | | 1<br>(D) | V8 | | CV15<br>CV21<br>CV22<br>CV24 | S4<br>S18 | | 3116 | |
| | | | | | 1<br>(D) | V8 | | CV15<br>CV21<br>CV22<br>CV24 | S4<br>S19 | | 3117 | |
| | | | | | 1<br>(D) | V8 | | CV15<br>CV21<br>CV22<br>CV24 | S4<br>S19 | | 3118 | |
| T23 | | L4BN(+) | TU3<br>TU13<br>TU30<br>TE12<br>TA2<br>TM4 | AT | 1<br>(D) | V8 | | CV15<br>CV21<br>CV22<br>CV24 | S4 | 539 | 3119 | |
| T23 | TP33 | S4AN(+) | TU3<br>TU13<br>TU30<br>TE12<br>TA2<br>TM4 | AT | 1<br>(D) | V8 | | CV15<br>CV21<br>CV22<br>CV24 | S4 | 539 | 3120 | |
| BEFÖRDERUNG VERBOTEN | | | | | | | | | | | 3121 | |
| | | L10CH | TU14<br>TU15<br>TE19<br>TE21 | AT | 1<br>(C/E) | | | CV1<br>CV13<br>CV28 | S9<br>S14 | 665 | 3122 | |
| | | L4BH | TU15<br>TE19 | AT | 2<br>(D/E) | | | CV13<br>CV28 | S9<br>S19 | 65 | 3122 | |
| | | L10CH | TU14<br>TU15<br>TE19<br>TE21 | AT | 1<br>(C/E) | | | CV1<br>CV13<br>CV28 | S9<br>S14 | 623 | 3123 | |
| | | L4BH | TU15<br>TE19 | AT | 2<br>(D/E) | | | CV13<br>CV28 | S9<br>S19 | 623 | 3123 | |

| Verlagshinweis: Sicherung | Verlagshinweis: Fahrweg | UN-Nummer | Benennung und Beschreibung | Klasse | Klassifizierungscode | Verpackungsgruppe | Gefahrzettel | Sondervorschriften | Begrenzte und freigestellte Mengen | | Verpackungen: Anweisungen | Verpackungen: Sondervorschriften | Verpackungen: Zusammenpackung |
|---|---|---|---|---|---|---|---|---|---|---|---|---|---|
| | | | 3.1.2 | 2.2 | 2.2 | 2.1.1.3 | 5.2.2 | 3.3 | 3.4/3.5.1.2 | | 4.1.4 | 4.1.4 | 4.1.10 |
| | | (1) | (2) | (3a) | (3b) | (4) | (5) | (6) | (7a) | (7b) | (8) | (9a) | (9b) |
| ! | | 3124 | GIFTIGER FESTER STOFF, SELBSTERHITZUNGSFÄHIG, N.A.G. | 6.1 | TS | I | 6.1+4.2 | 274 | 0 | E5 | P002 | | MP18 |
| | | 3124 | GIFTIGER FESTER STOFF, SELBSTERHITZUNGSFÄHIG, N.A.G. | 6.1 | TS | II | 6.1+4.2 | 274 | 0 | E4 | P002<br>IBC06 | | MP10 |
| ! | | 3125 | GIFTIGER FESTER STOFF, MIT WASSER REAGIEREND, N.A.G. | 6.1 | TW2 | I | 6.1+4.3 | 274 | 0 | E5 | P099 | | MP18 |
| | | 3125 | GIFTIGER FESTER STOFF, MIT WASSER REAGIEREND, N.A.G. | 6.1 | TW2 | II | 6.1+4.3 | 274 | 500 g | E4 | P002<br>IBC06 | | MP10 |
| | | 3126 | SELBSTERHITZUNGSFÄHIGER ORGANISCHER FESTER STOFF, ÄTZEND, N.A.G. | 4.2 | SC2 | II | 4.2+8 | 274 | 0 | E2 | P410<br>IBC05 | | MP14 |
| | | 3126 | SELBSTERHITZUNGSFÄHIGER ORGANISCHER FESTER STOFF, ÄTZEND, N.A.G. | 4.2 | SC2 | III | 4.2+8 | 274 | 0 | E1 | P002<br>IBC08<br>R001 | B3 | MP14 |
| | | 3127 | SELBSTERHITZUNGSFÄHIGER FESTER STOFF, ENTZÜNDEND (OXIDIEREND) WIRKEND, N.A.G. | 4.2 | SO | BEFÖRDERUNG VERBOTEN | | | | | | | |
| | | 3128 | SELBSTERHITZUNGSFÄHIGER ORGANISCHER FESTER STOFF, GIFTIG, N.A.G. | 4.2 | ST2 | II | 4.2+6.1 | 274 | 0 | E2 | P410<br>IBC05 | | MP14 |
| | | 3128 | SELBSTERHITZUNGSFÄHIGER ORGANISCHER FESTER STOFF, GIFTIG, N.A.G. | 4.2 | ST2 | III | 4.2+6.1 | 274 | 0 | E1 | P002<br>IBC08<br>R001 | B3 | MP14 |
| ! | | 3129 | MIT WASSER REAGIERENDER FLÜSSIGER STOFF, ÄTZEND, N.A.G. | 4.3 | WC1 | I | 4.3+8 | 274 | 0 | E0 | P402 | RR7<br>RR8 | MP2 |
| | | 3129 | MIT WASSER REAGIERENDER FLÜSSIGER STOFF, ÄTZEND, N.A.G. | 4.3 | WC1 | II | 4.3+8 | 274 | 500 ml | E0 | P402<br>IBC01 | RR7<br>RR8 | MP15 |
| | | 3129 | MIT WASSER REAGIERENDER FLÜSSIGER STOFF, ÄTZEND, N.A.G. | 4.3 | WC1 | III | 4.3+8 | 274 | 1 L | E1 | P001<br>IBC02<br>R001 | | MP15 |
| ! | | 3130 | MIT WASSER REAGIERENDER FLÜSSIGER STOFF, GIFTIG, N.A.G. | 4.3 | WT1 | I | 4.3+6.1 | 274 | 0 | E0 | P402 | RR4<br>RR8 | MP2 |
| | | 3130 | MIT WASSER REAGIERENDER FLÜSSIGER STOFF, GIFTIG, N.A.G. | 4.3 | WT1 | II | 4.3+6.1 | 274 | 500 ml | E0 | P402<br>IBC01 | RR4<br>RR8<br>BB1 | MP15 |
| | | 3130 | MIT WASSER REAGIERENDER FLÜSSIGER STOFF, GIFTIG, N.A.G. | 4.3 | WT1 | III | 4.3+6.1 | 274 | 1 L | E1 | P001<br>IBC02<br>R001 | | MP15 |
| ! | | 3131 | MIT WASSER REAGIERENDER FESTER STOFF, ÄTZEND, N.A.G. | 4.3 | WC2 | I | 4.3+8 | 274 | 0 | E0 | P403 | | MP2 |
| | | 3131 | MIT WASSER REAGIERENDER FESTER STOFF, ÄTZEND, N.A.G. | 4.3 | WC2 | II | 4.3+8 | 274 | 500 g | E2 | P410<br>IBC06 | | MP14 |
| | | 3131 | MIT WASSER REAGIERENDER FESTER STOFF, ÄTZEND, N.A.G. | 4.3 | WC2 | III | 4.3+8 | 274 | 1 kg | E1 | P410<br>IBC08<br>R001 | B4 | MP14 |
| | | 3132 | MIT WASSER REAGIERENDER FESTER STOFF, ENTZÜNDBAR, N.A.G. | 4.3 | WF2 | I | 4.3+4.1 | 274 | 0 | E0 | P403<br>IBC99 | | MP2 |
| | | 3132 | MIT WASSER REAGIERENDER FESTER STOFF, ENTZÜNDBAR, N.A.G. | 4.3 | WF2 | II | 4.3+4.1 | 274 | 500 g | E2 | P410<br>IBC04 | | MP14 |

| Ortsbewegliche Tanks und Schüttgut-Container | | ADR-Tanks | | Fahrzeug für die Beförderung in Tanks | Beförderungskategorie (Tunnelbeschränkungscode) | Sondervorschriften für die Beförderung | | | | Nummer zur Kennzeichnung der Gefahr | UN-Nummer | Verlagshinweis *„Gut zu wissen"* |
|---|---|---|---|---|---|---|---|---|---|---|---|---|
| Anweisungen | Sondervorschriften | Tankcodierung | Sondervorschriften | | | Versandstücke | lose Schüttung | Be- und Entladung, Handhabung | Betrieb | | | |
| 4.2.5.2<br>7.3.2 | 4.2.5.3 | 4.3 | 4.3.5<br>6.8.4 | 9.1.1.2 | 1.1.3.6<br>(8.6) | 7.2.4 | 7.3.3 | 7.5.11 | 8.5 | 5.3.2.3 | | |
| (10) | (11) | (12) | (13) | (14) | (15) | (16) | (17) | (18) | (19) | (20) | (1) | |
| T6 | TP33 | S10AH<br>L10CH | TU14<br>TU15<br>TE19<br>TE21 | AT | 1<br>(C/E) | | | CV1<br>CV13<br>CV28 | S9<br>S14 | 664 | 3124 | |
| T3 | TP33 | SGAH<br>L4BH | TU15<br>TE19 | AT | 2<br>(D/E) | V11 | | CV13<br>CV28 | S9<br>S19 | 64 | 3124 | |
| T6 | TP33 | S10AH<br>L10CH | TU14<br>TU15<br>TE19<br>TE21 | AT | 1<br>(C/E) | | | CV1<br>CV13<br>CV28 | S9<br>S14 | 642 | 3125 | |
| T3 | TP33 | SGAH<br>L4BH | TU15<br>TE19 | AT | 2<br>(D/E) | V11 | | CV13<br>CV28 | S9<br>S19 | 642 | 3125 | |
| T3 | TP33 | SGAN | | AT | 2<br>(D/E) | V1 | | | | 48 | 3126 | |
| T1 | TP33 | SGAN | | AT | 3<br>(E) | V1 | | | | 48 | 3126 | |
| BEFÖRDERUNG VERBOTEN | | | | | | | | | | | 3127 | *→2.2.42.2* |
| T3 | TP33 | SGAN | | AT | 2<br>(D/E) | V1 | | CV28 | | 46 | 3128 | |
| T1 | TP33 | SGAN | | AT | 3<br>(E) | V1 | | CV28 | | 46 | 3128 | |
| T14 | TP2<br>TP7 | L10DH | TU14<br>TE21<br>TM2 | AT | 0<br>(B/E) | V1 | | CV23 | S20 | X382 | 3129 | |
| T11 | TP2<br>TP7 | L4DH | TU14<br>TE21<br>TM2 | AT | 0<br>(D/E) | V1 | | CV23 | | 382 | 3129 | |
| T7 | TP2<br>TP7 | L4DH | TU14<br>TE21<br>TM2 | AT | 0<br>(E) | V1 | | CV23 | | 382 | 3129 | |
| | | L10DH | TU14<br>TE21<br>TM2 | AT | 0<br>(B/E) | V1 | | CV23<br>CV28 | S20 | X362 | 3130 | |
| | | L4DH | TU14<br>TE21<br>TM2 | AT | 0<br>(D/E) | V1 | | CV23<br>CV28 | | 362 | 3130 | |
| | | L4DH | TU14<br>TE21<br>TM2 | AT | 0<br>(E) | V1 | | CV23<br>CV28 | | 362 | 3130 | |
| T9 | TP7<br>TP33 | S10AN<br>L10DH | TU4<br>TU14<br>TU22<br>TE21<br>TM2 | AT | 0<br>(B/E) | V1 | | CV23 | S20 | X482 | 3131 | |
| T3 | TP33 | SGAN | | AT | 0<br>(D/E) | V1 | | CV23 | | 482 | 3131 | |
| T1 | TP33 | SGAN | | AT | 0<br>(E) | V1 | | CV23 | | 482 | 3131 | |
| | | | | | 0<br>(E) | V1 | | CV23 | S20 | | 3132 | |
| T3 | TP33 | SGAN<br>L4DH | TU14<br>TE21<br>TM2 | AT | 0<br>(D/E) | V1 | | CV23 | | 423 | 3132 | |

## UN-numerisches Verzeichnis (Tabelle A)

| Verlagshinweis: Sicherung | Verlagshinweis: Fahrweg | UN-Nummer | Benennung und Beschreibung | Klasse | Klassifizierungscode | Verpackungsgruppe | Gefahrzettel | Sondervorschriften | Begrenzte und freigestellte Mengen | | Verpackungen: Anweisungen | Verpackungen: Sondervorschriften | Verpackungen: Zusammenpackung |
|---|---|---|---|---|---|---|---|---|---|---|---|---|---|
| | | | 3.1.2 | 2.2 | 2.2 | 2.1.1.3 | 5.2.2 | 3.3 | 3.4/3.5.1.2 | | 4.1.4 | 4.1.4 | 4.1.10 |
| | | (1) | (2) | (3a) | (3b) | (4) | (5) | (6) | (7a) | (7b) | (8) | (9a) | (9b) |
| | | 3132 | MIT WASSER REAGIERENDER FESTER STOFF, ENTZÜNDBAR, N.A.G. | 4.3 | WF2 | III | 4.3+4.1 | 274 | 1 kg | E1 | P410<br>IBC06 | | MP14 |
| | | 3133 | MIT WASSER REAGIERENDER FESTER STOFF, ENTZÜNDEND (OXIDIEREND) WIRKEND, N.A.G. | 4.3 | WO | BEFÖRDERUNG VERBOTEN | | | | | | | |
| | | 3134 | MIT WASSER REAGIERENDER FESTER STOFF, GIFTIG, N.A.G. | 4.3 | WT2 | I | 4.3+6.1 | 274 | 0 | E0 | P403 | | MP2 |
| | | 3134 | MIT WASSER REAGIERENDER FESTER STOFF, GIFTIG, N.A.G. | 4.3 | WT2 | II | 4.3+6.1 | 274 | 500 g | E2 | P410<br>IBC05 | | MP14 |
| | | 3134 | MIT WASSER REAGIERENDER FESTER STOFF, GIFTIG, N.A.G. | 4.3 | WT2 | III | 4.3+6.1 | 274 | 1 kg | E1 | P410<br>IBC08<br>R001 | <br>B4 | MP14 |
| | | 3135 | MIT WASSER REAGIERENDER FESTER STOFF, SELBSTERHITZUNGSFÄHIG, N.A.G. | 4.3 | WS | I | 4.3+4.2 | 274 | 0 | E0 | P403 | | MP2 |
| | | 3135 | MIT WASSER REAGIERENDER FESTER STOFF, SELBSTERHITZUNGSFÄHIG, N.A.G. | 4.3 | WS | II | 4.3+4.2 | 274 | 0 | E2 | P410<br>IBC05 | | MP14 |
| | | 3135 | MIT WASSER REAGIERENDER FESTER STOFF, SELBSTERHITZUNGSFÄHIG, N.A.G. | 4.3 | WS | III | 4.3+4.2 | 274 | 0 | E1 | P410<br>IBC08 | <br>B4 | MP14 |
| | | 3136 | TRIFLUORMETHAN, TIEFGEKÜHLT, FLÜSSIG | 2 | 3A | | 2.2 | 593 | 120 ml | E1 | P203 | | MP9 |
| | | 3137 | ENTZÜNDEND (OXIDIEREND) WIRKENDER FESTER STOFF, ENTZÜNDBAR, N.A.G. | 5.1 | OF | BEFÖRDERUNG VERBOTEN | | | | | | | |
| ! | ● | 3138 | ETHYLEN, ACETYLEN UND PROPYLEN, GEMISCH, TIEFGEKÜHLT, FLÜSSIG, mit mindestens 71,5 % Ethylen, höchstens 22,5 % Acetylen und höchstens 6 % Propylen | 2 | 3F | | 2.1 | | 0 | E0 | P203 | | MP9 |
| | | 3139 | ENTZÜNDEND (OXIDIEREND) WIRKENDER FLÜSSIGER STOFF, N.A.G. | 5.1 | O1 | I | 5.1 | 274 | 0 | E0 | P502 | | MP2 |
| | | 3139 | ENTZÜNDEND (OXIDIEREND) WIRKENDER FLÜSSIGER STOFF, N.A.G. | 5.1 | O1 | II | 5.1 | 274 | 1 L | E2 | P504<br>IBC02 | | MP2 |
| | | 3139 | ENTZÜNDEND (OXIDIEREND) WIRKENDER FLÜSSIGER STOFF, N.A.G. | 5.1 | O1 | III | 5.1 | 274 | 5 L | E1 | P504<br>IBC02<br>R001 | | MP2 |
| ! | ● | 3140 | ALKALOIDE, FLÜSSIG, N.A.G. oder ALKALOIDSALZE, FLÜSSIG, N.A.G. | 6.1 | T1 | I | 6.1 | 43<br>274 | 0 | E5 | P001 | | MP8<br>MP17 |
| | | 3140 | ALKALOIDE, FLÜSSIG, N.A.G. oder ALKALOIDSALZE, FLÜSSIG, N.A.G. | 6.1 | T1 | II | 6.1 | 43<br>274 | 100 ml | E4 | P001<br>IBC02 | | MP15 |
| | | 3140 | ALKALOIDE, FLÜSSIG, N.A.G. oder ALKALOIDSALZE, FLÜSSIG, N.A.G. | 6.1 | T1 | III | 6.1 | 43<br>274 | 5 L | E1 | P001<br>IBC03<br>LP01<br>R001 | | MP19 |
| | | 3141 | ANORGANISCHE ANTIMONVERBINDUNG, FLÜSSIG, N.A.G. | 6.1 | T4 | III | 6.1 | 45<br>274<br>512 | 5 L | E1 | P001<br>IBC03<br>LP01<br>R001 | | MP19 |
| ! | ● | 3142 | DESINFEKTIONSMITTEL, FLÜSSIG, GIFTIG, N.A.G. | 6.1 | T1 | I | 6.1 | 274 | 0 | E5 | P001 | | MP8<br>MP17 |

| Ortsbewegliche Tanks und Schüttgut-Container | | ADR-Tanks | | Fahrzeug für die Beförderung in Tanks | Beförderungskategorie (Tunnelbeschränkungscode) | Sondervorschriften für die Beförderung | | | | Nummer zur Kennzeichnung der Gefahr | UN-Nummer | Verlagshinweis *„Gut zu wissen"* |
|---|---|---|---|---|---|---|---|---|---|---|---|---|
| Anweisungen | Sondervorschriften | Tankcodierung | Sondervorschriften | | | Versandstücke | lose Schüttung | Be- und Entladung, Handhabung | Betrieb | | | |
| 4.2.5.2 7.3.2 | 4.2.5.3 | 4.3 | 4.3.5 6.8.4 | 9.1.1.2 | 1.1.3.6 (8.6) | 7.2.4 | 7.3.3 | 7.5.11 | 8.5 | 5.3.2.3 | | |
| (10) | (11) | (12) | (13) | (14) | (15) | (16) | (17) | (18) | (19) | (20) | (1) | |
| T1 | TP33 | SGAN L4DH | TU14 TE21 TM2 | AT | 0 (E) | V1 | | CV23 | | 423 | 3132 | |
| BEFÖRDERUNG VERBOTEN | | | | | | | | | | | 3133 | |
| | | | | | 0 (E) | V1 | | CV23 CV28 | S20 | | 3134 | |
| T3 | TP33 | SGAN | | AT | 0 (D/E) | V1 | | CV23 CV28 | | 462 | 3134 | |
| T1 | TP33 | SGAN | | AT | 0 (E) | V1 | | CV23 CV28 | | 462 | 3134 | |
| | | | | | 1 (E) | V1 | | CV23 | S20 | | 3135 | |
| T3 | TP33 | SGAN L4DH | TU14 TE21 TM2 | AT | 2 (D/E) | V1 | | CV23 | | 423 | 3135 | |
| T1 | TP33 | SGAN L4DH | TU14 TE21 TM2 | AT | 3 (E) | V1 | | CV23 | | 423 | 3135 | |
| T75 | TP5 | RxBN | TU19 TA4 TT9 | AT | 3 (C/E) | V5 | | CV9 CV11 CV36 | S20 | 22 | 3136 | |
| BEFÖRDERUNG VERBOTEN | | | | | | | | | | | 3137 | |
| T75 | TP5 | RxBN | TU18 TE26 TA4 TT9 | FL | 2 (B/D) | V5 | | CV9 CV11 CV36 | S2 S17 | 223 | 3138 | |
| | | | | | 1 (E) | | | CV24 | S20 | | 3139 | |
| | | | | | 2 (E) | | | CV24 | | | 3139 | |
| | | | | | 3 (E) | | | CV24 | | | 3139 | |
| | | L10CH | TU14 TU15 TE19 TE21 | AT | 1 (C/E) | | | CV1 CV13 CV28 | S9 S14 | 66 | 3140 | |
| | | L4BH | TU15 TE19 | AT | 2 (D/E) | | | CV13 CV28 | S9 S19 | 60 | 3140 | |
| | | L4BH | TU15 TE19 | AT | 2 (E) | V12 | | CV13 CV28 | S9 | 60 | 3140 | |
| | | L4BH | TU15 TE19 | AT | 2 (E) | V12 | | CV13 CV28 | S9 | 60 | 3141 | |
| | | L10CH | TU14 TU15 TE19 TE21 | AT | 1 (C/E) | | | CV1 CV13 CV28 | S9 S14 | 66 | 3142 | |

## UN-numerisches Verzeichnis (Tabelle A)

| Verlagshinweis | | UN-Nummer | Benennung und Beschreibung | Klasse | Klassifizierungscode | Verpackungsgruppe | Gefahrzettel | Sondervorschriften | Begrenzte und freigestellte Mengen | | Verpackungen | | |
|---|---|---|---|---|---|---|---|---|---|---|---|---|---|
| Sicherung | Fahrweg | | | | | | | | | | Anweisungen | Sondervorschriften | Zusammenpackung |
| | | | 3.1.2 | 2.2 | 2.2 | 2.1.1.3 | 5.2.2 | 3.3 | 3.4/3.5.1.2 | | 4.1.4 | 4.1.4 | 4.1.10 |
| | | (1) | (2) | (3a) | (3b) | (4) | (5) | (6) | (7a) | (7b) | (8) | (9a) | (9b) |
| | | 3142 | DESINFEKTIONSMITTEL, FLÜSSIG, GIFTIG, N.A.G. | 6.1 | T1 | II | 6.1 | 274 | 100 ml | E4 | P001<br>IBC02 | | MP15 |
| | | 3142 | DESINFEKTIONSMITTEL, FLÜSSIG, GIFTIG, N.A.G. | 6.1 | T1 | III | 6.1 | 274 | 5 L | E1 | P001<br>IBC03<br>LP01<br>R001 | | MP19 |
| ! | | 3143 | FARBSTOFF, FEST, GIFTIG, N.A,G. oder FARBSTOFFZWISCHENPRODUKT, FEST, GIFTIG, N.A.G. | 6.1 | T2 | I | 6.1 | 274 | 0 | E5 | P002<br>IBC07 | | MP18 |
| | | 3143 | FARBSTOFF, FEST, GIFTIG, N.A.G. oder FARBSTOFFZWISCHENPRODUKT, FEST, GIFTIG, N.A.G. | 6.1 | T2 | II | 6.1 | 274 | 500 g | E4 | P002<br>IBC08 | B4 | MP10 |
| | | 3143 | FARBSTOFF, FEST, GIFTIG, N.A.G. oder FARBSTOFFZWISCHENPRODUKT, FEST, GIFTIG, N.A.G. | 6.1 | T2 | III | 6.1 | 274 | 5 kg | E1 | P002<br>IBC08<br>LP02<br>R001 | B3 | MP10 |
| ! | ● | 3144 | NICOTINVERBINDUNG, FLÜSSIG, N.A.G. oder NICOTINZUBEREITUNG, FLÜSSIG, N.A.G. | 6.1 | T1 | I | 6.1 | 43<br>274 | 0 | E5 | P001 | | MP8<br>MP17 |
| | | 3144 | NICOTINVERBINDUNG, FLÜSSIG, N.A.G. oder NICOTINZUBEREITUNG, FLÜSSIG, N.A.G. | 6.1 | T1 | II | 6.1 | 43<br>274 | 100 ml | E4 | P001<br>IBC02 | | MP15 |
| | | 3144 | NICOTINVERBINDUNG, FLÜSSIG, N.A.G. oder NICOTINZUBEREITUNG, FLÜSSIG, N.A.G. | 6.1 | T1 | III | 6.1 | 43<br>274 | 5 L | E1 | P001<br>IBC03<br>LP01<br>R001 | | MP19 |
| ! | | 3145 | ALKYLPHENOLE, FLÜSSIG, N.A.G. (einschließlich $C_2$-$C_{12}$-Homologe) | 8 | C3 | I | 8 | | 0 | E0 | P001 | | MP8<br>MP17 |
| | | 3145 | ALKYLPHENOLE, FLÜSSIG, N.A.G. (einschließlich $C_2$-$C_{12}$-Homologe) | 8 | C3 | II | 8 | | 1 L | E2 | P001<br>IBC02 | | MP15 |
| | | 3145 | ALKYLPHENOLE, FLÜSSIG, N.A.G. (einschließlich $C_2$-$C_{12}$-Homologe) | 8 | C3 | III | 8 | | 5 L | E1 | P001<br>IBC03<br>LP01<br>R001 | | MP19 |
| ! | | 3146 | ORGANISCHE ZINNVERBINDUNG, FEST, N.A.G. | 6.1 | T3 | I | 6.1 | 43<br>274 | 0 | E5 | P002<br>IBC07 | | MP18 |
| | | 3146 | ORGANISCHE ZINNVERBINDUNG, FEST, N.A.G. | 6.1 | T3 | II | 6.1 | 43<br>274 | 500 g | E4 | P002<br>IBC08 | B4 | MP10 |
| | | 3146 | ORGANISCHE ZINNVERBINDUNG, FEST, N.A.G. | 6.1 | T3 | III | 6.1 | 43<br>274 | 5 kg | E1 | P002<br>IBC08<br>LP02<br>R001 | B3 | MP10 |
| ! | | 3147 | FARBSTOFF, FEST, ÄTZEND, N.A.G. oder FARBSTOFFZWISCHENPRODUKT, FEST, ÄTZEND, N.A.G. | 8 | C10 | I | 8 | 274 | 0 | E0 | P002<br>IBC07 | | MP18 |
| | | 3147 | FARBSTOFF, FEST, ÄTZEND, N.A.G. oder FARBSTOFFZWISCHENPRODUKT, FEST, ÄTZEND, N.A.G. | 8 | C10 | II | 8 | 274 | 1 kg | E2 | P002<br>IBC08 | B4 | MP10 |
| | | 3147 | FARBSTOFF, FEST, ÄTZEND, N.A.G. oder FARBSTOFFZWISCHENPRODUKT, FEST, ÄTZEND, N.A.G. | 8 | C10 | III | 8 | 274 | 5 kg | E1 | P002<br>IBC08<br>LP02<br>R001 | B3 | MP10 |
| ! | | 3148 | MIT WASSER REAGIERENDER FLÜSSIGER STOFF, N.A.G. | 4.3 | W1 | I | 4.3 | 274 | 0 | E0 | P402 | RR8 | MP2 |

| Ortsbewegliche Tanks und Schüttgut-Container | | ADR-Tanks | | Fahrzeug für die Beförderung in Tanks | Beförderungskategorie (Tunnelbeschränkungscode) | Sondervorschriften für die Beförderung | | | | Nummer zur Kennzeichnung der Gefahr | UN-Nummer | Verlagshinweis *„Gut zu wissen"* |
|---|---|---|---|---|---|---|---|---|---|---|---|---|
| Anweisungen | Sondervorschriften | Tankcodierung | Sondervorschriften | | | Versandstücke | lose Schüttung | Be- und Entladung, Handhabung | Betrieb | | | |
| 4.2.5.2<br>7.3.2 | 4.2.5.3 | 4.3 | 4.3.5<br>6.8.4 | 9.1.1.2 | 1.1.3.6<br>(8.6) | 7.2.4 | 7.3.3 | 7.5.11 | 8.5 | 5.3.2.3 | | |
| (10) | (11) | (12) | (13) | (14) | (15) | (16) | (17) | (18) | (19) | (20) | (1) | |
| | | L4BH | TU15<br>TE19 | AT | 2<br>(D/E) | | | CV13<br>CV28 | S9<br>S19 | 60 | 3142 | |
| | | L4BH | TU15<br>TE19 | AT | 2<br>(E) | V12 | | CV13<br>CV28 | S9 | 60 | 3142 | |
| T6 | TP33 | S10AH<br>L10CH | TU15<br>TE19 | AT | 1<br>(C/E) | V10 | | CV1<br>CV13<br>CV28 | S9<br>S14 | 66 | 3143 | |
| T3 | TP33 | SGAH<br>L4BH | TU15<br>TE19 | AT | 2<br>(D/E) | V11 | | CV13<br>CV28 | S9<br>S19 | 60 | 3143 | |
| T1 | TP33 | SGAH<br>L4BH | TU15<br>TE19 | AT | 2<br>(E) | | VC1<br>VC2<br>AP7 | CV13<br>CV28 | S9 | 60 | 3143 | |
| | | L10CH | TU14<br>TU15<br>TE19<br>TE21 | AT | 1<br>(C/E) | | | CV1<br>CV13<br>CV28 | S9<br>S14 | 66 | 3144 | |
| | | L4BH | TU15<br>TE19 | AT | 2<br>(D/E) | | | CV13<br>CV28 | S9<br>S19 | 60 | 3144 | |
| | | L4BH | TU15<br>TE19 | AT | 2<br>(E) | V12 | | CV13<br>CV28 | S9 | 60 | 3144 | |
| T14 | TP2 | L10BH | | AT | 1<br>(E) | | | | S20 | 88 | 3145 | →*UN 2430* |
| T11 | TP2<br>TP27 | L4BN | | AT | 2<br>(E) | | | | | 80 | 3145 | →*UN 2430* |
| T7 | TP1<br>TP28 | L4BN | | AT | 3<br>(E) | V12 | | | | 80 | 3145 | →*UN 2430* |
| T6 | TP33 | S10AH<br>L10CH | TU14<br>TU15<br>TE19<br>TE21 | AT | 1<br>(C/E) | V10 | | CV1<br>CV13<br>CV28 | S9<br>S14 | 66 | 3146 | |
| T3 | TP33 | SGAH<br>L4BH | TU15<br>TE19 | AT | 2<br>(D/E) | V11 | | CV13<br>CV28 | S9<br>S19 | 60 | 3146 | |
| T1 | TP33 | SGAH<br>L4BH | TU15<br>TE19 | AT | 2<br>(E) | | VC1<br>VC2<br>AP7 | CV13<br>CV28 | S9 | 60 | 3146 | |
| T6 | TP33 | S10AN<br>L10BH | | AT | 1<br>(E) | V10 | | | S20 | 88 | 3147 | |
| T3 | TP33 | SGAN<br>L4BN | | AT | 2<br>(E) | V11 | | | | 80 | 3147 | |
| T1 | TP33 | SGAV<br>L4BN | | AT | 3<br>(E) | | VC1<br>VC2<br>AP7 | | | 80 | 3147 | |
| T13 | TP2<br>TP7 | L10DH | TU14<br>TE21<br>TM2 | AT | 0<br>(B/E) | V1 | | CV23 | S20 | X323 | 3148 | |

## UN-numerisches Verzeichnis (Tabelle A)

| Verlagshinweis Sicherung | Verlagshinweis Fahrweg | UN-Nummer | Benennung und Beschreibung | Klasse | Klassifizierungscode | Verpackungsgruppe | Gefahrzettel | Sondervorschriften | Begrenzte und freigestellte Mengen | | Verpackungen Anweisungen | Verpackungen Sondervorschriften | Verpackungen Zusammenpackung |
|---|---|---|---|---|---|---|---|---|---|---|---|---|---|
| | | | 3.1.2 | 2.2 | 2.2 | 2.1.1.3 | 5.2.2 | 3.3 | 3.4/3.5.1.2 | | 4.1.4 | 4.1.4 | 4.1.10 |
| | | (1) | (2) | (3a) | (3b) | (4) | (5) | (6) | (7a) | (7b) | (8) | (9a) | (9b) |
| | | 3148 | MIT WASSER REAGIERENDER FLÜSSIGER STOFF, N.A.G. | 4.3 | W1 | II | 4.3 | 274 | 500 ml | E2 | P402<br>IBC01 | RR8 | MP15 |
| | | 3148 | MIT WASSER REAGIERENDER FLÜSSIGER STOFF, N.A.G. | 4.3 | W1 | III | 4.3 | 274 | 1 L | E1 | P001<br>IBC02<br>R001 | | MP15 |
| | | 3149 | WASSERSTOFFPEROXID UND PERESSIGSÄURE, MISCHUNG mit Säure(n), Wasser und höchstens 5 % Peressigsäure, STABILISIERT | 5.1 | OC1 | II | 5.1+8 | 196<br>553 | 1 L | E2 | P504<br>IBC02 | PP10<br>B5 | MP15 |
| | | 3150 | GERÄTE, KLEIN, MIT KOHLENWASSERSTOFFGAS, mit Entnahmeeinrichtung oder KOHLENWASSERSTOFFGAS-NACHFÜLLPATRONEN FÜR KLEINE GERÄTE, mit Entnahmeeinrichtung | 2 | 6F | | 2.1 | | 0 | E0 | P209 | | MP9 |
| | | 3151 | POLYHALOGENIERTE BIPHENYLE, FLÜSSIG oder HALOGENIERTE MONOMETHYLDIPHENYLMETHANE, FLÜSSIG oder POLYHALOGENIERTE TERPHENYLE, FLÜSSIG | 9 | M2 | II | 9 | 203<br>305 | 1 L | E2 | P906<br>IBC02 | | MP15 |
| | | 3152 | POLYHALOGENIERTE BIPHENYLE, FEST oder HALOGENIERTE MONOMETHYLDIPHENYLMETHANE, FEST oder POLYHALOGENIERTE TERPHENYLE, FEST | 9 | M2 | II | 9 | 203<br>305 | 1 kg | E2 | P906<br>IBC08 | B4 | MP10 |
| ! | ● | 3153 | PERFLUOR(METHYL-VINYL-ETHER) | 2 | 2F | | 2.1 | 662 | 0 | E0 | P200 | | MP9 |
| ! | ● | 3154 | PERFLUOR(ETHYL-VINYL-ETHER) | 2 | 2F | | 2.1 | 662 | 0 | E0 | P200 | | MP9 |
| | | 3155 | PENTACHLORPHENOL | 6.1 | T2 | II | 6.1 | 43 | 500 g | E4 | P002<br>IBC08 | B4 | MP10 |
| | | 3156 | VERDICHTETES GAS, OXIDIEREND, N.A.G. | 2 | 1O | | 2.2+5.1 | 274<br>655<br>662 | 0 | E0 | P200 | | MP9 |
| | | 3157 | VERFLÜSSIGTES GAS, OXIDIEREND, N.A.G. | 2 | 2O | | 2.2+5.1 | 274<br>662 | 0 | E0 | P200 | | MP9 |
| | | 3158 | GAS, TIEFGEKÜHLT, FLÜSSIG, N.A.G. | 2 | 3A | | 2.2 | 274<br>593 | 120 ml | E1 | P203 | | MP9 |
| | | 3159 | 1,1,1,2-TETRAFLUORETHAN (GAS ALS KÄLTEMITTEL R 134a) | 2 | 2A | | 2.2 | 662 | 120 ml | E1 | P200 | | MP9 |
| ! | ● | 3160 | VERFLÜSSIGTES GAS, GIFTIG, ENTZÜNDBAR, N.A.G. | 2 | 2TF | | 2.3+2.1 | 274 | 0 | E0 | P200 | | MP9 |
| ! | ● | 3161 | VERFLÜSSIGTES GAS, ENTZÜNDBAR, N.A.G. | 2 | 2F | | 2.1 | 274<br>662 | 0 | E0 | P200 | | MP9 |
| ! | ● | 3162 | VERFLÜSSIGTES GAS, GIFTIG, N.A.G. | 2 | 2T | | 2.3 | 274 | 0 | E0 | P200 | | MP9 |
| | | 3163 | VERFLÜSSIGTES GAS, N.A.G. | 2 | 2A | | 2.2 | 274<br>392<br>662 | 120 ml | E1 | P200 | | MP9 |

| Ortsbewegliche Tanks und Schüttgut-Container | | ADR-Tanks | | Fahrzeug für die Beförderung in Tanks | Beförderungskategorie (Tunnelbeschränkungscode) | Sondervorschriften für die Beförderung | | | | Nummer zur Kennzeichnung der Gefahr | UN-Nummer | Verlagshinweis *„Gut zu wissen"* |
|---|---|---|---|---|---|---|---|---|---|---|---|---|
| Anweisungen | Sondervorschriften | Tankcodierung | Sondervorschriften | | | Versandstücke | lose Schüttung | Be- und Entladung, Handhabung | Betrieb | | | |
| 4.2.5.2<br>7.3.2 | 4.2.5.3 | 4.3 | 4.3.5<br>6.8.4 | 9.1.1.2 | 1.1.3.6<br>(8.6) | 7.2.4 | 7.3.3 | 7.5.11 | 8.5 | 5.3.2.3 | | |
| (10) | (11) | (12) | (13) | (14) | (15) | (16) | (17) | (18) | (19) | (20) | (1) | |
| T7 | TP2<br>TP7 | L4DH | TU14<br>TE21<br>TM2 | AT | 0<br>(D/E) | V1 | | CV23 | | 323 | 3148 | |
| T7 | TP2<br>TP7 | L4DH | TU14<br>TE21<br>TM2 | AT | 0<br>(E) | V1 | | CV23 | | 323 | 3148 | |
| T7 | TP2<br>TP6<br>TP24 | L4BV(+) | TU3<br>TC2<br>TE8<br>TE11<br>TT1 | AT | 2<br>(E) | | | CV24 | | 58 | 3149 | |
| | | | | | 2<br>(D) | | | CV9 | S2 | | 3150 | *→D: RSEB 1-13* |
| | | L4BH | TU15 | AT | 0<br>(D/E) | | VC1<br>VC2<br>AP9 | CV1<br>CV13<br>CV28 | S19 | 90 | 3151 | *→2.2.9.2<br>→2.1.3.4.2<br>→D: RSEB 4-7.3<br>→UN 3432* |
| T3 | TP33 | S4AH<br>L4BH | TU15 | AT | 0<br>(D/E) | V11 | VC1<br>VC2<br>AP9 | CV1<br>CV13<br>CV28 | S19 | 90 | 3152 | *→2.2.9.2<br>→2.1.3.4.2<br>→D: RSEB 4-7.3<br>→UN 3432* |
| T50<br>(M) | | PxBN(M) | TA4<br>TT9 | FL | 2<br>(B/D) | | | CV9<br>CV10<br>CV36 | S2<br>S20 | 23 | 3153 | |
| (M) | | PxBN(M) | TA4<br>TT9 | FL | 2<br>(B/D) | | | CV9<br>CV10<br>CV36 | S2<br>S20 | 23 | 3154 | |
| T3 | TP33 | SGAH | TU15<br>TE19 | AT | 2<br>(D/E) | V11 | | CV13<br>CV28 | S9<br>S19 | 60 | 3155 | |
| (M) | | CxBN(M) | TA4<br>TT9 | AT | 3<br>(E) | | | CV9<br>CV10<br>CV36 | | 25 | 3156 | *→CH: SDR Anh. 1 8.1.2.1a* |
| (M) | | PxBN(M) | TA4<br>TT9 | AT | 3<br>(C/E) | | | CV9<br>CV10<br>CV36 | | 25 | 3157 | |
| T75 | TP5 | RxBN | TU19<br>TA4<br>TT9 | AT | 3<br>(C/E) | V5 | | CV9<br>CV11<br>CV36 | S20 | 22 | 3158 | |
| T50<br>(M) | | PxBN(M) | TA4<br>TT9 | AT | 3<br>(C/E) | | | CV9<br>CV10<br>CV36 | | 20 | 3159 | |
| (M) | | PxBH(M) | TU6<br>TA4<br>TT9 | FL | 1<br>(B/D) | | | CV9<br>CV10<br>CV36 | S2<br>S14 | 263 | 3160 | |
| T50<br>(M) | | PxBN(M) | TA4<br>TT9 | FL | 2<br>(B/D) | | | CV9<br>CV10<br>CV36 | S2<br>S20 | 23 | 3161 | *→UN 3553* |
| (M) | | PxBH(M) | TU6<br>TA4<br>TT9 | AT | 1<br>(C/D) | | | CV9<br>CV10<br>CV36 | S14 | 26 | 3162 | |
| T50<br>(M) | | PxBN(M) | TA4<br>TT9 | AT | 3<br>(C/E) | | | CV9<br>CV10<br>CV36 | | 20 | 3163 | |

| Verlagshinweis Sicherung | Verlagshinweis Fahrweg | UN-Nummer | Benennung und Beschreibung | Klasse | Klassifizierungscode | Verpackungsgruppe | Gefahrzettel | Sondervorschriften | Begrenzte und freigestellte Mengen | | Verpackungen Anweisungen | Verpackungen Sondervorschriften | Verpackungen Zusammenpackung |
|---|---|---|---|---|---|---|---|---|---|---|---|---|---|
| | | | 3.1.2 | 2.2 | 2.2 | 2.1.1.3 | 5.2.2 | 3.3 | 3.4/3.5.1.2 | | 4.1.4 | 4.1.4 | 4.1.10 |
| | | (1) | (2) | (3a) | (3b) | (4) | (5) | (6) | (7a) | (7b) | (8) | (9a) | (9b) |
| | | 3164 | GEGENSTÄNDE UNTER PNEUMATISCHEM DRUCK oder GEGENSTÄNDE UNTER HYDRAULISCHEM DRUCK (mit nicht entzündbarem Gas) | 2 | 6A | | 2.2 | 283<br>371<br>594 | 120 ml | E0 | P003 | PP32 | MP9 |
| | | 3165 | KRAFTSTOFFTANK FÜR HYDRAULISCHES AGGREGAT FÜR FLUGZEUGE (mit einer Mischung von wasserfreiem Hydrazin und Methylhydrazin) (Kraftstoff M86) | 3 | FTC | | 3+6.1+8 | | 0 | E0 | P301 | | MP7 |
| | | 3166 | FAHRZEUG MIT ANTRIEB DURCH ENTZÜNDBARES GAS oder FAHRZEUG MIT ANTRIEB DURCH ENTZÜNDBARE FLÜSSIGKEIT oder BRENNSTOFFZELLEN-FAHRZEUG MIT ANTRIEB DURCH ENTZÜNDBARES GAS oder BRENNSTOFFZELLEN-FAHRZEUG MIT ANTRIEB DURCH ENTZÜNDBARE FLÜSSIGKEIT | 9 | M11 | | | 388<br>666<br>667<br>669 | [3] | | | | |
| | | 3167 | GASPROBE, NICHT UNTER DRUCK STEHEND, ENTZÜNDBAR, N.A.G., nicht tiefgekühlt flüssig | 2 | 7F | | 2.1 | | 0 | E0 | P201 | | MP9 |
| ! | | 3168 | GASPROBE, NICHT UNTER DRUCK STEHEND, GIFTIG, ENTZÜNDBAR, N.A.G., nicht tiefgekühlt flüssig | 2 | 7TF | | 2.3+2.1 | | 0 | E0 | P201 | | MP9 |
| ! | | 3169 | GASPROBE, NICHT UNTER DRUCK STEHEND, GIFTIG, N.A.G., nicht tiefgekühlt flüssig | 2 | 7T | | 2.3 | | 0 | E0 | P201 | | MP9 |
| | | 3170 | NEBENPRODUKTE DER ALUMINIUMHERSTELLUNG oder NEBENPRODUKTE DER ALUMINIUMUMSCHMELZUNG | 4.3 | W2 | II | 4.3 | 244 | 500 g | E2 | P410<br>IBC07 | | MP14 |
| | | 3170 | NEBENPRODUKTE DER ALUMINIUMHERSTELLUNG oder NEBENPRODUKTE DER ALUMINIUMUMSCHMELZUNG | 4.3 | W2 | III | 4.3 | 244 | 1 kg | E1 | P002<br>IBC08<br>R001 | <br>B4 | MP14 |
| | | 3171 | BATTERIEBETRIEBENES FAHRZEUG oder BATTERIEBETRIEBENES GERÄT | 9 | M11 | | | 388<br>666<br>667<br>669 | [3] | | | | |
| ! | ● | 3172 | TOXINE, GEWONNEN AUS LEBENDEN ORGANISMEN, FLÜSSIG, N.A.G. | 6.1 | T1 | I | 6.1 | 210<br>274 | 0 | E5 | P001 | | MP8<br>MP17 |
| | | 3172 | TOXINE, GEWONNEN AUS LEBENDEN ORGANISMEN, FLÜSSIG, N.A.G. | 6.1 | T1 | II | 6.1 | 210<br>274 | 100 ml | E4 | P001<br>IBC02 | | MP15 |
| | | 3172 | TOXINE, GEWONNEN AUS LEBENDEN ORGANISMEN, FLÜSSIG, N.A.G. | 6.1 | T1 | III | 6.1 | 210<br>274 | 5 L | E1 | P001<br>IBC03<br>LP01<br>R001 | | MP19 |
| | | 3174 | TITANDISULFID | 4.2 | S4 | III | 4.2 | | 0 | E1 | P002<br>IBC08<br>LP02<br>R001 | <br>B3 | MP14 |
| | | 3175 | FESTE STOFFE oder Gemische aus festen Stoffen (wie Präparate, Zubereitungen und Abfälle), DIE ENTZÜNDBARE FLÜSSIGE STOFFE mit einem Flammpunkt von höchstens 60 °C ENTHALTEN, N.A.G. | 4.1 | F1 | II | 4.1 | 216<br>274<br>601 | 1 kg | E2 | P002<br>IBC06<br>R001 | PP9 | MP11 |

[3] *Anmerkung des Verlags: Kein Eintrag in dieser Spalte, weil bei Einhaltung der SV666 von den übrigen Vorschriften des ADR freigestellt.*

| Ortsbewegliche Tanks und Schüttgut-Container | | ADR-Tanks | | Fahrzeug für die Beförderung in Tanks | Beförderungskategorie (Tunnelbeschränkungscode) | Sondervorschriften für die Beförderung | | | | Nummer zur Kennzeichnung der Gefahr | UN-Nummer | Verlagshinweis „Gut zu wissen" |
|---|---|---|---|---|---|---|---|---|---|---|---|---|
| Anweisungen | Sondervorschriften | Tankcodierung | Sondervorschriften | | | Versandstücke | lose Schüttung | Be- und Entladung, Handhabung | Betrieb | | | |
| 4.2.5.2<br>7.3.2 | 4.2.5.3 | 4.3 | 4.3.5<br>6.8.4 | 9.1.1.2 | 1.1.3.6<br>(8.6) | 7.2.4 | 7.3.3 | 7.5.11 | 8.5 | 5.3.2.3 | | |
| (10) | (11) | (12) | (13) | (14) | (15) | (16) | (17) | (18) | (19) | (20) | (1) | |
| | | | | | 3<br>(E) | | | CV9 | | | 3164 | *→1.1.3.2 (d)<br>→D: § 26 (3)* |
| | | | | | 1<br>(E) | | | CV13<br>CV28 | S9<br>S19 | | 3165 | |
| | | | | | –<br>(–) | | | | | | 3166 | *→2.2.9.1.14<br>→CH: SDR-Erlass 1.2.2.2* |
| | | | | | 2<br>(D) | | | CV9 | S2 | | 3167 | *→2.1.4* |
| | | | | | 1<br>(D) | | | CV9 | S2 | | 3168 | *→D: RSEB Anl. 10* |
| | | | | | 1<br>(D) | | | CV9 | | | 3169 | |
| T3<br>BK1<br>BK2 | TP33 | SGAN | | AT | 2<br>(D/E) | V1 | VC1<br>VC2<br>AP2 | CV23<br>CV37 | | 423 | 3170 | |
| T1<br>BK1<br>BK2 | TP33 | SGAN | | AT | 3<br>(E) | V1 | VC1<br>VC2<br>AP2 | CV23<br>CV37 | | 423 | 3170 | |
| | | | | | –<br>(–) | | | | | | 3171 | *→2.2.9.1.7<br>→2.2.9.1.14<br>→CH: SDR-Erlass 1.2.2.2* |
| | | L10CH | TU14<br>TU15<br>TE19<br>TE21 | AT | 1<br>(C/E) | | | CV1<br>CV13<br>CV28 | S9<br>S14 | 66 | 3172 | *→UN 3462* |
| | | L4BH | TU15<br>TE19 | AT | 2<br>(D/E) | | | CV13<br>CV28 | S9<br>S19 | 60 | 3172 | *→UN 3462* |
| | | L4BH | TU15<br>TE19 | AT | 2<br>(E) | V12 | | CV13<br>CV28 | S9 | 60 | 3172 | *→UN 3462* |
| T1 | TP33 | SGAN | | AT | 3<br>(E) | V1 | | | | 40 | 3174 | |
| T3<br>BK1<br>BK2 | TP33 | | | AT | 2<br>(E) | V11 | VC1<br>VC2<br>AP2 | | | 40 | 3175 | |

| Verlagshinweis Sicherung | Verlagshinweis Fahrweg | UN-Nummer | Benennung und Beschreibung | Klasse | Klassifizierungscode | Verpackungsgruppe | Gefahrzettel | Sondervorschriften | Begrenzte und freigestellte Mengen | | Verpackungen Anweisungen | Verpackungen Sondervorschriften | Verpackungen Zusammenpackung |
|---|---|---|---|---|---|---|---|---|---|---|---|---|---|
| | | | 3.1.2 | 2.2 | 2.2 | 2.1.1.3 | 5.2.2 | 3.3 | 3.4/3.5.1.2 | | 4.1.4 | 4.1.4 | 4.1.10 |
| | | (1) | (2) | (3a) | (3b) | (4) | (5) | (6) | (7a) | (7b) | (8) | (9a) | (9b) |
| | | 3176 | ENTZÜNDBARER ORGANISCHER FESTER STOFF IN GESCHMOLZENEM ZUSTAND, N.A.G. | 4.1 | F2 | II | 4.1 | 274 | 0 | E0 | | | |
| | | 3176 | ENTZÜNDBARER ORGANISCHER FESTER STOFF IN GESCHMOLZENEM ZUSTAND, N.A.G. | 4.1 | F2 | III | 4.1 | 274 | 0 | E0 | | | |
| | | 3178 | ENTZÜNDBARER ANORGANISCHER FESTER STOFF, N.A.G. | 4.1 | F3 | II | 4.1 | 274 | 1 kg | E2 | P002<br>IBC08 | <br>B4 | MP11 |
| | | 3178 | ENTZÜNDBARER ANORGANISCHER FESTER STOFF, N.A.G. | 4.1 | F3 | III | 4.1 | 274 | 5 kg | E1 | P002<br>IBC08<br>LP02<br>R001 | <br>B3 | MP11 |
| | | 3179 | ENTZÜNDBARER ANORGANISCHER FESTER STOFF, GIFTIG, N.A.G. | 4.1 | FT2 | II | 4.1+6.1 | 274 | 1 kg | E2 | P002<br>IBC06 | | MP10 |
| | | 3179 | ENTZÜNDBARER ANORGANISCHER FESTER STOFF, GIFTIG, N.A.G. | 4.1 | FT2 | III | 4.1+6.1 | 274 | 5 kg | E1 | P002<br>IBC06<br>R001 | | MP10 |
| | | 3180 | ENTZÜNDBARER ANORGANISCHER FESTER STOFF, ÄTZEND, N.A.G. | 4.1 | FC2 | II | 4.1+8 | 274 | 1 kg | E2 | P002<br>IBC06 | | MP10 |
| | | 3180 | ENTZÜNDBARER ANORGANISCHER FESTER STOFF, ÄTZEND, N.A.G. | 4.1 | FC2 | III | 4.1+8 | 274 | 5 kg | E1 | P002<br>IBC06<br>R001 | | MP10 |
| | | 3181 | ENTZÜNDBARE METALLSALZE ORGANISCHER VERBINDUNGEN, N.A.G. | 4.1 | F3 | II | 4.1 | 274 | 1 kg | E2 | P002<br>IBC08 | <br>B4 | MP11 |
| | | 3181 | ENTZÜNDBARE METALLSALZE ORGANISCHER VERBINDUNGEN, N.A.G. | 4.1 | F3 | III | 4.1 | 274 | 5 kg | E1 | P002<br>IBC08<br>LP02<br>R001 | <br>B3 | MP11 |
| | | 3182 | ENTZÜNDBARE METALLHYDRIDE, N.A.G. | 4.1 | F3 | II | 4.1 | 274<br>554 | 1 kg | E2 | P410<br>IBC04 | PP40 | MP11 |
| | | 3182 | ENTZÜNDBARE METALLHYDRIDE, N.A.G. | 4.1 | F3 | III | 4.1 | 274<br>554 | 5 kg | E1 | P002<br>IBC04<br>R001 | | MP11 |
| | | 3183 | SELBSTERHITZUNGSFÄHIGER ORGANISCHER FLÜSSIGER STOFF, N.A.G. | 4.2 | S1 | II | 4.2 | 274 | 0 | E2 | P001<br>IBC02 | | MP15 |
| | | 3183 | SELBSTERHITZUNGSFÄHIGER ORGANISCHER FLÜSSIGER STOFF, N.A.G. | 4.2 | S1 | III | 4.2 | 274 | 0 | E1 | P001<br>IBC02<br>R001 | | MP15 |
| | | 3184 | SELBSTERHITZUNGSFÄHIGER ORGANISCHER FLÜSSIGER STOFF, GIFTIG, N.A.G. | 4.2 | ST1 | II | 4.2+6.1 | 274 | 0 | E2 | P402<br>IBC02 | | MP15 |
| | | 3184 | SELBSTERHITZUNGSFÄHIGER ORGANISCHER FLÜSSIGER STOFF, GIFTIG, N.A.G. | 4.2 | ST1 | III | 4.2+6.1 | 274 | 0 | E1 | P001<br>IBC02<br>R001 | | MP15 |
| | | 3185 | SELBSTERHITZUNGSFÄHIGER ORGANISCHER FLÜSSIGER STOFF, ÄTZEND, N.A.G. | 4.2 | SC1 | II | 4.2+8 | 274 | 0 | E2 | P402<br>IBC02 | | MP15 |
| | | 3185 | SELBSTERHITZUNGSFÄHIGER ORGANISCHER FLÜSSIGER STOFF, ÄTZEND, N.A.G. | 4.2 | SC1 | III | 4.2+8 | 274 | 0 | E1 | P001<br>IBC02<br>R001 | | MP15 |
| | | 3186 | SELBSTERHITZUNGSFÄHIGER ANORGANISCHER FLÜSSIGER STOFF, N.A.G. | 4.2 | S3 | II | 4.2 | 274 | 0 | E2 | P001<br>IBC02 | | MP15 |
| | | 3186 | SELBSTERHITZUNGSFÄHIGER ANORGANISCHER FLÜSSIGER STOFF, N.A.G. | 4.2 | S3 | III | 4.2 | 274 | 0 | E1 | P001<br>IBC02<br>R001 | | MP15 |

| Ortsbewegliche Tanks und Schüttgut-Container | | ADR-Tanks | | Fahrzeug für die Beförderung in Tanks | Beförderungskategorie (Tunnelbeschränkungscode) | Sondervorschriften für die Beförderung | | | | Nummer zur Kennzeichnung der Gefahr | UN-Nummer | Verlagshinweis „Gut zu wissen" |
|---|---|---|---|---|---|---|---|---|---|---|---|---|
| Anweisungen | Sondervorschriften | Tankcodierung | Sondervorschriften | | | Versandstücke | lose Schüttung | Be- und Entladung, Handhabung | Betrieb | | | |
| 4.2.5.2 7.3.2 | 4.2.5.3 | 4.3 | 4.3.5 6.8.4 | 9.1.1.2 | 1.1.3.6 (8.6) | 7.2.4 | 7.3.3 | 7.5.11 | 8.5 | 5.3.2.3 | | |
| (10) | (11) | (12) | (13) | (14) | (15) | (16) | (17) | (18) | (19) | (20) | (1) | |
| T3 | TP3 TP26 | LGBV | TU27 TE4 TE6 | AT | 2 (E) | | | | | 44 | 3176 | |
| T1 | TP3 TP26 | LGBV | TU27 TE4 TE6 | AT | 3 (E) | | | | | 44 | 3176 | |
| T3 | TP33 | SGAN | | AT | 2 (E) | V11 | | | | 40 | 3178 | |
| T1 | TP33 | SGAV | | AT | 3 (E) | | VC1 VC2 | | | 40 | 3178 | |
| T3 | TP33 | SGAN | | AT | 2 (E) | V11 | | CV28 | | 46 | 3179 | |
| T1 | TP33 | SGAN | | AT | 3 (E) | | | CV28 | | 46 | 3179 | |
| T3 | TP33 | SGAN | | AT | 2 (E) | V11 | | | | 48 | 3180 | |
| T1 | TP33 | SGAN | | AT | 3 (E) | | | | | 48 | 3180 | |
| T3 | TP33 | SGAN | | AT | 2 (E) | V11 | | | | 40 | 3181 | |
| T1 | TP33 | SGAV | | AT | 3 (E) | | VC1 VC2 | | | 40 | 3181 | |
| T3 | TP33 | SGAN | | AT | 2 (E) | | | | | 40 | 3182 | |
| T1 | TP33 | SGAV | | AT | 3 (E) | | VC1 VC2 | | | 40 | 3182 | |
| | | L4DH | TU14 TE21 | AT | 2 (D/E) | V1 | | | | 30 | 3183 | |
| | | L4DH | TU14 TE21 | AT | 3 (E) | V1 | | | | 30 | 3183 | |
| | | L4DH | TU14 TE21 | AT | 2 (D/E) | V1 | | CV28 | | 36 | 3184 | |
| | | L4DH | TU14 TE21 | AT | 3 (E) | V1 | | CV28 | | 36 | 3184 | |
| | | L4DH | TU14 TE21 | AT | 2 (D/E) | V1 | | | | 38 | 3185 | |
| | | L4DH | TU14 TE21 | AT | 3 (E) | V1 | | | | 38 | 3185 | |
| | | L4DH | TU14 TE21 | AT | 2 (D/E) | V1 | | | | 30 | 3186 | |
| | | L4DH | TU14 TE21 | AT | 3 (E) | V1 | | | | 30 | 3186 | |

## UN-numerisches Verzeichnis (Tabelle A)

| Verlagshinweis Sicherung | Verlagshinweis Fahrweg | UN-Nummer | Benennung und Beschreibung | Klasse | Klassifizierungscode | Verpackungsgruppe | Gefahrzettel | Sondervorschriften | Begrenzte und freigestellte Mengen | | Verpackungen Anweisungen | Verpackungen Sondervorschriften | Verpackungen Zusammenpackung |
|---|---|---|---|---|---|---|---|---|---|---|---|---|---|
| | | | 3.1.2 | 2.2 | 2.2 | 2.1.1.3 | 5.2.2 | 3.3 | 3.4/3.5.1.2 | | 4.1.4 | 4.1.4 | 4.1.10 |
| | | (1) | (2) | (3a) | (3b) | (4) | (5) | (6) | (7a) | (7b) | (8) | (9a) | (9b) |
| | | 3187 | SELBSTERHITZUNGSFÄHIGER ANORGANISCHER FLÜSSIGER STOFF, GIFTIG, N.A.G. | 4.2 | ST3 | II | 4.2+6.1 | 274 | 0 | E2 | P402<br>IBC02 | | MP15 |
| | | 3187 | SELBSTERHITZUNGSFÄHIGER ANORGANISCHER FLÜSSIGER STOFF, GIFTIG, N.A.G. | 4.2 | ST3 | III | 4.2+6.1 | 274 | 0 | E1 | P001<br>IBC02<br>R001 | | MP15 |
| | | 3188 | SELBSTERHITZUNGSFÄHIGER ANORGANISCHER FLÜSSIGER STOFF, ÄTZEND, N.A.G. | 4.2 | SC3 | II | 4.2+8 | 274 | 0 | E2 | P402<br>IBC02 | | MP15 |
| | | 3188 | SELBSTERHITZUNGSFÄHIGER ANORGANISCHER FLÜSSIGER STOFF, ÄTZEND, N.A.G. | 4.2 | SC3 | III | 4.2+8 | 274 | 0 | E1 | P001<br>IBC02<br>R001 | | MP15 |
| | | 3189 | SELBSTERHITZUNGSFÄHIGES METALLPULVER, N.A.G. | 4.2 | S4 | II | 4.2 | 274<br>555 | 0 | E2 | P410<br>IBC06 | | MP14 |
| | | 3189 | SELBSTERHITZUNGSFÄHIGES METALLPULVER, N.A.G. | 4.2 | S4 | III | 4.2 | 274<br>555 | 0 | E1 | P002<br>IBC08<br>LP02<br>R001 | <br>B3 | MP14 |
| | | 3190 | SELBSTERHITZUNGSFÄHIGER ANORGANISCHER FESTER STOFF, N.A.G. | 4.2 | S4 | II | 4.2 | 274 | 0 | E2 | P410<br>IBC06 | | MP14 |
| | | 3190 | SELBSTERHITZUNGSFÄHIGER ANORGANISCHER FESTER STOFF, N.A.G. | 4.2 | S4 | III | 4.2 | 274 | 0 | E1 | P002<br>IBC08<br>LP02<br>R001 | <br>B3 | MP14 |
| | | 3191 | SELBSTERHITZUNGSFÄHIGER ANORGANISCHER FESTER STOFF, GIFTIG, N.A.G. | 4.2 | ST4 | II | 4.2+6.1 | 274 | 0 | E2 | P410<br>IBC05 | | MP14 |
| | | 3191 | SELBSTERHITZUNGSFÄHIGER ANORGANISCHER FESTER STOFF, GIFTIG, N.A.G. | 4.2 | ST4 | III | 4.2+6.1 | 274 | 0 | E1 | P002<br>IBC08<br>R001 | <br>B3 | MP14 |
| | | 3192 | SELBSTERHITZUNGSFÄHIGER ANORGANISCHER FESTER STOFF, ÄTZEND, N.A.G. | 4.2 | SC4 | II | 4.2+8 | 274 | 0 | E2 | P410<br>IBC05 | | MP14 |
| | | 3192 | SELBSTERHITZUNGSFÄHIGER ANORGANISCHER FESTER STOFF, ÄTZEND, N.A.G. | 4.2 | SC4 | III | 4.2+8 | 274 | 0 | E1 | P002<br>IBC08<br>R001 | <br>B3 | MP14 |
| ! | | 3194 | PYROPHORER ANORGANISCHER FLÜSSIGER STOFF, N.A.G. | 4.2 | S3 | I | 4.2 | 274 | 0 | E0 | P400 | | MP2 |
| ! | | 3200 | PYROPHORER ANORGANISCHER FESTER STOFF, N.A.G. | 4.2 | S4 | I | 4.2 | 274 | 0 | E0 | P404 | | MP13 |
| | | 3205 | ERDALKALIMETALLALKOHOLATE, N.A.G. | 4.2 | S4 | II | 4.2 | 183<br>274 | 0 | E2 | P410<br>IBC06 | | MP14 |
| | | 3205 | ERDALKALIMETALLALKOHOLATE, N.A.G. | 4.2 | S4 | III | 4.2 | 183<br>274 | 0 | E1 | P002<br>IBC08<br>LP02<br>R001 | <br>B3 | MP14 |
| | | 3206 | ALKALIMETALLALKOHOLATE, SELBSTERHITZUNGSFÄHIG, ÄTZEND, N.A.G. | 4.2 | SC4 | II | 4.2+8 | 182<br>274 | 0 | E2 | P410<br>IBC05 | | MP14 |
| | | 3206 | ALKALIMETALLALKOHOLATE, SELBSTERHITZUNGSFÄHIG, ÄTZEND, N.A.G. | 4.2 | SC4 | III | 4.2+8 | 182<br>274 | 0 | E1 | P002<br>IBC08<br>R001 | <br>B3 | MP14 |
| | | 3208 | METALLISCHER STOFF, MIT WASSER REAGIEREND, N.A.G. | 4.3 | W2 | I | 4.3 | 274<br>557 | 0 | E0 | P403<br>IBC99 | | MP2 |
| | | 3208 | METALLISCHER STOFF, MIT WASSER REAGIEREND, N.A.G. | 4.3 | W2 | II | 4.3 | 274<br>557 | 500 g | E2 | P410<br>IBC07 | | MP14 |

| Ortsbewegliche Tanks und Schüttgut-Container | | ADR-Tanks | | Fahrzeug für die Beförderung in Tanks | Beförderungskategorie (Tunnelbeschränkungscode) | Sondervorschriften für die Beförderung | | | | Nummer zur Kennzeichnung der Gefahr | UN-Nummer | Verlagshinweis *„Gut zu wissen"* |
|---|---|---|---|---|---|---|---|---|---|---|---|---|
| Anweisungen | Sondervorschriften | Tankcodierung | Sondervorschriften | | | Versandstücke | lose Schüttung | Be- und Entladung, Handhabung | Betrieb | | | |
| 4.2.5.2<br>7.3.2 | 4.2.5.3 | 4.3 | 4.3.5<br>6.8.4 | 9.1.1.2 | 1.1.3.6<br>(8.6) | 7.2.4 | 7.3.3 | 7.5.11 | 8.5 | 5.3.2.3 | | |
| (10) | (11) | (12) | (13) | (14) | (15) | (16) | (17) | (18) | (19) | (20) | (1) | |
| | | L4DH | TU14<br>TE21 | AT | 2<br>(D/E) | V1 | | CV28 | | 36 | 3187 | |
| | | L4DH | TU14<br>TE21 | AT | 3<br>(E) | V1 | | CV28 | | 36 | 3187 | |
| | | L4DH | TU14<br>TE21 | AT | 2<br>(D/E) | V1 | | | | 38 | 3188 | |
| | | L4DH | TU14<br>TE21 | AT | 3<br>(E) | V1 | | | | 38 | 3188 | |
| T3 | TP33 | SGAN | | AT | 2<br>(D/E) | V1 | | | | 40 | 3189 | |
| T1 | TP33 | SGAN | | AT | 3<br>(E) | V1 | VC1<br>VC2<br>AP1 | | | 40 | 3189 | |
| T3 | TP33 | SGAN | | AT | 2<br>(D/E) | V1 | | | | 40 | 3190 | |
| T1 | TP33 | SGAN | | AT | 3<br>(E) | V1 | VC1<br>VC2<br>AP1 | | | 40 | 3190 | |
| T3 | TP33 | SGAN | | AT | 2<br>(D/E) | V1 | | CV28 | | 46 | 3191 | |
| T1 | TP33 | SGAN | | AT | 3<br>(E) | V1 | | CV28 | | 46 | 3191 | |
| T3 | TP33 | SGAN | | AT | 2<br>(D/E) | V1 | | | | 48 | 3192 | |
| T1 | TP33 | SGAN | | AT | 3<br>(E) | V1 | | | | 48 | 3192 | |
| | | L21DH | TU14<br>TC1<br>TE21<br>TM1 | AT | 0<br>(B/E) | V1 | | | S20 | 333 | 3194 | |
| T21 | TP7<br>TP33 | | | AT | 0<br>(B/E) | V1 | | | S20 | 43 | 3200 | |
| T3 | TP33 | SGAN | | AT | 2<br>(D/E) | V1 | | | | 40 | 3205 | |
| T1 | TP33 | SGAN | | AT | 3<br>(E) | V1 | | | | 40 | 3205 | |
| T3 | TP33 | SGAN | | AT | 2<br>(D/E) | V1 | | | | 48 | 3206 | |
| T1 | TP33 | SGAN | | AT | 3<br>(E) | V1 | | | | 48 | 3206 | |
| | | | | | 1<br>(E) | V1 | | CV23 | S20 | | 3208 | |
| T3 | TP33 | SGAN | | AT | 2<br>(D/E) | V1 | | CV23 | | 423 | 3208 | |

| Verlagshinweis: Sicherung | Verlagshinweis: Fahrweg | UN-Nummer | Benennung und Beschreibung | Klasse | Klassifizierungscode | Verpackungsgruppe | Gefahrzettel | Sondervorschriften | Begrenzte und freigestellte Mengen | | Verpackungen: Anweisungen | Verpackungen: Sondervorschriften | Verpackungen: Zusammenpackung |
|---|---|---|---|---|---|---|---|---|---|---|---|---|---|
| | | | 3.1.2 | 2.2 | 2.2 | 2.1.1.3 | 5.2.2 | 3.3 | 3.4/3.5.1.2 | | 4.1.4 | 4.1.4 | 4.1.10 |
| | | (1) | (2) | (3a) | (3b) | (4) | (5) | (6) | (7a) | (7b) | (8) | (9a) | (9b) |
| | | 3208 | METALLISCHER STOFF, MIT WASSER REAGIEREND, N.A.G. | 4.3 | W2 | III | 4.3 | 274<br>557 | 1 kg | E1 | P410<br>IBC08<br>R001 | <br>B4 | MP14 |
| | | 3209 | METALLISCHER STOFF, MIT WASSER REAGIEREND, SELBSTERHITZUNGSFÄHIG, N.A.G. | 4.3 | WS | I | 4.3+4.2 | 274<br>558 | 0 | E0 | P403 | | MP2 |
| | | 3209 | METALLISCHER STOFF, MIT WASSER REAGIEREND, SELBSTERHITZUNGSFÄHIG, N.A.G. | 4.3 | WS | II | 4.3+4.2 | 274<br>558 | 0 | E0 | P410<br>IBC05 | | MP14 |
| | | 3209 | METALLISCHER STOFF, MIT WASSER REAGIEREND, SELBSTERHITZUNGSFÄHIG, N.A.G. | 4.3 | WS | III | 4.3+4.2 | 274<br>558 | 0 | E1 | P410<br>IBC08<br>R001 | <br>B4 | MP14 |
| | | 3210 | CHLORATE, ANORGANISCHE, WÄSSERIGE LÖSUNG, N.A.G. | 5.1 | O1 | II | 5.1 | 274<br>351 | 1 L | E2 | P504<br>IBC02 | | MP2 |
| | | 3210 | CHLORATE, ANORGANISCHE, WÄSSERIGE LÖSUNG, N.A.G. | 5.1 | O1 | III | 5.1 | 274<br>351 | 5 L | E1 | P504<br>IBC02<br>R001 | | MP2 |
| ! | | 3211 | PERCHLORATE, ANORGANISCHE, WÄSSERIGE LÖSUNG, N.A.G. | 5.1 | O1 | II | 5.1 | | 1 L | E2 | P504<br>IBC02 | | MP2 |
| ! | | 3211 | PERCHLORATE, ANORGANISCHE, WÄSSERIGE LÖSUNG, N.A.G. | 5.1 | O1 | III | 5.1 | | 5 L | E1 | P504<br>IBC02<br>R001 | | MP2 |
| | | 3212 | HYPOCHLORITE, ANORGANISCHE, N.A.G. | 5.1 | O2 | II | 5.1 | 274<br>349 | 1 kg | E2 | P002<br>IBC08 | <br>B4 | MP10 |
| | | 3213 | BROMATE, ANORGANISCHE, WÄSSERIGE LÖSUNG, N.A.G. | 5.1 | O1 | II | 5.1 | 274<br>350 | 1 L | E2 | P504<br>IBC02 | | MP2 |
| | | 3213 | BROMATE, ANORGANISCHE, WÄSSERIGE LÖSUNG, N.A.G. | 5.1 | O1 | III | 5.1 | 274<br>350 | 5 L | E1 | P504<br>IBC02<br>R001 | | MP15 |
| | | 3214 | PERMANGANATE, ANORGANISCHE, WÄSSERIGE LÖSUNG, N.A.G. | 5.1 | O1 | II | 5.1 | 274<br>353 | 1 L | E2 | P504<br>IBC02 | | MP2 |
| | | 3215 | PERSULFATE, ANORGANISCHE, N.A.G. | 5.1 | O2 | III | 5.1 | | 5 kg | E1 | P002<br>IBC08<br>LP02<br>R001 | <br>B3 | MP10 |
| | | 3216 | PERSULFATE, ANORGANISCHE, WÄSSERIGE LÖSUNG, N.A.G. | 5.1 | O1 | III | 5.1 | | 5 L | E1 | P504<br>IBC02<br>R001 | | MP15 |
| | | 3218 | NITRATE, ANORGANISCHE, WÄSSERIGE LÖSUNG, N.A.G. | 5.1 | O1 | II | 5.1 | 270<br>511 | 1 L | E2 | P504<br>IBC02 | | MP15 |
| | | 3218 | NITRATE, ANORGANISCHE, WÄSSERIGE LÖSUNG, N.A.G. | 5.1 | O1 | III | 5.1 | 270<br>511 | 5 L | E1 | P504<br>IBC02<br>R001 | | MP15 |
| | | 3219 | NITRITE, ANORGANISCHE, WÄSSERIGE LÖSUNG, N.A.G. | 5.1 | O1 | II | 5.1 | 103<br>274 | 1 L | E2 | P504<br>IBC01 | | MP15 |
| | | 3219 | NITRITE, ANORGANISCHE, WÄSSERIGE LÖSUNG, N.A.G. | 5.1 | O1 | III | 5.1 | 103<br>274 | 5 L | E1 | P504<br>IBC02<br>R001 | | MP15 |
| | | 3220 | PENTAFLUORETHAN (GAS ALS KÄLTEMITTEL R 125) | 2 | 2A | | 2.2 | 662 | 120 ml | E1 | P200 | | MP9 |
| | | 3221 | SELBSTZERSETZLICHER STOFF TYP B, FLÜSSIG | 4.1 | SR1 | | 4.1+1 | 181<br>194<br>274 | 25 ml | E0 | P520 | PP21 | MP2 |

| Ortsbewegliche Tanks und Schüttgut-Container | | ADR-Tanks | | Fahrzeug für die Beförderung in Tanks | Beförderungskategorie (Tunnelbeschränkungscode) | Sondervorschriften für die Beförderung | | | | Nummer zur Kennzeichnung der Gefahr | UN-Nummer | Verlagshinweis „Gut zu wissen" |
|---|---|---|---|---|---|---|---|---|---|---|---|---|
| Anweisungen | Sondervorschriften | Tankcodierung | Sondervorschriften | | | Versandstücke | lose Schüttung | Be- und Entladung, Handhabung | Betrieb | | | |
| 4.2.5.2 7.3.2 | 4.2.5.3 | 4.3 | 4.3.5 6.8.4 | 9.1.1.2 | 1.1.3.6 (8.6) | 7.2.4 | 7.3.3 | 7.5.11 | 8.5 | 5.3.2.3 | | |
| (10) | (11) | (12) | (13) | (14) | (15) | (16) | (17) | (18) | (19) | (20) | (1) | |
| T1 | TP33 | SGAN | | AT | 3 (E) | V1 | VC1 VC2 AP3 AP4 AP5 | CV23 | | 423 | 3208 | |
| | | | | | 1 (E) | V1 | | CV23 | S20 | | 3209 | |
| T3 | TP33 | SGAN | | AT | 2 (D/E) | V1 | | CV23 | | 423 | 3209 | |
| T1 | TP33 | SGAN | | AT | 3 (E) | V1 | VC1 VC2 AP3 AP4 AP5 | CV23 | | 423 | 3209 | |
| T4 | TP1 | L4BN | TU3 | AT | 2 (E) | | | CV24 | | 50 | 3210 | |
| T4 | TP1 | LGBV | TU3 | AT | 3 (E) | | | CV24 | | 50 | 3210 | |
| T4 | TP1 | L4BN | TU3 | AT | 2 (E) | | | CV24 | | 50 | 3211 | |
| T4 | TP1 | LGBV | TU3 | AT | 3 (E) | | | CV24 | | 50 | 3211 | |
| T3 | TP33 | SGAN | TU3 | AT | 2 (E) | V11 | | CV24 | | 50 | 3212 | |
| T4 | TP1 | L4BN | TU3 | AT | 2 (E) | | | CV24 | | 50 | 3213 | |
| T4 | TP1 | LGBV | TU3 | AT | 3 (E) | | | CV24 | | 50 | 3213 | |
| T4 | TP1 | L4BN | TU3 | AT | 2 (E) | | | CV24 | | 50 | 3214 | |
| T1 | TP33 | SGAV | TU3 | AT | 3 (E) | | VC1 VC2 AP6 AP7 | CV24 | | 50 | 3215 | |
| T4 | TP1 TP29 | LGBV | TU3 | AT | 3 (E) | | | CV24 | | 50 | 3216 | |
| T4 | TP1 | L4BN | TU3 | AT | 2 (E) | | | CV24 | | 50 | 3218 | |
| T4 | TP1 | LGBV | TU3 | AT | 3 (E) | | | CV24 | | 50 | 3218 | |
| T4 | TP1 | L4BN | TU3 | AT | 2 (E) | | | CV24 | | 50 | 3219 | |
| T4 | TP1 | LGBV | TU3 | AT | 3 (E) | | | CV24 | | 50 | 3219 | |
| T50 (M) | | PxBN(M) | TA4 TT9 | AT | 3 (C/E) | | | CV9 CV10 CV36 | | 20 | 3220 | |
| | | | | | 1 (B) | V1 | | CV15 CV20 CV22 | S9 S17 | | 3221 | |

| Verlagshinweis | | UN-Nummer | Benennung und Beschreibung | Klasse | Klassifizierungscode | Verpackungsgruppe | Gefahrzettel | Sondervorschriften | Begrenzte und freigestellte Mengen | | Verpackungen | | |
|---|---|---|---|---|---|---|---|---|---|---|---|---|---|
| Sicherung | Fahrweg | | | | | | | | | | Anweisungen | Sondervorschriften | Zusammenpackung |
| | | | 3.1.2 | 2.2 | 2.2 | 2.1.1.3 | 5.2.2 | 3.3 | 3.4/3.5.1.2 | | 4.1.4 | 4.1.4 | 4.1.10 |
| | | (1) | (2) | (3a) | (3b) | (4) | (5) | (6) | (7a) | (7b) | (8) | (9a) | (9b) |
| | | 3222 | SELBSTZERSETZLICHER STOFF TYP B, FEST | 4.1 | SR1 | | 4.1+1 | 181<br>194<br>274 | 100 g | E0 | P520 | PP21 | MP2 |
| | | 3223 | SELBSTZERSETZLICHER STOFF TYP C, FLÜSSIG | 4.1 | SR1 | | 4.1 | 194<br>274 | 25 ml | E0 | P520 | PP21<br>PP94<br>PP95 | MP2 |
| | | 3224 | SELBSTZERSETZLICHER STOFF TYP C, FEST | 4.1 | SR1 | | 4.1 | 194<br>274 | 100 g | E0 | P520 | PP21<br>PP94<br>PP95 | MP2 |
| | | 3225 | SELBSTZERSETZLICHER STOFF TYP D, FLÜSSIG | 4.1 | SR1 | | 4.1 | 194<br>274 | 125 ml | E0 | P520 | | MP2 |
| | | 3226 | SELBSTZERSETZLICHER STOFF TYP D, FEST | 4.1 | SR1 | | 4.1 | 194<br>274 | 500 g | E0 | P520 | | MP2 |
| | | 3227 | SELBSTZERSETZLICHER STOFF TYP E, FLÜSSIG | 4.1 | SR1 | | 4.1 | 194<br>274 | 125 ml | E0 | P520 | | MP2 |
| | | 3228 | SELBSTZERSETZLICHER STOFF TYP E, FEST | 4.1 | SR1 | | 4.1 | 194<br>274 | 500 g | E0 | P520 | | MP2 |
| | | 3229 | SELBSTZERSETZLICHER STOFF TYP F, FLÜSSIG | 4.1 | SR1 | | 4.1 | 194<br>274 | 125 ml | E0 | P520<br>IBC99 | | MP2 |
| | | 3230 | SELBSTZERSETZLICHER STOFF TYP F, FEST | 4.1 | SR1 | | 4.1 | 194<br>274 | 500 g | E0 | P520<br>IBC99 | | MP2 |
| | | 3231 | SELBSTZERSETZLICHER STOFF TYP B, FLÜSSIG, TEMPERATURKONTROLLIERT | 4.1 | SR2 | | 4.1+1 | 181<br>194<br>274 | 0 | E0 | P520 | PP21 | MP2 |
| | | 3232 | SELBSTZERSETZLICHER STOFF TYP B, FEST, TEMPERATURKONTROLLIERT | 4.1 | SR2 | | 4.1+1 | 181<br>194<br>274 | 0 | E0 | P520 | PP21 | MP2 |
| | | 3233 | SELBSTZERSETZLICHER STOFF TYP C, FLÜSSIG, TEMPERATURKONTROLLIERT | 4.1 | SR2 | | 4.1 | 194<br>274 | 0 | E0 | P520 | PP21 | MP2 |
| | | 3234 | SELBSTZERSETZLICHER STOFF TYP C, FEST, TEMPERATURKONTROLLIERT | 4.1 | SR2 | | 4.1 | 194<br>274 | 0 | E0 | P520 | PP21 | MP2 |
| | | 3235 | SELBSTZERSETZLICHER STOFF TYP D, FLÜSSIG, TEMPERATURKONTROLLIERT | 4.1 | SR2 | | 4.1 | 194<br>274 | 0 | E0 | P520 | | MP2 |
| | | 3236 | SELBSTZERSETZLICHER STOFF TYP D, FEST, TEMPERATURKONTROLLIERT | 4.1 | SR2 | | 4.1 | 194<br>274 | 0 | E0 | P520 | | MP2 |
| | | 3237 | SELBSTZERSETZLICHER STOFF TYP E, FLÜSSIG, TEMPERATURKONTROLLIERT | 4.1 | SR2 | | 4.1 | 194<br>274 | 0 | E0 | P520 | | MP2 |
| | | 3238 | SELBSTZERSETZLICHER STOFF TYP E, FEST, TEMPERATURKONTROLLIERT | 4.1 | SR2 | | 4.1 | 194<br>274 | 0 | E0 | P520 | | MP2 |
| | | 3239 | SELBSTZERSETZLICHER STOFF TYP F, FLÜSSIG, TEMPERATURKONTROLLIERT | 4.1 | SR2 | | 4.1 | 194<br>274 | 0 | E0 | P520 | | MP2 |
| | | 3240 | SELBSTZERSETZLICHER STOFF TYP F, FEST, TEMPERATURKONTROLLIERT | 4.1 | SR2 | | 4.1 | 194<br>274 | 0 | E0 | P520 | | MP2 |
| | | 3241 | 2-BROM-2-NITROPROPAN-1,3-DIOL | 4.1 | SR1 | III | 4.1 | 638 | 5 kg | E1 | P520<br>IBC08 | PP22<br>B3 | MP2 |

| Ortsbewegliche Tanks und Schüttgut-Container | | ADR-Tanks | | Fahrzeug für die Beförderung in Tanks | Beförderungskategorie (Tunnelbeschränkungscode) | Sondervorschriften für die Beförderung | | | | Nummer zur Kennzeichnung der Gefahr | UN-Nummer | Verlagshinweis „Gut zu wissen" |
|---|---|---|---|---|---|---|---|---|---|---|---|---|
| Anweisungen | Sondervorschriften | Tankcodierung | Sondervorschriften | | | Versandstücke | lose Schüttung | Be- und Entladung, Handhabung | Betrieb | | | |
| 4.2.5.2<br>7.3.2 | 4.2.5.3 | 4.3 | 4.3.5<br>6.8.4 | 9.1.1.2 | 1.1.3.6<br>(8.6) | 7.2.4 | 7.3.3 | 7.5.11 | 8.5 | 5.3.2.3 | | |
| (10) | (11) | (12) | (13) | (14) | (15) | (16) | (17) | (18) | (19) | (20) | (1) | |
| | | | | | 1<br>(B) | V1 | | CV15<br>CV20<br>CV22 | S9<br>S17 | | 3222 | |
| | | | | | 1<br>(D) | V1 | | CV15<br>CV20<br>CV22 | S8<br>S18 | | 3223 | |
| | | | | | 1<br>(D) | V1 | | CV15<br>CV20<br>CV22 | S8<br>S18 | | 3224 | |
| | | | | | 2<br>(D) | V1 | | CV15<br>CV22 | S19 | | 3225 | |
| | | | | | 2<br>(D) | V1 | | CV15<br>CV22 | S19 | | 3226 | |
| | | | | | 2<br>(D) | V1 | | CV15<br>CV22 | | | 3227 | |
| | | | | | 2<br>(D) | V1 | | CV15<br>CV22 | | | 3228 | |
| T23 | | | | AT | 2<br>(D) | V1 | | CV15<br>CV22 | | 40 | 3229 | |
| T23 | | | | AT | 2<br>(D) | V1 | | CV15<br>CV22 | | 40 | 3230 | |
| | | | | | 1<br>(B) | V8 | | CV15<br>CV20<br>CV21<br>CV22 | S4<br>S9<br>S16 | | 3231 | |
| | | | | | 1<br>(B) | V8 | | CV15<br>CV20<br>CV21<br>CV22 | S4<br>S9<br>S16 | | 3232 | |
| | | | | | 1<br>(D) | V8 | | CV15<br>CV20<br>CV21<br>CV22 | S4<br>S8<br>S17 | | 3233 | |
| | | | | | 1<br>(D) | V8 | | CV15<br>CV20<br>CV21<br>CV22 | S4<br>S8<br>S17 | | 3234 | |
| | | | | | 1<br>(D) | V8 | | CV15<br>CV21<br>CV22 | S4<br>S18 | | 3235 | |
| | | | | | 1<br>(D) | V8 | | CV15<br>CV21<br>CV22 | S4<br>S18 | | 3236 | |
| | | | | | 1<br>(D) | V8 | | CV15<br>CV21<br>CV22 | S4<br>S19 | | 3237 | |
| | | | | | 1<br>(D) | V8 | | CV15<br>CV21<br>CV22 | S4<br>S19 | | 3238 | |
| T23 | | | | AT | 1<br>(D) | V8 | | CV15<br>CV21<br>CV22 | S4 | 40 | 3239 | |
| T23 | | | | AT | 1<br>(D) | V8 | | CV15<br>CV21<br>CV22 | S4 | 40 | 3240 | |
| | | | | | 3<br>(D) | | | CV14 | S24 | | 3241 | |

## UN-numerisches Verzeichnis (Tabelle A)

| Verlagshinweis: Sicherung | Verlagshinweis: Fahrweg | UN-Nummer | Benennung und Beschreibung | Klasse | Klassifizierungscode | Verpackungsgruppe | Gefahrzettel | Sondervorschriften | Begrenzte und freigestellte Mengen | | Verpackungen: Anweisungen | Verpackungen: Sondervorschriften | Verpackungen: Zusammenpackung |
|---|---|---|---|---|---|---|---|---|---|---|---|---|---|
| | | | 3.1.2 | 2.2 | 2.2 | 2.1.1.3 | 5.2.2 | 3.3 | 3.4/3.5.1.2 | | 4.1.4 | 4.1.4 | 4.1.10 |
| | | (1) | (2) | (3a) | (3b) | (4) | (5) | (6) | (7a) | (7b) | (8) | (9a) | (9b) |
| | | 3242 | AZODICARBONAMID | 4.1 | SR1 | II | 4.1 | 215<br>638 | 1 kg | E0 | P409 | | MP2 |
| | | 3243 | FESTE STOFFE MIT GIFTIGEM FLÜSSIGEM STOFF, N.A.G. | 6.1 | T9 | II | 6.1 | 217<br>274<br>601 | 500 g | E4 | P002<br>IBC02 | PP9 | MP10 |
| | | 3244 | FESTE STOFFE MIT ÄTZENDEM FLÜSSIGEM STOFF, N.A.G. | 8 | C10 | II | 8 | 218<br>274 | 1 kg | E2 | P002<br>IBC05 | PP9 | MP10 |
| | | 3245 | GENETISCH VERÄNDERTE MIKROORGANISMEN oder GENETISCH VERÄNDERTE ORGANISMEN | 9 | M8 | | 9 | 219<br>637 | 0 | E0 | P904<br>IBC08 | | MP6 |
| | | 3245 | GENETISCH VERÄNDERTE MIKROORGANISMEN oder GENETISCH VERÄNDERTE ORGANISMEN, in tiefgekühlt verflüssigtem Stickstoff | 9 | M8 | | 9+2.2 | 219<br>637 | 0 | E0 | P904<br>IBC08 | | MP6 |
| ! | ● | 3246 | METHANSULFONYLCHLORID | 6.1 | TC1 | I | 6.1+8 | 354 | 0 | E0 | P602 | | MP8<br>MP17 |
| | | 3247 | NATRIUMPEROXOBORAT, WASSERFREI | 5.1 | O2 | II | 5.1 | | 1 kg | E2 | P002<br>IBC08 | <br>B4 | MP2 |
| ! | ● | 3248 | MEDIKAMENT, FLÜSSIG, ENTZÜNDBAR, GIFTIG, N.A.G. | 3 | FT1 | II | 3+6.1 | 220<br>221<br>601 | 1 L | E2 | P001 | | MP19 |
| | | 3248 | MEDIKAMENT, FLÜSSIG, ENTZÜNDBAR, GIFTIG, N.A.G. | 3 | FT1 | III | 3+6.1 | 220<br>221<br>601 | 5 L | E1 | P001<br>R001 | | MP19 |
| | | 3249 | MEDIKAMENT, FEST, GIFTIG, N.A.G. | 6.1 | T2 | II | 6.1 | 221<br>601 | 500 g | E4 | P002 | | MP10 |
| | | 3249 | MEDIKAMENT, FEST, GIFTIG, N.A.G. | 6.1 | T2 | III | 6.1 | 221<br>601 | 5 kg | E1 | P002<br>LP02<br>R001 | | MP10 |
| | | 3250 | CHLORESSIGSÄURE, GESCHMOLZEN | 6.1 | TC1 | II | 6.1+8 | | 0 | E0 | | | |
| | | 3251 | ISOSORBID-5-MONONITRAT | 4.1 | SR1 | III | 4.1 | 226<br>638 | 5 kg | E0 | P409 | | MP2 |
| ! | ● | 3252 | DIFLUORMETHAN (GAS ALS KÄLTEMITTEL R 32) | 2 | 2F | | 2.1 | 662 | 0 | E0 | P200 | | MP9 |
| | | 3253 | DINATRIUMTRIOXOSILICAT | 8 | C6 | III | 8 | | 5 kg | E1 | P002<br>IBC08<br>LP02<br>R001 | <br>B3 | MP10 |
| ! | | 3254 | TRIBUTYLPHOSPHAN | 4.2 | S1 | I | 4.2 | | 0 | E0 | P400 | | MP2 |
| | | 3255 | tert-BUTYLHYPOCHLORIT | 4.2 | SC1 | BEFÖRDERUNG VERBOTEN | | | | | | | |
| | | 3256 | ERWÄRMTER FLÜSSIGER STOFF, ENTZÜNDBAR, N.A.G., mit einem Flammpunkt über 60 °C, bei oder über seinem Flammpunkt und unter 100 °C | 3 | F2 | III | 3 | 274<br>560 | 0 | E0 | P099<br>IBC99 | | MP2 |

| Ortsbewegliche Tanks und Schüttgut-Container | | ADR-Tanks | | Fahrzeug für die Beförderung in Tanks | Beförderungskategorie (Tunnelbeschränkungscode) | Sondervorschriften für die Beförderung | | | | Nummer zur Kennzeichnung der Gefahr | UN-Nummer | Verlagshinweis *„Gut zu wissen"* |
|---|---|---|---|---|---|---|---|---|---|---|---|---|
| Anweisungen | Sondervorschriften | Tankcodierung | Sondervorschriften | | | Versandstücke | lose Schüttung | Be- und Entladung, Handhabung | Betrieb | | | |
| 4.2.5.2<br>7.3.2 | 4.2.5.3 | 4.3 | 4.3.5<br>6.8.4 | 9.1.1.2 | 1.1.3.6<br>(8.6) | 7.2.4 | 7.3.3 | 7.5.11 | 8.5 | 5.3.2.3 | | |
| (10) | (11) | (12) | (13) | (14) | (15) | (16) | (17) | (18) | (19) | (20) | (1) | |
| T3 | TP33 | | | AT | 2<br>(D) | | | CV14 | S24 | 40 | 3242 | |
| T3<br>BK1<br>BK2 | TP33 | SGAH | TU15<br>TE19 | AT | 2<br>(D/E) | | VC1<br>VC2<br>AP7 | CV13<br>CV28 | S9<br>S19 | 60 | 3243 | *→2.2.61.3 Fußnote i)* |
| T3<br>BK1<br>BK2 | TP33 | SGAV | | AT | 2<br>(E) | | VC1<br>VC2<br>AP7 | | | 80 | 3244 | |
| | | | | | 2<br>(E) | | | CV1<br>CV13<br>CV26<br>CV27<br>CV28 | S17 | | 3245 | |
| | | | | | 2<br>(E) | | | CV1<br>CV13<br>CV26<br>CV27<br>CV28 | S17 | | 3245 | |
| T20 | TP2 | L10CH | TU14<br>TU15<br>TE19<br>TE21 | AT | 1<br>(C/D) | | | CV1<br>CV13<br>CV28 | S9<br>S14 | 668 | 3246 | |
| T3 | TP33 | SGAN | TU3 | AT | 2<br>(E) | V11 | | CV24 | | 50 | 3247 | |
| | | L4BH | TU15 | FL | 2<br>(D/E) | | | CV13<br>CV28 | S2<br>S19 | 336 | 3248 | |
| | | L4BH | TU15 | FL | 3<br>(D/E) | | | CV13<br>CV28 | S2 | 36 | 3248 | |
| T3 | TP33 | SGAH<br>L4BH | TU15<br>TE19 | AT | 2<br>(D/E) | | | CV13<br>CV28 | S9<br>S19 | 60 | 3249 | |
| T1 | TP33 | SGAH<br>L4BH | TU15<br>TE19 | AT | 2<br>(E) | | VC1<br>VC2<br>AP7 | CV13<br>CV28 | S9 | 60 | 3249 | |
| T7 | TP3<br>TP28 | L4BH | TU15<br>TC4<br>TE19 | AT | 0<br>(D/E) | | | CV13 | S9<br>S19 | 68 | 3250 | |
| | | | | | 3<br>(D) | | | CV14 | S24 | | 3251 | |
| T50<br>(M) | | PxBN(M) | TA4<br>TT9 | FL | 2<br>(B/D) | | | CV9<br>CV10<br>CV36 | S2<br>S20 | 23 | 3252 | |
| T1 | TP33 | SGAV | | AT | 3<br>(E) | | VC1<br>VC2<br>AP7 | | | 80 | 3253 | |
| T21 | TP2<br>TP7 | | | AT | 0<br>(B/E) | V1 | | | S20 | 333 | 3254 | |
| BEFÖRDERUNG VERBOTEN | | | | | | | | | | | 3255 | |
| T3 | TP3<br>TP29 | LGAV | TU35<br>TE24 | FL | 3<br>(D/E) | | | | S2 | 30 | 3256 | *→5.4.1.1.14*<br>*→D: RSEB 2-4*<br>*→D: RSEB 4-10.3*<br>*→UN 3257* |

| Verlagshinweis Sicherung | Verlagshinweis Fahrweg | UN-Nummer | Benennung und Beschreibung | Klasse | Klassifizierungscode | Verpackungsgruppe | Gefahrzettel | Sondervorschriften | Begrenzte und freigestellte Mengen | | Verpackungen Anweisungen | Verpackungen Sondervorschriften | Verpackungen Zusammenpackung |
|---|---|---|---|---|---|---|---|---|---|---|---|---|---|
| | | | 3.1.2 | 2.2 | 2.2 | 2.1.1.3 | 5.2.2 | 3.3 | 3.4/3.5.1.2 | | 4.1.4 | 4.1.4 | 4.1.10 |
| | | (1) | (2) | (3a) | (3b) | (4) | (5) | (6) | (7a) | (7b) | (8) | (9a) | (9b) |
| | | 3256 | ERWÄRMTER FLÜSSIGER STOFF, ENTZÜNDBAR, N.A.G., mit einem Flammpunkt über 60 °C, bei oder über seinem Flammpunkt und bei oder über 100 °C | 3 | F2 | III | 3 | 274<br>560 | 0 | E0 | P099<br>IBC99 | | MP2 |
| | | 3257 | ERWÄRMTER FLÜSSIGER STOFF, N.A.G., bei oder über 100 °C und, bei Stoffen mit einem Flammpunkt, unter seinem Flammpunkt (einschließlich geschmolzenes Metall, geschmolzenes Salz usw.), eingefüllt bei einer Temperatur über 190 °C | 9 | M9 | III | 9 | 274<br>643<br>668 | 0 | E0 | P099<br>IBC99 | | |
| | | 3257 | ERWÄRMTER FLÜSSIGER STOFF, N.A.G., bei oder über 100 °C und, bei Stoffen mit einem Flammpunkt, unter seinem Flammpunkt (einschließlich geschmolzenes Metall, geschmolzenes Salz usw.), eingefüllt bei einer Temperatur von höchstens 190 °C | 9 | M9 | III | 9 | 274<br>643<br>668 | 0 | E0 | P099<br>IBC99 | | |
| | | 3258 | ERWÄRMTER FESTER STOFF, N.A.G., bei oder über 240 °C | 9 | M10 | III | 9 | 274<br>643 | 0 | E0 | P099<br>IBC99 | | |
| ! | | 3259 | AMINE, FEST, ÄTZEND, N.A.G. oder POLYAMINE, FEST, ÄTZEND, N.A.G. | 8 | C8 | I | 8 | 274 | 0 | E0 | P002<br>IBC07 | | MP18 |
| | | 3259 | AMINE, FEST, ÄTZEND, N.A.G. oder POLYAMINE, FEST, ÄTZEND, N.A.G. | 8 | C8 | II | 8 | 274 | 1 kg | E2 | P002<br>IBC08 | <br>B4 | MP10 |
| | | 3259 | AMINE, FEST, ÄTZEND, N.A.G. oder POLYAMINE, FEST, ÄTZEND, N.A.G. | 8 | C8 | III | 8 | 274 | 5 kg | E1 | P002<br>IBC08<br>LP02<br>R001 | <br>B3 | MP10 |
| ! | | 3260 | ÄTZENDER SAURER ANORGANISCHER FESTER STOFF, N.A.G. | 8 | C2 | I | 8 | 274 | 0 | E0 | P002<br>IBC07 | | MP18 |
| | | 3260 | ÄTZENDER SAURER ANORGANISCHER FESTER STOFF, N.A.G. | 8 | C2 | II | 8 | 274 | 1 kg | E2 | P002<br>IBC08 | <br>B4 | MP10 |
| | | 3260 | ÄTZENDER SAURER ANORGANISCHER FESTER STOFF, N.A.G. | 8 | C2 | III | 8 | 274 | 5 kg | E1 | P002<br>IBC08<br>LP02<br>R001 | <br>B3 | MP10 |
| ! | | 3261 | ÄTZENDER SAURER ORGANISCHER FESTER STOFF, N.A.G. | 8 | C4 | I | 8 | 274 | 0 | E0 | P002<br>IBC07 | | MP18 |
| | | 3261 | ÄTZENDER SAURER ORGANISCHER FESTER STOFF, N.A.G. | 8 | C4 | II | 8 | 274 | 1 kg | E2 | P002<br>IBC08 | <br>B4 | MP10 |
| | | 3261 | ÄTZENDER SAURER ORGANISCHER FESTER STOFF, N.A.G. | 8 | C4 | III | 8 | 274 | 5 kg | E1 | P002<br>IBC08<br>LP02<br>R001 | <br>B3 | MP10 |
| ! | | 3262 | ÄTZENDER BASISCHER ANORGANISCHER FESTER STOFF, N.A.G. | 8 | C6 | I | 8 | 274 | 0 | E0 | P002<br>IBC07 | | MP18 |
| | | 3262 | ÄTZENDER BASISCHER ANORGANISCHER FESTER STOFF, N.A.G. | 8 | C6 | II | 8 | 274 | 1 kg | E2 | P002<br>IBC08 | <br>B4 | MP10 |
| | | 3262 | ÄTZENDER BASISCHER ANORGANISCHER FESTER STOFF, N.A.G. | 8 | C6 | III | 8 | 274 | 5 kg | E1 | P002<br>IBC08<br>LP02<br>R001 | <br>B3 | MP10 |
| ! | | 3263 | ÄTZENDER BASISCHER ORGANISCHER FESTER STOFF, N.A.G. | 8 | C8 | I | 8 | 274 | 0 | E0 | P002<br>IBC07 | | MP18 |
| | | 3263 | ÄTZENDER BASISCHER ORGANISCHER FESTER STOFF, N.A.G. | 8 | C8 | II | 8 | 274 | 1 kg | E2 | P002<br>IBC08 | <br>B4 | MP10 |

| Ortsbewegliche Tanks und Schüttgut-Container | | ADR-Tanks | | Fahrzeug für die Beförderung in Tanks | Beförderungskategorie (Tunnelbeschränkungscode) | Sondervorschriften für die Beförderung | | | | Nummer zur Kennzeichnung der Gefahr | UN-Nummer | Verlagshinweis „Gut zu wissen" |
|---|---|---|---|---|---|---|---|---|---|---|---|---|
| Anweisungen | Sondervorschriften | Tankcodierung | Sondervorschriften | | | Versandstücke | lose Schüttung | Be- und Entladung, Handhabung | Betrieb | | | |
| 4.2.5.2<br>7.3.2 | 4.2.5.3 | 4.3 | 4.3.5<br>6.8.4 | 9.1.1.2 | 1.1.3.6<br>(8.6) | 7.2.4 | 7.3.3 | 7.5.11 | 8.5 | 5.3.2.3 | | |
| (10) | (11) | (12) | (13) | (14) | (15) | (16) | (17) | (18) | (19) | (20) | (1) | |
| T3 | TP3<br>TP29 | LGAV | TU35<br>TE24 | FL | 3<br>(D/E) | | | | S2 | 30 | 3256 | →5.3.3<br>→5.4.1.1.14<br>→D: RSEB 2-4<br>→D: RSEB 4-10.3<br>→UN 3257 |
| T3 | TP3<br>TP29 | LGAV | TU35<br>TC7<br>TE6<br>TE14<br>TE18<br>TE24 | AT | 3<br>(D) | | VC3<br>AP11 | | | 99 | 3257 | →5.3.3<br>→5.4.1.1.14<br>→D: RSEB 2-4<br>→D: RSEB 4-10.2 f.<br>→UN 3258 |
| T3 | TP3<br>TP29 | LGAV | TU35<br>TC7<br>TE6<br>TE14<br>TE24 | AT | 3<br>(D) | | VC3<br>AP11 | | | 99 | 3257 | →5.3.3<br>→5.4.1.1.14<br>→D: RSEB 2-4<br>→D: RSEB 4-10.2 f.<br>→UN 3258 |
| | | | | | 3<br>(D) | | VC3 | | | 99 | 3258 | →5.3.3<br>→5.4.1.1.14<br>→D: Anl. 3<br>→UN 3256 |
| T6 | TP33 | S10AN<br>L10BH | | AT | 1<br>(E) | V10 | | | S20 | 88 | 3259 | |
| T3 | TP33 | SGAN<br>L4BN | | AT | 2<br>(E) | V11 | | | | 80 | 3259 | |
| T1 | TP33 | SGAV<br>L4BN | | AT | 3<br>(E) | | VC1<br>VC2<br>AP7 | | | 80 | 3259 | |
| T6 | TP33 | S10AN | | AT | 1<br>(E) | V10 | | | S20 | 88 | 3260 | |
| T3 | TP33 | SGAN | | AT | 2<br>(E) | V11 | | | | 80 | 3260 | |
| T1 | TP33 | SGAV | | AT | 3<br>(E) | | VC1<br>VC2<br>AP7 | | | 80 | 3260 | |
| T6 | TP33 | S10AN<br>L10BH | | AT | 1<br>(E) | V10 | | | S20 | 88 | 3261 | →5.3.3<br>→5.4.1.1.14 |
| T3 | TP33 | SGAN<br>L4BN | | AT | 2<br>(E) | V11 | | | | 80 | 3261 | →5.3.3<br>→5.4.1.1.14 |
| T1 | TP33 | SGAV<br>L4BN | | AT | 3<br>(E) | | VC1<br>VC2<br>AP7 | | | 80 | 3261 | →5.3.3<br>→5.4.1.1.14 |
| T6 | TP33 | S10AN<br>L10BH | | AT | 1<br>(E) | V10 | | | S20 | 88 | 3262 | |
| T3 | TP33 | SGAN<br>L4BN | | AT | 2<br>(E) | V11 | | | | 80 | 3262 | |
| T1 | TP33 | SGAV<br>L4BN | | AT | 3<br>(E) | | VC1<br>VC2<br>AP7 | | | 80 | 3262 | |
| T6 | TP33 | S10AN<br>L10BH | | AT | 1<br>(E) | V10 | | | S20 | 88 | 3263 | →5.3.3<br>→5.4.1.1.14 |
| T3 | TP33 | SGAN<br>L4BN | | AT | 2<br>(E) | V11 | | | | 80 | 3263 | →5.3.3<br>→5.4.1.1.14 |

| Verlagshinweis: Sicherung | Verlagshinweis: Fahrweg | UN-Nummer | Benennung und Beschreibung | Klasse | Klassifizierungscode | Verpackungsgruppe | Gefahrzettel | Sondervorschriften | Begrenzte und freigestellte Mengen | | Verpackungen: Anweisungen | Verpackungen: Sondervorschriften | Verpackungen: Zusammenpackung |
|---|---|---|---|---|---|---|---|---|---|---|---|---|---|
| | | | 3.1.2 | 2.2 | 2.2 | 2.1.1.3 | 5.2.2 | 3.3 | 3.4/3.5.1.2 | | 4.1.4 | 4.1.4 | 4.1.10 |
| | | (1) | (2) | (3a) | (3b) | (4) | (5) | (6) | (7a) | (7b) | (8) | (9a) | (9b) |
| | | 3263 | ÄTZENDER BASISCHER ORGANISCHER FESTER STOFF, N.A.G. | 8 | C8 | III | 8 | 274 | 5 kg | E1 | P002<br>IBC08<br>LP02<br>R001 | <br>B3 | MP10 |
| ! | | 3264 | ÄTZENDER SAURER ANORGANISCHER FLÜSSIGER STOFF, N.A.G. | 8 | C1 | I | 8 | 274 | 0 | E0 | P001 | | MP8<br>MP17 |
| | | 3264 | ÄTZENDER SAURER ANORGANISCHER FLÜSSIGER STOFF, N.A.G. | 8 | C1 | II | 8 | 274 | 1 L | E2 | P001<br>IBC02 | | MP15 |
| | | 3264 | ÄTZENDER SAURER ANORGANISCHER FLÜSSIGER STOFF, N.A.G. | 8 | C1 | III | 8 | 274 | 5 L | E1 | P001<br>IBC03<br>LP01<br>R001 | | MP19 |
| ! | | 3265 | ÄTZENDER SAURER ORGANISCHER FLÜSSIGER STOFF, N.A.G. | 8 | C3 | I | 8 | 274 | 0 | E0 | P001 | | MP8<br>MP17 |
| | | 3265 | ÄTZENDER SAURER ORGANISCHER FLÜSSIGER STOFF, N.A.G. | 8 | C3 | II | 8 | 274 | 1 L | E2 | P001<br>IBC02 | | MP15 |
| | | 3265 | ÄTZENDER SAURER ORGANISCHER FLÜSSIGER STOFF, N.A.G. | 8 | C3 | III | 8 | 274 | 5 L | E1 | P001<br>IBC03<br>LP01<br>R001 | | MP19 |
| ! | | 3266 | ÄTZENDER BASISCHER ANORGANISCHER FLÜSSIGER STOFF, N.A.G. | 8 | C5 | I | 8 | 274 | 0 | E0 | P001 | | MP8<br>MP17 |
| | | 3266 | ÄTZENDER BASISCHER ANORGANISCHER FLÜSSIGER STOFF, N.A.G. | 8 | C5 | II | 8 | 274 | 1 L | E2 | P001<br>IBC02 | | MP15 |
| | | 3266 | ÄTZENDER BASISCHER ANORGANISCHER FLÜSSIGER STOFF, N.A.G. | 8 | C5 | III | 8 | 274 | 5 L | E1 | P001<br>IBC03<br>LP01<br>R001 | | MP19 |
| ! | | 3267 | ÄTZENDER BASISCHER ORGANISCHER FLÜSSIGER STOFF, N.A.G. | 8 | C7 | I | 8 | 274 | 0 | E0 | P001 | | MP8<br>MP17 |
| | | 3267 | ÄTZENDER BASISCHER ORGANISCHER FLÜSSIGER STOFF, N.A.G. | 8 | C7 | II | 8 | 274 | 1 L | E2 | P001<br>IBC02 | | MP15 |
| | | 3267 | ÄTZENDER BASISCHER ORGANISCHER FLÜSSIGER STOFF, N.A.G. | 8 | C7 | III | 8 | 274 | 5 L | E1 | P001<br>IBC03<br>LP01<br>R001 | | MP19 |
| | | 3268 | SICHERHEITSEINRICHTUNGEN, elektrische Auslösung | 9 | M5 | | 9 | 280<br>289 | 0 | E0 | P902<br>LP902 | | |
| ! | ● | 3269 | POLYESTERHARZ-MEHRKOMPONENTENSYSTEME, flüssiges Grundprodukt | 3 | F1 | II | 3 | 236<br>340 | 5 L | siehe SV 340 | P302<br>R001 | | |
| | | 3269 | POLYESTERHARZ-MEHRKOMPONENTENSYSTEME, flüssiges Grundprodukt | 3 | F1 | III | 3 | 236<br>340 | 5 L | siehe SV 340 | P302<br>R001 | | |
| | | 3270 | MEMBRANFILTER AUS NITROCELLULOSE, mit höchstens 12,6 % Stickstoff in der Trockenmasse | 4.1 | F1 | II | 4.1 | 237<br>286<br>403 | 1 kg | E2 | P411 | | MP11 |
| ! | ● | 3271 | ETHER, N.A.G. | 3 | F1 | II | 3 | 274 | 1 L | E2 | P001<br>IBC02<br>R001 | | MP19 |
| | | 3271 | ETHER, N.A.G. | 3 | F1 | III | 3 | 274 | 5 L | E1 | P001<br>IBC03<br>LP01<br>R001 | | MP19 |
| ! | ● | 3272 | ESTER, N.A.G. | 3 | F1 | II | 3 | 274<br>601 | 1 L | E2 | P001<br>IBC02<br>R001 | | MP19 |

| Ortsbewegliche Tanks und Schüttgut-Container | | ADR-Tanks | | Fahrzeug für die Beförderung in Tanks | Beförderungskategorie (Tunnelbeschränkungscode) | Sondervorschriften für die Beförderung | | | | Nummer zur Kennzeichnung der Gefahr | UN-Nummer | Verlagshinweis „Gut zu wissen" |
|---|---|---|---|---|---|---|---|---|---|---|---|---|
| Anweisungen | Sondervorschriften | Tankcodierung | Sondervorschriften | | | Versandstücke | lose Schüttung | Be- und Entladung, Handhabung | Betrieb | | | |
| 4.2.5.2<br>7.3.2 | 4.2.5.3 | 4.3 | 4.3.5<br>6.8.4 | 9.1.1.2 | 1.1.3.6<br>(8.6) | 7.2.4 | 7.3.3 | 7.5.11 | 8.5 | 5.3.2.3 | | |
| (10) | (11) | (12) | (13) | (14) | (15) | (16) | (17) | (18) | (19) | (20) | (1) | |
| T1 | TP33 | SGAV<br>L4BN | | AT | 3<br>(E) | | VC1<br>VC2<br>AP7 | | | 80 | 3263 | *→5.3.3*<br>*→5.4.1.1.14* |
| T14 | TP2<br>TP27 | L10BH | | AT | 1<br>(E) | | | | S20 | 88 | 3264 | *→5.3.3*<br>*→5.4.1.1.14* |
| T11 | TP2<br>TP27 | L4BN | TU42 | AT | 2<br>(E) | | | | | 80 | 3264 | *→5.3.3*<br>*→5.4.1.1.14* |
| T7 | TP1<br>TP28 | L4BN | TU42 | AT | 3<br>(E) | V12 | | | | 80 | 3264 | *→5.3.3*<br>*→5.4.1.1.14* |
| T14 | TP2<br>TP27 | L10BH | | AT | 1<br>(E) | | | | S20 | 88 | 3265 | |
| T11 | TP2<br>TP27 | L4BN | | AT | 2<br>(E) | | | | | 80 | 3265 | |
| T7 | TP1<br>TP28 | L4BN | | AT | 3<br>(E) | V12 | | | | 80 | 3265 | |
| T14 | TP2<br>TP27 | L10BH | | AT | 1<br>(E) | | | | S20 | 88 | 3266 | |
| T11 | TP2<br>TP27 | L4BN | TU42 | AT | 2<br>(E) | | | | | 80 | 3266 | |
| T7 | TP1<br>TP28 | L4BN | TU42 | AT | 3<br>(E) | V12 | | | | 80 | 3266 | |
| T14 | TP2<br>TP27 | L10BH | | AT | 1<br>(E) | | | | S20 | 88 | 3267 | |
| T11 | TP2<br>TP27 | L4BN | | AT | 2<br>(E) | | | | | 80 | 3267 | |
| T7 | TP1<br>TP28 | L4BN | | AT | 3<br>(E) | V12 | | | | 80 | 3267 | |
| | | | | | 4<br>(E) | | | | | | 3268 | *→D: RSEB 1-13* |
| | | | | | 2<br>(E) | | | | S2<br>S20 | | 3269 | *→UN 3527* |
| | | | | | 3<br>(E) | | | | S2 | | 3269 | *→UN 3527* |
| | | | | | 2<br>(E) | | | | | | 3270 | |
| T7 | TP1<br>TP8<br>TP28 | LGBF | | FL | 2<br>(D/E) | | | | S2<br>S20 | 33 | 3271 | |
| T4 | TP1<br>TP29 | LGBF | | FL | 3<br>(D/E) | V12 | | | S2 | 30 | 3271 | |
| T7 | TP1<br>TP8<br>TP28 | LGBF | | FL | 2<br>(D/E) | | | | S2<br>S20 | 33 | 3272 | |

| Verlagshinweis Sicherung | Verlagshinweis Fahrweg | UN-Nummer | Benennung und Beschreibung | Klasse | Klassifizierungscode | Verpackungsgruppe | Gefahrzettel | Sondervorschriften | Begrenzte und freigestellte Mengen | | Verpackungen Anweisungen | Verpackungen Sondervorschriften | Verpackungen Zusammenpackung |
|---|---|---|---|---|---|---|---|---|---|---|---|---|---|
| | | | 3.1.2 | 2.2 | 2.2 | 2.1.1.3 | 5.2.2 | 3.3 | 3.4/3.5.1.2 | | 4.1.4 | 4.1.4 | 4.1.10 |
| | | (1) | (2) | (3a) | (3b) | (4) | (5) | (6) | (7a) | (7b) | (8) | (9a) | (9b) |
| | | 3272 | ESTER, N.A.G. | 3 | F1 | III | 3 | 274<br>601 | 5 L | E1 | P001<br>IBC03<br>LP01<br>R001 | | MP19 |
| ! | ● | 3273 | NITRILE, ENTZÜNDBAR, GIFTIG, N.A.G. | 3 | FT1 | I | 3+6.1 | 274 | 0 | E0 | P001 | | MP7<br>MP17 |
| ! | ● | 3273 | NITRILE, ENTZÜNDBAR, GIFTIG, N.A.G. | 3 | FT1 | II | 3+6.1 | 274 | 1 L | E2 | P001<br>IBC02 | | MP19 |
| ! | ● | 3274 | ALKOHOLATE, LÖSUNG in Alkohol, N.A.G. | 3 | FC | II | 3+8 | 274 | 1 L | E2 | P001<br>IBC02 | | MP19 |
| ! | ● | 3275 | NITRILE, GIFTIG, ENTZÜNDBAR, N.A.G. | 6.1 | TF1 | I | 6.1+3 | 274<br>315 | 0 | E5 | P001 | | MP8<br>MP17 |
| | | 3275 | NITRILE, GIFTIG, ENTZÜNDBAR, N.A.G. | 6.1 | TF1 | II | 6.1+3 | 274 | 100 ml | E4 | P001<br>IBC02 | | MP15 |
| ! | ● | 3276 | NITRILE, FLÜSSIG, GIFTIG, N.A.G. | 6.1 | T1 | I | 6.1 | 274<br>315 | 0 | E5 | P001 | | MP8<br>MP17 |
| | | 3276 | NITRILE, FLÜSSIG, GIFTIG, N.A.G. | 6.1 | T1 | II | 6.1 | 274 | 100 ml | E4 | P001<br>IBC02 | | MP15 |
| | | 3276 | NITRILE, FLÜSSIG, GIFTIG, N.A.G. | 6.1 | T1 | III | 6.1 | 274 | 5 L | E1 | P001<br>IBC03<br>LP01<br>R001 | | MP19 |
| | | 3277 | CHLORFORMIATE, GIFTIG, ÄTZEND, N.A.G. | 6.1 | TC1 | II | 6.1+8 | 274<br>561 | 100 ml | E4 | P001<br>IBC02 | | MP15 |
| ! | ● | 3278 | ORGANISCHE PHOSPHORVERBINDUNG, FLÜSSIG, GIFTIG, N.A.G. | 6.1 | T1 | I | 6.1 | 43<br>274<br>315 | 0 | E5 | P001 | | MP8<br>MP17 |
| | | 3278 | ORGANISCHE PHOSPHORVERBINDUNG, FLÜSSIG, GIFTIG, N.A.G. | 6.1 | T1 | II | 6.1 | 43<br>274 | 100 ml | E4 | P001<br>IBC02 | | MP15 |
| | | 3278 | ORGANISCHE PHOSPHORVERBINDUNG, FLÜSSIG, GIFTIG, N.A.G. | 6.1 | T1 | III | 6.1 | 43<br>274 | 5 L | E1 | P001<br>IBC03<br>LP01<br>R001 | | MP19 |
| ! | ● | 3279 | ORGANISCHE PHOSPHORVERBINDUNG, GIFTIG, ENTZÜNDBAR, N.A.G. | 6.1 | TF1 | I | 6.1+3 | 43<br>274<br>315 | 0 | E5 | P001 | | MP8<br>MP17 |
| | | 3279 | ORGANISCHE PHOSPHORVERBINDUNG, GIFTIG, ENTZÜNDBAR, N.A.G. | 6.1 | TF1 | II | 6.1+3 | 43<br>274 | 100 ml | E4 | P001 | | MP15 |
| ! | ● | 3280 | ORGANISCHE ARSENVERBINDUNG, FLÜSSIG, N.A.G. | 6.1 | T3 | I | 6.1 | 274<br>315 | 0 | E5 | P001 | | MP8<br>MP17 |
| | | 3280 | ORGANISCHE ARSENVERBINDUNG, FLÜSSIG, N.A.G. | 6.1 | T3 | II | 6.1 | 274 | 100 ml | E4 | P001<br>IBC02 | | MP15 |
| | | 3280 | ORGANISCHE ARSENVERBINDUNG, FLÜSSIG, N.A.G. | 6.1 | T3 | III | 6.1 | 274 | 5 L | E1 | P001<br>IBC03<br>LP01<br>R001 | | MP19 |

| Ortsbewegliche Tanks und Schüttgut-Container | | ADR-Tanks | | Fahrzeug für die Beförderung in Tanks | Beförderungskategorie (Tunnelbeschränkungscode) | Sondervorschriften für die Beförderung | | | | Nummer zur Kennzeichnung der Gefahr | UN-Nummer | Verlagshinweis „Gut zu wissen" |
|---|---|---|---|---|---|---|---|---|---|---|---|---|
| Anweisungen | Sondervorschriften | Tankcodierung | Sondervorschriften | | | Versandstücke | lose Schüttung | Be- und Entladung, Handhabung | Betrieb | | | |
| 4.2.5.2<br>7.3.2 | 4.2.5.3 | 4.3 | 4.3.5<br>6.8.4 | 9.1.1.2 | 1.1.3.6<br>(8.6) | 7.2.4 | 7.3.3 | 7.5.11 | 8.5 | 5.3.2.3 | | |
| (10) | (11) | (12) | (13) | (14) | (15) | (16) | (17) | (18) | (19) | (20) | (1) | |
| T4 | TP1<br>TP29 | LGBF | | FL | 3<br>(D/E) | V12 | | | S2 | 30 | 3272 | |
| T14 | TP2<br>TP27 | L10CH | TU14<br>TU15<br>TE21 | FL | 1<br>(C/E) | | | CV13<br>CV28 | S2<br>S22 | 336 | 3273 | |
| T11 | TP2<br>TP27 | L4BH | TU15 | FL | 2<br>(D/E) | | | CV13<br>CV28 | S2<br>S22 | 336 | 3273 | |
| | | L4BH | | FL | 2<br>(D/E) | | | | S2<br>S20 | 338 | 3274 | |
| T14 | TP2<br>TP27 | L10CH | TU14<br>TU15<br>TE19<br>TE21 | FL | 1<br>(C/D) | | | CV1<br>CV13<br>CV28 | S2<br>S9<br>S14 | 663 | 3275 | |
| T11 | TP2<br>TP27 | L4BH | TU15<br>TE19 | FL | 2<br>(D/E) | | | CV13<br>CV28 | S2<br>S9<br>S19 | 63 | 3275 | |
| T14 | TP2<br>TP27 | L10CH | TU14<br>TU15<br>TE19<br>TE21 | AT | 1<br>(C/E) | | | CV1<br>CV13<br>CV28 | S9<br>S14 | 66 | 3276 | →*UN 3439* |
| T11 | TP2<br>TP27 | L4BH | TU15<br>TE19 | AT | 2<br>(D/E) | | | CV13<br>CV28 | S9<br>S19 | 60 | 3276 | →*UN 3439* |
| T7 | TP1<br>TP28 | L4BH | TU15<br>TE19 | AT | 2<br>(E) | V12 | | CV13<br>CV28 | S9 | 60 | 3276 | →*UN 3439* |
| T8 | TP2<br>TP28 | L4BH | TU15<br>TE19 | AT | 2<br>(D/E) | | | CV13<br>CV28 | S9<br>S19 | 68 | 3277 | |
| T14 | TP2<br>TP27 | L10CH | TU14<br>TU15<br>TE19<br>TE21 | AT | 1<br>(C/E) | | | CV1<br>CV13<br>CV28 | S9<br>S14 | 66 | 3278 | →*UN 3464* |
| T11 | TP2<br>TP27 | L4BH | TU15<br>TE19 | AT | 2<br>(D/E) | | | CV13<br>CV28 | S9<br>S19 | 60 | 3278 | →*UN 3464* |
| T7 | TP1<br>TP28 | L4BH | TU15<br>TE19 | AT | 2<br>(E) | V12 | | CV13<br>CV28 | S9 | 60 | 3278 | →*UN 3464* |
| T14 | TP2<br>TP27 | L10CH | TU14<br>TU15<br>TE19<br>TE21 | FL | 1<br>(C/D) | | | CV1<br>CV13<br>CV28 | S2<br>S9<br>S14 | 663 | 3279 | |
| T11 | TP2<br>TP27 | L4BH | TU15<br>TE19 | FL | 2<br>(D/E) | | | CV13<br>CV28 | S2<br>S9<br>S19 | 63 | 3279 | |
| T14 | TP2<br>TP27 | L10CH | TU14<br>TU15<br>TE19<br>TE21 | AT | 1<br>(C/E) | | | CV1<br>CV13<br>CV28 | S9<br>S14 | 66 | 3280 | →*UN 3465* |
| T11 | TP2<br>TP27 | L4BH | TU15<br>TE19 | AT | 2<br>(D/E) | | | CV13<br>CV28 | S9<br>S19 | 60 | 3280 | →*UN 3465* |
| T7 | TP1<br>TP28 | L4BH | TU15<br>TE19 | AT | 2<br>(E) | V12 | | CV13<br>CV28 | S9 | 60 | 3280 | →*UN 3465* |

## UN-numerisches Verzeichnis (Tabelle A)

| Verlagshinweis Sicherung | Verlagshinweis Fahrweg | UN-Nummer | Benennung und Beschreibung | Klasse | Klassifizierungscode | Verpackungsgruppe | Gefahrzettel | Sondervorschriften | Begrenzte und freigestellte Mengen | | Verpackungen Anweisungen | Verpackungen Sondervorschriften | Verpackungen Zusammenpackung |
|---|---|---|---|---|---|---|---|---|---|---|---|---|---|
| | | | 3.1.2 | 2.2 | 2.2 | 2.1.1.3 | 5.2.2 | 3.3 | 3.4/3.5.1.2 | | 4.1.4 | 4.1.4 | 4.1.10 |
| | | (1) | (2) | (3a) | (3b) | (4) | (5) | (6) | (7a) | (7b) | (8) | (9a) | (9b) |
| ! | ● | 3281 | METALLCARBONYLE, FLÜSSIG, N.A.G. | 6.1 | T3 | I | 6.1 | 274<br>315<br>562 | 0 | E5 | P601 | | MP8<br>MP17 |
| | | 3281 | METALLCARBONYLE, FLÜSSIG, N.A.G. | 6.1 | T3 | II | 6.1 | 274<br>562 | 100 ml | E4 | P001<br>IBC02 | | MP15 |
| | | 3281 | METALLCARBONYLE, FLÜSSIG, N.A.G. | 6.1 | T3 | III | 6.1 | 274<br>562 | 5 L | E1 | P001<br>IBC03<br>LP01<br>R001 | | MP19 |
| ! | ● | 3282 | METALLORGANISCHE VERBINDUNG, FLÜSSIG, GIFTIG, N.A.G. | 6.1 | T3 | I | 6.1 | 274<br>562 | 0 | E5 | P001 | | MP8<br>MP17 |
| | | 3282 | METALLORGANISCHE VERBINDUNG, FLÜSSIG, GIFTIG, N.A.G. | 6.1 | T3 | II | 6.1 | 274<br>562 | 100 ml | E4 | P001<br>IBC02 | | MP15 |
| | | 3282 | METALLORGANISCHE VERBINDUNG, FLÜSSIG, GIFTIG, N.A.G. | 6.1 | T3 | III | 6.1 | 274<br>562 | 5 L | E1 | P001<br>IBC03<br>LP01<br>R001 | | MP19 |
| ! | | 3283 | SELENVERBINDUNG, FEST, N.A.G. | 6.1 | T5 | I | 6.1 | 274<br>563 | 0 | E5 | P002<br>IBC07 | | MP18 |
| | | 3283 | SELENVERBINDUNG, FEST, N.A.G. | 6.1 | T5 | II | 6.1 | 274<br>563 | 500 g | E4 | P002<br>IBC08 | <br>B4 | MP10 |
| | | 3283 | SELENVERBINDUNG, FEST, N.A.G. | 6.1 | T5 | III | 6.1 | 274<br>563 | 5 kg | E1 | P002<br>IBC08<br>LP02<br>R001 | <br>B3 | MP10 |
| ! | | 3284 | TELLURVERBINDUNG, N.A.G. | 6.1 | T5 | I | 6.1 | 274 | 0 | E5 | P002<br>IBC07 | | MP18 |
| | | 3284 | TELLURVERBINDUNG, N.A.G. | 6.1 | T5 | II | 6.1 | 274 | 500 g | E4 | P002<br>IBC08 | <br>B4 | MP10 |
| | | 3284 | TELLURVERBINDUNG, N.A.G. | 6.1 | T5 | III | 6.1 | 274 | 5 kg | E1 | P002<br>IBC08<br>LP02<br>R001 | <br>B3 | MP10 |
| ! | | 3285 | VANADIUMVERBINDUNG, N.A.G. | 6.1 | T5 | I | 6.1 | 274<br>564 | 0 | E5 | P002<br>IBC07 | | MP18 |
| | | 3285 | VANADIUMVERBINDUNG, N.A.G. | 6.1 | T5 | II | 6.1 | 274<br>564 | 500 g | E4 | P002<br>IBC08 | <br>B4 | MP10 |
| | | 3285 | VANADIUMVERBINDUNG, N.A.G. | 6.1 | T5 | III | 6.1 | 274<br>564 | 5 kg | E1 | P002<br>IBC08<br>LP02<br>R001 | <br>B3 | MP10 |
| ! | ● | 3286 | ENTZÜNDBARER FLÜSSIGER STOFF, GIFTIG, ÄTZEND, N.A.G. | 3 | FTC | I | 3+6.1+8 | 274 | 0 | E0 | P001 | | MP7<br>MP17 |
| ! | ● | 3286 | ENTZÜNDBARER FLÜSSIGER STOFF, GIFTIG, ÄTZEND, N.A.G. | 3 | FTC | II | 3+6.1+8 | 274 | 1 L | E2 | P001<br>IBC02 | | MP19 |
| ! | ● | 3287 | GIFTIGER ANORGANISCHER FLÜSSIGER STOFF, N.A.G. | 6.1 | T4 | I | 6.1 | 274<br>315 | 0 | E5 | P001 | | MP8<br>MP17 |

| Ortsbewegliche Tanks und Schüttgut-Container | | ADR-Tanks | | Fahrzeug für die Beförderung in Tanks | Beförderungskategorie (Tunnelbeschränkungscode) | Sondervorschriften für die Beförderung | | | | Nummer zur Kennzeichnung der Gefahr | UN-Nummer | Verlagshinweis *„Gut zu wissen"* |
|---|---|---|---|---|---|---|---|---|---|---|---|---|
| Anweisungen | Sondervorschriften | Tankcodierung | Sondervorschriften | | | Versandstücke | lose Schüttung | Be- und Entladung, Handhabung | Betrieb | | | |
| 4.2.5.2<br>7.3.2 | 4.2.5.3 | 4.3 | 4.3.5<br>6.8.4 | 9.1.1.2 | 1.1.3.6<br>(8.6) | 7.2.4 | 7.3.3 | 7.5.11 | 8.5 | 5.3.2.3 | | |
| (10) | (11) | (12) | (13) | (14) | (15) | (16) | (17) | (18) | (19) | (20) | (1) | |
| T14 | TP2<br>TP27 | L10CH | TU14<br>TU15<br>TE19<br>TE21 | AT | 1<br>(C/E) | | | CV1<br>CV13<br>CV28 | S9<br>S14 | 66 | 3281 | *→UN 3466* |
| T11 | TP2<br>TP27 | L4BH | TU15<br>TE19 | AT | 2<br>(D/E) | | | CV13<br>CV28 | S9<br>S19 | 60 | 3281 | *→UN 3466* |
| T7 | TP1<br>TP28 | L4BH | TU15<br>TE19 | AT | 2<br>(E) | V12 | | CV13<br>CV28 | S9 | 60 | 3281 | *→UN 3466* |
| T14 | TP2<br>TP27 | L10CH | TU14<br>TU15<br>TE19<br>TE21 | AT | 1<br>(C/E) | | | CV1<br>CV13<br>CV28 | S9<br>S14 | 66 | 3282 | *→UN 3467* |
| T11 | TP2<br>TP27 | L4BH | TU15<br>TE19 | AT | 2<br>(D/E) | | | CV13<br>CV28 | S9<br>S19 | 60 | 3282 | *→UN 3467* |
| T7 | TP1<br>TP28 | L4BH | TU15<br>TE19 | AT | 2<br>(E) | V12 | | CV13<br>CV28 | S9 | 60 | 3282 | *→UN 3467* |
| T6 | TP33 | S10AH<br>L10CH | TU14<br>TU15<br>TE19<br>TE21 | AT | 1<br>(C/E) | V10 | | CV1<br>CV13<br>CV28 | S9<br>S14 | 66 | 3283 | *→UN 3440* |
| T3 | TP33 | SGAH<br>L4BH | TU15<br>TE19 | AT | 2<br>(D/E) | V11 | | CV13<br>CV28 | S9<br>S19 | 60 | 3283 | *→UN 3440* |
| T1 | TP33 | SGAH<br>L4BH | TU15<br>TE19 | AT | 2<br>(E) | | VC1<br>VC2<br>AP7 | CV13<br>CV28 | S9 | 60 | 3283 | *→UN 3440* |
| T6 | TP33 | S10AH<br>L10CH | TU14<br>TU15<br>TE19<br>TE21 | AT | 1<br>(C/E) | V10 | | CV1<br>CV13<br>CV28 | S9<br>S14 | 66 | 3284 | |
| T3 | TP33 | SGAH<br>L4BH | TU15<br>TE19 | AT | 2<br>(D/E) | V11 | | CV13<br>CV28 | S9<br>S19 | 60 | 3284 | |
| T1 | TP33 | SGAH<br>L4BH | TU15<br>TE19 | AT | 2<br>(E) | | VC1<br>VC2<br>AP7 | CV13<br>CV28 | S9 | 60 | 3284 | |
| T6 | TP33 | S10AH<br>L10CH | TU14<br>TU15<br>TE19<br>TE21 | AT | 1<br>(C/E) | V10 | | CV1<br>CV13<br>CV28 | S9<br>S14 | 66 | 3285 | |
| T3 | TP33 | SGAH<br>L4BH | TU15<br>TE19 | AT | 2<br>(D/E) | V11 | | CV13<br>CV28 | S9<br>S19 | 60 | 3285 | |
| T1 | TP33 | SGAH<br>L4BH | TU15<br>TE19 | AT | 2<br>(E) | | VC1<br>VC2<br>AP7 | CV13<br>CV28 | S9 | 60 | 3285 | |
| T14 | TP2<br>TP27 | L10CH | TU14<br>TU15<br>TE21 | FL | 1<br>(C/E) | | | CV13<br>CV28 | S2<br>S22 | 368 | 3286 | |
| T11 | TP2<br>TP27 | L4BH | TU15 | FL | 2<br>(D/E) | | | CV13<br>CV28 | S2<br>S22 | 368 | 3286 | |
| T14 | TP2<br>TP27 | L10CH | TU14<br>TU15<br>TE19<br>TE21 | AT | 1<br>(C/E) | | | CV1<br>CV13<br>CV28 | S9<br>S14 | 66 | 3287 | |

| Verlagshinweis: Sicherung | Verlagshinweis: Fahrweg | UN-Nummer | Benennung und Beschreibung | Klasse | Klassifizierungscode | Verpackungsgruppe | Gefahrzettel | Sondervorschriften | Begrenzte und freigestellte Mengen | | Verpackungen: Anweisungen | Verpackungen: Sondervorschriften | Verpackungen: Zusammenpackung |
|---|---|---|---|---|---|---|---|---|---|---|---|---|---|
| | | | 3.1.2 | 2.2 | 2.2 | 2.1.1.3 | 5.2.2 | 3.3 | 3.4/3.5.1.2 | | 4.1.4 | 4.1.4 | 4.1.10 |
| | | (1) | (2) | (3a) | (3b) | (4) | (5) | (6) | (7a) | (7b) | (8) | (9a) | (9b) |
| | | 3287 | GIFTIGER ANORGANISCHER FLÜSSIGER STOFF, N.A.G. | 6.1 | T4 | II | 6.1 | 274 | 100 ml | E4 | P001<br>IBC02 | | MP15 |
| | | 3287 | GIFTIGER ANORGANISCHER FLÜSSIGER STOFF, N.A.G. | 6.1 | T4 | III | 6.1 | 274 | 5 L | E1 | P001<br>IBC03<br>LP01<br>R001 | | MP19 |
| ! | | 3288 | GIFTIGER ANORGANISCHER FESTER STOFF, N.A.G. | 6.1 | T5 | I | 6.1 | 274 | 0 | E5 | P002<br>IBC07 | | MP18 |
| | | 3288 | GIFTIGER ANORGANISCHER FESTER STOFF, N.A.G. | 6.1 | T5 | II | 6.1 | 274 | 500 g | E4 | P002<br>IBC08 | <br>B4 | MP10 |
| | | 3288 | GIFTIGER ANORGANISCHER FESTER STOFF, N.A.G. | 6.1 | T5 | III | 6.1 | 274 | 5 kg | E1 | P002<br>IBC08<br>LP02<br>R001 | <br>B3 | MP10 |
| ! | ● | 3289 | GIFTIGER ANORGANISCHER FLÜSSIGER STOFF, ÄTZEND, N.A.G. | 6.1 | TC3 | I | 6.1+8 | 274<br>315 | 0 | E5 | P001 | | MP8<br>MP17 |
| | | 3289 | GIFTIGER ANORGANISCHER FLÜSSIGER STOFF, ÄTZEND, N.A.G. | 6.1 | TC3 | II | 6.1+8 | 274 | 100 ml | E4 | P001<br>IBC02 | | MP15 |
| ! | | 3290 | GIFTIGER ANORGANISCHER FESTER STOFF, ÄTZEND, N.A.G. | 6.1 | TC4 | I | 6.1+8 | 274 | 0 | E5 | P002<br>IBC05 | | MP18 |
| | | 3290 | GIFTIGER ANORGANISCHER FESTER STOFF, ÄTZEND, N.A.G. | 6.1 | TC4 | II | 6.1+8 | 274 | 500 g | E4 | P002<br>IBC06 | | MP10 |
| | | 3291 | KLINISCHER ABFALL, UNSPEZIFIZIERT, N.A.G. oder (BIO)MEDIZINISCHER ABFALL, N.A.G. oder UNTER DIE VORSCHRIFTEN FALLENDER MEDIZINISCHER ABFALL, N.A.G. | 6.2 | I3 | | 6.2 | 565 | 0 | E0 | P621<br>IBC620<br>LP621 | | MP6 |
| | | 3291 | KLINISCHER ABFALL, UNSPEZIFIZIERT, N.A.G. oder (BIO)MEDIZINISCHER ABFALL, N.A.G. oder UNTER DIE VORSCHRIFTEN FALLENDER MEDIZINISCHER ABFALL, N.A.G., in tiefgekühlt verflüssigtem Stickstoff | 6.2 | I3 | | 6.2+2.2 | 565 | 0 | E0 | P621<br>IBC620<br>LP621 | | MP6 |
| | | 3292 | BATTERIEN, DIE METALLISCHES NATRIUM ODER NATRIUMLEGIERUNGEN ENTHALTEN oder ZELLEN, DIE METALLISCHES NATRIUM ODER NATRIUMLEGIERUNGEN ENTHALTEN | 4.3 | W3 | | 4.3 | 239<br>295<br>401 | 0 | E0 | P408 | | |
| | | 3293 | HYDRAZIN, WÄSSERIGE LÖSUNG mit höchstens 37 Masse-% Hydrazin | 6.1 | T4 | III | 6.1 | 566 | 5 L | E1 | P001<br>IBC03<br>LP01<br>R001 | | MP19 |
| ! | ● | 3294 | CYANWASSERSTOFF, LÖSUNG IN ALKOHOL mit höchstens 45 % Cyanwasserstoff | 6.1 | TF1 | I | 6.1+3 | 610 | 0 | E0 | P601 | | MP8<br>MP17 |
| ! | ● | 3295 | KOHLENWASSERSTOFFE, FLÜSSIG, N.A.G. | 3 | F1 | I | 3 | | 500 ml | E3 | P001 | | MP7<br>MP17 |
| ! | ● | 3295 | KOHLENWASSERSTOFFE, FLÜSSIG, N.A.G. (Dampfdruck bei 50 °C größer als 110 kPa) | 3 | F1 | II | 3 | 640C | 1 L | E2 | P001 | | MP19 |

| Ortsbewegliche Tanks und Schüttgut-Container | | ADR-Tanks | | Fahrzeug für die Beförderung in Tanks | Beförderungskategorie (Tunnelbeschränkungscode) | Sondervorschriften für die Beförderung | | | | Nummer zur Kennzeichnung der Gefahr | UN-Nummer | Verlagshinweis „Gut zu wissen" |
|---|---|---|---|---|---|---|---|---|---|---|---|---|
| Anweisungen | Sondervorschriften | Tankcodierung | Sondervorschriften | | | Versandstücke | lose Schüttung | Be- und Entladung, Handhabung | Betrieb | | | |
| 4.2.5.2<br>7.3.2 | 4.2.5.3 | 4.3 | 4.3.5<br>6.8.4 | 9.1.1.2 | 1.1.3.6<br>(8.6) | 7.2.4 | 7.3.3 | 7.5.11 | 8.5 | 5.3.2.3 | | |
| (10) | (11) | (12) | (13) | (14) | (15) | (16) | (17) | (18) | (19) | (20) | (1) | |
| T11 | TP2<br>TP27 | L4BH | TU15<br>TE19 | AT | 2<br>(D/E) | | | CV13<br>CV28 | S9<br>S19 | 60 | 3287 | |
| T7 | TP1<br>TP28 | L4BH | TU15<br>TE19 | AT | 2<br>(E) | V12 | | CV13<br>CV28 | S9 | 60 | 3287 | |
| T6 | TP33 | S10AH<br>L10CH | TU14<br>TU15<br>TE19<br>TE21 | AT | 1<br>(C/E) | V10 | | CV1<br>CV13<br>CV28 | S9<br>S14 | 66 | 3288 | |
| T3 | TP33 | SGAH<br>L4BH | TU15<br>TE19 | AT | 2<br>(D/E) | V11 | | CV13<br>CV28 | S9<br>S19 | 60 | 3288 | |
| T1 | TP33 | SGAH<br>L4BH | TU15<br>TE19 | AT | 2<br>(E) | | VC1<br>VC2<br>AP7 | CV13<br>CV28 | S9 | 60 | 3288 | |
| T14 | TP2<br>TP27 | L10CH | TU14<br>TU15<br>TE19<br>TE21 | AT | 1<br>(C/E) | | | CV1<br>CV13<br>CV28 | S9<br>S14 | 668 | 3289 | |
| T11 | TP2<br>TP27 | L4BH | TU15<br>TE19 | AT | 2<br>(D/E) | | | CV13<br>CV28 | S9<br>S19 | 68 | 3289 | |
| T6 | TP33 | S10AH<br>L10CH | TU15<br>TE19 | AT | 1<br>(C/E) | V10 | | CV1<br>CV13<br>CV28 | S9<br>S14 | 668 | 3290 | |
| T3 | TP33 | SGAH<br>L4BH | TU15<br>TE19 | AT | 2<br>(D/E) | V11 | | CV13<br>CV28 | S9<br>S19 | 68 | 3290 | |
| BK2 | | S4AH<br>L4BH | TU15<br>TE19 | AT | 2<br>(–) | V1 | VC3 | CV13<br>CV25<br>CV28 | S3 | 606 | 3291 | →2.2.62.1.4.2<br>→D/BAM/ADR<br>→M347<br>→RO-a-FR-2<br>→D: RSEB 2-10.2<br>→D: RSEB 2-12 |
| | | | | | 2<br>(–) | V1 | | CV13<br>CV25<br>CV28 | S3 | | 3291 | →2.2.62.1.4.2<br>→D/BAM/ADR<br>→M347<br>→RO-a-FR-2<br>→D: RSEB 2-10.2<br>→D: RSEB 2-12 |
| | | | | | 2<br>(E) | V1 | | CV23 | | | 3292 | |
| T4 | TP1 | L4BH | TU15<br>TE19 | AT | 2<br>(E) | V12 | | CV13<br>CV28 | S9 | 60 | 3293 | →UN 2030 |
| T14 | TP2 | L15DH(+) | TU14<br>TU15<br>TE19<br>TE21 | FL | 0<br>(C/D) | | | CV1<br>CV13<br>CV28 | S2<br>S9<br>S14 | 663 | 3294 | →2.1.3.4.1 |
| T11 | TP1<br>TP8<br>TP28 | L4BN | | FL | 1<br>(D/E) | | | | S2<br>S20 | 33 | 3295 | →D: GGAV 21 |
| T7 | TP1<br>TP8<br>TP28 | L1,5BN | | FL | 2<br>(D/E) | | | | S2<br>S20 | 33 | 3295 | →D: GGAV 21 |

## UN-numerisches Verzeichnis (Tabelle A)

| Verlagshinweis Sicherung | Verlagshinweis Fahrweg | UN-Nummer | Benennung und Beschreibung | Klasse | Klassifizierungscode | Verpackungsgruppe | Gefahrzettel | Sondervorschriften | Begrenzte und freigestellte Mengen | | Verpackungen Anweisungen | Verpackungen Sondervorschriften | Verpackungen Zusammenpackung |
|---|---|---|---|---|---|---|---|---|---|---|---|---|---|
| | | | 3.1.2 | 2.2 | 2.2 | 2.1.1.3 | 5.2.2 | 3.3 | 3.4/3.5.1.2 | | 4.1.4 | 4.1.4 | 4.1.10 |
| | | (1) | (2) | (3a) | (3b) | (4) | (5) | (6) | (7a) | (7b) | (8) | (9a) | (9b) |
| ! | ● | 3295 | KOHLENWASSERSTOFFE, FLÜSSIG, N.A.G. (Dampfdruck bei 50 °C höchstens 110 kPa) | 3 | F1 | II | 3 | 640D | 1 L | E2 | P001 IBC02 R001 | | MP19 |
| | | 3295 | KOHLENWASSERSTOFFE, FLÜSSIG, N.A.G. | 3 | F1 | III | 3 | | 5 L | E1 | P001 IBC03 LP01 R001 | | MP19 |
| | | 3296 | HEPTAFLUORPROPAN (GAS ALS KÄLTEMITTEL R 227) | 2 | 2A | | 2.2 | 662 | 120 ml | E1 | P200 | | MP9 |
| | | 3297 | ETHYLENOXID UND CHLORTETRAFLUORETHAN, GEMISCH mit höchstens 8,8 % Ethylenoxid | 2 | 2A | | 2.2 | 392 662 | 120 ml | E1 | P200 | | MP9 |
| | | 3298 | ETHYLENOXID UND PENTAFLUORETHAN, GEMISCH mit höchstens 7,9 % Ethylenoxid | 2 | 2A | | 2.2 | 392 662 | 120 ml | E1 | P200 | | MP9 |
| | | 3299 | ETHYLENOXID UND TETRAFLUORETHAN, GEMISCH mit höchstens 5,6 % Ethylenoxid | 2 | 2A | | 2.2 | 392 662 | 120 ml | E1 | P200 | | MP9 |
| ! | ● | 3300 | ETHYLENOXID UND KOHLENDIOXID, GEMISCH mit mehr als 87 % Ethylenoxid | 2 | 2TF | | 2.3+2.1 | | 0 | E0 | P200 | | MP9 |
| ! | | 3301 | ÄTZENDER FLÜSSIGER STOFF, SELBSTERHITZUNGSFÄHIG, N.A.G. | 8 | CS1 | I | 8+4.2 | 274 | 0 | E0 | P001 | | MP8 MP17 |
| | | 3301 | ÄTZENDER FLÜSSIGER STOFF, SELBSTERHITZUNGSFÄHIG, N.A.G. | 8 | CS1 | II | 8+4.2 | 274 | 0 | E2 | P001 | | MP15 |
| | | 3302 | 2-DIMETHYLAMINOETHYLACRYLAT, STABILISIERT | 6.1 | T1 | II | 6.1 | 386 676 | 100 ml | E4 | P001 IBC02 | | MP15 |
| ! | ● | 3303 | VERDICHTETES GAS, GIFTIG, OXIDIEREND, N.A.G. | 2 | 1TO | | 2.3+5.1 | 274 | 0 | E0 | P200 | | MP9 |
| ! | ● | 3304 | VERDICHTETES GAS, GIFTIG, ÄTZEND, N.A.G. | 2 | 1TC | | 2.3+8 | 274 | 0 | E0 | P200 | | MP9 |
| ! | ● | 3305 | VERDICHTETES GAS, GIFTIG, ENTZÜNDBAR, ÄTZEND, N.A.G. | 2 | 1TFC | | 2.3+2.1+8 | 274 | 0 | E0 | P200 | | MP9 |
| ! | ● | 3306 | VERDICHTETES GAS, GIFTIG, OXIDIEREND, ÄTZEND, N.A.G. | 2 | 1TOC | | 2.3+5.1+8 | 274 | 0 | E0 | P200 | | MP9 |
| ! | ● | 3307 | VERFLÜSSIGTES GAS, GIFTIG, OXIDIEREND, N.A.G. | 2 | 2TO | | 2.3+5.1 | 274 | 0 | E0 | P200 | | MP9 |
| ! | ● | 3308 | VERFLÜSSIGTES GAS, GIFTIG, ÄTZEND, N.A.G. | 2 | 2TC | | 2.3+8 | 274 | 0 | E0 | P200 | | MP9 |
| ! | ● | 3309 | VERFLÜSSIGTES GAS, GIFTIG, ENTZÜNDBAR, ÄTZEND, N.A.G. | 2 | 2TFC | | 2.3+2.1+8 | 274 | 0 | E0 | P200 | | MP9 |
| ! | ● | 3310 | VERFLÜSSIGTES GAS, GIFTIG, OXIDIEREND, ÄTZEND, N.A.G. | 2 | 2TOC | | 2.3+5.1+8 | 274 | 0 | E0 | P200 | | MP9 |
| | | 3311 | GAS, TIEFGEKÜHLT, FLÜSSIG, OXIDIEREND, N.A.G. | 2 | 3O | | 2.2+5.1 | 274 | 0 | E0 | P203 | | MP9 |

| Ortsbewegliche Tanks und Schüttgut-Container | | ADR-Tanks | | Fahrzeug für die Beförderung in Tanks | Beförderungskategorie (Tunnelbeschränkungscode) | Sondervorschriften für die Beförderung | | | | Nummer zur Kennzeichnung der Gefahr | UN-Nummer | Verlagshinweis *„Gut zu wissen"* |
|---|---|---|---|---|---|---|---|---|---|---|---|---|
| Anweisungen | Sondervorschriften | Tankcodierung | Sondervorschriften | | | Versandstücke | lose Schüttung | Be- und Entladung, Handhabung | Betrieb | | | |
| 4.2.5.2<br>7.3.2 | 4.2.5.3 | 4.3 | 4.3.5<br>6.8.4 | 9.1.1.2 | 1.1.3.6<br>(8.6) | 7.2.4 | 7.3.3 | 7.5.11 | 8.5 | 5.3.2.3 | | |
| (10) | (11) | (12) | (13) | (14) | (15) | (16) | (17) | (18) | (19) | (20) | (1) | |
| T7 | TP1<br>TP8<br>TP28 | LGBF | | FL | 2<br>(D/E) | | | | S2<br>S20 | 33 | 3295 | *→D: GGAV 21* |
| T4 | TP1<br>TP29 | LGBF | | FL | 3<br>(D/E) | V12 | | | S2 | 30 | 3295 | *→D: GGAV 21* |
| T50<br>(M) | | PxBN(M) | TA4<br>TT9 | AT | 3<br>(C/E) | | | CV9<br>CV10<br>CV36 | | 20 | 3296 | |
| T50<br>(M) | | PxBN(M) | TA4<br>TT9 | AT | 3<br>(C/E) | | | CV9<br>CV10<br>CV36 | | 20 | 3297 | |
| T50<br>(M) | | PxBN(M) | TA4<br>TT9 | AT | 3<br>(C/E) | | | CV9<br>CV10<br>CV36 | | 20 | 3298 | |
| T50<br>(M) | | PxBN(M) | TA4<br>TT9 | AT | 3<br>(C/E) | | | CV9<br>CV10<br>CV36 | | 20 | 3299 | |
| (M) | | PxBH(M) | TA4<br>TT9 | FL | 1<br>(B/D) | | | CV9<br>CV10<br>CV36 | S2<br>S14 | 263 | 3300 | |
| | | L10BH | | AT | 1<br>(E) | | | | S14 | 884 | 3301 | |
| | | L4BN | | AT | 2<br>(E) | | | | | 84 | 3301 | |
| T7 | TP2 | L4BH | TU15<br>TE19 | AT | 2<br>(D/E) | V8 | | CV13<br>CV28 | S4<br>S9<br>S19 | 60 | 3302 | |
| (M) | | CxBH(M) | TU6<br>TA4<br>TT9 | AT | 1<br>(C/D) | | | CV9<br>CV10<br>CV36 | S14 | 265 | 3303 | |
| (M) | | CxBH(M) | TU6<br>TA4<br>TT9 | AT | 1<br>(C/D) | | | CV9<br>CV10<br>CV36 | S14 | 268 | 3304 | |
| (M) | | CxBH(M) | TU6<br>TA4<br>TT9 | FL | 1<br>(B/D) | | | CV9<br>CV10<br>CV36 | S2<br>S14 | 263 | 3305 | |
| (M) | | CxBH(M) | TU6<br>TA4<br>TT9 | AT | 1<br>(C/D) | | | CV9<br>CV10<br>CV36 | S14 | 265 | 3306 | |
| (M) | | PxBH(M) | TU6<br>TA4<br>TT9 | AT | 1<br>(C/D) | | | CV9<br>CV10<br>CV36 | S14 | 265 | 3307 | |
| (M) | | PxBH(M) | TU6<br>TA4<br>TT9 | AT | 1<br>(C/D) | | | CV9<br>CV10<br>CV36 | S14 | 268 | 3308 | |
| (M) | | PxBH(M) | TU6<br>TA4<br>TT9 | FL | 1<br>(B/D) | | | CV9<br>CV10<br>CV36 | S2<br>S14 | 263 | 3309 | |
| (M) | | PxBH(M) | TU6<br>TA4<br>TT9 | AT | 1<br>(C/D) | | | CV9<br>CV10<br>CV36 | S14 | 265 | 3310 | |
| T75 | TP5<br>TP22 | RxBN | TU7<br>TU19<br>TA4<br>TT9 | AT | 3<br>(C/E) | V5 | | CV9<br>CV11<br>CV36 | S20 | 225 | 3311 | *→2.2.2.2.2* |

## UN-numerisches Verzeichnis (Tabelle A)

| Verlagshinweis: Sicherung | Verlagshinweis: Fahrweg | UN-Nummer | Benennung und Beschreibung | Klasse | Klassifizierungscode | Verpackungsgruppe | Gefahrzettel | Sondervorschriften | Begrenzte und freigestellte Mengen | | Verpackungen: Anweisungen | Verpackungen: Sondervorschriften | Verpackungen: Zusammenpackung |
|---|---|---|---|---|---|---|---|---|---|---|---|---|---|
| | | | 3.1.2 | 2.2 | 2.2 | 2.1.1.3 | 5.2.2 | 3.3 | 3.4/3.5.1.2 | | 4.1.4 | 4.1.4 | 4.1.10 |
| | | (1) | (2) | (3a) | (3b) | (4) | (5) | (6) | (7a) | (7b) | (8) | (9a) | (9b) |
| ! | ● | 3312 | GAS, TIEFGEKÜHLT, FLÜSSIG, ENTZÜNDBAR, N.A.G. | 2 | 3F | | 2.1 | 274 | 0 | E0 | P203 | | MP9 |
| | | 3313 | SELBSTERHITZUNGSFÄHIGE ORGANISCHE PIGMENTE | 4.2 | S2 | II | 4.2 | | 0 | E2 | P002<br>IBC08 | <br>B4 | MP14 |
| | | 3313 | SELBSTERHITZUNGSFÄHIGE ORGANISCHE PIGMENTE | 4.2 | S2 | III | 4.2 | | 0 | E1 | P002<br>IBC08<br>LP02<br>R001 | <br>B3 | MP14 |
| | | 3314 | KUNSTSTOFFPRESSMISCHUNG, in Teig-, Platten- oder Strangpressform, entzündbare Dämpfe abgebend | 9 | M3 | III | keine | 207<br>633<br>675 | 5 kg | E1 | P002<br>IBC08<br>R001 | PP14<br>B3 B6 | MP10 |
| ! | | 3315 | CHEMISCHE PROBE, GIFTIG | 6.1 | T8 | I | 6.1 | 250 | 0 | E0 | P099 | | MP8<br>MP17 |
| | | 3316 | CHEMIE-TESTSATZ oder ERSTE- HILFE-AUSRÜSTUNG | 9 | M11 | | 9 | 251<br>340<br>671 | siehe SV251 | siehe SV340 | P901 | | |
| ! | | 3317 | 2-AMINO-4,6-DINITROPHENOL, ANGEFEUCHTET mit mindestens 20 Masse-% Wasser | 4.1 | D | I | 4.1 | 28 | 0 | E0 | P406 | PP26 | MP2 |
| ! | ● | 3318 | AMMONIAKLÖSUNG in Wasser, relative Dichte kleiner als 0,880 bei 15 °C, mit mehr als 50 % Ammoniak | 2 | 4TC | | 2.3+8 | 23 | 0 | E0 | P200 | | MP9 |
| ! | | 3319 | NITROGLYCERIN, GEMISCH, DESENSIBILISIERT, FEST, N.A.G., mit mehr als 2 Masse-%, aber höchstens 10 Masse-% Nitroglycerin | 4.1 | D | II | 4.1 | 28<br>272<br>274 | 0 | E0 | P099<br>IBC99 | | MP2 |
| | | 3320 | NATRIUMBORHYDRID UND NATRIUMHYDROXID, LÖSUNG mit höchstens 12 Masse-% Natriumborhydrid und höchstens 40 Masse-% Natriumhydroxid | 8 | C5 | II | 8 | | 1 L | E2 | P001<br>IBC02 | | MP15 |
| | | 3320 | NATRIUMBORHYDRID UND NATRIUMHYDROXID, LÖSUNG mit höchstens 12 Masse-% Natriumborhydrid und höchstens 40 Masse-% Natriumhydroxid | 8 | C5 | III | 8 | | 5 L | E1 | P001<br>IBC03<br>LP01<br>R001 | | MP19 |
| | | 3321 | RADIOAKTIVE STOFFE MIT GERINGER SPEZIFISCHER AKTIVITÄT (LSA-II), nicht spaltbar oder spaltbar, freigestellt | 7 | | | 7X | 172<br>317<br>325<br>336 | 0 | E0 | siehe 2.2.7 und 4.1.9 | siehe 4.1.9.1.3 | |
| | | 3322 | RADIOAKTIVE STOFFE MIT GERINGER SPEZIFISCHER AKTIVITÄT (LSA-III), nicht spaltbar oder spaltbar, freigestellt | 7 | | | 7X | 172<br>317<br>325<br>336 | 0 | E0 | siehe 2.2.7 und 4.1.9 | siehe 4.1.9.1.3 | |
| ! | | 3323 | RADIOAKTIVE STOFFE, TYP C-VERSANDSTÜCK, nicht spaltbar oder spaltbar, freigestellt | 7 | | | 7X | 172<br>317<br>325 | 0 | E0 | siehe 2.2.7 und 4.1.9 | siehe 4.1.9.1.3 | |
| | | 3324 | RADIOAKTIVE STOFFE MIT GERINGER SPEZIFISCHER AKTIVITÄT (LSA-II), SPALTBAR | 7 | | | 7X+7E | 172<br>326<br>336 | 0 | E0 | siehe 2.2.7 und 4.1.9 | siehe 4.1.9.1.3 | |
| | | 3325 | RADIOAKTIVE STOFFE MIT GERINGER SPEZIFISCHER AKTIVITÄT (LSA-III), SPALTBAR | 7 | | | 7X+7E | 172<br>326<br>336 | 0 | E0 | siehe 2.2.7 und 4.1.9 | siehe 4.1.9.1.3 | |

| Ortsbewegliche Tanks und Schüttgut-Container | | ADR-Tanks | | Fahrzeug für die Beförderung in Tanks | Beförderungskategorie (Tunnelbeschränkungscode) | Sondervorschriften für die Beförderung | | | | Nummer zur Kennzeichnung der Gefahr | UN-Nummer | Verlagshinweis „Gut zu wissen" |
|---|---|---|---|---|---|---|---|---|---|---|---|---|
| Anweisungen | Sondervorschriften | Tankcodierung | Sondervorschriften | | | Versandstücke | lose Schüttung | Be- und Entladung, Handhabung | Betrieb | | | |
| 4.2.5.2<br>7.3.2 | 4.2.5.3 | 4.3 | 4.3.5<br>6.8.4 | 9.1.1.2 | 1.1.3.6<br>(8.6) | 7.2.4 | 7.3.3 | 7.5.11 | 8.5 | 5.3.2.3 | | |
| (10) | (11) | (12) | (13) | (14) | (15) | (16) | (17) | (18) | (19) | (20) | (1) | |
| T75 | TP5 | RxBN | TU18<br>TE26<br>TA4<br>TT9 | FL | 2<br>(B/D) | V5 | | CV9<br>CV11<br>CV36 | S2<br>S17 | 223 | 3312 | →2.2.2.2.2 |
| T3 | TP33 | SGAV | | AT | 2<br>(D/E) | V1 | | | | 40 | 3313 | |
| T1 | TP33 | SGAV | | AT | 3<br>(E) | V1 | | | | 40 | 3313 | |
| | | | | | 3<br>(D/E) | | VC1<br>VC2<br>AP2 | CV36 | | 90 | 3314 | |
| | | | | | 1<br>(E) | | | CV1<br>CV13<br>CV28 | S9<br>S14 | | 3315 | |
| | | | | | siehe SV671<br>(E) | | | | | | 3316 | →D: RSEB 1-13<br>→3.3 SV296 |
| | | | | | 1<br>(B) | | | | S14 | | 3317 | |
| T50<br>(M) | | PxBH(M) | TA4<br>TT9 | AT | 1<br>(C/D) | | | CV9<br>CV10 | S14 | 268 | 3318 | →2.2.2.2.2 |
| | | | | | 2<br>(B) | | | | S14 | | 3319 | |
| T7 | TP2 | L4BN | | AT | 2<br>(E) | | | | | 80 | 3320 | |
| T4 | TP2 | L4BN | | AT | 3<br>(E) | V12 | | | | 80 | 3320 | |
| T5 | TP4 | S2,65AN(+)<br>L2,65CN(+) | TU36<br>TT7<br>TM7 | AT | 0<br>(E) | | | CV33 | S6<br>S11<br>S21 | 70 | 3321 | →1.7.5<br>→CH: SDR Anh. 1 8.2.1.7 |
| T5 | TP4 | S2,65AN(+)<br>L2,65CN(+) | TU36<br>TT7<br>TM7 | AT | 0<br>(E) | | | CV33 | S6<br>S11<br>S21 | 70 | 3322 | →1.7.5<br>→CH: SDR Anh. 1 8.2.1.7 |
| | | | | | 0<br>(E) | | | CV33 | S6<br>S11<br>S21 | 70 | 3323 | →1.7.5<br>→CH: SDR Anh. 1 8.2.1.7 |
| | | | | | 0<br>(E) | | | CV33 | S6<br>S11<br>S21 | 70 | 3324 | →1.7.5<br>→CH: SDR Anh. 1 8.2.1.7 |
| | | | | | 0<br>(E) | | | CV33 | S6<br>S11<br>S21 | 70 | 3325 | →1.7.5<br>→CH: SDR Anh. 1 8.2.1.7 |

## UN-numerisches Verzeichnis (Tabelle A)

| Verlagshinweis | | UN-Nummer | Benennung und Beschreibung | Klasse | Klassifizierungscode | Verpackungsgruppe | Gefahrzettel | Sondervorschriften | Begrenzte und freigestellte Mengen | | Verpackungen | | |
|---|---|---|---|---|---|---|---|---|---|---|---|---|---|
| Sicherung | Fahrweg | | | | | | | | | | Anweisungen | Sondervorschriften | Zusammenpackung |
| | | | 3.1.2 | 2.2 | 2.2 | 2.1.1.3 | 5.2.2 | 3.3 | 3.4/3.5.1.2 | | 4.1.4 | 4.1.4 | 4.1.10 |
| | | (1) | (2) | (3a) | (3b) | (4) | (5) | (6) | (7a) | (7b) | (8) | (9a) | (9b) |
| | | 3326 | RADIOAKTIVE STOFFE, OBERFLÄCHENKONTAMINIERTE GEGENSTÄNDE (SCO-I oder SCO-II), SPALTBAR | 7 | | | 7X+7E | 172<br>326 | 0 | E0 | siehe 2.2.7 und 4.1.9 | siehe 4.1.9.1.3 | |
| | | 3327 | RADIOAKTIVE STOFFE, TYP A-VERSANDSTÜCK, SPALTBAR, nicht in besonderer Form | 7 | | | 7X+7E | 172<br>326 | 0 | E0 | siehe 2.2.7 und 4.1.9 | siehe 4.1.9.1.3 | |
| ! | | 3328 | RADIOAKTIVE STOFFE, TYP B(U)-VERSANDSTÜCK, SPALTBAR | 7 | | | 7X+7E | 172<br>326<br>337 | 0 | E0 | siehe 2.2.7 und 4.1.9 | siehe 4.1.9.1.3 | |
| ! | | 3329 | RADIOAKTIVE STOFFE, TYP B(M)-VERSANDSTÜCK, SPALTBAR | 7 | | | 7X+7E | 172<br>326<br>337 | 0 | E0 | siehe 2.2.7 und 4.1.9 | siehe 4.1.9.1.3 | |
| ! | | 3330 | RADIOAKTIVE STOFFE, TYP C-VERSANDSTÜCK, SPALTBAR | 7 | | | 7X+7E | 172<br>326 | 0 | E0 | siehe 2.2.7 und 4.1.9 | siehe 4.1.9.1.3 | |
| ! | | 3331 | RADIOAKTIVE STOFFE, UNTER SONDERVEREINBARUNG BEFÖRDERT, SPALTBAR | 7 | | | 7X+7E | 172<br>326 | 0 | E0 | siehe 2.2.7 und 4.1.9 | siehe 4.1.9.1.3 | |
| | | 3332 | RADIOAKTIVE STOFFE, TYP A-VERSANDSTÜCK, IN BESONDERER FORM, nicht spaltbar oder spaltbar, freigestellt | 7 | | | 7X | 172<br>317 | 0 | E0 | siehe 2.2.7 und 4.1.9 | siehe 4.1.9.1.3 | |
| | | 3333 | RADIOAKTIVE STOFFE, TYP A-VERSANDSTÜCK, IN BESONDERER FORM, SPALTBAR | 7 | | | 7X+7E | 172 | 0 | E0 | siehe 2.2.7 und 4.1.9 | siehe 4.1.9.1.3 | |
| | | 3334 | Flüssiger Stoff, den für die Luftfahrt geltenden Vorschriften unterliegend, n.a.g. | 9 | M11 | UNTERLIEGT NICHT DEN VORSCHRIFTEN DES ADR | | | | | | | |
| | | 3335 | Fester Stoff, den für die Luftfahrt geltenden Vorschriften unterliegend, n.a.g. | 9 | M11 | UNTERLIEGT NICHT DEN VORSCHRIFTEN DES ADR | | | | | | | |
| ! | ● | 3336 | MERCAPTANE, FLÜSSIG, ENTZÜNDBAR, N.A.G. oder MERCAPTANE, MISCHUNG, FLÜSSIG, ENTZÜNDBAR, N.A.G. | 3 | F1 | I | 3 | 274 | 0 | E0 | P001 | | MP7<br>MP17 |
| ! | ● | 3336 | MERCAPTANE, FLÜSSIG, ENTZÜNDBAR, N.A.G. oder MERCAPTANE, MISCHUNG, FLÜSSIG, ENTZÜNDBAR, N.A.G. (Dampfdruck bei 50 °C größer als 110 kPa) | 3 | F1 | II | 3 | 274<br>640C | 1 L | E2 | P001 | | MP19 |
| ! | ● | 3336 | MERCAPTANE, FLÜSSIG, ENTZÜNDBAR, N.A.G. oder MERCAPTANE, MISCHUNG, FLÜSSIG, ENTZÜNDBAR, N.A.G. (Dampfdruck bei 50 °C höchstens 110 kPa) | 3 | F1 | II | 3 | 274<br>640D | 1 L | E2 | P001<br>IBC02<br>R001 | | MP19 |
| | | 3336 | MERCAPTANE, FLÜSSIG, ENTZÜNDBAR, N.A.G. oder MERCAPTANE, MISCHUNG, FLÜSSIG, ENTZÜNDBAR, N.A.G. | 3 | F1 | III | 3 | 274 | 5 L | E1 | P001<br>IBC03<br>LP01<br>R001 | | MP19 |
| | | 3337 | GAS ALS KÄLTEMITTEL R 404A (Pentafluorethan, 1,1,1-Trifluorethan und 1,1,1,2-Tetrafluorethan, zeotropes Gemisch mit ca. 44 % Pentafluorethan und 52 % 1,1,1-Trifluorethan) | 2 | 2A | | 2.2 | 662 | 120 ml | E1 | P200 | | MP9 |

| Ortsbewegliche Tanks und Schüttgut-Container | | ADR-Tanks | | Fahrzeug für die Beförderung in Tanks | Beförderungskategorie (Tunnelbeschränkungscode) | Sondervorschriften für die Beförderung | | | | Nummer zur Kennzeichnung der Gefahr | UN-Nummer | Verlagshinweis „Gut zu wissen" |
|---|---|---|---|---|---|---|---|---|---|---|---|---|
| Anweisungen | Sondervorschriften | Tankcodierung | Sondervorschriften | | | Versandstücke | lose Schüttung | Be- und Entladung, Handhabung | Betrieb | | | |
| 4.2.5.2 7.3.2 | 4.2.5.3 | 4.3 | 4.3.5 6.8.4 | 9.1.1.2 | 1.1.3.6 (8.6) | 7.2.4 | 7.3.3 | 7.5.11 | 8.5 | 5.3.2.3 | | |
| (10) | (11) | (12) | (13) | (14) | (15) | (16) | (17) | (18) | (19) | (20) | (1) | |
| | | | | | 0 (E) | | | CV33 | S6 S11 S21 | 70 | 3326 | →1.7.5 →CH: SDR Anh. 1 8.2.1.7 |
| | | | | | 0 (E) | | | CV33 | S6 S11 S21 | 70 | 3327 | →1.7.5 →CH: SDR Anh. 1 8.2.1.7 |
| | | | | | 0 (E) | | | CV33 | S6 S11 S21 | 70 | 3328 | →1.7.5 →CH: SDR Anh. 1 8.2.1.7 |
| | | | | | 0 (E) | | | CV33 | S6 S11 S21 | 70 | 3329 | →1.7.5 →CH: SDR Anh. 1 8.2.1.7 |
| | | | | | 0 (E) | | | CV33 | S6 S11 S21 | 70 | 3330 | →1.7.5 →CH: SDR Anh. 1 8.2.1.7 |
| | | | | | 0 (–) | | | CV33 | S6 S11 S21 | 70 | 3331 | →1.7.5 →CH: SDR Anh. 1 8.2.1.7 |
| | | | | | 0 (E) | | | CV33 | S6 S11 S12 S21 | 70 | 3332 | →1.7.5 →CH: SDR Anh. 1 8.2.1.7 |
| | | | | | 0 (E) | | | CV33 | S6 S11 S21 | 70 | 3333 | →1.7.5 →CH: SDR Anh. 1 8.2.1.7 |
| UNTERLIEGT NICHT DEN VORSCHRIFTEN DES ADR | | | | | | | | | | | 3334 | |
| UNTERLIEGT NICHT DEN VORSCHRIFTEN DES ADR | | | | | | | | | | | 3335 | |
| T11 | TP2 | L4BN | | FL | 1 (D/E) | | | | S2 S20 | 33 | 3336 | |
| T7 | TP1 TP8 TP28 | L1,5BN | | FL | 2 (D/E) | | | | S2 S20 | 33 | 3336 | |
| T7 | TP1 TP8 TP28 | LGBF | | FL | 2 (D/E) | | | | S2 S20 | 33 | 3336 | |
| T4 | TP1 TP29 | LGBF | | FL | 3 (D/E) | V12 | | | S2 | 30 | 3336 | |
| T50 (M) | | PxBN(M) | TA4 TT9 | AT | 3 (C/E) | | | CV9 CV10 CV36 | | 20 | 3337 | |

## UN-numerisches Verzeichnis (Tabelle A)

| Verlagshinweis Sicherung | Verlagshinweis Fahrweg | UN-Nummer | Benennung und Beschreibung | Klasse | Klassifizierungscode | Verpackungsgruppe | Gefahrzettel | Sondervorschriften | Begrenzte und freigestellte Mengen | | Verpackungen Anweisungen | Verpackungen Sondervorschriften | Verpackungen Zusammenpackung |
|---|---|---|---|---|---|---|---|---|---|---|---|---|---|
| | | | 3.1.2 | 2.2 | 2.2 | 2.1.1.3 | 5.2.2 | 3.3 | 3.4/3.5.1.2 | | 4.1.4 | 4.1.4 | 4.1.10 |
| | | (1) | (2) | (3a) | (3b) | (4) | (5) | (6) | (7a) | (7b) | (8) | (9a) | (9b) |
| | | 3338 | GAS ALS KÄLTEMITTEL R 407A (Difluormethan, Pentafluorethan und 1,1,1,2-Tetrafluorethan, zeotropes Gemisch mit ca. 20 % Difluormethan und 40 % Pentafluorethan) | 2 | 2A | | 2.2 | 662 | 120 ml | E1 | P200 | | MP9 |
| | | 3339 | GAS ALS KÄLTEMITTEL R 407B (Difluormethan, Pentafluorethan und 1,1,1,2-Tetrafluorethan, zeotropes Gemisch mit ca. 10 % Difluormethan und 70 % Pentafluorethan) | 2 | 2A | | 2.2 | 662 | 120 ml | E1 | P200 | | MP9 |
| | | 3340 | GAS ALS KÄLTEMITTEL R 407C (Difluormethan, Pentafluorethan und 1,1,1,2-Tetrafluorethan, zeotropes Gemisch mit ca. 23 % Difluormethan und 25 % Pentafluorethan) | 2 | 2A | | 2.2 | 662 | 120 ml | E1 | P200 | | MP9 |
| | | 3341 | THIOHARNSTOFFDIOXID | 4.2 | S2 | II | 4.2 | | 0 | E2 | P002<br>IBC06 | | MP14 |
| | | 3341 | THIOHARNSTOFFDIOXID | 4.2 | S2 | III | 4.2 | | 0 | E1 | P002<br>IBC08<br>LP02<br>R001 | <br>B3 | MP14 |
| | | 3342 | XANTHATE | 4.2 | S2 | II | 4.2 | | 0 | E2 | P002<br>IBC06 | | MP14 |
| | | 3342 | XANTHATE | 4.2 | S2 | III | 4.2 | | 0 | E1 | P002<br>IBC08<br>LP02<br>R001 | <br>B3 | MP14 |
| ! | | 3343 | NITROGLYCERIN, GEMISCH, DESENSIBILISIERT, FLÜSSIG, ENTZÜNDBAR, N.A.G., mit höchstens 30 Masse-% Nitroglycerin | 3 | D | | 3 | 28<br>274<br>278 | 0 | E0 | P099 | | MP2 |
| ! | | 3344 | PENTAERYTHRITTETRANITRAT (PENTAERYTHRITOLTETRANITRAT) (PETN), GEMISCH, DESENSIBILISIERT, FEST, N.A.G., mit mehr als 10 Masse-%, aber höchstens 20 Masse-% PETN | 4.1 | D | II | 4.1 | 28<br>272<br>274 | 0 | E0 | P099 | | MP2 |
| ! | ● | 3345 | PHENOXYESSIGSÄUREDERIVAT-PESTIZID, FEST, GIFTIG | 6.1 | T7 | I | 6.1 | 61<br>274<br>648 | 0 | E5 | P002<br>IBC07 | | MP18 |
| | | 3345 | PHENOXYESSIGSÄUREDERIVAT-PESTIZID, FEST, GIFTIG | 6.1 | T7 | II | 6.1 | 61<br>274<br>648 | 500 g | E4 | P002<br>IBC08 | <br>B4 | MP10 |
| | | 3345 | PHENOXYESSIGSÄUREDERIVAT-PESTIZID, FEST, GIFTIG | 6.1 | T7 | III | 6.1 | 61<br>274<br>648 | 5 kg | E1 | P002<br>IBC08<br>LP02<br>R001 | <br>B3 | MP10 |
| ! | ● | 3346 | PHENOXYESSIGSÄUREDERIVAT-PESTIZID, FLÜSSIG, ENTZÜNDBAR, GIFTIG, Flammpunkt unter 23 °C | 3 | FT2 | I | 3+6.1 | 61<br>274 | 0 | E0 | P001 | | MP7<br>MP17 |
| ! | ● | 3346 | PHENOXYESSIGSÄUREDERIVAT-PESTIZID, FLÜSSIG, ENTZÜNDBAR, GIFTIG, Flammpunkt unter 23 °C | 3 | FT2 | II | 3+6.1 | 61<br>274 | 1 L | E2 | P001<br>IBC02<br>R001 | | MP19 |
| ! | ● | 3347 | PHENOXYESSIGSÄUREDERIVAT-PESTIZID, FLÜSSIG, GIFTIG, ENTZÜNDBAR, mit einem Flammpunkt von 23 °C oder darüber | 6.1 | TF2 | I | 6.1+3 | 61<br>274 | 0 | E5 | P001 | | MP8<br>MP17 |

| Ortsbewegliche Tanks und Schüttgut-Container | | ADR-Tanks | | Fahrzeug für die Beförderung in Tanks | Beförderungskategorie (Tunnelbeschränkungscode) | Sondervorschriften für die Beförderung | | | | Nummer zur Kennzeichnung der Gefahr | UN-Nummer | Verlagshinweis „Gut zu wissen“ |
|---|---|---|---|---|---|---|---|---|---|---|---|---|
| Anweisungen | Sondervorschriften | Tankcodierung | Sondervorschriften | | | Versandstücke | lose Schüttung | Be- und Entladung, Handhabung | Betrieb | | | |
| 4.2.5.2<br>7.3.2 | 4.2.5.3 | 4.3 | 4.3.5<br>6.8.4 | 9.1.1.2 | 1.1.3.6<br>(8.6) | 7.2.4 | 7.3.3 | 7.5.11 | 8.5 | 5.3.2.3 | | |
| (10) | (11) | (12) | (13) | (14) | (15) | (16) | (17) | (18) | (19) | (20) | (1) | |
| T50<br>(M) | | PxBN(M) | TA4<br>TT9 | AT | 3<br>(C/E) | | | CV9<br>CV10<br>CV36 | | 20 | 3338 | |
| T50<br>(M) | | PxBN(M) | TA4<br>TT9 | AT | 3<br>(C/E) | | | CV9<br>CV10<br>CV36 | | 20 | 3339 | |
| T50<br>(M) | | PxBN(M) | TA4<br>TT9 | AT | 3<br>(C/E) | | | CV9<br>CV10<br>CV36 | | 20 | 3340 | |
| T3 | TP33 | SGAV | | AT | 2<br>(D/E) | V1 | | | | 40 | 3341 | |
| T1 | TP33 | SGAV | | AT | 3<br>(E) | V1 | | | | 40 | 3341 | |
| T3 | TP33 | SGAV | | AT | 2<br>(D/E) | V1 | | | | 40 | 3342 | |
| T1 | TP33 | SGAV | | AT | 3<br>(E) | V1 | | | | 40 | 3342 | |
| | | | | | 0<br>(B) | | | | S2<br>S14 | | 3343 | →RO-bi-DE-5 |
| | | | | | 2<br>(B) | | | | S14 | | 3344 | |
| T6 | TP33 | S10AH<br>L10CH | TU14<br>TU15<br>TE19<br>TE21 | AT | 1<br>(C/E) | V10 | | CV1<br>CV13<br>CV28 | S9<br>S14 | 66 | 3345 | |
| T3 | TP33 | SGAH<br>L4BH | TU15<br>TE19 | AT | 2<br>(D/E) | V11 | | CV13<br>CV28 | S9<br>S19 | 60 | 3345 | |
| T1 | TP33 | SGAH<br>L4BH | TU15<br>TE19 | AT | 2<br>(E) | | VC1<br>VC2<br>AP7 | CV13<br>CV28 | S9 | 60 | 3345 | |
| T14 | TP2<br>TP27 | L10CH | TU14<br>TU15<br>TE21 | FL | 1<br>(C/E) | | | CV13<br>CV28 | S2<br>S22 | 336 | 3346 | |
| T11 | TP2<br>TP27 | L4BH | TU15 | FL | 2<br>(D/E) | | | CV13<br>CV28 | S2<br>S22 | 336 | 3346 | |
| T14 | TP2<br>TP27 | L10CH | TU14<br>TU15<br>TE19<br>TE21 | FL | 1<br>(C/E) | | | CV1<br>CV13<br>CV28 | S2<br>S9<br>S14 | 663 | 3347 | |

## UN-numerisches Verzeichnis (Tabelle A)

| Verlagshinweis: Sicherung | Verlagshinweis: Fahrweg | UN-Nummer | Benennung und Beschreibung | Klasse | Klassifizierungscode | Verpackungsgruppe | Gefahrzettel | Sondervorschriften | Begrenzte und freigestellte Mengen | | Verpackungen: Anweisungen | Verpackungen: Sondervorschriften | Verpackungen: Zusammenpackung |
|---|---|---|---|---|---|---|---|---|---|---|---|---|---|
| | | | 3.1.2 | 2.2 | 2.2 | 2.1.1.3 | 5.2.2 | 3.3 | 3.4/3.5.1.2 | | 4.1.4 | 4.1.4 | 4.1.10 |
| | | (1) | (2) | (3a) | (3b) | (4) | (5) | (6) | (7a) | (7b) | (8) | (9a) | (9b) |
| | | 3347 | PHENOXYESSIGSÄUREDERIVAT-PESTIZID, FLÜSSIG, GIFTIG, ENTZÜNDBAR, mit einem Flammpunkt von 23 °C oder darüber | 6.1 | TF2 | II | 6.1+3 | 61<br>274 | 100 ml | E4 | P001<br>IBC02 | | MP15 |
| | | 3347 | PHENOXYESSIGSÄUREDERIVAT-PESTIZID, FLÜSSIG, GIFTIG, ENTZÜNDBAR, mit einem Flammpunkt von 23 °C oder darüber | 6.1 | TF2 | III | 6.1+3 | 61<br>274 | 5 L | E1 | P001<br>IBC03<br>R001 | | MP19 |
| ! | ● | 3348 | PHENOXYESSIGSÄUREDERIVAT-PESTIZID, FLÜSSIG, GIFTIG | 6.1 | T6 | I | 6.1 | 61<br>274<br>648 | 0 | E5 | P001 | | MP8<br>MP17 |
| | | 3348 | PHENOXYESSIGSÄUREDERIVAT-PESTIZID, FLÜSSIG, GIFTIG | 6.1 | T6 | II | 6.1 | 61<br>274<br>648 | 100 ml | E4 | P001<br>IBC02 | | MP15 |
| | | 3348 | PHENOXYESSIGSÄUREDERIVAT-PESTIZID, FLÜSSIG, GIFTIG | 6.1 | T6 | III | 6.1 | 61<br>274<br>648 | 5 L | E1 | P001<br>IBC03<br>LP01<br>R001 | | MP19 |
| ! | | 3349 | PYRETHROID-PESTIZID, FEST, GIFTIG | 6.1 | T7 | I | 6.1 | 61<br>274<br>648 | 0 | E5 | P002<br>IBC07 | | MP18 |
| | | 3349 | PYRETHROID-PESTIZID, FEST, GIFTIG | 6.1 | T7 | II | 6.1 | 61<br>274<br>648 | 500 g | E4 | P002<br>IBC08 | B4 | MP10 |
| | | 3349 | PYRETHROID-PESTIZID, FEST, GIFTIG | 6.1 | T7 | III | 6.1 | 61<br>274<br>648 | 5 kg | E1 | P002<br>IBC08<br>LP02<br>R001 | B3 | MP10 |
| ! | ● | 3350 | PYRETHROID-PESTIZID, FLÜSSIG, ENTZÜNDBAR, GIFTIG, Flammpunkt unter 23 °C | 3 | FT2 | I | 3+6.1 | 61<br>274 | 0 | E0 | P001 | | MP7<br>MP17 |
| ! | ● | 3350 | PYRETHROID-PESTIZID, FLÜSSIG, ENTZÜNDBAR, GIFTIG, Flammpunkt unter 23 °C | 3 | FT2 | II | 3+6.1 | 61<br>274 | 1 L | E2 | P001<br>IBC02<br>R001 | | MP19 |
| ! | ● | 3351 | PYRETHROID-PESTIZID, FLÜSSIG, GIFTIG, ENTZÜNDBAR, mit einem Flammpunkt von 23 °C oder darüber | 6.1 | TF2 | I | 6.1+3 | 61<br>274 | 0 | E5 | P001 | | MP8<br>MP17 |
| | | 3351 | PYRETHROID-PESTIZID, FLÜSSIG, GIFTIG, ENTZÜNDBAR, mit einem Flammpunkt von 23 °C oder darüber | 6.1 | TF2 | II | 6.1+3 | 61<br>274 | 100 ml | E4 | P001<br>IBC02 | | MP15 |
| | | 3351 | PYRETHROID-PESTIZID, FLÜSSIG, GIFTIG, ENTZÜNDBAR, mit einem Flammpunkt von 23 °C oder darüber | 6.1 | TF2 | III | 6.1+3 | 61<br>274 | 5 L | E1 | P001<br>IBC03<br>R001 | | MP19 |
| ! | ● | 3352 | PYRETHROID-PESTIZID, FLÜSSIG, GIFTIG | 6.1 | T6 | I | 6.1 | 61<br>274<br>648 | 0 | E5 | P001 | | MP8<br>MP17 |
| | | 3352 | PYRETHROID-PESTIZID, FLÜSSIG, GIFTIG | 6.1 | T6 | II | 6.1 | 61<br>274<br>648 | 100 ml | E4 | P001<br>IBC02 | | MP15 |
| | | 3352 | PYRETHROID-PESTIZID, FLÜSSIG, GIFTIG | 6.1 | T6 | III | 6.1 | 61<br>274<br>648 | 5 L | E1 | P001<br>IBC03<br>LP01<br>R001 | | MP19 |
| ! | ● | 3354 | INSEKTENBEKÄMPFUNGSMITTEL, GASFÖRMIG, ENTZÜNDBAR, N.A.G. | 2 | 2F | | 2.1 | 274<br>662 | 0 | E0 | P200 | | MP9 |

| Ortsbewegliche Tanks und Schüttgut-Container | | ADR-Tanks | | Fahrzeug für die Beförderung in Tanks | Beförderungskategorie (Tunnelbeschränkungscode) | Sondervorschriften für die Beförderung | | | | Nummer zur Kennzeichnung der Gefahr | UN-Nummer | Verlagshinweis „Gut zu wissen" |
|---|---|---|---|---|---|---|---|---|---|---|---|---|
| Anweisungen | Sondervorschriften | Tankcodierung | Sondervorschriften | | | Versandstücke | lose Schüttung | Be- und Entladung, Handhabung | Betrieb | | | |
| 4.2.5.2<br>7.3.2 | 4.2.5.3 | 4.3 | 4.3.5<br>6.8.4 | 9.1.1.2 | 1.1.3.6<br>(8.6) | 7.2.4 | 7.3.3 | 7.5.11 | 8.5 | 5.3.2.3 | | |
| (10) | (11) | (12) | (13) | (14) | (15) | (16) | (17) | (18) | (19) | (20) | (1) | |
| T11 | TP2<br>TP27 | L4BH | TU15<br>TE19 | FL | 2<br>(D/E) | | | CV13<br>CV28 | S2<br>S9<br>S19 | 63 | 3347 | |
| T7 | TP2<br>TP28 | L4BH | TU15<br>TE19 | FL | 2<br>(D/E) | V12 | | CV13<br>CV28 | S2<br>S9 | 63 | 3347 | |
| T14 | TP2<br>TP27 | L10CH | TU14<br>TU15<br>TE19<br>TE21 | AT | 1<br>(C/E) | | | CV1<br>CV13<br>CV28 | S9<br>S14 | 66 | 3348 | |
| T11 | TP2<br>TP27 | L4BH | TU15<br>TE19 | AT | 2<br>(D/E) | | | CV13<br>CV28 | S9<br>S19 | 60 | 3348 | |
| T7 | TP2<br>TP28 | L4BH | TU15<br>TE19 | AT | 2<br>(E) | V12 | | CV13<br>CV28 | S9 | 60 | 3348 | |
| T6 | TP33 | S10AH<br>L10CH | TU14<br>TU15<br>TE19<br>TE21 | AT | 1<br>(C/E) | V10 | | CV1<br>CV13<br>CV28 | S9<br>S14 | 66 | 3349 | |
| T3 | TP33 | SGAH<br>L4BH | TU15<br>TE19 | AT | 2<br>(D/E) | V11 | | CV13<br>CV28 | S9<br>S19 | 60 | 3349 | |
| T1 | TP33 | SGAH<br>L4BH | TU15<br>TE19 | AT | 2<br>(E) | | VC1<br>VC2<br>AP7 | CV13<br>CV28 | S9 | 60 | 3349 | |
| T14 | TP2<br>TP27 | L10CH | TU14<br>TU15<br>TE21 | FL | 1<br>(C/E) | | | CV13<br>CV28 | S2<br>S22 | 336 | 3350 | |
| T11 | TP2<br>TP27 | L4BH | TU15 | FL | 2<br>(D/E) | | | CV13<br>CV28 | S2<br>S22 | 336 | 3350 | |
| T14 | TP2<br>TP27 | L10CH | TU14<br>TU15<br>TE19<br>TE21 | FL | 1<br>(C/E) | | | CV1<br>CV13<br>CV28 | S2<br>S9<br>S14 | 663 | 3351 | |
| T11 | TP2<br>TP27 | L4BH | TU15<br>TE19 | FL | 2<br>(D/E) | | | CV13<br>CV28 | S2<br>S9<br>S19 | 63 | 3351 | |
| T7 | TP2<br>TP28 | L4BH | TU15<br>TE19 | FL | 2<br>(D/E) | V12 | | CV13<br>CV28 | S2<br>S9 | 63 | 3351 | |
| T14 | TP2<br>TP27 | L10CH | TU14<br>TU15<br>TE19<br>TE21 | AT | 1<br>(C/E) | | | CV1<br>CV13<br>CV28 | S9<br>S14 | 66 | 3352 | |
| T11 | TP2<br>TP27 | L4BH | TU15<br>TE19 | AT | 2<br>(D/E) | | | CV13<br>CV28 | S9<br>S19 | 60 | 3352 | |
| T7 | TP2<br>TP28 | L4BH | TU15<br>TE19 | AT | 2<br>(E) | V12 | | CV13<br>CV28 | S9 | 60 | 3352 | |
| (M) | | PxBN(M) | TA4<br>TT9 | FL | 2<br>(B/D) | | | CV9<br>CV10<br>CV36 | S2<br>S20 | 23 | 3354 | |

| Verlagshinweis | | UN-Nummer | Benennung und Beschreibung | Klasse | Klassifizierungscode | Verpackungsgruppe | Gefahrzettel | Sondervorschriften | Begrenzte und freigestellte Mengen | | Verpackungen | | |
|---|---|---|---|---|---|---|---|---|---|---|---|---|---|
| Sicherung | Fahrweg | | | | | | | | | | Anweisungen | Sondervorschriften | Zusammenpackung |
| | | | 3.1.2 | 2.2 | 2.2 | 2.1.1.3 | 5.2.2 | 3.3 | 3.4/3.5.1.2 | | 4.1.4 | 4.1.4 | 4.1.10 |
| | | (1) | (2) | (3a) | (3b) | (4) | (5) | (6) | (7a) | (7b) | (8) | (9a) | (9b) |
| ! | ● | 3355 | INSEKTENBEKÄMPFUNGSMITTEL, GASFÖRMIG, GIFTIG, ENTZÜNDBAR, N.A.G. | 2 | 2TF | | 2.3+2.1 | 274 | 0 | E0 | P200 | | MP9 |
| | | 3356 | SAUERSTOFFGENERATOR, CHEMISCH | 5.1 | O3 | | 5.1 | 284 | 0 | E0 | P500 | | MP2 |
| ! | | 3357 | NITROGLYCERIN, GEMISCH, DESENSIBILISIERT, FLÜSSIG, N.A.G., mit höchstens 30 Masse-% Nitroglycerin | 3 | D | II | 3 | 28<br>274<br>288 | 0 | E0 | P099 | | MP2 |
| | | 3358 | KÄLTEMASCHINEN mit entzündbarem, nicht giftigem verflüssigtem Gas | 2 | 6F | | 2.1 | 291 | 0 | E0 | P003 | PP32 | MP9 |
| | | 3359 | BEGASTE GÜTERBEFÖRDERUNGSEINHEIT | 9 | M11 | | | 302 | [4] | | | | |
| | | 3360 | Fasern, pflanzlichen Ursprungs, trocken | 4.1 | F1 | UNTERLIEGT NICHT DEN VORSCHRIFTEN DES ADR | | | | | | | |
| | | 3361 | CHLORSILANE, GIFTIG, ÄTZEND, N.A.G. | 6.1 | TC1 | II | 6.1+8 | 274 | 0 | E0 | P010 | | MP15 |
| | | 3362 | CHLORSILANE, GIFTIG, ÄTZEND, ENTZÜNDBAR, N.A.G. | 6.1 | TFC | II | 6.1+3+8 | 274 | 0 | E0 | P010 | | MP15 |
| | | 3363 | GEFÄHRLICHE GÜTER IN GEGENSTÄNDEN oder GEFÄHRLICHE GÜTER IN MASCHINEN oder GEFÄHRLICHE GÜTER IN GERÄTEN | 9 | M11 | | 9 | 301<br>672 | 0 | E0 | P907 | | |
| ! | ● | 3364 | TRINITROPHENOL (PIKRINSÄURE), ANGEFEUCHTET mit mindestens 10 Masse-% Wasser | 4.1 | D | I | 4.1 | 28 | 0 | E0 | P406 | PP24 | MP2 |
| ! | ● | 3365 | TRINITROCHLORBENZEN (PIKRYLCHLORID), ANGEFEUCHTET mit mindestens 10 Masse-% Wasser | 4.1 | D | I | 4.1 | 28 | 0 | E0 | P406 | PP24 | MP2 |
| ! | | 3366 | TRINITROTOLUEN (TNT), ANGEFEUCHTET mit mindestens 10 Masse-% Wasser | 4.1 | D | I | 4.1 | 28 | 0 | E0 | P406 | PP24 | MP2 |
| ! | ● | 3367 | TRINITROBENZEN, ANGEFEUCHTET mit mindestens 10 Masse-% Wasser | 4.1 | D | I | 4.1 | 28 | 0 | E0 | P406 | PP24 | MP2 |
| ! | ● | 3368 | TRINITROBENZOESÄURE, ANGEFEUCHTET mit mindestens 10 Masse-% Wasser | 4.1 | D | I | 4.1 | 28 | 0 | E0 | P406 | PP24 | MP2 |
| ! | | 3369 | NATRIUMDINITROORTHOCRESOLAT, ANGEFEUCHTET mit mindestens 10 Masse-% Wasser | 4.1 | DT | I | 4.1+6.1 | 28 | 0 | E0 | P406 | PP24 | MP2 |
| ! | | 3370 | HARNSTOFFNITRAT, ANGEFEUCHTET mit mindestens 10 Masse-% Wasser | 4.1 | D | I | 4.1 | 28 | 0 | E0 | P406 | PP78 | MP2 |
| ! | ● | 3371 | 2-METHYLBUTANAL | 3 | F1 | II | 3 | | 1 L | E2 | P001<br>IBC02<br>R001 | | MP19 |
| | | 3373 | BIOLOGISCHER STOFF, KATEGORIE B | 6.2 | I4 | | 6.2 | 319 | 0 | E0 | P650 | | |
| | | 3373 | BIOLOGISCHER STOFF, KATEGORIE B (nur tierische Stoffe) | 6.2 | I4 | | 6.2 | 319 | 0 | E0 | P650 | | |

[4] *Anmerkung des Verlags: Kein Eintrag in dieser Spalte, da gemäß SV302 nur die Vorschriften des Abschnitts 5.5.2 anwendbar sind.*

| Ortsbewegliche Tanks und Schüttgut-Container | | ADR-Tanks | | Fahrzeug für die Beförderung in Tanks | Beförderungskategorie (Tunnelbeschränkungscode) | Sondervorschriften für die Beförderung | | | | Nummer zur Kennzeichnung der Gefahr | UN-Nummer | Verlagshinweis „Gut zu wissen" |
|---|---|---|---|---|---|---|---|---|---|---|---|---|
| Anweisungen | Sondervorschriften | Tankcodierung | Sondervorschriften | | | Versandstücke | lose Schüttung | Be- und Entladung, Handhabung | Betrieb | | | |
| 4.2.5.2<br>7.3.2 | 4.2.5.3 | 4.3 | 4.3.5<br>6.8.4 | 9.1.1.2 | 1.1.3.6<br>(8.6) | 7.2.4 | 7.3.3 | 7.5.11 | 8.5 | 5.3.2.3 | | |
| (10) | (11) | (12) | (13) | (14) | (15) | (16) | (17) | (18) | (19) | (20) | (1) | |
| (M) | | PxBH(M) | TU6<br>TA4<br>TT9 | FL | 1<br>(B/D) | | | CV9<br>CV10<br>CV36 | S2<br>S14 | 263 | 3355 | |
| | | | | | 2<br>(E) | | | CV24 | | | 3356 | |
| | | | | | 2<br>(B) | | | | S2<br>S14 | | 3357 | |
| | | | | | 2<br>(D) | | | CV9 | S2 | | 3358 | →D: RSEB 1-13 |
| | | | | | –<br>(–) | | | | | | 3359 | →D: RSEB 18.3<br>→CTU-Code Anl. 9 |
| UNTERLIEGT NICHT DEN VORSCHRIFTEN DES ADR | | | | | | | | | | | 3360 | |
| T14 | TP2<br>TP7<br>TP27 | L4BH | TU15<br>TE19 | AT | 2<br>(D/E) | | | CV13<br>CV28 | S9<br>S19 | 68 | 3361 | |
| T14 | TP2<br>TP7<br>TP27 | L4BH | TU15<br>TE19 | FL | 2<br>(D/E) | | | CV13<br>CV28 | S2<br>S9<br>S19 | 638 | 3362 | |
| | | | | | | | | | | | 3363 | →M361 |
| | | | | | 1<br>(B) | | | | S14 | | 3364 | →UN 0154<br>→UN 1344 |
| | | | | | 1<br>(B) | | | | S14 | | 3365 | |
| | | | | | 1<br>(B) | | | | S14 | | 3366 | |
| | | | | | 1<br>(B) | | | | S14 | | 3367 | |
| | | | | | 1<br>(B) | | | | S14 | | 3368 | |
| | | | | | 1<br>(B) | | | CV13<br>CV28 | S14 | | 3369 | →UN 1348 |
| | | | | | 1<br>(B) | | | | S14 | | 3370 | |
| T4 | TP1 | LGBF | | FL | 2<br>(D/E) | | | | S2<br>S20 | 33 | 3371 | |
| T1 | TP1 | L4BH | TU15<br>TU37<br>TE19 | AT | –<br>(–) | | | | S3 | 606 | 3373 | →2.2.62.1.4.2<br>→2.2.62.1.5<br>→M347<br>→D: RSEB 2-10.2<br>→UN 2814 |
| T1<br>BK1<br>BK2 | TP1 | L4BH | TU15<br>TU37<br>TE19 | AT | –<br>(–) | | | | S3 | 606 | 3373 | →D/BAM/ADR<br>→M347 |

## UN-numerisches Verzeichnis (Tabelle A)

| Verlagshinweis: Sicherung | Verlagshinweis: Fahrweg | UN-Nummer | Benennung und Beschreibung | Klasse | Klassifizierungscode | Verpackungsgruppe | Gefahrzettel | Sondervorschriften | Begrenzte und freigestellte Mengen | | Verpackungen: Anweisungen | Verpackungen: Sondervorschriften | Verpackungen: Zusammenpackung |
|---|---|---|---|---|---|---|---|---|---|---|---|---|---|
| | | | 3.1.2 | 2.2 | 2.2 | 2.1.1.3 | 5.2.2 | 3.3 | 3.4/3.5.1.2 | | 4.1.4 | 4.1.4 | 4.1.10 |
| | | (1) | (2) | (3a) | (3b) | (4) | (5) | (6) | (7a) | (7b) | (8) | (9a) | (9b) |
| ! | ● | 3374 | ACETYLEN, LÖSUNGSMITTELFREI | 2 | 2F | | 2.1 | 662 | 0 | E0 | P200 | | MP9 |
| ! | | 3375 | AMMONIUMNITRAT-EMULSION oder AMMONIUMNITRAT-SUSPENSION oder AMMONIUMNITRAT-GEL, Zwischenprodukt für die Herstellung von Sprengstoffen, flüssig | 5.1 | O1 | II | 5.1 | 309 | 0 | E2 | P505<br>IBC02 | <br>B16 | MP2 |
| ! | | 3375 | AMMONIUMNITRAT-EMULSION oder AMMONIUMNITRAT-SUSPENSION oder AMMONIUMNITRAT-GEL, Zwischenprodukt für die Herstellung von Sprengstoffen, fest | 5.1 | O2 | II | 5.1 | 309 | 0 | E2 | P505<br>IBC02 | <br>B16 | MP2 |
| ! | | 3376 | 4-NITROPHENYLHYDRAZIN, mit mindestens 30 Masse-% Wasser | 4.1 | D | I | 4.1 | 28 | 0 | E0 | P406 | PP26 | MP2 |
| | | 3377 | NATRIUMPERBORAT-MONOHYDRAT | 5.1 | O2 | III | 5.1 | | 5 kg | E1 | P002<br>IBC08<br>LP02<br>R001 | <br>B3 | MP10 |
| | | 3378 | NATRIUMCARBONAT-PEROXYHYDRAT | 5.1 | O2 | II | 5.1 | | 1 kg | E2 | P002<br>IBC08 | <br>B4 | MP10 |
| | | 3378 | NATRIUMCARBONAT-PEROXYHYDRAT | 5.1 | O2 | III | 5.1 | | 5 kg | E1 | P002<br>IBC08<br>LP02<br>R001 | <br>B3 | MP10 |
| ! | | 3379 | DESENSIBILISIERTER EXPLOSIVER FLÜSSIGER STOFF, N.A.G. | 3 | D | I | 3 | 274<br>311 | 0 | E0 | P099 | | MP2 |
| ! | | 3380 | DESENSIBILISIERTER EXPLOSIVER FESTER STOFF, N.A.G. | 4.1 | D | I | 4.1 | 274<br>311<br>394 | 0 | E0 | P099 | | MP2 |
| ! | ● | 3381 | BEIM EINATMEN GIFTIGER FLÜSSIGER STOFF, N.A.G., mit einem $LC_{50}$-Wert von höchstens 200 ml/$m^3$ und einer gesättigten Dampfkonzentration von mindestens 500 $LC_{50}$ | 6.1 | T1 oder T4 | I | 6.1 | 274 | 0 | E0 | P601 | | MP8<br>MP17 |
| ! | ● | 3382 | BEIM EINATMEN GIFTIGER FLÜSSIGER STOFF, N.A.G., mit einem $LC_{50}$-Wert von höchstens 1 000 ml/$m^3$ und einer gesättigten Dampfkonzentration von mindestens 10 $LC_{50}$ | 6.1 | T1 oder T4 | I | 6.1 | 274 | 0 | E0 | P602 | | MP8<br>MP17 |
| ! | ● | 3383 | BEIM EINATMEN GIFTIGER FLÜSSIGER STOFF, ENTZÜNDBAR, N.A.G., mit einem $LC_{50}$-Wert von höchstens 200 ml/$m^3$ und einer gesättigten Dampfkonzentration von mindestens 500 $LC_{50}$ | 6.1 | TF1 | I | 6.1+3 | 274 | 0 | E0 | P601 | | MP8<br>MP17 |
| ! | ● | 3384 | BEIM EINATMEN GIFTIGER FLÜSSIGER STOFF, ENTZÜNDBAR, N.A.G., mit einem $LC_{50}$-Wert von höchstens 1 000 ml/$m^3$ und einer gesättigten Dampfkonzentration von mindestens 10 $LC_{50}$ | 6.1 | TF1 | I | 6.1+3 | 274 | 0 | E0 | P602 | | MP8<br>MP17 |

| Ortsbewegliche Tanks und Schüttgut-Container | | ADR-Tanks | | Fahrzeug für die Beförderung in Tanks | Beförderungskategorie (Tunnelbeschränkungscode) | Sondervorschriften für die Beförderung | | | | Nummer zur Kennzeichnung der Gefahr | UN-Nummer | Verlagshinweis „Gut zu wissen" |
|---|---|---|---|---|---|---|---|---|---|---|---|---|
| Anweisungen | Sondervorschriften | Tankcodierung | Sondervorschriften | | | Versandstücke | lose Schüttung | Be- und Entladung, Handhabung | Betrieb | | | |
| 4.2.5.2<br>7.3.2 | 4.2.5.3 | 4.3 | 4.3.5<br>6.8.4 | 9.1.1.2 | 1.1.3.6<br>(8.6) | 7.2.4 | 7.3.3 | 7.5.11 | 8.5 | 5.3.2.3 | | |
| (10) | (11) | (12) | (13) | (14) | (15) | (16) | (17) | (18) | (19) | (20) | (1) | |
| | | | | | 2<br>(D) | | | CV9<br>CV10<br>CV36 | S2<br>S20 | | 3374 | →M359 |
| T1 | TP1<br>TP9<br>TP17<br>TP32 | LGAV(+) | TU3<br>TU12<br>TU39<br>TE10<br>TE23<br>TA1<br>TA3 | AT | 2<br>(E) | | | CV24 | S9<br>S23 | 50 | 3375 | |
| T1 | TP1<br>TP9<br>TP17<br>TP32 | SGAV(+) | TU3<br>TU12<br>TU39<br>TE10<br>TE23<br>TA1<br>TA3 | AT | 2<br>(E) | | | CV24 | S9<br>S23 | 50 | 3375 | |
| | | | | | 1<br>(B) | V1 | | | S14 | | 3376 | |
| T1<br>BK1<br>BK2<br>BK3 | TP33 | SGAV | TU3 | AT | 3<br>(E) | | VC1<br>VC2<br>AP6<br>AP7 | CV24 | | 50 | 3377 | |
| T3<br>BK1<br>BK2 | TP33 | SGAV | TU3 | AT | 2<br>(E) | V11 | VC1<br>VC2<br>AP6<br>AP7 | CV24 | | 50 | 3378 | |
| T1<br>BK1<br>BK2<br>BK3 | TP33 | SGAV | TU3 | AT | 3<br>(E) | | VC1<br>VC2<br>AP6<br>AP7 | CV24 | | 50 | 3378 | |
| | | | | | 1<br>(B) | | | | S2<br>S14 | | 3379 | →D: RSEB Anl. 10 |
| | | | | | 1<br>(B) | | | | S14 | | 3380 | →D: RSEB Anl. 10 |
| T22 | TP2 | L15CH | TU14<br>TU15<br>TE19<br>TE21 | AT | 1<br>(C/D) | | | CV1<br>CV13<br>CV28 | S9<br>S14 | 66 | 3381 | |
| T20 | TP2 | L10CH | TU14<br>TU15<br>TE19<br>TE21 | AT | 1<br>(C/D) | | | CV1<br>CV13<br>CV28 | S9<br>S14 | 66 | 3382 | |
| T22 | TP2 | L15CH | TU14<br>TU15<br>TE19<br>TE21 | FL | 1<br>(C/D) | | | CV1<br>CV13<br>CV28 | S2<br>S9<br>S14 | 663 | 3383 | |
| T20 | TP2 | L10CH | TU14<br>TU15<br>TE19<br>TE21 | FL | 1<br>(C/D) | | | CV1<br>CV13<br>CV28 | S2<br>S9<br>S14 | 663 | 3384 | |

| Verlagshinweis Sicherung | Verlagshinweis Fahrweg | UN-Nummer | Benennung und Beschreibung | Klasse | Klassifizierungscode | Verpackungsgruppe | Gefahrzettel | Sondervorschriften | Begrenzte und freigestellte Mengen | | Verpackungen Anweisungen | Verpackungen Sondervorschriften | Verpackungen Zusammenpackung |
|---|---|---|---|---|---|---|---|---|---|---|---|---|---|
| | | | 3.1.2 | 2.2 | 2.2 | 2.1.1.3 | 5.2.2 | 3.3 | 3.4/3.5.1.2 | | 4.1.4 | 4.1.4 | 4.1.10 |
| | | (1) | (2) | (3a) | (3b) | (4) | (5) | (6) | (7a) | (7b) | (8) | (9a) | (9b) |
| ! | ● | 3385 | BEIM EINATMEN GIFTIGER FLÜSSIGER STOFF, MIT WASSER REAGIEREND, N.A.G., mit einem $LC_{50}$-Wert von höchstens 200 ml/m³ und einer gesättigten Dampfkonzentration von mindestens 500 $LC_{50}$ | 6.1 | TW1 | I | 6.1+4.3 | 274 | 0 | E0 | P601 | | MP8 MP17 |
| ! | ● | 3386 | BEIM EINATMEN GIFTIGER FLÜSSIGER STOFF, MIT WASSER REAGIEREND, N.A.G., mit einem $LC_{50}$-Wert von höchstens 1 000 ml/m³ und einer gesättigten Dampfkonzentration von mindestens 10 $LC_{50}$ | 6.1 | TW1 | I | 6.1+4.3 | 274 | 0 | E0 | P602 | | MP8 MP17 |
| ! | ● | 3387 | BEIM EINATMEN GIFTIGER FLÜSSIGER STOFF, ENTZÜNDEND (OXIDIEREND) WIRKEND, N.A.G., mit einem $LC_{50}$-Wert von höchstens 200 ml/m³ und einer gesättigten Dampfkonzentration von mindestens 500 $LC_{50}$ | 6.1 | TO1 | I | 6.1+5.1 | 274 | 0 | E0 | P601 | | MP8 MP17 |
| ! | ● | 3388 | BEIM EINATMEN GIFTIGER FLÜSSIGER STOFF, ENTZÜNDEND (OXIDIEREND) WIRKEND, N.A.G., mit einem $LC_{50}$-Wert von höchstens 1 000 ml/m³ und einer gesättigten Dampfkonzentration von mindestens 10 $LC_{50}$ | 6.1 | TO1 | I | 6.1+5.1 | 274 | 0 | E0 | P602 | | MP8 MP17 |
| ! | ● | 3389 | BEIM EINATMEN GIFTIGER FLÜSSIGER STOFF, ÄTZEND, N.A.G., mit einem $LC_{50}$-Wert von höchstens 200 ml/m³ und einer gesättigten Dampfkonzentration von mindestens 500 $LC_{50}$ | 6.1 | TC1 oder TC3 | I | 6.1+8 | 274 | 0 | E0 | P601 | | MP8 MP17 |
| ! | ● | 3390 | BEIM EINATMEN GIFTIGER FLÜSSIGER STOFF, ÄTZEND, N.A.G., mit einem $LC_{50}$-Wert von höchstens 1 000 ml/m³ und einer gesättigten Dampfkonzentration von mindestens 10 $LC_{50}$ | 6.1 | TC1 oder TC3 | I | 6.1+8 | 274 | 0 | E0 | P602 | | MP8 MP17 |
| ! | | 3391 | PYROPHORER METALLORGANISCHER FESTER STOFF | 4.2 | S5 | I | 4.2 | 274 | 0 | E0 | P404 | PP86 | MP2 |
| ! | | 3392 | PYROPHORER METALLORGANISCHER FLÜSSIGER STOFF | 4.2 | S5 | I | 4.2 | 274 | 0 | E0 | P400 | PP86 | MP2 |
| ! | | 3393 | PYROPHORER METALLORGANISCHER FESTER STOFF, MIT WASSER REAGIEREND | 4.2 | SW1 | I | 4.2+4.3 | 274 | 0 | E0 | P404 | PP86 | MP2 |
| ! | ● | 3394 | PYROPHORER METALLORGANISCHER FLÜSSIGER STOFF, MIT WASSER REAGIEREND | 4.2 | SW1 | I | 4.2+4.3 | 274 | 0 | E0 | P400 | PP86 | MP2 |
| ! | | 3395 | MIT WASSER REAGIERENDER METALLORGANISCHER FESTER STOFF | 4.3 | W2 | I | 4.3 | 274 | 0 | E0 | P403 | | MP2 |

| Ortsbewegliche Tanks und Schüttgut-Container | | ADR-Tanks | | Fahrzeug für die Beförderung in Tanks | Beförderungskategorie (Tunnelbeschränkungscode) | Sondervorschriften für die Beförderung | | | | Nummer zur Kennzeichnung der Gefahr | UN-Nummer | Verlagshinweis „Gut zu wissen" |
|---|---|---|---|---|---|---|---|---|---|---|---|---|
| Anweisungen | Sondervorschriften | Tankcodierung | Sondervorschriften | | | Versandstücke | lose Schüttung | Be- und Entladung, Handhabung | Betrieb | | | |
| 4.2.5.2 7.3.2 | 4.2.5.3 | 4.3 | 4.3.5 6.8.4 | 9.1.1.2 | 1.1.3.6 (8.6) | 7.2.4 | 7.3.3 | 7.5.11 | 8.5 | 5.3.2.3 | | |
| (10) | (11) | (12) | (13) | (14) | (15) | (16) | (17) | (18) | (19) | (20) | (1) | |
| T22 | TP2 | L15CH | TU14 TU15 TE19 TE21 | AT | 1 (C/D) | | | CV1 CV13 CV28 | S9 S14 | 623 | 3385 | |
| T20 | TP2 | L10CH | TU14 TU15 TE19 TE21 | AT | 1 (C/D) | | | CV1 CV13 CV28 | S9 S14 | 623 | 3386 | |
| T22 | TP2 | L15CH | TU14 TU15 TE19 TE21 | AT | 1 (C/D) | | | CV1 CV13 CV28 | S9 S14 | 665 | 3387 | |
| T20 | TP2 | L10CH | TU14 TU15 TE19 TE21 | AT | 1 (C/D) | | | CV1 CV13 CV28 | S9 S14 | 665 | 3388 | |
| T22 | TP2 | L15CH | TU14 TU15 TE19 TE21 | AT | 1 (C/D) | | | CV1 CV13 CV28 | S9 S14 | 668 | 3389 | |
| T20 | TP2 | L10CH | TU14 TU15 TE19 TE21 | AT | 1 (C/D) | | | CV1 CV13 CV28 | S9 S14 | 668 | 3390 | |
| T21 | TP7 TP33 TP36 | L21DH | TU4 TU14 TU22 TC1 TE21 TM1 | AT | 0 (B/E) | V1 | | | S20 | 43 | 3391 | |
| T21 | TP2 TP7 TP36 | L21DH | TU4 TU14 TU22 TC1 TE21 TM1 | AT | 0 (B/E) | V1 | | | S20 | 333 | 3392 | |
| T21 | TP7 TP33 TP36 TP41 | L21DH | TU4 TU14 TU22 TC1 TE21 TM1 | AT | 0 (B/E) | V1 | | | S20 | X432 | 3393 | |
| T21 | TP2 TP7 TP36 TP41 | L21DH | TU4 TU14 TU22 TC1 TE21 TM1 | AT | 0 (B/E) | V1 | | | S20 | X333 | 3394 | |
| T9 | TP7 TP33 TP36 TP41 | S10AN L10DH | TU4 TU14 TU22 TE21 TM2 | AT | 1 (B/E) | V1 | | CV23 | S20 | X423 | 3395 | |

| Verlagshinweis | | UN-Nummer | Benennung und Beschreibung | Klasse | Klassifizierungscode | Verpackungsgruppe | Gefahrzettel | Sondervorschriften | Begrenzte und freigestellte Mengen | | Verpackungen | | |
|---|---|---|---|---|---|---|---|---|---|---|---|---|---|
| Sicherung | Fahrweg | | | | | | | | | | Anweisungen | Sondervorschriften | Zusammenpackung |
| | | | 3.1.2 | 2.2 | 2.2 | 2.1.1.3 | 5.2.2 | 3.3 | 3.4/3.5.1.2 | | 4.1.4 | 4.1.4 | 4.1.10 |
| | | (1) | (2) | (3a) | (3b) | (4) | (5) | (6) | (7a) | (7b) | (8) | (9a) | (9b) |
| | | 3395 | MIT WASSER REAGIERENDER METALLORGANISCHER FESTER STOFF | 4.3 | W2 | II | 4.3 | 274 | 500 g | E2 | P410<br>IBC04 | | MP14 |
| | | 3395 | MIT WASSER REAGIERENDER METALLORGANISCHER FESTER STOFF | 4.3 | W2 | III | 4.3 | 274 | 1 kg | E1 | P410<br>IBC06 | | MP14 |
| ! | | 3396 | MIT WASSER REAGIERENDER METALLORGANISCHER FESTER STOFF, ENTZÜNDBAR | 4.3 | WF2 | I | 4.3+4.1 | 274 | 0 | E0 | P403 | | MP2 |
| | | 3396 | MIT WASSER REAGIERENDER METALLORGANISCHER FESTER STOFF, ENTZÜNDBAR | 4.3 | WF2 | II | 4.3+4.1 | 274 | 500 g | E2 | P410<br>IBC04 | | MP14 |
| | | 3396 | MIT WASSER REAGIERENDER METALLORGANISCHER FESTER STOFF, ENTZÜNDBAR | 4.3 | WF2 | III | 4.3+4.1 | 274 | 1 kg | E1 | P410<br>IBC06 | | MP14 |
| ! | | 3397 | MIT WASSER REAGIERENDER METALLORGANISCHER FESTER STOFF, SELBSTERHITZUNGSFÄHIG | 4.3 | WS | I | 4.3+4.2 | 274 | 0 | E0 | P403 | | MP2 |
| | | 3397 | MIT WASSER REAGIERENDER METALLORGANISCHER FESTER STOFF, SELBSTERHITZUNGSFÄHIG | 4.3 | WS | II | 4.3+4.2 | 274 | 500 g | E2 | P410<br>IBC04 | | MP14 |
| | | 3397 | MIT WASSER REAGIERENDER METALLORGANISCHER FESTER STOFF, SELBSTERHITZUNGSFÄHIG | 4.3 | WS | III | 4.3+4.2 | 274 | 1 kg | E1 | P410<br>IBC06 | | MP14 |
| ! | | 3398 | MIT WASSER REAGIERENDER METALLORGANISCHER FLÜSSIGER STOFF | 4.3 | W1 | I | 4.3 | 274 | 0 | E0 | P402 | | MP2 |
| | | 3398 | MIT WASSER REAGIERENDER METALLORGANISCHER FLÜSSIGER STOFF | 4.3 | W1 | II | 4.3 | 274 | 500 ml | E2 | P001<br>IBC01 | | MP15 |
| | | 3398 | MIT WASSER REAGIERENDER METALLORGANISCHER FLÜSSIGER STOFF | 4.3 | W1 | III | 4.3 | 274 | 1 L | E1 | P001<br>IBC02 | | MP15 |
| ! | ● | 3399 | MIT WASSER REAGIERENDER METALLORGANISCHER FLÜSSIGER STOFF, ENTZÜNDBAR | 4.3 | WF1 | I | 4.3+3 | 274 | 0 | E0 | P402 | | MP2 |
| | ● | 3399 | MIT WASSER REAGIERENDER METALLORGANISCHER FLÜSSIGER STOFF, ENTZÜNDBAR | 4.3 | WF1 | II | 4.3+3 | 274 | 500 ml | E2 | P001<br>IBC01 | | MP15 |
| | ● | 3399 | MIT WASSER REAGIERENDER METALLORGANISCHER FLÜSSIGER STOFF, ENTZÜNDBAR | 4.3 | WF1 | III | 4.3+3 | 274 | 1 L | E1 | P001<br>IBC02<br>R001 | | MP15 |
| | | 3400 | SELBSTERHITZUNGSFÄHIGER METALLORGANISCHER FESTER STOFF | 4.2 | S5 | II | 4.2 | 274 | 500 g | E2 | P410<br>IBC06 | | MP14 |
| | | 3400 | SELBSTERHITZUNGSFÄHIGER METALLORGANISCHER FESTER STOFF | 4.2 | S5 | III | 4.2 | 274 | 1 kg | E1 | P002<br>IBC08 | | MP14 |

| Ortsbewegliche Tanks und Schüttgut-Container | | ADR-Tanks | | Fahrzeug für die Beförderung in Tanks | Beförderungskategorie (Tunnelbeschränkungscode) | Sondervorschriften für die Beförderung | | | | Nummer zur Kennzeichnung der Gefahr | UN-Nummer | Verlagshinweis *„Gut zu wissen"* |
|---|---|---|---|---|---|---|---|---|---|---|---|---|
| Anweisungen | Sondervorschriften | Tankcodierung | Sondervorschriften | | | Versandstücke | lose Schüttung | Be- und Entladung, Handhabung | Betrieb | | | |
| 4.2.5.2<br>7.3.2 | 4.2.5.3 | 4.3 | 4.3.5<br>6.8.4 | 9.1.1.2 | 1.1.3.6<br>(8.6) | 7.2.4 | 7.3.3 | 7.5.11 | 8.5 | 5.3.2.3 | | |
| (10) | (11) | (12) | (13) | (14) | (15) | (16) | (17) | (18) | (19) | (20) | (1) | |
| T3 | TP33<br>TP36<br>TP41 | SGAN<br>L4DH | TU14<br>TE21<br>TM2 | AT | 2<br>(D/E) | V1 | | CV23 | | 423 | 3395 | |
| T1 | TP33<br>TP36<br>TP41 | SGAN<br>L4DH | TU14<br>TE21<br>TM2 | AT | 3<br>(E) | V1 | | CV23 | | 423 | 3395 | |
| T9 | TP7<br>TP33<br>TP36<br>TP41 | S10AN<br>L10DH | TU4<br>TU14<br>TU22<br>TE21<br>TM2 | AT | 0<br>(B/E) | V1 | | CV23 | S20 | X423 | 3396 | |
| T3 | TP33<br>TP36<br>TP41 | SGAN<br>L4DH | TU14<br>TE21<br>TM2 | AT | 0<br>(D/E) | V1 | | CV23 | | 423 | 3396 | |
| T1 | TP33<br>TP36<br>TP41 | SGAN<br>L4DH | TU14<br>TE21<br>TM2 | AT | 0<br>(E) | V1 | | CV23 | | 423 | 3396 | |
| T9 | TP7<br>TP33<br>TP36<br>TP41 | S10AN<br>L10DH | TU14<br>TE21<br>TM2 | AT | 1<br>(B/E) | V1 | | CV23 | S20 | X423 | 3397 | |
| T3 | TP33<br>TP36<br>TP41 | SGAN<br>L4DH | | AT | 2<br>(D/E) | V1 | | CV23 | | 423 | 3397 | |
| T1 | TP33<br>TP36<br>TP41 | SGAN<br>L4DH | | AT | 3<br>(E) | V1 | | CV23 | | 423 | 3397 | |
| T13 | TP2<br>TP7<br>TP36<br>TP41 | L10DH | TU4<br>TU14<br>TU22<br>TE21<br>TM2 | AT | 0<br>(B/E) | V1 | | CV23 | S20 | X323 | 3398 | |
| T7 | TP2<br>TP7<br>TP36<br>TP41 | L4DH | TU14<br>TE21<br>TM2 | AT | 0<br>(D/E) | V1 | | CV23 | | 323 | 3398 | |
| T7 | TP2<br>TP7<br>TP36<br>TP41 | L4DH | TU14<br>TE21<br>TM2 | AT | 0<br>(E) | V1 | | CV23 | | 323 | 3398 | |
| T13 | TP2<br>TP7<br>TP36<br>TP41 | L10DH | TU4<br>TU14<br>TU22<br>TE21<br>TM2 | FL | 0<br>(B/E) | V1 | | CV23 | S2<br>S20 | X323 | 3399 | |
| T7 | TP2<br>TP7<br>TP36<br>TP41 | L4DH | TU4<br>TU14<br>TU22<br>TE21<br>TM2 | FL | 0<br>(D/E) | V1 | | CV23 | S2 | 323 | 3399 | |
| T7 | TP2<br>TP7<br>TP36<br>TP41 | L4DH | TU14<br>TE21<br>TM2 | FL | 0<br>(E) | V1 | | CV23 | S2 | 323 | 3399 | |
| T3 | TP33<br>TP36 | SGAN<br>L4BN | | AT | 2<br>(D/E) | V1 | | | | 40 | 3400 | |
| T1 | TP33<br>TP36 | SGAN<br>L4BN | | AT | 3<br>(E) | V1 | | | | 40 | 3400 | |

## UN-numerisches Verzeichnis (Tabelle A)

| Verlagshinweis Sicherung | Verlagshinweis Fahrweg | UN-Nummer | Benennung und Beschreibung | Klasse | Klassifizierungscode | Verpackungsgruppe | Gefahrzettel | Sondervorschriften | Begrenzte und freigestellte Mengen | | Verpackungen Anweisungen | Verpackungen Sondervorschriften | Verpackungen Zusammenpackung |
|---|---|---|---|---|---|---|---|---|---|---|---|---|---|
| | | | 3.1.2 | 2.2 | 2.2 | 2.1.1.3 | 5.2.2 | 3.3 | 3.4/3.5.1.2 | | 4.1.4 | 4.1.4 | 4.1.10 |
| | | (1) | (2) | (3a) | (3b) | (4) | (5) | (6) | (7a) | (7b) | (8) | (9a) | (9b) |
| ! | | 3401 | ALKALIMETALLAMALGAM, FEST | 4.3 | W2 | I | 4.3 | 182 | 0 | E0 | P403 | | MP2 |
| ! | | 3402 | ERDALKALIMETALLAMALGAM, FEST | 4.3 | W2 | I | 4.3 | 183<br>506 | 0 | E0 | P403 | | MP2 |
| ! | | 3403 | KALIUMMETALLLEGIERUNGEN, FEST | 4.3 | W2 | I | 4.3 | | 0 | E0 | P403 | | MP2 |
| ! | | 3404 | KALIUM-NATRIUM-LEGIERUNGEN, FEST | 4.3 | W2 | I | 4.3 | | 0 | E0 | P403 | | MP2 |
| | | 3405 | BARIUMCHLORAT, LÖSUNG | 5.1 | OT1 | II | 5.1+6.1 | | 1 L | E2 | P504<br>IBC02 | | MP2 |
| | | 3405 | BARIUMCHLORAT, LÖSUNG | 5.1 | OT1 | III | 5.1+6.1 | | 5 L | E1 | P001<br>IBC02 | | MP2 |
| ! | | 3406 | BARIUMPERCHLORAT, LÖSUNG | 5.1 | OT1 | II | 5.1+6.1 | | 1 L | E2 | P504<br>IBC02 | | MP2 |
| ! | | 3406 | BARIUMPERCHLORAT, LÖSUNG | 5.1 | OT1 | III | 5.1+6.1 | | 5 L | E1 | P001<br>IBC02 | | MP2 |
| | | 3407 | CHLORAT UND MAGNESIUMCHLORID, MISCHUNG, LÖSUNG | 5.1 | O1 | II | 5.1 | | 1 L | E2 | P504<br>IBC02 | | MP2 |
| | | 3407 | CHLORAT UND MAGNESIUMCHLORID, MISCHUNG, LÖSUNG | 5.1 | O1 | III | 5.1 | | 5 L | E1 | P504<br>IBC02 | | MP2 |
| ! | | 3408 | BLEIPERCHLORAT, LÖSUNG | 5.1 | OT1 | II | 5.1+6.1 | | 1 L | E2 | P504<br>IBC02 | | MP2 |
| ! | | 3408 | BLEIPERCHLORAT, LÖSUNG | 5.1 | OT1 | III | 5.1+6.1 | | 5 L | E1 | P001<br>IBC02 | | MP2 |
| | | 3409 | CHLORNITROBENZENE, FLÜSSIG | 6.1 | T1 | II | 6.1 | 279 | 100 ml | E4 | P001<br>IBC02 | | MP15 |
| | | 3410 | 4-CHLOR-o-TOLUIDIN-HYDROCHLORID, LÖSUNG | 6.1 | T1 | III | 6.1 | | 5 L | E1 | P001<br>IBC03<br>R001 | | MP19 |
| | | 3411 | beta-NAPHTHYLAMIN, LÖSUNG | 6.1 | T1 | II | 6.1 | | 100 ml | E4 | P001<br>IBC02 | | MP15 |
| | | 3411 | beta-NAPHTHYLAMIN, LÖSUNG | 6.1 | T1 | III | 6.1 | | 5 L | E1 | P001<br>IBC02 | | MP19 |
| | | 3412 | AMEISENSÄURE mit mindestens 10 Masse-%, aber höchstens 85 Masse-% Säure | 8 | C3 | II | 8 | | 1 L | E2 | P001<br>IBC02 | | MP15 |
| | | 3412 | AMEISENSÄURE mit mindestens 5 Masse-%, aber weniger als 10 Masse-% Säure | 8 | C3 | III | 8 | | 5 L | E1 | P001<br>IBC03<br>LP01<br>R001 | | MP19 |
| ! | ● | 3413 | KALIUMCYANID, LÖSUNG | 6.1 | T4 | I | 6.1 | | 0 | E5 | P001 | | MP8<br>MP17 |
| | | 3413 | KALIUMCYANID, LÖSUNG | 6.1 | T4 | II | 6.1 | | 100 ml | E4 | P001<br>IBC02 | | MP15 |

| Ortsbewegliche Tanks und Schüttgut-Container | | ADR-Tanks | | Fahrzeug für die Beförderung in Tanks | Beförderungskategorie (Tunnelbeschränkungscode) | Sondervorschriften für die Beförderung | | | | Nummer zur Kennzeichnung der Gefahr | UN-Nummer | Verlagshinweis *„Gut zu wissen"* |
|---|---|---|---|---|---|---|---|---|---|---|---|---|
| Anweisungen | Sondervorschriften | Tankcodierung | Sondervorschriften | | | Versandstücke | lose Schüttung | Be- und Entladung, Handhabung | Betrieb | | | |
| 4.2.5.2<br>7.3.2 | 4.2.5.3 | 4.3 | 4.3.5<br>6.8.4 | 9.1.1.2 | 1.1.3.6<br>(8.6) | 7.2.4 | 7.3.3 | 7.5.11 | 8.5 | 5.3.2.3 | | |
| (10) | (11) | (12) | (13) | (14) | (15) | (16) | (17) | (18) | (19) | (20) | (1) | |
| T9 | TP7<br>TP33 | L10BN(+) | TU1<br>TE5<br>TT3<br>TM2 | AT | 1<br>(B/E) | V1 | | CV23 | S20 | X423 | 3401 | →*UN 1389* |
| T9 | TP7<br>TP33 | L10BN(+) | TU1<br>TE5<br>TT3<br>TM2 | AT | 1<br>(B/E) | V1 | | CV23 | S20 | X423 | 3402 | →*UN 1392* |
| T9 | TP7<br>TP33 | L10BN(+) | TU1<br>TE5<br>TT3<br>TM2 | AT | 1<br>(B/E) | V1 | | CV23 | S20 | X423 | 3403 | →*UN 1420* |
| T9 | TP7<br>TP33 | L10BN(+) | TU1<br>TE5<br>TT3<br>TM2 | AT | 1<br>(B/E) | V1 | | CV23 | S20 | X423 | 3404 | →*UN 1422* |
| T4 | TP1 | L4BN | TU3 | AT | 2<br>(E) | | | CV24<br>CV28 | | 56 | 3405 | →*UN 1445* |
| T4 | TP1 | LGBV | TU3 | AT | 3<br>(E) | | | CV24<br>CV28 | | 56 | 3405 | →*UN 1445* |
| T4 | TP1 | L4BN | TU3 | AT | 2<br>(E) | | | CV24<br>CV28 | | 56 | 3406 | →*UN 1447* |
| T4 | TP1 | LGBV | TU3 | AT | 3<br>(E) | | | CV24<br>CV28 | | 56 | 3406 | →*UN 1447* |
| T4 | TP1 | L4BN | TU3 | AT | 2<br>(E) | | | CV24 | | 50 | 3407 | →*UN 1459* |
| T4 | TP1 | LGBV | TU3 | AT | 3<br>(E) | | | CV24 | | 50 | 3407 | →*UN 1459* |
| T4 | TP1 | L4BN | TU3 | AT | 2<br>(E) | | | CV24<br>CV28 | | 56 | 3408 | →*UN 1470* |
| T4 | TP1 | LGBV | TU3 | AT | 3<br>(E) | | | CV24<br>CV28 | | 56 | 3408 | →*UN 1470* |
| T7 | TP2 | L4BH | TU15<br>TE19 | AT | 2<br>(D/E) | | | CV13<br>CV28 | S9<br>S19 | 60 | 3409 | →*UN 1578* |
| T4 | TP1 | L4BH | TU15<br>TE19 | AT | 2<br>(E) | V12 | | CV13<br>CV28 | S9 | 60 | 3410 | →*UN 1579* |
| T7 | TP2 | L4BH | TU15<br>TE19 | AT | 2<br>(D/E) | | | CV13<br>CV28 | S9<br>S19 | 60 | 3411 | →*UN 1650* |
| T7 | TP2 | L4BH | TU15<br>TE19 | AT | 2<br>(E) | | | CV13<br>CV28 | S9 | 60 | 3411 | →*UN 1650* |
| T7 | TP2 | L4BN | | AT | 2<br>(E) | | | | | 80 | 3412 | →*UN 1779* |
| T4 | TP1 | L4BN | | AT | 3<br>(E) | V12 | | | | 80 | 3412 | →*UN 1779* |
| T14 | TP2 | L10CH | TU14<br>TU15<br>TE19<br>TE21 | AT | 1<br>(C/E) | | | CV1<br>CV13<br>CV28 | S9<br>S14 | 66 | 3413 | →*UN 1680* |
| T11 | TP2<br>TP27 | L4BH | TU15<br>TE19 | AT | 2<br>(D/E) | | | CV13<br>CV28 | S9<br>S19 | 60 | 3413 | →*UN 1680* |

| Verlagshinweis | | UN-Nummer | Benennung und Beschreibung | Klasse | Klassifizierungscode | Verpackungsgruppe | Gefahrzettel | Sondervorschriften | Begrenzte und freigestellte Mengen | | Verpackungen | | |
|---|---|---|---|---|---|---|---|---|---|---|---|---|---|
| Sicherung | Fahrweg | | | | | | | | | | Anweisungen | Sondervorschriften | Zusammenpackung |
| | | | 3.1.2 | 2.2 | 2.2 | 2.1.1.3 | 5.2.2 | 3.3 | 3.4/3.5.1.2 | | 4.1.4 | 4.1.4 | 4.1.10 |
| | | (1) | (2) | (3a) | (3b) | (4) | (5) | (6) | (7a) | (7b) | (8) | (9a) | (9b) |
| | | 3413 | KALIUMCYANID, LÖSUNG | 6.1 | T4 | III | 6.1 | | 5 L | E1 | P001<br>IBC03<br>LP01<br>R001 | | MP19 |
| ! | ● | 3414 | NATRIUMCYANID, LÖSUNG | 6.1 | T4 | I | 6.1 | | 0 | E5 | P001 | | MP8<br>MP17 |
| | | 3414 | NATRIUMCYANID, LÖSUNG | 6.1 | T4 | II | 6.1 | | 100 ml | E4 | P001<br>IBC02 | | MP15 |
| | | 3414 | NATRIUMCYANID, LÖSUNG | 6.1 | T4 | III | 6.1 | | 5 L | E1 | P001<br>IBC03<br>LP01<br>R001 | | MP19 |
| | | 3415 | NATRIUMFLUORID, LÖSUNG | 6.1 | T4 | III | 6.1 | | 5 L | E1 | P001<br>IBC03<br>LP01<br>R001 | | MP19 |
| | | 3416 | CHLORACETOPHENON, FLÜSSIG | 6.1 | T1 | II | 6.1 | | 0 | E0 | P001<br>IBC02 | | MP15 |
| | | 3417 | XYLYLBROMID, FEST | 6.1 | T2 | II | 6.1 | | 0 | E4 | P002<br>IBC08 | <br>B4 | MP10 |
| | | 3418 | 2,4-TOLUYLENDIAMIN, LÖSUNG | 6.1 | T1 | III | 6.1 | | 5 L | E1 | P001<br>IBC03<br>LP01<br>R001 | | MP19 |
| | | 3419 | BORTRIFLUORID-ESSIGSÄURE-KOMPLEX, FEST | 8 | C4 | II | 8 | | 1 kg | E2 | P002<br>IBC08 | <br>B4 | MP10 |
| | | 3420 | BORTRIFLUORID-PROPIONSÄURE-KOMPLEX, FEST | 8 | C4 | II | 8 | | 1 kg | E2 | P002<br>IBC08 | <br>B4 | MP10 |
| | | 3421 | KALIUMHYDROGENDIFLUORID, LÖSUNG | 8 | CT1 | II | 8+6.1 | | 1 L | E2 | P001<br>IBC02 | | MP15 |
| | | 3421 | KALIUMHYDROGENDIFLUORID, LÖSUNG | 8 | CT1 | III | 8+6.1 | | 5 L | E1 | P001<br>IBC03<br>R001 | | MP19 |
| | | 3422 | KALIUMFLUORID, LÖSUNG | 6.1 | T4 | III | 6.1 | | 5 L | E1 | P001<br>IBC03<br>LP01<br>R001 | | MP19 |
| ! | | 3423 | TETRAMETHYLAMMONIUMHYDROXID, FEST | 6.1 | TC2 | I | 6.1+8 | 279 | 0 | E5 | P002<br>IBC99 | | MP18 |
| | | 3424 | AMMONIUMDINITRO-o-CRESOLAT, LÖSUNG | 6.1 | T1 | II | 6.1 | | 100 ml | E4 | P001<br>IBC02 | | MP15 |
| | | 3424 | AMMONIUMDINITRO-o-CRESOLAT, LÖSUNG | 6.1 | T1 | III | 6.1 | | 5 L | E1 | P001<br>IBC02 | | MP19 |
| | | 3425 | BROMESSIGSÄURE, FEST | 8 | C4 | II | 8 | | 1 kg | E2 | P002<br>IBC08 | <br>B4 | MP10 |
| | | 3426 | ACRYLAMID, LÖSUNG | 6.1 | T1 | III | 6.1 | | 5 L | E1 | P001<br>IBC03<br>LP01<br>R001 | | MP19 |
| | | 3427 | CHLORBENZYLCHLORIDE, FEST | 6.1 | T2 | III | 6.1 | | 5 kg | E1 | P002<br>IBC08<br>LP02<br>R001 | <br>B3 | MP10 |

| Ortsbewegliche Tanks und Schüttgut-Container | | ADR-Tanks | | Fahrzeug für die Beförderung in Tanks | Beförderungskategorie (Tunnelbeschränkungscode) | Sondervorschriften für die Beförderung | | | | Nummer zur Kennzeichnung der Gefahr | UN-Nummer | Verlagshinweis *„Gut zu wissen"* |
|---|---|---|---|---|---|---|---|---|---|---|---|---|
| Anweisungen | Sondervorschriften | Tankcodierung | Sondervorschriften | | | Versandstücke | lose Schüttung | Be- und Entladung, Handhabung | Betrieb | | | |
| 4.2.5.2 7.3.2 | 4.2.5.3 | 4.3 | 4.3.5 6.8.4 | 9.1.1.2 | 1.1.3.6 (8.6) | 7.2.4 | 7.3.3 | 7.5.11 | 8.5 | 5.3.2.3 | | |
| (10) | (11) | (12) | (13) | (14) | (15) | (16) | (17) | (18) | (19) | (20) | (1) | |
| T7 | TP2 TP28 | L4BH | TU15 TE19 | AT | 2 (E) | V12 | | CV13 CV28 | S9 | 60 | 3413 | *→UN 1680* |
| T14 | TP2 | L10CH | TU14 TU15 TE19 TE21 | AT | 1 (C/E) | | | CV1 CV13 CV28 | S9 S14 | 66 | 3414 | *→UN 1689* |
| T11 | TP2 TP27 | L4BH | TU15 TE19 | AT | 2 (D/E) | | | CV13 CV28 | S9 S19 | 60 | 3414 | *→UN 1689* |
| T7 | TP2 TP28 | L4BH | TU15 TE19 | AT | 2 (E) | V12 | | CV13 CV28 | S9 | 60 | 3414 | *→UN 1689* |
| T4 | TP1 | L4BH | TU15 TE19 | AT | 2 (E) | V12 | | CV13 CV28 | S9 | 60 | 3415 | *→UN 1690* |
| T7 | TP2 | L4BH | TU15 TE19 | AT | 2 (D/E) | | | CV13 CV28 | S9 S19 | 60 | 3416 | *→UN 1697* |
| T3 | TP33 | SGAH L4BH | TU15 TE19 | AT | 2 (D/E) | V11 | | CV13 CV28 | S9 S19 | 60 | 3417 | *→UN 1701* |
| T4 | TP1 | L4BH | TU15 TE19 | AT | 2 (E) | V12 | | CV13 CV28 | S9 | 60 | 3418 | *→UN 1709* |
| T3 | TP33 | SGAN L4BN | | AT | 2 (E) | V11 | | | | 80 | 3419 | *→UN 1742* |
| T3 | TP33 | SGAN L4BN | | AT | 2 (E) | V11 | | | | 80 | 3420 | *→UN 1743* |
| T7 | TP2 | L4DH | TU14 TE21 | AT | 2 (E) | | | CV13 CV28 | | 86 | 3421 | *→UN 1811* |
| T4 | TP1 | L4DH | TU14 TE21 | AT | 3 (E) | V12 | | CV13 CV28 | | 86 | 3421 | *→UN 1811* |
| T4 | TP1 | L4BH | TU15 TE19 | AT | 2 (E) | V12 | | CV13 CV28 | S9 | 60 | 3422 | *→UN 1812* |
| T6 | TP33 | S10AH L10CH | TU14 TU15 TE19 TE21 | AT | 1 (C/E) | V11 | | CV1 CV13 CV28 | S9 S14 | 668 | 3423 | *→1.6.1.56 →UN 3560* |
| T7 | TP2 | L4BH | TU15 TE19 | AT | 2 (D/E) | | | CV13 CV28 | S9 S19 | 60 | 3424 | *→UN 1843* |
| T7 | TP2 | L4BH | TU15 TE19 | AT | 2 (E) | | | CV13 CV28 | S9 | 60 | 3424 | *→UN 1843* |
| T3 | TP33 | SGAN L4BN | | AT | 2 (E) | V11 | | | | 80 | 3425 | *→UN 1938* |
| T4 | TP1 | L4BH | TU15 TE19 | AT | 2 (E) | V12 | | CV13 CV28 | S9 | 60 | 3426 | *→UN 2074* |
| T1 | TP33 | SGAH L4BH | TU15 TE19 | AT | 2 (E) | | VC1 VC2 AP7 | CV13 CV28 | S9 | 60 | 3427 | *→UN 2235* |

| Verlagshinweis | | UN-Nummer | Benennung und Beschreibung | Klasse | Klassifizierungscode | Verpackungsgruppe | Gefahrzettel | Sondervorschriften | Begrenzte und freigestellte Mengen | | Verpackungen | | |
|---|---|---|---|---|---|---|---|---|---|---|---|---|---|
| Sicherung | Fahrweg | | | | | | | | | | Anweisungen | Sondervorschriften | Zusammenpackung |
| | | | 3.1.2 | 2.2 | 2.2 | 2.1.1.3 | 5.2.2 | 3.3 | 3.4/3.5.1.2 | | 4.1.4 | 4.1.4 | 4.1.10 |
| | | (1) | (2) | (3a) | (3b) | (4) | (5) | (6) | (7a) | (7b) | (8) | (9a) | (9b) |
| | | 3428 | 3-CHLOR-4-METHYLPHENYLISOCYANAT, FEST | 6.1 | T2 | II | 6.1 | | 500 g | E4 | P002<br>IBC08 | B4 | MP10 |
| | | 3429 | CHLORTOLUIDINE, FLÜSSIG | 6.1 | T1 | III | 6.1 | | 5 L | E1 | P001<br>IBC03<br>LP01<br>R001 | | MP19 |
| | | 3430 | XYLENOLE, FLÜSSIG | 6.1 | T1 | II | 6.1 | | 100 ml | E4 | P001<br>IBC02 | | MP15 |
| | | 3431 | NITROBENZOTRIFLUORIDE, FEST | 6.1 | T2 | II | 6.1 | | 500 g | E4 | P002<br>IBC08 | B4 | MP10 |
| | | 3432 | POLYCHLORIERTE BIPHENYLE, FEST | 9 | M2 | II | 9 | 305 | 1 kg | E2 | P906<br>IBC08 | B4 | MP10 |
| | | 3434 | NITROCRESOLE, FLÜSSIG | 6.1 | T1 | III | 6.1 | | 5 L | E1 | P001<br>IBC03<br>LP01<br>R001 | | MP19 |
| | | 3436 | HEXAFLUORACETONHYDRAT, FEST | 6.1 | T2 | II | 6.1 | | 500 g | E4 | P002<br>IBC08 | B4 | MP10 |
| | | 3437 | CHLORCRESOLE, FEST | 6.1 | T2 | II | 6.1 | | 500 g | E4 | P002<br>IBC08 | B4 | MP10 |
| | | 3438 | alpha-METHYLBENZYLALKOHOL, FEST | 6.1 | T2 | III | 6.1 | | 5 kg | E1 | P002<br>IBC08<br>LP02<br>R001 | B3 | MP10 |
| ! | | 3439 | NITRILE, FEST, GIFTIG, N.A.G. | 6.1 | T2 | I | 6.1 | 274 | 0 | E5 | P002<br>IBC07 | | MP18 |
| | | 3439 | NITRILE, FEST, GIFTIG, N.A.G. | 6.1 | T2 | II | 6.1 | 274 | 500 g | E4 | P002<br>IBC08 | B4 | MP10 |
| | | 3439 | NITRILE, FEST, GIFTIG, N.A.G. | 6.1 | T2 | III | 6.1 | 274 | 5 kg | E1 | P002<br>IBC08<br>LP02<br>R001 | B3 | MP10 |
| ! | ● | 3440 | SELENVERBINDUNG, FLÜSSIG, N.A.G. | 6.1 | T4 | I | 6.1 | 274<br>563 | 0 | E5 | P001 | | MP8<br>MP17 |
| | | 3440 | SELENVERBINDUNG, FLÜSSIG, N.A.G. | 6.1 | T4 | II | 6.1 | 274<br>563 | 100 ml | E4 | P001<br>IBC02 | | MP15 |
| | | 3440 | SELENVERBINDUNG, FLÜSSIG, N.A.G. | 6.1 | T4 | III | 6.1 | 274<br>563 | 5 L | E1 | P001<br>IBC03<br>R001 | | MP19 |
| | | 3441 | CHLORDINITROBENZENE, FEST | 6.1 | T2 | II | 6.1 | 279 | 500 g | E4 | P002<br>IBC08 | B4 | MP10 |
| | | 3442 | DICHLORANILINE, FEST | 6.1 | T2 | II | 6.1 | 279 | 500 g | E4 | P002<br>IBC08 | B4 | MP10 |
| | | 3443 | DINITROBENZENE, FEST | 6.1 | T2 | II | 6.1 | | 500 g | E4 | P002<br>IBC08 | B4 | MP10 |
| | | 3444 | NICOTINHYDROCHLORID, FEST | 6.1 | T2 | II | 6.1 | 43 | 500 g | E4 | P002<br>IBC08 | B4 | MP10 |
| | | 3445 | NICOTINSULFAT, FEST | 6.1 | T2 | II | 6.1 | | 500 g | E4 | P002<br>IBC08 | B4 | MP10 |

| Ortsbewegliche Tanks und Schüttgut-Container | | ADR-Tanks | | Fahrzeug für die Beförderung in Tanks | Beförderungskategorie (Tunnelbeschränkungscode) | Sondervorschriften für die Beförderung | | | | Nummer zur Kennzeichnung der Gefahr | UN-Nummer | Verlagshinweis „Gut zu wissen" |
|---|---|---|---|---|---|---|---|---|---|---|---|---|
| Anweisungen | Sondervorschriften | Tankcodierung | Sondervorschriften | | | Versandstücke | lose Schüttung | Be- und Entladung, Handhabung | Betrieb | | | |
| 4.2.5.2 7.3.2 | 4.2.5.3 | 4.3 | 4.3.5 6.8.4 | 9.1.1.2 | 1.1.3.6 (8.6) | 7.2.4 | 7.3.3 | 7.5.11 | 8.5 | 5.3.2.3 | | |
| (10) | (11) | (12) | (13) | (14) | (15) | (16) | (17) | (18) | (19) | (20) | (1) | |
| T3 | TP33 | SGAH L4BH | TU15 TE19 | AT | 2 (D/E) | V11 | | CV13 CV28 | S9 S19 | 60 | 3428 | →UN 2236 |
| T4 | TP1 | L4BH | TU15 TE19 | AT | 2 (E) | V12 | | CV13 CV28 | S9 | 60 | 3429 | →UN 2239 |
| T7 | TP2 | L4BH | TU15 TE19 | AT | 2 (D/E) | | | CV13 CV28 | S9 S19 | 60 | 3430 | →UN 2261 |
| T3 | TP33 | SGAH L4BH | TU15 TE19 | AT | 2 (D/E) | V11 | | CV13 CV28 | S9 S19 | 60 | 3431 | →UN 2306 |
| T3 | TP33 | S4AH L4BH | TU15 | AT | 0 (D/E) | V11 | VC1 VC2 AP9 | CV1 CV13 CV28 | S19 | 90 | 3432 | →2.1.3.4.2 →2.2.9.2 →D: RSEB 4-7.3 →UN 2315 →UN 3152 |
| T4 | TP1 | L4BH | TU15 TE19 | AT | 2 (E) | V12 | | CV13 CV28 | S9 | 60 | 3434 | →UN 2446 |
| T3 | TP33 | SGAH L4BH | TU15 TE19 | AT | 2 (D/E) | V11 | | CV13 CV28 | S9 S19 | 60 | 3436 | →UN 2552 |
| T3 | TP33 | SGAH L4BH | TU15 TE19 | AT | 2 (D/E) | V11 | | CV13 CV28 | S9 S19 | 60 | 3437 | →UN 2669 |
| T1 | TP33 | SGAH L4BH | TU15 TE19 | AT | 2 (E) | | VC1 VC2 AP7 | CV13 CV28 | S9 | 60 | 3438 | →UN 2937 |
| T6 | TP33 | S10AH L10CH | TU14 TU15 TE19 TE21 | AT | 1 (C/E) | V10 | | CV1 CV13 CV28 | S9 S14 | 66 | 3439 | →UN 3276 |
| T3 | TP33 | SGAH L4BH | TU15 TE19 | AT | 2 (D/E) | V11 | | CV13 CV28 | S9 S19 | 60 | 3439 | →UN 3276 |
| T1 | TP33 | SGAH L4BH | TU15 TE19 | AT | 2 (E) | | VC1 VC2 AP7 | CV13 CV28 | S9 | 60 | 3439 | →UN 3276 |
| T14 | TP2 TP27 | L10CH | TU14 TU15 TE19 TE21 | AT | 1 (C/E) | | | CV1 CV13 CV28 | S9 S14 | 66 | 3440 | →UN 3283 |
| T11 | TP2 TP27 | L4BH | TU15 TE19 | AT | 2 (D/E) | | | CV13 CV28 | S9 S19 | 60 | 3440 | →UN 3283 |
| T7 | TP1 TP28 | L4BH | TU15 TE19 | AT | 2 (E) | V12 | | CV13 CV28 | S9 | 60 | 3440 | →UN 3283 |
| T3 | TP33 | SGAH L4BH | TU15 TE19 | AT | 2 (D/E) | V11 | | CV13 CV28 | S9 S19 | 60 | 3441 | →UN 1577 |
| T3 | TP33 | SGAH L4BH | TU15 TE19 | AT | 2 (D/E) | V11 | | CV13 CV28 | S9 S19 | 60 | 3442 | →UN 1590 |
| T3 | TP33 | SGAH L4BH | TU15 TE19 | AT | 2 (D/E) | V11 | | CV13 CV28 | S9 S19 | 60 | 3443 | →UN 1597 |
| T3 | TP33 | SGAH | TU15 TE19 | AT | 2 (D/E) | V11 | | CV13 CV28 | S9 S19 | 60 | 3444 | →UN 1656 |
| T3 | TP33 | SGAH | TU15 TE19 | AT | 2 (D/E) | V11 | | CV13 CV28 | S9 S19 | 60 | 3445 | →UN 1658 |

## UN-numerisches Verzeichnis (Tabelle A)

| Verlagshinweis | | UN-Nummer | Benennung und Beschreibung | Klasse | Klassifizierungscode | Verpackungsgruppe | Gefahrzettel | Sondervorschriften | Begrenzte und freigestellte Mengen | | Verpackungen | | |
|---|---|---|---|---|---|---|---|---|---|---|---|---|---|
| Sicherung | Fahrweg | | | | | | | | | | Anweisungen | Sondervorschriften | Zusammenpackung |
| | | | 3.1.2 | 2.2 | 2.2 | 2.1.1.3 | 5.2.2 | 3.3 | 3.4/3.5.1.2 | | 4.1.4 | 4.1.4 | 4.1.10 |
| | | (1) | (2) | (3a) | (3b) | (4) | (5) | (6) | (7a) | (7b) | (8) | (9a) | (9b) |
| | | 3446 | NITROTOLUENE, FEST | 6.1 | T2 | II | 6.1 | | 500 g | E4 | P002<br>IBC08 | <br>B4 | MP10 |
| | | 3447 | NITROXYLENE, FEST | 6.1 | T2 | II | 6.1 | | 500 g | E4 | P002<br>IBC08 | <br>B4 | MP10 |
| ! | | 3448 | STOFF ZUR HERSTELLUNG VON TRÄNENGASEN, FEST, N.A.G. | 6.1 | T2 | I | 6.1 | 274 | 0 | E0 | P002 | | MP18 |
| | | 3448 | STOFF ZUR HERSTELLUNG VON TRÄNENGASEN, FEST, N.A.G. | 6.1 | T2 | II | 6.1 | 274 | 0 | E0 | P002<br>IBC08 | <br>B4 | MP10 |
| ! | | 3449 | BROMBENZYLCYANIDE, FEST | 6.1 | T2 | I | 6.1 | 138 | 0 | E5 | P002 | | MP18 |
| ! | | 3450 | DIPHENYLCHLORARSIN, FEST | 6.1 | T3 | I | 6.1 | | 0 | E0 | P002<br>IBC07 | | MP18 |
| | | 3451 | TOLUIDINE, FEST | 6.1 | T2 | II | 6.1 | 279 | 500 g | E4 | P002<br>IBC08 | <br>B4 | MP10 |
| | | 3452 | XYLIDINE, FEST | 6.1 | T2 | II | 6.1 | | 500 g | E4 | P002<br>IBC08 | <br>B4 | MP10 |
| | | 3453 | PHOSPHORSÄURE, FEST | 8 | C2 | III | 8 | | 5 kg | E1 | P002<br>IBC08<br>LP02<br>R001 | <br>B3 | MP10 |
| | | 3454 | DINITROTOLUENE, FEST | 6.1 | T2 | II | 6.1 | | 500 g | E4 | P002<br>IBC08 | <br>B4 | MP10 |
| | | 3455 | CRESOLE, FEST | 6.1 | TC2 | II | 6.1+8 | | 500 g | E4 | P002<br>IBC08 | <br>B4 | MP10 |
| | | 3456 | NITROSYLSCHWEFELSÄURE, FEST | 8 | C2 | II | 8 | | 1 kg | E2 | P002<br>IBC08 | <br>B4 | MP10 |
| | | 3457 | CHLORNITROTOLUENE, FEST | 6.1 | T2 | III | 6.1 | | 5 kg | E1 | P002<br>IBC08<br>LP02<br>R001 | <br>B3 | MP10 |
| | | 3458 | NITROANISOLE, FEST | 6.1 | T2 | III | 6.1 | 279 | 5 kg | E1 | P002<br>IBC08<br>LP02<br>R001 | <br>B3 | MP10 |
| | | 3459 | NITROBROMBENZENE, FEST | 6.1 | T2 | III | 6.1 | | 5 kg | E1 | P002<br>IBC08<br>LP02<br>R001 | <br>B3 | MP10 |
| | | 3460 | N-ETHYL-N-BENZYLTOLUIDINE, FEST | 6.1 | T2 | III | 6.1 | | 5 kg | E1 | P002<br>IBC08<br>LP02<br>R001 | <br>B3 | MP10 |
| ! | | 3462 | TOXINE, GEWONNEN AUS LEBENDEN ORGANISMEN, FEST, N.A.G. | 6.1 | T2 | I | 6.1 | 210<br>274 | 0 | E5 | P002<br>IBC07 | | MP18 |
| | | 3462 | TOXINE, GEWONNEN AUS LEBENDEN ORGANISMEN, FEST, N.A.G. | 6.1 | T2 | II | 6.1 | 210<br>274 | 500 g | E4 | P002<br>IBC08 | <br>B4 | MP10 |
| | | 3462 | TOXINE, GEWONNEN AUS LEBENDEN ORGANISMEN, FEST, N.A.G. | 6.1 | T2 | III | 6.1 | 210<br>274 | 5 kg | E1 | P002<br>IBC08<br>R001 | <br>B3 | MP10 |
| | | 3463 | PROPIONSÄURE mit mindestens 90 Masse-% Säure | 8 | CF1 | II | 8+3 | | 1 L | E2 | P001<br>IBC02 | | MP15 |

| Ortsbewegliche Tanks und Schüttgut-Container | | ADR-Tanks | | Fahrzeug für die Beförderung in Tanks | Beförderungskategorie (Tunnelbeschränkungscode) | Sondervorschriften für die Beförderung | | | | Nummer zur Kennzeichnung der Gefahr | UN-Nummer | Verlagshinweis „Gut zu wissen" |
|---|---|---|---|---|---|---|---|---|---|---|---|---|
| Anweisungen | Sondervorschriften | Tankcodierung | Sondervorschriften | | | Versandstücke | lose Schüttung | Be- und Entladung, Handhabung | Betrieb | | | |
| 4.2.5.2<br>7.3.2 | 4.2.5.3 | 4.3 | 4.3.5<br>6.8.4 | 9.1.1.2 | 1.1.3.6<br>(8.6) | 7.2.4 | 7.3.3 | 7.5.11 | 8.5 | 5.3.2.3 | | |
| (10) | (11) | (12) | (13) | (14) | (15) | (16) | (17) | (18) | (19) | (20) | (1) | |
| T3 | TP33 | SGAH<br>L4BH | TU15<br>TE19 | AT | 2<br>(D/E) | V11 | | CV13<br>CV28 | S9<br>S19 | 60 | 3446 | *→UN 1664* |
| T3 | TP33 | SGAH<br>L4BH | TU15<br>TE19 | AT | 2<br>(D/E) | V11 | | CV13<br>CV28 | S9<br>S19 | 60 | 3447 | *→UN 1665* |
| T6 | TP33 | S10AH<br>L10CH | TU14<br>TU15<br>TE19<br>TE21 | AT | 1<br>(C/E) | | | CV1<br>CV13<br>CV28 | S9<br>S14 | 66 | 3448 | *→UN 1693* |
| T3 | TP33 | SGAH<br>L4BH | TU15<br>TE19 | AT | 2<br>(D/E) | V11 | | CV13<br>CV28 | S9<br>S19 | 60 | 3448 | *→UN 1693* |
| T6 | TP33 | S10AH<br>L10CH | TU15<br>TE19 | AT | 1<br>(C/E) | | | CV1<br>CV13<br>CV28 | S9<br>S14 | 66 | 3449 | *→UN 1694* |
| T6 | TP33 | S10AH<br>L10CH | TU15<br>TE19 | AT | 1<br>(C/E) | V10 | | CV1<br>CV13<br>CV28 | S9<br>S14 | 66 | 3450 | *→UN 1699* |
| T3 | TP33 | SGAH<br>L4BH | TU15<br>TE19 | AT | 2<br>(D/E) | V11 | | CV13<br>CV28 | S9<br>S19 | 60 | 3451 | *→UN 1708* |
| T3 | TP33 | SGAH<br>L4BH | TU15<br>TE19 | AT | 2<br>(D/E) | V11 | | CV13<br>CV28 | S9<br>S19 | 60 | 3452 | *→UN 1711* |
| T1 | TP33 | SGAV<br>L4BN | | AT | 3<br>(E) | | VC1<br>VC2<br>AP7 | | | 80 | 3453 | *→UN 1805* |
| T3 | TP33 | SGAH<br>L4BH | TU15<br>TE19 | AT | 2<br>(D/E) | V11 | | CV13<br>CV28 | S9<br>S19 | 60 | 3454 | *→UN 2038* |
| T3 | TP33 | SGAH<br>L4BH | TU15<br>TE19 | AT | 2<br>(D/E) | V11 | | CV13<br>CV28 | S9<br>S19 | 68 | 3455 | *→UN 2076* |
| T3 | TP33 | SGAN<br>L4BN | | AT | 2<br>(E) | V11 | | | | X80 | 3456 | *→UN 2308* |
| T1 | TP33 | SGAH<br>L4BH | TU15<br>TE19 | AT | 2<br>(E) | | VC1<br>VC2<br>AP7 | CV13<br>CV28 | S9 | 60 | 3457 | *→UN 2433* |
| T1 | TP33 | SGAH<br>L4BH | TU15<br>TE19 | AT | 2<br>(E) | | VC1<br>VC2<br>AP7 | CV13<br>CV28 | S9 | 60 | 3458 | *→UN 2730* |
| T1 | TP33 | SGAH<br>L4BH | TU15<br>TE19 | AT | 2<br>(E) | | VC1<br>VC2<br>AP7 | CV13<br>CV28 | S9 | 60 | 3459 | *→UN 2732* |
| T1 | TP33 | SGAH<br>L4BH | TU15<br>TE19 | AT | 2<br>(E) | | VC1<br>VC2<br>AP7 | CV13<br>CV28 | S9 | 60 | 3460 | *→UN 2753* |
| T6 | TP33 | S10AH<br>L10CH | TU15<br>TE19 | AT | 1<br>(C/E) | V10 | | CV1<br>CV13<br>CV28 | S9<br>S14 | 66 | 3462 | *→UN 3172* |
| T3 | TP33 | SGAH<br>L4BH | TU15<br>TE19 | AT | 2<br>(D/E) | V11 | | CV13<br>CV28 | S9<br>S19 | 60 | 3462 | *→UN 3172* |
| T1 | TP33 | SGAH<br>L4BH | TU15<br>TE19 | AT | 2<br>(E) | | VC1<br>VC2<br>AP7 | CV13<br>CV28 | S9 | 60 | 3462 | *→UN 3172* |
| T7 | TP2 | L4BN | | FL | 2<br>(D/E) | | | | S2 | 83 | 3463 | *→UN 1848* |

## UN-numerisches Verzeichnis (Tabelle A)

| Verlagshinweis | | UN-Nummer | Benennung und Beschreibung | Klasse | Klassifizierungscode | Verpackungsgruppe | Gefahrzettel | Sondervorschriften | Begrenzte und freigestellte Mengen | | Verpackungen | | |
|---|---|---|---|---|---|---|---|---|---|---|---|---|---|
| Sicherung | Fahrweg | | | | | | | | | | Anweisungen | Sondervorschriften | Zusammenpackung |
| | | | 3.1.2 | 2.2 | 2.2 | 2.1.1.3 | 5.2.2 | 3.3 | 3.4/3.5.1.2 | | 4.1.4 | 4.1.4 | 4.1.10 |
| | | (1) | (2) | (3a) | (3b) | (4) | (5) | (6) | (7a) | (7b) | (8) | (9a) | (9b) |
| ! | | 3464 | ORGANISCHE PHOSPHORVERBINDUNG, FEST, GIFTIG, N.A.G. | 6.1 | T2 | I | 6.1 | 43<br>274 | 0 | E5 | P002<br>IBC07 | | MP18 |
| | | 3464 | ORGANISCHE PHOSPHORVERBINDUNG, FEST, GIFTIG, N.A.G. | 6.1 | T2 | II | 6.1 | 43<br>274 | 500 g | E4 | P002<br>IBC08 | B4 | MP10 |
| | | 3464 | ORGANISCHE PHOSPHORVERBINDUNG, FEST, GIFTIG, N.A.G. | 6.1 | T2 | III | 6.1 | 43<br>274 | 5 kg | E1 | P002<br>IBC08<br>LP02<br>R001 | B3 | MP10 |
| ! | | 3465 | ORGANISCHE ARSENVERBINDUNG, FEST, N.A.G. | 6.1 | T3 | I | 6.1 | 274 | 0 | E5 | P002<br>IBC07 | | MP18 |
| | | 3465 | ORGANISCHE ARSENVERBINDUNG, FEST, N.A.G. | 6.1 | T3 | II | 6.1 | 274 | 500 g | E4 | P002<br>IBC08 | B4 | MP10 |
| | | 3465 | ORGANISCHE ARSENVERBINDUNG, FEST, N.A.G. | 6.1 | T3 | III | 6.1 | 274 | 5 kg | E1 | P002<br>IBC08<br>LP02<br>R001 | B3 | MP10 |
| ! | | 3466 | METALLCARBONYLE, FEST, N.A.G. | 6.1 | T3 | I | 6.1 | 274<br>562 | 0 | E5 | P002<br>IBC07 | | MP18 |
| | | 3466 | METALLCARBONYLE, FEST, N.A.G. | 6.1 | T3 | II | 6.1 | 274<br>562 | 500 g | E4 | P002<br>IBC08 | B4 | MP10 |
| | | 3466 | METALLCARBONYLE, FEST, N.A.G. | 6.1 | T3 | III | 6.1 | 274<br>562 | 5 kg | E1 | P002<br>IBC08<br>LP02<br>R001 | B3 | MP10 |
| ! | | 3467 | METALLORGANISCHE VERBINDUNG, FEST, GIFTIG, N.A.G. | 6.1 | T3 | I | 6.1 | 274<br>562 | 0 | E5 | P002<br>IBC07 | | MP18 |
| | | 3467 | METALLORGANISCHE VERBINDUNG, FEST, GIFTIG, N.A.G. | 6.1 | T3 | II | 6.1 | 274<br>562 | 500 g | E4 | P002<br>IBC08 | B4 | MP10 |
| | | 3467 | METALLORGANISCHE VERBINDUNG, FEST, GIFTIG, N.A.G. | 6.1 | T3 | III | 6.1 | 274<br>562 | 5 kg | E1 | P002<br>IBC08<br>LP02<br>R001 | B3 | MP10 |
| | | 3468 | WASSERSTOFF IN EINEM METALLHYDRID-SPEICHERSYSTEM oder WASSERSTOFF IN EINEM METALLHYDRID-SPEICHERSYSTEM IN AUSRÜSTUNGEN oder WASSERSTOFF IN EINEM METALLHYDRID-SPEICHERSYSTEM, MIT AUSRÜSTUNGEN VERPACKT | 2 | 1F | | 2.1 | 321<br>356 | 0 | E0 | P205 | | MP9 |
| ! | ● | 3469 | FARBE, ENTZÜNDBAR, ÄTZEND (einschließlich Farbe, Lack, Emaille, Beize, Schellack, Firnis, Politur, flüssiger Füllstoff und flüssige Lackgrundlage) oder FARBZUBEHÖRSTOFFE, ENTZÜNDBAR, ÄTZEND (einschließlich Farbverdünnung und -lösemittel) | 3 | FC | I | 3+8 | 163<br>367 | 0 | E0 | P001 | | MP7<br>MP17 |
| ! | ● | 3469 | FARBE, ENTZÜNDBAR, ÄTZEND (einschließlich Farbe, Lack, Emaille, Beize, Schellack, Firnis, Politur, flüssiger Füllstoff und flüssige Lackgrundlage) oder FARBZUBEHÖRSTOFFE, ENTZÜNDBAR, ÄTZEND (einschließlich Farbverdünnung und -lösemittel) | 3 | FC | II | 3+8 | 163<br>367 | 1 L | E2 | P001<br>IBC02 | | MP19 |

| Ortsbewegliche Tanks und Schüttgut-Container | | ADR-Tanks | | Fahrzeug für die Beförderung in Tanks | Beförderungskategorie (Tunnelbeschränkungscode) | Sondervorschriften für die Beförderung | | | | Nummer zur Kennzeichnung der Gefahr | UN-Nummer | Verlagshinweis *„Gut zu wissen"* |
|---|---|---|---|---|---|---|---|---|---|---|---|---|
| Anweisungen | Sondervorschriften | Tankcodierung | Sondervorschriften | | | Versandstücke | lose Schüttung | Be- und Entladung, Handhabung | Betrieb | | | |
| 4.2.5.2<br>7.3.2 | 4.2.5.3 | 4.3 | 4.3.5<br>6.8.4 | 9.1.1.2 | 1.1.3.6<br>(8.6) | 7.2.4 | 7.3.3 | 7.5.11 | 8.5 | 5.3.2.3 | | |
| (10) | (11) | (12) | (13) | (14) | (15) | (16) | (17) | (18) | (19) | (20) | (1) | |
| T6 | TP33 | S10AH<br>L10CH | TU14<br>TU15<br>TE19<br>TE21 | AT | 1<br>(C/E) | V10 | | CV1<br>CV13<br>CV28 | S9<br>S14 | 66 | 3464 | *→UN 3278* |
| T3 | TP33 | SGAH<br>L4BH | TU15<br>TE19 | AT | 2<br>(D/E) | V11 | | CV13<br>CV28 | S9<br>S19 | 60 | 3464 | *→UN 3278* |
| T1 | TP33 | SGAH<br>L4BH | TU15<br>TE19 | AT | 2<br>(E) | | VC1<br>VC2<br>AP7 | CV13<br>CV28 | S9 | 60 | 3464 | *→UN 3278* |
| T6 | TP33 | S10AH<br>L10CH | TU14<br>TU15<br>TE19<br>TE21 | AT | 1<br>(C/E) | V10 | | CV1<br>CV13<br>CV28 | S9<br>S14 | 66 | 3465 | *→UN 3280* |
| T3 | TP33 | SGAH<br>L4BH | TU15<br>TE19 | AT | 2<br>(D/E) | V11 | | CV13<br>CV28 | S9<br>S19 | 60 | 3465 | *→UN 3280* |
| T1 | TP33 | SGAH<br>L4BH | TU15<br>TE19 | AT | 2<br>(E) | | VC1<br>VC2<br>AP7 | CV13<br>CV28 | S9 | 60 | 3465 | *→UN 3280* |
| T6 | TP33 | S10AH<br>L10CH | TU14<br>TU15<br>TE19<br>TE21 | AT | 1<br>(C/E) | V10 | | CV1<br>CV13<br>CV28 | S9<br>S14 | 66 | 3466 | *→UN 3281* |
| T3 | TP33 | SGAH<br>L4BH | TU15<br>TE19 | AT | 2<br>(D/E) | V11 | | CV13<br>CV28 | S9<br>S19 | 60 | 3466 | *→UN 3281* |
| T1 | TP33 | SGAH<br>L4BH | TU15<br>TE19 | AT | 2<br>(E) | | VC1<br>VC2<br>AP7 | CV13<br>CV28 | S9 | 60 | 3466 | *→UN 3281* |
| T6 | TP33 | S10AH<br>L10CH | TU14<br>TU15<br>TE19<br>TE21 | AT | 1<br>(C/E) | V10 | | CV1<br>CV13<br>CV28 | S9<br>S14 | 66 | 3467 | *→UN 3282* |
| T3 | TP33 | SGAH<br>L4BH | TU15<br>TE19 | AT | 2<br>(D/E) | V11 | | CV13<br>CV28 | S9<br>S19 | 60 | 3467 | *→UN 3282* |
| T1 | TP33 | SGAH<br>L4BH | TU15<br>TE19 | AT | 2<br>(E) | | VC1<br>VC2<br>AP7 | CV13<br>CV28 | S9 | 60 | 3467 | *→UN 3282* |
| | | | | | 2<br>(D) | | | CV9<br>CV10<br>CV36 | S2<br>S20 | | 3468 | *→D: RSEB 1-13* |
| T11 | TP2<br>TP27 | L10CH | TU14<br>TE21 | FL | 1<br>(C/E) | | | | S2<br>S20 | 338 | 3469 | *→UN 2924* |
| T7 | TP2<br>TP8<br>TP28 | L4BH | | FL | 2<br>(D/E) | | | | S2<br>S20 | 338 | 3469 | *→UN 2924* |

## UN-numerisches Verzeichnis (Tabelle A)

| Verlagshinweis: Sicherung | Verlagshinweis: Fahrweg | UN-Nummer | Benennung und Beschreibung | Klasse | Klassifizierungscode | Verpackungsgruppe | Gefahrzettel | Sondervorschriften | Begrenzte und freigestellte Mengen | | Verpackungen: Anweisungen | Verpackungen: Sondervorschriften | Verpackungen: Zusammenpackung |
|---|---|---|---|---|---|---|---|---|---|---|---|---|---|
| | | | 3.1.2 | 2.2 | 2.2 | 2.1.1.3 | 5.2.2 | 3.3 | 3.4/3.5.1.2 | | 4.1.4 | 4.1.4 | 4.1.10 |
| | | (1) | (2) | (3a) | (3b) | (4) | (5) | (6) | (7a) | (7b) | (8) | (9a) | (9b) |
| | | 3469 | FARBE, ENTZÜNDBAR, ÄTZEND (einschließlich Farbe, Lack, Emaille, Beize, Schellack, Firnis, Politur, flüssiger Füllstoff und flüssige Lackgrundlage) oder FARBZUBEHÖRSTOFFE, ENTZÜNDBAR, ÄTZEND (einschließlich Farbverdünnung und -lösemittel) | 3 | FC | III | 3+8 | 163<br>367 | 5 L | E1 | P001<br>IBC03<br>R001 | | MP19 |
| | | 3470 | FARBE, ÄTZEND, ENTZÜNDBAR (einschließlich Farbe, Lack, Emaille, Beize, Schellack, Firnis, Politur, flüssiger Füllstoff und flüssige Lackgrundlage) oder FARBZUBEHÖRSTOFFE, ÄTZEND, ENTZÜNDBAR (einschließlich Farbverdünnung und -lösemittel) | 8 | CF1 | II | 8+3 | 163<br>367 | 1 L | E2 | P001<br>IBC02 | | MP15 |
| | | 3471 | HYDROGENDIFLUORIDE, LÖSUNG, N.A.G. | 8 | CT1 | II | 8+6.1 | | 1 L | E2 | P001<br>IBC02 | | MP15 |
| | | 3471 | HYDROGENDIFLUORIDE, LÖSUNG, N.A.G. | 8 | CT1 | III | 8+6.1 | | 5 L | E1 | P001<br>IBC03<br>R001 | | MP19 |
| | | 3472 | CROTONSÄURE, FLÜSSIG | 8 | C3 | III | 8 | | 5 L | E1 | P001<br>IBC03<br>LP01<br>R001 | | MP19 |
| | | 3473 | BRENNSTOFFZELLEN-KARTUSCHEN oder BRENNSTOFFZELLEN-KARTUSCHEN IN AUSRÜSTUNGEN oder BRENNSTOFFZELLEN-KARTUSCHEN, MIT AUSRÜSTUNGEN VERPACKT, entzündbare flüssige Stoffe enthaltend | 3 | F3 | | 3 | 328 | 1 L | E0 | P004 | | |
| ! | | 3474 | 1-HYDROXYBENZOTRIAZOL-MONOHYDRAT | 4.1 | D | I | 4.1 | | 0 | E0 | P406 | PP48 | MP2 |
| ! | ● | 3475 | ETHANOL UND BENZIN, GEMISCH oder ETHANOL UND OTTOKRAFTSTOFF, GEMISCH mit mehr als 10 % Ethanol | 3 | F1 | II | 3 | 333<br>664 | 1 L | E2 | P001<br>IBC02 | | MP19 |
| | | 3476 | BRENNSTOFFZELLEN-KARTUSCHEN oder BRENNSTOFFZELLEN-KARTUSCHEN IN AUSRÜSTUNGEN oder BRENNSTOFFZELLEN-KARTUSCHEN, MIT AUSRÜSTUNGEN VERPACKT, mit Wasser reagierende Stoffe enthaltend | 4.3 | W3 | | 4.3 | 328<br>334 | 500 ml oder 500 g | E0 | P004 | | |
| | | 3477 | BRENNSTOFFZELLEN-KARTUSCHEN oder BRENNSTOFFZELLEN-KARTUSCHEN IN AUSRÜSTUNGEN oder BRENNSTOFFZELLEN-KARTUSCHEN, MIT AUSRÜSTUNGEN VERPACKT, ätzende Stoffe enthaltend | 8 | C11 | | 8 | 328<br>334 | 1 L oder 1 kg | E0 | P004 | | |
| | | 3478 | BRENNSTOFFZELLEN-KARTUSCHEN oder BRENNSTOFFZELLEN-KARTUSCHEN IN AUSRÜSTUNGEN oder BRENNSTOFFZELLEN-KARTUSCHEN, MIT AUSRÜSTUNGEN VERPACKT, verflüssigtes entzündbares Gas enthaltend | 2 | 6F | | 2.1 | 328<br>338 | 120 ml | E0 | P004 | | |
| | | 3479 | BRENNSTOFFZELLEN-KARTUSCHEN oder BRENNSTOFFZELLEN-KARTUSCHEN IN AUSRÜSTUNGEN oder BRENNSTOFFZELLEN-KARTUSCHEN, MIT AUSRÜSTUNGEN VERPACKT, Wasserstoff in Metallhydrid enthaltend | 2 | 6F | | 2.1 | 328<br>339 | 120 ml | E0 | P004 | | |

| Ortsbewegliche Tanks und Schüttgut-Container | | ADR-Tanks | | Fahrzeug für die Beförderung in Tanks | Beförderungskategorie (Tunnelbeschränkungscode) | Sondervorschriften für die Beförderung | | | | Nummer zur Kennzeichnung der Gefahr | UN-Nummer | Verlagshinweis „Gut zu wissen" |
|---|---|---|---|---|---|---|---|---|---|---|---|---|
| Anweisungen | Sondervorschriften | Tankcodierung | Sondervorschriften | | | Versandstücke | lose Schüttung | Be- und Entladung, Handhabung | Betrieb | | | |
| 4.2.5.2<br>7.3.2 | 4.2.5.3 | 4.3 | 4.3.5<br>6.8.4 | 9.1.1.2 | 1.1.3.6<br>(8.6) | 7.2.4 | 7.3.3 | 7.5.11 | 8.5 | 5.3.2.3 | | |
| (10) | (11) | (12) | (13) | (14) | (15) | (16) | (17) | (18) | (19) | (20) | (1) | |
| T4 | TP1<br>TP29 | L4BN | | FL | 3<br>(D/E) | V12 | | | S2 | 38 | 3469 | →*UN 2924* |
| T7 | TP2<br>TP8<br>TP28 | L4BN | | FL | 2<br>(D/E) | | | | S2 | 83 | 3470 | →*UN 2920* |
| T7 | TP2 | L4DH | TU14<br>TE21 | AT | 2<br>(E) | | | CV13<br>CV28 | | 86 | 3471 | →*UN 1740* |
| T4 | TP1 | L4DH | TU14<br>TE21 | AT | 3<br>(E) | V12 | | CV13<br>CV28 | | 86 | 3471 | →*UN 1740* |
| T4 | TP1 | L4BN | | AT | 3<br>(E) | V12 | | | | 80 | 3472 | →*UN 2823* |
| | | | | | 3<br>(E) | | | | S2 | | 3473 | →*D: RSEB 1-13* |
| | | | | | 1<br>(B) | | | | S17 | | 3474 | |
| T4 | TP1 | LGBF | | FL | 2<br>(D/E) | | | | S2<br>S20 | 33 | 3475 | →*1.6.3.44*<br>→*D: RSEB 2-3* |
| | | | | | 3<br>(E) | V1 | | CV23 | | | 3476 | →*D: RSEB 1-13* |
| | | | | | 3<br>(E) | | | | | | 3477 | →*D: RSEB 1-13* |
| | | | | | 2<br>(D) | | | CV9<br>CV12 | S2 | | 3478 | →*D: RSEB 1-13* |
| | | | | | 2<br>(D) | | | CV9<br>CV12 | S2 | | 3479 | →*D: RSEB 1-13* |

## UN-numerisches Verzeichnis (Tabelle A)

| Verlagshinweis | | UN-Nummer | Benennung und Beschreibung | Klasse | Klassifizierungscode | Verpackungsgruppe | Gefahrzettel | Sondervorschriften | Begrenzte und freigestellte Mengen | | Verpackungen | | |
|---|---|---|---|---|---|---|---|---|---|---|---|---|---|
| | | | | | | | | | | | Anweisungen | Sondervorschriften | Zusammenpackung |
| Sicherung | Fahrweg | | 3.1.2 | 2.2 | 2.2 | 2.1.1.3 | 5.2.2 | 3.3 | 3.4/3.5.1.2 | | 4.1.4 | 4.1.4 | 4.1.10 |
| | | (1) | (2) | (3a) | (3b) | (4) | (5) | (6) | (7a) | (7b) | (8) | (9a) | (9b) |
| | | 3480 | LITHIUM-IONEN-BATTERIEN (einschließlich Lithium-Ionen-Polymer-Batterien) | 9 | M4 | | 9A | 188<br>230<br>310<br>348<br>376<br>377<br>387<br>636<br>677 | 0 | E0 | P903<br>P908<br>P909<br>P910<br>P911<br>LP903<br>LP904<br>LP905<br>LP906 | | |
| | | 3481 | LITHIUM-IONEN-BATTERIEN IN AUSRÜSTUNGEN oder LITHIUM-IONEN-BATTERIEN, MIT AUSRÜSTUNGEN VERPACKT (einschließlich Lithium-Ionen-Polymer-Batterien) | 9 | M4 | | 9A | 188<br>230<br>310<br>348<br>360<br>376<br>377<br>387<br>390<br>670<br>677 | 0 | E0 | P903<br>P908<br>P909<br>P910<br>P911<br>LP903<br>LP904<br>LP905<br>LP906 | | |
| ! | | 3482 | ALKALIMETALLDISPERSION, ENTZÜNDBAR oder ERDALKALIMETALLDISPERSION, ENTZÜNDBAR | 4.3 | WF1 | I | 4.3+3 | 182<br>183<br>506 | 0 | E0 | P402 | RR8 | MP2 |
| ! | ● | 3483 | ANTIKLOPFMISCHUNG FÜR MOTORKRAFTSTOFF, ENTZÜNDBAR | 6.1 | TF1 | I | 6.1+3 | | 0 | E0 | P602 | | MP8<br>MP17 |
| ! | | 3484 | HYDRAZIN, WÄSSERIGE LÖSUNG, ENTZÜNDBAR, mit mehr als 37 Masse-% Hydrazin | 8 | CFT | I | 8+3+6.1 | 530 | 0 | E0 | P001 | | MP8<br>MP17 |
| | | 3485 | CALCIUMHYPOCHLORIT, TROCKEN, ÄTZEND oder CALCIUMHYPOCHLORIT, MISCHUNG, TROCKEN, ÄTZEND mit mehr als 39 % aktivem Chlor (8,8 % aktivem Sauerstoff) | 5.1 | OC2 | II | 5.1+8 | 314 | 1 kg | E2 | P002<br>IBC08 | <br>B4 B13 | MP2 |
| | | 3486 | CALCIUMHYPOCHLORIT, MISCHUNG, TROCKEN, ÄTZEND, mit mehr als 10 %, aber höchstens 39 % aktivem Chlor | 5.1 | OC2 | III | 5.1+8 | 314 | 5 kg | E1 | P002<br>IBC08<br>LP02<br>R001 | <br>B3 B13<br>L3 | MP2 |
| | | 3487 | CALCIUMHYPOCHLORIT, HYDRATISIERT, ÄTZEND oder CALCIUMHYPOCHLORIT, HYDRATISIERTE MISCHUNG, ÄTZEND mit mindestens 5,5 %, aber höchstens 16 % Wasser | 5.1 | OC2 | II | 5.1+8 | 314<br>322 | 1 kg | E2 | P002<br>IBC08 | <br>B4 B13 | MP2 |
| | | 3487 | CALCIUMHYPOCHLORIT, HYDRATISIERT, ÄTZEND oder CALCIUMHYPOCHLORIT, HYDRATISIERTE MISCHUNG, ÄTZEND mit mindestens 5,5 %, aber höchstens 16 % Wasser | 5.1 | OC2 | III | 5.1+8 | 314 | 5 kg | E1 | P002<br>IBC08<br>R001 | <br>B4 B13 | MP2 |
| ! | ● | 3488 | BEIM EINATMEN GIFTIGER FLÜSSIGER STOFF, ENTZÜNDBAR, ÄTZEND, N.A.G., mit einem $LC_{50}$-Wert von höchstens 200 $ml/m^3$ und einer gesättigten Dampfkonzentration von mindestens 500 $LC_{50}$ | 6.1 | TFC | I | 6.1+3+8 | 274 | 0 | E0 | P601 | | MP8<br>MP17 |
| ! | ● | 3489 | BEIM EINATMEN GIFTIGER FLÜSSIGER STOFF, ENTZÜNDBAR, ÄTZEND, N.A.G., mit einem $LC_{50}$-Wert von höchstens 1 000 $ml/m^3$ und einer gesättigten Dampfkonzentration von mindestens 10 $LC_{50}$ | 6.1 | TFC | I | 6.1+3+8 | 274 | 0 | E0 | P602 | | MP8<br>MP17 |

| Ortsbewegliche Tanks und Schüttgut-Container | | ADR-Tanks | | Fahrzeug für die Beförderung in Tanks | Beförderungskategorie (Tunnelbeschränkungscode) | Sondervorschriften für die Beförderung | | | | Nummer zur Kennzeichnung der Gefahr | UN-Nummer | Verlagshinweis „Gut zu wissen" |
|---|---|---|---|---|---|---|---|---|---|---|---|---|
| Anweisungen | Sondervorschriften | Tankcodierung | Sondervorschriften | | | Versandstücke | lose Schüttung | Be- und Entladung, Handhabung | Betrieb | | | |
| 4.2.5.2 7.3.2 | 4.2.5.3 | 4.3 | 4.3.5 6.8.4 | 9.1.1.2 | 1.1.3.6 (8.6) | 7.2.4 | 7.3.3 | 7.5.11 | 8.5 | 5.3.2.3 | | |
| (10) | (11) | (12) | (13) | (14) | (15) | (16) | (17) | (18) | (19) | (20) | (1) | |
| | | | | | 2 (E) | | | | | | 3480 | →1.6.1.29 →D: RSEB 1-4.5 →D: RSEB 4-4 |
| | | | | | 2 (E) | | | | | | 3481 | →1.6.1.29 →D: RSEB 1-13 →D: RSEB 1-4.5 →D: RSEB 4-4 |
| T13 | TP2 TP7 TP42 | L10BN(+) | TU1 TE5 TT3 TM2 | FL | 1 (B/E) | V1 | | CV23 | S2 S20 | X323 | 3482 | |
| T14 | TP2 | L10CH | TU14 TU15 TE19 TE21 TT6 | FL | 1 (C/D) | | | CV1 CV13 CV28 | S2 S9 S14 | 663 | 3483 | |
| T10 | TP2 | L10BH | | FL | 1 (C/D) | | | CV13 CV28 | S2 S14 | 886 | 3484 | |
| | | SGAN | TU3 | AT | 2 (E) | V11 | | CV24 CV35 | | 58 | 3485 | |
| | | SGAN | TU3 | AT | 3 (E) | | | CV24 CV35 | | 58 | 3486 | |
| | | SGAN | TU3 | AT | 2 (E) | V11 | | CV24 CV35 | | 58 | 3487 | |
| | | SGAN | TU3 | AT | 3 (E) | | | CV24 CV35 | | 58 | 3487 | |
| T22 | TP2 | L15CH | TU14 TU15 TE19 TE21 | FL | 1 (C/D) | | | CV1 CV13 CV28 | S2 S9 S14 | 663 | 3488 | |
| T20 | TP2 | L10CH | TU14 TU15 TE19 TE21 | FL | 1 (C/D) | | | CV1 CV13 CV28 | S2 S9 S14 | 663 | 3489 | |

| Verlagshinweis: Sicherung | Verlagshinweis: Fahrweg | UN-Nummer | Benennung und Beschreibung | Klasse | Klassifizierungscode | Verpackungsgruppe | Gefahrzettel | Sondervorschriften | Begrenzte und freigestellte Mengen | | Verpackungen: Anweisungen | Verpackungen: Sondervorschriften | Verpackungen: Zusammenpackung |
|---|---|---|---|---|---|---|---|---|---|---|---|---|---|
| | | | 3.1.2 | 2.2 | 2.2 | 2.1.1.3 | 5.2.2 | 3.3 | 3.4/3.5.1.2 | | 4.1.4 | 4.1.4 | 4.1.10 |
| | | (1) | (2) | (3a) | (3b) | (4) | (5) | (6) | (7a) | (7b) | (8) | (9a) | (9b) |
| ! | ● | 3490 | BEIM EINATMEN GIFTIGER FLÜSSIGER STOFF, MIT WASSER REAGIEREND, ENTZÜNDBAR, N.A.G., mit einem $LC_{50}$-Wert von höchstens 200 ml/m$^3$ und einer gesättigten Dampfkonzentration von mindestens 500 $LC_{50}$ | 6.1 | TFW | I | 6.1+3+4.3 | 274 | 0 | E0 | P601 | | MP8 MP17 |
| ! | ● | 3491 | BEIM EINATMEN GIFTIGER FLÜSSIGER STOFF, MIT WASSER REAGIEREND, ENTZÜNDBAR, N.A.G., mit einem $LC_{50}$-Wert von höchstens 1 000 ml/m$^3$ und einer gesättigten Dampfkonzentration von mindestens 10 $LC_{50}$ | 6.1 | TFW | I | 6.1+3+4.3 | 274 | 0 | E0 | P602 | | MP8 MP17 |
| ! | ● | 3494 | SCHWEFELREICHES ROHERDÖL, ENTZÜNDBAR, GIFTIG | 3 | FT1 | I | 3+6.1 | 343 | 0 | E0 | P001 | | MP7 MP17 |
| ! | ● | 3494 | SCHWEFELREICHES ROHERDÖL, ENTZÜNDBAR, GIFTIG | 3 | FT1 | II | 3+6.1 | 343 | 1 L | E2 | P001 IBC02 | | MP19 |
| | | 3494 | SCHWEFELREICHES ROHERDÖL, ENTZÜNDBAR, GIFTIG | 3 | FT1 | III | 3+6.1 | 343 | 5 L | E1 | P001 IBC03 R001 | | MP19 |
| | | 3495 | IOD | 8 | CT2 | III | 8+6.1 | 279 | 5 kg | E1 | P002 IBC08 R001 | B3 | MP10 |
| | | 3496 | Batterien, Nickelmetallhydrid | 9 | M11 | UNTERLIEGT NICHT DEN VORSCHRIFTEN DES ADR | | | | | | | |
| | | 3497 | KRILLMEHL | 4.2 | S2 | II | 4.2 | 300 | 0 | E2 | P410 IBC06 | | MP14 |
| | | 3497 | KRILLMEHL | 4.2 | S2 | III | 4.2 | 300 | 0 | E1 | P002 IBC08 LP02 R001 | B3 | MP14 |
| | | 3498 | IODMONOCHLORID, FLÜSSIG | 8 | C1 | II | 8 | | 1 L | E0 | P001 IBC02 | | MP15 |
| | | 3499 | KONDENSATOR, ELEKTRISCHE DOPPELSCHICHT (mit einer Energiespeicherkapazität von mehr als 0,3 Wh) | 9 | M11 | | 9 | 361 | 0 | E0 | P003 | | |
| | | 3500 | CHEMIKALIE UNTER DRUCK, N.A.G. | 2 | 8A | | 2.2 | 274 659 | 0 | E0 | P206 | PP97 | MP9 |
| ! | ● | 3501 | CHEMIKALIE UNTER DRUCK, ENTZÜNDBAR, N.A.G. | 2 | 8F | | 2.1 | 274 659 | 0 | E0 | P206 | PP89 | MP9 |
| ! | ● | 3502 | CHEMIKALIE UNTER DRUCK, GIFTIG, N.A.G. | 2 | 8T | | 2.2+6.1 | 274 659 | 0 | E0 | P206 | PP89 | MP9 |
| | | 3503 | CHEMIKALIE UNTER DRUCK, ÄTZEND, N.A.G. | 2 | 8C | | 2.2+8 | 274 659 | 0 | E0 | P206 | PP89 | MP9 |
| ! | ● | 3504 | CHEMIKALIE UNTER DRUCK, ENTZÜNDBAR, GIFTIG, N.A.G. | 2 | 8TF | | 2.1+6.1 | 274 659 | 0 | E0 | P206 | PP89 | MP9 |

| Ortsbewegliche Tanks und Schüttgut-Container | | ADR-Tanks | | Fahrzeug für die Beförderung in Tanks | Beförderungskategorie (Tunnelbeschränkungscode) | Sondervorschriften für die Beförderung | | | | Nummer zur Kennzeichnung der Gefahr | UN-Nummer | Verlagshinweis *„Gut zu wissen"* |
|---|---|---|---|---|---|---|---|---|---|---|---|---|
| Anweisungen | Sondervorschriften | Tankcodierung | Sondervorschriften | | | Versandstücke | lose Schüttung | Be- und Entladung, Handhabung | Betrieb | | | |
| 4.2.5.2<br>7.3.2 | 4.2.5.3 | 4.3 | 4.3.5<br>6.8.4 | 9.1.1.2 | 1.1.3.6<br>(8.6) | 7.2.4 | 7.3.3 | 7.5.11 | 8.5 | 5.3.2.3 | | |
| (10) | (11) | (12) | (13) | (14) | (15) | (16) | (17) | (18) | (19) | (20) | (1) | |
| T22 | TP2 | L15CH | TU14<br>TU15<br>TE19<br>TE21 | FL | 1<br>(C/D) | | | CV1<br>CV13<br>CV28 | S2<br>S9<br>S14 | 623 | 3490 | |
| T20 | TP2 | L10CH | TU14<br>TU15<br>TE19<br>TE21 | FL | 1<br>(C/D) | | | CV1<br>CV13<br>CV28 | S2<br>S9<br>S14 | 623 | 3491 | |
| T14 | TP2 | L10CH | TU14<br>TU15<br>TE21 | FL | 1<br>(C/E) | | | CV13<br>CV28 | S2<br>S22 | 336 | 3494 | |
| T7 | TP2 | L4BH | TU15 | FL | 2<br>(D/E) | | | CV13<br>CV28 | S2<br>S19 | 336 | 3494 | |
| T4 | TP1 | L4BH | TU15 | FL | 3<br>(D/E) | V12 | | CV13<br>CV28 | S2 | 36 | 3494 | |
| T1 | TP33 | SGAV<br>L4BN | | AT | 3<br>(E) | | VC1<br>VC2<br>AP7 | CV13<br>CV28 | | 86 | 3495 | |
| UNTERLIEGT NICHT DEN VORSCHRIFTEN DES ADR | | | | | | | | | | | 3496 | |
| T3 | TP33 | SGAN | | AT | 2<br>(D/E) | V1 | | | | 40 | 3497 | *→UN 2216* |
| T1 | TP33 | SGAV | | AT | 3<br>(E) | V1 | VC1<br>VC2<br>AP1 | | | 40 | 3497 | *→UN 2216* |
| T7 | TP2 | L4BN | | AT | 2<br>(E) | | | | | 80 | 3498 | *→UN 1792* |
| | | | | | 4<br>(E) | | | | | | 3499 | *→1.6.1.33* |
| T50 | TP4<br>TP40 | | | AT | 3<br>(C/E) | | | CV9<br>CV10<br>CV12<br>CV36 | | 20 | 3500 | |
| T50 | TP4<br>TP40 | | | FL | 2<br>(B/D) | | | CV9<br>CV10<br>CV12<br>CV36 | S2 | 23 | 3501 | |
| T50 | TP4<br>TP40 | | | AT | 1<br>(C/D) | | | CV9<br>CV10<br>CV12<br>CV28<br>CV36 | | 26 | 3502 | |
| T50 | TP4<br>TP40 | | | AT | 1<br>(C/D) | | | CV9<br>CV10<br>CV12<br>CV36 | | 28 | 3503 | |
| T50 | TP4<br>TP40 | | | FL | 1<br>(B/D) | | | CV9<br>CV10<br>CV12<br>CV28<br>CV36 | S2 | 263 | 3504 | |

## UN-numerisches Verzeichnis (Tabelle A)

| Verlagshinweis Sicherung | Verlagshinweis Fahrweg | UN-Nummer | Benennung und Beschreibung | Klasse | Klassifizierungscode | Verpackungsgruppe | Gefahrzettel | Sondervorschriften | Begrenzte und freigestellte Mengen | | Verpackungen Anweisungen | Verpackungen Sondervorschriften | Verpackungen Zusammenpackung |
|---|---|---|---|---|---|---|---|---|---|---|---|---|---|
| | | | 3.1.2 | 2.2 | 2.2 | 2.1.1.3 | 5.2.2 | 3.3 | 3.4/3.5.1.2 | | 4.1.4 | 4.1.4 | 4.1.10 |
| | | (1) | (2) | (3a) | (3b) | (4) | (5) | (6) | (7a) | (7b) | (8) | (9a) | (9b) |
| | | 3505 | CHEMIKALIE UNTER DRUCK, ENTZÜNDBAR, ÄTZEND, N.A.G. | 2 | 8FC | | 2.1+8 | 274<br>659 | 0 | E0 | P206 | PP89 | MP9 |
| | | 3506 | QUECKSILBER IN HERGESTELLTEN GEGENSTÄNDEN | 8 | CT3 | | 8+6.1 | 366 | 5 kg | E0 | P003 | PP90 | MP15 |
| ! | | 3507 | URANHEXAFLUORID, RADIOAKTIVE STOFFE, FREIGESTELLTES VERSANDSTÜCK mit weniger als 0,1 kg je Versandstück, nicht spaltbar oder spaltbar, freigestellt | 6.1 | | I | 6.1+8 | 317<br>369 | 0 | E0 | P603 | | |
| | | 3508 | KONDENSATOR, ASYMMETRISCH (mit einer Energiespeicherkapazität von mehr als 0,3 Wh) | 9 | M11 | | 9 | 372 | 0 | E0 | P003 | | |
| | | 3509 | ALTVERPACKUNGEN, LEER, UNGEREINIGT | 9 | M11 | | 9 | 663 | 0 | E0 | P003<br>IBC08<br>LP02 | RR9<br>BB3<br>LL1 | |
| | | 3510 | ADSORBIERTES GAS, ENTZÜNDBAR, N.A.G. | 2 | 9F | | 2.1 | 274 | 0 | E0 | P208 | | MP9 |
| | | 3511 | ADSORBIERTES GAS, N.A.G. | 2 | 9A | | 2.2 | 274 | 0 | E0 | P208 | | MP9 |
| ! | | 3512 | ADSORBIERTES GAS, GIFTIG, N.A.G. | 2 | 9T | | 2.3 | 274 | 0 | E0 | P208 | | MP9 |
| | | 3513 | ADSORBIERTES GAS, OXIDIEREND, N.A.G. | 2 | 9O | | 2.2+5.1 | 274 | 0 | E0 | P208 | | MP9 |
| ! | | 3514 | ADSORBIERTES GAS, GIFTIG, ENTZÜNDBAR, N.A.G. | 2 | 9TF | | 2.3+2.1 | 274 | 0 | E0 | P208 | | MP9 |
| ! | | 3515 | ADSORBIERTES GAS, GIFTIG, OXIDIEREND, N.A.G. | 2 | 9TO | | 2.3+5.1 | 274 | 0 | E0 | P208 | | MP9 |
| ! | | 3516 | ADSORBIERTES GAS, GIFTIG, ÄTZEND, N.A.G. | 2 | 9TC | | 2.3+8 | 274<br>379 | 0 | E0 | P208 | | MP9 |
| ! | | 3517 | ADSORBIERTES GAS, GIFTIG, ENTZÜNDBAR, ÄTZEND, N.A.G. | 2 | 9TFC | | 2.3+2.1+8 | 274 | 0 | E0 | P208 | | MP9 |
| ! | | 3518 | ADSORBIERTES GAS, GIFTIG, OXIDIEREND, ÄTZEND, N.A.G. | 2 | 9TOC | | 2.3+5.1+8 | 274 | 0 | E0 | P208 | | MP9 |
| ! | | 3519 | BORTRIFLUORID, ADSORBIERT | 2 | 9TC | | 2.3+8 | | 0 | E0 | P208 | | MP9 |
| ! | | 3520 | CHLOR, ADSORBIERT | 2 | 9TOC | | 2.3+5.1+8 | | 0 | E0 | P208 | | MP9 |
| ! | | 3521 | SILICIUMTETRAFLUORID, ADSORBIERT | 2 | 9TC | | 2.3+8 | | 0 | E0 | P208 | | MP9 |
| ! | | 3522 | ARSENWASSERSTOFF (ARSIN), ADSORBIERT | 2 | 9TF | | 2.3+2.1 | | 0 | E0 | P208 | | MP9 |

| Ortsbewegliche Tanks und Schüttgut-Container | | ADR-Tanks | | Fahrzeug für die Beförderung in Tanks | Beförderungskategorie (Tunnelbeschränkungscode) | Sondervorschriften für die Beförderung | | | | Nummer zur Kennzeichnung der Gefahr | UN-Nummer | Verlagshinweis „Gut zu wissen“ |
|---|---|---|---|---|---|---|---|---|---|---|---|---|
| Anweisungen | Sondervorschriften | Tankcodierung | Sondervorschriften | | | Versandstücke | lose Schüttung | Be- und Entladung, Handhabung | Betrieb | | | |
| 4.2.5.2 7.3.2 | 4.2.5.3 | 4.3 | 4.3.5 6.8.4 | 9.1.1.2 | 1.1.3.6 (8.6) | 7.2.4 | 7.3.3 | 7.5.11 | 8.5 | 5.3.2.3 | | |
| (10) | (11) | (12) | (13) | (14) | (15) | (16) | (17) | (18) | (19) | (20) | (1) | |
| T50 | TP4 TP40 | | | FL | 1 (B/D) | | | CV9 CV10 CV12 CV36 | S2 | 238 | 3505 | |
| | | | | | 3 (E) | | | CV13 CV28 | | | 3506 | →1.1.3.10 |
| | | | | | 1 (D) | | | siehe SV 369 | S21 | | 3507 | |
| | | | | | 4 (E) | | | | | | 3508 | |
| BK2 | | | | | 4 (E) | | VC1 VC2 AP10 | | | 90 | 3509 | →2.1.6 →RO-bi-BE-12 →CH: SDR Anh. 1 8.1.2.1a |
| | | | | | 2 (D) | | | CV9 CV10 CV36 | S2 | | 3510 | |
| | | | | | 3 (E) | | | CV9 CV10 CV36 | | | 3511 | |
| | | | | | 1 (D) | | | CV9 CV10 CV36 | S14 | | 3512 | |
| | | | | | 3 (E) | | | CV9 CV10 CV36 | | | 3513 | |
| | | | | | 1 (D) | | | CV9 CV10 CV36 | S2 S14 | | 3514 | |
| | | | | | 1 (D) | | | CV9 CV10 CV36 | S14 | | 3515 | |
| | | | | | 1 (D) | | | CV9 CV10 CV36 | S14 | | 3516 | |
| | | | | | 1 (D) | | | CV9 CV10 CV36 | S2 S14 | | 3517 | |
| | | | | | 1 (D) | | | CV9 CV10 CV36 | S14 | | 3518 | |
| | | | | | 1 (D) | | | CV9 CV10 CV36 | S14 | | 3519 | |
| | | | | | 1 (D) | | | CV9 CV10 CV36 | S14 | | 3520 | |
| | | | | | 1 (D) | | | CV9 CV10 CV36 | S14 | | 3521 | |
| | | | | | 1 (D) | | | CV9 CV10 CV36 | S2 S14 | | 3522 | |

| Verlagshinweis: Sicherung | Verlagshinweis: Fahrweg | UN-Nummer | Benennung und Beschreibung | Klasse | Klassifizierungscode | Verpackungsgruppe | Gefahrzettel | Sondervorschriften | Begrenzte und freigestellte Mengen | | Verpackungen: Anweisungen | Verpackungen: Sondervorschriften | Verpackungen: Zusammenpackung |
|---|---|---|---|---|---|---|---|---|---|---|---|---|---|
| | | | 3.1.2 | 2.2 | 2.2 | 2.1.1.3 | 5.2.2 | 3.3 | 3.4/3.5.1.2 | | 4.1.4 | 4.1.4 | 4.1.10 |
| | | (1) | (2) | (3a) | (3b) | (4) | (5) | (6) | (7a) | (7b) | (8) | (9a) | (9b) |
| ! | | 3523 | GERMANIUMWASSERSTOFF (GERMAN), ADSORBIERT | 2 | 9TF | | 2.3+2.1 | | 0 | E0 | P208 | | MP9 |
| ! | | 3524 | PHOSPHORPENTAFLUORID, ADSORBIERT | 2 | 9TC | | 2.3+8 | | 0 | E0 | P208 | | MP9 |
| ! | | 3525 | PHOSPHORWASSERSTOFF (PHOSPHIN), ADSORBIERT | 2 | 9TF | | 2.3+2.1 | | 0 | E0 | P208 | | MP9 |
| ! | | 3526 | SELENWASSERSTOFF, ADSORBIERT | 2 | 9TF | | 2.3+2.1 | | 0 | E0 | P208 | | MP9 |
| | | 3527 | POLYESTERHARZ-MEHRKOMPONENTENSYSTEME, festes Grundprodukt | 4.1 | F1 | II | 4.1 | 236<br>340 | 5 kg | siehe SV 340 | P412 | | |
| | | 3527 | POLYESTERHARZ-MEHRKOMPONENTENSYSTEME, festes Grundprodukt | 4.1 | F1 | III | 4.1 | 236<br>340 | 5 kg | siehe SV 340 | P412 | | |
| | | 3528 | VERBRENNUNGSMOTOR MIT ANTRIEB DURCH ENTZÜNDBARE FLÜSSIGKEIT oder BRENNSTOFFZELLEN-MOTOR MIT ANTRIEB DURCH ENTZÜNDBARE FLÜSSIGKEIT oder VERBRENNUNGSMASCHINE MIT ANTRIEB DURCH ENTZÜNDBARE FLÜSSIGKEIT oder MASCHINE MIT BRENNSTOFFZELLEN-MOTOR MIT ANTRIEB DURCH ENTZÜNDBARE FLÜSSIGKEIT | 3 | F3 | | 3 | 363<br>667<br>669 | 0 | E0 | P005 | | |
| | | 3529 | VERBRENNUNGSMOTOR MIT ANTRIEB DURCH ENTZÜNDBARES GAS oder BRENNSTOFFZELLEN-MOTOR MIT ANTRIEB DURCH ENTZÜNDBARES GAS oder VERBRENNUNGSMASCHINE MIT ANTRIEB DURCH ENTZÜNDBARES GAS oder MASCHINE MIT BRENNSTOFFZELLEN-MOTOR MIT ANTRIEB DURCH ENTZÜNDBARES GAS | 2 | 6F | | 2.1 | 363<br>667<br>669 | 0 | E0 | P005 | | |
| | | 3530 | VERBRENNUNGSMOTOR oder VERBRENNUNGSMASCHINE | 9 | M11 | | 9 | 363<br>667<br>669 | 0 | E0 | P005 | | |
| | | 3531 | POLYMERISIERENDER STOFF, FEST, STABILISIERT, N.A.G. | 4.1 | PM1 | III | 4.1 | 274<br>386<br>676 | 0 | E0 | P002<br>IBC07 | PP92<br>B18 | |
| | | 3532 | POLYMERISIERENDER STOFF, FLÜSSIG, STABILISIERT, N.A.G. | 4.1 | PM1 | III | 4.1 | 274<br>386<br>676 | 0 | E0 | P001<br>IBC03 | PP93<br>B19 | |
| | | 3533 | POLYMERISIERENDER STOFF, FEST, TEMPERATURKONTROLLIERT, N.A.G. | 4.1 | PM2 | III | 4.1 | 274<br>386<br>676 | 0 | E0 | P002<br>IBC07 | PP92<br>B18 | |
| | | 3534 | POLYMERISIERENDER STOFF, FLÜSSIG, TEMPERATURKONTROLLIERT, N.A.G. | 4.1 | PM2 | III | 4.1 | 274<br>386<br>676 | 0 | E0 | P001<br>IBC03 | PP93<br>B19 | |
| ! | | 3535 | GIFTIGER ANORGANISCHER FESTER STOFF, ENTZÜNDBAR, N.A.G. | 6.1 | TF3 | I | 6.1+4.1 | 274 | 0 | E5 | P002<br>IBC99 | | MP18 |
| | | 3535 | GIFTIGER ANORGANISCHER FESTER STOFF, ENTZÜNDBAR, N.A.G. | 6.1 | TF3 | II | 6.1+4.1 | 274 | 500 g | E4 | P002<br>IBC08 | B4 | MP10 |

| Ortsbewegliche Tanks und Schüttgut-Container | | ADR-Tanks | | Fahrzeug für die Beförderung in Tanks | Beförderungskategorie (Tunnelbeschränkungscode) | Sondervorschriften für die Beförderung | | | | Nummer zur Kennzeichnung der Gefahr | UN-Nummer | Verlagshinweis „Gut zu wissen" |
|---|---|---|---|---|---|---|---|---|---|---|---|---|
| Anweisungen | Sondervorschriften | Tankcodierung | Sondervorschriften | | | Versandstücke | lose Schüttung | Be- und Entladung, Handhabung | Betrieb | | | |
| 4.2.5.2<br>7.3.2 | 4.2.5.3 | 4.3 | 4.3.5<br>6.8.4 | 9.1.1.2 | 1.1.3.6<br>(8.6) | 7.2.4 | 7.3.3 | 7.5.11 | 8.5 | 5.3.2.3 | | |
| (10) | (11) | (12) | (13) | (14) | (15) | (16) | (17) | (18) | (19) | (20) | (1) | |
| | | | | | 1<br>(D) | | | CV9<br>CV10<br>CV36 | S2<br>S14 | | 3523 | |
| | | | | | 1<br>(D) | | | CV9<br>CV10<br>CV36 | S14 | | 3524 | |
| | | | | | 1<br>(D) | | | CV9<br>CV10<br>CV36 | S2<br>S14 | | 3525 | |
| | | | | | 1<br>(D) | | | CV9<br>CV10<br>CV36 | S2<br>S14 | | 3526 | |
| | | | | | 2<br>(E) | | | | | | 3527 | →UN 3269 |
| | | | | | 3<br>(E) | | | | | | 3527 | →UN 3269 |
| | | | | | –<br>(D) | | | | | | 3528 | →D: RSEB 1-13<br>→CH: SDR-Erlass 1.1.2.4<br>→CH: SDR-Erlass 1.2.3 |
| | | | | | –<br>(B) | | | | | | 3529 | →D: RSEB 1-13<br>→CH: SDR-Erlass 1.1.2.4<br>→CH: SDR-Erlass 1.2.3 |
| | | | | | –<br>(E) | | | | | | 3530 | →D: RSEB 1-13<br>→CH: SDR-Erlass 1.1.2.4<br>→CH: SDR-Erlass 1.2.3 |
| T7 | TP4<br>TP6<br>TP33 | SGAN(+) | TU30<br>TE11 | AT | 2<br>(D) | V1 | | CV15<br>CV22 | | 40 | 3531 | |
| T7 | TP4<br>TP6 | L4BN(+) | TU30<br>TE11 | AT | 2<br>(D) | V1 | | CV15<br>CV22 | | 40 | 3532 | |
| T7 | TP4<br>TP6<br>TP33 | SGAN(+) | TU30<br>TE11 | AT | 1<br>(D) | V8 | | CV15<br>CV21<br>CV22 | S4 | 40 | 3533 | |
| T7 | TP4<br>TP6 | L4BN(+) | TU30<br>TE11 | AT | 1<br>(D) | V8 | | CV15<br>CV21<br>CV22 | S4 | 40 | 3534 | |
| T6 | TP33 | | | AT | 1<br>(C/E) | V10 | | CV1<br>CV13<br>CV28 | S9<br>S14 | 664 | 3535 | |
| T3 | TP33 | SGAH | TU15<br>TE19 | AT | 2<br>(D/E) | V11 | | CV13<br>CV28 | S9<br>S19 | 64 | 3535 | |

| Verlagshinweis: Sicherung | Verlagshinweis: Fahrweg | UN-Nummer | Benennung und Beschreibung | Klasse | Klassifizierungscode | Verpackungsgruppe | Gefahrzettel | Sondervorschriften | Begrenzte und freigestellte Mengen | | Verpackungen: Anweisungen | Verpackungen: Sondervorschriften | Verpackungen: Zusammenpackung |
|---|---|---|---|---|---|---|---|---|---|---|---|---|---|
| | | | 3.1.2 | 2.2 | 2.2 | 2.1.1.3 | 5.2.2 | 3.3 | 3.4/3.5.1.2 | | 4.1.4 | 4.1.4 | 4.1.10 |
| | | (1) | (2) | (3a) | (3b) | (4) | (5) | (6) | (7a) | (7b) | (8) | (9a) | (9b) |
| | | 3536 | LITHIUMBATTERIEN, IN GÜTERBEFÖRDERUNGSEINHEITEN EINGEBAUT, Lithium-Ionen-Batterien oder Lithium-Metall-Batterien | 9 | M4 | | 9 | 389 | 0 | E0 | | | |
| | | 3537 | GEGENSTÄNDE, DIE ENTZÜNDBARES GAS ENTHALTEN, N.A.G. | 2 | 6F | | siehe 5.2.2.1.12 | 274<br>310 | 0 | E0 | P006<br>LP03 | | |
| | | 3538 | GEGENSTÄNDE, DIE NICHT ENTZÜNDBARES, NICHT GIFTIGES GAS ENTHALTEN, N.A.G. | 2 | 6A | | siehe 5.2.2.1.12 | 274<br>310<br>396 | 0 | E0 | P006<br>LP03 | | |
| | | 3539 | GEGENSTÄNDE, DIE GIFTIGES GAS ENTHALTEN, N.A.G. | 2 | 6T | | siehe 5.2.2.1.12 | 274 | 0 | E0 | P006<br>LP03 | | |
| | | 3540 | GEGENSTÄNDE, DIE EINEN ENTZÜNDBAREN FLÜSSIGEN STOFF ENTHALTEN, N.A.G. | 3 | F3 | | siehe 5.2.2.1.12 | 274<br>310 | 0 | E0 | P006<br>LP03 | | |
| | | 3541 | GEGENSTÄNDE, DIE EINEN ENTZÜNDBAREN FESTEN STOFF ENTHALTEN, N.A.G. | 4.1 | F4 | | siehe 5.2.2.1.12 | 274<br>310 | 0 | E0 | P006<br>LP03 | | |
| | | 3542 | GEGENSTÄNDE, DIE EINEN SELBSTENTZÜNDLICHEN STOFF ENTHALTEN, N.A.G. | 4.2 | S6 | | siehe 5.2.2.1.12 | 274 | 0 | E0 | P006<br>LP03 | | |
| | | 3543 | GEGENSTÄNDE, DIE EINEN STOFF ENTHALTEN, DER IN BERÜHRUNG MIT WASSER ENTZÜNDBARE GASE ENTWICKELT, N.A.G. | 4.3 | W3 | | siehe 5.2.2.1.12 | 274 | 0 | E0 | P006<br>LP03 | | |
| | | 3544 | GEGENSTÄNDE, DIE EINEN ENTZÜNDEND (OXIDIEREND) WIRKENDEN STOFF ENTHALTEN, N.A.G. | 5.1 | O3 | | siehe 5.2.2.1.12 | 274 | 0 | E0 | P006<br>LP03 | | |
| | | 3545 | GEGENSTÄNDE, DIE ORGANISCHES PEROXID ENTHALTEN, N.A.G. | 5.2 | P1<br>oder<br>P2 | | siehe 5.2.2.1.12 | 274 | 0 | E0 | P006<br>LP03 | | |
| | | 3546 | GEGENSTÄNDE, DIE EINEN GIFTIGEN STOFF ENTHALTEN, N.A.G. | 6.1 | T10 | | siehe 5.2.2.1.12 | 274<br>310 | 0 | E0 | P006<br>LP03 | | |
| | | 3547 | GEGENSTÄNDE, DIE EINEN ÄTZENDEN STOFF ENTHALTEN, N.A.G. | 8 | C11 | | siehe 5.2.2.1.12 | 274<br>310 | 0 | E0 | P006<br>LP03 | | |
| | | 3548 | GEGENSTÄNDE, DIE VERSCHIEDENE GEFÄHRLICHE GÜTER ENTHALTEN, N.A.G. | 9 | M11 | | siehe 5.2.2.1.12 | 274<br>310 | 0 | E0 | P006<br>LP03 | | |
| | | 3549 | MEDIZINISCHE ABFÄLLE, KATEGORIE A, GEFÄHRLICH FÜR MENSCHEN, fest oder MEDIZINISCHE ABFÄLLE, KATEGORIE A, nur GEFÄHRLICH FÜR TIERE, fest | 6.2 | I3 | | 6.2 | 395 | 0 | E0 | P622<br>LP622 | | MP2 |
| ! | | 3550 | COBALTDIHYDROXID-PULVER mit mindestens 10 % lungengängigen Partikeln | 6.1 | T5 | I | 6.1 | | 0 | E5 | P002<br>IBC07 | B20 | MP18 |
| | | 3551 | NATRIUM-IONEN-BATTERIEN mit einem organischen Elektrolyt | 9 | M4 | | 9A | 188<br>230<br>310<br>348<br>376<br>377<br>400<br>401<br>636<br>677 | 0 | E0 | P903<br>P908<br>P909<br>P910<br>P911<br>LP903<br>LP904<br>LP905<br>LP906 | | |

| Ortsbewegliche Tanks und Schüttgut-Container | | ADR-Tanks | | Fahrzeug für die Beförderung in Tanks | Beförderungskategorie (Tunnelbeschränkungscode) | Sondervorschriften für die Beförderung | | | | Nummer zur Kennzeichnung der Gefahr | UN-Nummer | Verlagshinweis „Gut zu wissen" |
|---|---|---|---|---|---|---|---|---|---|---|---|---|
| Anweisungen | Sondervorschriften | Tankcodierung | Sondervorschriften | | | Versandstücke | lose Schüttung | Be- und Entladung, Handhabung | Betrieb | | | |
| 4.2.5.2<br>7.3.2 | 4.2.5.3 | 4.3 | 4.3.5<br>6.8.4 | 9.1.1.2 | 1.1.3.6<br>(8.6) | 7.2.4 | 7.3.3 | 7.5.11 | 8.5 | 5.3.2.3 | | |
| (10) | (11) | (12) | (13) | (14) | (15) | (16) | (17) | (18) | (19) | (20) | (1) | |
| | | | | | 2<br>(E) | | | | | | 3536 | →D: RSEB 3-6 |
| | | | | | 4<br>(E) | | | CV13<br>CV28 | | | 3537 | |
| | | | | | 4<br>(E) | | | CV13<br>CV28 | | | 3538 | |
| | | | | | 4<br>(E) | | | CV13<br>CV28 | | | 3539 | |
| | | | | | 4<br>(E) | | | CV13<br>CV28 | | | 3540 | |
| | | | | | 4<br>(E) | | | CV13<br>CV28 | | | 3541 | |
| | | | | | 4<br>(E) | | | CV13<br>CV28 | | | 3542 | |
| | | | | | 4<br>(E) | | | CV13<br>CV28 | | | 3543 | |
| | | | | | 4<br>(E) | | | CV13<br>CV28 | | | 3544 | |
| | | | | | 4<br>(E) | | | CV13<br>CV28 | | | 3545 | |
| | | | | | 4<br>(E) | | | CV13<br>CV28 | | | 3546 | |
| | | | | | 4<br>(E) | | | CV13<br>CV28 | | | 3547 | |
| | | | | | 4<br>(E) | | | CV13<br>CV28 | | | 3548 | |
| | | | | | 0<br>(–) | V1 | | CV13<br>CV25<br>CV26<br>CV28 | S3<br>S9<br>S15 | | 3549 | →D: RSEB 2-8.1 |
| T6 | TP33 | S10AH | TU15<br>TE19 | AT | 1<br>(C/E) | V15 | | CV1<br>CV13<br>CV28 | S9<br>S14 | 66 | 3550 | |
| | | | | | 2<br>(E) | | | | | | 3551 | →D: RSEB 1-4.5<br>→D: RSEB 4-4 |

| Verlagshinweis Sicherung | Verlagshinweis Fahrweg | UN-Nummer | Benennung und Beschreibung | Klasse | Klassifizierungscode | Verpackungsgruppe | Gefahrzettel | Sondervorschriften | Begrenzte und freigestellte Mengen | | Verpackungen Anweisungen | Verpackungen Sondervorschriften | Verpackungen Zusammenpackung |
|---|---|---|---|---|---|---|---|---|---|---|---|---|---|
| | | | 3.1.2 | 2.2 | 2.2 | 2.1.1.3 | 5.2.2 | 3.3 | 3.4/3.5.1.2 | | 4.1.4 | 4.1.4 | 4.1.10 |
| | | (1) | (2) | (3a) | (3b) | (4) | (5) | (6) | (7a) | (7b) | (8) | (9a) | (9b) |
| | | 3552 | NATRIUM-IONEN-BATTERIEN IN AUSRÜSTUNGEN oder NATRIUM-IONEN-BATTERIEN, MIT AUSRÜSTUNGEN VERPACKT, mit einem organischen Elektrolyt | 9 | M4 | | 9A | 188<br>230<br>310<br>348<br>360<br>376<br>377<br>400<br>401<br>670<br>677 | 0 | E0 | P903<br>P908<br>P909<br>P910<br>P911<br>LP903<br>LP904<br>LP905<br>LP906 | | |
| ! | ● | 3553 | DISILAN | 2 | 2F | | 2.1 | 632<br>662 | 0 | E0 | P200 | | MP9 |
| | | 3554 | GALLIUM IN HERGESTELLTEN GEGENSTÄNDEN | 8 | C11 | | 8 | 366 | 5 kg | E0 | P003 | PP90 | MP10 |
| ! | ● | 3555 | TRIFLUORMETHYLTETRAZOL-NATRIUMSALZ IN ACETON mit mindestens 68 Masse-% Aceton | 3 | D | II | 3 | 28 | 0 | E0 | P303 | PP26 | MP2 |
| | | 3556 | FAHRZEUG MIT ANTRIEB DURCH LITHIUM-IONEN-BATTERIEN | 9 | M11 | | 9A | 388<br>666<br>667<br>669 | 0 | E0 | P912 | | |
| | | 3557 | FAHRZEUG MIT ANTRIEB DURCH LITHIUM-METALL-BATTERIEN | 9 | M11 | | 9A | 388<br>666<br>667<br>669 | 0 | E0 | P912 | | |
| | | 3558 | FAHRZEUG MIT ANTRIEB DURCH NATRIUM-IONEN-BATTERIEN | 9 | M11 | | 9A | 388<br>404<br>666<br>667<br>669 | 0 | E0 | P912 | | |
| | | 3559 | FEUERLÖSCHMITTEL-DISPERGIERVORRICHTUNGEN | 9 | M5 | | 9 | 407 | 0 | E0 | P902 | | |
| ! | ● | 3560 | TETRAMETHYLAMMONIUMHYDROXID, WÄSSERIGE LÖSUNG mit mindestens 25 % Tetramethylammoniumhydroxid | 6.1 | TC1 | I | 6.1+8 | 279<br>408 | 0 | E5 | P001 | | MP8<br>MP17 |

| Ortsbewegliche Tanks und Schüttgut-Container | | ADR-Tanks | | Fahrzeug für die Beförderung in Tanks | Beförderungskategorie (Tunnelbeschränkungscode) | Sondervorschriften für die Beförderung | | | | Nummer zur Kennzeichnung der Gefahr | UN-Nummer | Verlagshinweis „Gut zu wissen" |
|---|---|---|---|---|---|---|---|---|---|---|---|---|
| Anweisungen | Sondervorschriften | Tankcodierung | Sondervorschriften | | | Versandstücke | lose Schüttung | Be- und Entladung, Handhabung | Betrieb | | | |
| 4.2.5.2<br>7.3.2 | 4.2.5.3 | 4.3 | 4.3.5<br>6.8.4 | 9.1.1.2 | 1.1.3.6<br>(8.6) | 7.2.4 | 7.3.3 | 7.5.11 | 8.5 | 5.3.2.3 | | |
| (10) | (11) | (12) | (13) | (14) | (15) | (16) | (17) | (18) | (19) | (20) | (1) | |
| | | | | | 2<br>(E) | | | | | | 3552 | →D: RSEB 1-4.5<br>→D: RSEB 1-13<br>→D: RSEB 4-4 |
| (M) | | PxBN(M) | TA4<br>TT9 | FL | 2<br>(B/D) | | | CV9<br>CV10<br>CV36 | S2<br>S20 | 23 | 3553 | |
| | | | | | 3<br>(E) | | | | | | 3554 | →D: RSEB 1-13 |
| | | | | | 2<br>(B) | | | CV14<br>CV29 | S2<br>S14 | | 3555 | |
| | | | | | –<br>(–) | | | | | | 3556 | |
| | | | | | –<br>(–) | | | | | | 3557 | |
| | | | | | –<br>(–) | | | | | | 3558 | |
| | | | | | 4<br>(E) | | | | | | 3559 | →UN 0514<br>→D: RSEB 1-13 |
| T14 | TP2 | L10CH | TU14<br>TU15<br>TE19<br>TE21 | AT | 1<br>(C/E) | | | CV1<br>CV13<br>CV28 | S9<br>S14 | 668 | 3560 | →UN 1835<br>→UN 3423 |

## 3.2.2 Tabelle B: Alphabetisches Verzeichnis der Stoffe und Gegenstände des ADR

Die nachstehende Tabelle B[1] enthält ein alphabetisches Verzeichnis der Stoffe und Gegenstände, die in Abschnitt 3.2.1 Tabelle A in UN-numerischer Reihenfolge dargestellt sind. Sie ist nicht Bestandteil des ADR. Sie wurde weder der Arbeitsgruppe für die Beförderung gefährlicher Güter des Binnentransportausschusses noch den Vertragsparteien des ADR zur formellen Genehmigung oder Annahme vorgelegt. Sie wurde vom Sekretariat der Wirtschaftskommission der Vereinten Nationen für Europa mit Unterstützung der Internationalen Straßentransport-Union (IRU) mit der notwendigen Sorgfalt erstellt, um das Nachschlagen in den Anlagen A und B des ADR zu erleichtern; sie kann jedoch in keinem Fall die Vorschriften dieser Anlagen ersetzen, die im Zweifelsfall verbindlich sind und die daher sorgfältig zu prüfen und beachten sind.

**Bem.**

1. Ziffern, griechische Buchstaben, die Buchstaben „n", „N", „m" (meta), „o" (ortho) und „p" (para), die Ausdrücke „sec" und „tert", die Vorsilben „cis" und „trans" sowie Präpositionen, die jedoch Teil der offiziellen Benennung für die Beförderung sind, wurden in der alphabetischen Reihenfolge nicht berücksichtigt. Darüber hinaus wurden die Mehrzahl und die Abkürzung „N.A.G." (nicht anderweitig genannt) nicht berücksichtigt.
2. Die Verwendung von Großbuchstaben für die Bezeichnung eines Stoffes oder Gegenstandes bedeutet, dass es sich um eine offizielle Benennung für die Beförderung handelt (siehe Abschnitt 3.1.2).
3. Wenn die Bezeichnung des Stoffes oder Gegenstandes in Großbuchstaben angegeben ist und der Ausdruck „siehe" nachgestellt ist, handelt es sich um eine Alternative für die offizielle Benennung für die Beförderung oder für einen Teil davon (ausgenommen PCB) (siehe Unterabschnitt 3.1.2.1).
4. Wenn die Bezeichnung des Stoffes oder Gegenstandes in Groß- und Kleinbuchstaben angegeben ist und der Ausdruck „siehe" nachgestellt ist, handelt es sich nicht um die offizielle Benennung für die Beförderung, sondern um ein Synonym.
5. Wenn bei einer Benennung ein Teil in Großbuchstaben und ein Teil in Groß- und Kleinbuchstaben angegeben ist, gilt der Teil in Groß- und Kleinbuchstaben nicht als Teil der offiziellen Benennung für die Beförderung (siehe Unterabschnitt 3.1.2.1).
6. Auf den Dokumenten und Versandstücken darf die offizielle Benennung für die Beförderung je nach Zweckmäßigkeit in der Einzahl oder in der Mehrzahl erscheinen (siehe Unterabschnitt 3.1.2.3).
7. Für die genaue Bestimmung der offiziellen Benennung für die Beförderung siehe Abschnitt 3.1.2.

***Anmerkung der Redaktion:*** *Die Darstellung des deutschen alphabetischen Verzeichnisses entspricht nicht der Darstellung des englischen oder französischen alphabetischen Verzeichnisses. Aus Gründen der besseren Lesbarkeit wurde für die Stoffbenennung eine einspaltige Darstellungsweise gewählt. Darüber hinaus wurde auf die Angabe der Klasse verzichtet, da das alphabetische Verzeichnis nur den Zweck hat, die richtige UN-Nummer zu ermitteln. Alle weiteren Angaben, wie Klasse, Klassifizierungscode oder Verpackungsgruppe, können anschließend mit Hilfe der Tabelle A ermittelt werden.*

---

[1] *Anmerkung des Verlags:*
*Zur Unterstützung für den Gebrauch wurde die amtlich bekanntgemachte alphabetische Liste mit Stoffen und Gegenständen, die in den Klassifizierungsvorschriften des Kapitels 2.2 einer UN-Nummer zugeordnet oder an anderen Stellen des ADR genannt sind, redaktionell ergänzt [in eckigen Klammern].*
*Bei den ergänzten Stoffen und Gegenständen aus Kapitel 2.2 handelt es sich um*

- *Feuerwerkskörper (2.2.1.1.7.5),*
- *selbstzersetzliche Stoffe (2.2.41.4),*
- *organische Peroxide (2.2.52.4) und*
- *ansteckungsgefährliche Stoffe, Kategorie A (2.2.62.1.4.1).*

*Aus technischen Gründen weicht die Reihenfolge in dieser Ausgabe an einigen Stellen von der im BGBl. II veröffentlichten Tabelle ab.*

3.2.2
Tabelle B

| Benennung und Beschreibung des Gutes | UN-Nr. | Bem. |
|---|---|---|
| Abfälle, die entzündbare flüssige Stoffe mit einem Flammpunkt von höchstens 60 °C enthalten: siehe | 3175 | |
| ABFALLNITRIERSÄUREMISCHUNG mit höchstens 50 % Salpetersäure | 1826 | |
| ABFALLNITRIERSÄUREMISCHUNG mit mehr als 50 % Salpetersäure | 1826 | |
| ABFALLSCHWEFELSÄURE | 1906 | |
| ACETAL | 1088 | |
| ACETALDEHYD | 1089 | |
| ACETALDEHYDAMMONIAK | 1841 | |
| ACETALDEHYDOXIM | 2332 | |
| Acetoin: siehe | 2621 | |
| ACETON | 1090 | |
| ACETONCYANHYDRIN, STABILISIERT | 1541 | |
| ACETONITRIL | 1648 | |
| ACETONÖLE | 1091 | |
| [ACETON-PYROGALLOL-COPOLYMER-2-DIAZO-1-NAPHTHOL-5-SULFONAT] | 3228 | siehe 2.2.41.4 |
| [ACETYLACETONPEROXID] | 3105; 3107 | siehe 2.2.52.4 |
| [ACETYLACETONPEROXID (als Paste)] | 3106 | siehe 2.2.52.4 |
| Acetylaceton: siehe | 2310 | |
| ACETYLBROMID | 1716 | |
| ACETYLCHLORID | 1717 | |
| [ACETYLCYCLOHEXANSULFONYLPEROXID] | 3112; 3115 | siehe 2.2.52.4 |
| ACETYLEN, GELÖST | 1001 | |
| ACETYLEN, LÖSUNGSMITTELFREI | 3374 | |
| Acetylentetrabromid: siehe | 2504 | |
| Acetylentetrachlorid: siehe | 1702 | |
| ACETYLIODID | 1898 | |
| ACETYLMETHYLCARBINOL | 2621 | |
| ACRIDIN | 2713 | |
| ACROLEIN, DIMER, STABILISIERT | 2607 | |
| ACROLEIN, STABILISIERT | 1092 | |
| ACRYLAMID, FEST | 2074 | |
| ACRYLAMID, LÖSUNG | 3426 | |
| ACRYLNITRIL, STABILISIERT | 1093 | |
| ACRYLSÄURE, STABILISIERT | 2218 | |
| ADIPONITRIL | 2205 | |
| ADSORBIERTES GAS, N.A.G. | 3511 | |
| ADSORBIERTES GAS, ENTZÜNDBAR, N.A.G. | 3510 | |
| ADSORBIERTES GAS, GIFTIG, N.A.G. | 3512 | |
| ADSORBIERTES GAS, GIFTIG, ÄTZEND, N.A.G. | 3516 | |
| ADSORBIERTES GAS, GIFTIG, ENTZÜNDBAR, N.A.G. | 3514 | |
| ADSORBIERTES GAS, GIFTIG, ENTZÜNDBAR, ÄTZEND, N.A.G. | 3517 | |
| ADSORBIERTES GAS, GIFTIG, OXIDIEREND, N.A.G. | 3515 | |
| ADSORBIERTES GAS, GIFTIG, OXIDIEREND, ÄTZEND, N.A.G. | 3518 | |
| ADSORBIERTES GAS, OXIDIEREND, N.A.G. | 3513 | |
| [Affenpocken-Virus (nur Kulturen)] | 2814 | siehe 2.2.62.1.4.1 |
| Airbag-Gasgeneratoren: siehe | 0503; 3268 | |
| Airbag-Module: siehe | 0503; 3268 | |
| AKKUMULATOREN, NASS, AUSLAUFSICHER, elektrische Sammler | 2800 | |

**3.2.2**
**Tabelle B**
(Forts.)

| Benennung und Beschreibung des Gutes | UN-Nr. | Bem. |
|---|---|---|
| AKKUMULATOREN, NASS, GEFÜLLT MIT ALKALIEN, elektrische Sammler | 2795 | |
| AKKUMULATOREN, NASS, GEFÜLLT MIT SÄURE, elektrische Sammler | 2794 | |
| AKKUMULATOREN, TROCKEN, KALIUMHYDROXID, FEST, ENTHALTEND, elektrische Sammler | 3028 | |
| Aktinolith: siehe | 2212 | |
| ALDEHYDE, N.A.G. | 1989 | |
| ALDEHYDE, ENTZÜNDBAR, GIFTIG, N.A.G. | 1988 | |
| ALDOL | 2839 | |
| ALKALIMETALLALKOHOLATE, SELBSTERHITZUNGSFÄHIG, ÄTZEND, N.A.G. | 3206 | |
| ALKALIMETALLAMALGAM, FEST | 3401 | |
| ALKALIMETALLAMALGAM, FLÜSSIG | 1389 | |
| ALKALIMETALLAMIDE | 1390 | |
| ALKALIMETALLDISPERSION | 1391 | |
| ALKALIMETALLDISPERSION, ENTZÜNDBAR | 3482 | |
| ALKALIMETALLLEGIERUNG, FLÜSSIG, N.A.G. | 1421 | |
| ALKALOIDE, FEST, N.A.G. | 1544 | |
| ALKALOIDE, FLÜSSIG, N.A.G. | 3140 | |
| ALKALOIDSALZE, FEST, N.A.G. | 1544 | |
| ALKALOIDSALZE, FLÜSSIG, N.A.G. | 3140 | |
| ALKOHOLATE, LÖSUNG in Alkohol, N.A.G. | 3274 | |
| ALKOHOLE, N.A.G. | 1987 | |
| ALKOHOLE, ENTZÜNDBAR, GIFTIG, N.A.G. | 1986 | |
| ALKOHOLISCHE GETRÄNKE | 3065 | |
| ALKYLPHENOLE, FEST, N.A.G. (einschließlich $C_2$-$C_{12}$-Homologe) | 2430 | |
| ALKYLPHENOLE, FLÜSSIG, N.A.G. (einschließlich $C_2$-$C_{12}$-Homologe) | 3145 | |
| ALKYLSCHWEFELSÄUREN | 2571 | |
| ALKYLSULFONSÄUREN, FEST, mit höchstens 5 % freier Schwefelsäure | 2585 | |
| ALKYLSULFONSÄUREN, FEST, mit mehr als 5 % freier Schwefelsäure | 2583 | |
| ALKYLSULFONSÄUREN, FLÜSSIG, mit höchstens 5 % freier Schwefelsäure | 2586 | |
| ALKYLSULFONSÄUREN, FLÜSSIG, mit mehr als 5 % freier Schwefelsäure | 2584 | |
| ALLYLACETAT | 2333 | |
| ALLYLALKOHOL | 1098 | |
| ALLYLAMIN | 2334 | |
| ALLYLBROMID | 1099 | |
| ALLYLCHLORFORMIAT | 1722 | |
| ALLYLCHLORID | 1100 | |
| ALLYLETHYLETHER | 2335 | |
| ALLYLFORMIAT | 2336 | |
| ALLYLGLYCIDYLETHER | 2219 | |
| ALLYLIODID | 1723 | |
| ALLYLISOTHIOCYANAT, STABILISIERT | 1545 | |
| ALLYLTRICHLORSILAN, STABILISIERT | 1724 | |
| ALTVERPACKUNGEN, LEER, UNGEREINIGT | 3509 | |
| ALUMINIUMBORHYDRID | 2870 | |
| ALUMINIUMBORHYDRID IN GERÄTEN | 2870 | |
| ALUMINIUMBROMID, LÖSUNG | 2580 | |
| ALUMINIUMBROMID, WASSERFREI | 1725 | |
| ALUMINIUMCARBID | 1394 | |
| ALUMINIUMCHLORID, LÖSUNG | 2581 | |

**3.2.2**
**Tabelle B**
(Forts.)

| Benennung und Beschreibung des Gutes | UN-Nr. | Bem. |
|---|---|---|
| ALUMINIUMCHLORID, WASSERFREI | 1726 | |
| Aluminiumeisensilicium-Pulver: siehe | 1395 | |
| ALUMINIUMFERROSILICIUM-PULVER | 1395 | |
| ALUMINIUMHYDRID | 2463 | |
| ALUMINIUMNITRAT | 1438 | |
| ALUMINIUMPHOSPHID | 1397 | |
| ALUMINIUMPHOSPHID-PESTIZID | 3048 | |
| ALUMINIUM-PULVER, NICHT ÜBERZOGEN | 1396 | |
| ALUMINIUM-PULVER, ÜBERZOGEN | 1309 | |
| ALUMINIUMRESINAT | 2715 | |
| ALUMINIUMSILICIUM-PULVER, NICHT ÜBERZOGEN | 1398 | |
| Ameisensäuremethylester: siehe | 1243 | |
| AMEISENSÄURE mit mehr als 85 Masse-% Säure | 1779 | |
| AMEISENSÄURE mit mindestens 5 Masse-%, aber höchstens 85 Masse-% Säure | 3412 | |
| AMINE, ENTZÜNDBAR, ÄTZEND, N.A.G. | 2733 | |
| AMINE, FEST, ÄTZEND, N.A.G. | 3259 | |
| AMINE, FLÜSSIG, ÄTZEND, N.A.G. | 2735 | |
| AMINE, FLÜSSIG, ÄTZEND, ENTZÜNDBAR, N.A.G. | 2734 | |
| 2-AMINO-4-CHLORPHENOL | 2673 | |
| 2-AMINO-5-DIETHYLAMINOPENTAN | 2946 | |
| 2-AMINO-4,6-DINITROPHENOL, ANGEFEUCHTET mit mindestens 20 Masse-% Wasser | 3317 | |
| 2-(2-AMINOETHOXY)-ETHANOL | 3055 | |
| N-AMINOETHYLPIPERAZIN | 2815 | |
| AMINOPHENOLE (o-, m-, p-) | 2512 | |
| AMINOPYRIDINE (o-, m-, p-) | 2671 | |
| Aminosulfonsäure: siehe | 2967 | |
| AMMONIAKLÖSUNG in Wasser, Dichte kleiner als 0,880 kg/l bei 15 °C, mit mehr als 35 %, aber höchstens 50 % Ammoniak | 2073 | |
| AMMONIAKLÖSUNG in Wasser, Dichte kleiner als 0,880 kg/l bei 15 °C, mit mehr als 50 % Ammoniak | 3318 | |
| AMMONIAKLÖSUNG in Wasser, relative Dichte zwischen 0,880 und 0,957 bei 15 °C, mit mehr als 10 %, aber höchstens 35 % Ammoniak | 2672 | |
| AMMONIAK, WASSERFREI | 1005 | |
| AMMONIUMARSENAT | 1546 | |
| Ammoniumbifluorid, Lösung: siehe | 2817 | |
| Ammoniumbifluorid: siehe | 1727 | |
| AMMONIUMDICHROMAT | 1439 | |
| AMMONIUMDINITRO-o-CRESOLAT, FEST | 1843 | |
| AMMONIUMDINITRO-o-CRESOLAT, LÖSUNG | 3424 | |
| Ammoniumdisulfat: siehe | 2506 | |
| AMMONIUMFLUORID | 2505 | |
| AMMONIUMFLUOROSILICAT | 2854 | |
| AMMONIUMHYDROGENDIFLUORID, FEST | 1727 | |
| AMMONIUMHYDROGENDIFLUORID, LÖSUNG | 2817 | |
| AMMONIUMHYDROGENSULFAT | 2506 | |
| AMMONIUMMETAVANADAT | 2859 | |
| AMMONIUMNITRAT | 0222 | |
| AMMONIUMNITRAT-EMULSION, Zwischenprodukt für die Herstellung von Sprengstoffen | 3375 | |
| AMMONIUMNITRAT, FLÜSSIG (heiße konzentrierte Lösung) | 2426 | |

**3.2.2**
**Tabelle B**
(Forts.)

| Benennung und Beschreibung des Gutes | UN-Nr. | Bem. |
|---|---|---|
| AMMONIUMNITRAT-GEL, Zwischenprodukt für die Herstellung von Sprengstoffen | 3375 | |
| AMMONIUMNITRATHALTIGES DÜNGEMITTEL | 2067; 2071 | |
| AMMONIUMNITRAT mit höchstens 0,2 % brennbaren Stoffen, einschließlich jedes als Kohlenstoff berechneten organischen Stoffes, unter Ausschluss jedes anderen zugesetzten Stoffes | 1942 | |
| AMMONIUMNITRAT-SUSPENSION, Zwischenprodukt für die Herstellung von Sprengstoffen | 3375 | |
| AMMONIUMPERCHLORAT | 0402; 1442 | |
| AMMONIUMPERSULFAT | 1444 | |
| AMMONIUMPIKRAT, ANGEFEUCHTET mit mindestens 10 Masse-% Wasser | 1310 | |
| AMMONIUMPIKRAT, trocken oder angefeuchtet mit weniger als 10 Masse-% Wasser | 0004 | |
| AMMONIUMPOLYSULFID, LÖSUNG | 2818 | |
| AMMONIUMPOLYVANADAT | 2861 | |
| AMMONIUMSULFID, LÖSUNG | 2683 | |
| Amosit: siehe | 2212 | |
| AMYLACETATE | 1104 | |
| AMYLAMINE | 1106 | |
| n-Amylamin: siehe | 1106 | |
| sec-Amylamin: siehe | 1106 | |
| tert-Amylamin: siehe | 1106 | |
| AMYLBUTYRATE | 2620 | |
| AMYLCHLORIDE | 1107 | |
| n-AMYLEN | 1108 | |
| AMYLFORMIATE | 1109 | |
| [tert-AMYLHYDROPEROXID] | 3107 | siehe 2.2.52.4 |
| AMYLMERCAPTAN | 1111 | |
| n-AMYLMETHYLKETON | 1110 | |
| AMYLNITRAT | 1112 | |
| AMYLNITRITE | 1113 | |
| [tert-AMYLPEROXYACETAT] | 3105 | siehe 2.2.52.4 |
| [tert-AMYLPEROXYBENZOAT] | 3103 | siehe 2.2.52.4 |
| [tert-AMYLPEROXY-2-ETHYLHEXANOAT] | 3115 | siehe 2.2.52.4 |
| [tert-AMYLPEROXY-2-ETHYLHEXYLCARBONAT] | 3105 | siehe 2.2.52.4 |
| [tert-AMYLPEROXYISOPROPYLCARBONAT] | 3103 | siehe 2.2.52.4 |
| [tert-AMYLPEROXYNEODECANOAT] | 3115; 3119 | siehe 2.2.52.4 |
| [tert-AMYLPEROXYPIVALAT] | 3113 | siehe 2.2.52.4 |
| [tert-AMYLPEROXY-3,5,5-TRIMETHYLHEXANOAT] | 3105 | siehe 2.2.52.4 |
| AMYLPHOSPHAT | 2819 | |
| AMYLTRICHLORSILAN | 1728 | |
| ANILIN | 1547 | |
| ANILINHYDROCHLORID | 1548 | |
| ANISIDINE | 2431 | |
| ANISOL | 2222 | |
| ANISOYLCHLORID | 1729 | |
| ANORGANISCHE ANTIMONVERBINDUNG, FEST, N.A.G. | 1549 | |
| ANORGANISCHE ANTIMONVERBINDUNG, FLÜSSIG, N.A.G. | 3141 | |
| ANSTECKUNGSGEFÄHRLICHER STOFF, GEFÄHRLICH FÜR MENSCHEN | 2814 | |
| ANSTECKUNGSGEFÄHRLICHER STOFF, nur GEFÄHRLICH FÜR TIERE | 2900 | |
| Anthophyllit: siehe | 2212 | |
| ANTIKLOPFMISCHUNG FÜR MOTORKRAFTSTOFF | 1649 | |

3.2.2
**Tabelle B**
(Forts.)

| Benennung und Beschreibung des Gutes | UN-Nr. | Bem. |
|---|---|---|
| ANTIKLOPFMISCHUNG FÜR MOTORKRAFTSTOFF, ENTZÜNDBAR | 3483 | |
| ANTIMONLAKTAT | 1550 | |
| ANTIMONPENTACHLORID, FLÜSSIG | 1730 | |
| ANTIMONPENTACHLORID, LÖSUNG | 1731 | |
| ANTIMONPENTAFLUORID | 1732 | |
| ANTIMON-PULVER | 2871 | |
| ANTIMONTRICHLORID | 1733 | |
| ANTIMONWASSERSTOFF | 2676 | |
| ANTIMONYLKALIUMTARTRAT | 1551 | |
| ANZÜNDER | 0121; 0314; 0315; 0325; 0454 | |
| ANZÜNDER, ANZÜNDSCHNUR | 0131 | |
| ANZÜNDHÜTCHEN | 0044; 0377; 0378 | |
| ANZÜNDLITZE | 0066 | |
| ANZÜNDSCHNUR | 0105 | |
| ANZÜNDSCHNUR, rohrförmig, mit Metallmantel | 0103 | |
| ARGON, TIEFGEKÜHLT, FLÜSSIG | 1951 | |
| ARGON, VERDICHTET | 1006 | |
| ARSEN | 1558 | |
| Arsenate, n.a.g.: siehe | 1556; 1557 | |
| ARSENBROMID | 1555 | |
| ARSENHALTIGES PESTIZID, FEST, GIFTIG | 2759 | |
| ARSENHALTIGES PESTIZID, FLÜSSIG, ENTZÜNDBAR, GIFTIG, Flammpunkt unter 23 °C | 2760 | |
| ARSENHALTIGES PESTIZID, FLÜSSIG, GIFTIG | 2994 | |
| ARSENHALTIGES PESTIZID, FLÜSSIG, GIFTIG, ENTZÜNDBAR, mit einem Flammpunkt von 23 °C oder darüber | 2993 | |
| Arsenite, n.a.g.: siehe | 1556; 1557 | |
| ARSENPENTOXID | 1559 | |
| ARSENSÄURE, FEST | 1554 | |
| ARSENSÄURE, FLÜSSIG | 1553 | |
| ARSEN-STAUB | 1562 | |
| Arsensulfide, n.a.g.: siehe | 1556; 1557 | |
| ARSENTRICHLORID | 1560 | |
| ARSENTRIOXID | 1561 | |
| ARSENVERBINDUNG, FEST, N.A.G., anorganisch | 1557 | |
| ARSENVERBINDUNG, FLÜSSIG, N.A.G., anorganisch | 1556 | |
| ARSENWASSERSTOFF | 2188 | |
| ARSENWASSERSTOFF, ADSORBIERT | 3522 | |
| ARSIN | 2188 | |
| ARSIN, ADSORBIERT | 3522 | |
| ARYLSULFONSÄUREN, FEST, mit höchstens 5 % freier Schwefelsäure | 2585 | |
| ARYLSULFONSÄUREN, FEST, mit mehr als 5 % freier Schwefelsäure | 2583 | |
| ARYLSULFONSÄUREN, FLÜSSIG, mit höchstens 5 % freier Schwefelsäure | 2586 | |
| ARYLSULFONSÄUREN, FLÜSSIG, mit mehr als 5 % freier Schwefelsäure | 2584 | |
| ASBEST, AMPHIBOL | 2212 | |
| ASBEST, CHRYSOTIL | 2590 | |
| ÄTZENDER ALKALISCHER FLÜSSIGER STOFF, N.A.G. | 1719 | |

**3.2.2**
**Tabelle B**
(Forts.)

| Benennung und Beschreibung des Gutes | UN-Nr. | Bem. |
|---|---|---|
| ÄTZENDER BASISCHER ANORGANISCHER FESTER STOFF, N.A.G. | 3262 | |
| ÄTZENDER BASISCHER ANORGANISCHER FLÜSSIGER STOFF, N.A.G. | 3266 | |
| ÄTZENDER BASISCHER ORGANISCHER FESTER STOFF, N.A.G. | 3263 | |
| ÄTZENDER BASISCHER ORGANISCHER FLÜSSIGER STOFF, N.A.G. | 3267 | |
| ÄTZENDER FESTER STOFF, N.A.G. | 1759 | |
| ÄTZENDER FESTER STOFF, ENTZÜNDBAR, N.A.G. | 2921 | |
| ÄTZENDER FESTER STOFF, ENTZÜNDEND (OXIDIEREND) WIRKEND, N.A.G. | 3084 | |
| ÄTZENDER FESTER STOFF, GIFTIG, N.A.G. | 2923 | |
| ÄTZENDER FESTER STOFF, MIT WASSER REAGIEREND, N.A.G. | 3096 | |
| ÄTZENDER FESTER STOFF, SELBSTERHITZUNGSFÄHIG, N.A.G. | 3095 | |
| ÄTZENDER FLÜSSIGER STOFF, N.A.G. | 1760 | |
| ÄTZENDER FLÜSSIGER STOFF, ENTZÜNDBAR, N.A.G. | 2920 | |
| ÄTZENDER FLÜSSIGER STOFF, ENTZÜNDEND (OXIDIEREND) WIRKEND, N.A.G. | 3093 | |
| ÄTZENDER FLÜSSIGER STOFF, GIFTIG, N.A.G. | 2922 | |
| ÄTZENDER FLÜSSIGER STOFF, MIT WASSER REAGIEREND, N.A.G. | 3094 | |
| ÄTZENDER FLÜSSIGER STOFF, SELBSTERHITZUNGSFÄHIG, N.A.G. | 3301 | |
| ÄTZENDER SAURER ANORGANISCHER FESTER STOFF, N.A.G. | 3260 | |
| ÄTZENDER SAURER ANORGANISCHER FLÜSSIGER STOFF, N.A.G. | 3264 | |
| ÄTZENDER SAURER ORGANISCHER FESTER STOFF, N.A.G. | 3261 | |
| ÄTZENDER SAURER ORGANISCHER FLÜSSIGER STOFF, N.A.G. | 3265 | |
| Ätzkali: siehe | 1813 | |
| Ätznatron: siehe | 1823 | |
| [Aufsteigende Krone] | 0335; 0336 | siehe 2.2.1.1.7.5 |
| Auskleidung für Fässer: siehe | 1139 | |
| AUSLÖSEVORRICHTUNGEN MIT EXPLOSIVSTOFF | 0173 | |
| [Aviäres Paramyxo-Virus Typ 1 – Virus der velogenen Newcastle-Krankheit (nur Kulturen)] | 2900 | siehe 2.2.62.1.4.1 |
| AZODICARBONAMID | 3242 | |
| [AZODICARBONAMID, ZUBEREITUNG TYP C] | 3224 | siehe 2.2.41.4 |
| [AZODICARBONAMID, ZUBEREITUNG TYP D] | 3226 | siehe 2.2.41.4 |
| [AZODICARBONAMID, ZUBEREITUNG TYP B, TEMPERATURKONTROLLIERT] | 3232 | siehe 2.2.41.4 |
| [AZODICARBONAMID, ZUBEREITUNG TYP C, TEMPERATURKONTROLLIERT] | 3234 | siehe 2.2.41.4 |
| [AZODICARBONAMID, ZUBEREITUNG TYP D, TEMPERATURKONTROLLIERT] | 3236 | siehe 2.2.41.4 |
| [2,2'-AZODI-(2,4-DIMETHYL-4-METHOXYVALERONITRIL)] | 3236 | siehe 2.2.41.4 |
| [2,2'-AZODI-(2,4-DIMETHYLVALERONITRIL)] | 3236 | siehe 2.2.41.4 |
| [2,2'-AZODI-(ETHYL-2-METHYLPROPIONAT)] | 3235 | siehe 2.2.41.4 |
| [1,1-AZODI-(HEXAHYDROBENZONITRIL)] | 3226 | siehe 2.2.41.4 |
| [2,2'-AZODI-(ISOBUTYRONITRIL)] | 3234 | siehe 2.2.41.4 |
| [2,2'-AZODI-(ISOBUTYRONITRIL), als Paste auf Wasserbasis] | 3224 | siehe 2.2.41.4 |
| [2,2'-AZODI-(2-METHYLBUTYRONITRIL)] | 3236 | siehe 2.2.41.4 |
| [*Bacillus anthracis* (nur Kulturen)] | 2814 | siehe 2.2.62.1.4.1 |
| BARIUM | 1400 | |
| BARIUMAZID, ANGEFEUCHTET mit mindestens 50 Masse-% Wasser | 1571 | |
| BARIUMAZID, trocken oder angefeuchtet mit weniger als 50 Masse-% Wasser | 0224 | |
| BARIUMBROMAT | 2719 | |
| BARIUMCHLORAT, FEST | 1445 | |
| BARIUMCHLORAT, LÖSUNG | 3405 | |
| BARIUMCYANID | 1565 | |
| BARIUMHYPOCHLORIT mit mehr als 22 % aktivem Chlor | 2741 | |

3.2.2
Tabelle B
(Forts.)

| Benennung und Beschreibung des Gutes | UN-Nr. | Bem. |
|---|---|---|
| BARIUMLEGIERUNGEN, PYROPHOR | 1854 | |
| BARIUMNITRAT | 1446 | |
| BARIUMOXID | 1884 | |
| BARIUMPERCHLORAT, FEST | 1447 | |
| BARIUMPERCHLORAT, LÖSUNG | 3406 | |
| BARIUMPERMANGANAT | 1448 | |
| BARIUMPEROXID | 1449 | |
| BARIUMVERBINDUNG, N.A.G. | 1564 | |
| BATTERIEBETRIEBENES FAHRZEUG | 3171 | |
| BATTERIEBETRIEBENES GERÄT | 3171 | |
| BATTERIEFLÜSSIGKEIT, ALKALISCH | 2797 | |
| BATTERIEFLÜSSIGKEIT, SAUER | 2796 | |
| [Batterie/Kombination] | | siehe 2.2.1.1.7.5 |
| BATTERIEN, DIE METALLISCHES NATRIUM ODER NATRIUMLEGIERUNGEN ENTHALTEN | 3292 | |
| BATTERIEN, NASS, AUSLAUFSICHER, elektrische Sammler | 2800 | |
| BATTERIEN, NASS, GEFÜLLT MIT ALKALIEN, elektrische Sammler | 2795 | |
| BATTERIEN, NASS, GEFÜLLT MIT SÄURE, elektrische Sammler | 2794 | |
| Batterien, Natrium-Nickelchlorid: siehe | 3292 | |
| Batterien, Nickelmetallhydrid | 3496 | frei |
| BATTERIEN, TROCKEN, KALIUMHYDROXID, FEST, ENTHALTEND, elektrische Sammler | 3028 | |
| [Battery (Batterie/Kombination)] | | siehe 2.2.1.1.7.5 |
| BAUMWOLLABFÄLLE, ÖLHALTIG | 1364 | |
| BAUMWOLLE, NASS | 1365 | |
| BEGASTE GÜTERBEFÖRDERUNGSEINHEIT | 3359 | |
| BEIM EINATMEN GIFTIGER FLÜSSIGER STOFF, ÄTZEND, ENTZÜNDBAR, N.A.G., mit einem $LC_{50}$-Wert von höchstens 200 ml/$m^3$ und einer gesättigten Dampfkonzentration von mindestens 500 $LC_{50}$ | 3492 | |
| BEIM EINATMEN GIFTIGER FLÜSSIGER STOFF, ÄTZEND, N.A.G., mit einem $LC_{50}$-Wert von höchstens 1 000 ml/$m^3$ und einer gesättigten Dampfkonzentration von mindestens 10 $LC_{50}$ | 3390 | |
| BEIM EINATMEN GIFTIGER FLÜSSIGER STOFF, ÄTZEND, N.A.G., mit einem $LC_{50}$-Wert von höchstens 200 ml/$m^3$ und einer gesättigten Dampfkonzentration von mindestens 500 $LC_{50}$ | 3389 | |
| BEIM EINATMEN GIFTIGER FLÜSSIGER STOFF, ENTZÜNDBAR, ÄTZEND, N.A.G., mit einem $LC_{50}$-Wert von höchstens 1 000 ml/$m^3$ und einer gesättigten Dampfkonzentration von mindestens 10 $LC_{50}$ | 3489 | |
| BEIM EINATMEN GIFTIGER FLÜSSIGER STOFF, ENTZÜNDBAR, ÄTZEND, N.A.G., mit einem $LC_{50}$-Wert von höchstens 200 ml/$m^3$ und einer gesättigten Dampfkonzentration von mindestens 500 $LC_{50}$ | 3488 | |
| BEIM EINATMEN GIFTIGER FLÜSSIGER STOFF, ENTZÜNDBAR, N.A.G., mit einem $LC_{50}$-Wert von höchstens 1 000 ml/$m^3$ und einer gesättigten Dampfkonzentration von mindestens 10 $LC_{50}$ | 3384 | |
| BEIM EINATMEN GIFTIGER FLÜSSIGER STOFF, ENTZÜNDBAR, N.A.G., mit einem $LC_{50}$-Wert von höchstens 200 ml/$m^3$ und einer gesättigten Dampfkonzentration von mindestens 500 $LC_{50}$ | 3383 | |
| BEIM EINATMEN GIFTIGER FLÜSSIGER STOFF, ENTZÜNDEND (OXIDIEREND) WIRKEND, N.A.G., mit einem $LC_{50}$-Wert von höchstens 1 000 ml/$m^3$ und einer gesättigten Dampfkonzentration von mindestens 10 $LC_{50}$ | 3388 | |
| BEIM EINATMEN GIFTIGER FLÜSSIGER STOFF, ENTZÜNDEND (OXIDIEREND) WIRKEND, N.A.G., mit einem $LC_{50}$-Wert von höchstens 200 ml/$m^3$ und einer gesättigten Dampfkonzentration von mindestens 500 $LC_{50}$ | 3387 | |
| BEIM EINATMEN GIFTIGER FLÜSSIGER STOFF, N.A.G., mit einem $LC_{50}$-Wert von höchstens 1 000 ml/$m^3$ und einer gesättigten Dampfkonzentration von mindestens 10 $LC_{50}$ | 3382 | |
| BEIM EINATMEN GIFTIGER FLÜSSIGER STOFF, N.A.G., mit einem $LC_{50}$-Wert von höchstens 200 ml/$m^3$ und einer gesättigten Dampfkonzentration von mindestens 500 $LC_{50}$ | 3381 | |

**3.2.2**
**Tabelle B**
(Forts.)

| Benennung und Beschreibung des Gutes | UN-Nr. | Bem. |
|---|---|---|
| BEIM EINATMEN GIFTIGER FLÜSSIGER STOFF, MIT WASSER REAGIEREND, ENTZÜNDBAR, N.A.G., mit einem $LC_{50}$-Wert von höchstens 1 000 ml/$m^3$ und einer gesättigten Dampfkonzentration von mindestens 10 $LC_{50}$ | 3491 | |
| BEIM EINATMEN GIFTIGER FLÜSSIGER STOFF, MIT WASSER REAGIEREND, ENTZÜNDBAR, N.A.G., mit einem $LC_{50}$-Wert von höchstens 200 ml/$m^3$ und einer gesättigten Dampfkonzentration von mindestens 500 $LC_{50}$ | 3490 | |
| BEIM EINATMEN GIFTIGER FLÜSSIGER STOFF, MIT WASSER REAGIEREND, N.A.G., mit einem $LC_{50}$-Wert von höchstens 1 000 ml/$m^3$ und einer gesättigten Dampfkonzentration von mindestens 10 $LC_{50}$ | 3386 | |
| BEIM EINATMEN GIFTIGER FLÜSSIGER STOFF, MIT WASSER REAGIEREND, N.A.G., mit einem $LC_{50}$-Wert von höchstens 200 ml/$m^3$ und einer gesättigten Dampfkonzentration von mindestens 500 $LC_{50}$ | 3385 | |
| Beize: siehe | 1263; 3066; 3469; 3470 | |
| [Bengalholz (engl. Bengal stick)] | 0335; 0336 | siehe 2.2.1.1.7.5 |
| [Bengalisches Feuer (Fontäne)] | 0335; 0336 | siehe 2.2.1.1.7.5 |
| BENZALDEHYD | 1990 | |
| BENZEN | 1114 | |
| [BENZEN-1,3-DISULFONYLHYDRAZID, als Paste] | 3226 | siehe 2.2.41.4 |
| BENZENSULFONYLCHLORID | 2225 | |
| [BENZENSULFONYLHYDRAZID] | 3226 | siehe 2.2.41.4 |
| BENZIDIN | 1885 | |
| BENZIN | 1203 | |
| BENZOCHINON | 2587 | |
| BENZONITRIL | 2224 | |
| BENZOTRICHLORID | 2226 | |
| BENZOTRIFLUORID | 2338 | |
| BENZOYLCHLORID | 1736 | |
| BENZYLBROMID | 1737 | |
| BENZYLCHLORFORMIAT | 1739 | |
| BENZYLCHLORID | 1738 | |
| Benzylcyanid: siehe | 2470 | |
| BENZYLDIMETHYLAMIN | 2619 | |
| [4-(BENZYL(ETHYL)AMINO)-3-ETHOXYBENZENDIAZONIUM-ZINKCHLORID] | 3226 | siehe 2.2.41.4 |
| BENZYLIDENCHLORID | 1886 | |
| BENZYLIODID | 2653 | |
| [4-(BENZYL(METHYL)AMINO)-3-ETHOXYBENZENDIAZONIUM-ZINKCHLORID] | 3236 | siehe 2.2.41.4 |
| BERYLLIUMNITRAT | 2464 | |
| BERYLLIUM-PULVER | 1567 | |
| BERYLLIUMVERBINDUNG, N.A.G. | 1566 | |
| BESTANDTEILE, ZÜNDKETTE, N.A.G. | 0382; 0383; 0384; 0461 | |
| Bhusa | 1327 | frei |
| BICYCLO-[2,2,1]-HEPTA-2,5-DIEN, STABILISIERT | 2251 | |
| BIOLOGISCHER STOFF, KATEGORIE B | 3373 | |
| BIOMEDIZINISCHER ABFALL, N.A.G. | 3291 | |
| BIPYRIDILIUM-PESTIZID, FEST, GIFTIG | 2781 | |
| BIPYRIDILIUM-PESTIZID, FLÜSSIG, ENTZÜNDBAR, GIFTIG, Flammpunkt unter 23 °C | 2782 | |
| BIPYRIDILIUM-PESTIZID, FLÜSSIG, GIFTIG | 3016 | |
| BIPYRIDILIUM-PESTIZID, FLÜSSIG, GIFTIG, ENTZÜNDBAR, mit einem Flammpunkt von 23 °C oder darüber | 3015 | |

3.2.2
**Tabelle B**
(Forts.)

| Benennung und Beschreibung des Gutes | UN-Nr. | Bem. |
|---|---|---|
| Bisulfate, wässerige Lösung: siehe | 2837 | |
| BLEIACETAT | 1616 | |
| BLEIARSENATE | 1617 | |
| BLEIARSENITE | 1618 | |
| BLEIAZID, ANGEFEUCHTET mit mindestens 20 Masse-% Wasser oder einer Alkohol/Wasser-Mischung | 0129 | |
| BLEICYANID | 1620 | |
| BLEIDIOXID | 1872 | |
| BLEINITRAT | 1469 | |
| BLEIPERCHLORAT, FEST | 1470 | |
| BLEIPERCHLORAT, LÖSUNG | 3408 | |
| BLEIPHOSPHIT, ZWEIBASIG | 2989 | |
| BLEISTYPHNAT, ANGEFEUCHTET mit mindestens 20 Masse-% Wasser oder einer Alkohol/Wasser-Mischung | 0130 | |
| BLEISULFAT mit mehr als 3 % freier Säure | 1794 | |
| BLEITRINITRORESORCINAT, ANGEFEUCHTET mit mindestens 20 Masse-% Wasser oder einer Alkohol/Wasser-Mischung | 0130 | |
| BLEIVERBINDUNG, LÖSLICH, N.A.G. | 2291 | |
| [Blitzknallbombe (Großfeuerwerksbombe)] | 0333; 0335; 0336 | siehe 2.2.1.1.7.5 |
| [Blitz-Knallkörper] | 0333; 0335; 0336 | siehe 2.2.1.1.7.5 |
| BLITZLICHTPULVER | 0094; 0305 | |
| [Bodenfeuertopf)] | 0333; 0335; 0336 | siehe 2.2.1.1.7.5 |
| [Bodenkreisel (Wirbel)] | 0335; 0336 | siehe 2.2.1.1.7.5 |
| [Böller (Knallkörper)] | 0333; 0335; 0336 | siehe 2.2.1.1.7.5 |
| BOMBEN, BLITZLICHT | 0037; 0038; 0039; 0299 | |
| BOMBEN, DIE ENTZÜNDBARE FLÜSSIGKEIT ENTHALTEN, mit Sprengladung | 0399; 0400 | |
| BOMBEN, mit Sprengladung | 0033; 0034; 0035; 0291 | |
| BORNEOL | 1312 | |
| BORTRIBROMID | 2692 | |
| BORTRICHLORID | 1741 | |
| BORTRIFLUORID | 1008 | |
| BORTRIFLUORID, ADSORBIERT | 3519 | |
| BORTRIFLUORIDDIETHYLETHERAT | 2604 | |
| BORTRIFLUORID-DIHYDRAT | 2851 | |
| BORTRIFLUORIDDIMETHYLETHERAT | 2965 | |
| BORTRIFLUORID-ESSIGSÄURE-KOMPLEX, FEST | 3419 | |
| BORTRIFLUORID-ESSIGSÄURE-KOMPLEX, FLÜSSIG | 1742 | |
| Bortrifluorid-Ether-Komplex: siehe | 2604 | |
| BORTRIFLUORID-PROPIONSÄURE-KOMPLEX, FEST | 3420 | |
| BORTRIFLUORID-PROPIONSÄURE-KOMPLEX, FLÜSSIG | 1743 | |
| BRENNSTOFFZELLEN-FAHRZEUG MIT ANTRIEB DURCH ENTZÜNDBARE FLÜSSIGKEIT | 3166 | |
| BRENNSTOFFZELLEN-FAHRZEUG MIT ANTRIEB DURCH ENTZÜNDBARES GAS | 3166 | |
| [BRENNSTOFFZELLEN-KARTUSCHEN] | 3473 | siehe 2.2.3.3 |
| BRENNSTOFFZELLEN-KARTUSCHEN, ätzende Stoffe enthaltend | 3477 | |

**3.2.2 Tabelle B** (Forts.)

| Benennung und Beschreibung des Gutes | UN-Nr. | Bem. |
|---|---|---|
| BRENNSTOFFZELLEN-KARTUSCHEN, entzündbare flüssige Stoffe enthaltend | 3473 | |
| BRENNSTOFFZELLEN-KARTUSCHEN IN AUSRÜSTUNGEN, ätzende Stoffe enthaltend | 3477 | |
| BRENNSTOFFZELLEN-KARTUSCHEN IN AUSRÜSTUNGEN, entzündbare flüssige Stoffe enthaltend | 3473 | |
| BRENNSTOFFZELLEN-KARTUSCHEN IN AUSRÜSTUNGEN, mit Wasser reagierende Stoffe enthaltend | 3476 | |
| BRENNSTOFFZELLEN-KARTUSCHEN IN AUSRÜSTUNGEN, verflüssigtes entzündbares Gas enthaltend | 3478 | |
| BRENNSTOFFZELLEN-KARTUSCHEN IN AUSRÜSTUNGEN, Wasserstoff in Metallhydrid enthaltend | 3479 | |
| BRENNSTOFFZELLEN-KARTUSCHEN, MIT AUSRÜSTUNGEN VERPACKT, ätzende Stoffe enthaltend | 3477 | |
| BRENNSTOFFZELLEN-KARTUSCHEN, MIT AUSRÜSTUNGEN VERPACKT, entzündbare flüssige Stoffe enthaltend | 3473 | |
| BRENNSTOFFZELLEN-KARTUSCHEN, MIT AUSRÜSTUNGEN VERPACKT, mit Wasser reagierende Stoffe enthaltend | 3476 | |
| BRENNSTOFFZELLEN-KARTUSCHEN, MIT AUSRÜSTUNGEN VERPACKT, verflüssigtes entzündbares Gas enthaltend | 3478 | |
| BRENNSTOFFZELLEN-KARTUSCHEN, MIT AUSRÜSTUNGEN VERPACKT, Wasserstoff in Metallhydrid enthaltend | 3479 | |
| BRENNSTOFFZELLEN-KARTUSCHEN, mit Wasser reagierende Stoffe enthaltend | 3476 | |
| BRENNSTOFFZELLEN-KARTUSCHEN, verflüssigtes entzündbares Gas enthaltend | 3478 | |
| BRENNSTOFFZELLEN-KARTUSCHEN, Wasserstoff in Metallhydrid enthaltend | 3479 | |
| BRENNSTOFFZELLEN-MOTOR MIT ANTRIEB DURCH ENTZÜNDBARE FLÜSSIGKEIT | 3528 | |
| BRENNSTOFFZELLEN-MOTOR MIT ANTRIEB DURCH ENTZÜNDBARES GAS | 3529 | |
| BROM | 1744 | |
| BROMACETON | 1569 | |
| omega-Bromacetophenon: siehe | 2645 | |
| BROMACETYLBROMID | 2513 | |
| BROMATE, ANORGANISCHE, N.A.G. | 1450 | |
| BROMATE, ANORGANISCHE, WÄSSERIGE LÖSUNG, N.A.G. | 3213 | |
| BROMBENZEN | 2514 | |
| BROMBENZYLCYANIDE, FEST | 3449 | |
| BROMBENZYLCYANIDE, FLÜSSIG | 1694 | |
| 1-BROMBUTAN | 1126 | |
| 2-BROMBUTAN | 2339 | |
| BROMCHLORDIFLUORMETHAN | 1974 | |
| BROMCHLORID | 2901 | |
| BROMCHLORMETHAN | 1887 | |
| 1-BROM-3-CHLORPROPAN | 2688 | |
| BROMESSIGSÄURE, FEST | 3425 | |
| BROMESSIGSÄURE, LÖSUNG | 1938 | |
| 2-BROMETHYLETHYLETHER | 2340 | |
| BROM, LÖSUNG | 1744 | |
| 1-BROM-3-METHYLBUTAN | 2341 | |
| BROMMETHYLPROPANE | 2342 | |
| 2-BROM-2-NITROPROPAN-1,3-DIOL | 3241 | |
| BROMOFORM | 2515 | |
| BROMPENTAFLUORID | 1745 | |
| 2-BROMPENTAN | 2343 | |
| BROMPROPANE | 2344 | |
| 3-BROMPROPIN | 2345 | |
| BROMTRIFLUORETHYLEN | 2419 | |

3.2.2
Tabelle B
(Forts.)

| Benennung und Beschreibung des Gutes | UN-Nr. | Bem. |
|---|---|---|
| BROMTRIFLUORID | 1746 | |
| BROMTRIFLUORMETHAN | 1009 | |
| BROMWASSERSTOFFSÄURE | 1788 | |
| BROMWASSERSTOFF, WASSERFREI | 1048 | |
| [*Brucella abortus* (nur Kulturen)] | 2814 | siehe 2.2.62.1.4.1 |
| [*Brucella melitensis* (nur Kulturen)] | 2814 | siehe 2.2.62.1.4.1 |
| [*Brucella suis* (nur Kulturen)] | 2814 | siehe 2.2.62.1.4.1 |
| BRUCIN | 1570 | |
| [*Burkholderia mallei – Pseudomonas mallei* – Rotz (nur Kulturen)] | 2814 | siehe 2.2.62.1.4.1 |
| [*Burkholderia pseudomallei – Pseudomonas pseudomallei* (nur Kulturen)] | 2814 | siehe 2.2.62.1.4.1 |
| BUTADIENE UND KOHLENWASSERSTOFF, GEMISCH, STABILISIERT mit mehr als 20 % Butadienen | 1010 | |
| BUTADIENE, STABILISIERT (Buta-1,2-dien) | 1010 | |
| BUTADIENE, STABILISIERT (Buta-1,3-dien) | 1010 | |
| BUTAN | 1011 | |
| BUTANDION | 2346 | |
| BUTANOLE | 1120 | |
| BUTEN | 1012 | |
| Butene, Gemisch: siehe | 1012 | |
| But-1-en: siehe | 1012 | |
| cis-But-2-en: siehe | 1012 | |
| trans-But-2-en: siehe | 1012 | |
| BUTIN-1,4-DIOL | 2716 | |
| But-2-in: siehe | 1144 | |
| BUTTERSÄURE | 2820 | |
| BUTTERSÄUREANHYDRID | 2739 | |
| BUTYLACETATE | 1123 | |
| BUTYLACRYLATE, STABILISIERT | 2348 | |
| n-BUTYLAMIN | 1125 | |
| N-BUTYLANILIN | 2738 | |
| BUTYLBENZENE | 2709 | |
| n-Butylbromid: siehe | 1126 | |
| n-BUTYLCHLORFORMIAT | 2743 | |
| Butylchloride: siehe | 1127 | |
| [tert-BUTYLCUMYLPEROXID] | 3107; 3108 | siehe 2.2.52.4 |
| tert-BUTYLCYCLOHEXYLCHLORFORMIAT | 2747 | |
| [n-BUTYL-4,4-DI-(tert-BUTYLPEROXY)-VALERAT] | 3103; 3108 | siehe 2.2.52.4 |
| 1,2-BUTYLENOXID, STABILISIERT | 3022 | |
| n-BUTYLFORMIAT | 1128 | |
| [tert-BUTYLHYDROPEROXID] | 3103; 3105; 3107; 3109 | siehe 2.2.52.4 |
| [tert-BUTYLHYDROPEROXID + DI-tert-BUTYLPEROXID] | 3103 | siehe 2.2.52.4 |
| tert-BUTYLHYPOCHLORIT | 3255 | verboten |
| N,n-BUTYLIMIDAZOL | 2690 | |
| n-BUTYLISOCYANAT | 2485 | |
| tert-BUTYLISOCYANAT | 2484 | |
| BUTYLMERCAPTAN | 2347 | |
| n-BUTYLMETHACRYLAT, STABILISIERT | 2227 | |
| BUTYLMETHYLETHER | 2350 | |

**3.2.2**
**Tabelle B**
(Forts.)

| Benennung und Beschreibung des Gutes | UN-Nr. | Bem. |
|---|---|---|
| [tert-BUTYLMONOPEROXYMALEAT] | 3102; 3103; 3108 | siehe 2.2.52.4 |
| [tert-BUTYLMONOPEROXYMALEAT (als Paste)] | 3108 | siehe 2.2.52.4 |
| BUTYLNITRITE | 2351 | |
| [tert-BUTYLPEROXYACETAT] | 3101; 3103; 3109 | siehe 2.2.52.4 |
| [tert-BUTYLPEROXYBENZOAT] | 3103; 3105; 3106 | siehe 2.2.52.4 |
| [tert-BUTYLPEROXYBUTYLFUMARAT] | 3105 | siehe 2.2.52.4 |
| [tert-BUTYLPEROXYCROTONAT] | 3105 | siehe 2.2.52.4 |
| [tert-BUTYLPEROXYDIETHYLACETAT] | 3113 | siehe 2.2.52.4 |
| [tert-BUTYLPEROXY-2-ETHYLHEXANOAT] | 3113; 3117; 3118; 3119 | siehe 2.2.52.4 |
| [tert-BUTYLPEROXY-2-ETHYLHEXANOAT + 2,2-DI-(tert-BUTYLPEROXY)-BUTAN] | 3106; 3115 | siehe 2.2.52.4 |
| [tert-BUTYLPEROXY-2-ETHYLHEXYLCARBONAT] | 3105 | siehe 2.2.52.4 |
| [tert-BUTYLPEROXYISOBUTYRAT] | 3111; 3115 | siehe 2.2.52.4 |
| [tert-BUTYLPEROXYISOPROPYLCARBONAT] | 3103; 3105 | siehe 2.2.52.4 |
| [1-(2-tert-BUTYLPEROXYISOPROPYL)-3-ISOPROPENYLBENZEN] | 3105; 3108 | siehe 2.2.52.4 |
| [tert-BUTYLPEROXY-2-METHYLBENZOAT] | 3103 | siehe 2.2.52.4 |
| [tert-BUTYLPEROXYNEODECANOAT] | 3115; 3119 | siehe 2.2.52.4 |
| [tert-BUTYLPEROXYNEODECANOAT (als stabile Dispersion in Wasser)] | 3119 | siehe 2.2.52.4 |
| [tert-BUTYLPEROXYNEODECANOAT (als stabile Dispersion in Wasser (gefroren))] | 3118 | siehe 2.2.52.4 |
| [tert-BUTYLPEROXYNEOHEPTANOAT] | 3115 | siehe 2.2.52.4 |
| [tert-BUTYLPEROXYNEOHEPTANOAT (als stabile Dispersion in Wasser)] | 3117 | siehe 2.2.52.4 |
| [tert-BUTYLPEROXYPIVALAT] | 3113; 3115; 3119 | siehe 2.2.52.4 |
| [tert-BUTYLPEROXYSTEARYLCARBONAT] | 3106 | siehe 2.2.52.4 |
| [tert-BUTYLPEROXY-3,5,5-TRIMETHYLHEXANOAT] | 3105; 3106; 3109 | siehe 2.2.52.4 |
| BUTYLPHOSPHAT | 1718 | |
| BUTYLPROPIONATE | 1914 | |
| BUTYLTOLUENE | 2667 | |
| BUTYLTRICHLORSILAN | 1747 | |
| 5-tert-BUTYL-2,4,6-TRINITRO-m-XYLEN | 2956 | |
| BUTYLVINYLETHER, STABILISIERT | 2352 | |
| BUTYRALDEHYD | 1129 | |
| BUTYRALDOXIM | 2840 | |
| BUTYRONITRIL | 2411 | |
| BUTYRYLCHLORID | 2353 | |
| CADMIUMVERBINDUNG | 2570 | |
| CAESIUM | 1407 | |
| CAESIUMHYDROXID | 2682 | |
| CAESIUMHYDROXIDLÖSUNG | 2681 | |
| CAESIUMNITRAT | 1451 | |
| [Cake (Batterie/Kombination)] | | siehe 2.2.1.1.7.5 |
| CALCIUM | 1401 | |
| CALCIUMARSENAT | 1573 | |
| CALCIUMARSENAT UND CALCIUMARSENIT, MISCHUNG, FEST | 1574 | |
| CALCIUMCARBID | 1402 | |
| CALCIUMCHLORAT | 1452 | |

3.2.2
Tabelle B
(Forts.)

| Benennung und Beschreibung des Gutes | UN-Nr. | Bem. |
|---|---|---|
| CALCIUMCHLORAT, WÄSSERIGE LÖSUNG | 2429 | |
| CALCIUMCHLORIT | 1453 | |
| CALCIUMCYANAMID mit mehr als 0,1 Masse-% Calciumcarbid | 1403 | |
| CALCIUMCYANID | 1575 | |
| CALCIUMDITHIONIT | 1923 | |
| CALCIUMHYDRID | 1404 | |
| CALCIUMHYDROSULFIT | 1923 | |
| CALCIUMHYPOCHLORIT, HYDRATISIERT, ÄTZEND mit mindestens 5,5 %, aber höchstens 16 % Wasser | 3487 | |
| CALCIUMHYPOCHLORIT, HYDRATISIERTE MISCHUNG, ÄTZEND mit mindestens 5,5 %, aber höchstens 16 % Wasser | 3487 | |
| CALCIUMHYPOCHLORIT, HYDRATISIERTE MISCHUNG mit mindestens 5,5 %, aber höchstens 16 % Wasser | 2880 | |
| CALCIUMHYPOCHLORIT, HYDRATISIERT mit mindestens 5,5 %, aber höchstens 16 % Wasser | 2880 | |
| CALCIUMHYPOCHLORIT, MISCHUNG, TROCKEN, ÄTZEND mit mehr als 10 %, aber höchstens 39 % aktivem Chlor | 3486 | |
| CALCIUMHYPOCHLORIT, MISCHUNG, TROCKEN, ÄTZEND mit mehr als 39 % aktivem Chlor (8,8 % aktivem Sauerstoff) | 3485 | |
| CALCIUMHYPOCHLORIT, MISCHUNG, TROCKEN mit mehr als 10 %, aber höchstens 39 % aktivem Chlor | 2208 | |
| CALCIUMHYPOCHLORIT, MISCHUNG, TROCKEN, mit mehr als 39 % aktivem Chlor (8,8 % aktivem Sauerstoff) | 1748 | |
| CALCIUMHYPOCHLORIT, TROCKEN | 1748 | |
| CALCIUMHYPOCHLORIT, TROCKEN, ÄTZEND | 3485 | |
| CALCIUMLEGIERUNGEN, PYROPHOR | 1855 | |
| CALCIUMMANGANSILICIUM | 2844 | |
| CALCIUMNITRAT | 1454 | |
| Calciumoxid | 1910 | frei |
| CALCIUMPERCHLORAT | 1455 | |
| CALCIUMPERMANGANAT | 1456 | |
| CALCIUMPEROXID | 1457 | |
| CALCIUMPHOSPHID | 1360 | |
| CALCIUM, PYROPHOR | 1855 | |
| CALCIUMRESINAT | 1313 | |
| CALCIUMRESINAT, GESCHMOLZEN und erstarrt | 1314 | |
| CALCIUMSILICID | 1405 | |
| Calomel: siehe | 2025 | |
| CAMPHER, synthetisch | 2717 | |
| CAPRONSÄURE | 2829 | |
| CARBAMAT-PESTIZID, FEST, GIFTIG | 2757 | |
| CARBAMAT-PESTIZID, FLÜSSIG, ENTZÜNDBAR, GIFTIG, Flammpunkt unter 23 °C | 2758 | |
| CARBAMAT-PESTIZID, FLÜSSIG, GIFTIG | 2992 | |
| CARBAMAT-PESTIZID, FLÜSSIG, GIFTIG, ENTZÜNDBAR, mit einem Flammpunkt von 23 °C oder darüber | 2991 | |
| CARBONYLFLUORID | 2417 | |
| CARBONYLSULFID | 2204 | |
| [Celebration Cracker (Knallkörperbatterie)] | 0336 | siehe 2.2.1.1.7.5 |
| CEREISEN | 1323 | |
| CER, Platten, Barren, Stangen | 1333 | |
| CER, Späne oder Grieß | 3078 | |

**3.2.2**
**Tabelle B**
(Forts.)

| Benennung und Beschreibung des Gutes | UN-Nr. | Bem. |
|---|---|---|
| CHEMIE-TESTSATZ | 3316 | |
| CHEMIKALIE UNTER DRUCK, N.A.G. | 3500 | |
| CHEMIKALIE UNTER DRUCK, ÄTZEND, N.A.G. | 3503 | |
| CHEMIKALIE UNTER DRUCK, ENTZÜNDBAR, N.A.G. | 3501 | |
| CHEMIKALIE UNTER DRUCK, ENTZÜNDBAR, ÄTZEND, N.A.G. | 3505 | |
| CHEMIKALIE UNTER DRUCK, ENTZÜNDBAR, GIFTIG, N.A.G. | 3504 | |
| CHEMIKALIE UNTER DRUCK, GIFTIG, N.A.G. | 3502 | |
| CHEMISCHE PROBE, GIFTIG | 3315 | |
| [China Cracker (Knallkörperbatterie)] | 0336 | siehe 2.2.1.1.7.5 |
| CHINOLIN | 2656 | |
| [*Chlamydia psittaci* – aviäre Stämme (nur Kulturen)] | 2814 | siehe 2.2.62.1.4.1 |
| CHLOR | 1017 | |
| Chloracetaldehyd: siehe | 2232 | |
| CHLORACETONITRIL | 2668 | |
| CHLORACETON, STABILISIERT | 1695 | |
| CHLORACETOPHENON, FEST | 1697 | |
| CHLORACETOPHENON, FLÜSSIG | 3416 | |
| CHLORACETYLCHLORID | 1752 | |
| CHLOR, ADSORBIERT | 3520 | |
| CHLORAL, WASSERFREI, STABILISIERT | 2075 | |
| CHLORANILINE, FEST | 2018 | |
| CHLORANILINE, FLÜSSIG | 2019 | |
| CHLORANISIDINE | 2233 | |
| CHLORAT UND BORAT, MISCHUNG | 1458 | |
| CHLORATE, ANORGANISCHE, N.A.G. | 1461 | |
| CHLORATE, ANORGANISCHE, WÄSSERIGE LÖSUNG, N.A.G. | 3210 | |
| CHLORAT UND MAGNESIUMCHLORID, MISCHUNG, FEST | 1459 | |
| CHLORAT UND MAGNESIUMCHLORID, MISCHUNG, LÖSUNG | 3407 | |
| CHLORBENZEN | 1134 | |
| CHLORBENZOTRIFLUORIDE | 2234 | |
| Chlorbenzotriflurid (o-, m-, p-): siehe | 2234 | |
| CHLORBENZYLCHLORIDE, FEST | 3427 | |
| CHLORBENZYLCHLORIDE, FLÜSSIG | 2235 | |
| CHLORBUTANE | 1127 | |
| CHLORCRESOLE, FEST | 3437 | |
| CHLORCRESOLE, LÖSUNG | 2669 | |
| CHLORCYAN, STABILISIERT | 1589 | |
| [3-CHLOR-4-DIETHYLAMINOBENZENDIAZONIUMZINKCHLORID] | 3226 | siehe 2.2.41.4 |
| 1-CHLOR-1,1-DIFLUORETHAN | 2517 | |
| CHLORDIFLUORMETHAN | 1018 | |
| CHLORDIFLUORMETHAN UND CHLORPENTAFLUORETHAN, GEMISCH mit einem konstanten Siedepunkt, mit ca. 49 % Chlordifluormethan | 1973 | |
| CHLORDINITROBENZENE, FEST | 3441 | |
| CHLORDINITROBENZENE, FLÜSSIG | 1577 | |
| CHLORESSIGSÄURE, FEST | 1751 | |
| CHLORESSIGSÄURE, GESCHMOLZEN | 3250 | |
| CHLORESSIGSÄURE, LÖSUNG | 1750 | |
| 2-CHLORETHANAL | 2232 | |

**3.2.2 Tabelle B** (Forts.)

| Benennung und Beschreibung des Gutes | UN-Nr. | Bem. |
|---|---|---|
| 2-Chlorethanol: siehe | 1135 | |
| CHLORFORMIATE, GIFTIG, ÄTZEND, N.A.G. | 3277 | |
| CHLORFORMIATE, GIFTIG, ÄTZEND, ENTZÜNDBAR, N.A.G. | 2742 | |
| CHLORITE, ANORGANISCHE, N.A.G. | 1462 | |
| CHLORITLÖSUNG | 1908 | |
| CHLORMETHYLCHLORFORMIAT | 2745 | |
| CHLORMETHYLETHYLETHER | 2354 | |
| 3-CHLOR-4-METHYLPHENYLISOCYANAT, FEST | 3428 | |
| 3-CHLOR-4-METHYLPHENYLISOCYANAT, FLÜSSIG | 2236 | |
| CHLORNITROANILINE | 2237 | |
| CHLORNITROBENZENE, FEST | 1578 | |
| CHLORNITROBENZENE, FLÜSSIG | 3409 | |
| CHLORNITROTOLUENE, FEST | 3457 | |
| CHLORNITROTOLUENE, FLÜSSIG | 2433 | |
| CHLOROFORM | 1888 | |
| CHLOROPREN, STABILISIERT | 1991 | |
| CHLORPENTAFLUORETHAN | 1020 | |
| CHLORPENTAFLUORID | 2548 | |
| [3-CHLORPEROXYBENZOESÄURE] | 3102; 3106 | siehe 2.2.52.4 |
| CHLORPHENOLATE, FEST | 2905 | |
| CHLORPHENOLATE, FLÜSSIG | 2904 | |
| CHLORPHENOLE, FEST | 2020 | |
| CHLORPHENOLE, FLÜSSIG | 2021 | |
| CHLORPHENYLTRICHLORSILAN | 1753 | |
| CHLORPIKRIN | 1580 | |
| CHLORPIKRIN UND METHYLBROMID, GEMISCH mit mehr als 2 % Chlorpikrin | 1581 | |
| CHLORPIKRIN UND METHYLCHLORID, GEMISCH | 1582 | |
| CHLORPIKRIN, MISCHUNG, N.A.G. | 1583 | |
| 1-CHLORPROPAN | 1278 | |
| 2-CHLORPROPAN | 2356 | |
| 1-CHLORPROPAN-2-OL | 2611 | |
| 3-CHLORPROPAN-1-OL | 2849 | |
| 2-CHLORPROPEN | 2456 | |
| alpha-CHLORPROPIONSÄURE | 2511 | |
| 2-CHLORPYRIDIN | 2822 | |
| CHLORSÄURE, WÄSSERIGE LÖSUNG mit höchstens 10 % Säure | 2626 | |
| CHLORSILANE, ÄTZEND, N.A.G. | 2987 | |
| CHLORSILANE, ÄTZEND, ENTZÜNDBAR, N.A.G. | 2986 | |
| CHLORSILANE, ENTZÜNDBAR, ÄTZEND, N.A.G. | 2985 | |
| CHLORSILANE, GIFTIG, ÄTZEND, N.A.G. | 3361 | |
| CHLORSILANE, GIFTIG, ÄTZEND, ENTZÜNDBAR, N.A.G. | 3362 | |
| CHLORSILANE, MIT WASSER REAGIEREND, ENTZÜNDBAR, ÄTZEND, N.A.G. | 2988 | |
| CHLORSULFONSÄURE mit oder ohne Schwefeltrioxid | 1754 | |
| 1-CHLOR-1,2,2,2-TETRAFLUORETHAN | 1021 | |
| CHLORTOLUENE | 2238 | |
| Chlortoluen (o-, m-, p-): siehe | 2238 | |
| CHLORTOLUIDINE, FEST | 2239 | |
| CHLORTOLUIDINE, FLÜSSIG | 3429 | |

**3.2.2**
**Tabelle B**
(Forts.)

| Benennung und Beschreibung des Gutes | UN-Nr. | Bem. |
|---|---|---|
| 4-CHLOR-o-TOLUIDIN-HYDROCHLORID, FEST | 1579 | |
| 4-CHLOR-o-TOLUIDIN-HYDROCHLORID, LÖSUNG | 3410 | |
| 1-CHLOR-2,2,2-TRIFLUORETHAN | 1983 | |
| CHLORTRIFLUORETHYLEN, STABILISIERT | 1082 | |
| CHLORTRIFLUORID | 1749 | |
| CHLORTRIFLUORMETHAN | 1022 | |
| CHLORTRIFLUORMETHAN UND TRIFLUORMETHAN, AZEOTROPES GEMISCH mit ca. 60 % Chlortrifluormethan | 2599 | |
| CHLORWASSERSTOFFSÄURE | 1789 | |
| CHLORWASSERSTOFF, TIEFGEKÜHLT, FLÜSSIG | 2186 | verboten |
| CHLORWASSERSTOFF, WASSERFREI | 1050 | |
| CHROMFLUORID, FEST | 1756 | |
| CHROMFLUORID, LÖSUNG | 1757 | |
| CHROMNITRAT | 2720 | |
| CHROMOXYCHLORID | 1758 | |
| CHROMSÄURE, LÖSUNG | 1755 | |
| CHROMSCHWEFELSÄURE | 2240 | |
| Chromtrifluorid, fest: siehe | 1756 | |
| Chromtrifluorid, flüssig: siehe | 1757 | |
| CHROMTRIOXID, WASSERFREI | 1463 | |
| Chromylchlorid: siehe | 1758 | |
| Chrysotil: siehe | 2590 | |
| [*Clostridium botulinum* (nur Kulturen)] | 2814 | siehe 2.2.62.1.4.1 |
| COBALTDIHYDROXID-PULVER mit mindestens 10 % lungengängigen Partikeln | 3550 | |
| COBALTNAPHTHENAT-PULVER | 2001 | |
| COBALTRESINAT, GEFÄLLT | 1318 | |
| [*Coccidioides immitis* (nur Kulturen)] | 2814 | siehe 2.2.62.1.4.1 |
| [*Coxiella burnetii* (nur Kulturen)] | 2814 | siehe 2.2.62.1.4.1 |
| CRESOLE, FEST | 3455 | |
| CRESOLE, FLÜSSIG | 2076 | |
| CRESYLSÄURE | 2022 | |
| CROTONALDEHYD | 1143 | |
| CROTONALDEHYD, STABILISIERT | 1143 | |
| CROTONSÄURE, FEST | 2823 | |
| CROTONSÄURE, FLÜSSIG | 3472 | |
| CROTONYLEN | 1144 | |
| CUMARIN-PESTIZID, FEST, GIFTIG | 3027 | |
| CUMARIN-PESTIZID, FLÜSSIG, ENTZÜNDBAR, GIFTIG, Flammpunkt unter 23 °C | 3024 | |
| CUMARIN-PESTIZID, FLÜSSIG, GIFTIG | 3026 | |
| CUMARIN-PESTIZID, FLÜSSIG, GIFTIG, ENTZÜNDBAR, mit einem Flammpunkt von 23 °C oder darüber | 3025 | |
| [CUMYLHYDROPEROXID] | 3107; 3109 | siehe 2.2.52.4 |
| [CUMYLPEROXYNEODECANOAT] | 3115 | siehe 2.2.52.4 |
| [CUMYLPEROXYNEODECANOAT (als stabile Dispersion in Wasser)] | 3119 | siehe 2.2.52.4 |
| [CUMYLPEROXYNEOHEPTANOAT] | 3115 | siehe 2.2.52.4 |
| [CUMYLPEROXYPIVALAT] | 3115 | siehe 2.2.52.4 |
| Cutback-Bitumen bei oder über 100 °C und unter seinem Flammpunkt: siehe | 3257 | |
| Cutback-Bitumen mit einem Flammpunkt über 60 °C, bei oder über seinem Flammpunkt: siehe | 3256 | |

**3.2.2**
**Tabelle B**
(Forts.)

| Benennung und Beschreibung des Gutes | UN-Nr. | Bem. |
|---|---|---|
| Cutback-Bitumen mit einem Flammpunkt von höchstens 60 °C: siehe | 1999 | |
| CYANBROMID | 1889 | |
| CYANIDE, ANORGANISCH, FEST, N.A.G. | 1588 | |
| CYANID, LÖSUNG, N.A.G. | 1935 | |
| CYANURCHLORID | 2670 | |
| CYANWASSERSTOFF, LÖSUNG IN ALKOHOL, mit höchstens 45 % Cyanwasserstoff | 3294 | |
| CYANWASSERSTOFFSÄURE, WÄSSERIGE LÖSUNG mit höchstens 20 % Cyanwasserstoff | 1613 | |
| CYANWASSERSTOFF, STABILISIERT, mit weniger als 3 % Wasser | 1051 | |
| CYANWASSERSTOFF, STABILISIERT, mit weniger als 3 % Wasser und aufgesaugt durch ein inertes poröses Material | 1614 | |
| CYANWASSERSTOFF, WÄSSERIGE LÖSUNG mit höchstens 20 % Cyanwasserstoff | 1613 | |
| CYCLOBUTAN | 2601 | |
| CYCLOBUTYLCHLORFORMIAT | 2744 | |
| 1,5,9-CYCLODODECATRIEN | 2518 | |
| CYCLOHEPTAN | 2241 | |
| CYCLOHEPTATRIEN | 2603 | |
| CYCLOHEPTEN | 2242 | |
| CYCLOHEXAN | 1145 | |
| CYCLOHEXANON | 1915 | |
| [CYCLOHEXANONPEROXID(E)] | 3104; 3105 | siehe 2.2.52.4 |
| [CYCLOHEXANONPEROXID(E) (als Paste)] | 3106; freigestellt | siehe 2.2.52.4 |
| CYCLOHEXEN | 2256 | |
| CYCLOHEXENYLTRICHLORSILAN | 1762 | |
| CYCLOHEXYLACETAT | 2243 | |
| CYCLOHEXYLAMIN | 2357 | |
| CYCLOHEXYLISOCYANAT | 2488 | |
| CYCLOHEXYLMERCAPTAN | 3054 | |
| CYCLOHEXYLTRICHLORSILAN | 1763 | |
| CYCLONIT, ANGEFEUCHTET mit mindestens 15 Masse-% Wasser | 0072 | |
| CYCLONIT, DESENSIBILISIERT | 0483 | |
| CYCLONIT IN MISCHUNG MIT CYCLOTETRAMETHYLENTETRANITRAMIN, ANGEFEUCHTET mit mindestens 15 Masse-% Wasser | 0391 | |
| CYCLONIT IN MISCHUNG MIT CYCLOTETRAMETHYLENTETRANITRAMIN, DESENSIBILISIERT mit mindestens 10 Masse-% Phlegmatisierungsmittel | 0391 | |
| CYCLONIT IN MISCHUNG MIT HMX, ANGEFEUCHTET mit mindestens 15 Masse-% Wasser | 0391 | |
| CYCLONIT IN MISCHUNG MIT HMX, DESENSIBILISIERT mit mindestens 10 Masse-% Phlegmatisierungsmittel | 0391 | |
| CYCLONIT IN MISCHUNG MIT OKTOGEN, ANGEFEUCHTET mit mindestens 15 Masse-% Wasser | 0391 | |
| CYCLONIT IN MISCHUNG MIT OKTOGEN, DESENSIBILISIERT mit mindestens 10 Masse-% Phlegmatisierungsmittel | 0391 | |
| CYCLOOCTADIENE | 2520 | |
| CYCLOOCTADIENPHOSPHINE | 2940 | |
| CYCLOOCTATETRAEN | 2358 | |
| CYCLOPENTAN | 1146 | |
| CYCLOPENTANOL | 2244 | |
| CYCLOPENTANON | 2245 | |
| CYCLOPENTEN | 2246 | |
| CYCLOPROPAN | 1027 | |
| CYCLOTETRAMETHYLENTETRANITRAMIN, ANGEFEUCHTET mit mindestens 15 Masse-% Wasser | 0226 | |

**3.2.2**
**Tabelle B**
(Forts.)

| Benennung und Beschreibung des Gutes | UN-Nr. | Bem. |
|---|---|---|
| CYCLOTETRAMETHYLENTETRANITRAMIN, DESENSIBILISIERT | 0484 | |
| CYCLOTRIMETHYLENTRINITRAMIN, ANGEFEUCHTET mit mindestens 15 Masse-% Wasser | 0072 | |
| CYCLOTRIMETHYLENTRINITRAMIN, DESENSIBILISIERT | 0483 | |
| CYCLOTRIMETHYLENTRINITRAMIN IN MISCHUNG MIT CYCLOTETRAMETHYLENTETRANITRAMIN, ANGEFEUCHTET mit mindestens 15 Masse-% Wasser | 0391 | |
| CYCLOTRIMETHYLENTRINITRAMIN IN MISCHUNG MIT CYCLOTETRAMETHYLENTETRANITRAMIN, DESENSIBILISIERT mit mindestens 10 Masse-% Phlegmatisierungsmittel | 0391 | |
| CYCLOTRIMETHYLENTRINITRAMIN IN MISCHUNG MIT HMX, ANGEFEUCHTET mit mindestens 15 Masse-% Wasser | 0391 | |
| CYCLOTRIMETHYLENTRINITRAMIN IN MISCHUNG MIT HMX, DESENSIBILISIERT mit mindestens 10 Masse-% Phlegmatisierungsmittel | 0391 | |
| CYCLOTRIMETHYLENTRINITRAMIN IN MISCHUNG MIT OKTOGEN, ANGEFEUCHTET mit mindestens 15 Masse-% Wasser | 0391 | |
| CYCLOTRIMETHYLENTRINITRAMIN IN MISCHUNG MIT OKTOGEN, DESENSIBILISIERT mit mindestens 10 Masse-% Phlegmatisierungsmittel | 0391 | |
| CYMENE | 2046 | |
| Cymen (o-, m-, p-): siehe | 2046 | |
| DECABORAN | 1868 | |
| [([3R-(3R,5aS,6S,8aS,9R,10R,12S,12aR**)]-DECAHYDRO-10-METHOXY-3,6,9-TRIMETHYL-3,12-EPOXY-12H-PYRANO[4,3-j]-1,2-BENZODIOXEPIN)] | 3106 | siehe 2.2.52.4 |
| DECAHYDRONAPHTHALEN | 1147 | |
| Decalin: siehe | 1147 | |
| n-DECAN | 2247 | |
| DEFLAGRIERENDE METALLSALZE AROMATISCHER NITROVERBINDUNGEN, N.A.G. | 0132 | |
| [Dengue-Virus (nur Kulturen)] | 2814 | siehe 2.2.62.1.4.1 |
| DESENSIBILISIERTER EXPLOSIVER FESTER STOFF, N.A.G. | 3380 | |
| DESENSIBILISIERTER EXPLOSIVER FLÜSSIGER STOFF, N.A.G. | 3379 | |
| DESINFEKTIONSMITTEL, FEST, GIFTIG, N.A.G. | 1601 | |
| DESINFEKTIONSMITTEL, FLÜSSIG, ÄTZEND, N.A.G. | 1903 | |
| DESINFEKTIONSMITTEL, FLÜSSIG, GIFTIG, N.A.G. | 3142 | |
| DETONATOREN FÜR MUNITION | 0073; 0364; 0365; 0366 | |
| DEUTERIUM, VERDICHTET | 1957 | |
| DIACETONALKOHOL | 1148 | |
| [DIACETONALKOHOLPEROXIDE] | 3115 | siehe 2.2.52.4 |
| [DIACETYLPEROXID] | 3115 | siehe 2.2.52.4 |
| Diacetyl: siehe | 2346 | |
| DIALLYLAMIN | 2359 | |
| DIALLYLETHER | 2360 | |
| 4,4'-DIAMINODIPHENYLMETHAN | 2651 | |
| DI-n-AMYLAMIN | 2841 | |
| [DI-tert-AMYLPEROXID] | 3107 | siehe 2.2.52.4 |
| [2,2-DI-(tert-AMYLPEROXY)-BUTAN] | 3105 | siehe 2.2.52.4 |
| [1,1-DI-(tert-AMYLPEROXY)-CYCLOHEXAN] | 3103 | siehe 2.2.52.4 |
| DIAZODINITROPHENOL, ANGEFEUCHTET mit mindestens 40 Masse-% Wasser oder einer Alkohol/Wasser-Mischung | 0074 | |
| [2-DIAZO-1-NAPHTHOL-SULFONSÄUREESTER, GEMISCH, TYP D] | 3226 | siehe 2.2.41.4 |
| [2-DIAZO-1-NAPHTHOL-4-SULFONYLCHLORID] | 3222 | siehe 2.2.41.4 |
| [2-DIAZO-1-NAPHTHOL-5-SULFONYLCHLORID] | 3222 | siehe 2.2.41.4 |
| [DIBENZOYLPEROXID] | 3102; 3104; 3106 | siehe 2.2.52.4 |

3.2.2
Tabelle B
(Forts.)

| Benennung und Beschreibung des Gutes | UN-Nr. | Bem. |
|---|---|---|
| [DIBENZOYLPEROXID (als Paste)] | 3106; 3107; 3108; 3109 | siehe 2.2.52.4 |
| [DIBENZOYLPEROXID (als stabile Dispersion in Wasser)] | 3109; freigestellt | siehe 2.2.52.4 |
| DIBENZYLDICHLORSILAN | 2434 | |
| [DIBERNSTEINSÄUREPEROXID] | 3102; 3116 | siehe 2.2.52.4 |
| DIBORAN | 1911 | |
| 1,2-DIBROMBUTAN-3-ON | 2648 | |
| DIBROMCHLORPROPANE | 2872 | |
| DIBROMDIFLUORMETHAN | 1941 | |
| 1,2-Dibromethan: siehe | 1605 | |
| DIBROMMETHAN | 2664 | |
| [2,5-DIBUTOXY-4-(4-MORPHOLINYL)-BENZENDIAZONIUM, TETRACHLORZINKAT (2:1)] | 3228 | siehe 2.2.41.4 |
| DI-n-BUTYLAMIN | 2248 | |
| DIBUTYLAMINOETHANOL | 2873 | |
| [DI-(4-tert-BUTYLCYCLOHEXYL)-PEROXYDICARBONAT] | 3114; 3116 | siehe 2.2.52.4 |
| [DI-(4-tert-BUTYLCYCLOHEXYL)-PEROXYDICARBONAT (als Paste)] | 3116 | |
| [DI-(4-tert-BUTYLCYCLOHEXYL)-PEROXYDICARBONAT (als stabile Dispersion in Wasser)] | 3119 | siehe 2.2.52.4 |
| DIBUTYLETHER | 1149 | |
| [DI-tert-BUTYLPEROXID] | 3107; 3109 | siehe 2.2.52.4 |
| [DI-tert-BUTYLPEROXYAZELAT] | 3105 | siehe 2.2.52.4 |
| [2,2-DI-(tert-BUTYLPEROXY)-BUTAN] | 3103 | siehe 2.2.52.4 |
| [1,6-DI-(tert-BUTYLPEROXYCARBONYLOXY)-HEXAN] | 3103 | siehe 2.2.52.4 |
| [1,1-DI-(tert-BUTYLPEROXY)-CYCLOHEXAN] | 3101; 3103; 3105; 3106; 3107; 3109 | siehe 2.2.52.4 |
| [1,1-DI-(tert-BUTYLPEROXY)-CYCLOHEXAN + tert-BUTYLPEROXY-2-ETHYLHEXANOAT] | 3105 | siehe 2.2.52.4 |
| [DI-n-BUTYLPEROXYDICARBONAT] | 3115; 3117 | siehe 2.2.52.4 |
| [DI-sec-BUTYLPEROXYDICARBONAT] | 3113; 3115 | siehe 2.2.52.4 |
| [DI-n-BUTYLPEROXYDICARBONAT (als stabile Dispersion in Wasser (gefroren))] | 3118 | siehe 2.2.52.4 |
| [DI-(tert-BUTYLPEROXYISOPROPYL)-BENZEN(E)] | 3106; freigestellt | siehe 2.2.52.4 |
| [DI-(tert-BUTYLPEROXY)-PHTHALAT] | 3105; 3107 | siehe 2.2.52.4 |
| [DI-(tert-BUTYLPEROXY)-PHTHALAT (als Paste)] | 3106 | siehe 2.2.52.4 |
| [2,2-DI-(tert-BUTYLPEROXY)-PROPAN] | 3105; 3106 | siehe 2.2.52.4 |
| [1,1-DI-(tert-BUTYLPEROXY)-3,3,5-TRIMETHYLCYCLOHEXAN] | 3101; 3103; 3107; 3110 | siehe 2.2.52.4 |
| [DICETYLPEROXYDICARBONAT] | 3116 | siehe 2.2.52.4 |
| [DICETYLPEROXYDICARBONAT (als stabile Dispersion in Wasser)] | 3119 | siehe 2.2.52.4 |
| 1,3-DICHLORACETON | 2649 | |
| DICHLORACETYLCHLORID | 1765 | |
| DICHLORANILINE, FEST | 3442 | |
| DICHLORANILINE, FLÜSSIG | 1590 | |
| o-DICHLORBENZEN | 1591 | |
| [DI-(4-CHLORBENZOYL)-PEROXID] | 3102 | siehe 2.2.52.4 |
| [DI-(4-CHLORBENZOYL)-PEROXID (als Paste)] | 3106; freigestellt | siehe 2.2.52.4 |
| 2,2'-DICHLORDIETHYLETHER | 1916 | |
| DICHLORDIFLUORMETHAN | 1028 | |

**3.2.2**
**Tabelle B**
(Forts.)

| Benennung und Beschreibung des Gutes | UN-Nr. | Bem. |
|---|---|---|
| DICHLORDIFLUORMETHAN UND 1,1-DIFLUORETHAN, AZEOTROPES GEMISCH mit ca. 74 % Dichlordifluormethan | 2602 | |
| DICHLORDIMETHYLETHER, SYMMETRISCH | 2249 | verboten |
| DICHLORESSIGSÄURE | 1764 | |
| 1,1-DICHLORETHAN | 2362 | |
| 1,2-Dichlorethan: siehe | 1184 | |
| 1,2-DICHLORETHYLEN | 1150 | |
| 1,1-Dichlorethylen, stabilisiert: siehe | 1303 | |
| alpha-Dichlorhydrin: siehe | 2750 | |
| DICHLORISOCYANURSÄURESALZE | 2465 | |
| DICHLORISOCYANURSÄURE, TROCKEN | 2465 | |
| DICHLORISOPROPYLETHER | 2490 | |
| DICHLORMETHAN | 1593 | |
| DICHLORMONOFLUORMETHAN | 1029 | |
| 1,1-DICHLOR-1-NITROETHAN | 2650 | |
| DICHLORPENTANE | 1152 | |
| DICHLORPHENYLISOCYANATE | 2250 | |
| DICHLORPHENYLTRICHLORSILAN | 1766 | |
| 1,2-DICHLORPROPAN | 1279 | |
| 1,3-DICHLORPROPAN-2-OL | 2750 | |
| DICHLORPROPENE | 2047 | |
| DICHLORSILAN | 2189 | |
| 1,2-DICHLOR-1,1,2,2-TETRAFLUORETHAN | 1958 | |
| [DICUMYLPEROXID] | 3110; freigestellt | siehe 2.2.52.4 |
| DICYAN | 1026 | |
| DICYCLOHEXYLAMIN | 2565 | |
| DICYCLOHEXYLAMMONIUMNITRIT | 2687 | |
| [DICYCLOHEXYLPEROXYDICARBONAT] | 3112; 3114 | siehe 2.2.52.4 |
| [DICYCLOHEXYLPEROXYDICARBONAT (als stabile Dispersion in Wasser)] | 3119 | siehe 2.2.52.4 |
| DICYCLOPENTADIEN | 2048 | |
| [DIDECANOYLPEROXID] | 3114 | siehe 2.2.52.4 |
| [2,2-DI-(4,4-DI-(tert-BUTYLPEROXY)-CYCLOHEXYL)-PROPAN] | 3106; 3107 | siehe 2.2.52.4 |
| [DI-(2,4-DICHLORBENZOYL)-PEROXID] | 3102 | siehe 2.2.52.4 |
| [DI-(2,4-DICHLORBENZOYL)-PEROXID (als Paste)] | 3118 | siehe 2.2.52.4 |
| [DI-(2,4-DICHLORBENZOYL)-PEROXID (als Paste mit Silikonöl)] | 3104 | siehe 2.2.52.4 |
| 1,2-DI-(DIMETHYLAMINO)-ETHAN | 2372 | |
| DIDYMIUMNITRAT | 1465 | |
| DIESELKRAFTSTOFF | 1202 | |
| 1,1-Diethoxyethan: siehe | 1088 | |
| 1,2-Diethoxyethan: siehe | 1153 | |
| [DI-(2-ETHOXYETHYL)-PEROXYDICARBONAT] | 3115 | siehe 2.2.52.4 |
| DIETHOXYMETHAN | 2373 | |
| [2,5-DIETHOXY-4-MORPHOLINOBENZENDIAZONIUM-TETRAFLUOROBORAT] | 3236 | siehe 2.2.41.4 |
| [2,5-DIETHOXY-4-MORPHOLINOBENZENDIAZONIUM-ZINKCHLORID] | 3236 | siehe 2.2.41.4 |
| [2,5-DIETHOXY-4-(4-MORPHOLINYL)-BENZENDIAZONIUM-SULFAT] | 3236 | siehe 2.2.41.4 |
| [2,5-DIETHOXY-4-(PHENYLSULFONYL)-BENZENDIAZONIUM-ZINKCHLORID] | 3236 | siehe 2.2.41.4 |
| 3,3-DIETHOXYPROPEN | 2374 | |

**3.2.2 Tabelle B** (Forts.)

| Benennung und Beschreibung des Gutes | UN-Nr. | Bem. |
|---|---|---|
| DIETHYLAMIN | 1154 | |
| 2-DIETHYLAMINOETHANOL | 2686 | |
| 3-DIETHYLAMINOPROPYLAMIN | 2684 | |
| N,N-DIETHYLANILIN | 2432 | |
| DIETHYLBENZEN | 2049 | |
| Diethylbenzen (o-, m-, p-): siehe | 2049 | |
| DIETHYLCARBONAT | 2366 | |
| DIETHYLDICHLORSILAN | 1767 | |
| Diethylendiamin: siehe | 2579 | |
| DIETHYLENGLYCOLDINITRAT, DESENSIBILISIERT mit mindestens 25 Masse-% nicht flüchtigem, wasserunlöslichem Phlegmatisierungsmittel | 0075 | |
| DIETHYLENTRIAMIN | 2079 | |
| DIETHYLETHER | 1155 | |
| N,N-DIETHYLETHYLENDIAMIN | 2685 | |
| [DI-(2-ETHYLHEXYL)-PEROXYDICARBONAT] | 3113; 3115 | siehe 2.2.52.4 |
| [DI-(2-ETHYLHEXYL)-PEROXYDICARBONAT (als stabile Dispersion in Wasser)] | 3117 | siehe 2.2.52.4 |
| [DI-(2-ETHYLHEXYL)-PEROXYDICARBONAT (als stabile Dispersion in Wasser (gefroren))] | 3120 | siehe 2.2.52.4 |
| DIETHYLKETON | 1156 | |
| DIETHYLSULFAT | 1594 | |
| DIETHYLSULFID | 2375 | |
| DIETHYLTHIOPHOSPHORYLCHLORID | 2751 | |
| Difluordibrommethan: siehe | 1941 | |
| 1,1-DIFLUORETHAN | 1030 | |
| 1,1-DIFLUORETHYLEN | 1959 | |
| DIFLUORMETHAN | 3252 | |
| Difluormethan, Pentafluorethan und 1,1,1,2-Tetrafluorethan, zeotropes Gemisch mit ca. 10 % Difluormethan und 70 % Pentafluorethan: siehe | 3339 | |
| Difluormethan, Pentafluorethan und 1,1,1,2-Tetrafluorethan, zeotropes Gemisch mit ca. 20 % Difluormethan und 40 % Pentafluorethan: siehe | 3338 | |
| Difluormethan, Pentafluorethan und 1,1,1,2-Tetrafluorethan, zeotropes Gemisch mit ca. 23 % Difluormethan und 25 % Pentafluorethan: siehe | 3340 | |
| DIFLUORPHOSPHORSÄURE, WASSERFREI | 1768 | |
| [2,2-DIHYDROPEROXYPROPAN] | 3102 | siehe 2.2.52.4 |
| 2,3-DIHYDROPYRAN | 2376 | |
| [DI-(1-HYDROXYCYCLOHEXYL)-PEROXID] | 3106 | siehe 2.2.52.4 |
| DIISOBUTYLAMIN | 2361 | |
| DIISOBUTYLEN, ISOMERE VERBINDUNGEN | 2050 | |
| DIISOBUTYLKETON | 1157 | |
| [DIISOBUTYRYLPEROXID] | 3111; 3115 | siehe 2.2.52.4 |
| [DIISOBUTYRYLPEROXID (als stabile Dispersion in Wasser)] | 3119 | |
| DIISOOCTYLPHOSPHAT | 1902 | |
| DIISOPROPYLAMIN | 1158 | |
| [DIISOPROPYLBENZEN-DIHYDROPEROXID] | 3106 | siehe 2.2.52.4 |
| DIISOPROPYLETHER | 1159 | |
| [DIISOPROPYLPEROXYDICARBONAT] | 3112; 3115 | siehe 2.2.52.4 |
| DIKETEN, STABILISIERT | 2521 | |
| [DILAUROYLPEROXID] | 3106 | siehe 2.2.52.4 |
| [DILAUROYLPEROXID (als stabile Dispersion in Wasser)] | 3109 | siehe 2.2.52.4 |
| [DI-(3-METHOXYBUTYL)-PEROXYDICARBONAT] | 3115 | siehe 2.2.52.4 |

## Alphabetisches Verzeichnis (Tabelle B)

**3.2.2**
**Tabelle B**
(Forts.)

| Benennung und Beschreibung des Gutes | UN-Nr. | Bem. |
|---|---|---|
| 1,1-DIMETHOXYETHAN | 2377 | |
| 1,2-DIMETHOXYETHAN | 2252 | |
| Dimethoxymethan: siehe | 1234 | |
| [2,5-DIMETHOXY-4-(4-METHYLPHENYLSULFONYL)-BENZENDIAZONIUM-ZINKCHLORID] | 3236 | siehe 2.2.41.4 |
| 2-DIMETHYLAMINOACETONITRIL | 2378 | |
| [4-(DIMETHYLAMINO)-BENZENDIAZONIUM-TRICHLORZINKAT(-1)] | 3228 | siehe 2.2.41.4 |
| [4-DIMETHYLAMINO-6-(2-DIMETHYL-AMINOETHOXY)-TOLUEN-2-DIAZONIUM-ZINKCHLORID] | 3236 | siehe 2.2.41.4 |
| 2-DIMETHYLAMINOETHANOL | 2051 | |
| 2-DIMETHYLAMINOETHYLACRYLAT, STABILISIERT | 3302 | |
| 2-DIMETHYLAMINOETHYLMETHACRYLAT , STABILISIERT | 2522 | |
| DIMETHYLAMIN, WASSERFREI | 1032 | |
| DIMETHYLAMIN, WÄSSERIGE LÖSUNG | 1160 | |
| N,N-DIMETHYLANILIN | 2253 | |
| [DI-(2-METHYLBENZOYL)-PEROXID] | 3112 | siehe 2.2.52.4 |
| [DI-(4-METHYLBENZOYL)-PEROXID (als Paste mit Silikonöl)] | 3106 | siehe 2.2.52.4 |
| [DI-(3-METHYLBENZOYL)-PEROXID + BENZOYL-(3-METHYLBENZOYL)-PEROXID + DIBENZOYLPEROXID] | 3115 | siehe 2.2.52.4 |
| 2,3-DIMETHYLBUTAN | 2457 | |
| 1,3-DIMETHYLBUTYLAMIN | 2379 | |
| N,N-DIMETHYLCARBAMOYLCHLORID | 2262 | |
| DIMETHYLCARBONAT | 1161 | |
| DIMETHYLCYCLOHEXANE | 2263 | |
| N,N-DIMETHYLCYCLOHEXYLAMIN | 2264 | |
| [2,5-DIMETHYL-2,5-DI-(BENZOYLPEROXY)-HEXAN] | 3102; 3104; 3106 | siehe 2.2.52.4 |
| [2,5-DIMETHYL-2,5-DI-(tert-BUTYLPEROXY)-HEXAN] | 3103; 3105; 3108; 3109 | siehe 2.2.52.4 |
| [2,5-DIMETHYL-2,5-DI-(tert-BUTYLPEROXY)-HEXAN (als Paste)] | 3108; freigestellt | siehe 2.2.52.4 |
| [2,5-DIMETHYL-2,5-DI-(tert-BUTYLPEROXY)-HEX-3-IN] | 3101; 3103; 3106 | siehe 2.2.52.4 |
| DIMETHYLDICHLORSILAN | 1162 | |
| DIMETHYLDIETHOXYSILAN | 2380 | |
| [2,5-DIMETHYL-2,5-DI-(2-ETHYLHEXANOYLPEROXY)-HEXAN] | 3113 | siehe 2.2.52.4 |
| [2,5-DIMETHYL-2-5-DIHYDROPEROXYHEXAN] | 3104 | siehe 2.2.52.4 |
| DIMETHYLDIOXANE | 2707 | |
| DIMETHYLDISULFID | 2381 | |
| [2,5-DIMETHYL-2,5-DI-(3,5,5-TRIMETHYLHEXANOYLPEROXY)-HEXAN] | 3105 | siehe 2.2.52.4 |
| DIMETHYLETHER | 1033 | |
| N,N-DIMETHYLFORMAMID | 2265 | |
| DIMETHYLHYDRAZIN, ASYMMETRISCH | 1163 | |
| DIMETHYLHYDRAZIN, SYMMETRISCH | 2382 | |
| [1,1-DIMETHYL-3-HYDROXYBUTYLPEROXYNEOHEPTANOAT] | 3117 | siehe 2.2.52.4 |
| 2,2-DIMETHYLPROPAN | 2044 | |
| DIMETHYL-N-PROPYLAMIN | 2266 | |
| N,N-Dimethylpropylamin: siehe | 2266 | |
| DIMETHYLSULFAT | 1595 | |
| DIMETHYLSULFID | 1164 | |
| DIMETHYLTHIOPHOSPHORYLCHLORID | 2267 | |

3.2.2
Tabelle B
(Forts.)

| Benennung und Beschreibung des Gutes | UN-Nr. | Bem. |
|---|---|---|
| [DIMYRISTYLPEROXYDICARBONAT] | 3116 | siehe 2.2.52.4 |
| [DIMYRISTYLPEROXYDICARBONAT (als stabile Dispersion in Wasser)] | 3119 | siehe 2.2.52.4 |
| DINATRIUMTRIOXOSILICAT | 3253 | |
| [DI-(2-NEODECANOYLPEROXYISOPROPYL)-BENZEN] | 3115 | siehe 2.2.52.4 |
| DINGU | 0489 | |
| DINITROANILINE | 1596 | |
| DINITROBENZENE, FEST | 3443 | |
| DINITROBENZENE, FLÜSSIG | 1597 | |
| DINITRO-o-CRESOL | 1598 | |
| DINITROGLYCOLURIL | 0489 | |
| DINITROPHENOL, ANGEFEUCHTET mit mindestens 15 Masse-% Wasser | 1320 | |
| DINITROPHENOLATE, ANGEFEUCHTET mit mindestens 15 Masse-% Wasser | 1321 | |
| DINITROPHENOLATE der Alkalimetalle, trocken oder angefeuchtet mit weniger als 15 Masse-% Wasser | 0077 | |
| DINITROPHENOL, LÖSUNG | 1599 | |
| DINITROPHENOL, trocken oder angefeuchtet mit weniger als 15 Masse-% Wasser | 0076 | |
| DINITRORESORCINOL, ANGEFEUCHTET mit mindestens 15 Masse-% Wasser | 1322 | |
| DINITRORESORCINOL, trocken oder angefeuchtet mit weniger als 15 Masse-% Wasser | 0078 | |
| DINITROSOBENZEN | 0406 | |
| [N,N′-DINITROSO-N,N′-DIMETHYL-TEREPHTHALAMID, als Paste] | 3224 | siehe 2.2.41.4 |
| [N,N′-DINITROSOPENTAMETHYLEN-TETRAMIN] | 3224 | siehe 2.2.41.4 |
| DINITROTOLUENE, FEST | 3454 | |
| DINITROTOLUENE, FLÜSSIG | 2038 | |
| DINITROTOLUENE, GESCHMOLZEN | 1600 | |
| [DI-n-NONANOYLPEROXID] | 3116 | siehe 2.2.52.4 |
| [DI-n-OCTANOYLPEROXID] | 3114 | siehe 2.2.52.4 |
| DIOXAN | 1165 | |
| DIOXOLAN | 1166 | |
| DIPENTEN | 2052 | |
| [DI-(2-PHENOXYETHYL)-PEROXYDICARBONAT] | 3102; 3106 | siehe 2.2.52.4 |
| DIPHENYLAMINOCHLORARSIN | 1698 | |
| DIPHENYLBROMMETHAN | 1770 | |
| DIPHENYLCHLORARSIN, FEST | 3450 | |
| DIPHENYLCHLORARSIN, FLÜSSIG | 1699 | |
| DIPHENYLDICHLORSILAN | 1769 | |
| [DIPHENYLOXID-4,4′-DISULFONYLHYDRAZID] | 3226 | siehe 2.2.41.4 |
| DIPIKRYLAMIN | 0079 | |
| DIPIKRYLSULFID, ANGEFEUCHTET mit mindestens 10 Masse-% Wasser | 2852 | |
| DIPIKRYLSULFID, trocken oder angefeuchtet mit weniger als 10 Masse-% Wasser | 0401 | |
| [DIPROPIONYLPEROXID] | 3117 | siehe 2.2.52.4 |
| DIPROPYLAMIN | 2383 | |
| [4-DIPROPYLAMINOBENZENDIAZONIUM-ZINKCHLORID] | 3226 | siehe 2.2.41.4 |
| Dipropylendiamin: siehe | 2269 | |
| DI-n-PROPYLETHER | 2384 | |
| DIPROPYLKETON | 2710 | |
| [DI-n-PROPYLPEROXYDICARBONAT] | 3113 | siehe 2.2.52.4 |
| DISILAN | 3553 | |

**3.2.2**
**Tabelle B**
(Forts.)

| Benennung und Beschreibung des Gutes | UN-Nr. | Bem. |
|---|---|---|
| [Display Shell (Großfeuerwerksbombe)] | 0333; 0335; 0336 | siehe 2.2.1.1.7.5 |
| DISTICKSTOFFMONOXID | 1070 | |
| DISTICKSTOFFMONOXID, TIEFGEKÜHLT, FLÜSSIG | 2201 | |
| DISTICKSTOFFTETROXID | 1067 | |
| DISTICKSTOFFTRIOXID | 2421 | verboten |
| [DI-(3,5,5-TRIMETHYLHEXANOYL)-PEROXID] | 3115; 3119 | siehe 2.2.52.4 |
| [DI-(3,5,5-TRIMETHYLHEXANOYL)-PEROXID (als stabile Dispersion in Wasser)] | 3119 | siehe 2.2.52.4 |
| DIVINYLETHER, STABILISIERT | 1167 | |
| DODECYLTRICHLORSILAN | 1771 | |
| [Draht-Wunderkerzen] | 0335; 0336 | siehe 2.2.1.1.7.5 |
| [Drazoxolon] | 2902 | |
| DRUCKFARBE, entzündbar | 1210 | |
| DRUCKFARBZUBEHÖRSTOFFE (einschließlich Druckfarbverdünnung und -lösemittel), entzündbar | 1210 | |
| DRUCKGASPACKUNGEN | 1950 | |
| DRUCKLUFT | 1002 | |
| DÜNGEMITTEL, LÖSUNG, mit freiem Ammoniak | 1043 | |
| DÜSENKRAFTSTOFF | 1863 | |
| [Ebola-Virus] | 2814 | siehe 2.2.62.1.4.1 |
| EISEN(II)ARSENAT | 1608 | |
| EISEN(III)ARSENAT | 1606 | |
| EISEN(III)ARSENIT | 1607 | |
| EISEN(III)CHLORID, LÖSUNG | 2582 | |
| EISENCHLORID, WASSERFREI | 1773 | |
| Eisen(III)chlorid, wasserfrei: siehe | 1773 | |
| EISEN(III)NITRAT | 1466 | |
| EISENOXID, GEBRAUCHT, aus der Kokereigasreinigung | 1376 | |
| EISENPENTACARBONYL | 1994 | |
| EISEN-SCHWAMM, GEBRAUCHT, aus der Kokereigasreinigung | 1376 | |
| EISESSIG | 2789 | |
| Emaille: siehe | 1263; 3066; 3469; 3470 | |
| [Energetischer Stoff, Probe, fest] | 3224 | siehe 2.1.4.3 |
| [Energetischer Stoff, Probe, flüssig] | 3223 | siehe 2.1.4.3 |
| ENTZÜNDBARE METALLHYDRIDE, N.A.G. | 3182 | |
| ENTZÜNDBARE METALLSALZE ORGANISCHER VERBINDUNGEN, N.A.G. | 3181 | |
| ENTZÜNDBARER ANORGANISCHER FESTER STOFF, N.A.G. | 3178 | |
| ENTZÜNDBARER ANORGANISCHER FESTER STOFF, ÄTZEND, N.A.G. | 3180 | |
| ENTZÜNDBARER ANORGANISCHER FESTER STOFF, GIFTIG, N.A.G. | 3179 | |
| ENTZÜNDBARER FESTER STOFF, ENTZÜNDEND (OXIDIEREND) WIRKEND, N.A.G. | 3097 | verboten |
| ENTZÜNDBARER FLÜSSIGER STOFF, N.A.G. | 1993 | |
| ENTZÜNDBARER FLÜSSIGER STOFF, ÄTZEND, N.A.G. | 2924 | |
| ENTZÜNDBARER FLÜSSIGER STOFF, GIFTIG, N.A.G. | 1992 | |
| ENTZÜNDBARER FLÜSSIGER STOFF, GIFTIG, ÄTZEND, N.A.G. | 3286 | |
| ENTZÜNDBARER ORGANISCHER FESTER STOFF, N.A.G. | 1325 | |
| ENTZÜNDBARER ORGANISCHER FESTER STOFF, ÄTZEND, N.A.G. | 2925 | |
| ENTZÜNDBARER ORGANISCHER FESTER STOFF, GIFTIG, N.A.G. | 2926 | |
| ENTZÜNDBARER ORGANISCHER FESTER STOFF IN GESCHMOLZENEM ZUSTAND, N.A.G. | 3176 | |

**3.2.2**
**Tabelle B**
(Forts.)

| Benennung und Beschreibung des Gutes | UN-Nr. | Bem. |
|---|---|---|
| ENTZÜNDBARES METALLPULVER, N.A.G. | 3089 | |
| ENTZÜNDEND (OXIDIEREND) WIRKENDER FESTER STOFF, N.A.G. | 1479 | |
| ENTZÜNDEND (OXIDIEREND) WIRKENDER FESTER STOFF, ÄTZEND, N.A.G. | 3085 | |
| ENTZÜNDEND (OXIDIEREND) WIRKENDER FESTER STOFF, ENTZÜNDBAR, N.A.G. | 3137 | verboten |
| ENTZÜNDEND (OXIDIEREND) WIRKENDER FESTER STOFF, GIFTIG, N.A.G. | 3087 | |
| ENTZÜNDEND (OXIDIEREND) WIRKENDER FESTER STOFF, MIT WASSER REAGIEREND, N.A.G. | 3121 | verboten |
| ENTZÜNDEND (OXIDIEREND) WIRKENDER FESTER STOFF, SELBSTERHITZUNGSFÄHIG, N.A.G. | 3100 | verboten |
| ENTZÜNDEND (OXIDIEREND) WIRKENDER FLÜSSIGER STOFF, N.A.G. | 3139 | |
| ENTZÜNDEND (OXIDIEREND) WIRKENDER FLÜSSIGER STOFF, ÄTZEND, N.A.G. | 3098 | |
| ENTZÜNDEND (OXIDIEREND) WIRKENDER FLÜSSIGER STOFF, GIFTIG, N.A.G. | 3099 | |
| EPIBROMHYDRIN | 2558 | |
| EPICHLORHYDRIN | 2023 | |
| 1,2-EPOXY-3-ETHOXYPROPAN | 2752 | |
| ERDALKALIMETALLALKOHOLATE, N.A.G. | 3205 | |
| ERDALKALIMETALLAMALGAM, FEST | 3402 | |
| ERDALKALIMETALLAMALGAM, FLÜSSIG | 1392 | |
| ERDALKALIMETALLDISPERSION | 1391 | |
| ERDALKALIMETALLDISPERSION, ENTZÜNDBAR | 3482 | |
| ERDALKALIMETALLLEGIERUNG, N.A.G. | 1393 | |
| ERDGAS, TIEFGEKÜHLT, FLÜSSIG, mit hohem Methangehalt | 1972 | |
| ERDGAS, VERDICHTET, mit hohem Methangehalt | 1971 | |
| ERDÖLDESTILLATE, N.A.G. | 1268 | |
| ERDÖLPRODUKTE, N.A.G. | 1268 | |
| ERSTE-HILFE-AUSRÜSTUNG | 3316 | |
| ERWÄRMTER FESTER STOFF, N.A.G., bei oder über 240 °C | 3258 | |
| ERWÄRMTER FLÜSSIGER STOFF, N.A.G., bei oder über 100 °C und, bei Stoffen mit einem Flammpunkt, unter seinem Flammpunkt (einschließlich geschmolzenes Metall, geschmolzenes Salz usw.) | 3257 | |
| ERWÄRMTER FLÜSSIGER STOFF, ENTZÜNDBAR, N.A.G., mit einem Flammpunkt über 60 °C, bei oder über seinem Flammpunkt | 3256 | |
| [Escherichia coli, verotoxigen (nur Kulturen)] | 2814 | siehe 2.2.62.1.4.1 |
| ESSIGSÄUREANHYDRID | 1715 | |
| ESSIGSÄURE, LÖSUNG mit mehr als 10 Masse-%, aber höchstens 80 Masse-% Säure | 2790 | |
| ESSIGSÄURE, LÖSUNG mit mehr als 80 Masse-% Säure | 2789 | |
| ESTER, N.A.G. | 3272 | |
| ETHAN | 1035 | |
| Ethanal: siehe | 1089 | |
| ETHANOL | 1170 | |
| ETHANOLAMIN | 2491 | |
| ETHANOLAMIN, LÖSUNG | 2491 | |
| ETHANOL UND BENZIN, GEMISCH mit mehr als 10 % Ethanol | 3475 | |
| ETHANOL, LÖSUNG | 1170 | |
| ETHANOL UND OTTOKRAFTSTOFF, GEMISCH mit mehr als 10 % Ethanol | 3475 | |
| ETHAN, TIEFGEKÜHLT, FLÜSSIG | 1961 | |
| ETHER, N.A.G. | 3271 | |
| [2-(N,N-ETHOXYCARBONYLPHENYLAMINO)-3-METHOXY-4-(N-METHYL-N-CYCLOHEXYLAMINO)-BENZENDIAZONIUM-ZINKCHLORID] | 3236 | siehe 2.2.41.4 |
| Ethoxyethanol: siehe | 1171 | |
| Ethoxyethylacetate: siehe | 1172 | |
| ETHYLACETAT | 1173 | |

**3.2.2**
**Tabelle B**
(Forts.)

| Benennung und Beschreibung des Gutes | UN-Nr. | Bem. |
|---|---|---|
| ETHYLACETYLEN, STABILISIERT | 2452 | |
| ETHYLACRYLAT, STABILISIERT | 1917 | |
| ETHYLALKOHOL | 1170 | |
| ETHYLALKOHOL, LÖSUNG | 1170 | |
| ETHYLAMIN | 1036 | |
| ETHYLAMIN, WÄSSERIGE LÖSUNG mit mindestens 50 Masse-% und höchstens 70 Masse-% Ethylamin | 2270 | |
| ETHYLAMYLKETON | 2271 | |
| 2-ETHYLANILIN | 2273 | |
| N-ETHYLANILIN | 2272 | |
| ETHYLBENZEN | 1175 | |
| N-ETHYL-N-BENZYLANILIN | 2274 | |
| N-ETHYL-N-BENZYLTOLUIDINE, FEST | 3460 | |
| N-ETHYL-N-BENZYLTOLUIDINE, FLÜSSIG | 2753 | |
| ETHYLBROMACETAT | 1603 | |
| ETHYLBROMID | 1891 | |
| 2-ETHYLBUTANOL | 2275 | |
| 2-ETHYLBUTYLACETAT | 1177 | |
| ETHYLBUTYLETHER | 1179 | |
| 2-ETHYLBUTYRALDEHYD | 1178 | |
| ETHYLBUTYRAT | 1180 | |
| Ethylcarbonat: siehe | 2366 | |
| ETHYLCHLORACETAT | 1181 | |
| ETHYLCHLORFORMIAT | 1182 | |
| ETHYLCHLORID | 1037 | |
| ETHYL-2-CHLORPROPIONAT | 2935 | |
| ETHYLCHLORTHIOFORMIAT | 2826 | |
| ETHYLCROTONAT | 1862 | |
| [ETHYL-3,3-DI-(tert-AMYLPEROXY)-BUTYRAT] | 3105 | siehe 2.2.52.4 |
| [ETHYL-3,3-DI-(tert-BUTYLPEROXY)-BUTYRAT] | 3103; 3105; 3106 | siehe 2.2.52.4 |
| ETHYLDICHLORARSIN | 1892 | |
| ETHYLDICHLORSILAN | 1183 | |
| ETHYLEN | 1962 | |
| ETHYLEN, ACETYLEN UND PROPYLEN, GEMISCH, TIEFGEKÜHLT, FLÜSSIG, mit mindestens 71,5 % Ethylen, höchstens 22,5 % Acetylen und höchstens 6 % Propylen | 3138 | |
| ETHYLENCHLORHYDRIN | 1135 | |
| ETHYLENDIAMIN | 1604 | |
| ETHYLENDIBROMID | 1605 | |
| ETHYLENDICHLORID | 1184 | |
| ETHYLENGLYCOLDIETHYLETHER | 1153 | |
| ETHYLENGLYCOLMONOETHYLETHER | 1171 | |
| ETHYLENGLYCOLMONOETHYLETHERACETAT | 1172 | |
| ETHYLENGLYCOLMONOMETHYLETHER | 1188 | |
| ETHYLENGLYCOLMONOMETHYLETHERACETAT | 1189 | |
| ETHYLENIMIN, STABILISIERT | 1185 | |
| ETHYLENOXID | 1040 | |
| ETHYLENOXID UND CHLORTETRAFLUORETHAN, GEMISCH mit höchstens 8,8 % Ethylenoxid | 3297 | |
| ETHYLENOXID UND DICHLORDIFLUORMETHAN, GEMISCH mit höchstens 12,5 % Ethylenoxid | 3070 | |

3.2.2
**Tabelle B**
(Forts.)

| Benennung und Beschreibung des Gutes | UN-Nr. | Bem. |
|---|---|---|
| ETHYLENOXID UND KOHLENDIOXID, GEMISCH mit höchstens 9 % Ethylenoxid | 1952 | |
| ETHYLENOXID UND KOHLENDIOXID, GEMISCH mit mehr als 9 %, aber höchstens 87 % Ethylenoxid | 1041 | |
| ETHYLENOXID UND KOHLENDIOXID, GEMISCH mit mehr als 87 % Ethylenoxid | 3300 | |
| ETHYLENOXID MIT STICKSTOFF bis zu einem Gesamtdruck von 1 MPa (10 bar) bei 50 °C | 1040 | |
| ETHYLENOXID UND PENTAFLUORETHAN, GEMISCH mit höchstens 7,9 % Ethylenoxid | 3298 | |
| ETHYLENOXID UND PROPYLENOXID, MISCHUNG mit höchstens 30 % Ethylenoxid | 2983 | |
| ETHYLENOXID UND TETRAFLUORETHAN, GEMISCH mit höchstens 5,6 % Ethylenoxid | 3299 | |
| ETHYLEN, TIEFGEKÜHLT, FLÜSSIG | 1038 | |
| ETHYLETHER | 1155 | |
| ETHYLFLUORID | 2453 | |
| ETHYLFORMIAT | 1190 | |
| Ethylhexaldehyde: siehe | 1191 | |
| 2-Ethylhexaldehyd: siehe | 1191 | |
| 3-Ethylhexaldehyd: siehe | 1191 | |
| [1-(2-ETHYLHEXANOYLPEROXY)-1,3-DIMETHYLBUTYLPEROXYPIVALAT] | 3115 | siehe 2.2.52.4 |
| 2-ETHYLHEXYLAMIN | 2276 | |
| 2-ETHYLHEXYLCHLORFORMIAT | 2748 | |
| ETHYLISOBUTYRAT | 2385 | |
| ETHYLISOCYANAT | 2481 | |
| ETHYLLACTAT | 1192 | |
| ETHYLMERCAPTAN | 2363 | |
| ETHYLMETHACRYLAT, STABILISIERT | 2277 | |
| ETHYLMETHYLETHER | 1039 | |
| ETHYLMETHYLKETON | 1193 | |
| ETHYLNITRIT, LÖSUNG | 1194 | |
| ETHYLORTHOFORMIAT | 2524 | |
| ETHYLOXALAT | 2525 | |
| ETHYLPHENYLDICHLORSILAN | 2435 | |
| 1-ETHYLPIPERIDIN | 2386 | |
| ETHYLPROPIONAT | 1195 | |
| ETHYLPROPYLETHER | 2615 | |
| N-ETHYLTOLUIDINE | 2754 | |
| ETHYLTRICHLORSILAN | 1196 | |
| EXPLOSIVE STOFFE, N.A.G. | 0357; 0358; 0359; 0473; 0474; 0475; 0476; 0477; 0478; 0479; 0480; 0481; 0485 | |
| EXPLOSIVE STOFFE, SEHR UNEMPFINDLICH, N.A.G. | 0482 | |
| EXPLOSIVSTOFF, MUSTER, außer Initialsprengstoff | 0190 | |
| Extrakte, aromatisch, flüssig: siehe | 1197 | |
| EXTRAKTE, FLÜSSIG, für Geschmack oder Aroma | 1197 | |
| Extrakte, Geschmackstoffe, flüssig: siehe | 1197 | |
| FAHRZEUG MIT ANTRIEB DURCH ENTZÜNDBARE FLÜSSIGKEIT | 3166 | |
| FAHRZEUG MIT ANTRIEB DURCH ENTZÜNDBARES GAS | 3166 | |
| FAHRZEUG MIT ANTRIEB DURCH LITHIUM-IONEN-BATTERIEN | 3556 | |
| FAHRZEUG MIT ANTRIEB DURCH LITHIUM-METALL-BATTERIEN | 3557 | |

**3.2.2**
**Tabelle B**
(Forts.)

| Benennung und Beschreibung des Gutes | UN-Nr. | Bem. |
|---|---|---|
| FAHRZEUG MIT ANTRIEB DURCH NATRIUM-IONEN-BATTERIEN | 3558 | |
| FALLLOTE, MIT EXPLOSIVSTOFF | 0204; 0296; 0374; 0375 | |
| FARBE, ÄTZEND, ENTZÜNDBAR (einschließlich Farbe, Lack, Emaille, Beize, Schellack, Firnis, Politur, flüssiger Füllstoff und flüssige Lackgrundlage) | 3470 | |
| FARBE (einschließlich Farbe, Lack, Emaille, Beize, Schellack, Firnis, Politur, flüssiger Füllstoff und flüssige Lackgrundlage) | 1263; 3066 | |
| FARBE, ENTZÜNDBAR, ÄTZEND (einschließlich Farbe, Lack, Emaille, Beize, Schellack, Firnis, Politur, flüssiger Füllstoff und flüssige Lackgrundlage) | 3469 | |
| Farblösemittel: siehe | 1263; 3066; 3469; 3470 | |
| FARBSTOFF, FEST, ÄTZEND, N.A.G. | 3147 | |
| FARBSTOFF, FEST, GIFTIG, N.A.G. | 3143 | |
| FARBSTOFF, FLÜSSIG, ÄTZEND, N.A.G. | 2801 | |
| FARBSTOFF, FLÜSSIG, GIFTIG, N.A.G. | 1602 | |
| FARBSTOFFZWISCHENPRODUKT, FEST, ÄTZEND, N.A.G. | 3147 | |
| FARBSTOFFZWISCHENPRODUKT, FEST, GIFTIG, N.A.G. | 3143 | |
| FARBSTOFFZWISCHENPRODUKT, FLÜSSIG, ÄTZEND, N.A.G. | 2801 | |
| FARBSTOFFZWISCHENPRODUKT, FLÜSSIG, GIFTIG, N.A.G. | 1602 | |
| Farbverdünnung: siehe | 1263; 3066; 3469; 3470 | |
| FARBZUBEHÖRSTOFFE, ÄTZEND, ENTZÜNDBAR (einschließlich Farbverdünnung und -lösemittel) | 3470 | |
| FARBZUBEHÖRSTOFFE (einschließlich Farbverdünnung und -lösemittel) | 1263; 3066 | |
| FARBZUBEHÖRSTOFFE, ENTZÜNDBAR, ÄTZEND (einschließlich Farbverdünnung und -lösemittel) | 3469 | |
| FASERN, IMPRÄGNIERT MIT SCHWACH NITRIERTER CELLULOSE, N.A.G. | 1353 | |
| Fasern, pflanzlichen Ursprungs, gebrannt, nass oder feucht | 1372 | frei |
| Fasern, pflanzlichen Ursprungs, trocken | 3360 | frei |
| FASERN, TIERISCHEN oder PFLANZLICHEN oder SYNTHETISCHEN URSPRUNGS, N.A.G., imprägniert mit Öl | 1373 | |
| Fasern, tierischen Ursprungs, gebrannt, nass oder feucht | 1372 | frei |
| FERROSILICIUM mit mindestens 30 Masse-%, aber weniger als 90 Masse-% Silicium | 1408 | |
| Fester Stoff, den für die Luftfahrt geltenden Vorschriften unterliegend, n.a.g. | 3335 | frei |
| FESTE STOFFE, DIE ENTZÜNDBARE FLÜSSIGE STOFFE mit einem Flammpunkt von höchstens 60 °C ENTHALTEN, N.A.G. | 3175 | |
| FESTE STOFFE MIT ÄTZENDEM FLÜSSIGEM STOFF, N.A.G. | 3244 | |
| FESTE STOFFE MIT GIFTIGEM FLÜSSIGEM STOFF, N.A.G. | 3243 | |
| FEUERANZÜNDER, FEST, mit entzündbarem flüssigem Stoff getränkt | 2623 | |
| FEUERLÖSCHER-LADUNGEN, ätzender flüssiger Stoff | 1774 | |
| FEUERLÖSCHER mit verdichtetem oder verflüssigtem Gas | 1044 | |
| FEUERLÖSCHMITTEL-DISPERGIERVORRICHTUNGEN | 0514; 3559 | |
| [Feuertopf (engl. mine)] | 0333; 0335; 0336 | siehe 2.2.1.1.7.5 |
| [Feuertopf ohne Mörser] | 0333; 0335; 0336 | siehe 2.2.1.1.7.5 |
| FEUERWERKSKÖRPER | 0333; 0334; 0335; 0336; 0337 | 2.2.1.1.7.2 |
| [Feuerwerksrohr] | 0335; 0336 | siehe 2.2.1.1.7.5 |
| FEUERZEUGE mit entzündbarem Gas | 1057 | |
| FILME AUF NITROCELLULOSEBASIS, gelatiniert | 1324 | |

**3.2.2 Tabelle B** (Forts.)

| Benennung und Beschreibung des Gutes | UN-Nr. | Bem. |
|---|---|---|
| Firnis: siehe | 1263; 3066; 3469; 3470 | |
| Fischabfälle, stabilisiert | 2216 | frei |
| FISCHABFALL, NICHT STABILISIERT | 1374 | |
| FISCHMEHL, NICHT STABILISIERT | 1374 | |
| Fischmehl, stabilisiert | 2216 | frei |
| [Flexal-Virus] | 2814 | siehe 2.2.62.1.4.1 |
| Flugzeugnotrutschen: siehe | 2990 | |
| Flugzeugüberlebensausrüstungen: siehe | 2990 | |
| FLUORANILINE | 2941 | |
| FLUORBENZEN | 2387 | |
| FLUORBORSÄURE | 1775 | |
| FLUORESSIGSÄURE | 2642 | |
| FLUORKIESELSÄURE | 1778 | |
| FLUOROSILICATE, N.A.G. | 2856 | |
| FLUORPHOSPHORSÄURE, WASSERFREI | 1776 | |
| FLUORSULFONSÄURE | 1777 | |
| FLUORTOLUENE | 2388 | |
| FLUOR, VERDICHTET | 1045 | |
| FLUORWASSERSTOFFSÄURE | 1790 | |
| FLUORWASSERSTOFFSÄURE UND SCHWEFELSÄURE, MISCHUNG | 1786 | |
| FLUORWASSERSTOFF, WASSERFREI | 1052 | |
| flüssige Lackgrundlage: siehe | 1263; 3066; 3469; 3470 | |
| flüssiger Füllstoff: siehe | 1263; 3066; 3469; 3470 | |
| Flüssiger Stoff, den für die Luftfahrt geltenden Vorschriften unterliegend, n.a.g. | 3334 | frei |
| [Fontäne] | 0335; 0336 | siehe 2.2.1.1.7.5 |
| FORMALDEHYDLÖSUNG, ENTZÜNDBAR | 1198 | |
| FORMALDEHYDLÖSUNG mit mindestens 25 % Formaldehyd | 2209 | |
| [N-FORMYL-2-(NITROMETHYLEN)-1,3-PERHYDROTHIAZIN] | 3236 | siehe 2.2.41.4 |
| [*Francisella tularensis* (nur Kulturen)] | 2814 | siehe 2.2.62.1.4.1 |
| FÜLLSPRENGKÖRPER | 0060 | |
| FUMARYLCHLORID | 1780 | |
| FURALDEHYDE | 1199 | |
| FURAN | 2389 | |
| Furfural: siehe | 1199 | |
| FURFURYLALKOHOL | 2874 | |
| FURFURYLAMIN | 2526 | |
| FUSELÖL | 1201 | |
| GALLIUM | 2803 | |
| GALLIUM IN HERGESTELLTEN GEGENSTÄNDEN | 3554 | |
| GAS ALS KÄLTEMITTEL, N.A.G. | 1078 | |
| GAS ALS KÄLTEMITTEL R 12 | 1028 | |
| GAS ALS KÄLTEMITTEL R 13 | 1022 | |
| GAS ALS KÄLTEMITTEL R 14 | 1982 | |
| GAS ALS KÄLTEMITTEL R 21 | 1029 | |
| GAS ALS KÄLTEMITTEL R 22 | 1018 | |
| GAS ALS KÄLTEMITTEL R 23 | 1984 | |

## Alphabetisches Verzeichnis (Tabelle B)

**3.2.2**
**Tabelle B**
(Forts.)

| Benennung und Beschreibung des Gutes | UN-Nr. | Bem. |
|---|---|---|
| GAS ALS KÄLTEMITTEL R 32 | 3252 | |
| GAS ALS KÄLTEMITTEL R 40 | 1063 | |
| GAS ALS KÄLTEMITTEL R 41 | 2454 | |
| GAS ALS KÄLTEMITTEL R 1113 | 1082 | |
| GAS ALS KÄLTEMITTEL R 1132a | 1959 | |
| GAS ALS KÄLTEMITTEL R 114 | 1958 | |
| GAS ALS KÄLTEMITTEL R 115 | 1020 | |
| GAS ALS KÄLTEMITTEL R 116 | 2193 | |
| GAS ALS KÄLTEMITTEL R 1216 | 1858 | |
| GAS ALS KÄLTEMITTEL R 124 | 1021 | |
| GAS ALS KÄLTEMITTEL R 125 | 3220 | |
| GAS ALS KÄLTEMITTEL R 12B1 | 1974 | |
| GAS ALS KÄLTEMITTEL R 1318 | 2422 | |
| GAS ALS KÄLTEMITTEL R 133a | 1983 | |
| GAS ALS KÄLTEMITTEL R 134a | 3159 | |
| GAS ALS KÄLTEMITTEL R 13B1 | 1009 | |
| GAS ALS KÄLTEMITTEL R 142b | 2517 | |
| GAS ALS KÄLTEMITTEL R 143a | 2035 | |
| GAS ALS KÄLTEMITTEL R 152a | 1030 | |
| GAS ALS KÄLTEMITTEL R 161 | 2453 | |
| GAS ALS KÄLTEMITTEL R 218 | 2424 | |
| GAS ALS KÄLTEMITTEL R 227 | 3296 | |
| GAS ALS KÄLTEMITTEL R 404A | 3337 | |
| GAS ALS KÄLTEMITTEL R 407A | 3338 | |
| GAS ALS KÄLTEMITTEL R 407B | 3339 | |
| GAS ALS KÄLTEMITTEL R 407C | 3340 | |
| GAS ALS KÄLTEMITTEL R 500 | 2602 | |
| GAS ALS KÄLTEMITTEL R 502 | 1973 | |
| GAS ALS KÄLTEMITTEL R 503 | 2599 | |
| GAS ALS KÄLTEMITTEL RC 318 | 1976 | |
| GASÖL | 1202 | |
| GASPATRONEN, ohne Entnahmeeinrichtung, nicht wiederbefüllbar | 2037 | |
| GASPROBE, NICHT UNTER DRUCK STEHEND, ENTZÜNDBAR, N.A.G., nicht tiefgekühlt flüssig | 3167 | |
| GASPROBE, NICHT UNTER DRUCK STEHEND, GIFTIG, ENTZÜNDBAR, N.A.G., nicht tiefgekühlt flüssig | 3168 | |
| GASPROBE, NICHT UNTER DRUCK STEHEND, GIFTIG, N.A.G., nicht tiefgekühlt flüssig | 3169 | |
| GAS, TIEFGEKÜHLT, FLÜSSIG, N.A.G. | 3158 | |
| GAS, TIEFGEKÜHLT, FLÜSSIG, ENTZÜNDBAR, N.A.G. | 3312 | |
| GAS, TIEFGEKÜHLT, FLÜSSIG, OXIDIEREND, N.A.G. | 3311 | |
| GEFÄHRLICHE GÜTER IN GEGENSTÄNDEN | 3363 | |
| GEFÄHRLICHE GÜTER IN GERÄTEN | 3363 | |
| GEFÄHRLICHE GÜTER IN MASCHINEN | 3363 | |
| GEFÄSSE, KLEIN, MIT GAS, ohne Entnahmeeinrichtung, nicht wiederbefüllbar | 2037 | |
| GEFECHTSKÖPFE, RAKETE, mit Sprengladung | 0286; 0287; 0369 | |
| GEFECHTSKÖPFE, RAKETE, mit Zerleger oder Ausstoßladung | 0370; 0371 | |
| GEFECHTSKÖPFE, TORPEDO, mit Sprengladung | 0221 | |
| GEGENSTÄNDE, DIE EINEN ÄTZENDEN STOFF ENTHALTEN, N.A.G. | 3547 | |
| GEGENSTÄNDE, DIE EINEN ENTZÜNDBAREN FESTEN STOFF ENTHALTEN, N.A.G. | 3541 | |

**3.2.2 Tabelle B** (Forts.)

| Benennung und Beschreibung des Gutes | UN-Nr. | Bem. |
|---|---|---|
| GEGENSTÄNDE, DIE EINEN ENTZÜNDBAREN FLÜSSIGEN STOFF ENTHALTEN, N.A.G. | 3540 | |
| GEGENSTÄNDE, DIE EINEN ENTZÜNDEND (OXIDIEREND) WIRKENDEN STOFF ENTHALTEN, N.A.G. | 3544 | |
| GEGENSTÄNDE, DIE EINEN GIFTIGEN STOFF ENTHALTEN, N.A.G. | 3546 | |
| GEGENSTÄNDE, DIE EINEN SELBSTENTZÜNDLICHEN STOFF ENTHALTEN, N.A.G. | 3542 | |
| GEGENSTÄNDE, DIE EINEN STOFF ENTHALTEN, DER IN BERÜHRUNG MIT WASSER ENTZÜNDBARE GASE ENTWICKELT, N.A.G. | 3543 | |
| GEGENSTÄNDE, DIE ENTZÜNDBARES GAS ENTHALTEN, N.A.G. | 3537 | |
| [Gegenstände, die gefährliche Güter in begrenzten Mengen enthalten] | 3363 | siehe 2.1.5 |
| GEGENSTÄNDE, DIE GIFTIGES GAS ENTHALTEN, N.A.G. | 3539 | |
| GEGENSTÄNDE, DIE NICHT ENTZÜNDBARES, NICHT GIFTIGES GAS ENTHALTEN, N.A.G. | 3538 | |
| GEGENSTÄNDE, DIE ORGANISCHES PEROXID ENTHALTEN, N.A.G. | 3545 | |
| GEGENSTÄNDE, DIE VERSCHIEDENE GEFÄHRLICHE GÜTER ENTHALTEN, N.A.G. | 3548 | |
| GEGENSTÄNDE, EEI | 0486 | |
| GEGENSTÄNDE MIT EXPLOSIVSTOFF, N.A.G. | 0349; 0350; 0351; 0352; 0353; 0354; 0355; 0356; 0462; 0463; 0464; 0465; 0466; 0467; 0468; 0469; 0470; 0471; 0472 | |
| GEGENSTÄNDE MIT EXPLOSIVSTOFF, EXTREM UNEMPFINDLICH | 0486 | |
| GEGENSTÄNDE, PYROPHOR | 0380 | |
| GEGENSTÄNDE UNTER HYDRAULISCHEM DRUCK (mit nicht entzündbarem Gas) | 3164 | |
| GEGENSTÄNDE UNTER PNEUMATISCHEM DRUCK (mit nicht entzündbarem Gas) | 3164 | |
| [Gelbfieber-Virus (nur Kulturen)] | 2814 | siehe 2.2.62.1.4.1 |
| Gemische aus festen Stoffen, die entzündbare flüssige Stoffe mit einem Flammpunkt von höchstens 60 °C enthalten: siehe | 3175 | |
| GEMISCHE AUS SALPETERSÄURE UND SALZSÄURE | 1798 | verboten |
| Gemisch A: siehe | 1965 | |
| Gemisch A 0: siehe | 1965 | |
| Gemisch A 01: siehe | 1965 | |
| Gemisch A 02: siehe | 1965 | |
| Gemisch A 1: siehe | 1965 | |
| Gemisch B: siehe | 1965 | |
| Gemisch B 1: siehe | 1965 | |
| Gemisch B 2: siehe | 1965 | |
| Gemisch C: siehe | 1965 | |
| Gemisch F 1: siehe | 1078 | |
| Gemisch F 2: siehe | 1078 | |
| Gemisch F 3: siehe | 1078 | |
| Gemisch P 1: siehe | 1060 | |
| Gemisch P 2: siehe | 1060 | |
| Gemisch von Methylacetylen und Propadien mit Kohlenwasserstoffen: siehe | 1060 | |
| GENETISCH VERÄNDERTE MIKROORGANISMEN | 3245 | |
| GENETISCH VERÄNDERTE ORGANISMEN | 3245 | |
| GERÄTE, KLEIN, MIT KOHLENWASSERSTOFFGAS, mit Entnahmeeinrichtung | 3150 | |
| [Geräte mit gefährlichen Gütern] | 3363 | |
| GERMAN | 2192 | |

## Alphabetisches Verzeichnis (Tabelle B)

**3.2.2 Tabelle B** (Forts.)

| Benennung und Beschreibung des Gutes | UN-Nr. | Bem. |
|---|---|---|
| GERMAN, ADSORBIERT | 3523 | |
| GERMANIUMWASSERSTOFF | 2192 | |
| GERMANIUMWASSERSTOFF, ADSORBIERT | 3523 | |
| GESCHOSSE, inert, mit Leuchtspurmitteln | 0345; 0424; 0425 | |
| GESCHOSSE, mit Sprengladung | 0167; 0168; 0169; 0324; 0344 | |
| GESCHOSSE, mit Zerleger oder Ausstoßladung | 0346; 0347; 0426; 0427; 0434; 0435 | |
| GEWEBE, IMPRÄGNIERT MIT SCHWACH NITRIERTER CELLULOSE, N.A.G. | 1353 | |
| GEWEBE, TIERISCHEN oder PFLANZLICHEN oder SYNTHETISCHEN URSPRUNGS, N.A.G., imprägniert mit Öl | 1373 | |
| GIFTIGER ANORGANISCHER FESTER STOFF, N.A.G. | 3288 | |
| GIFTIGER ANORGANISCHER FESTER STOFF, ÄTZEND, N.A.G. | 3290 | |
| GIFTIGER ANORGANISCHER FESTER STOFF, ENTZÜNDBAR, N.A.G. | 3535 | |
| GIFTIGER ANORGANISCHER FLÜSSIGER STOFF, N.A.G. | 3287 | |
| GIFTIGER ANORGANISCHER FLÜSSIGER STOFF, ÄTZEND, N.A.G. | 3289 | |
| GIFTIGER FESTER STOFF, ENTZÜNDEND (OXIDIEREND) WIRKEND, N.A.G. | 3086 | |
| GIFTIGER FESTER STOFF, MIT WASSER REAGIEREND, N.A.G. | 3125 | |
| GIFTIGER FESTER STOFF, SELBSTERHITZUNGSFÄHIG, N.A.G. | 3124 | |
| GIFTIGER FLÜSSIGER STOFF, ENTZÜNDEND (OXIDIEREND) WIRKEND, N.A.G. | 3122 | |
| GIFTIGER FLÜSSIGER STOFF, MIT WASSER REAGIEREND, N.A.G. | 3123 | |
| GIFTIGER ORGANISCHER FESTER STOFF, N.A.G. | 2811 | |
| GIFTIGER ORGANISCHER FESTER STOFF, ÄTZEND, N.A.G. | 2928 | |
| GIFTIGER ORGANISCHER FESTER STOFF, ENTZÜNDBAR, N.A.G. | 2930 | |
| GIFTIGER ORGANISCHER FLÜSSIGER STOFF, N.A.G. | 2810 | |
| GIFTIGER ORGANISCHER FLÜSSIGER STOFF, ÄTZEND, N.A.G. | 2927 | |
| GIFTIGER ORGANISCHER FLÜSSIGER STOFF, ENTZÜNDBAR, N.A.G. | 2929 | |
| GLYCEROL-alpha-MONOCHLORHYDRIN | 2689 | |
| GLYCIDALDEHYD | 2622 | |
| GRANATEN, Hand oder Gewehr, mit Sprengladung | 0284; 0285; 0292; 0293 | |
| GRANATEN, ÜBUNG, Hand oder Gewehr | 0110; 0318; 0372; 0452 | |
| [Großfeuerwerksbombe in einem Mörser (shell in mortar)] | 0333; 0334; 0335 | siehe 2.2.1.1.7.5 |
| [Großfeuerwerksbombe, kugelförmig oder zylindrisch] | 0333; 0334; 0335; 0336 | siehe 2.2.1.1.7.5 |
| [Guanarito-Virus] | 2814 | siehe 2.2.62.1.4.1 |
| GUANIDINNITRAT | 1467 | |
| GUANYLNITROSAMINOGUANYLIDENHYDRAZIN, ANGEFEUCHTET mit mindestens 30 Masse-% Wasser | 0113 | |
| GUANYLNITROSAMINOGUANYLTETRAZEN, ANGEFEUCHTET mit mindestens 30 Masse-% Wasser oder einer Alkohol/Wasser-Mischung | 0114 | |
| Gummi-Abfälle, pulverförmig oder granuliert, höchstens 840 µm und mehr als 45 % Kautschuk-Gehalt: siehe | 1345 | |
| GUMMILÖSUNG | 1287 | |
| Gummi-Reste, pulverförmig oder granuliert, höchstens 840 µm und mehr als 45 % Kautschuk-Gehalt: siehe | 1345 | |
| Gurtstraffer: siehe | 0503; 3268 | |

3.2.2
Tabelle B
(Forts.)

| Benennung und Beschreibung des Gutes | UN-Nr. | Bem. |
|---|---|---|
| HAFNIUM-PULVER, ANGEFEUCHTET mit mindestens 25 % Wasser | 1326 | |
| HAFNIUM-PULVER, TROCKEN | 2545 | |
| HALOGENIERTE MONOMETHYLDIPHENYLMETHANE, FEST | 3152 | |
| HALOGENIERTE MONOMETHYLDIPHENYLMETHANE, FLÜSSIG | 3151 | |
| [Hantaan-Virus] | 2814 | siehe 2.2.62.1.4.1 |
| [Hanta-Virus, das hämorrhagisches Fieber mit Nierensyndrom hervorruft] | 2814 | siehe 2.2.62.1.4.1 |
| HARNSTOFFNITRAT, ANGEFEUCHTET mit mindestens 10 Masse-% Wasser | 3370 | |
| HARNSTOFFNITRAT, ANGEFEUCHTET mit mindestens 20 Masse-% Wasser | 1357 | |
| HARNSTOFFNITRAT, trocken oder angefeuchtet mit weniger als 20 Masse-% Wasser | 0220 | |
| HARNSTOFFWASSERSTOFFPEROXID | 1511 | |
| HARZLÖSUNG, entzündbar | 1866 | |
| HARZÖL | 1286 | |
| HEIZÖL, LEICHT | 1202 | |
| HELIUM, TIEFGEKÜHLT, FLÜSSIG | 1963 | |
| HELIUM, VERDICHTET | 1046 | |
| [Hendra-Virus] | 2814 | siehe 2.2.62.1.4.1 |
| [Hepatitis-B-Virus (nur Kulturen)] | 2814 | siehe 2.2.62.1.4.1 |
| HEPTAFLUORPROPAN | 3296 | |
| n-HEPTALDEHYD | 3056 | |
| HEPTANE | 1206 | |
| n-HEPTEN | 2278 | |
| [Herpes-B-Virus (nur Kulturen)] | 2814 | siehe 2.2.62.1.4.1 |
| Heu | 1327 | frei |
| HEXACHLORACETON | 2661 | |
| HEXACHLORBENZEN | 2729 | |
| HEXACHLORBUTADIEN | 2279 | |
| HEXACHLORCYCLOPENTADIEN | 2646 | |
| HEXACHLOROPHEN | 2875 | |
| HEXACHLORPLATINSÄURE, FEST | 2507 | |
| HEXADECYLTRICHLORSILAN | 1781 | |
| HEXADIENE | 2458 | |
| HEXAETHYLTETRAPHOSPHAT | 1611 | |
| HEXAETHYLTETRAPHOSPHAT UND VERDICHTETES GAS, GEMISCH | 1612 | |
| HEXAFLUORACETON | 2420 | |
| HEXAFLUORACETONHYDRAT, FEST | 3436 | |
| HEXAFLUORACETONHYDRAT, FLÜSSIG | 2552 | |
| HEXAFLUORETHAN | 2193 | |
| HEXAFLUORPHOSPHORSÄURE | 1782 | |
| HEXAFLUORPROPYLEN | 1858 | |
| HEXALDEHYD | 1207 | |
| HEXAMETHYLENDIAMIN, FEST | 2280 | |
| HEXAMETHYLENDIAMIN, LÖSUNG | 1783 | |
| HEXAMETHYLENDIISOCYANAT | 2281 | |
| HEXAMETHYLENIMIN | 2493 | |
| HEXAMETHYLENTETRAMIN | 1328 | |
| HEXANE | 1208 | |
| HEXANITRODIPHENYLAMIN | 0079 | |
| HEXANITROSTILBEN | 0392 | |

**3.2.2 Tabelle B** (Forts.)

| Benennung und Beschreibung des Gutes | UN-Nr. | Bem. |
|---|---|---|
| HEXANOLE | 2282 | |
| HEX-1-EN | 2370 | |
| HEXOGEN, ANGEFEUCHTET mit mindestens 15 Masse-% Wasser | 0072 | |
| HEXOGEN, DESENSIBILISIERT | 0483 | |
| HEXOGEN IN MISCHUNG MIT CYCLOTETRAMETHYLENTETRANITRAMIN, ANGEFEUCHTET mit mindestens 15 Masse-% Wasser | 0391 | |
| HEXOGEN IN MISCHUNG MIT CYCLOTETRAMETHYLENTETRANITRAMIN, DESENSIBILISIERT mit mindestens 10 Masse-% Phlegmatisierungsmittel | 0391 | |
| HEXOGEN IN MISCHUNG MIT HMX, ANGEFEUCHTET mit mindestens 15 Masse-% Wasser | 0391 | |
| HEXOGEN IN MISCHUNG MIT HMX, DESENSIBILISIERT mit mindestens 10 Masse-% Phlegmatisierungsmittel | 0391 | |
| HEXOGEN IN MISCHUNG MIT OKTOGEN, ANGEFEUCHTET mit mindestens 15 Masse-% Wasser | 0391 | |
| HEXOGEN IN MISCHUNG MIT OKTOGEN, DESENSIBILISIERT mit mindestens 10 Masse-% Phlegmatisierungsmittel | 0391 | |
| HEXOLIT, trocken oder angefeuchtet mit weniger als 15 Masse-% Wasser | 0118 | |
| HEXOTOL, trocken oder angefeuchtet mit weniger als 15 Masse-% Wasser | 0118 | |
| HEXOTONAL | 0393 | |
| HEXYL | 0079 | |
| [tert-HEXYLPEROXYNEODECANOAT] | 3115 | siehe 2.2.52.4 |
| [tert-HEXYLPEROXYPIVALAT] | 3115 | siehe 2.2.52.4 |
| [tert-HEXYLPEROXYPIVALAT (als stabile Dispersion in Wasser)] | 3117 | siehe 2.2.52.4 |
| HEXYLTRICHLORSILAN | 1784 | |
| HMX, ANGEFEUCHTET mit mindestens 15 Masse-% Wasser | 0226 | |
| HMX, DESENSIBILISIERT | 0484 | |
| [hoch pathogenes Vogelgrippe-Virus (nur Kulturen)] | 2814 | siehe 2.2.62.1.4.1 |
| HOHLLADUNGEN, ohne Zündmittel | 0059; 0439; 0440; 0441 | |
| HOLZSCHUTZMITTEL, FLÜSSIG | 1306 | |
| [Hubschrauber (Wirbel)] | 0336; 3350 | siehe 2.2.1.1.7.5 |
| [humanes Immundefizienz-Virus (nur Kulturen)] | 2814 | siehe 2.2.62.1.4.1 |
| HYDRAZIN, WASSERFREI | 2029 | |
| HYDRAZIN, WÄSSERIGE LÖSUNG, ENTZÜNDBAR mit mehr als 37 Masse-% Hydrazin | 3484 | |
| HYDRAZIN, WÄSSERIGE LÖSUNG mit höchstens 37 Masse-% Hydrazin | 3293 | |
| HYDRAZIN, WÄSSERIGE LÖSUNG mit mehr als 37 Masse-% Hydrazin | 2030 | |
| HYDROGENDIFLUORIDE, FEST, N.A.G. | 1740 | |
| HYDROGENDIFLUORIDE, LÖSUNG, N.A.G. | 3471 | |
| HYDROGENSULFATE, WÄSSERIGE LÖSUNG | 2837 | |
| HYDROGENSULFITE, WÄSSERIGE LÖSUNG, N.A.G. | 2693 | |
| 1-HYDROXYBENZOTRIAZOL-MONOHYDRAT | 3474 | |
| 1-HYDROXYBENZOTRIAZOL, WASSERFREI, trocken oder angefeuchtet mit weniger als 20 Masse-% Wasser | 0508 | |
| 3-Hydroxybutyraldehyd: siehe | 2839 | |
| [3-HYDROXY-1,1-DIMETHYLBUTYLPEROXYNEODECANOAT] | 3115 | siehe 2.2.52.4 |
| [3-HYDROXY-1,1-DIMETHYLBUTYLPEROXYNEODECANOAT (als stabile Dispersion in Wasser)] | 3119 | siehe 2.2.52.4 |
| [2-(2-HYDROXYETHOXY)-1-(PYRROLIDIN-1-YL)-BENZEN-4-DIAZONIUM-ZINKCHLORID] | 3236 | siehe 2.2.41.4 |
| [3-(2-HYDROXYETHOXY)-4-(PYRROLIDIN-1-YL)-BENZENDIAZONIUM-ZINKCHLORID] | 3236 | siehe 2.2.41.4 |
| HYDROXYLAMINSULFAT | 2865 | |
| HYPOCHLORITE, ANORGANISCHE, N.A.G. | 3212 | |
| HYPOCHLORITLÖSUNG | 1791 | |
| 3,3'-IMINOBISPROPYLAMIN | 2269 | |

**3.2.2**
**Tabelle B**
(Forts.)

| Benennung und Beschreibung des Gutes | UN-Nr. | Bem. |
|---|---|---|
| INSEKTENBEKÄMPFUNGSMITTEL, GASFÖRMIG, N.A.G. | 1968 | |
| INSEKTENBEKÄMPFUNGSMITTEL, GASFÖRMIG, ENTZÜNDBAR, N.A.G. | 3354 | |
| INSEKTENBEKÄMPFUNGSMITTEL, GASFÖRMIG, GIFTIG, N.A.G. | 1967 | |
| INSEKTENBEKÄMPFUNGSMITTEL, GASFÖRMIG, GIFTIG, ENTZÜNDBAR, N.A.G. | 3355 | |
| IOD | 3495 | |
| 2-IODBUTAN | 2390 | |
| IODMETHYLPROPANE | 2391 | |
| IODMONOCHLORID, FEST | 1792 | |
| IODMONOCHLORID, FLÜSSIG | 3498 | |
| IODPENTAFLUORID | 2495 | |
| IODPROPANE | 2392 | |
| IODWASSERSTOFFSÄURE | 1787 | |
| IODWASSERSTOFF, WASSERFREI | 2197 | |
| Isoamyl-1-en: siehe | 2561 | |
| ISOBUTAN | 1969 | |
| ISOBUTANOL | 1212 | |
| ISOBUTEN | 1055 | |
| ISOBUTTERSÄURE | 2529 | |
| ISOBUTYLACETAT | 1213 | |
| ISOBUTYLACRYLAT, STABILISIERT | 2527 | |
| ISOBUTYLALDEHYD | 2045 | |
| ISOBUTYLALKOHOL | 1212 | |
| ISOBUTYLAMIN | 1214 | |
| ISOBUTYLFORMIAT | 2393 | |
| ISOBUTYLISOBUTYRAT | 2528 | |
| ISOBUTYLISOCYANAT | 2486 | |
| ISOBUTYLMETHACRYLAT, STABILISIERT | 2283 | |
| ISOBUTYLPROPIONAT | 2394 | |
| ISOBUTYRALDEHYD | 2045 | |
| ISOBUTYRONITRIL | 2284 | |
| ISOBUTYRYLCHLORID | 2395 | |
| ISOCYANATE, ENTZÜNDBAR, GIFTIG, N.A.G. | 2478 | |
| ISOCYANATE, GIFTIG, N.A.G. | 2206 | |
| ISOCYANATE, GIFTIG, ENTZÜNDBAR, N.A.G. | 3080 | |
| ISOCYANAT, LÖSUNG, ENTZÜNDBAR, GIFTIG, N.A.G. | 2478 | |
| ISOCYANAT, LÖSUNG, GIFTIG, N.A.G. | 2206 | |
| ISOCYANAT, LÖSUNG, GIFTIG, ENTZÜNDBAR, N.A.G. | 3080 | |
| ISOCYANATOBENZOTRIFLUORIDE | 2285 | |
| 3-Isocyanatomethyl-3,5,5-trimethylcyclohexylisocyanat: siehe | 2290 | |
| Isododecan: siehe | 2286 | |
| ISOHEPTENE | 2287 | |
| ISOHEXENE | 2288 | |
| ISOOCTENE | 1216 | |
| Isopentan: siehe | 1265 | |
| ISOPENTENE | 2371 | |
| ISOPHORONDIAMIN | 2289 | |
| ISOPHORONDIISOCYANAT | 2290 | |
| ISOPREN, STABILISIERT | 1218 | |

**3.2.2**
**Tabelle B**
(Forts.)

| Benennung und Beschreibung des Gutes | UN-Nr. | Bem. |
|---|---|---|
| ISOPROPANOL | 1219 | |
| ISOPROPENYLACETAT | 2403 | |
| ISOPROPENYLBENZEN | 2303 | |
| ISOPROPYLACETAT | 1220 | |
| ISOPROPYLALKOHOL | 1219 | |
| ISOPROPYLAMIN | 1221 | |
| ISOPROPYLBENZEN | 1918 | |
| [ISOPROPYL-sec-BUTYLPEROXYDICARBONAT + DI-sec-BUTYLPEROXYDICARBONAT + DIISOPROPYLPEROXYDICARBONAT] | 3111; 3115 | siehe 2.2.52.4 |
| ISOPROPYLBUTYRAT | 2405 | |
| ISOPROPYLCHLORACETAT | 2947 | |
| ISOPROPYLCHLORFORMIAT | 2407 | |
| Isopropylchlorid: siehe | 2356 | |
| ISOPROPYL-2-CHLORPROPIONAT | 2934 | |
| [ISOPROPYLCUMYLHYDROPEROXID] | 3109 | siehe 2.2.52.4 |
| Isopropylenethylen: siehe | 2561 | |
| ISOPROPYLISOBUTYRAT | 2406 | |
| ISOPROPYLISOCYANAT | 2483 | |
| ISOPROPYLNITRAT | 1222 | |
| ISOPROPYLPHOSPHAT | 1793 | |
| ISOPROPYLPROPIONAT | 2409 | |
| ISOSORBIDDINITRAT, MISCHUNG mit mindestens 60 % Lactose, Mannose, Stärke oder Calciumhydrogenphosphat oder mit anderen Phlegmatisierungsmitteln, die mindestens ebenso wirksame inertisierende Eigenschaften haben | 2907 | |
| ISOSORBID-5-MONONITRAT | 3251 | |
| [japanisches Encephalitis-Virus (nur Kulturen)] | 2814 | siehe 2.2.62.1.4.1 |
| [Junin-Virus] | 2814 | siehe 2.2.62.1.4.1 |
| KAKODYLSÄURE | 1572 | |
| Kalilauge: siehe | 1814 | |
| KALIUM | 2257 | |
| KALIUMARSENAT | 1677 | |
| KALIUMARSENIT | 1678 | |
| Kaliumbifluorid, fest: siehe | 1811 | |
| Kaliumbifluorid, Lösung: siehe | 3421 | |
| Kaliumbisulfat: siehe | 2509 | |
| KALIUMBORHYDRID | 1870 | |
| KALIUMBROMAT | 1484 | |
| KALIUMCHLORAT | 1485 | |
| KALIUMCHLORAT, WÄSSERIGE LÖSUNG | 2427 | |
| KALIUMCYANID, FEST | 1680 | |
| KALIUMCYANID, LÖSUNG | 3413 | |
| KALIUMDITHIONIT | 1929 | |
| KALIUMFLUORACETAT | 2628 | |
| KALIUMFLUORID, FEST | 1812 | |
| KALIUMFLUORID, LÖSUNG | 3422 | |
| KALIUMFLUOROSILICAT | 2655 | |
| KALIUMHYDROGENDIFLUORID, FEST | 1811 | |
| KALIUMHYDROGENDIFLUORID, LÖSUNG | 3421 | |
| KALIUMHYDROGENSULFAT | 2509 | |

3.2.2
**Tabelle B**
(Forts.)

| Benennung und Beschreibung des Gutes | UN-Nr. | Bem. |
|---|---|---|
| KALIUMHYDROSULFIT | 1929 | |
| KALIUMHYDROXID, FEST | 1813 | |
| KALIUMHYDROXIDLÖSUNG | 1814 | |
| KALIUMKUPFER(I)CYANID | 1679 | |
| KALIUMMETALLLEGIERUNGEN, FEST | 3403 | |
| KALIUMMETALLLEGIERUNGEN, FLÜSSIG | 1420 | |
| KALIUMMETAVANADAT | 2864 | |
| KALIUMMONOXID | 2033 | |
| KALIUM–NATRIUM–LEGIERUNGEN, FEST | 3404 | |
| KALIUM-NATRIUM-LEGIERUNGEN, FLÜSSIG | 1422 | |
| KALIUMNITRAT | 1486 | |
| KALIUMNITRAT UND NATRIUMNITRIT, MISCHUNG | 1487 | |
| KALIUMNITRIT | 1488 | |
| Kaliumoxid: siehe | 2033 | |
| KALIUMPERCHLORAT | 1489 | |
| KALIUMPERMANGANAT | 1490 | |
| KALIUMPEROXID | 1491 | |
| KALIUMPERSULFAT | 1492 | |
| KALIUMPHOSPHID | 2012 | |
| KALIUMQUECKSILBER(II)CYANID | 1626 | |
| KALIUMQUECKSILBER(II)IODID | 1643 | |
| KALIUMSULFID, HYDRATISIERT mit mindestens 30 % Kristallwasser | 1847 | |
| KALIUMSULFID mit weniger als 30 % Kristallwasser | 1382 | |
| KALIUMSULFID, WASSERFREI | 1382 | |
| KALIUMSUPEROXID | 2466 | |
| KÄLTEMASCHINEN mit entzündbarem, nicht giftigem verflüssigtem Gas | 3358 | |
| KÄLTEMASCHINEN mit nicht entzündbaren, nicht giftigen Gasen oder Ammoniaklösungen (UN 2672) | 2857 | |
| KAMPFERÖL | 1130 | |
| KARTUSCHEN, ERDÖLBOHRLOCH | 0277; 0278 | |
| KARTUSCHEN FÜR TECHNISCHE ZWECKE | 0275; 0276; 0323; 0381 | |
| KAUTSCHUK-ABFÄLLE, pulverförmig oder granuliert, höchstens 840 µm und mehr als 45 % Kautschuk-Gehalt | 1345 | |
| KAUTSCHUK-RESTE, pulverförmig oder granuliert, höchstens 840 µm und mehr als 45 % Kautschuk-Gehalt | 1345 | |
| [Kegelfontänen (Partyfeuerwerk)] | 0335; 0336 | siehe 2.2.1.1.7.5 |
| KEROSIN | 1223 | |
| KETONE, FLÜSSIG, N.A.G. | 1224 | |
| KIEFERNÖL | 1272 | |
| [klassisches Schweinepest-Virus (nur Kulturen)] | 2900 | siehe 2.2.62.1.4.1 |
| KLEBSTOFFE, mit entzündbarem flüssigem Stoff | 1133 | |
| [Kleiner vorgeladener Mörser (engl. small preloaded mortar) (Feuerwerksrohr)] | 0335; 0336 | siehe 2.2.1.1.7.5 |
| [Kleinwiederkäuer-Pest-Virus (nur Kulturen)] | 2900 | siehe 2.2.62.1.4.1 |
| KLINISCHER ABFALL, UNSPEZIFIZIERT, N.A.G. | 3291 | |
| [Knallerbsen (Partyfeuerwerk)] | 0336 | siehe 2.2.1.1.7.5 |
| [Knaller (Partyfeuerwerk)] | 0336 | siehe 2.2.1.1.7.5 |
| KNALLKAPSELN, EISENBAHN | 0192; 0193; 0492; 0493 | |

**3.2.2**
**Tabelle B**
(Forts.)

| Benennung und Beschreibung des Gutes | UN-Nr. | Bem. |
|---|---|---|
| [Knallkörperbatterie (Partyfeuerwerk)] | 0336 | siehe 2.2.1.1.7.5 |
| [Knallkörper (engl. banger)] | 0333; 0335; 0336 | siehe 2.2.1.1.7.5 |
| [Knatterartikel] | 0336 | siehe 2.2.1.1.7.5 |
| KOHLE, AKTIVIERT | 1362 | |
| KOHLENDIOXID | 1013 | |
| Kohlendioxid, fest | 1845 | frei |
| KOHLENDIOXID, TIEFGEKÜHLT, FLÜSSIG | 2187 | |
| KOHLENMONOXID, VERDICHTET | 1016 | |
| KOHLENSTOFFDISULFID | 1131 | |
| KOHLENWASSERSTOFFE, FLÜSSIG, N.A.G. | 3295 | |
| KOHLENWASSERSTOFFGAS, GEMISCH, VERDICHTET, N.A.G. | 1964 | |
| KOHLENWASSERSTOFFGAS, GEMISCH, VERFLÜSSIGT, N.A.G. | 1965 | |
| KOHLENWASSERSTOFFGAS-NACHFÜLLPATRONEN FÜR KLEINE GERÄTE, mit Entnahmeeinrichtung | 3150 | |
| Kohlepapier: siehe | 1379 | |
| KOHLE, tierischen oder pflanzlichen Ursprungs | 1361 | |
| [Kombinationsfeuerwerk (Batterie/Kombination)] | | siehe 2.2.1.1.7.5 |
| KONDENSATOR, ASYMMETRISCH (mit einer Energiespeicherkapazität von mehr als 0,3 Wh) | 3508 | |
| KONDENSATOR, ELEKTRISCHE DOPPELSCHICHT (mit einer Energiespeicherkapazität von mehr als 0,3 Wh) | 3499 | |
| KOPRA | 1363 | |
| [Kracher (Knallkörper)] | 0333; 0335; 0336 | siehe 2.2.1.1.7.5 |
| KRAFTSTOFFTANK FÜR HYDRAULISCHES AGGREGAT FÜR FLUGZEUGE (mit einer Mischung von wasserfreiem Hydrazin und Methylhydrazin) (Kraftstoff M86) | 3165 | |
| KRILLMEHL | 3497 | |
| Krokydolith: siehe | 2212 | |
| KRYPTON, TIEFGEKÜHLT, FLÜSSIG | 1970 | |
| KRYPTON, VERDICHTET | 1056 | |
| [Kugelbombe aus Kugelbomben (Großfeuerwerksbombe)] | 0333; 0335 | siehe 2.2.1.1.7.5 |
| [Kugelbombe (Großfeuerwerksbombe)] | 0333; 0335; 0336 | siehe 2.2.1.1.7.5 |
| KUNSTSTOFFE AUF NITROCELLULOSEBASIS, SELBSTERHITZUNGSFÄHIG, N.A.G. | 2006 | |
| KUNSTSTOFFPRESSMISCHUNG, in Teig-, Platten- oder Strangpressform, entzündbare Dämpfe abgebend | 3314 | |
| KUPFERACETOARSENIT | 1585 | |
| KUPFERARSENIT | 1586 | |
| KUPFERCHLORAT | 2721 | |
| KUPFERCHLORID | 2802 | |
| KUPFERCYANID | 1587 | |
| KUPFERETHYLENDIAMIN, LÖSUNG | 1761 | |
| KUPFERHALTIGES PESTIZID, FEST, GIFTIG | 2775 | |
| KUPFERHALTIGES PESTIZID, FLÜSSIG, ENTZÜNDBAR, GIFTIG, Flammpunkt unter 23 °C | 2776 | |
| KUPFERHALTIGES PESTIZID, FLÜSSIG, GIFTIG | 3010 | |
| KUPFERHALTIGES PESTIZID, FLÜSSIG, GIFTIG, ENTZÜNDBAR, mit einem Flammpunkt von 23 °C oder darüber | 3009 | |
| [Kyasanur-Waldkrankheit-Virus] | 2814 | siehe 2.2.62.1.4.1 |
| Lackgrundlage, flüssig: siehe | 3066 | |
| Lack: siehe | 1263; 3066; 3469; 3470 | |

3.2.2
Tabelle B
(Forts.)

| Benennung und Beschreibung des Gutes | UN-Nr. | Bem. |
|---|---|---|
| [Lady Cracker (Knallkörper)] | 0333; 0335; 0336 | siehe 2.2.1.1.7.5 |
| [Lanzen (Fontäne)] | 0335; 0336 | siehe 2.2.1.1.7.5 |
| Lappen, ölhaltig | 1856 | frei |
| [Lassa-Virus] | 2814 | siehe 2.2.62.1.4.1 |
| LEERE GROSSVERPACKUNG | | 4.1.1.11 |
| LEERER AUFSETZTANK | | 4.3.2.4 |
| LEERER FESTVERBUNDENER TANK | | 4.3.2.4 |
| LEERER GROSSCONTAINER | | 7.3.1.10 |
| LEERER IBC | | 4.1.1.11 |
| LEERER KLEINCONTAINER | | 7.3.1.10 |
| LEERER MEGC | | 4.3.2.4 |
| LEERER ORTSBEWEGLICHER TANK | | 4.2.1.5, 4.2.2.6 |
| LEERER TANKCONTAINER | | 4.3.2.4 |
| LEERES BATTERIE-FAHRZEUG | | 4.3.2.4 |
| LEERES FAHRZEUG | | 7.3.1.10 |
| LEERES GEFÄSS | | 4.1.6 |
| LEERES GROSSPACKMITTEL (IBC) | | 4.1.1.11 |
| LEERES TANKFAHRZEUG | | 4.3.2.4 |
| LEERE VERPACKUNG | | 4.1.1.11 |
| [Leuchtfackeln (Fontäne)] | 0335; 0336 | siehe 2.2.1.1.7.5 |
| LEUCHTKÖRPER, BODEN | 0092; 0418; 0419 | |
| LEUCHTKÖRPER, LUFTFAHRZEUG | 0093; 0403; 0404; 0420; 0421 | |
| LEUCHTSPURKÖRPER FÜR MUNITION | 0212; 0306 | |
| Limonen: siehe | 2052 | |
| LITHIUM | 1415 | |
| LITHIUMALUMINIUMHYDRID | 1410 | |
| LITHIUMALUMINIUMHYDRID IN ETHER | 1411 | |
| LITHIUMBATTERIEN, IN GÜTERBEFÖRDERUNGSEINHEITEN EINGEBAUT, Lithium-Ionen-Batterien oder Lithium-Metall-Batterien | 3536 | |
| LITHIUMBORHYDRID | 1413 | |
| Lithiumeisensilicium: siehe | 2830 | |
| LITHIUMFERROSILICID | 2830 | |
| LITHIUMHYDRID | 1414 | |
| LITHIUMHYDRID, GESCHMOLZEN UND ERSTARRT | 2805 | |
| LITHIUMHYDROXID | 2680 | |
| LITHIUMHYDROXIDLÖSUNG | 2679 | |
| LITHIUMHYPOCHLORIT, MISCHUNG | 1471 | |
| LITHIUMHYPOCHLORIT, TROCKEN | 1471 | |
| LITHIUM-IONEN-BATTERIEN (einschließlich Lithium-Ionen-Polymer-Batterien) | 3480 | |
| LITHIUM-IONEN-BATTERIEN IN AUSRÜSTUNGEN (einschließlich Lithium-Ionen-Polymer-Batterien) | 3481 | |
| LITHIUM-IONEN-BATTERIEN, MIT AUSRÜSTUNGEN VERPACKT (einschließlich Lithium-Ionen-Polymer-Batterien) | 3481 | |
| LITHIUM-METALL-BATTERIEN (einschließlich Batterien aus Lithiumlegierung) | 3090 | |
| LITHIUM-METALL-BATTERIEN IN AUSRÜSTUNGEN (einschließlich Batterien aus Lithiumlegierung) | 3091 | |
| LITHIUM-METALL-BATTERIEN, MIT AUSRÜSTUNGEN VERPACKT (einschließlich Batterien aus Lithiumlegierung) | 3091 | |

**3.2.2**
**Tabelle B**
(Forts.)

| Benennung und Beschreibung des Gutes | UN-Nr. | Bem. |
|---|---|---|
| LITHIUMNITRAT | 2722 | |
| LITHIUMNITRID | 2806 | |
| LITHIUMPEROXID | 1472 | |
| LITHIUMSILICIUM | 1417 | |
| LOCKERUNGSSPRENGGERÄTE MIT EXPLOSIVSTOFF, für Erdölbohrungen, ohne Zündmittel | 0099 | |
| LONDON PURPLE | 1621 | |
| [Luftkreisel (Wirbel)] | 0335; 0336 | siehe 2.2.1.1.7.5 |
| LUFT, TIEFGEKÜHLT, FLÜSSIG | 1003 | |
| LUFT, VERDICHTET | 1002 | |
| [Machupo-Virus] | 2814 | siehe 2.2.62.1 |
| MAGNESIUMALUMINIUMPHOSPHID | 1419 | |
| MAGNESIUMARSENAT | 1622 | |
| MAGNESIUMBROMAT | 1473 | |
| MAGNESIUMCHLORAT | 2723 | |
| MAGNESIUMDIAMID | 2004 | |
| MAGNESIUMFLUOROSILICAT | 2853 | |
| MAGNESIUM-GRANULATE, ÜBERZOGEN, mit einer Teilchengröße von mindestens 149 µm | 2950 | |
| MAGNESIUMHYDRID | 2010 | |
| MAGNESIUM, in Pellets, Spänen, Bändern | 1869 | |
| MAGNESIUMLEGIERUNGEN mit mehr als 50 % Magnesium, in Pellets, Spänen, Bändern | 1869 | |
| MAGNESIUMLEGIERUNGSPULVER | 1418 | |
| MAGNESIUMNITRAT | 1474 | |
| MAGNESIUMPERCHLORAT | 1475 | |
| MAGNESIUMPEROXID | 1476 | |
| MAGNESIUMPHOSPHID | 2011 | |
| MAGNESIUM-PULVER | 1418 | |
| MAGNESIUMSILICID | 2624 | |
| Magnetisierte Stoffe | 2807 | frei |
| MALEINSÄUREANHYDRID | 2215 | |
| MALEINSÄUREANHYDRID, GESCHMOLZEN | 2215 | |
| MALONONITRIL | 2647 | |
| MANEB | 2210 | |
| MANEB, STABILISIERT gegen Selbsterhitzung | 2968 | |
| MANEBZUBEREITUNGEN mit mindestens 60 Masse-% Maneb | 2210 | |
| MANEBZUBEREITUNGEN, STABILISIERT gegen Selbsterhitzung | 2968 | |
| Manganethylen-1,2-bisdithiocarbamat: siehe | 2210 | |
| Manganethylen-1,2-bisdithiocarbamat, stabilisiert gegen Selbsterhitzung: siehe | 2968 | |
| MANGANNITRAT | 2724 | |
| MANGANRESINAT | 1330 | |
| MANNITOLHEXANITRAT, ANGEFEUCHTET mit mindestens 40 Masse-% Wasser oder einer Alkohol/Wasser-Mischung | 0133 | |
| [Marburg-Virus] | 2814 | siehe 2.2.62.1.4.1 |
| MASCHINE MIT BRENNSTOFFZELLEN-MOTOR MIT ANTRIEB DURCH ENTZÜNDBARE FLÜSSIGKEIT | 3528 | |
| MASCHINE MIT BRENNSTOFFZELLEN-MOTOR MIT ANTRIEB DURCH ENTZÜNDBARES GAS | 3529 | |
| [Maschinen mit gefährlichen Gütern] | 3363 | |
| [Maul- und Klauenseuche-Virus (nur Kulturen)] | 2900 | siehe 2.2.62.1.4.1 |
| MEDIKAMENT, FEST, GIFTIG, N.A.G. | 3249 | |
| MEDIKAMENT, FLÜSSIG, ENTZÜNDBAR, GIFTIG, N.A.G. | 3248 | |

| Benennung und Beschreibung des Gutes | UN-Nr. | Bem. |
|---|---|---|
| MEDIKAMENT, FLÜSSIG, GIFTIG, N.A.G. | 1851 | |
| MEDIZINISCHE ABFÄLLE, KATEGORIE A, GEFÄHRLICH FÜR MENSCHEN, fest | 3549 | |
| MEDIZINISCHE ABFÄLLE, KATEGORIE A, nur GEFÄHRLICH FÜR TIERE, fest | 3549 | |
| MEDIZINISCHER ABFALL, N.A.G. | 3291 | |
| [Mehrfachkugelbombe (engl. peanut shell) (Großfeuerwerksbombe)] | | siehe 2.2.1.1.7.5 |
| [Mehrnährstoffdüngemittel] | 2071 | |
| [Mehrschlagbombe (Großfeuerwerksbombe)] | 0333; 0335; 0336 | siehe 2.2.1.1.7.5 |
| MEMBRANFILTER AUS NITROCELLULOSE | 3270 | |
| [p-MENTHYLHYDROPEROXID] | 3105; 3109 | siehe 2.2.52.4 |
| MERCAPTANE, FLÜSSIG, ENTZÜNDBAR, N.A.G. | 3336 | |
| MERCAPTANE, FLÜSSIG, ENTZÜNDBAR, GIFTIG, N.A.G. | 1228 | |
| MERCAPTANE, FLÜSSIG, GIFTIG, ENTZÜNDBAR, N.A.G. | 3071 | |
| MERCAPTANE, MISCHUNG, FLÜSSIG, ENTZÜNDBAR, N.A.G. | 3336 | |
| MERCAPTANE, MISCHUNG, FLÜSSIG, ENTZÜNDBAR, GIFTIG, N.A.G. | 1228 | |
| MERCAPTANE, MISCHUNG, FLÜSSIG, GIFTIG, ENTZÜNDBAR, N.A.G. | 3071 | |
| Mercaptoethanol: siehe | 2966 | |
| 5-MERCAPTOTETRAZOL-1-ESSIGSÄURE | 0448 | |
| Mesitylen: siehe | 2325 | |
| MESITYLOXID | 1229 | |
| METALDEHYD | 1332 | |
| METALLCARBONYLE, FEST, N.A.G. | 3466 | |
| METALLCARBONYLE, FLÜSSIG, N.A.G. | 3281 | |
| METALLHYDRIDE, MIT WASSER REAGIEREND, N.A.G. | 1409 | |
| METALLISCHER STOFF, MIT WASSER REAGIEREND, N.A.G. | 3208 | |
| METALLISCHER STOFF, MIT WASSER REAGIEREND, SELBSTERHITZUNGSFÄHIG, N.A.G. | 3209 | |
| METALLISCHES EISEN als BOHRSPÄNE, FRÄSSPÄNE, DREHSPÄNE, ABFÄLLE in selbsterhitzungsfähiger Form | 2793 | |
| METALLKATALYSATOR, ANGEFEUCHTET mit einem sichtbaren Überschuss an Flüssigkeit | 1378 | |
| METALLKATALYSATOR, TROCKEN | 2881 | |
| METALLORGANISCHE VERBINDUNG, FEST, GIFTIG, N.A.G. | 3467 | |
| METALLORGANISCHE VERBINDUNG, FLÜSSIG, GIFTIG, N.A.G. | 3282 | |
| METHACRYLALDEHYD, STABILISIERT | 2396 | |
| METHACRYLNITRIL, STABILISIERT | 3079 | |
| METHACRYLSÄURE, STABILISIERT | 2531 | |
| METHANOL | 1230 | |
| METHANSULFONYLCHLORID | 3246 | |
| METHAN, TIEFGEKÜHLT, FLÜSSIG | 1972 | |
| METHAN, VERDICHTET | 1971 | |
| 2-Methoxyethanol: siehe | 1188 | |
| [7-METHOXY-5-METHYL-BENZOTHIOPHEN-2-YL) BORONSÄURE] | 3230 | siehe 2.2.41.4 |
| METHOXYMETHYLISOCYANAT | 2605 | |
| 4-METHOXY-4-METHYLPENTAN-2-ON | 2293 | |
| 1-METHOXY-2-PROPANOL | 3092 | |
| METHYLACETAT | 1231 | |
| METHYLACETYLEN UND PROPADIEN, GEMISCH, STABILISIERT | 1060 | |
| METHYLACRYLAT, STABILISIERT | 1919 | |
| METHYLAL | 1234 | |

## Alphabetisches Verzeichnis (Tabelle B)

**3.2.2**
**Tabelle B**
(Forts.)

| Benennung und Beschreibung des Gutes | UN-Nr. | Bem. |
|---|---|---|
| METHYLALLYLALKOHOL | 2614 | |
| METHYLALLYLCHLORID | 2554 | |
| [2-(N,N-METHYLAMINOETHYL-CARBONYL)-4-(3,4-DIMETHYLPHENYLSULFONYL)-BENZENDI-AZONIUM-HYDROGENSULFAT] | 3236 | siehe 2.2.41.4 |
| METHYLAMIN, WASSERFREI | 1061 | |
| METHYLAMIN, WÄSSERIGE LÖSUNG | 1235 | |
| METHYLAMYLACETAT | 1233 | |
| Methylamylalkohol: siehe | 2053 | |
| N-METHYLANILIN | 2294 | |
| [4-METHYLBENZENSULFONYLHYDRAZID] | 3226 | siehe 2.2.41.4 |
| alpha-METHYLBENZYLALKOHOL, FEST | 3438 | |
| alpha-METHYLBENZYLALKOHOL, FLÜSSIG | 2937 | |
| METHYLBROMACETAT | 2643 | |
| METHYLBROMID UND ETHYLENDIBROMID, MISCHUNG, FLÜSSIG | 1647 | |
| METHYLBROMID mit höchstens 2 % Chlorpikrin | 1062 | |
| 2-METHYLBUTAN | 3371 | |
| 3-METHYLBUTAN-2-ON | 2397 | |
| 2-METHYLBUT-1-EN | 2459 | |
| 2-METHYLBUT-2-EN | 2460 | |
| 3-METHYLBUT-1-EN | 2561 | |
| N-METHYLBUTYLAMIN | 2945 | |
| METHYL-tert-BUTYLETHER | 2398 | |
| METHYLBUTYRAT | 1237 | |
| METHYLCHLORACETAT | 2295 | |
| METHYLCHLORFORMIAT | 1238 | |
| METHYLCHLORID | 1063 | |
| METHYLCHLORID UND DICHLORMETHAN, GEMISCH | 1912 | |
| METHYLCHLORMETHYLETHER | 1239 | |
| METHYL-2-CHLORPROPIONAT | 2933 | |
| METHYLCHLORSILAN | 2534 | |
| Methylcyanid: siehe | 1648 | |
| METHYLCYCLOHEXAN | 2296 | |
| METHYLCYCLOHEXANOLE, entzündbar | 2617 | |
| METHYLCYCLOHEXANON | 2297 | |
| [METHYLCYCLOHEXANONPEROXID(E)] | 3115 | siehe 2.2.52.4 |
| METHYLCYCLOPENTAN | 2298 | |
| METHYLDICHLORACETAT | 2299 | |
| METHYLDICHLORSILAN | 1242 | |
| Methylenchlorid: siehe | 1593 | |
| METHYLETHYLKETON | 1193 | |
| [METHYLETHYLKETONPEROXID(E)] | 3101; 3105; 3107 | siehe 2.2.52.4 |
| 2-METHYL-5-ETHYLPYRIDIN | 2300 | |
| METHYLFLUORID | 2454 | |
| METHYLFORMIAT | 1243 | |
| 2-METHYLFURAN | 2301 | |
| 2-METHYL-2-HEPTANTHIOL | 3023 | |
| 5-METHYLHEXAN-2-ON | 2302 | |

3.2.2
**Tabelle B**
(Forts.)

| Benennung und Beschreibung des Gutes | UN-Nr. | Bem. |
|---|---|---|
| METHYLHYDRAZIN | 1244 | |
| METHYLIODID | 2644 | |
| METHYLISOBUTYLCARBINOL | 2053 | |
| METHYLISOBUTYLKETON | 1245 | |
| [METHYLISOBUTYLKETONPEROXID(E)] | 3105 | siehe 2.2.52.4 |
| METHYLISOCYANAT | 2480 | |
| METHYLISOPROPENYLKETON, STABILISIERT | 1246 | |
| Methylisopropylbenzene: siehe | 2046 | |
| [METHYLISOPROPYLKETONPEROXID(E)] | 3109 | siehe 2.2.52.4 |
| METHYLISOTHIOCYANAT | 2477 | |
| METHYLISOVALERAT | 2400 | |
| METHYLMAGNESIUMBROMID IN ETHYLETHER | 1928 | |
| METHYLMERCAPTAN | 1064 | |
| 3-Methylmercaptopropionaldehyd: siehe | 2785 | |
| METHYLMETHACRYLAT, MONOMER, STABILISIERT | 1247 | |
| 4-METHYLMORPHOLIN | 2535 | |
| N-METHYLMORPHOLIN | 2535 | |
| METHYLNITRIT | 2455 | verboten |
| METHYLORTHOSILICAT | 2606 | |
| METHYLPENTADIENE | 2461 | |
| 2-METHYLPENTAN-2-OL | 2560 | |
| 3-Methylpent-2-en-4-in-1-ol: siehe | 2705 | |
| METHYLPHENYLDICHLORSILAN | 2437 | |
| 1-METHYLPIPERIDIN | 2399 | |
| Methylpiridine: siehe | 2313 | |
| METHYLPROPIONAT | 1248 | |
| METHYLPROPYLETHER | 2612 | |
| METHYLPROPYLKETON | 1249 | |
| [3-METHYL-4-(PYRROLIDIN-1-YL)-BENZENDIAZONIUM-TETRAFLUOROBORAT] | 3234 | siehe 2.2.41.4 |
| METHYLTETRAHYDROFURAN | 2536 | |
| METHYLTRICHLORACETAT | 2533 | |
| METHYLTRICHLORSILAN | 1250 | |
| alpha-METHYLVALERALDEHYD | 2367 | |
| METHYLVINYLKETON, STABILISIERT | 1251 | |
| MINEN, mit Sprengladung | 0136; 0137; 0138; 0294 | |
| MIT WASSER REAGIERENDER FESTER STOFF, N.A.G. | 2813 | |
| MIT WASSER REAGIERENDER FESTER STOFF, ÄTZEND, N.A.G. | 3131 | |
| MIT WASSER REAGIERENDER FESTER STOFF, ENTZÜNDBAR, N.A.G. | 3132 | |
| MIT WASSER REAGIERENDER FESTER STOFF, ENTZÜNDEND (OXIDIEREND) WIRKEND, N.A.G. | 3133 | verboten |
| MIT WASSER REAGIERENDER FESTER STOFF, GIFTIG, N.A.G. | 3134 | |
| MIT WASSER REAGIERENDER FESTER STOFF, SELBSTERHITZUNGSFÄHIG, N.A.G. | 3135 | |
| MIT WASSER REAGIERENDER FLÜSSIGER STOFF, N.A.G. | 3148 | |
| MIT WASSER REAGIERENDER FLÜSSIGER STOFF, ÄTZEND, N.A.G. | 3129 | |
| MIT WASSER REAGIERENDER FLÜSSIGER STOFF, GIFTIG, N.A.G. | 3130 | |
| MIT WASSER REAGIERENDER METALLORGANISCHER FESTER STOFF | 3395 | |
| MIT WASSER REAGIERENDER METALLORGANISCHER FESTER STOFF, ENTZÜNDBAR | 3396 | |
| MIT WASSER REAGIERENDER METALLORGANISCHER FESTER STOFF, SELBSTERHITZUNGSFÄHIG | 3397 | |

**3.2.2**
**Tabelle B**
(Forts.)

| Benennung und Beschreibung des Gutes | UN-Nr. | Bem. |
|---|---|---|
| MIT WASSER REAGIERENDER METALLORGANISCHER FLÜSSIGER STOFF | 3398 | |
| MIT WASSER REAGIERENDER METALLORGANISCHER FLÜSSIGER STOFF, ENTZÜNDBAR | 3399 | |
| MOLYBDÄNPENTACHLORID | 2508 | |
| MONONITROTOLUIDINE | 2660 | |
| MORPHOLIN | 2054 | |
| MUNITION, AUGENREIZSTOFF, mit Zerleger, Ausstoß- oder Treibladung | 0018; 0019; 0301 | |
| MUNITION, BRAND, mit flüssigem oder geliertem Brandstoff, mit Zerleger, Ausstoß- oder Treibladung | 0247 | |
| MUNITION, BRAND, mit oder ohne Zerleger, Ausstoß- oder Treibladung | 0009; 0010; 0300 | |
| MUNITION, BRAND, WEISSER PHOSPHOR, mit Zerleger, Ausstoß- oder Treibladung | 0243; 0244 | |
| MUNITION, GIFTIG, mit Zerleger, Ausstoß- oder Treibladung | 0020; 0021 | verboten |
| MUNITION, GIFTIG, NICHT EXPLOSIV, ohne Zerleger oder Ausstoßladung, nicht scharf | 2016 | |
| MUNITION, LEUCHT, mit oder ohne Zerleger, Ausstoß- oder Treibladung | 0171; 0254; 0297 | |
| MUNITION, NEBEL, mit oder ohne Zerleger, Ausstoß- oder Treibladung | 0015; 0016; 0303 | |
| MUNITION, NEBEL, WEISSER PHOSPHOR, mit Zerleger, Ausstoß- oder Treibladung | 0245; 0246 | |
| MUNITION, PRÜF | 0363 | |
| MUNITION, TRÄNENERZEUGEND, NICHT EXPLOSIV, ohne Zerleger oder Ausstoßladung, nicht scharf | 2017 | |
| MUNITION, ÜBUNG | 0362; 0488 | |
| [*Mycobacterium tuberculosis* (nur Kulturen)] | 2814 | siehe 2.2.62.1.4.1 |
| [*Mycoplasma mycoides* – Erreger der infektiösen bovinen Pleuropneumonie (nur Kulturen)] | 2900 | siehe 2.2.62.1.4.1 |
| NACHFÜLLPATRONEN FÜR FEUERZEUGE mit entzündbarem Gas | 1057 | |
| NAPHTHALEN, GESCHMOLZEN | 2304 | |
| NAPHTHALEN, RAFFINIERT | 1334 | |
| NAPHTHALEN, ROH | 1334 | |
| alpha-NAPHTHYLAMIN | 2077 | |
| beta-NAPHTHYLAMIN, FEST | 1650 | |
| beta-NAPHTHYLAMIN, LÖSUNG | 3411 | |
| NAPHTHYLHARNSTOFF | 1652 | |
| NAPHTHYLTHIOHARNSTOFF | 1651 | |
| NATRIUM | 1428 | |
| Natriumaluminat, fest | 2812 | frei |
| NATRIUMALUMINATLÖSUNG | 1819 | |
| NATRIUMALUMINIUMHYDRID | 2835 | |
| NATRIUMAMMONIUMVANADAT | 2863 | |
| NATRIUMARSANILAT | 2473 | |
| NATRIUMARSENAT | 1685 | |
| NATRIUMARSENIT, FEST | 2027 | |
| NATRIUMARSENIT, WÄSSERIGE LÖSUNG | 1686 | |
| NATRIUMAZID | 1687 | |
| Natriumbifluorid: siehe | 2439 | |
| NATRIUMBORHYDRID | 1426 | |
| NATRIUMBORHYDRID UND NATRIUMHYDROXID, LÖSUNG mit höchstens 12 Masse-% Natriumborhydrid und höchstens 40 Masse-% Natriumhydroxid | 3320 | |
| NATRIUMBROMAT | 1494 | |
| NATRIUMCARBONAT-PEROXYHYDRAT | 3378 | |

**3.2.2**
**Tabelle B**
(Forts.)

| Benennung und Beschreibung des Gutes | UN-Nr. | Bem. |
|---|---|---|
| NATRIUMCHLORACETAT | 2659 | |
| NATRIUMCHLORAT | 1495 | |
| NATRIUMCHLORAT, WÄSSERIGE LÖSUNG | 2428 | |
| NATRIUMCHLORIT | 1496 | |
| NATRIUMCYANID, FEST | 1689 | |
| NATRIUMCYANID, LÖSUNG | 3414 | |
| [NATRIUM-2-DIAZO-1-NAPHTHOL-4-SULFONAT] | 3226 | siehe 2.2.41.4 |
| [NATRIUM-2-DIAZO-1-NAPHTHOL-5-SULFONAT] | 3226 | siehe 2.2.41.4 |
| NATRIUMDINITROORTHOCRESOLAT, ANGEFEUCHTET mit mindestens 10 Masse-% Wasser | 3369 | |
| NATRIUMDINITROORTHOCRESOLAT, ANGEFEUCHTET mit mindestens 15 Masse-% Wasser | 1348 | |
| NATRIUMDINITROORTHOCRESOLAT, trocken oder angefeuchtet mit weniger als 15 Masse-% Wasser | 0234 | |
| NATRIUMDITHIONIT | 1384 | |
| NATRIUMFLUORACETAT | 2629 | |
| NATRIUMFLUORID, FEST | 1690 | |
| NATRIUMFLUORID, LÖSUNG | 3415 | |
| NATRIUMFLUOROSILICAT | 2674 | |
| NATRIUMHYDRID | 1427 | |
| NATRIUMHYDROGENDIFLUORID | 2439 | |
| NATRIUMHYDROGENSULFID, HYDRATISIERT mit mindestens 25 % Kristallwasser | 2949 | |
| NATRIUMHYDROGENSULFID mit weniger als 25 % Kristallwasser | 2318 | |
| NATRIUMHYDROSULFIT | 1384 | |
| NATRIUMHYDROXID, FEST | 1823 | |
| NATRIUMHYDROXIDLÖSUNG | 1824 | |
| NATRIUM-IONEN-BATTERIEN IN AUSRÜSTUNGEN, mit einem organischen Elektrolyt | 3552 | |
| NATRIUM-IONEN-BATTERIEN, MIT AUSRÜSTUNGEN VERPACKT, mit einem organischen Elektrolyt | 3552 | |
| NATRIUM-IONEN-BATTERIEN mit einem organischen Elektrolyt | 3551 | |
| NATRIUMKAKODYLAT | 1688 | |
| NATRIUMKUPFER(I)CYANID, FEST | 2316 | |
| NATRIUMKUPFER(I)CYANID, LÖSUNG | 2317 | |
| Natriummetasilicat: siehe | 3253 | |
| NATRIUMMETHYLAT | 1431 | |
| NATRIUMMETHYLAT, LÖSUNG in Alkohol | 1289 | |
| NATRIUMMONOXID | 1825 | |
| NATRIUMNITRAT | 1498 | |
| NATRIUMNITRAT UND KALIUMNITRAT, MISCHUNG | 1499 | |
| NATRIUMNITRIT | 1500 | |
| Natriumoxid: siehe | 1825 | |
| NATRIUMPENTACHLORPHENOLAT | 2567 | |
| NATRIUMPERBORAT-MONOHYDRAT | 3377 | |
| NATRIUMPERCHLORAT | 1502 | |
| NATRIUMPERMANGANAT | 1503 | |
| NATRIUMPEROXID | 1504 | |
| NATRIUMPEROXOBORAT, WASSERFREI | 3247 | |
| NATRIUMPERSULFAT | 1505 | |
| NATRIUMPHOSPHID | 1432 | |
| NATRIUMPIKRAMAT, ANGEFEUCHTET mit mindestens 20 Masse-% Wasser | 1349 | |
| NATRIUMPIKRAMAT, trocken oder angefeuchtet mit weniger als 20 Masse-% Wasser | 0235 | |

**3.2.2**
**Tabelle B**
(Forts.)

| Benennung und Beschreibung des Gutes | UN-Nr. | Bem. |
|---|---|---|
| NATRIUMSULFID, HYDRATISIERT mit mindestens 30 % Kristallwasser | 1849 | |
| NATRIUMSULFID mit weniger als 30 % Kristallwasser | 1385 | |
| NATRIUMSULFID, WASSERFREI | 1385 | |
| NATRIUMSUPEROXID | 2547 | |
| NATRONKALK mit mehr als 4 % Natriumhydroxid | 1907 | |
| Natronlauge: siehe | 1824 | |
| NEBENPRODUKTE DER ALUMINIUMHERSTELLUNG | 3170 | |
| NEBENPRODUKTE DER ALUMINIUMUMSCHMELZUNG | 3170 | |
| NEON, TIEFGEKÜHLT, FLÜSSIG | 1913 | |
| NEON, VERDICHTET | 1065 | |
| NICKELCYANID | 1653 | |
| NICKELNITRAT | 2725 | |
| NICKELNITRIT | 2726 | |
| NICKELTETRACARBONYL | 1259 | |
| NICOTIN | 1654 | |
| NICOTINHYDROCHLORID, FEST | 3444 | |
| NICOTINHYDROCHLORID, FLÜSSIG | 1656 | |
| NICOTINHYDROCHLORID, LÖSUNG | 1656 | |
| NICOTINSALICYLAT, fest | 1657 | |
| NICOTINSULFAT, FEST | 3445 | |
| NICOTINSULFAT, LÖSUNG | 1658 | |
| NICOTINTARTRAT | 1659 | |
| NICOTINVERBINDUNG, FEST, N.A.G. | 1655 | |
| NICOTINVERBINDUNG, FLÜSSIG, N.A.G. | 3144 | |
| NICOTINZUBEREITUNG, FEST, N.A.G. | 1655 | |
| NICOTINZUBEREITUNG, FLÜSSIG, N.A.G. | 3144 | |
| [Nipah-Virus] | 2814 | siehe 2.2.62.1.4.1 |
| NITRATE, ANORGANISCHE, N.A.G. | 1477 | |
| NITRATE, ANORGANISCHE, WÄSSERIGE LÖSUNG, N.A.G. | 3218 | |
| NITRIERSÄUREMISCHUNG mit höchstens 50 % Salpetersäure | 1796 | |
| NITRIERSÄUREMISCHUNG mit mehr als 50 % Salpetersäure | 1796 | |
| NITRILE, ENTZÜNDBAR, GIFTIG, N.A.G. | 3273 | |
| NITRILE, FEST, GIFTIG, N.A.G. | 3439 | |
| NITRILE, FLÜSSIG, GIFTIG, N.A.G. | 3276 | |
| NITRILE, GIFTIG, ENTZÜNDBAR, N.A.G. | 3275 | |
| NITRITE, ANORGANISCHE, N.A.G. | 2627 | |
| NITRITE, ANORGANISCHE, WÄSSERIGE LÖSUNG, N.A.G. | 3219 | |
| NITROANILINE (o-, m-, p-) | 1661 | |
| NITROANISOLE, FEST | 3458 | |
| NITROANISOLE, FLÜSSIG | 2730 | |
| NITROBENZEN | 1662 | |
| NITROBENZENSULFONSÄURE | 2305 | |
| 5-NITROBENZOTRIAZOL | 0385 | |
| NITROBENZOTRIFLUORIDE, FEST | 3431 | |
| NITROBENZOTRIFLUORIDE, FLÜSSIG | 2306 | |
| NITROBROMBENZENE, FEST | 3459 | |
| NITROBROMBENZENE, FLÜSSIG | 2732 | |
| NITROCELLULOSE, ANGEFEUCHTET mit mindestens 25 Masse-% Alkohol | 0342 | |

3.2.2
**Tabelle B**
(Forts.)

| Benennung und Beschreibung des Gutes | UN-Nr. | Bem. |
|---|---|---|
| NITROCELLULOSE, LÖSUNG, ENTZÜNDBAR, mit höchstens 12,6 % Stickstoff in der Trockenmasse und höchstens 55 % Nitrocellulose | 2059 | |
| NITROCELLULOSE, MISCHUNG mit höchstens 12,6 % Stickstoff in der Trockenmasse, MIT oder OHNE PLASTIFIZIERUNGSMITTEL, MIT oder OHNE PIGMENT | 2557 | |
| NITROCELLULOSE MIT mindestens 25 Masse-% ALKOHOL und höchstens 12,6 % Stickstoff in der Trockenmasse | 2556 | |
| NITROCELLULOSE MIT mindestens 25 Masse-% WASSER | 2555 | |
| NITROCELLULOSE, nicht behandelt oder plastifiziert mit weniger als 18 Masse-% Plastifizierungsmittel | 0341 | |
| NITROCELLULOSE, PLASTIFIZIERT mit mindestens 18 Masse-% Plastifizierungsmittel | 0343 | |
| NITROCELLULOSE, trocken oder angefeuchtet mit weniger als 25 Masse-% Wasser (oder Alkohol) | 0340 | |
| 3-NITRO-4-CHLORBENZOTRIFLUORID | 2307 | |
| NITROCRESOLE, FEST | 2446 | |
| NITROCRESOLE, FLÜSSIG | 3434 | |
| NITROETHAN | 2842 | |
| NITROGLYCERIN, DESENSIBILISIERT mit mindestens 40 Masse-% nicht flüchtigem, wasserunlöslichem Phlegmatisierungsmittel | 0143 | |
| NITROGLYCERIN, GEMISCH, DESENSIBILISIERT, FEST, N.A.G., mit mehr als 2 Masse-%, aber höchstens 10 Masse-% Nitroglycerin | 3319 | |
| NITROGLYCERIN, GEMISCH, DESENSIBILISIERT, FLÜSSIG, ENTZÜNDBAR, N.A.G., mit höchstens 30 Masse-% Nitroglycerin | 3343 | |
| NITROGLYCERIN, GEMISCH, DESENSIBILISIERT, FLÜSSIG, N.A.G., mit höchstens 30 Masse-% Nitroglycerin | 3357 | |
| NITROGLYCERIN, LÖSUNG IN ALKOHOL mit höchstens 1 % Nitroglycerin | 1204 | |
| NITROGLYCERIN, LÖSUNG IN ALKOHOL mit mehr als 1 %, aber höchstens 5 % Nitroglycerin | 3064 | |
| NITROGLYCERIN, LÖSUNG IN ALKOHOL mit mehr als 1 %, aber nicht mehr als 10 % Nitroglycerin | 0144 | |
| NITROGUANIDIN, ANGEFEUCHTET mit mindestens 20 Masse-% Wasser | 1336 | |
| NITROGUANIDIN, trocken oder angefeuchtet mit weniger als 20 Masse-% Wasser | 0282 | |
| NITROHARNSTOFF | 0147 | |
| NITROMANNITOL, ANGEFEUCHTET mit mindestens 40 Masse-% Wasser oder einer Alkohol/Wasser-Mischung | 0133 | |
| NITROMETHAN | 1261 | |
| NITRONAPHTHALEN | 2538 | |
| NITROPHENOLE (o-, m-, p-) | 1663 | |
| 4-NITROPHENYLHYDRAZIN, mit mindestens 30 Masse-% Wasser | 3376 | |
| NITROPROPANE | 2608 | |
| p-NITROSODIMETHYLANILIN | 1369 | |
| [4-NITROSOPHENOL] | 3236 | siehe 2.2.41.4 |
| NITROSTÄRKE, ANGEFEUCHTET mit mindestens 20 Masse-% Wasser | 1337 | |
| NITROSTÄRKE, trocken oder angefeuchtet mit weniger als 20 Masse-% Wasser | 0146 | |
| NITROSYLCHLORID | 1069 | |
| NITROSYLSCHWEFELSÄURE, FEST | 3456 | |
| NITROSYLSCHWEFELSÄURE, FLÜSSIG | 2308 | |
| NITROTOLUENE, FEST | 3446 | |
| NITROTOLUENE, FLÜSSIG | 1664 | |
| Nitrotoluen (o-, m-): siehe | 1664 | |
| p-Nitrotoluen: siehe | 3446 | |
| NITROXYLENE, FEST | 3447 | |
| NITROXYLENE, FLÜSSIG | 1665 | |
| NONANE | 1920 | |

**3.2.2**
**Tabelle B**
(Forts.)

| Benennung und Beschreibung des Gutes | UN-Nr. | Bem. |
|---|---|---|
| NONYLTRICHLORSILAN | 1799 | |
| NORBORNAN-2,5-DIEN, STABILISIERT | 2251 | |
| [Novelties (Partyfeuerwerk)] | 0336 | siehe 2.2.1.1.7.5 |
| OCTADECYLTRICHLORSILAN | 1800 | |
| OCTADIENE | 2309 | |
| OCTAFLUORBUT-2-EN | 2422 | |
| OCTAFLUORCYCLOBUTAN | 1976 | |
| OCTAFLUORPROPAN | 2424 | |
| OCTANE | 1262 | |
| OCTOL, trocken oder angefeuchtet mit weniger als 15 Masse-% Wasser | 0266 | |
| OCTONAL | 0496 | |
| OCTYLALDEHYDE | 1191 | |
| OCTYLTRICHLORSILAN | 1801 | |
| OKTOGEN, ANGEFEUCHTET mit mindestens 15 Masse-% Wasser | 0226 | |
| OKTOGEN, DESENSIBILISIERT | 0484 | |
| OKTOLIT, trocken oder angefeuchtet mit weniger als 15 Masse-% Wasser | 0266 | |
| Oleum: siehe | 1831 | |
| ÖLGAS, VERDICHTET | 1071 | |
| ÖLSAATKUCHEN mit höchstens 1,5 Masse-% Öl und höchstens 11 Masse-% Feuchtigkeit | 2217 | |
| ÖLSAATKUCHEN mit mehr als 1,5 Masse-% Öl und höchstens 11 Masse-% Feuchtigkeit | 1386 | |
| ONTA | 0490 | |
| ORGANISCHE ARSENVERBINDUNG, FEST, N.A.G. | 3465 | |
| ORGANISCHE ARSENVERBINDUNG, FLÜSSIG, N.A.G. | 3280 | |
| ORGANISCHE PEROXIDE (Verzeichnis) | | 2.2.52.4 |
| ORGANISCHE PHOSPHORVERBINDUNG, FEST, GIFTIG, N.A.G. | 3464 | |
| ORGANISCHE PHOSPHORVERBINDUNG, FLÜSSIG, GIFTIG, N.A.G. | 3278 | |
| ORGANISCHE PHOSPHORVERBINDUNG, GIFTIG, ENTZÜNDBAR, N.A.G. | 3279 | |
| [ORGANISCHES PEROXID, FEST, MUSTER] | 3104 | siehe 2.2.52.4 |
| [ORGANISCHES PEROXID, FEST, MUSTER, TEMPERATURKONTROLLIERT] | 3114 | siehe 2.2.52.4 |
| [ORGANISCHES PEROXID, FLÜSSIG, MUSTER] | 3103 | siehe 2.2.52.4 |
| [ORGANISCHES PEROXID, FLÜSSIG, MUSTER, TEMPERATURKONTROLLIERT] | 3113 | siehe 2.2.52.4 |
| ORGANISCHES PEROXID TYP B, FEST | 3102 | |
| ORGANISCHES PEROXID TYP C, FEST | 3104 | |
| ORGANISCHES PEROXID TYP D, FEST | 3106 | |
| ORGANISCHES PEROXID TYP E, FEST | 3108 | |
| ORGANISCHES PEROXID TYP F, FEST | 3110 | |
| ORGANISCHES PEROXID TYP B, FEST, TEMPERATURKONTROLLIERT | 3112 | |
| ORGANISCHES PEROXID TYP C, FEST, TEMPERATURKONTROLLIERT | 3114 | |
| ORGANISCHES PEROXID TYP D, FEST, TEMPERATURKONTROLLIERT | 3116 | |
| ORGANISCHES PEROXID TYP E, FEST, TEMPERATURKONTROLLIERT | 3118 | |
| ORGANISCHES PEROXID TYP F, FEST, TEMPERATURKONTROLLIERT | 3120 | |
| ORGANISCHES PEROXID TYP B, FLÜSSIG | 3101 | |
| ORGANISCHES PEROXID TYP C, FLÜSSIG | 3103 | |
| ORGANISCHES PEROXID TYP D, FLÜSSIG | 3105 | |
| ORGANISCHES PEROXID TYP E, FLÜSSIG | 3107 | |
| ORGANISCHES PEROXID TYP F, FLÜSSIG | 3109 | |
| ORGANISCHES PEROXID TYP B, FLÜSSIG, TEMPERATURKONTROLLIERT | 3111 | |
| ORGANISCHES PEROXID TYP C, FLÜSSIG, TEMPERATURKONTROLLIERT | 3113 | |

3.2.2
Tabelle B
(Forts.)

| Benennung und Beschreibung des Gutes | UN-Nr. | Bem. |
|---|---|---|
| ORGANISCHES PEROXID TYP D, FLÜSSIG, TEMPERATURKONTROLLIERT | 3115 | |
| ORGANISCHES PEROXID TYP E, FLÜSSIG, TEMPERATURKONTROLLIERT | 3117 | |
| ORGANISCHES PEROXID TYP F, FLÜSSIG, TEMPERATURKONTROLLIERT | 3119 | |
| ORGANISCHE ZINNVERBINDUNG, FEST, N.A.G. | 3146 | |
| ORGANISCHE ZINNVERBINDUNG, FLÜSSIG, N.A.G. | 2788 | |
| ORGANOCHLOR-PESTIZID, FEST, GIFTIG | 2761 | |
| ORGANOCHLOR-PESTIZID, FLÜSSIG, ENTZÜNDBAR, GIFTIG, Flammpunkt unter 23 °C | 2762 | |
| ORGANOCHLOR-PESTIZID, FLÜSSIG, GIFTIG | 2996 | |
| ORGANOCHLOR-PESTIZID, FLÜSSIG, GIFTIG, ENTZÜNDBAR, mit einem Flammpunkt von 23 °C oder darüber | 2995 | |
| ORGANOPHOSPHOR-PESTIZID, FEST, GIFTIG | 2783 | |
| ORGANOPHOSPHOR-PESTIZID, FLÜSSIG, ENTZÜNDBAR, GIFTIG, Flammpunkt unter 23 °C | 2784 | |
| ORGANOPHOSPHOR-PESTIZID, FLÜSSIG, GIFTIG | 3018 | |
| ORGANOPHOSPHOR-PESTIZID, FLÜSSIG, GIFTIG, ENTZÜNDBAR, mit einem Flammpunkt von 23 °C oder darüber | 3017 | |
| ORGANOZINN-PESTIZID, FEST, GIFTIG | 2786 | |
| ORGANOZINN-PESTIZID, FLÜSSIG, ENTZÜNDBAR, GIFTIG, Flammpunkt unter 23 °C | 2787 | |
| ORGANOZINN-PESTIZID, FLÜSSIG, GIFTIG | 3020 | |
| ORGANOZINN-PESTIZID, FLÜSSIG, GIFTIG, ENTZÜNDBAR, mit einem Flammpunkt von 23 °C oder darüber | 3019 | |
| OSMIUMTETROXID | 2471 | |
| OTTOKRAFTSTOFF | 1203 | |
| OXYNITROTRIAZOL | 0490 | |
| PAPIER, MIT UNGESÄTTIGTEN ÖLEN BEHANDELT, unvollständig getrocknet | 1379 | |
| PARAFORMALDEHYD | 2213 | |
| PARALDEHYD | 1264 | |
| PARFÜMERIEERZEUGNISSE, mit entzündbaren Lösungsmitteln | 1266 | |
| [Partyknaller] | 0336 | siehe 2.2.1.1.7.5 |
| [Party Poppers] | 0336 | siehe 2.2.1.1.7.5 |
| [Party- und Tischfeuerwerk] | 0336 | siehe 2.2.1.1.7.5 |
| PATRONEN, BLITZLICHT | 0049; 0050 | |
| PATRONEN FÜR HANDFEUERWAFFEN | 0012; 0339; 0417 | |
| PATRONEN FÜR HANDFEUERWAFFEN, MANÖVER | 0014; 0327; 0338 | |
| PATRONEN FÜR WAFFEN, MANÖVER | 0014; 0326; 0327; 0338; 0413 | |
| PATRONEN FÜR WAFFEN, MIT INERTEM GESCHOSS | 0012; 0328; 0339; 0417 | |
| PATRONEN FÜR WAFFEN, mit Sprengladung | 0005; 0006; 0007; 0321; 0348; 0412 | |
| PATRONEN FÜR WERKZEUGE, OHNE GESCHOSS | 0014 | |
| PATRONEN, SIGNAL | 0054; 0312; 0405 | |
| PENTABORAN | 1380 | |
| PENTACHLORETHAN | 1669 | |
| PENTACHLORPHENOL | 3155 | |
| PENTAERYTHRITOLTETRANITRAT, ANGEFEUCHTET mit mindestens 25 Masse-% Wasser | 0150 | |

3.2.2
**Tabelle B**
(Forts.)

| Benennung und Beschreibung des Gutes | UN-Nr. | Bem. |
|---|---|---|
| PENTAERYTHRITOLTETRANITRAT, DESENSIBILISIERT mit mindestens 15 Masse-% Phlegmatisierungsmittel | 0150 | |
| PENTAERYTHRITOLTETRANITRAT, mit nicht weniger als 7 Masse-% Wachs | 0411 | |
| PENTAERYTHRITOLTTETRANITRAT, GEMISCH, DESENSIBILISIERT, FEST, N.A.G., mit mehr als 10 Masse-%, aber höchstens 20 Masse-% PETN | 3344 | |
| PENTAERYTHRITTETRANITRAT, ANGEFEUCHTET mit mindestens 25 Masse-% Wasser | 0150 | |
| PENTAERYTHRITTETRANITRAT, DESENSIBILISIERT mit mindestens 15 Masse-% Phlegmatisierungsmittel | 0150 | |
| PENTAERYTHRITTETRANITRAT, GEMISCH, DESENSIBILISIERT, FEST, N.A.G. mit mehr als 10 Masse-%, aber höchstens 20 Masse-% PETN | 3344 | |
| PENTAERYTHRITTETRANITRAT, mit nicht weniger als 7 Masse-% Wachs | 0411 | |
| PENTAFLUORETHAN | 3220 | |
| Pentafluorethan, 1,1,1-Trifluorethan und 1,1,1,2-Tetrafluorethan, zeotropes Gemisch mit ca. 44 % Pentafluorethan und 52 % 1,1,1-Trifluorethan: siehe | 3337 | |
| PENTAMETHYLHEPTAN | 2286 | |
| [3,3,5,7,7-PENTAMETHYL-1,2,4-TRIOXEPAN] | 3107 | siehe 2.2.52.4 |
| PENTAN-2,4-DION | 2310 | |
| PENTANE, flüssig | 1265 | |
| PENTANOLE | 1105 | |
| n-Pentan: siehe | 1265 | |
| PENT-1-EN | 1108 | |
| 1-PENTOL | 2705 | |
| PENTOLIT, trocken oder angefeuchtet mit weniger als 15 Masse-% Wasser | 0151 | |
| PERCHLORATE, ANORGANISCHE, N.A.G. | 1481 | |
| PERCHLORATE, ANORGANISCHE, WÄSSERIGE LÖSUNG, N.A.G. | 3211 | |
| Perchlorethylen: siehe | 1897 | |
| PERCHLORMETHYLMERCAPTAN | 1670 | |
| PERCHLORSÄURE mit höchstens 50 Masse-% Säure | 1802 | |
| PERCHLORSÄURE mit mehr als 50 Masse-%, aber höchstens 72 Masse-% Säure | 1873 | |
| PERCHLORYLFLUORID | 3083 | |
| PERFLUOR(ETHYL-VINYL-ETHER) | 3154 | |
| PERFLUOR(METHYL-VINYL-ETHER) | 3153 | |
| PERFORATIONSHOHLLADUNGSTRÄGER, GELADEN, für Erdölbohrlöcher, ohne Zündmittel | 0124; 0494 | |
| PERMANGANATE, ANORGANISCHE, N.A.G. | 1482 | |
| PERMANGANATE, ANORGANISCHE, WÄSSERIGE LÖSUNG, N.A.G. | 3214 | |
| PEROXIDE, ANORGANISCHE, N.A.G. | 1483 | |
| [PEROXYESSIGSÄURE, TYP D, stabilisiert] | 3105 | siehe 2.2.52.4 |
| [PEROXYESSIGSÄURE, TYP E, stabilisiert] | 3107 | siehe 2.2.52.4 |
| [PEROXYESSIGSÄURE, TYP F, stabilisiert] | 3109 | siehe 2.2.52.4 |
| [PEROXYLAURINSÄURE] | 3118 | siehe 2.2.52.4 |
| PERSULFATE, ANORGANISCHE, N.A.G. | 3215 | |
| PERSULFATE, ANORGANISCHE, WÄSSERIGE LÖSUNG, N.A.G. | 3216 | |
| PESTIZID, FEST, GIFTIG, N.A.G. | 2588 | |
| PESTIZID, FLÜSSIG, ENTZÜNDBAR, GIFTIG, N.A.G., Flammpunkt unter 23 °C | 3021 | |
| PESTIZID, FLÜSSIG, GIFTIG, N.A.G. | 2902 | |
| PESTIZID, FLÜSSIG, GIFTIG, ENTZÜNDBAR, N.A.G., mit einem Flammpunkt von 23 °C oder darüber | 2903 | |
| PETN, ANGEFEUCHTET mit mindestens 25 Masse-% Wasser | 0150 | |
| PETN, DESENSIBILISIERT mit mindestens 15 Masse-% Phlegmatisierungsmittel | 0150 | |

**3.2.2**
**Tabelle B**
(Forts.)

| Benennung und Beschreibung des Gutes | UN-Nr. | Bem. |
|---|---|---|
| PETN, GEMISCH, DESENSIBILISIERT, FEST, N.A.G., mit mehr als 10 Masse-%, aber höchstens 20 Masse-% PETN | 3344 | |
| PETN, mit nicht weniger als 7 Masse-% Wachs | 0411 | |
| PETROLEUMGASE, VERFLÜSSIGT | 1075 | |
| [Pfeifrakete (Rakete)] | 0333; 0335; 0336 | siehe 2.2.1.1.7.5 |
| Phenacetylchlorid: siehe | 1697 | |
| PHENACYLBROMID | 2645 | |
| PHENETIDINE | 2311 | |
| PHENOLATE, FEST | 2905 | |
| PHENOLATE, FLÜSSIG | 2904 | |
| PHENOL, FEST | 1671 | |
| PHENOL, GESCHMOLZEN | 2312 | |
| PHENOL, LÖSUNG | 2821 | |
| PHENOLSULFONSÄURE, FLÜSSIG | 1803 | |
| PHENOXYESSIGSÄUREDERIVAT-PESTIZID, FEST, GIFTIG | 3345 | |
| PHENOXYESSIGSÄUREDERIVAT-PESTIZID, FLÜSSIG, ENTZÜNDBAR, GIFTIG, Flammpunkt unter 23 °C | 3346 | |
| PHENOXYESSIGSÄUREDERIVAT-PESTIZID, FLÜSSIG, GIFTIG | 3348 | |
| PHENOXYESSIGSÄUREDERIVAT-PESTIZID, FLÜSSIG, GIFTIG, ENTZÜNDBAR, mit einem Flammpunkt von 23 °C oder darüber | 3347 | |
| PHENYLACETONITRIL, FLÜSSIG | 2470 | |
| PHENYLACETYLCHLORID | 2577 | |
| PHENYLCARBYLAMINCHLORID | 1672 | |
| PHENYLCHLORFORMIAT | 2746 | |
| Phenylchlorid: siehe | 1134 | |
| PHENYLENDIAMINE (o-, m-, p-) | 1673 | |
| PHENYLHYDRAZIN | 2572 | |
| PHENYLISOCYANAT | 2487 | |
| PHENYLMERCAPTAN | 2337 | |
| Phenylmethylether: siehe | 2222 | |
| PHENYLPHOSPHORDICHLORID | 2798 | |
| PHENYLPHOSPHORTHIODICHLORID | 2799 | |
| PHENYLQUECKSILBER(II)ACETAT | 1674 | |
| PHENYLQUECKSILBER(II)HYDROXID | 1894 | |
| PHENYLQUECKSILBER(II)NITRAT | 1895 | |
| PHENYLQUECKSILBERVERBINDUNG, N.A.G. | 2026 | |
| PHENYLTRICHLORSILAN | 1804 | |
| PHOSGEN | 1076 | |
| 9-PHOSPHABICYCLONONANE | 2940 | |
| PHOSPHIN | 2199 | |
| PHOSPHIN, ADSORBIERT | 3525 | |
| PHOSPHOR, AMORPH | 1338 | |
| Phosphor, gelb, geschmolzen: siehe | 2447 | |
| PHOSPHOR GELB, TROCKEN oder UNTER WASSER oder IN LÖSUNG | 1381 | |
| PHOSPHORHEPTASULFID (chemische Formel $P_4S_7$), frei von gelbem oder weißem Phosphor | 1339 | |
| PHOSPHORIGE SÄURE | 2834 | |
| PHOSPHOROXYBROMID | 1939 | |
| PHOSPHOROXYBROMID, GESCHMOLZEN | 2576 | |
| PHOSPHOROXYCHLORID | 1810 | |

**3.2.2**
**Tabelle B**
(Forts.)

| Benennung und Beschreibung des Gutes | UN-Nr. | Bem. |
|---|---|---|
| PHOSPHORPENTABROMID | 2691 | |
| PHOSPHORPENTACHLORID | 1806 | |
| PHOSPHORPENTAFLUORID | 2198 | |
| PHOSPHORPENTAFLUORID, ADSORBIERT | 3524 | |
| PHOSPHORPENTASULFID (chemische Formel $P_2S_5$), frei von gelbem oder weißem Phosphor | 1340 | |
| PHOSPHORPENTOXID | 1807 | |
| Phosphor, rot: siehe | 1338 | |
| Phosphorsäureanhydrid: siehe | 1807 | |
| PHOSPHORSÄURE, FEST | 3453 | |
| PHOSPHORSÄURE, LÖSUNG | 1805 | |
| PHOSPHORSESQUISULFID (chemische Formel $P_4S_3$), frei von gelbem oder weißem Phosphor | 1341 | |
| PHOSPHORTRIBROMID | 1808 | |
| PHOSPHORTRICHLORID | 1809 | |
| PHOSPHORTRIOXID | 2578 | |
| PHOSPHORTRISULFID (chemische Formel $P_4S_6$), frei von gelbem oder weißem Phosphor | 1343 | |
| PHOSPHORWASSERSTOFF | 2199 | |
| PHOSPHORWASSERSTOFF, ADSORBIERT | 3525 | |
| PHOSPHOR, WEISS, GESCHMOLZEN | 2447 | |
| PHOSPHOR WEISS, TROCKEN oder UNTER WASSER oder IN LÖSUNG | 1381 | |
| PHTHALSÄUREANHYDRID mit mehr als 0,05 % Maleinsäureanhydrid | 2214 | |
| PICOLINE | 2313 | |
| PICRIT, ANGEFEUCHTET mit mindestens 20 Masse-% Wasser | 1336 | |
| PICRIT, trocken oder angefeuchtet mit weniger als 20 Masse-% Wasser | 0282 | |
| PIKRAMID | 0153 | |
| PIKRINSÄURE, ANGEFEUCHTET mit mindestens 10 Masse-% Wasser | 3364 | |
| PIKRINSÄURE, ANGEFEUCHTET mit mindestens 30 Masse-% Wasser | 1344 | |
| PIKRINSÄURE, trocken oder angefeuchtet mit weniger als 30 Masse-% Wasser | 0154 | |
| PIKRYLCHLORID | 0155 | |
| PIKRYLCHLORID, ANGEFEUCHTET mit mindestens 10 Masse-% Wasser | 3365 | |
| [PINANYLHYDROPEROXID] | 3105; 3109 | siehe 2.2.52.4 |
| alpha-PINEN | 2368 | |
| PIPERAZIN | 2579 | |
| PIPERIDIN | 2401 | |
| Pivaloylchlorid: siehe | 2438 | |
| [Pocken-Virus] | 2814 | siehe 2.2.62.1.4.1 |
| [Polio-Virus (nur Kulturen)] | 2814 | siehe 2.2.62.1.4.1 |
| Politur: siehe | 1263; 3066; 3469; 3470 | |
| POLYAMINE, ENTZÜNDBAR, ÄTZEND, N.A.G. | 2733 | |
| POLYAMINE, FEST, ÄTZEND, N.A.G. | 3259 | |
| POLYAMINE, FLÜSSIG, ÄTZEND, N.A.G. | 2735 | |
| POLYAMINE, FLÜSSIG, ÄTZEND, ENTZÜNDBAR, N.A.G. | 2734 | |
| POLYCHLORIERTE BIPHENYLE, FEST | 3432 | |
| POLYCHLORIERTE BIPHENYLE, FLÜSSIG | 2315 | |
| POLYESTERHARZ-MEHRKOMPONENTENSYSTEME, festes Grundprodukt | 3527 | |
| POLYESTERHARZ-MEHRKOMPONENTENSYSTEME, flüssiges Grundprodukt | 3269 | |
| [POLYETHER-POLY-tert-BUTYLPEROXYCARBONAT] | 3107 | siehe 2.2.52.4 |
| POLYHALOGENIERTE BIPHENYLE, FEST | 3152 | |

**3.2.2 Tabelle B** (Forts.)

| Benennung und Beschreibung des Gutes | UN-Nr. | Bem. |
|---|---|---|
| POLYHALOGENIERTE BIPHENYLE, FLÜSSIG | 3151 | |
| POLYHALOGENIERTE TERPHENYLE, FEST | 3152 | |
| POLYHALOGENIERTE TERPHENYLE, FLÜSSIG | 3151 | |
| POLYMERISIERENDER STOFF, FEST, STABILISIERT, N.A.G. | 3531 | |
| POLYMERISIERENDER STOFF, FEST, TEMPERATURKONTROLLIERT, N.A.G. | 3533 | |
| POLYMERISIERENDER STOFF, FLÜSSIG, STABILISIERT, N.A.G. | 3532 | |
| POLYMERISIERENDER STOFF, FLÜSSIG, TEMPERATURKONTROLLIERT, N.A.G. | 3534 | |
| Präparate, die entzündbare flüssige Stoffe mit einem Flammpunkt von höchstens 60 °C enthalten: siehe | 3175 | |
| PROPADIEN, STABILISIERT | 2200 | |
| PROPAN | 1978 | |
| n-PROPANOL | 1274 | |
| PROPANTHIOLE | 2402 | |
| PROPEN | 1077 | |
| PROPIONALDEHYD | 1275 | |
| PROPIONITRIL | 2404 | |
| PROPIONSÄUREANHYDRID | 2496 | |
| PROPIONSÄURE mit mindestens 90 Masse-% Säure | 3463 | |
| PROPIONSÄURE mit mindestens 10 Masse-% und weniger als 90 Masse-% Säure | 1848 | |
| PROPIONYLCHLORID | 1815 | |
| n-PROPYLACETAT | 1276 | |
| n-PROPYLALKOHOL | 1274 | |
| PROPYLAMIN | 1277 | |
| n-PROPYLBENZEN | 2364 | |
| n-PROPYLCHLORFORMIAT | 2740 | |
| Propylchlorid: siehe | 1278 | |
| 1,2-PROPYLENDIAMIN | 2258 | |
| Propylendichlorid: siehe | 1279 | |
| PROPYLENIMIN, STABILISIERT | 1921 | |
| PROPYLENOXID | 1280 | |
| Propylentetramer: siehe | 2850 | |
| Propylentrimer: siehe | 2057 | |
| PROPYLFORMIATE | 1281 | |
| n-PROPYLISOCYANAT | 2482 | |
| Propylmercaptane: siehe | 2402 | |
| n-PROPYLNITRAT | 1865 | |
| PROPYLTRICHLORSILAN | 1816 | |
| PULVERROHMASSE, ANGEFEUCHTET mit mindestens 25 Masse-% Wasser | 0159 | |
| PULVERROHMASSE, ANGEFEUCHTET mit nicht weniger als 17 Masse-% Alkohol | 0433 | |
| PYRETHROID-PESTIZID, FEST, GIFTIG | 3349 | |
| PYRETHROID-PESTIZID, FLÜSSIG, ENTZÜNDBAR, GIFTIG, Flammpunkt unter 23 °C | 3350 | |
| PYRETHROID-PESTIZID, FLÜSSIG, GIFTIG | 3352 | |
| PYRETHROID-PESTIZID, FLÜSSIG, GIFTIG, ENTZÜNDBAR, mit einem Flammpunkt von 23 °C oder darüber | 3351 | |
| PYRIDIN | 1282 | |
| PYROPHORE LEGIERUNG, N.A.G. | 1383 | |
| PYROPHORER ANORGANISCHER FESTER STOFF, N.A.G. | 3200 | |
| PYROPHORER ANORGANISCHER FLÜSSIGER STOFF, N.A.G. | 3194 | |

**3.2.2**
**Tabelle B**
(Forts.)

| Benennung und Beschreibung des Gutes | UN-Nr. | Bem. |
|---|---|---|
| PYROPHORER METALLORGANISCHER FESTER STOFF | 3391 | |
| PYROPHORER METALLORGANISCHER FESTER STOFF, MIT WASSER REAGIEREND | 3393 | |
| PYROPHORER METALLORGANISCHER FLÜSSIGER STOFF | 3392 | |
| PYROPHORER METALLORGANISCHER FLÜSSIGER STOFF, MIT WASSER REAGIEREND | 3394 | |
| PYROPHORER ORGANISCHER FESTER STOFF, N.A.G. | 2846 | |
| PYROPHORER ORGANISCHER FLÜSSIGER STOFF, N.A.G. | 2845 | |
| PYROPHORES METALL, N.A.G. | 1383 | |
| PYROSULFURYLCHLORID | 1817 | |
| PYROTECHNISCHE GEGENSTÄNDE für technische Zwecke | 0428; 0429; 0430; 0431; 0432 | |
| PYRROLIDIN | 1922 | |
| [Pyrrolidin in einem Gegenstand] | 3540 | |
| QUECKSILBER | 2809 | |
| QUECKSILBERACETAT | 1629 | |
| QUECKSILBER(II)AMMONIUMCHLORID | 1630 | |
| QUECKSILBER(II)ARSENAT | 1623 | |
| QUECKSILBER(II)BENZOAT | 1631 | |
| QUECKSILBERBROMIDE | 1634 | |
| QUECKSILBER(II)CHLORID | 1624 | |
| Quecksilber(I)chlorid: siehe | 2025 | |
| QUECKSILBERCYANID | 1636 | |
| QUECKSILBERFULMINAT, ANGEFEUCHTET mit mindestens 20 Masse-% Wasser oder einer Alkohol/Wasser-Mischung | 0135 | |
| QUECKSILBERGLUCONAT | 1637 | |
| QUECKSILBERHALTIGES PESTIZID, FEST, GIFTIG | 2777 | |
| QUECKSILBERHALTIGES PESTIZID, FLÜSSIG, ENTZÜNDBAR, GIFTIG, Flammpunkt unter 23 °C | 2778 | |
| QUECKSILBERHALTIGES PESTIZID, FLÜSSIG, GIFTIG | 3012 | |
| QUECKSILBERHALTIGES PESTIZID, FLÜSSIG, GIFTIG, ENTZÜNDBAR, mit einem Flammpunkt von 23 °C oder darüber | 3011 | |
| QUECKSILBER IN HERGESTELLTEN GEGENSTÄNDEN | 3506 | |
| QUECKSILBERIODID | 1638 | |
| QUECKSILBER(I)NITRAT | 1627 | |
| QUECKSILBER(II)NITRAT | 1625 | |
| QUECKSILBERNUCLEAT | 1639 | |
| QUECKSILBEROLEAT | 1640 | |
| QUECKSILBEROXID | 1641 | |
| QUECKSILBEROXYCYANID, DESENSIBILISIERT | 1642 | |
| QUECKSILBERSALICYLAT | 1644 | |
| QUECKSILBERSULFAT | 1645 | |
| QUECKSILBERTHIOCYANAT | 1646 | |
| QUECKSILBERVERBINDUNG, FEST, N.A.G. | 2025 | |
| QUECKSILBERVERBINDUNG, FLÜSSIG, N.A.G. | 2024 | |
| [Räder (engl. wheels)] | 0335; 0336 | siehe 2.2.1.1.7.5 |
| RADIOAKTIVE STOFFE, FREIGESTELLTES VERSANDSTÜCK – BEGRENZTE STOFFMENGE | 2910 | |
| RADIOAKTIVE STOFFE, FREIGESTELLTES VERSANDSTÜCK – FABRIKATE | 2911 | |
| RADIOAKTIVE STOFFE, FREIGESTELLTES VERSANDSTÜCK – FABRIKATE AUS NATÜRLICHEM URAN oder AUS ABGEREICHERTEM URAN oder AUS NATÜRLICHEM THORIUM | 2909 | |
| RADIOAKTIVE STOFFE, FREIGESTELLTES VERSANDSTÜCK – INSTRUMENTE | 2911 | |

3.2.2
Tabelle B
(Forts.)

| Benennung und Beschreibung des Gutes | UN-Nr. | Bem. |
|---|---|---|
| RADIOAKTIVE STOFFE, FREIGESTELLTES VERSANDSTÜCK – LEERE VERPACKUNG | 2908 | |
| RADIOAKTIVE STOFFE MIT GERINGER SPEZIFISCHER AKTIVITÄT (LSA-I), nicht spaltbar oder spaltbar, freigestellt | 2912 | |
| RADIOAKTIVE STOFFE MIT GERINGER SPEZIFISCHER AKTIVITÄT (LSA-II), nicht spaltbar oder spaltbar, freigestellt | 3321 | |
| RADIOAKTIVE STOFFE MIT GERINGER SPEZIFISCHER AKTIVITÄT (LSA-III), nicht spaltbar oder spaltbar, freigestellt | 3322 | |
| RADIOAKTIVE STOFFE MIT GERINGER SPEZIFISCHER AKTIVITÄT (LSA-II), SPALTBAR | 3324 | |
| RADIOAKTIVE STOFFE MIT GERINGER SPEZIFISCHER AKTIVITÄT (LSA-III), SPALTBAR | 3325 | |
| RADIOAKTIVE STOFFE, OBERFLÄCHENKONTAMINIERTE GEGENSTÄNDE (SCO-I, SCO-II oder SCO-III), nicht spaltbar oder spaltbar, freigestellt | 2913 | |
| RADIOAKTIVE STOFFE, OBERFLÄCHENKONTAMINIERTE GEGENSTÄNDE (SCO-I, SCO-II oder SCO-III), SPALTBAR | 3326 | |
| RADIOAKTIVE STOFFE, TYP A-VERSANDSTÜCK, IN BESONDERER FORM, nicht spaltbar oder spaltbar, freigestellt | 3332 | |
| RADIOAKTIVE STOFFE, TYP A-VERSANDSTÜCK, IN BESONDERER FORM, SPALTBAR | 3333 | |
| RADIOAKTIVE STOFFE, TYP A-VERSANDSTÜCK, nicht in besonderer Form, nicht spaltbar oder spaltbar, freigestellt | 2915 | |
| RADIOAKTIVE STOFFE, TYP B(M)-VERSANDSTÜCK, nicht spaltbar oder spaltbar, freigestellt | 2917 | |
| RADIOAKTIVE STOFFE, TYP B(U)-VERSANDSTÜCK, nicht spaltbar oder spaltbar, freigestellt | 2916 | |
| RADIOAKTIVE STOFFE, TYP C-VERSANDSTÜCK, nicht spaltbar oder spaltbar, freigestellt | 3323 | |
| RADIOAKTIVE STOFFE, TYP B(M)-VERSANDSTÜCK, SPALTBAR | 3329 | |
| RADIOAKTIVE STOFFE, TYP B(U)-VERSANDSTÜCK, SPALTBAR | 3328 | |
| RADIOAKTIVE STOFFE, TYP C-VERSANDSTÜCK, SPALTBAR | 3330 | |
| RADIOAKTIVE STOFFE, TYP A-VERSANDSTÜCK, SPALTBAR, nicht in besonderer Form | 3327 | |
| RADIOAKTIVE STOFFE, UNTER SONDERVEREINBARUNG BEFÖRDERT, nicht spaltbar oder spaltbar, freigestellt | 2919 | |
| RADIOAKTIVE STOFFE, UNTER SONDERVEREINBARUNG BEFÖRDERT, SPALTBAR | 3331 | |
| RADIOAKTIVE STOFFE, URANHEXAFLUORID, nicht spaltbar oder spaltbar, freigestellt | 2978 | |
| RADIOAKTIVE STOFFE, URANHEXAFLUORID, SPALTBAR | 2977 | |
| [Rakete (engl. rocket)] | 0333; 0335; 0336 | siehe 2.2.1.1.7.5 |
| RAKETEN, FLÜSSIGTREIBSTOFF, mit Sprengladung | 0397; 0398 | |
| RAKETEN, LEINENWURF | 0238; 0240; 0453 | |
| RAKETEN, mit Ausstoßladung | 0436; 0437; 0438 | |
| RAKETEN, mit inertem Kopf | 0183; 0502 | |
| RAKETEN, mit Sprengladung | 0180; 0181; 0182; 0295 | |
| RAKETENMOTOREN | 0186; 0280; 0281; 0510 | |
| RAKETENMOTOREN, FLÜSSIGTREIBSTOFF | 0395; 0396 | |
| RAKETENTRIEBWERKE MIT HYPERGOLEN, mit oder ohne Ausstoßladung | 0250 | |
| RAKETENTRIEBWERKE, MIT HYPERGOLEN, mit oder ohne Ausstoßladung | 0322 | |
| RAUCHBOMBEN, NEBELBOMBEN, NICHT EXPLOSIV, ätzenden flüssigen Stoff enthaltend, ohne Zünder | 2028 | |
| [Rauchkörper (Partyfeuerwerk)] | 0336 | siehe 2.2.1.1.7.5 |
| RDX, ANGEFEUCHTET mit mindestens 15 Masse-% Wasser | 0072 | |
| RDX, DESENSIBILISIERT | 0483 | |
| RDX IN MISCHUNG MIT CYCLOTETRAMETHYLENTETRANITRAMIN, ANGEFEUCHTET mit mindestens 15 Masse-% Wasser | 0391 | |

## Alphabetisches Verzeichnis (Tabelle B)

**3.2.2**
**Tabelle B**
(Forts.)

| Benennung und Beschreibung des Gutes | UN-Nr. | Bem. |
|---|---|---|
| RDX IN MISCHUNG MIT CYCLOTETRAMETHYLENTETRANITRAMIN, DESENSIBILISIERT mit mindestens 10 Masse-% Phlegmatisierungsmittel | 0391 | |
| RDX IN MISCHUNG MIT HMX, ANGEFEUCHTET mit mindestens 15 Masse-% Wasser | 0391 | |
| RDX IN MISCHUNG MIT HMX, DESENSIBILISIERT mit mindestens 10 Masse-% Phlegmatisierungsmittel | 0391 | |
| RDX IN MISCHUNG MIT OKTOGEN, ANGEFEUCHTET mit mindestens 15 Masse-% Wasser | 0391 | |
| RDX IN MISCHUNG MIT OKTOGEN, DESENSIBILISIERT mit mindestens 10 Masse-% Phlegmatisierungsmittel | 0391 | |
| RESORCINOL | 2876 | |
| RETTUNGSMITTEL, NICHT SELBSTAUFBLASEND, gefährliche Güter als Ausrüstung enthaltend | 3072 | |
| RETTUNGSMITTEL, SELBSTAUFBLASEND | 2990 | |
| [*Rickettsia prowazekii* (nur Kulturen)] | 2814 | siehe 2.2.62.1.4.1 |
| [*Rickettsia rickettsii* (nur Kulturen)] | 2814 | siehe 2.2.62.1.4.1 |
| [Rifttal-Fiebervirus (nur Kulturen)] | 2814 | siehe 2.2.62.1.4.1 |
| [Rinderpest-Virus (nur Kulturen)] | 2900 | siehe 2.2.62.1.4.1 |
| RIZINUSFLOCKEN | 2969 | |
| RIZINUSMEHL | 2969 | |
| RIZINUSSAAT | 2969 | |
| RIZINUSSAATKUCHEN | 2969 | |
| ROHERDÖL | 1267 | |
| [Römisches Licht (engl. Roman candle)] | 0333; 0334; 0335; 0336 | siehe 2.2.1.1.7.5 |
| [Römisches Licht mit Einzelschuss (engl. single shot Roman candle) (Feuerwerksrohr)] | 0335; 0336 | siehe 2.2.1.1.7.5 |
| roter Phosphor: siehe | 1338 | |
| RUBIDIUM | 1423 | |
| RUBIDIUMHYDROXID | 2678 | |
| RUBIDIUMHYDROXIDLÖSUNG | 2677 | |
| Rubidiumnitrat: siehe | 1477 | |
| RUSS, tierischen oder pflanzlichen Ursprungs | 1361 | |
| [Sabia-Virus] | 2814 | siehe 2.2.62.1.4.1 |
| SALPETERSÄURE, andere als rotrauchende | 2031 | |
| SALPETERSÄURE, ROTRAUCHEND | 2032 | |
| [Salut-Knallkörper] | 0333; 0335; 0336 | siehe 2.2.1.1.7.5 |
| Salzsäure: siehe | 1789 | |
| SAUERSTOFFDIFLUORID, VERDICHTET | 2190 | |
| SAUERSTOFFGENERATOR, CHEMISCH | 3356 | |
| SAUERSTOFF, TIEFGEKÜHLT, FLÜSSIG | 1073 | |
| SAUERSTOFF, VERDICHTET | 1072 | |
| [Schafpocken-Virus (nur Kulturen)] | 2900 | siehe 2.2.62.1.4.1 |
| SCHÄUMBARE POLYMER-KÜGELCHEN, entzündbare Dämpfe abgebend | 2211 | |
| Schellack: siehe | 1263; 3066; 3469; 3470 | |
| SCHIEFERÖL | 1288 | |
| [Schlangenmasse (Partyfeuerwerk)] | 0336 | siehe 2.2.1.1.7.5 |
| SCHNEIDLADUNG, BIEGSAM, GESTRECKT | 0237; 0288 | |
| SCHNEIDVORRICHTUNGEN, KABEL, MIT EXPLOSIVSTOFF | 0070 | |
| SCHUTZANSTRICHLÖSUNG (einschließlich zu Industrie- oder anderen Zwecken verwendete Oberflächenbehandlungen oder Beschichtungen, wie Zwischenbeschichtung für Fahrzeugkarosserien, Auskleidung für Fässer) | 1139 | |

**3.2.2 Tabelle B** (Forts.)

| Benennung und Beschreibung des Gutes | UN-Nr. | Bem. |
|---|---|---|
| [Schwärmer (Wirbel)] | 0335; 0336 | siehe 2.2.1.1.7.5 |
| SCHWARZPULVER, gekörnt oder in Mehlform | 0027 | |
| SCHWARZPULVER, GEPRESST oder als PELLETS | 0028 | |
| SCHWEFEL | 1350 | |
| Schwefelblume: siehe | 1350 | |
| SCHWEFELCHLORIDE | 1828 | |
| SCHWEFELDIOXID | 1079 | |
| SCHWEFEL, GESCHMOLZEN | 2448 | |
| SCHWEFELHEXAFLUORID | 1080 | |
| SCHWEFELIGE SÄURE | 1833 | |
| Schwefelkohlenstoff: siehe | 1131 | |
| SCHWEFELREICHES ROHERDÖL, ENTZÜNDBAR, GIFTIG | 3494 | |
| Schwefelsäureanhydrid, stabilisiert: siehe | 1829 | |
| SCHWEFELSÄURE, GEBRAUCHT | 1832 | |
| SCHWEFELSÄURE mit höchstens 51 % Säure | 2796 | |
| SCHWEFELSÄURE mit mehr als 51 % Säure | 1830 | |
| SCHWEFELSÄURE, RAUCHEND | 1831 | |
| SCHWEFELTETRAFLUORID | 2418 | |
| SCHWEFELTRIOXID, STABILISIERT | 1829 | |
| SCHWEFELWASSERSTOFF | 1053 | |
| Seenotrettungsgeräte: siehe | 2990 | |
| SELBSTERHITZUNGSFÄHIGE ORGANISCHE PIGMENTE | 3313 | |
| SELBSTERHITZUNGSFÄHIGER ANORGANISCHER FESTER STOFF, N.A.G. | 3190 | |
| SELBSTERHITZUNGSFÄHIGER ANORGANISCHER FESTER STOFF, ÄTZEND, N.A.G. | 3192 | |
| SELBSTERHITZUNGSFÄHIGER ANORGANISCHER FESTER STOFF, GIFTIG, N.A.G. | 3191 | |
| SELBSTERHITZUNGSFÄHIGER ANORGANISCHER FLÜSSIGER STOFF, N.A.G. | 3186 | |
| SELBSTERHITZUNGSFÄHIGER ANORGANISCHER FLÜSSIGER STOFF, ÄTZEND, N.A.G. | 3188 | |
| SELBSTERHITZUNGSFÄHIGER ANORGANISCHER FLÜSSIGER STOFF, GIFTIG, N.A.G. | 3187 | |
| SELBSTERHITZUNGSFÄHIGER FESTER STOFF, ENTZÜNDEND (OXIDIEREND) WIRKEND, N.A.G. | 3127 | verboten |
| SELBSTERHITZUNGSFÄHIGER METALLORGANISCHER FESTER STOFF | 3400 | |
| SELBSTERHITZUNGSFÄHIGER ORGANISCHER FESTER STOFF, N.A.G. | 3088 | |
| SELBSTERHITZUNGSFÄHIGER ORGANISCHER FESTER STOFF, ÄTZEND, N.A.G. | 3126 | |
| SELBSTERHITZUNGSFÄHIGER ORGANISCHER FESTER STOFF, GIFTIG, N.A.G. | 3128 | |
| SELBSTERHITZUNGSFÄHIGER ORGANISCHER FLÜSSIGER STOFF, N.A.G. | 3183 | |
| SELBSTERHITZUNGSFÄHIGER ORGANISCHER FLÜSSIGER STOFF, ÄTZEND, N.A.G. | 3185 | |
| SELBSTERHITZUNGSFÄHIGER ORGANISCHER FLÜSSIGER STOFF, GIFTIG, N.A.G. | 3184 | |
| SELBSTERHITZUNGSFÄHIGES METALLPULVER, N.A.G. | 3189 | |
| [SELBSTZERSETZLICHER STOFF, FEST, MUSTER] | 3224 | siehe 2.2.41.4 |
| [SELBSTZERSETZLICHER STOFF, FEST, MUSTER, TEMPERATURKONTROLLIERT] | 3234 | siehe 2.2.41.4 |
| [SELBSTZERSETZLICHER STOFF, FLÜSSIG, MUSTER] | 3223 | siehe 2.2.41.4 |
| [SELBSTZERSETZLICHER STOFF, FLÜSSIG, MUSTER, TEMPERATURKONTROLLIERT] | 3233 | siehe 2.2.41.4 |
| SELBSTZERSETZLICHER STOFF TYP B, FEST | 3222 | |
| SELBSTZERSETZLICHER STOFF TYP C, FEST | 3224 | |
| SELBSTZERSETZLICHER STOFF TYP D, FEST | 3226 | |
| SELBSTZERSETZLICHER STOFF TYP E, FEST | 3228 | |
| SELBSTZERSETZLICHER STOFF TYP F, FEST | 3230 | |
| SELBSTZERSETZLICHER STOFF TYP B, FEST, TEMPERATURKONTROLLIERT | 3232 | |
| SELBSTZERSETZLICHER STOFF TYP C, FEST, TEMPERATURKONTROLLIERT | 3234 | |

**3.2.2**
**Tabelle B**
(Forts.)

| Benennung und Beschreibung des Gutes | UN-Nr. | Bem. |
|---|---|---|
| SELBSTZERSETZLICHER STOFF TYP D, FEST, TEMPERATURKONTROLLIERT | 3236 | |
| SELBSTZERSETZLICHER STOFF TYP E, FEST, TEMPERATURKONTROLLIERT | 3238 | |
| SELBSTZERSETZLICHER STOFF TYP F, FEST, TEMPERATURKONTROLLIERT | 3240 | |
| SELBSTZERSETZLICHER STOFF TYP B, FLÜSSIG | 3221 | |
| SELBSTZERSETZLICHER STOFF TYP C, FLÜSSIG | 3223 | |
| SELBSTZERSETZLICHER STOFF TYP D, FLÜSSIG | 3225 | |
| SELBSTZERSETZLICHER STOFF TYP E, FLÜSSIG | 3227 | |
| SELBSTZERSETZLICHER STOFF TYP F, FLÜSSIG | 3229 | |
| SELBSTZERSETZLICHER STOFF TYP B, FLÜSSIG, TEMPERATURKONTROLLIERT | 3231 | |
| SELBSTZERSETZLICHER STOFF TYP C, FLÜSSIG, TEMPERATURKONTROLLIERT | 3233 | |
| SELBSTZERSETZLICHER STOFF TYP D, FLÜSSIG, TEMPERATURKONTROLLIERT | 3235 | |
| SELBSTZERSETZLICHER STOFF TYP E, FLÜSSIG, TEMPERATURKONTROLLIERT | 3237 | |
| SELBSTZERSETZLICHER STOFF TYP F, FLÜSSIG, TEMPERATURKONTROLLIERT | 3239 | |
| SELBSTZERSETZLICHE STOFFE (Verzeichnis) | | siehe 2.2.41.4 |
| SELENATE | 2630 | |
| SELENDISULFID | 2657 | |
| SELENHEXAFLUORID | 2194 | |
| SELENITE | 2630 | |
| SELENOXYCHLORID | 2879 | |
| Selenoxydichlorid: siehe | 2879 | |
| SELENSÄURE | 1905 | |
| SELENVERBINDUNG, FEST, N.A.G. | 3283 | |
| SELENVERBINDUNG, FLÜSSIG, N.A.G. | 3440 | |
| SELENWASSERSTOFF, ADSORBIERT | 3526 | |
| SELENWASSERSTOFF, WASSERFREI | 2202 | |
| [*Shigella dysenteriae type 1* (nur Kulturen)] | 2814 | siehe 2.2.62.1.4.1 |
| SICHERHEITSEINRICHTUNGEN, elektrische Auslösung | 3268 | |
| SICHERHEITSEINRICHTUNGEN, PYROTECHNISCH | 0503 | |
| SICHERHEITSZÜNDHÖLZER (Heftchen, Kärtchen oder Schachteln mit Reibfläche) | 1944 | |
| SICHERHEITSZÜNDSCHNUR | 0105 | |
| SIGNALKÖRPER, HAND | 0191; 0373 | |
| SIGNALKÖRPER, RAUCH | 0196; 0197; 0313; 0487; 0507 | |
| SIGNALKÖRPER, SEENOT | 0194; 0195; 0505; 0506 | |
| [Signalrakete (Rakete)] | 0333; 0335; 0336 | siehe 2.2.1.1.7.5 |
| SILAN | 2203 | |
| SILBERARSENIT | 1683 | |
| SILBERCYANID | 1684 | |
| SILBERNITRAT | 1493 | |
| SILBERPIKRAT, ANGEFEUCHTET mit mindestens 30 Masse-% Wasser | 1347 | |
| Siliciumchloroform: siehe | 1295 | |
| SILICIUM-PULVER, AMORPH | 1346 | |
| SILICIUMTETRACHLORID | 1818 | |
| SILICIUMTETRAFLUORID | 1859 | |
| SILICIUMTETRAFLUORID, ADSORBIERT | 3521 | |
| SILICIUMWASSERSTOFF | 2203 | |

**3.2.2**
**Tabelle B**
(Forts.)

| Benennung und Beschreibung des Gutes | UN-Nr. | Bem. |
|---|---|---|
| [Sonnen (Räder)] | 0335; 0336 | siehe 2.2.1.1.7.5 |
| [Sortimente (engl. selection pack)] | diverse | siehe 2.2.1.1.7.5 |
| SPRENGKAPSELN, ELEKTRISCH | 0030; 0255; 0456 | |
| SPRENGKAPSELN, ELEKTRONISCH, programmierbar | 0511; 0512; 0513 | |
| SPRENGKAPSELN, NICHT ELEKTRISCH | 0029; 0267; 0455 | |
| SPRENGKÖRPER | 0048 | |
| SPRENGLADUNGEN, GEWERBLICHE, ohne Zündmittel | 0442; 0443; 0444; 0445 | |
| SPRENGLADUNGEN, KUNSTSTOFFGEBUNDEN | 0457; 0458; 0459; 0460 | |
| SPRENGNIETE | 0174 | |
| SPRENGSCHNUR, biegsam | 0065; 0289 | |
| SPRENGSCHNUR MIT GERINGER WIRKUNG, mit Metallmantel | 0104 | |
| SPRENGSCHNUR, mit Metallmantel | 0102; 0290 | |
| SPRENGSTOFF, TYP A | 0081 | |
| SPRENGSTOFF, TYP B | 0082; 0331 | |
| SPRENGSTOFF, TYP C | 0083 | |
| SPRENGSTOFF, TYP D | 0084 | |
| SPRENGSTOFF, TYP E | 0241; 0332 | |
| STADTGAS, VERDICHTET | 1023 | |
| [Steigende Krone (engl. aerial wheel)] | 0335; 0336 | siehe 2.2.1.1.7.5 |
| STEINKOHLENTEERDESTILLATE, ENTZÜNDBAR | 1136 | |
| [Sternbombe (Großfeuerwerksbombe)] | 0333; 0335; 0336 | siehe 2.2.1.1.7.5 |
| STIBIN | 2676 | |
| STICKSTOFFDIOXID | 1067 | |
| STICKSTOFFMONOXID UND DISTICKSTOFFTETROXID, GEMISCH | 1975 | |
| STICKSTOFFMONOXID UND STICKSTOFFDIOXID, GEMISCH | 1975 | |
| STICKSTOFFMONOXID, VERDICHTET | 1660 | |
| STICKSTOFFOXID, VERDICHTET | 1660 | |
| STICKSTOFF, TIEFGEKÜHLT, FLÜSSIG | 1977 | |
| STICKSTOFFTRIFLUORID | 2451 | |
| STICKSTOFF, VERDICHTET | 1066 | |
| STOFFE, EVI, N.A.G. | 0482 | |
| STOFF ZUR HERSTELLUNG VON TRÄNENGASEN, FEST, N.A.G. | 3448 | |
| STOFF ZUR HERSTELLUNG VON TRÄNENGASEN, FLÜSSIG, N.A.G. | 1693 | |
| STOPPINEN, NICHT SPRENGKRÄFTIG | 0101 | |
| Straßenöl bei oder über 100 °C und unter seinem Flammpunkt: siehe | 3257 | |
| Straßenöl mit einem Flammpunkt über 60 °C, bei oder über seinem Flammpunkt: siehe | 3256 | |
| Straßenöl mit einem Flammpunkt von höchstens 60 °C: siehe | 1999 | |
| Stroh | 1327 | frei |
| STRONTIUMARSENIT | 1691 | |
| STRONTIUMCHLORAT | 1506 | |
| STRONTIUMNITRAT | 1507 | |
| STRONTIUMPERCHLORAT | 1508 | |
| STRONTIUMPEROXID | 1509 | |
| STRONTIUMPHOSPHID | 2013 | |

**3.2.2**
**Tabelle B**
(Forts.)

| Benennung und Beschreibung des Gutes | UN-Nr. | Bem. |
|---|---|---|
| STRYCHNIN | 1692 | |
| STRYCHNINSALZE | 1692 | |
| STURMZÜNDHÖLZER | 2254 | |
| STYPHNINSÄURE, ANGEFEUCHTET mit mindestens 20 Masse-% Wasser oder einer Alkohol/Wasser-Mischung | 0394 | |
| STYPHNINSÄURE, trocken oder angefeuchtet mit weniger als 20 Masse-% Wasser oder einer Alkohol/Wasser-Mischung | 0219 | |
| STYREN, MONOMER, STABILISIERT | 2055 | |
| SUBSTITUIERTES NITROPHENOL-PESTIZID, FEST, GIFTIG | 2779 | |
| SUBSTITUIERTES NITROPHENOL-PESTIZID, FLÜSSIG, ENTZÜNDBAR, GIFTIG, Flammpunkt unter 23 °C | 2780 | |
| SUBSTITUIERTES NITROPHENOL-PESTIZID, FLÜSSIG, GIFTIG | 3014 | |
| SUBSTITUIERTES NITROPHENOL-PESTIZID, FLÜSSIG, GIFTIG, ENTZÜNDBAR, mit einem Flammpunkt von 23 °C oder darüber | 3013 | |
| SULFAMINSÄURE | 2967 | |
| SULFURYLCHLORID | 1834 | |
| SULFURYLFLUORID | 2191 | |
| [Tageslichtbombe (Großfeuerwerksbombe)] | 0333; 0335; 0336 | siehe 2.2.1.1.7.5 |
| Teere, flüssig, einschließlich Straßenöle und Cutback-Bitumen (Verschnittbitumen), bei oder über 100 °C und unter seinem Flammpunkt: siehe | 3257 | |
| Teere, flüssig, einschließlich Straßenöle und Cutback-Bitumen (Verschnittbitumen), mit einem Flammpunkt über 60 °C, bei oder über seinem Flammpunkt: siehe | 3256 | |
| TEERE, FLÜSSIG, einschließlich Straßenöle und Cutback-Bitumen (Verschnittbitumen) mit einem Flammpunkt von höchstens 60 °C | 1999 | |
| TELLURHEXAFLUORID | 2195 | |
| TELLURVERBINDUNG, N.A.G. | 3284 | |
| TERPENKOHLENWASSERSTOFFE, N.A.G. | 2319 | |
| TERPENTIN | 1299 | |
| TERPENTINÖLERSATZ | 1300 | |
| TERPINOLEN | 2541 | |
| TETRABROMETHAN | 2504 | |
| TETRABROMKOHLENSTOFF | 2516 | |
| TETRACEN, ANGEFEUCHTET mit mindestens 30 Masse-% Wasser oder einer Alkohol/Wasser-Mischung | 0114 | |
| 1,1,2,2-TETRACHLORETHAN | 1702 | |
| TETRACHLORETHYLEN | 1897 | |
| TETRACHLORKOHLENSTOFF | 1846 | |
| Tetraethylblei: siehe | 1649 | |
| TETRAETHYLDITHIOPYROPHOSPHAT | 1704 | |
| TETRAETHYLENPENTAMIN | 2320 | |
| TETRAETHYLSILICAT | 1292 | |
| 1,1,1,2-TETRAFLUORETHAN | 3159 | |
| TETRAFLUORETHYLEN, STABILISIERT | 1081 | |
| TETRAFLUORMETHAN | 1982 | |
| 1,2,3,6-TETRAHYDROBENZALDEHYD | 2498 | |
| TETRAHYDROFURAN | 2056 | |
| TETRAHYDROFURFURYLAMIN | 2943 | |
| TETRAHYDROPHTHALSÄUREANHYDRIDE mit mehr als 0,05 % Maleinsäureanhydrid | 2698 | |
| 1,2,3,6-TETRAHYDROPYRIDIN | 2410 | |

3.2.2
Tabelle B
(Forts.)

| Benennung und Beschreibung des Gutes | UN-Nr. | Bem. |
|---|---|---|
| TETRAHYDROTHIOPHEN | 2412 | |
| Tetramethoxysilan: siehe | 2606 | |
| TETRAMETHYLAMMONIUMHYDROXID, FEST | 3423 | |
| TETRAMETHYLAMMONIUMHYDROXID, WÄSSERIGE LÖSUNG | 1835 | |
| TETRAMETHYLAMMONIUMHYDROXID, WÄSSERIGE LÖSUNG mit mindestens 25 % Tetramethylammoniumhydroxid | 3560 | |
| Tetramethylblei: siehe | 1649 | |
| [1,1,3,3-TETRAMETHYLBUTYLHYDROPEROXID] | 3105 | siehe 2.2.52.4 |
| [1,1,3,3-TETRAMETHYLBUTYLPEROXY-2-ETHYLHEXANOAT] | 3115 | siehe 2.2.52.4 |
| [1,1,3,3-TETRAMETHYLBUTYLPEROXYNEODECANOAT] | 3115 | siehe 2.2.52.4 |
| [1,1,3,3-TETRAMETHYLBUTYLPEROXYNEODECANOAT (als stabile Dispersion in Wasser)] | 3119 | siehe 2.2.52.4 |
| [1,1,3,3-TETRAMETHYLBUTYLPEROXYPIVALAT] | 3115 | siehe 2.2.52.4 |
| TETRAMETHYLSILAN | 2749 | |
| Tetramethylsulfid: siehe | 2412 | |
| [TETRAMINOPALLADIUM-(II)-NITRAT] | 3234 | siehe 2.2.41.4 |
| TETRANITROANILIN | 0207 | |
| TETRANITROMETHAN | 1510 | |
| TETRAPROPYLEN | 2850 | |
| TETRAPROPYLORTHOTITANAT | 2413 | |
| 1H-TETRAZOL | 0504 | |
| TETRAZOL-1-ESSIGSÄURE | 0407 | |
| TETRYL | 0208 | |
| Textilabfälle, nass | 1857 | frei |
| THALLIUMCHLORAT | 2573 | |
| THALLIUMNITRAT | 2727 | |
| THALLIUMVERBINDUNG, N.A.G. | 1707 | |
| 4-THIAPENTANAL | 2785 | |
| THIOCARBAMAT-PESTIZID, FEST, GIFTIG | 2771 | |
| THIOCARBAMAT-PESTIZID, FLÜSSIG, ENTZÜNDBAR, GIFTIG, Flammpunkt unter 23 °C | 2772 | |
| THIOCARBAMAT-PESTIZID, FLÜSSIG, GIFTIG | 3006 | |
| THIOCARBAMAT-PESTIZID, FLÜSSIG, GIFTIG, ENTZÜNDBAR, mit einem Flammpunkt von 23 °C oder darüber | 3005 | |
| THIOESSIGSÄURE | 2436 | |
| THIOGLYCOL | 2966 | |
| THIOGLYCOLSÄURE | 1940 | |
| THIOHARNSTOFFDIOXID | 3341 | |
| THIOMILCHSÄURE | 2936 | |
| THIONYLCHLORID | 1836 | |
| THIOPHEN | 2414 | |
| Thiophenol: siehe | 2327 | |
| THIOPHOSGEN | 2474 | |
| [THIOPHOSPHORSÄURE-O-[(CYANOPHENYLMEHYL)-AZANYL]-O,O-DIETHYLESTER] | 3227 | |
| THIOPHOSPHORYLCHLORID | 1837 | |
| TINKTUREN, MEDIZINISCHE | 1293 | |
| [Tischbomben (Partyfeuerwerk)] | 0336 | siehe 2.2.1.1.7.5 |
| Tischtennisbälle: siehe | 2000 | |
| TITANDISULFID | 3174 | |
| TITANHYDRID | 1871 | |

**3.2.2**
**Tabelle B**
(Forts.)

| Benennung und Beschreibung des Gutes | UN-Nr. | Bem. |
|---|---|---|
| TITAN-PULVER, ANGEFEUCHTET mit mindestens 25 % Wasser | 1352 | |
| TITAN-PULVER, TROCKEN | 2546 | |
| TITAN-SCHWAMMGRANULATE | 2878 | |
| TITAN-SCHWAMMPULVER | 2878 | |
| TITANTETRACHLORID | 1838 | |
| TITANTRICHLORID, GEMISCH | 2869 | |
| TITANTRICHLORIDMISCHUNGEN, PYROPHOR | 2441 | |
| TITANTRICHLORID, PYROPHOR | 2441 | |
| TNT, ANGEFEUCHTET mit mindestens 10 Masse-% Wasser | 3366 | |
| TNT, ANGEFEUCHTET mit mindestens 30 Masse-% Wasser | 1356 | |
| TNT IN MISCHUNG MIT HEXANITROSTILBEN | 0388 | |
| TNT IN MISCHUNG MIT TRINITROBENZEN | 0388 | |
| TNT IN MISCHUNG MIT TRINITROBENZEN UND HEXANITROSTILBEN | 0389 | |
| TNT, trocken oder angefeuchtet mit weniger als 30 Masse-% Wasser | 0209 | |
| [Tollwut-Virus (nur Kulturen)] | 2814 | siehe 2.2.62.1.4.1 |
| TOLUEN | 1294 | |
| TOLUENDIISOCYANAT | 2078 | |
| TOLUIDINE, FEST | 3451 | |
| TOLUIDINE, FLÜSSIG | 1708 | |
| 2,4-TOLUYLENDIAMIN, FEST | 1709 | |
| 2,4-TOLUYLENDIAMIN, LÖSUNG | 3418 | |
| TORPEDOS, MIT FLÜSSIGTREIBSTOFF, mit inertem Kopf | 0450 | |
| TORPEDOS, MIT FLÜSSIGTREIBSTOFF, mit oder ohne Sprengladung | 0449 | |
| TORPEDOS, mit Sprengladung | 0329; 0330; 0451 | |
| TOXINE, GEWONNEN AUS LEBENDEN ORGANISMEN, FEST, N.A.G. | 3462 | |
| TOXINE, GEWONNEN AUS LEBENDEN ORGANISMEN, FLÜSSIG, N.A.G. | 3172 | |
| TRÄNENGAS-KERZEN | 1700 | |
| TREIBLADUNGEN FÜR GESCHÜTZE | 0242; 0279; 0414 | |
| TREIBLADUNGSANZÜNDER | 0319; 0320; 0376 | |
| TREIBLADUNGSHÜLSEN, LEER, MIT TREIBLADUNGSANZÜNDER | 0055; 0379 | |
| TREIBLADUNGSHÜLSEN, VERBRENNLICH, LEER, OHNE TREIBLADUNGSANZÜNDER | 0446; 0447 | |
| TREIBLADUNGSPULVER | 0160; 0161; 0509 | |
| TREIBSÄTZE | 0271; 0272; 0415; 0491 | |
| TREIBSTOFF, FEST | 0498; 0499; 0501 | |
| TREIBSTOFF, FLÜSSIG | 0495; 0497 | |
| Tremolit: siehe | 2212 | |
| TRIALLYLAMIN | 2610 | |
| TRIALLYLBORAT | 2609 | |
| TRIAZIN-PESTIZID, FEST, GIFTIG | 2763 | |
| TRIAZIN-PESTIZID, FLÜSSIG, ENTZÜNDBAR, GIFTIG, Flammpunkt unter 23 °C | 2764 | |
| TRIAZIN-PESTIZID, FLÜSSIG, GIFTIG | 2998 | |
| TRIAZIN-PESTIZID, FLÜSSIG, GIFTIG, ENTZÜNDBAR, mit einem Flammpunkt von 23 °C oder darüber | 2997 | |
| TRIBUTYLAMIN | 2542 | |

3.2.2
Tabelle B
(Forts.)

| Benennung und Beschreibung des Gutes | UN-Nr. | Bem. |
|---|---|---|
| TRIBUTYLPHOSPHAN | 3254 | |
| TRICHLORACETYLCHLORID | 2442 | |
| TRICHLORBENZENE, FLÜSSIG | 2321 | |
| TRICHLORBUTEN | 2322 | |
| TRICHLORESSIGSÄURE | 1839 | |
| TRICHLORESSIGSÄURE, LÖSUNG | 2564 | |
| 1,1,1-TRICHLORETHAN | 2831 | |
| TRICHLORETHYLEN | 1710 | |
| TRICHLORISOCYANURSÄURE, TROCKEN | 2468 | |
| Trichlormethylbenzen: siehe | 2226 | |
| TRICHLORSILAN | 1295 | |
| TRICRESYLPHOSPHAT mit mehr als 3 % ortho-Isomer | 2574 | |
| TRIETHYLAMIN | 1296 | |
| TRIETHYLBORAT | 1176 | |
| TRIETHYLENTETRAMIN | 2259 | |
| TRIETHYLPHOSPHIT | 2323 | |
| [3,6,9-TRIETHYL-3,6,9-TRIMETHYL-1,4,7-TRIPEROXONAN] | 3105 | siehe 2.2.52.4 |
| TRIFLUORACETYLCHLORID | 3057 | |
| TRIFLUORESSIGSÄURE | 2699 | |
| 1,1,1-TRIFLUORETHAN | 2035 | |
| TRIFLUORMETHAN | 1984 | |
| TRIFLUORMETHAN, TIEFGEKÜHLT, FLÜSSIG | 3136 | |
| 2-TRIFLUORMETHYLANILIN | 2942 | |
| 3-TRIFLUORMETHYLANILIN | 2948 | |
| TRIFLUORMETHYLTETRAZOL-NATRIUMSALZ IN ACETON mit mindestens 68 Masse-% Aceton | 3555 | |
| TRIISOBUTYLEN | 2324 | |
| TRIISOPROPYLBORAT | 2616 | |
| TRIMETHYLACETYLCHLORID | 2438 | |
| TRIMETHYLAMIN, WASSERFREI | 1083 | |
| TRIMETHYLAMIN, WÄSSERIGE LÖSUNG mit höchstens 50 Masse-% Trimethylamin | 1297 | |
| 1,3,5-TRIMETHYLBENZEN | 2325 | |
| TRIMETHYLBORAT | 2416 | |
| TRIMETHYLCHLORSILAN | 1298 | |
| TRIMETHYLCYCLOHEXYLAMIN | 2326 | |
| TRIMETHYLHEXAMETHYLENDIAMINE | 2327 | |
| TRIMETHYLHEXAMETHYLENDIISOCYANAT (und isomere Gemische) | 2328 | |
| TRIMETHYLPHOSPHIT | 2329 | |
| TRINITROANILIN | 0153 | |
| TRINITROANISOL | 0213 | |
| TRINITROBENZEN, ANGEFEUCHTET mit mindestens 10 Masse-% Wasser | 3367 | |
| TRINITROBENZEN, ANGEFEUCHTET mit mindestens 30 Masse-% Wasser | 1354 | |
| TRINITROBENZENSULFONSÄURE | 0386 | |
| TRINITROBENZEN, trocken oder angefeuchtet mit weniger als 30 Masse-% Wasser | 0214 | |
| TRINITROBENZOESÄURE, ANGEFEUCHTET mit mindestens 10 Masse-% Wasser | 3368 | |
| TRINITROBENZOESÄURE, ANGEFEUCHTET mit mindestens 30 Masse-% Wasser | 1355 | |
| TRINITROBENZOESÄURE, trocken oder angefeuchtet mit weniger als 30 Masse-% Wasser | 0215 | |
| TRINITROCHLORBENZEN | 0155 | |
| TRINITROCHLORBENZEN, ANGEFEUCHTET mit mindestens 10 Masse-% Wasser | 3365 | |

**3.2.2**
**Tabelle B**
(Forts.)

| Benennung und Beschreibung des Gutes | UN-Nr. | Bem. |
|---|---|---|
| TRINITRO-m-CRESOL | 0216 | |
| TRINITROFLUORENON | 0387 | |
| TRINITRONAPHTHALEN | 0217 | |
| TRINITROPHENETOL | 0218 | |
| TRINITROPHENOL, ANGEFEUCHTET mit mindestens 10 Masse-% Wasser | 3364 | |
| TRINITROPHENOL, ANGEFEUCHTET mit mindestens 30 Masse-% Wasser | 1344 | |
| TRINITROPHENOL, trocken oder angefeuchtet mit weniger als 30 Masse-% Wasser | 0154 | |
| TRINITROPHENYLMETHYLNITRAMIN | 0208 | |
| TRINITRORESORCINOL, ANGEFEUCHTET mit mindestens 20 Masse-% Wasser oder einer Alkohol/Wasser-Mischung | 0394 | |
| TRINITRORESORCINOL, trocken oder angefeuchtet mit weniger als 20 Masse-% Wasser oder einer Alkohol/Wasser-Mischung | 0219 | |
| TRINITROTOLUEN, ANGEFEUCHTET mit mindestens 10 Masse-% Wasser | 3366 | |
| TRINITROTOLUEN, ANGEFEUCHTET mit mindestens 30 Masse-% Wasser | 1356 | |
| TRINITROTOLUEN IN MISCHUNG MIT HEXANITROSTILBEN | 0388 | |
| TRINITROTOLUEN IN MISCHUNG MIT TRINITROBENZEN | 0388 | |
| TRINITROTOLUEN IN MISCHUNG MIT TRINITROBENZEN UND HEXANITROSTILBEN | 0389 | |
| TRINITROTOLUEN, trocken oder angefeuchtet mit weniger als 30 Masse-% Wasser | 0209 | |
| TRIPROPYLAMIN | 2260 | |
| TRIPROPYLEN | 2057 | |
| TRIS-(1-AZIRIDINYL)-PHOSPHINOXID, LÖSUNG | 2501 | |
| TRITONAL | 0390 | |
| Trockeneis | 1845 | frei |
| [UFO (Steigende Krone)] | 0335; 0336 | siehe 2.2.1.1.7.5 |
| UMWELTGEFÄHRDENDER STOFF, FEST, N.A.G. | 3077 | |
| UMWELTGEFÄHRDENDER STOFF, FLÜSSIG, N.A.G. | 3082 | |
| UNDECAN | 2330 | |
| UNTER DIE VORSCHRIFTEN FALLENDER MEDIZINISCHER ABFALL, N.A.G. | 3291 | |
| URANHEXAFLUORID, RADIOAKTIVE STOFFE, FREIGESTELLTES VERSANDSTÜCK mit weniger als 0,1 kg je Versandstück, nicht spaltbar oder spaltbar, freigestellt | 3507 | |
| VALERALDEHYD | 2058 | |
| Valeriansäurechlorid: siehe | 2502 | |
| VALERYLCHLORID | 2502 | |
| VANADIUMOXYTRICHLORID | 2443 | |
| VANADIUMPENTOXID, nicht geschmolzen | 2862 | |
| VANADIUMTETRACHLORID | 2444 | |
| VANADIUMTRICHLORID | 2475 | |
| VANADIUMVERBINDUNG, N.A.G. | 3285 | |
| VANADYLSULFAT | 2931 | |
| VERBRENNUNGSMASCHINE | 3530 | |
| VERBRENNUNGSMASCHINE MIT ANTRIEB DURCH ENTZÜNDBARE FLÜSSIGKEIT | 3528 | |
| VERBRENNUNGSMASCHINE MIT ANTRIEB DURCH ENTZÜNDBARES GAS | 3529 | |
| VERBRENNUNGSMOTOR | 3530 | |
| VERBRENNUNGSMOTOR MIT ANTRIEB DURCH ENTZÜNDBARE FLÜSSIGKEIT | 3528 | |
| VERBRENNUNGSMOTOR MIT ANTRIEB DURCH ENTZÜNDBARES GAS | 3529 | |
| VERDICHTETES GAS, N.A.G. | 1956 | |
| VERDICHTETES GAS, ENTZÜNDBAR, N.A.G. | 1954 | |
| VERDICHTETES GAS, GIFTIG, N.A.G. | 1955 | |
| VERDICHTETES GAS, GIFTIG, ÄTZEND, N.A.G. | 3304 | |

**3.2.2 Tabelle B** (Forts.)

| Benennung und Beschreibung des Gutes | UN-Nr. | Bem. |
|---|---|---|
| VERDICHTETES GAS, GIFTIG, ENTZÜNDBAR, N.A.G. | 1953 | |
| VERDICHTETES GAS, GIFTIG, ENTZÜNDBAR, ÄTZEND, N.A.G. | 3305 | |
| VERDICHTETES GAS, GIFTIG, OXIDIEREND, N.A.G. | 3303 | |
| VERDICHTETES GAS, GIFTIG, OXIDIEREND, ÄTZEND, N.A.G. | 3306 | |
| VERDICHTETES GAS, OXIDIEREND, N.A.G. | 3156 | |
| VERFLÜSSIGTE GASE, nicht entzündbar, überlagert mit Stickstoff, Kohlendioxid oder Luft | 1058 | |
| VERFLÜSSIGTES GAS, N.A.G. | 3163 | |
| VERFLÜSSIGTES GAS, ENTZÜNDBAR, N.A.G. | 3161 | |
| VERFLÜSSIGTES GAS, GIFTIG, N.A.G. | 3162 | |
| VERFLÜSSIGTES GAS, GIFTIG, ÄTZEND, N.A.G. | 3308 | |
| VERFLÜSSIGTES GAS, GIFTIG, ENTZÜNDBAR, N.A.G. | 3160 | |
| VERFLÜSSIGTES GAS, GIFTIG, ENTZÜNDBAR, ÄTZEND, N.A.G. | 3309 | |
| VERFLÜSSIGTES GAS, GIFTIG, OXIDIEREND, N.A.G. | 3307 | |
| VERFLÜSSIGTES GAS, GIFTIG, OXIDIEREND, ÄTZEND, N.A.G. | 3310 | |
| VERFLÜSSIGTES GAS, OXIDIEREND, N.A.G. | 3157 | |
| Verschnittbitumen bei oder über 100 °C und unter seinem Flammpunkt: siehe | 3257 | |
| Verschnittbitumen mit einem Flammpunkt über 60 °C, bei oder über seinem Flammpunkt: siehe | 3256 | |
| Verschnittbitumen mit einem Flammpunkt von höchstens 60 °C: siehe | 1999 | |
| [Vesicular stomatitis virus (nur Kulturen)] | 2900 | siehe 2.2.62.1.4.1 |
| VINYLACETAT, STABILISIERT | 1301 | |
| Vinylbenzen, monomer, stabilisiert: siehe | 2055 | |
| VINYLBROMID, STABILISIERT | 1085 | |
| VINYLBUTYRAT, STABILISIERT | 2838 | |
| VINYLCHLORACETAT | 2589 | |
| VINYLCHLORID, STABILISIERT | 1086 | |
| VINYLETHYLETHER, STABILISIERT | 1302 | |
| VINYLFLUORID, STABILISIERT | 1860 | |
| VINYLIDENCHLORID, STABILISIERT | 1303 | |
| VINYLISOBUTYLETHER, STABILISIERT | 1304 | |
| VINYLMETHYLETHER, STABILISIERT | 1087 | |
| VINYLPYRIDINE, STABILISIERT | 3073 | |
| VINYLTOLUENE, STABILISIERT | 2618 | |
| VINYLTRICHLORSILAN | 1305 | |
| [Virus der afrikanischen Schweinepest (nur Kulturen)] | 2900 | siehe 2.2.62.1.4.1 |
| [Virus der Dermatitis nodularis (lumpy skin disease) (nur Kulturen)] | 2900 | siehe 2.2.62.1.4.1 |
| [Virus der östlichen Pferde-Encephalitis (nur Kulturen)] | 2814 | siehe 2.2.62.1.4.1 |
| [Virus der russischen Frühsommer-Encephalitis (nur Kulturen)] | 2814 | siehe 2.2.62.1.4.1 |
| [Virus der Venezuela-Pferde-Encephalitis (nur Kulturen)] | 2814 | siehe 2.2.62.1.4.1 |
| [Virus der vesikulären Schweinekrankheit (nur Kulturen)] | 2900 | siehe 2.2.62.1.4.1 |
| [Virus des hämorrhagischen Krim-Kongo-Fiebers] | 2814 | siehe 2.2.62.1.4.1 |
| [Virus des hämorrhagischen Omsk-Fiebers] | 2814 | siehe 2.2.62.1.4.1 |
| [Vorgeladener Mörser (Großfeuerwerksbombe)] | 0333; 0334; 0335 | siehe 2.2.1.1.7.5 |
| VORRICHTUNGEN, DURCH WASSER AKTIVIERBAR, mit Zerleger, Ausstoß- oder Treibladung | 0248; 0249 | |
| [Vulkane (Fontäne)] | 0335; 0336 | siehe 2.2.1.1.7.5 |
| WACHSZÜNDHÖLZER | 1945 | |
| [Wasserbombe (Großfeuerwerksbombe)] | 0333; 0335; 0336 | siehe 2.2.1.1.7.5 |

**3.2.2**
**Tabelle B**
(Forts.)

| Benennung und Beschreibung des Gutes | UN-Nr. | Bem. |
|---|---|---|
| WASSERBOMBEN | 0056 | |
| [Wasserfall (Fontäne)] | 0335; 0336 | siehe 2.2.1.1.7.5 |
| WASSERSTOFF IN EINEM METALLHYDRID-SPEICHERSYSTEM | 3468 | |
| WASSERSTOFF IN EINEM METALLHYDRID-SPEICHERSYSTEM IN AUSRÜSTUNGEN | 3468 | |
| WASSERSTOFF IN EINEM METALLHYDRID-SPEICHERSYSTEM, MIT AUSRÜSTUNGEN VERPACKT | 3468 | |
| WASSERSTOFF UND METHAN, GEMISCH, VERDICHTET | 2034 | |
| WASSERSTOFFPEROXID UND PERESSIGSÄURE, MISCHUNG, STABILISIERT mit Säure(n), Wasser und höchstens 5 % Peressigsäure | 3149 | |
| WASSERSTOFFPEROXID, STABILISIERT | 2015 | |
| WASSERSTOFFPEROXID, WÄSSERIGE LÖSUNG mit mindestens 20 %, aber höchstens 60 % Wasserstoffperoxid (Stabilisierung nach Bedarf) | 2014 | |
| WASSERSTOFFPEROXID, WÄSSERIGE LÖSUNG mit mindestens 8 %, aber weniger als 20 % Wasserstoffperoxid (Stabilisierung nach Bedarf) | 2984 | |
| WASSERSTOFFPEROXID, WÄSSERIGE LÖSUNG, STABILISIERT, mit mehr als 60 %, aber höchstens 70 % Wasserstoffperoxid | 2015 | |
| WASSERSTOFFPEROXID, WÄSSERIGE LÖSUNG, STABILISIERT, mit mehr als 70 % Wasserstoffperoxid | 2015 | |
| WASSERSTOFF, TIEFGEKÜHLT, FLÜSSIG | 1966 | |
| WASSERSTOFF, VERDICHTET | 1049 | |
| [West-Nil-Virus (nur Kulturen)] | 2814 | siehe 2.2.62.1 |
| White Spirit: siehe | 1300 | |
| [Wirbel (engl. spinner)] | 0335; 0336 | siehe 2.2.1.1.7.5 |
| WOLFRAMHEXAFLUORID | 2196 | |
| Wollabfälle, nass | 1387 | frei |
| [Wunderkerzen (engl. sparkler)] | 0335; 0336 | siehe 2.2.1.1.7.5 |
| XANTHATE | 3342 | |
| XENON | 2036 | |
| XENON, TIEFGEKÜHLT, FLÜSSIG | 2591 | |
| XYLENE | 1307 | |
| XYLENMOSCHUS | 2956 | |
| XYLENOLE, FEST | 2261 | |
| XYLENOLE, FLÜSSIG | 3430 | |
| XYLIDINE, FEST | 3452 | |
| XYLIDINE, FLÜSSIG | 1711 | |
| XYLYLBROMID, FEST | 3417 | |
| XYLYLBROMID, FLÜSSIG | 1701 | |
| [*Yersinia pestis* (nur Kulturen)] | 2814 | siehe 2.2.62.1.4.1 |
| [Zecken-Encephalitis-Virus (nur Kulturen)] | 2814 | siehe 2.2.62.1.4.1 |
| ZELLEN, DIE METALLISCHES NATRIUM ODER NATRIUMLEGIERUNGEN ENTHALTEN | 3292 | |
| ZELLULOID, ABFALL | 2002 | |
| ZELLULOID in Blöcken, Stangen, Platten, Rohren usw. (ausgenommen Abfälle) | 2000 | |
| ZERLEGER, mit Explosivstoff | 0043 | |
| [Ziegenpocken-Virus (nur Kulturen)] | 2900 | siehe 2.2.62.1.4.1 |
| ZINKAMMONIUMNITRIT | 1512 | |
| ZINKARSENAT | 1712 | |
| ZINKARSENAT UND ZINKARSENIT, MISCHUNG | 1712 | |
| ZINKARSENIT | 1712 | |
| ZINK-ASCHEN | 1435 | |
| ZINKBROMAT | 2469 | |

3.2.2
Tabelle B
(Forts.)

| Benennung und Beschreibung des Gutes | UN-Nr. | Bem. |
|---|---|---|
| ZINKCHLORAT | 1513 | |
| ZINKCHLORID, LÖSUNG | 1840 | |
| ZINKCHLORID, WASSERFREI | 2331 | |
| ZINKCYANID | 1713 | |
| ZINKDITHIONIT | 1931 | |
| ZINKFLUOROSILICAT | 2855 | |
| ZINKNITRAT | 1514 | |
| ZINKPERMANGANAT | 1515 | |
| ZINKPEROXID | 1516 | |
| ZINKPHOSPHID | 1714 | |
| ZINK-PULVER | 1436 | |
| ZINKRESINAT | 2714 | |
| ZINK-STAUB | 1436 | |
| ZINNPHOSPHIDE | 1433 | |
| ZINNTETRACHLORID-PENTAHYDRAT | 2440 | |
| ZINNTETRACHLORID, WASSERFREI | 1827 | |
| ZIRKONIUM-ABFALL | 1932 | |
| ZIRKONIUMHYDRID | 1437 | |
| ZIRKONIUMNITRAT | 2728 | |
| ZIRKONIUMPIKRAMAT, ANGEFEUCHTET mit mindestens 20 Masse-% Wasser | 1517 | |
| ZIRKONIUMPIKRAMAT, trocken oder angefeuchtet mit weniger als 20 Masse-% Wasser | 0236 | |
| ZIRKONIUM-PULVER, ANGEFEUCHTET mit mindestens 25 % Wasser | 1358 | |
| ZIRKONIUM-PULVER, TROCKEN | 2008 | |
| ZIRKONIUM, SUSPENDIERT IN EINEM ENTZÜNDBAREN FLÜSSIGEN STOFF | 1308 | |
| ZIRKONIUMTETRACHLORID | 2503 | |
| ZIRKONIUM, TROCKEN, Bleche, Streifen oder gerollter Draht (dünner als 18 µm) | 2009 | |
| ZIRKONIUM, TROCKEN, gerollter Draht, Bleche, Streifen (dünner als 254 µm, aber nicht dünner als 18 µm) | 2858 | |
| Zubereitungen, die entzündbare flüssige Stoffe mit einem Flammpunkt von höchstens 60 °C enthalten: siehe | 3175 | |
| ZÜNDEINRICHTUNGEN für Sprengungen, NICHT ELEKTRISCH | 0360; 0361; 0500 | |
| ZÜNDER, NICHT SPRENGKRÄFTIG | 0316; 0317; 0368 | |
| ZÜNDER, SPRENGKRÄFTIG | 0106; 0107; 0257; 0367 | |
| ZÜNDER, SPRENGKRÄFTIG, mit Sicherungsvorrichtungen | 0408; 0409; 0410 | |
| ZÜNDHÖLZER, ÜBERALL ZÜNDBAR | 1331 | |
| ZÜNDVERSTÄRKER, MIT DETONATOR | 0225; 0268 | |
| ZÜNDVERSTÄRKER, ohne Detonator | 0042; 0283 | |
| Zwischenbeschichtung für Fahrzeugkarosserien: siehe | 1139 | |
| [Zylindrische Fontänen] | 0335; 0336 | siehe 2.2.1.1.7.5 |

# Kapitel 3.3
# Für bestimmte Stoffe oder Gegenstände geltende Sondervorschriften

**3.3.1 [Sondervorschriften für bestimmte Stoffe oder Gegenstände]**

*→ D: § 8 (1) 1 b)*
*→ D: § 10 Nr. 2*
*→ D: § 18 (1) 10*
*→ D: § 19 (2) 3*
*→ D: § 22 (1) 3*
*→ D: § 23 (1) 7*
*→ D: § 23 (2) 8*
*→ D: RSEB 3-0*

Die in Kapitel 3.2 Tabelle A Spalte (6) bei Stoffen oder Gegenständen angegebenen Nummern entsprechen den nachstehend erläuterten Sondervorschriften, die für diese Stoffe oder Gegenstände gelten. Wenn eine Sondervorschrift eine Vorschrift für die Kennzeichnung des Versandstücks enthält, müssen die Vorschriften des Unterabschnittes 5.2.1.2 a) und b) eingehalten werden. Wenn das erforderliche Kennzeichen ein besonderer Wortlaut ist, der in Anführungszeichen („") angegeben ist, wie „LITHIUMBATTERIEN ZUR ENTSORGUNG", muss das Kennzeichen eine Zeichenhöhe von mindestens 12 mm haben, sofern in der Sondervorschrift oder an anderer Stelle im ADR nichts anderes angegeben ist.

**16** Muster von neuen oder bereits bestehenden explosiven Stoffen oder Gegenständen mit Explosivstoff, die unter anderem zu Versuchs-, Zuordnungs-, Forschungs- und Entwicklungszwecken, zu Qualitätskontrollzwecken oder als Handelsmuster befördert werden, dürfen nach den Vorschriften der zuständigen Behörde befördert werden (siehe Absatz 2.2.1.1.3). Die Masse nicht angefeuchteter oder nicht desensibilisierter explosiver Muster ist entsprechend den Vorschriften der zuständigen Behörde auf 10 kg in kleinen Versandstücken begrenzt. Die Masse angefeuchteter oder desensibilisierter Muster ist auf 25 kg begrenzt.

**23** Dieser Stoff weist eine Gefahr der Entzündbarkeit auf, die aber rostnur unter extremen Brandbedingungen in einem abgeschlossenen Raum zutage tritt.

**28** Dieser Stoff darf nur dann nach den Vorschriften der Klasse 3 oder 4.1 befördert werden, wenn er so verpackt ist, dass der Prozentsatz des Verdünnungsmittels zu keiner Zeit während der Beförderung unter den angegebenen Wert fällt (siehe Absätze 2.2.3.1.1 und 2.2.41.1.18). In den Fällen, in denen das Verdünnungsmittel nicht angegeben ist, muss der Stoff so verpackt sein, dass die Menge des explosiven Stoffes den angegebenen Wert nicht überschreitet.

**32** In anderer Form unterliegt dieser Stoff nicht den Vorschriften des ADR.

**37** Dieser Stoff unterliegt nicht den Vorschriften des ADR, wenn er überzogen ist.

**38** Dieser Stoff unterliegt nicht den Vorschriften des ADR, wenn er höchstens 0,1 Masse-% Calciumcarbid enthält.

**39** Dieser Stoff unterliegt nicht den Vorschriften des ADR, wenn er weniger als 30 Masse-% oder mindestens 90 Masse-% Silicium enthält.

**43** Werden diese Stoffe als Mittel zur Schädlingsbekämpfung (Pestizide) zur Beförderung aufgegeben, müssen sie unter der entsprechenden Pestizid-Eintragung und in Übereinstimmung mit den entsprechenden für Pestizide geltenden Vorschriften befördert werden (siehe Absätze 2.2.61.1.10 bis 2.2.61.1.11.2).

**45** Antimonsulfide und -oxide mit einem Arsengehalt von höchstens 0,5 %, bezogen auf die Gesamtmasse, unterliegen nicht den Vorschriften des ADR.

**47** Ferricyanide und Ferrocyanide unterliegen nicht den Vorschriften des ADR.

**48** Enthält dieser Stoff mehr als 20 % Cyanwasserstoff, ist er nicht zur Beförderung zugelassen.

**59** Diese Stoffe unterliegen nicht den Vorschriften des ADR, wenn sie höchstens 50 % Magnesium enthalten.

**60** Beträgt die Konzentration mehr als 72 %, ist der Stoff nicht zur Beförderung zugelassen.

**61** Die technische Benennung, durch die die offizielle Benennung für die Beförderung ergänzt wird, ist die allgemein gebräuchliche, von der ISO zugelassene Benennung (siehe ISO-Norm 1750:1981 „Schädlingsbekämpfungsmittel und andere Agrarchemikalien – Gruppennamen" in der jeweils geänderten Fassung), eine andere Benennung gemäß „The WHO Recommended Classification of Pesticides by Hazard and Guidelines to Classification" oder die Benennung des aktiven Bestandteils (siehe auch Absätze 3.1.2.8.1 und 3.1.2.8.1.1).

**62** Dieser Stoff unterliegt nicht den Vorschriften des ADR, wenn er höchstens 4 % Natriumhydroxid enthält.

**65** Wasserstoffperoxid, wässerige Lösung mit weniger als 8 % Wasserstoffperoxid, unterliegt nicht den Vorschriften des ADR.

**66** Quecksilbersulfid (Zinnober) unterliegt nicht den Vorschriften des ADR.

**103** Ammoniumnitrit und Gemische von einem anorganischen Nitrit mit einem Ammoniumsalz sind zur Beförderung nicht zugelassen.

**105** Nitrocellulose, die der Beschreibung der UN-Nummer 2556 oder 2557 entspricht, darf der Klasse 4.1 zugeordnet werden.

**113** Die Beförderung chemisch instabiler Gemische ist nicht zugelassen.

**119** Kältemaschinen umfassen Maschinen oder andere Geräte, die speziell dafür ausgelegt sind, Lebensmittel oder andere Produkte in einem Innenabteil auf geringer Temperatur zu halten, sowie Klimaanlagen. Kältemaschinen und Bauteile von Kältemaschinen, die weniger als 12 kg Gas der Klasse 2 Buchstabe A oder O gemäß Absatz 2.2.2.1.3 oder weniger als 12 Liter Ammoniaklösung (UN-Nummer 2672) enthalten, unterliegen nicht den Vorschriften des ADR.

**Bem.** Für Zwecke der Beförderung dürfen Wärmepumpen als Kältemaschinen angesehen werden.

**122** Die Nebengefahren und, soweit erforderlich, die Kontroll- und die Notfalltemperatur sowie die UN-Nummer (Gattungseintragung) für jede bereits zugeordnete Zubereitung organischer Peroxide sind in Unterabschnitt 2.2.52.4, in Unterabschnitt 4.1.4.2 Verpackungsanweisung IBC520 und in Absatz 4.2.5.2.6 Anweisung für ortsbewegliche Tanks T23 angegeben.

**123** (bleibt offen)

**127** Ein anderer inerter Stoff oder ein anderes inertes Stoffgemisch darf verwendet werden, vorausgesetzt, dieser inerte Stoff hat gleiche Phlegmatisierungseigenschaften.

**131** Der phlegmatisierte Stoff muss deutlich unempfindlicher sein als das trockene PETN.

**135** Natriumdihydratsalz von Dichlorisocyanursäure entspricht nicht den Kriterien für eine Aufnahme in die Klasse 5.1 und unterliegt nicht den Vorschriften des ADR, es sei denn, es entspricht den Kriterien für die Aufnahme in eine andere Klasse.[1]

**138** p-Brombenzylcyanid unterliegt nicht den Vorschriften des ADR.

**141** Stoffe, die einer ausreichenden Wärmebehandlung unterzogen wurden, so dass sie während der Beförderung keine Gefahr darstellen, unterliegen nicht den Vorschriften des ADR.

**142** Sojabohnenmehl, das mit Lösungsmittel extrahiert wurde, höchstens 1,5 % Öl und 11 % Feuchtigkeit und praktisch kein entzündbares Lösungsmittel enthält, unterliegt nicht den Vorschriften des ADR.

**144** Wässerige Lösungen mit höchstens 24 Vol.-% Alkohol unterliegen nicht den Vorschriften des ADR.

**145** Alkoholische Getränke der Verpackungsgruppe III unterliegen nicht den Vorschriften des ADR, wenn sie in Behältern mit einem Fassungsraum von höchstens 250 Litern befördert werden.

**152** Die Zuordnung dieses Stoffes hängt von der Partikelgröße und der Verpackung ab, Grenzwerte wurden bisher nicht experimentell bestimmt. Die entsprechende Zuordnung muss nach den Vorschriften des Abschnitts 2.2.1 erfolgen.

**153** Diese Eintragung gilt nur, wenn auf der Grundlage von Prüfungen nachgewiesen wird, dass die Stoffe in Berührung mit Wasser weder brennbar sind noch eine Tendenz zur Selbstentzündung zeigen und das entwickelte Gasgemisch nicht entzündbar ist.

**162** (gestrichen)

**163** Ein in Kapitel 3.2 Tabelle A namentlich genannter Stoff darf nicht unter dieser Eintragung befördert werden. Stoffe, die unter dieser Eintragung befördert werden, dürfen höchstens 20 % Nitrocellulose enthalten, vorausgesetzt, die Nitrocellulose enthält höchstens 12,6 % Stickstoff (in der Trockenmasse). → *SV 198*

**168** Asbest, der so in ein natürliches oder künstliches Bindemittel (wie Zement, Kunststoff, Asphalt, Harze oder Mineralien) eingebettet oder daran befestigt ist, dass es während der Beförderung nicht zum Freiwerden gefährlicher Mengen lungengängiger Asbestfasern kommen kann, unterliegt nicht den Vorschriften des ADR. Hergestellte Gegenstände, die Asbest enthalten und dieser Vorschrift nicht entsprechen, unterliegen den Vorschriften des ADR nicht, wenn sie so verpackt sind, dass es während der Beförderung nicht zum Freiwerden gefährlicher Mengen lungengängiger Asbestfasern kommen kann. → *D: RSEB 3-1*

[1] *Anmerkung des Verlags: Nach Anhang VI Teil 3 der CLP-Verordnung (Verordnung (EG) Nr. 1272/2008 ist dieser Stoff in H400/H410 eingestuft und damit gemäß 2.2.9.1.10 der UN-Nr. 3077 zuzuordnen.*

3.3.1 (Forts.) **169** Phthalsäureanhydrid in festem Zustand und Tetrahydrophthalsäureanhydride mit höchstens 0,05 % Maleinsäureanhydrid unterliegen nicht den Vorschriften des ADR. Phthalsäureanhydrid mit höchstens 0,05 % Maleinsäureanhydrid, das bei einer Temperatur über seinem Flammpunkt geschmolzen ist, ist der UN-Nummer 3256 zuzuordnen.

*→ 1.7.5* **172** Wenn ein radioaktiver Stoff eine oder mehrere Nebengefahren hat:

a) muss der Stoff gegebenenfalls unter Anwendung der in Teil 2 vorgesehenen und der Art der überwiegenden Nebengefahr entsprechenden Kriterien für die Verpackungsgruppe der Verpackungsgruppe I, II oder III zugeordnet werden;

b) müssen die Versandstücke mit den Gefahrzetteln bezettelt werden, die den einzelnen, von den Stoffen ausgehenden Nebengefahren entsprechen; entsprechende Großzettel (Placards) müssen in Übereinstimmung mit den anwendbaren Vorschriften des Abschnitts 5.3.1 an den Güterbeförderungseinheiten angebracht werden;

c) muss für Zwecke der Dokumentation und der Kennzeichnung des Versandstücks die offizielle Benennung für die Beförderung mit dem Namen der Bestandteile, die am überwiegendsten für diese Nebengefahr(en) verantwortlich sind, in Klammern ergänzt werden;

d) müssen im Beförderungspapier die jeder Nebengefahr entsprechende(n) Nummer(n) der Gefahrzettelmuster nach der Nummer der Klasse „7" in Klammern und, sofern eine Verpackungsgruppe zugeordnet ist, die Verpackungsgruppe gemäß Absatz 5.4.1.1.1 d) angegeben werden.

Für das Verpacken siehe auch Absatz 4.1.9.1.5.

**177** Bariumsulfat unterliegt nicht den Vorschriften des ADR.

*→ D: BAM-Kampfmittel-Verfügung* **178** Diese Bezeichnung darf nur mit Zustimmung der zuständigen Behörde des Ursprungslandes verwendet werden (siehe Absatz 2.2.1.1.3) und nur dann, wenn keine andere geeignete Bezeichnung in Kapitel 3.2 Tabelle A enthalten ist.

**181** Versandstücke mit diesem Stoff sind außerdem mit einem Gefahrzettel nach Muster 1 (siehe Absatz 5.2.2.2.2) zu versehen, es sei denn, die zuständige Behörde des Ursprungslandes hat zugelassen, dass auf diesen Zettel beim geprüften Verpackungstyp verzichtet werden kann, weil Prüfungsergebnisse gezeigt haben, dass der Stoff in einer solchen Verpackung kein explosives Verhalten aufweist (siehe Absatz 5.2.2.1.9).

**182** Die Gruppe der Alkalimetalle umfasst die Elemente Lithium, Natrium, Kalium, Rubidium und Caesium.

**183** Die Gruppe der Erdalkalimetalle umfasst die Elemente Magnesium, Calcium, Strontium und Barium.

**186** (gestrichen)

**188** Die zur Beförderung aufgegebenen Zellen und Batterien unterliegen nicht den übrigen Vorschriften des ADR, wenn folgende Vorschriften erfüllt sind:

a) Eine Zelle mit Lithiummetall oder Lithiumlegierung enthält höchstens 1 g Lithium und eine Lithium-Ionen- oder Natrium-Ionen-Zelle hat eine Nennenergie in Wattstunden von höchstens 20 Wh.

**Bem.** Wenn Lithiumbatterien, die dem Absatz 2.2.9.1.7.1 f) entsprechen, in Übereinstimmung mit dieser Sondervorschrift befördert werden, darf die Gesamtmenge an Lithium aller in der Batterie enthaltenen Lithium-Metall-Zellen nicht größer als 1,5 g und die Gesamtkapazität aller in der Batterie enthaltenen Lithium-Ionen-Zellen nicht größer als 10 Wh sein (siehe Sondervorschrift 387).

b) eine Batterie mit Lithiummetall oder Lithiumlegierung enthält höchstens eine Gesamtmenge von 2 g Lithium und eine Lithium-Ionen- oder Natrium-Ionen-Batterie hat eine Nennenergie in Wattstunden von höchstens 100 Wh. Lithium-Ionen- und Natrium-Ionen-Batterien, die unter diese Vorschrift fallen, müssen auf dem Außengehäuse mit der Nennenergie in Wattstunden gekennzeichnet sein, ausgenommen vor dem 1. Januar 2009 hergestellte Lithium-Ionen-Batterien.

**Bem.** Wenn Lithiumbatterien, die dem Absatz 2.2.9.1.7.1 f) entsprechen, in Übereinstimmung mit dieser Sondervorschrift befördert werden, darf die Gesamtmenge an Lithium aller in der Batterie enthaltenen Lithium-Metall-Zellen nicht größer als 1,5 g und die Gesamtkapazität aller in der Batterie enthaltenen Lithium-Ionen-Zellen nicht größer als 10 Wh sein (siehe Sondervorschrift 387).

c) jede Lithiumzelle oder -batterie entspricht den Vorschriften der Absätze 2.2.9.1.7.1 a), e), gegebenenfalls f), und g); für Natrium-Ionen-Zellen oder -Batterien gelten die Vorschriften der Absätze 2.2.9.1.7.2 a), e) und f). 3.3.1 SV188 (Forts.)

d) Die Zellen und Batterien müssen, sofern sie nicht in Ausrüstungen eingebaut sind, in Innenverpackungen verpackt sein, welche die Zelle oder Batterie vollständig einschließen. Die Zellen und Batterien müssen so geschützt sein, dass Kurzschlüsse verhindert werden. Dies schließt den Schutz vor Kontakt mit elektrisch leitfähigen Werkstoffen innerhalb derselben Verpackung ein, der zu einem Kurzschluss führen kann. Die Innenverpackungen müssen in widerstandsfähigen Außenverpackungen verpackt sein, die den Vorschriften der Unterabschnitte 4.1.1.1, 4.1.1.2 und 4.1.1.5 entsprechen.

e) Zellen und Batterien, die in Ausrüstungen eingebaut sind, müssen gegen Beschädigung und Kurzschluss geschützt sein; die Ausrüstungen müssen mit wirksamen Mitteln zur Verhinderung einer unbeabsichtigten Auslösung ausgestattet sein. Diese Vorschrift gilt nicht für Einrichtungen, die während der Beförderung absichtlich aktiv sind (Sender für die Identifizierung mit Hilfe elektromagnetischer Wellen (RFID), Uhren, Sensoren usw.) und die nicht in der Lage sind, eine gefährliche Hitzeentwicklung zu erzeugen. Wenn Batterien in Ausrüstungen eingebaut sind, müssen die Ausrüstungen in widerstandsfähigen Außenverpackungen verpackt sein, die aus einem geeigneten Werkstoff gefertigt sind, der in Bezug auf den Fassungsraum der Verpackung und die beabsichtigte Verwendung der Verpackung ausreichend stark und dimensioniert ist, es sei denn, die Batterie ist durch die Ausrüstung, in der sie enthalten ist, selbst entsprechend geschützt.

f) Jedes Versandstück muss mit dem entsprechenden in Unterabschnitt 5.2.1.9 abgebildeten Kennzeichen für Batterien gekennzeichnet sein.

Diese Vorschrift gilt nicht für:

(i) Versandstücke, die nur in Ausrüstungen (einschließlich Platinen) eingebaute Knopfzellen-Batterien enthalten, und

(ii) Versandstücke, die höchstens vier in Ausrüstungen eingebaute Zellen oder zwei in Ausrüstungen eingebaute Batterien enthalten, sofern die Sendung höchstens zwei solcher Versandstücke umfasst.

Wenn Versandstücke in eine Umverpackung eingesetzt werden, muss das Kennzeichen für Batterien entweder deutlich sichtbar sein oder auf der Außenseite der Umverpackung wiedergegeben werden und die Umverpackung muss mit dem Ausdruck „UMVERPACKUNG" gekennzeichnet sein. Die Buchstabenhöhe des Ausdrucks „UMVERPACKUNG" muss mindestens 12 mm sein.

**Bem.** Versandstücke mit Lithiumbatterien, die in Übereinstimmung mit den Vorschriften des Teils 4 Kapitel 11 Verpackungsanweisung 965 oder 968 Abschnitt IB der Technischen Anweisungen der ICAO verpackt sind und mit dem Kennzeichen gemäß Unterabschnitt 5.2.1.9 (Kennzeichen für Batterien) und dem Gefahrzettel nach Muster 9A gemäß Absatz 5.2.2.2.2 versehen sind, gelten als den Vorschriften dieser Sondervorschrift entsprechend.

g) Jedes Versandstück muss, sofern die Zellen oder Batterien nicht in Ausrüstungen eingebaut sind, in der Lage sein, einer Fallprüfung aus 1,2 m Höhe, unabhängig von seiner Ausrichtung, ohne Beschädigung der darin enthaltenen Zellen oder Batterien, ohne Verschiebung des Inhalts, die zu einer Berührung der Batterien (oder der Zellen) führt, und ohne Freisetzen des Inhalts standzuhalten.

h) Die Bruttomasse der Versandstücke darf 30 kg nicht überschreiten, es sei denn, die Zellen oder Batterien sind in Ausrüstungen eingebaut oder mit Ausrüstungen verpackt.

In den oben aufgeführten Vorschriften und im gesamten ADR versteht man unter „Lithiummenge" die Masse des Lithiums in der Anode einer Zelle mit Lithiummetall oder Lithiumlegierung. „Ausrüstung" im Sinne dieser Sondervorschrift ist ein Gerät, für dessen Betrieb die Zellen oder Batterien elektrische Energie liefern.

Es bestehen verschiedene Eintragungen für Lithium-Metall-Batterien und Lithium-Ionen-Batterien, um für besondere Verkehrsträger die Beförderung dieser Batterien zu erleichtern und die Anwendung unterschiedlicher Notfalleinsatzmaßnahmen zu ermöglichen.

3.3.1 SV188 (Forts.)

Eine einzellige Batterie gemäß der Definition in Teil III Unterabschnitt 38.3.2.3 des Handbuchs Prüfungen und Kriterien gilt als „Zelle" und muss für Zwecke dieser Sondervorschrift gemäß den Vorschriften für „Zellen" befördert werden.

**190** Druckgaspackungen sind mit einem Schutz gegen unbeabsichtigtes Entleeren zu versehen. Druckgaspackungen mit einem Fassungsraum von höchstens 50 ml, die nur nicht giftige Stoffe enthalten, unterliegen nicht den Vorschriften des ADR.

**191** Gefäße, klein, mit Gas (Gaspatronen), mit einem Fassungsraum von höchstens 50 ml, die nur nicht giftige Stoffe enthalten, unterliegen nicht den Vorschriften des ADR.

**193** Diese Eintragung darf nur für ammoniumnitrathaltige Mehrnährstoffdüngemittel verwendet werden. Diese müssen in Übereinstimmung mit dem im Handbuch Prüfungen und Kriterien Teil III Abschnitt 39 festgelegten Verfahren klassifiziert werden. Düngemittel, die den Kriterien dieser UN-Nummer entsprechen, unterliegen nicht den Vorschriften des ADR.

**194** Die Kontroll- und die Notfalltemperatur, soweit erforderlich, und die UN-Nummer (Gattungseintragung) für jeden bereits zugeordneten selbstzersetzlichen Stoff sind in Unterabschnitt 2.2.41.4 angegeben.

**196** Zubereitungen, die bei Laborversuchen weder im kavitierten Zustand detonieren noch deflagrieren, die bei Erhitzung unter Einschluss nicht reagieren und die keine Explosionskraft zeigen, dürfen unter dieser Eintragung befördert werden. Die Zubereitung muss auch thermisch stabil sein (d.h. die Temperatur der selbstbeschleunigenden Zersetzung (SADT) für ein Versandstück von 50 kg beträgt mindestens 60 °C). Zubereitungen, die diesen Kriterien nicht entsprechen, sind unter den Vorschriften der Klasse 5.2 zu befördern (siehe Unterabschnitt 2.2.52.4).

**198** Nitrocellulose, Lösungen mit höchstens 20 % Nitrocellulose, dürfen als Farbe, Druckfarbe bzw. Parfümerieerzeugnis befördert werden (siehe UN-Nummern 1210, 1263, 1266, 3066, 3469 und 3470).

**199** Bleiverbindungen, die, wenn sie im Verhältnis von 1:1000 mit 0,07 M-Salzsäure gemischt und während einer Stunde bei einer Temperatur von 23 °C ± 2 °C umgerührt werden, eine Löslichkeit von höchstens 5 % aufweisen (siehe Norm ISO 3711:1990 „Bleichromat-Pigmente und Bleichromat/molybdat-Pigmente – Anforderungen und Prüfung"), gelten als nicht löslich und unterliegen nicht den Vorschriften des ADR, es sei denn, sie entsprechen den Kriterien für die Aufnahme in eine andere Klasse.

*→ D: § 23 (1) 7* **201** Feuerzeuge und Nachfüllpatronen für Feuerzeuge müssen den Vorschriften des Staates entsprechen, in dem sie befüllt wurden. Sie müssen mit einem Schutz gegen unbeabsichtigtes Entleeren ausgerüstet sein. Die flüssige Phase des Gases darf 85 % des Fassungsraums des Gefäßes bei 15 °C nicht überschreiten. Die Gefäße einschließlich der Verschlusseinrichtungen müssen einem Innendruck standhalten können, der dem doppelten Druck des verflüssigten Kohlenwasserstoffgases bei einer Temperatur von 55 °C entspricht. Die Ventilmechanismen und Zündeinrichtungen müssen dicht verschlossen, mit einem Klebeband umschlossen oder durch ein anderes Mittel gesichert oder aber so ausgelegt sein, dass eine Betätigung oder ein Freiwerden des Inhalts während der Beförderung verhindert wird. Feuerzeuge dürfen nicht mehr als 10 g verflüssigtes Kohlenwasserstoffgas enthalten. Nachfüllpatronen für Feuerzeuge dürfen nicht mehr als 65 g verflüssigtes Kohlenwasserstoffgas enthalten.

**Bem.** Für Abfall-Feuerzeuge, die getrennt gesammelt werden, siehe Kapitel 3.3 Sondervorschrift 654.

**203** Diese Eintragung darf nicht für UN 2315 Polychlorierte Biphenyle, flüssig, und UN 3432 Polychlorierte Biphenyle, fest, verwendet werden.

**204** (gestrichen)

**205** Diese Eintragung darf nicht für UN 3155 PENTACHLORPHENOL verwendet werden.

**207** Kunststoffpressmischungen können aus Polystyrol, Polymethylmethacrylat oder einem anderen Polymer sein.

**208** Die handelsübliche Form von calciumnitrathaltigem Düngemittel, bestehend hauptsächlich aus einem Doppelsalz (Calciumnitrat und Ammoniumnitrat), das höchstens 10 % Ammoniumnitrat und mindestens 12 % Kristallwasser enthält, unterliegt nicht den Vorschriften des ADR.

**210** Toxine aus Pflanzen, Tieren oder Bakterien, die ansteckungsgefährliche Stoffe enthalten, oder Toxine, die in ansteckungsgefährlichen Stoffen enthalten sind, sind Stoffe der Klasse 6.2.

**215** Diese Eintragung gilt nur für den technisch reinen Stoff oder für Zubereitungen mit diesem Stoff, die eine SADT über 75 °C haben; sie gilt deshalb nicht für Zubereitungen, die selbstzersetzliche Stoffe sind (selbstzersetzliche Stoffe siehe Unterabschnitt 2.2.41.4). **3.3.1** (Forts.)

Homogene Gemische mit höchstens 35 Masse-% Azodicarbonamid und mindestens 65 % eines inerten Stoffes unterliegen nicht den Vorschriften des ADR, sofern nicht die Kriterien einer anderen Klasse erfüllt werden.

**216** Gemische fester Stoffe, die den Vorschriften des ADR nicht unterliegen, mit entzündbaren flüssigen Stoffen dürfen unter dieser Eintragung befördert werden, ohne dass zuvor die Klassifizierungskriterien der Klasse 4.1 angewendet werden, vorausgesetzt, zum Zeitpunkt des Verladens des Stoffes oder des Verschließens der Verpackung oder der Güterbeförderungseinheit ist keine freie Flüssigkeit sichtbar. Dicht verschlossene Päckchen und Gegenstände, die weniger als 10 ml eines in einem festen Stoff absorbierten entzündbaren flüssigen Stoffes der Verpackungsgruppe II oder III enthalten, unterliegen nicht den Vorschriften des ADR, vorausgesetzt, das Päckchen oder der Gegenstand enthält keine freie Flüssigkeit.

**217** Gemische fester Stoffe, die den Vorschriften des ADR nicht unterliegen, mit giftigen flüssigen Stoffen dürfen unter dieser Eintragung befördert werden, ohne dass zuvor die Klassifizierungskriterien der Klasse 6.1 angewendet werden, vorausgesetzt, zum Zeitpunkt des Verladens des Stoffes oder des Verschließens der Verpackung oder der Güterbeförderungseinheit ist keine freie Flüssigkeit sichtbar. Diese Eintragung darf nicht für feste Stoffe verwendet werden, die einen flüssigen Stoff der Verpackungsgruppe I enthalten.

**218** Gemische fester Stoffe, die den Vorschriften des ADR nicht unterliegen, mit ätzenden flüssigen Stoffen dürfen unter dieser Eintragung befördert werden, ohne dass zuvor die Klassifizierungskriterien der Klasse 8 angewendet werden, vorausgesetzt, zum Zeitpunkt des Verladens des Stoffes oder des Verschließens der Verpackung oder der Güterbeförderungseinheit ist keine freie Flüssigkeit sichtbar.

**219** Genetisch veränderte Mikroorganismen (GMMO) und genetisch veränderte Organismen (GMO), die in Übereinstimmung mit der Verpackungsanweisung P904 des Unterabschnitts 4.1.4.1 verpackt und gekennzeichnet sind, unterliegen nicht den übrigen Vorschriften des ADR.

Wenn GMMO oder GMO den Kriterien für eine Aufnahme in die Klasse 6.1 oder 6.2 (siehe Unterabschnitte 2.2.61.1 und 2.2.62.1) entsprechen, gelten die Vorschriften des ADR für die Beförderung giftiger oder ansteckungsgefährlicher Stoffe.

**220** Unmittelbar nach der offiziellen Benennung für die Beförderung ist nur die technische Benennung des entzündbaren flüssigen Bestandteils dieser Lösung oder dieses Gemisches in Klammern anzugeben.

**221** Stoffe, die unter diese Eintragung fallen, dürfen nicht der Verpackungsgruppe I angehören.

**224** Der Stoff muss unter normalen Beförderungsbedingungen flüssig bleiben, es sei denn, durch Versuche kann nachgewiesen werden, dass die Empfindlichkeit in gefrorenem Zustand nicht größer ist als in flüssigem Zustand. Bei Temperaturen über –15 °C darf er nicht gefrieren.

**225** Feuerlöscher, die unter diese Eintragung fallen, dürfen zur Sicherstellung ihrer Funktion mit Kartuschen ausgerüstet sein (Kartuschen für technische Zwecke des Klassifizierungscodes 1.4C oder 1.4S), ohne dass dadurch die Zuordnung zur Klasse 2 Gruppe A oder O gemäß Absatz 2.2.2.1.3 verändert wird, vorausgesetzt, die Gesamtmenge deflagrierender Explosivstoffe (Treibstoffe) beträgt höchstens 3,2 g je Feuerlöscher.

Feuerlöscher müssen nach den im Herstellungsland angewendeten Vorschriften hergestellt, geprüft, zugelassen und bezettelt sein.

**Bem.** „Im Herstellungsland angewendete Vorschriften" bedeuten im Herstellungsland oder im Verwendungsland anwendbare Vorschriften.

Feuerlöscher unter dieser Eintragung umfassen:

a) tragbare Feuerlöscher für manuelle Handhabung und manuellen Betrieb;

**Bem.** Diese Eintragung gilt für tragbare Feuerlöscher, auch wenn einige für ihre einwandfreie Funktion notwendigen Bauteile (z.B. Schläuche und Düsen) vorübergehend abgebaut sind, solange die Sicherheit der unter Druck stehenden Löschmittelbehälter nicht beeinträchtigt ist und die Feuerlöscher weiterhin als tragbare Feuerlöscher zu erkennen sind.

3.3.1 SV225 (Forts.)

b) Feuerlöscher für den Einbau in Flugzeugen;

c) auf Rädern montierte Feuerlöscher für manuelle Handhabung;

d) Feuerlöschausrüstungen oder -geräte, die auf Rädern oder auf Plattformen oder Einheiten mit Rädern montiert sind und die ähnlich wie (kleine) Anhänger befördert werden, und

e) Feuerlöscher, die aus einem nicht rollbaren Druckfass und einer Ausrüstung zusammengesetzt sind und deren Handhabung beispielsweise beim Be- oder Entladen mit einer Hubgabel oder einem Kran erfolgt.

**Bem.** Druckgefäße, die Gase für die Verwendung in oben genannten Feuerlöschern oder in stationären Feuerlöschanlagen enthalten, müssen, wenn sie getrennt befördert werden, den Vorschriften des Kapitels 6.2 und allen für das jeweilige gefährliche Gut anwendbaren Vorschriften entsprechen.

**226** Zubereitungen dieses Stoffes, die mindestens 30 % nicht flüchtige, nicht entzündbare Phlegmatisierungsmittel enthalten, unterliegen nicht den Vorschriften des ADR.

**227** Der Harnstoffnitratgehalt darf bei Phlegmatisierung mit Wasser und anorganischen inerten Stoffen 75 Masse-% nicht überschreiten, und das Gemisch darf durch den Test der Prüfreihe 1 Typ a) des Handbuchs Prüfungen und Kriterien Teil I nicht zur Explosion gebracht werden können.

**228** Gemische, die nicht den Kriterien für entzündbare Gase entsprechen (siehe Absatz 2.2.2.1.5), sind unter der UN-Nummer 3163 zu befördern.

**230** Lithiumzellen und -batterien dürfen unter dieser Eintragung befördert werden, wenn sie den Vorschriften des Absatzes 2.2.9.1.7.1 entsprechen. Natrium-Ionen-Zellen und -Batterien dürfen unter dieser Eintragung befördert werden, wenn sie den Vorschriften des Absatzes 2.2.9.1.7.2 entsprechen.

**235** Diese Eintragung gilt für Gegenstände, die explosive Stoffe der Klasse 1 enthalten und die auch gefährliche Güter anderer Klassen enthalten können. Diese Gegenstände werden zur Erhöhung der Sicherheit in Fahrzeugen, Schiffen oder Flugzeugen, z.B. als Airbag-Gasgeneratoren, Airbag-Module, Gurtstraffer und pyromechanische Einrichtungen verwendet.

**236** Polyesterharz-Mehrkomponentensysteme bestehen aus zwei Komponenten: einem Grundprodukt (entweder Klasse 3 oder Klasse 4.1, jeweils Verpackungsgruppe II oder III) und einem Aktivierungsmittel (organisches Peroxid). Das organische Peroxid muss vom Typ D, E oder F sein und darf keine Temperaturkontrolle erfordern. Die Verpackungsgruppe nach den auf das Grundprodukt angewendeten Kriterien der Klasse 3 bzw. 4.1 muss II oder III sein. Die in Kapitel 3.2 Tabelle A Spalte (7a) angegebene Mengenbegrenzung gilt für das Grundprodukt.

**237** Die Membranfilter einschließlich der Papiertrennblätter und der Überzugs- und Verstärkungswerkstoffe usw., die während der Beförderung vorhanden sind, dürfen nach einer der im Handbuch Prüfungen und Kriterien Teil I Prüfreihe 1 a) beschriebenen Prüfungen nicht dazu neigen, eine Explosion zu übertragen.

Darüber hinaus kann die zuständige Behörde auf der Grundlage der Ergebnisse von geeigneten Prüfungen der Abbrandgeschwindigkeit unter Berücksichtigung der Standardprüfungen im Handbuch Prüfungen und Kriterien Teil III Unterabschnitt 33.2 festlegen, dass Membranfilter aus Nitrocellulose in der Form, in der sie befördert werden sollen, nicht den für entzündbare feste Stoffe der Klasse 4.1 geltenden Vorschriften unterliegen.

**238** a) Batterien gelten als auslaufsicher, wenn sie ohne Flüssigkeitsverlust die unten angegebene Vibrations- und Druckprüfung überstehen.

**Vibrationsprüfung:** Die Batterie wird auf der Prüfplatte eines Vibrationsgeräts festgeklemmt und einer einfachen sinusförmigen Bewegung mit einer Amplitude von 0,8 mm (1,6 mm Gesamtausschlag) ausgesetzt. Die Frequenz wird in Stufen von 1 Hz/min zwischen 10 Hz und 55 Hz verändert. Die gesamte Bandbreite der Frequenzen wird in beiden Richtungen in 95 ± 5 Minuten für jede Befestigungslage (Vibrationsrichtung) der Batterie durchlaufen. Die Batterie wird in drei zueinander senkrechten Positionen (einschließlich einer Position, bei der sich die Füll- und Entlüftungsöffnungen, soweit vorhanden, in umgekehrter Lage befinden) in Zeitabschnitten gleicher Dauer geprüft.

**Druckprüfung:** Im Anschluss an die Vibrationsprüfung wird die Batterie bei 24 °C ± 4 °C sechs Stunden lang einem Druckunterschied von mindestens 88 kPa ausgesetzt. Die Batterie wird in drei zueinander senkrechten Positionen (einschließlich einer Position, bei der sich die

Füll- und Entlüftungsöffnungen, soweit vorhanden, in umgekehrter Lage befinden) jeweils mindestens sechs Stunden lang geprüft.

b) Auslaufsichere Batterien unterliegen nicht den Vorschriften des ADR, wenn bei einer Temperatur von 55 °C im Falle eines Gehäusebruchs oder eines Risses im Gehäuse der Elektrolyt nicht austritt, keine freie Flüssigkeit vorhanden ist, die austreten kann, und die Pole der Batterien in versandfertiger Verpackung gegen Kurzschluss geschützt sind.

**239** Die Batterien oder Zellen dürfen mit Ausnahme von Natrium, Schwefel oder Natriumverbindungen (z.B. Natriumpolysulfide und Natriumtetrachloraluminat) keine gefährlichen Stoffe enthalten. Die Batterien oder Zellen dürfen bei einer Temperatur, bei der sich das in ihnen enthaltene elementare Natrium verflüssigen kann, nur mit Zustimmung der zuständigen Behörde des Ursprungslandes und unter den von dieser festgelegten Bedingungen zur Beförderung aufgegeben werden. Ist das Ursprungsland keine Vertragspartei des ADR, müssen die Zustimmung und die Beförderungsvorschriften von der zuständigen Behörde der ersten von der Sendung berührten Vertragspartei des ADR anerkannt werden.

Die Zellen müssen aus dicht verschlossenen Metallgehäusen bestehen, die die gefährlichen Stoffe vollständig umschließen und die so gebaut und verschlossen sind, dass ein Freisetzen dieser Stoffe unter normalen Beförderungsbedingungen verhindert wird.

Die Batterien müssen aus Zellen bestehen, die in einem Metallgehäuse gesichert und vollständig eingeschlossen sind, welches so gebaut und verschlossen ist, dass ein Freisetzen der gefährlichen Stoffe unter normalen Beförderungsbedingungen verhindert wird.

**240** (gestrichen)

**241** Die Zubereitung muss so hergestellt sein, dass sie homogen bleibt und während der Beförderung keine Phasentrennung erfolgt. Den Vorschriften des ADR unterliegen nicht Zubereitungen mit niedrigem Nitrocellulosegehalt, die keine gefährlichen Eigenschaften aufweisen, wenn sie den Prüfungen für die Bestimmung ihrer Detonations-, Deflagrations- oder Explosionsfähigkeit bei Erwärmung unter Einschluss nach den Prüfungen der Prüfreihen 1 a), 2 b) und 2 c) des Teils I des Handbuchs Prüfungen und Kriterien unterzogen werden, und die sich nicht wie entzündbare feste Stoffe verhalten, wenn sie der Prüfung N.1 des Handbuchs Prüfungen und Kriterien Teil III Unterabschnitt 33.2.4 unterzogen werden (für diese Prüfungen muss der Stoff in Plättchenform – soweit erforderlich – gemahlen und gesiebt werden, um die Korngröße auf weniger als 1,25 mm zu reduzieren).

**242** Schwefel unterliegt nicht den Vorschriften des ADR, wenn der Stoff in besonderer Form (z.B. Perlen, Granulat, Pellets, Pastillen oder Flocken) vorliegt.

**243** Benzin und Ottokraftstoff für die Verwendung in Ottomotoren (z.B. in Kraftfahrzeugen, ortsfesten Motoren und anderen Motoren) sind ungeachtet der Bandbreite der Flüchtigkeit dieser Eintragung zuzuordnen.

**244** Diese Eintragung umfasst z.B. Aluminiumkrätze, Aluminiumschlacke, gebrauchte Kathoden, gebrauchte Behälterauskleidungen und Aluminiumsalzschlacke.

**247** Alkoholische Getränke mit mehr als 24 Vol.-%, aber höchstens 70 Vol.-% Alkohol dürfen, soweit sie im Rahmen des Herstellungsverfahrens befördert werden, unter den nachfolgend genannten Bedingungen in Holzfässern mit einem Fassungsraum von mehr als 250 Litern und höchstens 500 Litern, die, soweit anwendbar, den allgemeinen Vorschriften des Abschnitts 4.1.1 entsprechen, befördert werden:

a) die Holzfässer müssen vor dem Befüllen auf Dichtheit geprüft werden, → D: § 23 (2) 8

b) für die Ausdehnung der Flüssigkeit muss genügend füllungsfreier Raum (mindestens 3 %) vorgesehen werden,

c) die Holzfässer müssen mit nach oben gerichteten Spundlöchern befördert werden und

d) die Holzfässer müssen in Containern befördert werden, welche die Vorschriften des Internationalen Übereinkommens über sichere Container (CSC) erfüllen. Jedes Holzfass muss auf einem speziellen Schlitten befestigt und mit Hilfe geeigneter Mittel so verkeilt sein, dass jegliches Verschieben während der Beförderung ausgeschlossen wird.

**249** Gegen Korrosion stabilisiertes Cereisen mit einem Eisengehalt von mindestens 10 % unterliegt nicht den Vorschriften des ADR.

3.3.1 (Forts.) **250** Diese Eintragung darf nur für Proben chemischer Substanzen verwendet werden, die in Zusammenhang mit der Anwendung des Übereinkommens über das Verbot der Entwicklung, Herstellung, Lagerung und des Einsatzes chemischer Waffen und über die Vernichtung solcher Waffen zu Analysezwecken genommen wurden. Die Beförderung von Stoffen, die unter diese Eintragung fallen, muss nach der Verfahrenskette für den Schutz und die Sicherheit, die von der Organisation für das Verbot chemischer Waffen festgelegt wurde, erfolgen.

Die chemische Probe darf erst befördert werden, nachdem die zuständige Behörde oder der Generaldirektor der Organisation für das Verbot chemischer Waffen eine Genehmigung erteilt hat und sofern die Probe folgenden Vorschriften entspricht:

a) sie muss nach der Verpackungsanweisung 623 der Technischen Anweisungen der ICAO verpackt sein und

b) bei der Beförderung muss dem Beförderungspapier eine Kopie des Dokuments über die Genehmigung der Beförderung, in der die Mengenbeschränkungen und die Verpackungsvorschriften angegeben sind, beigefügt sein.

**251** Die Eintragung UN 3316 CHEMIE-TESTSATZ oder UN 3316 ERSTE-HILFE-AUSRÜSTUNG bezieht sich auf Kästen, Kassetten usw., die kleine Mengen gefährlicher Güter, die z.B. für medizinische Zwecke, Analyse-, Prüf- oder Reparaturzwecke verwendet werden, enthalten.

Diese Testsätze oder Ausrüstungen dürfen nur gefährliche Güter enthalten,

a) die als freigestellte Mengen zugelassen sind, welche die durch den Code in Kapitel 3.2 Tabelle A Spalte (7b) angegebene Menge nicht überschreiten, vorausgesetzt, die Nettomenge je Innenverpackung und die Nettomenge je Versandstück entsprechen den Vorschriften der Unterabschnitte 3.5.1.2 und 3.5.1.3, oder

b) die als begrenzte Mengen, wie in Kapitel 3.2 Tabelle A Spalte (7a) angegeben, zugelassen sind, vorausgesetzt, die Nettomenge je Innenverpackung ist nicht größer als 250 ml oder 250 g.

Die Bestandteile dieser Testsätze oder Ausrüstungen dürfen nicht gefährlich miteinander reagieren (siehe Begriffsbestimmung für gefährliche Reaktion in Abschnitt 1.2.1). Die Gesamtmenge gefährlicher Güter je Testsatz oder Ausrüstung darf nicht größer sein als 1 Liter oder 1 kg.

Für Zwecke der Beschreibung der gefährlichen Güter im Beförderungspapier gemäß Absatz 5.4.1.1.1 muss die im Beförderungspapier angegebene Verpackungsgruppe der strengsten Verpackungsgruppe entsprechen, die einem der im Testsatz oder in der Ausrüstung enthaltenen Stoffe zugeordnet ist. Wenn der Testsatz oder die Ausrüstung nur gefährliche Güter enthält, denen keine Verpackungsgruppe zugeordnet ist, muss im Beförderungspapier keine Verpackungsgruppe angegeben werden.

Testsätze oder Ausrüstungen, die an Bord von Fahrzeugen zu Zwecken der Ersten Hilfe oder der Verwendung an Ort und Stelle befördert werden, unterliegen nicht den Vorschriften des ADR.

Chemie-Testsätze und Erste-Hilfe-Ausrüstungen, die gefährliche Güter in Innenverpackungen in Mengen enthalten, welche die für die jeweiligen Stoffe anwendbaren und in Kapitel 3.2 Tabelle A Spalte (7a) festgelegten Mengengrenzen für begrenzte Mengen nicht überschreiten, dürfen nach den Vorschriften des Kapitels 3.4 befördert werden.

**252** (1) Heiße konzentrierte Lösungen von Ammoniumnitrat dürfen unter dieser Eintragung befördert werden, vorausgesetzt:

a) die Lösung enthält höchstens 93 % Ammoniumnitrat,

b) die Lösung enthält mindestens 7 % Wasser,

c) die Lösung enthält höchstens 0,2 % brennbare Stoffe,

d) die Lösung enthält keine Chlorverbindungen in Mengen, bei denen der Anteil der Chlorid-Ionen mehr als 0,02 % beträgt,

e) der bei 25 °C gemessene pH-Wert einer zehnprozentigen wässerigen Lösung des Stoffes liegt zwischen 5 und 7 und

f) die höchstzulässige Beförderungstemperatur der Lösung beträgt 140 °C.

(2) Darüber hinaus unterliegen heiße konzentrierte Lösungen von Ammoniumnitrat nicht den Vorschriften des ADR, vorausgesetzt:

a) die Lösung enthält höchstens 80 % Ammoniumnitrat,

b) die Lösung enthält höchstens 0,2 % brennbare Stoffe,

c) das Ammoniumnitrat bleibt unter allen Beförderungsbedingungen gelöst und

d) die Lösung erfüllt nicht die Kriterien einer anderen Klasse.

3.3.1 SV252 (Forts.)

**266** Dieser Stoff darf, wenn er weniger Alkohol, Wasser oder Phlegmatisierungsmittel als angegeben enthält, nicht befördert werden, es sei denn, die zuständige Behörde hat eine besondere Genehmigung erteilt (siehe Unterabschnitt 2.2.1.1).

**267** Sprengstoffe, Typ C, die Chlorate enthalten, müssen von explosiven Stoffen, die Ammoniumnitrat oder andere Ammoniumsalze enthalten, getrennt werden.

**270** Wässerige Lösungen anorganischer fester Nitrate der Klasse 5.1 entsprechen nicht den Kriterien der Klasse 5.1, wenn die Konzentration der Stoffe in der Lösung bei der geringsten während der Beförderung erreichbaren Temperatur 80 % der Sättigungsgrenze nicht übersteigt.

**271** Als Phlegmatisierungsmittel dürfen Lactose, Glucose oder ähnliche Mittel verwendet werden, vorausgesetzt, der Stoff enthält mindestens 90 Masse-% Phlegmatisierungsmittel. Die zuständige Behörde kann auf der Grundlage von Prüfungen der Prüfreihe 6 c) des Handbuchs Prüfungen und Kriterien Teil I Abschnitt 16, die an mindestens drei versandfertig vorbereiteten Verpackungen durchgeführt wurden, die Zuordnung dieser Gemische unter der Klasse 4.1 zulassen. Gemische mit mindestens 98 Masse-% Phlegmatisierungsmittel unterliegen nicht den Vorschriften des ADR. Versandstücke, die Gemische mit mindestens 90 Masse-% Phlegmatisierungsmittel enthalten, müssen nicht mit einem Gefahrzettel nach Muster 6.1 versehen sein.

**272** Dieser Stoff darf unter den Vorschriften der Klasse 4.1 nur mit besonderer Genehmigung der zuständigen Behörde befördert werden (siehe UN-Nummer 0143 bzw. 0150).

**273** Maneb und Manebzubereitungen, die gegen Selbsterhitzung stabilisiert sind, müssen nicht der Klasse 4.2 zugeordnet werden, wenn durch Prüfungen nachgewiesen werden kann, dass sich ein kubisches Volumen von 1 $m^3$ des Stoffes nicht selbst entzündet und die Temperatur in der Mitte der Probe 200 °C nicht übersteigt, wenn die Probe während 24 Stunden auf einer Temperatur von mindestens 75 °C ± 2 °C gehalten wird.

**274** Es gelten die Vorschriften des Unterabschnitts 3.1.2.8. → 5.4.1.1.3.1

**278** Dieser Stoff darf nur mit Zustimmung der zuständigen Behörde auf der Grundlage der Ergebnisse der Prüfungen der Prüfreihe 2 und einer Prüfung der Prüfreihe 6 c) des Handbuchs Prüfungen und Kriterien Teil I an versandfertigen Versandstücken klassifiziert und befördert werden (siehe Unterabschnitt 2.2.1.1). Die zuständige Behörde muss die Verpackungsgruppe auf der Grundlage der Kriterien des Abschnitts 2.2.3 und des für die Prüfreihe 6 c) verwendeten Verpackungstyps festlegen.

**279** Anstelle der strikten Anwendung der Klassifizierungskriterien des ADR wurde dieser Stoff auf Grund von Erfahrungen in Bezug auf den Menschen klassifiziert oder einer Verpackungsgruppe zugeordnet.

**280** Diese Eintragung gilt für Sicherheitseinrichtungen für Fahrzeuge, Schiffe oder Flugzeuge, z.B. Airbag-Gasgeneratoren, Airbag-Module, Gurtstraffer und pyromechanische Einrichtungen, die gefährliche Güter der Klasse 1 oder anderer Klassen enthalten, sofern diese als Bauteile befördert werden und sofern diese Gegenstände im versandfertigen Zustand in Übereinstimmung mit der Prüfreihe 6 c) des Handbuchs Prüfungen und Kriterien Teil I geprüft worden sind, ohne dass eine Explosion der Einrichtung, eine Zertrümmerung des Einrichtungsgehäuses oder des Druckgefäßes und weder eine Splittergefahr noch eine thermische Reaktion festgestellt wurde, die Maßnahmen zur Feuerbekämpfung oder andere Notfallmaßnahmen in unmittelbarer Umgebung wesentlich behindern könnten. Diese Eintragung gilt nicht für die in der Sondervorschrift 296 beschriebenen Rettungsmittel (UN-Nummern 2990 und 3072) oder für die in der Sondervorschrift 407 beschriebenen Feuerlöschmittel-Dispergiervorrichtungen (UN-Nummern 0514 und 3559).

**282** (gestrichen)

**283** Gegenstände, die ein Gas enthalten und als Stoßdämpfer dienen, einschließlich Stoßenergie absorbierende Einrichtungen oder Druckluftfedern unterliegen nicht den Vorschriften des ADR, vorausgesetzt:

a) jeder Gegenstand hat einen Gasbehälter mit einem Fassungsraum von höchstens 1,6 Liter und einen Ladedruck von höchstens 280 bar, wobei das Produkt aus Fassungsraum (Liter) und Ladedruck (bar) 80 nicht überschreitet (d.h. 0,5 Liter Fassungsraum und 160 bar Lade-

**3.3.1** SV283 (Forts.)

druck, 1 Liter Fassungsraum und 80 bar Ladedruck, 1,6 Liter Fassungsraum und 50 bar Ladedruck, 0,28 Liter Fassungsraum und 280 bar Ladedruck);

b) jeder Gegenstand hat einen Berstdruck, der bei Produkten mit einem Fassungsraum des Gasbehälters von höchstens 0,5 Liter mindestens dem vierfachen Ladedruck und bei Produkten mit einem Fassungsraum des Gasbehälters von mehr als 0,5 Liter mindestens dem fünffachen Ladedruck bei 20 °C entspricht;

c) jeder Gegenstand ist aus einem Werkstoff hergestellt, der bei Bruch nicht splittert;

d) jeder Gegenstand ist nach einer für die zuständige Behörde annehmbaren Qualitätssicherungsnorm gefertigt und

e) die Bauart wurde einem Brandtest unterzogen, bei dem nachgewiesen wurde, dass der Innendruck des Gegenstandes mittels einer Schmelzsicherung oder einer anderen Druckentlastungseinrichtung abgebaut wird, so dass der Gegenstand nicht splittern oder hochschießen kann.

Wegen Ausrüstungsteilen zum Betrieb von Fahrzeugen siehe auch Unterabschnitt 1.1.3.2 d).

**284** Ein Sauerstoffgenerator, chemisch, der oxidierende Stoffe enthält, muss folgenden Bedingungen entsprechen:

a) der Generator darf, wenn er eine Vorrichtung zur Auslösung von Explosivstoffen enthält, unter dieser Eintragung nur befördert werden, wenn er gemäß Bem. zu Absatz 2.2.1.1.1 b) von der Klasse 1 ausgeschlossen ist;

b) der Generator muss ohne seine Verpackung einer Fallprüfung aus 1,8 m Höhe auf eine starre, nicht federnde, ebene und horizontale Oberfläche in der Stellung, in der die Wahrscheinlichkeit eines Schadens am größten ist, ohne Austreten von Füllgut und ohne Auslösen standhalten;

c) wenn ein Generator mit einer Auslösevorrichtung ausgerüstet ist, muss er mindestens zwei wirksame Sicherungsvorrichtungen gegen unbeabsichtigtes Auslösen haben.

**286** Membranfilter aus Nitrocellulose, die unter diese Eintragung fallen und jeweils eine Masse von höchstens 0,5 g haben, unterliegen den Vorschriften des ADR nicht, wenn sie einzeln in einem Gegenstand oder in einem dicht verschlossenen Päckchen enthalten sind.

**288** Diese Stoffe dürfen nur mit Zustimmung der zuständigen Behörde auf der Grundlage der Ergebnisse von Prüfungen der Prüfreihe 2 und einer Prüfung der Prüfreihe 6 c) des Handbuchs Prüfungen und Kriterien Teil I an versandfertigen Versandstücken klassifiziert und befördert werden (siehe Unterabschnitt 2.2.1.1).

**289** Sicherheitseinrichtungen, elektrische Auslösung, und Sicherheitseinrichtungen, pyrotechnisch, die in Fahrzeugen, Wagen, Schiffen oder Flugzeugen oder einbaufertigen Teilen, wie Lenksäulen, Türfüllungen, Sitze usw., montiert sind, unterliegen nicht den Vorschriften des ADR.

**290** Wenn dieser radioaktive Stoff den Begriffsbestimmungen und Kriterien anderer in Teil 2 aufgeführter Klassen entspricht, ist er wie folgt zu klassifizieren:

a) Wenn der Stoff den in Kapitel 3.5 aufgeführten Kriterien für gefährliche Güter in freigestellten Mengen entspricht, müssen die Verpackungen dem Abschnitt 3.5.2 entsprechen und die Prüfvorschriften des Abschnitts 3.5.3 erfüllen. Alle übrigen für freigestellte Versandstücke radioaktiver Stoffe in Unterabschnitt 1.7.1.5 aufgeführten anwendbaren Vorschriften gelten ohne Verweis auf die andere Klasse.

b) Wenn die Menge die in Unterabschnitt 3.5.1.2 festgelegten Grenzwerte überschreitet, muss der Stoff nach der überwiegenden Nebengefahr klassifiziert werden. Das Beförderungspapier muss den Stoff mit der UN-Nummer und der offiziellen Benennung für die Beförderung beschreiben, die für die andere Klasse gelten, und durch die gemäß Kapitel 3.2 Tabelle A Spalte (2) für das freigestellte Versandstück radioaktiver Stoffe geltende Benennung ergänzt werden. Der Stoff muss nach den für diese UN-Nummer anwendbaren Vorschriften befördert werden. Nachfolgend ist ein Beispiel für die Angaben im Beförderungspapier dargestellt:

„UN 1993 ENTZÜNDBARER FLÜSSIGER STOFF, N.A.G. (Gemisch aus Ethanol und Toluen), radioaktive Stoffe, freigestelltes Versandstück – begrenzte Stoffmenge, 3, VG II".

Darüber hinaus gelten die Vorschriften des Absatzes 2.2.7.2.4.1.

c) Die Vorschriften des Kapitels 3.4 für die Beförderung von in begrenzten Mengen verpackten gefährlichen Gütern gelten nicht für gemäß Absatz b) klassifizierte Stoffe.

d) Wenn der Stoff einer Sondervorschrift entspricht, welche diesen Stoff von allen Vorschriften für gefährliche Güter der übrigen Klassen freistellt, muss er in Übereinstimmung mit der anwendbaren UN-Nummer der Klasse 7 zugeordnet werden und es gelten alle in Unterabschnitt 1.7.1.5 festgelegten Vorschriften. 3.3.1 SV290 (Forts.)

**291** Verflüssigte entzündbare Gase müssen in Bauteilen von Kältemaschinen enthalten sein. Diese Bauteile müssen mindestens für den dreifachen Betriebsdruck der Kältemaschine ausgelegt und geprüft sein. Die Kältemaschinen müssen so ausgelegt und gebaut sein, dass unter normalen Beförderungsbedingungen das verflüssigte Gas zurückgehalten und das Risiko des Berstens oder der Rissbildung der unter Druck stehenden Bauteile ausgeschlossen wird. Kältemaschinen und Bauteile von Kältemaschinen, die weniger als 12 kg Gas enthalten, unterliegen nicht den Vorschriften des ADR. *→ CH: SDR-Erlass 1.1*

**Bem.** Für Zwecke der Beförderung dürfen Wärmepumpen als Kältemaschinen angesehen werden.

**292** (gestrichen)

**293** Für Zündhölzer gelten folgende Begriffsbestimmungen:

a) Sturmzündhölzer sind Zündhölzer, deren Köpfe mit einer reibungsempfindlichen Zündzusammensetzung und einer pyrotechnischen Zusammensetzung vorbereitet sind, die mit kleiner oder ohne Flamme, jedoch mit starker Hitze brennt;

b) Sicherheitszündhölzer sind Zündhölzer, die mit dem Heftchen, dem Briefchen oder der Schachtel kombiniert oder verbunden sind und nur auf einer vorbereiteten Oberfläche durch Reibung entzündet werden können;

c) Zündhölzer, überall zündbar, sind Zündhölzer, die auf einer festen Oberfläche durch Reibung entzündet werden können;

d) Wachszündhölzer sind Zündhölzer, die sowohl auf einer vorbereiteten als auch auf einer festen Oberfläche durch Reibung entzündet werden können.

**295** Es ist nicht erforderlich, jede Batterie mit einem Kennzeichen und einem Gefahrzettel zu versehen, wenn auf der palettierten Ladung ein entsprechendes Kennzeichen und ein entsprechender Gefahrzettel angebracht sind.

**296** Diese Eintragungen gelten für Rettungsmittel, wie Rettungsinseln oder -flöße, Auftriebshilfen und selbstaufblasende Rutschen. Die UN-Nummer 2990 gilt für selbstaufblasende Rettungsmittel, die UN-Nummer 3072 für nicht selbstaufblasende Rettungsmittel. Rettungsmittel dürfen enthalten:

a) Signalkörper (Klasse 1), die Rauch- und Leuchtkugeln enthalten dürfen und die in Verpackungen eingesetzt sind, die sie vor einer unbeabsichtigten Auslösung schützen;

b) nur die UN-Nummer 2990 darf Patronen – Antriebseinrichtungen der Unterklasse 1.4 Verträglichkeitsgruppe S – für den Selbstaufblas-Mechanismus enthalten, vorausgesetzt, die Explosivstoffmenge je Rettungsmittel ist nicht größer als 3,2 g;

c) verdichtete oder verflüssigte Gase der Klasse 2 Gruppe A oder O gemäß Absatz 2.2.2.1.3;

d) Batterien (Akkumulatoren) (Klasse 8) und Lithiumbatterien oder Natrium-Ionen-Batterien (Klasse 9);

e) Erste-Hilfe-Ausrüstungen oder Reparaturausrüstungen, die geringe Mengen gefährlicher Güter enthalten (z.B. Stoffe der Klasse 3, 4.1, 5.2, 8 oder 9), oder

f) Zündhölzer, überall zündbar, die in Verpackungen eingesetzt sind, die sie vor einer unbeabsichtigten Auslösung schützen.

Rettungsmittel, die in widerstandsfähigen starren Außenverpackungen mit einer höchsten Gesamtbruttomasse von 40 kg verpackt sind und keine anderen gefährlichen Güter als verdichtete oder verflüssigte Gase der Klasse 2 Gruppe A oder O in Gefäßen mit einem Fassungsraum von höchstens 120 ml enthalten, die ausschließlich zum Zweck der Aktivierung des Rettungsmittels eingebaut sind, unterliegen nicht den Vorschriften des ADR.

**298** (gestrichen)

**300** Fischmehl, Fischabfälle und Krillmehl dürfen nicht verladen werden, wenn die Temperatur zum Zeitpunkt des Verladens mehr als 35 °C oder 5 °C mehr als die Umgebungstemperatur beträgt, je nachdem, welcher der beiden Werte höher ist.

3.3.1 (Forts.)

→ CH: SDR-Erlass 1.1.2.4

**301** Diese Eintragung gilt nur für Gegenstände, wie Maschinen, Geräte oder Einrichtungen, die gefährliche Güter als Rückstände oder als Bestandteil der Gegenstände enthalten. Sie darf nicht für Gegenstände verwendet werden, für die in Kapitel 3.2 Tabelle A bereits eine offizielle Benennung für die Beförderung besteht. Gegenstände, die unter dieser Eintragung befördert werden, dürfen nur gefährliche Güter enthalten, die für eine Beförderung in Übereinstimmung mit den Vorschriften des Kapitels 3.4 (begrenzte Mengen) zugelassen sind. Die Menge gefährlicher Güter im Gegenstand darf die in Kapitel 3.2 Tabelle A Spalte (7a) für jedes einzelne enthaltene gefährliche Gut angegebene Menge nicht überschreiten. Wenn der Gegenstand mehrere gefährliche Güter enthält, muss jedes gefährliche Gut getrennt eingeschlossen sein, um zu verhindern, dass diese während der Beförderung gefährlich miteinander reagieren (siehe Unterabschnitt 4.1.1.6). Wenn sichergestellt werden muss, dass flüssige gefährliche Güter in ihrer vorgesehenen Ausrichtung verbleiben, müssen Ausrichtungspfeile gemäß den Vorschriften des Unterabschnitts 5.2.1.10 mindestens auf zwei gegenüberliegenden senkrechten Seiten angebracht sein, wobei die Pfeile in die richtige Richtung zeigen.

**302** Begaste Güterbeförderungseinheiten, die keine anderen gefährlichen Güter enthalten, unterliegen nur den Vorschriften des Abschnitts 5.5.2.

**303** Die Gefäße müssen dem Klassifizierungscode des darin enthaltenen Gases oder Gasgemisches zugeordnet werden, der nach den Vorschriften des Abschnitts 2.2.2 zu bestimmen ist.

**304** Diese Eintragung darf nur für die Beförderung nicht aktivierter Batterien verwendet werden, die Kaliumhydroxid, trocken, enthalten und die dazu bestimmt sind, vor der Verwendung durch die Hinzufügung einer geeigneten Menge von Wasser in die einzelnen Zellen aktiviert zu werden.

**305** Diese Stoffe unterliegen in Konzentrationen von höchstens 50 mg/kg nicht den Vorschriften des ADR.

**306** Diese Eintragung darf nur für Stoffe verwendet werden, die bei den Prüfungen gemäß Prüfreihe 2 (siehe Handbuch Prüfungen und Kriterien Teil I) zu unempfindlich für eine Zuordnung zur Klasse 1 sind.

**307** Diese Eintragung darf nur für ammoniumnitrathaltige Düngemittel verwendet werden. Diese müssen in Übereinstimmung mit dem im Handbuch Prüfungen und Kriterien Teil III Abschnitt 39 festgelegten Verfahren vorbehaltlich der Einschränkungen in Absatz 2.2.51.2.2 dreizehnter und vierzehnter Spiegelstrich klassifiziert werden. Der im genannten Abschnitt 39 verwendete Begriff „zuständige Behörde" bedeutet die zuständige Behörde des Ursprungslandes. Ist das Ursprungsland keine Vertragspartei des ADR, so müssen die Klassifizierung und die Beförderungsbedingungen von der zuständigen Behörde der ersten von der Sendung berührten Vertragspartei des ADR anerkannt werden.

**309** Diese Eintragung gilt für nicht sensibilisierte Emulsionen, Suspensionen und Gele, die sich hauptsächlich aus einem Gemisch von Ammoniumnitrat und einem Brennstoff zusammensetzen und die für die Herstellung eines Sprengstoffs Typ E nach einer zwingenden Vorbehandlung vor der Verwendung bestimmt sind.

Das Gemisch für Emulsionen hat typischerweise folgende Zusammensetzung: 60 bis 85 % Ammoniumnitrat, 5 bis 30 % Wasser, 2 bis 8 % Brennstoff, 0,5 bis 4 % Emulgator, 0 bis 10 % lösliche Flammenunterdrücker sowie Spurenzusätze. Ammoniumnitrat darf teilweise durch andere anorganische Nitratsalze ersetzt werden.

Das Gemisch für Suspensionen und Gele hat typischerweise folgende Zusammensetzung: 60 bis 85 % Ammoniumnitrat, 0 bis 5 % Natrium- oder Kaliumperchlorat, 0 bis 17 % Hexaminnitrat oder Monomethylaminnitrat, 5 bis 30 % Wasser, 2 bis 15 % Brennstoff, 0,5 bis 4 % Verdickungsmittel, 0 bis 10 % lösliche Flammenunterdrücker sowie Spurenzusätze. Ammoniumnitrat darf teilweise durch andere anorganische Nitratsalze ersetzt werden.

Diese Stoffe müssen die Kriterien für die Klassifizierung als Ammoniumnitrat-Emulsion, Ammoniumnitrat-Suspension oder Ammoniumnitrat-Gel, Zwischenprodukt für die Herstellung von Sprengstoffen (ANE) der Prüfreihe 8 des Handbuchs Prüfungen und Kriterien Teil I Abschnitt 18 erfüllen und von der zuständigen Behörde zugelassen sein.

**310** Zellen oder Batterien aus Produktionsserien von höchstens 100 Zellen oder Batterien oder Vorproduktionsprototypen von Zellen oder Batterien, sofern diese Prototypen für die Prüfung befördert werden, müssen den Vorschriften des Absatzes 2.2.9.1.7.1 mit Ausnahme der Absätze a), e) (vii), f) (iii), sofern anwendbar, f) (iv), sofern anwendbar, und g) entsprechen.

**Bem.** „Für die Prüfung befördert“ umfasst unter anderem die im Handbuch Prüfungen und Kriterien Teil III Unterabschnitt 38.3 beschriebenen Prüfungen, Zusammenbauprüfungen und Produktleistungsprüfungen. 3.3.1 SV310 (Forts.)

Diese Zellen und Batterien müssen gemäß Verpackungsanweisung P910 des Unterabschnitts 4.1.4.1 bzw. Verpackungsanweisung LP905 des Unterabschnitts 4.1.4.3 verpackt sein.

Gegenstände (UN-Nummer 3537, 3538, 3540, 3541, 3546, 3547 oder 3548) dürfen solche Zellen oder Batterien enthalten, vorausgesetzt, die anwendbaren Teile der Verpackungsanweisung P006 des Unterabschnitts 4.1.4.1 bzw. der Verpackungsanweisung LP03 des Unterabschnitts 4.1.4.3 werden erfüllt.

Im Beförderungspapier muss folgende Angabe enthalten sein:
„BEFÖRDERUNG NACH SONDERVORSCHRIFT 310“.

Beschädigte oder defekte Zellen und Batterien oder Ausrüstungen mit solchen Zellen und Batterien müssen in Übereinstimmung mit der Sondervorschrift 376 befördert werden .

Zellen, Batterien oder Ausrüstungen mit Zellen und Batterien, die zur Entsorgung oder zum Recycling befördert werden, dürfen gemäß Sondervorschrift 377 und Verpackungsanweisung P909 des Unterabschnitts 4.1.4.1 verpackt sein.

**311** Die Stoffe dürfen nur mit Genehmigung der zuständigen Behörde auf der Grundlage der Ergebnisse der entsprechenden Prüfungen gemäß Handbuch Prüfungen und Kriterien Teil I unter dieser Eintragung befördert werden. Die Verpackung muss sicherstellen, dass der Prozentsatz des Lösungsmittels zu keinem Zeitpunkt während der Beförderung unter den in der Genehmigung der zuständigen Behörde festgelegten Wert fällt.

**312** (gestrichen)

**313** (gestrichen)

**314** a) Diese Stoffe neigen bei erhöhten Temperaturen zur exothermen Zersetzung. Die Zersetzung kann durch Wärme oder durch Unreinheiten (d.h. pulverförmige Metalle (Eisen, Mangan, Kobalt, Magnesium) und ihre Verbindungen) ausgelöst werden.

b) Während der Beförderung dürfen diese Stoffe keiner direkten Sonneneinstrahlung und keinen Wärmequellen ausgesetzt sein und müssen an ausreichend belüfteten Stellen abgestellt sein. *→ D: § 29 (2) 1*

**315** Diese Eintragung darf nicht für Stoffe der Klasse 6.1 verwendet werden, welche den in Absatz 2.2.61.1.8 beschriebenen Kriterien für die Giftigkeit beim Einatmen für die Verpackungsgruppe I entsprechen.

**316** Diese Eintragung gilt nur für Calciumhypochlorit, trocken, das in Form nicht krümelnder Tabletten befördert wird.

**317** „Spaltbar, freigestellt“ gilt nur für solche spaltbaren Stoffe und Versandstücke, die spaltbare Stoffe enthalten, die gemäß Absatz 2.2.7.2.3.5 ausgenommen sind.

**318** Für Zwecke der Dokumentation ist die offizielle Benennung für die Beförderung durch die technische Benennung zu ergänzen (siehe Unterabschnitt 3.1.2.8). Wenn die zu befördernden ansteckungsgefährlichen Stoffe nicht bekannt sind, jedoch der Verdacht besteht, dass sie den Kriterien für eine Aufnahme in Kategorie A und für eine Zuordnung zur UN-Nummer 2814 oder 2900 entsprechen, muss im Beförderungspapier der Wortlaut „Verdacht auf ansteckungsgefährlichen Stoff der Kategorie A“ nach der offiziellen Benennung für die Beförderung in Klammern angegeben werden.

**319** Stoffe, die in Übereinstimmung mit der Verpackungsanweisung P650 verpackt bzw. gekennzeichnet sind, unterliegen keinen weiteren Vorschriften des ADR.

**320** (gestrichen)

**321** Bei diesen Speichersystemen ist immer davon auszugehen, dass sie Wasserstoff enthalten.

**322** Diese Güter sind, wenn sie in Form nicht krümelnder Tabletten befördert werden, der Verpackungsgruppe III zugeordnet.

**323** (bleibt offen)

**324** Dieser Stoff muss in Konzentrationen von höchstens 99 % stabilisiert werden.

**325** Im Falle von Uranhexafluorid, nicht spaltbar oder spaltbar, freigestellt, ist der Stoff der UN-Nummer 2978 zuzuordnen.

**326** Im Falle von Uranhexafluorid, spaltbar, ist der Stoff der UN-Nummer 2977 zuzuordnen.

3.3.1 (Forts.) → D: RSEB 3-2

**327** Abfall-Druckgaspackungen und Abfall-Gaspatronen, die gemäß Absatz 5.4.1.1.3.1 versandt werden, dürfen für Wiederaufarbeitungs- oder Entsorgungszwecke unter der UN-Nummer 1950 bzw. 2037 befördert werden. Sie müssen nicht gegen Bewegung und unbeabsichtigtes Entleeren geschützt sein, vorausgesetzt, es werden Maßnahmen getroffen, um einen gefährlichen Druckaufbau und die Bildung einer gefährlichen Atmosphäre zu verhindern. Abfall-Druckgaspackungen mit Ausnahme von undichten oder stark verformten müssen gemäß Verpackungsanweisung P207 und Sondervorschrift für die Verpackung PP87 oder Verpackungsanweisung LP200 und Sondervorschrift für die Verpackung L2 verpackt sein. Abfall-Gaspatronen mit Ausnahme von undichten oder stark verformten müssen gemäß Verpackungsanweisung P003 und den Sondervorschriften für die Verpackung PP17 und PP96 oder Verpackungsanweisung LP200 und Sondervorschrift für die Verpackung L2 verpackt sein. Undichte oder stark verformte Abfall-Druckgaspackungen und Abfall-Gaspatronen müssen in Bergungsdruckgefäßen oder Bergungsverpackungen befördert werden, vorausgesetzt, es werden geeignete Maßnahmen ergriffen, um einen gefährlichen Druckaufbau zu verhindern.

**Bem.** Im Seeverkehr dürfen Abfall-Druckgaspackungen und Abfall-Gaspatronen nicht in geschlossenen Containern befördert werden.

Abfall-Gaspatronen, die mit nicht entzündbaren, nicht giftigen Gasen der Klasse 2 Gruppe A oder O befüllt waren und durchstochen wurden, unterliegen nicht dem ADR.

→ SV339 **328** Diese Eintragung gilt für Brennstoffzellen-Kartuschen, einschließlich Brennstoffzellen-Kartuschen in Ausrüstungen oder mit Ausrüstungen verpackt. Brennstoffzellen-Kartuschen, die in ein Brennstoffzellen-System eingebaut oder Bestandteil eines solchen Systems sind, gelten als Brennstoffzellen in Ausrüstungen. Eine Brennstoffzellen-Kartusche ist ein Gegenstand, in dem Brennstoff gespeichert wird, der über ein oder mehrere Ventile in die Brennstoffzelle abgegeben wird, welche die Abgabe von Brennstoff in die Brennstoffzelle steuern. Brennstoffzellen-Kartuschen, einschließlich solche, die in Ausrüstungen enthalten sind, müssen so ausgelegt und gebaut sein, dass unter normalen Beförderungsbedingungen ein Freiwerden des Brennstoffs verhindert wird.

Bauarten von Brennstoffzellen-Kartuschen, bei denen flüssige Stoffe als Brennstoffe verwendet werden, müssen einer Innendruckprüfung bei einem Druck von 100 kPa (Überdruck) unterzogen werden, ohne dass es zu einer Undichtheit kommt.

Mit Ausnahme von Brennstoffzellen-Kartuschen, die Wasserstoff in einem Metallhydrid enthalten und die der Sondervorschrift 339 entsprechen, muss für jede Bauart von Brennstoffzellen-Kartuschen nachgewiesen werden, dass sie einer Fallprüfung aus 1,2 Metern Höhe auf eine unnachgiebige Oberfläche in der Ausrichtung, die mit größter Wahrscheinlichkeit zu einem Versagen des Umschließungssystems führt, standhalten, ohne dass es zu einem Freiwerden des Inhalts kommt.

Wenn Lithium-Metall-, Lithium-Ionen- oder Natrium-Ionen-Batterien im Brennstoffzellen-System enthalten sind, muss die Sendung unter dieser Eintragung und unter der jeweils geeigneten Eintragung UN 3091 LITHIUM-METALL-BATTERIEN IN AUSRÜSTUNGEN, UN 3481 LITHIUM-IONEN-BATTERIEN IN AUSRÜSTUNGEN oder UN 3552 NATRIUM-IONEN-BATTERIEN IN AUSRÜSTUNGEN versandt werden.

**329** (bleibt offen)

**330** (gestrichen)

**331** (bleibt offen)

**332** Magnesiumnitrat-Hexahydrat unterliegt nicht den Vorschriften des ADR.

**333** Gemische von Ethanol und Benzin oder Ottokraftstoff für die Verwendung in Ottomotoren (z.B. in Kraftfahrzeugen, ortsfesten Motoren und anderen Motoren) sind ungeachtet der Bandbreite der Flüchtigkeit dieser Eintragung zuzuordnen.

**334** Eine Brennstoffzellen-Kartusche darf einen Aktivator enthalten, vorausgesetzt, dieser ist mit zwei voneinander unabhängigen Vorrichtungen ausgerüstet, die während der Beförderung eine unbeabsichtigte Mischung mit dem Brennstoff verhindern.

**335** Gemische fester Stoffe, die nicht den Vorschriften des ADR unterliegen, und umweltgefährdender flüssiger oder fester Stoffe sind der UN-Nummer 3077 zuzuordnen und dürfen unter dieser Eintragung befördert werden, vorausgesetzt, zum Zeitpunkt des Verladens des Stoffes oder des Verschließens der Verpackung oder der Güterbeförderungseinheit ist keine freie Flüssigkeit sichtbar. Jede Güterbeförderungseinheit muss bei der Verwendung für die Beförderung in loser Schüttung flüssigkeitsdicht sein. Wenn zum Zeitpunkt des Verladens des Gemisches oder des Verschließens der Verpackung oder der Güterbeförderungseinheit freie Flüssigkeit sichtbar ist, ist das Gemisch der UN-Nummer 3082 zuzuordnen. Dicht verschlossene Päckchen und Gegenstände, die weniger als 10 ml eines in einem festen Stoff absorbierten umweltgefährdenden flüssigen Stoffes enthalten, wobei das Päckchen oder der Gegenstand jedoch keine freie Flüssigkeit enthalten darf, oder die weniger als 10 g eines umweltgefährdenden festen Stoffes enthalten, unterliegen nicht den Vorschriften des ADR. **3.3.1** SV335 (Forts.)

**336** Ein einzelnes Versandstück mit nichtbrennbaren festen LSA-II- oder LSA-III-Stoffen darf bei Beförderung als Luftfracht höchstens eine Aktivität von 3 000 $A_2$ aufweisen. *→ 1.6.6.1* *→ 1.6.6.2*

**337** Typ B(U)- und Typ B(M)-Versandstücke dürfen bei Beförderung als Luftfracht höchstens folgende Aktivitäten aufweisen:

a) bei gering dispergierbaren radioaktiven Stoffen: wie für das Versandstückmuster zugelassen und im Zulassungszeugnis festgelegt;

b) bei radioaktiven Stoffen in besonderer Form: 3 000 $A_1$ oder 100 000 $A_2$, je nachdem, welcher Wert niedriger ist, oder

c) bei allen anderen radioaktiven Stoffen: 3 000 $A_2$.

**338** Jede Brennstoffzellen-Kartusche, die unter dieser Eintragung befördert wird und für die Aufnahme eines verflüssigten entzündbaren Gases ausgelegt ist, muss folgenden Vorschriften entsprechen:

a) sie muss in der Lage sein, einem Druck standzuhalten, der mindestens dem Zweifachen des Gleichgewichtsdrucks des Inhalts bei 55 °C entspricht, ohne dass es zu einer Undichtheit oder einem Zerbersten kommt;

b) sie darf höchstens 200 ml verflüssigtes entzündbares Gas enthalten, dessen Dampfdruck bei 55 °C 1 000 kPa nicht übersteigen darf, und

c) sie muss die in Unterabschnitt 6.2.6.3.1 beschriebene Prüfung in einem Heißwasserbad bestehen.

**339** Brennstoffzellen-Kartuschen, die Wasserstoff in einem Metallhydrid enthalten und unter dieser Eintragung befördert werden, müssen einen mit Wasser ausgeliterten Fassungsraum von höchstens 120 ml haben. *→ SV328*

Der Druck in der Brennstoffzellen-Kartusche darf bei 55 °C 5 MPa nicht überschreiten. Das Baumuster muss einem Druck standhalten, der dem zweifachen Auslegungsdruck der Kartusche bei 55 °C oder dem um 200 kPa erhöhten Auslegungsdruck der Kartusche bei 55 °C entspricht, je nachdem, welcher der beiden Werte höher ist, ohne dass es zu einer Undichtheit oder einem Zerbersten kommt. Der Druck, bei dem diese Prüfung durchgeführt wird, ist in der Freifallprüfung und der Prüfung der zyklischen Wasserstoffbefüllung und -entleerung als „Mindestberstdruck des Gehäuses" bezeichnet.

Brennstoffzellen-Kartuschen müssen nach den vom Hersteller vorgegebenen Verfahren befüllt werden. Der Hersteller muss für jede Brennstoffzellen-Kartusche folgende Informationen zur Verfügung stellen:

a) vor der ersten Befüllung und vor der Wiederbefüllung der Brennstoffzellen-Kartusche durchzuführende Prüfverfahren;

b) zu beachtende Sicherheitsvorkehrungen und potenzielle Gefahren;

c) Methode für die Bestimmung, wann der nominale Fassungsraum erreicht ist;

d) minimaler und maximaler Druckbereich;

e) minimaler und maximaler Temperaturbereich und

f) sonstige Vorschriften, die bei der ersten Befüllung und der Wiederbefüllung einzuhalten sind, einschließlich der Art der für die erste Befüllung und die Wiederbefüllung zu verwendenden Ausrüstung.

Die Brennstoffzellen-Kartuschen müssen so ausgelegt und gebaut sein, dass unter normalen Beförderungsbedingungen ein Austreten von Brennstoff verhindert wird. Jedes Kartuschen-Baumuster, einschließlich Kartuschen, die Bestandteil einer Brennstoffzelle sind, muss folgenden Prüfungen erfolgreich unterzogen werden:

3.3.1 SV339 (Forts.)

**Freifallprüfung**

Eine Freifallprüfung aus 1,8 Metern Höhe auf eine unnachgiebige Oberfläche in vier verschiedenen Ausrichtungen:

a) vertikal auf das Ende, welches das Absperrventil enthält;

b) vertikal auf das Ende, welches dem Absperrventil gegenüber liegt;

c) horizontal auf eine nach oben zeigende Stahlspitze mit einem Durchmesser von 38 mm und

d) in einem 45°-Winkel auf das Ende, welches das Absperrventil enthält.

Beim Aufbringen einer Seifenlösung oder anderer gleichwertiger Mittel auf allen möglichen Undichtheitspunkten darf keine Undichtheit festgestellt werden, wenn die Kartusche bis zu ihrem nominalen Fülldruck aufgeladen wird. Die Brennstoffzellen-Kartusche muss anschließend bis zur Zerstörung hydrostatisch unter Druck gesetzt werden. Der aufgezeichnete Berstdruck muss 85 % des Mindestberstdrucks des Gehäuses überschreiten.

**Brandprüfung**

Eine Brennstoffzellen-Kartusche, die bis zum nominalen Fassungsraum mit Wasserstoff gefüllt ist, muss einer Brandprüfung unter Flammeneinschluss unterzogen werden. Es wird davon ausgegangen, dass das Kartuschen-Baumuster, das eine eingebaute Lüftungseinrichtung enthalten darf, die Brandprüfung bestanden hat, wenn:

a) der innere Druck ohne Zerbersten der Kartusche auf 0 bar Überdruck entlastet wird oder

b) die Kartusche dem Brand ohne Zerbersten mindestens 20 Minuten standhält.

**Prüfung der zyklischen Wasserstoffbefüllung und -entleerung**

Durch diese Prüfung soll sichergestellt werden, dass die Auslegungsbeanspruchungsgrenzwerte einer Brennstoffzellen-Kartusche während der Verwendung nicht überschritten werden.

Die Brennstoffzellen-Kartusche muss zyklisch von höchstens 5 % des nominalen Wasserstofffassungsraums auf mindestens 95 % des nominalen Wasserstofffassungsraums aufgefüllt und auf höchstens 5 % des nominalen Wasserstofffassungsraums entleert werden. Bei der Befüllung muss der nominale Fülldruck verwendet werden, und die Temperaturen müssen innerhalb des Betriebstemperaturbereichs liegen. Die zyklische Befüllung und Entleerung muss mindestens 100 Mal durchgeführt werden.

Nach der zyklischen Prüfung muss die Brennstoffzellen-Kartusche aufgefüllt und das durch die Kartusche verdrängte Wasservolumen gemessen werden. Es wird davon ausgegangen, dass das Kartuschen-Baumuster die Prüfung der zyklischen Wasserstoffbefüllung und -entleerung bestanden hat, wenn das Wasservolumen, das durch die der zyklischen Befüllung und Entleerung unterzogenen Kartusche verdrängt wird, nicht das Wasservolumen überschreitet, das von einer nicht der zyklischen Befüllung und Entleerung unterzogenen Kartusche, die zu 95 % ihres nominalen Fassungsraums aufgefüllt und zu 75 % des Mindestberstdrucks des Gehäuses unter Druck gesetzt ist, verdrängt wird.

**Produktionsdichtheitsprüfung**

Jede Brennstoffzellen-Kartusche muss, während sie mit ihrem nominalen Fülldruck unter Druck gesetzt ist, bei 15 °C ± 5 °C auf Undichtheiten geprüft werden. Beim Aufbringen einer Seifenlösung oder anderer gleichwertiger Mittel auf allen möglichen Undichtheitspunkten darf keine Undichtheit festgestellt werden.

Jede Brennstoffzellen-Kartusche muss dauerhaft mit folgenden Informationen gekennzeichnet sein:

a) dem nominalen Fülldruck in MPa;

b) der vom Hersteller vergebenen Seriennummer der Brennstoffzellen-Kartusche oder einer einmal vergebenen Identifizierungsnummer und

c) dem auf der höchsten Lebensdauer basierenden Ablaufdatum (Angabe des Jahres in vier Ziffern, des Monats in zwei Ziffern).

**340** Chemie-Testsätze, Erste-Hilfe-Ausrüstungen und Polyesterharz-Mehrkomponentensysteme, die gefährliche Stoffe in Innenverpackungen in Mengen enthalten, welche die für einzelne Stoffe anwendbaren, in Kapitel 3.2 Tabelle A Spalte (7b) festgelegten Mengengrenzwerte für freigestellte Mengen nicht überschreiten, dürfen in Übereinstimmung mit Kapitel 3.5 befördert werden. Obwohl Stoffe der Klasse 5.2 in Kapitel 3.2 Tabelle A Spalte (7b) nicht als freigestellte Mengen zugelassen sind, sind sie in solchen Testsätzen, Ausrüstungen oder Systemen zugelassen und dem Code E2 zugeordnet (siehe Unterabschnitt 3.5.1.2). **3.3.1** SV340 (Forts.)

**341** (bleibt offen)

**342** Innengefäße aus Glas (wie Ampullen oder Kapseln), die nur für die Verwendung in Sterilisationsgeräten vorgesehen sind, dürfen, wenn sie weniger als 30 ml Ethylenoxid je Innenverpackung und höchstens 300 ml je Außenverpackung enthalten, unabhängig von der Angabe „E0" in Kapitel 3.2 Tabelle A Spalte (7b) nach den Vorschriften des Kapitels 3.5 befördert werden, vorausgesetzt:

a) nach dem Befüllen wurde für jedes Innengefäß aus Glas die Dichtheit festgestellt, indem das Innengefäß aus Glas in ein Heißwasserbad mit einer Temperatur und für eine Dauer eingesetzt wird, die ausreichend sind, um sicherzustellen, dass ein Innendruck erreicht wird, der dem Dampfdruck von Ethylenoxid bei 55 °C entspricht. Innengefäße aus Glas, die bei dieser Prüfung Anzeichen für eine Undichtheit, eine Verformung oder einen anderen Mangel liefern, dürfen nicht nach dieser Sondervorschrift befördert werden;

b) zusätzlich zu der in Abschnitt 3.5.2 vorgeschriebenen Verpackung wird jedes Innengefäß aus Glas in einen dichten Kunststoffsack eingesetzt, der mit Ethylenoxid verträglich und in der Lage ist, den Inhalt im Fall eines Bruchs oder einer Undichtheit des Innengefäßes aus Glas aufzunehmen, und

c) jedes Innengefäß aus Glas ist durch Mittel (z.B. Schutzhülsen oder Polsterung) geschützt, die ein Durchstoßen des Kunststoffsacks im Fall einer Beschädigung der Verpackung (z.B. durch Zerdrücken) verhindern.

**343** Diese Eintragung gilt für Roherdöl, das Schwefelwasserstoff in ausreichender Konzentration enthält, so dass die vom Roherdöl entwickelten Dämpfe eine Gefahr beim Einatmen darstellen können. Die zugeordnete Verpackungsgruppe muss anhand der Gefahr der Entzündbarkeit und der Gefahr beim Einatmen nach dem Gefahrengrad bestimmt werden.

**344** Die Vorschriften des Abschnitts 6.2.6 müssen eingehalten werden.

**345** Dieses Gas, das in offenen Kryo-Behältern mit einem höchsten Fassungsraum von einem Liter und Doppelwänden aus Glas enthalten ist, bei denen der Zwischenraum zwischen der Innen- und Außenwand luftleer (vakuumisoliert) ist, unterliegt nicht den Vorschriften des ADR, vorausgesetzt, jeder Behälter wird in einer Außenverpackung mit ausreichendem Polstermaterial oder saugfähigem Material befördert, um ihn vor Beschädigungen durch Stoß zu schützen.

**346** Offene Kryo-Behälter, die den Vorschriften der Verpackungsanweisung P203 des Unterabschnitts 4.1.4.1 entsprechen und keine gefährlichen Güter mit Ausnahme von UN 1977 Stickstoff, tiefgekühlt, flüssig, der vollständig von einem porösen Material aufgesaugt ist, enthalten, unterliegen keinen weiteren Vorschriften des ADR.

**347** Diese Eintragung darf nur verwendet werden, wenn die Ergebnisse der Prüfreihe 6 d) des Handbuchs Prüfungen und Kriterien Teil I gezeigt haben, dass alle aus der Funktion herrührenden Gefahren auf das Innere des Versandstücks beschränkt bleiben.

**348** Nach dem 31. Dezember 2011 hergestellte Lithiumbatterien und nach dem 31. Dezember 2025 hergestellte Natrium-Ionen-Batterien müssen auf dem Außengehäuse mit der Nennenergie in Wattstunden gekennzeichnet sein.

**349** Gemische eines Hypochlorits mit einem Ammoniumsalz sind zur Beförderung nicht zugelassen. UN 1791 Hypochloritlösung ist ein Stoff der Klasse 8.

**350** Ammoniumbromat und seine wässerigen Lösungen sowie Gemische eines Bromats mit einem Ammoniumsalz sind zur Beförderung nicht zugelassen.

**351** Ammoniumchlorat und seine wässerigen Lösungen sowie Gemische eines Chlorats mit einem Ammoniumsalz sind zur Beförderung nicht zugelassen.

**352** Ammoniumchlorit und seine wässerigen Lösungen sowie Gemische eines Chlorits mit einem Ammoniumsalz sind zur Beförderung nicht zugelassen.

**353** Ammoniumpermanganat und seine wässerigen Lösungen sowie Gemische eines Permanganats mit einem Ammoniumsalz sind zur Beförderung nicht zugelassen.

**354** Dieser Stoff ist beim Einatmen giftig.

3.3.1 (Forts.)

**355** Sauerstoffflaschen für Notfallzwecke, die unter dieser Eintragung befördert werden, dürfen eingebaute Auslösekartuschen (Kartusche mit Antriebseinrichtung der Unterklasse 1.4 Verträglichkeitsgruppe C oder S) enthalten, ohne dass dadurch die Zuordnung zur Klasse 2 verändert wird, vorausgesetzt, die Gesamtmenge der deflagrierenden (antreibenden) explosiven Stoffe je Sauerstoffflasche überschreitet nicht 3,2 g. Die versandfertigen Flaschen mit den eingebauten Auslösekartuschen müssen über eine wirksame Vorrichtung zum Schutz vor unbeabsichtigtem Auslösen verfügen.

**356** Metallhydrid-Speichersysteme, die für einen Einbau in Fahrzeugen, Wagen, Schiffen, Maschinen, Motoren oder Flugzeugen vorgesehen sind, müssen vor der Annahme zur Beförderung von der zuständigen Behörde des Herstellungslandes[1)] zugelassen werden. Das Beförderungspapier muss die Angabe enthalten, dass das Versandstück von der zuständigen Behörde des Herstellungslandes[1)] zugelassen wurde, oder jede Sendung muss durch eine Kopie der Zulassung der zuständigen Behörde des Herstellungslandes[1)] begleitet werden.

**357** Roherdöl, das Schwefelwasserstoff in ausreichender Konzentration enthält, so dass die vom Roherdöl entwickelten Dämpfe eine Gefahr beim Einatmen darstellen können, muss unter der Eintragung UN 3494 SCHWEFELREICHES ROHERDÖL, ENTZÜNDBAR, GIFTIG versandt werden.

**358** Nitroglycerin, Lösung in Alkohol mit mehr als 1 %, aber höchstens 5 % Nitroglycerin darf der Klasse 3 und der UN-Nummer 3064 zugeordnet werden, vorausgesetzt, alle Vorschriften der Verpackungsanweisung P300 des Unterabschnitts 4.1.4.1 werden erfüllt.

**359** Nitroglycerin, Lösung in Alkohol mit mehr als 1 %, aber höchstens 5 % Nitroglycerin muss der Klasse 1 und der UN-Nummer 0144 zugeordnet werden, wenn nicht alle Vorschriften der Verpackungsanweisung P300 des Unterabschnitts 4.1.4.1 erfüllt werden.

**360** Fahrzeuge, die nur durch Lithium-Metall-, Lithium-Ionen- oder Natrium-Ionen-Batterien angetrieben werden, müssen den Eintragungen UN 3556 FAHRZEUG MIT ANTRIEB DURCH LITHIUM-IONEN-BATTERIEN, UN 3557 FAHRZEUG MIT ANTRIEB DURCH LITHIUM-METALL-BATTERIEN bzw. UN 3558 FAHRZEUG MIT ANTRIEB DURCH NATRIUM-IONEN-BATTERIEN zugeordnet werden. Lithiumbatterien, die in einer Güterbeförderungseinheit eingebaut sind und die nur dafür ausgelegt sind, Energie außerhalb der Güterbeförderungseinheit bereitzustellen, müssen der Eintragung UN 3536 LITHIUMBATTERIEN, IN GÜTERBEFÖRDERUNGSEINHEITEN EINGEBAUT, Lithium-Ionen-Batterien oder Lithium-Metall-Batterien zugeordnet werden.

**361** Diese Eintragung gilt für Doppelschicht-Kondensatoren mit einer Energiespeicherkapazität von mehr als 0,3 Wh. Kondensatoren mit einer Energiespeicherkapazität von höchstens 0,3 Wh unterliegen nicht den Vorschriften des ADR. Unter Energiespeicherkapazität versteht man die aus der Nennspannung und Nennkapazität errechnete Energie, die von dem Kondensator gespeichert wird. Alle Kondensatoren, für die diese Eintragung anwendbar ist, einschließlich Kondensatoren, die einen Elektrolyt enthalten, welcher nicht den Klassifizierungskriterien einer Gefahrgutklasse entspricht, müssen den folgenden Vorschriften entsprechen:

a) Kondensatoren, die nicht in Ausrüstungen eingebaut sind, müssen in ungeladenem Zustand befördert werden. Kondensatoren, die in Ausrüstungen eingebaut sind, müssen entweder in ungeladenem Zustand befördert werden oder gegen Kurzschluss geschützt sein.

b) Jeder Kondensator muss gegen die potenzielle Gefahr eines Kurzschlusses während der Beförderung wie folgt geschützt sein:

   (i) wenn die Energiespeicherkapazität eines Kondensators höchstens 10 Wh beträgt oder wenn die Energiespeicherkapazität jedes Kondensators in einem Modul höchstens 10 Wh beträgt, muss der Kondensator oder das Modul gegen Kurzschluss geschützt sein oder mit einem Metallbügel ausgestattet sein, der die Pole miteinander verbindet; und

   (ii) wenn die Energiespeicherkapazität eines Kondensators oder eines Kondensators in einem Modul mehr als 10 Wh beträgt, muss der Kondensator oder das Modul mit einem Metallbügel ausgestattet sein, der die Pole miteinander verbindet;

c) Kondensatoren, die gefährliche Güter enthalten, müssen so ausgelegt sein, dass sie einem Druckunterschied von 95 kPa standhalten;

1) Ist das Herstellungsland keine Vertragspartei des ADR, muss die Zulassung von der zuständigen Behörde einer Vertragspartei des ADR anerkannt werden.

3.3.1 SV361 (Forts.)

d) Kondensatoren müssen so ausgelegt und gebaut sein, dass sie den Druck, der sich bei der Verwendung aufbauen kann, über ein Ventil oder über eine Sollbruchstelle im Kondensatorgehäuse sicher abbauen. Die bei der Entlüftung eventuell freiwerdende Flüssigkeit muss durch die Verpackung oder die Ausrüstung, in die der Kondensator eingebaut ist, zurückgehalten werden; und

e) Kondensatoren müssen mit der Energiespeicherkapazität in Wh gekennzeichnet sein. *→ 1.6.1.33*

Kondensatoren, die einen Elektrolyt enthalten, der den Klassifizierungskriterien keiner Gefahrgutklasse entspricht, einschließlich Kondensatoren in Ausrüstungen, unterliegen nicht den übrigen Vorschriften des ADR.

Kondensatoren, die einen den Klassifizierungskriterien einer Gefahrgutklasse entsprechenden Elektrolyt enthalten und eine Energiespeicherkapazität von höchstens 10 Wh haben, unterliegen nicht den übrigen Vorschriften des ADR, wenn sie in der Lage sind, in unverpacktem Zustand einer Fallprüfung aus 1,2 Metern Höhe auf eine unnachgiebige Oberfläche ohne Verlust von Inhalt standzuhalten.

Kondensatoren, die einen den Klassifizierungskriterien einer Gefahrgutklasse entsprechenden Elektrolyt enthalten, nicht in Ausrüstungen eingebaut sind und eine Energiespeicherkapazität von mehr als 10 Wh haben, unterliegen den Vorschriften des ADR.

Kondensatoren, die in Ausrüstungen eingebaut sind und einen den Klassifizierungskriterien einer Gefahrgutklasse entsprechenden Elektrolyt enthalten, unterliegen nicht den übrigen Vorschriften des ADR, vorausgesetzt, die Ausrüstung ist in einer widerstandsfähigen Außenverpackung verpackt, die aus einem geeigneten Werkstoff hergestellt ist und hinsichtlich ihrer beabsichtigten Verwendung eine geeignete Festigkeit und Auslegung aufweist; die Außenverpackung muss außerdem so gebaut sein, dass ein unbeabsichtigter Betrieb der Kondensatoren während der Beförderung verhindert wird. Große widerstandsfähige Ausrüstungen mit Kondensatoren dürfen unverpackt oder auf Paletten zur Beförderung aufgegeben werden, wenn die Kondensatoren durch die Ausrüstung, in der sie enthalten sind, in gleichwertiger Weise geschützt werden.

**Bem.** Kondensatoren, die auf Grund ihrer Auslegung eine Endspannung aufrechterhalten (z.B. asymmetrische Kondensatoren), fallen nicht unter diese Eintragung.

**362** (bleibt offen)

**363** Diese Eintragung darf nur verwendet werden, wenn die Bedingungen dieser Sondervorschrift erfüllt werden. Die übrigen Vorschriften des ADR gelten nicht.[*)]

a) Diese Eintragung gilt für Motoren oder Maschinen, die durch als gefährliche Güter klassifizierte Brennstoffe[2)] über Verbrennungssysteme oder Brennstoffzellen angetrieben werden (z.B. Verbrennungsmotoren, Generatoren, Kompressoren, Turbinen, Heizvorrichtungen usw.), ausgenommen Ausrüstungen von Fahrzeugen, die gemäß Sondervorschrift 666 der UN-Nummer 3166 zugeordnet sind. *→ 1.6.1.27*

**Bem.** Diese Eintragung gilt nicht für Einrichtungen gemäß Unterabschnitte 1.1.3.2 a), d) und e), 1.1.3.3 und 1.1.3.7.

b) Motoren oder Maschinen, die frei von flüssigen oder gasförmigen Brennstoffen sind und keine anderen gefährlichen Güter enthalten, unterliegen nicht dem ADR.

**Bem.** 1. Ein Motor oder eine Maschine gilt als frei von flüssigen Brennstoffen, wenn der Flüssigbrennstoffbehälter entleert wurde und der Motor oder die Maschine wegen Brennstoffmangels nicht betrieben werden kann. Motoren- oder Maschinenbauteile wie Brennstoffleitungen, -filter und -einspritzdüsen müssen nicht gereinigt, entleert oder entgast werden, damit sie als frei von flüssigen Brennstoffen gelten. Darüber hinaus muss der Flüssigbrennstoffbehälter nicht gereinigt oder entgast werden.

2. Ein Motor oder eine Maschine gilt als frei von gasförmigen Brennstoffen, wenn die Behälter für gasförmige Brennstoffe frei von Flüssigkeiten (bei verflüssigten Gasen) sind, der Druck in den Behältern nicht größer als 2 bar ist und der Brennstoffabsperrhahn oder das Brennstoffabsperrventil geschlossen und gesichert ist.

---

*) *→ D: RSEB 3-3.1 ff.; → CH: SDR Anh. 1 3.3; → CH: SDR-Erlass 1.1 ff.*

2) Der Begriff „Brennstoff" schließt auch Kraftstoffe ein.

3.3.1
SV363
(Forts.)

c) Motoren und Maschinen, die Brennstoffe enthalten, die den Klassifizierungskriterien der Klasse 3 entsprechen, müssen je nach Fall der Eintragung UN 3528 VERBRENNUNGSMOTOR MIT ANTRIEB DURCH ENTZÜNDBARE FLÜSSIGKEIT oder UN 3528 BRENNSTOFFZELLEN-MOTOR MIT ANTRIEB DURCH ENTZÜNDBARE FLÜSSIGKEIT oder UN 3528 VERBRENNUNGSMASCHINE MIT ANTRIEB DURCH ENTZÜNDBARE FLÜSSIGKEIT oder UN 3528 MASCHINE MIT BRENNSTOFFZELLEN-MOTOR MIT ANTRIEB DURCH ENTZÜNDBARE FLÜSSIGKEIT zugeordnet werden.

d) Motoren und Maschinen, die Brennstoffe enthalten, die den Klassifizierungskriterien für entzündbare Gase der Klasse 2 entsprechen, müssen je nach Fall der Eintragung UN 3529 VERBRENNUNGSMOTOR MIT ANTRIEB DURCH ENTZÜNDBARES GAS oder UN 3529 BRENNSTOFFZELLEN-MOTOR MIT ANTRIEB DURCH ENTZÜNDBARES GAS oder UN 3529 VERBRENNUNGSMASCHINE MIT ANTRIEB DURCH ENTZÜNDBARES GAS oder UN 3529 MASCHINE MIT BRENNSTOFFZELLEN-MOTOR MIT ANTRIEB DURCH ENTZÜNDBARES GAS zugeordnet werden.

Motoren und Maschinen, die sowohl durch ein entzündbares Gas als auch durch eine entzündbare Flüssigkeit angetrieben werden, müssen der entsprechenden Eintragung der UN-Nummer 3529 zugeordnet werden.

e) Motoren und Maschinen, die flüssige Brennstoffe enthalten, die den Klassifizierungskriterien des Absatzes 2.2.9.1.10 für umweltgefährdende Stoffe und nicht den Klassifizierungskriterien einer anderen Klasse entsprechen, müssen der Eintragung UN 3530 VERBRENNUNGSMOTOR bzw. UN 3530 VERBRENNUNGSMASCHINE zugeordnet werden.

f) Sofern im ADR nichts anderes vorgeschrieben ist, dürfen Motoren oder Maschinen neben Brennstoffen auch andere gefährliche Güter enthalten (z.B. Batterien, Feuerlöscher, Druckgasspeicher oder Sicherheitseinrichtungen), die für ihre Funktion oder ihren sicheren Betrieb erforderlich sind, ohne dass sie in Bezug auf diese anderen gefährlichen Güter zusätzlichen Vorschriften unterliegen. Lithiumbatterien müssen jedoch den Vorschriften des Absatzes 2.2.9.1.7.1 entsprechen, mit der Ausnahme, dass die Absätze a), e) (vii), f) (iii), sofern anwendbar, f) (iv), sofern anwendbar, und g) nicht anwendbar sind, wenn Batterien aus Produktionsserien von höchstens 100 Zellen oder Batterien oder Vorproduktionsprototypen von Zellen oder Batterien, sofern diese Prototypen für die Prüfung befördert werden, in Maschinen oder Motoren eingebaut sind. Darüber hinaus müssen Natrium-Ionen-Batterien den Vorschriften des Absatzes 2.2.9.1.7.2 entsprechen, mit der Ausnahme, dass die Absätze a), e) und f) nicht anwendbar sind, wenn Batterien aus Produktionsserien von höchstens 100 Zellen oder Batterien oder Vorproduktionsprototypen von Zellen oder Batterien, sofern diese Prototypen für die Prüfung befördert werden, in Maschinen oder Motoren eingebaut sind.

g) Der Motor oder die Maschine, einschließlich des Umschließungsmittels, das die gefährlichen Güter enthält, entspricht den Bauvorschriften der zuständigen Behörde des Herstellungslandes[3)].

→ D: RSEB 3-3.2

h) Alle Ventile oder Öffnungen (z.B. Lüftungseinrichtungen) sind während der Beförderung geschlossen.

i) Die Motoren oder Maschinen sind so ausgerichtet, dass ein unbeabsichtigtes Freiwerden gefährlicher Güter verhindert wird, und sie sind durch Mittel gesichert, mit denen die Motoren oder Maschinen so fixiert werden können, dass Bewegungen während der Beförderung, die zu einer Veränderung der Ausrichtung oder zu einer Beschädigung führen können, verhindert werden.

j) Für die UN-Nummern 3528 und 3530:

Wenn der Motor oder die Maschine mehr als 60 Liter flüssigen Brennstoff bei einem Fassungsraum von mehr als 450 Litern, aber höchstens 3 000 Litern enthält, ist der Motor oder die Maschine gemäß Abschnitt 5.2.2 an zwei gegenüberliegenden Seiten bezettelt.

Wenn der Motor oder die Maschine mehr als 60 Liter flüssigen Brennstoff bei einem Fassungsraum von mehr als 3 000 Litern enthält, ist der Motor oder die Maschine an zwei gegenüberliegenden Seiten mit Großzetteln (Placards) versehen. Die Großzettel (Placards) entsprechen den in Kapitel 3.2 Tabelle A Spalte (5) vorgeschriebenen Gefahrzetteln und den in Unterabschnitt 5.3.1.7 aufgeführten Beschreibungen. Die Großzettel (Placards) sind auf einem

3) Zum Beispiel Übereinstimmung mit den entsprechenden Vorschriften der Richtlinie 2006/42/EG des Europäischen Parlaments und des Rates vom 17. Mai 2006 über Maschinen und zur Änderung der Richtlinie 95/16/EG (Amtsblatt der Europäischen Union L 157 vom 9.6.2006, S. 24 bis 86).

farblich kontrastierenden Hintergrund angebracht oder weisen entweder eine gestrichelte oder eine durchgehende äußere Begrenzungslinie auf. **3.3.1** SV363 (Forts.)

**Bem.** Motoren oder Maschinen mit einem Fassungsraum von mehr als 450 Litern, die jedoch eine Menge an flüssigem Brennstoff von höchstens 60 Liter enthalten, dürfen nach den oben genannten Vorschriften bezettelt und mit Großzetteln (Placards) versehen sein.

k) Für die UN-Nummer 3529:

Wenn der Brennstoffbehälter des Motors oder der Maschine einen mit Wasser ausgeliterten Fassungsraum von mehr als 450 Litern, aber höchstens 1 000 Litern hat, ist der Motor oder die Maschine gemäß Abschnitt 5.2.2 an zwei gegenüberliegenden Seiten bezettelt.

Wenn der Brennstoffbehälter des Motors oder der Maschine einen mit Wasser ausgeliterten Fassungsraum von mehr als 1 000 Litern hat, ist der Motor oder die Maschine an zwei gegenüberliegenden Seiten mit Großzetteln (Placards) versehen. Die Großzettel (Placards) entsprechen den in Kapitel 3.2 Tabelle A Spalte (5) vorgeschriebenen Gefahrzetteln und den in Unterabschnitt 5.3.1.7 aufgeführten Beschreibungen. Die Großzettel (Placards) sind auf einem farblich kontrastierenden Hintergrund angebracht oder weisen entweder eine gestrichelte oder eine durchgehende äußere Begrenzungslinie auf.

l) Wenn der Motor oder die Maschine im Falle der UN-Nummern 3528 und 3530 mehr als 1 000 Liter flüssige Brennstoffe enthält oder wenn der Brennstoffbehälter im Falle der UN-Nummer 3529 einen mit Wasser ausgeliterten Fassungsraum von mehr als 1 000 Litern hat, → *D: RSEB 3-3.3*

- ist ein Beförderungspapier gemäß Abschnitt 5.4.1 erforderlich. In diesem Beförderungspapier ist zusätzlich zu vermerken:

  „BEFÖRDERUNG NACH SONDERVORSCHRIFT 363";
- müssen bei Beförderungen, bei denen Tunnel mit Beschränkungen durchfahren werden, an der Beförderungseinheit orangefarbene Tafeln gemäß Abschnitt 5.3.2 angebracht sein und es gelten die Tunnelbeschränkungen gemäß Abschnitt 8.6.4.

m) Die in der Verpackungsanweisung P005 des Unterabschnitts 4.1.4.1 festgelegten Vorschriften müssen erfüllt werden.

**364** Dieser Gegenstand darf unter den Vorschriften des Kapitels 3.4 nur dann befördert werden, wenn das versandfertige Versandstück in der Lage ist, die Prüfreihe 6 d) des Handbuchs Prüfungen und Kriterien Teil I nach den Bestimmungen der zuständigen Behörde erfolgreich zu bestehen.

**365** Für hergestellte Instrumente und Gegenstände, die Quecksilber oder Gallium enthalten, siehe UN-Nummer 3506 bzw. 3554.

**366** Hergestellte Instrumente und Gegenstände, die höchstens 1 kg Quecksilber oder Gallium enthalten, unterliegen nicht den Vorschriften des ADR. → *D: RSEB 1-14*

**367** Für Zwecke der Dokumentation gilt Folgendes:

Die offizielle Benennung für die Beförderung „Farbzubehörstoffe" darf für Sendungen von Versandstücken verwendet werden, die „Farbe" und „Farbzubehörstoffe" in ein und demselben Versandstück enthalten.

Die offizielle Benennung für die Beförderung „Farbzubehörstoffe, ätzend, entzündbar" darf für Sendungen von Versandstücken verwendet werden, die „Farbe, ätzend, entzündbar" und „Farbzubehörstoffe, ätzend, entzündbar" in ein und demselben Versandstück enthalten.

Die offizielle Benennung für die Beförderung „Farbzubehörstoffe, entzündbar, ätzend" darf für Sendungen von Versandstücken verwendet werden, die „Farbe, entzündbar, ätzend" und „Farbzubehörstoffe, entzündbar, ätzend" in ein und demselben Versandstück enthalten.

Die offizielle Benennung für die Beförderung „Druckfarbzubehörstoffe" darf für Sendungen von Versandstücken verwendet werden, die „Druckfarbe" und „Druckfarbzubehörstoffe" in ein und demselben Versandstück enthalten.

**368** Im Fall von nicht spaltbarem oder spaltbarem freigestelltem Uranhexafluorid muss der Stoff der UN-Nummer 3507 oder 2978 zugeordnet werden.

**369** Gemäß Absatz 2.1.3.5.3 a) ist dieser radioaktive Stoff in einem freigestellten Versandstück, der giftige und ätzende Eigenschaften besitzt, der Klasse 6.1 mit den Nebengefahren der Radioaktivität und der Ätzwirkung zugeordnet.

3.3.1 SV369 (Forts.) Uranhexafluorid darf dieser Eintragung nur zugeordnet werden, wenn die Vorschriften der Absätze 2.2.7.2.4.1.2, 2.2.7.2.4.1.5, 2.2.7.2.4.5.2 und für spaltbare freigestellte Stoffe des Absatzes 2.2.7.2.3.5 erfüllt sind.

Zusätzlich zu den für die Beförderung von Stoffen der Klasse 6.1 mit der Nebengefahr der Ätzwirkung anwendbaren Vorschriften gelten die Vorschriften des Unterabschnitts 5.1.3.2, der Absätze 5.1.5.2.2 und 5.1.5.4.1 b) sowie der Absätze (3.1), (5.1) bis (5.4) und (6) der Sondervorschrift CV33 des Abschnitts 7.5.11.

Das Anbringen eines Gefahrzettels der Klasse 7 ist nicht erforderlich.

**370** Diese Eintragung gilt nur für Ammoniumnitrat, das eines der folgenden Kriterien erfüllt:

a) Ammoniumnitrat mit mehr als 0,2 % brennbaren Stoffen, einschließlich jedes als Kohlenstoff berechneten organischen Stoffes, unter Ausschluss jedes anderen zugesetzten Stoffes oder

b) Ammoniumnitrat mit nicht mehr als 0,2 % brennbaren Stoffen, einschließlich jedes als Kohlenstoff berechneten organischen Stoffes, unter Ausschluss jedes anderen zugesetzten Stoffes, das bei den Prüfungen gemäß Prüfreihe 2 (siehe Handbuch Prüfungen und Kriterien Teil I) zu einem positiven Ergebnis geführt hat. Siehe auch UN-Nummer 1942.

Diese Eintragung darf nicht für Ammoniumnitrat verwendet werden, für das in Kapitel 3.2 Tabelle A bereits eine offizielle Benennung für die Beförderung vorhanden ist, einschließlich Ammoniumnitrat in einem Gemisch mit Heizöl (ANFO) oder einer der handelsüblichen Sorten von Ammoniumnitrat.

*→ D: § 26 (3)*
*→ D: RSEB 3-4*

**371** (1) Diese Eintragung gilt auch für Gegenstände, die ein kleines Druckgefäß mit einer Auslöseeinrichtung enthalten. Diese Gegenstände müssen folgenden Vorschriften entsprechen:

a) Der mit Wasser ausgeliterte Fassungsraum des Druckgefäßes darf 0,5 Liter und der Betriebsdruck bei 15 °C 25 bar nicht übersteigen.

b) Der Mindestberstdruck des Druckgefäßes muss mindestens dem vierfachen Gasdruck bei 15 °C entsprechen.

c) Jeder Gegenstand muss so hergestellt sein, dass unter normalen Handhabungs-, Verpackungs-, Beförderungs- und Verwendungsbedingungen ein unbeabsichtigtes Abfeuern oder Auslösen vermieden wird. Dies kann durch eine zusätzliche mit dem Auslöser verbundene Verschlusseinrichtung erfüllt werden.

d) Jeder Gegenstand muss so hergestellt sein, dass ein gefährliches Wegschleudern des Druckgefäßes oder von Teilen des Druckgefäßes verhindert wird.

e) Jedes Druckgefäß muss aus einem Werkstoff hergestellt sein, der bei Bruch nicht splittert.

f) Die Bauart des Gegenstandes muss einer Brandprüfung unterzogen werden. Für diese Prüfung müssen die Vorschriften des Unterabschnitts 16.6.1.2 mit Ausnahme des Absatzes g) und die Vorschriften der Absätze 16.6.1.3.1 bis 16.6.1.3.4, 16.6.1.3.6, 16.6.1.3.7 b) und 16.6.1.3.8 des Handbuchs Prüfungen und Kriterien angewendet werden. Es muss nachgewiesen werden, dass der Druck im Gegenstand mittels einer Schmelzsicherung oder einer anderen Druckentlastungseinrichtung abgebaut wird, so dass das Druckgefäß nicht splittern kann und der Gegenstand oder Splitter des Gegenstandes nicht mehr als 10 Meter hochschießen können.

g) Die Bauart des Gegenstandes muss der folgenden Prüfung unterzogen werden. Für die Auslösung eines Gegenstandes in der Mitte der Verpackung muss ein Aktivierungsmechanismus verwendet werden. Außerhalb des Versandstücks darf es zu keinen gefährlichen Auswirkungen kommen, wie Bersten des Versandstücks oder Austreten von Metallteilen oder des Gefäßes selbst aus der Verpackung.

(2) Der Hersteller muss eine technische Dokumentation über die Bauart, die Herstellung sowie die Prüfungen und deren Ergebnisse anfertigen. Der Hersteller muss Verfahren anwenden, um sicherzustellen, dass in Serie hergestellte Gegenstände von guter Qualität sind, der Bauart entsprechen und in der Lage sind, die Vorschriften des Absatzes (1) zu erfüllen. Der Hersteller muss diese Informationen der zuständigen Behörde auf Verlangen zur Verfügung stellen.

**372** Diese Eintragung gilt für asymmetrische Kondensatoren mit einer Energiespeicherkapazität von mehr als 0,3 Wh. Kondensatoren mit einer Energiespeicherkapazität von höchstens 0,3 Wh unterliegen nicht den Vorschriften des ADR. **3.3.1** (Forts.)

Unter Energiespeicherkapazität versteht man die in einem Kondensator gespeicherte Energie, die anhand folgender Formel berechnet wird:

$$Wh = \frac{1}{2} C_N \left(U_R^2 - U_L^2\right) \times \frac{1}{3600}$$

unter Verwendung der Nennkapazität ($C_N$), der Nennspannung ($U_R$) und der Nennspannungsuntergrenze ($U_L$).

Alle asymmetrischen Kondensatoren, für die diese Eintragung anwendbar ist, müssen den folgenden Vorschriften entsprechen:

a) Kondensatoren oder Module müssen gegen Kurzschluss geschützt sein;
b) Kondensatoren müssen so ausgelegt und gebaut sein, dass sie den Druck, der sich bei der Verwendung aufbauen kann, über ein Ventil oder über eine Sollbruchstelle im Kondensatorgehäuse sicher abbauen. Die bei der Entlüftung eventuell freiwerdende Flüssigkeit muss durch die Verpackung oder die Ausrüstung, in die der Kondensator eingebaut ist, zurückgehalten werden;
c) Kondensatoren müssen mit der Energiespeicherkapazität in Wh gekennzeichnet sein und → 1.6.1.34
d) Kondensatoren, die einen den Klassifizierungskriterien einer Gefahrgutklasse entsprechenden Elektrolyt enthalten, müssen so ausgelegt sein, dass sie einem Druckunterschied von 95 kPa standhalten.

Kondensatoren, die einen Elektrolyt enthalten, der nicht den Klassifizierungskriterien einer Gefahrgutklasse entspricht, einschließlich in einem Modul konfigurierte oder in Ausrüstungen eingebaute Kondensatoren, unterliegen nicht den übrigen Vorschriften des ADR.

Kondensatoren, die einen den Klassifizierungskriterien einer Gefahrgutklasse entsprechenden Elektrolyt enthalten und eine Energiespeicherkapazität von höchstens 20 Wh haben, einschließlich in einem Modul konfigurierte Kondensatoren, unterliegen nicht den übrigen Vorschriften des ADR, wenn die Kondensatoren in der Lage sind, in unverpacktem Zustand einer Fallprüfung aus 1,2 Metern Höhe auf eine unnachgiebige Oberfläche ohne Verlust von Inhalt standzuhalten.

Kondensatoren, die einen den Klassifizierungskriterien einer Gefahrgutklasse entsprechenden Elektrolyt enthalten, nicht in Ausrüstungen eingebaut sind und eine Energiespeicherkapazität von mehr als 20 Wh haben, unterliegen den Vorschriften des ADR.

Kondensatoren, die in Ausrüstungen eingebaut sind und einen den Klassifizierungskriterien einer Gefahrgutklasse entsprechenden Elektrolyt enthalten, unterliegen nicht den übrigen Vorschriften des ADR, vorausgesetzt, die Ausrüstung ist in einer widerstandsfähigen Außenverpackung verpackt, die aus einem geeigneten Werkstoff hergestellt ist und hinsichtlich ihrer beabsichtigten Verwendung eine geeignete Festigkeit und Auslegung aufweist; die Außenverpackung muss außerdem so gebaut sein, dass ein unbeabsichtigter Betrieb der Kondensatoren während der Beförderung verhindert wird. Große widerstandsfähige Ausrüstungen mit Kondensatoren dürfen unverpackt oder auf Paletten zur Beförderung aufgegeben werden, wenn die Kondensatoren durch die Ausrüstung, in der sie enthalten sind, in gleichwertiger Weise geschützt werden.

**Bem.** Ungeachtet der Bestimmungen dieser Sondervorschrift müssen asymmetrische Nickel-Kohlenstoff-Kondensatoren, die alkalische Elektrolyte der Klasse 8 enthalten, unter UN 2795 BATTERIEN (AKKUMULATOREN), NASS, GEFÜLLT MIT ALKALIEN, elektrische Sammler, befördert werden.

**373** Neutronenstrahlungsdetektoren, die druckloses Bortrifluorid-Gas enthalten, dürfen unter dieser Eintragung befördert werden, vorausgesetzt, die folgenden Vorschriften werden erfüllt.

a) Jeder Strahlungsdetektor muss folgende Vorschriften erfüllen:
   (i) der Absolutdruck bei 20 °C in jedem Detektor darf nicht größer sein als 105 kPa;
   (ii) die Gasmenge je Detektor darf nicht größer sein als 13 g;
   (iii) jeder Detektor muss gemäß einem registrierten Qualitätssicherungsprogramm hergestellt werden;

   **Bem.** Die Norm ISO 9001 darf für diesen Zweck verwendet werden.

3.3.1 SV373 (Forts.)

(iv) jeder Neutronenstrahlungsdetektor muss aus einer geschweißten Metallkonstruktion mit hartgelötetem Metall an keramischen Durchführungsbauteilen bestehen. Diese Detektoren müssen einen durch eine Bauartqualifizierungsprüfung nachgewiesenen Mindestberstdruck von 1 800 kPa haben und

(v) jeder Detektor muss vor dem Befüllen auf einen Dichtheitsstandard von $1 \times 10^{-10}$ $cm^3/s$ geprüft werden.

b) Strahlungsdetektoren, die in Einzelteilen befördert werden, müssen wie folgt befördert werden:

(i) die Detektoren müssen in einer dicht verschlossenen Zwischenauskleidung aus Kunststoff mit absorbierendem oder adsorbierendem Material verpackt sein, das ausreichend ist, um den gesamten Gasinhalt zu absorbieren oder adsorbieren;

(ii) sie müssen in widerstandsfähigen Außenverpackungen verpackt sein. Das fertige Versandstück muss in der Lage sein, einer Fallprüfung aus 1,8 m Höhe ohne Verlust von Gasinhalt aus den Detektoren standzuhalten;

(iii) die Gesamtmenge an Gas aller Detektoren je Außenverpackung darf nicht größer sein als 52 g.

c) Fertiggestellte Neutronenstrahlungsdetektionssysteme, die den Vorschriften des Absatzes a) entsprechende Detektoren enthalten, müssen wie folgt befördert werden:

(i) die Detektoren müssen in einem widerstandsfähigen dicht verschlossenen Außengehäuse enthalten sein;

(ii) das Gehäuse muss absorbierendes oder adsorbierendes Material enthalten, das ausreichend ist, um den gesamten Gasinhalt zu absorbieren oder adsorbieren;

(iii) die fertiggestellten Systeme müssen in widerstandsfähigen Außenverpackungen verpackt sein, die in der Lage sind, einer Fallprüfung aus 1,8 m Höhe ohne Verlust von Inhalt standzuhalten, es sei denn, das Außengehäuse des Systems bietet einen gleichwertigen Schutz.

Die Verpackungsanweisung P200 des Unterabschnitts 4.1.4.1 ist nicht anwendbar.

Das Beförderungspapier muss folgende Angabe enthalten:

„BEFÖRDERUNG GEMÄSS SONDERVORSCHRIFT 373".

Neutronenstrahlungsdetektoren, die höchstens 1 g Bortrifluorid enthalten, einschließlich solche mit gelöteter Glasverbindung, unterliegen nicht dem ADR, vorausgesetzt, sie entsprechen den Vorschriften des Absatzes a) und sind in Übereinstimmung mit Absatz b) verpackt. Strahlungsdetektionssysteme, die solche Detektoren enthalten, unterliegen nicht dem ADR, vorausgesetzt, sie sind in Übereinstimmung mit Absatz c) verpackt.

**374** (bleibt offen)

→ D: RSEB 3-5 **375** Diese Stoffe unterliegen, wenn sie in Einzelverpackungen oder zusammengesetzten Verpackungen mit einer Nettomenge von höchstens 5 l flüssiger Stoffe oder einer Nettomasse von höchstens 5 kg fester Stoffe je Einzel- oder Innenverpackung befördert werden, nicht den übrigen Vorschriften des ADR, vorausgesetzt, die Verpackungen entsprechen den allgemeinen Vorschriften der Unterabschnitte 4.1.1.1, 4.1.1.2 und 4.1.1.4 bis 4.1.1.8.

→ D: BAM-GGR 024 **376** Lithium-Metall-, Lithium-Ionen- oder Natrium-Ionen-Zellen oder -Batterien, bei denen festgestellt wurde, dass sie so beschädigt oder defekt sind, dass sie nicht mehr dem nach den anwendbaren Vorschriften des Handbuchs Prüfungen und Kriterien geprüften Typ entsprechen, müssen den Vorschriften dieser Sondervorschrift entsprechen.

Für Zwecke dieser Sondervorschrift können dazu unter anderem gehören:

- Zellen oder Batterien, die aus Sicherheitsgründen als defekt identifiziert worden sind;
- ausgelaufene oder entgaste Zellen oder Batterien;
- Zellen oder Batterien, die vor der Beförderung nicht diagnostiziert werden können, oder
- Zellen oder Batterien, die eine äußerliche oder mechanische Beschädigung erlitten haben.

**Bem.** Bei der Beurteilung, ob eine Zelle oder Batterie beschädigt oder defekt ist, muss eine Einschätzung oder Bewertung auf der Grundlage von Sicherheitskriterien des Zellen-, Batterie- oder Produktherstellers oder eines technischen Sachverständigen mit Kenntnis der

Sicherheitsmerkmale der Zelle oder der Batterie durchgeführt werden. Eine Einschätzung oder Bewertung kann unter anderem die folgenden Kriterien umfassen: **3.3.1** SV376 (Forts.)

a) akute Gefahr, wie Gas, Brand oder Austreten von Elektrolyt;

b) Nutzung oder Fehlnutzung der Zelle oder der Batterie;

c) Anzeichen von physischen Schäden, wie Verformung des Zellen- oder Batteriegehäuses oder Farben am Gehäuse;

d) äußerer und innerer Schutz gegen Kurzschluss, wie Spannungs- oder Isolationsmaßnahmen;

e) Zustand der Sicherheitsmerkmale der Zelle oder der Batterie oder

f) Beschädigung der inneren Sicherheitskomponenten, wie das Batteriemanagementsystem.

Sofern in dieser Sondervorschrift nichts anderes festgelegt ist, müssen Zellen und Batterien nach den für die UN-Nummer 3090, 3091, 3480, 3481, 3551 bzw. 3552 geltenden Vorschriften mit Ausnahme der Sondervorschrift 230 befördert werden.

Zellen und Batterien müssen in Übereinstimmung mit der Verpackungsanweisung P908 des Unterabschnitts 4.1.4.1 bzw. LP904 des Unterabschnitts 4.1.4.3 verpackt sein.

Zellen und Batterien, bei denen festgestellt wurde, dass sie beschädigt oder defekt sind und unter normalen Beförderungsbedingungen zu einer schnellen Zerlegung, gefährlichen Reaktion, Flammenbildung, gefährlichen Wärmeentwicklung oder einem gefährlichen Ausstoß giftiger, ätzender oder entzündbarer Gase oder Dämpfe neigen, müssen in Übereinstimmung mit der Verpackungsanweisung P911 des Unterabschnitts 4.1.4.1 bzw. LP906 des Unterabschnitts 4.1.4.3 befördert werden. Alternative Verpackungs- und/oder Beförderungsbedingungen dürfen von der zuständigen Behörde einer Vertragspartei des ADR zugelassen werden, wobei diese zuständige Behörde auch eine von der zuständigen Behörde eines Landes, das keine Vertragspartei des ADR ist, erteilte Genehmigung anerkennen kann, vorausgesetzt, diese wurde in Übereinstimmung mit den gemäß dem RID, dem ADR, dem ADN, dem IMDG-Code oder den Technischen Anweisungen der ICAO anwendbaren Verfahren erteilt.

Versandstücke müssen mit der Aufschrift „BESCHÄDIGTE/DEFEKTE LITHIUM-IONEN-BATTERIEN", „BESCHÄDIGTE/DEFEKTE LITHIUM-METALL-BATTERIEN" bzw. „BESCHÄDIGTE/DEFEKTE NATRIUM-IONEN-BATTERIEN" gekennzeichnet sein.

Im Beförderungspapier muss folgende Angabe enthalten sein:

„BEFÖRDERUNG NACH SONDERVORSCHRIFT 376".

Sofern zutreffend, muss eine Kopie der Zulassung der zuständigen Behörde die Beförderung begleiten.

**377** Lithium-Metall-, Lithium-Ionen- und Natrium-Ionen-Zellen und -Batterien und Ausrüstungen mit solchen Zellen und Batterien, die zur Entsorgung oder zum Recycling befördert werden und die mit oder ohne andere Batterien verpackt sind, die keine Lithiumbatterien oder Natrium-Ionen-Batterien sind, dürfen gemäß Verpackungsanweisung P909 des Unterabschnitts 4.1.4.1 verpackt sein.

Diese Zellen und Batterien unterliegen nicht den Vorschriften des Absatzes 2.2.9.1.7.1 a) bis g) bzw. 2.2.9.1.7.2 a) bis f).

Die Versandstücke müssen mit der Aufschrift „LITHIUMBATTERIEN ZUR ENTSORGUNG", „NATRIUM-IONEN-BATTERIEN ZUR ENTSORGUNG", „LITHIUMBATTERIEN ZUM RECYCLING" bzw. „NATRIUM-IONEN-BATTERIEN ZUM RECYCLING" gekennzeichnet sein.

Batterien, bei denen eine Beschädigung oder ein Defekt festgestellt wurde, müssen in Übereinstimmung mit Sondervorschrift 376 befördert werden.

**378** Strahlungsdetektoren, die dieses Gas in nicht wiederbefüllbaren Druckgefäßen enthalten, welche die Vorschriften des Kapitels 6.2 und des Unterabschnitts 4.1.4.1 Verpackungsanweisung P200 nicht erfüllen, dürfen unter dieser Eintragung befördert werden, vorausgesetzt:

a) der Betriebsdruck in jedem Gefäß überschreitet nicht 50 bar;

b) der Fassungsraum des Gefäßes überschreitet nicht 12 Liter;

c) jedes Gefäß hat, sofern eine Entlastungseinrichtung angebracht ist, einen Mindestberstdruck von mindestens dem Dreifachen des Betriebsdrucks oder, sofern keine Entlastungseinrich-

3.3.1 SV378 (Forts.)

tung angebracht ist, einen Mindestberstdruck von mindestens dem Vierfachen des Betriebsdrucks;

d) jedes Gefäß ist aus einem Werkstoff hergestellt, der bei Bruch nicht splittert;

e) jeder Detektor ist gemäß einem registrierten Qualitätssicherungsprogramm hergestellt;

**Bem.** Die Norm ISO 9001 darf für diesen Zweck verwendet werden.

f) die Detektoren werden in widerstandsfähigen Außenverpackungen befördert. Das fertige Versandstück muss in der Lage sein, einer Fallprüfung aus 1,2 m Höhe ohne Bruch des Detektors oder der Außenverpackung standzuhalten. Geräte, die einen Detektor enthalten, müssen in einer widerstandsfähigen Außenverpackung verpackt sein, es sei denn, der Detektor wird durch das Gerät, in dem er enthalten ist, in gleichwertiger Weise geschützt, und

g) das Beförderungspapier enthält folgende Angabe:
„BEFÖRDERUNG GEMÄSS SONDERVORSCHRIFT 378".

Strahlungsdetektoren, einschließlich Detektoren in Strahlungsdetektionssystemen, unterliegen nicht den übrigen Vorschriften des ADR, wenn sie den Vorschriften der Absätze a) bis f) entsprechen und der Fassungsraum der Detektorgefäße 50 ml nicht überschreitet.

**379** Ammoniak, wasserfrei, das an einem festen Stoff adsorbiert oder von einem festen Stoff absorbiert ist, der in Ammoniak-Dosiersystemen oder in Gefäßen, die als Bestandteile solcher Systeme vorgesehen sind, enthalten ist, unterliegt nicht den übrigen Vorschriften des ADR, wenn folgende Vorschriften beachtet werden:

a) Die Adsorption oder Absorption führt zu folgenden Eigenschaften:
   (i) bei einer Temperatur von 20 °C ist der Druck im Gefäß kleiner als 0,6 bar;
   (ii) bei einer Temperatur von 35 °C ist der Druck im Gefäß kleiner als 1 bar;
   (iii) bei einer Temperatur von 85 °C ist der Druck im Gefäß kleiner als 12 bar;

b) der adsorbierende oder absorbierende Stoff hat keine gefährlichen Eigenschaften der Klassen 1 bis 8;

c) der höchstzulässige Inhalt eines Gefäßes beträgt 10 kg Ammoniak und

d) die Gefäße, die adsorbiertes oder absorbiertes Ammoniak enthalten, müssen folgenden Vorschriften entsprechen:
   (i) die Gefäße müssen aus einem Werkstoff hergestellt sein, der gemäß Norm ISO 11114-1:2020 mit Ammoniak verträglich ist;
   (ii) die Gefäße und ihre Verschlussmittel müssen luftdicht verschlossen und in der Lage sein, das gebildete Ammoniak zurückzuhalten;
   (iii) jedes Gefäß muss in der Lage sein, dem bei 85 °C gebildeten Druck mit einer volumetrischen Ausdehnung von höchstens 0,1 % standzuhalten;
   (iv) jedes Gefäß muss mit einer Einrichtung versehen sein, die ohne Gewaltbruch, Explosion oder Splittern eine Gasfreisetzung ermöglicht, sobald der Druck 15 bar überschreitet, und
   (v) jedes Gefäß muss bei deaktivierter Druckentlastungseinrichtung einem Druck von 20 bar ohne Undichtheit standhalten.

Bei der Beförderung in einem Ammoniak-Dosiersystem müssen die Gefäße so mit der Dosiereinrichtung verbunden sein, dass diese Einheit dieselbe Festigkeit wie ein einzelnes Gefäß gewährleistet.

Die in dieser Sondervorschrift genannten mechanischen Festigkeitseigenschaften müssen unter Verwendung eines Prototyps eines bis zu seinem nominalen Fassungsraum gefüllten Gefäßes oder Dosiersystems geprüft werden, indem die Temperatur erhöht wird, bis die festgelegten Drücke erreicht sind.

Die Prüfergebnisse müssen dokumentiert werden, nachverfolgbar sein und den zutreffenden Behörden auf Anfrage mitgeteilt werden.

**380** (bleibt offen)

**381** (bleibt offen)

**382** Polymer-Kügelchen können aus Polystyrol, Poly(methylmethacrylat) oder anderen polymeren Werkstoffen hergestellt sein. Wenn nachgewiesen werden kann, dass gemäß der Prüfung U1

(Prüfmethode für Stoffe, die entzündbare Dämpfe entwickeln können) des Handbuchs Prüfungen und Kriterien Teil III Unterabschnitt 38.4.4 keine entzündbaren Dämpfe entwickelt werden, die zu einer entzündbaren Atmosphäre führen, müssen schäumbare Polymer-Kügelchen nicht dieser UN-Nummer zugeordnet werden. Diese Prüfung sollte nur vorgenommen werden, wenn eine Ausstufung in Betracht gezogen wird. **3.3.1** SV382 (Forts.)

**383** Aus Zelluloid hergestellte Tischtennisbälle unterliegen nicht den Vorschriften des ADR, wenn die Nettomasse jedes einzelnen Tischtennisballs höchstens 3,0 g und die Gesamtnettomasse der Tischtennisbälle je Versandstück höchstens 500 g beträgt.

**384** (bleibt offen)

**385** (gestrichen)

**386** Wenn Stoffe durch Temperaturkontrolle stabilisiert werden, gelten die Vorschriften des Absatzes 2.2.41.1.21, des Abschnitts 7.1.7, der Sondervorschrift V8 des Kapitels 7.2, der Sondervorschrift S4 des Kapitels 8.5 und die Vorschriften des Kapitels 9.6. Wenn eine chemische Stabilisierung angewendet wird, muss die Person, welche die Verpackung, das Großpackmittel (IBC) oder den Tank zur Beförderung übergibt, sicherstellen, dass das Ausmaß der Stabilisierung ausreichend ist, um eine gefährliche Polymerisation des Stoffes in der Verpackung, dem Großpackmittel (IBC) oder dem Tank bei einer mittleren Temperatur des Füllguts von 50 °C oder bei ortsbeweglichen Tanks von 45 °C zu verhindern. Wenn eine chemische Stabilisierung bei geringeren Temperaturen während der vorhergesehenen Beförderungsdauer unwirksam wird, ist eine Temperaturkontrolle erforderlich. Zu den Faktoren, die bei dieser Bestimmung zu berücksichtigen sind, zählen unter anderem der Fassungsraum und die Geometrie der Verpackung, des Großpackmittels (IBC) oder des Tanks, die Wirkung einer gegebenenfalls vorhandenen Isolierung, die Temperatur des Stoffes bei der Übergabe zur Beförderung, die Dauer der Beförderung und die während der Beförderung üblicherweise auftretenden Temperaturbedingungen (auch unter Berücksichtigung der Jahreszeit), die Wirksamkeit und die übrigen Eigenschaften des verwendeten Stabilisators, die vorgeschriebenen anwendbaren betrieblichen Kontrollen (z.B. Vorschriften in Bezug auf den Schutz vor Wärmequellen, einschließlich anderer Ladungen, die über der Umgebungstemperatur befördert werden) sowie alle übrigen relevanten Faktoren.

**387** Lithiumbatterien gemäß Absatz 2.2.9.1.7.1 f), die sowohl Lithium-Metall-Primärzellen als auch wiederaufladbare Lithium-Ionen-Zellen enthalten, müssen der UN-Nummer 3090 bzw. 3091 zugeordnet werden. Wenn solche Batterien in Übereinstimmung mit der Sondervorschrift 188 befördert werden, darf die Gesamtmenge an Lithium aller in der Batterie enthaltenen Lithium-Metall-Zellen nicht größer sein als 1,5 g und die Gesamtkapazität aller in der Batterie enthaltenen Lithium-Ionen-Zellen darf nicht größer sein als 10 Wh.

**388** Die Eintragungen der UN-Nummer 3166 gelten für Fahrzeuge, die durch Verbrennungsmotoren oder Brennstoffzellen mit entzündbarer Flüssigkeit oder entzündbarem Gas angetrieben werden. → *1.6.1.43*

Fahrzeuge, die durch einen Brennstoffzellen-Motor angetrieben werden, müssen der Eintragung UN 3166 BRENNSTOFFZELLEN-FAHRZEUG MIT ANTRIEB DURCH ENTZÜNDBARES GAS bzw. UN 3166 BRENNSTOFFZELLEN-FAHRZEUG MIT ANTRIEB DURCH ENTZÜNDBARE FLÜSSIGKEIT zugeordnet werden. Diese Eintragungen schließen elektrische Hybridfahrzeuge ein, die sowohl durch eine Brennstoffzelle als auch durch einen Verbrennungsmotor mit Nassbatterien, Natriumbatterien, Lithium-Metall-Batterien oder Lithium-Ionen-Batterien angetrieben und mit diesen Batterien im eingebauten Zustand befördert werden.

Andere Fahrzeuge, die einen Verbrennungsmotor enthalten, müssen der Eintragung UN 3166 FAHRZEUG MIT ANTRIEB DURCH ENTZÜNDBARES GAS bzw. UN 3166 FAHRZEUG MIT ANTRIEB DURCH ENTZÜNDBARE FLÜSSIGKEIT zugeordnet werden. Diese Eintragungen schließen elektrische Hybridfahrzeuge ein, die sowohl durch einen Verbrennungsmotor als auch durch Nassbatterien, Natriumbatterien, Lithium-Metall-Batterien oder Lithium-Ionen-Batterien angetrieben und mit diesen Batterien im eingebauten Zustand befördert werden.

Ein Fahrzeug, das durch einen Verbrennungsmotor mit Antrieb durch entzündbare Flüssigkeit und entzündbares Gas angetrieben wird, muss der Eintragung UN 3166 FAHRZEUG MIT ANTRIEB DURCH ENTZÜNDBARES GAS zugeordnet werden.

Die Eintragung der UN-Nummer 3171 gilt nur für Fahrzeuge und Ausrüstungen, die durch Nassbatterien, Batterien mit metallenem Natrium oder Batterien mit Natriumlegierungen angetrieben und mit diesen Batterien im eingebauten Zustand befördert werden.

3.3.1 SV388 (Forts.) Die Eintragungen UN 3556 FAHRZEUG MIT ANTRIEB DURCH LITHIUM-IONEN-BATTERIEN, UN 3557 FAHRZEUG MIT ANTRIEB DURCH LITHIUM-METALL-BATTERIEN bzw. UN 3558 FAHRZEUG MIT ANTRIEB DURCH NATRIUM-IONEN-BATTERIEN gelten für Fahrzeuge, die durch Lithium-Ionen-, Lithium-Metall- oder Natrium-Ionen-Batterien angetrieben und mit diesen Batterien im eingebauten Zustand befördert werden.

„Fahrzeuge" im Sinne dieser Sondervorschrift sind selbstfahrende Geräte, die für die Beförderung einer oder mehrerer Personen oder von Gütern ausgelegt sind. Beispiele solcher Fahrzeuge sind Personenkraftwagen, Motorräder, Motorroller, Drei- oder Vierradfahrzeuge oder -motorräder, Lastkraftwagen, Lokomotiven, Fahrräder (mit Motor) oder andere Fahrzeuge dieser Art (z.B. selbstausbalancierende Fahrzeuge oder Fahrzeuge, die nicht mit mindestens einer Sitzgelegenheit ausgerüstet sind), Rollstühle, Aufsitzrasenmäher, selbstfahrende Landwirtschaftsgeräte und Baumaschinen, Boote und Flugzeuge. Wenn Fahrzeuge in einer Verpackung befördert werden, dürfen einige Teile des Fahrzeugs mit Ausnahme der Batterie vom Rahmen abgebaut werden, damit sie in die Verpackung passen.

Beispiele für Geräte sind Rasenmäher, Reinigungsmaschinen, Modellboote oder Modellflugzeuge. Geräte, die durch Lithium-Metall-Batterien oder Lithium-Ionen-Batterien angetrieben werden, müssen der Eintragung UN 3091 LITHIUM-METALL-BATTERIEN IN AUSRÜSTUNGEN, UN 3091 LITHIUM-METALL-BATTERIEN, MIT AUSRÜSTUNGEN VERPACKT, UN 3481 LITHIUM-IONEN-BATTERIEN IN AUSRÜSTUNGEN bzw. UN 3481 LITHIUM-IONEN-BATTERIEN, MIT AUSRÜSTUNGEN VERPACKT zugeordnet werden. Lithium-Ionen-Batterien oder Lithium-Metall-Batterien, die in einer Güterbeförderungseinheit eingebaut sind und die nur dafür ausgelegt sind, Energie außerhalb der Güterbeförderungseinheit bereitzustellen, müssen der Eintragung UN 3536 LITHIUMBATTERIEN, IN GÜTERBEFÖRDERUNGSEINHEITEN EINGEBAUT, Lithium-Ionen-Batterien oder Lithium-Metall-Batterien zugeordnet werden.

Gefährliche Güter, wie Batterien, Airbags, Feuerlöscher, Druckgasspeicher, Sicherheitseinrichtungen und andere integrale Bauteile des Fahrzeugs, die für den Betrieb des Fahrzeugs oder für die Sicherheit seines Bedienpersonals oder der Fahrgäste erforderlich sind, müssen sicher im Fahrzeug eingebaut sein und unterliegen nicht den übrigen Vorschriften des ADR. Lithiumbatterien müssen jedoch den Vorschriften des Absatzes 2.2.9.1.7.1 entsprechen, mit der Ausnahme, dass die Absätze a), e) (vii), f) (iii), sofern anwendbar, f) (iv), sofern anwendbar, und g) nicht anwendbar sind, wenn Batterien aus Produktionsserien von höchstens 100 Zellen oder Batterien oder Vorproduktionsprototypen von Zellen oder Batterien, sofern diese Prototypen für die Prüfung befördert werden, in Fahrzeugen eingebaut sind. Darüber hinaus müssen Natrium-Ionen-Batterien den Vorschriften des Absatzes 2.2.9.1.7.2 entsprechen, mit der Ausnahme, dass die Absätze a), e) und f) nicht anwendbar sind, wenn Batterien aus Produktionsserien von höchstens 100 Zellen oder Batterien oder Vorproduktionsprototypen von Zellen oder Batterien, sofern diese Prototypen für die Prüfung befördert werden, in Fahrzeugen eingebaut sind.

→ 1.6.1.43 Wenn eine in einem Fahrzeug eingebaute Lithiumbatterie beschädigt oder defekt ist, muss das Fahrzeug in Übereinstimmung mit den in der Sondervorschrift 667 c) festgelegten Bedingungen befördert werden.

→ D: RSEB 3-6 **389** Diese Eintragung gilt nur für Lithium-Ionen-Batterien oder Lithium-Metall-Batterien, die in einer Güterbeförderungseinheit eingebaut sind und die nur dafür ausgelegt sind, Energie außerhalb der Güterbeförderungseinheit bereitzustellen. Die Lithiumbatterien müssen den Vorschriften des Absatzes 2.2.9.1.7.1 a) bis g) entsprechen und die Systeme enthalten, die für die Verhinderung einer Überladung oder Tiefentladung der Batterien erforderlich sind.

Die Batterien müssen sicher am Innenaufbau der Güterbeförderungseinheit befestigt sein (z.B. in Gestellen oder Schränken), so dass bei Stößen, Belastungen und Vibrationen, die normalerweise während der Beförderung auftreten, Kurzschlüsse, eine unbeabsichtigte Bedienung und nennenswerte Bewegungen in der Güterbeförderungseinheit verhindert werden. Gefährliche Güter, die für den sicheren und ordnungsgemäßen Betrieb der Güterbeförderungseinheit erforderlich sind (z.B. Feuerlöschsysteme und Klimaanlagen), müssen in der Güterbeförderungseinheit ordnungsgemäß befestigt oder eingebaut sein und unterliegen nicht den übrigen Vorschriften des ADR. Gefährliche Güter, die für den sicheren und ordnungsgemäßen Betrieb der Güterbeförderungseinheit nicht erforderlich sind, dürfen nicht in der Güterbeförderungseinheit befördert werden.

Die Batterien in der Güterbeförderungseinheit unterliegen nicht den Vorschriften für die Kennzeichnung oder Bezettelung. Mit Ausnahme der in Unterabschnitt 1.1.3.6 vorgesehenen Fälle muss die Güterbeförderungseinheit auf zwei gegenüberliegenden Seiten mit orangefarbenen Tafeln in Übereinstimmung mit Unterabschnitt 5.3.2.2 und mit Großzetteln (Placards) in Übereinstimmung mit Unterabschnitt 5.3.1.1 versehen sein. 3.3.1 SV389 (Forts.)

**390** Wenn ein Versandstück eine Kombination aus Lithiumbatterien in Ausrüstungen und Lithiumbatterien, die mit Ausrüstungen verpackt sind, enthält, gelten folgende Vorschriften für Zwecke der Kennzeichnung des Versandstücks und der Dokumentation:

a) Das Versandstück muss mit „UN 3091" bzw. „UN 3481" gekennzeichnet sein. Wenn ein Versandstück sowohl Lithium-Ionen-Batterien als auch Lithium-Metall-Batterien enthält, die mit Ausrüstungen verpackt und in Ausrüstungen enthalten sind, muss das Versandstück so gekennzeichnet sein, wie es für beide Batterietypen vorgeschrieben ist. Knopfzellen-Batterien, die in Ausrüstungen (einschließlich Platinen) eingebaut sind, müssen jedoch nicht berücksichtigt werden.

b) Im Beförderungspapier muss „UN 3091 LITHIUM-METALL-BATTERIEN, MIT AUSRÜSTUNGEN VERPACKT" bzw. „UN 3481 LITHIUM-IONEN-BATTERIEN, MIT AUSRÜSTUNGEN VERPACKT" angegeben werden. Wenn das Versandstück sowohl Lithium-Metall-Batterien als auch Lithium-Ionen-Batterien enthält, die mit Ausrüstungen verpackt und in Ausrüstungen enthalten sind, muss im Beförderungspapier sowohl „UN 3091 LITHIUM-METALL-BATTERIEN, MIT AUSRÜSTUNGEN VERPACKT" als auch „UN 3481 LITHIUM-IONEN-BATTERIEN, MIT AUSRÜSTUNGEN VERPACKT" angegeben werden. → D: RSEB 3-7

**391** (bleibt offen)

**392** Bei der Beförderung von Gasspeichersystemen, die für den Einbau in Kraftfahrzeugen ausgelegt und zugelassen sind und dieses Gas enthalten, zur Entsorgung, zum Recycling, zur Reparatur, zur Prüfung, zur Wartung oder vom Herstellungsort zum Fahrzeugmontagewerk müssen die Vorschriften des Unterabschnitts 4.1.4.1 und des Kapitels 6.2 nicht angewendet werden, vorausgesetzt, die folgenden Vorschriften werden erfüllt:

a) Die Gasspeichersysteme entsprechen den jeweils zutreffenden Normen bzw. Vorschriften für Kraftstoffbehälter von Fahrzeugen. Beispiele anwendbarer Normen und Vorschriften sind:

| **Flüssiggas-Behälter** | |
|---|---|
| UN-Regelung Nr. 67 Revision 2 | Einheitliche Bedingungen über die:<br>I. Genehmigung der speziellen Ausrüstung von Fahrzeugen der Klassen M und N, in deren Antriebssystem verflüssigte Gase verwendet werden;<br>II. Genehmigung von Fahrzeugen der Klassen M und N, die mit der speziellen Ausrüstung für die Verwendung von verflüssigten Gasen in ihrem Antriebssystem ausgestattet sind, in Bezug auf den Einbau dieser Ausrüstung |
| UN-Regelung Nr. 115 | Einheitliche Bedingungen für die Genehmigung der<br>I. speziellen Nachrüstsysteme für Flüssiggas (LPG) zum Einbau in Kraftfahrzeuge zur Verwendung von Flüssiggas in ihrem Antriebssystem;<br>II. speziellen Nachrüstsysteme für komprimiertes Erdgas (CNG) zum Einbau in Kraftfahrzeuge zur Verwendung von komprimiertem Erdgas in ihrem Antriebssystem |
| **Behälter für verdichtetes Erdgas (CNG) und verflüssigtes Erdgas (LNG)** | |
| UN-Regelung Nr. 110 | Einheitliche Bedingungen für die Genehmigung:<br>I. der speziellen Bauteile von Kraftfahrzeugen, in deren Antriebssystem komprimiertes Erdgas (CNG) und/oder Flüssigerdgas (LNG) verwendet wird, |

**3.3.1**
SV392
(Forts.)

| **Behälter für verdichtetes Erdgas (CNG) und verflüssigtes Erdgas (LNG)** | |
|---|---|
| UN-Regelung Nr. 110 *(Forts.)* | II. von Fahrzeugen hinsichtlich des Einbaus spezieller Bauteile eines genehmigten Typs für die Verwendung von komprimiertem Erdgas (CNG) und/oder Flüssigerdgas (LNG) in ihrem Antriebssystem |
| UN-Regelung Nr. 115 | Einheitliche Bedingungen für die Genehmigung der<br>I. speziellen Nachrüstsysteme für Flüssiggas (LPG) zum Einbau in Kraftfahrzeuge zur Verwendung von Flüssiggas in ihrem Antriebssystem;<br>II. speziellen Nachrüstsysteme für komprimiertes Erdgas (CNG) zum Einbau in Kraftfahrzeuge zur Verwendung von komprimiertem Erdgas in ihrem Antriebssystem |
| ISO 11439:2013 | Gasflaschen – Hochdruck-Flaschen für die fahrzeuginterne Speicherung von Erdgas als Treibstoff für Kraftfahrzeuge |
| ISO-15500-Reihe | Road vehicles – Compressed natural gas (CNG) fuel system components – gegebenenfalls mehrere Teile |
| ANSI NGV 2 | Compressed natural gas vehicle fuel containers |
| CSA B51 Part 2:2014 | Boiler, pressure vessel, and pressure piping code – Part 2 Requirements for high-pressure cylinders for on-board storage of fuels for automotive vehicles (Norm für Kessel, Druckbehälter und Druckrohrleitungen – Teil 2: Vorschriften für Hochdruckflaschen zur fahrzeuginternen Speicherung von Kraftstoffen für Kraftfahrzeuge) |
| **Wasserstoff-Druckbehälter** | |
| Global Technical Regulation (GTR) No. 13 | Global technical regulation on hydrogen and fuel cell vehicles (Globale technische Regelung über mit Wasserstoff und mit Brennstoffzellen angetriebene Kraftfahrzeuge) (ECE/TRANS/180/Add.13) |
| ISO/TS 15869:2009 | Gasförmiger Wasserstoff und Wasserstoffgemische – Kraftstofftanks für Landfahrzeuge |
| Verordnung (EG) Nr. 79/2009 | Verordnung (EG) Nr. 79/2009 des Europäischen Parlaments und des Rates vom 14. Januar 2009 über die Typgenehmigung von wasserstoffbetriebenen Kraftfahrzeugen und zur Änderung der Richtlinie 2007/46/EG |
| Verordnung (EU) Nr. 406/2010 | Verordnung (EU) Nr. 406/2010 der Kommission vom 26. April 2010 zur Durchführung der Verordnung (EG) Nr. 79/2009 des Europäischen Parlaments und des Rates über die Typgenehmigung von wasserstoffbetriebenen Kraftfahrzeugen |
| UN-Regelung Nr. 134 | Einheitliche Bedingungen für die Genehmigung der Kraftfahrzeuge und ihrer Bauteile hinsichtlich der Sicherheitsvorschriften für Fahrzeuge, die mit Wasserstoff betrieben werden |
| CSA B51 Part 2:2014 | Boiler, pressure vessel, and pressure piping code – Part 2: Requirements for high-pressure cylinders for on-board storage of fuels for automotive vehicles (Norm für Kessel, Druckbehälter und Druckrohrleitungen – Teil 2: Vorschriften für Hochdruckflaschen zur fahrzeuginternen Speicherung von Kraftstoffen für Kraftfahrzeuge) |

Gasbehälter, die in Übereinstimmung mit früheren Ausgaben entsprechender Normen oder Vorschriften für Gasbehälter von Kraftfahrzeugen ausgelegt und gebaut wurden, die zum Zeitpunkt der Zulassung der Fahrzeuge, für welche die Gasbehälter ausgelegt und gebaut wurden, anwendbar waren, dürfen weiterhin befördert werden. **3.3.1** SV392 (Forts.)

b) Die Gasspeichersysteme sind dicht und weisen keine Zeichen äußerer Beschädigung auf, welche ihre Sicherheit beeinträchtigen könnte.

**Bem.** 1. Kriterien können der Norm ISO 11623:2015 Gasflaschen – Verbundbauweise (Composite-Bauweise) – Wiederkehrende Inspektion und Prüfung (oder ISO 19078:2013 Gasflaschen – Prüfung der Flascheninstallation und Wiederholungsprüfung von Gashochdruck-Flaschen zum Mitführen für den Brennstoff bei erdgasbetriebenen Fahrzeugen) entnommen werden.

2. Wenn die Gasspeichersysteme nicht dicht oder überfüllt sind oder Beschädigungen aufweisen, die ihre Sicherheit beeinträchtigen könnten (z.B. im Falle eines sicherheitstechnischen Rückrufs), dürfen sie nur in Bergungsdruckgefäßen gemäß ADR befördert werden.

c) Wenn das Gasspeichersystem mit mindestens zwei hintereinander eingebauten Ventilen ausgerüstet ist, sind die beiden Ventile so verschlossen, dass sie unter normalen Beförderungsbedingungen gasdicht sind. Wenn nur ein Ventil vorhanden oder funktionsfähig ist, sind alle Öffnungen mit Ausnahme der Öffnung der Druckentlastungseinrichtung so verschlossen, dass sie unter normalen Beförderungsbedingungen gasdicht sind.

d) Die Gasspeichersysteme werden so befördert, dass eine Behinderung der Druckentlastungseinrichtung oder eine Beschädigung der Ventile und aller übrigen unter Druck stehenden Teile der Gasspeichersysteme und ein unbeabsichtigtes Freiwerden des Gases unter normalen Beförderungsbedingungen verhindert werden. Die Gasspeichersysteme sind gegen Verrutschen, Rollen oder vertikale Bewegung gesichert.

e) Die Ventile sind in Übereinstimmung mit einer der in Unterabschnitt 4.1.6.8 a) bis e) beschriebenen Methoden geschützt.

f) Die Gasspeichersysteme, ausgenommen solche, die zur Entsorgung, zum Recycling, zur Reparatur, zur Prüfung oder zur Wartung ausgebaut wurden, sind nicht zu mehr als 20 % ihres nominalen Füllfaktors bzw. ihres nominalen Betriebsdrucks befüllt.

g) Sofern die Gasspeichersysteme in einer Handhabungseinrichtung versandt werden, dürfen die Kennzeichen und Gefahrzettel ungeachtet der Vorschriften des Kapitels 5.2 auf der Handhabungseinrichtung angebracht werden.

h) Ungeachtet der Vorschriften des Absatzes 5.4.1.1.1 f) darf die Angabe der Gesamtmenge der gefährlichen Güter durch folgende Angaben ersetzt werden:

(i) die Anzahl der Gasspeichersysteme und

(ii) bei verflüssigten Gasen die gesamte Nettomasse (kg) des Gases jedes Gasspeichersystems und bei verdichteten Gasen der gesamte mit Wasser ausgeliterte Fassungsraum (l) jedes Gasspeichersystems, dem der nominale Betriebsdruck nachgestellt ist.

Beispiele für die Angaben im Beförderungspapier:

Beispiel 1: „UN 1971 ERDGAS, VERDICHTET, 2.1, 1 GASSPEICHERSYSTEM MIT INSGESAMT 50 L, 200 BAR".

Beispiel 2: „UN 1965 KOHLENWASSERSTOFFGAS, GEMISCH, VERFLÜSSIGT, N.A.G., 2.1, 3 GASSPEICHERSYSTEME MIT EINER NETTOMASSE DES GASES VON JEWEILS 15 KG".

**393** Die Nitrocellulose muss den Kriterien des Bergmann-Junk-Tests oder des Methylviolettpapier-Tests im Handbuch Prüfungen und Kriterien Anhang 10 entsprechen. Die Prüfungen des Typs 3 c) müssen nicht durchgeführt werden.

**394** Die Nitrocellulose muss den Kriterien des Bergmann-Junk-Tests oder des Methylviolettpapier-Tests im Handbuch Prüfungen und Kriterien Anhang 10 entsprechen.

**395** Diese Eintragung darf nur für feste medizinische Abfälle der Kategorie A verwendet werden, die zur Entsorgung befördert werden.

**396** Ungeachtet der Vorschriften des Unterabschnitts 4.1.6.5 dürfen große und widerstandsfähige Gegenstände mit angeschlossenen Gasflaschen mit geöffneten Ventilen befördert werden, vorausgesetzt:

3.3.1 SV396 (Forts.)

a) die Gasflaschen enthalten Stickstoff der UN-Nummer 1066, verdichtetes Gas der UN-Nummer 1956 oder Luft, verdichtet (Druckluft) der UN-Nummer 1002;

b) die Gasflaschen sind mit dem Gegenstand durch Druckregler und feste Rohrleitungen so verbunden, dass der Druck des Gases (Überdruck) im Gegenstand 35 kPa (0,35 bar) nicht überschreitet;

c) die Gasflaschen sind ordnungsgemäß gesichert, so dass sie sich in Bezug auf den Gegenstand nicht bewegen können, und sind mit widerstandsfähigen und druckbeständigen Schläuchen und Rohren ausgestattet;

d) die Gasflaschen, Druckregler, Rohrleitungen und anderen Bauteile sind während der Beförderung durch Verschläge aus Holz oder andere geeignete Mittel vor Beschädigungen und Stößen geschützt;

e) das Beförderungspapier enthält folgenden Vermerk: „BEFÖRDERUNG GEMÄSS SONDERVORSCHRIFT 396";

f) Güterbeförderungseinheiten, die Gegenstände enthalten, die mit Flaschen mit offenen Ventilen befördert werden, die ein Gas enthalten, von dem eine Erstickungsgefahr ausgeht, sind gut belüftet und in Übereinstimmung mit Unterabschnitt 5.5.3.6 gekennzeichnet.

**397** Gemische von Stickstoff und Sauerstoff, die mindestens 19,5 und höchstens 23,5 Volumen-% Sauerstoff enthalten, dürfen unter dieser Eintragung befördert werden, wenn keine anderen oxidierenden Gase vorhanden sind. Für Konzentrationen innerhalb dieser Grenzwerte ist ein Nebengefahrzettel der Klasse 5.1 (Muster 5.1, siehe Absatz 5.2.2.2.2) nicht erforderlich.

**398** Diese Eintragung gilt für Butene, Gemisch, But-1-en, cis-But-2-en und trans-But-2-en. Für Isobuten siehe UN-Nummer 1055.

**Bem.** Wegen zusätzlicher Angaben im Beförderungspapier siehe Absatz 5.4.1.2.2 e).

**399** (bleibt offen)

**400** Natrium-Ionen-Zellen und -Batterien sowie Natrium-Ionen-Zellen und -Batterien in Ausrüstungen oder mit Ausrüstungen verpackt, die versandfertig vorbereitet und zur Beförderung aufgegeben werden, unterliegen nicht den übrigen Vorschriften des ADR, wenn sie die folgenden Bedingungen erfüllen:

a) die Zelle oder Batterie ist in einer Weise kurzgeschlossen, dass die Zelle oder Batterie keine elektrische Energie enthält. Der Kurzschluss der Zelle oder Batterie ist leicht nachprüfbar (z.B. Stromschiene zwischen den Polen);

b) jede Zelle oder Batterie entspricht den Vorschriften des Absatzes 2.2.9.1.7.2 a), b), d), e) und f);

c) jedes Versandstück ist in Übereinstimmung mit Unterabschnitt 5.2.1.9 gekennzeichnet;

d) mit Ausnahme der Fälle, in denen die Zellen oder Batterien in Ausrüstungen eingebaut sind, ist jedes Versandstück in der Lage, einer Fallprüfung aus 1,2 m Höhe in beliebiger Ausrichtung standzuhalten, ohne dass die darin enthaltenen Zellen oder Batterien beschädigt werden, ohne dass sich der Inhalt so verschiebt, dass ein Kontakt von Batterie zu Batterie (oder von Zelle zu Zelle) möglich ist, und ohne dass der Inhalt austritt;

e) Zellen und Batterien, die in Ausrüstungen eingebaut sind, sind gegen Beschädigung geschützt. Wenn Batterien in Ausrüstungen eingebaut sind, sind die Ausrüstungen in widerstandsfähigen Außenverpackungen verpackt, die aus einem geeigneten Werkstoff gefertigt sind, der in Bezug auf den Fassungsraum der Verpackung und die beabsichtigte Verwendung der Verpackung ausreichend stark und dimensioniert ist, es sei denn, die Batterie ist durch die Ausrüstung, in der sie enthalten ist, selbst entsprechend geschützt;

f) jede Zelle, auch wenn sie Bestandteil einer Batterie ist, enthält nur gefährliche Güter, die für eine Beförderung in Übereinstimmung mit den Vorschriften des Kapitels 3.4 und in einer Menge zugelassen sind, welche die in Kapitel 3.2 Tabelle A Spalte (7a) angegebene Menge nicht überschreitet.

**401** Natrium-Ionen-Zellen und -Batterien mit einem organischen Elektrolyt müssen unter der UN-Nummer 3551 bzw. 3552 befördert werden. Natrium-Ionen-Zellen und -Batterien mit einem wasserhaltigen Alkali-Elektrolyt müssen unter der UN-Nummer 2795 befördert werden. Batterien, die metallisches Natrium oder Natriumlegierungen enthalten, müssen unter der UN-Nummer 3292 befördert werden.

**402** Stoffe, die unter dieser Eintragung befördert werden, dürfen bei 70 °C einen Dampfdruck von höchstens 1,1 MPa (11 bar) und müssen bei 50 °C eine Dichte von mindestens 0,525 kg/l haben. **3.3.1** (Forts.)

**403** Unter diese Eintragung fallende Membranfilter aus Nitrocellulose mit einem Nitrocellulose-Gehalt von höchstens 53 g/m² und einer Nitrocellulose-Nettomasse von höchstens 300 g je Innenverpackung unterliegen nicht den Vorschriften des ADR, wenn sie die folgenden Bedingungen erfüllen:

a) sie sind mit Zwischenlagen aus Papier von mindestens 80 g/m² verpackt, die zwischen jeder Schicht von Nitrocellulose-Membranfiltern angeordnet sind;

b) sie sind so verpackt, dass die Ausrichtung der Nitrocellulose-Membranfilter und der Zwischenlagen aus Papier in einer der folgenden Konfigurationen beibehalten wird:

   (i) dicht gewickelte Rollen, die in Kunststofffolie von mindestens 80 g/m² oder Aluminiumbeuteln mit einer Sauerstoffdurchlässigkeit von höchstens 0,1 % gemäß der Norm ISO 15105-1:2007 verpackt sind;

   (ii) Blätter, die in Pappe von mindestens 250 g/m² oder in Aluminiumbeuteln mit einer Sauerstoffdurchlässigkeit von höchstens 0,1 % gemäß der Norm ISO 15105-1:2007 verpackt sind;

   (iii) Rundfilter, die in Scheibenhaltern oder Verpackungen aus Pappe von mindestens 250 g/m² oder einzeln in Beuteln aus Papier und Kunststoff von insgesamt mindestens 100 g/m² verpackt sind.

**404** Fahrzeuge, die durch Natrium-Ionen-Batterien angetrieben werden und die keine anderen gefährlichen Güter enthalten, unterliegen nicht den übrigen Vorschriften des ADR, wenn die Batterie in einer Weise kurzgeschlossen ist, dass die Batterie keine elektrische Energie enthält. Der Kurzschluss der Batterie muss leicht nachprüfbar sein (z.B. Stromschiene zwischen den Polen).

**405** (bleibt offen)

**406** Unter diese Eintragung fallende Stoffe dürfen in Druckgefäßen mit höchstens 1000 ml Inhalt in Übereinstimmung mit den Vorschriften für begrenzte Mengen des Kapitels 3.4 befördert werden. Das Druckgefäß muss den Vorschriften des Unterabschnitts 4.1.4.1 Verpackungsanweisung P200 entsprechen und darf ein Produkt aus Prüfdruck und Fassungsraum von höchstens 15,2 MPa × l (152 bar × l) nicht überschreiten. Die Druckgefäße dürfen nicht mit anderen gefährlichen Gütern zusammen verpackt werden. → *1.6.2.24*

**407** Feuerlöschmittel-Dispergiervorrichtungen sind Gegenstände, die einen pyrotechnischen Satz enthalten und dafür vorgesehen sind, bei Auslösung ein Feuerlöschmittel (oder -aerosol) zu versprühen, und die keine anderen gefährlichen Güter enthalten. Diese Gegenstände müssen versandfertig verpackt die Kriterien für die Unterklasse 1.4 Verträglichkeitsgruppe S erfüllen, wenn sie in Übereinstimmung mit der Prüfreihe 6 c) des Handbuchs Prüfungen und Kriterien Teil I Abschnitt 16 geprüft werden. Die Vorrichtung muss entweder mit entfernten Auslöseeinrichtungen oder mit mindestens zwei unabhängigen Mitteln zur Verhinderung einer unbeabsichtigten Auslösung befördert werden.

Feuerlöschmittel-Dispergiervorrichtungen dürfen nur dann der Klasse 9, UN-Nummer 3559 zugeordnet werden, wenn die folgenden zusätzlichen Bedingungen erfüllt sind:

a) die Vorrichtung erfüllt die Ausschlusskriterien des Absatzes 2.2.1.1.8.2 b), c) und d);

b) das Löschmittel gilt in Übereinstimmung mit internationalen oder regionalen Normen (z.B. der Norm des nationalen Feuerschutzverbandes der Vereinigten Staaten von Amerika für ortsfeste Aerosol-Feuerlöschsysteme NFPA 2010) als sicher für normal genutzte Räume;

c) der Gegenstand ist so verpackt, dass die Temperaturen an der Außenseite des Versandstücks im Falle einer Auslösung 200 °C nicht überschreiten;

d) diese Eintragung wird nur mit Zustimmung der zuständigen Behörde des Herstellungslandes[4)] verwendet.

Diese Eintragung gilt nicht für „SICHERHEITSEINRICHTUNGEN, elektrische Auslösung", die in der Sondervorschrift 280 (UN-Nummer 3268) beschrieben sind.

**408** Diese Eintragung gilt nur für wässerige Lösungen, die aus Wasser, Tetramethylammoniumhydroxid (TMAH) und nicht mehr als 1 % anderen Bestandteilen bestehen. Andere Zubereitungen, die Tetramethylammoniumhydroxid enthalten, müssen einer entsprechenden Gattungseintragung

4) Wenn das Herstellungsland keine Vertragspartei des ADR ist, muss die Zustimmung von der zuständigen Behörde einer Vertragspartei des ADR anerkannt werden.

3.3.1 SV408 (Forts.)

oder n.a.g.-Eintragung zugeordnet werden (z.B. UN 2927 GIFTIGER ORGANISCHER FLÜSSIGER STOFF, ÄTZEND, N.A.G.), mit folgenden Ausnahmen:

a) andere Zubereitungen, die ein Tensid in einer Konzentration von mehr als 1 % und mindestens 8,75 % Tetramethylammoniumhydroxid enthalten, sind der Eintragung UN 2927 GIFTIGER ORGANISCHER FLÜSSIGER STOFF, ÄTZEND, N.A.G., Verpackungsgruppe I zuzuordnen und

b) andere Zubereitungen, die ein Tensid in einer Konzentration von mehr als 1 % und mehr als 2,38 %, aber weniger als 8,75 % Tetramethylammoniumhydroxid enthalten, sind der Eintragung UN 2927 GIFTIGER ORGANISCHER FLÜSSIGER STOFF, ÄTZEND, N.A.G., Verpackungsgruppe II zuzuordnen.

**409–499** (bleibt offen)

**500** (gestrichen)

**501** Naphthalen, geschmolzen, siehe UN-Nummer 2304.

**502** UN 2006 Kunststoff auf Nitrocellulosebasis, selbsterhitzungsfähig, n.a.g., und UN 2002 Zelluloid, Abfall, sind Stoffe der Klasse 4.2.

**503** Phosphor, weiß, geschmolzen, siehe UN-Nummer 2447.

**504** UN 1847 Kaliumsulfid, hydratisiert mit mindestens 30 % Kristallwasser, UN 1849 Natriumsulfid, hydratisiert mit mindestens 30 % Kristallwasser, und UN 2949 Natriumhydrogensulfid, hydratisiert mit mindestens 25 % Kristallwasser, sind Stoffe der Klasse 8.

**505** UN 2004 Magnesiumdiamid ist ein Stoff der Klasse 4.2.

**506** Erdalkalimetalle und Erdalkalimetalllegierungen in pyrophorer Form sind Stoffe der Klasse 4.2.

UN 1869 Magnesium oder UN 1869 Magnesiumlegierungen mit mehr als 50 % Magnesium als Pellets, Späne oder Bänder sind Stoffe der Klasse 4.1.

**507** UN 3048 Aluminiumphosphid-Pestizide mit Zusätzen zur Verzögerung der Entwicklung von giftigen entzündbaren Gasen sind Stoffe der Klasse 6.1.

**508** UN 1871 Titanhydrid und UN 1437 Zirkoniumhydrid sind Stoffe der Klasse 4.1. UN 2870 Aluminiumborhydrid ist ein Stoff der Klasse 4.2.

**509** UN 1908 Chloritlösung ist ein Stoff der Klasse 8.

**510** UN 1755 Chromsäure, Lösung, ist ein Stoff der Klasse 8.

**511** UN 1625 Quecksilber(II)nitrat, UN 1627 Quecksilber(I)nitrat und UN 2727 Thalliumnitrat sind Stoffe der Klasse 6.1. Thoriumnitrat, fest, Uranylnitrathexahydrat-Lösung und Uranylnitrat, fest, sind Stoffe der Klasse 7.

**512** UN 1730 Antimonpentachlorid, flüssig, UN 1731 Antimonpentachlorid, Lösung, UN 1732 Antimonpentafluorid und UN 1733 Antimontrichlorid sind Stoffe der Klasse 8.

**513** UN 0224 Bariumazid, trocken oder angefeuchtet mit weniger als 50 Masse-% Wasser, ist ein Stoff der Klasse 1. UN 1571 Bariumazid, angefeuchtet mit mindestens 50 Masse-% Wasser, ist ein Stoff der Klasse 4.1. UN 1854 Bariumlegierungen, pyrophor, sind Stoffe der Klasse 4.2. UN 1445 Bariumchlorat, fest, UN 1446 Bariumnitrat, UN 1447 Bariumperchlorat, fest, UN 1448 Bariumpermanganat, UN 1449 Bariumperoxid, UN 2719 Bariumbromat, UN 2741 Bariumhypochlorit mit mehr als 22 % aktivem Chlor, UN 3405 Bariumchlorat, Lösung, und UN 3406 Bariumperchlorat, Lösung, sind Stoffe der Klasse 5.1. UN 1565 Bariumcyanid und UN 1884 Bariumoxid sind Stoffe der Klasse 6.1.

**514** UN 2464 Berylliumnitrat ist ein Stoff der Klasse 5.1.

**515** UN 1581 Chlorpikrin und Methylbromid, Gemisch, und UN 1582 Chlorpikrin und Methylchlorid, Gemisch, sind Stoffe der Klasse 2.

**516** UN 1912 Methylchlorid und Dichlormethan, Gemisch, ist ein Stoff der Klasse 2.

**517** UN 1690 Natriumfluorid, fest, UN 1812 Kaliumfluorid, fest, UN 2505 Ammoniumfluorid, UN 2674 Natriumfluorosilicat, UN 2856 Fluorosilicate, n.a.g., UN 3415 Natriumfluorid, Lösung, und UN 3422 Kaliumfluorid, Lösung, sind Stoffe der Klasse 6.1.

**518** UN 1463 Chromtrioxid, wasserfrei, (Chromsäure, fest) ist ein Stoff der Klasse 5.1.

**519** UN 1048 Bromwasserstoff, wasserfrei, ist ein Stoff der Klasse 2.

**520** UN 1050 Chlorwasserstoff, wasserfrei, ist ein Stoff der Klasse 2.

**521** Feste Chlorite und Hypochlorite sind Stoffe der Klasse 5.1.

**522** UN 1873 Perchlorsäure, wässerige Lösung mit mehr als 50 Masse-%, aber höchstens 72 Masse-% reiner Säure, ist ein Stoff der Klasse 5.1. Perchlorsäure, wässerige Lösungen mit mehr als 72 Masse-% reiner Säure, oder Gemische von Perchlorsäure mit anderen flüssigen Stoffen als Wasser sind zur Beförderung nicht zugelassen. **3.3.1** (Forts.)

**523** UN 1382 Wasserfreies Kaliumsulfid und UN 1385 Wasserfreies Natriumsulfid sowie deren Hydrate mit weniger als 30 % Kristallwasser sowie UN 2318 Natriumhydrogensulfid mit weniger als 25 % Kristallwasser sind Stoffe der Klasse 4.2.

**524** UN 2858 Fertigwaren aus Zirkonium mit einer Dicke von mindestens 18 µm sind Stoffe der Klasse 4.1.

**525** Lösungen anorganischer Cyanide mit einem Gesamtgehalt an Cyanidionen von mehr als 30 % sind der Verpackungsgruppe I, mit einem Gesamtgehalt an Cyanidionen von mehr als 3 % bis 30 % der Verpackungsgruppe II und mit einem Gesamtgehalt an Cyanidionen von mehr als 0,3 % bis 3 % der Verpackungsgruppe III zuzuordnen.

**526** UN 2000 Zelluloid ist der Klasse 4.1 zugeordnet.

**527** (bleibt offen)

**528** UN 1353 Fasern und Gewebe, imprägniert mit schwach nitrierter Cellulose, nicht selbsterhitzungsfähig, sind Stoffe der Klasse 4.1.

**529** UN 0135 Quecksilberfulminat, angefeuchtet, mit mindestens 20 Masse-% Wasser oder einer Alkohol/Wasser-Mischung, ist ein Stoff der Klasse 1. Quecksilber(I)chlorid (Calomel) ist ein Stoff der Klasse 6.1 (UN-Nummer 2025).

**530** UN 3293 Hydrazin, wässerige Lösung mit höchstens 37 Masse-% Hydrazin, ist ein Stoff der Klasse 6.1.

**531** Gemische mit einem Flammpunkt unter 23 °C mit mehr als 55 % Nitrocellulose mit beliebigem Stickstoffgehalt oder mit höchstens 55 % Nitrocellulose mit einem Stickstoffgehalt von mehr als 12,6 % in der Trockenmasse sind Stoffe der Klasse 1 (siehe UN-Nummer 0340 oder 0342) oder der Klasse 4.1 (UN-Nummer 2555, 2556 oder 2557).

**532** (gestrichen)

**533** UN 1198 Formaldehydlösung, entzündbar, ist ein Stoff der Klasse 3. Formaldehydlösungen, nicht entzündbar, mit weniger als 25 % Formaldehyd, unterliegen nicht den Vorschriften des ADR.

**534** Obwohl Benzin unter gewissen klimatischen Bedingungen bei 50 °C einen Dampfdruck von mehr als 110 kPa (1,10 bar) bis höchstens 150 kPa (1,50 bar) haben kann, muss es einem Stoff gleichgestellt bleiben, der bei 50 °C einen Dampfdruck von höchstens 110 kPa (1,10 bar) hat.

**535** UN 1469 Bleinitrat, UN 1470 Bleiperchlorat, fest, und UN 3408 Bleiperchlorat, Lösung, sind Stoffe der Klasse 5.1.

**536** Naphthalen, fest, siehe UN-Nummer 1334.

**537** UN 2869 Titantrichlorid, Gemisch, nicht pyrophor, ist ein Stoff der Klasse 8.

**538** Schwefel (in festem Zustand) siehe UN-Nummer 1350.

**539** Lösungen von Isocyanaten mit einem Flammpunkt von 23 °C oder darüber sind Stoffe der Klasse 6.1.

**540** UN 1326 Hafnium-Pulver, angefeuchtet, UN 1352 Titan-Pulver, angefeuchtet, oder UN 1358 Zirkonium-Pulver, angefeuchtet, mit mindestens 25 % Wasser, sind Stoffe der Klasse 4.1.

**541** Nitrocellulosemischungen, deren Wasser-, Alkohol- oder Plastifizierungsmittelgehalte niedriger sind als in den Grenzwerten angegeben, sind Stoffe der Klasse 1.

**542** Talkum mit Tremolit und/oder Aktinolith ist ein Stoff dieser Eintragung.

**543** (gestrichen)

**544** UN 1032 Dimethylamin, wasserfrei, UN 1036 Ethylamin, UN 1061 Methylamin, wasserfrei, und UN 1083 Trimethylamin, wasserfrei, sind Stoffe der Klasse 2.

**545** UN 0401 Dipikrylsulfid, angefeuchtet mit weniger als 10 Masse-% Wasser, ist ein Stoff der Klasse 1.

**546** UN 2009 Zirkonium, trocken, gerollter Draht, fertige Bleche oder Streifen mit einer Dicke von weniger als 18 µm, ist ein Stoff der Klasse 4.2. Zirkonium, trocken, gerollter Draht, fertige Bleche oder Streifen mit einer Dicke von mindestens 254 µm, unterliegt nicht den Vorschriften des ADR.

3.3.1 (Forts.)

**547** UN 2210 Maneb oder UN 2210 Manebzubereitungen in selbsterhitzungsfähiger Form sind Stoffe der Klasse 4.2.

**548** Chlorsilane, die in Berührung mit Wasser entzündbare Gase entwickeln, sind Stoffe der Klasse 4.3.

**549** Chlorsilane mit einem Flammpunkt unter 23 °C, die in Berührung mit Wasser keine entzündbaren Gase entwickeln, sind Stoffe der Klasse 3. Chlorsilane mit einem Flammpunkt von 23 °C und darüber, die in Berührung mit Wasser keine entzündbaren Gase entwickeln, sind Stoffe der Klasse 8.

**550** UN 1333 Cer in Platten, Barren oder Stangen ist ein Stoff der Klasse 4.1.

**551** Lösungen von diesen Isocyanaten mit einem Flammpunkt unter 23 °C sind Stoffe der Klasse 3.

**552** Metalle und Metalllegierungen in Pulver- oder anderer entzündbarer Form, die selbstentzündlich sind, sind Stoffe der Klasse 4.2. Metalle und Metalllegierungen in Pulver- oder anderer entzündbarer Form, die in Berührung mit Wasser entzündliche Gase entwickeln, sind Stoffe der Klasse 4.3.

**553** Diese Mischung von Wasserstoffperoxid und Peressigsäure, Mischung, stabilisiert, darf unter Laborversuchsbedingungen (siehe Handbuch Prüfungen und Kriterien Teil II Abschnitt 20) weder unter Einschluss detonieren noch deflagrieren und soll auch im verdämmten Zustand weder beim Erhitzen noch infolge Sprengwirkung irgendwelche Explosionskräfte zeigen. Dieses Präparat (Zubereitung) muss thermisch stabil sein (Selbstzersetzungstemperatur 60 °C oder höher für ein Versandstück von 50 kg) und zur Desensibilisierung einen flüssigen Stoff enthalten, der mit Peressigsäure verträglich ist. Präparate (Zubereitungen), die diesen Kriterien nicht entsprechen, gelten als Stoffe der Klasse 5.2 (siehe Handbuch Prüfungen und Kriterien Teil II Absatz 20.4.3 g)).

**554** Metallhydride, die in Berührung mit Wasser entzündbare Gase entwickeln, sind Stoffe der Klasse 4.3. UN 2870 Aluminiumborhydrid oder UN 2870 Aluminiumborhydrid in Geräten ist ein Stoff der Klasse 4.2.

**555** Staub und Pulver von Metallen, nicht giftig, in nicht selbstentzündlicher Form, die jedoch in Berührung mit Wasser entzündbare Gase entwickeln, sind Stoffe der Klasse 4.3.

**556** (gestrichen)

**557** Staub und Pulver von Metallen in pyrophorem Zustand sind Stoffe der Klasse 4.2.

**558** Metalle und Metalllegierungen in pyrophorem Zustand sind Stoffe der Klasse 4.2. Metalle und Metalllegierungen, die in Berührung mit Wasser keine entzündbaren Gase entwickeln, nicht pyrophor oder selbsterhitzungsfähig, aber leicht entzündbar sind, sind Stoffe der Klasse 4.1.

**559** (gestrichen)

**560** Ein erwärmter flüssiger Stoff, n.a.g., bei oder über 100 °C (einschließlich geschmolzener Metalle und geschmolzener Salze) und im Falle eines Stoffes, der einen Flammpunkt hat, bei einer Temperatur unter seinem Flammpunkt ist ein Stoff der Klasse 9 (UN-Nummer 3257).

**561** Chlorformiate mit überwiegend ätzenden Eigenschaften sind Stoffe der Klasse 8.

**562** Die selbstentzündlichen metallorganischen Verbindungen sind Stoffe der Klasse 4.2. Metallorganische Verbindungen, die in Berührung mit Wasser entzündbare Gase entwickeln, sind Stoffe der Klasse 4.3.

**563** UN 1905 Selensäure ist ein Stoff der Klasse 8.

**564** UN 2443 Vanadiumoxytrichlorid, UN 2444 Vanadiumtetrachlorid und UN 2475 Vanadiumtrichlorid sind Stoffe der Klasse 8.

**565** Dieser Eintragung sind unspezifizierte Abfälle zuzuordnen, die aus ärztlicher/tierärztlicher Behandlung von Menschen/Tieren oder aus biologischer Forschung stammen und bei denen die Wahrscheinlichkeit gering ist, dass sie Stoffe der Klasse 6.2 enthalten. Dekontaminierte klinische oder aus biologischer Forschung stammende Abfälle, die ansteckungsgefährliche Stoffe enthalten haben, unterliegen nicht den Vorschriften der Klasse 6.2.

**566** UN 2030 Hydrazin, wässerige Lösung mit mehr als 37 Masse-% Hydrazin, ist ein Stoff der Klasse 8.

**567** (gestrichen)

**568** Bariumazid mit einem Wassergehalt unter dem vorgeschriebenen Grenzwert ist der Klasse 1 UN-Nummer 0224 zugeordnet.

**569–579** (bleibt offen)

**580** (gestrichen)

**581** Diese Eintragung umfasst Gemische von Propadien mit 1 % bis 4 % Methylacetylen sowie folgende Gemische: **3.3.1** (Forts.)

| Gemisch | Inhalt in Vol.-% | | | zulässige technische Benennung für Zwecke des Unterabschnitts 5.4.1.1 |
|---|---|---|---|---|
| | Methylacetylen und Propadien, höchstens | Propan und Propylen, höchstens | gesättigte Kohlenwasserstoffe $C_4$, mindestens | |
| P 1 | 63 | 24 | 14 | „Gemisch P 1" |
| P 2 | 48 | 50 | 5 | „Gemisch P 2" |

**582** Diese Eintragung umfasst unter anderem Gemische von Gasen, die mit dem Buchstaben „R …" bezeichnet sind und folgende Eigenschaften aufweisen:

| Gemisch | höchster Dampfdruck bei 70 °C (MPa) | minimale Dichte bei 50 °C (kg/l) | zulässige technische Benennung für Zwecke des Unterabschnitts 5.4.1.1 |
|---|---|---|---|
| F 1 | 1,3 | 1,30 | „Gemisch F 1" |
| F 2 | 1,9 | 1,21 | „Gemisch F 2" |
| F 3 | 3,0 | 1,09 | „Gemisch F 3" |

**Bem.** 1. Trichlorfluormethan (Kältemittel R 11), 1,1,2-Trichlor-1,2,2-trifluorethan (Kältemittel R 113), 1,1,1-Trichlor-2,2,2-trifluorethan (Kältemittel R 113a), 1-Chlor-1,2,2-trifluorethan (Kältemittel R 133) und 1-Chlor-1,1,2-trifluorethan (Kältemittel R 133b) sind keine Stoffe der Klasse 2. Sie können jedoch Bestandteil der Gemische F 1 bis F 3 sein.

2. Die Referenzdichten entsprechen denen von Dichlorfluormethan (1,30 kg/l), Dichlordifluormethan (1,21 kg/l) und Chlordifluormethan (1,09 kg/l).

**583** Diese Eintragung umfasst unter anderem Gemische von Gasen, die folgende Eigenschaften aufweisen:

| Gemisch | höchster Dampfdruck bei 70 °C (MPa) | minimale Dichte bei 50 °C (kg/l) | zulässige technische Benennung[a)] für Zwecke des Unterabschnitts 5.4.1.1 |
|---|---|---|---|
| A | 1,1 | 0,525 | „Gemisch A" oder „Butan" |
| A 01 | 1,6 | 0,516 | „Gemisch A 01" oder „Butan" |
| A 02 | 1,6 | 0,505 | „Gemisch A 02" oder „Butan" |
| A 0 | 1,6 | 0,495 | „Gemisch A 0" oder „Butan" |
| A 1 | 2,1 | 0,485 | „Gemisch A 1" |
| B 1 | 2,6 | 0,474 | „Gemisch B 1" |
| B 2 | 2,6 | 0,463 | „Gemisch B 2" |
| B | 2,6 | 0,450 | „Gemisch B" |
| C | 3,1 | 0,440 | „Gemisch C" oder „Propan" |

a) Bei Beförderungen in Tanks dürfen die Handelsnamen „Butan" und „Propan" nur als Zusatz verwendet werden.

**584** Dieses Gas unterliegt nicht den Vorschriften des ADR, wenn:

- es im gasförmigen Zustand höchstens 0,5 % Luft enthält;
- es in metallenen Kapseln (Sodors, Sparklets) enthalten ist, die frei von Fehlern sind, die ihre Festigkeit verringern könnten;
- die Dichtheit des Verschlusses der Kapsel sichergestellt ist;
- eine Kapsel höchstens 25 g dieses Gases enthält und
- eine Kapsel höchstens 0,75 g dieses Gases je $cm^3$ Fassungsraum enthält. → *D: § 23 (1) 7*

**585** (gestrichen)

3.3.1 (Forts.)

**586** Hafnium-, Titan- und Zirkonium-Pulver müssen einen sichtbaren Wasserüberschuss enthalten. Hafnium-, Titan- und Zirkonium-Pulver, angefeuchtet, mechanisch hergestellt mit einer Teilchengröße von mindestens 53 µm, chemisch hergestellt mit einer Teilchengröße von mindestens 840 µm, unterliegen nicht den Vorschriften des ADR.

**587** Bariumstearat und Bariumtitanat unterliegen nicht den Vorschriften des ADR.

**588** Aluminiumbromid und Aluminiumchlorid in fester hydratisierter Form unterliegen nicht den Vorschriften des ADR.

**589** (gestrichen)

**590** Eisen(III)chlorid-Hexahydrat unterliegt nicht den Vorschriften des ADR.

**591** Bleisulfat mit höchstens 3 % freier Säure unterliegt nicht den Vorschriften der Klasse 8 des ADR.

**592** Ungereinigte leere Verpackungen, einschließlich leere Großpackmittel (IBC) und leere Großverpackungen, leere Tankfahrzeuge, leere Aufsetztanks, leere ortsbewegliche Tanks, leere Tankcontainer und leere Kleincontainer, die diesen Stoff enthalten haben, unterliegen nicht den Vorschriften des ADR.

**593** Dieses Gas unterliegt, wenn es für die Kühlung von Gütern verwendet wird, welche die Kriterien keiner Klasse erfüllen, z.B. medizinische oder biologische Proben, mit Ausnahme des Abschnitts 5.5.3 nicht den Vorschriften des ADR, wenn es in doppelwandigen Gefäßen, die den für offene Kryo-Behälter anwendbaren Vorschriften des Absatzes (6) in der Verpackungsanweisung P203 des Unterabschnitts 4.1.4.1 entsprechen, enthalten ist.

*→ D: RSEB 3-4* **594** Folgende nach den im Herstellungsland angewendeten Vorschriften hergestellte und befüllte Gegenstände unterliegen nicht den Vorschriften des ADR:

a) UN 1044 Feuerlöscher, die mit einem Schutz gegen unbeabsichtigte Betätigung versehen sind, wenn:
   - sie in einer widerstandsfähigen Außenverpackung verpackt sind oder
   - es sich um große Feuerlöscher handelt, die der Sondervorschrift für die Verpackung PP91 der Verpackungsanweisung P003 des Unterabschnitts 4.1.4.1 entsprechen;

b) UN 3164 Gegenstände unter pneumatischem oder hydraulischem Druck, die gegenüber der Beanspruchung durch den Innendruck des Gases aus Gründen der Kraftübertragung, ihrer Formsteifigkeit oder der Fertigungsnormen überdimensioniert sind, wenn sie in einer widerstandsfähigen Außenverpackung verpackt sind.

**Bem.** „Im Herstellungsland angewendete Vorschriften" bedeuten im Herstellungsland oder im Verwendungsland anwendbare Vorschriften.

**596** Cadmiumpigmente, wie Cadmiumsulfide, Cadmiumsulfoselenide und Cadmiumsalze höherer Fettsäuren (z.B. Cadmiumstearat), unterliegen nicht den Vorschriften des ADR.

**597** Essigsäure, Lösungen mit höchstens 10 Masse-% reiner Säure, unterliegen nicht den Vorschriften des ADR.

**598** Folgende Batterien unterliegen nicht den Vorschriften des ADR:

a) Neue Batterien, wenn:
   - sie gegen Rutschen, Umfallen und Beschädigung gesichert sind;
   - sie mit Trageeinrichtungen versehen sind, es sei denn, sie sind z.B. auf Paletten gestapelt;
   - sie außen keine gefährlichen Spuren von Laugen oder Säuren aufweisen;
   - sie gegen Kurzschluss gesichert sind.

b) Gebrauchte Batterien, wenn:
   - ihre Gehäuse keine Beschädigung aufweisen;
   - sie gegen Auslaufen, Rutschen, Umfallen und Beschädigung gesichert sind, z.B. auf Paletten gestapelt;
   - sie außen keine gefährlichen Spuren von Laugen oder Säuren aufweisen;
   - sie gegen Kurzschluss gesichert sind.

„Gebrauchte Batterien" sind solche, die nach normalem Gebrauch zu Zwecken des Recyclings befördert werden.

**599** (gestrichen)

**600** Vanadiumpentoxid, geschmolzen und erstarrt, unterliegt nicht den Vorschriften des ADR. **3.3.1** (Forts.)

**601** Gebrauchsfertige pharmazeutische Produkte (Medikamente), die für den Einzelhandel oder den Vertrieb für den persönlichen oder häuslichen Gebrauch hergestellt und abgepackt sind, unterliegen nicht den Vorschriften des ADR.

**602** Phosphorsulfide, die nicht frei von weißem und gelbem Phosphor sind, sind zur Beförderung nicht zugelassen.

**603** Cyanwasserstoff, wasserfrei, der der Beschreibung für die UN-Nummer 1051 oder 1614 nicht entspricht, ist zur Beförderung nicht zugelassen. Cyanwasserstoff (Blausäure) mit weniger als 3 % Wasser ist stabil, wenn der pH-Wert 2,5 ± 0,5 beträgt und die Flüssigkeit klar und farblos ist.

**604** (gestrichen)

**605** (gestrichen)

**606** (gestrichen)

**607** Gemische von Kaliumnitrat und Natriumnitrit mit einem Ammoniumsalz sind zur Beförderung nicht zugelassen.

**608** (gestrichen)

**609** Tetranitromethan, nicht frei von brennbaren Verunreinigungen, ist zur Beförderung nicht zugelassen.

**610** Dieser Stoff ist, wenn er mehr als 45 % Cyanwasserstoff enthält, nicht zur Beförderung zugelassen.

**611** Ammoniumnitrat mit mehr als 0,2 % brennbaren Stoffen (einschließlich organischer Stoffe als Kohlenstoff-Äquivalent) ist zur Beförderung nicht zugelassen, ausgenommen als Bestandteil eines Stoffes oder Gegenstandes der Klasse 1.

**612** (bleibt offen)

**613** Lösung von Chlorsäure mit mehr als 10 % Chlorsäure oder Gemische von Chlorsäure mit irgendeinem flüssigen Stoff außer Wasser sind zur Beförderung nicht zugelassen.

**614** 2,3,7,8-Tetrachlordibenzo-1,4-dioxin (TCDD) ist in Konzentrationen, die nach den Kriterien des Unterabschnitts 2.2.61.1 als sehr giftig gelten, zur Beförderung nicht zugelassen.

**615** (bleibt offen)

**616** Stoffe mit einem Gehalt an flüssigen Salpetersäureestern von mehr als 40 % müssen die im Abschnitt 2.3.1 genannte Prüfung auf Ausschwitzen bestehen.

**617** Zusätzlich zum Sprengstofftyp ist auf dem Versandstück der Handelsname des Sprengstoffes anzugeben.

**618** In Gefäßen mit Buta-1,2-dien darf die Sauerstoffkonzentration in der Gasphase höchstens 50 ml/$m^3$ betragen.

**619–622** (bleibt offen)

**623** UN 1829 Schwefeltrioxid muss durch Zusatz eines Inhibitors stabilisiert werden. Schwefeltrioxid, mindestens 99,95 % rein, darf auch ohne Inhibitor in Tanks befördert werden, vorausgesetzt, seine Temperatur wird auf 32,5 °C oder darüber gehalten. Bei Beförderung dieses Stoffes ohne Inhibitor in Tanks bei einer Mindesttemperatur des Stoffes von 32,5 °C ist im Beförderungspapier anzugeben: „BEFÖRDERUNG BEI EINER MINDESTTEMPERATUR DES STOFFES VON 32,5 °C".

**625** Versandstücke mit diesen Gegenständen sind deutlich mit dem Kennzeichen „UN 1950 AEROSOLE" zu versehen. *→ D: § 22 (1) 5b)*

**626–631** (bleibt offen)

**632** Dieser Stoff gilt als selbstentzündlich (pyrophor).

**633** Versandstücke und Kleincontainer mit diesem Stoff sind mit folgendem Kennzeichen zu versehen: „VON ZÜNDQUELLEN FERNHALTEN". Dieses Kennzeichen muss in einer amtlichen Sprache des Versandlandes abgefasst sein und, wenn diese Sprache nicht Deutsch, Englisch oder Französisch ist, außerdem in Deutsch, Englisch oder Französisch, sofern nicht Vereinbarungen zwischen den von der Beförderung berührten Staaten etwas anderes vorschreiben. *→ D: § 22 (1) 5b)* *→ D: RSEB 1-17*

**634** (gestrichen)

3.3.1 (Forts.) **635** Versandstücke mit diesen Gegenständen müssen nur dann mit einem Gefahrzettel nach Muster 9 versehen werden, wenn der Gegenstand völlig in der Verpackung, in einem Verschlag oder anderen Mitteln eingeschlossen ist, die eine schnelle Identifizierung des Gegenstandes behindern.

**636** Bis zur Zwischenverarbeitungsstelle unterliegen Lithiumzellen und -batterien oder Natrium-Ionen-Zellen und -Batterien mit einer Bruttomasse von jeweils höchstens 500 g, Lithium-Ionen- oder Natrium-Ionen-Zellen mit einer Nennenergie in Wattstunden von höchstens 20 Wh, Lithium-Ionen- oder Natrium-Ionen-Batterien mit einer Nennenergie in Wattstunden von höchstens 100 Wh, Lithium-Metall-Zellen mit einer Menge von höchstens 1 g Lithium und Lithium-Metall-Batterien mit einer Gesamtmenge von höchstens 2 g Lithium, die nicht in Geräten enthalten sind und die zur Sortierung, zur Entsorgung oder zum Recycling gesammelt und zur Beförderung aufgegeben werden, auch zusammen mit anderen Zellen oder Batterien nicht den übrigen Vorschriften des ADR, einschließlich der Sondervorschrift 376 und der Absätze 2.2.9.1.7.1 und 2.2.9.1.7.2, wenn folgende Bedingungen erfüllt werden:

a) Die Zellen und Batterien sind nach den Vorschriften der Verpackungsanweisung P909 des Unterabschnitts 4.1.4.1 mit Ausnahme der zusätzlichen Vorschriften 1 und 2 verpackt.

b) Es besteht ein Qualitätssicherungssystem, um sicherzustellen, dass die Gesamtmenge an Lithiumzellen und -batterien und Natrium-Ionen-Zellen und Batterien je Beförderungseinheit 333 kg nicht überschreitet.

**Bem.** Die Gesamtmenge an Lithiumzellen und -batterien und Natrium-Ionen-Zellen und Batterien im Gemisch darf anhand einer im Qualitätssicherungssystem enthaltenen statistischen Methode abgeschätzt werden. Eine Kopie der Qualitätssicherungsaufzeichnungen muss der zuständigen Behörde auf Anforderung zur Verfügung gestellt werden.

c) Die Versandstücke sind mit folgendem Kennzeichen versehen:
„LITHIUMBATTERIEN ZUR ENTSORGUNG“,
„LITHIUMBATTERIEN ZUM RECYCLING“,
„NATRIUM-IONEN-BATTERIEN ZUR ENTSORGUNG“ bzw.
„NATRIUM-IONEN-BATTERIEN ZUM RECYCLING“.

→ D: RSEB 3-8 **637** Genetisch veränderte Mikroorganismen und genetisch veränderte Organismen sind solche, die für Menschen und Tiere nicht gefährlich sind, die aber Tiere, Pflanzen, mikrobiologische Stoffe und Ökosysteme in einer Weise verändern können, die in der Natur nicht vorkommen kann.

Genetisch veränderte Mikroorganismen und genetisch veränderte Organismen unterliegen nicht den Vorschriften des ADR, wenn sie von den zuständigen Behörden der Ursprungs-, Transit- und Bestimmungsländer zur Verwendung zugelassen wurden.[5)]

Lebende Wirbeltiere oder wirbellose Tiere dürfen nicht dazu benutzt werden, dieser UN-Nummer zugeordnete Stoffe zu befördern, es sei denn, dieser Stoff kann nicht auf eine andere Weise befördert werden.

Bei der Beförderung von leicht verderblichen Stoffen dieser UN-Nummer sind geeignete Hinweise erforderlich, z.B. „KÜHLEN AUF +2 °C/+4 °C“ oder „BEFÖRDERUNG IN GEFRORENEM ZUSTAND“ oder „NICHT GEFRIEREN“.

**638** Dieser Stoff ist ein mit selbstzersetzlichen Stoffen verwandter Stoff (siehe Absatz 2.2.41.1.19).

**639** Siehe Unterabschnitt 2.2.2.3 Klassifizierungscode 2 F UN-Nummer 1965 Bem. 2.

**640** Die in Kapitel 3.2 Tabelle A Spalte (2) aufgeführten physikalischen und technischen Eigenschaften führen bei der Beförderung des Stoffes in ADR-Tanks zu unterschiedlichen Tankcodierungen für ein und dieselbe Verpackungsgruppe.

Zur Identifizierung dieser physikalischen und technischen Eigenschaften des in einem Tank beförderten Produkts ist nur bei der Beförderung in ADR-Tanks zu den im Beförderungspapier vorgeschriebenen Informationen folgende Angabe hinzuzufügen:

5) Siehe insbesondere Teil C der Richtlinie 2001/18/EG des Europäischen Parlaments und des Rates über die absichtliche Freisetzung genetisch veränderter Organismen in die Umwelt und zur Aufhebung der Richtlinie 90/220/EWG des Rates (Amtsblatt der Europäischen Gemeinschaften Nr. L 106 vom 17.4.2001, S. 8 bis 14), in dem die Genehmigungsverfahren für die Europäischen Gemeinschaften festgelegt sind.

„Sondervorschrift 640X“, wobei X der entsprechende Großbuchstabe ist, der in Kapitel 3.2 Tabelle A Spalte (6) nach dem Verweis auf Sondervorschrift 640 erscheint.[2] **3.3.1** SV640 (Forts.)

Auf diese Angabe kann bei Beförderung in einem Tanktyp, der für eine bestimmte Verpackungsgruppe einer bestimmten UN-Nummer mindestens den höchsten Anforderungen genügt, verzichtet werden. *→ CH: SDR Anh. 1 7.4.1*

**642** Diese Eintragung der UN-Modellvorschriften darf nicht für die Beförderung von Düngemittellösung mit freiem Ammoniak verwendet werden, es sei denn, dies ist im Rahmen des Unterabschnitts 1.1.4.2 zugelassen. Für die Beförderung von Ammoniaklösung siehe ansonsten die UN-Nummern 2073, 2672 und 3318.

**643** Gussasphalt unterliegt nicht den für die Klasse 9 geltenden Vorschriften.

**644** (gestrichen)

**645** Der in Kapitel 3.2 Tabelle A Spalte (3b) angegebene Klassifizierungscode darf nur verwendet werden, wenn die zuständige Behörde einer Vertragspartei des ADR vor der Beförderung ihre Zustimmung erteilt hat. Die Zustimmung muss schriftlich in Form einer Klassifizierungsbestätigung (siehe Absatz 5.4.1.2.1 g)) erfolgen und mit einer unverwechselbaren Referenz versehen sein. Wenn die Zuordnung zu einer Unterklasse nach dem Verfahren des Absatzes 2.2.1.1.7.2 vorgenommen wird, kann die zuständige Behörde vorschreiben, dass die vorgegebene Klassifizierung auf der Grundlage der von der Prüfreihe 6 des Handbuchs Prüfungen und Kriterien Teil I Abschnitt 16 erzielten Prüfdaten überprüft wird. *→ D: BAM-Feuerwerk-Verfügung*

**646** Wasserdampfaktivierte Kohle unterliegt nicht den Vorschriften des ADR.

**647** Die Beförderung von Gärungsessig und Essigsäure in Lebensmittelqualität mit höchstens 25 Masse-% reiner Säure unterliegt nur den folgenden Vorschriften:

a) Verpackungen, einschließlich Großpackmittel (IBC) und Großverpackungen, sowie Tanks müssen aus rostfreiem Stahl oder Kunststoff hergestellt sein, der gegenüber Gärungsessig und Essigsäure in Lebensmittelqualität dauerhaft korrosionsfest ist.

b) Verpackungen, einschließlich Großpackmittel (IBC) und Großverpackungen, sowie Tanks müssen mindestens einmal jährlich einer Sichtprüfung durch den Eigentümer unterzogen werden. Die Ergebnisse dieser Prüfungen sind aufzuzeichnen und für mindestens ein Jahr aufzubewahren. Beschädigte Verpackungen, einschließlich Großpackmittel (IBC) und Großverpackungen, sowie Tanks dürfen nicht befüllt werden.

c) Verpackungen, einschließlich Großpackmittel (IBC) und Großverpackungen, sowie Tanks müssen so befüllt werden, dass das Füllgut nicht verschüttet wird oder an der Außenseite anhaftet.

d) Dichtungen und Verschlüsse müssen gegenüber Gärungsessig und Essigsäure in Lebensmittelqualität widerstandsfähig sein. Verpackungen, einschließlich Großpackmittel (IBC) und Großverpackungen, sowie Tanks müssen durch den Verpacker und/oder den Befüller so dicht verschlossen werden, dass unter normalen Beförderungsbedingungen kein Füllgut austritt. *→ D: § 23 (2) 8*

e) Zusammengesetzte Verpackungen mit einer Innenverpackung aus Glas oder Kunststoff (siehe Unterabschnitt 4.1.4.1 Verpackungsanweisung P001), die die allgemeinen Verpackungsvorschriften der Unterabschnitte 4.1.1.1, 4.1.1.2, 4.1.1.4, 4.1.1.5, 4.1.1.6, 4.1.1.7 und 4.1.1.8 erfüllen, dürfen verwendet werden.

Die übrigen Vorschriften des ADR gelten nicht.

---

[2] *Anmerkung des Verlags: Die in Spalte 6 bei der Sondervorschrift 640 aufgeführten Großbuchstaben bedeuten:*
*640C: Für Stoffe der Verpackungsgruppe II mit einem Dampfdruck bei 50 °C größer als 110 kPa;*
*640D: Für Stoffe der Verpackungsgruppe II mit einem Dampfdruck bei 50 °C von höchstens 110 kPa;*
*640I: Für UN-Nummer 1790 mit mehr als 85 % Fluorwasserstoffsäure;*
*640J: Für UN-Nummer 1790 mit mehr als 60 %, aber höchstens 85 % Fluorwasserstoffsäure;*
*640K: Für UN-Nummer 1202 (Flammpunkt höchstens 60 °C);*
*640L: Für UN-Nummer 1202 (der Norm EN 590:2013 + AC:2014 entsprechend bzw. mit einem Flammpunkt gemäß EN 590:2013 + AC:2014);*
*640M: Für UN-Nummer 1202 (Flammpunkt über 60 °C bis einschließlich 100 °C);*
*640N: Für UN-Nummer 2015 (mit mehr als 70 % Wasserstoffperoxid);*
*640O: Für UN-Nummer 2015 (mit mehr als 60 %, aber höchstens 70 % Wasserstoffperoxid).*
*Die hier aufgeführten Wortlaute finden sich auch in den jeweiligen Eintragungen der Spalte 2.*

3.3.1 (Forts.) **648** Mit diesem Mittel zur Schädlingsbekämpfung (Pestizid) imprägnierte Gegenstände, wie Pappteller, Papierstreifen, Wattekugeln, Kunststoffplatten, in luftdicht verschlossenen Umhüllungen unterliegen nicht den Vorschriften des ADR.

**649** (gestrichen)

→ D: RSEB 3-9 **650** Abfälle, die aus Verpackungsresten, verfestigten und flüssigen Farbresten bestehen, dürfen unter den Vorschriften der UN-Nummer 1263 Verpackungsgruppe II bzw. der UN-Nummer 3082 befördert werden. Zusätzlich zu den Vorschriften für die UN-Nummer 1263 Verpackungsgruppe II und für die UN-Nummer 3082 dürfen Abfälle auch wie folgt verpackt und befördert werden:

a) Die Abfälle dürfen nach Unterabschnitt 4.1.4.1 Verpackungsanweisung P002 oder Unterabschnitt 4.1.4.2 Verpackungsanweisung IBC06 verpackt sein. Die Zusammenpackung von Abfällen, die der UN-Nummer 1263 zugeordnet sind, und Abfällen von Farben auf Wasserbasis, die der UN-Nummer 3082 zugeordnet sind, ist zugelassen.

b) Die Abfälle dürfen in flexiblen Großpackmitteln (IBC) der Arten 13H3, 13H4 und 13H5 in vollwandigen Umverpackungen verpackt sein.

c) Die Prüfung der unter a) und b) angegebenen Verpackungen und Großpackmittel (IBC) darf nach den Vorschriften des Kapitels 6.1 bzw. 6.5 für feste Stoffe mit den Prüfanforderungen für die Verpackungsgruppe II durchgeführt werden.

Die Prüfungen sind an Verpackungen und Großpackmitteln (IBC) durchzuführen, die mit einer repräsentativen Probe der Abfälle versandfertig befüllt sind.

d) Die Beförderung in loser Schüttung in vollwandigen bedeckten Fahrzeugen, vollwandigen geschlossenen Containern oder vollwandigen bedeckten Großcontainern ist zugelassen. Abfälle, die der UN-Nummer 1263 zugeordnet sind, dürfen mit Abfällen von Farben auf Wasserbasis, die der UN-Nummer 3082 zugeordnet sind, vermischt und in dasselbe Fahrzeug oder denselben Container verladen werden. Bei einer solchen gemischten Ladung ist der gesamte Inhalt der UN-Nummer 1263 zuzuordnen. Der Aufbau der Fahrzeuge oder Container muss dicht sein oder beispielsweise mit Hilfe einer geeigneten und ausreichend festen Innenbeschichtung abgedichtet werden.

e) Wenn die Abfälle nach den Vorschriften dieser Sondervorschrift befördert werden, muss dies gemäß Absatz 5.4.1.1.3.1 mit der (den) entsprechenden UN-Nummer(n) wie folgt im Beförderungspapier angegeben werden:

„UN 1263 ABFALL FARBE, 3, II, (D/E)";

„UN 1263 ABFALL FARBE, 3, VG II, (D/E)";

„UN 3082 ABFALL UMWELTGEFÄHRDENDER STOFF, FLÜSSIG, N.A.G. (FARBE), 9, III, (–)" oder

„UN 3082 ABFALL UMWELTGEFÄHRDENDER STOFF, FLÜSSIG, N.A.G. (FARBE), 9, VG III, (–)".

**651** Die Sondervorschrift V2 (1) ist nicht anwendbar, wenn die Nettoexplosivstoffmasse je Beförderungseinheit nicht höher ist als 4 000 kg, vorausgesetzt, die Nettoexplosivstoffmasse je Fahrzeug ist nicht höher als 3 000 kg.

**652** Gefäße aus austenitischem rostfreien Stahl, Gefäße aus ferritischem und austenitischem Stahl (Duplexstahl) und geschweißte Titan-Gefäße, die nicht den Vorschriften des Kapitels 6.2 entsprechen, jedoch für die Verwendung als Treibstoffgefäße für Heißluftballons oder Heißluft-Luftschiffe nach nationalen Vorschriften für die Luftfahrt gebaut und zugelassen und vor dem 1. Juli 2004 in Betrieb gesetzt wurden (Datum der erstmaligen Prüfung), dürfen auf der Straße befördert werden, vorausgesetzt, sie entsprechen den folgenden Vorschriften:

a) die allgemeinen Vorschriften des Abschnitts 6.2.1 müssen erfüllt werden;

b) die Auslegung und der Bau der Gefäße müssen von einer nationalen Luftfahrtbehörde für die Verwendung in der Luftfahrt zugelassen worden sein;

c) in Abweichung zu Absatz 6.2.3.1.2 muss der Berechnungsdruck von einer verringerten höchsten Umgebungstemperatur von +40 °C abgeleitet werden; in diesem Fall:

(i) dürfen die Flaschen in Abweichung zu Unterabschnitt 6.2.5.1 aus gewalztem und geglühtem kommerziell reinem Titan mit den Mindestanforderungen $R_m$ > 450 MPa, $\varepsilon_A$ > 20 % ($\varepsilon_A$ = Dehnung nach Bruch) hergestellt werden;

(ii) dürfen Gefäße aus austenitischem rostfreien Stahl und Gefäße aus ferritischem und austenitischem Stahl (Duplexstahl) mit einem Spannungswert bis höchstens 85 % der garantierten Mindeststreckgrenze (Re) bei einem von einer verringerten höchsten Umgebungstemperatur von +40 °C abgeleiteten Berechnungsdruck verwendet werden; 3.3.1 SV652 (Forts.)

(iii) müssen die Gefäße mit einer Druckentlastungseinrichtung ausgerüstet sein, die einen nominalen Ansprechdruck von 26 bar hat; der Prüfdruck dieser Gefäße darf nicht geringer sein als 30 bar;

d) wenn die Abweichungen des Absatzes c) nicht angewendet werden, müssen die Gefäße für eine Bezugstemperatur von 65 °C ausgelegt und mit Druckentlastungseinrichtungen mit einem von der zuständigen Behörde des Verwendungslandes festgelegten nominalen Ansprechdruck ausgerüstet sein;

e) der Hauptkörper der Gefäße muss mit einer äußeren wasserbeständigen Schutzschicht von mindestens 25 mm Dicke abgedeckt sein, die aus Hartschaum oder einem ähnlichen Werkstoff besteht;

f) das Gefäß muss während der Beförderung in einem Verschlag oder einer zusätzlichen Sicherheitseinrichtung gut gesichert sein;

g) die Gefäße müssen mit einem deutlichen und sichtbaren Zettel gekennzeichnet sein, auf dem angegeben ist, dass die Gefäße nur für die Verwendung in Heißluftballons und Heißluft-Luftschiffen zugelassen sind;

h) die Betriebsdauer (ab dem Datum der erstmaligen Prüfung) darf 25 Jahre nicht überschreiten.

**653** (gestrichen)

**654** Abfall-Feuerzeuge, die getrennt gesammelt und gemäß Absatz 5.4.1.1.3.1 versandt werden, dürfen für Entsorgungszwecke unter dieser Eintragung befördert werden. Sie müssen nicht gegen unbeabsichtigtes Entleeren geschützt sein, vorausgesetzt, es werden Maßnahmen getroffen, um einen gefährlichen Druckaufbau und die Bildung einer gefährlichen Atmosphäre zu verhindern.

Abfall-Feuerzeuge mit Ausnahme von undichten oder stark verformten müssen gemäß Verpackungsanweisung P003 verpackt sein. Darüber hinaus gelten folgende Vorschriften:

- es dürfen nur starre Verpackungen mit einem höchsten Fassungsraum von 60 Litern verwendet werden;
- die Verpackungen müssen mit Wasser oder einem anderen geeigneten Schutzwerkstoff befüllt werden, um eine Zündung zu verhindern;
- unter normalen Beförderungsbedingungen müssen alle Zündeinrichtungen der Feuerzeuge vollständig durch den Schutzwerkstoff bedeckt sein;
- die Verpackung muss ausreichend belüftet sein, um die Bildung einer entzündbaren Atmosphäre und einen Druckaufbau zu verhindern;
- die Versandstücke dürfen nur in belüfteten oder offenen Fahrzeugen oder Containern befördert werden.

Undichte oder stark verformte Feuerzeuge müssen in Bergungsverpackungen befördert werden, vorausgesetzt, es werden geeignete Maßnahmen ergriffen, um einen gefährlichen Druckaufbau zu verhindern.

**Bem.** Die Sondervorschrift 201 und die Sondervorschriften für die Verpackung PP84 und RR5 der Verpackungsanweisung P002 des Unterabschnitts 4.1.4.1 gelten nicht für Abfall-Feuerzeuge.

**655** Flaschen, die nach der Richtlinie 97/23/EG[6] oder der Richtlinie 2014/68/EU[7] ausgelegt, gebaut, zugelassen und gekennzeichnet wurden und für Atemschutzgeräte verwendet werden, dürfen, ohne dem Kapitel 6.2 zu entsprechen, befördert werden, vorausgesetzt, sie werden den Prüfungen des Absatzes 6.2.1.6.1 unterzogen und die in Unterabschnitt 4.1.4.1 Verpackungsanweisung P200 festgelegte Frist zwischen den Prüfungen wird nicht überschritten. Der für die Wasserdruckprüfung anzuwendende Druck ist der auf der Flasche gemäß Richtlinie 97/23/EG oder der Richtlinie 2014/68/EU angegebene Druck.

**656** (gestrichen)

---

6) Richtlinie 97/23/EG des Europäischen Parlaments und des Rates vom 29. Mai 1997 zur Angleichung der Rechtsvorschriften der Mitgliedstaaten über Druckgeräte (Amtsblatt der Europäischen Gemeinschaften Nr. L 181 vom 9.7.1997, S. 1 bis 55).

7) Richtlinie 2014/68/EU des Europäischen Parlaments und des Rates vom 15. Mai 2014 zur Harmonisierung der Rechtsvorschriften der Mitgliedstaaten über die Bereitstellung von Druckgeräten auf dem Markt (Amtsblatt der Europäischen Union Nr. L 189 vom 27.6.2014, S. 164 bis 259).

3.3.1 (Forts.) **657** Diese Eintragung darf nur für den technisch reinen Stoff verwendet werden; für Gemische von Flüssiggas-Bestandteilen siehe UN-Nummer 1965 oder 1075 in Verbindung mit Bem. 2 in Unterabschnitt 2.2.2.3.

**658** Die Beförderung von UN 1057 FEUERZEUGE, die der Norm EN ISO 9994:2019 „Feuerzeuge – Festlegungen für die Sicherheit" entsprechen, und UN 1057 NACHFÜLLPATRONEN FÜR FEUERZEUGE unterliegt nur den Bedingungen der Abschnitte 3.4.1 a) bis h), 3.4.2 (mit Ausnahme der gesamten Bruttomasse von 30 kg), 3.4.3 (mit Ausnahme der gesamten Bruttomasse von 20 kg), 3.4.11 und 3.4.12, wenn die folgenden Voraussetzungen erfüllt sind:

a) die gesamte Bruttomasse jedes Versandstücks ist nicht größer als 10 kg,

b) die Bruttomasse solcher Versandstücke, die in einem Fahrzeug oder Großcontainer befördert werden, beträgt höchstens 100 kg und

c) jede Außenverpackung ist deutlich und dauerhaft mit der Aufschrift „UN 1057 FEUERZEUGE" bzw. „UN 1057 NACHFÜLLPATRONEN FÜR FEUERZEUGE" gekennzeichnet.

**659** Stoffe, denen in Kapitel 3.2 Tabelle A Spalte (9a) die Sondervorschrift für die Verpackung PP86 oder in Spalte (11) die Sondervorschrift für die Beförderung in ortsbeweglichen Tanks TP7 zugeordnet ist und bei denen deshalb die im Dampfraum vorhandene Luft zu entfernen ist, dürfen nicht unter dieser UN-Nummer, sondern müssen unter ihren jeweiligen in Kapitel 3.2 Tabelle A aufgeführten UN-Nummern befördert werden.

**Bem.** Siehe auch Absatz 2.2.2.1.7.

**660** (gestrichen)

**661** (gestrichen)

**662** Flaschen, die den Vorschriften des Kapitels 6.2 nicht entsprechen und die ausschließlich an Bord von Schiffen oder Flugzeugen verwendet werden, dürfen für Zwecke der Befüllung oder Prüfung und der nachfolgenden Rücksendung befördert werden, vorausgesetzt, die Flaschen wurden in Übereinstimmung mit einer von der zuständigen Behörde des Zulassungslandes anerkannten Norm ausgelegt und gebaut und alle übrigen zutreffenden Vorschriften des ADR werden erfüllt, einschließlich:

a) die Flaschen müssen mit einem Ventilschutz gemäß Unterabschnitt 4.1.6.8 befördert werden;

b) die Flaschen müssen in Übereinstimmung mit den Abschnitten 5.2.1 und 5.2.2 gekennzeichnet und bezettelt sein und

c) alle zutreffenden Vorschriften für die Befüllung der Verpackungsanweisung P200 des Unterabschnitts 4.1.4.1 müssen erfüllt sein.

Das Beförderungspapier muss folgenden Vermerk enthalten:

„BEFÖRDERUNG NACH SONDERVORSCHRIFT 662".

**663** Diese Eintragung darf nur für Verpackungen, Großverpackungen oder Großpackmittel (IBC) oder Teile davon verwendet werden, die gefährliche Güter enthalten haben und die zur Entsorgung, zum Recycling oder zur Wiederverwendung ihrer Werkstoffe, nicht aber zur Rekonditionierung, Reparatur, regelmäßigen Wartung, Wiederaufarbeitung oder Wiederverwendung befördert werden und die so weit entleert wurden, dass bei der Übergabe zur Beförderung nur an den Verpackungsteilen anhaftende Rückstände gefährlicher Güter vorhanden sind.

Anwendungsbereich:

Bei den in den leeren, ungereinigten Altverpackungen enthaltenen Rückständen darf es sich nur um gefährliche Güter der Klasse 3, 4.1, 5.1, 6.1, 8 oder 9 handeln. Darüber hinaus darf es sich dabei nicht um Rückstände der folgenden Stoffe handeln:

- Stoffe, die der Verpackungsgruppe I zugeordnet sind oder denen in Kapitel 3.2 Tabelle A Spalte (7a) „0" zugeordnet ist, oder
- Stoffe, die als desensibilisierte explosive Stoffe der Klasse 3 oder 4.1 klassifiziert sind, oder
- Stoffe, die als selbstzersetzliche Stoffe der Klasse 4.1 klassifiziert sind, oder
- radioaktive Stoffe oder
- Asbest (UN-Nummern 2212 und 2590), polychlorierte Biphenyle UN-Nummern 2315 und 3432) und polyhalogenierte Biphenyle, halogenierte Monomethyldiphenylmethane oder polyhalogenierte Terphenyle (UN-Nummern 3151 und 3152).

Allgemeine Vorschriften: 3.3.1 SV663 (Forts.)

Leere ungereinigte Altverpackungen mit Rückständen, die eine Haupt- oder Nebengefahr der Klasse 5.1 aufweisen, dürfen nicht mit anderen leeren ungereinigten Altverpackungen mit Rückständen, die eine Gefahr einer anderen Klasse aufweisen, zusammen in loser Schüttung verladen werden. Leere ungereinigte Altverpackungen mit Rückständen, die eine Haupt- oder Nebengefahr der Klasse 5.1 aufweisen, dürfen nicht mit anderen leeren ungereinigten Altverpackungen mit Rückständen, die eine Gefahr einer anderen Klasse aufweisen, zusammen in ein und derselben Außenverpackung zusammengepackt werden.

Am Verladeort müssen dokumentierte Sortierverfahren angewendet werden, um die Einhaltung der für diese Eintragung geltenden Vorschriften sicherzustellen.

**Bem.** Die übrigen Vorschriften des ADR finden Anwendung.

**664** Werden Stoffe unter dieser Eintragung in festverbundenen Tanks (Tankfahrzeugen) oder Aufsetztanks befördert, so dürfen diese Tanks mit Additivierungseinrichtungen ausgerüstet sein. *→ 1.6.3.44 → D: RSEB 3-10.S*

Additivierungseinrichtungen:

- sind Teil der Bedienungsausrüstung zur Beimischung von Additiven der UN-Nummer 1202, 1993 Verpackungsgruppe III oder 3082 oder von nicht gefährlichen Stoffen während des Entleerens des Tanks;
- bestehen aus Elementen, wie Verbindungsrohren und -schläuchen, Verschlusseinrichtungen, Pumpen und Dosierungseinrichtungen, die mit der Entleerungseinrichtung der Bedienungsausrüstung des Tanks dauerhaft verbunden sind;
- umfassen Umschließungsmittel, die integraler Bestandteil des Tankkörpers oder dauerhaft außen am Tank oder am Tankfahrzeug befestigt sind.

Alternativ dürfen Additivierungseinrichtungen Anschlusseinrichtungen zum Anschließen von Verpackungen haben. In diesem Fall wird die Verpackung selbst nicht als Teil der Additivierungseinrichtung angesehen.

Abhängig von der Konfiguration gelten folgende Vorschriften:

a) Bau der Umschließungsmittel

(i) Als integraler Bestandteil des Tankkörpers (z.B. Tankabteil) müssen sie die zutreffenden Vorschriften des Kapitels 6.8 erfüllen.

(ii) Bei einer dauerhaften Befestigung außen am Tank oder am Tankfahrzeug unterliegen sie nicht den Bauvorschriften des ADR, sofern die folgenden Vorschriften erfüllt sind:
Sie bestehen aus einem metallenen Werkstoff und erfüllen die nachstehenden Mindestvorschriften für die Wanddicke:

| *Werkstoff* | *Mindestwanddicke*[a)] |
|---|---|
| rostfreie austenitische Stähle | 2,5 mm |
| andere Stähle | 3 mm |
| Aluminiumlegierungen | 4 mm |
| Aluminium, 99,80 % rein | 6 mm |

a) Wenn die Umschließungsmittel aus einer Doppelwand bestehen, muss die Summe der Wanddicken der metallenen Außenwand und der metallenen Innenwand der vorgeschriebenen Wanddicke entsprechen.

Schweißarbeiten müssen gemäß dem ersten Unterabsatz des Absatzes 6.8.2.1.23 ausgeführt sein, mit der Ausnahme, dass für die Bestätigung der Qualität der Schweißnähte andere geeignete Methoden angewendet werden dürfen.

(iii) Bei den Verpackungen, die mit der Additivierungseinrichtung verbunden werden können, muss es sich um Metallverpackungen handeln, die den für das betreffende Additiv anwendbaren Bauvorschriften des Kapitels 6.1 entsprechen.

b) Tankzulassung

Für Tanks, die mit Additivierungseinrichtungen ausgerüstet sind oder ausgerüstet werden sollen und bei denen die Additivierungseinrichtung nicht in der ursprünglichen Baumusterzulassung des Tanks enthalten ist, gelten die Vorschriften des Absatzes 6.8.2.3.4.

3.3.1 SV664 (Forts.)

c) Verwendung von Umschließungsmitteln und Additivierungseinrichtungen

(i) Im Falle von Absatz a) (i) bestehen keine weiteren Vorschriften.

(ii) Im Falle von Absatz a) (ii) darf der Gesamtfassungsraum der Umschließungsmittel 400 Liter je Fahrzeug nicht überschreiten.

(iii) Im Falle von Absatz a) (iii) gelten der Unterabschnitt 7.5.7.5 und der Abschnitt 8.3.3 nicht. Die Verpackungen dürfen nur während des Entleerens des Tanks mit der Additivierungseinrichtung verbunden sein. Während der Beförderung müssen die Verschlüsse und Anschlusseinrichtungen dicht verschlossen sein.

d) Prüfung von Additivierungseinrichtungen

Für die Additivierungseinrichtung gelten die Vorschriften des Unterabschnitts 6.8.2.4. Im Falle von Absatz a) (ii) müssen die Umschließungsmittel der Additivierungseinrichtung zum Zeitpunkt der erstmaligen Prüfung, der Zwischenprüfung oder der wiederkehrenden Prüfung des Tanks jedoch nur einer äußeren Sichtprüfung und einer Dichtheitsprüfung unterzogen werden. Die Dichtheitsprüfung muss mit einem Prüfdruck von mindestens 0,2 bar durchgeführt werden.

**Bem.** Für die in Absatz a) (iii) beschriebenen Verpackungen gelten die entsprechenden Vorschriften des ADR.

e) Beförderungspapier

Für das betreffende Additiv müssen nur die gemäß Absatz 5.4.1.1.1 a) bis d) erforderlichen Angaben im Beförderungspapier vermerkt werden. In diesem Fall muss im Beförderungspapier die Angabe „ADDITIVIERUNGSEINRICHTUNG" hinzugefügt werden.

f) Schulung der Fahrzeugführer

Fahrzeugführer, die eine Schulung gemäß Abschnitt 8.2.1 für die Beförderung dieses Stoffes in Tanks erhalten haben, benötigen keine zusätzliche Schulung für die Beförderung der Additive.

g) Anbringen von Großzetteln (Placards) oder Kennzeichnung

Das Anbringen von Großzetteln (Placards) an oder die Kennzeichnung von festverbundenen Tanks (Tankfahrzeugen) oder Aufsetztanks für die Beförderung von Stoffen unter dieser Eintragung gemäß Kapitel 5.3 wird durch das Vorhandensein einer Additivierungseinrichtung oder der darin enthaltenen Additive nicht beeinflusst.

**665** Unvermahlene Steinkohle, Koks und Anthrazitkohle, die den Klassifizierungskriterien der Klasse 4.2 Verpackungsgruppe III entsprechen, unterliegen nicht den Vorschriften des ADR.

*→ D: RSEB 3-11*
*→ CH: SDR-Erlass 1.2.2.2*

**666** Als Ladung beförderte Fahrzeuge oder batteriebetriebene Geräte, auf die in der Sondervorschrift 388 Bezug genommen wird, sowie die in ihnen enthaltenen gefährlichen Güter, die für ihren Betrieb oder den Betrieb ihrer Einrichtungen dienen, unterliegen nicht den übrigen Vorschriften des ADR, wenn folgende Vorschriften erfüllt sind:

a) Bei flüssigen Brennstoffen[8)] müssen die Ventile zwischen dem Motor oder der Einrichtung und dem Brennstoffbehälter während der Beförderung geschlossen sein, es sei denn, es ist von Bedeutung, dass die Einrichtung in Betrieb bleibt. Soweit erforderlich, müssen die Fahrzeuge aufrecht und gegen Umfallen gesichert verladen werden.

b) Bei gasförmigen Brennstoffen muss das Ventil zwischen dem Gastank und dem Motor geschlossen und der elektrische Kontakt unterbrochen sein, es sei denn, es ist von Bedeutung, dass die Einrichtung in Betrieb bleibt.

c) Metallhydrid-Speichersysteme müssen von der zuständigen Behörde des Herstellungslandes zugelassen sein. Ist das Herstellungsland keine Vertragspartei des ADR, muss die Zulassung von der zuständigen Behörde einer Vertragspartei des ADR anerkannt werden.

d) Die Vorschriften der Absätze a) und b) gelten nicht für Fahrzeuge, die frei von flüssigen oder gasförmigen Brennstoffen sind.

**Bem.** 1. Ein Fahrzeug gilt als frei von flüssigen Brennstoffen, wenn der Flüssigbrennstoffbehälter entleert wurde und das Fahrzeug wegen Brennstoffmangels nicht betrieben werden kann. Fahrzeugbauteile wie Brennstoffleitungen, -filter und -einspritzdüsen müssen nicht gereinigt, entleert oder gespült werden, damit sie als

8) Der Begriff „Brennstoff" schließt auch Kraftstoffe ein.

frei von flüssigen Brennstoffen gelten. Darüber hinaus muss der Flüssigbrennstoffbehälter nicht gereinigt oder gespült werden.

2. Ein Fahrzeug gilt als frei von gasförmigen Brennstoffen, wenn die Behälter für gasförmige Brennstoffe frei von Flüssigkeiten (bei verflüssigten Gasen) sind, der Druck in den Behältern nicht größer als 2 bar ist und der Brennstoffabsperrhahn oder das Brennstoffabsperrventil geschlossen und gesichert ist.

e) Fahrzeuge, die vollständig von Verpackungen, Verschlägen oder anderen Mitteln umschlossen sind, die eine leichte Identifizierung verhindern, unterliegen den Vorschriften für die Kennzeichnung und Bezettelung des Kapitels 5.2. *→ M363*

Für Fahrzeuge mit Antrieb durch Natrium-Ionen-Batterien siehe alternativ die Sondervorschrift 404.

**667** a) (gestrichen)

b) Die Vorschriften der Absätze 2.2.9.1.7.1 und 2.2.9.1.7.2 gelten nicht für Lithiumzellen oder -batterien oder Natrium-Ionen-Zellen oder -Batterien, die in beschädigten oder defekten Fahrzeugen, Motoren oder Maschinen eingebaut sind. In diesen Fällen müssen folgende Bedingungen erfüllt werden:

(i) Wenn die Beschädigung oder der Defekt keinen maßgeblichen Einfluss auf die Sicherheit der Zelle oder Batterie hat, dürfen beschädigte oder defekte Fahrzeuge, Motoren oder Maschinen unter den in der Sondervorschrift 363 bzw. 666 festgelegten Bedingungen befördert werden.

(ii) Wenn die Beschädigung oder der Defekt einen maßgeblichen Einfluss auf die Sicherheit der Zelle oder Batterie hat, muss die Lithiumzelle oder -batterie oder die Natrium-Ionen-Zelle oder -Batterie entnommen und in Übereinstimmung mit der Sondervorschrift 376 befördert werden.

Wenn jedoch ein sicheres Entnehmen der Zelle oder Batterie nicht möglich ist oder wenn der Zustand der Zelle oder Batterie nicht überprüft werden kann, darf das Fahrzeug, der Motor oder die Maschine, wie in Absatz (i) festgelegt, abgeschleppt oder befördert werden.

c) Die in Absatz b) beschriebenen Verfahren gelten auch für in Fahrzeugen, Motoren oder Maschinen enthaltene beschädigte Lithiumzellen oder -batterien oder Natrium-Ionen-Zellen oder -Batterien.

**668** Stoffe für Zwecke der Anbringung von Straßenmarkierungen und Bitumen oder ähnliche Produkte für Zwecke der Reparatur von Rissen und Spalten in bestehenden Straßenoberflächen, die in erwärmtem Zustand befördert werden, unterliegen nicht den übrigen Vorschriften des ADR, vorausgesetzt, folgende Bedingungen werden erfüllt:

a) sie entsprechen nicht den Kriterien einer anderen Klasse als der Klasse 9;

b) die Temperatur an der äußeren Oberfläche des Kessels ist nicht größer als 70 °C;

c) der Kessel ist so verschlossen, dass ein Austreten von Füllgut während der Beförderung verhindert wird;

d) der höchste Fassungsraum des Kessels ist auf 3 000 Liter begrenzt.

**669** Ein Anhänger, der mit einer Einrichtung ausgerüstet ist, die mit einem flüssigen oder gasförmigen Brennstoff oder einer Einrichtung zur Speicherung und Erzeugung elektrischer Energie angetrieben wird und die für die Verwendung während einer Beförderung vorgesehen ist, die von diesem Anhänger als Teil einer Beförderungseinheit durchgeführt wird, muss der UN-Nummer 3166, 3171, 3556, 3557 bzw. 3558 zugeordnet werden und unterliegt den für diese UN-Nummern geltenden Vorschriften, wenn er auf einem Fahrzeug als Ladung befördert wird, vorausgesetzt, der Fassungsraum der Behälter, die flüssigen Brennstoff enthalten, ist nicht größer als 500 Liter. *→ 1.6.1.43 → CH: SDR-Erlass 1.2.2.2*

**670** a) Lithiumzellen und -batterien und Natrium-Ionen-Zellen und -Batterien, die in Geräten von privaten Haushalten enthalten sind und die zur Beseitigung von Schadstoffen, zur Demontage, zum Recycling oder zur Entsorgung gesammelt und zur Beförderung aufgegeben werden, unterliegen nicht den übrigen Vorschriften des ADR, einschließlich der Sondervorschrift 376 und der Absätze 2.2.9.1.7.1 und 2.2.9.1.7.2, wenn

(i) sie nicht die Hauptenergiequelle für den Betrieb des Geräts darstellen, in dem sie enthalten sind,

**3.3.1** SV670 (Forts.)

(ii) das Gerät, in dem sie enthalten sind, keine anderen Lithiumzellen oder -batterien oder Natrium-Ionen-Zellen oder -Batterien enthält, die als Hauptenergiequelle verwendet werden, und

(iii) sie durch das Gerät geschützt werden, in dem sie enthalten sind.

Beispiele von Zellen und Batterien, die unter diesen Absatz fallen, sind Knopfzellen, die für die Datensicherheit in Haushaltsgeräten (z.B. Kühlschränke, Waschmaschinen, Geschirrspüler) oder in anderen elektrischen oder elektronischen Geräten verwendet werden.

b) Bis zur Zwischenverarbeitungsstelle unterliegen Lithiumzellen und -batterien und Natrium-Ionen-Zellen und -Batterien, die in Geräten von privaten Haushalten enthalten sind, die die Vorschriften des Absatzes a) nicht erfüllen und die zur Beseitigung von Schadstoffen, zur Demontage, zum Recycling oder zur Entsorgung gesammelt und zur Beförderung aufgegeben werden, nicht den übrigen Vorschriften des ADR, einschließlich der Sondervorschrift 376 und der Absätze 2.2.9.1.7.1 und 2.2.9.1.7.2, wenn folgende Bedingungen erfüllt werden:

(i) Die Geräte sind in Übereinstimmung mit der Verpackungsanweisung P909 des Unterabschnitts 4.1.4.1 mit Ausnahme der zusätzlichen Vorschriften 1 und 2 verpackt oder sie sind in widerstandsfähigen Außenverpackungen, z.B. besonders ausgelegte Sammelbehälter, verpackt, welche die folgenden Vorschriften erfüllen:

- Die Verpackungen müssen aus einem geeigneten Werkstoff hergestellt sein und in Bezug auf den Fassungsraum der Verpackung und die beabsichtigte Verwendung der Verpackung ausreichend stark und dimensioniert sein. Die Verpackungen müssen die Vorschriften des Unterabschnitts 4.1.1.3 nicht erfüllen.
- Es müssen geeignete Maßnahmen ergriffen werden, um Beschädigungen der Geräte beim Befüllen oder Handhaben der Verpackung, z.B. durch die Verwendung von Gummimatten, zu minimieren.
- Die Verpackungen müssen so hergestellt und verschlossen sein, dass ein Verlust von Ladegut während der Beförderung verhindert wird, z.B. durch Deckel, widerstandsfähige Innenauskleidungen, Abdeckungen für die Beförderung. Öffnungen, die für das Befüllen ausgelegt sind, sind zulässig, sofern sie so gebaut sind, dass ein Verlust von Ladegut verhindert wird.

(ii) Es besteht ein Qualitätssicherungssystem, um sicherzustellen, dass die Gesamtmenge an Lithiumzellen und -batterien und Natrium-Ionen-Zellen und -Batterien je Beförderungseinheit 333 kg nicht überschreitet.

**Bem.** Die Gesamtmenge an Lithiumzellen und -batterien und Natrium-Ionen-Zellen und -Batterien, die in Geräten von privaten Haushalten enthalten sind, darf anhand einer im Qualitätssicherungssystem enthaltenen statistischen Methode abgeschätzt werden. Eine Kopie der Qualitätssicherungsaufzeichnungen muss der zuständigen Behörde auf Anforderung zur Verfügung gestellt werden.

(iii) Die Versandstücke sind wie folgt gekennzeichnet:

„LITHIUMBATTERIEN ZUR ENTSORGUNG",
„LITHIUMBATTERIEN ZUM RECYCLING",
„NATRIUM-IONEN-BATTERIEN ZUR ENTSORGUNG" bzw.
„NATRIUM-IONEN-BATTERIEN ZUM RECYCLING".

Wenn Geräte, die Lithiumzellen oder -batterien oder Natrium-Ionen-Zellen oder -Batterien enthalten, in Übereinstimmung mit der Verpackungsanweisung P909 (3) des Unterabschnitts 4.1.4.1 unverpackt oder auf Paletten befördert werden, darf dieses Kennzeichen alternativ auf der äußeren Oberfläche von Fahrzeugen oder Containern angebracht werden.

**Bem.** „Geräte von privaten Haushalten" sind Geräte, die aus privaten Haushalten stammen, und Geräte, die aus kommerziellen, industriellen, institutionellen und anderen Quellen stammen und die aufgrund ihrer Beschaffenheit und Menge den Geräten von privaten Haushalten ähnlich sind. Geräte, bei denen die Wahrscheinlichkeit besteht, dass sie sowohl von privaten Haushalten als auch von anderen Anwendern verwendet werden, gelten in jedem Fall als Geräte von privaten Haushalten.

**671** Für Zwecke der Freistellung in Zusammenhang mit Mengen, die je Beförderungseinheit befördert werden (siehe Unterabschnitt 1.1.3.6), ist die Beförderungskategorie in Zusammenhang mit der Verpackungsgruppe zu bestimmen (siehe Sondervorschrift 251 dritter Unterabsatz): **3.3.1** (Forts.)

- Beförderungskategorie 3 für Testsätze oder Ausrüstungen, die der Verpackungsgruppe III zugeordnet sind;
- Beförderungskategorie 2 für Testsätze oder Ausrüstungen, die der Verpackungsgruppe II zugeordnet sind;
- Beförderungskategorie 1 für Testsätze oder Ausrüstungen, die der Verpackungsgruppe I zugeordnet sind.

Testsätze oder Ausrüstungen, die nur gefährliche Güter enthalten, denen keine Verpackungsgruppe zugeordnet ist, müssen für Zwecke der Ausstellung der Beförderungspapiere und der Freistellung in Zusammenhang mit Mengen, die je Beförderungseinheit befördert werden (siehe Unterabschnitt 1.1.3.6), der Beförderungskategorie 2 zugeordnet werden.

**672** Gegenstände wie Maschinen, Geräte oder Einrichtungen, die unter dieser Eintragung und in Übereinstimmung mit der Sondervorschrift 301 befördert werden, unterliegen nicht den übrigen Vorschriften des ADR, vorausgesetzt: *→ CH: SDR-Erlass 1.1.2.4*

- sie sind entweder in einer widerstandsfähigen Außenverpackung verpackt, die aus einem geeigneten Werkstoff hergestellt ist und hinsichtlich ihres Fassungsraums und ihrer beabsichtigten Verwendung eine ausreichende Festigkeit und Auslegung aufweist und die den anwendbaren Vorschriften des Unterabschnitts 4.1.1.1 entspricht, oder
- sie werden ohne Außenverpackung befördert, wenn der Gegenstand so gebaut und ausgelegt ist, dass die Gefäße, welche die gefährlichen Güter enthalten, ausreichend geschützt sind.

**673** (bleibt offen)

**674** Diese Sondervorschrift gilt für die wiederkehrende Prüfung von umformten Flaschen gemäß der Begriffsbestimmung in Abschnitt 1.2.1.

Umformte Flaschen, die dem Absatz 6.2.3.5.3.1 unterliegen, müssen einer wiederkehrenden Prüfung in Übereinstimmung mit Absatz 6.2.1.6.1 unterzogen werden, die durch die folgende alternative Methode angepasst wird:

- Die in Absatz 6.2.1.6.1 d) vorgeschriebene Prüfung muss durch alternative zerstörende Prüfungen ersetzt werden.
- Es müssen besondere, zusätzliche zerstörende Prüfungen durchgeführt werden, die sich auf die Eigenschaften der umformten Flaschen beziehen.

Die Verfahren und Anforderungen dieser alternativen Methode sind nachstehend beschrieben.

Alternative Methode:

a) Allgemeines

Die folgenden Vorschriften gelten für umformte Flaschen, die in Serie und auf der Grundlage von geschweißten Stahlflaschenkörpern gemäß der Norm EN 1442:2017, EN 14140:2014 + AC:2015 oder der Anlage I, Teile 1 bis 3 der Richtlinie des Rates 84/527/EWG hergestellt sind. Die Auslegung der Umformung muss das Vordringen von Wasser zum inneren Stahlflaschenkörper verhindern. Die Umwandlung des Stahlflaschenkörpers in eine umformte Flasche muss den entsprechenden Vorschriften der Normen EN 1442:2017 und EN 14140:2014 + AC:2015 genügen.

Umformte Flaschen müssen mit selbstschließenden Ventilen ausgerüstet sein.

b) Grundgesamtheit

Eine Grundgesamtheit umformter Flaschen ist definiert als die Produktion von Flaschen eines einzelnen Herstellers von Umformungen unter Verwendung von durch einen einzelnen Hersteller hergestellten neuen Innenflaschenkörpern aus Stahl innerhalb eines Kalenderjahres, die auf Flaschen derselben Bauart, derselben Werkstoffe und derselben Herstellungsverfahren basieren.

c) Untergruppen einer Grundgesamtheit

Innerhalb der oben definierten Grundgesamtheit müssen umformte Flaschen, die verschiedenen Eigentümern gehören, in spezifische Untergruppen, und zwar eine je Eigentümer, aufgeteilt werden.

**3.3.1**
SV674
(Forts.)

Wenn die gesamte Grundgesamtheit einem einzigen Eigentümer gehört, entspricht die Untergruppe der Grundgesamtheit.

d) Rückverfolgbarkeit

Die Kennzeichen der Innenflaschenkörper aus Stahl in Übereinstimmung mit Unterabschnitt 6.2.3.9 müssen auf der Umformung wiederholt werden. Darüber hinaus muss jede umformte Flasche mit einer individuellen widerstandsfähigen elektronischen Erkennungseinrichtung ausgestattet sein. Die genauen Eigenschaften der umformten Flaschen müssen vom Eigentümer in einer zentralen Datenbank aufgezeichnet werden. Die Datenbank muss für Folgendes verwendet werden:

– die Identifizierung der spezifischen Untergruppe;
– die Zurverfügungstellung der spezifischen technischen Eigenschaften der Flaschen, zumindest bestehend aus Seriennummer, Produktionslos des Stahlflaschenkörpers, Produktionslos der Umformung, Zeitpunkt der Umformung, für die Prüfstellen, Befüllzentren und zuständigen Behörden;
– die Identifizierung der Flasche, indem eine Verbindung zwischen der elektronischen Einrichtung und der Datenbank anhand der Seriennummer hergestellt wird;
– die Prüfung der Vorgeschichte der einzelnen Flasche und die Festlegung von Maßnahmen (z.B. Befüllung, Stichprobenentnahme, Wiederholungsprüfung, Zurückziehung);
– die Aufzeichnung der durchgeführten Maßnahmen, einschließlich des Datums und der Adresse des Ortes der Durchführung.

Die aufgezeichneten Daten müssen durch den Eigentümer der umformten Flaschen während der gesamten Lebensdauer der Untergruppe zur Verfügung gehalten werden.

e) Stichprobenentnahme für die statistische Auswertung

Die Stichprobenentnahme muss nach Zufallsprinzip aus einer in Absatz c) definierten Untergruppe erfolgen. Die Größe jeder Stichprobe je Untergruppe muss der Tabelle in Absatz g) entsprechen.

f) Prüfverfahren für die zerstörende Prüfung

Die in Absatz 6.2.1.6.1 vorgeschriebenen Prüfungen müssen durchgeführt werden, mit Ausnahme der Prüfung des Absatzes d), die durch das folgende Prüfverfahren ersetzt wird:

– Berstprüfung (in Übereinstimmung mit der Norm EN 1442:2017 oder EN 14140:2014 + AC:2015).

Darüber hinaus müssen die folgenden Prüfungen durchgeführt werden:

– Haftfestigkeitsprüfung (in Übereinstimmung mit der Norm EN 1442:2017 oder EN 14140:2014 + AC:2015),
– Abschäl- und Korrosionsprüfungen (in Übereinstimmung mit der Norm EN ISO 4628-3:2016).

Die Haftfestigkeitsprüfung, die Abschäl- und Korrosionsprüfungen und die Berstprüfung müssen an jeder zugehörigen Stichprobe gemäß der Tabelle in Absatz g) erstmalig nach 3 Jahren Betrieb und danach alle 5 Jahre durchgeführt werden.

g) Statistische Auswertung der Prüfergebnisse – Methode und Mindestanforderungen

Das Verfahren für die statistische Auswertung in Übereinstimmung mit den zugehörigen Zurückweisungskriterien ist im Folgenden beschrieben.

| **Prüfintervall** (Jahre) | **Art der Prüfung** | **Norm** | **Zurückweisungskriterien** | **Bildung einer Stichprobe aus einer Untergruppe** |
|---|---|---|---|---|
| nach 3 Jahren Betrieb (siehe Absatz f)) | Berstprüfung | EN 1442:2017 | Berstdruckpunkt der repräsentativen Stichprobe muss über dem unteren Grenzwert des Toleranzintervalls im Stichproben-Arbeitsdiagramm liegen $\Omega_m \geq 1 + \Omega_s \times k3(n;p;1-\alpha)$[a)] kein einzelnes Prüfergebnis darf geringer sein als der Prüfdruck | $3\sqrt[3]{Q}$ oder Q/200, je nachdem, welcher der beiden Werte geringer ist, und mindestens 20 pro Untergruppe (Q) |
| | Abschälung und Korrosion | EN ISO 4628-3:2016 | höchster Korrosionsgrad: Ri2 | Q/1000 |

3.3.1 SV674 (Forts.)

| Prüfintervall (Jahre) | Art der Prüfung | Norm | Zurückweisungskriterien | Bildung einer Stichprobe aus einer Untergruppe |
|---|---|---|---|---|
| nach 3 Jahren Betrieb *(Forts.)* | Haftfestigkeit des Polyurethans | ISO 2859-1:1999 + A1:2011 EN 1442:2017 EN 14140:2014 + AC:2015 | Haftfestigkeitswert > 0,5 N/mm² | siehe ISO 2859-1:1999 + A1:2011, angewendet auf Q/1000 |
| danach alle 5 Jahre (siehe Absatz f)) | Berstprüfung | EN 1442:2017 | Berstdruckpunkt der repräsentativen Stichprobe muss über dem unteren Grenzwert des Toleranzintervalls im Stichproben-Arbeitsdiagramm liegen $\Omega_m \geq 1 + \Omega_s \times k3(n;p;1-\alpha)$ [a] kein einzelnes Prüfergebnis darf geringer sein als der Prüfdruck | $6\sqrt[3]{Q}$ oder Q/100, je nachdem, welcher der beiden Werte geringer ist, und mindestens 40 pro Untergruppe (Q) |
| | Abschälung und Korrosion | EN ISO 4628-3:2016 | höchster Korrosionsgrad: Ri2 | Q/1000 |
| | Haftfestigkeit des Polyurethans | ISO 2859-1:1999 + A1:2011 EN 1442:2017 EN 14140:2014 + AC:2015 | Haftfestigkeitswert > 0,5 N/mm² | siehe ISO 2859-1:1999 + A1:2011, angewendet auf Q/1000 |

[a] Der Berstdruckpunkt (BPP) der repräsentativen Stichprobe wird für die Auswertung der Prüfergebnisse mit Hilfe eines Stichproben-Arbeitsdiagramms verwendet.

**Schritt 1: Bestimmung des Berstdruckpunkts (BPP) einer repräsentativen Stichprobe**

Jede Stichprobe wird durch einen Punkt repräsentiert, dessen Koordinaten der Mittelwert der Ergebnisse der Berstprüfung und die Standardabweichung der Ergebnisse der Berstprüfung sind, jeweils bezogen auf den entsprechenden Prüfdruck:

$$\text{BPP: } \left(\Omega_s = \frac{s}{PH};\ \Omega_m = \frac{x}{PH}\right)$$

wobei:

x = Mittelwert der Stichprobe;
s = Standardabweichung der Stichprobe;
PH = Prüfdruck

**Schritt 2: Grafische Darstellung in einem Stichproben-Arbeitsdiagramm**

Jeder Berstdruckpunkt wird auf ein Stichproben-Arbeitsdiagramm mit folgenden Achsen eingezeichnet:

– Abszisse: Standardabweichung bezogen auf den Prüfdruck ($\Omega_s$)
– Ordinate: Mittelwert bezogen auf den Prüfdruck ($\Omega_m$)

**Schritt 3: Bestimmung des entsprechenden unteren Grenzwerts des Toleranzintervalls im Stichproben-Arbeitsdiagramm**

Die Ergebnisse der Berstprüfung müssen zunächst gemäß dem Joint Test (gemeinsamer Test) (multidirektionaler Test) unter Anwendung eines Signifikanzniveaus von $\alpha = 0,05$ (siehe Absatz 7 der Norm ISO 5479:1997) geprüft werden, um festzustellen, ob die Ergebnisverteilung für jede Stichprobe normal oder nicht normal ist.

– Für eine normale Verteilung ist die Bestimmung des entsprechenden unteren Toleranzgrenzwerts in Schritt 3.1 dargestellt.
– Für eine nicht normale Verteilung ist die Bestimmung des entsprechenden unteren Toleranzgrenzwerts in Schritt 3.2 dargestellt.

**Schritt 3.1: Unterer Grenzwert des Toleranzintervalls für Ergebnisse mit normaler Verteilung**

In Übereinstimmung mit der Norm ISO 16269-6:2014 und unter Berücksichtigung, dass die Varianz unbekannt ist, muss das einseitige statistische Toleranzintervall für ein Konfidenzniveau von 95 % und einen Anteil der Gesamtheit von 99,9999 % betrachtet werden.
Nach Auftragen im Stichproben-Arbeitsdiagramm wird der untere Grenzwert des Toleranzintervalls durch eine Linie der konstanten Überlebensrate repräsentiert, die durch folgende Formel definiert ist:

$$\Omega_m = 1 + \Omega_s \times k3(n;p;1-\alpha)$$

wobei:

k3 = Faktorfunktion von n, p und $1-\alpha$;
p = Anteil der für das Toleranzintervall gewählten Gesamtheit (99,9999 %);
$1-\alpha$ = Konfidenzniveau (95 %);
n = Stichprobengröße.

Der für normale Verteilungen zugeordnete Wert für k3 muss der Tabelle am Ende von Schritt 3 entnommen werden.

3.3.1
SV674
(Forts.)

**Schritt 3.2: Unterer Grenzwert des Toleranzintervalls für Ergebnisse mit nicht normaler Verteilung**

Das einseitige statistische Toleranzintervall muss für ein Konfidenzniveau von 95 % und einen Anteil der Gesamtheit von 99,9999 % betrachtet werden.
Der untere Toleranzgrenzwert wird durch eine Linie der konstanten Überlebensrate repräsentiert, die durch die im vorhergehenden Schritt 3.1 dargestellte Formel bestimmt ist, wobei der Faktor k3 auf den Eigenschaften einer Weibull-Verteilung basiert und danach berechnet wird.
Der für Weibull-Verteilungen zugeordnete Wert für k3 muss der nachstehenden Tabelle am Ende von Schritt 3 entnommen werden.

| **Tabelle für k3**<br>p = 99,9999 % und (1–α) = 0,95 | | |
|---|---|---|
| **Stichprobengröße n** | **normale Verteilung k3** | **Weibull-Verteilung k3** |
| 20 | 6,901 | 16,021 |
| 22 | 6,765 | 15,722 |
| 24 | 6,651 | 15,472 |
| 26 | 6,553 | 15,258 |
| 28 | 6,468 | 15,072 |
| 30 | 6,393 | 14,909 |
| 35 | 6,241 | 14,578 |
| 40 | 6,123 | 14,321 |
| 45 | 6,028 | 14,116 |
| 50 | 5,949 | 13,947 |
| 60 | 5,827 | 13,683 |
| 70 | 5,735 | 13,485 |
| 80 | 5,662 | 13,329 |
| 90 | 5,603 | 13,203 |
| 100 | 5,554 | 13,098 |
| 150 | 5,393 | 12,754 |
| 200 | 5,300 | 12,557 |
| 250 | 5,238 | 12,426 |
| 300 | 5,193 | 12,330 |
| 400 | 5,131 | 12,199 |
| 500 | 5,089 | 12,111 |
| 1 000 | 4,988 | 11,897 |
| ∞ | 4,753 | 11,408 |

**Bem.** Wenn die Stichprobengröße zwischen zwei Werten liegt, muss die am nächsten liegende kleinere Stichprobengröße gewählt werden.

h) Maßnahmen, wenn die Akzeptanzkriterien nicht erfüllt werden

Wenn ein Ergebnis der Berstprüfung, der Abschäl- und Korrosionsprüfung oder der Haftfestigkeitsprüfung die Kriterien, die in der Tabelle in Absatz g) angegeben sind, nicht erfüllt, muss die betroffene Untergruppe umformter Flaschen vom Eigentümer für weitere Untersuchungen ausgesondert werden und darf nicht befüllt oder für die Beförderung und Verwendung freigegeben werden.

In Absprache mit der zuständigen Behörde oder der Xa-Stelle, welche die Baumusterzulassung erteilt hat, müssen zusätzliche Prüfungen durchgeführt werden, um die Grundursache des Versagens zu ermitteln.

Wenn nicht nachgewiesen werden kann, dass die Grundursache auf die betroffene Untergruppe des Eigentümers begrenzt ist, muss die zuständige Behörde oder die Xa-Stelle Maßnahmen in Bezug auf die gesamte Grundgesamtheit und eventuell andere Herstellungsjahre ergreifen.

Wenn nachgewiesen werden kann, dass die Grundursache auf einen Teil der betroffenen Untergruppe begrenzt ist, dürfen die nicht betroffenen Teile von der zuständigen Behörde für die Wiederinbetriebnahme zugelassen werden. Es muss nachgewiesen werden, dass keine einzelne umformte Flasche, die wieder in Betrieb genommen wird, betroffen ist.

3.3.1
SV674
(Forts.)

i) Anforderungen an Befüllzentren

Der Eigentümer muss der zuständigen Behörde Nachweise zur Verfügung stellen, dass die Befüllzentren

- den Vorschriften des Unterabschnitts 4.1.4.1 Verpackungsanweisung P200 (7) entsprechen und die Anforderungen der in der Tabelle in Unterabschnitt 4.1.4.1 Verpackungsanweisung P200 (11) in Bezug genommenen Norm für Prüfungen vor dem Befüllen erfüllt und richtig angewendet werden;
- über die angemessenen Mittel zur Erkennung umformter Flaschen durch die elektronische Erkennungseinrichtung verfügen;
- Zugang zu der in Absatz d) festgelegten Datenbank haben;
- die Fähigkeit besitzen, die Datenbank zu aktualisieren;
- ein Qualitätssicherungssystem gemäß der Normenreihe ISO 9000 oder gleichwertiger Normen anwenden, das von einer von der zuständigen Behörde anerkannten akkreditierten unabhängigen Stelle zertifiziert ist.

**675** Für Versandstücke, die diese gefährlichen Güter enthalten, gilt ein Zusammenladeverbot mit Stoffen und Gegenständen der Klasse 1, ausgenommen 1.4 S.

**676** Für die Beförderung von Versandstücken, die polymerisierende Stoffe enthalten, müssen die Vorschriften der Sondervorschrift 386 in Verbindung mit den Unterabschnitten 7.1.7.3 und 7.1.7.4 sowie den Absätzen 5.4.1.1.15 und 5.4.1.2.3.1 nicht angewendet werden, wenn sie zur Entsorgung oder zum Recycling befördert werden, vorausgesetzt, folgende Vorschriften werden eingehalten:

a) vor der Verladung hat eine Prüfung ergeben, dass die Außentemperatur des Versandstücks und die Umgebungstemperatur nicht wesentlich voneinander abweichen;

b) die Beförderung erfolgt innerhalb eines Zeitraums von höchstens 24 Stunden nach dieser Prüfung;

c) die Versandstücke sind während der Beförderung vor direkter Sonneneinstrahlung sowie vor der Einwirkung anderer Wärmequellen (z.B. zusätzliche Ladungen, welche über Umgebungstemperatur befördert werden) geschützt;

d) die Umgebungstemperaturen während der Beförderung betragen weniger als 45 °C;

e) Fahrzeuge und Container sind ausreichend belüftet;

f) die Stoffe sind in Versandstücken mit einem Fassungsraum von höchstens 1 000 Liter verpackt.

Bei der Beurteilung der Stoffe für die Beförderung unter den Bedingungen dieser Sondervorschrift können zusätzliche Maßnahmen zur Verhinderung einer gefährlichen Polymerisation in Betracht gezogen werden, z.B. der Zusatz von Inhibitoren.

**677** Zellen und Batterien, bei denen nach Sondervorschrift 376 festgestellt wurde, dass sie beschädigt oder defekt sind und unter normalen Beförderungsbedingungen zu einer schnellen Zerlegung, gefährlichen Reaktion, Flammenbildung, gefährlichen Wärmeentwicklung oder einem gefährlichen Ausstoß giftiger, ätzender oder entzündbarer Gase oder Dämpfe neigen, sind der Beförderungskategorie 0 zuzuordnen. Im Beförderungspapier ist die Angabe „BEFÖRDERUNG NACH SONDERVORSCHRIFT 376" durch die Angabe „BEFÖRDERUNGSKATEGORIE 0" zu ergänzen.

**678** Abfälle von Gegenständen und Materialien, die mit freiem Asbest kontaminiert sind (UN-Nummern 2212 und 2590, die nicht fixiert oder so in ein Bindemittel eingetaucht sind, dass keine gefährlichen Mengen lungengängigen Asbests freigesetzt werden können), dürfen nach den Vorschriften des Kapitels 7.3 befördert werden, sofern die folgenden Vorschriften eingehalten werden: → *5.4.1.1.4*

a) Die Abfälle werden nur von dem Ort, an dem die Abfälle entstanden sind, zu einer Anlage für die endgültige Beseitigung befördert. Zwischen diesen beiden Orten sind nur Zwischenlagerungen ohne Entladung oder Umsetzen des Containersacks zugelassen.

b) Die Abfälle fallen unter eine dieser Kategorien:

(i) feste Abfälle aus Straßenbauarbeiten, einschließlich mit freiem Asbest kontaminierte Asphaltfräsabfälle sowie deren Kehrrückstände;

(ii) mit freiem Asbest kontaminierte Böden;

(iii) mit freiem Asbest kontaminierte Gegenstände (z.B. Möbel) aus beschädigten Bauwerken oder Gebäuden;

3.3.1
SV678
(Forts.)

(iv) Materialien aus beschädigten, mit freiem Asbest kontaminierten Bauwerken oder Gebäuden, die aufgrund ihres Volumens oder ihrer Masse nicht gemäß der für die verwendete UN-Nummer (UN-Nummer 2212 bzw. 2590) anwendbaren Verpackungsanweisung verpackt werden können, oder

(v) mit freiem Asbest kontaminierte Baustellenabfälle, die bei abgerissenen oder renovierten Bauwerken oder Gebäuden anfallen und die aufgrund ihrer Größe oder Masse nicht gemäß der für die verwendete UN-Nummer (UN-Nummer 2212 bzw. 2590) anwendbaren Verpackungsanweisung verpackt werden können.

c) Die unter diese Vorschriften fallenden Abfälle dürfen weder mit anderen asbesthaltigen Abfällen noch mit anderen gefährlichen oder nicht gefährlichen Abfällen vermischt oder zusammengeladen werden.

d) Jede Sendung gilt als geschlossene Ladung im Sinne der Begriffsbestimmung in Abschnitt 1.2.1.

e) Das Beförderungspapier entspricht den Vorschriften des Absatzes 5.4.1.1.4.

# Kapitel 3.4
# In begrenzten Mengen verpackte gefährliche Güter

**[Grundsatz, Vorschriftengeltung]** **3.4.1**

→ 7.5.2.4 → RO-a-AT-1 → D: § 17 (1) 3 → D: § 21 (1) 2 → D: § 22 (1) 1 → D: § 23a (1) 5 → D: RSEB 3-13 → D: RSEB 3-14

Dieses Kapitel enthält die Vorschriften, die für die Beförderung von in begrenzten Mengen verpackten gefährlichen Gütern bestimmter Klassen anzuwenden sind. Die für die Innenverpackung oder den Gegenstand anwendbare Mengengrenze ist für jeden Stoff in der Spalte (7a) der Tabelle A in Kapitel 3.2 festgelegt. Darüber hinaus ist in dieser Spalte bei jeder Eintragung, die nicht für die Beförderung nach diesem Kapitel zugelassen ist, die Menge „0" angegeben.

In derartigen begrenzten Mengen verpackte gefährliche Güter, die den Vorschriften dieses Kapitels entsprechen, unterliegen keinen anderen Vorschriften des ADR mit Ausnahme der entsprechenden Vorschriften von:

a) Teil 1 Kapitel 1.1, 1.2, 1.3, 1.4, 1.5, 1.6, 1.8 und 1.9,

b) Teil 2,

c) Teil 3 Kapitel 3.1, 3.2 und 3.3 (mit Ausnahme der Sondervorschriften 61, 178, 181, 220, 274, 625, 633 und 650 e)),

d) Teil 4 Unterabschnitte 4.1.1.1, 4.1.1.2 und 4.1.1.4 bis 4.1.1.8,

e) Teil 5 Unterabschnitte 5.1.2.1 a) (i) und b), 5.1.2.2, 5.1.2.3 und 5.2.1.10 sowie Abschnitt 5.4.2, → 3.4.12

f) Teil 6 Bauvorschriften des Abschnitts 6.1.4 sowie Unterabschnitte 6.2.5.1 und 6.2.6.1 bis 6.2.6.3,

g) Teil 7 Kapitel 7.1 sowie Abschnitte 7.2.1, 7.2.2, 7.5.1 (mit Ausnahme von Unterabschnitt 7.5.1.4), Unterabschnitt 7.5.2.4, Abschnitte 7.5.7, 7.5.8 und 7.5.9,

h) Teil 8 Abschnitt 8.2.3, Unterabschnitt 8.6.3.3 und Abschnitt 8.6.4.

**[Verpackungen]** **3.4.2**

→ D: § 21 (1) 2 → D: § 22 (1) 1

Gefährliche Güter dürfen nur in Innenverpackungen verpackt sein, die in geeignete Außenverpackungen eingesetzt sind. Zwischenverpackungen dürfen verwendet werden. Darüber hinaus müssen für Gegenstände der Unterklasse 1.4 Verträglichkeitsgruppe S die Vorschriften des Abschnitts 4.1.5 vollständig erfüllt sein. Für die Beförderung von Gegenständen, wie Druckgaspackungen oder „Gefäße, klein, mit Gas", ist die Verwendung von Innenverpackungen nicht erforderlich. Die Gesamtbruttomasse des Versandstücks darf 30 kg nicht überschreiten.

**[Trays in Dehn- oder Schrumpffolie]** **3.4.3**

→ D: § 22 (1) 1

Mit Ausnahme von Gegenständen der Unterklasse 1.4 Verträglichkeitsgruppe S sind Trays in Dehn- oder Schrumpffolie, die den Vorschriften der Unterabschnitte 4.1.1.1, 4.1.1.2 und 4.1.1.4 bis 4.1.1.8 entsprechen, als Außenverpackungen für Gegenstände oder Innenverpackungen mit gefährlichen Gütern, die nach den Vorschriften dieses Kapitels befördert werden, zulässig. Innenverpackungen, die bruchanfällig sind oder leicht durchstoßen werden können, wie Gefäße aus Glas, Porzellan, Steinzeug oder gewissen Kunststoffen, müssen in geeignete Zwischenverpackungen eingesetzt werden, die den Vorschriften der Unterabschnitte 4.1.1.1, 4.1.1.2 und 4.1.1.4 bis 4.1.1.8 entsprechen und so ausgelegt sein müssen, dass sie den Bauvorschriften des Abschnitts 6.1.4 entsprechen. Die gesamte Bruttomasse des Versandstücks darf 20 kg nicht überschreiten.

**[Flüssige Stoffe der Klasse 8]** **3.4.4**

→ D: § 22 (1) 1

Flüssige Stoffe der Klasse 8 Verpackungsgruppe II in Innenverpackungen aus Glas, Porzellan oder Steinzeug müssen in einer verträglichen und starren Zwischenverpackung eingeschlossen sein.

(bleibt offen) **3.4.5–3.4.6**

**Kennzeichnung von Versandstücken, die begrenzte Mengen enthalten** **3.4.7**

→ D: § 22 (1) 1 → D: RSEB 3-15

**[Muster des Kennzeichens (außer Luftbeförderung)]** **3.4.7.1**

→ 1.9.5.3.6

Ausgenommen für die Luftbeförderung müssen Versandstücke mit gefährlichen Gütern in begrenzten Mengen mit dem in Abbildung 3.4.7.1 dargestellten Kennzeichen versehen sein:

3.4.7.1 (Forts.) **Abbildung 3.4.7.1: Kennzeichen für Versandstücke, die begrenzte Mengen enthalten**

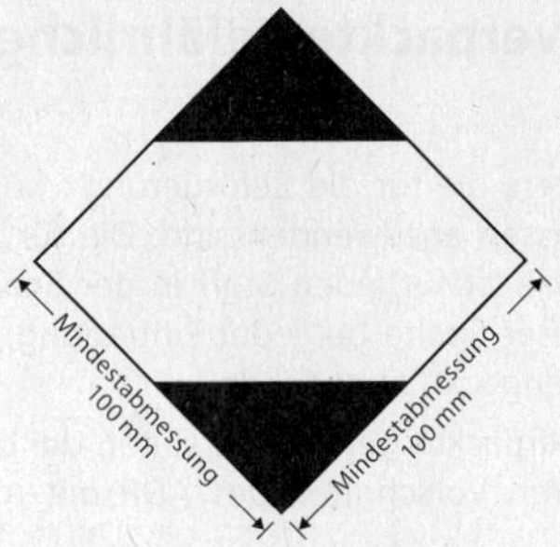


Das Kennzeichen muss leicht erkennbar und lesbar sein und der Witterung ohne nennenswerte Beeinträchtigung seiner Wirkung standhalten können.

Das Kennzeichen muss die Form eines auf die Spitze gestellten Quadrats (Raute) haben. Die oberen und unteren Teilbereiche und die Randlinie müssen schwarz sein. Der mittlere Bereich muss weiß oder ein ausreichend kontrastierender Hintergrund sein. Die Mindestabmessungen müssen 100 mm × 100 mm und die Mindestbreite der Begrenzungslinie der Raute 2 mm betragen. Wenn Abmessungen nicht näher spezifiziert sind, müssen die Proportionen aller Merkmale den abgebildeten in etwa entsprechen.

**3.4.7.2 [Verringerung der Abmessungen (außer Luftbeförderung)]**

Wenn es die Größe des Versandstücks erfordert, dürfen die in der Abbildung 3.4.7.1 angegebenen äußeren Mindestabmessungen auf nicht weniger als 50 mm × 50 mm reduziert werden, sofern das Kennzeichen deutlich sichtbar bleibt. Die Mindestbreite der Begrenzungslinie der Raute darf auf ein Minimum von 1 mm reduziert werden.

**3.4.8 Kennzeichnung von Versandstücken, die begrenzte Mengen enthalten, gemäß Teil 3 Kapitel 4 der Technischen Anweisungen der ICAO**

*→ D: § 22 (1) 1*
*→ D: RSEB 3-15*

**3.4.8.1 [Muster des Kennzeichens (Luftbeförderung)]**

Versandstücke mit gefährlichen Gütern, die in Übereinstimmung mit den Vorschriften des Teils 3 Kapitel 4 der Technischen Anweisungen der ICAO verpackt sind, dürfen zur Bestätigung der Übereinstimmung mit diesen Vorschriften mit dem in Abbildung 3.4.8.1 dargestellten Kennzeichen versehen sein:

**Abbildung 3.4.8.1: Kennzeichen für Versandstücke, die begrenzte Mengen enthalten, gemäß Teil 3 Kapitel 4 der Technischen Anweisungen der ICAO**

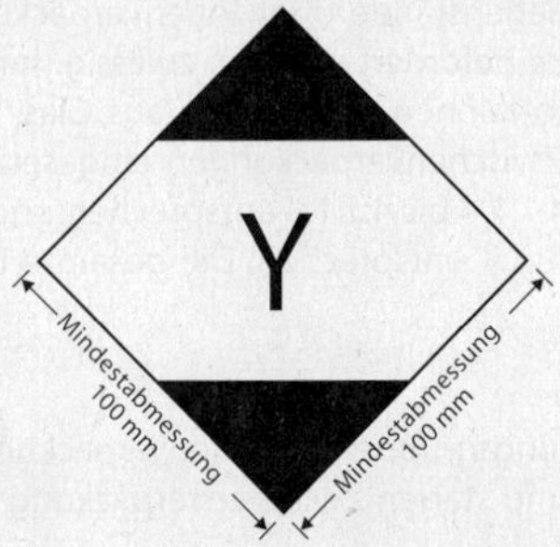


Das Kennzeichen muss leicht erkennbar und lesbar sein und der Witterung ohne nennenswerte Beeinträchtigung seiner Wirkung standhalten können.

Das Kennzeichen muss die Form eines auf die Spitze gestellten Quadrats (Raute) haben. Die oberen und unteren Teilbereiche und die Randlinie müssen schwarz sein. Der mittlere Bereich muss weiß oder ein ausreichend kontrastierender Hintergrund sein. Die Mindestabmessungen müssen 100 mm × 100 mm und die Mindestbreite der Begrenzungslinie der Raute 2 mm betragen. Das Symbol „Y" muss in der Mitte des Kennzeichens angebracht und deutlich erkennbar sein. Wenn Abmessungen nicht näher spezifiziert sind, müssen die Proportionen aller Merkmale den abgebildeten in etwa entsprechen.

**[Verringerung der Abmessungen (Luftbeförderung)]** 3.4.8.2

Wenn es die Größe des Versandstücks erfordert, dürfen die in der Abbildung 3.4.8.1 angegebenen äußeren Mindestabmessungen auf nicht weniger als 50 mm × 50 mm reduziert werden, sofern das Kennzeichen deutlich sichtbar bleibt. Die Mindestbreite der Begrenzungslinie der Raute darf auf ein Minimum von 1 mm reduziert werden. Die Proportionen des Symbols „Y" müssen der Darstellung in Abbildung 3.4.8.1 in etwa entsprechen.

**[Konformität (außer Luftbeförderung)]** 3.4.9

Versandstücke mit gefährlichen Gütern, die mit dem in Abschnitt 3.4.8 abgebildeten Kennzeichen mit oder ohne die zusätzlichen Gefahrzettel und Kennzeichen für den Luftverkehr versehen sind, gelten als den jeweils zutreffenden Vorschriften des Abschnitts 3.4.1 und den Vorschriften der Abschnitte 3.4.2 bis 3.4.4 entsprechend und müssen nicht mit dem in Abschnitt 3.4.7 abgebildeten Kennzeichen versehen sein.

**[Konformität (Luftbeförderung)]** 3.4.10

Versandstücke mit gefährlichen Gütern in begrenzten Mengen, die mit dem in Abschnitt 3.4.7 abgebildeten Kennzeichen versehen sind und die den Vorschriften der Technischen Anweisungen der ICAO, einschließlich aller in den Teilen 5 und 6 festgelegten notwendigen Kennzeichen und Gefahrzettel, entsprechen, gelten als den jeweils zutreffenden Vorschriften des Abschnitts 3.4.1 und den Vorschriften der Abschnitte 3.4.2 bis 3.4.4 entsprechend.

**Verwendung von Umverpackungen** 3.4.11

Für eine Umverpackung, die in begrenzten Mengen verpackte gefährliche Güter enthält, gilt Folgendes:

Sofern die für alle in einer Umverpackung enthaltenen gefährlichen Güter repräsentativen Kennzeichen nicht sichtbar sind, muss die Umverpackung mit

a) dem Ausdruck „UMVERPACKUNG" gekennzeichnet sein; die Buchstabenhöhe des Kennzeichens „UMVERPACKUNG" muss mindestens 12 mm sein. Das Kennzeichen muss in einer Amtssprache des Ursprungslandes und, wenn diese Sprache nicht Deutsch, Englisch oder Französisch ist, außerdem in Deutsch, Englisch oder Französisch angegeben sein, sofern nicht Vereinbarungen zwischen den von der Beförderung berührten Staaten etwas anderes vorschreiben; und

b) den in diesem Kapitel vorgeschriebenen Kennzeichen gekennzeichnet sein.

Mit Ausnahme des Luftverkehrs gelten die übrigen Vorschriften des Unterabschnitts 5.1.2.1 nur, wenn andere gefährliche Güter in der Umverpackung enthalten sind, die nicht in begrenzten Mengen verpackt sind, und nur in Bezug auf diese anderen gefährlichen Güter.

**[Informationspflicht des Absenders]*)** 3.4.12

Absender von in begrenzten Mengen verpackten gefährlichen Gütern müssen den Beförderer vor der Beförderung in nachweisbarer Form über die Bruttomasse der so zu versendenden Güter informieren.

**[Kennzeichnung von Beförderungseinheiten]** 3.4.13

*→ D: § 19 (2) 11*
*→ D: § 21 (1) 6*
*→ D: RSEB 3-17.S*
*→ D: RSEB 3-18*
*→ D: RSEB 5-2*

a) Beförderungseinheiten mit einer höchstzulässigen Gesamtmasse über 12 Tonnen, mit denen in begrenzten Mengen verpackte gefährliche Güter befördert werden, müssen gemäß Abschnitt 3.4.15 vorn und hinten gekennzeichnet sein, sofern die Beförderungseinheit nicht andere gefährliche Güter enthält, für die eine Kennzeichnung mit orangefarbenen Tafeln gemäß Abschnitt 5.3.2 vorgeschrieben ist. In letzterem Fall darf die Beförderungseinheit nur mit den vorgeschriebenen orangefarbenen Tafeln oder gleichzeitig mit orangefarbenen Tafeln gemäß Abschnitt 5.3.2 und mit den Kennzeichen gemäß Abschnitt 3.4.15 versehen sein.

b) Container, mit denen in begrenzten Mengen verpackte gefährliche Güter befördert werden und die auf Beförderungseinheiten mit einer höchstzulässigen Gesamtmasse über 12 Tonnen verladen sind, müssen gemäß Abschnitt 3.4.15 auf allen vier Seiten gekennzeichnet sein, sofern der Container nicht andere gefährliche Güter enthält, für die das Anbringen von Großzetteln (Placards) gemäß Abschnitt 5.3.1 vorgeschrieben ist. In letzterem Fall darf der Container nur mit den vorgeschriebenen Großzetteln (Placards) oder gleichzeitig mit Großzetteln (Placards) gemäß Abschnitt 5.3.1 und mit den Kennzeichen gemäß Abschnitt 3.4.15 versehen sein. *→ D: RSEB 3-19*

*) *→ M329; → D: § 18 (1) 2a; → D: RSEB 3-16; → D: RSEB 3-17.S*

**3.4.13** (Forts.) Die tragende Beförderungseinheit muss nicht gekennzeichnet werden, es sei denn, die an den Containern angebrachten Kennzeichen sind außerhalb dieser tragenden Beförderungseinheit nicht sichtbar. Im letztgenannten Fall müssen die gleichen Kennzeichen an der Beförderungseinheit vorn und hinten angebracht werden.

**3.4.14 [Verzicht auf Kennzeichnung]**

→ D: § 21 (1) 6
→ D: RSEB 3-16 ff.

Auf die in Abschnitt 3.4.13 festgelegten Kennzeichen kann verzichtet werden, wenn die Bruttogesamtmasse der beförderten Versandstücke, die in begrenzten Mengen verpackte gefährliche Güter enthalten, 8 Tonnen je Beförderungseinheit nicht überschreitet.

**3.4.15 [Form]**

→ D: § 21 (1) 6
→ D: § 28 Nr. 7

Die in Abschnitt 3.4.13 vorgeschriebenen Kennzeichen entsprechen den in Abschnitt 3.4.7 vorgeschriebenen Kennzeichen mit der Ausnahme, dass die Mindestabmessungen 250 mm × 250 mm betragen müssen. Diese Kennzeichen müssen entfernt oder abgedeckt sein, wenn keine gefährlichen Güter in begrenzten Mengen befördert werden.

# Kapitel 3.5
# In freigestellten Mengen verpackte gefährliche Güter

**Freigestellte Mengen*)** 3.5.1

**[Anwendbare Vorschriften]** 3.5.1.1

Freigestellte Mengen gefährlicher Güter bestimmter Klassen – ausgenommen Gegenstände –, die den Vorschriften dieses Kapitels entsprechen, unterliegen keinen anderen Vorschriften des ADR mit Ausnahme:

a) der Vorschriften für die Unterweisung des Kapitels 1.3;

b) der Klassifizierungsverfahren und der Kriterien für die Verpackungsgruppen in Teil 2;

c) der Verpackungsvorschriften der Unterabschnitte 4.1.1.1, 4.1.1.2, 4.1.1.4 und 4.1.1.6.

**Bem.** Für radioaktive Stoffe finden die Vorschriften für radioaktive Stoffe in freigestellten Versandstücken in Unterabschnitt 1.7.1.5 Anwendung.

**[Höchste Nettomasse]** 3.5.1.2

Gefährliche Güter, die in Übereinstimmung mit den Vorschriften dieses Kapitels in freigestellten Mengen befördert werden dürfen, sind in Kapitel 3.2 Tabelle A Spalte (7b) durch einen alphanumerischen Code wie folgt dargestellt:

| Code | höchste Nettomenge je Innenverpackung (für feste Stoffe in Gramm und für flüssige Stoffe und Gase in ml) | höchste Nettomenge je Außenverpackung (für feste Stoffe in Gramm und für flüssige Stoffe und Gase in ml oder bei Zusammenpackung die Summe aus Gramm und ml) |
|---|---|---|
| E0 | in freigestellten Mengen nicht zugelassen | |
| E1 | 30 | 1000 |
| E2 | 30 | 500 |
| E3 | 30 | 300 |
| E4 | 1 | 500 |
| E5 | 1 | 300 |

Bei Gasen bezieht sich das für Innenverpackungen angegebene Volumen auf den mit Wasser ausgeliterten Fassungsraum des Innengefäßes und das für Außenverpackungen angegebene Volumen auf den mit Wasser ausgeliterten Gesamtfassungsraum aller Innenverpackungen innerhalb einer einzigen Außenverpackung.

**[Mengenbegrenzung bei Zusammenpackung]** 3.5.1.3

Wenn gefährliche Güter in freigestellten Mengen, denen unterschiedliche Codes zugeordnet sind, zusammengepackt werden, muss die Gesamtmenge je Außenverpackung auf den Wert begrenzt werden, der dem restriktivsten Code entspricht.

**[Kleinstmengen ≤ 1 ml oder 1 g]** 3.5.1.4 *→ MoU § 3 (1)*

Freigestellte Mengen gefährlicher Güter, die den Codes E1, E2, E4 und E5 zugeordnet sind, mit einer höchsten Nettomenge gefährlicher Güter, die für flüssige Stoffe und Gase auf 1 ml und für feste Stoffe auf 1 g je Innenverpackung begrenzt ist, und einer höchsten Nettomenge gefährlicher Güter je Außenverpackung, die bei festen Stoffen 100 g und bei flüssigen Stoffen und Gasen 100 ml nicht überschreitet, unterliegen nur:

a) den Vorschriften des Abschnitts 3.5.2, mit der Ausnahme, dass eine Zwischenverpackung nicht erforderlich ist, wenn die Innenverpackungen mit Polstermaterial sicher in einer Außenverpackung verpackt sind, so dass sie unter normalen Beförderungsbedingungen nicht zu Bruch gehen oder durchstoßen werden können oder ihr Inhalt austreten kann, und wenn bei flüssigen Stoffen die Außenverpackung genügend saugfähiges Material enthält, um den gesamten Inhalt der Innenverpackungen aufzunehmen, und

b) den Vorschriften des Abschnitts 3.5.3.

*) *→ D: § 17 (1) 3; → D: § 18 (1) 2b; → D: § 21 (1) 2; → D: § 22 (1) 2*

### 3.5.2 Verpackungen

Verpackungen, die für die Beförderung gefährlicher Güter in freigestellten Mengen verwendet werden, müssen nachfolgende Vorschriften erfüllen:

a) Sie müssen eine Innenverpackung enthalten, die aus Kunststoff (mit einer Dicke von mindestens 0,2 mm bei der Verwendung für flüssige Stoffe) oder aus Glas, Porzellan, Steinzeug, Ton oder Metall (siehe auch Unterabschnitt 4.1.1.2) hergestellt sein muss und deren Verschluss mit Draht, Klebeband oder anderen wirksamen Mitteln sicher fixiert sein muss; Gefäße, die einen Hals mit gegossenem Schraubgewinde haben, müssen eine flüssigkeitsdichte Schraubkappe haben. Der Verschluss muss gegenüber dem Inhalt beständig sein.

b) Jede Innenverpackung muss unter Verwendung von Polstermaterial sicher in eine Zwischenverpackung verpackt sein, so dass es unter normalen Beförderungsbedingungen nicht zu einem Zubruchgehen, Durchstoßen oder Freiwerden von Inhalt kommen kann. Bei flüssigen Stoffen muss die Zwischenverpackung oder Außenverpackung genügend saugfähiges Material enthalten, um den gesamten Inhalt der Innenverpackungen aufzunehmen. Beim Einsetzen in eine Zwischenverpackung darf das saugfähige Material gleichzeitig als Polstermaterial verwendet werden. Die gefährlichen Güter dürfen weder mit dem Polstermaterial, dem saugfähigen Material und dem Verpackungsmaterial gefährlich reagieren noch die Unversehrtheit oder Funktion der Werkstoffe beeinträchtigen. Das Versandstück muss im Falle eines Bruches oder einer Undichtheit, unabhängig von der Versandstückausrichtung, den Inhalt vollständig zurückhalten.

c) Die Zwischenverpackung muss sicher in eine widerstandsfähige, starre Außenverpackung (aus Holz, aus Pappe oder aus einem anderen ebenso widerstandsfähigen Werkstoff) verpackt sein.

d) Jedes Versandstück-Baumuster muss den Vorschriften des Abschnitts 3.5.3 entsprechen.

e) Jedes Versandstück muss eine Größe haben, die ausreichend Platz für die Anbringung aller notwendigen Kennzeichen bietet.

f) Umverpackungen dürfen verwendet werden und dürfen auch Versandstücke mit gefährlichen Gütern oder Gütern, die den Vorschriften des ADR nicht unterliegen, enthalten.

### 3.5.3 Prüfungen für Versandstücke

#### 3.5.3.1 [Prüfmethoden]

Für das vollständige versandfertige Versandstück mit Innenverpackungen, die bei festen Stoffen mindestens zu 95 % ihres Fassungsraumes und bei flüssigen Stoffen mindestens zu 98 % ihres Fassungsraumes gefüllt sind, muss der Nachweis erbracht werden, dass es in der Lage ist, ohne Zubruchgehen oder Undichtheit einer Innenverpackung und ohne nennenswerte Verringerung der Wirksamkeit folgenden entsprechend dokumentierten Prüfungen standzuhalten:

a) Freifallversuche auf eine starre, nicht federnde, ebene und horizontale Oberfläche aus einer Höhe von 1,8 m:

   (i) Wenn das Prüfmuster die Form einer Kiste hat, muss es in jeder der folgenden Ausrichtungen fallen gelassen werden:
   - flach auf den Boden;
   - flach auf das Oberteil;
   - flach auf die längste Seite;
   - flach auf die kürzeste Seite;
   - auf eine Ecke.

   (ii) Wenn das Prüfmuster die Form eines Fasses hat, muss es in jeder der folgenden Ausrichtungen fallen gelassen werden:
   - diagonal auf die obere Verbindung zwischen Boden und Mantel, wobei der Schwerpunkt direkt über der Aufprallstelle liegt;
   - diagonal auf die untere Verbindung zwischen Boden und Mantel;
   - flach auf die Seite.

**Bem.** Jeder der oben aufgeführten Freifallversuche darf mit verschiedenen, jedoch identischen Versandstücken durchgeführt werden.

b) Eine auf die Fläche der oberen Seite wirkende Kraft für eine Dauer von 24 Stunden, die dem Gesamtgewicht bis zu einer Höhe von 3 m gestapelter identischer Versandstücke (einschließlich Prüfmuster) entspricht. 3.5.3.1 (Forts.)

**[Ersatzstoffe]** 3.5.3.2

Für Zwecke der Prüfung dürfen die in der Verpackung zu befördernden Stoffe durch andere Stoffe ersetzt werden, sofern dadurch die Prüfergebnisse nicht verfälscht werden. Werden feste Stoffe durch andere Stoffe ersetzt, müssen diese die gleichen physikalischen Eigenschaften (Masse, Korngröße usw.) haben wie der zu befördernde Stoff. Wird bei den Freifallversuchen für flüssige Stoffe ein anderer Stoff verwendet, so muss dieser eine vergleichbare relative Dichte (volumenbezogene Masse) und Viskosität haben wie der zu befördernde Stoff.

**Kennzeichnung der Versandstücke** 3.5.4

**[Anbringung, Beschriftung]** 3.5.4.1

In Übereinstimmung mit diesem Kapitel vorbereitete Versandstücke, die gefährliche Güter in freigestellten Mengen enthalten, müssen dauerhaft und lesbar mit dem in Unterabschnitt 3.5.4.2 dargestellten Kennzeichen gekennzeichnet sein. Die erste oder einzige in Kapitel 3.2 Tabelle A Spalte (5) angegebene Nummer des Gefahrzettels jedes im Versandstück enthaltenen gefährlichen Guts muss auf dem Kennzeichen angegeben werden. Sofern der Name des Absenders oder des Empfängers nicht an einer anderen Stelle des Versandstücks angegeben ist, muss das Kennzeichen diese Information enthalten.

**Kennzeichen für freigestellte Mengen** 3.5.4.2

**Abbildung 3.5.4.2: Kennzeichen für freigestellte Mengen**

* An dieser Stelle ist die Nummer des ersten oder einzigen in Kapitel 3.2 Tabelle A Spalte (5) angegebenen Gefahrzettels anzugeben.

** Sofern nicht bereits an anderer Stelle auf dem Versandstück angegeben, ist an dieser Stelle der Name des Absenders oder des Empfängers anzugeben. → D: RSEB 3-20

Das Kennzeichen muss die Form eines Quadrates haben. Die Schraffierung und das Symbol müssen in derselben Farbe, schwarz oder rot, sein und auf einem weißen oder ausreichend kontrastierenden Grund erscheinen. Die Mindestabmessungen müssen 100 mm × 100 mm betragen. Wenn Abmessungen nicht näher spezifiziert sind, müssen die Proportionen aller Merkmale den abgebildeten in etwa entsprechen.

**Verwendung von Umverpackungen** 3.5.4.3

Für eine Umverpackung, die in freigestellten Mengen verpackte gefährliche Güter enthält, gilt Folgendes:

Sofern die für alle in einer Umverpackung enthaltenen gefährlichen Güter repräsentativen Kennzeichen nicht sichtbar sind, muss die Umverpackung mit

a) dem Ausdruck „UMVERPACKUNG" gekennzeichnet sein. Die Buchstabenhöhe des Kennzeichens „UMVERPACKUNG" muss mindestens 12 mm sein. Das Kennzeichen muss in einer Amtssprache des

3.5.4.3 (Forts.) Ursprungslandes und, wenn diese Sprache nicht Deutsch, Englisch oder Französisch ist, außerdem in Deutsch, Englisch oder Französisch angegeben sein, sofern nicht Vereinbarungen zwischen den von der Beförderung berührten Staaten etwas anderes vorschreiben; und

b) den in diesem Kapitel vorgeschriebenen Kennzeichen gekennzeichnet sein.

Die übrigen Vorschriften des Unterabschnitts 5.1.2.1 gelten nur, wenn andere gefährliche Güter in der Umverpackung enthalten sind, die nicht in freigestellten Mengen verpackt sind, und nur in Bezug auf diese anderen gefährlichen Güter.

**3.5.5 Höchste Anzahl Versandstücke in einem Fahrzeug oder Container**

→ D: § 21 (1) 7

Die Anzahl der Versandstücke in einem Fahrzeug oder Container darf 1 000 nicht überschreiten.

**3.5.6 Dokumentation**

Wenn gefährliche Güter in freigestellten Mengen durch ein oder mehrere Dokumente (wie ein Konnossement, Luftfrachtbrief oder CIM/CMR-Frachtbrief) begleitet werden, muss in mindestens einem dieser Dokumente der Vermerk „GEFÄHRLICHE GÜTER IN FREIGESTELLTEN MENGEN“ und die Anzahl der Versandstücke angegeben sein.

# Teil 4
# Verwendung von Verpackungen, Großpackmitteln (IBC), Großverpackungen und Tanks

## Was steht wo in Teil 4?

# Kapitel 4.1
# Verwendung von Verpackungen, einschließlich Großpackmittel (IBC) und Großverpackungen

→ D: § 8 (1) 1 c) → D: § 8 (2) → D: § 10 Nr. 3

**Bem.** Verpackungen, einschließlich Großpackmittel (IBC) und Großverpackungen, die nach Abschnitt 6.1.3, Unterabschnitt 6.2.2.7, 6.2.2.8, 6.2.2.9, 6.2.2.10, Abschnitt 6.3.4, 6.5.2 oder 6.6.3 gekennzeichnet sind, aber in einem Staat zugelassen wurden, der keine Vertragspartei des ADR ist, dürfen dennoch für Beförderungen gemäß ADR verwendet werden.

## 4.1.1 Allgemeine Vorschriften für das Verpacken gefährlicher Güter in Verpackungen, einschließlich Großpackmittel (IBC) und Großverpackungen

→ D: § 22 (1) 3 → M329 → CH: SDR Anh. 1 4.1.1.22

**Bem.** Für das Verpacken von Gütern der Klassen 2, 6.2 und 7 gelten die allgemeinen Vorschriften dieses Abschnitts nur, wenn dies in Unterabschnitt 4.1.8.2 (Klasse 6.2, UN-Nummern 2814 und 2900), Absatz 4.1.9.1.5 (Klasse 7) und in den anwendbaren Verpackungsanweisungen des Abschnitts 4.1.4 (P201 , P207 und LP200 für die Klasse 2 und P620, P621, P622, IBC620, LP621 und LP622 für die Klasse 6.2) angegeben ist.

### 4.1.1.1 [Grundanforderung]

→ 4.1.3.8.1 → D: § 21 (1) 3 → D: § 21 (1) 4

Gefährliche Güter müssen in Verpackungen, einschließlich Großpackmittel (IBC) und Großverpackungen, guter Qualität verpackt sein. Diese müssen ausreichend widerstandsfähig sein, dass sie den Stößen und Belastungen, die unter normalen Beförderungsbedingungen auftreten können, standhalten, einschließlich des Umschlags zwischen Güterbeförderungseinheiten und zwischen Güterbeförderungseinheiten und Lagerhäusern sowie jeder Entnahme von einer Palette oder aus einer Umverpackung zur nachfolgenden manuellen oder mechanischen Handhabung. Die Verpackungen, einschließlich Großpackmittel (IBC) und Großverpackungen, müssen so hergestellt und so verschlossen sein, dass unter normalen Beförderungsbedingungen das Austreten des Inhalts aus der versandfertigen Verpackung, insbesondere infolge von Vibration, Temperaturwechsel, Feuchtigkeits- oder Druckänderung (z.B. hervorgerufen durch Höhenunterschiede) vermieden wird. Verpackungen, einschließlich Großpackmittel (IBC) und Großverpackungen, müssen gemäß den vom Hersteller gelieferten Informationen verschlossen sein. Während der Beförderung dürfen an der Außenseite von Verpackungen, Großpackmitteln (IBC) und Großverpackungen keine gefährlichen Rückstände anhaften. Diese Vorschriften gelten, wenn zutreffend, für neue, wiederverwendete, rekonditionierte und wiederaufgearbeitete Verpackungen und für neue, wiederverwendete, reparierte oder wiederaufgearbeitete Großpackmittel (IBC) sowie für neue, wiederverwendete oder wiederaufgearbeitete Großverpackungen.

### 4.1.1.2 [Chemische Verträglichkeit]

Die Teile der Verpackungen, einschließlich Großpackmittel (IBC) und Großverpackungen, die unmittelbar mit gefährlichen Gütern in Berührung kommen:

→ D: RSEB 4-1

a) dürfen durch diese gefährlichen Güter nicht angegriffen oder erheblich geschwächt werden,
b) dürfen keinen gefährlichen Effekt auslösen, z.B. eine katalytische Reaktion oder eine Reaktion mit den gefährlichen Gütern, und
c) dürfen keine Permeation der gefährlichen Güter ermöglichen, die unter normalen Beförderungsbedingungen eine Gefahr darstellen könnte.

Sofern erforderlich müssen sie mit einer geeigneten Innenauskleidung oder -behandlung versehen sein.

**Bem.** Für die chemische Verträglichkeit von Kunststoffverpackungen, einschließlich Großpackmitteln (IBC), aus Polyethylen siehe Unterabschnitt 4.1.1.21.

### 4.1.1.3 Bauart

#### 4.1.1.3.1 [Entsprechung einer Bauart]

Sofern im ADR nichts anderes vorgeschrieben ist, muss jede Verpackung, einschließlich Großpackmittel (IBC) und Großverpackungen, ausgenommen Innenverpackungen, einer Bauart entsprechen, die, je nach Fall, in Übereinstimmung mit den Vorschriften des Abschnitts 6.1.5, 6.3.5, 6.5.6 oder 6.6.5 erfolgreich geprüft wurde.

**[Entsprechung mehrerer Bauarten]** 4.1.1.3.2

Verpackungen, einschließlich Großpackmittel (IBC) und Großverpackungen, können einer oder mehreren erfolgreich geprüften Bauarten entsprechen und dürfen mit mehreren Kennzeichen versehen sein.

**[Füllungsfreier Raum]** 4.1.1.4 → *D: RSEB 0-1*

Werden Verpackungen, einschließlich Großpackmittel (IBC) und Großverpackungen, mit flüssigen Stoffen befüllt, so muss ein füllungsfreier Raum bleiben, um sicherzustellen, dass die Ausdehnung des flüssigen Stoffes infolge der Temperaturen, die bei der Beförderung auftreten können, weder das Austreten des flüssigen Stoffes noch eine dauerhafte Verformung der Verpackung bewirkt. Sofern nicht besondere Vorschriften bestehen, dürfen Verpackungen bei einer Temperatur von 55 °C nicht vollständig mit flüssigen Stoffen ausgefüllt sein. In einem Großpackmittel (IBC) muss jedoch ausreichend füllungsfreier Raum vorhanden sein, um sicherzustellen, dass es bei einer mittleren Temperatur des Inhalts von 50 °C nicht mehr als 98 % seines Fassungsraums für Wasser gefüllt ist. Sofern nichts anderes vorgesehen ist, darf der Füllungsgrad, bezogen auf eine Abfülltemperatur von 15 °C, höchstens betragen:

entweder

a)

| Siedepunkt (Siedebeginn) des Stoffes in °C | < 60 | ≥ 60<br>< 100 | ≥ 100<br>< 200 | ≥ 200<br>< 300 | ≥ 300 |
|---|---|---|---|---|---|
| Füllungsgrad in % des Fassungsraums der Verpackung | 90 | 92 | 94 | 96 | 98 |

oder

b) Füllungsgrad $= \frac{98}{1 + \alpha(50 - t_F)}$% des Fassungsraums der Verpackung.

In dieser Formel bedeutet $\alpha$ der mittlere kubische Ausdehnungskoeffizient des flüssigen Stoffes zwischen 15 °C und 50 °C, d.h. für eine maximale Temperaturerhöhung von 35 °C.

$\alpha$ wird nach der Formel berechnet: $\alpha = \frac{d_{15} - d_{50}}{35 \times d_{50}}$.

Dabei bedeuten:

$d_{15}$ und $d_{50}$ die relativen Dichten[1)] des flüssigen Stoffes bei 15 °C bzw. 50 °C und $t_F$ die mittlere Temperatur des flüssigen Stoffes zum Zeitpunkt der Befüllung.

**[Innenverpackungen]** 4.1.1.5

Innenverpackungen müssen in einer Außenverpackung so verpackt sein, dass sie unter normalen Beförderungsbedingungen nicht zerbrechen oder durchstoßen werden können oder ihr Inhalt nicht in die Außenverpackung austreten kann. Innenverpackungen, die flüssige Stoffe enthalten, müssen so verpackt werden, dass ihre Verschlüsse nach oben gerichtet sind, und in Übereinstimmung mit den in Unterabschnitt 5.2.1.10 beschriebenen Ausrichtungszeichen in Außenverpackungen eingesetzt werden. Zerbrechliche Innenverpackungen oder solche, die leicht durchstoßen werden können, wie Gefäße aus Glas, Porzellan oder Steinzeug, gewissen Kunststoffen usw., müssen mit geeignetem Polstermaterial in die Außenverpackung eingebettet werden. Beim Austreten des Inhalts dürfen die schützenden Eigenschaften des Polstermaterials und der Außenverpackung nicht wesentlich beeinträchtigt werden.

**[Verschiedene Typen]** 4.1.1.5.1 → *D: RSEB 3-13*

Wenn die Außenverpackung einer zusammengesetzten Verpackung oder einer Großverpackung erfolgreich mit verschiedenen Typen von Innenverpackungen geprüft worden ist, dürfen auch verschiedene der letztgenannten in dieser Außenverpackung oder Großverpackung zusammengefasst werden. Außerdem sind, ohne dass das Versandstück anderen Prüfungen unterzogen werden muss, folgende Veränderungen bei den Innenverpackungen zugelassen, soweit ein gleichwertiges Leistungsniveau beibehalten wird:

1) Statt Dichte wird in diesem Kapitel relative Dichte (d) verwendet.

**4.1.1.5.1** (Forts.)

a) Innenverpackungen mit gleichen oder kleineren Abmessungen dürfen verwendet werden, vorausgesetzt:

(i) die Innenverpackungen entsprechen der Gestaltung der geprüften Innenverpackungen (zum Beispiel: Form – rund, rechteckig usw.);

(ii) der für die Innenverpackungen verwendete Werkstoff (Glas, Kunststoff, Metall usw.) weist gegenüber Stoß- oder Stapelkräften eine gleiche oder größere Festigkeit auf als die ursprünglich geprüfte Innenverpackung;

(iii) die Innenverpackungen haben gleiche oder kleinere Öffnungen und der Verschluss ist ähnlich gestaltet (z.B. Schraubkappe, eingepasster Verschluss usw.);

(iv) zusätzliches Polstermaterial wird in ausreichender Menge verwendet, um die leeren Zwischenräume aufzufüllen und um jede nennenswerte Bewegung der Innenverpackungen zu verhindern, und

(v) die Innenverpackungen haben in der Außenverpackung die gleiche Ausrichtung wie im geprüften Versandstück.

b) Eine geringere Anzahl geprüfter Innenverpackungen oder anderer in Absatz a) beschriebenen Arten von Innenverpackungen darf verwendet werden, vorausgesetzt, eine ausreichende Polsterung zur Auffüllung des Zwischenraums (der Zwischenräume) und zur Verhinderung jeder nennenswerten Bewegung der Innenverpackungen wird vorgenommen.

**4.1.1.5.2** **[Verwendung zusätzlicher Verpackungen]**

→ D: RSEB 4-2

Die Verwendung zusätzlicher Verpackungen innerhalb einer Außenverpackung (z.B. eine Zwischenverpackung oder ein Gefäß innerhalb einer vorgeschriebenen Innenverpackung) ergänzend zu den durch die Verpackungsanweisungen geforderten Verpackungen ist zugelassen, vorausgesetzt, alle entsprechenden Vorschriften, einschließlich der Vorschriften des Unterabschnitts 4.1.1.3, werden erfüllt und es wird, sofern zutreffend, geeignetes Polstermaterial verwendet, um Bewegungen innerhalb der Verpackung zu verhindern.

**4.1.1.5.3** **[Abfälle in Innenverpackungen]**

→ 5.4.1.1.3

Bei der Beförderung von Abfällen, ausgenommen Gegenstände, dürfen Innenverpackungen unterschiedlicher Größen und Formen, die flüssige oder feste Stoffe enthalten, in einer Außenverpackung zusammengepackt werden, vorausgesetzt, die folgenden Vorschriften werden erfüllt:

a) die in jeder Innenverpackung beförderten Abfälle sind nicht der Klasse 1, 2, 6.2 oder 7 zugeordnet;

b) abweichend von Unterabschnitt 4.1.1.5, den Absätzen 4.1.1.5.1 und 4.1.1.5.2, den Unterabschnitten 4.1.1.21, 4.1.3.1 bis 4.1.3.5 und 4.1.3.7, Abschnitt 4.1.4, den Absätzen 6.1.5.2.1, 6.5.6.1.2 und 6.6.5.2.1:

(i) die Außenverpackung ist eine der folgenden Arten:
- 1H2, 1A2, 3A2, 3H1, 3H2, 4A oder 4H2;
- 11A, 11H1 oder 11H2;
- 50A oder 50H;

(ii) die Außenverpackung ist für die Verpackungsgruppe I geprüft;

(iii) die Außenverpackung muss nicht nach den Prüfungen für Verpackungen, die für die Aufnahme von flüssigen Stoffen bestimmt sind, geprüft werden, muss aber in der Lage sein, flüssige Stoffe unter normalen Beförderungsbedingungen zurückzuhalten;

(iv) es wird ausreichend Polstermaterial verwendet, um nennenswerte Bewegungen der Innenverpackungen unter normalen Beförderungsbedingungen zu verhindern;

(v) wenn die Außenverpackung Innenverpackungen, die leicht zerbrechlich sind, wie solche aus Glas, Porzellan oder Steinzeug, oder nicht dichte Innenverpackungen enthält, muss die Außenverpackung über Mittel zur Aufnahme freier Flüssigkeit, die während der Beförderung aus den Innenverpackungen austreten kann, verfügen, z.B. absorbierendes Material oder andere ebenso wirksame Rückhaltemittel;

(vi) für Außenverpackungen aus Polyethylen gilt der Nachweis der ausreichenden chemischen Verträglichkeit als erbracht, wenn die chemische Verträglichkeit des Werkstoffs der Außenverpackung mit allen in Unterabschnitt 6.1.6.1 beschriebenen Standardflüssigkeiten im Rahmen einer Bauartprüfung und -zulassung für Verpackungen desselben Werkstoffs mit dem Code 1H1 oder 3H1 nachgewiesen wurde;

4.1.1.5.3 (Forts.)

c) in Abhängigkeit von den in jeder Innenverpackung festgestellten Abfällen werden Innenverpackungen nur von gemäß Unterabschnitt 1.3.2.2 geschultem und sachkundigem Personal unter Verwendung von Anweisungen oder Verfahren, die die Einhaltung des Unterabschnitts 4.1.1.6 und der Vorschriften für die Zusammenpackung des Unterabschnitts 4.1.10.4 gewährleisten, in einer geeigneten Außenverpackung zusammengepackt;

d) die in einer Außenverpackung enthaltenen Abfälle sind der am besten geeigneten Eintragung zugeordnet. Soweit erforderlich, darf mehr als eine Eintragung verwendet werden. Abweichend von Abschnitt 5.1.4 entspricht die einzige Kennzeichnung und Bezettelung auf der Außenverpackung der oder den Eintragungen, die der Außenverpackung zugeordnet wurden.

**[Unverträgliche Güter]** 4.1.1.6

Gefährliche Güter dürfen nicht mit gefährlichen oder anderen Gütern zusammen in dieselbe Außenverpackung oder in Großverpackungen verpackt werden, wenn sie miteinander gefährlich reagieren und dabei Folgendes verursachen:

a) eine Verbrennung oder Entwicklung beträchtlicher Wärme;
b) eine Entwicklung entzündbarer, erstickend wirkender, oxidierender oder giftiger Gase;
c) die Bildung ätzender Stoffe oder
d) die Bildung instabiler Stoffe.

**Bem.** Für die Sondervorschriften für die Zusammenpackung siehe Abschnitt 4.1.10.

**[Verschlüsse]** 4.1.1.7

Die Verschlüsse von Verpackungen mit angefeuchteten oder verdünnten Stoffen müssen so beschaffen sein, dass der prozentuale Anteil des flüssigen Stoffes (Wasser, Lösungs- oder Phlegmatisierungsmittel) während der Beförderung nicht unter die vorgeschriebenen Grenzwerte absinkt.

**[Schließreihenfolge]** 4.1.1.7.1

Sind an einem Großpackmittel (IBC) zwei oder mehrere Verschlusssysteme hintereinander angebracht, ist das dem beförderten Stoff am nächsten angeordnete zuerst zu schließen.

**[Lüftungseinrichtung]** 4.1.1.8 *→ D: RSEB 4-3*

Wenn in einem Versandstück das Füllgut Gas ausscheidet (durch Temperaturanstieg oder aus anderen Gründen) und dadurch ein Überdruck entstehen kann, darf die Verpackung oder das Großpackmittel (IBC) mit einer Lüftungseinrichtung versehen sein, vorausgesetzt, das austretende Gas verursacht z.B. auf Grund seiner Giftigkeit, seiner Entzündbarkeit oder der freigesetzten Menge keine Gefahr.

Eine Lüftungseinrichtung muss eingebaut werden, wenn sich auf Grund der normalen Zersetzung von Stoffen ein gefährlicher Überdruck bilden kann. Die Lüftungseinrichtung muss so ausgelegt sein, dass das Austreten von flüssigen Stoffen sowie das Eindringen von Fremdstoffen in der für die Beförderung vorgesehenen Lage der Verpackung oder des Großpackmittels (IBC) unter normalen Beförderungsbedingungen vermieden wird.

**Bem.** Be- und Entlüftung des Versandstücks ist im Luftverkehr nicht zugelassen.

**[Innendruckresistenz Innenverpackung]** 4.1.1.8.1

Flüssige Stoffe dürfen nur in Innenverpackungen gefüllt werden, die eine ausreichende Widerstandsfähigkeit gegenüber dem Innendruck haben, der unter normalen Beförderungsbedingungen entstehen kann.

**[Prüfpflicht]** 4.1.1.9 *→ D: RSEB 4-4*

Neue, wiederaufgearbeitete oder wiederverwendete Verpackungen, einschließlich Großpackmittel (IBC) und Großverpackungen, oder rekonditionierte Verpackungen, reparierte oder regelmäßig gewartete Großpackmittel (IBC) müssen, je nach Fall, den in Abschnitt 6.1.5, 6.3.5, 6.5.6 oder 6.6.5 vorgeschriebenen Prüfungen standhalten können. Vor der Befüllung und der Übergabe zur Beförderung muss jede Verpackung, einschließlich Großpackmittel (IBC) und Großverpackungen, überprüft werden, um sicherzustellen, dass sie frei von Korrosion, Verunreinigung oder anderen Schäden ist, und jedes Großpackmittel (IBC) muss bezüglich der ordnungsgemäßen Funktion der Bedienungsausrüstung überprüft werden. Jede Verpackung, die Anzeichen verminderter Widerstandsfähigkeit gegenüber der zugelassenen Bauart aufweist, darf nicht mehr verwendet oder sie muss so rekonditioniert werden, dass sie den Bauartprüfungen stand-

**4.1.1.9** (Forts.) halten kann. Jedes Großpackmittel (IBC), das Anzeichen verminderter Widerstandsfähigkeit gegenüber der geprüften Bauart aufweist, darf nicht mehr verwendet oder es muss so repariert oder regelmäßig gewartet werden, dass es den Bauartprüfungen standhalten kann.

**4.1.1.10 [Innendruckfestigkeit]**

Flüssige Stoffe dürfen nur in Verpackungen, einschließlich Großpackmittel (IBC), gefüllt werden, die eine ausreichende Widerstandsfähigkeit gegenüber dem Innendruck haben, der unter normalen Beförderungsbedingungen entstehen kann. Verpackungen und Großpackmittel (IBC), auf denen der Prüfdruck der Flüssigkeitsdruckprüfung nach Unterabschnitt 6.1.3.1 d) bzw. Absatz 6.5.2.2.1 im Kennzeichen angegeben ist, dürfen nur mit einem flüssigen Stoff befüllt werden, dessen Dampfdruck

a) so groß ist, dass der Gesamtüberdruck in der Verpackung oder im Großpackmittel (IBC) (d.h. Dampfdruck des Füllgutes plus Partialdruck von Luft oder sonstigen inerten Gasen, vermindert um 100 kPa) bei 55 °C, gemessen unter Zugrundelegung eines höchsten Füllungsgrades gemäß Unterabschnitt 4.1.1.4 und einer Fülltemperatur von 15 °C, $^2/_3$ des im Kennzeichen angegebenen Prüfdruckes nicht überschreitet, oder

b) bei 50 °C geringer ist als $^4/_7$ der Summe aus dem im Kennzeichen angegebenen Prüfdruck plus 100 kPa oder

c) bei 55 °C geringer ist als $^2/_3$ der Summe aus dem im Kennzeichen angegebenen Prüfdruck plus 100 kPa.

Großpackmittel (IBC), die für die Beförderung flüssiger Stoffe bestimmt sind, dürfen nicht für die Beförderung flüssiger Stoffe verwendet werden, die einen Dampfdruck von mehr als 110 kPa (1,1 bar) bei 50 °C oder 130 kPa (1,3 bar) bei 55 °C haben.

**Beispiele für auf den Verpackungen, einschließlich Großpackmittel (IBC), anzugebende Prüfdrücke, die nach Unterabschnitt 4.1.1.10 c) berechnet wurden**

| UN-Nummer | Benennung | Klasse | Verpackungsgruppe | $Vp_{55}$ (kPa) | ($Vp_{55}$ × 1,5) (kPa) | ($Vp_{55}$ × 1,5) minus 100 (kPa) | vorgeschriebener Mindestprüfdruck (Überdruck) nach Absatz 6.1.5.5.4 c) (kPa) | Mindestprüfdruck (Überdruck), der auf der Verpackung anzugeben ist (kPa) |
|---|---|---|---|---|---|---|---|---|
| 2056 | Tetrahydrofuran | 3 | II | 70 | 105 | 5 | 100 | 100 |
| 2247 | n-Decan | 3 | III | 1,4 | 2,1 | –97,9 | 100 | 100 |
| 1593 | Dichlormethan | 6.1 | III | 164 | 246 | 146 | 146 | 150 |
| 1155 | Ethylether | 3 | I | 199 | 299 | 199 | 199 | 250 |

**Bem.** 1. Für reine flüssige Stoffe kann der Dampfdruck bei 55 °C ($Vp_{55}$) oft aus Tabellen entnommen werden, die in der wissenschaftlichen Literatur veröffentlicht sind.

2. Die in der Tabelle angegebenen Mindestprüfdrücke beziehen sich nur auf die Anwendung der Angaben unter Unterabschnitt 4.1.1.10 c), das bedeutet, dass der angegebene Prüfdruck größer sein muss als der 1,5-fache Dampfdruck bei 55 °C minus 100 kPa. Wenn beispielsweise der Prüfdruck für n-Decan gemäß Absatz 6.1.5.5.4 a) bestimmt wird, kann der anzugebende Mindestprüfdruck geringer sein.

3. Für Ethylether beträgt der nach Absatz 6.1.5.5.5 vorgeschriebene Mindestprüfdruck 250 kPa.

**4.1.1.11 [Leerverpackungen]**

→ D: § 21 (1) 4
→ D: RSEB 4-5

Leere Verpackungen, einschließlich leere Großpackmittel (IBC) und leere Großverpackungen, die ein gefährliches Gut enthalten haben, unterliegen denselben Vorschriften wie gefüllte Verpackungen, es sei denn, es wurden entsprechende Maßnahmen getroffen, um jede Gefahr auszuschließen.

**Bem.** Wenn solche Verpackungen zur Entsorgung, zum Recycling oder zur Wiederverwendung ihrer Werkstoffe befördert werden, dürfen sie auch unter der UN-Nummer 3509 befördert werden, vorausgesetzt, die Bedingungen der Sondervorschrift 663 des Kapitels 3.3 werden erfüllt.

**4.1.1.12 [Dichtheitsprüfung]**

Jede Verpackung gemäß Kapitel 6.1, die für flüssige Stoffe vorgesehen ist, muss erfolgreich einer geeigneten Dichtheitsprüfung unterzogen werden. Diese Prüfung ist Teil des in Unterabschnitt 6.1.1.4 festgelegten Qualitätssicherungsprogramms, das zeigt, dass die Verpackung in der Lage ist, die entsprechenden in Absatz 6.1.5.4.3 angegebenen Prüfanforderungen zu erfüllen:

a) vor der erstmaligen Verwendung zur Beförderung; 4.1.1.12 (Forts.)

b) nach Wiederaufarbeitung oder Rekonditionierung jeder Verpackung vor Wiederverwendung zur Beförderung.

Für diese Prüfung ist es nicht erforderlich, die Verpackung mit ihren Verschlüssen zu versehen. Das Innengefäß einer Kombinationsverpackung darf ohne Außenverpackung geprüft werden, vorausgesetzt, die Prüfergebnisse werden nicht beeinträchtigt.

Diese Prüfung ist nicht erforderlich für

- Innenverpackungen von zusammengesetzten Verpackungen oder Großverpackungen,
- Innengefäße von Kombinationsverpackungen (Glas, Porzellan oder Steinzeug), die gemäß Unterabschnitt 6.1.3.1 a) (ii) mit dem Symbol „RID/ADR" gekennzeichnet sind,
- Feinstblechverpackungen, die gemäß Unterabschnitt 6.1.3.1 a) (ii) mit dem Symbol „RID/ADR" gekennzeichnet sind.

**[Verflüssigende Stoffe]** 4.1.1.13

Verpackungen, einschließlich Großpackmittel (IBC), für feste Stoffe, die sich bei den während der Beförderung auftretenden Temperaturen verflüssigen können, müssen diesen Stoff auch im flüssigen Zustand zurückhalten.

**[Staubdichtheit]** 4.1.1.14

Verpackungen, einschließlich Großpackmittel (IBC), für pulverförmige oder körnige Stoffe müssen staubdicht oder mit einer Innenauskleidung versehen sein.

**[Zulässige Verwendungsdauer]** 4.1.1.15

Sofern von der zuständigen Behörde nicht etwas anderes festgelegt wurde, beträgt die zulässige Verwendungsdauer für Fässer und Kanister aus Kunststoff, starre Kunststoff-IBC und Kombinations-IBC mit Kunststoff-Innenbehälter zur Beförderung gefährlicher Güter, vom Datum ihrer Herstellung an gerechnet, fünf Jahre, es sei denn, wegen der Art des zu befördernden Stoffes ist eine kürzere Verwendungsdauer vorgeschrieben.

**Bem.** Bei Kombinations-IBC bezieht sich die Verwendungsdauer auf das Herstellungsdatum des Innenbehälters.

**[Eis als Kühlmittel]** 4.1.1.16

Wenn Eis als Kühlmittel verwendet wird, darf dieses nicht die Funktionsfähigkeit der Verpackung beeinträchtigen.

(gestrichen) 4.1.1.17

**Explosive Stoffe und Gegenstände mit Explosivstoff, selbstzersetzliche Stoffe und organische Peroxide** 4.1.1.18

Sofern im ADR nichts anderes vorgeschrieben ist, müssen die für Güter der Klasse 1, für selbstzersetzliche Stoffe der Klasse 4.1 oder für organische Peroxide der Klasse 5.2 verwendeten Verpackungen, einschließlich Großpackmittel (IBC) und Großverpackungen, den Vorschriften für die mittlere Gefahrengruppe (Verpackungsgruppe II) entsprechen.

**Verwendung von Bergungsverpackungen und Bergungsgroßverpackungen** 4.1.1.19 → *1.6.1.11*

**[Verwendungszweck]** 4.1.1.19.1

Beschädigte, defekte, undichte oder nicht den Vorschriften entsprechende Versandstücke oder gefährliche Güter, die verschüttet wurden oder ausgetreten sind, dürfen in Bergungsverpackungen nach Absatz 6.1.5.1.11 und Bergungsgroßverpackungen nach Absatz 6.6.5.1.9 befördert werden. Die Verwendung einer Verpackung, eines Großpackmittels (IBC) des Typs 11A oder einer Großverpackung mit größeren Abmessungen eines geeigneten Typs und geeigneter Prüfanforderungen wird dadurch nicht ausgeschlossen, vorausgesetzt, die Vorschriften der Absätze 4.1.1.19.2 und 4.1.1.19.3 werden erfüllt.

**[Vorsichtsmaßnahmen]** 4.1.1.19.2

Geeignete Maßnahmen müssen ergriffen werden, um übermäßige Bewegungen der beschädigten oder undichten Versandstücke innerhalb der Bergungsverpackung oder Bergungsgroßverpackung zu verhin-

4.1.1.19.2 (Forts.) dern. Sofern die Bergungsverpackung oder Bergungsgroßverpackung flüssige Stoffe enthält, muss eine ausreichende Menge inerten saugfähigen Materials beigefügt werden, um das Auftreten freier Flüssigkeit auszuschließen.

**4.1.1.19.3 [Druckverhinderungsmaßnahmen]**

Es sind geeignete Maßnahmen zu ergreifen, um einen gefährlichen Druckaufbau zu verhindern.

**4.1.1.20 Verwendung von Bergungsdruckgefäßen**

**4.1.1.20.1 [Anwendungsbereich]**

*→ 1.6.2.12*

Für beschädigte, defekte, undichte oder nicht den Vorschriften entsprechende Druckgefäße dürfen Bergungsdruckgefäße gemäß Abschnitt 6.2.3.11 verwendet werden.

**Bem.** Ein Bergungsdruckgefäß darf als Umverpackung gemäß Abschnitt 5.1.2 verwendet werden. Bei der Verwendung als Umverpackung müssen die Kennzeichen nicht dem Unterabschnitt 5.2.1.3, sondern dem Unterabschnitt 5.1.2.1 entsprechen.

**4.1.1.20.2 [Einsetzen von Druckgefäßen in Bergungsdruckgefäße]**

Druckgefäße müssen in Bergungsdruckgefäße geeigneter Größe eingesetzt werden. Mehrere Druckgefäße dürfen nur dann in ein und dasselbe Bergungsdruckgefäß eingesetzt werden, wenn deren Füllgüter bekannt sind und diese nicht gefährlich miteinander reagieren (siehe Unterabschnitt 4.1.1.6). In diesem Fall darf die Gesamtsumme der mit Wasser ausgeliterten Fassungsräume der eingesetzten Druckgefäße 3 000 Liter nicht überschreiten. Es müssen geeignete Maßnahmen ergriffen werden, um Bewegungen der Druckgefäße im Bergungsdruckgefäß zu verhindern, z.B. durch Unterteilen, Sichern oder Polstern.

**4.1.1.20.3 [Voraussetzungen]**

Ein Druckgefäß darf nur dann in ein Bergungsdruckgefäß eingesetzt werden, wenn:

a) das Bergungsdruckgefäß den Vorschriften des Unterabschnitts 6.2.3.11 entspricht und eine Kopie der Zulassungsbescheinigung vorliegt;
b) die Teile des Bergungsdruckgefäßes, die in direktem Kontakt mit den gefährlichen Gütern stehen oder stehen können, nicht durch diese angegriffen oder geschwächt werden und keine gefährliche Wirkungen verursachen, z.B. Katalyse einer Reaktion oder Reaktion mit den gefährlichen Gütern, und
c) der Druck und das Volumen des Füllguts des (der) enthaltenen Druckgefäßes (Druckgefäße) so begrenzt sind, dass bei einer vollständigen Entleerung in das Bergungsdruckgefäß der Druck im Bergungsdruckgefäß bei 65 °C nicht höher ist als der Prüfdruck des Bergungsdruckgefäßes (für Gase siehe Unterabschnitt 4.1.4.1 Verpackungsanweisung P200 (3)). Dabei muss die Verringerung des mit Wasser ausgeliterten nutzbaren Fassungsraums, z.B. durch eventuell enthaltene Ausrüstungen und Polsterungen, berücksichtigt werden.

**4.1.1.20.4 [Kennzeichnung]**

Die in Kapitel 5.2 für Versandstücke vorgeschriebene offizielle Benennung für die Beförderung, UN-Nummer mit vorangestellten Buchstaben „UN" und Gefahrzettel der gefährlichen Güter im (in den) enthaltenen Druckgefäß(en) müssen bei der Beförderung auf dem Bergungsdruckgefäß angegeben sein.

**4.1.1.20.5 [Reinigung, Entgasung, Prüfung nach Verwendung]**

Bergungsdruckgefäße müssen nach jeder Verwendung gereinigt, entgast und innen und außen einer Sichtprüfung unterzogen werden. Sie müssen spätestens alle fünf Jahre gemäß Unterabschnitt 6.2.3.5 einer wiederkehrenden Prüfung unterzogen werden.

**4.1.1.21 Nachweis der chemischen Verträglichkeit von Verpackungen, einschließlich Großpackmittel (IBC), aus Kunststoff durch Assimilierung von Füllgütern zu Standardflüssigkeiten**

*→ 1.6.1.7*
*→ 1.6.1.11*

**4.1.1.21.1 Geltungsbereich**

*→ 4.1.1.21.7*
*→ D: BAM-GGR 004 Anhang 4*

Für Verpackungen aus Polyethylen nach Absatz 6.1.5.2.6 und für Großpackmittel (IBC) aus Polyethylen nach Absatz 6.5.6.3.5 kann die chemische Verträglichkeit mit Füllgütern durch Assimilierung zu Standardflüssigkeiten dadurch nachgewiesen werden, dass die in den Absätzen 4.1.1.21.3 bis 4.1.1.21.5 festgelegten Verfahren befolgt und die Liste in Tabelle 4.1.1.21.6 angewendet wird, vorausgesetzt, die Bauart hat den Zulassungsprüfungen mit diesen Standardflüssigkeiten gemäß Abschnitt 6.1.5 oder 6.5.6 unter Einbeziehung von Abschnitt 6.1.6 genügt und die Vorbedingungen in Absatz 4.1.1.21.2 erfüllt. Wenn eine

Assimilierung gemäß diesem Unterabschnitt nicht möglich ist, muss die chemische Verträglichkeit durch Bauartprüfungen gemäß Absatz 6.1.5.2.5 oder durch Laborprüfungen gemäß Absatz 6.1.5.2.7 für Verpackungen bzw. gemäß Absatz 6.5.6.3.3 oder 6.5.6.3.6 für Großpackmittel (IBC) geprüft werden. 4.1.1.21.1 (Forts.)

**Bem.** Unabhängig von den Vorschriften dieses Unterabschnitts unterliegt die Verwendung von Verpackungen, einschließlich Großpackmittel (IBC), für ein spezifisches Füllgut den Beschränkungen des Kapitels 3.2 Tabelle A und der Verpackungsanweisungen des Kapitels 4.1.

**Vorbedingungen** 4.1.1.21.2

Die relativen Dichten der Füllgüter dürfen diejenige, die bei der Ermittlung der Fallhöhe nach Absatz 6.1.5.3.5 oder 6.5.6.9.4 für die erfolgreich durchgeführte Fallprüfung und der Masse nach Unterabschnitt 6.1.5.6 oder, soweit notwendig, nach Unterabschnitt 6.5.6.6 für die erfolgreich durchgeführte Stapeldruckprüfung mit der (den) assimilierten Standardflüssigkeit(en) verwendet wurde, nicht überschreiten. Die Dampfdrücke der Füllgüter bei 50 °C oder 55 °C dürfen denjenigen, der bei der Ermittlung des Druckes nach Absatz 6.1.5.5.4 oder 6.5.6.8.4.2 für die erfolgreich durchgeführte Innendruckprüfung mit der (den) assimilierten Standardflüssigkeit(en) verwendet wurde, nicht überschreiten. In dem Falle, dass Füllgüter einer Kombination von Standardflüssigkeiten assimiliert sind, dürfen die entsprechenden Werte der Füllgüter die Mindestwerte der assimilierten Standardflüssigkeiten, die sich aus den angewandten Fallhöhen, Stapelmassen und inneren Prüfdrücken ableiten, nicht überschreiten.

*Beispiel: UN 1736 Benzoylchlorid ist der Kombination von Standardflüssigkeiten „Kohlenwasserstoffgemisch und Netzmittellösung" assimiliert. Benzoylchlorid hat einen Dampfdruck bei 50 °C von 0,34 kPa und eine relative Dichte von ca. 1,2. Häufig wird die Bauartprüfung von Fässern oder Kanistern aus Kunststoff mit dem geringsten geforderten Prüfniveau durchgeführt. Das bedeutet in solchen Fällen praktisch, dass die Stapeldruckprüfungen der betreffenden Verpackungsarten mit jeweiligen Lasten durchgeführt wurden, die der relativen Dichte von 1,0 für das Kohlenwasserstoffgemisch und der relativen Dichte von 1,2 für die Netzmittellösung entsprechen (siehe Definition von Standardflüssigkeiten in Abschnitt 6.1.6). Folglich gilt in einem solchen Fall die chemische Verträglichkeit für Benzoylchlorid für eine in solcher Weise geprüfte Bauart als nicht geprüft, weil das Prüfniveau der betreffenden Bauart für die Standardflüssigkeit Kohlenwasserstoffgemisch für die Assimilierung von Benzoylchlorid nicht ausreichend hoch ist. (Weil in den meisten Fällen der angewandte Prüfdruck der hydraulischen Innendruckprüfung mindestens 100 kPa beträgt, ist der Dampfdruck von Benzoylchlorid durch ein solches Prüfniveau gemäß Unterabschnitt 4.1.1.10 in ausreichender Weise abgedeckt.)*

Alle Bestandteile eines Füllgutes, das eine Lösung, Mischung oder Zubereitung sein kann, wie Netzmittel in Reinigungs- oder Desinfektionsmitteln, unabhängig davon, ob sie gefährliche oder ungefährliche Inhaltsstoffe sind, müssen in das Assimilierungsverfahren einbezogen werden.

**Assimilierungsverfahren** 4.1.1.21.3

Bei der Zuordnung von Füllgütern zu den in der Assimilierungsliste in Tabelle 4.1.1.21.6 aufgeführten Stoffen oder Stoffgruppen müssen die folgenden Schritte eingehalten werden (siehe auch Ablaufschema in Abbildung 4.1.1.21.1):

a) Klassifiziere das Füllgut nach den Verfahren und Kriterien von Teil 2 (Bestimmung der UN-Nummer und der Verpackungsgruppe).

b) Suche, sofern sie dort enthalten ist, die UN-Nummer in Spalte (1) der Tabelle 4.1.1.21.6 auf.

c) Wenn mehr als eine Eintragung für diese UN-Nummer existiert, wähle die Zeile aus, die mit den Angaben der Verpackungsgruppe, der Konzentration, des Flammpunktes, des Vorhandenseins nicht gefährlicher Bestandteile usw. anhand von den in den Spalten (2a), (2b) und (4) gegebenen Informationen zu dieser UN-Nummer übereinstimmt.

   Wenn dies nicht möglich ist, muss die chemische Verträglichkeit gemäß Absatz 6.1.5.2.5 oder 6.1.5.2.7 für Verpackungen bzw. gemäß Absatz 6.5.6.3.3 oder 6.5.6.3.6 für Großpackmittel (IBC) geprüft werden (für wässerige Lösungen siehe jedoch Absatz 4.1.1.21.4).

d) Wenn die nach Buchstabe a) bestimmte UN-Nummer und Verpackungsgruppe des Füllgutes nicht in der Assimilierungsliste enthalten ist, muss die chemische Verträglichkeit bei Verpackungen nach Absatz 6.1.5.2.5 oder 6.1.5.2.7 und bei Großpackmitteln (IBC) nach Absatz 6.5.6.3.3 oder 6.5.6.3.6 nachgewiesen werden.

e) Wenn Spalte (5) der ausgewählten Zeile den Wortlaut „Regel für Sammeleintragungen" enthält, ist weiter nach dieser in Absatz 4.1.1.21.5 beschriebenen Regel zu verfahren.

4.1.1.21.3 (Forts.) f) Die chemische Verträglichkeit des Füllgutes gilt als nachgewiesen, wenn die in den Absätzen 4.1.1.21.1 und 4.1.1.21.2 genannten Vorschriften berücksichtigt wurden, dem namentlich genannten Stoff in Spalte (5) eine Standardflüssigkeit oder eine Kombination von Standardflüssigkeiten assimiliert ist und die Bauart für diese Standardflüssigkeit(en) zugelassen ist.

**Abbildung 4.1.1.21.1: Ablaufschema für die Assimilierung von Füllgütern zu Standardflüssigkeiten**

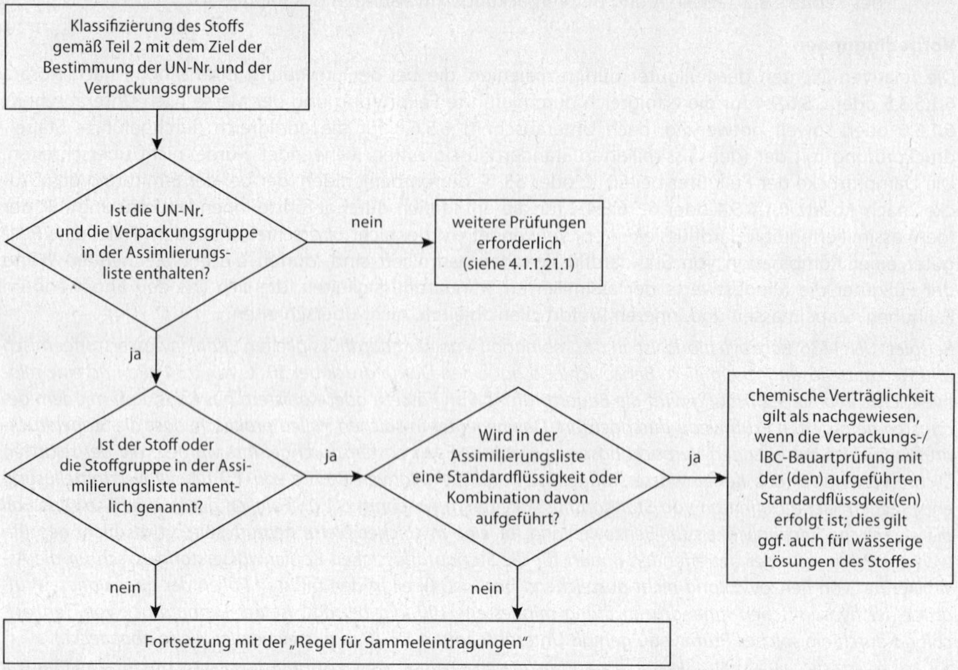


## 4.1.1.21.4 Wässerige Lösungen

Wässerige Lösungen von Stoffen oder Stoffgruppen, die nach Absatz 4.1.1.21.3 einer oder mehreren Standardflüssigkeiten assimiliert sind, können ebenfalls dieser (diesen) Standardflüssigkeit(en) assimiliert werden, wenn folgende Bedingungen eingehalten sind:

a) die wässerige Lösung kann gemäß den Kriterien des Unterabschnitts 2.1.3.3 der gleichen UN-Nummer zugeordnet werden wie der in der Assimilierungsliste aufgeführte Stoff und

b) die wässerige Lösung ist nicht gesondert an anderer Stelle in der Assimilierungsliste in Absatz 4.1.1.21.6 aufgeführt und

c) es findet keine chemische Reaktion zwischen dem gefährlichen Stoff und dem Lösungsmittel Wasser statt.

*Beispiel: Wässerige Lösungen von UN 1120 tert-Butanol:*

- *Reines tert-Butanol selbst ist der Standardflüssigkeit „Essigsäure" in der Assimilierungsliste zugeordnet.*
- *Wässerige Lösungen von tert-Butanol können gemäß Unterabschnitt 2.1.3.3 unter der Eintragung UN 1120 BUTANOLE klassifiziert werden, weil die Eigenschaften der wässerigen Lösungen von tert-Butanol sich von denen des gefährlichen Stoffes bezüglich der Klasse, des physikalischen Zustands oder der Verpackungsgruppe(n) nicht unterscheiden. Darüber hinaus geht aus Angaben unter der Eintragung UN 1120 BUTANOLE nicht besonders hervor, dass sie nur für den reinen oder technisch reinen Stoff gilt; außerdem sind wässerige Lösungen dieses Stoffes nicht in Kapitel 3.2 Tabelle A besonders aufgeführt.*
- *UN 1120 BUTANOLE reagieren unter normalen Beförderungsbedingungen nicht mit Wasser.*

*Folglich kann eine wässerige Lösung von UN 1120 tert-Butanol der Standardflüssigkeit „Essigsäure" assimiliert werden.*

**Regel für Sammeleintragungen** 4.1.1.21.5

Bei der Assimilierung von Füllgütern, bei denen in Spalte (5) der Wortlaut „Regel für Sammeleintragungen" aufgeführt ist, müssen die folgenden Schritte und Bedingungen eingehalten werden (siehe auch Ablaufschema in Abbildung 4.1.1.21.2):

a) Führe das Assimilierungsverfahren für jeden einzelnen gefährlichen Bestandteil der Lösung, Mischung oder Zubereitung nach Absatz 4.1.1.21.3 unter Beachtung der Vorbedingungen des Absatzes 4.1.1.21.2 durch. Bei Gattungseintragungen können dabei diejenigen Bestandteile vernachlässigt werden, von denen bekannt ist, dass sie keine Schädigungswirkung gegenüber hochdichtem Polyethylen haben (z.B. feste Pigmente in UN 1263 FARBE oder FARBZUBEHÖRSTOFFE).

b) Eine Lösung, Mischung oder Zubereitung kann keiner Standardflüssigkeit assimiliert werden, wenn
   (i) die UN-Nummer und Verpackungsgruppe einer oder mehrerer der gefährlichen Bestandteile nicht in der Assimilierungsliste enthalten ist oder
   (ii) in Spalte (5) der Assimilierungsliste der Wortlaut „Regel für Sammeleintragungen" für einen oder mehrere gefährliche Bestandteile angegeben ist oder
   (iii) (mit Ausnahme von UN 2059 NITROCELLULOSE, LÖSUNG, ENTZÜNDBAR) der Klassifizierungscode einer oder mehrerer der gefährlichen Bestandteile von demjenigen der Lösung, Mischung oder Zubereitung abweicht.

c) Wenn alle gefährlichen Bestandteile in der Assimilierungsliste aufgeführt sind und deren Klassifizierungscodes den gleichen Klassifizierungscode wie die Lösung, Mischung oder Zubereitung selbst haben und alle gefährlichen Bestandteile in Spalte (5) der gleichen Standardflüssigkeit bzw. der gleichen Kombination von Standardflüssigkeiten assimiliert sind, gilt die chemische Verträglichkeit der Lösung, Mischung oder Zubereitung als nachgewiesen, wenn die Absätze 4.1.1.21.1 und 4.1.1.21.2 berücksichtigt wurden.

d) Wenn alle gefährlichen Bestandteile in der Assimilierungsliste aufgeführt sind und deren Klassifizierungscodes den gleichen Klassifizierungscode wie die Lösung, Mischung oder Zubereitung selbst haben, aber verschiedene Standardflüssigkeiten in Spalte (5) aufgeführt sind, gilt die chemische Verträglichkeit der Lösung, Mischung oder Zubereitung nur für die nachfolgend aufgeführten Kombinationen von Standardflüssigkeiten als nachgewiesen, wenn die Absätze 4.1.1.21.1 und 4.1.1.21.2 berücksichtigt wurden:
   (i) Wasser/Salpetersäure (55 %), mit Ausnahme von anorganischen Säuren mit dem Klassifizierungscode C1, die der Standardflüssigkeit „Wasser" zugeordnet sind,
   (ii) Wasser/Netzmittellösung,
   (iii) Wasser/Essigsäure,
   (iv) Wasser/Kohlenwasserstoffgemisch,
   (v) Wasser/n-Butylacetat – mit n-Butylacetat gesättigte Netzmittellösung.

e) Im Rahmen dieser Regel gilt die chemische Verträglichkeit für andere Kombinationen von Standardflüssigkeiten als die in Buchstabe d) genannten sowie für die in Buchstabe b) genannten Fälle als nicht nachgewiesen. Die chemische Verträglichkeit ist dann auf anderem Wege zu prüfen (siehe Absatz 4.1.1.21.3 d)).

*Beispiel 1: Mischung aus UN 1940 THIOGLYCOLSÄURE (50 %) und UN 2531 METHACRYLSÄURE, STABILISIERT (50 %); Klassifizierung der Mischung: UN 3265 ÄTZENDER SAURER ORGANISCHER FLÜSSIGER STOFF, N.A.G.*

– *Sowohl die UN-Nummern der Bestandteile als auch die UN-Nummer der Mischung sind in der Assimilierungsliste aufgeführt.*
– *Sowohl die Bestandteile als auch die Mischung haben den gleichen Klassifizierungscode: C3.*
– *UN 1940 THIOGLYCOLSÄURE ist der Standardflüssigkeit „Essigsäure" und UN 2531 METHACRYLSÄURE, STABILISIERT ist der Standardflüssigkeit „n-Butylacetat – mit n-Butylacetat gesättigte Netzmittellösung" assimiliert. Nach Buchstabe d) ist dies keine erlaubte Kombination von Standardflüssigkeiten. Die chemische Verträglichkeit der Mischung muss deshalb auf anderem Wege nachgewiesen werden.*

*Beispiel 2: Mischung aus UN 1793 ISOPROPYLPHOSPHAT (50 %) und UN 1803 PHENOLSULFONSÄURE, FLÜSSIG (50 %); Klassifizierung der Mischung als UN 3265 ÄTZENDER SAURER ORGANISCHER FLÜSSIGER STOFF, N.A.G.*

– *Sowohl die UN-Nummern der Bestandteile als auch die UN-Nummer der Mischung sind in der Assimilierungsliste aufgeführt.*

**4.1.1.21.5** (Forts.)

– *Sowohl die Bestandteile als auch die Mischung haben den gleichen Klassifizierungscode: C3.*

– *UN 1793 ISOPROPYLPHOSPHAT ist der Standardflüssigkeit „Netzmittellösung" und UN 1803 PHENOLSULFONSÄURE, FLÜSSIG der Standardflüssigkeit „Wasser" assimiliert. Nach Buchstabe d) ist dies eine der erlaubten Kombinationen von Standardflüssigkeiten. Folglich gilt die chemische Verträglichkeit für diese Mischung als nachgewiesen, wenn die Verpackungsbauart für die Standardflüssigkeiten „Netzmittellösung" und „Wasser" zugelassen ist.*

**Abbildung 4.1.1.21.2: Ablaufschema für die „Regel für Sammeleintragungen"**

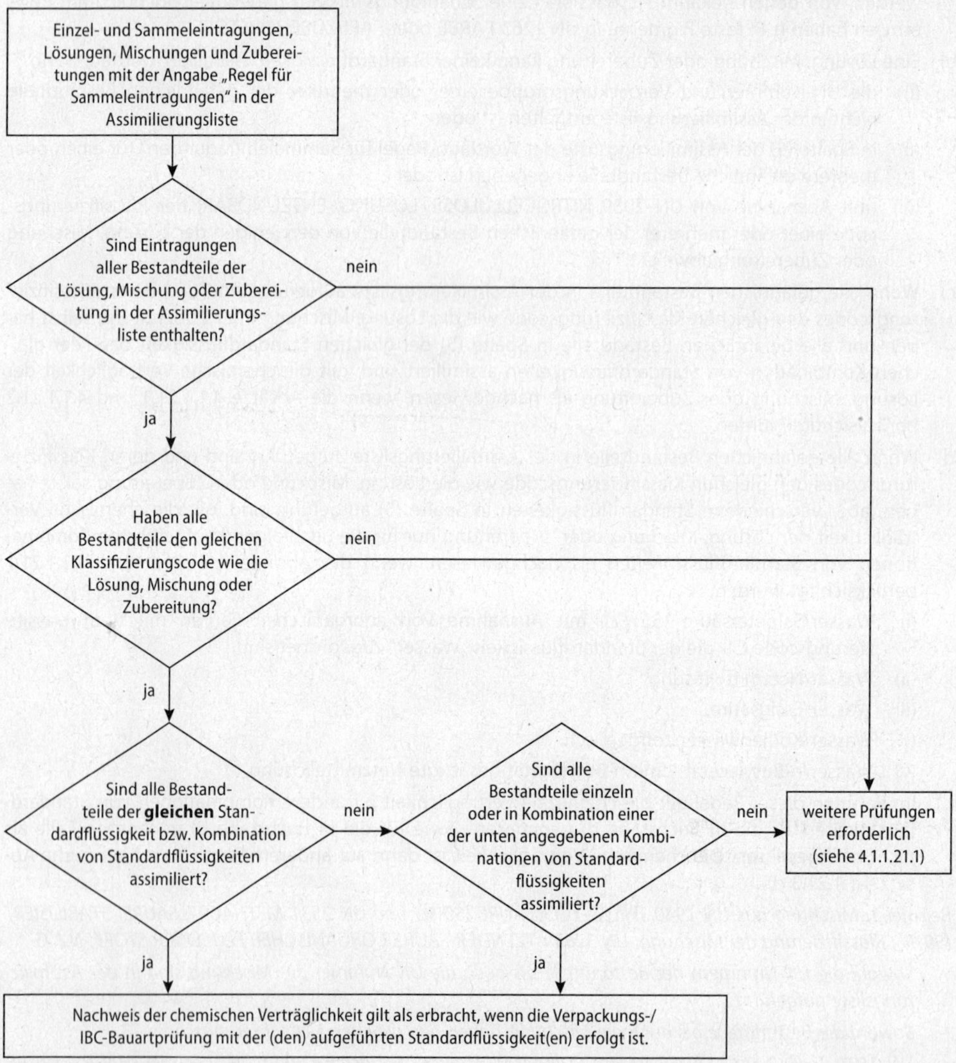


Zulässige Kombinationen von Standardflüssigkeiten:

- Wasser/Salpetersäure 55 %, mit Ausnahme von anorganischen Säuren mit dem Klassifizierungscode C1, die der Standardflüssigkeit „Wasser" zugeordnet sind
- Wasser/Netzmittellösung
- Wasser/Essigsäure
- Wasser/Kohlenwasserstoffgemisch
- Wasser/n-Butylacetat – mit n-Butylacetat gesättigte Netzmittellösung

**Assimilierungsliste** **4.1.1.21.6**

*→ D: BAM-GGR 004 Anhang 1*

In der folgenden Tabelle (Assimilierungsliste) sind die gefährlichen Stoffe in UN-numerischer Ordnung aufgeführt. In der Regel behandelt jede Zeile einen Stoff bzw. eine Einzel- oder Sammeleintragung, der/die einer bestimmten UN-Nummer zugeordnet ist. Jedoch können mehrere aufeinander folgende Zeilen für dieselbe UN-Nummer verwendet werden, wenn Stoffe, die zur selben UN-Nummer gehören, unterschiedliche Stoffnamen (z.B. einzelne Isomere einer Stoffgruppe), unterschiedliche chemische Eigenschaften, physikalische Eigenschaften und/oder Beförderungsvorschriften haben. In diesen Fällen ist die Einzeleintragung oder Sammeleintragung innerhalb der jeweiligen Verpackungsgruppe als letzte dieser Folge von Zeilen aufgeführt.

Die Spalten (1) bis (4) der Tabelle 4.1.1.21.6, die ähnlich wie die Tabelle A des Kapitels 3.2 aufgebaut ist, werden zur Identifizierung des Stoffes für die Zwecke dieses Unterabschnitts genutzt. Die letzte Spalte bezeichnet die Standardflüssigkeit(en), zu der (denen) der Stoff assimiliert werden kann.

Erläuterungen zu den einzelnen Spalten:

**Spalte (1)** **UN-Nr.**

Diese Spalte enthält die UN-Nummer

- des gefährlichen Stoffs, wenn dem Stoff eine eigene spezifische UN-Nummer zugeordnet ist, oder
- der Sammeleintragung, welcher die nicht namentlich genannten Stoffe gemäß den Kriterien des Teils 2 („Entscheidungsbäume") zugeordnet wurden.

**Spalte (2a)** **offizielle Benennung für die Beförderung oder technische Benennung**

Diese Spalte enthält die Benennung des Stoffes bzw. die Benennung der Einzeleintragung, die verschiedene Isomere abdecken kann, oder die Benennung der Sammeleintragung selbst.

Die angegebene Benennung kann von der offiziellen Benennung für die Beförderung abweichen.

**Spalte (2b)** **Beschreibung**

Diese Spalte enthält einen beschreibenden Text zur Erläuterung des Anwendungsbereichs der Eintragung für den Fall, dass die Klassifizierung, die Beförderungsbedingungen und/oder die chemische Verträglichkeit des Stoffes unterschiedlich sind.

**Spalte (3a)** **Klasse**

Diese Spalte enthält die Nummer der Klasse, unter deren Begriff der gefährliche Stoff fällt. Diese Nummer der Klasse wird nach den Verfahren und Kriterien des Teils 2 zugeordnet.

**Spalte (3b)** **Klassifizierungscode**

Diese Spalte enthält den Klassifizierungscode des gefährlichen Stoffes entsprechend den Verfahren und Kriterien des Teils 2.

**Spalte (4)** **Verpackungsgruppe**

Diese Spalte enthält die Nummer der Verpackungsgruppe(n) (I, II oder III), die dem gefährlichen Stoff gemäß den Verfahren und Kriterien des Teils 2 zugeordnet ist (sind). Bestimmte Stoffe sind keiner Verpackungsgruppe zugeordnet.

**Spalte (5)** **Standardflüssigkeit**

Diese Spalte enthält entweder eine Standardflüssigkeit oder eine Kombination von Standardflüssigkeiten, die dem Stoff assimiliert werden kann, oder verweist auf die „Regel für Sammeleintragungen" nach Absatz 4.1.1.21.5.

4.1.1.21.6 (Forts.) **Tabelle 4.1.1.21.6: Assimilierungsliste**

| UN-Nr. | offizielle Benennung für die Beförderung oder technische Benennung | Beschreibung | Klasse | Klassifizierungscode | Verpackungsgruppe | Standardflüssigkeit |
|---|---|---|---|---|---|---|
| | 3.1.2 | 3.1.2 | 2.2 | 2.2 | 2.1.1.3 | |
| (1) | (2a) | (2b) | (3a) | (3b) | (4) | (5) |
| 1090 | **Aceton** | | 3 | F1 | II | Kohlenwasserstoffgemisch<br>**Bem.** nur dann anwendbar, wenn nachgewiesen ist, dass die Permeation des Stoffes aus dem vorgesehenen Versandstück ein annehmbares Niveau hat |
| 1093 | **Acrylnitril, stabilisiert** | | 3 | FT1 | I | n-Butylacetat/<br>mit n-Butylacetat gesättigte Netzmittellösung |
| 1104 | **Amylacetate** | reine Isomere und Isomerengemisch | 3 | F1 | III | n-Butylacetat/<br>mit n-Butylacetat gesättigte Netzmittellösung |
| 1105 | **Pentanole** | reine Isomere und Isomerengemisch | 3 | F1 | II/III | n-Butylacetat/<br>mit n-Butylacetat gesättigte Netzmittellösung |
| 1106 | **Amylamine** | reine Isomere und Isomerengemisch | 3 | FC | II/III | Kohlenwasserstoffgemisch<br>**und**<br>Netzmittellösung |
| 1109 | **Amylformiate** | reine Isomere und Isomerengemisch | 3 | F1 | III | n-Butylacetat/<br>mit n-Butylacetat gesättigte Netzmittellösung |
| 1120 | **Butanole** | reine Isomere und Isomerengemisch | 3 | F1 | II/III | Essigsäure |
| 1123 | **Butylacetate** | reine Isomere und Isomerengemisch | 3 | F1 | II/III | n-Butylacetat/<br>mit n-Butylacetat gesättigte Netzmittellösung |
| 1125 | **n-Butylamin** | | 3 | FC | II | Kohlenwasserstoffgemisch<br>**und**<br>Netzmittellösung |
| 1128 | **n-Butylformiat** | | 3 | F1 | II | n-Butylacetat/<br>mit n-Butylacetat gesättigte Netzmittellösung |
| 1129 | **Butyraldehyd** | | 3 | F1 | II | Kohlenwasserstoffgemisch |
| 1133 | **Klebstoffe** | mit entzündbarem flüssigem Stoff | 3 | F1 | I/II/III | Regel für Sammeleintragungen |
| 1139 | **Schutzanstrichlösung** | (einschließlich zu Industrie- oder anderen Zwecken verwendete Oberflächenbehandlungen oder Beschichtungen, wie Zwischenbeschichtung für Fahrzeugkarosserien, Auskleidung für Fässer) | 3 | F1 | I/II/III | Regel für Sammeleintragungen |
| 1145 | **Cyclohexan** | | 3 | F1 | II | Kohlenwasserstoffgemisch |
| 1146 | **Cyclopentan** | | 3 | F1 | II | Kohlenwasserstoffgemisch |
| 1153 | **Ethylenglycoldiethylether** | | 3 | F1 | III | n-Butylacetat/<br>mit n-Butylacetat gesättigte Netzmittellösung<br>**und**<br>Kohlenwasserstoffgemisch |

**4.1.1.21.6** (Forts.)

| UN-Nr. | **offizielle Benennung für die Beförderung** oder technische Benennung | Beschreibung | Klasse | Klassifizierungscode | Verpackungsgruppe | Standardflüssigkeit |
|---|---|---|---|---|---|---|
| | 3.1.2 | 3.1.2 | 2.2 | 2.2 | 2.1.1.3 | |
| (1) | (2a) | (2b) | (3a) | (3b) | (4) | (5) |
| 1154 | **Diethylamin** | | 3 | FC | II | Kohlenwasserstoffgemisch **und** Netzmittellösung |
| 1158 | **Diisopropylamin** | | 3 | FC | II | Kohlenwasserstoffgemisch **und** Netzmittellösung |
| 1160 | **Dimethylamin, wässerige Lösung** | | 3 | FC | II | Kohlenwasserstoffgemisch **und** Netzmittellösung |
| 1165 | **Dioxan** | | 3 | F1 | II | Kohlenwasserstoffgemisch |
| 1170 | **Ethanol (Ethylalkohol)** oder **Ethanol, Lösung (Ethylalkohol, Lösung)** | wässerige Lösung | 3 | F1 | II/III | Essigsäure |
| 1171 | **Ethylenglycolmonoethylether** | | 3 | F1 | III | n-Butylacetat/ mit n-Butylacetat gesättigte Netzmittellösung **und** Kohlenwasserstoffgemisch |
| 1172 | **Ethylenglycolmonoethyletheracetat** | | 3 | F1 | III | n-Butylacetat/ mit n-Butylacetat gesättigte Netzmittellösung **und** Kohlenwasserstoffgemisch |
| 1173 | **Ethylacetat** | | 3 | F1 | II | n-Butylacetat/ mit n-Butylacetat gesättigte Netzmittellösung |
| 1177 | **2-Ethylbutylacetat** | | 3 | F1 | III | n-Butylacetat/ mit n-Butylacetat gesättigte Netzmittellösung |
| 1178 | **2-Ethylbutyraldehyd** | | 3 | F1 | II | Kohlenwasserstoffgemisch |
| 1180 | **Ethylbutyrat** | | 3 | F1 | III | n-Butylacetat/ mit n-Butylacetat gesättigte Netzmittellösung |
| 1188 | **Ethylenglycolmonomethylether** | | 3 | F1 | III | n-Butylacetat/ mit n-Butylacetat gesättigte Netzmittellösung **und** Kohlenwasserstoffgemisch |
| 1189 | **Ethylenglycolmonomethyletheracetat** | | 3 | F1 | III | n-Butylacetat/ mit n-Butylacetat gesättigte Netzmittellösung **und** Kohlenwasserstoffgemisch |
| 1190 | **Ethylformiat** | | 3 | F1 | II | n-Butylacetat/ mit n-Butylacetat gesättigte Netzmittellösung |
| 1191 | **Octylaldehyde** | reine Isomere und Isomerengemisch | 3 | F1 | III | Kohlenwasserstoffgemisch |
| 1192 | **Ethyllactat** | | 3 | F1 | III | n-Butylacetat/ mit n-Butylacetat gesättigte Netzmittellösung |

**4.1.1.21.6** (Forts.)

| UN-Nr. | offizielle Benennung für die Beförderung oder technische Benennung | Beschreibung | Klasse | Klassifizierungscode | Verpackungsgruppe | Standardflüssigkeit |
|---|---|---|---|---|---|---|
| | 3.1.2 | 3.1.2 | 2.2 | 2.2 | 2.1.1.3 | |
| (1) | (2a) | (2b) | (3a) | (3b) | (4) | (5) |
| 1195 | **Ethylpropionat** | | 3 | F1 | II | n-Butylacetat/ mit n-Butylacetat gesättigte Netzmittellösung |
| 1197 | **Extrakte, flüssig,** für Geschmack oder Aroma | | 3 | F1 | II/III | Regel für Sammeleintragungen |
| 1198 | **Formaldehydlösung, entzündbar** | wässerige Lösung, Flammpunkt von 23 °C bis 60 °C | 3 | FC | III | Essigsäure |
| 1202 | **Dieselkraftstoff** | der Norm EN 590:2013 + A1:2017 entsprechend oder mit einem Flammpunkt von höchstens 100 °C | 3 | F1 | III | Kohlenwasserstoffgemisch |
| 1202 | **Gasöl** | Flammpunkt von höchstens 100 °C | 3 | F1 | III | Kohlenwasserstoffgemisch |
| 1202 | **Heizöl, leicht** | extra leicht | 3 | F1 | III | Kohlenwasserstoffgemisch |
| 1202 | **Heizöl, leicht** | der Norm EN 590:2013 + A1:2017 entsprechend oder mit einem Flammpunkt von höchstens 100 °C | 3 | F1 | III | Kohlenwasserstoffgemisch |
| 1203 | **Benzin** oder **Ottokraftstoff** | | 3 | F1 | II | Kohlenwasserstoffgemisch |
| 1206 | **Heptane** | reine Isomere und Isomerengemisch | 3 | F1 | II | Kohlenwasserstoffgemisch |
| 1207 | **Hexaldehyd** | n-Hexaldehyd | 3 | F1 | III | Kohlenwasserstoffgemisch |
| 1208 | **Hexane** | reine Isomere und Isomerengemisch | 3 | F1 | II | Kohlenwasserstoffgemisch |
| 1210 | **Druckfarbe** oder **Druckfarbzubehörstoffe** | entzündbar, einschließlich Druckfarbverdünnung und -lösemittel | 3 | F1 | I/II/III | Regel für Sammeleintragungen |
| 1212 | **Isobutanol (Isobutylalkohol)** | | 3 | F1 | III | Essigsäure |
| 1213 | **Isobutylacetat** | | 3 | F1 | II | n-Butylacetat/ mit n-Butylacetat gesättigte Netzmittellösung |
| 1214 | **Isobutylamin** | | 3 | FC | II | Kohlenwasserstoffgemisch **und** Netzmittellösung |
| 1216 | **Isooctene** | reine Isomere und Isomerengemisch | 3 | F1 | II | Kohlenwasserstoffgemisch |
| 1219 | **Isopropanol (Isopropylalkohol)** | | 3 | F1 | II | Essigsäure |
| 1220 | **Isopropylacetat** | | 3 | F1 | II | n-Butylacetat/ mit n-Butylacetat gesättigte Netzmittellösung |
| 1221 | **Isopropylamin** | | 3 | FC | I | Kohlenwasserstoffgemisch **und** Netzmittellösung |
| 1223 | **Kerosin** | | 3 | F1 | III | Kohlenwasserstoffgemisch |
| 1224 | 3,3-Dimethyl-2-butanon | | 3 | F1 | II | Kohlenwasserstoffgemisch |
| 1224 | **Ketone, flüssig, n.a.g.** | | 3 | F1 | II/III | Regel für Sammeleintragungen |

4.1.1.21.6 (Forts.)

| UN-Nr. | offizielle Benennung für die Beförderung oder technische Benennung | Beschreibung | Klasse | Klassifizierungscode | Verpackungsgruppe | Standardflüssigkeit |
|---|---|---|---|---|---|---|
| | 3.1.2 | 3.1.2 | 2.2 | 2.2 | 2.1.1.3 | |
| (1) | (2a) | (2b) | (3a) | (3b) | (4) | (5) |
| 1230 | **Methanol** | | 3 | FT1 | II | Essigsäure |
| 1231 | **Methylacetat** | | 3 | F1 | II | n-Butylacetat/ mit n-Butylacetat gesättigte Netzmittellösung |
| 1233 | **Methylamylacetat** | | 3 | F1 | III | n-Butylacetat/ mit n-Butylacetat gesättigte Netzmittellösung |
| 1235 | **Methylamin, wässerige Lösung** | | 3 | FC | II | Kohlenwasserstoffgemisch **und** Netzmittellösung |
| 1237 | **Methylbutyrat** | | 3 | F1 | II | n-Butylacetat/ mit n-Butylacetat gesättigte Netzmittellösung |
| 1247 | **Methylmethacrylat, monomer, stabilisiert** | | 3 | F1 | II | n-Butylacetat/ mit n-Butylacetat gesättigte Netzmittellösung |
| 1248 | **Methylpropionat** | | 3 | F1 | II | n-Butylacetat/ mit n-Butylacetat gesättigte Netzmittellösung |
| 1262 | **Octane** | reine Isomere und Isomerengemisch | 3 | F1 | II | Kohlenwasserstoffgemisch |
| 1263 | **Farbe** oder **Farbzubehörstoffe** | einschließlich Farbe, Lack, Emaille, Beize, Schellack, Firnis, Politur, flüssiger Füllstoff und flüssige Lackgrundlage oder einschließlich Farbverdünnung und -lösemittel | 3 | F1 | I/II/III | Regel für Sammeleintragungen |
| 1265 | **Pentane** | n-Pentan | 3 | F1 | II | Kohlenwasserstoffgemisch |
| 1266 | **Parfümerieerzeugnisse** | mit entzündbaren Lösungsmitteln | 3 | F1 | II/III | Regel für Sammeleintragungen |
| 1268 | Steinkohlenteernaphtha | Dampfdruck bei 50 °C höchstens 110 kPa | 3 | F1 | II | Kohlenwasserstoffgemisch |
| 1268 | **Erdöldestillate, n.a.g.** oder **Erdölprodukte, n.a.g.** | | 3 | F1 | I/II/III | Regel für Sammeleintragungen |
| 1274 | **n-Propanol (n-Propylalkohol)** | | 3 | F1 | II/III | Essigsäure |
| 1275 | **Propionaldehyd** | | 3 | F1 | II | Kohlenwasserstoffgemisch |
| 1276 | **n-Propylacetat** | | 3 | F1 | II | n-Butylacetat/ mit n-Butylacetat gesättigte Netzmittellösung |
| 1277 | **Propylamin** | n-Propylamin | 3 | FC | II | Kohlenwasserstoffgemisch **und** Netzmittellösung |
| 1281 | **Propylformiate** | reine Isomere und Isomerengemisch | 3 | F1 | II | n-Butylacetat/ mit n-Butylacetat gesättigte Netzmittellösung |
| 1282 | **Pyridin** | | 3 | F1 | II | Kohlenwasserstoffgemisch |
| 1286 | **Harzöl** | | 3 | F1 | II/III | Regel für Sammeleintragungen |
| 1287 | **Gummilösung** | | 3 | F1 | II/III | Regel für Sammeleintragungen |

4.1.1.21.6 (Forts.)

| UN-Nr. | offizielle Benennung für die Beförderung oder technische Benennung | Beschreibung | Klasse | Klassifizierungscode | Verpackungsgruppe | Standardflüssigkeit |
|---|---|---|---|---|---|---|
| | 3.1.2 | 3.1.2 | 2.2 | 2.2 | 2.1.1.3 | |
| (1) | (2a) | (2b) | (3a) | (3b) | (4) | (5) |
| 1296 | **Triethylamin** | | 3 | FC | II | Kohlenwasserstoffgemisch **und** Netzmittellösung |
| 1297 | **Trimethylamin, wässerige Lösung** | mit höchstens 50 Masse-% Trimethylamin | 3 | FC | I/II/III | Kohlenwasserstoffgemisch **und** Netzmittellösung |
| 1301 | **Vinylacetat, stabilisiert** | | 3 | F1 | II | n-Butylacetat/ mit n-Butylacetat gesättigte Netzmittellösung |
| 1306 | **Holzschutzmittel, flüssig** | | 3 | F1 | II/III | Regel für Sammeleintragungen |
| 1547 | **Anilin** | | 6.1 | T1 | II | Essigsäure |
| 1590 | **Dichloraniline, flüssig** | reine Isomere und Isomerengemisch | 6.1 | T1 | II | Essigsäure |
| 1602 | **Farbstoff, flüssig, giftig, n.a.g.** oder **Farbstoffzwischenprodukt, flüssig, giftig, n.a.g.** | | 6.1 | T1 | I/II/III | Regel für Sammeleintragungen |
| 1604 | **Ethylendiamin** | | 8 | CF1 | II | Kohlenwasserstoffgemisch **und** Netzmittellösung |
| 1715 | **Essigsäureanhydrid** | | 8 | CF1 | II | Essigsäure |
| 1717 | **Acetylchlorid** | | 3 | FC | II | n-Butylacetat/ mit n-Butylacetat gesättigte Netzmittellösung |
| 1718 | **Butylphosphat** | | 8 | C3 | III | Netzmittellösung |
| 1719 | Hydrogensulfid | wässerige Lösung | 8 | C5 | III | Essigsäure |
| 1719 | **Ätzender alkalischer flüssiger Stoff, n.a.g.** | anorganisch | 8 | C5 | II/III | Regel für Sammeleintragungen |
| 1730 | **Antimonpentachlorid, flüssig** | rein | 8 | C1 | II | Wasser |
| 1736 | **Benzoylchlorid** | | 8 | C3 | II | Kohlenwasserstoffgemisch **und** Netzmittellösung |
| 1750 | **Chloressigsäure, Lösung** | wässerige Lösung | 6.1 | TC1 | II | Essigsäure |
| 1750 | **Chloressigsäure, Lösung** | Mischungen von Mono- und Dichloressigsäure | 6.1 | TC1 | II | Essigsäure |
| 1752 | **Chloracetylchlorid** | | 6.1 | TC1 | I | n-Butylacetat/ mit n-Butylacetat gesättigte Netzmittellösung |
| 1755 | **Chromsäure, Lösung** | wässerige Lösung mit höchstens 30 % Chromsäure | 8 | C1 | II/III | Salpetersäure |
| 1760 | Cyanamid | wässerige Lösung mit höchstens 50 % Cyanamid | 8 | C9 | II | Wasser |
| 1760 | O,O-Diethyldithiophosphorsäure | | 8 | C9 | II | n-Butylacetat/ mit n-Butylacetat gesättigte Netzmittellösung |

4.1.1.21.6 (Forts.)

| UN-Nr. | offizielle Benennung für die Beförderung oder technische Benennung | Beschreibung | Klasse | Klassifizierungscode | Verpackungsgruppe | Standardflüssigkeit |
|---|---|---|---|---|---|---|
| | 3.1.2 | 3.1.2 | 2.2 | 2.2 | 2.1.1.3 | |
| (1) | (2a) | (2b) | (3a) | (3b) | (4) | (5) |
| 1760 | O,O-Diisopropyldithiophosphorsäure | | 8 | C9 | II | n-Butylacetat/ mit n-Butylacetat gesättigte Netzmittellösung |
| 1760 | O,O-Di-n-propyldithiophosphorsäure | | 8 | C9 | II | n-Butylacetat/ mit n-Butylacetat gesättigte Netzmittellösung |
| 1760 | **Ätzender flüssiger Stoff, n.a.g.** | Flammpunkt über 60 °C | 8 | C9 | I/II/III | Regel für Sammeleintragungen |
| 1761 | **Kupferethylendiamin, Lösung** | wässerige Lösung | 8 | CT1 | II/III | Kohlenwasserstoffgemisch **und** Netzmittellösung |
| 1764 | **Dichloressigsäure** | | 8 | C3 | II | Essigsäure |
| 1775 | **Fluorborsäure** | wässerige Lösung mit höchstens 50 % Fluorborsäure | 8 | C1 | II | Wasser |
| 1778 | **Fluorkieselsäure** | | 8 | C1 | II | Wasser |
| 1779 | **Ameisensäure** | mit mehr als 85 Masse-% Säure | 8 | CF1 | II | Essigsäure |
| 1783 | **Hexamethylendiamin, Lösung** | wässerige Lösung | 8 | C7 | II/III | Kohlenwasserstoffgemisch **und** Netzmittellösung |
| 1787 | **Iodwasserstoffsäure** | wässerige Lösung | 8 | C1 | II/III | Wasser |
| 1788 | **Bromwasserstoffsäure** | wässerige Lösung | 8 | C1 | II/III | Wasser |
| 1789 | **Chlorwasserstoffsäure** | höchstens 38 %ige wässerige Lösung | 8 | C1 | II/III | Wasser |
| 1790 | **Fluorwasserstoffsäure** | mit höchstens 60 % Fluorwasserstoff | 8 | CT1 | II | Wasser Verwendungsdauer: höchstens 2 Jahre |
| 1791 | **Hypochloritlösung** | wässerige Lösung, handelsüblich mit Netzmitteln | 8 | C9 | II/III | Salpetersäure **und** Netzmittellösung*) |
| 1791 | **Hypochloritlösung** | wässerige Lösung | 8 | C9 | II/III | Salpetersäure*) |
| *) Für UN 1791: Prüfung nur mit Lüftungseinrichtung. Bei der Prüfung mit der Standardflüssigkeit Salpetersäure müssen eine säurebeständige Lüftungseinrichtung und eine säurebeständige Dichtung eingesetzt werden. Wenn mit Hypochloritlösungen selbst geprüft wird, sind auch Lüftungseinrichtungen und Dichtungen der gleichen Bauart zulässig, die gegen Hypochlorit beständig sind (z.B. Siliconkautschuk), nicht aber gegen Salpetersäure. | | | | | | |
| 1793 | **Isopropylphosphat** | | 8 | C3 | III | Netzmittellösung |
| 1802 | **Perchlorsäure** | wässerige Lösung mit höchstens 50 Masse-% Säure | 8 | CO1 | II | Wasser |
| 1803 | **Phenolsulphonsäure, flüssig** | Isomerengemisch | 8 | C3 | II | Wasser |
| 1805 | **Phosphorsäure, Lösung** | | 8 | C1 | III | Wasser |
| 1814 | **Kaliumhydroxidlösung** | wässerige Lösung | 8 | C5 | II/III | Wasser |
| 1824 | **Natriumhydroxidlösung** | wässerige Lösung | 8 | C5 | II/III | Wasser |
| 1830 | **Schwefelsäure** | mit mehr als 51 % Säure | 8 | C1 | II | Wasser |
| 1832 | **Schwefelsäure, gebraucht** | chemisch stabil | 8 | C1 | II | Wasser |
| 1833 | **Schwefelige Säure** | | 8 | C1 | II | Wasser |

4.1.1.21.6 (Forts.)

| UN-Nr. | offizielle Benennung für die Beförderung oder technische Benennung | Beschreibung | Klasse | Klassifizierungscode | Verpackungsgruppe | Standardflüssigkeit |
|---|---|---|---|---|---|---|
| | 3.1.2 | 3.1.2 | 2.2 | 2.2 | 2.1.1.3 | |
| (1) | (2a) | (2b) | (3a) | (3b) | (4) | (5) |
| 1835 | **Tetramethylammoniumhydroxid, Lösung** | wässerige Lösung, Flammpunkt über 60 °C | 8 | C7 | II | Wasser |
| 1840 | **Zinkchlorid, Lösung** | wässerige Lösung | 8 | C1 | III | Wasser |
| 1848 | **Propionsäure** | mit mindestens 10 % und weniger als 90 Masse-% Säure | 8 | C3 | III | n-Butylacetat/ mit n-Butylacetat gesättigte Netzmittellösung |
| 1862 | **Ethylcrotonat** | | 3 | F1 | II | n-Butylacetat/ mit n-Butylacetat gesättigte Netzmittellösung |
| 1863 | **Düsenkraftstoff** | | 3 | F1 | I/II/III | Kohlenwasserstoffgemisch |
| 1866 | **Harzlösung** | entzündbar | 3 | F1 | I/II/III | Regel für Sammeleintragungen |
| 1902 | **Diisooctylphosphat** | | 8 | C3 | III | Netzmittellösung |
| 1906 | **Abfallschwefelsäure** | | 8 | C1 | II | Salpetersäure |
| 1908 | **Chloritlösung** | wässerige Lösung | 8 | C9 | II/III | Essigsäure |
| 1914 | **Butylpropionate** | | 3 | F1 | III | n-Butylacetat/ mit n-Butylacetat gesättigte Netzmittellösung |
| 1915 | **Cyclohexanon** | | 3 | F1 | III | Kohlenwasserstoffgemisch |
| 1917 | **Ethylacrylat, stabilisiert** | | 3 | F1 | II | n-Butylacetat/ mit n-Butylacetat gesättigte Netzmittellösung |
| 1919 | **Methylacrylat, stabilisiert** | | 3 | F1 | II | n-Butylacetat/ mit n-Butylacetat gesättigte Netzmittellösung |
| 1920 | **Nonane** | reine Isomere und Isomerengemisch, Flammpunkt von 23 °C bis 60 °C | 3 | F1 | III | Kohlenwasserstoffgemisch |
| 1935 | **Cyanid, Lösung, n.a.g.** | anorganisch | 6.1 | T4 | I/II/III | Wasser |
| 1940 | **Thioglycolsäure** | | 8 | C3 | II | Essigsäure |
| 1986 | **Alkohole, entzündbar, giftig, n.a.g.** | | 3 | FT1 | I/II/III | Regel für Sammeleintragungen |
| 1987 | Cyclohexanol | technisch rein | 3 | F1 | III | Essigsäure |
| 1987 | **Alkohole, n.a.g.** | | 3 | F1 | II/III | Regel für Sammeleintragungen |
| 1988 | **Aldehyde, entzündbar, giftig, n.a.g.** | | 3 | FT1 | I/II/III | Regel für Sammeleintragungen |
| 1989 | **Aldehyde, n.a.g.** | | 3 | F1 | I/II/III | Regel für Sammeleintragungen |
| 1992 | 2,6-cis-Dimethylmorpholin | | 3 | FT1 | III | Kohlenwasserstoffgemisch |
| 1992 | **Entzündbarer flüssiger Stoff, giftig, n.a.g.** | | 3 | FT1 | I/II/III | Regel für Sammeleintragungen |
| 1993 | Propionsäurevinylester | | 3 | F1 | II | n-Butylacetat/ mit n-Butylacetat gesättigte Netzmittellösung |
| 1993 | (1-Methoxy-2-propyl)-acetat | | 3 | F1 | III | n-Butylacetat/ mit n-Butylacetat gesättigte Netzmittellösung |
| 1993 | **Entzündbarer flüssiger Stoff, n.a.g.** | | 3 | F1 | I/II/III | Regel für Sammeleintragungen |

4.1.1.21.6 (Forts.)

| UN-Nr. | offizielle Benennung für die Beförderung oder technische Benennung | Beschreibung | Klasse | Klassifizierungscode | Verpackungsgruppe | Standardflüssigkeit |
|---|---|---|---|---|---|---|
| | 3.1.2 | 3.1.2 | 2.2 | 2.2 | 2.1.1.3 | |
| (1) | (2a) | (2b) | (3a) | (3b) | (4) | (5) |
| 2014 | **Wasserstoffperoxid, wässerige Lösung** | mit mindestens 20 %, aber höchstens 60 % Wasserstoffperoxid, Stabilisierung nach Bedarf | 5.1 | OC1 | II | Salpetersäure |
| 2022 | **Cresylsäure** | flüssiges Gemisch aus Cresolen, Xylenolen und Methylphenolen | 6.1 | TC1 | II | Essigsäure |
| 2030 | **Hydrazin, wässerige Lösung** | mit mindestens 37 Masse-%, aber höchstens 64 Masse-% Hydrazin | 8 | CT1 | II | Wasser |
| 2030 | Hydrazinhydrat | wässerige Lösung mit 64 Masse-% Hydrazin | 8 | CT1 | II | Wasser |
| 2031 | **Salpetersäure** | andere als rotrauchende mit höchstens 55 % Säure | 8 | CO1 | II | Salpetersäure |
| 2045 | **Isobutyraldehyd (Isobutylaldehyd)** | | 3 | F1 | II | Kohlenwasserstoffgemisch |
| 2050 | **Diisobutylen, isomere Verbindungen** | | 3 | F1 | II | Kohlenwasserstoffgemisch |
| 2053 | **Methylisobutylcarbinol** | | 3 | F1 | III | Essigsäure |
| 2054 | **Morpholin** | | 8 | CF1 | I | Kohlenwasserstoffgemisch |
| 2057 | **Tripropylen** | | 3 | F1 | II/III | Kohlenwasserstoffgemisch |
| 2058 | **Valeraldehyd** | reine Isomere und Isomerengemisch | 3 | F1 | II | Kohlenwasserstoffgemisch |
| 2059 | **Nitrocellulose, Lösung, entzündbar** | | 3 | D | I/II/III | Regel für Sammeleintragungen: Abweichend vom normalen Verfahren darf diese Regel auf alle Lösungsmittel des Klassifizierungscodes F1 angewandt werden. |
| 2075 | **Chloral, wasserfrei, stabilisiert** | | 6.1 | T1 | II | Netzmittellösung |
| 2076 | **Cresole, flüssig** | reine Isomere und Isomerengemisch | 6.1 | TC1 | II | Essigsäure |
| 2078 | **Toluendiisocyanat** | flüssig | 6.1 | T1 | II | n-Butylacetat/ mit n-Butylacetat gesättigte Netzmittellösung |
| 2079 | **Diethylentriamin** | | 8 | C7 | II | Kohlenwasserstoffgemisch |
| 2209 | **Formaldehydlösung** | wässerige Lösung mit 37 % Formaldehyd, Methanolgehalt 8 bis 10 % | 8 | C9 | III | Essigsäure |
| 2209 | **Formaldehydlösung** | wässerige Lösung mit mindestens 25 % Formaldehyd | 8 | C9 | III | Wasser |
| 2218 | **Acrylsäure, stabilisiert** | | 8 | CF1 | II | n-Butylacetat/ mit n-Butylacetat gesättigte Netzmittellösung |

**4.1.1.21.6** (Forts.)

| UN-Nr. | offizielle Benennung für die Beförderung oder technische Benennung | Beschreibung | Klasse | Klassifizierungscode | Verpackungsgruppe | Standardflüssigkeit |
|---|---|---|---|---|---|---|
| | 3.1.2 | 3.1.2 | 2.2 | 2.2 | 2.1.1.3 | |
| (1) | (2a) | (2b) | (3a) | (3b) | (4) | (5) |
| 2227 | **n-Butylmethacrylat, stabilisiert** | | 3 | F1 | III | n-Butylacetat/ mit n-Butylacetat gesättigte Netzmittellösung |
| 2235 | **Chlorbenzylchloride, flüssig** | para-Chlorbenzylchlorid | 6.1 | T2 | III | Kohlenwasserstoffgemisch |
| 2241 | **Cycloheptan** | | 3 | F1 | II | Kohlenwasserstoffgemisch |
| 2242 | **Cyclohepten** | | 3 | F1 | II | Kohlenwasserstoffgemisch |
| 2243 | **Cyclohexylacetat** | | 3 | F1 | III | n-Butylacetat/ mit n-Butylacetat gesättigte Netzmittellösung |
| 2244 | **Cyclopentanol** | | 3 | F1 | III | Essigsäure |
| 2245 | **Cyclopentanon** | | 3 | F1 | III | Kohlenwasserstoffgemisch |
| 2247 | **n-Decan** | | 3 | F1 | III | Kohlenwasserstoffgemisch |
| 2248 | **Di-n-butylamin** | | 8 | CF1 | II | Kohlenwasserstoffgemisch |
| 2258 | **1,2-Propylendiamin** | | 8 | CF1 | II | Kohlenwasserstoffgemisch **und** Netzmittellösung |
| 2259 | **Triethylentetramin** | | 8 | C7 | II | Wasser |
| 2260 | **Tripropylamin** | | 3 | FC | III | Kohlenwasserstoffgemisch **und** Netzmittellösung |
| 2263 | **Dimethylcyclohexane** | reine Isomere und Isomerengemisch | 3 | F1 | II | Kohlenwasserstoffgemisch |
| 2264 | **N,N-Dimethylcyclohexylamin** | | 8 | CF1 | II | Kohlenwasserstoffgemisch **und** Netzmittellösung |
| 2265 | **N,N-Dimethylformamid** | | 3 | F1 | III | n-Butylacetat/ mit n-Butylacetat gesättigte Netzmittellösung |
| 2266 | **Dimethyl-N-propylamin** | | 3 | FC | II | Kohlenwasserstoffgemisch **und** Netzmittellösung |
| 2269 | **3,3'-Iminobispropylamin** | | 8 | C7 | III | Kohlenwasserstoffgemisch **und** Netzmittellösung |
| 2270 | **Ethylamin, wässerige Lösung** | mit mindestens 50 Masse-% und höchstens 70 Masse-% Ethylamin, Flammpunkt unter 23 °C, ätzend oder schwach ätzend | 3 | FC | II | Kohlenwasserstoffgemisch **und** Netzmittellösung |
| 2275 | **2-Ethylbutanol** | | 3 | F1 | III | n-Butylacetat/ mit n-Butylacetat gesättigte Netzmittellösung |
| 2276 | **2-Ethylhexylamin** | | 3 | FC | III | Kohlenwasserstoffgemisch **und** Netzmittellösung |
| 2277 | **Ethylmethacrylat, stabilisiert** | | 3 | F1 | II | n-Butylacetat/ mit n-Butylacetat gesättigte Netzmittellösung |
| 2278 | **n-Hepten** | | 3 | F1 | II | Kohlenwasserstoffgemisch |

4.1.1.21.6 (Forts.)

| UN-Nr. | offizielle Benennung für die Beförderung oder technische Benennung | Beschreibung | Klasse | Klassifizierungscode | Verpackungsgruppe | Standardflüssigkeit |
|---|---|---|---|---|---|---|
| | 3.1.2 | 3.1.2 | 2.2 | 2.2 | 2.1.1.3 | |
| (1) | (2a) | (2b) | (3a) | (3b) | (4) | (5) |
| 2282 | **Hexanole** | reine Isomere und Isomerengemisch | 3 | F1 | III | n-Butylacetat/ mit n-Butylacetat gesättigte Netzmittellösung |
| 2283 | **Isobutylmethacrylat, stabilisiert** | | 3 | F1 | III | n-Butylacetat/ mit n-Butylacetat gesättigte Netzmittellösung |
| 2286 | **Pentamethylheptan** | | 3 | F1 | III | Kohlenwasserstoffgemisch |
| 2287 | **Isoheptene** | | 3 | F1 | II | Kohlenwasserstoffgemisch |
| 2288 | **Isohexene** | | 3 | F1 | II | Kohlenwasserstoffgemisch |
| 2289 | **Isophorondiamin** | | 8 | C7 | III | Kohlenwasserstoffgemisch **und** Netzmittellösung |
| 2293 | **4-Methoxy-4-methylpentan-2-on** | | 3 | F1 | III | Kohlenwasserstoffgemisch |
| 2296 | **Methylcyclohexan** | | 3 | F1 | II | Kohlenwasserstoffgemisch |
| 2297 | **Methylcyclohexanon** | reine Isomere und Isomerengemisch | 3 | F1 | III | Kohlenwasserstoffgemisch |
| 2298 | **Methylcyclopentan** | | 3 | F1 | II | Kohlenwasserstoffgemisch |
| 2302 | **5-Methylhexan-2-on** | | 3 | F1 | III | Kohlenwasserstoffgemisch |
| 2308 | **Nitrosylschwefelsäure, flüssig** | | 8 | C1 | II | Wasser |
| 2309 | **Octadiene** | | 3 | F1 | II | Kohlenwasserstoffgemisch |
| 2313 | **Picoline** | reine Isomere und Isomerengemisch | 3 | F1 | III | Kohlenwasserstoffgemisch |
| 2317 | **Natriumkupfer(I)cyanid, Lösung** | wässerige Lösung | 6.1 | T4 | I | Wasser |
| 2320 | **Tetraethylenpentamin** | | 8 | C7 | III | Kohlenwasserstoffgemisch **und** Netzmittellösung |
| 2324 | **Triisobutylen** | Gemisch von $C_{12}$-Monoolefinen, Flammpunkt von 23 °C bis 60 °C | 3 | F1 | III | Kohlenwasserstoffgemisch |
| 2326 | **Trimethylcyclohexylamin** | | 8 | C7 | III | Kohlenwasserstoffgemisch **und** Netzmittellösung |
| 2327 | **Trimethylhexamethylendiamine** | reine Isomere und Isomerengemisch | 8 | C7 | III | Kohlenwasserstoffgemisch **und** Netzmittellösung |
| 2330 | **Undecan** | | 3 | F1 | III | Kohlenwasserstoffgemisch |
| 2336 | **Allylformiat** | | 3 | FT1 | I | n-Butylacetat/ mit n-Butylacetat gesättigte Netzmittellösung |
| 2348 | **Butylacrylate, stabilisiert** | reine Isomere und Isomerengemisch | 3 | F1 | III | n-Butylacetat/ mit n-Butylacetat gesättigte Netzmittellösung |
| 2357 | **Cyclohexylamin** | Flammpunkt von 23 °C bis 60 °C | 8 | CF1 | II | Kohlenwasserstoffgemisch **und** Netzmittellösung |

4.1.1.21.6 (Forts.)

| UN-Nr. | offizielle Benennung für die Beförderung oder technische Benennung | Beschreibung | Klasse | Klassifizierungscode | Verpackungsgruppe | Standardflüssigkeit |
|---|---|---|---|---|---|---|
| | 3.1.2 | 3.1.2 | 2.2 | 2.2 | 2.1.1.3 | |
| (1) | (2a) | (2b) | (3a) | (3b) | (4) | (5) |
| 2361 | **Diisobutylamin** | | 3 | FC | III | Kohlenwasserstoffgemisch **und** Netzmittellösung |
| 2366 | **Diethylcarbonat** | | 3 | F1 | III | n-Butylacetat/ mit n-Butylacetat gesättigte Netzmittellösung |
| 2367 | **alpha-Methylvaleraldehyd** | | 3 | F1 | II | Kohlenwasserstoffgemisch |
| 2370 | **Hex-1-en** | | 3 | F1 | II | Kohlenwasserstoffgemisch |
| 2372 | **1,2-Di-(dimethylamino)-ethan** | | 3 | F1 | II | Kohlenwasserstoffgemisch **und** Netzmittellösung |
| 2379 | **1,3-Dimethylbutylamin** | | 3 | FC | II | Kohlenwasserstoffgemisch **und** Netzmittellösung |
| 2383 | **Dipropylamin** | | 3 | FC | II | Kohlenwasserstoffgemisch **und** Netzmittellösung |
| 2385 | **Ethylisobutyrat** | | 3 | F1 | II | n-Butylacetat/ mit n-Butylacetat gesättigte Netzmittellösung |
| 2393 | **Isobutylformiat** | | 3 | F1 | II | n-Butylacetat/ mit n-Butylacetat gesättigte Netzmittellösung |
| 2394 | **Isobutylpropionat** | Flammpunkt von 23 °C bis 60 °C | 3 | F1 | III | n-Butylacetat/ mit n-Butylacetat gesättigte Netzmittellösung |
| 2396 | **Methacrylaldehyd, stabilisiert** | | 3 | FT1 | II | Kohlenwasserstoffgemisch |
| 2400 | **Methylisovalerat** | | 3 | F1 | II | n-Butylacetat/ mit n-Butylacetat gesättigte Netzmittellösung |
| 2401 | **Piperidin** | | 8 | CF1 | I | Kohlenwasserstoffgemisch **und** Netzmittellösung |
| 2403 | **Isopropenylacetat** | | 3 | F1 | II | n-Butylacetat/ mit n-Butylacetat gesättigte Netzmittellösung |
| 2405 | **Isopropylbutyrat** | | 3 | F1 | III | n-Butylacetat/ mit n-Butylacetat gesättigte Netzmittellösung |
| 2406 | **Isopropylisobutyrat** | | 3 | F1 | II | n-Butylacetat/ mit n-Butylacetat gesättigte Netzmittellösung |
| 2409 | **Isopropylpropionat** | | 3 | F1 | II | n-Butylacetat/ mit n-Butylacetat gesättigte Netzmittellösung |
| 2410 | **1,2,3,6-Tetrahydropyridin** | | 3 | F1 | II | Kohlenwasserstoffgemisch |
| 2427 | **Kaliumchlorat, wässerige Lösung** | | 5.1 | O1 | II/IIII | Wasser |
| 2428 | **Natriumchlorat, wässerige Lösung** | | 5.1 | O1 | II/III | Wasser |

**4.1.1.21.6** (Forts.)

| UN-Nr. | **offizielle Benennung für die Beförderung** oder technische Benennung | Beschreibung | Klasse | Klassifizierungscode | Verpackungsgruppe | Standardflüssigkeit |
|---|---|---|---|---|---|---|
| | 3.1.2 | 3.1.2 | 2.2 | 2.2 | 2.1.1.3 | |
| (1) | (2a) | (2b) | (3a) | (3b) | (4) | (5) |
| 2429 | **Calciumchlorat, wässerige Lösung** | | 5.1 | O1 | II/III | Wasser |
| 2436 | **Thioessigsäure** | | 3 | F1 | II | Essigsäure |
| 2457 | **2,3-Dimethylbutan** | | 3 | F1 | II | Kohlenwasserstoffgemisch |
| 2491 | **Ethanolamin** | | 8 | C7 | III | Netzmittellösung |
| 2491 | **Ethanolamin, Lösung** | wässerige Lösung | 8 | C7 | III | Netzmittellösung |
| 2496 | **Propionsäureanhydrid** | | 8 | C3 | III | n-Butylacetat/ mit n-Butylacetat gesättigte Netzmittellösung |
| 2524 | **Ethylorthoformiat** | | 3 | F1 | III | n-Butylacetat/ mit n-Butylacetat gesättigte Netzmittellösung |
| 2526 | **Furfurylamin** | | 3 | FC | III | Kohlenwasserstoffgemisch **und** Netzmittellösung |
| 2527 | **Isobutylacrylat, stabilisiert** | | 3 | F1 | III | n-Butylacetat/ mit n-Butylacetat gesättigte Netzmittellösung |
| 2528 | **Isobutylisobutyrat** | | 3 | F1 | III | n-Butylacetat/ mit n-Butylacetat gesättigte Netzmittellösung |
| 2529 | **Isobuttersäure** | | 3 | FC | III | n-Butylacetat/ mit n-Butylacetat gesättigte Netzmittellösung |
| 2531 | **Methacrylsäure, stabilisiert** | | 8 | C3 | II | n-Butylacetat/ mit n-Butylacetat gesättigte Netzmittellösung |
| 2542 | **Tributylamin** | | 6.1 | T1 | II | Kohlenwasserstoffgemisch |
| 2560 | **2-Methylpentan-2-ol** | | 3 | F1 | III | n-Butylacetat/ mit n-Butylacetat gesättigte Netzmittellösung |
| 2564 | **Trichloressigsäure, Lösung** | wässerige Lösung | 8 | C3 | II/III | Essigsäure |
| 2565 | **Dicyclohexylamin** | | 8 | C7 | III | Kohlenwasserstoffgemisch **und** Netzmittellösung |
| 2571 | Ethylschwefelsäure | | 8 | C3 | II | n-Butylacetat/ mit n-Butylacetat gesättigte Netzmittellösung |
| 2571 | **Alkylschwefelsäuren** | | 8 | C3 | II | Regel für Sammeleintragungen |
| 2580 | **Aluminiumbromid, Lösung** | wässerige Lösung | 8 | C1 | III | Wasser |
| 2581 | **Aluminiumchlorid, Lösung** | wässerige Lösung | 8 | C1 | III | Wasser |
| 2582 | **Eisen(III)chlorid, Lösung** | wässerige Lösung | 8 | C1 | III | Wasser |
| 2584 | Methansulfonsäure | mit mehr als 5 % freier Schwefelsäure | 8 | C1 | II | Wasser |
| 2584 | **Alkylsulfonsäuren, flüssig** | mit mehr als 5 % freier Schwefelsäure | 8 | C1 | II | n-Butylacetat/ mit n-Butylacetat gesättigte Netzmittellösung |
| 2584 | Benzensulfonsäure | mit mehr als 5 % freier Schwefelsäure | 8 | C1 | II | Wasser |

**4.1.1.21.6** (Forts.)

| UN-Nr. | offizielle Benennung für die Beförderung oder technische Benennung | Beschreibung | Klasse | Klassifizierungscode | Verpackungsgruppe | Standardflüssigkeit |
|---|---|---|---|---|---|---|
| | 3.1.2 | 3.1.2 | 2.2 | 2.2 | 2.1.1.3 | |
| (1) | (2a) | (2b) | (3a) | (3b) | (4) | (5) |
| 2584 | Toluensulfonsäuren | mit mehr als 5 % freier Schwefelsäure | 8 | C1 | II | Wasser |
| 2584 | **Arylsulfonsäuren, flüssig** | mit mehr als 5 % freier Schwefelsäure | 8 | C1 | II | n-Butylacetat/ mit n-Butylacetat gesättigte Netzmittellösung |
| 2586 | Methansulfonsäure | mit höchstens 5 % freier Schwefelsäure | 8 | C3 | III | Wasser |
| 2586 | **Alkylsulfonsäuren, flüssig** | mit höchstens 5 % freier Schwefelsäure | 8 | C3 | III | n-Butylacetat/ mit n-Butylacetat gesättigte Netzmittellösung |
| 2586 | Benzensulfonsäure | mit höchstens 5 % freier Schwefelsäure | 8 | C3 | III | Wasser |
| 2586 | Toluensulfonsäuren | mit höchstens 5 % freier Schwefelsäure | 8 | C3 | III | Wasser |
| 2586 | **Arylsulfonsäuren, flüssig** | mit höchstens 5 % freier Schwefelsäure | 8 | C3 | III | n-Butylacetat/ mit n-Butylacetat gesättigte Netzmittellösung |
| 2610 | **Triallylamin** | | 3 | FC | III | Kohlenwasserstoffgemisch **und** Netzmittellösung |
| 2614 | **Methylallylalkohol** | | 3 | F1 | III | Essigsäure |
| 2617 | **Methylcyclohexanole** | reine Isomere und Isomerengemisch, Flammpunkt von 23 °C bis 60 °C | 3 | F1 | III | Essigsäure |
| 2619 | **Benzyldimethylamin** | | 8 | CF1 | II | Kohlenwasserstoffgemisch **und** Netzmittellösung |
| 2620 | **Amylbutyrate** | reine Isomere und Isomerengemisch, Flammpunkt von 23 °C bis 60 °C | 3 | F1 | III | n-Butylacetat/ mit n-Butylacetat gesättigte Netzmittellösung |
| 2622 | **Glycidaldehyd** | Flammpunkt unter 23 °C | 3 | FT1 | II | Kohlenwasserstoffgemisch |
| 2626 | **Chlorsäure, wässerige Lösung** | mit höchstens 10 % Säure | 5.1 | O1 | II | Salpetersäure |
| 2656 | **Chinolin** | Flammpunkt über 60 °C | 6.1 | T1 | III | Wasser |
| 2672 | **Ammoniaklösung** | in Wasser, relative Dichte zwischen 0,880 und 0,957 bei 15 °C, mit mehr als 10 %, aber höchstens 35 % Ammoniak | 8 | C5 | III | Wasser |
| 2683 | **Ammoniumsulfid, Lösung** | wässerige Lösung, Flammpunkt von 23 °C bis 60 °C | 8 | CFT | II | Essigsäure |
| 2684 | **3-Diethylaminopropylamin** | | 3 | FC | III | Kohlenwasserstoffgemisch **und** Netzmittellösung |

**4.1.1.21.6** (Forts.)

| UN-Nr. | **offizielle Benennung für die Beförderung** oder technische Benennung | **Beschreibung** | **Klasse** | **Klassifizierungscode** | **Verpackungsgruppe** | **Standardflüssigkeit** |
|---|---|---|---|---|---|---|
| | 3.1.2 | 3.1.2 | 2.2 | 2.2 | 2.1.1.3 | |
| (1) | (2a) | (2b) | (3a) | (3b) | (4) | (5) |
| 2685 | **N,N-Diethylethylendiamin** | | 8 | CF1 | II | Kohlenwasserstoffgemisch **und** Netzmittellösung |
| 2693 | **Hydrogensulfite, wässerige Lösung, n.a.g.** | anorganisch | 8 | C1 | III | Wasser |
| 2707 | **Dimethyldioxane** | reine Isomere und Isomerengemische | 3 | F1 | II/III | Kohlenwasserstoffgemisch |
| 2733 | **Amine, entzündbar, ätzend, n.a.g.** oder **Polyamine, entzündbar, ätzend, n.a.g.** | | 3 | FC | I/II/III | Kohlenwasserstoffgemisch **und** Netzmittellösung |
| 2734 | Di-sec-butylamin | | 8 | CF1 | II | Kohlenwasserstoffgemisch |
| 2734 | **Amine, flüssig, ätzend, entzündbar, n.a.g.** oder **Polyamine, flüssig, ätzend, entzündbar, n.a.g.** | | 8 | CF1 | I/II | Kohlenwasserstoffgemisch **und** Netzmittellösung |
| 2735 | **Amine, flüssig, ätzend, n.a.g.** oder **Polyamine, flüssig, ätzend, n.a.g.** | | 8 | C7 | I/II/III | Kohlenwasserstoffgemisch **und** Netzmittellösung |
| 2739 | **Buttersäureanhydrid** | | 8 | C3 | III | n-Butylacetat/ mit n-Butylacetat gesättigte Netzmittellösung |
| 2789 | **Eisessig** oder **Essigsäure, Lösung** | wässerige Lösung mit mehr als 80 Masse-% Säure | 8 | CF1 | II | Essigsäure |
| 2790 | **Essigsäure, Lösung** | wässerige Lösung mit mehr als 10 Masse-% und höchstens 80 Masse-% Säure | 8 | C3 | II/III | Essigsäure |
| 2796 | **Schwefelsäure** | mit höchstens 51 % Säure | 8 | C1 | II | Wasser |
| 2797 | **Batterieflüssigkeit, alkalisch** | Kalium-/Natriumhydroxid, wässerige Lösung | 8 | C5 | II | Wasser |
| 2810 | 2-Chlor-6-fluor-benzylchlorid | stabilisiert | 6.1 | T1 | III | Kohlenwasserstoffgemisch |
| 2810 | 2-Phenylethanol | | 6.1 | T1 | III | Essigsäure |
| 2810 | Ethylenglycol-monohexylether | | 6.1 | T1 | III | Essigsäure |
| 2810 | **Giftiger organischer flüssiger Stoff, n.a.g.** | | 6.1 | T1 | I/II/III | Regel für Sammeleintragungen |
| 2815 | **N-Aminoethylpiperazin** | | 8 | CT1 | III | Kohlenwasserstoffgemisch **und** Netzmittellösung |
| 2818 | **Ammoniumpolysulfid, Lösung** | wässerige Lösung | 8 | CT1 | II/III | Essigsäure |
| 2819 | **Amylphosphat** | | 8 | C3 | III | Netzmittellösung |
| 2820 | **Buttersäure** | n-Buttersäure | 8 | C3 | III | n-Butylacetat/ mit n-Butylacetat gesättigte Netzmittellösung |
| 2821 | **Phenol, Lösung** | wässerige Lösung, giftig, nicht alkalisch | 6.1 | T1 | II/III | Essigsäure |

4.1.1.21.6 (Forts.)

| UN-Nr. | offizielle Benennung für die Beförderung oder technische Benennung | Beschreibung | Klasse | Klassifizierungscode | Verpackungsgruppe | Standardflüssigkeit |
|---|---|---|---|---|---|---|
| | 3.1.2 | 3.1.2 | 2.2 | 2.2 | 2.1.1.3 | |
| (1) | (2a) | (2b) | (3a) | (3b) | (4) | (5) |
| 2829 | **Capronsäure** | n-Capronsäure | 8 | C3 | III | n-Butylacetat/ mit n-Butylacetat gesättigte Netzmittellösung |
| 2837 | **Hydrogensulfate, wässerige Lösung** | | 8 | C1 | II/III | Wasser |
| 2838 | **Vinylbutyrat, stabilisiert** | | 3 | F1 | II | n-Butylacetat/ mit n-Butylacetat gesättigte Netzmittellösung |
| 2841 | **Di-n-amylamin** | | 3 | FT1 | III | Kohlenwasserstoffgemisch **und** Netzmittellösung |
| 2850 | **Tetrapropylen (Propylentetramer)** | $C_{12}$-Monoolefingemisch, Flammpunkt von 23 °C bis 60 °C | 3 | F1 | III | Kohlenwasserstoffgemisch |
| 2873 | **Dibutylaminoethanol** | N,N-Di-n-butylaminoethanol | 6.1 | T1 | III | Essigsäure |
| 2874 | **Furfurylalkohol** | | 6.1 | T1 | III | Essigsäure |
| 2920 | O,O-Diethyldithiophosphorsäure | Flammpunkt von 23 °C bis 60 °C | 8 | CF1 | II | n-Butylacetat/ mit n-Butylacetat gesättigte Netzmittellösung |
| 2920 | O,O-Dimethyldithiophosphorsäure | Flammpunkt von 23 °C bis 60 °C | 8 | CF1 | II | Netzmittellösung |
| 2920 | Bromwasserstoff | 33%ige Lösung in Eisessig | 8 | CF1 | II | Netzmittellösung |
| 2920 | Tetramethylammoniumhydroxid | wässerige Lösung, Flammpunkt von 23 °C bis 60 °C | 8 | CF1 | II | Wasser |
| 2920 | **Ätzender flüssiger Stoff, entzündbar, n.a.g.** | | 8 | CF1 | I/II | Regel für Sammeleintragungen |
| 2922 | Ammoniumsulfid | wässerige Lösung, Flammpunkt über 60 °C | 8 | CT1 | II | Wasser |
| 2922 | Cresole | wässerige alkalische Lösung, Mischung von Natrium- und Kaliumcresolat | 8 | CT1 | II | Essigsäure |
| 2922 | Phenol | wässerige alkalische Lösung, Mischung von Natrium- und Kaliumphenolat | 8 | CT1 | II | Essigsäure |
| 2922 | Natriumhydrogendifluorid | wässerige Lösung | 8 | CT1 | III | Wasser |
| 2922 | **Ätzender flüssiger Stoff, giftig, n.a.g.** | | 8 | CT1 | I/II/III | Regel für Sammeleintragungen |
| 2924 | **Entzündbarer flüssiger Stoff, ätzend, n.a.g.** | schwach ätzend | 3 | FC | I/II/III | Regel für Sammeleintragungen |
| 2927 | **Giftiger organischer flüssiger Stoff, ätzend, n.a.g.** | | 6.1 | TC1 | I/II | Regel für Sammeleintragungen |
| 2933 | **Methyl-2-chlorpropionat** | | 3 | F1 | III | n-Butylacetat/ mit n-Butylacetat gesättigte Netzmittellösung |

4.1.1.21.6 (Forts.)

| UN-Nr. | **offizielle Benennung für die Beförderung** oder technische Benennung | Beschreibung | Klasse | Klassifizierungs-code | Verpa-ckungs-gruppe | Standardflüssigkeit |
|---|---|---|---|---|---|---|
| | 3.1.2 | 3.1.2 | 2.2 | 2.2 | 2.1.1.3 | |
| (1) | (2a) | (2b) | (3a) | (3b) | (4) | (5) |
| 2934 | **Isopropyl-2-chlorpropionat** | | 3 | F1 | III | n-Butylacetat/ mit n-Butylacetat gesättigte Netzmittellösung |
| 2935 | **Ethyl-2-chlorpropionat** | | 3 | F1 | III | n-Butylacetat/ mit n-Butylacetat gesättigte Netzmittellösung |
| 2936 | **Thiomilchsäure** | | 6.1 | T1 | II | Essigsäure |
| 2941 | **Fluoraniline** | reine Isomere und Isomerengemisch | 6.1 | T1 | III | Essigsäure |
| 2943 | **Tetrahydrofurfurylamin** | | 3 | F1 | III | Kohlenwasserstoffgemisch |
| 2945 | **N-Methylbutylamin** | | 3 | FC | II | Kohlenwasserstoffgemisch **und** Netzmittellösung |
| 2946 | **2-Amino-5-diethylamino-pentan** | | 6.1 | T1 | III | Kohlenwasserstoffgemisch **und** Netzmittellösung |
| 2947 | **Isopropylchloracetat** | | 3 | F1 | III | n-Butylacetat/ mit n-Butylacetat gesättigte Netzmittellösung |
| 2984 | **Wasserstoffperoxid, wässerige Lösung** | mit mindestens 8 %, aber weniger als 20 % Wasserstoffperoxid, Stabilisierung nach Bedarf | 5.1 | O1 | III | Salpetersäure |
| 3056 | **n-Heptaldehyd** | | 3 | F1 | III | Kohlenwasserstoffgemisch |
| 3065 | **Alkoholische Getränke** | mit mehr als 24 Vol.-% Alkohol | 3 | F1 | II/III | Essigsäure |
| 3066 | **Farbe** oder **Farbzubehörstoffe** | einschließlich Farbe, Lack, Emaille, Beize, Schellack, Firnis, Politur, flüssiger Füllstoff und flüssige Lackgrundlage oder einschließlich Farbverdünnung und -lösemittel | 8 | C9 | II/III | Regel für Sammeleintragungen |
| 3079 | **Methacrylnitril, stabilisiert** | | 6.1 | TF1 | I | n-Butylacetat/ mit n-Butylacetat gesättigte Netzmittellösung |
| 3082 | sec-Alkohol ($C_6$-$C_{17}$)-poly-(3-6)ethoxylat | | 9 | M6 | III | n-Butylacetat/ mit n-Butylacetat gesättigte Netzmittellösung **und** Kohlenwasserstoffgemisch |
| 3082 | Alkohol($C_{12}$-$C_{15}$)-poly(1-6) ethoxylat | | 9 | M6 | III | n-Butylacetat/ mit n-Butylacetat gesättigte Netzmittellösung **und** Kohlenwasserstoffgemisch |
| 3082 | Alkohol($C_{13}$-$C_{15}$)-poly(1-6) ethoxylat | | 9 | M6 | III | n-Butylacetat/ mit n-Butylacetat gesättigte Netzmittellösung **und** Kohlenwasserstoffgemisch |

4.1.1.21.6 (Forts.)

| UN-Nr. | offizielle Benennung für die Beförderung oder technische Benennung | Beschreibung | Klasse | Klassifizierungscode | Verpackungsgruppe | Standardflüssigkeit |
|---|---|---|---|---|---|---|
| | 3.1.2 | 3.1.2 | 2.2 | 2.2 | 2.1.1.3 | |
| (1) | (2a) | (2b) | (3a) | (3b) | (4) | (5) |
| 3082 | Cresyldiphenylphosphat | | 9 | M6 | III | Netzmittellösung |
| 3082 | Decylacrylat | | 9 | M6 | III | n-Butylacetat/ mit n-Butylacetat gesättigte Netzmittellösung **und** Kohlenwasserstoffgemisch |
| 3082 | Di-n-butylphthalat | | 9 | M6 | III | n-Butylacetat/ mit n-Butylacetat gesättigte Netzmittellösung **und** Kohlenwasserstoffgemisch |
| 3082 | Diisobutylphthalat | | 9 | M6 | III | n-Butylacetat/ mit n-Butylacetat gesättigte Netzmittellösung **und** Kohlenwasserstoffgemisch |
| 3082 | Flugturbinenkraftstoff JP-5 | Flammpunkt über 60 °C | 9 | M6 | III | Kohlenwasserstoffgemisch |
| 3082 | Flugturbinenkraftstoff JP-7 | Flammpunkt über 60 °C | 9 | M6 | III | Kohlenwasserstoffgemisch |
| 3082 | Isodecyldiphenylphosphat | | 9 | M6 | III | Netzmittellösung |
| 3082 | Kohlenwasserstoffe | flüssig, Flammpunkt über 60 °C, umweltgefährdend | 9 | M6 | III | Regel für Sammeleintragungen |
| 3082 | Kreosot aus Holzteer | Flammpunkt über 60 °C | 9 | M6 | III | Kohlenwasserstoffgemisch |
| 3082 | Kreosot aus Steinkohlenteer | Flammpunkt über 60 °C | 9 | M6 | III | Kohlenwasserstoffgemisch |
| 3082 | Methylnaphthaline | Isomerengemisch, flüssig | 9 | M6 | III | Kohlenwasserstoffgemisch |
| 3082 | Steinkohlenteer | Flammpunkt über 60 °C | 9 | M6 | III | Kohlenwasserstoffgemisch |
| 3082 | Steinkohlenteernaphtha | Flammpunkt über 60 °C | 9 | M6 | III | Kohlenwasserstoffgemisch |
| 3082 | Triarylphosphate | n.a.g. | 9 | M6 | III | Netzmittellösung |
| 3082 | Tricresylphosphat | mit höchstens 3 % ortho-Isomer | 9 | M6 | III | Netzmittellösung |
| 3082 | Trixylenylphosphat | | 9 | M6 | III | Netzmittellösung |
| 3082 | Zinkalkyldithiophosphat | $C_3$-$C_{14}$ | 9 | M6 | III | Netzmittellösung |
| 3082 | Zinkaryldithiophosphat | $C_7$-$C_{16}$ | 9 | M6 | III | Netzmittellösung |
| 3082 | **Umweltgefährdender Stoff, flüssig, n.a.g.** | | 9 | M6 | III | Regel für Sammeleintragungen |
| 3099 | **Entzündend (oxidierend) wirkender flüssiger Stoff, giftig, n.a.g.** | | 5.1 | OT1 | I/II/III | Regel für Sammeleintragungen |

**4.1.1.21.6** (Forts.)

| UN-Nr. | **offizielle Benennung für die Beförderung** oder technische Benennung | Beschreibung | Klasse | Klassifizierungscode | Verpackungsgruppe | Standardflüssigkeit |
|---|---|---|---|---|---|---|
| | 3.1.2 | 3.1.2 | 2.2 | 2.2 | 2.1.1.3 | |
| (1) | (2a) | (2b) | (3a) | (3b) | (4) | (5) |
| 3101<br>3103<br>3105<br>3107<br>3109<br>3111<br>3113<br>3115<br>3117<br>3119 | **Organisches Peroxid Typ B, C, D, E** oder **F, flüssig** oder **Organisches Peroxid Typ B, C, D, E** oder **F, flüssig, temperaturkontrolliert** | **flüssig** | 5.2 | P1 | | n-Butylacetat/ mit n-Butylacetat gesättigte Netzmittellösung **und** Kohlenwasserstoffgemisch **und** Salpetersäure**) |
| **) Für die UN-Nummern 3101, 3103, 3105, 3107, 3109, 3111, 3113, 3115, 3117, 3119 (tert-Butylhydroperoxid mit mehr als 40 % Peroxidgehalt sowie Peroxyessigsäuren sind ausgenommen):<br>Alle organischen Peroxide in technisch reiner Form und in Lösung mit Lösemitteln, die hinsichtlich ihrer Verträglichkeit durch die Standardflüssigkeit „Kohlenwasserstoffgemisch" in diesem Verzeichnis abgedeckt sind. Die Verträglichkeit der Lüftungseinrichtungen und Dichtungen gegenüber organischen Peroxiden kann auch unabhängig von der Bauartprüfung durch Laborversuche mit Salpetersäure nachgewiesen werden. | | | | | | |
| 3145 | Butylphenole | flüssig, n.a.g. | 8 | C3 | I/II/III | Essigsäure |
| 3145 | **Alkylphenole, flüssig, n.a.g.** | einschließlich $C_2$-$C_{12}$-Homologe | 8 | C3 | I/II/III | n-Butylacetat/ mit n-Butylacetat gesättigte Netzmittellösung |
| 3149 | **Wasserstoffperoxid und Peressigsäure, Mischung, stabilisiert** | mit UN 2790 Essigsäure, UN 2796 Schwefelsäure und/oder UN 1805 Phosphorsäure, Wasser und höchstens 5 % Peressigsäure | 5.1 | OC1 | II | Netzmittellösung **und** Salpetersäure |
| 3210 | **Chlorate, anorganische, wässerige Lösung, n.a.g.** | | 5.1 | O1 | II/III | Wasser |
| 3211 | **Perchlorate, anorganische, wässerige Lösung, n.a.g.** | | 5.1 | O1 | II/III | Wasser |
| 3213 | **Bromate, anorganische, wässerige Lösung, n.a.g.** | | 5.1 | O1 | II/III | Wasser |
| 3214 | **Permanganate, anorganische, wässerige Lösung, n.a.g.** | | 5.1 | O1 | II | Wasser |
| 3216 | **Persulfate, anorganische, wässerige Lösung, n.a.g.** | | 5.1 | O1 | III | Netzmittellösung |
| 3218 | **Nitrate, anorganische, wässerige Lösung, n.a.g.** | | 5.1 | O1 | II/III | Wasser |
| 3219 | **Nitrite, anorganische, wässerige Lösung, n.a.g.** | | 5.1 | O1 | II/III | Wasser |
| 3264 | Kupfer(II)-chlorid | wässerige Lösung, schwach ätzend | 8 | C1 | III | Wasser |
| 3264 | Hydroxylaminsulfat | 25 % wässerige Lösung | 8 | C1 | III | Wasser |
| 3264 | Phosphorige Säure | wässerige Lösung | 8 | C1 | III | Wasser |
| 3264 | **Ätzender saurer anorganischer flüssiger Stoff, n.a.g.** | Flammpunkt über 60 °C | 8 | C1 | I/II/III | Regel für Sammeleintragungen; nicht anwendbar auf Gemische, die Komponenten mit folgenden UN-Nummern enthalten: 1830, 1832, 1906 und 2308 |
| 3265 | Methoxyessigsäure | | 8 | C3 | I | n-Butylacetat/ mit n-Butylacetat gesättigte Netzmittellösung |

4.1.1.21.6 (Forts.)

| UN-Nr. | offizielle Benennung für die Beförderung oder technische Benennung | Beschreibung | Klasse | Klassifizierungscode | Verpackungsgruppe | Standardflüssigkeit |
|---|---|---|---|---|---|---|
| | 3.1.2 | 3.1.2 | 2.2 | 2.2 | 2.1.1.3 | |
| (1) | (2a) | (2b) | (3a) | (3b) | (4) | (5) |
| 3265 | Allylbernsteinsäureanhydrid | | 8 | C3 | II | n-Butylacetat/ mit n-Butylacetat gesättigte Netzmittellösung |
| 3265 | Dithioglycolsäure | | 8 | C3 | II | n-Butylacetat/ mit n-Butylacetat gesättigte Netzmittellösung |
| 3265 | Butylphosphat | Gemisch aus Mono- und Dibutylphosphat | 8 | C3 | III | Netzmittellösung |
| 3265 | Caprylsäure | | 8 | C3 | III | n-Butylacetat/ mit n-Butylacetat gesättigte Netzmittellösung |
| 3265 | Isovaleriansäure | | 8 | C3 | III | n-Butylacetat/ mit n-Butylacetat gesättigte Netzmittellösung |
| 3265 | Pelargonsäure | | 8 | C3 | III | n-Butylacetat/ mit n-Butylacetat gesättigte Netzmittellösung |
| 3265 | Brenztraubensäure | | 8 | C3 | III | n-Butylacetat/ mit n-Butylacetat gesättigte Netzmittellösung |
| 3265 | Valeriansäure | | 8 | C3 | III | Essigsäure |
| 3265 | **Ätzender saurer organischer flüssiger Stoff, n.a.g.** | Flammpunkt über 60 °C | 8 | C3 | I/II/III | Regel für Sammeleintragungen |
| 3266 | Natriumhydrosulfid | wässerige Lösung | 8 | C5 | II | Essigsäure |
| 3266 | Natriumsulfid | wässerige Lösung, schwach ätzend | 8 | C5 | III | Essigsäure |
| 3266 | **Ätzender basischer anorganischer flüssiger Stoff, n.a.g.** | Flammpunkt über 60 °C | 8 | C5 | I/II/III | Regel für Sammeleintragungen |
| 3267 | 2,2'-(Butylimino)-bisethanol | | 8 | C7 | II | Kohlenwasserstoffgemisch **und** Netzmittellösung |
| 3267 | **Ätzender basischer organischer flüssiger Stoff, n.a.g.** | Flammpunkt über 60 °C | 8 | C7 | I/II/III | Regel für Sammeleintragungen |
| 3271 | Ethylenglycolmonobutylether | Flammpunkt 60 °C | 3 | F1 | III | Essigsäure |
| 3271 | **Ether, n.a.g.** | | 3 | F1 | II/III | Regel für Sammeleintragungen |
| 3272 | Acrylsäure-tert-butylester | | 3 | F1 | II | n-Butylacetat/ mit n-Butylacetat gesättigte Netzmittellösung |
| 3272 | Isobutylpropionat | Flammpunkt unter 23 °C | 3 | F1 | II | n-Butylacetat/ mit n-Butylacetat gesättigte Netzmittellösung |
| 3272 | Methylvalerat | | 3 | F1 | II | n-Butylacetat/ mit n-Butylacetat gesättigte Netzmittellösung |
| 3272 | Trimethylorthoformiat | | 3 | F1 | II | n-Butylacetat/ mit n-Butylacetat gesättigte Netzmittellösung |
| 3272 | Ethylvalerat | | 3 | F1 | III | n-Butylacetat/ mit n-Butylacetat gesättigte Netzmittellösung |

4.1.1.21.6 (Forts.)

| UN-Nr. | **offizielle Benennung für die Beförderung** oder technische Benennung | Beschreibung | Klasse | Klassifizierungscode | Verpackungsgruppe | Standardflüssigkeit |
|---|---|---|---|---|---|---|
| | 3.1.2 | 3.1.2 | 2.2 | 2.2 | 2.1.1.3 | |
| (1) | (2a) | (2b) | (3a) | (3b) | (4) | (5) |
| 3272 | Isobutylisovalerat | | 3 | F1 | III | n-Butylacetat/ mit n-Butylacetat gesättigte Netzmittellösung |
| 3272 | n-Amylpropionat | | 3 | F1 | III | n-Butylacetat/ mit n-Butylacetat gesättigte Netzmittellösung |
| 3272 | n-Butylbutyrat | | 3 | F1 | III | n-Butylacetat/ mit n-Butylacetat gesättigte Netzmittellösung |
| 3272 | Methyllactat | | 3 | F1 | III | n-Butylacetat/ mit n-Butylacetat gesättigte Netzmittellösung |
| 3272 | **Ester, n.a.g.** | | 3 | F1 | II/III | Regel für Sammeleintragungen |
| 3287 | Natriumnitrit | 40%ige wässerige Lösung | 6.1 | T4 | III | Wasser |
| 3287 | **Giftiger anorganischer flüssiger Stoff, n.a.g.** | | 6.1 | T4 | I/II/III | Regel für Sammeleintragungen |
| 3291 | **Klinischer Abfall, unspezifiziert, n.a.g.** | flüssig | 6.2 | I3 | | Wasser |
| 3293 | **Hydrazin, wässerige Lösung** | mit höchstens 37 Masse-% Hydrazin | 6.1 | T4 | III | Wasser |
| 3295 | Heptene | n.a.g. | 3 | F1 | II | Kohlenwasserstoffgemisch |
| 3295 | Nonane | Flammpunkt unter 23 °C | 3 | F1 | II | Kohlenwasserstoffgemisch |
| 3295 | Decane | n.a.g. | 3 | F1 | III | Kohlenwasserstoffgemisch |
| 3295 | 1,2,3-Trimethylbenzen | | 3 | F1 | III | Kohlenwasserstoffgemisch |
| 3295 | **Kohlenwasserstoffe, flüssig, n.a.g.** | | 3 | F1 | I/II/III | Regel für Sammeleintragungen |
| 3405 | **Bariumchlorat, Lösung** | wässerige Lösung | 5.1 | OT1 | II/III | Wasser |
| 3406 | **Bariumperchlorat, Lösung** | wässerige Lösung | 5.1 | OT1 | II/III | Wasser |
| 3408 | **Bleiperchlorat, Lösung** | wässerige Lösung | 5.1 | OT1 | II/III | Wasser |
| 3413 | **Kaliumcyanid, Lösung** | wässerige Lösung | 6.1 | T4 | I/II/III | Wasser |
| 3414 | **Natriumcyanid, Lösung** | wässerige Lösung | 6.1 | T4 | I/II/III | Wasser |
| 3415 | **Natriumfluorid, Lösung** | wässerige Lösung | 6.1 | T4 | III | Wasser |
| 3422 | **Kaliumfluorid, Lösung** | wässerige Lösung | 6.1 | T4 | III | Wasser |

**[Füssige Abfälle in Polyethylenverpackungen]** 4.1.1.21.7

Abweichend von Absatz 4.1.1.21.1 dürfen gemäß Absatz 2.1.3.5.5 klassifizierte flüssige Abfälle in Verpackungen aus Polyethylen gefüllt werden, vorausgesetzt, die Verpackungen haben die Prüfungen mit allen in Unterabschnitt 6.1.6.1 beschriebenen Standardflüssigkeiten bestanden. Die Verpackungen müssen den Prüfanforderungen der gemäß Absatz 2.1.3.5.5 zugeordneten Verpackungsgruppe entsprechen.

Auf der Grundlage der Kenntnis der Zusammensetzung der flüssigen Abfälle beträgt die zulässige Verwendungsdauer der Verpackung bei Vorhandensein von Stoffen, welche die Polyethylen-Verpackung schwächen könnten (z.B. bestimmte chlorierte Verbindungen), abweichend von Unterabschnitt 4.1.1.15 zweieinhalb Jahre ab dem Datum ihrer Herstellung.

**4.1.2 Zusätzliche allgemeine Vorschriften für die Verwendung von Großpackmitteln (IBC)**

→ D: § 22 (1) 3

**4.1.2.1 [Elektrostatische Sicherheit]**

Wenn Großpackmittel (IBC) für die Beförderung flüssiger Stoffe mit einem Flammpunkt von höchstens 60 °C (geschlossener Tiegel) oder von zu Staubexplosion neigenden Pulvern verwendet werden, sind Maßnahmen zu treffen, um eine gefährliche elektrostatische Entladung zu verhindern.

**4.1.2.2 [Prüfpflicht]**

Alle metallenen IBC, alle starren Kunststoff-IBC und alle Kombinations-IBC müssen gemäß Unterabschnitt 6.5.4.4 oder 6.5.4.5 einer entsprechenden Inspektion und Prüfung unterzogen werden:

- vor Inbetriebnahme;
- anschließend, je nach Fall, in Abständen von höchstens zweieinhalb oder fünf Jahren;
- nach Reparatur oder Wiederaufarbeitung vor Wiederverwendung zur Beförderung.

Ein Großpackmittel (IBC) darf nach Ablauf der Frist für die wiederkehrende Inspektion oder Prüfung nicht befüllt oder zur Beförderung aufgegeben werden. Jedoch darf ein Großpackmittel (IBC), das vor dem Ablauf der Frist für die wiederkehrende Prüfung oder Inspektion befüllt wurde, innerhalb eines Zeitraums von höchstens drei Monaten nach Ablauf der Frist für die wiederkehrende Prüfung oder Inspektion befördert werden. Darüber hinaus darf ein Großpackmittel (IBC) nach Ablauf der Frist für die wiederkehrende Prüfung oder Inspektion befördert werden:

a) nach der Entleerung, jedoch vor der Reinigung zur Durchführung der nächsten vorgeschriebenen Prüfung oder Inspektion vor der Wiederbefüllung und,
b) wenn von der zuständigen Behörde nichts anderes festgelegt ist, für einen Zeitraum von höchstens sechs Monaten nach Ablauf der Frist für die wiederkehrende Prüfung oder Inspektion, um die Rücksendung der gefährlichen Güter oder Rückstände zum Zwecke der ordnungsgemäßen Entsorgung oder Wiederverwertung zu ermöglichen.

**Bem.** Wegen der Angabe im Beförderungspapier siehe Absatz 5.4.1.1.11.

**4.1.2.3 [Mindestfüllmenge]**

Großpackmittel (IBC) des Typs 31HZ2 müssen mindestens zu 80 % des Fassungsraums der äußeren Umhüllung befüllt sein.

**4.1.2.4 [Regelmäßige Wartung]**

Mit Ausnahme der Fälle, in denen die regelmäßige Wartung eines metallenen IBC, eines starren Kunststoff-IBC, eines Kombinations-IBC oder eines flexiblen IBC durch den Eigentümer des IBC durchgeführt wird, dessen Sitzstaat und Name oder zugelassenes Zeichen dauerhaft auf dem IBC angebracht sind, muss die Stelle, welche die regelmäßige Wartung eines IBC durchführt, auf dem IBC in der Nähe des UN-Bauartkennzeichens des Herstellers folgende dauerhaften Kennzeichen anbringen:

a) der Staat, in dem die regelmäßige Wartung durchgeführt wurde, und
b) der Name oder das zugelassene Zeichen der Stelle, die die regelmäßige Wartung durchgeführt hat.

**4.1.3 Allgemeine Vorschriften für Verpackungsanweisungen**

→ D: § 22 (1) 3

**4.1.3.1 [Gliederung]**

Die für die gefährlichen Güter der Klassen 1 bis 9 geltenden Verpackungsanweisungen sind in Abschnitt 4.1.4 aufgeführt. Sie werden je nach Art der Verpackung, für die sie gelten, in drei Unterabschnitte unterteilt:

| | |
|---|---|
| Unterabschnitt 4.1.4.1 | für Verpackungen, ausgenommen Großpackmittel (IBC) und Großverpackungen; diese Verpackungsanweisungen sind durch einen mit dem Buchstaben „P" oder, wenn es sich um eine RID- und ADR-spezifische Verpackung handelt, durch einen mit dem Buchstaben „R" beginnenden alphanumerischen Code bezeichnet; |
| Unterabschnitt 4.1.4.2 | für Großpackmittel (IBC); diese Verpackungsanweisungen sind durch einen mit den Buchstaben „IBC" beginnenden alphanumerischen Code bezeichnet; |
| Unterabschnitt 4.1.4.3 | für Großverpackungen; diese Verpackungsanweisungen sind durch einen mit den Buchstaben „LP" beginnenden alphanumerischen Code bezeichnet. |

Im Allgemeinen wird in den Verpackungsanweisungen festgelegt, dass die allgemeinen Vorschriften der Abschnitte 4.1.1, 4.1.2 und/oder 4.1.3, wenn zutreffend, anzuwenden sind. Die Verpackungsanweisungen können, sofern zutreffend, auch eine Übereinstimmung mit den besonderen Vorschriften des Abschnitts 4.1.5, 4.1.6, 4.1.7, 4.1.8 oder 4.1.9 erfordern. In den Verpackungsanweisungen für bestimmte Stoffe oder Gegenstände können auch Sondervorschriften für die Verpackung festgelegt sein. Diese werden ebenfalls durch einen mit den folgenden Buchstaben beginnenden alphanumerischen Code bezeichnet: 4.1.3.1 (Forts.)

„PP" für Verpackungen, ausgenommen Großpackmittel (IBC) und Großverpackungen, oder „RR", wenn es sich um RID- und ADR-spezifische Sondervorschriften handelt,

„B" für Großpackmittel (IBC) oder „BB", wenn es sich um RID- und ADR-spezifische Sondervorschriften handelt, und

„L" für Großverpackungen oder „LL", wenn es sich um RID- und ADR-spezifische Sondervorschriften handelt.

Sofern nichts anderes festgelegt ist, muss jede Verpackung den anwendbaren Vorschriften des Teils 6 entsprechen. Im Allgemeinen sagen die Verpackungsanweisungen nichts über die Verträglichkeit aus, weswegen der Verwender keine Verpackungen auswählen darf, ohne zu überprüfen, ob der Stoff mit dem gewählten Verpackungswerkstoff verträglich ist (z.B. sind Glasgefäße für die meisten Fluoride ungeeignet). Wenn in den Verpackungsanweisungen Gefäße aus Glas zugelassen sind, sind Verpackungen aus Porzellan, Ton und Steinzeug ebenfalls zugelassen. → D: RSEB 0-1

**[Festlegung in GG-Liste]** 4.1.3.2

Die Spalte (8) der Tabelle A in Kapitel 3.2 enthält für jeden Gegenstand oder Stoff die anzuwendende(n) Verpackungsanweisung(en). Die Spalte (9a) enthält die für die einzelnen Stoffe oder Gegenstände anwendbaren Sondervorschriften für die Verpackung, die Spalte (9b) enthält die Sondervorschriften für die Zusammenpackung (siehe Abschnitt 4.1.10).

**[Inhalte]** 4.1.3.3

In jeder Verpackungsanweisung sind, sofern zutreffend, die zulässigen Einzelverpackungen und zusammengesetzten Verpackungen aufgeführt. Für zusammengesetzte Verpackungen werden die zulässigen Außenverpackungen, Innenverpackungen und, sofern zutreffend, die zugelassene Höchstmenge für jede Innen- oder Außenverpackung aufgeführt. Die höchste Nettomasse und der höchste Fassungsraum sind in Abschnitt 1.2.1 definiert. Wenn Verpackungen, die den Vorschriften des Unterabschnitts 4.1.1.3 nicht entsprechen müssen (z.B. Verschläge, Paletten), in einer Verpackungsanweisung oder in den in Kapitel 3.2 Tabelle A aufgeführten Sondervorschriften zugelassen sind, unterliegen diese Verpackungen nicht den Masse- oder Volumenbegrenzungen, die allgemein für Verpackungen gelten, die den Vorschriften des Kapitels 6.1 entsprechen, es sei denn, in der entsprechenden Verpackungsanweisung oder Sondervorschrift ist etwas anderes angegeben.

**[Verwendungsverbote]** 4.1.3.4

Die folgenden Verpackungen dürfen nicht verwendet werden, wenn sich die zu befördernden Stoffe während der Beförderung verflüssigen können:

**Verpackungen**

| | |
|---|---|
| Fässer: | 1D und 1G |
| Kisten: | 4A, 4B, 4N, 4C1, 4C2, 4D, 4F, 4G, 4H1 und 4H2 |
| Säcke: | 5L1, 5L2, 5L3, 5H1, 5H2, 5H3, 5H4, 5M1 und 5M2 |
| Kombinationsverpackungen: | 6HC, 6HD2, 6HG1, 6HG2, 6HD1, 6PC, 6PD1, 6PD2, 6PG1, 6PG2 und 6PH1 |

**Großverpackungen**

| | |
|---|---|
| aus flexiblem Kunststoff: | 51H (Außenverpackung) |

**4.1.3.4 Großpackmittel (IBC)**
(Forts.)

| | | |
|---|---|---|
| für Stoffe der Verpackungsgruppe I: | alle Typen von Großpackmitteln (IBC) | |
| für Stoffe der Verpackungsgruppen II und III: | IBC aus Holz: | 11C, 11D und 11F |
| | IBC aus Pappe: | 11G |
| | flexible IBC: | 13H1, 13H2, 13H3, 13H4, 13H5, 13L1, 13L2, 13L3, 13L4, 13M1 und 13M2 |
| | Kombinations-Großpackmittel (IBC): | 11HZ2 und 21HZ2 |

Für Zwecke dieses Unterabschnitts gelten Stoffe und Stoffgemische, die einen Schmelzpunkt von höchstens 45 °C haben, als feste Stoffe, die sich während der Beförderung verflüssigen können.

**4.1.3.5 [Alternativverpackungen]**

Wenn die Verpackungsanweisungen in diesem Kapitel die Verwendung einer besonderen Art einer Verpackung erlauben (z.B. 4G bzw. 1A2), dürfen Verpackungen mit den gleichen Verpackungscodierungen, ergänzt durch die Buchstaben „V", „U" oder „W" gemäß den Vorschriften des Teils 6 (z.B. 4GV, 4GU oder 4GW bzw. 1A2V, 1A2U oder 1A2W) ebenfalls verwendet werden, wenn sie denselben Bedingungen und Einschränkungen genügen, die für die Verwendung dieses Verpackungstyps gemäß den geltenden Verpackungsanweisungen anwendbar sind. Beispielsweise darf eine mit der Verpackungscodierung „4GV" gekennzeichnete zusammengesetzte Verpackung als eine mit „4G" gekennzeichnete zusammengesetzte Verpackung verwendet werden, wenn die Vorschriften der geltenden Verpackungsanweisung hinsichtlich der Art der Innenverpackungen und der Mengenbegrenzungen eingehalten werden.

**4.1.3.6 Druckgefäße für flüssige und feste Stoffe**
*→ 1.6.2.6*

**4.1.3.6.1 [Verwendungszulassung]**

Sofern im ADR nichts anderes angegeben ist, sind Druckgefäße, die

a) den anwendbaren Vorschriften des Kapitels 6.2 entsprechen oder
b) den im Land der Herstellung der Druckgefäße angewendeten nationalen oder internationalen Normen für die Auslegung, den Bau, die Prüfung, die Herstellung und die Inspektion entsprechen, vorausgesetzt, die Vorschriften des Unterabschnitts 4.1.3.6 werden eingehalten und metallene Flaschen, Großflaschen, Druckfässer, Flaschenbündel und Bergungsdruckgefäße sind so gebaut, dass das Berstverhältnis (Berstdruck dividiert durch Prüfdruck) mindestens beträgt:
   (i) 1,50 bei wiederbefüllbaren Druckgefäßen;
   (ii) 2,00 bei nicht wiederbefüllbaren Druckgefäßen;

für die Beförderung aller flüssigen oder festen Stoffe mit Ausnahme von explosiven Stoffen, thermisch instabilen Stoffen, organischen Peroxiden, selbstzersetzlichen Stoffen, Stoffen, bei denen sich durch die Entwicklung einer chemischen Reaktion ein bedeutender Druck entwickeln kann, und radioaktiven Stoffen (sofern nicht gemäß Abschnitt 4.1.9 erlaubt) zugelassen.

Dieser Unterabschnitt ist für die in Unterabschnitt 4.1.4.1 Verpackungsanweisung P200 Tabelle 3 aufgeführten Stoffe nicht anwendbar.

**4.1.3.6.2 [Bauartzulassung]**

Jede Bauart von Druckgefäßen muss von der zuständigen Behörde des Herstellungslandes oder nach den Vorschriften des Kapitels 6.2 zugelassen sein.

**4.1.3.6.3 [Mindestprüfdruck]**
*→ D: RSEB 0-1*

Sofern nichts anderes angegeben ist, müssen Druckgefäße mit einem Mindestprüfdruck von 0,6 MPa verwendet werden.

**4.1.3.6.4 [Druckentlastungseinrichtung]**
*→ D: RSEB 0-1*

Sofern nichts anderes angegeben ist, dürfen Druckgefäße mit einer Notfall-Druckentlastungseinrichtung versehen sein, die so ausgelegt ist, dass bei einem Überfüllen oder einem Brand ein Zerbersten verhindert wird.

Die Verschlussventile von Druckgefäßen müssen so ausgelegt und gebaut sein, dass sie von sich aus in der Lage sind, Beschädigungen ohne Freiwerden von Füllgut standzuhalten, oder sie müssen durch eine der in Absatz 4.1.6.8 a) bis e) angegebenen Methoden gegen Beschädigungen, die zu einem unbeabsichtigten Freiwerden von Füllgut des Druckgefäßes führen können, geschützt sein. 4.1.3.6.4 (Forts.)

**[Maximaler Füllungsgrad]** 4.1.3.6.5

Der Füllungsgrad darf 95 % des Fassungsraumes des Druckgefäßes bei 50 °C nicht überschreiten. Es muss genügend füllungsfreier Raum verbleiben, um sicherzustellen, dass das Druckgefäß bei einer Temperatur von 55 °C nicht vollständig mit Flüssigkeit gefüllt ist.

**[Wiederkehrende Prüfung]** 4.1.3.6.6 → 4.1.6.10 → D: RSEB 0-1

Sofern nichts anderes angegeben ist, müssen Druckgefäße alle fünf Jahre einer wiederkehrenden Inspektion und Prüfung unterzogen werden. Die wiederkehrende Inspektion muss eine äußere Untersuchung, eine innere Untersuchung oder eine von der zuständigen Behörde zugelassene alternative Methode, eine Druckprüfung oder mit Genehmigung der zuständigen Behörde eine ebenso wirksame zerstörungsfreie Prüfung, einschließlich einer Inspektion aller Zubehörteile (z.B. Dichtheit der Verschlussventile, Notfall-Druckentlastungsventile oder Schmelzsicherungen) umfassen. Druckgefäße dürfen nach Ablauf der Frist für die wiederkehrende Inspektion und Prüfung nicht befüllt werden, dürfen jedoch nach Ablauf der Frist befördert werden. Reparaturen von Druckgefäßen müssen den Vorschriften des Unterabschnitts 4.1.6.11 entsprechen.

**[Kontrolle vor Befüllen]** 4.1.3.6.7

Vor dem Befüllen muss der Verpacker eine Kontrolle des Druckgefäßes durchführen und sicherstellen, dass das Druckgefäß für den zu befördernden Stoff zugelassen ist und die Vorschriften des ADR erfüllt sind. Nach dem Befüllen müssen die Verschlussventile geschlossen werden und während der Beförderung verschlossen bleiben. Der Absender muss überprüfen, dass die Verschlüsse und die Ausrüstung nicht undicht sind.

**[Produktwechselverbot]** 4.1.3.6.8

Wiederbefüllbare Druckgefäße dürfen nicht mit einem Stoff befüllt werden, der von dem zuvor enthaltenen Stoff abweicht, es sei denn, die notwendigen Maßnahmen für einen Wechsel der Verwendung wurden durchgeführt.

**[Kennzeichnung]** 4.1.3.6.9

Die Kennzeichnung von Druckgefäßen für flüssige und feste Stoffe gemäß Unterabschnitt 4.1.3.6 (die nicht den Vorschriften des Kapitels 6.2 entsprechen) muss in Übereinstimmung mit den Vorschriften der zuständigen Behörde des Herstellungslandes erfolgen.

**[Verbot nicht zugelassener Verpackungen]** 4.1.3.7

Verpackungen oder Großpackmittel (IBC), die nicht ausdrücklich durch die anwendbare Verpackungsanweisung zugelassen sind, dürfen nicht zur Beförderung eines Stoffes oder Gegenstandes verwendet werden, es sei denn zwischen Vertragsparteien des ADR wurde eine zeitweilige Abweichung von diesen Vorschriften gemäß Abschnitt 1.5.1 vereinbart.

**Unverpackte Gegenstände mit Ausnahme von Gegenständen der Klasse 1** 4.1.3.8 → 4.1.5.15 → D: RSEB 4-6.S

**[Große Gegenstände]** 4.1.3.8.1

Wenn große und robuste Gegenstände nicht nach den Vorschriften des Kapitels 6.1 oder 6.6 verpackt werden können und diese leer, ungereinigt und unverpackt befördert werden müssen, kann die zuständige Behörde des Ursprungslandes[2)] eine solche Beförderung zulassen. Dabei muss die zuständige Behörde berücksichtigen, dass:

a) große und robuste Gegenstände genügend widerstandsfähig sein müssen, um den Stößen und Belastungen, die unter normalen Beförderungsbedingungen auftreten können, standzuhalten, einschließlich des Umschlags zwischen Güterbeförderungseinheiten und zwischen Güterbeförderungs-

2) Ist das Ursprungsland keine Vertragspartei des ADR, die zuständige Behörde der ersten von der Sendung berührten Vertragspartei des ADR.

**4.1.3.8.1** (Forts.) einheiten und Lagerhäusern sowie jeder Entnahme von einer Palette zur nachfolgenden manuellen oder mechanischen Handhabung;

b) alle Verschlüsse und Öffnungen so dicht verschlossen sein müssen, um unter normalen Beförderungsbedingungen ein Austreten des Inhalts infolge von Vibration, Temperaturwechsel, Feuchtigkeits- und Druckänderung (z.B. hervorgerufen durch Höhenunterschiede) zu vermeiden. An der Außenseite der großen und robusten Gegenstände dürfen keine gefährlichen Rückstände anhaften;

c) Teile der großen und robusten Gegenstände, die unmittelbar mit den gefährlichen Gütern in Berührung kommen:

(i) durch diese gefährlichen Güter nicht angegriffen oder erheblich geschwächt werden dürfen und

(ii) keinen gefährlichen Effekt auslösen dürfen, z.B. eine katalytische Reaktion oder eine Reaktion mit den gefährlichen Gütern;

d) große und robuste Gegenstände, die flüssige Stoffe enthalten, so verstaut und gesichert werden müssen, dass ein Austreten des Inhalts oder eine dauerhafte Verformung des Gegenstandes während der Beförderung verhindert wird;

e) sie so auf Schlitten, in Verschlägen, in anderen Handhabungsvorrichtungen oder auf der Güterbeförderungseinheit befestigt sind, dass sie sich unter normalen Beförderungsbedingungen nicht lösen können.

**4.1.3.8.2** **[Dokumentation, Beschreibung]**

*→ D: § 18 (1) 10*

Unverpackte Gegenstände, die von der zuständigen Behörde nach den Vorschriften des Absatzes 4.1.3.8.1 zugelassen sind, unterliegen den Vorschriften für den Versand des Teils 5. Der Absender solcher Gegenstände muss darüber hinaus sicherstellen, dass eine Kopie einer solchen Genehmigung dem Beförderungspapier beigefügt wird.

**Bem.** Ein großer und robuster Gegenstand kann ein flexibler Treibstofftank, eine militärische Ausrüstung, eine Maschine oder eine Ausrüstung sein, der/die gefährliche Güter über den Grenzwerten des Abschnittes 3.4.1 enthält.

## 4.1.4 Verzeichnis der Verpackungsanweisungen

*→ D: § 22 (1) 3*
*→ RO-bi-SE-10*

**Bem.** Obwohl in den folgenden Verpackungsanweisungen die gleiche Nummerierung wie im IMDG-Code und in den UN-Modellvorschriften verwendet wird, ist auf einige abweichende Besonderheiten zu achten.

### 4.1.4.1 Anweisungen für die Verwendung von Verpackungen (ausgenommen Großpackmittel (IBC) und Großverpackungen)

| P001 | VERPACKUNGSANWEISUNG (FLÜSSIGE STOFFE) | | | P001 |
|---|---|---|---|---|
| Folgende Verpackungen sind zugelassen, wenn die allgemeinen Vorschriften der Abschnitte 4.1.1 und 4.1.3 erfüllt sind: | | | | |
| **zusammengesetzte Verpackungen** | | **höchste Nettomasse (siehe Unterabschnitt 4.1.3.3)** | | |
| **Innenverpackungen** | **Außenverpackungen** | **Verpackungsgruppe I** | **Verpackungsgruppe II** | **Verpackungsgruppe III** |
| aus Glas 10 l | **Fässer** | | | |
| aus Kunststoff 30 l | aus Stahl (1A1, 1A2) | 250 kg | 400 kg | 400 kg |
| aus Metall 40 l | aus Aluminium (1B1, 1B2) | 250 kg | 400 kg | 400 kg |
| | aus einem anderen Metall (1N1, 1N2) | 250 kg | 400 kg | 400 kg |
| | aus Kunststoff (1H1, 1H2) | 250 kg | 400 kg | 400 kg |
| | aus Sperrholz (1D) | 150 kg | 400 kg | 400 kg |
| | aus Pappe (1G) | 75 kg | 400 kg | 400 kg |
| | **Kisten** | | | |
| | aus Stahl (4A) | 250 kg | 400 kg | 400 kg |
| | aus Aluminium (4B) | 250 kg | 400 kg | 400 kg |
| | aus einem anderen Metall (4N) | 250 kg | 400 kg | 400 kg |
| | aus Naturholz (4C1, 4C2) | 150 kg | 400 kg | 400 kg |
| | aus Sperrholz (4D) | 150 kg | 400 kg | 400 kg |
| | aus Holzfaserwerkstoff (4F) | 75 kg | 400 kg | 400 kg |
| | aus Pappe (4G) | 75 kg | 400 kg | 400 kg |
| | aus Schaumstoff (4H1) | 60 kg | 60 kg | 60 kg |
| | aus starrem Kunststoff (4H2) | 150 kg | 400 kg | 400 kg |

4.1.4.1 (Forts.)

| P001 | VERPACKUNGSANWEISUNG (FLÜSSIGE STOFFE) *(Forts.)* | | P001 |
|---|---|---|---|
| **Kanister** | | | |
| aus Stahl (3A1, 3A2) | 120 kg | 120 kg | 120 kg |
| aus Aluminium (3B1, 3B2) | 120 kg | 120 kg | 120 kg |
| aus Kunststoff (3H1, 3H2) | 120 kg | 120 kg | 120 kg |
| **Einzelverpackungen** | **höchster Fassungsraum (siehe Unterabschnitt 4.1.3.3)** | | |
| | **Verpackungsgruppe I** | **Verpackungsgruppe II** | **Verpackungsgruppe III** |
| **Fässer** | | | |
| aus Stahl, mit nicht abnehmbarem Deckel (1A1) | 250 l | 450 l | 450 l |
| aus Stahl, mit abnehmbarem Deckel (1A2) | 250 l[a)] | 450 l | 450 l |
| aus Aluminium, mit nicht abnehmbarem Deckel (1B1) | 250 l | 450 l | 450 l |
| aus Aluminium, mit abnehmbarem Deckel (1B2) | 250 l[a)] | 450 l | 450 l |
| aus einem anderen Metall als Stahl oder Aluminium, mit nicht abnehmbarem Deckel (1N1) | 250 l | 450 l | 450 l |
| aus einem anderen Metall als Stahl oder Aluminium, mit abnehmbarem Deckel (1N2) | 250 l[a)] | 450 l | 450 l |
| aus Kunststoff, mit nicht abnehmbarem Deckel (1H1) | 250 l | 450 l | 450 l |
| aus Kunststoff, mit abnehmbarem Deckel (1H2) | 250 l[a)] | 450 l | 450 l |
| **Kanister** | | | |
| aus Stahl, mit nicht abnehmbarem Deckel (3A1) | 60 l | 60 l | 60 l |
| aus Stahl, mit abnehmbarem Deckel (3A2) | 60 l[a)] | 60 l | 60 l |
| aus Aluminium, mit nicht abnehmbarem Deckel (3B1) | 60 l | 60 l | 60 l |
| aus Aluminium, mit abnehmbarem Deckel (3B2) | 60 l[a)] | 60 l | 60 l |
| aus Kunststoff, mit nicht abnehmbarem Deckel (3H1) | 60 l | 60 l | 60 l |
| aus Kunststoff, mit abnehmbarem Deckel (3H2) | 60 l[a)] | 60 l | 60 l |
| **Kombinationsverpackungen** | | | |
| Kunststoffgefäß in einem Fass aus Stahl, Aluminium oder Kunststoff (6HA1, 6HB1, 6HH1) | 250 l | 250 l | 250 l |
| Kunststoffgefäß in einem Fass aus Pappe oder Sperrholz (6HG1, 6HD1) | 120 l | 250 l | 250 l |
| Kunststoffgefäß in einem Verschlag oder einer Kiste aus Stahl oder Aluminium oder Kunststoffgefäß in einer Kiste aus Naturholz, Sperrholz, Pappe oder starrem Kunststoff (6HA2, 6HB2, 6HC, 6HD2, 6HG2 oder 6HH2) | 60 l | 60 l | 60 l |
| Glasgefäß in einem Fass aus Stahl, Aluminium, Pappe, Sperrholz, Schaumstoff oder starrem Kunststoff (6PA1, 6PB1, 6PG1, 6PD1, 6PH1 oder 6PH2) oder in einem Verschlag oder einer Kiste aus Stahl oder Aluminium, in einer Kiste aus Naturholz oder Pappe oder in einem Weidenkorb (6PA2, 6PB2, 6PC, 6PG2 oder 6PD2) | 60 l | 60 l | 60 l |
| **Druckgefäße**, vorausgesetzt, die allgemeinen Vorschriften des Unterabschnitts 4.1.3.6 werden erfüllt. | | | |

a) Es sind nur Stoffe mit einer Viskosität von mehr als 2 680 $mm^2/s$ zugelassen.

**Zusätzliche Vorschrift**

Für Stoffe der Klasse 3 Verpackungsgruppe III, die geringe Mengen an Kohlendioxid und Stickstoff freisetzen, müssen die Verpackungen mit einer Lüftungseinrichtung versehen sein.

**Sondervorschriften für die Verpackung**

**PP1** Die UN-Nummern 1133, 1210, 1263 und 1866 sowie Klebstoffe, Druckfarben, Druckfarbzubehörstoffe, Farben, Farbzubehörstoffe und Harzlösungen, die der UN-Nummer 3082 zugeordnet sind, dürfen als Stoffe der Verpackungsgruppen II und III in Mengen von höchstens 5 Litern je Verpackung in Verpackungen aus Metall oder Kunststoff, die nicht die Prüfungen nach Kapitel 6.1 bestehen müssen, verpackt werden, wenn sie wie folgt befördert werden:

a) als Palettenladung, in Gitterboxpaletten oder Ladungseinheiten, z.B. einzelne Verpackungen, die auf eine Palette gestellt oder gestapelt sind und die mit Gurten, Dehn- oder Schrumpffolie oder einer anderen geeigneten Methode auf der Palette befestigt sind, oder

b) als Innenverpackungen von zusammengesetzten Verpackungen mit einer höchsten Nettomasse von 40 kg.

**PP2** Für die UN-Nummer 3065 dürfen Holzfässer mit einem höchsten Fassungsraum von 250 Litern, die nicht den Vorschriften des Kapitels 6.1 entsprechen, verwendet werden.

4.1.4.1 (Forts.)

| P001 | VERPACKUNGSANWEISUNG (FLÜSSIGE STOFFE) *(Forts.)* | P001 |
|---|---|---|

**PP4** Für die UN-Nummer 1774 müssen die Verpackungen den Prüfanforderungen der Verpackungsgruppe II entsprechen.

**PP5** Für die UN-Nummer 1204 müssen die Verpackungen so gebaut sein, dass eine Explosion durch den Anstieg des Innendrucks nicht möglich ist. Flaschen, Großflaschen und Druckfässer dürfen für diese Stoffe nicht verwendet werden.

**PP6** (gestrichen)

**PP10** Für die UN-Nummer 1791 Verpackungsgruppe II muss die Verpackung mit einer Lüftungseinrichtung versehen sein.

**PP31** Für die UN-Nummer 1131 müssen die Verpackungen luftdicht verschlossen sein.

**PP33** Für die UN-Nummer 1308 Verpackungsgruppen I und II sind nur zusammengesetzte Verpackungen mit einer höchsten Bruttomasse von 75 kg zugelassen.

**PP81** Für die UN-Nummer 1790 mit mehr als 60 %, aber höchstens 85 % Fluorwasserstoff und die UN-Nummer 2031 mit mehr als 55 % Salpetersäure beträgt die zulässige Verwendungsdauer der als Einzelverpackungen verwendeten Fässer und Kanister aus Kunststoff zwei Jahre ab dem Datum der Herstellung.

**PP93** Für die UN-Nummern 3532 und 3534 müssen die Verpackungen so ausgelegt und gebaut sein, dass sie das Freisetzen von Gas oder Dampf ermöglichen, um einen Druckaufbau zu verhindern, der bei einem Verlust der Stabilisierung zu einem Zubruchgehen der Verpackung führen könnte.

**RID- und ADR-spezifische Sondervorschrift für die Verpackung**

**RR2** Für die UN-Nummer 1261 sind Verpackungen mit abnehmbarem Deckel nicht zugelassen.

| P002 | VERPACKUNGSANWEISUNG (FESTE STOFFE) | P002 |
|---|---|---|

Folgende Verpackungen sind zugelassen, wenn die allgemeinen Vorschriften der Abschnitte 4.1.1 und 4.1.3 erfüllt sind:

| **zusammengesetzte Verpackungen** | | **höchste Nettomasse (siehe Unterabschnitt 4.1.3.3)** | | |
|---|---|---|---|---|
| **Innenverpackungen** | **Außenverpackungen** | **Verpackungsgruppe I** | **Verpackungsgruppe II** | **Verpackungsgruppe III** |
| aus Glas 10 kg | **Fässer** | | | |
| aus Kunststoff[a)] 50 kg | aus Stahl (1A1, 1A2) | 400 kg | 400 kg | 400 kg |
| aus Metall 50 kg | aus Aluminium (1B1, 1B2) | 400 kg | 400 kg | 400 kg |
| aus Papier[a), b), c)] 50 kg | aus einem anderen Metall (1N1, 1N2) | 400 kg | 400 kg | 400 kg |
| aus Pappe[a), b), c)] 50 kg | aus Kunststoff (1H1, 1H2) | 400 kg | 400 kg | 400 kg |
| | aus Sperrholz (1D) | 400 kg | 400 kg | 400 kg |
| | aus Pappe (1G) | 400 kg | 400 kg | 400 kg |
| | **Kisten** | | | |
| | aus Stahl (4A) | 400 kg | 400 kg | 400 kg |
| | aus Aluminium (4B) | 400 kg | 400 kg | 400 kg |
| | aus einem anderen Metall (4N) | 400 kg | 400 kg | 400 kg |
| | aus Naturholz (4C1) | 250 kg | 400 kg | 400 kg |
| | aus Naturholz, mit staubdichten Wänden (4C2) | 250 kg | 400 kg | 400 kg |
| | aus Sperrholz (4D) | 250 kg | 400 kg | 400 kg |
| | aus Holzfaserwerkstoff (4F) | 125 kg | 400 kg | 400 kg |
| | aus Pappe (4G) | 125 kg | 400 kg | 400 kg |
| | aus Schaumstoff (4H1) | 60 kg | 60 kg | 60 kg |
| | aus starrem Kunststoff (4H2) | 250 kg | 400 kg | 400 kg |
| | **Kanister** | | | |
| | aus Stahl (3A1, 3A2) | 120 kg | 120 kg | 120 kg |
| | aus Aluminium (3B1, 3B2) | 120 kg | 120 kg | 120 kg |
| | aus Kunststoff (3H1, 3H2) | 120 kg | 120 kg | 120 kg |

a) Diese Innenverpackungen müssen staubdicht sein.

b) Diese Innenverpackungen dürfen nicht verwendet werden, wenn sich die zu befördernden Stoffe während der Beförderung verflüssigen können (siehe Unterabschnitt 4.1.3.4).

c) Diese Innenverpackungen dürfen für Stoffe der Verpackungsgruppe I nicht verwendet werden.

4.1.4.1 (Forts.)

| P002 | VERPACKUNGSANWEISUNG (FESTE STOFFE) *(Forts.)* | | P002 |
|---|---|---|---|
| **Einzelverpackungen** | **höchste Nettomasse (siehe Unterabschnitt 4.1.3.3)** | | |
| | **Verpackungsgruppe I** | **Verpackungsgruppe II** | **Verpackungsgruppe III** |
| **Fässer** | | | |
| aus Stahl (1A1 oder 1A2[d)]) | 400 kg | 400 kg | 400 kg |
| aus Aluminium (1B1 oder 1B2[d)]) | 400 kg | 400 kg | 400 kg |
| aus einem anderen Metall als Stahl oder Aluminium (1N1 oder 1N2[d)]) | 400 kg | 400 kg | 400 kg |
| aus Kunststoff (1H1 oder 1H2[d)]) | 400 kg | 400 kg | 400 kg |
| aus Pappe (1G)[e)] | 400 kg | 400 kg | 400 kg |
| aus Sperrholz (1D)[e)] | 400 kg | 400 kg | 400 kg |
| **Kanister** | | | |
| aus Stahl (3A1 oder 3A2[d)]) | 120 kg | 120 kg | 120 kg |
| aus Aluminium (3B1 oder 3B2[d)]) | 120 kg | 120 kg | 120 kg |
| aus Kunststoff (3H1 oder 3H2[d)]) | 120 kg | 120 kg | 120 kg |
| **Kisten** | | | |
| aus Stahl (4A)[e)] | nicht zulässig | 400 kg | 400 kg |
| aus Aluminium (4B)[e)] | nicht zulässig | 400 kg | 400 kg |
| aus einem anderen Metall (4N)[e)] | nicht zulässig | 400 kg | 400 kg |
| aus Naturholz (4C1)[e)] | nicht zulässig | 400 kg | 400 kg |
| aus Sperrholz (4D)[e)] | nicht zulässig | 400 kg | 400 kg |
| aus Holzfaserwerkstoff (4F)[e)] | nicht zulässig | 400 kg | 400 kg |
| aus Naturholz, mit staubdichten Wänden (4C2)[e)] | nicht zulässig | 400 kg | 400 kg |
| aus Pappe (4G)[e)] | nicht zulässig | 400 kg | 400 kg |
| aus starrem Kunststoff (4H2)[e)] | nicht zulässig | 400 kg | 400 kg |
| **Säcke** | | | |
| Säcke (5H3, 5H4, 5L3, 5M2)[e)] | nicht zulässig | 50 kg | 50 kg |
| **Kombinationsverpackungen** | | | |
| Kunststoffgefäß in einem Fass aus Stahl, Aluminium, Sperrholz, Pappe oder Kunststoff (6HA1, 6HB1, 6HG1[e)], 6HD1[e)] oder 6HH1) | 400 kg | 400 kg | 400 kg |
| Kunststoffgefäß in einem Verschlag oder einer Kiste aus Stahl oder Aluminium oder in einer Kiste aus Naturholz, Sperrholz, Pappe oder starrem Kunststoff (6HA2, 6HB2, 6HC, 6HD2[e)], 6HG2[e)] oder 6HH2) | 75 kg | 75 kg | 75 kg |
| Glasgefäß in einem Fass aus Stahl, Aluminium, Sperrholz oder Pappe (6PA1, 6PB1, 6PD1[e)] oder 6PG1[e)]) oder in einem Verschlag oder einer Kiste aus Stahl oder Aluminium, in einer Kiste aus Naturholz oder Pappe oder in einem Weidenkorb (6PA2, 6PB2, 6PC, 6PG2[e)] oder 6PD2[e)]) oder in einer Verpackung aus Schaumstoff oder starrem Kunststoff (6PH1 oder 6PH2[e)]) | 75 kg | 75 kg | 75 kg |

d) Diese Verpackungen dürfen nicht für Stoffe der Verpackungsgruppe I verwendet werden, die sich während der Beförderung verflüssigen können (siehe Unterabschnitt 4.1.3.4).

e) Diese Verpackungen dürfen nicht verwendet werden, wenn sich die zu befördernden Stoffe während der Beförderung verflüssigen können (siehe Unterabschnitt 4.1.3.4).

**Druckgefäße**, vorausgesetzt, die allgemeinen Vorschriften des Unterabschnitts 4.1.3.6 werden erfüllt.

**Sondervorschriften für die Verpackung**

**PP6** (gestrichen)

**PP7** UN 2000 Celluloid darf auch unverpackt mit Kunststofffolie umhüllt und mit geeigneten Mitteln, wie Stahlbändern, gesichert auf Paletten als geschlossene Ladung in gedeckten Fahrzeugen oder in geschlossenen Containern befördert werden. Die Bruttomasse einer Palette darf 1 000 kg nicht übersteigen.

**PP8** Für die UN-Nummer 2002 müssen die Verpackungen so gebaut sein, dass eine Explosion durch den Anstieg des Innendrucks nicht möglich ist. Flaschen, Großflaschen und Druckfässer dürfen für diese Stoffe nicht verwendet werden.

4.1.4.1 (Forts.)

| P002 | VERPACKUNGSANWEISUNG (FESTE STOFFE) *(Forts.)* | P002 |
|---|---|---|

**PP9** Für die UN-Nummern 3175, 3243 und 3244 müssen die Verpackungen einer Bauart entsprechen, welche die Dichtheitsprüfung für die Verpackungsgruppe II bestanden hat. Für die UN-Nummer 3175 ist die Dichtheitsprüfung nicht erforderlich, wenn die flüssigen Stoffe vollständig in einem festen Stoff aufgesaugt und in dicht verschlossenen Säcken enthalten sind.

**PP11** Für die UN-Nummern 1309 Verpackungsgruppe III und 1362 sind Säcke 5H1, 5L1 und 5M1 zugelassen, wenn diese in Kunststoffsäcken und mit einer Schrumpf- oder Dehnfolie auf Paletten umverpackt sind.

**PP12** Für die UN-Nummern 1361, 2213 und 3077 sind Säcke 5H1, 5L1 und 5M1 zugelassen, wenn diese in gedeckten Fahrzeugen oder geschlossenen Containern befördert werden.

**PP13** Für Gegenstände der UN-Nummer 2870 sind nur zusammengesetzte Verpackungen zugelassen, welche die Prüfanforderungen für die Verpackungsgruppe I erfüllen.

**PP14** Für die UN-Nummern 2211, 2698 und 3314 müssen die Verpackungen nicht die Prüfungen nach Kapitel 6.1 bestehen.

**PP15** Für die UN-Nummern 1324 und 2623 müssen die Verpackungen die Prüfanforderungen für die Verpackungsgruppe III erfüllen.

**PP20** Für die UN-Nummer 2217 darf jedes staubdichte und reißfeste Gefäß verwendet werden.

**PP30** Für die UN-Nummer 2471 sind Innenverpackungen aus Papier oder Pappe nicht zugelassen.

**PP34** Für UN 2969 Rizinussaat (ganze Bohnen) sind Säcke 5H1, 5L1 und 5M1 zugelassen.

**PP37** Für die UN-Nummern 2590 und 2212 sind Säcke 5M1 zugelassen. Alle Arten von Säcken müssen in gedeckten Fahrzeugen oder geschlossenen Containern befördert oder in geschlossene starre Umverpackungen eingesetzt werden.

**PP38** Für die UN-Nummer 1309 Verpackungsgruppe II sind Säcke nur in gedeckten Fahrzeugen oder geschlossenen Containern zugelassen.

**PP84** Für die UN-Nummer 1057 sind starre Außenverpackungen zu verwenden, die den Prüfanforderungen für die Verpackungsgruppe II entsprechen. Die Verpackungen sind so auszulegen, herzustellen und einzurichten, dass eine Bewegung, eine unbeabsichtigte Zündung der Einrichtungen oder ein unbeabsichtigtes Freiwerden entzündbarer Gase oder entzündbarer flüssiger Stoffe verhindert wird.

**Bem.** Für Abfall-Feuerzeuge, die getrennt gesammelt werden, siehe Kapitel 3.3 Sondervorschrift 654.

**PP92** Für die UN-Nummern 3531 und 3533 müssen die Verpackungen so ausgelegt und gebaut sein, dass sie das Freisetzen von Gas oder Dampf ermöglichen, um einen Druckaufbau zu verhindern, der bei einem Verlust der Stabilisierung zu einem Zubruchgehen der Verpackung führen könnte.

**RID- und ADR-spezifische Sondervorschrift für die Verpackung**

**RR5** Ungeachtet der Sondervorschrift für die Verpackung PP84 müssen nur die allgemeinen Vorschriften der Unterabschnitte 4.1.1.1, 4.1.1.2 und 4.1.1.5 bis 4.1.1.7 erfüllt werden, wenn die Bruttomasse des Versandstücks höchstens 10 kg beträgt.

**Bem.** Für Abfall-Feuerzeuge, die getrennt gesammelt werden, siehe Kapitel 3.3 Sondervorschrift 654.

| P003 | VERPACKUNGSANWEISUNG | P003 |
|---|---|---|

Die gefährlichen Güter müssen in geeignete Außenverpackungen eingesetzt sein. Die Verpackungen müssen die Vorschriften der Unterabschnitte 4.1.1.1, 4.1.1.2, 4.1.1.4 und 4.1.1.8 und des Abschnitts 4.1.3 erfüllen und müssen so ausgelegt sein, dass sie den Bauvorschriften des Abschnitts 6.1.4 entsprechen. Es müssen Außenverpackungen verwendet werden, die aus geeignetem Werkstoff hergestellt sind und hinsichtlich ihres Fassungsraums und der vorgesehenen Verwendung eine ausreichende Festigkeit aufweisen und entsprechend ausgelegt sind. Bei der Anwendung dieser Verpackungsanweisung für die Beförderung von Gegenständen oder Innenverpackungen von zusammengesetzten Verpackungen muss die Verpackung so ausgelegt und gebaut sein, dass eine unbeabsichtigte Entladung der Gegenstände unter normalen Beförderungsbedingungen verhindert wird.

**Sondervorschriften für die Verpackung**

**PP16** UN 2800 Batterien (Akkumulatoren) müssen gegen Kurzschluss geschützt und in widerstandsfähigen Außenverpackungen sicher verpackt sein.

**Bem.**
1. Auslaufsichere Batterien (Akkumulatoren), die für die Funktion eines mechanischen oder elektronischen Geräts notwendig und dessen Bestandteil sind, müssen sicher in der Batteriehalterung des Gerätes befestigt und gegen Beschädigung und Kurzschluss geschützt sein.
2. Für gebrauchte Batterien (Akkumulatoren) (UN-Nummer 2800) siehe P801.

**PP17** Für die UN-Nummer 2037 dürfen Versandstücke bei Verpackungen aus Pappe die Nettomasse von 55 kg und bei anderen Verpackungen die Nettomasse von 125 kg nicht überschreiten.

4.1.4.1 (Forts.)

| P003 | VERPACKUNGSANWEISUNG *(Forts.)* | P003 |
|---|---|---|
| **PP19** | Für die UN-Nummern 1364 und 1365 ist die Beförderung in Ballen zugelassen. | |
| **PP20** | Für die UN-Nummern 1363, 1386, 1408 und 2793 darf jedes staubdichte und reißfeste Gefäß verwendet werden. | |
| **PP32** | Die UN-Nummern 2857 und 3358 sowie widerstandsfähige Gegenstände, die unter der UN-Nummer 3164 versandt werden, dürfen unverpackt, in Verschlägen oder geeigneten Umverpackungen befördert werden.<br>**Bem.** Die zugelassenen Verpackungen dürfen eine Nettomasse von 400 kg überschreiten (siehe Unterabschnitt 4.1.3.3). | |
| **PP87** | (gestrichen) | |
| **PP88** | (gestrichen) | |
| **PP90** | Für die UN-Nummern 3506 und 3554 müssen dicht verschlossene Innenauskleidungen oder Säcke aus einem widerstandsfähigen, flüssigkeitsdichten, durchstoßfesten und für Quecksilber bzw. Gallium undurchlässigen Werkstoff verwendet werden, die unabhängig von der Lage oder Ausrichtung des Versandstücks ein Freiwerden des Stoffes aus dem Versandstück verhindern. | |
| **PP91** | Für die UN-Nummer 1044 dürfen große Feuerlöscher auch unverpackt befördert werden, vorausgesetzt, die Vorschriften des Absatzes 4.1.3.8.1 a) bis e) werden erfüllt, die Ventile sind durch eine der Methoden gemäß Unterabschnitt 4.1.6.8 a) bis d) geschützt und andere auf dem Feuerlöscher angebrachte Ausrüstungen sind geschützt, um eine unbeabsichtigte Auslösung zu verhindern. „Große Feuerlöscher" im Sinne dieser Sondervorschrift sind die in den Absätzen c) bis e) der Sondervorschrift 225 des Kapitels 3.3 beschriebenen Feuerlöscher. | |
| **PP96** | Bei Abfall-Gaspatronen der UN-Nummer 2037, die gemäß Kapitel 3.3 Sondervorschrift 327 befördert werden, müssen die Verpackungen ausreichend belüftet sein, um die Bildung gefährlicher Atmosphären und einen Druckaufbau zu verhindern. | |
| **RID- und ADR-spezifische Sondervorschriften für die Verpackung** | | |
| **RR6** | Gegenstände aus Metall der UN-Nummer 2037 dürfen bei der Beförderung als geschlossene Ladung auch wie folgt verpackt werden:<br>Die Gegenstände müssen auf Trays zu Einheiten zusammengestellt werden und mit einer geeigneten Kunststoffhülle in der richtigen Lage gehalten werden; diese Einheiten müssen auf Paletten in geeigneter Weise gestapelt und gesichert sein. | |
| **RR9** | Für die UN-Nummer 3509 müssen die Verpackungen nicht den Vorschriften des Unterabschnitts 4.1.1.3 entsprechen.<br>Es müssen Verpackungen verwendet werden, die den Vorschriften des Abschnitts 6.1.4 entsprechen und die flüssigkeitsdicht oder mit einer flüssigkeitsdichten, durchstoßfesten und dicht verschlossenen Innenauskleidung oder einem flüssigkeitsdichten, durchstoßfesten und dicht verschlossenen Sack ausgerüstet sind.<br>Wenn die einzigen enthaltenen Rückstände feste Stoffe sind, die sich bei den während der Beförderung voraussichtlich auftretenden Temperaturen nicht verflüssigen können, dürfen flexible Verpackungen verwendet werden.<br>Wenn flüssige Rückstände vorhanden sind, müssen starre Verpackungen, die über Rückhaltemittel (z.B. saugfähiges Material) verfügen, verwendet werden.<br>Vor der Befüllung und der Übergabe zur Beförderung muss jede Verpackung überprüft werden, um sicherzustellen, dass sie frei von Korrosion, Verunreinigung oder anderen Schäden ist. Verpackungen mit Anzeichen verminderter Widerstandsfähigkeit dürfen nicht mehr verwendet werden (kleinere Beulen und Risse gelten dabei nicht als Verringerung der Widerstandsfähigkeit der Verpackung).<br>Verpackungen für die Beförderung von leeren, ungereinigten Altverpackungen mit Rückständen der Klasse 5.1 müssen so gebaut oder angepasst sein, dass die Güter nicht mit Holz oder anderen brennbaren Werkstoffen in Berührung kommen können. | |

4.1.4.1 (Forts.)

| P004 | VERPACKUNGSANWEISUNG | P004 |
|---|---|---|

Diese Anweisung gilt für die UN-Nummern 3473, 3476, 3477, 3478 und 3479.

Folgende Verpackungen sind zugelassen:

(1) Für Brennstoffzellen-Kartuschen, wenn die allgemeinen Vorschriften der Unterabschnitte 4.1.1.1, 4.1.1.2, 4.1.1.3 und 4.1.1.6 sowie des Abschnitts 4.1.3 erfüllt sind:

Fässer (1A2, 1B2, 1N2, 1H2, 1D, 1G);
Kisten (4A, 4B, 4N, 4C1, 4C2, 4D, 4F, 4G, 4H1, 4H2);
Kanister (3A2, 3B2, 3H2).

Die Verpackungen müssen den Prüfanforderungen für die Verpackungsgruppe II entsprechen.

(2) Für Brennstoffzellen-Kartuschen mit Ausrüstungen verpackt: widerstandsfähige Außenverpackungen, die die allgemeinen Vorschriften der Unterabschnitte 4.1.1.1, 4.1.1.2 und 4.1.1.6 sowie des Abschnitts 4.1.3 erfüllen.

Wenn Brennstoffzellen-Kartuschen mit Ausrüstungen verpackt werden, müssen sie in Innenverpackungen verpackt werden oder so mit Polstermaterial oder einer Trennwand (Trennwänden) in die Außenverpackung eingesetzt werden, dass die Brennstoffzellen-Kartuschen gegen Beschädigungen geschützt sind, die durch eine Bewegung des Inhalts in der Außenverpackung oder das Einsetzen des Inhalts in die Außenverpackung verursacht werden können.

Die Ausrüstungen müssen gegen Bewegungen in der Außenverpackung gesichert werden.

„Ausrüstung" im Sinne dieser Verpackungsanweisung ist ein Gerät, für dessen Betrieb die mit ihm verpackten Brennstoffzellen-Kartuschen erforderlich sind.

(3) Für Brennstoffzellen-Kartuschen in Ausrüstungen: widerstandsfähige Außenverpackungen, die die allgemeinen Vorschriften der Unterabschnitte 4.1.1.1, 4.1.1.2 und 4.1.1.6 sowie des Abschnitts 4.1.3 erfüllen.

Große robuste Ausrüstungen (siehe Unterabschnitt 4.1.3.8), die Brennstoffzellen-Kartuschen enthalten, dürfen unverpackt befördert werden. Bei Brennstoffzellen-Kartuschen in Ausrüstungen muss das gesamte System gegen Kurzschluss und gegen unbeabsichtigte Inbetriebsetzung geschützt sein.

**Bem.** Die nach den Absätzen (2) und (3) zugelassenen Verpackungen dürfen eine Nettomasse von 400 kg überschreiten (siehe Unterabschnitt 4.1.3.3).

| P005 | VERPACKUNGSANWEISUNG | P005 |
|---|---|---|

Diese Anweisung gilt für die UN-Nummern 3528, 3529 und 3530.

Wenn der Motor oder die Maschine so gebaut und ausgelegt ist, dass das Umschließungsmittel, das die gefährlichen Güter enthält, einen angemessenen Schutz bietet, ist eine Außenverpackung nicht erforderlich.

In den übrigen Fällen müssen gefährliche Güter in Motoren oder Maschinen in Außenverpackungen verpackt sein, die aus einem geeigneten Werkstoff hergestellt sind und hinsichtlich ihres Fassungsraums und ihrer vorgesehenen Verwendung eine ausreichende Festigkeit aufweisen und entsprechend ausgelegt sind und welche die anwendbaren Vorschriften des Unterabschnitts 4.1.1.1 erfüllen, oder die Motoren oder Maschinen müssen so befestigt sein, dass sie sich unter normalen Beförderungsbedingungen nicht lösen können, z.B. auf Schlitten, in Verschlägen oder in anderen Handhabungsvorrichtungen.

**Bem.** Die zugelassenen Verpackungen dürfen eine Nettomasse von 400 kg überschreiten (siehe Unterabschnitt 4.1.3.3).

Darüber hinaus müssen die Umschließungsmittel so im Motor oder in der Maschine enthalten sein, dass unter normalen Beförderungsbedingungen eine Beschädigung des Umschließungsmittels, das die gefährlichen Güter enthält, verhindert wird und dass bei einer Beschädigung des Umschließungsmittels, das flüssige gefährliche Güter enthält, ein Austreten der gefährlichen Güter aus dem Motor oder der Maschine unmöglich ist (für das Erfüllen dieser Vorschrift darf eine dichte Auskleidung verwendet werden).

Umschließungsmittel, die gefährliche Güter enthalten, müssen so eingebaut, gesichert oder gepolstert sein, dass ein Zubruchgehen oder eine Undichtheit verhindert und ihre Bewegung innerhalb des Motors oder der Maschine unter normalen Beförderungsbedingungen eingeschränkt wird. Das Polstermaterial darf mit dem Inhalt der Umschließungsmittel nicht gefährlich reagieren. Ein eventuelles Austreten des Inhalts darf die Schutzeigenschaften des Polstermaterials nicht wesentlich beeinträchtigen.

**Zusätzliche Vorschrift**

Andere gefährliche Güter (z.B. Batterien, Feuerlöscher, Druckgasspeicher oder Sicherheitseinrichtungen), die für die Funktion oder den sicheren Betrieb des Motors oder der Maschine erforderlich sind, müssen sicher in den Motor oder die Maschine eingebaut sein.

4.1.4.1 (Forts.)

| P006 | VERPACKUNGSANWEISUNG | P006 |
|---|---|---|
| Diese Anweisung gilt für die UN-Nummern 3537 bis 3548. | | |

(1) Folgende Verpackungen sind zugelassen, wenn die allgemeinen Vorschriften der Abschnitte 4.1.1 und 4.1.3 erfüllt sind:
Fässer (1A2, 1B2, 1N2, 1H2, 1D, 1G),
Kisten (4A, 4B, 4N, 4C1, 4C2, 4D, 4F, 4G, 4H1, 4H2),
Kanister (3A2, 3B2, 3H2).
Die Verpackungen müssen den Prüfanforderungen für die Verpackungsgruppe II entsprechen.

(2) Darüber hinaus sind für robuste Gegenstände folgende Verpackungen zugelassen:
Widerstandsfähige Außenverpackungen, die aus einem geeigneten Werkstoff hergestellt sind und hinsichtlich ihres Fassungsraums und ihrer beabsichtigten Verwendung eine geeignete Festigkeit und Auslegung aufweisen. Die Verpackungen müssen den Vorschriften der Unterabschnitte 4.1.1.1, 4.1.1.2 und 4.1.1.8 sowie des Abschnitts 4.1.3 entsprechen, um ein Schutzniveau zu erzielen, das zumindest dem des Kapitels 6.1 entspricht. Gegenstände dürfen unverpackt oder auf Paletten befördert werden, sofern die gefährlichen Güter durch den Gegenstand, in dem sie enthalten sind, gleichwertig geschützt werden.

**Bem.** Die zugelassenen Verpackungen dürfen eine Nettomasse von 400 kg überschreiten (siehe Unterabschnitt 4.1.3.3).

(3) Darüber hinaus müssen folgende Vorschriften erfüllt sein:

a) In Gegenständen enthaltene Gefäße, die flüssige oder feste Stoffe enthalten, müssen aus geeigneten Werkstoffen hergestellt und im Gegenstand so gesichert sein, dass sie unter normalen Beförderungsbedingungen nicht zerbrechen oder durchstoßen werden können oder ihr Inhalt nicht in den Gegenstand oder die Außenverpackung austreten kann.

b) Gefäße, die flüssige Stoffe enthalten und mit Verschlüssen ausgerüstet sind, müssen so verpackt werden, dass die Verschlüsse richtig ausgerichtet sind. Die Gefäße müssen darüber hinaus den Vorschriften für die Innendruckprüfung des Unterabschnitts 6.1.5.5 entsprechen.

c) Gefäße, die zerbrechlich sind oder leicht durchstoßen werden können, wie Gefäße aus Glas, Porzellan oder Steinzeug oder aus gewissen Kunststoffen, müssen in geeigneter Weise gesichert werden. Beim Austreten des Inhalts dürfen die schützenden Eigenschaften des Gegenstandes oder der Außenverpackung nicht wesentlich beeinträchtigt werden.

d) In Gegenständen enthaltene Gefäße, die Gase enthalten, müssen den Vorschriften des Abschnitts 4.1.6 bzw. des Kapitels 6.2 entsprechen oder in der Lage sein, ein gleichwertiges Schutzniveau wie die Verpackungsanweisung P200 oder P208 zu erzielen.

e) Wenn innerhalb des Gegenstandes kein Gefäß vorhanden ist, muss der Gegenstand die gefährlichen Stoffe vollständig umschließen und ihre Freisetzung unter normalen Beförderungsbedingungen verhindern.

(4) Die Gegenstände müssen so verpackt sein, dass Bewegungen und eine unbeabsichtigte Inbetriebsetzung unter normalen Beförderungsbedingungen verhindert werden.

(5) Gegenstände, die Vorproduktionsprototypen von Lithiumzellen oder -batterien oder Natrium-Ionen-Zellen oder -Batterien enthalten, sofern diese Prototypen zu Prüfzwecken befördert werden, oder Produktionsserien von höchstens 100 Lithiumzellen oder -batterien oder Natrium-Ionen-Zellen oder -Batterien, die einem Typ entsprechen, der nicht die Prüfvorschriften des Handbuchs Prüfungen und Kriterien Teil III Unterabschnitt 38.3 erfüllt hat, müssen darüber hinaus folgenden Vorschriften entsprechen:

a) Die Verpackungen müssen den Vorschriften des Absatzes (1) dieser Verpackungsanweisung entsprechen.

b) Es müssen geeignete Maßnahmen ergriffen werden, um die Auswirkungen von Vibrationen und Stößen gering zu halten und Bewegungen des Gegenstandes im Versandstück, die zu Schäden und gefährlichen Bedingungen während der Beförderung führen können, zu verhindern. Wenn für die Einhaltung dieser Vorschrift Polstermaterial verwendet wird, muss dieses nichtbrennbar und nicht elektrisch leitfähig sein.

c) Die Nichtbrennbarkeit des Polstermaterials muss in Übereinstimmung mit einer Norm festgestellt werden, die in dem Land, in dem die Verpackung ausgelegt oder hergestellt wird, anerkannt ist.

d) Der Gegenstand darf unter den von der zuständigen Behörde einer Vertragspartei des ADR festgelegten Bedingungen unverpackt befördert werden, wobei diese zuständige Behörde auch eine von der zuständigen Behörde eines Landes, das keine Vertragspartei des ADR ist, erteilte Genehmigung anerkennen kann, vorausgesetzt, diese wurde in Übereinstimmung mit den gemäß dem RID, dem ADR, dem ADN, dem IMDG-Code oder den Technischen Anweisungen der ICAO anwendbaren Verfahren erteilt. Zu den zusätzlichen Bedingungen, die im Genehmigungsverfahren berücksichtigt werden können, gehören unter anderem:

(i) der Gegenstand muss ausreichend widerstandsfähig sein, dass er den Stößen und Belastungen, die unter normalen Beförderungsbedingungen auftreten können, standhalten kann, einschließlich des Umschlags zwischen Güterbeförderungseinheiten und zwischen Güterbeförderungseinheiten und Lagerhäusern sowie jeder Entnahme von einer Palette zur nachfolgenden manuellen oder mechanischen Handhabung, und

(ii) der Gegenstand muss so auf Schlitten, in Verschlägen oder in anderen Handhabungsvorrichtungen befestigt sein, dass er sich unter normalen Beförderungsbedingungen nicht lösen kann.

4.1.4.1 (Forts.)

| P010 | VERPACKUNGSANWEISUNG | | P010 |
|---|---|---|---|
| Folgende Verpackungen sind zugelassen, wenn die allgemeinen Vorschriften der Abschnitte 4.1.1 und 4.1.3 erfüllt sind: | | | |
| **zusammengesetzte Verpackungen** | | | **höchste Nettomasse (siehe Unterabschnitt 4.1.3.3)** |
| **Innenverpackungen** | | **Außenverpackungen** | |
| aus Glas | 1 l | **Fässer** | |
| aus Stahl | 40 l | aus Stahl (1A1, 1A2) | 400 kg |
| | | aus Kunststoff (1H1, 1H2) | 400 kg |
| | | aus Sperrholz (1D) | 400 kg |
| | | aus Pappe (1G) | 400 kg |
| | | **Kisten** | |
| | | aus Stahl (4A) | 400 kg |
| | | aus Naturholz (4C1, 4C2) | 400 kg |
| | | aus Sperrholz (4D) | 400 kg |
| | | aus Holzfaserwerkstoff (4F) | 400 kg |
| | | aus Pappe (4G) | 400 kg |
| | | aus Schaumstoff (4H1) | 60 kg |
| | | aus starrem Kunststoff (4H2) | 400 kg |
| **Einzelverpackungen** | | | **höchster Fassungsraum (siehe Unterabschnitt 4.1.3.3)** |
| **Fässer** | | | |
| aus Stahl, mit nicht abnehmbarem Deckel (1A1) | | | 450 l |
| **Kanister** | | | |
| aus Stahl, mit nicht abnehmbarem Deckel (3A1) | | | 60 l |
| **Kombinationsverpackungen** | | | |
| Kunststoffgefäß in einem Fass aus Stahl (6HA1) | | | 250 l |
| **Druckgefäße aus Stahl**, vorausgesetzt, die allgemeinen Vorschriften des Unterabschnitts 4.1.3.6 werden erfüllt. | | | |

| P099 | VERPACKUNGSANWEISUNG | P099 |
|---|---|---|
| Es dürfen nur von der zuständigen Behörde für diese Güter zugelassene Verpackungen verwendet werden. Jeder Sendung muss eine Kopie der Zulassung der zuständigen Behörde beigefügt werden, oder das Beförderungspapier muss eine Angabe enthalten, dass die Verpackung durch die zuständige Behörde zugelassen ist. | | |

*→ D: BAM-Kampfmittel-Verfügung*

| P101 | VERPACKUNGSANWEISUNG | P101 |
|---|---|---|
| Es dürfen nur von der zuständigen Behörde des Ursprungslandes zugelassene Verpackungen verwendet werden. Ist das Ursprungsland keine Vertragspartei des ADR, ist die Verpackung von der zuständigen Behörde der ersten von der Sendung berührten Vertragspartei des ADR zuzulassen. Das für Kraftfahrzeuge im internationalen Verkehr verwendete Unterscheidungszeichen[a)] des Staates, in dessen Auftrag die zuständige Behörde handelt, muss wie folgt im Beförderungspapier angegeben werden:<br>„VERPACKUNG VON DER ZUSTÄNDIGEN BEHÖRDE VON ... ZUGELASSEN" (siehe Absatz 5.4.1.2.1 e)).<br><br>a) Das für Kraftfahrzeuge und Anhänger im internationalen Straßenverkehr verwendete Unterscheidungszeichen des Zulassungsstaates, z.B. gemäß dem Genfer Übereinkommen über den Straßenverkehr von 1949 oder dem Wiener Übereinkommen über den Straßenverkehr von 1968. | | |

| P110a | VERPACKUNGSANWEISUNG | P110a |
|---|---|---|
| (bleibt offen) | | |
| **Bem.** Diese in den UN-Modellvorschriften vorgesehene Verpackungsanweisung ist für Beförderungen gemäß ADR nicht zugelassen. | | |

**4.1.4.1** (Forts.)

| **P110b** | **VERPACKUNGSANWEISUNG** | **P110b** |
|---|---|---|
| Folgende Verpackungen sind zugelassen, wenn die allgemeinen Vorschriften der Abschnitte 4.1.1 und 4.1.3 und die besonderen Verpackungsvorschriften des Abschnittes 4.1.5 erfüllt sind: | | |
| **Innenverpackungen** | **Zwischenverpackungen** | **Außenverpackungen** |
| **Behälter**<br>aus Metall<br>aus Holz<br>aus leitfähigem Gummi<br>aus leitfähigem Kunststoff<br>**Säcke**<br>aus leitfähigem Gummi<br>aus leitfähigem Kunststoff | **Unterteilungen**<br>aus Metall<br>aus Holz<br>aus Kunststoff<br>aus Pappe | **Kisten**<br>aus Naturholz, mit staubdichten Wänden (4C2)<br>aus Sperrholz (4D)<br>aus Holzfaserwerkstoff (4F) |

**Sondervorschrift für die Verpackung**

**PP42** Für die UN-Nummern 0074, 0113, 0114, 0129, 0130, 0135 und 0224 müssen folgende Bedingungen erfüllt sein:

a) In einer Innenverpackung dürfen nicht mehr als 50 g an explosivem Stoff (Menge als Trockensubstanz) enthalten sein;

b) in einem Abteil zwischen unterteilenden Trennwänden darf nicht mehr als eine Innenverpackung sein, die fest eingesetzt sein muss;

c) die Anzahl der Abteile muss auf 25 je Außenverpackung begrenzt sein.

| **P111** | **VERPACKUNGSANWEISUNG** | **P111** |
|---|---|---|
| Folgende Verpackungen sind zugelassen, wenn die allgemeinen Vorschriften der Abschnitte 4.1.1 und 4.1.3 und die besonderen Vorschriften des Abschnitts 4.1.5 erfüllt sind: | | |
| **Innenverpackungen** | **Zwischenverpackungen** | **Außenverpackungen** |
| **Säcke**<br>aus wasserbeständigem Papier<br>aus Kunststoff<br>aus Textilgewebe, gummiert<br>**Behälter**<br>aus Holz<br>**Einwickler**<br>aus Kunststoff<br>aus Textilgewebe, gummiert | nicht erforderlich | **Kisten**<br>aus Stahl (4A)<br>aus Aluminium (4B)<br>aus einem anderen Metall (4N)<br>aus Naturholz, einfach (4C1)<br>aus Naturholz, mit staubdichten Wänden (4C2)<br>aus Sperrholz (4D)<br>aus Holzfaserwerkstoff (4F)<br>aus Pappe (4G)<br>aus Schaumstoff (4H1)<br>aus starrem Kunststoff (4H2)<br>**Fässer**<br>aus Stahl (1A1, 1A2)<br>aus Aluminium (1B1, 1B2)<br>aus einem anderen Metall (1N1, 1N2)<br>aus Sperrholz (1D)<br>aus Pappe (1G)<br>aus Kunststoff (1H1, 1H2) |

**Sondervorschrift für die Verpackung**

**PP43** Für die UN-Nummer 0159 sind keine Innenverpackungen erforderlich, wenn Fässer aus Metall (1A1, 1A2, 1B1, 1B2, 1N1 oder 1N2) oder aus Kunststoff (1H1 oder 1H2) als Außenverpackungen verwendet werden.

4.1.4.1
(Forts.)

| P112a | VERPACKUNGSANWEISUNG<br>(angefeuchteter fester Stoff 1.1D) | P112a |
|---|---|---|
| Folgende Verpackungen sind zugelassen, wenn die allgemeinen Vorschriften der Abschnitte 4.1.1 und 4.1.3 und die besonderen Vorschriften des Abschnitts 4.1.5 erfüllt sind: | | |
| **Innenverpackungen** | **Zwischenverpackungen** | **Außenverpackungen** |
| **Säcke**<br>aus Papier, mehrlagig, wasserbeständig<br>aus Kunststoff<br>aus Textilgewebe<br>aus Textilgewebe, gummiert<br>aus Kunststoffgewebe<br>**Behälter**<br>aus Metall<br>aus Kunststoff<br>aus Holz | **Säcke**<br>aus Kunststoff<br>aus Textilgewebe, mit Auskleidung oder Beschichtung aus Kunststoff<br>**Behälter**<br>aus Metall<br>aus Kunststoff<br>aus Holz | **Kisten**<br>aus Stahl (4A)<br>aus Aluminium (4B)<br>aus einem anderen Metall (4N)<br>aus Naturholz, einfach (4C1)<br>aus Naturholz, mit staubdichten Wänden (4C2)<br>aus Sperrholz (4D)<br>aus Holzfaserwerkstoff (4F)<br>aus Pappe (4G)<br>aus Schaumstoff (4H1)<br>aus starrem Kunststoff (4H2)<br>**Fässer**<br>aus Stahl (1A1, 1A2)<br>aus Aluminium (1B1, 1B2)<br>aus einem anderen Metall (1N1, 1N2)<br>aus Sperrholz (1D)<br>aus Pappe (1G)<br>aus Kunststoff (1H1, 1H2) |
| **Zusätzliche Vorschrift**<br>Bei der Verwendung von dichten Fässern mit abnehmbarem Deckel als Außenverpackungen sind keine Zwischenverpackungen erforderlich. | | |
| **Sondervorschriften für die Verpackung**<br>**PP26** Für die UN-Nummern 0004, 0076, 0078, 0154, 0219 und 0394 müssen die Verpackungen bleifrei sein.<br>**PP45** Für die UN-Nummern 0072 und 0226 sind keine Zwischenverpackungen erforderlich. | | |

| P112b | VERPACKUNGSANWEISUNG<br>(trockener, nicht pulverförmiger fester Stoff 1.1D) | P112b |
|---|---|---|
| Folgende Verpackungen sind zugelassen, wenn die allgemeinen Vorschriften der Abschnitte 4.1.1 und 4.1.3 und die besonderen Vorschriften des Abschnitts 4.1.5 erfüllt sind: | | |
| **Innenverpackungen** | **Zwischenverpackungen** | **Außenverpackungen** |
| **Säcke**<br>aus Kraftpapier<br>aus Papier, mehrlagig, wasserbeständig<br>aus Kunststoff<br>aus Textilgewebe<br>aus Textilgewebe, gummiert<br>aus Kunststoffgewebe | **Säcke** (nur für UN-Nummer 0150)<br>aus Kunststoff<br>aus Textilgewebe, mit Auskleidung oder Beschichtung aus Kunststoff | **Säcke**<br>aus Kunststoffgewebe, staubdicht (5H2)<br>aus Kunststoffgewebe, wasserbeständig (5H3)<br>aus Kunststofffolie (5H4)<br>aus Textilgewebe, staubdicht (5L2)<br>aus Textilgewebe, wasserbeständig (5L3)<br>aus Papier, mehrlagig, wasserbeständig (5M2)<br>**Kisten**<br>aus Stahl (4A)<br>aus Aluminium (4B)<br>aus einem anderen Metall (4N)<br>aus Naturholz, einfach (4C1)<br>aus Naturholz, mit staubdichten Wänden (4C2)<br>aus Sperrholz (4D)<br>aus Holzfaserwerkstoff (4F)<br>aus Pappe (4G)<br>aus Schaumstoff (4H1)<br>aus starrem Kunststoff (4H2) |

4.1.4.1 (Forts.)

| P112b | VERPACKUNGSANWEISUNG *(Forts.)* (trockener, nicht pulverförmiger fester Stoff 1.1D) | P112b |
|---|---|---|
| | | **Fässer**<br>aus Stahl (1A1, 1A2)<br>aus Aluminium (1B1, 1B2)<br>aus einem anderen Metall (1N1, 1N2)<br>aus Sperrholz (1D)<br>aus Pappe (1G)<br>aus Kunststoff (1H1, 1H2) |

**Sondervorschriften für die Verpackung**

**PP26** Für die UN-Nummern 0004, 0076, 0078, 0154, 0216, 0219 und 0386 müssen die Verpackungen bleifrei sein.

**PP46** Für die UN-Nummer 0209 für geschupptes oder geprilltes TNT in trockenem Zustand und einer höchsten Nettomasse von 30 kg werden staubdichte Säcke (5H2) empfohlen.

**PP47** Für die UN-Nummer 0222 sind keine Innenverpackungen erforderlich, wenn die Außenverpackung ein Sack ist.

**P112c** — **VERPACKUNGSANWEISUNG** (trockener, pulverförmiger fester Stoff 1.1D) — **P112c**

Folgende Verpackungen sind zugelassen, wenn die allgemeinen Vorschriften der Abschnitte 4.1.1 und 4.1.3 und die besonderen Vorschriften des Abschnitts 4.1.5 erfüllt sind:

| Innenverpackungen | Zwischenverpackungen | Außenverpackungen |
|---|---|---|
| **Säcke**<br>aus Papier, mehrlagig, wasserbeständig<br>aus Kunststoff<br>aus Kunststoffgewebe<br>**Behälter**<br>aus Pappe<br>aus Metall<br>aus Kunststoff<br>aus Holz | **Säcke**<br>aus Papier, mehrlagig, wasserbeständig mit Innenbeschichtung<br>aus Kunststoff<br>**Behälter**<br>aus Metall<br>aus Kunststoff<br>aus Holz | **Kisten**<br>aus Stahl (4A)<br>aus Aluminium (4B)<br>aus einem anderen Metall (4N)<br>aus Naturholz, einfach (4C1)<br>aus Naturholz, mit staubdichten Wänden (4C2)<br>aus Sperrholz (4D)<br>aus Holzfaserwerkstoff (4F)<br>aus Pappe (4G)<br>aus starrem Kunststoff (4H2)<br>**Fässer**<br>aus Stahl (1A1, 1A2)<br>aus Aluminium (1B1, 1B2)<br>aus einem anderen Metall (1N1, 1N2)<br>aus Sperrholz (1D)<br>aus Pappe (1G)<br>aus Kunststoff (1H1, 1H2) |

**Zusätzliche Vorschriften**

1. Bei der Verwendung von Fässern als Außenverpackungen sind keine Innenverpackungen erforderlich.
2. Die Verpackungen müssen staubdicht sein.

**Sondervorschriften für die Verpackung**

**PP26** Für die UN-Nummern 0004, 0076, 0078, 0154, 0216, 0219 und 0386 müssen die Verpackungen bleifrei sein.

**PP46** Für die UN-Nummer 0209 für geschupptes oder geprilltes TNT in trockenem Zustand und einer höchsten Nettomasse von 30 kg werden staubdichte Säcke (5H2) empfohlen.

**PP48** Für die UN-Nummer 0504 dürfen keine Verpackungen aus Metall verwendet werden. Verpackungen aus anderen Werkstoffen mit einer geringen Menge Metall, z.B. Metallverschlüsse oder andere Zubehörteile aus Metall, wie die in Abschnitt 6.1.4 genannten, gelten nicht als Verpackungen aus Metall.

4.1.4.1 (Forts.)

| P113 | VERPACKUNGSANWEISUNG | P113 |
|---|---|---|
| Folgende Verpackungen sind zugelassen, wenn die allgemeinen Vorschriften der Abschnitte 4.1.1 und 4.1.3 und die besonderen Vorschriften des Abschnitts 4.1.5 erfüllt sind: | | |
| **Innenverpackungen** | **Zwischenverpackungen** | **Außenverpackungen** |
| **Säcke**<br>aus Papier<br>aus Kunststoff<br>aus Textilgewebe, gummiert<br>**Behälter**<br>aus Pappe<br>aus Metall<br>aus Kunststoff<br>aus Holz | nicht erforderlich | **Kisten**<br>aus Stahl (4A)<br>aus Aluminium (4B)<br>aus einem anderen Metall (4N)<br>aus Naturholz, einfach (4C1)<br>aus Naturholz, mit staubdichten Wänden (4C2)<br>aus Sperrholz (4D)<br>aus Holzfaserwerkstoff (4F)<br>aus Pappe (4G)<br>aus starrem Kunststoff (4H2)<br>**Fässer**<br>aus Stahl (1A1, 1A2)<br>aus Aluminium (1B1, 1B2)<br>aus einem anderen Metall (1N1, 1N2)<br>aus Sperrholz (1D)<br>aus Pappe (1G)<br>aus Kunststoff (1H1, 1H2) |
| **Zusätzliche Vorschrift**<br>Die Verpackungen müssen staubdicht sein. | | |
| **Sondervorschriften für die Verpackung**<br>**PP49** Für die UN-Nummern 0094 und 0305 dürfen in einer Innenverpackung nicht mehr als 50 g des Stoffes enthalten sein.<br>**PP50** Für die UN-Nummer 0027 sind keine Innenverpackungen erforderlich, wenn Fässer als Außenverpackungen verwendet werden.<br>**PP51** Für die UN-Nummer 0028 dürfen Einwickler aus Kraftpapier oder Wachspapier als Innenverpackung verwendet werden. | | |

| P114a | VERPACKUNGSANWEISUNG<br>(angefeuchteter fester Stoff) | P114a |
|---|---|---|
| Folgende Verpackungen sind zugelassen, wenn die allgemeinen Vorschriften der Abschnitte 4.1.1 und 4.1.3 und die besonderen Vorschriften des Abschnitts 4.1.5 erfüllt sind: | | |
| **Innenverpackungen** | **Zwischenverpackungen** | **Außenverpackungen** |
| **Säcke**<br>aus Kunststoff<br>aus Textilgewebe<br>aus Kunststoffgewebe<br>**Behälter**<br>aus Metall<br>aus Kunststoff<br>aus Holz | **Säcke**<br>aus Kunststoff<br>aus Textilgewebe mit Auskleidung oder Beschichtung aus Kunststoff<br>**Behälter**<br>aus Metall<br>aus Kunststoff<br>**Unterteilungen**<br>aus Holz | **Kisten**<br>aus Stahl (4A)<br>aus einem anderen Metall als Stahl oder Aluminium (4N)<br>aus Naturholz, einfach (4C1)<br>aus Naturholz, mit staubdichten Wänden (4C2)<br>aus Sperrholz (4D)<br>aus Holzfaserwerkstoff (4F)<br>aus Pappe (4G)<br>aus starrem Kunststoff (4H2)<br>**Fässer**<br>aus Stahl (1A1, 1A2)<br>aus Aluminium (1B1, 1B2)<br>aus einem anderen Metall (1N1, 1N2)<br>aus Sperrholz (1D)<br>aus Pappe (1G)<br>aus Kunststoff (1H1, 1H2) |

4.1.4.1 (Forts.)

| P114a | VERPACKUNGSANWEISUNG *(Forts.)*<br>(angefeuchteter fester Stoff) | P114a |
|---|---|---|

**Zusätzliche Vorschrift**

Bei der Verwendung von dichten Fässern mit abnehmbarem Deckel als Außenverpackungen sind keine Zwischenverpackungen erforderlich.

**Sondervorschriften für die Verpackung**

**PP26** Für die UN-Nummern 0077, 0132, 0234, 0235 und 0236 müssen die Verpackungen bleifrei sein.

**PP43** Für die UN-Nummer 0342 sind keine Innenverpackungen erforderlich, wenn Fässer aus Metall (1A1, 1A2, 1B1, 1B2, 1N1 oder 1N2) oder aus Kunststoff (1H1 oder 1H2) als Außenverpackungen verwendet werden.

| P114b | VERPACKUNGSANWEISUNG<br>(trockener fester Stoff) | P114b |
|---|---|---|

Folgende Verpackungen sind zugelassen, wenn die allgemeinen Vorschriften der Abschnitte 4.1.1 und 4.1.3 und die besonderen Vorschriften des Abschnitts 4.1.5 erfüllt sind:

| Innenverpackungen | Zwischenverpackungen | Außenverpackungen |
|---|---|---|
| **Säcke**<br>aus Kraftpapier<br>aus Kunststoff<br>aus Textilgewebe, staubdicht<br>aus Kunststoffgewebe, staubdicht<br>**Behälter**<br>aus Pappe<br>aus Metall<br>aus Papier<br>aus Kunststoff<br>aus Kunststoffgewebe, staubdicht<br>aus Holz | nicht erforderlich | **Kisten**<br>aus Naturholz, einfach (4C1)<br>aus Naturholz, mit staubdichten Wänden (4C2)<br>aus Sperrholz (4D)<br>aus Holzfaserwerkstoff (4F)<br>aus Pappe (4G)<br>**Fässer**<br>aus Stahl (1A1, 1A2)<br>aus Aluminium (1B1, 1B2)<br>aus einem anderen Metall (1N1, 1N2)<br>aus Sperrholz (1D)<br>aus Pappe (1G)<br>aus Kunststoff (1H1, 1H2) |

**Sondervorschriften für die Verpackung**

**PP26** Für die UN-Nummern 0077, 0132, 0234, 0235 und 0236 müssen die Verpackungen bleifrei sein.

**PP48** Für die UN-Nummern 0508 und 0509 dürfen keine Metallverpackungen verwendet werden. Verpackungen aus anderen Werkstoffen mit einer geringen Menge Metall, z.B. Metallverschlüsse oder andere Zubehörteile aus Metall, wie die in Abschnitt 6.1.4 genannten, gelten nicht als Verpackungen aus Metall.

**PP50** Für die UN-Nummern 0160, 0161 und 0508 sind keine Innenverpackungen erforderlich, wenn als Außenverpackungen Fässer verwendet werden.

**PP52** Werden für die UN-Nummern 0160 und 0161 Fässer aus Metall (1A1, 1A2, 1B1, 1B2, 1N1 oder 1N2) als Außenverpackung verwendet, so müssen diese so hergestellt sein, dass ein Explosionsrisiko infolge eines Anstiegs des Innendrucks auf Grund innerer oder äußerer Ursachen verhindert wird.

4.1.4.1 (Forts.)

**P115 VERPACKUNGSANWEISUNG P115**

Folgende Verpackungen sind zugelassen, wenn die allgemeinen Vorschriften der Abschnitte 4.1.1 und 4.1.3 und die besonderen Vorschriften des Abschnitts 4.1.5 erfüllt sind:

| Innenverpackungen | Zwischenverpackungen | Außenverpackungen |
|---|---|---|
| **Behälter**<br>aus Kunststoff<br>aus Holz | **Säcke**<br>aus Kunststoff in Behältern aus Metall<br>**Fässer**<br>aus Metall<br>**Behälter**<br>aus Holz | **Kisten**<br>aus Naturholz, einfach (4C1)<br>aus Naturholz, mit staubdichten Wänden (4C2)<br>aus Sperrholz (4D)<br>aus Holzfaserwerkstoff (4F)<br>**Fässer**<br>aus Stahl (1A1, 1A2)<br>aus Aluminium (1B1, 1B2)<br>aus einem anderen Metall (1N1, 1N2)<br>aus Sperrholz (1D)<br>aus Pappe (1G)<br>aus Kunststoff (1H1, 1H2) |

**Sondervorschriften für die Verpackung**

**PP45** Für die UN-Nummer 0144 sind keine Zwischenverpackungen erforderlich.

**PP53** Bei der Verwendung von Kisten als Außenverpackungen für die UN-Nummern 0075, 0143, 0495 und 0497 müssen die Innenverpackungen mit Kapseln und Schraubkappen verschlossen sein und ihr Fassungsraum darf nicht größer als 5 Liter sein. Die Innenverpackungen müssen mit saugfähigem und nichtbrennbarem Polstermaterial umgeben sein. Die Menge des saugfähigen Polstermaterials muss ausreichend sein, um die enthaltenen flüssigen Stoffe vollständig aufzusaugen. Die Metallbehälter müssen mit einem Polstermaterial gegeneinander fixiert sein. Werden Kisten als Außenverpackung verwendet, so ist die Nettomasse des Treibstoffs auf 30 kg je Versandstück begrenzt.

**PP54** Bei der Verwendung von Fässern als Außenverpackungen und Fässern als Zwischenverpackungen für die UN-Nummern 0075, 0143, 0495 und 0497 müssen die Zwischenverpackungen mit nichtbrennbarem saugfähigem Polstermaterial in einer Menge umgeben sein, die ausreichend ist, um die enthaltenen flüssigen Stoffe aufzusaugen. An Stelle der Innen- und Zwischenverpackungen darf eine aus einem Kunststoffgefäß in einem Fass aus Metall bestehende Kombinationsverpackung verwendet werden. Das Nettovolumen des Treibstoffs darf nicht mehr als 120 Liter je Versandstück betragen.

**PP55** Für die UN-Nummer 0144 muss saugfähiges Polstermaterial beigefügt werden.

**PP56** Für die UN-Nummer 0144 dürfen Metallbehälter als Innenverpackungen verwendet werden.

**PP57** Für die UN-Nummern 0075, 0143, 0495 und 0497 müssen bei der Verwendung von Kisten als Außenverpackungen Säcke als Zwischenverpackungen verwendet werden.

**PP58** Für die UN-Nummern 0075, 0143, 0495 und 0497 müssen bei der Verwendung von Fässern als Außenverpackungen Fässer als Zwischenverpackungen verwendet werden.

**PP59** Für die UN-Nummer 0144 dürfen Kisten aus Pappe (4G) als Außenverpackungen verwendet werden.

**PP60** Für die UN-Nummer 0144 dürfen Fässer aus Aluminium (1B1 und 1B2) und aus einem anderen Metall als Stahl oder Aluminium (1N1 und 1N2) nicht verwendet werden.

**P116 VERPACKUNGSANWEISUNG P116**

Folgende Verpackungen sind zugelassen, wenn die allgemeinen Vorschriften der Abschnitte 4.1.1 und 4.1.3 und die besonderen Vorschriften des Abschnitts 4.1.5 erfüllt sind:

| Innenverpackungen | Zwischenverpackungen | Außenverpackungen |
|---|---|---|
| **Säcke**<br>aus Papier, wasser- und ölbeständig<br>aus Kunststoff<br>aus Textilgewebe, mit Auskleidung oder Beschichtung aus Kunststoff<br>aus Kunststoffgewebe, staubdicht<br>**Behälter**<br>aus Pappe, wasserbeständig<br>aus Metall<br>aus Kunststoff<br>aus Holz, staubdicht | nicht erforderlich | **Säcke**<br>aus Kunststoffgewebe (5H1, 5H2, 5H3)<br>aus Papier, mehrlagig, wasserbeständig (5M2)<br>aus Kunststofffolie (5H4)<br>aus Textilgewebe, staubdicht (5L2)<br>aus Textilgewebe, wasserbeständig (5L3)<br>**Kisten**<br>aus Stahl (4A)<br>aus Aluminium (4B)<br>aus einem anderen Metall (4N)<br>aus Naturholz, einfach (4C1) |

4.1.4.1 (Forts.)

| P116 | VERPACKUNGSANWEISUNG *(Forts.)* | P116 |
|---|---|---|
| **Einwickler**<br>aus Papier, wasserbeständig<br>aus Wachspapier<br>aus Kunststoff | | aus Naturholz, mit staubdichten Wänden (4C2)<br>aus Sperrholz (4D)<br>aus Holzfaserwerkstoff (4F)<br>aus Pappe (4G)<br>aus starrem Kunststoff (4H2)<br>**Fässer**<br>aus Stahl (1A1, 1A2)<br>aus Aluminium (1B1, 1B2)<br>aus einem anderen Metall (1N1, 1N2)<br>aus Sperrholz (1D)<br>aus Pappe (1G)<br>aus Kunststoff (1H1, 1H2)<br>**Kanister**<br>aus Stahl (3A1, 3A2)<br>aus Kunststoff (3H1, 3H2) |

**Sondervorschriften für die Verpackung**

**PP61** Für die UN-Nummern 0082, 0241, 0331 und 0332 sind keine Innenverpackungen erforderlich, wenn als Außenverpackungen dichte Fässer mit abnehmbarem Deckel verwendet werden.

**PP62** Für die UN-Nummern 0082, 0241, 0331 und 0332 sind keine Innenverpackungen erforderlich, sofern der explosive Stoff in einem flüssigkeitsundurchlässigen Werkstoff enthalten ist.

**PP63** Für die UN-Nummer 0081 sind keine Innenverpackungen erforderlich, sofern dieser Stoff in starrem Kunststoff enthalten ist, der für Salpetersäureester undurchlässig ist.

**PP64** Für die UN-Nummer 0331 sind keine Innenverpackungen erforderlich, wenn als Außenverpackungen Säcke (5H2, 5H3 oder 5H4) verwendet werden.

**PP65** (gestrichen)

**PP66** Für die UN-Nummer 0081 dürfen als Außenverpackungen keine Säcke verwendet werden.

**P130 VERPACKUNGSANWEISUNG P130**

Folgende Verpackungen sind zugelassen, wenn die allgemeinen Vorschriften der Abschnitte 4.1.1 und 4.1.3 und die besonderen Vorschriften des Abschnitts 4.1.5 erfüllt sind:

| Innenverpackungen | Zwischenverpackungen | Außenverpackungen |
|---|---|---|
| nicht erforderlich | nicht erforderlich | **Kisten**<br>aus Stahl (4A)<br>aus Aluminium (4B)<br>aus einem anderen Metall (4N)<br>aus Naturholz, einfach (4C1)<br>aus Naturholz, mit staubdichten Wänden (4C2)<br>aus Sperrholz (4D)<br>aus Holzfaserwerkstoff (4F)<br>aus Pappe (4G)<br>aus Schaumstoff (4H1)<br>aus starrem Kunststoff (4H2)<br>**Fässer**<br>aus Stahl (1A1, 1A2)<br>aus Aluminium (1B1, 1B2)<br>aus einem anderen Metall (1N1, 1N2)<br>aus Sperrholz (1D)<br>aus Pappe (1G)<br>aus Kunststoff (1H1, 1H2) |

**Sondervorschrift für die Verpackung**

**PP67** Folgende Vorschriften gelten für die UN-Nummern 0006, 0009, 0010, 0015, 0016, 0018, 0019, 0034, 0035, 0038, 0039, 0048, 0056, 0137, 0138, 0168, 0169, 0171, 0181, 0182, 0183, 0186, 0221, 0243, 0244, 0245, 0246, 0254, 0280, 0281, 0286, 0287, 0297, 0299, 0300, 0301, 0303, 0321, 0328, 0329, 0344, 0345, 0346, 0347, 0362, 0363, 0370, 0412, 0424, 0425, 0434, 0435, 0436, 0437, 0438, 0451, 0488, 0502 und 0510:
Große und robuste Gegenstände mit Explosivstoff, die normalerweise für militärische Verwendung vorgesehen sind und die keine Zündmittel enthalten oder deren Zündmittel mit mindestens zwei wirksamen Sicherungsvorrichtungen ausgerüstet sind, dürfen ohne Verpackung befördert werden. Enthalten diese Gegenstände Treibla-

4.1.4.1 (Forts.)

| P130 | VERPACKUNGSANWEISUNG *(Forts.)* | P130 |
|---|---|---|

dungen oder sind die Gegenstände selbstantreibend, müssen ihre Zündungssysteme gegenüber Belastungen geschützt sein, die unter normalen Beförderungsbedingungen auftreten können. Ist das Ergebnis der an einem unverpackten Gegenstand durchgeführten Prüfungen der Prüfreihe 4 negativ, kann eine Beförderung des Gegenstandes ohne Verpackung vorgesehen werden. Solche unverpackten Gegenstände dürfen auf Schlitten befestigt oder in Verschlägen oder anderen geeigneten Handhabungseinrichtungen eingesetzt sein.

**Bem.** Die zugelassenen Verpackungen dürfen eine Nettomasse von 400 kg überschreiten (siehe Unterabschnitt 4.1.3.3).

| P131 | VERPACKUNGSANWEISUNG | P131 |
|---|---|---|

Folgende Verpackungen sind zugelassen, wenn die allgemeinen Vorschriften der Abschnitte 4.1.1 und 4.1.3 und die besonderen Vorschriften des Abschnitts 4.1.5 erfüllt sind:

| Innenverpackungen | Zwischenverpackungen | Außenverpackungen |
|---|---|---|
| **Säcke**<br>aus Papier<br>aus Kunststoff<br>**Behälter**<br>aus Pappe<br>aus Metall<br>aus Kunststoff<br>aus Holz<br>**Spulen** | nicht erforderlich | **Kisten**<br>aus Stahl (4A)<br>aus Aluminium (4B)<br>aus einem anderen Metall (4N)<br>aus Naturholz, einfach (4C1)<br>aus Naturholz, mit staubdichten Wänden (4C2)<br>aus Sperrholz (4D)<br>aus Holzfaserwerkstoff (4F)<br>aus Pappe (4G)<br>aus starrem Kunststoff (4H2)<br>**Fässer**<br>aus Stahl (1A1, 1A2)<br>aus Aluminium (1B1, 1B2)<br>aus einem anderen Metall (1N1, 1N2)<br>aus Sperrholz (1D)<br>aus Pappe (1G)<br>aus Kunststoff (1H1, 1H2) |

**Sondervorschrift für die Verpackung**

**PP68** Für die UN-Nummern 0029, 0267 und 0455 dürfen Säcke und Spulen nicht als Innenverpackungen verwendet werden.

| P132a | VERPACKUNGSANWEISUNG | P132a |
|---|---|---|

(Gegenstände, die aus einer geschlossenen Umhüllung aus Metall, Kunststoff oder Pappe bestehen und einen detonierenden Explosivstoff enthalten oder die aus einem kunststoffgebundenen detonierenden Explosivstoff bestehen)

Folgende Verpackungen sind zugelassen, wenn die allgemeinen Vorschriften der Abschnitte 4.1.1 und 4.1.3 und die besonderen Vorschriften des Abschnitts 4.1.5 erfüllt sind:

| Innenverpackungen | Zwischenverpackungen | Außenverpackungen |
|---|---|---|
| nicht erforderlich | nicht erforderlich | **Kisten**<br>aus Stahl (4A)<br>aus Aluminium (4B)<br>aus einem anderen Metall (4N)<br>aus Naturholz, einfach (4C1)<br>aus Naturholz, mit staubdichten Wänden (4C2)<br>aus Sperrholz (4D)<br>aus Holzfaserwerkstoff (4F)<br>aus Pappe (4G)<br>aus starrem Kunststoff (4H2) |

4.1.4.1 (Forts.)

| P132b | VERPACKUNGSANWEISUNG (Gegenstände ohne geschlossene Umhüllung) | P132b |
|---|---|---|
| Folgende Verpackungen sind zugelassen, wenn die allgemeinen Vorschriften der Abschnitte 4.1.1 und 4.1.3 und die besonderen Vorschriften des Abschnitts 4.1.5 erfüllt sind: | | |
| **Innenverpackungen** | **Zwischenverpackungen** | **Außenverpackungen** |
| **Behälter**<br>aus Pappe<br>aus Metall<br>aus Kunststoff<br>aus Holz<br>**Einwickler**<br>aus Papier<br>aus Kunststoff | nicht erforderlich | **Kisten**<br>aus Stahl (4A)<br>aus Aluminium (4B)<br>aus einem anderen Metall (4N)<br>aus Naturholz, einfach (4C1)<br>aus Naturholz, mit staubdichten Wänden (4C2)<br>aus Sperrholz (4D)<br>aus Holzfaserwerkstoff (4F)<br>aus Pappe (4G)<br>aus starrem Kunststoff (4H2) |

| P133 | VERPACKUNGSANWEISUNG | P133 |
|---|---|---|
| Folgende Verpackungen sind zugelassen, wenn die allgemeinen Vorschriften der Abschnitte 4.1.1 und 4.1.3 und die besonderen Vorschriften des Abschnitts 4.1.5 erfüllt sind: | | |
| **Innenverpackungen** | **Zwischenverpackungen** | **Außenverpackungen** |
| **Behälter**<br>aus Pappe<br>aus Metall<br>aus Kunststoff<br>aus Holz<br>**Horden mit unterteilenden Trennwänden**<br>aus Pappe<br>aus Kunststoff<br>aus Holz | **Behälter**<br>aus Pappe<br>aus Metall<br>aus Kunststoff<br>aus Holz | **Kisten**<br>aus Stahl (4A)<br>aus Aluminium (4B)<br>aus einem anderen Metall (4N)<br>aus Naturholz, einfach (4C1)<br>aus Naturholz, mit staubdichten Wänden (4C2)<br>aus Sperrholz (4D)<br>aus Holzfaserwerkstoff (4F)<br>aus Pappe (4G)<br>aus starrem Kunststoff (4H2) |
| **Zusätzliche Vorschrift**<br>Behälter sind als Zwischenverpackungen nur erforderlich, sofern die Innenverpackungen Horden sind. | | |
| **Sondervorschrift für die Verpackung**<br>**PP69** Für die UN-Nummern 0043, 0212, 0225, 0268 und 0306 dürfen Horden nicht als Innenverpackungen verwendet werden. | | |

| P134 | VERPACKUNGSANWEISUNG | P134 |
|---|---|---|
| Folgende Verpackungen sind zugelassen, wenn die allgemeinen Vorschriften der Abschnitte 4.1.1 und 4.1.3 und die besonderen Vorschriften des Abschnitts 4.1.5 erfüllt sind: | | |
| **Innenverpackungen** | **Zwischenverpackungen** | **Außenverpackungen** |
| **Säcke**<br>wasserbeständig<br>**Behälter**<br>aus Pappe<br>aus Metall<br>aus Kunststoff<br>aus Holz<br>**Einwickler**<br>aus Wellpappe<br>**Hülsen**<br>aus Pappe | nicht erforderlich | **Kisten**<br>aus Stahl (4A)<br>aus Aluminium (4B)<br>aus einem anderen Metall (4N)<br>aus Naturholz, einfach (4C1)<br>aus Naturholz, mit staubdichten Wänden (4C2)<br>aus Sperrholz (4D)<br>aus Holzfaserwerkstoff (4F)<br>aus Pappe (4G)<br>aus Schaumstoff (4H1)<br>aus starrem Kunststoff (4H2) |

4.1.4.1 (Forts.)

| P134 | VERPACKUNGSANWEISUNG *(Forts.)* | P134 |
|---|---|---|
| | | **Fässer**<br>aus Stahl (1A1, 1A2)<br>aus Aluminium (1B1, 1B2)<br>aus einem anderen Metall (1N1, 1N2)<br>aus Sperrholz (1D)<br>aus Pappe (1G)<br>aus Kunststoff (1H1, 1H2) |

| P135 | VERPACKUNGSANWEISUNG | P135 |
|---|---|---|
| Folgende Verpackungen sind zugelassen, wenn die allgemeinen Vorschriften der Abschnitte 4.1.1 und 4.1.3 und die besonderen Vorschriften des Abschnitts 4.1.5 erfüllt sind: | | |
| **Innenverpackungen** | **Zwischenverpackungen** | **Außenverpackungen** |
| **Säcke**<br>aus Papier<br>aus Kunststoff<br>**Behälter**<br>aus Pappe<br>aus Metall<br>aus Kunststoff<br>aus Holz<br>**Einwickler**<br>aus Papier<br>aus Kunststoff | nicht erforderlich | **Kisten**<br>aus Stahl (4A)<br>aus Aluminium (4B)<br>aus einem anderen Metall (4N)<br>aus Naturholz, einfach (4C1)<br>aus Naturholz, mit staubdichten Wänden (4C2)<br>aus Sperrholz (4D)<br>aus Holzfaserwerkstoff (4F)<br>aus Pappe (4G)<br>aus Schaumstoff (4H1)<br>aus starrem Kunststoff (4H2)<br>**Fässer**<br>aus Stahl (1A1, 1A2)<br>aus Aluminium (1B1, 1B2)<br>aus einem anderen Metall (1N1, 1N2)<br>aus Sperrholz (1D)<br>aus Pappe (1G)<br>aus Kunststoff (1H1, 1H2) |

| P136 | VERPACKUNGSANWEISUNG | P136 |
|---|---|---|
| Folgende Verpackungen sind zugelassen, wenn die allgemeinen Vorschriften der Abschnitte 4.1.1 und 4.1.3 und die besonderen Vorschriften des Abschnitts 4.1.5 erfüllt sind: | | |
| **Innenverpackungen** | **Zwischenverpackungen** | **Außenverpackungen** |
| **Säcke**<br>aus Kunststoff<br>aus Textilgewebe<br>**Kisten**<br>aus Pappe<br>aus Kunststoff<br>aus Holz<br>**unterteilende Trennwände in der Außenverpackung** | nicht erforderlich | **Kisten**<br>aus Stahl (4A)<br>aus Aluminium (4B)<br>aus einem anderen Metall (4N)<br>aus Naturholz, einfach (4C1)<br>aus Naturholz, mit staubdichten Wänden (4C2)<br>aus Sperrholz (4D)<br>aus Holzfaserwerkstoff (4F)<br>aus Pappe (4G)<br>aus starrem Kunststoff (4H2)<br>**Fässer**<br>aus Stahl (1A1, 1A2)<br>aus Aluminium (1B1, 1B2)<br>aus einem anderen Metall (1N1, 1N2)<br>aus Sperrholz (1D)<br>aus Pappe (1G)<br>aus Kunststoff (1H1, 1H2) |

4.1.4.1 (Forts.)

| P137 | VERPACKUNGSANWEISUNG | P137 |
|---|---|---|
| Folgende Verpackungen sind zugelassen, wenn die allgemeinen Vorschriften der Abschnitte 4.1.1 und 4.1.3 und die besonderen Vorschriften des Abschnitts 4.1.5 erfüllt sind: | | |
| **Innenverpackungen** | **Zwischenverpackungen** | **Außenverpackungen** |
| **Säcke**<br>aus Kunststoff<br>**Kisten**<br>aus Pappe<br>aus Holz<br>**Hülsen**<br>aus Pappe<br>aus Metall<br>aus Kunststoff<br>**unterteilende Trennwände in der Außenverpackung** | nicht erforderlich | **Kisten**<br>aus Stahl (4A)<br>aus Aluminium (4B)<br>aus einem anderen Metall (4N)<br>aus Naturholz, einfach (4C1)<br>aus Naturholz, mit staubdichten Wänden (4C2)<br>aus Sperrholz (4D)<br>aus Holzfaserwerkstoff (4F)<br>aus Pappe (4G)<br>aus starrem Kunststoff (4H2)<br>**Fässer**<br>aus Stahl (1A1, 1A2)<br>aus Aluminium (1B1, 1B2)<br>aus einem anderen Metall (1N1, 1N2)<br>aus Sperrholz (1D)<br>aus Pappe (1G)<br>aus Kunststoff (1H1, 1H2) |
| **Sondervorschrift für die Verpackung**<br>**PP70** Werden für die UN-Nummern 0059, 0439, 0440 und 0441 die Hohlladungen einzeln verpackt, müssen die konischen Höhlungen nach unten gerichtet und das Versandstück mit dem Kennzeichen gemäß der Abbildung 5.2.1.10.1.1 oder 5.2.1.10.1.2 versehen sein. Werden die Hohlladungen paarweise verpackt, müssen die konischen Höhlungen der Hohlladungen einander zugewandt sein, um den Hohlladungseffekt im Falle einer ungewollten Auslösung möglichst gering zu halten. | | |

| P138 | VERPACKUNGSANWEISUNG | P138 |
|---|---|---|
| Folgende Verpackungen sind zugelassen, wenn die allgemeinen Vorschriften der Abschnitte 4.1.1 und 4.1.3 und die besonderen Vorschriften des Abschnitts 4.1.5 erfüllt sind: | | |
| **Innenverpackungen** | **Zwischenverpackungen** | **Außenverpackungen** |
| **Säcke**<br>aus Kunststoff | nicht erforderlich | **Kisten**<br>aus Stahl (4A)<br>aus Aluminium (4B)<br>aus einem anderen Metall (4N)<br>aus Naturholz, einfach (4C1)<br>aus Naturholz, mit staubdichten Wänden (4C2)<br>aus Sperrholz (4D)<br>aus Holzfaserwerkstoff (4F)<br>aus Pappe (4G)<br>aus starrem Kunststoff (4H2)<br>**Fässer**<br>aus Stahl (1A1, 1A2)<br>aus Aluminium (1B1, 1B2)<br>aus einem anderen Metall (1N1, 1N2)<br>aus Sperrholz (1D)<br>aus Pappe (1G)<br>aus Kunststoff (1H1, 1H2) |
| **Zusätzliche Vorschrift**<br>Wenn die Enden der Gegenstände dicht verschlossen sind, sind keine Innenverpackungen erforderlich. | | |

4.1.4.1 (Forts.)

| P139 | VERPACKUNGSANWEISUNG | P139 |
|---|---|---|
| Folgende Verpackungen sind zugelassen, wenn die allgemeinen Vorschriften der Abschnitte 4.1.1 und 4.1.3 und die besonderen Vorschriften des Abschnitts 4.1.5 erfüllt sind: | | |
| **Innenverpackungen** | **Zwischenverpackungen** | **Außenverpackungen** |
| **Säcke**<br>aus Kunststoff<br>**Behälter**<br>aus Pappe<br>aus Metall<br>aus Kunststoff<br>aus Holz<br>**Spulen**<br>**Einwickler**<br>aus Kraftpapier<br>aus Kunststoff | nicht erforderlich | **Kisten**<br>aus Stahl (4A)<br>aus Aluminium (4B)<br>aus einem anderen Metall (4N)<br>aus Naturholz, einfach (4C1)<br>aus Naturholz, mit staubdichten Wänden (4C2)<br>aus Sperrholz (4D)<br>aus Holzfaserwerkstoff (4F)<br>aus Pappe (4G)<br>aus starrem Kunststoff (4H2)<br>**Fässer**<br>aus Stahl (1A1, 1A2)<br>aus Aluminium (1B1, 1B2)<br>aus einem anderen Metall (1N1, 1N2)<br>aus Sperrholz (1D)<br>aus Pappe (1G)<br>aus Kunststoff (1H1, 1H2) |

**Sondervorschriften für die Verpackung**

**PP71** Für die UN-Nummern 0065, 0102, 0104, 0289 und 0290 müssen die Enden der Sprengschnur dicht verschlossen sein, z.B. mit Hilfe einer Verschlusseinrichtung, die so fest verschlossen ist, dass kein explosiver Stoff entweichen kann. Die Enden der biegsamen Sprengschnur müssen befestigt sein.

**PP72** Für die UN-Nummern 0065 und 0289 sind keine Innenverpackungen erforderlich, sofern die Gegenstände in Rollen vorliegen.

| P140 | VERPACKUNGSANWEISUNG | P140 |
|---|---|---|
| Folgende Verpackungen sind zugelassen, wenn die allgemeinen Vorschriften der Abschnitte 4.1.1 und 4.1.3 und die besonderen Vorschriften des Abschnitts 4.1.5 erfüllt sind: | | |
| **Innenverpackungen** | **Zwischenverpackungen** | **Außenverpackungen** |
| **Säcke**<br>aus Kunststoff<br>**Behälter**<br>aus Holz<br>**Spulen**<br>**Einwickler**<br>aus Kraftpapier<br>aus Kunststoff | nicht erforderlich | **Kisten**<br>aus Stahl (4A)<br>aus Aluminium (4B)<br>aus einem anderen Metall (4N)<br>aus Naturholz, einfach (4C1)<br>aus Naturholz, mit staubdichten Wänden (4C2)<br>aus Sperrholz (4D)<br>aus Holzfaserwerkstoff (4F)<br>aus Pappe (4G)<br>aus starrem Kunststoff (4H2)<br>**Fässer**<br>aus Stahl (1A1, 1A2)<br>aus Aluminium (1B1, 1B2)<br>aus einem anderen Metall (1N1, 1N2)<br>aus Sperrholz (1D)<br>aus Pappe (1G)<br>aus Kunststoff (1H1, 1H2) |

**Sondervorschriften für die Verpackung**

**PP73** Wenn die Enden für die UN-Nummer 0105 dicht verschlossen sind, sind keine Innenverpackungen erforderlich.

**PP74** Die Verpackung für die UN-Nummer 0101 muss staubdicht sein, es sei denn, die Stoppine befindet sich in einer Hülse aus Papier und die beiden Enden der Hülse sind mit abnehmbaren Kappen abgedeckt.

**PP75** Für die UN-Nummer 0101 dürfen keine Kisten oder Fässer aus Stahl, Aluminium oder einem anderen Metall verwendet werden.

4.1.4.1 (Forts.)

| P141 | VERPACKUNGSANWEISUNG | P141 |
|---|---|---|
| Folgende Verpackungen sind zugelassen, wenn die allgemeinen Vorschriften der Abschnitte 4.1.1 und 4.1.3 und die besonderen Vorschriften des Abschnitts 4.1.5 erfüllt sind: | | |
| **Innenverpackungen** | **Zwischenverpackungen** | **Außenverpackungen** |
| **Behälter**<br>aus Pappe<br>aus Metall<br>aus Kunststoff<br>aus Holz<br>**Horden mit unterteilenden Trennwänden**<br>aus Kunststoff<br>aus Holz<br>**unterteilende Trennwände in der Außenverpackung** | nicht erforderlich | **Kisten**<br>aus Stahl (4A)<br>aus Aluminium (4B)<br>aus einem anderen Metall (4N)<br>aus Naturholz, einfach (4C1)<br>aus Naturholz, mit staubdichten Wänden (4C2)<br>aus Sperrholz (4D)<br>aus Holzfaserwerkstoff (4F)<br>aus Pappe (4G)<br>aus starrem Kunststoff (4H2)<br>**Fässer**<br>aus Stahl (1A1, 1A2)<br>aus Aluminium (1B1, 1B2)<br>aus einem anderen Metall (1N1, 1N2)<br>aus Sperrholz (1D)<br>aus Pappe (1G)<br>aus Kunststoff (1H1, 1H2) |

| P142 | VERPACKUNGSANWEISUNG | P142 |
|---|---|---|
| Folgende Verpackungen sind zugelassen, wenn die allgemeinen Vorschriften der Abschnitte 4.1.1 und 4.1.3 und die besonderen Vorschriften des Abschnitts 4.1.5 erfüllt sind: | | |
| **Innenverpackungen** | **Zwischenverpackungen** | **Außenverpackungen** |
| **Säcke**<br>aus Papier<br>aus Kunststoff<br>**Behälter**<br>aus Pappe<br>aus Metall<br>aus Kunststoff<br>aus Holz<br>**Einwickler**<br>aus Papier<br>**Horden mit unterteilenden Trennwänden**<br>aus Kunststoff | nicht erforderlich | **Kisten**<br>aus Stahl (4A)<br>aus Aluminium (4B)<br>aus einem anderen Metall (4N)<br>aus Naturholz, einfach (4C1)<br>aus Naturholz, mit staubdichten Wänden (4C2)<br>aus Sperrholz (4D)<br>aus Holzfaserwerkstoff (4F)<br>aus Pappe (4G)<br>aus starrem Kunststoff (4H2)<br>**Fässer**<br>aus Stahl (1A1, 1A2)<br>aus Aluminium (1B1, 1B2)<br>aus einem anderen Metall (1N1, 1N2)<br>aus Sperrholz (1D)<br>aus Pappe (1G)<br>aus Kunststoff (1H1, 1H2) |

4.1.4.1 (Forts.)

| P143 | VERPACKUNGSANWEISUNG | P143 |
|---|---|---|
| Folgende Verpackungen sind zugelassen, wenn die allgemeinen Vorschriften der Abschnitte 4.1.1 und 4.1.3 und die besonderen Vorschriften des Abschnitts 4.1.5 erfüllt sind: | | |
| **Innenverpackungen** | **Zwischenverpackungen** | **Außenverpackungen** |
| **Säcke**<br>aus Kraftpapier<br>aus Kunststoff<br>aus Textilgewebe<br>aus Textilgewebe, gummiert<br>**Behälter**<br>aus Pappe<br>aus Metall<br>aus Kunststoff<br>aus Holz<br>**Horden mit unterteilenden Trennwänden**<br>aus Kunststoff<br>aus Holz | nicht erforderlich | **Kisten**<br>aus Stahl (4A)<br>aus Aluminium (4B)<br>aus einem anderen Metall (4N)<br>aus Naturholz, einfach (4C1)<br>aus Naturholz, mit staubdichten Wänden (4C2)<br>aus Sperrholz (4D)<br>aus Holzfaserwerkstoff (4F)<br>aus Pappe (4G)<br>aus starrem Kunststoff (4H2)<br>**Fässer**<br>aus Stahl (1A1, 1A2)<br>aus Aluminium (1B1, 1B2)<br>aus einem anderen Metall (1N1, 1N2)<br>aus Sperrholz (1D)<br>aus Pappe (1G)<br>aus Kunststoff (1H1, 1H2) |
| **Zusätzliche Vorschrift**<br>Anstelle der oben genannten Innen- und Außenverpackungen dürfen Kombinationsverpackungen (6HH2) (Kunststoffgefäß in einer Kiste aus starrem Kunststoff) verwendet werden. | | |
| **Sondervorschrift für die Verpackung**<br>**PP76** Werden für die UN-Nummern 0271, 0272, 0415 und 0491 Verpackungen aus Metall verwendet, so müssen diese so hergestellt sein, dass ein Explosionsrisiko infolge eines Anstiegs des Innendrucks auf Grund innerer oder äußerer Ursachen verhindert wird. | | |

| P144 | VERPACKUNGSANWEISUNG | P144 |
|---|---|---|
| Folgende Verpackungen sind zugelassen, wenn die allgemeinen Vorschriften der Abschnitte 4.1.1 und 4.1.3 und die besonderen Vorschriften des Abschnitts 4.1.5 erfüllt sind: | | |
| **Innenverpackungen** | **Zwischenverpackungen** | **Außenverpackungen** |
| **Behälter**<br>aus Pappe<br>aus Metall<br>aus Kunststoff<br>aus Holz<br>**unterteilende Trennwände in der Außenverpackung** | nicht erforderlich | **Kisten**<br>aus Stahl (4A)<br>aus Aluminium (4B)<br>aus einem anderen Metall (4N)<br>aus Naturholz, einfach (4C1) mit Auskleidung aus Metall<br>aus Sperrholz (4D) mit Auskleidung aus Metall<br>aus Holzfaserwerkstoff (4F) mit Auskleidung aus Metall<br>aus Schaumstoff (4H1)<br>aus starrem Kunststoff (4H2)<br>**Fässer**<br>aus Stahl (1A1, 1A2)<br>aus Aluminium (1B1, 1B2)<br>aus einem anderen Metall (1N1, 1N2)<br>aus Kunststoff (1H1, 1H2) |
| **Sondervorschrift für die Verpackung**<br>**PP77** Für die UN-Nummern 0248 und 0249 müssen die Verpackungen gegen das Eindringen von Wasser geschützt sein. Werden die Vorrichtungen, durch Wasser aktivierbar, ohne Verpackung befördert, müssen sie mindestens zwei voneinander unabhängige Sicherungsvorrichtungen enthalten, um das Eindringen von Wasser zu verhindern.<br>**Bem.** Die zugelassenen Verpackungen dürfen eine Nettomasse von 400 kg überschreiten (siehe Unterabschnitt 4.1.3.3). | | |

4.1.4.1 (Forts.)

→ D: § 13 (1) 2
→ D: § 13 (1) 3

| P200 | VERPACKUNGSANWEISUNG | P200 |
|---|---|---|

**Verpackungsart**

Flaschen, Großflaschen, Druckfässer und Flaschenbündel

Flaschen, Großflaschen, Druckfässer und Flaschenbündel sind zugelassen, vorausgesetzt, die besonderen Vorschriften des Abschnitts 4.1.6, die nachstehend unter den Absätzen (1) bis (9) aufgeführten Vorschriften und, sofern darauf in der Spalte „Sondervorschriften für die Verpackung" der Tabelle 1, 2 oder 3 verwiesen wird, die jeweiligen Sondervorschriften für die Verpackung des nachstehenden Absatzes (10) werden beachtet.

**Allgemeines**

(1) Die Druckgefäße müssen so verschlossen und dicht sein, dass ein Entweichen von Gasen ausgeschlossen ist.

(2) Druckgefäße, die giftige Stoffe mit einem $LC_{50}$-Wert von höchstens 200 ml/m$^3$ (ppm) gemäß Tabelle enthalten, dürfen mit keiner Druckentlastungseinrichtung ausgerüstet sein. UN-Druckgefäße zur Beförderung von UN 1013 Kohlendioxid und UN 1070 Distickstoffmonoxid müssen mit Druckentlastungseinrichtungen ausgerüstet sein.

(3) Die folgenden drei Tabellen umfassen verdichtete Gase (Tabelle 1), verflüssigte und gelöste Gase (Tabelle 2) und Stoffe, die nicht unter die Klasse 2 fallen (Tabelle 3). Sie enthalten Angaben über:

a) die UN-Nummer, die Benennung und Beschreibung sowie den Klassifizierungscode des Stoffes;

b) den $LC_{50}$-Wert für giftige Stoffe;

c) die durch den Buchstaben „X" bezeichneten Arten von Druckgefäßen, die für den Stoff zugelassen sind;

d) die höchstzulässige Prüffrist für die wiederkehrende Prüfung der Druckgefäße;

**Bem.** Bei Druckgefäßen, für die Verbundwerkstoffe verwendet wurden, beträgt die höchstzulässige Prüffrist 5 Jahre. Die Prüffrist darf auf die in den Tabellen 1 und 2 festgelegte Prüffrist (d.h. auf bis zu 10 Jahre) ausgedehnt werden, wenn dies von der zuständigen Behörde oder der von dieser Behörde bestimmten Stelle, welche die Baumusterzulassung ausgestellt hat, zugelassen ist.

e) den Mindestprüfdruck der Druckgefäße;

f) den höchstzulässigen Betriebsdruck der Druckgefäße für verdichtete Gase (wenn kein Wert angegeben ist, darf der Betriebsdruck nicht größer sein als zwei Drittel des Prüfdrucks) oder den (die) höchsten Füllfaktor(en) abhängig von dem (den) Prüfdruck (Prüfdrücken) für verflüssigte und gelöste Gase;

g) die Sondervorschriften für die Verpackung, die für den Stoff gelten.

**Prüfdruck, Füllfaktor und Vorschriften für das Befüllen**

(4) Der Mindestprüfdruck beträgt 1 MPa (10 bar).

(5) Druckgefäße dürfen in keinem Fall über den in den nachfolgenden Vorschriften zugelassenen Grenzwert befüllt werden:

a) Für verdichtete Gase darf der Betriebsdruck nicht größer sein als zwei Drittel des Prüfdrucks der Druckgefäße. Die Sondervorschrift für die Verpackung „o" in Absatz (10) legt Einschränkungen bezüglich dieser Obergrenze des Betriebsdrucks fest. Der Innendruck bei 65 °C darf in keinem Fall den Prüfdruck überschreiten.

b) Für unter hohem Druck verflüssigte Gase ist der Füllfaktor so zu wählen, dass der bei 65 °C entwickelte Druck den Prüfdruck der Druckgefäße nicht überschreitet.

Mit Ausnahme der Fälle, in denen die Sondervorschrift für die Verpackung „o" des Absatzes (10) gilt, ist die Verwendung anderer als der in der Tabelle angegebenen Prüfdrücke und Füllfaktoren zugelassen, vorausgesetzt,

(i) das Kriterium der Sondervorschrift für die Verpackung „r" in Absatz (10) ist, sofern anwendbar, erfüllt oder

(ii) das oben genannte Kriterium ist in allen anderen Fällen erfüllt.

Für unter hohem Druck verflüssigte Gase oder Gasgemische, für die entsprechende Daten nicht verfügbar sind, ist der höchste Füllfaktor (FR) wie folgt zu bestimmen:

$$FR = 8,5 \times 10^{-4} \times d_g \times P_h,$$

wobei:

FR = höchster Füllfaktor
$d_g$ = Gasdichte (bei 15 °C, 1 bar) (in kg/m$^3$)
$P_h$ = Mindestprüfdruck (in bar).

Ist die Dichte des Gases nicht bekannt, ist der höchste Füllfaktor wie folgt zu bestimmen:

$$FR = \frac{P_h \times MM \times 10^{-3}}{R \times 338},$$

wobei:

FR = höchster Füllfaktor
$P_h$ = Mindestprüfdruck (in bar)
MM = Molekularmasse (in g/Mol)
R = 8,31451 × $10^{-2}$ bar·l·Mol$^{-1}$·K$^{-1}$ (Gaskonstante).

4.1.4.1 (Forts.)

| P200 | VERPACKUNGSANWEISUNG *(Forts.)* | P200 |
|---|---|---|

Für Gasgemische ist die durchschnittliche Molekularmasse unter Berücksichtigung der Volumenkonzentrationen der einzelnen Komponenten zu verwenden.

c) Für unter niedrigem Druck verflüssigte Gase ist die höchstzulässige Masse der Füllung je Liter Fassungsraum gleich der 0,95-fachen Dichte der flüssigen Phase bei 50 °C; außerdem darf die flüssige Phase bei Temperaturen bis zu 60 °C das Druckgefäß nicht ausfüllen. Der Prüfdruck des Druckgefäßes muss mindestens gleich dem Dampfdruck (absolut) des flüssigen Stoffes bei 65 °C minus 100 kPa (1 bar) sein.

Für unter niedrigem Druck verflüssigte Gase oder Gasgemische, für die entsprechende Daten nicht verfügbar sind, ist der höchste Füllfaktor wie folgt zu bestimmen:

$FR = (0,0032 \times BP - 0,24) \times d_l$,

wobei:

FR = höchster Füllfaktor

BP = Siedepunkt (in Kelvin)

$d_l$ = Dichte des flüssigen Stoffes beim Siedepunkt (in kg/l).

d) Für UN 1001 Acetylen, gelöst, und UN 3374 Acetylen, lösungsmittelfrei, siehe Absatz (10) Sondervorschrift für die Verpackung p.

e) Bei verflüssigten Gasen, die mit verdichteten Gasen überlagert sind, müssen bei der Berechnung des Innendrucks des Druckgefäßes beide Bestandteile – das verflüssigte Gas und das verdichtete Gas – berücksichtigt werden.

Die höchstzulässige Masse des Inhalts je Liter Fassungsraum darf nicht größer als die 0,95-fache Dichte der flüssigen Phase bei 50 °C sein; außerdem darf die flüssige Phase bei Temperaturen bis zu 60 °C das Druckgefäß nicht vollständig ausfüllen.

Im gefüllten Zustand darf der Innendruck bei 65 °C den Prüfdruck des Druckgefäßes nicht überschreiten. Es müssen die Dampfdrücke und die volumetrischen Ausdehnungen aller Stoffe im Druckgefäß berücksichtigt werden. Wenn keine Versuchsdaten verfügbar sind, müssen folgende Schritte durchgeführt werden:

(i) Berechnung des Dampfdrucks des verflüssigten Gases und des partiellen Drucks des verdichteten Gases bei 15 °C (Fülltemperatur);

(ii) Berechnung der volumetrischen Ausdehnung der flüssigen Phase, die aus einer Erwärmung von 15 °C auf 65 °C resultiert, und Berechnung des für die gasförmige Phase verbleibenden Volumens;

(iii) Berechnung des partiellen Drucks des verdichteten Gases bei 65 °C unter Berücksichtigung der volumetrischen Ausdehnung der flüssigen Phase.

**Bem.** Der Kompressibilitätsfaktor des verdichteten Gases bei 15 °C und 65 °C muss berücksichtigt werden.

(iv) Berechnung des Dampfdrucks des verflüssigten Gases bei 65 °C;

(v) der Gesamtdruck ist die Summe aus Dampfdruck des verflüssigten Gases und partiellem Druck des verdichteten Gases bei 65 °C;

(vi) Berücksichtigung der Löslichkeit des verdichteten Gases bei 65 °C in der flüssigen Phase.

Der Prüfdruck des Druckgefäßes darf nicht kleiner sein als der berechnete Gesamtdruck minus 100 kPa (1 bar).

Wenn für die Berechnung die Löslichkeit des verdichteten Gases in der flüssigen Phase nicht bekannt ist, darf der Prüfdruck ohne Berücksichtigung der Gaslöslichkeit (Unterabsatz (vi)) berechnet werden.

(6) Sofern die in den Absätzen (4) und (5) aufgeführten allgemeinen Vorschriften erfüllt sind, dürfen abweichende Prüfdrücke und Füllfaktoren verwendet werden.

(7) a) Das Befüllen der Druckgefäße darf nur durch besonders ausgerüstete Stellen, die über geeignete Verfahren verfügen, und durch qualifiziertes Personal vorgenommen werden.

Die Verfahren müssen folgende Kontrollen beinhalten:

(i) Übereinstimmung der Gefäße und der Zubehörteile mit dem ADR,

(ii) Verträglichkeit der Gefäße und der Zubehörteile mit dem zu befördernden Produkt,

(iii) Nichtvorhandensein von Schäden, welche die Sicherheit beeinträchtigen können,

(iv) Einhaltung des Füllfaktors oder des Fülldrucks, abhängig davon, welcher von beiden anwendbar ist,

(v) Kennzeichen und Erkennungszeichen.

b) Für die Befüllung von Flaschen vorgesehenes Flüssiggas muss qualitativ hochwertig sein; diese Vorschrift gilt als erfüllt, wenn das einzufüllende Flüssiggas den in der Norm ISO 9162:1989 festgelegten Begrenzungen der Korrosivität entspricht.

4.1.4.1 (Forts.)

| P200 | VERPACKUNGSANWEISUNG *(Forts.)* | P200 |
|---|---|---|

**Wiederkehrende Prüfungen**

(8) Wiederbefüllbare Druckgefäße sind nach den Vorschriften des Unterabschnitts 6.2.1.6 bzw. 6.2.3.5 wiederkehrenden Prüfungen zu unterziehen.

(9) Sofern in den nachstehenden Tabellen nicht besondere stoffbezogene Vorschriften enthalten sind, müssen die wiederkehrenden Prüfungen vorgenommen werden: *→ CH: SDR Anh. 1 4.1.4.1*

a) alle 5 Jahre an Druckgefäßen zur Beförderung von Gasen der Klassifizierungscodes 1T, 1TF, 1TO, 1TC, 1TFC, 1TOC, 2T, 2TO, 2TF, 2TC, 2TFC, 2TOC, 4A, 4F und 4TC;

b) alle 5 Jahre an Druckgefäßen zur Beförderung von Stoffen anderer Klassen;

c) alle 10 Jahre an Druckgefäßen zur Beförderung von Gasen der Klassifizierungscodes 1A, 1O, 1F, 2A, 2O und 2F.

Bei Druckgefäßen, für die Verbundwerkstoffe verwendet wurden, beträgt die höchstzulässige Prüffrist 5 Jahre. Die Prüffrist darf auf die in den Tabellen 1 und 2 festgelegte Prüffrist (d.h. auf bis zu 10 Jahre) ausgedehnt werden, wenn dies von der zuständigen Behörde oder der von dieser Behörde bestimmten Stelle, welche die Baumusterzulassung ausgestellt hat, zugelassen ist.

**Sondervorschriften für die Verpackung**

(10) Werkstoffverträglichkeit

a: Druckgefäße aus Aluminiumlegierungen dürfen nicht verwendet werden.

b: Ventile aus Kupfer dürfen nicht verwendet werden.

c: Metallteile, die mit dem Inhalt in Berührung kommen, dürfen höchstens 65 % Kupfer enthalten.

d: Werden Druckgefäße aus Stahl oder Druckgefäße aus Verbundwerkstoffen mit Linern aus Stahl verwendet, sind nur solche zugelassen, welche gemäß Absatz 6.2.2.7.4 p) mit dem Kennzeichen „H" versehen sind.

Vorschriften für giftige Stoffe mit einem $LC_{50}$-Wert von höchstens 200 ml/m$^3$ (ppm)

k: Die Ventilöffnungen müssen mit druckfesten gasdichten Stopfen oder Kappen mit einem zu den Ventilöffnungen passenden Gewinde versehen sein, die aus einem Werkstoff hergestellt sein müssen, der vom Inhalt des Druckgefäßes nicht angegriffen wird.

Jede Flasche eines Bündels muss mit einem eigenen Ventil ausgerüstet sein, das während der Beförderung geschlossen sein muss. Nach dem Befüllen muss die Sammelleitung entleert, gereinigt und verschlossen werden.

Flaschenbündel, die UN 1045 Fluor, verdichtet, enthalten, dürfen mit Trennventilen an Gruppen von Flaschen mit einem (mit Wasser) ausgeliterten Gesamtfassungsraum von höchstens 150 Litern anstatt mit Trennventilen an jeder Flasche ausgerüstet sein.

Flaschen und die einzelnen Flaschen eines Flaschenbündels müssen einen Prüfdruck von mindestens 200 bar und eine Mindestwanddicke von 3,5 mm für Aluminiumlegierung oder 2 mm für Stahl haben. Einzelne Flaschen, die dieser Vorschrift nicht entsprechen, müssen in einer starren Außenverpackung befördert werden, welche die Flasche und ihre Armaturen ausreichend schützt und den Prüfanforderungen der Verpackungsgruppe I entspricht. Druckfässer müssen eine von der zuständigen Behörde festgelegte Mindestwanddicke haben.

Druckgefäße dürfen nicht mit einer Druckentlastungseinrichtung ausgerüstet sein.

Der Fassungsraum von Flaschen und einzelnen Flaschen eines Bündels ist auf höchstens 85 Liter zu begrenzen.

Jedes Ventil muss dem Prüfdruck des Druckgefäßes standhalten können und muss entweder durch ein kegeliges Gewinde oder durch andere Mittel, die den Anforderungen der Norm ISO 10692-2:2001 entsprechen, direkt mit dem Druckgefäß verbunden sein.

Jedes Ventil muss entweder ein Membranventil mit einer unperforierten Membran oder ein Typ sein, bei dem Undichtheiten durch die oder an der Dichtung vorbei verhindert werden.

Die Beförderung in Kapseln ist nicht zugelassen.

Jedes Druckgefäß muss nach dem Befüllen auf Dichtheit geprüft werden.

Gasspezifische Vorschriften

l: UN 1040 Ethylenoxid darf auch in luftdicht verschlossenen Innenverpackungen aus Glas oder Metall verpackt sein, die mit geeignetem Polstermaterial in Kisten aus Pappe, Holz oder Metall, die den Anforderungen für die Verpackungsgruppe I genügen, eingesetzt sind. Die höchstzulässige Menge in Innenverpackungen aus Glas beträgt 30 g, die höchstzulässige Menge in Innenverpackungen aus Metall 200 g. Nach dem Befüllen muss jede Innenverpackung durch Einsetzen in ein Heißwasserbad auf Dichtheit geprüft werden, wobei Temperatur und Dauer ausreichend sein müssen, um sicherzustellen, dass ein Innendruck in der Höhe des Dampfdrucks von Ethylenoxid bei 55 °C erreicht wird. Die höchste Nettomasse in einer Außenverpackung darf 2,5 kg nicht überschreiten.

m: Die Druckgefäße müssen bis zu einem Betriebsdruck befüllt werden, der 5 bar nicht überschreitet.

4.1.4.1 (Forts.)

**P200** | **VERPACKUNGSANWEISUNG** *(Forts.)* | **P200**

n: Flaschen und einzelne Flaschen eines Flaschenbündels dürfen höchstens 5 kg des Gases enthalten. Wenn Flaschenbündel mit UN 1045 Fluor, verdichtet, gemäß Sondervorschrift für die Verpackung „k" in Gruppen von Flaschen unterteilt sind, darf jede Gruppe höchstens 5 kg des Gases enthalten.

o: Der in den Tabellen angegebene Betriebsdruck oder Füllfaktor darf in keinem Fall überschritten werden.

p: Für UN 1001 Acetylen, gelöst, und UN 3374 Acetylen, lösungsmittelfrei: Die Flaschen müssen mit einem homogenen monolithischen porösen Material gefüllt sein; der Betriebsdruck und die Menge Acetylen dürfen die in der Zulassung oder in der Norm ISO 3807-1:2000, ISO 3807-2:2000 bzw. ISO 3807:2013 beschriebenen Werte nicht überschreiten.

Für UN 1001 Acetylen, gelöst: Die Flaschen müssen eine in der Zulassung festgelegte Menge Aceton oder eines geeigneten Lösungsmittels enthalten (siehe Norm ISO 3807-1:2000, ISO 3807-2:2000 bzw. ISO 3807:2013); Flaschen, die durch ein Sammelrohr miteinander verbunden sind, müssen in vertikaler Lage befördert werden.

Alternativ für UN 1001 Acetylen, gelöst: Flaschen, die keine UN-Druckgefäße sind, dürfen mit einem nicht monolithischen porösen Material gefüllt sein; der Betriebsdruck, die Menge Acetylen und die Menge des Lösungsmittels dürfen die in der Zulassung beschriebenen Werte nicht überschreiten. Die höchstzulässige Frist zwischen den wiederkehrenden Prüfungen der Flaschen darf fünf Jahre nicht überschreiten.

q: Die Ventilöffnungen von Druckgefäßen für pyrophore Gase oder entzündbare Gemische von Gasen, die mehr als 1 % pyrophore Verbindungen enthalten, müssen mit gasdichten Stopfen oder Kappen ausgestattet sein, die aus einem Werkstoff hergestellt sein müssen, der vom Inhalt des Druckgefäßes nicht angegriffen wird. Wenn diese Druckgefäße in einem Bündel mit einer Sammelleitung verbunden sind, muss jedes Druckgefäß mit einem eigenen Ventil, das während der Beförderung geschlossen sein muss, und die Öffnung des Sammelleitungsventils mit einem druckfesten gasdichten Stopfen oder einer druckfesten gasdichten Kappe ausgestattet sein. Gasdichte Stopfen oder Kappen müssen mit zu den Ventilöffnungen passenden Gewinden versehen sein. Die Beförderung in Kapseln ist nicht zugelassen.

r: Der Füllfaktor dieses Gases ist so zu begrenzen, dass der Druck im Falle des vollständigen Zerfalls zwei Drittel des Prüfdrucks des Druckgefäßes nicht übersteigt.

ra: Dieses Gas darf unter den folgenden Bedingungen auch in Kapseln verpackt werden:

a) Die Masse des Gases darf 150 g je Kapsel nicht überschreiten.

b) Die Kapseln müssen frei von Fehlern sein, die ihre Festigkeit verringern könnten.

c) Die Dichtheit des Verschlusses muss durch eine zusätzliche Vorrichtung (Deckel, Kappe, Versiegelung, Umwicklung usw.) sichergestellt werden, die geeignet ist, Undichtheiten des Verschlusssystems während der Beförderung zu verhindern.

d) Die Kapseln müssen in eine Außenverpackung von ausreichender Festigkeit eingesetzt werden. Ein Versandstück darf nicht schwerer sein als 75 kg.

s: Druckgefäße aus Aluminiumlegierungen:

a) dürfen nur mit Ventilen aus Messing oder aus rostfreiem Stahl ausgerüstet sein und

b) müssen von Verunreinigungen durch Kohlenwasserstoffe befreit sein und dürfen nicht mit Öl verunreinigt sein. UN-Druckgefäße müssen gemäß Norm ISO 11621:1997 gereinigt sein.

ta: Für die Befüllung geschweißter Flaschen aus Stahl zur Beförderung von Stoffen der UN-Nummer 1965 dürfen andere Kriterien verwendet werden:

a) mit Zustimmung der zuständigen Behörde(n) des Staates (der Staaten), in dem (denen) die Beförderung durchgeführt wird, und

b) in Übereinstimmung mit den Vorschriften eines von der zuständigen Behörde anerkannten technischen Regelwerks oder einer von der zuständigen Behörde anerkannten Norm.

Wenn die Kriterien für das Befüllen von denen in P200 (5) abweichen, muss das Beförderungspapier die Angabe „Beförderung in Übereinstimmung mit Verpackungsanweisung P200 Sondervorschrift für die Verpackung ta" und die Angabe der für die Berechnung des Füllfaktors verwendeten Bezugstemperatur enthalten.

Wiederkehrende Prüfung

u: Die Frist zwischen den wiederkehrenden Prüfungen darf für Druckgefäße aus Aluminiumlegierungen auf 10 Jahre verlängert werden. Diese Abweichung darf für UN-Druckgefäße nur dann angewendet werden, wenn die Legierung des Druckgefäßes einer Prüfung auf Spannungsrisskorrosion gemäß Norm ISO 7866:2012 + Cor 1:2014 unterzogen worden ist.

ua: Die Frist zwischen den wiederkehrenden Prüfungen darf für Flaschen aus Aluminiumlegierungen und für Bündel solcher Flaschen auf 15 Jahre ausgedehnt werden, wenn die Vorschriften des Absatzes (13) dieser Verpackungsanweisung angewendet werden. Dies gilt nicht für Flaschen aus Aluminiumlegierung AA 6351. Diese Sondervorschrift „ua" darf für Gemische angewendet werden, vorausgesetzt, allen einzelnen Gasen des Gemisches ist in Tabelle 1 oder Tabelle 2 „ua" zugeordnet.

4.1.4.1 (Forts.)

**P200** **VERPACKUNGSANWEISUNG** *(Forts.)* **P200**

v: (1) Die Frist zwischen den wiederkehrenden Prüfungen für Flaschen aus Stahl, ausgenommen wiederbefüllbare geschweißte Flaschen aus Stahl für die UN-Nummer 1011, 1075, 1965, 1969 oder 1978, darf auf 15 Jahre ausgedehnt werden:

a) mit Zustimmung der zuständigen Behörde(n) des Staates (der Staaten), in dem (denen) die wiederkehrende Prüfung und die Beförderung durchgeführt werden, und

b) in Übereinstimmung mit den Vorschriften eines technischen Regelwerks oder einer Norm, das/die von der zuständigen Behörde anerkannt ist.

(2) Für wiederbefüllbare geschweißte Flaschen aus Stahl für die UN-Nummer 1011, 1075, 1965, 1969 oder 1978 darf diese Frist auf 15 Jahre ausgedehnt werden, wenn die Vorschriften des Absatzes (12) dieser Verpackungsanweisung angewendet werden.

va: Für nahtlose Flaschen aus Stahl, die mit nach der Norm EN ISO 15996:2005 + A1:2007 oder EN ISO 15996:2017 ausgelegten und geprüften Restdruckventilen (siehe nachstehende Bem.) ausgerüstet sind, und für Bündel von nahtlosen Flaschen aus Stahl, die mit einem oder mehreren nach der Norm EN ISO 15996:2005 + A1:2007 oder EN ISO 15996:2017 geprüften Hauptventilen mit einer Restdruckeinrichtung ausgerüstet sind, darf die Frist zwischen den wiederkehrenden Prüfungen auf 15 Jahre ausgedehnt werden, wenn die Vorschriften des Absatzes (13) dieser Verpackungsanweisung angewendet werden. Diese Sondervorschrift „va" darf für Gemische angewendet werden, vorausgesetzt, allen einzelnen Gasen des Gemisches ist in Tabelle 1 oder Tabelle 2 „va" zugeordnet.

**Bem.** Ein Restdruckventil ist ein Verschluss, der eine Restdruckeinrichtung umfasst, die durch die Aufrechterhaltung einer positiven Differenz zwischen dem Druck innerhalb der Flasche und der Ventilöffnung das Eindringen von verunreinigenden Stoffen verhindert. Um einen Rückfluss von Flüssigkeiten aus einer Quelle mit höherem Druck in die Flasche zu verhindern, muss eine Ventilrückschlagfunktion entweder in die Restdruckeinrichtung eingebaut sein oder als getrennte zusätzliche Einrichtung im Flaschenventil, z.B. ein Regulator, vorhanden sein.

Vorschriften für n.a.g.-Eintragungen und Gemische

z: Die Werkstoffe der Druckgefäße und ihrer Ausrüstungsteile müssen mit dem Inhalt verträglich sein und dürfen mit ihm keine schädlichen oder gefährlichen Verbindungen bilden.

Der Prüfdruck und der Füllfaktor sind nach den zutreffenden Vorschriften des Absatzes (5) zu berechnen.

Giftige Stoffe mit einem $LC_{50}$-Wert von höchstens 200 ml/m$^3$ dürfen nicht in Großflaschen, Druckfässern oder MEGC befördert werden und müssen der Sondervorschrift für die Verpackung k entsprechen. UN 1975 Stickstoffmonoxid und Distickstofftetroxid, Gemisch, darf jedoch in Druckfässern befördert werden.

Druckgefäße, die pyrophore Gase oder entzündbare Gemische von Gasen mit mehr als 1 % pyrophore Verbindungen enthalten, müssen der Sondervorschrift für die Verpackung q entsprechen.

Notwendige Maßnahmen zur Verhinderung gefährlicher Reaktionen (d.h. Polymerisation oder Zerfall) während der Beförderung sind zu treffen. Soweit erforderlich, ist eine Stabilisierung durchzuführen oder ein Inhibitor hinzuzufügen.

Gemische mit UN 1911 Diboran sind bis zu einem Druck zu befüllen, bei dem im Falle des vollständigen Zerfalls des Diborans zwei Drittel des Prüfdrucks des Druckgefäßes nicht überschritten werden.

Gemische mit UN 2192 Germaniumwasserstoff (German), ausgenommen Gemische mit bis zu 35 % Germaniumwasserstoff (German) in Wasserstoff oder Stickstoff oder bis zu 28 % Germaniumwasserstoff (German) in Helium oder Argon, sind bis zu einem Druck zu befüllen, bei dem im Falle des vollständigen Zerfalls des Germaniumwasserstoffs (German) zwei Drittel des Prüfdrucks des Druckgefäßes nicht überschritten werden.

Gemische aus Fluor und Stickstoff mit einer Fluorkonzentration von weniger als 35 Volumen-% dürfen in Druckgefäße bis zu einem höchstzulässigen Betriebsdruck gefüllt werden, bei dem der Fluorpartialdruck 3,1 MPa (31 bar) (absolut) nicht übersteigt.

$$\text{Betriebsdruck (bar)} < \frac{31}{x_f} - 1,$$

wobei:

$x_f$ = Fluorkonzentration in Volumen-%/100.

Gemische aus Fluor und inerten Gasen mit einer Fluorkonzentration von weniger als 35 Volumen-% dürfen in Druckgefäße bis zu einem höchstzulässigen Betriebsdruck gefüllt werden, bei dem der Fluorpartialdruck 3,1 MPa (31 bar) (absolut) nicht übersteigt, wobei bei der Berechnung des Partialdrucks zusätzlich der Stickstoff-Äquivalenzkoeffizient gemäß Norm ISO 10156:2017 berücksichtigt wird.

$$\text{Betriebsdruck (bar)} < \frac{31}{x_f}(x_f + K_k \times x_k) - 1,$$

wobei:

$x_f$ = Fluorkonzentration in Volumen-%/100

$K_k$ = Äquivalenzkoeffizient eines inerten Gases in Bezug auf Stickstoff (Stickstoff-Äquivalenzkoeffizient)

$x_k$ = Inertgaskonzentration in Volumen-%/100.

**4.1.4.1** (Forts.)

| **P200** | **VERPACKUNGSANWEISUNG** *(Forts.)* | **P200** |
|---|---|---|

Der Betriebsdruck für Gemische aus Fluor und inerten Gasen darf jedoch 20 MPa (200 bar) nicht übersteigen. Der Mindestprüfdruck von Druckgefäßen für Gemische aus Fluor und inerten Gasen entspricht dem 1,5-fachen des Betriebsdrucks oder 20 MPa (200 bar), wobei der größere Wert anzuwenden ist.

Vorschriften für Stoffe, die nicht unter die Klasse 2 fallen

ab: Die Druckgefäße müssen folgende Bedingungen erfüllen:

a) Die Druckprüfung ist mit einer inneren Untersuchung der Druckgefäße sowie einer Überprüfung der Armaturen zu verbinden.

b) Darüber hinaus sind sie alle zwei Jahre mit geeigneten Messgeräten (z.B. Ultraschall) hinsichtlich Abzehrungen und des Zustandes der Armaturen zu untersuchen.

c) Ihre Wanddicke darf nicht geringer sein als 3 mm.

ac: Die Prüfungen und Untersuchungen sind unter der Kontrolle eines von der zuständigen Behörde anerkannten Sachverständigen vorzunehmen.

ad: Die Druckgefäße müssen folgende Bedingungen erfüllen:

a) Sie müssen nach einem Berechnungsdruck von mindestens 2,1 MPa (21 bar) (Überdruck) bemessen sein.

b) Zusätzlich zu den Angaben für wiederbefüllbare Gefäße müssen folgende Angaben gut lesbar und dauerhaft angebracht sein:

(i) die UN-Nummer und die gemäß Abschnitt 3.1.2 bestimmte offizielle Benennung für die Beförderung des Stoffes,

(ii) die höchstzulässige Masse der Füllung und die Eigenmasse des Gefäßes einschließlich Ausrüstungsteile, die zum Zeitpunkt des Befüllens angebracht sind, oder die Bruttomasse.

(11) Die Vorschriften dieser Verpackungsanweisung gelten bei Anwendung der nachstehenden Normen als erfüllt:

| **anwendbar für Vorschrift** | **Referenz** | **Titel des Dokuments** |
|---|---|---|
| (7) | EN 13365:2002 + A1:2005 | Ortsbewegliche Gasflaschen – Flaschenbündel für permanente und verflüssigte Gase (außer Acetylen) – Prüfung zum Zeitpunkt des Füllens |
| (7) | EN ISO 24431:2016 | Gasflaschen – Nahtlose, geschweißte und Composite-Flaschen für verdichtete und verflüssigte Gase (ausgenommen Acetylen) – Inspektion zum Zeitpunkt des Füllens |
| (7) a) | ISO 10691:2004 | Gasflaschen – Wiederbefüllbare geschweißte Flaschen aus Stahl für Flüssiggas (LPG) – Verfahren für das Prüfen vor, während und nach dem Füllen |
| (7) a) | ISO 11755:2005 | Gasflaschen – Flaschenbündel für verdichtete und verflüssigte Gase (ausgenommen Acetylen) – Prüfung zum Zeitpunkt des Füllens |
| (7) a) und (10) p | EN ISO 11372:2011 | Gasflaschen – Acetylenflaschen – Füllbedingungen und Inspektion beim Füllen |
| (7) a) und (10) p | EN ISO 13088:2012 + A1:2020 | Gasflaschen – Acetylenflaschenbündel – Füllbedingungen und Inspektion beim Füllen |
| (7) und (10) ta b) | EN 1439:2021 | Flüssiggas-Geräte und Ausrüstungsteile – Kontrollverfahren für Flaschen für Flüssiggas (LPG) vor, während und nach dem Füllen |
| (7) und (10) ta b) | EN 13952:2017 | Flüssiggas-Geräte und Ausrüstungsteile – Füllverfahren für Flaschen für Flüssiggas (LPG) |
| | | |

(12) Für die wiederkehrende Prüfung von wiederbefüllbaren geschweißten Flaschen aus Stahl darf in Übereinstimmung mit der Sondervorschrift für die Verpackung v (2) des Absatzes (10) eine Frist von 15 Jahren gewährt werden, wenn folgende Vorschriften eingehalten werden.

**1. Allgemeine Vorschriften**

1.1 Für die Anwendung dieses Absatzes darf die zuständige Behörde ihre Aufgaben und Pflichten nicht an Xb-Stellen (Prüfstellen des Typs B) oder IS (betriebseigene Prüfdienste) delegieren (wegen der Begriffsbestimmung von Xb und IS siehe Absatz 6.2.3.6.1).

1.2 Der Eigentümer der Flaschen muss bei der zuständigen Behörde die Gewährung der Prüffrist von 15 Jahren beantragen und nachweisen, dass die Vorschriften der Unterabsätze 2, 3 und 4 eingehalten werden.

*→ M360* 1.3 Seit dem 1. Januar 1999 hergestellte Flaschen müssen in Übereinstimmung mit den folgenden Normen in der jeweils gemäß der Tabelle in Abschnitt 6.2.4 anwendbaren Fassung hergestellt sein:

4.1.4.1 (Forts.)

| P200 | VERPACKUNGSANWEISUNG *(Forts.)* | P200 |
|---|---|---|

– Norm EN 1442 oder
– Norm EN 13322-1 oder
– Anlage I Teile 1 bis 3 der Richtlinie des Rates 84/527/EWG[a].

Andere Flaschen, die vor dem 1. Januar 2009 nach den Vorschriften des ADR in Übereinstimmung mit einem von der zuständigen Behörde anerkannten technischen Regelwerk hergestellt wurden, dürfen für eine Prüffrist von 15 Jahren zugelassen werden, wenn sie ein Sicherheitsniveau aufweisen, das dem der zum Zeitpunkt der Beantragung anwendbaren Vorschriften des ADR gleichwertig ist.

1.4 Der Eigentümer muss der zuständigen Behörde Belege zum Nachweis vorlegen, mit dem gezeigt wird, dass die Flaschen den Vorschriften des Unterabsatzes 1.3 entsprechen. Die zuständige Behörde muss prüfen, ob diese Vorschriften eingehalten werden.

1.5 Die zuständige Behörde muss prüfen, ob die Vorschriften der Unterabsätze 2 und 3 erfüllt und richtig angewendet werden. Wenn alle Vorschriften erfüllt sind, muss sie die Prüffrist von 15 Jahren für die Flaschen genehmigen. In dieser Genehmigung muss das Baumuster der Flasche (gemäß der genauen Beschreibung in der Baumusterzulassung) oder eine erfasste Gruppe von Flaschen (siehe Bem.) eindeutig bestimmt sein. Die Genehmigung muss dem Eigentümer zugestellt werden; die zuständige Behörde muss eine Kopie aufbewahren. Der Eigentümer muss die Dokumente aufbewahren, solange die Flaschen für eine Prüffrist von 15 Jahren zugelassen sind.

**Bem.** Eine Gruppe von Flaschen wird durch die Herstellungsdaten identischer Flaschen in einem Zeitraum bestimmt, in dem sich die anwendbaren Vorschriften des ADR und des von der zuständigen Behörde anerkannten Regelwerks in ihrem technischen Inhalt nicht geändert haben. Beispiel: Flaschen identischer Auslegung und identischen Volumens, die nach den zwischen dem 1. Januar 1985 und dem 31. Dezember 1988 anwendbaren Vorschriften des ADR in Kombination mit dem in demselben Zeitraum anwendbaren, von der zuständigen Behörde anerkannten Regelwerk gebaut wurden, bilden im Sinne der Vorschriften dieses Absatzes eine Gruppe.

1.6 Die zuständige Behörde muss den Eigentümer der Flaschen hinsichtlich der Einhaltung der Vorschriften des ADR und der erteilten Genehmigung in angemessener Weise beaufsichtigen, mindestens jedoch alle drei Jahre oder wenn in den Verfahren Änderungen eingeführt werden.

**2. Betriebliche Vorschriften**

2.1 Flaschen, für die eine Frist von 15 Jahren für die wiederkehrende Prüfung gewährt wurde, dürfen nur in Befüllzentren befüllt werden, die ein dokumentiertes Qualitätssicherungssystem anwenden, um zu gewährleisten, dass alle Vorschriften des Absatzes (7) dieser Verpackungsanweisung und die Vorschriften und Pflichten der Normen EN 1439:2021 (oder bis zum 31. Dezember 2024 EN 1439:2017) und EN 13952:2017 erfüllt und richtig angewendet werden.

2.2 Die zuständige Behörde muss nachprüfen, dass diese Vorschriften erfüllt werden, und in angemessener Weise überprüfen, mindestens jedoch alle drei Jahre oder wenn in den Verfahren Änderungen eingeführt werden.

2.3 Der Eigentümer muss der zuständigen Behörde Belege zum Nachweis vorlegen, dass das Befüllzentrum die Vorschriften des Unterabsatzes 2.1 einhält.

2.4 Wenn ein Befüllzentrum in einer anderen Vertragspartei des ADR angesiedelt ist, muss der Eigentümer zusätzliche Belege zum Nachweis vorlegen, dass das Befüllzentrum von der zuständigen Behörde dieser Vertragspartei des ADR entsprechend beaufsichtigt wird.

2.5 Um innere Korrosion zu vermeiden, dürfen nur Gase hoher Qualität mit sehr geringer potenzieller Kontamination in diese Flaschen eingefüllt werden. Diese Vorschrift gilt als erfüllt, wenn die Gase den in der Norm ISO 9162:1989 festgelegten Begrenzungen der Korrosivität entsprechen.

**3. Vorschriften für die Qualifizierung und die wiederkehrende Prüfung**

3.1 Flaschen eines bereits verwendeten Baumusters oder einer bereits verwendeten Gruppe, für die eine Prüffrist von 15 Jahren gewährt und auf die die Prüffrist von 15 Jahren angewendet wurde, müssen einer wiederkehrenden Prüfung gemäß Unterabschnitt 6.2.3.5 unterzogen werden.

**Bem.** Für die Definition einer Gruppe von Flaschen siehe Bem. zu Unterabsatz 1.5.

3.2 Wenn eine Flasche mit einer Prüffrist von 15 Jahren bei einer wiederkehrenden Prüfung die Flüssigkeitsdruckprüfung nicht besteht, z.B. wegen Berstens oder Undichtheit, muss der Eigentümer die Ursache des Versagens und die Auswirkungen auf andere Flaschen (z.B. desselben Baumusters oder derselben Gruppe) untersuchen und einen Bericht darüber anfertigen. Sofern andere Flaschen betroffen sind, muss der Eigentümer die zuständige Behörde informieren. Die zuständige Behörde muss dann über geeignete Maßnahmen entscheiden und die zuständigen Behörden der übrigen Vertragsparteien des ADR entsprechend informieren.

---

a) Richtlinie des Rates zur Angleichung der Rechtsvorschriften der Mitgliedstaaten über geschweißte Gasflaschen aus unlegiertem Stahl, veröffentlicht im Amtsblatt der Europäischen Gemeinschaften Nr. L 300 vom 19. November 1984.

4.1.4.1 (Forts.)

| P200 | VERPACKUNGSANWEISUNG *(Forts.)* | P200 |
|---|---|---|

3.3 Wenn eine in der angewendeten Norm (siehe Unterabsatz 1.3) definierte interne Korrosion festgestellt wurde, muss die Flasche aus der Verwendung zurückgezogen werden und darf nicht mehr für die Befüllung und die Beförderung freigegeben werden.

3.4 Flaschen, für die eine Prüffrist von 15 Jahren gewährt wurde, dürfen nur mit Ventilen ausgerüstet sein, die nach der Norm EN 13152:2001 + A1:2003, EN 13153:2001 + A1:2003, EN ISO 14245:2010, EN ISO 14245:2019, EN ISO 14245:2021, EN ISO 15995:2010, EN ISO 15995:2019 oder EN ISO 15995:2021 für eine Mindestverwendungsdauer von 15 Jahren ausgelegt und hergestellt wurden. Nach einer wiederkehrenden Prüfung muss die Flasche mit einem neuen Ventil ausgerüstet werden, ausgenommen davon sind nach der Norm EN 14912:2022 wiederaufgearbeitete und geprüfte manuell betätigte Ventile, die wiederangebracht werden dürfen, wenn sie für einen weiteren Verwendungszeitraum von 15 Jahren geeignet sind. Die Wiederaufarbeitung oder Prüfung darf nur vom Hersteller der Ventile oder nach dessen technischen Anweisungen von einem für diese Arbeit qualifizierten Unternehmen durchgeführt werden, das mit einem dokumentierten Qualitätssicherungssystem arbeitet.

**4. Kennzeichnung**

Flaschen, für die nach diesem Absatz eine Frist von 15 Jahren für die wiederkehrende Prüfung gewährt wurde, müssen zusätzlich deutlich und lesbar mit der Angabe „P15Y" gekennzeichnet sein. Dieses Kennzeichen muss von der Flasche entfernt werden, wenn sie nicht mehr für eine Prüffrist von 15 Jahren zugelassen ist.

**Bem.** Dieses Kennzeichen darf nicht für Flaschen verwendet werden, die unter die Übergangsvorschrift des Unterabschnitts 1.6.2.9, 1.6.2.10 oder unter die Vorschriften der Sondervorschrift für die Verpackung v (1) in Absatz (10) dieser Verpackungsanweisung fallen.

(13) Für die wiederkehrende Prüfung von Flaschen aus nahtlosem Stahl und aus Aluminiumlegierungen sowie von Bündeln solcher Flaschen darf in Übereinstimmung mit der Sondervorschrift für die Verpackung ua oder va des Absatzes (10) eine Frist von 15 Jahren gewährt werden, wenn folgende Vorschriften angewendet werden:

**1. Allgemeine Vorschriften**

1.1 Für die Anwendung dieses Absatzes darf die zuständige Behörde ihre Aufgaben und Pflichten nicht an Xb-Stellen (Prüfstellen des Typs B) oder IS (betriebseigene Prüfdienste) delegieren (wegen der Begriffsbestimmung von Xb und IS siehe Absatz 6.2.3.6.1).

1.2 Der Eigentümer der Flaschen oder Flaschenbündel muss bei der zuständigen Behörde die Gewährung einer Frist von 15 Jahren zwischen den wiederkehrenden Prüfungen beantragen und nachweisen, dass die Vorschriften der Unterabsätze 2, 3 und 4 eingehalten werden.

1.3 Ab dem 1. Januar 1999 hergestellte Flaschen müssen in Übereinstimmung mit einer der folgenden zum Zeitpunkt der Herstellung anwendbaren Normen (siehe auch Tabelle in Unterabschnitt 6.2.4.1) hergestellt sein:

- Norm EN 1964-1 oder EN 1964-2 oder
- Norm EN 1975 oder
- Norm EN ISO 9809-1 oder Norm EN ISO 9809-2 oder
- Norm EN ISO 7866 oder
- Anlage I Teile 1 bis 3 der Richtlinien des Rates 84/525/EWG[b] und 84/526/EWG[c].

Andere Flaschen, die vor dem 1. Januar 2009 nach den Vorschriften des ADR in Übereinstimmung mit einem von der nationalen zuständigen Behörde anerkannten technischen Regelwerk hergestellt wurden, dürfen für eine Frist von 15 Jahren zwischen den wiederkehrenden Prüfungen zugelassen werden, wenn sie ein Sicherheitsniveau aufweisen, das dem der zum Zeitpunkt der Beantragung anwendbaren Vorschriften des ADR gleichwertig ist.

**Bem.** Diese Vorschrift gilt als erfüllt, wenn die Flasche nach dem in Anhang III der Richtlinie 2010/35/EU vom 16. Juni 2010 oder in Anhang IV Teil II der Richtlinie 1999/36/EG vom 29. April 1999 beschriebenen Verfahren für die Neubewertung der Konformität neu bewertet wurde.

Für Flaschen und Flaschenbündel, die mit dem in Absatz 6.2.2.7.2 a) festgelegten Symbol der Vereinten Nationen für Verpackungen gekennzeichnet sind, darf eine Frist von 15 Jahren zwischen den wiederkehrenden Prüfungen nicht gewährt werden.

1.4 Flaschenbündel müssen so gebaut sein, dass Berührungen der Flaschen entlang der Längsachse der Flaschen nicht zu einer äußeren Korrosion führen. Die Stützen und Spannbänder müssen so ausgestaltet sein, dass das Korrosionsrisiko der Flaschen minimiert wird. In den Stützen verwendete stoßdämpfende Werkstoffe sind nur zugelassen, wenn sie behandelt wurden, um eine Wasseraufnahme auszuschließen. Beispiele für geeignete Werkstoffe sind wasserbeständiger Riemenwerkstoff und Gummi.

---

b) Richtlinie des Rates zur Angleichung der Rechtsvorschriften der Mitgliedstaaten über nahtlose Gasflaschen aus Stahl, veröffentlicht im Amtsblatt der Europäischen Gemeinschaften Nr. L 300 vom 19. November 1984.

c) Richtlinie des Rates zur Angleichung der Rechtsvorschriften der Mitgliedstaaten über nahtlose Gasflaschen aus unlegiertem Aluminium und Aluminiumlegierungen, veröffentlicht im Amtsblatt der Europäischen Gemeinschaften Nr. L 300 vom 19. November 1984.

4.1.4.1 (Forts.)

| P200 | VERPACKUNGSANWEISUNG *(Forts.)* | P200 |
|---|---|---|

1.5 Der Eigentümer muss der zuständigen Behörde Belege zum Nachweis vorlegen, dass die Flaschen den Vorschriften des Unterabsatzes 1.3 entsprechen. Die zuständige Behörde muss prüfen, ob diese Vorschriften eingehalten werden.

1.6 Die zuständige Behörde muss prüfen, ob die Vorschriften der Unterabsätze 2 und 3 erfüllt und richtig angewendet werden. Wenn alle Vorschriften erfüllt sind, muss sie für die Flaschen oder Flaschenbündel eine Frist von 15 Jahren zwischen den wiederkehrenden Prüfungen genehmigen. In dieser Genehmigung muss eine erfasste Gruppe von Flaschen (siehe nachstehende Bem.) eindeutig bestimmt sein. Die Genehmigung muss dem Eigentümer zugestellt werden; die zuständige Behörde muss eine Kopie aufbewahren. Der Eigentümer muss die Dokumente aufbewahren, solange die Flaschen für eine Frist von 15 Jahren zwischen den wiederkehrenden Prüfungen zugelassen sind.

**Bem.** Eine Gruppe von Flaschen wird durch die Herstellungsdaten identischer Flaschen in einem Zeitraum bestimmt, in dem sich die anwendbaren Vorschriften des ADR und des von der zuständigen Behörde anerkannten Regelwerks in ihrem technischen Inhalt nicht geändert haben. Zum Beispiel bilden Flaschen identischer Auslegung und identischen Volumens, die nach den zwischen dem 1. Januar 1985 und dem 31. Dezember 1988 anwendbaren Vorschriften des ADR in Kombination mit dem in demselben Zeitraum anwendbaren, von der zuständigen Behörde anerkannten Regelwerk gebaut wurden, im Sinne der Vorschriften dieses Absatzes eine Gruppe.

1.7 Der Eigentümer muss die Einhaltung der Vorschriften des ADR bzw. der erteilten Genehmigung sicherstellen und dies der zuständigen Behörde auf Anforderung, mindestens jedoch alle drei Jahre oder wenn in den Verfahren bedeutende Änderungen eingeführt wurden, nachweisen.

**2. Betriebliche Vorschriften**

2.1 Flaschen oder Flaschenbündel, für die eine Frist von 15 Jahren zwischen den wiederkehrenden Prüfungen gewährt wurde, dürfen nur in Befüllzentren befüllt werden, die ein dokumentiertes und zertifiziertes Qualitätssicherungssystem anwenden, um zu gewährleisten, dass alle Vorschriften des Absatzes (7) dieser Verpackungsanweisung sowie die Vorschriften und Pflichten der jeweils anwendbaren Norm EN ISO 24431:2016 oder EN 13365:2002 erfüllt und richtig angewendet werden. Das Qualitätssicherungssystem gemäß der Normenreihe ISO 9000 oder ein gleichwertiges Qualitätssicherungssystem muss von einer von der zuständigen Behörde anerkannten akkreditierten unabhängigen Stelle zertifiziert sein. Dies schließt Prüfverfahren vor und nach dem Befüllen und den Befüllvorgang für Flaschen, Flaschenbündel und Ventile ein.

2.2 Flaschen aus Aluminiumlegierungen und Bündel solcher Flaschen ohne Restdruckventile, für die eine Frist von 15 Jahren zwischen den wiederkehrenden Prüfungen gewährt wurde, müssen vor jedem Befüllen nach einem dokumentierten Verfahren, das mindestens folgende Punkte umfasst, geprüft werden:

a) Öffnen des Flaschenventils oder des Hauptventils des Flaschenbündels zur Überprüfung des Restdrucks;

b) wenn Gas ausströmt, darf die Flasche oder das Flaschenbündel befüllt werden;

c) wenn kein Gas ausströmt, muss das Innere der Flasche oder des Flaschenbündels auf Verunreinigungen geprüft werden;

d) wenn keine Verunreinigungen festgestellt werden, darf die Flasche oder das Flaschenbündel befüllt werden;

e) wenn Verunreinigungen festgestellt werden, müssen Abhilfemaßnahmen getroffen werden.

2.3 Mit Restdruckventilen ausgestattete nahtlose Flaschen aus Stahl und mit einem oder mehreren Hauptventilen mit einer Restdruckeinrichtung ausgerüstete Flaschenbündel aus nahtlosem Stahl, für die eine Frist von 15 Jahren zwischen den wiederkehrenden Prüfungen gewährt wurde, müssen vor jedem Befüllen nach einem dokumentierten Verfahren, das mindestens folgende Punkte umfasst, geprüft werden:

a) Öffnen des Flaschenventils oder des Hauptventils des Flaschenbündels zur Überprüfung des Restdrucks;

b) wenn Gas ausströmt, darf die Flasche oder das Flaschenbündel befüllt werden;

c) wenn kein Gas ausströmt, muss die Restdruckeinrichtung geprüft werden;

d) wenn die Prüfung ergibt, dass die Restdruckeinrichtung Druck beibehalten hat, darf die Flasche oder das Flaschenbündel befüllt werden;

e) wenn die Prüfung ergibt, dass die Restdruckeinrichtung keinen Druck beibehalten hat, muss das Innere der Flasche oder des Flaschenbündels auf Verunreinigung geprüft werden:

(i) wenn keine Verunreinigungen festgestellt werden, darf die Flasche oder das Flaschenbündel nach der Reparatur oder dem Austausch der Restdruckeinrichtung befüllt werden,

(ii) wenn Verunreinigungen festgestellt werden, müssen Abhilfemaßnahmen getroffen werden.

2.4 Um innere Korrosion zu vermeiden, dürfen nur Gase hoher Qualität mit sehr geringer potenzieller Verunreinigung in Flaschen oder Flaschenbündel eingefüllt werden. Diese Vorschrift gilt als erfüllt, wenn die Verträglichkeit der Gase und Werkstoffe nach den Normen EN ISO 11114-1:2020 + A1:2023 und EN ISO 11114-2:2021 annehmbar ist und die Gasqualität den Spezifikationen der Norm EN ISO 14175:2008 entspricht oder

**4.1.4.1** (Forts.)

| **P200** | **VERPACKUNGSANWEISUNG** *(Forts.)* | **P200** |
|---|---|---|

Gase, die von dieser Norm nicht erfasst werden, einen Mindestreinheitsgrad von 99,5 Vol.-% und einen maximalen Feuchtigkeitsgehalt von 40 ml/m³ (ppm) aufweisen. Für Distickstoffmonoxid betragen die Werte für den Mindestreinheitsgrad 98 Vol.-% und für den maximalen Feuchtigkeitsgehalt 70 ml/m³ (ppm).

2.5 Der Eigentümer muss die Einhaltung der Vorschriften der Unterabsätze 2.1 bis 2.4 sicherstellen und der zuständigen Behörde auf Anforderung, mindestens jedoch alle drei Jahre oder wenn in den Verfahren bedeutende Änderungen eingeführt wurden, Belege zum Nachweis der Einhaltung vorlegen.

2.6 Wenn ein Befüllzentrum in einer anderen Vertragspartei des ADR angesiedelt ist, muss der Eigentümer der zuständigen Behörde auf Anforderung zusätzliche Belege zum Nachweis vorlegen, dass das Befüllzentrum von der zuständigen Behörde dieser Vertragspartei des ADR entsprechend beaufsichtigt wird. Siehe auch Unterabsatz 1.2.

**3. Vorschriften für die Qualifizierung und die wiederkehrende Prüfung**

3.1 Für bereits verwendete Flaschen und Flaschenbündel, welche die Vorschriften des Unterabsatzes 2 ab dem Zeitpunkt der letzten wiederkehrenden Prüfung zur Zufriedenheit der zuständigen Behörde erfüllt haben, darf die Frist zwischen den wiederkehrenden Prüfungen ab dem Zeitpunkt der letzten wiederkehrenden Prüfung auf 15 Jahre ausgedehnt werden. Anderenfalls muss der Wechsel der Prüffrist von 10 auf 15 Jahre zum Zeitpunkt der wiederkehrenden Prüfung erfolgen. Sofern zutreffend, muss im Bericht über die wiederkehrende Prüfung angegeben sein, dass diese Flasche oder dieses Flaschenbündel mit einer Restdruckeinrichtung ausgerüstet sein muss. Von der zuständigen Behörde darf auch anderes Dokumentationsmaterial für den Nachweis zugelassen werden.

3.2 Wenn eine Flasche mit einer Prüffrist von 15 Jahren im Rahmen einer wiederkehrenden Prüfung die Druckprüfung wegen Berstens oder Undichtheit nicht besteht oder bei einer zerstörungsfreien Prüfung einen schwerwiegenden Mangel aufweist, muss der Eigentümer die Ursache des Versagens und die Auswirkungen auf andere Flaschen (z.B. desselben Baumusters oder derselben Gruppe) untersuchen und einen Bericht darüber anfertigen. Sofern andere Flaschen betroffen sind, muss der Eigentümer die zuständige Behörde informieren. Die zuständige Behörde muss dann über geeignete Maßnahmen entscheiden und die zuständigen Behörden der übrigen Vertragsparteien des ADR entsprechend informieren.

3.3 Wenn innere Korrosion und andere Mängel, wie sie in den in Abschnitt 6.2.4 in Bezug genommenen Normen für die wiederkehrende Prüfung definiert sind, festgestellt wurden, muss die Flasche aus der Verwendung zurückgezogen werden und darf nicht mehr für die Befüllung und die Beförderung freigegeben werden.

3.4 Flaschen oder Flaschenbündel, für die eine Frist von 15 Jahren zwischen den wiederkehrenden Prüfungen gewährt wurde, dürfen nur mit Ventilen ausgerüstet sein, die nach der zum Zeitpunkt der Herstellung anwendbaren Norm EN 849 bzw. EN ISO 10297 (siehe auch Tabelle in Unterabschnitt 6.2.4.1) ausgelegt und geprüft sind. Nach einer wiederkehrenden Prüfung muss ein neues Ventil angebracht werden, mit der Ausnahme, dass nach der Norm EN ISO 22434:2022 wiederaufgearbeitete und geprüfte Ventile wiederangebracht werden dürfen.

**4. Kennzeichnung**

Flaschen oder Flaschenbündel, für die nach diesem Absatz eine Frist von 15 Jahren zwischen den wiederkehrenden Prüfungen gewährt wurde, müssen mit dem in Unterabschnitt 5.2.1.6 c) vorgeschriebenen Datum (Jahr) der nächsten wiederkehrenden Prüfung und zusätzlich deutlich und lesbar mit der Angabe „P15Y" gekennzeichnet sein. Dieses Kennzeichen muss von der Flasche oder vom Flaschenbündel entfernt werden, wenn sie/es nicht mehr für eine Frist von 15 Jahren zwischen den wiederkehrenden Prüfungen zugelassen ist.

**Tabelle 1: Verdichtete Gase**

| UN-Nummer | Benennung und Beschreibung | Klassifizierungscode | $LC_{50}$ ml/m³ | Flaschen | Großflaschen | Druckfässer | Flaschenbündel | Prüffrist (Jahre)[d] | Prüfdruck (bar)[e] | höchstzulässiger Betriebsdruck (bar)[e] | Sondervorschriften für die Verpackung |
|---|---|---|---|---|---|---|---|---|---|---|---|
| 1002 | LUFT, VERDICHTET (DRUCKLUFT) | 1 A | | X | X | X | X | 10 | | | ua, va |
| 1006 | ARGON, VERDICHTET | 1 A | | X | X | X | X | 10 | | | ua, va |
| 1016 | KOHLENMONOXID, VERDICHTET | 1 TF | 3 760 | X | X | X | X | 5 | | | u |
| 1023 | STADTGAS, VERDICHTET | 1 TF | | X | X | X | X | 5 | | | |
| 1045 | FLUOR, VERDICHTET | 1 TOC | 185 | X | | | X | 5 | 200 | 30 | a, k, n, o |
| 1046 | HELIUM, VERDICHTET | 1 A | | X | X | X | X | 10 | | | ua, va |
| 1049 | WASSERSTOFF, VERDICHTET | 1 F | | X | X | X | X | 10 | | | d, ua, va |
| 1056 | KRYPTON, VERDICHTET | 1 A | | X | X | X | X | 10 | | | ua, va |
| 1065 | NEON, VERDICHTET | 1 A | | X | X | X | X | 10 | | | ua, va |

4.1.4.1 (Forts.)

| P200 | VERPACKUNGSANWEISUNG *(Forts.)* | | | | | | | | | | P200 |
|---|---|---|---|---|---|---|---|---|---|---|---|
| UN-Nummer | Benennung und Beschreibung | Klassifizierungscode | $LC_{50}$ ml/$m^3$ | Flaschen | Großflaschen | Druckfässer | Flaschenbündel | Prüffrist (Jahre)[d] | Prüfdruck (bar)[e] | höchstzulässiger Betriebsdruck (bar)[e] | Sondervorschriften für die Verpackung |
| 1066 | STICKSTOFF, VERDICHTET | 1 A | | X | X | X | X | 10 | | | ua, va |
| 1071 | ÖLGAS, VERDICHTET | 1 TF | | X | X | X | X | 5 | | | |
| 1072 | SAUERSTOFF, VERDICHTET | 1 O | | X | X | X | X | 10 | | | s, ua, va |
| 1612 | HEXAETHYLTETRAPHOSPHAT UND VERDICHTETES GAS, GEMISCH | 1 T | | X | X | X | X | 5 | | | z |
| 1660 | STICKSTOFFMONOXID, VERDICHTET (STICKSTOFF-OXID, VERDICHTET) | 1 TOC | 115 | X | | | X | 5 | 225 | 33 | k, o |
| 1953 | VERDICHTETES GAS, GIFTIG, ENTZÜNDBAR, N.A.G. | 1 TF | ≤ 5 000 | X | X | X | X | 5 | | | z |
| 1954 | VERDICHTETES GAS, ENTZÜNDBAR, N.A.G. | 1 F | | X | X | X | X | 10 | | | ua, va, z |
| 1955 | VERDICHTETES GAS, GIFTIG, N.A.G. | 1 T | ≤ 5 000 | X | X | X | X | 5 | | | z |
| 1956 | VERDICHTETES GAS, N.A.G. | 1 A | | X | X | X | X | 10 | | | ua, va, z |
| 1957 | DEUTERIUM, VERDICHTET | 1 F | | X | X | X | X | 10 | | | d, ua, va |
| 1964 | KOHLENWASSERSTOFFGAS, GEMISCH, VERDICHTET, N.A.G. | 1 F | | X | X | X | X | 10 | | | ua, va, z |
| 1971 | METHAN, VERDICHTET, oder ERDGAS, VERDICHTET, mit hohem Methangehalt | 1 F | | X | X | X | X | 10 | | | ua, va |
| 2034 | WASSERSTOFF UND METHAN, GEMISCH, VERDICHTET | 1 F | | X | X | X | X | 10 | | | d, ua, va |
| 2190 | SAUERSTOFFDIFLUORID, VERDICHTET | 1 TOC | 2,6 | X | | | X | 5 | 200 | 30 | a, k, n, o |
| 3156 | VERDICHTETES GAS, OXIDIEREND, N.A.G. | 1 O | | X | X | X | X | 10 | | | ua, va, z |
| 3303 | VERDICHTETES GAS, GIFTIG, OXIDIEREND, N.A.G. | 1 TO | ≤ 5 000 | X | X | X | X | 5 | | | z |
| 3304 | VERDICHTETES GAS, GIFTIG, ÄTZEND, N.A.G. | 1 TC | ≤ 5 000 | X | X | X | X | 5 | | | z |
| 3305 | VERDICHTETES GAS, GIFTIG, ENTZÜNDBAR, ÄTZEND, N.A.G. | 1 TFC | ≤ 5 000 | X | X | X | X | 5 | | | z |
| 3306 | VERDICHTETES GAS, GIFTIG, OXIDIEREND, ÄTZEND, N.A.G. | 1 TOC | ≤ 5 000 | X | X | X | X | 5 | | | z |

[d] Nicht anwendbar für Druckgefäße aus Verbundwerkstoffen.
[e] Wenn keine Eintragung vorhanden ist, darf der Betriebsdruck nicht größer sein als zwei Drittel des Prüfdrucks.

**Tabelle 2: Verflüssigte und gelöste Gase**

| UN-Nummer | Benennung und Beschreibung | Klassifizierungscode | $LC_{50}$ ml/$m^3$ | Flaschen | Großflaschen | Druckfässer | Flaschenbündel | Prüffrist (Jahre)[d] | Prüfdruck (bar) | Füllfaktor | Sondervorschriften für die Verpackung |
|---|---|---|---|---|---|---|---|---|---|---|---|
| 1001 | ACETYLEN, GELÖST | 4 F | | X | | | X | 10 | 60 | | c, p |
| 1005 | AMMONIAK, WASSERFREI | 2 TC | 4 000 | X | X | X | X | 5 | 29 | 0,54 | b, ra |
| 1008 | BORTRIFLUORID | 2 TC | 864 | X | X | X | X | 5 | 225 | 0,715 | a |
| | | | | | | | | | 300 | 0,86 | a |
| 1009 | BROMTRIFLUORMETHAN (GAS ALS KÄLTEMITTEL R 13B1) | 2 A | | X | X | X | X | 10 | 42 | 1,13 | ra |
| | | | | | | | | | 120 | 1,44 | ra |
| | | | | | | | | | 250 | 1,60 | ra |
| 1010 | BUTADIENE, STABILISIERT (Buta-1,2-dien) oder | 2 F | | X | X | X | X | 10 | 10 | 0,59 | ra |
| | BUTADIENE, STABILISIERT (Buta-1,3-dien) oder | 2 F | | X | X | X | X | 10 | 10 | 0,55 | ra |
| | BUTADIENE UND KOHLENWASSERSTOFF, GEMISCH, STABILISIERT | 2 F | | X | X | X | X | 10 | 10 | 0,50 | ra, v, z |

4.1.4.1 (Forts.)

| P200 | VERPACKUNGSANWEISUNG *(Forts.)* | | | | | | | | | | P200 |
|---|---|---|---|---|---|---|---|---|---|---|---|
| UN-Nummer | Benennung und Beschreibung | Klassifizierungscode | $LC_{50}$ ml/m³ | Flaschen | Großflaschen | Druckfässer | Flaschenbündel | Prüffrist (Jahre)[d] | Prüfdruck (bar) | Füllfaktor | Sondervorschriften für die Verpackung |
| 1011 | BUTAN | 2 F | | X | X | X | X | 10 | 10 | 0,52 | ra, v |
| 1012 | BUTEN (Butene, Gemisch) oder | 2 F | | X | X | X | X | 10 | 10 | 0,50 | ra, z |
| | BUTEN (But-1-en) oder | 2 F | | X | X | X | X | 10 | 10 | 0,53 | ra |
| | BUTEN (cis-But-2-en) oder | 2 F | | X | X | X | X | 10 | 10 | 0,55 | ra |
| | BUTEN (trans-But-2-en) | 2 F | | X | X | X | X | 10 | 10 | 0,54 | ra |
| 1013 | KOHLENDIOXID | 2 A | | X | X | X | X | 10 | 190 | 0,68 | ra, ua, va |
| | | | | | | | | | 250 | 0,76 | ra, ua, va |
| 1017 | CHLOR | 2 TOC | 293 | X | X | X | X | 5 | 22 | 1,25 | a, ra |
| 1018 | CHLORDIFLUORMETHAN (GAS ALS KÄLTEMITTEL R 22) | 2 A | | X | X | X | X | 10 | 27 | 1,03 | ra |
| 1020 | CHLORPENTAFLUORETHAN (GAS ALS KÄLTEMITTEL R 115) | 2 A | | X | X | X | X | 10 | 25 | 1,05 | ra |
| 1021 | 1-CHLOR-1,2,2,2-TETRAFLUORETHAN (GAS ALS KÄLTEMITTEL R 124) | 2 A | | X | X | X | X | 10 | 11 | 1,20 | ra |
| 1022 | CHLORTRIFLUORMETHAN (GAS ALS KÄLTEMITTEL R 13) | 2 A | | X | X | X | X | 10 | 100 | 0,83 | ra |
| | | | | | | | | | 120 | 0,90 | ra |
| | | | | | | | | | 190 | 1,04 | ra |
| | | | | | | | | | 250 | 1,11 | ra |
| 1026 | DICYAN | 2 TF | 350 | X | X | X | X | 5 | 100 | 0,70 | ra, u |
| 1027 | CYCLOPROPAN | 2 F | | X | X | X | X | 10 | 18 | 0,55 | ra |
| 1028 | DICHLORDIFLUORMETHAN (GAS ALS KÄLTEMITTEL R 12) | 2 A | | X | X | X | X | 10 | 16 | 1,15 | ra |
| 1029 | DICHLORMONOFLUORMETHAN (GAS ALS KÄLTEMITTEL R 21) | 2 A | | X | X | X | X | 10 | 10 | 1,23 | ra |
| 1030 | 1,1-DIFLUORETHAN (GAS ALS KÄLTEMITTEL R 152a) | 2 F | | X | X | X | X | 10 | 16 | 0,79 | ra |
| 1032 | DIMETHYLAMIN, WASSERFREI | 2 F | | X | X | X | X | 10 | 10 | 0,59 | b, ra |
| 1033 | DIMETHYLETHER | 2 F | | X | X | X | X | 10 | 18 | 0,58 | ra |
| 1035 | ETHAN | 2 F | | X | X | X | X | 10 | 95 | 0,25 | ra |
| | | | | | | | | | 120 | 0,30 | ra |
| | | | | | | | | | 300 | 0,40 | ra |
| 1036 | ETHYLAMIN | 2 F | | X | X | X | X | 10 | 10 | 0,61 | b, ra |
| 1037 | ETHYLCHLORID | 2 F | | X | X | X | X | 10 | 10 | 0,80 | a, ra |
| 1039 | ETHYLMETHYLETHER | 2 F | | X | X | X | X | 10 | 10 | 0,64 | ra |
| 1040 | ETHYLENOXID oder ETHYLENOXID MIT STICKSTOFF bis zu einem höchstzulässigen Gesamtdruck von 1 MPa (10 bar) bei 50 °C | 2 TF | 2 900 | X | X | X | X | 5 | 15 | 0,78 | l, ra |
| 1041 | ETHYLENOXID UND KOHLENDIOXID, GEMISCH mit mehr als 9 %, aber höchstens 87 % Ethylenoxid | 2 F | | X | X | X | X | 10 | 190 | 0,66 | ra |
| | | | | | | | | | 250 | 0,75 | ra |
| 1043 | DÜNGEMITTEL, LÖSUNG, mit freiem Ammoniak | 4 A | | X | | X | X | 5 | | | b, z |
| 1048 | BROMWASSERSTOFF, WASSERFREI | 2 TC | 2 860 | X | X | X | X | 5 | 60 | 1,51 | a, d, ra |
| 1050 | CHLORWASSERSTOFF, WASSERFREI | 2 TC | 2 810 | X | X | X | X | 5 | 100 | 0,30 | a, d, ra |
| | | | | | | | | | 120 | 0,56 | a, d, ra |
| | | | | | | | | | 150 | 0,67 | a, d, ra |
| | | | | | | | | | 200 | 0,74 | a, d, ra |
| 1053 | SCHWEFELWASSERSTOFF | 2 TF | 712 | X | X | X | X | 5 | 48 | 0,67 | d, ra, u |

4.1.4.1 (Forts.)

| P200 | VERPACKUNGSANWEISUNG *(Forts.)* | | | | | | | | | | P200 |
|---|---|---|---|---|---|---|---|---|---|---|---|
| UN-Nummer | Benennung und Beschreibung | Klassifizierungscode | $LC_{50}$ ml/m$^3$ | Flaschen | Großflaschen | Druckfässer | Flaschenbündel | Prüffrist (Jahre)[d)] | Prüfdruck (bar) | Füllfaktor | Sondervorschriften für die Verpackung |
| 1055 | ISOBUTEN | 2 F | | X | X | X | X | 10 | 10 | 0,52 | ra |
| 1058 | VERFLÜSSIGTE GASE, nicht entzündbar, überlagert mit Stickstoff, Kohlendioxid oder Luft | 2 A | | X | X | X | X | 10 | | | ra, z |
| 1060 | METHYLACETYLEN UND PROPADIEN, GEMISCH, STABILISIERT | 2 F | | X | X | X | X | 10 | | | c, ra, z |
| | Propadien mit 1 % bis 4 % Methylacetylen | | | X | X | X | X | 10 | 22 | 0,52 | c, ra |
| | Gemisch P 1 | | | X | X | X | X | 10 | 30 | 0,49 | c, ra |
| | Gemisch P 2 | | | X | X | X | X | 10 | 24 | 0,47 | c, ra |
| 1061 | METHYLAMIN, WASSERFREI | 2 F | | X | X | X | X | 10 | 13 | 0,58 | b, ra |
| 1062 | METHYLBROMID mit höchstens 2 % Chlorpikrin | 2 T | 850 | X | X | X | X | 5 | 10 | 1,51 | a |
| 1063 | METHYLCHLORID (GAS ALS KÄLTEMITTEL R 40) | 2 F | | X | X | X | X | 10 | 17 | 0,81 | a, ra |
| 1064 | METHYLMERCAPTAN | 2 TF | 1 350 | X | X | X | X | 5 | 10 | 0,78 | d, ra, u |
| 1067 | DISTICKSTOFFTETROXID (STICKSTOFFDIOXID) | 2 TOC | 115 | X | | X | X | 5 | 10 | 1,30 | k |
| 1069 | NITROSYLCHLORID | 2 TC | 35 | X | | | X | 5 | 13 | 1,10 | k, ra |
| 1070 | DISTICKSTOFFMONOXID | 2 O | | X | X | X | X | 10 | 180 | 0,68 | ua, va |
| | | | | | | | | | 225 | 0,74 | ua, va |
| | | | | | | | | | 250 | 0,75 | ua, va |
| 1075 | PETROLEUMGASE, VERFLÜSSIGT | 2 F | | X | X | X | X | 10 | | | v, z |
| 1076 | PHOSGEN | 2 TC | 5 | X | | X | X | 5 | 20 | 1,23 | a, k, ra |
| 1077 | PROPEN | 2 F | | X | X | X | X | 10 | 27 | 0,43 | ra |
| 1078 | GAS ALS KÄLTEMITTEL, N.A.G. | 2 A | | X | X | X | X | 10 | | | ra, z |
| | Gemisch F 1 | | | X | X | X | X | 10 | 12 | 1,23 | ra, z |
| | Gemisch F 2 | | | X | X | X | X | 10 | 18 | 1,15 | ra, z |
| | Gemisch F 3 | | | X | X | X | X | 10 | 29 | 1,03 | ra, z |
| 1079 | SCHWEFELDIOXID | 2 TC | 2 520 | X | X | X | X | 5 | 12 | 1,23 | ra |
| 1080 | SCHWEFELHEXAFLUORID | 2 A | | X | X | X | X | 10 | 70 | 1,06 | ra, ua, va |
| | | | | | | | | | 140 | 1,34 | ra, ua, va |
| | | | | | | | | | 160 | 1,38 | ra, ua, va |
| 1081 | TETRAFLUORETHYLEN, STABILISIERT | 2 F | | X | X | X | X | 10 | 200 | | m, o, ra |
| 1082 | CHLORTRIFLUORETHYLEN, STABILISIERT (GAS ALS KÄLTEMITTEL R 1113) | 2 TF | 2 000 | X | X | X | X | 5 | 19 | 1,13 | ra, u |
| 1083 | TRIMETHYLAMIN, WASSERFREI | 2 F | | X | X | X | X | 10 | 10 | 0,56 | b, ra |
| 1085 | VINYLBROMID, STABILISIERT | 2 F | | X | X | X | X | 10 | 10 | 1,37 | a, ra |
| 1086 | VINYLCHLORID, STABILISIERT | 2 F | | X | X | X | X | 10 | 12 | 0,81 | a, ra |
| 1087 | VINYLMETHYLETHER, STABILISIERT | 2 F | | X | X | X | X | 10 | 10 | 0,67 | ra |
| 1581 | CHLORPIKRIN UND METHYLBROMID, GEMISCH mit mehr als 2 % Chlorpikrin | 2 T | 850 | X | X | X | X | 5 | 10 | 1,51 | a |
| 1582 | CHLORPIKRIN UND METHYLCHLORID, GEMISCH | 2 T | [f)] | X | X | X | X | 5 | 17 | 0,81 | a |
| 1589 | CHLORCYAN, STABILISIERT | 2 TC | 80 | X | | | X | 5 | 20 | 1,03 | k |
| 1741 | BORTRICHLORID | 2 TC | 2 541 | X | X | X | X | 5 | 10 | 1,19 | a, ra |
| 1749 | CHLORTRIFLUORID | 2 TOC | 299 | X | X | X | X | 5 | 30 | 1,40 | a |
| 1858 | HEXAFLUORPROPYLEN (GAS ALS KÄLTEMITTEL R 1216) | 2 A | | X | X | X | X | 10 | 22 | 1,11 | ra |

4.1.4.1 (Forts.)

| P200 | | | | | | VERPACKUNGSANWEISUNG *(Forts.)* | | | | | P200 |
|---|---|---|---|---|---|---|---|---|---|---|---|
| UN-Nummer | Benennung und Beschreibung | Klassifizierungscode | $LC_{50}$ ml/m$^3$ | Flaschen | Großflaschen | Druckfässer | Flaschenbündel | Prüffrist (Jahre)[d)] | Prüfdruck (bar) | Füllfaktor | Sondervorschriften für die Verpackung |
| 1859 | SILICIUMTETRAFLUORID | 2 TC | 922 | X | X | X | X | 5 | 200 | 0,74 | a |
| | | | | | | | | | 300 | 1,10 | a |
| 1860 | VINYLFLUORID, STABILISIERT | 2 F | | X | X | X | X | 10 | 250 | 0,64 | a, ra |
| 1911 | DIBORAN | 2 TF | 80 | X | | | X | 5 | 250 | 0,07 | d, k, o |
| 1912 | METHYLCHLORID UND DICHLORMETHAN, GEMISCH | 2 F | | X | X | X | X | 10 | 17 | 0,81 | a, ra |
| 1952 | ETHYLENOXID UND KOHLENDIOXID, GEMISCH mit höchstens 9 % Ethylenoxid | 2 A | | X | X | X | X | 10 | 190 | 0,66 | ra |
| | | | | | | | | | 250 | 0,75 | ra |
| 1958 | 1,2-DICHLOR-1,1,2,2-TETRAFLUORETHAN (GAS ALS KÄLTEMITTEL R 114) | 2 A | | X | X | X | X | 10 | 10 | 1,30 | ra |
| 1959 | 1,1-DIFLUORETHYLEN (GAS ALS KÄLTEMITTEL R 1132a) | 2 F | | X | X | X | X | 10 | 250 | 0,77 | ra |
| 1962 | ETHYLEN | 2 F | | X | X | X | X | 10 | 225 | 0,34 | |
| | | | | | | | | | 300 | 0,38 | |
| 1965 | KOHLENWASSERSTOFFGAS, GEMISCH, VERFLÜSSIGT, N.A.G., wie | 2 F | | X | X | X | X | 10 | | [g)] | ra, ta, v, z |
| | Gemisch A | | | | | | | 10 | 10 | 0,50 | ra, ta, v, z |
| | Gemisch A 01 | | | | | | | 10 | 15 | 0,49 | ra, ta, v, z |
| | Gemisch A 02 | | | | | | | 10 | 15 | 0,48 | ra, ta, v, z |
| | Gemisch A 0 | | | | | | | 10 | 15 | 0,47 | ra, ta, v, z |
| | Gemisch A 1 | | | | | | | 10 | 20 | 0,46 | ra, ta, v, z |
| | Gemisch B 1 | | | | | | | 10 | 25 | 0,45 | ra, ta, v, z |
| | Gemisch B 2 | | | | | | | 10 | 25 | 0,44 | ra, ta, v, z |
| | Gemisch B | | | | | | | 10 | 25 | 0,43 | ra, ta, v, z |
| | Gemisch C | | | | | | | 10 | 30 | 0,42 | ra, ta, v, z |
| 1967 | INSEKTENBEKÄMPFUNGSMITTEL, GASFÖRMIG, GIFTIG, N.A.G. | 2 T | | X | X | X | X | 5 | | | z |
| 1968 | INSEKTENBEKÄMPFUNGSMITTEL, GASFÖRMIG, N.A.G. | 2 A | | X | X | X | X | 10 | | | ra, z |
| 1969 | ISOBUTAN | 2 F | | X | X | X | X | 10 | 10 | 0,49 | ra, v |
| 1973 | CHLORDIFLUORMETHAN UND CHLORPENTAFLUORETHAN, GEMISCH mit einem konstanten Siedepunkt, mit ca. 49 % Chlordifluormethan (GAS ALS KÄLTEMITTEL R 502) | 2 A | | X | X | X | X | 10 | 31 | 1,01 | ra |
| 1974 | BROMCHLORDIFLUORMETHAN (GAS ALS KÄLTEMITTEL R 12B1) | 2 A | | X | X | X | X | 10 | 10 | 1,61 | ra |
| 1975 | STICKSTOFFMONOXID UND DISTICKSTOFFTETROXID, GEMISCH (STICKSTOFFMONOXID UND STICKSTOFFDIOXID, GEMISCH) | 2 TOC | 115 | X | | X | X | 5 | | | k, z |
| 1976 | OCTAFLUORCYCLOBUTAN (GAS ALS KÄLTEMITTEL RC 318) | 2 A | | X | X | X | X | 10 | 11 | 1,32 | ra |
| 1978 | PROPAN | 2 F | | X | X | X | X | 10 | 23 | 0,43 | ra, v |
| 1982 | TETRAFLUORMETHAN (GAS ALS KÄLTEMITTEL R 14) | 2 A | | X | X | X | X | 10 | 200 | 0,71 | |
| | | | | | | | | | 300 | 0,90 | |
| 1983 | 1-CHLOR-2,2,2-TRIFLUORETHAN (GAS ALS KÄLTEMITTEL R 133a) | 2 A | | X | X | X | X | 10 | 10 | 1,18 | ra |
| 1984 | TRIFLUORMETHAN (GAS ALS KÄLTEMITTEL R 23) | 2 A | | X | X | X | X | 10 | 190 | 0,88 | ra |
| | | | | | | | | | 250 | 0,96 | ra |

4.1.4.1 (Forts.)

| P200 | VERPACKUNGSANWEISUNG *(Forts.)* | | | | | | | | | | P200 |
|---|---|---|---|---|---|---|---|---|---|---|---|
| UN-Nummer | Benennung und Beschreibung | Klassifizierungscode | $LC_{50}$ ml/m$^3$ | Flaschen | Großflaschen | Druckfässer | Flaschenbündel | Prüffrist (Jahre)[d] | Prüfdruck (bar) | Füllfaktor | Sondervorschriften für die Verpackung |
| 2035 | 1,1,1-TRIFLUORETHAN (GAS ALS KÄLTEMITTEL R 143a) | 2 F | | X | X | X | X | 10 | 35 | 0,73 | ra |
| 2036 | XENON | 2 A | | X | X | X | X | 10 | 130 | 1,28 | |
| 2044 | 2,2-DIMETHYLPROPAN | 2 F | | X | X | X | X | 10 | 10 | 0,53 | ra |
| 2073 | AMMONIAKLÖSUNG in Wasser, relative Dichte kleiner als 0,880 bei 15 °C, mit mehr als 35 %, aber höchstens 40 % Ammoniak | 4 A | | X | X | X | X | 5 | 10 | 0,80 | b |
| | AMMONIAKLÖSUNG in Wasser, relative Dichte kleiner als 0,880 bei 15 °C, mit mehr als 40 %, aber höchstens 50 % Ammoniak | 4A | | X | X | X | X | 5 | 12 | 0,77 | b |
| 2188 | ARSENWASSERSTOFF (ARSIN) | 2 TF | 178 | X | | | X | 5 | 42 | 1,10 | d, k |
| 2189 | DICHLORSILAN | 2 TFC | 314 | X | X | X | X | 5 | 10 | 0,90 | a |
| | | | | | | | | | 200 | 1,08 | a |
| 2191 | SULFURYLFLUORID | 2 T | 3 020 | X | X | X | X | 5 | 50 | 1,10 | u |
| 2192 | GERMANIUMWASSERSTOFF (GERMAN)[h] | 2 TF | 620 | X | X | X | X | 5 | 250 | 0,064 | d, q, r, ra |
| 2193 | HEXAFLUORETHAN (GAS ALS KÄLTEMITTEL R 116) | 2 A | | X | X | X | X | 10 | 200 | 1,13 | |
| 2194 | SELENHEXAFLUORID | 2 TC | 50 | X | | | X | 5 | 36 | 1,46 | k, ra |
| 2195 | TELLURHEXAFLUORID | 2 TC | 25 | X | | | X | 5 | 20 | 1,00 | k, ra |
| 2196 | WOLFRAMHEXAFLUORID | 2 TC | 218 | X | X | X | X | 5 | 10 | 3,08 | a, ra |
| 2197 | IODWASSERSTOFF, WASSERFREI | 2 TC | 2 860 | X | X | X | X | 5 | 23 | 2,25 | a, d, ra |
| 2198 | PHOSPHORPENTAFLUORID | 2 TC | 261 | X | X | X | X | 5 | 200 | 0,90 | |
| | | | | | | | | | 300 | 1,25 | |
| 2199 | PHOSPHORWASSERSTOFF (PHOSPHIN)[h] | 2 TF | 20 | X | | | X | 5 | 225 | 0,30 | d, k, q |
| | | | | | | | | | 250 | 0,45 | d, k, q |
| 2200 | PROPADIEN, STABILISIERT | 2 F | | X | X | X | X | 10 | 22 | 0,50 | ra |
| 2202 | SELENWASSERSTOFF, WASSERFREI | 2 TF | 51 | X | | | X | 5 | 31 | 1,60 | k |
| 2203 | SILICIUMWASSERSTOFF (SILAN)[h] | 2 F | | X | X | X | X | 10 | 225 | 0,32 | q |
| | | | | | | | | | 250 | 0,36 | q |
| 2204 | CARBONYLSULFID | 2 TF | 1 700 | X | X | X | X | 5 | 30 | 0,87 | ra, u |
| 2417 | CARBONYLFLUORID | 2 TC | 360 | X | X | X | X | 5 | 200 | 0,47 | |
| | | | | | | | | | 300 | 0,70 | |
| 2418 | SCHWEFELTETRAFLUORID | 2 TC | 40 | X | | | X | 5 | 30 | 0,91 | a, k, ra |
| 2419 | BROMTRIFLUORETHYLEN | 2 F | | X | X | X | X | 10 | 10 | 1,19 | ra |
| 2420 | HEXAFLUORACETON | 2 TC | 470 | X | X | X | X | 5 | 22 | 1,08 | ra |
| 2421 | DISTICKSTOFFTRIOXID | 2 TOC | BEFÖRDERUNG VERBOTEN | | | | | | | | |
| 2422 | OCTAFLUORBUT-2-EN (GAS ALS KÄLTEMITTEL R 1318) | 2 A | | X | X | X | X | 10 | 12 | 1,34 | ra |
| 2424 | OCTAFLUORPROPAN (GAS ALS KÄLTEMITTEL R 218) | 2 A | | X | X | X | X | 10 | 25 | 1,04 | ra |
| 2451 | STICKSTOFFTRIFLUORID | 2 O | | X | X | X | X | 10 | 200 | 0,50 | |
| 2452 | ETHYLACETYLEN, STABILISIERT | 2 F | | X | X | X | X | 10 | 10 | 0,57 | c, ra |
| 2453 | ETHYLFLUORID (GAS ALS KÄLTEMITTEL R 161) | 2 F | | X | X | X | X | 10 | 30 | 0,57 | ra |
| 2454 | METHYLFLUORID (GAS ALS KÄLTEMITTEL R 41) | 2 F | | X | X | X | X | 10 | 300 | 0,63 | ra |
| 2455 | METHYLNITRIT | 2 A | BEFÖRDERUNG VERBOTEN | | | | | | | | |
| 2517 | 1 CHLOR-1,1-DIFLUORETHAN (GAS ALS KÄLTEMITTEL R 142b) | 2 F | | X | X | X | X | 10 | 10 | 0,99 | ra |
| 2534 | METHYLCHLORSILAN | 2 TFC | 2810 | X | X | X | X | 5 | | | ra, z |

4.1.4.1 (Forts.)

| P200 | VERPACKUNGSANWEISUNG *(Forts.)* | | | | | | | | | | | P200 |
|---|---|---|---|---|---|---|---|---|---|---|---|---|
| UN-Nummer | Benennung und Beschreibung | Klassifizierungscode | $LC_{50}$ ml/m³ | Flaschen | Großflaschen | Druckfässer | Flaschenbündel | Prüffrist (Jahre)[d] | Prüfdruck (bar) | Füllfaktor | Sondervorschriften für die Verpackung |
| 2548 | CHLORPENTAFLUORID | 2 TOC | 122 | X | | | X | 5 | 13 | 1,49 | a, k |
| 2599 | CHLORTRIFLUORMETHAN UND TRIFLUORMETHAN, AZEOTROPES GEMISCH mit ca. 60 % Chlortrifluormethan (GAS ALS KÄLTEMITTEL R 503) | 2 A | | X | X | X | X | 10 | 31 | 0,12 | ra |
| | | | | | | | | | 42 | 0,17 | ra |
| | | | | | | | | | 100 | 0,64 | ra |
| 2601 | CYCLOBUTAN | 2 F | | X | X | X | X | 10 | 10 | 0,63 | ra |
| 2602 | DICHLORDIFLUORMETHAN UND 1,1-DIFLUORETHAN, AZEOTROPES GEMISCH mit ca. 74 % Dichlordifluormethan (GAS ALS KÄLTEMITTEL R 500) | 2 A | | X | X | X | X | 10 | 22 | 1,01 | ra |
| 2676 | ANTIMONWASSERSTOFF (STIBIN) | 2 TF | 178 | X | | | X | 5 | 200 | 0,49 | k, r, ra |
| 2901 | BROMCHLORID | 2 TOC | 290 | X | X | X | X | 5 | 10 | 1,50 | a |
| 3057 | TRIFLUORACETYLCHLORID | 2 TC | 10 | X | | X | X | 5 | 17 | 1,17 | k, ra |
| 3070 | ETHYLENOXID UND DICHLORDIFLUORMETHAN, GEMISCH mit höchstens 12,5 % Ethylenoxid | 2 A | | X | X | X | X | 10 | 18 | 1,09 | ra |
| 3083 | PERCHLORYLFLUORID | 2 TO | 770 | X | X | X | X | 5 | 33 | 1,21 | u |
| 3153 | PERFLUOR(METHYL-VINYL-ETHER) | 2 F | | X | X | X | X | 10 | 20 | 0,75 | ra |
| 3154 | PERFLUOR(ETHYL-VINYL-ETHER) | 2 F | | X | X | X | X | 10 | 10 | 0,98 | ra |
| 3157 | VERFLÜSSIGTES GAS, OXIDIEREND, N.A.G. | 2 O | | X | X | X | X | 10 | | | z |
| 3159 | 1,1,1,2-TETRAFLUORETHAN (GAS ALS KÄLTEMITTEL R 134a) | 2 A | | X | X | X | X | 10 | 18 | 1,05 | ra |
| 3160 | VERFLÜSSIGTES GAS, GIFTIG, ENTZÜNDBAR, N.A.G. | 2 TF | ≤ 5 000 | X | X | X | X | 5 | | | ra, z |
| 3161 | VERFLÜSSIGTES GAS, ENTZÜNDBAR, N.A.G. | 2 F | | X | X | X | X | 10 | | | ra, z |
| 3162 | VERFLÜSSIGTES GAS, GIFTIG, N.A.G. | 2 T | ≤ 5 000 | X | X | X | X | 5 | | | z |
| 3163 | VERFLÜSSIGTES GAS, N.A.G. | 2 A | | X | X | X | X | 10 | | | ra, z |
| 3220 | PENTAFLUORETHAN (GAS ALS KÄLTEMITTEL R 125) | 2 A | | X | X | X | X | 10 | 49 | 0,95 | ra |
| | | | | | | | | | 35 | 0,87 | ra |
| 3252 | DIFLUORMETHAN (GAS ALS KÄLTEMITTEL R 32) | 2 F | | X | X | X | X | 10 | 48 | 0,78 | ra |
| 3296 | HEPTAFLUORPROPAN (GAS ALS KÄLTEMITTEL R 227) | 2 A | | X | X | X | X | 10 | 13 | 1,21 | ra |
| 3297 | ETHYLENOXID UND CHLORTETRAFLUORETHAN, GEMISCH mit höchstens 8,8 % Ethylenoxid | 2 A | | X | X | X | X | 10 | 10 | 1,16 | ra |
| 3298 | ETHYLENOXID UND PENTAFLUORETHAN, GEMISCH mit höchstens 7,9 % Ethylenoxid | 2 A | | X | X | X | X | 10 | 26 | 1,02 | ra |
| 3299 | ETHYLENOXID UND TETRAFLUORETHAN, GEMISCH mit höchstens 5,6 % Ethylenoxid | 2 A | | X | X | X | X | 10 | 17 | 1,03 | ra |
| 3300 | ETHYLENOXID UND KOHLENDIOXID, GEMISCH mit mehr als 87 % Ethylenoxid | 2 TF | > 2 900 | X | X | X | X | 5 | 28 | 0,73 | ra |
| 3307 | VERFLÜSSIGTES GAS, GIFTIG, OXIDIEREND, N.A.G. | 2 TO | ≤ 5 000 | X | X | X | X | 5 | | | z |
| 3308 | VERFLÜSSIGTES GAS, GIFTIG, ÄTZEND, N.A.G. | 2 TC | ≤ 5 000 | X | X | X | X | 5 | | | ra, z |
| 3309 | VERFLÜSSIGTES GAS, GIFTIG, ENTZÜNDBAR, ÄTZEND, N.A.G. | 2 TFC | ≤ 5 000 | X | X | X | X | 5 | | | ra, z |
| 3310 | VERFLÜSSIGTES GAS, GIFTIG, OXIDIEREND, ÄTZEND, N.A.G. | 2 TOC | ≤ 5 000 | X | X | X | X | 5 | | | z |
| 3318 | AMMONIAKLÖSUNG, in Wasser, relative Dichte kleiner als 0,880 bei 15 °C, mit mehr als 50 % Ammoniak | 4 TC | | X | X | X | X | 5 | | | b |

4.1.4.1 (Forts.)

| P200 | VERPACKUNGSANWEISUNG *(Forts.)* | | | | | | | | | | P200 |
|---|---|---|---|---|---|---|---|---|---|---|---|
| UN-Nummer | Benennung und Beschreibung | Klassifizierungscode | $LC_{50}$ ml/m³ | Flaschen | Großflaschen | Druckfässer | Flaschenbündel | Prüffrist (Jahre)[d] | Prüfdruck (bar) | Füllfaktor | Sondervorschriften für die Verpackung |
| 3337 | GAS ALS KÄLTEMITTEL R 404A (Pentafluorethan, 1,1,1-Trifluorethan und 1,1,1,2-Tetrafluorethan, zeotropes Gemisch mit ca. 44 % Pentafluorethan und 52 % 1,1,1-Trifluorethan) | 2 A | | X | X | X | X | 10 | 36 | 0,82 | ra |
| 3338 | GAS ALS KÄLTEMITTEL R407A (Difluormethan, Pentafluorethan und 1,1,1,2-Tetrafluorethan, zeotropes Gemisch mit ca. 20 % Difluormethan und 40 % Pentafluorethan) | 2 A | | X | X | X | X | 10 | 32 | 0,94 | ra |
| 3339 | GAS ALS KÄLTEMITTEL R 407B (Difluormethan, Pentafluorethan und 1,1,1,2-Tetrafluorethan, zeotropes Gemisch mit ca. 10 % Difluormethan und 70 % Pentafluorethan) | 2 A | | X | X | X | X | 10 | 33 | 0,93 | ra |
| 3340 | GAS ALS KÄLTEMITTEL R 407C (Difluormethan, Pentafluorethan und 1,1,1,2-Tetrafluorethan, zeotropes Gemisch mit ca. 23 % Difluormethan und 25 % Pentafluorethan) | 2 A | | X | X | X | X | 10 | 30 | 0,95 | ra |
| 3354 | INSEKTENBEKÄMPFUNGSMITTEL, GASFÖRMIG, ENTZÜNDBAR, N.A.G. | 2 F | | X | X | X | X | 10 | | | ra, z |
| 3355 | INSEKTENBEKÄMPFUNGSMITTEL, GASFÖRMIG, GIFTIG, ENTZÜNDBAR, N.A.G. | 2 TF | | X | X | X | X | 5 | | | ra, z |
| 3374 | ACETYLEN, LÖSUNGSMITTELFREI | 2 F | | X | | | X | 5 | 60 | | c, p |
| 3553 | DISILAN[h] | 2F | | X | X | X | X | 10 | 225 | 0,39 | q |

[d] Nicht anwendbar für Druckgefäße aus Verbundwerkstoffen.

[f] Gilt als giftig. Der $LC_{50}$-Wert ist noch zu bestimmen.

[g] Für Gasgemische der UN-Nummer 1965 beträgt die höchstzulässige Masse der Füllung je Liter Fassungsraum:

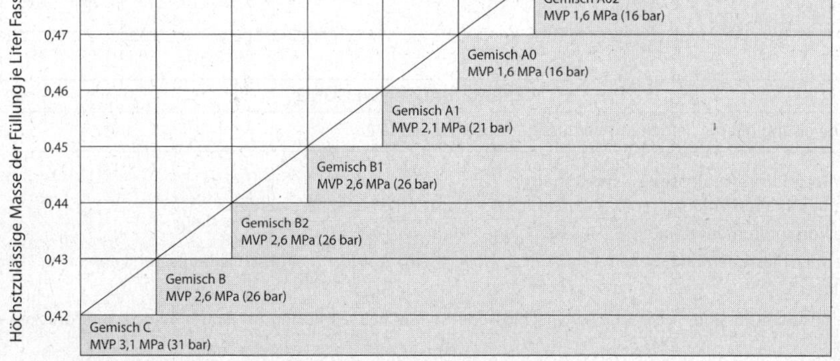


MVP = höchster Dampfdruck bei 70°C

**Bem.** Das oben dargestellte Diagramm kann zur Bestimmung der richtigen Füllfaktoren für die in Unterabschnitt 2.2.2.3 aufgeführten Gemische verwendet werden.

[h] Gilt als selbstentzündlich (pyrophor).

4.1.4.1 (Forts.)

| P200 | VERPACKUNGSANWEISUNG *(Forts.)* | | | | | | | | | | | P200 |
|---|---|---|---|---|---|---|---|---|---|---|---|---|
| **Tabelle 3: Stoffe, die nicht unter die Klasse 2 fallen** | | | | | | | | | | | | |
| UN-Nummer | Benennung und Beschreibung | Klasse | Klassifizierungscode | $LC_{50}$ ml/m$^3$ | Flaschen | Großflaschen | Druckfässer | Flaschenbündel | Prüffrist (Jahre)[d)] | Prüfdruck (bar) | Füllfaktor | Sondervorschriften für die Verpackung |
| 1051 | CYANWASSERSTOFF, STABILISIERT, mit weniger als 3 % Wasser | 6.1 | TF1 | 40 | X | | | X | 5 | 100 | 0,55 | k |
| 1052 | FLUORWASSERSTOFF, WASSERFREI | 8 | CT1 | 1307 | X | | X | X | 5 | 10 | 0,84 | a, ab, ac |
| 1745 | BROMPENTAFLUORID | 5.1 | OTC | 25 | X | | X | X | 5 | 10 | [i)] | k, ab, ad |
| 1746 | BROMTRIFLUORID | 5.1 | OTC | 50 | X | | X | X | 5 | 10 | [i)] | k, ab, ad |
| 2495 | IODPENTAFLUORID | 5.1 | OTC | 120 | X | | X | X | 5 | 10 | [i)] | k, ab, ad |

[d)] Nicht anwendbar für Druckgefäße aus Verbundwerkstoffen.

[i)] Ein füllungsfreier Raum von mindestens 8 Volumen-% ist vorgeschrieben.

| P201 | VERPACKUNGSANWEISUNG | P201 |
|---|---|---|

Diese Verpackungsanweisung gilt für die UN-Nummern 3167, 3168 und 3169.

Folgende Verpackungen sind zugelassen:

(1) Flaschen und Gasgefäße, die hinsichtlich Bau, Prüfung und Füllung den von der zuständigen Behörde festgelegten Vorschriften entsprechen.

(2) Folgende zusammengesetzte Verpackungen, wenn die allgemeinen Vorschriften der Abschnitte 4.1.1 und 4.1.3 erfüllt sind:

Außenverpackungen:

Fässer (1A1, 1A2, 1B1, 1B2, 1N1, 1N2, 1H1, 1H2, 1D, 1G);
Kisten (4A, 4B, 4N, 4C1, 4C2, 4D, 4F, 4G, 4H1, 4H2);
Kanister (3A1, 3A2, 3B1, 3B2, 3H1, 3H2).

Innenverpackungen:

a) für nicht giftige Gase dicht verschlossene Innenverpackungen aus Glas oder Metall mit einem höchstzulässigen Fassungsraum von 5 Litern je Versandstück;

b) für giftige Gase dicht verschlossene Innenverpackungen aus Glas oder Metall mit einem höchstzulässigen Fassungsraum von einem Liter je Versandstück.

Die Verpackungen müssen den Prüfanforderungen für die Verpackungsgruppe III entsprechen.

| P202 | VERPACKUNGSANWEISUNG | P202 |
|---|---|---|

(bleibt offen)

→ 1.6.2.1
→ 6.8.3.4.4
→ SV 593

| P203 | VERPACKUNGSANWEISUNG | P203 |
|---|---|---|

Diese Anweisung gilt für tiefgekühlt verflüssigte Gase der Klasse 2.

**Vorschriften für verschlossene Kryo-Behälter**

(1) Die besonderen Vorschriften des Abschnitts 4.1.6 müssen eingehalten werden.

(2) Die Vorschriften des Kapitels 6.2 müssen eingehalten werden.

(3) Die verschlossenen Kryo-Behälter müssen so isoliert sein, dass kein Reifbeschlag auftreten kann.

(4) Prüfdruck

Tiefgekühlte flüssige Stoffe sind in verschlossene Kryo-Behälter mit den folgenden Mindestprüfdrücken einzufüllen:

a) Für verschlossene Kryo-Behälter mit Vakuumisolierung darf der Prüfdruck nicht geringer sein als das 1,3-fache der Summe aus höchstem inneren Druck des gefüllten Behälters, einschließlich des inneren Drucks während des Füllens und Entleerens, plus 100 kPa (1 bar);

4.1.4.1 (Forts.)

| P203 | VERPACKUNGSANWEISUNG *(Forts.)* | P203 |
|---|---|---|

b) für andere verschlossene Kryo-Behälter darf der Prüfdruck nicht geringer sein als das 1,3-fache des höchsten inneren Drucks des gefüllten Behälters, wobei der während des Füllens und Entleerens entwickelte Druck zu berücksichtigen ist.

(5) Füllung

Für tiefgekühlt verflüssigte nicht entzündbare und nicht giftige Gase (Klassifizierungscodes 3A und 3O) darf das Volumen der flüssigen Phase bei der Fülltemperatur und einem Druck von 100 kPa (1 bar) 98 % des (mit Wasser) ausgeliterten Fassungsraums des Druckgefäßes nicht überschreiten.

Für tiefgekühlt verflüssigte entzündbare Gase (Klassifizierungscode 3F) muss bei Erwärmung des Inhalts auf diejenige Temperatur, bei der der Dampfdruck dem Öffnungsdruck der Druckentlastungsventile entspricht, das in den Behälter gefüllte Gas unter einem Wert bleiben, bei dem das Volumen der flüssigen Phase 98 % des (mit Wasser) ausgeliterten Fassungsraums bei dieser Temperatur erreicht.

(6) Druckentlastungseinrichtungen

Verschlossene Kryo-Behälter müssen mit mindestens einer Druckentlastungseinrichtung ausgerüstet sein.

(7) Verträglichkeit

Die zur Gewährleistung der Dichtheit von Verbindungsstellen oder zur Wartung der Verschlusseinrichtungen verwendeten Werkstoffe müssen mit dem Inhalt verträglich sein. Bei Behältern für die Beförderung von oxidierenden Gasen (Klassifizierungscode 3O) dürfen diese Werkstoffe mit den Gasen nicht gefährlich reagieren.

(8) Wiederkehrende Prüfung

a) Die wiederkehrende Prüfung der Druckentlastungseinrichtungen gemäß Absatz 6.2.1.6.3 muss spätestens alle fünf Jahre durchgeführt werden.

b) Die Frist zwischen den wiederkehrenden Prüfungen von verschlossenen Kryo-Behältern, die keine UN-Kryo-Behälter sind, nach den Vorschriften des Absatzes 6.2.3.5.2 darf 10 Jahre nicht überschreiten.

**Vorschriften für offene Kryo-Behälter**

Nur die folgenden nicht oxidierenden tiefgekühlt verflüssigten Gase des Klassifizierungscodes 3A dürfen in offenen Kryo-Behältern befördert werden: UN-Nummern 1913, 1951, 1963, 1970, 1977, 2591, 3136 und 3158. Sofern diese Gase als Kühlmittel verwendet werden, gelten für sie die Vorschriften des Abschnitts 5.5.3.

Offene Kryo-Behälter müssen so gebaut sein, dass sie den folgenden Vorschriften entsprechen:

(1) Die Behälter sind so auszulegen, herzustellen, zu prüfen und auszurüsten, dass sie allen Bedingungen, einschließlich Ermüdung, standhalten, denen sie während ihres normalen Gebrauchs und unter normalen Beförderungsbedingungen ausgesetzt sind.

(2) Der Fassungsraum darf nicht größer als 450 Liter sein.

(3) Der Behälter muss eine Doppelwandkonstruktion haben, bei welcher der Raum zwischen der Innen- und Außenwand luftleer ist (Vakuumisolierung). Die Isolierung muss die Bildung von Raureif auf der Außenseite des Behälters verhindern.

(4) Die Bauwerkstoffe müssen bei der Betriebstemperatur geeignete mechanische Eigenschaften haben.

(5) Werkstoffe in direktem Kontakt mit den gefährlichen Gütern dürfen durch die zur Beförderung vorgesehenen gefährlichen Güter nicht angegriffen oder geschwächt werden und dürfen keine gefährlichen Wirkungen verursachen, z.B. Katalyse einer Reaktion oder Reaktion mit den gefährlichen Gütern.

(6) Behälter mit einer Doppelwandkonstruktion aus Glas müssen mit einer Außenverpackung mit geeignetem Polstermaterial oder saugfähigem Material versehen sein, das den Drücken und Stößen standhält, die unter normalen Beförderungsbedingungen auftreten können.

(7) Der Behälter muss so ausgelegt sein, dass er während der Beförderung in aufrechter Position verbleibt, z.B. durch einen Boden, dessen kleinere horizontale Abmessung größer als die Höhe des Schwerpunktes des vollständig befüllten Behälters ist, oder durch Anbringung in einem Tragrahmen.

(8) Die Öffnungen der Behälter müssen mit gasdurchlässigen Einrichtungen versehen sein, die das Herausspritzen von Flüssigkeit verhindern und so angeordnet sind, dass sie während der Beförderung an Ort und Stelle verbleiben.

(9) Offene Kryo-Behälter müssen mit folgenden Kennzeichen versehen sein, die dauerhaft angebracht sind, z.B. gestempelt, graviert oder geätzt:

a) Name und Adresse des Herstellers;

b) Modellnummer oder -bezeichnung;

c) Serien- oder Losnummer;

d) UN-Nummer und offizielle Benennung der Gase für die Beförderung, für die der Behälter vorgesehen ist;

e) Fassungsraum des Behälters in Litern.

4.1.4.1 (Forts.)

| P204 | VERPACKUNGSANWEISUNG | P204 |
|---|---|---|
| (gestrichen) | | |

| P205 | VERPACKUNGSANWEISUNG | P205 |
|---|---|---|
| Diese Anweisung gilt für die UN-Nummer 3468. | | |

(1) Für Metallhydrid-Speichersysteme sind die besonderen Verpackungsvorschriften des Abschnitts 4.1.6 einzuhalten.

(2) Durch diese Verpackungsanweisung sind nur Druckgefäße abgedeckt, deren mit Wasser ausgeliterter Fassungsraum 150 Liter und deren höchster entwickelter Druck 25 MPa nicht übersteigt.

(3) Metallhydrid-Speichersysteme, die den anwendbaren Vorschriften für den Bau und die Prüfung von Gas-Druckgefäßen des Kapitels 6.2 entsprechen, sind nur für die Beförderung von Wasserstoff zugelassen.

(4) Sofern Druckgefäße aus Stahl oder Druckgefäße aus Verbundwerkstoff mit Stahlauskleidung verwendet werden, dürfen nur solche eingesetzt werden, die gemäß Absatz 6.2.2.9.2 j) mit dem Kennzeichen „H" versehen sind.

(5) Metallhydrid-Speichersysteme müssen den Betriebsbedingungen, den Auslegungskriterien, dem nominalen Fassungsraum, den Bauartprüfungen, den Losprüfungen, den Routineprüfungen, dem Prüfdruck, dem nominalen Füllungsdruck und den Vorschriften für Druckentlastungseinrichtungen für ortsbewegliche Metallhydrid-Speichersysteme entsprechen, wie sie in der Norm ISO 16111:2008 oder ISO 16111:2018 (Ortsveränderliche Gasspeicherbehälter – in Metallhydriden reversibel absorbierter Wasserstoff) festgelegt sind, und ihre Konformität und Zulassung muss in Übereinstimmung mit Unterabschnitt 6.2.2.5 bewertet werden.

(6) Metallhydrid-Speichersysteme müssen mit Wasserstoff bei einem Druck befüllt werden, der den gemäß Norm ISO 16111:2008 oder ISO 16111:2018 festgelegten und in dem dauerhaften Kennzeichen auf dem System angegebenen nominalen Füllungsdruck nicht überschreitet.

(7) Die Vorschriften für die wiederkehrende Prüfung von Metallhydrid-Speichersystemen müssen der Norm ISO 16111:2008 oder ISO 16111:2018 entsprechen und in Übereinstimmung mit dem Unterabschnitt 6.2.2.6 durchgeführt werden; die Frist zwischen den wiederkehrenden Prüfungen darf fünf Jahre nicht überschreiten. Zur Bestimmung, welche Norm zum Zeitpunkt der wiederkehrenden Prüfung anwendbar ist, siehe Unterabschnitt 6.2.2.4.

| P206 | VERPACKUNGSANWEISUNG | P206 |
|---|---|---|
| Diese Anweisung gilt für die UN-Nummern 3500, 3501, 3502, 3503, 3504 und 3505. | | |

Soweit im ADR nichts anderes angegeben ist, sind Flaschen und Druckfässer, die den anwendbaren Vorschriften des Kapitels 6.2 entsprechen, zugelassen.

(1) Die besonderen Vorschriften für das Verpacken in Abschnitt 4.1.6 sind einzuhalten.

(2) Die höchstzulässige Frist zwischen den wiederkehrenden Prüfungen beträgt 5 Jahre.

(3) Flaschen und Druckfässer müssen so gefüllt werden, dass bei 50 °C die nicht gasförmige Phase nicht mehr als 95 % ihres mit Wasser ausgeliterten Fassungsraumes einnimmt und sie bei 60 °C nicht vollständig gefüllt sind. In gefülltem Zustand darf der Innendruck bei 65 °C den Prüfdruck der Flaschen oder Druckfässer nicht übersteigen. Die Dampfdrücke und Volumenausdehnungen aller Stoffe in den Flaschen oder Druckfässern müssen berücksichtigt werden.

Bei flüssigen Stoffen, die mit verdichteten Gasen überlagert sind, müssen bei der Berechnung des Innendrucks des Druckgefäßes beide Bestandteile – der flüssige Stoff und das verdichtete Gas – berücksichtigt werden. Wenn keine Versuchsdaten verfügbar sind, müssen folgende Schritte durchgeführt werden:

a) Berechnung des Dampfdrucks des flüssigen Stoffes und des partiellen Drucks des verdichteten Gases bei 15 °C (Fülltemperatur);

b) Berechnung der volumetrischen Ausdehnung der flüssigen Phase, die aus einer Erwärmung von 15 °C auf 65 °C resultiert, und Berechnung des für die gasförmige Phase verbleibenden Volumens;

c) Berechnung des partiellen Drucks des verdichteten Gases bei 65 °C unter Berücksichtigung der volumetrischen Ausdehnung der flüssigen Phase;

**Bem.** Der Kompressibilitätsfaktor des verdichteten Gases bei 15 °C und 65 °C muss berücksichtigt werden.

d) Berechnung des Dampfdrucks des flüssigen Stoffes bei 65 °C;

e) der Gesamtdruck ist die Summe aus Dampfdruck des flüssigen Stoffes und partiellem Druck des verdichteten Gases bei 65 °C;

f) Berücksichtigung der Löslichkeit des verdichteten Gases bei 65 °C in der flüssigen Phase.

Der Prüfdruck der Flasche oder des Druckfasses darf nicht kleiner sein als der berechnete Gesamtdruck minus 100 kPa (1 bar).

4.1.4.1 (Forts.)

| P206 | VERPACKUNGSANWEISUNG *(Forts.)* | P206 |
|---|---|---|
| | Wenn für die Berechnung die Löslichkeit des verdichteten Gases in der flüssigen Phase nicht bekannt ist, darf der Prüfdruck ohne Berücksichtigung der Gaslöslichkeit (Absatz f)) berechnet werden.<br>(4) Der Mindestprüfdruck muss dem in der Verpackungsanweisung P200 für das Treibmittel angegebenen Prüfdruck entsprechen, darf jedoch nicht geringer als 20 bar sein. | |
| | **Zusätzliche Vorschrift**<br>Flaschen und Druckfässer dürfen nicht zur Beförderung aufgegeben werden, wenn sie mit einer Sprühausrüstung, wie einem Schlauch und einem Handrohr, verbunden sind. | |
| | **Sondervorschriften für die Verpackung**<br>**PP89** Für die UN-Nummern 3501, 3502, 3503, 3504 und 3505 verwendete nicht wiederbefüllbare Flaschen dürfen ungeachtet des Unterabschnitts 4.1.6.9 b) einen mit Wasser ausgeliterten Fassungsraum von höchstens 1 000 Litern dividiert durch den in bar ausgedrückten Prüfdruck haben, vorausgesetzt, die Fassungsraum- und Druckbeschränkungen der Baunorm entsprechen dem Absatz 1 der Norm ISO 11118:2015 + Amd 1:2019, die den höchsten Fassungsraum auf 50 Liter beschränkt.<br>**PP97** Für die der UN-Nummer 3500 zugeordneten Feuerlöschmittel beträgt die höchstzulässige Frist für die wiederkehrende Prüfung 10 Jahre. Sie dürfen in Großflaschen mit einem mit Wasser ausgeliterten Fassungsraum von höchstens 450 Liter gemäß den anwendbaren Vorschriften des Kapitels 6.2 befördert werden. | |

→ D: RSEB 3-2

| P207 | VERPACKUNGSANWEISUNG | P207 |
|---|---|---|
| | Diese Anweisung gilt für die UN-Nummer 1950. | |
| | Folgende Verpackungen sind zugelassen, wenn die allgemeinen Vorschriften der Abschnitte 4.1.1 und 4.1.3 erfüllt sind:<br>a) Fässer (1A1, 1A2, 1B1, 1B2, 1N1, 1N2, 1H1, 1H2, 1D, 1G),<br>Kisten (4A, 4B, 4N, 4C1, 4C2, 4D, 4F, 4G, 4H1, 4H2).<br>Die Verpackungen müssen den Prüfanforderungen für die Verpackungsgruppe II entsprechen.<br>b) Starre Außenverpackungen mit folgender höchstzulässiger Nettomasse:<br>aus Pappe 55 kg<br>aus einem anderen Werkstoff als Pappe 125 kg<br>Die Vorschriften des Unterabschnitts 4.1.1.3 müssen nicht erfüllt werden.<br>Die Verpackungen müssen so ausgelegt und gebaut sein, dass übermäßige Bewegungen der Druckgaspackungen und eine unbeabsichtigte Entleerung unter normalen Beförderungsbedingungen verhindert werden. | |
| | **Sondervorschrift für die Verpackung**<br>**PP87** Bei UN 1950 Abfall-Druckgaspackungen, die gemäß Sondervorschrift 327 befördert werden, müssen die Verpackungen mit einem Mittel versehen sein, das jegliche freie Flüssigkeit, die während der Beförderung frei werden kann, zurückhält, z.B. saugfähiges Material. Die Verpackungen müssen ausreichend belüftet sein, um die Bildung gefährlicher Atmosphären und einen Druckaufbau zu verhindern. | |
| | **RID- und ADR-spezifische Sondervorschrift für die Verpackung**<br>**RR6** Gegenstände aus Metall der UN-Nummer 1950 dürfen bei der Beförderung als geschlossene Ladung auch wie folgt verpackt werden:<br>Die Gegenstände müssen auf Trays zu Einheiten zusammengestellt werden und mit einer geeigneten Kunststoffhülle in der richtigen Lage gehalten werden; diese Einheiten müssen auf Paletten in geeigneter Weise gestapelt und gesichert sein. | |

| P208 | VERPACKUNGSANWEISUNG | P208 |
|---|---|---|
| | Diese Anweisung gilt für adsorbierte Gase der Klasse 2. | |
| | (1) Folgende Verpackungen sind zugelassen, wenn die allgemeinen Vorschriften des Unterabschnitts 4.1.6.1 erfüllt sind:<br>Flaschen gemäß Kapitel 6.2 und gemäß der Norm ISO 11513:2011, ISO 11513:2019, ISO 9809-1:2010 oder ISO 9809-1:2019. → 1.6.2.14<br>(2) Der Druck jeder befüllten Flasche muss bei 20 °C geringer als 101,3 kPa und bei 50 °C geringer als 300 kPa sein.<br>(3) Der Mindestprüfdruck der Flasche muss 21 bar betragen.<br>(4) Der Mindestberstdruck der Flasche muss 94,5 bar betragen. | |

4.1.4.1 (Forts.)

| P208 | VERPACKUNGSANWEISUNG *(Forts.)* | P208 |
|---|---|---|

(5) Der Innendruck der gefüllten Flasche bei 65 °C darf nicht größer als der Prüfdruck der Flasche sein.

(6) Das adsorbierende Material muss mit der Flasche verträglich sein und darf mit dem zu adsorbierenden Gas keine schädlichen oder gefährlichen Verbindungen bilden. Das Gas darf in Kombination mit dem adsorbierenden Material die Flasche nicht angreifen oder schwächen oder eine gefährliche Reaktion (z.B. eine katalytische Reaktion) verursachen.

(7) Die Qualität des adsorbierenden Materials muss bei jeder Befüllung überprüft werden, um sicherzustellen, dass die Vorschriften dieser Verpackungsanweisung bezüglich des Drucks und der chemischen Stabilität bei der Aufgabe eines Versandstücks mit einem adsorbierten Gas zur Beförderung erfüllt werden.

(8) Das adsorbierende Material darf nicht unter die Kriterien einer Klasse des ADR fallen.

(9) Für Flaschen und Verschlüsse, die giftige Gase mit einem $LC_{50}$-Wert von höchstens 200 ml/m$^3$ (ppm) (siehe Tabelle 1) enthalten, gelten folgende Vorschriften:

a) Ventilöffnungen müssen mit druckfesten gasdichten Stopfen oder Kappen mit zu den Ventilöffnungen passenden Gewinden versehen sein.

b) Jedes Ventil muss entweder ein Membranventil mit einer unperforierten Membran oder ein Typ sein, bei dem Undichtheiten durch die oder an der Dichtung vorbei verhindert werden.

c) Jede Flasche und jeder Verschluss müssen nach dem Befüllen auf Dichtheit geprüft werden.

d) Jedes Ventil muss dem Prüfdruck der Flasche standhalten können und entweder durch ein kegeliges Gewinde oder durch andere Mittel, die den Anforderungen der Norm ISO 10692-2:2001 entsprechen, direkt mit der Flasche verbunden sein.

e) Flaschen und Ventile dürfen nicht mit einer Druckentlastungseinrichtung ausgerüstet sein.

(10) Ventilöffnungen von Flaschen, die pyrophore Gase enthalten, müssen mit gasdichten Stopfen oder Kappen mit zu den Ventilöffnungen passenden Gewinden versehen sein.

(11) Das Befüllverfahren muss der Anlage A der Norm ISO 11513:2011 (anwendbar bis 31. Dezember 2024) oder Anlage A der Norm ISO 11513:2019 entsprechen.

(12) Die Frist zwischen den wiederkehrenden Prüfungen darf höchstens 5 Jahre betragen.

(13) Stoffspezifische Sondervorschriften für die Verpackung (siehe Tabelle 1):

*Werkstoffverträglichkeit*

a: Flaschen aus Aluminiumlegierungen dürfen nicht verwendet werden.

d: Werden Flaschen aus Stahl verwendet, sind nur solche zugelassen, welche gemäß Absatz 6.2.2.7.4 p) mit dem Kennzeichen „H" versehen sind.

*Gasspezifische Vorschriften*

r: Die Füllung mit diesem Gas ist so zu begrenzen, dass der Druck im Falle des vollständigen Zerfalls zwei Drittel des Prüfdrucks der Flasche nicht übersteigt.

*Werkstoffverträglichkeit für n.a.g.-Eintragungen von adsorbierten Gasen*

z: Die Werkstoffe der Flaschen und ihrer Ausrüstungsteile müssen mit dem Inhalt verträglich sein und dürfen mit ihm keine schädlichen oder gefährlichen Verbindungen bilden.

**Tabelle 1: Absorbierte Gase**

| UN-Nummer | Benennung und Beschreibung | Klassifizierungscode | $LC_{50}$ ml/m$^3$ | Sondervorschriften für die Verpackung |
|---|---|---|---|---|
| 3510 | ADSORBIERTES GAS, ENTZÜNDBAR, N.A.G. | 9F | | z |
| 3511 | ADSORBIERTES GAS, N.A.G. | 9A | | z |
| 3512 | ADSORBIERTES GAS, GIFTIG, N.A.G. | 9T | ≤ 5 000 | z |
| 3513 | ADSORBIERTES GAS, OXIDIEREND, N.A.G. | 9O | | z |
| 3514 | ADSORBIERTES GAS, GIFTIG, ENTZÜNDBAR, N.A.G. | 9TF | ≤ 5 000 | z |
| 3515 | ADSORBIERTES GAS, GIFTIG, OXIDIEREND, N.A.G. | 9TO | ≤ 5 000 | z |
| 3516 | ADSORBIERTES GAS, GIFTIG, ÄTZEND, N.A.G. | 9TC | ≤ 5 000 | z |
| 3517 | ADSORBIERTES GAS, GIFTIG, ENTZÜNDBAR, ÄTZEND, N.A.G. | 9TFC | ≤ 5 000 | z |
| 3518 | ADSORBIERTES GAS, GIFTIG, OXIDIEREND, ÄTZEND, N.A.G. | 9TOC | ≤ 5 000 | z |
| 3519 | BORTRIFLUORID, ADSORBIERT | 9TC | 387 | a |
| 3520 | CHLOR, ADSORBIERT | 9TOC | 293 | a |
| 3521 | SILICIUMTETRAFLUORID, ADSORBIERT | 9TC | 450 | a |
| 3522 | ARSENWASSERSTOFF (ARSIN), ADSORBIERT | 9TF | 20 | d |

4.1.4.1 (Forts.)

| P208 | VERPACKUNGSANWEISUNG *(Forts.)* | | | P208 |
|---|---|---|---|---|
| UN-Nummer | Benennung und Beschreibung | Klassifizierungscode | $LC_{50}$ ml/m$^3$ | Sondervorschriften für die Verpackung |
| 3523 | GERMANIUMWASSERSTOFF (GERMAN), ADSORBIERT | 9TF | 620 | d, r |
| 3524 | PHOSPHORPENTAFLUORID, ADSORBIERT | 9TC | 190 | |
| 3525 | PHOSPHORWASSERSTOFF (PHOSPHIN), ADSORBIERT | 9TF | 20 | d |
| 3526 | SELENWASSERSTOFF, ADSORBIERT | 9TF | 2 | |

**P209** **VERPACKUNGSANWEISUNG** **P209**

Diese Verpackungsanweisung gilt für UN 3150 Geräte, klein, mit Kohlenwasserstoffgas, mit Entnahmeeinrichtung, oder UN 3150 Kohlenwasserstoffgas-Nachfüllpatronen für kleine Geräte, mit Entnahmeeinrichtung.

(1) Die besonderen Vorschriften des Abschnitts 4.1.6 sind, soweit anwendbar, einzuhalten.
(2) Die Gegenstände müssen den Vorschriften des Landes entsprechen, in dem sie befüllt wurden.
(3) Die Geräte und Nachfüllpatronen müssen in Außenverpackungen nach Abschnitt 6.1.4 verpackt sein, die nach Kapitel 6.1 für Verpackungsgruppe II geprüft und zugelassen sind.

**P300** **VERPACKUNGSANWEISUNG** **P300**

Diese Anweisung gilt für die UN-Nummer 3064.

Folgende Verpackungen sind zugelassen, wenn die allgemeinen Vorschriften der Abschnitte 4.1.1 und 4.1.3 erfüllt sind:
Zusammengesetzte Verpackungen, bestehend aus Dosen aus Metall mit einem Fassungsraum von höchstens 1 Liter als Innenverpackungen und Kisten aus Holz (4C1, 4C2, 4D oder 4F) als Außenverpackung, die nicht mehr als 5 Liter Lösung enthält.

**Zusätzliche Vorschriften**

1. Die Dosen aus Metall müssen vollständig von saugfähigem Polstermaterial umgeben sein.
2. Die Kisten aus Holz müssen vollständig mit einem geeigneten wasser- und nitroglycerinundurchlässigen Material ausgekleidet sein.

**P301** **VERPACKUNGSANWEISUNG** **P301**

Diese Anweisung gilt für die UN-Nummer 3165.

Folgende Verpackungen sind zugelassen, wenn die allgemeinen Vorschriften der Unterabschnitte 4.1.1.1, 4.1.1.2, 4.1.1.4, 4.1.1.5, 4.1.1.6 und des Abschnitts 4.1.3 erfüllt sind:

(1) Ein Aluminiumdruckgefäß, das aus einem Zylinder mit angeschweißten Böden besteht.

Das Hauptbehältnis für den Kraftstoff innerhalb dieses Gefäßes muss aus einer geschweißten Aluminiumblase mit einem höchsten Innenvolumen von 46 Litern bestehen.

Das Außengefäß muss einen Mindestberechnungsdruck (Überdruck) von 1 275 kPa und einen Mindestberstdruck von 2 755 kPa haben.

Jedes Gefäß muss während der Herstellung und vor dem Versand auf Dichtheit geprüft werden; es darf nicht undicht sein.

Die vollständige innere Einheit muss sicher mit einem nichtbrennbaren Polstermaterial, wie Vermiculit, in einer widerstandsfähigen, dicht verschlossenen Außenverpackung aus Metall verpackt sein, die alle Armaturen wirksam schützt.

Die maximale Kraftstoffmenge je Hauptbehältnis und Versandstück beträgt 42 Liter.

(2) Aluminiumdruckgefäß

Das Hauptbehältnis für den Kraftstoff innerhalb dieses Gefäßes muss aus einem dampfdicht verschweißten Kraftstoffabteil mit einer Blase aus Elastomer mit einem höchsten Innenvolumen von 46 Liter bestehen.

Das Druckgefäß muss einen Mindestberechnungsdruck (Überdruck) von 2 860 kPa und einen Mindestberstdruck von 5 170 kPa haben.

4.1.4.1 (Forts.)

| P301 | VERPACKUNGSANWEISUNG *(Forts.)* | P301 |
|---|---|---|
| Jedes Gefäß muss während der Herstellung und vor dem Versand auf Dichtheit geprüft werden und sicher mit einem nichtbrennbaren Polstermaterial, wie Vermiculit, in einer widerstandsfähigen, dicht verschlossenen Außenverpackung aus Metall verpackt sein, die alle Armaturen wirksam schützt.<br>Die maximale Kraftstoffmenge je Hauptbehältnis und je Versandstück beträgt 42 Liter. | | |

| P302 | VERPACKUNGSANWEISUNG | P302 |
|---|---|---|
| Diese Anweisung gilt für die UN-Nummer 3269. | | |
| Folgende zusammengesetzte Verpackungen sind zugelassen, wenn die allgemeinen Vorschriften der Abschnitte 4.1.1 und 4.1.3 erfüllt sind:<br>Außenverpackungen:<br>Fässer (1A1, 1A2, 1B1, 1B2, 1N1, 1N2, 1H1, 1H2, 1D, 1G),<br>Kisten (4A, 4B, 4N, 4C1, 4C2, 4D, 4F, 4G, 4H1, 4H2),<br>Kanister (3A1, 3A2, 3B1, 3B2, 3H1, 3H2).<br>Innenverpackungen:<br>Das Aktivierungsmittel (organisches Peroxid) muss auf eine Menge von 125 ml für flüssige Stoffe und 500 g für feste Stoffe je Innenverpackung beschränkt sein.<br>Das Grundprodukt und das Aktivierungsmittel müssen in getrennten Innenverpackungen verpackt sein.<br>Die Komponenten dürfen in dieselbe Außenverpackung eingesetzt sein, vorausgesetzt, sie reagieren im Falle des Freiwerdens nicht gefährlich miteinander.<br>Die Verpackungen müssen den Prüfanforderungen für die Verpackungsgruppe II oder III in Übereinstimmung mit den auf das Grundprodukt angewendeten Kriterien der Klasse 3 entsprechen. | | |

| P303 | VERPACKUNGSANWEISUNG | P303 |
|---|---|---|
| Diese Anweisung gilt für die UN-Nummer 3555. | | |
| Folgende Verpackungen sind zugelassen, wenn die allgemeinen Vorschriften der Abschnitte 4.1.1 und 4.1.3 sowie des Unterabschnitts 4.1.5.12 erfüllt sind:<br>Fässer aus Kunststoff, mit nicht abnehmbarem Deckel (1H1), mit einem höchsten Fassungsraum von 250 l. | | |
| **Sondervorschrift für die Verpackung**<br>**PP26** Für die UN-Nummer 3555 müssen die Verpackungen bleifrei sein. | | |

| P400 | VERPACKUNGSANWEISUNG | P400 |
|---|---|---|
| Folgende Verpackungen sind zugelassen, wenn die allgemeinen Vorschriften der Abschnitte 4.1.1 und 4.1.3 erfüllt sind:<br>(1) Druckgefäße, vorausgesetzt, die allgemeinen Vorschriften des Unterabschnitts 4.1.3.6 werden erfüllt. Diese müssen aus Stahl sein und einer erstmaligen und alle 10 Jahre einer wiederkehrenden Prüfung mit einem Druck von mindestens 1 MPa (10 bar) (Überdruck) unterzogen werden. Während der Beförderung muss sich der flüssige Stoff unter einer Schicht inerten Gases mit einem Überdruck von mindestens 20 kPa (0,2 bar) befinden.<br>(2) Kisten (4A, 4B, 4N, 4C1, 4C2, 4D, 4F oder 4G), Fässer (1A1, 1A2, 1B1, 1B2, 1N1, 1N2, 1D oder 1G) oder Kanister (3A1, 3A2, 3B1 oder 3B2), die luftdicht verschlossene Dosen aus Metall mit Innenverpackungen aus Glas oder Metall enthalten, die einen Fassungsraum von jeweils höchstens 1 Liter und einen Verschluss mit Dichtung haben. Die Innenverpackungen müssen Schraubverschlüsse haben oder Verschlüsse, die durch eine Vorrichtung physisch fixiert sein müssen, die in der Lage ist, ein Lösen oder Lockern des Verschlusses durch Schlag oder Vibration während der Beförderung zu verhindern. Die Innenverpackungen müssen von allen Seiten mit einem trockenen, saugfähigen, nichtbrennbaren Material in einer für die Aufnahme des gesamten Inhalts ausreichenden Menge gepolstert sein. Die Innenverpackungen dürfen höchstens zu 90 % ihres Fassungsraums befüllt sein. Die Außenverpackungen dürfen eine höchste Nettomasse von 125 kg enthalten.<br>(3) Fässer aus Stahl, Aluminium oder einem anderen Metall (1A1, 1A2, 1B1, 1B2, 1N1 oder 1N2), Kanister (3A1, 3A2, 3B1 oder 3B2) oder Kisten (4A, 4B oder 4N) mit einer höchsten Nettomasse von je 150 kg, die luftdicht verschlossene Dosen aus Metall enthalten, die einen Fassungsraum von jeweils höchstens 4 Liter und einen Verschluss mit Dichtung haben. Die Innenverpackungen müssen Schraubverschlüsse haben oder Verschlüsse, die durch eine Vorrichtung physisch fixiert sein müssen, die in der Lage ist, ein Lösen oder Lockern des Verschlusses durch Schlag oder Vibration während der Beförderung zu verhindern. Die Innenverpackungen müssen von allen Seiten mit einem trockenen, saugfähigen, nichtbrennbaren Material in einer für die Aufnahme des gesamten Inhalts ausrei- | | |

4.1.4.1 (Forts.)

| P400 | VERPACKUNGSANWEISUNG *(Forts.)* | P400 |
|---|---|---|
| | chenden Menge gepolstert sein. Die einzelnen Lagen der Innenverpackungen müssen zusätzlich zum Polstermaterial durch Unterteilungen voneinander getrennt sein. Die Innenverpackungen dürfen höchstens zu 90 % ihres Fassungsraumes befüllt sein. | |
| **Sondervorschrift für die Verpackung** | | |
| **PP86** | Für die UN-Nummern 3392 und 3394 ist die in der Dampfphase vorhandene Luft durch Stickstoff oder andere Mittel zu beseitigen. | |

| P401 | VERPACKUNGSANWEISUNG | P401 |
|---|---|---|

Folgende Verpackungen sind zugelassen, wenn die allgemeinen Vorschriften der Abschnitte 4.1.1 und 4.1.3 erfüllt sind:

(1) Druckgefäße, vorausgesetzt, die allgemeinen Vorschriften des Unterabschnitts 4.1.3.6 werden erfüllt. Diese müssen aus Stahl sein und einer erstmaligen und alle 10 Jahre einer wiederkehrenden Prüfung mit einem Druck von mindestens 0,6 MPa (6 bar) (Überdruck) unterzogen werden. Während der Beförderung muss sich der flüssige Stoff unter einer Schicht inerten Gases mit einem Überdruck von mindestens 20 kPa (0,2 bar) befinden.

(2) Zusammengesetzte Verpackungen:

Außenverpackungen:

Fässer (1A1, 1A2, 1B1, 1B2, 1N1, 1N2, 1H1, 1H2, 1D, 1G),
Kisten (4A, 4B, 4N, 4C1, 4C2, 4D, 4F, 4G, 4H1, 4H2),
Kanister (3A1, 3A2, 3B1, 3B2, 3H1, 3H2).

Innenverpackungen:

aus Glas, Metall oder Kunststoff, die Schraubverschlüsse und einen höchsten Fassungsraum von einem Liter haben.

Jede Innenverpackung muss von inertem, saugfähigem Polstermaterial in einer für die Aufnahme des gesamten Inhalts ausreichenden Menge umgeben sein.

Die höchste Nettomasse je Außenverpackung darf 30 kg nicht überschreiten.

**RID- und ADR-spezifische Sondervorschrift für die Verpackung**

**RR7** Für die UN-Nummern 1183, 1242, 1295 und 2988 müssen die Druckgefäße jedoch alle fünf Jahre geprüft werden.

| P402 | VERPACKUNGSANWEISUNG | P402 |
|---|---|---|

Folgende Verpackungen sind zugelassen, wenn die allgemeinen Vorschriften der Abschnitte 4.1.1 und 4.1.3 erfüllt sind:

(1) Druckgefäße, vorausgesetzt, die allgemeinen Vorschriften des Unterabschnitts 4.1.3.6 werden erfüllt. Diese müssen aus Stahl sein und einer erstmaligen und alle 10 Jahre einer wiederkehrenden Prüfung mit einem Druck von mindestens 0,6 MPa (6 bar) (Überdruck) unterzogen werden. Während der Beförderung muss sich der flüssige Stoff unter einer Schicht inerten Gases mit einem Überdruck von mindestens 20 kPa (0,2 bar) befinden.

(2) Zusammengesetzte Verpackungen:

Außenverpackungen:

Fässer (1A1, 1A2, 1B1, 1B2, 1N1, 1N2, 1H1, 1H2, 1D, 1G),
Kisten (4A, 4B, 4N, 4C1, 4C2, 4D, 4F, 4G, 4H1, 4H2),
Kanister (3A1, 3A2, 3B1, 3B2, 3H1, 3H2).

Innenverpackungen mit folgenden höchsten Nettomassen:

| | |
|---|---|
| aus Glas: | 10 kg |
| aus Metall oder Kunststoff: | 15 kg |

Jede Innenverpackung muss mit Schraubverschlüssen versehen sein.

Jede Innenverpackung muss von inertem, saugfähigem Polstermaterial in einer für die Aufnahme des gesamten Inhalts ausreichenden Menge umgeben sein.

Die höchste Nettomasse je Außenverpackung darf 125 kg nicht überschreiten.

(3) Fässer aus Stahl (1A1) mit einem höchsten Fassungsraum von 250 Liter.

(4) Kombinationsverpackungen, bestehend aus einem Kunststoffgefäß in einem Fass aus Stahl oder Aluminium (6HA1 oder 6HB1), mit einem höchsten Fassungsraum von 250 Liter.

4.1.4.1 (Forts.)

| P402 | VERPACKUNGSANWEISUNG *(Forts.)* | P402 |
|---|---|---|
| **RID- und ADR-spezifische Sondervorschriften für die Verpackung** | | |
| **RR4** | Für die UN-Nummer 3130 müssen die Öffnungen der Gefäße durch zwei hintereinanderliegende Einrichtungen, von denen eine verschraubt oder in gleichwertiger Weise befestigt sein muss, fest verschlossen sein. | |
| **RR7** | Für die UN-Nummer 3129 müssen die Druckgefäße jedoch alle fünf Jahre geprüft werden. | |
| **RR8** | Für die UN-Nummern 1389, 1391, 1411, 1421, 1928, 3129, 3130, 3148 und 3482 müssen die Druckgefäße jedoch mit einem Mindestprüfdruck von 1 MPa (10 bar) erstmalig und wiederkehrend geprüft werden. | |

| P403 | VERPACKUNGSANWEISUNG | P403 |
|---|---|---|
| Folgende Verpackungen sind zugelassen, wenn die allgemeinen Vorschriften der Abschnitte 4.1.1 und 4.1.3 erfüllt sind: | | |
| **zusammengesetzte Verpackungen** | | **höchste Nettomasse** |
| **Innenverpackungen** | **Außenverpackungen** | |
| aus Glas 2 kg | **Fässer** | |
| aus Kunststoff 15 kg | aus Stahl (1A1, 1A2) | 400 kg |
| aus Metall 20 kg | aus Aluminium (1B1, 1B2) | 400 kg |
| | aus einem anderen Metall (1N1, 1N2) | 400 kg |
| Innenverpackungen müssen luftdicht verschlossen sein (z.B. durch ein Klebeband oder durch Schraubverschlüsse). | aus Kunststoff (1H1, 1H2) | 400 kg |
| | aus Sperrholz (1D) | 400 kg |
| | aus Pappe (1G) | 400 kg |
| | **Kisten** | |
| | aus Stahl (4A) | 400 kg |
| | aus Aluminium (4B) | 400 kg |
| | aus einem anderen Metall (4N) | 400 kg |
| | aus Naturholz (4C1) | 250 kg |
| | aus Naturholz, mit staubdichten Wänden (4C2) | 250 kg |
| | aus Sperrholz (4D) | 250 kg |
| | aus Holzfaserwerkstoff (4F) | 125 kg |
| | aus Pappe (4G) | 125 kg |
| | aus Schaumstoff (4H1) | 60 kg |
| | aus starrem Kunststoff (4H2) | 250 kg |
| | **Kanister** | |
| | aus Stahl (3A1, 3A2) | 120 kg |
| | aus Aluminium (3B1, 3B2) | 120 kg |
| | aus Kunststoff (3H1, 3H2) | 120 kg |
| **Einzelverpackungen** | | **höchste Nettomasse** |
| **Fässer** | | |
| aus Stahl (1A1, 1A2) | | 250 kg |
| aus Aluminium (1B1, 1B2) | | 250 kg |
| aus einem anderen Metall als Stahl oder Aluminium (1N1, 1N2) | | 250 kg |
| aus Kunststoff (1H1, 1H2) | | 250 kg |
| **Kanister** | | |
| aus Stahl (3A1, 3A2 ) | | 120 kg |
| aus Aluminium (3B1, 3B2) | | 120 kg |
| aus Kunststoff (3H1, 3H2) | | 120 kg |
| **Kombinationsverpackungen** | | |
| Kunststoffgefäß in einem Fass aus Stahl oder Aluminium (6HA1 oder 6HB1) | | 250 kg |
| Kunststoffgefäß in einem Fass aus Pappe, Kunststoff oder Sperrholz (6HG1, 6HH1 oder 6HD1) | | 75 kg |
| Kunststoffgefäß in einem Verschlag oder einer Kiste aus Stahl oder Aluminium oder in einer Kiste aus Naturholz, Sperrholz, Pappe oder starrem Kunststoff (6HA2, 6HB2, 6HC, 6HD2, 6HG2 oder 6HH2) | | 75 kg |
| **Druckgefäße**, vorausgesetzt, die allgemeinen Vorschriften des Unterabschnitts 4.1.3.6 werden erfüllt. | | |
| **Zusätzliche Vorschrift** | | |
| Die Verpackungen müssen luftdicht verschlossen sein. | | |
| **Sondervorschrift für die Verpackung** | | |
| **PP83** (gestrichen) | | |

4.1.4.1 (Forts.)

| P404 | VERPACKUNGSANWEISUNG | P404 |
|---|---|---|
| Diese Anweisung gilt für pyrophore feste Stoffe (UN-Nummern 1383, 1854, 1855, 2008, 2441, 2545, 2546, 2846, 2881, 3200, 3391 und 3393). | | |
| Folgende Verpackungen sind zugelassen, wenn die allgemeinen Vorschriften der Abschnitte 4.1.1 und 4.1.3 erfüllt sind:<br>(1) Zusammengesetzte Verpackungen<br>Außenverpackungen:<br>Fässer (1A1, 1A2, 1B1, 1B2, 1N1, 1N2, 1H1, 1H2, 1D, 1G),<br>Kisten (4A, 4B, 4N, 4C1, 4C2, 4D, 4F, 4G, 4H2).<br>Innenverpackungen:<br>Gefäße aus Metall mit einer Nettomasse von jeweils höchstens 15 kg. Die Innenverpackungen müssen luftdicht verschlossen sein;<br>Gefäße aus Glas mit einer Nettomasse von jeweils höchstens 1 kg, die Verschlüsse mit Dichtungen haben, an allen Seiten gepolstert sind und in luftdicht verschlossenen Dosen aus Metall enthalten sind.<br>Außenverpackungen dürfen eine höchste Nettomasse von 125 kg haben.<br>Die Innenverpackungen müssen Schraubverschlüsse haben oder Verschlüsse, die durch eine Vorrichtung physisch fixiert sein müssen, die in der Lage ist, ein Lösen oder Lockern des Verschlusses durch Schlag oder Vibration während der Beförderung zu verhindern.<br>(2) Verpackungen aus Metall:<br>Fässer (1A1, 1A2, 1B1, 1B2, 1N1, 1N2),<br>Kanister (3A1, 3A2, 3B1, 3B2),<br>höchste Bruttomasse: 150 kg.<br>(3) Kombinationsverpackungen:<br>Kunststoffgefäß in einem Fass aus Stahl oder Aluminium (6HA1 oder 6HB1)<br>höchste Bruttomasse: 150 kg<br>(4) Druckgefäße, vorausgesetzt, die allgemeinen Vorschriften des Unterabschnitts 4.1.3.6 werden erfüllt. | | |
| **Sondervorschrift für die Verpackung**<br>**PP86** Für die UN-Nummern 3391 und 3393 ist die in der Dampfphase vorhandene Luft durch Stickstoff oder andere Mittel zu beseitigen. | | |

| P405 | VERPACKUNGSANWEISUNG | P405 |
|---|---|---|
| Diese Anweisung gilt für die UN-Nummer 1381. | | |
| Folgende Verpackungen sind zugelassen, wenn die allgemeinen Vorschriften der Abschnitte 4.1.1 und 4.1.3 erfüllt sind:<br>(1) Für UN 1381 Phosphor, unter Wasser:<br>a) zusammengesetzte Verpackungen<br>Außenverpackungen:<br>Kisten (4A, 4B, 4N, 4C1, 4C2, 4D oder 4F)<br>höchste Nettomasse: 75 kg<br>Innenverpackungen:<br>(i) luftdicht verschlossene Dosen aus Metall mit einer höchsten Nettomasse von 15 kg oder<br>(ii) Innenverpackungen aus Glas, die von allen Seiten mit einem trockenen, saugfähigen, nichtbrennbaren Material in einer für die Aufnahme des gesamten Inhalts ausreichenden Menge gepolstert sind, mit einer höchsten Nettomasse von 2 kg<br>oder<br>b) Fässer (1A1, 1A2, 1B1, 1B2, 1N1 oder 1N2) mit einer höchsten Nettomasse von 400 kg<br>Kanister (3A1 oder 3B1) mit einer höchsten Nettomasse von 120 kg.<br>Diese Verpackungen müssen in der Lage sein, die in Unterabschnitt 6.1.5.4 beschriebene Dichtheitsprüfung mit den Prüfanforderungen für die Verpackungsgruppe II zu bestehen.<br>(2) Für UN 1381 Phosphor, trocken:<br>a) in geschmolzener Form: Fässer (1A2, 1B2 oder 1N2) mit einer höchsten Nettomasse von 400 kg oder<br>b) in Geschossen oder in Gegenständen mit fester Umschließung bei Beförderung ohne Bestandteile der Klasse 1: von der zuständigen Behörde festgelegte Verpackungen. | | |

4.1.4.1 (Forts.)

| P406 | VERPACKUNGSANWEISUNG | P406 |
|---|---|---|
| Folgende Verpackungen sind zugelassen, wenn die allgemeinen Vorschriften der Abschnitte 4.1.1 und 4.1.3 erfüllt sind:<br>(1) Zusammengesetzte Verpackungen<br>Außenverpackungen: (4C1, 4C2, 4D, 4F, 4G, 4H1, 4H2, 1G, 1D, 1H1, 1H2, 3H1 oder 3H2)<br>Innenverpackungen: wasserbeständige Verpackungen.<br>(2) Fässer aus Kunststoff, Sperrholz oder Pappe (1H2, 1D oder 1G) oder Kisten (4A, 4B, 4N, 4C1, 4C2, 4D, 4F, 4G und 4H2) mit wasserbeständigem Innensack, Auskleidung aus Kunststofffolie oder wasserbeständiger Beschichtung.<br>(3) Fässer aus Metall (1A1, 1A2, 1B1, 1B2, 1N1 oder 1N2), Fässer aus Kunststoff (1H1 oder 1H2), Kanister aus Metall (3A1, 3A2, 3B1 oder 3B2), Kanister aus Kunststoff (3H1 oder 3H2), Kunststoffgefäß in einem Fass aus Stahl oder Aluminium (6HA1 oder 6HB1), Kunststoffgefäß in einem Fass aus Pappe, Kunststoff oder Sperrholz (6HG1, 6HH1 oder 6HD1), Kunststoffgefäß in einem Verschlag oder einer Kiste aus Stahl oder Aluminium oder einer Kiste aus Naturholz, Sperrholz, Pappe oder starrem Kunststoff (6HA2, 6HB2, 6HC, 6HD2, 6HG2 oder 6HH2). | | |
| **Zusätzliche Vorschriften**<br>1. Die Verpackungen müssen so ausgelegt und hergestellt sein, dass ein Austreten von Wasser, Alkohol oder Phlegmatisierungsmittel verhindert wird.<br>2. Die Verpackungen müssen so hergestellt und verschlossen sein, dass ein Explosionsüberdruck oder ein Druckaufbau von mehr als 300 kPa (3 bar) verhindert wird. | | |
| **Sondervorschriften für die Verpackung**<br>**PP24** Für die UN-Nummern 2852, 3364, 3365, 3366, 3367, 3368 und 3369 darf die Stoffmenge 500 g je Versandstück nicht überschreiten.<br>**PP25** Für die UN-Nummer 1347 darf die Stoffmenge 15 kg je Versandstück nicht überschreiten.<br>**PP26** Für die UN-Nummern 1310, 1320, 1321, 1322, 1344, 1347, 1348, 1349, 1517, 2907, 3317 und 3376 müssen die Verpackungen bleifrei sein.<br>**PP48** Für die UN-Nummer 3474 dürfen keine Metallverpackungen verwendet werden. Verpackungen aus anderen Werkstoffen mit einer geringen Menge Metall, z.B. Metallverschlüsse oder andere Zubehörteile aus Metall, wie die in Abschnitt 6.1.4 genannten, gelten nicht als Verpackungen aus Metall.<br>**PP78** Für die UN-Nummer 3370 darf die Stoffmenge 11,5 kg je Versandstück nicht überschreiten.<br>**PP80** Für die UN-Nummer 2907 müssen die Verpackungen den Prüfanforderungen für die Verpackungsgruppe II entsprechen. Verpackungen, die den Prüfkriterien für die Verpackungsgruppe I entsprechen, dürfen nicht verwendet werden. | | |

| P407 | VERPACKUNGSANWEISUNG | P407 |
|---|---|---|
| Diese Anweisung gilt für die UN-Nummern 1331, 1944, 1945 und 2254. | | |
| Folgende Verpackungen sind zugelassen, wenn die allgemeinen Vorschriften der Abschnitte 4.1.1 und 4.1.3 erfüllt sind:<br>Außenverpackungen:<br>Fässer (1A1, 1A2, 1B1, 1B2, 1N1, 1N2, 1H1, 1H2, 1D, 1G),<br>Kisten (4A, 4B, 4N, 4C1, 4C2, 4D, 4F, 4G, 4H1, 4H2),<br>Kanister (3A1, 3A2, 3B1, 3B2, 3H1, 3H2).<br>Innenverpackungen:<br>Die Zündhölzer müssen in sicher verschlossenen Innenverpackungen dicht gepackt sein, um eine unbeabsichtigte Zündung unter normalen Beförderungsbedingungen zu verhindern.<br>Die höchste Bruttomasse des Versandstücks darf 45 kg nicht überschreiten, ausgenommen Kisten aus Pappe, deren höchste Bruttomasse 30 kg nicht überschreiten darf.<br>Die Verpackungen müssen den Prüfanforderungen für die Verpackungsgruppe III entsprechen. | | |
| **Sondervorschrift für die Verpackung**<br>**PP27** UN 1331 Zündhölzer, überall zündbar, dürfen nicht mit anderen gefährlichen Gütern zusammen in dieselbe Außenverpackung verpackt werden, ausgenommen Sicherheitszündhölzer oder Wachszündhölzer, die in getrennten Innenverpackungen verpackt sein müssen. Innenverpackungen dürfen höchstens 700 Zündhölzer, überall zündbar, enthalten. | | |

4.1.4.1 (Forts.)

| P408 | VERPACKUNGSANWEISUNG | P408 |
|---|---|---|
| Diese Anweisung gilt für die UN-Nummer 3292. | | |

Folgende Verpackungen sind zugelassen, wenn die allgemeinen Vorschriften der Abschnitte 4.1.1 und 4.1.3 erfüllt sind:

(1) Für Zellen:
Fässer (1A2, 1B2, 1N2, 1H2, 1D, 1G),
Kisten (4A, 4B, 4N, 4C1, 4C2, 4D, 4F, 4G, 4H1, 4H2),
Kanister (3A2, 3B2, 3H2).

Es muss ausreichend Polstermaterial vorhanden sein, um eine Berührung der Zellen untereinander und der Zellen mit der Innenfläche der Außenverpackung sowie gefährliche Bewegungen der Zellen in der Außenverpackung während der Beförderung zu verhindern.

Die Verpackungen müssen den Prüfanforderungen für die Verpackungsgruppe II entsprechen.

(2) Batterien dürfen unverpackt oder in Schutzumschließungen (z.B. vollständig umschlossen oder Lattenverschläge aus Holz) befördert werden. Die Pole dürfen nicht mit dem Gewicht anderer Batterien oder des mit den Batterien zusammengepackten Materials belastet werden.

Die Verpackungen müssen den Vorschriften des Unterabschnitts 4.1.1.3 nicht entsprechen.

**Bem.** Die zugelassenen Verpackungen dürfen eine Nettomasse von 400 kg überschreiten (siehe Unterabschnitt 4.1.3.3).

**Zusätzliche Vorschrift**

Die Zellen und Batterien müssen gegen Kurzschluss geschützt und auf solche Art und Weise isoliert sein, dass Kurzschlüsse verhindert werden.

| P409 | VERPACKUNGSANWEISUNG | P409 |
|---|---|---|
| Diese Anweisung gilt für die UN-Nummern 2956, 3242 und 3251. | | |

Folgende Verpackungen sind zugelassen, wenn die allgemeinen Vorschriften der Abschnitte 4.1.1 und 4.1.3 erfüllt sind:

(1) Fass aus Pappe (1G), das mit einer Innenauskleidung oder Beschichtung versehen sein darf; höchste Nettomasse: 50 kg.

(2) Zusammengesetzte Verpackungen: einzelner Innensack aus Kunststoff in einer Kiste aus Pappe (4G); höchste Nettomasse: 50 kg.

(3) Zusammengesetzte Verpackungen: Innenverpackungen aus Kunststoff mit einer Nettomasse von jeweils höchstens 5 kg in einer Kiste aus Pappe (4G) oder einem Fass aus Pappe (1G); höchste Nettomasse: 25 kg.

| P410 | VERPACKUNGSANWEISUNG | P410 |
|---|---|---|

Folgende Verpackungen sind zugelassen, wenn die allgemeinen Vorschriften der Abschnitte 4.1.1 und 4.1.3 erfüllt sind:

| zusammengesetzte Verpackungen | | | höchste Nettomasse | |
|---|---|---|---|---|
| **Innenverpackungen** | | **Außenverpackungen** | **Verpackungsgruppe II** | **Verpackungsgruppe III** |
| aus Glas | 10 kg | **Fässer** | | |
| aus Kunststoff[a)] | 30 kg | aus Stahl (1A1, 1A2) | 400 kg | 400 kg |
| aus Metall | 40 kg | aus Aluminium (1B1, 1B2) | 400 kg | 400 kg |
| aus Papier[a), b)] | 10 kg | aus einem anderen Metall (1N1, 1N2) | 400 kg | 400 kg |
| aus Pappe[a), b)] | 10 kg | aus Kunststoff (1H1, 1H2) | 400 kg | 400 kg |
| | | aus Sperrholz (1D) | 400 kg | 400 kg |
| | | aus Pappe (1G)[a)] | 400 kg | 400 kg |
| | | **Kisten** | | |
| | | aus Stahl (4A) | 400 kg | 400 kg |
| | | aus Aluminium (4B) | 400 kg | 400 kg |
| | | aus einem anderen Metall (4N) | 400 kg | 400 kg |
| | | aus Naturholz (4C1) | 400 kg | 400 kg |
| | | aus Naturholz mit staubdichten Wänden (4C2) | 400 kg | 400 kg |
| | | aus Sperrholz (4D) | 400 kg | 400 kg |
| | | aus Holzfaserwerkstoff (4F) | 400 kg | 400 kg |
| | | aus Pappe (4G)[a)] | 400 kg | 400 kg |
| | | aus Schaumstoff (4H1) | 60 kg | 60 kg |
| | | aus starrem Kunststoff (4H2) | 400 kg | 400 kg |

a) Diese Verpackungen müssen staubdicht sein.

b) Diese Innenverpackungen dürfen nicht verwendet werden, wenn sich die zu befördernden Stoffe während der Beförderung verflüssigen können.

4.1.4.1 (Forts.)

| P410 | VERPACKUNGSANWEISUNG *(Forts.)* | | P410 |
|---|---|---|---|
| | **Kanister** | | |
| | aus Stahl (3A1, 3A2) | 120 kg | 120 kg |
| | aus Aluminium (3B1, 3B2) | 120 kg | 120 kg |
| | aus Kunststoff (3H1, 3H2) | 120 kg | 120 kg |

| **Einzelverpackungen** | **höchste Nettomasse** | |
|---|---|---|
| | **Verpackungsgruppe II** | **Verpackungsgruppe III** |
| **Fässer** | | |
| aus Stahl (1A1 oder 1A2) | 400 kg | 400 kg |
| aus Aluminium (1B1 oder 1B2) | 400 kg | 400 kg |
| aus einem anderen Metall als Stahl oder Aluminium (1N1 oder 1N2) | 400 kg | 400 kg |
| aus Kunststoff (1H1 oder 1H2) | 400 kg | 400 kg |
| **Kanister** | | |
| aus Stahl (3A1 oder 3A2) | 120 kg | 120 kg |
| aus Aluminium (3B1 oder 3B2) | 120 kg | 120 kg |
| aus Kunststoff (3H1 oder 3H2) | 120 kg | 120 kg |
| **Kisten** | | |
| aus Stahl (4A)[c] | 400 kg | 400 kg |
| aus Aluminium (4B)[c] | 400 kg | 400 kg |
| aus einem anderen Metall (4N)[c] | 400 kg | 400 kg |
| aus Naturholz (4C1)[c] | 400 kg | 400 kg |
| aus Sperrholz (4D)[c] | 400 kg | 400 kg |
| aus Holzfaserwerkstoff (4F)[c] | 400 kg | 400 kg |
| aus Naturholz, mit staubdichten Wänden (4C2)[c] | 400 kg | 400 kg |
| aus Pappe (4G)[c] | 400 kg | 400 kg |
| aus starrem Kunststoff (4H2)[c] | 400 kg | 400 kg |
| **Säcke** | | |
| Säcke (5H3, 5H4, 5L3, 5M2)[c), d)] | 50 kg | 50 kg |
| **Kombinationsverpackungen** | | |
| Kunststoffgefäß in einem Fass aus Stahl, Aluminium, Sperrholz, Pappe oder Kunststoff (6HA1, 6HB1, 6HG1, 6HD1 oder 6HH1) | 400 kg | 400 kg |
| Kunststoffgefäß in einem Verschlag oder einer Kiste aus Stahl oder Aluminium oder in einer Kiste aus Naturholz, Sperrholz, Pappe oder starrem Kunststoff (6HA2, 6HB2, 6HC, 6HD2, 6HG2 oder 6HH2) | 75 kg | 75 kg |
| Glasgefäß in einem Fass aus Stahl, Aluminium, Sperrholz oder Pappe (6PA1, 6PB1, 6PD1 oder 6PG1) oder in einem Verschlag oder einer Kiste aus Stahl oder Aluminium, in einer Kiste aus Naturholz oder Pappe oder in einem Weidenkorb (6PA2, 6PB2, 6PC, 6PG2 oder 6PD2) oder in einer Außenverpackung aus Schaumstoff oder starrem Kunststoff (6PH1 oder 6PH2) | 75 kg | 75 kg |

c) Diese Verpackungen dürfen nicht verwendet werden, wenn sich die zu befördernden Stoffe während der Beförderung verflüssigen können.

d) Für Stoffe der Verpackungsgruppe II dürfen diese Verpackungen nur verwendet werden, wenn ihre Beförderung in einem gedeckten Fahrzeug oder einem geschlossenen Container erfolgt.

**Sondervorschriften für die Verpackung**

**PP39** Für die UN-Nummer 1378 ist bei der Verwendung von Verpackungen aus Metall eine Lüftungseinrichtung erforderlich.

**PP40** Für die UN-Nummern 1326, 1352, 1358, 1395, 1396, 1436, 1437, 1871, 2805 und 3182 Verpackungsgruppe II sind Säcke nicht zugelassen.

**PP83** (gestrichen)

| P411 | VERPACKUNGSANWEISUNG | P411 |
|---|---|---|

Diese Anweisung gilt für die UN-Nummer 3270.

Folgende Verpackungen sind zugelassen, wenn die allgemeinen Vorschriften der Abschnitte 4.1.1 und 4.1.3 erfüllt sind:

- Fässer (1A2, 1B2, 1N2, 1H2, 1D, 1G),
- Kisten (4A, 4B, 4N, 4C1, 4C2, 4D, 4F, 4G, 4H1, 4H2),
- Kanister (3A2, 3B2, 3H2),

vorausgesetzt, eine Explosion infolge des Anstiegs des Innendrucks ist nicht möglich.

Die höchste Nettomasse darf 30 kg nicht übersteigen.

4.1.4.1 (Forts.)

| P412 | VERPACKUNGSANWEISUNG | P412 |
|---|---|---|
| Diese Anweisung gilt für die UN-Nummer 3527. | | |
| Folgende zusammengesetzte Verpackungen sind zugelassen, wenn die allgemeinen Vorschriften der Abschnitte 4.1.1 und 4.1.3 erfüllt sind:<br>(1) Außenverpackungen:<br>Fässer (1A1, 1A2, 1B1, 1B2, 1N1, 1N2, 1H1, 1H2, 1D, 1G),<br>Kisten (4A, 4B, 4N, 4C1, 4C2, 4D, 4F, 4G, 4H1, 4H2),<br>Kanister (3A1, 3A2, 3B1, 3B2, 3H1, 3H2).<br>(2) Innenverpackungen:<br>a) Das Aktivierungsmittel (organisches Peroxid) muss auf eine Menge von 125 ml für flüssige Stoffe und 500 g für feste Stoffe je Innenverpackung beschränkt sein.<br>b) Das Grundprodukt und das Aktivierungsmittel müssen in getrennten Innenverpackungen verpackt sein.<br>Die Komponenten dürfen in dieselbe Außenverpackung eingesetzt sein, vorausgesetzt, sie reagieren im Falle des Freiwerdens nicht gefährlich miteinander.<br>Die Verpackungen müssen den Prüfanforderungen für die Verpackungsgruppe II oder III in Übereinstimmung mit den auf das Grundprodukt angewendeten Kriterien der Klasse 4.1 entsprechen. | | |

| P500 | VERPACKUNGSANWEISUNG | P500 |
|---|---|---|
| Diese Anweisung gilt für die UN-Nummer 3356. | | |
| Folgende Verpackungen sind zugelassen, wenn die allgemeinen Vorschriften der Abschnitte 4.1.1 und 4.1.3 erfüllt sind:<br>Fässer (1A2, 1B2, 1N2, 1H2, 1D, 1G),<br>Kisten (4A, 4B, 4N, 4C1, 4C2, 4D, 4F, 4G, 4H1, 4H2),<br>Kanister (3A2, 3B2, 3H2).<br>Die Verpackungen müssen den Prüfanforderungen für die Verpackungsgruppe II entsprechen.<br>Der (die) Generator(en) muss (müssen) in einem Versandstück befördert werden, das für den Fall, dass im Versandstück ein Generator ausgelöst wird, folgende Anforderungen erfüllt:<br>a) andere Generatoren im Versandstück werden nicht ausgelöst;<br>b) der Verpackungswerkstoff entzündet sich nicht und<br>c) die Temperatur an der äußeren Oberfläche des Versandstücks übersteigt nicht 100 °C. | | |

| P501 | VERPACKUNGSANWEISUNG | P501 |
|---|---|---|
| Diese Anweisung gilt für die UN-Nummer 2015. | | |
| Folgende Verpackungen sind zugelassen, wenn die allgemeinen Vorschriften der Abschnitte 4.1.1 und 4.1.3 erfüllt sind: | | |
| **zusammengesetzte Verpackungen** | **Innenverpackung höchster Fassungsraum** | **Außenverpackung höchste Nettomasse** |
| Kisten (4A, 4B, 4N, 4C1, 4C2, 4D, 4H2) oder Fässer (1A1, 1A2, 1B1, 1B2, 1N1, 1N2, 1H1, 1H2, 1D) oder Kanister (3A1, 3A2, 3B1, 3B2, 3H1, 3H2) mit Innenverpackungen aus Glas, Kunststoff oder Metall | 5 l | 125 kg |
| Kiste aus Pappe (4G) oder Fass aus Pappe (1G) mit Innenverpackungen aus Kunststoff oder Metall, jede in einem Sack aus Kunststoff | 2 l | 50 kg |
| **Einzelverpackungen** | | **höchster Fassungsraum** |
| **Fässer** | | |
| aus Stahl (1A1) | | 250 l |
| aus Aluminium (1B1) | | 250 l |
| aus einem anderen Metall als Stahl oder Aluminium (1N1) | | 250 l |
| aus Kunststoff (1H1) | | 250 l |
| **Kanister** | | |
| aus Stahl (3A1) | | 60 l |
| aus Aluminium (3B1) | | 60 l |
| aus Kunststoff (3H1) | | 60 l |

4.1.4.1 (Forts.)

| P501 | VERPACKUNGSANWEISUNG *(Forts.)* | P501 |
|---|---|---|
| **Kombinationsverpackungen** | | |
| Kunststoffgefäß in einem Fass aus Stahl oder Aluminium (6HA1, 6HB1) | | 250 l |
| Kunststoffgefäß in einem Fass aus Pappe, Kunststoff oder Sperrholz (6HG1, 6HH1, 6HD1) | | 250 l |
| Kunststoffgefäß in einem Verschlag oder einer Kiste aus Stahl oder Aluminium oder in einer Kiste aus Naturholz, Sperrholz, Pappe oder starrem Kunststoff (6HA2, 6HB2, 6HC, 6HD2, 6HG2 oder 6HH2) | | 60 l |
| Glasgefäß in einem Fass aus Stahl, Aluminium, Pappe oder Sperrholz (6PA1, 6PB1, 6PG1 oder 6PD1) oder in einer Kiste aus Stahl, Aluminium, Naturholz oder Pappe oder in einem Weidenkorb (6PA2, 6PB2, 6PC, 6PG2 oder 6PD2) oder in einer Außenverpackung aus Schaumstoff oder starrem Kunststoff (6PH1 oder 6PH2) | | 60 l |
| **Zusätzliche Vorschriften**<br>1. Der höchste Füllungsgrad der Verpackungen beträgt 90 %.<br>2. Die Verpackungen müssen mit einer Lüftungseinrichtung versehen sein. | | |

| P502 | VERPACKUNGSANWEISUNG | | P502 |
|---|---|---|---|
| Folgende Verpackungen sind zugelassen, wenn die allgemeinen Vorschriften der Abschnitte 4.1.1 und 4.1.3 erfüllt sind: | | | |
| **zusammengesetzte Verpackungen** | | | **höchste Nettomasse** |
| **Innenverpackungen** | | **Außenverpackungen** | |
| aus Glas | 5 l | **Fässer** | |
| aus Metall | 5 l | aus Stahl (1A1, 1A2) | 125 kg |
| aus Kunststoff | 5 l | aus Aluminium (1B1, 1B2) | 125 kg |
| | | aus einem anderen Metall (1N1, 1N2) | 125 kg |
| | | aus Sperrholz (1D) | 125 kg |
| | | aus Pappe (1G) | 125 kg |
| | | aus Kunststoff (1H1, 1H2) | 125 kg |
| | | **Kisten** | |
| | | aus Stahl (4A) | 125 kg |
| | | aus Aluminium (4B) | 125 kg |
| | | aus einem anderen Metall (4N) | 125 kg |
| | | aus Naturholz (4C1) | 125 kg |
| | | aus Naturholz, mit staubdichten Wänden (4C2) | 125 kg |
| | | aus Sperrholz (4D) | 125 kg |
| | | aus Holzfaserwerkstoff (4F) | 125 kg |
| | | aus Pappe (4G) | 125 kg |
| | | aus Schaumstoff (4H1) | 60 kg |
| | | aus starrem Kunststoff (4H2) | 125 kg |
| **Einzelverpackungen** | | | **höchster Fassungsraum** |
| **Fässer** | | | |
| aus Stahl (1A1) | | | 250 l |
| aus Aluminium (1B1) | | | 250 l |
| aus Kunststoff (1H1) | | | 250 l |
| **Kanister** | | | |
| aus Stahl (3A1) | | | 60 l |
| aus Aluminium (3B1) | | | 60 l |
| aus Kunststoff (3H1) | | | 60 l |
| **Kombinationsverpackungen** | | | |
| Kunststoffgefäß in einem Fass aus Stahl oder Aluminium (6HA1 oder 6HB1) | | | 250 l |
| Kunststoffgefäß in einem Fass aus Pappe, Kunststoff oder Sperrholz (6HG1, 6HH1 oder 6HD1) | | | 250 l |
| Kunststoffgefäß in einem Verschlag oder einer Kiste aus Stahl oder Aluminium oder in einer Kiste aus Naturholz, Sperrholz, Pappe oder starrem Kunststoff (6HA2, 6HB2, 6HC, 6HD2, 6HG2 oder 6HH2) | | | 60 l |
| Glasgefäß in einem Fass aus Stahl, Aluminium, Pappe oder Sperrholz (6PA1, 6PB1, 6PG1 oder 6PD1) oder in einer Kiste aus Stahl, Aluminium, Naturholz oder Pappe oder in einem Weidenkorb (6PA2, 6PB2, 6PC, 6PG2 oder 6PD2) oder in einer Außenverpackung aus Schaumstoff oder starrem Kunststoff (6PH1 oder 6PH2) | | | 60 l |

4.1.4.1 (Forts.)

| P502 | VERPACKUNGSANWEISUNG *(Forts.)* | P502 |
|---|---|---|
| **Sondervorschrift für die Verpackung**<br>**PP28** Für die UN-Nummer 1873 müssen Verpackungsteile, die in direktem Kontakt mit der Perchlorsäure stehen, aus Glas oder Kunststoff hergestellt sein. | | |

| P503 | VERPACKUNGSANWEISUNG | P503 |
|---|---|---|
| Folgende Verpackungen sind zugelassen, wenn die allgemeinen Vorschriften der Abschnitte 4.1.1 und 4.1.3 erfüllt sind: | | |
| **zusammengesetzte Verpackungen** | | **höchste Nettomasse** |
| **Innenverpackungen** | **Außenverpackungen** | |
| aus Glas 5 kg<br>aus Metall 5 kg<br>aus Kunststoff 5 kg | **Fässer** | |
| | aus Stahl (1A1, 1A2) | 125 kg |
| | aus Aluminium (1B1, 1B2) | 125 kg |
| | aus einem anderen Metall (1N1, 1N2) | 125 kg |
| | aus Sperrholz (1D) | 125 kg |
| | aus Pappe (1G) | 125 kg |
| | aus Kunststoff (1H1, 1H2) | 125 kg |
| | **Kisten** | |
| | aus Stahl (4A) | 125 kg |
| | aus Aluminium (4B) | 125 kg |
| | aus einem anderen Metall (4N) | 125 kg |
| | aus Naturholz (4C1) | 125 kg |
| | aus Naturholz, mit staubdichten Wänden (4C2) | 125 kg |
| | aus Sperrholz (4D) | 125 kg |
| | aus Holzfaserwerkstoff (4F) | 125 kg |
| | aus Pappe (4G) | 40 kg |
| | aus Schaumstoff (4H1) | 60 kg |
| | aus starrem Kunststoff (4H2) | 125 kg |
| **Einzelverpackungen**<br>Fässer aus Metall (1A1, 1A2, 1B1, 1B2, 1N1 oder 1N2) mit einer höchsten Nettomasse von 250 kg.<br>Fässer aus Pappe (1G) oder Sperrholz (1D) mit Innenauskleidung und einer höchsten Nettomasse von 200 kg. | | |

| P504 | VERPACKUNGSANWEISUNG | P504 |
|---|---|---|
| Folgende Verpackungen sind zugelassen, wenn die allgemeinen Vorschriften der Abschnitte 4.1.1 und 4.1.3 erfüllt sind: | | |
| **zusammengesetzte Verpackungen** | | **höchste Nettomasse** |
| (1) | Gefäße aus Glas mit einem höchsten Fassungsraum von 5 Litern in einer Außenverpackung 1A1, 1A2, 1B1, 1B2, 1N1, 1N2, 1H1, 1H2, 1D, 1G, 4A, 4B, 4N, 4C1, 4C2, 4D, 4F, 4G oder 4H2. | 75 kg |
| (2) | Gefäße aus Kunststoff mit einem höchsten Fassungsraum von 30 Litern in einer Außenverpackung 1A1, 1A2, 1B1, 1B2, 1N1, 1N2, 1H1, 1H2, 1D, 1G, 4A, 4B, 4N, 4C1, 4C2, 4D, 4F, 4G oder 4H2. | 75 kg |
| (3) | Gefäße aus Metall mit einem höchsten Fassungsraum von 40 Litern in einer Außenverpackung 1G, 4F oder 4G. | 125 kg |
| (4) | Gefäße aus Metall mit einem höchsten Fassungsraum von 40 Litern in einer Außenverpackung 1A1, 1A2, 1B1, 1B2, 1N1, 1N2, 1H1, 1H2, 1D, 4A, 4B, 4N, 4C1, 4C2, 4D oder 4H2. | 225 kg |
| **Einzelverpackungen** | | **höchster Fassungsraum** |
| **Fässer** | | |
| | aus Stahl, mit nicht abnehmbarem Deckel (1A1) | 250 l |
| | aus Stahl, mit abnehmbarem Deckel (1A2) | 250 l |
| | aus Aluminium, mit nicht abnehmbarem Deckel (1B1) | 250 l |
| | aus Aluminium, mit abnehmbarem Deckel (1B2) | 250 l |
| | aus einem anderen Metall als Stahl oder Aluminium, mit nicht abnehmbarem Deckel (1N1) | 250 l |
| | aus einem anderen Metall als Stahl oder Aluminium, mit abnehmbarem Deckel (1N2) | 250 l |
| | aus Kunststoff, mit nicht abnehmbarem Deckel (1H1) | 250 l |
| | aus Kunststoff, mit abnehmbarem Deckel (1H2) | 250 l |

4.1.4.1
(Forts.)

| P504 | VERPACKUNGSANWEISUNG *(Forts.)* | P504 |
|---|---|---|
| **Kanister** | | |
| aus Stahl, mit nicht abnehmbarem Deckel (3A1) | | 60 l |
| aus Stahl, mit abnehmbarem Deckel (3A2) | | 60 l |
| aus Aluminium, mit nicht abnehmbarem Deckel (3B1) | | 60 l |
| aus Aluminium, mit abnehmbarem Deckel (3B2) | | 60 l |
| aus Kunststoff, mit nicht abnehmbarem Deckel (3H1) | | 60 l |
| aus Kunststoff, mit abnehmbarem Deckel (3H2) | | 60 l |
| **Kombinationsverpackungen** | | |
| Kunststoffgefäß in einem Fass aus Stahl oder Aluminium (6HA1 oder 6HB1) | | 250 l |
| Kunststoffgefäß in einem Fass aus Pappe, Kunststoff oder Sperrholz (6HG1, 6HH1 oder 6HD1) | | 120 l |
| Kunststoffgefäß in einem Verschlag oder einer Kiste aus Stahl oder Aluminium oder in einer Kiste aus Naturholz, Sperrholz, Pappe oder starrem Kunststoff (6HA2, 6HB2, 6HC, 6HD2, 6HG2 oder 6HH2) | | 60 l |
| Glasgefäß in einem Fass aus Stahl, Aluminium, Pappe oder Sperrholz (6PA1, 6PB1, 6PG1 oder 6PD1) oder in einer Kiste aus Stahl, Aluminium, Naturholz oder Pappe oder in einem Weidenkorb (6PA2, 6PB2, 6PC, 6PG2 oder 6PD2) oder in einer Außenverpackung aus Schaumstoff oder starrem Kunststoff (6PH1 oder 6PH2) | | 60 l |
| **Sondervorschrift für die Verpackung** | | |
| **PP10** Für die UN-Nummern 2014, 2984 und 3149 müssen die Verpackungen mit einer Lüftungseinrichtung versehen sein. | | |

| P505 | VERPACKUNGSANWEISUNG | P505 |
|---|---|---|
| Diese Anweisung gilt für die UN-Nummer 3375. | | |
| Folgende Verpackungen sind zugelassen, wenn die allgemeinen Vorschriften der Abschnitte 4.1.1 und 4.1.3 erfüllt sind: | | |
| **zusammengesetzte Verpackungen** | | **höchste Nettomasse** |
| **Innenverpackungen** | **Außenverpackungen** | |
| aus Glas 5 l | **Kisten** | |
| aus Kunststoff 5 l | aus Aluminium (4B) | 125 kg |
| aus Metall 5 l | aus Naturholz, einfach (4C1) | 125 kg |
| | aus Naturholz, mit staubdichten Wänden (4C2) | 125 kg |
| | aus Sperrholz (4D) | 125 kg |
| | aus Pappe (4G) | 125 kg |
| | aus starrem Kunststoff (4H2) | 125 kg |
| | **Fässer** | |
| | aus Aluminium, mit abnehmbarem Deckel (1B2) | 125 kg |
| | aus Pappe (1G) | 125 kg |
| | aus einem anderen Metall, mit abnehmbarem Deckel (1N2) | 125 kg |
| | aus Kunststoff, mit abnehmbarem Deckel (1H2) | 125 kg |
| | aus Sperrholz (1D) | 125 kg |
| | **Kanister** | |
| | aus Aluminium, mit abnehmbarem Deckel (3B2) | 125 kg |
| | aus Kunststoff, mit abnehmbarem Deckel (3H2) | 125 kg |
| **Einzelverpackungen** | | **höchster Fassungsraum** |
| **Fässer** | | |
| aus Aluminium (1B1, 1B2) | | 250 l |
| aus Kunststoff (1H1, 1H2) | | 250 l |
| **Kanister** | | |
| aus Aluminium (3B1, 3B2) | | 60 l |
| aus Kunststoff (3H1, 3H2) | | 60 l |
| **Kombinationsverpackungen** | | |
| Kunststoffgefäß in einem Fass aus Aluminium (6HB1) | | 250 l |
| Kunststoffgefäß in einem Fass aus Pappe, Kunststoff oder Sperrholz (6HG1, 6HH1, 6HD1) | | 250 l |
| Kunststoffgefäß in einem Verschlag oder einer Kiste aus Aluminium oder in einer Kiste aus Naturholz, Sperrholz, Pappe oder starrem Kunststoff (6HB2, 6HC, 6HD2, 6HG2 oder 6HH2) | | 60 l |

| P505 | VERPACKUNGSANWEISUNG *(Forts.)* | P505 | 4.1.4.1 (Forts.) |
|---|---|---|---|
| Glasgefäß in einem Fass aus Aluminium, Pappe, Sperrholz (6PB1, 6PG1, 6PD1) oder in einem Gefäß aus Schaumstoff oder starrem Kunststoff (6PH1 oder 6PH2) oder in einem Verschlag oder einer Kiste aus Aluminium, in einer Kiste aus Naturholz oder Pappe oder in einem Weidenkorb (6PB2, 6PC, 6PG2 oder 6PD2) | 60 l | | |

**P520 VERPACKUNGSANWEISUNG P520**

Diese Anweisung gilt für organische Peroxide der Klasse 5.2 und selbstzersetzliche Stoffe der Klasse 4.1.

Folgende Verpackungen sind zugelassen, wenn die allgemeinen Vorschriften der Abschnitte 4.1.1 und 4.1.3 und die besonderen Vorschriften des Unterabschnitts 4.1.7.1 erfüllt sind:

Die Verpackungsmethoden sind mit OP1 bis OP8 bezeichnet. Die für die einzelnen, derzeit zugeordneten organischen Peroxide und selbstzersetzlichen Stoffe zutreffenden Verpackungsmethoden sind in den Unterabschnitten 2.2.41.4 und 2.2.52.4 aufgeführt. Die für jede Verpackungsmethode angegebenen Mengen sind die höchstzulässigen Mengen je Versandstück.

Die folgenden Verpackungen sind zugelassen:

(1) Zusammengesetzte Verpackungen mit Kisten (4A, 4B, 4N, 4C1, 4C2, 4D, 4F, 4G, 4H1 und 4H2), Fässern (1A1, 1A2, 1B1, 1B2, 1G, 1H1, 1H2 und 1D) oder Kanistern (3A1, 3A2, 3B1, 3B2, 3H1 und 3H2) als Außenverpackungen;

(2) Fässer (1A1, 1A2, 1B1, 1B2, 1G, 1H1, 1H2, 1D) oder Kanister (3A1, 3A2, 3B1, 3B2, 3H1 und 3H2) als Einzelverpackungen;

(3) Kombinationsverpackungen mit Innengefäßen aus Kunststoff (6HA1, 6HA2, 6HB1, 6HB2, 6HC, 6HD1, 6HD2, 6HG1, 6HG2, 6HH1 und 6HH2).

Die höchstzulässigen Mengen je Verpackung/Versandstück für die Verpackungsmethoden OP1 bis OP8 sind:

| | OP1 | OP2[a] | OP3 | OP4[a] | OP5 | OP6 | OP7 | OP8 |
|---|---|---|---|---|---|---|---|---|
| höchstzulässige Nettomasse (kg) für feste Stoffe und für zusammengesetzte Verpackungen (flüssige und feste Stoffe) | 0,5 | 0,5/10 | 5 | 5/25 | 25 | 50 | 50 | 400[b] |
| höchstzulässiger Inhalt in Litern für flüssige Stoffe[c] | 0,5 | – | 5 | – | 30 | 60 | 60 | 225[d] |

[a] Wenn zwei Werte angegeben sind, gilt der erste für die höchstzulässige Nettomasse je Innenverpackung und der zweite für die höchstzulässige Nettomasse des vollständigen Versandstücks.

[b] 60 kg für Kanister/200 kg für Kisten und für feste Stoffe 400 kg in zusammengesetzten Verpackungen mit Kisten als Außenverpackungen (4C1, 4C2, 4D, 4F, 4G, 4H1 und 4H2) und mit Innenverpackungen aus Kunststoff oder Pappe mit einer höchsten Nettomasse von 25 kg.

[c] Viskose Stoffe werden wie feste Stoffe behandelt, wenn die in der Begriffsbestimmung für „flüssige Stoffe" in Abschnitt 1.2.1 vorgeschriebenen Kriterien nicht erfüllt werden.

[d] 60 Liter für Kanister.

**Zusätzliche Vorschriften**

1. Verpackungen aus Metall einschließlich Innenverpackungen von zusammengesetzten Verpackungen und Außenverpackungen von zusammengesetzten Verpackungen oder Kombinationsverpackungen dürfen nur für die Verpackungsmethoden OP7 und OP8 verwendet werden.
2. In zusammengesetzten Verpackungen dürfen Gefäße aus Glas nur als Innenverpackungen verwendet werden, wobei die höchstzulässige Menge je Gefäß 0,5 kg für feste Stoffe und 0,5 Liter für flüssige Stoffe beträgt.
3. In zusammengesetzten Verpackungen darf das Polstermaterial nicht leicht entzündbar sein.
4. Die Verpackung für ein organisches Peroxid oder einen selbstzersetzlichen Stoff, für die ein Nebengefahrzettel „EXPLOSIV" (Muster 1, siehe Absatz 5.2.2.2.2) erforderlich ist, muss auch den Vorschriften der Unterabschnitte 4.1.5.10 und 4.1.5.11 entsprechen.

**Sondervorschriften für die Verpackung**

**PP21** Für bestimmte selbstzersetzliche Stoffe des Typs B oder C (UN-Nummern 3221, 3222, 3223, 3224, 3231, 3232, 3233 und 3234) muss eine kleinere Verpackung als in der Verpackungsmethode OP5 oder OP6 zugelassen verwendet werden (siehe Abschnitt 4.1.7 und Unterabschnitt 2.2.41.4).

**PP22** UN 3241 2-Brom-2-nitropropan-1,3-diol muss in Übereinstimmung mit der Verpackungsmethode OP6 verpackt werden.

**PP94** Sehr geringe Mengen der energetischen Proben des Unterabschnitts 2.1.4.3 dürfen unter der UN-Nummer 3223 bzw. 3224 befördert werden, vorausgesetzt:

a) es werden nur zusammengesetzte Verpackungen mit Kisten (4A, 4B, 4N, 4C1, 4C2, 4D, 4F, 4G, 4H1 und 4H2) als Außenverpackungen verwendet;

b) die Proben werden in Mikrotiterplatten oder Multititerplatten aus Kunststoff, Glas, Porzellan oder Steinzeug als Innenverpackungen befördert;

4.1.4.1 (Forts.)

| P520 | VERPACKUNGSANWEISUNG *(Forts.)* | P520 |
|---|---|---|

c) die Höchstmenge je einzelnem inneren Hohlraum ist für feste Stoffe nicht größer als 0,01 g und für flüssige Stoffe nicht größer als 0,01 ml;

d) die höchste Nettomenge je Außenverpackung beträgt für feste Stoffe 20 g und für flüssige Stoffe 20 ml oder die Summe von Gramm und Millilitern ist im Falle einer Zusammenpackung nicht größer als 20 und

e) die Vorschriften des Abschnitts 5.5.3 werden bei der optionalen Verwendung von Trockeneis oder flüssigem Stickstoff als Kühlmittel für Qualitätssicherungsmaßnahmen erfüllt. Es müssen innenliegende Stützmittel vorhanden sein, um die Innenverpackungen in ihrer ursprünglichen Lage zu sichern. Die Innen- und Außenverpackungen müssen bei der Temperatur des verwendeten Kühlmittels sowie bei den Temperaturen und Drücken, die bei einem Ausfall der Kühlung auftreten können, unversehrt bleiben.

**PP95** Geringe Mengen der energetischen Proben des Unterabschnitts 2.1.4.3 dürfen unter der UN-Nummer 3223 bzw. 3224 befördert werden, vorausgesetzt:

a) die Außenverpackung besteht ausschließlich aus einer Verpackung aus Wellpappe des Typs 4G von mindestens 60 cm Länge, 40,5 cm Breite und 30 cm Höhe und einer Mindestwanddicke von 1,3 cm;

b) der einzelne Stoff ist in einer Innenverpackung aus Glas oder Kunststoff mit einem höchsten Fassungsraum von 30 ml enthalten, die in ein Fixierungsmittel aus expandierbarem Polyethylen-Schaumstoff mit einer Dicke von mindestens 130 mm und einer Dichte von 18 ± 1 g/l eingesetzt ist;

c) die Innenverpackungen sind innerhalb des Schaumstoffträgers durch einen Mindestabstand von 40 mm voneinander und von der Wand der Außenverpackung durch einen Mindestabstand von 70 mm getrennt. Das Versandstück darf bis zu zwei Lagen dieser Fixierungsmittel aus Schaumstoff mit jeweils bis zu 28 Innenverpackungen enthalten;

d) der höchste Inhalt jeder Innenverpackung beträgt nicht mehr als 1 g für feste Stoffe oder 1 ml für flüssige Stoffe;

e) die höchste Nettomenge je Außenverpackung beträgt für feste Stoffe 56 g oder für flüssige Stoffe 56 ml oder die Summe von Gramm und Millilitern ist im Falle einer Zusammenpackung nicht größer als 56 und

f) die Vorschriften des Abschnitts 5.5.3 werden bei der optionalen Verwendung von Trockeneis oder flüssigem Stickstoff als Kühlmittel für Qualitätssicherungsmaßnahmen erfüllt. Es müssen innenliegende Stützmittel vorhanden sein, um die Innenverpackungen in ihrer ursprünglichen Lage zu sichern. Die Innen- und Außenverpackungen müssen bei der Temperatur des verwendeten Kühlmittels sowie bei den Temperaturen und Drücken, die bei einem Ausfall der Kühlung auftreten können, unversehrt bleiben.

| P600 | VERPACKUNGSANWEISUNG | P600 |
|---|---|---|

Diese Anweisung gilt für die UN-Nummern 1700, 2016 und 2017.

Folgende Verpackungen sind zugelassen, wenn die allgemeinen Vorschriften der Abschnitte 4.1.1 und 4.1.3 erfüllt sind:

**Fässer** (1A1, 1A2, 1B1, 1B2, 1N1, 1N2, 1H1, 1H2, 1D, 1G)

**Kisten** (4A, 4B, 4N, 4C1, 4C2, 4D, 4F, 4G, 4H2)

Die Außenverpackungen müssen die Prüfanforderungen für die Verpackungsgruppe II erfüllen.

Die Gegenstände müssen einzeln verpackt und durch Unterteilungen, Trennwände, Innenverpackungen oder Polstermaterial voneinander getrennt sein, um unter normalen Beförderungsbedingungen eine unbeabsichtigte Auslösung zu verhindern.

Höchste Nettomasse: 75 kg

| P601 | VERPACKUNGSANWEISUNG | P601 |
|---|---|---|

Folgende Verpackungen sind zugelassen, wenn die allgemeinen Vorschriften der Abschnitte 4.1.1 und 4.1.3 erfüllt und die Verpackungen luftdicht verschlossen sind:

(1) Zusammengesetzte Verpackungen mit einer höchsten Bruttomasse von 15 kg, bestehend aus:

a) einer oder mehreren Innenverpackungen aus Glas mit einer höchsten Menge von einem Liter je Innenverpackung, die höchstens zu 90 % ihres Fassungsraumes gefüllt sind und deren Verschluss (Verschlüsse) durch eine Vorrichtung physisch fixiert sein muss (müssen), die in der Lage ist, ein Lösen oder Lockern durch Schlag oder Vibration während der Beförderung zu verhindern; die Innenverpackung(en) muss (müssen) einzeln eingesetzt sein in

b) Metallgefäßen zusammen mit Polstermaterial und saugfähigem Material in einer für die Aufnahme des gesamten Inhalts der Innenverpackung(en) aus Glas ausreichenden Menge, die wiederum verpackt sind in

c) Außenverpackungen 1A1, 1A2, 1B1, 1B2, 1N1, 1N2, 1H1, 1H2, 1D, 1G, 4A, 4B, 4N, 4C1, 4C2, 4D, 4F, 4G oder 4H2.

4.1.4.1 (Forts.)

| P601 | VERPACKUNGSANWEISUNG *(Forts.)* | P601 |
|---|---|---|

(2) Zusammengesetzte Verpackungen mit Innenverpackungen aus Metall oder Kunststoff, deren Fassungsraum 5 Liter nicht übersteigt und die einzeln mit einem saugfähigen Material in einer für die Aufnahme des gesamten Inhalts ausreichenden Menge und inertem Polstermaterial in Außenverpackungen 1A1, 1A2, 1B1, 1B2, 1N1, 1N2, 1H1, 1H2, 1D, 1G, 4A, 4B, 4N, 4C1, 4C2, 4D, 4F, 4G oder 4H2 mit einer höchsten Bruttomasse von 75 kg verpackt sind. Die Innenverpackungen dürfen höchstens zu 90 % ihres Fassungsraums gefüllt sein. Der Verschluss jeder Innenverpackung muss durch eine Vorrichtung physisch fixiert sein, die in der Lage ist, ein Lösen oder Lockern des Verschlusses durch Schlag oder Vibration während der Beförderung zu verhindern.

(3) Verpackungen, bestehend aus:

Außenverpackungen:

Fässer aus Stahl oder Kunststoff (1A1, 1A2, 1H1 oder 1H2), die nach den Prüfvorschriften des Abschnitts 6.1.5 mit einer Masse, die der Masse des zusammengestellten Versandstücks entspricht, entweder als Verpackung für die Aufnahme von Innenverpackungen oder als Einzelverpackung für feste oder flüssige Stoffe geprüft und entsprechend gekennzeichnet wurden;

Innenverpackungen:

Fässer und Kombinationsverpackungen (1A1, 1B1, 1N1, 1H1 oder 6HA1), die den Vorschriften des Kapitels 6.1 für Einzelverpackungen entsprechen und folgende Bedingungen erfüllen:

a) die Innendruckprüfung (hydraulisch) muss bei einem Druck von mindestens 0,3 MPa (3 bar) (Überdruck) durchgeführt werden;
b) die Dichtheitsprüfungen im Rahmen der Auslegung und der Herstellung müssen bei einem Prüfdruck von 30 kPa (0,3 bar) durchgeführt werden;
c) sie müssen vom äußeren Fass durch die Verwendung eines inerten stoßdämpfenden Polstermaterials, das die Innenverpackung von allen Seiten umgibt, isoliert sein;
d) ihr Fassungsraum darf 125 Liter nicht übersteigen;
e) die Verschlüsse müssen Schraubkappen sein, die
   (i) durch eine Vorrichtung physisch fixiert sind, die in der Lage ist, ein Lösen oder Lockern des Verschlusses durch Schlag oder Vibration während der Beförderung zu verhindern, und
   (ii) mit einer Deckeldichtung ausgerüstet sind;
f) die Außen- und Innenverpackungen müssen mindestens alle zweieinhalb Jahre einer wiederkehrenden Dichtheitsprüfung gemäß Absatz b) unterzogen werden;
g) die vollständige Verpackung muss zur Zufriedenheit der zuständigen Behörde mindestens alle 3 Jahre einer Sichtprüfung unterzogen werden;
h) auf der Außen- und Innenverpackung muss gut lesbar und dauerhaft angebracht sein:
   (i) das Datum (Monat, Jahr) der erstmaligen und der zuletzt durchgeführten wiederkehrenden Prüfung und Sichtprüfung;
   (ii) der Stempel des Sachverständigen, der die Prüfungen und Sichtprüfungen vorgenommen hat.

(4) Druckgefäße, vorausgesetzt, die allgemeinen Vorschriften des Unterabschnitts 4.1.3.6 werden erfüllt. Diese müssen einer erstmaligen und alle 10 Jahre einer wiederkehrenden Prüfung mit einem Druck von mindestens 1 MPa (10 bar) (Überdruck) unterzogen werden. Die Druckgefäße dürfen nicht mit Druckentlastungseinrichtungen ausgerüstet sein. Jedes Druckgefäß, das einen beim Einatmen giftigen flüssigen Stoff mit einem $LC_{50}$-Wert von höchstens 200 ml/m$^3$ (ppm) enthält, muss mit einer Verschlusskappe oder einem Verschlussventil versehen sein, die/das folgenden Anforderungen entsprechen muss:

a) Jede Verschlusskappe oder jedes Verschlussventil muss über ein kegeliges Gewinde direkt mit dem Druckgefäß verbunden und in der Lage sein, dem Prüfdruck des Druckgefäßes ohne Beschädigung oder Undichtheit standzuhalten;
b) jedes Verschlussventil muss ein packungsloser Typ mit einer unperforierten Membran sein mit der Ausnahme, dass bei ätzenden Stoffen ein Verschlussventil ein Packungstyp mit einer Anordnung sein darf, die mit Hilfe einer mit einer Dichtung am Ventilrumpf oder am Druckgefäß befestigten Dichtkappe gasdicht gemacht wurde, um ein Austreten von Stoffen durch die Packung oder an der Packung vorbei zu verhindern;
c) jede Austrittsöffnung von Verschlussventilen muss durch einen Gewindedeckel oder durch eine stabile Gewindekappe und inerten Dichtungswerkstoff abgedichtet werden;
d) die Konstruktionswerkstoffe des Druckgefäßes, der Verschlussventile, der Verschlusskappen, der Auslaufdeckel, des Dichtungskitts und der Dichtungen müssen untereinander und mit dem Füllgut verträglich sein.

Jedes Druckgefäß, dessen Wanddicke an irgendeiner Stelle geringer als 2,0 mm ist, und jedes Druckgefäß, das nicht mit einem Ventilschutz ausgerüstet ist, muss in einer Außenverpackung befördert werden. Druckgefäße dürfen nicht mit einem Sammelrohr ausgestattet oder miteinander verbunden sein.

**Sondervorschrift für die Verpackung**

**PP82** (gestrichen)

4.1.4.1 (Forts.)

| P601 | VERPACKUNGSANWEISUNG *(Forts.)* | P601 |
|---|---|---|

**RID- und ADR-spezifische Sondervorschriften für die Verpackung**

**RR3** (gestrichen)

**RR7** Für die UN-Nummer 1251 müssen die Druckgefäße jedoch alle fünf Jahre geprüft werden.

**RR10** Die UN-Nummer 1614 muss, wenn der Stoff durch ein inertes poröses Material völlig aufgesaugt ist, in Metallgefäße mit höchstens 7,5 Liter Fassungsraum verpackt werden, die so in Holzkisten einzusetzen sind, dass sie einander nicht berühren können. Die Gefäße müssen durch das poröse Material vollständig ausgefüllt sein, das auch bei längerem Gebrauch, bei Erschütterungen und selbst bei Temperaturen bis zu 50 °C nicht zusammensinken oder gefährliche Hohlräume bilden darf.

| P602 | VERPACKUNGSANWEISUNG | P602 |
|---|---|---|

Folgende Verpackungen sind zugelassen, wenn die allgemeinen Vorschriften der Abschnitte 4.1.1 und 4.1.3 erfüllt und die Verpackungen luftdicht verschlossen sind:

(1) Zusammengesetzte Verpackungen mit einer höchsten Bruttomasse von 15 kg, bestehend aus:

a) einer oder mehreren Innenverpackung(en) aus Glas mit einer höchsten Menge von einem Liter je Innenverpackung, die höchstens zu 90 % ihres Fassungsraumes gefüllt ist (sind); der Verschluss (die Verschlüsse) jeder Innenverpackung muss (müssen) durch eine Vorrichtung physisch fixiert sein, die in der Lage ist, ein Lösen oder Lockern durch Schlag oder Vibration während der Beförderung zu verhindern; die Innenverpackung(en) muss (müssen) einzeln eingesetzt sein in

b) Metallgefäßen zusammen mit Polstermaterial und saugfähigem Material in einer für die Aufnahme des gesamten Inhalts der Innenverpackung(en) aus Glas ausreichenden Menge, die wiederum verpackt sind in

c) Außenverpackungen 1A1, 1A2, 1B1, 1B2, 1N1, 1N2, 1H1, 1H2, 1D, 1G, 4A, 4B, 4N, 4C1, 4C2, 4D, 4F, 4G oder 4H2.

(2) Zusammengesetzte Verpackungen mit Innenverpackungen aus Metall oder Kunststoff, die einzeln mit einem saugfähigen Material in einer für die Aufnahme des gesamten Inhalts ausreichenden Menge und inertem Polstermaterial in Außenverpackungen 1A1, 1A2, 1B1, 1B2, 1N1, 1N2, 1H1, 1H2, 1D, 1G, 4A, 4B, 4N, 4C1, 4C2, 4D, 4F, 4G oder 4H2 mit einer höchsten Bruttomasse von 75 kg verpackt sind. Die Innenverpackungen dürfen höchstens zu 90 % ihres Fassungsraums gefüllt sein. Der Verschluss jeder Innenverpackung muss durch eine Vorrichtung physisch fixiert sein, die in der Lage ist, ein Lösen oder Lockern des Verschlusses durch Schlag oder Vibration während der Beförderung zu verhindern. Der Fassungsraum der Innenverpackungen darf 5 Liter nicht übersteigen.

(3) Fässer und Kombinationsverpackungen (1A1, 1B1, 1N1, 1H1, 6HA1 oder 6HH1), die folgende Bedingungen erfüllen:

a) die Innendruckprüfung (hydraulisch) muss bei einem Druck von mindestens 0,3 MPa (3 bar) (Überdruck) durchgeführt werden;

b) die Dichtheitsprüfungen im Rahmen der Auslegung und Herstellung müssen bei einem Prüfdruck von 30 kPa (0,3 bar) durchgeführt werden;

c) die Verschlüsse müssen Schraubkappen sein, die

(i) durch eine Vorrichtung physisch fixiert sind, die in der Lage ist, ein Lösen oder Lockern des Verschlusses durch Schlag oder Vibration während der Beförderung zu verhindern, und

(ii) mit einer Deckeldichtung ausgerüstet sind.

(4) Druckgefäße, vorausgesetzt, die allgemeinen Vorschriften des Unterabschnitts 4.1.3.6 werden erfüllt. Diese müssen einer erstmaligen und alle 10 Jahre einer wiederkehrenden Prüfung mit einem Druck von mindestens 1 MPa (10 bar) (Überdruck) unterzogen werden. Die Druckgefäße dürfen nicht mit Druckentlastungseinrichtungen ausgerüstet sein. Jedes Druckgefäß, das einen beim Einatmen giftigen flüssigen Stoff mit einem $LC_{50}$-Wert von höchstens 200 ml/$m^3$ (ppm) enthält, muss mit einer Verschlusskappe oder einem Verschlussventil versehen sein, die/das folgenden Anforderungen entsprechen muss:

a) Jede Verschlusskappe oder jedes Verschlussventil muss über ein kegeliges Gewinde direkt mit dem Druckgefäß verbunden und in der Lage sein, dem Prüfdruck des Druckgefäßes ohne Beschädigung oder Undichtheit standzuhalten;

b) jedes Verschlussventil muss ein packungsloser Typ mit einer unperforierten Membran sein mit der Ausnahme, dass bei ätzenden Stoffen ein Verschlussventil ein Packungstyp mit einer Anordnung sein darf, die mit Hilfe einer mit einer Dichtung am Ventilrumpf oder am Druckgefäß befestigten Dichtkappe gasdicht gemacht wurde, um ein Austreten von Stoffen durch die Packung oder an der Packung vorbei zu verhindern;

c) jede Austrittsöffnung von Verschlussventilen muss durch einen Gewindedeckel oder durch eine stabile Gewindekappe und inerten Dichtungswerkstoff abgedichtet werden;

d) die Konstruktionswerkstoffe des Druckgefäßes, der Verschlussventile, der Verschlusskappen, der Auslaufdeckel, des Dichtungskitts und der Dichtungen müssen untereinander und mit dem Füllgut verträglich sein.

Jedes Druckgefäß, dessen Wanddicke an irgendeiner Stelle geringer als 2,0 mm ist, und jedes Druckgefäß, das nicht mit einem Ventilschutz ausgerüstet ist, muss in einer Außenverpackung befördert werden. Druckgefäße dürfen nicht mit einem Sammelrohr ausgestattet oder miteinander verbunden sein.

4.1.4.1 (Forts.)

| P603 | VERPACKUNGSANWEISUNG | P603 |
|---|---|---|

Diese Anweisung gilt für die UN-Nummer 3507.

Folgende Verpackungen sind zugelassen, wenn die allgemeinen Vorschriften der Abschnitte 4.1.1 und 4.1.3 und die besonderen Verpackungsvorschriften der Absätze 4.1.9.1.2, 4.1.9.1.4 und 4.1.9.1.7 erfüllt sind:

Verpackungen, bestehend aus:

a) einem oder mehreren Primärgefäßen aus Metall oder Kunststoff in
b) einer oder mehreren flüssigkeitsdichten starren Sekundärverpackungen in
c) einer starren Außenverpackung:
   Fässer (1A2, 1B2, 1N2, 1H2, 1D, 1G),
   Kisten (4A, 4B, 4C1, 4C2, 4D, 4F, 4G, 4H1, 4H2),
   Kanister (3A2, 3B2, 3H2).

**Zusätzliche Vorschriften**

1. Die Primärgefäße sind so in die Sekundärverpackungen zu verpacken, dass unter normalen Beförderungsbedingungen ein Zubruchgehen, Durchstoßen oder Austreten von Inhalt in die Sekundärverpackung verhindert wird. Die Sekundärverpackungen müssen mit geeignetem Polstermaterial gesichert werden, um Bewegungen in den Außenverpackungen zu verhindern. Wenn mehrere Primärgefäße in eine einzige Sekundärverpackung eingesetzt werden, müssen diese entweder einzeln eingewickelt oder so voneinander getrennt werden, dass eine gegenseitige Berührung verhindert wird.
2. Der Inhalt muss den Vorschriften des Absatzes 2.2.7.2.4.5.2 entsprechen.
3. Die Vorschriften des Abschnitts 6.4.4 müssen erfüllt sein.
4. Bei spaltbaren freigestellten Stoffen müssen die in Absatz 2.2.7.2.3.5 festgelegten Grenzwerte eingehalten werden.

| P620 | VERPACKUNGSANWEISUNG | P620 |
|---|---|---|

Diese Anweisung gilt für die UN-Nummern 2814 und 2900.

Folgende Verpackungen sind zugelassen, wenn die besonderen Vorschriften des Abschnitts 4.1.8 erfüllt sind:

Verpackungen, welche die Vorschriften des Kapitels 6.3 erfüllen und entsprechend zugelassen sind und die bestehen aus:

a) Innenverpackungen, bestehend aus:
   (i) (einem) flüssigkeitsdichten Primärgefäß(en);
   (ii) einer flüssigkeitsdichten Sekundärverpackung;
   (iii) – ausgenommen für ansteckungsgefährliche feste Stoffe – saugfähigem Material in einer für die Aufnahme des gesamten Inhalts ausreichenden Menge zwischen dem (den) Primärgefäß(en) und der Sekundärverpackung; wenn mehrere Primärgefäße in eine einzelne Sekundärverpackung eingesetzt werden, müssen sie entweder einzeln eingewickelt oder voneinander getrennt werden, damit eine gegenseitige Berührung ausgeschlossen ist;
b) einer starren Außenverpackung:
   Fässer (1A1, 1A2, 1B1, 1B2, 1N1, 1N2, 1H1, 1H2, 1D, 1G),
   Kisten (4A, 4B, 4N, 4C1, 4C2, 4D, 4F, 4G, 4H1, 4H2),
   Kanister (3A1, 3A2, 3B1, 3B2, 3H1, 3H2).

   Die kleinste äußere Abmessung muss mindestens 100 mm betragen.

**Zusätzliche Vorschriften**

1. Innenverpackungen, die ansteckungsgefährliche Stoffe enthalten, dürfen nicht mit Innenverpackungen, die andere Arten von Gütern enthalten, zusammengepackt werden. Vollständige Versandstücke dürfen in einer Umverpackung gemäß den Vorschriften der Abschnitte 1.2.1 und 5.1.2 enthalten sein; eine solche Umverpackung darf Trockeneis enthalten. Sofern Trockeneis oder andere Kältemittel, bei denen eine Erstickungsgefahr besteht, als Kühlmittel verwendet werden, gelten die Vorschriften des Abschnitts 5.5.3.
2. Abgesehen von Ausnahmesendungen, z.B. beim Versand vollständiger Organe, die eine besondere Verpackung erfordern, gelten folgende zusätzliche Vorschriften:
   a) Stoffe, die bei Umgebungstemperatur oder einer höheren Temperatur versandt werden: Die Primärgefäße müssen aus Glas, Metall oder Kunststoff sein. Wirksame Mittel zur Sicherstellung eines flüssigkeitsdichten Verschlusses sind vorzusehen, z.B. ein Heißsiegelverschluss, ein umsäumter Stopfen oder ein Metallbördelverschluss. Werden Schraubkappen verwendet, müssen diese durch wirksame Mittel, wie z.B. Band, Paraffin-Abdichtband oder zu diesem Zweck hergestellter Sicherungsverschluss, gesichert werden;

4.1.4.1 (Forts.)

| P620 | VERPACKUNGSANWEISUNG *(Forts.)* | P620 |
|---|---|---|

b) Stoffe, die gekühlt oder gefroren versandt werden: Um die Sekundärverpackung(en) oder wahlweise in einer Umverpackung mit einem oder mehreren vollständigen Versandstücken, die gemäß Abschnitt 6.3.3 gekennzeichnet sind, ist Eis, Trockeneis oder ein anderes Kühlmittel anzuordnen. Damit die Sekundärverpackung(en) oder die Versandstücke nach dem Schmelzen des Eises oder dem Verdampfen des Trockeneises sicher in ihrer ursprünglichen Lage verbleibt (verbleiben), sind Innenhalterungen vorzusehen. Sofern Trockeneis oder andere Kältemittel, bei denen eine Erstickungsgefahr besteht, als Kühlmittel verwendet werden, gelten die Vorschriften des Abschnitts 5.5.3. Bei Verwendung von Eis muss die Außenverpackung oder Umverpackung flüssigkeitsdicht sein. Bei Verwendung von Trockeneis muss das Kohlendioxidgas aus der Außenverpackung oder Umverpackung entweichen können. Das Primärgefäß und die Sekundärverpackung dürfen durch die Temperatur des verwendeten Kühlmittels in ihrer Funktionsfähigkeit nicht beeinträchtigt werden;

c) Stoffe, die in flüssigem Stickstoff versandt werden: Sofern flüssiger Stickstoff als Kühlmittel verwendet wird, gelten die Vorschriften des Abschnitts 5.5.3. Es sind Primärgefäße aus Kunststoff zu verwenden, die gegenüber sehr niedrigen Temperaturen beständig sind. Die Sekundärverpackung muss ebenfalls gegenüber sehr niedrigen Temperaturen beständig sein und wird in den meisten Fällen an die einzelnen Primärgefäße angepasst sein müssen. Die Vorschriften für die Beförderung von flüssigem Stickstoff sind ebenfalls zu beachten. Das Primärgefäß und die Sekundärverpackung dürfen durch die Temperatur des flüssigen Stickstoffs in ihrer Funktionsfähigkeit nicht beeinträchtigt werden;

d) lyophilisierte Stoffe dürfen auch in Primärgefäßen befördert werden, die aus zugeschmolzenen Ampullen aus Glas oder mit Gummistopfen verschlossenen Phiolen aus Glas mit Metalldichtungen bestehen.

3. Unabhängig von der vorgesehenen Versandtemperatur muss das Primärgefäß oder die Sekundärverpackung einem Innendruck, der einem Druckunterschied von mindestens 95 kPa entspricht, ohne Undichtheiten standhalten können. Dieses Primärgefäß oder diese Sekundärverpackung muss auch Temperaturen von –40 °C bis +55 °C standhalten können.

4. Andere gefährliche Güter dürfen nicht mit ansteckungsgefährlichen Stoffen der Klasse 6.2 in ein und derselben Verpackung zusammengepackt werden, sofern diese nicht für die Aufrechterhaltung der Lebensfähigkeit, für die Stabilisierung, für die Verhinderung des Abbaus oder für die Neutralisierung der Gefahren der ansteckungsgefährlichen Stoffe erforderlich sind. Gefährliche Güter der Klasse 3, 8 oder 9 dürfen in Mengen von höchstens 30 ml in jedes Primärgefäß, das ansteckungsgefährliche Stoffe enthält, verpackt werden. Diese geringen Mengen gefährlicher Güter der Klasse 3, 8 oder 9 unterliegen keinen zusätzlichen Vorschriften des ADR, wenn sie in Übereinstimmung mit dieser Verpackungsanweisung verpackt sind.

5. Alternative Verpackungen für die Beförderung von tierischen Stoffen dürfen nach den Vorschriften des Unterabschnitts 4.1.8.7 von der zuständigen Behörde des Ursprungslandes[a)] zugelassen werden.

---

a) Ist das Ursprungsland keine Vertragspartei des ADR, die zuständige Behörde der ersten Vertragspartei des ADR, die von der Sendung berührt wird.

| P621 | VERPACKUNGSANWEISUNG | P621 |
|---|---|---|

Diese Anweisung gilt für die UN-Nummer 3291.

Folgende Verpackungen sind zugelassen, wenn die allgemeinen Vorschriften der Abschnitte 4.1.1, ausgenommen Unterabschnitt 4.1.1.15, und 4.1.3 erfüllt sind:

(1) Unter der Voraussetzung, dass genügend saugfähiges Material vorhanden ist, um die gesamte Menge der vorhandenen flüssigen Stoffe aufzunehmen, und die Verpackung in der Lage ist, flüssige Stoffe zurückzuhalten:
Fässer (1A1, 1A2, 1B1, 1B2, 1N1, 1N2, 1H1, 1H2, 1D, 1G),
Kisten (4A, 4B, 4N, 4C1, 4C2, 4D, 4F, 4G, 4H1, 4H2),
Kanister (3A1, 3A2, 3B1, 3B2, 3H1, 3H2).

Die Verpackungen müssen den Prüfanforderungen für die Verpackungsgruppe II für feste Stoffe entsprechen.

(2) Für Versandstücke, die größere Mengen flüssiger Stoffe enthalten:
Fässer (1A1, 1A2, 1B1, 1B2, 1N1, 1N2, 1H1, 1H2, 1D, 1G),
Kanister (3A1, 3A2, 3B1, 3B2, 3H1, 3H2),
Kombinationsverpackungen (6HA1, 6HB1, 6HG1, 6HH1, 6HD1, 6HA2, 6HB2, 6HC, 6HD2, 6HG2, 6HH2, 6PA1, 6PB1, 6PG1, 6PD1, 6PH1, 6PH2, 6PA2, 6PB2, 6PC, 6PG2 oder 6PD2).

Die Verpackungen müssen den Prüfanforderungen für die Verpackungsgruppe II für flüssige Stoffe entsprechen.

**Zusätzliche Vorschrift**

Verpackungen, die für scharfe oder spitze Gegenstände, wie Glasscherben oder Nadeln, vorgesehen sind, müssen durchstoßfest und in der Lage sein, flüssige Stoffe unter den Prüfbedingungen des Kapitels 6.1 zurückzuhalten.

4.1.4.1 (Forts.)

| P622 | VERPACKUNGSANWEISUNG | P622 |
|---|---|---|
| Diese Anweisung gilt für Abfälle der UN-Nummer 3549, die zur Entsorgung befördert werden. | | |
| Folgende Verpackungen sind zugelassen, wenn die allgemeinen Vorschriften der Abschnitte 4.1.1 und 4.1.3 erfüllt sind: | | |
| **Innenverpackungen** | **Zwischenverpackungen** | **Außenverpackungen** |
| aus Metall<br>aus Kunststoff | aus Metall<br>aus Kunststoff | **Kisten**<br>aus Stahl (4A)<br>aus Aluminium (4B)<br>aus einem anderen Metall (4N)<br>aus Sperrholz (4D)<br>aus Pappe (4G)<br>aus starrem Kunststoff (4H2)<br>**Fässer**<br>aus Stahl (1A2)<br>aus Aluminium (1B2)<br>aus einem anderen Metall (1N2)<br>aus Sperrholz (1D)<br>aus Pappe (1G)<br>aus Kunststoff (1H2)<br>**Kanister**<br>aus Stahl (3A2)<br>aus Aluminium (3B2)<br>aus Kunststoff (3H2) |
| Die Außenverpackung muss den Prüfanforderungen für die Verpackungsgruppe I für feste Stoffe entsprechen. | | |

**Zusätzliche Vorschriften:**

1. Zerbrechliche Gegenstände müssen entweder in einer starren Innenverpackung oder in einer starren Zwischenverpackung verpackt werden.
2. Innenverpackungen, die scharfe oder spitze Gegenstände, wie Glasscherben oder Nadeln, enthalten, müssen starr und durchstoßfest sein.
3. Die Innenverpackung, die Zwischenverpackung und die Außenverpackung müssen in der Lage sein, flüssige Stoffe zurückzuhalten. Außenverpackungen, die bauartbedingt nicht in der Lage sind, flüssige Stoffe zurückzuhalten, müssen mit einer Innenauskleidung versehen sein oder es müssen geeignete Maßnahmen getroffen werden, um flüssige Stoffe zurückzuhalten.
4. Die Innenverpackung und/oder die Zwischenverpackung dürfen flexibel sein. Wenn flexible Verpackungen verwendet werden, müssen sie in der Lage sein, der Schlagfestigkeitsprüfung von mindestens 165 g gemäß der Norm ISO 7765-1:1988 „Kunststofffolien und -bahnen – Bestimmung der Schlagfestigkeit nach dem Fallhammerverfahren – Teil 1: Eingrenzungsverfahren" und die Reißfestigkeitsprüfung von mindestens 480 g sowohl in paralleler als auch in senkrechter Ebene zur Länge des Sacks gemäß der Norm ISO 6383-2:1983 „Kunststoffe – Folien und Bahnen – Bestimmung der Reißfestigkeit – Teil 2: Elmendorf-Verfahren" zu bestehen. Die Nettomasse jeder flexiblen Innenverpackung darf höchstens 30 kg betragen.
5. Jede flexible Zwischenverpackung darf nur eine Innenverpackung enthalten.
6. Innenverpackungen, die eine geringe Menge freier Flüssigkeit enthalten, dürfen in Zwischenverpackungen enthalten sein, vorausgesetzt, in der Innenverpackung oder Zwischenverpackung ist genügend saugfähiges oder verfestigendes Material enthalten, um den gesamten vorhandenen flüssigen Inhalt aufzusaugen oder zu verfestigen. Es muss geeignetes saugfähiges Material verwendet werden, das den unter normalen Beförderungsbedingungen auftretenden Temperaturen und Vibrationen standhält.
7. Zwischenverpackungen müssen mit geeignetem Polstermaterial und/oder saugfähigem Material in den Außenverpackungen gesichert sein.

| P650 | VERPACKUNGSANWEISUNG | P650 |
|---|---|---|
| Diese Anweisung gilt für die UN-Nummer 3373. | | |
| (1) Die Verpackungen müssen von guter Qualität und genügend widerstandsfähig sein, dass sie den Stößen und Belastungen, die unter normalen Beförderungsbedingungen auftreten können, standhalten, einschließlich des Umschlags zwischen Güterbeförderungseinheiten und zwischen Güterbeförderungseinheiten und Lagerhäusern sowie jeder Entnahme von einer Palette oder aus einer Umverpackung zur nachfolgenden manuellen oder mechanischen Handhabung. Die Verpackungen müssen so gebaut und verschlossen sein, dass unter normalen | | |

4.1.4.1 (Forts.)

| P650 | VERPACKUNGSANWEISUNG (Forts.) | P650 |
|---|---|---|

Beförderungsbedingungen ein Austreten des Inhalts infolge von Vibration, Temperaturwechsel, Feuchtigkeits- und Druckänderung verhindert wird.

(2) Die Verpackung muss aus mindestens drei Bestandteilen bestehen:

a) einem Primärgefäß;

b) einer Sekundärverpackung und

c) einer Außenverpackung,

wobei entweder die Sekundärverpackung oder die Außenverpackung starr sein muss.

(3) Die Primärgefäße sind so in die Sekundärverpackungen zu verpacken, dass unter normalen Beförderungsbedingungen ein Zubruchgehen, Durchstoßen oder Austreten von Inhalt in die Sekundärverpackung verhindert wird. Die Sekundärverpackungen sind mit geeignetem Polstermaterial in die Außenverpackungen einzusetzen. Ein Austreten des Inhalts darf nicht zu einer Beeinträchtigung der Unversehrtheit des Polstermaterials oder der Außenverpackung führen.

→ D: RSEB 4-7.1
(4) Für die Beförderung ist das nachstehend abgebildete Kennzeichen auf der äußeren Oberfläche der Außenverpackung auf einem kontrastierenden Hintergrund anzubringen; es muss deutlich sichtbar und lesbar sein. Das Kennzeichen muss die Form eines auf die Spitze gestellten Quadrats (Raute) mit einer Mindestabmessung von 50 mm × 50 mm haben; die Linie muss mindestens 2 mm breit sein und die Buchstaben und Ziffern müssen eine Zeichenhöhe von mindestens 6 mm haben. Direkt neben dem rautenförmigen Kennzeichen muss auf der Außenverpackung die offizielle Benennung für die Beförderung „BIOLOGISCHER STOFF, KATEGORIE B" mit einer Buchstabenhöhe von mindestens 6 mm angegeben werden.

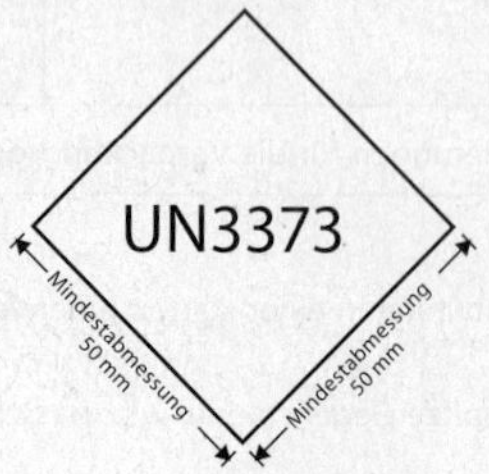


(5) Mindestens eine der Oberflächen der Außenverpackung muss eine Mindestabmessung von 100 mm × 100 mm haben.

(6) Das vollständige Versandstück muss fähig sein, einem Fall aus 1,2 m Höhe in beliebiger Ausrichtung standzuhalten, ohne dass Füllgut aus dem (den) Primärgefäß(en), das (die), sofern vorgeschrieben, durch das saugfähige Material geschützt bleiben muss (müssen), in die Sekundärverpackung gelangt.

**Bem.** Diese Fähigkeit kann durch Prüfung, Bewertung oder Erfahrung nachgewiesen werden.

(7) Für flüssige Stoffe gilt:

a) das (die) Primärgefäß(e) muss (müssen) flüssigkeitsdicht sein;

b) die Sekundärverpackung muss flüssigkeitsdicht sein;

c) wenn mehrere zerbrechliche Primärgefäße in eine einzige Sekundärverpackung eingesetzt werden, müssen diese entweder einzeln eingewickelt oder so voneinander getrennt werden, dass eine gegenseitige Berührung verhindert wird;

d) zwischen dem (den) Primärgefäß(en) und der Sekundärverpackung muss saugfähiges Material eingesetzt werden. Das saugfähige Material muss ausreichend sein, um die gesamte im (in den) Primärgefäß(en) enthaltene Menge aufzunehmen, so dass ein Austreten des flüssigen Stoffes nicht zu einer Beeinträchtigung der Unversehrtheit des Polstermaterials oder der Außenverpackung führt, und

e) das Primärgefäß oder die Sekundärverpackung muss fähig sein, einem Innendruck von 95 kPa (0,95 bar) ohne Verlust von Füllgut standzuhalten.

**Bem.** Diese Fähigkeit kann durch Prüfung, Bewertung oder Erfahrung nachgewiesen werden.

(8) Für feste Stoffe gilt:

a) das (die) Primärgefäß(e) muss (müssen) staubdicht sein;

b) die Sekundärverpackung muss staubdicht sein;

c) wenn mehrere zerbrechliche Primärgefäße in eine einzige Sekundärverpackung eingesetzt werden, müssen diese entweder einzeln eingewickelt oder so voneinander getrennt werden, dass eine gegenseitige Berührung verhindert wird, und

d) wenn Zweifel darüber bestehen, ob während der Beförderung Restflüssigkeit im Primärgefäß vorhanden sein kann, muss eine für flüssige Stoffe geeignete Verpackung mit saugfähigem Material verwendet werden.

4.1.4.1 (Forts.)

| P650 | VERPACKUNGSANWEISUNG *(Forts.)* | P650 |
|---|---|---|

(9) Gekühlte oder gefrorene Proben: Eis, Trockeneis und flüssiger Stickstoff

a) Wenn Trockeneis oder flüssiger Stickstoff als Kühlmittel verwendet wird, gelten die Vorschriften des Abschnitts 5.5.3. Wenn Eis verwendet wird, muss dieses außerhalb der Sekundärverpackungen, in die Außenverpackung oder in eine Umverpackung eingesetzt werden. Damit die Sekundärverpackungen sicher in ihrer ursprünglichen Lage verbleiben, müssen Innenhalterungen vorgesehen werden. Bei Verwendung von Eis muss die Außenverpackung oder Umverpackung flüssigkeitsdicht sein, und

b) das Primärgefäß und die Sekundärverpackung dürfen durch die Temperatur des verwendeten Kühlmittels sowie durch die Temperaturen und Drücke, die bei einem Ausfall der Kühlung entstehen können, in ihrer Funktionsfähigkeit nicht beeinträchtigt werden.

(10) Wenn Versandstücke in eine Umverpackung eingesetzt werden, müssen die in dieser Verpackungsanweisung vorgeschriebenen Versandstück-Kennzeichen entweder deutlich sichtbar sein oder auf der Außenseite der Umverpackung wiedergegeben werden.

(11) Ansteckungsgefährliche Stoffe, die der UN-Nummer 3373 zugeordnet sind und die in Übereinstimmung mit dieser Verpackungsanweisung verpackt sind, und Versandstücke, die in Übereinstimmung mit dieser Verpackungsanweisung gekennzeichnet sind, unterliegen keinen weiteren Vorschriften des ADR.

(12) Hersteller und nachfolgende Verteiler von Verpackungen müssen dem Absender oder der Person, welche das Versandstück vorbereitet (z.B. Patient), klare Anweisungen für das Befüllen und Verschließen dieser Versandstücke liefern, um eine richtige Vorbereitung des Versandstücks für die Beförderung zu ermöglichen. *→ D: § 25 (1) 3*

(13) Andere gefährliche Güter dürfen nicht mit ansteckungsgefährlichen Stoffen der Klasse 6.2 in ein und derselben Verpackung zusammengepackt werden, sofern diese nicht für die Aufrechterhaltung der Lebensfähigkeit, für die Stabilisierung, für die Verhinderung des Abbaus oder für die Neutralisierung der Gefahren der ansteckungsgefährlichen Stoffe erforderlich sind. Gefährliche Güter der Klasse 3, 8 oder 9 dürfen in Mengen von höchstens 30 ml in jedes Primärgefäß, das ansteckungsgefährliche Stoffe enthält, verpackt werden. Wenn diese geringen Mengen gefährlicher Güter in Übereinstimmung mit dieser Verpackungsanweisung zusammen mit ansteckungsgefährlichen Stoffen verpackt werden, müssen die übrigen Vorschriften des ADR nicht erfüllt werden.

(14) Wenn Stoffe frei geworden sind und in einer Güterbeförderungseinheit verschüttet wurden, so darf diese erst nach gründlicher Reinigung, gegebenenfalls Desinfektion oder Entgiftung, wiederverwendet werden. Alle anderen in derselben Güterbeförderungseinheit beförderten Güter und Gegenstände sind auf mögliche Verunreinigung zu prüfen.

**Zusätzliche Vorschrift**

Alternative Verpackungen für die Beförderung von tierischen Stoffen dürfen nach den Vorschriften des Unterabschnitts 4.1.8.7 von der zuständigen Behörde des Ursprungslandes[a)] zugelassen werden.

[a)] Ist das Ursprungsland keine Vertragspartei des ADR, die zuständige Behörde der ersten Vertragspartei des ADR, die von der Sendung berührt wird.

| P800 | VERPACKUNGSANWEISUNG | P800 |
|---|---|---|

Diese Anweisung gilt für die UN-Nummern 2803 und 2809.

Folgende Verpackungen sind zugelassen, wenn die allgemeinen Vorschriften der Abschnitte 4.1.1 und 4.1.3 erfüllt sind:

(1) Druckgefäße, vorausgesetzt, die allgemeinen Vorschriften des Unterabschnitts 4.1.3.6 werden erfüllt, oder

(2) Kolben oder Flaschen aus Stahl mit Schraubverschlüssen und einem Fassungsraum von höchstens 3 Litern oder

(3) zusammengesetzte Verpackungen, die folgenden Vorschriften entsprechen:

a) Die Innenverpackungen müssen aus Glas, Metall oder starrem Kunststoff bestehen und jede dafür geeignet sein, flüssige Stoffe mit einer höchsten Nettomasse von 15 kg aufzunehmen.

b) Die Innenverpackungen müssen mit ausreichend Polstermaterial verpackt sein, um ein Zubruchgehen zu verhindern.

c) Entweder die Innenverpackungen oder die Außenverpackungen müssen widerstandsfähige, dichte, durchstoßfeste und für den Inhalt undurchlässige Innenauskleidungen oder Säcke haben, die den Inhalt vollständig umschließen und unabhängig von Lage oder Ausrichtung ein Entweichen aus dem Versandstück verhindern.

d) Die folgenden Außenverpackungen und höchsten Nettomassen sind zugelassen:

4.1.4.1 (Forts.)

| P800 | VERPACKUNGSANWEISUNG *(Forts.)* | P800 |
|---|---|---|
| | **Außenverpackung** | **höchste Nettomasse** |
| **Fässer** | | |
| | aus Stahl (1A1, 1A2) | 400 kg |
| | aus einem anderen Metall als Stahl oder Aluminium (1N1, 1N2) | 400 kg |
| | aus Kunststoff (1H1, 1H2) | 400 kg |
| | aus Sperrholz (1D) | 400 kg |
| | aus Pappe (1G) | 400 kg |
| **Kisten** | | |
| | aus Stahl (4A) | 400 kg |
| | aus einem anderen Metall als Stahl oder Aluminium (4N) | 400 kg |
| | aus Naturholz (4C1) | 250 kg |
| | aus Naturholz, mit staubdichten Wänden (4C2) | 250 kg |
| | aus Sperrholz (4D) | 250 kg |
| | aus Holzfaserwerkstoff (4F) | 125 kg |
| | aus Pappe (4G) | 125 kg |
| | aus Schaumstoff (4H1) | 60 kg |
| | aus starrem Kunststoff (4H2) | 125 kg |

**Sondervorschrift für die Verpackung**

**PP41** Wenn es notwendig ist, UN 2803 Gallium bei niedrigen Temperaturen zu befördern, um es in vollständig festem Zustand zu halten, dürfen die oben aufgeführten Verpackungen mit einer festen, wasserbeständigen Außenverpackung umverpackt werden, die Trockeneis oder ein anderes Kühlmittel enthält. Sofern Trockeneis oder andere Kältemittel, bei denen eine Erstickungsgefahr besteht, als Kühlmittel verwendet werden, gelten die Vorschriften des Abschnitts 5.5.3. Wenn ein Kühlmittel verwendet wird, müssen alle oben aufgeführten, für die Verpackung von Gallium verwendeten Werkstoffe chemisch und physikalisch gegen das Kühlmittel widerstandsfähig und bei den niedrigen Temperaturen des verwendeten Kühlmittels schlagfest sein. Wird Trockeneis verwendet, so muss aus der Außenverpackung gasförmiges Kohlendioxid entweichen können. Es müssen Innenhalterungen vorgesehen werden, damit nach der Verflüchtigung des Kühlmittels Bewegungen verhindert werden.

| P801 | VERPACKUNGSANWEISUNG | P801 |
|---|---|---|

Diese Anweisung gilt für die UN-Nummern 2794, 2795 und 3028 sowie für gebrauchte Batterien der UN-Nummer 2800.

Folgende Verpackungen sind zugelassen, wenn die Vorschriften der Unterabschnitte 4.1.1.1, 4.1.1.2, 4.1.1.6 und des Abschnitts 4.1.3 erfüllt sind:

(1) Starre Außenverpackungen, Verschläge aus Holz oder Paletten.

Zusätzlich müssen folgende Vorschriften erfüllt werden:

a) gestapelte Batterien (Akkumulatoren) müssen durch eine Schicht aus elektrisch nicht leitfähigem Material getrennt sein;

b) die Pole der Batterien (Akkumulatoren) dürfen nicht dem Gewicht anderer darüber liegender Elemente ausgesetzt sein;

c) die Batterien (Akkumulatoren) müssen so verpackt oder gesichert sein, dass eine unbeabsichtigte Bewegung verhindert wird;

d) die Batterien (Akkumulatoren) dürfen unter normalen Beförderungsbedingungen nicht auslaufen oder es müssen geeignete Maßnahmen getroffen werden, um eine Freisetzung des Elektrolyts aus dem Versandstück zu verhindern (z.B. einzelne Verpackung der Batterien (Akkumulatoren) oder andere ebenso wirksame Methoden), und

e) die Batterien (Akkumulatoren) müssen gegen Kurzschluss geschützt sein.

(2) Für die Beförderung gebrauchter Batterien (Akkumulatoren) dürfen auch Behältnisse aus rostfreiem Stahl oder aus Kunststoff verwendet werden.

→ *D: RSEB 4-7.2* Außerdem müssen die folgenden Vorschriften erfüllt werden:

a) die Behältnisse müssen gegenüber dem Elektrolyt, der in den Batterien (Akkumulatoren) enthalten war, beständig sein;

b) die Behältnisse dürfen nicht über die Höhe ihrer Seitenwände hinaus befüllt werden;

c) die Außenseite der Behältnisse muss frei von Elektrolytrückständen der Batterien (Akkumulatoren) sein;

d) unter normalen Beförderungsbedingungen darf aus den Behältnissen kein Elektrolyt austreten;

e) es müssen Maßnahmen getroffen werden, um sicherzustellen, dass befüllte Behältnisse ihren Inhalt nicht verlieren können;

4.1.4.1 (Forts.)

| P801 | VERPACKUNGSANWEISUNG (Forts.) | P801 |
|---|---|---|
| f) es müssen Maßnahmen getroffen werden, um Kurzschlüsse zu verhindern (z.B. Entladung der Batterien (Akkumulatoren), einzelner Schutz der Pole der Batterien (Akkumulatoren) usw.), und<br>g) die Behältnisse müssen entweder:<br>(i) abgedeckt sein oder<br>(ii) in gedeckten oder bedeckten Fahrzeugen oder in geschlossenen oder bedeckten Containern befördert werden.<br>**Bem.** Die nach den Absätzen (1) und (2) zugelassenen Verpackungen dürfen eine Nettomasse von 400 kg überschreiten (siehe Unterabschnitt 4.1.3.3). | | |

| P801a | VERPACKUNGSANWEISUNG | P801a |
|---|---|---|
| (gestrichen) | | |

| P802 | VERPACKUNGSANWEISUNG | P802 |
|---|---|---|
| Folgende Verpackungen sind zugelassen, wenn die allgemeinen Vorschriften der Abschnitte 4.1.1 und 4.1.3 erfüllt sind:<br>(1) Zusammengesetzte Verpackungen<br>Außenverpackungen: 1A1, 1A2, 1B1, 1B2, 1N1, 1N2, 1H1, 1H2, 1D, 1G, 4A, 4B, 4N, 4C1, 4C2, 4D, 4F, 4G oder 4H2;<br>höchste Nettomasse: 75 kg;<br>Innenverpackungen: aus Glas oder Kunststoff; höchster Fassungsraum: 10 Liter.<br>(2) Zusammengesetzte Verpackungen<br>Außenverpackungen: 1A1, 1A2, 1B1, 1B2, 1N1, 1N2, 1H1, 1H2, 1D, 1G, 4A, 4B, 4N, 4C1, 4C2, 4D, 4F, 4G oder 4H2;<br>höchste Nettomasse: 125 kg;<br>Innenverpackungen: aus Metall; höchster Fassungsraum: 40 Liter.<br>(3) Kombinationsverpackungen: Glasgefäß in einem Fass aus Stahl, Aluminium oder Sperrholz (6PA1, 6PB1 oder 6PD1) oder in einer Kiste aus Stahl, Aluminium oder Naturholz oder in einem Weidenkorb (6PA2, 6PB2, 6PC oder 6PD2) oder in einer Außenverpackung aus starrem Kunststoff (6PH2); höchster Fassungsraum: 60 Liter.<br>(4) Fässer aus Stahl (1A1) mit einem höchsten Fassungsraum von 250 Litern.<br>(5) Druckgefäße, vorausgesetzt, die allgemeinen Vorschriften des Unterabschnitts 4.1.3.6 werden erfüllt. | | |

| P803 | VERPACKUNGSANWEISUNG | P803 |
|---|---|---|
| Diese Anweisung gilt für die UN-Nummer 2028. | | |
| Folgende Verpackungen sind zugelassen, wenn die allgemeinen Vorschriften der Abschnitte 4.1.1 und 4.1.3 erfüllt sind:<br>Fässer (1A2, 1B2, 1N2, 1H2, 1D, 1G);<br>Kisten (4A, 4B, 4N, 4C1, 4C2, 4D, 4F, 4G, 4H2).<br>Die Verpackungen müssen den Prüfanforderungen für die Verpackungsgruppe II entsprechen.<br>Die Gegenstände müssen einzeln verpackt und voneinander durch Unterteilungen, Trennwände, Innenverpackungen oder Polstermaterial getrennt sein, um eine unbeabsichtigte Entladung unter normalen Beförderungsbedingungen zu verhindern.<br>Höchste Nettomasse: 75 kg. | | |

| P804 | VERPACKUNGSANWEISUNG | P804 |
|---|---|---|
| Diese Anweisung gilt für die UN-Nummer 1744. | | |
| Folgende Verpackungen sind zugelassen, wenn die allgemeinen Vorschriften der Abschnitte 4.1.1 und 4.1.3 erfüllt und die Verpackungen luftdicht verschlossen sind:<br>(1) Zusammengesetzte Verpackungen mit einer höchsten Bruttomasse von 25 kg, bestehend aus<br>a) einer oder mehreren Innenverpackungen aus Glas mit einem höchsten Fassungsraum von 1,3 Litern je Innenverpackung, die höchstens zu 90 % ihres Fassungsraumes gefüllt sind und deren Verschluss (Verschlüsse) durch eine Vorrichtung physisch fixiert sein muss (müssen), die in der Lage ist, ein Lösen oder Lockern durch | | |

4.1.4.1 (Forts.)

| P804 | VERPACKUNGSANWEISUNG *(Forts.)* | P804 |
|---|---|---|

Schlag oder Vibration während der Beförderung zu verhindern; die Innenverpackung(en) muss (müssen) einzeln eingesetzt sein in

b) Gefäßen aus Metall oder starrem Kunststoff zusammen mit Polstermaterial und saugfähigem Material in einer für die Aufnahme des gesamten Inhalts der Innenverpackung(en) aus Glas ausreichenden Menge, die wiederum verpackt sind in

c) Außenverpackungen 1A1, 1A2, 1B1, 1B2, 1N1, 1N2, 1H1, 1H2, 1D, 1G, 4A, 4B, 4N, 4C1, 4C2, 4D, 4F, 4G oder 4H2.

(2) Zusammengesetzte Verpackungen, bestehend aus Innenverpackungen aus Metall oder Polyvinyldifluorid (PVDF), deren Fassungsraum 5 Liter nicht übersteigt und die einzeln mit einem saugfähigen Material in einer für die Aufnahme des gesamten Inhalts ausreichenden Menge und inertem Polstermaterial in Außenverpackungen 1A1, 1A2, 1B1, 1B2, 1N1, 1N2, 1H1, 1H2, 1D, 1G, 4A, 4B, 4N, 4C1, 4C2, 4D, 4F, 4G oder 4H2 mit einer höchsten Bruttomasse von 75 kg verpackt sind. Die Innenverpackungen dürfen höchstens zu 90 % ihres Fassungsraums gefüllt sein. Der Verschluss jeder Innenverpackung muss durch eine Vorrichtung physisch fixiert sein, die in der Lage ist, ein Lösen oder Lockern des Verschlusses durch Schlag oder Vibration während der Beförderung zu verhindern.

(3) Verpackungen, bestehend aus:

Außenverpackungen:

Fässer aus Stahl oder Kunststoff (1A1, 1A2, 1H1 oder 1H2), die nach den Prüfvorschriften des Abschnitts 6.1.5 mit einer Masse, die der Masse des zusammengestellten Versandstücks entspricht, entweder als Verpackung für die Aufnahme von Innenverpackungen oder als Einzelverpackung für die Aufnahme flüssiger oder fester Stoffe geprüft und entsprechend gekennzeichnet sind.

Innenverpackungen:

Fässer und Kombinationsverpackungen (1A1, 1B1, 1N1, 1H1 oder 6HA1), die den Vorschriften des Kapitels 6.1 für Einzelverpackungen entsprechen und folgende Bedingungen erfüllen:

a) die Innendruckprüfung (hydraulisch) muss bei einem Druck von mindestens 300 kPa (3 bar) (Überdruck) durchgeführt werden;

b) die Dichtheitsprüfungen im Rahmen der Auslegung und der Herstellung müssen bei einem Prüfdruck von 30 kPa (0,3 bar) durchgeführt werden;

c) sie müssen vom äußeren Fass durch die Verwendung eines inerten stoßdämpfenden Polstermaterials, das die Innenverpackung von allen Seiten umgibt, isoliert sein;

d) ihr Fassungsraum darf 125 Liter nicht übersteigen;

e) die Verschlüsse müssen Schraubkappen sein, die:

(i) durch eine Vorrichtung physisch fixiert sind, die in der Lage ist, ein Lösen oder Lockern des Verschlusses durch Schlag oder Vibration während der Beförderung zu verhindern, und

(ii) mit einer Deckeldichtung ausgerüstet sind;

f) die Außen- und Innenverpackungen müssen mindestens alle zweieinhalb Jahre einer wiederkehrenden inneren Inspektion und Dichtheitsprüfung gemäß Absatz b) unterzogen werden, und

g) auf den Außen- und Innenverpackungen muss gut lesbar und dauerhaft angebracht sein:

(i) das Datum (Monat, Jahr) der erstmaligen und der zuletzt durchgeführten wiederkehrenden Prüfung und Inspektion der Innenverpackung;

(ii) der Name oder das zugelassene Symbol des Sachverständigen, der die Prüfungen und Inspektionen vorgenommen hat.

(4) Druckgefäße, vorausgesetzt, die allgemeinen Vorschriften des Unterabschnitts 4.1.3.6 werden erfüllt.

a) Sie müssen einer erstmaligen und alle 10 Jahre einer wiederkehrenden Prüfung mit einem Druck von mindestens 1 MPa (10 bar) (Überdruck) unterzogen werden.

b) Sie müssen mindestens alle zweieinhalb Jahre einer wiederkehrenden inneren Inspektion und Dichtheitsprüfung unterzogen werden.

c) Sie dürfen nicht mit Druckentlastungseinrichtungen ausgerüstet sein.

d) Jedes Druckgefäß muss mit einer Verschlusskappe oder einem oder mehreren Verschlussventilen verschlossen sein, die mit einer zweiten Verschlusseinrichtung ausgerüstet sind.

e) Die Konstruktionswerkstoffe des Druckgefäßes, der Verschlussventile, der Verschlusskappen, der Auslaufdeckel, des Dichtungskitts und der Dichtungen müssen untereinander und mit dem Füllgut verträglich sein.

| P900 | VERPACKUNGSANWEISUNG | P900 |
|---|---|---|
| (bleibt offen) | | |

4.1.4.1 (Forts.)

| P901 | VERPACKUNGSANWEISUNG | P901 |
|---|---|---|
| Diese Anweisung gilt für die UN-Nummer 3316. | | |
| Folgende zusammengesetzte Verpackungen sind zugelassen, wenn die allgemeinen Vorschriften der Abschnitte 4.1.1 und 4.1.3 erfüllt sind:<br>Fässer (1A1, 1A2, 1B1, 1B2, 1N1, 1N2, 1H1, 1H2, 1D, 1G),<br>Kisten (4A, 4B, 4N, 4C1, 4C2, 4D, 4F, 4G, 4H1, 4H2),<br>Kanister (3A1, 3A2, 3B1, 3B2, 3H1, 3H2).<br>Die Verpackungen müssen den Prüfanforderungen für diejenige Verpackungsgruppe entsprechen, die dem gesamten Testsatz oder der gesamten Ausrüstung zugeordnet ist (siehe Kapitel 3.3 Sondervorschrift 251). Wenn der Testsatz oder die Ausrüstung nur gefährliche Güter enthält, denen keine Verpackungsgruppe zugeordnet ist, müssen die Verpackungen den Prüfanforderungen für die Verpackungsgruppe II entsprechen.<br>Höchstmenge gefährlicher Güter je Außenverpackung: 10 kg, wobei die Masse für gegebenenfalls vorhandenes Kohlendioxid, fest (Trockeneis), das als Kühlmittel verwendet wird, unberücksichtigt bleibt.<br>Sofern Trockeneis als Kühlmittel verwendet wird, gelten die Vorschriften des Abschnitts 5.5.3. | | |
| **Zusätzliche Vorschrift**<br>Die gefährlichen Güter in den Testsätzen oder Ausrüstungen müssen in Innenverpackungen verpackt und vor den anderen Stoffen, die in den Testsätzen oder Ausrüstungen enthalten sind, geschützt sein. | | |

| P902 | VERPACKUNGSANWEISUNG | P902 |
|---|---|---|
| Diese Anweisung gilt für die UN-Nummern 3268 und 3559. | | |
| (1) Verpackte Gegenstände:<br>Folgende Verpackungen sind zugelassen, wenn die allgemeinen Vorschriften der Abschnitte 4.1.1 und 4.1.3 erfüllt sind:<br>Fässer (1A2, 1B2, 1N2, 1H2, 1D, 1G),<br>Kisten (4A, 4B, 4N, 4C1, 4C2, 4D, 4F, 4G, 4H1, 4H2),<br>Kanister (3A2, 3B2, 3H2).<br>Die Verpackungen müssen den Prüfanforderungen für die Verpackungsgruppe III entsprechen.<br>Die Verpackungen müssen so ausgelegt und gebaut sein, dass Bewegungen der Gegenstände und eine unbeabsichtigte Auslösung unter normalen Beförderungsbedingungen verhindert werden.<br>(2) Unverpackte Gegenstände:<br>Die Gegenstände mit Ausnahme von Gegenständen der UN-Nummer 3559 dürfen zum, vom oder zwischen dem Herstellungsort und einer Montagefabrik, einschließlich Orten der Zwischenbehandlung, auch unverpackt in besonders ausgerüsteten Handhabungseinrichtungen oder Güterbeförderungseinheiten befördert werden. | | |
| **Zusätzliche Vorschrift**<br>Druckgefäße müssen den Vorschriften der zuständigen Behörde für den (die) im Druckgefäß enthaltenen Stoff(e) entsprechen. | | |

| P903 | VERPACKUNGSANWEISUNG | P903 |
|---|---|---|
| Diese Anweisung gilt für die UN-Nummern 3090, 3091, 3480, 3481, 3551 und 3552. | | |
| „Ausrüstung" im Sinne dieser Verpackungsanweisung ist ein Gerät, für dessen Betrieb die Zellen oder Batterien elektrische Energie liefern.<br>Folgende Verpackungen sind zugelassen, wenn die allgemeinen Vorschriften der Abschnitte 4.1.1 und 4.1.3 erfüllt sind:<br>(1) Für Zellen und Batterien:<br>Fässer (1A2, 1B2, 1N2, 1H2, 1D, 1G),<br>Kisten (4A, 4B, 4N, 4C1, 4C2, 4D, 4F, 4G, 4H1, 4H2),<br>Kanister (3A2, 3B2, 3H2).<br>Die Zellen oder Batterien müssen so in Verpackungen verpackt werden, dass die Zellen oder Batterien vor Beschädigungen geschützt sind, die durch Bewegungen der Zellen oder Batterien in der Verpackung oder durch das Einsetzen der Zellen oder Batterien in die Verpackung verursacht werden können.<br>Die Verpackungen müssen den Prüfanforderungen für die Verpackungsgruppe II entsprechen. | | |

4.1.4.1 (Forts.)

| P903 | VERPACKUNGSANWEISUNG *(Forts.)* | P903 |
|---|---|---|

(2) Zusätzlich für eine Zelle oder eine Batterie mit einer Bruttomasse von mindestens 12 kg mit einem widerstandsfähigen, stoßfesten Gehäuse:

a) widerstandsfähige Außenverpackungen,

b) Schutzumschließungen (z.B. vollständig geschlossene Verschläge oder Lattenverschläge aus Holz) oder

c) Paletten oder andere Handhabungseinrichtungen.

Die Zellen oder Batterien müssen gegen unbeabsichtigte Bewegung gesichert sein, und die Pole dürfen nicht mit dem Gewicht anderer darüber liegender Elemente belastet werden.

Die Verpackungen müssen den Vorschriften des Unterabschnitts 4.1.1.3 nicht entsprechen.

(3) Für Zellen oder Batterien, mit Ausrüstungen verpackt:

Verpackungen, die den Vorschriften des Absatzes (1) dieser Verpackungsanweisung entsprechen und anschließend mit der Ausrüstung in eine Außenverpackung eingesetzt werden, oder

Verpackungen, welche die Zellen oder Batterien vollständig umschließen und anschließend mit der Ausrüstung in eine Verpackung eingesetzt werden, die den Vorschriften des Absatzes (1) dieser Verpackungsanweisung entspricht.

Die Ausrüstung muss gegen Bewegungen in der Außenverpackung gesichert werden.

(4) Für Zellen oder Batterien in Ausrüstungen:

Widerstandsfähige Außenverpackungen, die aus einem geeigneten Werkstoff hergestellt sind und hinsichtlich ihres Fassungsraums und ihrer beabsichtigten Verwendung eine geeignete Festigkeit und Auslegung aufweisen. Sie müssen so gebaut sein, dass eine unbeabsichtigte Inbetriebsetzung während der Beförderung verhindert wird. Die Verpackungen müssen den Vorschriften des Unterabschnitts 4.1.1.3 nicht entsprechen.

Große Ausrüstungen dürfen unverpackt oder auf Paletten zur Beförderung aufgegeben werden, sofern die Zellen oder Batterien durch die Ausrüstung, in der sie enthalten sind, gleichwertig geschützt werden.

Einrichtungen, die absichtlich aktiv sind, wie Sender für die Identifizierung mit Hilfe elektromagnetischer Wellen (RFID), Uhren und Temperaturmesswerterfasser, und die nicht in der Lage sind, eine gefährliche Hitzeentwicklung zu erzeugen, dürfen in widerstandsfähigen Außenverpackungen befördert werden.

**Bem.** Bei Beförderungen in einer Transportkette, die eine Luftbeförderung einschließt, müssen diese Einrichtungen im aktiven Zustand den festgelegten Normen für elektromagnetische Strahlung entsprechen, um sicherzustellen, dass der Betrieb der Einrichtungen nicht zu einer Beeinträchtigung der Flugzeugsysteme führt.

(5) Für Verpackungen, die sowohl Zellen oder Batterien, die mit Ausrüstungen verpackt sind, als auch Zellen oder Batterien in Ausrüstungen enthalten:

a) für Zellen und Batterien Verpackungen, welche die Zellen oder Batterien vollständig umschließen und anschließend mit der Ausrüstung in eine Verpackung eingesetzt werden, die den Vorschriften des Absatzes (1) dieser Verpackungsanweisung entspricht, oder

b) Verpackungen, die den Vorschriften des Absatzes (1) dieser Verpackungsanweisung entsprechen und anschließend mit der Ausrüstung in eine widerstandsfähige Außenverpackung eingesetzt werden, die aus einem geeigneten Werkstoff hergestellt ist und hinsichtlich ihres Fassungsraums und ihrer beabsichtigten Verwendung eine geeignete Festigkeit und Auslegung aufweist. Die Außenverpackung muss so gebaut sein, dass eine unbeabsichtigte Inbetriebsetzung während der Beförderung verhindert wird; sie muss den Vorschriften des Unterabschnitts 4.1.1.3 nicht entsprechen.

Die Ausrüstung muss gegen Bewegungen in der Außenverpackung gesichert werden.

Einrichtungen, die absichtlich aktiv sind, wie Sender für die Identifizierung mit Hilfe elektromagnetischer Wellen (RFID), Uhren und Temperaturmesswerterfasser, und die nicht in der Lage sind, eine gefährliche Hitzeentwicklung zu erzeugen, dürfen in widerstandsfähigen Außenverpackungen befördert werden.

**Bem.** Bei Beförderungen in einer Transportkette, die eine Luftbeförderung einschließt, müssen diese Einrichtungen im aktiven Zustand den festgelegten Normen für elektromagnetische Strahlung entsprechen, um sicherzustellen, dass der Betrieb der Einrichtungen nicht zu einer Beeinträchtigung der Flugzeugsysteme führt.

**Bem.** Die nach den Absätzen (2), (4) und (5) zugelassenen Verpackungen dürfen eine Nettomasse von 400 kg überschreiten (siehe Unterabschnitt 4.1.3.3).

**Zusätzliche Vorschrift**

Die Zellen oder Batterien müssen gegen Kurzschluss geschützt sein.

4.1.4.1 (Forts.)

| P903a | VERPACKUNGSANWEISUNG | P903a |
|---|---|---|
| (gestrichen) | | |

| P903b | VERPACKUNGSANWEISUNG | P903b |
|---|---|---|
| (gestrichen) | | |

**P904 VERPACKUNGSANWEISUNG P904**

Diese Anweisung gilt für die UN-Nummer 3245.

Die folgenden Verpackungen sind zugelassen:

(1) Verpackungen, die den Vorschriften der Unterabschnitte 4.1.1.1, 4.1.1.2, 4.1.1.4 und 4.1.1.8 und des Abschnitts 4.1.3 entsprechen und so ausgelegt sind, dass sie den Bauvorschriften des Abschnitts 6.1.4 entsprechen. Es müssen Außenverpackungen verwendet werden, die aus geeignetem Werkstoff hergestellt sind und hinsichtlich ihres Fassungsraums und der vorgesehenen Verwendung eine ausreichende Festigkeit aufweisen und entsprechend ausgelegt sind. Wenn diese Verpackungsanweisung für die Beförderung von Innenverpackungen von zusammengesetzten Verpackungen verwendet wird, muss die Verpackung so ausgelegt und gebaut sein, dass unter normalen Beförderungsbedingungen eine unbeabsichtigte Entleerung verhindert wird.

(2) Verpackungen, die nicht unbedingt den Prüfvorschriften für Verpackungen des Teils 6 entsprechen, müssen aber folgenden Vorschriften entsprechen:

a) Eine Innenverpackung, bestehend aus:

(i) (einem) Primärgefäß(en) und einer Sekundärverpackung, wobei das (die) Primärgefäß(e) oder die Sekundärverpackung für flüssige Stoffe flüssigkeitsdicht oder für feste Stoffe staubdicht sein muss (müssen);

(ii) bei flüssigen Stoffen saugfähigem Material, das zwischen dem (den) Primärgefäß(en) und der Sekundärverpackung eingesetzt ist. Das saugfähige Material muss ausreichend sein, um die gesamte im (in den) Primärgefäß(en) enthaltene Menge aufzunehmen, so dass ein Austreten des flüssigen Stoffes nicht zu einer Beeinträchtigung der Unversehrtheit des Polstermaterials oder der Außenverpackung führt;

(iii) wenn mehrere zerbrechliche Primärgefäße in eine einzige Sekundärverpackung eingesetzt werden, müssen diese entweder einzeln eingewickelt oder so voneinander getrennt werden, dass eine gegenseitige Berührung verhindert wird.

b) Eine Außenverpackung muss in Bezug auf ihren Fassungsraum, ihre Masse und ihren vorgesehenen Verwendungszweck ausreichend widerstandsfähig sein, und ihre kleinste Außenabmessung muss mindestens 100 mm betragen.

Für die Beförderung ist das nachstehend abgebildete Kennzeichen auf der äußeren Oberfläche der Außenverpackung auf einem kontrastierenden Hintergrund anzubringen; es muss deutlich sichtbar und lesbar sein. Das Kennzeichen muss die Form eines auf die Spitze gestellten Quadrats (Raute) mit einer Mindestabmessung von 50 mm × 50 mm haben; die Linie muss mindestens 2 mm breit sein und die Buchstaben und Ziffern müssen eine Zeichenhöhe von mindestens 6 mm haben. → D: RSEB 4-7.1

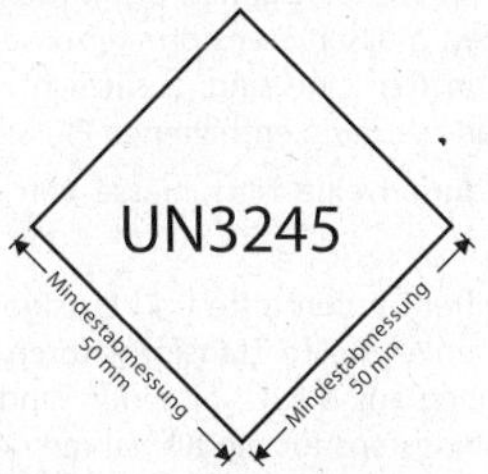


**Zusätzliche Vorschrift** → 4.1.4.1 P203

Wenn Trockeneis oder flüssiger Stickstoff als Kühlmittel verwendet wird, gelten die Vorschriften des Abschnitts 5.5.3. Wenn Eis verwendet wird, muss dieses außerhalb der Sekundärverpackungen, in der Außenverpackung oder in einer Umverpackung eingesetzt werden. Damit die Sekundärverpackungen sicher in ihrer ursprünglichen Lage verbleiben, müssen Innenhalterungen vorgesehen werden. Bei Verwendung von Eis muss die Außenverpackung oder Umverpackung flüssigkeitsdicht sein.

4.1.4.1 (Forts.)

| P905 | VERPACKUNGSANWEISUNG | P905 |
|---|---|---|
| Diese Anweisung gilt für die UN-Nummern 2990 und 3072. | | |
| Jede geeignete Verpackung ist zugelassen, wenn die allgemeinen Vorschriften der Abschnitte 4.1.1 und 4.1.3 erfüllt sind, mit der Ausnahme, dass die Verpackungen nicht den Vorschriften des Teils 6 entsprechen müssen.<br>**Bem.** Die zugelassenen Verpackungen dürfen eine Nettomasse von 400 kg überschreiten (siehe Unterabschnitt 4.1.3.3). | | |
| Wenn die Lebensrettungseinrichtungen für den Einbau in starre, wetterfeste Gehäuse (wie Rettungsboote) hergestellt oder in diesen enthalten sind, dürfen sie unverpackt befördert werden. | | |
| **Zusätzliche Vorschriften**<br>1. Alle gefährlichen Stoffe und Gegenstände, die als Ausrüstung in den Geräten vorhanden sind, müssen gegen unbeabsichtigte Bewegung geschützt werden; darüber hinaus müssen:<br>a) Signalkörper der Klasse 1 in Innenverpackungen aus Kunststoff oder Pappe verpackt sein;<br>b) nicht entzündbare und nicht giftige Gase in von der zuständigen Behörde vorgeschriebenen Flaschen enthalten sein, die mit dem Gerät verbunden sein dürfen;<br>c) Batterien (Akkumulatoren) (Klasse 8) sowie Lithiumbatterien und Natrium-Ionen-Batterien (Klasse 9) abgeklemmt oder elektrisch isoliert und gegen Flüssigkeitsverlust gesichert sein und<br>d) kleine Mengen anderer gefährlicher Güter (z.B. Klassen 3, 4.1 und 5.2) in widerstandsfähigen Innenverpackungen verpackt sein.<br>2. Die Vorbereitung für die Beförderung und für die Verpackung muss Vorkehrungen zur Verhinderung von unbeabsichtigten Funktionsauslösungen der Geräte beinhalten. | | |

→ D: RSEB 4-7.3

| P906 | VERPACKUNGSANWEISUNG | P906 |
|---|---|---|
| Diese Anweisung gilt für die UN-Nummern 2315, 3151, 3152 und 3432. | | |
| Folgende Verpackungen sind zugelassen, wenn die allgemeinen Vorschriften der Abschnitte 4.1.1 und 4.1.3 erfüllt sind:<br>(1) Für feste und flüssige Stoffe, die PCB, polyhalogenierte Biphenyle, polyhalogenierte Terphenyle oder halogenierte Monomethyldiphenylmethane enthalten oder damit kontaminiert sind: Verpackungen gemäß Verpackungsanweisung P001 bzw. P002.<br>(2) Für Transformatoren, Kondensatoren und andere Gegenstände:<br>a) Verpackungen gemäß Verpackungsanweisung P001 oder P002. Die Gegenstände müssen mit geeignetem Polstermaterial gesichert werden, um unter normalen Beförderungsbedingungen unbeabsichtigte Bewegungen zu verhindern; oder<br>b) dichte Verpackungen, die in der Lage sind, neben den Gegenständen mindestens das 1,25-fache Volumen der darin enthaltenen flüssigen PCB, polyhalogenierten Biphenyle, polyhalogenierten Terphenyle oder halogenierten Monomethyldiphenylmethane aufzunehmen. In den Verpackungen muss ausreichend saugfähiges Material vorhanden sein, um das 1,1-fache Volumen der in den Gegenständen enthaltenen Flüssigkeit aufnehmen zu können. Im Allgemeinen müssen Transformatoren und Kondensatoren in dichten Verpackungen aus Metall befördert werden, die in der Lage sind, zusätzlich zu den Transformatoren und Kondensatoren mindestens das 1,25-fache Volumen der darin enthaltenen Flüssigkeit aufzunehmen.<br>**Bem.** Die zugelassenen Verpackungen dürfen eine Nettomasse von 400 kg überschreiten (siehe Unterabschnitt 4.1.3.3).<br>Ungeachtet der oben aufgeführten Vorschriften dürfen feste und flüssige Stoffe, die nicht gemäß Verpackungsanweisung P001 oder P002 verpackt sind, sowie unverpackte Transformatoren und Kondensatoren in Beförderungsmitteln befördert werden, die mit einer dichten Wanne aus Metall mit einer Mindesthöhe von 800 mm ausgerüstet sind, welche saugfähiges inertes Material in einer mindestens für die Aufnahme des 1,1-fachen Volumens jeglicher freien Flüssigkeit ausreichenden Menge enthält.<br>**Bem.** Die zugelassenen Verpackungen dürfen eine Nettomasse von 400 kg überschreiten (siehe Unterabschnitt 4.1.3.3). | | |
| **Zusätzliche Vorschrift**<br>Für die Abdichtung der Transformatoren und Kondensatoren müssen geeignete Maßnahmen getroffen werden, um Undichtheiten unter normalen Beförderungsbedingungen zu verhindern. | | |

4.1.4.1 (Forts.)

| P907 | VERPACKUNGSANWEISUNG | P907 |
|---|---|---|
| Diese Anweisung gilt für Gegenstände, wie Maschinen, Geräte oder Einrichtungen, der UN-Nummer 3363. | | |

Wenn der Gegenstand so gebaut oder ausgelegt ist, dass die Gefäße, welche die gefährlichen Güter enthalten, ausreichend geschützt sind, ist keine Außenverpackung erforderlich. Gefährliche Güter in einem Gegenstand müssen ansonsten in Außenverpackungen verpackt sein, die aus einem geeigneten Werkstoff hergestellt sind und hinsichtlich ihres Fassungsraums und ihrer beabsichtigten Verwendung eine ausreichende Festigkeit und Auslegung aufweisen und die den anwendbaren Vorschriften des Unterabschnitts 4.1.1.1 entsprechen.

Gefäße, die gefährliche Güter enthalten, müssen den allgemeinen Vorschriften des Abschnitts 4.1.1 entsprechen, mit der Ausnahme, dass die Unterabschnitte 4.1.1.3, 4.1.1.4, 4.1.1.12 und 4.1.1.14 nicht gelten. Für nicht entzündbare, nicht giftige Gase müssen die innere Flasche oder das innere Gefäß sowie ihr/sein Inhalt und ihr/sein Füllfaktor zur Zufriedenheit der zuständigen Behörde des Landes sein, in dem die Flasche oder das Gefäß befüllt wird.

Darüber hinaus müssen die Gefäße im Gegenstand so enthalten sein, dass unter normalen Beförderungsbedingungen eine Beschädigung der Gefäße, welche die gefährlichen Güter enthalten, unwahrscheinlich ist; im Falle einer Beschädigung der Gefäße, welche feste oder flüssige gefährlichen Güter enthalten, darf kein Austreten der gefährlichen Güter aus dem Gegenstand möglich sein (zur Einhaltung dieser Vorschrift darf eine dichte Auskleidung verwendet werden). Die Gefäße, die gefährliche Güter enthalten, müssen so eingebaut, gesichert oder gepolstert sein, dass ihr Zubruchgehen oder ein Freiwerden ihres Inhalts verhindert wird und ihre Bewegung innerhalb des Gegenstands unter normalen Beförderungsbedingungen eingeschränkt wird. Das Polstermaterial darf mit dem Inhalt der Gefäße nicht gefährlich reagieren. Ein Freiwerden des Inhalts darf die Schutzeigenschaften des Polstermaterials nicht beeinträchtigen.

**Bem.** Die zugelassenen Verpackungen dürfen eine Nettomasse von 400 kg überschreiten (siehe Unterabschnitt 4.1.3.3).

| P908 | VERPACKUNGSANWEISUNG | P908 |
|---|---|---|
| Diese Anweisung gilt für beschädigte oder defekte Zellen und Batterien der UN-Nummern 3090, 3091, 3480, 3481, 3551 und 3552, auch wenn sie in Ausrüstungen enthalten sind. | | |

Folgende Verpackungen sind zugelassen, wenn die allgemeinen Vorschriften der Abschnitte 4.1.1 und 4.1.3 erfüllt sind:
Für Zellen und Batterien und Ausrüstungen, die Zellen und Batterien enthalten:

Fässer (1A2, 1B2, 1N2, 1H2, 1D, 1G),
Kisten (4A, 4B, 4N, 4C1, 4C2, 4D, 4F, 4G, 4H1, 4H2),
Kanister (3A2, 3B2, 3H2).

Die Verpackungen müssen den Prüfanforderungen für die Verpackungsgruppe II entsprechen.

Die Verpackungen müssen auch den folgenden Vorschriften entsprechen:

a) Jede beschädigte oder defekte Zelle oder Batterie oder jede Ausrüstung, die solche Zellen oder Batterien enthält, muss einzeln in einer Innenverpackung verpackt und in eine Außenverpackung eingesetzt sein. Die Innen- oder Außenverpackung muss dicht sein, um ein mögliches Austreten des Elektrolyts zu verhindern.

b) Jede Innenverpackung muss zum Schutz vor gefährlicher Wärmeentwicklung mit einer ausreichenden Menge eines nichtbrennbaren und nicht elektrisch leitfähigen Wärmedämmstoffs umschlossen sein.

c) Dicht verschlossene Verpackungen müssen gegebenenfalls mit einer Entlüftungseinrichtung ausgestattet sein.

d) Es müssen geeignete Maßnahmen ergriffen werden, um die Auswirkungen von Vibrationen und Stößen gering zu halten und Bewegungen der Zellen oder Batterien im Versandstück, die zu weiteren Schäden und gefährlichen Bedingungen während der Beförderung führen können, zu verhindern. Für die Einhaltung dieser Vorschrift darf auch nichtbrennbares und nicht elektrisch leitfähiges Polstermaterial verwendet werden.

e) Die Nichtbrennbarkeit des Wärmedämmstoffs und des Polstermaterials muss in Übereinstimmung mit einer Norm festgestellt werden, die in dem Land, in dem die Verpackung ausgelegt oder hergestellt wird, anerkannt ist.

Im Fall von auslaufenden Zellen oder Batterien muss der Innen- oder Außenverpackung ausreichend inertes saugfähiges Material beigegeben werden, um freiwerdenden Elektrolyt aufzusaugen.

Wenn die Nettomasse einer Zelle oder Batterie 30 kg überschreitet, darf die Außenverpackung nur eine einzelne Zelle oder Batterie enthalten.

**Zusätzliche Vorschrift**

Die Zellen oder Batterien müssen gegen Kurzschluss geschützt sein.

4.1.4.1 (Forts.)

| P909 | VERPACKUNGSANWEISUNG | P909 |
|---|---|---|
| Diese Anweisung gilt für die UN-Nummern 3090, 3091, 3480, 3481, 3551 und 3552, die zur Entsorgung oder zum Recycling befördert werden und die mit oder ohne andere Batterien verpackt sind, die keine Lithiumbatterien sind. | | |
| (1) Zellen und Batterien müssen wie folgt verpackt sein:<br>a) Folgende Verpackungen sind zugelassen, wenn die allgemeinen Vorschriften der Abschnitte 4.1.1 und 4.1.3 erfüllt sind:<br>Fässer (1A2, 1B2, 1N2, 1H2, 1D, 1G),<br>Kisten (4A, 4B, 4N, 4C1, 4C2, 4D, 4F, 4G, 4H2),<br>Kanister (3A2, 3B2, 3H2).<br>b) Die Verpackungen müssen den Prüfanforderungen für die Verpackungsgruppe II entsprechen.<br>c) Metallverpackungen müssen mit einem nicht elektrisch leitfähigen Werkstoff (z.B. Kunststoff) von einer für die vorgesehene Verwendung angemessenen Widerstandsfähigkeit ausgekleidet sein.<br>(2) Lithium-Ionen- oder Natrium-Ionen-Zellen mit einer Nennenergie in Wattstunden von höchstens 20 Wh, Lithium-Ionen- oder Natrium-Ionen-Batterien mit einer Nennenergie in Wattstunden von höchstens 100 Wh, Lithium-Metall-Zellen mit einer Menge von höchstens 1 g Lithium und Lithium-Metall-Batterien mit einer Gesamtmenge von höchstens 2 g Lithium dürfen jedoch wie folgt verpackt werden:<br>a) in einer widerstandsfähigen Außenverpackung mit einer Bruttomasse von höchstens 30 kg, welche die allgemeinen Vorschriften der Abschnitte 4.1.1, ausgenommen Unterabschnitt 4.1.1.3, und 4.1.3 erfüllt.<br>b) Metallverpackungen müssen mit einem nicht elektrisch leitfähigen Werkstoff (z.B. Kunststoff) von einer für die vorgesehene Verwendung angemessenen Widerstandsfähigkeit ausgekleidet sein.<br>→ D: RSEB 4-7.4 (3) Für Zellen und Batterien in Ausrüstungen dürfen widerstandsfähige Außenverpackungen verwendet werden, die aus einem geeigneten Werkstoff hergestellt sind und hinsichtlich ihres Fassungsraums und ihrer beabsichtigten Verwendung eine geeignete Festigkeit und Auslegung aufweisen. Die Verpackungen müssen den Vorschriften des Unterabschnitts 4.1.1.3 nicht entsprechen. Ausrüstungen dürfen auch unverpackt oder auf Paletten zur Beförderung aufgegeben werden, sofern die Zellen oder Batterien durch die Ausrüstung, in der sie enthalten sind, gleichwertig geschützt werden.<br>(4) Zusätzlich dürfen für Zellen oder Batterien mit einer Bruttomasse von mindestens 12 kg mit einem widerstandsfähigen, stoßfesten Gehäuse widerstandsfähige Außenverpackungen verwendet werden, die aus einem geeigneten Werkstoff hergestellt sind und hinsichtlich ihres Fassungsraums und ihrer beabsichtigten Verwendung eine geeignete Festigkeit und Auslegung aufweisen. Die Verpackungen müssen den Vorschriften des Unterabschnitts 4.1.1.3 nicht entsprechen.<br>**Bem.** Die nach den Absätzen (3) und (4) zugelassenen Verpackungen dürfen eine Nettomasse von 400 kg überschreiten (siehe Unterabschnitt 4.1.3.3). | | |
| → D: RSEB 4-7.5 **Zusätzliche Vorschriften**<br>1. Die Zellen und Batterien müssen so ausgelegt oder verpackt sein, dass Kurzschlüsse und eine gefährliche Wärmeentwicklung verhindert werden.<br>2. Der Schutz gegen Kurzschlüsse und gefährliche Wärmeentwicklung umfasst unter anderem:<br>a) den Schutz der einzelnen Batteriepole;<br>b) Innenverpackungen, um einen Kontakt zwischen Zellen und Batterien zu verhindern;<br>c) Batterien mit eingelassenen Polen, die für den Schutz gegen Kurzschlüsse ausgelegt sind, oder<br>d) die Verwendung nicht elektrisch leitfähigen und nichtbrennbaren Polstermaterials, um den Leerraum zwischen den Zellen oder Batterien in der Verpackung aufzufüllen.<br>3. Zellen und Batterien müssen innerhalb der Außenverpackung gesichert werden, um übermäßige Bewegungen während der Beförderung zu verhindern (z.B. durch die Verwendung nichtbrennbaren und nicht elektrisch leitfähigen Polstermaterials oder eines dicht verschlossenen Kunststoffsacks). | | |

| P910 | VERPACKUNGSANWEISUNG | P910 |
|---|---|---|
| Diese Anweisung gilt für Produktionsserien von höchstens 100 Zellen oder Batterien der UN-Nummern 3090, 3091, 3480, 3481, 3551 und 3552 und für Vorproduktionsprototypen von Zellen oder Batterien dieser UN-Nummern, sofern diese Prototypen für die Prüfung befördert werden. | | |
| Folgende Verpackungen sind zugelassen, wenn die allgemeinen Vorschriften der Abschnitte 4.1.1 und 4.1.3 erfüllt sind:<br>(1) Für Zellen und Batterien, einschließlich solcher, die mit Ausrüstungen verpackt sind:<br>Fässer (1A2, 1B2, 1N2, 1H2, 1D, 1G),<br>Kisten (4A, 4B, 4N, 4C1, 4C2, 4D, 4F, 4G, 4H1, 4H2),<br>Kanister (3A2, 3B2, 3H2). | | |

| P910 | VERPACKUNGSANWEISUNG *(Forts.)* | P910 |
|---|---|---|

4.1.4.1 (Forts.)

Die Verpackungen müssen den Prüfanforderungen für die Verpackungsgruppe II und folgenden Vorschriften entsprechen:

a) Batterien und Zellen, einschließlich Ausrüstungen, unterschiedlicher Größen, Formen oder Massen müssen in einer Außenverpackung einer der oben aufgeführten geprüften Bauarten verpackt sein, vorausgesetzt, die Gesamtbruttomasse des Versandstücks ist nicht größer als die Bruttomasse, für welche die Bauart geprüft worden ist.

b) Jede Zelle oder Batterie muss einzeln in einer Innenverpackung verpackt und in eine Außenverpackung eingesetzt sein.

c) Jede Innenverpackung muss zum Schutz vor gefährlicher Wärmeentwicklung vollständig durch ausreichend nichtbrennbares und nicht elektrisch leitfähiges Wärmedämmmaterial umgeben sein.

d) Es müssen geeignete Maßnahmen ergriffen werden, um die Auswirkungen von Vibrationen und Stößen zu minimieren und Bewegungen der Zellen oder Batterien innerhalb des Versandstücks zu verhindern, die zu Schäden und gefährlichen Bedingungen während der Beförderung führen können. Für die Einhaltung dieser Vorschrift darf Polstermaterial verwendet werden, das nichtbrennbar und nicht elektrisch leitfähig ist.

e) Die Nichtbrennbarkeit des Wärmedämmstoffs und des Polstermaterials muss gemäß einer Norm festgestellt werden, die in dem Land, in dem die Verpackung ausgelegt oder hergestellt wurde, anerkannt ist.

f) Wenn die Nettomasse einer Zelle oder Batterie 30 kg überschreitet, darf die Außenverpackung nur eine einzelne Zelle oder Batterie enthalten.

(2) Für Zellen und Batterien in Ausrüstungen:

Fässer (1A2, 1B2, 1N2, 1H2, 1D, 1G),
Kisten (4A, 4B, 4N, 4C1, 4C2, 4D, 4F, 4G, 4H1, 4H2),
Kanister (3A2, 3B2, 3H2).

Die Verpackungen müssen den Prüfanforderungen für die Verpackungsgruppe II und folgenden Vorschriften entsprechen:

a) Ausrüstungen unterschiedlicher Größen, Formen oder Massen müssen in einer Außenverpackung einer der oben aufgeführten geprüften Bauarten verpackt sein, vorausgesetzt, die Gesamtbruttomasse des Versandstücks ist nicht größer als die Bruttomasse, für welche die Bauart geprüft worden ist;

b) die Ausrüstung muss so gebaut oder verpackt sein, dass ein unbeabsichtigter Betrieb während der Beförderung verhindert wird;

c) es müssen geeignete Maßnahmen ergriffen werden, um die Auswirkungen von Vibrationen und Stößen zu minimieren und Bewegungen der Ausrüstungen innerhalb des Versandstücks zu verhindern, die zu Schäden und gefährlichen Bedingungen während der Beförderung führen können. Wenn für die Einhaltung dieser Vorschrift Polstermaterial verwendet wird, muss dieses nichtbrennbar und nicht elektrisch leitfähig sein, und

d) die Nichtbrennbarkeit des Polstermaterials muss gemäß einer Norm festgestellt werden, die in dem Land, in dem die Verpackung ausgelegt oder hergestellt wurde, anerkannt ist.

(3) Die Ausrüstungen oder Batterien dürfen unter den von der zuständigen Behörde einer Vertragspartei des ADR genehmigten Bedingungen unverpackt befördert werden, wobei diese zuständige Behörde auch eine von der zuständigen Behörde eines Landes, das keine Vertragspartei des ADR ist, erteilte Genehmigung anerkennen kann, vorausgesetzt, diese wurde in Übereinstimmung mit den gemäß dem RID, dem ADR, dem ADN, dem IMDG-Code oder den Technischen Anweisungen der ICAO anwendbaren Verfahren erteilt. Zusätzliche Bedingungen, die im Zulassungsverfahren berücksichtigt werden können, sind unter anderem:

a) die Ausrüstung oder die Batterie muss ausreichend widerstandsfähig sein, um Stößen und Belastungen standzuhalten, die normalerweise während der Beförderung, einschließlich des Umschlags zwischen Güterbeförderungseinheiten und zwischen Güterbeförderungseinheiten und Lagerhallen sowie jedes Entfernens von einer Palette zur nachfolgenden manuellen oder mechanischen Handhabung, auftreten, und

b) die Ausrüstung oder die Batterie muss so auf Schlitten oder in Verschlägen oder anderen Handhabungseinrichtungen befestigt werden, dass sie sich unter normalen Beförderungsbedingungen nicht lösen kann.

**Bem.** Die zugelassenen Verpackungen dürfen eine Nettomasse von 400 kg überschreiten (siehe Unterabschnitt 4.1.3.3).

**Zusätzliche Vorschriften**

Die Zellen und Batterien müssen gegen Kurzschluss geschützt sein. Der Schutz gegen Kurzschluss umfasst unter anderem:

a) den Schutz der einzelnen Batteriepole;

b) Innenverpackungen, um einen Kontakt zwischen Zellen und Batterien zu verhindern;

c) Batterien mit eingelassenen Polen, die für den Schutz gegen Kurzschluss ausgelegt sind, oder

d) die Verwendung nicht elektrisch leitfähigen und nichtbrennbaren Polstermaterials, um den Leerraum zwischen den Zellen oder Batterien in der Verpackung aufzufüllen.

4.1.4.1 (Forts.)

| P911 | VERPACKUNGSANWEISUNG | P911 |
|---|---|---|
| Diese Anweisung gilt für beschädigte oder defekte Zellen und Batterien der UN-Nummern 3090, 3091, 3480, 3481, 3551 und 3552, die unter normalen Beförderungsbedingungen zu einer schnellen Zerlegung, gefährlichen Reaktion, Flammenbildung, gefährlichen Wärmeentwicklung oder einem gefährlichen Ausstoß giftiger, ätzender oder entzündbarer Gase oder Dämpfe neigen. | | |

Folgende Verpackungen sind zugelassen, wenn die allgemeinen Vorschriften der Abschnitte 4.1.1 und 4.1.3 erfüllt sind:

Für Zellen und Batterien und Ausrüstungen, die Zellen und Batterien enthalten:

Fässer (1A2, 1B2, 1N2, 1H2, 1D, 1G),
Kisten (4A, 4B, 4N, 4C1, 4C2, 4D, 4F, 4G, 4H1, 4H2),
Kanister (3A2, 3B2, 3H2).

Die Verpackungen müssen den Prüfanforderungen für die Verpackungsgruppe I entsprechen.

(1) Die Verpackung muss bei einer schnellen Zerlegung, einer gefährlichen Reaktion, einer Flammenbildung, einer gefährlichen Wärmeentwicklung oder einem gefährlichen Ausstoß giftiger, ätzender oder entzündbarer Gase oder Dämpfe der Zellen oder Batterien in der Lage sein, die folgenden zusätzlichen Prüfanforderungen zu erfüllen:

a) die Temperatur der äußeren Oberfläche des vollständigen Versandstücks darf nicht höher sein als 100 °C. Eine kurzzeitige Temperaturspitze von bis zu 200 °C ist zulässig;

b) außerhalb des Versandstücks darf sich keine Flamme bilden;

c) aus dem Versandstück dürfen keine Splitter austreten;

d) die bauliche Unversehrtheit des Versandstücks muss aufrechterhalten werden und

e) die Verpackungen müssen gegebenenfalls über ein Gasmanagementsystem (z.B. Filtersystem, Luftzirkulation, Gasbehälter, gasdichte Verpackung) verfügen.

→ D: BAM-GGR 024

(2) Die zusätzlichen Prüfanforderungen an die Verpackung müssen durch eine von der zuständigen Behörde einer Vertragspartei des ADR festgelegte Prüfung überprüft werden, wobei diese zuständige Behörde auch eine von der zuständigen Behörde eines Landes, das keine Vertragspartei des ADR ist, festgelegte Prüfung anerkennen kann, vorausgesetzt, diese wurde in Übereinstimmung mit den gemäß dem RID, dem ADR, dem ADN, dem IMDG-Code oder den Technischen Anweisungen der ICAO anwendbaren Verfahren festgelegt[a)].

Auf Anfrage muss ein Überprüfungsbericht zur Verfügung gestellt werden. In dem Überprüfungsbericht müssen mindestens der Name, die Nummer, die Masse, der Typ und der Energiegehalt der Zellen oder Batterien sowie die Identifikation der Verpackung und die Prüfdaten gemäß der von der zuständigen Behörde festgelegten Überprüfungsmethode aufgeführt sein.

(3) Bei Verwendung von Trockeneis oder flüssigem Stickstoff als Kühlmittel gelten die Vorschriften des Abschnitts 5.5.3. Die Innen- und Außenverpackungen müssen bei der Temperatur des verwendeten Kühlmittels sowie bei den Temperaturen und Drücken, die bei einem Ausfall der Kühlung auftreten können, unversehrt bleiben.

---

a) Folgende Kriterien können, sofern zutreffend, für die Bewertung der Verpackung herangezogen werden:

a) Die Bewertung muss unter einem Qualitätssicherungssystem (wie z.B. in Absatz 2.2.9.1.7.1 e) beschrieben) vorgenommen werden, das die Nachvollziehbarkeit der Prüfergebnisse, der Bezugsdaten und der verwendeten Charakterisierungsmodelle ermöglicht.

b) Die voraussichtlichen Gefahren im Falle einer thermischen Instabilität des Zellen- oder Batterietyps in dem Zustand, in dem er befördert wird (z.B. Verwendung einer Innenverpackung, Ladezustand, Verwendung von ausreichend nichtbrennbarem, nicht elektrisch leitfähigem und absorbierendem Polstermaterial), müssen klar bestimmt und quantifiziert werden; die Referenzliste möglicher Gefahren für Zellen oder Batterien (z.B. schnelle Zerlegung, gefährliche Reaktion, Flammenbildung, gefährliche Wärmeentwicklung oder gefährlicher Ausstoß giftiger, ätzender oder entzündbarer Gase oder Dämpfe) kann für diesen Zweck verwendet werden. Die Quantifizierung dieser Gefahren muss auf der Grundlage verfügbarer wissenschaftlicher Literatur erfolgen.

c) Die Eindämmungswirkungen der Verpackung müssen auf der Grundlage der Art des vorhandenen Schutzes und der Eigenschaften der Bauwerkstoffe bestimmt und charakterisiert werden. Für die Untermauerung der Bewertung muss eine Aufstellung technischer Eigenschaften und Zeichnungen (Dichte ($kg \cdot m^{-3}$), spezifische Wärmekapazität ($J \cdot kg^{-1} \cdot K^{-1}$), Heizwert ($kJ \cdot kg^{-1}$), Wärmeleitfähigkeit ($W \cdot m^{-1} \cdot K^{-1}$), Schmelztemperatur und Entzündungstemperatur (K), Wärmedurchgangskoeffizient der Außenverpackung ($W \cdot m^{-2} \cdot K^{-1}$) ...) verwendet werden.

d) Die Prüfung und alle unterstützenden Berechnungen müssen die Folgen einer thermischen Instabilität der Zelle oder Batterie innerhalb der Verpackung unter normalen Beförderungsbedingungen bewerten.

e) Wenn der Ladezustand der Zelle oder Batterie unbekannt ist, muss die Bewertung mit dem höchstmöglichen Ladezustand, der den Verwendungsbedingungen der Zelle oder Batterie entspricht, erfolgen.

f) Die Umgebungsbedingungen, in denen die Verpackung verwendet und befördert werden darf, müssen gemäß dem Gasmanagementsystem der Verpackung beschrieben werden (einschließlich möglicher Folgen von Gas- oder Rauchemissionen für die Umgebung, wie Entlüftung oder andere Methoden).

g) Die Prüfungen oder Modellberechnungen müssen für die Auslösung und die Ausbreitung der thermischen Instabilität innerhalb der Zelle oder Batterie den schlimmsten Fall berücksichtigen; dieses Szenario schließt das denkbar schlimmste Versagen unter normalen Beförderungsbedingungen, die größte Wärme und die größten Flammenemissionen bei einer möglichen Ausbreitung der Reaktion ein.

| P911 | VERPACKUNGSANWEISUNG *(Forts.)* | P911 |
|---|---|---|

4.1.4.1 (Forts.)

h) Diese Szenarien müssen über einen ausreichend langen Zeitraum bewertet werden, um das Eintreten aller möglichen Auswirkungen zu ermöglichen (z.B. 24 Stunden).

i) Im Falle von mehreren Batterien und mehreren Ausrüstungen, die Batterien enthalten, müssen zusätzliche Anforderungen, wie die höchste Anzahl an Batterien und Ausrüstungen, der höchste Gesamtenergiegehalt der Batterien und die Anordnung innerhalb des Versandstücks, einschließlich der Abtrennungen und der Schutzvorrichtungen der Teile, berücksichtigt werden.

**Zusätzliche Vorschrift**

Die Zellen oder Batterien müssen gegen Kurzschluss geschützt sein.

| P912 | VERPACKUNGSANWEISUNG | P912 |
|---|---|---|

Diese Anweisung gilt für die UN-Nummern 3556, 3557 und 3558.

Das Fahrzeug muss in einer widerstandsfähigen, starren Außenverpackung gesichert sein, die aus einem geeigneten Werkstoff hergestellt ist und hinsichtlich ihres Fassungsraums und ihrer beabsichtigten Verwendung eine geeignete Festigkeit und Auslegung aufweist. Sie muss so gebaut sein, dass eine unbeabsichtigte Inbetriebsetzung während der Beförderung verhindert wird. Die Verpackungen müssen den Vorschriften des Unterabschnitts 4.1.1.3 nicht entsprechen. Das Fahrzeug muss durch Mittel gesichert werden, die geeignet sind, das Fahrzeug in der Außenverpackung so zu fixieren, dass Bewegungen während der Beförderung, die zu einer Veränderung der Ausrichtung oder zu einer Beschädigung der Batterie im Fahrzeug führen, verhindert werden.

Bei Fahrzeugen, die in einer Verpackung befördert werden, dürfen einige Teile des Fahrzeugs mit Ausnahme der Batterie vom Rahmen abgebaut sein, damit sie in die Verpackung passen.

**Bem.** Die Verpackungen dürfen eine Nettomasse von 400 kg überschreiten (siehe Unterabschnitt 4.1.3.3).

Fahrzeuge mit einer Einzel-Nettomasse von 30 kg oder mehr dürfen

a) in Verschlägen verladen oder auf Paletten befestigt sein,

b) unverpackt befördert werden, vorausgesetzt, das Fahrzeug kann während der Beförderung ohne zusätzliche Halterungen aufrecht stehen bleiben und das Fahrzeug bietet einen ausreichenden Schutz für die Batterie, so dass die Batterie nicht beschädigt werden kann, oder

c) wenn sie während der Beförderung umkippen können (z.B. Motorräder), unverpackt in einer Güterbeförderungseinheit befördert werden, die mit Mitteln zur Verhinderung eines Umkippens während der Beförderung, wie Verstrebungen, Rahmen oder Gestellen, ausgestattet ist.

| R001 | VERPACKUNGSANWEISUNG | R001 |
|---|---|---|

→ *MoU § 6*

Folgende Verpackungen sind zugelassen, wenn die allgemeinen Vorschriften der Abschnitte 4.1.1 und 4.1.3 erfüllt sind:

| Feinstblechverpackungen | höchster Fassungsraum/höchste Nettomasse | | |
|---|---|---|---|
| | **Verpackungsgruppe I** | **Verpackungsgruppe II** | **Verpackungsgruppe III** |
| aus Stahl, mit nicht abnehmbarem Deckel (0A1) | nicht zulässig | 40 l / 50 kg | 40 l / 50 kg |
| aus Stahl, mit abnehmbarem Deckel (0A2)[a)] | nicht zulässig | 40 l / 50 kg | 40 l / 50 kg |

a) nicht zugelassen für UN 1261 Nitromethan

**Bem.**

1. Diese Anweisung gilt für feste und flüssige Stoffe, vorausgesetzt, die Bauart ist entsprechend geprüft und gekennzeichnet.
2. Im Falle der Stoffe der Klasse 3 Verpackungsgruppe II dürfen diese Verpackungen nur für solche Stoffe verwendet werden, die keine Nebengefahr und einen Dampfdruck von höchstens 110 kPa bei 50 °C haben, sowie für schwach giftige Pestizide der Klasse 3 Verpackungsgruppe II.

## 4.1.4.2 Anweisungen für die Verwendung von Großpackmitteln (IBC)

| IBC01 | VERPACKUNGSANWEISUNG | IBC01 |
|---|---|---|
| Folgende Großpackmittel (IBC) sind zugelassen, wenn die allgemeinen Vorschriften der Abschnitte 4.1.1, 4.1.2 und 4.1.3 erfüllt sind:<br>metallene IBC (31A, 31B und 31N). | | |
| **RID- und ADR-spezifische Sondervorschrift für die Verpackung**<br>**BB1** Für die UN-Nummer 3130 müssen die Öffnungen der Gefäße mit zwei hintereinanderliegenden Einrichtungen fest verschlossen sein, von denen eine verschraubt oder in gleicher Weise gesichert sein muss. | | |

| IBC02 | VERPACKUNGSANWEISUNG | IBC02 |
|---|---|---|
| Folgende Großpackmittel (IBC) sind zugelassen, wenn die allgemeinen Vorschriften der Abschnitte 4.1.1, 4.1.2 und 4.1.3 erfüllt sind:<br>metallene IBC (31A, 31B und 31N);<br>starre Kunststoff-IBC (31H1 und 31H2);<br>Kombinations-IBC (31HZ1). | | |
| **Sondervorschriften für die Verpackung**<br>**B5** Für die UN-Nummern 1791, 2014, 2984 und 3149 müssen die Großpackmittel (IBC) mit einer Einrichtung zur Entlüftung während der Beförderung versehen sein. Der Einlass der Druckentlastungseinrichtung muss sich bei höchster Befüllung während der Beförderung in der Dampfphase des Großpackmittels (IBC) befinden.<br>**B7** Für die UN-Nummern 1222 und 1865 sind wegen des Explosionspotenzials dieser Stoffe bei Beförderung in großen Mengen Großpackmittel (IBC) mit einem Fassungsraum von mehr als 450 Liter nicht zugelassen.<br>**B8** Dieser Stoff darf in reiner Form nicht in Großpackmitteln (IBC) befördert werden, da bekannt ist, dass er einen Dampfdruck von mehr als 110 kPa bei 50 °C oder von mehr als 130 kPa bei 55 °C besitzt.<br>**B15** Für die UN-Nummer 2031 mit mehr als 55 % Salpetersäure beträgt die zulässige Verwendungsdauer von starren Kunststoff-IBC und starren Kunststoff-Innenbehältern von Kombinations-IBC zwei Jahre ab dem Datum der Herstellung.<br>**B16** Für die UN-Nummer 3375 sind Großpackmittel (IBC) der Typen 31A und 31N nur mit Zustimmung der zuständigen Behörde zugelassen. | | |
| **RID- und ADR-spezifische Sondervorschrift für die Verpackung**<br>**BB2** Für die UN-Nummer 1203 dürfen ungeachtet der Sondervorschrift 534 (siehe Abschnitt 3.3.1) Großpackmittel (IBC) nur verwendet werden, wenn der tatsächliche Dampfdruck bei 50 °C höchstens 110 kPa oder bei 55 °C höchstens 130 kPa beträgt.<br>**BB4** Für die UN-Nummern 1133, 1139, 1197, 1210, 1263, 1266, 1286, 1287, 1306, 1866, 1993 und 1999, die gemäß Absatz 2.2.3.1.4 der Verpackungsgruppe III zugeordnet sind, sind Großpackmittel (IBC) mit einem Fassungsraum von mehr als 450 Litern nicht zugelassen. | | |

| IBC03 | VERPACKUNGSANWEISUNG | IBC03 |
|---|---|---|
| Folgende Großpackmittel (IBC) sind zugelassen, wenn die allgemeinen Vorschriften der Abschnitte 4.1.1, 4.1.2 und 4.1.3 erfüllt sind:<br>metallene IBC (31A, 31B und 31N);<br>starre Kunststoff-IBC (31H1 und 31H2);<br>Kombinations-IBC (31HZ1, 31HA2, 31HB2, 31HN2, 31HD2 und 31HH2). | | |
| **Sondervorschriften für die Verpackung**<br>**B8** Dieser Stoff darf in reiner Form nicht in Großpackmitteln (IBC) befördert werden, da bekannt ist, dass er einen Dampfdruck von mehr als 110 kPa bei 50 °C oder von mehr als 130 kPa bei 55 °C besitzt.<br>**B19** Für die UN-Nummern 3532 und 3534 müssen die Großpackmittel (IBC) so ausgelegt und gebaut sein, dass sie das Freisetzen von Gas oder Dampf ermöglichen, um einen Druckaufbau zu verhindern, der bei einem Verlust der Stabilisierung zu einem Zubruchgehen des Großpackmittels (IBC) führen könnte. | | |

4.1.4.2 (Forts.)

| IBC04 | VERPACKUNGSANWEISUNG | IBC04 |
|---|---|---|
| Folgende Großpackmittel (IBC) sind zugelassen, wenn die allgemeinen Vorschriften der Abschnitte 4.1.1, 4.1.2 und 4.1.3 erfüllt sind:<br>metallene IBC (11A, 11B, 11N, 21A, 21B, 21N, 31A, 31B und 31N). | | |

| IBC05 | VERPACKUNGSANWEISUNG | IBC05 |
|---|---|---|
| Folgende Großpackmittel (IBC) sind zugelassen, wenn die allgemeinen Vorschriften der Abschnitte 4.1.1, 4.1.2 und 4.1.3 erfüllt sind:<br>metallene IBC (11A, 11B, 11N, 21A, 21B, 21N, 31A, 31B und 31N);<br>starre Kunststoff-IBC (11H1, 11H2, 21H1, 21H2, 31H1 und 31H2);<br>Kombinations-IBC (11HZ1, 21HZ1 und 31HZ1). | | |

| IBC06 | VERPACKUNGSANWEISUNG | IBC06 |
|---|---|---|
| Folgende Großpackmittel (IBC) sind zugelassen, wenn die allgemeinen Vorschriften der Abschnitte 4.1.1, 4.1.2 und 4.1.3 erfüllt sind:<br>metallene IBC (11A, 11B, 11N, 21A, 21B, 21N, 31A, 31B und 31N);<br>starre Kunststoff-IBC (11H1, 11H2, 21H1, 21H2, 31H1 und 31H2);<br>Kombinations-IBC (11HZ1, 11HZ2, 21HZ1, 21HZ2 und 31HZ1). | | |
| **Zusätzliche Vorschrift**<br>Wenn sich der feste Stoff während der Beförderung verflüssigen kann, siehe Unterabschnitt 4.1.3.4. | | |
| **Sondervorschrift für die Verpackung**<br>**B12** Für die UN-Nummer 2907 müssen die IBC den Prüfanforderungen für die Verpackungsgruppe II entsprechen. IBC, die den Prüfkriterien für die Verpackungsgruppe I entsprechen, dürfen nicht verwendet werden. | | |

| IBC07 | VERPACKUNGSANWEISUNG | IBC07 |
|---|---|---|
| Folgende Großpackmittel (IBC) sind zugelassen, wenn die allgemeinen Vorschriften der Abschnitte 4.1.1, 4.1.2 und 4.1.3 erfüllt sind:<br>metallene IBC (11A, 11B, 11N, 21A, 21B, 21N, 31A, 31B und 31N);<br>starre Kunststoff-IBC (11H1, 11H2, 21H1, 21H2, 31H1 und 31H2);<br>Kombinations-IBC (11HZ1, 11HZ2, 21HZ1, 21HZ2 und 31HZ1);<br>IBC aus Holz (11C, 11D und 11F). | | |
| **Zusätzliche Vorschriften**<br>1. Wenn sich der feste Stoff während der Beförderung verflüssigen kann, siehe Unterabschnitt 4.1.3.4.<br>2. Die Innenauskleidungen der IBC aus Holz müssen staubdicht sein. | | |
| **Sondervorschriften für die Verpackung**<br>**B18** Für die UN-Nummern 3531 und 3533 müssen die Großpackmittel (IBC) so ausgelegt und gebaut sein, dass sie das Freisetzen von Gas oder Dampf ermöglichen, um einen Druckaufbau zu verhindern, der bei einem Verlust der Stabilisierung zu einem Zubruchgehen des Großpackmittels (IBC) führen könnte.<br>**B20** Die UN-Nummer 3550 darf in flexiblen IBC (13H3 oder 13H4) mit staubdichten Innenauskleidungen befördert werden, um jegliches Austreten von Staub während der Beförderung zu verhindern. | | |

4.1.4.2 (Forts.)

| IBC08 | VERPACKUNGSANWEISUNG | IBC08 |
|---|---|---|

Folgende Großpackmittel (IBC) sind zugelassen, wenn die allgemeinen Vorschriften der Abschnitte 4.1.1, 4.1.2 und 4.1.3 erfüllt sind:

metallene IBC (11A, 11B, 11N, 21A, 21B, 21N, 31A, 31B und 31N);

starre Kunststoff-IBC (11H1, 11H2, 21H1, 21H2, 31H1 und 31H2);

Kombinations-IBC (11HZ1, 11HZ2, 21HZ1, 21HZ2 und 31HZ1);

IBC aus Pappe (11G);

IBC aus Holz (11C, 11D und 11F);

flexible IBC (13H1, 13H2, 13H3, 13H4, 13H5, 13L1, 13L2, 13L3, 13L4, 13M1 und 13M2).

**Zusätzliche Vorschriften**

Wenn sich der feste Stoff während der Beförderung verflüssigen kann, siehe Unterabschnitt 4.1.3.4.

**Sondervorschriften für die Verpackung**

**B3** Flexible IBC müssen staubdicht und wasserbeständig oder mit einer staubdichten und wasserbeständigen Innenauskleidung versehen sein.

**B4** Flexible IBC, IBC aus Pappe und IBC aus Holz müssen staubdicht und wasserbeständig sein oder mit einer staubdichten und wasserbeständigen Innenauskleidung versehen sein.

**B6** Für die UN-Nummern 1363, 1364, 1365, 1386, 1408, 1841, 2211, 2217, 2793 und 3314 ist es nicht erforderlich, dass die IBC die Prüfvorschriften des Kapitels 6.5 erfüllen.

**B13** **Bem.** Für die UN-Nummern 1748, 2208, 2880, 3485, 3486 und 3487 ist gemäß IMDG-Code eine Seebeförderung in Großpackmitteln (IBC) nicht zugelassen.

**RID- und ADR-spezifische Sondervorschrift für die Verpackung**

**BB3** Für die UN-Nummer 3509 müssen die IBC nicht den Vorschriften des Unterabschnitts 4.1.1.3 entsprechen.

Es müssen IBC verwendet werden, die den Vorschriften des Abschnitts 6.5.5 entsprechen und die flüssigkeitsdicht oder mit einer flüssigkeitsdichten, durchstoßfesten und dicht verschlossenen Innenauskleidung oder einem flüssigkeitsdichten, durchstoßfesten und dicht verschlossenen Sack ausgerüstet sind.

Wenn die einzigen enthaltenen Rückstände feste Stoffe sind, die sich bei den während der Beförderung voraussichtlich auftretenden Temperaturen nicht verflüssigen können, dürfen flexible IBC verwendet werden.

Wenn flüssige Rückstände vorhanden sind, müssen starre IBC, die über Rückhaltemittel (z.B. saugfähiges Material) verfügen, verwendet werden.

Vor der Befüllung und der Übergabe zur Beförderung muss jeder IBC überprüft werden, um sicherzustellen, dass er frei von Korrosion, Verunreinigung oder anderen Schäden ist. IBC mit Anzeichen verminderter Widerstandsfähigkeit dürfen nicht mehr verwendet werden (kleinere Beulen und Risse gelten dabei nicht als Verringerung der Widerstandsfähigkeit des IBC).

IBC für die Beförderung von leeren, ungereinigten Altverpackungen mit Rückständen der Klasse 5.1 müssen so gebaut oder angepasst sein, dass die Güter nicht mit Holz oder anderen brennbaren Werkstoffen in Berührung kommen können.

| IBC99 | VERPACKUNGSANWEISUNG | IBC99 |
|---|---|---|

Es dürfen nur von der zuständigen Behörde für diese Güter zugelassene Großpackmittel (IBC) verwendet werden. Jeder Sendung muss eine Kopie der Zulassung der zuständigen Behörde beigefügt werden, oder das Beförderungspapier muss eine Angabe enthalten, dass die Verpackung durch die zuständige Behörde zugelassen ist.

| IBC100 | VERPACKUNGSANWEISUNG | IBC100 |
|---|---|---|

Diese Anweisung gilt für die UN-Nummern 0082, 0222, 0241, 0331 und 0332.

Folgende Großpackmittel (IBC) sind zugelassen, wenn die allgemeinen Vorschriften der Abschnitte 4.1.1, 4.1.2 und 4.1.3 sowie die besonderen Vorschriften des Abschnitts 4.1.5 erfüllt sind:

metallene IBC (11A, 11B, 11N, 21A, 21B, 21N, 31A, 31B und 31N);

flexible IBC (13H2, 13H3, 13H4, 13L2, 13L3, 13L4 und 13M2);

starre Kunststoff-IBC (11H1, 11H2, 21H1, 21H2, 31H1 und 31H2);

Kombinations-IBC (11HZ1, 11HZ2, 21HZ1, 21HZ2, 31HZ1 und 31HZ2).

4.1.4.2 (Forts.)

| IBC100 | VERPACKUNGSANWEISUNG *(Forts.)* | IBC100 |
|---|---|---|

**Zusätzliche Vorschriften**

1. IBC dürfen nur für frei fließende Stoffe verwendet werden.
2. Flexible IBC dürfen nur für feste Stoffe verwendet werden.

**Sondervorschriften für die Verpackung**

**B3** Für die UN-Nummer 0222 müssen flexible IBC staubdicht und wasserbeständig oder mit einer staubdichten und wasserbeständigen Innenauskleidung versehen sein.

**B9** Für die UN-Nummer 0082 darf diese Verpackungsanweisung nur verwendet werden, wenn die Stoffe aus Gemischen von Ammoniumnitrat oder anderen anorganischen Nitraten mit anderen brennbaren Stoffen, die keine explosiven Bestandteile sind, bestehen. Solche explosiven Stoffe dürfen kein Nitroglycerin, keine ähnlichen flüssigen organischen Nitrate und keine Chlorate enthalten. Metallene IBC sind nicht zugelassen.

**B10** Für die UN-Nummer 0241 darf diese Verpackungsanweisung nur für Stoffe verwendet werden, die Wasser als wesentlichen Bestandteil und große Anteile von Ammoniumnitrat oder anderen oxidierenden Stoffen enthalten, von denen sich einige oder alle in Lösung befinden. Die anderen Bestandteile dürfen Kohlenwasserstoffe oder Aluminium-Pulver, jedoch keine Nitroverbindungen wie Trinitrotoluen (TNT) beinhalten. Metallene IBC sind nicht zugelassen.

**B17** Für die UN-Nummer 0222 sind metallene IBC nicht zugelassen.

| IBC520 | VERPACKUNGSANWEISUNG | IBC520 |
|---|---|---|

Diese Anweisung gilt für organische Peroxide und selbstzersetzliche Stoffe des Typs F.

Folgende Großpackmittel (IBC) sind für die aufgeführten Zusammensetzungen zugelassen, wenn die allgemeinen Vorschriften der Abschnitte 4.1.1, 4.1.2 und 4.1.3 sowie die besonderen Vorschriften des Unterabschnitts 4.1.7.2 erfüllt sind. Die Zubereitungen, die in Unterabschnitt 2.2.41.4 oder 2.2.52.4 nicht aufgeführt sind, jedoch nachstehend aufgeführt sind, dürfen, gegebenenfalls mit denselben Kontroll- und Notfalltemperaturen, auch gemäß Unterabschnitt 4.1.4.1 Verpackungsanweisung P520 Verpackungsmethode OP8 verpackt befördert werden.

Für nicht aufgeführte Zusammensetzungen dürfen nur von der zuständigen Behörde genehmigte Großpackmittel (IBC) verwendet werden (siehe Absatz 4.1.7.2.2).

| UN-Nummer | Organisches Peroxid | IBC-Typ | Höchstmenge (Liter/kg) | Kontrolltemperatur | Notfalltemperatur |
|---|---|---|---|---|---|
| 3109 | **ORGANISCHES PEROXID TYP F, FLÜSSIG** | | | | |
| | tert-BUTYLCUMYLPEROXID | 31HA1 | 1 000 | | |
| | tert-BUTYLHYDROPEROXID, höchstens 72 %, mit Wasser | 31A<br>31HA1 | 1 250<br>1 000 | | |
| | tert-BUTYLPEROXYACETAT, höchstens 32 %, in Verdünnungsmittel Typ A | 31A<br>31HA1 | 1 250<br>1 000 | | |
| | tert-BUTYLPEROXYBENZOAT, höchstens 32 %, in Verdünnungsmittel Typ A | 31A | 1 250 | | |
| | tert-BUTYLPEROXY-3,5,5-TRIMETHYLHEXANOAT, höchstens 37 %, in Verdünnungsmittel Typ A | 31A<br>31HA1 | 1 250<br>1 000 | | |
| | CUMYLHYDROPEROXID, höchstens 90 %, in Verdünnungsmittel Typ A | 31HA1 | 1 250 | | |
| | DIBENZOYLPEROXID, höchstens 42 %, stabile Dispersion in Wasser | 31H1 | 1 000 | | |
| | DI-tert-BUTYLPEROXID, höchstens 52 %, in Verdünnungsmittel Typ A | 31A<br>31HA1 | 1 250<br>1 000 | | |
| | 1,1-DI-(tert-BUTYLPEROXY)-CYCLOHEXAN, höchstens 37 %, in Verdünnungsmittel Typ A | 31A | 1 250 | | |
| | 1,1-DI-(tert-BUTYLPEROXY)-CYCLOHEXAN, höchstens 42 %, in Verdünnungsmittel Typ A | 31H1 | 1 000 | | |
| | DILAUROYLPEROXID, höchstens 42 %, stabile Dispersion in Wasser | 31HA1 | 1 000 | | |
| | 2,5-DIMETHYL-2,5-DI-(tert-BUTYLPEROXY)-HEXAN, höchstens 52 %, in Verdünnungsmittel Typ A | 31HA1 | 1 000 | | |

4.1.4.2 (Forts.)

| IBC520 | VERPACKUNGSANWEISUNG *(Forts.)* | | | | IBC520 |
|---|---|---|---|---|---|
| **UN-Nummer** | **Organisches Peroxid** | **IBC-Typ** | **Höchst-menge (Liter/kg)** | **Kontroll-tempera-tur** | **Notfall-tempera-tur** |
| **3109** *(Forts.)* | ISOPROPYLCUMYLHYDROPEROXID, höchstens 72 %, in Verdünnungsmittel Typ A | 31HA1 | 1 250 | | |
| | p-MENTHYLHYDROPEROXID, höchstens 72 %, in Verdünnungsmittel Typ A | 31HA1 | 1 250 | | |
| | PEROXYESSIGSÄURE, STABILISIERT, höchstens 17 % | 31H1<br>31H2<br>31HA1<br>31A | 1 500<br>1 500<br>1 500<br>1 500 | | |
| | 3,6,9-TRIETHYL-3,6,9-TRIMETHYL-1,4,7-TRIPEROXONAN, höchstens 27 %, in Verdünnungsmittel Typ A | 31HA1 | 1 000 | | |
| **3110** | **ORGANISCHES PEROXID TYP F, FEST** | | | | |
| | DICUMYLPEROXID | 31A<br>31H1<br>31HA1 | 2 000 | | |
| **3119** | **ORGANISCHES PEROXID TYP F, FLÜSSIG, TEMPERATURKONTROLLIERT** | | | | |
| | tert-AMYLPEROXY-2-ETHYLHEXANOAT, höchstens 62 % in Verdünnungsmittel Typ A | 31HA1 | 1 000 | +15 °C | +20 °C |
| | tert-AMYLPEROXYPIVALAT, höchstens 32 % in Verdünnungsmittel Typ A | 31A | 1 250 | +10 °C | +15 °C |
| | tert-AMYLPEROXYPIVALAT, höchstens 42 %, stabile Dispersion in Wasser | 31HA1 | 1 000 | 0 °C | +10 °C |
| | tert-BUTYLPEROXY-2-ETHYLHEXANOAT, höchstens 32 %, in Verdünnungsmittel Typ B | 31HA1<br>31A | 1 000<br>1 250 | +30 °C<br>+30 °C | +35 °C<br>+35 °C |
| | tert-BUTYLPEROXYNEODECANOAT, höchstens 32 %, in Verdünnungsmittel Typ A | 31A | 1 250 | 0 °C | +10 °C |
| | tert-BUTYLPEROXYNEODECANOAT, höchstens 42 %, stabile Dispersion in Wasser | 31A | 1 250 | –5 °C | +5 °C |
| | tert-BUTYLPEROXYNEODECANOAT, höchstens 52 %, als stabile Dispersion in Wasser | 31A | 1 250 | –5 °C | +5 °C |
| | tert-BUTYLPEROXYPIVALAT, höchstens 27 %, in Verdünnungsmittel Typ B | 31HA1<br>31A | 1 000<br>1 250 | +10 °C<br>+10 °C | +15 °C<br>+15 °C |
| | tert-BUTYLPEROXYPIVALAT, höchstens 42 %, in Verdünnungsmittel Typ A | 31HA1<br>31A | 1 000<br>1 250 | +10 °C<br>+10 °C | +15 °C<br>+15 °C |
| | CUMYLPEROXYNEODECANOAT, höchstens 52 %, stabile Dispersion in Wasser | 31A | 1 250 | –15 °C | –5 °C |
| | DI-(4-tert-BUTYLCYCLOHEXYL)-PEROXYDICARBONAT, höchstens 42 %, stabile Dispersion in Wasser | 31HA1 | 1 000 | +30 °C | +35 °C |
| | DICETYLPEROXYDICARBONAT, höchstens 42 %, stabile Dispersion in Wasser | 31HA1 | 1 000 | +30 °C | +35 °C |
| | DICYCLOHEXYLPEROXYDICARBONAT mit höchstens 42 % als stabile Dispersion in Wasser | 31A | 1 250 | +10 °C | +15 °C |
| | DI-(2-ETHYLHEXYL)-PEROXYDICARBONAT, höchstens 62 %, stabile Dispersion in Wasser | 31HA1<br>31A | 1 000<br>1 250 | –20 °C<br>–20 °C | –10 °C<br>–10 °C |
| | DIISOBUTYRYLPEROXID, höchstens 28 %, stabile Dispersion in Wasser | 31HA1<br>31A | 1000<br>1250 | –20 °C<br>–20 °C | –10 °C<br>–10 °C |
| | DIISOBUTYRYLPEROXID, höchstens 42 %, stabile Dispersion in Wasser | 31HA1<br>31A | 1000<br>1250 | –25 °C<br>–25 °C | –15 °C<br>–15 °C |
| | DIMYRISTYLPEROXYDICARBONAT, höchstens 42 %, stabile Dispersion in Wasser | 31HA1 | 1 000 | +15 °C | +20 °C |

4.1.4.2 (Forts.)

| IBC520 | VERPACKUNGSANWEISUNG *(Forts.)* | | | | IBC520 |
|---|---|---|---|---|---|
| **UN-Nummer** | **Organisches Peroxid** | **IBC-Typ** | **Höchstmenge (Liter/kg)** | **Kontrolltemperatur** | **Notfalltemperatur** |
| **3119** *(Forts.)* | DI-(2-NEODECANOYLPEROXYISOPROPYL)-BENZEN, höchstens 42 %, stabile Dispersion in Wasser | 31A | 1 250 | –15 °C | –5 °C |
| | DI-(3,5,5-TRIMETHYLHEXANOYL)-PEROXID, höchstens 52 %, in Verdünnungsmittel Typ A | 31HA1<br>31A | 1 000<br>1 250 | +10 °C<br>+10 °C | +15 °C<br>+15 °C |
| | DI-(3,5,5-TRIMETHYLHEXANOYL)-PEROXID, höchstens 52 %, stabile Dispersion in Wasser | 31A<br>31HA1 | 1 250<br>1 000 | +10 °C<br>+10 °C | +15 °C<br>+15 °C |
| | 3-HYDROXY-1,1-DIMETHYLBUTYLPEROXYNEODECANOAT, höchstens 52 %, als stabile Dispersion in Wasser | 31A | 1 250 | –15 °C | –5 °C |
| | 1,1,3,3-TETRAMETHYLBUTYLPEROXY-2-ETHYLHEXANOAT, höchstens 67 %, in Verdünnungsmittel Typ A | 31HA1 | 1 000 | +15 °C | +20 °C |
| | 1,1,3,3-TETRAMETHYLBUTYLPEROXYNEODECANOAT, höchstens 52 %, stabile Dispersion in Wasser | 31HA1<br>31A | 1 000<br>1 250 | –5 °C<br>–5 °C | +5 °C<br>+5 °C |
| **3120** | **ORGANISCHES PEROXID TYP F, FEST, TEMPERATURKONTROLLIERT**<br>keine Zubereitungen zugeordnet | | | | |

**Zusätzliche Vorschriften**

1. Die Großpackmittel (IBC) müssen mit einer Einrichtung zur Entlüftung während der Beförderung versehen sein. Der Einlass der Druckentlastungseinrichtung muss sich bei höchster Befüllung während der Beförderung in der Dampfphase des Großpackmittels (IBC) befinden.
2. Um ein explosionsartiges Zerbersten von metallenen IBC oder Kombinations-IBC mit vollwandigem Metallgehäuse zu vermeiden, müssen die Notfall-Druckentlastungseinrichtungen so ausgelegt sein, dass alle Zersetzungsprodukte und Dämpfe abgeführt werden, die bei selbstbeschleunigender Zersetzung oder bei Feuereinwirkung während eines Zeitraums von mindestens einer Stunde, berechnet nach der in Absatz 4.2.1.13.8 angegebenen Formel, entwickelt werden. Die in dieser Verpackungsanweisung angegebenen Kontroll- und Notfalltemperaturen beziehen sich auf ein nicht wärmeisoliertes Großpackmittel (IBC). Beim Versand eines organischen Peroxids in einem Großpackmittel (IBC) gemäß dieser Verpackungsanweisung hat der Absender die Pflicht, sicherzustellen, dass
   a) die am Großpackmittel (IBC) angebrachten Druck- und Notfall-Druckentlastungseinrichtungen unter entsprechender Berücksichtigung der selbstbeschleunigenden Zersetzung des organischen Peroxids und einer Feuereinwirkung ausgelegt sind und,
   b) sofern zutreffend, die angegebenen Kontroll- und Notfalltemperaturen unter Berücksichtigung der Auslegung (z.B. Wärmeisolierung) des zu verwendenden Großpackmittels (IBC) geeignet sind.

**IBC620 VERPACKUNGSANWEISUNG IBC620**

Diese Anweisung gilt für die UN-Nummer 3291.

Folgende Großpackmittel (IBC) sind zugelassen, wenn die allgemeinen Vorschriften der Abschnitte 4.1.1, ausgenommen Absatz 4.1.1.15, 4.1.2 und 4.1.3 erfüllt sind:

starre dichte IBC, die den Prüfanforderungen für die Verpackungsgruppe II entsprechen.

**Zusätzliche Vorschriften**

1. Es muss genügend saugfähiges Material vorhanden sein, um die gesamte Menge der im Großpackmittel (IBC) enthaltenen flüssigen Stoffe aufzunehmen.
2. Die Großpackmittel (IBC) müssen in der Lage sein, flüssige Stoffe zurückzuhalten.
3. Großpackmittel (IBC), die für scharfe oder spitze Gegenstände wie Glasscherben und Nadeln vorgesehen sind, müssen durchstoßfest sein.

### 4.1.4.3 Anweisungen für die Verwendung von Großverpackungen

| LP01 | VERPACKUNGSANWEISUNG | | | LP01 |
|---|---|---|---|---|
| Folgende Großverpackungen sind zugelassen, wenn die allgemeinen Vorschriften der Abschnitte 4.1.1 und 4.1.3 erfüllt sind: | | | | |
| **Innenverpackungen** | **Großverpackungen als Außenverpackungen** | **Verpackungsgruppe I** | **Verpackungsgruppe II** | **Verpackungsgruppe III** |
| aus Glas 10 Liter<br>aus Kunststoff 30 Liter<br>aus Metall 40 Liter | aus Stahl (50A)<br>aus Aluminium (50B)<br>aus einem anderen Metall als Stahl oder Aluminium (50N)<br>aus starrem Kunststoff (50H)<br>aus Naturholz (50C)<br>aus Sperrholz (50D)<br>aus Holzfaserwerkstoff (50F)<br>aus starrer Pappe (50G) | nicht zugelassen | nicht zugelassen | Höchstvolumen: 3 m³ |

| LP02 | VERPACKUNGSANWEISUNG | | | LP02 |
|---|---|---|---|---|
| Folgende Großverpackungen sind zugelassen, wenn die allgemeinen Vorschriften der Abschnitte 4.1.1 und 4.1.3 erfüllt sind: | | | | |
| **Innenverpackungen** | **Großverpackungen als Außenverpackungen** | **Verpackungsgruppe I** | **Verpackungsgruppe II** | **Verpackungsgruppe III** |
| aus Glas 10 kg<br>aus Kunststoff[b)] 50 kg<br>aus Metall 50 kg<br>aus Papier[a), b)] 50 kg<br>aus Pappe[a), b)] 50 kg | aus Stahl (50A)<br>aus Aluminium (50B)<br>aus einem anderen Metall als Stahl oder Aluminium (50N)<br>aus starrem Kunststoff (50H)<br>aus Naturholz (50C)<br>aus Sperrholz (50D)<br>aus Holzfaserwerkstoff (50F)<br>aus starrer Pappe (50G)<br>aus flexiblem Kunststoff (51H)[c)] | nicht zugelassen | nicht zugelassen | Höchstvolumen: 3 m³ |

a) Diese Innenverpackungen dürfen nicht verwendet werden, wenn sich die zu befördernden Stoffe während der Beförderung verflüssigen können.

b) Diese Innenverpackungen müssen staubdicht sein.

c) Nur mit flexiblen Innenverpackungen zu verwenden.

**Sondervorschriften für die Verpackung**

**L2** (gestrichen)

**L3** **Bem.** Für die UN-Nummern 2208 und 3486 ist eine Seebeförderung in Großverpackungen nicht zugelassen.

**RID- und ADR-spezifische Sondervorschrift für die Verpackung**

**LL1** Für die UN-Nummer 3509 müssen die Großverpackungen nicht den Vorschriften des Unterabschnitts 4.1.1.3 entsprechen.

Es müssen Großverpackungen verwendet werden, die den Vorschriften des Abschnitts 6.6.4 entsprechen und die flüssigkeitsdicht oder mit einer flüssigkeitsdichten, durchstoßfesten und dicht verschlossenen Innenauskleidung oder einem flüssigkeitsdichten, durchstoßfesten und dicht verschlossenen Sack ausgerüstet sind.

Wenn die einzigen enthaltenen Rückstände feste Stoffe sind, die sich bei den während der Beförderung voraussichtlich auftretenden Temperaturen nicht verflüssigen können, dürfen flexible Großverpackungen verwendet werden.

Wenn flüssige Rückstände vorhanden sind, müssen starre Großverpackungen, die über Rückhaltemittel (z.B. saugfähiges Material) verfügen, verwendet werden.

Vor der Befüllung und der Übergabe zur Beförderung muss jede Großverpackung überprüft werden, um sicherzustellen, dass sie frei von Korrosion, Verunreinigung oder anderen Schäden ist. Großverpackungen mit Anzeichen verminderter Widerstandsfähigkeit dürfen nicht mehr verwendet werden (kleinere Beulen und Risse gelten dabei nicht als Verringerung der Widerstandsfähigkeit der Großverpackung).

Großverpackungen für die Beförderung von leeren, ungereinigten Altverpackungen mit Rückständen der Klasse 5.1 müssen so gebaut oder angepasst sein, dass die Güter nicht mit Holz oder anderen brennbaren Werkstoffen in Berührung kommen können.

4.1.4.3 (Forts.)

| LP03 | VERPACKUNGSANWEISUNG | LP03 |
|---|---|---|

Diese Anweisung gilt für die UN-Nummern 3537 bis 3548.

(1) Folgende Großverpackungen sind zugelassen, wenn die allgemeinen Vorschriften der Abschnitte 4.1.1 und 4.1.3 erfüllt sind:

starre Großverpackungen, die den Prüfanforderungen für die Verpackungsgruppe II entsprechen:
- aus Stahl (50A)
- aus Aluminium (50B)
- aus einem anderen Metall als Stahl oder Aluminium (50N)
- aus starrem Kunststoff (50H)
- aus Naturholz (50C)
- aus Sperrholz (50D)
- aus Holzfaserwerkstoff (50F)
- aus starrer Pappe (50G)

(2) Darüber hinaus müssen folgende Vorschriften erfüllt sein:

a) In Gegenständen enthaltene Gefäße, die flüssige oder feste Stoffe enthalten, müssen aus geeigneten Werkstoffen hergestellt und im Gegenstand so gesichert sein, dass sie unter normalen Beförderungsbedingungen nicht zerbrechen oder durchstoßen werden können oder ihr Inhalt nicht in den Gegenstand oder die Außenverpackung austreten kann.

b) Gefäße, die flüssige Stoffe enthalten und mit Verschlüssen ausgerüstet sind, müssen so verpackt werden, dass die Verschlüsse richtig ausgerichtet sind. Die Gefäße müssen darüber hinaus den Vorschriften für die Innendruckprüfung des Unterabschnitts 6.1.5.5 entsprechen.

c) Gefäße, die zerbrechlich sind oder leicht durchstoßen werden können, wie Gefäße aus Glas, Porzellan oder Steinzeug oder aus gewissen Kunststoffen, müssen in geeigneter Weise gesichert werden. Beim Austreten des Inhalts dürfen die schützenden Eigenschaften des Gegenstandes oder der Außenverpackung nicht wesentlich beeinträchtigt werden.

d) In Gegenständen enthaltene Gefäße, die Gase enthalten, müssen den Vorschriften des Abschnitts 4.1.6 bzw. des Kapitels 6.2 entsprechen oder in der Lage sein, ein gleichwertiges Schutzniveau wie die Verpackungsanweisung P200 oder P208 zu erzielen.

e) Wenn innerhalb des Gegenstandes kein Gefäß vorhanden ist, muss der Gegenstand die gefährlichen Stoffe vollständig umschließen und ihre Freisetzung unter normalen Beförderungsbedingungen verhindern.

(3) Die Gegenstände müssen so verpackt sein, dass Bewegungen und eine unbeabsichtigte Inbetriebsetzung unter normalen Beförderungsbedingungen verhindert werden.

(4) Gegenstände, die Vorproduktionsprototypen von Lithiumzellen oder -batterien oder Natrium-Ionen-Zellen oder -Batterien enthalten, sofern diese Prototypen zu Prüfzwecken befördert werden, oder Produktionsserien von höchstens 100 Lithiumzellen oder -batterien oder Natrium-Ionen-Zellen oder -Batterien, die einem Typ entsprechen, der nicht die Prüfvorschriften des Handbuchs Prüfungen und Kriterien Teil III Unterabschnitt 38.3 erfüllt hat, müssen darüber hinaus folgenden Vorschriften entsprechen:

a) Die Verpackungen müssen den Vorschriften des Absatzes (1) dieser Verpackungsanweisung entsprechen.

b) Es müssen geeignete Maßnahmen ergriffen werden, um die Auswirkungen von Vibrationen und Stößen gering zu halten und Bewegungen des Gegenstandes im Versandstück, die zu Schäden und gefährlichen Bedingungen während der Beförderung führen können, zu verhindern. Wenn für die Einhaltung dieser Vorschrift Polstermaterial verwendet wird, so muss dieses nichtbrennbar und nicht elektrisch leitfähig sein.

c) Die Nichtbrennbarkeit des Polstermaterials muss in Übereinstimmung mit einer Norm festgestellt werden, die in dem Land, in dem die Verpackung ausgelegt oder hergestellt wird, anerkannt ist.

| LP99 | VERPACKUNGSANWEISUNG | LP99 |
|---|---|---|

Es dürfen nur von der zuständigen Behörde für diese Güter zugelassene Großverpackungen verwendet werden. Jeder Sendung muss eine Kopie der Zulassung der zuständigen Behörde beigefügt werden, oder das Beförderungspapier muss eine Angabe enthalten, dass die Verpackung durch die zuständige Behörde zugelassen ist.

4.1.4.3 (Forts.)

| LP101 | VERPACKUNGSANWEISUNG | LP101 |
|---|---|---|
| Folgende Großverpackungen sind zugelassen, wenn die allgemeinen Vorschriften der Abschnitte 4.1.1 und 4.1.3 sowie die besonderen Vorschriften des Abschnitts 4.1.5 erfüllt sind: | | |
| **Innenverpackungen** | **Zwischenverpackungen** | **Außengroßverpackungen** |
| nicht erforderlich | nicht erforderlich | aus Stahl (50A)<br>aus Aluminium (50B)<br>aus einem anderen Metall als Stahl oder Aluminium (50N)<br>aus starrem Kunststoff (50H)<br>aus Naturholz (50C)<br>aus Sperrholz (50D)<br>aus Holzfaserwerkstoff (50F)<br>aus starrer Pappe (50G) |

**Sondervorschrift für die Verpackung**

**L1** Folgendes gilt für die UN-Nummern 0006, 0009, 0010, 0015, 0016, 0018, 0019, 0034, 0035, 0038, 0039, 0048, 0056, 0137, 0138, 0168, 0169, 0171, 0181, 0182, 0183, 0186, 0221, 0243, 0244, 0245, 0246, 0254, 0280, 0281, 0286, 0287, 0297, 0299, 0300, 0301, 0303, 0321, 0328, 0329, 0344, 0345, 0346, 0347, 0362, 0363, 0370, 0412, 0424, 0425, 0434, 0435, 0436, 0437, 0438, 0451, 0488, 0502 und 0510:

Große und robuste Gegenstände mit Explosivstoff, die normalerweise für militärische Verwendung vorgesehen sind und die keine Zündmittel enthalten oder deren Zündmittel mit mindestens zwei wirksamen Sicherungsvorrichtungen ausgerüstet sind, dürfen ohne Verpackung befördert werden. Enthalten diese Gegenstände Treibladungen oder sind die Gegenstände selbstantreibend, müssen ihre Zündungssysteme gegenüber Belastungen geschützt sein, die unter normalen Beförderungsbedingungen auftreten können. Ist das Ergebnis der an einem unverpackten Gegenstand durchgeführten Prüfungen der Prüfreihe 4 negativ, kann eine Beförderung des Gegenstandes ohne Verpackung vorgesehen werden. Solche unverpackten Gegenstände dürfen auf Schlitten befestigt oder in Verschlägen oder anderen geeigneten Handhabungseinrichtungen eingesetzt sein.

| LP102 | VERPACKUNGSANWEISUNG | LP102 |
|---|---|---|
| Folgende Großverpackungen sind zugelassen, wenn die allgemeinen Vorschriften der Abschnitte 4.1.1 und 4.1.3 sowie die besonderen Vorschriften des Abschnitts 4.1.5 erfüllt sind: | | |
| **Innenverpackungen** | **Zwischenverpackungen** | **Außengroßverpackungen** |
| **Säcke**<br>wasserbeständig<br>**Behälter**<br>aus Pappe<br>aus Metall<br>aus Kunststoff<br>aus Holz<br>**Einwickler**<br>aus Wellpappe<br>**Hülsen**<br>aus Pappe | nicht erforderlich | aus Stahl (50A)<br>aus Aluminium (50B)<br>aus einem anderen Metall als Stahl oder Aluminium (50N)<br>aus starrem Kunststoff (50H)<br>aus Naturholz (50C)<br>aus Sperrholz (50D)<br>aus Holzfaserwerkstoff (50F)<br>aus starrer Pappe (50G) |

→ 4.1.4.3 LP02

| LP200 | VERPACKUNGSANWEISUNG | LP200 |
|---|---|---|

Diese Anweisung gilt für die UN-Nummern 1950 und 2037.

Folgende Großverpackungen sind für Druckgaspackungen und Gaspatronen zugelassen, wenn die allgemeinen Vorschriften der Abschnitte 4.1.1 und 4.1.3 erfüllt sind:

starre Großverpackungen, die den Prüfanforderungen für die Verpackungsgruppe II entsprechen:
- aus Stahl (50A)
- aus Aluminium (50B)
- aus einem anderen Metall als Stahl oder Aluminium (50N)
- aus starrem Kunststoff (50H)
- aus Naturholz (50C)
- aus Sperrholz (50D)
- aus Holzfaserwerkstoff (50F)
- aus starrer Pappe (50G)

4.1.4.3 (Forts.)

| LP200 | VERPACKUNGSANWEISUNG *(Forts.)* | LP200 |
|---|---|---|

**Sondervorschrift für die Verpackung**

**L2** Die Großverpackungen müssen so ausgelegt und gebaut sein, dass gefährliche Bewegungen und eine unbeabsichtigte Entleerung unter normalen Beförderungsbedingungen verhindert werden. Großverpackungen für Abfall-Druckgaspackungen, die gemäß Sondervorschrift 327 befördert werden, müssen außerdem mit einem Mittel versehen sein, das jegliche freie Flüssigkeit, die während der Beförderung frei werden kann, zurückhält, z.B. saugfähiges Material. Bei Abfall-Druckgaspackungen und Abfall-Gaspatronen, die gemäß Sondervorschrift 327 befördert werden, müssen die Großverpackungen ausreichend belüftet sein, um die Bildung gefährlicher Atmosphären und einen Druckaufbau zu verhindern.

→ D: RSEB 3-2

| LP621 | VERPACKUNGSANWEISUNG | LP621 |
|---|---|---|

Diese Anweisung gilt für die UN-Nummer 3291.

Folgende Großverpackungen sind zugelassen, wenn die allgemeinen Vorschriften der Abschnitte 4.1.1 und 4.1.3 erfüllt sind:

(1) Für klinische Abfälle, die in Innenverpackungen verpackt sind: starre, dichte Großverpackungen, die den Vorschriften des Kapitels 6.6 für feste Stoffe entsprechen und die Prüfanforderungen für die Verpackungsgruppe II erfüllen, vorausgesetzt, es ist genügend saugfähiges Material vorhanden, um die gesamte Menge der in der Großverpackung enthaltenen flüssigen Stoffe aufzunehmen, und die Großverpackung ist in der Lage, flüssige Stoffe zurückzuhalten.

(2) Für Versandstücke, die größere Mengen flüssiger Stoffe enthalten: starre Großverpackungen, die den Vorschriften des Kapitels 6.6 für flüssige Stoffe entsprechen und die Prüfanforderungen für die Verpackungsgruppe II erfüllen.

**Zusätzliche Vorschrift**

Großverpackungen, die für scharfe oder spitze Gegenstände wie Glasscherben oder Nadeln vorgesehen sind, müssen durchstoßfest und in der Lage sein, flüssige Stoffe unter den Prüfbedingungen des Kapitels 6.6 zurückzuhalten.

| LP622 | VERPACKUNGSANWEISUNG | LP622 |
|---|---|---|

Diese Anweisung gilt für Abfälle der UN-Nummer 3549, die zur Entsorgung befördert werden.

Folgende Großverpackungen sind zugelassen, wenn die allgemeinen Vorschriften der Abschnitte 4.1.1 und 4.1.3 erfüllt sind:

| Innenverpackungen | Zwischenverpackungen | Außenverpackungen |
|---|---|---|
| aus Metall<br>aus Kunststoff | aus Metall<br>aus Kunststoff | aus Stahl (50A)<br>aus Aluminium (50B)<br>aus einem anderen Metall als Stahl oder Aluminium (50N)<br>aus Sperrholz (50D)<br>aus starrer Pappe (50G)<br>aus starrem Kunststoff (50H) |

Die Außenverpackung muss den Prüfanforderungen für die Verpackungsgruppe I für feste Stoffe entsprechen.

**Zusätzliche Vorschriften**

1. Zerbrechliche Gegenstände müssen entweder in einer starren Innenverpackung oder in einer starren Zwischenverpackung verpackt werden.
2. Innenverpackungen, die scharfe oder spitze Gegenstände, wie Glasscherben oder Nadeln, enthalten, müssen starr und durchstoßfest sein.
3. Die Innenverpackung, die Zwischenverpackung und die Außenverpackung müssen in der Lage sein, flüssige Stoffe zurückzuhalten. Außenverpackungen, die bauartbedingt nicht in der Lage sind, flüssige Stoffe zurückzuhalten, müssen mit einer Innenauskleidung versehen sein oder es müssen geeignete Maßnahmen getroffen werden, um flüssige Stoffe zurückzuhalten.
4. Die Innenverpackung und/oder die Zwischenverpackung dürfen flexibel sein. Wenn flexible Verpackungen verwendet werden, müssen sie in der Lage sein, die Schlagfestigkeitsprüfung von mindestens 165 g gemäß der Norm ISO 7765-1:1988 „Kunststofffolien und -bahnen – Bestimmung der Schlagfestigkeit nach dem Fallhammerverfahren – Teil 1: Eingrenzungsverfahren" und die Reißfestigkeitsprüfung von mindestens 480 g sowohl in paralleler als auch in senkrechter Ebene zur Länge des Sacks gemäß der Norm ISO 6383-2:1983 „Kunststoffe – Folien und Bah-

4.1.4.3 (Forts.)

| LP622 | VERPACKUNGSANWEISUNG *(Forts.)* | LP622 |
|---|---|---|

nen – Bestimmung der Reißfestigkeit – Teil 2: Elmendorf-Verfahren" zu bestehen. Die Nettomasse jeder flexiblen Innenverpackung darf höchstens 30 kg betragen.

5. Jede flexible Zwischenverpackung darf nur eine Innenverpackung enthalten.
6. Innenverpackungen, die eine geringe Menge freier Flüssigkeit enthalten, dürfen in Zwischenverpackungen enthalten sein, vorausgesetzt, in der Innenverpackung oder Zwischenverpackung ist genügend saugfähiges oder verfestigendes Material enthalten, um den gesamten vorhandenen flüssigen Inhalt aufzusaugen oder zu verfestigen. Es muss geeignetes saugfähiges Material verwendet werden, das den unter normalen Beförderungsbedingungen auftretenden Temperaturen und Vibrationen standhält.
7. Zwischenverpackungen müssen mit geeignetem Polstermaterial und/oder saugfähigem Material in den Außenverpackungen gesichert sein.

| LP902 | VERPACKUNGSANWEISUNG | LP902 |
|---|---|---|

Diese Anweisung gilt für die UN-Nummer 3268.

(1) Verpackte Gegenstände:

Folgende Verpackungen sind zugelassen, wenn die allgemeinen Vorschriften der Abschnitte 4.1.1 und 4.1.3 erfüllt sind:

starre Großverpackungen, die den Prüfanforderungen für die Verpackungsgruppe III entsprechen:

- aus Stahl (50A)
- aus Aluminium (50B)
- aus einem anderen Metall als Stahl oder Aluminium (50N)
- aus starrem Kunststoff (50H)
- aus Naturholz (50C)
- aus Sperrholz (50D)
- aus Holzfaserwerkstoff (50F)
- aus starrer Pappe (50G)

Die Verpackungen müssen so ausgelegt und gebaut sein, dass Bewegungen der Gegenstände und eine unbeabsichtigte Auslösung unter normalen Beförderungsbedingungen verhindert werden.

(2) Unverpackte Gegenstände:

Die Gegenstände dürfen zum, vom oder zwischen dem Herstellungsort und einer Montagefabrik, einschließlich Orten der Zwischenbehandlung, auch unverpackt in besonders ausgerüsteten Handhabungseinrichtungen oder Güterbeförderungseinheiten befördert werden.

**Zusätzliche Vorschrift**

Druckgefäße müssen den Vorschriften der zuständigen Behörde für den (die) im Druckgefäß enthaltenen Stoff(e) entsprechen.

| LP903 | VERPACKUNGSANWEISUNG | LP903 |
|---|---|---|

Diese Anweisung gilt für große Zellen mit einer Bruttomasse von mehr als 500 g, große Batterien mit einer Bruttomasse von mehr als 12 kg und Ausrüstungen, die große Zellen oder große Batterien der UN-Nummern 3090, 3091, 3480, 3481, 3551 und 3552 enthalten.

Folgende Großverpackungen sind für Zellen, Batterien und Ausrüstungen, die Zellen oder Batterien enthalten, zugelassen, wenn die allgemeinen Vorschriften der Abschnitte 4.1.1 und 4.1.3 erfüllt sind:

starre Großverpackungen, die den Prüfanforderungen für die Verpackungsgruppe II entsprechen:

- aus Stahl (50A)
- aus Aluminium (50B)
- aus einem anderen Metall als Stahl oder Aluminium (50N)
- aus starrem Kunststoff (50H)
- aus Naturholz (50C)
- aus Sperrholz (50D)
- aus Holzfaserwerkstoff (50F)
- aus starrer Pappe (50G)

4.1.4.3 (Forts.)

| LP903 | VERPACKUNGSANWEISUNG *(Forts.)* | LP903 |
|---|---|---|
| Zellen, Batterien oder Ausrüstungen müssen in Innenverpackungen eingesetzt oder durch andere geeignete Mittel, wie Einsetzen in Trays oder durch Unterteilungen, getrennt werden, um einen Schutz gegen Beschädigungen zu gewährleisten, die unter normalen Beförderungsbedingungen verursacht werden können durch:<br>a) Bewegungen oder Anordnungen innerhalb der Großverpackung;<br>b) Berührungen mit anderen Zellen, Batterien oder Ausrüstungen innerhalb der Großverpackung und<br>c) Belastungen der Zellen, Batterien oder Ausrüstungen innerhalb der Großverpackung, die durch das Gewicht darüber liegender Zellen, Batterien, Ausrüstungen und Verpackungsbestandteile entstehen.<br>Wenn in der Großverpackung mehrere Zellen, Batterien oder Ausrüstungen verpackt werden, dürfen Säcke (z.B. aus Kunststoff) allein nicht für die Einhaltung dieser Vorschriften verwendet werden. | | |
| **Zusätzliche Vorschrift**<br>Die Batterien müssen gegen Kurzschluss geschützt sein. | | |

| LP904 | VERPACKUNGSANWEISUNG | LP904 |
|---|---|---|
| Diese Anweisung gilt für einzelne beschädigte oder defekte Batterien der UN-Nummern 3090, 3091, 3480, 3481, 3551 und 3552 und für einzelne Ausrüstungen, die beschädigte oder defekte Zellen und Batterien dieser UN-Nummern enthalten. | | |
| Folgende Großverpackungen sind für eine einzelne beschädigte oder defekte Batterie und für eine einzelne Ausrüstung, die beschädigte oder defekte Zellen und Batterien enthält, zugelassen, wenn die allgemeinen Vorschriften der Abschnitte 4.1.1 und 4.1.3 erfüllt sind:<br>Für Batterien und Ausrüstungen, die Zellen und Batterien enthalten:<br>starre Großverpackungen, die den Prüfanforderungen für die Verpackungsgruppe II entsprechen:<br>aus Stahl (50A)<br>aus Aluminium (50B)<br>aus einem anderen Metall als Stahl oder Aluminium (50N)<br>aus starrem Kunststoff (50H)<br>aus Sperrholz (50D)<br>Die Großverpackungen müssen auch den folgenden Vorschriften entsprechen:<br>a) Die beschädigte oder defekte Batterie oder die Ausrüstung, die solche Zellen oder Batterien enthält, muss einzeln in einer Innenverpackung verpackt und in eine Außenverpackung eingesetzt sein. Die Innen- oder Außenverpackung muss dicht sein, um ein mögliches Austreten des Elektrolyts zu verhindern.<br>b) Die Innenverpackung muss zum Schutz vor gefährlicher Wärmeentwicklung mit einer ausreichenden Menge nichtbrennbaren und nicht elektrisch leitfähigen Wärmedämmstoffs umschlossen sein.<br>c) Dicht verschlossene Verpackungen müssen gegebenenfalls mit einer Entlüftungseinrichtung ausgestattet sein.<br>d) Es müssen geeignete Maßnahmen ergriffen werden, um die Auswirkungen von Vibrationen und Stößen gering zu halten und Bewegungen der Batterien oder der Ausrüstung im Versandstück, die zu weiteren Schäden und gefährlichen Bedingungen während der Beförderung führen können, zu verhindern. Für die Einhaltung dieser Vorschrift darf auch nichtbrennbares und nicht elektrisch leitfähiges Polstermaterial verwendet werden.<br>e) Die Nichtbrennbarkeit des Wärmedämmstoffs und des Polstermaterials muss in Übereinstimmung mit einer Norm festgestellt werden, die in dem Land, in dem die Verpackung ausgelegt oder hergestellt wird, anerkannt ist.<br>Im Fall von auslaufenden Zellen und Batterien muss der Innen- oder Außenverpackung ausreichend inertes saugfähiges Material beigegeben werden, um freiwerdenden Elektrolyt aufzusaugen. | | |
| **Zusätzliche Vorschrift**<br>Die Zellen und Batterien müssen gegen Kurzschluss geschützt sein. | | |

4.1.4.3
(Forts.)

| LP905 | VERPACKUNGSANWEISUNG | LP905 |
|---|---|---|

Diese Anweisung gilt für Produktionsserien von höchstens 100 Zellen oder Batterien der UN-Nummern 3090, 3091, 3480, 3481, 3551 und 3552 und für Vorproduktionsprototypen von Zellen oder Batterien dieser UN-Nummern, sofern diese Prototypen für die Prüfung befördert werden.

Folgende Großverpackungen sind für eine einzelne Batterie oder für eine einzelne Ausrüstung, die Zellen oder Batterien enthält, zugelassen, wenn die allgemeinen Vorschriften der Abschnitte 4.1.1 und 4.1.3 erfüllt sind:

(1) Für eine einzelne Batterie:

starre Großverpackungen, die den Prüfanforderungen für die Verpackungsgruppe II entsprechen:
- aus Stahl (50A)
- aus Aluminium (50B)
- aus einem anderen Metall als Stahl oder Aluminium (50N)
- aus starrem Kunststoff (50H)
- aus Naturholz (50C)
- aus Sperrholz (50D)
- aus Holzfaserwerkstoff (50F)
- aus starrer Pappe (50G)

Die Großverpackungen müssen auch den folgenden Vorschriften entsprechen:

a) Eine Batterie unterschiedlicher Größe, Form oder Masse darf in einer Außenverpackung einer der oben aufgeführten geprüften Bauarten verpackt sein, vorausgesetzt, die Gesamtbruttomasse des Versandstücks ist nicht größer als die Bruttomasse, für welche die Bauart geprüft worden ist.

b) Die Batterie muss in einer Innenverpackung verpackt und in eine Außenverpackung eingesetzt sein.

c) Die Innenverpackung muss zum Schutz vor gefährlicher Wärmeentwicklung vollständig durch ausreichend nichtbrennbares und nicht elektrisch leitfähiges Wärmedämmmaterial umgeben sein.

d) Es müssen geeignete Maßnahmen ergriffen werden, um die Auswirkungen von Vibrationen und Stößen zu minimieren und Bewegungen der Batterie innerhalb des Versandstücks zu verhindern, die zu Schäden und gefährlichen Bedingungen während der Beförderung führen können. Wenn für die Einhaltung dieser Vorschrift Polstermaterial verwendet wird, muss dieses nichtbrennbar und nicht elektrisch leitfähig sein.

e) Die Nichtbrennbarkeit des Wärmedämmstoffs und des Polstermaterials muss gemäß einer Norm festgestellt werden, die in dem Land, in dem die Großverpackung ausgelegt oder hergestellt wurde, anerkannt ist.

(2) Für eine einzelne Ausrüstung, die Zellen oder Batterien enthält:

starre Großverpackungen, die den Prüfanforderungen für die Verpackungsgruppe II entsprechen:
- aus Stahl (50A)
- aus Aluminium (50B)
- aus einem anderen Metall als Stahl oder Aluminium (50N)
- aus starrem Kunststoff (50H)
- aus Naturholz (50C)
- aus Sperrholz (50D)
- aus Holzfaserwerkstoff (50F)
- aus starrer Pappe (50G)

Die Großverpackungen müssen auch den folgenden Vorschriften entsprechen:

a) Eine einzelne Ausrüstung unterschiedlicher Größe, Form oder Masse muss in einer Außenverpackung einer der oben aufgeführten geprüften Bauarten verpackt sein, vorausgesetzt, die Gesamtbruttomasse des Versandstücks ist nicht größer als die Bruttomasse, für welche die Bauart geprüft worden ist.

b) Die Ausrüstung muss so gebaut oder verpackt sein, dass eine unbeabsichtigte Inbetriebsetzung während der Beförderung verhindert wird.

c) Es müssen geeignete Maßnahmen ergriffen werden, um die Auswirkungen von Vibrationen und Stößen zu minimieren und Bewegungen der Ausrüstung innerhalb des Versandstücks zu verhindern, die zu Schäden und gefährlichen Bedingungen während der Beförderung führen können. Wenn für die Einhaltung dieser Vorschrift Polstermaterial verwendet wird, muss dieses nichtbrennbar und nicht elektrisch leitfähig sein.

d) Die Nichtbrennbarkeit des Polstermaterials muss gemäß einer Norm festgestellt werden, die in dem Land, in dem die Großverpackung ausgelegt oder hergestellt wurde, anerkannt ist.

**Zusätzliche Vorschrift**

Die Zellen und Batterien müssen gegen Kurzschluss geschützt sein.

| LP906 | VERPACKUNGSANWEISUNG | LP906 |
|---|---|---|

4.1.4.3 (Forts.)

Diese Anweisung gilt für beschädigte oder defekte Batterien der UN-Nummern 3090, 3091, 3480, 3481, 3551 und 3552 die unter normalen Beförderungsbedingungen zu einer schnellen Zerlegung, gefährlichen Reaktion, Flammenbildung, gefährlichen Wärmeentwicklung oder einem gefährlichen Ausstoß giftiger, ätzender oder entzündbarer Gase oder Dämpfe neigen.

Folgende Großverpackungen sind zugelassen, wenn die allgemeinen Vorschriften der Abschnitte 4.1.1 und 4.1.3 erfüllt sind:

Für Batterien und Ausrüstungen, die Batterien enthalten:

starre Großverpackungen, die den Prüfanforderungen für die Verpackungsgruppe I entsprechen:

- aus Stahl (50A)
- aus Aluminium (50B)
- aus einem anderen Metall als Stahl oder Aluminium (50N)
- aus starrem Kunststoff (50H)
- aus Sperrholz (50D)
- aus starrer Pappe (50G)

(1) Die Großverpackung muss bei einer schnellen Zerlegung, einer gefährlichen Reaktion, einer Flammenbildung, einer gefährlichen Wärmeentwicklung oder einem gefährlichen Ausstoß giftiger, ätzender oder entzündbarer Gase oder Dämpfe der Batterie in der Lage sein, die folgenden zusätzlichen Prüfanforderungen zu erfüllen:

a) die Temperatur der äußeren Oberfläche des vollständigen Versandstücks darf nicht größer sein als 100 °C. Eine kurzzeitige Temperaturspitze von bis zu 200 °C ist zulässig;

b) außerhalb des Versandstücks darf sich keine Flamme bilden;

c) aus dem Versandstück dürfen keine Splitter austreten;

d) die bauliche Unversehrtheit des Versandstücks muss aufrechterhalten werden und

e) die Großverpackungen müssen gegebenenfalls über ein Gasmanagementsystem (z.B. Filtersystem, Luftzirkulation, Gasbehälter, gasdichte Verpackung) verfügen.

(2) Die zusätzlichen Prüfanforderungen an die Großverpackung müssen durch eine von der zuständigen Behörde einer Vertragspartei des ADR festgelegte Prüfung überprüft werden, wobei diese zuständige Behörde auch eine von der zuständigen Behörde eines Landes, das keine Vertragspartei des ADR ist, festgelegte Prüfung anerkennen kann, vorausgesetzt, diese wurde in Übereinstimmung mit den gemäß dem RID, dem ADR, dem ADN, dem IMDG-Code oder den Technischen Anweisungen der ICAO anwendbaren Verfahren festgelegt[a)]. → *D: BAM-GGR 024*

Auf Anfrage muss ein Überprüfungsbericht zur Verfügung gestellt werden. In dem Überprüfungsbericht müssen mindestens der Name der Batterien, ihr gemäß der Begriffsbestimmung in Abschnitt 38.3.2.3 des Handbuchs Prüfungen und Kriterien festgelegter Typ, die höchste Anzahl an Batterien, die Gesamtmasse der Batterien, der Gesamtenergiegehalt der Batterien, die Identifikation der Großverpackung und die Prüfdaten gemäß der von der zuständigen Behörde festgelegten Überprüfungsmethode aufgeführt sein. Eine Zusammenstellung spezifischer Anweisungen, welche die Art und Weise der Verwendung des Versandstücks beschreiben, muss ebenfalls Teil des Überprüfungsberichts sein.

(3) Bei Verwendung von Trockeneis oder flüssigem Stickstoff als Kühlmittel gelten die Vorschriften des Abschnitts 5.5.3. Die Innen- und Außenverpackungen müssen bei der Temperatur des verwendeten Kühlmittels sowie bei den Temperaturen und Drücken, die bei einem Ausfall der Kühlung auftreten können, unversehrt bleiben.

(4) Die spezifischen Anweisungen für die Verwendung des Versandstücks sind von den Verpackungsherstellern und den nachfolgenden Vertreibern dem Absender zur Verfügung zu stellen. Sie müssen mindestens die Identifizierung der Batterien und Ausrüstungen, die in der Verpackung enthalten sein können, die höchste Anzahl der im Versandstück enthaltenen Batterien und den höchsten Gesamtenergiegehalt der Batterien sowie die Anordnung innerhalb des Versandstücks, einschließlich der während der Leistungsüberprüfung verwendeten Abtrennungen und Schutzvorrichtungen, enthalten.

---

a) Folgende Kriterien können, sofern zutreffend, für die Bewertung der Großverpackung herangezogen werden:

a) Die Bewertung muss unter einem Qualitätssicherungssystem (wie z.B. in Absatz 2.2.9.1.7.1 e) beschrieben) vorgenommen werden, das die Nachvollziehbarkeit der Prüfergebnisse, der Bezugsdaten und der verwendeten Charakterisierungsmodelle ermöglicht.

b) Die voraussichtlichen Gefahren im Falle einer thermischen Instabilität des Batterietyps in dem Zustand, in dem er befördert wird (z.B. Verwendung einer Innenverpackung, Ladezustand, Verwendung von ausreichend nichtbrennbarem, nicht elektrisch leitfähigem und absorbierendem Polstermaterial), müssen klar bestimmt und quantifiziert werden; die Referenzliste möglicher Gefahren für Batterien (z.B. schnelle Zerlegung, gefährliche Reaktion, Flammenbildung, gefährliche Wärmeentwicklung oder gefährlicher Ausstoß giftiger, ätzender oder entzündbarer Gase oder Dämpfe) kann für diesen Zweck verwendet werden. Die Quantifizierung dieser Gefahren muss auf der Grundlage verfügbarer wissenschaftlicher Literatur erfolgen.

c) Die Eindämmungswirkungen der Großverpackung müssen auf der Grundlage der Art des vorhandenen Schutzes und der Eigenschaften der Bauwerkstoffe bestimmt und charakterisiert werden. Für die Untermauerung der Bewertung muss eine Aufstellung technischer Eigenschaften und Zeichnungen (Dichte ($kg \cdot m^{-3}$), spezifische Wärmekapazität ($J \cdot kg^{-1} \cdot K^{-1}$), Heizwert ($kJ \cdot kg^{-1}$), Wärmeleitfähigkeit ($W \cdot m^{-1} \cdot K^{-1}$), Schmelztemperatur und Entzündungstemperatur (K), Wärmedurchgangskoeffizient der Außenverpackung ($W \cdot m^{-2} \cdot K^{-1}$) …) verwendet werden.

4.1.4.3 (Forts.)

| LP906 | VERPACKUNGSANWEISUNG *(Forts.)* | LP906 |
|---|---|---|
| | d) Die Prüfung und alle unterstützenden Berechnungen müssen die Folgen einer thermischen Instabilität der Batterie innerhalb der Großverpackung unter normalen Beförderungsbedingungen bewerten.<br>e) Wenn der Ladezustand der Batterie unbekannt ist, muss die Bewertung mit dem höchstmöglichen Ladezustand, der den Verwendungsbedingungen der Batterie entspricht, erfolgen.<br>f) Die Umgebungsbedingungen, in denen die Großverpackung verwendet und befördert werden darf, müssen gemäß dem Gasmanagementsystem der Großverpackung beschrieben werden (einschließlich möglicher Folgen von Gas- oder Rauchemissionen für die Umgebung, wie Entlüftung oder andere Methoden).<br>g) Die Prüfungen oder Modellberechnungen müssen für die Auslösung und die Ausbreitung der thermischen Instabilität innerhalb der Batterie den schlimmsten Fall berücksichtigen; dieses Szenario schließt das denkbar schlimmste Versagen unter normalen Beförderungsbedingungen, die größte Wärme und die größten Flammenemissionen bei einer möglichen Ausbreitung der Reaktion ein.<br>h) Diese Szenarien müssen über einen ausreichend langen Zeitraum bewertet werden, um das Eintreten aller möglichen Auswirkungen zu ermöglichen (z.B. ein Zeitraum von 24 Stunden).<br>i) Im Falle von mehreren Batterien und mehreren Ausrüstungen, die Batterien enthalten, müssen zusätzliche Anforderungen, wie die höchste Anzahl an Batterien und Ausrüstungen, der höchste Gesamtenergiegehalt der Batterien und die Anordnung innerhalb des Versandstücks, einschließlich der Abtrennungen und der Schutzvorrichtungen der Teile, berücksichtigt werden. | |
| **Zusätzliche Vorschrift**<br>Die Batterien müssen gegen Kurzschluss geschützt sein. | | |

**4.1.4.4** (gestrichen)

## 4.1.5 Besondere Vorschriften für das Verpacken von Gütern der Klasse 1

*→ D: GGAV 32*
*→ D: § 22 (1) 3*

### 4.1.5.1 [Allgemeine Anforderungen]

Die allgemeinen Vorschriften des Abschnitts 4.1.1 müssen erfüllt sein.

### 4.1.5.2 [Grundanforderungen]

Alle Verpackungen für Güter der Klasse 1 müssen so ausgelegt und ausgeführt sein, dass:

a) die explosiven Stoffe und Gegenstände mit Explosivstoff geschützt werden, ihr Entweichen verhindert wird und unter normalen Beförderungsbedingungen, einschließlich vorhersehbarer Temperatur-, Feuchtigkeits- oder Druckänderungen, keine Erhöhung des Risikos einer unbeabsichtigten Entzündung oder Zündung eintritt;

b) das vollständige Versandstück unter normalen Beförderungsbedingungen sicher gehandhabt werden kann;

c) die Versandstücke jeder Belastung durch vorhersehbare Stapelung, die während der Beförderung erfolgen kann, standhalten, ohne dass die von den explosiven Stoffen oder den Gegenständen mit Explosivstoff ausgehenden Risiken erhöht werden, ohne dass die Tauglichkeit der Verpackungen für die Aufnahme von Gütern beeinträchtigt wird und ohne dass die Versandstücke so verformt werden, dass ihre Festigkeit verringert wird oder dies zu einer Instabilität eines Stapels von Versandstücken führt.

### 4.1.5.3 [Zuordnung der Güter]

Alle explosiven Stoffe und Gegenstände mit Explosivstoff müssen in versandfertigem Zustand nach dem in Abschnitt 2.2.1 beschriebenen Verfahren zugeordnet werden.

### 4.1.5.4 [Verpackung]

Die Güter der Klasse 1 müssen in Übereinstimmung mit der entsprechenden in Kapitel 3.2 Tabelle A Spalte (8) angegebenen und in Abschnitt 4.1.4 beschriebenen Verpackungsanweisung verpackt werden.

### 4.1.5.5 [Verpackungsgruppenfestlegung]

*→ 4.1.4.1 P114b PP48*

Sofern im ADR nicht etwas anderes festgelegt ist, müssen Verpackungen, einschließlich Großpackmittel (IBC) und Großverpackungen, den Vorschriften des Kapitels 6.1, 6.5 bzw. 6.6 entsprechen und die Prüfvorschriften für die Verpackungsgruppe II erfüllen.

**[Leckageschutz]** 4.1.5.6

Die Verschlusseinrichtung der Verpackungen für flüssige explosive Stoffe muss einen doppelten Schutz gegen Leckagen bieten.

**[Verschluss]** 4.1.5.7

Die Verschlusseinrichtung von Fässern aus Metall muss eine geeignete Dichtung enthalten; weist die Verschlusseinrichtung ein Gewinde auf, muss das Eindringen von explosiven Stoffen in das Gewinde verhindert werden.

**[Wasserbeständigkeit]** 4.1.5.8

Wasserlösliche explosive Stoffe müssen in wasserbeständigen Verpackungen verpackt sein. Die Verpackungen für desensibilisierte oder phlegmatisierte Stoffe müssen so verschlossen sein, dass Konzentrationsänderungen während der Beförderung verhindert werden.

**[Frostschutz]** 4.1.5.9

Enthält eine Verpackung eine mit Wasser gefüllte doppelte Umhüllung und könnte das Wasser während der Beförderung gefrieren, ist das Wasser mit einer genügenden Menge Frostschutzmittel zu versetzen, um das Gefrieren zu verhindern. Frostschutzmittel, die wegen ihrer Entzündbarkeit eine Brandgefahr darstellen könnten, dürfen nicht verwendet werden.

**[Metallteile]** 4.1.5.10

Nägel, Klammern und andere Verschlusseinrichtungen aus Metall ohne Schutzüberzug dürfen nicht in das Innere der Außenverpackung eindringen, es sei denn, die explosiven Stoffe und Gegenstände mit Explosivstoff sind durch die Innenverpackung vor einem Kontakt mit dem Metall wirksam geschützt.

**[Fixierung des Inhalts]** 4.1.5.11

Die Innenverpackungen, die Abstandshalter und das Polstermaterial sowie die Anordnung der explosiven Stoffe oder der Gegenstände mit Explosivstoff in den Versandstücken müssen so sein, dass sich die explosiven Stoffe unter normalen Beförderungsbedingungen nicht in der Außenverpackung verteilen können. Die metallenen Teile der Gegenstände dürfen mit den Metallverpackungen nicht in Kontakt kommen. Gegenstände mit Explosivstoffen, die nicht in einer äußeren Umhüllung eingeschlossen sind, müssen so voneinander getrennt werden, dass Reibung und Stöße verhindert werden. Zu diesem Zweck dürfen Polstermaterial, Horden, unterteilende Trennwände in der Innen- oder Außenverpackung, Formpressteile oder Behälter verwendet werden.

**[Werkstoffeignung]** 4.1.5.12

Die Verpackungen müssen so aus Werkstoffen, die mit den im Versandstück enthaltenen explosiven Stoffen oder Gegenständen mit Explosivstoff verträglich und für diese undurchlässig sind, hergestellt sein, dass weder eine Wechselwirkung zwischen den explosiven Stoffen oder den Gegenständen mit Explosivstoff und den Werkstoffen der Verpackung noch ein Austreten aus der Verpackung dazu führt, dass die explosiven Stoffe oder die Gegenstände mit Explosivstoff die Sicherheit der Beförderung beeinträchtigen oder sich die Gefahrenunterklasse oder die Verträglichkeitsgruppe ändert.

**[Falze]** 4.1.5.13

Das Eindringen von explosiven Stoffen in die Zwischenräume der Verbindungsstellen von gefalzten Metallverpackungen muss verhindert werden.

**[Elektrostatische Sicherheit]** 4.1.5.14

Bei Kunststoffverpackungen darf nicht die Gefahr der Erzeugung oder der Ansammlung solcher Mengen elektrostatischer Ladung gegeben sein, dass eine Entladung die Zündung, die Entzündung oder das Auslösen des verpackten explosiven Stoffes oder des Gegenstandes mit Explosivstoff verursachen könnte.

**[Große Gegenstände der Klasse 1]** 4.1.5.15

*→ 4.1.3.8*
*→ CH: SDR Anh. 1 1.5.3*

Große und robuste Gegenstände mit Explosivstoff, die normalerweise für eine militärische Verwendung vorgesehen sind und die keine Zündmittel enthalten oder deren Zündmittel mit mindestens zwei wirksamen Sicherungsvorrichtungen ausgerüstet sind, dürfen ohne Verpackung befördert werden. Enthalten diese Gegenstände Treibladungen oder sind die Gegenstände selbstantreibend, müssen ihre Zündungssysteme gegenüber Belastungen geschützt sein, die unter normalen Beförderungsbedingungen auftre-

4.1.5.15 (Forts.) ten können. Ist das Ergebnis der an einem unverpackten Gegenstand durchgeführten Prüfungen der Prüfreihe 4 negativ, kann eine Beförderung des Gegenstandes ohne Verpackung vorgesehen werden. Solche unverpackten Gegenstände dürfen auf Schlitten so befestigt oder in Verschlägen oder anderen geeigneten Handhabungs-, Lagerungs- oder Abschusseinrichtungen so eingesetzt sein, dass sie sich unter normalen Beförderungsbedingungen nicht lockern können.

Werden solche großen Gegenstände mit Explosivstoff im Rahmen der Prüfung ihrer Betriebssicherheit und Eignung Prüfverfahren unterworfen, die den Anforderungen des ADR entsprechen, und haben diese Gegenstände diese Prüfungen bestanden, darf die zuständige Behörde diese Gegenstände zur Beförderung nach dem ADR zulassen.

**4.1.5.16 [Bruchtoleranz]**

Explosive Stoffe dürfen nicht in Innen- oder Außenverpackungen verpackt werden, in denen Unterschiede zwischen Innen- und Außendruck auf Grund thermischer oder anderer Wirkungen eine Explosion oder ein Zubruchgehen des Versandstücks zur Folge haben können.

**4.1.5.17 [Beschichtung der Metalloberfläche]**

Sofern freie explosive Stoffe oder explosive Stoffe eines nicht oder nur teilweise mit einer Umhüllung versehenen Gegenstandes mit der inneren Oberfläche der Metallverpackungen (1A1, 1A2, 1B1, 1B2, 1N1, 1N2, 4A, 4B, 4N und Behälter aus Metall) in Kontakt kommen können, muss die Metallverpackung mit einer Innenauskleidung oder -beschichtung ausgestattet sein (siehe Unterabschnitt 4.1.1.2).

**4.1.5.18 [Verwendung P101]**

Die Verpackungsanweisung P101 darf für jeden explosiven Stoff oder Gegenstand mit Explosivstoff verwendet werden, sofern die Verpackung von einer zuständigen Behörde genehmigt wurde, und unabhängig davon, ob die Verpackung der in Kapitel 3.2 Tabelle A Spalte (8) zugeordneten Verpackungsanweisung entspricht oder nicht.

## 4.1.6 Besondere Vorschriften für das Verpacken von Gütern der Klasse 2 und von Gütern anderer Klassen, die der Verpackungsanweisung P200 zugeordnet sind

→ D: § 22 (1) 3

**4.1.6.1 [Allgemeine Vorschriften]**

Dieser Abschnitt enthält allgemeine Vorschriften für die Verwendung von Druckgefäßen und offenen Kryo-Behältern zur Beförderung von Gasen der Klasse 2 und Gütern anderer Klassen, die der Verpackungsanweisung P200 zugeordnet sind (z.B. UN 1051 Cyanwasserstoff, stabilisiert). Druckgefäße sind so herzustellen und zu verschließen, dass ein Austreten des Inhalts unter normalen Beförderungsbedingungen, einschließlich Vibration, Temperaturwechsel, Feuchtigkeits- oder Druckänderung (z.B. hervorgerufen durch Höhenunterschiede), verhindert wird.

**4.1.6.2 [Materialverträglichkeit]**

→ 4.1.6.14

Die Teile der Druckgefäße und offenen Kryo-Behälter, die unmittelbar mit gefährlichen Gütern in Berührung kommen, dürfen durch diese gefährlichen Güter nicht angegriffen oder geschwächt werden und dürfen keinen gefährlichen Effekt auslösen (z.B. eine katalytische Reaktion oder eine Reaktion mit den gefährlichen Gütern).

**4.1.6.3 [Auswahl]**

Die Druckgefäße, einschließlich ihrer Verschlüsse, und die offenen Kryo-Behälter sind für die Aufnahme eines Gases oder eines Gasgemisches nach den Vorschriften des Unterabschnitts 6.2.1.2 und den Vorschriften der zutreffenden Verpackungsanweisungen in Unterabschnitt 4.1.4.1 auszuwählen. Dieser Unterabschnitt gilt auch für Druckgefäße, die Elemente eines MEGC oder eines Batterie-Fahrzeugs sind.

**4.1.6.4 [Verwendungswechsel]**

→ 4.1.6.14

Ein Wechsel der Verwendung von wiederbefüllbaren Druckgefäßen muss Entleerungs-, Reinigungs- und Entgasungsmaßnahmen in einem für den sicheren Betrieb notwendigen Maße einschließen (siehe auch Verzeichnis der Normen am Ende dieses Abschnitts). Darüber hinaus darf ein Druckgefäß, das zuvor einen ätzenden Stoff der Klasse 8 oder einen Stoff einer anderen Klasse mit der Nebengefahr ätzend enthalten hat, nicht für die Beförderung eines Stoffes der Klasse 2 zugelassen werden, es sei denn, die in Unterabschnitt 6.2.1.6 bzw. 6.2.3.5 festgelegte Kontrolle und Prüfung wurde durchgeführt.

**[Kontrolle vor Befüllen]** 4.1.6.5

Vor dem Befüllen muss der Verpacker eine Kontrolle des Druckgefäßes oder des offenen Kryo-Behälters durchführen und sicherstellen, dass das Druckgefäß oder der offene Kryo-Behälter für den zu befördernden Stoff und bei einer Chemikalie unter Druck für das Treibmittel zugelassen ist und die Vorschriften erfüllt sind. Nach dem Befüllen müssen die Verschlussventile geschlossen werden und während der Beförderung verschlossen bleiben. Der Absender muss überprüfen, dass die Verschlüsse und die Ausrüstung nicht undicht sind.

**Bem.** Verschlussventile einzelner Flaschen in Bündeln dürfen während der Beförderung geöffnet werden, es sei denn, der beförderte Stoff unterliegt der Sondervorschrift für die Verpackung „k" oder „q" in Verpackungsanweisung P200.

**[Fülldruck]** 4.1.6.6

Die Druckgefäße und offenen Kryo-Behälter müssen entsprechend den in der für den einzufüllenden Stoff zutreffenden Verpackungsanweisung festgelegten Betriebsdrücken, Füllfaktoren und Vorschriften und unter Berücksichtigung der niedrigsten Druckstufe aller Bauteile befüllt werden. Bedienungsausrüstungen, die eine niedrigere Druckstufe als andere Bauteile haben, müssen jedoch den Vorschriften des Absatzes 6.2.1.3.1 entsprechen. Reaktionsfähige Gase und Gasgemische müssen mit einem solchen Druck eingefüllt werden, damit bei einer vollständigen Zersetzung des Gases der Betriebsdruck des Druckgefäßes nicht überschritten wird.

**[Verschlüsse, Außenverpackungen]** 4.1.6.7

Die Druckgefäße, einschließlich ihrer Verschlüsse, müssen den in Kapitel 6.2 aufgeführten Vorschriften für die Auslegung, den Bau, die Kontrolle und die Prüfung entsprechen. Sofern Außenverpackungen vorgeschrieben sind, sind die Druckgefäße und die offenen Kryo-Behälter darin sicher und fest zu verpacken. Sofern in den einzelnen Verpackungsanweisungen nichts anderes vorgeschrieben ist, dürfen eine oder mehrere Innenverpackungen in eine Außenverpackung eingesetzt werden.

**[Verschlussventile]** 4.1.6.8
→ 4.1.6.14

Die Verschlussventile und andere Anbauteile, die während der Beförderung am Verschlussventil verbleiben (z.B. Handhabungseinrichtungen oder Adapter), müssen so ausgelegt und gebaut sein, dass sie von sich aus in der Lage sind, Beschädigungen ohne Freiwerden von Füllgut standzuhalten, oder sie müssen durch eine oder mehrere der folgenden Methoden gegen Beschädigungen, die zu einem unbeabsichtigten Freiwerden von Füllgut des Druckgefäßes führen können, geschützt sein (siehe auch Verzeichnis der Normen am Ende dieses Abschnitts):

a) die Verschlussventile sind im Innern des Gefäßhalses angebracht und durch einen aufgeschraubten Stopfen oder eine Schutzkappe geschützt;

b) die Verschlussventile sind durch Schutzkappen oder Schutzkörbe geschützt. Die Schutzkappen müssen mit Entlüftungslöchern mit genügendem Querschnitt versehen sein, damit bei einem Undichtwerden der Verschlussventile die Gase entweichen können;

c) die Verschlussventile sind durch Schutzkragen oder durch dauerhafte Schutzvorrichtungen geschützt;

d) die Druckgefäße werden in Schutzrahmen befördert (z.B. Flaschen in Bündeln) oder

e) die Druckgefäße werden in Schutzkisten befördert. Bei UN-Druckgefäßen muss die versandfertige Verpackung in der Lage sein, die in Unterabschnitt 6.1.5.3 festgelegte Fallprüfung für die Prüfanforderungen der Verpackungsgruppe I zu bestehen.

**[Nicht wiederbefüllbare Druckgefäße]** 4.1.6.9

Nicht wiederbefüllbare Druckgefäße:

a) müssen in einer Außenverpackung, wie eine Kiste oder ein Verschlag, oder in Trays mit Dehn- oder Schrumpffolie befördert werden;

b) müssen, wenn sie mit einem entzündbaren oder giftigen Gas befüllt sind, einen mit Wasser ausgeliterten Fassungsraum von höchstens 1,25 Liter haben;

c) dürfen nicht für giftige Gase mit einem $LC_{50}$-Wert von höchstens 200 ml/$m^3$ verwendet werden und

d) dürfen nach der Inbetriebnahme nicht repariert werden.

**4.1.6.10 [Wiederbefüllbare Druckgefäße]**

Wiederbefüllbare Druckgefäße mit Ausnahme von verschlossenen Kryo-Behältern sind wiederkehrenden Prüfungen entsprechend den Vorschriften des Unterabschnitts 6.2.1.6 oder für Druckgefäße, die keine UN-Druckgefäße sind, entsprechend den Vorschriften des Absatzes 6.2.3.5.1 und der jeweils geltenden Verpackungsanweisung P200, P205, P206 oder P208 zu unterziehen. Die Druckentlastungseinrichtungen von verschlossenen Kryo-Behältern müssen nach den Vorschriften des Absatzes 6.2.1.6.3 und der Verpackungsanweisung P203 wiederkehrenden Prüfungen unterzogen werden. Druckgefäße dürfen nach Fälligkeit der wiederkehrenden Prüfung nicht befüllt werden, jedoch dürfen sie nach Ablauf der Frist befördert werden, um sie der Prüfung oder der Entsorgung zuzuführen, einschließlich aller Zwischenbeförderungen.

**4.1.6.11 [Reparaturen]**

Reparaturen müssen in Übereinstimmung mit den Vorschriften für die Herstellung und die Prüfung der anwendbaren Auslegungs- und Baunormen durchgeführt werden und sind nur zugelassen, wenn dies in den entsprechenden, in Kapitel 6.2 aufgeführten Normen für die wiederkehrende Prüfung angegeben ist. Druckgefäße, mit Ausnahme der Umhüllung von verschlossenen Kryo-Behältern, dürfen keinen Reparaturen der nachfolgenden Mängel unterzogen werden:

a) Schweißnahtrisse oder andere Schweißnahtmängel;
b) Risse in der Gefäßwand;
c) Undichtheiten oder Mängel des Werkstoffes der Wand, des Oberteils oder des Bodens der Gefäße.

**4.1.6.12 [Befüllverbot Druckgefäße]**

Druckgefäße dürfen nicht zur Befüllung übergeben werden:

a) wenn sie so stark beschädigt sind, dass die Unversehrtheit des Druckgefäßes oder seiner Bedienungsausrüstung beeinträchtigt sein könnte;
b) wenn bei der Untersuchung der Betriebszustand des Druckgefäßes und seiner Bedienungsausrüstung nicht für gut befunden wurde und
c) wenn die vorgeschriebenen Kennzeichen für die Zertifizierung, die wiederkehrende Prüfung und die Füllung nicht lesbar sind.

**4.1.6.13 [Beförderungsverbot Druckgefäße]**

Befüllte Druckgefäße dürfen nicht zur Beförderung übergeben werden:

a) wenn sie undicht sind;
b) wenn sie so stark beschädigt sind, dass die Unversehrtheit des Druckgefäßes oder seiner Bedienungsausrüstung beeinträchtigt sein könnte;
c) wenn bei der Untersuchung der Betriebszustand des Druckgefäßes und seiner Bedienungsausrüstung nicht für gut befunden wurde und
d) wenn die vorgeschriebenen Kennzeichen für die Zertifizierung, die wiederkehrende Prüfung und die Füllung nicht lesbar sind.

**4.1.6.14 [Eigentümerpflicht Konformitätsnachweis]**

Die Eigentümer müssen der zuständigen Behörde auf deren begründetes Verlangen alle Informationen, die für den Nachweis der Konformität des Druckgefäßes erforderlich sind, in einer Sprache aushändigen, die von der zuständigen Behörde leicht verstanden werden kann. Sie müssen mit dieser Behörde auf deren Verlangen bei allen Maßnahmen zur Abwendung der Nichtkonformität der in ihrem Eigentum stehenden Druckgefäße kooperieren.

**4.1.6.15 [ISO-Normen für Druckgefäße]**

Für UN-Druckgefäße sind die in der Tabelle 4.1.6.15.1 aufgeführten ISO- und EN-ISO-Normen mit Ausnahme der Normen EN ISO 14245 und EN ISO 15995 anzuwenden. Für Informationen darüber, welche Norm zum Zeitpunkt der Herstellung der Ausrüstung angewendet werden muss, siehe Unterabschnitt 6.2.2.3.

Für andere Druckgefäße gelten die Vorschriften des Abschnitts 4.1.6 bei Anwendung der jeweils zutreffenden Normen der Tabelle 4.1.6.15.1 als erfüllt. Für Informationen darüber, welche Normen für die Herstellung von Ventilen mit Eigenschutz angewendet werden müssen, siehe Unterabschnitt 6.2.4.1. Für Informationen über die Anwendbarkeit von Normen für die Herstellung von Ventilschutzkappen und Ventilschutzkörben siehe Tabelle 4.1.6.15.2.

**Tabelle 4.1.6.15.1: Normen für UN-Druckgefäße und Druckgefäße, die keine UN-Druckgefäße sind** 4.1.6.15 (Forts.)

| anwendbar für Unterabschnitt | Referenz | Titel des Dokuments |
|---|---|---|
| 4.1.6.2 | EN ISO 11114-1:2020 + A1:2023 | Gasflaschen – Verträglichkeit von Werkstoffen für Gasflaschen und Ventile mit den in Berührung kommenden Gasen – Teil 1: Metallische Werkstoffe |
| | EN ISO 11114-2:2021 | Gasflaschen – Verträglichkeit von Flaschen- und Ventilwerkstoffen mit den in Berührung kommenden Gasen – Teil 2: Nichtmetallische Werkstoffe |
| 4.1.6.4 | ISO 11621:1997 oder EN ISO 11621:2005 | Gasflaschen – Verfahren für den Wechsel der Gasart |
| 4.1.6.8 Ventile mit Eigenschutz | Abschnitt 4.6.2 in EN ISO 10297:2006 oder Abschnitt 5.5.2 in EN ISO 10297:2014 oder Abschnitt 5.5.2 in EN ISO 10297:2014 + A1:2017 oder Abschnitt 5.4.2 in EN ISO 10297:2024 | Gasflaschen – Flaschenventile – Spezifikation und Baumusterprüfungen |
| | Abschnitt 5.3.8 in EN 13152:2001 + A1:2003 | Spezifikation und Prüfung für Flüssiggas- (LPG-)Flaschenventile – Selbstschließend |
| | Abschnitt 5.3.7 in EN 13153:2001 + A1:2003 | Spezifikation und Prüfung für Flüssiggas- (LPG-)Flaschenventile – Handbetätigt |
| | Abschnitt 5.9 in EN ISO 14245:2010, Abschnitt 5.9 in EN ISO 14245:2019 oder Abschnitt 5.9 in EN ISO 14245:2021 | Gasflaschen – Spezifikation und Prüfung von Flaschenventilen für Flüssiggas (LPG) – Selbstschließend |
| | Abschnitt 5.10 in EN ISO 15995:2010, Abschnitt 5.9 in EN ISO 15995:2019 oder Abschnitt 5.9 in EN ISO 15995:2021 | Gasflaschen – Spezifikation und Prüfung von Flaschenventilen für Flüssiggas (LPG) – Handbetätigt |
| | Abschnitt 5.4.2 in EN ISO 17879:2017 | Gasflaschen – Selbstschließende Flaschenventile – Spezifikation und Baumusterprüfung |
| | Abschnitt 7.4 in EN 12205:2001 oder Abschnitt 9.2.5 in EN ISO 11118:2015 oder Abschnitt 9.2.5 in EN ISO 11118:2015 + A1:2020 | Gasflaschen – Metallische Einwegflaschen – Spezifikationen und Prüfverfahren |
| 4.1.6.8 b) | ISO 11117:1998 oder EN ISO 11117:2008 + Cor 1:2009 oder EN ISO 11117:2019 | Gasflaschen – Ventilschutzkappen und Schutzkörbe – Auslegung, Bau und Prüfungen |
| | EN 962:1996 + A2:2000 | Ortsbewegliche Gasflaschen – Ventilschutzkappen und Ventilschutzvorrichtungen für Gasflaschen in industriellem und medizinischem Einsatz – Gestaltung, Konstruktion und Prüfungen |
| 4.1.6.8 c) | Anforderungen an Schutzkragen oder dauerhafte Schutzvorrichtungen, die als Ventilschutz gemäß Unterabschnitt 4.1.6.8 c) verwendet werden, sind in den entsprechenden Auslegungsnormen für Druckgefäßkörper angegeben (siehe Unterabschnitt 6.2.2.3 für UN-Druckgefäße und Unterabschnitt 6.2.4.1 für Druckgefäße, die keine UN-Druckgefäße sind). | |
| 4.1.6.8 b) und c) | ISO 16111:2008 oder ISO 16111:2018 | Ortsveränderliche Gasspeicherbehälter – in Metallhydriden reversibel absorbierter Wasserstoff |

4.1.6.15 (Forts.) **Tabelle 4.1.6.15.2: Anwendbare Herstellungsdaten für Ventilschutzkappen und Ventilschutzkörbe, die an Druckgefäßen angebracht sind, die keine UN-Druckgefäße sind**

| Referenz | Titel des Dokuments | für die Herstellung anwendbar |
|---|---|---|
| ISO 11117:1998 | Gasflaschen – Ventilschutzkappen und Ventilschutzvorrichtungen für Gasflaschen in industriellem und medizinischem Einsatz – Gestaltung, Konstruktion und Prüfungen | bis zum 31. Dezember 2014 |
| EN ISO 11117:2008 + Cor 1:2009 | Gasflaschen – Ventilschutzkappen und Ventilschutzkörbe – Auslegung, Bau und Prüfungen | bis zum 31. Dezember 2024 |
| EN ISO 11117:2019 | Gasflaschen – Ventilschutzkappen und Schutzkörbe – Auslegung, Bau und Prüfungen | bis auf Weiteres |
| EN 962:1996 + A2:2000 | Ortsbewegliche Gasflaschen – Ventilschutzkappen und Ventilschutzvorrichtungen für Gasflaschen in industriellem und medizinischem Einsatz – Gestaltung, Konstruktion und Prüfungen | bis zum 31. Dezember 2014 |

## 4.1.7 Besondere Vorschriften für das Verpacken organischer Peroxide der Klasse 5.2 und selbstzersetzlicher Stoffe der Klasse 4.1

→ D: § 22 (1) 3

**4.1.7.0.1 [Verschluss, Lüftung]**

Bei organischen Peroxiden müssen alle Gefäße „wirksam verschlossen" sein. Wenn in einem Versandstück durch die Entwicklung von Gas ein bedeutender Innendruck entstehen kann, darf eine Lüftungseinrichtung angebracht werden, vorausgesetzt, das ausströmende Gas stellt keine Gefahr dar; andernfalls ist der Füllungsgrad zu begrenzen. Lüftungseinrichtungen müssen so gebaut sein, dass kein flüssiger Stoff entweichen kann, wenn sich das Versandstück in aufrechter Position befindet, und müssen das Eindringen von Verunreinigungen verhindern. Die Außenverpackung muss, soweit vorhanden, so ausgelegt sein, dass sie die Funktion der Lüftungseinrichtung nicht beeinträchtigt.

### 4.1.7.1 Verwendung von Verpackungen (ausgenommen Großpackmittel (IBC))

**4.1.7.1.1 [Leistungsanforderung]**

Verpackungen für organische Peroxide und selbstzersetzliche Stoffe müssen den Vorschriften des Kapitels 6.1 entsprechen und dessen Prüfvorschriften für die Verpackungsgruppe II erfüllen.

**4.1.7.1.2 [Höchstmengen]**

Die Verpackungsmethoden für organische Peroxide und selbstzersetzliche Stoffe sind in der Verpackungsanweisung P520 aufgeführt und werden mit OP1 bis OP8 bezeichnet. Die für jede Verpackungsmethode angegebenen Mengen stellen die für die Versandstücke zugelassenen Höchstmengen dar.

**4.1.7.1.3 [Zugeordnete Peroxide und selbstzersetzliche Stoffe]**

Für alle bereits zugeordneten organischen Peroxide und selbstzersetzlichen Stoffe sind die anzuwendenden Verpackungsmethoden in den Tabellen der Unterabschnitte 2.2.41.4 und 2.2.52.4 aufgeführt.

**4.1.7.1.4 [Neue Peroxide und selbstzersetzliche Stoffe]**

Für neue organische Peroxide, neue selbstzersetzliche Stoffe oder neue Zubereitungen von bereits zugeordneten organischen Peroxiden oder von bereits zugeordneten selbstzersetzlichen Stoffen ist die geeignete Verpackungsmethode wie folgt zu bestimmen:

a) ORGANISCHES PEROXID TYP B oder SELBSTZERSETZLICHER STOFF TYP B:

   Die Verpackungsmethode OP5 ist anzuwenden, wenn das organische Peroxid (oder der selbstzersetzliche Stoff) die Kriterien des Handbuchs Prüfungen und Kriterien Absatz 20.4.3 b) (bzw. 20.4.2 b)) in einer durch die Verpackungsmethode zugelassenen Verpackung erfüllt. Kann das organische Peroxid (oder der selbstzersetzliche Stoff) diese Kriterien nur in einer kleineren Verpackung als der durch die Verpackungsmethode OP5 zugelassenen erfüllen (d.h. in einer der für OP1 bis OP4 aufgeführten Verpackungen), ist die entsprechende Verpackungsmethode mit der niedrigeren OP-Nummer anzuwenden;

b) ORGANISCHES PEROXID TYP C oder SELBSTZERSETZLICHER STOFF TYP C:

   Die Verpackungsmethode OP6 ist anzuwenden, wenn das organische Peroxid (oder der selbstzersetzliche Stoff) die Kriterien des Handbuchs Prüfungen und Kriterien Absatz 20.4.3 c) (bzw. 20.4.2 c)) in einer durch die Verpackungsmethode zugelassenen Verpackung erfüllt. Kann das organische Peroxid (oder der selbstzersetzliche Stoff) diese Kriterien nur in einer kleineren Verpackung als der durch die Verpackungsmethode OP6 zugelassenen erfüllen, ist die entsprechende Verpackungsmethode mit der niedrigeren OP-Nummer anzuwenden; 4.1.7.1.4 (Forts.)

c) ORGANISCHES PEROXID TYP D oder SELBSTZERSETZLICHER STOFF TYP D:

Für diesen Typ des organischen Peroxids oder des selbstzersetzlichen Stoffs ist die Verpackungsmethode OP7 anzuwenden.

d) ORGANISCHES PEROXID TYP E oder SELBSTZERSETZLICHER STOFF TYP E:

Für diesen Typ des organischen Peroxids oder des selbstzersetzlichen Stoffs ist die Verpackungsmethode OP8 anzuwenden.

e) ORGANISCHES PEROXID TYP F oder SELBSTZERSETZLICHER STOFF TYP F:

Für diesen Typ des organischen Peroxids oder des selbstzersetzlichen Stoffs ist die Verpackungsmethode OP8 anzuwenden.

**Verwendung von Großpackmitteln (IBC)** **4.1.7.2**

**[Zugeordnete Peroxide]** **4.1.7.2.1**

Die bereits zugeordneten organischen Peroxide, die in Verpackungsanweisung IBC520 aufgeführt sind, dürfen in Großpackmitteln (IBC) gemäß dieser Verpackungsanweisung befördert werden. Großpackmittel (IBC) müssen den Vorschriften des Kapitels 6.5 entsprechen und dessen Prüfvorschriften für die Verpackungsgruppe II erfüllen.

**[Neue Peroxide, selbstzersetzliche Stoffe Typ F]** **4.1.7.2.2**

Die anderen organischen Peroxide und die selbstzersetzlichen Stoffe des Typs F dürfen in Großpackmitteln (IBC) unter den von der zuständigen Behörde des Ursprungslandes festgesetzten Bedingungen befördert werden, wenn die zuständige Behörde auf Grund von Prüfungen bestätigt, dass eine solche Beförderung sicher durchgeführt werden kann. Die Prüfungen müssen Folgendes ermöglichen:

a) den Nachweis, dass das organische Peroxid (oder der selbstzersetzliche Stoff) den Grundsätzen der Klassifizierung im Handbuch Prüfungen und Kriterien Absatz 20.4.3 f) (bzw. 20.4.2 f)), Ausgang Box F in Abbildung 20.1 b) des Handbuchs entspricht;

b) den Nachweis der Verträglichkeit mit allen Werkstoffen, die mit dem Stoff während der Beförderung normalerweise in Berührung kommen;

c) soweit erforderlich, die Bestimmung der für die Beförderung des Stoffes im vorgesehenen Großpackmittel (IBC) geltenden, von der SADT abgeleiteten Kontroll- und Notfalltemperaturen;

d) soweit erforderlich, die Auslegung der Druckentlastungs- und der Notfall-Druckentlastungseinrichtungen und

e) die Festsetzung eventuell erforderlicher Sondervorschriften, die für die sichere Beförderung des Stoffes notwendig sind. → *5.4.1.2.3*

Ist das Ursprungsland keine Vertragspartei des ADR, so müssen diese Bedingungen von der zuständigen Behörde der ersten von der Sendung berührten Vertragspartei des ADR anerkannt werden.

**[Vorhersehbare Notfälle]** **4.1.7.2.3**

Selbstbeschleunigende Zersetzung und Feuereinwirkung sind als Notfälle zu berücksichtigen. Um ein explosionsartiges Zerbersten von metallenen IBC oder Kombinations-IBC mit vollwandigem Metallgehäuse zu vermeiden, müssen die Notfall-Druckentlastungseinrichtungen so ausgelegt sein, dass alle Zersetzungsprodukte und Dämpfe abgeführt werden, die bei selbstbeschleunigender Zersetzung oder bei Feuereinwirkung während eines Zeitraums von mindestens einer Stunde, berechnet nach der in Absatz 4.2.1.13.8 angegebenen Formel, entwickelt werden.

**Besondere Vorschriften für das Verpacken ansteckungsgefährlicher Stoffe der Klasse 6.2** **4.1.8**
→ *D: § 22 (1) 3*

**[Gefahrvermeidung]** **4.1.8.1**

Der Absender von ansteckungsgefährlichen Stoffen muss sicherstellen, dass die Versandstücke so vorbereitet sind, dass sie ihren Bestimmungsort in gutem Zustand erreichen und keine Gefahr für Personen oder Tiere während der Beförderung darstellen.

**4.1.8.2 [Geltende allgemeine Vorschriften]**

→ 4.1.1 Bem.

Die Begriffsbestimmungen in Abschnitt 1.2.1 und die allgemeinen Vorschriften der Unterabschnitte 4.1.1.1 bis 4.1.1.17, ausgenommen Unterabschnitte 4.1.1.10 bis 4.1.1.12 und 4.1.1.15, gelten für Versandstücke mit ansteckungsgefährlichen Stoffen. Flüssige Stoffe dürfen jedoch nur in Verpackungen eingefüllt werden, die gegenüber einem Innendruck, der sich unter normalen Beförderungsbedingungen entwickeln kann, ausreichend fest sind.

**4.1.8.3 [Inhaltsauflistung]**

Eine detaillierte Auflistung des Inhalts muss zwischen der zweiten Verpackung und der Außenverpackung enthalten sein. Wenn die zu befördernden ansteckungsgefährlichen Stoffe nicht bekannt sind, jedoch unter dem Verdacht stehen, dass sie den Kriterien für eine Aufnahme in Kategorie A entsprechen, muss im Dokument innerhalb der Außenverpackung der Wortlaut „Verdacht auf ansteckungsgefährlichen Stoff der Kategorie A" nach der offiziellen Benennung für die Beförderung in Klammern angegeben werden.

**4.1.8.4 [Desinfektion, Sterilisation]**

Bevor eine leere Verpackung dem Absender zurückgesandt oder an einen anderen Empfänger versandt wird, muss sie desinfiziert oder sterilisiert werden, um jede Gefahr auszuschließen; Bezettelungen und Kennzeichen, die darauf hinweisen, dass die Verpackung ansteckungsgefährliche Stoffe enthalten hat, müssen entfernt oder unkenntlich gemacht werden.

**4.1.8.5 [Toleranz der Abweichungen]**

Sofern eine gleichwertige Leistungsfähigkeit sichergestellt ist, sind folgende Abweichungen für die Primärgefäße, die in eine Sekundärverpackung eingesetzt sind, zulässig, ohne dass das gesamte Versandstück weiteren Prüfungen unterzogen werden muss:

a) Primärgefäße gleicher oder kleinerer Größe als die geprüften Primärgefäße dürfen verwendet werden, vorausgesetzt:
   (i) die Primärgefäße sind ähnlich ausgeführt wie die geprüften Primärgefäße (z.B. Form: rund, rechteckig usw.);
   (ii) der Werkstoff des Primärgefäßes (z.B. Glas, Kunststoff, Metall usw.) weist eine gleiche oder höhere Festigkeit gegenüber Aufprall- und Stapelkräften auf wie das geprüfte Primärgefäß;
   (iii) die Primärgefäße haben gleiche oder kleinere Öffnungen und der Verschluss ist ähnlich ausgeführt (z.B. Schraubverschluss, Stopfen usw.);
   (iv) zusätzliches Polstermaterial wird in ausreichender Menge verwendet, um Hohlräume auszufüllen und bedeutsame Bewegungen der Primärgefäße zu verhindern, und
   (v) die Primärgefäße sind in der Sekundärverpackung in gleicher Weise ausgerichtet wie im geprüften Versandstück.

b) Eine geringere Anzahl von geprüften Primärgefäßen oder anderen Arten von Primärgefäßen nach Absatz a) darf verwendet werden, vorausgesetzt, es wird genügend Polstermaterial hinzugefügt, um den Hohlraum (die Hohlräume) auszufüllen und bedeutsame Bewegungen der Primärgefäße zu verhindern.

**4.1.8.6 [Anwendbarkeit]**

Die Unterabschnitte 4.1.8.1 bis 4.1.8.5 gelten nur für ansteckungsgefährliche Stoffe der Kategorie A (UN-Nummern 2814 und 2900). Sie gelten weder für UN 3373 BIOLOGISCHER STOFF, KATEGORIE B (siehe Unterabschnitt 4.1.4.1 Verpackungsanweisung P650) noch für UN 3291 KLINISCHER ABFALL, UNSPEZIFIZIERT, N.A.G., oder (BIO)MEDIZINISCHER ABFALL, N.A.G., oder UNTER DIE VORSCHRIFTEN FALLENDER MEDIZINISCHER ABFALL, N.A.G.

**4.1.8.7 [Alternative Verpackungen oder Großpackmittel]**

→ D: RSEB 4-8.5

Für die Beförderung tierischer Stoffe dürfen Verpackungen oder Großpackmittel (IBC), die nicht ausdrücklich durch die anwendbaren Verpackungsanweisungen zugelassen sind, nicht zur Beförderung eines Stoffes oder Gegenstandes verwendet werden, es sei denn, die zuständige Behörde des Ursprungslandes[3)] hat dies im Einzelnen zugelassen und folgende Voraussetzungen werden erfüllt:

---

3) Ist das Ursprungsland keine Vertragspartei des ADR, die zuständige Behörde der ersten Vertragspartei des ADR, die von der Sendung berührt wird.

a) die alternative Verpackung erfüllt die allgemeinen Vorschriften dieses Teils, **4.1.8.7** (Forts.)

b) die alternative Verpackung erfüllt die Vorschriften des Teils 6, wenn die in Kapitel 3.2 Tabelle A Spalte (8) angegebene Verpackungsanweisung dies festlegt,

c) die zuständige Behörde des Ursprungslandes[3)] stellt fest, dass die alternative Verpackung mindestens das gleiche Sicherheitsniveau gewährleistet wie die Verpackung des Stoffes in Übereinstimmung mit einer Methode, die in der in Kapitel 3.2 Tabelle A Spalte (8) angegebenen besonderen Verpackungsanweisung festgelegt ist, und

d) eine Kopie der Zulassung der zuständigen Behörde ist jeder Sendung beigefügt oder das Beförderungspapier enthält einen Hinweis, dass die alternative Verpackung von der zuständigen Behörde zugelassen wurde.

**Besondere Vorschriften für das Verpacken von radioaktiven Stoffen** **4.1.9**

*→ D: § 22 (1) 3*

**Allgemeines** **4.1.9.1**

**[Anforderungen, Grenzwerte]** **4.1.9.1.1**

Radioaktive Stoffe, Verpackungen und Versandstücke müssen den Vorschriften des Kapitels 6.4 entsprechen. Die Menge radioaktiver Stoffe in einem Versandstück darf die in den Absätzen 2.2.7.2.2, 2.2.7.2.4.1, 2.2.7.2.4.4, 2.2.7.2.4.5, 2.2.7.2.4.6, in Kapitel 3.3 Sondervorschrift 336 und in Unterabschnitt 4.1.9.3 festgelegten Grenzwerte nicht überschreiten.

Die vom ADR erfassten Typen von Versandstücken für radioaktive Stoffe sind:

a) freigestelltes Versandstück (siehe Unterabschnitt 1.7.1.5);

b) Industrieversandstück des Typs 1 (Typ IP-1-Versandstück);

c) Industrieversandstück des Typs 2 (Typ IP-2-Versandstück);

d) Industrieversandstück des Typs 3 (Typ IP-3-Versandstück);

e) Typ A-Versandstück;

f) Typ B(U)-Versandstück;

g) Typ B(M)-Versandstück;

h) Typ C-Versandstück.

Versandstücke, die spaltbare Stoffe oder Uranhexafluorid enthalten, unterliegen zusätzlichen Vorschriften.

**[Kontamination]** **4.1.9.1.2**

Die nicht festhaftende Kontamination an den Außenseiten eines Versandstücks muss so gering wie möglich sein und darf unter Routine-Beförderungsbedingungen folgende Grenzwerte nicht überschreiten:

a) 4 $Bq/cm^2$ für Beta- und Gammastrahler sowie für Alphastrahler geringer Toxizität;

b) 0,4 $Bq/cm^2$ für alle anderen Alphastrahler.

Diese Grenzwerte sind anwendbar, wenn sie über eine Fläche von 300 $cm^2$ jedes Teils der Oberfläche gemittelt werden.

**[Zusammenpackverbot]** **4.1.9.1.3**

Außer Gegenständen, die für die Verwendung radioaktiver Stoffe notwendig sind, darf ein Versandstück keine anderen Gegenstände enthalten. Die Wechselwirkung zwischen diesen Gegenständen und dem Versandstück darf unter den für das Baumuster anwendbaren Beförderungsbedingungen die Sicherheit des Versandstücks nicht verringern.

**[Kontamination außer Versandstücken]** **4.1.9.1.4**

Sofern in Abschnitt 7.5.11 Sondervorschrift CV33 nichts anderes vorgeschrieben ist, darf die Höhe der nicht festhaftenden Kontamination an den Außen- und Innenseiten einer Umverpackung, eines Containers oder eines Fahrzeugs die in Absatz 4.1.9.1.2 aufgeführten Grenzwerte nicht überschreiten. Diese Vorschrift gilt nicht für die inneren Oberflächen von Containern, die als Verpackungen verwendet werden, unabhängig davon, ob diese beladen oder leer sind.

---

3) Ist das Ursprungsland keine Vertragspartei des ADR, die zuständige Behörde der ersten Vertragspartei des ADR, die von der Sendung berührt wird.

**4.1.9.1.5 [Nebengefahren]**

Bei radioaktiven Stoffen mit anderen gefährlichen Eigenschaften müssen diese Eigenschaften bei der Auslegung des Versandstücks berücksichtigt werden. Radioaktive Stoffe mit einer Nebengefahr, die in Versandstücken verpackt sind, für die keine Zulassung der zuständigen Behörde erforderlich ist, müssen in Verpackungen, Großpackmitteln (IBC), Tanks oder Schüttgut-Containern befördert werden, die vollständig dem jeweils zutreffenden Kapitel des Teils 6 sowie den für diese Nebengefahr anwendbaren Vorschriften des Kapitels 4.1, 4.2 oder 4.3 entsprechen.

**4.1.9.1.6 [Vor der ersten Beförderung zu erfüllende Vorschriften]**

Bevor eine Verpackung erstmalig für die Beförderung radioaktiver Stoffe verwendet wird, ist zu bestätigen, dass sie in Übereinstimmung mit den Bauartspezifikationen hergestellt wurde, um die Einhaltung der zutreffenden Vorschriften des ADR und eines eventuell anwendbaren Zulassungszeugnisses sicherzustellen. Die folgenden Vorschriften sind, sofern anwendbar, ebenfalls zu erfüllen:

a) Überschreitet der Auslegungsdruck der dichten Umschließung 35 kPa (Überdruck), so ist sicherzustellen, dass die dichte Umschließung jeder Verpackung den Vorschriften in Bezug auf die Erhaltung seiner Unversehrtheit unter diesem Druck der zugelassenen Bauart entspricht.

b) Für jede Verpackung, die für die Verwendung als Typ B(U)-, Typ B(M)- oder Typ C-Versandstück vorgesehen ist, und für jede Verpackung, die für die Aufnahme spaltbarer Stoffe vorgesehen ist, ist sicherzustellen, dass die Wirksamkeit der Abschirmung und der dichten Umschließung und, soweit erforderlich, der Wärmeübertragungseigenschaften und die Wirksamkeit des Einschließungssystems innerhalb der Grenzen liegen, die auf die zugelassene Bauart anwendbar oder für diese festgelegt sind.

c) Für jede Verpackung, die für die Aufnahme spaltbarer Stoffe vorgesehen ist, ist sicherzustellen, dass die Wirksamkeit der Kritikalitätssicherheitseinrichtungen innerhalb der Grenzwerte liegt, die für die Bauart anwendbar sind oder festgelegt wurden, und in Fällen, in denen Neutronengifte ausdrücklich einbezogen sind, um den Vorschriften des Unterabschnitts 6.4.11.1 zu genügen, sind zur Bestätigung des Vorhandenseins und der Verteilung dieser Neutronengifte Kontrollen durchzuführen.

**4.1.9.1.7 [Vor jeder Beförderung zu erfüllende Vorschriften]**

Vor jeder Beförderung eines Versandstücks ist sicherzustellen, dass das Versandstück

a) weder Radionuklide enthält, die von den für das Versandstückmuster festgelegten abweichen,

b) noch Inhalte in einer Form oder in einem physikalischen oder chemischen Zustand enthält, die von den für das Versandstückmuster festgelegten abweichen.

**4.1.9.1.8 [Vor jeder Beförderung zu erfüllende Vorschriften]**

Vor jeder Beförderung eines Versandstücks ist sicherzustellen, dass alle in den zutreffenden Vorschriften des ADR und in den anwendbaren Zulassungszeugnissen festgelegten Anforderungen erfüllt worden sind. Die folgenden Vorschriften sind, sofern anwendbar, ebenfalls zu erfüllen:

a) Es ist sicherzustellen, dass Lastanschlagvorrichtungen, welche die Vorschriften des Unterabschnitts 6.4.2.2 nicht erfüllen, nach Unterabschnitt 6.4.2.3 entfernt oder auf andere Art für das Anheben des Versandstücks unbrauchbar gemacht worden sind.

b) Jedes Typ B(U)-, Typ B(M)- und Typ C-Versandstück ist so lange zurückzuhalten, bis sich annähernd ein Gleichgewichtszustand für den Nachweis der Übereinstimmung mit den Temperatur- und Druckvorschriften eingestellt hat, sofern nicht eine Freistellung von diesen Vorschriften unilateral zugelassen wurde.

c) Für jedes Typ B(U)-, Typ B(M)- und Typ C-Versandstück ist durch Inspektion und/oder durch geeignete Prüfungen sicherzustellen, dass alle Verschlüsse, Ventile und andere Öffnungen der dichten Umschließung, durch die der radioaktive Inhalt entweichen könnte, in der Weise ordnungsgemäß verschlossen und gegebenenfalls abgedichtet sind, für die der Nachweis der Übereinstimmung mit den Vorschriften der Unterabschnitte 6.4.8.8 und 6.4.10.3 erbracht wurde.

d) Für Versandstücke, die spaltbare Stoffe enthalten, sind die in Unterabschnitt 6.4.11.5 b) aufgeführte Messung und die in Unterabschnitt 6.4.11.8 aufgeführten Prüfungen für den Nachweis des Verschlusses jedes Versandstücks durchzuführen.

e) Für Versandstücke, die nach der Lagerung für die Beförderung verwendet werden sollen, muss sichergestellt sein, dass alle Verpackungsbestandteile und der radioaktive Inhalt während der Lagerung in einem solchen Zustand erhalten wurden, dass alle in den zutreffenden Vorschriften des ADR und in den anwendbaren Zulassungszeugnissen festgelegten Anforderungen erfüllt worden sind.

**[Anweisung zum Verschließen des Versandstücks]** 4.1.9.1.9
*→ D: § 18 (1) 7*

Der Absender muss auch eine Kopie der Anweisungen zum richtigen Verschließen des Versandstücks und anderer Vorbereitungen für die Beförderung haben, bevor er eine Beförderung nach den Vorschriften dieser Zeugnisse vornimmt.

**[TI – Höchstwert]** 4.1.9.1.10

Mit Ausnahme von Sendungen unter ausschließlicher Verwendung darf weder die Transportkennzahl für jedes einzelne Versandstück oder jede einzelne Umverpackung 10 noch die Kritikalitätssicherheitskennzahl für jedes einzelne Versandstück oder jede einzelne Umverpackung 50 überschreiten.

**[Dosisleistung Höchstwert]** 4.1.9.1.11

Mit Ausnahme von Versandstücken oder Umverpackungen, die unter ausschließlicher Verwendung gemäß Abschnitt 7.5.11 Sondervorschrift CV33 (3.5) a) befördert werden, darf die höchste Dosisleistung an keinem Punkt der Außenfläche eines Versandstücks oder einer Umverpackung 2 mSv/h überschreiten.

**[Ausschließliche Verwendung – Dosisleistung Höchstwert]** 4.1.9.1.12

Die höchste Dosisleistung darf an keinem Punkt der Außenfläche eines unter ausschließlicher Verwendung beförderten Versandstücks oder einer unter ausschließlicher Verwendung beförderten Umverpackung 10 mSv/h überschreiten.

**Vorschriften und Kontrollmaßnahmen für die Beförderung radioaktiver Stoffe mit geringer spezifischer Aktivität (LSA-Stoffe) und oberflächenkontaminierter Gegenstände (SCO-Gegenstände)** 4.1.9.2

**[Mengenbeschränkung]** 4.1.9.2.1

Die Menge der LSA-Stoffe oder der SCO-Gegenstände in einem Typ IP-1-Versandstück, Typ IP-2-Versandstück, Typ IP-3-Versandstück oder Gegenstand oder gegebenenfalls in einer Gesamtheit von Gegenständen ist so zu beschränken, dass die äußere Dosisleistung in einem Abstand von 3 m von dem nicht abgeschirmten Stoff oder Gegenstand oder der Gesamtheit von Gegenständen 10 mSv/h nicht überschreitet.

**[Nicht freigestellte spaltbare Stoffe]** 4.1.9.2.2

Für LSA-Stoffe und SCO-Gegenstände, die spaltbare Stoffe sind oder solche enthalten, sofern diese nicht gemäß Absatz 2.2.7.2.3.5 freigestellt sind, müssen die anwendbaren Vorschriften des Abschnitts 7.5.11 Sondervorschrift CV33 Absätze (4.1) und (4.2) eingehalten werden.

**[Spaltbare Stoffe]** 4.1.9.2.3

Für LSA-Stoffe und SCO-Gegenstände, die spaltbare Stoffe sind oder solche enthalten, müssen die anwendbaren Vorschriften des Unterabschnitts 6.4.11.1 eingehalten werden.

**[Unverpackte Stoffe]** 4.1.9.2.4
*→ 1.6.6.1*
*→ 1.6.6.2.2*

LSA-Stoffe und SCO-Gegenstände in den Gruppen LSA-I, SCO-I und SCO-III dürfen unter folgenden Bedingungen unverpackt befördert werden:

a) alle unverpackten Stoffe, ausgenommen Erze, die ausschließlich in der Natur vorkommende Radionuklide enthalten, müssen so befördert werden, dass bei Routine-Beförderungsbedingungen kein Inhalt aus dem Fahrzeug entweicht und keine Abschirmung verloren geht;

b) jedes Fahrzeug muss unter ausschließlicher Verwendung stehen, es sei denn, es werden mit ihm nur SCO-I-Gegenstände befördert, auf denen die Kontamination auf den zugänglichen und unzugänglichen Oberflächen nicht höher als das 10-fache des gemäß der Begriffsbestimmung für Kontamination in Absatz 2.2.7.1.2 anwendbaren Wertes ist;

c) ist bei SCO-I-Gegenständen zu vermuten, dass auf den unzugänglichen Oberflächen mehr nicht festhaftende Kontamination vorhanden ist als in den in Absatz 2.2.7.2.3.2 a) (i) festgelegten Werten, so sind Maßnahmen zu treffen, die sicherstellen, dass radioaktive Stoffe nicht in das Fahrzeug entweichen können;

d) unverpackte spaltbare Stoffe müssen den Vorschriften des Absatzes 2.2.7.2.3.5 e) entsprechen und

e) für SCO-III-Gegenstände:

   (i) Die Beförderung muss unter ausschließlicher Verwendung erfolgen.

   (ii) Stapeln ist nicht zugelassen.

4.1.9.2.4 (Forts.)

(iii) Alle mit der Beförderung zusammenhängende Tätigkeiten, einschließlich Strahlenschutz, Notfallmaßnahmen und besondere Vorsichtsmaßnahmen oder besondere administrative oder betriebliche Kontrollen, die während der Beförderung durchzuführen sind, müssen in einem Beförderungsplan beschrieben werden. Aus dem Beförderungsplan muss hervorgehen, dass das allgemeine Sicherheitsniveau bei der Beförderung mindestens dem gleichwertig ist, das gegeben wäre, wenn die Vorschriften des Abschnitts 6.4.7.14 (nur für die Prüfung nach Absatz 6.4.15.6, der die Prüfungen nach den Abschnitten 6.4.15.2 und 6.4.15.3 vorausgehen) erfüllt worden wären.

(iv) Die Vorschriften der Abschnitte 6.4.5.1 und 6.4.5.2 für ein Typ IP-2-Versandstück müssen erfüllt sein, mit der Ausnahme, dass der in Abschnitt 6.4.15.4 erwähnte größtmögliche Schaden auf der Grundlage von Bestimmungen im Beförderungsplan bestimmt werden darf und dass die Vorschriften des Unterabschnitts 6.4.15.5 nicht anwendbar sind.

(v) Der Gegenstand und eine eventuelle Abschirmung sind in Übereinstimmung mit Unterabschnitt 6.4.2.1 am Beförderungsmittel gesichert.

(vi) Die Beförderung unterliegt einer multilateralen Genehmigung.

**4.1.9.2.5 [Industrieversandstück – Zuordnung]**

LSA-Stoffe und SCO-Gegenstände sind, sofern in Absatz 4.1.9.2.4 nichts anderes bestimmt ist, gemäß nachstehender Tabelle zu verpacken.

**Tabelle 4.1.9.2.5: Vorschriften für Industrieversandstücke, die LSA-Stoffe und SCO-Gegenstände enthalten**

| Radioaktiver Inhalt | Typ des Industrieversandstücks | |
|---|---|---|
| | ausschließliche Verwendung | nicht unter ausschließlicher Verwendung |
| LSA-I | | |
| fest[a)] | Typ IP-1 | Typ IP-1 |
| flüssig | Typ IP-1 | Typ IP-2 |
| LSA-II | | |
| fest | Typ IP-2 | Typ IP-2 |
| flüssig und gasförmig | Typ IP-2 | Typ IP-3 |
| LSA-III | Typ IP-2 | Typ IP-3 |
| SCO-I[a)] | Typ IP-1 | Typ IP-1 |
| SCO-II | Typ IP-2 | Typ IP-2 |

a) Unter den Bedingungen des Absatzes 4.1.9.2.4 dürfen LSA-I-Stoffe und SCO-I-Gegenstände unverpackt befördert werden.

## 4.1.9.3 Versandstücke, die spaltbare Stoffe enthalten

*→ 1.6.6.1*
*→ 1.6.6.2.1*
*→ 1.6.6.2.2*

Der Inhalt von Versandstücken, die spaltbare Stoffe enthalten, muss entweder dem direkt im ADR oder im Zulassungszeugnis für das Versandstückmuster festgelegten Inhalt entsprechen.

## 4.1.10 Sondervorschriften für die Zusammenpackung*)

**4.1.10.1 [Bedingungen Zusammenpackung]**

Wenn die Zusammenpackung auf Grund der Vorschriften dieses Abschnitts zugelassen ist, dürfen gefährliche Güter mit anderen gefährlichen Gütern oder anderen Gütern in zusammengesetzten Verpackungen nach Unterabschnitt 6.1.4.21 zusammengepackt werden, vorausgesetzt, sie reagieren nicht gefährlich miteinander und die übrigen entsprechenden Vorschriften dieses Kapitels sind erfüllt.

**Bem.** 1. Siehe auch Unterabschnitte 4.1.1.5 und 4.1.1.6.
2. Für radioaktive Stoffe siehe Abschnitt 4.1.9.

**4.1.10.2 [Maximale Versandstückmasse]**

Mit Ausnahme der Versandstücke, die nur Güter der Klasse 1 oder nur Stoffe der Klasse 7 enthalten, darf ein Versandstück, das verschiedene zusammengepackte Güter enthält, bei Verwendung von Kisten aus Holz oder Pappe als Außenverpackungen nicht schwerer sein als 100 kg.

*) *→ D: § 22 (1) 4 b); → RO-a-DE-1; → RO-bi-CH-1*

**[Zusammenpack-Erlaubnis]** **4.1.10.3**

Sofern eine anwendbare Sondervorschrift des Unterabschnitts 4.1.10.4 nichts anderes vorschreibt, dürfen gefährliche Güter derselben Klasse und desselben Klassifizierungscodes zusammengepackt werden.

**[SV-Texte]** **4.1.10.4**

Folgende Sondervorschriften sind, wenn sie in Kapitel 3.2 Tabelle A Spalte (9b) bei einer Eintragung angegeben sind, für die Zusammenpackung der dieser Eintragung zugeordneten Güter mit anderen Gütern in einem Versandstück anwendbar:

**MP1** Darf nur mit einem Gut desselben Typs und derselben Verträglichkeitsgruppe zusammengepackt werden. *→ D: GGAV 32*

**MP2** Darf nicht mit anderen Gütern zusammengepackt werden. *→ RO-a-DE-5*

**MP3** Nur die Zusammenpackung von UN-Nummer 1873 und UN-Nummer 1802 ist zugelassen.

**MP4** Darf weder mit Gütern der übrigen Klassen noch mit Gütern, die den Vorschriften des ADR nicht unterliegen, zusammengepackt werden. Ist dieses organische Peroxid jedoch ein Härter oder Mehrkomponentensystem für Stoffe der Klasse 3, ist eine Zusammenpackung mit diesen Stoffen der Klasse 3 zugelassen.

**MP5** Die Stoffe der UN-Nummern 2814 und 2900 dürfen in einer zusammengesetzten Verpackung nach Verpackungsanweisung P620 zusammengepackt werden. Sie dürfen nicht mit anderen Gütern zusammengepackt werden; dies gilt nicht für UN 3373 Biologischer Stoff, Kategorie B, der nach Verpackungsanweisung P650 verpackt ist, oder für Stoffe, die zur Kühlung beigegeben werden, z.B. Eis, Trockeneis oder tiefgekühlt verflüssigter Stickstoff.

**MP6** Darf nicht mit anderen Gütern zusammengepackt werden. Dies gilt nicht für Stoffe, die zur Kühlung beigegeben werden, z.B. Eis, Trockeneis oder tiefgekühlt verflüssigter Stickstoff.

**MP7** Darf in Mengen von höchstens 5 Liter je Innenverpackung *→ D: GGAV 21*

- mit Gütern, die unter einen anderen Klassifizierungscode derselben Klasse fallen, soweit eine Zusammenpackung auch für diese Güter zugelassen ist, und/oder
- mit Gütern, die den Vorschriften des ADR nicht unterliegen,

in einer zusammengesetzten Verpackung nach Unterabschnitt 6.1.4.21 zusammengepackt werden, wenn sie nicht gefährlich miteinander reagieren.

**MP8** Darf in Mengen von höchstens 3 Liter je Innenverpackung

- mit Gütern, die unter einen anderen Klassifizierungscode derselben Klasse fallen, soweit eine Zusammenpackung auch für diese Güter zugelassen ist, und/oder
- mit Gütern, die den Vorschriften des ADR nicht unterliegen,

in einer zusammengesetzten Verpackung nach Unterabschnitt 6.1.4.21 zusammengepackt werden, wenn sie nicht gefährlich miteinander reagieren.

**MP9** Darf mit

- anderen Gütern der Klasse 2,
- Gütern der übrigen Klassen, soweit eine Zusammenpackung auch für Güter dieser Klassen zugelassen ist, und/oder
- Gütern, die den Vorschriften des ADR nicht unterliegen,

in einer für zusammengesetzte Verpackungen des Unterabschnitts 6.1.4.21 vorgesehenen Außenverpackung zusammengepackt werden, wenn sie nicht gefährlich miteinander reagieren.

**MP10** Darf in Mengen von höchstens 5 kg je Innenverpackung

- mit Gütern, die unter einen anderen Klassifizierungscode derselben Klasse fallen, oder mit Gütern der übrigen Klassen, soweit eine Zusammenpackung auch für diese Güter zugelassen ist, und/oder
- mit Gütern, die den Vorschriften des ADR nicht unterliegen,

in einer zusammengesetzten Verpackung nach Unterabschnitt 6.1.4.21 zusammengepackt werden, wenn sie nicht gefährlich miteinander reagieren.

**MP11** Darf in Mengen von höchstens 5 kg je Innenverpackung

- mit Gütern, die unter einen anderen Klassifizierungscode derselben Klasse fallen, oder mit Gütern der übrigen Klassen (mit Ausnahme von Stoffen der Klasse 5.1 Verpackungsgruppe I oder II), soweit eine Zusammenpackung auch für diese Güter zugelassen ist, und/oder

4.1.10.4 (Forts.)

- mit Gütern, die den Vorschriften des ADR nicht unterliegen,

in einer zusammengesetzten Verpackung nach Unterabschnitt 6.1.4.21 zusammengepackt werden, wenn sie nicht gefährlich miteinander reagieren.

**MP12** Darf in Mengen von höchstens 5 kg je Innenverpackung

- mit Gütern, die unter einen anderen Klassifizierungscode derselben Klasse fallen, oder mit Gütern der übrigen Klassen (mit Ausnahme von Stoffen der Klasse 5.1 Verpackungsgruppe I oder II), soweit eine Zusammenpackung auch für diese Güter zugelassen ist, und/oder
- mit Gütern, die den Vorschriften des ADR nicht unterliegen,

in einer zusammengesetzten Verpackung nach Unterabschnitt 6.1.4.21 zusammengepackt werden, wenn sie nicht gefährlich miteinander reagieren.

Ein Versandstück darf nicht schwerer sein als 45 kg; bei Verwendung einer Kiste aus Pappe darf das Versandstück nicht schwerer sein als 27 kg.

**MP13** Darf in Mengen von höchstens 3 kg je Innenverpackung und Versandstück

- mit Gütern, die unter einen anderen Klassifizierungscode derselben Klasse fallen, oder mit Gütern der übrigen Klassen, soweit eine Zusammenpackung auch für diese Güter zugelassen ist, und/oder
- mit Gütern, die den Vorschriften des ADR nicht unterliegen,

in einer zusammengesetzten Verpackung nach Unterabschnitt 6.1.4.21 zusammengepackt werden, wenn sie nicht gefährlich miteinander reagieren.

**MP14** Darf in Mengen von höchstens 6 kg je Innenverpackung

- mit Gütern, die unter einen anderen Klassifizierungscode derselben Klasse fallen, oder mit Gütern der übrigen Klassen, soweit eine Zusammenpackung auch für diese Güter zugelassen ist, und/oder
- mit Gütern, die den Vorschriften des ADR nicht unterliegen,

in einer zusammengesetzten Verpackung nach Unterabschnitt 6.1.4.21 zusammengepackt werden, wenn sie nicht gefährlich miteinander reagieren.

**MP15** Darf in Mengen von höchstens 3 Liter je Innenverpackung

- mit Gütern, die unter einen anderen Klassifizierungscode derselben Klasse fallen, oder mit Gütern der übrigen Klassen, soweit eine Zusammenpackung auch für diese Güter zugelassen ist, und/oder
- mit Gütern, die den Vorschriften des ADR nicht unterliegen,

in einer zusammengesetzten Verpackung nach Unterabschnitt 6.1.4.21 zusammengepackt werden, wenn sie nicht gefährlich miteinander reagieren.

**MP16** (bleibt offen)

**MP17** Darf in Mengen von höchstens 0,5 Liter je Innenverpackung und 1 Liter je Versandstück

*→ D: GGAV 21*

- mit Gütern der übrigen Klassen mit Ausnahme der Klasse 7, soweit eine Zusammenpackung auch für diese Güter zugelassen ist, und/oder
- mit Gütern, die den Vorschriften des ADR nicht unterliegen,

in einer zusammengesetzten Verpackung nach Unterabschnitt 6.1.4.21 zusammengepackt werden, wenn sie nicht gefährlich miteinander reagieren.

**MP18** Darf in Mengen von höchstens 0,5 kg je Innenverpackung und 1 kg je Versandstück

- mit Gütern der übrigen Klassen mit Ausnahme der Klasse 7, soweit eine Zusammenpackung auch für diese Güter zugelassen ist, und/oder
- mit Gütern, die den Vorschriften des ADR nicht unterliegen,

in einer zusammengesetzten Verpackung nach Unterabschnitt 6.1.4.21 zusammengepackt werden, wenn sie nicht gefährlich miteinander reagieren.

**MP19** Darf in Mengen von höchstens 5 Liter je Innenverpackung

*→ D: GGAV 21*

- mit Gütern, die unter einen anderen Klassifizierungscode derselben Klasse fallen, oder mit Gütern der übrigen Klassen, soweit eine Zusammenpackung auch für diese Güter zugelassen ist, und/oder
- mit Gütern, die den Vorschriften des ADR nicht unterliegen,

in einer zusammengesetzten Verpackung nach Unterabschnitt 6.1.4.21 zusammengepackt werden, wenn sie nicht gefährlich miteinander reagieren. **4.1.10.4** (Forts.)

**MP20** Darf mit Stoffen, die unter dieselbe UN-Nummer fallen, zusammengepackt werden.

Darf nicht mit Gütern der Klasse 1, die unter verschiedene UN-Nummern fallen, zusammengepackt werden, es sei denn, dies ist durch die Sondervorschrift für die Zusammenpackung MP24 vorgesehen.

Darf nicht mit Gütern der übrigen Klassen oder mit Gütern, die den Vorschriften des ADR nicht unterliegen, zusammengepackt werden. *→ D: GGAV 32*

**MP21** Darf mit Gegenständen, die unter dieselbe UN-Nummer fallen, zusammengepackt werden.

Darf nicht mit Gütern der Klasse 1, die unter verschiedene UN-Nummern fallen, zusammengepackt werden, ausgenommen *→ D: GGAV 32*

a) mit seinen eigenen Zündmitteln, vorausgesetzt,
   (i) die Zündmittel können unter normalen Beförderungsbedingungen nicht ausgelöst werden, oder
   (ii) diese Zündmittel enthalten zumindest zwei wirksame Sicherungsvorrichtungen, die die Auslösung einer Explosion im Falle eines unbeabsichtigten Auslösens des Zündmittels verhindern, oder
   (iii) – bei Zündmitteln, die nicht zwei wirksame Sicherungsvorrichtungen enthalten (d.h. Zündmittel, die der Verträglichkeitsgruppe B zugeordnet sind) – eine unbeabsichtigte Auslösung der Zündmittel zieht nach Auffassung der zuständigen Behörde des Ursprungslandes[4)] unter normalen Beförderungsbedingungen keine Explosion eines Gegenstandes nach sich, und
b) mit Gegenständen der Verträglichkeitsgruppen C, D und E.

Darf nicht mit Gütern der übrigen Klassen oder mit Gütern, die den Vorschriften des ADR nicht unterliegen, zusammengepackt werden.

Beim Zusammenpacken von Gütern nach dieser Vorschrift ist eine mögliche Änderung der Klassifizierung der Versandstücke gemäß Unterabschnitt 2.2.1.1 zu beachten.

Für die Bezeichnung der Güter im Beförderungspapier siehe Absatz 5.4.1.2.1 b). *→ D: GGAV 32*

**MP22** Darf mit Gegenständen, die unter dieselbe UN-Nummer fallen, zusammengepackt werden. *→ D: GGAV 32*

Darf nicht mit Gütern der Klasse 1, die unter verschiedene UN-Nummern fallen, zusammengepackt werden, ausgenommen

a) mit seinen eigenen Anzündmitteln, vorausgesetzt, die Anzündmittel können unter normalen Beförderungsbedingungen nicht ausgelöst werden,
b) mit Gegenständen der Verträglichkeitsgruppen C, D und E oder
c) dies ist durch die Sondervorschrift für die Zusammenpackung MP24 vorgesehen.

Darf nicht mit Gütern der übrigen Klassen oder mit Gütern, die den Vorschriften des ADR nicht unterliegen, zusammengepackt werden.

Beim Zusammenpacken von Gütern nach dieser Vorschrift ist eine mögliche Änderung der Klassifizierung der Versandstücke gemäß Unterabschnitt 2.2.1.1 zu beachten.

Für die Bezeichnung der Güter im Beförderungspapier siehe Absatz 5.4.1.2.1 b).

**MP23** Darf mit Gegenständen, die unter dieselbe UN-Nummer fallen, zusammengepackt werden.

Darf nicht mit Gütern der Klasse 1, die unter verschiedene UN-Nummern fallen, zusammengepackt werden, ausgenommen *→ D: GGAV 21 → D: GGAV 28 → D: GGAV 32*

a) mit seinen eigenen Anzündmitteln, vorausgesetzt, die Anzündmittel können unter normalen Beförderungsbedingungen nicht ausgelöst werden, oder
b) dies ist durch die Sondervorschrift für die Zusammenpackung MP24 vorgesehen.

Darf nicht mit Gütern der übrigen Klassen oder mit Gütern, die den Vorschriften des ADR nicht unterliegen, zusammengepackt werden.

---

4) Ist das Ursprungsland keine Vertragspartei des ADR, so muss die Festlegung von der zuständigen Behörde der ersten von der Sendung berührten Vertragspartei des ADR anerkannt werden.

**4.1.10.4** (Forts.) Beim Zusammenpacken von Gütern nach dieser Vorschrift ist eine mögliche Änderung der Klassifizierung der Versandstücke gemäß Unterabschnitt 2.2.1.1 zu beachten.

Für die Bezeichnung der Güter im Beförderungspapier siehe Absatz 5.4.1.2.1 b).

**MP24** Darf mit Gütern der in der nachstehenden Tabelle aufgeführten UN-Nummern unter folgenden Bedingungen in einem Versandstück zusammengepackt werden:

- wenn in der Tabelle der Buchstabe „A" angegeben ist, dürfen die Güter dieser UN-Nummern ohne besondere Massebegrenzung zusammengepackt werden;
- wenn in der Tabelle der Buchstabe „B" angegeben ist, dürfen die Güter dieser UN-Nummern bis zu einer Gesamtexplosivstoffmasse von 50 kg zusammengepackt werden.

Beim Zusammenpacken von Gütern nach dieser Vorschrift ist eine mögliche Änderung der Klassifizierung der Versandstücke gemäß Unterabschnitt 2.2.1.1 zu beachten.

Für die Bezeichnung der Güter im Beförderungspapier siehe Absatz 5.4.1.2.1 b).

| UN-Nummer | 0012 | 0014 | 0027 | 0028 | 0044 | 0054 | 0160 | 0161 | 0186 | 0191 | 0194 | 0195 | 0197 | 0238 | 0240 | 0312 | 0333 | 0334 | 0335 | 0336 | 0337 | 0373 | 0405 | 0428 | 0429 | 0430 | 0431 | 0432 | 0505 | 0506 | 0507 | 0509 |
|---|---|---|---|---|---|---|---|---|---|---|---|---|---|---|---|---|---|---|---|---|---|---|---|---|---|---|---|---|---|---|---|---|
| 0012 | | A | | | | | | | | | | | | | | | | | | | | | | | | | | | | | | |
| 0014 | A | | | | | | | | | | | | | | | | | | | | | | | | | | | | | | | |
| 0027 | | | | B | B | | B | B | | | | | | | | | | | | | | | | | | | | | | | | B |
| 0028 | | | B | | B | | B | B | | | | | | | | | | | | | | | | | | | | | | | | B |
| 0044 | | | B | B | | | B | B | | | | | | | | | | | | | | | | | | | | | | | | B |
| 0054 | | | | | | | | | B | B | B | B | B | B | B | B | | | | | | B | B | B | B | B | B | B | B | B | B | |
| 0160 | | | B | B | B | | | B | | | | | | | | | | | | | | | | | | | | | | | | B |
| 0161 | | | B | B | B | | B | | | | | | | | | | | | | | | | | | | | | | | | | B |
| 0186 | | | | | | B | | | | B | B | B | B | B | B | B | | | | | | B | B | B | B | B | B | B | B | B | B | |
| 0191 | | | | | | B | | | B | | B | B | B | B | B | B | | | | | | B | B | B | B | B | B | B | B | B | B | |
| 0194 | | | | | | B | | | B | B | | B | B | B | B | B | | | | | | B | B | B | B | B | B | B | B | B | B | |
| 0195 | | | | | | B | | | B | B | B | | B | B | B | B | | | | | | B | B | B | B | B | B | B | B | B | B | |
| 0197 | | | | | | B | | | B | B | B | B | | B | B | B | | | | | | B | B | B | B | B | B | B | B | B | B | |
| 0238 | | | | | | B | | | B | B | B | B | B | | B | B | | | | | | B | B | B | B | B | B | B | B | B | B | |
| 0240 | | | | | | B | | | B | B | B | B | B | B | | B | | | | | | B | B | B | B | B | B | B | B | B | B | |
| 0312 | | | | | | B | | | B | B | B | B | B | B | B | | | | | | | B | B | B | B | B | B | B | B | B | B | |
| 0333 | | | | | | | | | | | | | | | | | | A | A | A | A | | | | | | | | | | | |
| 0334 | | | | | | | | | | | | | | | | | A | | A | A | A | | | | | | | | | | | |
| 0335 | | | | | | | | | | | | | | | | | A | A | | A | A | | | | | | | | | | | |
| 0336 | | | | | | | | | | | | | | | | | A | A | A | | A | | | | | | | | | | | |
| 0337 | | | | | | | | | | | | | | | | | A | A | A | A | | | | | | | | | | | | |
| 0373 | | | | | | B | | | B | B | B | B | B | B | B | B | | | | | | | B | B | B | B | B | B | B | B | B | |
| 0405 | | | | | | B | | | B | B | B | B | B | B | B | B | | | | | | B | | B | B | B | B | B | B | B | B | |
| 0428 | | | | | | B | | | B | B | B | B | B | B | B | B | | | | | | B | B | | B | B | B | B | B | B | B | |
| 0429 | | | | | | B | | | B | B | B | B | B | B | B | B | | | | | | B | B | B | | B | B | B | B | B | B | |
| 0430 | | | | | | B | | | B | B | B | B | B | B | B | B | | | | | | B | B | B | B | | B | B | B | B | B | |
| 0431 | | | | | | B | | | B | B | B | B | B | B | B | B | | | | | | B | B | B | B | B | | B | B | B | B | |
| 0432 | | | | | | B | | | B | B | B | B | B | B | B | B | | | | | | B | B | B | B | B | B | | B | B | B | |
| 0505 | | | | | | B | | | B | B | B | B | B | B | B | B | | | | | | B | B | B | B | B | B | B | | B | B | |
| 0506 | | | | | | B | | | B | B | B | B | B | B | B | B | | | | | | B | B | B | B | B | B | B | B | | B | |
| 0507 | | | | | | B | | | B | B | B | B | B | B | B | B | | | | | | B | B | B | B | B | B | B | B | B | | |
| 0509 | | | B | B | B | | B | B | | | | | | | | | | | | | | | | | | | | | | | | |

# Kapitel 4.2
# Verwendung von ortsbeweglichen Tanks und von UN-Gascontainern mit mehreren Elementen (MEGC)

**Bem.** 1. Für festverbundene Tanks (Tankfahrzeuge), Aufsetztanks, Tankcontainer und Tankwechselaufbauten (Tankwechselbehälter), deren Tankkörper aus metallenen Werkstoffen hergestellt sind, sowie Batterie-Fahrzeuge und Gascontainer mit mehreren Elementen (MEGC) siehe Kapitel 4.3; für Tanks aus faserverstärkten Kunststoffen siehe Kapitel 4.4; für Saug-Druck-Tanks für Abfälle siehe Kapitel 4.5. → D: § 8 (1) 1 d) → D: § 8 (2) → D: § 23 (1) 3, 4, 6

2. Ortsbewegliche Tanks und UN-MEGC, die nach den Vorschriften des Kapitels 6.7 gekennzeichnet sind, aber in einem Staat zugelassen wurden, der keine Vertragspartei des ADR ist, oder in Übereinstimmung mit Kapitel 6.7 des IMDG-Codes zugelassen wurden, dürfen auch für Beförderungen gemäß ADR verwendet werden. → D: § 12 (1) 1 a)

**Allgemeine Vorschriften für die Verwendung ortsbeweglicher Tanks zur Beförderung von Stoffen der Klassen 1 und 3 bis 9*)** **4.2.1** → D: § 23 (1) 15

**[Überblick]** **4.2.1.1** → D: § 23 (1) 3 f.

Dieser Abschnitt beschreibt allgemeine Vorschriften für die Verwendung ortsbeweglicher Tanks zur Beförderung von Stoffen der Klassen 1, 3, 4.1, 4.2, 4.3, 5.1, 5.2, 6.1, 6.2, 7, 8 und 9. Zusätzlich zu diesen allgemeinen Vorschriften müssen ortsbewegliche Tanks die in Abschnitt 6.7.2 beschriebenen Vorschriften für die Auslegung, den Bau und die Prüfung erfüllen. Stoffe müssen in ortsbeweglichen Tanks gemäß den in Kapitel 3.2 Tabelle A Spalte (10) angegebenen und in Absatz 4.2.5.2.6 beschriebenen Anweisungen für ortsbewegliche Tanks (T1 bis T23) und gemäß den jedem Stoff in Kapitel 3.2 Tabelle A Spalte (11) zugeordneten und in Unterabschnitt 4.2.5.3 beschriebenen Sondervorschriften für ortsbewegliche Tanks befördert werden.

**[Stoßbelastungen]** **4.2.1.2**

Während der Beförderung müssen die ortsbeweglichen Tanks gegen Beschädigung des Tankkörpers und der Bedienungsausrüstung durch Längs- oder Querstöße oder durch Umkippen ausreichend geschützt sein. Sind der Tankkörper und die Bedienungsausrüstung so gebaut, dass sie den Stößen oder dem Umkippen standhalten, ist ein solcher Schutz nicht erforderlich. Beispiele für einen solchen Schutz sind in Absatz 6.7.2.17.5 beschrieben. → D: § 21 (2) 6 → D: § 24 Nr. 1

**[Instabile Stoffe]** **4.2.1.3**

Bestimmte Stoffe sind chemisch instabil. Sie sind zur Beförderung nur zugelassen, wenn die notwendigen Maßnahmen zur Verhinderung ihrer gefährlichen Zersetzung, Umwandlung oder Polymerisation während der Beförderung getroffen wurden. Zu diesem Zweck muss insbesondere dafür gesorgt werden, dass die Tankkörper keine Stoffe enthalten, die solche Reaktionen begünstigen können.

**[Tankoberflächentemperatur]** **4.2.1.4**

Die Temperatur der Außenfläche des Tankkörpers, ausgenommen Öffnungen und ihre Verschlüsse, oder der Wärmeisolierung darf während der Beförderung 70 °C nicht übersteigen. Die Tankkörper müssen, soweit erforderlich, wärmeisoliert sein.

**[Leere Tanks]** **4.2.1.5** → 4.2.1.9.6 → D: § 26 (1) 2

Ungereinigte leere und nicht entgaste ortsbewegliche Tanks müssen denselben Vorschriften entsprechen wie ortsbewegliche Tanks, die mit dem vorher beförderten Stoff befüllt sind.

**[Zusammenladen]** **4.2.1.6** → D: § 23 (1) 9

Stoffe, die gefährlich miteinander reagieren können (siehe Begriffsbestimmung für gefährliche Reaktion in Abschnitt 1.2.1), dürfen nicht in derselben oder in benachbarten Tankkammern befördert werden.

**[Aufbewahren der Zulassung]** **4.2.1.7**

Die Baumusterzulassung, der Prüfbericht und die Bescheinigung mit den Ergebnissen der erstmaligen Prüfung, die von der zuständigen Behörde oder einer von ihr bestimmten Stelle für jeden ortsbeweg-

---

*) → 6.7.2.19.6; → 6.7.3.15.6; → 6.7.4.14.6

**4.2.1.7** (Forts.) lichen Tank ausgestellt wird, ist sowohl von dieser Behörde oder Stelle als auch vom Eigentümer aufzubewahren. Die Eigentümer müssen in der Lage sein, diese Dokumente auf Anforderung irgendeiner zuständigen Behörde vorzulegen.

**4.2.1.8** **[Stoffzulassung]**

Außer wenn die Benennung des (der) beförderten Stoffes (Stoffe) auf dem in Absatz 6.7.2.20.2 beschriebenen Metallschild angegeben ist, muss auf Anforderung einer zuständigen Behörde oder einer von ihr bestimmten Stelle eine Kopie der in Absatz 6.7.2.18.1 genannten Bescheinigung vom Absender, Empfänger oder Vertreter unverzüglich vorgelegt werden.

**4.2.1.9** **Füllungsgrad**

**4.2.1.9.1** **[Tankeignungsfeststellung]**

*→ D: RSEB 4-9.1 f.*

Vor dem Befüllen muss der Absender sicherstellen, dass der verwendete ortsbewegliche Tank geeignet ist und nicht mit Stoffen befüllt wird, die bei Berührung mit den Werkstoffen des Tankkörpers, der Dichtungen, der Bedienungsausrüstung und der gegebenenfalls vorhandenen Schutzauskleidungen gefährlich reagieren können, so dass gefährliche Stoffe entstehen oder diese Werkstoffe merklich geschwächt werden. Der Absender muss dazu gegebenenfalls den Hersteller des Stoffes sowie die zuständige Behörde konsultieren, um Auskunft über die Verträglichkeit des Stoffes mit den Werkstoffen des ortsbeweglichen Tanks zu erhalten.

**4.2.1.9.1.1** **[Füllgrenzen]**

*→ D: § 23 (1) 6*

Ortsbewegliche Tanks dürfen nicht über die in den Absätzen 4.2.1.9.2 bis 4.2.1.9.6 genannten Grenzen befüllt werden. Die Anwendbarkeit der Absätze 4.2.1.9.2, 4.2.1.9.3 oder 4.2.1.9.5.1 auf einzelne Stoffe ist in den anwendbaren Anweisungen für ortsbewegliche Tanks oder Sondervorschriften für ortsbewegliche Tanks in Absatz 4.2.5.2.6 oder Unterabschnitt 4.2.5.3 und in Kapitel 3.2 Tabelle A Spalte (10) oder (11) angegeben.

**4.2.1.9.2** **[Füllungsgrad allgemein]**

Für die allgemeine Verwendung wird der höchste Füllungsgrad (in %) durch folgende Formel bestimmt:

$$\text{Füllungsgrad} = \frac{97}{1 + \alpha(t_r - t_f)}.$$

**4.2.1.9.3** **[Füllungsgrad Flüssigkeiten]**

Der höchste Füllungsgrad (in %) für flüssige Stoffe der Klassen 6.1 und 8 Verpackungsgruppen I und II sowie für flüssige Stoffe mit einem absoluten Dampfdruck bei 65 °C von mehr als 175 kPa (1,75 bar) wird durch folgende Formel bestimmt:

$$\text{Füllungsgrad} = \frac{95}{1 + \alpha(t_r - t_f)}.$$

**4.2.1.9.4** **[Ausdehnungskoeffizient]**

In diesen Formeln ist $\alpha$ der mittlere kubische Ausdehnungskoeffizient des flüssigen Stoffes zwischen der mittleren Temperatur des flüssigen Stoffes beim Befüllen ($t_f$) und der höchsten mittleren Temperatur des Füllguts während der Beförderung ($t_r$) (beide in °C). Bei flüssigen Stoffen, die unter Umgebungsbedingungen befördert werden, kann $\alpha$ mit folgender Formel berechnet werden:

$$\alpha = \frac{d_{15} - d_{50}}{35\, d_{50}},$$

wobei $d_{15}$ und $d_{50}$ die Dichten des flüssigen Stoffes bei 15 °C bzw. 50 °C sind.

**4.2.1.9.4.1** **[Höchste mittlere Temperatur]**

Als höchste mittlere Temperatur des Füllguts ($t_r$) wird 50 °C festgelegt, ausgenommen bei Beförderungen unter gemäßigten oder extremen klimatischen Bedingungen, für die die betreffenden zuständigen Behörden einer niedrigeren Temperatur zustimmen bzw. eine höhere Temperatur vorschreiben können.

**4.2.1.9.5** **[Beheizte Tanks]**

Die Vorschriften der Absätze 4.2.1.9.2 bis 4.2.1.9.4.1 gelten nicht für ortsbewegliche Tanks, deren Inhalt während der Beförderung auf einer Temperatur von über 50 °C (z.B. durch eine Heizeinrichtung) gehalten wird. Bei ortsbeweglichen Tanks, die mit einer Heizeinrichtung ausgerüstet sind, muss ein Temperaturregler verwendet werden, um sicherzustellen, dass während der Beförderung der höchste Füllungsgrad niemals mehr als 95 % beträgt. 4.2.1.9.5 (Forts.)

**[Füllungsgrad erwärmte Stoffe]** 4.2.1.9.5.1

Der höchste Füllungsgrad (in %) für feste Stoffe, die über ihrem Schmelzpunkt befördert werden, und für erwärmte flüssige Stoffe wird durch folgende Formel bestimmt:

$$\text{Füllungsgrad} = 95 \frac{d_r}{d_f},$$

wobei $d_f$ und $d_r$ die Dichten des flüssigen Stoffes bei der mittleren Temperatur des flüssigen Stoffes während des Befüllens bzw. der höchsten mittleren Temperatur des Füllguts während der Beförderung sind.

**[Beförderungsverbot]** 4.2.1.9.6

Ortsbewegliche Tanks dürfen nicht zur Beförderung aufgegeben werden:

a) mit einem Füllungsgrad, der für flüssige Stoffe mit einer Viskosität bei 20 °C von weniger als 2 680 $mm^2/s$ oder im Fall von erwärmten Stoffen bei der höchsten Temperatur des Stoffes während der Beförderung mehr als 20 %, aber weniger als 80 % beträgt, es sei denn, die Tankkörper der ortsbeweglichen Tanks sind durch Trenn- oder Schwallwände in Abschnitte mit einem Fassungsraum von höchstens 7 500 Liter unterteilt;

b) wenn Rückstände der zuletzt beförderten Stoffe an der Außenseite des Tankkörpers oder an der Bedienungsausrüstung haften; → D: § 23 (1) 8 → D: § 26 (1) 1 → D: § 28 Nr. 12

c) wenn sie undicht oder in einem Ausmaß beschädigt sind, dass die Unversehrtheit des ortsbeweglichen Tanks oder seiner Hebe- oder Befestigungseinrichtungen beeinträchtigt sein kann, und → D: § 23 (1) 4

d) wenn die Bedienungsausrüstung nicht geprüft und in gutem betriebsfähigem Zustand befunden worden ist.

**[Verschluss der Gabeltaschen]** 4.2.1.9.7

Gabeltaschen von ortsbeweglichen Tanks müssen bei befüllten Tanks geschlossen sein. Diese Vorschrift gilt nicht für ortsbewegliche Tanks, deren Gabeltaschen nach Absatz 6.7.2.17.4 nicht mit Verschlusseinrichtungen versehen sein müssen.

**Zusätzliche Vorschriften für die Beförderung von Stoffen der Klasse 3 in ortsbeweglichen Tanks** 4.2.1.10

**[Verschluss, Entlastungseinrichtung]** 4.2.1.10.1

Alle für die Beförderung entzündbarer flüssiger Stoffe vorgesehenen ortsbeweglichen Tanks müssen verschlossen und gemäß den Unterabschnitten 6.7.2.8 bis 6.7.2.15 mit Entlastungseinrichtungen ausgerüstet sein.

**[Besonderheit Landverkehr]** 4.2.1.10.1.1

Bei ortsbeweglichen Tanks, die nur für den Landverkehr vorgesehen sind, dürfen offene Lüftungseinrichtungen verwendet werden, sofern dies gemäß Kapitel 4.3 zugelassen ist.

**Zusätzliche Vorschriften für die Beförderung von Stoffen der Klassen 4.1 (ausgenommen selbstzersetzliche Stoffe), 4.2 und 4.3 in ortsbeweglichen Tanks** 4.2.1.11

(bleibt offen)

**Bem.** Für selbstzersetzliche Stoffe der Klasse 4.1 siehe Absatz 4.2.1.13.1.

**Zusätzliche Vorschriften für die Beförderung von Stoffen der Klasse 5.1 in ortsbeweglichen Tanks** 4.2.1.12

(bleibt offen)

**Zusätzliche Vorschriften für die Beförderung von Stoffen der Klasse 5.2 und selbstzersetzlichen Stoffen der Klasse 4.1 in ortsbeweglichen Tanks** 4.2.1.13

**[Stoffprüfpflicht]** 4.2.1.13.1

Alle Stoffe müssen geprüft sein. Der zuständigen Behörde des Ursprungslandes muss für die Zulassung ein Prüfbericht eingereicht worden sein. An die zuständige Behörde des Bestimmungslandes ist eine Mitteilung über die Zulassung zu senden. Diese Mitteilung muss die anwendbaren Beförderungsbedingun-

**4.2.1.13.1** (Forts.) gen und den Bericht mit den Prüfergebnissen enthalten. Die durchgeführten Prüfungen müssen Folgendes ermöglichen:

a) den Nachweis der Verträglichkeit aller Werkstoffe, die mit dem Stoff während der Beförderung normalerweise in Berührung kommen;

b) die Lieferung von Daten für die Auslegung der Druckentlastungs- und Notfall-Druckentlastungseinrichtungen unter Berücksichtigung der Auslegungsmerkmale des ortsbeweglichen Tanks.

Alle zusätzlichen Vorschriften, die für die sichere Beförderung des Stoffes notwendig sind, müssen eindeutig im Bericht beschrieben sein.

**4.2.1.13.2 [SADT ≥ 55 °C]**

Die folgenden Vorschriften gelten für ortsbewegliche Tanks, die für die Beförderung organischer Peroxide oder selbstzersetzlicher Stoffe des Typs F mit einer Temperatur der selbstbeschleunigenden Zersetzung (SADT) von mindestens 55 °C vorgesehen sind. Sofern diese Vorschriften in Widerspruch zu den Vorschriften des Abschnitts 6.7.2 stehen, haben sie Vorrang. Zu berücksichtigende Notfallsituationen sind die selbstbeschleunigende Zersetzung des Stoffes sowie die in Absatz 4.2.1.13.8 beschriebene Feuereinwirkung.

**4.2.1.13.3 [Zusätzliche Vorschriften]**

Zusätzliche Vorschriften für die Beförderung organischer Peroxide oder selbstzersetzlicher Stoffe mit einer SADT unter 55 °C in ortsbeweglichen Tanks sind von der zuständigen Behörde des Ursprungslandes festzulegen. An die zuständige Behörde des Bestimmungslandes ist eine diesbezügliche Mitteilung zu senden.

**4.2.1.13.4 [Prüfdruck]**

Der ortsbewegliche Tank muss für einen Prüfdruck von mindestens 0,4 MPa (4 bar) ausgelegt sein.

**4.2.1.13.5 [Temperaturfühler]**

Ortsbewegliche Tanks müssen mit Temperaturfühlern ausgerüstet sein.

**4.2.1.13.6 [Druckentlastung]**

Ortsbewegliche Tanks müssen mit Druckentlastungs- und Notfall-Druckentlastungseinrichtungen ausgerüstet sein. Vakuumventile dürfen ebenfalls verwendet werden. Druckentlastungseinrichtungen müssen bei Drücken ansprechen, die den Eigenschaften des Stoffes und den Konstruktionsmerkmalen des ortsbeweglichen Tanks entsprechend festgesetzt werden. Schmelzsicherungen sind an Tankkörpern nicht zugelassen.

**4.2.1.13.7 [Ventile]**

Die Druckentlastungseinrichtungen müssen aus federbelasteten Ventilen bestehen, die so eingestellt sind, dass ein wesentlicher Druckaufbau im Tank durch Zersetzungsprodukte und Dämpfe, die bei einer Temperatur von 50 °C gebildet werden, verhindert wird. Die Abblasmenge und der Ansprechdruck der Entlastungsventile muss auf Grund der Ergebnisse der in Absatz 4.2.1.13.1 festgelegten Prüfungen bestimmt werden. Der Ansprechdruck darf jedoch auf keinen Fall so eingestellt sein, dass bei einem Umkippen des ortsbeweglichen Tanks Flüssigkeit aus dem (den) Ventil(en) entweicht.

**4.2.1.13.8 [Durchsatzberechnung]**

Die Notfall-Druckentlastungseinrichtungen dürfen als federbelastete Ventile oder Berstscheiben oder als Kombination aus beiden ausgeführt sein, die so ausgelegt sind, dass sämtliche entstehenden Zersetzungsprodukte und Dämpfe abgeführt werden, die sich bei vollständiger Feuereinwirkung während eines Zeitraums von mindestens einer Stunde unter Bedingungen entwickeln, die durch folgende Formel definiert werden:

$q = 70961 \times F \times A^{0,82}$,

wobei:

q = Wärmeaufnahme [W]

A = benetzte Fläche [$m^2$]

F = Isolierungsfaktor 4.2.1.13.8 (Forts.)

F = 1 für nicht isolierte Tankkörper oder

$F = \frac{U(923 - T)}{47032}$ für isolierte Tankkörper,

wobei:

K = Wärmeleitfähigkeit der Isolierungsschicht [$W \times m^{-1} \times K^{-1}$]

L = Dicke der Isolierungsschicht [m]

U = K/L = Wärmedurchgangskoeffizient der Isolierung [$W \times m^{-2} \times K^{-1}$]

T = Temperatur des Stoffes unter Entlastungsbedingungen [K].

Der Ansprechdruck der Notfall-Druckentlastungseinrichtung(en) muss höher sein als der in Absatz 4.2.1.13.7 genannte und auf Grund der Prüfergebnisse nach Absatz 4.2.1.13.1 festgelegt sein. Die Notfall-Druckentlastungseinrichtungen müssen so bemessen sein, dass der höchste Druck im Tank zu keinem Zeitpunkt den Prüfdruck des ortsbeweglichen Tanks übersteigt.

**Bem.** Im Handbuch Prüfungen und Kriterien Anhang 5 ist ein Beispiel für eine Methode zur Dimensionierung der Notfall-Druckentlastungseinrichtungen angegeben.

**[Isolierungsverlust]** **4.2.1.13.9**

Für isolierte ortsbewegliche Tanks ist zur Ermittlung der Abblasmenge und der Einstellung der Notfall-Druckentlastungseinrichtung(en) von einem Isolierungsverlust von 1 % der Oberfläche auszugehen.

**[Flammendurchschlagsicherung]** **4.2.1.13.10**

Vakuumventile und federbelastete Ventile sind mit Flammendurchschlagsicherungen auszurüsten. Die Verminderung der Entlastungskapazität durch diese Flammendurchschlagsicherung ist zu berücksichtigen.

**[Restevermeidung]** **4.2.1.13.11**

Bedienungsausrüstungen wie Absperreinrichtungen und äußere Rohrleitungen sind so anzuordnen, dass nach dem Befüllen des ortsbeweglichen Tanks kein Stoffrest in ihnen zurückbleibt.

**[Wärmeisolierung/Sonnenschutz]** **4.2.1.13.12**

Ortsbewegliche Tanks dürfen entweder wärmeisoliert oder mit einem Sonnenschutz ausgeführt sein. Wenn die SADT des Stoffes im ortsbeweglichen Tank höchstens 55 °C beträgt oder wenn der ortsbewegliche Tank aus Aluminium hergestellt ist, muss er vollständig isoliert sein. Die Außenfläche muss einen weißen Anstrich haben oder in blankem Metall ausgeführt sein.

**[Füllungsgrad]** **4.2.1.13.13**
*→ D: § 23 (1) 6*

Der Füllungsgrad darf bei 15 °C 90 % nicht übersteigen.

**[Kennzeichnung]** **4.2.1.13.14**

Das in Absatz 6.7.2.20.2 vorgeschriebene Kennzeichen muss die UN-Nummer und die technische Benennung mit der zugelassenen Konzentration des Stoffes enthalten.

**[Stoffe nach T23]** **4.2.1.13.15**

Die in der Anweisung für ortsbewegliche Tanks T23 in Absatz 4.2.5.2.6 aufgeführten organischen Peroxide und selbstzersetzlichen Stoffe dürfen in ortsbeweglichen Tanks befördert werden.

**Zusätzliche Vorschriften für die Beförderung von Stoffen der Klasse 6.1 in ortsbeweglichen Tanks** **4.2.1.14**

(bleibt offen)

**Zusätzliche Vorschriften für die Beförderung von Stoffen der Klasse 6.2 in ortsbeweglichen Tanks** **4.2.1.15**

(bleibt offen)

**Zusätzliche Vorschriften für die Beförderung von Stoffen der Klasse 7 in ortsbeweglichen Tanks** **4.2.1.16**

**[Beförderungsausschluss]** **4.2.1.16.1**

Die für die Beförderung radioaktiver Stoffe verwendeten ortsbeweglichen Tanks dürfen nicht für die Beförderung anderer Güter verwendet werden.

**4.2.1.16.2 [Füllungsgrad]**

Der Füllungsgrad für ortsbewegliche Tanks darf 90 % bzw. einen anderen, von der zuständigen Behörde zugelassenen Wert nicht übersteigen.

**4.2.1.17 Zusätzliche Vorschriften für die Beförderung von Stoffen der Klasse 8 in ortsbeweglichen Tanks**

**4.2.1.17.1 [Prüfung Druckentlastungseinrichtungen]**

*→ D: § 24 Nr. 5*

Die Druckentlastungseinrichtungen von ortsbeweglichen Tanks, die für die Beförderung von Stoffen der Klasse 8 verwendet werden, müssen in regelmäßigen Abständen von höchstens einem Jahr überprüft werden.

**4.2.1.18 Zusätzliche Vorschriften für die Beförderung von Stoffen der Klasse 9 in ortsbeweglichen Tanks**

(bleibt offen)

**4.2.1.19 Zusätzliche Vorschriften für die Beförderung von festen Stoffen, die über ihrem Schmelzpunkt befördert werden**

**4.2.1.19.1 [Stoffe ohne Tankanweisung]**

Feste Stoffe, die über ihrem Schmelzpunkt befördert oder zur Beförderung aufgegeben werden und denen in Kapitel 3.2 Tabelle A Spalte (10) keine Anweisung für ortsbewegliche Tanks zugeordnet ist oder bei denen sich die zugeordnete Anweisung für ortsbewegliche Tanks nicht auf eine Beförderung bei Temperaturen über dem Schmelzpunkt bezieht, dürfen in ortsbeweglichen Tanks befördert werden, vorausgesetzt, die festen Stoffe sind der Klasse 4.1, 4.2, 4.3, 5.1, 6.1, 8 oder 9 zugeordnet, haben mit Ausnahme der Nebengefahr der Klasse 6.1 oder 8 keine weitere Nebengefahr und sind der Verpackungsgruppe II oder III zugeordnet.

**4.2.1.19.2 [Anwendung T4 und T7]**

Sofern in Kapitel 3.2 Tabelle A nichts anderes angegeben ist, müssen ortsbewegliche Tanks, die für die Beförderung dieser festen Stoffe über ihrem Schmelzpunkt verwendet werden, für feste Stoffe der Verpackungsgruppe III den Vorschriften der Anweisung für ortsbewegliche Tanks T4 und für feste Stoffe der Verpackungsgruppe II den Vorschriften der Anweisung für ortsbewegliche Tanks T7 entsprechen. Nach Absatz 4.2.5.2.5 darf auch ein ortsbeweglicher Tank, der ein gleichwertiges oder höheres Sicherheitsniveau bietet, ausgewählt werden. Der höchste Füllungsgrad (in %) ist nach Absatz 4.2.1.9.5 (Sondervorschrift TP3) zu bestimmen.

**4.2.2 Allgemeine Vorschriften für die Verwendung ortsbeweglicher Tanks zur Beförderung nicht tiefgekühlt verflüssigter Gase und von Chemikalien unter Druck**

**4.2.2.1 [Überblick]**

Dieser Abschnitt enthält die allgemeinen Vorschriften, die für die Verwendung ortsbeweglicher Tanks zur Beförderung nicht tiefgekühlt verflüssigter Gase und von Chemikalien unter Druck anzuwenden sind.

**4.2.2.2 [Vorschriftenkonformität]**

*→ D: § 23 (1) 3*

Die ortsbeweglichen Tanks müssen den in Abschnitt 6.7.3 angegebenen Vorschriften für die Auslegung, den Bau und die Prüfung entsprechen. Nicht tiefgekühlt verflüssigte Gase und Chemikalien unter Druck müssen in ortsbeweglichen Tanks befördert werden, die der in Absatz 4.2.5.2.6 beschriebenen Anweisung für ortsbewegliche Tanks T50 und bestimmten nicht tiefgekühlt verflüssigten Gasen in Kapitel 3.2 Tabelle A Spalte (11) zugeordneten und in Unterabschnitt 4.2.5.3 beschriebenen Sondervorschriften für ortsbewegliche Tanks entsprechen.

**4.2.2.3 [Stoßbelastungen]**

*→ D: § 21 (2) 6*
*→ D: § 24 Nr. 1*

Während der Beförderung müssen die ortsbeweglichen Tanks gegen Beschädigung des Tankkörpers und der Bedienungsausrüstung durch Längs- oder Querstöße oder durch Umkippen ausreichend geschützt sein. Sind der Tankkörper und die Bedienungsausrüstung so gebaut, dass sie den Stößen oder dem Umkippen standhalten, ist ein solcher Schutz nicht erforderlich. Beispiele für einen solchen Schutz sind in Absatz 6.7.3.13.5 beschrieben.

**[Instabile Stoffe (Polymerisationsvermeidung)]** **4.2.2.4**

Bestimmte nicht tiefgekühlt verflüssigte Gase sind chemisch instabil. Sie sind zur Beförderung nur zugelassen, wenn die notwendigen Maßnahmen zur Verhinderung ihrer gefährlichen Zersetzung, Umwandlung oder Polymerisation während der Beförderung getroffen wurden. Zu diesem Zweck muss insbesondere dafür gesorgt werden, dass die ortsbeweglichen Tanks keine nicht tiefgekühlt verflüssigten Gase enthalten, die solche Reaktionen begünstigen können.

**[Stoffzulassung]** **4.2.2.5**

Außer wenn die Benennung des (der) beförderten Gases (Gase) auf dem in Absatz 6.7.3.16.2 beschriebenen Metallschild angegeben ist, muss auf Anforderung einer zuständigen Behörde eine Kopie der in Absatz 6.7.3.14.1 genannten Bescheinigung vom Absender, Empfänger oder Vertreter unverzüglich vorgelegt werden.

**[Leere Tanks]** **4.2.2.6**

*→ 4.2.2.8*
*→ D: § 26 (1) 2*

Ungereinigte leere und nicht entgaste ortsbewegliche Tanks müssen denselben Vorschriften entsprechen wie ortsbewegliche Tanks, die mit dem vorher beförderten nicht tiefgekühlt verflüssigten Gas befüllt sind.

**Befüllen** **4.2.2.7**

**[Prüfpunkte vor Befüllen]** **4.2.2.7.1**

*→ D: § 23 (1) 3*
*→ D: RSEB 4-9.1 f.*

Vor dem Befüllen ist der ortsbewegliche Tank zu prüfen, um sicherzustellen, dass er für das zu befördernde nicht tiefgekühlt verflüssigte Gas oder das Treibmittel der zu befördernden Chemikalie unter Druck zugelassen ist und nicht mit nicht tiefgekühlt verflüssigten Gasen oder Chemikalien unter Druck befüllt wird, die bei Berührung mit den Werkstoffen des Tankkörpers, der Dichtungen, der Bedienungsausrüstung und der eventuellen Schutzauskleidungen gefährlich reagieren können, so dass gefährliche Stoffe entstehen oder diese Werkstoffe merklich geschwächt werden. Während des Befüllens muss die Temperatur des nicht tiefgekühlt verflüssigten Gases oder des Treibmittels von Chemikalien unter Druck innerhalb der Grenzen des Auslegungstemperaturbereichs liegen.

**[Füllmasse]** **4.2.2.7.2**

*→ D: § 23 (1) 6*

Die höchste Masse des nicht tiefgekühlt verflüssigten Gases je Liter Fassungsraum des Tankkörpers (kg/l) darf die Dichte des nicht tiefgekühlt verflüssigten Gases bei 50 °C, multipliziert mit 0,95, nicht übersteigen. Darüber hinaus darf der Tankkörper bei 60 °C nicht vollständig flüssigkeitsgefüllt sein.

**[Höchstfüllmasse]** **4.2.2.7.3**

*→ D: § 23 (1) 6*

Die ortsbeweglichen Tanks dürfen nicht über ihre höchstzulässige Bruttomasse und über die für jedes zu befördernde Gas festgelegte höchstzulässige Masse der Füllung befüllt werden.

**[Beförderungsausschluss]** **4.2.2.8**

Ortsbewegliche Tanks dürfen nicht zur Beförderung aufgegeben werden: *→ D: § 23 (1) 6*

a) in einem Füllungszustand, bei dem die Schwallbewegungen des Inhalts unzulässige hydraulische Kräfte hervorrufen können;

b) wenn sie undicht sind; *→ D: § 23 (1) 4*

c) wenn sie in einem Ausmaß beschädigt sind, dass die Unversehrtheit des ortsbeweglichen Tanks oder seiner Hebe- oder Befestigungseinrichtungen beeinträchtigt sein kann, und *→ D: § 23 (1) 2*

d) wenn die Bedienungsausrüstung nicht geprüft und in gutem betriebsfähigem Zustand befunden worden ist. *→ D: § 23 (1) 2*

**[Verschluss der Gabeltaschen]** **4.2.2.9**

Gabeltaschen von ortsbeweglichen Tanks müssen bei befüllten Tanks geschlossen sein. Diese Vorschrift gilt nicht für ortsbewegliche Tanks, deren Gabeltaschen nach Absatz 6.7.3.13.4 nicht mit Verschlusseinrichtungen versehen sein müssen.

## 4.2.3 Allgemeine Vorschriften für die Verwendung ortsbeweglicher Tanks zur Beförderung tiefgekühlt verflüssigter Gase

**4.2.3.1 [Überblick]**

Dieser Abschnitt enthält die allgemeinen Vorschriften, die für die Verwendung ortsbeweglicher Tanks zur Beförderung tiefgekühlt verflüssigter Gase anzuwenden sind.

**4.2.3.2 [Vorschriftenkonformität]**

*→ D: § 21 (2) 6*
*→ D: § 23 (1) 3*

Die ortsbeweglichen Tanks müssen den in Abschnitt 6.7.4 angegebenen Vorschriften für die Auslegung, den Bau und die Prüfung entsprechen. Tiefgekühlt verflüssigte Gase müssen in ortsbeweglichen Tanks befördert werden, die der in Absatz 4.2.5.2.6 beschriebenen Anweisung für ortsbewegliche Tanks T75 und den jedem tiefgekühlt verflüssigten Gas in Kapitel 3.2 Tabelle A Spalte (11) zugeordneten und in Unterabschnitt 4.2.5.3 beschriebenen Sondervorschriften für ortsbewegliche Tanks entsprechen.

**4.2.3.3 [Stoßbelastungen]**

*→ D: § 24 Nr. 1*

Während der Beförderung müssen die ortsbeweglichen Tanks gegen Beschädigung des Tankkörpers und der Bedienungsausrüstung durch Längs- oder Querstöße oder durch Umkippen ausreichend geschützt sein. Sind der Tankkörper und die Bedienungsausrüstung so gebaut, dass sie den Stößen oder dem Umkippen standhalten, ist ein solcher Schutz nicht erforderlich. Beispiele für einen solchen Schutz sind in Absatz 6.7.4.12.5 beschrieben.

**4.2.3.4 [Stoffzulassung]**

Außer wenn die Benennung des (der) beförderten Gases (Gase) auf dem in Absatz 6.7.4.15.2 beschriebenen Metallschild angegeben ist, muss auf Anforderung einer zuständigen Behörde eine Kopie der in Absatz 6.7.4.13.1 genannten Bescheinigung vom Absender, Empfänger oder Vertreter unverzüglich vorgelegt werden.

**4.2.3.5 [Leere Tanks]**

*→ 4.2.3.8*
*→ D: § 26 (1) 2*

Ungereinigte leere und nicht entgaste ortsbewegliche Tanks müssen denselben Vorschriften entsprechen wie ortsbewegliche Tanks, die mit dem vorher beförderten Stoff befüllt sind.

**4.2.3.6 Befüllen**

**4.2.3.6.1 [Prüfpunkte vor Befüllen]**

*→ D: § 23 (1) 3*
*→ D: RSEB 4-9.1 f.*

Vor dem Befüllen ist der ortsbewegliche Tank zu prüfen, um sicherzustellen, dass er für das zu befördernde tiefgekühlt verflüssigte Gas zugelassen ist und nicht mit tiefgekühlt verflüssigten Gasen befüllt wird, die bei Berührung mit den Werkstoffen des Tankkörpers, der Dichtungen, der Bedienungsausrüstung und der eventuellen Schutzauskleidungen gefährlich reagieren können, so dass gefährliche Stoffe entstehen oder diese Werkstoffe merklich geschwächt werden. Während des Befüllens muss die Temperatur des tiefgekühlt verflüssigten Gases innerhalb der Grenzen des Auslegungstemperaturbereichs liegen.

**4.2.3.6.2 [Anfangsfüllungsgrad]**

*→ D: § 23 (1) 6*

Bei der Ermittlung der anfänglich in den Tankkörper gefüllten Menge an Gas muss die für die vorgesehene Beförderung notwendige Haltezeit einschließlich aller eventuell auftretender Verzögerungen in Betracht gezogen werden. Abgesehen von den Vorschriften der Absätze 4.2.3.6.3 und 4.2.3.6.4 muss die anfänglich in den Tankkörper gefüllte Menge an Gas so gewählt werden, dass bei einem Temperaturanstieg des Inhalts, ausgenommen Helium, bis zu einer Temperatur, bei der der Dampfdruck gleich dem höchstzulässigen Betriebsdruck ist, das vom flüssigen Stoff eingenommene Volumen 98 % nicht überschreitet.

**4.2.3.6.3 [Heliumbeförderung]**

*→ D: § 23 (1) 6*

Zur Beförderung von Helium vorgesehene Tankkörper dürfen bis zur Einlassöffnung der Druckentlastungseinrichtung, nicht aber darüber hinaus befüllt werden.

**4.2.3.6.4 [Haltezeit > Beförderungsdauer]**

*→ D: § 23 (1) 6*

Eine höhere anfänglich in den Tankkörper gefüllte Menge an Gas kann unter dem Vorbehalt der Genehmigung durch die zuständige Behörde zugelassen werden, wenn die vorgesehene Dauer der Beförderung beträchtlich kürzer ist als die Haltezeit.

**Tatsächliche Haltezeit** 4.2.3.7

**[Berechnungsverfahren]** 4.2.3.7.1

Für jede Beförderung ist die tatsächliche Haltezeit nach einem von der zuständigen Behörde anerkannten Verfahren zu berechnen, und zwar unter Berücksichtigung:

a) der Referenzhaltezeit des zu befördernden tiefgekühlt verflüssigten Gases (siehe Absatz 6.7.4.2.8.1) (wie auf dem in Absatz 6.7.4.15.1 genannten Schild angegeben);
b) der tatsächlichen Fülldichte;
c) des tatsächlichen Fülldrucks;
d) des niedrigsten Ansprechdrucks des (der) Druckbegrenzungseinrichtung(en).

Auf die Berechnung der tatsächlichen Haltezeit kann verzichtet werden, wenn die gesamte Beförderung ohne Umschlag auf ein anderes Fahrzeug und ohne zeitweiliges Abstellen ausschließlich auf der Straße erfolgt. Wenn auf die Berechnung der tatsächlichen Haltezeit verzichtet wird, gelten die Vorschriften der Absätze 4.2.3.7.2 und 4.2.3.7.3 sowie des Unterabschnitts 4.2.3.8 e) und f) nicht.

**[Angabe auf dem Tank]** 4.2.3.7.2

Die tatsächliche Haltezeit ist entweder auf dem ortsbeweglichen Tank selbst oder auf einem fest am ortsbeweglichen Tank angebrachten Metallschild gemäß Absatz 6.7.4.15.2 anzugeben.

**[Angabe im Beförderungspapier]** 4.2.3.7.3

Das Datum, an dem die tatsächliche Haltezeit endet, muss im Beförderungspapier angegeben werden (siehe Absatz 5.4.1.2.2 d)).

**[Beförderungsausschluss]** 4.2.3.8

Ortsbewegliche Tanks dürfen nicht zur Beförderung aufgegeben werden:

a) in einem Füllungszustand, bei dem die Schwallbewegungen des Inhalts unzulässige hydraulische Kräfte hervorrufen können; → D: § 23 (1) 6
b) wenn sie undicht sind; → D: § 23 (1) 4
c) wenn sie in einem Ausmaß beschädigt sind, dass die Unversehrtheit des ortsbeweglichen Tanks oder seiner Hebe- oder Befestigungseinrichtungen beeinträchtigt sein kann; → D: § 23 (1) 2
d) wenn die Bedienungsausrüstung nicht geprüft und in gutem betriebsfähigem Zustand befunden worden ist; → D: § 23 (1) 2
e) wenn die tatsächliche Haltezeit des zu befördernden tiefgekühlt verflüssigten Gases nicht gemäß Unterabschnitt 4.2.3.7 bestimmt und der ortsbewegliche Tank nicht gemäß Absatz 6.7.4.15.2 gekennzeichnet worden ist und → D: § 23 (1) 2
f) wenn die Dauer der Beförderung unter Berücksichtigung aller eventuell auftretenden Verzögerungen die tatsächliche Haltezeit übersteigt. → D: § 19 (2) 7

**[Verschluss der Gabeltaschen]** 4.2.3.9

Gabeltaschen von ortsbeweglichen Tanks müssen bei befüllten Tanks geschlossen sein. Diese Vorschrift gilt nicht für ortsbewegliche Tanks, deren Gabeltaschen nach Absatz 6.7.4.12.4 nicht mit Verschlusseinrichtungen versehen sein müssen.

**Allgemeine Vorschriften für die Verwendung von UN-Gascontainern mit mehreren Elementen (MEGC)** 4.2.4

**[Überblick]** 4.2.4.1

→ D: § 23 (1) 3

Dieser Abschnitt enthält die allgemeinen Vorschriften, die für die Verwendung von in Abschnitt 6.7.5 aufgeführten Gascontainern mit mehreren Elementen (MEGC) zur Beförderung nicht tiefgekühlter Gase anzuwenden sind.

**[Vorschriftenkonformität]** 4.2.4.2

Die MEGC müssen den in Abschnitt 6.7.5 angegebenen Vorschriften für die Auslegung, den Bau und die Prüfung entsprechen. Die Elemente der MEGC müssen nach den Vorschriften des Unterabschnitts 4.1.4.1 Verpackungsanweisung P200 und des Unterabschnitts 6.2.1.6 wiederkehrend geprüft werden.

**4.2.4.3** **[Stoßbelastungen]**

→ D: § 21 (2) 6
→ D: § 24 Nr. 1

Während der Beförderung müssen die MEGC gegen Beschädigung der Elemente und der Bedienungsausrüstung durch Längs- oder Querstöße oder durch Umkippen ausreichend geschützt sein. Sind die Elemente und die Bedienungsausrüstung so gebaut, dass sie den Stößen oder dem Umkippen standhalten, ist ein solcher Schutz nicht erforderlich. Beispiele für einen solchen Schutz sind in Absatz 6.7.5.10.4 beschrieben.

**4.2.4.4** **[Prüfung]**

Die Vorschriften für die wiederkehrende Prüfung von MEGC sind in Unterabschnitt 6.7.5.12 aufgeführt. Die MEGC oder deren Elemente dürfen nach der Fälligkeit der wiederkehrenden Prüfung nicht beladen oder befüllt werden, sie dürfen jedoch nach Ablauf der Frist für die wiederkehrende Prüfung befördert werden.

**4.2.4.5** **Befüllen**

**4.2.4.5.1** **[Eignungsprüfung]**

→ D: § 23 (1) 3

Vor dem Befüllen ist der MEGC zu prüfen, um sicherzustellen, dass er für das zu befördernde Gas zugelassen ist und die anwendbaren Vorschriften des ADR eingehalten sind.

**4.2.4.5.2** **[Anwendung P200]**

→ D: § 23 (1) 6

Die Elemente der MEGC sind entsprechend den Betriebsdrücken, Füllfaktoren und Befüllungsvorschriften zu befüllen, die in Unterabschnitt 4.1.4.1 Verpackungsanweisung P200 für das in die einzelnen Elemente zu befüllende Gas festgelegt sind. Ein MEGC oder eine Gruppe von Elementen darf als Einheit in keinem Fall über den niedrigsten Betriebsdruck irgendeines der Elemente hinaus befüllt werden.

**4.2.4.5.3** **[Bruttomasse]**

→ D: § 23 (1) 6

Die MEGC dürfen nicht über ihre höchstzulässige Bruttomasse befüllt werden.

**4.2.4.5.4** **[Trennventile]**

Die Trennventile müssen nach dem Befüllen geschlossen werden und während der Beförderung verschlossen bleiben. Giftige Gase (Gase der Gruppen T, TF, TC, TO, TFC und TOC) dürfen nur in MEGC befördert werden, bei denen jedes Element mit einem Trennventil ausgerüstet ist.

**4.2.4.5.5** **[Verschluss]**

→ D: § 23 (1) 7

Die Öffnung(en) für das Befüllen muss (müssen) durch Kappen oder Stopfen verschlossen werden. Nach dem Befüllen ist die Dichtheit der Verschlüsse und der Ausrüstung durch den Befüller zu überprüfen.

**4.2.4.5.6** **[Befüllungsausschluss]**

→ D: § 24 Nr. 4

MEGC dürfen nicht zur Befüllung übergeben werden:

a) wenn sie in einem Ausmaß beschädigt sind, dass die Unversehrtheit der Druckgefäße oder deren bauliche Ausrüstung oder Bedienungsausrüstung beeinträchtigt sein kann;

b) wenn bei der Untersuchung der Betriebszustand der Druckgefäße und ihrer baulichen Ausrüstung oder Bedienungsausrüstung nicht für gut befunden wurde; oder

c) wenn die vorgeschriebenen Kennzeichen für die Zulassung, die wiederkehrende Prüfung und die Füllung nicht lesbar sind.

**4.2.4.6** **[Beförderungsausschluss]**

→ D: § 23 (1) 4
→ D: § 23 (1) 14

Befüllte MEGC dürfen nicht zur Beförderung aufgegeben werden:

a) wenn sie undicht sind;

b) wenn sie in einem Ausmaß beschädigt sind, dass die Unversehrtheit der Druckgefäße oder deren bauliche Ausrüstung oder Bedienungsausrüstung beeinträchtigt sein kann;

c) wenn bei der Untersuchung der Betriebszustand der Druckgefäße und ihrer baulichen Ausrüstung oder Bedienungsausrüstung nicht für gut befunden wurde; oder

d) wenn die vorgeschriebenen Kennzeichen für die Zulassung, die wiederkehrende Prüfung und die Füllung nicht lesbar sind.

**[Leere MEGC]** 4.2.4.7 → D: § 26 (1) 2

Ungereinigte leere und nicht entgaste MEGC müssen denselben Vorschriften entsprechen wie MEGC, die mit dem vorher beförderten Stoff befüllt sind.

**Anweisungen und Sondervorschriften für ortsbewegliche Tanks** 4.2.5

**Allgemeines** 4.2.5.1

**[Überblick]** 4.2.5.1.1

Dieser Abschnitt enthält die Anweisungen für ortsbewegliche Tanks und die Sondervorschriften, die für die in ortsbeweglichen Tanks zugelassenen Stoffe anwendbar sind. Jede Anweisung für ortsbewegliche Tanks ist durch einen alphanumerischen Code (z.B. T1) gekennzeichnet. In Kapitel 3.2 Tabelle A Spalte (10) ist die für jeden für die Beförderung in ortsbeweglichen Tanks zugelassenen Stoff anwendbare Anweisung für ortsbewegliche Tanks angegeben. Wenn für einen bestimmten Stoff in Spalte (10) keine Anweisung für ortsbewegliche Tanks angegeben ist, ist die Beförderung dieses Stoffes in ortsbeweglichen Tanks nicht zugelassen, es sei denn, eine zuständige Behörde hat eine Zulassung gemäß Unterabschnitt 6.7.1.3 erteilt. In Kapitel 3.2 Tabelle A Spalte (11) sind bestimmten Stoffen Sondervorschriften für ortsbewegliche Tanks zugeordnet. Jede Sondervorschrift für ortsbewegliche Tanks ist durch einen alphanumerischen Code (z.B. TP1) gekennzeichnet. In Unterabschnitt 4.2.5.3 ist eine Aufzählung der Sondervorschriften für ortsbewegliche Tanks aufgeführt.

**Bem.** Bei Gasen, die zur Beförderung in MEGC zugelassen sind, ist in Kapitel 3.2 Tabelle A Spalte (10) der Buchstabe „(M)" angegeben.

**Anweisungen für ortsbewegliche Tanks** 4.2.5.2

**[Geltung für alle Klassen]** 4.2.5.2.1

Die Anweisungen für ortsbewegliche Tanks gelten für Stoffe der Klassen 1 bis 9. Die Anweisungen für ortsbewegliche Tanks geben Auskunft über die für bestimmte Stoffe anwendbaren Vorschriften für ortsbewegliche Tanks. Diese Vorschriften müssen zusätzlich zu den allgemeinen Vorschriften dieses Kapitels und des Kapitels 6.7 oder 6.9 erfüllt werden.

**[Geltung außer Klasse 2]** 4.2.5.2.2

Für Stoffe der Klassen 1 und 3 bis 9 geben die Anweisungen für ortsbewegliche Tanks den anzuwendenden Mindestprüfdruck, die Mindestwanddicke des Tankkörpers, Vorschriften für die Bodenöffnungen und die Druckentlastungseinrichtung an. In der Anweisung für ortsbewegliche Tanks T23 sind die selbstzersetzlichen Stoffe der Klasse 4.1 und die organischen Peroxide der Klasse 5.2, die zur Beförderung in ortsbeweglichen Tanks zugelassen sind, sowie die anzuwendenden Kontroll- und Notfalltemperaturen angegeben.

**[Anweisung T50]** 4.2.5.2.3

Nicht tiefgekühlt verflüssigte Gase sind der Anweisung für ortsbewegliche Tanks T50 zugeordnet, die für jedes zur Beförderung in ortsbeweglichen Tanks zugelassene nicht tiefgekühlt verflüssigte Gas den höchstzulässigen Betriebsdruck sowie die Vorschriften für die Öffnungen unterhalb des Flüssigkeitsspiegels, die Druckentlastungseinrichtungen und den höchsten Füllfaktor angibt.

**[Anweisung T75]** 4.2.5.2.4

Tiefgekühlt verflüssigte Gase sind der Anweisung für ortsbewegliche Tanks T75 zugeordnet.

**Bestimmung der entsprechenden Anweisung für ortsbewegliche Tanks** 4.2.5.2.5

Wird in Kapitel 3.2 Tabelle A Spalte (10) bei einer bestimmten Eintragung eines gefährlichen Gutes eine bestimmte Anweisung für ortsbewegliche Tanks angegeben, dürfen auch andere ortsbewegliche Tanks verwendet werden, die höhere Mindestprüfdrücke, größere Wanddicken der Tankkörper und strengere Anforderungen für die Bodenöffnungen und Druckentlastungseinrichtungen aufweisen. Die folgenden Richtlinien dienen zur Bestimmung eines geeigneten ortsbeweglichen Tanks, der für die Beförderung eines bestimmten Stoffes verwendet werden darf:

4.2.5.2.5 (Forts.)

| Anweisung für ortsbewegliche Tanks | weitere zugelassene Anweisungen für ortsbewegliche Tanks |
|---|---|
| T1 | T2, T3, T4, T5, T6, T7, T8, T9, T10, T11, T12, T13, T14, T15, T16, T17, T18, T19, T20, T21, T22 |
| T2 | T4, T5, T7, T8, T9, T10, T11, T12, T13, T14, T15, T16, T17, T18, T19, T20, T21, T22 |
| T3 | T4, T5, T6, T7, T8, T9, T10, T11, T12, T13, T14, T15, T16, T17, T18, T19, T20, T21, T22 |
| T4 | T5, T7, T8, T9, T10, T11, T12, T13, T14, T15, T16, T17, T18, T19, T20, T21, T22 |
| T5 | T10, T14, T19, T20, T22 |
| T6 | T7, T8, T9, T10, T11, T12, T13, T14, T15, T16, T17, T18, T19, T20, T21, T22 |
| T7 | T8, T9, T10, T11, T12, T13, T14, T15, T16, T17, T18, T19, T20, T21, T22 |
| T8 | T9, T10, T13, T14, T19, T20, T21, T22 |
| T9 | T10, T13, T14, T19, T20, T21, T22 |
| T10 | T14, T19, T20, T22 |
| T11 | T12, T13, T14, T15, T16, T17, T18, T19, T20, T21, T22 |
| T12 | T14, T16, T18, T19, T20, T22 |
| T13 | T14, T19, T20, T21, T22 |
| T14 | T19, T20, T22 |
| T15 | T16, T17, T18, T19, T20, T21, T22 |
| T16 | T18, T19, T20, T22 |
| T17 | T18, T19, T20, T21, T22 |
| T18 | T19, T20, T22 |
| T19 | T20, T22 |
| T20 | T22 |
| T21 | T22 |
| T22 | keine |
| T23 | keine |

### 4.2.5.2.6 Anweisungen für ortsbewegliche Tanks

Die Anweisungen für ortsbewegliche Tanks legen die Anforderungen an einen ortsbeweglichen Tank fest, der für die Beförderung eines bestimmten Stoffes verwendet wird. Die Anweisungen für ortsbewegliche Tanks T1 bis T22 legen den anwendbaren Mindestprüfdruck, die Mindestwanddicke (in mm Bezugsstahl) oder die Mindestwanddicke der Tankkörper von ortsbeweglichen Tanks aus faserverstärkten Kunststoffen (FVK) und die Vorschriften für die Druckentlastungseinrichtungen und Bodenöffnungen fest.

| T1 – T22 | Anweisungen für ortsbewegliche Tanks | | | T1 – T22 |
|---|---|---|---|---|
| Diese Anweisungen für ortsbewegliche Tanks gelten für flüssige und feste Stoffe der Klassen 1 und 3 bis 9. Die allgemeinen Vorschriften des Abschnitts 4.2.1 und die Vorschriften des Abschnitts 6.7.2 sind einzuhalten. Die Anweisungen für ortsbewegliche Tanks mit Tankkörpern aus faserverstärkten Kunststoffen (FVK) gelten für Stoffe der Klassen 1, 3, 5.1, 6.1, 6.2, 8 und 9. Darüber hinaus gelten die Vorschriften des Kapitels 6.9. | | | | |
| Anweisung für ortsbewegliche Tanks | Mindestprüfdruck (bar) | Mindestwanddicke des Tankkörpers (in mm Bezugsstahl für Tankkörper aus metallenen Werkstoffen) (siehe Unterabschnitt 6.7.2.4) | Druckentlastungseinrichtungen[a)] (siehe Unterabschnitt 6.7.2.8) | Bodenöffnungen[b)] (siehe Unterabschnitt 6.7.2.6) |
| T1 | 1,5 | siehe 6.7.2.4.2 | normal | siehe 6.7.2.6.2 |
| T2 | 1,5 | siehe 6.7.2.4.2 | normal | siehe 6.7.2.6.3 |
| T3 | 2,65 | siehe 6.7.2.4.2 | normal | siehe 6.7.2.6.2 |
| T4 | 2,65 | siehe 6.7.2.4.2 | normal | siehe 6.7.2.6.3 |
| T5 | 2,65 | siehe 6.7.2.4.2 | siehe 6.7.2.8.3 | nicht zugelassen |
| T6 | 4 | siehe 6.7.2.4.2 | normal | siehe 6.7.2.6.2 |
| T7 | 4 | siehe 6.7.2.4.2 | normal | siehe 6.7.2.6.3 |
| T8 | 4 | siehe 6.7.2.4.2 | normal | nicht zugelassen |
| T9 | 4 | 6 mm | normal | nicht zugelassen |
| T10 | 4 | 6 mm | siehe 6.7.2.8.3 | nicht zugelassen |

4.2.5.2.6 (Forts.)

| T1 – T22 | Anweisungen für ortsbewegliche Tanks *(Forts.)* | | | T1 – T22 |
|---|---|---|---|---|
| Anweisung für ortsbewegliche Tanks | Mindestprüfdruck (bar) | Mindestwanddicke des Tankkörpers (in mm Bezugsstahl für Tankkörper aus metallenen Werkstoffen) (siehe Unterabschnitt 6.7.2.4) | Druckentlastungseinrichtungen[a] (siehe Unterabschnitt 6.7.2.8) | Bodenöffnungen[b] (siehe Unterabschnitt 6.7.2.6) |
| T11 | 6 | siehe 6.7.2.4.2 | normal | siehe 6.7.2.6.3 |
| T12 | 6 | siehe 6.7.2.4.2 | siehe 6.7.2.8.3 | siehe 6.7.2.6.3 |
| T13 | 6 | 6 mm | normal | nicht zugelassen |
| T14 | 6 | 6 mm | siehe 6.7.2.8.3 | nicht zugelassen |
| T15 | 10 | siehe 6.7.2.4.2 | normal | siehe 6.7.2.6.3 |
| T16 | 10 | siehe 6.7.2.4.2 | siehe 6.7.2.8.3 | siehe 6.7.2.6.3 |
| T17 | 10 | 6 mm | normal | siehe 6.7.2.6.3 |
| T18 | 10 | 6 mm | siehe 6.7.2.8.3 | siehe 6.7.2.6.3 |
| T19 | 10 | 6 mm | siehe 6.7.2.8.3 | nicht zugelassen |
| T20 | 10 | 8 mm | siehe 6.7.2.8.3 | nicht zugelassen |
| T21 | 10 | 10 mm | normal | nicht zugelassen |
| T22 | 10 | 10 mm | siehe 6.7.2.8.3 | nicht zugelassen |

[a] Wenn der Ausdruck „normal" angegeben ist, gelten alle Vorschriften des Unterabschnitts 6.7.2.8 mit Ausnahme von Absatz 6.7.2.8.3.

[b] Wenn in dieser Spalte „nicht zugelassen" angegeben ist, sind Bodenöffnungen nicht zugelassen, wenn der zu befördernde Stoff flüssig ist (siehe Absatz 6.7.2.6.1). Wenn der zu befördernde Stoff bei allen unter normalen Beförderungsbedingungen auftretenden Temperaturen ein fester Stoff ist, sind Bodenöffnungen, die den Vorschriften des Absatzes 6.7.2.6.2 entsprechen, zugelassen.

**T23 — Anweisungen für ortsbewegliche Tanks — T23**

Diese Anweisung für ortsbewegliche Tanks gilt für selbstzersetzliche Stoffe der Klasse 4.1 und organische Peroxide der Klasse 5.2. Die allgemeinen Vorschriften des Abschnitts 4.2.1 und die Vorschriften des Abschnitts 6.7.2 sind einzuhalten. Die anwendbaren zusätzlichen Vorschriften für selbstzersetzliche Stoffe der Klasse 4.1 und organische Peroxide der Klasse 5.2 in Unterabschnitt 4.2.1.13 sind ebenfalls einzuhalten. Die Zubereitungen, die in Unterabschnitt 2.2.41.4 oder 2.2.52.4 nicht aufgeführt sind, jedoch nachstehend aufgeführt sind, dürfen, gegebenenfalls mit denselben Kontroll- und Notfalltemperaturen, auch gemäß Unterabschnitt 4.1.4.1 Verpackungsanweisung P520 Verpackungsmethode OP8 verpackt befördert werden.

| UN-Nr. | Stoff | Mindestprüfdruck (bar) | Mindestwanddicke des Tankkörpers (in mm Bezugsstahl) | Bodenöffnungen | Druckentlastungseinrichtungen | Füllungsgrad | Kontrolltemperatur | Notfalltemperatur |
|---|---|---|---|---|---|---|---|---|
| 3109 | ORGANISCHES PEROXID TYP F, FLÜSSIG<br>tert-Butylhydroperoxid[a], höchstens 72 %, mit Wasser<br>tert-Butylhydroperoxid, höchstens 56 %, in Verdünnungsmittel Typ B[b]<br>Cumylhydroperoxid, höchstens 90 %, in Verdünnungsmittel Typ A<br>Di-tert-butylperoxid, höchstens 32 %, in Verdünnungsmittel Typ A<br>Isopropylcumylhydroperoxid, höchstens 72 %, in Verdünnungsmittel Typ A<br>p-Menthylhydroperoxid, höchstens 72 %, in Verdünnungsmittel Typ A<br>Pinanylhydroperoxid, höchstens 56 %, in Verdünnungsmittel Typ A | 4 | siehe 6.7.2.4.2 | siehe 6.7.2.6.3 | siehe 6.7.2.8.2, 4.2.1.13.6, 4.2.1.13.7, 4.2.1.13.8 | siehe 4.2.1.13.13 | | |
| 3110 | ORGANISCHES PEROXID TYP F, FEST<br>Dicumylperoxid[c] | 4 | siehe 6.7.2.4.2 | siehe 6.7.2.6.3 | siehe 6.7.2.8.2, 4.2.1.13.6, 4.2.1.13.7, 4.2.1.13.8 | siehe 4.2.1.13.13 | | |

**4.2.5.2.6** (Forts.)

| T23 | Anweisungen für ortsbewegliche Tanks *(Forts.)* | | | | | | | T23 |
|---|---|---|---|---|---|---|---|---|
| UN-Nr. | Stoff | Mindestprüfdruck (bar) | Mindestwanddicke des Tankkörpers (in mm Bezugsstahl) | Bodenöffnungen | Druckentlastungseinrichtungen | Füllungsgrad | Kontrolltemperatur | Notfalltemperatur |
| 3119 | ORGANISCHES PEROXID TYP F, FLÜSSIG, TEMPERATURKONTROLLIERT | 4 | siehe 6.7.2.4.2 | siehe 6.7.2.6.3 | siehe 6.7.2.8.2, 4.2.1.13.6, 4.2.1.13.7, 4.2.1.13.8 | siehe 4.2.1.13.13 | [d] | [d] |
| | tert-Amylperoxyneodecanoat, höchstens 47 %, in Verdünnungsmittel Typ A | | | | | | −10 °C | −5 °C |
| | tert-Butylperoxyacetat, höchstens 32 %, in Verdünnungsmittel Typ B | | | | | | +30 °C | +35 °C |
| | tert-Butylperoxy-2-ethylhexanoat, höchstens 32 %, in Verdünnungsmittel Typ B | | | | | | +15 °C | +20 °C |
| | tert-Butylperoxypivalat, höchstens 27 %, in Verdünnungsmittel Typ B | | | | | | +5 °C | +10 °C |
| | tert-Butylperoxy-3,5,5-trimethylhexanoat, höchstens 32 %, in Verdünnungsmittel Typ B | | | | | | +35 °C | +40 °C |
| | Di-(3,5,5-trimethyl-hexanoyl)peroxid, höchstens 38 %, in Verdünnungsmittel Typ A oder Typ B | | | | | | 0 °C | +5 °C |
| | Peroxyessigsäure, destilliert, Typ F, stabilisiert[e] | | | | | | +30 °C | +35 °C |
| 3120 | ORGANISCHES PEROXID TYP F, FEST, TEMPERATURKONTROLLIERT | 4 | siehe 6.7.2.4.2 | siehe 6.7.2.6.3 | siehe 6.7.2.8.2, 4.2.1.13.6, 4.2.1.13.7, 4.2.1.13.8 | siehe 4.2.1.13.13 | [d] | [d] |
| 3229 | SELBSTZERSETZLICHER STOFF, TYP F, FLÜSSIG | 4 | siehe 6.7.2.4.2 | siehe 6.7.2.6.3 | siehe 6.7.2.8.2, 4.2.1.13.6, 4.2.1.13.7, 4.2.1.13.8 | siehe 4.2.1.13.13 | | |
| 3230 | SELBSTZERSETZLICHER STOFF, TYP F, FEST | 4 | siehe 6.7.2.4.2 | siehe 6.7.2.6.3 | siehe 6.7.2.8.2, 4.2.1.13.6, 4.2.1.13.7, 4.2.1.13.8 | siehe 4.2.1.13.13 | | |
| 3239 | SELBSTZERSETZLICHER STOFF, TYP F, FLÜSSIG, TEMPERATURKONTROLLIERT | 4 | siehe 6.7.2.4.2 | siehe 6.7.2.6.3 | siehe 6.7.2.8.2, 4.2.1.13.6, 4.2.1.13.7, 4.2.1.13.8 | siehe 4.2.1.13.13 | [d] | [d] |
| 3240 | SELBSTZERSETZLICHER STOFF, TYP F, FEST, TEMPERATURKONTROLLIERT | 4 | siehe 6.7.2.4.2 | siehe 6.7.2.6.3 | siehe 6.7.2.8.2, 4.2.1.13.6, 4.2.1.13.7, 4.2.1.13.8 | siehe 4.2.1.13.13 | [d] | [d] |

[a] Vorausgesetzt, es wurden Maßnahmen ergriffen, um eine gleichwertige Sicherheit wie bei 65 % tert-Butylhydroperoxid und 35 % Wasser zu erreichen.

[b] Verdünnungsmittel Typ B ist tert-Butylalkohol.

[c] Höchstmenge je ortsbeweglichen Tank: 2 000 kg.

[d] Wie von der zuständigen Behörde zugelassen.

[e] Eine Zubereitung, die aus der Destillation von Peroxyessigsäure aus Peroxyessigsäure mit einer Konzentration von höchstens 41 % mit Wasser abgeleitet wird, Gesamtgehalt an Aktivsauerstoff (Peroxyessigsäure + $H_2O_2$) ≤ 9,5 %, und die die Kriterien des Handbuchs Prüfungen und Kriterien Absatz 20.4.3 f) erfüllt. Großzettel (Placard) für die Nebengefahr „ÄTZEND" (Muster Nr. 8, siehe Absatz 5.2.2.2.2) erforderlich.

4.2.5.2.6 (Forts.)

| T50 | Anweisungen für ortsbewegliche Tanks | | | | T50 |
|---|---|---|---|---|---|
| Diese Anweisung für ortsbewegliche Tanks gilt für nicht tiefgekühlt verflüssigte Gase und für Chemikalien unter Druck (UN-Nummern 3500, 3501, 3502, 3503, 3504 und 3505). Die allgemeinen Vorschriften des Abschnitts 4.2.2 und die Vorschriften des Abschnitts 6.7.3 sind einzuhalten. | | | | | |
| UN-Nr. | nicht tiefgekühlt verflüssigte Gase | höchstzulässiger Betriebsdruck (bar) klein; groß; Sonnenschutz; isoliert[a)] | Öffnungen unterhalb des Flüssigkeitsspiegels | Druckentlastungseinrichtungen (siehe 6.7.3.7)[b)] | höchster Füllfaktor |
| 1005 | AMMONIAK, WASSERFREI | 29,0<br>25,7<br>22,0<br>19,7 | zugelassen | siehe 6.7.3.7.3 | 0,53 |
| 1009 | BROMTRIFLUORMETHAN (GAS ALS KÄLTEMITTEL R 13B1) | 38,0<br>34,0<br>30,0<br>27,5 | zugelassen | normal | 1,13 |
| 1010 | BUTADIENE, STABILISIERT | 7,5<br>7,0<br>7,0<br>7,0 | zugelassen | normal | 0,55 |
| 1010 | BUTADIENE UND KOHLENWASSERSTOFF, GEMISCH, STABILISIERT | siehe Begriffsbestimmung von „höchstzulässiger Betriebsdruck" in 6.7.3.1 | zugelassen | normal | siehe 4.2.2.7 |
| 1011 | BUTAN | 7,0<br>7,0<br>7,0<br>7,0 | zugelassen | normal | 0,51 |
| 1012 | BUTEN | 8,0<br>7,0<br>7,0<br>7,0 | zugelassen | normal | 0,53 |
| 1017 | CHLOR | 19,0<br>17,0<br>15,0<br>13,5 | nicht zugelassen | siehe 6.7.3.7.3 | 1,25 |
| 1018 | CHLORDIFLUORMETHAN (GAS ALS KÄLTEMITTEL R 22) | 26,0<br>24,0<br>21,0<br>19,0 | zugelassen | normal | 1,03 |
| 1020 | CHLORPENTAFLUORETHAN (GAS ALS KÄLTEMITTEL R 115) | 23,0<br>20,0<br>18,0<br>16,0 | zugelassen | normal | 1,06 |
| 1021 | 1-CHLOR-1,2,2,2-TETRAFLUORETHAN (GAS ALS KÄLTEMITTEL R 124) | 10,3<br>9,8<br>7,9<br>7,0 | zugelassen | normal | 1,20 |
| 1027 | CYCLOPROPAN | 18,0<br>16,0<br>14,5<br>13,0 | zugelassen | normal | 0,53 |
| 1028 | DICHLORDIFLUORMETHAN (GAS ALS KÄLTEMITTEL R 12) | 16,0<br>15,0<br>13,0<br>11,5 | zugelassen | normal | 1,15 |
| 1029 | DICHLORMONOFLUORMETHAN (GAS ALS KÄLTEMITTEL R 21) | 7,0<br>7,0<br>7,0<br>7,0 | zugelassen | normal | 1,23 |

**4.2.5.2.6** (Forts.)

| T50 | Anweisungen für ortsbewegliche Tanks *(Forts.)* | | | | T50 |
|---|---|---|---|---|---|
| UN-Nr. | nicht tiefgekühlt verflüssigte Gase | höchstzulässiger Betriebsdruck (bar) klein; groß; Sonnenschutz; isoliert[a)] | Öffnungen unterhalb des Flüssigkeitsspiegels | Druckentlastungseinrichtungen (siehe 6.7.3.7)[b)] | höchster Füllfaktor |
| 1030 | 1,1-DIFLUORETHAN (GAS ALS KÄLTEMITTEL R 152a) | 16,0<br>14,0<br>12,4<br>11,0 | zugelassen | normal | 0,79 |
| 1032 | DIMETHYLAMIN, WASSERFREI | 7,0<br>7,0<br>7,0<br>7,0 | zugelassen | normal | 0,59 |
| 1033 | DIMETHYLETHER | 15,5<br>13,8<br>12,0<br>10,6 | zugelassen | normal | 0,58 |
| 1036 | ETHYLAMIN | 7,0<br>7,0<br>7,0<br>7,0 | zugelassen | normal | 0,61 |
| 1037 | ETHYLCHLORID | 7,0<br>7,0<br>7,0<br>7,0 | zugelassen | normal | 0,80 |
| 1040 | ETHYLENOXID MIT STICKSTOFF bis zu einem Gesamtdruck von 1 MPa (10 bar) bei 50 °C | –<br>–<br>–<br>10,0 | nicht zugelassen | siehe 6.7.3.7.3 | 0,78 |
| 1041 | ETHYLENOXID UND KOHLENDIOXID, GEMISCH mit mehr als 9 %, aber höchstens 87 % Ethylenoxid | siehe Begriffsbestimmung von „höchstzulässiger Betriebsdruck" in 6.7.3.1 | zugelassen | normal | siehe 4.2.2.7 |
| 1055 | ISOBUTEN | 8,1<br>7,0<br>7,0<br>7,0 | zugelassen | normal | 0,52 |
| 1060 | METHYLACETYLEN UND PROPADIEN, GEMISCH, STABILISIERT | 28,0<br>24,5<br>22,0<br>20,0 | zugelassen | normal | 0,43 |
| 1061 | METHYLAMIN, WASSERFREI | 10,8<br>9,6<br>7,8<br>7,0 | zugelassen | normal | 0,58 |
| 1062 | METHYLBROMID mit höchstens 2 % Chlorpikrin | 7,0<br>7,0<br>7,0<br>7,0 | nicht zugelassen | siehe 6.7.3.7.3 | 1,51 |
| 1063 | METHYLCHLORID (GAS ALS KÄLTEMITTEL R 40) | 14,5<br>12,7<br>11,3<br>10,0 | zugelassen | normal | 0,81 |
| 1064 | METHYLMERCAPTAN | 7,0<br>7,0<br>7,0<br>7,0 | nicht zugelassen | siehe 6.7.3.7.3 | 0,78 |
| 1067 | DISTICKSTOFFTETROXID (STICKSTOFFDIOXID) | 7,0<br>7,0<br>7,0<br>7,0 | nicht zugelassen | siehe 6.7.3.7.3 | 1,30 |

4.2.5.2.6 (Forts.)

| T50 | Anweisungen für ortsbewegliche Tanks *(Forts.)* | | | | T50 |
|---|---|---|---|---|---|
| UN-Nr. | nicht tiefgekühlt verflüssigte Gase | höchstzulässiger Betriebsdruck (bar) klein; groß; Sonnenschutz; isoliert[a)] | Öffnungen unterhalb des Flüssigkeitsspiegels | Druckentlastungseinrichtungen (siehe 6.7.3.7)[b)] | höchster Füllfaktor |
| 1075 | PETROLEUMGASE, VERFLÜSSIGT | siehe Begriffsbestimmung von „höchstzulässiger Betriebsdruck“ in 6.7.3.1 | zugelassen | normal | siehe 4.2.2.7 |
| 1077 | PROPEN | 28,0<br>24,5<br>22,0<br>20,0 | zugelassen | normal | 0,43 |
| 1078 | GAS ALS KÄLTEMITTEL, N.A.G. | siehe Begriffsbestimmung von „höchstzulässiger Betriebsdruck“ in 6.7.3.1 | zugelassen | normal | siehe 4.2.2.7 |
| 1079 | SCHWEFELDIOXID | 11,6<br>10,3<br>8,5<br>7,6 | nicht zugelassen | siehe 6.7.3.7.3 | 1,23 |
| 1082 | CHLORTRIFLUORETHYLEN, STABILISIERT (GAS ALS KÄLTEMITTEL R 1113) | 17,0<br>15,0<br>13,1<br>11,6 | nicht zugelassen | siehe 6.7.3.7.3 | 1,13 |
| 1083 | TRIMETHYLAMIN, WASSERFREI | 7,0<br>7,0<br>7,0<br>7,0 | zugelassen | normal | 0,56 |
| 1085 | VINYLBROMID, STABILISIERT | 7,0<br>7,0<br>7,0<br>7,0 | zugelassen | normal | 1,37 |
| 1086 | VINYLCHLORID, STABILISIERT | 10,6<br>9,3<br>8,0<br>7,0 | zugelassen | normal | 0,81 |
| 1087 | VINYLMETHYLETHER, STABILISIERT | 7,0<br>7,0<br>7,0<br>7,0 | zugelassen | normal | 0,67 |
| 1581 | CHLORPIKRIN UND METHYLBROMID, GEMISCH mit mehr als 2 % Chlorpikrin | 7,0<br>7,0<br>7,0<br>7,0 | nicht zugelassen | siehe 6.7.3.7.3 | 1,51 |
| 1582 | CHLORPIKRIN UND METHYLCHLORID, GEMISCH | 19,2<br>16,9<br>15,1<br>13,1 | nicht zugelassen | siehe 6.7.3.7.3 | 0,81 |
| 1858 | HEXAFLUORPROPYLEN (GAS ALS KÄLTEMITTEL R 1216) | 19,2<br>16,9<br>15,1<br>13,1 | zugelassen | normal | 1,11 |
| 1912 | METHYLCHLORID UND DICHLORMETHAN, GEMISCH | 15,2<br>13,0<br>11,6<br>10,1 | zugelassen | normal | 0,81 |
| 1958 | 1,2-DICHLOR-1,1,2,2-TETRAFLUORETHAN (GAS ALS KÄLTEMITTEL R 114) | 7,0<br>7,0<br>7,0<br>7,0 | zugelassen | normal | 1,30 |

**4.2.5.2.6** (Forts.)

| T50 | Anweisungen für ortsbewegliche Tanks *(Forts.)* | | | | T50 |
|---|---|---|---|---|---|
| UN-Nr. | nicht tiefgekühlt verflüssigte Gase | höchstzulässiger Betriebsdruck (bar) klein; groß; Sonnenschutz; isoliert[a)] | Öffnungen unterhalb des Flüssigkeitsspiegels | Druckentlastungseinrichtungen (siehe 6.7.3.7)[b)] | höchster Füllfaktor |
| 1965 | KOHLENWASSERSTOFFGAS, GEMISCH, VERFLÜSSIGT, N.A.G. | siehe Begriffsbestimmung von „höchstzulässiger Betriebsdruck" in 6.7.3.1 | zugelassen | normal | siehe 4.2.2.7 |
| 1969 | ISOBUTAN | 8,5<br>7,5<br>7,0<br>7,0 | zugelassen | normal | 0,49 |
| 1973 | CHLORDIFLUORMETHAN UND CHLORPENTAFLUORETHAN, GEMISCH mit einem konstanten Siedepunkt, mit ca. 49 % Chlordifluormethan (GAS ALS KÄLTEMITTEL R 502) | 28,3<br>25,3<br>22,8<br>20,3 | zugelassen | normal | 1,05 |
| 1974 | BROMCHLORDIFLUORMETHAN (GAS ALS KÄLTEMITTEL R 12B1) | 7,4<br>7,0<br>7,0<br>7,0 | zugelassen | normal | 1,61 |
| 1976 | OCTAFLUORCYCLOBUTAN (GAS ALS KÄLTEMITTEL RC 318) | 8,8<br>7,8<br>7,0<br>7,0 | zugelassen | normal | 1,34 |
| 1978 | PROPAN | 22,5<br>20,4<br>18,0<br>16,5 | zugelassen | normal | 0,42 |
| 1983 | 1-CHLOR-2,2,2-TRIFLUORETHAN (GAS ALS KÄLTEMITTEL R 133a) | 7,0<br>7,0<br>7,0<br>7,0 | zugelassen | normal | 1,18 |
| 2035 | 1,1,1-TRIFLUORETHAN (GAS ALS KÄLTEMITTEL R 143a) | 31,0<br>27,5<br>24,2<br>21,8 | zugelassen | normal | 0,76 |
| 2424 | OCTAFLUORPROPAN (GAS ALS KÄLTEMITTEL R 218) | 23,1<br>20,8<br>18,6<br>16,6 | zugelassen | normal | 1,07 |
| 2517 | 1-CHLOR-1,1-DIFLUORETHAN (GAS ALS KÄLTEMITTEL R 142b) | 8,9<br>7,8<br>7,0<br>7,0 | zugelassen | normal | 0,99 |
| 2602 | DICHLORDIFLUORMETHAN UND 1,1-DIFLUORETHAN, AZEOTROPES GEMISCH mit ca. 74 % Dichlordifluormethan (GAS ALS KÄLTEMITTEL R 500) | 20,0<br>18,0<br>16,0<br>14,5 | zugelassen | normal | 1,01 |
| 3057 | TRIFLUORACETYLCHLORID | 14,6<br>12,9<br>11,3<br>9,9 | nicht zugelassen | siehe 6.7.3.7.3 | 1,17 |
| 3070 | ETHYLENOXID UND DICHLORDIFLUORMETHAN, GEMISCH mit höchstens 12,5 % Ethylenoxid | 14,0<br>12,0<br>11,0<br>9,0 | zugelassen | siehe 6.7.3.7.3 | 1,09 |
| 3153 | PERFLUOR(METHYL-VINYL-ETHER) | 14,3<br>13,4<br>11,2<br>10,2 | zugelassen | normal | 1,14 |

4.2.5.2.6 (Forts.)

| T50 | Anweisungen für ortsbewegliche Tanks *(Forts.)* | | | | T50 |
|---|---|---|---|---|---|
| UN-Nr. | nicht tiefgekühlt verflüssigte Gase | höchstzulässiger Betriebsdruck (bar) klein; groß; Sonnenschutz; isoliert[a)] | Öffnungen unterhalb des Flüssigkeitsspiegels | Druckentlastungseinrichtungen (siehe 6.7.3.7)[b)] | höchster Füllfaktor |
| 3159 | 1,1,1,2-TETRAFLUORETHAN (GAS ALS KÄLTEMITTEL R 134a) | 17,7<br>15,7<br>13,8<br>12,1 | zugelassen | normal | 1,04 |
| 3161 | VERFLÜSSIGTES GAS, ENTZÜNDBAR, N.A.G. | siehe Begriffsbestimmung von „höchstzulässiger Betriebsdruck" in 6.7.3.1 | zugelassen | normal | siehe 4.2.2.7 |
| 3163 | VERFLÜSSIGTES GAS, N.A.G. | siehe Begriffsbestimmung von „höchstzulässiger Betriebsdruck" in 6.7.3.1 | zugelassen | normal | siehe 4.2.2.7 |
| 3220 | PENTAFLUORETHAN (GAS ALS KÄLTEMITTEL R 125) | 34,4<br>30,8<br>27,5<br>24,5 | zugelassen | normal | 0,87 |
| 3252 | DIFLUORMETHAN (GAS ALS KÄLTEMITTEL R 32) | 43,0<br>39,0<br>34,4<br>30,5 | zugelassen | normal | 0,78 |
| 3296 | HEPTAFLUORPROPAN (GAS ALS KÄLTEMITTEL R 227) | 16,0<br>14,0<br>12,5<br>11,0 | zugelassen | normal | 1,20 |
| 3297 | ETHYLENOXID UND CHLORTETRAFLUORETHAN, GEMISCH mit höchstens 8,8 % Ethylenoxid | 8,1<br>7,0<br>7,0<br>7,0 | zugelassen | normal | 1,16 |
| 3298 | ETHYLENOXID UND PENTAFLUORETHAN, GEMISCH mit höchstens 7,9 % Ethylenoxid | 25,9<br>23,4<br>20,9<br>18,6 | zugelassen | normal | 1,02 |
| 3299 | ETHYLENOXID UND TETRAFLUORETHAN, GEMISCH mit höchstens 5,6 % Ethylenoxid | 16,7<br>14,7<br>12,9<br>11,2 | zugelassen | normal | 1,03 |
| 3318 | AMMONIAKLÖSUNG in Wasser, relative Dichte kleiner als 0,880 bei 15 °C, mit mehr als 50 % Ammoniak | siehe Begriffsbestimmung von „höchstzulässiger Betriebsdruck" in 6.7.3.1 | zugelassen | siehe 6.7.3.7.3 | siehe 4.2.2.7 |
| 3337 | GAS ALS KÄLTEMITTEL R 404A | 31,6<br>28,3<br>25,3<br>22,5 | zugelassen | normal | 0,84 |
| 3338 | GAS ALS KÄLTEMITTEL R 407A | 31,3<br>28,1<br>25,1<br>22,4 | zugelassen | normal | 0,95 |
| 3339 | GAS ALS KÄLTEMITTEL R 407B | 33,0<br>29,6<br>26,5<br>23,6 | zugelassen | normal | 0,95 |
| 3340 | GAS ALS KÄLTEMITTEL R 407C | 29,9<br>26,8<br>23,9<br>21,3 | zugelassen | normal | 0,95 |

4.2.5.2.6 (Forts.)

| T50 | Anweisungen für ortsbewegliche Tanks *(Forts.)* | | | | T50 |
|---|---|---|---|---|---|
| UN-Nr. | nicht tiefgekühlt verflüssigte Gase | höchstzulässiger Betriebsdruck (bar) klein; groß; Sonnenschutz; isoliert[a)] | Öffnungen unterhalb des Flüssigkeitsspiegels | Druckentlastungseinrichtungen (siehe 6.7.3.7)[b)] | höchster Füllfaktor |
| 3500 | CHEMIKALIE UNTER DRUCK, N.A.G. | siehe Begriffsbestimmung von „höchstzulässiger Betriebsdruck" in 6.7.3.1 | zugelassen | siehe 6.7.3.7.3 | TP4[c)] |
| 3501 | CHEMIKALIE UNTER DRUCK, ENTZÜNDBAR, N.A.G. | siehe Begriffsbestimmung von „höchstzulässiger Betriebsdruck" in 6.7.3.1 | zugelassen | siehe 6.7.3.7.3 | TP4[c)] |
| 3502 | CHEMIKALIE UNTER DRUCK, GIFTIG, N.A.G. | siehe Begriffsbestimmung von „höchstzulässiger Betriebsdruck" in 6.7.3.1 | zugelassen | siehe 6.7.3.7.3 | TP4[c)] |
| 3503 | CHEMIKALIE UNTER DRUCK, ÄTZEND, N.A.G. | siehe Begriffsbestimmung von „höchstzulässiger Betriebsdruck" in 6.7.3.1 | zugelassen | siehe 6.7.3.7.3 | TP4[c)] |
| 3504 | CHEMIKALIE UNTER DRUCK, ENTZÜNDBAR, GIFTIG, N.A.G. | siehe Begriffsbestimmung von „höchstzulässiger Betriebsdruck" in 6.7.3.1 | zugelassen | siehe 6.7.3.7.3 | TP4[c)] |
| 3505 | CHEMIKALIE UNTER DRUCK, ENTZÜNDBAR, ÄTZEND, N.A.G. | siehe Begriffsbestimmung von „höchstzulässiger Betriebsdruck" in 6.7.3.1 | zugelassen | siehe 6.7.3.7.3 | TP4[c)] |

*→ 1.2.1 „Durchmesser"*

a) „Klein" bedeutet Tanks, die einen Tankkörper mit einem Durchmesser von höchstens 1,5 Meter haben; „groß" bedeutet Tanks, die einen Tankkörper mit einem Durchmesser von mehr als 1,5 Meter ohne Isolierung oder Sonnenschutz haben (siehe Absatz 6.7.3.2.12); „Sonnenschutz" bedeutet Tanks, die einen Tankkörper mit einem Durchmesser von mehr als 1,5 Meter und mit einem Sonnenschutz haben (siehe Absatz 6.7.3.2.12); „isoliert" bedeutet Tanks, die einen Tankkörper mit einem Durchmesser von mehr als 1,5 Meter und einer Isolierung (siehe Absatz 6.7.3.2.12) haben; (siehe Begriffsbestimmung für „Auslegungsreferenztemperatur" in Unterabschnitt 6.7.3.1).

b) Der Ausdruck „normal" in der Spalte „Druckentlastungseinrichtungen" bedeutet, dass eine Berstscheibe gemäß Absatz 6.7.3.7.3 nicht vorgeschrieben ist.

c) Bei den UN-Nummern 3500, 3501, 3502, 3503, 3504 und 3505 ist anstelle des höchsten Füllfaktors der Füllungsgrad zu beachten.

| T75 | Anweisungen für ortsbewegliche Tanks | T75 |
|---|---|---|
| Diese Anweisung für ortsbewegliche Tanks gilt für tiefgekühlt verflüssigte Gase. Die allgemeinen Vorschriften des Abschnitts 4.2.3 und die Vorschriften des Abschnitts 6.7.4 sind einzuhalten. | | |

### 4.2.5.3 Sondervorschriften für ortsbewegliche Tanks

*→ D: § 23 (1) 6*

Bestimmten Stoffen sind Sondervorschriften für ortsbewegliche Tanks zugeordnet, die zusätzlich zu oder anstelle der Vorschriften anzuwenden sind, die in den Anweisungen für ortsbewegliche Tanks oder in den Vorschriften des Kapitels 6.7 angegeben sind. Sondervorschriften für ortsbewegliche Tanks sind mit einem mit den Buchstaben „TP" (für den englischen Ausdruck „tank provision") beginnenden alphanumerischen Code gekennzeichnet und bestimmten Stoffen in Kapitel 3.2 Tabelle A Spalte (11) zugeordnet. Diese sind nachstehend aufgeführt:

**TP1** Der in Absatz 4.2.1.9.2 vorgeschriebene Füllungsgrad darf nicht überschritten werden

$$\left(\text{Füllungsgrad} = \frac{97}{1 + \alpha(t_r - t_f)}\right)$$

**TP2** Der in Absatz 4.2.1.9.3 vorgeschriebene Füllungsgrad darf nicht überschritten werden

$$\left(\text{Füllungsgrad} = \frac{95}{1 + \alpha(t_r - t_f)}\right)$$

**TP3** Der höchste Füllungsgrad (in %) für feste Stoffe, die über ihrem Schmelzpunkt befördert werden, oder für erwärmte flüssige Stoffe ist in Übereinstimmung mit Absatz 4.2.1.9.5 zu bestimmen. **4.2.5.3** (Forts.)

**TP4** Der Füllungsgrad darf 90 % oder jeden anderen von der zuständigen Behörde genehmigten Wert nicht überschreiten (siehe Absatz 4.2.1.16.2).

**TP5** Die in Unterabschnitt 4.2.3.6 vorgeschriebenen Füllungsbeschränkungen sind einzuhalten.

**TP6** Der Tank ist mit Druckentlastungseinrichtungen auszurüsten, die an den Fassungsraum und die Art der beförderten Stoffe angepasst sind, um unter allen Umständen, einschließlich einer vollständigen Feuereinwirkung, das Bersten des Tanks zu verhindern. Die Einrichtungen müssen auch mit dem Stoff verträglich sein.

**TP7** Luft ist mit Stickstoff oder anderen Mitteln aus dem Dampfraum zu entfernen.

**TP8** Der Prüfdruck darf auf 1,5 bar reduziert werden, wenn der Flammpunkt der beförderten Stoffe höher ist als 0 °C.

**TP9** Ein Stoff mit dieser Beschreibung darf in einem ortsbeweglichen Tank nur mit Zulassung der zuständigen Behörde befördert werden.

**TP10** Eine Bleiauskleidung von mindestens 5 mm Dicke, die jährlich geprüft werden muss, oder ein anderer von der zuständigen Behörde zugelassener geeigneter Auskleidungswerkstoff ist erforderlich. Ein ortsbeweglicher Tank darf nach Ablauf der Frist für die Prüfung der Auskleidung innerhalb von höchstens drei Monaten nach Ablauf dieser Frist nach dem Entleeren, jedoch vor dem Reinigen, zur Beförderung aufgegeben werden, um ihn vor dem Wiederbefüllen der nächsten vorgeschriebenen Prüfung zuzuführen.

**TP11** (bleibt offen)

**TP12** (gestrichen)

**TP13** (bleibt offen)

**TP14** (bleibt offen)

**TP15** (bleibt offen)

**TP16** Der Tank ist mit einer besonderen Einrichtung auszurüsten, um unter normalen Beförderungsbedingungen Unter- und Überdruck zu verhindern. Diese Einrichtung muss von der zuständigen Behörde genehmigt sein. Die Druckentlastungseinrichtung muss den Vorschriften des Absatzes 6.7.2.8.3 entsprechen, um eine Kristallisation des Produkts in der Druckentlastungseinrichtung zu verhindern.

**TP17** Für die Wärmeisolierung des Tanks dürfen nur anorganische nichtbrennbare Werkstoffe verwendet werden.

**TP18** Die Temperatur muss zwischen 18 °C und 40 °C gehalten werden. Ortsbewegliche Tanks, die erstarrte Methacrylsäure enthalten, dürfen während der Beförderung nicht wieder aufgeheizt werden.

**TP19** Zum Zeitpunkt des Baus muss die gemäß Unterabschnitt 6.7.3.4 bestimmte Mindestwanddicke des Tankkörpers um 3 mm Korrosionszuschlag erhöht werden. Die Wanddicke des Tankkörpers muss mit Ultraschall in der Halbzeit zwischen den wiederkehrenden Wasserdruckprüfungen überprüft werden und darf in keinem Fall geringer sein als die gemäß Unterabschnitt 6.7.3.4 bestimmte Mindestwanddicke.

**TP20** Dieser Stoff darf nur in wärmeisolierten Tanks unter Stickstoffüberlagerung befördert werden.

**TP21** Die Wanddicke des Tankkörpers darf nicht geringer sein als 8 mm. Die Tanks müssen mindestens alle 2,5 Jahre einer Wasserdruckprüfung und einer Prüfung des inneren Zustands unterzogen werden.

**TP22** Schmiermittel für Dichtungen und andere Einrichtungen müssen mit Sauerstoff verträglich sein.

**TP23** (gestrichen)

**TP24** Um einen übermäßigen Druckanstieg durch die langsame Zersetzung des beförderten Stoffes zu verhindern, darf der ortsbewegliche Tank mit einer Einrichtung ausgerüstet sein, die unter maximalen Füllbedingungen im Dampfraum des Tankkörpers angeordnet ist. Diese Einrichtung muss auch beim Umkippen des Tanks das Austreten einer unzulässigen Menge flüssigen Stoffes oder das Eindringen von Fremdstoffen in den Tank verhindern. Diese Einrichtung muss von der zuständigen Behörde oder einer von ihr bestimmten Stelle genehmigt sein.

4.2.5.3 (Forts.)

**TP25** Schwefeltrioxid, mindestens 99,95 % rein, darf ohne Inhibitor in Tanks befördert werden, vorausgesetzt, seine Temperatur wird bei 32,5 °C oder darüber gehalten.

**TP26** Bei der Beförderung in beheiztem Zustand muss die Heizeinrichtung außen am Tankkörper angebracht sein. Für die UN-Nummer 3176 gilt diese Vorschrift nur, wenn der Stoff gefährlich mit Wasser reagiert.

**TP27** Ein ortsbeweglicher Tank mit einem Mindestprüfdruck von 4 bar darf verwendet werden, wenn nachgewiesen ist, dass nach der Begriffsbestimmung für Prüfdruck in Unterabschnitt 6.7.2.1 ein Prüfdruck von 4 bar oder weniger zulässig ist.

**TP28** Ein ortsbeweglicher Tank mit einem Mindestprüfdruck von 2,65 bar darf verwendet werden, wenn nachgewiesen ist, dass nach der Begriffsbestimmung für Prüfdruck in Unterabschnitt 6.7.2.1 ein Prüfdruck von 2,65 bar oder weniger zulässig ist.

**TP29** Ein ortsbeweglicher Tank mit einem Mindestprüfdruck von 1,5 bar darf verwendet werden, wenn nachgewiesen ist, dass nach der Begriffsbestimmung für Prüfdruck in Unterabschnitt 6.7.2.1 ein Prüfdruck von 1,5 bar oder weniger zulässig ist.

**TP30** Dieser Stoff muss in wärmeisolierten Tanks befördert werden.

**TP31** Dieser Stoff darf nur in festem Zustand in Tanks befördert werden.

**TP32** Für die UN-Nummern 0331, 0332 und 3375 dürfen unter folgenden Bedingungen ortsbewegliche Tanks verwendet werden:

a) Um einen unnötigen Einschluss zu vermeiden, muss jeder ortsbewegliche Tank aus Metall oder aus faserverstärkten Kunststoffen mit einer federbelasteten Druckentlastungseinrichtung, einer Berstscheibe oder einer Schmelzsicherung ausgerüstet sein. Der Ansprechdruck bzw. Berstdruck darf für ortsbewegliche Tanks mit einem Mindestprüfdruck über 4 bar nicht größer als 2,65 bar sein.

b) Nur für die UN-Nummer 3375 muss die Eignung für eine Beförderung in Tanks nachgewiesen sein. Eine Methode für die Feststellung der Eignung ist das Prüfverfahren 8 d) der Prüfreihe 8 (siehe Handbuch Prüfungen und Kriterien Teil 1 Unterabschnitt 18.7).

c) Die Stoffe dürfen nicht über einen Zeitraum im ortsbeweglichen Tank verbleiben, bei dem es zur Verkrustung kommen kann. Es sind geeignete Maßnahmen zu ergreifen, um ein Verklumpen oder eine Anhaftung der Stoffe im Tank zu vermeiden (z.B. Reinigung usw.).

**TP33** Die diesem Stoff zugeordnete Anweisung für ortsbewegliche Tanks gilt für körnige und pulverförmige Stoffe und für feste Stoffe, die bei einer Temperatur über ihrem Schmelzpunkt eingefüllt und entleert, abgekühlt und als feste Masse befördert werden. Für feste Stoffe, die über ihrem Schmelzpunkt befördert werden, siehe Unterabschnitt 4.2.1.19.

**TP34** Ortsbewegliche Tanks müssen nicht der Auflaufprüfung gemäß Absatz 6.7.4.14.1 unterzogen werden, wenn sie auf dem Schild gemäß Absatz 6.7.4.15.1 und außerdem mit einer Schriftgröße von mindestens 10 cm auf beiden Seiten der äußeren Umhüllung gekennzeichnet sind mit: „NICHT FÜR DEN EISENBAHNTRANSPORT".

**TP35** (gestrichen)

**TP36** In ortsbeweglichen Tanks dürfen Schmelzsicherungen im Dampfraum verwendet werden.

**TP37** (gestrichen)

**TP38** (gestrichen)

**TP39** (gestrichen)

**TP40** Ortsbewegliche Tanks dürfen nicht mit angeschlossener Sprühausrüstung befördert werden.

**TP41** Mit Zustimmung der zuständigen Behörde kann die alle zweieinhalb Jahre durchzuführende innere Untersuchung entfallen oder durch andere Prüfverfahren ersetzt werden, vorausgesetzt, der ortsbewegliche Tank ist für die ausschließliche Beförderung der metallorganischen Stoffe vorgesehen, denen diese Sondervorschrift zugeordnet ist. Diese Untersuchung ist jedoch erforderlich, wenn die Vorschriften des Absatzes 6.7.2.19.7 erfüllt sind.

**TP42** Ortsbewegliche Tanks sind für die Beförderung von Caesium- oder Rubidiumdispersionen nicht zugelassen.

# Kapitel 4.3 Verwendung von festverbundenen Tanks (Tankfahrzeugen), Aufsetztanks, Tankcontainern und Tankwechselaufbauten (Tankwechselbehältern), deren Tankkörper aus metallenen Werkstoffen hergestellt sind, sowie von Batterie-Fahrzeugen und Gascontainern mit mehreren Elementen (MEGC)

*→ 1.6.3.19*
*→ 1.6.4*
*→ 4.5.2.1*
*→ D: § 8 (1) 1 e)*
*→ D: § 23 (1) 6*
*→ D: § 28 Nr. 3 f.*
*→ CH: SDR Anh. 1 1.1.3.6.6*

**Bem.** Für ortsbewegliche Tanks und UN-Gascontainer mit mehreren Elementen (MEGC) siehe Kapitel 4.2; für Tanks aus faserverstärkten Kunststoffen siehe Kapitel 4.4; für Saug-Druck-Tanks für Abfälle siehe Kapitel 4.5.

**Anwendungsbereich** **4.3.1**

**[Vorschriftengeltung]** **4.3.1.1**

Vorschriften, die sich über die gesamte Textbreite erstrecken, gelten sowohl für festverbundene Tanks (Tankfahrzeuge), Aufsetztanks und Batterie-Fahrzeuge als auch für Tankcontainer, Tankwechselaufbauten (Tankwechselbehälter) und MEGC. Vorschriften, die in einer Spalte erscheinen, gelten nur für

- festverbundene Tanks (Tankfahrzeuge), Aufsetztanks und Batterie-Fahrzeuge (linke Spalte),
- Tankcontainer, Tankwechselaufbauten (Tankwechselbehälter) und MEGC (rechte Spalte).

**[Geltungsbereich]** **4.3.1.2**

Diese Vorschriften gelten für

| | |
|---|---|
| festverbundene Tanks (Tankfahrzeuge), Aufsetztanks und Batterie-Fahrzeuge | Tankcontainer, Tankwechselaufbauten (Tankwechselbehälter) und MEGC |

zur Beförderung gasförmiger, flüssiger, pulverförmiger und körniger Stoffe.

**[Überblick]** **4.3.1.3**

Im Abschnitt 4.3.2 sind Vorschriften aufgeführt, die sowohl für festverbundene Tanks (Tankfahrzeuge), Aufsetztanks, Tankcontainer und Tankwechselaufbauten (Tankwechselbehälter) zur Beförderung von Stoffen aller Klassen als auch für Batterie-Fahrzeuge und MEGC zur Beförderung von Gasen der Klasse 2 gelten. Die Abschnitte 4.3.3 und 4.3.4 enthalten die Sondervorschriften, die Ergänzungen zu oder Abweichungen von den Vorschriften des Abschnitts 4.3.2 bilden.

**[Bau, Ausrüstung, Kennzeichnung]** **4.3.1.4**

Wegen der Vorschriften über den Bau, die Ausrüstung, die Zulassung des Baumusters, die Prüfungen und die Kennzeichnung siehe Kapitel 6.8.

**[Übergangsvorschriften]** **4.3.1.5**

Wegen der Übergangsvorschriften für die Anwendung dieses Kapitels siehe Abschnitt

| | |
|---|---|
| 1.6.3. | 1.6.4. |

**Vorschriften für alle Klassen** **4.3.2**

**Verwendung** **4.3.2.1**

*→ 1.6.3.4*
*→ 1.6.3.16*

**[Beförderungszulässigkeit]** **4.3.2.1.1**

*→ 1.6.3.5*
*→ 1.6.3.7*
*→ 4.3.2.1.5*
*→ D: § 23 (1) 5*
*→ D: § 23 (2) 10*
*→ RO-bi-DE-5*

Die Beförderung von Stoffen des ADR in festverbundenen Tanks (Tankfahrzeugen), Aufsetztanks und Batterie-Fahrzeugen oder in Tankcontainern, Tankwechselaufbauten (Tankwechselbehältern) und MEGC ist nur zulässig, wenn in Kapitel 3.2 Tabelle A Spalte (12) eine Tankcodierung gemäß Absatz 4.3.3.1.1 oder 4.3.4.1.1 vorgesehen ist.

**[Tankcodierung]** **4.3.2.1.2**

Der erforderliche Typ eines Tanks, eines Batterie-Fahrzeugs und eines MEGC wird in Kapitel 3.2 Tabelle A Spalte (12) in kodierter Form angegeben. Die dort angegebenen Tankcodierungen sind aus Buchstaben und Zahlen in festgelegter Abfolge zusammengesetzt. Die Erläuterungen für die vier Teile des Codes sind

4.3.2.1.2 (Forts.) in Absatz 4.3.3.1.1 (wenn der zu befördernde Stoff ein Stoff der Klasse 2 ist) und in Absatz 4.3.4.1.1 (wenn der zu befördernde Stoff ein Stoff der Klassen 1 und 3 bis 9 ist) angegeben.[1)]

**4.3.2.1.3 [Erforderlicher Typ]**

Der erforderliche Typ gemäß Absatz 4.3.2.1.2 entspricht den am wenigsten strengen Bauvorschriften, die für den betreffenden Stoff zulässig sind. Sofern die Vorschriften dieses Kapitels und des Kapitels 6.8 nichts anderes vorschreiben, dürfen auch Tanks mit Codierungen verwendet werden, die einen höheren Mindestberechnungsdruck oder strengere Anforderungen für die Öffnungen für das Befüllen oder Entleeren oder die Sicherheitsventile/-einrichtungen vorschreiben (siehe Absatz 4.3.3.1.1 für die Klasse 2 und Absatz 4.3.4.1.1 für die Klassen 3 bis 9).

**4.3.2.1.4 [Sondervorschriften]**

Die Tanks, die Batterie-Fahrzeuge und die MEGC unterliegen für bestimmte Stoffe zusätzlichen Anforderungen, die in Kapitel 3.2 Tabelle A Spalte (13) als Sondervorschriften angegeben sind.

**4.3.2.1.5 [Zugelassene Stoffe]**

*→ 4.3.2.1.1*
*→ 9.1.3.4*
*→ D: § 23 (1) 5*
*→ D: § 23 (2) 10*
*→ D: RSEB 4-9.1 f.*

Tanks, Batterie-Fahrzeuge und MEGC dürfen nur mit denjenigen Stoffen gefüllt werden, für deren Beförderung sie zugelassen sind (siehe Absatz 6.8.2.3.2) und die mit den Werkstoffen der Tankkörper, Dichtungen, Ausrüstungsteile und Schutzauskleidungen, mit denen sie in Berührung kommen, nicht gefährlich reagieren (siehe Begriffsbestimmung für gefährliche Reaktion in Abschnitt 1.2.1), gefährliche Stoffe erzeugen oder diese Werkstoffe merklich schwächen[2)].

**4.3.2.1.6 [Nahrungsmittel]**

Nahrungsmittel dürfen in Tanks, die für gefährliche Güter verwendet werden, nur befördert werden, wenn die erforderlichen Maßnahmen zur Verhütung von Gesundheitsschäden getroffen wurden.

**4.3.2.1.7 [Tankakte]**

*→ 1.6.3.16*
*→ 1.6.4.18*
*→ D: § 19 (2) 8*
*→ D: § 24 Nr. 6*

Die Tankakte muss vom Eigentümer oder Betreiber aufbewahrt werden, der in der Lage sein muss, diese Dokumente auf Anforderung der zuständigen Behörde vorzulegen. Die Tankakte muss während der gesamten Lebensdauer des Tanks geführt und bis 15 Monate nach der Außerbetriebnahme des Tanks aufbewahrt werden.

Bei einem Wechsel des Eigentümers oder Betreibers während der Lebensdauer des Tanks ist die Tankakte unverzüglich an den neuen Eigentümer oder Betreiber zu übergeben.

Kopien der Tankakte oder aller notwendigen Dokumente sind der Prüfstelle für Tankprüfungen nach Absatz 6.8.2.4.5 oder 6.8.3.4.18 zu den wiederkehrenden oder außerordentlichen Prüfungen zur Verfügung zu stellen.

**Bem.** Die Tankakte darf alternativ in elektronischer Form geführt werden.

**4.3.2.2 Füllungsgrad[*)]**

**4.3.2.2.1 [Höchste Füllungsgrade]**

Folgende Füllungsgrade von Tanks zur Beförderung flüssiger Stoffe bei Umgebungstemperaturen dürfen nicht überschritten werden:

a) für entzündbare Stoffe, umweltgefährdende Stoffe und entzündbare umweltgefährdende Stoffe ohne zusätzliche Gefahren (z.B. giftig, ätzend) in Tanks mit Über- und Unterdruckbelüftungseinrichtungen oder mit Sicherheitsventilen (auch wenn diesen eine Berstscheibe vorgeschaltet ist):

$$\text{Füllungsgrad} = \frac{100}{1 + \alpha(50 - t_F)} \text{ \% des Fassungsraums;}$$

b) für giftige oder ätzende Stoffe (entzündbar, nicht entzündbar, umweltgefährdend oder nicht umweltgefährdend) in Tanks mit Über- und Unterdruckbelüftungseinrichtungen oder mit Sicherheitsventilen (auch wenn diesen eine Berstscheibe vorgeschaltet ist):

$$\text{Füllungsgrad} = \frac{98}{1 + \alpha(50 - t_F)} \text{ \% des Fassungsraums;}$$

---

1) Tanks zur Beförderung von Stoffen der Klasse 1, 5.2 oder 7 bilden dabei eine Ausnahme (siehe Absatz 4.3.4.1.3).

2) Es kann erforderlich sein, den Hersteller des Stoffes und die zuständige Behörde zu konsultieren, um Auskunft über die Verträglichkeit des Stoffes mit den Werkstoffen des Tanks, Batterie-Fahrzeuges oder MEGC zu erhalten.

*) *→ D: § 23 (1) 6; → D: § 28 Nr. 3; → CH: SDR Anh. 1 4.8.2*

c) für entzündbare Stoffe, umweltgefährdende Stoffe und schwach giftige oder schwach ätzende Stoffe (entzündbar, nicht entzündbar, umweltgefährdend oder nicht umweltgefährdend) in luftdicht verschlossenen Tanks ohne Sicherheitseinrichtung: 4.3.2.2.1 (Forts.)

$$\text{Füllungsgrad} = \frac{97}{1 + \alpha(50 - t_F)} \text{ \% des Fassungsraums;}$$

d) für sehr giftige, giftige, stark ätzende oder ätzende Stoffe (entzündbar, nicht entzündbar, umweltgefährdend oder nicht umweltgefährdend) in luftdicht verschlossenen Tanks ohne Sicherheitseinrichtung:

$$\text{Füllungsgrad} = \frac{95}{1 + \alpha(50 - t_F)} \text{ \% des Fassungsraums.}$$

**[Kubischer Ausdehnungskoeffizient]** 4.3.2.2.2

In diesen Formeln bedeutet $\alpha$ der mittlere kubische Ausdehnungskoeffizient der Flüssigkeit zwischen 15 °C und 50 °C, d.h. für eine maximale Temperaturerhöhung von 35 °C.

$\alpha$ wird nach der Formel berechnet: $\alpha = \frac{d_{15} - d_{50}}{35 \times d_{50}}$.

Dabei bedeuten $d_{15}$ und $d_{50}$ die Dichte der Flüssigkeit bei 15 °C bzw. 50 °C und $t_F$ die mittlere Temperatur der Flüssigkeit während der Füllung.

**[Höchster Füllungsgrad bei Beförderung über 50 °C]** 4.3.2.2.3

Die Vorschriften des Absatzes 4.3.2.2.1 a) bis d) gelten nicht für Tanks, in denen flüssige Stoffe bei einer Temperatur von mehr als 50 °C befördert werden.

Der Füllungsgrad von

a) flüssigen Stoffen, die bei einer Temperatur von mehr als 50 °C befördert werden,
b) flüssigen Stoffen, die bei einer Temperatur unter 50 °C eingefüllt wurden, aber im Laufe des Beförderungsvorgangs auf mehr als 50 °C erhitzt werden sollen, und
c) festen Stoffen, die bei einer Temperatur über ihrem Schmelzpunkt befördert werden,

muss bei Beförderungsbeginn so bemessen sein, dass der Tank zu keinem Zeitpunkt während der Beförderung zu mehr als 95 % gefüllt ist.

Der höchste Füllungsgrad muss durch folgende Formel bestimmt werden:

$$\text{Füllungsgrad} = 95 \frac{d_r}{d_f} \text{ \% des Fassungsraums}$$

wobei $d_f$ und $d_r$ die Dichten des Stoffes bei der mittleren Temperatur während des Befüllens bzw. der höchsten mittleren Temperatur des Füllguts während der Beförderung sind.

Bei Tanks mit einer Heizeinrichtung muss die Temperatur so geregelt werden, dass der höchste Füllungsgrad von 95 % des Fassungsraums zu keinem Zeitpunkt während der Beförderung überschritten wird.

**[Füllungsgrad zur Begrenzung der Schwallwirkung]** 4.3.2.2.4
→ 1.6.3.34
→ D: GGAV 22

Tankkörper zur Beförderung von Stoffen in flüssigem Zustand oder von verflüssigten oder tiefgekühlt verflüssigten Gasen, die nicht durch Trenn- oder Schwallwände in Abschnitte von höchstens 7 500 l Fassungsraum unterteilt sind, müssen entweder zu mindestens 80 % oder zu höchstens 20 % ihres Fassungsraums gefüllt sein.

Diese Vorschrift gilt nicht für:

- flüssige Stoffe mit einer kinematischen Viskosität bei 20 °C von mindestens 2 680 $mm^2/s$;
- geschmolzene Stoffe mit einer kinematischen Viskosität bei Fülltemperatur von mindestens 2 680 $mm^2/s$;
- UN 1963 HELIUM, TIEFGEKÜHLT, FLÜSSIG, und UN 1966 WASSERSTOFF, TIEFGEKÜHLT, FLÜSSIG.

**Betrieb** 4.3.2.3
→ D: § 21 (2) 6

**[Mindestwanddicke]** 4.3.2.3.1
→ D: § 19 (2) 12
→ D: § 24 Nr. 3

Die Wanddicke des Tankkörpers muss während der ganzen Benützungsdauer des Tanks größer oder gleich dem Mindestwert sein, der in den Absätzen

| | |
|---|---|
| 6.8.2.1.17 bis 6.8.2.1.21 | 6.8.2.1.17 bis 6.8.2.1.20 |

gefordert wird.

**4.3.2.3.2 [Stoß- und Überrollschutz]**

*→ D: § 24 Nr. 1*

| | |
|---|---|
| (bleibt offen) | Die Tankcontainer/MEGC müssen während der Beförderung so auf dem Trägerfahrzeug verladen sein, dass sie durch Einrichtungen des Trägerfahrzeugs oder des Tankcontainers/MEGC selbst ausreichend gegen seitliche und rückwärtige Stöße sowie gegen Überrollen geschützt sind.[3)] Wenn die Tankcontainer/MEGC, einschließlich der Bedienungsausrüstungen, so gebaut sind, dass sie den Stößen und dem Überrollen standhalten können, ist es nicht nötig, sie auf diese Weise zu sichern. |

**4.3.2.3.3 [Verschlüsse]**

*→ D: § 23 (1) 7 → D: RSEB 4-10.1 ff.*

Während des Befüllens und Entleerens der Tanks, Batterie-Fahrzeuge und MEGC sind geeignete Maßnahmen zu treffen, um die Freisetzung gefährlicher Mengen von Gasen und Dämpfen zu verhindern. Die Tanks, Batterie-Fahrzeuge und MEGC müssen so verschlossen sein, dass vom Inhalt nichts unkontrolliert nach außen gelangen kann. Die Öffnungen der Tanks mit Untenentleerung müssen mit Schraubkappen, Blindflanschen oder gleich wirksamen Einrichtungen verschlossen sein. Nach dem Befüllen muss der Befüller sicherstellen, dass alle Verschlüsse der Tanks, Batterie-Fahrzeuge und MEGC in geschlossener Stellung sind und keine Undichtheit auftritt. Dies gilt auch für die Abschlusseinrichtungen oben am Steigrohr des Tanks.

**4.3.2.3.4 [Mehrere Absperreinrichtungen]**

*→ D: § 28 Nr. 4 a)*

Falls mehrere Absperreinrichtungen hintereinander liegen, ist zuerst die dem Füllgut zunächst liegende Einrichtung zu schließen.

**4.3.2.3.5 [Füllgutreste]**

*→ D: § 23 (1) 8 → D: § 28 Nr. 4 a) → D: § 28 Nr. 12*

Während der Beförderung dürfen den Tanks außen keine gefährlichen Reste des Füllgutes anhaften.

**4.3.2.3.6 [Nebeneinanderliegende Tankabteile]**

*→ D: § 23 (1) 9*

Stoffe, die gefährlich miteinander reagieren können, dürfen nicht in unmittelbar nebeneinanderliegenden Tankabteilen befördert werden.

Stoffe, die gefährlich miteinander reagieren können, dürfen in unmittelbar nebeneinanderliegenden Tankabteilen befördert werden, wenn diese Abteile durch eine Trennwand getrennt sind, die eine gleiche oder größere Wanddicke als der Tankkörper selbst hat. Sie dürfen auch befördert werden, wenn die befüllten Abteile durch einen leeren Zwischenraum oder ein leeres Abteil getrennt sind.

**4.3.2.3.7 [Befüllen/Befördern nach Ablauf der Prüffrist]**

*→ D: § 23 (1) 10*

Nach dem festgelegten Datum für die in den Absätzen 6.8.2.4.2, 6.8.2.4.3, 6.8.3.4.6 und 6.8.3.4.12 vorgeschriebene Prüfung dürfen festverbundene Tanks (Tankfahrzeuge), Aufsetztanks, Batterie-Fahrzeuge, Tankcontainer, Tankwechselaufbauten (Tankwechselbehälter) und MEGC weder befüllt noch zur Beförderung aufgegeben werden.

Jedoch dürfen festverbundene Tanks (Tankfahrzeuge), Aufsetztanks, Batterie-Fahrzeuge, Tankcontainer, Tankwechselaufbauten (Tankwechselbehälter) und MEGC, die vor dem festgelegten Datum der nächsten Prüfung befüllt wurden, in folgenden Fällen befördert werden:

a) innerhalb eines Zeitraums von höchstens einem Monat nach dem festgelegten Datum, wenn es sich bei der fälligen Prüfung um eine wiederkehrende Prüfung nach Absatz 6.8.2.4.2, 6.8.3.4.6 a) und 6.8.3.4.12 handelt;

b) sofern von der zuständigen Behörde nichts anderes vorgesehen ist, innerhalb eines Zeitraums von höchstens drei Monaten nach Ablauf des festgelegten Datums, wenn es sich bei der fälligen Prüfung um eine wiederkehrende Prüfung nach Absatz 6.8.2.4.2, 6.8.3.4.6 a) und 6.8.3.4.12 handelt, um die

---

3) Beispiele für den Schutz der Tankkörper:

- Der Schutz gegen seitliches Anfahren kann z.B. aus Längsträgern bestehen, die den Tankkörper auf beiden Längsseiten in Höhe der Tankmittellinie schützen.
- Der Schutz gegen Überrollen kann z.B. aus Verstärkungsringen oder aus Rahmenquerträgern bestehen.
- Der Schutz gegen Anfahren von rückwärts kann z.B. aus einer Stoßstange oder aus einem Rahmen bestehen.

Rücksendung von gefährlichen Stoffen zur ordnungsgemäßen Entsorgung oder zum ordnungsgemäßen Recycling zu ermöglichen. Im Beförderungspapier muss auf diese Ausnahme hingewiesen werden; **4.3.2.3.7** (Forts.)

c) innerhalb eines Zeitraums von höchstens drei Monaten nach dem festgelegten Datum, wenn es sich bei dieser Prüfung um eine Zwischenprüfung nach Absatz 6.8.2.4.3, 6.8.3.4.6 b) und 6.8.3.4.12 handelt.

**Ungereinigte leere Tanks, Batterie-Fahrzeuge und MEGC** **4.3.2.4** *→ D: § 28 Nr. 4 a)*

**Bem.** Für ungereinigte leere Tanks, Batterie-Fahrzeuge und MEGC können die Sondervorschriften TU1, TU2, TU4, TU16 und TU35 des Abschnitts 4.3.5 anwendbar sein.

**[Füllgutreste]** **4.3.2.4.1** *→ D: § 26 (1) 1*

Während der Beförderung dürfen den Tanks außen keine gefährlichen Reste des Füllgutes anhaften.

**[Dichtheit]** **4.3.2.4.2** *→ D: § 26 (1) 2*

Ungereinigte leere Tanks, Batterie-Fahrzeuge und MEGC müssen während der Beförderung ebenso verschlossen und dicht sein wie in gefülltem Zustand.

**[Nicht dichte Tanks]** **4.3.2.4.3** *→ D: RSEB 4-10.1 ff.*

Sind ungereinigte leere Tanks, Batterie-Fahrzeuge und MEGC nicht ebenso verschlossen und dicht wie in gefülltem Zustand und können die Vorschriften des ADR nicht eingehalten werden, so müssen sie unter Beachtung einer ausreichenden Sicherheit bei der Beförderung der nächsten geeigneten Stelle, wo eine Reinigung oder Reparatur durchgeführt werden kann, zugeführt werden.

Eine ausreichende Sicherheit bei der Beförderung liegt vor, wenn geeignete Maßnahmen ergriffen wurden, die eine den Vorschriften des ADR entsprechende gleichwertige Sicherheit gewährleisten und ein unkontrolliertes Freiwerden der gefährlichen Güter verhindern.

**[Verspätete Prüfungszuführung]** **4.3.2.4.4**

Ungereinigte leere festverbundene Tanks (Tankfahrzeuge), Aufsetztanks, Batterie-Fahrzeuge, Tankcontainer, Tankwechselaufbauten (Tankwechselbehälter) und MEGC dürfen auch nach Ablauf der Fristen für die Prüfungen nach den Absätzen 6.8.2.4.2 und 6.8.2.4.3 befördert werden, um sie der Prüfung zuzuführen.

**Sondervorschriften für die Klasse 2** **4.3.3**

**Tankcodierung und -hierarchie** **4.3.3.1** *→ 1.6.3.18*

**Tankcodierung und Codierung für Batterie-Fahrzeuge und MEGC** **4.3.3.1.1** *→ 4.3.4.1.1 → D: RSEB Anl. 13*

Die vier Teile der in Kapitel 3.2 Tabelle A Spalte (12) angegebenen Tankcodierung haben folgende Bedeutung:

| Teil | Beschreibung | Tankcodierung |
|---|---|---|
| 1 | Tanktyp/Typ des Batterie-Fahrzeugs oder des MEGC | C = Tank, Batterie-Fahrzeug oder MEGC für verdichtete Gase<br>P = Tank, Batterie-Fahrzeug oder MEGC für verflüssigte oder gelöste Gase<br>R = Tank für tiefgekühlt verflüssigte Gase |
| 2 | Berechnungsdruck | x = Zahlenwert des zutreffenden Mindestprüfdrucks in bar gemäß Tabelle in Absatz 4.3.3.2.5 oder<br>22 = Mindestberechnungsdruck in bar |
| 3 | Öffnungen (siehe Unterabschnitte 6.8.2.2 und 6.8.3.2) | B = Tank mit Bodenöffnungen mit 3 Verschlüssen für das Befüllen oder Entleeren oder<br>Batterie-Fahrzeug oder MEGC mit Öffnungen unterhalb des Flüssigkeitsspiegels oder für verdichtete Gase<br>C = Tank mit oben liegenden Öffnungen mit 3 Verschlüssen für das Befüllen oder Entleeren, der unterhalb des Flüssigkeitsspiegels nur mit Reinigungsöffnungen versehen ist<br>D = Tank mit oben liegenden Öffnungen mit 3 Verschlüssen für das Befüllen oder Entleeren oder<br>Batterie-Fahrzeug oder MEGC ohne Öffnungen unterhalb des Flüssigkeitsspiegels |

**4.3.3.1.1** (Forts.)

| Teil | Beschreibung | Tankcodierung |
|---|---|---|
| 4 | Sicherheitsventil/ -einrichtung | N = Tank, Batterie-Fahrzeug oder MEGC mit Sicherheitsventil gemäß Absatz 6.8.3.2.9 oder 6.8.3.2.10, der nicht luftdicht verschlossen ist<br>H = luftdicht verschlossener Tank, Batterie-Fahrzeug oder MEGC (siehe Abschnitt 1.2.1) |

**Bem.** 1. Die in Kapitel 3.2 Tabelle A Spalte (13) bei einigen Gasen angegebene Sondervorschrift TU17 bedeutet, dass das Gas nur in Batterie-Fahrzeugen oder in MEGC befördert werden darf, deren Elemente aus Gefäßen bestehen.

2. Die in Kapitel 3.2 Tabelle A Spalte (13) bei einigen Gasen angegebene Sondervorschrift TU40 bedeutet, dass das Gas nur in Batterie-Fahrzeugen oder in MEGC befördert werden darf, deren Elemente aus nahtlosen Gefäßen bestehen.

3. Der auf dem Tank selbst oder auf einer Tafel angegebene Druck muss mindestens so hoch sein wie der Wert für „x" oder des angegebenen Mindestberechnungsdrucks.

**4.3.3.1.2 Tankhierarchie**

→ 4.3.4.1.2

| Tankcodierung | weitere Tankcodierung(en), die für die Stoffe unter dieser Tankcodierung zugelassen ist (sind) |
|---|---|
| C*BN | C#BN, C#CN, C#DN, C#BH, C#CH, C#DH |
| C*BH | C#BH, C#CH, C#DH |
| C*CN | C#CN, C#DN, C#CH, C#DH |
| C*CH | C#CH, C#DH |
| C*DN | C#DN, C#DH |
| C*DH | C#DH |
| P*BN | P#BN, P#CN, P#DN, P#BH, P#CH, P#DH |
| P*BH | P#BH, P#CH, P#DH |
| P*CN | P#CN, P#DN, P#CH, P#DH |
| P*CH | P#CH, P#DH |
| P*DN | P#DN, P#DH |
| P*DH | P#DH |
| R*BN | R#BN, R#CN, R#DN |
| R*CN | R#CN, R#DN |
| R*DN | R#DN |

Die Ziffer „#" muss größer oder gleich der Ziffer „*" sein.

**Bem.** Die für einzelne Eintragungen eventuell geltenden Sondervorschriften (siehe Abschnitte 4.3.5 und 6.8.4) sind in dieser hierarchischen Aufstellung nicht berücksichtigt.

**4.3.3.2 Füllbedingungen und Prüfdrücke**

**4.3.3.2.1 [Prüfdruck verdichtete Gase]**

Für Tanks für verdichtete Gase muss der Prüfdruck mindestens das 1,5-fache des in Abschnitt 1.2.1 für Druckgefäße definierten Betriebsdrucks betragen.

**4.3.3.2.2 [Prüfdruck verflüssigte/gelöste Gase]**

Für Tanks für

- unter hohem Druck verflüssigte Gase und
- gelöste Gase

muss der Prüfdruck so bemessen sein, dass beim Befüllen des Tankkörpers bis zum höchsten Füllfaktor der Druck des Stoffes bei 55 °C für Tanks mit Wärmeisolierung bzw. bei 65 °C für Tanks ohne Wärmeisolierung den Prüfdruck nicht übersteigt. **4.3.3.2.2** (Forts.)

**[Prüfdruck verflüssigte Gase]** **4.3.3.2.3**
*→ D: § 23 (1) 6*
*→ D: § 28 Nr. 3*

Für Tanks für unter geringem Druck verflüssigte Gase ist der Prüfdruck:

a) wenn der Tank mit einer Wärmeisolierung versehen ist, mindestens gleich dem Dampfdruck des flüssigen Stoffes bei 60 °C, vermindert um 0,1 MPa (1 bar), mindestens aber 1 MPa (10 bar);
b) wenn der Tank nicht mit einer Wärmeisolierung versehen ist, mindestens gleich dem Dampfdruck des flüssigen Stoffes bei 65 °C, vermindert um 0,1 MPa (1 bar), mindestens aber 1 MPa (10 bar).

Die höchstzulässige Masse der Füllung je Liter Fassungsraum wird wie folgt berechnet:

höchstzulässige Masse der Füllung je Liter Fassungsraum = 0,95 × Dichte der flüssigen Phase bei 50 °C (in kg/l).

Außerdem darf die Dampfphase nicht unter 60 °C verschwinden.

Beträgt der Durchmesser des Tankkörpers höchstens 1,5 Meter, so gelten für den Prüfdruck und den höchsten Füllfaktor die Werte nach Unterabschnitt 4.1.4.1 Verpackungsanweisung P200. *→ 1.2.1 „Durchmesser"*

**[Prüfdruck tiefgekühlt verflüssigte Gase]** **4.3.3.2.4**

Für Tanks für tiefgekühlt verflüssigte Gase muss der Prüfdruck mindestens das 1,3-fache des auf dem Tank angegebenen höchsten Betriebsdrucks, mindestens aber 300 kPa (3 bar) (Überdruck) betragen; für Tanks mit Vakuumisolierung muss der Prüfdruck mindestens das 1,3-fache des um 100 kPa (1 bar) erhöhten höchsten Betriebsdrucks betragen.

**Verzeichnis der Gase und Gasgemische, die in festverbundenen Tanks (Tankfahrzeugen), Batterie-Fahrzeugen, Aufsetztanks, Tankcontainern oder MEGC befördert werden dürfen** **4.3.3.2.5**
*→ D: § 23 (1) 6*
*→ D: § 28 Nr. 3*
*→ D: § 12 (1) 3*
*→ D: § 8 Nr. 1 e)*

Bei Gasen und Gasgemischen, die einer n.a.g.-Eintragung zugeordnet sind, sind die Werte für den Prüfdruck und den Füllungszustand durch die Prüfstelle festzulegen.

Wenn Tanks für verdichtete oder unter hohem Druck verflüssigte Gase einem niedrigeren Prüfdruck als dem im Verzeichnis angegebenen ausgesetzt werden und die Tanks mit einer Wärmeisolierung versehen sind, darf durch die Prüfstelle eine niedrigere maximale Masse festgelegt werden, vorausgesetzt, der Druck des Stoffes im Tank bei 55 °C übersteigt nicht den auf dem Tank eingeprägten Prüfdruck.

| UN-Nummer | Benennung des Stoffes | Klassifizierungscode | Mindestprüfdruck für Tanks | | | | höchstzulässige Masse der Füllung je Liter Fassungsraum |
|---|---|---|---|---|---|---|---|
| | | | mit Wärmeisolierung | | ohne Wärmeisolierung | | |
| | | | MPa | bar | MPa | bar | kg |
| 1001 | ACETYLEN, GELÖST | 4F | nur in Batterie-Fahrzeugen und MEGC, deren Elemente aus Gefäßen bestehen | | | | |
| 1002 | LUFT, VERDICHTET (DRUCKLUFT) | 1A | siehe Absatz 4.3.3.2.1 | | | | |
| 1003 | LUFT, TIEFGEKÜHLT, FLÜSSIG | 3O | siehe Absatz 4.3.3.2.4 | | | | |
| 1005 | AMMONIAK, WASSERFREI | 2TC | 2,6 | 26 | 2,9 | 29 | 0,53 |
| 1006 | ARGON, VERDICHTET | 1A | siehe Absatz 4.3.3.2.1 | | | | |
| 1008 | BORTRIFLUORID | 2TC | 22,5<br>30 | 225<br>300 | 22,5<br>30 | 225<br>300 | 0,715<br>0,86 |
| 1009 | BROMTRIFLUORMETHAN (GAS ALS KÄLTEMITTEL R 13B1) | 2A | 12 | 120 | <br>4,2<br>12<br>25 | <br>42<br>120<br>250 | 1,50<br>1,13<br>1,44<br>1,60 |
| 1010<br><br>1010<br><br>1010 | BUTADIENE, STABILISIERT (Buta-1,2-dien)<br>oder<br>BUTADIENE, STABILISIERT (Buta-1,3-dien)<br>oder<br>BUTADIENE UND KOHLENWASSERSTOFF, GEMISCH, STABILISIERT | 2F | 1<br><br>1<br><br>1 | 10<br><br>10<br><br>10 | 1<br><br>1<br><br>1 | 10<br><br>10<br><br>10 | 0,59<br><br>0,55<br><br>0,50 |

4.3.3.2.5 (Forts.)

| UN-Nummer | Benennung des Stoffes | Klassifizierungscode | Mindestprüfdruck für Tanks | | | | höchstzulässige Masse der Füllung je Liter Fassungsraum |
|---|---|---|---|---|---|---|---|
| | | | mit Wärmeisolierung | | ohne Wärmeisolierung | | |
| | | | MPa | bar | MPa | bar | kg |
| 1011 | BUTAN | 2F | 1 | 10 | 1 | 10 | 0,51 |
| 1012 | BUTEN (But-1-en) oder | 2F | 1 | 10 | 1 | 10 | 0,53 |
| 1012 | BUTEN (trans-But-2-en) oder | | 1 | 10 | 1 | 10 | 0,54 |
| 1012 | BUTEN (cis-But-2-en) oder | | 1 | 10 | 1 | 10 | 0,55 |
| 1012 | BUTEN (Butene, Gemisch) | | 1 | 10 | 1 | 10 | 0,50 |
| 1013 | KOHLENDIOXID | 2A | 19 | 190 | | | 0,73 |
| | | | 22,5 | 225 | | | 0,78 |
| | | | | | 19 | 190 | 0,66 |
| | | | | | 25 | 250 | 0,75 |
| 1016 | KOHLENMONOXID, VERDICHTET | 1TF | siehe Absatz 4.3.3.2.1 | | | | |
| 1017 | CHLOR | 2TOC | 1,7 | 17 | 1,9 | 19 | 1,25 |
| 1018 | CHLORDIFLUORMETHAN (GAS ALS KÄLTEMITTEL R 22) | 2A | 2,4 | 24 | 2,6 | 26 | 1,03 |
| 1020 | CHLORPENTAFLUORETHAN (GAS ALS KÄLTEMITTEL R 115) | 2A | 2 | 20 | 2,3 | 23 | 1,08 |
| 1021 | 1-CHLOR-1,2,2,2-TETRAFLUORETHAN (GAS ALS KÄLTEMITTEL R 124) | 2A | 1 | 10 | 1,1 | 11 | 1,20 |
| 1022 | CHLORTRIFLUORMETHAN (GAS ALS KÄLTEMITTEL R 13) | 2A | 12 | 120 | | | 0,96 |
| | | | 22,5 | 225 | | | 1,12 |
| | | | | | 10 | 100 | 0,83 |
| | | | | | 12 | 120 | 0,90 |
| | | | | | 19 | 190 | 1,04 |
| | | | | | 25 | 250 | 1,10 |
| 1023 | STADTGAS, VERDICHTET | 1TF | siehe Absatz 4.3.3.2.1 | | | | |
| 1026 | DICYAN | 2TF | 10 | 100 | 10 | 100 | 0,70 |
| 1027 | CYCLOPROPAN | 2F | 1,6 | 16 | 1,8 | 18 | 0,53 |
| 1028 | DICHLORDIFLUORMETHAN (GAS ALS KÄLTEMITTEL R 12) | 2A | 1,5 | 15 | 1,6 | 16 | 1,15 |
| 1029 | DICHLORMONOFLUORMETHAN (GAS ALS KÄLTEMITTEL R 21) | 2A | 1 | 10 | 1 | 10 | 1,23 |
| 1030 | 1,1-DIFLUORETHAN (GAS ALS KÄLTEMITTEL R 152a) | 2F | 1,4 | 14 | 1,6 | 16 | 0,79 |
| 1032 | DIMETHYLAMIN, WASSERFREI | 2F | 1 | 10 | 1 | 10 | 0,59 |
| 1033 | DIMETHYLETHER | 2F | 1,4 | 14 | 1,6 | 16 | 0,58 |
| 1035 | ETHAN | 2F | 12 | 120 | | | 0,32 |
| | | | | | 9,5 | 95 | 0,25 |
| | | | | | 12 | 120 | 0,29 |
| | | | | | 30 | 300 | 0,39 |
| 1036 | ETHYLAMIN | 2F | 1 | 10 | 1 | 10 | 0,61 |
| 1037 | ETHYLCHLORID | 2F | 1 | 10 | 1 | 10 | 0,80 |
| 1038 | ETHYLEN, TIEFGEKÜHLT, FLÜSSIG | 3F | siehe Absatz 4.3.3.2.4 | | | | |
| 1039 | ETHYLMETHYLETHER | 2F | 1 | 10 | 1 | 10 | 0,64 |
| 1040 | ETHYLENOXID MIT STICKSTOFF bis zu einem höchstzulässigen Gesamtdruck von 1 MPa (10 bar) bei 50 °C | 2TF | 1,5 | 15 | 1,5 | 15 | 0,78 |
| 1041 | ETHYLENOXID UND KOHLENDIOXID, GEMISCH mit mehr als 9 %, aber höchstens 87 % Ethylenoxid | 2F | 2,4 | 24 | 2,6 | 26 | 0,73 |
| 1046 | HELIUM, VERDICHTET | 1A | siehe Absatz 4.3.3.2.1 | | | | |
| 1048 | BROMWASSERSTOFF, WASSERFREI | 2TC | 5 | 50 | 5,5 | 55 | 1,54 |

**4.3.3.2.5** (Forts.)

| UN-Nummer | Benennung des Stoffes | Klassifizierungscode | Mindestprüfdruck für Tanks | | | | höchstzulässige Masse der Füllung je Liter Fassungsraum |
|---|---|---|---|---|---|---|---|
| | | | mit Wärmeisolierung | | ohne Wärmeisolierung | | |
| | | | MPa | bar | MPa | bar | kg |
| 1049 | WASSERSTOFF, VERDICHTET | 1F | siehe Absatz 4.3.3.2.1 | | | | |
| 1050 | CHLORWASSERSTOFF, WASSERFREI | 2TC | 12 | 120 | | | 0,69 |
| | | | | | 10 | 100 | 0,30 |
| | | | | | 12 | 120 | 0,56 |
| | | | | | 15 | 150 | 0,67 |
| | | | | | 20 | 200 | 0,74 |
| 1053 | SCHWEFELWASSERSTOFF | 2TF | 4,5 | 45 | 5 | 50 | 0,67 |
| 1055 | ISOBUTEN | 2F | 1 | 10 | 1 | 10 | 0,52 |
| 1056 | KRYPTON, VERDICHTET | 1A | siehe Absatz 4.3.3.2.1 | | | | |
| 1058 | VERFLÜSSIGTE GASE, nicht entzündbar, überlagert mit Stickstoff, Kohlendioxid oder Luft | 2A | 1,5 × Fülldruck<br>siehe Absatz 4.3.3.2.2 oder 4.3.3.2.3 | | | | |
| 1060 | METHYLACETYLEN UND PROPADIEN, GEMISCH, STABILISIERT | 2F | siehe Absatz 4.3.3.2.2 oder 4.3.3.2.3 | | | | |
| | Gemisch P 1 | | 2,5 | 25 | 2,8 | 28 | 0,49 |
| | Gemisch P 2 | | 2,2 | 22 | 2,3 | 23 | 0,47 |
| | Propadien mit 1 % bis 4 % Methylacetylen | | 2,2 | 22 | 2,2 | 22 | 0,50 |
| 1061 | METHYLAMIN, WASSERFREI | 2F | 1 | 10 | 1,1 | 11 | 0,58 |
| 1062 | METHYLBROMID mit höchstens 2 % Chlorpikrin | 2T | 1 | 10 | 1 | 10 | 1,51 |
| 1063 | METHYLCHLORID (GAS ALS KÄLTEMITTEL R 40) | 2F | 1,3 | 13 | 1,5 | 15 | 0,81 |
| 1064 | METHYLMERCAPTAN | 2TF | 1 | 10 | 1 | 10 | 0,78 |
| 1065 | NEON, VERDICHTET | 1A | siehe Absatz 4.3.3.2.1 | | | | |
| 1066 | STICKSTOFF, VERDICHTET | 1A | siehe Absatz 4.3.3.2.1 | | | | |
| 1067 | DISTICKSTOFFTETROXID (STICKSTOFFDIOXID) | 2TOC | nur in Batterie-Fahrzeugen und MEGC, deren Elemente aus Gefäßen bestehen | | | | |
| 1070 | DISTICKSTOFFMONOXID | 2O | 22,5 | 225 | | | 0,78 |
| | | | | | 18 | 180 | 0,68 |
| | | | | | 22,5 | 225 | 0,74 |
| | | | | | 25 | 250 | 0,75 |
| 1071 | ÖLGAS, VERDICHTET | 1TF | siehe Absatz 4.3.3.2.1 | | | | |
| 1072 | SAUERSTOFF, VERDICHTET | 1O | siehe Absatz 4.3.3.2.1 | | | | |
| 1073 | SAUERSTOFF, TIEFGEKÜHLT, FLÜSSIG | 3O | siehe Absatz 4.3.3.2.4 | | | | |
| 1075 | PETROLEUMGASE, VERFLÜSSIGT | 2F | siehe Absatz 4.3.3.2.2 oder 4.3.3.2.3 | | | | |
| 1076 | PHOSGEN | 2TC | nur in Batterie-Fahrzeugen und MEGC, deren Elemente aus Gefäßen bestehen | | | | |
| 1077 | PROPEN | 2F | 2,5 | 25 | 2,7 | 27 | 0,43 |
| 1078 | GAS ALS KÄLTEMITTEL, N.A.G., wie | 2A | | | | | |
| | Gemisch F 1 | | 1 | 10 | 1,1 | 11 | 1,23 |
| | Gemisch F 2 | | 1,5 | 15 | 1,6 | 16 | 1,15 |
| | Gemisch F 3 | | 2,4 | 24 | 2,7 | 27 | 1,03 |
| | andere Gemische | | siehe Absatz 4.3.3.2.2 oder 4.3.3.2.3 | | | | |
| 1079 | SCHWEFELDIOXID | 2TC | 1 | 10 | 1,2 | 12 | 1,23 |
| 1080 | SCHWEFELHEXAFLUORID | 2A | 12 | 120 | | | 1,34 |
| | | | | | 7 | 70 | 1,04 |
| | | | | | 14 | 140 | 1,33 |
| | | | | | 16 | 160 | 1,37 |

**4.3.3.2.5** (Forts.)

| UN-Nummer | Benennung des Stoffes | Klassifizierungscode | Mindestprüfdruck für Tanks | | | | höchstzulässige Masse der Füllung je Liter Fassungsraum |
|---|---|---|---|---|---|---|---|
| | | | mit Wärmeisolierung | | ohne Wärmeisolierung | | |
| | | | MPa | bar | MPa | bar | kg |
| 1081 | TETRAFLUORETHYLEN, STABILISIERT | 2F | nur in Batterie-Fahrzeugen und MEGC, deren Elemente aus nahtlosen Gefäßen bestehen | | | | |
| 1082 | CHLORTRIFLUORETHYLEN, STABILISIERT (GAS ALS KÄLTEMITTEL R 1113) | 2TF | 1,5 | 15 | 1,7 | 17 | 1,13 |
| 1083 | TRIMETHYLAMIN, WASSERFREI | 2F | 1 | 10 | 1 | 10 | 0,56 |
| 1085 | VINYLBROMID, STABILISIERT | 2F | 1 | 10 | 1 | 10 | 1,37 |
| 1086 | VINYLCHLORID, STABILISIERT | 2F | 1 | 10 | 1,1 | 11 | 0,81 |
| 1087 | VINYLMETHYLETHER, STABILISIERT | 2F | 1 | 10 | 1 | 10 | 0,67 |
| 1581 | CHLORPIKRIN UND METHYLBROMID, GEMISCH mit mehr als 2 % Chlorpikrin | 2T | 1 | 10 | 1 | 10 | 1,51 |
| 1582 | CHLORPIKRIN UND METHYLCHLORID, GEMISCH | 2T | 1,3 | 13 | 1,5 | 15 | 0,81 |
| 1612 | HEXAETHYLTETRAPHOSPHAT UND VERDICHTETES GAS, GEMISCH | 1T | siehe Absatz 4.3.3.2.1 | | | | |
| 1749 | CHLORTRIFLUORID | 2TOC | 3 | 30 | 3 | 30 | 1,40 |
| 1858 | HEXAFLUORPROPYLEN (GAS ALS KÄLTEMITTEL R 1216) | 2A | 1,7 | 17 | 1,9 | 19 | 1,11 |
| 1859 | SILICIUMTETRAFLUORID | 2TC | 20<br>30 | 200<br>300 | 20<br>30 | 200<br>300 | 0,74<br>1,10 |
| 1860 | VINYLFLUORID, STABILISIERT | 2F | 12<br>22,5 | 120<br>225 | <br><br>25 | <br><br>250 | 0,58<br>0,65<br>0,64 |
| 1912 | METHYLCHLORID UND DICHLORMETHAN, GEMISCH | 2F | 1,3 | 13 | 1,5 | 15 | 0,81 |
| 1913 | NEON, TIEFGEKÜHLT, FLÜSSIG | 3A | siehe Absatz 4.3.3.2.4 | | | | |
| 1951 | ARGON, TIEFGEKÜHLT, FLÜSSIG | 3A | siehe Absatz 4.3.3.2.4 | | | | |
| 1952 | ETHYLENOXID UND KOHLENDIOXID, GEMISCH mit höchstens 9 % Ethylenoxid | 2A | 19<br>25 | 190<br>250 | 19<br>25 | 190<br>250 | 0,66<br>0,75 |
| 1953 | VERDICHTETES GAS, GIFTIG, ENTZÜNDBAR, N.A.G.[a)] | 1TF | siehe Absatz 4.3.3.2.1 oder 4.3.3.2.2 | | | | |
| 1954 | VERDICHTETES GAS, ENTZÜNDBAR, N.A.G. | 1F | siehe Absatz 4.3.3.2.1 oder 4.3.3.2.2 | | | | |
| 1955 | VERDICHTETES GAS, GIFTIG, N.A.G.[a)] | 1T | siehe Absatz 4.3.3.2.1 oder 4.3.3.2.2 | | | | |
| 1956 | VERDICHTETES GAS, N.A.G. | 1A | siehe Absatz 4.3.3.2.1 oder 4.3.3.2.2 | | | | |
| 1957 | DEUTERIUM, VERDICHTET | 1F | siehe Absatz 4.3.3.2.1 | | | | |
| 1958 | 1,2-DICHLOR-1,1,2,2-TETRAFLUORETHAN (GAS ALS KÄLTEMITTEL R 114) | 2A | 1 | 10 | 1 | 10 | 1,30 |
| 1959 | 1,1-DIFLUORETHYLEN (GAS ALS KÄLTEMITTEL R 1132a) | 2F | 12<br>22,5 | 120<br>225 | <br><br>25 | <br><br>250 | 0,66<br>0,78<br>0,77 |
| 1961 | ETHAN, TIEFGEKÜHLT, FLÜSSIG | 3F | siehe Absatz 4.3.3.2.4 | | | | |
| 1962 | ETHYLEN | 2F | 12<br>22,5 | 120<br>225 | <br><br>22,5<br>30 | <br><br>225<br>300 | 0,25<br>0,36<br>0,34<br>0,37 |
| 1963 | HELIUM, TIEFGEKÜHLT, FLÜSSIG | 3A | siehe Absatz 4.3.3.2.4 | | | | |
| 1964 | KOHLENWASSERSTOFFGAS, GEMISCH, VERDICHTET, N.A.G. | 1F | siehe Absatz 4.3.3.2.1 oder 4.3.3.2.2 | | | | |

**4.3.3.2.5** (Forts.)

| UN-Nummer | Benennung des Stoffes | Klassifizierungscode | Mindestprüfdruck für Tanks | | | | höchstzulässige Masse der Füllung je Liter Fassungsraum |
|---|---|---|---|---|---|---|---|
| | | | mit Wärmeisolierung | | ohne Wärmeisolierung | | |
| | | | MPa | bar | MPa | bar | kg |
| 1965 | KOHLENWASSERSTOFFGAS, GEMISCH, VERFLÜSSIGT, N.A.G., wie | 2F | | | | | |
| | Gemisch A | | 1 | 10 | 1 | 10 | 0,50 |
| | Gemisch A 01 | | 1,2 | 12 | 1,4 | 14 | 0,49 |
| | Gemisch A 02 | | 1,2 | 12 | 1,4 | 14 | 0,48 |
| | Gemisch A 0 | | 1,2 | 12 | 1,4 | 14 | 0,47 |
| | Gemisch A 1 | | 1,6 | 16 | 1,8 | 18 | 0,46 |
| | Gemisch B 1 | | 2 | 20 | 2,3 | 23 | 0,45 |
| | Gemisch B 2 | | 2 | 20 | 2,3 | 23 | 0,44 |
| | Gemisch B | | 2 | 20 | 2,3 | 23 | 0,43 |
| | Gemisch C | | 2,5 | 25 | 2,7 | 27 | 0,42 |
| | andere Gemische | | siehe Absatz 4.3.3.2.2 oder 4.3.3.2.3 | | | | |
| 1966 | WASSERSTOFF, TIEFGEKÜHLT, FLÜSSIG | 3F | siehe Absatz 4.3.3.2.4 | | | | |
| 1967 | INSEKTENBEKÄMPFUNGSMITTEL, GASFÖRMIG, GIFTIG, N.A.G.[a)] | 2T | siehe Absatz 4.3.3.2.2 oder 4.3.3.2.3 | | | | |
| 1968 | INSEKTENBEKÄMPFUNGSMITTEL, GASFÖRMIG, N.A.G. | 2A | siehe Absatz 4.3.3.2.2 oder 4.3.3.2.3 | | | | |
| 1969 | ISOBUTAN | 2F | 1 | 10 | 1 | 10 | 0,49 |
| 1970 | KRYPTON, TIEFGEKÜHLT, FLÜSSIG | 3A | siehe Absatz 4.3.3.2.4 | | | | |
| 1971<br>1971 | METHAN, VERDICHTET, oder<br>ERDGAS, VERDICHTET, mit hohem Methangehalt | 1F | siehe Absatz 4.3.3.2.1 | | | | |
| 1972<br>1972 | METHAN, TIEFGEKÜHLT, FLÜSSIG, oder<br>ERDGAS, TIEFGEKÜHLT, FLÜSSIG, mit hohem Methangehalt | 3F | siehe Absatz 4.3.3.2.4 | | | | |
| 1973 | CHLORDIFLUORMETHAN UND CHLORPENTAFLUORETHAN, GEMISCH mit einem konstanten Siedepunkt, mit ca. 49 % Chlordifluormethan (GAS ALS KÄLTEMITTEL R 502) | 2A | 2,5 | 25 | 2,8 | 28 | 1,05 |
| 1974 | BROMCHLORDIFLUORMETHAN (GAS ALS KÄLTEMITTEL R 12B1) | 2A | 1 | 10 | 1 | 10 | 1,61 |
| 1976 | OCTAFLUORCYCLOBUTAN (GAS ALS KÄLTEMITTEL RC 318) | 2A | 1 | 10 | 1 | 10 | 1,34 |
| 1977 | STICKSTOFF, TIEFGEKÜHLT, FLÜSSIG | 3A | siehe Absatz 4.3.3.2.4 | | | | |
| 1978 | PROPAN | 2F | 2,1 | 21 | 2,3 | 23 | 0,42 |
| 1982 | TETRAFLUORMETHAN (GAS ALS KÄLTEMITTEL R 14) | 2A | 20<br>30 | 200<br>300 | 20<br>30 | 200<br>300 | 0,62<br>0,94 |
| 1983 | 1-CHLOR-2,2,2-TRIFLUORETHAN (GAS ALS KÄLTEMITTEL R 133a) | 2A | 1 | 10 | 1 | 10 | 1,18 |
| 1984 | TRIFLUORMETHAN (GAS ALS KÄLTEMITTEL R 23) | 2A | 19 | 190 | | | 0,92 |
| | | | 25 | 250 | | | 0,99 |
| | | | | | 19 | 190 | 0,87 |
| | | | | | 25 | 250 | 0,95 |
| 2034 | WASSERSTOFF UND METHAN, GEMISCH, VERDICHTET | 1F | siehe Absatz 4.3.3.2.1 | | | | |
| 2035 | 1,1,1-TRIFLUORETHAN (GAS ALS KÄLTEMITTEL R 143a) | 2F | 2,8 | 28 | 3,2 | 32 | 0,79 |
| 2036 | XENON | 2A | 12 | 120 | | | 1,30 |
| | | | | | 13 | 130 | 1,24 |
| 2044 | 2,2-DIMETHYLPROPAN | 2F | 1 | 10 | 1 | 10 | 0,53 |

→M352

4.3.3.2.5 (Forts.)

| UN-Nummer | Benennung des Stoffes | Klassifizierungscode | Mindestprüfdruck für Tanks | | | | höchstzulässige Masse der Füllung je Liter Fassungsraum |
|---|---|---|---|---|---|---|---|
| | | | mit Wärmeisolierung | | ohne Wärmeisolierung | | |
| | | | MPa | bar | MPa | bar | kg |
| 2073 | AMMONIAKLÖSUNG in Wasser, relative Dichte kleiner als 0,880 bei 15 °C<br>mit mehr als 35 %, aber höchstens 40 % Ammoniak<br>mit mehr als 40 %, aber höchstens 50 % Ammoniak | 4A | <br>1<br>1,2 | <br>10<br>12 | <br>1<br>1,2 | <br>10<br>12 | <br>0,80<br>0,77 |
| 2187 | KOHLENDIOXID, TIEFGEKÜHLT, FLÜSSIG | 3A | siehe Absatz 4.3.3.2.4 | | | | |
| 2189 | DICHLORSILAN | 2TFC | 1 | 10 | 1 | 10 | 0,90 |
| 2191 | SULFURYLFLUORID | 2T | 5 | 50 | 5 | 50 | 1,10 |
| 2193 | HEXAFLUORETHAN (GAS ALS KÄLTEMITTEL R 116) | 2A | 16<br>20 | 160<br>200 | <br><br>20 | <br><br>200 | 1,28<br>1,34<br>1,10 |
| 2197 | IODWASSERSTOFF, WASSERFREI | 2TC | 1,9 | 19 | 2,1 | 21 | 2,25 |
| 2200 | PROPADIEN, STABILISIERT | 2F | 1,8 | 18 | 2,0 | 20 | 0,50 |
| 2201 | DISTICKSTOFFMONOXID, TIEFGEKÜHLT, FLÜSSIG | 3O | siehe Absatz 4.3.3.2.4 | | | | |
| 2203 | SILICIUMWASSERSTOFF (SILAN)[b)] | 2F | 22,5<br>25 | 225<br>250 | 22,5<br>25 | 225<br>250 | 0,32<br>0,36 |
| 2204 | CARBONYLSULFID | 2TF | 2,7 | 27 | 3,0 | 30 | 0,84 |
| 2417 | CARBONYLFLUORID | 2TC | 20<br>30 | 200<br>300 | 20<br>30 | 200<br>300 | 0,47<br>0,70 |
| 2419 | BROMTRIFLUORETHYLEN | 2F | 1 | 10 | 1 | 10 | 1,19 |
| 2420 | HEXAFLUORACETON | 2TC | 1,6 | 16 | 1,8 | 18 | 1,08 |
| 2422 | OCTAFLUORBUT-2-EN (GAS ALS KÄLTEMITTEL R 1318) | 2A | 1 | 10 | 1 | 10 | 1,34 |
| 2424 | OCTAFLUORPROPAN (GAS ALS KÄLTEMITTEL R 218) | 2A | 2,1 | 21 | 2,3 | 23 | 1,07 |
| 2451 | STICKSTOFFTRIFLUORID | 2O | 20<br>30 | 200<br>300 | 20<br>30 | 200<br>300 | 0,50<br>0,75 |
| 2452 | ETHYLACETYLEN, STABILISIERT | 2F | 1 | 10 | 1 | 10 | 0,57 |
| 2453 | ETHYLFLUORID (GAS ALS KÄLTEMITTEL R 161) | 2F | 2,1 | 21 | 2,5 | 25 | 0,57 |
| 2454 | METHYLFLUORID (GAS ALS KÄLTEMITTEL R 41) | 2F | 30 | 300 | 30 | 300 | 0,36 |
| 2517 | 1-CHLOR-1,1-DIFLUORETHAN (GAS ALS KÄLTEMITTEL R 142b) | 2F | 1 | 10 | 1 | 10 | 0,99 |
| 2591 | XENON, TIEFGEKÜHLT, FLÜSSIG | 3A | siehe Absatz 4.3.3.2.4 | | | | |
| 2599 | CHLORTRIFLUORMETHAN UND TRIFLUORMETHAN, AZEOTROPES GEMISCH mit ca. 60 % Chlortrifluormethan (GAS ALS KÄLTEMITTEL R 503) | 2A | 3,1<br>4,2<br>10 | 31<br>42<br>100 | 3,1<br><br><br>4,2<br>10 | 31<br><br><br>42<br>100 | 0,11<br>0,21<br>0,76<br>0,20<br>0,66 |
| 2601 | CYCLOBUTAN | 2F | 1 | 10 | 1 | 10 | 0,63 |
| 2602 | DICHLORDIFLUORMETHAN UND 1,1-DIFLUORETHAN, AZEOTROPES GEMISCH mit ca. 74 % Dichlordifluormethan (GAS ALS KÄLTEMITTEL R 500) | 2A | 1,8 | 18 | 2 | 20 | 1,01 |
| 2901 | BROMCHLORID | 2TOC | 1 | 10 | 1 | 10 | 1,50 |
| 3057 | TRIFLUORACETYLCHLORID | 2TC | 1,3 | 13 | 1,5 | 15 | 1,17 |

4.3.3.2.5 (Forts.)

| UN-Nummer | Benennung des Stoffes | Klassifizierungscode | Mindestprüfdruck für Tanks | | | | höchstzulässige Masse der Füllung je Liter Fassungsraum |
|---|---|---|---|---|---|---|---|
| | | | mit Wärmeisolierung | | ohne Wärmeisolierung | | |
| | | | MPa | bar | MPa | bar | kg |
| 3070 | ETHYLENOXID UND DICHLORDIFLUORMETHAN, GEMISCH mit höchstens 12,5 % Ethylenoxid | 2A | 1,5 | 15 | 1,6 | 16 | 1,09 |
| 3083 | PERCHLORYLFLUORID | 2TO | 2,7 | 27 | 3,0 | 30 | 1,21 |
| 3136 | TRIFLUORMETHAN, TIEFGEKÜHLT, FLÜSSIG | 3A | siehe Absatz 4.3.3.2.4 | | | | |
| 3138 | ETHYLEN, ACETYLEN UND PROPYLEN, GEMISCH, TIEFGEKÜHLT, FLÜSSIG, mit mindestens 71,5 % Ethylen, höchstens 22,5 % Acetylen und höchstens 6 % Propylen | 3F | siehe Absatz 4.3.3.2.4 | | | | |
| 3153 | PERFLUOR(METHYL-VINYL-ETHER) | 2F | 1,4 | 14 | 1,5 | 15 | 1,14 |
| 3154 | PERFLUOR(ETHYL-VINYL-ETHER) | 2F | 1 | 10 | 1 | 10 | 0,98 |
| 3156 | VERDICHTETES GAS, OXIDIEREND, N.A.G. | 1O | siehe Absatz 4.3.3.2.1 oder 4.3.3.2.2 | | | | |
| 3157 | VERFLÜSSIGTES GAS, OXIDIEREND, N.A.G. | 2O | siehe Absatz 4.3.3.2.2 oder 4.3.3.2.3 | | | | |
| 3158 | GAS, TIEFGEKÜHLT, FLÜSSIG, N.A.G. | 3A | siehe Absatz 4.3.3.2.4 | | | | |
| 3159 | 1,1,1,2-TETRAFLUORETHAN (GAS ALS KÄLTEMITTEL R 134a) | 2A | 1,6 | 16 | 1,8 | 18 | 1,04 |
| 3160 | VERFLÜSSIGTES GAS, GIFTIG, ENTZÜNDBAR, N.A.G.[a)] | 2TF | siehe Absatz 4.3.3.2.2 oder 4.3.3.2.3 | | | | |
| 3161 | VERFLÜSSIGTES GAS, ENTZÜNDBAR, N.A.G. | 2F | siehe Absatz 4.3.3.2.2 oder 4.3.3.2.3 | | | | |
| 3162 | VERFLÜSSIGTES GAS, GIFTIG, N.A.G.[a)] | 2T | siehe Absatz 4.3.3.2.2 oder 4.3.3.2.3 | | | | |
| 3163 | VERFLÜSSIGTES GAS, N.A.G. | 2A | siehe Absatz 4.3.3.2.2 oder 4.3.3.2.3 | | | | |
| 3220 | PENTAFLUORETHAN (GAS ALS KÄLTEMITTEL R 125) | 2A | 4,1 | 41 | 4,9 | 49 | 0,95 |
| 3252 | DIFLUORMETHAN (GAS ALS KÄLTEMITTEL R 32) | 2F | 3,9 | 39 | 4,3 | 43 | 0,78 |
| 3296 | HEPTAFLUORPROPAN (GAS ALS KÄLTEMITTEL R 227) | 2A | 1,4 | 14 | 1,6 | 16 | 1,20 |
| 3297 | ETHYLENOXID UND CHLORTETRAFLUORETHAN, GEMISCH mit höchstens 8,8 % Ethylenoxid | 2A | 1 | 10 | 1 | 10 | 1,16 |
| 3298 | ETHYLENOXID UND PENTAFLUORETHAN, GEMISCH mit höchstens 7,9 % Ethylenoxid | 2A | 2,4 | 24 | 2,6 | 26 | 1,02 |
| 3299 | ETHYLENOXID UND TETRAFLUORETHAN, GEMISCH mit höchstens 5,6 % Ethylenoxid | 2A | 1,5 | 15 | 1,7 | 17 | 1,03 |
| 3300 | ETHYLENOXID UND KOHLENDIOXID, GEMISCH mit mehr als 87 % Ethylenoxid | 2TF | 2,8 | 28 | 2,8 | 28 | 0,73 |
| 3303 | VERDICHTETES GAS, GIFTIG, OXIDIEREND, N.A.G.[a)] | 1TO | siehe Absatz 4.3.3.2.1 oder 4.3.3.2.2 | | | | |
| 3304 | VERDICHTETES GAS, GIFTIG, ÄTZEND, N.A.G.[a)] | 1TC | siehe Absatz 4.3.3.2.1 oder 4.3.3.2.2 | | | | |
| 3305 | VERDICHTETES GAS, GIFTIG, ENTZÜNDBAR, ÄTZEND, N.A.G.[a)] | 1TFC | siehe Absatz 4.3.3.2.1 oder 4.3.3.2.2 | | | | |
| 3306 | VERDICHTETES GAS, GIFTIG, OXIDIEREND, ÄTZEND, N.A.G.[a)] | 1TOC | siehe Absatz 4.3.3.2.1 oder 4.3.3.2.2 | | | | |
| 3307 | VERFLÜSSIGTES GAS, GIFTIG, OXIDIEREND, N.A.G.[a)] | 2TO | siehe Absatz 4.3.3.2.2 oder 4.3.3.2.3 | | | | |
| 3308 | VERFLÜSSIGTES GAS, GIFTIG, ÄTZEND, N.A.G.[a)] | 2TC | siehe Absatz 4.3.3.2.2 oder 4.3.3.2.3 | | | | |
| 3309 | VERFLÜSSIGTES GAS, GIFTIG, ENTZÜNDBAR, ÄTZEND, N.A.G.[a)] | 2TFC | siehe Absatz 4.3.3.2.2 oder 4.3.3.2.3 | | | | |

4.3.3.2.5 (Forts.)

| UN-Nummer | Benennung des Stoffes | Klassifizierungscode | Mindestprüfdruck für Tanks | | | | höchstzulässige Masse der Füllung je Liter Fassungsraum |
|---|---|---|---|---|---|---|---|
| | | | mit Wärmeisolierung | | ohne Wärmeisolierung | | |
| | | | MPa | bar | MPa | bar | kg |
| 3310 | VERFLÜSSIGTES GAS, GIFTIG, OXIDIEREND, ÄTZEND, N.A.G.[a] | 2TOC | siehe Absatz 4.3.3.2.2 oder 4.3.3.2.3 | | | | |
| 3311 | GAS, TIEFGEKÜHLT, FLÜSSIG, OXIDIEREND, N.A.G. | 3O | siehe Absatz 4.3.3.2.4 | | | | |
| 3312 | GAS, TIEFGEKÜHLT, FLÜSSIG, ENTZÜNDBAR, N.A.G. | 3F | siehe Absatz 4.3.3.2.4 | | | | |
| 3318 | AMMONIAKLÖSUNG in Wasser, relative Dichte kleiner als 0,880 bei 15 °C, mit mehr als 50 % Ammoniak | 4TC | siehe Absatz 4.3.3.2.2 | | | | |
| 3337 | GAS ALS KÄLTEMITTEL R 404A | 2A | 2,9 | 29 | 3,2 | 32 | 0,84 |
| 3338 | GAS ALS KÄLTEMITTEL R 407A | 2A | 2,8 | 28 | 3,2 | 32 | 0,95 |
| 3339 | GAS ALS KÄLTEMITTEL R 407B | 2A | 3,0 | 30 | 3,3 | 33 | 0,95 |
| 3340 | GAS ALS KÄLTEMITTEL R 407C | 2A | 2,7 | 27 | 3,0 | 30 | 0,95 |
| 3354 | INSEKTENBEKÄMPFUNGSMITTEL, GASFÖRMIG, ENTZÜNDBAR, N.A.G. | 2F | siehe Absatz 4.3.3.2.2 oder 4.3.3.2.3 | | | | |
| 3355 | INSEKTENBEKÄMPFUNGSMITTEL, GASFÖRMIG, GIFTIG, ENTZÜNDBAR, N.A.G.[a] | 2TF | siehe Absatz 4.3.3.2.2 oder 4.3.3.2.3 | | | | |

[a] Zugelassen mit einem $LC_{50}$-Wert von 200 ppm oder darüber.
[b] Gilt als selbstentzündlich (pyrophor).

### 4.3.3.3 Betrieb

#### 4.3.3.3.1 [Reinigung bei wechselweiser Verwendung]

→ D: § 23 (1) 11

Wenn die Tanks, Batterie-Fahrzeuge oder MEGC für verschiedene Gase zugelassen sind, bedingt die wechselweise Verwendung Entleerungs-, Reinigungs- und Entgasungsmaßnahmen in einem für die Gewährleistung der Sicherheit des Betriebs erforderlichen Umfang.

4.3.3.3.2 (gestrichen)

#### 4.3.3.3.3 [Inhalt der Elemente]

→ D: § 28 Nr. 4 a)

Die Elemente eines Batterie-Fahrzeugs oder eines MEGC dürfen nur ein und dasselbe Gas enthalten.

#### 4.3.3.3.4 [Schutz gegen Verformung]

Wenn der Außenüberdruck größer als die Festigkeit des Tanks gegenüber Außendruck sein kann (z.B. auf Grund niedriger Umgebungstemperaturen), müssen geeignete Maßnahmen getroffen werden, um Tanks mit unter geringem Druck verflüssigten Gasen gegen das Risiko einer Verformung zu schützen, z.B. durch das Befüllen mit Stickstoff oder einem anderen inerten Gas zur Aufrechterhaltung eines ausreichenden Drucks im Tank.

4.3.3.4 (bleibt offen)

### 4.3.3.5 [Tatsächliche Haltezeit]

→ 1.6.4.47

(bleibt offen)

Für jede Beförderung eines Tankcontainers mit tiefgekühlt verflüssigten Gasen muss die tatsächliche Haltezeit bestimmt werden, und zwar unter Berücksichtigung:

a) der Referenzhaltezeit des zu befördernden tiefgekühlt verflüssigten Gases (siehe Absatz 6.8.3.4.10), wie auf dem in Absatz 6.8.3.5.4 genannten Schild angegeben;
b) der tatsächlichen Fülldichte;
c) des tatsächlichen Fülldrucks;

4.3.3.5 (Forts.)

d) des niedrigsten Ansprechdrucks der Druckbegrenzungseinrichtung(en);

e) der Verschlechterung der Isolierung[4)].

**Bem.** Die Norm ISO 21014:2006 „Kryo-Behälter – Leistungsmerkmale der Kryo-Isolierung" beschreibt Methoden für die Bestimmung der Leistungsmerkmale der Isolierung von Kryo-Behältern und bietet eine Methode für die Berechnung der Haltezeit.

Das Datum, an dem die tatsächliche Haltezeit endet, muss im Beförderungspapier angegeben werden (siehe Absatz 5.4.1.2.2 d)).

Auf die Berechnung der tatsächlichen Haltezeit kann verzichtet werden, wenn die gesamte Beförderung ohne Umschlag auf ein anderes Fahrzeug und ohne zeitweiliges Abstellen ausschließlich auf der Straße erfolgt. Wenn auf die Berechnung der tatsächlichen Haltezeit verzichtet wird, gelten die Vorschriften des Unterabschnitts 4.3.3.6 e), f) und g) nicht.

Die Vorschriften des Unterabschnitts 4.3.3.5 müssen bei ungereinigten leeren Tankcontainern nicht eingehalten werden.

**[Beförderungsausschluss]** 4.3.3.6

(bleibt offen)

Tankcontainer dürfen nicht zur Beförderung aufgegeben werden: → D: § 23 (1) 2

a) mit einem Füllungszustand, bei dem die Schwallbewegungen des Inhalts im Tankkörper unzulässige hydraulische Kräfte hervorrufen können; → D: § 23 (1) 6

b) wenn sie undicht sind; → D: § 23 (1) 4

c) wenn sie in einem Ausmaß beschädigt sind, dass die Unversehrtheit des Tankcontainers oder seiner Hebe- oder Befestigungseinrichtungen beeinträchtigt sein kann;

d) wenn die Bedienungsausrüstung nicht geprüft und für in gutem betriebsfähigem Zustand befunden worden ist;

und bei tiefgekühlt verflüssigten Gasen:

e) wenn die tatsächliche Haltezeit des zu befördernden Gases nicht bestimmt worden ist;

f) wenn die Dauer der Beförderung unter Berücksichtigung aller eventuell auftretenden Verzögerungen die tatsächliche Haltezeit übersteigt; → D: § 19 (1) 3

g) wenn der Druck nicht konstant ist und auf ein Niveau abgesenkt wurde, so dass die tatsächliche Haltezeit erreicht werden kann[4)];

h) wenn sie ungereinigt und leer sind und der Druck nicht auf ein Niveau abgesenkt wurde, das sicherstellt, dass die Druckentlastungseinrichtungen während der Beförderung nicht ansprechen[4)]. → D: § 19 (1) 3

[4)] Im Dokument der European Industrial Gases Association (Europäischer Industriegase-Verband) (EIGA) „Methods to prevent the premature activation of relief devices on tanks" (Methoden zur Vermeidung eines vorzeitigen Ansprechens der Druckentlastungseinrichtungen von Tanks), das unter www.eiga.eu abgerufen werden kann, werden Leitlinien dafür bereitgestellt.

## 4.3.4 Sondervorschriften für die Klassen 1 und 3 bis 9

### 4.3.4.1 Tankcodierung, rationalisierter Ansatz und Tankhierarchie

#### 4.3.4.1.1 Tankcodierung

*→ 4.3.3.1.1*
*→ D: RSEB Anl. 13*

Die vier Teile der in Kapitel 3.2 Tabelle A Spalte (12) angegebenen Tankcodierung haben folgende Bedeutung:

| Teil | Beschreibung | Tankcodierung |
|---|---|---|
| 1 | Tanktyp | L = Tank für Stoffe in flüssigem Zustand (flüssige Stoffe oder feste Stoffe, die in geschmolzenem Zustand zur Beförderung aufgegeben werden)<br>S = Tank für Stoffe in festem (pulverförmigem oder körnigem) Zustand |
| 2 | Berechnungsdruck | G = Mindestberechnungsdruck gemäß allgemeinen Vorschriften des Absatzes 6.8.2.1.14<br>1,5; 2,65; 4; 10; 15 oder 21 = Mindestberechnungsdruck in bar (siehe Absatz 6.8.2.1.14) |
| 3 | Öffnungen (siehe Absatz 6.8.2.2.2) | A = Tank mit Bodenöffnungen mit 2 Verschlüssen für das Befüllen oder Entleeren<br>B = Tank mit Bodenöffnungen mit 3 Verschlüssen für das Befüllen oder Entleeren<br>C = Tank mit oben liegenden Öffnungen, der unterhalb des Flüssigkeitsspiegels nur mit Reinigungsöffnungen versehen ist<br>D = Tank mit oben liegenden Öffnungen ohne Öffnungen unterhalb des Flüssigkeitsspiegels |
| 4 | Sicherheitsventil/-einrichtung | V = Tank mit Über- und Unterdruckbelüftungseinrichtung gemäß Absatz 6.8.2.2.6 ohne Einrichtung zur Verhinderung einer Flammenausbreitung oder nicht explosionsdruckstoßfester Tank<br>F = Tank mit Über- und Unterdruckbelüftungseinrichtung gemäß Absatz 6.8.2.2.6 mit Einrichtung zur Verhinderung einer Flammenausbreitung oder explosionsdruckstoßfester Tank<br>N = Tank ohne Über- und Unterdruckbelüftungseinrichtung gemäß Absatz 6.8.2.2.6 und nicht luftdicht verschlossen<br>H = luftdicht verschlossener Tank (siehe Begriffsbestimmung in Abschnitt 1.2.1) |

#### 4.3.4.1.2 Rationalisierter Ansatz für die Zuordnung von Tankcodierungen zu Stoffgruppen und Tankhierarchie

**Bem.** Einige Stoffe und Stoffgruppen sind in diesem rationalisierten Ansatz nicht enthalten (siehe Absatz 4.3.4.1.3).

**Rationalisierter Ansatz**

| Tankcodierung | zugelassene Stoffgruppen | | |
|---|---|---|---|
| | Klasse | Klassifizierungscode | Verpackungsgruppe |
| **flüssige Stoffe** | | | |
| **LGAV** | 3 | F2 | III |
| | 9 | M9 | III |
| **LGBV** | 4.1 | F2 | II, III |
| | 5.1 | O1 | III |
| | 5.1 | OT1 | III |
| | 9 | M6 | III |
| | 9 | M11 | III |
| | sowie die für die Tankcodierung LGAV zugelassenen Stoffgruppen | | |
| **LGBF** | 3 | F1 | II, Dampfdruck bei 50 °C ≤ 1,1 bar |
| | 3 | F1 | III |
| | 3 | D | II, Dampfdruck bei 50 °C ≤ 1,1 bar |
| | 3 | D | III |
| | sowie die für die Tankcodierungen LGAV und LGBV zugelassenen Stoffgruppen | | |
| **L1,5BN** | 3 | F1 | II, Dampfdruck bei 50 °C > 1,1 bar |
| | | | |
| | 3 | D | II, Dampfdruck bei 50 °C > 1,1 bar |
| | sowie die für die Tankcodierungen LGAV, LGBV und LGBF zugelassenen Stoffgruppen | | |

4.3.4.1.2 (Forts.)

| Tankcodierung | zugelassene Stoffgruppen | | |
|---|---|---|---|
| | Klasse | Klassifizierungscode | Verpackungsgruppe |
| **L4BN** | 3 | F1 | I |
| | 3 | FC | III |
| | 3 | D | I |
| | 5.1 | O1 | II |
| | 5.1 | OT1 | II |
| | 8 | C1 | II, III |
| | 8 | C3 | II, III |
| | 8 | C4 | II, III |
| | 8 | C5 | II, III |
| | 8 | C7 | II, III |
| | 8 | C8 | II, III |
| | 8 | C9 | II, III |
| | 8 | C10 | II, III |
| | 8 | CF1 | II |
| | 8 | CF2 | II |
| | 8 | CS1 | II |
| | 8 | CW1 | II |
| | 8 | CW2 | II |
| | 8 | CO1 | II |
| | 8 | CO2 | II |
| | 8[a)] | CT1 | II, III |
| | 8 | CT2 | II, III |
| | 8 | CFT | II |
| | 9 | M11 | III |
| | sowie die für die Tankcodierungen LGAV, LGBV, LGBF und L1,5BN zugelassenen Stoffgruppen | | |
| | a) Stoffe mit Ausnahme von Fluorwasserstoffsäure und Difluorwasserstofflösungen sind dieser Tankcodierung zuzuordnen. | | |
| **L4BH** | 3 | FT1 | II, III |
| | 3 | FT2 | II |
| | 3 | FC | II |
| | 3 | FTC | II |
| | 6.1 | T1 | II, III |
| | 6.1 | T2 | II, III |
| | 6.1 | T3 | II, III |
| | 6.1 | T4 | II, III |
| | 6.1 | T5 | II, III |
| | 6.1 | T6 | II, III |
| | 6.1 | T7 | II, III |
| | 6.1 | TF1 | II |
| | 6.1 | TF2 | II, III |
| | 6.1 | TF3 | II |
| | 6.1 | TS | II |
| | 6.1 | TW1 | II |
| | 6.1 | TW2 | II |
| | 6.1 | TO1 | II |
| | 6.1 | TO2 | II |
| | 6.1 | TC1 | II |
| | 6.1 | TC2 | II |
| | 6.1 | TC3 | II |
| | 6.1 | TC4 | II |
| | 6.1 | TFC | II |
| | 6.2 | I3 | II |
| | 6.2 | I4 | |
| | 9 | M2 | II |
| | sowie die für die Tankcodierungen LGAV, LGBV, LGBF, L1,5BN und L4BN zugelassenen Stoffgruppen | | |

**4.3.4.1.2** (Forts.)

| Tankcodierung | zugelassene Stoffgruppen | | |
|---|---|---|---|
| | Klasse | Klassifizierungscode | Verpackungsgruppe |
| **L4DH** | 4.2 | S1 | II, III |
| | 4.2 | S3 | II, III |
| | 4.2 | ST1 | II, III |
| | 4.2 | ST3 | II, III |
| | 4.2 | SC1 | II, III |
| | 4.2 | SC3 | II, III |
| | 4.3 | W1 | II, III |
| | 4.3 | WF1 | II, III |
| | 4.3 | WT1 | II, III |
| | 4.3 | WC1 | II, III |
| | 8[b] | CT1 | II, III |
| | sowie die für die Tankcodierungen LGAV, LGBV, LGBF, L1,5BN, L4BN und L4BH zugelassenen Stoffgruppen | | |
| | [b] Fluorwasserstoffsäure und Difluorwasserstofflösungen sind dieser Tankcodierung zuzuordnen. | | |
| **L10BH** | 8 | C1 | I |
| | 8 | C3 | I |
| | 8 | C4 | I |
| | 8 | C5 | I |
| | 8 | C7 | I |
| | 8 | C8 | I |
| | 8 | C9 | I |
| | 8 | C10 | I |
| | 8 | CF1 | I |
| | 8 | CF2 | I |
| | 8 | CS1 | I |
| | 8 | CW1 | I |
| | 8 | CW2 | I |
| | 8 | CO1 | I |
| | 8 | CO2 | I |
| | 8[c] | CT1 | I |
| | 8 | CT2 | I |
| | 8 | COT | I |
| | sowie die für die Tankcodierungen LGAV, LGBV, LGBF, L1,5BN, L4BN und L4BH zugelassenen Stoffgruppen | | |
| | [c] Stoffe mit Ausnahme von Stoffen, die Fluorwasserstoffsäure enthalten, sind dieser Tankcodierung zuzuordnen. | | |
| → *1.6.3.41* **L10CH** | 3 | FT1 | I |
| | 3 | FT2 | I |
| | 3 | FC | I |
| | 3 | FTC | I |
| | 6.1[d] | T1 | I |
| | 6.1[d] | T2 | I |
| | 6.1[d] | T3 | I |
| | 6.1[d] | T4 | I |
| | 6.1[d] | T5 | I |
| | 6.1[d] | T6 | I |
| | 6.1[d] | T7 | I |
| | 6.1[d] | TF1 | I |
| | 6.1[d] | TF2 | I |
| | 6.1[d] | TF3 | I |
| | 6.1[d] | TS | I |
| | 6.1[d] | TW1 | I |
| | 6.1[d] | TO1 | I |
| | 6.1[d] | TC1 | I |
| | 6.1[d] | TC2 | I |
| | 6.1[d] | TC3 | I |
| | 6.1[d] | TC4 | I |
| | 6.1[d] | TFC | I |
| | 6.1[d] | TFW | I |
| | sowie die für die Tankcodierungen LGAV, LGBV, LGBF, L1,5BN, L4BN, L4BH und L10BH zugelassenen Stoffgruppen | | |
| | [d] Stoffe mit einem $LC_{50}$-Wert von höchstens 200 ml/$m^3$ und einer gesättigten Dampfkonzentration von mindestens 500 $LC_{50}$ müssen der Tankcodierung L15CH zugeordnet werden. | | |

**4.3.4.1.2** (Forts.)

| Tankcodierung | zugelassene Stoffgruppen | | |
|---|---|---|---|
| | Klasse | Klassifizierungscode | Verpackungsgruppe |
| **L10DH** | 4.3 | W1 | I |
| | 4.3 | WF1 | I |
| | 4.3 | WT1 | I |
| | 4.3 | WC1 | I |
| | 4.3 | WFC | I |
| | 5.1 | OTC | I |
| | 8[e] | CT1 | I |
| | sowie die für die Tankcodierungen LGAV, LGBV, LGBF, L1,5BN, L4BN, L4BH, L4DH, L10BH und L10CH zugelassenen Stoffgruppen | | |
| | [e] Stoffe, die Fluorwasserstoffsäure enthalten, sind dieser Tankcodierung zuzuordnen, ausgenommen Fluorwasserstoffsäure mit mehr als 85 % Fluorwasserstoff. | | |
| **L15CH** | 3 | FT1 | I |
| | 6.1[f] | T1 | I |
| | 6.1[f] | T4 | I |
| | 6.1[f] | TF1 | I |
| | 6.1[f] | TW1 | I |
| | 6.1[f] | TO1 | I |
| | 6.1[f] | TC1 | I |
| | 6.1[f] | TC3 | I |
| | 6.1[f] | TFC | I |
| | 6.1[f] | TFW | I |
| | sowie die für die Tankcodierungen LGAV, LGBV, LGBF, L1,5BN, L4BN, L4BH, L10BH und L10CH zugelassenen Stoffgruppen | | |
| | [f] Stoffe mit einem $LC_{50}$-Wert von höchstens 200 ml/m$^3$ und einer gesättigten Dampfkonzentration von mindestens 500 $LC_{50}$ müssen dieser Tankcodierung zugeordnet werden. | | |
| **L21DH** | 4.2 | S1 | I |
| | 4.2 | S3 | I |
| | 4.2 | SW1 | I |
| | 4.2 | ST3 | I |
| | sowie die für die Tankcodierungen LGAV, LGBV, LGBF, L1,5BN, L4BN, L4BH, L4DH, L10BH, L10CH, L10DH und L15CH zugelassenen Stoffgruppen | | |
| **feste Stoffe** | | | |
| **SGAV** | 4.1 | F1 | III |
| | 4.1 | F3 | III |
| | 4.2 | S2 | II, III |
| | 4.2 | S4 | III |
| | 5.1 | O2 | II, III |
| | 8 | C2 | II, III |
| | 8 | C4 | III |
| | 8 | C6 | III |
| | 8 | C8 | III |
| | 8 | C10 | II, III |
| | 8 | CT2 | III |
| | 9 | M7 | III |
| | 9 | M11 | II, III |
| **SGAN** | 4.1 | F1 | II |
| | 4.1 | F3 | II |
| | 4.1 | FT1 | II, III |
| | 4.1 | FT2 | II, III |
| | 4.1 | FC1 | II, III |
| | 4.1 | FC2 | II, III |
| | 4.2 | S2 | II |
| | 4.2 | S4 | II, III |
| | 4.2 | ST2 | II, III |
| | 4.2 | ST4 | II, III |
| | 4.2 | SC2 | II, III |
| | 4.2 | SC4 | II, III |
| | 4.3 | W2 | II, III |
| | 4.3 | WF2 | II |

4.3.4.1.2 (Forts.)

| Tankcodierung | zugelassene Stoffgruppen | | |
|---|---|---|---|
| | Klasse | Klassifizierungscode | Verpackungsgruppe |
| **SGAN** *(Forts.)* | 4.3 | WS | II, III |
| | 4.3 | WT2 | II, III |
| | 4.3 | WC2 | II, III |
| | 5.1 | O2 | II, III |
| | 5.1 | OT2 | II, III |
| | 5.1 | OC2 | II, III |
| | 8 | C2 | II |
| | 8 | C4 | II |
| | 8 | C6 | II |
| | 8 | C8 | II |
| | 8 | C10 | II |
| | 8 | CF2 | II |
| | 8 | CS2 | II |
| | 8 | CW2 | II |
| | 8 | CO2 | II |
| | 8 | CT2 | II |
| | 9 | M3 | III |
| | sowie die für die Tankcodierung SGAV zugelassenen Stoffgruppen | | |
| **SGAH** | 6.1 | T2 | II, III |
| | 6.1 | T3 | II, III |
| | 6.1 | T5 | II, III |
| | 6.1 | T7 | II, III |
| | 6.1 | T9 | II |
| | 6.1 | TF3 | II |
| | 6.1 | TS | II |
| | 6.1 | TW2 | II |
| | 6.1 | TO2 | II |
| | 6.1 | TC2 | II |
| | 6.1 | TC4 | II |
| | 9 | M1 | II, III |
| | sowie die für die Tankcodierungen SGAV und SGAN zugelassenen Stoffgruppen | | |
| **S4AH** | 6.2 | I3 | II |
| | 9 | M2 | II |
| | sowie die für die Tankcodierungen SGAV, SGAN und SGAH zugelassenen Stoffgruppen | | |
| **S10AN** | 8 | C2 | I |
| | 8 | C4 | I |
| | 8 | C6 | I |
| | 8 | C8 | I |
| | 8 | C10 | I |
| | 8 | CF2 | I |
| | 8 | CS2 | I |
| | 8 | CW2 | I |
| | 8 | CO2 | I |
| | 8 | CT2 | I |
| | sowie die für die Tankcodierungen SGAV und SGAN zugelassenen Stoffgruppen | | |
| **S10AH** | 6.1 | T2 | I |
| | 6.1 | T3 | I |
| | 6.1 | T5 | I |
| | 6.1 | T7 | I |
| | 6.1 | TS | I |
| | 6.1 | TW2 | I |
| | 6.1 | TO2 | I |
| | 6.1 | TC2 | I |
| | 6.1 | TC4 | I |
| | sowie die für die Tankcodierungen SGAV, SGAN, SGAH und S10AN zugelassenen Stoffgruppen | | |

***Tankhierarchie*** 4.3.4.1.2 (Forts.)

Tanks mit anderen als den in dieser Tabelle oder in Kapitel 3.2 Tabelle A genannten Tankcodierungen dürfen ebenfalls verwendet werden, vorausgesetzt, jedes Element (Zahlenwert oder Buchstabe) der Teile 1 bis 4 dieser anderen Tankcodierungen entspricht einem gleichen oder höheren Sicherheitsniveau als das entsprechende Element der in Kapitel 3.2 Tabelle A angegebenen Tankcodierung, und zwar gemäß folgender aufsteigender Reihenfolge:

Teil 1: Tanktyp
S → L

Teil 2: Berechnungsdruck
G → 1,5 → 2,65 → 4 → 10 → 15 → 21 bar

Teil 3: Öffnungen
A → B → C → D

Teil 4: Sicherheitsventil/-einrichtung
V → F → N → H.

Zum Beispiel:

- Ein Tank mit der Tankcodierung L10CN ist für die Beförderung eines Stoffes zugelassen, dem die Tankcodierung L4BN zugeordnet ist.
- Ein Tank mit der Tankcodierung L4BN ist für die Beförderung eines Stoffes zugelassen, dem die Tankcodierung SGAN zugeordnet ist.

**Bem.** Die für einzelne Eintragungen eventuell geltenden Sondervorschriften (siehe Abschnitte 4.3.5 und 6.8.4) sind in der hierarchischen Aufstellung nicht berücksichtigt.

**[Vorschriften für bestimmte Stoffe]** 4.3.4.1.3

Folgende Stoffe und Stoffgruppen, bei denen in Kapitel 3.2 Tabelle A Spalte (12) hinter der Tankcodierung ein „(+)" angegeben ist, unterliegen besonderen Vorschriften. In diesem Fall ist die wechselweise Verwendung der Tanks für andere Stoffe und Stoffgruppen nur dann zugelassen, wenn dies in der Bescheinigung über die Baumusterzulassung spezifiziert ist. Unter Beachtung der in Kapitel 3.2 Tabelle A Spalte (13) angegebenen Sondervorschriften dürfen gemäß den Vorschriften am Ende des Absatzes 4.3.4.1.2 höherwertige Tanks verwendet werden.

Die Vorschriften für diese Tanks werden durch folgende Tankcodierungen angegeben, die durch die maßgeblichen, in Kapitel 3.2 Tabelle A Spalte (13) angegebenen Sondervorschriften ergänzt werden. *→ 4.3.4.1.1*

| Klasse | UN-Nummer | Benennung und Beschreibung | Tankcodierung |
|---|---|---|---|
| 1 | 0331 | Sprengstoff, Typ B | S2,65AN |
| 4.1 | 2448 | Schwefel, geschmolzen | LGBV |
| | 3531 | Polymerisierender Stoff, fest, stabilisiert, n.a.g. | SGAN |
| | 3533 | Polymerisierender Stoff, fest, temperaturkontrolliert, n.a.g. | |
| | 3532 | Polymerisierender Stoff, flüssig, stabilisiert, n.a.g. | L4BN |
| | 3534 | Polymerisierender Stoff, flüssig, temperaturkontrolliert, n.a.g. | |
| 4.2 | 1381 | Phosphor, weiß oder gelb, trocken, unter Wasser oder in Lösung | L10DH |
| | 2447 | Phosphor, weiß, geschmolzen | |
| 4.3 | 1389 | Alkalimetallamalgam, flüssig | L10BN |
| | 1391 | Alkalimetalldispersion oder Erdalkalimetalldispersion | |
| | 1392 | Erdalkalimetallamalgam, flüssig | |
| | 1415 | Lithium | |
| | 1420 | Kaliummetalllegierungen, flüssig | |
| | 1421 | Alkalimetalllegierung, flüssig, n.a.g. | |
| | 1422 | Kalium-Natrium-Legierungen, flüssig | |
| | 1428 | Natrium | |
| | 2257 | Kalium | |

**4.3.4.1.3** (Forts.)

| Klasse | UN-Nummer | Benennung und Beschreibung | Tankcodierung |
|---|---|---|---|
| 4.3 *(Forts.)* | 3401 | Alkalimetallamalgam, fest | |
| | 3402 | Erdalkalimetallamalgam, fest | |
| | 3403 | Kaliummetalllegierungen, fest | |
| | 3404 | Kalium-Natrium-Legierungen, fest | |
| | 3482 | Alkalimetalldispersion, entzündbar oder Erdalkalimetalldispersion, entzündbar | |
| | 1407 | Caesium | L10CH |
| | 1423 | Rubidium | |
| | 1402 | Calciumcarbid, Verpackungsgruppe I | S2,65AN |
| 5.1 | 1873 | Perchlorsäure mit mehr als 50 Masse-%, aber höchstens 72 Masse-% reiner Säure | L4DN |
| | 2015 | Wasserstoffperoxid, wässerige Lösung, stabilisiert, mit mehr als 70 % Wasserstoffperoxid | L4DV |
| | 2014 | Wasserstoffperoxid, wässerige Lösung mit mindestens 20 %, aber höchstens 60 % Wasserstoffperoxid | L4BV |
| | 2015 | Wasserstoffperoxid, wässerige Lösung, stabilisiert, mit mehr als 60 % und höchstens 70 % Wasserstoffperoxid | |
| | 2426 | Ammoniumnitrat, flüssig (heiße konzentrierte Lösung) | |
| | 3149 | Wasserstoffperoxid und Peressigsäure, Mischung, stabilisiert | |
| | 3375 | Ammoniumnitrat-Emulsion oder Ammoniumnitrat-Suspension oder Ammoniumnitrat-Gel, Zwischenprodukt für die Herstellung von Sprengstoffen, flüssig | LGAV |
| | 3375 | Ammoniumnitrat-Emulsion oder Ammoniumnitrat-Suspension oder Ammoniumnitrat-Gel, Zwischenprodukt für die Herstellung von Sprengstoffen, fest | SGAV |
| 5.2 | 3109 | Organisches Peroxid Typ F, flüssig | L4BN |
| | 3119 | Organisches Peroxid Typ F, flüssig, temperaturkontrolliert | |
| | 3110 | Organisches Peroxid Typ F, fest | S4AN |
| | 3120 | Organisches Peroxid Typ F, fest, temperaturkontrolliert | |
| 6.1 | 1613 | Cyanwasserstoff, wässerige Lösung (Cyanwasserstoffsäure, wässerige Lösung) | L15DH |
| | 3294 | Cyanwasserstoff, Lösung in Alkohol | |
| 7[a] | | alle Stoffe | Spezialtanks |
| | | Mindestanforderungen für flüssige Stoffe | L2,65CN |
| | | Mindestanforderungen für feste Stoffe | S2,65AN |
| 8 | 1052 | Fluorwasserstoff, wasserfrei | L21DH |
| | 1744 | Brom oder Brom, Lösung | |
| | 1790 | Fluorwasserstoffsäure mit mehr als 85 % Fluorwasserstoff | |
| | 1791 | Hypochloritlösung | L4BV |
| | 1908 | Chloritlösung | |

[a] Abweichend von den allgemeinen Vorschriften dieses Absatzes dürfen für radioaktive Stoffe verwendete Tanks auch für die Beförderung anderer Güter verwendet werden, vorausgesetzt, die Vorschriften des Unterabschnitts 5.1.3.2 werden erfüllt.

**4.3.4.1.4 [Flüssige Abfälle]**

Tanks, die zur Beförderung von flüssigen Abfällen vorgesehen sind, den Vorschriften des Kapitels 6.10 entsprechen und nach Unterabschnitt 6.10.3.2 mit zwei Verschlüssen ausgerüstet sind, müssen der Tankcodierung L4AH zugeordnet sein. Wenn die betreffenden Tanks für die wechselweise Beförderung von flüssigen und festen Stoffen ausgerüstet sind, müssen sie der kombinierten Tankcodierung L4AH + S4AH zugeordnet sein.

**Allgemeine Vorschriften** 4.3.4.2

**[Maximaltemperatur Außenseite]** 4.3.4.2.1

Im Falle der Befüllung mit warmen Stoffen darf die Temperatur an der Außenseite des Tankkörpers, ausgenommen Öffnungen und ihre Verschlüsse, oder der Wärmeisolierung während der Beförderung 70 °C nicht übersteigen.

**[Verbindungsleitungen]** 4.3.4.2.2

→ D: § 28 Nr. 14
→ RO-bi-IE-6

| | |
|---|---|
| Verbindungsleitungen zwischen untereinander unabhängigen Tanks einer Beförderungseinheit müssen während der Beförderung entleert sein. Die nicht dauernd am Tank befindlichen flexiblen Füll- und Entleerrohre müssen während der Beförderung entleert sein. | (bleibt offen) |

(bleibt offen) 4.3.4.2.3

**Sondervorschriften** 4.3.5

→ D: § 23 (1) 6
→ D: § 28 Nr. 3

Folgende Sondervorschriften sind anwendbar, wenn sie in Kapitel 3.2 Tabelle A Spalte (13) bei einer Eintragung angegeben sind:

**TU1** Tanks dürfen erst nach vollständigem Erstarren des Stoffes und Überdecken mit einem inerten Gas zur Beförderung aufgegeben werden. Ungereinigte leere Tanks, die diese Stoffe enthalten haben, müssen mit einem inerten Gas gefüllt sein.

**TU2** Der Stoff muss mit einem inerten Gas überdeckt sein. Ungereinigte leere Tanks, die diese Stoffe enthalten haben, müssen mit einem inerten Gas gefüllt sein.

**TU3** Das Innere der Tankkörper und alle Teile, die mit dem Stoff in Berührung kommen können, müssen sauber gehalten werden. Für Pumpen, Ventile oder andere Einrichtungen dürfen keine Schmiermittel verwendet werden, die mit dem Stoff eine gefährliche Verbindung bilden können.

**TU4** Während der Beförderung müssen diese Stoffe durch ein inertes Gas abgedeckt sein, dessen Druck mindestens 50 kPa (0,5 bar) (Überdruck) betragen muss.

Ungereinigte leere Tanks, die diese Stoffe enthalten haben, müssen bei der Übergabe zur Beförderung mit einem inerten Gas mit einem Druck von mindestens 50 kPa (0,5 bar) (Überdruck) gefüllt sein.

**TU5** (bleibt offen)

**TU6** Nicht zur Beförderung in Tanks, Batterie-Fahrzeugen und MEGC zugelassen, wenn der $LC_{50}$-Wert unter 200 ppm liegt.

**TU7** Die zum Abdichten von Verbindungsstellen oder zur Wartung der Verschlusseinrichtungen von Tanks für tiefgekühlt verflüssigte oxidierende Gase verwendeten Materialien müssen mit dem Inhalt verträglich sein.

**TU8** Für die Beförderung darf ein Tank aus Aluminiumlegierungen nur dann verwendet werden, wenn dieser ausschließlich für diesen Stoff verwendet wird und das Acetaldehyd säurefrei ist.

**TU9** UN 1203 BENZIN mit einem Dampfdruck bei 50 °C von mehr als 110 kPa (1,1 bar) und höchstens 150 kPa (1,5 bar) darf auch in Tanks befördert werden, die nach Absatz 6.8.2.1.14 a) bemessen sind und deren Ausrüstung Absatz 6.8.2.2.6 entspricht.

**TU10** (bleibt offen)

**TU11** Beim Befüllen darf die Temperatur dieses Stoffes 60 °C nicht überschreiten. Eine maximale Ladetemperatur von 80 °C ist zugelassen, vorausgesetzt, beim Befüllen werden Glimmnester vermieden und die nachfolgenden Bedingungen werden erfüllt. Nach dem Befüllen sind die Tanks unter Überdruck (z.B. mit Druckluft) zu setzen und auf Dichtheit zu kontrollieren. Es muss sichergestellt werden, dass während der Beförderung kein Unterdruck entsteht. Vor dem Entleeren ist sicherzustellen, dass der Druck in den Tanks immer noch über dem atmosphärischen Druck liegt. Ist dies nicht der Fall, so ist vor dem Entleeren in die Tanks ein Inertgas einzuleiten.

**TU12** Bei wechselweiser Verwendung müssen vor und nach der Beförderung dieses Stoffes aus den Tankkörpern und ihren Ausrüstungen sämtliche Rückstände entfernt werden.

**TU13** Die Tanks müssen beim Befüllen frei von Verunreinigungen sein. → D: § 28 Nr. 4 a)

4.3.5 (Forts.) Die Bedienungsausrüstung, wie Ventile und äußere Rohrleitungen, der Tanks muss nach dem Befüllen oder Entleeren des Tanks entleert werden.

→ D: § 28 Nr. 4 a) **TU14** Die Schutzkappe der Verschlüsse muss während der Beförderung verriegelt sein.

→ D: § 19 (2) 1 **TU15** Die Tanks dürfen nicht zur Beförderung von Nahrungs-, Genuss- und Futtermitteln verwendet werden.

**TU16** Ungereinigte leere Tanks müssen bei der Übergabe zur Beförderung durch eine der folgenden Methoden mit einem Schutzmittel bedeckt sein:

| Schutzmittel | Füllungsgrad des Wassers | zusätzliche Bedingungen bei Beförderungen unter niedrigen Umgebungstemperaturen |
|---|---|---|
| Stickstoff[a)] | – | – |
| Wasser und Stickstoff[a)] | – | – |
| Wasser | mindestens 96 % und höchstens 98 % | Das Wasser muss ausreichend Frostschutzmittel enthalten, um das Gefrieren des Wassers zu verhindern. Das Frostschutzmittel darf keine korrodierende Wirkung besitzen und mit dem Stoff nicht reagieren. |

a) Der freibleibende Raum des Tanks muss derart mit Stickstoff gefüllt sein, dass auch nach dem Erkalten der Druck zu keinem Zeitpunkt niedriger als der atmosphärische Druck ist. Der Tank muss so verschlossen werden, dass kein Gas entweichen kann.

**TU17** Darf nur in Batterie-Fahrzeugen oder MEGC, deren Elemente aus Gefäßen bestehen, befördert werden.

**TU18** Der Füllungsgrad der Tanks muss so bemessen sein, dass bei Erwärmung des Inhalts auf die Temperatur, bei der der Dampfdruck dem Öffnungsdruck der Sicherheitsventile entspricht, das Volumen der Flüssigkeit 95 % des Fassungsraumes des Tanks bei dieser Temperatur nicht überschreitet. Die Vorschrift des Absatzes 4.3.2.3.4 gilt nicht.

**TU19** Die Tanks dürfen bei der Füllungstemperatur und beim Fülldruck zu 98 % gefüllt werden. Die Vorschrift des Absatzes 4.3.2.3.4 gilt nicht.

**TU20** (bleibt offen)

**TU21** Der Stoff muss durch eine der folgenden Methoden mit einem Schutzmittel bedeckt sein:

| Schutzmittel | Wasserschicht im Tank | Füllungsgrad des Stoffes (einschließlich Wasser, sofern vorhanden) bei einer Temperatur von 60 °C höchstens | zusätzliche Bedingungen bei Beförderungen unter niedrigen Umgebungstemperaturen |
|---|---|---|---|
| Stickstoff[a)] | – | 96 % | – |
| Wasser und Stickstoff[a)] | – | 98 % | Das Wasser muss ausreichend Frostschutzmittel enthalten, um das Gefrieren des Wassers zu verhindern. Das Frostschutzmittel darf keine korrodierende Wirkung besitzen und mit dem Stoff nicht reagieren. |
| Wasser | mindestens 12 cm | 98 % | |

a) Der freibleibende Raum des Tanks muss derart mit Stickstoff gefüllt sein, dass auch nach dem Erkalten der Druck zu keinem Zeitpunkt niedriger als der atmosphärische Druck ist. Der Tank muss so verschlossen werden, dass kein Gas entweichen kann.

**TU22** Tanks dürfen nur bis zu 90 % ihres Fassungsraumes gefüllt werden; bei flüssigen Stoffen muss jedoch bei einer mittleren Flüssigkeitstemperatur von 50 °C ein füllungsfreier Raum von 5 % bleiben.

**TU23** Die Füllung je Liter Fassungsraum darf höchstens 0,93 kg betragen, wenn nach Masse gefüllt wird. Wenn volumetrisch gefüllt wird, darf der Füllungsgrad höchstens 85 % betragen.

**TU24** Die Füllung je Liter Fassungsraum darf höchstens 0,95 kg betragen, wenn nach Masse gefüllt wird. Wenn volumetrisch gefüllt wird, darf der Füllungsgrad höchstens 85 % betragen.

**TU25** Die Füllung je Liter Fassungsraum darf höchstens 1,14 kg betragen, wenn nach Masse gefüllt wird. Wenn volumetrisch gefüllt wird, darf der Füllungsgrad höchstens 85 % betragen. **4.3.5** (Forts.)

**TU26** Der Füllungsgrad darf höchstens 85 % betragen.

**TU27** Tanks dürfen nur bis zu 98 % ihres Fassungsraumes gefüllt sein.

**TU28** Tanks dürfen bei einer Bezugstemperatur von 15 °C nur bis zu 95 % ihres Fassungsraumes gefüllt werden.

**TU29** Tanks dürfen nur bis zu 97 % ihres Fassungsraumes gefüllt werden, und die höchste Temperatur nach der Füllung darf 140 °C nicht überschreiten.

**TU30** Tanks sind gemäß dem Prüfbericht für die Zulassung des Baumusters des Tanks, jedoch höchstens bis zu 90 % ihres Fassungsraumes zu befüllen.

**TU31** Tanks dürfen nur mit 1 kg je Liter Fassungsraum gefüllt werden.

**TU32** Tanks dürfen nur bis zu 88 % ihres Fassungsraumes gefüllt werden.

**TU33** Tanks müssen mindestens zu 88 % und dürfen höchstens bis zu 92 % ihres Fassungsraumes oder mit 2,86 kg je Liter Fassungsraum gefüllt werden.

**TU34** Tanks dürfen nur bis zu 0,84 kg je Liter Fassungsraum gefüllt werden.

**TU35** Ungereinigte leere festverbundene Tanks (Tankfahrzeuge), Aufsetztanks und Tankcontainer, die diese Stoffe enthalten haben, unterliegen nicht den Vorschriften des ADR, wenn geeignete Maßnahmen ergriffen wurden, um mögliche Gefahren auszuschließen. *→ D: RSEB 4-11*

**TU36** Der Füllungsgrad nach Unterabschnitt 4.3.2.2 darf bei einer Bezugstemperatur von 15 °C 93 % des Fassungsraumes nicht übersteigen.

**TU37** Die Beförderung in Tanks ist begrenzt auf Stoffe, die Krankheitserreger enthalten, aber eigentlich keine ernsthafte Gefahr darstellen und gegen die, obwohl sie bei Exposition eine ernste Infektion verursachen können, eine wirksame Behandlung und Vorbeugung verfügbar ist, so dass das Risiko einer Infektionsübertragung begrenzt ist (d.h. mäßiges individuelles Risiko und geringes Risiko für die Allgemeinheit).

**TU38** (bleibt offen)

**TU39** Die Eignung des Stoffes für eine Beförderung in Tanks muss nachgewiesen sein. Die Methode für die Feststellung der Eignung muss von der zuständigen Behörde zugelassen sein. Eine Methode ist das Prüfverfahren 8 d) der Prüfreihe 8 (siehe Handbuch Prüfungen und Kriterien Teil 1 Unterabschnitt 18.7).

Die Stoffe dürfen nicht über einen Zeitraum im Tank verbleiben, bei dem es zur Verkrustung kommen kann. Es sind geeignete Maßnahmen zu ergreifen, um ein Verklumpen oder eine Anhaftung der Stoffe im Tank zu vermeiden (z.B. Reinigung usw.).

**TU40** Darf nur in Batterie-Fahrzeugen oder MEGC, deren Elemente aus nahtlosen Gefäßen bestehen, befördert werden.

**TU41** Die Eignung des Stoffes für eine Beförderung in Tanks muss zur Zufriedenheit der zuständigen Behörde jedes Landes, durch oder in das eine Beförderung erfolgt, nachgewiesen werden.

Die Methode für die Feststellung dieser Eignung muss von der zuständigen Behörde einer Vertragspartei des ADR genehmigt werden, wobei diese zuständige Behörde auch eine von der zuständigen Behörde eines Landes, das keine Vertragspartei des ADR ist, erteilte Genehmigung anerkennen kann, vorausgesetzt, diese wurde in Übereinstimmung mit dem gemäß dem ADR, dem ADN, dem RID oder dem IMDG-Code anwendbaren Verfahren erteilt.

Die Stoffe dürfen nicht über einen Zeitraum im Tank verbleiben, bei dem es zur Verkrustung kommen kann. Es sind geeignete Maßnahmen zu ergreifen, um ein Verklumpen oder eine Anhaftung der Stoffe im Tank zu vermeiden (z.B. Reinigung usw.).

**TU42** Tanks mit einem Tankkörper aus Aluminiumlegierung, einschließlich solcher mit einer Schutzauskleidung, dürfen nur verwendet werden, wenn der pH-Wert des Stoffes nicht geringer als 5,0 und nicht höher als 8,0 ist. *→ 1.6.3.48* *→ 1.6.4.50*

**TU43** Ein ungereinigter leerer Tank darf nach Ablauf der Frist für die Prüfung der Auskleidung innerhalb von höchstens drei Monaten nach Ablauf dieser Frist zur Beförderung aufgegeben werden, um ihn vor dem Wiederbefüllen der nächsten Prüfung der Auskleidung zuzuführen (siehe Abschnitt 6.8.4 d) Sondervorschrift TT2).

→ D: § 12 (1) 1 c)
→ CH: SDR Anh. 1 1.1.3.6.6

# Kapitel 4.4
# Verwendung von festverbundenen Tanks (Tankfahrzeugen) und Aufsetztanks aus faserverstärkten Kunststoffen (FVK)

**Bem.** Für ortsbewegliche Tanks und UN-Gascontainer mit mehreren Elementen (MEGC) siehe Kapitel 4.2; für festverbundene Tanks (Tankfahrzeuge), Aufsetztanks, Tankcontainer und Tankwechselaufbauten (Tankwechselbehälter), deren Tankkörper aus metallenen Werkstoffen hergestellt sind, sowie Batterie-Fahrzeuge und Gascontainer mit mehreren Elementen (MEGC) mit Ausnahme von UN-MEGC siehe Kapitel 4.3; für Saug-Druck-Tanks für Abfälle siehe Kapitel 4.5.

## 4.4.1 Allgemeines

→ D: GGAV 9

Die Beförderung gefährlicher Stoffe in Tanks aus faserverstärkten Kunststoffen (FVK-Tanks) ist nur zugelassen, wenn die folgenden Vorschriften erfüllt sind:

a) die Stoffe sind der Klasse 3, 5.1, 6.1, 6.2, 8 oder 9 zugeordnet;
b) der maximale Dampfdruck (Absolutdruck) des Stoffes bei 50 °C darf 110 kPa (1,1 bar) nicht überschreiten;
c) die Beförderung des Stoffes in Metalltanks ist gemäß Absatz 4.3.2.1.1 ausdrücklich zugelassen;
d) der Berechnungsdruck für diesen Stoff, der in Teil 2 der in Kapitel 3.2 Tabelle A Spalte (12) angegebenen Tankcodierung festgelegt ist, ist nicht höher als 4 bar (siehe auch Absatz 4.3.4.1.1) und
e) der Tank entspricht den für die Beförderung dieses Stoffes geltenden Vorschriften des Kapitels 6.13.

## 4.4.2 Betrieb

### 4.4.2.1 [Gültigkeit]

Es gelten die Vorschriften der Absätze 4.3.2.1.5 bis 4.3.2.2.4, 4.3.2.3.3 bis 4.3.2.3.6, 4.3.2.4.1 und 4.3.2.4.2 sowie der Unterabschnitte 4.3.4.1 und 4.3.4.2.

### 4.4.2.2 [Temperatur bei Befüllung]

Die Temperatur des beförderten Stoffes darf zum Zeitpunkt der Befüllung die auf dem Tankschild gemäß Abschnitt 6.13.6 angegebene höchstzulässige Betriebstemperatur nicht überschreiten.

### 4.4.2.3 [Anwendbarkeit Sondervorschriften]

Außerdem gelten die in Kapitel 3.2 Tabelle A Spalte (13) angegebenen Sondervorschriften (TU) des Abschnitts 4.3.5, sofern sie auch für die Beförderung in Metalltanks anzuwenden sind.

# Kapitel 4.5
# Verwendung und Betrieb der Saug-Druck-Tanks für Abfälle

**Bem.** Für ortsbewegliche Tanks und UN-Gascontainer mit mehreren Elementen (MEGC) siehe Kapitel 4.2; für festverbundene Tanks (Tankfahrzeuge), Aufsetztanks, Tankcontainer und Tankwechselaufbauten (Tankwechselbehälter), deren Tankkörper aus metallenen Werkstoffen hergestellt sind, sowie Batterie-Fahrzeuge und Gascontainer mit mehreren Elementen (MEGC) mit Ausnahme von UN-MEGC siehe Kapitel 4.3; für faserverstärkte Kunststofftanks siehe Kapitel 4.4.

**Verwendung** 4.5.1

**[Grundsatz]** 4.5.1.1

Abfälle, die aus Stoffen der Klasse 3, 4.1, 5.1, 6.1, 6.2, 8 oder 9 bestehen, dürfen in Saug-Druck-Tanks für Abfälle nach Kapitel 6.10 befördert werden, wenn die Vorschriften nach Kapitel 4.3 die Beförderung in festverbundenen Tanks, Aufsetztanks, Tankcontainern oder Tankwechselaufbauten (Tankwechselbehältern) gestatten.

Abfälle, die aus Stoffen bestehen, denen in Kapitel 3.2 Tabelle A Spalte (12) die Tankcodierung L4BH oder eine andere gemäß der Hierarchie in Absatz 4.3.4.1.2 zugelassene Tankcodierung zugeordnet ist, dürfen in Saug-Druck-Tanks für Abfälle befördert werden, die in Teil 3 der unter Nummer 9.5 der Zulassungsbescheinigung für Fahrzeuge gemäß Unterabschnitt 9.1.3.5 angegebenen Tankcodierung den Buchstaben „A" oder „B" aufweisen.

**[Nicht-Abfälle]** 4.5.1.2

Stoffe, die keine Abfälle sind, dürfen unter denselben in Unterabschnitt 4.5.1.1 aufgeführten Bedingungen in Saug-Druck-Tanks für Abfälle befördert werden.

**Betrieb** 4.5.2

**[Gültigkeit]** 4.5.2.1

Die Vorschriften des Kapitels 4.3 mit Ausnahme der Absätze 4.3.2.2.4 und 4.3.2.3.3 gelten für die Beförderung in Saug-Druck-Tanks für Abfälle und werden durch die Vorschriften der Unterabschnitte 4.5.2.2 bis 4.5.2.6 ergänzt.

**[Befüllen mit flüssigen Stoffen]** 4.5.2.2

Die Befüllung von Saug-Druck-Tanks für Abfälle mit flüssigen Stoffen, die wegen ihres Flammpunkts den Kriterien der Klasse 3 entsprechen, muss über im unteren Bereich des Tanks befindliche Fülleinrichtungen erfolgen. Es sind Maßnahmen zu treffen, um die Bildung von Sprühnebel auf ein Minimum zu beschränken.

**[Entleeren von entzündbaren flüssigen Stoffen]** 4.5.2.3

Werden entzündbare flüssige Stoffe mit einem Flammpunkt unter 23 °C unter Druckluft entleert, beträgt der höchstzulässige Druck 100 kPa (1 bar).

**[Innerer Schubkolben als Abteilwand]** 4.5.2.4

Die Verwendung von Tanks, die mit einem als Abteilwand dienenden inneren Schubkolben ausgerüstet sind, ist nur zulässig, wenn die auf beiden Seiten der Wand (des Schubkolbens) befindlichen Stoffe nicht gefährlich miteinander reagieren können (siehe Absatz 4.3.2.3.6).

(bleibt offen) 4.5.2.5

**[Vorsichtsmaßnahmen]** 4.5.2.6

Wenn für das Befüllen mit oder Entleeren von entzündbaren flüssigen Stoffen eine Druck-Vakuumpumpe verwendet wird, die eine Zündquelle darstellen kann, müssen Vorsichtsmaßnahmen ergriffen werden, um eine Entzündung des Stoffes oder die Ausbreitung der Auswirkungen der Entzündung außerhalb des Tanks zu vermeiden.

# Kapitel 4.6

(bleibt offen)

# Kapitel 4.7
# Verwendung von mobilen Einheiten zur Herstellung von explosiven Stoffen oder Gegenständen mit Explosivstoff (MEMU)

**Bem.** 1. Für Verpackungen siehe Kapitel 4.1; für ortsbewegliche Tanks siehe Kapitel 4.2; für festverbundene Tanks (Tankfahrzeuge), Aufsetztanks, Tankcontainer und Tankwechselaufbauten (Tankwechselbehälter), deren Tankkörper aus metallenen Werkstoffen hergestellt sind, siehe Kapitel 4.3; für Tanks auf faserverstärkten Kunststoffen siehe Kapitel 4.4; für Saug-Druck-Tanks für Abfälle siehe Kapitel 4.5.

2. Für die Vorschriften für den Bau, die Ausrüstung, die Zulassung der Bauart, die Prüfung und die Kennzeichnung siehe Kapitel 6.7, 6.8, 6.9, 6.11, 6.12 und 6.13.

## 4.7.1 Verwendung

→ 1.6.5.11
→ 1.6.5.14

**4.7.1.1 [Stoffzulassung Klassen 3, 5.1, 6.1 und 8]**

Stoffe der Klassen 3, 5.1, 6.1 und 8 dürfen in MEMU nach Kapitel 6.12, in ortsbeweglichen Tanks, wenn ihre Beförderung nach Kapitel 4.2 zugelassen ist, in festverbundenen Tanks, Aufsetztanks, Tankcontainern oder Tankwechselaufbauten (Tankwechselbehältern), wenn ihre Beförderung nach Kapitel 4.3 zugelassen ist, in Tanks aus faserverstärkten Kunststoffen (FVK), wenn ihre Beförderung nach Kapitel 4.4 zugelassen ist, oder in Schüttgut-Containern befördert werden, wenn ihre Beförderung nach Kapitel 7.3 zugelassen ist.

**4.7.1.2 [Explosivstoffe in Versandstücken]**

→ 7.5.5.2.2

Vorbehaltlich der Genehmigung durch die zuständige Behörde (siehe Absatz 7.5.5.2.3) dürfen explosive Stoffe oder Gegenstände mit Explosivstoff der Klasse 1 in Versandstücken in besonderen Ladeabteilen nach Abschnitt 6.12.5 befördert werden, wenn ihre Verpackung nach Kapitel 4.1 und ihre Beförderung nach den Kapiteln 7.2 und 7.5 zugelassen ist.

## 4.7.2 Betrieb

**4.7.2.1 [MEMU ≥ 1 000 Liter bzw. < 1 000 Liter]**

Die folgenden Vorschriften gelten für den Betrieb von Tanks nach Kapitel 6.12:

a) Für Tanks mit einem Fassungsraum von mindestens 1 000 Litern gelten für die Beförderung in MEMU die Vorschriften des Kapitels 4.2, des Kapitels 4.3, ausgenommen Unterabschnitt 4.3.1.4, Absatz 4.3.2.3.1 und Abschnitte 4.3.3 und 4.3.4, oder des Kapitels 4.4, die durch die nachstehenden Vorschriften der Unterabschnitte 4.7.2.2, 4.7.2.3 und 4.7.2.4 ergänzt werden.

b) Für Tanks mit einem Fassungsraum von weniger als 1 000 Litern gelten für die Beförderung in MEMU die Vorschriften des Kapitels 4.2, des Kapitels 4.3, ausgenommen Unterabschnitte 4.3.1.4 und 4.3.2.1, Absatz 4.3.2.3.1 und Abschnitte 4.3.3 und 4.3.4, oder des Kapitels 4.4, die durch die nachstehenden Vorschriften der Unterabschnitte 4.7.2.2, 4.7.2.3 und 4.7.2.4 ergänzt werden.

**4.7.2.2 [Wanddicke]**

Die Wanddicke des Tankkörpers darf während der gesamten Verwendungsdauer des Tankkörpers den in den entsprechenden Bauvorschriften vorgeschriebenen Mindestwert nicht unterschreiten.

**4.7.2.3 [Bewegliche Entleerungsrohre, Fülltrichter]**

Bewegliche Entleerungsrohre, unabhängig davon, ob sie dauerhaft verbunden sind oder nicht, und Fülltrichter müssen während der Beförderung frei von gemischten oder sensibilisierten explosiven Stoffen sein.

**4.7.2.4 [Anwendbarkeit von Sondervorschriften]**

Die Sondervorschriften (TU) des Abschnitts 4.3.5 gelten ebenfalls wie in Kapitel 3.2 Tabelle A Spalte (13) angegeben, sofern sie für die Beförderung in Tanks anwendbar sind.

**4.7.2.5 [Verwendung von Schlössern]**

→ D: § 24 Nr. 8

Die Betreiber müssen sicherstellen, dass die in Abschnitt 9.8.8 vorgeschriebenen Schlösser während der Beförderung verwendet werden.

# Teil 5
# Vorschriften für den Versand

### Was steht wo in Teil 5?



# Kapitel 5.1
# Allgemeine Vorschriften

### Anwendungsbereich und allgemeine Vorschriften 5.1.1

→ 5.2
→ D: GGAV 20
→ CTU-Code Kap. 3

Dieser Teil enthält Vorschriften für den Versand gefährlicher Güter bezüglich der Kennzeichnung, Bezettelung und Dokumentation und gegebenenfalls der Genehmigung des Versands und der vorherigen Benachrichtigung.

### Verwendung von Umverpackungen 5.1.2

→ D: § 22 (2)

**[Kennzeichnung]** 5.1.2.1

→ NL: VLG 5.1.2.1

a) Sofern nicht alle für die gefährlichen Güter in der Umverpackung repräsentativen Kennzeichen und Gefahrzettel des Kapitels 5.2 mit Ausnahme der Unterabschnitte 5.2.1.3 bis 5.2.1.6, der Absätze 5.2.1.7.2 bis 5.2.1.7.8 und des Unterabschnitts 5.2.1.10 sichtbar sind, muss die Umverpackung

(i) mit dem Ausdruck „UMVERPACKUNG" gekennzeichnet sein. Die Buchstabenhöhe des Ausdrucks „UMVERPACKUNG" muss mindestens 12 mm sein. Das Kennzeichen muss in einer Amtssprache des Ursprungslandes und, wenn diese Sprache nicht Deutsch, Englisch oder Französisch ist, außerdem in Deutsch, Englisch oder Französisch angegeben sein, sofern nicht Vereinbarungen zwischen den von der Beförderung berührten Staaten etwas anderes vorschreiben; und

→ D: RSEB 5-1.1
→ D: RSEB 5-1.2

5.1.2.1 (Forts.) → D: RSEB 5-1.3

(ii) für jedes einzelne in der Umverpackung enthaltene gefährliche Gut mit dem Kennzeichen der UN-Nummer sowie mit den gemäß Kapitel 5.2 mit Ausnahme der Unterabschnitte 5.2.1.3 bis 5.2.1.6, der Absätze 5.2.1.7.2 bis 5.2.1.7.8 und des Unterabschnitts 5.2.1.10 für Versandstücke vorgeschriebenen Gefahrzetteln und übrigen Kennzeichen versehen sein. Jedes anwendbare Kennzeichen oder jeder anwendbare Gefahrzettel muss nur einmal angebracht werden.

Die Bezettelung von Umverpackungen, die radioaktive Stoffe enthalten, muss gemäß Absatz 5.2.2.1.11 erfolgen.

b) Die in Unterabschnitt 5.2.1.10 abgebildeten Ausrichtungspfeile sind auf zwei gegenüberliegenden Seiten von Umverpackungen anzubringen, die Versandstücke enthalten, die gemäß Absatz 5.2.1.10.1 zu kennzeichnen sind, es sei denn, die Kennzeichen bleiben sichtbar.

**5.1.2.2 [Vorschriftenkonformität]**

Jedes Versandstück mit gefährlichen Gütern, das in einer Umverpackung enthalten ist, muss allen anwendbaren Vorschriften des ADR entsprechen. Die vorgesehene Funktion der einzelnen Verpackungen darf durch die Umverpackung nicht beeinträchtigt werden.

**5.1.2.3 [Versandstückausrichtung]**

→ D: § 22 (1) 6

Jedes Versandstück, das mit den in Unterabschnitt 5.2.1.10 beschriebenen Ausrichtungszeichen versehen und in eine Umverpackung oder in eine Großverpackung eingesetzt ist, muss gemäß diesen Kennzeichen ausgerichtet sein.

**5.1.2.4 [Zusammenladeverbote]**

Die Zusammenladeverbote gelten auch für diese Umverpackungen.

### 5.1.3 Ungereinigte leere Verpackungen (einschließlich Großpackmittel (IBC) und Großverpackungen), Tanks, MEMU, Fahrzeuge und Container für die Beförderung in loser Schüttung

**5.1.3.1 [Kennzeichnung mit Gefahrzetteln oder Großzetteln (leere Verpackungen)]**

→ D: § 21 (2) 3

Ungereinigte leere Verpackungen (einschließlich Großpackmittel (IBC) und Großverpackungen), Tanks (einschließlich Tankfahrzeuge, Batterie-Fahrzeuge, Aufsetztanks, ortsbewegliche Tanks, Tankcontainer, MEGC und MEMU) sowie Fahrzeuge und Container für die Beförderung in loser Schüttung, die gefährliche Güter der einzelnen Klassen mit Ausnahme der Klasse 7 enthalten haben, müssen mit den gleichen Kennzeichen und Gefahrzetteln oder Großzetteln (Placards) versehen sein wie in gefülltem Zustand.

**Bem.** Wegen der Dokumentation siehe Kapitel 5.4.

**5.1.3.2 [Verwendung für andere Güter]**

Container, Tanks, Großpackmittel (IBC) sowie andere Verpackungen und Umverpackungen, die für die Beförderung radioaktiver Stoffe verwendet werden, dürfen nicht für die Lagerung oder die Beförderung anderer Güter verwendet werden, es sei denn, diese wurden unter 0,4 Bq/cm$^2$ für Beta- und Gammastrahler sowie für Alphastrahler geringer Toxizität und unter 0,04 Bq/cm$^2$ für alle anderen Alphastrahler dekontaminiert.

### 5.1.4 Zusammenpackung

→ D: § 22 (1) 5 b)

Werden zwei oder mehrere gefährliche Güter zusammen in derselben Außenverpackung verpackt, muss das Versandstück mit den für jedes Gut vorgeschriebenen Gefahrzetteln und Kennzeichen versehen sein. Ist ein und derselbe Gefahrzettel für verschiedene Güter vorgeschrieben, muss er nur einmal angebracht werden.

### 5.1.5 Allgemeine Vorschriften für die Klasse 7

#### 5.1.5.1 Beförderungsgenehmigung und Benachrichtigung

#### 5.1.5.1.1 Allgemeines

Zusätzlich zu der in Kapitel 6.4 beschriebenen Zulassung der Bauart des Versandstücks ist unter bestimmten Umständen auch eine multilaterale Beförderungsgenehmigung (Absätze 5.1.5.1.2 und 5.1.5.1.3) erforderlich. Unter bestimmten Umständen ist es auch erforderlich, die zuständigen Behörden über eine Beförderung zu benachrichtigen (Absatz 5.1.5.1.4).

**Beförderungsgenehmigung** 5.1.5.1.2 → *D: § 11 Nr. 2*

Eine multilaterale Genehmigung ist erforderlich für:

a) Die Beförderung von Typ B(M)-Versandstücken, die nicht den Vorschriften des Unterabschnitts 6.4.7.5 entsprechen oder die für eine kontrollierte zeitweilige Entlüftung ausgelegt sind;

b) die Beförderung von Typ B(M)-Versandstücken mit radioaktiven Stoffen, deren Aktivität größer ist als 3 000 $A_1$ oder gegebenenfalls 3 000 $A_2$ oder 1 000 TBq, je nachdem, welcher Wert der niedrigere ist;

c) die Beförderung von Versandstücken, die spaltbare Stoffe enthalten, wenn die Summe der Kritikalitätssicherheitskennzahlen der Versandstücke in einem einzigen Fahrzeug oder Container 50 übersteigt, und

d) (bleibt offen)

e) die Beförderung von SCO-III-Gegenständen.

Eine zuständige Behörde kann durch eine besondere Bestimmung in ihrer Bauartzulassung (siehe Absatz 5.1.5.2.1) die Beförderung in oder durch ihren Staat ohne Beförderungsgenehmigung genehmigen.

**Beförderungsgenehmigung durch Sondervereinbarung** 5.1.5.1.3 → *D: § 11 Nr. 3*

Eine zuständige Behörde darf Vorschriften genehmigen, nach denen Sendungen, die nicht allen anwendbaren Vorschriften des ADR entsprechen, mit einer Sondervereinbarung befördert werden dürfen (siehe Abschnitt 1.7.4).

**Benachrichtigungen** 5.1.5.1.4 → *D: § 18 (1) 6*

Eine Benachrichtigung der zuständigen Behörden ist in folgenden Fällen vorgeschrieben:

a) Vor der ersten Beförderung eines Versandstückes, das die Genehmigung einer zuständigen Behörde erfordert, muss der Absender sicherstellen, dass Kopien aller zutreffenden Zeugnisse, die für die Bauart des Versandstückes erforderlich sind, der zuständigen Behörde des Ursprungslandes der Beförderung und der zuständigen Behörde eines jeden Staates, durch oder in den die Sendung befördert wird, zugestellt worden sind. Der Absender muss keine Bestätigung der zuständigen Behörde abwarten, und die zuständige Behörde ist nicht verpflichtet, eine Empfangsbestätigung für das Genehmigungszeugnis abzugeben.

b) Bei jeder der folgenden Beförderungen muss der Absender die zuständige Behörde des Ursprungslandes der Beförderung und die zuständige Behörde eines jeden Staates benachrichtigen, durch oder in den die Sendung befördert werden soll. Diese Benachrichtigung muss vor Beginn der Beförderung, möglichst mindestens 7 Tage vorher, im Besitz jeder zuständigen Behörde sein:
   (i) Typ C-Versandstücke mit radioaktiven Stoffen mit einer Aktivität von mehr als 3 000 $A_1$ oder gegebenenfalls 3 000 $A_2$ oder 1 000 TBq, je nachdem, welcher Wert der niedrigere ist;
   (ii) Typ B(U)-Versandstücke mit radioaktiven Stoffen mit einer Aktivität von mehr als 3 000 $A_1$ oder gegebenenfalls 3 000 $A_2$ oder 1 000 TBq, je nachdem, welcher Wert der niedrigere ist;
   (iii) Typ B(M)-Versandstücke;
   (iv) Beförderung auf Grund einer Sondervereinbarung.

c) Der Absender muss keine getrennte Benachrichtigung versenden, wenn die erforderlichen Informationen im Antrag auf Erteilung einer Beförderungsgenehmigung (siehe Absatz 6.4.23.2) gegeben worden sind.

d) Die Versandbenachrichtigung muss enthalten:
   (i) Ausreichende Angaben, die eine Identifizierung des (der) Versandstücke(s) ermöglichen, einschließlich aller zutreffenden Zeugnisnummern und Kennzeichen;
   (ii) Angaben über das Versanddatum, das voraussichtliche Ankunftsdatum und den vorgesehenen Beförderungsweg;
   (iii) Name(n) des (der) radioaktiven Stoffes (Stoffe) oder Nuklids (Nuklide);
   (iv) Beschreibung der physikalischen und chemischen Form der radioaktiven Stoffe oder die Angabe, dass es sich um radioaktive Stoffe in besonderer Form oder um gering dispergierbare radioaktive Stoffe handelt, und
   (v) die höchste Aktivität des radioaktiven Inhalts während der Beförderung in Becquerel (Bq) mit dem zugehörigen SI-Vorsatzzeichen (siehe Unterabschnitt 1.2.2.1). Bei spaltbaren Stoffen kann anstelle der Aktivität die Masse der spaltbaren Stoffe (oder gegebenenfalls bei Gemischen die Masse jedes spaltbaren Nuklids) in Gramm (g) oder in Vielfachen davon angegeben werden.

**5.1.5.2 Von der zuständigen Behörde ausgestellte Zulassungs-/Genehmigungszeugnisse**

**5.1.5.2.1 [Zulasssungs-/Genehmigungszeugnisse]**

→ 6.4.23 Von der zuständigen Behörde ausgestellte Zulassungs-/Genehmigungszeugnisse sind erforderlich für:

→ D: § 8 (1) 2 → D: § 8 (2) → D: § 11 Nr. 5

a) Bauarten von
   (i) radioaktiven Stoffen in besonderer Form;
   (ii) gering dispergierbaren radioaktiven Stoffen;
   (iii) gemäß Absatz 2.2.7.2.3.5 f) freigestellten spaltbaren Stoffen;
   (iv) Versandstücken, die mindestens 0,1 kg Uranhexafluorid enthalten;
   (v) Versandstücken, die spaltbare Stoffe enthalten, sofern nicht durch Absatz 2.2.7.2.3.5, Unterabschnitt 6.4.11.2 oder 6.4.11.3 ausgenommen;
   (vi) Typ B(U)-Versandstücken und Typ B(M)-Versandstücken;
   (vii) Typ C-Versandstücken;
b) Sondervereinbarungen;
c) bestimmte Beförderungen (siehe Absatz 5.1.5.1.2);
d) die Bestimmung der in Absatz 2.2.7.2.2.1 genannten grundlegenden Radionuklidwerte für einzelne Radionuklide, die in der Tabelle 2.2.7.2.2.1 nicht aufgeführt sind (siehe Absatz 2.2.7.2.2.2 a));
e) alternative Aktivitätsgrenzwerte für eine freigestellte Sendung von Instrumenten oder Fabrikaten (siehe Absatz 2.2.7.2.2.2 b)).

→ 4.1.9.1.7 → 5.4.1.2.5.3 Durch das Zulassungs-/Genehmigungszeugnis wird bescheinigt, dass die anwendbaren Vorschriften erfüllt sind; bei Zulassungen für die Bauart wird im Zulassungszeugnis der Bauart ein Kennzeichen zugeteilt.

Das Zulassungszeugnis für Versandstückmuster und das Genehmigungszeugnis für die Beförderung dürfen in einem Zeugnis zusammengefasst werden.

Die Zulassungs-/Genehmigungszeugnisse und die Anträge auf Zulassung/Genehmigung müssen den Vorschriften des Abschnitts 6.4.23 entsprechen.

**5.1.5.2.2 [Absenderpflicht]**

→ D: § 18 (1) 7 Der Absender muss im Besitz einer Kopie jedes erforderlichen Zeugnisses sein.

**5.1.5.2.3 [Sonstige Unterlagen]**

→ D: § 18 (1) 7 Für Versandstückmuster, für die die Ausstellung eines Zulassungszeugnisses durch die zuständige Behörde nicht erforderlich ist, muss der Absender auf Anfrage für die Überprüfung durch die zuständige Behörde Aufzeichnungen, die die Übereinstimmung des Versandstückmusters mit allen anwendbaren Vorschriften nachweisen, zur Verfügung stellen.

**5.1.5.3 Bestimmung der Transportkennzahl (TI) und der Kritikalitätssicherheitskennzahl (CSI)**

**5.1.5.3.1 [Ermittlung der Transportkennzahl (TI)]**

→ 4.1.9.1.9 Die Transportkennzahl (TI) für ein Versandstück, eine Umverpackung oder einen Container oder für unverpackte LSA-I-Stoffe oder für unverpackte SCO-I- oder SCO-III-Gegenstände ist nach folgendem Verfahren zu ermitteln:

a) Die höchste Dosisleistung in Millisievert pro Stunde (mSv/h) in einem Abstand von 1 m von den Außenflächen des Versandstücks, der Umverpackung, des Containers oder der unverpackten LSA-I-Stoffe oder SCO-I- oder SCO-III-Gegenstände ist zu ermitteln. Der ermittelte Wert ist mit 100 zu multiplizieren.

   Bei Uran- und Thoriumerzen und deren Konzentraten dürfen für die höchsten Dosisleistungen an jedem Punkt im Abstand von 1 m von den Außenflächen der Ladung folgende Werte angenommen werden:

   0,4 mSv/h für Erze und physikalische Konzentrate von Uran und Thorium;

   0,3 mSv/h für chemische Thoriumkonzentrate;

   0,02 mSv/h für chemische Urankonzentrate außer Uranhexafluorid.
b) Für Tanks, Container und unverpackte LSA-I-Stoffe und SCO-I- und SCO-III-Gegenstände ist der gemäß a) ermittelte Wert mit dem entsprechenden Faktor aus der Tabelle 5.1.5.3.1 zu multiplizieren.
c) Die gemäß a) und b) ermittelten Werte sind auf die erste Dezimalstelle aufzurunden (z.B. aus 1,13 wird 1,2) mit der Ausnahme, dass ein Wert von 0,05 oder kleiner gleich Null gesetzt werden darf; die daraus resultierende Zahl ist der TI-Wert.

**Tabelle 5.1.5.3.1: Multiplikationsfaktoren für Tanks, Container und unverpackte LSA-I-Stoffe und SCO-I- und SCO-III-Gegenstände** 5.1.5.3.1 (Forts.)

| Fläche der Ladung[a)] | Multiplikationsfaktor |
|---|---|
| Fläche der Ladung ≤ 1 $m^2$ | 1 |
| 1 $m^2$ < Fläche der Ladung ≤ 5 $m^2$ | 2 |
| 5 $m^2$ < Fläche der Ladung ≤ 20 $m^2$ | 3 |
| 20 $m^2$ < Fläche der Ladung | 10 |

a) Größte gemessene Querschnittsfläche der Ladung.

**[Transportkennzahl (TI) für das Beförderungsmittel]** 5.1.5.3.2

Die Transportkennzahl für jede starre Umverpackung, jeden Container oder jedes Fahrzeug wird durch die Summe der Transportkennzahlen aller enthaltenen Versandstücke bestimmt. Bei einer Beförderung von einem einzigen Absender darf der Absender die Transportkennzahl durch direkte Messung der Dosisleistung bestimmen.

Die Transportkennzahl einer nicht starren Umverpackung darf nur durch die Summe der Transportkennzahlen aller in der Umverpackung enthaltenen Versandstücke bestimmt werden.

**[Kritikalitätssicherheitskennzahl (CSI) für das Beförderungsmittel]** 5.1.5.3.3

Für jede Umverpackung oder für jeden Container ist die Kritikalitätssicherheitskennzahl (CSI) als Summe der CSI aller enthaltenen Versandstücke zu ermitteln. Das gleiche Verfahren ist für die Bestimmung der Gesamtsumme der CSI in einer Sendung oder in einem Fahrzeug anzuwenden.

**[Zuordnung zu Kategorien]** 5.1.5.3.4

→ 5.2.2.1.11.1

Versandstücke, Umverpackungen und Container sind in Übereinstimmung mit den in Tabelle 5.1.5.3.4 festgelegten Bedingungen und mit den nachstehenden Vorschriften einer der Kategorien I-WEISS, II-GELB oder III-GELB zuzuordnen:

a) Bei der Bestimmung der zugehörigen Kategorie für ein Versandstück, eine Umverpackung oder einen Container müssen die Transportkennzahl und die Oberflächendosisleistung berücksichtigt werden. Erfüllt die Transportkennzahl die Bedingung für eine Kategorie, die Oberflächendosisleistung aber die einer anderen Kategorie, so ist das Versandstück, die Umverpackung oder der Container der höheren Kategorie zuzuordnen. Für diesen Zweck ist die Kategorie I-WEISS als die unterste Kategorie anzusehen.

b) Die Transportkennzahl ist entsprechend den in den Absätzen 5.1.5.3.1 und 5.1.5.3.2 festgelegten Verfahren zu bestimmen.

c) Ist die Oberflächendosisleistung höher als 2 mSv/h, muss das Versandstück oder die Umverpackung unter ausschließlicher Verwendung und nach den Vorschriften des Abschnitts 7.5.11 Sondervorschrift CV33 (1.3) und (3.5) a) befördert werden.

d) Mit Ausnahme von Beförderungen nach den Vorschriften des Absatzes 5.1.5.3.5 ist ein Versandstück, das auf Grund einer Sondervereinbarung befördert wird, der Kategorie III-GELB zuzuordnen.

e) Mit Ausnahme von Beförderungen nach den Vorschriften des Absatzes 5.1.5.3.5 sind Umverpackungen oder Container, die auf Grund einer Sondervereinbarung zu befördernde Versandstücke enthalten, der Kategorie III-GELB zuzuordnen.

**Tabelle 5.1.5.3.4: Kategorien der Versandstücke, Umverpackungen und Container**

| Bedingungen | | Kategorie |
|---|---|---|
| Transportkennzahl (TI) | höchste Dosisleistung an jedem Punkt einer Außenfläche | |
| 0[a)] | nicht größer als 0,005 mSv/h | I-WEISS |
| größer als 0, aber nicht größer als 1[a)] | größer als 0,005 mSv/h, aber nicht größer als 0,5 mSv/h | II-GELB |
| größer als 1, aber nicht größer als 10 | größer als 0,5 mSv/h, aber nicht größer als 2 mSv/h | III-GELB |
| größer als 10 | größer als 2 mSv/h, aber nicht größer als 10 mSv/h | III-GELB[b)] |

a) Ist die gemessene Transportkennzahl nicht größer als 0,05, darf ihr Wert entsprechend Absatz 5.1.5.3.1 c) gleich Null gesetzt werden.

b) Ist mit Ausnahme von Containern (siehe Abschnitt 7.5.11 Sondervorschrift CV33 (3.3) Tabelle D) außerdem unter ausschließlicher Verwendung zu befördern.

**5.1.5.3.5 [Übereinstimmung der Kategoriezuordnung mit Zulassungszeugnis]**

*→ D: § 11 Nr. 5*

Bei allen internationalen Beförderungen von Versandstücken, für die eine Zulassung der Bauart oder eine Genehmigung der Beförderung durch die zuständige Behörde erforderlich ist und für die in den verschiedenen von der Beförderung berührten Staaten unterschiedliche Zulassungs- oder Genehmigungstypen gelten, muss die vorgeschriebene Zuordnung zu den Kategorien in Übereinstimmung mit dem Zulassungszeugnis des Ursprungslandes der Bauart erfolgen.

**5.1.5.4 Besondere Vorschriften für freigestellte Versandstücke radioaktiver Stoffe der Klasse 7**

**5.1.5.4.1 [Kennzeichnung]**

*→ D: § 22 (1) 5 b)*

Freigestellte Versandstücke radioaktiver Stoffe der Klasse 7 müssen auf der Außenseite der Verpackung deutlich lesbar und dauerhaft gekennzeichnet sein mit:

a) der UN-Nummer, der die Buchstaben „UN" vorangestellt werden;

b) der Angabe des Absenders und/oder des Empfängers und

c) der höchstzulässigen Bruttomasse, sofern diese 50 kg überschreitet.

**5.1.5.4.2 [Dokumentation]**

Die Dokumentationsvorschriften des Kapitels 5.4 gelten nicht für freigestellte Versandstücke radioaktiver Stoffe der Klasse 7, mit der Ausnahme, dass

a) die UN-Nummer, der die Buchstaben „UN" vorangestellt sind, sowie der Name und die Adresse des Absenders und des Empfängers und, sofern zutreffend, das Identifizierungskennzeichen für jedes Zulassungs-/Genehmigungszeugnis der zuständigen Behörde (siehe Absatz 5.4.1.2.5.1 g)) auf einem Beförderungspapier, wie ein Konnossement, Luftfrachtbrief oder CIM- oder CMR-Frachtbrief, angegeben werden müssen;

b) sofern zutreffend, die Vorschriften des Absatzes 5.4.1.2.5.1 g), 5.4.1.2.5.3 und 5.4.1.2.5.4 anwendbar sind;

c) die Vorschriften der Abschnitte 5.4.2 und 5.4.4 anwendbar sind.

**5.1.5.4.3 [Genehmigungen]**

Die Vorschriften der Absätze 5.2.1.7.8 und 5.2.2.1.11.5 sind, sofern zutreffend, anwendbar.

**5.1.5.5 Zusammenfassung der Vorschriften für Zulassung/Genehmigung und vorherige Benachrichtigung**

**Bem.**

1. Vor der ersten Beförderung eines Versandstückes, für das die Versandstückmuster-Zulassung der zuständigen Behörde erforderlich ist, muss der Absender sicherstellen, dass eine Kopie der Versandstückmuster-Zulassung der zuständigen Behörde eines jeden berührten Staates zugestellt worden ist (siehe Absatz 5.1.5.1.4 a)).
2. Die Benachrichtigung ist erforderlich, wenn der Inhalt höher ist als $3 \times 10^3$ $A_1$ oder $3 \times 10^3$ $A_2$ oder 1 000 TBq (siehe Absatz 5.1.5.1.4 b)).
3. Eine multilaterale Genehmigung für die Beförderung ist erforderlich, wenn der Inhalt höher ist als $3 \times 10^3$ $A_1$ oder $3 \times 10^3$ $A_2$ oder 1 000 TBq oder wenn eine gelegentliche kontrollierte Druckentlastung zugelassen ist (siehe Unterabschnitt 5.1.5.1).
4. Für Zulassung und vorherige Benachrichtigung siehe Vorschriften für das für die Beförderung dieses Stoffes verwendete Versandstück.

*(Fortsetzung aus technischen Gründen auf Seite 965)*

5.1.5.5 (Forts.)

| Gegenstand | UN-Nummer | Zulassung/Genehmigung der zuständigen Behörde erforderlich | | Benachrichtigung der zuständigen Behörden des Ursprungslandes und der berührten Staaten vor jeder Beförderung durch den Absender[a)] | Verweis |
|---|---|---|---|---|---|
| | | Ursprungsland | berührte Staaten[a)] | | |
| Berechnung von nicht aufgelisteten $A_1$- und $A_2$-Werten | – | Ja | Ja | Nein | 2.2.7.2.2.2 a),<br>5.1.5.2.1 d) |
| Freigestellte Versandstücke<br>– Versandstückmuster<br>– Beförderung | 2908, 2909,<br>2910, 2911 | <br>Nein<br>Nein | <br>Nein<br>Nein | <br>Nein<br>Nein | – |
| LSA-Stoffe[b)] und SCO-Gegenstände[b)]/ Industrieversandstücke Typ 1, 2 oder 3, nicht spaltbar und spaltbar, freigestellt<br>– Versandstückmuster<br>– Beförderung | 2912, 2913,<br>3321, 3322 | <br><br><br>Nein<br>Nein | <br><br><br>Nein<br>Nein | <br><br><br>Nein<br>Nein | – |
| Typ A-Versandstücke[b)], nicht spaltbar und spaltbar, freigestellt<br>– Versandstückmuster<br>– Beförderung | 2915, 3332 | <br><br>Nein<br>Nein | <br><br>Nein<br>Nein | <br><br>Nein<br>Nein | – |
| Typ B(U)-Versandstücke[b)], nicht spaltbar und spaltbar, freigestellt<br>– Versandstückmuster<br>– Beförderung | 2916 | <br><br>Ja<br>Nein | <br><br>Nein<br>Nein | <br><br>siehe Bem. 1<br>siehe Bem. 2 | 5.1.5.1.4 b),<br>5.1.5.2.1 a),<br>6.4.22.2 |
| Typ B(M)-Versandstücke[b)], nicht spaltbar und spaltbar, freigestellt<br>– Versandstückmuster<br>– Beförderung | 2917 | <br><br>Ja<br>siehe Bem. 3 | <br><br>Ja<br>siehe Bem. 3 | <br><br>Nein<br>Ja | 5.1.5.1.4 b),<br>5.1.5.2.1 a),<br>5.1.5.1.2,<br>6.4.22.3 |
| Typ C-Versandstücke[b)], nicht spaltbar und spaltbar, freigestellt<br>– Versandstückmuster<br>– Beförderung | 3323 | <br><br>Ja<br>Nein | <br><br>Nein<br>Nein | <br><br>siehe Bem. 1<br>siehe Bem. 2 | 5.1.5.1.4 b),<br>5.1.5.2.1 a),<br>6.4.22.2 |
| Versandstücke, die spaltbare Stoffe enthalten<br>– Versandstückmuster<br>– Beförderung:<br>Summe der Kritikalitätssicherheitskennzahlen nicht größer als 50<br>Summe der Kritikalitätssicherheitskennzahlen größer als 50 | 2977, 3324,<br>3325, 3326,<br>3327, 3328,<br>3329, 3330,<br>3331, 3333 | <br><br>Ja[c)]<br><br>Nein[d)]<br><br>Ja | <br><br>Ja[c)]<br><br>Nein[d)]<br><br>Ja | <br><br>Nein<br><br>siehe Bem. 2<br><br>siehe Bem. 2 | 5.1.5.2.1 a),<br>5.1.5.1.2,<br>6.4.22.4 |
| Radioaktive Stoffe in besonderer Form<br>– Baumuster<br>– Beförderung | <br>–<br>siehe Bem. 4 | <br>Ja<br>siehe Bem. 4 | <br>Nein<br>siehe Bem. 4 | <br>Nein<br>siehe Bem. 4 | 1.6.6.4,<br>5.1.5.2.1 a),<br>6.4.22.5 |
| gering dispergierbare radioaktive Stoffe<br>– Baumuster<br>– Beförderung | <br>–<br>siehe Bem. 4 | <br>Ja<br>siehe Bem. 4 | <br>Nein<br>siehe Bem. 4 | <br>Nein<br>siehe Bem. 4 | 5.1.5.2.1 a),<br>6.4.22.5 |
| Versandstücke, die mindestens 0,1 kg Uranhexafluorid enthalten<br>– Baumuster<br>– Beförderung | <br><br>–<br>siehe Bem. 4 | <br><br>Ja<br>siehe Bem. 4 | <br><br>Nein<br>siehe Bem. 4 | <br><br>Nein<br>siehe Bem. 4 | 5.1.5.2.1 a),<br>6.4.22.1 |
| Sondervereinbarung<br>– Beförderung | 2919, 3331 | <br>Ja | <br>Ja | <br>Ja | 1.7.4.2,<br>5.1.5.2.1 b),<br>5.1.5.1.4 b) |
| zugelassene Versandstückmuster, die Übergangsvorschriften unterliegen | | siehe Abschnitt 1.6.6 | siehe Abschnitt 1.6.6 | siehe Bem. 1 | 1.6.6.2,<br>5.1.5.1.4 b),<br>5.1.5.2.1 a),<br>5.1.5.1.2,<br>6.4.22.9 |

**5.1.5.5** (Forts.)

| Gegenstand | UN-Nummer | Zulassung/Genehmigung der zuständigen Behörde erforderlich | | Benachrichtigung der zuständigen Behörden des Ursprungslandes und der berührten Staaten vor jeder Beförderung durch den Absender[a] | Verweis |
|---|---|---|---|---|---|
| | | Ursprungs-land | berührte Staaten[a] | | |
| alternative Aktivitätsgrenzwerte für eine freigestellte Sendung von Instrumenten oder Fabrikaten | – | Ja | Ja | Nein | 5.1.5.2.1 e), 6.4.22.7 |
| gemäß Absatz 2.2.7.2.3.5 f) freigestellte spaltbare Stoffe | – | Ja | Ja | Nein | 5.1.5.2.1 a) (iii), 6.4.22.6 |

[a] Staaten, von denen aus, durch die oder in die die Sendung befördert wird.

[b] Besteht der radioaktive Inhalt aus spaltbaren Stoffen, die von den Vorschriften für Versandstücke, die spaltbare Stoffe enthalten, nicht freigestellt sind, so gelten die Vorschriften für Versandstücke, die spaltbare Stoffe enthalten (siehe Abschnitt 6.4.11).

[c] Für Versandstückmuster für spaltbare Stoffe kann auch eine Genehmigung nach einem der anderen Punkte der Tabelle erforderlich sein.

[d] Für die Beförderung kann jedoch eine Genehmigung nach einem der anderen Punkte der Tabelle erforderlich sein.

# Kapitel 5.2
# Kennzeichnung und Bezettelung

**Kennzeichnung von Versandstücken*)** 5.2.1 → D: § 22 (1) 5 b)

**Bem.** 1. Wegen der Kennzeichen hinsichtlich des Baus, der Prüfung und der Zulassung von Verpackungen, Großverpackungen, Druckgefäßen und Großpackmitteln (IBC) siehe Teil 6.

2. In Übereinstimmung mit dem GHS sollte ein nach dem ADR nicht vorgeschriebenes GHS-Piktogramm während der Beförderung nur als vollständiges GHS-Kennzeichnungsetikett und nicht eigenständig erscheinen (siehe Absatz 1.4.10.4.4 des GHS).

**[Grundsatz]** 5.2.1.1 → M353 → NL: VLG 5.2.1

Sofern im ADR nichts anderes vorgeschrieben ist, ist jedes Versandstück deutlich und dauerhaft mit der UN-Nummer der enthaltenen Güter, der die Buchstaben „UN" vorangestellt werden, zu versehen. Die UN-Nummer und die Buchstaben „UN" müssen eine Zeichenhöhe von mindestens 12 mm haben, ausgenommen an Versandstücken mit einem Fassungsraum von höchstens 30 Litern oder einer Nettomasse von höchstens 30 kg und ausgenommen an Flaschen mit einem mit Wasser ausgeliterten Fassungsraum von höchstens 60 Litern, bei denen die Zeichenhöhe mindestens 6 mm betragen muss, und ausgenommen an Versandstücken mit einem Fassungsraum von höchstens 5 Litern oder einer Nettomasse von höchstens 5 kg, bei denen sie eine angemessene Größe aufweisen müssen. Bei unverpackten Gegenständen ist das Kennzeichen auf dem Gegenstand, seinem Schlitten oder seiner Handhabungs-, Lagerungs- oder Abschusseinrichtung anzubringen.

**[Kennzeichnungseigenschaften]** 5.2.1.2 → 3.3.1

Alle in diesem Kapitel vorgeschriebenen Kennzeichen müssen:

a) gut sichtbar und lesbar sein,

b) der Witterung ohne nennenswerte Beeinträchtigung ihrer Wirkung standhalten.

**[Bergungsverpackungen]** 5.2.1.3 → 1.6.1.32 → D: RSEB 5-3

Bergungsverpackungen, einschließlich Bergungsgroßverpackungen, und Bergungsdruckgefäße sind zusätzlich mit dem Kennzeichen „BERGUNG" zu versehen. Die Buchstabenhöhe des Kennzeichens „BERGUNG" muss mindestens 12 mm sein.

**[IBC > 450 Liter und Großverpackungen]** 5.2.1.4

Großpackmittel (IBC) mit einem Fassungsraum von mehr als 450 Litern und Großverpackungen sind auf zwei gegenüberliegenden Seiten mit Kennzeichen zu versehen.

**Zusätzliche Vorschriften für Güter der Klasse 1** 5.2.1.5

Versandstücke mit Gütern der Klasse 1 müssen zusätzlich mit der gemäß Abschnitt 3.1.2 bestimmten offiziellen Benennung für die Beförderung versehen sein. Dieses Kennzeichen muss gut lesbar und unauslöschbar in einer oder mehreren Sprachen angegeben sein, wobei eine dieser Sprachen Französisch, Deutsch oder Englisch sein muss, sofern nicht Vereinbarungen zwischen den von der Beförderung berührten Staaten etwas anderes vorschreiben.

**Zusätzliche Vorschriften für Güter der Klasse 2** 5.2.1.6

Auf wiederbefüllbaren Gefäßen muss gut lesbar und dauerhaft angegeben sein:

a) die UN-Nummer und die gemäß Abschnitt 3.1.2 bestimmte offizielle Benennung für die Beförderung des Gases oder des Gasgemisches;

bei Gasen, die einer n.a.g.-Eintragung zugeordnet sind, muss zusätzlich zur UN-Nummer nur die technische Benennung[1] des Gases angegeben werden;

---

*) *→ 5.3; → D: GGAV 32; → D: § 21 (2) 3; → D: RSEB 5-3; → RO-bi-BE-5; → RO-bi-BE-10; → RO-bi-DE-7*

[1] Anstelle der technischen Benennung ist die Verwendung einer der folgenden Benennungen zugelassen:
- für UN 1078 Gas als Kältemittel, n.a.g.: Gemisch F 1, Gemisch F 2, Gemisch F 3;
- für UN 1060 Methylacetylen und Propadien, Gemisch, stabilisiert: Gemisch P 1, Gemisch P 2;
- für UN 1965 Kohlenwasserstoffgas, Gemisch, verflüssigt, n.a.g.: Gemisch A oder Butan, Gemisch A 01 oder Butan, Gemisch A 02 oder Butan, Gemisch A 0 oder Butan, Gemisch A 1, Gemisch B 1, Gemisch B 2, Gemisch B, Gemisch C oder Propan;
- für UN 1010 Butadiene, stabilisiert: Buta-1,2-dien, stabilisiert, Buta-1,3-dien, stabilisiert;
- für UN 1012 Buten: But-1-en, cis-But-2-en, trans-But-2-en, Butene, Gemisch.

5.2.1.6 (Forts.) bei Gemischen von Gasen müssen nicht mehr als zwei Komponenten angegeben werden, die für die Gefahren maßgeblich sind;

b) bei verdichteten Gasen, die nach Masse gefüllt werden, und bei verflüssigten Gasen entweder die höchstzulässige Masse der Füllung und die Eigenmasse des Gefäßes einschließlich Ausrüstungsteile, die zum Zeitpunkt des Befüllens angebracht sind, oder die Bruttomasse;

c) das Datum (Jahr) der nächsten wiederkehrenden Prüfung.

Diese Angaben dürfen entweder eingeprägt oder auf einem am Gefäß befestigten dauerhaften Schild oder Zettel oder durch ein haftendes und deutlich sichtbares Kennzeichen, z.B. durch Lackierung oder ein anderes gleichwertiges Verfahren, angebracht sein.

**Bem.** 1. Siehe auch Unterabschnitt 6.2.2.7.

2. Für nicht wiederbefüllbare Gefäße siehe Unterabschnitt 6.2.2.8.

**5.2.1.7 Besondere Vorschriften für die Kennzeichnung von radioaktiven Stoffen**

**5.2.1.7.1 [Grundsatz, Klasse 7]**

Jedes Versandstück ist auf der Außenseite der Verpackung deutlich lesbar und dauerhaft mit einem Identifizierungskennzeichen des Absenders und/oder des Empfängers zu versehen. Jede Umverpackung ist auf der Außenseite der Umverpackung deutlich lesbar und dauerhaft mit einem Identifizierungskennzeichen des Absenders und/oder des Empfängers zu versehen, es sei denn, diese Kennzeichen aller Versandstücke innerhalb der Umverpackung sind deutlich sichtbar.

**5.2.1.7.2 [UN-Nummer]**

Mit Ausnahme der freigestellten Versandstücke ist jedes Versandstück auf der Außenseite der Verpackung deutlich lesbar und dauerhaft mit der UN-Nummer, der die Buchstaben „UN" vorangestellt werden, und der offiziellen Benennung für die Beförderung zu kennzeichnen. Die Kennzeichnung freigestellter Versandstücke muss dem Absatz 5.1.5.4.1 entsprechen.

**5.2.1.7.3 [Bruttomasse > 50 kg]**

Jedes Versandstück mit einer Bruttomasse von mehr als 50 kg ist auf der Außenseite der Verpackung deutlich lesbar und dauerhaft mit der Angabe der zulässigen Bruttomasse zu kennzeichnen.

**5.2.1.7.4 [Typ-Angabe]**

Jedes Versandstück, das

a) einem Typ IP-1-Versandstückmuster, einem Typ IP-2-Versandstückmuster oder einem Typ IP-3-Versandstückmuster entspricht, ist auf der Außenseite der Verpackung deutlich lesbar und dauerhaft mit der Angabe „TYP IP-1", „TYP IP-2" bzw. „TYP IP-3" zu kennzeichnen;

b) einem Typ A-Versandstückmuster entspricht, ist auf der Außenseite der Verpackung deutlich lesbar und dauerhaft mit der Angabe „TYP A" zu kennzeichnen;

c) einem Typ IP-2-Versandstückmuster oder einem Typ IP-3-Versandstückmuster oder einem Typ A-Versandstückmuster entspricht, ist auf der Außenseite der Verpackung deutlich lesbar und dauerhaft mit dem Unterscheidungszeichen für Kraftfahrzeuge im internationalen Verkehr[2)] des Ursprungslandes der Bauart und entweder dem Namen des Herstellers oder anderen von der zuständigen Behörde des Ursprungslandes der Bauart festgelegten Identifikationen der Verpackung zu kennzeichnen.

**5.2.1.7.5 [Zulassungskennzeichen]**

→ 1.6.6.2.1

Jedes Versandstück, das einer Bauart entspricht, die nach einem oder mehreren der Absätze und Unterabschnitte 1.6.6.2.1, 5.1.5.2.1, 6.4.22.1 bis 6.4.22.4 und 6.4.23.4 bis 6.4.23.7 zugelassen ist, ist auf der Außenseite des Versandstücks deutlich lesbar und dauerhaft mit folgenden Angaben zu kennzeichnen:

a) das Kennzeichen, das dieser Bauart von der zuständigen Behörde zugeteilt wurde;

b) eine Seriennummer, die eine eindeutige Zuordnung der einzelnen, dieser Bauart entsprechenden Verpackungen erlaubt;

c) „TYP B(U)", „TYP B(M)" oder „TYP C" bei einem Typ B(U)-, Typ B(M)- oder Typ C-Versandstückmuster.

---

2) Das für Kraftfahrzeuge und Anhänger im internationalen Straßenverkehr verwendete Unterscheidungszeichen des Zulassungsstaates, z.B. gemäß dem Genfer Übereinkommen über den Straßenverkehr von 1949 oder dem Wiener Übereinkommen über den Straßenverkehr von 1968.

**[Strahlensymbol]** 5.2.1.7.6

Jedes Versandstück, das einem Typ B(U)-, Typ B(M)- oder Typ C-Versandstückmuster entspricht, ist auf der Außenseite des äußersten feuer- und wasserbeständigen Behälters mit dem unten abgebildeten Strahlensymbol durch Einstanzen, Prägen oder anderen feuer- und wasserbeständigen Verfahren zu kennzeichnen.

**Strahlensymbol**

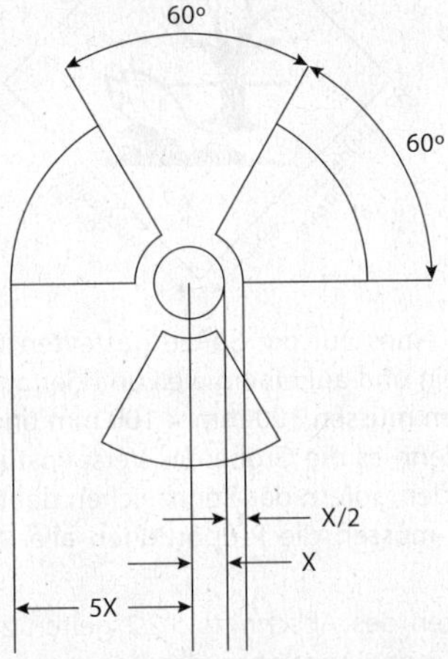


Für die Proportionen gilt ein innerer Kreis mit dem Radius X.
X muss mindestens 4 mm betragen.

Jedes Kennzeichen auf dem Versandstück, das in Übereinstimmung mit den Vorschriften der Absätze 5.2.1.7.4 a) und b) und 5.2.1.7.5 c) in Bezug auf die Art des Versandstücks angebracht wurde und sich nicht auf die der Sendung zugeordnete UN-Nummer und offizielle Benennung für die Beförderung bezieht, muss entfernt oder abgedeckt werden.

**[LSA/SCO]** 5.2.1.7.7

Wenn LSA-I-Stoffe oder SCO-I-Gegenstände in Behältern oder in Verpackungsmaterialien enthalten sind und unter ausschließlicher Verwendung gemäß Absatz 4.1.9.2.4 befördert werden, darf die Außenseite dieser Behälter oder Verpackungsmaterialien mit dem Kennzeichen „RADIOACTIVE LSA-I" bzw. „RADIOACTIVE SCO-I" versehen sein.

**[Genehmigungspflichtige Beförderung]** 5.2.1.7.8

Bei allen internationalen Beförderungen von Versandstücken, für die eine Zulassung der Bauart oder eine Genehmigung der Beförderung durch die zuständige Behörde erforderlich ist und für die in den verschiedenen von der Beförderung berührten Staaten unterschiedliche Zulassungs- oder Genehmigungstypen gelten, muss die Kennzeichnung in Übereinstimmung mit dem Zulassungszeugnis des Ursprungslandes der Bauart erfolgen.

**Besondere Vorschriften für die Kennzeichnung von umweltgefährdenden Stoffen** 5.2.1.8

**[Grundsatz, Ausnahmen]** 5.2.1.8.1

Versandstücke mit umweltgefährdenden Stoffen, die den Kriterien des Absatzes 2.2.9.1.10 entsprechen, müssen dauerhaft mit dem in Absatz 5.2.1.8.3 abgebildeten Kennzeichen für umweltgefährdende Stoffe gekennzeichnet sein, ausgenommen Einzelverpackungen und zusammengesetzte Verpackungen, sofern diese Einzelverpackungen oder die Innenverpackungen dieser zusammengesetzten Verpackungen

- für flüssige Stoffe eine Menge von höchstens 5 l haben oder
- für feste Stoffe eine Nettomasse von höchstens 5 kg haben.

**[Anordnung]** 5.2.1.8.2

Das Kennzeichen für umweltgefährdende Stoffe ist neben den gemäß Unterabschnitt 5.2.1.1 vorgeschriebenen Kennzeichen anzuordnen. Die Vorschriften der Unterabschnitte 5.2.1.2 und 5.2.1.4 sind zu erfüllen.

**5.2.1.8.3 [Beschreibung des Kennzeichens]**

→ D: § 19 (2) 11
→ D: RSEB 5-13

Das Kennzeichen für umweltgefährdende Stoffe muss der Abbildung 5.2.1.8.3 entsprechen.

**Abbildung 5.2.1.8.3: Kennzeichen für umweltgefährdende Stoffe**

Das Kennzeichen muss die Form eines auf die Spitze gestellten Quadrats (Raute) haben. Das Symbol (Fisch und Baum) muss schwarz sein und auf einem weißen oder ausreichend kontrastierenden Grund erscheinen. Die Mindestabmessungen müssen 100 mm × 100 mm und die Mindestbreite der Begrenzungslinie der Raute 2 mm betragen. Wenn es die Größe des Versandstücks erfordert, dürfen/darf die Abmessungen/Linienbreite reduziert werden, sofern das Kennzeichen deutlich sichtbar bleibt. Wenn Abmessungen nicht näher spezifiziert sind, müssen die Proportionen aller Merkmale den abgebildeten in etwa entsprechen.

**Bem.** Die Bezettelungsvorschriften des Abschnitts 5.2.2 gelten zusätzlich zu den möglicherweise anwendbaren Vorschriften für das Anbringen des Kennzeichens für umweltgefährdende Stoffe an Versandstücken.

**5.2.1.9 Kennzeichen für Batterien**

**5.2.1.9.1 [Kennzeichnungspflicht]**

Versandstücke mit Lithiumzellen oder -batterien oder Natrium-Ionen-Zellen oder -Batterien, die gemäß Kapitel 3.3 Sondervorschrift 188 oder 400 vorbereitet sind, müssen mit dem in Abbildung 5.2.1.9.2 abgebildeten Kennzeichen versehen sein.

**5.2.1.9.2 [Inhalt und Form des Kennzeichens]**

→ D: RSEB 5-4

Auf dem Kennzeichen muss die UN-Nummer, der die Buchstaben „UN" vorangestellt sind, angegeben werden, d.h. „UN 3090" für Lithium-Metall-Zellen oder -Batterien, „UN 3480" für Lithium-Ionen-Zellen oder -Batterien oder „UN 3551" für Natrium-Ionen-Zellen oder -Batterien. Wenn die Zellen oder Batterien in Ausrüstungen enthalten oder mit diesen verpackt sind, muss die UN-Nummer, der die Buchstaben „UN" vorangestellt sind, angegeben werden, d.h. „UN 3091", „UN 3481" bzw. „UN 3552". Wenn ein Versandstück Zellen oder Batterien enthält, die unterschiedlichen UN-Nummern zugeordnet sind, müssen alle zutreffenden UN-Nummern auf einem oder mehreren Kennzeichen angegeben werden.

**Abbildung 5.2.1.9.2: Kennzeichen für Batterien**

* Platz für die UN-Nummer(n)

Das Kennzeichen muss die Form eines Rechtecks oder Quadrats mit einem schraffierten Rand haben. Die Mindestabmessungen müssen 100 mm in der Breite und 100 mm in der Höhe und die Mindestbreite der Schraffierung 5 mm betragen. Das Symbol (Ansammlung von Batterien, von denen eine beschädigt und entflammt ist, über der (den) UN-Nummer(n) muss schwarz sein und auf einem weißen oder ausreichend kontrastierenden Hintergrund erscheinen. Die Schraffierung muss rot sein. Wenn es die Größe des Versandstücks erfordert, dürfen die Abmessungen auf bis zu 100 mm in der Breite und 70 mm in der Höhe reduziert werden. Wenn Abmessungen nicht näher spezifiziert sind, müssen die Proportionen aller Merkmale den abgebildeten in etwa entsprechen. **5.2.1.9.2** (Forts.) *→ 1.6.1.49*

**Ausrichtungspfeile** **5.2.1.10**

**[Grundsatz]** **5.2.1.10.1**

Sofern in Absatz 5.2.1.10.2 nichts anderes vorgeschrieben ist, müssen

a) zusammengesetzte Verpackungen mit Innenverpackungen, die flüssige Stoffe enthalten,
b) Einzelverpackungen, die mit Lüftungseinrichtungen ausgerüstet sind,
c) verschlossene oder offene Kryo-Behälter zur Beförderung tiefgekühlt verflüssigter Gase und
d) Maschinen oder Geräte, die flüssige gefährliche Güter enthalten, wenn sichergestellt werden muss, dass die flüssigen gefährlichen Güter in ihrer vorgesehenen Ausrichtung verbleiben (siehe Kapitel 3.3 Sondervorschrift 301),

lesbar mit Pfeilen für die Ausrichtung des Versandstücks gekennzeichnet sein, die der nachstehenden Abbildung ähnlich sind oder die den Spezifikationen der Norm ISO 780:1997 entsprechen. Die Ausrichtungspfeile müssen auf zwei gegenüberliegenden senkrechten Seiten des Versandstückes angebracht sein, wobei die Pfeile korrekt nach oben zeigen. Sie müssen rechtwinklig und so groß sein, dass sie entsprechend der Größe des Versandstücks deutlich sichtbar sind. Die Abbildung einer rechteckigen Abgrenzung um die Pfeile ist optional.

**Abbildung 5.2.1.10.1.1**

oder

**Abbildung 5.2.1.10.1.2**

Zwei schwarze oder rote Pfeile
auf weißem oder ausreichend kontrastierendem Grund.
Der rechteckige Rahmen ist optional.

Die Proportionen aller charakteristischen Merkmale müssen den abgebildeten in etwa entsprechen.

**[Ausnahme]** **5.2.1.10.2** *→ aber 5.1.2.1*

Ausrichtungspfeile sind nicht erforderlich an

a) Außenverpackungen, die Druckgefäße mit Ausnahme von verschlossenen oder offenen Kryo-Behältern enthalten;
b) Außenverpackungen, die gefährliche Güter in Innenverpackungen enthalten, wobei jede einzelne Innenverpackung nicht mehr als 120 ml enthält, mit einer für die Aufnahme des gesamten flüssigen Inhalts ausreichenden Menge saugfähigen Materials zwischen den Innen- und Außenverpackungen;
c) Außenverpackungen, die ansteckungsgefährliche Stoffe der Klasse 6.2 in Primärgefäßen enthalten, wobei jedes einzelne Primärgefäß nicht mehr als 50 ml enthält;
d) Typ IP-2-, Typ IP-3-, Typ A-, Typ B(U)-, Typ B(M)- oder Typ C-Versandstücke, die radioaktive Stoffe der Klasse 7 enthalten;
e) Außenverpackungen, die Gegenstände enthalten, die unabhängig von ihrer Ausrichtung dicht sind (z.B. Alkohol oder Quecksilber in Thermometern, Druckgaspackungen usw.), oder
f) Außenverpackungen, die gefährliche Güter in dicht verschlossenen Innenverpackungen enthalten, wobei jede einzelne Innenverpackung nicht mehr als 500 ml enthält.

5.2.1.10.3 **[Eindeutigkeit]**

Auf einem Versandstück, das in Übereinstimmung mit diesem Unterabschnitt gekennzeichnet ist, dürfen keine Pfeile für andere Zwecke als der Angabe der richtigen Versandstückausrichtung abgebildet sein.

**5.2.2 Bezettelung von Versandstücken**

→ D: § 22 (1) 5 b)

**5.2.2.1 Bezettelungsvorschriften**

5.2.2.1.1 **[Grundsatz]**

→ M353
→ RO-bi-BE-11

Für jeden in Kapitel 3.2 Tabelle A aufgeführten Stoff oder Gegenstand sind die in Spalte (5) angegebenen Gefahrzettel anzubringen, sofern durch eine Sondervorschrift in Spalte (6) nichts anderes vorgesehen ist.

5.2.2.1.2 **[Alternative]**

Statt Gefahrzettel dürfen auch unauslöschbare Gefahrkennzeichen angebracht werden, die den vorgeschriebenen Mustern genau entsprechen.

5.2.2.1.3– 5.2.2.1.5 (bleibt offen)

5.2.2.1.6 **[Anbringung]**

→ M329

Abgesehen von den Vorschriften des Absatzes 5.2.2.1.2 müssen alle Gefahrzettel

a) auf derselben Fläche des Versandstücks angebracht werden, sofern die Abmessungen des Versandstücks dies zulassen; bei Versandstücken mit Gütern der Klasse 1 oder 7 müssen sie in der Nähe des Kennzeichens mit der offiziellen Benennung für die Beförderung angebracht werden;

b) so auf dem Versandstück angebracht werden, dass sie durch ein Teil der Verpackung, ein an der Verpackung angebrachtes Teil, einen anderen Gefahrzettel oder ein Kennzeichen weder abgedeckt noch verdeckt werden;

c) nahe beieinander angebracht werden, wenn mehr als ein Gefahrzettel vorgeschrieben ist.

Wenn die Form eines Versandstücks zu unregelmäßig oder das Versandstück zu klein ist, so dass ein Gefahrzettel nicht auf zufrieden stellende Weise angebracht werden kann, darf dieser durch eine Schnur oder durch ein anderes geeignetes Mittel fest mit dem Versandstück verbunden werden.

5.2.2.1.7 **[IBC > 450 Liter oder Großverpackungen]**

Großpackmittel (IBC) mit einem Fassungsraum von mehr als 450 Litern und Großverpackungen sind auf zwei gegenüberliegenden Seiten mit Gefahrzetteln zu versehen.

5.2.2.1.8 (bleibt offen)

5.2.2.1.9 **Besondere Vorschriften für die Bezettelung von selbstzersetzlichen Stoffen und organischen Peroxiden**

a) Der Gefahrzettel nach Muster 4.1 zeigt auch an, dass das Produkt entzündbar sein kann, so dass ein Gefahrzettel nach Muster 3 daher nicht erforderlich ist. Für selbstzersetzliche Stoffe des Typs B ist zusätzlich ein Gefahrzettel nach Muster 1 anzubringen, es sei denn, die zuständige Behörde hat zugelassen, dass auf diesen Zettel bei einer bestimmten Verpackung verzichtet werden kann, weil Prüfungsergebnisse gezeigt haben, dass der selbstzersetzliche Stoff in einer solchen Verpackung kein explosives Verhalten aufweist.

b) Der Gefahrzettel nach Muster 5.2 zeigt auch an, dass das Produkt entzündbar sein kann, so dass ein Gefahrzettel nach Muster 3 daher nicht erforderlich ist. Zusätzlich sind folgende Gefahrzettel anzubringen:

(i) bei organischen Peroxiden des Typs B ein Gefahrzettel nach Muster 1, es sei denn, die zuständige Behörde hat zugelassen, dass auf diesen Zettel bei einer bestimmten Verpackung verzichtet werden kann, weil Prüfungsergebnisse gezeigt haben, dass das organische Peroxid in einer solchen Verpackung kein explosives Verhalten aufweist;

(ii) ein Gefahrzettel nach Muster 8, wenn der Stoff den Kriterien der Verpackungsgruppe I oder II der Klasse 8 entspricht.

Für namentlich genannte selbstzersetzliche Stoffe und organische Peroxide sind die anzubringenden Gefahrzettel im Verzeichnis des Unterabschnitts 2.2.41.4 bzw. 2.2.52.4 angegeben.

**Besondere Vorschriften für die Bezettelung von Versandstücken mit ansteckungsgefährlichen Stoffen** 5.2.2.1.10

Zusätzlich zum Gefahrzettel nach Muster 6.2 müssen Versandstücke mit ansteckungsgefährlichen Stoffen mit allen anderen Gefahrzetteln versehen sein, die durch die Eigenschaften des Inhalts erforderlich sind.

**Besondere Vorschriften für die Bezettelung radioaktiver Stoffe** 5.2.2.1.11

**[Überblick]** 5.2.2.1.11.1 → *D: § 22 (2)*

Abgesehen von den Fällen, in denen gemäß Absatz 5.3.1.1.3 vergrößerte Gefahrzettel verwendet werden, müssen alle Versandstücke, Umverpackungen und Container, die radioaktive Stoffe enthalten, der Kategorie dieser Stoffe entsprechend mit den Gefahrzetteln nach den anwendbaren Mustern 7A, 7B und 7C versehen sein. Die Gefahrzettel sind außen an zwei gegenüberliegenden Seiten des Versandstücks oder der Umverpackung oder an allen vier Seiten eines Containers oder Tanks anzubringen. Alle Versandstücke, Umverpackungen und Container, die spaltbare Stoffe enthalten, ausgenommen spaltbare Stoffe, die nach den Vorschriften des Absatzes 2.2.7.2.3.5 freigestellt sind, müssen zusätzlich mit Gefahrzetteln nach Muster 7E versehen sein; soweit erforderlich, sind diese Gefahrzettel direkt neben den Gefahrzetteln nach dem anwendbaren Muster 7A, 7B oder 7C anzubringen. Die Gefahrzettel dürfen die in Abschnitt 5.2.1 aufgeführten Kennzeichen nicht abdecken. Gefahrzettel, die sich nicht auf den Inhalt beziehen, sind zu entfernen oder abzudecken.

**[Eintragungen]** 5.2.2.1.11.2

Jeder Gefahrzettel nach dem anwendbaren Muster 7A, 7B oder 7C ist durch folgende Angaben zu ergänzen:

a) Inhalt:
   (i) Außer bei LSA-I-Stoffen ist (sind) der (die) Name(n) des (der) Radionuklids (Radionuklide) gemäß Tabelle 2.2.7.2.2.1 mit den dort genannten Symbolen anzugeben. Für Radionuklidgemische sind die Nuklide mit dem restriktivsten Wert anzugeben, soweit der in der Zeile verfügbare Raum dies zulässt. Die LSA- oder SCO-Gruppe ist hinter dem (den) Namen des (der) Radionuklids (Radionuklide) einzutragen. Dafür sind die Bezeichnungen „LSA-II", „LSA-III", „SCO-I" und „SCO-II" zu verwenden.
   (ii) Für LSA-I-Stoffe ist die Bezeichnung „LSA-I" ausreichend; der Name des Radionuklids ist nicht erforderlich.

b) Aktivität:
   Die maximale Aktivität des radioaktiven Inhalts während der Beförderung wird in Becquerel (Bq) mit dem entsprechenden SI-Vorsatzzeichen ausgedrückt (siehe Unterabschnitt 1.2.2.1). Bei spaltbaren Stoffen kann die Gesamtmasse der spaltbaren Nuklide in Einheiten von Gramm (g) oder in Vielfachen davon anstelle der Aktivität angegeben werden.

c) Bei Umverpackungen und Containern müssen die Eintragungen für „Inhalt" und „Aktivität" auf dem Gefahrzettel den in a) und b) geforderten Angaben entsprechen, wobei über den gesamten Inhalt der Umverpackung oder des Containers zu summieren ist, ausgenommen hiervon sind Gefahrzettel von Umverpackungen oder Containern, die Zusammenladungen von Versandstücken mit unterschiedlichen Radionukliden enthalten, deren Eintragung „Siehe Beförderungspapiere" lauten darf.

d) Transportkennzahl: Die nach den Absätzen 5.1.5.3.1 und 5.1.5.3.2 bestimmte Zahl (ausgenommen Kategorie I-WEISS).

**[CSI]** 5.2.2.1.11.3 → *5.1.5.3.3*

Jeder Gefahrzettel nach Muster 7E muss mit der Kritikalitätssicherheitskennzahl (CSI) ergänzt werden, wie sie in dem von der zuständigen Behörde erteilten Genehmigungszeugnis angegeben ist, das in den Ländern anwendbar ist, in oder durch die die Sendung befördert wird, oder wie sie in Unterabschnitt 6.4.11.2 oder 6.4.11.3 festgelegt ist.

**[Umverpackungen/Container]** 5.2.2.1.11.4

Bei Umverpackungen und Containern muss auf dem Gefahrzettel nach Muster 7E die Summe der Kritikalitätssicherheitskennzahlen (CSI) aller darin enthaltener Versandstücke angegeben sein.

**5.2.2.1.11.5 [Unterschiedliche Genehmigungstypen]**

Bei allen internationalen Beförderungen von Versandstücken, für die eine Zulassung der Bauart oder eine Genehmigung der Beförderung durch die zuständige Behörde erforderlich ist und für die in den verschiedenen von der Beförderung berührten Staaten unterschiedliche Zulassungs- oder Genehmigungstypen gelten, muss die Bezettelung in Übereinstimmung mit dem Zulassungszeugnis des Ursprungslandes der Bauart erfolgen.

**5.2.2.1.12 Besondere Vorschriften für die Bezettelung von Gegenständen, die gefährliche Güter enthalten und die unter den UN-Nummern 3537, 3538, 3539, 3540, 3541, 3542, 3543, 3544, 3545, 3546, 3547 und 3548 befördert werden**

**5.2.2.1.12.1 [Gefahrzettel]**

Versandstücke, die Gegenstände enthalten, oder Gegenstände, die unverpackt befördert werden, müssen gemäß Unterabschnitt 5.2.2.1 mit Gefahrzetteln versehen sein, welche die gemäß Abschnitt 2.1.5 festgestellten Gefahren wiedergeben, mit der Ausnahme, dass für Gegenstände, die zusätzlich Lithiumbatterien oder Natrium-Ionen-Batterien enthalten, ein Kennzeichen für Batterien oder ein Gefahrzettel nach Muster 9A nicht erforderlich ist.

**5.2.2.1.12.2 [Ausrichtungspfeile]**

→ D: RSEB 5-5

Wenn sichergestellt werden muss, dass Gegenstände, die flüssige gefährliche Güter enthalten, in ihrer vorgesehenen Ausrichtung verbleiben, müssen, sofern möglich, Ausrichtungspfeile gemäß den Vorschriften des Absatzes 5.2.1.10.1 mindestens auf zwei gegenüberliegenden senkrechten Seiten des Versandstücks oder des unverpackten Gegenstandes angebracht und sichtbar sein, wobei die Pfeile korrekt nach oben zeigen.

**5.2.2.2 Vorschriften für Gefahrzettel**

**5.2.2.2.1 [Grundsatz]**

Die Gefahrzettel müssen den nachstehenden Vorschriften und hinsichtlich der Farbe, der Symbole und der allgemeinen Form den Gefahrzettelmustern in Absatz 5.2.2.2.2 entsprechen. Entsprechende Muster, die für andere Verkehrsträger vorgeschrieben sind, mit geringfügigen Abweichungen, welche die offensichtliche Bedeutung des Gefahrzettels nicht beeinträchtigen, sind ebenfalls zugelassen.

**Bem.** In bestimmten Fällen sind die Gefahrzettel in Absatz 5.2.2.2.2 mit einer gestrichelten äußeren Linie gemäß Absatz 5.2.2.2.1.1 dargestellt. Diese ist nicht erforderlich, wenn der Gefahrzettel auf einem farblich kontrastierenden Hintergrund angebracht ist.

**5.2.2.2.1.1 [Allgemeines Muster des Gefahrzettels]**

Die Gefahrzettel müssen wie in Abbildung 5.2.2.2.1.1 dargestellt gestaltet sein.

**Abbildung 5.2.2.2.1.1: Gefahrzettel für die Klasse/Unterklasse**

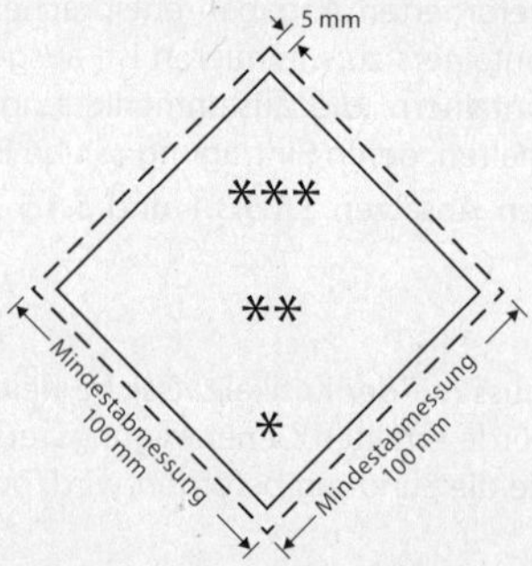


* In der unteren Ecke muss die Nummer der Klasse, für die Klassen 4.1, 4.2 und 4.3 die Ziffer „4" oder für die Klassen 6.1 und 6.2 die Ziffer „6" angegeben werden.

** In der unteren Hälfte müssen (sofern vorgeschrieben) oder dürfen (sofern nicht verbindlich vorgeschrieben) zusätzlicher Text bzw. zusätzliche Nummern/Buchstaben/Symbole angegeben werden.

*** In der oberen Hälfte muss das Symbol der Klasse oder für die Unterklassen 1.4, 1.5 und 1.6 die Nummer der Unterklasse und bei Gefahrzetteln nach Muster 7E der Ausdruck „FISSILE" angegeben sein.

**[Hintergrund/Begrenzungslinie]** 5.2.2.2.1.1.1

Die Gefahrzettel müssen auf einem farblich kontrastierenden Hintergrund angebracht werden oder müssen entweder eine gestrichelte oder eine durchgehende äußere Begrenzungslinie aufweisen.

**[Format]** 5.2.2.2.1.1.2

Die Gefahrzettel müssen die Form eines auf die Spitze gestellten Quadrats (Raute) haben. Die Mindestabmessungen müssen 100 mm × 100 mm betragen. Innerhalb des Rands der Raute muss parallel zum Rand eine Linie verlaufen, wobei der Abstand zwischen dieser Linie und dem Rand des Gefahrzettels etwa 5 mm betragen muss. In der oberen Hälfte muss die Linie innerhalb des Rands dieselbe Farbe wie das Symbol, in der unteren Hälfte dieselbe Farbe wie die Nummer der Klasse oder Unterklasse in der unteren Ecke haben. Wenn Abmessungen nicht näher spezifiziert sind, müssen die Proportionen aller charakteristischen Merkmale den abgebildeten in etwa entsprechen.

**[Verkleinerte Abmessungen]** 5.2.2.2.1.1.3

Wenn es die Größe des Versandstücks erfordert, dürfen die Abmessungen proportional reduziert werden, sofern die Symbole und die übrigen Elemente des Gefahrzettels deutlich sichtbar bleiben. Die Abmessungen der Gefahrzettel für Flaschen müssen den Vorschriften des Absatzes 5.2.2.2.1.2 entsprechen.

**[Flaschen für Gase der Klasse 2]** 5.2.2.2.1.2 *→ D: GGAV 32*

Flaschen für Gase der Klasse 2 dürfen, soweit dies wegen ihrer Form, ihrer Ausrichtung und ihres Befestigungssystems für die Beförderung erforderlich ist, mit Gefahrzetteln, die den in diesem Abschnitt beschriebenen Gefahrzetteln gleichartig sind, und gegebenenfalls mit dem Kennzeichen für umweltgefährdende Stoffe versehen sein, deren (dessen) Abmessungen entsprechend der Norm ISO 7225:2005 Gasflaschen – Gefahrgutaufkleber verkleinert sind (ist), um auf dem nicht zylindrischen Teil solcher Flaschen (Flaschenschulter) angebracht werden zu können.

**Bem.** Wenn der Durchmesser der Flasche zu gering ist, um das Anbringen von Gefahrzetteln mit verkleinerten Abmessungen auf dem nicht zylindrischen oberen Teil der Flasche zu ermöglichen, dürfen die Gefahrzettel mit verkleinerten Abmessungen auf dem zylindrischen Teil angebracht werden.

Ungeachtet der Vorschriften des Absatzes 5.2.2.1.6 dürfen sich die Gefahrzettel und das Kennzeichen für umweltgefährdende Stoffe (siehe Absatz 5.2.1.8.3) bis zu dem in der Norm ISO 7225:2005 vorgesehenen Ausmaß überlappen. Jedoch müssen der Gefahrzettel für die Hauptgefahr und die Ziffern aller Gefahrzettel vollständig sichtbar und die Symbole erkennbar bleiben.

Ungereinigte leere Druckgefäße für Gase der Klasse 2 dürfen mit veralteten oder beschädigten Gefahrzetteln für Zwecke der Wiederbefüllung bzw. Prüfung und zur Anbringung eines neuen Gefahrzettels gemäß den geltenden Vorschriften oder der Entsorgung des Druckgefäßes befördert werden. *→ D: RSEB 5-6*

**[Unterteilung]** 5.2.2.2.1.3

Mit Ausnahme der Gefahrzettel für die Unterklassen 1.4, 1.5 und 1.6 der Klasse 1 enthält die obere Hälfte der Gefahrzettel das Symbol und die untere Hälfte:

a) für die Klassen 1, 2, 3, 5.1, 5.2, 7, 8 und 9 die Nummer der Klasse;

b) für die Klassen 4.1, 4.2 und 4.3 die Ziffer „4“;

c) für die Klassen 6.1 und 6.2 die Ziffer „6“.

Jedoch darf der Gefahrzettel nach Muster 9A in der oberen Hälfte nur die sieben senkrechten Streifen des Symbols und in der unteren Hälfte die Ansammlung von Batterien des Symbols und die Nummer der Klasse enthalten.

Mit Ausnahme des Gefahrzettels nach Muster 9A dürfen die Gefahrzettel in Übereinstimmung mit Absatz 5.2.2.2.1.5 einen Text wie die UN-Nummer oder eine textliche Beschreibung der Gefahr (z.B. „entzündbar“) enthalten, vorausgesetzt, der Text verdeckt oder beeinträchtigt nicht die anderen vorgeschriebenen Elemente des Gefahrzettels. *→ D: RSEB 5-7*

**[Gefahrzettel der Klasse 1]** 5.2.2.2.1.4

Mit Ausnahme der Unterklassen 1.4, 1.5 und 1.6 ist darüber hinaus bei Gefahrzetteln der Klasse 1 in der unteren Hälfte über der Nummer der Klasse die Nummer der Unterklasse und der Buchstabe der Verträglichkeitsgruppe des Stoffes oder Gegenstandes angegeben. Bei den Gefahrzetteln der Unterklassen 1.4,

**5.2.2.2.1.4** (Forts.) 1.5 und 1.6 ist in der oberen Hälfte die Nummer der Unterklasse und in der unteren Hälfte die Nummer der Klasse und der Buchstabe der Verträglichkeitsgruppe angegeben.

**5.2.2.2.1.5 [Textauswahl]**

*→ D: RSEB 5-7*

Auf den Gefahrzetteln mit Ausnahme der Gefahrzettel der Klasse 7 darf ein etwaiger Text im Bereich unter dem Symbol (abgesehen von der Nummer der Klasse) nur freiwillige Angaben über die Art der Gefahr und die bei der Handhabung zu treffenden Vorsichtsmaßnahmen umfassen.

**5.2.2.2.1.6 [Farben]**

Die Symbole, der Text und die Ziffern müssen gut lesbar und unauslöschbar sein und auf allen Gefahrzetteln in schwarz erscheinen, ausgenommen:

a) der Gefahrzettel der Klasse 8, bei dem ein eventueller Text und die Ziffer der Klasse in weiß anzugeben ist,

b) die Gefahrzettel mit grünem, rotem oder blauem Grund, bei denen das Symbol, der Text und die Ziffer in weiß angegeben werden darf,

c) der Gefahrzettel der Klasse 5.2, bei dem das Symbol weiß dargestellt werden darf, und

d) die auf Flaschen und Gaspatronen für Flüssiggas (LPG) angebrachten Gefahrzettel nach Muster 2.1, bei denen das Symbol, der Text und die Ziffer bei ausreichendem Kontrast in der Farbe des Gefäßes angegeben werden dürfen.

**5.2.2.2.1.7 [Eigenschaften]**

Die Gefahrzettel müssen der Witterung ohne nennenswerte Beeinträchtigung ihrer Wirkung standhalten können.

**5.2.2.2.2 Gefahrzettelmuster**

| Gefahrzettelmuster Nr. | Unterklasse oder Kategorie | Symbol und Farbe des Symbols | Hintergrund | Ziffer in der unteren Ecke (und Farbe der Ziffer) | Gefahrzettelmuster | Bemerkung |
|---|---|---|---|---|---|---|
| **Gefahr der Klasse 1: Explosive Stoffe und Gegenstände mit Explosivstoff** | | | | | | |
| 1 | Unterklassen 1.1, 1.2, 1.3 | explodierende Bombe: schwarz | orange | 1 (schwarz) |  | ** Angabe der Unterklasse – keine Angabe, wenn die explosive Eigenschaft die Nebengefahr darstellt<br>* Angabe der Verträglichkeitsgruppe – keine Angabe, wenn die explosive Eigenschaft die Nebengefahr darstellt |
| 1.4 | Unterklasse 1.4 | 1.4: schwarz Die Ziffern müssen eine Zeichenhöhe von ca. 30 mm und eine Dicke von ca. 5 mm haben (bei einem Gefahrzettel von 100 mm × 100 mm). | orange | 1 (schwarz) |  | * Angabe der Verträglichkeitsgruppe |

5.2.2.2.2 (Forts.)

| Gefahrzettelmuster Nr. | Unterklasse oder Kategorie | Symbol und Farbe des Symbols | Hintergrund | Ziffer in der unteren Ecke (und Farbe der Ziffer) | Gefahrzettelmuster | Bemerkung |
|---|---|---|---|---|---|---|
| 1.5 | Unterklasse 1.5 | 1.5: schwarz Die Ziffern müssen eine Zeichenhöhe von ca. 30 mm und eine Dicke von ca. 5 mm haben (bei einem Gefahrzettel von 100 mm × 100 mm). | orange | 1 (schwarz) |  | * Angabe der Verträglichkeitsgruppe |
| 1.6 | Unterklasse 1.6 | 1.6: schwarz Die Ziffern müssen eine Zeichenhöhe von ca. 30 mm und eine Dicke von ca. 5 mm haben (bei einem Gefahrzettel von 100 mm × 100 mm). | orange | 1 (schwarz) |  | * Angabe der Verträglichkeitsgruppe |
| **Gefahr der Klasse 2: Gase** | | | | | | |
| 2.1 | Entzündbare Gase | Flamme: schwarz oder weiß (mit Ausnahme der in Absatz 5.2.2.2.1.6 d) vorgesehenen Fälle) | rot | 2 (schwarz oder weiß) (mit Ausnahme der in Absatz 5.2.2.2.1.6 d) vorgesehenen Fälle) |   | – |
| 2.2 | Nicht entzündbare, nicht giftige Gase | Gasflasche: schwarz oder weiß | grün | 2 (schwarz oder weiß) |   | – |
| 2.3 | Giftige Gase | Totenkopf mit gekreuzten Gebeinen: schwarz | weiß | 2 (schwarz) |  | – |
| **Gefahr der Klasse 3: Entzündbare flüssige Stoffe** | | | | | | |
| 3 | – | Flamme: schwarz oder weiß | rot | 3 (schwarz oder weiß) |   | – |
| **Gefahr der Klasse 4.1: Entzündbare feste Stoffe, selbstzersetzliche Stoffe, polymerisierende Stoffe und desensibilisierte explosive feste Stoffe** | | | | | | |
| 4.1 | – | Flamme: schwarz | weiß mit sieben senkrechten roten Streifen | 4 (schwarz) |  | – |

**5.2.2.2.2** (Forts.)

| Gefahrzettelmuster Nr. | Unterklasse oder Kategorie | Symbol und Farbe des Symbols | Hintergrund | Ziffer in der unteren Ecke (und Farbe der Ziffer) | Gefahrzettelmuster | Bemerkung |
|---|---|---|---|---|---|---|
| **Gefahr der Klasse 4.2: Selbstentzündliche Stoffe** | | | | | | |
| 4.2 | – | Flamme: schwarz | obere Hälfte weiß, untere Hälfte rot | 4 (schwarz) |  | – |
| **Gefahr der Klasse 4.3: Stoffe, die in Berührung mit Wasser entzündbare Gase entwickeln** | | | | | | |
| 4.3 | – | Flamme: schwarz oder weiß | blau | 4 (schwarz oder weiß) |   | – |
| **Gefahr der Klasse 5.1: Entzündend (oxidierend) wirkende Stoffe** | | | | | | |
| 5.1 | – | Flamme über einem Kreis: schwarz | gelb | 5.1 (schwarz) |  | – |
| **Gefahr der Klasse 5.2: Organische Peroxide** | | | | | | |
| 5.2 | – | Flamme: schwarz oder weiß | obere Hälfte rot, untere Hälfte gelb | 5.2 (schwarz) |   | – |
| **Gefahr der Klasse 6.1: Giftige Stoffe** | | | | | | |
| 6.1 | – | Totenkopf mit gekreuzten Gebeinen: schwarz | weiß | 6 (schwarz) |  | – |
| **Gefahr der Klasse 6.2: Ansteckungsgefährliche Stoffe** | | | | | | |
| 6.2 | – | Kreis, der von drei sichelförmigen Zeichen überlagert wird: schwarz | weiß | 6 (schwarz) |  | In der unteren Hälfte des Gefahrzettels darf in Schwarz angegeben sein: „ANSTECKUNGSGEFÄHRLICHE STOFFE" und „BEI BESCHÄDIGUNG ODER FREIWERDEN UNVERZÜGLICH GESUNDHEITSBEHÖRDEN VERSTÄNDIGEN". |

**5.2.2.2.2** (Forts.)

| Gefahrzettelmuster Nr. | Unterklasse oder Kategorie | Symbol und Farbe des Symbols | Hintergrund | Ziffer in der unteren Ecke (und Farbe der Ziffer) | Gefahrzettelmuster | Bemerkung |
|---|---|---|---|---|---|---|
| | | | **Gefahr der Klasse 7: Radioaktive Stoffe** | | | |
| 7A | Kategorie I – WEISS | Strahlensymbol: schwarz | weiß | 7 (schwarz) |   | (vorgeschriebener) Text, schwarz, in der unteren Hälfte des Gefahrzettels: „RADIOACTIVE" „CONTENTS …" „ACTIVITY …"; dem Ausdruck „RADIOACTIVE" folgt ein senkrechter roter Streifen |
| 7B | Kategorie II – GELB | Strahlensymbol: schwarz | obere Hälfte gelb mit weißem Rand, untere Hälfte weiß | 7 (schwarz) |   | (vorgeschriebener) Text, schwarz, in der unteren Hälfte des Gefahrzettels: „RADIOACTIVE" „CONTENTS …" „ACTIVITY …"; in einem schwarz eingerahmten Feld: „TRANSPORT INDEX"; dem Ausdruck „RADIOACTIVE" folgen zwei senkrechte rote Streifen |
| 7C | Kategorie III – GELB | Strahlensymbol: schwarz | obere Hälfte gelb mit weißem Rand, untere Hälfte weiß | 7 (schwarz) |   | (vorgeschriebener) Text, schwarz, in der unteren Hälfte des Gefahrzettels: „RADIOACTIVE" „CONTENTS …" „ACTIVITY …"; in einem schwarz eingerahmten Feld: „TRANSPORT INDEX"; dem Ausdruck „RADIOACTIVE" folgen drei senkrechte rote Streifen |
| 7E | Spaltbare Stoffe | – | weiß | 7 (schwarz) | 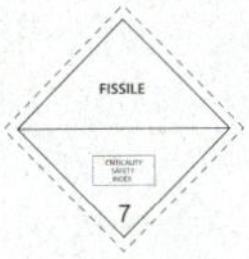  | (vorgeschriebener) Text, schwarz, in der oberen Hälfte des Gefahrzettels: „FISSILE"; in einem schwarz eingerahmten Feld in der unteren Hälfte des Gefahrzettels: „CRITICALITY SAFETY INDEX" |
| | | | **Gefahr der Klasse 8: Ätzende Stoffe** | | | |
| 8 | – | Flüssigkeiten, die aus zwei Reagenzgläsern ausgeschüttet werden und eine Hand und ein Metall angreifen: schwarz | obere Hälfte weiß, untere Hälfte schwarz mit weißem Rand | 8 (weiß) |   | – |

**5.2.2.2.2** (Forts.)

| Gefahrzettelmuster Nr. | Unterklasse oder Kategorie | Symbol und Farbe des Symbols | Hintergrund | Ziffer in der unteren Ecke (und Farbe der Ziffer) | Gefahrzettelmuster | Bemerkung |
|---|---|---|---|---|---|---|
| **Gefahr der Klasse 9: Verschiedene gefährliche Stoffe und Gegenstände** | | | | | | |
| 9 | – | sieben senkrechte Streifen in der oberen Hälfte: schwarz | weiß | 9, unterstrichen (schwarz) |  | – |
| 9A | – | sieben senkrechte Streifen in der oberen Hälfte: schwarz; Ansammlung von Batterien, von denen eine beschädigt und entflammt ist, in der unteren Hälfte: schwarz | weiß | 9, unterstrichen (schwarz) |  | – |

# Kapitel 5.3 Anbringen von Großzetteln (Placards) an und Kennzeichnung von Containern, Schüttgut-Containern, MEGC, MEMU, Tankcontainern, ortsbeweglichen Tanks und Fahrzeugen

→ 1.1.3.6.3

**Bem.** 1. Wegen des Anbringens von Großzetteln (Placards) und der Kennzeichnung von Containern, Schüttgut-Containern, MEGC, Tankcontainern und ortsbeweglichen Tanks bei einer Beförderung in einer Transportkette, die eine Seebeförderung einschließt, siehe auch Absatz 1.1.4.2.1. Bei Anwendung der Vorschriften des Absatzes 1.1.4.2.1 c) gelten nur der Unterabschnitt 5.3.1.3 und der Absatz 5.3.2.1.1.

→ D: § 23 (2) Nr. 3
→ D: RSEB 5-3
→ 5.2
→ RO-a-IE-4

2. In Übereinstimmung mit dem GHS sollte ein nach dem ADR nicht vorgeschriebenes GHS-Piktogramm während der Beförderung nur als vollständiges GHS-Kennzeichnungsetikett und nicht eigenständig erscheinen (siehe Absatz 1.4.10.4.4 des GHS).

3. Im Sinne dieses Kapitels gelten abnehmbare Mulden, die nicht dem Kapitel 6.11 entsprechen, als Container.

## Anbringen von Großzetteln (Placards) 5.3.1

→ D: § 19 (2) 11

### Allgemeine Vorschriften 5.3.1.1

**[Grundsatz]** 5.3.1.1.1

Die Großzettel (Placards) sind auf der äußeren Oberfläche der Container, Schüttgut-Container, MEGC, MEMU, Tankcontainer, ortsbeweglichen Tanks und Fahrzeuge nach den Vorschriften dieses Abschnitts anzubringen. Die Großzettel (Placards) müssen den in Kapitel 3.2 Tabelle A Spalte (5) und gegebenenfalls (6) für die im Container, Schüttgut-Container, MEGC, MEMU, Tankcontainer, ortsbeweglichen Tank oder Fahrzeug enthaltenen gefährlichen Güter vorgeschriebenen Gefahrzetteln und den in Unterabschnitt 5.3.1.7 aufgeführten Beschreibungen entsprechen. Die Großzettel (Placards) müssen auf einem farblich kontrastierenden Hintergrund angebracht werden oder müssen entweder eine gestrichelte oder eine durchgehende äußere Begrenzungslinie aufweisen. Die Großzettel (Placards) müssen witterungsbeständig sein und eine dauerhafte Kennzeichnung während der gesamten Beförderung gewährleisten.

**[Klasse 1]** 5.3.1.1.2

Für die Klasse 1 sind die Verträglichkeitsgruppen auf den Großzetteln (Placards) nicht anzugeben, wenn im Fahrzeug, im Container oder im besonderen Ladeabteil von MEMU Stoffe oder Gegenstände mehrerer Verträglichkeitsgruppen befördert werden. Fahrzeuge, Container oder besondere Ladeabteile von MEMU, in denen Stoffe oder Gegenstände verschiedener Unterklassen befördert werden, sind nur mit Großzetteln (Placards) des Musters der gefährlichsten Unterklasse zu versehen, und zwar in der Rangfolge:
1.1 (am gefährlichsten), 1.5, 1.2, 1.3, 1.6, 1.4 (am wenigsten gefährlich).

Werden Stoffe des Klassifizierungscodes 1.5 D mit Stoffen oder Gegenständen der Unterklasse 1.2 befördert, so sind am Fahrzeug oder Container Großzettel (Placards) für die Unterklasse 1.1 anzubringen.

Großzettel (Placards) sind nicht erforderlich für die Beförderung von explosiven Stoffen oder Gegenständen mit Explosivstoff der Unterklasse 1.4 Verträglichkeitsgruppe S.

**[Klasse 7]** 5.3.1.1.3

Für die Klasse 7 muss der Großzettel (Placard) für die Hauptgefahr dem in Absatz 5.3.1.7.2 beschriebenen Muster 7D entsprechen. Dieser Großzettel (Placard) ist weder erforderlich für Fahrzeuge oder Container, in denen freigestellte Versandstücke befördert werden, noch für Kleincontainer.

Sofern die Anbringung sowohl von Gefahrzetteln als auch von Großzetteln (Placards) für die Klasse 7 auf Fahrzeugen, Containern, MEGC, Tankcontainern oder ortsbeweglichen Tanks vorgeschrieben ist, darf anstelle des Großzettels (Placards) nach Muster 7D ein dem vorgeschriebenen Gefahrzettel nach Muster 7A, 7B oder 7C entsprechender vergrößerter Gefahrzettel angebracht werden, der beide Zwecke erfüllt. In diesem Fall dürfen die Abmessungen nicht geringer sein als 250 mm × 250 mm.

**5.3.1.1.4 [Klasse 9 – Muster 9A]**

Für die Klasse 9 muss der Großzettel (Placard) dem Gefahrzettel nach Muster 9 gemäß Absatz 5.2.2.2.2 entsprechen; der Gefahrzettel nach Muster 9A darf nicht für Zwecke des Anbringens von Großzetteln (Placards) verwendet werden.

**5.3.1.1.5 [Nebengefahr, mehrere Klassen]**

Container, MEGC, MEMU, Tankcontainer, ortsbewegliche Tanks oder Fahrzeuge, die Güter mehrerer Klassen enthalten, müssen nicht mit einem Großzettel (Placard) für die Nebengefahr versehen sein, wenn die durch diesen Großzettel (Placard) dargestellte Gefahr bereits durch einen Großzettel (Placard) für die Haupt- oder Nebengefahr angegeben wird.

**5.3.1.1.6 [Nicht zutreffende Großzettel (Placards)]**

*→ D: § 26 (1) 2*
*→ D: § 28 Nr. 6*

Großzettel (Placards), die sich nicht auf die beförderten gefährlichen Güter oder deren Reste beziehen, müssen entfernt oder abgedeckt sein.

**5.3.1.1.7 [Großzettel (Placards) auf Klapptafeln]**

Wenn die Großzettel (Placards) auf Klapptafeln angebracht werden, müssen diese so ausgelegt und gesichert sein, dass jegliches Umklappen oder Lösen aus der Halterung während der Beförderung (insbesondere durch Stöße und unabsichtliche Handlungen) ausgeschlossen ist.

**5.3.1.2 Anbringen von Großzetteln (Placards) an Containern, Schüttgut-Containern, MEGC, Tankcontainern und ortsbeweglichen Tanks**

**Bem.** Dieser Unterabschnitt gilt nicht für Wechselaufbauten (Wechselbehälter), ausgenommen Tankwechselaufbauten (Tankwechselbehälter) und im kombinierten Verkehr Straße/Schiene beförderte Wechselaufbauten (Wechselbehälter).

*→ D: § 21 (2) 4*
*→ D: § 23 (2) 3*
*→ RO-a-ES-1*

Die Großzettel (Placards) sind an beiden Längsseiten und an jedem Ende des Containers, Schüttgut-Containers, MEGC, Tankcontainers oder ortsbeweglichen Tanks und im Falle von flexiblen Schüttgut-Containern an zwei gegenüberliegenden Seiten anzubringen.

Wenn der Tankcontainer oder ortsbewegliche Tank mehrere Tankabteile hat, in denen zwei oder mehrere gefährliche Güter befördert werden, sind die entsprechenden Großzettel (Placards) an beiden Längsseiten in der Höhe des jeweiligen Tankabteils und jeweils ein Muster der an den Längsseiten angebrachten Großzettel (Placards) an beiden Enden anzubringen. Wenn an allen Tankabteilen die gleichen Großzettel (Placards) anzubringen sind, müssen diese Großzettel (Placards) an beiden Längsseiten und an jedem Ende des Tankcontainers oder ortsbeweglichen Tanks nur einmal angebracht werden.

**5.3.1.3 Anbringen von Großzetteln (Placards) an Trägerfahrzeugen, auf denen Container, Schüttgut-Container, MEGC, Tankcontainer oder ortsbewegliche Tanks befördert werden**

*→ D: § 28 Nr. 6*

*→ D: RSEB 5-8.5*

**Bem.** Dieser Unterabschnitt gilt nicht für das Anbringen von Großzetteln (Placards) auf Trägerfahrzeugen, auf denen Wechselaufbauten (Wechselbehälter) befördert werden, ausgenommen Tankwechselaufbauten (Tankwechselbehälter) und im kombinierten Verkehr Straße/Schiene beförderte Wechselaufbauten (Wechselbehälter); für diese Fahrzeuge siehe Unterabschnitt 5.3.1.5.

Wenn die an Containern, Schüttgut-Containern, MEGC, Tankcontainern oder ortsbeweglichen Tanks angebrachten Großzettel (Placards) außerhalb des Trägerfahrzeugs nicht sichtbar sind, müssen die gleichen Großzettel (Placards) auch an beiden Längsseiten und hinten am Fahrzeug angebracht werden. In den übrigen Fällen muss am Trägerfahrzeug kein Großzettel (Placard) angebracht werden.

**5.3.1.4 Anbringen von Großzetteln (Placards) an Fahrzeugen bei Beförderung in loser Schüttung, an Tankfahrzeugen, Batterie-Fahrzeugen, MEMU und Fahrzeugen mit Aufsetztanks**

*→ D: § 28 Nr. 6*

**5.3.1.4.1 [Ort der Anbringung]**

Die Großzettel (Placards) sind an beiden Längsseiten und hinten am Fahrzeug anzubringen.

Wenn das Tankfahrzeug oder der auf dem Fahrzeug beförderte Aufsetztank mehrere Tankabteile hat, in denen zwei oder mehrere gefährliche Güter befördert werden, sind die entsprechenden Großzettel (Placards) an beiden Längsseiten in der Höhe des jeweiligen Tankabteils und jeweils ein Muster der an den Längsseiten angebrachten Großzettel (Placards) hinten anzubringen. Wenn an allen Tankabteilen die gleichen Großzettel (Placards) anzubringen sind, müssen diese Großzettel (Placards) an beiden Längsseiten und hinten nur einmal angebracht werden.

Wenn mehr als ein Großzettel (Placard) für dasselbe Tankabteil vorgeschrieben ist, müssen die Großzettel (Placards) nahe beieinander angebracht werden. 5.3.1.4.1 (Forts.)

**Bem.** Wird während oder am Ende einer ADR-Beförderung ein Tanksattelauflieger von seiner Zugmaschine getrennt, um auf ein Schiff oder Binnenschiff verladen zu werden, müssen die Großzettel (Placards) auch vorn am Tanksattelauflieger angebracht werden.

**[MEMU mit Tanks und Schüttgut-Containern]** 5.3.1.4.2

MEMU mit Tanks und Schüttgut-Containern sind gemäß Absatz 5.3.1.4.1 für die darin enthaltenen Stoffe mit Großzetteln (Placards) zu versehen. Bei Tanks mit einem Fassungsraum von weniger als 1 000 Litern dürfen Großzettel (Placards) durch Gefahrzettel gemäß Unterabschnitt 5.2.2.2 ersetzt werden.

**[MEMU mit Versandstücken]** 5.3.1.4.3

Bei MEMU mit Versandstücken, die Stoffe oder Gegenstände der Klasse 1 (ausgenommen Unterklasse 1.4 Verträglichkeitsgruppe S) befördern, müssen die Großzettel (Placards) an beiden Längsseiten und hinten angebracht werden.

Besondere Ladeabteile für explosive Stoffe oder Gegenstände mit Explosivstoff sind nach den Vorschriften des Absatzes 5.3.1.1.2 mit Großzetteln (Placards) zu versehen. Der letzte Satz des Absatzes 5.3.1.1.2 findet keine Anwendung.

**Anbringen von Großzetteln (Placards) an Fahrzeugen, in denen nur Versandstücke befördert werden** 5.3.1.5 → *D: § 28 Nr. 6*

**Bem.** Dieser Unterabschnitt gilt auch für Trägerfahrzeuge, auf denen mit Versandstücken beladene Wechselaufbauten (Wechselbehälter) befördert werden, ausgenommen im kombinierten Verkehr Straße/Schiene beförderte Wechselaufbauten (Wechselbehälter); für den kombinierten Verkehr Straße/Schiene siehe Unterabschnitte 5.3.1.2 und 5.3.1.3.

**[Klasse 1]** 5.3.1.5.1

An Fahrzeugen, in denen Versandstücke mit Stoffen oder Gegenständen der Klasse 1 (ausgenommen Unterklasse 1.4 Verträglichkeitsgruppe S) befördert werden, sind an beiden Längsseiten und hinten Großzettel (Placards) anzubringen.

**[Klasse 7]** 5.3.1.5.2

An Fahrzeugen, in denen radioaktive Stoffe der Klasse 7 in Verpackungen oder Großpackmitteln (IBC) (ausgenommen freigestellte Versandstücke) befördert werden, sind an beiden Längsseiten und hinten Großzettel (Placards) anzubringen.

**Anbringen von Großzetteln (Placards) an leeren Tankfahrzeugen, Fahrzeugen mit Aufsetztanks, Batterie-Fahrzeugen, MEGC, MEMU, Tankcontainern und ortsbeweglichen Tanks sowie an leeren Fahrzeugen und Containern für die Beförderung in loser Schüttung** 5.3.1.6 → *D: § 28 Nr. 6*

Ungereinigte oder nicht entgaste leere Tankfahrzeuge, Fahrzeuge mit Aufsetztanks, Batterie-Fahrzeuge, MEGC, MEMU, Tankcontainer und ortsbewegliche Tanks sowie ungereinigte leere Fahrzeuge und Container für die Beförderung in loser Schüttung müssen mit den für die vorherige Ladung vorgeschriebenen Großzetteln (Placards) versehen sein.

**Beschreibung der Großzettel (Placards)** 5.3.1.7

**[Außer Klasse 7]** 5.3.1.7.1

Mit Ausnahme des in Absatz 5.3.1.7.2 beschriebenen Großzettels (Placards) für die Klasse 7 und des in Unterabschnitt 5.3.6.2 beschriebenen Kennzeichens für umweltgefährdende Stoffe muss ein Großzettel (Placard) wie in Abbildung 5.3.1.7.1 dargestellt gestaltet sein.

5.3.1.7.1 (Forts.) **Abbildung 5.3.1.7.1: Großzettel (Placard) (ausgenommen für Klasse 7)**

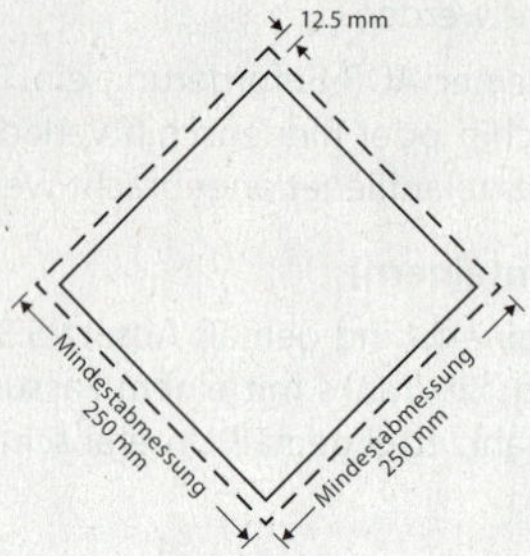


Der Großzettel muss die Form eines auf die Spitze gestellten Quadrats (Raute) haben. Die Mindestabmessungen müssen 250 mm × 250 mm (bis zum Rand des Großzettels (Placards)) betragen. Die Linie innerhalb des Rands muss parallel zum Rand des Großzettels (Placards) verlaufen, wobei der Abstand zwischen dieser Linie und dem Rand 12,5 mm betragen muss. Die Farbe des Symbols und der Linie innerhalb des Rands muss derjenigen des Gefahrzettels für die Klasse oder Unterklasse des jeweiligen gefährlichen Guts entsprechen. Die Position und die Größe des Symbols/der Ziffer der Klasse oder Unterklasse muss proportional zu dem Symbol/der Ziffer sein, das/die in Unterabschnitt 5.2.2.2 für die entsprechende Klasse oder Unterklasse des jeweiligen gefährlichen Guts vorgeschrieben ist. Auf dem Großzettel (Placard) muss die Nummer der Klasse oder Unterklasse (und für Güter der Klasse 1 der Buchstabe der Verträglichkeitsgruppe) des jeweiligen gefährlichen Guts in derselben Art angezeigt werden, wie es in Unterabschnitt 5.2.2.2 für den entsprechenden Gefahrzettel vorgeschrieben ist, jedoch mit einer Zeichenhöhe von mindestens 25 mm. Wenn Abmessungen nicht näher spezifiziert sind, müssen die Proportionen aller charakteristischen Merkmale den abgebildeten in etwa entsprechen.

Die in den Absätzen 5.2.2.2.1 Satz 2, 5.2.2.2.1.3 Satz 3 und 5.2.2.2.1.5 geregelten Abweichungen für Gefahrzettel gelten auch für Großzettel (Placards).

5.3.1.7.2 **[Klasse 7]**

Der Großzettel (Placard) für die Klasse 7 muss eine Größe von mindestens 250 mm × 250 mm haben und mit einer schwarzen Umrandung versehen sein, die parallel zum Rand in einem Abstand von 5 mm verläuft; ansonsten muss der Großzettel (Placard) der unten stehenden Abbildung (Muster 7D) entsprechen. Die Ziffer „7" muss eine Zeichenhöhe von mindestens 25 mm haben. Die Hintergrundfarbe der oberen Hälfte des Großzettels (Placards) muss gelb, die der unteren Hälfte weiß sein; die Farbe des Strahlensymbols und des Aufdrucks muss schwarz sein. Die Verwendung des Ausdrucks „RADIOACTIVE" in der unteren Hälfte ist freigestellt, um die alternative Verwendung dieses Großzettels (Placards) zur Angabe der entsprechenden UN-Nummer für die Sendung zu ermöglichen.

**Großzettel (Placard) für radioaktive Stoffe der Klasse 7**

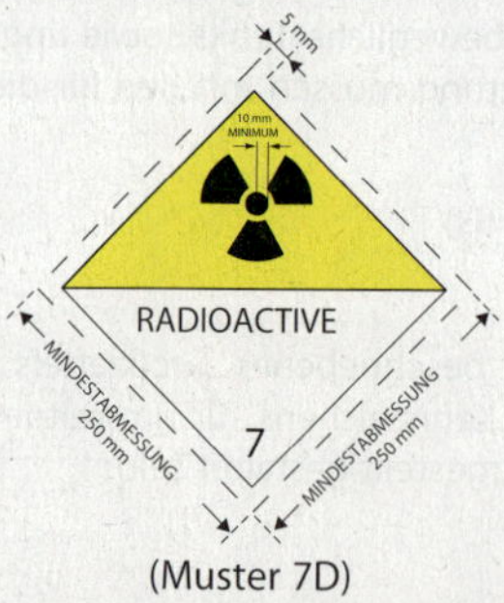


(Muster 7D)

Symbol (Strahlensymbol): schwarz;
Hintergrund: obere Hälfte gelb mit weißem Rand, untere Hälfte weiß;
In der unteren Hälfte muss der Ausdruck „RADIOACTIVE" oder an seiner Stelle die entsprechende UN-Nummer und die Ziffer „7" angegeben sein.

**[Tanks < 3 m³/Kleincontainer]** 5.3.1.7.3

Bei Tanks mit einem Fassungsraum von höchstens 3 m³ und Kleincontainern dürfen die Großzettel (Placards) durch Gefahrzettel nach Unterabschnitt 5.2.2.2 ersetzt werden. Wenn diese Gefahrzettel außerhalb des Trägerfahrzeugs nicht sichtbar sind, müssen Großzettel (Placards) nach Absatz 5.3.1.7.1 auch an beiden Längsseiten und hinten am Fahrzeug angebracht werden.

**[Kleinere Abmessungen]** 5.3.1.7.4

Für die Klassen 1 und 7 dürfen die Abmessungen der Großzettel (Placards) auf eine Seitenlänge von 100 mm reduziert werden, wenn wegen der Größe und des Baus der Fahrzeuge die verfügbare Fläche für das Anbringen der vorgeschriebenen Großzettel (Placards) nicht ausreicht.

**Kennzeichnung mit orangefarbenen Tafeln*)** 5.3.2

**Allgemeine Vorschriften für die Kennzeichnung mit orangefarbenen Tafeln** 5.3.2.1

**[Grundsatz]** 5.3.2.1.1 → *RO-a-FI-3* → *D: RSEB 5-11.1.S*

Beförderungseinheiten, in denen gefährliche Güter befördert werden, müssen mit zwei rechteckigen, senkrecht angebrachten orangefarbenen Tafeln nach Absatz 5.3.2.2.1 versehen sein. Sie sind vorn und hinten an der Beförderungseinheit senkrecht zu deren Längsachse anzubringen. Sie müssen deutlich sichtbar bleiben.

Wenn während der Beförderung gefährlicher Güter ein Anhänger mit gefährlichen Gütern von seinem Zugfahrzeug getrennt wird, muss an der Heckseite des Anhängers eine orangefarbene Tafel angebracht bleiben. Wenn Tanks gemäß Absatz 5.3.2.1.3 gekennzeichnet sind, muss diese Tafel dem gefährlichsten im Tank beförderten Stoff bzw. der UN-Nummer 3475 entsprechen. → *D: RSEB 5-9.S*

**[Gefahrnummer/UN-Nummer]** 5.3.2.1.2 → *D: § 23 (2) 2* → *D: RSEB 5-11.1.S*

Wenn in Kapitel 3.2 Tabelle A Spalte (20) eine Nummer zur Kennzeichnung der Gefahr angegeben ist, müssen bei Tankfahrzeugen, Batterie-Fahrzeugen oder Beförderungseinheiten mit einem oder mehreren Tanks, in denen gefährliche Güter befördert werden, außerdem an den Seiten jedes Tanks, jedes Tankabteils oder jedes Elements eines Batterie-Fahrzeugs parallel zur Längsachse des Fahrzeugs orangefarbene Tafeln deutlich sichtbar angebracht sein, die mit den nach Absatz 5.3.2.1.1 vorgeschriebenen übereinstimmen. Diese orangefarbenen Tafeln müssen mit der Nummer zur Kennzeichnung der Gefahr und der UN-Nummer versehen sein, die in Kapitel 3.2 Tabelle A Spalte (20) bzw. Spalte (1) für jeden in einem Tank, in einem Tankabteil oder in einem Element eines Batterie-Fahrzeugs beförderten Stoff vorgeschrieben sind. Diese Vorschriften finden für MEMU nur bei Tanks mit einem Fassungsraum von mindestens 1 000 Litern und bei Schüttgut-Containern Anwendung.

**[Kraftstoffe]** 5.3.2.1.3 → *D: RSEB 5-10.S* → *RO-a-FI-2*

Bei Tankfahrzeugen oder Beförderungseinheiten mit einem oder mehreren Tanks, in denen Stoffe der UN-Nummer 1202, 1203, 1223 oder 3475 oder Flugkraftstoff, welcher der UN-Nummer 1268 oder 1863 zugeordnet ist, aber keine anderen gefährlichen Stoffe befördert werden, müssen die in Absatz 5.3.2.1.2 vorgeschriebenen orangefarbenen Tafeln nicht angebracht werden, wenn auf den gemäß Absatz 5.3.2.1.1 vorn und hinten angebrachten Tafeln die vorgeschriebene Nummer zur Kennzeichnung der Gefahr und UN-Nummer

a) für die UN-Nummer 3475 oder

b) wenn kein der UN-Nummer 3475 zugeordneter Stoff vorhanden ist, für den gefährlichsten beförderten Stoff, d.h. für den Stoff mit dem niedrigsten Flammpunkt,

angegeben sind.

**[Lose Schüttung/Ausschließliche Verwendung Klasse 7]** 5.3.2.1.4 → *D: RSEB 5-12.S*

Wenn in Kapitel 3.2 Tabelle A Spalte (20) eine Nummer zur Kennzeichnung der Gefahr angegeben ist, müssen bei Fahrzeugen, Containern und Schüttgut-Containern, in denen unverpackte feste Stoffe oder Gegenstände oder unter ausschließlicher Verwendung zu befördernde verpackte radioaktive Stoffe mit einer einzigen UN-Nummer und keine anderen gefährlichen Güter befördert werden, außerdem an den Seiten jedes Fahrzeugs, jedes Containers oder jedes Schüttgut-Containers parallel zur Längsachse des Fahrzeugs orangefarbene Tafeln deutlich sichtbar angebracht sein, die mit den nach Absatz 5.3.2.1.1 vor-

*) → *D: § 19 (2) 11;* → *D: § 23 (2) 3;* → *D: § 24 Nr. 1;* → *D: § 28 Nr. 7;* → *D: RSEB 5-11.2.S*

5.3.2.1.4 (Forts.) geschriebenen übereinstimmen. Diese orangefarbenen Tafeln müssen mit der Nummer zur Kennzeichnung der Gefahr und der UN-Nummer versehen sein, die in Kapitel 3.2 Tabelle A Spalte (20) bzw. Spalte (1) für jeden im Fahrzeug, Container oder Schüttgut-Container in loser Schüttung beförderten Stoff oder für den im Fahrzeug, Container oder Schüttgut-Container beförderten verpackten radioaktiven Stoff vorgeschrieben sind, sofern diese unter ausschließlicher Verwendung zu befördern ist.

**5.3.2.1.5 [Trägerfahrzeuge]**

*→ 5.3.2.2.1*

Wenn die an Containern, Schüttgut-Containern, Tankcontainern, MEGC oder ortsbeweglichen Tanks angebrachten, gemäß den Absätzen 5.3.2.1.2 und 5.3.2.1.4 vorgeschriebenen orangefarbenen Tafeln außerhalb des Trägerfahrzeugs nicht deutlich sichtbar sind, müssen die gleichen Tafeln auch an den beiden Längsseiten des Fahrzeugs angebracht werden.

**Bem.** Dieser Absatz muss nicht für Fahrzeuge, mit denen Container für die Beförderung in loser Schüttung, Tanks und MEGC mit einem höchsten Fassungsraum von 3 000 Litern befördert werden, angewendet werden.

**5.3.2.1.6 [Beförderung nur eines Stoffes]**

*→ D: RSEB 5-11.1.S*
*→ D: RSEB 5-12.S*

An Beförderungseinheiten, in denen nur ein gefährlicher Stoff und kein nicht gefährlicher Stoff befördert wird, sind die nach den Absätzen 5.3.2.1.2, 5.3.2.1.4 und 5.3.2.1.5 vorgeschriebenen orangefarbenen Tafeln nicht erforderlich, wenn die vorn und hinten gemäß Absatz 5.3.2.1.1 angebrachten Tafeln mit der nach Kapitel 3.2 Tabelle A Spalte (20) bzw. Spalte (1) für diesen Stoff vorgeschriebenen Nummer zur Kennzeichnung der Gefahr und UN-Nummer versehen sind.

**5.3.2.1.7 [Ungereinigte, nicht entgaste oder nicht entgiftete Beförderungsmittel]**

Die Vorschriften der Absätze 5.3.2.1.1 bis 5.3.2.1.5 gelten auch für ungereinigte, nicht entgaste oder nicht entgiftete leere

- festverbundene Tanks,
- Aufsetztanks,
- Batterie-Fahrzeuge,
- Tankcontainer,
- ortsbewegliche Tanks,
- MEGC und
- MEMU

sowie für ungereinigte oder nicht entgiftete leere Fahrzeuge und Container für die Beförderung in loser Schüttung.

**5.3.2.1.8 [Nicht zutreffende orangefarbene Tafeln]**

*→ D: § 28 Nr. 7*

Orangefarbene Tafeln, die sich nicht auf die beförderten gefährlichen Güter oder deren Reste beziehen, müssen entfernt oder verdeckt sein. Wenn die Tafeln verdeckt sind, muss die Abdeckung vollständig und nach einer 15-minütigen Feuereinwirkung noch wirksam sein.

**5.3.2.2 Beschreibung der orangefarbenen Tafeln**

*→ 1.6.1.8*

**5.3.2.2.1 [Größe, Farbe]**

*→ CH: SDR-Erlass 3.1.1*

Die orangefarbenen Tafeln müssen rückstrahlend sein und eine Grundlinie von 40 cm, eine Höhe von 30 cm und einen schwarzen Rand von 15 mm Breite haben. Der verwendete Werkstoff muss witterungsbeständig sein und eine dauerhafte Kennzeichnung gewährleisten. Die Tafel darf sich bei einer 15-minütigen Feuereinwirkung nicht von der Befestigung lösen. Sie muss unabhängig von der Ausrichtung des Fahrzeugs befestigt bleiben. Die orangefarbenen Tafeln dürfen in der Mitte durch eine waagerechte schwarze Linie mit einer Strichbreite von 15 mm unterteilt werden.

Wenn wegen der Größe und des Baus des Fahrzeugs die verfügbare Fläche für das Anbringen dieser orangefarbenen Tafeln nicht ausreicht, dürfen deren Abmessungen auf mindestens 300 mm für die Grundlinie, 120 mm für die Höhe und 10 mm für den schwarzen Rand verringert werden. In diesem Fall dürfen für die beiden in Absatz 5.3.2.1.1 vorgegebenen orangefarbenen Tafeln unterschiedliche Abmessungen innerhalb der festgelegten Bandbreite verwendet werden.

Wenn orangefarbene Tafeln mit verringerten Abmessungen verwendet werden, ist bei verpackten radioaktiven Stoffen, die unter ausschließlicher Verwendung befördert werden, nur die UN-Nummer erforderlich und die Größe der in Absatz 5.3.2.2.2 genannten Ziffern darf auf eine Zeichenhöhe von 65 mm und auf eine Strichbreite von 10 mm verringert werden. 5.3.2.2.1 (Forts.)

Bei Containern, in denen gefährliche feste Stoffe in loser Schüttung befördert werden, und bei Tankcontainern, MEGC und ortsbeweglichen Tanks dürfen die nach den Absätzen 5.3.2.1.2, 5.3.2.1.4 und 5.3.2.1.5 vorgeschriebenen Tafeln durch eine Selbstklebefolie, einen Farbanstrich oder jedes andere gleichwertige Verfahren ersetzt werden. Diese alternative Kennzeichnung muss den in diesem Unterabschnitt aufgeführten Anforderungen mit Ausnahme der in den Absätzen 5.3.2.2.1 und 5.3.2.2.2 aufgeführten Vorschriften betreffend die Feuerfestigkeit entsprechen.

**Bem.** Der Farbton der orangefarbenen Tafeln sollte im normalen Gebrauchszustand in dem Bereich des trichromatischen Normvalenzsystems liegen, der durch die mit Geraden verbundenen Punkte folgender Normfarbwertanteile beschrieben ist:

**Trichromatische Farbwertpunkte im Winkelbereich des trichromatischen Normvalenzsystems**

| | | | | |
|---|---|---|---|---|
| x<br>y | 0,52<br>0,38 | 0,52<br>0,40 | 0,578<br>0,422 | 0,618<br>0,38 |

Leuchtdichtefaktor bei rückstrahlender Farbe: $\beta > 0,12$.

Mittelpunktvalenz E, Normlichtart C, Messgeometrie 45°/0°.

Rückstrahlwert unter einem Anleuchtungswinkel von 5° und einem Beobachtungswinkel von 0,2°: mindestens 20 Candela pro Lux und pro $m^2$.

**[Angaben]** 5.3.2.2.2

Die Nummer zur Kennzeichnung der Gefahr und die UN-Nummer bestehen aus schwarzen Ziffern mit einer Zeichenhöhe von 100 mm und einer Strichbreite von 15 mm. Die Nummer zur Kennzeichnung der Gefahr muss im oberen Teil, die UN-Nummer im unteren Teil der Tafel angegeben sein; sie müssen durch eine waagrechte schwarze Linie mit einer Strichbreite von 15 mm in der Mitte der Tafel getrennt sein (siehe Absatz 5.3.2.2.3).

Die Nummer zur Kennzeichnung der Gefahr und die UN-Nummer müssen unauslöschbar und nach einer 15-minütigen Feuereinwirkung noch lesbar sein.

Auswechselbare Ziffern und Buchstaben auf Tafeln, mit denen die Nummer zur Kennzeichnung der Gefahr und die UN-Nummer dargestellt werden, müssen während der Beförderung und unabhängig von der Ausrichtung des Fahrzeugs an der vorgesehenen Stelle verbleiben.

**Beispiel einer orangefarbenen Tafel mit Nummer zur Kennzeichnung der Gefahr und UN-Nummer** 5.3.2.2.3

Nummer zur Kennzeichnung der Gefahr (2 oder 3 Ziffern, gegebenenfalls mit vorangestelltem Buchstaben „X“; siehe Unterabschnitt 5.3.2.3)

UN-Nummer (4 Ziffern)

Grund: orange;
Rand, waagerechte Linie und Ziffern: schwarz;
Strichbreite 15 mm

5.3.2.2.4 **[Toleranz]**

Alle in diesem Unterabschnitt angegebenen Abmessungen dürfen eine Toleranz von ±10 % aufweisen.

5.3.2.2.5 **[Anbringung auf Klapptafeln]**

Wenn die orangefarbene Tafel auf Klapptafeln angebracht wird, müssen diese so ausgelegt und gesichert sein, dass jegliches Umklappen oder Lösen aus der Halterung während der Beförderung (insbesondere durch Stöße und unabsichtliche Handlungen) ausgeschlossen ist.

### 5.3.2.3 Bedeutung der Nummern zur Kennzeichnung der Gefahr

5.3.2.3.1 **[Bedeutung der Ziffern]**

Die Nummer zur Kennzeichnung der Gefahr besteht für Stoffe der Klassen 2 bis 9 aus zwei oder drei Ziffern.

Die Ziffern weisen im Allgemeinen auf folgende Gefahren hin:

2 Entweichen von Gas durch Druck oder durch chemische Reaktion
3 Entzündbarkeit von flüssigen Stoffen (Dämpfen) und Gasen oder selbsterhitzungsfähiger flüssiger Stoff
4 Entzündbarkeit von festen Stoffen oder selbsterhitzungsfähiger fester Stoff
5 Oxidierende (brandfördernde) Wirkung
6 Giftigkeit oder Ansteckungsgefahr
7 Radioaktivität
8 Ätzwirkung
9 Gefahr einer spontanen heftigen Reaktion

**Bem.** Spontane heftige Reaktion im Sinne der Ziffer 9 umfasst eine sich aus dem Stoff ergebende Möglichkeit der Explosionsgefahr, einer gefährlichen Zerfalls- oder Polymerisationsreaktion unter Entwicklung beträchtlicher Wärme oder die Entwicklung von entzündbaren und/oder giftigen Gasen.

Die Verdoppelung einer Ziffer weist auf die Zunahme der entsprechenden Gefahr hin.

Wenn die Gefahr eines Stoffes ausreichend durch eine einzige Ziffer angegeben werden kann, wird dieser Ziffer eine Null angefügt.

Folgende Ziffernkombinationen haben jedoch eine besondere Bedeutung: 22, 323, 333, 362, 382, 423, 44, 446, 462, 482, 539, 606, 623, 642, 823, 842, 90 und 99 (siehe Absatz 5.3.2.3.2).

Wenn der Nummer zur Kennzeichnung der Gefahr der Buchstabe „X" vorangestellt ist, bedeutet dies, dass der Stoff in gefährlicher Weise mit Wasser reagiert. Bei solchen Stoffen darf Wasser nur im Einverständnis mit Sachverständigen verwendet werden.

Für die Stoffe der Klasse 1 wird als Nummer zur Kennzeichnung der Gefahr der Klassifizierungscode gemäß Kapitel 3.2 Tabelle A Spalte (3b) verwendet. Der Klassifizierungscode besteht aus:

- der Nummer der Unterklasse nach Absatz 2.2.1.1.5 und
- dem Buchstaben der Verträglichkeitsgruppe nach Absatz 2.2.1.1.6.

5.3.2.3.2 **[Bedeutung der einzelnen Gefahrgutnummern]**

Die in Kapitel 3.2 Tabelle A Spalte (20) aufgeführten Nummern zur Kennzeichnung der Gefahr haben folgende Bedeutung:

20 erstickendes Gas oder Gas, das keine Nebengefahr aufweist
22 tiefgekühlt verflüssigtes Gas, erstickend
223 tiefgekühlt verflüssigtes Gas, entzündbar
225 tiefgekühlt verflüssigtes Gas, oxidierend (brandfördernd)
23 entzündbares Gas
238 entzündbares Gas, ätzend
239 entzündbares Gas, das spontan zu einer heftigen Reaktion führen kann
25 oxidierendes (brandförderndes) Gas
26 giftiges Gas
263 giftiges Gas, entzündbar
265 giftiges Gas, oxidierend (brandfördernd)
268 giftiges Gas, ätzend

5.3.2.3.2 (Forts.)

| | |
|---|---|
| 28 | ätzendes Gas |
| 30 | – entzündbarer flüssiger Stoff (Flammpunkt von 23 °C bis einschließlich 60 °C) oder<br>– entzündbarer flüssiger Stoff oder fester Stoff in geschmolzenem Zustand mit einem Flammpunkt über 60 °C, auf oder über seinen Flammpunkt erwärmt, oder<br>– selbsterhitzungsfähiger flüssiger Stoff |
| 323 | entzündbarer flüssiger Stoff, der mit Wasser reagiert und entzündbare Gase bildet |
| X323 | entzündbarer flüssiger Stoff, der mit Wasser gefährlich reagiert[3)] und entzündbare Gase bildet |
| 33 | leicht entzündbarer flüssiger Stoff (Flammpunkt unter 23 °C) |
| 333 | pyrophorer flüssiger Stoff |
| X333 | pyrophorer flüssiger Stoff, der mit Wasser gefährlich reagiert[3)] |
| 336 | leicht entzündbarer flüssiger Stoff, giftig |
| 338 | leicht entzündbarer flüssiger Stoff, ätzend |
| X338 | leicht entzündbarer flüssiger Stoff, ätzend, der mit Wasser gefährlich reagiert[3)] |
| 339 | leicht entzündbarer flüssiger Stoff, der spontan zu einer heftigen Reaktion führen kann |
| 36 | entzündbarer flüssiger Stoff (Flammpunkt von 23 °C bis einschließlich 60 °C), schwach giftig, oder selbsterhitzungsfähiger flüssiger Stoff, giftig |
| 362 | entzündbarer flüssiger Stoff, giftig, der mit Wasser reagiert und entzündbare Gase bildet |
| X362 | entzündbarer flüssiger Stoff, giftig, der mit Wasser gefährlich reagiert[3)] und entzündbare Gase bildet |
| 368 | entzündbarer flüssiger Stoff, giftig, ätzend |
| 38 | entzündbarer flüssiger Stoff (Flammpunkt von 23 °C bis einschließlich 60 °C), schwach ätzend, oder selbsterhitzungsfähiger flüssiger Stoff, ätzend |
| 382 | entzündbarer flüssiger Stoff, ätzend, der mit Wasser reagiert und entzündbare Gase bildet |
| X382 | entzündbarer flüssiger Stoff, ätzend, der mit Wasser gefährlich reagiert[3)] und entzündbare Gase bildet |
| 39 | entzündbarer flüssiger Stoff, der spontan zu einer heftigen Reaktion führen kann |
| 40 | entzündbarer fester Stoff oder selbsterhitzungsfähiger Stoff oder selbstzersetzlicher Stoff oder polymerisierender Stoff |
| 423 | fester Stoff, der mit Wasser reagiert und entzündbare Gase bildet, oder entzündbarer fester Stoff, der mit Wasser reagiert und entzündbare Gase bildet, oder selbsterhitzungsfähiger fester Stoff, der mit Wasser reagiert und entzündbare Gase bildet |
| X423 | fester Stoff, der mit Wasser gefährlich reagiert[3)] und entzündbare Gase bildet, oder entzündbarer fester Stoff, der mit Wasser gefährlich reagiert[3)] und entzündbare Gase bildet, oder selbsterhitzungsfähiger fester Stoff, der mit Wasser gefährlich reagiert[3)] und entzündbare Gase bildet |
| 43 | selbstentzündlicher (pyrophorer) fester Stoff |
| X432 | selbstentzündlicher (pyrophorer) fester Stoff, der mit Wasser gefährlich reagiert[3)] und entzündbare Gase bildet |
| 44 | entzündbarer fester Stoff, der sich bei erhöhter Temperatur in geschmolzenem Zustand befindet |
| 446 | entzündbarer fester Stoff, giftig, der sich bei erhöhter Temperatur in geschmolzenem Zustand befindet |
| 46 | entzündbarer oder selbsterhitzungsfähiger fester Stoff, giftig |
| 462 | fester Stoff, giftig, der mit Wasser reagiert und entzündbare Gase bildet |
| X462 | fester Stoff, der mit Wasser gefährlich reagiert[3)] und giftige Gase bildet |
| 48 | entzündbarer oder selbsterhitzungsfähiger fester Stoff, ätzend |
| 482 | fester Stoff, ätzend, der mit Wasser reagiert und entzündbare Gase bildet |
| X482 | fester Stoff, der mit Wasser gefährlich reagiert[3)] und ätzende Gase bildet |
| 50 | oxidierender (brandfördernder) Stoff |
| 539 | entzündbares organisches Peroxid |
| 55 | stark oxidierender (brandfördernder) Stoff |
| 556 | stark oxidierender (brandfördernder) Stoff, giftig |

3) Wasser darf nur im Einverständnis mit Sachverständigen verwendet werden.

**5.3.2.3.2** (Forts.)

| | |
|---|---|
| 558 | stark oxidierender (brandfördernder) Stoff, ätzend |
| 559 | stark oxidierender (brandfördernder) Stoff, der spontan zu einer heftigen Reaktion führen kann |
| 56 | oxidierender (brandfördernder) Stoff, giftig |
| 568 | oxidierender (brandfördernder) Stoff, giftig, ätzend |
| 58 | oxidierender (brandfördernder) Stoff, ätzend |
| 59 | oxidierender (brandfördernder) Stoff, der spontan zu einer heftigen Reaktion führen kann |
| 60 | giftiger oder schwach giftiger Stoff |
| 606 | ansteckungsgefährlicher Stoff |
| 623 | giftiger flüssiger Stoff, der mit Wasser reagiert und entzündbare Gase bildet |
| 63 | giftiger Stoff, entzündbar (Flammpunkt von 23 °C bis einschließlich 60 °C) |
| 638 | giftiger Stoff, entzündbar (Flammpunkt von 23 °C bis einschließlich 60 °C), ätzend |
| 639 | giftiger Stoff, entzündbar (Flammpunkt nicht über 60 °C), der spontan zu einer heftigen Reaktion führen kann |
| 64 | giftiger fester Stoff, entzündbar oder selbsterhitzungsfähig |
| 642 | giftiger fester Stoff, der mit Wasser reagiert und entzündbare Gase bildet |
| 65 | giftiger Stoff, oxidierend (brandfördernd) |
| 66 | sehr giftiger Stoff |
| 663 | sehr giftiger Stoff, entzündbar (Flammpunkt nicht über 60 °C) |
| 664 | sehr giftiger fester Stoff, entzündbar oder selbsterhitzungsfähig |
| 665 | sehr giftiger Stoff, oxidierend (brandfördernd) |
| 668 | sehr giftiger Stoff, ätzend |
| X668 | sehr giftiger Stoff, ätzend, der mit Wasser gefährlich reagiert[3)] |
| 669 | sehr giftiger Stoff, der spontan zu einer heftigen Reaktion führen kann |
| 68 | giftiger Stoff, ätzend |
| 69 | giftiger oder schwach giftiger Stoff, der spontan zu einer heftigen Reaktion führen kann |
| 70 | radioaktiver Stoff |
| 768 | radioaktiver Stoff, giftig, ätzend |
| 80 | ätzender oder schwach ätzender Stoff |
| X80 | ätzender oder schwach ätzender Stoff, der mit Wasser gefährlich reagiert[3)] |
| 823 | ätzender flüssiger Stoff, der mit Wasser reagiert und entzündbare Gase bildet |
| 83 | ätzender oder schwach ätzender Stoff, entzündbar (Flammpunkt von 23 °C bis einschließlich 60 °C) |
| X83 | ätzender oder schwach ätzender Stoff, entzündbar (Flammpunkt von 23 °C bis einschließlich 60 °C), der mit Wasser gefährlich reagiert[3)] |
| 836 | ätzender oder schwach ätzender Stoff, entzündbar (Flammpunkt von 23 °C bis einschließlich 60 °C) und giftig |
| 839 | ätzender oder schwach ätzender Stoff, entzündbar (Flammpunkt von 23 °C bis einschließlich 60 °C), der spontan zu einer heftigen Reaktion führen kann |
| X839 | ätzender oder schwach ätzender Stoff, entzündbar (Flammpunkt von 23 °C bis einschließlich 60 °C), der spontan zu einer heftigen Reaktion führen kann und der mit Wasser gefährlich reagiert[3)] |
| 84 | ätzender fester Stoff, entzündbar oder selbsterhitzungsfähig |
| 842 | ätzender fester Stoff, der mit Wasser reagiert und entzündbare Gase bildet |
| 85 | ätzender oder schwach ätzender Stoff, oxidierend (brandfördernd) |
| 856 | ätzender oder schwach ätzender Stoff, oxidierend (brandfördernd) und giftig |
| 86 | ätzender oder schwach ätzender Stoff, giftig |
| 88 | stark ätzender Stoff |
| X88 | stark ätzender Stoff, der mit Wasser gefährlich reagiert[3)] |
| 883 | stark ätzender Stoff, entzündbar (Flammpunkt von 23 °C bis einschließlich 60 °C) |
| 884 | stark ätzender fester Stoff, entzündbar oder selbsterhitzungsfähig |

3) Wasser darf nur im Einverständnis mit Sachverständigen verwendet werden.

885 stark ätzender Stoff, oxidierend (brandfördernd) 5.3.2.3.2 (Forts.)
886 stark ätzender Stoff, giftig
X886 stark ätzender Stoff, giftig, der mit Wasser gefährlich reagiert[3)]
89 ätzender oder schwach ätzender Stoff, der spontan zu einer heftigen Reaktion führen kann
90 umweltgefährdender Stoff; verschiedene gefährliche Stoffe
99 verschiedene gefährliche erwärmte Stoffe.

**Kennzeichen für erwärmte Stoffe** 5.3.3 *→ D: § 19 (2) 11* *→ D: § 23 (2) 3* *→ D: § 28 Nr. 7*

Tankfahrzeuge, Tankcontainer, ortsbewegliche Tanks, Spezialfahrzeuge oder -container oder besonders ausgerüstete Fahrzeuge oder Container, die einen Stoff enthalten, der im flüssigen Zustand bei oder über 100 °C oder im festen Zustand bei oder über 240 °C befördert oder zur Beförderung aufgegeben wird, müssen im Falle der Fahrzeuge an beiden Längsseiten und hinten und im Falle der Container, Tankcontainer und ortsbeweglichen Tanks an allen vier Seiten mit dem in Abbildung 5.3.3 dargestellten Kennzeichen versehen sein.

**Abbildung 5.3.3: Kennzeichen für Beförderung bei erhöhter Temperatur**

Das Kennzeichen muss die Form eines gleichseitigen Dreiecks haben. Die Farbe des Kennzeichens muss rot sein. Die Mindestabmessung der Seiten muss 250 mm betragen. Bei Tankcontainern und ortsbeweglichen Tanks mit einem Fassungsraum von höchstens 3 000 Litern, deren verfügbare Fläche nicht für die Anbringung der vorgeschriebenen Kennzeichen ausreicht, dürfen die Mindestabmessungen der Seiten auf 100 mm verringert werden. Wenn Abmessungen nicht näher spezifiziert sind, müssen die Proportionen aller Merkmale den abgebildeten in etwa entsprechen. Das Kennzeichen muss witterungsbeständig sein und eine dauerhafte Kennzeichnung während der gesamten Beförderung gewährleisten.

(bleibt offen) 5.3.4–5.3.5

**Kennzeichen für umweltgefährdende Stoffe[*)]** 5.3.6

**[Grundsatz]** 5.3.6.1

Wenn nach den Vorschriften des Abschnitts 5.3.1 das Anbringen eines Großzettels (Placards) vorgeschrieben ist, müssen Container, Schüttgut-Container, MEGC, Tankcontainer, ortsbewegliche Tanks und Fahrzeuge mit umweltgefährdenden Stoffen, die den Kriterien des Absatzes 2.2.9.1.10 entsprechen, mit dem in Absatz 5.2.1.8.3 abgebildeten Kennzeichen für umweltgefährdende Stoffe gekennzeichnet sein. Dies gilt nicht für die in Absatz 5.2.1.8.1 genannten Ausnahmen.

**[Format]** 5.3.6.2 *→ D: RSEB 5-13*

Das Kennzeichen für umweltgefährdende Stoffe für Container, Schüttgut-Container, MEGC, Tankcontainer, ortsbewegliche Tanks und Fahrzeuge muss den Vorschriften des Absatzes 5.2.1.8.3 und der Abbildung 5.2.1.8.3 entsprechen, mit der Ausnahme, dass die Mindestabmessungen 250 mm × 250 mm betragen müssen. Bei Tankcontainern und ortsbeweglichen Tanks mit einem Fassungsraum von höchstens 3 000 Litern und mit einer für die Anbringung der vorgeschriebenen Kennzeichen nicht ausreichenden verfügbaren Fläche dürfen die Mindestabmessungen auf 100 mm × 100 mm verringert werden. Für das Kennzeichen sind die übrigen Vorschriften des Abschnitts 5.3.1 für Großzettel (Placards) entsprechend anzuwenden.

---
3) Wasser darf nur im Einverständnis mit Sachverständigen verwendet werden.
*) *→ D: § 19 (2) 11; → D: § 21 (2) 4; → D: § 23 (2) 3; → D: § 28 Nr. 7*

# Kapitel 5.4 Dokumentation

**5.4.0 Allgemeine Vorschriften*)**

**5.4.0.1 [Pflicht zum Mitführen von Dokumenten]**

*→ D: RSEB 0-1 → RO-a-IE-1 → RO-bi-DK-1*

Sofern nichts anderes festgelegt ist, sind bei jeder durch das ADR geregelten Beförderung von Gütern die in diesem Kapitel jeweils vorgeschriebenen Dokumente mitzuführen.

**Bem.** Wegen des Verzeichnisses der auf den Beförderungseinheiten mitzuführenden Dokumente siehe Abschnitt 8.1.2.

**5.4.0.2 [EDV-Zulässigkeit]**

*→ D: RSEB 5-14.1 f. → D: EDV-Doku*

Arbeitsverfahren der elektronischen Datenverarbeitung (EDV) oder des elektronischen Datenaustauschs (EDI) zur Unterstützung oder anstelle der schriftlichen Dokumentation sind zugelassen, sofern die zur Aufzeichnung und Verarbeitung der elektronischen Daten verwendeten Verfahren den juristischen Anforderungen hinsichtlich der Beweiskraft und der Verfügbarkeit während der Beförderung mindestens den Verfahren mit schriftlichen Dokumenten entsprechen.

Die in diesem Kapitel vorgeschriebenen Angaben in Bezug auf die beförderten gefährlichen Güter müssen während der Beförderung so verfügbar sein, dass die Güter je Fahrzeug und das Fahrzeug in den Dokumenten identifiziert werden können.

**5.4.0.3 [Absenderpflicht Papierdokument]**

Wenn die Informationen über die Beförderung gefährlicher Güter dem Beförderer durch Arbeitsverfahren mit elektronischer Datenverarbeitung (EDV) oder elektronischem Datenaustausch (EDI) übermittelt werden, muss der Absender in der Lage sein, dem Beförderer die Informationen als Papierdokument zu übergeben, wobei die Informationen in der in diesem Kapitel vorgeschriebenen Reihenfolge erscheinen müssen.

**5.4.1 Beförderungspapier für die Beförderung gefährlicher Güter und damit zusammenhängende Informationen**)**

**5.4.1.1 Allgemeine Angaben, die im Beförderungspapier enthalten sein müssen**

*→ D: RSEB 5-15*

**5.4.1.1.1 [Erforderliche Angaben, Reihenfolge]**

Das oder die Beförderungspapier(e) muss (müssen) für jeden zur Beförderung aufgegebenen Stoff oder Gegenstand folgende Angaben enthalten:***)

a) die UN-Nummer, der die Buchstaben „UN" vorangestellt werden;

*→ D: § 36a → D: RSEB 5-16.1 f.*

b) die gemäß Abschnitt 3.1.2 bestimmte offizielle Benennung für die Beförderung, sofern zutreffend (siehe Absatz 3.1.2.8.1) ergänzt durch die technische Benennung in Klammern (siehe Absatz 3.1.2.8.1.1);

*→ D: RSEB 5-17*

c) – für Stoffe und Gegenstände der Klasse 1: der in Kapitel 3.2 Tabelle A Spalte (3b) angegebene Klassifizierungscode.

Wenn in Kapitel 3.2 Tabelle A Spalte (5) andere Nummern der Gefahrzettelmuster als 1, 1.4, 1.5 und 1.6 angegeben sind, müssen diese nach dem Klassifizierungscode in Klammern angegeben werden;

– für radioaktive Stoffe der Klasse 7: die Nummer der Klasse „7";

**Bem.** Für radioaktive Stoffe mit einer Nebengefahr siehe auch Kapitel 3.3 Sondervorschrift 172.

– für Batterien der UN-Nummern 3090, 3091, 3480, 3481, 3551 und 3552 sowie für Fahrzeuge mit Batterieantrieb der UN-Nummern 3556, 3557 und 3558: die Nummer der Klasse „9";

– für die übrigen Stoffe und Gegenstände: die in Kapitel 3.2 Tabelle A Spalte (5) angegebenen oder nach einer Sondervorschrift gemäß Spalte (6) anwendbaren Nummern der Gefahrzettelmuster. Wenn mehrere Nummern der Gefahrzettelmuster angegeben sind, sind die Nummern

*) *→ RO-a-IE-4; → RO-bi-BE-5; → M329*

**) *→ D: § 18 (1) 8; → D: GGAV 18; → RO-a-HU-1; → RO-a-FI-2; → RO-bi-FR-1; → RO-a-FR-6; → RO-bi-PT-2; → RO-a-CH-2*

***) *→ D: § 17 (1) 2; → D: § 21 (2) 1; → D: § 23 (2) 1; → RO-a-DE-2; → RO-bi-DE-1; → RO-bi-PT-1; → RO-bi-FI-3*

nach der ersten Nummer in Klammern anzugeben. Bei Stoffen und Gegenständen, für die in Kapitel 3.2 Tabelle A Spalte (5) keine Nummern der Gefahrzettelmuster angegeben sind, ist anstelle dessen die Klasse gemäß Spalte (3a) anzugeben; **5.4.1.1.1** (Forts.)

d) gegebenenfalls die dem Stoff zugeordnete Verpackungsgruppe, der die Buchstaben „VG" (z.B. „VG II") oder die Initialen vorangestellt werden dürfen, die dem Ausdruck „Verpackungsgruppe" in den gemäß Absatz 5.4.1.4.1 verwendeten Sprachen entsprechen;

   **Bem.** Für radioaktive Stoffe der Klasse 7 mit Nebengefahren siehe Kapitel 3.3 Sondervorschrift 172 d).

e) soweit anwendbar, die Anzahl und Beschreibung der Versandstücke; UN-Verpackungscodes dürfen nur als Ergänzung zur Beschreibung der Art der Versandstücke angegeben werden (z.B. eine Kiste (4G)); *→ 5.4.1.1.5 → D: RSEB 5-18*

   **Bem.** Die Angabe der Anzahl, des Typs und des Fassungsraums jeder Innenverpackung innerhalb der Außenverpackung einer zusammengesetzten Verpackung ist nicht erforderlich.

f) die Gesamtmenge jedes gefährlichen Gutes mit unterschiedlicher UN-Nummer, unterschiedlicher offizieller Benennung für die Beförderung oder unterschiedlicher Verpackungsgruppe (als Volumen bzw. als Brutto- oder Nettomasse); *→ D: RSEB 3.2 → CH: SDR-Erlass 4.1.1*

   **Bem.** 1. Bei beabsichtigter Anwendung des Unterabschnitts 1.1.3.6 muss für jede Beförderungskategorie die Gesamtmenge und der berechnete Wert der gefährlichen Güter gemäß den Absätzen 1.1.3.6.3 und 1.1.3.6.4 im Beförderungspapier angegeben werden. *→ D: RSEB 5-19.S*

   2. Für gefährliche Güter in Geräten oder Ausrüstungen, die in dieser Anlage näher bezeichnet sind, ist die anzugebende Menge die Gesamtmenge der darin enthaltenen gefährlichen Güter in Kilogramm bzw. in Litern.

g) den Namen und die Anschrift des Absenders;

h) den Namen und die Anschrift des Empfängers (der Empfänger). Wenn gefährliche Güter für die Lieferung an mehrere Empfänger befördert werden, die am Anfang der Beförderung nicht festgestellt werden können, darf mit Zustimmung der von der Beförderung berührten Staaten stattdessen der Ausdruck „Verkauf bei Lieferung"[1] angegeben werden; *→ D: RSEB 5-20.S → D: GGAV 18 → RO-bi-SE-2*

i) eine Erklärung entsprechend den Vorschriften einer Sondervereinbarung;

j) (bleibt offen)

k) bei Beförderungen, bei denen Tunnel mit Beschränkungen für die Durchfahrt von Fahrzeugen mit gefährlichen Gütern durchfahren werden, der Tunnelbeschränkungscode in Großbuchstaben und in Klammern oder der Vermerk „(-)", der in Kapitel 3.2 Tabelle A Spalte (15) angegeben ist, oder die Angaben, die in einer Sondervereinbarung gemäß Unterabschnitt 1.7.4.2 festgelegt sind. *→ D: RSEB 5-21.S*

Die Stelle und die Reihenfolge der Angaben, die im Beförderungspapier erscheinen müssen, dürfen frei gewählt werden; a), b), c), d) und k) müssen jedoch in der oben angegebenen Reihenfolge (d.h. a), b), c), d), k)) ohne eingeschobene weitere Angaben mit Ausnahme der im ADR vorgesehenen angegeben werden. *→ D: RSEB 5-25*

Beispiele für zugelassene Beschreibungen gefährlicher Güter sind:

„UN 1098 ALLYLALKOHOL, 6.1 (3), I, (C/D)" oder

„UN 1098 ALLYLALKOHOL, 6.1 (3), VG I, (C/D)".

**[Anforderungen an Einträge]** **5.4.1.1.2**

Die für das Beförderungspapier vorgeschriebenen Angaben müssen lesbar sein.

Obwohl in Kapitel 3.1 und in Kapitel 3.2 Tabelle A zur Angabe der Elemente, die Bestandteil der offiziellen Benennung für die Beförderung sein müssen, Großbuchstaben verwendet werden und obwohl in diesem Kapitel zur Angabe der für das Beförderungspapier vorgeschriebenen Informationen mit Ausnahme der Vorschriften des Absatzes 5.4.1.1.1 k) Großbuchstaben und Kleinbuchstaben verwendet werden, darf die Verwendung von Großbuchstaben oder Kleinbuchstaben für die im Beförderungspapier erforderlichen Angaben frei gewählt werden.

[1] *Anmerkung des Verlags: „Verteilerverkehr" – wie in Ausnahme Nr. 18 der GGAV verwendet – wäre der praxisbezogene Begriff.*

**5.4.1.1.3 Sondervorschriften für Abfälle**

**5.4.1.1.3.1 [Angabe im Beförderungspapier]**

Wenn Abfälle (ausgenommen radioaktive Abfälle), die gefährliche Güter enthalten, befördert werden, ist der offiziellen Benennung für die Beförderung der Ausdruck „ABFALL" voranzustellen, sofern dieser Ausdruck nicht bereits Bestandteil der offiziellen Benennung für die Beförderung ist, z.B.

- „UN 1230 ABFALL METHANOL, 3 (6.1), II, (D/E)" oder
- „UN 1230 ABFALL METHANOL, 3 (6.1), VG II, (D/E)" oder
- „UN 1993 ABFALL ENTZÜNDBARER FLÜSSIGER STOFF, N.A.G. (Toluen und Ethylalkohol), 3, II, (D/E)" oder
- „UN 1993 ABFALL ENTZÜNDBARER FLÜSSIGER STOFF, N.A.G. (Toluen und Ethylalkohol), 3, VG II, (D/E)".

Bei Anwendung der Vorschrift für Abfälle des Absatzes 2.1.3.5.5 ist die in Absatz 5.4.1.1.1 a) bis d) und k) vorgeschriebene Beschreibung der gefährlichen Güter wie folgt zu ergänzen:

„ABFALL NACH ABSATZ 2.1.3.5.5" (z.B. „UN 3264 ÄTZENDER SAURER ANORGANISCHER FLÜSSIGER STOFF, N.A.G., 8, II, (E), ABFALL NACH ABSATZ 2.1.3.5.5").

Bei Anwendung der Vorschrift für Abfälle des Absatzes 2.1.3.5.5 muss die gemäß Kapitel 3.3 Sondervorschrift 274 vorgeschriebene technische Benennung nicht hinzugefügt werden.

**5.4.1.1.3.2 [Schätzung der Menge]**

Wenn am Verladeort keine Möglichkeit besteht, die genaue Menge der Abfälle zu messen, darf in den folgenden Fällen die Menge gemäß Absatz 5.4.1.1.1 f) unter folgenden Bedingungen geschätzt werden:

a) für Verpackungen ist dem Beförderungspapier eine Liste der Verpackungen mit Angabe des Typs und des Nennvolumens beigefügt;
b) für Container erfolgt die Schätzung auf der Grundlage ihres Nennvolumens und anderer verfügbarer Informationen (z.B. Art des Abfalls, durchschnittliche Dichte, Füllungsgrad);
c) für Saug-Druck-Tanks für Abfälle ist die Schätzung begründet (z.B. durch eine vom Absender zur Verfügung gestellte Schätzung oder durch die Ausrüstung des Fahrzeugs).

Eine solche Schätzung der Menge ist nicht zugelassen für:

- Freistellungen, für die eine genaue Menge entscheidend ist (z.B. Unterabschnitt 1.1.3.6);
- Abfälle, welche die in Absatz 2.1.3.5.3 genannten Stoffe (ausgenommen UN 3291 Klinischer Abfall, unspezifiziert, n.a.g. oder (bio)medizinischer Abfall, n.a.g. oder unter die Vorschriften fallender medizinischer Abfall, n.a.g. in Verpackungen in Übereinstimmung mit der Verpackungsanweisung P621) oder Stoffe der Klasse 4.3 enthalten;
- andere Tanks als Saug-Druck-Tanks für Abfälle.

Im Beförderungspapier ist zu vermerken:

„IN ÜBEREINSTIMMUNG MIT ABSATZ 5.4.1.1.3.2 GESCHÄTZTE MENGE".

**5.4.1.1.3.3 Sondervorschriften für die Beförderung von Abfällen in Innenverpackungen, die in einer Außenverpackung zusammengepackt sind**

Bei Beförderungen gemäß Absatz 4.1.1.5.3 ist im Beförderungspapier zu vermerken:

„BEFÖRDERUNG NACH ABSATZ 4.1.1.5.3".

Die in Absatz 5.4.1.1.3.2 vorgeschriebene zusätzliche Angabe ist nicht erforderlich.

Zum Beispiel:

„UN 1993 ABFALL ENTZÜNDBARER FLÜSSIGER STOFF, N.A.G., 3, III (E), BEFÖRDERUNG NACH ABSATZ 4.1.1.5.3".

Die Angaben im Beförderungspapier gemäß Unterabschnitt 5.4.1.1 müssen auf der Grundlage der Eintragung oder Eintragungen erfolgen, die der Außenverpackung gemäß Absatz 4.1.1.5.3 d) zugeordnet ist. Die in Kapitel 3.3 Sondervorschrift 274 vorgeschriebene technische Benennung muss nicht hinzugefügt werden.

**Sondervorschriften für Abfälle, die mit freiem Asbest kontaminiert sind (UN-Nummern 2212 und 2590)** 5.4.1.1.4

Sofern die Sondervorschrift 678 des Kapitels 3.3 angewendet wird, ist im Beförderungspapier anzugeben: „BEFÖRDERUNG NACH SONDERVORSCHRIFT 678".

Die Beschreibung der gemäß Sondervorschrift 678 b) des Kapitels 3.3 beförderten Abfälle ist der in Absatz 5.4.1.1.1 a) bis d) und k) vorgeschriebenen Beschreibung der gefährlichen Güter hinzuzufügen. Dem Beförderungspapier sind außerdem folgende Unterlagen beizufügen:

a) eine Kopie des Datenblattes für den verwendeten Typ des Containersacks mit dem Briefkopf des Herstellers oder Vertreibers, in dem die Abmessungen dieser Verpackung und ihre maximale Masse angegeben sind;

b) gegebenenfalls eine Kopie des Entladeverfahrens gemäß der Sondervorschrift CV38 des Abschnitts 7.5.11.

**Sondervorschriften für Bergungsverpackungen, einschließlich Bergungsgroßverpackungen, und Bergungsdruckgefäße** 5.4.1.1.5

Wenn gefährliche Güter in einer Bergungsverpackung gemäß Unterabschnitt 4.1.1.19, einschließlich Bergungsgroßverpackungen, Verpackungen oder Großverpackungen größerer Abmessungen, die aufgrund ihres Typs und ihrer Prüfanforderungen für eine Verwendung als Bergungsverpackung geeignet sind, befördert werden, ist im Beförderungspapier nach der Beschreibung der Güter der Ausdruck „BERGUNGSVERPACKUNG" hinzuzufügen.

Wenn gefährliche Güter in einem Bergungsdruckgefäß gemäß Unterabschnitt 4.1.1.20 befördert werden, ist im Beförderungspapier nach der Beschreibung der Güter der Ausdruck „BERGUNGSDRUCKGEFÄSS" hinzuzufügen.

**Sondervorschriften für ungereinigte leere Umschließungsmittel*)** 5.4.1.1.6

**[Außer Klasse 7]** 5.4.1.1.6.1

Für ungereinigte leere Umschließungsmittel, die Rückstände gefährlicher Güter anderer Klassen als der Klasse 7 enthalten, muss vor oder nach der gemäß Absatz 5.4.1.1.1 a) bis d) und k) festgelegten Beschreibung der gefährlichen Güter der Ausdruck „LEER, UNGEREINIGT" oder „RÜCKSTÄNDE DES ZULETZT ENTHALTENEN STOFFES" angegeben werden. Darüber hinaus findet der Absatz 5.4.1.1.1 f) keine Anwendung. *→ RO-a-DE-2 → RO-a-BE-2 → RO-a-FI-2 → RO-bi-SE-7*

**[Außer Klasse 7 – Abweichungen]** 5.4.1.1.6.2

Die Sondervorschrift des Absatzes 5.4.1.1.6.1 darf durch die Vorschriften des Absatzes 5.4.1.1.6.2.1, 5.4.1.1.6.2.2 bzw. 5.4.1.1.6.2.3 ersetzt werden.

**[Außer Klasse 7 ≤ 1 000 Liter]** 5.4.1.1.6.2.1

Für ungereinigte leere Verpackungen, die Rückstände gefährlicher Güter anderer Klassen als der Klasse 7 enthalten, einschließlich ungereinigte leere Gefäße für Gase mit einem Fassungsraum von höchstens 1 000 Litern, werden die Angaben gemäß Absatz 5.4.1.1.1 a), b), c), d), e) und f) durch den Ausdruck „LEERE VERPACKUNG", „LEERES GEFÄSS", „LEERES GROSSPACKMITTEL (IBC)" bzw. „LEERE GROSSVERPACKUNG", ergänzt durch die Angaben gemäß Absatz 5.4.1.1.1 c) für das letzte Ladegut ersetzt.

Beispiel: „LEERE VERPACKUNG, 6.1 (3)".

Wenn es sich bei dem letzten Ladegut um gefährliche Güter

a) der Klasse 2 handelt, darf in diesem Fall darüber hinaus die in Absatz 5.4.1.1.1 c) vorgeschriebene Information durch die Nummer der Klasse „2" ersetzt werden;

b) der Klasse 3, 4.1, 4.2, 4.3, 5.1, 5.2, 6.1, 8 oder 9 handelt, darf in diesem Fall darüber hinaus die in Absatz 5.4.1.1.1 c) vorgeschriebene Information durch den Ausdruck „MIT RÜCKSTÄNDEN VON [ . . . ]", ergänzt durch die den verschiedenen Rückständen entsprechende(n) Klasse(n) und Nebengefahr(en) in der Reihenfolge der Klassen, ersetzt werden. *→ D: RSEB 5-22.S*

Beispiel: Ungereinigte leere Verpackungen, die Güter der Klasse 3 enthalten haben und die zusammen mit ungereinigten leeren Verpackungen befördert werden, die Güter der Klasse 8 mit der Nebengefahr der Klasse 6.1 enthalten haben, dürfen im Beförderungspapier bezeichnet werden als:

„LEERE VERPACKUNGEN MIT RÜCKSTÄNDEN VON 3, 6.1, 8".

---

*) *→ CH: SDR Anh. 1 8.1.2.1a*

**5.4.1.1.6.2.2 [Außer Klasse 7 > 1 000 Liter]**

Für ungereinigte leere Umschließungsmittel, ausgenommen Verpackungen, die Rückstände gefährlicher Güter anderer Klassen als der Klasse 7 enthalten, sowie für ungereinigte leere Gefäße für Gase mit einem Fassungsraum von mehr als 1 000 Litern wird den Angaben gemäß Absatz 5.4.1.1.1 a) bis d) und k) der Ausdruck „LEERES TANKFAHRZEUG", „LEERER AUFSETZTANK", „LEERES BATTERIE-FAHRZEUG", „LEERER ORTSBEWEGLICHER TANK", „LEERER TANKCONTAINER", „LEERER MEGC", „LEERER MEMU", „LEERES FAHRZEUG", „LEERER CONTAINER" bzw. „LEERES GEFÄSS", ergänzt durch den Ausdruck „LETZTES LADEGUT", vorangestellt. Darüber hinaus findet der Absatz 5.4.1.1.1 f) keine Anwendung.

Beispiele:

„LEERES TANKFAHRZEUG, LETZTES LADEGUT: UN 1098 ALLYLALKOHOL, 6.1 (3), I, (C/D)" oder
„LEERES TANKFAHRZEUG, LETZTES LADEGUT: UN 1098 ALLYLALKOHOL, 6.1 (3), VG I, (C/D)".

**5.4.1.1.6.2.3 [Außer Klasse 7: Rücksendung an den Absender]**

Werden ungereinigte leere Umschließungsmittel, die Rückstände gefährlicher Güter anderer Klassen als der Klasse 7 enthalten, an deren Absender zurückgesandt, so dürfen auch die für die Beförderung dieser Güter im befüllten Zustand erstellten Beförderungspapiere verwendet werden. In diesen Fällen ist die Mengenangabe zu entfernen (durch Löschung, Streichung oder auf andere Weise) und durch den Ausdruck „LEERE, UNGEREINIGTE RÜCKSENDUNG" zu ersetzen.

**5.4.1.1.6.3 [Beförderung zur Reinigung oder Reparatur]**

a) Werden ungereinigte leere Tanks, ungereinigte leere Batterie-Fahrzeuge oder ungereinigte leere MEGC nach den Vorschriften des Absatzes 4.3.2.4.3 der nächsten geeigneten Stelle, wo eine Reinigung oder Reparatur durchgeführt werden kann, zugeführt, ist im Beförderungspapier zusätzlich zu vermerken:

   „BEFÖRDERUNG NACH ABSATZ 4.3.2.4.3".

b) Werden ungereinigte leere Fahrzeuge oder ungereinigte leere Container nach den Vorschriften des Unterabschnitts 7.5.8.1 der nächsten geeigneten Stelle, wo eine Reinigung oder Reparatur durchgeführt werden kann, zugeführt, ist im Beförderungspapier zusätzlich zu vermerken:

   „BEFÖRDERUNG NACH UNTERABSCHNITT 7.5.8.1".

**5.4.1.1.6.4 [Beförderung zur verspäteten Prüfungszuführung]**

Bei der Beförderung von festverbundenen Tanks (Tankfahrzeugen), Aufsetztanks, Batterie-Fahrzeugen, Tankcontainern und MEGC nach den Vorschriften des Absatzes 4.3.2.4.4 ist im Beförderungspapier zu vermerken:

„BEFÖRDERUNG NACH ABSATZ 4.3.2.4.4".

**5.4.1.1.7 Sondervorschriften für Beförderungen in einer Transportkette, die eine See- oder Luftbeförderung einschließt**

*→ RO-bi-FR-1* Bei Beförderungen gemäß Absatz 1.1.4.2.1 ist im Beförderungspapier zu vermerken:

„BEFÖRDERUNG NACH ABSATZ 1.1.4.2.1".

**5.4.1.1.8–1.4.1.1.9** (bleibt offen)

**5.4.1.1.10** (gestrichen)

**5.4.1.1.11 Sondervorschriften für die Beförderung von Großpackmitteln (IBC), Tanks, Batterie-Fahrzeugen, ortsbeweglichen Tanks und MEGC nach Ablauf der Frist für die wiederkehrende Prüfung**

Für Beförderungen gemäß Unterabschnitt 4.1.2.2 b), Absatz 4.3.2.3.7 b), Absatz 6.7.2.19.6.1 b), Absatz 6.7.3.15.6.1 b) oder Absatz 6.7.4.14.6.1 b) ist im Beförderungspapier zu vermerken:

„BEFÖRDERUNG NACH UNTERABSCHNITT 4.1.2.2 b)",
„BEFÖRDERUNG NACH ABSATZ 4.3.2.3.7 b)",
„BEFÖRDERUNG NACH ABSATZ 6.7.2.19.6.1 b)",
„BEFÖRDERUNG NACH ABSATZ 6.7.3.15.6.1 b)" bzw.
„BEFÖRDERUNG NACH ABSATZ 6.7.4.14.6.1 b)".

**5.4.1.1.12** (bleibt offen)

**Sondervorschriften für die Beförderung in Tankfahrzeugen mit mehreren Abteilen oder in Beförderungseinheiten mit einem oder mehreren Tanks** **5.4.1.1.13**

Wenn abweichend von Absatz 5.3.2.1.2 die Kennzeichnung eines Tankfahrzeugs mit mehreren Abteilen oder einer Beförderungseinheit mit einem oder mehreren Tanks gemäß Absatz 5.3.2.1.3 erfolgt, müssen die in jedem Tank oder jedem Abteil eines Tanks enthaltenen Stoffe im Beförderungspapier einzeln angegeben werden.

**Sondervorschriften für die Beförderung von erwärmten Stoffen** **5.4.1.1.14**
*→ 5.3.3*
*→ D: RSEB 5-23*

Wenn die offizielle Benennung für die Beförderung eines Stoffes, der in flüssigem Zustand bei einer Temperatur von mindestens 100 °C oder in festem Zustand bei einer Temperatur von mindestens 240 °C befördert oder zur Beförderung aufgegeben wird, nicht angibt, dass es sich um einen Stoff handelt, der unter erhöhter Temperatur befördert wird (zum Beispiel durch Verwendung des Ausdrucks „GESCHMOLZEN" oder „ERWÄRMT" als Teil der offiziellen Benennung für die Beförderung), ist direkt nach der offiziellen Benennung für die Beförderung der Ausdruck „HEISS" hinzuzufügen.

**Sondervorschriften für die Beförderung von stabilisierten und temperaturkontrollierten Stoffen** **5.4.1.1.15**
*→ D: § 17 (3)*
*→ D: § 18 (2) 2*

Sofern der Ausdruck „STABILISIERT" nicht bereits Teil der offiziellen Benennung für die Beförderung ist, ist die offizielle Benennung für die Beförderung durch diesen Ausdruck, wenn eine Stabilisierung angewendet wird, und durch den Ausdruck „TEMPERATURKONTROLLIERT", wenn die Stabilisierung durch Temperaturkontrolle oder eine Kombination aus chemischer Stabilisierung und Temperaturkontrolle erfolgt, zu ergänzen (siehe Unterabschnitt 3.1.2.6).

Wenn der Ausdruck „TEMPERATURKONTROLLIERT" Teil der offiziellen Benennung für die Beförderung ist (siehe auch Unterabschnitt 3.1.2.6), sind die Kontrolltemperatur und die Notfalltemperatur (siehe Abschnitt 7.1.7) wie folgt im Beförderungspapier anzugeben:

„KONTROLLTEMPERATUR: . . . °C
NOTFALLTEMPERATUR: . . . °C".

(gestrichen) **5.4.1.1.16**

**Sondervorschriften für die Beförderung fester Stoffe in Schüttgut-Containern gemäß Abschnitt 6.11.4** **5.4.1.1.17**

Wenn feste Stoffe in Schüttgut-Containern gemäß Abschnitt 6.11.4 befördert werden, ist im Beförderungspapier anzugeben (siehe Bem. am Anfang des Abschnitts 6.11.4):

„SCHÜTTGUT-CONTAINER BK (x)[4] VON DER ZUSTÄNDIGEN BEHÖRDE VON . . . ZUGELASSEN".

**Sondervorschriften für die Beförderung umweltgefährdender Stoffe (aquatische Umwelt)** **5.4.1.1.18**
*→ D: RSEB 5-24*
*→ D: RSEB 5-25*
*→ D: AwSV § 3*
*→ D: HGB § 410*

Wenn ein Stoff der Klassen 1 bis 9 den Klassifizierungskriterien des Absatzes 2.2.9.1.10 entspricht, muss im Beförderungspapier der zusätzliche Ausdruck „UMWELTGEFÄHRDEND" oder „MEERESSCHADSTOFF/UMWELTGEFÄHRDEND" angegeben sein. Diese zusätzliche Vorschrift gilt nicht für die UN-Nummern 3077 und 3082 und für die in Absatz 5.2.1.8.1 aufgeführten Ausnahmen.

Für Beförderungen in einer Transportkette, die eine Seebeförderung einschließt, ist die Angabe „MEERESSCHADSTOFF" (gemäß Absatz 5.4.1.4.3 des IMDG-Codes) zugelassen.

**Sondervorschriften für die Beförderung von Altverpackungen, leer, ungereinigt (UN-Nummer 3509)** **5.4.1.1.19**

Bei leeren, ungereinigten Altverpackungen muss die in Absatz 5.4.1.1.1 b) festgelegte offizielle Benennung für die Beförderung durch den Ausdruck „(MIT RÜCKSTÄNDEN VON [ . . . ])", gefolgt von der (den) den Rückständen entsprechenden Klasse(n) und Nebengefahr(en) in numerischer Reihenfolge, ergänzt werden. Darüber hinaus findet der Absatz 5.4.1.1.1 f) keine Anwendung.

Zum Beispiel sollten leere, ungereinigte Altverpackungen, die Güter der Klasse 4.1 enthalten haben und mit leeren, ungereinigten Altverpackungen, die Güter der Klasse 3 mit der Nebengefahr der Klasse 6.1 enthalten haben, zusammengepackt sind, wie folgt im Beförderungspapier angegeben werden:

„UN 3509 ALTVERPACKUNGEN, LEER, UNGEREINIGT (MIT RÜCKSTÄNDEN VON 3, 4.1, 6.1), 9".

---

[4] (x) muss durch „1" bzw. „2" ersetzt werden.

**5.4.1.1.20 Sondervorschriften für die Beförderung von gemäß Unterabschnitt 2.1.2.8 klassifizierten Stoffen**

Bei Beförderungen gemäß Unterabschnitt 2.1.2.8 ist im Beförderungspapier anzugeben: „GEMÄSS UNTERABSCHNITT 2.1.2.8 KLASSIFIZIERT".

**5.4.1.1.21 In besonderen Fällen geforderte Angaben, die in anderen Teilen des ADR festgelegt sind**

Wenn nach Vorschriften in Kapitel 3.3, 3.5, 4.1, 4.2, 4.3 und 5.5 Angaben erforderlich sind, so sind diese in die Informationen für die Beförderung aufzunehmen.

**5.4.1.1.22** (bleibt offen)

**5.4.1.1.23 Sondervorschriften für die Beförderung von Stoffen in geschmolzenem Zustand**

Wenn ein Stoff, der gemäß der Begriffsbestimmung in Abschnitt 1.2.1 ein fester Stoff ist, in geschmolzenem Zustand zur Beförderung aufgegeben wird, ist die offizielle Benennung für die Beförderung durch die Präzisierung „GESCHMOLZEN" zu ergänzen, sofern diese nicht bereits Teil der offiziellen Benennung für die Beförderung ist (siehe Unterabschnitt 3.1.2.5).

**5.4.1.1.24 Sondervorschriften für wiederbefüllbare Druckgefäße, die vom Verkehrsministerium der Vereinigten Staaten von Amerika zugelassen wurden**

Bei Beförderungen gemäß Unterabschnitt 1.1.4.7 ist im Beförderungspapier zu vermerken:
„BEFÖRDERUNG NACH ABSATZ 1.1.4.7.1" bzw.
„BEFÖRDERUNG NACH ABSATZ 1.1.4.7.2".

**5.4.1.2 Zusätzliche oder besondere Angaben für bestimmte Klassen**

*→ D: § 17 (1) 2*
*→ D: § 18 (1) 10*

**5.4.1.2.1 Sondervorschriften für die Klasse 1**

*→ RO-bi-FI-1*

a) Zusätzlich zu den Vorschriften des Absatzes 5.4.1.1.1 f) muss im Beförderungspapier angegeben sein:
   - die gesamte Nettomasse in kg des Inhalts an Explosivstoff[5] für jeden Stoff oder Gegenstand mit unterschiedlicher UN-Nummer;
   - die gesamte Nettomasse in kg des Inhalts an Explosivstoff[5] für alle Stoffe und Gegenstände, für die das Beförderungspapier gilt.

b) Als Bezeichnung des Gutes im Beförderungspapier sind beim Zusammenpacken von zwei verschiedenen Gütern die in Kapitel 3.2 Tabelle A Spalte (1) aufgeführten UN-Nummern und die in Spalte (2) in Großbuchstaben gedruckten offiziellen Benennungen für die Beförderung beider Stoffe oder Gegenstände anzugeben. Werden mehr als zwei verschiedene Güter nach Abschnitt 4.1.10 Sondervorschriften MP1, MP2 und MP20 bis MP24 in einem Versandstück vereinigt, so müssen im Beförderungspapier unter der Bezeichnung des Gutes die UN-Nummern aller im Versandstück enthaltenen Stoffe und Gegenstände in der Form „GÜTER DER UN-NUMMERN . . . ." angegeben werden.

*→ D: GGAV 32*
*→ CH: SDR Anh. 1 1.1.3.12*

c) Bei Beförderung von Stoffen und Gegenständen, die einer n.a.g.-Eintragung oder der Eintragung „0190 EXPLOSIVSTOFF, MUSTER" zugeordnet sind oder die nach der Verpackungsanweisung P101 des Unterabschnitts 4.1.4.1 verpackt sind, ist dem Beförderungspapier eine Kopie der Genehmigung der zuständigen Behörde mit den Beförderungsbedingungen beizufügen. Sie muss in einer amtlichen Sprache des Versandlandes abgefasst sein und, wenn diese Sprache nicht Deutsch, Englisch oder Französisch ist, außerdem in Deutsch, Englisch oder Französisch, sofern nicht Vereinbarungen zwischen den von der Beförderung berührten Staaten etwas anderes vorschreiben.

d) Wenn Versandstücke mit Stoffen und Gegenständen der Verträglichkeitsgruppen B und D nach den Vorschriften des Unterabschnitts 7.5.2.2 zusammen in ein Fahrzeug verladen werden, ist dem Beförderungspapier eine Kopie der Zulassung des Schutzabteils oder des Schutzumschließungssystems durch die zuständige Behörde nach Unterabschnitt 7.5.2.2 Fußnote a) beizufügen. Sie muss in einer amtlichen Sprache des Versandlandes abgefasst sein und, wenn diese Sprache nicht Deutsch, Englisch oder Französisch ist, außerdem in Deutsch, Englisch oder Französisch, sofern nicht Vereinbarungen zwischen den von der Beförderung berührten Staaten etwas anderes vorschreiben.

---

[5] Für Gegenstände versteht man unter „Inhalt an Explosivstoff" den im Gegenstand enthaltenen explosiven Stoff.

e) Wenn explosive Stoffe oder Gegenstände mit Explosivstoff in Verpackungen gemäß Verpackungsanweisung P101 befördert werden, ist im Beförderungspapier zu vermerken: „VERPACKUNG VON DER ZUSTÄNDIGEN BEHÖRDE VON . . . . (Kurzzeichen des Staates (das für Kraftfahrzeuge im internationalen Verkehr verwendete Unterscheidungszeichen[6)]), in dessen Auftrag die zuständige Behörde handelt) ZUGELASSEN" (siehe Unterabschnitt 4.1.4.1 Verpackungsanweisung P101). 5.4.1.2.1 (Forts.) → D: GGAV 32

f) (bleibt offen)

g) Bei der Beförderung von Feuerwerkskörpern der UN-Nummern 0333, 0334, 0335, 0336 und 0337 ist im Beförderungspapier zu vermerken: → RO-bi-CH-2

„KLASSIFIZIERUNG VON FEUERWERKSKÖRPERN DURCH DIE ZUSTÄNDIGE BEHÖRDE VON XX MIT DER REFERENZ FÜR FEUERWERKSKÖRPER XX/YYZZZZ BESTÄTIGT".

Die Klassifizierungsbestätigung muss während der Beförderung nicht mitgeführt werden, ist jedoch vom Absender dem Beförderer oder den zuständigen Behörden bei Kontrollen zugänglich zu machen. Die Klassifizierungsbestätigung oder eine Kopie muss in einer amtlichen Sprache des Versandlandes abgefasst sein und, wenn diese nicht Deutsch, Englisch oder Französisch ist, außerdem in Deutsch, Englisch oder Französisch.

**Bem.** 1. Die handelsübliche oder technische Benennung der Güter darf zusätzlich zur offiziellen Benennung für die Beförderung im Beförderungspapier angegeben werden.

2. Diese Klassifizierungsreferenz(en) muss (müssen) aus der Angabe der ADR-Vertragspartei, in der gemäß Sondervorschrift 645 des Abschnitts 3.3.1 dem Klassifizierungscode zugestimmt wurde, angegeben durch das für Kraftfahrzeuge im internationalen Verkehr verwendete Unterscheidungszeichen (XX)[6)], der Identifikation der zuständigen Behörde (YY) und einer einmal vergebenen Serienreferenz (ZZZZ) bestehen. Beispiel solcher Klassifizierungsreferenzen:

GB/HSE123456
D/BAM1234.

**Zusätzliche Vorschriften für die Klasse 2** 5.4.1.2.2

a) Bei der Beförderung von Gemischen (siehe Absatz 2.2.2.1.1) in Tanks (Aufsetztanks, festverbundene Tanks, ortsbewegliche Tanks, Tankcontainer oder Elemente von Batterie-Fahrzeugen oder MEGC) muss die Zusammensetzung des Gemisches in Vol.-% oder Masse-% angegeben werden. Bestandteile mit weniger als 1 % müssen dabei nicht aufgeführt werden (siehe auch Absatz 3.1.2.8.1.2). Die Zusammensetzung des Gemisches muss nicht angegeben werden, wenn als Ergänzung zur offiziellen Benennung für die Beförderung die durch die Sondervorschrift 581, 582 oder 583 zugelassenen technischen Benennungen verwendet werden.

b) Bei Beförderung von Flaschen, Großflaschen, Druckfässern, Kryo-Behältern und Flaschenbündeln unter den Bedingungen des Unterabschnitts 4.1.6.10 ist im Beförderungspapier zu vermerken: „BEFÖRDERUNG GEMÄSS UNTERABSCHNITT 4.1.6.10".

c) (bleibt offen)

d) Für Tankcontainer oder ortsbewegliche Tanks mit tiefgekühlt verflüssigten Gasen muss der Absender das Datum, an dem die tatsächliche Haltezeit endet, wie folgt im Beförderungspapier eintragen: → 1.6.4.47

„ENDE DER HALTEZEIT: . . . . . . . . . . (TT/MM/JJJJ)".

Diese Vorschrift gilt nicht, wenn auf die Berechnung der aktuellen Haltezeit in Übereinstimmung mit Absatz 4.2.3.7.1 oder Unterabschnitt 4.3.3.5 verzichtet wird.

e) Bei der Beförderung der UN-Nummer 1012 muss im Beförderungspapier nach der offiziellen Benennung für die Beförderung die Benennung des spezifischen beförderten Gases in Klammern angegeben sein (siehe Kapitel 3.3 Sondervorschrift 398).

**Zusätzliche Vorschriften für selbstzersetzliche Stoffe und polymerisierende Stoffe der Klasse 4.1 und organische Peroxide der Klasse 5.2** 5.4.1.2.3

**[Kontrolltemperatur, Notfalltemperatur]** 5.4.1.2.3.1 → D: § 17 (3) → D: § 18 (2) 2

Für selbstzersetzliche Stoffe oder polymerisierende Stoffe der Klasse 4.1 und organische Peroxide der Klasse 5.2 mit Temperaturkontrolle während der Beförderung (für selbstzersetzliche Stoffe siehe Absatz

6) Das für Kraftfahrzeuge und Anhänger im internationalen Straßenverkehr verwendete Unterscheidungszeichen des Zulassungsstaates, z.B. gemäß dem Genfer Übereinkommen über den Straßenverkehr von 1949 oder dem Wiener Übereinkommen über den Straßenverkehr von 1968.

**5.4.1.2.3.1** (Forts.) 2.2.41.1.17, für polymerisierende Stoffe siehe Absatz 2.2.41.1.21, für organische Peroxide siehe Absatz 2.2.52.1.15) sind die Kontroll- und Notfalltemperaturen wie folgt im Beförderungspapier anzugeben:

„KONTROLLTEMPERATUR: . . . °C
NOTFALLTEMPERATUR: . . . °C".

**5.4.1.2.3.2 [Nebengefahr „Explosiv"]**

Für bestimmte selbstzersetzliche Stoffe der Klasse 4.1 und für bestimmte organische Peroxide der Klasse 5.2, für welche die zuständige Behörde für eine bestimmte Verpackung den Wegfall des Gefahrzettels nach Muster 1 genehmigt hat (siehe Absatz 5.2.2.1.9), ist im Beförderungspapier zu vermerken:

„GEFAHRZETTEL NACH MUSTER 1 NICHT ERFORDERLICH".

**5.4.1.2.3.3 [Beförderung mit Genehmigung]**

Wenn selbstzersetzliche Stoffe und organische Peroxide unter Bedingungen befördert werden, für die eine Genehmigung erforderlich ist (für selbstzersetzliche Stoffe siehe Absätze 2.2.41.1.13 und 4.1.7.2.2; für organische Peroxide siehe Absätze 2.2.52.1.8 und 4.1.7.2.2 sowie Abschnitt 6.8.4 Sondervorschrift TA2) ist im Beförderungspapier z.B. zu vermerken:

„BEFÖRDERUNG GEMÄSS ABSATZ 2.2.52.1.8".

Eine Kopie der Genehmigung der zuständigen Behörde mit den Beförderungsbedingungen ist dem Beförderungspapier beizufügen. Sie muss in einer amtlichen Sprache des Versandlandes abgefasst sein und, wenn diese Sprache nicht Deutsch, Englisch oder Französisch ist, außerdem in Deutsch, Englisch oder Französisch, sofern nicht Vereinbarungen zwischen den von der Beförderung berührten Staaten etwas anderes vorschreiben.

**5.4.1.2.3.4 [Stoffmuster]**

Wenn ein Muster eines selbstzersetzlichen Stoffes (siehe Absatz 2.2.41.1.15) oder eines organischen Peroxids (siehe Absatz 2.2.52.1.9) befördert wird, ist im Beförderungspapier z.B. zu vermerken:

„BEFÖRDERUNG GEMÄSS ABSATZ 2.2.52.1.9".

**5.4.1.2.3.5 [Typ-G-Stoffe]**

Bei der Beförderung von selbstzersetzlichen Stoffen des Typs G (siehe Handbuch Prüfungen und Kriterien Teil II Absatz 20.4.2 g)) darf im Beförderungspapier vermerkt werden:

„KEIN SELBSTZERSETZLICHER STOFF DER KLASSE 4.1".

Bei der Beförderung von organischen Peroxiden des Typs G (siehe Handbuch Prüfungen und Kriterien Teil II Absatz 20.4.3 g)) darf im Beförderungspapier vermerkt werden:

„KEIN STOFF DER KLASSE 5.2".

**5.4.1.2.4 Zusätzliche Vorschriften für die Klasse 6.2**

Neben der Angabe des Empfängers (siehe Absatz 5.4.1.1.1 h)) ist der Name und die Telefonnummer einer verantwortlichen Person anzugeben.

**5.4.1.2.5 Zusätzliche Vorschriften für die Klasse 7**

**5.4.1.2.5.1 [Erforderliche Angaben, Reihenfolge]**

Für jede Sendung mit Stoffen der Klasse 7 müssen im Beförderungspapier, soweit anwendbar, folgende Angaben in der vorgegebenen Reihenfolge direkt nach den Angaben gemäß Absatz 5.4.1.1.1 a) bis c) und k) vermerkt werden:

a) Name oder Symbol jedes Radionuklids oder bei Gemischen von Radionukliden eine geeignete allgemeine Bezeichnung oder ein Verzeichnis der einschränkendsten Nuklide;

b) eine Beschreibung der physikalischen und chemischen Form des Stoffes oder die Angabe, dass es sich um einen radioaktiven Stoff in besonderer Form oder um einen gering dispergierbaren radioaktiven Stoff handelt. Für die chemische Form ist eine Gattungsbezeichnung ausreichend. Für radioaktive Stoffe mit Nebengefahren siehe Absatz c) der Sondervorschrift 172 in Kapitel 3.3;

c) die maximale Aktivität des radioaktiven Inhalts während der Beförderung in Becquerel (Bq) mit dem entsprechenden SI-Vorsatzzeichen (siehe Unterabschnitt 1.2.2.1). Bei spaltbaren Stoffen darf anstelle der Aktivität die Masse der spaltbaren Stoffe (oder gegebenenfalls bei Gemischen die Masse jedes spaltbaren Nuklids) in Gramm (g) oder in Vielfachen davon angegeben werden; 5.4.1.2.5.1 (Forts.)

d) die gemäß Absatz 5.1.5.3.4 zugeordnete Kategorie des Versandstücks, der Umverpackung oder des Containers, d.h. I-WEISS, II-GELB, III-GELB;

e) die gemäß den Absätzen 5.1.5.3.1 und 5.1.5.3.2 bestimmte Transportkennzahl (ausgenommen Kategorie I-WEISS);

f) für spaltbare Stoffe,
   (i) die unter einer der Freistellungen der Absätze a) bis f) des Absatzes 2.2.7.2.3.5 befördert werden, der Verweis auf den zutreffenden Absatz;
   (ii) die unter den Absätzen c) bis e) des Absatzes 2.2.7.2.3.5 befördert werden, die Gesamtmasse der spaltbaren Nuklide;
   (iii) die in einem Versandstück enthalten sind, für das einer der Absätze a) bis c) des Unterabschnitts 6.4.11.2 oder der Unterabschnitt 6.4.11.3 angewendet wird, der Verweis auf diesen Absatz oder Unterabschnitt;
   (iv) soweit anwendbar, die Kritikalitätssicherheitskennzahl;

g) das Kennzeichen jedes Zulassungs-/Genehmigungszeugnisses einer zuständigen Behörde (radioaktive Stoffe in besonderer Form, gering dispergierbare radioaktive Stoffe, gemäß Absatz 2.2.7.2.3.5 f) freigestellte spaltbare Stoffe, Sondervereinbarung, Versandstückmuster oder Beförderung), soweit für die Sendung zutreffend;

h) für Sendungen mit mehr als einem Versandstück muss die in Absatz 5.4.1.1.1 und in den Absätzen a) bis g) vorgeschriebene Information für jedes Versandstück angegeben werden. Für Versandstücke in einer Umverpackung, einem Container oder einem Fahrzeug muss eine detaillierte Aufstellung des Inhalts jedes Versandstücks innerhalb der Umverpackung, des Containers oder des Fahrzeugs und gegebenenfalls jeder Umverpackung, jedes Containers oder jedes Fahrzeugs beigefügt werden. Sind bei einer Zwischenentladung einzelne Versandstücke aus der Umverpackung, dem Container oder dem Fahrzeug zu entnehmen, müssen die zugehörigen Beförderungspapiere zur Verfügung gestellt werden;

i) falls eine Sendung unter ausschließlicher Verwendung zu befördern ist, der Vermerk „BEFÖRDERUNG UNTER AUSSCHLIESSLICHER VERWENDUNG";

j) bei LSA-II- oder LSA-III-Stoffen und bei SCO-I-, SCO-II- und SCO-III-Gegenständen die Gesamtaktivität der Sendung als Vielfaches des $A_2$-Wertes. Bei radioaktiven Stoffen, bei denen der $A_2$-Wert unbegrenzt ist, muss das Vielfache des $A_2$-Wertes Null sein.

**[Schriftliche Hinweise]** 5.4.1.2.5.2

Der Absender hat zusammen mit dem Beförderungspapier auf die Maßnahmen hinzuweisen, die vom Beförderer gegebenenfalls zu ergreifen sind. Diese schriftlichen Hinweise müssen in den Sprachen abgefasst sein, die vom Beförderer und den zuständigen Behörden für notwendig erachtet werden, und müssen mindestens folgende Informationen enthalten:

a) zusätzliche Maßnahmen bei der Verladung, der Verstauung, der Beförderung, der Handhabung und der Entladung des Versandstücks, der Umverpackung oder des Containers, einschließlich besonderer die Wärmeableitung betreffende Ladevorschriften (siehe Abschnitt 7.5.11 Sondervorschrift CV33 (3.2)), oder einen Hinweis, dass solche Maßnahmen nicht erforderlich sind;

b) Einschränkungen hinsichtlich der Versandart oder des Fahrzeugs und notwendige Angaben über den Beförderungsweg;

c) für die Sendung geeignete Notfallvorkehrungen.

**[Übereinstimmung mit Zulassungszeugnis des Ursprungslandes]** 5.4.1.2.5.3

Bei allen internationalen Beförderungen von Versandstücken, für die eine Zulassung der Bauart oder eine Genehmigung der Beförderung durch die zuständige Behörde erforderlich ist und für die in den verschiedenen von der Beförderung berührten Staaten unterschiedliche Zulassungs- oder Genehmigungstypen gelten, muss die in Absatz 5.4.1.1.1 vorgeschriebene Angabe der UN-Nummer und der offiziellen Benennung für die Beförderung in Übereinstimmung mit dem Zulassungszeugnis des Ursprungslandes der Bauart erfolgen.

5.4.1.2.5.4 **[Zeugnisse der zuständigen Behörde]**

*→ D: § 18 (1) 9*
*→ D: RSEB 5-26*

Die erforderlichen Zeugnisse der zuständigen Behörde müssen der Sendung nicht unbedingt beigefügt sein. Der Absender muss diese dem (den) Beförderer(n) vor dem Be- und Entladen zugänglich machen.

**5.4.1.3** (bleibt offen)

**5.4.1.4 Form und Sprache**

**5.4.1.4.1 [Form, Sprache]**

*→ D: RSEB 5-15*
*→ RO-bi-SE-7*

Ein Papier mit den Angaben gemäß den Unterabschnitten 5.4.1.1 und 5.4.1.2 kann auch ein solches sein, das bereits durch andere geltende Vorschriften für die Beförderung mit einem anderen Verkehrsträger verlangt wird. Bei mehreren Empfängern dürfen die Namen und die Anschriften der Empfänger sowie die Liefermengen, die es ermöglichen, die jeweils beförderte Art und Menge zu ermitteln, auch in anderen zu verwendenden oder durch andere Vorschriften verlangten Papieren enthalten sein, die im Fahrzeug mitzuführen sind.

*→ M85*
*→ M178*
*→ NL: VLG 5.4.1.4*
*→ D: RSEB 5-27*
*→ CH: SDR Anh. 1 5.4.1*

Die in das Papier einzutragenden Vermerke sind in einer amtlichen Sprache des Versandlandes abzufassen und, wenn diese Sprache nicht Deutsch, Englisch oder Französisch ist, außerdem in Deutsch, Englisch oder Französisch, sofern nicht internationale Tarife für die Beförderung auf der Straße oder Vereinbarungen zwischen den von der Beförderung berührten Staaten etwas anderes vorschreiben.

**5.4.1.4.2 [Aufgeteilte Sendung/Multimodale Beförderung]**

Kann eine Sendung wegen der Größe der Ladung nicht vollständig in eine einzige Beförderungseinheit verladen werden, sind mindestens so viele getrennte Papiere oder Kopien des einen Papiers auszufertigen, wie Beförderungseinheiten beladen werden. Ferner sind in allen Fällen getrennte Beförderungspapiere auszufertigen für Sendungen oder Teile einer Sendung, die wegen der Verbote in Abschnitt 7.5.2 nicht zusammen in ein Fahrzeug verladen werden dürfen.

Die Informationen über die von den zu befördernden Gütern ausgehenden Gefahren (nach den Angaben des Unterabschnitts 5.4.1.1) dürfen in ein übliches Beförderungspapier oder Ladungspapier aufgenommen oder mit diesem verbunden werden. Die Darstellung der Informationen im Papier (oder die Reihenfolge der Übertragung entsprechender Daten bei der Verwendung von Arbeitsverfahren der elektronischen Datenverarbeitung (EDV) oder des elektronischen Datenaustauschs (EDI)) muss den Angaben in Absatz 5.4.1.1.1 entsprechen.

Kann ein übliches Beförderungspapier oder Ladungspapier nicht als multimodales Beförderungspapier für gefährliche Güter verwendet werden, wird die Verwendung von Dokumenten gemäß dem in Abschnitt 5.4.5 dargestellten Beispiel empfohlen[7].

**5.4.1.5 Nicht gefährliche Güter**

Unterliegen in Kapitel 3.2 Tabelle A namentlich genannte Güter nicht den Vorschriften des ADR, da sie gemäß Teil 2 als nicht gefährlich gelten, darf der Absender zu diesem Zweck eine Erklärung in das Beförderungspapier aufnehmen, z.B.:

„KEINE GÜTER DER KLASSE ...“.

**Bem.** Diese Vorschrift darf insbesondere angewendet werden, wenn der Absender der Ansicht ist, dass die Sendung auf Grund der chemischen Beschaffenheit der beförderten Güter (z.B. Lösungen oder Gemische) oder auf Grund der Tatsache, dass diese Güter nach anderen Vorschriften als gefährlich gelten, während der Beförderung Gegenstand einer Überprüfung werden könnte.

---

[7] Für die Verwendung dieses Dokuments können die entsprechenden Empfehlungen der UNECE United Nations Centre for Trade Facilitation and Electronic Business (Zentrum der Vereinten Nationen für Handelserleichterungen und elektronischen Geschäftsverkehr) (UN/CEFACT) herangezogen werden, insbesondere Empfehlung Nr. 1 (United Nations Layout Key for Trade Documents – Formularentwurf der Vereinten Nationen für Handelsdokumente) (ECE/TRADE/137, Ausgabe 81.3), UN Layout Key for Trade Documents – Guidelines for Applications (Formularentwurf der Vereinten Nationen für Handelsdokumente – Leitfaden für Anwendungsmöglichkeiten) (ECE/TRADE/270, Ausgabe 2002), Empfehlung Nr. 11 (Documentary Aspects of the International Transport of Dangerous Goods – Aspekte der Dokumentation bei der internationalen Beförderung gefährlicher Güter) (ECE/TRADE/204, Ausgabe 96.1 – in Überarbeitung) und Empfehlung Nr. 22 (Layout Key for Standard Consignment Instructions – Formularentwurf für standardisierte Versandanweisungen) (ECE/TRADE/168, Ausgabe 1989). Siehe auch UN/CEFACT Summary of Trade Facilitation Recommendations (Zusammenfassung der Empfehlungen für Handelserleichterungen) (ECE/TRADE/346, Ausgabe 2006) und United Nations Trade Data Elements Directory (Verzeichnis der Handelsdatenelemente der Vereinten Nationen) (UNTDED) (ECE/TRADE/362, Ausgabe 2005).

### Container-/Fahrzeugpackzertifikat 5.4.2

→ CTU-Code Nr. 11.3.6
→ 1.1.4.2.3

Wenn einer Beförderung gefährlicher Güter in Containern eine Seebeförderung folgt, ist von den für das Packen des Containers Verantwortlichen dem Seebeförderer ein Container-/Fahrzeugpackzertifikat nach Abschnitt 5.4.2 des IMDG-Codes[8] [9] zur Verfügung zu stellen.

Die Aufgaben des gemäß Abschnitt 5.4.1 vorgeschriebenen Beförderungspapiers und des oben genannten Container-/Fahrzeugpackzertifikats können durch ein einziges Dokument (siehe z.B. Abschnitt 5.4.5) erfüllt werden. Werden die Aufgaben dieser Dokumente durch ein einziges Dokument erfüllt, genügt die Aufnahme einer Erklärung im Beförderungspapier, dass die Beladung des Containers oder Fahrzeugs in Übereinstimmung mit den für die jeweiligen Verkehrsträger anwendbaren Vorschriften durchgeführt wurde, sowie die Angabe der für das Container-/Fahrzeugpackzertifikat verantwortlichen Person.

Wenn einer Beförderung gefährlicher Güter in Fahrzeugen eine Seebeförderung folgt, darf dem Beförderungspapier auch ein Container-/Fahrzeugpackzertifikat nach Abschnitt 5.4.2 des IMDG-Codes[8] [9] beigegeben werden.

### Schriftliche Weisungen 5.4.3

→ 1.1.3.6.3

#### [Mitführungspflicht/Ort] 5.4.3.1

Für die Hilfe bei unfallbedingten Notfallsituationen, die sich während der Beförderung ereignen können, sind in der Kabine der Fahrzeugbesatzung an leicht zugänglicher Stelle schriftliche Weisungen in der in Unterabschnitt 5.4.3.4 festgelegten Form mitzuführen.

---

8) Die Internationale Seeschifffahrtsorganisation (IMO), die Internationale Arbeitsorganisation (ILO) und die Wirtschaftskommission der Vereinten Nationen für Europa (UNECE) haben auch Richtlinien für das Verladen von Gütern in Beförderungseinheiten und die entsprechende Ausbildung aufgestellt, die von der IMO veröffentlicht wurden („IMO/ILO/UNECE Code of Practice for Packing of Cargo Transport Units (CTU Code)" (Verfahrensregeln der IMO/ILO/UNECE für das Packen von Güterbeförderungseinheiten)).

9) Der Abschnitt 5.4.2 des IMDG-Codes (Amendment 40-20) schreibt Folgendes vor:

**5.4.2 Container-/Fahrzeugpackzertifikat**

5.4.2.1 Werden gefährliche Güter in einen Container oder ein Fahrzeug gepackt oder verladen, müssen die für das Packen des Containers oder Fahrzeugs verantwortlichen Personen ein „Container-/Fahrzeugpackzertifikat" vorlegen, in dem die Identifikationsnummer(n) des Containers oder Fahrzeugs angegeben wird (werden) und in dem bescheinigt wird, dass das Packen gemäß den folgenden Bedingungen durchgeführt wurde:

.1 Der Container/das Fahrzeug war sauber, trocken und offensichtlich für die Aufnahme der Güter geeignet;

.2 Versandstücke, die nach den anwendbaren Trennvorschriften voneinander getrennt werden müssen, wurden nicht zusammen in den Container/das Fahrzeug gepackt (es sei denn, dies wurde von der zuständigen Behörde gemäß 7.3.4.1 (des IMDG-Codes) zugelassen);

.3 Alle Versandstücke wurden äußerlich auf Schäden überprüft, und es wurden nur Versandstücke in einwandfreiem Zustand geladen;

.4 Fässer wurden aufrecht gestaut, es sei denn, es wurde von der zuständigen Behörde etwas anderes zugelassen, und alle Güter wurden ordnungsgemäß geladen und, soweit erforderlich, mit Sicherungsmitteln angemessen verzurrt, damit sie für den (die) Verkehrsträger der vorgesehenen Beförderung geeignet sind;

.5 In loser Schüttung geladene Güter wurden gleichmäßig im Container/Fahrzeug verteilt;

.6 Für Sendungen mit Gütern der Klasse 1 außer Unterklasse 1.4: Der Container/das Fahrzeug befindet sich in einem bautechnisch einwandfreien Zustand gemäß 7.1.2 (des IMDG-Codes);

.7 Der Container/das Fahrzeug und die Versandstücke sind ordnungsgemäß gekennzeichnet, bezettelt und plakatiert;

.8 Werden Stoffe, die ein Erstickungsrisiko darstellen, zu Kühl- oder Konditionierungszwecken verwendet (wie Trockeneis (UN 1845) oder Stickstoff, tiefgekühlt, flüssig (UN 1977) oder Argon, tiefgekühlt, flüssig (UN 1951)), ist der Container/das Fahrzeug außen gemäß 5.5.3.6 (des IMDG-Codes) gekennzeichnet;

.9 Ein Beförderungsdokument für gefährliche Güter, wie in 5.4.1 (des IMDG-Codes) angegeben, liegt für jede in den Container/das Fahrzeug gepackte Sendung mit gefährlichen Gütern vor.

**Bemerkung:** Für ortsbewegliche Tanks sind Container-/Fahrzeugpackzertifikate nicht erforderlich.

5.4.2.2 Die für das Beförderungsdokument für gefährliche Güter und das Container-/Fahrzeugpackzertifikat erforderlichen Angaben können in einem einzelnen Dokument zusammengefasst werden; andernfalls müssen diese Dokumente beigefügt werden. Werden die Angaben in einem einzelnen Dokument zusammengefasst, muss das Dokument eine unterzeichnete Erklärung mit dem Wortlaut „Es wird erklärt, dass das Packen der Güter in den Container/das Fahrzeug gemäß den anwendbaren Bestimmungen durchgeführt wurde" / „It is declared that the packing of the goods into the container/vehicle has been carried out in accordance with the applicable provisions" enthalten. Diese Erklärung muss mit dem Datum versehen sein, und die Person, die diese Erklärung unterzeichnet, muss auf dem Dokument genannt werden. Faksimileunterschriften sind zulässig, wenn die geltenden Gesetze und sonstige Vorschriften die Rechtsgültigkeit von Faksimileunterschriften anerkennen.

5.4.2.3 Wenn das Container-/Fahrzeugpackzertifikat dem Beförderer durch Arbeitsverfahren der elektronischen Datenverarbeitung (EDV) oder des elektronischen Datenaustauschs (EDI) übermittelt wird, darf (dürfen) die Unterschrift(en) elektronisch erfolgen oder durch den (die) Namen der zur Unterzeichnung berechtigten Person (in Großbuchstaben) ersetzt werden.

5.4.2.4 Wenn das Container-/Fahrzeugpackzertifikat dem Beförderer durch EDV- oder EDI-Arbeitsverfahren übermittelt wird und die gefährlichen Güter anschließend einem Beförderer übergeben werden, der ein Container-/Fahrzeugpackzertifikat in Papierform benötigt, muss der Beförderer sicherstellen, dass auf dem Papierdokument die Angabe „ursprünglich elektronisch erhalten" / „Original received electronically" und der Name des Unterzeichners in Großbuchstaben erscheint."

**5.4.3.2 [Befördererpflicht]**

→ D: § 19 (2) 2

Diese Weisungen sind vom Beförderer vor Antritt der Fahrt der Fahrzeugbesatzung in einer Sprache (in Sprachen) bereitzustellen, die jedes Mitglied lesen und verstehen kann. Der Beförderer hat darauf zu achten, dass jedes betreffende Mitglied der Fahrzeugbesatzung die Weisungen versteht und in der Lage ist, diese richtig anzuwenden.

**5.4.3.3 [Pflicht der Fahrzeugbesatzung]**

Vor Antritt der Fahrt müssen sich die Mitglieder der Fahrzeugbesatzung selbst über die geladenen gefährlichen Güter informieren und die schriftlichen Weisungen wegen der bei einem Unfall oder Notfall zu ergreifenden Maßnahmen einsehen.

**5.4.3.4 [Muster]**

→ D: RSEB 5-28
→ D: § 28 Nr. 8

Die schriftlichen Weisungen müssen hinsichtlich ihrer Form und ihres Inhalts dem folgenden vierseitigen[2] Muster entsprechen.

**SCHRIFTLICHE WEISUNGEN GEMÄSS ADR**

**Maßnahmen bei einem Unfall oder Notfall**

Bei einem Unfall oder Notfall, der sich während der Beförderung ereignen kann, müssen die Mitglieder der Fahrzeugbesatzung folgende Maßnahmen ergreifen, sofern diese sicher und praktisch durchgeführt werden können:

- Bremssystem betätigen, Motor abstellen und Batterie durch Bedienung des gegebenenfalls vorhandenen Hauptschalters trennen;
- Zündquellen vermeiden, insbesondere nicht rauchen oder elektronische Zigaretten oder ähnliche Geräte verwenden und keine elektrische Ausrüstung einschalten;
- die entsprechenden Einsatzkräfte verständigen und dabei so viele Informationen wie möglich über den Unfall oder Zwischenfall und die betroffenen Stoffe liefern;
- Warnweste anlegen und selbststehende Warnzeichen an geeigneter Stelle aufstellen;
- Beförderungspapiere für die Ankunft der Einsatzkräfte bereithalten;
- nicht in ausgelaufene Stoffe treten oder diese berühren und das Einatmen von Dunst, Rauch, Staub und Dämpfen durch Aufhalten auf der dem Wind zugewandten Seite vermeiden;
- sofern dies gefahrlos möglich ist, Feuerlöscher verwenden, um kleine Brände/Entstehungsbrände an Reifen, Bremsen und im Motorraum zu bekämpfen;
- Brände in Ladeabteilen dürfen nicht von Mitgliedern der Fahrzeugbesatzung bekämpft werden;
- sofern dies gefahrlos möglich ist, Bordausrüstung verwenden, um das Eintreten von Stoffen in Gewässer oder in die Kanalisation zu verhindern und um ausgetretene Stoffe einzudämmen;
- sich aus der unmittelbaren Umgebung des Unfalls oder Notfalls entfernen, andere Personen auffordern sich zu entfernen und die Weisungen der Einsatzkräfte befolgen;
- kontaminierte Kleidung und gebrauchte kontaminierte Schutzausrüstung ausziehen und sicher entsorgen.

[2] *Anmerkung des Verlags: Aus technischen Gründen ist die vierseitige Darstellung hier nicht möglich. Lt. O.-Text BGBl. enthalten: Seite 1 den nachfolgend abgebildeten Rahmen mit dem Text, Seite 2 den ersten Teil der Tabelle bis „Stoffe, die in Berührung mit Wasser ...", Seite 3 den zweiten Teil der Tabelle inkl. Bem. 1 und 2, Seite 4 die kleine Tabelle (auf S. 1007) und den zuletzt abgebildeten Text inkl. Fußnoten a und b.*

5.4.3.4 (Forts.)

**Zusätzliche Hinweise für die Mitglieder der Fahrzeugbesatzung über die Gefahreneigenschaften von gefährlichen Gütern nach Klassen und über die in Abhängigkeit von den vorherrschenden Umständen zu ergreifenden Maßnahmen**

| Gefahrzettel und Großzettel (Placards) | Gefahreneigenschaften | Zusätzliche Hinweise |
|---|---|---|
| (1) | (2) | (3) |
| Explosive Stoffe und Gegenstände mit Explosivstoff  1  1.5  1.6 | Kann eine Reihe von Eigenschaften und Auswirkungen wie Massendetonation, Splitterwirkung, starker Brand/Wärmefluss, Bildung von hellem Licht, Lärm oder Rauch haben.<br>Schlagempfindlich und/oder stoßempfindlich und/oder wärmeempfindlich. | Schutz abseits von Fenstern suchen. |
| Explosive Stoffe und Gegenstände mit Explosivstoff  1.4 | Leichte Explosions- und Brandgefahr. | Schutz suchen. |
| Entzündbare Gase  2.1 | Brandgefahr.<br>Explosionsgefahr.<br>Kann unter Druck stehen.<br>Erstickungsgefahr.<br>Kann Verbrennungen und/oder Erfrierungen hervorrufen.<br>Umschließungen können unter Hitzeeinwirkung bersten. | Schutz suchen.<br>Nicht in tief liegenden Bereichen aufhalten. |
| Nicht entzündbare, nicht giftige Gase  2.2 | Erstickungsgefahr.<br>Kann unter Druck stehen.<br>Kann Erfrierungen hervorrufen.<br>Umschließungen können unter Hitzeeinwirkung bersten. | Schutz suchen.<br>Nicht in tief liegenden Bereichen aufhalten. |
| Giftige Gase  2.3 | Vergiftungsgefahr.<br>Kann unter Druck stehen.<br>Kann Verbrennungen und/oder Erfrierungen hervorrufen.<br>Umschließungen können unter Hitzeeinwirkung bersten. | Notfallfluchtmaske verwenden.<br>Schutz suchen.<br>Nicht in tief liegenden Bereichen aufhalten. |
| Entzündbare flüssige Stoffe  3 | Brandgefahr.<br>Explosionsgefahr.<br>Umschließungen können unter Hitzeeinwirkung bersten. | Schutz suchen.<br>Nicht in tief liegenden Bereichen aufhalten. |
| Entzündbare feste Stoffe, selbstzersetzliche Stoffe, polymerisierende Stoffe und desensibilisierte explosive feste Stoffe  4.1 | Brandgefahr. Entzündbar oder brennbar, kann sich bei Hitze, Funken oder Flammen entzünden.<br>Kann selbstzersetzliche Stoffe enthalten, die unter Einwirkung von Hitze, bei Kontakt mit anderen Stoffen (wie Säuren, Schwermetallverbindungen oder Aminen), bei Reibung oder Stößen zu exothermer Zersetzung neigen. Dies kann zur Bildung gesundheitsgefährdender und entzündbarer Gase oder Dämpfe oder zur Selbstentzündung führen.<br>Umschließungen können unter Hitzeeinwirkung bersten.<br>Explosionsgefahr desensibilisierter explosiver Stoffe bei Verlust des Desensibilisierungsmittels. | |
| Selbstentzündliche Stoffe  4.2 | Brandgefahr durch Selbstentzündung bei Beschädigung von Versandstücken oder Austritt von Füllgut.<br>Kann heftig mit Wasser reagieren. | |

5.4.3.4 (Forts.)

| Zusätzliche Hinweise für die Mitglieder der Fahrzeugbesatzung über die Gefahreneigenschaften von gefährlichen Gütern nach Klassen und über die in Abhängigkeit von den vorherrschenden Umständen zu ergreifenden Maßnahmen | | |
|---|---|---|
| **Gefahrzettel und Großzettel (Placards)** | **Gefahreneigenschaften** | **Zusätzliche Hinweise** |
| (1) | (2) | (3) |
| Stoffe, die in Berührung mit Wasser entzündbare Gase entwickeln  4.3 | Bei Kontakt mit Wasser Brand- und Explosionsgefahr. | Ausgetretene Stoffe sollten durch Abdecken trocken gehalten werden. |
| Entzündend (oxidierend) wirkende Stoffe  5.1 | Gefahr heftiger Reaktion, Entzündung und Explosion bei Berührung mit brennbaren oder entzündbaren Stoffen. | Vermischen mit entzündbaren oder brennbaren Stoffen (z.B. Sägespäne) vermeiden. |
| Organische Peroxide  5.2 | Gefahr exothermer Zersetzung bei erhöhten Temperaturen, bei Kontakt mit anderen Stoffen (wie Säuren, Schwermetallverbindungen oder Aminen), Reibung oder Stößen. Dies kann zur Bildung gesundheitsgefährdender und entzündbarer Gase oder Dämpfe oder zur Selbstentzündung führen. | Vermischen mit entzündbaren oder brennbaren Stoffen (z.B. Sägespäne) vermeiden. |
| Giftige Stoffe  6.1 | Gefahr der Vergiftung beim Einatmen, bei Berührung mit der Haut oder bei Einnahme.<br>Gefahr für Gewässer oder Kanalisation. | Notfallfluchtmaske verwenden. |
| Ansteckungsgefährliche Stoffe  6.2 | Ansteckungsgefahr.<br>Kann bei Menschen oder Tieren schwere Krankheiten hervorrufen.<br>Gefahr für Gewässer oder Kanalisation. | |
| Radioaktive Stoffe  7A 7B  7C 7D | Gefahr der Aufnahme und der äußeren Bestrahlung. | Expositionszeit beschränken. |
| Spaltbare Stoffe  7E | Gefahr nuklearer Kettenreaktion. | |
| Ätzende Stoffe  8 | Verätzungsgefahr.<br>Kann untereinander, mit Wasser und mit anderen Stoffen heftig reagieren.<br>Ausgetretener Stoff kann ätzende Dämpfe entwickeln.<br>Gefahr für Gewässer oder Kanalisation. | |

5.4.3.4 (Forts.)

| Zusätzliche Hinweise für die Mitglieder der Fahrzeugbesatzung über die Gefahreneigenschaften von gefährlichen Gütern nach Klassen und über die in Abhängigkeit von den vorherrschenden Umständen zu ergreifenden Maßnahmen | | |
|---|---|---|
| **Gefahrzettel und Großzettel (Placards)** | **Gefahreneigenschaften** | **Zusätzliche Hinweise** |
| (1) | (2) | (3) |
| Verschiedene gefährliche Stoffe und Gegenstände 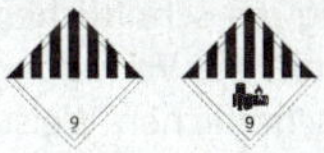 9 9A | Verbrennungsgefahr.<br>Brandgefahr.<br>Explosionsgefahr.<br>Gefahr für Gewässer oder Kanalisation. | |

**Bem.** 1. Bei gefährlichen Gütern mit mehrfachen Gefahren und bei Zusammenladungen muss jede anwendbare Eintragung beachtet werden.

2. Die in der Spalte (3) der Tabelle angegebenen zusätzlichen Hinweise können angepasst werden, um die Klassen der zu befördernden gefährlichen Güter und die Beförderungsmittel wiederzugeben.

| Zusätzliche Hinweise für die Mitglieder der Fahrzeugbesatzung über die Gefahreneigenschaften von gefährlichen Gütern, die durch Kennzeichen angegeben sind, und über die in Abhängigkeit von den vorherrschenden Umständen zu ergreifenden Maßnahmen | | |
|---|---|---|
| **Kennzeichen** | **Gefahreneigenschaften** | **Zusätzliche Hinweise** |
| (1) | (2) | (3) |
|  Umweltgefährdende Stoffe | Gefahr für Gewässer oder Kanalisation. | |
|  Erwärmte Stoffe | Gefahr von Verbrennungen durch Hitze. | Berührung heißer Teile der Beförderungseinheit und des ausgetretenen Stoffes vermeiden. |

**Ausrüstung für den persönlichen und allgemeinen Schutz für die Durchführung allgemeiner und gefahrenspezifischer Notfallmaßnahmen, die sich gemäß Abschnitt 8.1.5 des ADR an Bord der Beförderungseinheit befinden muss** → 8.1.5

Die folgende Ausrüstung muss sich an Bord der Beförderungseinheit befinden:

- ein Unterlegkeil je Fahrzeug, dessen Abmessungen der höchstzulässigen Gesamtmasse des Fahrzeugs und dem Durchmesser der Räder angepasst sein müssen;
- zwei selbststehende Warnzeichen;
- Augenspülflüssigkeit[a)] und

für jedes Mitglied der Fahrzeugbesatzung

- eine Warnweste;
- ein tragbares Beleuchtungsgerät;
- ein Paar Schutzhandschuhe und
- eine Augenschutzausrüstung.

Für bestimmte Klassen vorgeschriebene zusätzliche Ausrüstung:

- an Bord von Beförderungseinheiten für die Gefahrzettel-Nummer 2.3 oder 6.1 muss sich für jedes Mitglied der Fahrzeugbesatzung eine Notfallfluchtmaske befinden;

5.4.3.4 (Forts.)
- eine Schaufel[b)];
- eine Kanalabdeckung[b)];
- ein Auffangbehälter[b)].

a) Nicht erforderlich für Gefahrzettel der Muster 1, 1.4, 1.5, 1.6, 2.1, 2.2 und 2.3.
b) Nur für feste und flüssige Stoffe mit Gefahrzettel-Nummer 3, 4.1, 4.3, 8 oder 9 vorgeschrieben.

**5.4.3.5 [Informationspflicht Vertragsstaaten/UNECE]**

Die Vertragsparteien müssen dem Sekretariat der UNECE die offizielle Übersetzung der schriftlichen Weisungen in ihrer (ihren) Landessprache(n) in Übereinstimmung mit diesem Abschnitt zur Verfügung stellen. Das Sekretariat der UNECE muss die erhaltenen nationalen Fassungen der schriftlichen Weisungen allen Vertragsparteien zugänglich machen.

### 5.4.4 Aufbewahrung von Informationen über die Beförderung gefährlicher Güter

**5.4.4.1 [Aufbewahrungsfrist]*)**

Der Absender und der Beförderer müssen eine Kopie des Beförderungspapiers für gefährliche Güter und der im ADR festgelegten zusätzlichen Informationen und Dokumentation für einen Mindestzeitraum von drei Monaten aufbewahren.

**5.4.4.2 [Absender- und Befördererpflicht: Papierausdruck]**

Wenn die Dokumente elektronisch oder in einem EDV-System gespeichert werden, müssen der Absender und der Beförderer in der Lage sein, einen Ausdruck herzustellen.

### 5.4.5 Beispiel eines Formulars für die multimodale Beförderung gefährlicher Güter

Beispiel eines Formulars, das für die multimodale Beförderung gefährlicher Güter als kombiniertes Dokument für die Erklärung gefährlicher Güter und das Container-Packzertifikat verwendet werden darf.

*(Fortsetzung aus technischen Gründen auf Seite 1009)*

*) *→ D: § 18 (1) 12; → D: § 19 (1) 4*

## FORMULAR FÜR DIE MULTIMODALE BEFÖRDERUNG GEFÄHRLICHER GÜTER 5.4.5 (Forts.)

(rechter Rand schwarz schraffiert)

| | | |
|---|---|---|
| 1. Absender | 2. Nummer des Beförderungspapiers | |
| | 3. Seite 1 von . . . Seiten | 4. Referenznummer des Beförderers |
| | | 5. Referenznummer des Spediteurs |
| 6. Empfänger | 7. Beförderer (vom Beförderer auszufüllen) | |

**ERKLÄRUNG DES ABSENDERS**
Hiermit erkläre ich, dass der Inhalt dieser Sendung vollständig und genau durch die unten angegebene offizielle Benennung für die Beförderung beschrieben und richtig klassifiziert, verpackt, gekennzeichnet, bezettelt und mit Großzetteln (Placards) versehen ist und sich nach den anwendbaren internationalen und nationalen Vorschriften in jeder Hinsicht in einem für die Beförderung geeigneten Zustand befindet.

| | | |
|---|---|---|
| 8. *Diese Sendung entspricht den vorgeschriebenen Grenzwerten für (nicht Zutreffendes streichen)* | | 9. Zusätzliche Informationen für die Handhabung |
| PASSAGIER- UND FRACHTFLUGZEUG | NUR FRACHTFLUGZEUG | |
| 10. Schiff/Flugnummer und Datum | 11. Hafen/Ladestelle | |
| 12. Hafen/Entladestelle | 13. Bestimmungsort | |

14. Kennzeichen für die Beförderung
* Anzahl und Art der Versandstücke; Beschreibung der Güter Bruttomasse (kg) Nettomasse Rauminhalt ($m^3$)

* FÜR GEFÄHRLICHE GÜTER: Es ist anzugeben: UN-Nummer, offizielle Benennung für die Beförderung, Gefahrenklasse, Verpackungsgruppe (soweit vorhanden) und alle sonstigen Informationsbestandteile, die durch geltende nationale oder internationale Regelwerke vorgeschrieben werden.

| 15. Kennzeichnungsnummer des Containers/Zulassungsnummer des Fahrzeugs | 16. Siegelnummer(n) | 17. Abmessungen und Typ des Containers/Fahrzeugs | 18. Tara (kg) | 19. Bruttogesamtmasse (einschließlich Tara) (kg) |
|---|---|---|---|---|

| | |
|---|---|
| **CONTAINER-/FAHRZEUG-PACKZERTIFIKAT**<br>**Hiermit erkläre ich, dass die oben beschriebenen Güter in den oben angegebenen Container/in das oben angegebene Fahrzeug gemäß den geltenden Vorschriften**[**)] **verpackt/verladen wurden.**<br>**FÜR JEDE LADUNG IN CONTAINERN/FAHRZEUGEN VON DER FÜR DAS PACKEN/VERLADEN VERANTWORTLICHEN PERSON ZU VERVOLLSTÄNDIGEN UND ZU UNTERZEICHNEN** | 21. EMPFANGSBESTÄTIGUNG<br>Die oben bezeichnete Anzahl Versandstücke/Container/Anhänger in scheinbar gutem Zustand erhalten, mit Ausnahme von: |

| | | |
|---|---|---|
| 20. Name der Firma | Name des Frachtführers | 22. Name der Firma (DES ABSENDERS, DER DIESES DOKUMENT VORBEREITET) |
| Name und Funktion des Erklärenden | Zulassungsnummer des Fahrzeugs | Name und Funktion des Erklärenden |
| Ort und Datum | Unterschrift und Datum | Ort und Datum |
| Unterschrift des Erklärenden | UNTERSCHRIFT DES FAHRZEUGFÜHRERS | Unterschrift des Erklärenden |

[**)] Siehe Abschnitt 5.4.2.

### 5.4.5 (Forts.) FORMULAR FÜR DIE MULTIMODALE BEFÖRDERUNG GEFÄHRLICHER GÜTER (Fortsetzungsblatt)

(rechter Rand schwarz schraffiert)

<table>
<tr><td rowspan="3">1. Absender<br>..............................................<br>..............................................<br>..............................................<br>..............................................</td><td colspan="2">2. Nummer des Beförderungspapiers ......................</td></tr>
<tr><td>3. Seite 2 von ... Seiten</td><td>4. Referenznummer des Beförderers ............</td></tr>
<tr><td></td><td>5. Referenznummer des Spediteurs .............</td></tr>
<tr><td colspan="3">14. Kennzeichen für die Beförderung<br>* Anzahl und Art der Versandstücke; Beschreibung der Güter Bruttomasse (kg) Nettomasse Rauminhalt (m³)</td></tr>
<tr><td colspan="3"><br><br><br>* FÜR GEFÄHRLICHE GÜTER: Es ist anzugeben: UN-Nummer, offizielle Benennung für die Beförderung, Gefahrenklasse, Verpackungsgruppe (soweit vorhanden) und alle sonstigen Informationsbestandteile, die durch geltende nationale oder internationale Regelwerke vorgeschrieben werden.</td></tr>
</table>

# Kapitel 5.5
# Sondervorschriften

(gestrichen) **5.5.1**

## Sondervorschriften für begaste Güterbeförderungseinheiten (UN-Nummer 3359) 5.5.2

*→ D: § 18 (1) 11*
*→ D: TRGS 512*

### Allgemeine Vorschriften 5.5.2.1

**[Nichtgeltung ADR]** **5.5.2.1.1**

Begaste Güterbeförderungseinheiten (UN-Nummer 3359), die keine anderen gefährlichen Güter enthalten, unterliegen neben den Vorschriften dieses Abschnitts keinen weiteren Vorschriften des ADR.

**[Geltung ADR]** **5.5.2.1.2**

Wenn die begaste Güterbeförderungseinheit zusätzlich zu dem Begasungsmittel auch mit gefährlichen Gütern beladen wird, gelten neben den Vorschriften dieses Abschnitts alle für diese Güter anwendbaren Vorschriften des ADR (einschließlich Anbringen von Großzetteln (Placards), Bezettelung und Dokumentation).

**[Anforderung an Güterbeförderungseinheiten]** **5.5.2.1.3**

Für die Beförderung von Gütern unter Begasung dürfen nur Güterbeförderungseinheiten verwendet werden, die so verschlossen werden können, dass das Entweichen von Gas auf ein Minimum reduziert wird.

### Unterweisung 5.5.2.2

Die mit der Handhabung von begasten Güterbeförderungseinheiten befassten Personen müssen entsprechend ihren Pflichten unterwiesen sein. *→ 1.4.3.7.2* *→ D: § 27 (6) 1*

### Kennzeichnung und Anbringen von Großzetteln (Placards) 5.5.2.3

**[Kennzeichnungspflicht, Ort]** **5.5.2.3.1**

Eine begaste Güterbeförderungseinheit muss an jedem Zugang an einer von Personen, welche die Güterbeförderungseinheit öffnen oder betreten, leicht einsehbaren Stelle mit einem Warnkennzeichen gemäß Absatz 5.5.2.3.2 versehen sein. Das vorgeschriebene Warnkennzeichen muss so lange auf der Güterbeförderungseinheit verbleiben, bis folgende Vorschriften erfüllt sind: *→ D: § 21 (1) 5* *→ D: § 28 Nr. 9*

a) die begaste Güterbeförderungseinheit wurde belüftet, um schädliche Konzentrationen des Begasungsmittels abzubauen, und

b) die begasten Güter oder Werkstoffe wurden entladen.

**[Warnkennzeichenbeschreibung]** **5.5.2.3.2**

Das Warnkennzeichen für Begasung muss der Abbildung 5.5.2.3.2 entsprechen.

**Abbildung 5.5.2.3.2: Warnkennzeichen für Begasung**

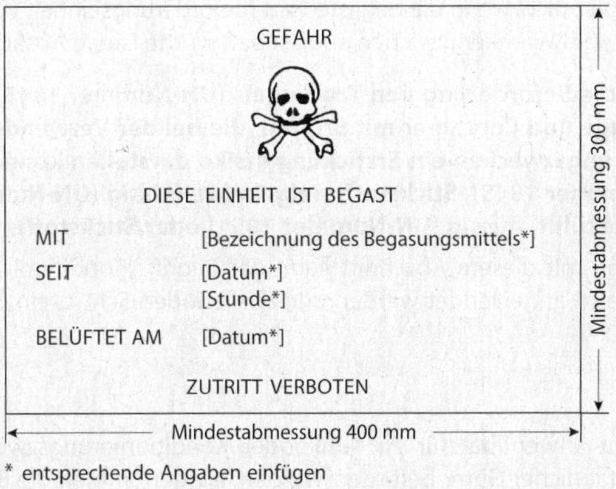


* entsprechende Angaben einfügen

5.5.2.3.2 (Forts.) Das Kennzeichen muss rechteckig sein. Die Mindestabmessungen müssen 400 mm in der Breite und 300 mm in der Höhe und die Mindestbreite der Außenlinie 2 mm betragen. Das Kennzeichen muss schwarz auf weißem Grund sein, die Buchstabenhöhe muss mindestens 25 mm betragen. Wenn Abmessungen nicht näher spezifiziert sind, müssen die Proportionen aller Merkmale den abgebildeten in etwa entsprechen.

**5.5.2.3.3 [Angabe des Belüftungsdatums]**

Wenn die begaste Güterbeförderungseinheit entweder durch Öffnen der Türen oder durch mechanische Belüftung nach der Begasung vollständig belüftet wurde, muss das Datum der Belüftung auf dem Warnkennzeichen für Begasung angegeben werden.

**5.5.2.3.4 [Warnkennzeichenentfernung nach Entladung]**

*→ D: § 23a (1) 6*

Wenn die begaste Güterbeförderungseinheit belüftet und entladen wurde, muss das Warnkennzeichen für Begasung entfernt werden.

**5.5.2.3.5 [Großzettel (Placards) nach Muster 9]**

Großzettel (Placards) nach Muster 9 (siehe Absatz 5.2.2.2.2) dürfen nicht an einer begasten Güterbeförderungseinheit angebracht werden, sofern sie nicht für andere in der Güterbeförderungseinheit verladenen Stoffe oder Gegenstände der Klasse 9 erforderlich sind.

**5.5.2.4 Dokumentation**

**5.5.2.4.1 [Erforderliche Angaben, Sprache]**

*→ D: § 17 (1) 2*
*→ D: § 19 (1) 5*

Dokumente im Zusammenhang mit der Beförderung von Güterbeförderungseinheiten, die begast und vor der Beförderung nicht vollständig belüftet wurden, müssen folgende Angaben enthalten:

a) „UN 3359 BEGASTE GÜTERBEFÖRDERUNGSEINHEIT, 9“ oder „UN 3359 BEGASTE GÜTERBEFÖRDERUNGSEINHEIT, Klasse 9“;
b) das Datum und die Uhrzeit der Begasung und
c) Typ und Menge des verwendeten Begasungsmittels.

Diese Angaben sind in einer amtlichen Sprache des Versandlandes abzufassen und, wenn diese Sprache nicht Deutsch, Englisch oder Französisch ist, außerdem in Deutsch, Englisch oder Französisch, sofern nicht Vereinbarungen zwischen den von der Beförderung berührten Staaten etwas anderes vorschreiben.

**5.5.2.4.2 [Form]**

Die Dokumente können formlos sein, vorausgesetzt, sie enthalten die in Absatz 5.5.2.4.1 vorgeschriebenen Angaben. Diese Angaben müssen leicht erkennbar, lesbar und dauerhaft sein.

**5.5.2.4.3 [Anweisungen für Rückstandsbeseitigung]**

*→ D: § 17 (1) 2*

Es müssen Anweisungen für die Beseitigung von Rückständen des Begasungsmittels einschließlich Angaben über die (gegebenenfalls) verwendeten Begasungsgeräte bereitgestellt werden.

**5.5.2.4.4 [Nichterfordernis Dokumente]**

Dokumente sind nicht erforderlich, wenn die begaste Güterbeförderungseinheit vollständig belüftet und das Datum der Belüftung auf dem Warnkennzeichen angegeben wurde (siehe Absätze 5.5.2.3.3 und 5.5.2.3.4).

**5.5.3 Sondervorschriften für die Beförderung von Trockeneis (UN-Nummer 1845) und für Versandstücke, Fahrzeuge und Container mit Stoffen, die bei der Verwendung zu Kühl- oder Konditionierungszwecken ein Erstickungsrisiko darstellen können (wie Trockeneis (UN-Nummer 1845), Stickstoff, tiefgekühlt, flüssig (UN-Nummer 1977) oder Argon, tiefgekühlt, flüssig (UN-Nummer 1951) oder Stickstoff)**

*→ 4.1.4.1 P203*

**Bem.** In Zusammenhang mit diesem Abschnitt kann der Begriff „Konditionierung“ in einem breiteren Anwendungsbereich angewendet werden und schließt den Schutz ein.

**5.5.3.1 Anwendungsbereich**

**5.5.3.1.1 [Nichtanwendbarkeit]**

Dieser Abschnitt ist nicht anwendbar für zu Kühl- oder Konditionierungszwecken einsetzbare Stoffe, wenn sie als Sendung gefährlicher Güter befördert werden, ausgenommen die Beförderung von Trockeneis (UN-Nummer 1845). Bei der Beförderung als Sendung müssen diese Stoffe unter der entsprechenden Eintragung des Kapitels 3.2 Tabelle A in Übereinstimmung mit den damit verbundenen Beförderungsbedingungen befördert werden. 5.5.3.1.1 (Forts.)

Für die UN-Nummer 1845 gelten die in diesem Abschnitt mit Ausnahme von Absatz 5.5.3.3.1 festgelegten Beförderungsbedingungen für alle Arten von Beförderungen, unabhängig davon, ob dieser Stoff als Kühl- oder Konditionierungsmittel oder als Sendung befördert wird. Für die Beförderung der UN-Nummer 1845 finden die übrigen Vorschriften des ADR keine Anwendung.

**[Gase in Kühlkreisläufen (Nichtgeltung)]** 5.5.3.1.2

Dieser Abschnitt gilt nicht für Gase in Kühlkreisläufen.

**[Tanks oder MEGC (Nichtgeltung)]** 5.5.3.1.3

Gefährliche Güter, die während der Beförderung zur Kühlung oder Konditionierung von Tanks oder MEGC verwendet werden, unterliegen nicht den Vorschriften dieses Abschnitts.

**[Gefährliche Güter – verpackt oder unverpackt]** 5.5.3.1.4

Fahrzeuge und Container, die zu Kühl- oder Konditionierungszwecken verwendete Stoffe enthalten, schließen sowohl Fahrzeuge und Container, die zu Kühl- oder Konditionierungszwecken verwendete Stoffe innerhalb von Versandstücken enthalten, als auch Fahrzeuge und Container, die zu Kühl- oder Konditionierungszwecken verwendete unverpackte Stoffe enthalten, ein.

**[Risikobeurteilung]** 5.5.3.1.5

Die Unterabschnitte 5.5.3.6 und 5.5.3.7 finden nur dann Anwendung, wenn ein tatsächliches Erstickungsrisiko im Fahrzeug oder Container besteht. Den betroffenen Beteiligten obliegt es, dieses Risiko unter Berücksichtigung der von den für die Kühlung oder Konditionierung verwendeten Stoffen ausgehenden Gefahren, der Menge der zu befördernden Stoffe, der Dauer der Beförderung, der zu verwendenden Umschließungsarten und der in der Bem. zu Absatz 5.5.3.3.3 angegebenen Gaskonzentrationswerte zu beurteilen.

**Allgemeine Vorschriften** 5.5.3.2

**[Freistellung von den übrigen ADR-Vorschriften]** 5.5.3.2.1

Fahrzeuge und Container, mit denen Trockeneis (UN-Nummer 1845) befördert wird oder mit Stoffen, die zu Kühl- oder Konditionierungszwecken (ausgenommen zur Begasung) während der Beförderung verwendet werden, unterliegen neben den Vorschriften dieses Abschnitts keinen weiteren Vorschriften des ADR.

**[Beförderung gefährlicher Güter]** 5.5.3.2.2

Wenn gefährliche Güter in Fahrzeuge oder Container, die zu Kühl- oder Konditionierungszwecken verwendete Stoffe enthalten, verladen werden, gelten neben den Vorschriften dieses Abschnitts alle für diese gefährlichen Güter anwendbaren Vorschriften des ADR.

(bleibt offen) 5.5.3.2.3

**[Unterweisungserfordernis]** 5.5.3.2.4 → *D: § 27 (6) 2*

Personen, die mit der Handhabung oder Beförderung von Fahrzeugen und Containern, mit denen Trockeneis (UN-Nummer 1845) befördert wird oder die zu Kühl- oder Konditionierungszwecken verwendete Stoffe enthalten, betraut sind, müssen entsprechend ihren Pflichten unterwiesen sein.

**Versandstücke, die Trockeneis (UN-Nummer 1845) oder ein Kühl- oder Konditionierungsmittel enthalten** 5.5.3.3

**[Verpackungsanweisungskonformität]** 5.5.3.3.1

Verpackte gefährliche Güter, für die eine Kühlung oder Konditionierung erforderlich ist und denen die Verpackungsanweisung P203, P620, P650 oder P800 des Unterabschnitts 4.1.4.1 zugeordnet ist, müssen den entsprechenden Vorschriften der jeweiligen Verpackungsanweisung entsprechen.

**5.5.3.3.2 [Anforderungen an Versandstücke]**

Bei verpackten gefährlichen Gütern, für die eine Kühlung oder Konditionierung erforderlich ist und denen eine andere Verpackungsanweisung zugeordnet ist, müssen die Versandstücke in der Lage sein, sehr geringen Temperaturen standzuhalten, und dürfen durch das Kühl- oder Konditionierungsmittel nicht beeinträchtigt oder bedeutsam geschwächt werden. Die Versandstücke müssen so ausgelegt und gebaut sein, dass eine Gasentlastung zur Verhinderung eines Druckaufbaus, der zu einem Bersten der Verpackung führen könnte, ermöglicht wird. Die gefährlichen Güter müssen so verpackt sein, dass nach der Verflüchtigung des Kühl- oder Konditionierungsmittels Bewegungen verhindert werden.

**5.5.3.3.3 [Fahrzeuge, Kennzeichnung]**

Versandstücke, die Trockeneis (UN-Nummer 1845) oder ein Kühl- oder Konditionierungsmittel enthalten, müssen in gut belüfteten Fahrzeugen und Containern befördert werden. Eine Kennzeichnung gemäß Unterabschnitt 5.5.3.6 ist in diesem Fall nicht erforderlich.

Eine Kennzeichnung gemäß Unterabschnitt 5.5.3.6, nicht aber eine Belüftung ist erforderlich, wenn:

- ein Gasaustausch zwischen dem Ladeabteil und dem Fahrerhaus verhindert wird oder
- das Ladeabteil wärmegedämmt oder mit Kältespeicher oder Kältemaschine ausgerüstet ist, wie dies zum Beispiel im Übereinkommen über internationale Beförderungen leicht verderblicher Lebensmittel und über die besonderen Beförderungsmittel, die für diese Beförderungen zu verwenden sind (ATP), geregelt ist, und das Ladeabteil vom Fahrerhaus getrennt ist.

**Bem.** „Gut belüftet" bedeutet in diesem Zusammenhang, dass eine Atmosphäre vorhanden ist, in der die Kohlendioxid-Konzentration unter 0,5 Vol.-% und die Sauerstoff-Konzentration über 19,5 Vol.-% liegt.

### 5.5.3.4 Kennzeichnung von Versandstücken, die Trockeneis (UN-Nummer 1845) oder ein Kühl- oder Konditionierungsmittel enthalten

*→ D: § 22 (1) 5 b)*

**5.5.3.4.1 [Bestandteile der Kennzeichnung]**

*→ NL: VLG 5.5.3.4.1*

Versandstücke, die Trockeneis (UN-Nummer 1845) als Sendung enthalten, müssen mit der Angabe „KOHLENDIOXID, FEST" oder „TROCKENEIS" gekennzeichnet sein; Versandstücke, die gefährliche Güter für die Kühlung oder Konditionierung enthalten, müssen mit der in Kapitel 3.2 Tabelle A Spalte (2) angegebenen Benennung dieser gefährlichen Güter, gefolgt von dem Ausdruck „ALS KÜHLMITTEL" bzw. „ALS KONDITIONIERUNGSMITTEL", gekennzeichnet sein; diese Angaben sind in einer amtlichen Sprache des Ursprungslandes abzufassen und, wenn diese Sprache nicht Deutsch, Englisch oder Französisch ist, außerdem in Deutsch, Englisch oder Französisch, sofern nicht Vereinbarungen zwischen den von der Beförderung berührten Staaten etwas anderes vorschreiben.

**5.5.3.4.2 [Anforderungen an die Kennzeichnung]**

Die Kennzeichen müssen dauerhaft und lesbar sein und an einer Stelle und in einer in Bezug auf das Versandstück verhältnismäßigen Größe angebracht sein, dass sie leicht sichtbar sind.

### 5.5.3.5 Fahrzeuge und Container, die unverpacktes Trockeneis enthalten

**5.5.3.5.1 [Isolierung des Trockeneises]**

*→ D: § 21 (1) 8*

Wenn Trockeneis in unverpackter Form verwendet wird, darf es nicht in direkten Kontakt mit dem Metallaufbau des Fahrzeugs oder Containers gelangen, um eine Versprödung des Metalls zu verhindern. Um eine ausreichende Isolierung zwischen dem Trockeneis und dem Fahrzeug oder Container sicherzustellen, muss ein Abstand von mindestens 30 mm eingehalten werden (z.B. durch Verwendung von Werkstoffen mit geringer Wärmeleitfähigkeit, wie Holzbohlen, Paletten usw.).

**5.5.3.5.2 [Ladungssicherung (Dissipation)]**

*→ D: § 21 (1) 8*

Wenn Trockeneis um Versandstücke angeordnet wird, müssen Maßnahmen ergriffen werden, um sicherzustellen, dass nach der Verflüchtigung des Trockeneises die Versandstücke während der Beförderung in ihrer ursprünglichen Lage verbleiben.

**Kennzeichnung der Fahrzeuge und Container** 5.5.3.6

**[Anbringung des Warnkennzeichens]** 5.5.3.6.1 → *D: § 28 Nr. 9*

Nicht gut belüftete Fahrzeuge und Container, die Trockeneis (UN-Nummer 1845) oder gefährliche Güter zu Kühl- oder Konditionierungszwecken enthalten, müssen an jedem Zugang an einer für Personen, welche das Fahrzeug oder den Container öffnen oder betreten, leicht einsehbaren Stelle mit einem Warnkennzeichen gemäß Absatz 5.5.3.6.2 versehen sein. Dieses Kennzeichen muss so lange auf dem Fahrzeug oder Container verbleiben, bis folgende Vorschriften erfüllt sind:

a) das Fahrzeug oder der Container wurde gut belüftet, um schädliche Konzentrationen des Trockeneises (UN-Nummer 1845) oder des Kühl- oder Konditionierungsmittels abzubauen, und

b) das Trockeneis (UN-Nummer 1845) oder die gekühlten oder konditionierten Güter wurden entladen.

Solange das Fahrzeug oder der Container gekennzeichnet sind, müssen vor dem Betreten die notwendigen Vorsichtsmaßnahmen ergriffen werden. Die Notwendigkeit einer Belüftung über die Ladetüren oder mit anderen Mitteln (z.B. Zwangsbelüftung) muss bewertet und in die Schulung der beteiligten Personen aufgenommen werden.

**[Anforderungen an das Warnkennzeichen]** 5.5.3.6.2 → *NL: VLG 5.5.3.6.2*

Das Warnkennzeichen muss der Abbildung 5.5.3.6.2 entsprechen.

**Abbildung 5.5.3.6.2: Erstickungswarnkennzeichen für Fahrzeuge und Container**

* Die in Kapitel 3.2 Tabelle A Spalte (2) angegebene Benennung oder die Benennung des als Kühl-/Konditionierungsmittel verwendeten erstickenden Gases einfügen. Die Angabe muss in Großbuchstaben mit einer Zeichenhöhe von mindestens 25 mm in einer Zeile erfolgen. Wenn die Länge der offiziellen Benennung für die Beförderung zu groß für den zur Verfügung stehenden Platz ist, darf die Angabe auf die größtmögliche passende Größe reduziert werden. Zum Beispiel: „KOHLENDIOXID, FEST". Zusätzliche Angaben, wie „ALS KÜHLMITTEL" oder „ALS KONDITIONIERUNGSMITTEL", dürfen hinzugefügt werden.

Das Kennzeichen muss rechteckig sein. Die Mindestabmessungen müssen 150 mm in der Breite und 250 mm in der Höhe betragen. Der Ausdruck „WARNUNG" muss in roten oder weißen Buchstaben mit einer Buchstabenhöhe von mindestens 25 mm erscheinen. Wenn Abmessungen nicht näher spezifiziert sind, müssen die Proportionen aller Merkmale den abgebildeten in etwa entsprechen.

Die Worte „WARNUNG" und „ALS KÜHLMITTEL" bzw. „ALS KONDITIONIERUNGSMITTEL" sind in einer amtlichen Sprache des Ursprungslandes abzufassen und, wenn diese Sprache nicht Deutsch, Englisch oder

**5.5.3.6.2** (Forts.) Französisch ist, außerdem in Deutsch, Englisch oder Französisch, sofern nicht Vereinbarungen zwischen den von der Beförderung berührten Staaten etwas anderes vorschreiben.

**5.5.3.7 Dokumentation**

**5.5.3.7.1 [Erforderliche Angaben]**

*→ D: § 17 (1) 2*
*→ D: § 19 (1) 6*

Dokumente (wie ein Konnossement, Ladungsmanifest oder CIM/CMR-Frachtbrief) im Zusammenhang mit der Beförderung von Fahrzeugen oder Containern, die Trockeneis (UN-Nummer 1845) oder zu Kühl- oder Konditionierungszwecken verwendete Stoffe enthalten oder enthalten haben und vor der Beförderung nicht vollständig belüftet wurden, müssen folgende Angaben enthalten:

a) die UN-Nummer, der die Buchstaben „UN" vorangestellt sind, und
b) die in Kapitel 3.2 Tabelle A Spalte (2) angegebene Benennung, gegebenenfalls gefolgt von dem Ausdruck „ALS KÜHLMITTEL" oder „ALS KONDITIONIERUNGSMITTEL" in einer amtlichen Sprache des Ursprungslandes und, wenn diese Sprache nicht Deutsch, Englisch oder Französisch ist, außerdem in Deutsch, Englisch oder Französisch, sofern nicht Vereinbarungen zwischen den von der Beförderung berührten Staaten etwas anderes vorschreiben.

Beispiel: „UN 1845 KOHLENDIOXID, FEST, ALS KÜHLMITTEL".

**5.5.3.7.2 [Anforderungen an das Beförderungspapier]**

Das Beförderungspapier kann formlos sein, vorausgesetzt, es enthält die in Absatz 5.5.3.7.1 vorgeschriebenen Angaben. Diese Angaben müssen leicht erkennbar, lesbar und dauerhaft sein.

**5.5.4 Gefährliche Güter in Geräten, die während der Beförderung verwendet werden oder für eine Verwendung während der Beförderung bestimmt sind und die an Versandstücken, Umverpackungen, Containern oder Ladeabteilen angebracht sind oder in diese eingesetzt sind**

**5.5.4.1 [Anwendbare Vorschriften]**

Gefährliche Güter (z.B. Lithiumbatterien, Brennstoffzellen-Kartuschen), die in Geräten, wie Datensammlern und Ladungsortungseinrichtungen, enthalten sind, die an Versandstücken, Umverpackungen, Containern oder Ladeabteilen angebracht sind oder in diese eingesetzt sind, unterliegen nicht den Vorschriften des ADR mit Ausnahme der Folgenden:

a) das Gerät muss während der Beförderung verwendet oder für eine Verwendung während der Beförderung bestimmt sein;
b) die enthaltenen gefährlichen Güter (z.B. Lithiumbatterien, Brennstoffzellen-Kartuschen) müssen den im ADR festgelegten Bau- und Prüfvorschriften entsprechen und
c) das Gerät muss den Stößen und Beanspruchungen standhalten können, die normalerweise während der Beförderung auftreten.

**5.5.4.2 [Geräte als Gefahrgut]**

Wenn solche Geräte, die gefährliche Güter enthalten, als Sendung befördert werden, muss die entsprechende Eintragung des Kapitels 3.2 Tabelle A verwendet werden und es gelten alle anwendbaren Bestimmungen des ADR.

# Teil 6
# Bau- und Prüfvorschriften für Verpackungen, Großpackmittel (IBC), Großverpackungen, Tanks und Schüttgut-Container

## Was steht wo in Teil 6?

# Kapitel 6.1
# Bau- und Prüfvorschriften für Verpackungen*)

## 6.1.1 Allgemeines

### 6.1.1.1 [Anwendbarkeit]

Die Vorschriften dieses Kapitels gelten nicht für:

→ D: RSEB 0-1 a) Versandstücke mit radioaktiven Stoffen der Klasse 7, sofern nichts anderes vorgeschrieben ist (siehe Abschnitt 4.1.9);

→ D: RSEB 0-1 b) Versandstücke mit ansteckungsgefährlichen Stoffen der Klasse 6.2, sofern nichts anderes vorgeschrieben ist (siehe Bem. zur Überschrift in Kapitel 6.3 und Unterabschnitt 4.1.4.1 Verpackungsanweisungen P621 und P622);

c) Druckgefäße mit Gasen der Klasse 2;

d) Versandstücke, deren Nettomasse 400 kg überschreitet;

e) Verpackungen für flüssige Stoffe, ausgenommen zusammengesetzte Verpackungen, die einen Fassungsraum von mehr als 450 Litern haben.

### 6.1.1.2 [Fortentwicklung]

→ 6.1.2.4
→ 6.3.2.1
→ 6.5.1.1.2
→ 6.6.1.3

Die Vorschriften in Abschnitt 6.1.4 stützen sich auf die derzeit verwendeten Verpackungen. Um den wissenschaftlichen und technischen Fortschritt zu berücksichtigen, dürfen Verpackungen verwendet werden, deren Spezifikationen von denen in Abschnitt 6.1.4 abweichen, vorausgesetzt, sie sind ebenso wirksam, von der zuständigen Behörde anerkannt und in der Lage, die in Unterabschnitt 6.1.1.3 und Abschnitt 6.1.5 beschriebenen Vorschriften erfolgreich zu erfüllen. Andere als die in diesem Kapitel beschriebenen Prüfverfahren sind zulässig, vorausgesetzt, sie sind gleichwertig und von der zuständigen Behörde anerkannt.

### 6.1.1.3 [Dichtheitsprüfung]

Jede Verpackung, die für flüssige Stoffe vorgesehen ist, muss erfolgreich einer geeigneten Dichtheitsprüfung unterzogen werden. Diese Prüfung ist Teil des in Unterabschnitt 6.1.1.4 festgelegten Qualitätssicherungsprogramms, mit dem nachgewiesen wird, dass die Verpackung in der Lage ist, die entsprechenden in Absatz 6.1.5.4.3 angegebenen Prüfanforderungen zu erfüllen:

a) vor der erstmaligen Verwendung zur Beförderung;

b) nach Wiederaufarbeitung oder Rekonditionierung vor Wiederverwendung zur Beförderung.

Für diese Prüfung müssen die Verpackungen nicht mit ihren eigenen Verschlüssen ausgerüstet sein.

Das Innengefäß einer Kombinationsverpackung darf ohne Außenverpackung geprüft werden, vorausgesetzt, die Prüfergebnisse werden hierdurch nicht beeinträchtigt.

Diese Prüfung ist nicht erforderlich für

- Innenverpackungen von zusammengesetzten Verpackungen;
- Innengefäße von Kombinationsverpackungen (Glas, Porzellan oder Steinzeug), die gemäß Unterabschnitt 6.1.3.1 a) (ii) mit dem Symbol „RID/ADR" gekennzeichnet sind;
- Feinstblechverpackungen, die gemäß Unterabschnitt 6.1.3.1 a) (ii) mit dem Symbol „RID/ADR" gekennzeichnet sind.

### 6.1.1.4 [QS-System]

→ D: BAM-GGR 001

Die Verpackungen müssen nach einem von der zuständigen Behörde als zufrieden stellend erachteten Qualitätssicherungsprogramm hergestellt, rekonditioniert und geprüft sein, um sicherzustellen, dass jede Verpackung den Vorschriften dieses Kapitels entspricht.

**Bem.** Die Norm ISO 16106:2020 „Verpackungen zur Beförderung gefährlicher Güter – Gefahrgutverpackungen, Großpackmittel (IBC) und Großverpackungen – Leitfaden für die Anwendung der ISO 9001" enthält zufrieden stellende Leitlinien für Verfahren, die angewendet werden dürfen.

*) → D: BAM-GGR 005; → D: § 8 (1) 3; → D: § 8 (1) 4; → D: § 8 (2); → RO-bi-BE-5; → CH: GGUV; → CH: SDR Anh. 1 1.6.14

**[Informationspflicht des Herstellers]** 6.1.1.5

Hersteller und nachfolgende Verteiler von Verpackungen müssen Informationen über die zu befolgenden Verfahren sowie eine Beschreibung der Arten und Abmessungen der Verschlüsse (einschließlich der erforderlichen Dichtungen) und aller anderen Bestandteile liefern, die notwendig sind, um sicherzustellen, dass die versandfertigen Versandstücke in der Lage sind, die anwendbaren Leistungsprüfungen dieses Kapitels zu erfüllen.

**Codierung für die Bezeichnung des Verpackungstyps** 6.1.2

**[Beschreibung]** 6.1.2.1

Der Code besteht aus:

a) einer arabischen Ziffer für die Verpackungsart, z.B. Fass, Kanister usw., gefolgt von
b) einem oder mehreren lateinischen Großbuchstaben für die Art des Werkstoffes, z.B. Stahl, Holz usw., gegebenenfalls gefolgt von
c) einer arabischen Ziffer für die Kategorie der Verpackung innerhalb der Verpackungsart.

**[Kombinationsverpackungen]** 6.1.2.2

Für Kombinationsverpackungen sind an der zweiten Stelle des Codes zwei lateinische Großbuchstaben hintereinander zu verwenden. Der erste bezeichnet den Werkstoff des Innengefäßes, der zweite den der Außenverpackung.

**[Zusammengesetzte Verpackung]** 6.1.2.3

Für zusammengesetzte Verpackungen ist lediglich die Codenummer für die Außenverpackung zu verwenden.

**[Sonderbuchstaben]** 6.1.2.4

Auf den Verpackungscode kann der Buchstabe „T", „V" oder „W" folgen. Der Buchstabe „T" bezeichnet eine Bergungsverpackung nach Absatz 6.1.5.1.11. Der Buchstabe „V" bezeichnet eine Sonderverpackung nach Absatz 6.1.5.1.7. Der Buchstabe „W" bedeutet, dass die Verpackung zwar dem durch den Code bezeichneten Verpackungstyp angehört, jedoch nach einer von Abschnitt 6.1.4 abweichenden Spezifikation hergestellt wurde und nach den Vorschriften des Unterabschnitts 6.1.1.2 als gleichwertig gilt.

**[Ziffern]** 6.1.2.5

Die folgenden Ziffern sind für die Verpackungsart zu verwenden:

1 Fass
2 (bleibt offen)
3 Kanister
4 Kiste
5 Sack
6 Kombinationsverpackung
7 (bleibt offen)
0 Feinstblechverpackung.

**[Großbuchstaben]** 6.1.2.6

Die folgenden Großbuchstaben sind für die Werkstoffart zu verwenden:

A Stahl (alle Typen und alle Oberflächenbehandlungen)
B Aluminium
C Naturholz
D Sperrholz
F Holzfaserwerkstoff
G Pappe
H Kunststoff
L Textilgewebe
M Papier, mehrlagig

**6.1.2.6** (Forts.) N Metall (außer Stahl oder Aluminium)

P Glas, Porzellan oder Steinzeug.

**Bem.** Der Ausdruck „Kunststoff" schließt auch andere polymere Werkstoffe wie Gummi ein.

**6.1.2.7 [Tabelle der Verpackungstypen]**

In der folgenden Tabelle sind die Codes angegeben, die für die Bezeichnung der Verpackungstypen in Abhängigkeit der Verpackungsart, des für die Herstellung verwendeten Werkstoffes und der Kategorie zu verwenden sind; es wird auch auf Unterabschnitte verwiesen, in denen die entsprechenden Vorschriften nachzulesen sind:

→ 6.1.4.8.5

| Art | Werkstoff | Kategorie | Code | Unterabschnitt |
|---|---|---|---|---|
| 1. Fässer | A. Stahl | nicht abnehmbarer Deckel | 1A1 | 6.1.4.1 |
| | | abnehmbarer Deckel | 1A2 | |
| | B. Aluminium | nicht abnehmbarer Deckel | 1B1 | 6.1.4.2 |
| | | abnehmbarer Deckel | 1B2 | |
| | D. Sperrholz | | 1D | 6.1.4.5 |
| | G. Pappe | | 1G | 6.1.4.7 |
| | H. Kunststoff | nicht abnehmbarer Deckel | 1H1 | 6.1.4.8 |
| | | abnehmbarer Deckel | 1H2 | |
| | N. Metall, außer Stahl oder Aluminium | nicht abnehmbarer Deckel | 1N1 | 6.1.4.3 |
| | | abnehmbarer Deckel | 1N2 | |
| 2. (bleibt offen) | | | | |
| 3. Kanister | A. Stahl | nicht abnehmbarer Deckel | 3A1 | 6.1.4.4 |
| | | abnehmbarer Deckel | 3A2 | |
| | B. Aluminium | nicht abnehmbarer Deckel | 3B1 | 6.1.4.4 |
| | | abnehmbarer Deckel | 3B2 | |
| | H. Kunststoff | nicht abnehmbarer Deckel | 3H1 | 6.1.4.8 |
| | | abnehmbarer Deckel | 3H2 | |
| 4. Kisten | A. Stahl | | 4A | 6.1.4.14 |
| | B. Aluminium | | 4B | 6.1.4.14 |
| | C. Naturholz | einfach | 4C1 | 6.1.4.9 |
| | | mit staubdichten Wänden | 4C2 | |
| | D. Sperrholz | | 4D | 6.1.4.10 |
| | F. Holzfaserwerkstoff | | 4F | 6.1.4.11 |
| | G. Pappe | | 4G | 6.1.4.12 |
| | H. Kunststoff | Schaumstoffe | 4H1 | 6.1.4.13 |
| | | starre Kunststoffe | 4H2 | |
| | N. Metall, außer Stahl oder Aluminium | | 4N | 6.1.4.14 |
| 5. Säcke | H. Kunststoffgewebe | ohne Innenauskleidung oder Beschichtung | 5H1 | 6.1.4.16 |
| | | staubdicht | 5H2 | |
| | | wasserbeständig | 5H3 | |
| | H. Kunststofffolie | | 5H4 | 6.1.4.17 |
| | L. Textilgewebe | ohne Innenauskleidung oder Beschichtung | 5L1 | 6.1.4.15 |
| | | staubdicht | 5L2 | |
| | | wasserbeständig | 5L3 | |
| | M. Papier | mehrlagig | 5M1 | 6.1.4.18 |
| | | mehrlagig, wasserbeständig | 5M2 | |

6.1.2.7 (Forts.)

| Art | Werkstoff | Kategorie | Code | Unterabschnitt |
|---|---|---|---|---|
| 6. Kombinationsverpackungen | H. Kunststoffgefäß | in einem Fass aus Stahl | 6HA1 | 6.1.4.19 |
| | | in einem Verschlag oder einer Kiste aus Stahl | 6HA2 | 6.1.4.19 |
| | | in einem Fass aus Aluminium | 6HB1 | 6.1.4.19 |
| | | in einem Verschlag oder einer Kiste aus Aluminium | 6HB2 | 6.1.4.19 |
| | | in einer Kiste aus Naturholz | 6HC | 6.1.4.19 |
| | | in einem Fass aus Sperrholz | 6HD1 | 6.1.4.19 |
| | | in einer Kiste aus Sperrholz | 6HD2 | 6.1.4.19 |
| | | in einem Fass aus Pappe | 6HG1 | 6.1.4.19 |
| | | in einer Kiste aus Pappe | 6HG2 | 6.1.4.19 |
| | | in einem Fass aus Kunststoff | 6HH1 | 6.1.4.19 |
| | | in einer Kiste aus starrem Kunststoff | 6HH2 | 6.1.4.19 |
| | P. Gefäß aus Porzellan, Glas oder Steinzeug | in einem Fass aus Stahl | 6PA1 | 6.1.4.20 |
| | | in einem Verschlag oder einer Kiste aus Stahl | 6PA2 | 6.1.4.20 |
| | | in einem Fass aus Aluminium | 6PB1 | 6.1.4.20 |
| | | in einem Verschlag oder einer Kiste aus Aluminium | 6PB2 | 6.1.4.20 |
| | | in einer Kiste aus Naturholz | 6PC | 6.1.4.20 |
| | | in einem Fass aus Sperrholz | 6PD1 | 6.1.4.20 |
| | | in einem Weidenkorb | 6PD2 | 6.1.4.20 |
| | | in einem Fass aus Pappe | 6PG1 | 6.1.4.20 |
| | | in einer Kiste aus Pappe | 6PG2 | 6.1.4.20 |
| | | in einer Außenverpackung aus Schaumstoff | 6PH1 | 6.1.4.20 |
| | | in einer Außenverpackung aus starrem Kunststoff | 6PH2 | 6.1.4.20 |
| 7. (bleibt offen) | | | | |
| 0. Feinstblechverpackungen | A. Stahl | nicht abnehmbarer Deckel | 0A1 | 6.1.4.22 |
| | | abnehmbarer Deckel | 0A2 | |

## Kennzeichnung

6.1.3
→ D: § 25 (1) 1
→ D: § 25 (2)
→ RO-a-FR-8
→ RO-a-HU-2
→ RO-a-IE-7
→ RO-a-PT-3

**Bem.** 1. Die Kennzeichen auf der Verpackung geben an, dass diese einer erfolgreich geprüften Bauart entspricht und die Vorschriften dieses Kapitels erfüllt, soweit diese sich auf die Herstellung und nicht auf die Verwendung der Verpackung beziehen. Folglich sagen die Kennzeichen nicht unbedingt aus, dass die Verpackung für irgendeinen Stoff verwendet werden darf: Die Verpackungsart (z.B. Stahlfass), der höchste Fassungsraum und/oder die höchste Masse der Verpackung sowie etwaige Sondervorschriften sind für jeden Stoff in Kapitel 3.2 Tabelle A festgelegt.

2. Die Kennzeichen sind dazu bestimmt, die Aufgaben der Verpackungshersteller, der Rekonditionierer, der Verpackungsverwender, der Beförderer und der Regelungsbehörden zu erleichtern. Bei der Verwendung einer neuen Verpackung sind die Originalkennzeichen ein Hilfsmittel für den oder die Hersteller, um den Typ festzustellen und um anzugeben, welche Prüfvorschriften diese erfüllt.

3. Die Kennzeichen liefern nicht immer vollständige Einzelheiten beispielsweise über das Prüfniveau; es kann daher notwendig sein, diesem Gesichtspunkt auch unter Bezugnahme auf ein Prüfzertifikat, Prüfberichte oder ein Verzeichnis erfolgreich geprüfter Verpackungen Rechnung zu tragen. Zum Beispiel kann eine Verpackung, die mit einem X oder einem Y gekennzeichnet ist, für Stoffe verwendet werden, denen eine Verpackungsgruppe mit einem geringeren Gefahrengrad zugeordnet ist und deren höchstzulässiger Wert für die relative Dichte[1], der in den Vorschriften für die Prüfungen der Verpackungen in Abschnitt 6.1.5 angegeben ist, unter Berücksichtigung des entsprechenden Faktors 1,5 oder 2,25 bestimmt wird; d.h., Verpackungen der Verpackungsgruppe I, die für Stoffe mit einer relativen Dichte von 1,2 ge-

[1] Der Ausdruck „relative Dichte" (d) gilt als Synonym für „Dichte" und wird in diesem Text durchgehend verwendet.

6.1.3 (Forts.) prüft sind, dürfen als Verpackungen der Verpackungsgruppe II für Stoffe mit einer relativen Dichte von 1,8 oder als Verpackungen der Verpackungsgruppe III für Stoffe mit einer relativen Dichte von 2,7 verwendet werden, natürlich vorausgesetzt, alle Funktionskriterien werden auch durch den Stoff mit der höheren relativen Dichte erfüllt.

6.1.3.1 **[Dauerhafte Kennzeichen]**

→ 1.6.1.57 → 5.2.2.1.2 → D: GGAV 32 Jede Verpackung, die für eine Verwendung gemäß ADR vorgesehen ist, muss auf einem nicht abnehmbaren Bauteil mit Kennzeichen versehen sein, die dauerhaft und lesbar und an einer Stelle in einem zur Verpackung verhältnismäßigen Format so angebracht sind, dass sie gut sichtbar sind. Bei Versandstücken mit einer Bruttomasse von mehr als 30 kg müssen die Kennzeichen oder ein Doppel davon auf der Oberseite oder auf einer Seite der Verpackung erscheinen. Die Buchstaben, Ziffern und Zeichen müssen eine Zeichenhöhe von mindestens 12 mm haben, ausgenommen an Verpackungen mit einem Fassungsraum von höchstens 30 Litern oder einer Nettomasse von höchstens 30 kg, bei denen die Zeichenhöhe mindestens 6 mm betragen muss, und ausgenommen an Verpackungen mit einem Fassungsraum von höchstens 5 Litern oder einer Nettomasse von höchstens 5 kg, bei denen sie eine angemessene Größe aufweisen müssen.

Die Kennzeichen bestehen:

a) (i) aus dem Symbol der Vereinten Nationen für Verpackungen (un). Dieses Symbol darf nur zum Zweck der Bestätigung verwendet werden, dass eine Verpackung, ein flexibler Schüttgut-Container, ein ortsbeweglicher Tank oder ein MEGC den entsprechenden Vorschriften des Kapitels 6.1, 6.2, 6.3, 6.5, 6.6, 6.7 oder 6.11 entspricht. Dieses Symbol darf nicht für Verpackungen verwendet werden, die den vereinfachten Bedingungen des Unterabschnitts 6.1.1.3, der Absätze 6.1.5.3.1 e), 6.1.5.3.5 c), des Unterabschnitts 6.1.5.4, des Absatzes 6.1.5.5.1 und des Unterabschnitts 6.1.5.6 entsprechen (siehe auch Absatz (ii)). Für Metallverpackungen, auf denen die Kennzeichen durch Prägen angebracht werden, dürfen anstelle des Symbols die Buchstaben „UN" verwendet werden; oder

(ii) aus dem Symbol „RID/ADR" für Kombinationsverpackungen (Glas, Porzellan oder Steinzeug) und Feinstblechverpackungen, die vereinfachten Bedingungen entsprechen (siehe Unterabschnitt 6.1.1.3, Absatz 6.1.5.3.1 e), 6.1.5.3.5 c), Unterabschnitt 6.1.5.4, Absatz 6.1.5.5.1 und Unterabschnitt 6.1.5.6);

**Bem.** Verpackungen, die mit diesem Symbol gekennzeichnet sind, sind für Eisenbahn- und Straßenbeförderungen sowie Beförderungen auf Binnenwasserstraßen, die den Vorschriften des RID, des ADR bzw. des ADN unterliegen, zugelassen. Sie sind nicht unbedingt für Beförderungen mit anderen Verkehrsträgern oder für Eisenbahn- und Straßenbeförderungen sowie Beförderungen auf Binnenwasserstraßen, die anderen Vorschriften unterliegen, zugelassen.

→ 6.1.3.15 b) aus dem Code für die Bezeichnung des Verpackungstyps nach Abschnitt 6.1.2;

c) aus einem zweiteiligen Code:

(i) aus einem Buchstaben, welcher die Verpackungsgruppe(n) angibt, für welche die Bauart erfolgreich geprüft worden ist:

X für die Verpackungsgruppen I, II und III;

Y für die Verpackungsgruppen II und III;

Z nur für die Verpackungsgruppe III;

(ii) bei Verpackungen ohne Innenverpackungen, die für flüssige Stoffe Verwendung finden, aus der Angabe der auf die erste Dezimalstelle gerundeten relativen Dichte, für die die Bauart geprüft worden ist; diese Angabe kann entfallen, wenn die relative Dichte 1,2 nicht überschreitet. Bei Verpackungen, die für feste Stoffe oder Innenverpackungen Verwendung finden, aus der Angabe der Bruttohöchstmasse in kg;

bei Feinstblechverpackungen, die gemäß Unterabschnitt 6.1.3.1 a) (ii) mit dem Symbol „RID/ADR" gekennzeichnet sind und zur Aufnahme von Stoffen bestimmt sind, deren Viskosität bei 23 °C mehr als 200 $mm^2/s$ beträgt, aus der Angabe der Bruttohöchstmasse in kg;

d) entweder aus dem Buchstaben „S", wenn die Verpackung für feste Stoffe oder für Innenverpackungen Verwendung findet, oder, wenn die Verpackung (ausgenommen zusammengesetzte Verpackungen) für flüssige Stoffe Verwendung findet und mit Erfolg einer Flüssigkeitsdruckprüfung unterzogen worden ist, aus der Angabe des Prüfdrucks in kPa, abgerundet auf die nächsten 10 kPa;

bei Feinstblechverpackungen, die gemäß Unterabschnitt 6.1.3.1 a) (ii) mit dem Symbol „RID/ADR" gekennzeichnet sind und zur Aufnahme von flüssigen Stoffen bestimmt sind, deren Viskosität bei 23 °C mehr als 200 $mm^2/s$ beträgt, aus dem Buchstaben „S"; 6.1.3.1 (Forts.)

e) aus den letzten beiden Ziffern des Jahres der Herstellung der Verpackung. Bei Verpackungen der Verpackungsarten 1H und 3H zusätzlich aus dem Monat der Herstellung; dieser Teil der Kennzeichnung darf auch an anderer Stelle als die übrigen Angaben angebracht sein. Eine geeignete Weise ist:

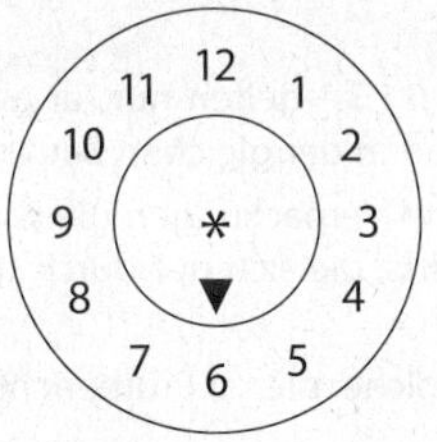


* Die letzten beiden Ziffern des Jahres der Herstellung dürfen an dieser Stelle angegeben werden. Ist dies der Fall, kann, wenn die Uhr neben dem UN-Bauartkennzeichen angebracht ist, auf die Angabe des Jahres im Kennzeichen verzichtet werden. Wenn jedoch die Uhr nicht neben dem UN-Bauartkennzeichen angebracht ist, müssen die beiden Ziffern des Jahres im Kennzeichen und in der Uhr identisch sein.

**Bem.** Andere Methoden zur Angabe der erforderlichen Mindestinformationen in dauerhafter, sichtbarer und lesbarer Form sind ebenfalls zulässig.

f) aus dem Zeichen des Staates, in dem die Erteilung des Kennzeichens zugelassen wurde, angegeben durch das für Kraftfahrzeuge im internationalen Verkehr verwendete Unterscheidungszeichen[2)];

g) aus dem Namen des Herstellers oder einer sonstigen von der zuständigen Behörde festgelegten Identifizierung der Verpackung.

**[Nennmaterialstärke]** 6.1.3.2

Zusätzlich zu den in Unterabschnitt 6.1.3.1 vorgeschriebenen dauerhaften Kennzeichen müssen neue Metallfässer mit einem Fassungsraum von mehr als 100 Litern die in Unterabschnitt 6.1.3.1 a) bis e) angegebenen Kennzeichen, zusammen mit der Angabe der Nennmaterialstärke zumindest des für den Mantel verwendeten Metalls (in mm, ± 0,1 mm) in bleibender Form (z.B. durch Prägen) auf dem Unterboden aufweisen. Wenn die Nennmaterialstärke von mindestens einem der beiden Böden eines Metallfasses geringer ist als die des Mantels, so ist die Nennmaterialstärke des Oberbodens, des Mantels und des Unterbodens in bleibender Form (z.B. durch Prägen) auf dem Unterboden anzugeben. Beispiel: „1,0 – 1,2 – 1,0" oder „0,9 – 1,0 – 1,0". Die Nennmaterialstärken des Metalls sind nach der entsprechenden ISO-Norm zu bestimmen, z.B. ISO 3574:1999 für Stahl. Die in Unterabschnitt 6.1.3.1 f) und g) angegebenen Kennzeichen dürfen, soweit in Unterabschnitt 6.1.3.5 nichts anderes angegeben ist, nicht in bleibender Form angebracht sein.

**[Rekonditionierte Verpackungen]** 6.1.3.3

Jede Verpackung mit Ausnahme der in Unterabschnitt 6.1.3.2 genannten, die einem Rekonditionierungsverfahren unterzogen werden kann, muss mit den in Unterabschnitt 6.1.3.1 a) bis e) angegebenen Kennzeichen in bleibender Form versehen sein. Kennzeichen sind bleibend, wenn sie dem Rekonditionierungsverfahren standhalten können (z.B. durch Prägen angebrachte Kennzeichen). Diese bleibenden Kennzeichen dürfen bei Verpackungen, mit Ausnahme von Metallfässern mit einem Fassungsraum von mehr als 100 Litern, anstelle der in Unterabschnitt 6.1.3.1 beschriebenen dauerhaften Kennzeichen verwendet werden.

**[Wiederaufgearbeitete Metallfässer]** 6.1.3.4

Bei wiederaufgearbeiteten Metallfässern müssen die vorgeschriebenen Kennzeichen nicht unbedingt bleibend sein, wenn weder eine Änderung des Verpackungstyps noch ein Austausch oder eine Entfernung fest eingebauter Konstruktionsbestandteile vorgenommen wurde. Andere wiederaufgearbeitete

2) Das für Kraftfahrzeuge und Anhänger im internationalen Straßenverkehr verwendete Unterscheidungszeichen des Zulassungsstaates, z.B. gemäß dem Genfer Übereinkommen über den Straßenverkehr von 1949 oder dem Wiener Übereinkommen über den Straßenverkehr von 1968.

## 6.1 Bau- und Prüfvorschriften für Verpackungen

**6.1.3.4** (Forts.) Metallfässer müssen auf dem Oberboden oder dem Mantel mit den in Unterabschnitt 6.1.3.1 a) bis e) aufgeführten Kennzeichen in bleibender Form (z.B. durch Prägen) versehen sein.

**6.1.3.5 [Mehrmalige Verwendung]**

Metallfässer aus Werkstoffen (wie rostfreier Stahl), die für eine mehrmalige Wiederverwendung ausgelegt sind, dürfen mit den in Unterabschnitt 6.1.3.1 f) und g) angegebenen Kennzeichen in bleibender Form (z. B. durch Prägen) versehen sein.

**6.1.3.6 [Bauartreihe]**

Die Kennzeichen gemäß Unterabschnitt 6.1.3.1 gelten nur für eine Bauart oder für eine Bauartreihe. Verschiedene Oberflächenbehandlungen sind in der gleichen Bauart eingeschlossen.

Bei einer „Bauartreihe" handelt es sich um Verpackungen gleicher Ausführung, gleicher Wanddicke, gleichen Werkstoffs und gleichen Querschnitts, die sich nur durch geringere Bauhöhe von der zugelassenen Bauart unterscheiden.

Die Verschlüsse der Gefäße müssen als solche, die im Prüfbericht aufgeführt sind, identifizierbar sein.

**6.1.3.7 [Reihenfolge]**

Die Kennzeichen müssen in der Reihenfolge der Absätze in Unterabschnitt 6.1.3.1 angebracht werden; jedes der in diesen Absätzen und gegebenenfalls in Unterabschnitt 6.1.3.8 Absätze h) bis j) vorgeschriebenen Kennzeichen muss zur leichteren Identifizierung deutlich getrennt werden, z.B. durch einen Schrägstrich oder eine Leerstelle. Beispiele siehe Unterabschnitt 6.1.3.11.

Alle zusätzlichen, von einer zuständigen Behörde zugelassenen Kennzeichen dürfen die korrekte Identifizierung der in Unterabschnitt 6.1.3.1 vorgeschriebenen Kennzeichen nicht beeinträchtigen.

**6.1.3.8 [Rekonditionierer]**

Der Rekonditionierer von Verpackungen muss nach der Rekonditionierung auf den Verpackungen folgende dauerhafte Kennzeichen in nachstehender Reihenfolge anbringen:

h) das Zeichen des Staates, in dem die Rekonditionierung vorgenommen worden ist, angegeben durch das für Kraftfahrzeuge im internationalen Verkehr verwendete Unterscheidungszeichen[2)];

i) der Name des Rekonditionierers oder eine sonstige, von der zuständigen Behörde festgelegte Identifizierung der Verpackung;

j) das Jahr der Rekonditionierung, den Buchstaben „R" und für jede Verpackung, die der Dichtheitsprüfung nach Unterabschnitt 6.1.1.3 mit Erfolg unterzogen worden ist, den zusätzlichen Buchstaben „L".

**6.1.3.9 [Erhalt der Kennzeichen]**

Wenn nach einer Rekonditionierung die in Unterabschnitt 6.1.3.1 a) bis d) vorgeschriebenen Kennzeichen weder auf dem Oberboden noch auf dem Mantel des Metallfasses sichtbar sind, muss der Rekonditionierer auch diese in dauerhafter Form anbringen, gefolgt von den in Unterabschnitt 6.1.3.8 h), i) und j) vorgeschriebenen Kennzeichen. Diese Kennzeichen dürfen keine größere Leistungsfähigkeit angeben als die, für die die ursprüngliche Bauart geprüft und gekennzeichnet wurde.

**6.1.3.10 [Recycling-Kunststoffe]**

Aus Recycling-Kunststoffen gemäß Begriffsbestimmung in Abschnitt 1.2.1 hergestellte Verpackungen müssen mit „REC" gekennzeichnet sein. Dieses Kennzeichen muss neben den in Unterabschnitt 6.1.3.1 vorgeschriebenen Kennzeichen angebracht sein.

**6.1.3.11 [Kennzeichnungsbeispiele – NEUE Verpackungen]**

Beispiele für die Kennzeichnung von NEUEN Verpackungen:

| | | | |
|---|---|---|---|
| (u n) | 4G/Y145/S/02<br>NL/VL823 | nach 6.1.3.1 a) (i), b), c), d) und e)<br>nach 6.1.3.1 f) und g) | für eine neue Kiste aus Pappe |
| (u n) | 1A1/Y1.4/150/98<br>NL/VL824 | nach 6.1.3.1 a) (i), b), c), d) und e)<br>nach 6.1.3.1 f) und g) | für ein neues Stahlfass für die Beförderung von flüssigen Stoffen |

2) Das für Kraftfahrzeuge und Anhänger im internationalen Straßenverkehr verwendete Unterscheidungszeichen des Zulassungsstaates, z.B. gemäß dem Genfer Übereinkommen über den Straßenverkehr von 1949 oder dem Wiener Übereinkommen über den Straßenverkehr von 1968.

6.1.3.11 (Forts.)

| | | | |
|---|---|---|---|
| un | 1A2/Y150/S/01<br>NL/VL825 | nach 6.1.3.1 a) (i), b), c), d) und e)<br>nach 6.1.3.1 f) und g) | für ein neues Stahlfass für die Beförderung von festen Stoffen oder Innenverpackungen |
| un | 4HW/Y136/S/98<br>NL/VL826 | nach 6.1.3.1 a) (i), b), c), d) und e)<br>nach 6.1.3.1 f) und g) | für eine neue Kiste aus Kunststoff mit entsprechender Spezifikation |
| un | 1A2/Y100/01<br>USA/MM5 | nach 6.1.3.1 a) (i), b), c), d) und e)<br>nach 6.1.3.1 f) und g) | für ein wiederaufgearbeitetes Stahlfass für die Beförderung von flüssigen Stoffen |
| | RID/ADR/0A1/Y100/89<br>NL/VL123 | nach 6.1.3.1 a) (ii), b), c), d) und e)<br>nach 6.1.3.1 f) und g) | für neue Feinstblechverpackungen mit nicht abnehmbarem Deckel |
| | RID/ADR/0A2/Y20/S/04<br>NL/VL124 | nach 6.1.3.1 a) (ii), b), c), d) und e)<br>nach 6.1.3.1 f) und g) | für neue Feinstblechverpackungen mit abnehmbarem Deckel, vorgesehen für feste Stoffe oder für flüssige Stoffe, deren Viskosität bei 23 °C über 200 mm²/s liegt |

**[Kennzeichnungsbeispiele – Rekonditionierte Verpackungen]** 6.1.3.12

Beispiele für die Kennzeichnung von REKONDITIONIERTEN Verpackungen:

| | | |
|---|---|---|
| un | 1A1/Y1.4/150/97<br>NL/RB/01RL | nach 6.1.3.1 a) (i), b), c), d) und e)<br>nach 6.1.3.8 h), i) und j) |
| un | 1A2/Y150/S/99<br>USA/RB/00R | nach 6.1.3.1 a) (i), b), c), d) und e)<br>nach 6.1.3.8 h), i) und j) |

**[Kennzeichnungsbeispiele – BERGUNGSVERPACKUNGEN]** 6.1.3.13

Beispiele für die Kennzeichnung von BERGUNGSVERPACKUNGEN:

| | | |
|---|---|---|
| un | 1A2T/Y300/S/01<br>USA/abc | nach 6.1.3.1 a) (i), b), c), d) und e)<br>nach 6.1.3.1 f) und g) |

**Bem.** Die in den Unterabschnitten 6.1.3.11, 6.1.3.12 und 6.1.3.13 beispielhaft dargestellte Kennzeichnung darf in einer oder in mehreren Zeilen angebracht werden, vorausgesetzt, die richtige Reihenfolge wird beachtet.

**[Mehrfachkennzeichnung Verpackungsbauart]** 6.1.3.14

Wenn eine Verpackung einer oder mehreren geprüften Verpackungsbauarten, einschließlich einer oder mehreren geprüften Bauarten von Großpackmitteln (IBC) oder Großverpackungen, entspricht, darf die Verpackung mit mehreren Kennzeichen zur Angabe der entsprechenden Prüfanforderungen, die erfüllt wurden, versehen sein. Wenn eine Verpackung mit mehreren Kennzeichen versehen ist, müssen die Kennzeichen in unmittelbarer Nähe zueinander erscheinen und jedes Kennzeichen muss vollständig abgebildet sein.

**Bestätigung** 6.1.3.15

Mit dem Anbringen der Kennzeichen nach Unterabschnitt 6.1.3.1 wird bestätigt, dass die serienmäßig gefertigten Verpackungen der zugelassenen Bauart entsprechen und die in der Zulassung genannten Bedingungen erfüllt sind.

**Vorschriften für Verpackungen** 6.1.4

**Allgemeine Vorschriften** 6.1.4.0

Eine Permeation des in der Verpackung enthaltenen Stoffes darf unter normalen Beförderungsbedingungen keine Gefahr darstellen.

**Fässer aus Stahl** 6.1.4.1

1A1 mit nicht abnehmbarem Deckel;

1A2 mit abnehmbarem Deckel.

**6.1.4.1.1 [Werkstoff]**

Mantel und Böden müssen aus Stahlblech eines geeigneten Typs hergestellt sein und eine für den Fassungsraum und den Verwendungszweck des Fasses ausreichende Dicke aufweisen.

**Bem.** Für Fässer aus Kohlenstoffstahl sind „geeignete" Stähle in den Normen ISO 3573:1999 („Warmgewalztes Band und Blech aus weichen unlegierten Stählen") und ISO 3574:1999 („Kaltgewalztes Band und Blech aus weichen unlegierten Stählen") ausgewiesen.

Für Fässer aus Kohlenstoffstahl mit einem Fassungsraum unter 100 Liter sind „geeignete" Stähle zusätzlich zu den oben genannten auch in den Normen ISO 11949:1995 („Kaltgewalztes elektrolytisch verzinntes Weißblech"), ISO 11950:1995 („Kaltgewalzter elektrolytisch spezialverchromter Stahl") und ISO 11951:1995 („Kaltgewalztes Feinstblech in Rollen zur Herstellung von Weißblech oder von elektrolytisch spezialverchromtem Stahl") ausgewiesen.

**6.1.4.1.2 [Mantelnähte]**

Die Mantelnähte der Fässer, die zur Aufnahme von mehr als 40 Liter flüssiger Stoffe bestimmt sind, müssen geschweißt sein. Die Mantelnähte der Fässer, die für feste Stoffe und zur Aufnahme von höchstens 40 Liter flüssiger Stoffe bestimmt sind, müssen maschinell gefalzt oder geschweißt sein.

**6.1.4.1.3 [Verbindungen]**

Die Verbindungen zwischen Böden und Mantel müssen maschinell gefalzt oder geschweißt sein. Getrennte Verstärkungsreifen dürfen verwendet werden.

**6.1.4.1.4 [Rollreifen/-sicken]**

Fässer dürfen mit Rollsicken oder aufgepressten Rollreifen versehen sein. Sind aufgepresste Rollreifen vorhanden, so müssen sie dicht am Mantel anliegen und so befestigt werden, dass sie sich nicht verschieben können. Die Rollreifen dürfen nicht durch Punktschweißungen befestigt werden.

**6.1.4.1.5 [Öffnungen]**

Der Durchmesser von Öffnungen zum Füllen, Entleeren und Entlüften im Mantel oder in den Böden der Fässer mit nicht abnehmbarem Deckel (1A1) darf 7 cm nicht überschreiten. Fässer mit größeren Öffnungen gelten als Fässer mit abnehmbarem Deckel (1A2). Verschlüsse für Mantel- oder Bodenöffnungen von Fässern müssen so ausgelegt und angebracht sein, dass sie unter normalen Beförderungsbedingungen fest verschlossen und dicht bleiben. Flansche dürfen durch maschinelles Falzen angebracht oder angeschweißt sein. Die Verschlüsse müssen mit Dichtungen oder sonstigen Abdichtungsmitteln versehen sein, sofern sie nicht von sich aus dicht sind.

**6.1.4.1.6 [Verschlusseinrichtungen]**

Die Verschlusseinrichtungen der Fässer mit abnehmbarem Deckel (1A2) müssen so ausgelegt und angebracht sein, dass sie unter normalen Beförderungsbedingungen fest verschlossen und die Fässer dicht bleiben. Abnehmbare Deckel müssen mit Dichtungen oder anderen Abdichtungsmitteln versehen sein.

**6.1.4.1.7 [Schutzauskleidung]**

Wenn die für Mantel, Böden, Verschlüsse und Ausrüstungsteile verwendeten Werkstoffe nicht mit dem zu befördernden Stoff verträglich sind, müssen innen geeignete Schutzauskleidungen aufgebracht oder geeignete Oberflächenbehandlungen durchgeführt werden. Diese Auskleidungen oder Oberflächenbehandlungen müssen ihre Schutzeigenschaften unter normalen Beförderungsbedingungen beibehalten.

**6.1.4.1.8 [Höchster Fassungsraum]**

Höchster Fassungsraum der Fässer: 450 Liter.

**6.1.4.1.9 [Höchste Nettomasse]**

Höchste Nettomasse: 400 kg.

**6.1.4.2 Fässer aus Aluminium**

1B1 mit nicht abnehmbarem Deckel;

1B2 mit abnehmbarem Deckel.

**[Werkstoff]** 6.1.4.2.1

Der Mantel und die Böden müssen aus Aluminium mit einem Reinheitsgrad von mindestens 99 % oder aus einer Aluminiumlegierung hergestellt sein. Der Werkstoff muss geeignet sein und eine für den Fassungsraum und den Verwendungszweck des Fasses ausreichende Dicke aufweisen.

**[Schweißung]** 6.1.4.2.2

Alle Nähte müssen geschweißt sein. Die Nähte der Verbindungen zwischen Böden und Mantel müssen, soweit vorhanden, durch die Anbringung gesonderter Verstärkungsreifen verstärkt sein.

**[Rollreifen/-sicken]** 6.1.4.2.3

Fässer dürfen mit Rollsicken oder aufgepressten Rollreifen versehen sein. Sind aufgepresste Rollreifen vorhanden, so müssen sie dicht am Mantel anliegen und so befestigt sein, dass sie sich nicht verschieben können. Die Rollreifen dürfen nicht durch Punktschweißungen befestigt sein.

**[Öffnungen]** 6.1.4.2.4

Der Durchmesser von Öffnungen zum Füllen, Entleeren und Entlüften im Mantel oder in den Böden der Fässer mit nicht abnehmbarem Deckel (1B1) darf 7 cm nicht überschreiten. Fässer mit größeren Öffnungen gelten als Fässer mit abnehmbarem Deckel (1B2). Verschlüsse für Mantel- oder Bodenöffnungen von Fässern müssen so ausgelegt und angebracht sein, dass sie unter normalen Beförderungsbedingungen fest verschlossen und dicht bleiben. Flansche müssen angeschweißt sein, und die Schweißnaht muss eine dichte Verbindung bilden. Die Verschlüsse müssen mit Dichtungen oder sonstigen Abdichtungsmitteln versehen sein, sofern sie nicht von sich aus dicht sind.

**[Verschlusseinrichtungen]** 6.1.4.2.5

Die Verschlusseinrichtungen der Fässer mit abnehmbarem Deckel (1B2) müssen so ausgelegt und angebracht sein, dass sie unter normalen Beförderungsbedingungen fest verschlossen und die Fässer dicht bleiben. Abnehmbare Deckel müssen mit Dichtungen oder anderen Abdichtungsmitteln versehen sein.

**[Schutzbeschichtung Alufass]** 6.1.4.2.6

Wenn die für Mantel, Böden, Verschlüsse und Ausrüstungsteile verwendeten Werkstoffe nicht mit dem zu befördernden Stoff verträglich sind, müssen innen geeignete Schutzbeschichtungen aufgebracht oder geeignete Oberflächenbehandlungen durchgeführt werden. Diese Beschichtungen oder Oberflächenbehandlungen müssen ihre Schutzeigenschaften unter normalen Beförderungsbedingungen beibehalten.

**[Höchster Fassungsraum]** 6.1.4.2.7

Höchster Fassungsraum der Fässer: 450 Liter.

**[Höchste Nettomasse]** 6.1.4.2.8

Höchste Nettomasse: 400 kg.

**Fässer aus einem anderen Metall als Stahl oder Aluminium** 6.1.4.3

1N1 mit nicht abnehmbarem Deckel;

1N2 mit abnehmbarem Deckel.

**[Werkstoff]** 6.1.4.3.1

Der Mantel und die Böden müssen aus einem anderen Metall oder einer anderen Metalllegierung als Stahl oder Aluminium hergestellt sein. Der Werkstoff muss geeignet sein und eine für den Fassungsraum und den Verwendungszweck des Fasses ausreichende Dicke aufweisen.

**[Nähte]** 6.1.4.3.2

Die Nähte der Verbindungen zwischen Böden und Mantel müssen, soweit vorhanden, durch die Anbringung gesonderter Verstärkungsreifen verstärkt sein. Alle Nähte müssen, soweit vorhanden, nach dem neuesten Stand der Technik für das verwendete Metall oder die verwendete Metalllegierung ausgeführt (geschweißt, gelötet usw.) sein.

**6.1.4.3.3 [Rollreifen/-sicken]**

Fässer dürfen mit Rollsicken oder aufgepressten Rollreifen versehen sein. Sind aufgepresste Rollreifen vorhanden, so müssen sie dicht am Mantel anliegen und so befestigt sein, dass sie sich nicht verschieben können. Die Rollreifen dürfen nicht durch Punktschweißungen befestigt sein.

**6.1.4.3.4 [Öffnungen]**

Der Durchmesser von Öffnungen zum Füllen, Entleeren und Entlüften im Mantel oder in den Böden der Fässer mit nicht abnehmbarem Deckel (1N1) darf 7 cm nicht überschreiten. Fässer mit größeren Öffnungen gelten als Fässer mit abnehmbarem Deckel (1N2). Verschlüsse für Mantel- oder Bodenöffnungen von Fässern müssen so ausgelegt und angebracht sein, dass sie unter normalen Beförderungsbedingungen fest verschlossen und dicht bleiben. Flansche müssen nach dem neuesten Stand der Technik für das verwendete Metall oder die verwendete Metalllegierung angebracht (geschweißt, gelötet usw.) sein, um die Dichtheit der Naht sicherzustellen. Die Verschlüsse müssen mit Dichtungen oder sonstigen Abdichtungsmitteln versehen sein, sofern sie nicht von sich aus dicht sind.

**6.1.4.3.5 [Verschlusseinrichtungen]**

Die Verschlusseinrichtungen der Fässer mit abnehmbarem Deckel (1N2) müssen so ausgelegt und angebracht sein, dass sie unter normalen Beförderungsbedingungen fest verschlossen und die Fässer dicht bleiben. Abnehmbare Deckel müssen mit Dichtungen oder anderen Abdichtungsmitteln versehen sein.

**6.1.4.3.6 [Schutzbeschichtung Metallfass]**

Wenn die für Mantel, Böden, Verschlüsse und Ausrüstungsteile verwendeten Werkstoffe nicht mit dem zu befördernden Stoff verträglich sind, müssen innen geeignete Schutzbeschichtungen aufgebracht oder geeignete Oberflächenbehandlungen durchgeführt werden. Diese Beschichtungen oder Oberflächenbehandlungen müssen ihre Schutzeigenschaften unter normalen Beförderungsbedingungen beibehalten.

**6.1.4.3.7 [Höchster Fassungsraum]**

Höchster Fassungsraum der Fässer: 450 Liter.

**6.1.4.3.8 [Höchste Nettomasse]**

Höchste Nettomasse: 400 kg.

**6.1.4.4 Kanister aus Stahl oder Aluminium**

3A1 aus Stahl, mit nicht abnehmbarem Deckel;

3A2 aus Stahl, mit abnehmbarem Deckel;

3B1 aus Aluminium, mit nicht abnehmbarem Deckel;

3B2 aus Aluminium, mit abnehmbarem Deckel.

**6.1.4.4.1 [Werkstoff]**

Das Blech für den Mantel und die Böden muss aus Stahl, aus Aluminium mit einem Reinheitsgrad von mindestens 99 % oder aus einer Legierung auf Aluminiumbasis bestehen. Der Werkstoff muss geeignet sein und eine für den Fassungsraum und den Verwendungszweck des Kanisters ausreichende Dicke aufweisen.

**6.1.4.4.2 [Verbindungen]**

Die Verbindungen zwischen Böden und Mantel aller Kanister aus Stahl müssen maschinell gefalzt oder geschweißt sein. Die Mantelnähte von Kanistern aus Stahl, die zur Aufnahme von mehr als 40 Litern flüssiger Stoffe bestimmt sind, müssen geschweißt sein. Die Mantelnähte von Kanistern aus Stahl, die zur Aufnahme von höchstens 40 Litern flüssiger Stoffe bestimmt sind, müssen maschinell gefalzt oder geschweißt sein. Bei Kanistern aus Aluminium müssen alle Nähte geschweißt sein. Die Nähte der Verbindungen zwischen Böden und Mantel müssen, soweit vorhanden, durch die Verwendung eines gesonderten Verstärkungsreifens verstärkt sein.

**6.1.4.4.3 [Öffnungen]**

Der Durchmesser der Öffnungen der Kanister mit nicht abnehmbarem Deckel (3A1 und 3B1) darf nicht größer sein als 7 cm. Kanister mit größeren Öffnungen gelten als Kanister mit abnehmbarem Deckel (3A2 und 3B2). Die Verschlüsse müssen so ausgelegt sein, dass sie unter normalen Beförderungsbedingungen fest verschlossen und dicht bleiben. Die Verschlüsse müssen mit Dichtungen oder sonstigen Abdichtungsmitteln versehen sein, sofern sie nicht von sich aus dicht sind. 6.1.4.4.3 (Forts.)

**[Schutzauskleidungen]** 6.1.4.4.4

Wenn die für Mantel, Böden, Verschlüsse und Ausrüstungsteile verwendeten Werkstoffe nicht mit dem zu befördernden Stoff verträglich sind, müssen innen geeignete Schutzauskleidungen aufgebracht oder geeignete Oberflächenbehandlungen durchgeführt werden. Diese Auskleidungen oder Oberflächenbehandlungen müssen ihre Schutzeigenschaften unter normalen Beförderungsbedingungen beibehalten.

**[Höchster Fassungsraum]** 6.1.4.4.5

Höchster Fassungsraum der Kanister: 60 Liter.

**[Höchste Nettomasse]** 6.1.4.4.6

Höchste Nettomasse: 120 kg.

**Fässer aus Sperrholz** 6.1.4.5

1D

**[Werkstoff]** 6.1.4.5.1

Das verwendete Holz muss gut abgelagert, handelsüblich trocken und frei von Mängeln sein, welche die Verwendbarkeit des Fasses für den beabsichtigten Verwendungszweck beeinträchtigen können. Falls ein anderer Werkstoff als Sperrholz für die Herstellung der Böden verwendet wird, muss dieser Eigenschaften besitzen, die denen von Sperrholz gleichwertig sind.

**[Anzahl der Lagen]** 6.1.4.5.2

Das für den Mantel verwendete Sperrholz muss mindestens aus zwei Lagen und das für die Böden mindestens aus drei Lagen bestehen; die einzelnen Lagen müssen kreuzweise zur Faserrichtung mit wasserbeständigem Klebstoff miteinander verleimt sein.

**[Auslegung]** 6.1.4.5.3

Die Auslegung des Fassmantels und der Böden sowie ihrer Verbindungen muss dem Fassungsraum und dem Verwendungszweck des Fasses angepasst sein.

**[Auskleidung]** 6.1.4.5.4

Um ein Durchrieseln des Inhalts zu verhindern, sind die Deckel mit Kraftpapier oder einem gleichwertigen Werkstoff auszukleiden, das am Deckel sicher zu befestigen ist und rundum überstehen muss.

**[Höchster Fassungsraum]** 6.1.4.5.5

Höchster Fassungsraum der Fässer: 250 Liter.

**[Höchste Nettomasse]** 6.1.4.5.6

Höchste Nettomasse: 400 kg.

(gestrichen) 6.1.4.6

**Fässer aus Pappe** 6.1.4.7

1G

**[Mantel]** 6.1.4.7.1

Der Fassmantel muss aus mehreren Lagen Kraftpapier oder Vollpappe (nicht gewellt), die fest verleimt oder gepresst sind, bestehen und kann eine oder mehrere Schutzlagen aus Bitumen, gewachstem Kraftpapier, Metallfolie, Kunststoff usw. enthalten.

**[Böden]** 6.1.4.7.2

Die Böden müssen aus Naturholz, Pappe, Metall, Sperrholz, Kunststoff oder einem anderen geeigneten Werkstoff bestehen und können eine oder mehrere Schutzlagen aus Bitumen, gewachstem Kraftpapier, Metallfolie, Kunststoff usw. enthalten.

**6.1.4.7.3 [Auslegung]**

Die Auslegung des Fassmantels und der Böden sowie ihrer Verbindungen muss dem Fassungsraum und dem Verwendungszweck des Fasses angepasst sein.

**6.1.4.7.4 [Wasserbeständigkeit]**

Die zusammengebaute Verpackung muss ausreichend wasserbeständig sein, dass sich die Schichten unter normalen Beförderungsbedingungen nicht abspalten.

**6.1.4.7.5 [Höchster Fassungsraum]**

Höchster Fassungsraum der Fässer: 450 Liter.

**6.1.4.7.6 [Höchste Nettomasse]**

Höchste Nettomasse: 400 kg.

**6.1.4.8 Fässer und Kanister aus Kunststoff**

*→ D: BAM-GGR 003* 1H1 Fässer mit nicht abnehmbarem Deckel;
*→ D: BAM-GGR 015* 1H2 Fässer mit abnehmbarem Deckel;
3H1 Kanister mit nicht abnehmbarem Deckel;
3H2 Kanister mit abnehmbarem Deckel.

**6.1.4.8.1 [Werkstoff]**

Die Verpackung muss aus geeignetem Kunststoff hergestellt werden, und ihre Festigkeit muss dem Fassungsraum und dem Verwendungszweck angepasst sein. Ausgenommen für Recycling-Kunststoffe gemäß Begriffsbestimmung in Abschnitt 1.2.1 darf kein gebrauchter Werkstoff außer Produktionsrückstände oder Kunststoffgranulat aus demselben Fertigungsverfahren verwendet werden. Die Verpackung muss ausreichend widerstandsfähig sein gegen Alterung und gegen Qualitätsverlust, der entweder durch das Füllgut oder durch ultraviolette Strahlung verursacht wird. Eventuell auftretende Permeationen des Füllgutes oder Recycling-Kunststoffe, die für die Herstellung neuer Verpackungen verwendet werden, dürfen unter normalen Beförderungsbedingungen keine Gefahr darstellen.

**6.1.4.8.2 [UV-Schutz-Zusätze]**

Ist ein Schutz gegen ultraviolette Strahlung erforderlich, so muss dieser durch Beimischung von Ruß oder anderen geeigneten Pigmenten oder Inhibitoren erfolgen. Diese Zusätze müssen mit dem Füllgut verträglich sein und ihre Wirkung während der gesamten Verwendungsdauer der Verpackung behalten. Bei Verwendung von Ruß, Pigmenten oder Inhibitoren, die sich von jenen unterscheiden, die für die Herstellung der geprüften Bauart verwendet wurden, kann auf die Wiederholung der Prüfungen verzichtet werden, wenn der Rußgehalt 2 Masse-% oder der Pigmentgehalt 3 Masse-% nicht überschreitet; der Inhibitorengehalt gegen ultraviolette Strahlung ist nicht beschränkt.

**6.1.4.8.3 [Andere Zusätze]**

Zusätze für andere Zwecke als zum Schutz gegen ultraviolette Strahlung dürfen dem Kunststoff unter der Voraussetzung beigemischt werden, dass sie die chemischen und physikalischen Eigenschaften des Verpackungswerkstoffs nicht beeinträchtigen. In diesem Fall kann auf die Wiederholung der Prüfungen verzichtet werden.

**6.1.4.8.4 [Wanddicke]**

Die Wanddicke muss an jeder Stelle der Verpackung dem Fassungsraum und dem Verwendungszweck angepasst sein, wobei die Beanspruchungen der einzelnen Stellen zu berücksichtigen sind.

**6.1.4.8.5 [Öffnungen]**

Der Durchmesser von Öffnungen zum Füllen, Entleeren und Entlüften im Mantel oder in den Böden der Fässer mit nicht abnehmbarem Deckel (1H1) und Kanistern mit nicht abnehmbarem Deckel (3H1) darf 7 cm nicht überschreiten. Fässer und Kanister mit größeren Öffnungen gelten als Fässer und Kanister mit abnehmbarem Deckel (1H2 und 3H2). Verschlüsse für Mantel- oder Bodenöffnungen von Fässern und Kanistern müssen so ausgelegt und angebracht sein, dass sie unter normalen Beförderungsbedingungen fest verschlossen und dicht bleiben. Die Verschlüsse müssen mit Dichtungen oder sonstigen Abdichtungsmitteln versehen sein, sofern sie nicht von sich aus dicht sind.

**[Verschlusseinrichtungen]** 6.1.4.8.6

Die Verschlusseinrichtungen der Fässer und Kanister mit abnehmbarem Deckel (1H2 und 3H2) müssen so ausgelegt und angebracht sein, dass sie unter normalen Beförderungsbedingungen fest verschlossen und dicht bleiben. Bei allen abnehmbaren Deckeln müssen Dichtungen verwendet werden, es sei denn, das Fass oder der Kanister sind von sich aus dicht, wenn der abnehmbare Deckel ordnungsgemäß befestigt wird.

**[Höchstzulässige Permeation]** 6.1.4.8.7

Bei entzündbaren flüssigen Stoffen beträgt die höchstzulässige Permeation 0,008 $\frac{g}{l \times h}$ bei 23 °C (siehe Unterabschnitt 6.1.5.7).

(gestrichen) 6.1.4.8.8

**[Höchster Fassungsraum]** 6.1.4.8.9

Höchster Fassungsraum der Fässer und Kanister:

1H1 und 1H2: 450 Liter;

3H1 und 3H2: 60 Liter.

**[Höchste Nettomasse]** 6.1.4.8.10

Höchste Nettomasse:

1H1 und 1H2: 400 kg;

3H1 und 3H2: 120 kg.

**Kisten aus Naturholz** 6.1.4.9

4C1 einfach;

4C2 mit staubdichten Wänden.

**[Werkstoff]** 6.1.4.9.1

Das verwendete Holz muss gut abgelagert, handelsüblich trocken und frei von Mängeln sein, damit eine wesentliche Verminderung der Festigkeit jedes einzelnen Teils der Kiste verhindert wird. Die Festigkeit des verwendeten Werkstoffes und die Art der Fertigung müssen dem Fassungsraum und dem Verwendungszweck der Kiste angepasst sein. Die Deckel und Böden können aus wasserbeständigen Holzfaserwerkstoffen wie Hartfaserplatten oder Spanplatten oder anderen geeigneten Ausführungen bestehen.

**[Befestigungselemente]** 6.1.4.9.2

Die Befestigungselemente müssen gegen Vibrationen, die erfahrungsgemäß unter normalen Beförderungsbedingungen auftreten, beständig sein. Das Anbringen von Nägeln in Faserrichtung des Holzes am Ende von Brettern ist möglichst zu vermeiden. Verbindungen, bei denen die Gefahr einer starken Beanspruchung besteht, müssen unter Verwendung von umgenieteten oder umgebogenen Ringschaftnägeln oder gleichwertigen Befestigungsmitteln hergestellt werden.

**[Verbindungen]** 6.1.4.9.3

Kisten 4C2: Jedes Teil der Kiste muss aus einem Stück bestehen oder diesem gleichwertig sein. Teile sind als einem Stück gleichwertig anzusehen, wenn eine der folgenden Arten von Leimverbindungen angewendet wird: Lindermann-Verbindung (Schwalbenschwanz-Verbindung), Nut- und Federverbindung, überlappende Verbindung oder Stoßverbindung mit mindestens zwei gewellten Metallbefestigungselementen an jeder Verbindung.

**[Höchste Nettomasse]** 6.1.4.9.4

Höchste Nettomasse: 400 kg.

**Kisten aus Sperrholz** 6.1.4.10

4D

**[Werkstoff]** 6.1.4.10.1

Das verwendete Sperrholz muss mindestens aus drei Lagen bestehen. Es muss aus gut abgelagertem Schälfurnier, Schnittfurnier oder Sägefurnier hergestellt, handelsüblich trocken und frei von Mängeln sein, welche die Festigkeit der Kiste beeinträchtigen können. Die Festigkeit des verwendeten Werkstoffes

**6.1.4.10.1** (Forts.) und die Art der Fertigung müssen dem Fassungsraum und dem Verwendungszweck der Kiste angepasst sein. Die einzelnen Lagen müssen mit einem wasserbeständigen Klebstoff miteinander verleimt sein. Bei der Herstellung der Kisten dürfen auch andere geeignete Werkstoffe zusammen mit Sperrholz verwendet werden. Die Kisten müssen an den Eckleisten oder Stirnflächen fest vernagelt oder festgehalten oder durch andere gleichwertige Befestigungsmittel zusammengefügt sein.

**6.1.4.10.2 [Höchste Nettomasse]**

Höchste Nettomasse: 400 kg.

**6.1.4.11 Kisten aus Holzfaserwerkstoffen**

4F

**6.1.4.11.1 [Werkstoff Wände]**

Die Kistenwände müssen aus wasserbeständigen Holzfaserwerkstoffen wie Hartfaserplatten oder Spanplatten oder anderen geeigneten Ausführungen bestehen. Die Festigkeit des verwendeten Werkstoffes und die Art der Fertigung müssen dem Fassungsraum und dem Verwendungszweck der Kiste angepasst sein.

**6.1.4.11.2 [Werkstoff]**

Die anderen Teile der Kisten dürfen aus anderen geeigneten Werkstoffen bestehen.

**6.1.4.11.3 [Zusammenfügung]**

Die Kisten müssen mit geeigneten Mitteln fest zusammengefügt sein.

**6.1.4.11.4 [Höchste Nettomasse]**

Höchste Nettomasse: 400 kg.

**6.1.4.12 Kisten aus Pappe (einschließlich Kisten aus Wellpappe)**

4G

**6.1.4.12.1 [Werkstoff]**

Es ist Vollpappe oder zweiseitige Wellpappe (ein- oder mehrwellig) von guter und fester Qualität, die dem Fassungsraum und dem Verwendungszweck der Kiste angepasst ist, zu verwenden. Die Wasserbeständigkeit der Außenfläche muss so sein, dass die Erhöhung der Masse während der 30 Minuten dauernden Prüfung auf Wasseraufnahme nach der Cobb-Methode nicht mehr als 155 g/m$^2$ ergibt (siehe Norm ISO 535:2014). Die Pappe muss eine geeignete Biegefestigkeit haben. Die Pappe muss so zugeschnitten, ohne Ritzen gerillt und geschlitzt sein, dass sie beim Zusammenbau nicht bricht, ihre Oberfläche nicht einreißt oder sie nicht zu stark ausbaucht. Die Wellen der Wellpappe müssen fest mit der Außenschicht verklebt sein.

**6.1.4.12.2 [Stirnseiten]**

Die Stirnseiten der Kisten können einen Holzrahmen haben oder vollkommen aus Holz oder aus einem anderen geeigneten Werkstoff bestehen. Zur Verstärkung dürfen Holzleisten oder andere geeignete Werkstoffe verwendet werden.

**6.1.4.12.3 [Verbindungen, Überlappungen]**

Die Verbindungen an den Kisten müssen mit Klebeband geklebt, überlappt und geklebt oder überlappt und mit Metallklammern geheftet sein. Bei überlappten Verbindungen muss die Überlappung entsprechend groß sein.

**6.1.4.12.4 [Verschluss]**

Erfolgt der Verschluss durch Verkleben oder mit einem Klebeband, muss der Klebstoff wasserbeständig sein.

**6.1.4.12.5 [Abmessungen]**

Die Abmessungen der Kisten müssen dem Inhalt angepasst sein.

**6.1.4.12.6 [Höchste Nettomasse]**

Höchste Nettomasse: 400 kg.

**Kisten aus Kunststoffen** 6.1.4.13

4H1 Kisten aus Schaumstoffen;

4H2 Kisten aus starren Kunststoffen.

**[Werkstoff]** 6.1.4.13.1

Die Kisten müssen aus geeigneten Kunststoffen hergestellt sein, und ihre Festigkeit muss dem Fassungsraum und dem Verwendungszweck angepasst sein. Ausgenommen für Recycling-Kunststoffe gemäß Begriffsbestimmung in Abschnitt 1.2.1 darf kein gebrauchter Werkstoff außer Produktionsrückstände oder Kunststoffgranulat aus demselben Fertigungsverfahren verwendet werden. Die Kisten müssen ausreichend widerstandsfähig sein gegenüber Alterung und Abbau, der entweder durch das Füllgut oder durch ultraviolette Strahlung verursacht wird.

**[Schaumstoffteile]** 6.1.4.13.2

Die Schaumstoffkisten müssen aus zwei geformten Schaumstoffteilen bestehen, einem unteren Teil mit Aussparungen zur Aufnahme der Innenverpackungen und einem oberen Teil, der ineinandergreifend den unteren Teil abdeckt. Ober- und Unterteil müssen so ausgelegt sein, dass die Innenverpackungen fest sitzen. Die Verschlussklappen der Innenverpackungen dürfen nicht mit der Innenseite des Oberteils der Kiste in Berührung kommen.

**[Verschluss]** 6.1.4.13.3

Für den Versand sind die Kisten aus Schaumstoff mit selbstklebendem Band zu verschließen, das genügend reißfest sein muss, um ein Öffnen der Kiste zu verhindern. Das selbstklebende Band muss wetterfest und der Klebstoff muss mit dem Schaumstoff der Kiste verträglich sein. Andere Verschlusseinrichtungen, die mindestens ebenso wirksam sind, dürfen verwendet werden.

**[UV-Schutz-Zusätze]** 6.1.4.13.4

Bei Kisten aus starren Kunststoffen muss der Schutz gegen ultraviolette Strahlung, falls erforderlich, durch Beimischung von Ruß oder anderen geeigneten Pigmenten oder Inhibitoren erfolgen. Diese Zusätze müssen mit dem Füllgut verträglich sein und ihre Wirkung während der gesamten Verwendungsdauer der Kiste behalten. Bei Verwendung von Ruß, Pigmenten oder Inhibitoren, die sich von jenen unterscheiden, die für die Herstellung der geprüften Bauart verwendet wurden, kann auf die Wiederholung der Prüfung verzichtet werden, wenn der Rußanteil 2 Masse-% oder der Pigmentanteil 3 Masse-% nicht überschreitet; der Inhibitorenanteil gegen ultraviolette Strahlung ist nicht beschränkt.

**[Andere Zusätze]** 6.1.4.13.5

Zusätze für andere Zwecke als zum Schutz gegen ultraviolette Strahlung dürfen dem Kunststoff unter der Voraussetzung beigemischt werden, dass sie die chemischen und physikalischen Eigenschaften des Werkstoffes der Kiste nicht beeinträchtigen. In diesem Fall kann auf die Wiederholung der Prüfungen verzichtet werden.

**[Verschlusseinrichtungen]** 6.1.4.13.6

Kisten aus starren Kunststoffen müssen Verschlusseinrichtungen aus einem geeigneten Werkstoff von ausreichender Festigkeit haben, und sie müssen so ausgelegt sein, dass ein unbeabsichtigtes Öffnen verhindert wird.

(gestrichen) 6.1.4.13.7

**[Höchste Nettomasse]** 6.1.4.13.8

Höchste Nettomasse:

4H1: 60 kg;

4H2: 400 kg.

**Kisten aus Stahl, Aluminium oder einem anderen Metall** 6.1.4.14

4A aus Stahl;

4B aus Aluminium;

4N aus einem anderen Metall als Stahl oder Aluminium.

**6.1.4.14.1 [Eignung]**

Die Festigkeit des Metalls und die Fertigung der Kisten müssen dem Fassungsraum und dem Verwendungszweck der Kisten angepasst sein.

**6.1.4.14.2 [Auskleidung]**

Die Kisten müssen, soweit erforderlich, mit Pappe oder Filzpolstern ausgelegt oder mit einer Innenauskleidung oder Innenbeschichtung aus geeignetem Werkstoff versehen sein. Wird eine doppelt gefalzte Metallauskleidung verwendet, so muss verhindert werden, dass Stoffe, insbesondere explosive Stoffe, in die Hohlräume der Falze eindringen.

**6.1.4.14.3 [Verschlüsse]**

Verschlüsse jedes geeigneten Typs sind zulässig; sie müssen unter normalen Beförderungsbedingungen fest verschlossen bleiben.

**6.1.4.14.4 [Höchste Nettomasse]**

Höchste Nettomasse: 400 kg.

**6.1.4.15 Säcke aus Textilgewebe**

5L1 ohne Innenauskleidung oder Beschichtung;

5L2 staubdicht;

5L3 wasserbeständig.

**6.1.4.15.1 [Werkstoff]**

Die verwendeten Textilien müssen von guter Qualität sein. Die Festigkeit des Gewebes und die Fertigung des Sackes müssen dem Fassungsraum und dem Verwendungszweck angepasst sein.

**6.1.4.15.2 [Staubdichtheit]**

Säcke, staubdicht (5L2): Die Staubdichtheit des Sackes muss erreicht werden, z.B. durch:

a) Papier, das mit einem wasserbeständigen Klebemittel wie Bitumen an die Innenseite des Sackes geklebt wird;

b) Kunststofffolie, die an die Innenseite des Sackes geklebt wird, oder

c) eine oder mehrere Innenauskleidungen aus Papier oder Kunststoff.

**6.1.4.15.3 [Wasserdichtheit]**

Säcke, wasserbeständig (5L3): Die Dichtheit des Sackes gegen Eindringen von Feuchtigkeit muss erreicht werden, z.B. durch:

a) getrennte Innenauskleidungen aus wasserbeständigem Papier (z.B. gewachstes Kraftpapier, geteertes Papier oder mit Kunststoff beschichtetes Kraftpapier);

b) Kunststofffolie, die an die Innenseite des Sackes geklebt wird, oder

c) eine oder mehrere Innenauskleidungen aus Kunststoff.

**6.1.4.15.4 [Höchste Nettomasse]**

Höchste Nettomasse: 50 kg.

**6.1.4.16 Säcke aus Kunststoffgewebe**

5H1 ohne Innenauskleidung oder Beschichtung;

5H2 staubdicht;

5H3 wasserbeständig.

**6.1.4.16.1 [Werkstoff]**

Die Säcke müssen aus gedehnten Bändern oder Einzelfasern aus geeignetem Kunststoff hergestellt sein. Die Festigkeit des verwendeten Werkstoffs und die Fertigung des Sacks müssen dem Fassungsraum und dem Verwendungszweck angepasst sein.

**6.1.4.16.2 [Bodenverschluss]**

Bei Verwendung von flachen Gewebebahnen müssen die Säcke so hergestellt sein, dass der Verschluss des Bodens und einer Seite entweder durch Nähen oder durch eine andere Methode sichergestellt wird.

Ist das Gewebe als Schlauch hergestellt, so ist der Boden des Sackes durch Vernähen, Verweben oder eine andere Verschlussmethode mit gleicher Festigkeit zu verschließen. 6.1.4.16.2 (Forts.)

**[Staubdichtheit]** 6.1.4.16.3

Säcke, staubdicht (5H2): Die Staubdichtheit des Sackes muss erreicht werden, z.B. durch:

a) auf die Innenseite des Sacks geklebtes Papier oder Kunststofffolie oder
b) eine oder mehrere getrennte Innenauskleidungen aus Papier oder Kunststoff.

**[Wasserdichtheit]** 6.1.4.16.4

Säcke, wasserbeständig (5H3): Die Dichtheit des Sackes gegen Eindringen von Feuchtigkeit muss erreicht werden, z.B. durch:

a) getrennte Innenauskleidungen aus wasserbeständigem Papier (z.B. gewachstes Kraftpapier, zweifach geteertes Kraftpapier oder mit Kunststoff beschichtetes Kraftpapier);
b) auf die Innen- oder Außenseite des Sacks geklebte Kunststofffolie oder
c) eine oder mehrere Innenauskleidungen aus Kunststoff.

**[Höchste Nettomasse]** 6.1.4.16.5

Höchste Nettomasse: 50 kg.

**Säcke aus Kunststofffolie** 6.1.4.17

5H4

**[Werkstoff]** 6.1.4.17.1

Die Säcke müssen aus geeignetem Kunststoff hergestellt sein. Die Festigkeit des verwendeten Werkstoffs und die Fertigung des Sackes müssen dem Fassungsraum und dem Verwendungszweck angepasst sein. Die Nähte und Verschlüsse müssen den unter normalen Beförderungsbedingungen auftretenden Druck- und Stoßbeanspruchungen standhalten.

**[Höchste Nettomasse]** 6.1.4.17.2

Höchste Nettomasse: 50 kg.

**Säcke aus Papier** 6.1.4.18

5M1 mehrlagig;
5M2 mehrlagig, wasserbeständig.

**[Werkstoff]** 6.1.4.18.1

Die Säcke müssen aus geeignetem Kraftpapier oder einem gleichwertigen Papier aus mindestens drei Lagen hergestellt sein, wobei die mittlere Lage aus einem mit den äußeren Papierlagen verbundenen Netzgewebe und Klebstoff bestehen darf. Die Festigkeit des Papiers und die Fertigung der Säcke müssen dem Fassungsraum und dem Verwendungszweck angepasst sein. Die Nähte und Verschlüsse müssen staubdicht sein.

**[Wasserdichtheit]** 6.1.4.18.2

Säcke aus Papier 5M2: Um den Eintritt von Feuchtigkeit zu verhindern, muss ein Sack aus vier oder mehr Lagen entweder durch die Verwendung einer wasserbeständigen Lage anstelle einer der beiden äußeren Lagen oder durch die Verwendung einer wasserbeständigen Schicht aus geeignetem Schutzmaterial zwischen den beiden äußeren Lagen wasserdicht gemacht werden; ein Sack aus drei Lagen muss durch die Verwendung einer wasserbeständigen Lage anstelle der äußeren Lage wasserdicht gemacht werden. Wenn die Gefahr einer Reaktion des Füllguts mit Feuchtigkeit besteht oder dieses Füllgut in feuchtem Zustand verpackt wird, muss eine wasserdichte Lage oder Schicht, z.B. zweifach geteertes Kraftpapier, kunststoffbeschichtetes Kraftpapier, Kunststofffolie, mit der die innere Oberfläche des Sacks überzogen ist, oder eine oder mehrere Kunststoffinnenbeschichtungen, auch in direktem Kontakt zum Füllgut, angebracht werden. Die Nähte und Verschlüsse müssen wasserdicht sein.

**[Höchste Nettomasse]** 6.1.4.18.3

Höchste Nettomasse: 50 kg.

**6.1.4.19 Kombinationsverpackungen (Kunststoff)**

*→ D: BAM-GGR 015*

6HA1 Kunststoffgefäß in einem Fass aus Stahl;
6HA2 Kunststoffgefäß in einem Verschlag oder einer Kiste aus Stahl;
6HB1 Kunststoffgefäß in einem Fass aus Aluminium;
6HB2 Kunststoffgefäß in einem Verschlag oder einer Kiste aus Aluminium;
6HC Kunststoffgefäß in einer Kiste aus Naturholz;
6HD1 Kunststoffgefäß in einem Fass aus Sperrholz;
6HD2 Kunststoffgefäß in einer Kiste aus Sperrholz;
6HG1 Kunststoffgefäß in einem Fass aus Pappe;
6HG2 Kunststoffgefäß in einer Kiste aus Pappe;
6HH1 Kunststoffgefäß in einem Fass aus Kunststoff;
6HH2 Kunststoffgefäß in einer Kiste aus starrem Kunststoff.

**6.1.4.19.1 Innengefäß**

**6.1.4.19.1.1 [Grundanforderungen]**

Für das Kunststoffinnengefäß gelten die Bestimmungen der Absätze 6.1.4.8.1 und 6.1.4.8.4 bis 6.1.4.8.7.

**6.1.4.19.1.2 [Passgenauigkeit]**

Das Kunststoffinnengefäß muss ohne Spielraum in die Außenverpackung eingepasst sein, die keine hervorspringenden Teile aufweisen darf, die den Kunststoff abscheuern können.

**6.1.4.19.1.3 [Höchster Fassungsraum]**

Höchster Fassungsraum des Innengefäßes:

| | |
|---|---|
| 6HA1, 6HB1, 6HD1, 6HG1, 6HH1: | 250 Liter; |
| 6HA2, 6HB2, 6HC, 6HD2, 6HG2, 6HH2: | 60 Liter. |

**6.1.4.19.1.4 [Höchste Nettomasse]**

Höchste Nettomasse:

| | |
|---|---|
| 6HA1, 6HB1, 6HD1, 6HG1, 6HH1: | 400 kg; |
| 6HA2, 6HB2, 6HC, 6HD2, 6HG2, 6HH2: | 75 kg. |

**6.1.4.19.2 Außenverpackung**

**6.1.4.19.2.1 [Fass aus Stahl oder Aluminium]**

Kunststoffgefäß in einem Fass aus Stahl (6HA1) oder aus Aluminium (6HB1): Für die Fertigung der Außenverpackung gelten die entsprechenden Bestimmungen des Unterabschnitts 6.1.4.1 oder 6.1.4.2.

**6.1.4.19.2.2 [Verschlag oder Kiste aus Stahl]**

Kunststoffgefäß in einem Verschlag oder einer Kiste aus Stahl (6HA2) oder aus Aluminium (6HB2): Für die Fertigung der Außenverpackung gelten die entsprechenden Bestimmungen des Unterabschnitts 6.1.4.14.

**6.1.4.19.2.3 [Kiste aus Naturholz]**

Kunststoffgefäß in einer Kiste aus Naturholz (6HC): Für die Fertigung der Außenverpackung gelten die entsprechenden Bestimmungen des Unterabschnitts 6.1.4.9.

**6.1.4.19.2.4 [Fass aus Sperrholz]**

Kunststoffgefäß in einem Fass aus Sperrholz (6HD1): Für die Fertigung der Außenverpackung gelten die entsprechenden Bestimmungen des Unterabschnitts 6.1.4.5.

**6.1.4.19.2.5 [Kiste aus Sperrholz]**

Kunststoffgefäß in einer Kiste aus Sperrholz (6HD2): Für die Fertigung der Außenverpackung gelten die entsprechenden Bestimmungen des Unterabschnitts 6.1.4.10.

**6.1.4.19.2.6 [Fass aus Pappe]**

Kunststoffgefäß in einem Fass aus Pappe (6HG1): Für die Fertigung der Außenverpackung gelten die entsprechenden Bestimmungen der Absätze 6.1.4.7.1 bis 6.1.4.7.4.

**[Kiste aus Pappe]** 6.1.4.19.2.7

Kunststoffgefäß in einer Kiste aus Pappe (6HG2): Für die Fertigung der Außenverpackung gelten die entsprechenden Bestimmungen des Unterabschnitts 6.1.4.12.

**[Fass aus Kunststoff]** 6.1.4.19.2.8

Kunststoffgefäß in einem Fass aus Kunststoff (6HH1): Für die Fertigung der Außenverpackung gelten die entsprechenden Bestimmungen der Absätze 6.1.4.8.1 bis 6.1.4.8.6.

**[Kiste aus starrem Kunststoff]** 6.1.4.19.2.9

Kunststoffgefäß in einer Kiste aus starrem Kunststoff (einschließlich Wellkunststoff) (6HH2): Für die Fertigung der Außenverpackung gelten die entsprechenden Bestimmungen der Absätze 6.1.4.13.1 und 6.1.4.13.4 bis 6.1.4.13.6.

**Kombinationsverpackungen (Glas, Porzellan oder Steinzeug)** 6.1.4.20

6PA1 Gefäß in einem Fass aus Stahl;
6PA2 Gefäß in einem Verschlag oder einer Kiste aus Stahl;
6PB1 Gefäß in einem Fass aus Aluminium;
6PB2 Gefäß in einem Verschlag oder einer Kiste aus Aluminium;
6PC Gefäß in einer Kiste aus Naturholz;
6PD1 Gefäß in einem Fass aus Sperrholz;
6PD2 Gefäß in einem Weidenkorb;
6PG1 Gefäß in einem Fass aus Pappe;
6PG2 Gefäß in einer Kiste aus Pappe;
6PH1 Gefäß in einer Außenverpackung aus Schaumstoff;
6PH2 Gefäß in einer Außenverpackung aus starrem Kunststoff.

**Innengefäß** 6.1.4.20.1

**[Grundanforderungen]** 6.1.4.20.1.1

Die Gefäße müssen in geeigneter Weise geformt (zylindrisch oder birnenförmig) sowie aus einem Material guter Qualität und frei von Mängeln hergestellt sein, die ihre Festigkeit verringern können. Die Wände müssen an allen Stellen ausreichend dick und frei von inneren Spannungen sein.

**[Verschlüsse]** 6.1.4.20.1.2

Als Verschlüsse der Gefäße sind Schraubverschlüsse aus Kunststoff, eingeschliffene Glasstopfen oder Verschlüsse mindestens gleicher Wirksamkeit zu verwenden. Jedes Teil des Verschlusses, das mit dem Füllgut des Gefäßes in Berührung kommen kann, muss diesem gegenüber widerstandsfähig sein. Bei den Verschlüssen ist auf dichten Sitz zu achten; sie sind durch geeignete Maßnahmen so zu sichern, dass jede Lockerung während der Beförderung verhindert wird. Sind Verschlüsse mit Lüftungseinrichtungen erforderlich, so müssen diese dem Unterabschnitt 4.1.1.8 entsprechen.

**[Passgenauigkeit]** 6.1.4.20.1.3

Das Gefäß muss unter Verwendung von Polstermaterial und/oder absorbierendem Material festsitzend in die Außenverpackung eingebettet sein.

**[Höchster Fassungsraum]** 6.1.4.20.1.4

Höchster Fassungsraum der Gefäße: 60 Liter.

**[Höchste Nettomasse]** 6.1.4.20.1.5

Höchste Nettomasse: 75 kg.

**Außenverpackung** 6.1.4.20.2

**[Fass aus Stahl]** 6.1.4.20.2.1

Gefäß in einem Fass aus Stahl (6PA1): Für die Fertigung der Außenverpackung gelten die entsprechenden Bestimmungen des Unterabschnitts 6.1.4.1. Der bei diesem Verpackungstyp notwendige abnehmbare Deckel kann jedoch die Form einer Haube haben.

**6.1.4.20.2.2 [Verschlag oder Kiste aus Stahl]**

Gefäß in einem Verschlag oder einer Kiste aus Stahl (6PA2): Für die Fertigung der Außenverpackung gelten die entsprechenden Bestimmungen des Unterabschnitts 6.1.4.14. Bei zylindrischen Gefäßen muss die Außenverpackung in vertikaler Richtung über das Gefäß und dessen Verschluss hinausragen. Umschließt die verschlagförmige Außenverpackung ein birnenförmiges Gefäß und ist sie an dessen Form angepasst, so ist die Außenverpackung mit einer schützenden Abdeckung (Haube) zu versehen.

**6.1.4.20.2.3 [Fass aus Aluminium]**

Gefäß in einem Fass aus Aluminium (6PB1): Für die Fertigung der Außenverpackung gelten die entsprechenden Bestimmungen des Unterabschnitts 6.1.4.2.

**6.1.4.20.2.4 [Verschlag oder Kiste aus Aluminium]**

Gefäß in einem Verschlag oder einer Kiste aus Aluminium (6PB2): Für die Fertigung der Außenverpackung gelten die entsprechenden Bestimmungen des Unterabschnitts 6.1.4.14.

**6.1.4.20.2.5 [Kiste aus Naturholz]**

Gefäß in einer Kiste aus Naturholz (6PC): Für die Fertigung der Außenverpackung gelten die entsprechenden Bestimmungen des Unterabschnitts 6.1.4.9.

**6.1.4.20.2.6 [Fass aus Sperrholz]**

Gefäß in einem Fass aus Sperrholz (6PD1): Für die Fertigung der Außenverpackung gelten die entsprechenden Bestimmungen des Unterabschnitts 6.1.4.5.

**6.1.4.20.2.7 [Weidenkorb]**

Gefäß in einem Weidenkorb (6PD2): Die Weidenkörbe müssen aus einem Material guter Qualität einwandfrei hergestellt sein. Sie sind mit einer schützenden Abdeckung (Haube) zu versehen, damit Beschädigungen des Gefäßes vermieden werden.

**6.1.4.20.2.8 [Fass aus Pappe]**

Gefäß in einem Fass aus Pappe (6PG1): Für die Fertigung der Außenverpackung gelten die entsprechenden Bestimmungen der Absätze 6.1.4.7.1 bis 6.1.4.7.4.

**6.1.4.20.2.9 [Kiste aus Pappe]**

Gefäß in einer Kiste aus Pappe (6PG2): Für die Fertigung der Außenverpackung gelten die entsprechenden Bestimmungen des Unterabschnitts 6.1.4.12.

**6.1.4.20.2.10 [Schaumstoff, starrer Kunststoff]**

Gefäß in einer Außenverpackung aus Schaumstoff (6PH1) oder starrem Kunststoff (6PH2): Für die Werkstoffe dieser beiden Außenverpackungen gelten die entsprechenden Bestimmungen des Unterabschnitts 6.1.4.13. Außenverpackungen aus starrem Kunststoff sind aus Polyethylen hoher Dichte oder einem anderen vergleichbaren Kunststoff herzustellen. Der abnehmbare Deckel dieser Verpackungsart kann jedoch die Form einer Haube haben.

**6.1.4.21 Zusammengesetzte Verpackungen**

Es gelten die entsprechenden, für Außenverpackungen anwendbaren Vorschriften des Abschnitts 6.1.4.

**Bem.** Wegen der zu verwendenden Außen- und Innenverpackungen siehe die entsprechenden Verpackungsanweisungen in Kapitel 4.1.

**6.1.4.22 Feinstblechverpackungen**

0A1 mit nicht abnehmbarem Deckel;

0A2 mit abnehmbarem Deckel.

**6.1.4.22.1 [Werkstoff]**

Das Blech für den Mantel und die Böden muss aus geeignetem Stahl bestehen; seine Dicke muss dem Fassungsraum und dem Verwendungszweck der Verpackungen angepasst sein.

**[Nähte]** 6.1.4.22.2

Die Nähte müssen geschweißt, mindestens doppelt gefalzt oder nach einer anderen Methode ausgeführt sein, welche die gleiche Festigkeit und Dichtheit gewährleistet.

**[Innenauskleidung]** 6.1.4.22.3

Innenauskleidungen aus Zink, Zinn, Lack usw. müssen widerstandsfähig und überall, auch an den Verschlüssen, mit dem Stahl fest verbunden sein.

**[Öffnungen]** 6.1.4.22.4

Der Durchmesser von Öffnungen zum Füllen, Entleeren und Belüften im Mantel oder Deckel der Verpackungen mit nicht abnehmbarem Deckel (0A1) darf 7 cm nicht überschreiten. Verpackungen mit größeren Öffnungen gelten als Verpackungen mit abnehmbarem Deckel (0A2).

**[Verschlusseinrichtungen]** 6.1.4.22.5

Der Verschluss der Verpackungen mit nicht abnehmbarem Deckel (0A1) muss entweder aus einem Schraubverschluss bestehen oder durch eine verschraubbare Einrichtung oder eine andere mindestens ebenso wirksame Einrichtung gesichert werden können. Die Verschlusseinrichtungen der Verpackungen mit abnehmbarem Deckel (0A2) müssen so ausgelegt und angebracht sein, dass sie gut verschlossen und die Verpackungen unter normalen Beförderungsbedingungen dicht bleiben.

**[Höchster Fassungsraum]** 6.1.4.22.6

Höchster Fassungsraum der Verpackungen: 40 Liter.

**[Höchste Nettomasse]** 6.1.4.22.7

Höchste Nettomasse: 50 kg.

## Prüfvorschriften für Verpackungen 6.1.5

*→ D: BAM-GGR 005*

### Durchführung und Wiederholung der Prüfungen 6.1.5.1

**[Bauartprüfung]** 6.1.5.1.1

*→ D: BAM-GGR 006*
*→ D: BAM-GGR 013*

Die Bauart jeder Verpackung muss den in Abschnitt 6.1.5 vorgesehenen Prüfungen nach den von der zuständigen Behörde, welche die Zuteilung des Kennzeichens bestätigt, festgelegten Verfahren unterzogen und von dieser Behörde zugelassen werden.

**[Elemente der Bauart]** 6.1.5.1.2

Vor der Verwendung muss jede Bauart einer Verpackung die in diesem Kapitel vorgeschriebenen Prüfungen erfolgreich bestanden haben. Die Bauart der Verpackung wird durch Auslegung, Größe, verwendeten Werkstoff und dessen Dicke, Art der Fertigung und Zusammenbau bestimmt, kann aber auch verschiedene Oberflächenbehandlungen einschließen. Hierzu gehören auch Verpackungen, die sich von der Bauart nur durch ihre geringere Bauhöhe unterscheiden.

**[Stichproben]** 6.1.5.1.3

Die Prüfungen müssen mit Mustern aus der Produktion in Abständen durchgeführt werden, die von der zuständigen Behörde festgelegt werden. Werden solche Prüfungen an Verpackungen aus Papier oder Pappe durchgeführt, gilt eine Vorbereitung bei Umgebungsbedingungen als gleichwertig zu den im Absatz 6.1.5.2.3 angegebenen Vorschriften.

**[Erneute Prüfung]** 6.1.5.1.4

*→ D: BAM-GGR 006*
*→ D: BAM-GGR 013*

Die Prüfungen müssen auch nach jeder Änderung der Auslegung, des Werkstoffs oder der Art der Fertigung einer Verpackung wiederholt werden.

**[Selektive Prüfung]** 6.1.5.1.5

*→ D: BAM-GGR 006*
*→ D: BAM-GGR 013*

Die zuständige Behörde kann die selektive Prüfung von Verpackungen zulassen, die sich nur geringfügig von einer bereits geprüften Bauart unterscheiden: z.B. Verpackungen, die Innenverpackungen kleinerer Größe oder geringerer Nettomasse enthalten, oder auch Verpackungen, wie Fässer, Säcke und Kisten, bei denen ein oder mehrere Außenmaße etwas verringert sind.

**6.1.5.1.6 [Anordnung der Innenverpackungen]**

(bleibt offen)

**Bem.** Für die Vorschriften zur Verwendung verschiedener Innenverpackungen in einer Außenverpackung und die zulässigen Variationen von Innenverpackungen siehe Absatz 4.1.1.5.1. Diese Vorschriften führen bei Anwendung des Absatzes 6.1.5.1.7 nicht zu einer Einschränkung der Verwendung von Innenverpackungen.

**6.1.5.1.7 [Prüfungsfreiheit Innenverpackungen]**

Gegenstände oder Innenverpackungen jeden Typs für feste oder flüssige Stoffe dürfen zusammengefasst und befördert werden, ohne dass sie Prüfungen in einer Außenverpackung unterzogen worden sind, wenn sie folgende Bedingungen erfüllen:

a) Die Außenverpackung muss gemäß Unterabschnitt 6.1.5.3 erfolgreich mit zerbrechlichen Innenverpackungen (z.B. aus Glas), die flüssige Stoffe enthalten, bei einer der Verpackungsgruppe I entsprechenden Fallhöhe geprüft worden sein.

b) Die gesamte Bruttomasse aller Innenverpackungen darf die Hälfte der Bruttomasse der Innenverpackungen, die für die in a) genannte Fallprüfung verwendet werden, nicht überschreiten.

c) Die Dicke des Polstermaterials zwischen den Innenverpackungen und zwischen den Innenverpackungen und der Außenseite der Verpackung darf nicht auf einen Wert verringert werden, der unterhalb der entsprechenden Dicke in der ursprünglich geprüften Verpackung liegt; wenn bei der ursprünglichen Prüfung eine einzige Innenverpackung verwendet wurde, darf die Dicke der Polsterung zwischen den Innenverpackungen nicht geringer sein als die Dicke der Polsterung zwischen der Außenseite der Verpackung und der Innenverpackung bei der ursprünglichen Prüfung. Bei Verwendung von weniger oder kleineren Innenverpackungen (verglichen mit den bei der Fallprüfung verwendeten Innenverpackungen) muss genügend Polstermaterial hinzugefügt werden, um die Zwischenräume aufzufüllen.

d) Die Außenverpackung muss die in Unterabschnitt 6.1.5.6 beschriebene Stapeldruckprüfung in ungefülltem Zustand bestanden haben. Die Gesamtmasse gleicher Versandstücke ergibt sich aus der Gesamtmasse der Innenverpackungen, die für die in a) genannte Fallprüfung verwendet werden.

e) Innenverpackungen, die flüssige Stoffe enthalten, müssen vollständig mit einer für die Aufnahme der gesamten in den Innenverpackungen enthaltenen Flüssigkeit ausreichenden Menge eines saugfähigen Materials umschlossen sein.

f) Wenn die Außenverpackung zur Aufnahme von Innenverpackungen für flüssige Stoffe vorgesehen und nicht flüssigkeitsdicht ist, oder wenn die Außenverpackung zur Aufnahme von Innenverpackungen für feste Stoffe vorgesehen und nicht staubdicht ist, ist es erforderlich, ein Mittel in Form einer dichten Innenauskleidung, eines Kunststoffsacks oder eines anderen ebenso wirksamen Mittels zu verwenden, um den flüssigen oder festen Inhalt im Fall des Freiwerdens zurückzuhalten. Bei Verpackungen, die flüssige Stoffe enthalten, muss sich das in e) vorgeschriebene saugfähige Material innerhalb des für das Zurückhalten des Inhalts verwendeten Mittels befinden.

g) Die Verpackungen müssen mit Kennzeichen entsprechend den Vorschriften in Abschnitt 6.1.3 versehen sein, aus denen ersichtlich ist, dass die Verpackungen den Funktionsprüfungen der Verpackungsgruppe I für zusammengesetzte Verpackungen unterzogen wurden. Die in Kilogramm angegebene maximale Bruttomasse muss der Summe aus Masse der Außenverpackung und halber Masse der in der Fallprüfung gemäß a) verwendeten Innenverpackung(en) entsprechen. Das Kennzeichen der Verpackung muss auch den Buchstaben „V" gemäß Unterabschnitt 6.1.2.4 enthalten.

**6.1.5.1.8 [Bedarfsprüfung]**

Die zuständige Behörde kann jederzeit verlangen, dass durch Prüfungen nach diesem Abschnitt nachgewiesen wird, dass die Verpackungen aus der Serienherstellung die Vorschriften der Bauartprüfung erfüllen. Für Kontrollzwecke müssen die Berichte dieser Prüfungen aufbewahrt werden.

**6.1.5.1.9 [Innenbeschichtung]**

Wenn aus Sicherheitsgründen eine Innenbehandlung oder Innenbeschichtung erforderlich ist, muss sie ihre schützenden Eigenschaften auch nach den Prüfungen beibehalten.

**[Einzelnes Prüfmuster]** 6.1.5.1.10

Unter der Voraussetzung, dass die Gültigkeit der Prüfergebnisse nicht beeinträchtigt wird, und mit Zustimmung der zuständigen Behörde dürfen mehrere Prüfungen mit einem einzigen Muster durchgeführt werden.

**Bergungsverpackungen** 6.1.5.1.11

Bergungsverpackungen (siehe Abschnitt 1.2.1) müssen nach den Vorschriften geprüft und gekennzeichnet werden, die für Verpackungen der Verpackungsgruppe II zur Beförderung von festen Stoffen oder Innenverpackungen gelten, mit folgenden Abweichungen:

a) Die für die Durchführung der Prüfungen verwendete Prüfsubstanz ist Wasser; die Verpackungen müssen zu mindestens 98 % ihres höchsten Fassungsraums gefüllt sein. Um die erforderliche Gesamtmasse des Versandstücks zu erreichen, dürfen beispielsweise Säcke mit Bleischrot beigefügt werden, sofern diese so eingesetzt sind, dass die Prüfergebnisse nicht beeinträchtigt werden. Alternativ darf bei der Durchführung der Fallprüfung die Fallhöhe in Übereinstimmung mit Absatz 6.1.5.3.5 b) variiert werden.

b) Die Verpackungen müssen außerdem erfolgreich der Dichtheitsprüfung bei 30 kPa unterzogen worden sein; die Ergebnisse dieser Prüfung sind im Prüfbericht nach Unterabschnitt 6.1.5.8 zu vermerken.

c) Die Verpackungen sind, wie in Unterabschnitt 6.1.2.4 angegeben, mit dem Buchstaben „T" zu kennzeichnen.

**Vorbereitung der Verpackungen für die Prüfungen** 6.1.5.2

**[Umstände]** 6.1.5.2.1

*→ D: RSEB 4-4*
*→ D: RSEB 6-1*

Die Prüfungen sind an versandfertigen Verpackungen, bei zusammengesetzten Verpackungen einschließlich der verwendeten Innenverpackungen, durchzuführen. Die Innenverpackungen oder -gefäße oder Einzelverpackungen oder -gefäße mit Ausnahme von Säcken müssen bei flüssigen Stoffen zu mindestens 98 % ihres höchsten Fassungsraums, bei festen Stoffen zu mindestens 95 % ihres höchsten Fassungsraums gefüllt sein. Säcke müssen bis zur höchsten Masse, bei der sie verwendet werden dürfen, gefüllt sein. Bei zusammengesetzten Verpackungen, deren Innenverpackung für die Beförderung von flüssigen oder festen Stoffen vorgesehen ist, sind getrennte Prüfungen für den flüssigen und für den festen Inhalt erforderlich. Die in den Verpackungen zu befördernden Stoffe oder Gegenstände dürfen durch andere Stoffe oder Gegenstände ersetzt werden, sofern dadurch die Prüfergebnisse nicht verfälscht werden. Werden feste Stoffe durch andere Stoffe ersetzt, müssen diese die gleichen physikalischen Eigenschaften (Masse, Korngröße usw.) haben wie der zu befördernde Stoff. Es ist zulässig, Zusätze wie Säcke mit Bleischrot zu verwenden, um die erforderliche Gesamtmasse des Versandstückes zu erreichen, sofern diese so eingebracht werden, dass sie die Prüfungsergebnisse nicht beeinträchtigen.

**[Ersatzstoff]** 6.1.5.2.2

Wird bei der Fallprüfung für flüssige Stoffe ein anderer Stoff verwendet, so muss dieser eine vergleichbare relative Dichte und Viskosität haben wie der zu befördernde Stoff. Unter den Bedingungen des Absatzes 6.1.5.3.5 darf auch Wasser für die Fallprüfung verwendet werden.

**[Konditionierung]** 6.1.5.2.3

Verpackungen aus Papier oder Pappe müssen mindestens 24 Stunden in einem Klima konditioniert werden, dessen Temperatur und relative Luftfeuchtigkeit gesteuert sind. Es gibt drei Möglichkeiten, von denen eine gewählt werden muss. Das bevorzugte Klima ist 23 °C ± 2 °C und 50 % ± 2 % relative Luftfeuchtigkeit. Die beiden anderen Möglichkeiten sind 20 °C ± 2 °C und 65 % ± 2 % relative Luftfeuchtigkeit oder 27 °C ± 2 °C und 65 % ± 2 % relative Luftfeuchtigkeit.

**Bem.** Die Mittelwerte müssen innerhalb dieser Grenzwerte liegen. Kurzfristige Schwankungen und Messgrenzen können zu Messwertabweichungen von ± 5 % für die relative Luftfeuchtigkeit führen, ohne dass dies die Reproduzierbarkeit der Prüfungen bedeutsam beeinträchtigt.

(bleibt offen) 6.1.5.2.4

**6.1.5.2.5 [Kunststoffeignung]**

Fässer und Kanister aus Kunststoff nach Unterabschnitt 6.1.4.8 und, soweit notwendig, Kombinationsverpackungen (Kunststoff) nach Unterabschnitt 6.1.4.19 müssen zum Nachweis der ausreichenden chemischen Verträglichkeit gegenüber flüssigen Stoffen während sechs Monaten einer Lagerung bei Raumtemperatur unterzogen werden; während dieser Zeit müssen die Prüfmuster mit den Gütern gefüllt bleiben, für deren Beförderung sie vorgesehen sind.

Während der ersten und der letzten 24 Stunden der Lagerung sind die Prüfmuster mit dem Verschluss nach unten aufzustellen. Dies wird jedoch bei Verpackungen mit Lüftungseinrichtungen jeweils nur für eine Dauer von 5 Minuten durchgeführt. Nach dieser Lagerung müssen die Prüfmuster den in den Unterabschnitten 6.1.5.3 bis 6.1.5.6 vorgesehenen Prüfungen unterzogen werden.

Bei Innengefäßen von Kombinationsverpackungen (Kunststoff) ist der Nachweis der ausreichenden chemischen Verträglichkeit nicht erforderlich, wenn bekannt ist, dass sich die Festigkeitseigenschaften des Kunststoffs unter Füllguteinwirkung nicht wesentlich verändern.

Als wesentliche Veränderung der Festigkeitseigenschaften sind anzusehen:

a) eine deutliche Versprödung oder

b) eine erhebliche Minderung der Streckspannung, es sei denn, sie ist mit einer mindestens proportionalen Erhöhung der Streckdehnung verbunden.

Falls das Verhalten des Kunststoffes durch andere Verfahren nachgewiesen wurde, kann auf die vorgenannte Verträglichkeitsprüfung verzichtet werden. Solche Verfahren müssen der vorgenannten Verträglichkeitsprüfung mindestens gleichwertig und von der zuständigen Behörde anerkannt sein.

**Bem.** Für Fässer und Kanister aus Kunststoff und Kombinationsverpackungen (Kunststoff) aus Polyethylen siehe auch Absatz 6.1.5.2.6.

**6.1.5.2.6 [PE-Eignung]**

*→ 1.6.1.7*
*→ D: BAM-GGR 004*

Für Fässer und Kanister nach Unterabschnitt 6.1.4.8 und, soweit notwendig, für Kombinationsverpackungen nach Unterabschnitt 6.1.4.19, jeweils aus Polyethylen, kann die chemische Verträglichkeit mit Füllgütern, die nach Unterabschnitt 4.1.1.21 assimiliert werden, mit Standardflüssigkeiten (siehe Abschnitt 6.1.6) wie folgt nachgewiesen werden.

Die Standardflüssigkeiten sind stellvertretend für die Schädigungsmechanismen an Polyethylen, das sind Weichmachung durch Anquellung, Spannungsrissauslösung, molekularabbauende Reaktionen und Kombinationen davon. Die ausreichende chemische Verträglichkeit der Verpackungen kann durch eine dreiwöchige Lagerung der vorgeschriebenen Prüfmuster bei 40 °C mit der (den) betreffenden Standardflüssigkeit(en) nachgewiesen werden; wenn die Standardflüssigkeit Wasser ist, ist eine Lagerung nach diesem Verfahren nicht erforderlich. Bei den Standardflüssigkeiten „Netzmittellösung" und „Essigsäure" ist für Prüfmuster, die für die Stapeldruckprüfung verwendet werden, keine Lagerung erforderlich.

Während der ersten und der letzten 24 Stunden der Lagerung sind die Prüfmuster mit dem Verschluss nach unten aufzustellen. Dies wird jedoch bei Verpackungen mit Lüftungseinrichtungen jeweils nur für eine Dauer von 5 Minuten durchgeführt. Nach dieser Lagerung müssen die Prüfmuster den in den Unterabschnitten 6.1.5.3 bis 6.1.5.6 vorgesehenen Prüfungen unterzogen werden.

Für tert-Butylhydroperoxid mit mehr als 40 % Peroxidgehalt sowie für Peroxyessigsäuren der Klasse 5.2 darf die Verträglichkeitsprüfung nicht mit Standardflüssigkeiten durchgeführt werden. Für diese Stoffe muss die ausreichende chemische Verträglichkeit der Prüfmuster während einer sechsmonatigen Lagerung bei Raumtemperatur mit den Stoffen nachgewiesen werden, für deren Beförderung sie vorgesehen sind.

Die Ergebnisse des Verfahrens nach diesem Absatz mit Verpackungen aus Polyethylen können für eine gleiche Bauart, deren innere Oberfläche fluoriert ist, zugelassen werden.

**6.1.5.2.7 [Stoffzulassung]**

Andere als die in Unterabschnitt 4.1.1.21 assimilierbaren Füllgüter dürfen auch für Verpackungen aus Polyethylen nach Absatz 6.1.5.2.6, welche die Prüfung nach Absatz 6.1.5.2.6 bestanden haben, zugelassen werden. Diese Zulassung erfolgt auf der Basis von Laborversuchen, bei denen nachzuweisen ist, dass die Wirkung dieser Füllgüter auf Probekörper geringer ist als die Wirkung der Standardflüssigkeit(en), wobei die relevanten Schädigungsmechanismen berücksichtigt werden müssen. Dabei gelten für die relativen Dichten und Dampfdrücke die gleichen Vorbedingungen wie in Absatz 4.1.1.21.2 festgehalten.

**[Festigkeitseigenschaften]** 6.1.5.2.8

Soweit sich die Festigkeitseigenschaften der Innenverpackungen aus Kunststoff von zusammengesetzten Verpackungen unter Füllguteinwirkung nicht wesentlich verändern, ist der Nachweis der ausreichenden chemischen Verträglichkeit nicht erforderlich. Als wesentliche Veränderung der Festigkeitseigenschaften sind anzusehen:

a) eine deutliche Versprödung;

b) eine erhebliche Minderung der Streckspannung, es sei denn, sie ist mit einer mindestens proportionalen Erhöhung der Streckdehnung verbunden.

**Fallprüfung**[3] 6.1.5.3

**[Anzahl der Prüfmuster, Fallausrichtung]** 6.1.5.3.1

Anzahl der Prüfmuster (je Bauart und Hersteller) und Fallausrichtung:

Bei anderen Versuchen als dem flachen Fall muss sich der Schwerpunkt senkrecht über der Aufprallstelle befinden.

Ist bei einem aufgeführten Fallversuch mehr als eine Ausrichtung möglich, so ist die Ausrichtung zu wählen, bei der die Gefahr des Zubruchgehens der Verpackung am größten ist.

| Verpackung | Anzahl der Prüfmuster | Fallausrichtung |
|---|---|---|
| a) Fässer aus Stahl<br>Fässer aus Aluminium<br>Fässer aus einem anderen Metall als Stahl oder Aluminium<br>Kanister aus Stahl<br>Kanister aus Aluminium<br>Fässer aus Sperrholz<br>Fässer aus Pappe<br>Fässer und Kanister aus Kunststoff<br>fassförmige Kombinationsverpackungen<br>Feinstblechverpackungen | sechs (drei je Fallversuch) | Erster Fallversuch (an drei Prüfmustern):<br>Die Verpackung muss diagonal zur Aufprallplatte auf die Verbindung zwischen Boden und Mantel oder, wenn keine vorhanden ist, auf eine Rundnaht oder Kante fallen.<br>Zweiter Fallversuch (an den drei anderen Prüfmustern):<br>Die Verpackung muss auf die schwächste Stelle auftreffen, die beim ersten Fall nicht geprüft wurde, z.B. einen Verschluss oder bei bestimmten zylindrischen Fässern die geschweißte Längsnaht des Fassmantels. |
| b) Kisten aus Naturholz<br>Kisten aus Sperrholz<br>Kisten aus Holzfaserwerkstoffen<br>Kisten aus Pappe<br>Kisten aus Kunststoff<br>Kisten aus Stahl oder Aluminium<br>kistenförmige Kombinationsverpackungen | fünf (eines je Fallversuch) | Erster Fallversuch:<br>flach auf den Boden.<br>Zweiter Fallversuch:<br>flach auf das Oberteil.<br>Dritter Fallversuch:<br>flach auf die längste Seite.<br>Vierter Fallversuch:<br>flach auf die kürzeste Seite.<br>Fünfter Fallversuch:<br>auf eine Ecke. |
| c) Säcke – einlagig mit Seitennaht | drei (drei Fallversuche je Sack) | Erster Fallversuch:<br>flach auf eine Breitseite des Sackes.<br>Zweiter Fallversuch:<br>flach auf eine Schmalseite des Sackes.<br>Dritter Fallversuch:<br>auf den Sackboden. |
| d) Säcke – einlagig ohne Seitennaht oder mehrlagig | drei (zwei Fallversuche je Sack) | Erster Fallversuch:<br>flach auf eine Breitseite des Sackes.<br>Zweiter Fallversuch:<br>auf den Sackboden. |
| e) fass- oder kistenförmige Kombinationsverpackungen (Glas, Porzellan oder Steinzeug), die gemäß Unterabschnitt 6.1.3.1 a) (ii) mit dem Symbol „RID/ADR" gekennzeichnet sind | drei (eines je Fallversuch) | Diagonal zur Aufprallplatte auf die Verbindung zwischen Boden und Mantel oder, wenn keine vorhanden ist, auf eine Rundnaht oder die Bodenkante. |

[3] Siehe ISO-Norm 2248.

**6.1.5.3.2 [Besondere Vorbereitung der Prüfmuster]**

Besondere Vorbereitung der Prüfmuster für die Fallprüfung:

Bei den nachstehend aufgeführten Verpackungen ist das Muster und dessen Inhalt auf eine Temperatur von −18 °C oder darunter zu konditionieren:

a) Fässer aus Kunststoff (siehe Unterabschnitt 6.1.4.8);
b) Kanister aus Kunststoff (siehe Unterabschnitt 6.1.4.8);
c) Kisten aus Kunststoff, ausgenommen Kisten aus Schaumstoffen (siehe Unterabschnitt 6.1.4.13);
d) Kombinationsverpackungen (Kunststoff) (siehe Unterabschnitt 6.1.4.19) und
e) zusammengesetzte Verpackungen mit Innenverpackungen aus Kunststoff, ausgenommen Säcke und Beutel aus Kunststoff für feste Stoffe oder Gegenstände.

Werden die Prüfmuster auf diese Weise konditioniert, ist die Konditionierung nach Absatz 6.1.5.2.3 nicht erforderlich. Die Prüfflüssigkeiten müssen, wenn notwendig, durch Zusatz von Frostschutzmitteln, in flüssigem Zustand gehalten werden.

**6.1.5.3.3 [Dichtungsspannung]**

Verpackungen mit abnehmbarem Deckel für flüssige Stoffe dürfen erst 24 Stunden nach dem Befüllen und Verschließen der Fallprüfung unterzogen werden, um einem möglichen Nachlassen der Dichtungsspannung Rechnung zu tragen.

**6.1.5.3.4 [Aufprallplatte]**

Aufprallplatte:

Die Aufprallplatte muss eine nicht federnde und horizontale Oberfläche besitzen und

– fest eingebaut und ausreichend massiv sein, dass sie sich nicht verschieben kann,
– eben sein, wobei die Oberfläche frei von lokalen Mängeln sein muss, welche die Prüfergebnisse beeinflussen können,
– ausreichend starr sein, dass sie unter den Prüfbedingungen nicht verformbar ist und durch die Prüfungen nicht leicht beschädigt werden kann, und
– ausreichend groß sein, um sicherzustellen, dass das zu prüfende Versandstück vollständig auf die Oberfläche fällt.

**6.1.5.3.5 [Fallhöhe]**

Fallhöhe:

Für feste Stoffe und flüssige Stoffe, wenn die Prüfung mit dem zu befördernden festen oder flüssigen Stoff oder mit einem anderen Stoff, der im Wesentlichen dieselben physikalischen Eigenschaften hat, durchgeführt wird:

| Verpackungsgruppe I | Verpackungsgruppe II | Verpackungsgruppe III |
|---|---|---|
| 1,8 m | 1,2 m | 0,8 m |

Für flüssige Stoffe in Einzelverpackungen und für Innenverpackungen von zusammengesetzten Verpackungen, wenn die Prüfung mit Wasser durchgeführt wird:

**Bem.** Der Begriff Wasser umfasst Wasser/Frostschutzmittel-Lösungen mit einer relativen Dichte von mindestens 0,95 für die Prüfung bei −18 °C.

a) wenn der zu befördernde Stoff eine relative Dichte von höchstens 1,2 hat:

| Verpackungsgruppe I | Verpackungsgruppe II | Verpackungsgruppe III |
|---|---|---|
| 1,8 m | 1,2 m | 0,8 m |

b) wenn der zu befördernde Stoff eine relative Dichte von mehr als 1,2 hat, ist die Fallhöhe auf Grund der relativen Dichte (d) des zu befördernden Stoffes, aufgerundet auf die erste Dezimalstelle, wie folgt zu berechnen:

| Verpackungsgruppe I | Verpackungsgruppe II | Verpackungsgruppe III |
|---|---|---|
| d × 1,5 (m) | d × 1,0 (m) | d × 0,67 (m) |

6.1.5.3.5 (Forts.)

c) für Feinstblechverpackungen zur Beförderung von Stoffen mit einer Viskosität bei 23 °C von mehr als 200 $mm^2/s$, die gemäß Unterabschnitt 6.1.3.1 a) (ii) mit dem Symbol „RID/ADR" gekennzeichnet sind (dies entspricht einer Auslaufzeit von 30 Sekunden aus einem Normbecher mit einer Auslaufdüse von 6 mm Bohrung nach ISO-Norm 2431:1993),

(i) für zu befördernde Stoffe, deren relative Dichte 1,2 nicht überschreitet:

| Verpackungsgruppe II | Verpackungsgruppe III |
|---|---|
| 0,6 m | 0,4 m |

(ii) für zu befördernde Stoffe, deren relative Dichte 1,2 überschreitet, ist die Fallhöhe auf Grund der relativen Dichte (d) des zu befördernden Stoffes, aufgerundet auf die erste Dezimalstelle, wie folgt zu berechnen:

| Verpackungsgruppe II | Verpackungsgruppe III |
|---|---|
| d × 0,5 (m) | d × 0,33 (m) |

**[Kriterien]** 6.1.5.3.6

Kriterien für das Bestehen der Prüfung:

**[Flüssigkeiten]** 6.1.5.3.6.1

Jede Verpackung mit flüssigem Inhalt muss dicht sein, nachdem der Ausgleich zwischen dem inneren und dem äußeren Druck hergestellt worden ist; für Innenverpackungen von zusammengesetzten Verpackungen oder Kombinationsverpackungen (Glas, Porzellan, Steinzeug), die gemäß Unterabschnitt 6.1.3.1 a) (ii) mit dem Symbol „RID/ADR" gekennzeichnet sind, ist dieser Druckausgleich jedoch nicht notwendig.

**[Feste Stoffe]** 6.1.5.3.6.2

Wenn eine Verpackung für feste Stoffe einer Fallprüfung unterzogen wurde und dabei mit dem Oberteil auf die Aufprallplatte aufgetroffen ist, hat das Prüfmuster die Prüfung bestanden, wenn der Inhalt durch eine Innenverpackung oder ein Innengefäß (z.B. Kunststoffsack) vollständig zurückgehalten wird, auch wenn der Verschluss unter Aufrechterhaltung seiner Rückhaltefunktion nicht mehr staubdicht ist.

**[Kombinationsverpackung]** 6.1.5.3.6.3

Die Verpackung oder die Außenverpackung von Kombinationsverpackungen oder zusammengesetzten Verpackungen darf keine Beschädigungen aufweisen, welche die Sicherheit während der Beförderung beeinträchtigen können. Innengefäße, Innenverpackungen oder Gegenstände müssen vollständig in der Außenverpackung verbleiben, und aus dem (den) Innengefäß(en) oder der (den) Innenverpackung(en) darf kein Füllgut austreten.

**[Sack, Außenverpackung]** 6.1.5.3.6.4

Weder die äußere Lage eines Sackes noch eine Außenverpackung darf eine Beschädigung aufweisen, welche die Sicherheit der Beförderung beeinträchtigen kann.

**[Geringfügiger Füllgutaustritt]** 6.1.5.3.6.5

Ein geringfügiges Austreten des Füllgutes aus dem Verschluss (den Verschlüssen) beim Aufprall gilt nicht als Versagen der Verpackung, vorausgesetzt, es tritt kein weiteres Füllgut aus.

**[Klasse 1]** 6.1.5.3.6.6

Bei Verpackungen für Güter der Klasse 1 ist kein Riss erlaubt, der das Austreten von losen explosiven Stoffen oder Gegenständen mit Explosivstoff aus der Außenverpackung ermöglichen könnte.

**Dichtheitsprüfung** 6.1.5.4

Die Dichtheitsprüfung ist bei allen Verpackungsbauarten durchzuführen, die zur Aufnahme von flüssigen Stoffen bestimmt sind; sie ist jedoch nicht erforderlich für

- Innenverpackungen von zusammengesetzten Verpackungen;
- Innengefäße von Kombinationsverpackungeh (Glas, Porzellan oder Steinzeug), die gemäß Unterabschnitt 6.1.3.1 a) (ii) mit dem Symbol „RID/ADR" gekennzeichnet sind;

6.1.5.4 (Forts.) – Feinstblechverpackungen, die gemäß Unterabschnitt 6.1.3.1 a) (ii) mit dem Symbol „RID/ADR" gekennzeichnet sind und die zur Aufnahme von Stoffen bestimmt sind, deren Viskosität bei 23 °C mehr als 200 mm²/s beträgt.

**6.1.5.4.1 [Zahl der Prüfmuster]**

Zahl der Prüfmuster: Drei Prüfmuster je Bauart und Hersteller.

**6.1.5.4.2 [Vorbereitung der Prüfmuster]**

Besondere Vorbereitung der Prüfmuster für die Prüfung:

Verschlüsse mit einer Lüftungseinrichtung sind entweder durch ähnliche Verschlüsse ohne Lüftungseinrichtung zu ersetzen oder die Lüftungseinrichtungen sind dicht zu verschließen.

**6.1.5.4.3 [Prüfverfahren, anzuwendender Prüfdruck]**

Prüfverfahren und anzuwendender Prüfdruck:

Die Verpackungen einschließlich ihrer Verschlüsse müssen, während sie einem inneren Luftdruck ausgesetzt sind, fünf Minuten lang unter Wasser getaucht werden; die Tauchmethode darf die Prüfergebnisse nicht beeinflussen.

Folgender Luftdruck (Überdruck) ist anzuwenden:

| Verpackungsgruppe I | Verpackungsgruppe II | Verpackungsgruppe III |
|---|---|---|
| mindestens 30 kPa (0,3 bar) | mindestens 20 kPa (0,2 bar) | mindestens 20 kPa (0,2 bar) |

Andere Verfahren dürfen angewendet werden, wenn sie mindestens gleich wirksam sind.

**6.1.5.4.4 [Kriterium für Bestehen]**

Kriterium für das Bestehen der Prüfung:

Es darf keine Undichtheit festgestellt werden.

### 6.1.5.5 Innendruckprüfung (hydraulisch)

**6.1.5.5.1 [Zu prüfende Verpackungen]**

Zu prüfende Verpackungen:

Die hydraulische Innendruckprüfung ist bei allen Verpackungsbauarten aus Metall, Kunststoff und bei allen Kombinationsverpackungen, die zur Aufnahme von flüssigen Stoffen bestimmt sind, durchzuführen. Diese Prüfung ist nicht erforderlich für

– Innenverpackungen von zusammengesetzten Verpackungen;
– Innengefäße von Kombinationsverpackungen (Glas, Porzellan oder Steinzeug), die gemäß Unterabschnitt 6.1.3.1 a) (ii) mit dem Symbol „RID/ADR" gekennzeichnet sind;
– Feinstblechverpackungen, die gemäß Unterabschnitt 6.1.3.1 a) (ii) mit dem Symbol „RID/ADR" gekennzeichnet sind und zur Aufnahme von Stoffen bestimmt sind, deren Viskosität bei 23 °C mehr als 200 mm²/s beträgt.

**6.1.5.5.2 [Zahl der Prüfmuster]**

Zahl der Prüfmuster: Drei Prüfmuster je Bauart und Hersteller.

**6.1.5.5.3 [Vorbereitung der Verpackungen]**

Besondere Vorbereitung der Verpackungen für die Prüfung:

Verschlüsse mit Lüftungseinrichtung sind durch Verschlüsse ohne Lüftungseinrichtung zu ersetzen oder die Lüftungseinrichtung ist dicht zu verschließen.

**6.1.5.5.4 [Prüfverfahren, anzuwendender Prüfdruck]**

Prüfverfahren und anzuwendender Prüfdruck:

Verpackungen aus Metall und Kombinationsverpackungen (Glas, Porzellan oder Steinzeug), einschließlich ihrer Verschlüsse, sind dem Prüfdruck für die Dauer von 5 Minuten auszusetzen. Verpackungen aus Kunststoff und Kombinationsverpackungen (Kunststoff), einschließlich ihrer Verschlüsse, sind dem Prüfdruck für die Dauer von 30 Minuten auszusetzen. Dieser Druck ist derjenige, der gemäß Unterabschnitt

6.1.3.1 d) im Kennzeichen anzugeben ist. Die Art des Abstützens der Verpackung darf die Prüfungsergebnisse nicht verfälschen. Der Druck muss kontinuierlich und gleichmäßig aufgebracht werden; er muss während der gesamten Prüfdauer konstant gehalten werden. Der anzuwendende hydraulische Überdruck, der nach einer der folgenden Methoden bestimmt wird, darf nicht weniger betragen als: **6.1.5.5.4** (Forts.)

a) der gemessene Gesamtüberdruck in der Verpackung (d.h. Dampfdruck des flüssigen Stoffes und Partialdruck von Luft oder sonstigen inerten Gasen, vermindert um 100 kPa) bei 55 °C, multipliziert mit einem Sicherheitsfaktor von 1,5; der Bestimmung dieses Gesamtüberdrucks ist ein maximaler Füllungsgrad nach Unterabschnitt 4.1.1.4 und eine Fülltemperatur von 15 °C zugrunde zu legen, oder

b) das um 100 kPa verminderte 1,75fache des Dampfdruckes des zu befördernden flüssigen Stoffes bei 50 °C, mindestens jedoch mit einem Prüfdruck von 100 kPa, oder

c) das um 100 kPa verminderte 1,5fache des Dampfdruckes des zu befördernden flüssigen Stoffes bei 55 °C, mindestens jedoch mit einem Prüfdruck von 100 kPa.

**[Zusätzliche Prüfung]** **6.1.5.5.5**

Zusätzlich müssen Verpackungen, die zur Aufnahme von flüssigen Stoffen der Verpackungsgruppe I bestimmt sind, für die Dauer von 5 oder 30 Minuten mit einem Mindestprüfdruck von 250 kPa (Überdruck) geprüft werden; die Dauer ist abhängig von dem Werkstoff, aus dem die Verpackung hergestellt ist.

**[Kriterium für Bestehen]** **6.1.5.5.6**

Kriterium für das Bestehen der Prüfung:

Keine Verpackung darf undicht werden.

**Stapeldruckprüfung** **6.1.5.6**

Die Stapeldruckprüfung ist bei allen Verpackungsarten mit Ausnahme der Säcke und nicht stapelbaren Kombinationsverpackungen (Glas, Porzellan oder Steinzeug), die gemäß Unterabschnitt 6.1.3.1 a) (ii) mit dem Symbol „RID/ADR" gekennzeichnet sind, durchzuführen.

**[Zahl der Prüfmuster]** **6.1.5.6.1**

Zahl der Prüfmuster: Drei Prüfmuster je Bauart und Hersteller.

**[Prüfverfahren]** **6.1.5.6.2**

Prüfverfahren:

Das Prüfmuster muss einer Kraft ausgesetzt werden, die auf die Fläche der oberen Seite des Prüfmusters wirkt und die der Gesamtmasse gleicher Versandstücke entspricht, die während der Beförderung darauf gestapelt werden könnten; enthält das Prüfmuster einen flüssigen Stoff, dessen relative Dichte sich von der Dichte des zu befördernden flüssigen Stoffes unterscheidet, so ist die Kraft in Abhängigkeit des letztgenannten flüssigen Stoffes zu berechnen. Die Höhe des Stapels einschließlich des Prüfmusters muss mindestens 3 Meter betragen. Die Prüfdauer beträgt 24 Stunden, ausgenommen sind Fässer und Kanister aus Kunststoff und Kombinationsverpackungen 6HH1 und 6HH2 für flüssige Stoffe, die der Stapeldruckprüfung für eine Dauer von 28 Tagen bei einer Temperatur von mindestens 40 °C ausgesetzt werden müssen.

Bei der Prüfung nach Absatz 6.1.5.2.5 empfiehlt es sich, das Originalfüllgut zu verwenden. Bei der Prüfung nach Absatz 6.1.5.2.6 ist die Stapeldruckprüfung mit einer Standardflüssigkeit durchzuführen.

**[Kriterium für Bestehen]** **6.1.5.6.3**

Kriterien für das Bestehen der Prüfung:

Kein Prüfmuster darf undicht werden. Bei Kombinationsverpackungen und zusammengesetzten Verpackungen darf aus den Innengefäßen oder -verpackungen kein Füllgut austreten. Kein Prüfmuster darf Beschädigungen aufweisen, welche die Sicherheit der Beförderung beeinträchtigen können, oder Verformungen zeigen, die seine Festigkeit mindern oder Instabilität in Stapeln von Versandstücken verursachen können. Kunststoffverpackungen müssen vor der Beurteilung des Ergebnisses auf Raumtemperatur abgekühlt werden.

**6.1.5.7 Zusatzprüfung auf Permeation für Fässer und Kanister aus Kunststoff nach Unterabschnitt 6.1.4.8 sowie für Kombinationsverpackungen (Kunststoff) – mit Ausnahme von Verpackungen 6HA1 – nach Unterabschnitt 6.1.4.19 zur Beförderung von flüssigen Stoffen mit einem Flammpunkt ≤ 60 °C**

Bei Verpackungen aus Polyethylen ist diese Prüfung nur dann durchzuführen, wenn sie für Benzen, Toluen, Xylen sowie Mischungen und Zubereitungen mit diesen Stoffen zugelassen werden sollen.

**6.1.5.7.1 [Zahl der Prüfmuster]**

Zahl der Prüfmuster: Drei Verpackungen je Bauart und Hersteller.

**6.1.5.7.2 [Vorbereitung der Prüfmuster]**

Besondere Vorbereitung der Prüfmuster für die Prüfung:

Die Prüfmuster sind entweder nach Absatz 6.1.5.2.5 mit dem Originalfüllgut oder bei Verpackungen aus Polyethylen nach Absatz 6.1.5.2.6 mit der Standardflüssigkeit „Kohlenwasserstoffgemisch (White Spirit)" vorzulagern.

**6.1.5.7.3 [Prüfverfahren]**

Prüfverfahren:

Die mit dem Stoff, für den die Verpackungen zugelassen werden sollen, gefüllten Prüfmuster werden vor und nach einer 28-tägigen weiteren Lagerung bei 23 °C und 50 % relativer Luftfeuchtigkeit gewogen. Bei Verpackungen aus Polyethylen darf die Prüfung anstelle von Benzen, Toluen oder Xylen mit der Standardflüssigkeit „Kohlenwasserstoffgemisch (White Spirit)" durchgeführt werden.

**6.1.5.7.4 [Kriterium für Bestehen]**

Kriterium für das Bestehen der Prüfung:

Die Permeation darf 0,008 $\frac{g}{l \times h}$ nicht überschreiten.

**6.1.5.8 Prüfbericht**

**6.1.5.8.1 [Angaben]**

Über die Prüfung ist ein Prüfbericht zu erstellen, der mindestens folgende Angaben enthält und der den Benutzern der Verpackung zur Verfügung stehen muss:

1. Name und Adresse der Prüfeinrichtung;
2. Name und Adresse des Antragstellers (soweit erforderlich);
3. eine nur einmal vergebene Prüfbericht-Kennnummer;
4. Datum des Prüfberichts;
5. Hersteller der Verpackung;
6. Beschreibung der Verpackungsbauart (z.B. Abmessungen, Werkstoffe, Verschlüsse, Wanddicke usw.) einschließlich des Herstellungsverfahrens (z.B. Blasformverfahren), gegebenenfalls mit Zeichnung(en) und/oder Foto(s);
7. höchster Fassungsraum;
8. charakteristische Merkmale des Prüfinhalts, z.B. Viskosität und relative Dichte bei flüssigen Stoffen und Teilchengröße bei festen Stoffen. Für Verpackungen aus Kunststoff, die der Innendruckprüfung des Unterabschnitts 6.1.5.5 unterliegen, die Temperatur des verwendeten Wassers;
9. Beschreibung der Prüfung und Prüfergebnisse;
10. der Prüfbericht muss mit Namen und Funktionsbezeichnung des Unterzeichners unterschrieben sein.

**6.1.5.8.2 [Konformitätserklärung, Gültigkeit]**

Der Prüfbericht muss Erklärungen enthalten, dass die versandfertige Verpackung in Übereinstimmung mit den anwendbaren Vorschriften dieses Abschnitts geprüft worden ist und dass dieser Prüfbericht bei Anwendung anderer Verpackungsmethoden oder bei Verwendung anderer Verpackungsbestandteile ungültig werden kann. Eine Ausfertigung des Prüfberichts ist der zuständigen Behörde zur Verfügung zu stellen.

**Standardflüssigkeiten für den Nachweis der chemischen Verträglichkeit von Verpackungen, einschließlich Großpackmitteln (IBC), aus Polyethylen nach Absatz 6.1.5.2.6 bzw. 6.5.6.3.5** 6.1.6 → 1.6.1.11

**[Standardflüssigkeiten]** 6.1.6.1

Folgende Standardflüssigkeiten werden für diesen Kunststoff verwendet:

a) **Netzmittellösung** für auf Polyethylen stark spannungsrissauslösend wirkende Stoffe, insbesondere für alle netzmittelhaltigen Lösungen und Zubereitungen.

Verwendet wird

entweder eine 1 %ige wässerige Lösung eines Alkylbenzensulfonats

oder eine 5 %ige wässerige Lösung eines Nonylphenolethoxylats, die vor der erstmaligen Verwendung für die Prüfungen mindestens 14 Tage bei 40 °C vorgelagert wurde.

Die Oberflächenspannung dieser Lösung muss bei 23 °C 31 bis 35 mN/m betragen.

Für die Durchführung der Stapeldruckprüfung wird eine relative Dichte von mindestens 1,2 zugrunde gelegt.

Ist die ausreichende chemische Verträglichkeit mit Netzmittellösung nachgewiesen, so ist keine Verträglichkeitsprüfung mit Essigsäure erforderlich.

Für Füllgüter, die auf Polyethylen stärker spannungsrissauslösend als Netzmittellösung wirken, darf die ausreichende chemische Verträglichkeit nach einer dreiwöchigen Vorlagerung bei 40 °C nach Absatz 6.1.5.2.6, aber mit Originalfüllgut nachgewiesen werden.

b) **Essigsäure** für auf Polyethylen spannungsrissauslösend wirkende Stoffe und Zubereitungen, insbesondere für Monocarbonsäuren und einwertige Alkohole.

Verwendet wird Essigsäure in Konzentrationen von 98 % bis 100 %.

Relative Dichte = 1,05.

Für die Durchführung der Stapeldruckprüfung wird eine relative Dichte von mindestens 1,1 zugrunde gelegt.

Für Füllgüter, die Polyethylen mehr als Essigsäure und bis höchstens 4 % Masseaufnahme anquellen, darf die ausreichende chemische Verträglichkeit nach einer dreiwöchigen Vorlagerung bei 40 °C nach Absatz 6.1.5.2.6, aber mit Originalfüllgut nachgewiesen werden.

c) **n-Butylacetat/mit n-Butylacetat gesättigte Netzmittellösung** für Stoffe und Zubereitungen, welche Polyethylen bis zu etwa 4 % Masseaufnahme anquellen und gleichzeitig spannungsrissauslösende Wirkung zeigen, insbesondere für Pflanzenschutzmittel, Flüssigfarben und gewisse Ester.

Verwendet wird n-Butylacetat in einer Konzentration von 98 % bis 100 % für die Vorlagerung nach Absatz 6.1.5.2.6.

Verwendet wird für die Stapeldruckprüfung nach Unterabschnitt 6.1.5.6 eine Prüfflüssigkeit aus mit 2 % n-Butylacetat versetzter 1 bis 10 %iger wässeriger Netzmittellösung nach vorstehendem Buchstaben a).

Für die Durchführung der Stapeldruckprüfung wird eine relative Dichte von mindestens 1,0 zugrunde gelegt.

Für Füllgüter, die Polyethylen mehr als n-Butylacetat und bis höchstens 7,5 % Masseaufnahme anquellen, darf die ausreichende chemische Verträglichkeit nach einer dreiwöchigen Vorlagerung bei 40 °C nach Absatz 6.1.5.2.6, aber mit Originalfüllgut nachgewiesen werden.

d) **Kohlenwasserstoffgemisch (White Spirit)** für auf Polyethylen quellend wirkende Stoffe und Zubereitungen, insbesondere für Kohlenwasserstoffe, gewisse Ester und Ketone.

Verwendet wird ein Kohlenwasserstoffgemisch mit einem Siedebereich von 160 °C bis 220 °C, einer relativen Dichte von 0,78 bis 0,80, einem Flammpunkt von mehr als 50 °C und einem Aromatengehalt von 16 % bis 21 %.

Für die Durchführung der Stapeldruckprüfung wird eine relative Dichte von mindestens 1,0 zugrunde gelegt.

Für Füllgüter, die Polyethylen um mehr als 7,5 % Masseaufnahme anquellen, darf die ausreichende chemische Verträglichkeit nach einer dreiwöchigen Vorlagerung bei 40 °C nach Absatz 6.1.5.2.6, aber mit Originalfüllgut nachgewiesen werden.

6.1.6.1 (Forts.)

e) **Salpetersäure** für alle Stoffe und Zubereitungen, die auf Polyethylen gleich oder geringer oxidierend einwirken oder die molare Masse abbauen als eine 55 %ige Salpetersäure.

Verwendet wird Salpetersäure in einer Konzentration von mindestens 55 %.

Für die Durchführung der Stapeldruckprüfung wird eine relative Dichte von mindestens 1,4 zugrunde gelegt.

Für Füllgüter, die stärker als 55 %ige Salpetersäure oxidieren oder die molare Masse abbauen, muss nach Absatz 6.1.5.2.5 verfahren werden.

Außerdem ist in diesen Fällen die Verwendungsdauer unter Beachtung des Schädigungsgrades festzulegen (z.B. zwei Jahre bei Salpetersäure mit mindestens 55 %).

f) **Wasser** für Stoffe, die Polyethylen nicht wie in den unter a) bis e) genannten Fällen angreifen, insbesondere für anorganische Säuren und Laugen, wässerige Salzlösungen, mehrwertige Alkohole, organische Stoffe in wässeriger Lösung.

Für die Durchführung der Stapeldruckprüfung wird eine relative Dichte von mindestens 1,2 zugrunde gelegt.

Eine Bauartprüfung mit Wasser ist nicht erforderlich, wenn die entsprechende chemische Verträglichkeit mit Netzmittellösung oder Salpetersäure nachgewiesen wurde.

# Kapitel 6.2
# Bau- und Prüfvorschriften für Druckgefäße, Druckgaspackungen, Gefäße, klein, mit Gas (Gaspatronen) und Brennstoffzellen-Kartuschen mit verflüssigtem entzündbarem Gas

*→ § 8 (1) 1 f)*
*→ D: ODV Anl. 1 Abschn. B*
*→ CH: GGUV Art. 2 b 1.*

**Bem.** Druckgaspackungen, Gefäße, klein, mit Gas (Gaspatronen) und Brennstoffzellen-Kartuschen mit verflüssigtem entzündbarem Gas unterliegen nicht den Vorschriften der Abschnitte 6.2.1 bis 6.2.5.

**Allgemeine Vorschriften** 6.2.1

**Auslegung und Bau** 6.2.1.1
*→ 1.6.2.1*

**[Grundanforderung]** 6.2.1.1.1

Die Druckgefäße müssen so ausgelegt, hergestellt, geprüft und ausgerüstet sein, dass sie allen Beanspruchungen, einschließlich Ermüdung, denen sie unter normalen Beförderungsbedingungen und bei vorgesehenem Gebrauch ausgesetzt sind, standhalten.

(bleibt offen) 6.2.1.1.2

**[Mindestwanddicke]** 6.2.1.1.3

Die Mindestwanddicke darf in keinem Fall geringer sein als die in den technischen Normen für die Auslegung und den Bau festgelegte Wanddicke.

**[Werkstoffqualität]** 6.2.1.1.4

Für geschweißte Druckgefäße dürfen nur Metalle schweißbarer Qualität verschweißt werden.

**[Prüfdruck]** 6.2.1.1.5

Der Prüfdruck von Druckgefäßkörpern und Flaschenbündeln muss der Verpackungsanweisung P200 des Unterabschnitts 4.1.4.1 oder bei einer Chemikalie unter Druck der Verpackungsanweisung P206 des Unterabschnitts 4.1.4.1 entsprechen. Der Prüfdruck für verschlossene Kryo-Behälter muss der Verpackungsanweisung P203 des Unterabschnitts 4.1.4.1 entsprechen. Der Prüfdruck eines Metallhydrid-Speichersystems muss mit der Verpackungsanweisung P205 des Unterabschnitts 4.1.4.1 übereinstimmen. Der Prüfdruck eines Flaschenkörpers für ein adsorbiertes Gas muss mit der Verpackungsanweisung P208 des Unterabschnitts 4.1.4.1 übereinstimmen.

**[Gefäßbündel]** 6.2.1.1.6

Flaschen oder Flaschenkörper, die in Bündeln zusammengefasst sind, müssen durch eine Tragkonstruktion verstärkt sein und als Einheit zusammengehalten werden. Die Flaschen oder Flaschenkörper müssen so gesichert sein, dass Bewegungen in Bezug auf die bauliche Gesamtanordnung und Bewegungen, die zu einer Konzentration schädlicher lokaler Spannungen führen, verhindert werden. Anordnungen von Rohrleitungen (z.B. Rohrleitungen, Ventile und Druckanzeiger) sind so auszulegen und zu bauen, dass sie vor Beschädigungen durch Stöße und vor Beanspruchungen, die unter normalen Beförderungsbedingungen auftreten, geschützt sind. Die Rohrleitungen müssen mindestens denselben Prüfdruck haben wie die Flaschen. Für verflüssigte giftige Gase muss jeder Flaschenkörper ein Trennventil haben, um sicherzustellen, dass jede Flasche getrennt befüllt werden kann und während der Beförderung kein gegenseitiger Austausch des Inhalts der Flaschen auftreten kann.

**Bem.** Verflüssigte giftige Gase haben den Klassifizierungscode 2T, 2TF, 2TC, 2TO, 2TFC oder 2TOC.

**[Galvanische Reaktion]** 6.2.1.1.7

Berührungen zwischen verschiedenen Metallen, die zu Beschädigungen durch galvanische Reaktion führen können, müssen vermieden werden.

**6.2.1.1.8 Zusätzliche Vorschriften für den Bau von verschlossenen Kryo-Behältern für tiefgekühlt verflüssigte Gase**

**6.2.1.1.8.1 [Kerbschlagzähigkeit, Biegekoeffizient]**

Für jedes Druckgefäß müssen die mechanischen Eigenschaften des verwendeten Metalls, einschließlich Kerbschlagzähigkeit und Biegekoeffizient, nachgewiesen werden.

**Bem.** Bezüglich der Kerbschlagzähigkeit enthält der Unterabschnitt 6.8.5.3 Einzelheiten für Prüfanforderungen, die verwendet werden dürfen.

**6.2.1.1.8.2 [Wärmeisolierung, Druckbeständigkeit]**

Die Druckgefäße müssen wärmeisoliert sein. Die Wärmeisolierung ist durch eine Ummantelung vor Stößen zu schützen. Ist der Raum zwischen Innenbehälter und Ummantelung luftentleert (Vakuumisolierung), muss die Ummantelung so ausgelegt sein, dass sie einem äußeren Druck von mindestens 100k Pa (1 bar), in Übereinstimmung mit einem anerkannten technischen Regelwerk oder einem rechnerischen kritischen Verformungsdruck von mindestens 200 kPa (2 bar) Überdruck berechnet, ohne bleibende Verformung standhält. Wenn die Ummantelung gasdicht verschlossen ist (z.B. bei Vakuumisolierung), muss durch eine Einrichtung verhindert werden, dass bei ungenügender Gasdichtheit des Innenbehälters oder seiner Bedienungsausrüstung in der Isolierschicht ein gefährlicher Druck entsteht. Die Einrichtung muss das Eindringen von Feuchtigkeit in die Isolierung verhindern.

**6.2.1.1.8.3 [Werkstoffverträglichkeit mit Sauerstoff]**

Verschlossene Kryo-Behälter, die für die Beförderung tiefgekühlt verflüssigter Gase mit einem Siedepunkt unter –182 °C bei Atmosphärendruck ausgelegt sind, dürfen keine Werkstoffe enthalten, die mit Sauerstoff oder mit Sauerstoff angereicherter Atmosphäre in gefährlicher Weise reagieren können, wenn sich diese Werkstoffe in Teilen der Wärmeisolierung befinden, wo ein Risiko der Berührung mit Sauerstoff oder mit Sauerstoff angereicherter Flüssigkeit besteht.

**6.2.1.1.8.4 [Hebe- und Sicherungseinrichtungen]**

Verschlossene Kryo-Behälter müssen mit geeigneten Hebe- und Sicherungseinrichtungen ausgelegt und gebaut sein.

**6.2.1.1.9 Zusätzliche Vorschriften für den Bau von Acetylen-Flaschen**

*→ 3.3 SV 652*
*→ D: § 8 (1) 10*
*→ D: RSEB 6-2*

Die Flaschenkörper für UN 1001 Acetylen, gelöst, und UN 3374 Acetylen, lösungsmittelfrei, müssen mit einem gleichmäßig verteilten porösen Material eines Typs gefüllt sein, der den Vorschriften und den Prüfungen entspricht, die durch eine von der zuständigen Behörde anerkannte Norm oder ein von der zuständigen Behörde anerkanntes Regelwerk festgelegt sind, wobei dieses poröse Material

a) mit dem Flaschenkörper verträglich ist und weder mit dem Acetylen noch im Falle der UN-Nummer 1001 mit dem Lösungsmittel schädliche oder gefährliche Verbindungen eingeht und
b) geeignet sein muss, die Ausbreitung einer Zersetzung des Acetylens im porösen Material zu verhindern.

Im Falle der UN-Nummer 1001 muss das Lösungsmittel mit den Teilen der Flasche, mit denen es in Berührung kommt, verträglich sein.

**6.2.1.2 Werkstoffe**

*→ 3.3 SV 652*

**6.2.1.2.1 [Werkstoffverträglichkeit mit gefährlichen Gütern]**

Werkstoffe für den Bau von Druckgefäßen, die direkt mit den gefährlichen Gütern in Berührung kommen, dürfen durch das zur Beförderung vorgesehene gefährliche Gut nicht angegriffen oder geschwächt werden und dürfen keine gefährliche Reaktion, wie z.B. Katalyse einer Reaktion oder Reaktion mit gefährlichen Gütern, verursachen.

**6.2.1.2.2 [Werkstoffe für Druckgefäße gemäß technischen Normen]**

Druckgefäße müssen aus Werkstoffen hergestellt sein, die in den technischen Normen für die Auslegung und den Bau und in der für die zur Beförderung in dem Druckgefäß vorgesehenen Stoffen anwendbaren Verpackungsanweisung festgelegt sind. Die Werkstoffe müssen, wie in den technischen Normen für die Auslegung und den Bau angegeben, unempfindlich gegen Sprödbruch und Spannungsrisskorrosion sein.

**Bedienungsausrüstung** 6.2.1.3

**[Auslegung]** 6.2.1.3.1

Unter Druck stehende Bedienungsausrüstung mit Ausnahme von porösem, absorbierendem oder adsorbierendem Material, Druckentlastungseinrichtungen, Druckmessgeräten oder -anzeigern muss so ausgelegt und gebaut sein, dass der Berstdruck mindestens dem 1,5fachen Prüfdruck des Druckgefäßes entspricht.

**[Anordnung und Auslegung zum Schutz vor Beschädigung]** 6.2.1.3.2

Die Bedienungsausrüstung muss so angeordnet oder ausgelegt sein, dass Beschädigungen und unbeabsichtigtes Öffnen, die unter normalen Handhabungs- und Beförderungsbedingungen zu einem Freisetzen des Druckgefäßinhalts führen könnten, verhindert werden. Alle Verschlüsse müssen auf die gleiche Weise geschützt sein, wie dies in Unterabschnitt 4.1.6.8 für Ventile vorgeschrieben ist. Die zu den Absperrventilen führende Sammelrohrleitung muss ausreichend flexibel sein, um die Absperrventile und die Rohrleitung gegen Abscheren oder gegen Freisetzen des Druckgefäßinhalts zu schützen.

**[Handhabungshilfsmittel]** 6.2.1.3.3

Druckgefäße, die nicht manuell bewegt oder gerollt werden können, müssen mit Handhabungseinrichtungen versehen sein (Gleiteinrichtungen, Ösen, Haken), die eine sichere Handhabung mit mechanischen Fördermitteln gewährleisten und die so angebracht sind, dass sie weder eine Schwächung noch eine unzulässige Beanspruchung der Druckgefäße zur Folge haben.

**[Druckentlastungseinrichtungen]** 6.2.1.3.4

Einzelne Druckgefäße müssen gemäß Unterabschnitt 4.1.4.1 Verpackungsanweisung P200 (2) oder P205 oder gemäß den Absätzen 6.2.1.3.6.4 und 6.2.1.3.6.5 mit Druckentlastungseinrichtungen ausgerüstet sein. Die Druckentlastungseinrichtungen müssen so ausgelegt sein, dass keine Fremdstoffe eindringen und keine Gase austreten können und sich kein gefährlicher Überdruck bilden kann. Im eingebauten Zustand müssen die Druckentlastungseinrichtungen an horizontalen Druckgefäßen, die mit einem Sammelrohr miteinander verbunden sind und die mit einem entzündbaren Gas gefüllt sind, so angeordnet sein, dass sie frei in die Luft abblasen können und unter normalen Beförderungsbedingungen eine Einwirkung des ausströmenden Gases auf das Druckgefäß selbst verhindert wird.

**[Füllstandsanzeige]** 6.2.1.3.5

Druckgefäße, die volumetrisch gefüllt werden, müssen mit einer Füllstandsanzeige versehen sein.

**Zusätzliche Vorschriften für verschlossene Kryo-Behälter** 6.2.1.3.6

**[Verschlüsse]** 6.2.1.3.6.1

Jede Füll- und Entleerungsöffnung von verschlossenen Kryo-Behältern für die Beförderung tiefgekühlt verflüssigter entzündbarer Gase muss mit mindestens zwei hintereinanderliegenden und voneinander unabhängigen Verschlüssen ausgerüstet sein, wobei der erste eine Absperreinrichtung und der zweite eine Kappe oder eine gleichwertige Einrichtung sein muss.

**[Druckentlastung]** 6.2.1.3.6.2

Bei Rohrleitungsabschnitten, die beidseitig geschlossen werden können und in denen Flüssigkeit eingeschlossen sein kann, muss ein System zur selbsttätigen Druckentlastung vorgesehen sein, um einen übermäßigen Druckaufbau innerhalb der Rohrleitung zu verhindern.

**[Funktionskennzeichnung]** 6.2.1.3.6.3

Jeder Anschluss eines verschlossenen Kryo-Behälters muss eindeutig mit seiner Funktion (z.B. Dampfphase oder flüssige Phase) gekennzeichnet sein.

**Druckentlastungseinrichtungen** 6.2.1.3.6.4

**[Anzahl, Anforderung]** 6.2.1.3.6.4.1

Verschlossene Kryo-Behälter müssen mit mindestens einer Druckentlastungseinrichtung ausgerüstet sein. Bei der Druckentlastungseinrichtung muss es sich um eine Bauart handeln, die dynamischen Kräften, einschließlich Flüssigkeitsschwall, standhält.

**6.2.1.3.6.4.2 [Berstscheibe]**

Verschlossene Kryo-Behälter dürfen parallel zu der (den) federbelasteten Einrichtung(en) zusätzlich mit einer Berstscheibe versehen sein, um den Vorschriften des Absatzes 6.2.1.3.6.5 zu entsprechen.

**6.2.1.3.6.4.3 [Abblasmenge]**

Die Anschlüsse für Druckentlastungseinrichtungen müssen ausreichend dimensioniert sein, damit die erforderliche Abblasmenge ungehindert zur Druckentlastungseinrichtung gelangen kann.

**6.2.1.3.6.4.4 [Einlassöffnungen]**

Alle Einlassöffnungen der Druckentlastungseinrichtungen müssen sich bei maximalen Füllungsbedingungen in der Dampfphase des verschlossenen Kryo-Behälters befinden; die Einrichtungen sind so anzuordnen, dass der Dampf ungehindert entweichen kann.

**6.2.1.3.6.5 Abblasmenge und Einstellung der Druckentlastungseinrichtungen**

**Bem.** In Zusammenhang mit Druckentlastungseinrichtungen von verschlossenen Kryo-Behältern bedeutet höchstzulässiger Betriebsdruck der höchstzulässige effektive Überdruck im Scheitel des befüllten verschlossenen Kryo-Behälters im Betriebszustand, einschließlich der höchste effektive Druck während des Füllens und Entleerens.

**6.2.1.3.6.5.1 [Öffnungsdruck]**

Die Druckentlastungseinrichtungen müssen sich selbsttätig bei einem Druck öffnen, der nicht geringer sein darf als der höchstzulässige Betriebsdruck, und bei einem Druck von 110 % des höchstzulässigen Betriebsdrucks vollständig geöffnet sein. Sie müssen sich nach der Entlastung bei einem Druck wieder schließen, der höchstens 10 % unter dem Ansprechdruck liegt, und bei allen niedrigeren Drücken geschlossen bleiben.

**6.2.1.3.6.5.2 [Berstscheiben]**

Berstscheiben müssen so eingestellt sein, dass sie bei einem Nenndruck bersten, der entweder niedriger als der Prüfdruck oder niedriger als 150 % des höchstzulässigen Betriebsdrucks ist.

**6.2.1.3.6.5.3 [Gesamtabblasmenge bei verschlossenen Kryo-Behältern]**

Bei Verlust des Vakuums in einem vakuumisolierten verschlossenen Kryo-Behälter muss die Gesamtabblasmenge aller eingebauten Druckentlastungseinrichtungen ausreichend sein, damit der Druck (einschließlich Druckanstieg) im verschlossenen Kryo-Behälter 120 % des höchstzulässigen Betriebsdrucks nicht übersteigt.

**6.2.1.3.6.5.4 [Druckentlastungseinrichtung]**
*→ D: § 8 (1) 10*

Die erforderliche Abblasmenge der Druckentlastungseinrichtungen ist nach einem von der zuständigen Behörde anerkannten bewährten technischen Regelwerk zu berechnen[1)].

**6.2.1.4 Zulassung von Druckgefäßen**
*→ D: § 7 (1) 2*

**6.2.1.4.1 [Übereinstimmung, technische Dokumentation]**
*→ D: § 13 (1) 4*

Die Übereinstimmung der Druckgefäße ist zum Zeitpunkt der Herstellung nach den Vorschriften der zuständigen Behörde festzustellen. Die technische Dokumentation muss vollständige Spezifikationen für die Auslegung und den Bau und eine vollständige Dokumentation der Herstellung und Prüfung umfassen.

**6.2.1.4.2 [Qualitätssicherungsprogramm]**
*→ D: § 13 (1) 5*

Das Qualitätssicherungsprogramm muss den Vorschriften der zuständigen Behörde entsprechen.

**6.2.1.4.3 [Kontrolle, Prüfung, Zulassung]**

Druckgefäßkörper und Innenbehälter von verschlossenen Kryo-Behältern müssen von einer Prüfstelle kontrolliert, geprüft und zugelassen sein.

---

1) Siehe zum Beispiel CGA-Veröffentlichungen S-1.2-2003 „Pressure Relief Device Standards – Part 2 – Cargo and Portable Tanks for Compressed Gases“ (Normen für Druckentlastungseinrichtungen – Teil 2 – Frachttanks und ortsbewegliche Tanks für verdichtete Gase) und S-1.1-2003 „Pressure Relief Device Standards – Part 1 – Cylinders for Compressed Gases“ (Normen für Druckentlastungseinrichtungen – Teil 1 – Flaschen für verdichtete Gase).

**[Konformitätsbewertung]** 6.2.1.4.4

Bei wiederbefüllbaren Flaschen, Druckfässern und Großflaschen darf die Konformitätsbewertung des Körpers und des Verschlusses (der Verschlüsse) getrennt durchgeführt werden. In diesen Fällen ist eine zusätzliche Bewertung des endgültigen Zusammenbaus nicht erforderlich.

Bei Flaschenbündeln dürfen die Flaschenkörper und das Ventil (die Ventile) getrennt bewertet werden, eine zusätzliche Bewertung des endgültigen Zusammenbaus ist jedoch erforderlich.

Bei verschlossenen Kryo-Behältern dürfen die Innenbehälter und die Verschlüsse getrennt bewertet werden, eine zusätzliche Bewertung des endgültigen Zusammenbaus ist jedoch erforderlich.

Bei Acetylen-Flaschen umfasst die Konformitätsbewertung entweder

a) eine Konformitätsbewertung, die sowohl den Flaschenkörper als auch das enthaltene poröse Material umfasst, oder

b) eine getrennte Konformitätsbewertung des leeren Flaschenkörpers und eine zusätzliche Konformitätsbewertung, die den Flaschenkörper mit dem enthaltenen porösen Material umfasst.

**Erstmalige Prüfung** 6.2.1.5

*→ D: § 7 (1) 2*

**[Neue Druckgefäße]** 6.2.1.5.1

Neue Druckgefäße mit Ausnahme von verschlossenen Kryo-Behältern, Metallhydrid-Speichersystemen und Flaschenbündeln sind während und nach der Herstellung Prüfungen gemäß den anwendbaren Auslegungsnormen oder anerkannten technischen Regelwerken zu unterziehen, die Folgendes umfassen:

An einer ausreichenden Anzahl von Druckgefäßkörpern:

a) Prüfung der mechanischen Eigenschaften des Werkstoffs;

b) Überprüfung der Mindestwanddicke;

c) Überprüfung der Gleichmäßigkeit des Werkstoffes innerhalb jeder Fertigungsreihe;

d) Kontrolle der äußeren und inneren Beschaffenheit;

e) Kontrolle der für das Anbringen von Verschlüssen verwendeten Gewinde;

f) Überprüfung auf Übereinstimmung mit der Auslegungsnorm.

An allen Druckgefäßkörpern:

g) eine Flüssigkeitsdruckprüfung. Die Druckgefäßkörper müssen die in der technischen Norm oder dem technischen Regelwerk für die Auslegung und den Bau festgelegten Akzeptanzkriterien erfüllen;

**Bem.** Mit Zustimmung der zuständigen Behörde darf die Flüssigkeitsdruckprüfung durch eine Prüfung mit einem Gas ersetzt werden, sofern dieses Vorgehen nicht gefährlich ist.

h) Kontrolle und Bewertung von Herstellungsfehlern und entweder Reparatur oder Unbrauchbarmachen des Druckgefäßkörpers. Bei geschweißten Druckgefäßkörpern ist der Qualität der Schweißnähte besondere Beachtung zu schenken;

i) eine Kontrolle der Kennzeichen auf den Druckgefäßkörpern;

j) an Flaschenkörpern für UN 1001 Acetylen, gelöst, und UN 3374 Acetylen, lösungsmittelfrei, außerdem eine Kontrolle der richtigen Anbringung und der Beschaffenheit des porösen Materials sowie gegebenenfalls der Menge des Lösungsmittels.

An einer ausreichenden Anzahl von Verschlüssen:

k) Überprüfung der Werkstoffe;

l) Überprüfung der Abmessungen;

m) Überprüfung der Sauberkeit;

n) Kontrolle des endgültigen Zusammenbaus;

o) Überprüfung des Vorhandenseins von Kennzeichen.

Für alle Verschlüsse:

p) Prüfung auf Dichtheit.

**[Kryo-Behälter]** 6.2.1.5.2

*→ 1.6.2.18*

Verschlossene Kryo-Behälter sind während und nach der Herstellung Prüfungen gemäß den anwendbaren Auslegungsnormen oder anerkannten technischen Regelwerken zu unterziehen, die Folgendes umfassen:

**6.2.1.5.2** (Forts.) An einer ausreichenden Anzahl von Innenbehältern:

a) Prüfung der mechanischen Eigenschaften des Bauwerkstoffs;

b) Überprüfung der Mindestwanddicke;

c) Kontrolle der äußeren und inneren Beschaffenheit;

d) Überprüfung auf Übereinstimmung mit der Auslegungsnorm oder dem technischen Regelwerk;

e) Kontrolle der Schweißnähte durch Röntgen-, Ultraschall- oder andere geeignete zerstörungsfreie Prüfmethoden gemäß der anwendbaren Norm oder des anwendbaren technischen Regelwerks für die Auslegung und den Bau.

Für alle Innenbehälter:

f) eine Flüssigkeitsdruckprüfung. Der Innenbehälter muss die in der technischen Norm oder dem technischen Regelwerk für die Auslegung und den Bau festgelegten Akzeptanzkriterien erfüllen;

**Bem.** Mit Zustimmung der zuständigen Behörde darf die Flüssigkeitsdruckprüfung durch eine Prüfung mit einem Gas ersetzt werden, sofern dieses Vorgehen nicht gefährlich ist.

g) Kontrolle und Bewertung von Herstellungsfehlern und entweder Reparatur oder Unbrauchbarmachen des Innenbehälters;

h) eine Kontrolle der Kennzeichen;

An einer ausreichenden Anzahl von Verschlüssen:

i) Überprüfung der Werkstoffe;

j) Überprüfung der Abmessungen;

k) Überprüfung der Sauberkeit;

l) Kontrolle des endgültigen Zusammenbaus;

m) Überprüfung des Vorhandenseins von Kennzeichen.

Für alle Verschlüsse:

n) Prüfung auf Dichtheit.

An einer ausreichenden Anzahl von zusammengebauten verschlossenen Kryo-Behältern:

o) Prüfung der zufriedenstellenden Funktion der Bedienungsausrüstung;

p) Überprüfung auf Übereinstimmung mit der Norm oder dem technischen Regelwerk für die Auslegung;

Für alle zusammengebauten verschlossenen Kryo-Behälter:

q) Prüfung auf Dichtheit.

**6.2.1.5.3 [Metallhydrid-Speichersysteme]**

Bei Metallhydrid-Speichersystemen muss überprüft werden, ob die in Absatz 6.2.1.5.1 a), b), c), d), e) (sofern anwendbar), f), g), h) und i) festgelegten Prüfungen an einem angemessenen Prüfmuster der im Metallhydrid-Speichersystem verwendeten Druckgefäßkörper durchgeführt wurden. Darüber hinaus müssen an einem angemessenen Prüfmuster von Metallhydrid-Speichersystemen die in Absatz 6.2.1.5.1 c) und f) und, sofern anwendbar, in Absatz 6.2.1.5.1 e) vorgeschriebenen Prüfungen und die Prüfung der äußeren Beschaffenheit des Metallhydrid-Speichersystems durchgeführt werden.

Außerdem müssen alle Metallhydrid-Speichersysteme den in Absatz 6.2.1.5.1 h) und i) festgelegten erstmaligen Prüfungen sowie einer Dichtheitsprüfung und einer Prüfung der zufrieden stellenden Funktion ihrer Bedienungseinrichtung unterzogen werden.

**6.2.1.5.4 [Flaschenbündel]**

Bei Flaschenbündeln sind die Flaschenkörper und Verschlüsse einer erstmaligen Prüfung und den in Absatz 6.2.1.5.1 festgelegten Prüfungen zu unterziehen. Eine ausreichende Anzahl von Rahmen ist einer Belastungsprüfung mit dem Zweifachen des höchsten Bruttogewichts der Flaschenbündel zu unterziehen.

Zusätzlich sind alle Sammelrohre von Flaschenbündeln einer Flüssigkeitsdruckprüfung und alle zusammengebauten Flaschenbündel einer Dichtheitsprüfung zu unterziehen.

**Bem.** Mit Zustimmung der zuständigen Behörde darf die Flüssigkeitsdruckprüfung durch eine Prüfung mit einem Gas ersetzt werden, sofern dieses Vorgehen nicht gefährlich ist.

**Wiederkehrende Prüfung** 6.2.1.6
→ D: § 7 (1) 2

**[Wiederbefüllbare Druckgefäße]** 6.2.1.6.1
→ D: § 13 (1) 6

Wiederbefüllbare Druckgefäße mit Ausnahme von Kryo-Behältern sind durch eine von der zuständigen Behörde anerkannten Stelle nach folgenden Vorschriften wiederkehrenden Prüfungen zu unterziehen:

a) Prüfung der äußeren Beschaffenheit des Druckgefäßes und Überprüfung der Ausrüstung und der äußeren Kennzeichen;

b) Prüfung der inneren Beschaffenheit des Druckgefäßes (z.B. innere Prüfung, Überprüfung der Mindestwanddicke); → M349

c) Prüfung der Gewinde, sofern entweder
   (i) Anzeichen von Korrosion vorliegen oder
   (ii) die Verschlüsse oder andere Bedienungsausrüstung entfernt werden;

d) Flüssigkeitsdruckprüfung des Druckgefäßkörpers und gegebenenfalls Überprüfung der Werkstoffbeschaffenheit durch geeignete Prüfverfahren;

e) Prüfung der Bedienungsausrüstung bei der Wiederinbetriebnahme. Diese Prüfung darf getrennt von der Prüfung des Druckgefäßkörpers durchgeführt werden;

f) Dichtheitsprüfung von Flaschenbündeln nach dem Wiederzusammenbau.

**Bem.** 1. Mit Zustimmung der zuständigen Behörde darf die Flüssigkeitsdruckprüfung durch eine Prüfung mit einem Gas ersetzt werden, sofern dieses Vorgehen nicht gefährlich ist.

2. Bei nahtlosen Flaschenkörpern und Großflaschenkörpern aus Stahl dürfen die Prüfung des Absatzes 6.2.1.6.1 b) und die Flüssigkeitsdruckprüfung des Absatzes 6.2.1.6.1 d) durch ein Verfahren entsprechend der Norm ISO 16148:2016 + Amd 1:2020 „Gasflaschen – Wiederbefüllbare nahtlose Gasflaschen und Großflaschen aus Stahl – Schallemissionsprüfung und nachfolgende Ultraschallprüfung für die wiederkehrende Inspektion und Prüfung" ersetzt werden.

3. Die Prüfung der inneren Beschaffenheit des Absatzes 6.2.1.6.1 b) und die Flüssigkeitsdruckprüfung des Absatzes 6.2.1.6.1 d) dürfen durch eine Ultraschallprüfung ersetzt werden, die für nahtlose Flaschenkörper aus Stahl und für nahtlose Flaschenkörper aus Aluminiumlegierung in Übereinstimmung mit der Norm ISO 18119:2018 + Amd 1:2021 durchgeführt wird. → 1.6.2.23

4. Bei Flaschenbündeln muss die in Absatz d) festgelegte Flüssigkeitsdruckprüfung an den Flaschenkörpern und den Sammelrohren durchgeführt werden.

5. Hinsichtlich der Häufigkeit der wiederkehrenden Prüfungen siehe Unterabschnitt 4.1.4.1 Verpackungsanweisung P200 oder bei einer Chemikalie unter Druck Verpackungsanweisung P206.

**[Erleichterungen UN 1001 und 3374]** 6.2.1.6.2
→ D: § 13 (1) 6

Bei Flaschen, die für die Beförderung von UN 1001 Acetylen, gelöst, und UN 3374 Acetylen, lösungsmittelfrei, vorgesehen sind, sind nur die in Absatz 6.2.1.6.1 a), c) und e) festgelegten Untersuchungen vorzunehmen. Darüber hinaus ist der Zustand des porösen Materials (z.B. Risse, oberer Freiraum, Lockerung, Zusammensinken) zu untersuchen.

**[Druckentlastungseinrichtungen verschlossener Kryo-Behälter]** 6.2.1.6.3

Druckentlastungseinrichtungen von verschlossenen Kryo-Behältern müssen wiederkehrenden Prüfungen unterzogen werden.

**Anforderungen an Hersteller** 6.2.1.7
→ 1.6.2.3

**[Technische Voraussetzungen, qualifiziertes Personal]** 6.2.1.7.1

Der Hersteller muss technisch in der Lage sein und über sämtliche geeignete Mittel verfügen, die zu einer zufrieden stellenden Herstellung von Druckgefäßen erforderlich sind; hierzu benötigt er insbesondere entsprechend qualifiziertes Personal

a) zur Überwachung des gesamten Herstellungsprozesses,

b) zur Ausführung von Werkstoffverbindungen und

c) zur Durchführung der entsprechenden Prüfungen.

**6.2.1.7.2 [Eignungsbewertung]**

*→ D: § 13 (1) 7*

Eine Bewertung der Eignung der Hersteller von Druckgefäßkörpern und von Innenbehältern von verschlossenen Kryo-Behältern ist in allen Fällen von einer von der zuständigen Behörde des Zulassungslandes anerkannten Prüfstelle durchzuführen. Die Bewertung der Eignung der Hersteller von Verschlüssen ist durchzuführen, sofern dies von der zuständigen Behörde gefordert wird. Diese Bewertung ist entweder während der Baumusterzulassung oder während der Prüfung und Bescheinigung der Produktion durchzuführen.

**6.2.1.8 Anforderungen an Prüfstellen**

**6.2.1.8.1 [Unabhängigkeit, Kompetenz]**

Prüfstellen müssen ausreichend Unabhängigkeit von Herstellerbetrieben und fachliche Kompetenz für die vorgeschriebene Durchführung der Prüfungen und Zulassungen aufweisen.

**6.2.2 Vorschriften für UN-Druckgefäße**

*→ 1.6.2.5*

Zusätzlich zu den allgemeinen Vorschriften des Abschnitts 6.2.1 müssen UN-Druckgefäße den Vorschriften dieses Abschnitts, soweit anwendbar, einschließlich der Normen entsprechen. Die Herstellung von neuen Druckgefäßen oder Bedienungsausrüstungen entsprechend einer in den Unterabschnitten 6.2.2.1 und 6.2.2.3 aufgeführten Norm ist nach dem in der rechten Spalte der Tabellen angegebenen Datum nicht mehr zugelassen.

**Bem.** 1. UN-Druckgefäße, die nach Normen gebaut wurden, die zum Zeitpunkt der Herstellung anwendbar waren, dürfen unter Vorbehalt der Vorschriften für die wiederkehrende Prüfung des ADR weiterverwendet werden.

2. Wenn EN ISO-Fassungen der nachfolgenden ISO-Normen zur Verfügung stehen, dürfen diese verwendet werden, um die Vorschriften der Unterabschnitte 6.2.2.1, 6.2.2.2, 6.2.2.3 und 6.2.2.4 zu erfüllen.

**6.2.2.1 Auslegung, Bau und erstmalige Prüfung**

**6.2.2.1.1 [Normen für UN-Flaschen]**

Für die Auslegung, den Bau und die erstmalige Prüfung von wiederbefüllbaren UN-Flaschenkörpern gelten folgende Normen, mit der Ausnahme, dass die Prüfvorschriften in Zusammenhang mit dem System für die Konformitätsbewertung und Zulassung dem Unterabschnitt 6.2.2.5 entsprechen müssen:

| Referenz | Titel | für die Herstellung anwendbar |
|---|---|---|
| ISO 9809-1:1999 | Gasflaschen – Wiederbefüllbare nahtlose Flaschen aus Stahl – Gestaltung, Konstruktion und Prüfung – Teil 1: Flaschen aus vergütetem Stahl mit einer Zugfestigkeit von weniger als 1 100 MPa<br>**Bem.** Die Bemerkung bezüglich des Faktors F in Abschnitt 7.3 dieser Norm gilt nicht für UN-Flaschen. | bis zum 31. Dezember 2018 |
| ISO 9809-1:2010 | Gasflaschen – Wiederbefüllbare nahtlose Gasflaschen aus Stahl – Gestaltung, Konstruktion und Prüfung – Teil 1: Flaschen aus vergütetem Stahl mit einer Zugfestigkeit kleiner als 1 100 MPa | bis zum 31. Dezember 2026 |
| ISO 9809-1:2019 | Gasflaschen – Auslegung, Herstellung und Prüfung von wiederbefüllbaren nahtlosen Gasflaschen aus Stahl – Teil 1: Flaschen aus vergütetem Stahl mit einer Zugfestigkeit kleiner als 1 100 MPa[1] | bis auf Weiteres |
| ISO 9809-2:2000 | Gasflaschen – Wiederbefüllbare nahtlose Flaschen aus Stahl – Gestaltung, Konstruktion und Prüfung – Teil 2: Normalgeglühte und angelassene Flaschen mit einer Zugfestigkeit größer oder gleich 1 100 MPa | bis zum 31. Dezember 2018 |

[1] *Anmerkung des Verlags: Obwohl dies im offiziellen deutschen Titel der Norm im Gegensatz zum offiziellen englischen und französischen Titel der Norm nicht zum Ausdruck gebracht wird, gilt diese Norm nicht nur für Flaschen, sondern auch für Großflaschen.*

6.2.2.1.1 (Forts.)

| Referenz | Titel | für die Herstellung anwendbar |
|---|---|---|
| ISO 9809-2:2010 | Gasflaschen – Wiederbefüllbare nahtlose Gasflaschen aus Stahl – Gestaltung, Konstruktion und Prüfung – Teil 2: Flaschen aus vergütetem Stahl mit einer Zugfestigkeit größer oder gleich 1 100 MPa | bis zum 31. Dezember 2026 |
| ISO 9809-2:2019 | Gasflaschen – Auslegung, Herstellung und Prüfung von wiederbefüllbaren nahtlosen Gasflaschen aus Stahl – Teil 2: Flaschen aus vergütetem Stahl mit einer Zugfestigkeit größer als oder gleich 1 100 MPa[1] | bis auf Weiteres |
| ISO 9809-3:2000 | Gasflaschen – Wiederbefüllbare nahtlose Flaschen aus Stahl – Gestaltung, Konstruktion und Prüfung – Teil 3: Normalisierte Flaschen aus Stahl | bis zum 31. Dezember 2018 |
| ISO 9809-3:2010 | Gasflaschen – Wiederbefüllbare nahtlose Gasflaschen aus Stahl – Gestaltung, Konstruktion und Prüfung – Teil 3: Flaschen aus normalisiertem Stahl | bis zum 31. Dezember 2026 |
| ISO 9809-3:2019 | Gasflaschen – Auslegung, Herstellung und Prüfung von wiederbefüllbaren nahtlosen Gasflaschen aus Stahl – Teil 3: Flaschen aus normalisiertem Stahl[1] | bis auf Weiteres |
| ISO 9809-4:2014 | Gasflaschen – Wiederbefüllbare, nahtlose Gasflaschen aus Stahl – Gestaltung, Konstruktion und Prüfung – Teil 4: Flaschen aus Edelstahl mit einer Zugfestigkeit von weniger als 1 100 MPa | bis zum 31. Dezember 2028 |
| ISO 9809-4:2021 | Gasflaschen – Auslegung, Herstellung und Prüfung von wiederbefüllbaren nahtlosen Gasflaschen aus Stahl – Teil 4: Flaschen aus Edelstahl mit einem $R_m$-Wert von weniger als 1 100 MPa<br>**Bem.** Kleine Mengen sind eine Charge von höchstens 200 Flaschen. | bis auf Weiteres |
| ISO 7866:1999 | Gasflaschen – Wiederbefüllbare nahtlose Flaschen aus Aluminiumlegierung – Gestaltung, Konstruktion und Prüfung<br>**Bem.** Die Bemerkung bezüglich des Faktors F in Abschnitt 7.2 dieser Norm gilt nicht für UN-Flaschen. Die Aluminiumlegierung 6351A-T6 oder gleichwertige Legierungen sind nicht zugelassen. | bis zum 31. Dezember 2020 |
| ISO 7866:2012 + Cor 1:2014 | Gasflaschen – Wiederbefüllbare nahtlose Gasflaschen aus Aluminiumlegierungen – Auslegung, Bau und Prüfung<br>**Bem.** Die Aluminiumlegierung 6351A oder gleichwertige Legierungen dürfen nicht verwendet werden. | bis auf Weiteres |
| ISO 4706:2008 | Nachfüllbare, geschweißte Stahlgasflaschen – Teil 1: Prüfdruck bis 60 bar | bis auf Weiteres |
| ISO 18172-1:2007 | Gasflaschen – Wiederbefüllbare, geschweißte Flaschen aus nicht rostendem Stahl – Teil 1: bis zu einem Prüfdruck von 60 bar | bis auf Weiteres |
| ISO 20703:2006 | Gasflaschen – Wiederbefüllbare geschweißte Gasflaschen aus Aluminium und Aluminiumlegierungen – Gestaltung, Konstruktion und Prüfung | bis auf Weiteres |

[1] *Anmerkung des Verlags: Obwohl dies im offiziellen deutschen Titel der Norm im Gegensatz zum offiziellen englischen und französischen Titel der Norm nicht zum Ausdruck gebracht wird, gilt diese Norm nicht nur für Flaschen, sondern auch für Großflaschen.*

6.2.2.1.1 (Forts.)

| Referenz | Titel | für die Herstellung anwendbar |
|---|---|---|
| ISO 11119-1:2002 | Gasflaschen aus Verbundwerkstoffen – Festlegungen und Prüfverfahren – Teil 1: Umfangsgewickelte Gasflaschen aus Verbundwerkstoffen | bis zum 31. Dezember 2020 |
| ISO 11119-1:2012 | Gasflaschen – Wiederbefüllbare Flaschen und Großflaschen aus Verbundwerkstoffen – Auslegung, Bau und Prüfungen – Teil 1: Umfangsumwickelte faserverstärkte Flaschen und Großflaschen aus Verbundwerkstoffen bis 450 l | bis zum 31. Dezember 2028 |
| ISO 11119-1:2020 | Gasflaschen – Wiederbefüllbare Flaschen und Großflaschen aus Verbundwerkstoffen – Auslegung, Bau und Prüfungen – Teil 1: Umfangsumwickelte faserverstärkte Flaschen und Großflaschen aus Verbundwerkstoffen bis 450 l | bis auf Weiteres |
| ISO 11119-2:2002 | Gasflaschen aus Verbundwerkstoffen – Festlegungen und Prüfverfahren – Teil 2: Vollumwickelte, faserverstärkte Gasflaschen aus Verbundwerkstoffen mit lasttragenden metallischen Linern | bis zum 31. Dezember 2020 |
| ISO 11119-2:2012 + Amd 1:2014 | Gasflaschen – Wiederbefüllbare Gasflaschen und Großflaschen aus Verbundwerkstoffen – Auslegung, Bau und Prüfung – Teil 2: Vollumwickelte, faserverstärkte Gasflaschen und Großflaschen bis 450 l aus Verbundwerkstoffen mit lasttragenden metallischen Linern | bis zum 31. Dezember 2028 |
| ISO 11119-2:2020 | Gasflaschen – Wiederbefüllbare Gasflaschen und Großflaschen aus Verbundwerkstoffen – Auslegung, Bau und Prüfung – Teil 2: Vollumwickelte, faserverstärkte Gasflaschen und Großflaschen bis 450 l aus Verbundwerkstoffen mit lasttragenden metallischen Linern | bis auf Weiteres |
| ISO 11119-3:2002 | Gasflaschen aus Verbundwerkstoffen – Festlegungen und Prüfverfahren – Teil 3: Volumenumwickelte, faserverstärkte Gasflaschen aus Verbundwerkstoffen mit nicht metallischen Linern und nicht lasttragenden Linern<br>**Bem.** Diese Norm darf nicht für aus zwei miteinander verbundenen Teilen hergestellte Flaschen ohne Liner verwendet werden. | bis zum 31. Dezember 2020 |
| ISO 11119-3:2013 | Gasflaschen – Wiederbefüllbare Gasflaschen und Großflaschen aus Verbundwerkstoffen – Auslegung, Bau und Prüfung – Teil 3: Vollumwickelte, faserverstärkte Gasflaschen und Großflaschen bis 450 l aus Verbundwerkstoffen mit nicht lasttragenden metallischen oder nicht metallischen Linern<br>**Bem.** Diese Norm darf nicht für aus zwei miteinander verbundenen Teilen hergestellte Flaschen ohne Liner verwendet werden. | bis zum 31. Dezember 2028 |
| ISO 11119-3:2020 | Gasflaschen – Wiederbefüllbare Gasflaschen und Großflaschen aus Verbundwerkstoffen – Auslegung, Bau und Prüfung – Teil 3: Vollumwickelte faserverstärkte Gasflaschen und Großflaschen bis 450 l aus Verbundwerkstoffen mit nicht lasttragenden metallischen oder nichtmetallischen Linern oder ohne Liner | bis auf Weiteres |
| ISO 11119-4:2016 | Gasflaschen – Wiederbefüllbare Gasflaschen aus Verbundwerkstoffen – Auslegung, Konstruktion und Prüfverfahren – Teil 4: Vollumwickelte faserverstärkte Gasflaschen aus Verbundwerkstoffen mit einem Fassungsraum bis zu 150 l mit lasttragenden geschweißten metallischen Linern | bis auf Weiteres |

**Bem.** 1. In den Normen, auf die oben verwiesen wird, müssen Flaschenkörper aus Verbundwerkstoffen für eine Auslegungslebensdauer von mindestens 15 Jahren ausgelegt sein. **6.2.2.1.1** (Forts.)

2. Flaschenkörper aus Verbundwerkstoffen mit einer Auslegungslebensdauer von mehr als 15 Jahren dürfen 15 Jahre nach dem Datum der Herstellung nicht mehr befüllt werden, es sei denn, das Baumuster wurde erfolgreich einem Betriebsdauer-Prüfprogramm unterzogen. Das Programm muss Teil der ursprünglichen Baumusterzulassung sein und muss Prüfungen festlegen, mit denen nachgewiesen wird, dass die entsprechend hergestellten Flaschenkörper aus Verbundwerkstoffen bis zum Ende ihrer Auslegungslebensdauer sicher bleiben. Das Betriebsdauer-Prüfprogramm und die Ergebnisse müssen von der zuständigen Behörde des Zulassungslandes, die für die ursprüngliche Zulassung des Baumusters der Flasche verantwortlich war, zugelassen sein. Die Betriebsdauer eines Flaschenkörpers aus Verbundwerkstoffen darf nicht über ihre ursprüngliche Auslegungslebensdauer hinaus verlängert werden.

→ *D: BAM-GGR 021*

**[Normen für UN-Großflaschenkörper]** **6.2.2.1.2**

Für die Auslegung, den Bau und die erstmalige Prüfung von UN-Großflaschenkörpern gilt folgende Norm, mit der Ausnahme, dass die Prüfvorschriften in Zusammenhang mit dem System für die Konformitätsbewertung und Zulassung dem Unterabschnitt 6.2.2.5 entsprechen müssen:

| Referenz | Titel | für die Herstellung anwendbar |
|---|---|---|
| ISO 11120:1999 | Ortsbewegliche Gasflaschen – Nahtlose wiederbefüllbare Großflaschen aus Stahl für den Transport verdichteter Gase mit einem Fassungsraum zwischen 150 l und 3 000 l – Gestaltung, Konstruktion und Prüfung<br>**Bem.** Die Bemerkung bezüglich des Faktors F in Abschnitt 7.1 dieser Norm gilt nicht für UN-Großflaschen. | bis zum 31. Dezember 2022 |
| ISO 11120:2015 | Gasflaschen – Wiederbefüllbare nahtlose Großflaschen aus Stahl mit einem Fassungsraum zwischen 150 Liter und 3 000 Liter – Auslegung, Bau und Prüfung | bis auf Weiteres |
| ISO 11119-1:2012 | Gasflaschen – Wiederbefüllbare Flaschen und Großflaschen aus Verbundwerkstoffen – Auslegung, Bau und Prüfungen – Teil 1: Umfangsumwickelte faserverstärkte Flaschen und Großflaschen aus Verbundwerkstoffen bis 450 l | bis zum 31. Dezember 2028 |
| ISO 11119-1:2020 | Gasflaschen – Wiederbefüllbare Flaschen und Großflaschen aus Verbundwerkstoffen – Auslegung, Bau und Prüfungen – Teil 1: Umfangsumwickelte faserverstärkte Flaschen und Großflaschen aus Verbundwerkstoffen bis 450 l | bis auf Weiteres |
| ISO 11119-2:2012 + Amd 1:2014 | Gasflaschen – Wiederbefüllbare Gasflaschen und Großflaschen aus Verbundwerkstoffen – Auslegung, Bau und Prüfung – Teil 2: Vollumwickelte, faserverstärkte Gasflaschen und Großflaschen bis 450 l aus Verbundwerkstoffen mit lasttragenden metallischen Linern | bis zum 31. Dezember 2028 |
| ISO 11119-2:2020 | Gasflaschen – Wiederbefüllbare Gasflaschen und Großflaschen aus Verbundwerkstoffen – Auslegung, Bau und Prüfung – Teil 2: Vollumwickelte, faserverstärkte Gasflaschen und Großflaschen bis 450 l aus Verbundwerkstoffen mit lasttragenden metallischen Linern | bis auf Weiteres |

**6.2.2.1.2** (Forts.)

| Referenz | Titel | für die Herstellung anwendbar |
|---|---|---|
| ISO 11119-3:2013 | Gasflaschen – Wiederbefüllbare Gasflaschen und Großflaschen aus Verbundwerkstoffen – Auslegung, Bau und Prüfung – Teil 3: Vollumwickelte, faserverstärkte Gasflaschen und Großflaschen bis 450 l aus Verbundwerkstoffen mit nicht lasttragenden metallischen oder nicht metallischen Linern<br>**Bem.** Diese Norm darf nicht für aus zwei miteinander verbundenen Teilen hergestellte Flaschen ohne Liner verwendet werden. | bis zum 31. Dezember 2028 |
| ISO 11119-3:2020 | Gasflaschen – Wiederbefüllbare Gasflaschen und Großflaschen aus Verbundwerkstoffen – Auslegung, Bau und Prüfung – Teil 3: Vollumwickelte faserverstärkte Gasflaschen und Großflaschen bis 450 l aus Verbundwerkstoffen mit nicht lasttragenden metallischen oder nichtmetallischen Linern oder ohne Liner | bis auf Weiteres |
| ISO 11515:2013 | Gasflaschen – Wiederbefüllbare verstärkte Flaschen mit einer Kapazität zwischen 450 l und 3 000 l – Gestaltung, Konstruktion und Prüfung | bis zum 31. Dezember 2026 |
| ISO 11515:2013 + Amd 1:2018 | Gasflaschen – Wiederbefüllbare verstärkte Flaschen mit einer Kapazität zwischen 450 l und 3 000 l – Auslegung, Konstruktion und Prüfung | bis auf Weiteres |
| ISO 9809-1:2019 | Gasflaschen – Auslegung, Herstellung und Prüfung von wiederbefüllbaren nahtlosen Gasflaschen aus Stahl – Teil 1: Flaschen aus vergütetem Stahl mit einer Zugfestigkeit kleiner als 1 100 MPa[1] | bis auf Weiteres |
| ISO 9809-2:2019 | Gasflaschen – Auslegung, Herstellung und Prüfung von wiederbefüllbaren nahtlosen Gasflaschen aus Stahl – Teil 2: Flaschen aus vergütetem Stahl mit einer Zugfestigkeit größer als oder gleich 1 100 MPa[1] | bis auf Weiteres |
| ISO 9809-3:2019 | Gasflaschen – Auslegung, Herstellung und Prüfung von wiederbefüllbaren nahtlosen Gasflaschen aus Stahl – Teil 3: Flaschen aus normalisiertem Stahl[1] | bis auf Weiteres |

**Bem.** 1. In den oben in Bezug genommenen Normen müssen die Großflaschenkörper aus Verbundwerkstoffen für eine Auslegungslebensdauer von mindestens 15 Jahren ausgelegt sein.

*→ D: BAM-GGR 021*

2. Großflaschenkörper aus Verbundwerkstoffen mit einer Auslegungslebensdauer von mehr als 15 Jahren dürfen 15 Jahre nach dem Datum der Herstellung nicht mehr befüllt werden, es sei denn, das Baumuster wurde erfolgreich einem Betriebsdauer-Prüfprogramm unterzogen. Das Programm muss Teil der ursprünglichen Baumusterzulassung sein und muss Prüfungen festlegen, mit denen nachgewiesen wird, dass die entsprechend hergestellten Großflaschenkörper aus Verbundwerkstoffen bis zum Ende ihrer Auslegungslebensdauer sicher bleiben. Das Betriebsdauer-Prüfprogramm und die Ergebnisse müssen von der zuständigen Behörde des Zulassungslandes, die für die ursprüngliche Zulassung des Baumusters der Großflasche verantwortlich war, zugelassen sein. Die Betriebsdauer eines Großflaschenkörpers aus Verbundwerkstoffen darf nicht über ihre ursprüngliche Auslegungslebensdauer hinaus verlängert werden.

[1] *Anmerkung des Verlags: Obwohl dies im offiziellen deutschen Titel der Norm im Gegensatz zum offiziellen englischen und französischen Titel der Norm nicht zum Ausdruck gebracht wird, gilt diese Norm nicht nur für Flaschen, sondern auch für Großflaschen.*

**[Normen für UN-Acetylen-Flaschen]** 6.2.2.1.3

Für die Auslegung, den Bau und die erstmalige Prüfung von UN-Acetylen-Flaschen gelten folgende Normen, mit der Ausnahme, dass die Prüfvorschriften in Zusammenhang mit dem System für die Konformitätsbewertung und Zulassung dem Unterabschnitt 6.2.2.5 entsprechen müssen:

Für den Flaschenkörper:

| Referenz | Titel | für die Herstellung anwendbar |
|---|---|---|
| ISO 9809-1:1999 | Gasflaschen – Wiederbefüllbare nahtlose Flaschen aus Stahl – Gestaltung, Konstruktion und Prüfung – Teil 1: Flaschen aus vergütetem Stahl mit einer Zugfestigkeit von weniger als 1 100 MPa<br>**Bem.** Die Bemerkung bezüglich des Faktors F in Abschnitt 7.3 dieser Norm gilt nicht für UN-Flaschen. | bis zum 31. Dezember 2018 |
| ISO 9809-1:2010 | Gasflaschen – Wiederbefüllbare nahtlose Gasflaschen aus Stahl – Gestaltung, Konstruktion und Prüfung – Teil 1: Flaschen aus vergütetem Stahl mit einer Zugfestigkeit kleiner als 1 100 MPa | bis zum 31. Dezember 2026 |
| ISO 9809-1:2019 | Gasflaschen – Auslegung, Herstellung und Prüfung von wiederbefüllbaren nahtlosen Gasflaschen aus Stahl – Teil 1: Flaschen aus vergütetem Stahl mit einer Zugfestigkeit kleiner als 1 100 MPa[1] | bis auf Weiteres |
| ISO 9809-3:2000 | Gasflaschen – Wiederbefüllbare nahtlose Flaschen aus Stahl – Gestaltung, Konstruktion und Prüfung – Teil 3: Normalisierte Flaschen aus Stahl | bis zum 31. Dezember 2018 |
| ISO 9809-3:2010 | Gasflaschen – Wiederbefüllbare nahtlose Flaschen aus Stahl – Gestaltung, Konstruktion und Prüfung – Teil 3: Flaschen aus normalisiertem Stahl | bis zum 31. Dezember 2026 |
| ISO 9809-3:2019 | Gasflaschen – Auslegung, Herstellung und Prüfung von wiederbefüllbaren nahtlosen Gasflaschen aus Stahl – Teil 3: Flaschen aus normalisiertem Stahl[1] | bis auf Weiteres |
| ISO 4706:2008 | Nachfüllbare, geschweißte Stahlgasflaschen – Teil 1: Prüfdruck bis 60 bar | bis auf Weiteres |
| ISO 7866:2012 + Cor 1:2014 | Gasflaschen – Wiederbefüllbare nahtlose Gasflaschen aus Aluminiumlegierungen – Auslegung, Bau und Prüfung<br>**Bem.** Die Aluminiumlegierung 6351A oder gleichwertige Legierungen dürfen nicht verwendet werden. | bis auf Weiteres |

Für die Acetylen-Flasche einschließlich des porösen Materials:

| Referenz | Titel | für die Herstellung anwendbar |
|---|---|---|
| ISO 3807-1:2000 | Acetylen-Flaschen – Grundanforderungen – Teil 1: Flaschen ohne Schmelzsicherungen | bis zum 31. Dezember 2020 |
| ISO 3807-2:2000 | Acetylen-Flaschen – Grundanforderungen – Teil 2: Flaschen mit Schmelzsicherungen | bis zum 31. Dezember 2020 |
| ISO 3807:2013 | Gasflaschen – Acetylenflaschen – Grundlegende Anforderungen und Baumusterprüfung | bis auf Weiteres |

→ D: RSEB 6-2

[1] *Anmerkung des Verlags: Obwohl dies im offiziellen deutschen Titel der Norm im Gegensatz zum offiziellen englischen und französischen Titel der Norm nicht zum Ausdruck gebracht wird, gilt diese Norm nicht nur für Flaschen, sondern auch für Großflaschen.*

**6.2.2.1.4 [Normen für UN-Kryo-Behälter]**

Für die Auslegung, den Bau und die erstmalige Prüfung von verschlossenen UN-Kryo-Behältern gilt folgende Norm, mit der Ausnahme, dass die Prüfvorschriften in Zusammenhang mit dem System für die Konformitätsbewertung und Zulassung dem Unterabschnitt 6.2.2.5 entsprechen müssen:

| Referenz | Titel | für die Herstellung anwendbar |
|---|---|---|
| ISO 21029-1:2004 | Kryo-Behälter – Ortsbewegliche vakuumisolierte Behälter mit einem Fassungsraum bis zu 1 000 Liter – Teil 1: Gestaltung, Herstellung und Prüfung | bis zum 31. Dezember 2026 |
| ISO 21029-1:2018 + Amd 1:2019 | Kryo-Behälter – Ortsbewegliche vakuumisolierte Behälter mit einem Fassungsraum von nicht mehr als 1 000 Liter – Teil 1: Auslegung, Bau, Inspektion und Prüfungen; Änderung 1 | bis auf Weiteres |

**6.2.2.1.5 [Normen für UN-Metallhydrid-Speichersysteme]**

Für die Auslegung, den Bau und die erstmalige Prüfung von UN-Metallhydrid-Speichersystemen gilt folgende Norm, mit der Ausnahme, dass die Prüfvorschriften in Zusammenhang mit dem System für die Konformitätsbewertung und Zulassung dem Unterabschnitt 6.2.2.5 entsprechen müssen:

| Referenz | Titel | für die Herstellung anwendbar |
|---|---|---|
| ISO 16111:2008 | Ortsbewegliche Gasspeichereinrichtungen – In reversiblen Metallhydriden absorbierter Wasserstoff | bis zum 31. Dezember 2026 |
| ISO 16111:2018 | Ortsveränderliche Gasspeicherbehälter – in Metallhydriden reversibel absorbierter Wasserstoff | bis auf Weiteres |

**6.2.2.1.6 [Normen für UN-Flaschenbündel]**

Für die Auslegung, den Bau und die erstmalige Prüfung von UN-Flaschenbündeln gilt folgende Norm. Jede Flasche eines UN-Flaschenbündels muss eine UN-Flasche oder ein UN-Flaschenkörper sein, die den Vorschriften des Abschnitts 6.2.2 entspricht. Die Prüfvorschriften in Zusammenhang mit dem System für die Konformitätsbewertung und Zulassung von UN-Flaschenbündeln müssen dem Unterabschnitt 6.2.2.5 entsprechen.

| Referenz | Titel | für die Herstellung anwendbar |
|---|---|---|
| ISO 10961:2010 | Gasflaschen – Flaschenbündel – Auslegung, Herstellung, Prüfung und Inspektion | bis zum 31. Dezember 2026 |
| ISO 10961:2019 | Gasflaschen – Flaschenbündel – Auslegung, Herstellung, Prüfung und Inspektion | bis auf Weiteres |

**Bem.** Das Auswechseln einer oder mehrerer Flaschen oder Flaschenkörper desselben Baumusters, einschließlich desselben Prüfdrucks, in einem bestehenden UN-Flaschenbündel erfordert keine neue Konformitätsbewertung des bestehenden Bündels. Die Bedienungsausrüstung des Flaschenbündels kann auch ersetzt werden, ohne dass eine neue Konformitätsbewertung erforderlich wird, wenn sie mit der Baumusterzulassungsbescheinigung übereinstimmt.

**[Normen für adsorbierte Gase]** 6.2.2.1.7

Für die Auslegung, den Bau und die erstmalige Prüfung von UN-Flaschen für adsorbierte Gase gelten folgende Normen mit der Ausnahme, dass die Prüfvorschriften in Zusammenhang mit dem System für die Konformitätsbewertung und Zulassung dem Unterabschnitt 6.2.2.5 entsprechen müssen.

| Referenz | Titel | für die Herstellung anwendbar |
|---|---|---|
| ISO 11513:2011 | Gasflaschen – Wiederbefüllbare geschweißte Stahlflaschen, die Adsorptionsmaterial zur Gasverpackung unterhalb des atmosphärischen Drucks beinhalten – Auslegung, Bau und Prüfung | bis zum 31. Dezember 2026 |
| ISO 11513:2019 | Gasflaschen – Wiederbefüllbare geschweißte Stahlflaschen, welche Materialien für Gasbeladung mittels Unterdruck (ausschließlich Acetylen) enthalten – Auslegung, Bau, Prüfung, Verwendung und wiederkehrende Inspektion | bis auf Weiteres |
| ISO 9809-1:2010 | Gasflaschen – Wiederbefüllbare nahtlose Gasflaschen aus Stahl – Gestaltung, Konstruktion und Prüfung – Teil 1: Flaschen aus vergütetem Stahl mit einer Zugfestigkeit kleiner als 1 100 MPa | bis zum 31. Dezember 2026 |
| ISO 9809-1:2019 | Gasflaschen – Auslegung, Herstellung und Prüfung von wiederbefüllbaren nahtlosen Gasflaschen aus Stahl – Teil 1: Flaschen aus vergütetem Stahl mit einer Zugfestigkeit kleiner als 1 100 MPa[1] | bis auf Weiteres |

**[Normen für UN-Druckfässer]** 6.2.2.1.8

Für die Auslegung, den Bau und die erstmalige Prüfung von UN-Druckfässern gelten die folgenden Normen mit der Ausnahme, dass die Prüfvorschriften in Zusammenhang mit dem System für die Konformitätsbewertung und der Zulassung dem Unterabschnitt 6.2.2.5 entsprechen müssen.

| Referenz | Titel | für die Herstellung anwendbar |
|---|---|---|
| ISO 21172-1:2015 | Gasflaschen – Geschweißte Druckfässer aus Stahl mit einem Fassungsraum von bis zu 3 000 l zur Beförderung von Gasen – Teil 1: Fassungsraum bis 1 000 l<br>**Bem.** Ungeachtet des Abschnitts 6.3.3.4 dieser Norm dürfen geschweißte Gas-Druckfässer aus Stahl mit nach innen gewölbten Böden für die Beförderung ätzender Stoffe verwendet werden, vorausgesetzt, alle Vorschriften des ADR werden erfüllt. | bis zum 31. Dezember 2026 |
| ISO 21172-1:2015 + Amd 1:2018 | Gasflaschen – Geschweißte Druckfässer aus Stahl mit einem Fassungsraum von bis zu 3 000 l zur Beförderung von Gasen – Teil 1: Fassungsraum bis 1 000 l | bis auf Weiteres |
| ISO 4706:2008 | Gasflaschen – Nachfüllbare, geschweißte Stahlgasflaschen – Prüfdruck bis 60 bar | bis auf Weiteres |
| ISO 18172-1:2007 | Gasflaschen – Wiederbefüllbare, geschweißte Flaschen aus nichtrostendem Stahl – Teil 1: bis zu einem Prüfdruck von 60 bar | bis auf Weiteres |

[1] *Anmerkung des Verlags: Obwohl dies im offiziellen deutschen Titel der Norm im Gegensatz zum offiziellen englischen und französischen Titel der Norm nicht zum Ausdruck gebracht wird, gilt diese Norm nicht nur für Flaschen, sondern auch für Großflaschen.*

**6.2.2.1.9 [Normen für nicht wiederbefüllbare UN-Flaschen]**

Für die Auslegung, den Bau und die erstmalige Prüfung von nicht wiederbefüllbaren UN-Flaschen gelten folgende Normen, mit der Ausnahme, dass die Prüfvorschriften in Zusammenhang mit dem System für die Konformitätsbewertung und Zulassung dem Unterabschnitt 6.2.2.5 entsprechen müssen:

| Referenz | Titel | für die Herstellung anwendbar |
|---|---|---|
| ISO 11118:1999 | Gasflaschen – Metallische Einwegflaschen – Festlegungen und Prüfverfahren | bis zum 31. Dezember 2020 |
| ISO 13340:2001 | Ortsbewegliche Gasflaschen – Flaschenventile für Einwegflaschen – Spezifikation und Typprüfung | bis zum 31. Dezember 2020 |
| ISO 11118:2015 | Gasflaschen – Metallische Einwegflaschen – Festlegungen und Prüfverfahren | bis zum 31. Dezember 2026 |
| ISO 11118:2015 + Amd 1:2019 | Gasflaschen – Metallische Einwegflaschen – Spezifikationen und Prüfverfahren | bis auf Weiteres |

**6.2.2.2 Werkstoffe**

Zusätzlich zu den in den Normen für die Auslegung und den Bau enthaltenen Werkstoffvorschriften und den in der anwendbaren Verpackungsanweisung für das (die) zu befördernde(n) Gas(e) (z.B. Unterabschnitt 4.1.4.1 Verpackungsanweisung P200 oder P205) festgelegten Einschränkungen gelten folgende Normen für die Werkstoffverträglichkeit:

| Referenz | Titel |
|---|---|
| ISO 11114-1:2020 | Gasflaschen – Verträglichkeit von Werkstoffen für Gasflaschen und Ventile mit den in Berührung kommenden Gasen – Teil 1: Metallische Werkstoffe |
| ISO 11114-2:2021 | Gasflaschen – Verträglichkeit von Werkstoffen für Gasflaschen und Ventile mit den in Berührung kommenden Gasen – Teil 2: Nichtmetallische Werkstoffe |

**6.2.2.3 Verschlüsse und ihr Schutz**

Für die Auslegung, den Bau und die erstmalige Prüfung von Verschlüssen und ihren Schutz gelten folgende Normen:

| Referenz | Titel | für die Herstellung anwendbar |
|---|---|---|
| ISO 11117:1998 | Gasflaschen – Ventilschutzkappen und Ventilschutzvorrichtungen für Gasflaschen in industriellem und medizinischem Einsatz – Gestaltung, Konstruktion und Prüfungen | bis zum 31. Dezember 2014 |
| ISO 11117:2008 + Cor 1:2009 | Gasflaschen – Ventilschutzkappen und Ventilschutzkörbe – Auslegung, Bau und Prüfungen | bis zum 31. Dezember 2026 |
| ISO 11117:2019 | Gasflaschen – Ventilschutzkappen, Schutzkörbe und Schutzkragen – Auslegung, Bau und Prüfungen | bis auf Weiteres |
| ISO 10297:1999 | Ortsbewegliche Gasflaschen – Ventile für wiederbefüllbare Gasflaschen – Spezifikation und Typprüfung | bis zum 31. Dezember 2008 |
| ISO 10297:2006 | Ortsbewegliche Gasflaschen – Flaschenventile – Spezifikation und Typprüfung | bis zum 31. Dezember 2020 |
| ISO 10297:2014 | Gasflaschen – Flaschenventile – Spezifikation und Baumusterprüfungen | bis zum 31. Dezember 2022 |
| ISO 10297:2014 + Amd 1:2017 | Gasflaschen – Flaschenventile – Spezifikation und Baumusterprüfungen | bis auf Weiteres |
| ISO 14246:2014 | Gasflaschen – Flaschenventile – Herstellungsprüfungen und -überprüfungen | bis zum 31. Dezember 2024 |

6.2.2.3 (Forts.)

| Referenz | Titel | für die Herstellung anwendbar |
|---|---|---|
| ISO 14246:2014 + Amd 1:2017 | Gasflaschen – Flaschenventile – Herstellungsprüfungen und -überprüfungen | bis auf Weiteres |
| ISO 17871:2015 | Gasflaschen – Schnellöffnungs-Flaschenventile – Spezifikation und Baumusterprüfung<br>**Bem.** Diese Norm darf nicht für entzündbare Gase verwendet werden. | bis zum 31. Dezember 2026 |
| ISO 17871:2020 | Gasflaschen – Schnellöffnungs-Flaschenventile – Spezifikation und Baumusterprüfung | bis auf Weiteres |
| ISO 17879:2017 | Gasflaschen – Selbstschließende Flaschenventile – Spezifikation und Baumusterprüfung<br>**Bem.** Diese Norm darf nicht für selbstschließende Ventile in Acetylen-Flaschen angewendet werden. | bis auf Weiteres |
| ISO 23826:2021 | Gasflaschen – Kugelhähne – Spezifikation und Prüfungen | bis auf Weiteres |

Für UN-Metallhydrid-Speichersysteme gelten die in der folgenden Norm festgelegten Vorschriften für die Verschlüsse und deren Schutz:

| Referenz | Titel | für die Herstellung anwendbar |
|---|---|---|
| ISO 16111:2008 | Ortsbewegliche Gasspeichereinrichtungen – In reversiblen Metallhydriden absorbierter Wasserstoff | bis zum 31. Dezember 2026 |
| ISO 16111:2018 | Ortsveränderliche Gasspeicherbehälter – in Metallhydriden reversibel absorbierter Wasserstoff | bis auf Weiteres |

**Wiederkehrende Prüfung** 6.2.2.4

Für die wiederkehrende Prüfung von UN-Druckgefäßen gelten folgende Normen:

| Referenz | Titel | anwendbar |
|---|---|---|
| ISO 6406:2005 | Nahtlose Gasflaschen aus Stahl – Wiederkehrende Prüfung | bis zum 31. Dezember 2024 |
| ISO 18119:2018 | Gasflaschen – Nahtlose Gasflaschen und Großflaschen aus Stahl und Aluminiumlegierungen – Wiederkehrende Inspektion und Prüfung | bis zum 31. Dezember 2026 |
| ISO 18119:2018 + Amd 1:2021 | Gasflaschen – Nahtlose Gasflaschen und Großflaschen aus Stahl und Aluminiumlegierungen – Wiederkehrende Inspektion und Prüfung | bis auf Weiteres |
| ISO 10460:2005 | Gasflaschen – Geschweißte Gasflaschen aus Kohlenstoffstahl – Wiederkehrende Prüfung<br>**Bem.** Die in Absatz 12.1 dieser Norm beschriebene Reparatur von Schweißnähten ist nicht zugelassen. Die in Absatz 12.2 beschriebenen Reparaturen erfordern die Genehmigung durch die zuständige Behörde, welche die Stelle für die wiederkehrende Prüfung in Übereinstimmung mit Unterabschnitt 6.2.2.6 zugelassen hat. | bis zum 31. Dezember 2024 |
| ISO 10460:2018 | Gasflaschen – Geschweißte Gasflaschen aus Aluminiumlegierung, Kohlenstoffstahl und Edelstahl – Wiederkehrende Inspektion und Prüfung | bis auf Weiteres |
| ISO 10461:2005 + Amd 1:2006 | Nahtlose Gasflaschen aus Aluminiumlegierung – Wiederkehrende Prüfung | bis zum 31. Dezember 2024 |

6.2.2.4 (Forts.)

| Referenz | Titel | anwendbar |
|---|---|---|
| ISO 10462:2013 | Gasflaschen – Acetylenflaschen – Wiederkehrende Inspektion und Wartung | bis zum 31. Dezember 2024 |
| ISO 10462:2013 + Amd 1:2019 | Gasflaschen – Acetylenflaschen – Wiederkehrende Inspektion und Wartung | bis auf Weiteres |
| ISO 11513:2011 | Gasflaschen – Wiederbefüllbare geschweißte Stahlflaschen, die Adsorptionsmaterial zur Gasverpackung unterhalb des atmosphärischen Drucks beinhalten – Auslegung, Bau und Prüfung | bis zum 31. Dezember 2024 |
| ISO 11513:2019 | Gasflaschen – Wiederbefüllbare geschweißte Stahlflaschen, welche Materialien für Gasbeladung mittels Unterdruck (ausschließlich Acetylen) enthalten – Auslegung, Bau, Prüfung, Verwendung und wiederkehrende Inspektion | bis auf Weiteres |
| ISO 11623:2015 | Gasflaschen – Verbundbauweise (Composite-Bauweise) – Wiederkehrende Inspektion und Prüfung | bis auf Weiteres |
| ISO 22434:2006 | Ortsbewegliche Gasflaschen – Prüfung und Wartung von Flaschenventilen<br>**Bem.** Diese Vorschriften dürfen auch zu einem anderen Zeitpunkt als dem der wiederkehrenden Prüfung von UN-Flaschen erfüllt werden. | bis auf Weiteres |
| ISO 20475:2018 | Gasflaschen – Flaschenbündel – Wiederkehrende Inspektion und Prüfung | bis auf Weiteres |
| ISO 23088:2020 | Gasflaschen – Wiederkehrende Inspektion und Prüfung von geschweißten Druckfässern aus Stahl – Fassungsräume bis zu 1 000 l | bis auf Weiteres |

Für die wiederkehrende Prüfung von UN-Metallhydrid-Speichersystemen gilt folgende Norm:

| Referenz | Titel | anwendbar |
|---|---|---|
| ISO 16111:2008 | Ortsbewegliche Gasspeichereinrichtungen – In reversiblen Metallhydriden absorbierter Wasserstoff | bis zum 31. Dezember 2024 |
| ISO 16111:2018 | Ortsveränderliche Gasspeicherbehälter – in Metallhydriden reversibel absorbierter Wasserstoff | bis auf Weiteres |

**6.2.2.5 System für die Konformitätsbewertung und Zulassung für die Herstellung von Druckgefäßen**

**6.2.2.5.0 Begriffsbestimmungen**

In diesem Unterabschnitt bedeutet:

*Baumuster:* Ein durch eine besondere Druckgefäßnorm festgelegtes Druckgefäßbaumuster.

*System für die Konformitätsbewertung:* Ein System für die Zulassung eines Herstellers durch die zuständige Behörde, welches die Zulassung des Druckgefäßbaumusters, die Zulassung des Qualitätssicherungssystems des Herstellers und die Zulassung der Prüfstellen umfasst.

*Überprüfen:* Durch Untersuchung oder Vorlage objektiver Nachweise bestätigen, dass die festgelegten Anforderungen erfüllt worden sind.

**Bem.** In diesem Unterabschnitt bezieht sich der Begriff „Druckgefäß" bei der Durchführung getrennter Bewertungen auf Druckgefäß, Druckgefäßkörper, Innenbehälter des verschlossenen Kryo-Behälters bzw. Verschluss.

**6.2.2.5.1 [Konformitätsbewertung]**

Für die Konformitätsbewertung von Druckgefäßen sind die Vorschriften des Unterabschnitts 6.2.2.5 anzuwenden. Der Absatz 6.2.1.4.4 enthält Einzelheiten darüber, welche Teile von Druckgefäßen einer getrennten Konformitätsbewertung unterzogen werden dürfen. Jedoch dürfen die Vorschriften des Unterabschnitts 6.2.2.5 in folgenden Fällen durch von der zuständigen Behörde festgelegte Vorschriften ersetzt werden: 6.2.2.5.1 (Forts.)

a) Konformitätsbewertung von Verschlüssen;

b) Konformitätsbewertung des endgültigen Zusammenbaus von Flaschenbündeln, vorausgesetzt, die Flaschenkörper sind in Übereinstimmung mit den Vorschriften des Unterabschnitts 6.2.2.5 einer Konformitätsbewertung unterzogen worden; und

c) Konformitätsbewertung des endgültigen Zusammenbaus von verschlossenen Kryo-Behältern, vorausgesetzt, der Innenbehälter ist in Übereinstimmung mit den Vorschriften des Unterabschnitts 6.2.2.5 einer Konformitätsbewertung unterzogen worden.

**Allgemeine Vorschriften** 6.2.2.5.2

***Zuständige Behörde***

**[Konformitätsbewertungssystem]** 6.2.2.5.2.1

Die zuständige Behörde, die das Druckgefäß zulässt, muss das System für die Konformitätsbewertung zulassen, um sicherzustellen, dass die Druckgefäße den Vorschriften des ADR entsprechen. In den Fällen, in denen die zuständige Behörde, die ein Druckgefäß zulässt, nicht die zuständige Behörde des Herstellungslandes ist, müssen die Kennzeichen des Zulassungslandes und des Herstellungslandes in den Kennzeichen des Druckgefäßes angegeben sein (siehe Unterabschnitte 6.2.2.7 und 6.2.2.8).

Die zuständige Behörde des Zulassungslandes muss der entsprechenden Behörde des Verwendungslandes auf Anforderung Nachweise für die Erfüllung dieses Systems für die Konformitätsbewertung vorlegen.

**[Delegation]** 6.2.2.5.2.2

Die zuständige Behörde darf ihre Aufgaben in diesem System für die Konformitätsbewertung ganz oder teilweise delegieren.

**[Liste der Prüfstellen]** 6.2.2.5.2.3

Die zuständige Behörde muss sicherstellen, dass eine aktuelle Liste über die zugelassenen Prüfstellen und deren Kennzeichen sowie über die zugelassenen Hersteller und deren Kennzeichen zur Verfügung steht.

***Prüfstelle***

**[Anforderungen an die Prüfstelle]** 6.2.2.5.2.4

Die Prüfstelle muss von der zuständigen Behörde für die Prüfung von Druckgefäßen zugelassen sein und:

a) über ein in einer Organisationsstruktur eingebundenes, geeignetes, geschultes, sachkundiges und erfahrenes Personal verfügen, das seine technischen Aufgaben in zufrieden stellender Weise ausüben kann;

b) Zugang zu geeigneten und hinreichenden Einrichtungen und Ausrüstungen haben;

c) in unabhängiger Art und Weise arbeiten und frei von Einflüssen sein, die sie daran hindern könnten;

d) geschäftliche Verschwiegenheit über die unternehmerischen und eigentumsrechtlich geschützten Tätigkeiten des Herstellers und anderer Stellen bewahren;

e) eine klare Trennung zwischen den eigentlichen Aufgaben als Prüfstelle und den damit nicht zusammenhängenden Aufgaben einhalten;

f) ein dokumentiertes Qualitätssicherungssystem betreiben;

g) sicherstellen, dass die in der entsprechenden Druckgefäßnorm und im ADR festgelegten Prüfungen durchgeführt werden, und

h) ein wirksames und geeignetes Berichts- und Aufzeichnungssystem in Übereinstimmung mit Absatz 6.2.2.5.6 unterhalten.

**[Aufgaben der Prüfstelle]** 6.2.2.5.2.5

Um die Übereinstimmung mit der entsprechenden Druckgefäßnorm zu überprüfen, muss die Prüfstelle Baumusterzulassungen, Prüfungen der Druckgefäßproduktion durchführen und Bescheinigungen ausstellen (siehe Absätze 6.2.2.5.4 und 6.2.2.5.5).

*Hersteller*

**6.2.2.5.2.6 [Aufgaben des Herstellers]**

Der Hersteller muss

a) ein dokumentiertes Qualitätssicherungssystem gemäß Absatz 6.2.2.5.3 betreiben;

b) Baumusterzulassungen gemäß Absatz 6.2.2.5.4 beantragen;

c) eine Prüfstelle aus dem von der zuständigen Behörde des Zulassungslandes aufgestellten Verzeichnis der zugelassenen Prüfstellen auswählen und

d) Aufzeichnungen gemäß Absatz 6.2.2.5.6 aufbewahren.

*Prüflabor*

**6.2.2.5.2.7 [Anforderungen an das Prüflabor]**

Das Prüflabor muss

a) über genügend, in einer Organisationsstruktur eingebundenes Personal mit ausreichender Kompetenz und Erfahrung verfügen und

b) über geeignete und hinreichende Einrichtungen und Ausrüstungen verfügen, um die in der Herstellungsnorm vorgeschriebenen Prüfungen zur Zufriedenheit der Prüfstelle durchzuführen.

**6.2.2.5.3 Qualitätssicherungssystem des Herstellers**

**6.2.2.5.3.1 [QS-System]**

Das Qualitätssicherungssystem muss alle Elemente, Anforderungen und Vorschriften umfassen, die vom Hersteller angewendet werden. Es muss auf eine systematische und ordentliche Weise in Form schriftlich niedergelegter Grundsätze, Verfahren und Anweisungen dokumentiert werden.

Der Inhalt muss insbesondere geeignete Beschreibungen umfassen über:

a) die Organisationsstruktur und Verantwortlichkeiten des Personals hinsichtlich der Auslegung und der Produktqualität;

b) die bei der Auslegung der Druckgefäße verwendeten Techniken, Prozesse und Verfahren für die Auslegungskontrolle und -überprüfung;

c) die entsprechenden Anweisungen, die für die Herstellung der Druckgefäße, die Qualitätskontrolle, die Qualitätssicherung und die Arbeitsabläufe verwendet werden;

d) Qualitätsaufzeichnungen, wie Prüfberichte, Prüf- und Kalibrierungsdaten;

e) Überprüfungen durch die Geschäftsleitung in Folge der Nachprüfungen (Audits) gemäß Absatz 6.2.2.5.3.2, um die erfolgreiche Wirkungsweise des Qualitätssicherungssystems sicherzustellen;

f) das Verfahren, das beschreibt, wie Kundenanforderungen erfüllt werden;

g) das Verfahren für die Kontrolle der Dokumente und deren Überarbeitung;

h) die Mittel für die Kontrolle nicht konformer Druckgefäße, von Zukaufteilen, Zwischenprodukten und Fertigteilen und

i) Schulungsprogramme und Qualifizierungsverfahren für das betroffene Personal.

**6.2.2.5.3.2 Nachprüfung (Audit) des Qualitätssicherungssystems**

Das Qualitätssicherungssystem ist erstmalig zu bewerten, um festzustellen, ob es die Anforderungen des Absatzes 6.2.2.5.3.1 zur Zufriedenheit der zuständigen Behörde erfüllt.

Der Hersteller ist über die Ergebnisse der Nachprüfung in Kenntnis zu setzen. Die Mitteilung muss die Schlussfolgerungen der Nachprüfung und eventuell erforderliche Korrekturmaßnahmen umfassen.

Wiederkehrende Nachprüfungen sind zur Zufriedenheit der zuständigen Behörde durchzuführen, um sicherzustellen, dass der Hersteller das Qualitätssicherungssystem aufrechterhält und anwendet. Berichte über die wiederkehrenden Nachprüfungen sind dem Hersteller zur Verfügung zu stellen.

**6.2.2.5.3.3 Aufrechterhaltung des Qualitätssicherungssystems**

Der Hersteller muss das Qualitätssicherungssystem in der zugelassenen Form so aufrechterhalten, dass es geeignet und effizient bleibt.

Der Hersteller hat die zuständige Behörde, die das Qualitätssicherungssystem zugelassen hat, über beabsichtigte Änderungen in Kenntnis zu setzen. Die vorgeschlagenen Änderungen sind zu bewerten, um festzustellen, ob das geänderte Qualitätssicherungssystem die Anforderungen des Absatzes 6.2.2.5.3.1 weiterhin erfüllt. 6.2.2.5.3.3 (Forts.)

**Zulassungsverfahren** 6.2.2.5.4

***Erstmalige Baumusterzulassung***

**[Zusammensetzung]** 6.2.2.5.4.1

Die erstmalige Baumusterzulassung muss aus einer Zulassung des Qualitätssicherungssystems des Herstellers und einer Zulassung der Auslegung des herzustellenden Druckgefäßes bestehen. Ein Antrag für eine erstmalige Baumusterzulassung muss den Anforderungen der Absätze 6.2.2.5.4.2 bis 6.2.2.5.4.6 und 6.2.2.5.4.9 entsprechen.

**[Zulassungserfordernis]** 6.2.2.5.4.2

Ein Hersteller, der beabsichtigt, Druckgefäße in Übereinstimmung mit einer Druckgefäßnorm und in Übereinstimmung mit dem ADR herzustellen, muss eine Baumusterzulassungsbescheinigung beantragen, erlangen und aufbewahren, die von der zuständigen Behörde des Zulassungslandes für mindestens ein Druckgefäßbaumuster nach dem in Absatz 6.2.2.5.4.9 angegebenen Verfahren ausgestellt wird. Diese Bescheinigung muss der zuständigen Behörde des Verwendungslandes auf Anfrage vorgelegt werden.

**[Antrag]** 6.2.2.5.4.3

Für jede Produktionsstätte ist ein Antrag zu stellen, der Folgendes umfassen muss:

a) den Namen und die offizielle Adresse des Herstellers und, falls der Antrag durch einen bevollmächtigten Vertreter vorgelegt wird, dessen Name und Adresse;
b) die Adresse der Produktionsstätte (sofern von der oben genannten abweichend);
c) den Namen und den Titel der für das Qualitätssicherungssystem verantwortlichen Person(en);
d) die Bezeichnung des Druckgefäßes und der entsprechenden Druckgefäßnorm;
e) Einzelheiten einer eventuellen Ablehnung der Zulassung eines ähnlichen Antrags durch eine andere zuständige Behörde;
f) den Namen der Prüfstelle für die Baumusterzulassung;
g) Dokumentation über die Produktionsstätte, wie unter Absatz 6.2.2.5.3.1 beschrieben, und
h) die für die Baumusterzulassung erforderliche technische Dokumentation, durch die die Überprüfung der Konformität der Druckgefäße mit den Vorschriften der entsprechenden Auslegungsnorm für Druckgefäße ermöglicht wird. Die technische Dokumentation muss die Auslegung und das Herstellungsverfahren abdecken und, sofern dies für die Bewertung erforderlich ist, mindestens Folgendes umfassen:
   (i) Norm für die Auslegung des Druckgefäßes sowie Zeichnungen über die Auslegung und die Herstellung, aus denen, soweit vorhanden, Einzelteile und Baueinheiten hervorgehen;
   (ii) für das Verständnis der Zeichnungen und der für das Druckgefäß vorgesehenen Verwendung notwendige Beschreibungen und Erläuterungen;
   (iii) ein Verzeichnis von Normen, die für die vollständige Festlegung des Herstellungsverfahrens notwendig sind;
   (iv) Auslegungsberechnungen und Werkstoffspezifikationen und
   (v) Prüfberichte der Baumusterzulassung, in denen die Ergebnisse der gemäß Absatz 6.2.2.5.4.9 durchgeführten Untersuchungen und Prüfungen beschrieben sind.

**[Erste Nachprüfung]** 6.2.2.5.4.4

Es ist eine erste Nachprüfung (Audit) gemäß Absatz 6.2.2.5.3.2 zur Zufriedenheit der zuständigen Behörde durchzuführen.

**[Versagungsgründe]** 6.2.2.5.4.5

Wird dem Hersteller die Zulassung versagt, muss die zuständige Behörde schriftliche detaillierte Gründe für eine derartige Ablehnung vorlegen.

**6.2.2.5.4.6 [Änderungsmitteilung]**

Nach der Zulassung sind der zuständigen Behörde Änderungen an Informationen, die bezüglich der erstmaligen Zulassung gemäß Absatz 6.2.2.5.4.3 mitgeteilt wurden, vorzulegen.

***Nachfolgende Baumusterzulassungen***

**6.2.2.5.4.7 [Voraussetzungen]**

Ein Antrag für eine nachfolgende Baumusterzulassung muss den Anforderungen der Absätze 6.2.2.5.4.8 und 6.2.2.5.4.9 entsprechen, vorausgesetzt, der Hersteller ist in Besitz einer erstmaligen Baumusterzulassung. In diesem Fall muss das Qualitätssicherungssystem des Herstellers gemäß Absatz 6.2.2.5.3 während der erstmaligen Baumusterzulassung zugelassen worden und für das neue Baumuster anwendbar sein.

**6.2.2.5.4.8 [Antrag]**

Der Antrag muss umfassen:

a) den Namen und die Adresse des Herstellers und, falls der Antrag durch einen bevollmächtigten Vertreter vorgelegt wird, dessen Name und Adresse;
b) Einzelheiten einer eventuellen Ablehnung der Zulassung eines ähnlichen Antrags durch eine andere zuständige Behörde;
c) Nachweis, dass die erstmalige Baumusterzulassung erteilt worden ist, und
d) die in Absatz 6.2.2.5.4.3 h) beschriebene technische Dokumentation.

***Verfahren für die Baumusterzulassung***

**6.2.2.5.4.9 [Prüfungen, Bescheinigung, Versagungsgründe]**

Die Prüfstelle muss

a) die technische Dokumentation untersuchen, um zu überprüfen, ob
   (i) das Baumuster mit den anwendbaren Vorschriften der Norm übereinstimmt und
   (ii) die Prototyp-Charge in Übereinstimmung mit der technischen Dokumentation hergestellt worden ist und für das Baumuster repräsentativ ist;
b) überprüfen, ob die Produktionskontrollen nach den Vorschriften des Absatzes 6.2.2.5.5 durchgeführt worden sind;
c) die in der Norm oder dem technischen Regelwerk für das Druckgefäß vorgeschriebenen für die Baumusterzulassung erforderlichen Prüfungen der Druckgefäße durchführen oder beaufsichtigen;
d) die in der Druckgefäßnorm festgelegten Untersuchungen und Prüfungen durchführen oder durchgeführt haben, um zu bestimmen, ob
   (i) die Norm angewendet und erfüllt worden ist und
   (ii) die vom Hersteller angewendeten Verfahren die Anforderungen der Norm erfüllen, und
e) sicherstellen, dass die verschiedenen Baumusteruntersuchungen und -prüfungen korrekt und fachkundig durchgeführt werden.

Nachdem die Prototypprüfung mit zufrieden stellenden Ergebnissen durchgeführt worden ist und alle anwendbaren Anforderungen des Absatzes 6.2.2.5.4 erfüllt worden sind, ist eine Baumusterzulassungsbescheinigung auszustellen, die den Namen und die Adresse des Herstellers, die Ergebnisse und Schlussfolgerungen der Untersuchung und die notwendigen Erkennungsmerkmale des Baumusters umfassen muss. Wenn es nicht möglich war, bei der Ausstellung der Bescheinigung die Verträglichkeit der Bauwerkstoffe mit dem Inhalt des Druckgefäßes erschöpfend zu bewerten, muss in die Baumusterzulassungsbescheinigung eine Erklärung aufgenommen werden, dass die Verträglichkeitsbewertung nicht abgeschlossen worden ist.

Wird dem Hersteller eine Baumusterzulassung versagt, muss die zuständige Behörde schriftliche detaillierte Gründe für eine derartige Ablehnung vorlegen.

**Änderungen an zugelassenen Baumustern** 6.2.2.5.4.10

Der Hersteller muss

a) entweder die ausstellende zuständige Behörde über Änderungen des zugelassenen Baumusters, sofern diese Änderungen nach den Definitionen der Druckgefäßnorm kein neues Baumuster darstellen, in Kenntnis setzen, → D: § 25 (1) 1

b) oder eine nachfolgende Baumusterzulassung anfordern, sofern diese Änderungen gemäß der anwendbaren Druckgefäßnorm ein neues Baumuster darstellen. Diese Ergänzungszulassung ist in Form eines Nachtrags zur ursprünglichen Baumusterzulassungsbescheinigung auszustellen.

**[Behördliche Auskunftspflicht]** 6.2.2.5.4.11

Die zuständige Behörde muss den anderen zuständigen Behörden Informationen über die Baumusterzulassung, Änderungen der Zulassung und zurückgezogene Zulassungen auf Anfrage mitteilen.

**Produktionskontrolle und -bescheinigung** 6.2.2.5.5

***Allgemeine Vorschriften***

Die Kontrolle und Bescheinigung jedes Druckgefäßes ist von einer Prüfstelle oder deren Vertreter durchzuführen. Die vom Hersteller für die Prüfung während der Produktion ausgewählte Prüfstelle darf von der für die Baumusterzulassungsprüfung herangezogenen Prüfstelle abweichen.

Sofern zur Zufriedenheit der Prüfstelle nachgewiesen werden kann, dass der Hersteller über geschulte und fachkundige, vom Herstellungsprozess unabhängige Kontrolleure verfügt, darf die Kontrolle durch diese Kontrolleure durchgeführt werden. In diesem Fall muss der Hersteller Aufzeichnungen über die Schulung der Kontrolleure aufbewahren.

Die Prüfstelle muss überprüfen, dass die Kontrollen des Herstellers und die an den Druckgefäßen vorgenommenen Prüfungen vollständig der Norm und den Vorschriften des ADR entsprechen. Sollte in Verbindung mit dieser Prüfung eine Nichtübereinstimmung festgestellt werden, kann die Erlaubnis, Kontrollen von Kontrolleuren des Herstellers durchführen zu lassen, zurückgezogen werden.

Der Hersteller muss nach der Zulassung durch die Prüfstelle eine Erklärung über die Konformität mit dem bescheinigten Baumuster abgeben. Die Anbringung der Zertifizierungskennzeichen auf dem Druckgefäß gilt als Erklärung, dass das Druckgefäß den anwendbaren Druckgefäßnormen und den Anforderungen dieses Konformitätsbewertungssystems und des ADR entspricht. Auf jedem zugelassenen Druckgefäß muss die Prüfstelle oder der von der Prüfstelle dazu beauftragte Hersteller die Druckgefäßzulassungskennzeichen und das registrierte Kennzeichen der Prüfstelle anbringen.

Vor dem Befüllen der Druckgefäße ist eine von der Prüfstelle und dem Hersteller unterzeichnete Übereinstimmungsbescheinigung auszustellen.

**Aufzeichnungen** 6.2.2.5.6

Aufzeichnungen über die Baumusterzulassung und die Übereinstimmungsbescheinigung sind vom Hersteller und der Prüfstelle mindestens 20 Jahre aufzubewahren.

**Zulassungssystem für die wiederkehrende Prüfung von Druckgefäßen** 6.2.2.6

**Begriffsbestimmung** 6.2.2.6.1

Für Zwecke dieses Unterabschnitts versteht man unter:

*Zulassungssystem:* Ein System für die Zulassung einer Stelle, welche die wiederkehrende Prüfung von Druckgefäßen durchführt (nachstehend „Stelle für die wiederkehrende Prüfung“ genannt), durch die zuständige Behörde, einschließlich der Zulassung des Qualitätssicherungssystems dieser Stelle.

**Allgemeine Vorschriften** 6.2.2.6.2

***Zuständige Behörde***

**[Zulassungssystem]** 6.2.2.6.2.1

Die zuständige Behörde hat ein Zulassungssystem aufzustellen, um sicherzustellen, dass die wiederkehrende Prüfung von Druckgefäßen den Vorschriften des ADR entspricht. In den Fällen, in denen die zuständige Behörde, welche eine Stelle für die wiederkehrende Prüfung von Druckgefäßen zulässt, nicht die zuständige Behörde des Landes ist, welches die Herstellung des Druckgefäßes zulässt, muss das

6.2.2.6.2.1 (Forts.) Kennzeichen des Zulassungslandes für die wiederkehrende Prüfung in den Druckgefäßkennzeichen (siehe Unterabschnitt 6.2.2.7) angegeben werden.

Die zuständige Behörde des Zulassungslandes für die wiederkehrende Prüfung muss auf Anfrage den Nachweis für die Übereinstimmung mit diesem Zulassungssystem, einschließlich der Aufzeichnungen der wiederkehrenden Prüfung, der zuständigen Behörde im Verwendungsland zur Verfügung stellen.

Die zuständige Behörde des Zulassungslandes kann die Zulassungsbescheinigung gemäß Absatz 6.2.2.6.4.1 auf Nachweis der Nichtübereinstimmung mit dem Zulassungssystem zurückziehen.

**6.2.2.6.2.2 [Delegation]**

Die zuständige Behörde darf ihre Aufgaben in diesem Zulassungssystem ganz oder teilweise delegieren.

**6.2.2.6.2.3 [Liste der Stellen]**

Die zuständige Behörde muss sicherstellen, dass ein aktuelles Verzeichnis der zugelassenen Stellen für die wiederkehrende Prüfung und ihrer Kennzeichen verfügbar ist.

***Stellen für die wiederkehrende Prüfung***

**6.2.2.6.2.4 [Prüfstelle]**

Die Stelle für die wiederkehrende Prüfung muss von der zuständigen Behörde zugelassen sein und muss:

a) über in einer Organisationsstruktur eingebundenes, geeignetes, geschultes, sachkundiges und erfahrenes Personal verfügen, das seine technischen Aufgaben in zufrieden stellender Weise ausüben kann;
b) Zugang zu geeigneten und hinreichenden Einrichtungen und Ausrüstungen haben;
c) in unabhängiger Art und Weise arbeiten und frei von Einflüssen sein, die sie daran hindern könnten;
d) geschäftliche Verschwiegenheit bewahren;
e) eine klare Trennung zwischen den eigentlichen Aufgaben der Stelle für die wiederkehrende Prüfung und den damit nicht zusammenhängenden Aufgaben einhalten;
f) ein dokumentiertes Qualitätssicherungssystem gemäß Absatz 6.2.2.6.3 betreiben;
g) eine Zulassung gemäß Absatz 6.2.2.6.4 beantragen;
h) sicherstellen, dass die wiederkehrenden Prüfungen in Übereinstimmung mit Absatz 6.2.2.6.5 durchgeführt werden, und
i) ein wirksames und geeignetes Berichts- und Aufzeichnungssystem in Übereinstimmung mit Absatz 6.2.2.6.6 unterhalten.

**6.2.2.6.3 Qualitätssicherungssystem und Nachprüfung (Audit) der Stelle für die wiederkehrende Prüfung**

**6.2.2.6.3.1 Qualitätssicherungssystem**

Das Qualitätssicherungssystem muss alle Elemente, Anforderungen und Vorschriften umfassen, die von der Stelle für die wiederkehrende Prüfung angewendet werden. Es muss auf eine systematische und ordentliche Weise in Form schriftlich niedergelegter Grundsätze, Verfahren und Anweisungen dokumentiert werden.

Das Qualitätssicherungssystem muss umfassen:

a) eine Beschreibung der Organisationsstruktur und der Verantwortlichkeiten;
b) die entsprechenden Anweisungen, die für die Prüfung, die Qualitätskontrolle, die Qualitätssicherung und die Arbeitsabläufe verwendet werden;
c) Qualitätsaufzeichnungen, wie Prüfberichte, Prüf- und Kalibrierungsdaten und Bescheinigungen;
d) Überprüfungen durch die Geschäftsleitung infolge der Nachprüfungen gemäß Absatz 6.2.2.6.3.2, um die erfolgreiche Wirkungsweise des Qualitätssicherungssystems sicherzustellen;
e) ein Verfahren für die Kontrolle der Dokumente und deren Überarbeitung;
f) ein Mittel für die Kontrolle nicht konformer Druckgefäße und
g) Schulungsprogramme und Qualifizierungsverfahren für das betroffene Personal.

**6.2.2.6.3.2 Nachprüfung (Audit)**

Die Stelle für die wiederkehrende Prüfung und ihr Qualitätssicherungssystem sind zu überprüfen, um festzustellen, ob sie die Anforderungen des ADR zur Zufriedenheit der zuständigen Behörde erfüllt.

Eine Nachprüfung ist als Teil des erstmaligen Zulassungsverfahrens (siehe Absatz 6.2.2.6.4.3) durchzuführen. Eine Nachprüfung kann als Teil des Verfahrens für die Änderung der Zulassung (siehe Absatz 6.2.2.6.4.6) erforderlich sein. 6.2.2.6.3.2 (Forts.)

Wiederkehrende Nachprüfungen sind zur Zufriedenheit der zuständigen Behörde durchzuführen, um sicherzustellen, dass die Stelle für die wiederkehrende Prüfung den Vorschriften des ADR weiterhin entspricht.

Die Stelle für die wiederkehrende Prüfung ist über die Ergebnisse der Nachprüfung in Kenntnis zu setzen. Die Mitteilung muss die Schlussfolgerungen der Nachprüfung und eventuell erforderliche Korrekturmaßnahmen umfassen.

**Aufrechterhaltung des Qualitätssicherungssystems** 6.2.2.6.3.3

Die Stelle für die wiederkehrende Prüfung muss das Qualitätssicherungssystem in der zugelassenen Form so aufrechterhalten, dass es geeignet und effizient bleibt.

Die Stelle für die wiederkehrende Prüfung hat die zuständige Behörde, die das Qualitätssicherungssystem zugelassen hat, über beabsichtigte Änderungen in Übereinstimmung mit dem Verfahren für die Änderung einer Zulassung gemäß Absatz 6.2.2.6.4.6 in Kenntnis zu setzen.

**Zulassungsverfahren für Stellen für die wiederkehrende Prüfung** 6.2.2.6.4

***Erstmalige Zulassung***

**[Zulassungserfordernis]** 6.2.2.6.4.1

Eine Stelle, die beabsichtigt, wiederkehrende Prüfungen von Druckgefäßen in Übereinstimmung mit einer Druckgefäßnorm und in Übereinstimmung mit dem ADR durchzuführen, muss eine Zulassungsbescheinigung beantragen, erlangen und aufbewahren, die von der zuständigen Behörde ausgestellt wird.

Diese Bescheinigung muss der zuständigen Behörde eines Verwendungslandes auf Anfrage vorgelegt werden.

**[Antrag]** 6.2.2.6.4.2

Für jede Stelle für die wiederkehrende Prüfung ist ein Antrag zu stellen, der Folgendes umfassen muss:

a) den Namen und die Adresse der Stelle für die wiederkehrende Prüfung und, falls der Antrag durch einen bevollmächtigten Vertreter vorgelegt wird, dessen Name und Adresse;
b) die Adresse jeder Einrichtung, welche wiederkehrende Prüfungen durchführt;
c) den Namen und den Titel der für das Qualitätssicherungssystem verantwortlichen Person(en);
d) die Bezeichnung der Druckgefäße, der Prüfmethoden für die wiederkehrende Prüfung und der entsprechenden Druckgefäßnormen, die im Qualitätssicherungssystem berücksichtigt werden;
e) Dokumentation über jede Einrichtung, die Ausrüstung und das in Absatz 6.2.2.6.3.1 beschriebene Qualitätssicherungssystem;
f) die Qualifizierungs- und Schulungsaufzeichnungen des Personals für die wiederkehrende Prüfung und
g) Einzelheiten einer eventuellen Ablehnung der Zulassung eines ähnlichen Antrags durch eine andere zuständige Behörde.

**[Pflichten der Behörde]** 6.2.2.6.4.3

Die zuständige Behörde muss:

a) die Dokumentation untersuchen, um zu überprüfen, ob die Verfahren in Übereinstimmung mit den Vorschriften der entsprechenden Druckgefäßnormen und des ADR sind, und
b) eine Nachprüfung in Übereinstimmung mit Absatz 6.2.2.6.3.2 durchführen, um zu überprüfen, ob die Prüfungen nach den Vorschriften der entsprechenden Druckgefäßnormen und des ADR zur Zufriedenheit der zuständigen Behörde durchgeführt werden.

**[Zulassungsbescheinigung]** 6.2.2.6.4.4

Nach der Durchführung der Nachprüfung mit zufrieden stellenden Ergebnissen und der Erfüllung aller Vorschriften des Absatzes 6.2.2.6.4 ist eine Zulassungsbescheinigung auszustellen. Sie muss den Namen der Stelle für die wiederkehrende Prüfung, das eingetragene Kennzeichen, die Adresse jeder Einrichtung und die notwendigen Daten für den Nachweis ihrer zugelassenen Tätigkeiten (z.B. Bezeichnung der Druckgefäße, Prüfverfahren für die wiederkehrende Prüfung und Druckgefäßnormen) umfassen.

**6.2.2.6.4.5 [Versagungsgründe]**

Wird der Stelle für die wiederkehrende Prüfung die Zulassung versagt, muss die zuständige Behörde schriftliche detaillierte Gründe für eine derartige Ablehnung vorlegen.

***Änderungen an Zulassungen für Stellen für die wiederkehrende Prüfung***

**6.2.2.6.4.6 [Änderungsmitteilung]**

Nach der Zulassung muss die Stelle für die wiederkehrende Prüfung die ausstellende zuständige Behörde über alle Änderungen an den Informationen, die gemäß Absatz 6.2.2.6.4.2 im Rahmen der erstmaligen Zulassung unterbreitet wurden, in Kenntnis setzen.

Diese Änderungen sind zu bewerten, um festzustellen, ob die Vorschriften der entsprechenden Druckgefäßnormen und des ADR erfüllt werden. Eine Nachprüfung gemäß Absatz 6.2.2.6.3.2 kann vorgeschrieben werden. Die zuständige Behörde muss diese Änderungen schriftlich genehmigen oder ablehnen; soweit notwendig, ist eine geänderte Zulassungsbescheinigung auszustellen.

**6.2.2.6.4.7 [Behördliche Auskunftspflicht]**

Die zuständige Behörde muss den anderen zuständigen Behörden Informationen über die erstmalige Zulassung, Änderungen der Zulassung und zurückgezogene Zulassungen auf Anfrage mitteilen.

**6.2.2.6.5 Wiederkehrende Prüfung sowie Bescheinigung**

Die Anbringung der Kennzeichen für die wiederkehrende Prüfung an einem Druckgefäß gilt als Erklärung, dass das Druckgefäß den anwendbaren Druckgefäßnormen und den Vorschriften des ADR entspricht. Die Stelle für die wiederkehrende Prüfung muss die Kennzeichen für die wiederkehrende Prüfung einschließlich ihres eingetragenen Kennzeichens an jedem zugelassenen Druckgefäß anbringen (siehe Absatz 6.2.2.7.7).

Bevor das Druckgefäß befüllt wird, muss von der Stelle für die wiederkehrende Prüfung ein Dokument ausgestellt werden, mit dem bestätigt wird, dass das Druckgefäß die wiederkehrende Prüfung erfolgreich bestanden hat.

**6.2.2.6.6 Aufzeichnungen**

Die Stelle für die wiederkehrende Prüfung muss die Aufzeichnungen über die Prüfungen an Druckgefäßen (unabhängig davon, ob sie erfolgreich oder nicht erfolgreich verlaufen sind) einschließlich des Standortes der Prüfeinrichtung mindestens 15 Jahre aufbewahren.

Der Eigentümer eines Druckgefäßes muss bis zur nächsten wiederkehrenden Prüfung eine identische Aufzeichnung aufbewahren, es sei denn, das Druckgefäß wird dauerhaft außer Dienst gestellt.

**6.2.2.7 Kennzeichnung von wiederbefüllbaren UN-Druckgefäßen**

→ D: § 25 (1) 1

**Bem.** Die Kennzeichnungsvorschriften für UN-Metallhydrid-Speichersysteme sind in Unterabschnitt 6.2.2.9, für UN-Flaschenbündel in Unterabschnitt 6.2.2.10 und für Verschlüsse in Unterabschnitt 6.2.2.11 enthalten.

**6.2.2.7.1 [Anbringung der Kennzeichen]**

Wiederbefüllbare UN-Druckgefäßkörper und verschlossene Kryo-Behälter sind deutlich und lesbar mit Zertifizierungskennzeichen, betrieblichen Kennzeichen und Herstellungskennzeichen zu versehen. Diese Kennzeichen müssen dauerhaft angebracht sein (z.B. geprägt, graviert oder geätzt). Die Kennzeichen müssen auf der Schulter, dem oberen Ende oder dem Hals des Druckgefäßkörpers oder auf einem dauerhaft angebrachten Bestandteil des Druckgefäßes (z.B. angeschweißter Kragen oder an der äußeren Ummantelung eines verschlossenen Kryo-Behälters angeschweißte korrosionsbeständige Platte) erscheinen. Mit Ausnahme des UN-Verpackungssymbols beträgt die Mindestgröße der Kennzeichen 5 mm für Druckgefäße mit einem Durchmesser von mindestens 140 mm und 2,5 mm für Druckgefäße mit einem Durchmesser von weniger als 140 mm. Die Mindestgröße des UN-Verpackungssymbols beträgt 10 mm für Druckgefäße mit einem Durchmesser von mindestens 140 mm und 5 mm für Druckgefäße mit einem Durchmesser von weniger als 140 mm.

**[Zertifizierungskennzeichen]** 6.2.2.7.2

Folgende Zertifizierungskennzeichen sind anzubringen:

a) das Symbol der Vereinten Nationen für Verpackungen (u/n).

Dieses Symbol darf nur zum Zweck der Bestätigung verwendet werden, dass eine Verpackung, ein flexibler Schüttgut-Container, ein ortsbeweglicher Tank oder ein MEGC den entsprechenden Vorschriften des Kapitels 6.1, 6.2, 6.3, 6.5, 6.6, 6.7 oder 6.11 entspricht. Dieses Symbol darf nicht für Druckgefäße verwendet werden, die nur den Vorschriften der Abschnitte 6.2.3 bis 6.2.5 entsprechen (siehe Unterabschnitt 6.2.3.9);

b) die für die Auslegung, die Herstellung und die Prüfung verwendete technische Norm (z.B. ISO 9809-1);

**Bem.** Bei Acetylen-Flaschen ist auch die Norm ISO 3807 im Kennzeichen anzugeben.

c) der (die) Buchstabe(n) für die Angabe des Zulassungslandes, angegeben durch das für Kraftfahrzeuge im internationalen Verkehr verwendete Unterscheidungszeichen[2)];

**Bem.** Für Zwecke dieses Kennzeichens ist das Zulassungsland das Land der zuständigen Behörde, welche die erstmalige Prüfung des jeweiligen Druckgefäßes zum Zeitpunkt der Herstellung zugelassen hat.

d) das Unterscheidungszeichen oder der Stempel der Prüfstelle, das/der bei der zuständigen Behörde des Landes, in dem die Kennzeichnung zugelassen wurde, registriert ist; *→ D: § 13a*

e) das Datum der erstmaligen Prüfung durch Angabe des Jahres (vier Ziffern), gefolgt von der Angabe des Monats (zwei Ziffern) und getrennt durch einen Schrägstrich (d.h. „/").

**Bem.** Wenn eine Acetylen-Flasche in Übereinstimmung mit Absatz 6.2.1.4.4 b) einer Konformitätsbewertung unterzogen wird und die Prüfstellen für den Flaschenkörper und die Acetylen-Flasche unterschiedlich sind, sind ihre jeweiligen Kennzeichen d) erforderlich. Es ist nur das Datum der erstmaligen Prüfung e) der vollständigen Acetylen-Flasche erforderlich. Wenn das Zulassungsland der Prüfstellen, die für die Prüfungen im Rahmen der erstmaligen Prüfung verantwortlich sind, unterschiedlich ist, ist ein zweites Kennzeichen c) anzubringen.

**[Betriebliche Kennzeichen]** 6.2.2.7.3

Folgende betriebliche Kennzeichen sind anzubringen:

f) der Prüfdruck in bar, dem die Buchstaben „PH" vorangestellt und die Buchstaben „BAR" hinzugefügt werden;

g) die Masse des leeren Druckgefäßes einschließlich aller dauerhaft angebrachter Bestandteile (z.B. Halsring, Fußring usw.) in Kilogramm, der die Buchstaben „KG" hinzugefügt werden. Diese Masse darf die Masse des Verschlusses (der Verschlüsse), der Ventilschutzkappe, des Ventilschutzkorbes, einer eventuellen Beschichtung oder des porösen Materials für Acetylen nicht enthalten. Die Masse ist in drei signifikanten Ziffern, aufgerundet auf die letzte Stelle, auszudrücken. Bei Flaschen mit einer Masse von weniger als 1 kg, ist die Masse in zwei signifikanten Ziffern, aufgerundet auf die letzte Stelle, auszudrücken. Bei Druckgefäßen für UN 1001 Acetylen, gelöst, und UN 3374 Acetylen, lösungsmittelfrei, müssen mindestens eine Nachkommastelle und bei Druckgefäßen mit einer Masse von weniger als 1 kg mindestens zwei Nachkommastellen angegeben werden;

h) die garantierte Mindestwanddicke des Druckgefäßes in Millimetern, der die Buchstaben „MM" hinzugefügt werden. Dieses Kennzeichen ist nicht erforderlich für Druckgefäße mit einem Fassungsraum von höchstens 1 Liter, für Flaschen aus Verbundwerkstoffen oder für verschlossene Kryo-Behälter;

i) bei Druckgefäßen für verdichtete Gase, UN 1001 Acetylen, gelöst, und UN 3374 Acetylen, lösungsmittelfrei, der Betriebsdruck in bar, dem die Buchstaben „PW" vorangestellt werden; bei verschlossenen Kryo-Behältern der höchstzulässige Betriebsdruck, dem die Buchstaben „MAWP" vorangestellt werden;

**Bem.** Wenn ein Flaschenkörper für die Verwendung als Acetylen-Flasche (einschließlich des porösen Materials) vorgesehen ist, ist das Kennzeichen des Betriebsdrucks erst erforderlich, wenn die Acetylen-Flasche vollständig ist.

j) bei Druckgefäßen für verflüssigte, tiefgekühlt verflüssigte und gelöste Gase der Fassungsraum in Liter, der in drei signifikanten Ziffern, abgerundet auf die letzte Stelle, ausgedrückt ist und dem der

2) Das für Kraftfahrzeuge und Anhänger im internationalen Straßenverkehr verwendete Unterscheidungszeichen des Zulassungsstaates, z.B. gemäß dem Genfer Übereinkommen über den Straßenverkehr von 1949 oder dem Wiener Übereinkommen über den Straßenverkehr von 1968.

**6.2.2.7.3** (Forts.) Buchstabe „L“ hinzugefügt wird. Ist der Wert für den minimalen oder nominalen Fassungsraum eine ganze Zahl, dürfen die Nachkommastellen vernachlässigt werden;

→ *1.6.2.19* k) bei Flaschen für UN 1001 Acetylen, gelöst:

(i) die Tara in Kilogramm, bestehend aus der Gesamtmasse des leeren Flaschenkörpers, der während der Befüllung nicht entfernten Bedienungsausrüstung (einschließlich des porösen Materials), einer eventuellen Beschichtung, des Lösungsmittels und des Sättigungsgases, die in drei signifikanten Ziffern, abgerundet auf die letzte Stelle, ausgedrückt ist und der die Buchstaben „KG“ hinzugefügt werden. Es muss mindestens eine Nachkommastelle angegeben werden. Bei Druckgefäßen mit einer Masse von weniger als 1 kg muss die Masse in zwei signifikanten Ziffern, abgerundet auf die letzte Stelle, ausgedrückt werden;

(ii) die Bezeichnung des porösen Materials (z.B. Benennung und Markenname) und

(iii) die Gesamtmasse der befüllten Acetylen-Flasche in Kilogramm, der die Buchstaben „KG“ hinzugefügt werden;

→ *1.6.2.19* l) bei Flaschen für UN 3374 Acetylen, lösungsmittelfrei:

(i) die Tara, bestehend aus der Gesamtmasse des leeren Flaschenkörpers, der während der Befüllung nicht entfernten Bedienungsausrüstung (einschließlich des porösen Materials) und einer eventuellen Beschichtung, die in drei signifikanten Ziffern, abgerundet auf die letzte Stelle, ausgedrückt ist und der die Buchstaben „KG“ hinzugefügt werden. Es muss mindestens eine Nachkommastelle angegeben werden. Bei Druckgefäßen mit einer Masse von weniger als 1 kg muss die Masse in zwei signifikanten Ziffern, abgerundet auf die letzte Stelle, ausgedrückt werden;

(ii) die Bezeichnung des porösen Materials (z.B. Benennung und Markenname) und

(iii) die Gesamtmasse der befüllten Acetylen-Flasche in Kilogramm, der die Buchstaben „KG“ hinzugefügt werden.

**6.2.2.7.4 [Herstellerkennzeichen]**

Folgende Herstellungskennzeichen sind anzubringen:

m) Identifikation des Flaschengewindes (z.B. 25E). Dieses Kennzeichen ist für verschlossene Kryo-Behälter nicht erforderlich;

**Bem.** Informationen zu Kennzeichen, die für die Identifikation von Flaschengewinden verwendet werden können, sind in der Norm ISO/TR 11364 „Gasflaschen – Zusammenstellung von nationalen und internationalen Ventilschaft-/Gasflaschenhalsgewinden und deren Identifizierungs- und Kennzeichnungssystem“ enthalten.

→ *D: § 13a* n) das von der zuständigen Behörde registrierte Kennzeichen des Herstellers. Ist das Herstellungsland mit dem Zulassungsland nicht identisch, ist (sind) dem Kennzeichen des Herstellers der (die) Buchstabe(n) für die Angabe des Herstellungslandes, angegeben durch das für Kraftfahrzeuge im internationalen Verkehr verwendete Unterscheidungszeichen[2)], voranzustellen. Das Kennzeichen des Landes und das Kennzeichen des Herstellers sind durch eine Leerstelle oder einen Schrägstrich zu trennen;

**Bem.** Wenn der Hersteller der Acetylen-Flasche und der Hersteller des Flaschenkörpers unterschiedlich sind, ist nur das Kennzeichen des Herstellers der vollständigen Acetylen-Flasche erforderlich.

o) die vom Hersteller zugeordnete Seriennummer;

p) bei Druckgefäßen aus Stahl und Druckgefäßen aus Verbundwerkstoff mit Stahlauskleidung, die für die Beförderung von Gasen mit einem Risiko der Wasserstoffversprödung vorgesehen sind, der Buchstabe „H“, der die Verträglichkeit des Stahls angibt (siehe Norm ISO 11114-1:2020);

q) bei Flaschen und Großflaschen aus Verbundwerkstoffen mit einer begrenzten Auslegungslebensdauer die Buchstaben „FINAL“, gefolgt von der Auslegungslebensdauer durch Angabe des Jahres (vier Ziffern) und, getrennt durch einen Schrägstrich (d.h. „/“), des Monats (zwei Ziffern);

r) bei Flaschen und Großflaschen aus Verbundwerkstoffen mit einer begrenzten Auslegungslebensdauer von mehr als 15 Jahren und für Flaschen und Großflaschen aus Verbundwerkstoffen mit einer

[2)] Das für Kraftfahrzeuge und Anhänger im internationalen Straßenverkehr verwendete Unterscheidungszeichen des Zulassungsstaates, z.B. gemäß dem Genfer Übereinkommen über den Straßenverkehr von 1949 oder dem Wiener Übereinkommen über den Straßenverkehr von 1968.

unbegrenzten Auslegungslebensdauer die Buchstaben „SERVICE", gefolgt von dem 15 Jahre nach dem Herstellungsdatum (erstmalige Prüfung) liegenden Datum durch Angabe des Jahres (vier Ziffern) und, getrennt durch einen Schrägstrich (d.h. „/"), des Monats (zwei Ziffern). 6.2.2.7.4 (Forts.)

**Bem.** Sobald das ursprüngliche Baumuster die Vorschriften des Betriebsdauer-Prüfprogramms gemäß Absatz 6.2.2.1.1 Bem. 2 oder 6.2.2.1.2 Bem. 2 erfüllt hat, ist dieses Kennzeichen der ursprünglichen Betriebsdauer für die weitere Produktion nicht mehr erforderlich. An Flaschen und Großflaschen eines Baumusters, welches die Vorschriften des Betriebsdauer-Prüfprogramms erfüllt hat, muss das Kennzeichen der ursprünglichen Betriebsdauer unkenntlich gemacht werden.

**[Anordnung der Kennzeichen]** 6.2.2.7.5

Die oben aufgeführten Kennzeichen müssen in drei Gruppen angeordnet werden:

- Die Herstellungskennzeichen müssen die oberste Gruppe bilden und nacheinander in der in Absatz 6.2.2.7.4 angegebenen Reihenfolge erscheinen, ausgenommen davon sind die in Absatz 6.2.2.7.4 q) und r) beschriebenen Kennzeichen, die direkt neben den Kennzeichen für die wiederkehrende Prüfung des Absatzes 6.2.2.7.7 erscheinen müssen.
- Die betrieblichen Kennzeichen des Absatzes 6.2.2.7.3 müssen die mittlere Gruppe bilden, wobei dem Prüfdruck f) unmittelbar der Betriebsdruck i), sofern dieser vorgeschrieben ist, vorangestellt sein muss.
- Die Zertifizierungskennzeichen müssen die unterste Gruppe bilden und in der in Absatz 6.2.2.7.2 angegebenen Reihenfolge erscheinen.

Nachstehend ist ein Beispiel für die Kennzeichnung einer Flasche dargestellt:

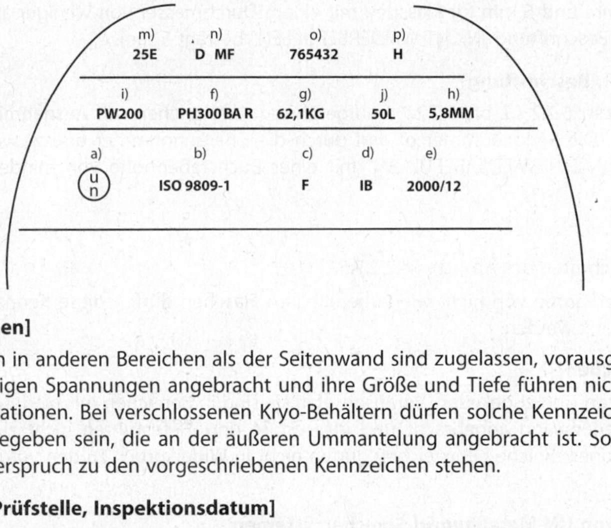


**[Andere Kennzeichen]** 6.2.2.7.6

Andere Kennzeichen in anderen Bereichen als der Seitenwand sind zugelassen, vorausgesetzt, sie sind in Bereichen mit niedrigen Spannungen angebracht und ihre Größe und Tiefe führen nicht zu schädlichen Spannungskonzentrationen. Bei verschlossenen Kryo-Behältern dürfen solche Kennzeichen auf einer getrennten Platte angegeben sein, die an der äußeren Ummantelung angebracht ist. Solche Kennzeichen dürfen nicht in Widerspruch zu den vorgeschriebenen Kennzeichen stehen.

**[Länderkennung, Prüfstelle, Inspektionsdatum]** 6.2.2.7.7

Zusätzlich zu den vorausgehenden Kennzeichen muss jedes wiederbefüllbare Druckgefäß, das die Vorschriften für die wiederkehrende Prüfung des Unterabschnitts 6.2.2.4 erfüllt, mit Kennzeichen versehen sein, die folgende Angaben enthalten:

a) den (die) Buchstaben des Unterscheidungszeichens des Staates, der die Stelle, welche die wiederkehrende Prüfung durchführt, zugelassen hat, angegeben durch das für Kraftfahrzeuge im internationalen Verkehr verwendete Unterscheidungszeichen[3]. Dieses Kennzeichen ist nicht erforderlich, wenn die Stelle von der zuständigen Behörde des Landes zugelassen wurde, in dem die Zulassung der Herstellung erfolgt ist;

b) das eingetragene Zeichen der von der zuständigen Behörde für die Durchführung von wiederkehrenden Prüfungen zugelassenen Stelle; → D: § 13a

[3] Das für Kraftfahrzeuge und Anhänger im internationalen Straßenverkehr verwendete Unterscheidungszeichen des Zulassungsstaates, z.B. gemäß dem Genfer Übereinkommen über den Straßenverkehr von 1949 oder dem Wiener Übereinkommen über den Straßenverkehr von 1968.

6.2.2.7.7 (Forts.)

c) das Datum der wiederkehrenden Prüfung durch Angabe des Jahres (zwei Ziffern), gefolgt von der Angabe des Monats (zwei Ziffern) und getrennt durch einen Schrägstrich (d.h. „/"). Für die Angabe des Jahres dürfen auch vier Ziffern verwendet werden.

Die oben angegebenen Kennzeichen müssen nacheinander in der angegebenen Reihenfolge erscheinen.

**6.2.2.7.8 [Anbringung der Kennzeichnung bei Acetylen-Flaschen]**

Die Kennzeichen gemäß Absatz 6.2.2.7.7 dürfen auf einem metallenen Ring eingraviert sein, der beim Einbau des Ventils an der Flasche oder am Druckfass befestigt wird und der nur durch Demontage des Ventils von der Flasche oder vom Druckfass entfernt werden kann.

**6.2.2.7.9** (gestrichen)

**6.2.2.8 Kennzeichnung von nicht wiederbefüllbaren UN-Flaschen**

*→ D: § 25 (1) 1*

**6.2.2.8.1 [Anbringung der Kennzeichen]**

Nicht wiederbefüllbare UN-Flaschen sind deutlich und lesbar mit Zertifizierungskennzeichen und spezifischen Kennzeichen für Gase und Flaschen zu versehen. Diese Kennzeichen müssen auf der Flasche dauerhaft angebracht sein (z.B. mit Schablone beschriftet, geprägt, graviert oder geätzt). Die Kennzeichen müssen, wenn sie nicht mittels Schablone angebracht sind, auf der Schulter, dem oberen Ende oder dem Hals des Flaschenkörpers oder auf einem dauerhaft angebrachten Bestandteil der Flasche (z.B. angeschweißter Kragen) erscheinen. Mit Ausnahme des UN-Verpackungssymbols und der Beschriftung „NICHT WIEDERBEFÜLLEN" beträgt die Mindestgröße der Kennzeichen 5 mm für Flaschen mit einem Durchmesser von mindestens 140 mm und 2,5 mm für Flaschen mit einem Durchmesser von weniger als 140 mm. Die Mindestgröße des UN-Verpackungssymbols beträgt 10 mm für Flaschen mit einem Durchmesser von mindestens 140 mm und 5 mm für Flaschen mit einem Durchmesser von weniger als 140 mm. Die Mindestgröße für die Beschriftung „NICHT WIEDERBEFÜLLEN" beträgt 5 mm.

**6.2.2.8.2 [Chargennummer, Beschriftung]**

Die in den Absätzen 6.2.2.7.2 bis 6.2.2.7.4 aufgeführten Kennzeichen mit Ausnahme von g), h) und m) sind anzubringen. Die Seriennummer o) darf durch die Chargennummer ersetzt werden. Zusätzlich ist die Beschriftung „NICHT WIEDERBEFÜLLEN" mit einer Buchstabenhöhe von mindestens 5 mm vorgeschrieben.

**6.2.2.8.3 [Zettel als Ersatz]**

Es gelten die Vorschriften des Absatzes 6.2.2.7.5.

**Bem.** Wegen der Größe von nicht wiederbefüllbaren Flaschen dürfen diese Kennzeichen durch einen Zettel ersetzt werden.

**6.2.2.8.4 [Andere Kennzeichen]**

Andere Kennzeichen sind zugelassen, vorausgesetzt, sie sind in Bereichen mit niedrigen Spannungen mit Ausnahme der Seitenwand angebracht und ihre Größe und Tiefe führen nicht zu schädlichen Spannungskonzentrationen. Solche Kennzeichen dürfen nicht in Widerspruch zu den vorgeschriebenen Kennzeichen stehen.

**6.2.2.9 Kennzeichnung von UN-Metallhydrid-Speichersystemen**

**6.2.2.9.1 [Grundsatz]**

UN-Metallhydrid-Speichersysteme sind deutlich und lesbar mit den nachstehenden Kennzeichen zu versehen. Diese Kennzeichen müssen auf dem Metallhydrid-Speichersystem dauerhaft angebracht sein (z.B. geprägt, graviert oder geätzt). Die Kennzeichen müssen auf der Schulter, dem oberen Ende oder dem Hals des Metallhydrid-Speichersystems oder auf einem dauerhaft angebrachten Bestandteil des Metallhydrid-Speichersystems erscheinen. Mit Ausnahme des Symbols der Vereinten Nationen für Verpackungen beträgt die Mindestgröße der Kennzeichen 5 mm für Metallhydrid-Speichersysteme, deren geringste Abmessung über alles mindestens 140 mm beträgt, und 2,5 mm für Metallhydrid-Speichersysteme, deren geringste Abmessung über alles weniger als 140 mm beträgt. Die Mindestgröße des Symbols der Vereinten Nationen für Verpackungen beträgt 10 mm für Metallhydrid-Speichersysteme, deren geringste Abmessung über alles mindestens 140 mm beträgt, und 5 mm für Metallhydrid-Speichersysteme, deren geringste Abmessung über alles weniger als 140 mm beträgt.

**[Anzubringende Kennzeichen]** 6.2.2.9.2

Folgende Kennzeichen sind anzubringen:

a) das Symbol der Vereinten Nationen für Verpackungen (u/n); dieses Symbol darf nur zum Zweck der Bestätigung verwendet werden, dass eine Verpackung, ein flexibler Schüttgut-Container, ein ortsbeweglicher Tank oder ein MEGC den entsprechenden Vorschriften des Kapitels 6.1, 6.2, 6.3, 6.5, 6.6, 6.7 oder 6.11 entspricht;

b) „ISO 16111" (die für die Auslegung, die Herstellung und die Prüfung verwendete technische Norm);

c) der (die) Buchstabe(n) für die Angabe des Zulassungslandes, angegeben durch das für Kraftfahrzeuge im internationalen Verkehr verwendete Unterscheidungszeichen[4)];

**Bem.** Für Zwecke dieses Kennzeichens ist das Zulassungsland das Land der zuständigen Behörde, welche die erstmalige Prüfung des jeweiligen Speichersystems zum Zeitpunkt der Herstellung zugelassen hat.

d) das Unterscheidungszeichen oder der Stempel der Prüfstelle, das/der bei der zuständigen Behörde des Landes, in dem die Kennzeichnung zugelassen wurde, registriert ist; *→ D: § 13a*

e) das Datum der erstmaligen Prüfung durch Angabe des Jahres (vier Ziffern), gefolgt von der Angabe des Monats (zwei Ziffern) und getrennt durch einen Schrägstrich (d.h. „/");

f) der Prüfdruck des Gefäßes in bar, dem die Buchstaben „PH" vorangestellt und die Buchstaben „BAR" hinzugefügt werden;

g) der nominale Füllungsdruck des Metallhydrid-Speichersystems in bar, dem die Buchstaben „RCP" vorangestellt und die Buchstaben „BAR" hinzugefügt werden;

h) das von der zuständigen Behörde registrierte Kennzeichen des Herstellers. Ist das Herstellungsland mit dem Zulassungsland nicht identisch, ist (sind) dem Kennzeichen des Herstellers der (die) Buchstabe(n) für die Angabe des Herstellungslandes, angegeben durch das für Kraftfahrzeuge im internationalen Verkehr verwendete Unterscheidungszeichen[4)], voranzustellen. Das Kennzeichen des Landes und das Kennzeichen des Herstellers sind durch eine Leerstelle oder einen Schrägstrich zu trennen; *→ D: § 13a*

i) die vom Hersteller zugeordnete Seriennummer;

j) bei Druckgefäßen aus Stahl und Druckgefäßen aus Verbundwerkstoff mit Stahlauskleidung der Buchstabe „H", der die Verträglichkeit des Stahls angibt (siehe Norm ISO 11114-1:2020), und

k) bei Metallhydrid-Speichersystemen mit einer begrenzten Lebensdauer das Ablaufdatum, angegeben durch die Buchstaben „FINAL", gefolgt durch die Angabe des Jahres (vier Ziffern) und des Monats (zwei Ziffern) und getrennt durch einen Schrägstrich (d.h. „/").

Die in den Absätzen a) bis e) festgelegten Zertifizierungskennzeichen müssen nacheinander in der angegebenen Reihenfolge erscheinen. Dem Prüfdruck (Absatz f)) muss der nominale Füllungsdruck (Absatz g)) unmittelbar vorangestellt sein. Die in den Absätzen h) bis k) festgelegten Herstellungskennzeichen müssen in der angegebenen Reihenfolge erscheinen.

**[Andere Kennzeichen]** 6.2.2.9.3

Andere Kennzeichen in anderen Bereichen als der Seitenwand sind zugelassen, vorausgesetzt, sie sind in Bereichen mit niedrigen Spannungen angebracht und ihre Größe und Tiefe führen nicht zu schädlichen Spannungskonzentrationen. Solche Kennzeichen dürfen nicht in Widerspruch zu den vorgeschriebenen Kennzeichen stehen.

**[Kennzeichen nach wiederkehrender Prüfung]** 6.2.2.9.4

Zusätzlich zu den vorausgehenden Kennzeichen muss jedes Metallhydrid-Speichersystem, das die Vorschriften für die wiederkehrende Prüfung des Unterabschnitts 6.2.2.4 erfüllt, mit Kennzeichen versehen sein, die folgende Angaben enthalten:

a) den (die) Buchstaben des Unterscheidungszeichens des Staates, der die Stelle, welche die wiederkehrende Prüfung durchführt, zugelassen hat, angegeben durch das für Kraftfahrzeuge im internationalen Verkehr verwendete Unterscheidungszeichen[4)]. Dieses Kennzeichen ist nicht erforderlich, wenn

---

4) Das für Kraftfahrzeuge und Anhänger im internationalen Straßenverkehr verwendete Unterscheidungszeichen des Zulassungsstaates, z.B. gemäß dem Genfer Übereinkommen über den Straßenverkehr von 1949 oder dem Wiener Übereinkommen über den Straßenverkehr von 1968.

6.2.2.9.4 (Forts.) diese Stelle von der zuständigen Behörde des Landes zugelassen wurde, in dem die Zulassung der Herstellung erfolgt ist;

→ D: § 13a b) das eingetragene Zeichen der von der zuständigen Behörde für die Durchführung von wiederkehrenden Prüfungen zugelassenen Stelle;

c) das Datum der wiederkehrenden Prüfung durch Angabe des Jahres (zwei Ziffern), gefolgt von der Angabe des Monats (zwei Ziffern) und getrennt durch einen Schrägstrich (d.h. „/"). Für die Angabe des Jahres dürfen auch vier Ziffern verwendet werden.

Die oben angegebenen Kennzeichen müssen nacheinander in der angegebenen Reihenfolge erscheinen.

**6.2.2.10 Kennzeichnung von UN-Flaschenbündeln**

**6.2.2.10.1 [Kennzeichnung einzelner Flaschen]**

Einzelne Flaschenkörper eines Flaschenbündels müssen in Übereinstimmung mit Unterabschnitt 6.2.2.7 gekennzeichnet sein. Einzelne Verschlüsse in einem Flaschenbündel müssen in Übereinstimmung mit Unterabschnitt 6.2.2.11 gekennzeichnet sein.

**6.2.2.10.2 [Anforderungen an die Kennzeichnung]**

Wiederbefüllbare UN-Flaschenbündel sind deutlich und lesbar mit Zertifizierungskennzeichen, betrieblichen Kennzeichen und Herstellungskennzeichen zu versehen. Diese Kennzeichen müssen auf einem dauerhaft am Rahmen des Flaschenbündels befestigten Schild dauerhaft angebracht sein (z.B. geprägt, graviert oder geätzt). Mit Ausnahme des UN-Verpackungssymbols beträgt die Mindestgröße der Kennzeichen 5 mm. Die Mindestgröße des UN-Verpackungssymbols beträgt 10 mm.

**6.2.2.10.3 [Erforderliche Kennzeichen]**

Folgende Kennzeichen sind anzubringen:

a) die in Absatz 6.2.2.7.2 a), b), c), d) und e) festgelegten Zertifizierungskennzeichen;

b) die in Absatz 6.2.2.7.3 f), i) und j) festgelegten betrieblichen Kennzeichen und die Gesamtmasse des Rahmens des Flaschenbündels und aller dauerhaft angebrachten Teile (Flaschenkörper und Bedienungsausrüstung). Flaschenbündel zur Beförderung von UN 1001 Acetylen, gelöst, und UN 3374 Acetylen, lösungsmittelfrei, müssen mit der Tara gemäß Norm ISO 10961:2010 Bestimmung B.4.2 versehen sein; und

c) die in Absatz 6.2.2.7.4 n), o) und, sofern anwendbar, p) festgelegten Herstellungskennzeichen.

**6.2.2.10.4 [Anordnung der Angaben]**

Die Kennzeichen müssen in drei Gruppen angeordnet werden:

a) die Herstellungskennzeichen müssen die oberste Gruppe bilden und nacheinander in der in Absatz 6.2.2.10.3 c) angegebenen Reihenfolge erscheinen;

b) die betrieblichen Kennzeichen des Absatzes 6.2.2.10.3 b) müssen die mittlere Gruppe bilden, wobei dem betrieblichen Kennzeichen gemäß Absatz 6.2.2.7.3 f) unmittelbar das betriebliche Kennzeichen gemäß Absatz 6.2.2.7.3 i), sofern dieses vorgeschrieben ist, vorangestellt sein muss;

c) die Zertifizierungskennzeichen müssen die unterste Gruppe bilden und in der in Absatz 6.2.2.10.3 a) angegebenen Reihenfolge erscheinen.

**6.2.2.11 Kennzeichnung von Verschlüssen von wiederbefüllbaren UN-Druckgefäßen**

→ 1.6.2.20

Für Verschlüsse müssen die folgenden dauerhaften Kennzeichen deutlich und lesbar angebracht sein (z. B. geprägt, graviert oder geätzt):

a) Kennzeichen des Herstellers;

b) Auslegungsnorm oder Bezeichnung der Auslegungsnorm;

c) Datum der Herstellung (Jahr und Monat oder Jahr und Woche) und

d) gegebenenfalls Unterscheidungszeichen der für die erstmalige Prüfung verantwortlichen Prüfstelle.

Der Ventilprüfdruck ist im Kennzeichen anzugeben, wenn er geringer ist als der Prüfdruck, der durch den Nennwert des Ventilfüllanschlusses angegeben ist.

**Gleichwertige Verfahren für die Konformitätsbewertung und die wiederkehrende Prüfung** **6.2.2.12**

Die Vorschriften der Unterabschnitte 6.2.2.5 und 6.2.2.6 gelten für UN-Druckgefäße als erfüllt, wenn die folgenden Verfahren angewandt werden:

| Verfahren | entsprechende Stelle |
|---|---|
| Baumusterprüfung und Ausstellung der Baumusterzulassungsbescheinigung (Unterabschnitt 1.8.7.2)[a)] | Xa |
| Überwachung der Herstellung (Unterabschnitt 1.8.7.3) und erstmalige Prüfung (Unterabschnitt 1.8.7.4) | Xa oder IS |
| wiederkehrende Prüfung (Unterabschnitt 1.8.7.6) | Xa oder Xb oder IS |

a) Wenn eine Prüfstelle von der zuständigen Behörde mit der Ausstellung der Baumusterzulassungsbescheinigung beauftragt wird, muss die Baumusterprüfung von dieser Prüfstelle durchgeführt werden.

Jedes in der Tabelle festgelegte Verfahren muss von einer einzigen entsprechenden, in der Tabelle angegebenen Stelle durchgeführt werden.

Für getrennte Konformitätsbewertungen (z.B. Flaschenkörper und Verschluss) siehe Absatz 6.2.1.4.4.

Xa bedeutet die zuständige Behörde oder die gemäß der Norm EN ISO/IEC 17020:2012 (ausgenommen Absatz 8.1.3) Typ A akkreditierte Prüfstelle nach Unterabschnitt 1.8.6.3.

Xb bedeutet eine gemäß der Norm EN ISO/IEC 17020:2012 (ausgenommen Absatz 8.1.3) Typ B akkreditierte Prüfstelle nach Unterabschnitt 1.8.6.3, die ausschließlich für den Eigentümer oder den für die Druckgefäße verantwortlichen Pflichtenträger arbeitet.

IS bedeutet ein betriebseigener Prüfdienst des Herstellers oder eines Unternehmens mit einer Prüfeinrichtung unter der Überwachung einer gemäß der Norm EN ISO/IEC 17020:2012 (ausgenommen Absatz 8.1.3) Typ A akkreditierten Prüfstelle nach Unterabschnitt 1.8.6.3. Der betriebseigene Prüfdienst muss vom Auslegungsverfahren, den Herstellungsarbeiten, der Reparatur und Instandhaltung unabhängig sein.

Wenn für die erstmalige Prüfung ein betriebseigener Prüfdienst eingesetzt wurde, muss das in Absatz 6.2.2.7.2 d) festgelegte Kennzeichen durch das Kennzeichen des betriebseigenen Prüfdienstes ergänzt werden.

Wenn ein betriebseigener Prüfdienst die wiederkehrende Prüfung durchgeführt hat, muss das in Absatz 6.2.2.7.7 b) festgelegte Kennzeichen durch das Kennzeichen des betriebseigenen Prüfdienstes ergänzt werden.

## Vorschriften für Druckgefäße, die keine UN-Druckgefäße sind*) 6.2.3

### Auslegung und Bau 6.2.3.1

**[Grundanforderung]** **6.2.3.1.1** → 1.6.2.4

Druckgefäße und ihre Verschlüsse, die nicht nach den Vorschriften des Abschnitts 6.2.2 ausgelegt, gebaut, geprüft und zugelassen sind, müssen nach den allgemeinen Vorschriften des Abschnitts 6.2.1 mit den Ergänzungen oder Änderungen dieses Abschnitts und des Abschnitts 6.2.4 oder 6.2.5 ausgelegt, gebaut, geprüft und zugelassen sein.

**[Wanddicke]** **6.2.3.1.2**

Die Wanddicke ist in allen möglichen Fällen durch Berechnung, verbunden, soweit erforderlich, mit einer experimentellen Spannungsanalyse, zu ermitteln. Andernfalls darf die Wanddicke auch auf experimentellem Wege bestimmt werden.

Bei der Auslegung der Druckgefäße oder der Druckgefäßkörper, einschließlich aller dauerhaft angebrachter Einrichtungen (z.B. Halsring, Fußring), sind geeignete Berechnungen anzustellen, um die Sicherheit der Druckgefäße zu gewährleisten.

Die für die Druckfestigkeit mindestens erforderliche Wanddicke muss berechnet werden, insbesondere unter Beachtung:

– der Berechnungsdrücke, die nicht niedriger als der Prüfdruck sein dürfen,
– der Berechnungstemperaturen, die eine angemessene Sicherheitsspanne bieten,

*) *→ 1.6.2.14; → D: ODV*

6.2.3.1.2 (Forts.)
- der Höchstspannungen und der Spitzenspannungskonzentrationen, falls erforderlich,
- der mit den Werkstoffeigenschaften zusammenhängenden Faktoren.

**6.2.3.1.3 [Kerbschlagzähigkeit bei geschweißten Druckgefäßen]**

Für geschweißte Druckgefäße dürfen nur Metalle schweißbarer Qualität verwendet werden, für die ein ausreichender Wert der Kerbschlagzähigkeit bei einer Umgebungstemperatur von –20 °C gewährleistet werden kann.

**6.2.3.1.4 [Kerbschlagzähigkeit bei Kryo-Behältern]**

Bei verschlossenen Kryo-Behältern muss die gemäß Absatz 6.2.1.1.8.1 nachzuweisende Kerbschlagzähigkeit nach den Verfahren des Unterabschnitts 6.8.5.3 geprüft werden.

**6.2.3.1.5 [Keine Schmelzsicherung]**

Acetylen-Flaschen dürfen nicht mit Schmelzsicherungen oder anderen Druckentlastungseinrichtungen ausgerüstet sein.

6.2.3.2 (bleibt offen)

**6.2.3.3 Bedienungsausrüstung**

**6.2.3.3.1 [Anforderung]**

Die Bedienungsausrüstung muss den Vorschriften des Unterabschnitts 6.2.1.3 entsprechen.

**6.2.3.3.2 [Öffnungen]**

Druckfässer dürfen mit Öffnungen für das Befüllen und Entleeren sowie mit weiteren Öffnungen für Füllstandsanzeige, Druckanzeige oder Entlastungseinrichtungen ausgestattet sein. Die Anzahl der Öffnungen ist gering zu halten, um einen sicheren Betrieb zu gewährleisten. Druckfässer dürfen auch mit einer Prüföffnung versehen sein, die mit einem wirksamen Verschluss verschlossen sein muss.

**6.2.3.3.3 [Schutzausrüstung für Flaschen]**

Wenn die Flaschen mit einer Einrichtung versehen sind, die ein Rollen der Flaschen verhindert, darf diese nicht mit der Schutzkappe verbunden sein.

**6.2.3.3.4 [Schutz für rollbare Druckfässer]**

Rollbare Druckfässer müssen mit Rollreifen oder einem anderen Schutz versehen sein, der Schäden beim Rollen vermeidet (z.B. auf die Außenseite des Druckgefäßes aufgesprühter korrosionsfester Metallbelag).

**6.2.3.3.5 [Handhabungseinrichtungen für Flaschenbündel]**

Flaschenbündel müssen mit geeigneten Einrichtungen für eine sichere Handhabung und Beförderung versehen sein.

**6.2.3.3.6 [Schutz für Anzeige- und Entlastungseinrichtungen]**

Wenn Füllstandsanzeige, Druckanzeige oder Entlastungseinrichtungen angebracht sind, sind diese in gleicher Weise zu schützen, wie dies für Ventile in Unterabschnitt 4.1.6.8 vorgeschrieben ist.

**6.2.3.4 Erstmalige Prüfung**

*→ RO-bi-BE-13*

**6.2.3.4.1 [Neue Druckgefäße]**

Neue Druckgefäße sind in Übereinstimmung mit den Vorschriften des Unterabschnitts 6.2.1.5 während und nach der Herstellung Prüfungen zu unterziehen.

**6.2.3.4.2 Besondere Vorschriften für Druckgefäßkörper aus Aluminiumlegierungen**

a) Außer der in Absatz 6.2.1.5.1 vorgeschriebenen erstmaligen Prüfung muss noch die Prüfung der Anfälligkeit der Innenwand des Druckgefäßkörpers auf interkristalline Korrosion vorgenommen werden, sofern eine kupferhaltige Aluminiumlegierung oder eine magnesium- oder manganhaltige Aluminiumlegierung verwendet wird, deren Magnesiumgehalt mehr als 3,5 % oder deren Mangangehalt weniger als 0,5 % beträgt.

b) Die Prüfung der Aluminium/Kupferlegierung ist vom Hersteller anlässlich der Genehmigung einer neuen Legierung durch die zuständige Behörde und danach als Fabrikationsprüfung für jeden neuen Guss durchzuführen. 6.2.3.4.2 (Forts.)

c) Die Prüfung der Aluminium/Magnesiumlegierung ist vom Hersteller anlässlich der Genehmigung einer neuen Legierung und eines Fabrikationsprozesses durch die zuständige Behörde durchzuführen. Im Falle einer Änderung in der Zusammensetzung der Legierung oder im Fabrikationsprozess ist die Prüfung zu wiederholen.

**Wiederkehrende Prüfung** 6.2.3.5
→ RO-bi-BE-13

**[Grundsatz]** 6.2.3.5.1

Die wiederkehrende Prüfung muss in Übereinstimmung mit den Vorschriften des Unterabschnitts 6.2.1.6 erfolgen.

**Bem.** 1. Mit Zustimmung der zuständigen Behörde des Landes, das die Baumusterzulassung ausgestellt hat, darf die Flüssigkeitsdruckprüfung für geschweißte Flaschenkörper aus Stahl für Gase der UN-Nummer 1965 Kohlenwasserstoffgas, Gemisch, verflüssigt, n.a.g., mit einem Fassungsraum von weniger als 6,5 Litern durch eine andere Prüfung ersetzt werden, die ein gleichwertiges Sicherheitsniveau gewährleistet.

2. Für nahtlose Flaschen- und Großflaschenkörper aus Stahl darf die Prüfung des Absatzes 6.2.1.6.1 b) und die Flüssigkeitsdruckprüfung des Absatzes 6.2.1.6.1 d) durch ein Verfahren gemäß Norm EN ISO 16148:2016 + A1:2020 „Gasflaschen – Wiederbefüllbare nahtlose Flaschen und Großflaschen aus Stahl – Schallemissionsprüfung und nachfolgende Ultraschallprüfung für die wiederkehrende Inspektion und Prüfung" ersetzt werden.

3. Die Prüfung des Absatzes 6.2.1.6.1 b) und die Flüssigkeitsdruckprüfung des Absatzes 6.2.1.6.1 d) darf durch eine Ultraschallprüfung ersetzt werden, die für nahtlose Flaschen- und Großflaschenkörper aus Stahl oder Aluminiumlegierungen in Übereinstimmung mit der Norm EN ISO 18119:2018 + A1:2021 durchgeführt wird. Ungeachtet der Bestimmung B.1 dieser Norm müssen alle Flaschen- und Großflaschenkörper, deren Wanddicke geringer ist als die minimale Auslegungswanddicke, zurückgewiesen werden. → 1.6.2.16

**[Verschlossene Kryo-Behälter]** 6.2.3.5.2

Verschlossene Kryo-Behälter müssen innerhalb der in Unterabschnitt 4.1.4.1 Verpackungsanweisung P203 (8) b) festgelegten Fristen wie folgt wiederkehrenden Prüfungen unterzogen werden:

a) Prüfung der äußeren Beschaffenheit des Druckbehälters und Überprüfung der Bedienungsausrüstung und äußeren Kennzeichen;

b) Dichtheitsprüfung.

**Allgemeine Vorschriften für den Ersatz bestimmter in Absatz 6.2.3.5.1 vorgeschriebener Prüfung(en) der wiederkehrenden Prüfung** 6.2.3.5.3

**[Alternative Prüfmethoden]** 6.2.3.5.3.1

Dieser Absatz gilt nur für Druckgefäßarten, die in Übereinstimmung mit in Unterabschnitt 6.2.4.1 in Bezug genommenen Normen oder in Übereinstimmung mit einem technischen Regelwerk gemäß Abschnitt 6.2.5 ausgelegt und hergestellt wurden und bei denen die inhärenten Eigenschaften der Auslegung eine Durchführung oder eine Interpretation der Ergebnisse der in Absatz 6.2.1.6.1 b) oder d) vorgeschriebenen Prüfungen der wiederkehrenden Prüfung verhindern.

Für derartige Druckgefäße muss (müssen) diese Prüfung(en) durch eine oder mehrere alternative Methoden in Bezug auf die Eigenschaften der jeweiligen Auslegung, die in Absatz 6.2.3.5.4 festgelegt und in einer Sondervorschrift des Kapitels 3.3 oder in einer in Unterabschnitt 6.2.4.2 in Bezug genommenen Norm genau beschrieben werden, ersetzt werden.

Die alternativen Methoden müssen festlegen, welche Prüfungen gemäß Absatz 6.2.1.6.1 b) und d) ersetzt werden.

Die alternative(n) Methode(n) muss (müssen) zusammen mit den verbleibenden Prüfungen gemäß Absatz 6.2.1.6.1 a) bis e) ein Sicherheitsniveau gewährleisten, das dem Sicherheitsniveau von Druckgefäßen ähnlicher Größe und Verwendung, die in Übereinstimmung mit Absatz 6.2.3.5.1 einer wiederkehrenden Prüfung unterzogen werden, zumindest gleichwertig ist.

6.2.3.5.3.1 (Forts.) Die alternative(n) Methode(n) muss (müssen) darüber hinaus alle folgenden Elemente genau beschreiben:

- eine Beschreibung der entsprechenden Druckgefäßarten;
- das Verfahren für die Prüfung(en);
- die Spezifizierungen der Akzeptanzkriterien;
- eine Beschreibung der im Fall einer Rückweisung von Druckgefäßen zu ergreifenden Maßnahmen.

**6.2.3.5.3.2 Zerstörungsfreie Prüfung als alternative Methode**

Die in Absatz 6.2.3.5.3.1 bestimmte(n) Prüfung(en) muss (müssen) durch eine (oder mehrere) zerstörungsfreie Prüfmethode(n) ergänzt oder ersetzt werden, die an jedem einzelnen Druckgefäß durchgeführt werden muss (müssen).

**6.2.3.5.3.3 Zerstörende Prüfung als alternative Methode**

Wenn keine zerstörungsfreie Prüfmethode zu einem gleichwertigen Sicherheitsniveau führt, muss (müssen) die in Absatz 6.2.3.5.3.1 bestimmte(n) Prüfung(en) mit Ausnahme der in Absatz 6.2.1.6.1 b) aufgeführten Prüfung der inneren Beschaffenheit durch eine (oder mehrere) zerstörende Prüfmethode(n) in Verbindung mit einer statistischen Auswertung ergänzt oder ersetzt werden.

Zusätzlich zu den oben beschriebenen Elementen muss die detaillierte Methode für die zerstörende Prüfung folgende Elemente dokumentieren:

- eine Beschreibung der entsprechenden Grundgesamtheit der Druckgefäße;
- ein Verfahren für die Stichprobenentnahme der einzelnen zu prüfenden Druckgefäße;
- ein Verfahren für die statistische Auswertung der Prüfergebnisse, einschließlich der Zurückweisungskriterien;
- eine Spezifizierung der Häufigkeit zerstörender Stichprobenprüfungen;
- eine Beschreibung der zu ergreifenden Maßnahmen, wenn die Akzeptanzkriterien zwar erfüllt werden, aber eine sicherheitsrelevante Verschlechterung der Werkstoffeigenschaften beobachtet wird, die für die Festlegung des Endes der Betriebsdauer verwendet werden müssen;
- eine statistische Bewertung des durch die alternative Methode erzielten Sicherheitsniveaus.

**6.2.3.5.4 [Umformte Flaschen]**

*→ 1.2.1 „Umformte Flasche"*

Umformte Flaschen, die dem Absatz 6.2.3.5.3.1 unterliegen, müssen wiederkehrenden Prüfungen in Übereinstimmung mit Kapitel 3.3 Sondervorschrift 674 unterzogen werden.

**6.2.3.6 Zulassung von Druckgefäßen**

*→ RO-bi-BE-13*

**6.2.3.6.1 [Konformitätsbewertung]**

Die Verfahren für die Konformitätsbewertung und die wiederkehrende Prüfung in Abschnitt 1.8.7 sind durch die entsprechende Stelle gemäß nachstehender Tabelle durchzuführen.

| Verfahren | entsprechende Stelle |
|---|---|
| Baumusterprüfung und Ausstellung der Baumusterzulassungsbescheinigung (Unterabschnitt 1.8.7.2)[a)] | Xa |
| Überwachung der Herstellung (Unterabschnitt 1.8.7.3) und erstmalige Prüfung (Unterabschnitt 1.8.7.4) | Xa oder IS |
| wiederkehrende Prüfung (Unterabschnitt 1.8.7.6) | Xa oder Xb oder IS |

a) Die Baumusterzulassungsbescheinigung muss von der Prüfstelle ausgestellt werden, welche die Baumusterprüfung durchgeführt hat.

Jedes in der Tabelle festgelegte Verfahren muss von einer einzigen entsprechenden, in der Tabelle angegebenen Stelle durchgeführt werden.

Für getrennte Konformitätsbewertungen (z.B. Flaschenkörper und Verschluss) siehe Absatz 6.2.1.4.4. Bei nicht wiederbefüllbaren Druckgefäßen dürfen getrennte Baumusterzulassungsbescheinigungen für den Flaschenkörper oder den Verschluss nicht ausgestellt werden.

Xa bedeutet die zuständige Behörde oder die gemäß der Norm EN ISO/IEC 17020:2012 (ausgenommen Absatz 8.1.3) Typ A akkreditierte Prüfstelle nach Unterabschnitt 1.8.6.3.

Xb bedeutet eine gemäß der Norm EN ISO/IEC 17020:2012 (ausgenommen Absatz 8.1.3) Typ B akkreditierte Prüfstelle nach Unterabschnitt 1.8.6.3, die ausschließlich für den Eigentümer oder den für die Druckgefäße verantwortlichen Pflichtenträger arbeitet. **6.2.3.6.1** (Forts.)

IS bedeutet ein betriebseigener Prüfdienst des Herstellers oder eines Unternehmens mit einer Prüfeinrichtung unter der Überwachung einer gemäß der Norm EN ISO/IEC 17020:2012 (ausgenommen Absatz 8.1.3) Typ A akkreditierten Prüfstelle nach Unterabschnitt 1.8.6.3. Der betriebseigene Prüfdienst muss vom Auslegungsverfahren, den Herstellungsarbeiten, der Reparatur und Instandhaltung unabhängig sein.

Wenn für die erstmalige Prüfung ein betriebseigener Prüfdienst eingesetzt wurde, muss das in Absatz 6.2.2.7.2 d) festgelegte Kennzeichen durch das Kennzeichen des betriebseigenen Prüfdienstes ergänzt werden.

Wenn ein betriebseigener Prüfdienst die wiederkehrende Prüfung durchgeführt hat, muss das in Absatz 6.2.2.7.7 b) festgelegte Kennzeichen durch das Kennzeichen des betriebseigenen Prüfdienstes ergänzt werden.

**[Zuständige Behörde]** **6.2.3.6.2**

Ist das Zulassungsland keine Vertragspartei des ADR, muss die in Absatz 6.2.1.7.2 genannte zuständige Behörde die zuständige Behörde einer Vertragspartei des ADR sein.

**Anforderungen an Hersteller** **6.2.3.7** *→ RO-bi-BE-13*

**[Grundsatz]** **6.2.3.7.1**

Die entsprechenden Vorschriften des Abschnitts 1.8.7 müssen erfüllt werden.

**Anforderungen an Prüfstellen** **6.2.3.8** *→ RO-bi-BE-13*

Die Vorschriften des Unterabschnitts 1.8.6.3 müssen erfüllt werden.

**Kennzeichnung von wiederbefüllbaren Druckgefäßen** **6.2.3.9** *→ RO-bi-BE-13*

**[Grundsatz]** **6.2.3.9.1** *→ D: § 25 (1) 1*

Die Kennzeichnung muss dem Unterabschnitt 6.2.2.7 mit folgenden Abweichungen entsprechen.

**[Nichtanwendung des UN-Verpackungssymbols]** **6.2.3.9.2**

Das in Absatz 6.2.2.7.2 a) festgelegte Verpackungssymbol der Vereinten Nationen darf nicht angebracht werden, und die Vorschriften des Absatzes 6.2.2.7.4 q) und r) dürfen nicht angewendet werden.

**[Abweichung bei betrieblichen Kennzeichen]** **6.2.3.9.3**

Die Vorschriften des Absatzes 6.2.2.7.3 j) werden wie folgt ersetzt:

j) Der Fassungsraum des Druckgefäßes in Liter, dem der Buchstabe „L" hinzugefügt wird. Bei Druckgefäßen für verflüssigte Gase muss der Fassungsraum in drei signifikanten Ziffern, abgerundet auf die letzte Stelle, ausgedrückt werden. Ist der Wert für den minimalen oder nominalen Fassungsraum eine ganze Zahl, dürfen die Nachkommastellen vernachlässigt werden.

Die Vorschriften des Absatzes 6.2.2.7.4 n) werden wie folgt ersetzt:

n) das Kennzeichen des Herstellers. Ist das Herstellungsland mit dem Zulassungsland nicht identisch, ist (sind) dem Kennzeichen des Herstellers der (die) Buchstabe(n) für die Angabe des Herstellungslandes, angegeben durch das für Kraftfahrzeuge im internationalen Verkehr verwendete Unterscheidungszeichen[5], voranzustellen. Das Kennzeichen des Landes und das Kennzeichen des Herstellers sind durch eine Leerstelle oder einen Schrägstrich zu trennen.

**[Abweichung bei UN 1965]** **6.2.3.9.4**

Die in den Absätzen 6.2.2.7.3 g) und h) und 6.2.2.7.4 m) festgelegten Kennzeichen sind für Druckgefäße mit UN 1965 Kohlenwasserstoffgas, Gemisch, verflüssigt, n.a.g., nicht erforderlich.

---

[5] Das für Kraftfahrzeuge und Anhänger im internationalen Straßenverkehr verwendete Unterscheidungszeichen des Zulassungsstaates, z.B. gemäß dem Genfer Übereinkommen über den Straßenverkehr von 1949 oder dem Wiener Übereinkommen über den Straßenverkehr von 1968.

**6.2.3.9.5 [Abweichung bei bestimmten Gasen]**

Bei der Kennzeichnung mit dem Datum gemäß Absatz 6.2.2.7.7 c) muss für Gase, bei denen die Frist zwischen den wiederkehrenden Prüfungen 10 Jahre oder mehr beträgt (siehe Unterabschnitt 4.1.4.1 Verpackungsanweisungen P200 und P203), der Monat nicht angegeben werden.

**6.2.3.9.6 [Eingraviertes Datum und Stempel]**

Die Kennzeichen gemäß Absatz 6.2.2.7.7 dürfen auf einem Ring aus einem geeigneten Werkstoff eingraviert sein, der durch den Einbau des Ventils an der Flasche oder am Druckfass befestigt wird und der nur durch Demontage des Ventils von der Flasche oder dem Druckfass entfernt werden kann.

**6.2.3.9.7 Kennzeichnung von Flaschenbündeln**

**6.2.3.9.7.1 [Grundsatz]**

Die einzelnen Flaschen eines Flaschenbündels müssen in Übereinstimmung mit den Absätzen 6.2.3.9.1 bis 6.2.3.9.6 gekennzeichnet sein.

**6.2.3.9.7.2 [Ausführung der Kennzeichnung]**
*→ 1.6.2.13*

Die Kennzeichnung von Flaschenbündeln muss mit der Ausnahme, dass das in Absatz 6.2.2.7.2 a) festgelegte Verpackungssymbol der Vereinten Nationen nicht angebracht werden darf, den Absätzen 6.2.2.10.2 und 6.2.2.10.3 entsprechen.

**6.2.3.9.7.3 [Erforderliche Angaben]**
*→ 1.6.2.13*
*→ 1.6.2.15*

Zusätzlich zu den vorausgehenden Kennzeichen muss jedes Flaschenbündel, das die Vorschriften für die wiederkehrende Prüfung des Unterabschnitts 6.2.4.2 erfüllt, mit Kennzeichen versehen sein, die folgende Angaben enthalten:

a) den (die) Buchstaben des Unterscheidungszeichens des Staates, der die Stelle, welche die wiederkehrende Prüfung durchführt, zugelassen hat, angegeben durch das für Kraftfahrzeuge im internationalen Verkehr verwendete Unterscheidungszeichen[5)]. Dieses Kennzeichen ist nicht erforderlich, wenn die Stelle von der zuständigen Behörde des Landes zugelassen wurde, in dem die Zulassung der Herstellung erfolgt ist;

b) das eingetragene Zeichen der von der zuständigen Behörde für die Durchführung von wiederkehrenden Prüfungen zugelassenen Stelle;

c) das Datum der wiederkehrenden Prüfung durch Angabe des Jahres (zwei Ziffern), gefolgt von der Angabe des Monats (zwei Ziffern) und getrennt durch einen Schrägstrich (d.h. „/"). Für die Angabe des Jahres dürfen auch vier Ziffern verwendet werden.

Die oben angegebenen Kennzeichen müssen entweder auf dem in Absatz 6.2.2.10.2 festgelegten oder auf einem dauerhaft am Rahmen des Flaschenbündels befestigten getrennten Schild in der angegebenen Reihenfolge erscheinen.

**6.2.3.9.8 Kennzeichnung von Verschlüssen für wiederbefüllbare Druckgefäße**
*→ 1.6.2.20*

**6.2.3.9.8.1 [Kennzeichnung]**

Die Kennzeichnung muss dem Unterabschnitt 6.2.2.11 entsprechen.

**6.2.3.10 Kennzeichnung von nicht wiederbefüllbaren Druckgefäßen**

**6.2.3.10.1 [Kein UN-Verpackungssymbol]**
*→ D: § 25 (1) 1*

Die Kennzeichnung muss mit der Ausnahme, dass das in Absatz 6.2.2.7.2 a) festgelegte Verpackungssymbol der Vereinten Nationen nicht angebracht werden darf, dem Unterabschnitt 6.2.2.8 entsprechen.

**6.2.3.11 Bergungsdruckgefäße**
*→ 1.6.2.12*

**6.2.3.11.1 [Zugelassene Ausrüstungen]**

Um eine sichere Handhabung und Entsorgung der in dem Bergungsdruckgefäß beförderten Druckgefäße zu ermöglichen, darf die Auslegung Ausrüstungen umfassen, die sonst nicht für Flaschen oder Druckfäs-

---

5) Das für Kraftfahrzeuge und Anhänger im internationalen Straßenverkehr verwendete Unterscheidungszeichen des Zulassungsstaates, z.B. gemäß dem Genfer Übereinkommen über den Straßenverkehr von 1949 oder dem Wiener Übereinkommen über den Straßenverkehr von 1968.

ser verwendet werden, wie flache Gefäßböden, Schnellöffnungseinrichtungen und Öffnungen im zylindrischen Teil. 6.2.3.11.1 (Forts.)

**[Anweisungen für Handhabung und Verwendung]** 6.2.3.11.2

Anweisungen für die sichere Handhabung und Verwendung des Bergungsdruckgefäßes müssen in der Dokumentation des Antrags an die zuständige Behörde des Zulassungslandes klar angegeben und Bestandteil der Zulassungsbescheinigung sein. In der Zulassungsbescheinigung müssen die zur Beförderung in einem Bergungsdruckgefäß zugelassenen Druckgefäße angegeben sein. Darüber hinaus muss ein Verzeichnis der Werkstoffe aller Teile, die mit den gefährlichen Gütern in Kontakt kommen können, eingeschlossen sein.

**[Kopie der Zulassungsbescheinigung]** 6.2.3.11.3 *→ D: § 25 (1) 4*

Der Hersteller muss dem Eigentümer eines Bergungsdruckgefäßes eine Kopie der Zulassungsbescheinigung zur Verfügung stellen.

**[Kennzeichnung]** 6.2.3.11.4

Die Kennzeichnung von Bergungsdruckgefäßen gemäß Abschnitt 6.2.3 muss von der zuständigen Behörde des Zulassungslandes unter Berücksichtigung der jeweils anwendbaren geeigneten Kennzeichnungsvorschriften des Unterabschnitts 6.2.3.9 festgelegt werden. Die Kennzeichen müssen den mit Wasser ausgeliterten Fassungsraum und den Prüfdruck des Bergungsdruckgefäßes umfassen.

**Vorschriften für in Übereinstimmung mit in Bezug genommenen Normen ausgelegte, gebaute und geprüfte Druckgefäße, die keine UN-Druckgefäße sind** 6.2.4 *→ 1.6.2.5*

**Bem.** Personen oder Organe, die in den Normen als Verantwortliche gemäß ADR ausgewiesen sind, müssen die Vorschriften des ADR einhalten.

**Auslegung, Bau und erstmalige Prüfung** 6.2.4.1

Seit dem 1. Januar 2009 ist die Anwendung in Bezug genommener Normen rechtsverbindlich. Ausnahmen sind in Abschnitt 6.2.5 aufgeführt.

Baumusterzulassungen müssen in Übereinstimmung mit Abschnitt 1.8.7 ausgestellt werden. Für die Ausstellung einer Baumusterzulassungsbescheinigung muss aus der nachstehenden Tabelle eine Norm, die gemäß der Angabe in Spalte (4) anwendbar ist, ausgewählt werden. Wenn mehrere Normen angewendet werden können, ist nur eine dieser Normen auszuwählen.

In der Spalte (3) sind die Absätze des Kapitels 6.2 angegeben, mit denen die Norm übereinstimmt.

In der Spalte (5) ist der späteste Zeitpunkt angegeben, zu dem bestehende Baumusterzulassungen gemäß Absatz 1.8.7.2.2.2 zurückgezogen werden müssen; wenn kein Datum angegeben ist, bleibt die Baumusterzulassung bis zu ihrem Ablauf gültig.

Die Normen müssen in Übereinstimmung mit Abschnitt 1.1.5 angewendet werden. Sie müssen in ihrer Gesamtheit angewendet werden, sofern in der nachstehenden Tabelle nichts anderes angegeben ist.

Der Anwendungsbereich jeder Norm ist in der Anwendungsbestimmung der Norm definiert, sofern in der nachstehenden Tabelle nichts anderes festgelegt ist.

**Bem.** Sofern in diesen Normen die Begriffe „Flasche", „Großflasche" und „Druckfass" verwendet werden, sind diese so zu verstehen, dass sie außer im Fall von nicht wiederbefüllbaren Flaschen die Verschlüsse ausschließen.

| Referenz | Titel des Dokuments | Vorschriften, mit denen die Norm übereinstimmt | anwendbar für neue oder Verlängerungen von Baumusterzulassungen | letzter Zeitpunkt für den Entzug bestehender Baumusterzulassungen |
|---|---|---|---|---|
| (1) | (2) | (3) | (4) | (5) |
| ***für die Auslegung und den Bau von Druckgefäßen und Druckgefäßkörpern*** | | | | |
| Anlage I Teile 1 bis 3 der Richtlinie des Rates 84/525/EWG | Richtlinie des Rates der Europäischen Gemeinschaften vom 17. September 1984 zur Angleichung der Rechtsvorschriften der Mitgliedstaaten (der Europäischen Gemeinschaften) über nahtlose Gasflaschen aus | 6.2.3.1 und 6.2.3.4 | bis auf Weiteres | |

6.2.4.1 (Forts.)

| Referenz | Titel des Dokuments | Vorschriften, mit denen die Norm übereinstimmt | anwendbar für neue oder Verlängerungen von Baumusterzulassungen | letzter Zeitpunkt für den Entzug bestehender Baumusterzulassungen |
|---|---|---|---|---|
| (1) | (2) | (3) | (4) | (5) |
| Anlage I Teile 1 bis 3 der Richtlinie des Rates 84/525/EWG *(Forts.)* | Stahl, veröffentlicht im Amtsblatt der Europäischen Gemeinschaften Nr. L 300 vom 19.11.1984. **Bem.** Ungeachtet der Außerkraftsetzung der im Amtsblatt der Europäischen Gemeinschaften Nr. L 300 vom 19. November 1984 veröffentlichten Richtlinien 84/525/EWG, 84/526/EWG und 84/527/EWG bleiben die Anlagen dieser Richtlinien als Normen für die Auslegung, den Bau und die erstmalige Prüfung von Gasflaschen anwendbar. Diese Anlagen können unter https://eur-lex.europa.eu/oj/direct-access.html eingesehen werden. | | | |
| Anlage I Teile 1 bis 3 der Richtlinie des Rates 84/526/EWG | Richtlinie des Rates der Europäischen Gemeinschaften vom 17. September 1984 zur Angleichung der Rechtsvorschriften der Mitgliedstaaten (der Europäischen Gemeinschaften) über nahtlose Gasflaschen aus unlegiertem Aluminium und Aluminiumlegierungen, veröffentlicht im Amtsblatt der Europäischen Gemeinschaften Nr. L 300 vom 19.11.1984. **Bem.** Ungeachtet der Außerkraftsetzung der im Amtsblatt der Europäischen Gemeinschaften Nr. L 300 vom 19. November 1984 veröffentlichten Richtlinien 84/525/EWG, 84/526/EWG und 84/527/EWG bleiben die Anlagen dieser Richtlinien als Normen für die Auslegung, den Bau und die erstmalige Prüfung von Gasflaschen anwendbar. Diese Anlagen können unter https://eur-lex.europa.eu/oj/direct-access.html eingesehen werden. | 6.2.3.1 und 6.2.3.4 | bis auf Weiteres | |
| Anlage I Teile 1 bis 3 der Richtlinie des Rates 84/527/EWG | Richtlinie des Rates der Europäischen Gemeinschaften vom 17. September 1984 zur Angleichung der Rechtsvorschriften der Mitgliedstaaten (der Europäischen Gemeinschaften) über geschweißte Gasflaschen aus unlegiertem Stahl, veröffentlicht im Amtsblatt der Europäischen Gemeinschaften Nr. L 300 vom 19.11.1984. **Bem.** Ungeachtet der Außerkraftsetzung der im Amtsblatt der Europäischen Gemeinschaften Nr. L 300 vom 19. November 1984 veröffentlichten Richtlinien 84/525/EWG, 84/526/EWG und 84/527/EWG bleiben die Anlagen dieser Richtlinien als Normen für die Auslegung, den Bau und die erstmalige Prüfung von Gasflaschen anwendbar. Diese Anlagen können unter https://eur-lex.europa.eu/oj/direct-access.html eingesehen werden. | 6.2.3.1 und 6.2.3.4 | bis auf Weiteres | |

6.2.4.1 (Forts.)

| Referenz | Titel des Dokuments | Vorschriften, mit denen die Norm übereinstimmt | anwendbar für neue oder Verlängerungen von Baumusterzulassungen | letzter Zeitpunkt für den Entzug bestehender Baumusterzulassungen |
|---|---|---|---|---|
| (1) | (2) | (3) | (4) | (5) |
| EN 1442:1998 + AC:1999 | Ortsbewegliche wiederbefüllbare geschweißte Flaschen aus Stahl für Flüssiggas (LPG) – Gestaltung und Konstruktion | 6.2.3.1 und 6.2.3.4 | zwischen dem 1. Juli 2001 und dem 30. Juni 2007 | 31. Dezember 2012 |
| EN 1442:1998 + A2:2005 | Ortsbewegliche wiederbefüllbare geschweißte Flaschen aus Stahl für Flüssiggas (LPG) – Gestaltung und Konstruktion | 6.2.3.1 und 6.2.3.4 | zwischen dem 1. Januar 2007 und dem 31. Dezember 2010 | |
| EN 1442:2006 + A1:2008 | Ortsbewegliche wiederbefüllbare geschweißte Flaschen aus Stahl für Flüssiggas (LPG) – Gestaltung und Konstruktion | 6.2.3.1 und 6.2.3.4 | zwischen dem 1. Januar 2009 und dem 31. Dezember 2020 | |
| EN 1442:2017 | Flüssiggas-Geräte und Ausrüstungsteile – Ortsbewegliche, wiederbefüllbare, geschweißte Flaschen aus Stahl für Flüssiggas (LPG) – Auslegung und Bau | 6.2.3.1 und 6.2.3.4 | bis auf Weiteres | |
| EN 1800:1998 + AC:1999 | Ortsbewegliche Gasflaschen – Acetylen-Flaschen – Grundanforderungen und Definitionen | 6.2.1.1.9 | zwischen dem 1. Juli 2001 und dem 31. Dezember 2010 | |
| EN 1800:2006 | Ortsbewegliche Gasflaschen – Acetylen-Flaschen – Grundanforderungen, Definitionen und Typprüfung | 6.2.1.1.9 | zwischen dem 1. Januar 2009 und dem 31. Dezember 2016 | |
| EN ISO 3807:2013 | Gasflaschen – Acetylenflaschen – Grundlegende Anforderungen und Baumusterprüfung<br>**Bem.** Es dürfen keine Schmelzsicherungen angebracht sein. | 6.2.1.1.9 | bis auf Weiteres | |
| EN 1964-1:1999 | Ortsbewegliche Gasflaschen – Gestaltung und Konstruktion von nahtlosen wiederbefüllbaren ortsbeweglichen Gasflaschen aus Stahl mit einem Fassungsraum von 0,5 Liter bis einschließlich 150 Liter – Teil 1: Nahtlose Flaschen aus Stahl mit einem Rm-Wert weniger als 1 100 MPa | 6.2.3.1 und 6.2.3.4 | bis zum 31. Dezember 2014 | |
| EN 1975:1999 (ausgenommen Anlage G) | Ortsbewegliche Gasflaschen – Gestaltung und Konstruktion von wiederbefüllbaren ortsbeweglichen nahtlosen Gasflaschen aus Aluminium und Aluminiumlegierung mit einem Fassungsraum von 0,5 l bis einschließlich 150 l | 6.2.3.1 und 6.2.3.4 | bis zum 30. Juni 2005 | |
| EN 1975:1999 + A1:2003 | Ortsbewegliche Gasflaschen – Gestaltung und Konstruktion von wiederbefüllbaren ortsbeweglichen nahtlosen Gasflaschen aus Aluminium und Aluminiumlegierung mit einem Fassungsraum von 0,5 l bis einschließlich 150 l | 6.2.3.1 und 6.2.3.4 | zwischen dem 1. Januar 2009 und dem 31. Dezember 2016 | |
| EN ISO 7866:2012 + AC:2014 | Gasflaschen – Wiederbefüllbare nahtlose Gasflaschen aus Aluminiumlegierungen – Auslegung, Bau und Prüfung | 6.2.3.1 und 6.2.3.4 | zwischen dem 1. Januar 2015 und dem 31. Dezember 2024 | |

→ D: RSEB 6-2

**6.2.4.1** (Forts.)

| Referenz | Titel des Dokuments | Vorschriften, mit denen die Norm übereinstimmt | anwendbar für neue oder Verlängerungen von Baumusterzulassungen | letzter Zeitpunkt für den Entzug bestehender Baumusterzulassungen |
|---|---|---|---|---|
| (1) | (2) | (3) | (4) | (5) |
| EN ISO 7866:2012 + A1:2020 | Gasflaschen – Wiederbefüllbare nahtlose Gasflaschen aus Aluminiumlegierungen – Auslegung, Bau und Prüfung | 6.2.3.1 und 6.2.3.4 | bis auf Weiteres | |
| EN ISO 11120:1999 | Ortsbewegliche Gasflaschen – Nahtlose wiederbefüllbare Großflaschen aus Stahl für den Transport verdichteter Gase mit einem Fassungsraum zwischen 150 l und 3 000 l – Gestaltung, Konstruktion und Prüfung | 6.2.3.1 und 6.2.3.4 | zwischen dem 1. Juli 2001 und dem 30. Juni 2015 | 31. Dezember 2015 für Großflaschen, die gemäß Absatz 6.2.2.7.4 p) mit dem Buchstaben „H" gekennzeichnet sind |
| EN ISO 11120:1999 + A1:2013 | Ortsbewegliche Gasflaschen – Nahtlose wiederbefüllbare Großflaschen aus Stahl für den Transport verdichteter Gase mit einem Fassungsvermögen (Wasser) zwischen 150 l und 3 000 l – Gestaltung, Konstruktion und Prüfung | 6.2.3.1 und 6.2.3.4 | zwischen dem 1. Januar 2015 und dem 31. Dezember 2020 | |
| EN ISO 11120:2015 | Gasflaschen – Wiederbefüllbare nahtlose Großflaschen aus Stahl mit einem Fassungsraum zwischen 150 Liter und 3 000 Liter – Auslegung, Bau und Prüfung | 6.2.3.1 und 6.2.3.4 | bis auf Weiteres | |
| EN 1964-3:2000 | Ortsbewegliche Gasflaschen – Gestaltung und Konstruktion von nahtlosen wiederbefüllbaren ortsbeweglichen Gasflaschen aus Stahl mit einem Fassungsvermögen von 0,5 Liter bis einschließlich 150 Liter – Teil 3: Nahtlose Flaschen aus nichtrostendem Stahl mit einem Rm-Wert von weniger als 1 100 MPa | 6.2.3.1 und 6.2.3.4 | bis zum 31. Dezember 2026 | |
| EN 12862:2000 | Ortsbewegliche Gasflaschen – Gestaltung und Konstruktion von wiederbefüllbaren ortsbeweglichen geschweißten Gasflaschen aus Aluminiumlegierung | 6.2.3.1 und 6.2.3.4 | bis auf Weiteres | |
| EN 1251-2:2000 | Kryo-Behälter – Ortsbewegliche, vakuumisolierte Behälter mit einem Fassungsraum von nicht mehr als 1 000 Liter – Teil 2: Bemessung, Herstellung und Prüfung<br>**Bem.** Die Normen EN 1252-1:1998 und EN 1626, auf die in dieser Norm Bezug genommen wird, gelten auch für verschlossene Kryo-Behälter zur Beförderung von UN 1972 (METHAN, TIEFGEKÜHLT, FLÜSSIG oder ERDGAS, TIEFGEKÜHLT, FLÜSSIG). | 6.2.3.1 und 6.2.3.4 | bis auf Weiteres | |
| EN 12257:2002 | Ortsbewegliche Gasflaschen – Nahtlose umfangsgewickelte Flaschen aus Verbundwerkstoffen | 6.2.3.1 und 6.2.3.4 | bis auf Weiteres | |
| EN 12807:2001 (ausgenommen Anlage A) | Ortsbewegliche, wiederbefüllbare, hartgelötete Flaschen aus Stahl für Flüssiggas (LPG) – Konstruktion und Herstellung | 6.2.3.1 und 6.2.3.4 | zwischen dem 1. Januar 2005 und dem 31. Dezember 2010 | 31. Dezember 2012 |
| EN 12807:2008 | Ortsbewegliche, wiederbefüllbare, hartgelötete Flaschen aus Stahl für Flüssiggas (LPG) – Konstruktion und Herstellung | 6.2.3.1 und 6.2.3.4 | zwischen dem 1. Januar 2009 und dem 31. Dezember 2022 | |

**6.2.4.1** (Forts.)

| Referenz | Titel des Dokuments | Vorschriften, mit denen die Norm übereinstimmt | anwendbar für neue oder Verlängerungen von Baumusterzulassungen | letzter Zeitpunkt für den Entzug bestehender Baumusterzulassungen |
|---|---|---|---|---|
| (1) | (2) | (3) | (4) | (5) |
| EN 12807:2019 | Flüssiggas-Geräte und Ausrüstungsteile – Ortsbewegliche, wiederbefüllbare, hartgelötete Flaschen aus Stahl für Flüssiggas (LPG) – Konstruktion und Herstellung | 6.2.3.1 und 6.2.3.4 | bis auf Weiteres | |
| EN 1964-2:2001 | Ortsbewegliche Gasflaschen – Gestaltung und Konstruktion von nahtlosen wiederbefüllbaren ortsbeweglichen Gasflaschen aus Stahl mit einem Fassungsraum von 0,5 Liter bis einschließlich 150 Liter – Teil 2: Nahtlose Flaschen aus Stahl mit einem Rm-Wert von 1 100 MPa und darüber | 6.2.3.1 und 6.2.3.4 | bis zum 31. Dezember 2014 | |
| EN ISO 9809-1:2010 | Gasflaschen – Wiederbefüllbare, nahtlose Gasflaschen aus Stahl – Gestaltung, Konstruktion und Prüfung – Teil 1: Flaschen aus vergütetem Stahl mit einer Zugfestigkeit kleiner als 1100 MPa | 6.2.3.1 und 6.2.3.4 | zwischen dem 1. Januar 2013 und dem 31. Dezember 2022 | |
| EN ISO 9809-1:2019 | Gasflaschen – Auslegung, Herstellung und Prüfung von wiederbefüllbaren nahtlosen Gasflaschen aus Stahl – Teil 1: Flaschen aus vergütetem Stahl mit einer Zugfestigkeit kleiner als 1100 MPa | 6.2.3.1 und 6.2.3.4 | bis auf Weiteres | |
| EN ISO 9809-2:2010 | Gasflaschen – Wiederbefüllbare, nahtlose Gasflaschen aus Stahl – Gestaltung, Konstruktion und Prüfung – Teil 2: Flaschen aus vergütetem Stahl mit einer Zugfestigkeit größer oder gleich 1100 MPa | 6.2.3.1 und 6.2.3.4 | zwischen dem 1. Januar 2013 und dem 31. Dezember 2022 | |
| EN ISO 9809-2:2019 | Gasflaschen – Auslegung, Herstellung und Prüfung von wiederbefüllbaren nahtlosen Gasflaschen aus Stahl – Teil 2: Flaschen aus vergütetem Stahl mit einer Zugfestigkeit größer als oder gleich 1100 MPa | 6.2.3.1 und 6.2.3.4 | bis auf Weiteres | |
| EN ISO 9809-3:2010 | Gasflaschen – Wiederbefüllbare, nahtlose Gasflaschen aus Stahl – Gestaltung, Konstruktion und Prüfung – Teil 3: Flaschen aus normalisiertem Stahl | 6.2.3.1 und 6.2.3.4 | zwischen dem 1. Januar 2013 und dem 31. Dezember 2022 | |
| EN ISO 9809-3:2019 | Gasflaschen – Auslegung, Herstellung und Prüfung von wiederbefüllbaren nahtlosen Gasflaschen aus Stahl – Teil 3: Flaschen aus normalisiertem Stahl | 6.2.3.1 und 6.2.3.4 | bis auf Weiteres | |
| EN ISO 9809-4:2022 | Gasflaschen – Auslegung, Herstellung und Prüfung von wiederbefüllbaren nahtlosen Gasflaschen aus Stahl – Teil 4: Flaschen aus Edelstahl mit einem Rm-Wert von weniger als 1 100 MPa<br>**Bem.** Kleine Mengen sind eine Charge von höchstens 200 Flaschen. | 6.2.3.1 und 6.2.3.4 | bis auf Weiteres | |
| EN 13293:2002 | Ortsbewegliche Gasflaschen – Gestaltung und Konstruktion von wiederbefüllbaren ortsbeweglichen Gasflaschen aus nahtlosem normalgeglühtem Kohlenstoff-Mangan-Stahl mit einem Fassungsraum bis einschließlich 0,5 Liter für verdichtete, verflüssigte und unter Druck gelöste Gase und bis einschließlich 1 Liter für Kohlendioxid | 6.2.3.1 und 6.2.3.4 | bis auf Weiteres | |

6.2.4.1 (Forts.)

| Referenz | Titel des Dokuments | Vorschriften, mit denen die Norm übereinstimmt | anwendbar für neue oder Verlängerungen von Baumusterzulassungen | letzter Zeitpunkt für den Entzug bestehender Baumusterzulassungen |
|---|---|---|---|---|
| (1) | (2) | (3) | (4) | (5) |
| EN 13322-1:2003 | Ortsbewegliche Gasflaschen – Wiederbefüllbare geschweißte Flaschen aus Stahl; Gestaltung und Konstruktion – Teil 1: Geschweißt, aus Stahl | 6.2.3.1 und 6.2.3.4 | bis zum 30. Juni 2007 | |
| EN 13322-1:2003 + A1:2006 | Ortsbewegliche Gasflaschen – Wiederbefüllbare geschweißte Flaschen aus Stahl; Gestaltung und Konstruktion – Teil 1: Geschweißt, aus Stahl | 6.2.3.1 und 6.2.3.4 | zwischen dem 1. Januar 2007 und dem 31. Dezember 2026 | |
| EN 13322-1:2024 | Ortsbewegliche Gasflaschen – Wiederbefüllbare geschweißte Flaschen aus Stahl – Auslegung und Herstellung – Teil 1: Flaschen aus Kohlenstoffstahl | 6.2.3.1 und 6.2.3.4 | bis auf Weiteres | |
| EN 13322-2:2003 | Ortsbewegliche Gasflaschen – Wiederbefüllbare geschweißte Flaschen aus nichtrostendem Stahl; Gestaltung und Konstruktion – Teil 2: Geschweißt, aus nichtrostendem Stahl | 6.2.3.1 und 6.2.3.4 | bis zum 30. Juni 2007 | |
| EN 13322-2:2003 + A1:2006 | Ortsbewegliche Gasflaschen – Wiederbefüllbare geschweißte Flaschen aus nichtrostendem Stahl; Gestaltung und Konstruktion – Teil 2: Geschweißt, aus nichtrostendem Stahl | 6.2.3.1 und 6.2.3.4 | bis auf Weiteres | |
| EN 12245:2002 | Ortsbewegliche Gasflaschen – Vollumwickelte Flaschen aus Verbundwerkstoffen<br>**Bem.** Diese Norm darf nicht für Gase verwendet werden, die als Flüssiggase klassifiziert sind. | 6.2.3.1 und 6.2.3.4 | bis zum 31. Dezember 2014 | 31. Dezember 2019 für aus zwei miteinander verbundenen Teilen hergestellte Flaschen und Großflaschen ohne Liner; 31. Dezember 2023 für Flüssiggas-Flaschen |
| EN 12245:2009 + A1:2011 | Ortsbewegliche Gasflaschen – Vollumwickelte Flaschen aus Verbundwerkstoffen<br>**Bem.** 1. Diese Norm darf nicht für aus zwei miteinander verbundenen Teilen hergestellte Flaschen und Großflaschen ohne Liner verwendet werden.<br>2. Diese Norm darf nicht für Gase verwendet werden, die als Flüssiggase klassifiziert sind. | 6.2.3.1 und 6.2.3.4 | zwischen dem 1. Januar 2013 und dem 31. Dezember 2024 | 31. Dezember 2019 für aus zwei miteinander verbundenen Teilen hergestellte Flaschen und Großflaschen ohne Liner; 31. Dezember 2023 für Flüssiggas-Flaschen |
| EN 12245:2022 | Ortsbewegliche Gasflaschen – Vollumwickelte Flaschen aus Verbundwerkstoffen<br>**Bem.** Diese Norm darf nicht für Gase verwendet werden, die als Flüssiggase klassifiziert sind. | 6.2.3.1 und 6.2.3.4 | bis auf Weiteres | |
| EN 12205:2001 | Ortsbewegliche Gasflaschen – Metallische Einwegflaschen | 6.2.3.1 und 6.2.3.4 | zwischen dem 1. Januar 2005 und dem 31. Dezember 2017 | 31. Dezember 2018 |

**6.2.4.1** (Forts.)

| Referenz | Titel des Dokuments | Vorschriften, mit denen die Norm übereinstimmt | anwendbar für neue oder Verlängerungen von Baumusterzulassungen | letzter Zeitpunkt für den Entzug bestehender Baumusterzulassungen |
|---|---|---|---|---|
| (1) | (2) | (3) | (4) | (5) |
| EN ISO 11118:2015 | Gasflaschen – Metallische Einwegflaschen – Festlegungen und Prüfverfahren | 6.2.3.1, 6.2.3.3 und 6.2.3.4 | zwischen dem 1. Januar 2017 und dem 31. Dezember 2024 | |
| EN ISO 11118:2015 + A1:2020 | Gasflaschen – Metallische Einwegflaschen – Spezifikationen und Prüfverfahren | 6.2.3.1, 6.2.3.3 und 6.2.3.4 | bis auf Weiteres | |
| EN 13110:2002 | Ortsveränderliche, wiederbefüllbare geschweißte Flaschen aus Aluminium für Flüssiggas (LPG) – Gestaltung und Konstruktion | 6.2.3.1 und 6.2.3.4 | bis zum 31. Dezember 2014 | |
| EN 13110:2012 | Flüssiggas-Geräte und Ausrüstungsteile – Ortsbewegliche, wiederbefüllbare geschweißte Flaschen aus Aluminium für Flüssiggas (LPG) – Auslegung und Bau | 6.2.3.1 und 6.2.3.4 | zwischen dem 1. Januar 2013 und dem 31. Dezember 2026 | |
| EN 13110:2022 | Flüssiggas-Geräte und Ausrüstungsteile – Ortsbewegliche, wiederbefüllbare geschweißte Flaschen aus Aluminium für Flüssiggas (LPG) – Auslegung und Bau | 6.2.3.1 und 6.2.3.4 | bis auf Weiteres | |
| EN 14427:2004 | Ortsbewegliche wiederbefüllbare vollumwickelte Flaschen aus Verbundwerkstoff für Flüssiggas (LPG) – Gestaltung und Konstruktion<br>**Bem.** Diese Norm gilt nur für Flaschen, die mit Druckentlastungseinrichtungen ausgerüstet sind. | 6.2.3.1 und 6.2.3.4 | zwischen dem 1. Januar 2005 und dem 30. Juni 2007 | |
| EN 14427:2004 + A1:2005 | Ortsbewegliche wiederbefüllbare vollumwickelte Flaschen aus Verbundwerkstoff für Flüssiggas (LPG) – Gestaltung und Kontruktion<br>**Bem.** 1. Diese Norm gilt nur für Flaschen, die mit Druckentlastungseinrichtungen ausgerüstet sind.<br>2. In den Absätzen 5.2.9.2.1 und 5.2.9.3.1 sind beide Flaschen der Berstprüfung zu unterziehen, wenn sie Schäden aufweisen, die mindestens so groß sind wie die Ausschlusskriterien. | 6.2.3.1 und 6.2.3.4 | zwischen dem 1. Januar 2007 und dem 31. Dezember 2016 | 31. Dezember 2023 für aus zwei miteinander verbundenen Teilen hergestellte Flaschen ohne Liner |
| EN 14427:2014 | Flüssiggas-Geräte und Ausrüstungsteile – Ortsbewegliche wiederbefüllbare vollumwickelte Flaschen aus Verbundwerkstoff für Flüssiggas (LPG) – Auslegung und Bau<br>**Bem.** Diese Norm darf nicht für aus zwei miteinander verbundenen Teilen hergestellte Flaschen ohne Liner verwendet werden. | 6.2.3.1 und 6.2.3.4 | zwischen dem 1. Januar 2015 und dem 31. Dezember 2024 | 31. Dezember 2023 für aus zwei miteinander verbundenen Teilen hergestellte Flaschen ohne Liner |
| EN 14427:2022 | Flüssiggas-Geräte und Ausrüstungsteile – Ortsbewegliche wiederbefüllbare vollumwickelte Flaschen aus Verbundwerkstoff für Flüssiggas (LPG) – Auslegung und Bau | 6.2.3.1 und 6.2.3.4 | bis auf Weiteres | |

6.2.4.1 (Forts.)

| Referenz | Titel des Dokuments | Vorschriften, mit denen die Norm übereinstimmt | anwendbar für neue oder Verlängerungen von Baumusterzulassungen | letzter Zeitpunkt für den Entzug bestehender Baumusterzulassungen |
|---|---|---|---|---|
| (1) | (2) | (3) | (4) | (5) |
| EN 14208:2004 | Ortsbewegliche Gasflaschen – Spezifikation für geschweißte Druckfässer mit einem Fassungsraum bis zu 1 000 Liter für den Transport von Gasen – Gestaltung und Konstruktion | 6.2.3.1 und 6.2.3.4 | bis auf Weiteres | |
| EN 14140:2003 | Ortsbewegliche wiederbefüllbare geschweißte Flaschen aus Stahl für Flüssiggas (LPG) – Alternative Gestaltung und Konstruktion | 6.2.3.1 und 6.2.3.4 | zwischen dem 1. Januar 2005 und dem 31. Dezember 2010 | |
| EN 14140:2003 + A1:2006 | Flüssiggas-Geräte und Ausrüstungsteile – Ortsbewegliche wiederbefüllbare geschweißte Flaschen aus Stahl für Flüssiggas (LPG) – Alternative Gestaltung und Konstruktion | 6.2.3.1 und 6.2.3.4 | zwischen dem 1. Januar 2009 und dem 31. Dezember 2018 | |
| EN 14140:2014 + AC:2015 | Flüssiggas-Geräte und Ausrüstungsteile – Ortsbewegliche wiederbefüllbare geschweißte Flaschen aus Stahl für Flüssiggas (LPG) – Alternative Gestaltung und Konstruktion | 6.2.3.1 und 6.2.3.4 | bis auf Weiteres | |
| EN 13769:2003 | Ortsbewegliche Gasflaschen – Flaschenbündel – Konstruktion, Herstellung, Kennzeichnung und Prüfung | 6.2.3.1 und 6.2.3.4 | bis zum 30. Juni 2007 | |
| EN 13769:2003 + A1:2005 | Ortsbewegliche Gasflaschen – Flaschenbündel – Konstruktion, Herstellung, Kennzeichnung und Prüfung | 6.2.3.1 und 6.2.3.4 | bis zum 31. Dezember 2014 | |
| EN ISO 10961:2012 | Gasflaschen – Flaschenbündel – Auslegung, Herstellung, Prüfung und Inspektion | 6.2.3.1 und 6.2.3.4 | zwischen dem 1. Januar 2013 und dem 31. Dezember 2022 | |
| EN ISO 10961:2019 | Gasflaschen – Flaschenbündel – Auslegung, Herstellung, Prüfung und Inspektion | 6.2.3.1 und 6.2.3.4 | bis auf Weiteres | |
| EN 14638-1:2006 | Ortsbewegliche Gasflaschen – Wiederbefüllbare geschweißte Gefäße mit einem Fassungsraum von nicht mehr als 150 Liter – Teil 1: Flaschen aus geschweißtem, austenitischem, nichtrostendem Stahl, ausgelegt nach experimentellen Verfahren | 6.2.3.1 und 6.2.3.4 | bis auf Weiteres | |
| EN 14638-3:2010 + AC:2012 | Ortsbewegliche Gasflaschen – Wiederbefüllbare geschweißte Gefäße mit einem Fassungsraum von nicht mehr als 150 Liter – Teil 3: Flaschen aus geschweißtem Kohlenstoffstahl, ausgelegt nach experimentellen Verfahren | 6.2.3.1 und 6.2.3.4 | bis auf Weiteres | |
| EN 14893:2006 + AC:2007 | Flüssiggas-Geräte und Ausrüstungsteile – Ortsbewegliche, geschweißte Druckfässer aus Stahl für Flüssiggas (LPG) mit einem Fassungsraum zwischen 150 Liter und 1 000 Liter | 6.2.3.1 und 6.2.3.4 | zwischen dem 1. Januar 2009 und dem 31. Dezember 2016 | |
| EN 14893:2014 | Flüssiggas-Geräte und Ausrüstungsteile – Ortsbewegliche, geschweißte Druckfässer aus Stahl für Flüssiggas (LPG) mit einem Fassungsraum zwischen 150 Liter und 1 000 Liter | 6.2.3.1 und 6.2.3.4 | bis auf Weiteres | |

6.2.4.1 (Forts.)

| Referenz | Titel des Dokuments | Vorschriften, mit denen die Norm übereinstimmt | anwendbar für neue oder Verlängerungen von Baumusterzulassungen | letzter Zeitpunkt für den Entzug bestehender Baumusterzulassungen |
|---|---|---|---|---|
| (1) | (2) | (3) | (4) | (5) |
| EN 17339:2020 | Ortsbewegliche Gasflaschen – Vollumwickelte Flaschen und Großflaschen aus Kohlenstoff-Verbundwerkstoffen für Wasserstoff | 6.2.3.1 und 6.2.3.3 | bis auf Weiteres | |
| *für die Auslegung und den Bau von Verschlüssen* | | | | |
| EN 849:1996 (ausgenommen Anlage A) | Ortsbewegliche Gasflaschen – Gasflaschenventile – Spezifikation und Typprüfung | 6.2.3.1 und 6.2.3.3 | bis zum 30. Juni 2003 | 31. Dezember 2014 |
| EN 849:1996 + A2:2001 | Ortsbewegliche Gasflaschen – Gasflaschenventile – Spezifikation und Typprüfung | 6.2.3.1 und 6.2.3.3 | bis zum 30. Juni 2007 | 31. Dezember 2016 |
| EN ISO 10297:2006 | Ortsbewegliche Gasflaschen – Gasflaschenventile – Spezifikation und Typprüfung | 6.2.3.1 und 6.2.3.3 | zwischen dem 1. Januar 2009 und dem 31. Dezember 2018 | |
| EN ISO 10297:2014 | Gasflaschen – Flaschenventile – Spezifikation und Typprüfung | 6.2.3.1 und 6.2.3.3 | zwischen dem 1. Januar 2015 und dem 31. Dezember 2020 | |
| EN ISO 10297:2014 + A1:2017 | Gasflaschen – Flaschenventile – Spezifikation und Baumusterprüfungen | 6.2.3.1 und 6.2.3.3 | zwischen dem 1. Januar 2019 und dem 31. Dezember 2026 | |
| EN ISO 10297:2024 | Gasflaschen – Flaschenventile – Spezifikation und Baumusterprüfungen | 6.2.3.1 und 6.2.3.3 | bis auf Weiteres | |
| EN ISO 14245:2010 | Gasflaschen – Spezifikation und Prüfung von Flaschenventilen für Flüssiggas (LPG) – Selbstschließend | 6.2.3.1 und 6.2.3.3 | zwischen dem 1. Januar 2013 und dem 31. Dezember 2022 | |
| EN ISO 14245:2019 | Gasflaschen – Spezifikation und Prüfung von Flaschenventilen für Flüssiggas (LPG) – Selbstschließend | 6.2.3.1 und 6.2.3.3 | zwischen dem 1. Januar 2021 und dem 31. Dezember 2024 | |
| EN ISO 14245:2021 | Gasflaschen – Spezifikation und Prüfung von Flaschenventilen für Flüssiggas (LPG) – Selbstschließend | 6.2.3.1 und 6.2.3.3 | bis auf Weiteres | |
| EN 13152:2001 | Spezifikation und Prüfung für Flüssiggas (LPG) – Flaschenventile, selbstschließend | 6.2.3.1 und 6.2.3.3 | zwischen dem 1. Januar 2005 und dem 31. Dezember 2010 | |
| EN 13152:2001 + A1:2003 | Spezifikation und Prüfung für Flüssiggas (LPG) – Flaschenventile, selbstschließend | 6.2.3.1 und 6.2.3.3 | zwischen dem 1. Januar 2009 und dem 31. Dezember 2014 | |
| EN ISO 15995:2010 | Gasflaschen – Spezifikation und Prüfung von Flaschenventilen für Flüssiggas (LPG) – Handbetätigt | 6.2.3.1 und 6.2.3.3 | zwischen dem 1. Januar 2013 und dem 31. Dezember 2022 | |
| EN ISO 15995:2019 | Gasflaschen – Spezifikation und Prüfung von Flaschenventilen für Flüssiggas (LPG) – Handbetätigt | 6.2.3.1 und 6.2.3.3 | zwischen dem 1. Januar 2021 und dem 31. Dezember 2024 | |
| EN ISO 15995:2021 | Gasflaschen – Spezifikation und Prüfung von Flaschenventilen für Flüssiggas (LPG) – Handbetätigt | 6.2.3.1 und 6.2.3.3 | bis auf Weiteres | |

6.2.4.1 (Forts.)

| Referenz | Titel des Dokuments | Vorschriften, mit denen die Norm übereinstimmt | anwendbar für neue oder Verlängerungen von Baumusterzulassungen | letzter Zeitpunkt für den Entzug bestehender Baumusterzulassungen |
|---|---|---|---|---|
| (1) | (2) | (3) | (4) | (5) |
| EN 13153:2001 | Spezifikationen und Prüfung für Flüssiggas (LPG) – Flaschenventile, handbetätigt | 6.2.3.1 und 6.2.3.3 | zwischen dem 1. Januar 2005 und dem 31. Dezember 2010 | |
| EN 13153:2001 + A1:2003 | Spezifikationen und Prüfung für Flüssiggas (LPG) – Flaschenventile, handbetätigt | 6.2.3.1 und 6.2.3.3 | zwischen dem 1. Januar 2009 und dem 31. Dezember 2014 | |
| EN ISO 13340:2001 | Ortsbewegliche Gasflaschen – Flaschenventile für Einwegflaschen – Spezifikation und Typprüfung | 6.2.3.1 und 6.2.3.3 | zwischen dem 1. Januar 2011 und dem 31. Dezember 2017 | 31. Dezember 2018 |
| EN 13648-1:2008 | Kryo-Behälter – Sicherheitseinrichtungen gegen Drucküberschreitung – Teil 1: Sicherheitsventile für den Kryo-Betrieb | 6.2.3.1 und 6.2.3.4 | bis auf Weiteres | |
| EN 1626:2008 (ausgenommen Absperrarmaturen der Kategorie B) | Kryo-Behälter – Absperrarmaturen für tiefkalten Betrieb<br>**Bem.** Diese Norm ist auch für Ventile für die Beförderung von UN 1972 (METHAN, TIEFGEKÜHLT, FLÜSSIG oder ERDGAS, TIEFGEKÜHLT, FLÜSSIG) anwendbar. | 6.2.3.1 und 6.2.3.4 | bis auf Weiteres | |
| EN 13175:2014 | Flüssiggas-Geräte und Ausrüstungsteile – Spezifikation und Prüfung für Ventile und Fittinge an Druckbehältern für Flüssiggas | 6.2.3.1 und 6.2.3.3 | zwischen dem 1. Januar 2017 und dem 31. Dezember 2022 | |
| EN 13175:2019 (ausgenommen Absatz 6.1.6) | Flüssiggas-Geräte und Ausrüstungsteile – Spezifikation und Prüfung für Ventile und Fittinge an Druckbehältern für Flüssiggas (LPG) | 6.2.3.1 und 6.2.3.3 | zwischen dem 1. Januar 2021 und dem 31. Dezember 2024 | |
| EN 13175:2019 + A1:2020 | Flüssiggas-Geräte und Ausrüstungsteile – Spezifikation und Prüfung für Ventile und Fittings an Druckbehältern für Flüssiggas (LPG) | 6.2.3.1 und 6.2.3.3 | bis auf Weiteres | |
| EN ISO 17871:2015 | Gasflaschen – Schnellöffnungs-Flaschenventile – Spezifikation und Baumusterprüfung | 6.2.3.1, 6.2.3.3 und 6.2.3.4 | zwischen dem 1. Januar 2017 und dem 31. Dezember 2021 | |
| EN ISO 17871:2015 + A1:2018 | Gasflaschen – Schnellöffnungs-Flaschenventile – Spezifikation und Baumusterprüfung | 6.2.3.1, 6.2.3.3 und 6.2.3.4 | zwischen dem 1. Januar 2019 und dem 31. Dezember 2024 | |
| EN ISO 17871:2020 | Gasflaschen – Schnellöffnungs-Flaschenventile – Spezifikation und Baumusterprüfung | 6.2.3.1, 6.2.3.3 und 6.2.3.4 | bis auf Weiteres | |
| EN 13953:2015 | Flüssiggas-Geräte und Ausrüstungsteile – Druckentlastungsventile für ortsbewegliche, wiederbefüllbare Flaschen für Flüssiggas (LPG)<br>**Bem.** Der letzte Satz des Anwendungsbereichs findet keine Anwendung. | 6.2.3.1, 6.2.3.3 und 6.2.3.4 | zwischen dem 1. Januar 2017 und dem 31. Dezember 2024 | |

6.2.4.1 (Forts.)

| Referenz | Titel des Dokuments | Vorschriften, mit denen die Norm übereinstimmt | anwendbar für neue oder Verlängerungen von Baumusterzulassungen | letzter Zeitpunkt für den Entzug bestehender Baumusterzulassungen |
|---|---|---|---|---|
| (1) | (2) | (3) | (4) | (5) |
| EN 13953:2020 | Flüssiggas-Geräte und Ausrüstungsteile – Sicherheitsventile für ortsbewegliche, wiederbefüllbare Flaschen für Flüssiggas (LPG) | 6.2.3.1, 6.2.3.3 und 6.2.3.4 | bis auf Weiteres | |
| EN ISO 14246:2014 | Gasflaschen – Gasflaschen-Ventile – Herstellungsprüfungen und Überprüfungen | 6.2.3.1 und 6.2.3.4 | zwischen dem 1. Januar 2015 und dem 31. Dezember 2020 | |
| EN ISO 14246:2014 + A1:2017 | Gasflaschen – Flaschenventile – Herstellungsprüfungen und -überprüfungen | 6.2.3.1 und 6.2.3.4 | zwischen dem 1. Januar 2019 und dem 31. Dezember 2024 | |
| EN ISO 14246:2022 | Gasflaschen – Flaschenventile – Herstellungsprüfungen und -untersuchungen | 6.2.3.1 und 6.2.3.4 | bis auf Weiteres | |
| EN ISO 17879:2017 | Gasflaschen – Selbstschließende Flaschenventile – Spezifikation und Baumusterprüfung | 6.2.3.1 und 6.2.3.4 | bis auf Weiteres | |
| EN 14129:2014 (ausgenommen Bemerkung in Absatz 3.11) | Flüssiggas-Geräte und Ausrüstungsteile – Sicherheitsventile für Druckbehälter für Flüssiggas (LPG)<br>**Bem.** Diese Norm gilt für Druckfässer. | 6.2.3.1, 6.2.3.3 und 6.2.3.4 | bis auf Weiteres | |
| EN ISO 23826:2021 | Gasflaschen – Kugelhähne – Spezifikation und Prüfungen | 6.2.3.1 und 6.2.3.4 | ab dem 1. Januar 2025 verpflichtend | |
| EN 13799:2022 | Flüssiggas-Geräte und Ausrüstungsteile – Füllstandsanzeiger für Druckbehälter für Flüssiggas (LPG) | 6.2.3.1 und 6.2.3.3 | bis auf Weiteres | |

### Wiederkehrende Prüfung 6.2.4.2

Die in der nachstehenden Tabelle in Bezug genommenen Normen müssen wie in der Spalte (3) angegeben für die wiederkehrende Prüfung von Druckgefäßen angewendet werden, um die Vorschriften des Unterabschnitts 6.2.3.5 zu erfüllen. Die Normen müssen in Übereinstimmung mit Abschnitt 1.1.5 angewendet werden.

Die Anwendung einer in Bezug genommenen Norm ist rechtsverbindlich.

Wenn ein Druckgefäß in Übereinstimmung mit den Vorschriften des Abschnitts 6.2.5 gebaut wird, muss das gegebenenfalls in der Baumusterzulassung festgelegte Verfahren angewendet werden.

Die Normen müssen in ihrer Gesamtheit angewendet werden, sofern in der nachstehenden Tabelle nichts anderes angegeben ist. Wenn mehrere Normen für die Anwendung derselben Vorschriften in Bezug genommen sind, ist nur eine dieser Normen anzuwenden.

Der Anwendungsbereich jeder Norm ist in der Anwendungsbestimmung der Norm definiert, sofern in der nachstehenden Tabelle nichts anderes festgelegt ist.

| Referenz | Titel des Dokuments | anwendbar |
|---|---|---|
| (1) | (2) | (3) |
| EN 1251-3:2000 | Kryo-Behälter – Ortsbewegliche, vakuumisolierte Behälter mit einem Fassungsraum von nicht mehr als 1 000 Liter – Teil 3: Betriebsanforderungen | bis zum 31. Dezember 2024 |
| EN ISO 21029–2:2015 | Kryo-Behälter – Ortsbewegliche vakuumisolierte Behälter mit einem Fassungsraum von nicht mehr als 1.000 Liter – Teil 2: Betriebsanforderungen<br>**Bem.** Ungeachtet der Bestimmung 14 dieser Norm müssen Druckentlastungsventile mindestens alle 5 Jahre wiederkehrend geprüft werden. | ab dem 1. Januar 2025 verpflichtend |

6.2.4.2 (Forts.)

| Referenz | Titel des Dokuments | anwendbar |
|---|---|---|
| (1) | (2) | (3) |
| EN ISO 18119:2018 | Gasflaschen – Nahtlose Gasflaschen und Großflaschen aus Stahl und Aluminiumlegierungen – Wiederkehrende Inspektion und Prüfung<br>**Bem.** Ungeachtet der Bestimmung B.1 dieser Norm müssen alle Flaschen und Großflaschen, deren Wanddicke geringer ist als die minimale Auslegungswanddicke, zurückgewiesen werden. | bis zum 31. Dezember 2024 |
| EN ISO 18119:2018 + A1:2021 | Gasflaschen – Nahtlose Gasflaschen und Großflaschen aus Stahl und Aluminiumlegierungen – Wiederkehrende Inspektion und Prüfung<br>**Bem.** Ungeachtet der Bestimmung B.1 dieser Norm müssen alle Flaschen und Großflaschen, deren Wanddicke geringer ist als die minimale Auslegungswanddicke, zurückgewiesen werden. | ab dem 1. Januar 2025 verpflichtend |
| EN ISO 10462:2013 + A1:2019 | Gasflaschen – Acetylenflaschen – Wiederkehrende Inspektion und Wartung – Änderung 1 | bis auf Weiteres |
| EN ISO 10460:2018 | Gasflaschen – Geschweißte Gasflaschen aus Aluminiumlegierung, Kohlenstoffstahl und Edelstahl – Wiederkehrende Inspektion und Prüfung | bis auf Weiteres |
| EN ISO 11623:2015 | Gasflaschen – Verbundbauweise (Composite-Bauweise) – Wiederkehrende Inspektion und Prüfung | bis zum 31. Dezember 2026 |
| EN ISO 11623:2023 | Gasflaschen – Verbundbauweise (Composite-Bauweise) – Wiederkehrende Inspektion und Prüfung | bis auf Weiteres |
| EN ISO 22434:2011 | Ortsbewegliche Gasflaschen – Inspektion und Instandhaltung von Gasflaschenventilen | bis zum 31. Dezember 2024 |
| EN ISO 22434:2022 | Ortsbewegliche Gasflaschen – Inspektion und Instandhaltung von Gasflaschenventilen | ab dem 1. Januar 2025 verpflichtend |
| EN 14876:2007 | Ortsbewegliche Gasflaschen – Wiederkehrende Prüfung von geschweißten Fässern aus Stahl | bis zum 31. Dezember 2024 |
| EN ISO 23088:2020 | Gasflaschen – Wiederkehrende Inspektion und Prüfung von geschweißten Druckfässern aus Stahl – Fassungsräume bis zu 1 000 l | ab dem 1. Januar 2025 verpflichtend |
| EN 14912:2015 | Flüssiggas-Geräte und Ausrüstungsteile – Inspektion und Wartung von Ventilen für Flaschen für Flüssiggas (LPG) zum Zeitpunkt der wiederkehrenden Inspektion der Flaschen | bis zum 31. Dezember 2024 |
| EN 14912:2022 | Flüssiggas-Geräte und Ausrüstungsteile – Inspektion und Wartung von Ventilen für Flaschen für Flüssiggas (LPG) zum Zeitpunkt der wiederkehrenden Inspektion der Flaschen | ab dem 1. Januar 2025 verpflichtend |
| EN 1440:2016 + A1:2018 + A2:2020 (ausgenommen Anlage C) | Flüssiggas-Geräte und Ausrüstungsteile – Ortsbewegliche, wiederbefüllbare, geschweißte und hartgelötete Flaschen aus Stahl für Flüssiggas (LPG) – Wiederkehrende Inspektion | bis auf Weiteres |
| EN 16728:2016 + A1:2018 + A2:2020 | Flüssiggas-Geräte und Ausrüstungsteile – Ortsbewegliche, wiederbefüllbare Flaschen für Flüssiggas (LPG), ausgenommen geschweißte und hartgelötete Stahlflaschen – Wiederkehrende Inspektion | bis auf Weiteres |
| EN 15888:2014 | Ortsbewegliche Gasflaschen – Flaschenbündel – Wiederkehrende Inspektion und Prüfung | bis zum 31. Dezember 2024 |
| EN ISO 20475:2020 | Gasflaschen – Flaschenbündel – Wiederkehrende Inspektion und Prüfung | ab dem 1. Januar 2025 verpflichtend |

### 6.2.5 Vorschriften für nicht in Übereinstimmung mit in Bezug genommenen Normen ausgelegte, gebaute und geprüfte Druckgefäße, die keine UN-Druckgefäße sind

→ 1.6.2.4 f.
→ D: § 6 Nr. 4
→ D: § 8 (1) 10
→ D: ATR 1/13
→ D: ATR 1/16
→ D: ATR 1/22

Um dem wissenschaftlichen und technischen Fortschritt Rechnung zu tragen, oder in Fällen, in denen in Abschnitt 6.2.2 oder 6.2.4 keine Normen in Bezug genommen sind, oder um bestimmten Aspekten Rechnung zu tragen, die in einer in Abschnitt 6.2.2 oder 6.2.4 in Bezug genommenen Norm nicht vorgesehen sind, kann die zuständige Behörde die Anwendung eines technischen Regelwerks anerkennen, das ein gleiches Sicherheitsniveau gewährleistet.

In der Baumusterzulassung muss die ausstellende Stelle das Verfahren für die wiederkehrenden Prüfungen festlegen, wenn die in Abschnitt 6.2.2 oder 6.2.4 in Bezug genommenen Normen nicht anwendbar sind oder nicht angewendet werden dürfen.

Sobald eine in Abschnitt 6.2.2 oder 6.2.4 neu in Bezug genommene Norm angewendet werden kann, muss die zuständige Behörde die Anerkennung des entsprechenden technischen Regelwerks zurückziehen. Eine Übergangsfrist, die spätestens zum Zeitpunkt des Inkrafttretens der nächsten Ausgabe des ADR endet, darf angewendet werden. **6.2.5** (Forts.)

Die zuständige Behörde muss dem Sekretariat der UNECE ein Verzeichnis der von ihr anerkannten technischen Regelwerke übermitteln und bei Änderungen aktualisieren. Das Verzeichnis sollte folgende Angaben enthalten: Name und Datum des Regelwerks, Gegenstand des Regelwerks und Angaben darüber, wo dieses bezogen werden kann. Das Sekretariat muss diese Informationen auf seiner Website öffentlich zugänglich machen.

Eine Norm, die für eine Inbezugnahme in einer zukünftigen Ausgabe des ADR angenommen wurde, darf von der zuständigen Behörde zur Anwendung zugelassen werden, ohne dies dem Sekretariat der UNECE mitzuteilen.

Die Vorschriften der Abschnitte 6.2.1 und 6.2.3 sowie die folgenden Vorschriften müssen jedoch erfüllt sein.

**Bem.** In diesem Abschnitt gelten Verweise auf technische Normen in Abschnitt 6.2.1 als Verweise auf technische Regelwerke.

**Werkstoffe** **6.2.5.1**

Die nachfolgenden Vorschriften enthalten Beispiele von Werkstoffen, die verwendet werden dürfen, um den Anforderungen an die Werkstoffe gemäß Unterabschnitt 6.2.1.2 zu genügen:

a) Kohlenstoffstahl für verdichtete, verflüssigte, tiefgekühlt verflüssigte oder gelöste Gase sowie für Stoffe, die nicht unter die Klasse 2 fallen und in Unterabschnitt 4.1.4.1 Verpackungsanweisung P200 Tabelle 3 aufgeführt sind;

b) legierter Stahl (Spezialstahl), Nickel und Nickellegierungen (z.B. Monel) für verdichtete, verflüssigte, tiefgekühlt verflüssigte oder gelöste Gase sowie für Stoffe, die nicht unter die Klasse 2 fallen und in Unterabschnitt 4.1.4.1 Verpackungsanweisung P200 Tabelle 3 aufgeführt sind;

c) Kupfer für
   (i) Gase der Klassifizierungscodes 1A, 1O, 1F und 1TF, wenn der Fülldruck, bezogen auf 15 °C, 2 MPa (20 bar) nicht übersteigt;
   (ii) Gase des Klassifizierungscodes 2A und außerdem für UN 1033 Dimethylether, UN 1037 Ethylchlorid, UN 1063 Methylchlorid, UN 1079 Schwefeldioxid, UN 1085 Vinylbromid, UN 1086 Vinylchlorid und UN 3300 Ethylenoxid und Kohlendioxid, Gemisch mit mehr als 87 % Ethylenoxid;
   (iii) Gase der Klassifizierungscodes 3A, 3O und 3F;

d) Aluminiumlegierung: siehe Unterabschnitt 4.1.4.1 Verpackungsanweisung P200 (10) besondere Vorschrift a;

e) Verbundwerkstoff für verdichtete, verflüssigte, tiefgekühlt verflüssigte oder gelöste Gase;

f) Kunststoff für tiefgekühlt verflüssigte Gase und

g) Glas für tiefgekühlt verflüssigte Gase des Klassifizierungscodes 3A, ausgenommen UN 2187 Kohlendioxid, tiefgekühlt, flüssig, oder Gemische mit Kohlendioxid, tiefgekühlt, flüssig, sowie für Gase des Klassifizierungscodes 3O.

**Bedienungsausrüstung** **6.2.5.2**

(bleibt offen)

**Flaschen, Großflaschen, Druckfässer und Flaschenbündel aus Metall** **6.2.5.3**

Die Spannung des Metalls an der am stärksten beanspruchten Stelle des Druckgefäßkörpers darf beim Prüfdruck 77 % der garantierten Mindeststreckgrenze (Re) nicht überschreiten.

Unter Streckgrenze ist die Spannung zu verstehen, bei der eine bleibende Dehnung von 2 ‰ (d.h. 0,2 %) oder eine bleibende Dehnung von 1 % bei austenitischen Stählen zwischen den Messmarken des Probestabes erreicht wurde.

**Bem.** Für Bleche ist die Zugprobe quer zur Walzrichtung zu entnehmen. Dehnung nach Bruch wird an Probestäben mit kreisrundem Querschnitt bestimmt, wobei die Messlänge „l" zwischen den

6.2.5.3 (Forts.) Messmarken gleich dem 5fachen Stabdurchmesser „d" ist (l = 5d); werden Probestäbe mit eckigem Querschnitt verwendet, so wird die Messlänge „l" nach der Formel

$l = 5,65\sqrt{F_0}$

berechnet, wobei $F_0$ gleich dem ursprünglichen Querschnitt des Probestabes ist.

Die Druckgefäße müssen aus geeigneten Werkstoffen hergestellt sein, die bei Temperaturen zwischen –20 °C und +50 °C unempfindlich gegen Sprödbruch und Spannungsrisskorrosion sind.

Die Schweißverbindungen müssen nach den Regeln der Technik ausgeführt sein und volle Sicherheit bieten.

**6.2.5.4 Zusätzliche Vorschriften für Druckgefäße aus Aluminiumlegierungen für verdichtete, verflüssigte, gelöste Gase und nicht unter Druck stehende Gase, die besonderen Vorschriften unterliegen (Gasproben), sowie für Gegenstände, die Gas unter Druck enthalten, mit Ausnahme von Druckgaspackungen und Gefäßen, klein, mit Gas (Gaspatronen)**

**6.2.5.4.1 [Anforderungen]**

Die Werkstoffe der Druckgefäßkörper aus Aluminiumlegierungen müssen folgenden Anforderungen genügen:

| | A | B | C | D |
|---|---|---|---|---|
| Zugfestigkeit Rm in MPa (= N/mm²) | 49–186 | 196–372 | 196–372 | 343–490 |
| Streckgrenze Re in MPa (= N/mm²) (bleibende Dehnung λ = 0,2 %) | 10–167 | 59–314 | 137–334 | 206–412 |
| bleibende Dehnung nach Bruch (l = 5d) in % | 12–40 | 12–30 | 12–30 | 11–16 |
| Faltbiegeprobe (Durchmesser des Biegestempels) d = n × e, e = Probedicke | n = 5 (Rm ≤ 98) n = 6 (Rm > 98) | n = 6 (Rm ≤ 325) n = 7 (Rm > 325) | n = 6 (Rm ≤ 325) n = 7 (Rm > 325) | n = 7 (Rm ≤ 392) n = 8 (Rm > 392) |
| Aluminium Association Seriennummer[a)] | 1000 | 5000 | 6000 | 2000 |

a) Siehe „Aluminium Standards and Data", 5. Ausgabe, Januar 1976, veröffentlicht durch Aluminium Association, 750, 3rd Avenue, New York.

Die tatsächlichen Eigenschaften hängen von der Zusammensetzung der betreffenden Legierung und auch von der endgültigen Verarbeitung des Druckgefäßkörpers ab; die Wanddicke ist unabhängig von der verwendeten Legierung nach einer der folgenden Formeln zu berechnen:

$$e = \frac{P_{MPa} \times D}{\frac{2 \times Re}{1,30} + P_{MPa}} \text{ oder } e = \frac{P_{bar} \times D}{\frac{20 \times Re}{1,30} + P_{bar}},$$

wobei:

e = Mindestwanddicke des Druckgefäßes in mm

$P_{MPa}$ = Prüfdruck in MPa

$P_{bar}$ = Prüfdruck in bar

D = nomineller äußerer Durchmesser des Druckgefäßes in mm

Re = garantierte minimale 0,2 %ige Streckgrenze in MPa (N/mm²)

bedeuten.

Die in der Formel stehende garantierte minimale Streckgrenze (Re) darf unabhängig von der verwendeten Legierung nicht größer sein als das 0,85fache der garantierten minimalen Zugfestigkeit (Rm).

**Bem.** 1. Die vorstehenden Eigenschaften stützen sich auf die bisherigen Erfahrungen mit folgenden Druckgefäßwerkstoffen:

Spalte A: Aluminium, unlegiert, 99,5 % rein;

Spalte B: Aluminium- und Magnesiumlegierungen;

Spalte C: Aluminium-, Silicium- und Magnesiumlegierungen; z.B. ISO/R209-Al-Si-Mg (Aluminium Association 6351);

Spalte D: Aluminium-, Kupfer- und Magnesiumlegierungen.

6.2.5.4.1 (Forts.)

2. Die bleibende Dehnung nach Bruch wird an Probestäben mit kreisrundem Querschnitt bestimmt, wobei die Messlänge „l" zwischen den Messmarken gleich dem 5fachen Stabdurchmesser „d" ist (l = 5d); werden Probestäbe mit rechteckigem Querschnitt verwendet, so wird die Messlänge „l" nach der Formel

   $l = 5,65\sqrt{F_0}$

   berechnet, wobei $F_0$ gleich dem ursprünglichen Querschnitt des Probestabes ist.

3. a) Die Faltbiegeprobe (siehe Abbildung) ist an Proben, die als Ring mit einer Breite von 3e, jedoch nicht weniger als 25 mm, von dem Zylinder abgeschnitten und in zwei gleiche Teile geteilt werden, durchzuführen. Die Proben dürfen nur an den Rändern bearbeitet werden.

   b) Die Faltbiegeprobe ist mit einem Biegestempel mit dem Durchmesser (d) und zwei Rundstützen, die durch eine Entfernung von (d + 3e) voneinander getrennt sind, durchzuführen. Während der Probe sind die Innenflächen nicht weiter voneinander entfernt als der Durchmesser des Biegestempels.

   c) Die Probe darf nicht reißen, wenn sie um den Biegestempel gebogen wird, bis die Innenflächen am Biegestempel anliegen.

   d) Das Verhältnis (n) zwischen dem Durchmesser des Biegestempels und der Dicke der Probe muss den Werten in der Tabelle entsprechen.

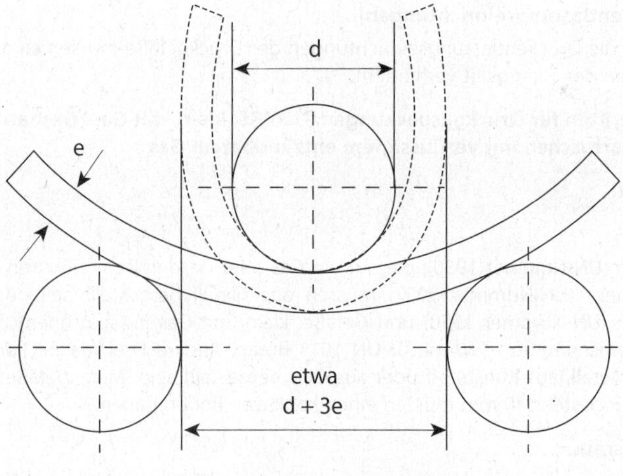


Abbildung der Faltbiegeprobe

**[Mindestwert der Dehnung]** 6.2.5.4.2

Ein geringerer Mindestwert der Dehnung ist zulässig, vorausgesetzt, durch ein zusätzliches, von der zuständigen Behörde des Herstellungslandes zugelassenes Prüfverfahren wird nachgewiesen, dass die Druckgefäße die gleiche Sicherheit für die Beförderung gewährleisten wie Druckgefäße, die nach den Werten der Tabelle in Absatz 6.2.5.4.1 gefertigt sind (siehe auch Norm EN ISO 7866:2012 + A1:2020).

**[Mindestwanddicke]** 6.2.5.4.3

Die Mindestwanddicke der Druckgefäße hat an der schwächsten Stelle zu betragen:

- bei einem Druckgefäßdurchmesser unter 50 mm mindestens 1,5 mm,
- bei einem Druckgefäßdurchmesser von 50 mm bis 150 mm mindestens 2 mm,
- bei einem Druckgefäßdurchmesser von über 150 mm mindestens 3 mm.

**[Form der Böden]** 6.2.5.4.4

Die Böden sind in Halbkugel-, elliptischer oder Korbbogenform auszuführen; sie müssen die gleiche Sicherheit gewährleisten wie der Druckgefäßkörper.

**6.2.5.5 Druckgefäße aus Verbundwerkstoffen**

Flaschen, Großflaschen, Druckfässer und Flaschenbündel aus Verbundwerkstoffen müssen so gebaut sein, dass das Berstverhältnis (Berstdruck dividiert durch Prüfdruck) mindestens beträgt:

- 1,67 bei ringverstärkten Druckgefäßen
- 2,00 bei vollständig umwickelten Druckgefäßen.

**6.2.5.6 Verschlossene Kryo-Behälter**

Für den Bau von verschlossenen Kryo-Behältern für tiefgekühlt verflüssigte Gase gelten folgende Vorschriften:

**6.2.5.6.1 [Sprödbruchunempfindlichkeit]**

Werden nicht metallene Werkstoffe verwendet, so müssen diese bei der niedrigsten Betriebstemperatur des Druckgefäßes und dessen Ausrüstungsteile unempfindlich gegen Sprödbruch sein.

**6.2.5.6.2 [Druckentlastungseinrichtungen]**

Die Druckentlastungseinrichtungen müssen so gebaut sein, dass sie auch bei ihrer niedrigsten Betriebstemperatur einwandfrei funktionieren. Die sichere Funktionsweise bei dieser Temperatur ist durch eine Prüfung jeder einzelnen Einrichtung oder durch eine Prüfung eines Einrichtungsmusters derselben Bauart festzustellen und zu prüfen.

**6.2.5.6.3 [Öffnungen, Druckentlastungseinrichtungen]**

Die Öffnungen und die Druckentlastungseinrichtungen der Druckgefäße müssen so ausgelegt sein, dass sie ein Herausspritzen der Flüssigkeit verhindern.

**6.2.6 Allgemeine Vorschriften für Druckgaspackungen, Gefäße, klein, mit Gas (Gaspatronen) und Brennstoffzellen-Kartuschen mit verflüssigtem entzündbarem Gas**

→ *1.6.2.11*

**6.2.6.1 Auslegung und Bau**

**6.2.6.1.1 [Werkstoff]**

Druckgaspackungen (UN-Nummer 1950), die nur ein Gas oder Gasgemisch enthalten, und Gefäße, klein, mit Gas (Gaspatronen) (UN-Nummer 2037) müssen aus Metall hergestellt sein. Ausgenommen sind Druckgaspackungen (UN-Nummer 1950) und Gefäße, klein, mit Gas (Gaspatronen) (UN-Nummer 2037) bis zu einem Fassungsraum von 100 ml für UN 1011 Butan. Andere Druckgaspackungen (UN-Nummer 1950) müssen aus Metall, aus Kunststoff oder aus Glas hergestellt sein. Metallgefäße mit einem Außendurchmesser von mindestens 40 mm müssen einen konkaven Boden haben.

**6.2.6.1.2 [Höchster Fassungsraum]**

Gefäße aus Metall dürfen einen Fassungsraum von höchstens 1 000 ml, solche aus Kunststoff oder Glas von höchstens 500 ml haben.

**6.2.6.1.3 [Flüssigkeitsdruckprüfung]**

Jedes Baumuster von Gefäßen (Druckgaspackung oder Gaspatrone) muss vor der Inbetriebnahme einer Flüssigkeitsdruckprüfung nach Unterabschnitt 6.2.6.2 genügen.

**6.2.6.1.4 [Entnahmeventile, Zerstäubungseinrichtungen]**

Die Entnahmeventile und Zerstäubungseinrichtungen der Druckgaspackungen der UN-Nummer 1950 und die Entnahmeventile der Gaspatronen der UN-Nummer 2037 müssen einen dichten Verschluss der Gefäße gewährleisten und sind gegen unbeabsichtigtes Öffnen zu schützen. Die Entnahmeventile und Zerstäubungseinrichtungen, die nur auf Innendruck schließen, sind nicht zugelassen.

**6.2.6.1.5 [Höchster innerer Druck, max. Füllungsdruck]**

Der innere Druck von Druckgaspackungen darf bei 50 °C 1,2 MPa (12 bar) bei verflüssigten entzündbaren Gasen, 1,32 MPa (13,2 bar) bei verflüssigten nicht entzündbaren Gasen und 1,5 MPa (15 bar) bei verdichteten oder gelösten nicht entzündbaren Gasen nicht überschreiten. Bei einem Gemisch aus mehreren Gasen gilt der strengere Grenzwert. Sie dürfen bei 50 °C zu höchstens 95 % ihres Fassungsraumes mit flüssiger Phase gefüllt sein. Gefäße, klein, mit Gas (Gaspatronen) müssen den Prüfdruck- und Befüllungsvorschriften der Verpackungsanweisung P200 des Unterabschnitts 4.1.4.1 entsprechen. Darüber hinaus darf das Produkt aus Prüfdruck und dem mit Wasser ausgeliterten Fassungsraum nicht größer als

30 bar·Liter für verflüssigte Gase bzw. 54 bar·Liter für verdichtete Gase und der Prüfdruck für verflüssigte Gase nicht größer als 250 bar und für verdichtete Gase nicht größer als 450 bar sein. 6.2.6.1.5 (Forts.)

**Flüssigkeitsdruckprüfung** 6.2.6.2

**[Innerer Druck]** 6.2.6.2.1

Der anzuwendende innere Druck (Prüfdruck) muss das 1,5fache des Innendrucks bei 50 °C, mindestens aber 1 MPa (10 bar) betragen.

**[Prüfverfahren]** 6.2.6.2.2

An mindestens fünf leeren Gefäßen jedes Baumusters sind Flüssigkeitsdruckprüfungen durchzuführen:

a) bis zum festgelegten Prüfdruck, wobei weder Undichtheiten noch sichtbare bleibende Formänderungen auftreten dürfen, und

b) bis zum Undichtwerden oder Bersten, wobei zunächst ein etwaiger konkaver Boden ausbuchten muss und das Gefäß erst beim 1,2fachen Prüfdruck undicht werden oder bersten darf.

**Dichtheitsprüfung** 6.2.6.3

Jede gefüllte Druckgaspackung, jede Gaspatrone oder jede Brennstoffzellen-Kartusche muss einer Prüfung in einem Heißwasserbad gemäß Absatz 6.2.6.3.1 oder einer zugelassenen Alternative zur Prüfung im Wasserbad gemäß Absatz 6.2.6.3.2 unterzogen werden.

**Prüfung in einem Heißwasserbad** 6.2.6.3.1

**[Prüfverfahren]** 6.2.6.3.1.1

Die Temperatur des Wasserbades und die Dauer der Prüfung sind so zu wählen, dass der Innendruck mindestens den Wert erreicht, der bei 55 °C (50 °C, wenn die flüssige Phase bei 50 °C nicht mehr als 95 % des Fassungsraums der Druckgaspackung, der Gaspatrone oder der Brennstoffzellen-Kartusche einnimmt) erreicht werden würde. Wenn der Inhalt wärmeempfindlich ist oder die Druckgaspackungen, Gaspatronen oder Brennstoffzellen-Kartuschen aus Kunststoff hergestellt sind, der bei dieser Temperatur weich wird, ist die Temperatur des Wasserbades zwischen 20 °C und 30 °C einzustellen, wobei jedoch außerdem eine von 2 000 Druckgaspackungen, Gaspatronen oder Brennstoffzellen-Kartuschen bei der höheren Temperatur zu prüfen ist.

**[Kriterien]** 6.2.6.3.1.2

An einer Druckgaspackung, Gaspatrone oder Brennstoffzellen-Kartusche dürfen weder Undichtheiten noch bleibende Verformungen auftreten, mit der Ausnahme, dass Druckgaspackungen, Gaspatronen oder Brennstoffzellen-Kartuschen aus Kunststoff sich durch Weichwerden verformen dürfen, sofern sie dicht bleiben.

**Alternative Methoden** 6.2.6.3.2

Mit Zustimmung der zuständigen Behörde dürfen alternative Methoden, die ein gleichwertiges Sicherheitsniveau gewährleisten, angewendet werden, vorausgesetzt, die Vorschriften des Absatzes 6.2.6.3.2.1 und des Absatzes 6.2.6.3.2.2 bzw. 6.2.6.3.2.3 werden erfüllt.

**Qualitätssicherungssystem** 6.2.6.3.2.1

Die Befüller von Druckgaspackungen, Gaspatronen oder Brennstoffzellen-Kartuschen und die Hersteller von Bauteilen für Druckgaspackungen, Gaspatronen oder Brennstoffzellen-Kartuschen müssen über ein Qualitätssicherungssystem verfügen. Das Qualitätssicherungssystem muss Verfahren zur Anwendung bringen, um sicherzustellen, dass alle Druckgaspackungen, Gaspatronen oder Brennstoffzellen-Kartuschen, die undicht oder verformt sind, aussortiert und nicht zur Beförderung aufgegeben werden.

Das Qualitätssicherungssystem muss Folgendes umfassen:

a) eine Beschreibung der Organisationsstruktur und der Verantwortlichkeiten;

b) die entsprechenden Anweisungen, die für die Prüfung, die Qualitätskontrolle, die Qualitätssicherung und die Arbeitsabläufe verwendet werden;

c) Qualitätsaufzeichnungen, wie Prüfberichte, Prüf- und Kalibrierungsdaten und Nachweise;

d) Überprüfungen durch die Geschäftsleitung, um die erfolgreiche Wirkungsweise des Qualitätssicherungssystems sicherzustellen;

6.2.6.3.2.1 (Forts.)

e) ein Verfahren für die Kontrolle der Dokumente und deren Überarbeitung;

f) ein Mittel für die Kontrolle nicht konformer Druckgaspackungen, Gaspatronen oder Brennstoffzellen-Kartuschen;

g) Schulungsprogramme und Qualifizierungsverfahren für das betroffene Personal und

h) Verfahren, um sicherzustellen, dass am Endprodukt keine Schäden vorhanden sind.

Es sind eine erstmalige Nachprüfung (Audit) und wiederkehrende Nachprüfungen zur Zufriedenheit der zuständigen Behörde durchzuführen. Diese Nachprüfungen müssen sicherstellen, dass das zugelassene System geeignet und effizient ist und bleibt. Die zuständige Behörde ist vorab über alle vorgeschlagenen Änderungen am zugelassenen System in Kenntnis zu setzen.

**6.2.6.3.2.2 Druckgaspackungen**

**6.2.6.3.2.2.1 Druck- und Dichtheitsprüfung von Druckgaspackungen vor dem Befüllen**

Jede leere Druckgaspackung muss einem Druck ausgesetzt werden, der mindestens so hoch sein muss, wie der bei 55 °C (50 °C, wenn die flüssige Phase bei 50 °C nicht mehr als 95 % des Fassungsraums der Druckgaspackung einnimmt) in einer gefüllten Druckgaspackung erwartete Druck. Dieser muss mindestens zwei Drittel des Auslegungsdrucks der Druckgaspackung betragen. Wenn eine Druckgaspackung beim Prüfdruck Anzeichen einer Undichtheit von mindestens $3{,}3 \times 10^{-2}$ $mbar \cdot l \cdot s^{-1}$, von Verformungen oder anderer Mängel aufweist, muss sie aussortiert werden.

**6.2.6.3.2.2.2 Prüfung der Druckgaspackung nach dem Befüllen**

*→ D: § 22 (1) 3*

Vor dem Befüllen muss der Befüller sicherstellen, dass die Crimp-Einrichtung richtig eingestellt ist und das festgelegte Treibmittel verwendet wird.

Jede befüllte Druckgaspackung muss gewogen und auf Dichtheit geprüft werden. Die Einrichtung zur Feststellung von Undichtheiten muss genügend empfindlich sein, um bei 20 °C mindestens eine Undichtheit von $2{,}0 \times 10^{-3}$ $mbar \cdot l \cdot s^{-1}$ festzustellen.

Alle Druckgaspackungen, die Anzeichen einer Undichtheit, einer Verformung oder einer überhöhten Masse aufweisen, müssen aussortiert werden.

**6.2.6.3.2.3 Gaspatronen und Brennstoffzellen-Kartuschen**

**6.2.6.3.2.3.1 Druckprüfung von Gaspatronen und Brennstoffzellen-Kartuschen**

Jede Gaspatrone oder jede Brennstoffzellen-Kartusche muss einem Prüfdruck ausgesetzt werden, der mindestens so hoch sein muss, wie der bei 55 °C (50 °C, wenn die flüssige Phase bei 50 °C nicht mehr als 95 % des Fassungsraums des Gefäßes einnimmt) im gefüllten Gefäß erwartete höchste Druck. Dieser Prüfdruck muss dem für die Gaspatrone oder Brennstoffzellen-Kartusche festgelegten Druck entsprechen und muss mindestens zwei Drittel des Auslegungsdrucks der Gaspatrone oder der Brennstoffzellen-Kartusche betragen. Wenn eine Gaspatrone oder Brennstoffzellen-Kartusche beim Prüfdruck Anzeichen einer Undichtheit von mindestens $3{,}3 \times 10^{-2}$ $mbar \cdot l \cdot s^{-1}$, von Verformungen oder anderer Mängel aufweist, muss sie aussortiert werden.

**6.2.6.3.2.3.2 Dichtheitsprüfung von Gaspatronen und Brennstoffzellen-Kartuschen**

Vor dem Befüllen und Abdichten muss der Befüller sicherstellen, dass die (gegebenenfalls vorhandenen) Verschlüsse und die dazugehörige Dichtungseinrichtung entsprechend verschlossen sind und das festgelegte Gas verwendet wird.

Jede befüllte Gaspatrone oder Brennstoffzellen-Kartusche muss auf korrekte Gasmasse und auf Dichtheit geprüft werden. Die Einrichtung zur Feststellung von Undichtheiten muss genügend empfindlich sein, um bei 20 °C mindestens eine Undichtheit von $2{,}0 \times 10^{-3}$ $mbar \cdot l \cdot s^{-1}$ festzustellen.

Alle Gaspatronen oder Brennstoffzellen-Kartuschen, deren Gasmasse nicht mit den ausgewiesenen Massengrenzwerten übereinstimmt oder die Anzeichen einer Undichtheit oder einer Verformung aufweisen, müssen aussortiert werden.

**6.2.6.3.3 [Prüfungsbefreiung]**

Mit Zustimmung der zuständigen Behörde unterliegen Druckgaspackungen und Gefäße, klein, nicht den Vorschriften der Unterabschnitte 6.2.6.3.1 und 6.2.6.3.2, wenn sie steril sein müssen, jedoch durch eine Prüfung im Wasserbad nachteilig beeinflusst werden können, vorausgesetzt:

a) sie enthalten ein nicht entzündbares Gas und 6.2.6.3.3 (Forts.)
   (i) sie enthalten entweder andere Stoffe, die Bestandteile pharmazeutischer Produkte für medizinische, veterinärmedizinische oder ähnliche Zwecke sind, oder
   (ii) sie enthalten andere Stoffe, die im Herstellungsverfahren für pharmazeutische Produkte verwendet werden, oder
   (iii) sie werden in medizinischen, veterinärmedizinischen oder ähnlichen Anwendungen eingesetzt;

b) durch die vom Hersteller verwendeten alternativen Methoden für die Feststellung von Undichtheiten und für die Druckfestigkeit wird ein gleichwertiges Sicherheitsniveau erreicht, wie Heliumnachweis und Prüfung einer statistischen Probe von mindestens 1 von 2 000 jeder Fertigungscharge im Wasserbad, und

c) sie werden für pharmazeutische Produkte gemäß den Absätzen a) (i) und (iii) unter der Ermächtigung einer staatlichen Gesundheitsverwaltung hergestellt. Sofern dies von der zuständigen Behörde vorgeschrieben wird, müssen die von der Weltgesundheitsorganisation (WHO)[6] aufgestellten Grundsätze der „guten Herstellungspraxis" (GMP) eingehalten werden.

**Verweis auf Normen** 6.2.6.4

Die grundlegenden Bestimmungen dieses Abschnitts gelten bei Anwendung nachstehender Normen als erfüllt:

- für UN 1950 Druckgaspackungen: Anhang der Richtlinie des Rates 75/324/EWG[7] in der geänderten und zum Zeitpunkt der Herstellung geltenden Fassung
- für UN 2037 Gefäße, klein, mit Gas (Gaspatronen), die UN 1965 Kohlenwasserstoffgas, Gemisch, verflüssigt, n.a.g., enthalten: EN 417:2012 Metallene Einwegkartuschen für Flüssiggas, mit und ohne Entnahmeventil, zum Betrieb von tragbaren Geräten; Herstellung, Prüfungen und Kennzeichnung
- für UN 2037 Gefäße, klein, mit Gas (Gaspatronen), die nicht giftige, nicht entzündbare verdichtete oder verflüssigte Gase enthalten: EN 16509:2014 Ortsbewegliche Gasflaschen – Nicht wiederbefüllbare kleine ortsbewegliche Flaschen aus Stahl mit einem Fassungsraum bis einschließlich 120 ml für verdichtete oder verflüssigte Gase (Kompaktflaschen) – Auslegung, Bau, Füllung und Prüfung. Zusätzlich zu den in dieser Norm vorgeschriebenen Kennzeichen muss die Gaspatrone mit „UN 2037/EN 16509" gekennzeichnet sein.

---

[6] WHO-Veröffentlichung: „Quality assurance of pharmaceuticals. A compendium of guidelines and related materials. Volume 2: Good manufacturing practices and inspection" (Qualitätssicherung pharmazeutischer Produkte. Eine Übersicht von Richtlinien und ähnlichen Dokumenten. Band 2: Gute Herstellungspraxis und Inspektion).

[7] Richtlinie 75/324/EWG des Rates der Europäischen Gemeinschaften vom 20. Mai 1975 zur Angleichung der Rechtsvorschriften der Mitgliedstaaten (der Europäischen Gemeinschaften) über Aerosolpackungen, veröffentlicht im Amtsblatt der Europäischen Gemeinschaften Nr. L 147 vom 9. Juni 1975.

→ D: § 8 (1) 3, 4
→ D: § 8 (2)

# Kapitel 6.3
# Bau- und Prüfvorschriften für Verpackungen für ansteckungsgefährliche Stoffe der Kategorie A der Klasse 6.2 (UN-Nummern 2814 und 2900)

**Bem.** Die Vorschriften dieses Kapitels gelten nicht für Verpackungen, die gemäß Unterabschnitt 4.1.4.1 Verpackungsanweisung P621 für die Beförderung von Stoffen der Klasse 6.2 verwendet werden.

## 6.3.1 Allgemeines

### 6.3.1.1 [Anwendbarkeit]

Die Vorschriften dieses Kapitels gelten für Verpackungen zur Beförderung von ansteckungsgefährlichen Stoffen der Kategorie A (UN-Nummern 2814 und 2900).

## 6.3.2 Vorschriften für Verpackungen

### 6.3.2.1 [Verwendung gleichwertiger Verpackungen]

→ 6.3.3.2

Die Vorschriften in diesem Abschnitt stützen sich auf die derzeit verwendeten Verpackungen, wie sie in Abschnitt 6.1.4 definiert sind. Um den wissenschaftlichen und technischen Fortschritt zu berücksichtigen, dürfen Verpackungen verwendet werden, deren Spezifikationen von denen in diesem Kapitel abweichen, vorausgesetzt, sie sind ebenso wirksam, von der zuständigen Behörde anerkannt und in der Lage, die in Abschnitt 6.3.5 beschriebenen Vorschriften erfolgreich zu erfüllen. Andere als die im ADR beschriebenen Prüfverfahren sind zulässig, vorausgesetzt, sie sind gleichwertig und von der zuständigen Behörde anerkannt.

### 6.3.2.2 [Qualitätssicherungsprogramm]

→ D: BAM-GGR 001

Die Verpackungen müssen nach einem von der zuständigen Behörde als zufrieden stellend erachteten Qualitätssicherungsprogramm hergestellt und geprüft sein, um sicherzustellen, dass jede Verpackung den Vorschriften dieses Kapitels entspricht.

**Bem.** Die Norm ISO 16106:2020 „Verpackungen zur Beförderung gefährlicher Güter – Gefahrgutverpackungen, Großpackmittel (IBC) und Großverpackungen – Leitfaden für die Anwendung der ISO 9001" enthält zufrieden stellende Leitlinien für Verfahren, die angewendet werden dürfen.

### 6.3.2.3 [Informationspflicht]

Hersteller und nachfolgende Verteiler von Verpackungen müssen Informationen über die zu befolgenden Verfahren sowie eine Beschreibung der Arten und Abmessungen der Verschlüsse (einschließlich der erforderlichen Dichtungen) und aller anderen Bestandteile liefern, die notwendig sind, um sicherzustellen, dass die versandfertigen Versandstücke in der Lage sind, die anwendbaren Qualitätsprüfungen dieses Kapitels zu erfüllen.

## 6.3.3 Codierung für die Bezeichnung des Verpackungstyps

### 6.3.3.1 [Grundsatz]

Die Codes für die Bezeichnung des Verpackungstyps sind in Unterabschnitt 6.1.2.7 aufgeführt.

### 6.3.3.2 [Sonderverpackung, abweichende Spezifikation]

Auf den Verpackungscode kann der Buchstabe „U" oder „W" folgen. Der Buchstabe „U" bezeichnet eine Sonderverpackung nach Absatz 6.3.5.1.6. Der Buchstabe „W" bedeutet, dass die Verpackung zwar dem durch den Code bezeichneten Verpackungstyp angehört, jedoch nach einer von Abschnitt 6.1.4 abweichenden Spezifikation hergestellt wurde und nach den Vorschriften des Unterabschnitts 6.3.2.1 als gleichwertig gilt.

## 6.3.4 Kennzeichnung

→ D: § 25 (1) 1

**Bem.**
1. Die Kennzeichen auf der Verpackung geben an, dass diese einer erfolgreich geprüften Bauart entspricht und die Vorschriften dieses Kapitels erfüllt, soweit diese sich auf die Herstellung und nicht auf die Verwendung der Verpackung beziehen.
2. Die Kennzeichen sind dazu bestimmt, die Aufgaben der Verpackungshersteller, der Rekonditionierer, der Verpackungsverwender, der Beförderer und der Regelungsbehörden zu erleichtern.

3. Die Kennzeichen liefern nicht immer vollständige Einzelheiten beispielsweise über das Prüfniveau; es kann daher notwendig sein, diesem Gesichtspunkt auch unter Bezugnahme auf ein Prüfzertifikat, Prüfberichte oder ein Verzeichnis erfolgreich geprüfter Verpackungen Rechnung zu tragen. 6.3.4 (Forts.)

**[Anbringung und Beschaffenheit der Kennzeichnung]** 6.3.4.1

Jede Verpackung, die für eine Verwendung gemäß ADR vorgesehen ist, muss mit Kennzeichen versehen sein, die dauerhaft und lesbar und an einer Stelle in einem zur Verpackung verhältnismäßigen Format so angebracht sind, dass sie gut sichtbar sind. Bei Versandstücken mit einer Bruttomasse von mehr als 30 kg müssen die Kennzeichen oder ein Doppel davon auf der Oberseite oder auf einer Seite der Verpackung erscheinen. Die Buchstaben, Ziffern und Zeichen müssen eine Zeichenhöhe von mindestens 12 mm haben, ausgenommen an Verpackungen mit einem Fassungsraum von höchstens 30 Litern oder einer Nettomasse von höchstens 30 kg, bei denen die Zeichenhöhe mindestens 6 mm betragen muss, und ausgenommen an Verpackungen mit einem Fassungsraum von höchstens 5 Litern oder einer Nettomasse von höchstens 5 kg, bei denen sie eine angemessene Größe aufweisen müssen.

**[Beschreibung]** 6.3.4.2

Verpackungen, die den Vorschriften dieses Abschnitts und des Abschnitts 6.3.5 entsprechen, müssen mit folgenden Kennzeichen versehen sein:

a) dem Symbol der Vereinten Nationen für Verpackungen (u/n); dieses Symbol darf nur zum Zweck der Bestätigung verwendet werden, dass eine Verpackung, ein flexibler Schüttgut-Container, ein ortsbeweglicher Tank oder ein MEGC den entsprechenden Vorschriften des Kapitels 6.1, 6.2, 6.3, 6.5, 6.6, 6.7 oder 6.11 entspricht;

b) dem Code für die Bezeichnung des Verpackungstyps nach Abschnitt 6.1.2;

c) der Angabe „KLASSE 6.2";

d) den letzten beiden Ziffern des Jahres der Herstellung der Verpackung;

e) dem Zeichen des Staates, in dem die Erteilung des Kennzeichens zugelassen wurde, angegeben durch das für Kraftfahrzeuge im internationalen Verkehr verwendete Unterscheidungszeichen[1];

f) dem Namen des Herstellers oder einer sonstigen von der zuständigen Behörde festgelegten Identifizierung der Verpackung und

g) bei Verpackungen, die den Vorschriften des Absatzes 6.3.5.1.6 entsprechen, dem Buchstaben „U" unmittelbar nach dem in Absatz b) vorgeschriebenen Kennzeichen.

**[Reihenfolge der Kennzeichnungselemente]** 6.3.4.3

Die Kennzeichen müssen in der Reihenfolge der Absätze a) bis g) in Unterabschnitt 6.3.4.2 angebracht werden; jedes der in diesen Absätzen vorgeschriebenen Kennzeichen muss zur leichteren Identifizierung deutlich getrennt werden, z.B. durch einen Schrägstrich oder eine Leerstelle. Beispiele siehe Unterabschnitt 6.3.4.4.

Alle zusätzlichen, von einer zuständigen Behörde zugelassenen Kennzeichen dürfen die korrekte Identifizierung der in Unterabschnitt 6.3.4.1 vorgeschriebenen Kennzeichen nicht beeinträchtigen.

**[Kennzeichnungsbeispiel]** 6.3.4.4

Beispiel für die Kennzeichnung:

| | | |
|---|---|---|
| (u/n) | 4G/KLASSE 6.2/06/ | nach 6.3.4.2 a), b), c) und d) |
| | S/SP-9989-ERIKSSON | nach 6.3.4.2 e) und f) |

[1] Das für Kraftfahrzeuge und Anhänger im internationalen Straßenverkehr verwendete Unterscheidungszeichen des Zulassungsstaates, z.B. gemäß dem Genfer Übereinkommen über den Straßenverkehr von 1949 oder dem Wiener Übereinkommen über den Straßenverkehr von 1968.

## 6.3.5 Prüfvorschriften für Verpackungen

→ D: BAM-GGR 005

### 6.3.5.1 Durchführung und Wiederholung der Prüfungen

**6.3.5.1.1 [Grundsatz]**

Die Bauart jeder Verpackung muss den in diesem Abschnitt vorgesehenen Prüfungen nach den von der zuständigen Behörde, welche die Zuteilung des Kennzeichens bestätigt hat, festgelegten Verfahren unterzogen und von dieser Behörde zugelassen werden.

**6.3.5.1.2 [Prüfung der Bauart vor der Verwendung]**

Vor der Verwendung muss jede Bauart einer Verpackung die in diesem Kapitel vorgeschriebenen Prüfungen mit Erfolg bestanden haben. Die Bauart der Verpackung wird durch Auslegung, Größe, verwendeten Werkstoff und dessen Dicke, Art der Fertigung und Zusammenbau bestimmt, kann aber auch verschiedene Oberflächenbehandlungen einschließen. Hierzu gehören auch Verpackungen, die sich von der Bauart nur durch ihre geringere Bauhöhe unterscheiden.

**6.3.5.1.3 [Regelmäßige Prüfungen an Mustern aus der Produktion]**

Die Prüfungen müssen mit Mustern aus der Produktion in Abständen durchgeführt werden, die von der zuständigen Behörde festgelegt werden.

**6.3.5.1.4 [Wiederholung der Prüfung nach Änderungen]**

Die Prüfungen müssen auch nach jeder Änderung der Auslegung, des Werkstoffs oder der Art der Fertigung einer Verpackung wiederholt werden.

**6.3.5.1.5 [Geringfügige Abweichungen]**

Die zuständige Behörde kann die selektive Prüfung von Verpackungen zulassen, die sich nur geringfügig von einer bereits geprüften Bauart unterscheiden, z.B. Primärgefäße kleinerer Größe oder geringerer Nettomasse sowie Verpackungen, wie Fässer und Kisten, bei denen ein oder mehrere Außenmaße etwas verringert sind.

**6.3.5.1.6 [Kombinationen]**

Alle Arten von Primärgefäßen dürfen in einer Sekundärverpackung zusammengefasst und unter folgenden Bedingungen ohne Prüfung in der starren Außenverpackung befördert werden:

a) die starre Außenverpackung ist erfolgreich den Prüfungen nach Absatz 6.3.5.2.2 mit zerbrechlichen Primärgefäßen (z.B. aus Glas) unterzogen worden;

b) die gesamte kombinierte Bruttomasse der Primärgefäße darf die Hälfte der Bruttomasse der Primärgefäße, die für die Fallprüfung nach Absatz a) verwendet wurden, nicht überschreiten;

c) die Dicke der Polsterung zwischen den Primärgefäßen und zwischen den Primärgefäßen und der Außenseite der Sekundärverpackung darf nicht geringer sein als die entsprechenden Dicken in der ursprünglich geprüften Verpackung; wenn bei der ursprünglichen Prüfung ein einziges Primärgefäß verwendet wurde, darf die Dicke der Polsterung zwischen den Primärgefäßen nicht geringer sein als die Dicke der Polsterung zwischen der Außenseite der Sekundärverpackung und dem Primärgefäß bei der ursprünglichen Prüfung. Wenn im Vergleich zu den Bedingungen bei der Fallprüfung entweder weniger oder kleinere Primärgefäße verwendet werden, ist zusätzliches Polstermaterial zu verwenden, um die Hohlräume aufzufüllen;

d) die starre Außenverpackung muss in leerem Zustand erfolgreich die Stapeldruckprüfung nach Unterabschnitt 6.1.5.6 bestanden haben. Die Gesamtmasse der gleichen Versandstücke hängt von der kombinierten Masse der Verpackungen, die für die Fallprüfung nach Absatz a) verwendet wurden, ab;

e) Primärgefäße mit flüssigen Stoffen müssen mit einer ausreichenden Menge saugfähigen Materials umgeben sein, um den gesamten flüssigen Inhalt der Primärgefäße aufzusaugen;

f) wenn die starre Außenverpackung für die Aufnahme von Primärgefäßen für flüssige Stoffe vorgesehen ist und selbst nicht flüssigkeitsdicht ist oder wenn die starre Außenverpackung für die Aufnahme von Primärgefäßen für feste Stoffe vorgesehen ist und selbst nicht staubdicht ist, müssen Maßnahmen in Form einer dichten Innenauskleidung, eines Kunststoffsacks oder eines anderen ebenso wirksamen Mittels zur Umschließung getroffen werden, um bei einer Undichtheit alle flüssigen oder festen Stoffe zurückzuhalten;

g) neben den Kennzeichen gemäß Unterabschnitt 6.3.4.2 a) bis f) sind die Verpackungen mit dem Kennzeichen gemäß Unterabschnitt 6.3.4.2 g) zu versehen. **6.3.5.1.6** (Forts.)

**[Behördlich verlangte Prüfung aus der Serienherstellung]** **6.3.5.1.7**

Die zuständige Behörde kann jederzeit verlangen, dass durch Prüfungen nach diesem Abschnitt nachgewiesen wird, dass die Verpackungen aus der Serienherstellung die Vorschriften der Bauartprüfung erfüllen.

**[Mehrere Prüfungen mit einem Muster]** **6.3.5.1.8**

Unter der Voraussetzung, dass die Gültigkeit der Prüfergebnisse nicht beeinträchtigt wird, und mit Zustimmung der zuständigen Behörde dürfen mehrere Prüfungen mit einem einzigen Muster durchgeführt werden.

**Vorbereitung der Verpackungen für die Prüfungen** **6.3.5.2**

**[Füllung, Ersatzstoff]** **6.3.5.2.1**

Die Prüfmuster der Verpackungen sind versandfertig vorzubereiten, mit der Ausnahme, dass ein ansteckungsgefährlicher flüssiger oder fester Stoff durch Wasser oder, wenn eine Temperierung auf −18 °C vorgeschrieben ist, durch Wasser mit Frostschutzmittel zu ersetzen ist. Jedes Primärgefäß muss zu mindestens 98 % seines Fassungsraumes gefüllt sein.

**Bem.** Der Begriff Wasser umfasst Wasser/Frostschutzmittel-Lösungen mit einer relativen Dichte von mindestens 0,95 für die Prüfung bei −18 °C.

**Vorgeschriebene Prüfungen und Anzahl der Prüfmuster** **6.3.5.2.2**

**Für Verpackungstypen vorgeschriebene Prüfungen**

| Verpackungstyp[a] | | | vorgeschriebene Prüfungen | | | | | |
|---|---|---|---|---|---|---|---|---|
| starre Außenverpackung | Primärgefäß | | Beregnung mit Wasser 6.3.5.3.5.1 | Konditionierung unter Kälte 6.3.5.3.5.2 | Fall 6.3.5.3 | zusätzlicher Fall 6.3.5.3.5.3 | Durchstoßen 6.3.5.4 | Stapel 6.1.5.6 |
| | Kunststoff | anderer Werkstoff | Anzahl der Prüfmuster | | | | | |
| Kiste aus Pappe | X | | 5 | 5 | 10 | an einem Prüfmuster vorgeschrieben, wenn die Verpackung für die Aufnahme von Trockeneis vorgesehen ist | 2 | an drei Prüfmustern bei der Prüfung einer gemäß 6.3.5.1.6 mit „U" gekennzeichneten Verpackung für besondere Vorschriften vorgeschrieben |
| | | X | 5 | 0 | 5 | | 2 | |
| Fass aus Pappe | X | | 3 | 3 | 6 | | 2 | |
| | | X | 3 | 0 | 3 | | 2 | |
| Kiste aus Kunststoff | X | | 0 | 5 | 5 | | 2 | |
| | | X | 0 | 5 | 5 | | 2 | |
| Fass/Kanister aus Kunststoff | X | | 0 | 3 | 3 | | 2 | |
| | | X | 0 | 3 | 3 | | 2 | |
| Kiste aus anderem Werkstoff | X | | 0 | 5 | 5 | | 2 | |
| | | X | 0 | 0 | 5 | | 2 | |
| Fass/Kanister aus anderem Werkstoff | X | | 0 | 3 | 3 | | 2 | |
| | | X | 0 | 0 | 3 | | 2 | |

[a] Der „Verpackungstyp" kategorisiert Verpackungen für Prüfzwecke nach der Art der Verpackung und ihren Werkstoffeigenschaften.

**Bem.** 1. In den Fällen, in denen das Primärgefäß aus mindestens zwei Werkstoffen besteht, bestimmt der Werkstoff, der am leichtesten zur Beschädigung neigt, die anzuwendende Prüfung.

2. Der Werkstoff der Sekundärverpackungen bleibt bei der Auswahl der Prüfung oder der Konditionierung für die Prüfung unberücksichtigt.

Erläuterung zur Anwendung der Tabelle:

Wenn die zu prüfende Verpackung aus einer äußeren Kiste aus Pappe mit einem Primärgefäß aus Kunststoff besteht, müssen fünf Prüfmuster vor der Fallprüfung der Beregnungsprüfung mit Wasser (siehe Absatz 6.3.5.3.5.1 ) unterzogen werden und weitere fünf Prüfmuster müssen vor der Fallprüfung auf −18 °C

6.3.5.2.2 (Forts.) konditioniert werden (siehe Absatz 6.3.5.3.5.2 ). Wenn die Verpackung für die Aufnahme von Trockeneis vorgesehen ist, muss ein weiteres einzelnes Prüfmuster gemäß Absatz 6.3.5.3.5.3 der Fallprüfung unterzogen werden.

Versandfertige Verpackungen sind den Prüfungen nach den Unterabschnitten 6.3.5.3 und 6.3.5.4 zu unterziehen. Für Außenverpackungen beziehen sich die Eintragungen in der Tabelle auf Pappe oder ähnliche Werkstoffe, deren Leistungsfähigkeit durch Feuchtigkeit schnell beeinträchtigt werden kann, auf Kunststoffe, die bei niedrigen Temperaturen spröde werden können, und auf andere Werkstoffe wie Metalle, deren Leistungsfähigkeit durch Feuchtigkeit oder Temperatur nicht beeinträchtigt wird.

**6.3.5.3 Fallprüfung**

**6.3.5.3.1 Fallhöhe und Aufprallplatte**

Die Prüfmuster sind Freifallversuchen auf eine nicht federnde, horizontale, ebene, massive und starre Oberfläche aus einer Höhe von 9 m gemäß Absatz 6.1.5.3.4 zu unterziehen.

**6.3.5.3.2 Anzahl der Prüfmuster und Fallausrichtung**

**6.3.5.3.2.1 [Kiste als Prüfmuster]**

Wenn die Prüfmuster die Form einer Kiste haben, sind fünf Muster fallen zu lassen, und zwar jeweils eines in folgender Ausrichtung:

a) flach auf den Boden,
b) flach auf das Oberteil,
c) flach auf die längste Seite,
d) flach auf die kürzeste Seite,
e) auf eine Ecke.

**6.3.5.3.2.2 [Fass als Prüfmuster]**

Wenn die Prüfmuster die Form eines Fasses oder eines Kanisters haben, sind drei Muster fallen zu lassen, und zwar jeweils eines in folgender Ausrichtung:

a) diagonal auf die obere Kante, wobei der Schwerpunkt direkt über der Aufprallstelle liegt,
b) diagonal auf die untere Kante,
c) flach auf den Mantel oder die Seite.

**6.3.5.3.3 [Ausrichtung]**

Die Prüfmuster müssen in der vorgeschriebenen Ausrichtung fallen gelassen werden, es ist jedoch zulässig, dass der Aufprall aus aerodynamischen Gründen nicht in dieser Ausrichtung erfolgt.

**6.3.5.3.4 [Bestehenskriterium]**

Nach der jeweiligen Fallversuchsreihe darf aus dem (den) Primärgefäß(en), das (die) durch das Polstermaterial/saugfähige Material in der Sekundärverpackung geschützt bleiben muss (müssen), nichts nach außen gelangen.

**6.3.5.3.5 Besondere Vorbereitung der Prüfmuster für die Fallprüfung**

**6.3.5.3.5.1 Pappe – Beregnungsprüfung mit Wasser**

Außenverpackungen aus Pappe: Das Prüfmuster muss mindestens eine Stunde einer Beregnung mit Wasser unterzogen werden, die eine Regeneinwirkung von ungefähr 5 cm je Stunde simuliert. Es ist danach der unter Absatz 6.3.5.3.1 beschriebenen Prüfung zu unterziehen.

**6.3.5.3.5.2 Kunststoff – Konditionierung unter Kälte**

Primärgefäße oder Außenverpackungen aus Kunststoff: Die Temperatur des Prüfmusters und seines Inhalts ist mindestens 24 Stunden auf –18 °C oder darunter zu reduzieren; innerhalb von 15 Minuten nach der Entfernung aus dieser Umgebung ist das Prüfmuster der in Absatz 6.3.5.3.1 beschriebenen Prüfung zu unterziehen. Enthält das Prüfmuster Trockeneis, ist die Dauer der Konditionierung auf vier Stunden zu verkürzen.

**Versandstücke, die für die Aufnahme von Trockeneis vorgesehen sind – Zusätzliche Fallprüfung** 6.3.5.3.5.3

Wenn die Verpackung für die Aufnahme von Trockeneis vorgesehen ist, ist eine zusätzliche Prüfung zu der Prüfung nach Absatz 6.3.5.3.1 und gegebenenfalls zusätzlich zu den Prüfungen nach Absatz 6.3.5.3.5.1 oder 6.3.5.3.5.2 durchzuführen. Ein Prüfmuster ist so zu lagern, dass das Trockeneis vollständig entweicht, und anschließend in einer der in Absatz 6.3.5.3.2.1 bzw. 6.3.5.3.2.2 beschriebenen Ausrichtungen, bei der die Gefahr des Zubruchgehens der Verpackung am größten ist, fallen zu lassen.

**Durchstoßprüfung** 6.3.5.4

**Verpackungen mit einer Bruttomasse von höchstens 7 kg** 6.3.5.4.1

Die Prüfmuster sind auf eine harte und ebene Oberfläche zu legen. Eine zylindrische Stange aus Stahl mit einer Masse von mindestens 7 kg, einem Durchmesser von 38 mm und einem Aufprallende mit einem Radius von höchstens 6 mm (siehe Abbildung 6.3.5.4.2) ist in freiem senkrechtem Fall aus einer Höhe von 1 m, gemessen vom Aufprallende bis zur Aufprallfläche des Prüfmusters, fallen zu lassen. Ein Prüfmuster ist auf seine Grundfläche zu legen, ein zweites rechtwinklig zur Lage des ersten. Die Stahlstange ist jeweils so auszurichten, dass das (die) Primärgefäß(e) getroffen wird (werden). Bei jedem Aufprall ist ein Durchstoßen der Sekundärverpackung zulässig, vorausgesetzt, aus dem (den) Primärgefäß(en) gelangt nichts nach außen.

**Verpackungen mit einer Bruttomasse von mehr als 7 kg** 6.3.5.4.2

Die Prüfmuster sind auf das Ende einer zylindrischen Stange aus Stahl fallen zu lassen. Die Stange muss senkrecht in einer harten und ebenen Oberfläche eingesetzt sein. Sie muss einen Durchmesser von 38 mm haben, und der Radius des oberen Endes darf nicht größer sein als 6 mm (siehe Abbildung 6.3.5.4.2). Die Stange muss aus der Oberfläche mindestens so weit herausragen, wie es dem Abstand zwischen dem Mittelpunkt des Primärgefäßes (der Primärgefäße) und der Außenfläche der Außenverpackung entspricht, mindestens jedoch 200 mm. Ein Prüfmuster ist mit seiner Oberseite nach unten in senkrechtem freiem Fall aus einer Höhe von 1 m, gemessen vom oberen Ende der Stahlstange, fallen zu lassen. Ein zweites Muster ist aus der gleichen Höhe rechtwinklig zur Lage des ersten Musters fallen zu lassen. Die Verpackung ist jeweils so auszurichten, dass die Stahlstange in der Lage wäre, das (die) Primärgefäß(e) zu durchdringen. Bei jedem Aufprall ist ein Eindringen in die Sekundärverpackung zulässig, vorausgesetzt, aus dem (den) Primärgefäß(en) gelangt nichts nach außen.

**Abbildung 6.3.5.4.2**

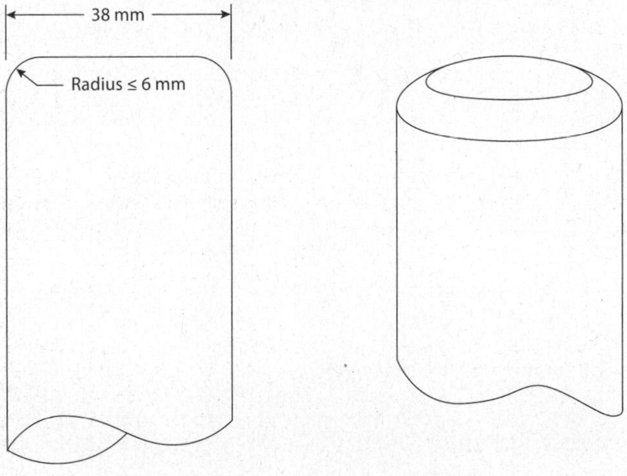

**6.3.5.5 Prüfbericht**

**6.3.5.5.1 [Inhalt]**

Über die Prüfung ist ein schriftlicher Prüfbericht zu erstellen, der mindestens folgende Angaben enthält und der den Benutzern der Verpackung zur Verfügung stehen muss:

1. Name und Adresse der Prüfeinrichtung;
2. Name und Adresse des Antragstellers (soweit erforderlich);
3. eine nur einmal vergebene Prüfbericht-Kennnummer;
4. Datum der Prüfung und des Prüfberichts;
5. Hersteller der Verpackung;
6. Beschreibung der Verpackungsbauart (z.B. Abmessungen, Werkstoffe, Verschlüsse, Wanddicke usw.) einschließlich des Herstellungsverfahrens (z. B. Blasformverfahren), gegebenenfalls mit Zeichnung(en) und/oder Foto(s);
7. höchster Fassungsraum;
8. Prüfinhalt;
9. Beschreibung der Prüfung und Prüfergebnisse;
10. der Prüfbericht muss mit Namen und Funktionsbezeichnung des Unterzeichners unterschrieben sein.

**6.3.5.5.2 [Geltungsvorbehalt]**

Der Prüfbericht muss Erklärungen enthalten, dass die versandfertige Verpackung in Übereinstimmung mit den anwendbaren Vorschriften dieses Kapitels geprüft worden ist und dass dieser Prüfbericht bei Anwendung anderer Verpackungsmethoden oder bei Verwendung anderer Verpackungsbestandteile ungültig werden kann. Eine Ausfertigung des Prüfberichts ist der zuständigen Behörde zur Verfügung zu stellen.

# Kapitel 6.4
# Vorschriften für den Bau, die Prüfung und die Zulassung von Versandstücken für radioaktive Stoffe sowie für die Zulassung solcher Stoffe

→ 1.6.6.1 ff.
→ D: § 8 (1) 7 ff.
→ D: § 8 (2)

(bleibt offen) 6.4.1

**Allgemeine Vorschriften** 6.4.2

**[Grundanforderung]** 6.4.2.1

→ D: BAM-GGR 011

Ein Versandstück muss im Hinblick auf seine Masse, sein Volumen und seine Form so ausgelegt sein, dass es leicht und sicher befördert werden kann. Außerdem muss das Versandstück so ausgelegt sein, dass es in oder auf dem Fahrzeug während der Beförderung wirksam gesichert werden kann.

**[Bauart]** 6.4.2.2

Die Bauart muss so beschaffen sein, dass alle Lastanschlagpunkte am Versandstück bei vorgesehener Benutzung nicht versagen und dass im Falle des Versagens das Versandstück andere Vorschriften dieser Anlage unbeeinträchtigt erfüllt. Die Bauart muss einen genügenden Sicherheitsbeiwert vorsehen, um ruckweisem Anheben Rechnung zu tragen.

**[Lastanschlagpunkte]** 6.4.2.3

Lastanschlagpunkte oder andere Vorrichtungen an der Außenfläche des Versandstücks, die zum Anheben verwendet werden können, müssen entweder so ausgelegt sein, dass sie die Masse des Versandstücks gemäß den Vorschriften des Unterabschnitts 6.4.2.2 tragen können, oder abnehmbar sein oder anderweitig während der Beförderung außer Funktion gesetzt werden.

**[Vorstehende Bauteile]** 6.4.2.4

Soweit durchführbar, muss die Verpackung so ausgelegt sein, dass die äußere Oberfläche frei von vorstehenden Bauteilen ist und leicht dekontaminiert werden kann.

**[Pfützenbildung]** 6.4.2.5

Soweit durchführbar, muss die Außenseite des Versandstücks so beschaffen sein, dass Wasser nicht angesammelt und zurückgehalten werden kann.

**[Zusätzliche Teile]** 6.4.2.6

Alle Teile, die dem Versandstück bei der Beförderung beigefügt werden und nicht Bestandteil des Versandstücks sind, dürfen dessen Sicherheit nicht beeinträchtigen.

**[Dynamische Belastungen, Verbindungen]** 6.4.2.7

Das Versandstück muss den Einwirkungen von Beschleunigung, Schwingung oder Schwingungsresonanz, die unter Routine-Beförderungsbedingungen auftreten können, ohne Beeinträchtigung der Wirksamkeit der Verschlussvorrichtungen der verschiedenen Behälter oder der Unversehrtheit des Versandstücks als Ganzes standhalten können. Insbesondere müssen Muttern, Schrauben und andere Befestigungsmittel so beschaffen sein, dass sie sich auch nach wiederholtem Gebrauch nicht unbeabsichtigt lösen oder verloren gehen.

**[Einfluss der Alterung]** 6.4.2.8

Bei der Auslegung des Versandstücks müssen Alterungsmechanismen berücksichtigt werden.

**[Werkstoffverträglichkeit]** 6.4.2.9

Die Werkstoffe der Verpackung und deren Bau- und Strukturteile müssen untereinander und mit dem radioaktiven Inhalt physikalisch und chemisch verträglich sein. Dabei ist auch das Verhalten der Werkstoffe bei Bestrahlung zu berücksichtigen.

**6.4.2.10 [Ventile]**

Alle Ventile, durch die der radioaktive Inhalt entweichen könnte, sind gegen unerlaubten Betrieb zu schützen.

**6.4.2.11 [Temperaturen, Drücke]**

Die Bauart des Versandstücks muss Umgebungstemperaturen und -drücke, wie sie unter Routine-Beförderungsbedingungen wahrscheinlich vorkommen, berücksichtigen.

**6.4.2.12 [Ausreichende Abschirmung]**

Ein Versandstück muss so ausgelegt sein, dass es eine ausreichende Abschirmung bietet, um sicherzustellen, dass unter Routine-Beförderungsbedingungen und mit dem größten radioaktiven Inhalt, für den das Versandstück ausgelegt ist, die Dosisleistung an keinem Punkt der äußeren Oberfläche des Versandstücks die Werte überschreitet, die in den jeweils anwendbaren Absätzen 2.2.7.2.4.1.2, 4.1.9.1.11 und 4.1.9.1.12 unter Berücksichtigung der Sondervorschrift CV33 (3.3) b) und (3.5) des Abschnitts 7.5.11 festgelegt sind.

**6.4.2.13 [Nebengefahren]**

Für radioaktive Stoffe mit anderen gefährlichen Eigenschaften müssen diese bei der Auslegung des Versandstücks berücksichtigt werden; siehe Absätze 2.1.3.5.3 und 4.1.9.1.5.

**6.4.2.14 [Informationspflicht]**

Hersteller und nachfolgende Verteiler von Verpackungen müssen Informationen über die zu befolgenden Verfahren sowie eine Beschreibung der Arten und Abmessungen der Verschlüsse (einschließlich der erforderlichen Dichtungen) und aller anderen Bestandteile liefern, die notwendig sind, um sicherzustellen, dass die versandfertigen Versandstücke in der Lage sind, die anwendbaren Qualitätsprüfungen dieses Kapitels zu erfüllen.

**6.4.3** (bleibt offen)

**6.4.4 Vorschriften für freigestellte Versandstücke**

Ein freigestelltes Versandstück ist so auszulegen, dass die Vorschriften der Unterabschnitte 6.4.2.1 bis 6.4.2.13 und, wenn es spaltbare Stoffe enthält, die durch eine der Vorschriften des Absatzes 2.2.7.2.3.5 a) bis f) zugelassen sind, zusätzlich die Vorschriften des Unterabschnitts 6.4.7.2 erfüllt werden.

**6.4.5 Vorschriften für Industrieversandstücke**

**6.4.5.1 [IP-1, IP-2, IP-3]**

Typ IP-1-, Typ IP-2- und Typ IP-3-Versandstücke sind so auszulegen, dass die Vorschriften des Abschnitts 6.4.2 und des Unterabschnitts 6.4.7.2 erfüllt werden.

**6.4.5.2 [IP-2]**

Ein Typ IP-2-Versandstück muss, wenn es den Prüfungen der Unterabschnitte 6.4.15.4 und 6.4.15.5 unterzogen wird, Folgendes verhindern:

a) den Verlust oder die Verstreuung des radioaktiven Inhalts und

b) einen Anstieg der höchsten Dosisleistung an irgendeiner Stelle der äußeren Oberfläche des Versandstücks von mehr als 20 %.

**6.4.5.3 [IP-3]**

Ein Typ IP-3-Versandstück ist so auszulegen, dass die Vorschriften der Unterabschnitte 6.4.7.2 bis 6.4.7.15 erfüllt werden.

**6.4.5.4 Alternative Vorschriften für Typ IP-2- und Typ IP-3-Versandstücke**

**6.4.5.4.1 [IP-2]**

Versandstücke dürfen unter folgenden Voraussetzungen als Typ IP-2-Versandstücke verwendet werden:

a) sie erfüllen die Vorschriften des Unterabschnitts 6.4.5.1;

b) sie sind so ausgelegt, dass die für die Verpackungsgruppe I oder II genannten Vorschriften des Kapitels 6.1 erfüllt werden, und

c) sie müssen, wenn sie den für die Verpackungsgruppe I oder II in Kapitel 6.1 geforderten Prüfungen unterzogen werden, Folgendes verhindern: 6.4.5.4.1 (Forts.)
   (i) den Verlust oder die Verstreuung des radioaktiven Inhalts und
   (ii) einen Anstieg der höchsten Dosisleistung an irgendeiner Stelle der äußeren Oberfläche des Versandstücks von mehr als 20 %.

**[TC, ortsbewegliche Tanks]** 6.4.5.4.2

Ortsbewegliche Tanks dürfen unter folgenden Voraussetzungen ebenfalls als Typ IP-2- und Typ IP-3-Versandstücke verwendet werden:

a) sie erfüllen die Vorschriften des Unterabschnitts 6.4.5.1;
b) sie sind so ausgelegt, dass die in Kapitel 6.7 genannten Vorschriften erfüllt werden und dass sie einem Prüfdruck von 265 kPa standhalten, und
c) sie sind so ausgelegt, dass jede gegebenenfalls vorhandene zusätzliche Abschirmung den statischen und dynamischen Beanspruchungen bei der Handhabung und Routine-Beförderungsbedingungen standhält und dass ein Anstieg der höchsten Dosisleistung an irgendeiner Stelle der äußeren Oberfläche des ortsbeweglichen Tanks von mehr als 20 % verhindert wird.

**[Tanks]** 6.4.5.4.3

Mit Ausnahme von ortsbeweglichen Tanks dürfen Tanks, wie in Tabelle 4.1.9.2.5 beschrieben, ebenfalls als Typ IP-2- oder Typ IP-3-Versandstücke zur Beförderung von LSA-I- und LSA-II-Stoffen verwendet werden, vorausgesetzt,

a) sie erfüllen die Vorschriften des Unterabschnitts 6.4.5.1;
b) sie sind so ausgelegt, dass die in Kapitel 6.8 genannten Vorschriften erfüllt werden, und
c) sie sind so ausgelegt, dass jede gegebenenfalls vorhandene zusätzliche Abschirmung den statischen und dynamischen Beanspruchungen bei der Handhabung und Routine-Beförderungsbedingungen standhält und dass ein Anstieg der höchsten Dosisleistung an irgendeiner Stelle der äußeren Oberfläche des Tanks von mehr als 20 % verhindert wird.

**[Container]** 6.4.5.4.4

Container mit den Eigenschaften einer dauerhaften Umschließung dürfen unter folgenden Voraussetzungen ebenfalls als Typ IP-2- oder Typ IP-3-Versandstücke verwendet werden:

a) der radioaktive Inhalt ist auf feste Stoffe begrenzt;
b) sie erfüllen die Vorschriften des Unterabschnitts 6.4.5.1 und
c) sie sind so ausgelegt, dass mit Ausnahme von Abmessungen und Gesamtgewichten die ISO-Norm 1496-1:1990 „Series 1 Freight Containers – Specifications and Testing – Part 1: General Cargo Containers" („ISO-Container der Baureihe 1 – Spezifikation und Prüfung – Teil 1: Universalfrachtcontainer") und die späteren Änderungen 1:1993, 2:1998, 3:2005, 4:2006 und 5:2006 erfüllt werden. Sie müssen so ausgelegt sein, dass sie, wenn sie den in diesem Dokument geforderten Prüfungen unterzogen und den Beschleunigungen, wie sie unter Routine-Beförderungsbedingungen auftreten, ausgesetzt werden, Folgendes verhindern:
   (i) den Verlust oder die Verstreuung des radioaktiven Inhalts und
   (ii) einen Anstieg der höchsten Dosisleistung an irgendeiner Stelle der äußeren Oberfläche des Containers von mehr als 20 %.

**[Metallene IBC]** 6.4.5.4.5

Großpackmittel (IBC) aus Metall dürfen unter folgenden Voraussetzungen ebenfalls als Typ IP-2- oder Typ IP-3-Versandstücke verwendet werden:

a) sie erfüllen die Vorschriften des Unterabschnitts 6.4.5.1 und
b) sie sind so ausgelegt, dass die in Kapitel 6.5 für die Verpackungsgruppe I oder II genannten Vorschriften erfüllt werden und dass sie, wenn sie den in Kapitel 6.5 vorgeschriebenen Prüfungen unterzogen werden, wobei jedoch die Fallprüfung in einer zum größtmöglichen Schaden führenden Ausrichtung durchgeführt wird, Folgendes verhindern:
   (i) den Verlust oder die Verstreuung des radioaktiven Inhalts und
   (ii) einen Anstieg der höchsten Dosisleistung an irgendeiner Stelle der äußeren Oberfläche des Großpackmittels (IBC) von mehr als 20 %.

**6.4.6 Vorschriften für Versandstücke, die Uranhexafluorid enthalten**

**6.4.6.1 [Normen]**

Versandstücke, die für Uranhexafluorid ausgelegt sind, müssen den an anderer Stelle des ADR angegebenen Vorschriften entsprechen, die sich auf die radioaktiven und spaltbaren Eigenschaften des Stoffes beziehen. Sofern in Unterabschnitt 6.4.6.4 nicht anderes zugelassen ist, muss Uranhexafluorid in Mengen von mindestens 0,1 kg auch in Übereinstimmung mit den Vorschriften der Norm ISO 7195:2005 „Nuclear Energy – Packaging of Uranium Hexafluoride ($UF_6$) for Transport" („Kernenergie – Verpackung von Uranhexafluorid ($UF_6$) für den Transport") und den Vorschriften der Unterabschnitte 6.4.6.2 und 6.4.6.3 verpackt und befördert werden.

**6.4.6.2 [Prüfungen]**

Jedes Versandstück, das für mindestens 0,1 kg Uranhexafluorid ausgelegt ist, muss so beschaffen sein, dass es:

a) der Festigkeitsprüfung des Unterabschnitts 6.4.21.5 ohne Undichtheiten und ohne unzulässige Beanspruchungen gemäß Norm ISO 7195:2005 standhält, sofern in Unterabschnitt 6.4.6.4 nicht etwas anderes zugelassen ist;

b) der Fallprüfung des Unterabschnitts 6.4.15.4 ohne Verlust oder Verstreuung von Uranhexafluorid standhält und

c) der Erhitzungsprüfung des Unterabschnitts 6.4.17.3 ohne Bruch der dichten Umschließung standhält, sofern in Unterabschnitt 6.4.6.4 nicht etwas anderes zugelassen ist.

**6.4.6.3 [Druckentlastungsvorrichtungen]**

Versandstücke, die für mindestens 0,1 kg Uranhexafluorid ausgelegt sind, dürfen nicht mit Druckentlastungsvorrichtungen ausgerüstet sein.

**6.4.6.4 [Sonderzulassung]**

Vorbehaltlich einer multilateralen Zulassung dürfen Versandstücke, die für mindestens 0,1 kg Uranhexafluorid ausgelegt sind, befördert werden, wenn die Versandstücke:

a) nach anderen internationalen oder nationalen Normen als der Norm ISO 7195:2005 ausgelegt sind, vorausgesetzt, ein gleichwertiges Sicherheitsniveau wird beibehalten, und/oder

b) so ausgelegt sind, dass sie gemäß Unterabschnitt 6.4.21.5 einem Prüfdruck von weniger als 2,76 MPa ohne Undichtheiten und ohne unzulässige Beanspruchungen standhalten, und/oder

c) für mindestens 9 000 kg Uranhexafluorid ausgelegt sind und die Versandstücke die Vorschrift des Unterabschnitts 6.4.6.2 c) nicht erfüllen.

Ansonsten müssen die Vorschriften der Unterabschnitte 6.4.6.1 bis 6.4.6.3 erfüllt werden.

**6.4.7 Vorschriften für Typ A-Versandstücke**

**6.4.7.1 [Auslegung]**

Typ A-Versandstücke müssen so ausgelegt sein, dass sie die allgemeinen Vorschriften des Abschnitts 6.4.2 und der Unterabschnitte 6.4.7.2 bis 6.4.7.17 erfüllen.

**6.4.7.2 [Mindestabmessung]**

Die kleinste äußere Abmessung des Versandstücks darf nicht kleiner sein als 10 cm.

**6.4.7.3 [Siegel]**

An der Außenseite des Versandstücks muss eine Vorrichtung wie ein Siegel angebracht sein, die nicht leicht zerbrechen kann und im unversehrten Zustand nachweist, dass das Versandstück nicht geöffnet worden ist.

**6.4.7.4 [Befestigungseinrichtungen]**

Alle Befestigungseinrichtungen am Versandstück müssen so ausgelegt sein, dass die an diesen Einrichtungen wirkenden Kräfte unter normalen Beförderungsbedingungen und Unfall-Beförderungsbedingungen nicht dazu führen, dass das Versandstück den Vorschriften des ADR nicht mehr entspricht.

**[Temperaturbereich]** 6.4.7.5

Die Bauart des Versandstücks muss für die Bauteile der Verpackung Temperaturen von –40 °C bis +70 °C berücksichtigen. Zu beachten sind die Gefrierpunkte von flüssigen Stoffen und die mögliche Verschlechterung der Eigenschaften von Verpackungswerkstoffen innerhalb des angegebenen Temperaturbereichs.

**[Normkonformität]** 6.4.7.6

Die Bauart und die Herstellungsverfahren müssen nationalen oder internationalen Normen oder anderen Vorschriften, die für die zuständige Behörde annehmbar sind, entsprechen.

**[Dichtheit]** 6.4.7.7

Die Bauart muss eine dichte Umschließung aufweisen, die mit einer Verschlusseinrichtung sicher verschlossen wird, die nicht unbeabsichtigt oder durch einen etwaigen, im Innern des Versandstücks entstehenden Druck geöffnet werden kann.

**[Besondere Form]** 6.4.7.8

Radioaktive Stoffe in besonderer Form dürfen als Bestandteil der dichten Umschließung angesehen werden.

**[Unabhängige Verschlusseinrichtung]** 6.4.7.9

Wenn die dichte Umschließung einen eigenständigen Bestandteil des Versandstücks bildet, muss sie mit einer Verschlusseinrichtung sicher verschlossen werden können, die von jedem anderen Teil der Verpackung unabhängig ist.

**[Radiolytische Zersetzung]** 6.4.7.10

Die Auslegung aller Teile der dichten Umschließung muss, sofern zutreffend, die radiolytische Zersetzung von Flüssigkeiten und anderen empfindlichen Werkstoffen und die Gasbildung durch chemische Reaktion und Radiolyse berücksichtigen.

**[Druckbereich]** 6.4.7.11

Die dichte Umschließung muss ihren radioaktiven Inhalt bei Senkung des Umgebungsdruckes auf 60 kPa einschließen.

**[Ventile]** 6.4.7.12

Mit Ausnahme von Druckentlastungsventilen müssen alle Ventile mit einer Umschließung versehen sein, die alle aus dem Ventil austretenden Undichtheiten auffängt.

**[Strahlungsabschirmung]** 6.4.7.13

Ist ein Bauteil des Versandstücks, das als Teil der dichten Umschließung spezifiziert ist, von einer Strahlungsabschirmung umgeben, muss diese so ausgelegt sein, dass ein unbeabsichtigter Verlust dieses Bauteils aus der Abschirmung verhindert wird. Wenn die Strahlungsabschirmung und ein solches darin enthaltenes Bauteil eine eigenständige Einheit bilden, muss die Strahlungsabschirmung mit einer Verschlusseinrichtung, die von jedem anderen Teil der Verpackung unabhängig ist, sicher verschlossen werden können.

**[Prüfkriterien]** 6.4.7.14

Ein Versandstück muss so ausgelegt sein, dass es, wenn es den Prüfungen gemäß Abschnitt 6.4.15 unterzogen wird, Folgendes verhindert:

a) den Verlust oder die Verstreuung des radioaktiven Inhalts und

b) einen Anstieg der höchsten Dosisleistung an irgendeiner Stelle der äußeren Oberfläche des Versandstücks von mehr als 20 %.

**[Leerraum]** 6.4.7.15

Bei der Auslegung eines Versandstücks für flüssige radioaktive Stoffe müssen Vorkehrungen hinsichtlich des Leerraums getroffen werden, um Temperaturschwankungen des Inhalts, dynamische Effekte und Befüllungsdynamik zu bewältigen.

*Typ A-Versandstücke für flüssige Stoffe*

**6.4.7.16 [Flüssige Stoffe]**

Ein Typ A-Versandstück, das für flüssige radioaktive Stoffe ausgelegt ist, muss zusätzlich:

a) die in Unterabschnitt 6.4.7.14 a) festgelegten Bedingungen erfüllen, wenn das Versandstück den Prüfungen des Abschnitts 6.4.16 unterzogen wird, und

b) entweder

(i) genügend saugfähiges Material enthalten, um das Doppelte des Volumens an flüssigem Inhalt aufzunehmen. Dieses saugfähige Material muss so angeordnet sein, dass es bei einer Undichtheit mit dem flüssigen Stoff in Berührung kommt; oder

(ii) mit einer dichten Umschließung, die aus primären inneren und sekundären äußeren Umschließungsbestandteilen besteht, ausgerüstet sein, wobei die sekundären äußeren Umschließungsbestandteile so ausgelegt sein müssen, dass sie auch im Falle der Undichtheit der primären inneren Umschließungsbestandteile den flüssigen Inhalt vollständig umschließen und dessen Rückhaltung gewährleisten.

*Typ A-Versandstücke für Gase*

**6.4.7.17 [Gase]**

Ein Typ A-Versandstück, das für Gase ausgelegt ist, muss den Verlust oder die Verstreuung des radioaktiven Inhalts verhindern, wenn das Versandstück den Prüfungen des Abschnitts 6.4.16 unterzogen wird; davon ausgenommen ist ein Typ A-Versandstück, das für gasförmiges Tritium oder Edelgase ausgelegt ist.

**6.4.8 Vorschriften für Typ B(U)-Versandstücke**

**6.4.8.1 [Auslegung]**

Typ B(U)-Versandstücke müssen so ausgelegt sein, dass sie die Vorschriften des Abschnitts 6.4.2 und der Unterabschnitte 6.4.7.2 bis 6.4.7.15 mit Ausnahme des Unterabschnitts 6.4.7.14 a) und zusätzlich die Vorschriften der Unterabschnitte 6.4.8.2 bis 6.4.8.15 erfüllen.

**6.4.8.2 [Wärmeabführung]**

Ein Versandstück muss so ausgelegt sein, dass bei Umgebungsbedingungen gemäß den Unterabschnitten 6.4.8.5 und 6.4.8.6 die durch den radioaktiven Inhalt innerhalb des Versandstücks erzeugte Wärme unter normalen Beförderungsbedingungen, wie durch die Prüfungen des Abschnitts 6.4.15 nachgewiesen, sich nicht nachteilig auf die Erfüllung der zutreffenden Anforderungen an die Umschließung und Abschirmung auswirkt, wenn es eine Woche lang unbeaufsichtigt bleibt. Insbesondere sind Auswirkungen der Wärme zu beachten, die eine oder mehrere der nachfolgenden Auswirkungen verursachen können:

a) Veränderung der Anordnung, der geometrischen Form oder des Aggregatzustands des radioaktiven Inhalts oder, wenn der radioaktive Stoff gekapselt oder in einem Behälter eingeschlossen ist (z.B. umhüllte Brennelemente), Verformung oder Schmelzen der Kapselung, des Behälters oder des radioaktiven Stoffs;

b) Verminderung der Wirksamkeit der Verpackung durch unterschiedliche Wärmeausdehnung oder Rissbildung oder Schmelzen des Werkstoffs der Strahlungsabschirmung;

c) Beschleunigung der Korrosion in Verbindung mit Feuchtigkeit.

**6.4.8.3 [Oberflächentemperatur]**

Ein Versandstück muss so ausgelegt sein, dass bei der Umgebungsbedingung gemäß Unterabschnitt 6.4.8.5 und bei nicht vorhandener Sonneneinstrahlung die Temperatur der zugänglichen Oberflächen eines Versandstücks 50 °C nicht übersteigt, es sei denn, das Versandstück wird unter ausschließlicher Verwendung befördert.

**6.4.8.4 [Höchste Temperatur]**

Die höchste Temperatur jeder während der Beförderung leicht zugänglichen Oberfläche eines Versandstücks unter ausschließlicher Verwendung ohne Sonneneinstrahlung unter den Umgebungsbedingungen gemäß Unterabschnitt 6.4.8.5 darf 85 °C nicht übersteigen. Barrieren oder Schutzwände zum Schutz von Personen dürfen berücksichtigt werden, ohne dass diese Barrieren oder Schutzwände irgendeiner Prüfung unterzogen werden müssen. 6.4.8.4 (Forts.)

**[Referenztemperatur]** 6.4.8.5

Die Umgebungstemperatur ist mit 38 °C anzunehmen.

**[Sonneneinstrahlung]** 6.4.8.6

Die Bedingungen für die Sonneneinstrahlung sind entsprechend der Tabelle 6.4.8.6 anzunehmen.

**Tabelle 6.4.8.6: Daten für die Sonneneinstrahlung**

| Fall | Form oder Lage der Oberfläche | Sonneneinstrahlung während 12 Stunden pro Tag ($W/m^2$) |
|---|---|---|
| 1 | ebene Oberfläche während der Beförderung waagerecht – nach unten gerichtet | 0 |
| 2 | ebene Oberfläche während der Beförderung waagerecht – nach oben gerichtet | 800 |
| 3 | Oberflächen während der Beförderung senkrecht | 200[a)] |
| 4 | andere nach unten gerichtete Oberflächen (nicht waagerecht) | 200[a)] |
| 5 | alle anderen Oberflächen | 400[a)] |

a) Alternativ darf eine Sinusfunktion mit einem entsprechend gewählten Absorptionskoeffizienten verwendet werden, wobei die Auswirkungen einer möglichen Reflexion von benachbarten Gegenständen vernachlässigt werden.

**[Wärmeschutz]** 6.4.8.7

Ein Versandstück mit einem Wärmeschutz zur Erfüllung der Vorschriften der Erhitzungsprüfung des Unterabschnitts 6.4.17.3 muss so ausgelegt sein, dass dieser Schutz wirksam bleibt, wenn das Versandstück den Prüfungen des Abschnitts 6.4.15 und des Unterabschnitts 6.4.17.2 a) und b) oder, sofern zutreffend, des Unterabschnitts 6.4.17.2 b) und c) unterzogen wird. Jeder derartige Schutz an der Außenfläche des Versandstücks darf nicht durch Aufschlitzen, Schneiden, Verrutschen, Verschleiß oder grobe Handhabung unwirksam gemacht werden.

**[Prüfkriterien]** 6.4.8.8

Ein Versandstück muss so ausgelegt sein, dass es:

a) wenn es den Prüfungen gemäß Abschnitt 6.4.15 unterzogen wird, den Verlust des radioaktiven Inhalts auf höchstens $10^{-6}$ $A_2$ pro Stunde beschränkt, und

b) wenn es den Prüfungen gemäß Unterabschnitten 6.4.17.1, 6.4.17.2 b), 6.4.17.3 und 6.4.17.4 und entweder der Prüfung

   (i) des Unterabschnitts 6.4.17.2 c) unterzogen wird, wenn das Versandstück eine Masse von höchstens 500 kg besitzt, die auf die Außenabmessungen bezogene Gesamtdichte höchstens 1 000 $kg/m^3$ beträgt und der radioaktive Inhalt, der kein radioaktiver Stoff in besonderer Form ist, 1 000 $A_2$ übersteigt, oder

   (ii) des Unterabschnitts 6.4.17.2 a) für alle anderen Versandstücke unterzogen wird,

   den folgenden Vorschriften genügt:

   – die Wirkung der Abschirmung muss so groß bleiben, dass in 1 m Abstand von der Oberfläche des Versandstücks die Dosisleistung 10 mSv/h nicht überschreitet, wenn das Versandstück den maximalen für das Versandstück ausgelegten radioaktiven Inhalt enthält, und

   – der akkumulierte Verlust an radioaktivem Inhalt für den Zeitraum von einer Woche darf 10 $A_2$ für Krypton-85 und $A_2$ für alle anderen Radionuklide nicht übersteigen.

Sind Gemische verschiedener Radionuklide vorhanden, sind die Vorschriften der Absätze 2.2.7.2.2.4 bis 2.2.7.2.2.6 anzuwenden, mit der Ausnahme, dass für Krypton-85 ein effektiver $A_2$(i)-Wert von 10 $A_2$ verwendet werden darf. Für den vorgenannten Fall a) sind bei der Bewertung die Grenzwerte der äußeren nicht festhaftenden Kontamination des Absatzes 4.1.9.1.2 zu berücksichtigen.

**6.4.8.9 [Dichtheit]**

Ein Versandstück für radioaktiven Inhalt mit einer Aktivität von mehr als $10^5$ $A_2$ muss so ausgelegt sein, dass die dichte Umschließung nicht bricht, wenn es der gesteigerten Wassertauchprüfung des Abschnitts 6.4.18 unterzogen wird.

**6.4.8.10 [Filter, Kühlung]**

Die Einhaltung der zulässigen Grenzwerte für die Aktivitätsfreisetzung darf weder von Filtern noch von einem mechanischen Kühlsystem abhängig sein.

**6.4.8.11 [Druckausgleich]**

Die dichte Umschließung eines Versandstücks darf keine Druckentlastungsvorrichtung enthalten, durch die radioaktive Stoffe unter den Bedingungen der Prüfungen der Abschnitte 6.4.15 und 6.4.17 in die Umwelt entweichen können.

**6.4.8.12 [Spannungen]**

Ein Versandstück muss so ausgelegt sein, dass, wenn es unter dem höchsten normalen Betriebsdruck steht und es den Prüfungen der Abschnitte 6.4.15 und 6.4.17 unterzogen wird, die Spannungen in der dichten Umschließung keine Werte erreichen, die das Versandstück so beeinträchtigen, dass es die zutreffenden Vorschriften nicht erfüllt.

**6.4.8.13 [Betriebsdruck]**

Der höchste normale Betriebsdruck eines Versandstücks darf einen Überdruck von 700 kPa nicht übersteigen.

**6.4.8.14 [Gering dispergierbare radioaktive Stoffe]**

Ein Versandstück, das gering dispergierbare radioaktive Stoffe enthält, muss so ausgelegt sein, dass alle den gering dispergierbaren radioaktiven Stoffen hinzugefügten Vorrichtungen, die nicht deren Bestandteil sind, und alle inneren Bauteile der Verpackung keine schädlichen Auswirkungen auf das Verhalten der gering dispergierbaren radioaktiven Stoffe haben.

**6.4.8.15 [Referenztemperaturbereich]**

Ein Versandstück ist für einen Umgebungstemperaturbereich von –40 °C bis +38 °C auszulegen.

### 6.4.9 Vorschriften für Typ B(M)-Versandstücke

**6.4.9.1 [Anwendung B(U)-Vorschriften]**

Mit Ausnahme der Versandstücke, die ausschließlich innerhalb eines bestimmten Landes oder ausschließlich zwischen bestimmten Ländern befördert werden sollen und für die mit der Zulassung der zuständigen Behörden dieser Länder andere als die in den Unterabschnitten 6.4.7.5, 6.4.8.4 bis 6.4.8.6 und 6.4.8.9 bis 6.4.8.15 angeführten Bedingungen angenommen werden dürfen, müssen Typ B(M)-Versandstücke die Vorschriften für Typ B(U)-Versandstücke des Unterabschnitts 6.4.8.1 erfüllen. Die Vorschriften für Typ B(U)-Versandstücke der Unterabschnitte 6.4.8.4 und 6.4.8.9 bis 6.4.8.15 müssen so weit wie möglich eingehalten werden.

**6.4.9.2 [Druckausgleich]**

Der periodische Druckausgleich bei Typ B(M)-Versandstücken darf während der Beförderung zugelassen werden, vorausgesetzt, die Überwachungsmaßnahmen für den Druckausgleich sind für die jeweils zuständige Behörde annehmbar.

### 6.4.10 Vorschriften für Typ C-Versandstücke

**6.4.10.1 [Auslegung]**

Typ C-Versandstücke müssen so ausgelegt sein, dass sie die Vorschriften des Abschnitts 6.4.2 sowie der Unterabschnitte 6.4.7.2 bis 6.4.7.15 mit Ausnahme des Unterabschnitts 6.4.7.14 a) und die Vorschriften der Unterabschnitte 6.4.8.2 bis 6.4.8.6, 6.4.8.10 bis 6.4.8.15 und zusätzlich der Unterabschnitte 6.4.10.2 bis 6.4.10.4 erfüllen.

**[Kriterien nach Unfall]** 6.4.10.2

Ein Versandstück muss nach dem Eindringen in den Erdboden in einer Umgebung, die im Gleichgewichtszustand durch eine Wärmeleitfähigkeit von 0,33 $W \cdot m^{-1} \cdot K^{-1}$ und eine Temperatur von 38 °C bestimmt ist, die Bewertungskriterien erfüllen, die für die Prüfungen der Unterabschnitte 6.4.8.8 b) und 6.4.8.12 vorgeschrieben sind. Bei der Bewertung sind Ausgangsbedingungen anzunehmen, dass jeder Wärmeschutz des Versandstücks wirksam bleibt, das Versandstück den höchsten normalen Betriebsdruck aufweist und die Umgebungstemperatur 38 °C beträgt.

**[Inhaltsverlust, Abschirmung]** 6.4.10.3

Ein Versandstück muss so ausgelegt sein, dass es bei höchstem normalen Betriebsdruck:

a) wenn es den Prüfungen gemäß Abschnitt 6.4.15 unterzogen wird, den Verlust des radioaktiven Inhalts auf höchstens $10^{-6}$ $A_2$ pro Stunde beschränkt, und

b) wenn es den Prüfungen in der gemäß Unterabschnitt 6.4.20.1 vorgeschriebenen Folge unterzogen wird,
   (i) die Wirkung der Abschirmung so groß bleibt, dass in 1 m Abstand von der Oberfläche des Versandstücks die Dosisleistung 10 mSv/h nicht überschreitet, wenn das Versandstück den maximalen für das Versandstück ausgelegten radioaktiven Inhalt enthält; und
   (ii) der akkumulierte Verlust an radioaktivem Inhalt für den Zeitraum von einer Woche 10 $A_2$ für Krypton-85 und $A_2$ für alle anderen Radionuklide nicht übersteigt.

Sind Gemische verschiedener Radionuklide vorhanden, sind die Vorschriften der Absätze 2.2.7.2.2.4 bis 2.2.7.2.2.6 anzuwenden, mit der Ausnahme, dass für Krypton-85 ein effektiver $A_2$(i)-Wert von 10 $A_2$ verwendet werden darf. Für den vorgenannten Fall a) sind bei der Bewertung die äußeren Kontaminationsgrenzwerte des Absatzes 4.1.9.1.2 zu berücksichtigen.

**[Wassertauchprüfung]** 6.4.10.4

Ein Versandstück muss so ausgelegt sein, dass die dichte Umschließung nicht bricht, wenn es der gesteigerten Wassertauchprüfung des Abschnitts 6.4.18 unterzogen wird.

**Vorschriften für Versandstücke, die spaltbare Stoffe enthalten** 6.4.11

**[Unterkritikalität]** 6.4.11.1

Spaltbare Stoffe sind so zu befördern, dass

a) bei Routine-Beförderungsbedingungen, normalen Beförderungsbedingungen und Unfall-Beförderungsbedingungen Unterkritikalität gewährleistet bleibt; insbesondere sind folgende mögliche Ereignisse zu berücksichtigen:
   (i) Eindringen von Wasser in Versandstücke oder Auslaufen aus diesen;
   (ii) Verlust von Wirksamkeit eingebauter Neutronenabsorber oder -moderatoren;
   (iii) Veränderung der Anordnung des Inhalts entweder im Innern des Versandstücks oder als Ergebnis des Verlustes aus dem Versandstück;
   (iv) Verringerung von Abständen innerhalb oder zwischen Versandstücken;
   (v) Eintauchen der Versandstücke in Wasser oder Bedecken der Versandstücke durch Schnee und
   (vi) Temperaturänderungen und

b) folgende Vorschriften erfüllt werden:
   (i) die Vorschriften des Unterabschnitts 6.4.7.2, ausgenommen für unverpackte Stoffe, wenn dies in Absatz 2.2.7.2.3.5 e) ausdrücklich zugelassen ist;
   (ii) die an anderer Stelle im ADR auf Grund der radioaktiven Eigenschaften der Stoffe enthaltenen Vorschriften;
   (iii) die Vorschriften des Unterabschnitts 6.4.7.3, sofern die Stoffe nicht durch Absatz 2.2.7.2.3.5 ausgenommen sind;
   (iv) die Vorschriften der Unterabschnitte 6.4.11.4 bis 6.4.11.14, sofern die Stoffe nicht durch Absatz 2.2.7.2.3.5, Unterabschnitt 6.4.11.2 oder 6.4.11.3 ausgenommen sind.

**6.4.11.2 [Ausnahmearten]**

Versandstücke, die spaltbare Stoffe enthalten, welche die Vorschriften des Absatzes d) und eine der Vorschriften der Absätze a) bis c) erfüllen, sind von den Vorschriften der Unterabschnitte 6.4.11.4 bis 6.4.11.14 ausgenommen.

a) Versandstücke, die spaltbare Stoffe in irgendeiner Form enthalten, vorausgesetzt:
   (i) die kleinste äußere Abmessung des Versandstücks ist nicht kleiner als 10 cm;
   (ii) die Kritikalitätssicherheitskennzahl (CSI) des Versandstücks wird unter Verwendung der folgenden Formel berechnet:

$$\text{CSI} = 50 \times 5\times\left(\frac{\text{U-235-Masse im Versandstück (g)}}{Z} + \frac{\text{Masse der anderen spaltbaren Nuklide* im Versandstück (g)}}{280}\right),$$

   * Plutonium darf jeden Isotopenaufbau haben, vorausgesetzt, die Menge an Pu-241 im Versandstück ist geringer als die Menge an Pu-240;

   wobei die Werte für Z dabei der Tabelle 6.4.11.2 entnommen werden;
   (iii) die Kritikalitätssicherheitskennzahl jedes Versandstücks ist nicht größer als 10;

b) Versandstücke, die spaltbare Stoffe in irgendeiner Form enthalten, vorausgesetzt:
   (i) die kleinste äußere Abmessung des Versandstücks ist nicht kleiner als 30 cm;
   (ii) nach der Durchführung der in den Unterabschnitten 6.4.15.1 bis 6.4.15.6 festgelegten Prüfungen
   – hält das Versandstück seinen spaltbaren Inhalt zurück;
   – werden die äußeren Mindestgesamtabmessungen des Versandstücks von mindestens 30 cm beibehalten;
   – verhindert das Versandstück das Eindringen eines Würfels von 10 cm Kantenlänge;
   (iii) die Kritikalitätssicherheitskennzahl (CSI) des Versandstücks wird unter Verwendung der folgenden Formel berechnet:

$$\text{CSI} = 50 \times 2\times\left(\frac{\text{U-235-Masse im Versandstück (g)}}{Z} + \frac{\text{Masse der anderen spaltbaren Nuklide* im Versandstück (g)}}{280}\right),$$

   * Plutonium darf jeden Isotopenaufbau haben, vorausgesetzt, die Menge an Pu-241 im Versandstück ist geringer als die Menge an Pu-240;

   wobei die Werte für Z dabei der Tabelle 6.4.11.2 entnommen werden;
   (iv) die Kritikalitätssicherheitskennzahl jedes Versandstücks ist nicht größer als 10;

c) Versandstücke, die spaltbare Stoffe in irgendeiner Form enthalten, vorausgesetzt:
   (i) die kleinste äußere Abmessung des Versandstücks ist nicht kleiner als 10 cm;
   (ii) nach der Durchführung der in den Unterabschnitten 6.4.15.1 bis 6.4.15.6 festgelegten Prüfungen
   – hält das Versandstück seinen spaltbaren Inhalt zurück;
   – werden die äußeren Mindestgesamtabmessungen des Versandstücks von mindestens 10 cm beibehalten;
   – verhindert das Versandstück das Eindringen eines Würfels von 10 cm Kantenlänge;
   (iii) die Kritikalitätssicherheitskennzahl (CSI) des Versandstücks wird unter Verwendung der folgenden Formel berechnet:

$$\text{CSI} = 50 \times 2\times\left(\frac{\text{U-235-Masse im Versandstück (g)}}{450} + \frac{\text{Masse der anderen spaltbaren Nuklide* im Versandstück (g)}}{280}\right)$$

   * Plutonium darf jeden Isotopenaufbau haben, vorausgesetzt, die Menge an Pu-241 im Versandstück ist geringer als die Menge an Pu-240;

   (iv) die Gesamtmasse spaltbarer Nuklide in einem Versandstück ist nicht größer als 15 g;

d) die Gesamtmasse von Beryllium, mit Deuterium angereicherten wasserstoffhaltigen Stoffen, Graphit und anderen allotropischen Formen von Kohlenstoff in einem einzelnen Versandstück darf nicht größer sein als die Masse spaltbarer Nuklide im Versandstück, es sei denn, die Gesamtkonzentration dieser Stoffe ist nicht größer als 1 g in 1 000 g des Stoffes. In Kupferlegierungen enthaltenes Beryllium muss bis zu 4 Masse-% der Legierung nicht berücksichtigt werden. 6.4.11.2 (Forts.)

**Tabelle 6.4.11.2: Werte von Z für die Berechnung der Kritikalitätssicherheitskennzahl gemäß Unterabschnitt 6.4.11.2**

| Anreicherung[a)] | Z |
|---|---|
| bis zu 1,5 % angereichertes Uran | 2 200 |
| bis zu 5 % angereichertes Uran | 850 |
| bis zu 10 % angereichertes Uran | 660 |
| bis zu 20 % angereichertes Uran | 580 |
| bis zu 100 % angereichertes Uran | 450 |

a) Wenn ein Versandstück Uran mit variierenden Anreicherungen von U-235 enthält, muss für Z der Wert verwendet werden, welcher der höchsten Anreicherung entspricht.

**[Versandstücke mit ≤ 1 000 g Plutonium]** 6.4.11.3

Versandstücke, die höchstens 1 000 g Plutonium enthalten, sind von der Anwendung der Unterabschnitte 6.4.11.4 bis 6.4.11.14 ausgenommen, vorausgesetzt:

a) höchstens 20 Masse-% des Plutoniums sind spaltbare Nuklide;

b) die Kritikalitätssicherheitskennzahl des Versandstücks wird unter Verwendung der folgenden Formel berechnet:

$$CSI = 50 \times 2 \times \left(\frac{\text{Masse an Plutonium (g)}}{1\,000}\right);$$

c) in Fällen, in denen Uran zusammen mit dem Plutonium vorhanden ist, ist die Masse an Uran nicht größer als 1 % der Masse an Plutonium.

**[Neutronenvermehrung]** 6.4.11.4

Wenn die chemische oder physikalische Form, die Isotopenzusammensetzung, die Masse oder die Konzentration, das Moderationsverhältnis oder die Dichte oder die geometrische Anordnung nicht bekannt ist, müssen die Bewertungen der Unterabschnitte 6.4.11.8 bis 6.4.11.13 unter der Annahme durchgeführt werden, dass jeder einzelne unbekannte Parameter den Wert aufweist, der mit den bei diesen Bewertungen bekannten Bedingungen und Parametern in Einklang stehend zur höchsten Neutronenvermehrung führt.

**[Bestrahlter Kernbrennstoff]** 6.4.11.5

Für bestrahlten Kernbrennstoff müssen die Bewertungen der Unterabschnitte 6.4.11.8 bis 6.4.11.13 auf einer Isotopenzusammensetzung beruhen, die nachweislich entweder

a) zur höchsten Neutronenvermehrung während der Bestrahlungsgeschichte führt oder

b) zu einer konservativen Abschätzung der Neutronenvermehrung für die Bewertungen des Versandstücks führt. Nach der Bestrahlung, jedoch vor der Beförderung müssen Messungen durchgeführt werden, um die Konservativität der Isotopenzusammensetzung zu bestätigen.

**[Eindringwiderstandsfähigkeit]** 6.4.11.6

Das Versandstück muss, nachdem es den Prüfungen des Abschnitts 6.4.15 unterzogen wurde,

a) die Mindestaußenabmessungen des Versandstücks über alles auf mindestens 10 cm erhalten und

b) das Eindringen eines Würfels mit 10 cm Seitenlänge verhindern.

**[Referenztemperaturbereich]** 6.4.11.7

Das Versandstück muss für einen Umgebungstemperaturbereich von –40 °C bis +38 °C ausgelegt sein, sofern die zuständige Behörde im Zulassungszeugnis für die Bauart des Versandstücks nichts anderes festlegt.

**6.4.11.8 [Wasserdichtheit]**

Für ein einzelnes Versandstück muss angenommen werden, dass Wasser in alle Hohlräume des Versandstücks, einschließlich solcher innerhalb der dichten Umschließung, eindringen oder aus diesen ausfließen kann. Wenn jedoch die Bauart Besonderheiten aufweist, die das Eindringen von Wasser in bestimmte Hohlräume oder das Ausfließen aus diesen auch infolge eines Fehlers verhindern, darf bezüglich dieser Hohlräume das Nichtvorhandensein einer Undichtheit unterstellt werden. Die Besonderheiten müssen eine der Folgenden umfassen:

a) mehrfache hochwirksame Wasserbarrieren, von denen mindestens zwei wasserdicht bleiben, wenn das Versandstück den Prüfungen des Unterabschnitts 6.4.11.13 b) unterzogen wurde, eine strenge Qualitätskontrolle bei der Herstellung, Wartung und Instandsetzung von Verpackungen und Prüfungen zum Nachweis des Verschlusses jedes Versandstücks vor jeder Beförderung oder

b) nur bei Versandstücken mit Uranhexafluorid mit einer höchsten Anreicherung von 5 Masse-% Uran-235:

(i) Versandstücke, bei denen im Anschluss an die Prüfungen des Unterabschnitts 6.4.11.13 b) kein physischer Kontakt zwischen dem Ventil oder dem Stopfen und einem sonstigen Bauteil der Verpackung außer seinem ursprünglichen Verbindungspunkt besteht und bei denen zusätzlich im Anschluss an die Prüfung des Unterabschnitts 6.4.17.3 die Ventile und der Stopfen dicht bleiben, und

(ii) eine strenge Qualitätskontrolle bei der Herstellung, Wartung und Instandsetzung von Verpackungen, verbunden mit Prüfungen zum Nachweis des Verschlusses jedes Versandstücks vor jeder Beförderung.

**6.4.11.9 [Reflexion]**

Es ist eine unmittelbare Reflexion des Einschließungssystems durch mindestens 20 cm Wasser oder eine größere Reflexion, die zusätzlich durch das die Verpackung umgebende Material erbracht werden kann, anzunehmen. Wenn jedoch nachgewiesen werden kann, dass das Einschließungssystem im Anschluss an die Prüfungen des Unterabschnitts 6.4.11.13 b) innerhalb der Verpackung verbleibt, darf in Unterabschnitt 6.4.11.10 c) eine unmittelbare Reflexion des Versandstücks durch mindestens 20 cm Wasser angenommen werden.

**6.4.11.10 [Prüfungen Unterkritikalität]**

Das Versandstück muss unter den Bedingungen der Unterabschnitte 6.4.11.8 und 6.4.11.9 und unter Versandstückbedingungen, die zur maximalen Neutronenvermehrung führen, in Übereinstimmungen mit folgenden Punkten unterkritisch sein:

a) den Routine-Beförderungsbedingungen (zwischenfallfrei);

b) den Prüfungen des Unterabschnitts 6.4.11.12 b);

c) den Prüfungen des Unterabschnitts 6.4.11.13 b).

**6.4.11.11** (bleibt offen)

**6.4.11.12 [Anordnung, Zustand]**

Bei normalen Beförderungsbedingungen ist eine Anzahl „N" so zu bestimmen, dass fünfmal „N" Versandstücke für die Anordnung und Versandstückbedingungen, die zur maximalen Neutronenvermehrung führen, bei Berücksichtigung des Folgenden unterkritisch sind:

a) es darf sich nichts zwischen den Versandstücken befinden, und die Anordnung von Versandstücken wird allseitig durch mindestens 20 cm Wasser reflektiert, und

b) der Zustand der Versandstücke entspricht dem eingeschätzten oder nachgewiesenen Zustand, nachdem sie den Prüfungen des Abschnitts 6.4.15 unterzogen wurden.

**6.4.11.13 [Moderator, Prüfungen]**

Bei Unfall-Beförderungsbedingungen ist eine Anzahl „N" so zu bestimmen, dass zweimal „N" Versandstücke für die Anordnung und Versandstückbedingungen, die zur maximalen Neutronenvermehrung führen, bei Berücksichtigung des Folgenden unterkritisch sind:

a) wasserstoffhaltiger Moderator zwischen den Versandstücken und die Anordnung von Versandstücken wird allseitig durch mindestens 20 cm Wasser reflektiert und

b) die Prüfungen des Abschnitts 6.4.15 und anschließend die einschränkendere der nachstehenden Prüfungen: 6.4.11.13 (Forts.)

(i) die Prüfungen des Unterabschnitts 6.4.17.2 b) und entweder des Unterabschnitts 6.4.17.2 c) für Versandstücke mit einer Masse von höchstens 500 kg und einer auf die Außenabmessungen bezogenen Gesamtdichte von höchstens 1 000 kg/m³ oder des Unterabschnitts 6.4.17.2 a) für alle anderen Versandstücke und anschließend die Prüfung des Unterabschnitts 6.4.17.3 und vervollständigt durch die Prüfungen der Unterabschnitte 6.4.19.1 bis 6.4.19.3 oder

(ii) die Prüfung des Unterabschnitts 6.4.17.4 und

c) wenn nach den Prüfungen des Unterabschnitts 6.4.11.13 b) irgendein Teil des spaltbaren Stoffes aus der dichten Umschließung entweicht, muss angenommen werden, dass spaltbare Stoffe aus jedem Versandstück in der Anordnung entweichen, und die gesamten spaltbaren Stoffe müssen in einer Konfiguration und unter Moderationsbedingungen angeordnet werden, die bei einer unmittelbaren Reflexion durch mindestens 20 cm Wasser zur maximalen Neutronenvermehrung führen.

**[Ermittlung der Kritikalitätssicherheitskennzahl (CSI) für Versandstücke]** **6.4.11.14**

Die Kritikalitätssicherheitskennzahl (CSI) für Versandstücke, die spaltbare Stoffe enthalten, ist durch Division der Zahl 50 durch den kleineren der beiden Werte für „N“ zu ermitteln, die aus den Unterabschnitten 6.4.11.12 und 6.4.11.13 abgeleitet werden (d.h. CSI = 50/N). Der Wert der Kritikalitätssicherheitskennzahl kann Null sein, vorausgesetzt, eine unbegrenzte Anzahl von Versandstücken ist unterkritisch (d.h. N ist tatsächlich in beiden Fällen unendlich).

**Prüfmethoden und Nachweisverfahren** **6.4.12**

**[Verfahren]** **6.4.12.1**

Der Nachweis der Einhaltung der nach Absatz 2.2.7.2.3.3.1, 2.2.7.2.3.3.2, 2.2.7.2.3.4.1, 2.2.7.2.3.4.2, 2.2.7.2.3.4.3 sowie den Abschnitten 6.4.2 bis 6.4.11 geforderten Leistungsvorgaben muss durch ein oder mehrere der nachstehend genannten Verfahren erbracht werden.

a) Durchführung von Prüfungen mit Proben, die die radioaktiven Stoffe in besonderer Form oder die gering dispergierbaren radioaktiven Stoffe repräsentieren, oder mit Prototypen oder Serienmustern der Verpackung, wobei der Inhalt der zur Prüfung vorgesehenen Probe oder Verpackung so weit wie möglich die zu erwartende Bandbreite des radioaktiven Inhalts simulieren muss und die zu prüfende Probe oder Verpackung so vorbereitet wird, wie sie zur Beförderung aufgegeben wird.

b) Bezugnahme auf frühere zufrieden stellende und ausreichend ähnliche Nachweise.

c) Durchführung der Prüfungen mit Modellen eines geeigneten Maßstabes, die alle für den zu untersuchenden Aspekt wesentlichen Merkmale enthalten, sofern die technische Erfahrung gezeigt hat, dass die Ergebnisse derartiger Prüfungen für die Auslegung geeignet sind. Bei Verwendung von maßstabsgerechten Modellen ist zu berücksichtigen, dass es für bestimmte Prüfparameter, wie z.B. Durchmesser der Durchstoßstange oder Stapeldrucklast, einer Anpassung bedarf.

d) Berechnung oder begründete Betrachtung, wenn die Berechnungsverfahren und Parameter allgemein als belastbar und konservativ anerkannt sind.

**[Bewertung]** **6.4.12.2**

Nachdem die Probe, der Prototyp oder das Serienmuster den Prüfungen unterzogen wurde, sind geeignete Bewertungsmethoden anzuwenden, um sicherzustellen, dass die Vorschriften für die Prüfmethoden in Übereinstimmung mit den in Absatz 2.2.7.2.3.3.1, 2.2.7.2.3.3.2, 2.2.7.2.3.4.1, 2.2.7.2.3.4.2, 2.2.7.2.3.4.3 und den Abschnitten 6.4.2 bis 6.4.11 vorgeschriebenen Auslegungs- und Akzeptanzkriterien erfüllt wurden.

**[Kontrolle vor Prüfung]** **6.4.12.3**

Vor der Prüfung sind an allen Prüfmustern Mängel oder Schäden festzustellen und zu protokollieren, einschließlich:

a) Abweichungen von der Bauart;

b) Fertigungsfehler;

c) Korrosion oder andere Beeinträchtigungen und

d) Verformung einzelner Teile.

**6.4.12.3** (Forts.) Die dichte Umschließung des Versandstücks muss eindeutig festgelegt sein. Die äußeren Teile des Prüfmusters müssen eindeutig gekennzeichnet sein, so dass leicht und zweifelsfrei auf jedes Teil des Prüfmusters Bezug genommen werden kann.

**6.4.13 Prüfung der Unversehrtheit der dichten Umschließung und der Strahlungsabschirmung und Bewertung der Kritikalitätssicherheit**

Nach jeder Prüfung, Gruppe von Prüfungen bzw. Abfolge anwendbarer Prüfungen, die in den Abschnitten 6.4.15 bis 6.4.21 festgelegt sind,

a) sind Mängel und Schäden festzustellen und zu protokollieren;
b) ist zu ermitteln, ob die Unversehrtheit der dichten Umschließung und der Abschirmung in dem in den Abschnitten 6.4.2 bis 6.4.11 für Versandstücke unter Prüfbedingungen geforderten Maße erhalten geblieben ist, und
c) ist bei Versandstücken, die spaltbare Stoffe enthalten, zu ermitteln, ob die für die Bewertung einzelner oder mehrerer Versandstücke gemäß den Unterabschnitten 6.4.11.1 bis 6.4.11.14 getroffenen Annahmen und Bedingungen gültig sind.

**6.4.14 Aufprallfundament für die Fallprüfungen**

Das Aufprallfundament für die Fallprüfungen des Absatzes 2.2.7.2.3.3.5 a), des Unterabschnitts 6.4.15.4, des Abschnitts 6.4.16 a) und der Unterabschnitte 6.4.17.2 und 6.4.20.2 muss eine ebene, horizontale Oberfläche aufweisen, die so beschaffen sein muss, dass jede Steigerung ihres Widerstands gegen Verschiebung oder Verformung beim Aufprall des Prüfmusters zu keiner signifikant größeren Beschädigung des Prüfmusters führen würde.

**6.4.15 Prüfungen zum Nachweis der Widerstandsfähigkeit unter normalen Beförderungsbedingungen**

**6.4.15.1 [Aufzählung]**

Bei diesen Prüfungen handelt es sich um die Wassersprühprüfung, die Fallprüfung, die Stapeldruckprüfung und die Durchstoßprüfung. Die Prüfmuster des Versandstücks müssen der Fallprüfung, der Stapeldruckprüfung und der Durchstoßprüfung unterzogen werden, wobei in jedem Fall vorher die Wassersprühprüfung durchgeführt werden muss. Für alle diese Prüfungen darf ein Prüfmuster verwendet werden, sofern die Vorschriften des Unterabschnitts 6.4.15.2 erfüllt sind.

**6.4.15.2 [Wartezeit]**

→ D: RSEB 0-1

Die Zeitspanne zwischen dem Abschluss der Wassersprühprüfung und der anschließenden Prüfung muss so gewählt werden, dass das Wasser in größtmöglichem Umfang eingedrungen ist, ohne dass die Außenseite des Prüfmusters merklich getrocknet ist. Sofern nichts anderes dagegen spricht, beträgt diese Zeitspanne zwei Stunden, wenn das Sprühwasser gleichzeitig aus vier Richtungen einwirkt. Allerdings ist keine Zwischenpause vorzusehen, wenn das Sprühwasser aus jeder der vier Richtungen nacheinander einwirkt.

**6.4.15.3 [Wassersprühprüfung]**

Wassersprühprüfung: Das Prüfmuster ist einer Wassersprühprüfung zu unterziehen, die eine mindestens einstündige Beregnung mit einer Niederschlagsmenge von ungefähr 5 cm pro Stunde simuliert.

**6.4.15.4 [Fallprüfung]**

Fallprüfung: Das Prüfmuster muss so auf das Aufprallfundament fallen, dass es hinsichtlich der zu prüfenden Sicherheitsmerkmale den größtmöglichen Schaden erleidet.

a) Die Fallhöhe, gemessen vom untersten Punkt des Prüfmusters bis zur Oberfläche des Aufprallfundaments, muss in Abhängigkeit von der zu treffenden Masse mindestens dem Abstand in Tabelle 6.4.15.4 entsprechen. Das Aufprallfundament muss dem Abschnitt 6.4.14 entsprechen.
b) Bei rechteckigen Versandstücken aus Pappe oder Holz mit einer Masse von höchstens 50 kg ist ein gesondertes Prüfmuster dem freien Fall auf jede Ecke aus einer Höhe von 0,3 m zu unterziehen.
c) Bei zylindrischen Versandstücken aus Pappe mit einer Masse von höchstens 100 kg ist ein gesondertes Prüfmuster dem freien Fall auf jedes Viertel der beiden Ränder aus einer Höhe von 0,3 m zu unterziehen.

**Tabelle 6.4.15.4: Freifallhöhe zur Prüfung von Versandstücken unter normalen Beförderungsbedingungen** 6.4.15.4 (Forts.)

| Masse des Versandstücks (kg) | | Freifallhöhe (m) |
|---|---|---|
| | Masse des Versandstücks < 5 000 | 1,2 |
| 5 000 ≤ | Masse des Versandstücks < 10 000 | 0,9 |
| 10 000 ≤ | Masse des Versandstücks < 15 000 | 0,6 |
| 15 000 ≤ | Masse des Versandstücks | 0,3 |

**[Stapeldruckprüfung]** 6.4.15.5

Stapeldruckprüfung: Sofern die Form der Verpackung ein Stapeln nicht wirksam ausschließt, ist das Prüfmuster für einen Zeitraum von 24 Stunden einer Druckbelastung auszusetzen, die dem größeren der nachstehenden Werte entspricht:

a) dem Äquivalent des Fünffachen der Höchstmasse des Versandstücks;
b) dem Äquivalent von 13 kPa, multipliziert mit der senkrecht projizierten Fläche des Versandstücks.

Die Belastung muss gleichmäßig auf zwei gegenüberliegende Seiten des Prüfmusters einwirken, von denen eine die normalerweise als Auflagefläche benutzte Seite des Versandstücks ist.

**[Durchstoßprüfung]** 6.4.15.6

Durchstoßprüfung: Das Prüfmuster wird auf eine starre, flache, horizontale Unterlage gestellt, die sich während der Prüfung nicht merklich verschieben darf.

a) Eine Stange von 3,2 cm Durchmesser mit einem halbkugelförmigen Ende und einer Masse von 6 kg muss mit senkrecht stehender Längsachse so auf die Mitte der schwächsten Stelle des Prüfmusters fallen gelassen werden, dass sie bei genügend weitem Eindringen die dichte Umschließung trifft. Durch die Prüfung darf die Stange nicht merklich verformt werden.
b) Die Fallhöhe, vom unteren Ende der Stange bis zur vorgesehenen Aufschlagstelle auf der Oberfläche des Prüfmusters gemessen, muss 1 m betragen.

**Zusätzliche Prüfungen für Typ A-Versandstücke für flüssige Stoffe und Gase** 6.4.16

Ein Prüfmuster oder gesonderte Prüfmuster sind jeder der folgenden Prüfungen zu unterziehen, es sei denn, eine der Prüfungen ist nachweisbar strenger für das Prüfmuster als die andere; in diesem Fall ist ein Prüfmuster der strengeren Prüfung zu unterziehen.

a) Fallprüfung: Das Prüfmuster muss so auf das Aufprallfundament fallen, dass die dichte Umschließung den größtmöglichen Schaden erleidet. Die Fallhöhe, vom untersten Teil des Prüfmusters bis zur Oberfläche des Aufprallfundaments gemessen, muss 9 m betragen. Das Aufprallfundament muss dem Abschnitt 6.4.14 entsprechen.
b) Durchstoßprüfung: Das Prüfmuster muss der in Unterabschnitt 6.4.15.6 beschriebenen Prüfung unterzogen werden, wobei die in Unterabschnitt 6.4.15.6 b) genannte Fallhöhe von 1 m auf 1,7 m zu erhöhen ist.

**Prüfungen zum Nachweis der Widerstandsfähigkeit unter Unfall-Beförderungsbedingungen** 6.4.17

**[Kumulierung]** 6.4.17.1

Das Prüfmuster wird den kumulativen Wirkungen der Prüfungen der Unterabschnitte 6.4.17.2 und 6.4.17.3 in der hier angegebenen Reihenfolge ausgesetzt. Im Anschluss an diese Prüfungen muss dieses Prüfmuster oder ein gesondertes Prüfmuster den Einflüssen der Wassertauchprüfung(en) des Unterabschnitts 6.4.17.4 und, sofern zutreffend, des Abschnitts 6.4.18 ausgesetzt werden.

**[Mechanische Prüfung]** 6.4.17.2

Mechanische Prüfung: Die mechanische Prüfung besteht aus drei verschiedenen Fallprüfungen. Jedes Prüfmuster ist den anwendbaren Fallprüfungen des Unterabschnitts 6.4.8.8 oder 6.4.11.13 zu unterziehen. Die Reihenfolge der Fallprüfungen ist so zu wählen, dass bei Abschluss der mechanischen Prüfung das Prüfmuster eine derartige Beschädigung erlitten hat, dass in der darauffolgenden Erhitzungsprüfung die größtmögliche Beschädigung eintritt.

a) Bei der Fallprüfung I muss das Prüfmuster so auf das Aufprallfundament fallen, dass es den größtmöglichen Schaden erleidet, und die Fallhöhe, vom untersten Teil des Prüfmusters bis zur Ober-

6.4.17.2 (Forts.) fläche des Aufprallfundaments gemessen, muss 9 m betragen. Das Aufprallfundament muss dem Abschnitt 6.4.14 entsprechen.

b) Bei der Fallprüfung II muss das Prüfmuster so auf einen auf dem Aufprallfundament fest und senkrecht montierten Dorn fallen, dass es den größtmöglichen Schaden erleidet. Die Fallhöhe, von der vorgesehenen Aufschlagstelle am Prüfmuster bis zur Oberseite des Dorns gemessen, muss 1 m betragen. Der Dorn muss aus einem massiven Baustahlzylinder mit einem Durchmesser von 15,0 cm ± 0,5 cm und einer Länge von 20 cm bestehen, sofern nicht ein längerer Dorn einen größeren Schaden verursachen würde; in diesem Fall ist ein Dorn zu verwenden, der so lang ist, dass er den größtmöglichen Schaden verursacht. Die Stirnfläche des Dorns muss flach und horizontal sein, wobei seine Kante auf einen Radius von höchstens 6 mm abgerundet ist. Das Aufprallfundament, auf dem der Dorn befestigt ist, muss dem Abschnitt 6.4.14 entsprechen.

c) Bei der Fallprüfung III muss das Prüfmuster einer dynamischen Quetschprüfung unterzogen werden; dazu ist das Prüfmuster so auf dem Aufprallfundament zu positionieren, dass es den größtmöglichen Schaden erleidet, wenn eine Masse von 500 kg aus 9 m Höhe auf das Prüfmuster fällt. Die Masse besteht aus einer massiven Baustahlplatte mit einer Grundfläche von 1 m mal 1 m und muss in waagerechter Lage fallen. Die Kanten und Ecken der unteren Fläche der Stahlplatte müssen auf einen Radius von höchstens 6 mm abgerundet sein. Die Fallhöhe ist von der Unterseite der Platte zum obersten Punkt des Prüfmusters zu messen. Das Aufprallfundament, auf dem das Prüfmuster liegt, muss dem Abschnitt 6.4.14 entsprechen.

**6.4.17.3 [Erhitzungsprüfung]**

Erhitzungsprüfung: Das Prüfmuster muss sich bei einer Umgebungstemperatur von 38 °C, bei den Sonneneinstrahlungsbedingungen der Tabelle 6.4.8.6 und bei der durch den radioaktiven Inhalt des Versandstücks erzeugten maximalen Wärmeleistung im thermischen Gleichgewicht befinden. Alternativ darf von diesen Parametern vor und während der Prüfung abgewichen werden, sie sind jedoch bei der anschließenden Bewertung der Auswirkungen auf das Versandstück zu berücksichtigen.

Für die Erhitzungsprüfung gilt:

a) Das Prüfmuster ist für die Dauer von 30 Minuten einer thermischen Umgebung auszusetzen, die einen Wärmestrom aufweist, der mindestens einem Feuer aus einem Kohlenwasserstoff-Luft-Gemisch, das bei ausreichend ruhigen Umgebungsbedingungen einen minimalen durchschnittlichen Strahlungskoeffizienten des Feuers von 0,9 und eine durchschnittliche Temperatur von mindestens 800 °C gewährleistet, entspricht und der das Prüfmuster vollständig einschließt; der Oberflächenabsorptionskoeffizient ist mit 0,8 oder dem Wert anzunehmen, den das Versandstück nachweislich aufweist, wenn es dem beschriebenen Feuer ausgesetzt wird.

b) Anschließend ist das Prüfmuster einer Umgebungstemperatur von 38 °C, den Sonneneinstrahlungsbedingungen der Tabelle 6.4.8.6 und dem höchsten Auslegungswert für die durch den radioaktiven Inhalt des Versandstücks erzeugten inneren Wärmeleistung so lange auszusetzen, bis an jeder Stelle des Prüfmusters die Temperaturen sinken und/oder sich dem ursprünglichen Gleichgewichtszustand nähern. Alternativ darf von diesen Parametern nach Beendigung der Erhitzungsphase abgewichen werden, sie sind jedoch bei der anschließenden Bewertung der Auswirkungen auf das Versandstück zu berücksichtigen.

Während und nach der Prüfung darf das Prüfmuster nicht künstlich gekühlt werden und die von selbst fortdauernde Verbrennung von Werkstoffen des Prüfmusters ist zuzulassen.

**6.4.17.4 [Wassertauchprüfung]**

Wassertauchprüfung: Das Prüfmuster muss in einer Lage, die zur größtmöglichen Beschädigung führt, für die Dauer von mindestens acht Stunden mindestens 15 m tief in Wasser eingetaucht werden. Für die Einhaltung dieser Bedingungen ist für Nachweiszwecke ein äußerer Überdruck von mindestens 150 kPa anzunehmen.

**6.4.18 Gesteigerte Wassertauchprüfung für Typ B(U)- und Typ B(M)-Versandstücke mit einem Inhalt von mehr als $10^5$ $A_2$ und für Typ C-Versandstücke**

Gesteigerte Wassertauchprüfung: Das Prüfmuster muss für die Dauer von mindestens einer Stunde mindestens 200 m tief in Wasser eingetaucht werden. Für die Einhaltung dieser Bedingungen ist für Nachweiszwecke ein äußerer Überdruck von mindestens 2 MPa anzunehmen.

**Wassereindringprüfung für Versandstücke, die spaltbare Stoffe enthalten** 6.4.19

**[Ausgenommene Versandstücke]** 6.4.19.1

Versandstücke, bei denen zur Beurteilung gemäß den Unterabschnitten 6.4.11.8 bis 6.4.11.13 ein Eindringen oder Auslaufen von Wasser in einem Umfang angenommen wurde, der zur höchsten Reaktivität führt, sind von der Prüfung ausgenommen.

**[Vorprüfungen]** 6.4.19.2

Bevor das Prüfmuster der nachstehenden Wassereindringprüfung unterzogen wird, muss es den Prüfungen des Unterabschnitts 6.4.17.2 b) und, wie in Unterabschnitt 6.4.11.13 gefordert, entweder des Unterabschnitts 6.4.17.2 a) oder c) und der Prüfung des Unterabschnitts 6.4.17.3 unterzogen werden.

**[Bedingungen]** 6.4.19.3

Das Prüfmuster muss in einer Lage, für die die größte Undichtheit zu erwarten ist, für die Dauer von mindestens acht Stunden mindestens 0,9 m tief in Wasser eingetaucht werden.

**Prüfungen für Typ C-Versandstücke** 6.4.20

**[Kumulierung]** 6.4.20.1

Die Prüfmuster sind den Wirkungen jeder der nachstehenden Prüfungen in der angegebenen Reihenfolge auszusetzen:

a) den Prüfungen gemäß den Unterabschnitten 6.4.17.2 a) und c), 6.4.20.2 und 6.4.20.3 und

b) der Prüfung gemäß Unterabschnitt 6.4.20.4.

Für jede Prüffolge a) und b) dürfen gesonderte Prüfmuster verwendet werden.

**[Eindring-/Zerreißprüfung]** 6.4.20.2

Eindring-/Zerreißprüfung: Das Prüfmuster muss den schädigenden Wirkungen eines senkrechten massiven Baustahlkörpers ausgesetzt werden. Die Lage des Prüfmusters des Versandstücks und die Aufprallstelle auf der Oberfläche des Versandstücks sind so zu wählen, dass nach Abschluss der Prüffolge gemäß Unterabschnitt 6.4.20.1 a) die größtmögliche Beschädigung erzielt wird.

a) Das Prüfmuster, das ein Versandstück mit einer Masse von weniger als 250 kg repräsentiert, ist auf das Aufprallfundament zu stellen und dem Fall eines Körpers mit einer Masse von 250 kg aus einer Höhe von 3 m über der vorgesehenen Aufprallstelle zu unterziehen. Bei dieser Prüfung ist der Körper eine zylindrische Stange mit einem Durchmesser von 20 cm, dessen auftreffendes Ende ein Kreiskegelstumpf mit folgenden Abmessungen ist: 30 cm Höhe und 2,5 cm Durchmesser am Ende, wobei seine Kante auf einen Radius von höchstens 6 mm abgerundet ist. Das Aufprallfundament, auf dem das Prüfmuster steht, muss dem Abschnitt 6.4.14 entsprechen.

b) Bei Versandstücken mit einer Masse von mindestens 250 kg ist der Körper mit dem Boden auf das Aufprallfundament zu stellen, und das Prüfmuster muss auf den Körper fallen. Die Fallhöhe, von der Aufprallstelle am Prüfmuster bis zur Oberseite des Körpers gemessen, muss 3 m betragen. Bei dieser Prüfung hat der Körper die gleichen Eigenschaften und Abmessungen wie in a), jedoch müssen die Länge und die Masse des Körpers so sein, dass am Prüfmuster die größtmögliche Beschädigung erzielt wird. Das Aufprallfundament, auf dem der Boden des Körpers steht, muss dem Abschnitt 6.4.14 entsprechen.

**[Gesteigerte Erhitzungsprüfung]** 6.4.20.3

Gesteigerte Erhitzungsprüfung: Die Bedingungen dieser Prüfung müssen denen des Unterabschnitts 6.4.17.3 entsprechen, jedoch muss die Dauer, die das Prüfmuster der thermischen Umgebung ausgesetzt ist, 60 Minuten betragen.

**[Aufprallprüfung]** 6.4.20.4

Aufprallprüfung: Das Prüfmuster muss mit einer Geschwindigkeit von mindestens 90 m/s und in einer Lage, die zur größtmöglichen Beschädigung führt, auf das Aufprallfundament aufschlagen. Das Aufprallfundament muss dem Abschnitt 6.4.14 entsprechen, mit der Ausnahme, dass die Aufprallfläche eine beliebige Ausrichtung haben darf, solange die Oberfläche senkrecht zur Aufprallrichtung des Prüfmusters steht.

## 6.4.21 Prüfungen für Verpackungen, die für mindestens 0,1 kg Uranhexafluorid ausgelegt sind

**6.4.21.1 [Prüfpflicht]**

Jede hergestellte Verpackung und deren betriebliche und bauliche Ausrüstung müssen entweder gemeinsam oder getrennt erstmalig vor Inbetriebnahme und anschließend wiederkehrend geprüft werden. Diese Prüfungen müssen mit Zustimmung der zuständigen Behörde durchgeführt und bescheinigt werden.

**6.4.21.2 [Erstmalige Prüfung]**

Die erstmalige Prüfung besteht aus einer Prüfung der Auslegungseigenschaften, einer Festigkeitsprüfung, einer Dichtheitsprüfung, einer Ausliterung und einer Funktionsprüfung der betrieblichen Ausrüstung.

**6.4.21.3 [Wiederkehrende Prüfungen]**

Die wiederkehrenden Prüfungen bestehen aus einer Sichtprüfung, einer Festigkeitsprüfung, einer Dichtheitsprüfung und einer Funktionsprüfung der betrieblichen Ausrüstung. Die Frist für die wiederkehrenden Prüfungen beträgt höchstens fünf Jahre. Verpackungen, die innerhalb dieser Fünfjahresfrist nicht geprüft worden sind, müssen vor der Beförderung nach einem von der zuständigen Behörde zugelassenen Programm untersucht werden. Sie dürfen erst nach Abschluss des vollständigen Programms für wiederkehrende Prüfungen wieder befüllt werden.

**6.4.21.4 [Prüfung Auslegungseigenschaften]**

Die Prüfung der Auslegungseigenschaften muss die Einhaltung der Spezifikationen der Bauart und des Fertigungsprogramms nachweisen.

**6.4.21.5 [Festigkeitsprüfung]**

Die erstmalige Festigkeitsprüfung von Verpackungen, die für mindestens 0,1 kg Uranhexafluorid ausgelegt sind, ist in Form einer Wasserdruckprüfung mit einem Innendruck von 1,38 MPa (13,8 bar) durchzuführen; wenn jedoch der Prüfdruck kleiner als 2,76 MPa (27,6 bar) ist, bedarf die Bauart einer multilateralen Zulassung. Für die wiederkehrende Prüfung der Verpackungen darf vorbehaltlich der multilateralen Zulassung eine andere gleichwertige zerstörungsfreie Prüfung angewendet werden.

**6.4.21.6 [Dichtheitsprüfung]**

Die Dichtheitsprüfung ist nach einem Verfahren durchzuführen, das Undichtheiten in der dichten Umschließung mit einer Empfindlichkeit von 0,1 Pa·l/s ($10^{-6}$ bar·l/s) anzuzeigen in der Lage ist.

**6.4.21.7 [Ausliterung]**

Die Ausliterung der Verpackungen ist mit einer Genauigkeit von ± 0,25 % bei einer Referenztemperatur von 15 °C festzuhalten. Das Volumen ist auf dem in Unterabschnitt 6.4.21.8 beschriebenen Schild anzugeben.

**6.4.21.8 [Prüfschild]**

An jeder Verpackung muss ein Schild aus nicht korrodierendem Metall dauerhaft und an einer leicht zugänglichen Stelle angebracht sein. Die Art der Anbringung des Schildes darf die Festigkeit der Verpackung nicht beeinträchtigen. Auf dem Schild müssen mindestens die nachstehend aufgeführten Angaben eingestanzt oder nach einem ähnlichen Verfahren angebracht sein:

- Zulassungsnummer;
- Seriennummer des Herstellers;
- höchster Betriebsdruck (Überdruck);
- Prüfdruck (Überdruck);
- Inhalt: Uranhexafluorid;
- Fassungsraum in Litern;
- höchstzulässige Masse der Füllung mit Uranhexafluorid;
- Eigenmasse;
- Datum (Monat, Jahr) der erstmaligen Prüfung und der zuletzt durchgeführten wiederkehrenden Prüfung;
- Stempel des Sachverständigen, der die Prüfung vorgenommen hat.

**Zulassung der Bauart von Versandstücken und Stoffen** 6.4.22

**[$UF_6$]** 6.4.22.1

Für die Zulassung der Bauarten von Versandstücken, die mindestens 0,1 kg Uranhexafluorid enthalten, gilt: *→ D: § 8 (1) 2* *→ D: § 8 (2)*

a) für jede Bauart, welche den Vorschriften des Unterabschnitts 6.4.6.4 entspricht, ist eine multilaterale Zulassung erforderlich;

b) für jede Bauart, welche den Vorschriften der Unterabschnitte 6.4.6.1 bis 6.4.6.3 entspricht, ist eine unilaterale Zulassung durch die zuständige Behörde des Ursprungslandes der Bauart erforderlich, es sei denn, an anderer Stelle im ADR wird eine multilaterale Zulassung vorgeschrieben.

**[B(U)- und C-Versandstückmuster]** 6.4.22.2

Für jedes Typ B(U)- und Typ C-Versandstückmuster ist eine unilaterale Zulassung erforderlich, es sei denn, *→ D: § 11 Nr. 5*

a) ein Versandstückmuster für spaltbare Stoffe, das auch den Vorschriften der Unterabschnitte 6.4.22.4 und 6.4.23.7 sowie des Absatzes 5.1.5.2.1 unterliegt, erfordert eine multilaterale Zulassung und

b) ein Typ B(U)-Versandstückmuster für gering dispergierbare radioaktive Stoffe erfordert eine multilaterale Zulassung.

**[B(M)-Versandstückmuster]** 6.4.22.3

Für jedes Typ B(M)-Versandstückmuster einschließlich der Versandstückmuster für spaltbare Stoffe, die außerdem den Vorschriften der Unterabschnitte 6.4.22.4 und 6.4.23.7 sowie des Absatzes 5.1.5.2.1 unterliegen, und einschließlich der Versandstückmuster für gering dispergierbare radioaktive Stoffe ist eine multilaterale Zulassung erforderlich. *→ D: § 11 Nr. 5*

**[Nicht ausgenommene Versandstückmuster]** 6.4.22.4

Für jedes Versandstückmuster für spaltbare Stoffe, das nicht nach einem der Absätze oder Unterabschnitte 2.2.7.2.3.5 a) bis f), 6.4.11.2 und 6.4.11.3 ausgenommen ist, ist eine multilaterale Zulassung erforderlich. *→ D: § 11 Nr. 5*

**[Besondere Form]** 6.4.22.5

Die Bauart radioaktiver Stoffe in besonderer Form bedarf einer unilateralen Zulassung. Die Bauart gering dispergierbarer radioaktiver Stoffe bedarf einer multilateralen Zulassung (siehe auch Unterabschnitt 6.4.23.8). *→ D: § 8 (1) 2* *→ D: § 8 (2)*

**[Ausgenommene Bauart eines spaltbaren Stoffes]** 6.4.22.6

Die Bauart eines spaltbaren Stoffes, der gemäß Absatz 2.2.7.2.3.5 f) von der Klassifizierung als „SPALTBAR" ausgenommen ist, bedarf einer multilateralen Zulassung.

**[Alternative Aktivitätsgrenzwerte]** 6.4.22.7

Alternative Aktivitätsgrenzwerte für eine freigestellte Sendung von Instrumenten oder Fabrikaten gemäß Absatz 2.2.7.2.2.2 b) bedürfen einer multilateralen Zulassung.

**[Zulassung]** 6.4.22.8

Jedes Versandstückmuster, für das eine unilaterale Zulassung erforderlich ist und das in einem Staat entworfen wurde, der Vertragspartei des ADR ist, muss von der zuständigen Behörde dieses Staates zugelassen werden. Wenn der Staat, in dem das Versandstück entworfen wurde, nicht Vertragspartei des ADR ist, ist die Beförderung zulässig, sofern

a) dieser Staat ein Zeugnis ausstellt, wonach das Versandstückmuster den technischen Vorschriften des ADR entspricht, und diese Bescheinigung von der zuständigen Behörde eines Staates validiert wird, der Vertragspartei des ADR ist; *→ D: § 8 (1) 2* *→ D: § 8 (2)* *→ D: § 11 Nr. 5*

b) das Versandstückmuster von der zuständigen Behörde eines Staates, der Vertragspartei des ADR ist, zugelassen wird, wenn kein Zeugnis und keine bestehende Versandstückmusterzulassung eines Staates beigebracht wird, der Vertragspartei des ADR ist.

**[Übergangsvorschrift]** 6.4.22.9

Wegen Baumustern, die nach Übergangsvorschriften zugelassen wurden, siehe Abschnitt 1.6.6.

**6.4.23 Antrag und Zulassungen/Genehmigungen für die Beförderung radioaktiver Stoffe**

**6.4.23.1** (bleibt offen)

**6.4.23.2 Anträge auf Beförderungsgenehmigung**

**6.4.23.2.1 [Inhalt]**

Ein Antrag auf Beförderungsgenehmigung muss enthalten:

a) den Zeitraum der Beförderung, für den die Genehmigung beantragt wird;

b) den tatsächlichen radioaktiven Inhalt, die vorgesehenen Beförderungsarten, den Fahrzeugtyp und den voraussichtlichen oder vorgesehenen Beförderungsweg und

c) ausführliche Angaben darüber, wie die in den gegebenenfalls nach Absatz 5.1.5.2.1 a) (v), (vi) oder (vii) ausgestellten Zulassungszeugnissen für Versandstückmuster genannten Vorsichtsmaßnahmen und administrativen Überwachungen oder Betriebsüberwachungen durchgeführt werden.

**6.4.23.2.2 [Inhalt für SCO-III]**

Ein Antrag auf Beförderungsgenehmigung für SCO-III-Gegenstände muss enthalten:

a) eine Erklärung, in welcher Hinsicht und aus welchen Gründen die Sendung als SCO-III-Gegenstand betrachtet wird;

b) eine Begründung, warum ein SCO-III-Gegenstand gewählt wurde, durch den Nachweis, dass
   (i) momentan keine geeignete Verpackung existiert;
   (ii) die Auslegung und/oder der Bau einer Verpackung oder die Zerlegung des Gegenstandes praktisch, technisch oder wirtschaftlich nicht machbar ist;
   (iii) keine andere praktikable Alternative existiert;

c) eine detaillierte Beschreibung des vorgeschlagenen radioaktiven Inhalts in Bezug auf seinen physikalischen und chemischen Zustand und die Art der emittierten Strahlung;

d) eine detaillierte Darstellung der Bauart des SCO-III-Gegenstandes, einschließlich vollständiger technischer Zeichnungen und Werkstoffverzeichnisse und Herstellungsverfahren;

e) alle Informationen, die erforderlich sind, um die zuständige Behörde davon zu überzeugen, dass die Anforderungen des Absatzes 4.1.9.2.4 e) und gegebenenfalls die Anforderungen der Sondervorschrift CV33 (2) des Abschnitts 7.5.11 erfüllt sind;

f) einen Beförderungsplan;

g) eine Spezifikation des anzuwendenden Managementsystems gemäß Abschnitt 1.7.3.

**6.4.23.3 [Sondervereinbarung]**

Ein Antrag auf Beförderungsgenehmigung auf Grund einer Sondervereinbarung muss alle erforderlichen Angaben enthalten, die die zuständige Behörde davon überzeugen, dass die Gesamtsicherheit bei der Beförderung zumindest der entspricht, die gegeben wäre, wenn alle anwendbaren Vorschriften des ADR erfüllt wären.

Der Antrag muss außerdem enthalten:

a) Angaben darüber, inwieweit und aus welchen Gründen die Beförderung nicht in volle Übereinstimmung mit den anwendbaren Vorschriften des ADR gebracht werden kann, und

b) Angaben über jede besondere Vorsichtsmaßnahme oder besondere administrative Überwachungen oder Betriebsüberwachungen, die während der Beförderung durchzuführen sind, um die Nichterfüllung der anwendbaren Vorschriften des ADR auszugleichen.

**6.4.23.4 [B(U)- und C-Versandstückmuster]**

Ein Antrag auf Zulassung eines Typ B(U)- oder Typ C-Versandstückmusters muss enthalten:

a) eine genaue Beschreibung des vorgesehenen radioaktiven Inhalts mit Angabe seines physikalischen oder chemischen Zustands und der Art der ausgesandten Strahlung;

b) eine genaue Beschreibung der Bauart, einschließlich vollständiger Konstruktionszeichnungen, Werkstoffdatenblätter und Fertigungsverfahren;

c) einen Bericht über die durchgeführten Prüfungen und deren Ergebnisse oder einen auf rechnerischen Methoden basierenden Nachweis oder andere Nachweise, dass die Bauart den anwendbaren Vorschriften entspricht;

d) die vorgesehenen Benutzungs- und Wartungsanweisungen für die Verpackung; 6.4.23.4 (Forts.)

e) wenn das Versandstück für einen höchsten normalen Betriebsdruck von mehr als 100 kPa Überdruck ausgelegt ist, Angaben über die für die Fertigung der dichten Umschließung verwendeten Werkstoffe, die Entnahme von Proben und die durchzuführenden Prüfungen;

f) wenn das Versandstück nach der Lagerung für eine Beförderung verwendet werden soll, eine Begründung der Überlegungen zu den Alterungsmechanismen in der Sicherheitsanalyse und in den vorgeschlagenen Betriebs- und Wartungsanweisungen;

g) wenn der vorgesehene radioaktive Inhalt bestrahlter Kernbrennstoff ist, Angabe und Begründung zu allen in der Sicherheitsanalyse getroffenen Annahmen, die sich auf die Eigenschaften des Brennstoffs beziehen, sowie Beschreibung aller in Unterabschnitt 6.4.11.5 b) vorgeschriebenen beförderungsvorbereitenden Messungen;

h) alle besonderen Verstauungsvorschriften, die zur Gewährleistung einer sicheren Wärmeableitung vom Versandstück unter Berücksichtigung der verschiedenen zur Anwendung kommenden Beförderungsarten sowie der Fahrzeug- und Containertypen notwendig sind;

i) eine höchstens 21 cm × 30 cm große vervielfältigungsfähige Abbildung, die die Beschaffenheit des Versandstücks zeigt;

j) eine Beschreibung des in Abschnitt 1.7.3 vorgeschriebenen anwendbaren Managementsystems und

k) für Versandstücke, die nach der Lagerung für eine Beförderung verwendet werden sollen, ein Lückenanalyseprogramm, das ein systematisches Verfahren zur wiederkehrenden Bewertung von Änderungen der anwendbaren Vorschriften, Änderungen der technischen Kenntnisse und Änderungen des Zustands des Versandstückmusters während der Lagerung beschreibt.

**[B(M)-Versandstückmuster]** 6.4.23.5

Ein Antrag auf Zulassung eines Typ B(M)-Versandstückmusters muss zusätzlich zu den in Unterabschnitt 6.4.23.4 für Typ B(U)-Versandstücke geforderten Angaben enthalten:

a) eine Liste der in den Unterabschnitten 6.4.7.5, 6.4.8.4 bis 6.4.8.6 und 6.4.8.9 bis 6.4.8.15 festgelegten Vorschriften, denen das Versandstück nicht entspricht;

b) jede vorgesehene zusätzliche Betriebsüberwachung während der Beförderung, die in dieser Anlage nicht vorgeschrieben sind, aber notwendig sind, um die Sicherheit des Versandstücks zu gewährleisten oder die unter a) angegebenen Mängel auszugleichen;

c) eine Angabe über Beschränkungen hinsichtlich der Beförderungsart und über besondere Belade-, Beförderungs-, Entlade- oder Handhabungsverfahren und

d) eine Angabe über den Bereich der Umgebungsbedingungen (Temperatur, Sonneneinstrahlung), die während der Beförderung zu erwarten sind und die bei der Bauart berücksichtigt wurden.

**[$UF_6$-Versandstücke]** 6.4.23.6

Der Antrag auf Zulassung von Bauarten von Versandstücken, die mindestens 0,1 kg Uranhexafluorid enthalten, muss alle Angaben, die die zuständige Behörde davon überzeugen, dass die Bauart den Vorschriften des Unterabschnitts 6.4.6.1 entspricht, und eine Beschreibung des in Abschnitt 1.7.3 vorgeschriebenen anwendbaren Managementsystems enthalten.

**[Spaltbare Stoffe]** 6.4.23.7

Ein Antrag auf Zulassung der Versandstücke für spaltbare Stoffe muss alle Angaben, die die zuständige Behörde davon überzeugen, dass die Bauart den Vorschriften des Unterabschnitts 6.4.11.1 entspricht, und eine Beschreibung des in Abschnitt 1.7.3 vorgeschriebenen anwendbaren Managementsystems enthalten.

**[Besondere Form, gering dispergierbare Stoffe]** 6.4.23.8

Der Antrag auf Zulassung der Bauart radioaktiver Stoffe in besonderer Form und der Bauart gering dispergierbarer radioaktiver Stoffe muss enthalten:

a) eine genaue Beschreibung der radioaktiven Stoffe oder, wenn es sich um eine Kapsel handelt, des Inhalts; insbesondere sind Angaben zum physikalischen und chemischen Zustand aufzuführen;

b) eine genaue Angabe zur Bauart jeder zu verwendenden Kapsel;

c) einen Bericht über die durchgeführten Prüfungen und deren Ergebnisse oder einen auf Berechnungen basierenden Nachweis, der zeigt, dass die radioaktiven Stoffe den Anforderungen genügen,

**6.4.23.8** (Forts.) oder andere Nachweise, dass die radioaktiven Stoffe in besonderer Form oder die gering dispergierbaren radioaktiven Stoffe den anwendbaren Vorschriften des ADR entsprechen;

d) eine Beschreibung des in Abschnitt 1.7.3 vorgeschriebenen anwendbaren Managementsystems und

e) alle im Zusammenhang mit der Sendung von radioaktiven Stoffen in besonderer Form oder von gering dispergierbaren radioaktiven Stoffen vorgesehenen beförderungsvorbereitenden Maßnahmen.

**6.4.23.9 [Bauart ausgenommener spaltbarer Stoffe]**

Der Antrag auf Zulassung der Bauart spaltbarer Stoffe, die gemäß Absatz 2.2.7.2.3.5 f) von der Klassifizierung als „SPALTBAR" nach der Tabelle 2.2.7.2.1.1 ausgenommen sind, muss enthalten:

a) eine genaue Beschreibung der Stoffe; insbesondere sind Angaben zum physikalischen und chemischen Zustand aufzuführen;

b) einen Bericht über die durchgeführten Prüfungen und deren Ergebnisse oder einen auf rechnerischen Methoden basierenden Nachweis, der zeigt, dass die Stoffe den in Absatz 2.2.7.2.3.6 festgelegten Anforderungen genügen;

c) eine Beschreibung des in Abschnitt 1.7.3 vorgeschriebenen anwendbaren Managementsystems;

d) Angaben zu den vor der Beförderung zu ergreifenden besonderen Maßnahmen.

**6.4.23.10 [Alternative Aktivitätsgrenzwerte]**

Der Antrag auf Zulassung alternativer Aktivitätsgrenzwerte für eine freigestellte Sendung von Instrumenten oder Fabrikaten muss enthalten:

a) eine Bezeichnung und genaue Beschreibung des Instruments oder Fabrikats, dessen vorgesehene Verwendungen und das oder die enthaltenen Radionuklide;

b) die höchste Aktivität des oder der Radionuklide im Instrument oder Fabrikat;

c) die vom Instrument oder Fabrikat ausgehenden höchsten äußeren Dosisleistungen;

d) die chemischen und physikalischen Formen des oder der im Instrument oder Fabrikat enthaltenen Radionuklide;

e) Einzelheiten über den Bau und die Bauart des Instruments oder Fabrikats, insbesondere in Bezug auf die Umschließung und Abschirmung des Radionuklids unter Routine-Beförderungsbedingungen, normalen Beförderungsbedingungen und Unfall-Beförderungsbedingungen;

f) das anwendbare Managementsystem, einschließlich der für Strahlenquellen, Bauteile und Endprodukte anzuwendenden Qualitätsprüfungs- und Nachweisverfahren, um zu gewährleisten, dass die höchste festgelegte Aktivität der radioaktiven Stoffe oder die für das Instrument oder Fabrikat festgelegten höchsten Dosisleistungen nicht überschritten werden und dass die Instrumente oder Fabrikate gemäß den Bauartspezifikationen gebaut sind;

g) die höchste Anzahl von Instrumenten oder Fabrikaten, die voraussichtlich je Sendung und jährlich zu befördern sind;

h) Dosiseinschätzungen in Übereinstimmung mit den Grundsätzen und der Methodik, die in den „Radiation Protection and Safety of Radiation Sources: International Basic Safety Standards" (Strahlenschutz und Sicherheit von Strahlungsquellen: Internationale grundlegende Sicherheitsnormen), IAEA Safety Standards Series No. GSR Teil 3, IAEO, Wien (2014) enthalten sind, einschließlich der Individualdosen für Transportarbeiter und die Öffentlichkeit und, sofern zutreffend, der Kollektivdosen, die bei Routine-Beförderungsbedingungen, normalen Beförderungsbedingungen und Unfall-Beförderungsbedingungen auftreten, auf der Grundlage von repräsentativen Beförderungsszenarien, denen die Sendungen ausgesetzt sind.

**6.4.23.11 [Kennzeichnung]**

Jedem von einer zuständigen Behörde ausgestellten Zulassungs-/Genehmigungszeugnis ist ein Identifizierungskennzeichen zuzuordnen. Das Identifizierungskennzeichen muss folgende allgemeine Form haben:

VRI/Nummer/Typenschlüssel

a) Sofern in Unterabschnitt 6.4.23.12 b) nichts anderes vorgesehen ist, entspricht der VRI dem für Kraftfahrzeuge im internationalen Verkehr verwendeten Unterscheidungszeichen[1)] desjenigen Staates, der das Zeugnis ausstellt.

---

1) Das für Kraftfahrzeuge und Anhänger im internationalen Straßenverkehr verwendete Unterscheidungszeichen des Zulassungsstaates, z.B. gemäß dem Genfer Übereinkommen über den Straßenverkehr von 1949 oder dem Wiener Übereinkommen über den Straßenverkehr von 1968.

b) Die Nummer ist von der zuständigen Behörde zuzuteilen, ist nur einmal zu vergeben und darf sich nur auf die bestimmte Bauart, die bestimmte Beförderung oder den alternativen Aktivitätsgrenzwert bei freigestellten Sendungen beziehen. Das Identifizierungskennzeichen für die Beförderungsgenehmigung muss sich eindeutig auf das Identifizierungskennzeichen der Bauartzulassung beziehen. **6.4.23.11** (Forts.)

c) Die folgenden Typenschlüssel sind in nachstehender Reihenfolge zu verwenden, um die Arten der ausgestellten Zulassungs-/Genehmigungszeugnisse zu kennzeichnen:
   AF Typ A-Versandstückmuster für spaltbare Stoffe
   B(U) Typ B(U)-Versandstückmuster (B(U)F, wenn für spaltbare Stoffe)
   B(M) Typ B(M)-Versandstückmuster (B(M)F, wenn für spaltbare Stoffe)
   C Typ C-Versandstückmuster (CF, wenn für spaltbare Stoffe)
   IF Industrieversandstückmuster für spaltbare Stoffe
   S radioaktive Stoffe in besonderer Form
   LD gering dispergierbare radioaktive Stoffe
   FE spaltbare Stoffe, die den Vorschriften des Absatzes 2.2.7.2.3.6 entsprechen
   T Beförderung
   X Sondervereinbarung
   AL alternative Aktivitätsgrenzwerte für eine freigestellte Sendung von Instrumenten oder Fabrikaten

   Im Falle von Versandstückmustern für nicht spaltbares oder spaltbares freigestelltes Uranhexafluorid, für die keiner der oben angegebenen Schlüssel zutrifft, sind folgende Typenschlüssel zu verwenden:
   H(U) unilaterale Zulassung
   H(M) multilaterale Zulassung.

**[Typenschlüssel]** **6.4.23.12**

Diese Identifizierungskennzeichen sind wie folgt zu verwenden:

a) Jedes Zeugnis und jedes Versandstück muss mit dem zutreffenden Identifizierungskennzeichen versehen sein, das die in Unterabschnitt 6.4.23.11 a), b) und c) vorgeschriebenen Symbole enthält, mit der Ausnahme, dass bei Versandstücken nach dem zweiten Schrägstrich nur der anwendbare Bauart-Typenschlüssel erscheint, d.h. dass „T" oder „X" nicht im Identifizierungskennzeichen auf dem Versandstück erscheinen darf. Wenn Bauartzulassung und Beförderungsgenehmigung zusammengefasst sind, müssen die anwendbaren Typenschlüssel nicht wiederholt werden.
   Zum Beispiel:

   A/132/B(M)F: für spaltbare Stoffe zugelassenes Typ B(M)-Versandstückmuster, für das eine multilaterale Zulassung erforderlich ist und dem die zuständige Behörde Österreichs die Versandstückmusternummer 132 zugeteilt hat (sowohl am Versandstück anzubringen als auch im Zulassungszeugnis für das Versandstückmuster einzutragen);

   A/132/B(M)FT: Beförderungsgenehmigung, die für ein Versandstück mit dem oben beschriebenen Identifizierungskennzeichen ausgestellt wurde (nur im Zeugnis einzutragen);

   A/137/X: Genehmigung für eine Sondervereinbarung, die von der zuständigen Behörde Österreichs ausgestellt und der die Nummer 137 zugeteilt wurde (nur im Zeugnis einzutragen);

   A/139/IF: Industrieversandstückmuster für spaltbare Stoffe, das von der zuständigen Behörde Österreichs zugelassen und dem die Versandstückmusternummer 139 zugeteilt wurde (sowohl am Versandstück anzubringen als auch im Zulassungszeugnis für das Versandstückmuster einzutragen);

   A/145/H(U): Versandstückmuster für spaltbares freigestelltes Uranhexafluorid, das von der zuständigen Behörde Österreichs zugelassen und dem die Versandstückmusternummer 145 zugeteilt wurde (sowohl am Versandstück anzubringen als auch im Zulassungszeugnis für das Versandstückmuster einzutragen).

b) Wenn eine multilaterale Zulassung/Genehmigung durch eine Anerkennung nach Unterabschnitt 6.4.23.20 erfolgt, ist nur das Identifizierungskennzeichen zu verwenden, das vom Ursprungsland der Bauart oder der Beförderung zugeteilt wurde. Wenn eine multilaterale Zulassung/Genehmigung durch Ausstellung von Zeugnissen durch nachfolgende Staaten erfolgt, muss jedes Zeugnis das entsprechende Identifizierungskennzeichen aufweisen, und das Versandstück, dessen Bauart auf diese Weise zugelassen wurde, muss mit allen zutreffenden Identifizierungskennzeichen versehen sein.

**6.4.23.12** (Forts.)

Zum Beispiel wäre
A/132/B(M)F
CH/28/B(M)F
das Identifizierungskennzeichen eines Versandstückes, das ursprünglich von Österreich und anschließend durch ein gesondertes Zeugnis von der Schweiz zugelassen wurde. Zusätzliche Identifizierungskennzeichen würden in gleicher Weise auf dem Versandstück angeordnet werden.

c) Die Neufassung eines Zeugnisses muss durch einen Klammerausdruck hinter dem Identifizierungskennzeichen im Zeugnis angegeben werden. Zum Beispiel würde A/132/B(M)F (Rev.2) die zweite Neufassung des österreichischen Zulassungszeugnisses für ein Versandstückmuster oder A/132/B(M)F (Rev.0) die Erstausstellung des österreichischen Zulassungszeugnisses für ein Versandstückmuster bezeichnen. Bei Erstausstellungen ist der Klammerausdruck freigestellt; anstelle von „Rev.0" dürfen auch andere Ausdrücke wie „Erstausstellung" verwendet werden. Die Nummern der Neufassung eines Zeugnisses dürfen nur von dem Staat vergeben werden, der die Erstausstellung des Zulassungs-/Genehmigungszeugnisses vorgenommen hat.

d) Zusätzliche Symbole (die auf Grund nationaler Vorschriften erforderlich sein können) dürfen am Ende des Identifizierungskennzeichens in Klammern hinzugefügt werden, z.B. A/132/B(M)F (SP503).

e) Es ist nicht notwendig, das Identifizierungskennzeichen auf der Verpackung bei jeder Neufassung des Zeugnisses der Bauart zu ändern. Eine derartige Änderung des Identifizierungskennzeichens ist nur in solchen Fällen erforderlich, in denen die Neufassung des Zeugnisses des Versandstückmusters mit einer Änderung des Buchstabencodes für das Versandstückmuster nach dem zweiten Schrägstrich verbunden ist.

**6.4.23.13** **[Zulassungszeugnis besondere Form]**

Jedes von einer zuständigen Behörde für radioaktive Stoffe in besonderer Form oder gering dispergierbare radioaktive Stoffe ausgestellte Zulassungszeugnis muss folgende Angaben enthalten:

a) Art des Zeugnisses;
b) Identifizierungskennzeichen der zuständigen Behörde;
c) Datum der Ausstellung und des Ablaufs der Gültigkeit;
d) Aufstellung der anwendbaren nationalen und internationalen Vorschriften, einschließlich der Ausgabe der IAEO-Regelung für die sichere Beförderung radioaktiver Stoffe, nach denen die radioaktiven Stoffe in besonderer Form oder die gering dispergierbaren radioaktiven Stoffe zugelassen sind;
e) Herstellerbezeichnung der radioaktiven Stoffe in besonderer Form oder der gering dispergierbaren radioaktiven Stoffe;
f) Beschreibung der radioaktiven Stoffe in besonderer Form oder der gering dispergierbaren radioaktiven Stoffe;
g) Angaben zur Bauart der radioaktiven Stoffe in besonderer Form oder der gering dispergierbaren radioaktiven Stoffe, die Verweise auf Zeichnungen umfassen dürfen;
h) Beschreibung des radioaktiven Inhalts einschließlich Angabe der entsprechenden Aktivitäten und gegebenenfalls der physikalischen und chemischen Form;
i) Beschreibung des in Abschnitt 1.7.3 vorgeschriebenen anwendbaren Managementsystems;
j) Hinweis auf vom Antragsteller zu liefernde Informationen über vor der Beförderung zu treffende besondere Maßnahmen;
k) Angabe zur Identität des Antragstellers, sofern dies von der zuständigen Behörde für erforderlich erachtet wird;
l) Unterschrift und Identität des Beamten, der das Zeugnis ausstellt.

**6.4.23.14** **[Zulassungszeugnis ausgenommener spaltbarer Stoffe]**

Jedes von einer zuständigen Behörde für einen Stoff, der von der Klassifizierung als „SPALTBAR" ausgenommen ist, ausgestellte Zulassungszeugnis muss folgende Angaben enthalten:

a) Art des Zeugnisses;
b) Identifizierungskennzeichen der zuständigen Behörde;
c) Datum der Ausstellung und des Ablaufs der Gültigkeit;

d) Aufstellung der anwendbaren nationalen und internationalen Vorschriften, einschließlich der Ausgabe der IAEO-Regelungen für die sichere Beförderung radioaktiver Stoffe, nach denen die Freistellung zugelassen ist; 6.4.23.14 (Forts.)

e) Beschreibung des freigestellten Stoffes;

f) einschränkende Spezifikationen des freigestellten Stoffes;

g) Beschreibung des in Abschnitt 1.7.3 vorgeschriebenen anwendbaren Managementsystems;

h) Verweis auf Angaben des Antragstellers in Zusammenhang mit besonderen Maßnahmen, die vor der Beförderung zu treffen sind;

i) Angabe zur Identität des Antragstellers, sofern dies von der zuständigen Behörde für erforderlich erachtet wird;

j) Unterschrift und Identität des Beamten, der das Zeugnis ausstellt;

k) Verweis auf Unterlagen, die den Nachweis für die Übereinstimmung mit Absatz 2.2.7.2.3.6 liefern.

**[Zulassungszeugnis Sondervereinbarung]** 6.4.23.15

Jedes von einer zuständigen Behörde für eine Sondervereinbarung ausgestellte Zulassungszeugnis muss folgende Angaben enthalten:

a) Art des Zeugnisses;

b) Identifizierungskennzeichen der zuständigen Behörde;

c) Datum der Ausstellung und des Ablaufs der Gültigkeit;

d) Beförderungsart(en);

e) alle Einschränkungen hinsichtlich der Beförderungsart, der Art des Fahrzeugs oder des Containers und alle notwendigen Angaben über den Beförderungsweg;

f) Aufstellung der anwendbaren nationalen und internationalen Vorschriften, einschließlich der Ausgabe der IAEO-Regelung für die sichere Beförderung radioaktiver Stoffe, nach denen die Sondervereinbarung genehmigt ist;

g) folgende Erklärung:
„Dieses Zeugnis befreit den Absender nicht von der Verpflichtung, etwaige Vorschriften der Regierung eines Staates, in oder durch den das Versandstück befördert wird, einzuhalten.";

h) Verweise auf Zeugnisse für einen alternativen radioaktiven Inhalt, auf eine andere Anerkennung einer zuständigen Behörde oder auf zusätzliche technische Daten oder Angaben, sofern diese von der zuständigen Behörde für erforderlich erachtet werden;

i) Beschreibung der Verpackung durch Verweis auf Zeichnungen oder Angaben zur Bauart. Sofern dies von der zuständigen Behörde für notwendig erachtet wird, muss auch eine höchstens 21 cm × 30 cm große vervielfältigungsfähige Abbildung beigefügt werden, die die Beschaffenheit des Versandstücks zeigt, verbunden mit einer kurzen Beschreibung der Verpackung, einschließlich Herstellungswerkstoffe, Bruttomasse, Hauptaußenabmessungen und Aussehen;

j) Beschreibung des zulässigen radioaktiven Inhalts, einschließlich aller Einschränkungen bezüglich des radioaktiven Inhalts, die möglicherweise aus der Art der Verpackung nicht deutlich hervorgehen. Dies umfasst die physikalischen und chemischen Formen, die entsprechenden Aktivitäten (sofern zutreffend, einschließlich der Aktivitäten der verschiedenen Isotope), die Masse in Gramm (für spaltbare Stoffe oder gegebenenfalls für jedes spaltbare Nuklid) und, sofern zutreffend, die Feststellung, ob es sich um radioaktive Stoffe in besonderer Form, um gering dispergierbare radioaktive Stoffe oder um spaltbare Stoffe, die gemäß Absatz 2.2.7.2.3.5 f) ausgenommen sind, handelt;

k) zusätzlich bei Versandstücken, die spaltbare Stoffe enthalten:
   (i) genaue Beschreibung des zulässigen radioaktiven Inhalts;
   (ii) Wert für die Kritikalitätssicherheitskennzahl;
   (iii) Verweis auf die Dokumentation, welche die Kritikalitätssicherheit des Versandstücks nachweist;
   (iv) alle besonderen Merkmale, auf Grund derer bei der Kritikalitätsbewertung das Nichtvorhandensein von Wasser in bestimmten Hohlräumen angenommen wurde;
   (v) jede Erlaubnis (auf der Grundlage des Unterabschnitts 6.4.11.5 b)) für eine Änderung der bei der Kritikalitätsbewertung angenommenen Neutronenvermehrung als Ergebnis der tatsächlichen Bestrahlungspraxis und
   (vi) Bereich der Umgebungstemperatur, für den die Sondervereinbarung genehmigt wurde;

**6.4.23.15** (Forts.)

l) genaue Aufzählung aller zusätzlichen Betriebsüberwachungen, die bei der Vorbereitung, der Verladung, der Beförderung, der Entladung und der Handhabung der Sendung erforderlich sind, einschließlich besonderer Stauvorschriften für die sichere Wärmeableitung;

m) Gründe für die Beförderung auf Grund einer Sondervereinbarung, sofern dies von der zuständigen Behörde für erforderlich erachtet wird;

n) Beschreibung der Ausgleichsmaßnahmen, die getroffen werden müssen, weil die Beförderung auf Grund einer Sondervereinbarung erfolgt;

o) Verweis auf Angaben des Antragstellers in Zusammenhang mit der Verwendung der Verpackung oder mit besonderen Maßnahmen, die vor der Beförderung zu treffen sind;

p) Erklärung über die Umgebungsbedingungen, die für Zwecke der Bauart angenommen werden, sofern diese nicht den Unterabschnitten 6.4.8.5, 6.4.8.6 und 6.4.8.15, soweit anwendbar, entsprechen;

q) alle Notfallmaßnahmen, sofern diese von der zuständigen Behörde für erforderlich erachtet werden;

r) Beschreibung des in Abschnitt 1.7.3 vorgeschriebenen anwendbaren Managementsystems;

s) Angabe zur Identität des Antragstellers und des Beförderers, sofern dies von der zuständigen Behörde für erforderlich erachtet wird;

t) Unterschrift und Identität des Beamten, der das Zeugnis ausstellt.

**6.4.23.16 [Genehmigungszeugnis]**

Jedes von einer zuständigen Behörde für eine Beförderung ausgestellte Genehmigungszeugnis muss folgende Angaben enthalten:

a) Art des Zeugnisses;

b) Identifizierungskennzeichen der zuständigen Behörde;

c) Datum der Ausstellung und des Ablaufs der Gültigkeit;

d) Aufstellung der anwendbaren nationalen und internationalen Vorschriften, einschließlich der Ausgabe der IAEO-Regelungen für die sichere Beförderung radioaktiver Stoffe, nach denen die Beförderung genehmigt ist;

e) alle Einschränkungen hinsichtlich der Beförderungsart, der Art des Fahrzeugs oder des Containers und notwendige Angaben über den Beförderungsweg;

f) folgende Erklärung:

„Dieses Zeugnis befreit den Absender nicht von der Verpflichtung, etwaige Vorschriften der Regierung eines Staates, in oder durch den das Versandstück befördert wird, einzuhalten.";

g) genaue Aufzählung aller zusätzlichen Betriebsüberwachungen, die bei der Vorbereitung, der Verladung, der Beförderung, der Entladung und der Handhabung der Sendung erforderlich sind, einschließlich besonderer Stauvorschriften für die sichere Wärmeableitung oder der Erhaltung der Kritikalitätssicherheit;

h) Hinweis auf vom Antragsteller zu liefernde Informationen über vor der Beförderung zu treffende besondere Maßnahmen;

i) Verweis auf das (die) anwendbare(n) Zulassungszeugnis(se) der Bauart;

j) Beschreibung des tatsächlichen radioaktiven Inhalts, einschließlich aller Einschränkungen bezüglich des radioaktiven Inhalts, die möglicherweise aus der Art der Verpackung nicht deutlich hervorgehen. Dies umfasst die physikalischen und chemischen Formen, die entsprechenden Gesamtaktivitäten (sofern zutreffend, einschließlich der Aktivitäten der verschiedenen Isotope), die Masse in Gramm (für spaltbare Stoffe oder gegebenenfalls für jedes spaltbare Nuklid) und, sofern zutreffend, die Feststellung, ob es sich um radioaktive Stoffe in besonderer Form, um gering dispergierbare radioaktive Stoffe oder um spaltbare Stoffe, die gemäß Absatz 2.2.7.2.3.5 f) ausgenommen sind, handelt;

k) alle Notfallmaßnahmen, sofern diese von der zuständigen Behörde für erforderlich erachtet werden;

l) Beschreibung des in Abschnitt 1.7.3 vorgeschriebenen anwendbaren Managementsystems;

m) Angabe zur Identität des Antragstellers, sofern dies von der zuständigen Behörde für erforderlich erachtet wird;

n) Unterschrift und Identität des Beamten, der das Zeugnis ausstellt.

**[Zulassungszeugnis Versandstückmuster]** **6.4.23.17**

Jedes von einer zuständigen Behörde für das Versandstückmuster ausgestellte Zulassungszeugnis muss folgende Angaben enthalten:

a) Art des Zeugnisses;

b) Identifizierungskennzeichen der zuständigen Behörde;

c) Datum der Ausstellung und des Ablaufs der Gültigkeit;

d) alle Einschränkungen hinsichtlich der Beförderungsart, sofern zutreffend;

e) Aufstellung der anwendbaren nationalen und internationalen Vorschriften, einschließlich der Ausgabe der IAEO-Regelungen für die sichere Beförderung radioaktiver Stoffe, nach denen die Bauart zugelassen ist;

f) folgende Erklärung:
„Dieses Zeugnis befreit den Absender nicht von der Verpflichtung, etwaige Vorschriften der Regierung eines Staates, in oder durch den das Versandstück befördert wird, einzuhalten.";

g) Verweise auf Zeugnisse für einen alternativen radioaktiven Inhalt, auf eine andere Anerkennung einer zuständigen Behörde oder auf zusätzliche technische Daten oder Angaben, sofern diese von der zuständigen Behörde für erforderlich erachtet werden;

h) Erklärung über die Erlaubnis der Beförderung, sofern nach Absatz 5.1.5.1.2 eine Beförderungsgenehmigung erforderlich ist und sofern eine solche Erklärung geeignet erscheint;

i) Herstellerbezeichnung der Verpackung;

j) Beschreibung der Verpackung durch Verweis auf Zeichnungen oder Angaben zur Bauart. Sofern dies von der zuständigen Behörde für notwendig erachtet wird, muss auch eine höchstens 21 cm × 30 cm große vervielfältigungsfähige Abbildung beigefügt werden, die die Beschaffenheit des Versandstücks zeigt, verbunden mit einer kurzen Beschreibung der Verpackung, einschließlich Herstellungswerkstoffe, Bruttomasse, Hauptaußenabmessungen und Aussehen;

k) Angaben zur Bauart durch Verweis auf Zeichnungen;

l) Beschreibung des zulässigen radioaktiven Inhalts, einschließlich aller Einschränkungen bezüglich des radioaktiven Inhalts, die möglicherweise aus der Art der Verpackung nicht deutlich hervorgehen. Dies umfasst die physikalischen und chemischen Formen, die entsprechenden Aktivitäten (sofern zutreffend, einschließlich der Aktivitäten der verschiedenen Isotope), die Masse in Gramm (für spaltbare Stoffe die Gesamtmasse spaltbarer Nuklide oder gegebenenfalls für jedes spaltbare Nuklid die Masse) und, sofern zutreffend, die Feststellung, ob es sich um radioaktive Stoffe in besonderer Form, um gering dispergierbare radioaktive Stoffe oder um spaltbare Stoffe, die gemäß Absatz 2.2.7.2.3.5 f) ausgenommen sind, handelt;

m) Beschreibung der dichten Umschließung;

n) bei Versandstückmustern, die spaltbare Stoffe enthalten und für die gemäß Unterabschnitt 6.4.22.4 eine multilaterale Zulassung des Versandstückmusters erforderlich ist:
   (i) genaue Beschreibung des zulässigen radioaktiven Inhalts;
   (ii) Beschreibung des Einschließungssystems;
   (iii) Wert für die Kritikalitätssicherheitskennzahl;
   (iv) Verweis auf die Dokumentation, welche die Kritikalitätssicherheit des Versandstücks nachweist;
   (v) alle besonderen Merkmale, auf Grund derer bei der Kritikalitätsbewertung das Nichtvorhandensein von Wasser in bestimmten Hohlräumen angenommen wurde;
   (vi) jede Erlaubnis (auf der Grundlage des Unterabschnitts 6.4.11.5 b)) für eine Änderung der bei der Kritikalitätsbewertung angenommenen Neutronenvermehrung als Ergebnis der tatsächlichen Bestrahlungspraxis und
   (vii) Bereich der Umgebungstemperatur, für den das Versandstückmuster genehmigt wurde;

o) bei Typ B(M)-Versandstücken eine Aufstellung der Vorschriften der Unterabschnitte 6.4.7.5, 6.4.8.4, 6.4.8.5, 6.4.8.6 und 6.4.8.9 bis 6.4.8.15, denen das Versandstück nicht entspricht, und alle ergänzenden Informationen, die für andere zuständige Behörden nützlich sein können;

p) bei Versandstückmustern, die den Übergangsvorschriften des Absatzes 1.6.6.2.1 unterliegen, eine Erklärung, in der diejenigen der ab 1. Januar 2021 geltenden Vorschriften des ADR angegeben sind, denen das Versandstück nicht entspricht;

6.4.23.17 (Forts.)

q) bei Versandstücken, die mehr als 0,1 kg Uranhexafluorid enthalten, gegebenenfalls eine Angabe der geltenden Vorschriften des Unterabschnitts 6.4.6.4 und aller darüber hinausgehender Informationen, die für andere zuständige Behörden nützlich sein können;
r) genaue Aufzählung aller zusätzlichen Betriebsüberwachungen, die bei der Vorbereitung, der Verladung, der Beförderung, der Entladung und der Handhabung der Sendung erforderlich sind, einschließlich besonderer Stauvorschriften für die sichere Wärmeableitung;
s) Verweis auf Angaben des Antragstellers in Zusammenhang mit der Verwendung der Verpackung oder mit besonderen Maßnahmen, die vor der Beförderung zu treffen sind;
t) Erklärung über die Umgebungsbedingungen, die für Zwecke der Bauart angenommen werden, sofern diese nicht den Unterabschnitten 6.4.8.5, 6.4.8.6 und 6.4.8.15, soweit anwendbar, entsprechen;
u) Beschreibung des in Abschnitt 1.7.3 vorgeschriebenen anwendbaren Managementsystems;
v) alle Notfallmaßnahmen, sofern diese von der zuständigen Behörde für erforderlich erachtet werden;
w) Angabe zur Identität des Antragstellers, sofern dies von der zuständigen Behörde für erforderlich erachtet wird;
x) Unterschrift und Identität des Beamten, der das Zeugnis ausstellt.

**6.4.23.18 [Zulassungszeugnis für alternative Aktivitätsgrenzwerte]**

Jedes von einer zuständigen Behörde für alternative Aktivitätsgrenzwerte für eine freigestellte Sendung von Instrumenten oder Fabrikaten gemäß Absatz 5.1.5.2.1 d) ausgestellte Zulassungszeugnis muss folgende Angaben enthalten:

a) Art des Zeugnisses;
b) Identifizierungskennzeichen der zuständigen Behörde;
c) Datum der Ausstellung und des Ablaufs der Gültigkeit;
d) Aufstellung der anwendbaren nationalen und internationalen Vorschriften, einschließlich der Ausgabe der IAEO-Regelungen für die sichere Beförderung radioaktiver Stoffe, nach denen die Freistellung zugelassen ist;
e) Bezeichnung des Instruments oder Fabrikats;
f) Beschreibung des Instruments oder Fabrikats;
g) Spezifikationen der Bauart des Instruments oder Fabrikats;
h) Spezifikation des oder der Radionuklide, der (die) zugelassene(n) alternative(n) Aktivitätsgrenzwert(e) für die freigestellte Sendung(en) des oder der Instrumente oder Fabrikate;
i) Verweis auf Unterlagen, die den Nachweis für die Übereinstimmung mit Absatz 2.2.7.2.2.2 b) liefern;
j) Angabe zur Identität des Antragstellers, sofern dies von der zuständigen Behörde für erforderlich erachtet wird;
k) Unterschrift und Identität des Beamten, der das Zeugnis ausstellt.

**6.4.23.19 [Seriennummern]**

Der zuständigen Behörde muss die Seriennummer jeder Verpackung, die nach einer von ihr nach den Absätzen 1.6.6.2.1 und 1.6.6.2.2 und den Unterabschnitten 6.4.22.2, 6.4.22.3 und 6.4.22.4 zugelassenen Bauart hergestellt wurde, mitgeteilt werden.

**6.4.23.20 [Anerkennung Originalzeugnis]**

Eine multilaterale Zulassung/Genehmigung darf durch Anerkennung des von der zuständigen Behörde des Ursprungslandes der Bauart oder der Beförderung ausgestellten Originalzeugnisses erfolgen. Eine solche Anerkennung kann durch die zuständige Behörde des Staates, durch oder in den die Beförderung erfolgt, in Form einer Bestätigung auf dem Originalzeugnis oder der Ausstellung einer gesonderten Bestätigung, Anlage, Ergänzung usw. erfolgen.

# Kapitel 6.5 Bau- und Prüfvorschriften für Großpackmittel (IBC)

→ D: § 8 (1) 3
→ D: § 8 (1) 4
→ D: § 8 (2)

## Allgemeine Vorschriften 6.5.1

### Anwendungsbereich 6.5.1.1

**[Einschränkung]** 6.5.1.1.1

Die Vorschriften dieses Kapitels gelten für Großpackmittel (IBC), deren Verwendung zur Beförderung bestimmter gefährlicher Stoffe nach den in Kapitel 3.2 Tabelle A Spalte (8) angegebenen Verpackungsanweisungen ausdrücklich zugelassen ist. Ortsbewegliche Tanks oder Tankcontainer, die den Vorschriften des Kapitels 6.7 bzw. 6.8 entsprechen, gelten nicht als Großpackmittel (IBC). Großpackmittel (IBC), die den Vorschriften dieses Kapitels entsprechen, gelten nicht als Container im Sinne des ADR. Im folgenden Text wird für die Benennung der Großpackmittel ausschließlich die Abkürzung IBC (Intermediate Bulk Container) verwendet.

**[Varianten]** 6.5.1.1.2

→ 6.5.1.4.4

Die Vorschriften für IBC in Abschnitt 6.5.3 stützen sich auf die derzeit verwendeten IBC. Um den wissenschaftlichen und technischen Fortschritt zu berücksichtigen, dürfen IBC verwendet werden, deren Spezifikationen von denen in den Abschnitten 6.5.3 und 6.5.5 abweichen, vorausgesetzt, sie sind ebenso wirksam, von der zuständigen Behörde anerkannt und in der Lage, die in den Abschnitten 6.5.4 und 6.5.6 beschriebenen Vorschriften erfolgreich zu erfüllen. Andere als die im ADR beschriebenen Inspektions- und Prüfmethoden sind zulässig, vorausgesetzt, sie sind gleichwertig und von der zuständigen Behörde anerkannt.

**[Genehmigungsvorbehalt]** 6.5.1.1.3

Der Bau, die Ausrüstungen, die Prüfungen, die Kennzeichnung und der Betrieb der IBC unterliegen der Genehmigung durch die zuständige Behörde des Landes, in dem die IBC zugelassen werden.

**Bem.** Stellen, die nach der Inbetriebnahme des IBC Inspektionen und Prüfungen in anderen Ländern durchführen, müssen nicht von der zuständigen Behörde des Landes genehmigt sein, in dem der IBC zugelassen wurde, die Inspektionen und Prüfungen müssen jedoch nach den in der Zulassung des IBC festgelegten Regeln durchgeführt werden.

**[Informationspflicht]** 6.5.1.1.4

Hersteller und nachfolgende Verteiler von IBC müssen Informationen über die zu befolgenden Verfahren sowie eine Beschreibung der Arten und Abmessungen der Verschlüsse (einschließlich der erforderlichen Dichtungen) und aller anderen Bestandteile liefern, die notwendig sind, um sicherzustellen, dass die versandfertigen IBC in der Lage sind, die anwendbaren Qualitätsprüfungen dieses Kapitels zu erfüllen.

(bleibt offen) 6.5.1.2–6.5.1.3

### Codierungssystem für die Kennzeichnung von IBC 6.5.1.4

**[Zusammensetzung]** 6.5.1.4.1

Der Code besteht aus zwei arabischen Ziffern, wie unter a) beschrieben, gefolgt von einem oder mehreren Großbuchstaben, die den Werkstoffen gemäß b) entsprechen, und, sofern dies in einem besonderen Abschnitt vorgesehen ist, gefolgt von einer arabischen Ziffer, die die IBC-Variante bezeichnet.

a)

| Art | für feste Stoffe bei Füllung oder Entleerung | | für flüssige Stoffe |
|---|---|---|---|
| | durch Schwerkraft | unter Druck von mehr als 10 kPa (0,1 bar) | |
| starr | 11 | 21 | 31 |
| flexibel | 13 | – | – |

b) Werkstoffe

A. Stahl (alle Arten und Oberflächenbehandlungen)

B. Aluminium

C. Naturholz

**6.5.1.4.1** (Forts.)

D. Sperrholz
F. Holzfaserwerkstoff
G. Pappe
H. Kunststoff
L. Textilgewebe
M. Papier, mehrlagig
N. Metall (außer Stahl und Aluminium).

**6.5.1.4.2 [Kombinations-IBC]**

Für Kombinations-IBC sind an der zweiten Stelle des Codes zwei Großbuchstaben (lateinische Buchstaben) zu verwenden, wobei der erste Buchstabe den Werkstoff des Innenbehälters des IBC und der zweite den der Außenverpackung des IBC bezeichnet.

**6.5.1.4.3 [Code-Zuordnung]**

Die nachstehenden Codes sind den folgenden IBC-Arten zugeordnet:

| Werkstoff | Variante | Code | Unterabschnitt |
|---|---|---|---|
| **metallen** | | | 6.5.5.1 |
| A. Stahl | für feste Stoffe bei Befüllung oder Entleerung durch Schwerkraft | 11A | |
| | für feste Stoffe bei Befüllung oder Entleerung unter Druck | 21A | |
| | für flüssige Stoffe | 31A | |
| B. Aluminium | für feste Stoffe bei Befüllung oder Entleerung durch Schwerkraft | 11B | |
| | für feste Stoffe bei Befüllung oder Entleerung unter Druck | 21B | |
| | für flüssige Stoffe | 31B | |
| N. anderes Metall als Stahl oder Aluminium | für feste Stoffe bei Befüllung oder Entleerung durch Schwerkraft | 11N | |
| | für feste Stoffe bei Befüllung oder Entleerung unter Druck | 21N | |
| | für flüssige Stoffe | 31N | |
| **flexibel** | | | 6.5.5.2 |
| H. Kunststoff | Kunststoffgewebe ohne Beschichtung oder Innenauskleidung | 13H1 | |
| | Kunststoffgewebe, beschichtet | 13H2 | |
| | Kunststoffgewebe mit Innenauskleidung | 13H3 | |
| | Kunststoffgewebe, beschichtet und mit Innenauskleidung | 13H4 | |
| | Kunststofffolie | 13H5 | |
| L. Textilgewebe | ohne Beschichtung oder Innenauskleidung | 13L1 | |
| | beschichtet | 13L2 | |
| | mit Innenauskleidung | 13L3 | |
| | beschichtet und mit Innenauskleidung | 13L4 | |
| M. Papier | mehrlagig | 13M1 | |
| | mehrlagig, wasserbeständig | 13M2 | |
| H. **starrer Kunststoff** | für feste Stoffe bei Befüllung oder Entleerung durch Schwerkraft, mit baulicher Ausrüstung | 11H1 | 6.5.5.3 |
| | für feste Stoffe bei Befüllung oder Entleerung durch Schwerkraft, freitragend | 11H2 | |
| | für feste Stoffe bei Befüllung oder Entleerung unter Druck, mit baulicher Ausrüstung | 21H1 | |
| | für feste Stoffe bei Befüllung oder Entleerung unter Druck, freitragend | 21H2 | |
| | für flüssige Stoffe, mit baulicher Ausrüstung | 31H1 | |
| | für flüssige Stoffe, freitragend | 31H2 | |
| HZ. **Kombination mit einem Kunststoff-Innenbehälter**[a)] | für feste Stoffe bei Befüllung oder Entleerung durch Schwerkraft, mit starrem Kunststoff-Innenbehälter | 11HZ1 | 6.5.5.4 |
| | für feste Stoffe bei Befüllung oder Entleerung durch Schwerkraft, mit flexiblem Kunststoff-Innenbehälter | 11HZ2 | |
| | für feste Stoffe bei Befüllung oder Entleerung unter Druck, mit starrem Kunststoff-Innenbehälter | 21HZ1 | |
| | für feste Stoffe bei Befüllung oder Entleerung unter Druck, mit flexiblem Kunststoff-Innenbehälter | 21HZ2 | |
| | für flüssige Stoffe, mit starrem Kunststoff-Innenbehälter | 31HZ1 | |
| | für flüssige Stoffe, mit flexiblem Kunststoff-Innenbehälter | 31HZ2 | |

6.5.1.4.3 (Forts.)

| Werkstoff | Variante | Code | Unterabschnitt |
|---|---|---|---|
| G. **Pappe** | für feste Stoffe bei Befüllung oder Entleerung durch Schwerkraft | 11G | 6.5.5.5 |
| **Holz** | | | 6.5.5.6 |
| C. Naturholz | für feste Stoffe bei Befüllung oder Entleerung durch Schwerkraft, mit Innenauskleidung | 11C | |
| D. Sperrholz | für feste Stoffe bei Befüllung oder Entleerung durch Schwerkraft, mit Innenauskleidung | 11D | |
| F. Holzfaserwerkstoff | für feste Stoffe bei Befüllung oder Entleerung durch Schwerkraft, mit Innenauskleidung | 11F | |

[a] Dieser Code muss durch Ersetzen des Buchstabens Z durch einen Großbuchstaben gemäß Absatz 6.5.1.4.1 b) ergänzt werden, der den für die äußere Umhüllung verwendeten Werkstoff angibt.

**[Gleichwertige Spezifikation]** 6.5.1.4.4

Der IBC-Code kann durch den Buchstaben „W" ergänzt werden. Der Buchstabe „W" bedeutet, dass der IBC zwar dem durch den Code bezeichneten IBC-Typ angehört, jedoch nach einer von Abschnitt 6.5.5 abweichenden Spezifikation hergestellt wurde und nach den Vorschriften des Absatzes 6.5.1.1.2 als gleichwertig gilt.

## Kennzeichnung 6.5.2

*→ D: § 25 (1) 1*

### Grundkennzeichnung 6.5.2.1

**[Zusammensetzung]** 6.5.2.1.1

*→ 1.6.1.6*

Jeder IBC, der für die Verwendung gemäß ADR gebaut und bestimmt ist, muss mit dauerhaften, lesbaren und an einer gut sichtbaren Stelle angebrachten Kennzeichen versehen sein. Die Buchstaben, Ziffern und Symbole müssen eine Zeichenhöhe von mindestens 12 mm aufweisen und folgende Angaben umfassen:

a) das Symbol der Vereinten Nationen für Verpackungen (u/n); dieses Symbol darf nur zum Zweck der Bestätigung verwendet werden, dass eine Verpackung, ein flexibler Schüttgut-Container, ein ortsbeweglicher Tank oder ein MEGC den entsprechenden Vorschriften des Kapitels 6.1, 6.2, 6.3, 6.5, 6.6, 6.7 oder 6.11 entspricht. Für metallene IBC, auf denen die Kennzeichen durch Stempeln oder Prägen angebracht werden, dürfen anstelle des Symbols die Buchstaben „UN" verwendet werden;

b) der Code, der die Art des IBC gemäß Unterabschnitt 6.5.1.4 angibt;

c) einen Großbuchstaben, der die Verpackungsgruppe(n) angibt, für die die Bauart zugelassen worden ist:
   (i) X für die Verpackungsgruppen I, II und III (nur IBC für feste Stoffe),
   (ii) Y für die Verpackungsgruppen II und III,
   (iii) Z nur für die Verpackungsgruppe III;

d) Monat und Jahr (die letzten zwei Ziffern) der Herstellung;

e) das Zeichen des Staates, in dem die Zuordnung des Kennzeichens zugelassen wurde, angegeben durch das für Kraftfahrzeuge im internationalen Verkehr verwendete Unterscheidungszeichen[1];

f) Name oder Zeichen des Herstellers und jede andere von der zuständigen Behörde festgelegte Identifizierung des IBC;

g) Prüflast der Stapeldruckprüfung in kg. Bei IBC, die nicht für die Stapelung ausgelegt sind, ist „0" anzugeben;

h) höchstzulässige Bruttomasse in kg. *→ 1.2.1 „höchstzulässige Bruttomasse"*

Die Grundkennzeichen müssen in der Reihenfolge der vorstehenden Unterabsätze angebracht werden. Die nach Unterabschnitt 6.5.2.2 vorgeschriebenen Kennzeichen sowie jedes weitere von der zuständigen Behörde genehmigte Kennzeichen dürfen die korrekte Identifizierung der Grundkennzeichen nicht beeinträchtigen.

[1] Das für Kraftfahrzeuge und Anhänger im internationalen Straßenverkehr verwendete Unterscheidungszeichen des Zulassungsstaates, z.B. gemäß dem Genfer Übereinkommen über den Straßenverkehr von 1949 oder dem Wiener Übereinkommen über den Straßenverkehr von 1968.

**6.5.2.1.1** (Forts.) Jedes der gemäß den Absätzen a) bis h) und gemäß Unterabschnitt 6.5.2.2 angebrachten Kennzeichen muss zur leichteren Identifizierung deutlich getrennt werden, z.B. durch einen Schrägstrich oder eine Leerstelle.

**6.5.2.1.2 [IBC aus Recycling-Kunststoffen]**

Aus Recycling-Kunststoffen gemäß Begriffsbestimmung in Abschnitt 1.2.1 hergestellte IBC müssen mit „REC" gekennzeichnet sein. Bei starren IBC muss dieses Kennzeichen neben den in Absatz 6.5.2.1.1 vorgeschriebenen Kennzeichen angebracht sein. Bei Innenbehältern von Kombinations-IBC muss dieses Kennzeichen neben den in Absatz 6.5.2.2.4 vorgeschriebenen Kennzeichen angebracht sein.

**6.5.2.1.3 [Beispiele]**

Beispiele für die Kennzeichnung von verschiedenen IBC-Arten nach Absatz 6.5.2.1.1 a) bis h):

(u n) 11A/Y/0299
NL/Mulder 007/5500/1500

IBC aus Stahl für die Beförderung von festen Stoffen, die durch Schwerkraft entleert werden / für die Verpackungsgruppen II und III / hergestellt im Februar 1999 / zugelassen durch die Niederlande / hergestellt durch die Firma Mulder entsprechend einer Bauart, für welche die zuständige Behörde die Seriennummer 007 zugeteilt hat / verwendete Last bei der Stapeldruckprüfung in kg / höchstzulässige Bruttomasse in kg.

(u n) 13H3/Z/0301
F/Meunier 1713/0/1500

Flexibler IBC für die Beförderung von festen Stoffen, die z.B. durch Schwerkraft entleert werden, hergestellt aus Kunststoffgewebe mit Innenauskleidung, nicht für die Stapelung ausgelegt.

(u n) 31H1/Y/0499
GB/9099/10800/1200

IBC aus starrem Kunststoff für die Beförderung von flüssigen Stoffen, hergestellt aus Kunststoff mit einer baulichen Ausrüstung, die der Stapellast standhält.

(u n) 31HA1/Y/0501
D/Müller/1683/10800/1200

Kombinations-IBC für die Beförderung von flüssigen Stoffen mit starrem Kunststoff-Innenbehälter und äußerer Umhüllung aus Stahl.

(u n) 11C/X/0102
S/Aurigny/9876/3000/910

IBC aus Naturholz für die Beförderung von festen Stoffen, mit einer Innenauskleidung / zugelassen für feste Stoffe der Verpackungsgruppen I, II und III.

**6.5.2.1.4 [Mehrfachkennzeichnung]**

Wenn ein IBC einer oder mehreren geprüften IBC-Bauarten, einschließlich einer oder mehreren geprüften Verpackungs- oder Großverpackungsbauarten, entspricht, darf der IBC mit mehreren Kennzeichen zur Angabe der entsprechenden Prüfanforderungen, die erfüllt wurden, versehen sein. Wenn ein IBC mit mehreren Kennzeichen versehen ist, müssen die Kennzeichen in unmittelbarer Nähe zueinander erscheinen und jedes Kennzeichen muss vollständig abgebildet sein.

## 6.5.2.2 Zusätzliche Kennzeichnung

**6.5.2.2.1 [Einzelheiten]**

→ 6.5.4.4
→ D: § 25 (3)

Jeder IBC muss neben den in Unterabschnitt 6.5.2.1 vorgeschriebenen Kennzeichen mit den folgenden Angaben versehen sein, die auf einem Schild aus korrosionsbeständigem Werkstoff, das dauerhaft an einem für die Inspektion leicht zugänglichen Ort befestigt ist, angebracht sein dürfen:

| zusätzliche Kennzeichen | IBC-Typ | | | | |
|---|---|---|---|---|---|
| | Metall | starrer Kunststoff | Kombination | Pappe | Holz |
| Fassungsraum in Liter[a)] bei 20 °C | × | × | × | | |
| Eigenmasse in kg[a)] | × | × | × | × | × |
| Prüfdruck (Überdruck) in kPa oder in bar[a)], falls zutreffend | | × | × | | |
| höchstzulässiger Füllungs-/Entleerungsdruck in kPa oder in bar[a)], falls zutreffend | × | × | × | | |

6.5.2.2.1 (Forts.)

| zusätzliche Kennzeichen | IBC-Typ | | | | |
|---|---|---|---|---|---|
| | Metall | starrer Kunststoff | Kombination | Pappe | Holz |
| verwendeter Werkstoff für den Packmittelkörper und Mindestdicke in mm | × | | | | |
| Datum der letzten Dichtheitsprüfung (Monat und Jahr), falls zutreffend | × | × | × | | |
| Datum der letzten Inspektion (Monat und Jahr) | × | × | × | | |
| Seriennummer des Herstellers | × | | | | |

[a] Die verwendeten Maßeinheiten sind anzugeben.

**[Piktogramm Stapellast]** 6.5.2.2.2 → *1.6.1.15*

Die höchstzulässige anwendbare Stapellast muss auf einem der Abbildung 6.5.2.2.2.1 oder 6.5.2.2.2.2 entsprechenden Piktogramm angegeben werden. Das Piktogramm muss dauerhaft und deutlich sichtbar sein.

**Abbildung 6.5.2.2.2.1: IBC, der gestapelt werden kann**

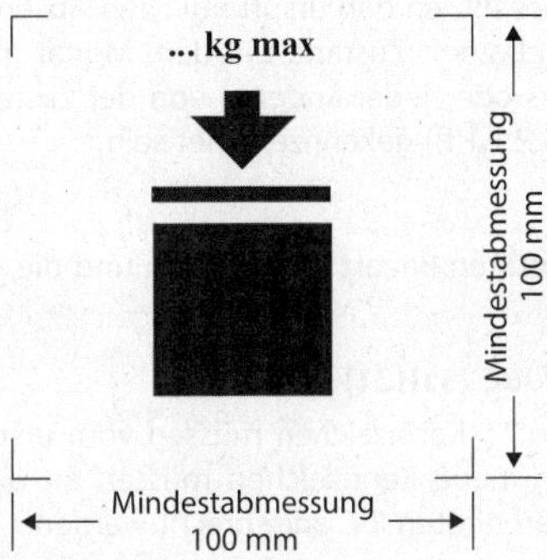


**Abbildung 6.5.2.2.2.2: IBC, der NICHT gestapelt werden kann**

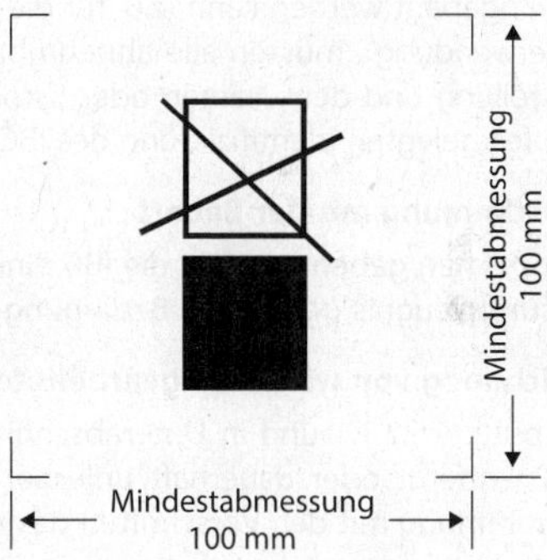


Die Mindestabmessungen müssen 100 mm × 100 mm sein. Die Buchstaben und Ziffern für die Angabe der Masse müssen eine Zeichenhöhe von mindestens 12 mm haben. Der durch die Abmessungspfeile angegebene Druckbereich muss quadratisch sein. Wenn Abmessungen nicht näher spezifiziert sind, müssen die Proportionen aller Merkmale den abgebildeten in etwa entsprechen. Die über dem Piktogramm angegebene Masse darf nicht größer sein als die bei der Bauartprüfung aufgebrachte Last (siehe Absatz 6.5.6.6.4) dividiert durch 1,8.

**[Hebemethoden]** 6.5.2.2.3

Neben den in Unterabschnitt 6.5.2.1 vorgeschriebenen Kennzeichen dürfen flexible IBC mit einem Piktogramm versehen sein, auf dem die empfohlenen Hebemethoden angegeben sind.

**[Innenbehälter]** 6.5.2.2.4 → *1.6.1.22*

Innenbehälter einer Kombinations-IBC-Bauart müssen mit Kennzeichen versehen sein, die in Absatz 6.5.2.1.1 b), c), d), e) und f) angegeben sind, wobei das Datum gemäß Absatz d) das Datum der Herstellung des Kunststoff-Innenbehälters ist. Das Verpackungssymbol der Vereinten Nationen darf nicht angebracht werden. Die Kennzeichen müssen in der in Absatz 6.5.2.1.1 angegebenen Reihenfolge angebracht werden. Sie müssen dauerhaft, lesbar und an einer Stelle angebracht sein, die nach dem Einbau des Innenbehälters in die äußere Umhüllung für die Inspektion leicht zugänglich ist. Wenn die Kennzeichen auf dem Innenbehälter wegen der Auslegung der äußeren Umhüllung für die Inspektion nicht leicht zugänglich sind, muss ein Duplikat der auf dem Innenbehälter vorgeschriebenen Kennzeichen auf der äußeren Umhüllung angebracht werden, dem der Wortlaut „Innenbehälter" vorangestellt ist. Dieses Duplikat muss dauerhaft, lesbar und an einer Stelle angebracht sein, die für die Inspektion leicht zugänglich ist.

6.5.2.2.4 (Forts.) Alternativ darf das Datum der Herstellung des Kunststoff-Innenbehälters auf dem Innenbehälter neben den übrigen Kennzeichen angebracht werden. In diesem Fall darf auf die Angabe des Datums in den übrigen Kennzeichen verzichtet werden. Beispiel für eine geeignete Kennzeichnungsmethode:

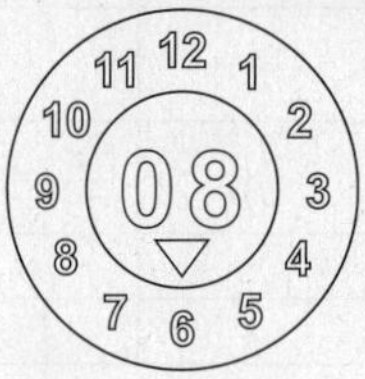


**Bem.** 1. Andere Methoden zur Angabe der erforderlichen Mindestinformationen in dauerhafter, sichtbarer und lesbarer Form sind ebenfalls zulässig.

2. Das Datum der Herstellung des Innenbehälters darf von dem auf dem Kombinations-IBC angebrachten Datum der Herstellung (siehe Unterabschnitt 6.5.2.1), der Reparatur (siehe Absatz 6.5.4.5.3) oder Wiederaufarbeitung (siehe Unterabschnitt 6.5.2.4) abweichen.

**6.5.2.2.5 [Abnehmbare Teile]**

Wenn ein Kombinations-IBC so ausgelegt ist, dass die äußere Umhüllung für die Beförderung in leerem Zustand abgebaut werden kann (z.B. für die Rücksendung eines IBC an den ursprünglichen Absender zur Wiederverwendung), müssen alle abnehmbaren Teile im abgebauten Zustand mit dem Monat und Jahr der Herstellung und dem Namen oder Symbol des Herstellers oder jeder anderen von der zuständigen Behörde festgelegten Identifizierung des IBC (siehe Absatz 6.5.2.1.1 f)) gekennzeichnet sein.

**6.5.2.3 Übereinstimmung mit der Bauart**

Die Kennzeichen geben an, dass die IBC einer erfolgreich geprüften Bauart entsprechen und die im Bauartzulassungszeugnis genannten Bedingungen erfüllt sind.

**6.5.2.4 Kennzeichnung von wiederaufgearbeiteten Kombinations-IBC (31HZ1)**

Die in Absatz 6.5.2.1.1 und in Unterabschnitt 6.5.2.2 festgelegten Kennzeichen müssen vom ursprünglichen IBC entfernt oder dauerhaft unlesbar gemacht werden; neue Kennzeichen müssen an einem in Übereinstimmung mit den Vorschriften des ADR wiederaufgearbeiteten IBC angebracht werden.

## 6.5.3 Bauvorschriften

### 6.5.3.1 Allgemeine Vorschriften

**6.5.3.1.1 [Beständigkeit]**

IBC müssen gegen umgebungsbedingte Schädigungen beständig oder angemessen geschützt sein.

**6.5.3.1.2 [Dichtheit]**

IBC müssen so gebaut und verschlossen sein, dass vom Inhalt unter normalen Beförderungsbedingungen, insbesondere durch die Einwirkung von Vibrationen oder Temperaturveränderungen, Feuchtigkeit oder Druck, nichts nach außen gelangen kann.

**6.5.3.1.3 [Füllgutverträglichkeit]**

IBC und ihre Verschlüsse müssen aus Werkstoffen hergestellt sein, die mit dem Füllgut verträglich sind, oder innen so geschützt sein, dass diese Werkstoffe

a) nicht durch das Füllgut in einer Weise angegriffen werden, dass die Verwendung des IBC zu einer Gefahr wird;

b) keine Reaktion oder Zersetzung des Füllgutes verursachen oder sich durch Einwirkung des Füllgutes auf diese Werkstoffe gesundheitsschädliche oder gefährliche Verbindungen bilden.

**6.5.3.1.4 [Dichtungswerkstoff]**

Werden Dichtungen verwendet, müssen sie aus einem Werkstoff hergestellt sein, der nicht vom Füllgut des IBC angegriffen wird.

**[Bedienungsausrüstung]** 6.5.3.1.5

Die gesamte Bedienungsausrüstung muss so angebracht oder geschützt sein, dass die Gefahr des Austretens des Füllgutes bei Beschädigungen während der Handhabung oder der Beförderung auf ein Mindestmaß beschränkt wird.

**[Auslegung]** 6.5.3.1.6

IBC, ihre Zusatzeinrichtungen sowie ihre Bedienungsausrüstung und bauliche Ausrüstung müssen so ausgelegt sein, dass sie ohne Verlust von Füllgut dem Innendruck des Füllgutes und den Beanspruchungen bei normalen Handhabungs- und Beförderungsbedingungen standhalten. IBC, die zur Stapelung bestimmt sind, müssen hierfür ausgelegt sein. Alle Hebe- und Befestigungseinrichtungen der IBC müssen eine ausreichende Festigkeit aufweisen, um den normalen Handhabungs- und Beförderungsbedingungen ohne wesentliche Verformung oder Beschädigung zu widerstehen, und so angebracht sein, dass keine übermäßigen Beanspruchungen irgendeines Teils des IBC entstehen.

**[Packmittelkörper]** 6.5.3.1.7

Besteht ein IBC aus einem Packmittelkörper innerhalb eines Rahmens, muss er so ausgelegt sein, dass:

a) der Packmittelkörper nicht gegen den Rahmen scheuert oder reibt und dadurch beschädigt wird,
b) der Packmittelkörper stets innerhalb des Rahmens bleibt,
c) die Ausrüstungsteile so befestigt sind, dass sie nicht beschädigt werden können, wenn die Verbindungen zwischen Packmittelkörper und Rahmen eine relative Ausdehnung oder Bewegung zulassen.

**[Bodenauslaufventil]** 6.5.3.1.8

Wenn der IBC mit einem Bodenauslaufventil ausgerüstet ist, muss dieses in geschlossener Stellung gesichert werden können und das gesamte Entleerungssystem wirksam vor Beschädigung geschützt sein. Ventile mit Hebelverschlüssen müssen gegen unbeabsichtigtes Öffnen gesichert werden können, und der geöffnete oder geschlossene Zustand muss leicht erkennbar sein. Bei IBC für flüssige Stoffe muss die Auslauföffnung mit einer zusätzlichen Verschlusseinrichtung, z.B. einem Blindflansch oder einer gleichwertigen Einrichtung, versehen sein.

**Prüfungen, Bauartgenehmigung und Inspektion** 6.5.4

**[Qualitätssicherungsprogramm]** 6.5.4.1

*→ D: BAM-GGR 001*

*Qualitätssicherung:* Um sicherzustellen, dass jeder hergestellte, wiederaufgearbeitete oder reparierte IBC die Vorschriften dieses Kapitels erfüllt, müssen die IBC nach einem Qualitätssicherungsprogramm hergestellt, wiederaufgearbeitet oder repariert und geprüft werden, das den Anforderungen der zuständigen Behörde genügt.

**Bem.** Die Norm ISO 16106:2020 „Verpackungen zur Beförderung gefährlicher Güter – Gefahrgutverpackungen, Großpackmittel (IBC) und Großverpackungen – Leitfaden für die Anwendung der ISO 9001" enthält zufrieden stellende Leitlinien für Verfahren, die angewendet werden dürfen.

**[Vorgeschriebene Prüfungen]** 6.5.4.2

*Prüfvorschriften:* Die IBC müssen den Bauartprüfungen und gegebenenfalls den erstmaligen und wiederkehrenden Inspektionen und Prüfungen nach Unterabschnitt 6.5.4.4 unterzogen werden.

**[Bauartgenehmigung]** 6.5.4.3

*Bauartgenehmigung:* Für jede IBC-Bauart ist ein Bauartgenehmigungszeugnis und ein Kennzeichen (nach den Vorschriften des Abschnitts 6.5.2) zu erteilen, wodurch bestätigt wird, dass die Bauart einschließlich ihrer Ausrüstung den Prüfvorschriften entspricht.

**Inspektion und Prüfung***) 6.5.4.4

**Bem.** Für Prüfungen und Inspektionen von reparierten IBC siehe auch Unterabschnitt 6.5.4.5.

**[Inspektion]** 6.5.4.4.1

*→ D: § 7 (1) 2*

Alle metallenen IBC, alle starren Kunststoff-IBC und alle Kombinations-IBC müssen einer die zuständige Behörde zufrieden stellenden Inspektion unterzogen werden:

*) *→ D: § 7 (1) 2; → D: § 7 (2) 2; → D: § 8 (1) 4; → D: § 8 (2); → D: BAM-GGR 002*

6.5.4.4.1 (Forts.) → D: § 25 (3)

a) vor Inbetriebnahme (einschließlich nach der Wiederaufarbeitung) und danach in Abständen von nicht mehr als fünf Jahren im Hinblick auf:
   (i) die Übereinstimmung mit dem Bauartmuster, einschließlich der Kennzeichen;
   (ii) den inneren und äußeren Zustand;
   (iii) die einwandfreie Funktion der Bedienungsausrüstung.

   Eine gegebenenfalls vorhandene Wärmeisolierung muss nur so weit entfernt werden, wie dies für eine einwandfreie Untersuchung des IBC-Packmittelkörpers erforderlich ist.
b) in Zeitabständen von höchstens zweieinhalb Jahren im Hinblick auf:
   (i) den äußeren Zustand;
   (ii) die einwandfreie Funktion der Bedienungsausrüstung.

   Eine gegebenenfalls vorhandene Wärmeisolierung muss nur so weit entfernt werden, wie dies für eine einwandfreie Untersuchung des IBC-Packmittelkörpers erforderlich ist.

Jeder IBC muss in jeder Hinsicht seiner Bauart entsprechen.

**6.5.4.4.2 [Dichtheitsprüfung]**

→ D: RSEB 6-3 → D: BAM-GGR 002

Alle metallenen IBC, alle starren Kunststoff-IBC und alle Kombinations-IBC für feste Stoffe, die unter Druck eingefüllt oder entleert werden, oder für flüssige Stoffe müssen einer geeigneten Dichtheitsprüfung unterzogen werden. Diese Prüfung ist Teil des in Unterabschnitt 6.5.4.1 festgelegten Qualitätssicherungsprogramms, mit dem nachgewiesen wird, dass der IBC in der Lage ist, die entsprechenden in Absatz 6.5.6.7.3 angegebenen Prüfanforderungen zu erfüllen:

→ D: § 25 (3)

a) vor ihrer ersten Verwendung für die Beförderung;
b) in Abständen von höchstens zweieinhalb Jahren.

Für diese Prüfung muss der IBC mit dem ersten Bodenverschluss ausgerüstet sein. Das Innengefäß eines Kombinations-IBC darf ohne die äußere Umhüllung geprüft werden, vorausgesetzt, die Prüfergebnisse werden nicht beeinträchtigt.

**6.5.4.4.3 [Bericht]**

Ein Bericht über jede Inspektion und Prüfung ist mindestens bis zur nächsten Inspektion oder Prüfung vom Eigentümer des IBC aufzubewahren. Der Bericht muss die Ergebnisse der Inspektion und Prüfung enthalten und die Stelle angeben, welche die Inspektion und Prüfung durchgeführt hat (siehe auch die Kennzeichnungsvorschriften in Absatz 6.5.2.2.1).

**6.5.4.4.4 [Prüfnachweis]**

Die zuständige Behörde kann jederzeit durch Prüfung nach diesem Kapitel den Nachweis verlangen, dass die IBC den Vorschriften der Bauartprüfung genügen.

### 6.5.4.5 Reparierte IBC*)

**6.5.4.5.1 [Beschädigung]**

Ist ein IBC durch einen Stoß (z.B. bei einem Unfall) oder durch andere Ursachen beschädigt worden, muss er repariert oder anderweitig instand gesetzt werden (siehe Begriffsbestimmung für „regelmäßige Wartung eines IBC" in Abschnitt 1.2.1), um der Bauart zu entsprechen. Beschädigte Packmittelkörper eines starren Kunststoff-IBC und beschädigte Innengefäße eines Kombinations-IBC müssen ersetzt werden.

**6.5.4.5.2 [Prüfung nach Reparatur]**

→ D: § 25 (3)

Zusätzlich zu den sonstigen Prüfungen und Inspektionen des ADR muss ein IBC, wenn er repariert worden ist, den vollständigen, in Unterabschnitt 6.5.4.4 vorgesehenen Prüfungen und Inspektionen unterzogen werden; die vorgeschriebenen Prüfberichte sind zu erstellen.

**6.5.4.5.3 [Kennzeichnung]**

→ D: § 25 (3)

Die Stelle, welche die Prüfungen und Inspektionen nach der Reparatur durchführt, muss den IBC in der Nähe der UN-Bauartkennzeichen des Herstellers mit folgenden dauerhaften Angaben kennzeichnen:

a) Staat, in dem die Prüfungen und Inspektionen durchgeführt wurden;

---

*) *→ D: § 8 (1) 4; → D: § 8 (2); → D: BAM-GGR 002*

b) Name oder zugelassenes Zeichen der Stelle, welche die Prüfungen und Inspektionen durchgeführt hat, und 6.5.4.5.3 (Forts.)

c) Datum (Monat, Jahr) der Prüfungen und Inspektionen.

**[Vorschriftenkonformität]** 6.5.4.5.4

Für gemäß Absatz 6.5.4.5.2 durchgeführte Prüfungen und Inspektionen kann angenommen werden, dass sie den Vorschriften der alle zweieinhalb und alle fünf Jahre durchzuführenden wiederkehrenden Prüfungen und Inspektionen entsprechen.

**Besondere Vorschriften für IBC** 6.5.5

→ D: BAM-GGR 005

**Besondere Vorschriften für metallene IBC** 6.5.5.1

**[Arten]** 6.5.5.1.1

Diese Vorschriften gelten für metallene IBC zur Beförderung von festen oder flüssigen Stoffen. Es gibt drei Arten von metallenen IBC:

a) IBC für feste Stoffe, die durch Schwerkraft gefüllt oder entleert werden (11A, 11B, 11N);

b) IBC für feste Stoffe, die durch einen Überdruck von mehr als 10 kPa (0,1 bar) gefüllt oder entleert werden (21A, 21B, 21N), und

c) IBC für flüssige Stoffe (31A, 31B, 31N).

**[Packmittelkörper]** 6.5.5.1.2

Die Packmittelkörper müssen aus geeignetem verformbarem Metall hergestellt sein, dessen Schweißbarkeit einwandfrei feststeht. Die Schweißverbindungen müssen fachmännisch ausgeführt sein und vollständige Sicherheit bieten. Die Leistungsfähigkeit des Werkstoffs bei niedrigen Temperaturen muss gegebenenfalls berücksichtigt werden.

**[Galvanische Schäden]** 6.5.5.1.3

Es ist darauf zu achten, dass Schäden durch galvanische Wirkungen auf Grund sich berührender unterschiedlicher Metalle vermieden werden.

**[Aluminium-IBC]** 6.5.5.1.4

IBC aus Aluminium zur Beförderung von entzündbaren flüssigen Stoffen dürfen keine beweglichen Teile, wie Deckel, Verschlüsse usw., aus ungeschütztem, rostanfälligem Stahl haben, die eine gefährliche Reaktion bei Kontakt durch Reibung oder Stoß mit dem Aluminium auslösen könnten.

**[Metallene IBC]** 6.5.5.1.5

Metallene IBC müssen aus einem Metall hergestellt sein, das folgenden Anforderungen genügt:

a) bei Stahl darf die Bruchdehnung in Prozent nicht weniger als $\frac{10\,000}{Rm}$ mit einem absoluten Minimum von 20 % betragen, wobei

Rm = garantierte Mindestzugfestigkeit des verwendeten Stahls in $N/mm^2$;

b) bei Aluminium und seinen Legierungen darf die Bruchdehnung in Prozent nicht weniger als $\frac{10\,000}{6\,Rm}$ mit einem absoluten Minimum von 8 % betragen.

Prüfmuster, die zur Bestimmung der Bruchdehnung verwendet werden, müssen quer zur Walzrichtung entnommen und so befestigt werden, dass

$L_0 = 5d \quad \text{oder} \quad L_0 = 5{,}65\sqrt{A},$

wobei: $L_0$ = Messlänge des Prüfmusters vor der Prüfung

d = Durchmesser

A = Querschnittsfläche des Prüfmusters.

**Mindestwanddicke** 6.5.5.1.6

Metallene IBC mit einem Fassungsraum von mehr als 1 500 Litern müssen den folgenden Anforderungen an die Mindestwanddicke genügen:

6.5.5.1.6 (Forts.)

a) bei einem Bezugsstahl mit einem Produkt von $Rm \times A_0 = 10\,000$, darf die Wanddicke nicht weniger betragen als:

| Wanddicke (T) in mm | | | |
|---|---|---|---|
| Arten: 11A, 11B, 11N | | Arten: 21A, 21B, 21N, 31A, 31B, 31N | |
| ungeschützt | geschützt | ungeschützt | geschützt |
| T = C/2 000 + 1,5 | T = C/2 000 + 1,0 | T = C/1 000 + 1,0 | T = C/2 000 + 1,5 |

wobei: $A_0$ = Mindestdehnung (in Prozent) des verwendeten Bezugsstahls bei Bruch unter Zugbeanspruchung (siehe Absatz 6.5.5.1.5);

C = Fassungsraum in Liter

b) bei anderen Metallen als dem unter a) genannten Bezugsstahl wird die Mindestwanddicke mit folgender Formel errechnet:

$$e_1 = \frac{21,4 \times e_0}{\sqrt[3]{Rm_1 \times A_1}},$$

wobei: $e_1$ = erforderliche gleichwertige Wanddicke des verwendeten Metalls (in mm)

$e_0$ = erforderliche Mindestwanddicke für den Bezugsstahl (in mm)

$Rm_1$ = garantierte Mindestzugfestigkeit des verwendeten Metalls (in $N/mm^2$) (siehe c))

$A_1$ = Mindestdehnung (in Prozent) des verwendeten Metalls bei Bruch unter Zugbeanspruchung (siehe Absatz 6.5.5.1.5).

Die Wanddicke darf jedoch in keinem Fall weniger als 1,5 mm betragen.

c) Für Zwecke der Berechnung nach b) ist die garantierte Mindestzugfestigkeit des verwendeten Metalls ($Rm_1$) der durch die nationalen oder internationalen Werkstoffnormen festgelegte Mindestwert. Für austenitischen Stahl darf der für Rm nach den Werkstoffnormen definierte Mindestwert für Rm jedoch um bis zu 15 % erhöht werden, wenn im Prüfzeugnis des Werkstoffs ein höherer Wert bescheinigt wird. Bestehen für den fraglichen Werkstoff keine Normen, entspricht der Wert Rm dem im Prüfzeugnis des Werkstoffs bescheinigten Wert.

**6.5.5.1.7 [Vorschriften für die Druckentlastung]**

Vorschriften für die Druckentlastung: IBC für flüssige Stoffe müssen eine ausreichende Menge Dampf abgeben können, um zu vermeiden, dass es unter Feuereinwirkung zum Bersten des Packmittelkörpers kommt. Dies kann durch herkömmliche Druckentlastungseinrichtungen oder andere konstruktive Mittel erreicht werden. Der Ansprechdruck dieser Einrichtungen darf nicht mehr als 65 kPa (0,65 bar) und nicht weniger als der ermittelte Gesamtüberdruck im IBC (d.h. Dampfdruck des Füllgutes plus Partialdruck von Luft oder anderen inerten Gasen, vermindert um 100 kPa (1 bar)) bei 55 °C betragen, ermittelt auf der Grundlage eines höchsten Füllungsgrades nach Unterabschnitt 4.1.1.4. Die erforderlichen Druckentlastungseinrichtungen müssen im Gasbereich angebracht sein.

**6.5.5.2 Besondere Vorschriften für flexible IBC**

**6.5.5.2.1 [Arten]**

Diese Vorschriften gelten für flexible IBC der folgenden Arten:

13H1 Kunststoffgewebe ohne Beschichtung oder Innenauskleidung
13H2 Kunststoffgewebe, beschichtet
13H3 Kunststoffgewebe mit Innenauskleidung
13H4 Kunststoffgewebe, beschichtet und mit Innenauskleidung
13H5 Kunststofffolie
13L1 Textilgewebe ohne Beschichtung oder Innenauskleidung
13L2 Textilgewebe, beschichtet
13L3 Textilgewebe mit Innenauskleidung
13L4 Textilgewebe, beschichtet und mit Innenauskleidung
13M1 Papier, mehrlagig
13M2 Papier, mehrlagig, wasserbeständig.

Flexible IBC sind ausschließlich für die Beförderung fester Stoffe bestimmt.

**[Packmittelkörper]** 6.5.5.2.2

Die Packmittelkörper müssen aus geeigneten Werkstoffen hergestellt sein. Die Festigkeit des Werkstoffes und die Ausführung des flexiblen IBC müssen seinem Fassungsraum und der vorgesehenen Verwendung angepasst sein.

**[Reißfestigkeit]** 6.5.5.2.3

Alle für die Herstellung der flexiblen IBC der Arten 13M1 und 13M2 verwendeten Werkstoffe müssen nach mindestens 24-stündigem vollständigem Eintauchen in Wasser noch mindestens 85 % der Reißfestigkeit aufweisen, die ursprünglich nach Konditionierung des Werkstoffes bis zum Gleichgewicht bei einer relativen Feuchtigkeit von höchstens 67 % gemessen wurde.

**[Nähte]** 6.5.5.2.4

Verbindungen müssen durch Nähen, Heißsiegeln, Kleben oder andere gleichwertige Verfahren hergestellt sein. Alle genähten Verbindungen müssen gesichert sein.

**[Alterungsbeständigkeit]** 6.5.5.2.5

Flexible IBC müssen eine angemessene Widerstandsfähigkeit gegenüber Alterung und Festigkeitsabbau durch ultraviolette Strahlung, klimatische Bedingungen oder das Füllgut aufweisen, um für die vorgesehene Verwendung geeignet zu sein.

**[UV-Beständigkeit]** 6.5.5.2.6

Bei flexiblen Kunststoff-IBC, bei denen ein Schutz vor ultravioletter Strahlung erforderlich ist, muss dies durch Zugabe von Ruß oder anderen geeigneten Pigmenten oder Inhibitoren erfolgen. Diese Zusätze müssen mit dem Füllgut verträglich sein und während der gesamten Verwendungsdauer des Packmittelkörpers ihre Wirkung behalten. Bei Verwendung von Ruß, Pigmenten oder Inhibitoren, die sich von den für die Herstellung der geprüften Bauart verwendeten unterscheiden, kann auf eine Wiederholung der Prüfungen verzichtet werden, wenn der veränderte Gehalt an Ruß, Pigmenten oder Inhibitoren die physikalischen Eigenschaften des Werkstoffes nicht beeinträchtigt.

**[Werkstoffzusätze]** 6.5.5.2.7

Dem Werkstoff des Packmittelkörpers dürfen Zusätze beigemischt werden, um die Beständigkeit gegenüber Alterung zu verbessern, oder für andere Zwecke, vorausgesetzt, sie beeinträchtigen nicht die physikalischen oder chemischen Eigenschaften des Werkstoffes.

**[Abfallverwendung]** 6.5.5.2.8

Für die Herstellung von IBC-Packmittelkörpern darf kein Werkstoff aus bereits benutzten Behältern verwendet werden. Produktionsrückstände oder Abfälle aus demselben Herstellungsverfahren dürfen jedoch verwendet werden. Teile, wie Zubehörteile und Palettensockel, dürfen jedoch wiederverwendet werden, sofern sie bei ihrem vorhergehenden Einsatz in keiner Weise beschädigt wurden.

**[Verhältnis „Höhe : Breite"]** 6.5.5.2.9

Ist der Behälter gefüllt, darf das Verhältnis von Höhe zu Breite nicht mehr als 2:1 betragen.

**[Innenauskleidung]** 6.5.5.2.10

Die Innenauskleidung muss aus einem geeigneten Werkstoff bestehen. Die Festigkeit des verwendeten Werkstoffs und die Ausführung der Innenauskleidung müssen dem Fassungsraum des IBC und seiner vorgesehenen Verwendung angepasst sein. Die Verbindungen und Verschlüsse müssen staubdicht und in der Lage sein, den Drücken und Stößen, die unter normalen Handhabungs- und Beförderungsbedingungen auftreten können, standzuhalten.

**Besondere Vorschriften für starre Kunststoff-IBC*)** 6.5.5.3

**[Arten]** 6.5.5.3.1

Diese Vorschriften gelten für starre Kunststoff-IBC zur Beförderung von festen oder flüssigen Stoffen. Es gibt folgende Arten von starren Kunststoff-IBC:

11H1 für feste Stoffe, die durch Schwerkraft gefüllt oder entleert werden, versehen mit einer baulichen Ausrüstung, die so ausgelegt ist, dass sie der bei Stapelung der IBC auftretenden Gesamtbelastung standhält;

*) → D: BAM-GGR 003; → D: BAM-GGR 015

6.5.5.3.1 (Forts.)

| | |
|---|---|
| 11H2 | für feste Stoffe, die durch Schwerkraft gefüllt oder entleert werden, freitragend; |
| 21H1 | für feste Stoffe, die unter Druck gefüllt oder entleert werden, versehen mit einer baulichen Ausrüstung, die so ausgelegt ist, dass sie der bei Stapelung der IBC auftretenden Gesamtbelastung standhält; |
| 21H2 | für feste Stoffe, die unter Druck gefüllt oder entleert werden, freitragend; |
| 31H1 | für flüssige Stoffe, versehen mit einer baulichen Ausrüstung, die so ausgelegt ist, dass sie der bei Stapelung der IBC auftretenden Gesamtbelastung standhält; |
| 31H2 | für flüssige Stoffe, freitragend. |

**6.5.5.3.2 [Packmittelkörper]**

Der Packmittelkörper muss aus geeignetem Kunststoff bekannter Spezifikation hergestellt sein, und seine Festigkeit muss seinem Fassungsraum und seiner vorgesehenen Verwendung angepasst sein. Ausgenommen für Recycling-Kunststoffe gemäß Begriffsbestimmung in Abschnitt 1.2.1 darf kein gebrauchter Werkstoff außer Produktionsrückstände oder Kunststoffgranulat aus demselben Fertigungsverfahren verwendet werden. Der Werkstoff muss in geeigneter Weise widerstandsfähig sein gegen Alterung und Festigkeitsabbau, der durch das Füllgut oder gegebenenfalls durch ultraviolette Strahlung verursacht wird. Die Leistungsfähigkeit bei niedrigen Temperaturen muss gegebenenfalls berücksichtigt werden. Eine Permeation von Füllgut darf unter normalen Beförderungsbedingungen keine Gefahr darstellen.

**6.5.5.3.3 [UV-Beständigkeit]**

Ist ein Schutz gegen ultraviolette Strahlen erforderlich, so muss dieser durch Zugabe von Ruß oder anderen geeigneten Pigmenten oder Inhibitoren erfolgen. Diese Zusätze müssen mit dem Inhalt verträglich sein und während der gesamten Verwendungsdauer des Packmittelkörpers ihre Wirkung behalten. Bei Verwendung von Ruß, Pigmenten oder Inhibitoren, die sich von den für die Herstellung der geprüften Bauart verwendeten unterscheiden, kann auf die Wiederholung der Prüfungen verzichtet werden, wenn der veränderte Gehalt an Ruß, Pigmenten oder Inhibitoren die physikalischen Eigenschaften des Werkstoffes nicht beeinträchtigt.

**6.5.5.3.4 [Werkstoffzusätze]**

Dem Werkstoff des Packmittelkörpers dürfen Zusätze beigemischt werden, um die Beständigkeit gegenüber Alterung zu verbessern, oder für andere Zwecke, vorausgesetzt, sie beeinträchtigen nicht die physikalischen oder chemischen Eigenschaften des Werkstoffes.

**6.5.5.4 Besondere Vorschriften für Kombinations-IBC mit Kunststoff-Innenbehälter**

*→ D: BAM-GGR 015*

**6.5.5.4.1 [Arten]**

Diese Vorschriften gelten für Kombinations-IBC zur Beförderung von festen oder flüssigen Stoffen folgender Arten:

| | |
|---|---|
| 11HZ1 | Kombinations-IBC mit starrem Kunststoff-Innenbehälter für feste Stoffe, die durch Schwerkraft gefüllt oder entleert werden; |
| 11HZ2 | Kombinations-IBC mit flexiblem Kunststoff-Innenbehälter für feste Stoffe, die durch Schwerkraft gefüllt oder entleert werden; |
| 21HZ1 | Kombinations-IBC mit starrem Kunststoff-Innenbehälter für feste Stoffe, die unter Druck gefüllt oder entleert werden; |
| 21HZ2 | Kombinations-IBC mit flexiblem Kunststoff-Innenbehälter für feste Stoffe, die unter Druck gefüllt oder entleert werden; |
| 31HZ1 | Kombinations-IBC mit starrem Kunststoff-Innenbehälter für flüssige Stoffe; |
| 31HZ2 | Kombinations-IBC mit flexiblem Kunststoff-Innenbehälter für flüssige Stoffe. |

Dieser Code muss durch Ersetzen des Buchstabens Z durch einen Großbuchstaben gemäß Absatz 6.5.1.4.1 b) ergänzt werden, der den für die äußere Umhüllung verwendeten Werkstoff angibt.

**6.5.5.4.2 [Innenbehälter]**

*→ D: BAM-GGR 003*

Der Innenbehälter ist ohne seine äußere Umhüllung nicht dafür vorgesehen, eine Umschließungsfunktion auszuüben. Ein „starrer" Innenbehälter ist ein Behälter, der seine Form in leerem Zustand im Großen und Ganzen beibehält, ohne dass die Verschlüsse eingesetzt sind und ohne dass er durch die äußere Umhüllung gestützt wird. Innenbehälter, die nicht „starr" sind, gelten als „flexibel". 6.5.5.4.2 (Forts.)

**[Äußere Umhüllung]** 6.5.5.4.3

Die äußere Umhüllung besteht in der Regel aus einem starren Werkstoff, der so geformt ist, dass er den Innenbehälter vor physischen Beschädigungen bei der Handhabung und der Beförderung schützt, ist aber nicht dafür ausgelegt, eine Umschließungsfunktion auszuüben. Sie umfasst gegebenenfalls die Grundpalette.

**[Beurteilung des Innenbehälters]** 6.5.5.4.4

Ein Kombinations-IBC, dessen äußere Umhüllung den Innenbehälter vollständig umschließt, ist so auszulegen, dass die Unversehrtheit des Innenbehälters nach der Dichtheitsprüfung und der hydraulischen Innendruckprüfung leicht beurteilt werden kann.

**[31HZ2]** 6.5.5.4.5

Der Fassungsraum von IBC der Art 31HZ2 muss auf 1 250 Liter begrenzt sein.

**[Innenbehälterwerkstoff]** 6.5.5.4.6

Der Innenbehälter muss aus geeignetem Kunststoff bekannter Spezifikation hergestellt sein, und seine Festigkeit muss seinem Fassungsraum und seiner vorgesehenen Verwendung angepasst sein. Ausgenommen für Recycling-Kunststoffe gemäß Begriffsbestimmung in Abschnitt 1.2.1 darf kein gebrauchter Werkstoff außer Produktionsrückstände oder Kunststoffgranulat aus demselben Fertigungsverfahren verwendet werden. Der Werkstoff muss in geeigneter Weise widerstandsfähig sein gegen Alterung und Festigkeitsabbau, der durch das Füllgut oder gegebenenfalls durch ultraviolette Strahlung verursacht wird. Die Leistungsfähigkeit bei niedrigen Temperaturen muss gegebenenfalls berücksichtigt werden. Eine Permeation von Füllgut darf unter normalen Beförderungsbedingungen keine Gefahr darstellen.

**[UV-Beständigkeit]** 6.5.5.4.7

Ist ein Schutz gegen ultraviolette Strahlen erforderlich, so muss dieser durch Zugabe von Ruß oder anderen geeigneten Pigmenten oder Inhibitoren erfolgen. Diese Zusätze müssen mit dem Inhalt verträglich sein und während der gesamten Verwendungsdauer des Innenbehälters ihre Wirkung behalten. Bei Verwendung von Ruß, Pigmenten oder Inhibitoren, die sich von den für die Herstellung der geprüften Bauart verwendeten unterscheiden, kann auf die Wiederholung der Prüfungen verzichtet werden, wenn der veränderte Gehalt an Ruß, Pigmenten oder Inhibitoren die physikalischen Eigenschaften des Werkstoffes nicht beeinträchtigt.

**[Werkstoffzusätze]** 6.5.5.4.8

Dem Werkstoff des Innenbehälters dürfen Zusätze beigemischt werden, um die Beständigkeit gegenüber Alterung zu verbessern, oder für andere Zwecke, vorausgesetzt, sie beeinträchtigen nicht die physikalischen oder chemischen Eigenschaften des Werkstoffes.

**[31HZ2-Innenbehälter]** 6.5.5.4.9

Die Innenbehälter von IBC der Art 31HZ2 müssen aus mindestens drei Lagen Folie bestehen.

**[Äußere Umhüllung]** 6.5.5.4.10

Die Festigkeit des Werkstoffes und die Konstruktion der äußeren Umhüllung müssen dem Fassungsraum des Kombinations-IBC und der vorgesehenen Verwendung angepasst sein.

**[Vorstehende Teile]** 6.5.5.4.11

Die äußere Umhüllung darf keine vorstehenden Teile haben, die den Innenbehälter beschädigen können.

**[Geeignetes Metall]** 6.5.5.4.12

Äußere Umhüllungen aus Metall sind aus einem geeigneten Metall ausreichender Dicke herzustellen.

**[Holz]** 6.5.5.4.13

Äußere Umhüllungen aus Naturholz müssen aus gut abgelagertem, handelsüblich trockenem und aus fehlerfreiem Holz sein, um eine wesentliche Verminderung der Festigkeit jedes einzelnen Teils der Umhüllung zu verhindern. Ober- und Unterteile dürfen aus wasserbeständigen Holzfaserwerkstoffen, wie Hartfaserplatten, Spanplatten oder anderen geeigneten Arten, bestehen.

**6.5.5.4.14 [Sperrholz]**

Äußere Umhüllungen aus Sperrholz müssen aus gut abgelagertem Schälfurnier, Schnittfurnier oder aus Sägefurnier hergestellt, handelsüblich trocken und frei von Mängeln sein, um eine wesentliche Verminderung der Festigkeit der Umhüllung zu verhindern. Die einzelnen Lagen müssen mit einem wasserbeständigen Klebstoff miteinander verleimt sein. Für die Herstellung der Umhüllung dürfen auch andere geeignete Werkstoffe zusammen mit Sperrholz verwendet werden. Die Platten der Umhüllungen müssen an den Eckleisten oder Stirnseiten fest vernagelt oder geklammert oder durch andere ebenfalls geeignete Mittel zusammengefügt sein.

**6.5.5.4.15 [Holzfaser]**

Die Wände der äußeren Umhüllungen aus Holzfaserwerkstoffen müssen aus wasserbeständigen Holzfaserwerkstoffen, wie Hartfaserplatten, Spanplatten oder anderen geeigneten Werkstoffen, bestehen. Andere Teile der Umhüllungen dürfen aus anderen geeigneten Werkstoffen hergestellt sein.

**6.5.5.4.16 [Pappe]**

Für äußere Umhüllungen aus Pappe muss feste Vollpappe oder feste zweiseitige Wellpappe (ein- oder mehrwellig) von guter Qualität verwendet werden, die dem Fassungsraum der Umhüllung und der vorgesehenen Verwendung angepasst ist. Die Wasserbeständigkeit der Außenfläche muss so sein, dass die Erhöhung der Masse während der 30 Minuten dauernden Prüfung auf Wasseraufnahme nach der Cobb-Methode nicht mehr als 155 g/m$^2$ ergibt (siehe Norm ISO 535:2014). Die Pappe muss eine geeignete Biegefestigkeit haben. Die Pappe muss so zugeschnitten, ohne Ritzen gerillt und geschlitzt sein, dass sie beim Zusammenbau nicht knickt, ihre Oberfläche nicht einreißt oder sie nicht zu stark ausbaucht. Die Wellen der Wellpappe müssen fest mit den Außenschichten verklebt sein.

**6.5.5.4.17 [Rahmen, Leisten]**

Die Enden der äußeren Umhüllungen aus Pappe dürfen einen Holzrahmen haben oder vollkommen aus Holz bestehen. Zur Verstärkung dürfen Holzleisten verwendet werden.

**6.5.5.4.18 [Umhüllungsverbindung]**

Die Verbindungen der äußeren Umhüllungen aus Pappe müssen mit Klebestreifen geklebt, überlappt und geklebt oder überlappt und mit Metallklammern geheftet sein. Bei überlappten Verbindungen muss die Überlappung entsprechend groß sein. Wenn der Verschluss durch Verleimung oder mit einem Klebestreifen erfolgt, muss der Klebstoff wasserbeständig sein.

**6.5.5.4.19 [Kunststoff]**

Besteht die äußere Umhüllung aus Kunststoff, so gelten die entsprechenden Vorschriften der Absätze 6.5.5.4.6 bis 6.5.5.4.8, wobei in diesem Fall die für die Innenbehälter anzuwendenden Vorschriften für die äußere Umhüllung der Kombinations-IBC gelten.

**6.5.5.4.20 [31HZ2-Umhüllung]**

Die äußere Umhüllung eines IBC der Art 31HZ2 muss alle Seiten des Innenbehälters umschließen.

**6.5.5.4.21 [Palettensockel]**

*→ 1.2.1 „höchstzulässige Bruttomasse"*

Ein Palettensockel, der einen festen Bestandteil des IBC bildet, oder eine abnehmbare Palette muss für die mechanische Handhabung des mit der höchstzulässigen Bruttomasse befüllten IBC geeignet sein.

**6.5.5.4.22 [Palette]**

Die abnehmbare Palette oder der Palettensockel muss so ausgelegt sein, dass Verformungen am Boden des IBC, die bei der Handhabung Schäden verursachen können, vermieden werden.

**6.5.5.4.23 [Abnehmbare Palette]**

Bei einer abnehmbaren Palette muss die äußere Umhüllung fest mit der Palette verbunden sein, um die Stabilität bei Handhabung und Beförderung sicherzustellen. Darüber hinaus muss die Oberfläche der abnehmbaren Palette frei von Unebenheiten sein, die den IBC beschädigen können.

**6.5.5.4.24 [Verstärkungseinrichungen]**

Um die Stapelfähigkeit zu erhöhen, dürfen Verstärkungseinrichtungen, wie Holzstützen, verwendet werden, die sich jedoch außerhalb des Innenbehälters befinden müssen.

**[Tragende Fläche]** 6.5.5.4.25

Sind IBC zum Stapeln vorgesehen, muss die tragende Fläche so beschaffen sein, dass die Last sicher verteilt wird. Solche IBC müssen so ausgelegt sein, dass die Last nicht vom Innenbehälter getragen wird.

**Besondere Vorschriften für IBC aus Pappe** 6.5.5.5

**[Art]** 6.5.5.5.1

Diese Vorschriften gelten für IBC aus Pappe zur Beförderung von festen Stoffen, die durch Schwerkraft gefüllt oder entleert werden. Die Art der IBC aus Pappe ist 11G.

**[Hebeeinrichtungen]** 6.5.5.5.2

IBC aus Pappe dürfen nicht mit Einrichtungen zum Heben von oben versehen sein.

**[Packmittelkörper]** 6.5.5.5.3

Der Packmittelkörper muss aus fester Vollpappe oder fester zweiseitiger Wellpappe (ein- oder mehrwellig) von guter Qualität hergestellt sein, die dem Fassungsraum des IBC und der vorgesehenen Verwendung angepasst sind. Die Wasserbeständigkeit der Außenfläche muss so sein, dass die Erhöhung der Masse während der 30 Minuten dauernden Prüfung auf Wasseraufnahme nach der Cobb-Methode nicht mehr als 155 g/m$^2$ ergibt (siehe Norm ISO 535:2014). Die Pappe muss eine geeignete Biegefestigkeit haben. Die Pappe muss so zugeschnitten, ohne Ritzen gerillt und geschlitzt sein, dass sie beim Zusammenbau nicht knickt, ihre Oberfläche nicht einreißt oder sie nicht zu stark ausbaucht. Die Wellen der Wellpappe müssen fest mit den Außenschichten verklebt sein.

**[Wände]** 6.5.5.5.4

Die Wände, einschließlich Deckel und Boden, müssen eine Durchstoßfestigkeit von mindestens 15 J, gemessen nach der ISO-Norm 3036:1975, aufweisen.

**[Packmittelkörper-Verbindung]** 6.5.5.5.5

Die Verbindungen des IBC-Packmittelkörpers müssen eine ausreichende Überlappung aufweisen und durch Klebeband, Verkleben, Heften mittels Metallklammern oder andere mindestens gleichwertige Befestigungssysteme hergestellt sein. Erfolgt die Verbindung durch Verkleben oder durch Verwendung von Klebeband, ist ein wasserbeständiger Klebstoff zu verwenden. Metallklammern müssen durch alle zu befestigenden Teile durchgeführt und so geformt oder geschützt sein, dass die Innenauskleidung weder abgerieben noch durchstoßen werden kann.

**[Innenauskleidung]** 6.5.5.5.6

Die Innenauskleidung muss aus einem geeigneten Werkstoff hergestellt sein. Die Festigkeit des verwendeten Werkstoffes und die Ausführung der Auskleidung müssen dem Fassungsraum des IBC und der vorgesehenen Verwendung angepasst sein. Die Verbindungen und Verschlüsse müssen staubdicht sein und den unter normalen Handhabungs- und Beförderungsbedingungen auftretenden Druck- und Stoßbeanspruchungen widerstehen können.

**[Palettensockel]** 6.5.5.5.7

Ein Palettensockel, der einen festen Bestandteil des IBC bildet, oder eine abnehmbare Palette muss für die mechanische Handhabung des mit der höchstzulässigen Bruttomasse befüllten IBC geeignet sein.

**[Palette]** 6.5.5.5.8

Die abnehmbare Palette oder der Palettensockel muss so ausgelegt sein, dass Verformungen am Boden des IBC, die bei der Handhabung Schäden verursachen können, vermieden werden.

**[Abnehmbare Palette]** 6.5.5.5.9

Bei einer abnehmbaren Palette muss der Packmittelkörper fest mit der Palette verbunden sein, um die Stabilität bei Handhabung und Beförderung sicherzustellen. Darüber hinaus muss die Oberfläche der abnehmbaren Palette frei von Unebenheiten sein, die den IBC beschädigen können.

**[Verstärkungseinrichtungen]** 6.5.5.5.10

Um die Stapelfähigkeit zu erhöhen, dürfen Verstärkungseinrichtungen, wie Holzstützen, verwendet werden, die sich jedoch außerhalb der Innenauskleidung befinden müssen.

**6.5.5.5.11 [Tragende Fläche]**

Sind IBC zum Stapeln vorgesehen, muss die tragende Fläche so beschaffen sein, dass die Last sicher verteilt wird.

**6.5.5.6 Besondere Vorschriften für IBC aus Holz**

**6.5.5.6.1 [Arten]**

Diese Vorschriften gelten für IBC aus Holz zur Beförderung von festen Stoffen, die durch Schwerkraft gefüllt oder entleert werden. Es gibt folgende Arten von IBC aus Holz:

11C Naturholz mit Innenauskleidung
11D Sperrholz mit Innenauskleidung
11F Holzfaserwerkstoff mit Innenauskleidung.

**6.5.5.6.2 [Hebeeinrichtungen]**

IBC aus Holz dürfen nicht mit Einrichtungen zum Heben von oben versehen sein.

**6.5.5.6.3 [Werkstofffestigkeit]**

Die Festigkeit der verwendeten Werkstoffe und die Art der Fertigung des Packmittelkörpers müssen dem Fassungsraum und der vorgesehenen Verwendung der IBC angepasst sein.

**6.5.5.6.4 [Holz]**

Bestehen die Packmittelkörper aus Naturholz, so muss dieses gut abgelagert, handelsüblich trocken und frei von Mängeln sein, um eine wesentliche Verminderung der Festigkeit jedes einzelnen Teils des IBC zu verhindern. Jedes Teil des IBC muss aus einem Stück bestehen oder diesem gleichwertig sein. Teile sind als einem Stück gleichwertig anzusehen, wenn eine geeignete Klebeverbindung, wie z.B. Lindermann-Verbindung (Schwalbenschwanz-Verbindung), Nut- und Federverbindung, überlappende Verbindung, eine Stoßverbindung mit mindestens zwei gewellten Metallbefestigungselementen an jeder Verbindung oder andere gleich wirksame Verfahren angewendet werden.

**6.5.5.6.5 [Sperrholz]**

Bestehen die Packmittelkörper aus Sperrholz, so muss dieses mindestens aus drei Lagen bestehen und aus gut abgelagertem Schälfurnier, Schnittfurnier oder Sägefurnier hergestellt, handelsüblich trocken und frei von Mängeln sein, die die Festigkeit des Packmittelkörpers erheblich beeinträchtigen können. Die einzelnen Lagen müssen mit einem wasserbeständigen Klebstoff miteinander verleimt sein. Für die Herstellung der Packmittelkörper dürfen auch andere geeignete Werkstoffe zusammen mit Sperrholz verwendet werden.

**6.5.5.6.6 [Holzfaser]**

Bestehen Packmittelkörper aus Holzfaserwerkstoff, so muss dieser wasserbeständig sein, wie Hartfaserplatten, Spanplatten oder andere geeignete Werkstoffe.

**6.5.5.6.7 [Zusammenfügen]**

Die Platten der IBC müssen an den Eckleisten oder Stirnseiten fest vernagelt oder geklammert oder durch andere ebenfalls geeignete Mittel zusammengefügt sein.

**6.5.5.6.8 [Innenauskleidung]**

Die Innenauskleidung muss aus einem geeigneten Werkstoff hergestellt sein. Die Festigkeit des verwendeten Werkstoffes und die Ausführung der Auskleidung müssen dem Fassungsraum des IBC und der vorgesehenen Verwendung angepasst sein. Die Verbindungen und Verschlüsse müssen staubdicht sein und den unter normalen Handhabungs- und Beförderungsbedingungen auftretenden Druck- und Stoßbeanspruchungen widerstehen können.

**6.5.5.6.9 [Palettensockel]**

Ein Palettensockel, der einen festen Bestandteil des IBC bildet, oder eine abnehmbare Palette muss für die mechanische Handhabung des IBC nach Befüllung mit der höchstzulässigen Masse geeignet sein.

**6.5.5.6.10 [Bodenverformung]**

Die abnehmbare Palette oder der Palettensockel muss so ausgelegt sein, dass Verformungen am Boden des IBC, die bei der Handhabung Schäden verursachen können, vermieden werden.

**[Abnehmbare Palette]** 6.5.5.6.11

Bei einer abnehmbaren Palette muss der Packmittelkörper fest mit der Palette verbunden sein, um die Stabilität bei Handhabung und Beförderung sicherzustellen. Darüber hinaus muss die Oberfläche der abnehmbaren Palette frei von Unebenheiten sein, die den IBC beschädigen können.

**[Verstärkungseinrichtungen]** 6.5.5.6.12

Um die Stapelfähigkeit zu erhöhen, dürfen Verstärkungseinrichtungen, wie Holzstützen, verwendet werden, die sich jedoch außerhalb der Innenauskleidung befinden müssen.

**[Tragende Fläche]** 6.5.5.6.13

Sind IBC zum Stapeln vorgesehen, muss die tragende Fläche so beschaffen sein, dass die Last sicher verteilt wird.

**Prüfvorschriften für IBC** 6.5.6

**Durchführung und Häufigkeit der Prüfungen** 6.5.6.1

**[Prüferfordernis]** 6.5.6.1.1

Vor der Verwendung muss jede Bauart eines IBC die in diesem Kapitel vorgeschriebenen Prüfungen erfolgreich bestanden haben und von der zuständigen Behörde, welche die Zuteilung der Kennzeichnung bestätigt hat, zugelassen worden sein. Die Bauart eines IBC wird bestimmt durch die Ausführung, die Größe, den verwendeten Werkstoff und seine Dicke, die Herstellungsart und die Füll- und Entleerungseinrichtungen; sie kann aber auch verschiedene Oberflächenbehandlungen einschließen. Ebenfalls eingeschlossen sind IBC, die sich von der Bauart lediglich durch geringere äußere Abmessungen unterscheiden.

**[Vorbereitung]** 6.5.6.1.2

Die Prüfungen müssen an versandfertigen IBC durchgeführt werden. Die IBC müssen entsprechend den Angaben in den jeweiligen Abschnitten befüllt werden. Die in den IBC zu befördernden Stoffe können durch andere Stoffe ersetzt werden, sofern dadurch die Prüfergebnisse nicht verfälscht werden. Werden feste Stoffe durch andere Stoffe ersetzt, müssen diese die gleichen physikalischen Eigenschaften (Masse, Korngröße usw.) haben wie der zu befördernde Stoff. Es ist zulässig, Zusätze, wie Säcke mit Bleischrot, zu verwenden, um die erforderliche Gesamtmasse der Versandstücke zu erhalten, sofern diese so angeordnet werden, dass sie das Prüfergebnis nicht verfälschen.

**Bauartprüfungen** 6.5.6.2

**[Reihenfolge]** 6.5.6.2.1

*→ D: § 8 (1) 3*
*→ D: § 8 (2)*

Für jede Bauart, Größe, Wanddicke und Fertigungsart ist ein einziger IBC den Prüfungen gemäß den Unterabschnitten 6.5.6.4 bis 6.5.6.13 in der in Absatz 6.5.6.3.7 aufgeführten Reihenfolge zu unterziehen. Diese Bauartprüfungen müssen in Übereinstimmung mit den von der zuständigen Behörde festgelegten Verfahren durchgeführt werden.

**[Zweiter IBC]** 6.5.6.2.2

Um die ausreichende chemische Verträglichkeit mit den enthaltenen Gütern oder den Standardflüssigkeiten nach Absatz 6.5.6.3.3 oder 6.5.6.3.5 für starre Kunststoff-IBC der Art 31H2 und für Kombinations-IBC der Arten 31HH1 und 31HH2 nachzuweisen, darf ein zweiter IBC verwendet werden, sofern diese IBC für die Stapelung ausgelegt sind. In diesem Fall müssen beide IBC der Vorlagerung unterzogen werden.

**[Selektives Prüfen]** 6.5.6.2.3

Die zuständige Behörde kann das selektive Prüfen von IBC, die sich nur geringfügig von der geprüften Art unterscheiden, zulassen, z.B. bei geringen Verkleinerungen der äußeren Abmessungen.

**[Abnehmbare Paletten]** 6.5.6.2.4

Werden für die Prüfungen abnehmbare Paletten verwendet, muss der nach Unterabschnitt 6.5.6.14 erstellte Prüfbericht eine technische Beschreibung der verwendeten Paletten enthalten.

**6.5.6.3 Vorbereitung für die Prüfungen**

**6.5.6.3.1 [Konditionierung]**

IBC aus Papier, IBC aus Pappe und Kombinations-IBC mit äußerer Umhüllung aus Pappe müssen mindestens 24 Stunden in einem Klima konditioniert werden, dessen Temperatur und relative Luftfeuchtigkeit gesteuert sind. Es gibt drei Möglichkeiten, von denen eine auszuwählen ist. Das bevorzugte Klima ist 23 °C ± 2 °C und 50 % ± 2 % relative Luftfeuchtigkeit. Die beiden anderen Möglichkeiten sind 20 °C ± 2 °C und 65 % ± 2 % relative Luftfeuchtigkeit oder 27 °C ± 2 °C und 65 % ± 2 % relative Luftfeuchtigkeit.

**Bem.** Die Durchschnittswerte müssen innerhalb dieser Grenzwerte liegen. Kurzfristige Schwankungen und Messgrenzen können zu Messwertabweichungen von ± 5 % für die relative Luftfeuchtigkeit führen, ohne dass dies die Reproduzierbarkeit der Prüfungen bedeutsam beeinträchtigt.

**6.5.6.3.2 [Kunststoff]**

Zusätzliche Maßnahmen müssen ergriffen werden, um sicherzustellen, dass der für die Herstellung von starren Kunststoff-IBC (Arten 31H1 und 31H2) sowie von Kombinations-IBC (Arten 31HZ1 und 31HZ2) verwendete Kunststoff den Vorschriften der Absätze 6.5.5.3.2 bis 6.5.5.3.4 bzw. 6.5.5.4.6 bis 6.5.5.4.8 entspricht.

**6.5.6.3.3 [Vorlagerung]**

Zum Nachweis der ausreichenden chemischen Verträglichkeit gegenüber dem Füllgut sind die IBC-Muster einer sechsmonatigen Vorlagerung zu unterziehen, bei der die Muster mit den vorgesehenen Füllgütern oder mit Stoffen, von denen bekannt ist, dass sie mindestens gleichartige spannungsrissauslösende, anquellende oder molekularabbauende Einflüsse auf die jeweiligen Kunststoffe haben, befüllt sind und nach der die Muster den in der Tabelle des Absatzes 6.5.6.3.7 aufgeführten Prüfungen unterzogen werden.

**6.5.6.3.4 [Alternative Verfahren]**

*→ D: § 8 (1) 4*
*→ D: § 8 (2)*

Wurde das zufrieden stellende Verhalten der Kunststoffe nach einem anderen Verfahren nachgewiesen, ist die vorgenannte Verträglichkeitsprüfung nicht erforderlich. Solche Verfahren müssen der vorgenannten Verträglichkeitsprüfung mindestens gleichwertig und von der zuständigen Behörde anerkannt sein.

**6.5.6.3.5 [Standardflüssigkeiten]**

*→ D: BAM-GGR 004*

Für starre Kunststoff-IBC aus Polyethylen (Arten 31H1 und 31H2) nach Unterabschnitt 6.5.5.3 und für Kombinations-IBC mit Kunststoff-Innenbehälter aus Polyethylen (Arten 31HZ1 und 31HZ2) nach Unterabschnitt 6.5.5.4 kann die chemische Verträglichkeit mit flüssigen Füllgütern, die nach Unterabschnitt 4.1.1.21 assimiliert werden, mit Standardflüssigkeiten (siehe Abschnitt 6.1.6) wie folgt nachgewiesen werden.

Die Standardflüssigkeiten sind stellvertretend für die Schädigungsmechanismen an Polyethylen, das sind Weichmachung durch Anquellung, Spannungsrissauslösung, molekularabbauende Reaktionen und Kombinationen davon.

Die ausreichende chemische Verträglichkeit der IBC kann durch eine dreiwöchige Lagerung der vorgeschriebenen Bauarten bei 40 °C mit der (den) betreffenden Standardflüssigkeit(en) nachgewiesen werden; wenn die Standardflüssigkeit Wasser ist, ist eine Lagerung nach diesem Verfahren nicht erforderlich. Bei den Standardflüssigkeiten „Netzmittellösung" und „Essigsäure" ist für Prüfmuster, die für die Stapeldruckprüfung verwendet werden, keine Lagerung erforderlich. Nach dieser Lagerung müssen die Prüfmuster den in den Unterabschnitten 6.5.6.4 bis 6.5.6.9 vorgesehenen Prüfungen unterzogen werden.

Für tert-Butylhydroperoxid mit mehr als 40 % Peroxidgehalt sowie für Peroxyessigsäuren der Klasse 5.2 darf die Verträglichkeitsprüfung nicht mit Standardflüssigkeiten durchgeführt werden. Für diese Stoffe muss die ausreichende chemische Verträglichkeit der Prüfmuster während einer sechsmonatigen Lagerung bei Raumtemperatur mit den Stoffen nachgewiesen werden, für deren Beförderung sie vorgesehen sind.

Die Ergebnisse des Verfahrens nach diesem Absatz mit IBC aus Polyethylen können für eine gleiche Bauart, deren innere Oberfläche fluoriert ist, zugelassen werden.

**6.5.6.3.6 [Laborversuche]**

Für IBC-Bauarten aus Polyethylen nach Absatz 6.5.6.3.5, welche die Prüfung nach Absatz 6.5.6.3.5 bestanden haben, darf der Nachweis der chemischen Verträglichkeit mit Füllgütern auch auf der Basis von

Laborversuchen erfolgen, bei denen nachzuweisen ist, dass die Wirkung dieser Füllgüter auf Probekörper geringer ist als die Wirkung der Standardflüssigkeit(en), wobei die relevanten Schädigungsmechanismen berücksichtigt werden müssen. Dabei gelten für die relativen Dichten und Dampfdrücke die gleichen Vorbedingungen wie in Absatz 4.1.1.21.2 festgehalten. 6.5.6.3.6 (Forts.)

**Reihenfolge der Durchführung der Bauartprüfungen** 6.5.6.3.7

| IBC-Art | Vibration[f] | Heben von unten | Heben von oben[a] | Stapeldruck[b] | Dichtheit | Innendruck, hydraulisch | Fall | Weiterreißen | Kippfall | Aufrichten[c] |
|---|---|---|---|---|---|---|---|---|---|---|
| Metall: | | | | | | | | | | |
| 11A, 11B, 11N | – | 1.[a] | 2. | 3. | – | – | 4.[e] | – | – | – |
| 21A, 21B, 21N | – | 1.[a] | 2. | 3. | 4. | 5. | 6.[e] | – | – | – |
| 31A, 31B, 31N | 1. | 2.[a] | 3. | 4. | 5. | 6. | 7.[e] | – | – | – |
| flexibel[d] | – | – | ×[c] | × | – | – | × | × | × | × |
| starrer Kunststoff: | | | | | | | | | | |
| 11H1, 11H2 | – | 1.[a] | 2. | 3. | – | – | 4. | – | – | – |
| 21H1, 21H2 | – | 1.[a] | 2. | 3. | 4. | 5. | 6. | – | – | – |
| 31H1, 31H2 | 1. | 2.[a] | 3. | 4.[g] | 5. | 6. | 7. | – | – | – |
| Kombination: | | | | | | | | | | |
| 11HZ1, 11HZ2 | – | 1.[a] | 2. | 3. | – | – | 4.[e] | – | – | – |
| 21HZ1, 21HZ2 | – | 1.[a] | 2. | 3. | 4. | 5. | 6.[e] | – | – | – |
| 31HZ1, 31HZ2 | 1. | 2.[a] | 3. | 4.[g] | 5. | 6. | 7.[e] | – | – | – |
| Pappe | – | 1. | – | 2. | – | – | 3. | – | – | – |
| Holz | – | 1. | – | 2. | – | – | 3. | – | – | – |

a) Sofern die IBC für diese Art von Handhabung ausgelegt sind.
b) Sofern die IBC für die Stapelung ausgelegt sind.
c) Sofern die IBC für das Heben von oben oder von der Seite ausgelegt sind.
d) Die durchzuführenden Prüfungen sind durch x gekennzeichnet; ein IBC, der einer Prüfung unterzogen wurde, darf für andere Prüfungen in beliebiger Reihenfolge verwendet werden.
e) Ein anderer IBC gleicher Bauart darf für die Fallprüfung verwendet werden.
f) Ein anderer IBC gleicher Bauart darf für die Vibrationsprüfung verwendet werden.
g) Der zweite IBC nach Absatz 6.5.6.2.2 darf außerhalb der Reihenfolge unmittelbar nach der Vorlagerung verwendet werden.

**6.5.6.4 Hebeprüfung von unten**

**6.5.6.4.1 Anwendungsbereich**

→ 6.5.1.4.3

Für alle IBC aus Pappe und aus Holz sowie für alle IBC-Arten, die mit einer Vorrichtung zum Heben von unten versehen sind, als Bauartprüfung.

**6.5.6.4.2 Vorbereitung des IBC für die Prüfung**

Der IBC ist zu befüllen. Eine Last ist anzubringen und gleichmäßig zu verteilen. Die Masse des befüllten IBC und der angebrachten Last muss dem 1,25fachen der höchstzulässigen Bruttomasse entsprechen.

**6.5.6.4.3 Prüfverfahren**

Der IBC muss zweimal von einem Gabelstapler hochgehoben und heruntergelassen werden, wobei die Gabel zentral anzusetzen ist und einen Abstand von ¾ der Einführungsseitenabmessung haben muss (es sei denn, die Einführungspunkte sind vorgegeben). Die Gabel muss bis zu ¾ in der Einführungsrichtung eingeführt werden. Die Prüfung muss in jeder möglichen Einführungsrichtung wiederholt werden.

**6.5.6.4.4 Kriterien für das Bestehen der Prüfung**

Keine dauerhafte Verformung des IBC einschließlich eines gegebenenfalls vorhandenen Palettensockels, die die Sicherheit der Beförderung beeinträchtigt, und kein Verlust von Füllgut.

**6.5.6.5 Hebeprüfung von oben**

**6.5.6.5.1 Anwendungsbereich**

→ 6.5.1.4.3

Für alle IBC-Arten, die für das Heben von oben oder bei flexiblen IBC für das Heben von oben oder von der Seite ausgelegt sind, als Bauartprüfung.

**6.5.6.5.2 Vorbereitung des IBC für die Prüfung**

Metallene IBC, starre Kunststoff-IBC und Kombinations-IBC sind zu befüllen. Eine Last ist anzubringen und gleichmäßig zu verteilen. Die Masse des befüllten IBC und der angebrachten Last muss dem Zweifachen der höchstzulässigen Bruttomasse entsprechen. Flexible IBC sind mit einem repräsentativen Stoff zu befüllen und anschließend bis zum Sechsfachen ihrer höchstzulässigen Bruttomasse zu beladen, wobei die Last gleichmäßig zu verteilen ist.

**6.5.6.5.3 Prüfverfahren**

Metallene und flexible IBC müssen in der Weise hochgehoben werden, für die sie ausgelegt sind, bis sie sich frei über dem Boden befinden, und für eine Dauer von fünf Minuten in dieser Stellung gehalten werden.

Starre Kunststoff-IBC und Kombinations-IBC sind

a) für eine Dauer von fünf Minuten an jedem Paar sich diagonal gegenüberliegender Hebeeinrichtungen so anzuheben, dass die Hebekräfte senkrecht wirken, und
b) für eine Dauer von fünf Minuten an jedem Paar sich diagonal gegenüberliegender Hebeeinrichtungen so anzuheben, dass die Hebekräfte zur Mitte des IBC in einem Winkel von 45° zur Senkrechten wirken.

**6.5.6.5.4 [Gleichwertige Verfahren]**

Für flexible IBC dürfen auch andere mindestens gleichwertige Verfahren für die Hebeprüfung von oben und die Vorbereitung für die Prüfung angewendet werden.

**6.5.6.5.5 Kriterien für das Bestehen der Prüfung**

a) Metallene IBC, starre Kunststoff-IBC und Kombinations-IBC: der IBC bleibt unter normalen Beförderungsbedingungen sicher, es tritt keine feststellbare dauerhafte Verformung des IBC einschließlich eines gegebenenfalls vorhandenen Palettensockels und kein Verlust von Füllgut auf.
b) Flexible IBC: keine Beschädigung des IBC oder seiner Hebeeinrichtungen, durch die der IBC für die Beförderung oder Handhabung ungeeignet wird, und kein Verlust von Füllgut.

**Stapeldruckprüfung** 6.5.6.6

**Anwendungsbereich** 6.5.6.6.1

Für alle IBC-Arten, die für das Stapeln ausgelegt sind, als Bauartprüfung.

**Vorbereitung des IBC für die Prüfung** 6.5.6.6.2

Der IBC ist bis zu seiner höchstzulässigen Bruttomasse zu befüllen. Wenn die Dichte des für die Prüfung verwendeten Produktes dies nicht zulässt, ist eine zusätzliche Last anzubringen, damit der IBC bei seiner höchstzulässigen Bruttomasse geprüft werden kann, wobei die Last gleichmäßig zu verteilen ist.

**Prüfverfahren** 6.5.6.6.3

a) Der IBC muss mit seinem Boden auf einen horizontalen harten Untergrund gestellt und einer gleichmäßig verteilten überlagerten Prüflast ausgesetzt werden (siehe Absatz 6.5.6.6.4). Für starre Kunststoff-IBC der Art 31H2 und für Kombinations-IBC der Arten 31HH1 und 31HH2 muss eine Stapeldruckprüfung mit dem Originalfüllgut oder einer Standardflüssigkeit (siehe Abschnitt 6.1.6) nach Absatz 6.5.6.3.3 oder 6.5.6.3.5 durchgeführt werden, wobei der zweite IBC nach Absatz 6.5.6.2.2 nach der Vorlagerung verwendet wird. Die IBC sind der Prüflast mindestens auszusetzen:
   (i) fünf Minuten bei metallenen IBC;
   (ii) 28 Tage bei 40 °C bei starren Kunststoff-IBC der Arten 11H2, 21H2 und 31H2, bei Kombinations-IBC mit äußerer Kunststoff-Umhüllung, die der Stapellast standhalten (d.h. der Arten 11HH1, 11HH2, 21HH1, 21HH2, 31HH1 und 31HH2);
   (iii) 24 Stunden bei allen anderen IBC-Arten.

b) Die Prüflast muss nach einer der folgenden Methoden aufgebracht werden:
   (i) ein oder mehrere IBC der gleichen Bauart, die bis zur höchstzulässigen Bruttomasse befüllt sind, werden auf den zu prüfenden IBC gestapelt;
   (ii) geeignete Gewichte werden auf eine flache Platte oder auf eine Nachbildung des Bodens des IBC gestellt, die auf den zu prüfenden IBC aufgelegt wird.

**Berechnung der überlagerten Prüflast** 6.5.6.6.4

Die Last, die auf den IBC gestellt wird, muss das 1,8fache der addierten höchstzulässigen Bruttomasse so vieler gleichartiger IBC betragen, wie während der Beförderung auf den IBC gestapelt werden dürfen.

**Kriterien für das Bestehen der Prüfung** 6.5.6.6.5

a) Alle IBC-Arten, ausgenommen flexible IBC: keine dauerhafte Verformung des IBC, einschließlich eines gegebenenfalls vorhandenen Palettensockels, die die Sicherheit der Beförderung beeinträchtigt, und kein Verlust von Füllgut;

b) flexible IBC: keine Beschädigung des Packmittelkörpers, die die Sicherheit der Beförderung beeinträchtigt, und kein Verlust von Füllgut.

**Dichtheitsprüfung** 6.5.6.7

**Anwendungsbereich** 6.5.6.7.1

Für alle IBC-Arten zur Beförderung von flüssigen Stoffen oder von festen Stoffen, die unter Druck gefüllt oder entleert werden, als Bauartprüfung und wiederkehrende Prüfung.

**Vorbereitung des IBC für die Prüfung** 6.5.6.7.2

Die Prüfung muss vor dem Anbringen der gegebenenfalls vorhandenen Wärmeisolierung durchgeführt werden. Belüftete Verschlüsse sind entweder durch gleichartige, nicht belüftete Verschlüsse zu ersetzen, oder die Entlüftungsöffnung ist luftdicht zu verschließen.

**Prüfverfahren und Prüfdruck** 6.5.6.7.3

Die Prüfung muss mindestens 10 Minuten mit Luft mit einem Überdruck von mindestens 20 kPa (0,2 bar) durchgeführt werden. Die Luftdichtheit des IBC muss durch eine geeignete Methode bestimmt werden, wie z.B. Luftdruckdifferentialprüfung oder Eintauchen des IBC in Wasser oder bei metallenen IBC Überstreichen der Nähte und Verbindungen mit einer Seifenlösung. Im Fall des Eintauchens muss ein Korrekturfaktor für den hydrostatischen Druck angewendet werden.

**6.5.6.7.4 Kriterium für das Bestehen der Prüfung**

Keine Undichtheit.

**6.5.6.8 Hydraulische Innendruckprüfung**

**6.5.6.8.1 Anwendungsbereich**

Für IBC-Arten zur Beförderung von flüssigen Stoffen und von festen Stoffen, die unter Druck gefüllt oder entleert werden, als Bauartprüfung.

**6.5.6.8.2 Vorbereitung des IBC für die Prüfung**

Die Prüfung muss vor dem Anbringen einer gegebenenfalls vorhandenen Wärmeisolierung durchgeführt werden.

Druckentlastungseinrichtungen müssen außer Betrieb gesetzt oder entfernt und die entstehenden Öffnungen verschlossen werden.

**6.5.6.8.3 Prüfverfahren**

Die Prüfung muss mindestens 10 Minuten mit einem hydraulischen Druck durchgeführt werden, der nicht geringer sein darf als der in Absatz 6.5.6.8.4 angegebene Druck. Der IBC darf während der Prüfung nicht mechanisch abgestützt werden.

**6.5.6.8.4 Prüfdruck**

**6.5.6.8.4.1 [Metallene IBC]**

Metallene IBC:

a) für IBC der Arten 21A, 21B und 21N zur Beförderung von festen Stoffen der Verpackungsgruppe I: Prüfdruck (Überdruck) von 250 kPa (2,5 bar);

b) für IBC der Arten 21A, 21B, 21N, 31A, 31B und 31N zur Beförderung von Stoffen der Verpackungsgruppe II oder III: Prüfdruck (Überdruck) von 200 kPa (2 bar);

c) außerdem für IBC der Arten 31A, 31B und 31N: Prüfdruck (Überdruck) von 65 kPa (0,65 bar). Diese Prüfung muss vor der Prüfung mit 200 kPa (2 bar) durchgeführt werden.

**6.5.6.8.4.2 [Andere IBC]**

Starre Kunststoff-IBC und Kombinations-IBC:

a) für IBC der Arten 21H1, 21H2, 21HZ1 und 21HZ2: Prüfdruck (Überdruck) von 75 kPa (0,75 bar);

b) für IBC der Arten 31H1, 31H2, 31HZ1 und 31HZ2 der jeweils höhere der beiden Werte, von denen der erste durch eine der folgenden Methoden bestimmt wird:

   (i) der im IBC gemessene Gesamtüberdruck (d.h. Dampfdruck des zu befördernden Stoffes und Partialdruck der Luft oder anderer inerter Gase minus 100 kPa) bei 55 °C, multipliziert mit einem Sicherheitsfaktor von 1,5; dieser Gesamtüberdruck wird auf der Grundlage eines höchsten Füllungsgrades gemäß Unterabschnitt 4.1.1.4 und einer Fülltemperatur von 15 °C ermittelt;

   (ii) der 1,75fache Wert des Dampfdruckes des zu befördernden Stoffes bei 50 °C minus 100 kPa, mindestens aber 100 kPa;

   (iii) der 1,5fache Wert des Dampfdruckes des zu befördernden Stoffes bei 55 °C minus 100 kPa, mindestens aber 100 kPa;

   und der zweite durch folgende Methode bestimmt wird:

   (iv) der doppelte statische Druck des zu befördernden Stoffes, mindestens aber der doppelte Wert des statischen Wasserdruckes.

**6.5.6.8.5 Kriterien für das Bestehen der Prüfung**

a) Für IBC der Arten 21A, 21B, 21N, 31A, 31B und 31N, die dem in Absatz 6.5.6.8.4.1 a) oder b) angegebenen Prüfdruck unterzogen werden: Es darf keine Undichtheit auftreten;

b) für IBC der Arten 31A, 31B und 31N, die dem in Absatz 6.5.6.8.4.1 c) angegebenen Prüfdruck unterzogen werden: Es darf weder eine dauerhafte Verformung, durch die der IBC für die Beförderung ungeeignet wird, noch eine Undichtheit auftreten;

c) starre Kunststoff-IBC und Kombinations-IBC: Es darf weder eine dauerhafte Verformung, durch die der IBC für die Beförderung ungeeignet wird, noch eine Undichtheit auftreten.

**Fallprüfung** 6.5.6.9

**Anwendungsbereich** 6.5.6.9.1

Für alle IBC-Arten als Bauartprüfung.

**Vorbereitung des IBC für die Prüfung** 6.5.6.9.2

a) metallene IBC: Der IBC muss für feste Stoffe bis mindestens 95 % und für flüssige Stoffe bis mindestens 98 % seines höchsten Fassungsraums gefüllt werden. Druckentlastungseinrichtungen müssen außer Betrieb gesetzt oder entfernt und die entstehenden Öffnungen verschlossen werden;

b) flexible IBC: Der IBC muss bis zu seiner höchstzulässigen Bruttomasse gefüllt werden, wobei der Inhalt gleichmäßig zu verteilen ist;

c) starre Kunststoff-IBC und Kombinations-IBC: Der IBC muss für feste Stoffe bis mindestens 95 % und für flüssige Stoffe bis mindestens 98 % seines höchsten Fassungsraums gefüllt werden. Druckentlastungseinrichtungen dürfen außer Betrieb gesetzt oder entfernt und die entstehenden Öffnungen verschlossen werden. Die Prüfung der IBC ist vorzunehmen, nachdem die Temperatur des Prüfmusters und seines Inhaltes auf −18 °C oder darunter abgesenkt wurde. Sofern die Prüfmuster der Kombinations-IBC nach diesem Verfahren vorbereitet werden, kann auf die in Absatz 6.5.6.3.1 vorgeschriebene Konditionierung verzichtet werden. Die für die Prüfung verwendeten flüssigen Stoffe sind, gegebenenfalls durch Zugabe von Frostschutzmitteln, in flüssigem Zustand zu halten. Auf die Konditionierung kann verzichtet werden, falls die Werkstoffe eine ausreichende Verformbarkeit und Zugfestigkeit bei niedrigen Temperaturen aufweisen;

d) IBC aus Pappe oder aus Holz: Der IBC muss bis mindestens 95 % seines höchsten Fassungsraums gefüllt werden.

**Prüfverfahren** 6.5.6.9.3

Der IBC muss mit seinem Boden so auf eine nicht federnde, horizontale, ebene, massive und starre Oberfläche nach den Vorschriften des Absatzes 6.1.5.3.4 fallen gelassen werden, dass der IBC auf die schwächste Stelle seines Bodens aufschlägt.

Ein IBC mit einem Fassungsraum von höchstens 0,45 $m^3$ muss auch fallen gelassen werden:

a) metallene IBC: auf die schwächste Stelle, abgesehen von der Stelle des Bodens, die beim ersten Fallversuch geprüft wurde;

b) flexible IBC: auf die schwächste Seite;

c) starre Kunststoff-IBC, Kombinations-IBC sowie IBC aus Pappe und aus Holz: flach auf eine Seite, flach auf das Oberteil und auf eine Ecke.

Für jeden Fallversuch darf derselbe IBC oder ein anderer IBC derselben Auslegung verwendet werden.

**Fallhöhe** 6.5.6.9.4

Für feste Stoffe und flüssige Stoffe, wenn die Prüfung mit dem zu befördernden festen oder flüssigen Stoff oder mit einem anderen Stoff, der im Wesentlichen dieselben physikalischen Eigenschaften hat, durchgeführt wird:

| Verpackungsgruppe I | Verpackungsgruppe II | Verpackungsgruppe III |
|---|---|---|
| 1,8 m | 1,2 m | 0,8 m |

Für flüssige Stoffe, wenn die Prüfung mit Wasser durchgeführt wird:

a) wenn der zu befördernde Stoff eine relative Dichte von höchstens 1,2 hat:

| Verpackungsgruppe II | Verpackungsgruppe III |
|---|---|
| 1,2 m | 0,8 m |

b) wenn der zu befördernde Stoff eine relative Dichte von mehr als 1,2 hat, ist die Fallhöhe auf Grund der relativen Dichte (d) des zu befördernden Stoffes, aufgerundet auf die erste Dezimalstelle, wie folgt zu berechnen:

| Verpackungsgruppe II | Verpackungsgruppe III |
|---|---|
| d × 1,0 m | d × 0,67 m |

**6.5.6.9.5 Kriterien für das Bestehen der Prüfung(en)**

a) metallene IBC: kein Verlust von Füllgut;

b) flexible IBC: kein Verlust von Füllgut. Ein geringfügiges Austreten aus Verschlüssen oder Nahtstellen beim Aufprall gilt nicht als Versagen des IBC, vorausgesetzt, es kommt nicht zu weiterer Undichtheit, nachdem der IBC vom Boden abgehoben worden ist;

c) starre Kunststoff-IBC, Kombinations-IBC sowie IBC aus Pappe und aus Holz: kein Verlust von Füllgut. Ein geringfügiges Austreten aus Verschlüssen beim Aufprall gilt nicht als Versagen des IBC, vorausgesetzt, es kommt nicht zu weiterer Undichtheit;

→ 1.6.1.14 d) alle IBC: keine Beschädigung, durch die der IBC für eine Beförderung zur Bergung oder Entsorgung unsicher wird und kein Verlust von Füllgut. Darüber hinaus muss der IBC in der Lage sein, durch geeignete Mittel für eine Dauer von fünf Minuten angehoben zu werden, so dass er sich frei über dem Boden befindet.

**Bem.** Die Kriterien des Absatzes d) gelten für IBC-Bauarten, die ab dem 1. Januar 2011 hergestellt werden.

**6.5.6.10 Weiterreißprüfung**

**6.5.6.10.1 Anwendungsbereich**

Für alle Arten flexibler IBC als Bauartprüfung.

**6.5.6.10.2 Vorbereitung des IBC für die Prüfung**

Der IBC muss bis mindestens 95 % seines Fassungsraums und bis zu seiner höchstzulässigen Bruttomasse gefüllt werden, wobei der Inhalt gleichmäßig zu verteilen ist.

**6.5.6.10.3 Prüfverfahren**

Wenn sich der IBC auf dem Boden befindet, wird mit einem Messer die Breitseite in einer Länge von 100 mm in einem Winkel von 45° zur Hauptachse des IBC in halber Höhe zwischen dem Boden des IBC und dem oberen Füllgutspiegel vollständig durchschnitten. Der IBC ist dann einer gleichmäßig verteilten überlagerten Last auszusetzen, die dem Zweifachen der höchstzulässigen Bruttomasse entspricht. Die Last muss mindestens fünf Minuten wirken. IBC, die für das Heben von oben oder von der Seite ausgelegt sind, müssen nach Entfernen der überlagerten Last hochgehoben werden, bis sie sich frei über dem Boden befinden, und fünf Minuten in dieser Stellung gehalten werden.

**6.5.6.10.4 Kriterium für das Bestehen der Prüfung**

Der Schnitt darf sich nicht um mehr als 25 % seiner ursprünglichen Länge vergrößern.

**6.5.6.11 Kippfallprüfung**

**6.5.6.11.1 Anwendungsbereich**

Für alle Arten flexibler IBC als Bauartprüfung.

**6.5.6.11.2 Vorbereitung des IBC für die Prüfung**

Der IBC muss bis mindestens 95 % seines Fassungsraums und bis zu seiner höchstzulässigen Bruttomasse gefüllt werden, wobei der Inhalt gleichmäßig zu verteilen ist.

**6.5.6.11.3 Prüfverfahren**

Der IBC muss so gekippt werden, dass eine beliebige Stelle seines Oberteils auf eine starre, nicht federnde, glatte, flache und horizontale Fläche fällt.

**6.5.6.11.4 Kippfallhöhe**

| Verpackungsgruppe I | Verpackungsgruppe II | Verpackungsgruppe III |
|---|---|---|
| 1,8 m | 1,2 m | 0,8 m |

**6.5.6.11.5 Kriterien für das Bestehen der Prüfung**

Kein Austreten von Füllgut. Ein geringfügiges Austreten aus Verschlüssen oder Nahtstellen beim Aufprall gilt nicht als Versagen des IBC, vorausgesetzt, es kommt nicht zu weiterer Undichtheit.

**Aufrichtprüfung** 6.5.6.12

**Anwendungsbereich** 6.5.6.12.1

Für alle flexiblen IBC, die für das Heben von oben oder von der Seite ausgelegt sind, als Bauartprüfung.

**Vorbereitung des IBC für die Prüfung** 6.5.6.12.2

Der IBC muss bis mindestens 95 % seines Fassungsraums und bis zu seiner höchstzulässigen Bruttomasse gefüllt werden, wobei der Inhalt gleichmäßig zu verteilen ist.

**Prüfverfahren** 6.5.6.12.3

Der auf der Seite liegende IBC muss an einer Hebeeinrichtung oder zwei Hebeeinrichtungen, wenn vier vorhanden sind, mit einer Geschwindigkeit von mindestens 0,1 m/s angehoben werden, bis er aufrecht frei über dem Boden hängt.

**Kriterium für das Bestehen der Prüfung** 6.5.6.12.4

Keine Beschädigung des IBC oder seiner Hebeeinrichtungen, durch die der IBC für die Beförderung oder Handhabung ungeeignet wird.

**Vibrationsprüfung** 6.5.6.13

→ *1.6.1.14*

**Anwendungsbereich** 6.5.6.13.1

Für alle IBC, die für flüssige Stoffe verwendet werden, als Bauartprüfung.

**Bem.** Diese Prüfung gilt für alle IBC-Bauarten, die nach dem 31. Dezember 2010 hergestellt werden (siehe auch Unterabschnitt 1.6.1.14).

**Vorbereitung des IBC auf die Prüfung** 6.5.6.13.2

Ein IBC-Prüfmuster muss nach dem Zufallsprinzip ausgewählt werden und für die Beförderung ausgerüstet und verschlossen werden. Der IBC muss bis mindestens 98 % seines höchsten Fassungsraums mit Wasser gefüllt werden.

**Prüfverfahren und -dauer** 6.5.6.13.3

**[Bewegung des Prüfmusters]** 6.5.6.13.3.1

Der IBC muss in der Mitte der Auflagefläche der Prüfmaschine mit einer vertikalen Sinusschwingung, doppelte Amplitude (Spitze-Spitze-Auslenkung) von 25 mm ± 5 % aufgesetzt werden. Sofern notwendig müssen an der Auflagefläche Rückhalteeinrichtungen befestigt werden, die eine horizontale Bewegung des Prüfmusters von der Auflagefläche ohne Beschränkung der senkrechten Bewegung verhindern.

**[Prüfungsdauer, -frequenz]** 6.5.6.13.3.2

Die Prüfung ist für die Dauer von einer Stunde bei einer Frequenz durchzuführen, die dazu führt, dass ein Teil des IBC-Bodens vorübergehend für einen Teil jeder Periode so stark von der Vibrationsauflagefläche angehoben wird, dass ein Distanzplättchen aus Metall zeitweise an mindestens einem Punkt vollständig zwischen dem IBC-Boden und der Prüfauflagefläche eingeschoben werden kann. Nach der ersten Einstellung kann es notwendig werden, die Frequenz anzupassen, um Resonanzschwingungen der Verpackung zu verhindern. Dennoch muss die Prüffrequenz das in diesem Absatz beschriebene Einbringen des Distanzplättchens aus Metall unter dem IBC weiterhin zulassen. Die ständige Möglichkeit des Einschiebens des Distanzplättchens aus Metall ist für das Bestehen der Prüfung unbedingt erforderlich. Das für diese Prüfung verwendete Distanzplättchen aus Metall muss eine Dicke von mindestens 1,6 mm, eine Breite von mindestens 50 mm und eine ausreichende Länge haben, damit es für die Durchführung der Prüfung mindestens 100 mm zwischen dem IBC und der Auflagefläche eingeschoben werden kann.

**Kriterien für das Bestehen der Prüfung** 6.5.6.13.4

Es darf keine Undichtheit und kein Bruch festgestellt werden. Darüber hinaus darf kein Zubruchgehen oder Versagen der baulichen Ausrüstungsteile wie Brechen von Schweißverbindungen oder Versagen von Befestigungen festgestellt werden.

### 6.5.6.14 Prüfbericht

#### 6.5.6.14.1 [Inhalt]

→ D: RSEB 6-4

Über die Prüfung ist ein Prüfbericht zu erstellen, der mindestens folgende Angaben enthält und der den Benutzern des IBC zur Verfügung gestellt werden muss:

1. Name und Anschrift der Prüfeinrichtung;
2. Name und Anschrift des Antragstellers (soweit erforderlich);
3. eine nur einmal vergebene Prüfbericht-Kennnummer;
4. Datum des Prüfberichts;
5. Hersteller des IBC;
6. Beschreibung der IBC-Bauart (z.B. Abmessungen, Werkstoffe, Verschlüsse, Wanddicke usw.), einschließlich des Herstellungsverfahrens (z.B. Blasformverfahren), gegebenenfalls mit Zeichnung(en) und Foto(s);
7. höchster Fassungsraum;
8. charakteristische Merkmale des Prüfinhalts, z.B. Viskosität und relative Dichte bei flüssigen Stoffen und Teilchengröße bei festen Stoffen. Für starre Kunststoff-IBC und Kombinations-IBC, die der Innendruckprüfung des Unterabschnitts 6.5.6.8 unterliegen, die Temperatur des verwendeten Wassers;
9. Beschreibung und Ergebnis der Prüfungen;
10. der Prüfbericht muss mit Namen und Funktionsbezeichnung des Unterzeichners unterschrieben sein.

#### 6.5.6.14.2 [Weitergabe]

Der Prüfbericht muss Erklärungen enthalten, dass der versandfertige IBC in Übereinstimmung mit den entsprechenden Vorschriften dieses Kapitels geprüft worden ist und dass dieser Prüfbericht bei Anwendung anderer Verpackungsmethoden oder bei Verwendung anderer Verpackungsbestandteile ungültig werden kann. Eine Ausfertigung des Prüfberichts ist der zuständigen Behörde zur Verfügung zu stellen.

# Kapitel 6.6
# Bau- und Prüfvorschriften für Großverpackungen

→ D: § 8 (1) 3
→ D: § 8 (1) 4
→ D: § 8 (2)

## Allgemeines 6.6.1

**[Betroffene Klassen]** 6.6.1.1

Die Vorschriften dieses Kapitels gelten nicht für:

a) Verpackungen für Klasse 2, ausgenommen Großverpackungen für Gegenstände der Klasse 2, einschließlich Druckgaspackungen;
b) Verpackungen für Klasse 6.2, ausgenommen Großverpackungen für UN 3291 Klinische Abfälle;
c) Versandstücke der Klasse 7, die radioaktive Stoffe enthalten.

**[QS-Programm]** 6.6.1.2

→ D: BAM-GGR 001

Die Großverpackungen müssen nach einem von der zuständigen Behörde als zufrieden stellend erachteten Qualitätssicherungsprogramm hergestellt, geprüft und wiederaufgearbeitet sein, um sicherzustellen, dass jede hergestellte oder wiederaufgearbeitete Großverpackung den Vorschriften dieses Kapitels entspricht.

**Bem.** Die Norm ISO 16106:2020 „Verpackungen zur Beförderung gefährlicher Güter – Gefahrgutverpackungen, Großpackmittel (IBC) und Großverpackungen – Leitfaden für die Anwendung der ISO 9001" enthält zufrieden stellende Leitlinien für Verfahren, die angewendet werden dürfen.

**[Abweichende Spezifikationen]** 6.6.1.3

→ 6.6.2.2

Die besonderen Vorschriften für Großverpackungen in Abschnitt 6.6.4 stützen sich auf die derzeit verwendeten Großverpackungen. Um den wissenschaftlichen und technischen Fortschritt zu berücksichtigen, dürfen Großverpackungen verwendet werden, deren Spezifikationen von denen in Abschnitt 6.6.4 abweichen, vorausgesetzt, sie sind ebenso wirksam, von der zuständigen Behörde anerkannt und in der Lage, die in Abschnitt 6.6.5 beschriebenen Vorschriften erfolgreich zu erfüllen. Andere als die im ADR beschriebenen Prüfungen sind zulässig, vorausgesetzt, sie sind gleichwertig und von der zuständigen Behörde anerkannt.

**[Informationspflicht]** 6.6.1.4

Hersteller und nachfolgende Verteiler von Verpackungen müssen Informationen über die zu befolgenden Verfahren sowie eine Beschreibung der Arten und Abmessungen der Verschlüsse (einschließlich der erforderlichen Dichtungen) und aller anderen Bestandteile liefern, die notwendig sind, um sicherzustellen, dass die versandfertigen Versandstücke in der Lage sind, die anwendbaren Qualitätsprüfungen dieses Kapitels zu erfüllen.

## Codierung für die Bezeichnung des Typs der Großverpackung 6.6.2

**[Codezeichen]** 6.6.2.1

Der für Großverpackungen verwendete Code besteht aus:

a) zwei arabischen Ziffern, und zwar:
   50 für starre Großverpackungen,
   51 für flexible Großverpackungen und
b) einem lateinischen Großbuchstaben für die Art des Werkstoffes: Holz, Stahl usw., gemäß dem Verzeichnis in Unterabschnitt 6.1.2.6.

**[Abweichende Spezifikation]** 6.6.2.2

Der Code der Großverpackung kann durch den Buchstaben „T" oder „W" ergänzt werden. Der Buchstabe „T" bezeichnet eine Bergungsgroßverpackung nach den Vorschriften des Absatzes 6.6.5.1.9. Der Buchstabe „W" bedeutet, dass die Großverpackung zwar dem durch den Code bezeichneten Typ angehört, jedoch nach einer von Abschnitt 6.6.4 abweichenden Spezifikation hergestellt wurde und nach den Vorschriften des Unterabschnitts 6.6.1.3 als gleichwertig gilt.

## 6.6.3 Kennzeichnung

### 6.6.3.1 Grundkennzeichnung

→ 1.6.1.26
→ D: § 25 (1) 1

Jede Großverpackung, die für eine Verwendung gemäß den Vorschriften des ADR gebaut und bestimmt ist, muss mit dauerhaften, lesbaren und an einer gut sichtbaren Stelle angebrachten Kennzeichen versehen sein. Die Buchstaben, Ziffern und Symbole müssen eine Zeichenhöhe von mindestens 12 mm aufweisen und folgende Angaben umfassen:

a) das Symbol der Vereinten Nationen für Verpackungen: (u/n); dieses Symbol darf nur zum Zweck der Bestätigung verwendet werden, dass eine Verpackung, ein flexibler Schüttgut-Container, ein ortsbeweglicher Tank oder ein MEGC den entsprechenden Vorschriften des Kapitels 6.1, 6.2, 6.3, 6.5, 6.6, 6.7 oder 6.11 entspricht. Für Großverpackungen aus Metall, auf denen die Kennzeichen durch Stempeln oder Prägen angebracht werden, dürfen anstelle des Symbols die Buchstaben „UN" verwendet werden;

b) die Zahl „50" für eine starre Großverpackung oder „51" für eine flexible Großverpackung, gefolgt vom Buchstaben für den Werkstoff gemäß dem Verzeichnis des Absatzes 6.5.1.4.1 b);

c) einen Großbuchstaben, der die Verpackungsgruppe(n) angibt, für die die Bauart zugelassen worden ist:

   X für die Verpackungsgruppen I, II und III;

   Y für die Verpackungsgruppen II und III;

   Z nur für die Verpackungsgruppe III;

d) der Monat und das Jahr (die beiden letzten Ziffern) der Herstellung;

e) das Zeichen des Staates, in dem die Zuordnung des Kennzeichens zugelassen wurde, angegeben durch das für Kraftfahrzeuge im internationalen Verkehr verwendete Unterscheidungszeichen[1];

f) der Name oder das Zeichen des Herstellers oder jede andere von der zuständigen Behörde festgelegte Identifizierung der Großverpackung;

g) die Prüflast der Stapeldruckprüfung in kg. Bei Großverpackungen, die nicht für die Stapelung ausgelegt sind, ist „0" anzugeben;

→ 1.2.1 „höchstzulässige Bruttomasse"

h) höchstzulässige Bruttomasse in kg.

Die Grundkennzeichen müssen in der Reihenfolge der vorstehenden Unterabsätze angebracht werden.

Jedes der gemäß den Absätzen a) bis h) angebrachten Kennzeichen muss zur leichteren Identifizierung deutlich getrennt werden, z.B. durch einen Schrägstrich oder eine Leerstelle.

### 6.6.3.2 Beispiele für die Kennzeichnung

| | | |
|---|---|---|
| (u/n) | 50A/X/0501/N/PQRS<br>2500/1000 | Großverpackung aus Stahl, die gestapelt werden darf;<br>Stapellast: 2 500 kg;<br>höchstzulässige Bruttomasse: 1 000 kg |
| (u/n) | 50AT/Y/05/01/B/PQRS<br>2500/1000 | Bergungsgroßverpackung aus Stahl, die gestapelt werden darf;<br>Stapellast: 2 500 kg;<br>höchstzulässige Bruttomasse: 1 000 kg |
| (u/n) | 50H/Y/0402/D/ABCD 987<br>0/800 | Großverpackung aus Kunststoff, die nicht gestapelt werden darf;<br>höchstzulässige Bruttomasse: 800 kg |
| (u/n) | 51H/Z/0601/S/1999<br>0/500 | flexible Großverpackung, die nicht gestapelt werden darf;<br>höchstzulässige Bruttomasse: 500 kg |

### 6.6.3.3 [Piktogramm Stapellast]

→ 1.6.1.26

Die höchstzulässige anwendbare Stapellast muss auf einem der Abbildung 6.6.3.3.1 oder 6.6.3.3.2 entsprechenden Piktogramm angegeben werden. Das Piktogramm muss dauerhaft und deutlich sichtbar sein.

[1] Das für Kraftfahrzeuge und Anhänger im internationalen Straßenverkehr verwendete Unterscheidungszeichen des Zulassungsstaates, z.B. gemäß dem Genfer Übereinkommen über den Straßenverkehr von 1949 oder dem Wiener Übereinkommen über den Straßenverkehr von 1968.

**Abbildung 6.6.3.3.1: Großverpackung, die gestapelt werden kann** **Abbildung 6.6.3.3.2: Großverpackung, die NICHT gestapelt werden kann** 6.6.3.3 (Forts.)

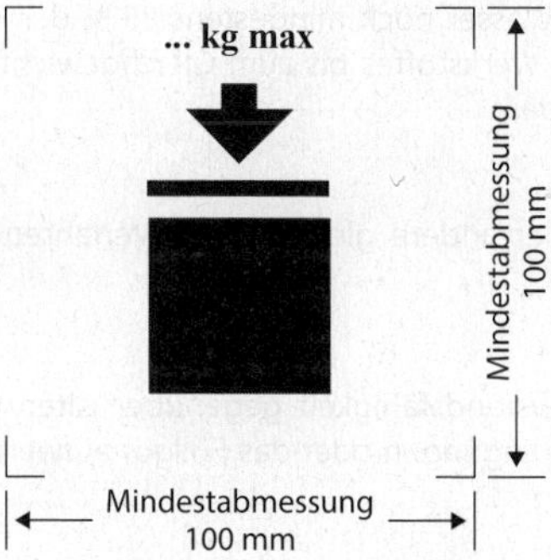


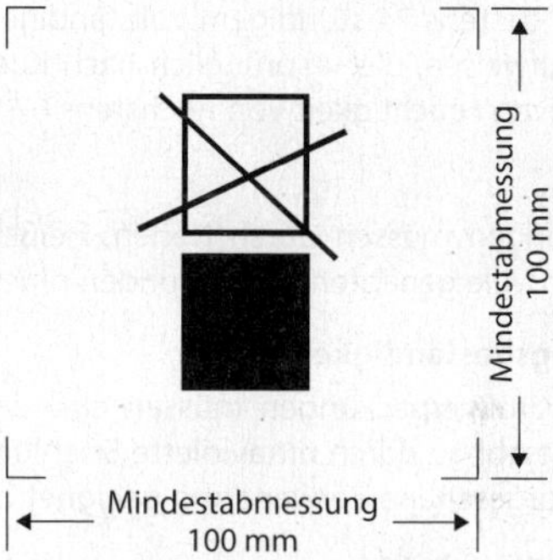


Die Mindestabmessungen müssen 100 mm × 100 mm sein. Die Buchstaben und Ziffern für die Angabe der Masse müssen eine Zeichenhöhe von mindestens 12 mm haben. Der durch die Abmessungspfeile angegebene Druckbereich muss quadratisch sein. Wenn Abmessungen nicht näher spezifiziert sind, müssen die Proportionen aller Merkmale den abgebildeten in etwa entsprechen. Die über dem Piktogramm angegebene Masse darf nicht größer sein als die bei der Bauartprüfung aufgebrachte Last (siehe Absatz 6.6.5.3.3.4) dividiert durch 1,8.

**[Mehrfachkennzeichnung Großverpackung]** 6.6.3.4

Wenn eine Großverpackung einer oder mehreren geprüften Großverpackungsbauarten, einschließlich einer oder mehreren geprüften Bauarten von Verpackungen oder Großpackmitteln (IBC), entspricht, darf die Großverpackung mit mehreren Kennzeichen zur Angabe der entsprechenden Prüfanforderungen, die erfüllt wurden, versehen sein. Wenn eine Großverpackung mit mehreren Kennzeichen versehen ist, müssen die Kennzeichen in unmittelbarer Nähe zueinander erscheinen und jedes Kennzeichen muss vollständig abgebildet sein.

**Besondere Vorschriften für Großverpackungen** 6.6.4

**Besondere Vorschriften für Großverpackungen aus Metall** 6.6.4.1

50A aus Stahl

50B aus Aluminium

50N aus Metall (ausgenommen Stahl oder Aluminium)

**[Werkstoff]** 6.6.4.1.1

Die Großverpackungen müssen aus geeignetem verformbarem Metall hergestellt sein, dessen Schweißbarkeit einwandfrei feststeht. Die Schweißverbindungen müssen fachmännisch ausgeführt sein und vollständige Sicherheit bieten. Die Leistungsfähigkeit des Werkstoffs bei niedrigen Temperaturen muss gegebenenfalls berücksichtigt werden.

**[Galvanische Schäden]** 6.6.4.1.2

Es ist darauf zu achten, dass Schäden durch galvanische Wirkungen auf Grund sich berührender unterschiedlicher Metalle vermieden werden.

**Besondere Vorschriften für Großverpackungen aus flexiblen Werkstoffen** 6.6.4.2

51H aus flexiblem Kunststoff

51M aus Papier

**[Werkstoff]** 6.6.4.2.1

Die Großverpackungen müssen aus geeigneten Werkstoffen hergestellt sein. Die Festigkeit des Werkstoffes und die Ausführung der flexiblen Großverpackungen müssen dem Fassungsraum und der vorgesehenen Verwendung angepasst sein.

**6.6.4.2.2 [Reißfestigkeit]**

*→ 7.3.2.6.2*

Alle für die Herstellung der flexiblen Großverpackungen des Typs 51M verwendeten Werkstoffe müssen nach mindestens 24-stündigem vollständigem Eintauchen in Wasser noch mindestens 85 % der Reißfestigkeit aufweisen, die ursprünglich nach Konditionierung des Werkstoffes bis zum Gleichgewicht bei einer relativen Feuchtigkeit von höchstens 67 % gemessen wurde.

**6.6.4.2.3 [Nähte]**

Verbindungen müssen durch Nähen, Heißsiegeln, Kleben oder andere gleichwertige Verfahren hergestellt sein. Alle genähten Verbindungen müssen gesichert sein.

**6.6.4.2.4 [Alterungsbeständigkeit]**

Flexible Großverpackungen müssen eine angemessene Widerstandsfähigkeit gegenüber Alterung und Festigkeitsabbau durch ultraviolette Strahlung, klimatische Bedingungen oder das Füllgut aufweisen, um für die vorgesehene Verwendung geeignet zu sein.

**6.6.4.2.5 [UV-Beständigkeit]**

Bei flexiblen Großverpackungen aus Kunststoff, bei denen ein Schutz vor ultravioletter Strahlung erforderlich ist, muss dies durch Zugabe von Ruß oder anderen geeigneten Pigmenten oder Inhibitoren erfolgen. Diese Zusätze müssen mit dem Füllgut verträglich sein und während der gesamten Verwendungsdauer der Großverpackung ihre Wirkung behalten. Bei Verwendung von Ruß, Pigmenten oder Inhibitoren, die sich von den für die Herstellung des geprüften Baumusters verwendeten unterscheiden, kann auf eine Wiederholung der Prüfungen verzichtet werden, wenn der veränderte Gehalt an Ruß, Pigmenten oder Inhibitoren die physikalischen Eigenschaften des Werkstoffes nicht beeinträchtigt.

**6.6.4.2.6 [Zusätze]**

Dem Werkstoff der Großverpackung dürfen Zusätze beigemischt werden, um die Beständigkeit gegenüber Alterung zu verbessern, oder für andere Zwecke, vorausgesetzt, sie beeinträchtigen nicht die physikalischen oder chemischen Eigenschaften.

**6.6.4.2.7 [Verhältnis „Höhe : Breite"]**

Ist die Großverpackung gefüllt, darf das Verhältnis von Höhe zu Breite nicht mehr als 2:1 betragen.

**6.6.4.3 Besondere Vorschriften für Großverpackungen aus starrem Kunststoff**

50H aus starrem Kunststoff

**6.6.4.3.1 [Werkstoff]**

Die Großverpackung muss aus geeignetem Kunststoff bekannter Spezifikation hergestellt sein, und seine Festigkeit muss seinem Fassungsraum und seiner vorgesehenen Verwendung angepasst sein. Der Werkstoff muss in geeigneter Weise widerstandsfähig sein gegen Alterung und Festigkeitsabbau, der durch das Füllgut oder gegebenenfalls durch ultraviolette Strahlung verursacht wird. Die Leistungsfähigkeit bei niedrigen Temperaturen muss gegebenenfalls berücksichtigt werden. Eine Permeation von Füllgut darf unter normalen Beförderungsbedingungen keine Gefahr darstellen.

**6.6.4.3.2 [UV-Beständigkeit]**

Ist ein Schutz gegen ultraviolette Strahlen erforderlich, so muss dieser durch Zugabe von Ruß oder anderen geeigneten Pigmenten oder Inhibitoren erfolgen. Diese Zusätze müssen mit dem Inhalt verträglich sein und während der gesamten Verwendungsdauer der Außenverpackung ihre Wirkung behalten. Bei Verwendung von Ruß, Pigmenten oder Inhibitoren, die sich von den für die Herstellung des geprüften Baumusters verwendeten unterscheiden, kann auf die Wiederholung der Prüfungen verzichtet werden, wenn der veränderte Gehalt an Ruß, Pigmenten oder Inhibitoren die physikalischen Eigenschaften des Werkstoffes nicht beeinträchtigt.

**6.6.4.3.3 [Zusätze]**

Dem Werkstoff der Großverpackung dürfen Zusätze beigemischt werden, um die Beständigkeit gegenüber Alterung zu verbessern, oder für andere Zwecke, vorausgesetzt, sie beeinträchtigen nicht die physikalischen oder chemischen Eigenschaften des Werkstoffes.

**Besondere Vorschriften für Großverpackungen aus Pappe** 6.6.4.4

50G aus starrer Pappe

**[Werkstoff]** 6.6.4.4.1

Die Großverpackung muss aus fester Vollpappe oder fester zweiseitiger Wellpappe (ein- oder mehrwellig) von guter Qualität hergestellt sein, die dem Fassungsraum und der vorgesehenen Verwendung angepasst ist. Die Wasserbeständigkeit der Außenfläche muss so sein, dass die Erhöhung der Masse während der 30 Minuten dauernden Prüfung auf Wasseraufnahme nach der Cobb-Methode nicht mehr als 155 g/m$^2$ ergibt (siehe Norm ISO 535:2014). Die Pappe muss eine geeignete Biegefestigkeit haben. Die Pappe muss so zugeschnitten, ohne Ritzen gerillt und geschlitzt sein, dass sie beim Zusammenbau nicht knickt, ihre Oberfläche nicht einreißt oder sie nicht zu stark ausbaucht. Die Wellen der Wellpappe müssen fest mit den Außenschichten verklebt sein.

**[Durchstoßfestigkeit]** 6.6.4.4.2

Die Wände, einschließlich Deckel und Boden, müssen eine Durchstoßfestigkeit von mindestens 15 J, gemessen nach der Norm ISO 3036:1975, aufweisen.

**[Außenverpackungs-Verbindungen]** 6.6.4.4.3

Die Verbindungen der Außenverpackung von Großverpackungen müssen eine ausreichende Überlappung aufweisen und durch Klebeband, Verkleben, Heften mittels Metallklammern oder andere mindestens gleichwertige Befestigungssysteme hergestellt sein. Erfolgt die Verbindung durch Verkleben oder durch Verwendung von Klebeband, ist ein wasserbeständiger Klebstoff zu verwenden. Metallklammern müssen durch alle zu befestigenden Teile durchgeführt und so geformt oder geschützt sein, dass die Innenauskleidung weder abgerieben noch durchstoßen werden kann.

**[Palettensockel]** 6.6.4.4.4

Ein Palettensockel, der einen festen Bestandteil der Großverpackung bildet, oder eine abnehmbare Palette muss für die mechanische Handhabung der mit der höchstzulässigen Bruttomasse befüllten Großverpackung geeignet sein.

**[Palettenauslegung]** 6.6.4.4.5

Die abnehmbare Palette oder der Palettensockel muss so ausgelegt sein, dass Verformungen am Boden der Großverpackung, die bei der Handhabung Schäden verursachen können, vermieden werden.

**[Abnehmbare Palette]** 6.6.4.4.6

Bei einer abnehmbaren Palette muss der Packmittelkörper fest mit der Palette verbunden sein, um die Stabilität bei Handhabung und Beförderung sicherzustellen. Darüber hinaus muss die Oberfläche der abnehmbaren Palette frei von Unebenheiten sein, die die Großverpackung beschädigen können.

**[Stapelfähigkeit]** 6.6.4.4.7

Um die Stapelfähigkeit zu erhöhen, dürfen Verstärkungseinrichtungen, wie Holzstützen, verwendet werden, die sich jedoch außerhalb der Innenauskleidung befinden müssen.

**[Lastverteilung]** 6.6.4.4.8

Sind die Großverpackungen zum Stapeln vorgesehen, muss die tragende Fläche so beschaffen sein, dass die Last sicher verteilt wird.

**Besondere Vorschriften für Großverpackungen aus Holz** 6.6.4.5

50C aus Naturholz
50D aus Sperrholz
50F aus Holzfaserwerkstoff

**[Werkstoff]** 6.6.4.5.1

Die Festigkeit der verwendeten Werkstoffe und die Art der Fertigung müssen dem Fassungsraum und der vorgesehenen Verwendung der Großverpackung angepasst sein.

**6.6.4.5.2 [Naturholz]**

Besteht die Großverpackung aus Naturholz, so muss dieses gut abgelagert, handelsüblich trocken und frei von Mängeln sein, um eine wesentliche Verminderung der Festigkeit jedes einzelnen Teils der Großverpackung zu verhindern. Jedes Teil der Großverpackung muss aus einem Stück bestehen oder diesem gleichwertig sein. Teile sind als einem Stück gleichwertig anzusehen, wenn eine geeignete Klebeverbindung, wie z.B. Lindermann-Verbindung (Schwalbenschwanz-Verbindung), Nut- und Federverbindung, überlappende Verbindung, eine Stoßverbindung mit mindestens zwei gewellten Metallbefestigungselementen an jeder Verbindung oder andere gleich wirksame Verfahren angewendet werden.

**6.6.4.5.3 [Sperrholz]**

Besteht die Großverpackung aus Sperrholz, so muss dieses mindestens aus drei Lagen bestehen und aus gut abgelagertem Schälfurnier, Schnittfurnier oder Sägefurnier hergestellt, handelsüblich trocken und frei von Mängeln sein, die die Festigkeit der Großverpackung erheblich beeinträchtigen können. Die einzelnen Lagen müssen mit einem wasserbeständigen Klebstoff miteinander verleimt sein. Für die Herstellung der Großverpackungen dürfen auch andere geeignete Werkstoffe zusammen mit Sperrholz verwendet werden.

**6.6.4.5.4 [Holzfaserwerkstoff]**

Besteht die Großverpackung aus Holzfaserwerkstoff, so muss dieser wasserbeständig sein, wie Spanplatten, Holzfaserplatten oder andere geeignete Werkstoffe.

**6.6.4.5.5 [Zusammenfügung]**

Die Platten der Großverpackungen müssen an den Eckleisten oder Stirnseiten fest vernagelt oder geklammert oder durch andere ebenfalls geeignete Mittel zusammengefügt sein.

**6.6.4.5.6 [Palettensockel]**

Ein Palettensockel, der einen festen Bestandteil einer Großverpackung bildet, oder eine abnehmbare Palette muss für die mechanische Handhabung der Großverpackung nach Befüllung mit der höchstzulässigen Masse geeignet sein.

**6.6.4.5.7 [Palettenauslegung]**

Die abnehmbare Palette oder der Palettensockel muss so ausgelegt sein, dass Verformungen am Boden der Großverpackung, die bei der Handhabung Schäden verursachen können, vermieden werden.

**6.6.4.5.8 [Abnehmbare Palette]**

Bei einer abnehmbaren Palette muss der Packmittelkörper fest mit der Palette verbunden sein, um die Stabilität bei Handhabung und Beförderung sicherzustellen. Darüber hinaus muss die Oberfläche der abnehmbaren Palette frei von Unebenheiten sein, die die Großverpackung beschädigen können.

**6.6.4.5.9 [Stapelfähigkeit]**

Um die Stapelfähigkeit zu erhöhen, dürfen Verstärkungseinrichtungen, wie Holzstützen, verwendet werden, die sich jedoch außerhalb der Innenauskleidung befinden müssen.

**6.6.4.5.10 [Lastverteilung]**

Sind die Großverpackungen zum Stapeln vorgesehen, muss die tragende Fläche so beschaffen sein, dass die Last sicher verteilt wird.

## 6.6.5 Prüfvorschriften für Großverpackungen

*→ D: BAM-GGR 005*

### 6.6.5.1 Durchführung und Häufigkeit der Prüfungen

**6.6.5.1.1 [Prüfpflicht]**

*→ D: BAM-GGR 006*

Die Bauart jeder Großverpackung muss den in Unterabschnitt 6.6.5.3 vorgesehenen Prüfungen nach den von der zuständigen Behörde, welche die Zuteilung des Kennzeichens bestätigt hat, festgelegten Verfahren unterzogen und von dieser Behörde zugelassen werden.

**[Bauart]** 6.6.5.1.2

Vor der Verwendung muss jede Bauart einer Großverpackung die in diesem Kapitel vorgeschriebenen Prüfungen erfolgreich bestanden haben. Die Bauart der Großverpackung wird durch Auslegung, Größe, verwendeten Werkstoff und dessen Dicke, Art der Fertigung und Zusammenbau bestimmt, kann aber auch verschiedene Oberflächenbehandlungen einschließen. Hierzu gehören auch Großverpackungen, die sich von der Bauart nur durch ihre geringere Bauhöhe unterscheiden.

**[Prüfmuster]** 6.6.5.1.3

Die Prüfungen müssen mit Mustern aus der Produktion in Abständen durchgeführt werden, die von der zuständigen Behörde festgelegt werden. Werden solche Prüfungen an Großverpackungen aus Pappe durchgeführt, gilt eine Vorbereitung bei Umgebungsbedingungen als gleichwertig zu den im Absatz 6.6.5.2.4 angegebenen Vorschriften.

**[Erneute Prüfung]** 6.6.5.1.4 *→ D: BAM-GGR 006*

Die Prüfungen müssen auch nach jeder Änderung der Auslegung, des Werkstoffs oder der Art der Fertigung einer Großverpackung wiederholt werden.

**[Selektive Prüfung]** 6.6.5.1.5 *→ D: BAM-GGR 006*

Die zuständige Behörde kann die selektive Prüfung von Großverpackungen zulassen, die sich nur geringfügig von einer bereits geprüften Bauart unterscheiden: z.B. Großverpackungen, die Innenverpackungen kleinerer Größe oder geringerer Nettomasse enthalten, oder auch Großverpackungen, bei denen ein oder mehrere Außenmaße etwas verringert sind.

(bleibt offen) 6.6.5.1.6

**Bem.** Für die Vorschriften zur Anordnung verschiedener Innenverpackungen in einer Großverpackung und die zulässigen Variationen von Innenverpackungen siehe Absatz 4.1.1.5.1.

**[Serienkonformität]** 6.6.5.1.7

Die zuständige Behörde kann jederzeit verlangen, dass durch Prüfungen nach diesem Abschnitt nachgewiesen wird, dass die Großverpackungen aus der Serienherstellung die Vorschriften der Bauartprüfung erfüllen.

**[Mehrfachprüfung an einem Muster]** 6.6.5.1.8

Unter der Voraussetzung, dass die Gültigkeit der Prüfergebnisse nicht beeinträchtigt wird, und mit Zustimmung der zuständigen Behörde dürfen mehrere Prüfungen mit einem einzigen Muster durchgeführt werden.

**Bergungsgroßverpackungen** 6.6.5.1.9

Bergungsgroßverpackungen müssen nach den Vorschriften geprüft und gekennzeichnet werden, die für Großverpackungen der Verpackungsgruppe II zur Beförderung von festen Stoffen oder Innenverpackungen gelten, mit folgenden Abweichungen:

a) Die für die Durchführung der Prüfungen verwendete Prüfsubstanz ist Wasser; die Bergungsgroßverpackungen müssen zu mindestens 98 % ihres höchsten Fassungsraums gefüllt sein. Um die erforderliche Gesamtmasse des Versandstücks zu erreichen, dürfen beispielsweise Säcke mit Bleischrot beigefügt werden, sofern diese so eingesetzt sind, dass die Prüfergebnisse nicht beeinträchtigt werden. Alternativ darf bei der Durchführung der Fallprüfung die Fallhöhe in Übereinstimmung mit Absatz 6.6.5.3.4.4.2 b) variiert werden.

b) Die Bergungsgroßverpackungen müssen außerdem erfolgreich der Dichtheitsprüfung bei 30 kPa unterzogen worden sein; die Ergebnisse dieser Prüfung sind im Prüfbericht nach Unterabschnitt 6.6.5.4 zu vermerken.

c) Die Bergungsgroßverpackungen sind, wie in Unterabschnitt 6.6.2.2 angegeben, mit dem Buchstaben „T" zu kennzeichnen.

**Vorbereitung für die Prüfungen** 6.6.5.2

**[Inhalte]** 6.6.5.2.1 *→ 6.6.5.3.4.2*

Die Prüfungen sind an versandfertigen Großverpackungen, einschließlich der Innenverpackungen oder der beförderten Gegenstände, durchzuführen. Die Innenverpackungen müssen bei flüssigen Stoffen zu

**6.6.5.2.1** (Forts.) mindestens 98 % ihres höchsten Fassungsraums, bei festen Stoffen zu mindestens 95 % ihres höchsten Fassungsraums gefüllt sein. Bei Großverpackungen, deren Innenverpackung für die Beförderung von flüssigen oder festen Stoffen vorgesehen ist, sind getrennte Prüfungen für den flüssigen und für den festen Inhalt erforderlich. Die in den Innenverpackungen enthaltenen Stoffe oder die in den Großverpackungen enthaltenen zu befördernden Gegenstände dürfen durch andere Stoffe oder Gegenstände ersetzt werden, sofern dadurch die Prüfergebnisse nicht verfälscht werden. Werden andere Innenverpackungen oder Gegenstände verwendet, müssen diese die gleichen physikalischen Eigenschaften (Masse, Korngröße usw.) haben wie die zu befördernden Innenverpackungen oder Gegenstände. Es ist zulässig, Zusätze wie Säcke mit Bleischrot zu verwenden, um die erforderliche Gesamtmasse des Versandstückes zu erreichen, sofern diese so eingebracht werden, dass sie die Prüfungsergebnisse nicht beeinträchtigen.

**6.6.5.2.2 [Ersatzflüssigkeit]**

Wird bei der Fallprüfung für flüssige Stoffe ein anderer Stoff verwendet, so muss dieser eine vergleichbare relative Dichte und Viskosität haben wie der zu befördernde Stoff. Unter den Bedingungen des Absatzes 6.6.5.3.4.4 darf auch Wasser für die Fallprüfung für flüssige Stoffe verwendet werden.

**6.6.5.2.3 [Kunststoffkonditionierung]**

Großverpackungen aus Kunststoff und Großverpackungen, die Innenverpackungen aus Kunststoff enthalten – ausgenommen Säcke, die für die Aufnahme von festen Stoffen oder Gegenständen vorgesehen sind –, sind der Fallprüfung zu unterziehen, nachdem die Temperatur des Prüfmusters und seines Inhaltes auf –18 °C oder darunter abgesenkt wurde. Auf die Konditionierung kann verzichtet werden, falls die Werkstoffe der Verpackung eine ausreichende Verformbarkeit und Zugfestigkeit bei niedrigen Temperaturen aufweisen. Werden die Prüfmuster auf diese Weise konditioniert, ist die Konditionierung nach Absatz 6.6.5.2.4 nicht erforderlich. Die für die Prüfung verwendeten flüssigen Stoffe sind, gegebenenfalls durch Zugabe von Frostschutzmitteln, in flüssigem Zustand zu halten.

**6.6.5.2.4 [Pappekonditionierung]**

Großverpackungen aus Pappe müssen mindestens 24 Stunden in einem Klima konditioniert werden, dessen Temperatur und relative Luftfeuchtigkeit gesteuert sind. Es gibt drei Möglichkeiten, von denen eine gewählt werden muss.

Das bevorzugte Klima ist 23 °C ± 2 °C und 50 % ± 2 % relative Luftfeuchtigkeit. Die beiden anderen Möglichkeiten sind 20 °C ± 2 °C und 65 % ± 2 % relative Luftfeuchtigkeit oder 27 °C ± 2 °C und 65 % ± 2 % relative Luftfeuchtigkeit.

**Bem.** Die Mittelwerte müssen innerhalb dieser Grenzwerte liegen. Schwankungen kurzer Dauer und Messgrenzen können Abweichungen von den individuellen Messungen bis zu ± 5 % für die relative Luftfeuchtigkeit zur Folge haben, ohne dass dies eine bedeutende Auswirkung auf die Reproduzierbarkeit der Prüfergebnisse hat.

## 6.6.5.3 Prüfvorschriften

### 6.6.5.3.1 Hebeprüfung von unten

**6.6.5.3.1.1 Anwendungsbereich**

Für alle Arten von Großverpackungen, die mit einer Vorrichtung zum Heben von unten versehen sind, als Bauartprüfung.

**6.6.5.3.1.2 Vorbereitung der Großverpackung für die Prüfung**

Die Großverpackung ist bis zum 1,25fachen ihrer höchstzulässigen Bruttomasse zu befüllen, wobei die Last gleichmäßig zu verteilen ist.

**6.6.5.3.1.3 Prüfverfahren**

Die Großverpackung muss zweimal von einem Gabelstapler hochgehoben und heruntergelassen werden, wobei die Gabel zentral anzusetzen ist und einen Abstand von ¾ der Einführungsseitenabmessung haben muss (es sei denn, die Einführungspunkte sind vorgegeben). Die Gabel muss bis zu ¾ in der Einführungsrichtung eingeführt werden. Die Prüfung muss in jeder möglichen Einführungsrichtung wiederholt werden.

**Kriterien für das Bestehen der Prüfung** 6.6.5.3.1.4

Keine dauerhafte Verformung der Großverpackung, die die Sicherheit der Beförderung beeinträchtigt, und kein Verlust von Füllgut.

**Hebeprüfung von oben** 6.6.5.3.2

**Anwendungsbereich** 6.6.5.3.2.1

Für alle Arten von Großverpackungen, die für das Heben von oben ausgelegt sind, als Bauartprüfung.

**Vorbereitung der Großverpackung für die Prüfung** 6.6.5.3.2.2

Die Großverpackung muss mit dem Zweifachen ihrer höchstzulässigen Bruttomasse befüllt werden. Eine flexible Großverpackung muss mit dem Sechsfachen ihrer höchstzulässigen Bruttomasse befüllt werden, wobei die Last gleichmäßig zu verteilen ist.

**Prüfverfahren** 6.6.5.3.2.3

Die Großverpackung muss in der Weise hochgehoben werden, für die sie ausgelegt ist, bis sie sich frei über dem Boden befindet, und für eine Dauer von fünf Minuten in dieser Stellung gehalten werden.

**Kriterien für das Bestehen der Prüfung** 6.6.5.3.2.4

a) Alle Arten von Großverpackungen mit Ausnahme von flexiblen Großverpackungen : keine dauerhafte Verformung der Großverpackung einschließlich eines gegebenenfalls vorhandenen Palettensockels, die die Sicherheit der Beförderung beeinträchtigt, und kein Verlust von Füllgut.

b) Flexible Großverpackungen: keine Beschädigung der Großverpackung oder ihrer Hebeeinrichtungen, durch die die Großverpackung für die Beförderung oder Handhabung ungeeignet wird, und kein Verlust von Füllgut.

**Stapeldruckprüfung** 6.6.5.3.3

**Anwendungsbereich** 6.6.5.3.3.1

Für alle Arten von Großverpackungen, die für das Stapeln ausgelegt sind, als Bauartprüfung.

**Vorbereitung der Großverpackung für die Prüfung** 6.6.5.3.3.2

Die Großverpackung ist bis zu ihrer höchstzulässigen Bruttomasse zu befüllen.

**Prüfverfahren** 6.6.5.3.3.3

Die Großverpackung muss mit ihrem Boden auf einen horizontalen harten Untergrund gestellt und einer gleichmäßig verteilten überlagerten Prüflast (siehe Absatz 6.6.5.3.3.4) für eine Dauer von mindestens fünf Minuten ausgesetzt werden; Großverpackungen aus Holz, Pappe oder Kunststoff müssen dieser Last mindestens 24 Stunden ausgesetzt werden.

**Berechnung der überlagerten Prüflast** 6.6.5.3.3.4

Die Last, die auf die Großverpackung gestellt wird, muss mindestens das 1,8fache der addierten höchstzulässigen Bruttomasse so vieler gleichartiger Großverpackungen betragen, wie während der Beförderung auf die Großverpackung gestapelt werden dürfen.

**Kriterien für das Bestehen der Prüfung** 6.6.5.3.3.5

a) Alle Arten von Großverpackungen, ausgenommen flexible Großverpackungen: keine dauerhafte Verformung der Großverpackung einschließlich eines gegebenenfalls vorhandenen Palettensockels, die die Sicherheit der Beförderung beeinträchtigt, und kein Verlust von Füllgut.

b) Flexible Großverpackungen: keine Beschädigung des Packmittelkörpers, die die Sicherheit der Beförderung beeinträchtigt, und kein Verlust von Füllgut.

**Fallprüfung** 6.6.5.3.4

**Anwendungsbereich** 6.6.5.3.4.1

Für alle Arten von Großverpackungen als Bauartprüfung.

**Vorbereitung der Großverpackung für die Prüfung** 6.6.5.3.4.2

Die Großverpackung muss nach den Vorschriften des Absatzes 6.6.5.2.1 befüllt werden.

**6.6.5.3.4.3 Prüfverfahren**

Die Großverpackung muss so auf eine nicht federnde, horizontale, ebene, massive und starre Oberfläche nach den Vorschriften des Absatzes 6.1.5.3.4 fallen gelassen werden, dass die Großverpackung auf die schwächste Stelle ihrer Grundfläche aufschlägt.

**6.6.5.3.4.4 Fallhöhe**

**Bem.** Großverpackungen für Stoffe und Gegenstände der Klasse 1 müssen nach den Prüfanforderungen für die Verpackungsgruppe II geprüft werden.

**6.6.5.3.4.4.1 [Zu befördernder Stoff/Gegenstand]**

Für Innenverpackungen, die feste oder flüssige Stoffe oder Gegenstände enthalten, wenn die Prüfung mit dem zu befördernden festen oder flüssigen Stoff oder Gegenstand oder mit einem anderen Stoff durchgeführt wird, der im Wesentlichen dieselben Eigenschaften hat:

| Verpackungsgruppe I | Verpackungsgruppe II | Verpackungsgruppe III |
|---|---|---|
| 1,8 m | 1,2 m | 0,8 m |

**6.6.5.3.4.4.2 [Wasser]**

Für Innenverpackungen, die flüssige Stoffe enthalten, wenn die Prüfung mit Wasser durchgeführt wird:

a) wenn der zu befördernde Stoff eine relative Dichte von höchstens 1,2 hat:

| Verpackungsgruppe I | Verpackungsgruppe II | Verpackungsgruppe III |
|---|---|---|
| 1,8 m | 1,2 m | 0,8 m |

b) wenn der zu befördernde Stoff eine relative Dichte von mehr als 1,2 hat, ist die Fallhöhe auf Grund der relativen Dichte (d) des zu befördernden Stoffes, aufgerundet auf die erste Dezimalstelle, wie folgt zu berechnen:

| Verpackungsgruppe I | Verpackungsgruppe II | Verpackungsgruppe III |
|---|---|---|
| d × 1,5 (m) | d × 1,0 (m) | d × 0,67 (m) |

**6.6.5.3.4.5 Kriterien für das Bestehen der Prüfung**

**6.6.5.3.4.5.1 [Beschädigung]**

Die Großverpackung darf keine Beschädigungen aufweisen, welche die Sicherheit der Beförderung beeinträchtigen können. Aus der (den) Innenverpackung(en) oder dem (den) Gegenstand (Gegenständen) darf kein Füllgut austreten.

**6.6.5.3.4.5.2 [Klasse 1]**

Bei Großverpackungen für Gegenstände der Klasse 1 ist kein Riss erlaubt, der das Austreten von losen explosiven Stoffen oder Gegenständen mit Explosivstoff aus der Großverpackung ermöglichen könnte.

**6.6.5.3.4.5.3 [Fallprüfung]**

Wenn eine Großverpackung einer Fallprüfung unterzogen wurde, hat das Prüfmuster die Prüfung bestanden, wenn der Inhalt vollständig zurückgehalten wird, auch wenn der Verschluss nicht mehr staubdicht ist.

**6.6.5.4 Zulassung und Prüfbericht**

**6.6.5.4.1 [Ausstellung]**

Für jede Bauart einer Großverpackung ist eine Bescheinigung auszustellen und ein Kennzeichen (gemäß Abschnitt 6.6.3) zuzuordnen, die angeben, dass die Bauart, einschließlich ihrer Ausrüstung, den Prüfvorschriften entspricht.

**[Inhalt]** 6.6.5.4.2

Über die Prüfung ist ein Prüfbericht zu erstellen, der mindestens folgende Angaben enthält und der den Benutzern der Großverpackung zur Verfügung gestellt werden muss:

1. Name und Anschrift der Prüfeinrichtung;
2. Name und Anschrift des Antragstellers (soweit erforderlich);
3. eine nur einmal vergebene Prüfbericht-Kennnummer;
4. Datum des Prüfberichts;
5. Hersteller der Großverpackung;
6. Beschreibung der Bauart der Großverpackung (z.B. Abmessungen, Werkstoffe, Verschlüsse, Wanddicke usw.) und/oder Foto(s);
7. höchster Fassungsraum/höchstzulässige Bruttomasse;
8. charakteristische Merkmale des Prüfinhalts, z.B. Arten und Beschreibungen der verwendeten Innenverpackungen oder Gegenstände;
9. Beschreibung und Ergebnis der Prüfungen;
10. der Prüfbericht muss mit Namen und Funktionsbezeichnung des Unterzeichners unterschrieben sein.

**[Bestätigung]** 6.6.5.4.3

Der Prüfbericht muss Erklärungen enthalten, dass die versandfertige Großverpackung in Übereinstimmung mit den entsprechenden Vorschriften dieses Kapitels geprüft worden ist und dass dieser Prüfbericht bei Anwendung anderer Verpackungsmethoden oder bei Verwendung anderer Verpackungsbestandteile ungültig werden kann. Eine Ausfertigung des Prüfberichts ist der zuständigen Behörde zur Verfügung zu stellen.

→ D: § 8 (1) 1 g)
→ D: § 8 (1) 10
→ D: § 8 (2)
→ D: § 9
→ D: § 12 (1) 2 a)
→ D: RSEB Anl. 14

# Kapitel 6.7
# Vorschriften für die Auslegung, den Bau und die Prüfung von ortsbeweglichen Tanks und von UN-Gascontainern mit mehreren Elementen (MEGC)

**Bem.** 1. Für festverbundene Tanks (Tankfahrzeuge), Aufsetztanks, Tankcontainer und Tankwechselaufbauten (Tankwechselbehälter), deren Tankkörper aus metallenen Werkstoffen hergestellt sind, sowie für Batterie-Fahrzeuge und Gascontainer mit mehreren Elementen (MEGC) mit Ausnahme von UN-MEGC siehe Kapitel 6.8; für Saug-Druck-Tanks für Abfälle siehe Kapitel 6.10; für festverbundene Tanks (Tankfahrzeuge) und Aufsetztanks, deren Tankkörper aus faserverstärkten Kunststoffen hergestellt sind, siehe Kapitel 6.13.

2. Die Vorschriften dieses Kapitels gelten auch für ortsbewegliche Tanks mit Tankkörpern aus faserverstärkten Kunststoffen (FVK) in dem in Kapitel 6.9 angegebenen Umfang.

## 6.7.1 Anwendungsbereich und allgemeine Vorschriften

→ 1.6.4.30

### 6.7.1.1 [Betroffene Klassen]

→ 1.6.4.1 ff.
→ 1.6.4.12

Die Vorschriften dieses Kapitels gelten für ortsbewegliche Tanks zur Beförderung gefährlicher Güter sowie für MEGC zur Beförderung nicht tiefgekühlter Gase der Klasse 2 mit allen Verkehrsträgern. Sofern nichts anderes angegeben ist, müssen neben den Vorschriften dieses Kapitels die anwendbaren Vorschriften des Internationalen Übereinkommens über sichere Container (CSC) von 1972 in der jeweils geänderten Fassung von jedem ortsbeweglichen Tank oder MEGC, der der Begriffsbestimmung für „Container" im Wortlaut dieses Übereinkommens entspricht, erfüllt werden. Für ortsbewegliche Offshore-Tanks oder -MEGC, die auf hoher See verwendet werden, können zusätzliche Vorschriften anwendbar sein.

### 6.7.1.2 [Alternative Regelungen]

Um dem Fortschritt von Wissenschaft und Technik Rechnung zu tragen, dürfen die technischen Vorschriften dieses Kapitels durch andere Vorschriften („alternative Vereinbarungen") ersetzt werden, die hinsichtlich der Verträglichkeit der beförderten Stoffe und der Fähigkeit des ortsbeweglichen Tanks oder MEGC, Beanspruchungen durch Stoß, Belastung und Feuer standzuhalten, ein im Vergleich zu den Vorschriften dieses Kapitels mindestens gleichwertiges Sicherheitsniveau bieten. Für internationale Beförderungen müssen die ortsbeweglichen Tanks oder MEGC, die nach diesen alternativen Vereinbarungen gebaut sind, von den zuständigen Behörden zugelassen sein.

### 6.7.1.3 [Vorläufige Genehmigung]

→ D: § 18 (1) 8

Die zuständige Behörde des Ursprungslandes kann für die Beförderung eines Stoffes, dem in Kapitel 3.2 Tabelle A Spalte (10) keine Anweisung für ortsbewegliche Tanks (T1 bis T23, T50 oder T75) zugeordnet ist, eine vorläufige Genehmigung ausstellen. Diese Genehmigung muss in den Versandpapieren angegeben sein und muss mindestens die normalerweise in den Anweisungen für ortsbewegliche Tanks angegebenen Informationen und die Bedingungen, unter denen der Stoff zu befördern ist, umfassen.

## 6.7.2 Vorschriften für die Auslegung, den Bau und die Prüfung von ortsbeweglichen Tanks zur Beförderung von Stoffen der Klassen 1 und 3 bis 9

→ D: § 24 Nr. 1
→ D: § 12 (1) 3

### 6.7.2.1 Begriffsbestimmungen

Für Zwecke dieses Abschnitts gelten folgende Begriffsbestimmungen:

***Alternative Vereinbarung:*** Eine Zulassung, die von der *zuständigen Behörde* für einen *ortsbeweglichen Tank* oder einen *MEGC* ausgestellt wird, der nach technischen Vorschriften oder Prüfmethoden ausgelegt, gebaut und geprüft ist, die von den in diesem Kapitel festgelegten abweichen.

***Auslegungstemperaturbereich:*** Der Auslegungstemperaturbereich des Tankkörpers muss für Stoffe, die bei Umgebungsbedingungen befördert werden, zwischen –40 °C und 50 °C liegen. Für andere Stoffe, die unter erhöhten Temperaturbedingungen gehandhabt werden, darf die Auslegungstemperatur nicht geringer sein als die Höchsttemperatur des Stoffes bei der Befüllung, Entleerung oder Beförderung. Für ortsbewegliche Tanks, die strengeren klimatischen Bedingungen ausgesetzt sind, müssen entsprechend strengere Auslegungstemperaturen in Betracht gezogen werden.

***Bauliche Ausrüstung:*** Die außen am Tankkörper angebrachten Versteifungselemente, Elemente für die Befestigung, den Schutz und die Stabilisierung. **6.7.2.1** (Forts.)

***Baustahl:*** Stahl mit einer garantierten Mindestzugfestigkeit zwischen 360 N/mm² und 440 N/mm² und einer garantierten Mindestbruchdehnung gemäß Absatz 6.7.2.3.3.3.

***Bedienungsausrüstung:*** Die Messinstrumente sowie die Füll-, Entleerungs-, Lüftungs-, Sicherheits-, Heizungs-, Kühl- und Isolierungseinrichtungen.

***Berechnungsdruck:*** Der für Berechnungen nach einem anerkannten Regelwerk für Druckbehälter zu verwendende Druck. Der Berechnungsdruck darf nicht niedriger sein als der höchste der folgenden Drücke:

a) der höchstzulässige effektive Überdruck im Tankkörper während des Füllens oder Entleerens;

b) die Summe aus:
   (i) dem absoluten Dampfdruck (in bar) des Stoffes bei 65 °C, vermindert um 1 bar;
   (ii) dem Partialdruck (in bar) von Luft oder anderen Gasen im füllungsfreien Raum, der durch eine Höchsttemperatur im füllungsfreien Raum von 65 °C und einer Flüssigkeitsausdehnung infolge einer Erhöhung der mittleren Temperatur des Füllguts von $t_r - t_f$ ($t_f$ = Fülltemperatur, normalerweise 15 °C; $t_r$ = höchste mittlere Temperatur des Füllguts, 50 °C) bestimmt wird, und
   (iii) einem Flüssigkeitsdruck, der auf der Grundlage der im Absatz 6.7.2.2.12 genannten statischen Kräfte bestimmt wird, jedoch mindestens 0,35 bar beträgt, oder

c) zwei Drittel des in der anwendbaren Anweisung für ortsbewegliche Tanks in Absatz 4.2.5.2.6 festgelegten Mindestprüfdrucks.

***Bezugsstahl:*** Stahl mit einer Zugfestigkeit von 370 N/mm² und einer Bruchdehnung von 27 %.

***Dichtheitsprüfung:*** Eine Prüfung, bei der der Tankkörper und seine Bedienungsausrüstung unter Verwendung eines Gases mit einem effektiven Innendruck von mindestens 25 % des höchstzulässigen Betriebsdrucks belastet wird.

***Feinkornstahl:*** Ein Stahl, der nach Bestimmung gemäß ASTM E 112-96 oder nach der Definition in der Norm EN 10028-3 Teil 3 eine ferritische Korngröße von höchstens 6 hat.

***Höchstzulässige Bruttomasse:*** Die Summe aus Leermasse des ortsbeweglichen Tanks und der höchsten für die Beförderung zugelassenen Ladung.

***Höchstzulässiger Betriebsdruck:*** Ein Druck, der nicht geringer sein darf als der höchste der folgenden Drücke, die im Scheitel des Tankkörpers im Betriebszustand gemessen werden:

a) der höchstzulässige effektive Überdruck im Tankkörper während des Füllens oder Entleerens oder

b) der höchste effektive Überdruck, für den der Tankkörper ausgelegt ist, und der nicht geringer sein darf als die Summe aus:
   (i) dem absoluten Dampfdruck (in bar) des Stoffes bei 65 °C, vermindert um 1 bar, und
   (ii) dem Partialdruck (in bar) von Luft oder anderen Gasen im füllungsfreien Raum, der durch eine Höchsttemperatur im füllungsfreien Raum von 65 °C und einer Flüssigkeitsausdehnung infolge einer Erhöhung der mittleren Temperatur des Füllguts von $t_r - t_f$ ($t_f$ = Fülltemperatur, normalerweise 15 °C; $t_r$ = höchste mittlere Temperatur des Füllguts, 50 °C) bestimmt wird.

***Ortsbeweglicher Offshore-Tank:*** Ein ortsbeweglicher Tank, der besonders für die wiederholte Verwendung für die Beförderung von und zwischen Offshore-Einrichtungen ausgelegt ist. Ein ortsbeweglicher Offshore-Tank wird nach den Richtlinien für die Zulassung von auf hoher See eingesetzten Offshore-Containern, die von der Internationalen Seeschifffahrtsorganisation (IMO) im Dokument MSC/Circ.860 festgelegt wurden, ausgelegt und gebaut.

***Ortsbeweglicher Tank:*** Ein multimodaler Tank für die Beförderung von Stoffen der Klassen 1 und 3 bis 9. Der ortsbewegliche Tank umfasst einen Tankkörper, der mit der für die Beförderung der gefährlichen Stoffe notwendigen Bedienungsausrüstung und baulichen Ausrüstung ausgestattet ist. Der ortsbewegliche Tank muss befüllt und entleert werden können, ohne dass dazu die bauliche Ausrüstung entfernt werden muss. Er muss außen am Tankkörper angebrachte Elemente zur Stabilisierung besitzen und muss in vollem Zustand angehoben werden können. Er muss hauptsächlich dafür ausgelegt sein, um auf einen Wagen, ein Fahrzeug, ein See- oder Binnenschiff verladen werden zu können, und mit Kufen, Tragele-

6.7.2.1 (Forts.) menten oder Zubehörteilen ausgerüstet sein, um die mechanische Handhabung zu erleichtern. Straßentankfahrzeuge, Kesselwagen, nicht metallene Tanks (ausgenommen ortsbewegliche FVK-Tanks, siehe Kapitel 6.9) und Großpackmittel (IBC) gelten nicht als ortsbewegliche Tanks.

***Prüfdruck:*** Der höchste Überdruck im Scheitel des Tankkörpers während der Wasserdruckprüfung, der mindestens das 1,5fache des Berechnungsdruckes betragen muss. Der Mindestprüfdruck für ortsbewegliche Tanks ist für den jeweiligen zu befördernden Stoff in der anwendbaren Anweisung für ortsbewegliche Tanks in Absatz 4.2.5.2.6 angegeben.

***Schmelzsicherung:*** Eine nicht wieder verschließbare Druckentlastungseinrichtung, die durch Wärme aktiviert wird.

***Tankkörper:*** Der Teil des ortsbeweglichen Tanks, der den zu befördernden Stoff enthält (eigentlicher Tank), einschließlich der Öffnungen und ihrer Verschlüsse, jedoch mit Ausnahme der Bedienungsausrüstung und der äußeren baulichen Ausrüstung.

**6.7.2.2 Allgemeine Vorschriften für die Auslegung und den Bau**

**6.7.2.2.1 [Anerkanntes Regelwerk]**

*→ D: § 8 (1) 10*

Die Tankkörper sind in Übereinstimmung mit den Vorschriften eines von der zuständigen Behörde anerkannten Regelwerks für Druckbehälter auszulegen und zu bauen. Sie sind aus metallenen verformungsfähigen Werkstoffen herzustellen. Die Werkstoffe müssen grundsätzlich den nationalen oder internationalen Werkstoffnormen entsprechen. Für geschweißte Tankkörper darf nur ein Werkstoff verwendet werden, dessen Schweißbarkeit vollständig nachgewiesen worden ist. Die Schweißnähte müssen fachgerecht ausgeführt sein und volle Sicherheit bieten. Wenn es durch den Herstellungsprozess oder die verwendeten Werkstoffe erforderlich ist, müssen die Tankkörper einer Wärmebehandlung unterzogen werden, um zu gewährleisten, dass die Schweißnähte und die Wärmeeinflusszone eine ausreichende Zähigkeit aufweisen. Bei der Auswahl des Werkstoffes muss der Auslegungstemperaturbereich bezüglich des Risikos von Sprödbruch, Spannungsrisskorrosion und Schlagfestigkeit des Werkstoffes berücksichtigt werden. Bei Verwendung von Feinkornstahl darf nach den Werkstoffspezifikationen der garantierte Wert der Streckgrenze nicht größer als 460 N/mm$^2$ und der garantierte Wert für die obere Grenze der Zugfestigkeit nicht größer als 725 N/mm$^2$ sein. Aluminium darf als Werkstoff für den Bau nur verwendet werden, wenn dies in einer einem bestimmten Stoff in Kapitel 3.2 Tabelle A Spalte (11) zugeordneten Sondervorschrift für ortsbewegliche Tanks angegeben oder von der zuständigen Behörde genehmigt ist. Wenn Aluminium zugelassen ist, muss es mit einer Isolierung versehen sein, um eine bedeutende Verringerung der physikalischen Eigenschaften bei einer Wärmebelastung von 110 kW/m$^2$ über einen Zeitraum von mindestens 30 Minuten zu verhindern. Die Isolierung muss bei jeder Temperatur unterhalb von 649 °C wirksam bleiben und mit einem Werkstoff mit einem Schmelzpunkt von mindestens 700 °C ummantelt sein. Die Werkstoffe des ortsbeweglichen Tanks müssen für die äußeren Umgebungsbedingungen, die während der Beförderung auftreten können, geeignet sein.

**6.7.2.2.2 [Werkstoff]**

Die Tankkörper, Ausrüstungsteile und Rohrleitungen ortsbeweglicher Tanks müssen aus Werkstoffen hergestellt sein, die

a) in hohem Maße widerstandsfähig gegenüber dem (den) zu befördernden Stoff(en) sind oder
b) durch chemische Reaktion wirksam passiviert oder neutralisiert worden sind oder
c) mit einem korrosionsbeständigen Material ausgekleidet sind, das direkt auf den Tankkörper aufgeklebt oder durch eine gleichwertige Methode befestigt ist.

**6.7.2.2.3 [Dichtungswerkstoff]**

Die Dichtungen müssen aus Werkstoffen hergestellt sein, die von dem (den) zu befördernden Stoff(en) nicht angegriffen werden können.

**6.7.2.2.4 [Auskleidung]**

Sind Tankkörper mit einer inneren Auskleidung versehen, darf diese im Wesentlichen nicht durch den (die) zu befördernden Stoff(e) angegriffen werden und muss homogen, nicht porös, frei von Perforationen, ausreichend elastisch und mit den Wärmeausdehnungseigenschaften des Tankkörpers verträglich sein. Die Auskleidung des Tankkörpers, der Ausrüstungsteile und der Rohrleitungen muss durchgehend sein und sich um die Stirnfläche der Flansche erstrecken. Sind äußere Ausrüstungsteile am Tank angeschweißt, muss sich die Auskleidung durchgehend über das Ausrüstungsteil und um die Stirnfläche des äußeren Flansches erstrecken. 6.7.2.2.4 (Forts.)

**[Verbindungsstellen]** 6.7.2.2.5

Die Verbindungsstellen und Nähte der Auskleidung sind durch Zusammenschmelzen des Werkstoffes oder andere ebenso wirksame Mittel herzustellen.

**[Kontaktkorrosion]** 6.7.2.2.6

Der Kontakt zwischen verschiedenen Metallen, der zu Schäden durch Kontaktkorrosion führen könnte, ist zu vermeiden.

**[Verträglichkeit]** 6.7.2.2.7

Die Werkstoffe des ortsbeweglichen Tanks, einschließlich aller Einrichtungen, Dichtungen, Auskleidungen und Zubehörteile, dürfen den (die) Stoff(e), für dessen (deren) Beförderung der ortsbewegliche Tank vorgesehen ist, nicht beeinträchtigen.

**[Traglager]** 6.7.2.2.8

Ortsbewegliche Tanks sind mit einem Traglager, das eine sichere Auflage während der Beförderung gewährleistet, und mit geeigneten Hebe- und Befestigungseinrichtungen auszulegen und zu bauen.

**[Auslegung]** 6.7.2.2.9

Ortsbewegliche Tanks sind so auszulegen, dass sie ohne Verlust ihres Inhalts in der Lage sind, mindestens dem auf ihren Inhalt zurückzuführenden Innendruck sowie den unter normalen Handhabungs- und Beförderungsbedingungen entstehenden statischen, dynamischen und thermischen Belastungen standzuhalten. Aus der Auslegung muss zu erkennen sein, dass die Einflüsse der durch die wiederholte Einwirkung dieser Belastungen während der vorgesehenen Lebensdauer der ortsbeweglichen Tanks verursachte Ermüdung berücksichtigt worden ist.

**[Offshore-Tanks]** 6.7.2.2.9.1

Bei ortsbeweglichen Tanks, die für eine Offshore-Verwendung vorgesehen sind, müssen die dynamischen Belastungen bei der Handhabung auf hoher See berücksichtigt werden.

**[Unterdruck-Auslegung]** 6.7.2.2.10

Ein Tankkörper, der mit einem Vakuumventil auszurüsten ist, muss so ausgelegt sein, dass er einem äußeren Überdruck von mindestens 0,21 bar über dem Innendruck ohne bleibende Verformung standhält. Das Vakuumventil muss so eingestellt sein, dass es sich bei einem Unterdruck von höchstens –0,21 bar öffnet, es sei denn, der Tankkörper ist für einen höheren äußeren Überdruck ausgelegt; in diesem Fall darf der Ansprechdruck des Vakuumventils nicht größer sein als der Unterdruck, für den der Tank ausgelegt ist. Tankkörper, die nur für die Beförderung fester (pulverförmiger oder körniger) Stoffe der Verpackungsgruppe II oder III, die sich während der Beförderung nicht verflüssigen, verwendet werden, dürfen mit Genehmigung der zuständigen Behörde für einen niedrigeren äußeren Überdruck ausgelegt sein. In diesem Fall muss das Vakuumventil so eingestellt sein, dass es bei diesem niedrigeren Druck anspricht. Ein Tankkörper, der nicht mit einem Vakuumventil auszurüsten ist, muss so ausgelegt sein, dass er einem äußeren Überdruck von mindestens 0,4 bar über dem Innendruck ohne bleibende Verformung standhält.

**[Flammendurchschlag]** 6.7.2.2.11

Vakuumventile, die für ortsbewegliche Tanks zur Beförderung von Stoffen vorgesehen sind, die wegen ihres Flammpunkts den Kriterien der Klasse 3 entsprechen, einschließlich erwärmte Stoffe, die bei oder über ihrem Flammpunkt befördert werden, müssen einen direkten Flammendurchschlag in den Tankkörper verhindern, oder der Tankkörper des ortsbeweglichen Tanks muss in der Lage sein, einer Explosion standzuhalten, die durch einen direkten Flammendurchschlag in den Tankkörper entsteht, ohne dabei undicht zu werden.

**6.7.2.2.12 [Statische Kräfte]**

Ortsbewegliche Tanks und ihre Befestigungseinrichtungen müssen bei der höchstzulässigen Beladung in der Lage sein, folgende getrennt einwirkende statische Kräfte aufzunehmen:

a) in Fahrtrichtung: das Zweifache der höchstzulässigen Bruttomasse multipliziert mit der Erdbeschleunigung (g)[1];

b) horizontal, im rechten Winkel zur Fahrtrichtung: die höchstzulässige Bruttomasse (das Zweifache der höchstzulässigen Bruttomasse, wenn die Fahrtrichtung nicht eindeutig bestimmt ist) multipliziert mit der Erdbeschleunigung (g)[1];

c) vertikal aufwärts: die höchstzulässige Bruttomasse multipliziert mit der Erdbeschleunigung (g)[1]; und

d) vertikal abwärts: das Zweifache der höchstzulässigen Bruttomasse (Gesamtbeladung, einschließlich Wirkung der Schwerkraft) multipliziert mit der Erdbeschleunigung (g)[1].

**6.7.2.2.13 [Sicherheitskoeffizienten]**

Unter Wirkung jeder der unter Absatz 6.7.2.2.12 genannten Kräfte sind folgende Sicherheitskoeffizienten zu beachten:

a) bei metallenen Werkstoffen mit ausgeprägter Streckgrenze ein Sicherheitskoeffizient von 1,5, bezogen auf die garantierte Streckgrenze, oder

b) bei metallenen Werkstoffen ohne ausgeprägte Streckgrenze ein Sicherheitskoeffizient von 1,5, bezogen auf die garantierte 0,2-%-Dehngrenze und bei austenitischen Stählen auf die 1-%-Dehngrenze.

**6.7.2.2.14 [Streckgrenze, Dehngrenze]**

Als Werte für die Streckgrenze oder die Dehngrenze gelten die in nationalen oder internationalen Werkstoffnormen festgelegten Werte. Bei austenitischen Stählen dürfen die in den Werkstoffnormen festgelegten Mindestwerte für die Streckgrenze oder die Dehngrenze um bis zu 15 % erhöht werden, sofern diese höheren Werte im Werkstoffabnahmezeugnis bescheinigt sind. Wenn für das betreffende Metall keine Werkstoffnorm existiert, ist der für die Streckgrenze oder die Dehngrenze verwendete Wert von der zuständigen Behörde zu genehmigen.

**6.7.2.2.15 [Erdung]**

Ortsbewegliche Tanks, die für die Beförderung von Stoffen vorgesehen sind, die wegen ihres Flammpunkts den Kriterien der Klasse 3 entsprechen, einschließlich erwärmte Stoffe, die bei oder über ihrem Flammpunkt befördert werden, müssen elektrisch geerdet werden können. Es sind Maßnahmen zu ergreifen, um gefährliche elektrostatische Entladungen zu verhindern.

**6.7.2.2.16 [Zusätzlicher Schutz]**

Sofern dies für bestimmte Stoffe in der in Kapitel 3.2 Tabelle A Spalte (10) angegebenen und in Absatz 4.2.5.2.6 beschriebenen Anweisung für ortsbewegliche Tanks oder einer in Kapitel 3.2 Tabelle A Spalte (11) angegebenen und in Unterabschnitt 4.2.5.3 beschriebenen Sondervorschrift für ortsbewegliche Tanks vorgeschrieben ist, sind ortsbewegliche Tanks mit einem zusätzlichen Schutz zu versehen, der entweder aus einer höheren Wanddicke des Tankkörpers oder einem höheren Prüfdruck bestehen kann, wobei die größere Wanddicke oder der höhere Prüfdruck unter dem Gesichtspunkt der mit der Beförderung des jeweiligen Stoffes verbundenen Risiken zu bestimmen ist.

**6.7.2.2.17 [Wärmeisolierung]**

Wärmeisolierungen in direktem Kontakt mit einem Tankkörper, der für die Beförderung von erwärmten Stoffen vorgesehen ist, müssen eine Entzündungstemperatur aufweisen, die mindestens 50 °C über der höchsten Auslegungstemperatur des Tanks liegt.

**6.7.2.3 Auslegungskriterien**

**6.7.2.3.1 [Spannungsanalyse]**

Die Tankkörper sind so auszulegen, dass die Spannungen mathematisch oder experimentell mit Hilfe von Dehnungsmessungen oder anderer von der zuständigen Behörde zugelassenen Methoden analysiert werden können.

---

1) Für Berechnungszwecke gilt: $g = 9{,}81\ m/s^2$.

**[Hydraulischer Prüfdruck]** 6.7.2.3.2

Die Tankkörper sind so auszulegen und zu bauen, dass sie einem Prüfdruck bei der Wasserdruckprüfung von mindestens dem 1,5fachen des Berechnungsdrucks standhalten. Für bestimmte Stoffe sind besondere Vorschriften in der in Kapitel 3.2 Tabelle A Spalte (10) angegebenen und in Absatz 4.2.5.2.6 beschriebenen Anweisung für ortsbewegliche Tanks oder in einer in Kapitel 3.2 Tabelle A Spalte (11) angegebenen und in Unterabschnitt 4.2.5.3 beschriebenen Sondervorschrift für ortsbewegliche Tanks vorgesehen. Es wird auf die Vorschriften für die Mindestwanddicke der Tankkörper der Absätze 6.7.2.4.1 bis 6.7.2.4.10 hingewiesen.

**[Membranspannung]** 6.7.2.3.3

Bei Metallen, die eine ausgeprägte Streckgrenze aufweisen oder die sich durch eine garantierte Dehngrenze auszeichnen (im Allgemeinen 0,2-%-Dehngrenze oder bei austenitischen Stählen 1-%-Dehngrenze), darf die primäre Membranspannung σ des Tankkörpers beim Prüfdruck nicht größer sein als der kleinere der Werte 0,75 Re oder 0,5 Rm, wobei:

Re = Streckgrenze in $N/mm^2$ oder 0,2-%-Dehngrenze oder bei austenitischen Stählen 1-%-Dehngrenze

Rm = Mindestzugfestigkeit in $N/mm^2$.

**[Werkstoffnormen]** 6.7.2.3.3.1

Die für Re und Rm zu verwendenden Werte sind die in nationalen oder internationalen Werkstoffnormen festgelegten Mindestwerte. Bei austenitischen Stählen dürfen die in den Werkstoffnormen festgelegten Mindestwerte für Re und Rm um bis zu 15 % erhöht werden, sofern diese höheren Werte im Werkstoffabnahmezeugnis bescheinigt sind. Wenn für das betreffende Metall keine Werkstoffnorm existiert, sind die für Re und Rm verwendeten Werte von der zuständigen Behörde oder einer von ihr bestimmten Stelle zu genehmigen.

**[Bestimmte Stähle]** 6.7.2.3.3.2

Stähle, die ein Verhältnis Re/Rm von mehr als 0,85 aufweisen, dürfen nicht für den Bau von geschweißten Tankkörpern verwendet werden. Die zur Berechnung dieses Verhältnisses für Re und Rm zu verwendenden Werte sind die im Werkstoffabnahmezeugnis festgelegten Werte.

**[Bruchdehnung]** 6.7.2.3.3.3

Stähle, die für den Bau von Tankkörpern verwendet werden, müssen eine Bruchdehnung in % von mindestens 10 000/Rm mit einem absoluten Minimum von 16 % für Feinkornstahl und 20 % für andere Stähle aufweisen. Aluminium und Aluminiumlegierungen, die für den Bau von Tankkörpern verwendet werden, müssen eine Bruchdehnung in % von mindestens 10 000/6Rm mit einem absoluten Minimum von 12 % aufweisen.

**[Walzbleche]** 6.7.2.3.3.4

Bei der Bestimmung tatsächlicher Werkstoffwerte ist zu beachten, dass bei Walzblech die Achse des Probestücks für die Zugspannungsprobe im rechten Winkel (quer) zur Walzrichtung liegen muss. Die bleibende Bruchdehnung ist an Probestücken mit rechteckigem Querschnitt gemäß Norm ISO 6892:1998 unter Verwendung einer Messlänge von 50 mm zu messen.

**Mindestwanddicke des Tankkörpers** 6.7.2.4

*→ D: § 24 Nr. 3*

**[Mindestwerte]** 6.7.2.4.1

Die Mindestwanddicke des Tankkörpers muss dem größten der nachfolgenden Werte entsprechen:

a) die nach den Vorschriften der Absätze 6.7.2.4.2 bis 6.7.2.4.10 bestimmte Mindestwanddicke;

b) die nach dem anerkannten Regelwerk für Druckbehälter unter Berücksichtigung der Vorschriften des Unterabschnitts 6.7.2.3 bestimmte Mindestwanddicke und

c) die in der in Kapitel 3.2 Tabelle A Spalte (10) angegebenen und in Absatz 4.2.5.2.6 beschriebenen Anweisung für ortsbewegliche Tanks oder durch eine in Kapitel 3.2 Tabelle A Spalte (11) angegebene und in Unterabschnitt 4.2.5.3 beschriebene Sondervorschrift für ortsbewegliche Tanks festgelegte Mindestwanddicke.

**6.7.2.4.2 [Wanddicke, detailliert]**

→ 1.2.1 „Durchmesser"

Der Mantel, die Böden und die Mannlochdeckel der Tankkörper mit einem Durchmesser von höchstens 1,80 m müssen, wenn sie aus Bezugsstahl sind, mindestens eine Wanddicke von 5 mm oder, wenn sie aus einem anderen Metall sind, eine gleichwertige Dicke haben. Tankkörper mit einem Durchmesser von mehr als 1,80 m müssen, wenn sie aus Bezugsstahl sind, eine Wanddicke von mindestens 6 mm oder, wenn sie aus einem anderen Metall sind, eine gleichwertige Dicke haben, jedoch darf bei Tankkörpern für pulverförmige oder körnige feste Stoffe der Verpackungsgruppe II oder III die erforderliche Mindestwanddicke, wenn sie aus Bezugsstahl sind, auf mindestens 5 mm oder, wenn sie aus einem anderen Metall sind, auf eine gleichwertige Dicke reduziert werden.

**6.7.2.4.3 [Erleichterung]**

Wenn der Tankkörper einen zusätzlichen Schutz gegen Beschädigungen hat, dürfen die ortsbeweglichen Tanks mit einem Prüfdruck unter 2,65 bar mit Zustimmung der zuständigen Behörde eine im Verhältnis zum gewährleisteten Schutz reduzierte Mindestwanddicke haben. Tankkörper mit einem Durchmesser von höchstens 1,80 m müssen jedoch, wenn sie aus Bezugsstahl sind, mindestens eine Wanddicke von 3 mm oder, wenn sie aus einem anderen Metall sind, eine gleichwertige Dicke haben. Tankkörper mit einem Durchmesser von mehr als 1,80 m müssen, wenn sie aus Bezugsstahl sind, eine Wanddicke von mindestens 4 mm oder, wenn sie aus einem anderen Metall sind, eine gleichwertige Dicke haben.

**6.7.2.4.4 [Wanddickenminimum]**

Die Wanddicke des Mantels, der Böden und der Mannlochdeckel der Tankkörper darf unabhängig vom Werkstoff für den Bau nicht geringer als 3 mm sein.

**6.7.2.4.5 [Zusätzlicher Schutz]**

Der im Absatz 6.7.2.4.3 genannte zusätzliche Schutz kann durch einen vollständigen äußeren baulichen Schutz sichergestellt werden, wie eine geeignete „Sandwich"-Konstruktion, bei der der äußere Mantel am Tankkörper befestigt ist, durch eine Doppelwandkonstruktion oder durch eine Konstruktion, bei der der Tankkörper von einem vollständigen Rahmenwerk mit Längs- und Querträgern umschlossen ist.

**6.7.2.4.6 [Gleichwertige Wanddicke]**

Die gleichwertige Wanddicke eines Metalls mit Ausnahme der in Absatz 6.7.2.4.2 vorgeschriebenen Dicke für Bezugsstahl ist mit Hilfe folgender Formel zu bestimmen:

$$e_1 = \frac{21,4\,e_0}{\sqrt[3]{Rm_1 A_1}},$$

wobei:

$e_1$ = erforderliche gleichwertige Wanddicke (in mm) des verwendeten Metalls;

$e_0$ = Mindestwanddicke (in mm) für Bezugsstahl, die in der in Kapitel 3.2 Tabelle A Spalte (10) angegebenen und in Absatz 4.2.5.2.6 beschriebenen Anweisung für ortsbewegliche Tanks oder in einer in Kapitel 3.2 Tabelle A Spalte (11) angegebenen und in Unterabschnitt 4.2.5.3 beschriebenen Sondervorschrift für ortsbewegliche Tanks festgelegt ist;

$Rm_1$ = die garantierte Mindestzugfestigkeit (in $N/mm^2$) des verwendeten Metalls (siehe Absatz 6.7.2.3.3);

A1 = die garantierte Mindestbruchdehnung (in %) des verwendeten Metalls gemäß den nationalen oder internationalen Normen.

**6.7.2.4.7 [Mindestwanddicke, Formel]**

Wird in der anwendbaren Anweisung für ortsbewegliche Tanks in Absatz 4.2.5.2.6 eine Mindestwanddicke von 8 mm oder 10 mm festgelegt, ist zu beachten, dass diese Dicken auf der Grundlage der Eigenschaften des Bezugsstahls und eines Tankkörperdurchmessers von 1,80 m berechnet sind. Wenn ein anderes Metall als Baustahl (siehe Unterabschnitt 6.7.2.1) verwendet wird oder wenn der Tankkörper einen Durchmesser von mehr als 1,80 m hat, ist die Wanddicke mit Hilfe folgender Formel zu bestimmen:

$$e_1 = \frac{21,4\,e_0 d_1}{1,8\sqrt[3]{Rm_1 A_1}},$$

wobei:

$e_1$ = erforderliche gleichwertige Wanddicke (in mm) des verwendeten Metalls;

$e_0$ = Mindestwanddicke (in mm) für Bezugsstahl, die in der in Kapitel 3.2 Tabelle A Spalte (10) angegebenen und in Absatz 4.2.5.2.6 beschriebenen Anweisung für ortsbewegliche Tanks oder in einer in Kapitel 3.2 Tabelle A Spalte (11) angegebenen und in Unterabschnitt 4.2.5.3 beschriebenen Sondervorschrift für ortsbewegliche Tanks festgelegt ist; 6.7.2.4.7 (Forts.)

$d_1$ = Durchmesser des Tankkörpers (in m), mindestens jedoch 1,80 m;

$Rm_1$ = die garantierte Mindestzugfestigkeit (in $N/mm^2$) des verwendeten Metalls (siehe Absatz 6.7.2.3.3);

$A_1$ = die garantierte Mindestbruchdehnung (in %) des verwendeten Metalls gemäß den nationalen oder internationalen Normen.

**[Absolute Untergrenze]** 6.7.2.4.8

Die Wanddicke des Tankkörpers darf in keinem Fall geringer sein als die in den Absätzen 6.7.2.4.2, 6.7.2.4.3 und 6.7.2.4.4 beschriebenen Werte. Alle Teile des Tankkörpers müssen die in den Absätzen 6.7.2.4.2 bis 6.7.2.4.4 festgelegte Mindestwanddicke haben. In dieser Dicke darf ein eventueller Korrosionszuschlag nicht berücksichtigt sein.

**[Erleichterung für Baustahl]** 6.7.2.4.9

Bei Verwendung von Baustahl (siehe Unterabschnitt 6.7.2.1) ist eine Berechnung nach der Formel in Absatz 6.7.2.4.6 nicht erforderlich.

**[Blechdickenänderung]** 6.7.2.4.10

Bei der Verbindung der Tankböden mit dem Tankmantel darf es keine sprunghafte Veränderung in der Blechdicke geben.

**Bedienungsausrüstung** 6.7.2.5

**[Anordnung]** 6.7.2.5.1

Die Bedienungsausrüstung ist so anzubringen, dass sie während der Handhabung und Beförderung gegen das Risiko des Abreißens oder der Beschädigung geschützt ist. Wenn die Verbindung zwischen dem Rahmen und dem Tankkörper eine relative Bewegung zwischen den Baugruppen zulässt, muss die Ausrüstung so befestigt sein, dass durch eine solche Bewegung kein Risiko der Beschädigung von Teilen besteht. Die äußeren Entleerungseinrichtungen (Rohranschlüsse, Verschlusseinrichtungen), die innere Absperreinrichtung und ihr Sitz müssen gegen die Gefahr des Abreißens durch äußere Beanspruchungen geschützt sein (beispielsweise durch die Verwendung von Sollbruchstellen). Die Füll- und Entleerungseinrichtungen (einschließlich Flansche oder Schraubverschlüsse) und alle Schutzkappen müssen gegen unbeabsichtigtes Öffnen gesichert werden können.

**[Handbetätigte Absperreinrichtung]** 6.7.2.5.2

Alle Öffnungen im Tankkörper, die zum Füllen oder Entleeren des ortsbeweglichen Tanks vorgesehen sind, müssen mit einer handbetätigten Absperreinrichtung ausgerüstet sein, die sich so nahe wie möglich am Tankkörper befindet. Die übrigen Öffnungen mit Ausnahme von Öffnungen, die mit Lüftungs- oder Druckentlastungseinrichtungen verbunden sind, müssen entweder mit einer Absperreinrichtung oder einer anderen geeigneten Verschlusseinrichtung ausgerüstet sein, die sich so nahe wie möglich am Tankkörper befindet.

**[Innenbesichtigung]** 6.7.2.5.3

Alle ortsbeweglichen Tanks sind mit einem Mannloch oder anderen Untersuchungsöffnungen ausreichender Größe auszurüsten, um eine innere Untersuchung und einen ausreichenden Zugang für Wartungs- und Reparaturarbeiten im Inneren zu ermöglichen. Bei ortsbeweglichen Mehrkammertanks ist jede Kammer mit einem Mannloch oder anderen Untersuchungsöffnungen auszurüsten.

**[Äußere Bauteile]** 6.7.2.5.4

Die äußeren Bauteile sind soweit wie möglich zu Gruppen zusammenzufassen. Bei isolierten ortsbeweglichen Tanks sind die oberen Bauteile mit einer Überlaufeinrichtung zu umfassen, die mit geeigneten Abläufen ausgestattet ist.

**[Kennzeichnung der Verbindungen]** 6.7.2.5.5

Jede Verbindung eines ortsbeweglichen Tanks muss eindeutig mit ihrer Funktion gekennzeichnet sein.

**6.7.2.5.6 [Auslegung der Absperreinrichtung]**

Jede Absperreinrichtung oder sonstige Verschlusseinrichtung ist nach einem Nenndruck auszulegen und zu bauen, der mindestens dem höchstzulässigen Betriebsdruck des Tankkörpers entspricht, wobei die bei der Beförderung voraussichtlich auftretenden Temperaturen zu berücksichtigen sind. Alle Absperreinrichtungen mit einer Gewindespindel müssen sich durch Drehen des Handrades im Uhrzeigersinn schließen. Bei den übrigen Absperreinrichtungen muss die Stellung (offen und geschlossen) und die Drehrichtung für das Schließen eindeutig angezeigt werden. Alle Absperreinrichtungen sind so auszulegen, dass ein unbeabsichtigtes Öffnen verhindert wird.

**6.7.2.5.7 [Bewegliche Teile]**

Kein bewegliches Teil, wie Deckel, Verschlussteile usw., das durch Reibung oder Stoß in Kontakt mit ortsbeweglichen Tanks aus Aluminium kommen kann, die für die Beförderung von Stoffen vorgesehen sind, die wegen ihres Flammpunkts den Kriterien der Klasse 3 entsprechen, einschließlich erwärmte Stoffe, die bei oder über ihrem Flammpunkt befördert werden, darf aus ungeschütztem korrosionsempfindlichen Stahl hergestellt sein.

**6.7.2.5.8 [Rohrleitungen]**

Die Rohrleitungen sind so auszulegen, zu bauen und zu montieren, dass das Risiko der Beschädigung infolge thermischer Ausdehnung und Schrumpfung, mechanischer Erschütterung und Vibration vermieden wird. Alle Rohrleitungen müssen aus einem geeigneten metallenen Werkstoff sein. Soweit möglich müssen die Rohrleitungsverbindungen geschweißt sein.

**6.7.2.5.9 [Kupferrohre]**

Verbindungen von Kupferrohrleitungen müssen hartgelötet oder durch eine metallene Verbindung gleicher Festigkeit hergestellt sein. Der Schmelzpunkt des Hartlots darf nicht niedriger als 525 °C sein. Die Verbindungen dürfen die Festigkeit der Rohrleitungen nicht vermindern, wie dies bei Schraubverbindungen der Fall sein kann.

**6.7.2.5.10 [Rohr-Berstdruck]**

Der Berstdruck aller Rohrleitungen und Rohrleitungsbauteile darf nicht niedriger sein als der höhere der beiden folgenden Werte: das Vierfache des höchstzulässigen Betriebsdrucks des Tankkörpers oder das Vierfache des Drucks, zu dem es beim Betrieb durch Einwirkung einer Pumpe oder einer anderen Einrichtung (ausgenommen Druckentlastungseinrichtungen) kommen kann.

**6.7.2.5.11 [Verformungsfähige Metalle]**

Für den Bau von Verschlusseinrichtungen, Ventilen und Zubehörteilen sind verformungsfähige Metalle zu verwenden.

**6.7.2.5.12 [Heizsystem – Begrenzung des Drucks]**

Das Heizsystem muss so ausgelegt sein oder kontrolliert werden, dass ein Stoff nicht eine Temperatur erreichen kann, bei der der Druck im Tank den höchstzulässigen Betriebsdruck überschreitet oder andere Gefahren verursacht (z.B. gefährliche thermische Zersetzung).

**6.7.2.5.13 [Heizsystem – Begrenzung der Temperatur]**

Das Heizsystem muss so ausgelegt sein oder kontrolliert werden, dass der Strom für interne Heizelemente nicht verfügbar ist, bevor die Heizelemente vollständig untergetaucht sind. Die Temperatur an der Oberfläche der Heizelemente bei interner Heizausrüstung oder die Temperatur am Tankkörper bei externer Heizausrüstung darf unter keinen Umständen 80 % der Selbstentzündungstemperatur (in °C) des beförderten Stoffes überschreiten.

**6.7.2.5.14 [Heizsystem – Fehlerstromschutzschalter]**

Wenn ein elektrisches Heizsystem im Inneren des Tanks eingebaut ist, muss es mit einem Fehlerstromschutzschalter mit einem Auslösestrom von weniger als 100 mA ausgerüstet sein.

**6.7.2.5.15 [Elektrische Schaltkästen]**

Elektrische Schaltkästen, die an einem Tank angebracht sind, dürfen nicht direkt mit dem Inneren des Tanks verbunden sein und müssen einen Schutz gewährleisten, der mindestens dem Typ IP 56 gemäß IEC 144 oder IEC 529 entspricht.

**Bodenöffnungen** 6.7.2.6

**[Verbot]** 6.7.2.6.1

Bestimmte Stoffe dürfen nicht in ortsbeweglichen Tanks mit Bodenöffnungen befördert werden. Wenn die in Kapitel 3.2 Tabelle A Spalte (10) angegebene und in Absatz 4.2.5.2.6 beschriebene Anweisung für ortsbewegliche Tanks die Verwendung von Bodenöffnungen verbietet, dürfen sich, wenn der Tank bis zur höchstzulässigen Füllgrenze befüllt ist, unterhalb des Flüssigkeitsspiegels keine Öffnungen befinden. Wird eine vorhandene Öffnung geschlossen, muss dies durch das innere und äußere Anschweißen einer Platte an den Tankkörper geschehen.

**[Zweifach-Verschlüsse]** 6.7.2.6.2

Bodenentleerungsöffnungen für ortsbewegliche Tanks, in denen bestimmte feste, kristallisierbare oder sehr dickflüssige Stoffe befördert werden, müssen mit mindestens zwei hintereinanderliegenden und voneinander unabhängigen Verschlüssen ausgerüstet sein. Die Auslegung der Ausrüstung muss den Anforderungen der zuständigen Behörde oder einer von ihr bestimmten Stelle genügen und Folgendes umfassen:

a) eine äußere Absperreinrichtung, die so nahe wie möglich am Tankkörper angebracht ist, und so ausgelegt ist, dass ein unbeabsichtigtes Öffnen durch Stoß oder andere unachtsame Handlungen verhindert wird, und
b) eine flüssigkeitsdichte Verschlusseinrichtung am Ende des Auslaufstutzens, die ein Blindflansch oder eine Schraubkappe sein kann.

**[Dreifach-Verschlüsse]** 6.7.2.6.3

*→ D: § 12 (1) 3*

Jede Bodenentleerungsöffnung mit Ausnahme der in Absatz 6.7.2.6.2 vorgesehenen muss mit drei hintereinanderliegenden und voneinander unabhängigen Verschlüssen ausgerüstet sein. Die Auslegung der Ausrüstung muss den Anforderungen der zuständigen Behörde oder einer von ihr bestimmten Stelle genügen und Folgendes umfassen:

a) eine selbstschließende innere Absperreinrichtung, d.h. eine innerhalb des Tankkörpers oder innerhalb eines angeschweißten Flansches oder seines Gegenflansches in der Weise angebrachte Absperreinrichtung, dass:
   (i) die Kontrolleinrichtungen für die Betätigung der Absperreinrichtung so ausgelegt sind, dass ein unbeabsichtigtes Öffnen durch einen Stoß oder eine Unachtsamkeit verhindert wird;
   (ii) die Absperreinrichtung von oben oder von unten betätigt werden kann;
   (iii) die Stellung der Absperreinrichtung (offen oder geschlossen), wenn möglich, vom Boden aus überprüft werden kann;
   (iv) die Absperreinrichtung, ausgenommen bei ortsbeweglichen Tanks mit einem Fassungsraum von höchstens 1 000 Litern, von einer zugänglichen, von der Absperreinrichtung entfernt liegenden Stelle am ortsbeweglichen Tank aus geschlossen werden kann und
   (v) die Absperreinrichtung bei einer Beschädigung der äußeren Kontrolleinrichtung für die Betätigung der Absperreinrichtung wirksam bleibt;
b) eine äußere Absperreinrichtung, die so nahe wie möglich am Tankkörper angebracht ist, und
c) eine flüssigkeitsdichte Verschlusseinrichtung am Ende des Auslaufstutzens, die ein Blindflansch oder eine Schraubkappe sein kann.

**[Zusätzliches Absperrventil]** 6.7.2.6.4

Bei einem ausgekleideten Tankkörper darf die in Absatz 6.7.2.6.3 a) geforderte innere Absperreinrichtung durch eine zusätzliche äußere Absperreinrichtung ersetzt werden. Der Hersteller muss die Anforderungen der zuständigen Behörde oder einer von ihr bestimmten Stelle erfüllen.

**Sicherheitseinrichtungen** 6.7.2.7

**[Anforderungen]** 6.7.2.7.1

Alle ortsbeweglichen Tanks sind mit mindestens einer Druckentlastungseinrichtung auszurüsten. Alle Druckentlastungseinrichtungen müssen so ausgelegt, gebaut und gekennzeichnet sein, dass sie den Anforderungen der zuständigen Behörde oder einer von ihr bestimmten Stelle genügen.

**6.7.2.8 Druckentlastungseinrichtungen**

**6.7.2.8.1 [Anforderungen]**

Jeder ortsbewegliche Tank mit einem Fassungsraum von mindestens 1 900 Litern und jede unabhängige Kammer eines ortsbeweglichen Tanks mit einem vergleichbaren Fassungsraum muss mit mindestens einer federbelasteten Druckentlastungseinrichtung ausgerüstet sein und darf parallel zu der (den) federbelasteten Einrichtung(en) zusätzlich mit einer Berstscheibe oder einer Schmelzsicherung versehen sein, es sei denn, in der Anweisung für ortsbewegliche Tanks des Absatzes 4.2.5.2.6 wird dies durch einen Verweis auf Absatz 6.7.2.8.3 verboten. Die Druckentlastungseinrichtungen müssen ausreichend dimensioniert sein, um ein Bersten des Tankkörpers durch einen beim Füllen, Entleeren oder Erwärmen des Inhalts entstehenden Über- oder Unterdruck zu verhindern.

**6.7.2.8.2 [Auslegung]**

Die Druckentlastungseinrichtungen müssen so ausgelegt sein, dass keine Fremdstoffe eindringen und keine flüssigen Stoffe austreten können und sich kein gefährlicher Überdruck bilden kann.

**6.7.2.8.3 [Konstruktion]**

Sofern dies für bestimmte Stoffe in der in Kapitel 3.2 Tabelle A Spalte (10) angegebenen und in Absatz 4.2.5.2.6 beschriebenen Anweisung für ortsbewegliche Tanks vorgeschrieben ist, müssen die ortsbeweglichen Tanks mit einer von der zuständigen Behörde genehmigten Druckentlastungseinrichtung ausgerüstet sein. Die Entlastungseinrichtung muss aus einer Berstscheibe bestehen, die einer federbelasteten Druckentlastungseinrichtung vorgeschaltet ist, es sei denn, der ortsbewegliche Tank ist für die Beförderung eines einzigen Stoffes vorgesehen und mit einer genehmigten Druckentlastungseinrichtung aus einem Werkstoff ausgerüstet, der mit dem beförderten Stoff verträglich ist. Wird eine Berstscheibe mit der erforderlichen Druckentlastungseinrichtung in Reihe geschaltet, ist zwischen der Berstscheibe und der Druckentlastungseinrichtung ein Druckmessgerät oder eine andere geeignete Anzeigeeinrichtung für die Feststellung von Brüchen, Perforationen oder Undichtheiten der Scheibe, durch die das Druckentlastungssystem funktionsunfähig werden kann, anzubringen. Die Berstscheibe muss bei einem Nenndruck, der 10 % über dem Ansprechdruck der Druckentlastungseinrichtung liegt, bersten.

**6.7.2.8.4 [OT < 1 900 l]**

Ortsbewegliche Tanks mit einem Fassungsraum von weniger als 1 900 Litern müssen mit einer Druckentlastungseinrichtung ausgerüstet sein, die eine Berstscheibe sein kann, sofern diese den Vorschriften des Absatzes 6.7.2.11.1 entspricht. Wenn keine federbelastete Druckentlastungseinrichtung verwendet wird, muss die Berstscheibe bei einem nominalen Druck, der gleich dem Prüfdruck ist, bersten. Darüber hinaus dürfen auch Schmelzsicherungen gemäß Absatz 6.7.2.10.1 verwendet werden.

**6.7.2.8.5 [Zuleitung]**

Ist der Tankkörper für Druckentleerung ausgerüstet, muss die Zuleitung mit einer geeigneten Druckentlastungseinrichtung versehen sein, die bei einem Druck anspricht, der nicht höher als der höchstzulässige Betriebsdruck des Tankkörpers ist, und eine Absperreinrichtung muss so nah wie möglich am Tankkörper angebracht sein.

**6.7.2.9 Einstellung von Druckentlastungseinrichtungen**

**6.7.2.9.1 [Temperaturkriterien]**

Es ist zu beachten, dass die Druckentlastungseinrichtungen nur im Falle einer übermäßigen Zunahme der Temperatur ansprechen, da der Tankkörper unter normalen Beförderungsbedingungen keine übermäßigen Druckschwankungen erfahren darf (siehe Absatz 6.7.2.12.2).

**6.7.2.9.2 [Druckwerte]**

Die erforderliche Druckentlastungseinrichtung ist bei Tankkörpern mit einem Prüfdruck von höchstens 4,5 bar auf einen nominalen Ansprechdruck von fünf Sechsteln des Prüfdrucks und bei Tankkörpern mit einem Prüfdruck von mehr als 4,5 bar auf einen nominalen Ansprechdruck von 110 % von zwei Dritteln des Prüfdrucks einzustellen. Die Einrichtung muss sich nach der Entlastung bei einem Druck schließen, der höchstens 10 % unter dem Ansprechdruck liegt. Die Einrichtung muss bei allen niedrigeren Drücken geschlossen bleiben. Die Verwendung von Vakuumventilen oder einer Kombination von Überdruck- und Vakuumventil wird durch diese Vorschrift nicht ausgeschlossen.

**Schmelzsicherungen** 6.7.2.10

**[Anforderungen]** 6.7.2.10.1

→ D: § 12 (1) 3

Schmelzsicherungen müssen bei einer Temperatur zwischen 100 °C und 149 °C reagieren, vorausgesetzt, bei der Schmelztemperatur ist der Druck im Tankkörper nicht höher als der Prüfdruck. Diese Schmelzsicherungen sind im Scheitel des Tankkörpers anzubringen, wobei sich ihre Einlässe in der Dampfphase befinden müssen; sie dürfen, wenn sie für Zwecke der Beförderungssicherheit verwendet werden, nicht gegen äußere Wärme abgeschirmt sein. Schmelzsicherungen dürfen nicht in ortsbeweglichen Tanks mit einem Prüfdruck über 2,65 bar verwendet werden, sofern dies nicht in Kapitel 3.2 Tabelle A Spalte (11) durch die Sondervorschrift TP36 festgelegt ist. Schmelzsicherungen, die in ortsbeweglichen Tanks für die Beförderung von erwärmten Stoffen verwendet werden, sind so auszulegen, dass sie bei einer Temperatur reagieren, die höher ist als die während der Beförderung auftretende Höchsttemperatur, und sie müssen den Anforderungen der zuständigen Behörde oder einer von ihr bestimmten Stelle genügen.

**Berstscheiben** 6.7.2.11

**[Berstdruck]** 6.7.2.11.1

Sofern in Absatz 6.7.2.8.3 nichts anderes vorgeschrieben ist, müssen die Berstscheiben so eingestellt sein, dass sie im Auslegungstemperaturbereich bei einem Nenndruck bersten, der gleich dem Prüfdruck ist. Bei der Verwendung von Berstscheiben sind insbesondere die Vorschriften der Absätze 6.7.2.5.1 und 6.7.2.8.3 zu beachten.

**[Unterdruck]** 6.7.2.11.2

Die Berstscheiben müssen für die im ortsbeweglichen Tank auftretenden Unterdrücke geeignet sein.

**Abblasmenge von Druckentlastungseinrichtungen** 6.7.2.12

**[Strömungsquerschnitt]** 6.7.2.12.1

Die in Absatz 6.7.2.8.1 vorgeschriebene federbelastete Druckentlastungseinrichtung muss einen Strömungsquerschnitt haben, der mindestens einer Öffnung mit einem Durchmesser von 31,75 mm entspricht. Werden Vakuumventile verwendet, müssen diese einen Strömungsquerschnitt von mindestens 284 mm$^2$ haben.

**[Gesamtabblasmenge]** 6.7.2.12.2

Die Gesamtabblasmenge des Druckentlastungssystems (unter Berücksichtigung des Strömungsabfalls, wenn der ortsbewegliche Tank mit Berstscheiben ausgerüstet ist, die den federbelasteten Druckentlastungseinrichtungen vorgeschaltet sind, oder wenn die federbelasteten Druckentlastungseinrichtungen mit einer Flammendurchschlagsicherung ausgerüstet sind) bei vollständiger Feuereinwirkung auf den ortsbeweglichen Tank muss ausreichen, um den Druck im Tankkörper auf einen Wert von höchstens 20 % über dem Ansprechdruck der Druckentlastungseinrichtung zu begrenzen. Um die vorgeschriebene Abblasmenge zu erreichen, dürfen Notfall-Druckentlastungseinrichtungen verwendet werden. Diese Einrichtungen können Schmelzsicherungen, federbelastete Einrichtungen oder Berstscheiben oder eine Kombination aus einer federbelasteten Einrichtung und einer Berstscheibe sein. Die erforderliche Gesamtabblasmenge der Entlastungseinrichtungen kann mit Hilfe der Formel in Absatz 6.7.2.12.2.1 oder der Tabelle in Absatz 6.7.2.12.2.3 bestimmt werden.

**[Grundformel]** 6.7.2.12.2.1

Für die Bestimmung der erforderlichen Gesamtabblasmenge der Entlastungseinrichtungen, die als die Summe der einzelnen Abblasmengen aller dazu beitragenden Einrichtungen angesehen wird, ist die folgende Formel zu verwenden:

$$Q = 12,4 \frac{FA^{0,82}}{LC} \sqrt{\frac{ZT}{M}},$$

wobei:

Q = die mindestens erforderliche Abblasleistung in Kubikmetern Luft pro Sekunde (m$^3$/s) unter den Normalbedingungen von 1 bar und 0 °C (273 K);

6.7.2.12.2.1 (Forts.)

F = ein Koeffizient mit dem folgenden Wert:

für nicht isolierte Tankkörper F = 1;

für isolierte Tankkörper F = U (649 – t)/13,6, aber auf keinen Fall geringer als 0,25, wobei:

U = Wärmedurchgangskoeffizient der Isolierung bei 38 °C in $kW{\cdot}m^{-2}{\cdot}K^{-1}$

t = tatsächliche Temperatur des Stoffes beim Befüllen (in °C); ist diese Temperatur nicht bekannt, t = 15 °C.

Der oben für isolierte Tankkörper angegebene Wert F darf verwendet werden, vorausgesetzt, die Isolierung entspricht den Vorschriften des Absatzes 6.7.2.12.2.4;

A = gesamte Außenoberfläche des Tankkörpers in $m^2$;

Z = der Gaskompressibilitätsfaktor unter Akkumulationsbedingungen (Abblasbedingungen) (ist dieser Faktor nicht bekannt, Z = 1,0);

T = absolute Temperatur in Kelvin (°C + 273) oberhalb der Druckentlastungseinrichtungen unter Akkumulationsbedingungen (Abblasbedingungen);

L = die latente Verdampfungswärme des flüssigen Stoffes in kJ/kg unter Akkumulationsbedingungen (Abblasbedingungen);

M = Molekülmasse des entlasteten Gases;

C = eine Konstante, die aus einer der folgenden Formeln abgeleitet und vom Verhältnis k der spezifischen Wärmen abhängig ist:

$$k = \frac{c_p}{c_v},$$

wobei:

$c_p$ die spezifische Wärme bei konstantem Druck und

$c_v$ die spezifische Wärme bei konstantem Volumen ist;

<u>wenn k > 1:</u>

$$C = \sqrt{k\left(\frac{2}{k+1}\right)^{\frac{k+1}{k-1}}};$$

<u>wenn k = 1</u> oder <u>wenn k unbekannt ist:</u>

$$C = \frac{1}{\sqrt{e}} = 0,607,$$

wobei e die mathematische Konstante 2,7183 ist.

C kann auch der folgenden Tabelle entnommen werden:

| k | C | k | C | k | C |
|---|---|---|---|---|---|
| 1,00 | 0,607 | 1,26 | 0,660 | 1,52 | 0,704 |
| 1,02 | 0,611 | 1,28 | 0,664 | 1,54 | 0,707 |
| 1,04 | 0,615 | 1,30 | 0,667 | 1,56 | 0,710 |
| 1,06 | 0,620 | 1,32 | 0,671 | 1,58 | 0,713 |
| 1,08 | 0,624 | 1,34 | 0,674 | 1,60 | 0,716 |
| 1,10 | 0,628 | 1,36 | 0,678 | 1,62 | 0,719 |
| 1,12 | 0,633 | 1,38 | 0,681 | 1,64 | 0,722 |
| 1,14 | 0,637 | 1,40 | 0,685 | 1,66 | 0,725 |
| 1,16 | 0,641 | 1,42 | 0,688 | 1,68 | 0,728 |
| 1,18 | 0,645 | 1,44 | 0,691 | 1,70 | 0,731 |
| 1,20 | 0,649 | 1,46 | 0,695 | 2,00 | 0,770 |
| 1,22 | 0,652 | 1,48 | 0,698 | 2,20 | 0,793 |
| 1,24 | 0,656 | 1,50 | 0,701 | | |

**[Formel für Flüssigkeiten]** 6.7.2.12.2.2

An Stelle der oben genannten Formel darf für die Dimensionierung der Druckentlastungseinrichtungen von Tankkörpern, die zur Beförderung von flüssigen Stoffen vorgesehen sind, die Tabelle des Absatzes 6.7.2.12.2.3 angewendet werden. Diese Tabelle geht von einem Isolierungsfaktor von F = 1 aus und ist für isolierte Tankkörper entsprechend anzupassen. Die Werte der übrigen für die Berechnung dieser Tabelle verwendeten Parameter sind:

M = 86,7 T = 394 K
L = 334,94 kJ/kg C = 0,607
Z = 1

**Mindestabblasleistung Q in Kubikmetern Luft pro Sekunde bei 1 bar und 0 °C (273 K)** 6.7.2.12.2.3

| A exponierte Fläche (Quadratmeter) | Q (Kubikmeter Luft pro Sekunde) | A exponierte Fläche (Quadratmeter) | Q (Kubikmeter Luft pro Sekunde)) |
|---|---|---|---|
| 2 | 0,230 | 37,5 | 2,539 |
| 3 | 0,320 | 40 | 2,677 |
| 4 | 0,405 | 42,5 | 2,814 |
| 5 | 0,487 | 45 | 2,949 |
| 6 | 0,565 | 47,5 | 3,082 |
| 7 | 0,641 | 50 | 3,215 |
| 8 | 0,715 | 52,5 | 3,346 |
| 9 | 0,788 | 55 | 3,476 |
| 10 | 0,859 | 57,5 | 3,605 |
| 12 | 0,998 | 60 | 3,733 |
| 14 | 1,132 | 62,5 | 3,860 |
| 16 | 1,263 | 65 | 3,987 |
| 18 | 1,391 | 67,5 | 4,112 |
| 20 | 1,517 | 70 | 4,236 |
| 22,5 | 1,670 | 75 | 4,483 |
| 25 | 1,821 | 80 | 4,726 |
| 27,5 | 1,969 | 85 | 4,967 |
| 30 | 2,115 | 90 | 5,206 |
| 32,5 | 2,258 | 95 | 5,442 |
| 35 | 2,400 | 100 | 5,676 |

**[Isolierungssystem]** 6.7.2.12.2.4

Isolierungssysteme, die zur Reduzierung der Abblasmenge verwendet werden, müssen von der zuständigen Behörde oder einer von ihr bestimmten Stelle genehmigt werden. In jedem Fall müssen die für diesen Zweck genehmigten Isolierungssysteme

a) bei allen Temperaturen bis 649 °C wirksam bleiben und
b) mit einem Werkstoff mit einem Schmelzpunkt von mindestens 700 °C ummantelt sein.

**Kennzeichnung von Druckentlastungseinrichtungen** 6.7.2.13

**[Angaben]** 6.7.2.13.1

Jede Druckentlastungseinrichtung muss mit folgenden Angaben deutlich und dauerhaft gekennzeichnet sein:

a) der Ansprechdruck (in bar oder kPa) oder die Ansprechtemperatur (in °C);
b) die zulässige Toleranz für den Entlastungsdruck von federbelasteten Einrichtungen;
c) die Referenztemperatur, die dem nominalen Berstdruck von Berstscheiben zugeordnet ist;

6.7.2.13.1 (Forts.)
d) die zulässige Temperaturtoleranz für Schmelzsicherungen;
e) die nominale Abblasmenge der federbelasteten Druckentlastungseinrichtungen, Berstscheiben oder Schmelzsicherungen in Kubikmetern Luft pro Sekunde ($m^3/s$) unter Normalbedingungen und

→ 1.6.4.43 f) die Strömungsquerschnitte der federbelasteten Druckentlastungseinrichtungen, Berstscheiben und Schmelzsicherungen in $mm^2$;

wenn möglich, ist auch folgende Information anzugeben:

g) der Name des Herstellers und die entsprechende Registriernummer der Druckentlastungseinrichtung.

**6.7.2.13.2 [Referenznorm]**

Die auf den federbelasteten Druckentlastungseinrichtungen angegebene nominale Abblasmenge ist nach den Normen ISO 4126-1:2004 und ISO 4126-7:2004 zu bestimmen.

**6.7.2.14 Anschlüsse für Druckentlastungseinrichtungen**

**6.7.2.14.1 [Dimensionierung]**

Die Anschlüsse für Druckentlastungseinrichtungen müssen ausreichend dimensioniert sein, damit die erforderliche Abblasmenge ungehindert zur Sicherheitseinrichtung gelangen kann. Zwischen dem Tankkörper und den Druckentlastungseinrichtungen dürfen keine Absperreinrichtungen angebracht sein, es sei denn, es sind doppelte Einrichtungen für die Wartung oder für andere Zwecke vorhanden, und die Absperreinrichtungen für die jeweils verwendeten Druckentlastungseinrichtungen sind in geöffneter Stellung verriegelt oder die Absperreinrichtungen sind so miteinander gekoppelt, dass mindestens eine der doppelt vorhandenen Einrichtungen immer in Betrieb ist. In einer Öffnung, die zu einer Lüftungs- oder Druckentlastungseinrichtung führt, dürfen keine Hindernisse vorhanden sein, welche die Strömung vom Tankkörper zu diesen Einrichtungen begrenzen oder unterbrechen könnten. Lüftungseinrichtungen oder Auslassstutzen der Druckentlastungseinrichtungen müssen, sofern sie verwendet werden, die Dämpfe oder Flüssigkeiten so in die Atmosphäre ableiten, dass nur ein minimaler Gegendruck auf die Druckentlastungseinrichtungen wirkt.

**6.7.2.15 Anordnung von Druckentlastungseinrichtungen**

**6.7.2.15.1 [Öffnungen]**

Jede Einlassöffnung der Druckentlastungseinrichtungen muss im Scheitel des Tankkörpers so nahe wie möglich am Schnittpunkt von Längs- und Querachse des Tankkörpers angeordnet sein. Alle Einlassöffnungen der Druckentlastungseinrichtungen müssen sich bei maximalen Füllungsbedingungen in der Dampfphase des Tankkörpers befinden; die Einrichtungen sind so anzuordnen, dass der Dampf ungehindert entweichen kann. Bei entzündbaren Stoffen muss der entweichende Dampf so vom Tankkörper abgeleitet werden, dass er nicht auf den Tankkörper einwirken kann. Schutzeinrichtungen, die die Strömung des Dampfes umleiten, sind zugelassen, vorausgesetzt, die geforderte Abblasmenge wird dadurch nicht vermindert.

**6.7.2.15.2 [Unbefugte]**

Es sind Maßnahmen zu treffen, um den Zugang unbefugter Personen zu den Druckentlastungseinrichtungen zu verhindern und die Druckentlastungseinrichtungen bei einem Umkippen des ortsbeweglichen Tanks vor Beschädigung zu schützen.

**6.7.2.16 Füllstandsanzeigevorrichtungen**

**6.7.2.16.1 [Werkstoffverbot]**

Füllstandsanzeiger aus Glas und aus anderen zerbrechlichen Werkstoffen, die direkt mit dem Inhalt des Tankkörpers in Verbindung stehen, dürfen nicht verwendet werden.

**6.7.2.17 Traglager, Rahmen, Hebe- und Befestigungseinrichtungen für ortsbewegliche Tanks**

**6.7.2.17.1 [Anforderungen]**

Ortsbewegliche Tanks sind mit einem Traglager auszulegen und zu bauen, das eine sichere Auflage während der Beförderung gewährleistet. Die in Absatz 6.7.2.2.12 angegebenen Kräfte und der in Absatz 6.7.2.2.13 angegebene Sicherheitsfaktor müssen dabei berücksichtigt werden. Kufen, Rahmen, Schlitten oder andere ähnliche Konstruktionen sind zugelassen.

**[Spannungen]** 6.7.2.17.2

Die von den Anbauten an ortsbeweglichen Tanks (z.B. Schlitten, Rahmen usw.) sowie von den Hebe- und Befestigungseinrichtungen verursachten kombinierten Spannungen dürfen in keinem Bereich des Tankkörpers zu übermäßigen Spannungen führen. Alle ortsbeweglichen Tanks sind mit dauerhaften Hebe- und Befestigungseinrichtungen auszurüsten. Diese sind vorzugsweise an den Traglagern des ortsbeweglichen Tanks zu montieren, dürfen aber auch an Verstärkungsplatten montiert sein, die an den Auflagepunkten des Tankkörpers befestigt sind.

**[Korrosionsberücksichtigung]** 6.7.2.17.3

Bei der Auslegung von Traglagern und Rahmen müssen die Auswirkungen von Umweltkorrosion berücksichtigt werden.

**[Gabeltaschen]** 6.7.2.17.4

Gabeltaschen müssen verschließbar sein. Die Einrichtungen zum Verschließen der Gabeltaschen müssen ein dauerhafter Bestandteil des Rahmens oder dauerhaft am Rahmen befestigt sein. Ortsbewegliche Einkammertanks mit einer Länge von weniger als 3,65 m müssen nicht mit verschließbaren Gabeltaschen ausgerüstet sein, vorausgesetzt:

a) der Tankkörper, einschließlich aller Zubehörteile, ist gut gegen Stöße der Gabeln des Gabelstaplers geschützt und
b) der Abstand von Mitte zu Mitte der Gabeltaschen ist mindestens halb so groß wie die größte Länge des ortsbeweglichen Tanks.

**[Kippschutz]** 6.7.2.17.5

Wenn ortsbewegliche Tanks während der Beförderung nicht nach Unterabschnitt 4.2.1.2 geschützt sind, müssen die Tankkörper und die Bedienungsausrüstung gegen Beschädigung durch Längs- oder Querstöße oder Umkippen geschützt sein. Äußere Ausrüstungsteile müssen so geschützt sein, dass ein Austreten des Tankkörperinhalts durch Stöße oder Umkippen des ortsbeweglichen Tanks auf seine Ausrüstungsteile ausgeschlossen ist. Beispiele für Schutzmaßnahmen:

a) Schutz gegen seitliche Stöße, der aus Längsträgern bestehen kann, die den Tankkörper auf beiden Seiten in Höhe der Mittellinie schützen;
b) Schutz des ortsbeweglichen Tanks vor dem Umkippen, der aus Verstärkungsringen oder quer am Rahmen befestigten Stäben bestehen kann;
c) Schutz gegen Stöße von hinten, der aus einer Stoßstange oder einem Rahmen bestehen kann;
d) Schutz des Tankkörpers gegen Beschädigungen durch Stöße oder Umkippen durch Verwendung eines ISO-Rahmens nach ISO 1496-3:1995.

**Baumusterzulassung*)** 6.7.2.18

**[Ausstellung]** 6.7.2.18.1

*→ D: § 7 (1) 2 a)*
*→ D: § 12 (1) 1 a)*

Für jedes neue Baumuster eines ortsbeweglichen Tanks ist durch die zuständige Behörde oder eine von ihr bestimmte Stelle eine Baumusterzulassungsbescheinigung auszustellen. Diese Bescheinigung muss bestätigen, dass ein ortsbeweglicher Tank von der Behörde begutachtet worden ist, für die beabsichtigte Verwendung geeignet ist und den Vorschriften dieses Kapitels und gegebenenfalls den stoffbezogenen Vorschriften des Kapitels 4.2 und des Kapitels 3.2 Tabelle A entspricht. Werden die ortsbeweglichen Tanks ohne Änderung in der Bauart in Serie gefertigt, gilt die Bescheinigung für die gesamte Serie. In dieser Bescheinigung sind der Baumusterprüfbericht, die zur Beförderung zugelassenen Stoffe oder Gruppen von Stoffen, die Werkstoffe des Tankkörpers und (gegebenenfalls) der Auskleidung sowie eine Zulassungsnummer anzugeben. Die Zulassungsnummer muss aus dem Unterscheidungszeichen oder -symbol des Staates, in dem die Zulassung erfolgte, angegeben durch das für Kraftfahrzeuge im internationalen Verkehr verwendete Unterscheidungszeichen[2], und einer Registriernummer bestehen. In der Bescheinigung sind eventuelle alternative Vereinbarungen gemäß Unterabschnitt 6.7.1.2 anzugeben. Eine Baumusterzulassung darf auch für die Zulassung kleinerer ortsbeweglicher Tanks herangezogen werden, die

*) *→ 1.6.4.30; → D: RSEB Anl. 14; → D: RSEB 6-5*

2) Das für Kraftfahrzeuge und Anhänger im internationalen Straßenverkehr verwendete Unterscheidungszeichen des Zulassungsstaates, z.B. gemäß dem Genfer Übereinkommen über den Straßenverkehr von 1949 oder dem Wiener Übereinkommen über den Straßenverkehr von 1968.

**6.7.2.18.1** (Forts.) aus Werkstoffen gleicher Art und Dicke, nach derselben Fertigungstechnik, mit identischem Traglager sowie gleichwertigen Verschlüssen und sonstigen Zubehörteilen hergestellt werden.

**6.7.2.18.2 [Baumusterprüfbericht]**

Der Baumusterprüfbericht für die Baumusterzulassung muss mindestens folgende Angaben enthalten:

a) die Ergebnisse der in ISO 1496-3:1995 beschriebenen anwendbaren Prüfung des Rahmens;

b) die Ergebnisse der erstmaligen Prüfung nach Absatz 6.7.2.19.3 und

c) soweit anwendbar, die Ergebnisse der Auflaufprüfung nach Absatz 6.7.2.19.1.

**6.7.2.19 Prüfung**

*→ D: § 19 (2) 19*

**6.7.2.19.1 [Dynamische Auflaufprüfung]**

Ortsbewegliche Tanks, die der Begriffsbestimmung für Container des Internationalen Übereinkommens über sichere Container (CSC) von 1972 in der jeweils geänderten Fassung entsprechen, dürfen nicht verwendet werden, es sei denn, sie werden erfolgreich qualifiziert, nachdem ein repräsentatives Baumuster jeder Bauart der im Handbuch Prüfungen und Kriterien Teil IV Abschnitt 41 beschriebenen dynamischen Auflaufprüfung unterzogen wurde.

**6.7.2.19.2 [Prüfungsrhythmus]**

Der Tankkörper und die Ausrüstungsteile jedes ortsbeweglichen Tanks müssen vor der erstmaligen Inbetriebnahme (erstmalige Prüfung) und danach regelmäßig spätestens alle fünf Jahre (wiederkehrende 5-Jahres-Prüfung) mit einer wiederkehrenden Zwischenprüfung (wiederkehrende 2,5-Jahres-Prüfung) in der Halbzeit zwischen zwei wiederkehrenden 5-Jahres-Prüfungen geprüft werden. Die 2,5-Jahres-Prüfung darf innerhalb von 3 Monaten vor oder nach dem angegebenen Datum durchgeführt werden. Unabhängig von der zuletzt durchgeführten wiederkehrenden Prüfung ist, wenn es sich gemäß Absatz 6.7.2.19.7 als erforderlich erweist, eine außerordentliche Prüfung durchzuführen.

**6.7.2.19.3 [Erstmalige Prüfung]**

Die erstmalige Prüfung eines ortsbeweglichen Tanks muss eine Überprüfung der Auslegungsmerkmale, eine innere und äußere Untersuchung des ortsbeweglichen Tanks und seiner Ausrüstungsteile unter Berücksichtigung der zu befördernden Stoffe sowie eine Druckprüfung umfassen. Vor der Inbetriebnahme des ortsbeweglichen Tanks ist eine Dichtheitsprüfung und eine Funktionsprüfung der gesamten Bedienungsausrüstung durchzuführen. Wenn der Tankkörper und seine Ausrüstungsteile getrennt einer Druckprüfung unterzogen worden sind, müssen sie nach dem Zusammenbau gemeinsam einer Dichtheitsprüfung unterzogen werden.

**6.7.2.19.4 [Wiederkehrende Prüfung]**

Die wiederkehrende 5-Jahres-Prüfung muss eine innere und äußere Untersuchung sowie in der Regel eine Wasserdruckprüfung umfassen. Bei Tanks, die nur für die Beförderung von festen Stoffen, ausgenommen giftige oder ätzende Stoffe, die sich während der Beförderung nicht verflüssigen, verwendet werden, darf die Wasserdruckprüfung mit Zustimmung der zuständigen Behörde durch eine geeignete Druckprüfung mit dem 1,5fachen des höchstzulässigen Betriebsdrucks ersetzt werden. Schutzummantelungen, Wärmeisolierungen und dergleichen sind nur so weit zu entfernen, wie es für eine sichere Beurteilung des Zustands des ortsbeweglichen Tanks erforderlich ist. Wenn der Tankkörper und seine Ausrüstungsteile getrennt einer Druckprüfung unterzogen worden sind, müssen sie nach dem Zusammenbau gemeinsam einer Dichtheitsprüfung unterzogen werden.

**6.7.2.19.5 [Zwischenprüfung]**

*→ 1.6.4.37*

Die wiederkehrende 2,5-Jahres-Zwischenprüfung muss mindestens eine innere und äußere Untersuchung des ortsbeweglichen Tanks und seiner Ausrüstungsteile unter Berücksichtigung der zu befördernden Stoffe, eine Dichtheitsprüfung und eine Funktionsprüfung der gesamten Bedienungsausrüstung umfassen. Schutzummantelungen, Wärmeisolierungen und dergleichen sind nur so weit zu entfernen, wie es für eine sichere Beurteilung des Zustands des ortsbeweglichen Tanks erforderlich ist. Bei ortsbeweglichen Tanks, die für die Beförderung eines einzigen Stoffes vorgesehen sind, kann die alle zweieinhalb Jahre vorzunehmende innere Untersuchung entfallen oder durch andere, von der zuständigen Behörde oder der von ihr bestimmten Stelle festgelegte Prüfverfahren ersetzt werden.

**Prüfung und Befüllung von ortsbeweglichen Tanks nach Ablauf der Frist für die wiederkehrende Prüfung** 6.7.2.19.6

**[Benutzungsverbot bei Fristüberschreitung]** 6.7.2.19.6.1

Nach Ablauf der Frist für die in Absatz 6.7.2.19.2 vorgeschriebene wiederkehrende 5-Jahres- oder 2,5-Jahres-Prüfung dürfen die ortsbeweglichen Tanks weder befüllt noch zur Beförderung aufgegeben werden. Jedoch dürfen ortsbewegliche Tanks, die vor Ablauf der Frist für die wiederkehrende Prüfung befüllt wurden, innerhalb eines Zeitraums von höchstens drei Monaten nach Ablauf dieser Frist befördert werden. Außerdem dürfen sie nach Ablauf dieser Frist befördert werden:

a) nach dem Entleeren, jedoch vor dem Reinigen, um sie vor dem Wiederbefüllen der nächsten vorgeschriebenen Prüfung zuzuführen, und

b) sofern von der zuständigen Behörde nichts anderes vorgesehen ist, innerhalb eines Zeitraums von höchstens sechs Monaten nach Ablauf dieser Frist, um die Rücksendung von gefährlichen Stoffen zur ordnungsgemäßen Entsorgung oder zum ordnungsgemäßen Recycling zu ermöglichen. Im Beförderungspapier muss auf diese Ausnahme hingewiesen werden.

**[Benutzung bei neuer 5-Jahres-Prüfung]** 6.7.2.19.6.2

Sofern in Absatz 6.7.2.19.6.1 nichts anderes vorgesehen ist, dürfen ortsbewegliche Tanks, die den Zeitrahmen für ihre geplante wiederkehrende 5-Jahres- oder 2,5-Jahres-Prüfung überschritten haben, nur dann befüllt und zur Beförderung aufgegeben werden, wenn eine neue wiederkehrende 5-Jahres-Prüfung gemäß Absatz 6.7.2.19.4 durchgeführt wird.

**[Außerordentliche Prüfung]** 6.7.2.19.7

*→ D: § 24 Nr. 2*

Eine außerordentliche Prüfung ist erforderlich, wenn der ortsbewegliche Tank Anzeichen von Beschädigung, Korrosion, Undichtheit oder anderer auf einen Mangel hinweisende Zustände aufweist, der die Unversehrtheit des ortsbeweglichen Tanks beeinträchtigen könnte. Der Umfang der außerordentlichen Prüfung hängt vom Ausmaß der Beschädigung oder der Verschlechterung des Zustands des ortsbeweglichen Tanks ab. Sie muss mindestens die 2,5-Jahres-Prüfung gemäß Absatz 6.7.2.19.5 umfassen.

**[Untersuchungen]** 6.7.2.19.8

Durch die inneren und äußeren Untersuchungen muss sichergestellt werden, dass:

a) der Tankkörper auf punktförmige Vertiefungen (Pitting), Korrosion, Abrieb, Beulen, Verformungen, Fehler in Schweißnähten oder andere Zustände, einschließlich Undichtheiten, geprüft ist, durch die der ortsbewegliche Tank bei der Beförderung unsicher werden könnte. Wenn bei dieser Untersuchung Anzeichen einer Verringerung der Wanddicke festgestellt werden, muss die Wanddicke durch geeignete Messungen überprüft werden;

b) die Rohrleitungen, die Ventile, das Heizungs-/Kühlsystem und die Dichtungen auf Korrosion, Defekte oder andere Zustände, einschließlich Undichtheiten, geprüft sind, durch die der ortsbewegliche Tank beim Befüllen, Entleeren oder der Beförderung unsicher werden könnte;

c) die Einrichtungen, mit denen die Mannlochdeckel festgezogen werden, ordnungsgemäß funktionieren, und diese Deckel oder ihre Dichtungen keine Undichtheiten aufweisen;

d) fehlende oder lose Bolzen oder Muttern bei geflanschten Verbindungen oder Blindflanschen ersetzt oder festgezogen sind;

e) alle Sicherheitseinrichtungen und -ventile frei von Korrosion, Verformung, Beschädigung oder Defekten sind, die ihre normale Funktion behindern könnten. Fernbediente und selbstschließende Verschlusseinrichtungen sind zu betätigen, um ihre ordnungsgemäße Funktion nachzuweisen;

f) Auskleidungen, sofern vorhanden, nach den vom Hersteller der Auskleidung angegebenen Kriterien geprüft sind;

g) auf dem ortsbeweglichen Tank vorgeschriebene Kennzeichen lesbar sind und den anwendbaren Vorschriften entsprechen und

h) der Rahmen, das Traglager und die Hebeeinrichtungen des ortsbeweglichen Tanks sich in einem zufrieden stellenden Zustand befinden.

**[Sachverständige, Prüfdruck]** 6.7.2.19.9

*→ D: § 12 (1) 1 a)*

Die in den Absätzen 6.7.2.19.1, 6.7.2.19.3, 6.7.2.19.4, 6.7.2.19.5 und 6.7.2.19.7 angegebenen Prüfungen sind von einem von der zuständigen Behörde oder einer von ihr bestimmten Stelle zugelassenen Sach-

**6.7.2.19.9** (Forts.) verständigen durchzuführen oder zu beglaubigen. Wenn die Druckprüfung Bestandteil der Prüfung ist, ist diese mit dem auf dem Tankschild des ortsbeweglichen Tanks angegebenen Prüfdruck durchzuführen. Der unter Druck stehende ortsbewegliche Tank ist auf Undichtheiten des Tankkörpers, der Rohrleitungen oder der Ausrüstung zu untersuchen.

**6.7.2.19.10** **[Heißarbeiten]**

*→ D: § 12 (1) 3*

In allen Fällen, in denen Schneid-, Brenn- oder Schweißarbeiten am Tankkörper durchgeführt werden, sind diese Arbeiten von der zuständigen Behörde oder einer von ihr bestimmten Stelle unter Berücksichtigung des für den Bau des Tankkörpers verwendeten Regelwerks für Druckbehälter zu genehmigen. Nach Abschluss der Arbeiten ist eine Druckprüfung mit dem ursprünglichen Prüfdruck durchzuführen.

**6.7.2.19.11** **[Sicherheitsmängel]**

*→ D: § 24 Nr. 2*

Wird eine die Sicherheit gefährdende Fehlerhaftigkeit festgestellt, darf der ortsbewegliche Tank vor der Ausbesserung und dem erfolgreichen Bestehen einer erneuten Prüfung nicht wieder in Betrieb genommen werden.

**6.7.2.20** **Kennzeichnung**

*→ D: RSEB 6-6*

**6.7.2.20.1** **[Inhalt]**

*→ 1.6.4.37*

Jeder ortsbewegliche Tank muss mit einem korrosionsbeständigen Metallschild ausgerüstet sein, das dauerhaft an einer auffallenden und für die Prüfung leicht zugänglichen Stelle angebracht ist. Wenn das Schild aus Gründen der Anordnung von Einrichtungen am ortsbeweglichen Tank nicht dauerhaft am Tankkörper angebracht werden kann, muss der Tankkörper mindestens mit den im Regelwerk für Druckbehälter vorgeschriebenen Informationen gekennzeichnet sein. Auf dem Schild müssen mindestens die folgenden Angaben eingeprägt oder durch ein ähnliches Verfahren angebracht sein:

a) Eigentümerinformationen
   (i) Registriernummer des Eigentümers;
b) Herstellungsinformationen
   (i) Herstellungsland;
   (ii) Herstellungsjahr;
   (iii) Name oder Zeichen des Herstellers;
   (iv) Seriennummer des Herstellers;
c) Zulassungsinformationen
   (i) das Symbol der Vereinten Nationen für Verpackungen (u/n); dieses Symbol darf nur zum Zweck der Bestätigung verwendet werden, dass eine Verpackung, ein flexibler Schüttgut-Container, ein ortsbeweglicher Tank oder ein MEGC den entsprechenden Vorschriften des Kapitels 6.1, 6.2, 6.3, 6.5, 6.6, 6.7 oder 6.11 entspricht;
   (ii) Zulassungsland;
   (iii) für die Baumusterzulassung zugelassene Stelle;
   (iv) Baumusterzulassungsnummer;
   (v) die Buchstaben „AA", wenn das Baumuster nach alternativen Vereinbarungen zugelassen wurde (siehe Unterabschnitt 6.7.1.2);
   (vi) Regelwerk für Druckbehälter, nach dem der Tankkörper ausgelegt wurde;
d) Drücke
   (i) höchstzulässiger Betriebsdruck (in bar oder kPa (Überdruck))[3];
   (ii) Prüfdruck (in bar oder kPa (Überdruck))[3];
   (iii) Datum der erstmaligen Druckprüfung (Monat und Jahr);
   (iv) Identifizierungskennzeichen des Sachverständigen der erstmaligen Druckprüfung;
   (v) äußerer Auslegungsdruck[4] (in bar oder kPa (Überdruck))[3];
   (vi) höchstzulässiger Betriebsdruck für das Heizungs-/Kühlsystem (in bar oder kPa (Überdruck))[3] (sofern vorhanden);

---
[3] Die verwendete Einheit ist anzugeben.
[4] Siehe Absatz 6.7.2.2.10.

**6.7.2.20.1** (Forts.)

e) Temperaturen
   (i) Auslegungstemperaturbereich (in °C)[3];

f) Werkstoffe
   (i) Werkstoff(e) des Tankkörpers und Verweis(e) auf Werkstoffnorm(en);
   (ii) gleichwertige Wanddicke für Bezugsstahl (in mm)[3];
   (iii) Werkstoff der Auskleidung (sofern vorhanden);

g) Fassungsraum
   (i) mit Wasser ausgeliterter Fassungsraum des Tanks bei 20 °C (in Litern)[3].
   Auf diese Angabe muss das Symbol „S" folgen, wenn der Tankkörper durch Schwallwände in Abschnitte von höchstens 7 500 Liter Fassungsraum unterteilt ist;
   (ii) mit Wasser ausgeliterter Fassungsraum der einzelnen Kammern bei 20 °C (in Litern)[3] (sofern vorhanden, bei Mehrkammertanks).
   Auf diese Angabe muss das Symbol „S" folgen, wenn die Kammer durch Schwallwände in Abschnitte von höchstens 7 500 Liter Fassungsraum unterteilt ist;

h) wiederkehrende Prüfungen
   (i) Art der zuletzt durchgeführten wiederkehrenden Prüfung (2,5-Jahres-, 5-Jahres-Prüfung oder außerordentliche Prüfung);
   (ii) Datum der zuletzt durchgeführten wiederkehrenden Prüfung (Monat und Jahr);
   (iii) Prüfdruck (in bar oder kPa (Überdruck))[3] der zuletzt durchgeführten wiederkehrenden Prüfung (sofern anwendbar);
   (iv) Identifizierungskennzeichen der zugelassenen Stelle, welche die letzte Prüfung durchgeführt oder beglaubigt hat.

**Abbildung 6.7.2.20.1: Beispiel eines Kennzeichenschilds**

| | | | |
|---|---|---|---|
| Registriernummer des Eigentümers | | | |
| **HERSTELLUNGSINFORMATIONEN** | | | |
| Herstellungsland | | | |
| Herstellungsjahr | | | |
| Hersteller | | | |
| Seriennummer des Herstellers | | | |
| **ZULASSUNGSINFORMATIONEN** | | | |
| | Zulassungsland | | |
| | für die Baumusterzulassung zugelassene Stelle | | |
| | Baumusterzulassungsnummer | | „AA" *(sofern anwendbar)* |
| Regelwerk für die Auslegung des Tankkörpers (Druckbehälter-Regelwerk) | | | |
| **DRÜCKE** | | | |
| höchstzulässiger Betriebsdruck | | | bar *oder* kPa |
| Prüfdruck | | | bar *oder* kPa |
| Datum der erstmaligen Druckprüfung: | *(MM/JJJJ)* | Stempel des Sachverständigen: | |
| äußerer Auslegungsdruck | | | bar *oder* kPa |
| höchstzulässiger Betriebsdruck für das Heizungs-/Kühlsystem *(sofern vorhanden)* | | | bar *oder* kPa |

3) Die verwendete Einheit ist anzugeben.

6.7.2.20.1 (Forts.)

<table>
<tr><td colspan="8">TEMPERATUREN</td></tr>
<tr><td colspan="4">Auslegungstemperaturbereich</td><td colspan="4">°C bis °C</td></tr>
<tr><td colspan="8">WERKSTOFFE</td></tr>
<tr><td colspan="4">Werkstoff(e) des Tankkörpers und Verweis(e) auf Werkstoffnorm(en)</td><td colspan="4"></td></tr>
<tr><td colspan="4">gleichwertige Wanddicke für Bezugsstahl</td><td colspan="4">mm</td></tr>
<tr><td colspan="4">Werkstoff der Auskleidung (sofern vorhanden)</td><td colspan="4"></td></tr>
<tr><td colspan="8">FASSUNGSRAUM</td></tr>
<tr><td colspan="4">mit Wasser ausgeliterter Fassungsraum des Tanks bei 20 °C</td><td colspan="2">Liter</td><td colspan="2">„S" (sofern anwendbar)</td></tr>
<tr><td colspan="4">mit Wasser ausgeliterter Fassungsraum der Kammer _____ bei 20 °C (sofern vorhanden, bei Mehrkammertanks)</td><td colspan="2">Liter</td><td colspan="2">„S" (sofern anwendbar)</td></tr>
<tr><td colspan="8">WIEDERKEHRENDE PRÜFUNGEN</td></tr>
<tr><td>Art der Prüfung</td><td>Prüfdatum</td><td colspan="2">Stempel des Sachverständigen und Prüfdruck[a)]</td><td>Art der Prüfung</td><td>Prüfdatum</td><td colspan="2">Stempel des Sachverständigen und Prüfdruck[a)]</td></tr>
<tr><td></td><td>(MM/JJJJ)</td><td></td><td>bar oder kPa</td><td></td><td>(MM/JJJJ)</td><td></td><td>bar oder kPa</td></tr>
<tr><td></td><td></td><td></td><td></td><td></td><td></td><td></td><td></td></tr>
<tr><td></td><td></td><td></td><td></td><td></td><td></td><td></td><td></td></tr>
<tr><td></td><td></td><td></td><td></td><td></td><td></td><td></td><td></td></tr>
<tr><td></td><td></td><td></td><td></td><td></td><td></td><td></td><td></td></tr>
</table>

a) Prüfdruck (sofern anwendbar).

6.7.2.20.2 **[Tankschild]**

*→ D: § 23 (1) 12*

Folgende Angaben müssen auf dem ortsbeweglichen Tank selbst oder auf einem am ortsbeweglichen Tank fest angebrachten Metallschild dauerhaft angegeben sein:

Name des Betreibers

*→ 1.2.1 „höchstzulässige Bruttomasse"*

höchstzulässige Bruttomasse _____ kg

Leermasse (Tara) _____ kg

Anweisung für ortsbewegliche Tanks gemäß Absatz 4.2.5.2.6

**Bem.** Wegen der Identifizierung der beförderten Stoffe siehe auch Teil 5.

6.7.2.20.3 **[Offshore-Tank]**

Wenn ein ortsbeweglicher Tank für die Verwendung auf hoher See ausgelegt und zugelassen ist, muss das Identifizierungsschild mit „OFFSHORE PORTABLE TANK" gekennzeichnet sein.

## 6.7.3 Vorschriften für die Auslegung, den Bau und die Prüfung von ortsbeweglichen Tanks zur Beförderung von nicht tiefgekühlt verflüssigten Gasen

*→ D: § 24 Nr. 1*

**Bem.** Diese Vorschriften gelten auch für ortsbewegliche Tanks zur Beförderung von Chemikalien unter Druck (UN-Nummern 3500, 3501, 3502, 3503, 3504 und 3505).

### 6.7.3.1 Begriffsbestimmungen

Für Zwecke dieses Abschnitts gelten folgende Begriffsbestimmungen:

***Alternative Vereinbarung:*** Eine Zulassung, die von der *zuständigen Behörde* für einen *ortsbeweglichen Tank* oder einen *MEGC* ausgestellt wird, der nach technischen Vorschriften oder Prüfmethoden ausgelegt, gebaut und geprüft ist, die von den in diesem Kapitel festgelegten abweichen.

***Auslegungsreferenztemperatur:*** Die Temperatur, bei der der Dampfdruck des Inhalts zur Berechnung des höchstzulässigen Betriebsdrucks bestimmt wird. Um sicherzustellen, dass das Gas ständig verflüssigt bleibt, muss die Auslegungsreferenztemperatur niedriger sein als die kritische Temperatur des zu befördernden nicht tiefgekühlt verflüssigten Gases oder der verflüssigten Treibgase der zu befördernden Chemikalien unter Druck. Dieser Wert beträgt für die einzelnen Typen ortsbeweglicher Tanks: **6.7.3.1** (Forts.)

a) Tankkörper mit einem Durchmesser von höchstens 1,5 Metern: 65 °C;

b) Tankkörper mit einem Durchmesser von mehr als 1,5 Metern: *→ 1.2.1 „Durchmesser"*
   (i) ohne Isolierung oder Sonnenschutz: 60 °C;
   (ii) mit Sonnenschutz (siehe Absatz 6.7.3.2.12): 55 °C; und
   (iii) mit Isolierung (siehe Absatz 6.7.3.2.12): 50 °C.

***Auslegungstemperaturbereich:*** Der Auslegungstemperaturbereich des Tankkörpers muss für nicht tiefgekühlt verflüssigte Gase, die bei Umgebungsbedingungen befördert werden, zwischen –40 °C und 50 °C liegen. Für ortsbewegliche Tanks, die strengeren klimatischen Bedingungen ausgesetzt sind, müssen entsprechend strengere Auslegungstemperaturen in Betracht gezogen werden.

***Bauliche Ausrüstung:*** Die außen am Tankkörper angebrachten Versteifungselemente, Elemente für die Befestigung, den Schutz und die Stabilisierung.

***Baustahl:*** Stahl mit einer garantierten Mindestzugfestigkeit zwischen 360 N/mm$^2$ und 440 N/mm$^2$ und einer garantierten Mindestbruchdehnung gemäß Absatz 6.7.3.3.3.3.

***Bedienungsausrüstung:*** Die Messinstrumente sowie die Füll-, Entleerungs-, Lüftungs-, Sicherheits- und Isolierungseinrichtungen.

***Berechnungsdruck:*** Der für Berechnungen nach einem anerkannten Regelwerk für Druckbehälter zu verwendende Druck. Der Berechnungsdruck darf nicht niedriger sein als der höchste der folgenden Drücke:

a) der höchstzulässige effektive Überdruck im Tankkörper während des Füllens oder Entleerens;

b) die Summe aus:
   (i) dem höchstzulässigen effektiven Überdruck, für den der Tankkörper gemäß Absatz b) der Begriffsbestimmung für höchstzulässiger Betriebsdruck (siehe unten) ausgelegt ist;
   (ii) einem Flüssigkeitsdruck, der auf der Grundlage der im Absatz 6.7.3.2.9 genannten statischen Kräfte bestimmt wird, jedoch mindestens 0,35 bar beträgt.

***Bezugsstahl:*** Stahl mit einer Zugfestigkeit von 370 N/mm$^2$ und einer Bruchdehnung von 27 %.

***Dichtheitsprüfung:*** Eine Prüfung, bei der der Tankkörper und seine Bedienungsausrüstung unter Verwendung eines Gases mit einem effektiven Innendruck von mindestens 25 % des höchstzulässigen Betriebsdrucks belastet wird.

***Fülldichte:*** Die durchschnittliche Masse des nicht tiefgekühlt verflüssigten Gases je Liter Fassungsraum des Tankkörpers (kg/l). Die Fülldichte ist in der Anweisung für ortsbewegliche Tanks T50 in Absatz 4.2.5.2.6 angegeben.

***Höchstzulässige Bruttomasse:*** Die Summe aus Leermasse des ortsbeweglichen Tanks und der höchsten für die Beförderung zugelassenen Ladung.

***Höchstzulässiger Betriebsdruck:*** Ein Druck, der nicht geringer sein darf als der höchste der folgenden Drücke, die im Scheitel des Tankkörpers im Betriebszustand gemessen werden, und der mindestens 7 bar betragen muss:

a) der höchstzulässige effektive Überdruck im Tankkörper während des Füllens oder Entleerens oder

b) der höchste effektive Überdruck, für den der Tankkörper ausgelegt ist und der
   (i) für ein in der Anweisung für ortsbewegliche Tanks T50 in Absatz 4.2.5.2.6 aufgeführtes nicht tiefgekühlt verflüssigtes Gas der für dieses Gas in der Anweisung für ortsbewegliche Tanks T50 vorgeschriebene höchstzulässige Betriebsdruck (in bar) ist;
   (ii) für die übrigen nicht tiefgekühlt verflüssigten Gase nicht geringer sein darf als die Summe aus:
   – dem absoluten Dampfdruck (in bar) des nicht tiefgekühlt verflüssigten Gases bei der Auslegungsreferenztemperatur, vermindert um 1 bar, und
   – dem Partialdruck (in bar) von Luft oder anderen Gasen im füllungsfreien Raum, der durch die Auslegungsreferenztemperatur und einer Ausdehnung der flüssigen Phase infolge einer

6.7.3.1 (Forts.) Erhöhung der mittleren Temperatur des Füllguts von $t_r - t_f$ ($t_f$ = Fülltemperatur, normalerweise 15 °C; $t_r$ = höchste mittlere Temperatur des Füllguts, 50 °C) bestimmt wird;

(iii) für Chemikalien unter Druck der höchstzulässige Betriebsdruck (in bar) ist, der in der Anweisung für ortsbewegliche Tanks T50 in Absatz 4.2.5.2.6 für die verflüssigten Gase angegeben ist, die Teil des Treibmittels sind.

***Ortsbeweglicher Tank:*** Ein multimodaler Tank mit einem Fassungsraum von mehr als 450 Litern für die Beförderung von nicht tiefgekühlt verflüssigten Gasen der Klasse 2. Der ortsbewegliche Tank umfasst einen Tankkörper, der mit der für die Beförderung von Gasen notwendigen Bedienungsausrüstung und baulichen Ausrüstung ausgestattet ist. Der ortsbewegliche Tank muss befüllt und entleert werden können, ohne dass dazu die bauliche Ausrüstung entfernt werden muss. Er muss außen am Tankkörper angebrachte Elemente zur Stabilisierung besitzen und muss in vollem Zustand angehoben werden können. Er muss hauptsächlich dafür ausgelegt sein, um auf einen Wagen, ein Fahrzeug, ein See- oder Binnenschiff verladen werden zu können, und mit Kufen, Tragelementen oder Zubehörteilen ausgerüstet sein, um die mechanische Handhabung zu erleichtern. Straßentankfahrzeuge, Kesselwagen, nicht metallene Tanks, Großpackmittel (IBC), Gasflaschen und Großgefäße gelten nicht als ortsbewegliche Tanks.

***Prüfdruck:*** Der höchste Überdruck im Scheitel des Tankkörpers während der Druckprüfung.

***Tankkörper:*** Der Teil des ortsbeweglichen Tanks, der das zu befördernde nicht tiefgekühlt verflüssigte Gas enthält (eigentlicher Tank), einschließlich der Öffnungen und ihrer Verschlüsse, jedoch mit Ausnahme der Bedienungsausrüstung und der äußeren baulichen Ausrüstung.

**6.7.3.2 Allgemeine Vorschriften für die Auslegung und den Bau**

**6.7.3.2.1 [Regelwerk]**

→ D: § 8 (1) 10

Die Tankkörper sind in Übereinstimmung mit den Vorschriften eines von der zuständigen Behörde anerkannten Regelwerks für Druckbehälter auszulegen und zu bauen. Sie sind aus verformungsfähigem Stahl herzustellen. Die Werkstoffe müssen grundsätzlich den nationalen oder internationalen Werkstoffnormen entsprechen. Für geschweißte Tankkörper darf nur ein Werkstoff verwendet werden, dessen Schweißbarkeit vollständig nachgewiesen worden ist. Die Schweißnähte müssen fachgerecht ausgeführt sein und volle Sicherheit bieten. Wenn es durch den Herstellungsprozess oder die verwendeten Werkstoffe erforderlich ist, müssen die Tankkörper einer Wärmebehandlung unterzogen werden, um zu gewährleisten, dass die Schweißnähte und die Wärmeeinflusszone eine ausreichende Zähigkeit aufweisen. Bei der Auswahl des Werkstoffes muss der Auslegungstemperaturbereich bezüglich des Risikos von Sprödbruch, Spannungsrisskorrosion und Schlagfestigkeit des Werkstoffes berücksichtigt werden. Bei Verwendung von Feinkornstahl darf nach den Werkstoffspezifikationen der garantierte Wert der Streckgrenze nicht größer als 460 $N/mm^2$ und der garantierte Wert für die obere Grenze der Zugfestigkeit nicht größer als 725 $N/mm^2$ sein. Die Werkstoffe des ortsbeweglichen Tanks müssen für die äußeren Umgebungsbedingungen, die während der Beförderung auftreten können, geeignet sein.

**6.7.3.2.2 [Werkstoffe]**

Die Tankkörper, Ausrüstungsteile und Rohrleitungen ortsbeweglicher Tanks müssen aus Werkstoffen hergestellt sein, die

a) in hohem Maße widerstandsfähig gegenüber dem (den) zu befördernden nicht tiefgekühlt verflüssigten Gas(en) sind oder

b) durch chemische Reaktion wirksam passiviert oder neutralisiert worden sind.

**6.7.3.2.3 [Dichtungen]**

Die Dichtungen müssen aus Werkstoffen hergestellt sein, die mit dem (den) zu befördernden nicht tiefgekühlt verflüssigten Gas(en) verträglich sind.

**6.7.3.2.4 [Kontaktkorrosion]**

Der Kontakt zwischen verschiedenen Metallen, der zu Schäden durch Kontaktkorrosion führen könnte, ist zu vermeiden.

**[Veträglichkeit]** 6.7.3.2.5

Die Werkstoffe des ortsbeweglichen Tanks, einschließlich aller Einrichtungen, Dichtungen und Zubehörteile, dürfen das (die) nicht tiefgekühlt verflüssigte(n) Gas(e), für dessen (deren) Beförderung der ortsbewegliche Tank vorgesehen ist, nicht beeinträchtigen.

**[Traglager]** 6.7.3.2.6

Ortsbewegliche Tanks sind mit einem Traglager, das eine sichere Auflage während der Beförderung gewährleistet, und mit geeigneten Hebe- und Befestigungseinrichtungen auszulegen und zu bauen.

**[Druckbelastungen]** 6.7.3.2.7

Ortsbewegliche Tanks sind so auszulegen, dass sie ohne Verlust ihres Inhalts in der Lage sind, mindestens dem auf ihren Inhalt zurückzuführenden Innendruck sowie den unter normalen Handhabungs- und Beförderungsbedingungen entstehenden statischen, dynamischen und thermischen Belastungen standzuhalten. Aus der Auslegung muss zu erkennen sein, dass die Einflüsse der durch die wiederholte Einwirkung dieser Belastungen während der vorgesehenen Lebensdauer der ortsbeweglichen Tanks verursachte Ermüdung berücksichtigt worden ist.

**[Überdruckbelastungen]** 6.7.3.2.8

Die Tankkörper müssen so ausgelegt sein, dass sie einem äußeren Druck (Überdruck) von mindestens 0,4 bar über dem Innendruck ohne bleibende Verformung standhalten. Wenn der Tankkörper vor dem Befüllen oder während des Entleerens einem bedeutenden Vakuum ausgesetzt ist, muss er so ausgelegt sein, dass er einem äußeren Druck von mindestens 0,9 bar (Überdruck) über dem Innendruck standhält; der Tankkörper muss bei diesem Druck geprüft werden.

**[Statische Kräfte]** 6.7.3.2.9

Ortsbewegliche Tanks und ihre Befestigungseinrichtungen müssen bei der höchstzulässigen Beladung in der Lage sein, folgende getrennt einwirkende statische Kräfte aufzunehmen:

a) in Fahrtrichtung: das Zweifache der höchstzulässigen Bruttomasse multipliziert mit der Erdbeschleunigung (g)[5)]; *→ 1.2.1 „höchstzulässige Bruttomasse"*

b) horizontal, im rechten Winkel zur Fahrtrichtung: die höchstzulässige Bruttomasse (das Zweifache der höchstzulässigen Bruttomasse, wenn die Fahrtrichtung nicht eindeutig bestimmt ist) multipliziert mit der Erdbeschleunigung (g)[5)];

c) vertikal aufwärts: die höchstzulässige Bruttomasse multipliziert mit der Erdbeschleunigung (g)[5)]; und

d) vertikal abwärts: das Zweifache der höchstzulässigen Bruttomasse (Gesamtbeladung, einschließlich Wirkung der Schwerkraft) multipliziert mit der Erdbeschleunigung (g)[5)].

**[Sicherheitskoeffizienten]** 6.7.3.2.10

Unter Wirkung jeder der unter Absatz 6.7.3.2.9 genannten Kräfte sind folgende Sicherheitskoeffizienten zu beachten:

a) bei Stählen mit ausgeprägter Streckgrenze ein Sicherheitskoeffizient von 1,5, bezogen auf die garantierte Streckgrenze, oder

b) bei Stählen ohne ausgeprägte Streckgrenze ein Sicherheitskoeffizient von 1,5, bezogen auf die garantierte 0,2-%-Dehngrenze und bei austenitischen Stählen auf die 1-%-Dehngrenze.

**[Streckgrenze, Dehngrenze]** 6.7.3.2.11

Als Werte für die Streckgrenze oder die Dehngrenze gelten die in nationalen oder internationalen Werkstoffnormen festgelegten Werte. Bei austenitischen Stählen dürfen die in den Werkstoffnormen festgelegten Mindestwerte für die Streckgrenze oder die Dehngrenze um bis zu 15 % erhöht werden, sofern diese höheren Werte im Werkstoffabnahmezeugnis bescheinigt sind. Wenn für den betreffenden Stahl keine Werkstoffnorm existiert, ist der für die Streckgrenze oder die Dehngrenze verwendete Wert von der zuständigen Behörde zu genehmigen.

---

5) Für Berechnungszwecke gilt: g = 9,81 m/s$^2$.

**6.7.3.2.12 [Wärmeisolierung]**

Wenn die Tankkörper für die Beförderung von nicht tiefgekühlt verflüssigten Gasen mit einer Wärmeisolierung ausgerüstet sind, muss diese folgenden Vorschriften entsprechen:

a) sie muss aus einem Schutzdach bestehen, das mindestens das obere Drittel, aber höchstens die obere Hälfte der Tankkörperoberfläche bedeckt und von dieser durch eine Luftschicht von etwa 40 mm Dicke getrennt ist;

b) sie muss aus einer vollständigen Umhüllung von genügender Dicke aus isolierenden Stoffen bestehen, die so geschützt sind, dass eine Aufnahme von Feuchtigkeit und eine Beschädigung unter normalen Beförderungsbedingungen verhindert wird und dass ein Wärmedurchgangskoeffizient von höchstens 0,67 ($W \cdot m^{-2} \cdot K^{-1}$) erzielt wird;

c) wenn die Schutzummantelung gasdicht verschlossen ist, ist eine Einrichtung vorzusehen, um einen gefährlichen Druck, der sich in der Isolierschicht bei ungenügender Gasdichtheit des Tankkörpers oder seiner Ausrüstungsteile entwickelt, zu verhindern, und

d) die Wärmeisolierung darf den Zugang zu den Zubehörteilen und Entleerungseinrichtungen nicht behindern.

**6.7.3.2.13 [Erdung]**

Ortsbewegliche Tanks, die für die Beförderung nicht tiefgekühlt verflüssigter entzündbarer Gase vorgesehen sind, müssen elektrisch geerdet werden können.

**6.7.3.3 Auslegungskriterien**

**6.7.3.3.1 [Querschnitt]**

Die Tankkörper müssen einen kreisförmigen Querschnitt haben.

**6.7.3.3.2 [Prüfdruck]**

Die Tankkörper sind so auszulegen und zu bauen, dass sie einem Prüfdruck von mindestens dem 1,3fachen des Berechnungsdrucks standhalten. Bei der Auslegung des Tankkörpers müssen die in der Anweisung für ortsbewegliche Tanks T50 in Absatz 4.2.5.2.6 für jedes zur Beförderung vorgesehene nicht tiefgekühlt verflüssigte Gas angegebenen Mindestwerte für den höchstzulässigen Betriebsdruck berücksichtigt werden. Es wird auf die Vorschriften für die Mindestwanddicke der Tankkörper des Unterabschnitts 6.7.3.4 hingewiesen.

**6.7.3.3.3 [Membranspannung]**

Bei Stählen, die eine ausgeprägte Streckgrenze aufweisen oder die sich durch eine garantierte Dehngrenze auszeichnen (im Allgemeinen 0,2-%-Dehngrenze oder bei austenitischen Stählen 1-%-Dehngrenze), darf die primäre Membranspannung σ des Tankkörpers beim Prüfdruck nicht größer sein als der kleinere der Werte 0,75 Re oder 0,5 Rm, wobei:

Re = Streckgrenze in $N/mm^2$ oder 0,2-%-Dehngrenze oder bei austenitischen Stählen 1-%-Dehngrenze

Rm = Mindestzugfestigkeit in $N/mm^2$.

**6.7.3.3.3.1 [Werkstoffnormen]**

Die für Re und Rm zu verwendenden Werte sind die in nationalen oder internationalen Werkstoffnormen festgelegten Mindestwerte. Bei austenitischen Stählen dürfen die in den Werkstoffnormen festgelegten Mindestwerte für Re und Rm um bis zu 15 % erhöht werden, sofern diese höheren Werte im Werkstoffabnahmezeugnis bescheinigt sind. Wenn für den betreffenden Stahl keine Werkstoffnorm existiert, sind die für Re und Rm verwendeten Werte von der zuständigen Behörde oder einer von ihr bestimmten Stelle zu genehmigen.

**6.7.3.3.3.2 [Bestimmte Stähle]**

Stähle, die ein Verhältnis Re/Rm von mehr als 0,85 aufweisen, dürfen nicht für den Bau von geschweißten Tankkörpern verwendet werden. Die zur Berechnung dieses Verhältnisses für Re und Rm zu verwendenden Werte sind die im Werkstoffabnahmezeugnis festgelegten Werte.

**[Bruchdehnung]** 6.7.3.3.3.3

Stähle, die für den Bau von Tankkörpern verwendet werden, müssen eine Bruchdehnung in % von mindestens 10 000/Rm mit einem absoluten Minimum von 16 % für Feinkornstahl und 20 % für andere Stähle aufweisen.

**[Walzbleche]** 6.7.3.3.3.4

Bei der Bestimmung tatsächlicher Werkstoffwerte ist zu beachten, dass bei Walzblech die Achse des Probestücks für die Zugspannungsprobe im rechten Winkel (quer) zur Walzrichtung liegen muss. Die bleibende Bruchdehnung ist an Probestücken mit rechteckigem Querschnitt gemäß Norm ISO 6892:1998 unter Verwendung einer Messlänge von 50 mm zu messen.

**Mindestwanddicke des Tankkörpers** 6.7.3.4

*→ D: § 24 Nr. 3*

**[Mindestwerte]** 6.7.3.4.1

Die Mindestwanddicke des Tankkörpers muss dem größten der nachfolgenden Werte entsprechen:

a) die nach den Vorschriften des Unterabschnitts 6.7.3.4 bestimmte Mindestwanddicke und

b) die nach dem anerkannten Regelwerk für Druckbehälter unter Berücksichtigung der Vorschriften des Unterabschnitts 6.7.3.3 bestimmte Mindestwanddicke.

Darüber hinaus müssen die in Kapitel 3.2 Tabelle A Spalte (11) angegebenen und in Unterabschnitt 4.2.5.3 beschriebenen anwendbaren Sondervorschriften für ortsbewegliche Tanks berücksichtigt werden.

**[Wanddicke, detailliert]** 6.7.3.4.2

Der Mantel, die Böden und die Mannlochdeckel der Tankkörper mit einem Durchmesser von höchstens 1,80 m müssen, wenn sie aus Bezugsstahl sind, mindestens eine Wanddicke von 5 mm oder, wenn sie aus einem anderen Stahl sind, eine gleichwertige Dicke haben. Tankkörper mit einem Durchmesser von mehr als 1,80 m müssen, wenn sie aus Bezugsstahl sind, eine Wanddicke von mindestens 6 mm oder, wenn sie aus einem anderen Stahl sind, eine gleichwertige Dicke haben.

**[Wanddickenminimum]** 6.7.3.4.3

Die Wanddicke des Mantels, der Böden und der Mannlochdeckel der Tankkörper darf unabhängig vom Werkstoff für den Bau nicht geringer als 4 mm sein.

**[Gleichwertige Wanddicke]** 6.7.3.4.4

Die gleichwertige Wanddicke eines Stahls mit Ausnahme der in Absatz 6.7.3.4.2 vorgeschriebenen Dicke für Bezugsstahl ist mit Hilfe folgender Formel zu bestimmen:

$$e_1 = \frac{21{,}4\ e_0}{\sqrt[3]{Rm_1 A_1}},$$

wobei:

$e_1$ = erforderliche gleichwertige Wanddicke (in mm) des verwendeten Stahls;

$e_0$ = die in Absatz 6.7.3.4.2 festgelegte Mindestwanddicke (in mm) für Bezugsstahl;

$Rm_1$ = die garantierte Mindestzugfestigkeit (in $N/mm^2$) des verwendeten Stahls (siehe Absatz 6.7.3.3.3);

$A_1$ = die garantierte Mindestbruchdehnung (in %) des verwendeten Stahls gemäß den nationalen oder internationalen Normen.

**[Absolute Untergrenze]** 6.7.3.4.5

Die Wanddicke des Tankkörpers darf in keinem Fall geringer sein als die in den Absätzen 6.7.3.4.1 bis 6.7.3.4.3 beschriebenen Werte. Alle Teile des Tankkörpers müssen die in den Absätzen 6.7.3.4.1 bis 6.7.3.4.3 festgelegte Mindestwanddicke haben. In dieser Dicke darf ein eventueller Korrosionszuschlag nicht berücksichtigt sein.

**[Erleichterung für Baustahl]** 6.7.3.4.6

Bei Verwendung von Baustahl (siehe Unterabschnitt 6.7.3.1) ist eine Berechnung nach der Formel in Absatz 6.7.3.4.4 nicht erforderlich.

6.7.3.4.7 **[Blechdickenänderung]**

Bei der Verbindung der Tankböden mit dem Tankmantel darf es keine sprunghafte Veränderung in der Blechdicke geben.

6.7.3.5 **Bedienungsausrüstung**

6.7.3.5.1 **[Anordnung]**

Die Bedienungsausrüstung ist so anzubringen, dass sie während der Handhabung und Beförderung gegen das Risiko des Abreißens oder der Beschädigung geschützt ist. Wenn die Verbindung zwischen dem Rahmen und dem Tankkörper eine relative Bewegung zwischen den Baugruppen zulässt, muss die Ausrüstung so befestigt sein, dass durch eine solche Bewegung kein Risiko der Beschädigung von Teilen besteht. Die äußeren Entleerungseinrichtungen (Rohranschlüsse, Verschlusseinrichtungen), die innere Absperreinrichtung und ihr Sitz müssen gegen die Gefahr des Abreißens durch äußere Beanspruchungen geschützt sein (beispielsweise durch die Verwendung von Sollbruchstellen). Die Füll- und Entleerungseinrichtungen (einschließlich Flansche oder Schraubverschlüsse) und alle Schutzkappen müssen gegen unbeabsichtigtes Öffnen gesichert werden können.

6.7.3.5.2 **[Dreifach-Verschlüsse]**

Mit Ausnahme von Öffnungen für die Druckentlastungseinrichtungen, Untersuchungsöffnungen und verschlossenen Entlüftungsbohrungen müssen alle Öffnungen mit einem Durchmesser von mehr als 1,5 mm in Tankkörpern von ortsbeweglichen Tanks mit mindestens drei hintereinanderliegenden, voneinander unabhängigen Verschlüssen ausgerüstet sein, wobei der erste eine innere Absperreinrichtung, ein Durchflussbegrenzungsventil oder eine gleichwertige Einrichtung, der zweite eine äußere Absperreinrichtung und der dritte ein Blindflansch oder eine gleichwertige Einrichtung ist.

6.7.3.5.2.1 **[Durchflussbegrenzungsventil]**

Wenn ein ortsbeweglicher Tank mit einem Durchflussbegrenzungsventil ausgerüstet ist, muss dieses so installiert sein, dass sich sein Sitz innerhalb des Tankkörpers oder innerhalb eines geschweißten Flansches befindet; wenn das Durchflussbegrenzungsventil außerhalb des Tankkörpers angebracht ist, müssen die Halterungen so ausgelegt sein, dass sie bei Stößen wirksam bleiben. Die Durchflussbegrenzungsventile sind so auszuwählen und anzubringen, dass sie sich bei Erreichen der vom Hersteller festgelegten Durchflussmenge selbsttätig schließen. Die Verbindungen oder Zubehörteile, die zu einem solchen Durchflussbegrenzungsventil führen oder von diesem wegführen, müssen einen höheren Durchsatz haben als die Durchflussmenge des Durchflussbegrenzungsventils.

6.7.3.5.3 **[Aufbau]**

Bei den Öffnungen für das Füllen und Entleeren muss der erste Verschluss eine innere Absperreinrichtung und der zweite eine Absperreinrichtung sein, die an einer zugänglichen Stelle jedes Auslauf- oder Füllstutzens angebracht ist.

6.7.3.5.4 **[Schnellschluss]**

Bei den Bodenöffnungen für das Befüllen und Entleeren von ortsbeweglichen Tanks für die Beförderung von nicht tiefgekühlt verflüssigten entzündbaren und/oder giftigen Gasen oder von Chemikalien unter Druck muss die innere Absperreinrichtung eine schnellschließende Sicherheitseinrichtung sein, die sich bei einem unbeabsichtigten Verschieben des ortsbeweglichen Tanks während des Füllens oder Entleerens oder bei Feuereinwirkung selbsttätig schließt. Ausgenommen bei ortsbeweglichen Tanks mit einem Fassungsraum von höchstens 1 000 Litern muss das Schließen dieser Einrichtung durch Fernbedienung ausgelöst werden können.

6.7.3.5.5 **[Zusätzliche Öffnungen]**

Zusätzlich zu den Öffnungen für das Befüllen, das Entleeren und den Gasdruckausgleich dürfen die Tankkörper mit Öffnungen für das Anbringen von Flüssigkeitsstandanzeigern, Thermometern und Manometern versehen sein. Die Anschlüsse dieser Instrumente müssen aus geeigneten geschweißten Stutzen oder Taschen bestehen und dürfen keine durch den Tankkörper gehenden Schraubanschlüsse sein.

**[Untersuchungsöffnungen]** 6.7.3.5.6

Alle ortsbeweglichen Tanks sind mit Mannlöchern oder anderen Untersuchungsöffnungen ausreichender Größe auszurüsten, um eine innere Untersuchung und einen ausreichenden Zugang für Wartungs- und Reparaturarbeiten im Inneren zu ermöglichen.

**[Äußere Bauteile]** 6.7.3.5.7

Die äußeren Bauteile sind so weit wie möglich zu Gruppen zusammenzufassen.

**[Kennzeichnung der Verbindungen]** 6.7.3.5.8

Jede Verbindung eines ortsbeweglichen Tanks muss eindeutig mit ihrer Funktion gekennzeichnet sein.

**[Auslegung der Absperreinrichtung]** 6.7.3.5.9

Jede Absperreinrichtung oder sonstige Verschlusseinrichtung ist nach einem Nenndruck auszulegen und zu bauen, der mindestens dem höchstzulässigen Betriebsdruck des Tankkörpers entspricht, wobei die bei der Beförderung voraussichtlich auftretenden Temperaturen zu berücksichtigen sind. Alle Absperreinrichtungen mit einer Gewindespindel müssen sich durch Drehen des Handrades im Uhrzeigersinn schließen. Bei den übrigen Absperreinrichtungen muss die Stellung (offen und geschlossen) und die Drehrichtung für das Schließen eindeutig angezeigt werden. Alle Absperreinrichtungen sind so auszulegen, dass ein unbeabsichtigtes Öffnen verhindert wird.

**[Rohrleitungen]** 6.7.3.5.10

Die Rohrleitungen sind so auszulegen, zu bauen und zu montieren, dass das Risiko der Beschädigung infolge thermischer Ausdehnung und Schrumpfung, mechanischer Erschütterung und Vibration vermieden wird. Alle Rohrleitungen müssen aus einem geeigneten metallenen Werkstoff sein. Soweit möglich müssen die Rohrleitungsverbindungen geschweißt sein.

**[Kupferrohre]** 6.7.3.5.11

Verbindungen von Kupferrohrleitungen müssen hartgelötet oder durch eine metallene Verbindung gleicher Festigkeit hergestellt sein. Der Schmelzpunkt des Hartlots darf nicht niedriger als 525 °C sein. Die Verbindungen dürfen die Festigkeit der Rohrleitungen nicht vermindern, wie dies bei Schraubverbindungen der Fall sein kann.

**[Rohr-Berstdruck]** 6.7.3.5.12

Der Berstdruck aller Rohrleitungen und Rohrleitungsbauteile darf nicht niedriger sein als der höhere der beiden folgenden Werte: das Vierfache des höchstzulässigen Betriebsdrucks des Tankkörpers oder das Vierfache des Drucks, zu dem es beim Betrieb durch Einwirkung einer Pumpe oder einer anderen Einrichtung (ausgenommen Druckentlastungseinrichtungen) kommen kann.

**[Verformungsfähige Metalle]** 6.7.3.5.13

Für den Bau von Verschlusseinrichtungen, Ventilen und Zubehörteilen sind verformungsfähige Metalle zu verwenden.

**Bodenöffnungen** 6.7.3.6

**[Verbote]** 6.7.3.6.1

Bestimmte nicht tiefgekühlt verflüssigte Gase dürfen nicht in ortsbeweglichen Tanks mit Bodenöffnungen befördert werden, wenn in der Anweisung für ortsbewegliche Tanks T50 in Absatz 4.2.5.2.6 angegeben ist, dass Bodenöffnungen nicht zugelassen sind. Unterhalb des Flüssigkeitsspiegels des Tankkörpers dürfen sich keine Öffnungen befinden, wenn der Tankkörper bis zur höchstzulässigen Füllgrenze befüllt ist.

**Druckentlastungseinrichtungen** 6.7.3.7

**[Anforderungen]** 6.7.3.7.1

Ortsbewegliche Tanks für nicht tiefgekühlt verflüssigte Gase müssen mit einer oder mehreren federbelasteten Druckentlastungseinrichtungen ausgerüstet sein. Die Druckentlastungseinrichtungen müssen sich selbsttätig bei einem Druck öffnen, der nicht geringer sein darf als der höchstzulässige Betriebsdruck, und bei einem Druck von 110 % des höchstzulässigen Betriebsdrucks vollständig geöffnet sein. Diese Einrichtungen müssen sich nach der Entlastung bei einem Druck wieder schließen, der höchstens 10 % unter dem Ansprechdruck liegt, und bei allen niedrigeren Drücken geschlossen bleiben. Bei den Druckent-

6.7.3.7.1 (Forts.) lastungseinrichtungen muss es sich um eine Bauart handeln, die dynamischen Kräften einschließlich Flüssigkeitsschwall standhält. Berstscheiben, die nicht mit einer federbelasteten Druckentlastungseinrichtung in Reihe geschaltet sind, sind nicht zugelassen.

6.7.3.7.2 **[Auslegung]**

Die Druckentlastungseinrichtungen müssen so ausgelegt sein, dass keine Fremdstoffe eindringen und keine Gase austreten können und sich kein gefährlicher Überdruck bilden kann.

6.7.3.7.3 **[Stoffe gemäß T50]**

Ortsbewegliche Tanks, die für die Beförderung von bestimmten, in der Anweisung für ortsbewegliche Tanks T50 in Absatz 4.2.5.2.6 genannten nicht tiefgekühlt verflüssigten Gasen vorgesehen sind, müssen mit einer von der zuständigen Behörde genehmigten Druckentlastungseinrichtung ausgerüstet sein. Die Entlastungseinrichtung muss aus einer Berstscheibe bestehen, die einer federbelasteten Druckentlastungseinrichtung vorgeschaltet ist, es sei denn, der ortsbewegliche Tank ist für die Beförderung eines einzigen Stoffes vorgesehen und mit einer genehmigten Druckentlastungseinrichtung aus einem Werkstoff ausgerüstet, der mit dem beförderten Stoff verträglich ist. Zwischen der Berstscheibe und der Druckentlastungseinrichtung ist ein Druckmessgerät oder eine andere geeignete Anzeigeeinrichtung für die Feststellung von Brüchen, Perforationen oder Undichtheiten der Scheibe, durch die das Druckentlastungssystem funktionsunfähig werden kann, anzubringen. Die Berstscheibe muss bei einem Nenndruck, der 10 % über dem Ansprechdruck der Druckentlastungseinrichtung liegt, bersten.

6.7.3.7.4 **[Öffnungsdruck]**

Bei ortsbeweglichen Tanks, die für die Beförderung verschiedener Gase vorgesehen sind, müssen die Druckentlastungseinrichtungen bei dem Druck öffnen, der in Absatz 6.7.3.7.1 für dasjenige der zur Beförderung im ortsbeweglichen Tank zugelassenen Gase mit dem größten höchstzulässigen Betriebsdruck angegeben ist.

### 6.7.3.8 Abblasmenge von Druckentlastungseinrichtungen

6.7.3.8.1 **[Gesamtabblasmenge]**

Die Gesamtabblasmenge der Druckentlastungseinrichtungen bei vollständiger Feuereinwirkung auf den ortsbeweglichen Tank muss ausreichen, damit der Druck (einschließlich Druckakkumulation) im Tankkörper höchstens 120 % des höchstzulässigen Betriebsdrucks beträgt. Um die vorgeschriebene Abblasmenge zu erreichen, sind federbelastete Druckentlastungseinrichtungen zu verwenden. Bei ortsbeweglichen Tanks, die für die Beförderung verschiedener Gase vorgesehen sind, muss die Gesamtabblasmenge der Druckentlastungseinrichtungen für dasjenige der zur Beförderung im ortsbeweglichen Tank zugelassenen Gase berechnet werden, das die höchste Abblasmenge erfordert.

6.7.3.8.1.1 **[Gesamtabblasmenge, Formel]**

Für die Bestimmung der erforderlichen Gesamtabblasmenge der Entlastungseinrichtungen, die als die Summe der einzelnen Abblasmengen der verschiedenen Einrichtungen angesehen wird, ist die folgende Formel zu verwenden:

$$Q = 12,4 \frac{FA^{0,82}}{LC}\sqrt{\frac{ZT}{M}},$$

wobei:

Q = die mindestens erforderliche Abblasleistung in Kubikmetern Luft pro Sekunde ($m^3/s$) unter den Normalbedingungen von 1 bar und 0 °C (273 K);

F = ein Koeffizient mit dem folgenden Wert:

für nicht isolierte Tankkörper F = 1;

für isolierte Tankkörper F = U (649 – t)/13,6, aber auf keinen Fall geringer als 0,25, wobei:

U = Wärmedurchgangskoeffizient der Isolierung bei 38 °C in $kW{\cdot}m^{-2}{\cdot}K^{-1}$

t = tatsächliche Temperatur des Stoffes beim Befüllen (in °C); ist diese Temperatur nicht bekannt, t = 15 °C.

Der oben für isolierte Tankkörper angegebene Wert F darf verwendet werden, vorausgesetzt, die Isolierung entspricht den Vorschriften des Absatzes 6.7.3.8.1.2;

A = gesamte Außenoberfläche des Tankkörpers in $m^2$;

Z = der Gaskompressibilitätsfaktor unter Akkumulationsbedingungen (Abblasbedingungen) (ist dieser Faktor nicht bekannt, Z = 1,0); 6.7.3.8.1.1 (Forts.)

T = absolute Temperatur in Kelvin (°C + 273) oberhalb der Druckentlastungseinrichtungen unter Akkumulationsbedingungen (Abblasbedingungen);

L = die latente Verdampfungswärme des flüssigen Stoffes in kJ/kg unter Akkumulationsbedingungen (Abblasbedingungen);

M = Molekülmasse des entlasteten Gases;

C = eine Konstante, die aus einer der folgenden Formeln abgeleitet und vom Verhältnis k der spezifischen Wärmen abhängig ist:

$$k = \frac{c_p}{c_v},$$

wobei:

$c_p$ die spezifische Wärme bei konstantem Druck und

$c_v$ die spezifische Wärme bei konstantem Volumen ist;

wenn k > 1:

$$C = \sqrt{k\left(\frac{2}{k+1}\right)^{\frac{k+1}{k-1}}};$$

wenn k = 1 oder wenn k unbekannt ist:

$$C = \frac{1}{\sqrt{e}} = 0,607,$$

wobei e die mathematische Konstante 2,7183 ist.

C kann auch der folgenden Tabelle entnommen werden:

| k | C | k | C | k | C |
|---|---|---|---|---|---|
| 1,00 | 0,607 | 1,26 | 0,660 | 1,52 | 0,704 |
| 1,02 | 0,611 | 1,28 | 0,664 | 1,54 | 0,707 |
| 1,04 | 0,615 | 1,30 | 0,667 | 1,56 | 0,710 |
| 1,06 | 0,620 | 1,32 | 0,671 | 1,58 | 0,713 |
| 1,08 | 0,624 | 1,34 | 0,674 | 1,60 | 0,716 |
| 1,10 | 0,628 | 1,36 | 0,678 | 1,62 | 0,719 |
| 1,12 | 0,633 | 1,38 | 0,681 | 1,64 | 0,722 |
| 1,14 | 0,637 | 1,40 | 0,685 | 1,66 | 0,725 |
| 1,16 | 0,641 | 1,42 | 0,688 | 1,68 | 0,728 |
| 1,18 | 0,645 | 1,44 | 0,691 | 1,70 | 0,731 |
| 1,20 | 0,649 | 1,46 | 0,695 | 2,00 | 0,770 |
| 1,22 | 0,652 | 1,48 | 0,698 | 2,20 | 0,793 |
| 1,24 | 0,656 | 1,50 | 0,701 | | |

**Bem.** Diese Formel gilt nur für nicht tiefgekühlt verflüssigte Gase, deren kritische Temperaturen deutlich über der Temperatur im Akkumulationszustand liegen. Bei Gasen, die eine kritische Temperatur nahe oder unterhalb der Temperatur im Akkumulationszustand haben, sind bei der Bestimmung der Gesamtabblasleistung der Entlastungseinrichtungen die übrigen thermodynamischen Eigenschaften des Gases zu berücksichtigen (siehe beispielsweise CGA S-1.2-2003 „Pressure Relief Device Standards – Part 2 – Cargo and Portable Tanks for Compressed Gases" (Normen für Druckentlastungseinrichtungen – Teil 2 – Frachttanks und ortsbewegliche Tanks für verdichtete Gase).

**[Isolierungssystem]** 6.7.3.8.1.2

Isolierungssysteme, die zur Reduzierung der Abblasmenge verwendet werden, müssen von der zuständigen Behörde oder einer von ihr bestimmten Stelle genehmigt werden. In jedem Fall müssen die für diesen Zweck genehmigten Isolierungssysteme

a) bei allen Temperaturen bis 649 °C wirksam bleiben und

b) mit einem Werkstoff mit einem Schmelzpunkt von mindestens 700 °C ummantelt sein.

**6.7.3.9 Kennzeichnung von Druckentlastungseinrichtungen**

**6.7.3.9.1 [Angaben]**

Jede Druckentlastungseinrichtung muss mit folgenden Angaben deutlich und dauerhaft gekennzeichnet sein:

a) der Ansprechdruck (in bar oder kPa);

b) die zulässige Toleranz für den Entlastungsdruck von federbelasteten Einrichtungen;

c) die Referenztemperatur, die dem nominalen Berstdruck von Berstscheiben zugeordnet ist;

d) die nominale Abblasmenge der Einrichtung in Normkubikmetern Luft pro Sekunde ($m^3/s$) und

→ *1.6.4.43* e) die Strömungsquerschnitte der federbelasteten Druckentlastungseinrichtungen und Berstscheiben in $mm^2$;

wenn möglich, ist auch folgende Information anzugeben:

f) der Name des Herstellers und die entsprechende Registriernummer der Druckentlastungseinrichtung.

**6.7.3.9.2 [Referenznorm]**

Die auf den Druckentlastungseinrichtungen angegebene nominale Abblasmenge ist nach den Normen ISO 4126-1:2004 und ISO 4126-7:2004 zu bestimmen.

**6.7.3.10 Anschlüsse für Druckentlastungseinrichtungen**

**6.7.3.10.1 [Dimensionierung]**

Die Anschlüsse für Druckentlastungseinrichtungen müssen ausreichend dimensioniert sein, damit die erforderliche Abblasmenge ungehindert zur Sicherheitseinrichtung gelangen kann. Zwischen dem Tankkörper und den Druckentlastungseinrichtungen dürfen keine Absperreinrichtungen angebracht sein, es sei denn, es sind doppelte Einrichtungen für die Wartung oder für andere Zwecke vorhanden, und die Absperreinrichtungen für die jeweils verwendeten Druckentlastungseinrichtungen sind in geöffneter Stellung verriegelt oder die Absperreinrichtungen sind so miteinander gekoppelt, dass mindestens eine der doppelt vorhandenen Einrichtungen immer in Betrieb und in der Lage ist, die Vorschriften des Unterabschnitts 6.7.3.8 zu erfüllen. In einer Öffnung, die zu einer Lüftungs- oder Druckentlastungseinrichtung führt, dürfen keine Hindernisse vorhanden sein, welche die Strömung vom Tankkörper zu diesen Einrichtungen begrenzen oder unterbrechen könnten. Abblasleitungen der Druckentlastungseinrichtungen müssen, sofern sie verwendet werden, die Dämpfe oder Flüssigkeiten so in die Atmosphäre ableiten, dass nur ein minimaler Gegendruck auf die Druckentlastungseinrichtungen wirkt.

**6.7.3.11 Anordnung von Druckentlastungseinrichtungen**

**6.7.3.11.1 [Öffnungen]**

Jede Einlassöffnung der Druckentlastungseinrichtungen muss im Scheitel des Tankkörpers so nahe wie möglich am Schnittpunkt von Längs- und Querachse des Tankkörpers angeordnet sein. Alle Einlassöffnungen der Druckentlastungseinrichtungen müssen sich bei maximalen Füllungsbedingungen in der Dampfphase des Tankkörpers befinden; die Einrichtungen sind so anzuordnen, dass der Dampf ungehindert entweichen kann. Bei nicht tiefgekühlt verflüssigten entzündbaren Gasen muss der entweichende Dampf so vom Tankkörper abgeleitet werden, dass er nicht auf den Tankkörper einwirken kann. Schutzeinrichtungen, die die Strömung des Dampfes umleiten, sind zugelassen, vorausgesetzt, die geforderte Abblasmenge wird dadurch nicht vermindert.

**6.7.3.11.2 [Unbefugte]**

Es sind Maßnahmen zu treffen, um den Zugang unbefugter Personen zu den Druckentlastungseinrichtungen zu verhindern und die Druckentlastungseinrichtungen bei einem Umkippen des ortsbeweglichen Tanks vor Beschädigung zu schützen.

**6.7.3.12 Füllstandsanzeigevorrichtungen**

**6.7.3.12.1 [Werkstoffverbot]**

Ein ortsbeweglicher Tank ist, sofern er nicht für das Befüllen nach Masse vorgesehen ist, mit einer oder mehreren Füllstandsanzeigevorrichtungen auszurüsten. Füllstandsanzeiger aus Glas und aus anderen zerbrechlichen Werkstoffen, die direkt mit dem Inhalt des Tankkörpers in Verbindung stehen, dürfen nicht verwendet werden.

**Traglager, Rahmen, Hebe- und Befestigungseinrichtungen für ortsbewegliche Tanks** 6.7.3.13

**[Anforderungen]** 6.7.3.13.1

Ortsbewegliche Tanks sind mit einem Traglager auszulegen und zu bauen, das eine sichere Auflage während der Beförderung gewährleistet. Die in Absatz 6.7.3.2.9 angegebenen Kräfte und der in Absatz 6.7.3.2.10 angegebene Sicherheitsfaktor müssen dabei berücksichtigt werden. Kufen, Rahmen, Schlitten oder andere ähnliche Konstruktionen sind zugelassen.

**[Spannungen]** 6.7.3.13.2

Die von den Anbauten an ortsbeweglichen Tanks (z.B. Schlitten, Rahmen usw.) sowie von den Hebe- und Befestigungseinrichtungen verursachten kombinierten Spannungen dürfen in keinem Bereich des Tankkörpers zu übermäßigen Spannungen führen. Alle ortsbeweglichen Tanks sind mit dauerhaften Hebe- und Befestigungseinrichtungen auszurüsten. Diese sind vorzugsweise an den Traglagern des ortsbeweglichen Tanks zu montieren, dürfen aber auch an Verstärkungsplatten montiert sein, die an den Auflagepunkten des Tankkörpers befestigt sind.

**[Korrosionsberücksichtigung]** 6.7.3.13.3

Bei der Auslegung von Traglagern und Rahmen müssen die Auswirkungen von Umweltkorrosion berücksichtigt werden.

**[Gabeltaschen]** 6.7.3.13.4

Gabeltaschen müssen verschließbar sein. Die Einrichtungen zum Verschließen der Gabeltaschen müssen ein dauerhafter Bestandteil des Rahmens oder dauerhaft am Rahmen befestigt sein. Ortsbewegliche Einkammertanks mit einer Länge von weniger als 3,65 m müssen nicht mit verschließbaren Gabeltaschen ausgerüstet sein, vorausgesetzt:

a) der Tankkörper, einschließlich aller Zubehörteile, ist gut gegen Stöße der Gabeln des Gabelstaplers geschützt und
b) der Abstand von Mitte zu Mitte der Gabeltaschen ist mindestens halb so groß wie die größte Länge des ortsbeweglichen Tanks.

**[Kippschutz]** 6.7.3.13.5

Wenn ortsbewegliche Tanks während der Beförderung nicht nach Unterabschnitt 4.2.2.3 geschützt sind, müssen die Tankkörper und die Bedienungsausrüstung gegen Beschädigung durch Längs- oder Querstöße oder Umkippen geschützt sein. Äußere Ausrüstungsteile müssen so geschützt sein, dass ein Austreten des Tankkörperinhalts durch Stöße oder Umkippen des ortsbeweglichen Tanks auf seine Ausrüstungsteile ausgeschlossen ist. Beispiele für Schutzmaßnahmen:

a) Schutz gegen seitliche Stöße, der aus Längsträgern bestehen kann, die den Tankkörper auf beiden Seiten in Höhe der Mittellinie schützen;
b) Schutz des ortsbeweglichen Tanks vor dem Umkippen, der aus Verstärkungsringen oder quer am Rahmen befestigten Stäben bestehen kann;
c) Schutz gegen Stöße von hinten, der aus einer Stoßstange oder einem Rahmen bestehen kann;
d) Schutz des Tankkörpers gegen Beschädigungen durch Stöße oder Umkippen durch Verwendung eines ISO-Rahmens nach ISO 1496-3:1995.

**Baumusterzulassung*)** 6.7.3.14

**[Ausstellung]** 6.7.3.14.1 *→ D: § 12 (1) 1 a)*

Für jedes neue Baumuster eines ortsbeweglichen Tanks ist durch die zuständige Behörde oder eine von ihr bestimmte Stelle eine Baumusterzulassungsbescheinigung auszustellen. Diese Bescheinigung muss bestätigen, dass ein ortsbeweglicher Tank von der Behörde begutachtet worden ist, für die beabsichtigte Verwendung geeignet ist und den Vorschriften dieses Kapitels und gegebenenfalls den in der Anweisung für ortsbewegliche Tanks T50 in Absatz 4.2.5.2.6 vorgesehenen Vorschriften für Gase entspricht. Werden die ortsbeweglichen Tanks ohne Änderung in der Bauart in Serie gefertigt, gilt die Bescheinigung für die gesamte Serie. In dieser Bescheinigung sind der Baumusterprüfbericht, die zur Beförderung zugelassenen Gase, die Werkstoffe des Tankkörpers und eine Zulassungsnummer anzugeben. Die Zulassungsnummer

*) *→ 1.6.4.30; → D: RSEB Anl. 14; → D: RSEB 6-5*

**6.7.3.14.1** (Forts.) muss aus dem Unterscheidungszeichen oder -symbol des Staates, in dem die Zulassung erfolgte, angegeben durch das für Kraftfahrzeuge im internationalen Verkehr verwendete Unterscheidungszeichen[6], und einer Registriernummer bestehen. In der Bescheinigung sind eventuelle alternative Vereinbarungen gemäß Unterabschnitt 6.7.1.2 anzugeben. Eine Baumusterzulassung darf auch für die Zulassung kleinerer ortsbeweglicher Tanks herangezogen werden, die aus Werkstoffen gleicher Art und Dicke, nach derselben Fertigungstechnik, mit identischem Traglager sowie gleichwertigen Verschlüssen und sonstigen Zubehörteilen hergestellt werden.

**6.7.3.14.2 [Baumusterprüfbericht]**

Der Baumusterprüfbericht für die Baumusterzulassung muss mindestens folgende Angaben enthalten:

a) die Ergebnisse der in ISO 1496-3:1995 beschriebenen anwendbaren Prüfung des Rahmens;
b) die Ergebnisse der erstmaligen Prüfung nach Absatz 6.7.3.15.3 und
c) soweit anwendbar, die Ergebnisse der Auflaufprüfung nach Absatz 6.7.3.15.1.

**6.7.3.15 Prüfung**

**6.7.3.15.1 [Dynamische Auflaufprüfung]**

Ortsbewegliche Tanks, die der Begriffsbestimmung für Container des Internationalen Übereinkommens über sichere Container (CSC) von 1972 in der jeweils geänderten Fassung entsprechen, dürfen nicht verwendet werden, es sei denn, sie werden erfolgreich qualifiziert, nachdem ein repräsentatives Baumuster jeder Bauart der im Handbuch Prüfungen und Kriterien Teil IV Abschnitt 41 beschriebenen dynamischen Auflaufprüfung unterzogen wurde.

**6.7.3.15.2 [Prüfungsrhythmus]**

Der Tankkörper und die Ausrüstungsteile jedes ortsbeweglichen Tanks müssen vor der erstmaligen Inbetriebnahme (erstmalige Prüfung) und danach regelmäßig spätestens alle fünf Jahre (wiederkehrende 5-Jahres-Prüfung) mit einer wiederkehrenden Zwischenprüfung (wiederkehrende 2,5-Jahres-Prüfung) in der Halbzeit zwischen zwei wiederkehrenden 5-Jahres-Prüfungen geprüft werden. Die 2,5-Jahres-Prüfung darf innerhalb von 3 Monaten vor oder nach dem angegebenen Datum durchgeführt werden. Unabhängig von der zuletzt durchgeführten wiederkehrenden Prüfung ist, wenn es sich gemäß Absatz 6.7.3.15.7 als erforderlich erweist, eine außerordentliche Prüfung durchzuführen.

**6.7.3.15.3 [Erstmalige Prüfung]**

Die erstmalige Prüfung eines ortsbeweglichen Tanks muss eine Überprüfung der Auslegungsmerkmale, eine innere und äußere Untersuchung des ortsbeweglichen Tanks und seiner Ausrüstungsteile unter Berücksichtigung der zu befördernden nicht tiefgekühlt verflüssigten Gase sowie eine Druckprüfung unter Verwendung der Prüfdrücke des Absatzes 6.7.3.3.2 umfassen. Die Druckprüfung darf als Wasserdruckprüfung oder mit Zustimmung der zuständigen Behörde oder einer von ihr bestimmten Stelle unter Verwendung einer anderen Flüssigkeit oder eines anderen Gases durchgeführt werden. Vor der Inbetriebnahme des ortsbeweglichen Tanks ist eine Dichtheitsprüfung und eine Funktionsprüfung der gesamten Bedienungsausrüstung durchzuführen. Wenn der Tankkörper und seine Ausrüstungsteile getrennt einer Druckprüfung unterzogen worden sind, müssen sie nach dem Zusammenbau gemeinsam einer Dichtheitsprüfung unterzogen werden. Alle Schweißnähte, die den vollen Beanspruchungen im Tankkörper ausgesetzt sind, müssen bei der erstmaligen Prüfung mittels Durchstrahlung, Ultraschall oder einer anderen zerstörungsfreien Methode geprüft werden. Dies gilt nicht für die Ummantelung.

**6.7.3.15.4 [Wiederkehrende Prüfung]**

Die wiederkehrende 5-Jahres-Prüfung muss eine innere und äußere Untersuchung sowie in der Regel eine Wasserdruckprüfung umfassen. Schutzummantelungen, Wärmeisolierungen und dergleichen sind nur so weit zu entfernen, wie es für eine sichere Beurteilung des Zustands des ortsbeweglichen Tanks erforderlich ist. Wenn der Tankkörper und seine Ausrüstungsteile getrennt einer Druckprüfung unterzogen worden sind, müssen sie nach dem Zusammenbau gemeinsam einer Dichtheitsprüfung unterzogen werden.

---

[6] Das für Kraftfahrzeuge und Anhänger im internationalen Straßenverkehr verwendete Unterscheidungszeichen des Zulassungsstaates, z.B. gemäß dem Genfer Übereinkommen über den Straßenverkehr von 1949 oder dem Wiener Übereinkommen über den Straßenverkehr von 1968.

**[Zwischenprüfung]** 6.7.3.15.5

Die wiederkehrende 2,5-Jahres-Zwischenprüfung muss mindestens eine innere und äußere Untersuchung des ortsbeweglichen Tanks und seiner Ausrüstungsteile unter Berücksichtigung der zu befördernden nicht tiefgekühlt verflüssigten Gase, eine Dichtheitsprüfung und eine Funktionsprüfung der gesamten Bedienungsausrüstung umfassen. Schutzummantelungen, Wärmeisolierungen und dergleichen sind nur so weit zu entfernen, wie es für eine sichere Beurteilung des Zustands des ortsbeweglichen Tanks erforderlich ist. Bei ortsbeweglichen Tanks, die für die Beförderung eines einzigen nicht tiefgekühlt verflüssigten Gases vorgesehen sind, kann die alle zweieinhalb Jahre vorzunehmende innere Untersuchung entfallen oder durch andere, von der zuständigen Behörde oder der von ihr bestimmten Stelle festgelegte Prüfverfahren ersetzt werden.

**Prüfung und Befüllung von ortsbeweglichen Tanks nach Ablauf der Frist für die wiederkehrende Prüfung** 6.7.3.15.6

**[Benutzungsverbot bei Fristüberschreitung]** 6.7.3.15.6.1

Nach Ablauf der Frist für die in Absatz 6.7.3.15.2 vorgeschriebene wiederkehrende 5-Jahres- oder 2,5-Jahres-Prüfung dürfen die ortsbeweglichen Tanks weder befüllt noch zur Beförderung aufgegeben werden. Jedoch dürfen ortsbewegliche Tanks, die vor Ablauf der Frist für die wiederkehrende Prüfung befüllt wurden, innerhalb eines Zeitraums von höchstens drei Monaten nach Ablauf dieser Frist befördert werden. Außerdem dürfen sie nach Ablauf dieser Frist befördert werden:

a) nach dem Entleeren, jedoch vor dem Reinigen, um sie vor dem Wiederbefüllen der nächsten vorgeschriebenen Prüfung zuzuführen, und
b) sofern von der zuständigen Behörde nichts anderes vorgesehen ist, innerhalb eines Zeitraums von höchstens sechs Monaten nach Ablauf dieser Frist, um die Rücksendung von gefährlichen Stoffen zur ordnungsgemäßen Entsorgung oder zum ordnungsgemäßen Recycling zu ermöglichen. Im Beförderungspapier muss auf diese Ausnahme hingewiesen werden.

**[Benutzung bei neuer 5-Jahres-Prüfung]** 6.7.3.15.6.2

Sofern in Absatz 6.7.3.15.6.1 nichts anderes vorgesehen ist, dürfen ortsbewegliche Tanks, die den Zeitrahmen für ihre geplante wiederkehrende 5-Jahres- oder 2,5-Jahres-Prüfung überschritten haben, nur dann befüllt und zur Beförderung aufgegeben werden, wenn eine neue wiederkehrende 5-Jahres-Prüfung gemäß Absatz 6.7.3.15.4 durchgeführt wird.

**[Außerordentliche Prüfung]** 6.7.3.15.7
*→ D: § 24 Nr. 2*

Eine außerordentliche Prüfung ist erforderlich, wenn der ortsbewegliche Tank Anzeichen von Beschädigung, Korrosion, Undichtheit oder anderer auf einen Mangel hinweisende Zustände aufweist, der die Unversehrtheit des ortsbeweglichen Tanks beeinträchtigen könnte. Der Umfang der außerordentlichen Prüfung hängt vom Ausmaß der Beschädigung oder der Verschlechterung des Zustands des ortsbeweglichen Tanks ab. Sie muss mindestens die 2,5-Jahres-Prüfung gemäß Absatz 6.7.3.15.5 umfassen.

**[Untersuchungen]** 6.7.3.15.8

Durch die inneren und äußeren Untersuchungen muss sichergestellt werden, dass:

a) der Tankkörper auf punktförmige Vertiefungen (Pitting), Korrosion, Abrieb, Beulen, Verformungen, Fehler in Schweißnähten oder andere Zustände, einschließlich Undichtheiten, geprüft ist, durch die der ortsbewegliche Tank bei der Beförderung unsicher werden könnte. Wenn bei dieser Untersuchung Anzeichen einer Verringerung der Wanddicke festgestellt werden, muss die Wanddicke durch geeignete Messungen überprüft werden;
b) die Rohrleitungen, die Ventile und die Dichtungen auf Korrosion, Defekte oder andere Zustände, einschließlich Undichtheiten, geprüft sind, durch die der ortsbewegliche Tank beim Befüllen, Entleeren oder der Beförderung unsicher werden könnte;
c) die Einrichtungen, mit denen die Mannlochdeckel festgezogen werden, ordnungsgemäß funktionieren, und diese Deckel oder ihre Dichtungen keine Undichtheiten aufweisen;
d) fehlende oder lose Bolzen oder Muttern bei geflanschten Verbindungen oder Blindflanschen ersetzt oder festgezogen sind;
e) alle Sicherheitseinrichtungen und -ventile frei von Korrosion, Verformung, Beschädigung oder Defekten sind, die ihre normale Funktion behindern könnten. Fernbediente und selbstschließende Verschlusseinrichtungen sind zu betätigen, um ihre ordnungsgemäße Funktion nachzuweisen;

6.7.3.15.8 (Forts.)

f) auf dem ortsbeweglichen Tank vorgeschriebene Kennzeichen lesbar sind und den anwendbaren Vorschriften entsprechen und

g) der Rahmen, das Traglager und die Hebeeinrichtungen des ortsbeweglichen Tanks sich in einem zufrieden stellenden Zustand befinden.

**6.7.3.15.9 [Sachverständige, Druckprüfung]**

*→ D: § 12 (1) 1 a)*

Die in den Absätzen 6.7.3.15.1, 6.7.3.15.3, 6.7.3.15.4, 6.7.3.15.5 und 6.7.3.15.7 angegebenen Prüfungen sind von einem von der zuständigen Behörde oder einer von ihr bestimmten Stelle zugelassenen Sachverständigen durchzuführen oder zu beglaubigen. Wenn die Druckprüfung Bestandteil der Prüfung ist, ist diese mit dem auf dem Tankschild des ortsbeweglichen Tanks angegebenen Prüfdruck durchzuführen. Der unter Druck stehende ortsbewegliche Tank ist auf Undichtheiten des Tankkörpers, der Rohrleitungen oder der Ausrüstung zu untersuchen.

**6.7.3.15.10 [Heißarbeiten]**

*→ D: § 12 (1) 3*

In allen Fällen, in denen Schneid-, Brenn- oder Schweißarbeiten am Tankkörper durchgeführt werden, sind diese Arbeiten von der zuständigen Behörde oder einer von ihr bestimmten Stelle unter Berücksichtigung des für den Bau des Tankkörpers verwendeten Regelwerks für Druckbehälter zu genehmigen. Nach Abschluss der Arbeiten ist eine Druckprüfung mit dem ursprünglichen Prüfdruck durchzuführen.

**6.7.3.15.11 [Sicherheitsmängel]**

Wird eine die Sicherheit gefährdende Fehlerhaftigkeit festgestellt, darf der ortsbewegliche Tank vor der Ausbesserung und dem erfolgreichen Bestehen einer erneuten Prüfung nicht wieder in Betrieb genommen werden.

## 6.7.3.16 Kennzeichnung

*→ D: RSEB 6-6*

**6.7.3.16.1 [Inhalt]**

*→ 1.6.4.37*

Jeder ortsbewegliche Tank muss mit einem korrosionsbeständigen Metallschild ausgerüstet sein, das dauerhaft an einer auffallenden und für die Prüfung leicht zugänglichen Stelle angebracht ist. Wenn das Schild aus Gründen der Anordnung von Einrichtungen am ortsbeweglichen Tank nicht dauerhaft am Tankkörper angebracht werden kann, muss der Tankkörper mindestens mit den im Regelwerk für Druckbehälter vorgeschriebenen Informationen gekennzeichnet sein. Auf dem Schild müssen mindestens die folgenden Angaben eingeprägt oder durch ein ähnliches Verfahren angebracht sein:

a) Eigentümerinformationen
   (i) Registriernummer des Eigentümers;
b) Herstellungsinformationen
   (i) Herstellungsland;
   (ii) Herstellungsjahr;
   (iii) Name oder Zeichen des Herstellers;
   (iv) Seriennummer des Herstellers;
c) Zulassungsinformationen
   (i) das Symbol der Vereinten Nationen für Verpackungen (u/n); dieses Symbol darf nur zum Zweck der Bestätigung verwendet werden, dass eine Verpackung, ein flexibler Schüttgut-Container, ein ortsbeweglicher Tank oder ein MEGC den entsprechenden Vorschriften des Kapitels 6.1, 6.2, 6.3, 6.5, 6.6, 6.7 oder 6.11 entspricht;
   (ii) Zulassungsland;
   (iii) für die Baumusterzulassung zugelassene Stelle;
   (iv) Baumusterzulassungsnummer;
   (v) die Buchstaben „AA", wenn das Baumuster nach alternativen Vereinbarungen zugelassen wurde (siehe Unterabschnitt 6.7.1.2);
   (vi) Regelwerk für Druckbehälter, nach dem der Tankkörper ausgelegt wurde;

6.7.3.16.1 (Forts.)

d) Drücke
   (i) höchstzulässiger Betriebsdruck (in bar oder kPa (Überdruck))[7];
   (ii) Prüfdruck (in bar oder kPa (Überdruck))[7];
   (iii) Datum der erstmaligen Druckprüfung (Monat und Jahr);
   (iv) Identifizierungskennzeichen des Sachverständigen der erstmaligen Druckprüfung;
   (v) äußerer Auslegungsdruck[8] (in bar oder kPa (Überdruck))[7];

e) Temperaturen
   (i) Auslegungstemperaturbereich (in °C)[7];
   (ii) Auslegungsreferenztemperatur (in °C)[7];

f) Werkstoffe
   (i) Werkstoff(e) des Tankkörpers und Verweis(e) auf Werkstoffnorm(en);
   (ii) gleichwertige Wanddicke für Bezugsstahl (in mm)[7];

g) Fassungsraum
   (i) mit Wasser ausgeliterter Fassungsraum des Tanks bei 20 °C (in Litern)[7];

h) wiederkehrende Prüfungen
   (i) Art der zuletzt durchgeführten wiederkehrenden Prüfung (2,5-Jahres-, 5-Jahres-Prüfung oder außerordentliche Prüfung);
   (ii) Datum der zuletzt durchgeführten wiederkehrenden Prüfung (Monat und Jahr);
   (iii) Prüfdruck (in bar oder kPa (Überdruck))[7] der zuletzt durchgeführten wiederkehrenden Prüfung (sofern anwendbar);
   (ic) Identifizierungskennzeichen der zugelassenen Stelle, welche die letzte Prüfung durchgeführt oder beglaubigt hat.

**Abbildung 6.7.3.16.1: Beispiel eines Kennzeichenschilds**

| | | | |
|---|---|---|---|
| Registriernummer des Eigentümers | | | |
| **HERSTELLUNGSINFORMATIONEN** | | | |
| Herstellungsland | | | |
| Herstellungsjahr | | | |
| Hersteller | | | |
| Seriennummer des Herstellers | | | |
| **ZULASSUNGSINFORMATIONEN** | | | |
| | Zulassungsland | | |
| | für die Baumusterzulassung zugelassene Stelle | | |
| | Baumusterzulassungsnummer | | „AA" *(sofern anwendbar)* |
| Regelwerk für die Auslegung des Tankkörpers (Druckbehälter-Regelwerk) | | | |
| **DRÜCKE** | | | |
| höchstzulässiger Betriebsdruck | | | bar *oder* kPa |
| Prüfdruck | | | bar *oder* kPa |
| Datum der erstmaligen Druckprüfung: | *(MM/JJJJ)* | Stempel des Sachverständigen: | |
| äußerer Auslegungsdruck | | | bar *oder* kPa |

7) Die verwendete Einheit ist anzugeben.
8) Siehe Absatz 6.7.3.2.8.

**6.7.3.16.1** (Forts.)

| | | | | | | | |
|---|---|---|---|---|---|---|---|
| **TEMPERATUREN** | | | | | | | |
| Auslegungstemperaturbereich | | | | °C bis °C | | | |
| Auslegungsreferenztemperatur | | | | °C | | | |
| **WERKSTOFFE** | | | | | | | |
| Werkstoff(e) des Tankkörpers und Verweis(e) auf Werkstoffnorm(en) | | | | | | | |
| gleichwertige Wanddicke für Bezugsstahl | | | | mm | | | |
| **FASSUNGSRAUM** | | | | | | | |
| mit Wasser ausgeliterter Fassungsraum des Tanks bei 20 °C | | | | Liter | | | |
| **WIEDERKEHRENDE PRÜFUNGEN** | | | | | | | |
| Art der Prüfung | Prüfdatum | Stempel des Sachverständigen und Prüfdruck[a] | | Art der Prüfung | Prüfdatum | Stempel des Sachverständigen und Prüfdruck[a] | |
| | *(MM/JJJJ)* | | bar *oder* kPa | | *(MM/JJJJ)* | | bar *oder* kPa |
| | | | | | | | |
| | | | | | | | |
| | | | | | | | |
| | | | | | | | |

[a] Prüfdruck (sofern anwendbar).

**6.7.3.16.2** → *D: § 23 (1) 12* **[Tankschild]**

Folgende Angaben müssen auf dem ortsbeweglichen Tank selbst oder auf einem am ortsbeweglichen Tank fest angebrachten Metallschild dauerhaft angegeben sein:

Name des Betreibers

Bezeichnung des (der) zur Beförderung zugelassenen nicht tiefgekühlt verflüssigten Gases (Gase)

höchstzulässige Masse der Füllung für jedes zur Beförderung zugelassene nicht tiefgekühlt verflüssigte Gas ____ kg

höchstzulässige Bruttomasse ____ kg

Leermasse (Tara) ____ kg

Anweisung für ortsbewegliche Tanks gemäß Absatz 4.2.5.2.6

**Bem.** Wegen der Identifizierung der beförderten nicht tiefgekühlt verflüssigten Gase siehe auch Teil 5.

**6.7.3.16.3** **[Offshore-Tank]**

Wenn ein ortsbeweglicher Tank für die Verwendung auf hoher See ausgelegt und zugelassen ist, muss das Identifizierungsschild mit „OFFSHORE PORTABLE TANK" gekennzeichnet sein.

## 6.7.4 Vorschriften für die Auslegung, den Bau und die Prüfung von ortsbeweglichen Tanks zur Beförderung von tiefgekühlt verflüssigten Gasen

→ *D: § 24 Nr. 1*

### 6.7.4.1 Begriffsbestimmungen

→ *1.2.1*

Für Zwecke dieses Abschnitts gelten folgende Begriffsbestimmungen:

***Alternative Vereinbarung:*** Eine Zulassung, die von der *zuständigen Behörde* für einen *ortsbeweglichen Tank* oder einen *MEGC* ausgestellt wird, der nach technischen Vorschriften oder Prüfmethoden ausgelegt, gebaut und geprüft ist, die von den in diesem Kapitel festgelegten abweichen.

***Bauliche Ausrüstung:*** Die außen am Tankkörper angebrachten Versteifungselemente, Elemente für die Befestigung, den Schutz und die Stabilisierung.

***Bedienungsausrüstung:*** Die Messinstrumente sowie die Füll-, Entleerungs-, Entlüftungs-, Sicherheits-, Druckerzeugungs-, Kühl- und Wärmeisolierungseinrichtungen. 6.7.4.1 (Forts.)

***Bezugsstahl:*** Stahl mit einer Zugfestigkeit von 370 N/mm² und einer Bruchdehnung von 27 %.

***Dichtheitsprüfung:*** Eine Prüfung, bei der der Tankkörper und seine Bedienungsausrüstung unter Verwendung eines Gases mit einem effektiven Innendruck von mindestens 90 % des höchstzulässigen Betriebsdrucks belastet wird.

***Haltezeit:*** Der Zeitraum zwischen der Herstellung des erstmaligen Füllzustandes bis zu dem Zeitpunkt, in dem der Druck durch Wärmezufuhr auf den niedrigsten Ansprechdruck der Druckbegrenzungseinrichtung(en) gestiegen ist.

***Höchstzulässige Bruttomasse:*** Die Summe aus Leermasse des ortsbeweglichen Tanks und der höchsten für die Beförderung zugelassenen Ladung.

***Höchstzulässiger Betriebsdruck:*** Der höchstzulässige effektive Überdruck im Scheitel des Tankkörpers eines befüllten ortsbeweglichen Tanks im Betriebszustand, einschließlich der höchste effektive Druck während des Füllens oder Entleerens.

***Mindestauslegungstemperatur:*** Die Temperatur, die für die Auslegung und den Bau des Tankkörpers verwendet wird und die nicht höher ist als die niedrigste (kälteste) Temperatur (Betriebstemperatur) des Inhalts unter normalen Füll-, Entleerungs- und Beförderungsbedingungen.

***Ortsbeweglicher Tank:*** Ein wärmeisolierter multimodaler Tank mit einem Fassungsraum von mehr als 450 Litern, der mit der für die Beförderung von tiefgekühlt verflüssigten Gasen notwendigen Bedienungsausrüstung und baulichen Ausrüstung ausgestattet ist. Der ortsbewegliche Tank muss befüllt und entleert werden können, ohne dass dazu die bauliche Ausrüstung entfernt werden muss. Er muss außen am Tank angebrachte Elemente zur Stabilisierung besitzen und muss in vollem Zustand angehoben werden können. Er muss hauptsächlich dafür ausgelegt sein, um auf einen Wagen, ein Fahrzeug, ein See- oder Binnenschiff verladen werden zu können, und mit Kufen, Tragelementen oder Zubehörteilen ausgerüstet sein, um die mechanische Handhabung zu erleichtern. Straßentankfahrzeuge, Kesselwagen, nicht metallene Tanks, Großpackmittel (IBC), Gasflaschen und Großgefäße gelten nicht als ortsbewegliche Tanks.

***Prüfdruck:*** Der höchste Überdruck im Scheitel des Tankkörpers während der Druckprüfung.

***Tank:*** Eine Konstruktion, die normalerweise

a) entweder aus einer Ummantelung und einem oder mehreren inneren Tankkörpern besteht, wobei der Raum zwischen dem (den) Tankkörper(n) und der Ummantelung luftleer ist (Vakuumisolierung) und ein Wärmeisolationssystem beinhalten kann, oder
b) aus einer Ummantelung und einem inneren Tankkörper mit einer Zwischenschicht aus festem Isoliermaterial (z.B. fester Schaum)

besteht.

***Tankkörper:*** Der Teil des ortsbeweglichen Tanks, der das zu befördernde tiefgekühlt verflüssigte Gas enthält (eigentlicher Tank), einschließlich der Öffnungen und ihrer Verschlüsse, jedoch mit Ausnahme der Bedienungsausrüstung und der äußeren baulichen Ausrüstung.

***Ummantelung:*** Die äußere Abdeckung oder Verkleidung der Isolierung, die Teil des Isolationssystems sein kann.

**Allgemeine Vorschriften für die Auslegung und den Bau** 6.7.4.2

**[Regelwerk]** 6.7.4.2.1 *→ D: § 8 (1) 10*

Die Tankkörper sind in Übereinstimmung mit den Vorschriften eines von der zuständigen Behörde anerkannten Regelwerks für Druckbehälter auszulegen und zu bauen. Die Tankkörper und Ummantelungen sind aus metallenen verformungsfähigen Werkstoffen herzustellen. Die Ummantelungen sind aus Stahl herzustellen. Nicht metallene Werkstoffe dürfen für die Befestigungseinrichtungen und Anbauten zwischen dem Tankkörper und der Ummantelung verwendet werden, sofern nachgewiesen ist, dass ihre Werkstoffeigenschaften bei der Mindestauslegungstemperatur ausreichend sind. Die Werkstoffe müssen grundsätzlich den nationalen oder internationalen Werkstoffnormen entsprechen. Für geschweißte Tank-

6.7.4.2.1 (Forts.) körper und Ummantelungen dürfen nur Werkstoffe verwendet werden, deren Schweißbarkeit vollständig nachgewiesen worden ist. Die Schweißnähte müssen fachgerecht ausgeführt sein und volle Sicherheit bieten. Wenn es durch den Herstellungsprozess oder die verwendeten Werkstoffe erforderlich ist, müssen die Tankkörper einer Wärmebehandlung unterzogen werden, um zu gewährleisten, dass die Schweißnähte und die Wärmeeinflusszone eine ausreichende Zähigkeit aufweisen. Bei der Auswahl des Werkstoffes muss die Mindestauslegungstemperatur bezüglich des Risikos von Sprödbruch, Wasserstoffversprödung, Spannungsrisskorrosion und Schlagfestigkeit des Werkstoffes berücksichtigt werden. Bei Verwendung von Feinkornstahl darf nach den Werkstoffspezifikationen der garantierte Wert der Streckgrenze nicht größer als 460 $N/mm^2$ und der garantierte Wert für die obere Grenze der Zugfestigkeit nicht größer als 725 $N/mm^2$ sein. Die Werkstoffe des ortsbeweglichen Tanks müssen für die äußeren Umgebungsbedingungen, die während der Beförderung auftreten können, geeignet sein.

**6.7.4.2.2 [Verträglichkeit]**

Alle Teile eines ortsbeweglichen Tanks, einschließlich Ausrüstungsteile, Dichtungen und Rohrleitungen, von denen normalerweise davon ausgegangen werden kann, dass sie mit dem beförderten tiefgekühlt verflüssigten Gas in Berührung kommen, müssen mit diesem verträglich sein.

**6.7.4.2.3 [Kontaktkorrosion]**

Der Kontakt zwischen verschiedenen Metallen, der zu Schäden durch Kontaktkorrosion führen könnte, ist zu vermeiden.

**6.7.4.2.4 [Wärmeisolierung]**

Das Wärmeisolierungssystem muss eine vollständige Umhüllung des (der) Tankkörpers (Tankkörper) mit wirksamen Isolationswerkstoffen umfassen. Die äußere Isolierung ist mit einer Ummantelung zu schützen, um eine Aufnahme von Feuchtigkeit und eine Beschädigung unter normalen Beförderungsbedingungen zu verhindern.

**6.7.4.2.5 [Gasdichte Umschließung]**

Ist eine Ummantelung gasdicht verschlossen, ist eine Einrichtung vorzusehen, um einen gefährlichen Druck, der sich in der Isolierschicht entwickelt, zu verhindern.

**6.7.4.2.6 [Sauerstoff-Verträglichkeit]**

Ortsbewegliche Tanks, die für die Beförderung von tiefgekühlt verflüssigten Gasen mit einem Siedepunkt unter –182 °C bei atmosphärischem Druck vorgesehen sind, dürfen keine Werkstoffe enthalten, die mit Sauerstoff oder einer mit Sauerstoff angereicherten Umgebung gefährlich reagieren können, wenn sich diese Werkstoffe in der Wärmeisolierung befinden und das Risiko besteht, dass sie mit Sauerstoff oder mit Sauerstoff angereicherter Flüssigkeit in Berührung kommen.

**6.7.4.2.7 [Isolierwerkstoffe]**

Die Isolierwerkstoffe dürfen sich während des Betriebs qualitativ nicht übermäßig verschlechtern.

**6.7.4.2.8 [Referenzhaltezeit]**

Für jedes zur Beförderung in ortsbeweglichen Tanks vorgesehene tiefgekühlt verflüssigte Gas ist eine Referenzhaltezeit zu bestimmen.

**6.7.4.2.8.1 [Faktoren]**

Die Referenzhaltezeit ist nach einer von der zuständigen Behörde anerkannten Methode auf der Grundlage folgender Faktoren zu bestimmen:

a) die nach Absatz 6.7.4.2.8.2 bestimmte Wirksamkeit des Isolierungssystems;
b) der niedrigste Ansprechdruck der Druckbegrenzungseinrichtung(en);
c) die ursprünglichen Füllbedingungen;
d) eine angenommene Umgebungstemperatur von 30 °C;
e) die physikalischen Eigenschaften der einzelnen, für die Beförderung vorgesehenen tiefgekühlt verflüssigten Gase.

**[Wärmezufuhr]** 6.7.4.2.8.2

Die Wirksamkeit des Isolierungssystems (Wärmezufuhr in Watt) ist durch eine Typprüfung des ortsbeweglichen Tanks nach einem von der zuständigen Behörde anerkannten Verfahren zu prüfen. Diese Prüfung muss umfassen:

a) entweder eine Konstantdruckprüfung (zum Beispiel bei atmosphärischem Druck), bei der über einen bestimmten Zeitraum der Verlust an tiefgekühlt verflüssigtem Gas gemessen wird,

b) oder eine Prüfung im geschlossenen System, bei der über einen bestimmten Zeitraum der Druckanstieg im Tankkörper gemessen wird.

Bei der Durchführung der Konstantdruckprüfung sind Schwankungen des atmosphärischen Drucks zu berücksichtigen. Bei beiden Prüfungen sind Korrekturen für eventuelle Abweichungen der Umgebungstemperatur vom angenommenen Referenzwert von 30 °C für die Umgebungstemperatur vorzunehmen.

**Bem.** Wegen der Bestimmung der tatsächlichen Haltezeit vor jeder Beförderung siehe Unterabschnitt 4.2.3.7.

**[Ummantelung]** 6.7.4.2.9

Die Ummantelung eines vakuumisolierten doppelwandigen Tanks muss entweder einen nach einem anerkannten technischen Regelwerk berechneten äußeren Berechnungsdruck von mindestens 100 kPa (1 bar) (Überdruck) oder einen berechneten kritischen Einbeuldruck von mindestens 200 kPa (2 bar) (Überdruck) haben. Bei der Berechnung der Widerstandsfähigkeit der Ummantelung gegenüber dem äußeren Druck dürfen innere und äußere Verstärkungen einbezogen werden.

**[Traglager]** 6.7.4.2.10

Ortsbewegliche Tanks sind mit einem Traglager, das eine sichere Auflage während der Beförderung gewährleistet, und mit geeigneten Hebe- und Befestigungseinrichtungen auszulegen und zu bauen.

**[Auslegung]** 6.7.4.2.11

Ortsbewegliche Tanks sind so auszulegen, dass sie ohne Verlust ihres Inhalts in der Lage sind, mindestens den auf ihren Inhalt zurückzuführenden Innendruck sowie den unter normalen Handhabungs- und Beförderungsbedingungen entstehenden statischen, dynamischen und thermischen Belastungen standzuhalten. Aus der Auslegung muss zu erkennen sein, dass die Einflüsse der durch die wiederholte Einwirkung dieser Belastungen während der vorgesehenen Lebensdauer der ortsbeweglichen Tanks verursachte Ermüdung berücksichtigt worden ist.

**[Statische Kräfte]** 6.7.4.2.12

Ortsbewegliche Tanks und ihre Befestigungseinrichtungen müssen bei der höchstzulässigen Beladung in der Lage sein, folgende getrennt einwirkende statische Kräfte aufzunehmen:

a) in Fahrtrichtung: das Zweifache der höchstzulässigen Bruttomasse multipliziert mit der Erdbeschleunigung (g)[9];

b) horizontal, im rechten Winkel zur Fahrtrichtung: die höchstzulässige Bruttomasse (das Zweifache der höchstzulässigen Bruttomasse, wenn die Fahrtrichtung nicht eindeutig bestimmt ist) multipliziert mit der Erdbeschleunigung (g)[9];

c) vertikal aufwärts: die höchstzulässige Bruttomasse multipliziert mit der Erdbeschleunigung (g)[9]; und

d) vertikal abwärts: das Zweifache der höchstzulässigen Bruttomasse (Gesamtbeladung, einschließlich Wirkung der Schwerkraft) multipliziert mit der Erdbeschleunigung (g)[9].

**[Sicherheitskoeffizienten]** 6.7.4.2.13

Unter Wirkung jeder der unter Absatz 6.7.4.2.12 genannten Kräfte sind folgende Sicherheitskoeffizienten zu beachten:

a) bei Werkstoffen mit ausgeprägter Streckgrenze ein Sicherheitskoeffizient von 1,5, bezogen auf die garantierte Streckgrenze, oder

b) bei Werkstoffen ohne ausgeprägte Streckgrenze ein Sicherheitskoeffizient von 1,5, bezogen auf die garantierte 0,2-%-Dehngrenze und bei austenitischen Stählen auf die 1-%-Dehngrenze.

[9] Für Berechnungszwecke gilt: $g = 9{,}81\ m/s^2$.

**6.7.4.2.14 [Streckgrenze, Dehngrenze]**

Als Werte für die Streckgrenze oder die Dehngrenze gelten die in nationalen oder internationalen Werkstoffnormen festgelegten Werte. Bei austenitischen Stählen dürfen die in den Werkstoffnormen festgelegten Mindestwerte für die Streckgrenze oder die Dehngrenze um bis zu 15 % erhöht werden, sofern diese höheren Werte im Werkstoffabnahmezeugnis bescheinigt sind. Wenn für das betreffende Metall keine Werkstoffnorm existiert oder wenn nicht metallene Werkstoffe verwendet werden, ist der für die Streckgrenze oder die Dehngrenze verwendete Wert von der zuständigen Behörde zu genehmigen.

**6.7.4.2.15 [Erdung]**

Ortsbewegliche Tanks, die für die Beförderung tiefgekühlt verflüssigter entzündbarer Gase vorgesehen sind, müssen elektrisch geerdet werden können.

**6.7.4.3 Auslegungskriterien**

**6.7.4.3.1 [Querschnitt]**

Die Tankkörper müssen einen kreisförmigen Querschnitt haben.

**6.7.4.3.2 [Prüfdruck]**

*→ 6.7.4.1 „Tankkörper"*

Die Tankkörper sind so auszulegen und zu bauen, dass sie einem Prüfdruck von mindestens dem 1,3fachen des höchstzulässigen Betriebsdrucks standhalten. Bei vakuumisolierten Tanks darf der Prüfdruck nicht geringer sein als die 1,3fache Summe aus höchstzulässigem Betriebsdruck und 100 kPa (1 bar). Der Prüfdruck darf auf keinen Fall geringer sein als 300 kPa (3 bar) (Überdruck). Es wird auf die Vorschriften für die Mindestwanddicke der Tankkörper der Absätze 6.7.4.4.2 bis 6.7.4.4.7 hingewiesen.

**6.7.4.3.3 [Membranspannung]**

Bei Metallen, die eine ausgeprägte Streckgrenze aufweisen oder die sich durch eine garantierte Dehngrenze auszeichnen (im Allgemeinen 0,2-%-Dehngrenze oder bei austenitischen Stählen 1-%-Dehngrenze), darf die primäre Membranspannung σ des Tankkörpers beim Prüfdruck nicht größer sein als der kleinere der Werte 0,75 Re oder 0,5 Rm, wobei:

Re = Streckgrenze in N/mm² oder 0,2-%-Dehngrenze oder bei austenitischen Stählen 1-%-Dehngrenze
Rm = Mindestzugfestigkeit in N/mm².

**6.7.4.3.3.1 [Werkstoffnormen]**

Die für Re und Rm zu verwendenden Werte sind die in nationalen oder internationalen Werkstoffnormen festgelegten Mindestwerte. Bei austenitischen Stählen dürfen die in den Werkstoffnormen festgelegten Mindestwerte für Re und Rm um bis zu 15 % erhöht werden, sofern diese höheren Werte im Werkstoffabnahmezeugnis bescheinigt sind. Wenn für das betreffende Metall keine Werkstoffnorm existiert, sind die für Re und Rm verwendeten Werte von der zuständigen Behörde oder einer von ihr bestimmten Stelle zu genehmigen.

**6.7.4.3.3.2 [Bestimmte Stähle]**

Stähle, die ein Verhältnis Re/Rm von mehr als 0,85 aufweisen, dürfen nicht für den Bau von geschweißten Tankkörpern verwendet werden. Die zur Berechnung dieses Verhältnisses für Re und Rm zu verwendenden Werte sind die im Werkstoffabnahmezeugnis festgelegten Werte.

**6.7.4.3.3.3 [Bruchdehnung]**

Stähle, die für den Bau von Tankkörpern verwendet werden, müssen eine Bruchdehnung in % von mindestens 10 000/Rm mit einem absoluten Minimum von 16 % für Feinkornstahl und 20 % für andere Stähle aufweisen. Aluminium und Aluminiumlegierungen, die für den Bau von Tankkörpern verwendet werden, müssen eine Bruchdehnung in % von mindestens 10 000/6Rm mit einem absoluten Minimum von 12 % aufweisen.

**6.7.4.3.3.4 [Walzbleche]**

Bei der Bestimmung tatsächlicher Werkstoffwerte ist zu beachten, dass bei Walzblech die Achse des Probestücks für die Zugspannungsprobe im rechten Winkel (quer) zur Walzrichtung liegen muss. Die bleibende Bruchdehnung ist an Probestücken mit rechteckigem Querschnitt gemäß Norm ISO 6892:1998 unter Verwendung einer Messlänge von 50 mm zu messen.

**Mindestwanddicke des Tankkörpers** 6.7.4.4
*→ D: § 24 Nr. 3*

**[Mindestwerte]** 6.7.4.4.1

Die Mindestwanddicke des Tankkörpers muss dem größten der nachfolgenden Werte entsprechen:

a) die nach den Vorschriften der Absätze 6.7.4.4.2 bis 6.7.4.4.7 bestimmte Mindestwanddicke und

b) die nach dem anerkannten Regelwerk für Druckbehälter unter Berücksichtigung der Vorschriften des Unterabschnitts 6.7.4.3 bestimmte Mindestwanddicke.

**[Nicht isolierte Tanks]** 6.7.4.4.2
*→ 1.2.1 „Durchmesser"*

Tankkörper mit einem Durchmesser von höchstens 1,80 m müssen, wenn sie aus Bezugsstahl sind, mindestens eine Wanddicke von 5 mm oder, wenn sie aus einem anderen Metall sind, eine gleichwertige Dicke haben. Tankkörper mit einem Durchmesser von mehr als 1,80 m müssen, wenn sie aus Bezugsstahl sind, eine Wanddicke von mindestens 6 mm oder, wenn sie aus einem anderen Metall sind, eine gleichwertige Dicke haben.

**[Isolierte Tanks]** 6.7.4.4.3

Tankkörper von vakuumisolierten Tanks mit einem Durchmesser von höchstens 1,80 m müssen, wenn sie aus Bezugsstahl sind, mindestens eine Wanddicke von 3 mm oder, wenn sie aus einem anderen Metall sind, eine gleichwertige Dicke haben. Tankkörper mit einem Durchmesser von mehr als 1,80 m müssen, wenn sie aus Bezugsstahl sind, eine Wanddicke von mindestens 4 mm oder, wenn sie aus einem anderen Metall sind, eine gleichwertige Dicke haben.

**[Gesamtdicke der Ummantelung]** 6.7.4.4.4

Bei vakuumisolierten Tanks muss die Gesamtwanddicke der Ummantelung und des Tankkörpers der in Absatz 6.7.4.4.2 vorgeschriebenen Mindestwanddicke entsprechen, wobei die Wanddicke des Tankkörpers selbst nicht geringer sein darf als die in Absatz 6.7.4.4.3 vorgeschriebene Mindestwanddicke.

**[Mindestwanddicke]** 6.7.4.4.5

Unabhängig vom verwendeten Werkstoff, darf die Wanddicke eines Tankkörpers nicht geringer sein als 3 mm.

**[Gleichwertige Wanddicke]** 6.7.4.4.6

Die gleichwertige Wanddicke eines Metalls mit Ausnahme der in den Absätzen 6.7.4.4.2 und 6.7.4.4.3 vorgeschriebenen Dicke für Bezugsstahl ist mit Hilfe folgender Formel zu bestimmen:

$$e_1 = \frac{21,4\, e_0}{\sqrt[3]{Rm_1 A_1}},$$

wobei:

$e_1$ = erforderliche gleichwertige Wanddicke (in mm) des verwendeten Metalls;

$e_0$ = die in den Absätzen 6.7.4.4.2 und 6.7.4.4.3 festgelegte Mindestwanddicke (in mm) für Bezugsstahl;

$Rm_1$ = die garantierte Mindestzugfestigkeit (in $N/mm^2$) des verwendeten Metalls (siehe Absatz 6.7.4.3.3);

$A_1$ = die garantierte Mindestbruchdehnung (in %) des verwendeten Metalls gemäß den nationalen oder internationalen Normen.

**[Einheitlichkeit]** 6.7.4.4.7

Die Wanddicke des Tankkörpers darf in keinem Fall geringer sein als die in den Absätzen 6.7.4.4.1 bis 6.7.4.4.5 beschriebenen Werte. Alle Teile des Tankkörpers müssen die in den Absätzen 6.7.4.4.1 bis 6.7.4.4.6 festgelegte Mindestwanddicke haben. In dieser Dicke darf ein eventueller Korrosionszuschlag nicht berücksichtigt sein.

**[Blechdickenänderung]** 6.7.4.4.8

Bei der Verbindung der Tankböden mit dem Tankmantel darf es keine sprunghafte Veränderung in der Blechdicke geben.

**6.7.4.5 Bedienungsausrüstung**

**6.7.4.5.1 [Anordnung]**

Die Bedienungsausrüstung ist so anzubringen, dass sie während der Handhabung und Beförderung gegen das Risiko des Abreißens oder der Beschädigung geschützt ist. Wenn die Verbindung zwischen dem Rahmen und dem Tank oder der Ummantelung und dem Tankkörper eine relative Bewegung zwischen den Baugruppen zulässt, muss die Ausrüstung so befestigt sein, dass durch eine solche Bewegung kein Risiko der Beschädigung von Teilen besteht. Die äußeren Entleerungseinrichtungen (Rohranschlüsse, Verschlusseinrichtungen), die Absperreinrichtung und ihr Sitz müssen gegen die Gefahr des Abreißens durch äußere Beanspruchungen geschützt sein (beispielsweise durch die Verwendung von Sollbruchstellen). Die Füll- und Entleerungseinrichtungen (einschließlich Flansche oder Schraubverschlüsse) und alle Schutzkappen müssen gegen unbeabsichtigtes Öffnen gesichert werden können.

**6.7.4.5.2 [Dreifach-Verschlüsse]**

Jede Füll- und Entleerungsöffnung in einem für die Beförderung von tiefgekühlt verflüssigten entzündbaren Gasen verwendeten ortsbeweglichen Tank muss mit mindestens drei hintereinanderliegenden und voneinander unabhängigen Verschlüssen ausgerüstet sein, wobei der erste eine so nah wie möglich an der Ummantelung angebrachte Absperreinrichtung, der zweite eine Absperreinrichtung und der dritte ein Blindflansch oder eine gleichwertige Einrichtung sein muss. Bei dem am dichtesten zur Ummantelung angebrachten Verschluss muss es sich um eine schnellschließende Einrichtung handeln, die selbsttätig schließt, wenn der ortsbewegliche Tank beim Füllen oder Entleeren oder bei einer Feuereinwirkung unbeabsichtigt bewegt wird. Diese Einrichtung muss auch fernbedienbar sein.

**6.7.4.5.3 [Zweifach-Verschlüsse]**

Jede Füll- und Entleerungsöffnung in einem für die Beförderung von tiefgekühlt verflüssigten nicht entzündbaren Gasen verwendeten ortsbeweglichen Tank muss mit mindestens zwei hintereinanderliegenden und voneinander unabhängigen Verschlüssen ausgerüstet sein, wobei der erste eine so nah wie möglich an der Ummantelung angebrachte Absperreinrichtung und der zweite ein Blindflansch oder eine gleichwertige Einrichtung sein muss.

**6.7.4.5.4 [Druckentlastung]**

Bei Rohrleitungsabschnitten, die beidseitig geschlossen werden können und in denen Flüssigkeit eingeschlossen sein kann, muss ein System zur selbsttätigen Druckentlastung vorgesehen sein, um einen übermäßigen Druckaufbau innerhalb der Rohrleitung zu verhindern.

**6.7.4.5.5 [Verzicht auf Untersuchungsöffnungen]**

Bei vakuumisolierten Tanks sind keine Untersuchungsöffnungen erforderlich.

**6.7.4.5.6 [Äußere Bauteile]**

Die äußeren Bauteile sind so weit wie möglich zu Gruppen zusammenzufassen.

**6.7.4.5.7 [Kennzeichnung der Verbindungen]**

Jede Verbindung eines ortsbeweglichen Tanks muss eindeutig mit ihrer Funktion gekennzeichnet sein.

**6.7.4.5.8 [Auslegung der Absperreinrichtung]**

Jede Absperreinrichtung oder sonstige Verschlusseinrichtung ist nach einem Nenndruck auszulegen und zu bauen, der mindestens dem höchstzulässigen Betriebsdruck des Tankkörpers entspricht, wobei die bei der Beförderung voraussichtlich auftretenden Temperaturen zu berücksichtigen sind. Alle Absperreinrichtungen mit einer Gewindespindel müssen sich durch Drehen des Handrades im Uhrzeigersinn schließen. Bei den übrigen Absperreinrichtungen muss die Stellung (offen und geschlossen) und die Drehrichtung für das Schließen eindeutig angezeigt werden. Alle Absperreinrichtungen sind so auszulegen, dass ein unbeabsichtigtes Öffnen verhindert wird.

**6.7.4.5.9 [Einrichtungen zum Druckaufbau]**

Werden druckaufbauende Einrichtungen verwendet, müssen die Flüssigkeits- und Dampfverbindungen zu dieser Einrichtung so nah wie möglich an der Ummantelung mit einem Ventil versehen sein, um bei Schäden an der druckaufbauenden Einrichtung den Verlust von Füllgut zu verhindern.

**[Rohrleitungen]** 6.7.4.5.10

Die Rohrleitungen sind so auszulegen, zu bauen und zu montieren, dass das Risiko der Beschädigung infolge thermischer Ausdehnung und Schrumpfung, mechanischer Erschütterung und Vibration vermieden wird. Alle Rohrleitungen müssen aus einem geeigneten Werkstoff sein. Um durch Feuer verursachte Undichtheiten zu verhindern, dürfen zwischen der Ummantelung und der Verbindung zum ersten Verschluss einer Auslauföffnung nur Stahlrohrleitungen und geschweißte Verbindungen verwendet werden. Die Methode für die Befestigung des Verschlusses an diese Verbindung muss den Anforderungen der zuständigen Behörde oder einer von ihr bestimmten Stelle genügen. An anderen Stellen müssen Rohrleitungsverbindungen, soweit erforderlich, geschweißt sein.

**[Kupferrohre]** 6.7.4.5.11

Verbindungen von Kupferrohrleitungen müssen hartgelötet oder durch eine metallene Verbindung gleicher Festigkeit hergestellt sein. Der Schmelzpunkt des Hartlots darf nicht niedriger als 525 °C sein. Die Verbindungen dürfen die Festigkeit der Rohrleitungen nicht vermindern, wie dies bei Schraubverbindungen der Fall sein kann.

**[Temperaturbeständigkeit]** 6.7.4.5.12

Die für den Bau von Ventilen und Zubehörteilen verwendeten Werkstoffe müssen bei der niedrigsten Betriebstemperatur des ortsbeweglichen Tanks zufrieden stellende Eigenschaften aufweisen.

**[Rohr-Berstdruck]** 6.7.4.5.13

Der Berstdruck aller Rohrleitungen und Rohrleitungsbauteile darf nicht niedriger sein als der höhere der beiden folgenden Werte: das Vierfache des höchstzulässigen Betriebsdrucks des Tankkörpers oder das Vierfache des Drucks, zu dem es beim Betrieb durch Einwirkung einer Pumpe oder einer anderen Einrichtung (ausgenommen Druckentlastungseinrichtungen) kommen kann.

**Druckentlastungseinrichtungen** 6.7.4.6

**[Anforderungen]** 6.7.4.6.1

Jeder Tankkörper muss mit mindestens zwei voneinander unabhängigen federbelasteten Druckentlastungseinrichtungen ausgerüstet sein. Die Druckentlastungseinrichtungen müssen sich selbsttätig bei einem Druck öffnen, der nicht geringer sein darf als der höchstzulässige Betriebsdruck, und bei einem Druck von 110 % des höchstzulässigen Betriebsdrucks vollständig geöffnet sein. Diese Einrichtungen müssen sich nach der Entlastung bei einem Druck wieder schließen, der höchstens 10 % unter dem Ansprechdruck liegt, und bei allen niedrigeren Drücken geschlossen bleiben. Bei den Druckentlastungseinrichtungen muss es sich um eine Bauart handeln, die dynamischen Kräften einschließlich Flüssigkeitsschwall standhält.

**[Zusätzliche Berstscheiben]** 6.7.4.6.2

Tankkörper für tiefgekühlt verflüssigte nicht entzündbare Gase und Wasserstoff dürfen, wie in den Absätzen 6.7.4.7.2 und 6.7.4.7.3 angegeben, parallel zu den federbelasteten Einrichtungen zusätzlich mit Berstscheiben versehen sein.

**[Dichtheit]** 6.7.4.6.3

Die Druckentlastungseinrichtungen müssen so ausgelegt sein, dass keine Fremdstoffe eindringen und keine Gase austreten können und sich kein gefährlicher Überdruck bilden kann.

**[Genehmigungspflicht]** 6.7.4.6.4

Druckentlastungseinrichtungen müssen von der zuständigen Behörde oder einer von ihr bestimmten Stelle genehmigt werden.

**Abblasmenge und Einstellung von Druckentlastungseinrichtungen** 6.7.4.7

**[Gesamtabblasmenge]** 6.7.4.7.1

Bei Verlust des Vakuums in einem vakuumisolierten Tankkörper oder bei Verlust von 20 % der Isolierung eines mit festen Werkstoffen isolierten Tanks muss die Gesamtabblasmenge aller eingebauten Druckentlastungseinrichtungen ausreichend sein, damit der Druck (einschließlich Druckanstieg) im Tankkörper 120 % des höchstzulässigen Betriebsdrucks nicht übersteigt.

**6.7.4.7.2 [Berstscheiben]**

Bei tiefgekühlt verflüssigten nicht entzündbaren Gasen (ausgenommen Sauerstoff) und bei Wasserstoff darf diese Abblasmenge durch die Verwendung von Berstscheiben parallel zu den vorgeschriebenen Sicherheitseinrichtungen gewährleistet werden. Berstscheiben müssen bei einem Nenndruck, der gleich dem Prüfdruck des Tankkörpers ist, bersten.

**6.7.4.7.3 [Notfall-Leistung]**

Unter den in den Absätzen 6.7.4.7.1 und 6.7.4.7.2 beschriebenen Umständen in Verbindung mit einer vollständigen Feuereinwirkung muss die Gesamtabblasmenge aller eingebauten Druckentlastungseinrichtungen ausreichend sein, um den Druck im Tankkörper auf den Prüfdruck zu begrenzen.

**6.7.4.7.4 [Berechnung]**

*→ D: § 8 (1) 10*

Die erforderliche Abblasmenge der Entlastungseinrichtungen ist nach einem von der zuständigen Behörde anerkannten bewährten technischen Regelwerk zu berechnen.[10)]

**6.7.4.8 Kennzeichnung von Druckentlastungseinrichtungen**

**6.7.4.8.1 [Angaben]**

Jede Druckentlastungseinrichtung muss mit folgenden Angaben deutlich und dauerhaft gekennzeichnet sein:

a) der Ansprechdruck (in bar oder kPa);

b) die zulässige Toleranz für den Entlastungsdruck von federbelasteten Einrichtungen;

c) die Referenztemperatur, die dem nominalen Berstdruck von Berstscheiben zugeordnet ist;

d) die nominale Abblasmenge der Einrichtung in Normkubikmetern Luft pro Sekunde ($m^3/s$) und

*→ 1.6.4.43* e) die Strömungsquerschnitte der federbelasteten Druckentlastungseinrichtungen und Berstscheiben in $mm^2$;

wenn möglich, ist auch folgende Information anzugeben:

f) der Name des Herstellers und die entsprechende Registriernummer der Druckentlastungseinrichtung.

**6.7.4.8.2 [Referenznorm]**

Die auf den Druckentlastungseinrichtungen angegebene nominale Abblasmenge ist nach den Normen ISO 4126-1:2004 und ISO 4126-7:2004 zu bestimmen.

**6.7.4.9 Anschlüsse für Druckentlastungseinrichtungen**

**6.7.4.9.1 [Dimensionierung]**

Die Anschlüsse für Druckentlastungseinrichtungen müssen ausreichend dimensioniert sein, damit die erforderliche Abblasmenge ungehindert zur Sicherheitseinrichtung gelangen kann. Zwischen dem Tankkörper und den Druckentlastungseinrichtungen dürfen keine Absperreinrichtungen angebracht sein, es sei denn, es sind doppelte Einrichtungen für die Wartung oder für andere Zwecke vorhanden, und die Absperreinrichtungen für die jeweils verwendeten Druckentlastungseinrichtungen sind in geöffneter Stellung verriegelt oder die Absperreinrichtungen sind so miteinander gekoppelt, dass die Vorschriften des Unterabschnitts 6.7.4.7 immer erfüllt sind. In einer Öffnung, die zu einer Lüftungs- oder Druckentlastungseinrichtung führt, dürfen keine Hindernisse vorhanden sein, welche die Strömung vom Tankkörper zu diesen Einrichtungen begrenzen oder unterbrechen könnten. Rohrleitungen zur Ableitung des Dampfes oder der Flüssigkeit aus dem Auslass der Druckentlastungseinrichtungen müssen, sofern sie verwendet werden, die Dämpfe oder Flüssigkeiten so in die Atmosphäre ableiten, dass nur ein minimaler Gegendruck auf die Druckentlastungseinrichtungen wirkt.

**6.7.4.10 Anordnung von Druckentlastungseinrichtungen**

**6.7.4.10.1 [Öffnungen]**

Jede Einlassöffnung der Druckentlastungseinrichtungen muss im Scheitel des Tankkörpers so nahe wie möglich am Schnittpunkt von Längs- und Querachse des Tankkörpers angeordnet sein. Alle Einlassöffnungen der Druckentlastungseinrichtungen müssen sich bei maximalen Füllungsbedingungen in der

---

10) Siehe zum Beispiel CGA S-1.2-2003 „Pressure Relief Device Standards – Part 2 – Cargo and Portable Tanks for Compressed Gases" (Normen für Druckentlastungseinrichtungen – Teil 2 – Frachttanks und ortsbewegliche Tanks für verdichtete Gase).

Dampfphase des Tankkörpers befinden; die Einrichtungen sind so anzuordnen, dass der Dampf ungehindert entweichen kann. Bei tiefgekühlt verflüssigten Gasen muss der entweichende Dampf so vom Tank abgeleitet werden, dass er nicht auf den Tank einwirken kann. Schutzeinrichtungen, die die Strömung des Dampfes umleiten, sind zugelassen, vorausgesetzt, die geforderte Abblasmenge wird dadurch nicht vermindert. 6.7.4.10.1 (Forts.)

**[Unbefugte]** 6.7.4.10.2

Es sind Maßnahmen zu treffen, um den Zugang unbefugter Personen zu den Einrichtungen zu verhindern und die Einrichtungen bei einem Umkippen des ortsbeweglichen Tanks vor Beschädigung zu schützen.

**Füllstandsanzeigevorrichtungen** 6.7.4.11

**[Werkstoffverbot]** 6.7.4.11.1

Ein ortsbeweglicher Tank ist, sofern er nicht für das Befüllen nach Masse vorgesehen ist, mit einer oder mehreren Füllstandsanzeigevorrichtungen auszurüsten. Füllstandsanzeiger aus Glas und aus anderen zerbrechlichen Werkstoffen, die direkt mit dem Inhalt des Tankkörpers in Verbindung stehen, dürfen nicht verwendet werden.

**[Vakuummeter]** 6.7.4.11.2

In der Ummantelung eines vakuumisolierten ortsbeweglichen Tanks ist ein Anschluss für ein Vakuummeter vorzusehen. *→ 6.7.4.1 „Tank"*

**Traglager, Rahmen, Hebe- und Befestigungseinrichtungen für ortsbewegliche Tanks** 6.7.4.12

**[Anforderungen]** 6.7.4.12.1

Ortsbewegliche Tanks sind mit einem Traglager auszulegen und zu bauen, das eine sichere Auflage während der Beförderung gewährleistet. Die in Absatz 6.7.4.2.12 angegebenen Kräfte und der in Absatz 6.7.4.2.13 angegebene Sicherheitsfaktor müssen dabei berücksichtigt werden. Kufen, Rahmen, Schlitten oder andere ähnliche Konstruktionen sind zugelassen.

**[Spannungen]** 6.7.4.12.2

Die von den Anbauten an ortsbeweglichen Tanks (z.B. Schlitten, Rahmen usw.) sowie von den Hebe- und Befestigungseinrichtungen verursachten kombinierten Spannungen dürfen in keinem Bereich des Tanks zu übermäßigen Spannungen führen. Alle ortsbeweglichen Tanks sind mit dauerhaften Hebe- und Befestigungseinrichtungen auszurüsten. Diese sind vorzugsweise an den Traglagern des ortsbeweglichen Tanks zu montieren, dürfen aber auch an Verstärkungsplatten montiert sein, die an den Auflagepunkten des Tanks befestigt sind.

**[Korrosionsberücksichtigung]** 6.7.4.12.3

Bei der Auslegung von Traglagern und Rahmen müssen die Auswirkungen von Umweltkorrosion berücksichtigt werden.

**[Gabeltaschen]** 6.7.4.12.4

Gabeltaschen müssen verschließbar sein. Die Einrichtungen zum Verschließen der Gabeltaschen müssen ein dauerhafter Bestandteil des Rahmens oder dauerhaft am Rahmen befestigt sein. Ortsbewegliche Einkammertanks mit einer Länge von weniger als 3,65 m müssen nicht mit verschließbaren Gabeltaschen ausgerüstet sein, vorausgesetzt:

a) der Tank, einschließlich aller Zubehörteile, ist gut gegen Stöße der Gabeln des Gabelstaplers geschützt und
b) der Abstand von Mitte zu Mitte der Gabeltaschen ist mindestens halb so groß wie die größte Länge des ortsbeweglichen Tanks.

**[Kippschutz]** 6.7.4.12.5

Wenn ortsbewegliche Tanks während der Beförderung nicht nach Unterabschnitt 4.2.3.3 geschützt sind, müssen die Tankkörper und die Bedienungsausrüstung gegen Beschädigung durch Längs- oder Querstöße oder Umkippen geschützt sein. Äußere Ausrüstungsteile müssen so geschützt sein, dass ein Austreten des Tankkörperinhalts durch Stöße oder Umkippen des ortsbeweglichen Tanks auf seine Ausrüstungsteile ausgeschlossen ist. Beispiele für Schutzmaßnahmen:

**6.7.4.12.5** (Forts.)

a) Schutz gegen seitliche Stöße, der aus Längsträgern bestehen kann, die den Tankkörper auf beiden Seiten in Höhe der Mittellinie schützen;

b) Schutz des ortsbeweglichen Tanks vor dem Umkippen, der aus Verstärkungsringen oder quer am Rahmen befestigten Stäben bestehen kann;

c) Schutz gegen Stöße von hinten, der aus einer Stoßstange oder einem Rahmen bestehen kann;

d) Schutz des Tankkörpers gegen Beschädigungen durch Stöße oder Umkippen durch Verwendung eines ISO-Rahmens nach ISO 1496-3:1995;

e) Schutz des ortsbeweglichen Tanks gegen Stöße oder Umkippen durch eine Ummantelung zur Vakuumisolierung.

**6.7.4.13 Baumusterzulassung*)**

**6.7.4.13.1 [Ausstellung]**

*→ D: § 2 a)*
*→ D: § 7 (1) 2*
*→ D: § 12 (1) 1 a)*

Für jedes neue Baumuster eines ortsbeweglichen Tanks ist durch die zuständige Behörde oder eine von ihr bestimmte Stelle eine Baumusterzulassungsbescheinigung auszustellen. Diese Bescheinigung muss bestätigen, dass ein ortsbeweglicher Tank von der Behörde begutachtet worden ist, für die beabsichtigte Verwendung geeignet ist und den Vorschriften dieses Kapitels entspricht. Werden die ortsbeweglichen Tanks ohne Änderung in der Bauart in Serie gefertigt, gilt die Bescheinigung für die gesamte Serie. In dieser Bescheinigung sind der Baumusterprüfbericht, die zur Beförderung zugelassenen tiefgekühlt verflüssigten Gase, die Werkstoffe des Tankkörpers und der Ummantelung sowie eine Zulassungsnummer anzugeben. Die Zulassungsnummer muss aus dem Unterscheidungszeichen oder -symbol des Staates, in dem die Zulassung erfolgte, angegeben durch das für Kraftfahrzeuge im internationalen Verkehr verwendete Unterscheidungszeichen[11)], und einer Registriernummer bestehen. In der Bescheinigung sind eventuelle alternative Vereinbarungen gemäß Unterabschnitt 6.7.1.2 anzugeben. Eine Baumusterzulassung darf auch für die Zulassung kleinerer ortsbeweglicher Tanks herangezogen werden, die aus Werkstoffen gleicher Art und Dicke, nach derselben Fertigungstechnik, mit identischem Traglager sowie gleichwertigen Verschlüssen und sonstigen Zubehörteilen hergestellt werden.

**6.7.4.13.2 [Baumusterprüfbericht]**

Der Baumusterprüfbericht für die Baumusterzulassung muss mindestens folgende Angaben enthalten:

a) die Ergebnisse der in ISO 1496-3:1995 beschriebenen anwendbaren Prüfung des Rahmens;

b) die Ergebnisse der erstmaligen Prüfung nach Absatz 6.7.4.14.3 und

c) soweit anwendbar, die Ergebnisse der Auflaufprüfung nach Absatz 6.7.4.14.1.

**6.7.4.14 Prüfung**

**6.7.4.14.1 [Dynamische Auflaufprüfung]**

Ortsbewegliche Tanks, die der Begriffsbestimmung für Container des Internationalen Übereinkommens über sichere Container (CSC) von 1972 in der jeweils geänderten Fassung entsprechen, dürfen nicht verwendet werden, es sei denn, sie werden erfolgreich qualifiziert, nachdem ein repräsentatives Baumuster jeder Bauart der im Handbuch Prüfungen und Kriterien Teil IV Abschnitt 41 beschriebenen dynamischen Auflaufprüfung unterzogen wurde.

**6.7.4.14.2 [Prüfungsrhythmus]**

Der Tankkörper und die Ausrüstungsteile jedes ortsbeweglichen Tanks müssen vor der erstmaligen Inbetriebnahme (erstmalige Prüfung) und danach regelmäßig spätestens alle fünf Jahre (wiederkehrende 5-Jahres-Prüfung) mit einer wiederkehrenden Zwischenprüfung (wiederkehrende 2,5-Jahres-Prüfung) in der Halbzeit zwischen zwei wiederkehrenden 5-Jahres-Prüfungen geprüft werden. Die 2,5-Jahres-Prüfung darf innerhalb von 3 Monaten vor oder nach dem angegebenen Datum durchgeführt werden. Unabhängig von der zuletzt durchgeführten wiederkehrenden Prüfung ist, wenn es sich gemäß Absatz 6.7.4.14.7 als erforderlich erweist, eine außerordentliche Prüfung durchzuführen.

---

*) *→ 1.6.4.30; → D: RSEB Anl. 14; → D: RSEB 6-5*

11) Das für Kraftfahrzeuge und Anhänger im internationalen Straßenverkehr verwendete Unterscheidungszeichen des Zulassungsstaates, z.B. gemäß dem Genfer Übereinkommen über den Straßenverkehr von 1949 oder dem Wiener Übereinkommen über den Straßenverkehr von 1968.

**[Erstmalige Prüfung]** 6.7.4.14.3

Die erstmalige Prüfung eines ortsbeweglichen Tanks muss eine Überprüfung der Auslegungsmerkmale, eine innere und äußere Untersuchung des Tankkörpers des ortsbeweglichen Tanks und seiner Ausrüstungsteile unter Berücksichtigung der zu befördernden tiefgekühlt verflüssigten Gase sowie eine Druckprüfung unter Verwendung der Prüfdrücke des Absatzes 6.7.4.3.2 umfassen. Die Druckprüfung darf als Wasserdruckprüfung oder mit Zustimmung der zuständigen Behörde oder einer von ihr bestimmten Stelle unter Verwendung einer anderen Flüssigkeit oder eines anderen Gases durchgeführt werden. Vor der Inbetriebnahme des ortsbeweglichen Tanks ist eine Dichtheitsprüfung und eine Funktionsprüfung der gesamten Bedienungsausrüstung durchzuführen. Wenn der Tankkörper und seine Ausrüstungsteile getrennt einer Druckprüfung unterzogen worden sind, müssen sie nach dem Zusammenbau gemeinsam einer Dichtheitsprüfung unterzogen werden. Alle Schweißnähte, die den vollen Beanspruchungen im Tankkörper ausgesetzt sind, müssen bei der erstmaligen Prüfung mittels Durchstrahlung, Ultraschall oder einer anderen zerstörungsfreien Methode geprüft werden. Dies gilt nicht für die Ummantelung.

**[Wiederkehrende Prüfung]** 6.7.4.14.4

Die wiederkehrenden 2,5- und 5-Jahres-Prüfungen müssen eine äußere Untersuchung des ortsbeweglichen Tanks und seiner Ausrüstungsteile unter Berücksichtigung der beförderten tiefgekühlt verflüssigten Gase, eine Dichtheitsprüfung, eine Funktionsprüfung der gesamten Bedienungsausrüstung und gegebenenfalls eine Messung des Vakuums umfassen. Bei nicht vakuumisolierten Tanks müssen bei der wiederkehrenden 2,5- und 5-Jahres-Prüfung die Ummantelung und die Isolierung entfernt werden, jedoch nur so weit, wie es für eine sichere Beurteilung erforderlich ist.

(gestrichen) 6.7.4.14.5

**Prüfung und Befüllung von ortsbeweglichen Tanks nach Ablauf der Frist für die wiederkehrende Prüfung** 6.7.4.14.6

**[Benutzungsverbot bei Fristüberschreitung]** 6.7.4.14.6.1

Nach Ablauf der Frist für die in Absatz 6.7.4.14.2 vorgeschriebene wiederkehrende 2,5-Jahres- oder 5-Jahres-Prüfung dürfen die ortsbeweglichen Tanks weder befüllt noch zur Beförderung aufgegeben werden. Jedoch dürfen ortsbewegliche Tanks, die vor Ablauf der Frist für die wiederkehrende Prüfung befüllt wurden, innerhalb eines Zeitraums von höchstens drei Monaten nach Ablauf dieser Frist befördert werden. Außerdem dürfen sie nach Ablauf dieser Frist befördert werden:

a) nach dem Entleeren, jedoch vor dem Reinigen, um sie vor dem Wiederbefüllen der nächsten vorgeschriebenen Prüfung zuzuführen, und
b) sofern von der zuständigen Behörde nichts anderes vorgesehen ist, innerhalb eines Zeitraums von höchstens sechs Monaten nach Ablauf dieser Frist, um die Rücksendung von gefährlichen Stoffen zur ordnungsgemäßen Entsorgung oder zum ordnungsgemäßen Recycling zu ermöglichen. Im Beförderungspapier muss auf diese Ausnahme hingewiesen werden.

**[Benutzung bei neuer 5-Jahres-Prüfung]** 6.7.4.14.6.2

Sofern in Absatz 6.7.4.14.6.1 nichts anderes vorgesehen ist, dürfen ortsbewegliche Tanks, die den Zeitrahmen für ihre geplante wiederkehrende 5-Jahres- oder 2,5-Jahres-Prüfung überschritten haben, nur dann befüllt und zur Beförderung aufgegeben werden, wenn eine neue wiederkehrende 5-Jahres-Prüfung gemäß Absatz 6.7.4.14.4 durchgeführt wird.

**[Außerordentliche Prüfung]** 6.7.4.14.7

*→ D: § 24 Nr. 2*

Eine außerordentliche Prüfung ist erforderlich, wenn der ortsbewegliche Tank Anzeichen von Beschädigung, Korrosion, Undichtheit oder anderer auf einen Mangel hinweisende Zustände aufweist, der die Unversehrtheit des ortsbeweglichen Tanks beeinträchtigen könnte. Der Umfang der außerordentlichen Prüfung hängt vom Ausmaß der Beschädigung oder der Verschlechterung des Zustands des ortsbeweglichen Tanks ab. Sie muss mindestens die 2,5-Jahres-Prüfung gemäß Absatz 6.7.4.14.4 umfassen.

**[Innere Untersuchung]** 6.7.4.14.8

Durch die innere Untersuchung bei der erstmaligen Prüfung muss sichergestellt werden, dass der Tankkörper auf punktförmige Vertiefungen (Pitting), Korrosion, Abrieb, Beulen, Verformungen, Fehler in Schweißnähten oder andere Zustände geprüft ist, durch die der ortsbewegliche Tank bei der Beförderung unsicher werden könnte.

**6.7.4.14.9 [Äußere Untersuchung]**

Durch die äußere Untersuchung muss sichergestellt werden, dass:

a) die äußeren Rohrleitungen, die Ventile, gegebenenfalls das Druck-/Kühlsystem und die Dichtungen auf Korrosion, Defekte oder andere Zustände, einschließlich Undichtheiten, geprüft sind, durch die der ortsbewegliche Tank beim Befüllen, Entleeren oder der Beförderung unsicher werden könnte;

b) die Mannlochdeckel oder ihre Dichtungen nicht undicht sind;

c) fehlende oder lose Bolzen oder Muttern bei geflanschten Verbindungen oder Blindflanschen ersetzt oder festgezogen sind;

d) alle Sicherheitseinrichtungen und -ventile frei von Korrosion, Verformung, Beschädigung oder Defekten sind, die ihre normale Funktion behindern könnten. Fernbediente und selbstschließende Verschlusseinrichtungen sind zu betätigen, um ihre ordnungsgemäße Funktion nachzuweisen;

e) auf dem ortsbeweglichen Tank vorgeschriebene Kennzeichen lesbar sind und den anwendbaren Vorschriften entsprechen und

f) der Rahmen, das Traglager und die Hebeeinrichtungen des ortsbeweglichen Tanks sich in einem zufrieden stellenden Zustand befinden.

**6.7.4.14.10 [Sachverständiger, Druckprüfung]**

→ D: § 12 (1) 1 a)

Die in den Absätzen 6.7.4.14.1, 6.7.4.14.3, 6.7.4.14.4 und 6.7.4.14.7 angegebenen Prüfungen sind von einem von der zuständigen Behörde oder einer von ihr bestimmten Stelle zugelassenen Sachverständigen durchzuführen oder zu beglaubigen. Wenn die Druckprüfung Bestandteil der Prüfung ist, ist diese mit dem auf dem Tankschild des ortsbeweglichen Tanks angegebenen Prüfdruck durchzuführen. Der unter Druck stehende ortsbewegliche Tank ist auf Undichtheiten des Tankkörpers, der Rohrleitungen oder der Ausrüstung zu untersuchen.

**6.7.4.14.11 [Heißarbeiten]**

In allen Fällen, in denen Schneid-, Brenn- oder Schweißarbeiten am Tankkörper eines ortsbeweglichen Tanks durchgeführt werden, sind diese Arbeiten von der zuständigen Behörde oder einer von ihr bestimmten Stelle unter Berücksichtigung des für den Bau des Tankkörpers verwendeten Regelwerks für Druckbehälter zu genehmigen. Nach Abschluss der Arbeiten ist eine Druckprüfung mit dem ursprünglichen Prüfdruck durchzuführen.

**6.7.4.14.12 [Sicherheitsmängel]**

→ D: § 24 Nr. 2

Wird eine die Sicherheit gefährdende Fehlerhaftigkeit festgestellt, darf der ortsbewegliche Tank vor der Ausbesserung und dem erfolgreichen Bestehen einer erneuten Prüfung nicht wieder in Betrieb genommen werden.

## 6.7.4.15 Kennzeichnung

→ D: RSEB 6-6

**6.7.4.15.1 [Inhalt]**

→ 1.6.4.37

Jeder ortsbewegliche Tank muss mit einem korrosionsbeständigen Metallschild ausgerüstet sein, das dauerhaft an einer auffallenden und für die Prüfung leicht zugänglichen Stelle angebracht ist. Wenn das Schild aus Gründen der Anordnung von Einrichtungen am ortsbeweglichen Tank nicht dauerhaft am Tankkörper angebracht werden kann, muss der Tankkörper mindestens mit den im Regelwerk für Druckbehälter vorgeschriebenen Informationen gekennzeichnet sein. Auf dem Schild müssen mindestens die folgenden Angaben eingeprägt oder durch ein ähnliches Verfahren angebracht sein:

a) Eigentümerinformationen
   (i) Registriernummer des Eigentümers;

b) Herstellungsinformationen
   (i) Herstellungsland;
   (ii) Herstellungsjahr;
   (iii) Name oder Zeichen des Herstellers;
   (iv) Seriennummer des Herstellers;

c) Zulassungsinformationen **6.7.4.15.1**
   (i) das Symbol der Vereinten Nationen für Verpackungen (un); dieses Symbol darf nur zum Zweck der Bestätigung verwendet werden, dass eine Verpackung, ein flexibler Schüttgut-Container, ein ortsbeweglicher Tank oder ein MEGC den entsprechenden Vorschriften des Kapitels 6.1, 6.2, 6.3, 6.5, 6.6, 6.7 oder 6.11 entspricht; (Forts.)
   (ii) Zulassungsland;
   (iii) für die Baumusterzulassung zugelassene Stelle;
   (iv) Baumusterzulassungsnummer;
   (v) die Buchstaben „AA", wenn das Baumuster nach alternativen Vereinbarungen zugelassen wurde (siehe Unterabschnitt 6.7.1.2);
   (vi) Regelwerk für Druckbehälter, nach dem der Tankkörper ausgelegt wurde;

d) Drücke
   (i) höchstzulässiger Betriebsdruck (in bar oder kPa (Überdruck))[12];
   (ii) Prüfdruck (in bar oder kPa (Überdruck))[12];
   (iii) Datum der erstmaligen Druckprüfung (Monat und Jahr);
   (iv) Identifizierungskennzeichen des Sachverständigen der erstmaligen Druckprüfung;

e) Temperaturen
   (i) Mindestauslegungstemperatur (in °C)[12];

f) Werkstoffe
   (i) Werkstoff(e) des Tankkörpers und Verweis(e) auf Werkstoffnorm(en);
   (ii) gleichwertige Wanddicke für Bezugsstahl (in mm)[12];

g) Fassungsraum
   (i) mit Wasser ausgeliterter Fassungsraum des Tanks bei 20 °C (in Litern)[12];

h) Isolierung
   (i) die Angabe „wärmeisoliert" bzw. „vakuumisoliert";
   (ii) Wirksamkeit des Isolierungssystems (Wärmezufuhr) (in Watt)[12];

i) Haltezeiten – für jedes zur Beförderung im ortsbeweglichen Tank zugelassene tiefgekühlt verflüssigte Gas
   (i) vollständige Bezeichnung des tiefgekühlt verflüssigten Gases;
   (ii) Referenzhaltezeit (in Tagen oder Stunden)[12];
   (iii) ursprünglicher Druck (in bar oder kPa (Überdruck))[12];
   (iv) höchstzulässige Masse des eingefüllten Gases (in kg)[12]; → 1.6.4.66

j) wiederkehrende Prüfungen
   (i) Art der zuletzt durchgeführten wiederkehrenden Prüfung (2,5-Jahres-, 5-Jahres-Prüfung oder außerordentliche Prüfung);
   (ii) Datum der zuletzt durchgeführten wiederkehrenden Prüfung (Monat und Jahr);
   (iii) Identifizierungskennzeichen der zugelassenen Stelle, welche die letzte Prüfung durchgeführt oder beglaubigt hat.

**Abbildung 6.7.4.15.1: Beispiel eines Kennzeichenschilds**

| | |
|---|---|
| Registriernummer des Eigentümers | |
| **HERSTELLUNGSINFORMATIONEN** | |
| Herstellungsland | |
| Herstellungsjahr | |
| Hersteller | |
| Seriennummer des Herstellers | |

12) Die verwendete Einheit ist anzugeben.

6.7.4.15.1 (Forts.)

| **ZULASSUNGSINFORMATIONEN** | | | |
|---|---|---|---|
| un | Zulassungsland | | |
| | für die Baumusterzulassung zugelassene Stelle | | |
| | Baumusterzulassungsnummer | | „AA" *(sofern anwendbar)* |
| Regelwerk für die Auslegung des Tankkörpers (Druckbehälter-Regelwerk) | | | |

| **DRÜCKE** | | | |
|---|---|---|---|
| höchstzulässiger Betriebsdruck | | | bar *oder* kPa |
| Prüfdruck | | | bar *oder* kPa |
| Datum der erstmaligen Druckprüfung: | *(MM/JJJJ)* | Stempel des Sachverständigen: | |

| **TEMPERATUREN** | |
|---|---|
| Mindestauslegungstemperatur | °C |
| **WERKSTOFFE** | |
| Werkstoff(e) des Tankkörpers und Verweis(e) auf Werkstoffnorm(en) | |
| gleichwertige Wanddicke für Bezugsstahl | mm |
| **FASSUNGSRAUM** | |
| mit Wasser ausgeliterter Fassungsraum des Tanks bei 20 °C | Liter |
| **ISOLIERUNG** | |
| „wärmeisoliert" *bzw.* „vakuumisoliert" | |
| Wärmezufuhr | Watt |

| **HALTEZEITEN** | | | |
|---|---|---|---|
| zugelassene(s) tiefgekühlt verflüssigte(s) Gas(e) | Referenzhaltezeit | ursprünglicher Druck | höchstzulässige Masse des eingefüllten Gases |
| | Tage *oder* Stunden | bar *oder* kPa | kg |
| | | | |
| | | | |
| | | | |
| | | | |

| **WIEDERKEHRENDE PRÜFUNGEN** | | | | | |
|---|---|---|---|---|---|
| Art der Prüfung | Prüfdatum | Stempel des Sachverständigen | Art der Prüfung | Prüfdatum | Stempel des Sachverständigen |
| | *(MM/JJJJ)* | | | *(MM/JJJJ)* | |
| | | | | | |
| | | | | | |
| | | | | | |
| | | | | | |

**[Tankschild]** 6.7.4.15.2

Folgende Angaben müssen auf dem ortsbeweglichen Tank selbst oder auf einem am ortsbeweglichen Tank fest angebrachten Metallschild dauerhaft angegeben sein:

Name des Eigentümers und des Betreibers

Bezeichnung des beförderten tiefgekühlt verflüssigten Gases (und minimale mittlere Temperatur des Füllguts) → *D: § 23 (1) 12*

höchstzulässige Bruttomasse ____ kg

Leermasse (Tara) ____ kg

tatsächliche Haltezeit des beförderten Gases ____ Tage (oder Stunden)

Anweisung für ortsbewegliche Tanks gemäß Absatz 4.2.5.2.6

**Bem.** Wegen der Identifizierung der beförderten tiefgekühlt verflüssigten Gase siehe auch Teil 5.

**[Offshore-Tank]** 6.7.4.15.3

Wenn ein ortsbeweglicher Tank für die Verwendung auf hoher See ausgelegt und zugelassen ist, muss das Identifizierungsschild mit „OFFSHORE PORTABLE TANK" gekennzeichnet sein.

**Vorschriften für die Auslegung, den Bau und die Prüfung von UN-Gascontainern mit mehreren Elementen (MEGC), die für die Beförderung nicht tiefgekühlter Gase vorgesehen sind** 6.7.5 → *D: § 24 Nr. 1*

**Begriffsbestimmungen** 6.7.5.1

Für Zwecke dieses Abschnitts gelten folgende Begriffsbestimmungen:

***Alternative Vereinbarung:*** Eine Zulassung, die von der *zuständigen Behörde* für einen *ortsbeweglichen Tank* oder einen *MEGC* ausgestellt wird, der nach technischen Vorschriften oder Prüfmethoden ausgelegt, gebaut und geprüft ist, die von den in diesem Kapitel festgelegten abweichen.

***Bauliche Ausrüstung:*** Die außen an den Elementen angebrachten Versteifungselemente, Elemente für die Befestigung, den Schutz und die Stabilisierung.

***Bedienungsausrüstung:*** Die Messinstrumente sowie die Füll-, Entleerungs-, Lüftungs- und Sicherheitseinrichtungen.

***Dichtheitsprüfung:*** Eine Prüfung, bei der die Elemente und die Bedienungsausrüstung des MEGC unter Verwendung eines Gases mit einem effektiven Innendruck von mindestens 20 % des Prüfdrucks belastet werden.

***Elemente*** sind Flaschen, Großflaschen oder Flaschenbündel.

***Höchstzulässige Bruttomasse:*** Die Summe aus Leermasse des MEGC und der höchsten für die Beförderung zugelassenen Ladung.

***Sammelrohr:*** Eine Baueinheit von Rohren und Ventilen, welche die Befüllungs- und/oder Entleerungsöffnungen der Elemente miteinander verbindet.

***UN-Gascontainer mit mehreren Elementen (MEGC):*** Eine für die multimodale Beförderung bestimmte Einheit aus Flaschen, Großflaschen und Flaschenbündeln, die untereinander mit einem Sammelrohr verbunden und in einem Rahmen montiert sind. Ein MEGC umfasst die für die Beförderung von Gasen notwendige Bedienungsausrüstung und bauliche Ausrüstung. → *1.2.1*

**Allgemeine Vorschriften für die Auslegung und den Bau** 6.7.5.2

**[Konstruktionsprinzipien]** 6.7.5.2.1

Der MEGC muss befüllt und entleert werden können, ohne dass dazu die bauliche Ausrüstung entfernt werden muss. Er muss außen an den Elementen angebrachte Elemente zur Stabilisierung besitzen, um eine bauliche Unversehrtheit bei der Handhabung und Beförderung sicherzustellen. MEGC sind mit einem Traglager, das eine sichere Auflage während der Beförderung gewährleistet, und mit geeigneten Hebe- und Befestigungseinrichtungen auszulegen und zu bauen, die für das Anheben des bis zu seiner höchstzulässigen Bruttomasse befüllten MEGC geeignet sind. Der MEGC muss dafür ausgelegt sein, um auf einen Wagen, ein Fahrzeug, ein See- oder Binnenschiff verladen werden zu können, und mit Kufen, Tragelementen oder Zubehörteilen ausgerüstet sein, um die mechanische Handhabung zu erleichtern.

**6.7.5.2.2 [Belastungen]**

MEGC sind so auszulegen, herzustellen und auszurüsten, dass sie allen während normaler Handhabung und Beförderung auftretenden Bedingungen standhalten. Bei der Auslegung sind die Einflüsse dynamischer Belastung und Ermüdung zu berücksichtigen.

**6.7.5.2.3 [Werkstoff, Konformität]**

Die Elemente eines MEGC müssen aus nahtlosem Stahl oder in Verbundbauweise hergestellt und gemäß den Abschnitten 6.2.1 und 6.2.2 gebaut und geprüft sein. Alle Elemente eines MEGC müssen demselben Baumuster entsprechen.

**6.7.5.2.4 [Verträglichkeit]**

Die Elemente eines MEGC sowie die Ausrüstungsteile und Rohrleitungen müssen

a) mit dem (den) für die Beförderung vorgesehenen Stoff(en) verträglich sein (siehe Normen ISO 11114-1:2020 und ISO 11114-2:2021) oder

b) wirksam passiviert oder durch chemische Reaktion neutralisiert sein.

**6.7.5.2.5 [Kontaktkorrosion]**

Der Kontakt zwischen verschiedenen Metallen, der zu Schäden durch Kontaktkorrosion führen könnte, ist zu vermeiden.

**6.7.5.2.6 [Neutralität zum Gas]**

Die Werkstoffe des MEGC, einschließlich aller Einrichtungen, Dichtungen und Zubehörteile, dürfen das Gas (die Gase), für dessen (deren) Beförderung der MEGC vorgesehen ist, nicht beeinträchtigen.

**6.7.5.2.7 [Lebenszyklus]**

MEGC sind so auszulegen, dass sie ohne Verlust ihres Inhalts in der Lage sind, mindestens dem auf ihren Inhalt zurückzuführenden Innendruck sowie den unter normalen Handhabungs- und Beförderungsbedingungen entstehenden statischen, dynamischen und thermischen Belastungen standzuhalten. Aus der Auslegung muss zu erkennen sein, dass die Einflüsse der durch die wiederholte Einwirkung dieser Belastungen während der vorgesehenen Lebensdauer des MEGC verursachte Ermüdung berücksichtigt worden ist.

**6.7.5.2.8 [Statische Belastungen]**

MEGC und ihre Befestigungseinrichtungen müssen bei der höchstzulässigen Beladung in der Lage sein, folgende getrennt einwirkende statische Kräfte aufzunehmen:

a) in Fahrtrichtung: das Zweifache der höchstzulässigen Bruttomasse multipliziert mit der Erdbeschleunigung (g)[13];

b) horizontal, im rechten Winkel zur Fahrtrichtung: die höchstzulässige Bruttomasse (das Zweifache der höchstzulässigen Bruttomasse, wenn die Fahrtrichtung nicht eindeutig bestimmt ist) multipliziert mit der Erdbeschleunigung (g)[13];

c) vertikal aufwärts: die höchstzulässige Bruttomasse multipliziert mit der Erdbeschleunigung (g)[13]; und

d) vertikal abwärts: das Zweifache der höchstzulässigen Bruttomasse (Gesamtbeladung, einschließlich Wirkung der Schwerkraft) multipliziert mit der Erdbeschleunigung (g)[13].

**6.7.5.2.9 [Spannungen]**

*→ D: § 8 (1) 10*

Unter Wirkung der in Absatz 6.7.5.2.8 definierten Kräfte darf die Spannung an der am stärksten beanspruchten Stelle der Elemente die Werte nicht überschreiten, die entweder in der anwendbaren Norm des Unterabschnitts 6.2.2.1 oder, wenn die Elemente nicht nach diesen Normen ausgelegt, gebaut und geprüft sind, in dem technischen Regelwerk oder in der Norm genannt sind, das/die von der zuständigen Behörde des Verwendungslandes anerkannt oder genehmigt ist (siehe Abschnitt 6.2.5).

**6.7.5.2.10 [Sicherheitskoeffizienten]**

Unter Wirkung jeder der unter Absatz 6.7.5.2.8 genannten Kräfte sind folgende Sicherheitskoeffizienten für das Rahmenwerk und die Befestigung zu beachten:

---

13) Für Berechnungszwecke gilt: $g = 9,81\ m/s^2$.

a) bei Stählen mit ausgeprägter Streckgrenze ein Sicherheitskoeffizient von 1,5, bezogen auf die garantierte Streckgrenze, oder 6.7.5.2.10 (Forts.)

b) bei Stählen ohne ausgeprägte Streckgrenze ein Sicherheitskoeffizient von 1,5, bezogen auf die garantierte 0,2-%-Dehngrenze und bei austenitischen Stählen auf die 1-%-Dehngrenze.

**[Erdung]** 6.7.5.2.11

MEGC, die für die Beförderung entzündbarer Gase vorgesehen sind, müssen elektrisch geerdet werden können.

**[Sichern]** 6.7.5.2.12

Die Elemente müssen so gesichert sein, dass Bewegungen in Bezug auf die bauliche Gesamtanordnung und Bewegungen, die zu einer Konzentration schädlicher lokaler Spannungen führen, verhindert werden.

**Bedienungsausrüstung** 6.7.5.3

**[Anordnung]** 6.7.5.3.1

Die Bedienungsausrüstung muss so angeordnet oder ausgelegt sein, dass Schäden, die unter normalen Handhabungs- und Beförderungsbedingungen zu einem Freisetzen des Druckgefäßinhalts führen könnten, verhindert werden. Wenn die Verbindung zwischen dem Rahmen und den Elementen eine relative Bewegung zwischen den Baugruppen zulässt, muss die Ausrüstung so befestigt sein, dass durch eine solche Bewegung keine Beschädigung von Teilen erfolgt. Die Sammelrohre, die Entleerungseinrichtungen (Rohranschlüsse, Verschlusseinrichtungen) und die Absperreinrichtungen müssen gegen Abreißen durch äußere Beanspruchungen geschützt sein. Die zu den Absperrventilen führende Sammelrohrleitung muss ausreichend flexibel sein, um die Ventile und die Rohrleitung gegen Abscheren und gegen Freisetzen des Druckgefäßinhalts zu schützen. Die Füll- und Entleerungseinrichtungen (einschließlich Flansche oder Schraubverschlüsse) und alle Schutzkappen müssen gegen unbeabsichtigtes Öffnen gesichert werden können.

**[Giftige Gase und entzündbare Gase]** 6.7.5.3.2

Jedes Element, das für die Beförderung giftiger Gase (Gase der Gruppen T, TF, TC, TO, TFC und TOC) vorgesehen ist, muss mit einem Ventil ausgerüstet sein. Die Rohrleitungen für verflüssigte giftige Gase (Gase der Klassifizierungscodes 2T, 2TF, 2TC, 2TO, 2TFC und 2TOC) müssen so ausgelegt sein, dass jedes Element getrennt befüllt und durch ein dicht verschließbares Ventil abgetrennt gehalten werden kann. Bei der Beförderung entzündbarer Gase (Gase der Gruppe F) müssen die Elemente in Gruppen von höchstens 3 000 Litern unterteilt werden, die jeweils durch ein Ventil getrennt sind.

**[Ventile]** 6.7.5.3.3

Bei den Öffnungen für das Füllen und Entleeren von MEGC müssen zwei hintereinanderliegende Ventile an einer zugänglichen Stelle jedes Auslauf- oder Füllstutzens angebracht sein. Eines der Ventile darf ein Rückschlagventil sein. Die Füll- und Entleerungseinrichtungen dürfen an einem Sammelrohr angebracht sein. Bei Rohrleitungsabschnitten, die beidseitig geschlossen werden können und in denen Flüssigkeit eingeschlossen sein kann, muss eine Druckentlastungseinrichtung vorgesehen sein, um einen übermäßigen Druckaufbau zu verhindern. Die Haupttrennventile eines MEGC müssen deutlich mit Angabe der Drehrichtung für das Schließen gekennzeichnet sein. Jede Absperreinrichtung oder sonstige Verschlusseinrichtung ist so auszulegen und zu bauen, dass sie einem Druck standhält, der mindestens dem 1,5fachen des Prüfdrucks des MEGC entspricht. Alle Absperreinrichtungen mit einer Gewindespindel müssen sich durch Drehen des Handrades im Uhrzeigersinn schließen. Bei den übrigen Absperreinrichtungen muss die Stellung (offen und geschlossen) und die Drehrichtung für das Schließen eindeutig angezeigt werden. Alle Absperreinrichtungen sind so auszulegen und anzuordnen, dass ein unbeabsichtigtes Öffnen verhindert wird. Für den Bau von Verschlusseinrichtungen, Ventilen und Zubehörteilen sind verformungsfähige Metalle zu verwenden.

**[Rohrleitungen]** 6.7.5.3.4

Die Rohrleitungen sind so auszulegen, zu bauen und zu montieren, dass eine Beschädigung infolge Ausdehnung und Schrumpfung, mechanischer Erschütterung und Vibration vermieden wird. Verbindungen der Rohrleitungen müssen hartgelötet oder durch eine metallene Verbindung gleicher Festigkeit hergestellt sein. Der Schmelzpunkt des Hartlots darf nicht niedriger als 525 °C sein. Der Nenndruck der Bedienungsausrüstung und des Sammelrohrs darf nicht geringer sein als zwei Drittel des Prüfdrucks der Elemente.

**6.7.5.4 Druckentlastungseinrichtungen**

**6.7.5.4.1 [Anforderung]**

Die Elemente von MEGC, die für die Beförderung von UN 1013 Kohlendioxid und UN 1070 Distickstoffmonoxid verwendet werden, müssen in Gruppen von höchstens 3 000 Litern unterteilt werden, die jeweils durch ein Ventil getrennt sind. Jede Gruppe muss mit einer oder mehreren Druckentlastungseinrichtungen ausgerüstet sein. Sofern dies von der zuständigen Behörde des Verwendungslandes vorgeschrieben ist, müssen MEGC für andere Gase mit den von dieser zuständigen Behörde festgelegten Druckentlastungseinrichtungen ausgerüstet sein.

**6.7.5.4.2 [Elemente]**

Wenn Druckentlastungseinrichtungen angebracht sind, muss jedes abtrennbare Element oder jede abtrennbare Gruppe von Elementen eines MEGC mit einer oder mehreren Druckentlastungseinrichtungen ausgerüstet sein. Bei den Druckentlastungseinrichtungen muss es sich um eine Bauart handeln, die dynamischen Kräften einschließlich Flüssigkeitsschwall standhält, und müssen so ausgelegt sein, dass keine Fremdstoffe eindringen und keine Gase austreten können und sich kein gefährlicher Überdruck bilden kann.

**6.7.5.4.3 [Gase nach T50]**

MEGC, die für die Beförderung von bestimmten, in der Anweisung für ortsbewegliche Tanks T50 in Absatz 4.2.5.2.6 genannten nicht tiefgekühlten Gasen verwendet werden, dürfen, wie von der zuständigen Behörde des Verwendungslandes vorgeschrieben, mit einer Druckentlastungseinrichtung ausgerüstet sein. Die Entlastungseinrichtung muss aus einer Berstscheibe bestehen, die einer federbelasteten Druckentlastungseinrichtung vorgeschaltet ist, es sei denn, der MEGC ist für die Beförderung eines einzigen Gases vorgesehen und mit einer genehmigten Druckentlastungseinrichtung aus einem Werkstoff ausgerüstet, der mit dem beförderten Gas verträglich ist. Zwischen der Berstscheibe und der federbelasteten Einrichtung darf ein Druckmessgerät oder eine andere geeignete Anzeigeeinrichtung angebracht sein. Diese Anordnung erlaubt das Feststellen von Brüchen, Perforationen oder Undichtheiten der Scheibe, durch die das Druckentlastungssystem funktionsunfähig werden kann. Die Berstscheibe muss bei einem Nenndruck, der 10 % über dem Ansprechdruck der Druckentlastungseinrichtung liegt, bersten.

**6.7.5.4.4 [Einstellung aufgrund Gas]**

Bei MEGC, die für die Beförderung verschiedener unter niedrigem Druck verflüssigter Gase verwendet werden, müssen die Druckentlastungseinrichtungen bei dem Druck öffnen, der in Absatz 6.7.3.7.1 für dasjenige der zur Beförderung im MEGC zugelassenen Gase mit dem größten höchstzulässigen Betriebsdruck angegeben ist.

**6.7.5.5 Abblasmenge von Druckentlastungseinrichtungen**

**6.7.5.5.1 [Gesamtabblasmenge]**

Wenn Druckentlastungseinrichtungen angebracht sind, muss die Gesamtabblasmenge der Druckentlastungseinrichtungen bei vollständiger Feuereinwirkung auf den MEGC ausreichen, damit der Druck (einschließlich Druckakkumulation) in den Elementen höchstens 120 % des Ansprechdrucks der Druckentlastungseinrichtung beträgt. Für die Bestimmung der minimalen Gesamtdurchflussmenge des Systems von Druckentlastungseinrichtungen ist die in CGA S-1.2-2003 „Pressure Relief Device Standards – Part 2 – Cargo and Portable Tanks for Compressed Gases“ (Normen für Druckentlastungseinrichtungen – Teil 2 – Frachttanks und ortsbewegliche Tanks für verdichtete Gase) vorgesehene Formel zu verwenden. Für die Bestimmung der Abblasmenge einzelner Elemente darf CGA S-1.1-2003 „Pressure Relief Device Standards – Part 1 – Cylinders for Compressed Gases“ (Normen für Druckentlastungseinrichtungen – Teil 1 – Flaschen für verdichtete Gase) verwendet werden. Bei unter geringem Druck verflüssigten Gasen dürfen federbelastete Druckentlastungseinrichtungen verwendet werden, um die vorgeschriebene Abblasmenge zu erreichen. Bei MEGC, die für die Beförderung verschiedener Gase vorgesehen sind, muss die Gesamtabblasmenge der Druckentlastungseinrichtungen für dasjenige der zur Beförderung im MEGC zugelassenen Gase berechnet werden, das die höchste Abblasmenge erfordert.

**6.7.5.5.2 [Thermodynamik]**

Bei der Bestimmung der erforderlichen Gesamtabblasmenge der an den Elementen für die Beförderung verflüssigter Gase angebrachten Druckentlastungseinrichtungen sind die thermodynamischen Eigenschaften des Gases zu berücksichtigen (siehe z.B. CGA S-1.2-2003 „Pressure Relief Device Standards – Part 2 – Cargo and Portable Tanks for Compressed Gases" (Normen für Druckentlastungseinrichtungen – Teil 2 – Frachttanks und ortsbewegliche Tanks für verdichtete Gase) für unter geringem Druck verflüssigte Gase und CGA S-1.1-2003 „Pressure Relief Device Standards – Part 1 – Cylinders for Compressed Gases" (Normen für Druckentlastungseinrichtungen – Teil 1 – Flaschen für verdichtete Gase) für unter hohem Druck verflüssigte Gase). 6.7.5.5.2 (Forts.)

**Kennzeichnung von Druckentlastungseinrichtungen** 6.7.5.6

**[Angaben]** 6.7.5.6.1

Druckentlastungseinrichtungen müssen mit folgenden Angaben deutlich und dauerhaft gekennzeichnet sein:

a) der Name des Herstellers und die entsprechende Registriernummer der Druckentlastungseinrichtung;
b) der Ansprechdruck und/oder die Ansprechtemperatur;
c) das Datum der letzten Prüfung;
d) die Strömungsquerschnitte der federbelasteten Druckentlastungseinrichtungen und Berstscheiben in $mm^2$. → *1.6.4.43*

**[Nominale Abblasmenge]** 6.7.5.6.2

Die auf den federbelasteten Druckentlastungseinrichtungen für unter geringem Druck verflüssigte Gase angegebene nominale Abblasmenge ist nach den Normen ISO 4126-1:2004 und ISO 4126-7:2004 zu bestimmen.

**Anschlüsse für Druckentlastungseinrichtungen** 6.7.5.7

**[Dimensionierung, Auslegung]** 6.7.5.7.1

Die Anschlüsse für Druckentlastungseinrichtungen müssen ausreichend dimensioniert sein, damit die erforderliche Abblasmenge ungehindert zur Druckentlastungseinrichtung gelangen kann. Zwischen dem Element und den Druckentlastungseinrichtungen dürfen keine Absperreinrichtungen angebracht sein, es sei denn, es sind doppelte Einrichtungen für die Wartung oder für andere Zwecke vorhanden, und die Absperreinrichtungen für die jeweils verwendeten Druckentlastungseinrichtungen sind in geöffneter Stellung verriegelt oder die Absperreinrichtungen sind so miteinander gekoppelt, dass mindestens eine der doppelt vorhandenen Einrichtungen immer in Betrieb und in der Lage ist, die Vorschriften des Unterabschnitts 6.7.5.5 zu erfüllen. In einer Öffnung, die zu einer Lüftungs- oder Druckentlastungseinrichtung führt, dürfen keine Hindernisse vorhanden sein, welche die Strömung vom Element zu diesen Einrichtungen begrenzen oder unterbrechen könnten. Die Durchgangsöffnungen aller Rohrleitungen und Ausrüstungen müssen mindestens denselben Durchflussquerschnitt haben wie der Einlass der Druckentlastungseinrichtung, mit der sie verbunden sind. Die Nenngröße der Abblasleitungen muss mindestens so groß sein wie die des Auslasses der Druckentlastungseinrichtung. Abblasleitungen der Druckentlastungseinrichtungen müssen, sofern sie verwendet werden, die Dämpfe oder Flüssigkeiten so in die Atmosphäre ableiten, dass nur ein minimaler Gegendruck auf die Druckentlastungseinrichtungen wirkt.

**Anordnung von Druckentlastungseinrichtungen** 6.7.5.8

**[Abblasrichtung]** 6.7.5.8.1

Jede Druckentlastungseinrichtung muss unter maximalen Füllungsbedingungen mit der Dampfphase der Elemente zur Beförderung verflüssigter Gase in Verbindung stehen. Die Einrichtungen müssen, sofern sie angebracht sind, so angeordnet sein, dass der Dampf ungehindert nach oben entweichen kann und eine Einwirkung des ausströmenden Gases oder der ausströmenden Flüssigkeit auf den MEGC, seine Elemente oder das Personal verhindert wird. Bei entzündbaren, pyrophoren und oxidierenden Gasen muss das Gas so vom Element abgeleitet werden, dass es nicht auf die übrigen Elemente einwirken kann. Hitzebeständige Schutzeinrichtungen, die die Strömung des Gases umleiten, sind zugelassen, vorausgesetzt, die geforderte Abblasmenge wird dadurch nicht vermindert.

**[Unbefugte]** 6.7.5.8.2

Es sind Maßnahmen zu treffen, um den Zugang unbefugter Personen zu den Druckentlastungseinrichtungen zu verhindern und die Druckentlastungseinrichtungen bei einem Umkippen des MEGC vor Beschädigung zu schützen.

**6.7.5.9 Füllstandsanzeigevorrichtungen**

**6.7.5.9.1 [Werkstoffverbot]**

Wenn ein MEGC für das Befüllen nach Masse vorgesehen ist, ist dieser mit einer oder mehreren Füllstandsanzeigevorrichtungen auszurüsten. Füllstandsanzeiger aus Glas oder anderen zerbrechlichen Werkstoffen dürfen nicht verwendet werden.

**6.7.5.10 Traglager, Rahmen, Hebe- und Befestigungseinrichtungen für MEGC**

**6.7.5.10.1 [Traglager]**

MEGC sind mit einem Traglager, das eine sichere Auflage während der Beförderung gewährleistet, auszulegen und zu bauen. Die in Absatz 6.7.5.2.8 festgelegten Kräfte und der in Absatz 6.7.5.2.10 festgelegte Sicherheitskoeffizient sind bei diesem Aspekt der Auslegung zu berücksichtigen. Kufen, Rahmen, Schlitten oder andere ähnliche Konstruktionen sind zugelassen.

**6.7.5.10.2 [Spannungen]**

Die von den Anbauten an Elementen (z.B. Schlitten, Rahmen usw.) sowie von den Hebe- und Befestigungseinrichtungen des MEGC verursachten kombinierten Spannungen dürfen in keinem Element zu übermäßigen Spannungen führen. Alle MEGC sind mit dauerhaften Hebe- und Befestigungseinrichtungen auszurüsten. Aufbauten oder Befestigungen dürfen in keinem Fall an den Elementen festgeschweißt werden.

**6.7.5.10.3 [Umweltkorrosion]**

Bei der Auslegung der Traglager und der Rahmenwerke sind die Einflüsse von Umweltkorrosion zu berücksichtigen.

**6.7.5.10.4 [Kippschutz]**

Wenn MEGC während der Beförderung nicht nach Unterabschnitt 4.2.4.3 geschützt sind, müssen die Elemente und die Bedienungsausrüstung gegen Beschädigung durch Längs- oder Querstöße oder Umkippen geschützt sein. Äußere Ausrüstungsteile müssen so geschützt sein, dass ein Austreten des Inhalts der Elemente durch Stöße oder Umkippen des MEGC auf seine Ausrüstungsteile ausgeschlossen ist. Besondere Aufmerksamkeit ist auf den Schutz des Sammelrohrs zu richten. Beispiele für Schutzmaßnahmen:

a) Schutz gegen seitliche Stöße, der aus Längsträgern bestehen kann;
b) Schutz vor dem Umkippen, der aus Verstärkungsringen oder quer am Rahmen befestigten Stäben bestehen kann;
c) Schutz gegen Stöße von hinten, der aus einer Stoßstange oder einem Rahmen bestehen kann;
d) Schutz der Elemente und der Bedienungsausrüstung gegen Beschädigungen durch Stöße oder Umkippen durch Verwendung eines ISO-Rahmens nach den anwendbaren Vorschriften der Norm ISO 1496-3:1995.

**6.7.5.11 Baumusterzulassung[*)]**

**6.7.5.11.1 [Ausstellung]**

*→ D: § 7 (1) 2 → D: § 12 (1) 1 a)*

Für jedes neue Baumuster eines MEGC ist durch die zuständige Behörde oder eine von ihr bestimmte Stelle eine Baumusterzulassungsbescheinigung auszustellen. Diese Bescheinigung muss bestätigen, dass der MEGC von der Behörde begutachtet worden ist, für die beabsichtigte Verwendung geeignet ist und den Vorschriften dieses Kapitels und den für Gase anwendbaren Vorschriften des Kapitels 4.1 und der Verpackungsanweisung P200 entspricht. Werden die MEGC ohne Änderung in der Bauart in Serie gefertigt, gilt die Bescheinigung für die gesamte Serie. In dieser Bescheinigung sind der Baumusterprüfbericht, die Werkstoffe des Sammelrohrs, die Normen, nach denen die Elemente hergestellt sind, und eine Zulassungsnummer anzugeben. Die Zulassungsnummer muss aus dem Unterscheidungszeichen oder -symbol des Staates, in dem die Zulassung erfolgte, angegeben durch das für Kraftfahrzeuge im internationalen Verkehr verwendete Unterscheidungszeichen[14)], und einer Registriernummer bestehen. In der Bescheini-

*) *→ 1.6.4.30 → D: RSEB Anl. 14; → D: RSEB 6-5*

14) Das für Kraftfahrzeuge und Anhänger im internationalen Straßenverkehr verwendete Unterscheidungszeichen des Zulassungsstaates, z.B. gemäß dem Genfer Übereinkommen über den Straßenverkehr von 1949 oder dem Wiener Übereinkommen über den Straßenverkehr von 1968.

gung sind eventuelle alternative Vereinbarungen gemäß Unterabschnitt 6.7.1.2 anzugeben. Eine Baumusterzulassung darf auch für die Zulassung kleinerer MEGC herangezogen werden, die aus Werkstoffen gleicher Art und Dicke, nach derselben Fertigungstechnik, mit identischem Traglager sowie gleichwertigen Verschlüssen und sonstigen Zubehörteilen hergestellt werden. 6.7.5.11.1 (Forts.)

**[Baumusterprüfbericht]** 6.7.5.11.2

Der Baumusterprüfbericht für die Baumusterzulassung muss mindestens folgende Angaben enthalten:

a) die Ergebnisse der in ISO 1496-3:1995 beschriebenen anwendbaren Prüfung des Rahmens;

b) die Ergebnisse der erstmaligen Prüfung nach Absatz 6.7.5.12.3;

c) die Ergebnisse der Auflaufprüfung nach Absatz 6.7.5.12.1 und

d) Bescheinigungen, die bestätigen, dass die Flaschen und Großflaschen den anwendbaren Normen entsprechen.

**Prüfung** 6.7.5.12 *→ 4.2.4.4*

**[Dynamische Auflaufprüfung]** 6.7.5.12.1

MEGC, die der Begriffsbestimmung für Container des Internationalen Übereinkommens über sichere Container (CSC), 1972, in der jeweils geänderten Fassung entsprechen, dürfen nicht verwendet werden, es sei denn, sie werden erfolgreich qualifiziert, nachdem ein repräsentatives Baumuster jeder Bauart der im Handbuch Prüfungen und Kriterien Teil IV Abschnitt 41 beschriebenen dynamischen Auflaufprüfung unterzogen wurde.

**[Prüfungsrhythmus]** 6.7.5.12.2

Die Elemente und Ausrüstungsteile jedes MEGC müssen vor der erstmaligen Inbetriebnahme geprüft werden (erstmalige Prüfung). Danach müssen die MEGC regelmäßig spätestens alle fünf Jahre geprüft werden (wiederkehrende 5-Jahres-Prüfung). Unabhängig von der zuletzt durchgeführten wiederkehrenden Prüfung ist, wenn es sich gemäß Absatz 6.7.5.12.5 als erforderlich erweist, eine außerordentliche Prüfung durchzuführen.

**[Erstmalige Prüfung]** 6.7.5.12.3

Die erstmalige Prüfung eines MEGC muss eine Überprüfung der Auslegungsmerkmale, eine äußere Untersuchung des MEGC und seiner Ausrüstungsteile unter Berücksichtigung der zu befördernden Gase sowie eine Druckprüfung unter Verwendung der Prüfdrücke des Unterabschnitts 4.1.4.1 Verpackungsanweisung P200 umfassen. Die Druckprüfung des Sammelrohrsystems darf als Wasserdruckprüfung oder mit Zustimmung der zuständigen Behörde oder einer von ihr bestimmten Stelle unter Verwendung einer anderen Flüssigkeit oder eines anderen Gases durchgeführt werden. Vor der Inbetriebnahme des MEGC ist eine Dichtheitsprüfung und eine Funktionsprüfung der gesamten Bedienungsausrüstung durchzuführen. Wenn die Elemente und ihre Ausrüstungsteile getrennt einer Druckprüfung unterzogen worden sind, müssen sie nach dem Zusammenbau gemeinsam einer Dichtheitsprüfung unterzogen werden.

**[Wiederkehrende Prüfung]** 6.7.5.12.4

Die wiederkehrende 5-Jahres-Prüfung muss eine äußere Untersuchung des Aufbaus, der Elemente und der Bedienungsausrüstung gemäß Absatz 6.7.5.12.6 umfassen. Die Elemente und Rohrleitungen sind innerhalb der in Unterabschnitt 4.1.4.1 Verpackungsanweisung P200 festgelegten Fristen und in Übereinstimmung mit den Vorschriften des Unterabschnitts 6.2.1.6 zu prüfen. Wenn die Elemente und die Ausrüstung getrennt einer Druckprüfung unterzogen worden sind, müssen sie nach dem Zusammenbau gemeinsam einer Dichtheitsprüfung unterzogen werden.

**[Außerordentliche Prüfung]** 6.7.5.12.5

Eine außerordentliche Prüfung ist erforderlich, wenn der MEGC Anzeichen von Beschädigung, Korrosion, Undichtheit oder anderer auf einen Mangel hinweisende Zustände aufweist, der die Unversehrtheit des MEGC beeinträchtigen könnte. Der Umfang der außerordentlichen Prüfung hängt vom Ausmaß der Beschädigung oder der Verschlechterung des Zustands des MEGC ab. Sie muss mindestens die in Absatz 6.7.5.12.6 vorgeschriebenen Prüfungen umfassen.

**6.7.5.12.6 [Prüfpunkte]**

Die Untersuchungen müssen sicherstellen, dass

a) die Elemente äußerlich auf punktförmige Vertiefungen (Pitting), Korrosion, Abrieb, Beulen, Verformungen, Fehler in Schweißnähten oder andere Zustände, einschließlich Undichtheiten, geprüft sind, durch die der MEGC bei der Beförderung unsicher werden könnte;

b) die Rohrleitungen, die Ventile und die Dichtungen auf Korrosion, Defekte und andere Zustände, einschließlich Undichtheiten, geprüft sind, durch die der MEGC beim Befüllen, Entleeren oder der Beförderung unsicher werden könnte;

c) fehlende oder lose Bolzen oder Muttern bei geflanschten Verbindungen oder Blindflanschen ersetzt oder festgezogen sind;

d) alle Sicherheitseinrichtungen und -ventile frei von Korrosion, Verformung, Beschädigung oder Defekten sind, die ihre normale Funktion behindern könnten. Fernbediente und selbstschließende Verschlusseinrichtungen sind zu betätigen, um ihre ordnungsgemäße Funktion nachzuweisen;

e) die auf dem MEGC vorgeschriebenen Kennzeichen lesbar sind und den anwendbaren Vorschriften entsprechen und

f) der Rahmen, das Traglager und die Hebeeinrichtungen des MEGC sich in einem zufrieden stellenden Zustand befinden.

**6.7.5.12.7 [Zuständige Stelle, Druckprüfung]**

*→ D: § 7 (1) 2*
*→ D: § 12 (1) 1 a*

Die in den Absätzen 6.7.5.12.1, 6.7.5.12.3, 6.7.5.12.4 und 6.7.5.12.5 angegebenen Prüfungen sind von einer von der zuständigen Behörde bestimmten Stelle durchzuführen oder zu beglaubigen. Wenn die Druckprüfung Bestandteil der Prüfung ist, ist diese mit dem auf dem Tankschild des MEGC angegebenen Prüfdruck durchzuführen. Der unter Druck stehende MEGC ist auf Undichtheiten der Elemente, der Rohrleitungen oder der Ausrüstung zu untersuchen.

**6.7.5.12.8 [Sicherheitsmängel]**

Wird eine die Sicherheit gefährdende Fehlerhaftigkeit festgestellt, darf der MEGC vor der Ausbesserung und dem erfolgreichen Bestehen der anwendbaren Prüfungen nicht wieder in Betrieb genommen werden.

**6.7.5.13 Kennzeichnung**

*→ D: RSEB 6-6*

**6.7.5.13.1 [Herstellerangaben]**

*→ 1.6.4.37*

Jeder MEGC muss mit einem korrosionsbeständigen Metallschild ausgerüstet sein, das dauerhaft an einer auffallenden und für die Prüfung leicht zugänglichen Stelle angebracht ist. Das Metallschild darf nicht an den Elementen angebracht sein. Die Elemente müssen gemäß Kapitel 6.2 gekennzeichnet sein. Auf dem Schild müssen mindestens die folgenden Angaben eingeprägt oder durch ein ähnliches Verfahren angebracht sein:

a) Eigentümerinformationen
   (i) Registriernummer des Eigentümers;

b) Herstellungsinformationen
   (i) Herstellungsland;
   (ii) Herstellungsjahr;
   (iii) Name oder Zeichen des Herstellers;
   (iv) Seriennummer des Herstellers;

c) Zulassungsinformationen
   (i) das Symbol der Vereinten Nationen für Verpackungen (u n); dieses Symbol darf nur zum Zweck der Bestätigung verwendet werden, dass eine Verpackung, ein flexibler Schüttgut-Container, ein ortsbeweglicher Tank oder ein MEGC den entsprechenden Vorschriften des Kapitels 6.1, 6.2, 6.3, 6.5, 6.6, 6.7 oder 6.11 entspricht;
   (ii) Zulassungsland;
   (iii) für die Baumusterzulassung zugelassene Stelle;
   (iv) Baumusterzulassungsnummer;
   (v) die Buchstaben „AA", wenn das Baumuster nach alternativen Vereinbarungen zugelassen wurde (siehe Unterabschnitt 6.7.1.2);

**6.7.5.13.1** (Forts.)

d) Drücke
   (i) Prüfdruck (in bar (Überdruck))[15];
   (ii) Datum der erstmaligen Druckprüfung (Monat und Jahr);
   (iii) Identifizierungskennzeichen des Sachverständigen der erstmaligen Druckprüfung;

e) Temperaturen
   (i) Auslegungstemperaturbereich (in °C)[15];

f) Elemente/Fassungsraum
   (i) Anzahl der Elemente;
   (ii) gesamter mit Wasser ausgeliterter Fassungsraum (in Litern)[15];

g) wiederkehrende Prüfungen
   (i) Art der zuletzt durchgeführten wiederkehrenden Prüfung (5-Jahres-Prüfung oder außerordentliche Prüfung);
   (ii) Datum der zuletzt durchgeführten wiederkehrenden Prüfung (Monat und Jahr);
   (iii) Identifizierungskennzeichen der zugelassenen Stelle, welche die letzte Prüfung durchgeführt oder beglaubigt hat.

**Abbildung 6.7.5.13.1: Beispiel eines Kennzeichenschilds**

<table>
<tr><td colspan="2">Registriernummer des Eigentümers</td><td colspan="3"></td></tr>
<tr><td colspan="5">HERSTELLUNGSINFORMATIONEN</td></tr>
<tr><td colspan="2">Herstellungsland</td><td colspan="3"></td></tr>
<tr><td colspan="2">Herstellungsjahr</td><td colspan="3"></td></tr>
<tr><td colspan="2">Hersteller</td><td colspan="3"></td></tr>
<tr><td colspan="2">Seriennummer des Herstellers</td><td colspan="3"></td></tr>
<tr><td colspan="5">ZULASSUNGSINFORMATIONEN</td></tr>
<tr><td rowspan="3">u<br>n</td><td>Zulassungsland</td><td colspan="3"></td></tr>
<tr><td>für die Baumusterzulassung zugelassene Stelle</td><td colspan="3"></td></tr>
<tr><td>Baumuster-<br>zulassungsnummer</td><td colspan="2"></td><td>„AA“ (sofern anwendbar)</td></tr>
<tr><td colspan="5">DRÜCKE</td></tr>
<tr><td colspan="2">Prüfdruck</td><td colspan="3">bar</td></tr>
<tr><td>Datum der erstmaligen Druckprüfung:</td><td>(MM/JJJJ)</td><td>Stempel des Sachverständigen:</td><td colspan="2"></td></tr>
<tr><td colspan="5">TEMPERATUREN</td></tr>
<tr><td colspan="2">Auslegungstemperaturbereich</td><td colspan="3">°C bis °C</td></tr>
<tr><td colspan="5">ELEMENTE/FASSUNGSRAUM</td></tr>
<tr><td colspan="2">Anzahl der Elemente</td><td colspan="3"></td></tr>
<tr><td colspan="2">gesamter mit Wasser ausgeliterter Fassungsraum</td><td colspan="3">Liter</td></tr>
</table>

[15] Die verwendete Einheit ist anzugeben.

6.7.5.13.1 (Forts.)

| WIEDERKEHRENDE PRÜFUNGEN | | | | | |
|---|---|---|---|---|---|
| Art der Prüfung | Prüfdatum | Stempel des Sachverständigen | Art der Prüfung | Prüfdatum-Prüfdatum | Stempel des Sachverständigen |
| | *(MM/JJJJ)* | | | *(MM/JJJJ)* | |
| | | | | | |
| | | | | | |
| | | | | | |
| | | | | | |

**6.7.5.13.2 [Metallschild]**

Folgende Angaben müssen auf einem am MEGC fest angebrachten Metallschild dauerhaft angegeben sein:

Name des Betreibers

höchstzulässige Masse der Füllung ______ kg

Betriebsdruck bei 15 °C ______ bar (Überdruck)

höchstzulässige Bruttomasse ______ kg

Leermasse (Tara) ______ kg.

# Kapitel 6.8
# Vorschriften für den Bau, die Ausrüstung, die Zulassung des Baumusters, die Prüfung und die Kennzeichnung von festverbundenen Tanks (Tankfahrzeugen), Aufsetztanks, Tankcontainern und Tankwechselaufbauten (Tankwechselbehältern), deren Tankkörper aus metallenen Werkstoffen hergestellt sind, sowie von Batterie-Fahrzeugen und Gascontainern mit mehreren Elementen (MEGC)

→ D: § 8 (1) 1 h)
→ D: § 8 (2)
→ D: § 12 (1) 2 b)
→ D: RSEB 9-2.5
→ D: RSEB Anl. 14a
→ D: ODV Anl. 1 Abschn. B
→ RO-a-CH-3
→ CH: GGUV Art. 2 b 2
→ CH: SDR Anh. 1 1.1.3.6.6
→ CH: SDR Anh. 1 6.14

**Bem.** 1. Für ortsbewegliche Tanks und UN-Gascontainer mit mehreren Elementen (MEGC) siehe Kapitel 6.7; für Tanks aus faserverstärkten Kunststoffen siehe Kapitel 6.9 bzw. 6.13 für Saug-Druck-Tanks für Abfälle siehe Kapitel 6.10.

2. Für festverbundene Tanks (Tankfahrzeuge) und Aufsetztanks mit Additivierungseinrichtungen siehe Kapitel 3.3 Sondervorschrift 664.

3. Im Sinne dieses Kapitels bedeutet „Prüfstelle" eine Stelle gemäß Abschnitt 1.8.6.

**Anwendungsbereich und allgemeine Vorschriften** **6.8.1**

→ 1.6.4.12
→ 1.6.4.30

**[Geltungsbereich Tank-Arten]** **6.8.1.1**

→ 1.6.3

Vorschriften, die sich über die gesamte Textbreite erstrecken, gelten sowohl für festverbundene Tanks (Tankfahrzeuge), Aufsetztanks und Batterie-Fahrzeuge als auch für Tankcontainer, Tankwechselaufbauten (Tankwechselbehälter) und MEGC. Vorschriften, die in einer Spalte erscheinen, gelten nur für

- festverbundene Tanks (Tankfahrzeuge), Aufsetztanks und Batterie-Fahrzeuge (linke Spalte),
- Tankcontainer, Tankwechselaufbauten (Tankwechselbehälter) und MEGC (rechte Spalte).

**[Geltungsbereich Stoffe]** **6.8.1.2**

Diese Vorschriften gelten für

| | |
|---|---|
| festverbundene Tanks (Tankfahrzeuge), Aufsetztanks und Batterie-Fahrzeuge | Tankcontainer, Tankwechselaufbauten (Tankwechselbehälter) und MEGC |

zur Beförderung gasförmiger, flüssiger, pulverförmiger oder körniger Stoffe.

**[Fundstellen]** **6.8.1.3**

Im Abschnitt 6.8.2 sind Vorschriften aufgeführt, die sowohl für festverbundene Tanks (Tankfahrzeuge), Aufsetztanks, Tankcontainer und Tankwechselaufbauten (Tankwechselbehälter) zur Beförderung von Stoffen aller Klassen als auch für Batterie-Fahrzeuge und MEGC zur Beförderung von Gasen der Klasse 2 gelten. Die Abschnitte 6.8.3 bis 6.8.5 enthalten die Sondervorschriften, die Ergänzungen zu oder Abweichungen von den Vorschriften des Abschnitts 6.8.2 bilden.

**[Fundstelle Verwendung]** **6.8.1.4**

Wegen der Vorschriften bezüglich der Verwendung dieser Tanks siehe Kapitel 4.3.

**Verfahren für die Konformitätsbewertung, die Baumusterzulassung und die Prüfungen** **6.8.1.5**

→ D: RSEB 6-5

Die nachfolgenden Vorschriften beschreiben, wie die in Abschnitt 1.8.7 beschriebenen Verfahren anzuwenden sind.

**Bem.** Diese Vorschriften gelten vorbehaltlich der Übereinstimmung der Prüfstellen mit den Vorschriften des Abschnitts 1.8.6 und unbeschadet der Rechte und Pflichten, insbesondere der Notifizierung und Anerkennung, die für sie durch Vereinbarungen oder Rechtsakte (z.B. Richtlinie 2010/35/EU) festgelegt sind, welche die Vertragsparteien des ADR anderweitig binden.

Für Zwecke dieses Unterabschnitts bedeutet „Registrierungsland"

| | |
|---|---|
| – die Vertragspartei des ADR, in der das Fahrzeug registriert ist, auf dem der Tank befestigt ist; | – die Vertragspartei des ADR, in der das Unternehmen des Eigentümers oder Betreibers registriert ist; |

6.8.1.5 (Forts.)

– bei Aufsetztanks die Vertragspartei des ADR, in der das Unternehmen des Eigentümers oder Betreibers registriert ist.

– wenn das Unternehmen des Eigentümers oder Betreibers nicht bekannt ist, die Vertragspartei des ADR der zuständigen Behörde, welche die mit der erstmaligen Prüfung betraute Prüfstelle zugelassen hat. Ungeachtet des Unterabschnitts 1.6.4.57 müssen diese Prüfstellen nach der Norm EN ISO/IEC 17020:2012 (ausgenommen Absatz 8.1.3) Typ A akkreditiert sein.

Mit der Konformitätsbewertung des Tanks muss überprüft werden, ob alle seine Bauteile, unabhängig davon, wo sie hergestellt wurden, den Vorschriften des ADR entsprechen.

**6.8.1.5.1 Baumusterprüfung gemäß Absatz 1.8.7.2.1**

a) Der Hersteller des Tanks muss eine einzige Prüfstelle, die von der zuständigen Behörde entweder des Herstellungslandes oder des ersten Registrierungslandes des ersten nach diesem Baumuster hergestellten Tanks zugelassen oder anerkannt ist, zur Übernahme der Verantwortung für die Baumusterprüfung beauftragen. Wenn das Herstellungsland keine Vertragspartei des ADR ist, muss der Hersteller eine einzige Prüfstelle, die von der zuständigen Behörde des Registrierungslandes des ersten nach diesem Baumuster hergestellten Tanks zugelassen oder anerkannt ist, zur Übernahme der Verantwortung für die Baumusterprüfung beauftragen.

**Bem.** Bis zum 31. Dezember 2028 muss die Baumusterprüfung durch eine Prüfstelle durchgeführt werden, die vom Registrierungsland zugelassen oder anerkannt ist.

b) Wenn gemäß Absatz 6.8.2.3.1 die Baumusterprüfung der Bedienungsausrüstung getrennt vom Tank durchgeführt wird, muss der Hersteller der Bedienungsausrüstung eine einzige Prüfstelle, die von der zuständigen Behörde einer Vertragspartei des ADR zugelassen oder anerkannt ist, zur Übernahme der Verantwortung für die Baumusterprüfung beauftragen.

**6.8.1.5.2 Ausstellung einer Baumusterzulassungsbescheinigung gemäß Absatz 1.8.7.2.2**

Nur die zuständige Behörde, die die Prüfstelle, welche die Baumusterprüfung durchgeführt hat, zugelassen oder anerkannt hat, darf die Baumusterzulassungsbescheinigung ausstellen.

Wenn jedoch eine Prüfstelle von der zuständigen Behörde mit der Ausstellung der Baumusterzulassungsbescheinigung beauftragt wird, muss die Baumusterprüfung von dieser Prüfstelle durchgeführt werden.

**6.8.1.5.3 Überwachung der Herstellung gemäß Unterabschnitt 1.8.7.3**

a) Für die Überwachung der Herstellung muss der Hersteller des Tanks eine einzige Prüfstelle beauftragen, die von der zuständigen Behörde entweder des Registrierungslandes oder des Herstellungslandes zugelassen oder anerkannt ist. Wenn das Herstellungsland keine Vertragspartei des ADR ist, muss der Hersteller eine einzige Prüfstelle beauftragen, die von der zuständigen Behörde des Registrierungslandes zugelassen oder anerkannt ist.

b) Wenn die Baumusterprüfung der Bedienungsausrüstung getrennt vom Tank durchgeführt wird, muss der Hersteller der Bedienungsausrüstung eine einzige Prüfstelle beauftragen, die von der zuständigen Behörde einer Vertragspartei des ADR zugelassen oder anerkannt ist. Der Hersteller darf einen betriebseigenen Prüfdienst in Übereinstimmung mit Unterabschnitt 1.8.7.7 einsetzen, um die Verfahren des Unterabschnitts 1.8.7.3 durchzuführen.

**6.8.1.5.4 Erstmalige Prüfung gemäß Unterabschnitt 1.8.7.4**

a) Der Hersteller des Tanks muss eine einzige Prüfstelle, die von der zuständigen Behörde des Registrierungslandes oder des Herstellungslandes zugelassen oder anerkannt ist, zur Übernahme der Verantwortung für die erstmalige Prüfung beauftragen. Wenn das Herstellungsland keine Vertragspartei des ADR ist, muss der Hersteller eine einzige Prüfstelle, die von der zuständigen Behörde des Registrierungslandes zugelassen oder anerkannt ist, zur Übernahme der Verantwortung für die erstmalige Prüfung beauftragen.

**Bem.** Bis zum 31. Dezember 2032 muss die erstmalige Prüfung durch eine Prüfstelle durchgeführt werden, die vom Registrierungsland zugelassen oder anerkannt ist.

b) Wenn die Baumusterzulassung der Bedienungsausrüstung getrennt vom Tank erfolgt, muss der Hersteller der Bedienungsausrüstung zur Übernahme der Verantwortung für die erstmalige Prüfung dieselbe einzige Prüfstelle beauftragen, die für Zwecke des Absatzes 6.8.1.5.3 b) beauftragt wurde. Der

Hersteller darf einen betriebseigenen Prüfdienst in Übereinstimmung mit Unterabschnitt 1.8.7.7 einsetzen, um die Verfahren des Unterabschnitts 1.8.7.4 durchzuführen. 6.8.1.5.4 (Forts.)

**Inbetriebnahmeüberprüfung gemäß Unterabschnitt 1.8.7.5** 6.8.1.5.5

Die zuständige Behörde des Landes der ersten Registrierung kann auf gelegentlicher Basis eine Inbetriebnahmeüberprüfung des Tanks verlangen, um die Übereinstimmung mit den anwendbaren Vorschriften zu überprüfen.

Wenn sich das Registrierungsland eines Tankfahrzeugs ändert, kann die zuständige Behörde der Vertragspartei des ADR, auf die das Tankfahrzeug übertragen wird, auf gelegentlicher Basis eine Inbetriebnahmeüberprüfung des Tanks verlangen.

Die zuständige Behörde des Landes der ersten Registrierung kann auf gelegentlicher Basis eine Inbetriebnahmeüberprüfung des Tanks verlangen, um die Übereinstimmung mit den anwendbaren Vorschriften zu überprüfen.

Wenn sich das Registrierungsland eines Tankcontainers ändert, kann die zuständige Behörde der Vertragspartei des ADR, auf die der Tankcontainer übertragen wird, auf gelegentlicher Basis eine Inbetriebnahmeüberprüfung verlangen.

Für die Durchführung der Inbetriebnahmeüberprüfung muss der Eigentümer oder Betreiber des Tanks eine einzige Prüfstelle beauftragen, die mit den für die Baumusterprüfung, die Überwachung der Herstellung oder die erstmalige Prüfung beauftragten Prüfstellen nicht identisch sein darf. Die für die Inbetriebnahmeüberprüfung beauftragte Prüfstelle muss von der zuständigen Behörde des Registrierungslandes zugelassen sein oder, falls eine solche Prüfstelle nicht existiert, von der zuständigen Behörde des Registrierungslandes anerkannt sein. Die Inbetriebnahmeüberprüfung muss den Zustand des Tanks berücksichtigen und sicherstellen, dass die Vorschriften des ADR erfüllt sind.

**Zwischenprüfung, wiederkehrende Prüfung oder außerordentliche Prüfung gemäß Unterabschnitt 1.8.7.6** 6.8.1.5.6

Die Zwischenprüfung, die wiederkehrende Prüfung oder die außerordentliche Prüfung muss

im Registrierungsland von einer Prüfstelle durchgeführt werden, die von der zuständigen Behörde dieses Landes zugelassen oder anerkannt ist.

Außerordentliche Prüfungen dürfen alternativ im Herstellungsland durch eine von der zuständigen Behörde des Herstellungslandes oder des Registrierungslandes zugelassene oder anerkannte Prüfstelle durchgeführt werden.

von einer Prüfstelle durchgeführt werden, die von der zuständigen Behörde der Vertragspartei des ADR zugelassen oder anerkannt ist, in der die Prüfung durchgeführt wird, oder von einer Prüfstelle, die von der zuständigen Behörde des Registrierungslandes zugelassen oder anerkannt ist.

Der Eigentümer oder Betreiber des Tanks oder sein bevollmächtigter Vertreter muss für jede Zwischenprüfung, wiederkehrende Prüfung oder außerordentliche Prüfung eine einzige Prüfstelle beauftragen.

## Vorschriften für alle Klassen 6.8.2
*→ RO-bi-EL-1*

### Bau 6.8.2.1
*→ D: § 19 (2) 13*
*→ D: § 24 Nr. 1*

***Grundsätze***

**[Beschaffenheit]** 6.8.2.1.1

Die Tankkörper, ihre Befestigungseinrichtungen, ihre Bedienungsausrüstung und ihre bauliche Ausrüstung müssen so beschaffen sein, dass sie ohne Verlust des Inhalts (ausgenommen Gasmengen, die aus etwa vorhandenen Entgasungsöffnungen austreten)

– unter normalen Beförderungsbedingungen den in Absatz 6.8.2.1.2 und 6.8.2.1.13 definierten statischen und dynamischen Beanspruchungen standhalten,
– den in Absatz 6.8.2.1.15 vorgeschriebenen Mindestbeanspruchungen standhalten.

**[Aufzunehmende Kräfte]** 6.8.2.1.2

Die Tanks einschließlich ihrer Befestigungseinrichtungen müssen bei der höchstzulässigen Masse der Füllung folgende Kräfte aufnehmen können:

Die Tankcontainer[1)] einschließlich ihrer Befestigungseinrichtungen müssen bei der höchstzulässigen Masse der Füllung folgende Kräfte aufnehmen können:

1) Siehe auch Abschnitt 7.1.3.

6.8.2.1.2 (Forts.)

- 2fache Gesamtmasse in Fahrtrichtung;
- 1fache Gesamtmasse horizontal seitwärts zur Fahrtrichtung;
- 1fache Gesamtmasse vertikal aufwärts und
- 2fache Gesamtmasse vertikal abwärts.

- 2fache Gesamtmasse in Fahrtrichtung;
- 1fache Gesamtmasse horizontal seitwärts zur Fahrtrichtung (wenn die Fahrtrichtung nicht eindeutig bestimmt ist, gilt die 2fache Gesamtmasse in jeder Richtung);
- 1fache Gesamtmasse vertikal aufwärts und
- 2fache Gesamtmasse vertikal abwärts.

**6.8.2.1.3 [Mindestwanddicken]**

Die Wände des Tankkörpers müssen mindestens die festgelegten Dicken haben nach den Absätzen

6.8.2.1.17 bis 6.8.2.1.21.

6.8.2.1.17 bis 6.8.2.1.20.

**6.8.2.1.4 [Technisches Regelwerk]**

*→ D: § 8 (1) 10*
*→ D: RSEB 6-7*

Die Tankkörper müssen nach den Bestimmungen der in Unterabschnitt 6.8.2.6 aufgeführten Normen oder eines von der zuständigen Behörde gemäß Unterabschnitt 6.8.2.7 anerkannten technischen Regelwerks entworfen und gebaut sein, in denen bei der Wahl des Werkstoffes und der Bemessung der Wanddicke des Tankkörpers die höchsten und tiefsten Einfüll- und Betriebstemperaturen berücksichtigt werden; die Mindestanforderungen der Absätze 6.8.2.1.6 bis 6.8.2.1.26 müssen jedoch eingehalten werden.

**6.8.2.1.5 [Zusätzlicher Schutz]**

Tanks für bestimmte gefährliche Stoffe müssen einen zusätzlichen Schutz haben. Dieser kann durch eine erhöhte Wanddicke des Tankkörpers, die auf Grund der Art der Gefahren, die der betreffende Stoff aufweist, bestimmt wird, gewährleistet sein (erhöhter Berechnungsdruck) oder aus einer Schutzeinrichtung bestehen (siehe Sondervorschriften des Abschnitts 6.8.4).

**6.8.2.1.6 [Schweißverbindungen]**

Die Schweißverbindungen müssen nach den Regeln der Technik ausgeführt sein und volle Sicherheit bieten. Die Schweißarbeiten und ihre Prüfung müssen den Vorschriften des Absatzes 6.8.2.1.23 entsprechen.

**6.8.2.1.7 [Innerer Unterdruck]**

*→ 1.6.3.20*
*→ 1.6.4.13*

Es müssen Maßnahmen getroffen werden, um die Tankkörper gegen das Risiko der Verformung infolge eines inneren Unterdrucks zu schützen.

Tankkörper, ausgenommen Tankkörper gemäß Absatz 6.8.2.2.6, die für eine Ausrüstung mit Vakuumventilen ausgelegt sind, müssen in der Lage sein, einem äußeren Überdruck von mindestens 21 kPa (0,21 bar) über dem Innendruck ohne bleibende Verformung standzuhalten. Tankkörper, die nur für die Beförderung fester (pulverförmiger oder körniger) Stoffe der Verpackungsgruppe II oder III, die sich während der Beförderung nicht verflüssigen, verwendet werden, dürfen für einen niedrigeren äußeren Überdruck, der nicht weniger als 5 kPa (0,05 bar) beträgt, ausgelegt sein. Die Vakuumventile müssen so eingestellt sein, dass sie sich bei einem Unterdruck öffnen, der nicht höher ist als der Unterdruck, für den der Tank ausgelegt ist. Tankkörper, die nicht für eine Ausrüstung mit Vakuumventilen ausgelegt sind, müssen in der Lage sein, einem äußeren Überdruck von mindestens 40 kPa (0,4 bar) über dem Innendruck ohne bleibende Verformung standzuhalten.

***Werkstoffe des Tankkörpers***

**6.8.2.1.8 [Geeignete Werkstoffe]**

*→ D: RSEB Anl. 13*

Die Tankkörper müssen aus geeigneten metallenen Werkstoffen hergestellt sein, die, sofern in den einzelnen Klassen nicht andere Temperaturbereiche vorgesehen sind, bei einer Temperatur zwischen −20 °C und +50 °C trennbruchsicher und unempfindlich gegen Spannungsrisskorrosion sein müssen.

**6.8.2.1.9 [Füllgutverträglichkeit]**

*→ D: RSEB 6-7*
*→ D: RSEB Anl. 13*

Die Werkstoffe der Tankkörper oder ihrer Schutzauskleidungen, die mit dem Inhalt in Berührung kommen, dürfen keine Stoffe enthalten, die mit dem Inhalt gefährlich reagieren (siehe Begriffsbestimmung für gefährliche Reaktion in Abschnitt 1.2.1) oder die unter Einwirkung des Inhalts gefährliche Verbindungen bilden oder den Werkstoff merklich schwächen.

Zieht die Berührung zwischen dem beförderten Stoff und dem für den Bau des Tankkörpers verwendeten Werkstoff eine fortschreitende Verminderung der Wanddicke des Tankkörpers nach sich, so muss diese

bei der Herstellung durch einen geeigneten Wert erhöht werden. Dieser Abzehrungszuschlag darf bei 6.8.2.1.9 (Forts.)
der Berechnung der Wanddicke des Tankkörpers nicht berücksichtigt werden.

**[Schweißbarkeit]** 6.8.2.1.10

Für geschweißte Tankkörper darf nur ein Werkstoff verwendet werden, dessen Schweißbarkeit einwandfrei feststeht und für den ein ausreichender Wert der Kerbschlagzähigkeit bei einer Umgebungstemperatur von –20 °C besonders in den Schweißnähten und in der Schweißeinflusszone gewährleistet werden kann.

Bei Verwendung von Feinkornstahl darf nach den Werkstoffspezifikationen der garantierte Wert der Streckgrenze Re nicht größer als 460 $N/mm^2$ und der garantierte Wert für die obere Grenze der Zugfestigkeit Rm nicht größer als 725 $N/mm^2$ sein.

**[Bestimmte Stähle]** 6.8.2.1.11

Bei geschweißten Tankkörpern aus Stahl darf das Verhältnis Re/Rm nicht größer sein als 0,85.

Re = Streckgrenze für Stähle mit ausgeprägter Streckgrenze oder 0,2-%-Dehngrenze für Stähle ohne ausgeprägte Streckgrenze (1-%-Dehngrenze für austenitische Stähle)

Rm = Zugfestigkeit

Bei der Ermittlung dieses Verhältnisses sind in jedem Fall die im Werkstoffabnahmezeugnis ausgewiesenen Werte zugrunde zu legen.

**[Bruchdehnung]** 6.8.2.1.12

Die Bruchdehnung in % bei Stahl muss mindestens dem Zahlenwert $\frac{10000}{\text{ermittelte Zugfestigkeit in N/mm}^2}$

entsprechen und darf bei Feinkornstählen nicht weniger als 16 % und bei anderen Stählen nicht weniger als 20 % betragen.

Bei Aluminiumlegierungen darf die Bruchdehnung nicht weniger als 12 % betragen[2)].

***Berechnung der Wanddicke des Tankkörpers***

**[Maßgeblicher Druck]** 6.8.2.1.13

→ 1.6.3.1
→ 1.6.3.3
→ 1.6.3.6

Der für die Bestimmung der Wanddicke des Tankkörpers maßgebliche Druck darf nicht geringer sein als der Berechnungsdruck, doch müssen dabei auch die im Absatz 6.8.2.1.1 erwähnten und gegebenenfalls die folgenden Beanspruchungen berücksichtigt werden:

<table>
<tr>
<td>Bei Fahrzeugen, bei denen der Tank selbsttragend ist, muss der Tankkörper so berechnet werden, dass er den dadurch entstehenden Beanspruchungen neben anderen auftretenden Beanspruchungen standhalten kann.<br>Unter Wirkung jeder dieser Beanspruchungen darf die Spannung an dem am stärksten beanspruchten Punkt des Tankkörpers und seiner Befestigungseinrichtungen den in Absatz 6.8.2.1.16 festgelegten Wert für σ nicht übersteigen.</td>
<td>Unter Wirkung jeder dieser Beanspruchungen müssen folgende Sicherheitskoeffizienten eingehalten werden:<br>– bei metallenen Werkstoffen mit ausgeprägter Streckgrenze ein Sicherheitskoeffizient von 1,5, bezogen auf die ausgeprägte Streckgrenze, oder<br>– bei metallenen Werkstoffen ohne ausgeprägte Streckgrenze ein Sicherheitskoeffizient von 1,5, bezogen auf die garantierte 0,2-%-Dehngrenze (bei austenitischen Stählen auf die 1-%-Dehngrenze).</td>
</tr>
</table>

2) Für Bleche ist die Zugprobe quer zur Walzrichtung zu entnehmen. Die Dehnung nach Bruch wird an Probestäben mit kreisrundem Querschnitt bestimmt, wobei die Messlänge l zwischen den Messmarken gleich dem 5fachen Stabdurchmesser d ist (l = 5 d); werden Probestäbe mit eckigem Querschnitt verwendet, so wird die Messlänge l nach der Formel

$$l = 5,65\sqrt{F_0}$$

berechnet, wobei $F_0$ gleich dem ursprünglichen Querschnitt des Probestabes ist.

**6.8.2.1.14 [Berechnungsdruck]**

Der Berechnungsdruck ist im zweiten Teil der Tankcodierung (siehe Unterabschnitt 4.3.4.1) gemäß Kapitel 3.2 Tabelle A Spalte (12) angegeben.

Wenn ein „G" angegeben ist, gelten folgende Vorschriften:

a) Tankkörper mit Entleerung durch Schwerkraft, die für Stoffe bestimmt sind, die bei 50 °C einen Dampfdruck von höchstens 110 kPa (1,1 bar) (absolut) haben, sind nach einem Druck zu bemessen, der dem doppelten statischen Druck des zu befördernden Stoffes, mindestens jedoch dem doppelten statischen Druck von Wasser entspricht;

b) Tankkörper mit Druckfüllung oder -entleerung für Stoffe, die bei 50 °C einen Dampfdruck von höchstens 110 kPa (1,1 bar) (absolut) haben, sind nach einem Druck zu bemessen, der das 1,3fache des Füll- oder Entleerungsdrucks beträgt.

Wenn der Zahlenwert des Mindestberechnungsdrucks (Überdruck) angegeben ist, ist der Tankkörper nach diesem Druck zu bemessen, wobei dieser aber nicht geringer sein darf als das 1,3fache des Füll- oder Entleerungsdrucks. Dabei gelten folgende Mindestanforderungen:

c) Tankkörper mit irgendeinem Füll- oder Entleerungssystem, die für Stoffe bestimmt sind, die bei 50 °C einen Dampfdruck von mehr als 110 kPa (1,1 bar) und einen Siedepunkt über 35 °C haben, sind nach einem Druck zu bemessen, der mindestens 150 kPa (1,5 bar) (Überdruck) beträgt oder der dem 1,3fachen des Füll- oder Entleerungsdrucks, wenn dieser höher ist, entspricht;

d) Tankkörper mit irgendeinem Füll- oder Entleerungssystem, die für Stoffe bestimmt sind, die einen Siedepunkt von höchstens 35 °C haben, sind nach einem Druck zu bemessen, der dem 1,3fachen des Füll- oder Entleerungsdrucks entspricht, mindestens jedoch 0,4 MPa (4 bar) (Überdruck) beträgt.

**6.8.2.1.15 [Prüfdruck]**

Beim Prüfdruck muss die Spannung σ an der am stärksten beanspruchten Stelle des Tankkörpers kleiner oder gleich den nachstehenden, in Abhängigkeit von den Werkstoffen festgelegten Grenzwerten sein. Dabei ist eine etwaige Schwächung durch die Schweißnähte zu berücksichtigen.

**6.8.2.1.16 [Spannung]**

Für alle Metalle und Legierungen muss die Spannung σ beim Prüfdruck unter dem kleineren der Werte liegen, der sich aus folgenden Gleichungen ergibt:

$\sigma \leq 0{,}75\ Re$ oder $\sigma \leq 0{,}5\ Rm$

Dabei bedeutet:

Re = Streckgrenze für Stähle mit ausgeprägter Streckgrenze oder
0,2-%-Dehngrenze für Stähle ohne ausgeprägte Streckgrenze (1-%-Dehngrenze für austenitische Stähle)

Rm = Zugfestigkeit

Die zu verwendenden Werte von Re und Rm sind spezifizierte Minimalwerte aus Werkstoffnormen. Wenn keine Werkstoffnorm für das Metall oder die Legierung vorhanden ist, müssen die zu verwendenden Werte von Re und Rm von der zuständigen Behörde zugelassen sein.

Die Mindestwerte aus den Werkstoffnormen dürfen bei der Verwendung von austenitischen Stählen um bis zu 15 % überschritten werden, sofern im Werkstoffabnahmezeugnis diese höheren Werte bescheinigt sind. Diese Mindestwerte dürfen jedoch nicht überschritten werden, wenn die in Absatz 6.8.2.1.18 aufgeführte Formel angewendet wird.

***Mindestwanddicke des Tankkörpers***

**6.8.2.1.17 [Formeln]**

→ 1.6.3.1
→ 1.6.3.3
→ D: § 24 Nr. 3

Die Wanddicke des Tankkörpers muss mindestens dem größeren der beiden Werte entsprechen, die sich nach der Berechnung mit den folgenden Formeln ergeben:

$$e = \frac{P_T D}{2\sigma\lambda}$$

$$e = \frac{P_C D}{2\sigma},$$

wobei: 6.8.2.1.17 (Forts.)

e = Mindestwanddicke des Tankkörpers in mm

PT = Prüfdruck in MPa

Pc = Berechnungsdruck in MPa nach Absatz 6.8.2.1.14 oder der Tabelle in Absatz 4.3.3.1.1

D = innerer Durchmesser des Tankkörpers in mm

σ = zulässige Spannung in $N/mm^2$, festgelegt in Absatz 6.8.2.1.16

λ = Koeffizient 1 oder weniger als 1, welcher der Schweißnahtgüte Rechnung trägt und von den in Absatz 6.8.2.1.23 definierten Prüfmethoden abhängig ist.

In keinem Fall darf die Wanddicke des Tankkörpers aber weniger betragen als die festgelegten Werte nach

den Absätzen 6.8.2.1.18 bis 6.8.2.1.21.

den Absätzen 6.8.2.1.18 bis 6.8.2.1.20.

**[Gleichwertige Dicke]** 6.8.2.1.18 → *D: § 24 Nr. 3*

Die Tankkörper, mit Ausnahme der in Absatz 6.8.2.1.21 genannten, mit kreisrundem Querschnitt und einem Durchmesser von nicht mehr als 1,80 m[3)] müssen eine Wanddicke von mindestens 5 mm haben, wenn sie aus Baustahl[4)] bestehen, oder eine gleichwertige Dicke, wenn sie aus einem anderen Metall hergestellt sind.

Ist der Durchmesser größer als 1,80 m[3)], muss, mit Ausnahme der Tanks für pulverförmige oder körnige Stoffe, diese Dicke mindestens 6 mm betragen, wenn die Tankkörper aus Baustahl[4)] bestehen, oder eine gleichwertige Dicke, wenn sie aus einem anderen Metall hergestellt sind.

Die Tankkörper müssen eine Wanddicke von mindestens 5 mm haben, wenn sie aus einem den Vorschriften der Absätze 6.8.2.1.11 und 6.8.2.1.12 entsprechenden Baustahl[4)] bestehen, oder eine gleichwertige Dicke, wenn sie aus einem anderen Metall hergestellt sind.

Ist der Durchmesser größer als 1,80 m, muss, mit Ausnahme der Tanks für pulverförmige oder körnige Stoffe, diese Dicke 6 mm betragen, wenn die Tankkörper aus Baustahl[4)] bestehen, oder eine gleichwertige Dicke, wenn sie aus einem anderen Metall hergestellt sind.

Welches Metall auch verwendet wird, die Mindestwanddicke der Tankkörper darf in keinem Fall weniger als 3 mm oder, wenn der Tank ein besonders großer Tankcontainer ist, weniger als 4,5 mm betragen.

Unter gleichwertiger Dicke versteht man diejenige, welche durch die nachstehende Formel[5)] bestimmt wird:

$$e_1 = \frac{464 e_0}{\sqrt[3]{(Rm_1 A_1)^2}}.$$

---

3) Bei anderen als kreisrunden Tankkörpern, z.B. kofferförmigen oder elliptischen Tankkörpern, entsprechen die angegebenen Durchmesser denjenigen, die sich aus einem flächengleichen Kreisquerschnitt errechnen. Bei diesen Querschnittformen dürfen die Wölbungsradien der Tankmäntel seitlich nicht größer als 2 000 mm, oben und unten nicht größer als 3 000 mm sein. Der Querschnitt von Tankkörpern gemäß Absatz 6.8.2.1.14 a) darf jedoch Aussparungen oder Ausbuchtungen, wie Wannen, Ausschnitte oder eingelassene Mannloch-Konstruktionen, aufweisen. Sie dürfen aus flachem oder (konkav oder konvex) geformtem Blech gebaut sein. Beulen und andere unbeabsichtigte Verformungen gelten nicht als Aussparungen oder Ausbuchtungen. Siehe „Leitfaden für die Anwendung der Fußnote 2 zu Absatz 6.8.2.1.18 ADR" auf der Website der UNECE (https://unece.org/guidelines-telematics-application-standards-construction-and-approval-vehicles-calculation-risks).

4) Wegen der Begriffsbestimmungen für „Baustahl" und „Bezugsstahl" siehe Abschnitt 1.2.1. „Baustahl" deckt in diesem Fall auch Stähle ab, die in EN-Werkstoffnormen als „Baustahl" bezeichnet sind und eine Mindestzugfestigkeit zwischen 360 $N/mm^2$ und 490 $N/mm^2$ und eine Mindestbruchdehnung gemäß Absatz 6.8.2.1.12 aufweisen.

5) Diese Formel ergibt sich aus der allgemeinen Formel

$$e_1 = e_0 \sqrt[3]{\left(\frac{Rm_0 A_0}{Rm_1 A_1}\right)^2}.$$

In dieser Formel bedeutet

$e_1$ = Mindestwanddicke des Tankkörpers in mm für das gewählte Metall

$e_0$ = Mindestwanddicke des Tankkörpers in mm für Baustahl nach den Absätzen 6.8.2.1.18 und 6.8.2.1.19.

$Rm_0$ = 370 (Zugfestigkeit für Bezugsstahl, siehe Begriffsbestimmung in Abschnitt 1.2.1, in $N/mm^2$)

$A_0$ = 27 (Bruchdehnung für Bezugsstahl, in %)

$Rm_1$ = Mindestzugfestigkeit des gewählten Metalls in $N/mm^2$

$A_1$ = Mindestbruchdehnung in % des gewählten Metalls.

**6.8.2.1.19 [Wanddickenreduzierung]**
→ D: § 24 Nr. 3

Wenn die Tanks einen Schutz gegen Beschädigung durch seitliches Anfahren oder Überschlagen gemäß Absatz 6.8.2.1.20 aufweisen, kann die zuständige Behörde zulassen, dass diese Mindestwanddicken im Verhältnis zu diesem Schutz verringert werden; für Tankkörper mit einem Durchmesser von nicht mehr als 1,80 m[3)] dürfen diese Dicken jedoch nicht weniger als 3 mm bei Verwendung von Baustahl[4)] oder eine gleichwertige Dicke bei Verwendung anderer Metalle betragen. Für Tankkörper mit einem Durchmesser von mehr als 1,80 m[3)] ist diese Dicke bei Verwendung von Baustahl[4)] auf 4 mm zu erhöhen oder auf eine gleichwertige Dicke bei Verwendung eines anderen Metalls.

Unter gleichwertiger Dicke versteht man diejenige, die durch die Formel in Absatz 6.8.2.1.18 bestimmt wird.

Mit Ausnahme der in Absatz 6.8.2.1.21 bestimmten Fälle, darf die Wanddicke der Tankkörper mit einem Schutz gegen Beschädigung gemäß Absatz 6.8.2.1.20 a) oder b) nicht geringer sein als die in der folgenden Tabelle angegebenen Werte:

Wenn die Tanks einen Schutz gegen Beschädigung gemäß Absatz 6.8.2.1.20 aufweisen, kann die zuständige Behörde zulassen, dass diese Mindestwanddicken im Verhältnis zu diesem Schutz verringert werden; für Tankkörper mit einem Durchmesser von nicht mehr als 1,80 m dürfen diese Dicken jedoch nicht weniger als 3 mm bei Verwendung von Baustahl[4)] oder eine gleichwertige Dicke bei Verwendung anderer Metalle betragen. Für Tankkörper mit einem Durchmesser von mehr als 1,80 m ist diese Dicke bei Verwendung von Baustahl[4)] auf 4 mm zu erhöhen oder auf eine gleichwertige Dicke bei Verwendung eines anderen Metalls.

Unter gleichwertiger Dicke versteht man diejenige, die durch die Formel in Absatz 6.8.2.1.18 bestimmt wird.

Die Wanddicke der Tankkörper, die gemäß Absatz 6.8.2.1.20 vor Beschädigung geschützt sind, darf nicht geringer sein als die in der folgenden Tabelle angegebenen Werte:

| | Durchmesser des Tankkörpers | ≤ 1,80 m | > 1,80 m |
|---|---|---|---|
| Mindestwanddicke des Tankkörpers | austenitische rostfreie Stähle | 2,5 mm | 3 mm |
| | austenitisch-ferritische rostfreie Stähle | 3 mm | 3,5 mm |
| | andere Stähle | 3 mm | 4 mm |
| | Aluminiumlegierungen | 4 mm | 5 mm |
| | Aluminium, 99,80 % rein | 6 mm | 8 mm |

**6.8.2.1.20 [Beschädigungsschutz]**
→ D: § 24 Nr. 3

Für Tanks, die nach dem 1. Januar 1990 gebaut wurden, ist ein Schutz im Sinne des Absatzes 6.8.2.1.19 gegeben, wenn folgende oder gleichwertige[6)] Maßnahmen ergriffen werden:

a) Bei Tanks zur Beförderung pulverförmiger oder körniger Stoffe muss der Schutz gegen Beschädigung den Anforderungen der zuständigen Behörde genügen.

b) Bei Tanks zur Beförderung anderer Stoffe ist ein Schutz gegen Beschädigung gegeben:

   1. Bei Tankkörpern mit kreisrundem oder elliptischem Querschnitt mit einem Krümmungs-

Der Schutz, auf den in Absatz 6.8.2.1.19 Bezug genommen wird, kann bestehen aus

- einem völlig umschließenden baulichen Schutz, wie einer geeigneten „Sandwich-Konstruktion", bei der der äußere Schutz am Tankkörper befestigt ist, oder
- einem den Tankkörper völlig umschließenden Rahmenwerk mit Längs- und Querträgern oder
- einem Doppelwandtank.

Wenn die Tanks als Doppelwandtanks mit Vakuumisolierung gebaut sind, muss die Summe der Wanddicken der metallenen Außenwand und der des

3) Bei anderen als kreisrunden Tankkörpern, z.B. kofferförmigen oder elliptischen Tankkörpern, entsprechen die angegebenen Durchmesser denjenigen, die sich aus einem flächengleichen Kreisquerschnitt errechnen. Bei diesen Querschnittformen dürfen die Wölbungsradien der Tankmäntel seitlich nicht größer als 2 000 mm, oben und unten nicht größer als 3 000 mm sein. Der Querschnitt von Tankkörpern gemäß Absatz 6.8.2.1.14 a) darf jedoch Aussparungen oder Ausbuchtungen, wie Wannen, Ausschnitte oder eingelassene Mannloch-Konstruktionen, aufweisen. Sie dürfen aus flachem oder (konkav oder konvex) geformtem Blech gebaut sein. Beulen und andere unbeabsichtigte Verformungen gelten nicht als Aussparungen oder Ausbuchtungen. Siehe „Leitfaden für die Anwendung der Fußnote 2 zu Absatz 6.8.2.1.18 ADR" auf der Website der UNECE (https://unece.org/guidelines-telematics-application-standards-construction-and-approval-vehicles-calculation-risks).

4) Wegen der Begriffsbestimmungen für „Baustahl" und „Bezugsstahl" siehe Abschnitt 1.2.1. „Baustahl" deckt in diesem Fall auch Stähle ab, die in EN-Werkstoffnormen als „Baustahl" bezeichnet sind und eine Mindestzugfestigkeit zwischen 360 $N/mm^2$ und 490 $N/mm^2$ und eine Mindestbruchdehnung gemäß Absatz 6.8.2.1.12 aufweisen.

6) Gleichwertige Maßnahmen sind solche, die in Normen gemäß Unterabschnitt 6.8.2.6 angegeben sind.

**6.8.2.1.20** (Forts.)

radius von höchstens 2 m, wenn der Tankkörper mit Verstärkungsteilen ausgerüstet ist, die aus Trennwänden, Schwallwänden oder äußeren oder inneren Verstärkungsringen bestehen, die so angebracht sind, dass sie zumindest einer der folgenden Bestimmungen entsprechen:

- Abstand zwischen zwei benachbarten Verstärkungsteilen höchstens 1,75 m;
- Fassungsraum zwischen zwei Trennwänden oder Schwallwänden höchstens 7 500 l.

Der senkrechte Querschnitt eines Ringes mit dem Teil der dazugehörigen Wand des Tankkörpers muss ein Widerstandsmoment von mindestens 10 $cm^3$ aufweisen.

Die äußeren Ringe dürfen keine hervorspringenden Kanten mit einem kleineren Radius als 2,5 mm aufweisen.

Die Trennwände und die Schwallwände müssen den Vorschriften des Absatzes 6.8.2.1.22 entsprechen.

Die Dicke der Trennwände und der Schwallwände, die als Verstärkungsteile verwendet werden, darf in keinem Fall geringer sein als die des Tankkörpers.

2. Bei Tanks, die als Doppelwandtanks mit Vakuumisolierung gebaut sind, wenn die Summe der Dicken der metallenen Außenwand und der des Tankkörpers der nach Absatz 6.8.2.1.18 festgelegten Wanddicke entspricht und die Wanddicke des Tankkörpers selbst die in Absatz 6.8.2.1.19 festgelegte Mindestwanddicke nicht unterschreitet.
3. Bei Tanks, die als Doppelwandtank mit einer Feststoffzwischenschicht von mindestens 50 mm Dicke gebaut sind, wenn die Außenwand eine Dicke von mindestens 0,5 mm hat, wenn sie aus Baustahl[4)], und von mindestens 2 mm, wenn sie aus glasfaserverstärktem Kunststoff besteht. Als Feststoffzwischenschicht darf Hartschaum verwendet werden (mit einem Schlagabsorptionsvermögen wie beispielsweise Polyurethanhartschaum).
4. Bei Tankkörpern mit einer anderen Form als unter 1. aufgeführt, wie insbesondere Koffertankkörper, wenn sie rundum in der Mitte ihrer Höhe über mindestens 30 % ihrer Höhe mit einem Schutz versehen sind, der so bemessen ist, dass er ein spezifisches Arbeitsvermögen aufweist, das gleich dem eines Tankkörpers aus Baustahl ist, der nach Absatz 6.8.2.1.18 festgelegten Mindestwanddicke entsprechen, wobei die Wanddicke des Tankkörpers selbst die in Absatz 6.8.2.1.19 festgelegte Mindestwanddicke nicht unterschreiten darf.

Wenn die Tanks als Doppelwandtanks mit einer Feststoffzwischenschicht von mindestens 50 mm Dicke gebaut sind, muss die Außenwand eine Dicke von mindestens 0,5 mm haben, wenn sie aus Baustahl[4)] bestehen, und von mindestens 2 mm, wenn sie aus glasfaserverstärktem Kunststoff bestehen. Als Feststoffzwischenschicht darf Hartschaum verwendet werden, der ein Schlagabsorptionsvermögen hat wie beispielsweise Polyurethanhartschaum.

4) Wegen der Begriffsbestimmungen für „Baustahl" und „Bezugsstahl" siehe Abschnitt 1.2.1. „Baustahl" deckt in diesem Fall auch Stähle ab, die in EN-Werkstoffnormen als „Baustahl" bezeichnet sind und eine Mindestzugfestigkeit zwischen 360 $N/mm^2$ und 490 $N/mm^2$ und eine Mindestbruchdehnung gemäß Absatz 6.8.2.1.12 aufweisen.

**6.8.2.1.20** (Forts.)

beitsaufnahmevermögen aufweist, das mindestens jenem einer Wand aus Baustahl[4] mit einer Dicke von 5 mm (für einen Durchmesser des Tankkörpers von höchstens 1,80 m) oder von 6 mm (für einen Durchmesser des Tankkörpers über 1,80 m) gleichwertig ist. Der Schutz muss am Tankkörper dauerhaft angebracht sein.

Diese Anforderung kann ohne weitere Prüfung des spezifischen Arbeitsaufnahmevermögens als erfüllt angesehen werden, wenn der Schutz aus einem aufgeschweißten Blech gleichen Werkstoffs wie dem des Tankkörpers auf dem zu verstärkenden Abschnitt besteht, so dass die Mindestwanddicke des Tankkörpers dem Absatz 6.8.2.1.18 entspricht.

Dieser Schutz ist abhängig von den bei einem Unfall möglichen Beanspruchungen auf Tankkörper aus Baustahl[4], deren Böden und Wände bei einem Durchmesser von höchstens 1,80 m eine Dicke von mindestens 5 mm oder bei einem Durchmesser über 1,80 m eine Dicke von mindestens 6 mm aufweisen. Bei Verwendung eines anderen Metalls erhält man die gleichwertige Dicke nach der Formel in Absatz 6.8.2.1.18.

Bei Aufsetztanks ist dieser Schutz nicht erforderlich, wenn sie allseits durch die Bordwände des Trägerfahrzeugs geschützt sind.

**6.8.2.1.21** **[Tankkörper ≤ 5 000 l]**
*→ 1.6.3.19*

Die nach 6.8.2.1.14 a) bemessene Wanddicke der Tankkörper, deren Fassungsraum nicht mehr als 5 000 Liter beträgt oder die in dichte Abteile mit einem Fassungsraum von nicht mehr als 5 000 Liter unterteilt sind, darf auf einen Wert verringert werden, der nicht kleiner sein darf als der entsprechende, in der folgenden Tabelle angegebene Wert, vorausgesetzt, in Abschnitt 6.8.3 oder 6.8.4 wird nichts anderes vorgeschrieben:

| Maximaler Durchmesser des Tankkörperquerschnitts (m) | Fassungsraum des Tankkörpers oder Tankkörperabteils ($m^3$) | Mindestwanddicke (mm) Baustahl |
|---|---|---|
| ≤ 2 | ≤ 5,0 | 3 |
| 2–3 | ≤ 3,5 | 3 |
| | > 3,5, aber ≤ 5,0 | 4 |

Bei Verwendung eines anderen Metalls als Baustahl[4] muss die Wanddicke nach der in Absatz 6.8.2.1.18

(bleibt offen)

[4] Wegen der Begriffsbestimmungen für „Baustahl" und „Bezugsstahl" siehe Abschnitt 1.2.1. „Baustahl" deckt in diesem Fall auch Stähle ab, die in EN-Werkstoffnormen als „Baustahl" bezeichnet sind und eine Mindestzugfestigkeit zwischen 360 N/mm² und 490 N/mm² und eine Mindestbruchdehnung gemäß Absatz 6.8.2.1.12 aufweisen.

6.8.2.1.21 (Forts.)

vorgesehenen Gleichwertigkeitsformel bestimmt werden; sie darf nicht geringer sein als die in der folgenden Tabelle angegebenen Werte:

| | | | | |
|---|---|---|---|---|
| | maximaler Krümmungsradius des Tankkörpers (m) | ≤ 2 | 2–3 | 2–3 |
| | Fassungsraum des Tankkörpers oder Tankkörperabteils ($m^3$) | ≤ 5,0 | ≤ 3,5 | > 3,5, aber ≤ 5,0 |
| Mindestwanddicke des Tankkörpers | austenitische rostfreie Stähle | 2,5 mm | 2,5 mm | 3 mm |
| | austenitisch-ferritische rostfreie Stähle | 3 mm | 3 mm | 3,5 mm |
| | andere Stähle | 3 mm | 3 mm | 4 mm |
| | Aluminiumlegierungen | 4 mm | 4 mm | 5 mm |
| | Aluminium, 99,80 % rein | 6 mm | 6 mm | 8 mm |

Die Dicke der Trennwände und Schwallwände darf in keinem Fall geringer sein als die des Tankkörpers.

**[Schwallwände]** 6.8.2.1.22

Schwallwände und Trennwände müssen bis zu einer Tiefe von mindestens 10 cm gewölbt oder gerillt, gerollt oder auf andere Weise verstärkt sein, um eine gleichwertige Widerstandsfähigkeit zu erhalten. Die Fläche der Schwallwand muss mindestens 70 % der Querschnittsfläche des Tankkörpers betragen, in dem sich die Schwallwand befindet.

(bleibt offen)

***Ausführung und Prüfung der Schweißarbeiten***

**[Behördliche Anerkennung]** 6.8.2.1.23

→ 1.6.3.46
→ 1.6.3.51
→ 1.6.4.48
→ 1.6.4.53
→ D: RSEB Anl. 13

Die Prüfstelle, die Prüfungen in Übereinstimmung mit Absatz 6.8.2.4.1 oder 6.8.2.4.4 durchführt, muss die Befähigung des Herstellers oder der Wartungs- oder Reparaturwerkstatt für die Ausführung von Schweißarbeiten und den Betrieb eines Qualitätssicherungssystems für Schweißarbeiten überprüfen und bestätigen. Die Schweißarbeiten müssen von qualifizierten Schweißern unter Verwendung eines qualifizierten Schweißverfahrens durchgeführt werden, dessen Eignung (einschließlich etwa erforderlicher Wärmebehandlungen) durch Prüfungen nachgewiesen wurde.

**Bem.** Wenn der Abschnitt 6.8.5 anwendbar ist, müssen die Prüfungen für die Kerbschlagzähigkeit, die für die Qualifizierung der Schweißverfahren durchgeführt werden, den Vorschriften des Unterabschnitts 6.8.5.3 entsprechen.

Abhängig von dem für die Bestimmung der Wanddicke des Tankkörpers nach Absatz 6.8.2.1.17 verwendeten Wert für den Koeffizienten λ müssen für Schweißnähte, die nach jedem vom Hersteller verwendeten Schweißverfahren aufgebracht wurden, folgende Prüfungen durchgeführt werden:

λ = 0,8: Alle Schweißnähte müssen auf beiden Seiten so weit wie möglich visuell geprüft und zerstörungsfreien Prüfungen unterzogen werden. Die zerstörungsfreien Prüfungen müssen alle „T"-Verbindungen, alle eingefügten Stoßstellen zur Vermeidung sich überschneidender Schweißnähte und alle Schweißnähte im Kantenbereich der Tankböden umfassen. Die Gesamtlänge der zu untersuchenden Schweißnähte darf nicht geringer sein als:
10 % der Länge aller Längsnähte,
10 % der Länge aller Umfangsnähte,
10 % der Länge aller Umfangsnähte in den Tankböden und
10 % der Länge aller Radialnähte in den Tankböden.

6.8.2.1.23 (Forts.)

λ = 0,9: Alle Schweißnähte müssen auf beiden Seiten so weit wie möglich visuell geprüft und zerstörungsfreien Prüfungen unterzogen werden. Die zerstörungsfreien Prüfungen müssen alle Verbindungen, alle eingefügten Stoßstellen zur Vermeidung sich überschneidender Schweißnähte, alle Schweißnähte im Kantenbereich der Tankböden und alle Schweißnähte für die Montage von Ausrüstungsteilen mit größeren Durchmessern umfassen. Die Gesamtlänge der zu untersuchenden Schweißnähte darf nicht geringer sein als:
100 % der Länge aller Längsnähte,
25 % der Länge aller Umfangsnähte,
25 % der Länge aller Umfangsnähte in den Tankböden und
25 % der Länge aller Radialnähte in den Tankböden.

λ = 1: Alle Schweißnähte müssen über ihre gesamte Länge zerstörungsfreien Prüfungen unterzogen und auf beiden Seiten so weit wie möglich visuell geprüft werden. Ein Schweißprobestück muss entnommen werden.

Die zerstörungsfreien Prüfungen der Umfangs-, Längs- und Radialschweißnähte müssen mittels Durchstrahlung oder Ultraschall vorgenommen werden. Andere Schweißnähte, die in der entsprechenden Auslegungs- und Baunorm zugelassen sind, müssen mit alternativen Methoden in Übereinstimmung mit der (den) in Absatz 6.8.2.6.2 in Bezug genommenen Norm(en) geprüft werden. Die Prüfungen müssen bestätigen, dass die Qualität der Schweißung beanspruchungsgerecht ist.

Wenn in den Fällen λ = 0,8 oder λ = 0,9 ein inakzeptabler Mangel in einem Teilstück einer Schweißnaht festgestellt wird, müssen die zerstörungsfreien Prüfungen auf ein Teilstück gleicher Länge auf beiden Seiten des Teilstücks ausgedehnt werden, das den Mangel enthält. Wenn bei den zerstörungsfreien Prüfungen ein zusätzlicher inakzeptabler Mangel festgestellt wird, müssen die zerstörungsfreien Prüfungen auf alle verbleibenden Schweißnähte desselben Typs des Schweißverfahrens ausgedehnt werden.

Die bei Reparaturen oder Umbauten ausgeführten Schweißnähte müssen wie oben beschrieben und in Übereinstimmung mit den zerstörungsfreien Prüfungen bewertet werden, die in den entsprechenden in Absatz 6.8.2.6.2 in Bezug genommenen Normen festgelegt sind.

Wenn hinsichtlich der Qualität der Schweißnähte, einschließlich der Schweißnähte, die bei der Reparatur der durch die zerstörungsfreien Prüfungen festgestellten Mängel angebracht wurden, Bedenken bestehen, können zusätzliche Prüfungen der Schweißnähte gefordert werden.

***Sonstige Vorschriften für den Bau***

**6.8.2.1.24 [Schutzauskleidung]**

*→ 1.2.1 „Schutzauskleidung" → D: RSEB Anl. 13*

Die Schutzauskleidung muss so ausgelegt sein, dass ihre Dichtheit gewahrt bleibt, wie immer auch die Verformungen sein können, die unter normalen Beförderungsbedingungen (Absatz 6.8.2.1.2) eintreten können.

**6.8.2.1.25 [Wärmeisolierung]**

Die Wärmeisolierung muss so ausgelegt sein, dass sie weder den leichten Zugang zu den Füll- und Entleerungseinrichtungen sowie zu den Sicherheitsventilen behindert, noch deren Funktion beeinträchtigt.

**6.8.2.1.26 [Nicht metallene Innenbeschichtung]**

*→ D: RSEB Anl. 13*

Wenn Tankkörper zur Beförderung flüssiger Stoffe mit einem Flammpunkt bis höchstens 60 °C nicht metallene Schutzauskleidungen (Innenbeschichtungen) haben, müssen die Tankkörper und die Schutzauskleidungen so ausgeführt sein, dass Zündgefahren infolge elektrostatischer Aufladungen nicht eintreten können.

**6.8.2.1.27 [Erdung]**

*→ D: RSEB 6-8.S*

| | |
|---|---|
| Tanks zur Beförderung flüssiger Stoffe mit einem Flammpunkt bis höchstens 60 °C, entzündbarer Gase sowie von UN 1361 Kohle oder UN 1361 Ruß der Verpackungsgruppe II müssen eine gute elektrische Verbindung mit dem Fahrgestell aufweisen. Jeder Metallkontakt, der eine elektrochemische Korrosion hervorrufen kann, muss vermieden werden. Die Tanks müssen zumindest mit einem Er- | Alle Teile von Tankcontainern zur Beförderung flüssiger Stoffe mit einem Flammpunkt bis höchstens 60 °C, entzündbarer Gase sowie von UN 1361 Kohle oder UN 1361 Ruß der Verpackungsgruppe II müssen elektrisch geerdet werden können. Jeder Metallkontakt, der zu elektrochemischer Korrosion führt, muss vermieden werden. |

dungsanschluss versehen sein, der deutlich durch das Symbol für Erdung „⏚" kenntlich gemacht ist und eine elektrische Verbindungsleitung/Potenzialausgleichsleitung aufnehmen kann. 6.8.2.1.27 (Forts.)

**[Überrollschutz]** 6.8.2.1.28

*Schutz der Einrichtungen auf der Oberseite*

Die Einrichtungen und Ausrüstungsteile auf der Oberseite des Tanks müssen gegen Beschädigung bei einem eventuellen Überrollen geschützt sein. Dieser Schutz kann aus Verstärkungsreifen, Schutzkappen oder aus quer oder längs angeordneten Konstruktionselementen bestehen, die so angebracht sein müssen, dass sie einen wirksamen Schutz bieten.

**Ausrüstung*)** 6.8.2.2

**[Bedienungsausrüstung, Dichtungen]** 6.8.2.2.1 *→ D: RSEB 6-9.S*

Für die Herstellung von Bedienungsausrüstungen und baulichen Ausrüstungen dürfen auch geeignete nicht metallene Werkstoffe verwendet werden.

Angeschweißte Bauteile müssen so am Tankkörper befestigt sein, dass ein Aufreißen des Tankkörpers verhindert wird.

Die Ausrüstungsteile sind so anzubringen, dass sie während der Beförderung und Handhabung gegen Losreißen oder Beschädigung gesichert sind. Sie müssen die gleiche Sicherheit gewährleisten wie die Tankkörper und müssen

– mit den beförderten Gütern verträglich sein;
– den Bestimmungen des Absatzes 6.8.2.1.1 entsprechen.

Die Rohrleitungen sind so auszulegen, zu bauen und zu montieren, dass die Gefahr der Beschädigung infolge thermischer Ausdehnung und Schrumpfung, mechanischer Erschütterung und Vibration vermieden wird.

Um eine möglichst geringe Zahl von Öffnungen im Tankkörper sind möglichst viele Einrichtungen anzuordnen.

Die Bedienungsausrüstung einschließlich der Deckel der Untersuchungsöffnungen muss auch beim Umkippen des Tanks trotz der bei einem Aufprall insbesondere durch Beschleunigungen und dynamische Drücke des Inhalts auftretenden Kräfte dicht bleiben. Geringfügiges Austreten des Inhalts auf Grund des während des Aufpralls entstehenden Druck-Spitzenwertes ist jedoch zulässig.

Die Dichtheit der Bedienungsausrüstung muss auch beim Umkippen des Tankcontainers gewährleistet sein.

Die Dichtungen müssen aus einem Werkstoff gefertigt sein, der mit dem beförderten Stoff verträglich ist; sie müssen ersetzt werden, sobald ihre Wirksamkeit, z.B. durch Alterung, beeinträchtigt ist.

Die Dichtungen, welche die Dichtheit der Einrichtungen gewährleisten, die bei normaler Verwendung des Tanks betätigt werden, müssen so beschaffen und angeordnet sein, dass sie durch die Betätigung der Einrichtung, zu der sie gehören, in keiner Weise beschädigt werden.

**[Bodenöffnungen]** 6.8.2.2.2 *→ RO-bi-ES-2 → D: RSEB Anl. 13*

Jede Bodenöffnung für das Befüllen oder Entleeren von Tanks, die in Kapitel 3.2 Tabelle A Spalte (12) mit einer Tankcodierung gekennzeichnet sind, die im dritten Teil ein „A" enthält (siehe Absatz 4.3.4.1.1), muss mit mindestens zwei hintereinanderliegenden, voneinander unabhängigen Verschlüssen, bestehend aus

*) *→ 1.6.3.11; → 1.6.4.7; → D: § 19 (2) 13; → D: § 24 Nr. 1*

6.8.2.2.2 (Forts.)

- einer äußeren Absperreinrichtung mit einem Stutzen aus verformungsfähigem metallenen Werkstoff und

→ D: RSEB 6-10
- aus einer Verschlusseinrichtung am Ende jedes Stutzens als Schraubkappe, Blindflansch oder einer gleichwertigen Einrichtung versehen sein. Diese Verschlusseinrichtung muss so dicht sein, dass der Stoff ohne Verlust zurückgehalten wird. Es sind Maßnahmen zu treffen, dass eine gefahrlose Druckentlastung im Auslaufstutzen stattfindet, bevor die Verschlusseinrichtung vollständig entfernt wird.

Jede Bodenöffnung für das Befüllen oder Entleeren von Tanks zur Beförderung bestimmter Stoffe, die in Kapitel 3.2 Tabelle A Spalte (12) mit einer Tankcodierung gekennzeichnet sind, die im dritten Teil ein „B" enthält (siehe Absätze 4.3.3.1.1 und 4.3.4.1.1), muss mit mindestens drei hintereinanderliegenden, voneinander unabhängigen Verschlüssen, bestehend aus

- einer inneren Absperreinrichtung, d.h. einer Absperreinrichtung innerhalb des Tankkörpers oder innerhalb eines geschweißten Flansches oder dessen Gegenflansches,
- einer äußeren Absperreinrichtung oder einer gleichwertigen Einrichtung[7],

| | |
|---|---|
| die am Ende jedes Stutzens angebracht ist, und | die so nahe wie möglich am Tankkörper angebracht ist, und |

→ D: RSEB 6-10
- aus einer Verschlusseinrichtung am Ende jedes Stutzens als Schraubkappe, Blindflansch oder einer gleichwertigen Einrichtung versehen sein. Diese Verschlusseinrichtung muss so dicht sein, dass der Stoff ohne Verlust zurückgehalten wird. Es sind Maßnahmen zu treffen, dass eine gefahrlose Druckentlastung im Auslaufstutzen stattfindet, bevor die Verschlusseinrichtung vollständig entfernt wird.

Bei Tanks zur Beförderung bestimmter kristallisierbarer oder sehr dickflüssiger Stoffe sowie bei Tankkörpern, die mit einer Schutzauskleidung versehen sind, darf jedoch die innere Absperreinrichtung durch eine äußere Absperreinrichtung, die einen zusätzlichen Schutz aufweist, ersetzt sein.

Die innere Absperreinrichtung muss entweder von oben oder von unten her betätigt werden können. In beiden Fällen muss die Stellung – offen oder geschlossen – der inneren Absperreinrichtung, wenn möglich vom Boden aus, kontrollierbar sein. Die Betätigungselemente der inneren Absperreinrichtung müssen so beschaffen sein, dass jegliches ungewollte Öffnen infolge Stoßes oder einer unabsichtlichen Handlung ausgeschlossen ist.

Im Falle einer Beschädigung des äußeren Betätigungselementes muss der innere Verschluss wirksam bleiben.

Um jeglichen Verlust des Inhalts im Falle der Beschädigung der äußeren Einrichtungen (Rohrstutzen, seitliche Verschlusseinrichtungen) zu vermeiden, müssen die innere Absperreinrichtung und ihr Sitz so beschaffen oder geschützt sein, dass sie unter dem Einfluss äußerer Beanspruchungen nicht abgerissen werden können. Die Füll- und Entleerungseinrichtungen (einschließlich Flansche und Schraubverschlüsse) sowie eventuelle Schutzkappen müssen gegen ungewolltes Öffnen gesichert sein.

Die Stellung und/oder die Schließrichtung der Ventile muss klar ersichtlich sein.[8]

Alle Öffnungen von Tanks zur Beförderung bestimmter Stoffe, die in Kapitel 3.2 Tabelle A Spalte (12) mit einer Tankcodierung gekennzeichnet sind, die im dritten Teil ein „C" oder „D" enthält (siehe Absätze 4.3.3.1.1 und 4.3.4.1.1), müssen sich oberhalb des Flüssigkeitsspiegels befinden. Diese Tanks dürfen unterhalb des Flüssigkeitsspiegels weder Rohrdurchgänge noch Rohransätze haben. Für Tanks, die durch eine Tankcodierung gekennzeichnet sind, die im dritten Teil ein „C" enthält, sind jedoch Reinigungsöffnungen (Handlöcher) im unteren Teil des Tankkörpers zugelassen. Diese Öffnung muss durch einen dicht schließenden Flansch verschlossen werden können, dessen Bauart von der zuständigen Behörde zugelassen sein muss.

**6.8.2.2.3 [Vakuumventile]**

→ D: RSEB Anl. 13

Nicht luftdicht verschlossene Tanks dürfen zur Vermeidung eines unzulässigen inneren Unterdrucks mit Vakuumventilen ausgerüstet sein; diese Vakuumventile müssen so eingestellt sein, dass sie sich bei einem Unterdruck öffnen, der nicht höher ist als der Unterdruck, für den der Tank ausgelegt ist (siehe Absatz 6.8.2.1.7). Luftdicht verschlossene Tanks dürfen nicht mit Vakuumventilen ausgerüstet sein. Tanks der Tankcodierung SGAH, S4AH oder L4BH, die mit Vakuumventilen ausgerüstet sind, die sich bei einem

---

7) Bei Tankcontainern mit einem Fassungsraum von weniger als 1 $m^3$ darf diese Einrichtung durch einen Blindflansch ersetzt werden.

8) Die Betriebsweise von Trockenkupplungen ist selbstschließend. Aus diesem Grund ist eine Öffnungs-/Schließanzeige nicht erforderlich. Diese Verschlussart darf nur als zweite oder dritte Verschlusseinrichtung verwendet werden.

Unterdruck von mindestens 21 kPa (0,21 bar) öffnen, gelten jedoch als luftdicht verschlossen. Für Tanks, die nur für die Beförderung fester (pulverförmiger oder körniger) Stoffe der Verpackungsgruppe II oder III, die sich während der Beförderung nicht verflüssigen, vorgesehen sind, darf der Unterdruck auf nicht weniger als 5 kPa (0,05 bar) reduziert sein. **6.8.2.2.3** (Forts.)

Vakuumventile und Über- und Unterdruckbelüftungseinrichtungen (siehe Absatz 6.8.2.2.6), die für Tanks zur Beförderung von Stoffen verwendet werden, die wegen ihres Flammpunktes die Kriterien der Klasse 3 erfüllen, müssen durch eine geeignete Schutzeinrichtung den unmittelbaren Flammendurchschlag in den Tankkörper verhindern, oder der Tankkörper des Tanks muss explosionsdruckstoßfest sein, d.h. er muss einer Explosion infolge eines Flammendurchschlags standhalten können, ohne dass er undicht wird, wobei jedoch Verformungen zulässig sind.

Wenn die Schutzeinrichtung aus einem geeigneten Flammensieb oder einer geeigneten Flammendurchschlagsicherung besteht, muss diese(s) so nahe wie möglich am Tankkörper oder am Tankkörperabteil angeordnet sein. Wenn der Tank aus mehreren Abteilen besteht, muss jedes Abteil getrennt geschützt werden. *→ 1.6.3.39*

Flammensperren für Überdruck- und Unterdruckbelüftungseinrichtungen müssen für die von den beförderten Stoffen abgegebenen Dämpfe (experimentell ermittelte höchste sichere Spaltweite (MESG)), den Temperaturbereich und die Anwendung geeignet sein. Sie müssen die Vorschriften und Prüfungen der Norm EN ISO 16852:2016 (Flammendurchschlagsicherungen – Leistungsanforderungen, Prüfverfahren und Einsatzgrenzen) für die in der nachstehenden Tabelle angegebenen Situationen erfüllen: *→ 1.6.3.50* *→ 1.6.4.52*

| Anwendung/Anbringung | Prüfvorschriften |
|---|---|
| direkte Verbindung mit der Atmosphäre | EN ISO 16852:2016, 7.3.2.1 |
| Verbindung mit dem Rohrleitungssystem | EN ISO 16852:2016, 7.3.3.2 (gilt für Kombinationen von Ventilen/Flammensperren, sofern diese zusammen geprüft werden) |
| | EN ISO 16852:2016, 7.3.3.3 (gilt für Flammensperren, die unabhängig von den Ventilen geprüft werden) |

**[Untersuchungsöffnung]** **6.8.2.2.4**

Der Tankkörper oder jedes seiner Abteile muss mit einer Öffnung versehen sein, die groß genug ist, um die innere Untersuchung zu ermöglichen.

Diese Öffnungen sind bei besonders großen Tankcontainern, die zur Beförderung von Stoffen in flüssigem Zustand bestimmt sind und die nicht durch Trenn- oder Schwallwände in Abschnitte mit einem Fassungsraum von höchstens 7.500 Liter unterteilt sind, mit Verschlüssen zu versehen, die für einen Prüfdruck von mindestens 0,4 MPa (4 bar) ausgelegt sind.

Klappbare Domdeckel sind für besonders große Tankcontainer mit einem Prüfdruck von mehr als 0,6 MPa (6 bar) nicht zugelassen.

(bleibt offen) **6.8.2.2.5**

**[Auslaufsicherung]** **6.8.2.2.6**

Tanks zur Beförderung von flüssigen Stoffen mit einem Dampfdruck bei 50 °C bis 110 kPa (1,1 bar) (absolut) müssen entweder eine Über- und Unterdruckbelüftungseinrichtung und eine Sicherung gegen Auslaufen des Tankinhalts beim Umstürzen haben oder dem Absatz 6.8.2.2.7 oder 6.8.2.2.8 entsprechen. *→ D: RSEB Anl. 13*

**[Siedepunkt > 35 °C]** **6.8.2.2.7**

Tanks zur Beförderung von flüssigen Stoffen mit einem Dampfdruck bei 50 °C von mehr als 110 kPa (1,1 bar) und einem Siedepunkt über 35 °C müssen entweder ein Sicherheitsventil haben, das auf mindestens 150 kPa (1,5 bar) (Überdruck) eingestellt ist und sich spätestens bei einem Druck, der dem Prüfdruck entspricht, vollständig öffnet, oder dem Absatz 6.8.2.2.8 entsprechen.

**6.8.2.2.8 [Siedepunkt ≤ 35 °C]**

Tanks zur Beförderung von flüssigen Stoffen mit einem Siedepunkt von höchstens 35 °C müssen entweder ein Sicherheitsventil haben, das auf mindestens 300 kPa (3 bar) (Überdruck) eingestellt ist und sich spätestens bei einem Druck, der dem Prüfdruck entspricht, vollständig öffnet, oder luftdicht verschlossen sein[9].

**6.8.2.2.9 [Bewegliche Teile]**

Bewegliche Teile, z.B. Deckel, Verschlussteile usw., die mit Tankkörpern aus Aluminium zur Beförderung entzündbarer flüssiger Stoffe mit einem Flammpunkt bis höchstens 60 °C und entzündbarer Gase in schlagende oder reibende Berührung kommen können, dürfen nicht aus ungeschütztem, rostendem Stahl gefertigt sein.

**6.8.2.2.10 [Sicherheitsventil, Berstscheibe]**

*→ 1.6.3.49*
*→ 1.6.4.51*

Wenn als luftdicht verschlossen geltende Tanks mit Sicherheitsventilen ausgerüstet sind, muss diesen eine Berstscheibe vorgeschaltet sein und es sind folgende Bedingungen einzuhalten:

Mit Ausnahme von Tanks für die Beförderung verdichteter, verflüssigter oder gelöster Gase, bei denen die Anordnung der Berstscheibe und des Sicherheitsventils den Vorschriften des Absatzes 6.8.3.2.9 entsprechen muss, muss der Berstdruck der Berstscheibe folgenden Vorschriften entsprechen:

- der Mindestberstdruck bei 20 °C, einschließlich Toleranzen, muss mindestens dem 0,8fachen Prüfdruck entsprechen,
- der höchste Berstdruck bei 20 °C, einschließlich Toleranzen, darf höchstens dem 1,1fachen Prüfdruck entsprechen,
- der Berstdruck bei der höchsten Betriebstemperatur muss größer als der höchste Betriebsdruck sein.

Zwischen der Berstscheibe und dem Sicherheitsventil ist ein Druckmesser oder eine andere geeignete Anzeigeeinrichtung vorzusehen, um die Feststellung von Brüchen, Perforationen oder Undichtheiten der Scheibe zu ermöglichen.

**6.8.2.2.11 [Füllstandsanzeiger mit durchsichtigem Werkstoff]**

*→ 1.6.3.52*
*→ 1.6.3.61*
*→ 1.6.4.54*
*→ 1.6.4.65*

Füllstandsanzeiger dürfen weder Teil von Tankkörpern sein noch an Tankkörpern angebracht sein, wenn sie einen durchsichtigen Werkstoff enthalten, der jederzeit mit dem im Tankkörper beförderten Stoff in Berührung kommen kann.

**6.8.2.3 Baumusterprüfung und Baumusterzulassung[*)]**

**6.8.2.3.1 Baumusterprüfung**

*→ D: § 12 (1) 1b)*
*→ D: § 12 (1) 5*

Die Vorschriften des Absatzes 1.8.7.2.1 müssen angewendet werden.

Der Hersteller einer Bedienungsausrüstung, für die in der Tabelle des Absatzes 6.8.2.1.6 oder des Unterabschnitts 6.8.3.6 eine Norm aufgeführt ist, darf eine getrennte Baumusterprüfung verlangen. Diese getrennte Baumusterprüfung muss bei der Baumusterprüfung des Tanks berücksichtigt werden.

**6.8.2.3.2 Baumusterzulassung**

*→ 1.6.3.16*
*→ 1.6.3.18*
*→ 1.6.3.53*
*→ 1.6.4.18*
*→ D: RSEB Anl. 13*

Die zuständige Behörde muss für jedes neue Baumuster eines Tankfahrzeugs, eines Aufsetztanks, eines Tankcontainers, eines Tankwechselaufbaus (Tankwechselbehälters), eines Batterie-Fahrzeugs oder eines MEGC eine Bescheinigung darüber ausstellen, dass das geprüfte Baumuster, einschließlich der Befestigungseinrichtungen, für den beabsichtigten Zweck geeignet ist und den Bauvorschriften des Unterabschnitts 6.8.2.1, den Ausrüstungsvorschriften des Unterabschnitts 6.8.2.2 und den Sondervorschriften für die Klassen der beförderten Stoffe entspricht.

In dieser Bescheinigung sind zusätzlich zu den Angaben gemäß Absatz 1.8.7.2.2.1 anzugeben:

- eine Zulassungsnummer für das Baumuster, die aus dem für Kraftfahrzeuge im internationalen Verkehr verwendeten Unterscheidungszeichen[10] des Staates, in dem die Zulassung erteilt wurde, und einer Registriernummer besteht,

---

9) Wegen der Begriffsbestimmung für luftdicht verschlossene Tanks siehe Abschnitt 1.2.1.

*) *→ 1.6.4.18; → D: § 7 (1) 2; → D: § 7 (2) 2; → D: RSEB 6-5; → D: RSEB Anl. 14a*

10) Das für Kraftfahrzeuge und Anhänger im internationalen Straßenverkehr verwendete Unterscheidungszeichen des Zulassungsstaates, z.B. gemäß dem Genfer Übereinkommen über den Straßenverkehr von 1949 oder dem Wiener Übereinkommen über den Straßenverkehr von 1968.

6.8.2.3.2 (Forts.)

- die Tankcodierung gemäß Absatz 4.3.3.1.1 oder 4.3.4.1.1,
- die alphanumerischen Codes der Sondervorschriften für den Bau (TC), die Ausrüstung (TE) und die Zulassung des Baumusters (TA) des Abschnitts 6.8.4, die in Kapitel 3.2 Tabelle A Spalte (13) für diejenigen Stoffe aufgeführt sind, für deren Beförderung der Tank zugelassen ist,
- soweit erforderlich, die für den Tank zugelassenen Stoffe und/oder Gruppen von Stoffen.

  Diese müssen mit ihrer chemischen Bezeichnung oder mit der entsprechenden Sammelbezeichnung (siehe Unterabschnitt 2.1.1.2) sowie mit der Klasse, dem Klassifizierungscode und der Verpackungsgruppe angegeben werden.

  Mit Ausnahme der Stoffe der Klasse 2 sowie mit Ausnahme der in Absatz 4.3.4.1.3 aufgeführten Stoffe ist die Angabe der zugelassenen Stoffe in der Bescheinigung nicht erforderlich. In diesem Fall sind die auf der Grundlage der Angabe der Tankcodierung zugelassenen Stoffgruppen im rationalisierten Ansatz des Absatzes 4.3.4.1.2 unter Berücksichtigung der zutreffenden Sondervorschriften zur Beförderung zugelassen.

**Bem.** Die Anlage B der Norm EN 12972:2018 + A1:2024, die das Baumuster sowie das Verzeichnis der für das Tankbaumuster zugelassenen Bedienungsausrüstung beschreibt, oder gleichwertige Unterlagen müssen der Bescheinigung beigefügt oder darin enthalten sein.

Die in der Bescheinigung genannten Stoffe bzw. die nach dem rationalisierten Ansatz zugelassenen Stoffgruppen müssen grundsätzlich mit den Eigenschaften des Tanks verträglich sein. In die Bescheinigung ist ein Vorbehalt aufzunehmen, falls dies bei der Zulassung des Baumusters nicht abschließend geprüft werden konnte.

Eine Kopie der Bescheinigung ist der Tankakte jedes hergestellten Tanks, Batterie-Fahrzeugs oder MEGC beizufügen (siehe Absatz 4.3.2.1.7).

Hat der Hersteller der Bedienungsausrüstung eine getrennte Baumusterprüfung durchführen lassen, muss die zuständige Behörde auf Verlangen des Herstellers eine Bescheinigung ausstellen, in der bestätigt wird, dass das geprüfte Baumuster der in der Tabelle des Absatzes 6.8.2.6.1 oder des Unterabschnitts 6.8.3.6 aufgeführten Norm entspricht. *→ D: § 12 (1) 5* *→ D: RSEB 6-11*

**[Serienfertigung]** 6.8.2.3.3 *→ D: RSEB 6-12*

Werden die Tanks, Batterie-Fahrzeuge oder MEGC ohne Änderung in Serie gefertigt oder nachgebaut, gilt diese Zulassung auch für die in Serie gefertigten oder nachgebauten Tanks, Batterie-Fahrzeuge oder MEGC.

Eine Baumusterzulassung kann jedoch für die Zulassung von Tanks mit begrenzten Abweichungen in der Auslegung dienen, die entweder die Belastungen und Beanspruchungen der Tanks verringern (z.B. verringerter Druck, verringerte Masse, verringertes Volumen) oder die Sicherheit des Aufbaus erhöhen (z.B. erhöhte Wanddicke des Tankkörpers, mehr Schwallwände, verringerter Durchmesser der Öffnungen). Diese begrenzten Abweichungen müssen in der Bescheinigung über die Baumusterzulassung deutlich beschrieben werden.

**[Änderungen am Tank]** 6.8.2.3.4 *→ D: § 8 (1) 5* *→ D: § 8 (2)*

In Übereinstimmung mit Absatz 1.8.7.2.2.3 muss die zuständige Behörde bei einer Änderung des Tanks, Batterie-Fahrzeugs oder MEGC mit einer gültigen, abgelaufenen oder zurückgezogenen Baumusterzulassung eine ergänzende Zulassungsbescheinigung für die Änderung ausstellen.

**Prüfungen*)** 6.8.2.4

**[Erstmalige Prüfung]** 6.8.2.4.1 *→ D: § 12 (1) 4* *→ D: RSEB 9-2.2.1.S*

Die Tankkörper und ihre Ausrüstungsteile sind entweder zusammen oder getrennt erstmalig vor Inbetriebnahme zu prüfen. Diese Prüfung umfasst:

- eine Prüfung der Übereinstimmung mit dem zugelassenen Baumuster,
- eine Bauprüfung[11],
- eine Prüfung des inneren und äußeren Zustandes,

---

*) *→ 1.6.4.12; → D: § 7 (1) 2; → D: § 7 (2) 2*

11) Die Bauprüfung umfasst bei Tankkörpern mit einem Mindestprüfdruck von 1 MPa (10 bar) auch die Prüfung von Schweißprobestücken – Arbeitsproben – gemäß Absatz 6.8.2.1.23 und nach den Prüfverfahren des Abschnitts 6.8.5.

6.8.2.4.1 (Forts.)

- eine Wasserdruckprüfung[12] mit dem Prüfdruck, der auf dem in Absatz 6.8.2.5.1 vorgeschriebenen Tankschild angegeben ist, sowie
- eine Dichtheitsprüfung und eine Funktionsprüfung der Ausrüstungsteile.

Mit Ausnahme der Klasse 2 hängt der Prüfdruck für die Wasserdruckprüfung vom Berechnungsdruck ab und muss mindestens so hoch sein wie der nachstehend angegebene Druck:

| Berechnungsdruck (bar) | Prüfdruck (bar) |
|---|---|
| G[13] | G[13] |
| 1,5 | 1,5 |
| 2,65 | 2,65 |
| 4 | 4 |
| 10 | 4 |
| 15 | 4 |
| 21 | 10 (4[14]) |

Die Mindestprüfdrücke für die Klasse 2 sind in der Tabelle für Gase und Gasgemische in Absatz 4.3.3.2.5 angegeben.

Die Wasserdruckprüfung muss für den gesamten Tankkörper und für jedes Abteil von unterteilten Tankkörpern getrennt durchgeführt werden.

| | |
|---|---|
| Die Prüfung muss für jedes Abteil mit einem Druck durchgeführt werden, der mindestens beträgt:<br>– das 1,3fache des höchsten Betriebsdrucks oder<br>– für Tanks mit Schwerkraftentleerung gemäß Absatz 6.8.2.1.14 a) das 1,3fache des statischen Drucks des zu befördernden Stoffes, jedoch nicht weniger als das 1,3fache des statischen Drucks von Wasser, mindestens jedoch 20 kPa (0,2 bar). | |

Die Wasserdruckprüfung ist vor dem Anbringen einer eventuell notwendigen Wärmeisolierung durchzuführen.

Wenn die Tankkörper und ihre Ausrüstungsteile getrennt geprüft werden, müssen sie nach dem Zusammenbau gemeinsam einer Dichtheitsprüfung gemäß Absatz 6.8.2.4.3 unterzogen werden.

Die Dichtheitsprüfung ist für jedes Abteil unterteilter Tankkörper gesondert durchzuführen.

6.8.2.4.2 **[Wiederkehrende Prüfungen]**

→ 1.6.3
→ 1.6.4.32
→ D: § 12 (1) 4
→ D: RSEB 9-2.2.1.S

Die Tankkörper und ihre Ausrüstungsteile sind spätestens alle

| | |
|---|---|
| sechs Jahre | fünf Jahre |

wiederkehrenden Prüfungen zu unterziehen.

Diese wiederkehrenden Prüfungen umfassen:

- eine Untersuchung des inneren und äußeren Zustands;
- eine Dichtheitsprüfung des Tankkörpers mit der Ausrüstung gemäß Absatz 6.8.2.4.3 sowie eine Funktionsprüfung sämtlicher Ausrüstungsteile;
- im Allgemeinen eine Wasserdruckprüfung[12] (wegen des Prüfdrucks für den Tankkörper und gegebenenfalls die Abteile siehe Absatz 6.8.2.4.1).

Ummantelungen zur Wärmeisolierung oder andere Isolierungen sind nur so weit zu entfernen, wie es für die sichere Beurteilung der Eigenschaften des Tankkörpers erforderlich ist.

---

12) In Sonderfällen darf die Wasserdruckprüfung mit Zustimmung der zuständigen Behörde durch eine Druckprüfung unter Verwendung eines Gases oder mit Zustimmung der Prüfstelle unter Verwendung einer anderen Flüssigkeit ersetzt werden, wenn dieses Vorgehen nicht gefährlich ist.

13) G = Mindestberechnungsdruck gemäß den allgemeinen Vorschriften des Absatzes 6.8.2.1.14 (siehe Unterabschnitt 4.3.4.1).

14) Mindestprüfdruck für UN 1744 Brom oder UN 1744 Brom, Lösung.

Bei Tanks zur Beförderung pulverförmiger oder körniger Stoffe dürfen mit Zustimmung der Prüfstelle die wiederkehrenden Wasserdruckprüfungen entfallen und durch Dichtheitsprüfungen gemäß Absatz 6.8.2.4.3 mit einem effektiven inneren Druck, der mindestens gleich hoch ist wie der höchste Betriebsdruck, ersetzt werden. **6.8.2.4.2** (Forts.) → *D: § 7 (1) 2*

Schutzauskleidungen müssen visuell auf Schäden untersucht werden. Werden dabei Schäden festgestellt, muss der Zustand der Auskleidung durch eine geeignete Prüfung (geeignete Prüfungen) beurteilt werden.

**[Zwischenprüfung]** **6.8.2.4.3** → *D: RSEB 9-2.2.1.S*

Die Tankkörper und ihre Ausrüstungsteile sind spätestens alle

| drei Jahre | zweieinhalb Jahre |
|---|---|

nach der erstmaligen Prüfung und jeder wiederkehrenden Prüfung Zwischenprüfungen zu unterziehen.

Jedoch darf die Zwischenprüfung zu jedem Zeitpunkt vor dem festgelegten Datum durchgeführt werden.

Wenn eine Zwischenprüfung mehr als drei Monate vor dem festgelegten Datum erfolgt, muss eine erneute Zwischenprüfung spätestens

| drei Jahre | zweieinhalb Jahre |
|---|---|

nach diesem früheren Datum durchgeführt werden oder es darf alternativ eine wiederkehrende Prüfung nach Absatz 6.8.2.4.2 durchgeführt werden.

Diese Zwischenprüfungen müssen eine Dichtheitsprüfung des Tankkörpers mit seinen Ausrüstungsteilen sowie eine Funktionsprüfung sämtlicher Ausrüstungsteile umfassen. Der Tank ist dabei einem effektiven inneren Druck zu unterwerfen, der mindestens gleich hoch ist wie der höchste Betriebsdruck. Für Tanks zur Beförderung flüssiger Stoffe oder fester körniger oder pulverförmiger Stoffe ist die Dichtheitsprüfung, sofern sie mit Hilfe eines Gases vorgenommen wird, mit einem Druck durchzuführen, der mindestens 25 % des höchsten Betriebsdrucks beträgt. In keinem Fall darf der Druck geringer sein als 20 kPa (0,2 bar) (Überdruck).

Bei Tanks mit Über- und Unterdruckbelüftungseinrichtungen und einer Sicherheitseinrichtung gegen Auslaufen des Tankinhalts beim Umstürzen muss die Dichtheitsprüfung mit einem Druck durchgeführt werden, der mindestens dem statischen Druck des zu befördernden Stoffes mit der höchsten Dichte, dem statischen Druck von Wasser oder 20 kPa (0,2 bar) entspricht, je nachdem, welcher der drei Werte höher ist.

Die Dichtheitsprüfung ist für jedes Abteil unterteilter Tankkörper gesondert durchzuführen.

Schutzauskleidungen müssen visuell auf Schäden untersucht werden. Werden dabei Schäden festgestellt, muss der Zustand der Auskleidung durch eine geeignete Prüfung (geeignete Prüfungen) beurteilt werden.

**[Außerordentliche Prüfung]** **6.8.2.4.4** → *D: § 12 (1) 4* → *D: § 19 (2) 14* → *D: § 24 Nr. 2*

Wenn die Sicherheit des Tanks oder seiner Ausrüstungen durch Ausbesserung, Umbau oder Unfall beeinträchtigt sein könnte, so ist eine außerordentliche Prüfung durchzuführen. Wenn eine außerordentliche Prüfung, welche die Vorschriften des Absatzes 6.8.2.4.2 erfüllt, durchgeführt wurde, darf die außerordentliche Prüfung als wiederkehrende Prüfung angesehen werden. Wenn eine außerordentliche Prüfung, welche die Vorschriften des Absatzes 6.8.2.4.3 erfüllt, durchgeführt wurde, darf die außerordentliche Prüfung als Zwischenprüfung angesehen werden.

**[Dokumentation]** **6.8.2.4.5** → *1.6.3.16* → *1.6.4.18* → *D: § 19 (2) 5, 13* → *D: § 28 Nr. 10 a)* → *D: RSEB 6-13.S*

Über die Ergebnisse der Prüfungen nach den Absätzen 6.8.2.4.1 bis 6.8.2.4.4 sind von der in Absatz 6.8.1.5.4 oder 6.8.1.5.6 genannten Prüfstelle auch im Falle negativer Prüfergebnisse Bescheinigungen auszustellen. In diese Bescheinigungen ist ein Verweis auf das Verzeichnis der in diesem Tank zur Beförderung zugelassenen Stoffe oder auf die Tankcodierung und die alphanumerischen Codes der Sondervorschriften gemäß Absatz 6.8.2.3.2 aufzunehmen.

Eine Kopie dieser Bescheinigungen ist der Tankakte jedes geprüften Tanks, Batterie-Fahrzeugs oder MEGC beizufügen (siehe Absatz 4.3.2.1.7).

## 6.8.2.5 Kennzeichnung*)

### 6.8.2.5.1 [Tankschild]

→ 1.6.3.26 → 1.6.3.33 → 1.6.4.6 → 1.6.4.32

An jedem Tank muss für Kontrollzwecke ein Schild aus nicht korrodierendem Metall dauerhaft an einer leicht zugänglichen Stelle befestigt sein. Auf diesem Schild müssen mindestens die nachstehend aufgeführten Angaben eingeprägt oder in einem ähnlichen Verfahren angebracht sein. Diese Angaben dürfen unmittelbar auf den Wänden des Tankkörpers angebracht sein, wenn diese so verstärkt sind, dass die Widerstandsfähigkeit des Tankkörpers nicht beeinträchtigt wird:

- Zulassungsnummer;
- Name oder Zeichen des Herstellers;
- Seriennummer des Herstellers;
- Baujahr;
- Prüfdruck (Überdruck)[15];
- äußerer Auslegungsdruck (siehe Absatz 6.8.2.1.7)[15]; (→ D: RSEB 6-14.1 f.)
- Fassungsraum[15] – bei unterteilten Tankkörpern Fassungsraum jedes Abteils[15] –, gefolgt durch das Symbol „S", wenn die Tankkörper oder die Abteile mit einem Fassungsraum von mehr als 7 500 Litern durch Schwallwände in Abschnitte von höchstens 7 500 Liter Fassungsraum unterteilt sind;
- Berechnungstemperatur (nur erforderlich bei Berechnungstemperaturen über +50 °C oder unter –20 °C)[15];
- Datum und Art der zuletzt durchgeführten Prüfung: „Monat, Jahr", gefolgt von dem Buchstaben „P", wenn es sich bei dieser Prüfung um die erstmalige Prüfung oder um eine wiederkehrende Prüfung gemäß den Absätzen 6.8.2.4.1 und 6.8.2.4.2 handelt, oder „Monat, Jahr", gefolgt von dem Buchstaben „L", wenn es sich bei dieser Prüfung um eine Zwischenprüfung gemäß Absatz 6.8.2.4.3 handelt;
- Stempel der Prüfstelle, welche die Prüfung vorgenommen hat;
- Werkstoff des Tankkörpers und Verweis auf Werkstoffnormen, soweit vorhanden, und gegebenenfalls Werkstoff der Schutzauskleidung;
- Prüfdruck für den gesamten Tankkörper und Prüfdruck je Abteil in MPa oder bar (Überdruck), wenn der Druck je Abteil geringer ist als der auf den Tankkörper wirkende Druck.

An Tanks, die mit Druck gefüllt oder entleert werden, ist außerdem der höchste Betriebsdruck[15] anzugeben (für Klasse 2 siehe Unterabschnitt 6.8.3.5).

### 6.8.2.5.2 [Tanktafel]

→ 1.6.3.41 → 1.6.4.42 → D: § 23 (1) 13 → D: RSEB 6-15.5

Folgende Angaben müssen auf dem Tankfahrzeug (auf dem Tank selbst oder auf Tafeln) angegeben sein:

- Name des Eigentümers oder Betreibers;
- Leermasse des Tankfahrzeugs[15] und
- höchstzulässige Gesamtmasse des Tankfahrzeugs[15].

Folgende Angaben müssen auf dem Aufsetztank (auf dem Tank selbst oder auf Tafeln) angegeben sein:

- Name des Eigentümers oder Betreibers;
- Angabe „Aufsetztank";
- Eigenmasse des Tanks[15];
- höchstzulässige Bruttomasse des Tanks[15];
- für Stoffe gemäß Absatz 4.3.4.1.3 die offizielle Benennung für die Beförderung des (der) zur Beförderung zugelassenen Stoffes (Stoffe);

Folgende Angaben müssen auf dem Tankcontainer (auf dem Tank selbst oder auf Tafeln) angegeben sein:

- Name des Eigentümers und des Betreibers;
- Fassungsraum des Tankkörpers[15];
- Eigenmasse[15];
- höchstzulässige Bruttomasse[15];
- für Stoffe gemäß Absatz 4.3.4.1.3 die offizielle Benennung für die Beförderung des (der) zur Beförderung zugelassenen Stoffes (Stoffe);
- Tankcodierung gemäß Absatz 4.3.4.1.1 und
- für andere als die in Absatz 4.3.4.1.3 genannten Stoffe die alphanumerischen Codes aller Sondervorschriften TC und TE, die in Kapitel 3.2 Tabelle A Spalte (13) für die im Tank zu befördernden Stoffe aufgeführt sind.

*) → D: § 19 (2) 13; → D: § 24 Nr. 1; → D: RSEB 6-6

15) Nach den Zahlenwerten sind jeweils die Maßeinheiten hinzuzufügen.

- Tankcodierung gemäß Absatz 4.3.4.1.1 und 6.8.2.5.2 (Forts.)
- für andere als die in Absatz 4.3.4.1.3 genannten Stoffe die alphanumerischen Codes aller Sondervorschriften TC und TE, die in Kapitel 3.2 Tabelle A Spalte (13) für die im Tank zu befördernden Stoffe aufgeführt sind.

**Vorschriften für Tanks, die nach in Bezug genommenen Normen ausgelegt, gebaut und geprüft sind** 6.8.2.6

→ 1.6.3.32
→ 1.6.3.38
→ 1.6.4.39
→ D: RSEB Anl. 13

**Bem.** Personen oder Organe, die in den Normen als Verantwortliche gemäß ADR ausgewiesen sind, müssen die Vorschriften des ADR einhalten.

**Auslegung und Bau** 6.8.2.6.1

Seit dem 1. Januar 2009 ist die Anwendung in Bezug genommener Normen rechtsverbindlich. Ausnahmen sind in den Unterabschnitten 6.8.2.7 und 6.8.3.7 aufgeführt.

Baumusterzulassungen müssen in Übereinstimmung mit Abschnitt 1.8.7 und Unterabschnitt 6.8.2.3 ausgestellt werden. Für die Ausstellung einer Baumusterzulassungsbescheinigung muss aus der nachstehenden Tabelle eine Norm, die gemäß der Angabe in Spalte (4) anwendbar ist, ausgewählt werden. Wenn mehrere Normen angewendet werden können, ist nur eine dieser Normen auszuwählen.

In der Spalte (3) sind die Absätze des Kapitels 6.8 angegeben, mit denen die Norm übereinstimmt.

In der Spalte (5) ist der späteste Zeitpunkt angegeben, zu dem bestehende Baumusterzulassungen gemäß Absatz 1.8.7.2.2.2 zurückgezogen werden müssen; wenn kein Datum angegeben ist, bleibt die Baumusterzulassung bis zu ihrem Ablauf gültig.

Die Normen müssen in Übereinstimmung mit Abschnitt 1.1.5 angewendet werden. Sie müssen in ihrer Gesamtheit angewendet werden, sofern in der nachstehenden Tabelle nichts anderes angegeben ist.

Der Anwendungsbereich jeder Norm ist in der Anwendungsbestimmung der Norm definiert, sofern in der nachstehenden Tabelle nichts anderes festgelegt ist.

| Referenz | Titel des Dokuments | Vorschriften, mit denen die Norm übereinstimmt | anwendbar für neue oder Verlängerungen von Baumusterzulassungen | letzter Zeitpunkt für den Entzug bestehender Baumusterzulassungen |
|---|---|---|---|---|
| (1) | (2) | (3) | (4) | (5) |
| *für die Auslegung und den Bau von Tanks* | | | | |
| EN 14025:2003 + AC:2005 | Tanks für die Beförderung gefährlicher Güter – Metallische Drucktanks – Auslegung und Bau | 6.8.2.1 | zwischen dem 1. Januar 2005 und dem 30. Juni 2009 | |
| EN 14025:2008 | Tanks für die Beförderung gefährlicher Güter – Metallische Drucktanks – Auslegung und Bau | 6.8.2.1 und 6.8.3.1 | zwischen dem 1. Juli 2009 und dem 31. Dezember 2016 | |
| EN 14025:2013 | Tanks für die Beförderung gefährlicher Güter – Drucktanks aus Metall – Auslegung und Bau | 6.8.2.1 und 6.8.3.1 | zwischen dem 1. Januar 2015 und dem 31. Dezember 2018 | |
| EN 14025:2013 + A1:2016 (ausgenommen Anlage B) | Tanks für die Beförderung gefährlicher Güter – Metallische Drucktanks – Auslegung und Bau | 6.8.2.1 und 6.8.3.1 | zwischen dem 1. Januar 2017 und dem 31. Dezember 2021 | |
| EN 14025:2018 + AC:2020 | Tanks für die Beförderung gefährlicher Güter – Metallische Drucktanks – Auslegung und Bau<br>**Bem.** Die Werkstoffe der Tankkörper müssen mindestens durch eine Typ-3.1-Bescheinigung gemäß der Norm EN 10204 bescheinigt werden. | 6.8.2.1 und 6.8.3.1 | zwischen dem 1. Januar 2021 und dem 31. Dezember 2026 | |

6.8.2.6.1 (Forts.)

| Referenz | Titel des Dokuments | Vorschriften, mit denen die Norm übereinstimmt | anwendbar für neue oder Verlängerungen von Baumuster-zulassungen | letzter Zeitpunkt für den Entzug bestehender Baumuster-zulassungen |
|---|---|---|---|---|
| (1) | (2) | (3) | (4) | (5) |
| EN 14025:2023 | Tanks für die Beförderung gefährlicher Güter – Metallische Drucktanks – Auslegung und Bau<br>**Bem.** Die Werkstoffe der Tankkörper müssen mindestens durch eine gemäß der Norm EN 10204 ausgestellte Typ-3.1-Bescheinigung bestätigt sein. | 6.8.2.1 und 6.8.3.1 | bis auf Weiteres | |
| EN 13094:2004 | Tanks für die Beförderung gefährlicher Güter – Metalltanks mit einem Betriebsdruck von höchstens 0,5 bar – Auslegung und Bau | 6.8.2.1 | zwischen dem 1. Januar 2005 und dem 31. Dezember 2009 | |
| EN 13094:2008 + AC:2008 | Tanks für die Beförderung gefährlicher Güter – Metalltanks mit einem Betriebsdruck von höchstens 0,5 bar – Auslegung und Bau | 6.8.2.1 | zwischen dem 1. Januar 2010 und dem 31. Dezember 2018 | |
| EN 13094:2015 | Tanks für die Beförderung gefährlicher Güter – Metalltanks mit einem Betriebsdruck von höchstens 0,5 bar – Auslegung und Bau<br>**Bem.** Der Leitfaden auf der Website der UNECE (https://unece.org/guidelines-telematics-application-standards-construction-and-approval-vehicles-calculation-risks) findet ebenfalls Anwendung. | 6.8.2.1 | zwischen dem 1. Januar 2017 und dem 31. Dezember 2024 | |
| EN 13094:2020 + A1:2022 | Tanks für die Beförderung gefährlicher Güter – Metalltanks mit Entleerung durch Schwerkraft – Auslegung und Bau | 6.8.2.1 | bis auf Weiteres | |
| EN 12493:2001 (ausgenommen Anlage C) | Geschweißte Druckbehälter aus Stahl für Flüssiggas (LPG) – Straßentankfahrzeuge – Konstruktion und Herstellung<br>**Bem.** Unter „Straßentankfahrzeuge" sind „festverbundene Tanks" und „Aufsetztanks" im Sinne des ADR zu verstehen. | 6.8.2.1 (mit Ausnahme von 6.8.2.1.17), 6.8.2.4.1 (mit Ausnahme der Dichtheitsprüfung), 6.8.2.5.1, 6.8.3.1 und 6.8.3.5.1 | zwischen dem 1. Januar 2005 und dem 31. Dezember 2010 | 31. Dezember 2012 |
| EN 12493:2008 (ausgenommen Anlage C) | Flüssiggas-Geräte und Ausrüstungsteile – Geschweißte Druckbehälter aus Stahl für Flüssiggas (LPG) – Straßentankfahrzeuge – Konstruktion und Herstellung<br>**Bem.** Unter „Straßentankfahrzeuge" sind „festverbundene Tanks" und „Aufsetztanks" im Sinne des ADR zu verstehen. | 6.8.2.1 (mit Ausnahme von 6.8.2.1.17), 6.8.2.5, 6.8.3.1, 6.8.3.5, 6.8.5.1 bis 6.8.5.3 | zwischen dem 1. Januar 2010 und dem 30. Juni 2013 | 31. Dezember 2014 |
| EN 12493:2008 + A1:2012 (ausgenommen Anlage C) | Flüssiggas-Geräte und Ausrüstungsteile – Geschweißte Druckbehälter aus Stahl für Flüssiggas (LPG) – Straßentankfahrzeuge – Konstruktion und Herstellung<br>**Bem.** Unter „Straßentankfahrzeuge" sind „festverbundene Tanks" und „Aufsetztanks" im Sinne des ADR zu verstehen. | 6.8.2.1 (mit Ausnahme von 6.8.2.1.17), 6.8.2.5, 6.8.3.1, 6.8.3.5, 6.8.5.1 bis 6.8.5.3 | bis zum 31. Dezember 2013 | 31. Dezember 2015 |

6.8.2.6.1 (Forts.)

| Referenz | Titel des Dokuments | Vorschriften, mit denen die Norm übereinstimmt | anwendbar für neue oder Verlängerungen von Baumuster-zulassungen | letzter Zeitpunkt für den Entzug bestehender Baumuster-zulassungen |
|---|---|---|---|---|
| (1) | (2) | (3) | (4) | (5) |
| EN 12493:2013 (ausgenommen Anlage C) | Flüssiggas-Geräte und Ausrüstungsteile – Geschweißte Druckbehälter aus Stahl für Straßentankfahrzeuge für Flüssiggas (LPG) – Auslegung und Herstellung<br>**Bem.** Unter „Straßentankfahrzeuge" sind „festverbundene Tanks" und „Aufsetztanks" im Sinne des ADR zu verstehen. | 6.8.2.1, 6.8.2.5, 6.8.3.1, 6.8.3.5, 6.8.5.1 bis 6.8.5.3 | zwischen dem 1. Januar 2015 und dem 31. Dezember 2017 | 31. Dezember 2018 |
| EN 12493:2013 + A1:2014 + AC:2015 (ausgenommen Anlage C) | Flüssiggas-Geräte und Ausrüstungsteile – Geschweißte Druckbehälter aus Stahl für Straßentankwagen für Flüssiggas (LPG) – Auslegung und Herstellung<br>**Bem.** Unter „Straßentankwagen" sind „festverbundene Tanks" und „Aufsetztanks" im Sinne des ADR zu verstehen. | 6.8.2.1, 6.8.2.5, 6.8.3.1, 6.8.3.5, 6.8.5.1 bis 6.8.5.3 | zwischen dem 1. Januar 2017 und dem 31. Dezember 2022 | |
| EN 12493:2013 + A2:2018 (ausgenommen Anlage C) | Flüssiggas-Geräte und Ausrüstungsteile – Geschweißte Druckbehälter aus Stahl für Straßentankwagen für Flüssiggas (LPG) – Auslegung und Herstellung<br>**Bem.** Unter „Straßentankwagen" sind „festverbundene Tanks" und „Aufsetztanks" im Sinne des ADR zu verstehen. | 6.8.2.1, 6.8.2.5, 6.8.3.1, 6.8.3.5, 6.8.5.1 bis 6.8.5.3 | zwischen dem 1. Januar 2021 und dem 31. Dezember 2024 | |
| EN 12493:2020 (ausgenommen Anlage C) | Flüssiggas-Geräte und Ausrüstungsteile – Geschweißte Druckbehälter aus Stahl für Straßentankwagen für Flüssiggas (LPG) – Auslegung und Herstellung<br>**Bem.** Unter „Straßentankwagen" sind „festverbundene Tanks" und „Aufsetztanks" im Sinne des ADR zu verstehen. | 6.8.2.1, 6.8.2.5, 6.8.3.1, 6.8.3.5, 6.8.5.1 bis 6.8.5.3 | bis auf Weiteres | |
| EN 13530-2:2002 | Kryo-Behälter – Große ortsbewegliche, vakuumisolierte Behälter – Teil 2: Bemessung, Herstellung und Prüfung | 6.8.2.1 (mit Ausnahme von 6.8.2.1.17), 6.8.2.4, 6.8.3.1 und 6.8.3.4 | zwischen dem 1. Januar 2005 und dem 30. Juni 2007 | |
| EN 13530-2:2002 + A1:2004 | Kryo-Behälter – Große ortsbewegliche, vakuumisolierte Behälter – Teil 2: Bemessung, Herstellung und Prüfung<br>**Bem.** Die Normen EN 1252-1:1998 und EN 1626, auf die in dieser Norm Bezug genommen wird, gelten auch für verschlossene Kryo-Behälter zur Beförderung von UN 1972 (METHAN, TIEFGEKÜHLT, FLÜSSIG oder ERDGAS, TIEFGEKÜHLT, FLÜSSIG). | 6.8.2.1 (mit Ausnahme von 6.8.2.1.17), 6.8.2.4, 6.8.3.1 und 6.8.3.4 | bis auf Weiteres | |
| EN 14398-2:2003 (ausgenommen Tabelle 1) | Kryo-Behälter – Große ortsbewegliche, nicht vakuum-isolierte Behälter – Teil 2: Bemessung, Herstellung und Prüfung<br>**Bem.** Diese Norm darf nicht für Gase verwendet werden, die bei Temperaturen unter –100 °C befördert werden. | 6.8.2.1 (mit Ausnahme von 6.8.2.1.17, 6.8.2.1.19 und 6.8.2.1.20), 6.8.2.4, 6.8.3.1 und 6.8.3.4 | zwischen dem 1. Januar 2005 und dem 31. Dezember 2016 | |

**6.8.2.6.1** (Forts.)

| Referenz | Titel des Dokuments | Vorschriften, mit denen die Norm übereinstimmt | anwendbar für neue oder Verlängerungen von Baumusterzulassungen | letzter Zeitpunkt für den Entzug bestehender Baumusterzulassungen |
|---|---|---|---|---|
| (1) | (2) | (3) | (4) | (5) |
| EN 14398-2:2003 + A2:2008 | Kryo-Behälter – Große ortsbewegliche, nicht vakuum-isolierte Behälter – Teil 2: Bemessung, Herstellung, Überwachung und Prüfung<br>**Bem.** Diese Norm darf nicht für Gase verwendet werden, die bei Temperaturen unter −100 °C befördert werden. | 6.8.2.1 (mit Ausnahme von 6.8.2.1.17, 6.8.2.1.19 und 6.8.2.1.20), 6.8.2.4, 6.8.3.1 und 6.8.3.4 | bis auf Weiteres | |
| ***für die Ausrüstung*** | | | | |
| → *1.6.3.43* → *1.6.4.46*<br>EN 14432:2006 | Tanks für die Beförderung gefährlicher Güter – Ausrüstung für Tanks für die Beförderung flüssiger Chemieprodukte – Produktauslass- und Gaswechselventile | 6.8.2.2.1 | zwischen dem 1. Januar 2009 und dem 31. Dezember 2018 | |
| EN 14432:2014 | Tanks für die Beförderung gefährlicher Güter – Ausrüstung für Tanks für die Beförderung von flüssigen Chemieprodukten und Flüssiggasen – Produktabsperr- und Gaswechselventile<br>**Bem.** Diese Norm darf auch für Tanks mit Entleerung durch Schwerkraft verwendet werden. | 6.8.2.2.1, 6.8.2.2.2 und 6.8.2.3.1 | zwischen dem 1. Januar 2019 und dem 31. Dezember 2026 | |
| EN 14432:2023 | Tanks für die Beförderung gefährlicher Güter – Ausrüstung für Tanks für die Beförderung von flüssigen Chemieprodukten und Flüssiggasen – Produktabsperr- und Gaswechselventile<br>**Bem.** Diese Norm darf auch für Tanks mit Entleerung durch Schwerkraft verwendet werden. | 6.8.2.2.1, 6.8.2.2.2 und 6.8.2.3.1 | bis auf Weiteres | |
| → *1.6.3.43* → *1.6.4.46*<br>EN 14433:2006 | Tanks für die Beförderung gefährlicher Güter – Ausrüstung für Tanks für die Beförderung flüssiger Chemieprodukte – Bodenventile | 6.8.2.2.1 | zwischen dem 1. Januar 2009 und dem 31. Dezember 2018 | |
| EN 14433:2014 | Tanks für die Beförderung gefährlicher Güter – Ausrüstung für Tanks für die Beförderung von flüssigen Chemieprodukten und Flüssiggasen – Bodenventile<br>**Bem.** Diese Norm darf auch für Tanks mit Entleerung durch Schwerkraft verwendet werden. | 6.8.2.2.1, 6.8.2.2.2 und 6.8.2.3.1 | zwischen dem 1. Januar 2019 und dem 31. Dezember 2026 | |
| EN 14433:2023 | Tanks für die Beförderung gefährlicher Güter – Ausrüstung für Tanks für die Beförderung von flüssigen Chemieprodukten und Flüssiggasen – Bodenventile<br>**Bem.** Diese Norm darf auch für Tanks mit Entleerung durch Schwerkraft verwendet werden. | 6.8.2.2.1, 6.8.2.2.2 und 6.8.2.3.1 | bis auf Weiteres | |
| EN 12252:2000 | Ausrüstung von Straßentankwagen für Flüssiggas (LPG)<br>**Bem.** Unter „Straßentankwagen" sind „festverbundene Tanks" und „Aufsetztanks" im Sinne des ADR zu verstehen. | 6.8.3.2 (mit Ausnahme von 6.8.3.2.3) | zwischen dem 1. Januar 2005 und dem 31. Dezember 2010 | 31. Dezember 2012 |
| EN 12252:2005 + A1:2008 | Flüssiggas-Geräte und Ausrüstungsteile – Ausrüstung von Straßentankwagen für Flüssiggas (LPG)<br>**Bem.** Unter „Straßentankwagen" sind „festverbundene Tanks" und „Aufsetztanks" im Sinne des ADR zu verstehen. | 6.8.2.2, 6.8.3.2 (mit Ausnahme von 6.8.3.2.3) und 6.8.3.4.9 | zwischen dem 1. Januar 2011 und dem 31. Dezember 2018 | |

6.8.2.6.1 (Forts.)

| Referenz | Titel des Dokuments | Vorschriften, mit denen die Norm übereinstimmt | anwendbar für neue oder Verlängerungen von Baumuster-zulassungen | letzter Zeitpunkt für den Entzug bestehender Baumuster-zulassungen |
|---|---|---|---|---|
| (1) | (2) | (3) | (4) | (5) |
| EN 12252:2014 | Flüssiggas-Geräte und Ausrüstungsteile – Ausrüstung von Straßentankwagen für Flüssiggas (LPG)<br>**Bem.** 1. Unter „Straßentankwagen" sind „festverbundene Tanks" und „Aufsetztanks" im Sinne des ADR zu verstehen.<br>2. Ab 1. Januar 2024 sind Sicherheitsventile vorgeschrieben. | 6.8.2.2, 6.8.3.2 und 6.8.3.4.9 | zwischen dem 1. Januar 2017 und dem 31. Dezember 2024 | |
| EN 12252:2022 | Flüssiggas-Geräte und Ausrüstungsteile – Ausrüstung von Straßentankwagen für Flüssiggas (LPG)<br>**Bem.** 1. Unter „Straßentankwagen" sind „festverbundene Tanks" und „Aufsetztanks" im Sinne des ADR zu verstehen.<br>2. Ab 1. Januar 2024 sind Sicherheitsventile vorgeschrieben. | 6.8.3.2 und 6.8.3.4.9 | bis auf Weiteres | |
| EN 14129:2014 | Flüssiggas-Geräte und Ausrüstungsteile – Druckentlastungsventile für Behälter für Flüssiggas (LPG) | 6.8.2.1.1 und 6.8.3.2.9 | bis auf Weiteres | |
| EN 1626:2008 (ausgenommen Absperrarmaturen der Kategorie B) | Kryo-Behälter – Absperrarmaturen für tiefkalten Betrieb<br>**Bem.** Diese Norm ist auch für Ventile für die Beförderung von UN 1972 (METHAN, TIEFGEKÜHLT, FLÜSSIG oder ERDGAS, TIEFGEKÜHLT, FLÜSSIG) anwendbar. | 6.8.2.4 und 6.8.3.4 | bis auf Weiteres | |
| EN 13648-1:2008 | Kryo-Behälter – Sicherheitseinrichtungen gegen Drucküberschreitung – Teil 1: Sicherheitsventile für den Kryo-Betrieb | 6.8.2.4, 6.8.3.2.12 und 6.8.3.4 | bis auf Weiteres | |
| EN 13082:2001 | Tanks für die Beförderung gefährlicher Güter – Bedienungsausrüstung von Tanks – Gaspendelventil | 6.8.2.2 und 6.8.2.4.1 | zwischen dem 1. Januar 2005 und dem 30. Juni 2013 | 31. Dezember 2014 |
| EN 13082:2008 + A1:2012 | Tanks für die Beförderung gefährlicher Güter – Bedienungsausrüstung von Tanks – Gaspendelventil | 6.8.2.2 und 6.8.2.4.1 | bis auf Weiteres | |
| EN 13308:2002 | Tanks für die Beförderung gefährlicher Güter – Bedienungsausrüstung von Tanks – Nicht druckausgeglichenes Bodenventil | 6.8.2.2 und 6.8.2.4.1 | bis auf Weiteres | |
| EN 13314:2002 | Tanks für die Beförderung gefährlicher Güter – Bedienungsausrüstung von Tanks – Fülllochdeckel | 6.8.2.2 und 6.8.2.4.1 | bis auf Weiteres | |
| EN 13316:2002 | Tanks für die Beförderung gefährlicher Güter – Bedienungsausrüstung von Tanks – Druckausgeglichenes Bodenventil | 6.8.2.2 und 6.8.2.4.1 | bis auf Weiteres | |
| EN 13317:2002 (ausgenommen Abbildung und Tabelle B.2 in Anlage B) (Der Werkstoff muss den Vorschriften der Norm EN 13094:2004 Nummer 5.2 entsprechen.) | Tanks für die Beförderung gefährlicher Güter – Bedienungsausrüstung von Tanks – Baugruppe Deckel für Einsteigeöffnungen | 6.8.2.2 und 6.8.2.4.1 | zwischen dem 1. Januar 2005 und dem 31. Dezember 2010 | 31. Dezember 2012 |

**6.8.2.6.1** (Forts.)

| Referenz | Titel des Dokuments | Vorschriften, mit denen die Norm übereinstimmt | anwendbar für neue oder Verlängerungen von Baumuster-zulassungen | letzter Zeitpunkt für den Entzug bestehender Baumuster-zulassungen |
|---|---|---|---|---|
| (1) | (2) | (3) | (4) | (5) |
| EN 13317:2002 + A1:2006 | Tanks für die Beförderung gefährlicher Güter – Bedienungsausrüstung von Tanks – Baugruppe Deckel für Einsteigeöffnungen | 6.8.2.2 und 6.8.2.4.1 | zwischen dem 1. Januar 2009 und dem 31. Dezember 2021 | |
| EN 13317:2018 | Tanks für die Beförderung gefährlicher Güter – Bedienungsausrüstung von Tanks – Baugruppe Deckel für Einsteigeöffnungen | 6.8.2.2 und 6.8.2.4.1 | bis auf Weiteres | |
| EN 14595:2005 | Tanks für die Beförderung gefährlicher Güter – Bedienungsausrüstung von Tanks – Über- und Unterdruckbelüftung | 6.8.2.2 und 6.8.2.4.1 | zwischen dem 1. Januar 2007 und dem 31. Dezember 2020 | |
| EN 14595:2016 | Tanks für die Beförderung gefährlicher Güter – Bedienungsausrüstung – Belüftungseinrichtung | 6.8.2.2 und 6.8.2.4.1 | bis auf Weiteres | |
| EN 16257:2012 | Tanks für die Beförderung gefährlicher Güter – Bedienungsausrüstung – Bodenventile mit einem Nenndurchmesser von mehr oder weniger als 100 mm | 6.8.2.2.1 und 6.8.2.2.2 | bis auf Weiteres | |
| EN 13175:2014 | Flüssiggas-Geräte und Ausrüstungsteile – Spezifikation und Prüfung für Ventile und Fittinge an Druckbehältern für Flüssiggas | 6.8.2.1.1, 6.8.2.2, 6.8.2.4.1 und 6.8.3.2.3 | zwischen dem 1. Januar 2017 und dem 31. Dezember 2022 | |
| EN 13175:2019 (ausgenommen Absatz 6.1.6) | Tanks für die Beförderung gefährlicher Güter – Bedienungsausrüstung von Tanks – Baugruppe Deckel für Einsteigeöffnungen | 6.8.2.1.1, 6.8.2.2, 6.8.2.4.1 und 6.8.3.2.3 | zwischen dem 1. Januar 2021 und dem 31. Dezember 2024 | |
| EN 13175:2019 + A1:2020 | Flüssiggas-Geräte und Ausrüstungsteile – Spezifikation und Prüfung für Ventile und Fittings an Druckbehältern für Flüssiggas (LPG) | 6.8.2.1.1, 6.8.2.2, 6.8.2.4.1 und 6.8.3.2.3 | bis auf Weiteres | |
| EN ISO 23826:2021 | Gasflaschen – Kugelhähne – Spezifikation und Prüfungen | 6.8.2.1.1 und 6.8.2.2.1 | ab dem 1. Januar 2025 verpflichtend | |
| EN 13799:2022 | Flüssiggas-Geräte und Ausrüstungsteile – Füllstandsanzeiger für Druckbehälter für Flüssiggas (LPG) | 6.8.2.2.1 und 6.8.2.2.11 | bis auf Weiteres | |

**6.8.2.6.2 Baumusterprüfung und Prüfung**

Die Anwendung einer in Bezug genommenen Norm ist rechtsverbindlich.

Für die Baumusterprüfung und Prüfung von Tanks muss aus der nachstehenden Tabelle eine Norm, die gemäß der Angabe in Spalte (4) anwendbar ist, ausgewählt werden.

In der Spalte (3) sind die Absätze des Kapitels 6.8 angegeben, mit denen die Norm übereinstimmt.

Die Normen müssen in Übereinstimmung mit Abschnitt 1.1.5 angewendet werden.

Der Anwendungsbereich jeder Norm ist in der Anwendungsbestimmung der Norm definiert, sofern in der nachstehenden Tabelle nichts anderes festgelegt ist.

| Referenz | Titel des Dokuments | Vorschriften, mit denen die Norm übereinstimmt | anwendbar |
|---|---|---|---|
| (1) | (2) | (3) | (4) |
| EN 12972:2018 | Tanks für die Beförderung gefährlicher Güter – Prüfung, Inspektion und Kennzeichnung von Metalltanks | 6.8.2.1.23, 6.8.2.3, 6.8.2.4, 6.8.3.4 | bis zum 31. Dezember 2026 |
| EN 12972:2018 + A1:2024 | Tanks für die Beförderung gefährlicher Güter – Prüfung, Inspektion und Kennzeichnung von Metalltanks | 6.8.2.1.23, 6.8.2.3, 6.8.2.4 und 6.8.3.4 | bis auf Weiteres |

6.8.2.6.2 (Forts.)

| Referenz | Titel des Dokuments | Vorschriften, mit denen die Norm übereinstimmt | anwendbar |
|---|---|---|---|
| (1) | (2) | (3) | (4) |
| EN 14334:2014 | Flüssiggas-Geräte und Ausrüstungsteile – Inspektion und Prüfung von Straßentankwagen für Flüssiggas (LPG) | 6.8.2.4 (ausgenommen 6.8.2.4.1), 6.8.3.4.2 und 6.8.3.4.9 | bis zum 31. Dezember 2026 |
| EN 14334:2023 | Flüssiggas-Geräte und Ausrüstungsteile – Inspektion und Prüfung von Straßentankwagen für Flüssiggas (LPG)<br>**Bem.** Diese Norm darf nicht für Tanks angewendet werden, die nach der Norm EN 14025 gebaut sind. | 6.8.2.4 und 6.8.3.4.9 | bis auf Weiteres |

**Vorschriften für Tanks, die nicht nach in Bezug genommenen Normen ausgelegt, gebaut und geprüft sind** 6.8.2.7

*→ 1.6.3.31*
*→ 1.6.4.9*
*→ D: § 6 Nr. 4*
*→ D: § 8 (1) 10*

Um dem wissenschaftlichen und technischen Fortschritt Rechnung zu tragen, oder in Fällen, in denen in Unterabschnitt 6.8.2.6 keine Normen in Bezug genommen sind, oder um bestimmten Aspekten Rechnung zu tragen, die in einer in Unterabschnitt 6.8.2.6 in Bezug genommenen Norm nicht vorgesehen sind, kann die zuständige Behörde die Anwendung eines technischen Regelwerks anerkennen, das ein gleiches Sicherheitsniveau gewährleistet. Die Tanks müssen jedoch den Mindestanforderungen des Abschnitts 6.8.2 entsprechen.

Sobald eine in Unterabschnitt 6.8.2.6 neu in Bezug genommene Norm angewendet werden kann, muss die zuständige Behörde die Anerkennung des entsprechenden technischen Regelwerks zurückziehen. Eine Übergangsfrist, die spätestens zum Zeitpunkt des Inkrafttretens der nächsten Ausgabe des ADR endet, darf angewendet werden.

Die zuständige Behörde muss dem Sekretariat der UNECE ein Verzeichnis der von ihr anerkannten technischen Regelwerke übermitteln und bei Änderungen aktualisieren. Das Verzeichnis muss folgende Angaben enthalten: Name und Datum des Regelwerks, Gegenstand des Regelwerks und Angaben darüber, wo dieses bezogen werden kann. Das Sekretariat muss diese Informationen auf seiner Website öffentlich zugänglich machen.

Eine Norm, die für eine Inbezugnahme in einer zukünftigen Ausgabe des ADR angenommen wurde, darf von der zuständigen Behörde zur Anwendung zugelassen werden, ohne dies dem Sekretariat der UNECE mitzuteilen.

Für die Prüfung und die Kennzeichnung darf auch die anwendbare Norm verwendet werden, die in Unterabschnitt 6.8.2.6 in Bezug genommen wird.

**Sondervorschriften für die Klasse 2** 6.8.3

*→ 1.6.3.6 f.*

**Bau von Tankkörpern***) 6.8.3.1

**[Nahtlose Tanks]** 6.8.3.1.1

Tankkörper für verdichtete, verflüssigte oder gelöste Gase müssen aus Stahl hergestellt sein.

Bei nahtlosen Tankkörpern darf in Abweichung von Absatz 6.8.2.1.12 die Mindestbruchdehnung 14 % betragen und die Spannung $\sigma$ darf die nachstehend im Verhältnis zum Werkstoff festgesetzten Grenzen nicht überschreiten:

a) Wenn das Verhältnis Re/Rm (garantierte Mindestwerte nach der Wärmebehandlung) größer als 0,66 und höchstens 0,85 ist: $\sigma \leq 0{,}75$ Re.

b) Wenn das Verhältnis Re/Rm (garantierte Mindestwerte nach der Wärmebehandlung) größer als 0,85 ist: $\sigma \leq 0{,}5$ Rm.

**[Geschweißte Tanks]** 6.8.3.1.2

Die Vorschriften des Abschnitts 6.8.5 gelten für die Werkstoffe und den Bau geschweißter Tankkörper.

(bleibt offen) 6.8.3.1.3

*) *→ 1.6.3.19; → D: § 19 (2) 13; → D: § 24 Nr. 1*

***Bau von Batterie-Fahrzeugen und MEGC***

**6.8.3.1.4 [Vorschriftenkonformer Bau]**

Flaschen, Großflaschen, Druckfässer und Flaschenbündel, die Elemente eines Batterie-Fahrzeugs oder MEGC sind, müssen gemäß Kapitel 6.2 gebaut sein.

**Bem.**
1. Flaschenbündel, die nicht Elemente eines Batterie-Fahrzeugs oder MEGC sind, unterliegen den Vorschriften des Kapitels 6.2.
2. Tanks, die Elemente eines Batterie-Fahrzeugs oder MEGC sind, müssen gemäß den Unterabschnitten 6.8.2.1 und 6.8.3.1 gebaut sein.
3. Aufsetztanks[16] gelten nicht als Elemente eines Batterie-Fahrzeugs oder MEGC.

**6.8.3.1.5 [Elemente, Befestigungseinrichtungen]**

Die Elemente

| | |
|---|---|
| von Batterie-Fahrzeugen und ihre Befestigungseinrichtungen | von MEGC und ihre Befestigungseinrichtungen sowie der Rahmen von MEGC |

müssen unter der höchstzulässigen Masse der Füllung die in Absatz 6.8.2.1.2 definierten Kräfte aufnehmen können. Unter Wirkung jeder dieser Kräfte darf die Spannung an dem am stärksten beanspruchten Punkt des Elements und seiner Befestigungseinrichtungen für Flaschen, Großflaschen, Druckfässer und Flaschenbündel den in Unterabschnitt 6.2.5.3 definierten Wert und für Tanks den in Absatz 6.8.2.1.16 definierten Wert σ nicht überschreiten.

**6.8.3.2 Ausrüstung[*]**

**6.8.3.2.1 [Auslaufstutzen-Verschluss]**

Die Auslaufstutzen der Tanks müssen durch Blindflansche oder gleich wirksame Einrichtungen verschlossen werden können. Diese Blindflansche oder gleich wirksamen Einrichtungen dürfen bei Tanks für tiefgekühlt verflüssigte Gase mit Entlastungsbohrungen von höchstens 1,5 mm Durchmesser versehen sein.

**6.8.3.2.2 [Zusätzliche Öffnungen]**

Tankkörper für verflüssigte Gase dürfen außer mit Öffnungen nach den Absätzen 6.8.2.2.2 und 6.8.2.2.4 gegebenenfalls mit Öffnungen für Flüssigkeitsstandanzeiger, Thermometer, Manometer und Bohrungen für die Entlüftung, die für den Betrieb und die Sicherheit notwendig sind, versehen sein.

**6.8.3.2.3 [Automatische Absperreinrichtung]**
*→ 1.6.3.36*

Die innere Absperreinrichtung aller Öffnungen für das Füllen und aller Öffnungen für das Entleeren von Tanks

| | |
|---|---|
| | mit einem Fassungsraum über $1\ m^3$ |

zur Beförderung verflüssigter entzündbarer oder giftiger Gase müssen schnellschließend sein und sich bei einem ungewollten Verschieben des Tanks oder einem Brand automatisch schließen. Die Absperreinrichtung muss auch fernbedienbar sein.

| | |
|---|---|
| Jedoch darf an Tanks zur Beförderung verflüssigter nicht giftiger entzündbarer Gase ausschließlich bei Öffnungen für das Füllen, die in die Dampfphase des Tanks führen, die innere Absperreinrichtung mit Fernbedienung durch ein Rückschlagventil ersetzt werden. Das Rückschlagventil muss im Inneren des Tanks angeordnet sein, federbelastet sein, so dass sich das Ventil schließt, wenn der Druck in der Füllleitung kleiner oder gleich dem Druck im Tank ist, und mit einer geeigneten Dichtung ausgerüstet sein[17]. | |

---

[16] Wegen der Begriffsbestimmung für Aufsetztanks siehe Abschnitt 1.2.1.

[*] *→ D: § 19 (2) 13; → D: § 24 Nr. 1; → NL: VLG 6.8.3.2*

[17] Die Verwendung von Metall-auf-Metall-Dichtungen ist nicht zugelassen.

**[Innere Absperreinrichtung]** 6.8.3.2.4

Mit Ausnahme der Öffnungen für die Sicherheitsventile und verschlossenen Entlüftungsbohrungen müssen alle anderen Öffnungen der Tanks für verflüssigte entzündbare und/oder giftige Gase mit einem Nenndurchmesser von mehr als 1,5 mm mit einer inneren Absperreinrichtung versehen sein.

**[Äußere Absperreinrichtung]** 6.8.3.2.5

Abweichend von den Vorschriften der Absätze 6.8.2.2.2, 6.8.3.2.3 und 6.8.3.2.4 dürfen Tanks für tiefgekühlt verflüssigte Gase mit äußeren anstatt innen liegenden Absperreinrichtungen versehen sein, wenn diese durch einen Schutz gegen äußere Beschädigung, der mindestens dieselbe Sicherheit wie die Wand des Tankkörpers bietet, gesichert ist.

**[Flüssigkeitsstandanzeiger, Thermometer]** 6.8.3.2.6

Sind Thermometer vorhanden, so dürfen diese nicht unmittelbar durch den Tankkörper in das Gas oder die Flüssigkeit eingeführt werden.

**[Oben liegende Öffnungen]** 6.8.3.2.7

Die oben liegenden Öffnungen für das Füllen und Entleeren der Tanks müssen zusätzlich zu den Bestimmungen des Absatzes 6.8.3.2.3 mit einer zweiten äußeren Absperreinrichtung versehen sein. Diese muss durch einen Blindflansch oder eine gleich wirksame Einrichtung verschlossen werden können.

**[Sicherheitsventile]** 6.8.3.2.8

Sicherheitsventile müssen den Vorschriften der Absätze 6.8.3.2.9 bis 6.8.3.2.12 entsprechen.

**[Anforderungen an Sicherheitsventilen]** 6.8.3.2.9 *→ 1.6.3.57* *→ 1.6.4.60*

Tanks für entzündbare verflüssigte Gase müssen mit Sicherheitsventilen ausgerüstet sein. Tanks für verdichtete Gase, nicht entzündbare verflüssigte Gase oder gelöste Gase dürfen mit Sicherheitsventilen ausgerüstet sein. Sicherheitsventile müssen, sofern sie angebracht sind, den Vorschriften der Absätze 6.8.3.2.9.1 bis 6.8.3.2.9.5 entsprechen.

**[Anforderungen]** 6.8.3.2.9.1 *→ 1.6.3.47* *→ 1.6.4.49*

Sicherheitsventile müssen in der Lage sein, sich bei einem Druck zwischen dem 0,9- und dem 1,0fachen Prüfdruck des Tanks, an dem sie angebracht sind, selbsttätig zu öffnen. Bei den Ventilen muss es sich um eine Bauart handeln, die dynamischen Kräften, einschließlich Flüssigkeitsschwall, standhält. Die Verwendung von gewichtsbelasteten Ventilen (Schwerkraft oder Gegengewicht) ist untersagt. Die erforderliche Abblasmenge der Sicherheitsventile ist nach der Formel in Absatz 6.7.3.8.1.1 zu berechnen und das Sicherheitsventil muss mindestens den Vorschriften des Unterabschnitts 6.7.3.9 entsprechen.

Sicherheitsventile müssen so ausgelegt oder geschützt sein, dass das Eindringen von Wasser oder einem anderen Fremdstoff, das/der ihre ordnungsgemäße Funktion beeinträchtigen kann, verhindert wird. Der Schutz darf die Leistungsfähigkeit des Ventils nicht beeinträchtigen.

**[Berstscheibe]** 6.8.3.2.9.2

Wenn Tanks, die luftdicht verschlossen sein müssen, mit Sicherheitsventilen ausgerüstet sind, muss diesen eine Berstscheibe vorgeschaltet und folgende Bedingungen erfüllt sein:

a) der Mindestberstdruck bei 20 °C, einschließlich Toleranzen, muss mindestens dem 1,0fachen Prüfdruck entsprechen,

b) der höchste Berstdruck bei 20 °C, einschließlich Toleranzen, muss dem 1,1fachen Prüfdruck entsprechen und

c) die Berstscheibe darf die geforderte Abblasmenge oder die ordnungsgemäße Funktion des Sicherheitsventils nicht vermindern.

Zwischen der Berstscheibe und dem Sicherheitsventil ist ein Druckmesser oder eine andere geeignete Anzeigeeinrichtung vorzusehen, um die Feststellung von Brüchen, Perforationen oder Undichtheiten der Scheibe zu ermöglichen.

**[Direkte Verbindung]** 6.8.3.2.9.3

Sicherheitsventile müssen direkt mit dem Tankkörper oder dem Auslass der Berstscheibe verbunden sein.

**6.8.3.2.9.4 [Einlassöffnungen]**

Jede Einlassöffnung der Sicherheitsventile muss im Scheitel des Tankkörpers so nahe wie möglich an der oberen Mantellinie angeordnet sein. Alle Einlassöffnungen der Sicherheitsventile müssen sich bei maximalen Füllungsbedingungen in der Dampfphase des Tankkörpers befinden; die Einrichtungen sind so anzuordnen, dass der Dampf ungehindert entweichen kann. Bei entzündbaren verflüssigten Gasen muss der entweichende Dampf so vom Tankkörper abgeleitet werden, dass er nicht auf den Tankkörper einwirken kann. Schutzeinrichtungen, die die Strömung des Dampfes umleiten, sind zugelassen, vorausgesetzt, die geforderte Abblasmenge der Sicherheitsventile wird dadurch nicht vermindert.

**6.8.3.2.9.5 [Schutz vor Beschädigung]**

Es müssen Vorkehrungen getroffen werden, um die Sicherheitsventile vor Beschädigungen zu schützen, die durch das Umkippen des Tanks oder das Auftreffen auf oben liegende Hindernisse verursacht werden. Sicherheitsventile dürfen nach Möglichkeit nicht über das Profil des Tankkörpers hinausragen.

**6.8.3.2.9.6 Sicherheitsventil-Kennzeichen**

**6.8.3.2.9.6.1 [Kennzeichnungsgebot bei konform ausgerüsteten Tanks]**

Tanks, die in Übereinstimmung mit den Absätzen 6.8.3.2.9.1 bis 6.8.3.2.9.5 mit Sicherheitsventilen ausgerüstet sind, müssen mit dem in den Absätzen 6.8.3.2.9.6.3 bis 6.8.3.2.9.6.6 festgelegten Kennzeichen versehen sein.

**6.8.3.2.9.6.2 [Kennzeichnungsverbot bei nicht konform ausgerüsteten Tanks]**

Tanks, die nicht mit Sicherheitsventilen in Übereinstimmung mit den Absätzen 6.8.3.2.9.1 bis 6.8.3.2.9.5 ausgerüstet sind, dürfen nicht mit dem in den Absätzen 6.8.3.2.9.6.3 bis 6.8.3.2.9.6.6 festgelegten Kennzeichen versehen sein.

**6.8.3.2.9.6.3 [Aussehen des Kennzeichens]**

Das Kennzeichen besteht aus einem weißen Quadrat mit den Mindestabmessungen 250 mm × 250 mm. Die Linie innerhalb des Rands muss schwarz sein und parallel zum Rand verlaufen, wobei der Abstand zwischen dieser Linie und dem Rand des Kennzeichens etwa 12,5 mm betragen muss. Die Buchstaben „SV" müssen schwarz sein, eine Zeichenhöhe von mindestens 120 mm und eine Strichbreite von mindestens 12 mm haben.

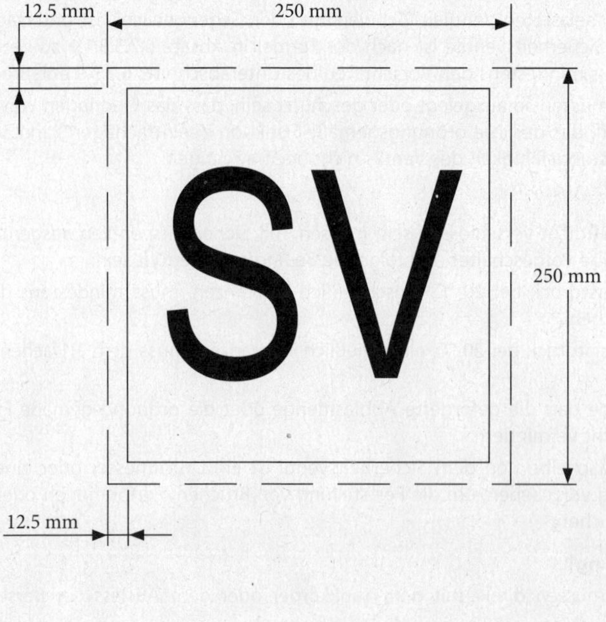

**[Verkleinertes Kennzeichen]** **6.8.3.2.9.6.4**

Für Aufsetztanks | Für Tankcontainer

mit einem Fassungsraum von höchstens 3 000 Litern, darf die Größe des Kennzeichens auf bis zu 120 mm × 120 mm verkleinert werden. Die Linie innerhalb des Rands muss schwarz sein und parallel zum Rand verlaufen, wobei der Abstand zwischen dieser Linie und dem Rand des Kennzeichens etwa 6 mm betragen muss. Die Buchstaben „SV müssen schwarz sein, eine Zeichenhöhe von mindestens 60 mm und eine Strichbreite von mindestens 6 mm haben.

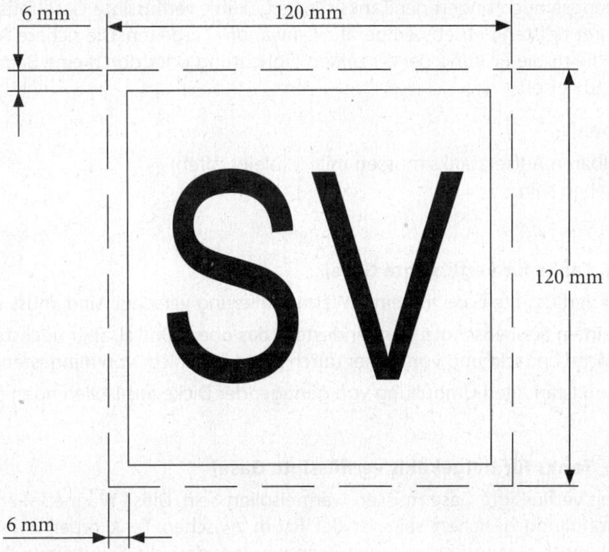


**[Anforderungen an Kennzeichen]** **6.8.3.2.9.6.5**

Der verwendete Werkstoff muss witterungsbeständig sein und es muss gewährleistet sein, dass das Kennzeichen dauerhaft ist. Das Kennzeichen darf sich bei einer 15-minütigen Feuereinwirkung nicht von der Befestigung lösen. Es muss unabhängig von der Ausrichtung des Tanks befestigt bleiben.

**[Feuerbeständigkeit der Aufschrift]** **6.8.3.2.9.6.6**

Die Buchstaben „SV“ müssen unauslöschbar und nach einer 15-minütigen Feuereinwirkung noch lesbar sein.

**[Anbringung der Kennzeichen]** **6.8.3.2.9.6.7**

Die Kennzeichen sind an beiden Längsseiten und am hinteren Ende von festverbundenen Tanks (Tankfahrzeugen) und an beiden Längsseiten und an jedem Ende von Aufsetztanks anzubringen.

Die Kennzeichen sind an beiden Längsseiten und an jedem Ende von Tankcontainern anzubringen. Bei Tankcontainern mit einem Fassungsraum von höchstens 3 000 Litern dürfen die Kennzeichen entweder an beiden Längsseiten oder an beiden Enden angebracht werden.

**[Sicherheitsventile bei Seebeförderung]** **6.8.3.2.10**

Die Vorschriften des Absatzes 6.8.3.2.9 verbieten nicht das Anbringen von Sicherheitsventilen an Tanks, die für die Seebeförderung bestimmt sind und dem IMDG-Code entsprechen.

**[Sicherheitsventile bei tiefgekühlt verflüssigten Gasen]** **6.8.3.2.11**

Tanks für tiefgekühlt verflüssigte Gase müssen mit zwei oder mehreren voneinander unabhängigen Sicherheitsventilen versehen sein, die in der Lage sind, sich bei dem auf dem Tank angegebenen höchsten Betriebsdruck zu öffnen. Zwei der Sicherheitsventile müssen jeweils so bemessen sein, dass die im normalen Betrieb durch Verdampfung entstehenden Gase abgeführt werden können, ohne dass der Druck zu irgendeinem Zeitpunkt den auf dem Tank angegebenen Betriebsdruck um mehr als 10 % übersteigt.

6.8.3.2.11 (Forts.) Eines der Sicherheitsventile darf durch eine Berstscheibe ersetzt werden, die beim Prüfdruck aufreißen muss.

Die Kombination der Druckentlastungseinrichtungen muss beim Zusammenbruch des Vakuums bei Doppelmanteltanks oder bei einer Beschädigung von 20 % der Isolierung von einwandigen Tanks einen Ausströmungsquerschnitt freigeben, der eine Drucksteigerung im Tank über den Prüfdruck hinaus verhindert. Die Vorschriften des Absatzes 6.8.2.1.7 gelten nicht für Tanks mit Vakuumisolierung.

6.8.3.2.12 **[Tiefste Betriebstemperatur]**

Diese Druckentlastungseinrichtungen der Tanks für tiefgekühlt verflüssigte Gase müssen so gebaut sein, dass sie auch bei ihrer tiefsten Betriebstemperatur einwandfrei arbeiten. Die sichere Arbeitsweise bei dieser Temperatur ist durch die Prüfung der einzelnen Einrichtung oder durch eine Baumusterprüfung festzustellen und nachzuweisen.

6.8.3.2.13 **[Ventilschutzkappen]**

| | |
|---|---|
| Die Ventile von rollbaren Aufsetztanks müssen mit Schutzkappen versehen sein. | (bleibt offen) |

**Wärmeisolierung**

6.8.3.2.14 **[Wärmeisolierung, Tanks für verflüssigte Gase]**

Wenn die Tanks für verflüssigte Gase mit einer Wärmeisolierung versehen sind, muss diese

- entweder aus einem Sonnenschutz, der mindestens das obere Drittel, aber höchstens die obere Hälfte der Tankoberfläche bedeckt und von dieser durch eine Luftschicht von mindestens 4 cm getrennt ist,
- oder aus einer vollständigen Umhüllung von genügender Dicke aus isolierenden Stoffen

bestehen.

6.8.3.2.15 **[Wärmeisolierung, Tanks für tiefgekühlt verflüssigte Gase]**

Tanks für tiefgekühlt verflüssigte Gase müssen wärmeisoliert sein. Diese Wärmeisolierung muss durch eine vollständige Umhüllung gesichert sein. Ist der Raum zwischen Tankkörper und Umhüllung luftleer (Vakuumisolierung), muss rechnerisch nachgewiesen werden, dass die Schutzumhüllung einem äußeren Druck von mindestens 100 kPa (1 bar) (Überdruck) ohne Verformung standhält. Abweichend von der Begriffsbestimmung für Berechnungsdruck in Abschnitt 1.2.1 dürfen bei dieser Berechnung äußere und innere Verstärkungen berücksichtigt werden. Wenn die Umhüllung gasdicht schließt, muss durch eine Einrichtung verhindert werden, dass in der Isolierschicht bei Undichtheiten am Tankkörper oder an dessen Ausrüstungsteilen ein gefährlicher Druck entsteht. Diese Einrichtung muss das Eindringen von Feuchtigkeit in die Isolierschicht verhindern.

| | |
|---|---|
| | Für die Typprüfung der Wirksamkeit des Isolierungssystems siehe Absatz 6.8.3.4.11. |

6.8.3.2.16 **[Wärmeisolierung ohne brennbare Stoffe]**

Bei Tanks für verflüssigte Gase mit einer Siedetemperatur bei Atmosphärendruck unter –182 °C dürfen weder die Wärmeisolierung noch die Einrichtungen zur Befestigung der Tankcontainer bzw. die Befestigungselemente des Tanks brennbare Stoffe enthalten.

Die Befestigungselemente der Tanks mit Vakuumisolierung dürfen mit Zustimmung der zuständigen Behörde zwischen Tankkörper und Umhüllung Kunststoffe enthalten.

6.8.3.2.17 **[Keine Untersuchungsöffnung]**

Abweichend von Absatz 6.8.2.2.4 müssen Tankkörper für die Beförderung tiefgekühlt verflüssigter Gase nicht mit einer Untersuchungsöffnung versehen sein.

**Ausrüstung von Batterie-Fahrzeugen und MEGC**

6.8.3.2.18 **[Bedienungsausrüstung, Auslegung]**

Die Bedienungsausrüstung und die bauliche Ausrüstung müssen so angeordnet oder ausgelegt sein, dass Schäden, die unter normalen Handhabungs- und Beförderungsbedingungen zu einem Freisetzen des Druckgefäßinhalts führen könnten, verhindert werden. Wenn die Verbindung zwischen dem Batterie-Fahrzeug oder dem MEGC und den Elementen eine relative Bewegung zwischen den Baugruppen zulässt, muss die Ausrüstung so befestigt sein, dass durch eine solche Bewegung keine Beschädigung von

Teilen erfolgt. Die zu den Absperrventilen führende Sammelrohrleitung muss ausreichend flexibel sein, um die Ventile und die Rohrleitung gegen Abscheren und gegen Freisetzen des Druckgefäßinhalts zu schützen. Die Füll- und Entleerungseinrichtungen (einschließlich Flansche oder Schraubverschlüsse) und alle Schutzkappen müssen gegen unbeabsichtigtes Öffnen gesichert werden können. 6.8.3.2.18 (Forts.)

**[Abreißschutz]** 6.8.3.2.19

Um ein Freisetzen des Inhalts bei Beschädigungen zu vermeiden, müssen die Sammelrohre, die Entleerungseinrichtungen (Rohranschlüsse, Verschlusseinrichtungen) und die Absperreinrichtungen gegen Abreißen durch äußere Beanspruchungen geschützt oder angeordnet sein oder so ausgelegt sein, dass sie diesen standhalten.

**[Auslegung Sammelrohrsystem]** 6.8.3.2.20

Das Sammelrohrsystem muss für den Betrieb im Temperaturbereich von –20 °C bis +50 °C ausgelegt sein.

Das Sammelrohrsystem muss so ausgelegt, gebaut und montiert sein, dass die Gefahr der Beschädigung infolge thermischer Ausdehnung und Schrumpfung, mechanischer Erschütterungen oder Vibrationen vermieden wird. Alle Rohrleitungen müssen aus einem geeigneten Werkstoff aus Metall sein. Soweit möglich, müssen die Rohrleitungsverbindungen geschweißt sein.

Verbindungen von Kupferrohrleitungen müssen hartgelötet sein oder durch eine metallene Verbindung gleicher Festigkeit hergestellt sein. Der Schmelzpunkt von hartgelöteten Werkstoffen darf nicht niedriger als 525 °C sein. Die Verbindungen dürfen die Festigkeit der Rohrleitungen nicht vermindern, wie dies bei Schraubverbindungen der Fall sein kann.

**[Werkstoffspannung Sammelrohrsystem]** 6.8.3.2.21

Mit Ausnahme für UN 1001 Acetylen, gelöst, darf die zulässige Spannung $\sigma$ des Sammelrohrsystems beim Prüfdruck der Gefäße 75 % der garantierten Streckgrenze des Werkstoffes nicht überschreiten.

Die erforderliche Wanddicke des Sammelrohrsystems für UN 1001 Acetylen, gelöst, ist nach anerkannten Regeln der Technik zu berechnen.

**Bem.** Wegen der Streckgrenze siehe Absatz 6.8.2.1.11.

**[Absperreinrichtung im Rohrsystem]** 6.8.3.2.22

Abweichend von den Vorschriften der Absätze 6.8.3.2.3, 6.8.3.2.4 und 6.8.3.2.7 dürfen bei Flaschen, Großflaschen, Druckfässern und Flaschenbündeln, die ein Batterie-Fahrzeug oder einen MEGC bilden, die geforderten Absperreinrichtungen auch innerhalb des Sammelrohrsystems eingebaut sein.

**[Sicherheitsventil pro Element]** 6.8.3.2.23

Hat ein Element ein Sicherheitsventil und befinden sich zwischen den Elementen Absperreinrichtungen, so muss jedes Element mit einem solchen versehen sein.

**[Füll- und Entleerungseinrichtungen]** 6.8.3.2.24

Die Füll- und Entleerungseinrichtungen dürfen an einem Sammelrohr angebracht sein.

**[Giftige Gase, Elementtrennung]** 6.8.3.2.25

Alle Elemente, einschließlich aller einzelnen Flaschen eines Flaschenbündels, die zur Beförderung giftiger Gase vorgesehen sind, müssen durch ein Verschlussventil voneinander getrennt werden können.

**[Giftige Gase, Sicherheitsventil]** 6.8.3.2.26

Batterie-Fahrzeuge oder MEGC, die zur Beförderung giftiger Gase vorgesehen sind, dürfen keine Sicherheitsventile haben, es sei denn, vor diesen ist eine Berstscheibe angebracht. In diesem Fall muss die Anordnung der Berstscheibe und des Sicherheitsventils den Anforderungen der zuständigen Behörde entsprechen.

**[Sicherheitsventile bei Seebeförderung]** 6.8.3.2.27

Die Vorschriften des Absatzes 6.8.3.2.26 verbieten nicht das Anbringen von Sicherheitsventilen an Batterie-Fahrzeugen oder MEGC, die für die Seebeförderung bestimmt sind und dem IMDG-Code entsprechen.

**6.8.3.2.28 [Entzündbare Gase, Elementtrennung]**

Gefäße, die Elemente eines Batterie-Fahrzeugs oder MEGC zur Beförderung entzündbarer Gase sind, müssen in Gruppen von höchstens 5 000 Litern zusammengefasst werden, die durch ein Verschlussventil voneinander getrennt werden können.

Die Elemente eines Batterie-Fahrzeugs oder eines MEGC zur Beförderung entzündbarer Gase müssen, sofern sie aus Tanks nach diesem Kapitel bestehen, durch ein Verschlussventil voneinander getrennt werden können.

**6.8.3.3 Baumusterprüfung und Baumusterzulassung**

Keine Sondervorschriften.

**6.8.3.4 Prüfungen*)**

**6.8.3.4.1 [Prüfverfahren]**

Die Werkstoffe jedes geschweißten Tankkörpers, mit Ausnahme der Flaschen, Großflaschen und Druckfässer sowie der Flaschen als Teil von Flaschenbündeln, die Elemente eines Batterie-Fahrzeugs oder MEGC sind, müssen nach dem Prüfverfahren des Abschnitts 6.8.5 geprüft werden.

**6.8.3.4.2 [Prüfdruck]**

Die grundlegenden Vorschriften für den Prüfdruck sind in den Absätzen 4.3.3.2.1 bis 4.3.3.2.4 und die minimalen Prüfdrücke sind im Verzeichnis der Gase und Gasgemische in Absatz 4.3.3.2.5 angegeben.

**6.8.3.4.3 [Wasserdruckprüfung]**

Die erste Wasserdruckprüfung ist vor dem Anbringen der Wärmeisolierung durchzuführen. Wenn der Tankkörper, seine Armaturen, Rohrleitungen und Ausrüstungsteile getrennt geprüft worden sind, muss der Tank nach dem Zusammenbau einer Dichtheitsprüfung unterzogen werden.

**6.8.3.4.4 [Auslitern]**

*→ D: § 12 (1) 3*

Der Fassungsraum jedes Tankkörpers zur Beförderung verdichteter Gase, die nach Masse gefüllt werden, sowie zur Beförderung verflüssigter oder gelöster Gase muss unter Aufsicht einer Prüfstelle durch Wiegen oder durch Auslitern einer Wasserfüllung bestimmt werden; die Genauigkeit der Messung des Fassungsraums des Tankkörpers muss mindestens 1 % betragen. Eine rechnerische Bestimmung aus den Abmessungen des Tankkörpers ist nicht zulässig. Die höchstzulässige Masse der Füllung ist nach Unterabschnitt 4.1.4.1 Verpackungsanweisung P200 oder P203 sowie nach den Absätzen 4.3.3.2.2 und 4.3.3.2.3 durch eine Prüfstelle festzulegen.

**6.8.3.4.5 [Schweißnähte]**

Die Schweißnähte des Tankkörpers sind entsprechend einem Schweißnahtfaktor $\lambda = 1$ nach Absatz 6.8.2.1.23 zu prüfen.

**6.8.3.4.6 [Prüffristen – wiederkehrende]**

An Tanks zur Beförderung tiefgekühlt verflüssigter Gase:

a) Abweichend von den Vorschriften des Absatzes 6.8.2.4.2 sind die wiederkehrenden Prüfungen spätestens

| sechs Jahre | acht Jahre |
| --- | --- |

nach der erstmaligen Prüfung und danach spätestens alle 12 Jahre durchzuführen.

*→ 1.6.4.56* b) Abweichend von den Vorschriften des Absatzes 6.8.2.4.3 sind die Zwischenprüfungen spätestens sechs Jahre nach jeder wiederkehrenden Prüfung durchzuführen.

**6.8.3.4.7 [Vakuumisolierte Tanks]**

*→ D: § 12 (1) 3*

Bei Tanks mit Vakuumisolierung dürfen die Wasserdruckprüfung und die Feststellung des inneren Zustandes im Einvernehmen mit der Prüfstelle durch eine Dichtheitsprüfung und eine Vakuummessung ersetzt werden.

---

*) *→ 1.6.3.2 f.; → NL: VLG 6.8.3.4*

**[Wiederverschließen von Prüföffnungen]** 6.8.3.4.8 → D: § 12 (1) 3

Wenn bei wiederkehrenden Untersuchungen Öffnungen in die Tankkörper für tiefgekühlt verflüssigte Gase geschnitten werden, ist vor Wiederinbetriebnahme das zum dichten Verschließen des Tankkörpers angewandte Verfahren, welches die einwandfreie Beschaffenheit des Tankkörpers gewährleisten muss, von der Prüfstelle zu genehmigen.

**[Druck bei Dichtheitsprüfungen]** 6.8.3.4.9

Dichtheitsprüfungen an Tanks für Gase sind bei einem Druck durchzuführen, der

- für verdichtete, verflüssigte und gelöste Gase mindestens 20 % des Prüfdrucks entspricht;
- für tiefgekühlt verflüssigte Gase mindestens 90 % des höchsten Betriebsdrucks entspricht.

***Haltezeiten für Tankcontainer zur Beförderung von tiefgekühlt verflüssigten Gasen***

**[Bestimmung der Referenzhaltezeit]** 6.8.3.4.10 → 1.6.4.47

(bleibt offen)

Die Referenzhaltezeit für Tankcontainer zur Beförderung von tiefgekühlt verflüssigten Gasen muss auf der Grundlage folgender Faktoren bestimmt werden:

a) der nach Absatz 6.8.3.4.11 bestimmten Wirksamkeit des Isolierungssystems;

b) des niedrigsten Ansprechdrucks der Druckbegrenzungseinrichtung(en);

c) der ursprünglichen Füllbedingungen;

d) einer angenommenen Umgebungstemperatur von 30 °C;

e) der physikalischen Eigenschaften der einzelnen, für die Beförderung vorgesehenen tiefgekühlt verflüssigten Gase.

**[Prüfung der Wirksamkeit des Isolierungssystems]** 6.8.3.4.11 → 1.6.4.47

(bleibt offen)

Die Wirksamkeit des Isolierungssystems (Wärmezufuhr in Watt) muss durch eine Baumusterprüfung des Tankcontainers geprüft werden. Diese Prüfung muss Folgendes umfassen:

a) entweder eine Konstantdruckprüfung (zum Beispiel bei atmosphärischem Druck), bei der über einen bestimmten Zeitraum der Verlust an tiefgekühlt verflüssigtem Gas gemessen wird,

b) oder eine Prüfung im geschlossenen System, bei der über einen bestimmten Zeitraum der Druckanstieg im Tankkörper gemessen wird.

Bei der Durchführung der Konstantdruckprüfung müssen Schwankungen des atmosphärischen Drucks berücksichtigt werden. Bei beiden Prüfungen müssen Korrekturen zur Berücksichtigung eventueller Abweichungen der Umgebungstemperatur vom angenommenen Referenzwert für die Umgebungstemperatur von 30 °C vorgenommen werden.

**Bem.** Die Norm ISO 21014:2006 „Kryo-Behälter – Leistungsmerkmale der Kryo-Isolierung" beschreibt Methoden für die Bestimmung der Leistungsmerkmale der Isolierung von Kryo-Behältern und bietet eine Methode für die Berechnung der Haltezeit.

***Prüfungen für Batterie-Fahrzeuge und MEGC***

**6.8.3.4.12 [Erstmalige, wiederkehrende und außerordentliche Prüfung]**

*→ D: RSEB 6-16*
*→ D: RSEB 9-2.2.1.5*

Die Elemente und Ausrüstungsteile jedes Batterie-Fahrzeugs oder MEGC sind entweder zusammen oder getrennt vor der erstmaligen Inbetriebnahme zu prüfen (erstmalige Prüfung). Batterie-Fahrzeuge oder MEGC, deren Elemente aus Gefäßen bestehen, sind danach in Abständen von höchstens fünf Jahren zu prüfen. Batterie-Fahrzeuge oder MEGC, deren Elemente aus Tanks bestehen, sind danach in Abständen gemäß den Absätzen 6.8.2.4.2 und 6.8.2.4.3 zu prüfen. Unabhängig von der zuletzt durchgeführten wiederkehrenden Prüfung ist, wenn es sich gemäß Absatz 6.8.3.4.16 als erforderlich erweist, eine außerordentliche Prüfung durchzuführen.

**6.8.3.4.13 [Erstmalige Prüfung]**

Die erstmalige Prüfung umfasst:

- eine Prüfung der Übereinstimmung mit dem zugelassenen Baumuster,
- eine Überprüfung der Auslegungsmerkmale,
- eine Prüfung des inneren und äußeren Zustandes,
- eine Wasserdruckprüfung[18)] mit dem Prüfdruck, der auf dem in Absatz 6.8.3.5.10 vorgeschriebenen Schild angegeben ist,
- eine Dichtheitsprüfung beim höchsten Betriebsdruck und
- eine Funktionsprüfung der Ausrüstungsteile.

Wenn die Elemente und die Ausrüstung getrennt einer Druckprüfung unterzogen worden sind, müssen sie nach dem Zusammenbau gemeinsam einer Dichtheitsprüfung unterzogen werden.

**6.8.3.4.14 [Prüfdruck]**

Flaschen, Großflaschen und Druckfässer sowie Flaschen als Teil von Flaschenbündeln müssen gemäß Unterabschnitt 4.1.4.1 Verpackungsanweisung P200 oder P203 geprüft werden.

Der Prüfdruck des Sammelrohrsystems des Batterie-Fahrzeugs oder MEGC muss derselbe sein wie für die Elemente des Batterie-Fahrzeugs oder MEGC. Die Druckprüfung des Sammelrohrsystems kann als Wasserdruckprüfung oder mit Zustimmung der zuständigen Behörde unter Verwendung einer anderen Flüssigkeit oder eines Gases durchgeführt werden. Abweichend von dieser Vorschrift muss der Prüfdruck für das Sammelrohrsystem von Batterie-Fahrzeugen oder MEGC für UN 1001 Acetylen, gelöst, mindestens 300 bar sein.

**6.8.3.4.15 [Wiederkehrende Prüfung]**

Die wiederkehrende Prüfung umfasst eine Dichtheitsprüfung beim höchsten Betriebsdruck sowie eine äußere Untersuchung des Aufbaus, der Elemente und der Bedienungsausrüstung ohne Demontage der Elemente. Die Elemente und Rohrleitungen sind innerhalb der in Unterabschnitt 4.1.4.1 Verpackungsanweisung P200 festgelegten Fristen und in Übereinstimmung mit den Vorschriften des Unterabschnitts 6.2.1.6 bzw. 6.2.3.5 zu prüfen. Wenn die Elemente und die Ausrüstung getrennt einer Druckprüfung unterzogen worden sind, müssen sie nach dem Zusammenbau gemeinsam einer Dichtheitsprüfung unterzogen werden.

**6.8.3.4.16 [Außerordentliche Prüfung]**

*→ D: § 19 (2) 14*
*→ D: § 24 Nr. 2*

Eine außerordentliche Prüfung ist erforderlich, wenn das Batterie-Fahrzeug oder der MEGC Anzeichen von Beschädigung, Korrosion, Undichtheit oder anderer auf einen Mangel hinweisende Zustände aufweist, der die Unversehrtheit des Batterie-Fahrzeugs oder MEGC beeinträchtigen könnte. Der Umfang der außerordentlichen Prüfung und, soweit dies als erforderlich erachtet wird, die Demontage der Elemente hängt vom Ausmaß der Beschädigung oder der Verschlechterung des Zustands des Batterie-Fahrzeugs oder MEGC ab. Sie muss mindestens die in Absatz 6.8.3.4.17 vorgeschriebene Prüfung umfassen.

---

[18)] In Sonderfällen darf die Wasserdruckprüfung mit Zustimmung der zuständigen Behörde durch eine Druckprüfung unter Verwendung eines Gases oder mit Zustimmung der Prüfstelle unter Verwendung einer anderen Flüssigkeit ersetzt werden, wenn dieses Vorgehen nicht gefährlich ist.

**[Prüfumfang]** 6.8.3.4.17

Die Prüfungen müssen sicherstellen, dass

a) die Elemente äußerlich auf punktförmige Vertiefungen (Pitting), Korrosion, Abrieb, Beulen, Verformungen, Fehler in Schweißnähten oder andere Zustände, einschließlich Undichtheiten, geprüft sind, durch die das Batterie-Fahrzeug oder der MEGC bei der Beförderung unsicher werden könnte;

b) die Rohrleitungen, die Absperreinrichtungen und die Dichtungen auf Korrosion, Defekte und andere Zustände, einschließlich Undichtheiten, geprüft sind, durch die das Batterie-Fahrzeug oder der MEGC beim Befüllen, Entleeren oder der Beförderung unsicher werden könnte;

c) fehlende oder lose Bolzen oder Muttern bei geflanschten Verbindungen oder Blindflanschen ersetzt oder festgezogen sind;

d) alle Sicherheitseinrichtungen und -ventile frei von Korrosion, Verformung, Beschädigung oder Defekten sind, die ihre normale Funktion behindern könnten. Fernbediente und selbstschließende Verschlusseinrichtungen sind zu betätigen, um ihre ordnungsgemäße Funktion nachzuweisen;

e) die auf dem Batterie-Fahrzeug oder MEGC vorgeschriebenen Kennzeichen lesbar sind und den anwendbaren Vorschriften entsprechen und

f) der Rahmen, das Traglager und die Hebeeinrichtungen des Batterie-Fahrzeugs oder MEGC sich in einem zufrieden stellenden Zustand befinden.

**[Dokumentation]** 6.8.3.4.18

*→ 1.6.3.16*
*→ 1.6.4.18*
*→ D: § 19 (2) 13*

Die Prüfungen nach den Absätzen 6.8.3.4.12 bis 6.8.3.4.17 sind durch die Prüfstelle durchzuführen. Über die Prüfungen sind auch im Falle negativer Prüfergebnisse Bescheinigungen auszustellen. In diesen Bescheinigungen ist ein Hinweis auf das Verzeichnis der in diesem Batterie-Fahrzeug oder MEGC zur Beförderung zugelassenen Stoffe gemäß Absatz 6.8.2.3.2 aufzunehmen.

Eine Kopie dieser Bescheinigungen ist der Tankakte jedes geprüften Tanks, Batterie-Fahrzeugs oder MEGC beizufügen (siehe Absatz 4.3.2.1.7).

**Kennzeichnung*)** 6.8.3.5

**[Tankschild]** 6.8.3.5.1

*→ 1.6.3.8*
*→ 1.6.4.5*

Auf dem in Absatz 6.8.2.5.1 vorgesehenen Tankschild müssen nachstehende Angaben zusätzlich eingeprägt oder in einem ähnlichen Verfahren angebracht sein, oder diese Angaben dürfen unmittelbar auf den Wänden des Tankkörpers angebracht sein, wenn diese so verstärkt sind, dass die Widerstandsfähigkeit des Tanks nicht beeinträchtigt wird.

**[Angaben]** 6.8.3.5.2

*→ 1.6.4.5*
*→ M352*

An Tanks für einen einzigen Stoff:

– die offizielle Benennung des Gases für die Beförderung und bei Gasen, die einer n.a.g.-Eintragung zugeordnet sind, zusätzlich die technische Benennung[19].

Diese Angabe ist

– bei Tanks für verdichtete Gase, die nach Druck gefüllt werden, durch den für den Tank höchstzulässigen Fülldruck bei 15 °C und

– bei Tanks für verdichtete Gase, die nach Masse gefüllt werden, sowie bei Tanks für verflüssigte, tiefgekühlt verflüssigte oder gelöste Gase durch die höchstzulässige Masse der Füllung in kg und durch die Füllungstemperatur, wenn diese niedriger als –20 °C ist,

zu ergänzen.

---

*) *→ D: § 19 (2) 13; → D: § 24 Nr. 1; → D: RSEB 6-6*

19) Anstelle der offiziellen Benennung für die Beförderung oder, soweit anwendbar, der offiziellen Benennung für die Beförderung der n.a.g.-Eintragung, gefolgt von der technischen Benennung, ist die Verwendung einer der folgenden Benennungen zugelassen:

– für UN 1078 Gas als Kältemittel, n.a.g.: Gemisch F 1, Gemisch F 2, Gemisch F 3;
– für UN 1060 Methylacetylen und Propadien, Gemisch, stabilisiert: Gemisch P 1, Gemisch P 2;
– für UN 1965 Kohlenwasserstoffgas, Gemisch, verflüssigt, n.a.g.: Gemisch A, Gemisch A 01, Gemisch A 02, Gemisch A 0, Gemisch A 1, Gemisch B 1, Gemisch B 2, Gemisch B, Gemisch C. Die in Unterabschnitt 2.2.2.3 Klassifizierungscode 2F UN 1965 Bem. 1 aufgeführten Handelsnamen dürfen nur zusätzlich verwendet werden;
– für UN 1010 Butadiene, stabilisiert: Buta-1,2-dien, stabilisiert, Buta-1,3-dien, stabilisiert;
– für UN 1012 Buten: But-1-en, cis-But-2-en, trans-But-2-en, Butene, Gemisch.

**6.8.3.5.3** **[Tanks, wechselweise Verwendung]**
*→ M352*

An Tanks für wechselweise Verwendung:

– die offizielle Benennung des Gases für die Beförderung und bei Gasen, die einer n.a.g.-Eintragung zugeordnet sind, zusätzlich die technische Benennung[19)] der Gase, für die der Tank zugelassen ist.

Diese Angabe ist durch die höchstzulässige Masse der Füllung für jedes Gas in kg zu ergänzen.

**6.8.3.5.4** **[Tiefgekühlt verflüssigte Gase]**
*→ 1.6.4.47*

An Tanks für tiefgekühlt verflüssigte Gase:

– der höchste Betriebsdruck[20)].

| | |
|---|---|
| | – die Referenzhaltezeit (in Tagen oder Stunden) für jedes Gas[20)];<br>– die dazugehörigen ursprünglichen Drücke (in bar oder kPa (Überdruck))[20)]. |

**6.8.3.5.5** **[Wärmeisolierte Tanks]**

An Tanks mit Wärmeisolierung:

– die Angaben „wärmeisoliert" oder „vakuumisoliert".

**6.8.3.5.6** **[Zusätzliche Angaben]**
*→ D: § 23 (1) 13*
*→ 1.6.3.41*
*→ 1.6.4.42*

Zusätzlich zu den in Absatz 6.8.2.5.2 vorgesehenen Angaben müssen auf

| | |
|---|---|
| dem Tankfahrzeug (auf dem Tank selbst oder auf Tafeln) | dem Tankcontainer (auf dem Tank selbst oder auf Tafeln) |

angegeben sein:

a) – die Tankcodierung gemäß Zulassungsbescheinigung (siehe Absatz 6.8.2.3.2) mit dem tatsächlichen Prüfdruck des Tanks;

– die Angabe „niedrigste zugelassene Füllungstemperatur: ..."

b) bei Tanks für einen einzigen Stoff:

– die offizielle Benennung des Gases für die Beförderung und bei Gasen, die einer n.a.g.-Eintragung zugeordnet sind, zusätzlich die technische Benennung[19)];

– für verdichtete Gase, die nach Masse gefüllt werden, sowie für verflüssigte, tiefgekühlt verflüssigte oder gelöste Gase die höchstzulässige Masse der Füllung in kg;

c) bei Tanks für wechselweise Verwendung:

– die offizielle Benennung des Gases für die Beförderung und bei Gasen, die einer n.a.g.-Eintragung zugeordnet sind, zusätzlich die technische Benennung[19)] der Gase, zu deren Beförderung die Tanks verwendet werden mit Angabe der höchstzulässigen Masse der Füllung für jedes Gas in kg;

d) bei Tanks mit Wärmeisolierung:

– die Angabe „wärmeisoliert" oder „vakuumisoliert" in einer amtlichen Sprache des Zulassungslandes und, wenn diese Sprache nicht Deutsch, Englisch oder Französisch ist, außerdem in Deutsch, Englisch oder Französisch, sofern nicht Vereinbarungen zwischen den von der Beförderung berührten Staaten etwas anderes vorschreiben.

**6.8.3.5.7** (bleibt offen)

---

19) Anstelle der offiziellen Benennung für die Beförderung oder, soweit anwendbar, der offiziellen Benennung für die Beförderung der n.a.g.-Eintragung, gefolgt von der technischen Benennung, ist die Verwendung einer der folgenden Benennungen zugelassen:
– für UN 1078 Gas als Kältemittel, n.a.g.: Gemisch F 1, Gemisch F 2, Gemisch F 3;
– für UN 1060 Methylacetylen und Propadien, Gemisch, stabilisiert: Gemisch P 1, Gemisch P 2;
– für UN 1965 Kohlenwasserstoffgas, Gemisch, verflüssigt, n.a.g.: Gemisch A, Gemisch A 01, Gemisch A 02, Gemisch A 0, Gemisch A 1, Gemisch B 1, Gemisch B 2, Gemisch B, Gemisch C. Die in Unterabschnitt 2.2.2.3 Klassifizierungscode 2F UN 1965 Bem. 1 aufgeführten Handelsnamen dürfen nur zusätzlich verwendet werden;
– für UN 1010 Butadiene, stabilisiert: Buta-1,2-dien, stabilisiert, Buta-1,3-dien, stabilisiert;
– für UN 1012 Buten: But-1-en, cis-But-2-en, trans-But-2-en, Butene, Gemisch.

20) Nach den Zahlenwerten sind jeweils die Maßeinheiten hinzuzufügen.

**[Trägerfahrzeug Aufsetztank]** 6.8.3.5.8

| | |
|---|---|
| Diese Angaben sind nicht erforderlich bei einem Trägerfahrzeug für Aufsetztanks. | (bleibt offen) |

(bleibt offen) 6.8.3.5.9

***Kennzeichnung von Batterie-Fahrzeugen und MEGC***

**[Tankschild]** 6.8.3.5.10

An jedem Batterie-Fahrzeug und MEGC muss für Kontrollzwecke ein Schild aus nicht korrodierendem Metall dauerhaft an einer leicht zugänglichen Stelle befestigt sein. Auf diesem Schild müssen mindestens die nachstehend aufgeführten Angaben eingeprägt oder in einem ähnlichen Verfahren angebracht sein:

- Zulassungsnummer;
- Name oder Zeichen des Herstellers;
- Seriennummer des Herstellers;
- Baujahr;
- Prüfdruck (Überdruck)[20];
- Berechnungstemperatur (nur erforderlich bei Berechnungstemperaturen über +50 °C oder unter -20 °C)[20];
- Datum (Monat, Jahr) der erstmaligen und der zuletzt durchgeführten wiederkehrenden Prüfung nach den Absätzen 6.8.3.4.12 und 6.8.3.4.15;
- Stempel der Prüfstelle, welche die Prüfung vorgenommen hat.

**[Tanktafel]** 6.8.3.5.11 → D: RSEB 6-15.S

| | |
|---|---|
| Folgende Angaben müssen auf dem Batterie-Fahrzeug selbst oder auf einer Tafel angegeben sein:<br>– Name des Fahrzeughalters oder Betreibers;<br>– Zahl der Elemente;<br>– gesamter Fassungsraum der Elemente[20];<br>und bei Batterie-Fahrzeugen, die nach Masse gefüllt werden:<br>– Leermasse[20];<br>– höchstzulässige Gesamtmasse[20]. | Folgende Angaben müssen auf dem MEGC selbst oder auf einer Tafel angegeben sein:<br>– Name des Eigentümers und des Betreibers;<br>– Zahl der Elemente;<br>– gesamter Fassungsraum der Elemente[20];<br>– höchstzulässige Gesamtmasse[20];<br>– Tankcodierung gemäß Zulassungsbescheinigung (siehe Absatz 6.8.2.3.2) mit dem tatsächlichen Prüfdruck des MEGC;<br>– offizielle Benennung des Gases für die Beförderung und bei Gasen, die einer n.a.g.-Eintragung zugeordnet sind, zusätzlich die technische Benennung[19] der Gase, zu deren Beförderung der MEGC verwendet wird; → D: § 23 (1) 13<br>und bei MEGC, die nach Masse gefüllt werden:<br>– Eigenmasse[20]. |

**[Weitere Tafel]** 6.8.3.5.12 → D: § 23 (1) 13

Auf einer in der Nähe der Einfüllstelle angebrachten Tafel am Rahmen von Batterie-Fahrzeugen und MEGC muss angegeben sein:

- der höchstzulässige Fülldruck[20] bei 15 °C der Elemente für verdichtete Gase,

---

[20] Nach den Zahlenwerten sind jeweils die Maßeinheiten hinzuzufügen.

[19] Anstelle der offiziellen Benennung für die Beförderung oder, soweit anwendbar, der offiziellen Benennung für die Beförderung der n.a.g.-Eintragung, gefolgt von der technischen Benennung, ist die Verwendung einer der folgenden Benennungen zugelassen:
- für UN 1078 Gas als Kältemittel, n.a.g.: Gemisch F 1, Gemisch F 2, Gemisch F 3;
- für UN 1060 Methylacetylen und Propadien, Gemisch, stabilisiert: Gemisch P 1, Gemisch P 2;
- für UN 1965 Kohlenwasserstoffgas, Gemisch, verflüssigt, n.a.g.: Gemisch A, Gemisch A 01, Gemisch A 02, Gemisch A 0, Gemisch A 1, Gemisch B 1, Gemisch B 2, Gemisch B, Gemisch C. Die in Unterabschnitt 2.2.2.3 Klassifizierungscode 2F UN 1965 Bem. 1 aufgeführten Handelsnamen dürfen nur zusätzlich verwendet werden;
- für UN 1010 Butadiene, stabilisiert: Buta-1,2-dien, stabilisiert, Buta-1,3-dien, stabilisiert;
- für UN 1012 Buten: But-1-en, cis-But-2-en, trans-But-2-en, Butene, Gemisch.

6.8.3.5.12 (Forts.)
- die offizielle Benennung des Gases für die Beförderung nach Kapitel 3.2 und bei Gasen, die einer n.a.g.-Eintragung zugeordnet sind, zusätzlich die technische Benennung[19],

sowie für verflüssigte Gase:

- die höchstzulässige Masse der Füllung eines jeden Elements[20].

**6.8.3.5.13 [Aufschriften, Großzettel, orangefarbene Tafel]**

Flaschen, Großflaschen und Druckfässer sowie Flaschen als Teil von Flaschenbündeln müssen mit den Aufschriften nach Unterabschnitt 6.2.2.7 versehen sein. Diese Gefäße müssen nicht einzeln mit Gefahrzetteln nach Kapitel 5.2 bezettelt sein.

Batterie-Fahrzeuge und MEGC müssen nach Kapitel 5.3 mit Großzetteln (Placards) versehen und gekennzeichnet sein.

**6.8.3.6 Vorschriften für Batterie-Fahrzeuge und MEGC, die nach in Bezug genommenen Normen ausgelegt, gebaut und geprüft sind**

*→ 1.6.3.38*

**Bem.** Personen oder Organe, die in den Normen als Verantwortliche gemäß ADR ausgewiesen sind, müssen die Vorschriften des ADR einhalten.

Seit dem 1. Januar 2009 ist die Anwendung in Bezug genommener Normen rechtsverbindlich. Ausnahmen sind in Unterabschnitt 6.8.3.7 aufgeführt.

Baumusterzulassungen müssen in Übereinstimmung mit Abschnitt 1.8.7 und Unterabschnitt 6.8.2.3 ausgestellt werden. Für die Ausstellung einer Baumusterzulassungsbescheinigung muss aus der nachstehenden Tabelle eine Norm, die gemäß der Angabe in Spalte (4) anwendbar ist, ausgewählt werden. Wenn mehrere Normen angewendet werden können, ist nur eine dieser Normen auszuwählen.

In der Spalte (3) sind die Absätze des Kapitels 6.8 angegeben, mit denen die Norm übereinstimmt.

In der Spalte (5) ist der späteste Zeitpunkt angegeben, zu dem bestehende Baumusterzulassungen gemäß Absatz 1.8.7.2.2.2 zurückgezogen werden müssen; wenn kein Datum angegeben ist, bleibt die Baumusterzulassung bis zu ihrem Ablauf gültig.

Die Normen müssen in Übereinstimmung mit Abschnitt 1.1.5 angewendet werden. Sie müssen in ihrer Gesamtheit angewendet werden, sofern in der nachstehenden Tabelle nichts anderes angegeben ist.

Der Anwendungsbereich jeder Norm ist in der Anwendungsbestimmung der Norm definiert, sofern in der nachstehenden Tabelle nichts anderes festgelegt ist.

| Referenz | Titel des Dokuments | Vorschriften, mit denen die Norm übereinstimmt | anwendbar für neue oder Verlängerungen von Baumusterzulassungen | letzter Zeitpunkt für den Entzug bestehender Baumusterzulassungen |
|---|---|---|---|---|
| (1) | (2) | (3) | (4) | (5) |
| EN 13807:2003 | Ortsbewegliche Gasflaschen – Batterie-Fahrzeuge – Konstruktion, Herstellung, Kennzeichnung und Prüfung<br>**Bem.** Diese Norm darf, soweit zutreffend, auch für MEGC aus Druckgefäßen angewendet werden. | 6.8.3.1.4, 6.8.3.1.5, 6.8.3.2.18 bis 6.8.3.2.26, 6.8.3.4.12 bis 6.8.3.4.14 und 6.8.3.5.10 bis 6.8.3.5.13 | zwischen dem 1. Januar 2005 und dem 31. Dezember 2020 | |

[19] Anstelle der offiziellen Benennung für die Beförderung oder, soweit anwendbar, der offiziellen Benennung für die Beförderung der n.a.g.-Eintragung, gefolgt von der technischen Benennung, ist die Verwendung einer der folgenden Benennungen zugelassen:
- für UN 1078 Gas als Kältemittel, n.a.g.: Gemisch F 1, Gemisch F 2, Gemisch F 3;
- für UN 1060 Methylacetylen und Propadien, Gemisch, stabilisiert: Gemisch P 1, Gemisch P 2;
- für UN 1965 Kohlenwasserstoffgas, Gemisch, verflüssigt, n.a.g.: Gemisch A, Gemisch A 01, Gemisch A 02, Gemisch A 0, Gemisch A 1, Gemisch B 1, Gemisch B 2, Gemisch B, Gemisch C. Die in Unterabschnitt 2.2.2.3 Klassifizierungscode 2F UN 1965 Bem. 1 aufgeführten Handelsnamen dürfen nur zusätzlich verwendet werden;
- für UN 1010 Butadiene, stabilisiert: Buta-1,2-dien, stabilisiert, Buta-1,3-dien, stabilisiert;
- für UN 1012 Buten: But-1-en, cis-But-2-en, trans-But-2-en, Butene, Gemisch.

[20] Nach den Zahlenwerten sind jeweils die Maßeinheiten hinzuzufügen.

6.8.3.6 (Forts.)

| Referenz | Titel des Dokuments | Vorschriften, mit denen die Norm übereinstimmt | anwendbar für neue oder Verlängerungen von Baumusterzulassungen | letzter Zeitpunkt für den Entzug bestehender Baumusterzulassungen |
|---|---|---|---|---|
| (1) | (2) | (3) | (4) | (5) |
| EN 13807:2017 | Ortsbewegliche Gasflaschen – Batterie-Fahrzeuge und Gascontainer mit mehreren Elementen (MEGCs) – Auslegung, Herstellung, Kennzeichnung und Prüfung | 6.8.3.1.4, 6.8.3.1.5, 6.8.3.2.18 bis 6.8.3.2.28, 6.8.3.4.12 bis 6.8.3.4.14 und 6.8.3.5.10 bis 6.8.3.5.13 | bis auf Weiteres | |
| EN ISO 23826:2021 | Gasflaschen – Kugelhähne – Spezifikation und Prüfungen | 6.8.2.1.1 und 6.8.2.2.1 | ab dem 1. Januar 2025 verpflichtend | |

**Vorschriften für Batterie-Fahrzeuge und MEGC, die nicht nach in Bezug genommenen Normen ausgelegt, gebaut und geprüft sind** 6.8.3.7 *→ D: § 8 (1) 10*

Um dem wissenschaftlichen und technischen Fortschritt Rechnung zu tragen, oder in Fällen, in denen in Unterabschnitt 6.8.3.6 keine Normen in Bezug genommen sind, oder um bestimmten Aspekten Rechnung zu tragen, die in einer in Unterabschnitt 6.8.3.6 in Bezug genommenen Norm nicht vorgesehen sind, kann die zuständige Behörde die Anwendung eines technischen Regelwerks anerkennen, das ein gleiches Sicherheitsniveau gewährleistet. Die Batterie-Fahrzeuge und MEGC müssen jedoch den Mindestanforderungen des Abschnitts 6.8.3 entsprechen.

Sobald eine in Unterabschnitt 6.8.3.6 neu in Bezug genommene Norm angewendet werden kann, muss die zuständige Behörde die Anerkennung des entsprechenden technischen Regelwerks zurückziehen. Eine Übergangsfrist, die spätestens zum Zeitpunkt des Inkrafttretens der nächsten Ausgabe des ADR endet, darf angewendet werden.

In der Baumusterzulassung muss das Verfahren für wiederkehrende Prüfungen festgelegt werden, wenn die in Abschnitt 6.2.2, 6.2.4 oder in Unterabschnitt 6.8.2.6 in Bezug genommenen Normen nicht anwendbar sind oder nicht angewendet werden dürfen.

Die zuständige Behörde muss dem Sekretariat der UNECE ein Verzeichnis der von ihr anerkannten technischen Regelwerke übermitteln und bei Änderungen aktualisieren. Das Verzeichnis sollte folgende Angaben enthalten: Name und Datum des Regelwerks, Gegenstand des Regelwerks und Angaben darüber, wo dieses bezogen werden kann. Das Sekretariat muss diese Informationen auf seiner Website öffentlich zugänglich machen.

Eine Norm, die für eine Inbezugnahme in einer zukünftigen Ausgabe des ADR angenommen wurde, darf von der zuständigen Behörde zur Anwendung zugelassen werden, ohne dies dem Sekretariat der UNECE mitzuteilen.

**Sondervorschriften** 6.8.4 *→ 1.6.4.12*

**Bem.** 1. Für flüssige Stoffe mit einem Flammpunkt bis höchstens 60 °C sowie für entzündbare Gase siehe auch Absätze 6.8.2.1.26, 6.8.2.1.27 und 6.8.2.2.9.

2. Wegen der Vorschriften für Tanks, die einer Druckprüfung von mindestens 1 MPa (10 bar) unterzogen werden müssen, oder für Tanks zur Beförderung von tiefgekühlt verflüssigten Gasen siehe Abschnitt 6.8.5.

Folgende Sondervorschriften sind anwendbar, wenn sie in Kapitel 3.2 Tabelle A Spalte (13) bei einer Eintragung angegeben sind:

**a) Bau (TC)**

**TC1** Für die Werkstoffe und den Bau dieser Tankkörper gelten die Vorschriften des Abschnitts 6.8.5.

**TC2** Tankkörper und ihre Ausrüstungsteile müssen aus Aluminium mit einem Reinheitsgrad von mindestens 99,5 % oder einem geeigneten Stahl hergestellt sein, der keine Zersetzung des Wasserstoffperoxids bewirkt. Wenn die Tankkörper aus Reinaluminium mit einem Reinheitsgrad von mindestens 99,5 % hergestellt sind, muss die Wanddicke nicht mehr als 15 mm betragen, auch wenn die Berechnung nach Absatz 6.8.2.1.17 einen höheren Wert ergibt. *→ D: RSEB Anl. 13*

6.8.4 (Forts.)

**TC3** Tankkörper müssen aus austenitischem Stahl hergestellt sein.

**TC4** Tankkörper müssen mit einer Emailleauskleidung oder einer gleichwertigen Schutzauskleidung versehen sein, sofern der Werkstoff des Tankkörpers von UN 3250 Chloressigsäure angegriffen wird.

**TC5** Tankkörper müssen mit einer Bleiauskleidung von mindestens 5 mm Dicke oder einer gleichwertigen Auskleidung versehen sein.

**TC6** Die Wanddicke von Tanks, die aus Aluminium mit einem Reinheitsgrad von mindestens 99 % oder aus Aluminiumlegierung hergestellt sind, muss nicht mehr als 15 mm betragen, auch wenn die Berechnung nach Absatz 6.8.2.1.17 einen höheren Wert ergibt.

**TC7** Die Mindestwanddicke des Tankkörpers darf nicht geringer als 3 mm sein.

**TC8** Tankkörper müssen aus Aluminium oder Aluminiumlegierung hergestellt sein. Die Tankkörper dürfen für einen äußeren Auslegungsdruck von mindestens 5 kPa (0,05 bar) ausgelegt sein.

*→ D: § 12 (1) 3* **b) Ausrüstung (TE)**

**TE1** (gestrichen)

**TE2** (gestrichen)

**TE3** Die Tanks müssen zusätzlich folgenden Vorschriften entsprechen:

Die Heizeinrichtung darf nicht bis ins Innere des Tankkörpers führen, sondern muss außen am Tankkörper angebracht sein. Ein zur Entleerung des Phosphors dienendes Rohr darf jedoch mit einem Wärmemantel versehen sein. Die Heizeinrichtung dieses Mantels muss so eingestellt sein, dass ein Überschreiten der Temperatur des Phosphors über die Beladetemperatur des Tankkörpers verhindert wird. Die anderen Rohre müssen in den oberen Teil des Tankkörpers führen; die Öffnungen müssen oberhalb des höchstzulässigen Standes des Phosphors liegen und unter verriegelbaren Kappen vollständig verschließbar sein.

Der Tank muss mit einer Messeinrichtung zum Nachprüfen des Phosphorstandes versehen sein und, wenn Wasser als Schutzmittel verwendet wird, mit einem festen Zeichen, das den höchstzulässigen Wasserstand anzeigt.

*→ D: RSEB Anl. 13* **TE4** Die Tankkörper müssen mit einer Wärmeisolierung aus schwer entzündbaren Werkstoffen versehen sein.

*→ D: RSEB Anl. 13* **TE5** Wenn die Tankkörper mit einer Wärmeisolierung versehen sind, muss diese aus schwer entzündbaren Werkstoffen bestehen.

**TE6** Die Tanks dürfen mit einer Einrichtung ausgerüstet sein, die so ausgelegt ist, dass eine Verstopfung durch den beförderten Stoff ausgeschlossen und ein Freiwerden und der Aufbau eines Über- oder Unterdrucks im Innern des Tankkörpers verhindert wird.

**TE7** Die Entleerungseinrichtungen der Tankkörper müssen mit zwei hintereinanderliegenden, voneinander unabhängigen Verschlüssen versehen sein, von denen der erste aus einer inneren Absperreinrichtung mit einem Schnellschlussventil einer genehmigten Bauart und der zweite aus einer äußeren Absperreinrichtung am Ende jedes Auslaufstutzens besteht. Am Ausgang jeder äußeren Absperreinrichtung ist ein Blindflansch oder eine gleich wirksame Einrichtung anzubringen. Wenn die Schlauchanschlüsse weggerissen werden, muss die innere Absperreinrichtung mit dem Tankkörper verbunden und geschlossen bleiben.

**TE8** Die Schlauchanschlüsse der Tanks müssen aus Werkstoffen hergestellt sein, die keine Zersetzung des Wasserstoffperoxids verursachen.

*→ D: RSEB Anl. 13* **TE9** Die Tanks sind oben mit einer Verschlusseinrichtung zu versehen, die so beschaffen sein muss, dass sich im Innern des Tankkörpers kein Überdruck infolge der Zersetzung der beförderten Stoffe bilden kann und das Ausfließen von Flüssigkeit und das Eindringen fremder Substanzen ins Innere des Tankkörpers verhindert wird.

**TE10** Die Verschlusseinrichtungen der Tanks müssen so hergestellt sein, dass während der Beförderung keine Verstopfung der Einrichtungen durch den fest gewordenen Stoff möglich ist.

Sind die Tanks mit einem wärmeisolierenden Stoff umgeben, so muss dieser aus anorganischem Material bestehen und vollständig frei von brennbaren Stoffen sein.

*→ D: RSEB Anl. 13* **TE11** Die Tankkörper sowie ihre Bedienungsausrüstungen müssen so beschaffen sein, dass das Eindringen fremder Substanzen ins Innere des Tankkörpers, das Ausfließen von Flüssigkeit und die Entstehung eines gefährlichen Überdrucks im Innern des Tankkörpers infolge Zersetzung

der beförderten Stoffe verhindert wird. Ein Sicherheitsventil, welches das Eindringen fremder Substanzen verhindert, erfüllt diese Vorschrift ebenfalls. 6.8.4 (Forts.)

**TE12** Die Tanks müssen mit einer Wärmeisolierung nach Absatz 6.8.3.2.14 versehen sein. Wenn die SADT des organischen Peroxids im Tank höchstens 55 °C beträgt oder der Tank aus Aluminium hergestellt ist, muss der Tankkörper vollständig isoliert sein. Der Sonnenschutz und jeder von ihm nicht bedeckte Teil des Tanks oder die äußere Umhüllung einer vollständigen Isolierung müssen einen weißen Anstrich haben oder in blankem Metall ausgeführt sein. Der Anstrich muss vor jeder Beförderung gereinigt und bei Vergilben oder Beschädigung erneuert werden. Die Wärmeisolierung darf keine brennbaren Stoffe enthalten.

Die Tanks müssen mit Temperaturmessgeräten ausgerüstet sein.

Die Tanks müssen mit Sicherheitsventilen und Notfall-Druckentlastungseinrichtungen ausgerüstet sein. Unterdruckventile dürfen ebenfalls verwendet werden. Notfall-Druckentlastungseinrichtungen müssen bei Drücken ansprechen, die den Eigenschaften des organischen Peroxids und dem Baumuster des Tanks entsprechend festgesetzt werden. Schmelzsicherungen dürfen am Tankkörper nicht zugelassen werden.

Die Tanks müssen mit federbelasteten Sicherheitsventilen ausgerüstet sein, um einen wesentlichen Druckaufbau im Tankkörper durch Zersetzungsprodukte und Dämpfe zu vermeiden, die bei einer Temperatur von 50 °C gebildet werden können. Die Abblasmenge und der Ansprechdruck des (der) Sicherheitsventils (-ventile) sind auf der Grundlage der Prüfergebnisse nach Sondervorschrift TA2 festzulegen. Der Ansprechdruck darf jedoch keinesfalls so gewählt sein, dass flüssige Stoffe aus den Ventilen entweichen können, wenn der Tank umstürzt.

Die Notfall-Druckentlastungseinrichtungen der Tanks dürfen als federbelastete Ventile oder als Berstscheiben ausgeführt sein, die so ausgelegt sind, dass sämtliche entstehenden Zersetzungsprodukte und Dämpfe entlastet werden, die sich bei selbstbeschleunigender Zersetzung oder bei vollständiger Feuereinwirkung während eines Zeitraums von mindestens einer Stunde unter Bedingungen entwickeln, die durch folgende Formeln definiert werden:

$q = 70961 \times F \times A^{0,82}$,

wobei:

q = Wärmeaufnahme [W]

A = benetzte Fläche [$m^2$]

F = Isolierungsfaktor [-]

F = 1 für nicht isolierte Tanks oder

$F = \frac{U(923 - T_{PO})}{47032}$ für isolierte Tanks,

wobei:

K = Wärmeleitfähigkeit der Isolierungsschicht [$W \cdot m^{-1} \cdot K^{-1}$]

L = Dicke der Isolierungsschicht [m]

U = K/L = Wärmedurchgangskoeffizient der Isolierung [$W \cdot m^{-2} \cdot K^{-1}$]

$T_{PO}$ = Temperatur des Peroxids unter Entlastungsbedingungen [K].

Der Ansprechdruck der Notfall-Druckentlastungseinrichtung(en) muss höher sein als der oben genannte und auf der Grundlage der Prüfergebnisse nach Sondervorschrift TA2 festgelegt sein. Die Notfall-Druckentlastungseinrichtungen müssen so bemessen sein, dass der höchste Druck im Tank zu keinem Zeitpunkt den Prüfdruck des Tanks übersteigt.

**Bem.** Im Handbuch Prüfungen und Kriterien Anhang 5 ist ein Beispiel für eine Prüfmethode zur Dimensionierung der Notfall-Druckentlastungseinrichtungen angegeben.

Für vollständig isolierte Tanks ist zur Ermittlung der Kapazität und der Einstellung der Notfall-Druckentlastungseinrichtung(en) von einem Isolierungsverlust von 1 % der Oberfläche auszugehen.

Unterdruckventile und federbelastete Sicherheitsventile der Tanks sind mit einer Flammendurchschlagsicherung auszurüsten, es sei denn, die zu befördernden Stoffe und deren Zersetzungsprodukte sind nichtbrennbar. Die Verminderung der Abblasmenge der Ventile durch diese Flammendurchschlagsicherung ist zu berücksichtigen.

6.8.4 (Forts.)

**TE13** Die Tanks müssen mit einer Wärmeisolierung sowie einer außen angebrachten Heizausrüstung versehen sein.

**TE14** Die Tanks müssen mit einer Wärmeisolierung versehen sein. Wärmeisolierungen in direktem Kontakt mit dem Tankkörper und/oder Bauteilen des Heizsystems müssen eine Entzündungstemperatur aufweisen, die mindestens 50 °C über der Höchsttemperatur liegt, für die der Tank ausgelegt wurde.

**TE15** (gestrichen)

**TE16** (bleibt offen)

**TE17** (bleibt offen)

**TE18** Die Tanks für Stoffe, die bei einer Temperatur über 190 °C gefüllt werden, müssen mit senkrecht zu den oberen Einfüllöffnungen angebrachten Leitblechen versehen sein, um beim Befüllen eine rasche und lokalisierte Erwärmung des Mantels zu verhindern.

**TE19** Einrichtungen am oberen Teil des Tanks müssen:

- entweder in einem eingelassenen Dom eingebaut sein
- oder mit einem innen liegenden Sicherheitsventil versehen sein
- oder durch eine Schutzkappe oder durch quer und/oder längs angeordnete Konstruktionselemente oder durch gleich wirksame Einrichtungen geschützt sein, die so angebracht sein müssen, dass beim Umkippen des Fahrzeugs keine Beschädigung der Ausrüstungsteile möglich ist.

Einrichtungen am unteren Teil der Tanks:

Die Rohrstutzen und die seitlichen Verschlusseinrichtungen sowie alle Entleerungseinrichtungen müssen entweder von der äußeren Begrenzung des Tanks um 200 mm zurückversetzt oder durch ein schützendes Profil mit einem Widerstandsmoment von mindestens 20 cm$^3$ quer zur Fahrtrichtung geschützt sein; der Bodenabstand muss bei vollem Tank mindestens 300 mm betragen.

Die Einrichtungen an der Rückseite des Tanks müssen durch eine Stoßstange nach Abschnitt 9.7.6 geschützt sein. Diese Einrichtungen müssen so hoch über dem Boden angebracht sein, dass sie durch die Stoßstange ausreichend geschützt sind.

**TE20** Ungeachtet der anderen Tankcodierungen, die unter der Tankhierarchie im rationalisierten Ansatz in Absatz 4.3.4.1.2 zugelassen sind, müssen Tanks immer mit einem Sicherheitsventil ausgerüstet sein.

**TE21** Die Verschlüsse der Tanks müssen durch eine verriegelbare Kappe geschützt sein.

**TE22** (bleibt offen)

**TE23** Die Tanks müssen mit einer Einrichtung ausgerüstet sein, die so ausgelegt ist, dass eine Verstopfung durch den beförderten Stoff ausgeschlossen und ein Freiwerden und der Aufbau eines Über- oder Unterdrucks im Innern des Tankkörpers verhindert wird.

**TE24** Wenn Tanks, die für die Beförderung und Verarbeitung von Bitumen vorgesehen sind, am Ende des Auslaufstutzens mit einer Sprühstange ausgerüstet sind, darf die in Absatz

(gestrichen)

6.8.4 (Forts.)

6.8.2.2.2 vorgeschriebene Verschlusseinrichtung durch ein Verschlussventil ersetzt werden, das sich im Auslaufstutzen befindet und der Sprühstange vorgeschaltet ist.

**TE25** (bleibt offen)

**TE26** Alle Anschlüsse für die Befüllung und Entleerung, einschließlich der Anschlüsse in der Dampfphase, von Tanks zur Beförderung tiefgekühlt verflüssigter entzündbarer Gase müssen so nahe wie möglich am Tank mit einem schnellschließenden automatischen Absperrventil (siehe Absatz 6.8.3.2.3) ausgerüstet sein.

**c) Zulassung des Baumusters (TA)**

**TA1** Die Tanks dürfen nicht zur Beförderung organischer Stoffe zugelassen werden.

**TA2** Dieser Stoff darf nur unter den von der zuständigen Behörde des Ursprungslandes festgelegten Bedingungen in festverbundenen Tanks, Aufsetztanks oder Tankcontainern befördert werden, wenn die zuständige Behörde auf Grund der nachstehenden Prüfungen feststellt, dass eine solche Beförderung sicher durchgeführt werden kann. *→ D: § 8 (1) 1 h)* *→ D: § 8 (2)*

Ist das Ursprungsland keine Vertragspartei des ADR, so müssen die Bedingungen von der zuständigen Behörde der ersten von der Sendung berührten Vertragspartei des ADR anerkannt werden.

Für die Baumusterzulassung sind Prüfungen vorzunehmen, um:

- die Verträglichkeit mit allen Werkstoffen nachzuweisen, die normalerweise mit dem Stoff während der Beförderung in Berührung kommen;
- Daten für die Konstruktion der Notfall-Druckentlastungseinrichtungen und der Sicherheitsventile unter Berücksichtigung der Konstruktionsmerkmale des Tanks zu erhalten und
- alle Sondervorschriften festzulegen, die für die sichere Beförderung des Stoffes erforderlich sind.

Die Prüfergebnisse müssen im Zulassungsbescheid des Tankbaumusters aufgeführt sein.

**TA3** Dieser Stoff darf nur in Tanks mit der Tankcodierung LGAV oder SGAV befördert werden; die Hierarchie in Absatz 4.3.4.1.2 ist nicht anwendbar.

**TA4** Die Verfahren für die Konformitätsbewertung des Abschnitts 1.8.7 müssen von der zuständigen Behörde oder der gemäß der Norm EN ISO/IEC 17020:2012 (ausgenommen Absatz 8.1.3) Typ A akkreditierten Prüfstelle nach Unterabschnitt 1.8.6.3 angewendet werden.

**TA5** Dieser Stoff darf nur in Tanks mit der Tankcodierung S2,65AN(+) befördert werden; die Hierarchie in Absatz 4.3.4.1.2 ist nicht anwendbar.

**d) Prüfungen (TT)**

**TT1** Tanks aus Reinaluminium müssen bei der Wasserdruckprüfung erstmalig und wiederkehrend nur mit einem Druck von 250 kPa (2,5 bar) (Überdruck) geprüft werden.

**TT2** Der Zustand der Auskleidung der Tankkörper ist von einer Prüfstelle jährlich durch eine innere Untersuchung des Tankkörpers zu prüfen (siehe Abschnitt 4.3.5 Sondervorschrift TU43). *→ D: § 12 (1) 3*

**TT3** Abweichend von den Vorschriften des Absatzes 6.8.2.4.2 sind die wiederkehrenden Prüfungen spätestens alle acht Jahre durchzuführen, zu denen eine Prüfung der Wanddicken mittels geeigneter Instrumente gehören muss. Für diese Tanks sind die Dichtheits- und Funktionsprüfung gemäß Absatz 6.8.2.4.3 spätestens alle vier Jahre durchzuführen.

**TT4** (bleibt offen)

**TT5** Die Wasserdruckprüfung ist spätestens alle drei Jahre | zweieinhalb Jahre durchzuführen.

**TT6** Die wiederkehrende Prüfung ist spätestens alle drei Jahre durchzuführen. | (bleibt offen)

**TT7** Abweichend von den Vorschriften des Absatzes 6.8.2.4.2 darf die wiederkehrende innere Prüfung durch ein von der zuständigen Behörde genehmigtes Programm ersetzt werden. *→ D: § 12 (1) 3*

**TT8** An Tanks, die gemäß den Absätzen 6.8.3.5.1 bis 6.8.3.5.3 mit der für die Eintragung UN 1005 AMMONIAK, WASSERFREI vorgeschriebenen offiziellen Benennung für die Beförderung ver-

**6.8.4** (Forts.)

sehen und aus Feinkornstählen mit einer Streckgrenze nach Werkstoffnorm von mehr als 400 N/mm$^2$ hergestellt sind, sind bei jeder wiederkehrenden Prüfung gemäß Absatz 6.8.2.4.2 Magnetpulverprüfungen zur Feststellung von Oberflächenrissen durchzuführen.

Im unteren Teil jedes Tankkörpers sind mindestens 20 % der Länge der Rund- und Längsnähte, die Schweißnähte aller Stutzen sowie alle Reparatur- und Schleifstellen zu prüfen.

Wenn die Angabe des Stoffes auf dem Tank oder dem Tankschild entfernt wird, muss eine Magnetpulverprüfung durchgeführt werden; diese Tätigkeiten müssen in der der Tankakte beigefügten Prüfbescheinigung protokolliert sein.

Solche Magnetpulverprüfungen müssen in Übereinstimmung mit der Norm EN 12972:2018 + A1:2024 durchgeführt werden.

**TT9** Für Prüfungen (einschließlich der Überwachung der Herstellung) müssen die Verfahren des Abschnitts 1.8.7 von der zuständigen Behörde oder der gemäß der Norm EN ISO/IEC 17020:2012 (ausgenommen Absatz 8.1.3) Typ A akkreditierten Prüfstelle gemäß Unterabschnitt 1.8.6.3 angewendet werden.

**TT10** Die in Absatz 6.8.2.4.2 vorgesehenen wiederkehrenden Prüfungen sind spätestens

| | |
|---|---|
| alle drei Jahre | alle zweieinhalb Jahre |

durchzuführen.

**TT11** Bei ausschließlich für die Beförderung von Flüssiggas verwendeten festverbundenen Tanks (Tankfahrzeugen) und Aufsetztanks mit Tankkörpern und Bedienungsausrüstungen aus Kohlenstoffstahl darf die Wasserdruckprüfung zum Zeitpunkt der wiederkehrenden Prüfung und auf Wunsch des Antragstellers durch die nachfolgend aufgeführten zerstörungsfreien Prüfverfahren ersetzt werden. Diese Verfahren dürfen entsprechend der Eignungsbewertung der zuständigen Behörde oder der Prüfstelle (siehe Sondervorschrift TT9) entweder einzeln oder in Kombination angewendet werden:

- Norm EN ISO 17640:2018 – Zerstörungsfreie Prüfung von Schweißverbindungen – Ultraschallprüfung – Techniken, Prüfklassen und Bewertung,
- Norm EN ISO 17638:2016 – Zerstörungsfreie Prüfung von Schweißverbindungen – Magnetpulverprüfung mit Zulässigkeitsgrenzen gemäß Niveau 2X der Norm EN ISO 23278:2015 – Zerstörungsfreie Prüfung von Schweißverbindungen – Magnetpulverprüfung von Schweißverbindungen – Zulässigkeitsgrenzen,
- Norm EN ISO 17643:2015 – Zerstörungsfreie Prüfung von Schweißverbindungen – Wirbelstromprüfung von Schweißverbindungen durch Vektorauswertung,
- Norm EN ISO 16809:2019 – Zerstörungsfreie Prüfung – Dickenmessung mit Ultraschall.

Zerstörungsfreie Prüfungen müssen durch Personal in Übereinstimmung mit der Norm EN 12972:2018 + A1:2024 oder EN 14334:2014 durchgeführt werden.

6.8.4 (Forts.)

Nach direkter Einwirkung von Hitze, wie Schweißen oder Schneiden, an drucktragenden Elementen des Tanks muss zusätzlich zu jeder vorgeschriebenen zerstörungsfreien Prüfung eine Wasserdruckprüfung durchgeführt werden.

Die zerstörungsfreie Prüfung muss in den Bereichen des Tankkörpers und der Ausrüstung durchgeführt werden, die in der nachstehenden Tabelle aufgeführt sind:

| **Bereich des Tankkörpers und der Ausrüstung** | **zerstörungsfreie Prüfung** |
|---|---|
| Stumpfschweißnähte des Tankkörpers in Längsrichtung | 100 % zerstörungsfreie Prüfung unter Verwendung einer oder mehrerer der folgenden Verfahren: Ultraschallprüfung, Magnetpulverprüfung oder Wirbelstromprüfung |
| Umfangsstumpfschweißnähte des Tankkörpers | |
| (innere) Befestigungs-, Mannloch-, Stutzen- und Öffnungsschweißnähte direkt am Tankkörper | |
| Bereiche hoher Beanspruchung der doppelten Futterbleche zur Befestigung (auf jeder Seite vom oberen Ende der Satteltragleisten plus 400 mm nach unten) | |
| Schweißnähte an Rohrleitungen und Ausrüstungen | |
| Bereiche des Tankkörpers, die von außen keiner Sichtprüfung unterzogen werden können | Prüfung der Wanddicke von innen durch Ultraschall in Rasterabständen von (höchstens) 150 mm |

Unabhängig von den ursprünglichen für den Tank verwendeten Normen oder technischen Regelwerken für die Auslegung und den Bau müssen die Fehlerakzeptanzniveaus den Anforderungen der entsprechenden Teile der Norm EN 14025:2023 (Tanks für die Beförderung gefährlicher Güter – Metallische Drucktanks – Auslegung und Bau), EN 12493:2020 (Flüssiggas-Geräte und Ausrüstungsteile – Geschweißte Druckbehälter aus Stahl für Straßentankwagen für Flüssiggas (LPG) – Ausle-

6.8.4 (Forts.)

gung und Herstellung), EN ISO 23278:2015 (Zerstörungsfreie Prüfung von Schweißverbindungen – Magnetpulverprüfung von Schweißverbindungen – Zulässigkeitsgrenzen) oder der Akzeptanznorm entsprechen, auf die in der anwendbaren Norm für die zerstörungsfreie Prüfung verwiesen wird.

Wenn durch zerstörungsfreie Prüfmethoden ein inakzeptabler Fehler festgestellt wird, muss der Tank repariert und erneut geprüft werden. Die Durchführung einer Wasserdruckprüfung ist ohne Vornahme der vorgeschriebenen Reparaturen nicht zugelassen.

Die Ergebnisse der zerstörungsfreien Prüfung müssen aufgezeichnet und über die gesamte Lebensdauer des Tanks aufbewahrt werden.

→ D: § 19 (2) 13
→ D: § 23 (1) 13
→ D: § 24 Nr. 1

**e) Kennzeichnung (TM)**

**Bem.** Die Angaben müssen in einer amtlichen Sprache des Landes der Zulassung abgefasst sein und, wenn diese Sprache nicht Deutsch, Englisch oder Französisch ist, außerdem in Deutsch, Englisch oder Französisch, sofern nicht Vereinbarungen zwischen den von der Beförderung berührten Staaten etwas anderes vorschreiben.

**TM1** Tanks müssen zusätzlich zu den Angaben in Absatz 6.8.2.5.2 mit dem Vermerk „NICHT ÖFFNEN WÄHREND DER BEFÖRDERUNG. SELBSTENTZÜNDLICH." versehen sein (siehe auch oben aufgeführte Bem.).

**TM2** Tanks müssen zusätzlich zu den Angaben in Absatz 6.8.2.5.2 mit dem Vermerk „NICHT ÖFFNEN WÄHREND DER BEFÖRDERUNG. BILDET IN BERÜHRUNG MIT WASSER ENTZÜNDBARE GASE." versehen sein (siehe auch oben aufgeführte Bem.).

**TM3** An den Tanks muss auf dem in Absatz 6.8.2.5.1 vorgesehenen Schild zusätzlich die offizielle Benennung für die Beförderung und die höchstzulässige Masse der Füllung in kg für diesen Stoff angegeben sein.

**TM4** An den Tanks sind entweder auf dem in Absatz 6.8.2.5.2 vorgeschriebenen Schild oder auf dem Tankkörper selbst, wenn dieser so verstärkt ist, dass die Widerstandsfähigkeit des Tanks nicht beeinträchtigt wird, durch Prägen oder durch ein ähnliches Verfahren die nachstehend aufgeführten zusätzlichen Angaben anzubringen:

die chemische Benennung sowie die zugelassene Konzentration des betreffenden Stoffes.

**TM5** An den Tanks ist außer den in Absatz 6.8.2.5.1 vorgesehenen Angaben das Datum (Monat, Jahr) der letzten Untersuchung des inneren Zustandes anzubringen.

**TM6** (bleibt offen)

**TM7** An den Tanks ist entweder auf dem in Absatz 6.8.2.5.1 vorgeschriebenen Schild oder auf dem Tankkörper selbst, wenn dieser so verstärkt ist, dass die Widerstandsfähigkeit des Tankkörpers nicht beeinträchtigt wird, durch Prägen oder durch ein ähnliches Verfahren das in Absatz 5.2.1.7.6 dargestellte Strahlensymbol anzubringen.

### 6.8.5 Vorschriften für die Werkstoffe und den Bau von geschweißten festverbundenen Tanks, geschweißten Aufsetztanks und geschweißten Tankkörpern von Tankcontainern, für die ein Prüfdruck von mindestens 1 MPa (10 bar) vorgeschrieben ist, sowie von geschweißten festverbundenen Tanks, geschweißten Aufsetztanks und geschweißten Tankkörpern von Tankcontainern zur Beförderung tiefgekühlt verflüssigter Gase der Klasse 2

### 6.8.5.1 Werkstoffe und Tankkörper

#### 6.8.5.1.1 [Zuordnung zu Füllgütern]

a) Die Tankkörper zur Beförderung von

– verdichteten, verflüssigten oder gelösten Gasen der Klasse 2,

- Stoffen der UN-Nummern 1380, 2845, 2870, 3194 und 3391 bis 3394 der Klasse 4.2 sowie 6.8.5.1.1 (Forts.)
- UN 1052 Fluorwasserstoff, wasserfrei, und UN 1790 Fluorwasserstoffsäure mit mehr als 85 % Fluorwasserstoff der Klasse 8

müssen aus Stahl hergestellt sein.

b) Tankkörper aus Feinkornstahl zur Beförderung von
- ätzenden Gasen und UN 2073 Ammoniaklösung der Klasse 2 sowie
- UN 1052 Fluorwasserstoff, wasserfrei, und UN 1790 Fluorwasserstoffsäure mit mehr als 85 % Fluorwasserstoff der Klasse 8

müssen zur Vermeidung thermischer Spannungen wärmebehandelt werden.

c) Die Tankkörper zur Beförderung von tiefgekühlt verflüssigten Gasen der Klasse 2 müssen aus Stahl, Aluminium, Aluminiumlegierungen, Kupfer oder Kupferlegierungen, z.B. Messing, hergestellt sein. Tankkörper aus Kupfer oder Kupferlegierungen sind jedoch nur für die Gase zugelassen, die kein Acetylen enthalten; Ethylen darf jedoch höchstens 0,005 % Acetylen enthalten.

d) Es dürfen nur Werkstoffe verwendet werden, die sich für die niedrigste und höchste Betriebstemperatur der Tankkörper sowie deren Zubehörteile eignen.

**[Zugelassene Werkstoffe]** 6.8.5.1.2

Für die Herstellung der Tankkörper sind folgende Werkstoffe zugelassen:

a) Stähle, die bei der niedrigsten Betriebstemperatur dem Sprödbruch nicht unterworfen sind (siehe Absatz 6.8.5.2.1):
- Baustähle (nicht für tiefgekühlt verflüssigte Gase der Klasse 2);
- Feinkornstähle bis zu einer Temperatur von –60 °C;
- Nickelstähle (mit einem Gehalt von 0,5 % bis 9 % Nickel) bis zu einer Temperatur von –196 °C, je nach dem Nickelgehalt;
- austenitische Chrom-Nickelstähle bis zu einer Temperatur von –270 °C;
- austenitisch-ferritische rostfreie Stähle bis zu einer Temperatur von –60 °C;

b) Aluminium mit einem Gehalt von mindestens 99,5 % Aluminium oder Aluminiumlegierungen (siehe Absatz 6.8.5.2.2);

c) sauerstofffreies Kupfer mit einem Gehalt von mindestens 99,9 % Kupfer und Kupferlegierungen mit einem Kupfergehalt von mehr als 56 % (siehe Absatz 6.8.5.2.3).

**[Verarbeitung]** 6.8.5.1.3

a) Die Tankkörper aus Stahl, Aluminium oder Aluminiumlegierungen dürfen nur nahtlos oder geschweißt sein.

b) Die Tankkörper aus austenitischem Stahl, Kupfer oder Kupferlegierungen dürfen auch hartgelötet sein.

**[Verbindung Zubehörteile]** 6.8.5.1.4

Die Zubehörteile dürfen mit den Tankkörpern durch Verschrauben oder wie folgt verbunden werden:

a) bei Tankkörpern aus Stahl, Aluminium oder Aluminiumlegierungen durch Schweißen;

b) bei Tankkörpern aus austenitischem Stahl, Kupfer oder Kupferlegierungen durch Schweißen oder Hartlöten.

**[Befestigung]** 6.8.5.1.5

Die Tankkörper müssen so gebaut und auf dem Fahrzeug, auf dem Fahrgestell oder im Containerrahmen befestigt sein, dass eine Abkühlung tragender Teile, die ein Sprödwerden bewirken könnte, mit Sicherheit vermieden wird. Die zur Befestigung der Tankkörper dienenden Teile müssen selbst so beschaffen sein, dass sie bei der Temperatur, die sie bei der niedrigsten für den Tankkörper zulässigen Betriebstemperatur erreichen können, noch die erforderlichen mechanischen Gütewerte aufweisen.

**6.8.5.2 Prüfvorschriften**

**6.8.5.2.1 Tankkörper aus Stahl**

Die für die Herstellung der Tankkörper verwendeten Werkstoffe und die Schweißverbindungen müssen bei ihrer niedrigsten Betriebstemperatur, wenigstens aber bei einer Temperatur von –20 °C, folgenden Bedingungen für die Kerbschlagzähigkeit genügen:

- Die Prüfungen müssen mit Probestäben mit V-Kerbe durchgeführt werden.
- Die Mindestkerbschlagzähigkeit (siehe Absätze 6.8.5.3.1 bis 6.8.5.3.3) für Probestäbe mit senkrecht zur Walzrichtung verlaufender Längsachse und einer V-Kerbe (nach ISO R 148) senkrecht zur Plattenoberfläche muss 34 J/cm² für Baustahl (diese Prüfungen können auf Grund bestehender ISO-Normen mit Probestäben, deren Längsachse in Walzrichtung verläuft, ausgeführt werden), Feinkornstahl, legierten ferritischen Stahl Ni < 5 %, legierten ferritischen Stahl 5 % ≤ Ni ≤ 9 %, austenitischen Cr-Ni-Stahl oder austenitisch-ferritischen rostfreien Stahl betragen.
- Bei austenitischen Stählen ist nur die Schweißverbindung einer Kerbschlagzähigkeitsprüfung zu unterziehen.
- Für Betriebstemperaturen unter –196 °C wird die Kerbschlagzähigkeitsprüfung nicht bei der niedrigsten Betriebstemperatur, sondern bei –196 °C durchgeführt.

**6.8.5.2.2 Tankkörper aus Aluminium oder Aluminiumlegierungen**

*→ D: § 9*
*→ D: § 12 (1) 3*

Die Nähte der Tankkörper müssen den durch die zuständige Behörde festgelegten Bedingungen genügen.

**6.8.5.2.3 Tankkörper aus Kupfer oder Kupferlegierungen**

Prüfungen zum Nachweis ausreichender Kerbschlagzähigkeit sind nicht erforderlich.

**6.8.5.3 Bestimmung der Kerbschlagzähigkeit**

**6.8.5.3.1 [Probestab, Maße]**

Bei Blechen mit einer Dicke von weniger als 10 mm, aber mindestens 5 mm, sind Probestäbe mit einem Querschnitt von 10 mm × e mm, wobei e die Blechdicke ist, zu verwenden. Eine Bearbeitung auf 7,5 mm oder 5 mm ist, falls erforderlich, zulässig. Ein Mindestwert von 34 J/cm² ist in jedem Fall einzuhalten.

**Bem.** Bei Blechen mit einer Dicke von weniger als 5 mm und ihren Schweißverbindungen wird keine Kerbschlagzähigkeitsprüfung durchgeführt.

**6.8.5.3.2 [Probestabentnahme]**

a) Bei der Prüfung der Bleche wird die Kerbschlagzähigkeit an drei Probestäben bestimmt. Die Probestäbe müssen quer zur Walzrichtung entnommen werden; bei Baustahl dürfen sie jedoch in Walzrichtung entnommen werden.

b) Für die Prüfung der Schweißnähte werden die Probestäbe wie folgt entnommen:

**wenn e ≤ 10 mm**:

drei Probestäbe aus der Mitte der Schweißverbindung;

drei Probestäbe mit der Kerbe in der Mitte der wärmebeeinflussten Zone (die V-Kerbe schneidet die Verschmelzungsgrenze in der Mitte des Musters);

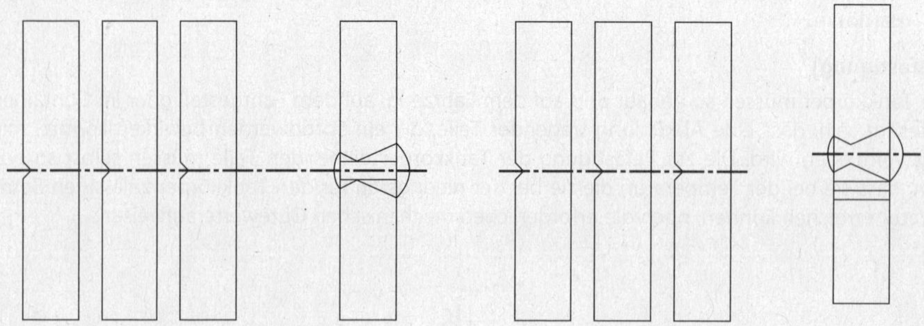

Mitte der Schweißverbindung wärmebeeinflusste Zone

**wenn 10 mm < e ≤ 20 mm:** 6.8.5.3.2 (Forts.)

drei Probestäbe aus der Mitte der Schweißverbindung;

drei Probestäbe aus der wärmebeeinflussten Zone (die V-Kerbe schneidet die Verschmelzungsgrenze in der Mitte des Musters);

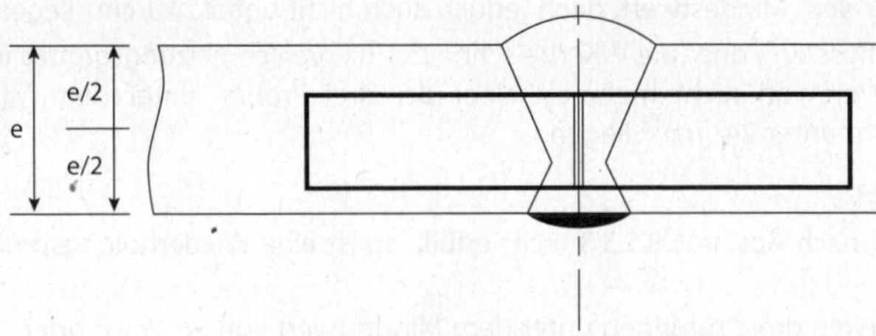


Mitte der Schweißverbindung

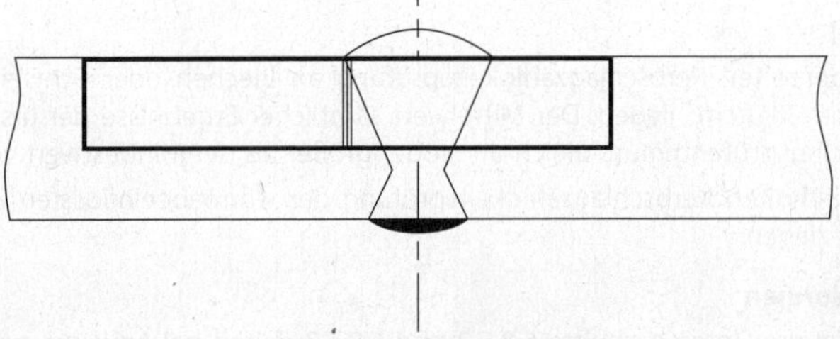

wärmebeeinflusste Zone

**wenn e > 20 mm:**

zwei Sätze von drei Probestäben (ein Satz von der Oberseite, ein Satz von der Unterseite) an den unten dargestellten Stellen entnommen (die V-Kerbe schneidet die Verschmelzungsgrenze in der Mitte des Musters, das aus der wärmebeeinflussten Zone entnommen ist).

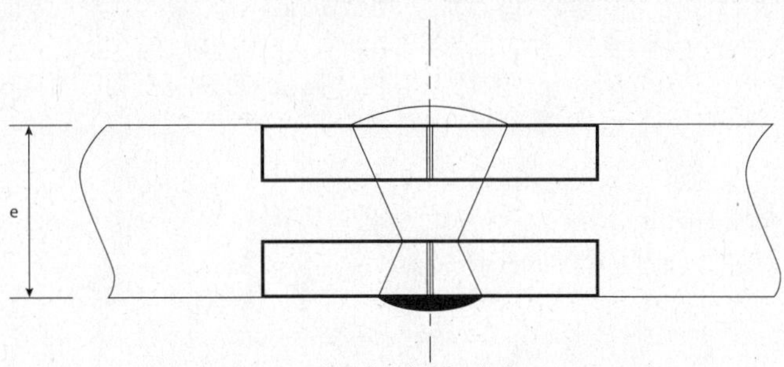


Mitte der Schweißverbindung

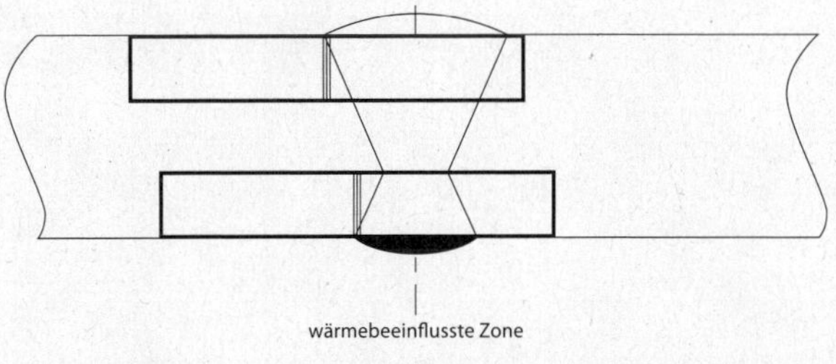

wärmebeeinflusste Zone

**6.8.5.3.3 [Zulässige Werte]**

a) Bei Blechen muss der Mittelwert von drei Proben den in Absatz 6.8.5.2.1 angegebenen Mindestwert von 34 J/cm$^2$ erreichen; nicht mehr als ein Einzelwert darf unter dem Mindestwert, dann jedoch auch nicht unter 24 J/cm$^2$ liegen.

b) Bei den Schweißungen darf der Mittelwert aus den drei Proben, die in der Mitte der Schweißverbindung entnommen wurden, nicht unter dem Mindestwert von 34 J/cm$^2$ liegen; nicht mehr als ein Einzelwert darf unter dem Mindestwert, dann jedoch auch nicht unter 24 J/cm$^2$ liegen.

c) Bei der wärmebeeinflussten Zone (die V-Kerbe schneidet die Verschmelzungsgrenze in der Mitte des Musters) darf der Wert von nicht mehr als einer der drei Proben unter dem Mindestwert von 34 J/cm$^2$, jedoch nicht unter 24 J/cm$^2$ liegen.

**6.8.5.3.4 [Wiederholungsprüfung]**

Werden die Forderungen nach Absatz 6.8.5.3.3 nicht erfüllt, so ist eine Wiederholungsprüfung nur zulässig, wenn

a) der Mittelwert der ersten drei Prüfungen unter dem Mindestwert von 34 J/cm$^2$ oder

b) mehr als einer der Einzelwerte unter dem Mindestwert von 34 J/cm$^2$, aber nicht unter 24 J/cm$^2$

liegt.

**6.8.5.3.5 [Mindestwert]**

Bei einer wiederholten Kerbschlagzähigkeitsprüfung an Blechen oder Schweißverbindungen darf kein Einzelwert unter 34 J/cm$^2$ liegen. Der Mittelwert sämtlicher Ergebnisse der ursprünglichen Prüfung und der Wiederholungsprüfung muss gleich dem oder größer als der Mindestwert von 34 J/cm$^2$ sein.

Bei einer wiederholten Kerbschlagzähigkeitsprüfung der wärmebeeinflussten Zone darf kein Einzelwert unter 34 J/cm$^2$ liegen.

**6.8.5.4 Verweis auf Normen**

Die Vorschriften der Unterabschnitte 6.8.5.2 und 6.8.5.3 gelten bei Anwendung der nachstehenden Normen als erfüllt:

EN ISO 21028:2016 Kryo-Behälter – Zähigkeitsanforderungen an Werkstoffe bei kryogenen Temperaturen – Teil 1: Temperaturen unter –80 °C

EN ISO 21028-2:2018 Kryo-Behälter – Zähigkeitsanforderungen an Werkstoffe bei kryogenen Temperaturen – Teil 2: Temperaturen zwischen –80 °C und –20 °C.

# Kapitel 6.9
# Vorschriften für die Auslegung, den Bau und die Prüfung von ortsbeweglichen Tanks mit Tankkörpern aus faserverstärkten Kunststoffen (FVK)

→ D: § 8 (1) 1 i)
→ D: § 8 (2)
→ D: § 12 (1) 2 c)
→ D: RSEB Anl. 14
→ CH: SDR Anh. 1 1.1.3.6.6

**Anwendungsbereich und allgemeine Vorschriften** 6.9.1

**[Geltungsbereich, Anwendung CSC-Übereinkommen]** 6.9.1.1

Die Vorschriften des Abschnitts 6.9.2 gelten für ortsbewegliche Tanks mit einem FVK-Tankkörper zur Beförderung gefährlicher Güter der Klassen 1, 3, 5.1, 6.1, 6.2, 8 und 9 mit allen Verkehrsträgern. Sofern nichts anderes angegeben ist, müssen neben den Vorschriften dieses Kapitels die anwendbaren Vorschriften des Internationalen Übereinkommens über sichere Container (CSC) von 1972 in der jeweils geänderten Fassung von jedem multimodalen ortsbeweglichen Tank mit einem FVK-Tankkörper, der der Begriffsbestimmung von „Container" im Wortlaut dieses Übereinkommens entspricht, erfüllt werden.

**[Nichtgeltung für Offshore-Tanks]** 6.9.1.2

Die Vorschriften dieses Kapitels gelten nicht für ortsbewegliche Offshore-Tanks.

**[Anwendbarkeit von Kapitel 4.2 und Abschnitt 6.7.2]** 6.9.1.3

Die Vorschriften des Kapitels 4.2 und des Abschnitts 6.7.2 gelten für FVK-Tankkörper ortsbeweglicher Tanks mit Ausnahme derjenigen, welche die Verwendung von metallenen Werkstoffen für den Bau von Tankkörpern ortsbeweglicher Tanks betreffen, und der in diesem Kapitel genannten zusätzlichen Vorschriften.

**[Alternative Vorschriften]** 6.9.1.4

Um dem Fortschritt von Wissenschaft und Technik Rechnung zu tragen, dürfen die technischen Vorschriften dieses Kapitels durch andere Vorschriften („alternative Vereinbarungen") ersetzt werden, die hinsichtlich der Verträglichkeit der beförderten Stoffe und der Fähigkeit des ortsbeweglichen FVK-Tanks, Beanspruchungen durch Stoß, Belastung und Feuer standzuhalten, ein im Vergleich zu den Vorschriften dieses Kapitels mindestens gleichwertiges Sicherheitsniveau bieten. Für internationale Beförderungen müssen die ortsbeweglichen FVK-Tanks, die nach diesen alternativen Vereinbarungen gebaut sind, von den zuständigen Behörden zugelassen sein.

**Vorschriften für die Auslegung, den Bau und die Prüfung von ortsbeweglichen FVK-Tanks** 6.9.2

**Begriffsbestimmungen** 6.9.2.1

Für Zwecke dieses Abschnitts gelten die Begriffsbestimmungen des Unterabschnitts 6.7.2.1 mit Ausnahme der Begriffsbestimmungen in Bezug auf metallene Werkstoffe („Baustahl", „Bezugsstahl" und „Feinkornstahl") für den Bau des Tankkörpers eines ortsbeweglichen Tanks.

Zusätzlich gelten folgende Begriffsbestimmungen für ortsbewegliche Tanks mit einem FVK-Tankkörper:

***Außenschicht:*** Der Teil des Tankkörpers mit direktem Kontakt zur Umgebung.

***Ersatz-Tankkörperprobe:*** Ein FVK-Muster, das für den Tankkörper repräsentativ sein muss und das parallel zum Bau des Tankkörpers hergestellt wird, wenn es nicht möglich ist, Ausschnitte aus dem Tankkörper selbst zu verwenden. Die Ersatz-Tankkörperprobe kann flach oder gekrümmt sein.

***Faserverstärkter Kunststoff (FVK):*** siehe Abschnitt 1.2.1.

***FVK-Tank:*** Ein ortsbeweglicher Tank, der aus einem FVK-Tankkörper und Böden, Bedienungsausrüstung, Sicherheitseinrichtungen und anderen angebauten Ausrüstungen gebaut ist.

***FVK-Tankkörper:*** Ein geschlossenes Teil von zylindrischer Form mit einem Innenvolumen, das für die Beförderung von chemischen Stoffen bestimmt ist.

***Glasübergangstemperatur ($T_g$):*** Ein charakteristischer Wert des Temperaturbereichs, in dem der Glasübergang stattfindet.

***Handlaminieren:*** Ein Verfahren zum Formen von verstärkten Kunststoffen, bei dem Verstärkung und Harz auf eine Form gelegt werden.

6.9.2.1 (Forts.) ***Harzinfusion:*** Eine FVK-Baumethode, bei der die trockene Verstärkung in eine geschlossene Form, in eine einseitige Form mit Vakuumsack oder auf andere Weise eingelegt wird und flüssiges Harz durch die Aufbringung äußeren Drucks am Einlass und/oder die Anwendung von vollem oder teilweisem Unterdruck an der Entlüftung dem Teil zugeführt wird.

***Liner:*** Eine Schicht auf der inneren Oberfläche eines FVK-Tankkörpers, die eine Berührung mit dem zu befördernden gefährlichen Gut verhindert.

***Matte:*** Eine Faserverstärkung aus ungeordneten, zerkleinerten oder verdrillten Fasern, die als Schichten unterschiedlicher Länge und Dicke miteinander verbunden sind.

***Präzisionswickelverfahren:*** Ein Verfahren zur Herstellung von FVK-Strukturen, bei dem kontinuierliche Verstärkungen (Faser, Band oder andere), die entweder zuvor mit einem Matrixwerkstoff imprägniert wurden oder während des Wickelns imprägniert werden, über einen rotierenden Dorn gelegt werden. Im Allgemeinen ist die Form eine Rotationsfläche und kann Böden umfassen.

***Repräsentative Probe:*** Eine aus dem Tankkörper ausgeschnittene Probe.

***Tragschicht:*** Die FVK-Schicht eines Tankkörpers, die erforderlich ist, um den Auslegungsbelastungen standzuhalten.

***Vlies:*** Eine dünne Matte mit hoher Saugfähigkeit, die in FVK-Produktlagen verwendet wird, bei denen ein Überschussanteil an Polymermatrix erforderlich ist (Oberflächenebenheit, chemische Beständigkeit, Dichtheit usw.).

**6.9.2.2 Allgemeine Vorschriften für die Auslegung und den Bau**

*→ D: § 24 Nr. 1*

**6.9.2.2.1 [Anwendbarkeit des Kapitels 6.7 und eines anerkannten Regelwerks für Druckbehälter]**

Für ortsbewegliche FVK-Tanks gelten die Vorschriften des Abschnitts 6.7.1 und des Unterabschnitts 6.7.2.2. Für Bereiche des Tankkörpers, die aus FVK hergestellt sind, sind die folgenden Vorschriften des Kapitels 6.7 ausgenommen: Absätze 6.7.2.2.1, 6.7.2.2.9.1, 6.7.2.2.13 und 6.7.2.2.14. Die Tankkörper müssen in Übereinstimmung mit den Bestimmungen eines von der zuständigen Behörde anerkannten, für FVK-Werkstoffe anwendbaren Regelwerks für Druckbehälter ausgelegt und gebaut sein.

Darüber hinaus gelten die folgenden Vorschriften.

**6.9.2.2.2 Qualitätssicherungssystem des Herstellers**

**6.9.2.2.2.1 [Umfang, Dokumentation]**

Das Qualitätssicherungssystem muss alle Elemente, Anforderungen und Vorschriften umfassen, die vom Hersteller angewendet werden. Es muss auf eine systematische und ordentliche Weise in Form schriftlich niedergelegter Grundsätze, Verfahren und Anweisungen dokumentiert werden.

**6.9.2.2.2.2 [Inhalt, Beschreibung]**

Der Inhalt muss insbesondere geeignete Beschreibungen umfassen über:

a) die Organisationsstruktur und Verantwortlichkeiten des Personals hinsichtlich der Auslegung und der Produktqualität;

b) die bei der Auslegung der ortsbeweglichen Tanks verwendeten Techniken, Prozesse und Verfahren für die Auslegungskontrolle und -überprüfung;

c) die entsprechenden Anweisungen, die für die Herstellung, die Qualitätskontrolle, die Qualitätssicherung und die Arbeitsabläufe verwendet werden;

d) Qualitätsaufzeichnungen, wie Prüfberichte, Prüf- und Kalibrierungsdaten;

e) Überprüfungen durch die Geschäftsleitung in Folge der Nachprüfungen (Audits) gemäß Absatz 6.9.2.2.2.4, um die erfolgreiche Wirkungsweise des Qualitätssicherungssystems sicherzustellen;

f) das Verfahren, das beschreibt, wie Kundenanforderungen erfüllt werden;

g) das Verfahren für die Kontrolle der Dokumente und deren Überarbeitung;

h) die Mittel für die Kontrolle nicht konformer ortsbeweglicher Tanks, von Zukaufteilen, Zwischenprodukten und Fertigteilen und

i) Schulungsprogramme und Qualifizierungsverfahren für das betroffene Personal.

**[Mindestanforderungen für FVK-Tanks]** 6.9.2.2.2.3

Im Rahmen des Qualitätssicherungssystems müssen die folgenden Mindestanforderungen für jeden hergestellten ortsbeweglichen FVK-Tank erfüllt werden:

a) Verwendung eines Prüfplans;

b) Sichtprüfungen;

c) Überprüfung der Faserausrichtung und des Massenanteils mittels eines dokumentierten Kontrollverfahrens;

d) Überprüfung der Faser- und Harzqualität und -eigenschaften anhand von Bescheinigungen oder anderen Dokumenten;

e) Überprüfung der Liner-Qualität und -Eigenschaften anhand von Bescheinigungen oder anderen Dokumenten;

f) Überprüfung der Eigenschaften des geformten Thermoplastharzes bzw. des Aushärtungsgrades des Duroplastharzes durch direkte oder indirekte Mittel (z.B. Barcol-Test oder dynamische Differenz-Thermoanalyse), die in Übereinstimmung mit Absatz 6.9.2.7.1.2 h) zu bestimmen sind, oder durch Kriechversuche an einer repräsentativen Probe oder einer Ersatz-Tankkörperprobe in Übereinstimmung mit Absatz 6.9.2.7.1.2 e) über einen Zeitraum von 100 Stunden;

g) Dokumentation der Formungsverfahren von Thermoplastharzen bzw. der Aushärtungs- und Nachhärtungsverfahren von Duroplasten und

h) Aufbewahrung und Archivierung von Tankkörperproben für zukünftige Prüfungen und Tankkörperüberprüfungen (z.B. vom Mannlochausschnitt) für einen Zeitraum von 5 Jahren.

**Nachprüfung (Audit) des Qualitätssicherungssystems** 6.9.2.2.2.4

Das Qualitätssicherungssystem ist erstmalig zu bewerten, um festzustellen, ob es die Anforderungen der Absätze 6.9.2.2.2.1 bis 6.9.2.2.2.3 zur Zufriedenheit der zuständigen Behörde erfüllt.

Der Hersteller ist über die Ergebnisse der Nachprüfung in Kenntnis zu setzen. Die Mitteilung muss die Schlussfolgerungen der Nachprüfung und eventuell erforderliche Korrekturmaßnahmen umfassen.

Wiederkehrende Nachprüfungen sind zur Zufriedenheit der zuständigen Behörde durchzuführen, um sicherzustellen, dass der Hersteller das Qualitätssicherungssystem aufrechterhält und anwendet. Berichte über die wiederkehrenden Nachprüfungen sind dem Hersteller zur Verfügung zu stellen.

**Aufrechterhaltung des Qualitätssicherungssystems** 6.9.2.2.2.5

Der Hersteller muss das Qualitätssicherungssystem in der zugelassenen Form so aufrechterhalten, dass es geeignet und effizient bleibt.

Der Hersteller hat die zuständige Behörde, die das Qualitätssicherungssystem zugelassen hat, über beabsichtigte Änderungen in Kenntnis zu setzen. Die vorgeschlagenen Änderungen sind zu bewerten, um festzustellen, ob das geänderte Qualitätssicherungssystem die Anforderungen der Absätze 6.9.2.2.2.1 bis 6.9.2.2.2.3 weiterhin erfüllt.

**FVK-Tankkörper** 6.9.2.2.3

**[Einhaltung zulässiger Auslegungswerte]** 6.9.2.2.3.1

Die FVK-Tankkörper müssen sicher mit den Konstruktionselementen des Rahmens des ortsbeweglichen Tanks verbunden sein. Die Verstärkungs- und Versteifungselemente des FVK-Tankkörpers und die Befestigungen am Rahmen dürfen keine lokalen Spannungskonzentrationen verursachen, welche die zulässigen Auslegungswerte der Tankkörperstruktur in Übereinstimmung mit den in diesem Kapitel genannten Vorschriften für alle Betriebs- und Prüfbedingungen überschreiten.

**[Geeignete Werkstoffe, Temperaturbereich]** 6.9.2.2.3.2

Die Tankkörper sind aus geeigneten Werkstoffen herzustellen, die für den Betrieb in einem Mindestauslegungstemperaturbereich von −40 °C bis +50 °C geeignet sind, sofern von der zuständigen Behörde des Staates, in dem die Beförderung durchgeführt wird, wegen besonderer klimatischer oder betrieblicher Bedingungen (z.B. Heizelemente) keine anderen Temperaturbereiche festgelegt sind.

**[Anforderungen an eingebautes Heizsystem]** 6.9.2.2.3.3

Wenn ein Heizsystem eingebaut ist, muss dieses den Absätzen 6.7.2.5.12 bis 6.7.2.5.15 und den folgenden Vorschriften entsprechen:

6.9.2.2.3.3 (Forts.)

a) die höchste Betriebstemperatur der in den Tankkörper eingebauten oder mit dem Tankkörper verbundenen Heizelemente darf die höchste Auslegungstemperatur des Tanks nicht überschreiten;

b) die Heizelemente müssen so ausgelegt, gesteuert und verwendet werden, dass die Temperatur des beförderten Stoffes die höchste Auslegungstemperatur des Tanks oder einen Wert, bei dem der Innendruck den höchstzulässigen Betriebsdruck übersteigt, nicht überschreiten kann, und

c) die Konstruktionselemente des Tanks und seiner Heizelemente müssen eine Untersuchung des Tankkörpers in Bezug auf mögliche Überhitzungseffekte ermöglichen.

6.9.2.2.3.4 **[Elemente]**

Die Tankkörper müssen aus folgenden Elementen bestehen:

- Liner,
- Tragschicht,
- Außenschicht.

**Bem.** Die Elemente dürfen miteinander kombiniert werden, wenn alle anwendbaren Funktionskriterien erfüllt werden.

6.9.2.2.3.5 **[Liner, chemische Verträglichkeit]**

Der Liner ist das innere Element des Tankkörpers, das als erste Barriere zur Gewährleistung der chemischen Langzeitbeständigkeit gegenüber den zu befördernden Stoffen sowie zur Verhinderung gefährlicher Reaktionen mit dem Inhalt oder der Bildung gefährlicher Verbindungen und einer wesentlichen Schwächung der Tragschicht infolge der Diffusion von Stoffen durch den Liner ausgelegt ist. Die chemische Verträglichkeit ist in Übereinstimmung mit Absatz 6.9.2.7.1.3 zu überprüfen.

Der Liner kann ein FVK-Liner oder ein Thermoplastliner sein.

6.9.2.2.3.6 **[Elemente des FVK-Liners]**

Die FVK-Liner müssen aus folgenden Elementen bestehen:

a) Oberflächenschicht („gel-coat"): eine entsprechend harzreiche Oberflächenschicht, verstärkt mit einem Vlies, das mit dem Harz und dem Inhalt verträglich ist. Diese Schicht muss einen höchsten Fasermassenanteil von 30 %, eine Mindestdicke von 0,25 mm und eine höchste Dicke von 0,60 mm haben.

b) Verstärkungsschicht(en): eine oder mehrere Lagen mit einer Mindestdicke von 2 mm, die eine Glasmatte oder Spritzfasern von mindestens 900 g/m$^2$ enthalten und einen Glasgehalt von mindestens 30 Masse-% aufweisen, es sei denn, für geringere Glasgehalte wird eine vergleichbare Sicherheit nachgewiesen.

6.9.2.2.3.7 **[Liner aus Thermoplastkunststoffplatten]**

Wenn der Liner aus Thermoplastkunststoffplatten besteht, müssen diese zur erforderlichen Form unter Verwendung eines qualifizierten Schweißverfahrens und qualifizierten Personals zusammengeschweißt werden. Geschweißte Liner müssen eine Schicht aus elektrisch leitfähigem Material aufweisen, die an der Oberfläche der Schweißnähte, die nicht im Kontakt mit dem flüssigen Stoff steht, angeordnet ist, um eine Funkenprüfung zu erleichtern. Die Dauerhaftigkeit der Verbindung zwischen Liner und Tragschicht ist durch die Verwendung einer geeigneten Methode herzustellen.

6.9.2.2.3.8 **[Tragschicht, Auslegung]**

Die Tragschicht muss so ausgelegt sein, dass sie den Auslegungsbelastungen gemäß den Absätzen 6.7.2.2.12, 6.9.2.2.3.1, 6.9.2.3.2, 6.9.2.3.4 und 6.9.2.3.6 standhält.

6.9.2.2.3.9 **[Außenschicht, Anforderungen]**

Die Außenschicht aus Harz oder Farbe muss einen ausreichenden Schutz der Tragschichten des Tanks vor Umwelt- und Betriebseinflüssen, einschließlich UV-Strahlung und Salznebel, und vor gelegentlichen Spritzern der Ladung gewährleisten.

6.9.2.2.3.10 **Harze**

Die Verarbeitung der Harzmischung muss genau nach den Empfehlungen des Lieferanten erfolgen. Diese Harze können sein:

- ungesättigte Polyesterharze,
- Vinylesterharze,

- Epoxyharze, 6.9.2.2.3.10 (Forts.)
- Phenolharze,
- Thermoplastharze.

Die gemäß Absatz 6.9.2.7.1.1 ermittelte Wärmeformbeständigkeitstemperatur (HDT) des Harzes muss mindestens 20 °C über der in Absatz 6.9.2.2.3.2 festgelegten höchsten Auslegungstemperatur des Tankkörpers liegen und mindestens 70 °C betragen.

**Verstärkungswerkstoffe** 6.9.2.2.3.11

Die Verstärkungswerkstoffe der Tragschichten müssen so ausgewählt werden, dass sie den Anforderungen an die Tragschicht genügen.

Für den Liner müssen Glasfasern mindestens des Typs C oder ECR gemäß der Norm ISO 2078:1993 + Amd 1:2015 verwendet werden. Thermoplastvliese dürfen für den Liner nur verwendet werden, wenn ihre Verträglichkeit mit dem vorgesehenen Inhalt nachgewiesen wurde.

**Additive** 6.9.2.2.3.12

Additive, die für die Behandlung des Harzes notwendig sind, wie Katalysatoren, Beschleuniger, Härter und Thixotropierstoffe, sowie Werkstoffe, die für die Verbesserung des Tanks verwendet werden, wie Füllstoffe, Farbstoffe, Pigmente usw., dürfen unter Berücksichtigung der Auslegungslebensdauer und -temperatur nicht zu einer Schwächung des Werkstoffes führen.

**[Auslegung von FVK-Tankkörpern]** 6.9.2.2.3.13

FVK-Tankkörper, ihre Befestigungseinrichtungen sowie ihre Bedienungsausrüstung und bauliche Ausrüstung müssen so ausgelegt sein, dass sie während der Auslegungslebensdauer ohne Verlust des Inhalts (ausgenommen Gasmengen, die aus eventuell vorhandenen Entlüftungseinrichtungen entweichen) den in den Absätzen 6.7.2.2.12, 6.9.2.2.3, 6.9.2.3.2, 6.9.2.3.4 und 6.9.2.3.6 erwähnten Belastungen standhalten.

**Sondervorschriften für die Beförderung von Stoffen mit einem Flammpunkt von höchstens 60 °C** 6.9.2.2.3.14

**[Verhinderung elektrostatischer Aufladung]** 6.9.2.2.3.14.1

FVK-Tanks zur Beförderung von entzündbaren flüssigen Stoffen mit einem Flammpunkt von höchstens 60 °C sind so zu bauen, dass eine elektrostatische Aufladung der verschiedenen Bestandteile verhindert wird, um die Ansammlung gefährlicher Ladungen zu vermeiden.

**[Elektrischer Oberflächenwiderstand]** 6.9.2.2.3.14.2

Der an der Innen- und Außenseite des Tankkörpers gemessene Wert des elektrischen Oberflächenwiderstandes darf $10^9$ Ω nicht überschreiten. Dies kann durch die Verwendung von Additiven im Harz oder durch interlaminare, leitfähige Schichten, wie ein Metall- oder Kohlefasernetzwerk, erreicht werden.

**[Elektrischer Erdleitwiderstand]** 6.9.2.2.3.14.3

Der gemessene elektrische Erdableitwiderstand darf $10^7$ Ω nicht überschreiten.

**[Elektrische Verbindung der Bauteile]** 6.9.2.2.3.14.4

Alle Bauteile des Tankkörpers sind untereinander und mit den Metallteilen der Bedienungsausrüstung und der baulichen Ausrüstung des Tanks sowie mit dem Fahrzeug elektrisch zu verbinden. Der elektrische Widerstand zwischen sich berührenden Bauteilen und Ausrüstungsteilen darf 10 Ω nicht überschreiten.

**[Messung des elektrischen Oberflächen- und Erdableitwiderstands]** 6.9.2.2.3.14.5

Der elektrische Oberflächen- und Erdableitwiderstand ist erstmalig bei jedem hergestellten Tank oder an einer Probe des Tankkörpers mit einem von der zuständigen Behörde anerkannten Verfahren zu messen. Bei einer Beschädigung des Tankkörpers, die eine Reparatur erfordert, ist der elektrische Widerstand erneut zu messen.

**[Anforderungen wegen Brandbelastung]** 6.9.2.2.3.15

Der Tank ist so auszulegen, dass er ohne wesentliche Undichtheiten den Auswirkungen einer allseitigen dreißigminütigen Brandbelastung, wie in den Prüfvorschriften nach Absatz 6.9.2.7.1.5 festgelegt, standhält. Bei Vorliegen von Daten von Prüfungen mit vergleichbaren Tankbaumustern kann mit Zustimmung der zuständigen Behörde auf eine Prüfung verzichtet werden.

**6.9.2.2.3.16 Bauverfahren für FVK-Tankkörper**

**6.9.2.2.3.16.1 [Verbundwerkstoff-Herstellungsverfahren]**

Für den Bau von FVK-Tankkörpern müssen Wickelverfahren, Handlaminierverfahren, Harzinfusionsverfahren oder andere geeignete Verbundwerkstoff-Herstellungsverfahren angewendet werden.

**6.9.2.2.3.16.2 [Verstärkung, Gewicht und Faserarten]**

Das Gewicht der Faserverstärkung muss dem in der Verfahrensspezifikation festgelegten Gewicht mit einer Toleranz von +10 % und –0 % entsprechen. Für die Verstärkung der Tankkörper sind eine oder mehrere der in Absatz 6.9.2.2.3.11 und in der Verfahrensspezifikation festgelegten Faserarten zu verwenden.

**6.9.2.2.3.16.3 [Harzsystem]**

Das Harzsystem muss eines der in Absatz 6.9.2.2.3.10 festgelegten Harzsysteme sein. Es dürfen keine Füllstoffe, Pigmente oder Farbstoffzusätze verwendet werden, welche die natürliche Farbe des Harzes beeinträchtigen, es sei denn, dies ist nach der Verfahrensspezifikation zulässig.

**6.9.2.3 Auslegungskriterien**

*→ D: § 24 Nr. 1*

**6.9.2.3.1 [Analysierbarkeit der Beanspruchung]**

FVK-Tankkörper müssen so ausgelegt sein, dass die Beanspruchung rechnerisch oder experimentell mit Hilfe von Dehnmessstreifen oder anderen von der zuständigen Behörde zugelassenen Methoden analysiert werden kann.

**6.9.2.3.2 [Prüfdruck-Beständigkeit]**

FVK-Tankkörper müssen so ausgelegt und gebaut sein, dass sie dem Prüfdruck standhalten. Für bestimmte Stoffe sind in der anwendbaren Anweisung für ortsbewegliche Tanks, die in Kapitel 3.2 Tabelle A Spalte (10) angegeben und in Abschnitt 4.2.5 beschrieben ist, oder in einer Sondervorschrift für ortsbewegliche Tanks, die in Kapitel 3.2 Tabelle A Spalte (11) angegeben und in Unterabschnitt 4.2.5.3 beschrieben ist, besondere Vorschriften festgelegt. Die Mindestwanddicke des FVK-Tankkörpers darf nicht geringer sein als in Unterabschnitt 6.9.2.4 festgelegt.

**6.9.2.3.3 [Zugdehnung bei Prüfdruck]**

Beim festgelegten Prüfdruck darf die in mm/mm gemessene höchste Dehnung unter Zug des Tankkörpers nicht zu Mikrorissbildung führen und daher nicht größer als die nach Messungen im Zugversuch gemäß Absatz 6.9.2.7.1.2 c) bestimmte Dehnung für erste Risse oder Schädigungen des Harzes sein.

**6.9.2.3.4 [Grenzwerte für Versagenskriterien bei bestimmter Befüllung]**

Für den inneren Prüfdruck, den in Absatz 6.7.2.2.10 festgelegten äußeren Auslegungsdruck, die in Absatz 6.7.2.2.12 festgelegten statischen Kräfte und die statischen Schwerkraftlasten, die durch den Inhalt mit der für die Auslegung festgelegten höchsten Dichte und bei höchstem Füllungsgrad verursacht werden, dürfen die Versagenskriterien (FC) in Längsrichtung, in Umfangsrichtung und in jeder anderen Richtung in der Ebene des Verbundaufbaus den folgenden Wert nicht überschreiten:

$$FC \leq \frac{1}{K},$$

wobei:

$$K = K_0 \times K_1 \times K_2 \times K_3 \times K_4 \times K_5,$$

wobei:

K einen Mindestwert von 4 haben muss;

$K_0$ ein Festigkeitsfaktor ist. Für die allgemeine Auslegung muss der Wert für $K_0$ mindestens 1,5 betragen. Der Wert von $K_0$ muss verdoppelt werden, sofern der Tankkörper nicht mit einem zusätzlichen Schutz gegen Beschädigung in Form eines den Tankkörper völlig umschließenden Metallrahmenwerkes mit Längs- und Querträgern ausgerüstet ist;

$K_1$ ein Faktor ist, der mit der Minderung der Werkstoffeigenschaften infolge Kriechverhaltens und Alterung zusammenhängt. Er ist nach der Formel

$$K_1 = \frac{1}{\alpha \times \beta}$$

zu bestimmen, wobei $\alpha$ der Kriechfaktor und $\beta$ der Alterungsfaktor ist, der in Übereinstimmung mit Absatz 6.9.2.7.1.2 e) bzw. f) bestimmt wird. Bei der Verwendung in Berechnungen müssen die Faktoren $\alpha$ und $\beta$ zwischen 0 und 1 liegen. **6.9.2.3.4** (Forts.)

Alternativ darf konservativ ein Wert von $K_1 = 2$ für die Durchführung der numerischen Validierungsaufgabe in Absatz 6.9.2.3.4 verwendet werden (dadurch entfällt nicht die Notwendigkeit, Prüfungen zur Bestimmung von $\alpha$ und $\beta$ durchzuführen);

$K_2$ ein Faktor ist, der mit der Betriebstemperatur und den thermischen Eigenschaften des Harzes zusammenhängt und der durch die folgende Gleichung mit einem Minimalwert von 1 ermittelt wird:

$K_2 = 1{,}25 - 0{,}0125\ (HDT - 70)$,

wobei HDT die Wärmeformbeständigkeitstemperatur des Harzes in °C ist;

$K_3$ ein Faktor ist, der mit der Ermüdung des Werkstoffes zusammenhängt; sofern mit der zuständigen Behörde nichts anderes vereinbart worden ist, ist hierfür ein Wert von $K_3 = 1{,}75$ zu verwenden. Für die Auslegung gegenüber dynamischen Belastungen nach Absatz 6.7.2.2.12 ist ein Wert von $K_3 = 1{,}1$ zu verwenden;

$K_4$ ein Faktor ist, der mit dem Aushärten des Harzes zusammenhängt und folgende Werte hat:

1,0 wenn das Aushärten nach einem zugelassenen und dokumentierten Verfahren erfolgt und das in Absatz 6.9.2.2.2 beschriebene Qualitätssicherungssystem eine Überprüfung des Aushärtungsgrades für jeden ortsbeweglichen FVK-Tank unter Verwendung eines direkten Messansatzes, wie die in der Norm ISO 11357-2:2016 bestimmte dynamische Differenz-Thermoanalyse (DSC), gemäß Absatz 6.9.2.7.1.2 h) umfasst;

1,1 wenn die Formung des Thermoplastharzes oder das Aushärten des Duroplastharzes nach einem zugelassenen und dokumentierten Verfahren erfolgt und das in Absatz 6.9.2.2.2 beschriebene Qualitätssicherungssystem die Überprüfung der Eigenschaften des geformten Thermoplastharzes bzw. des Aushärtungsgrades des Duroplastharzes für jeden ortsbeweglichen FVK-Tank unter Verwendung eines indirekten Messverfahrens gemäß Absatz 6.9.2.7.1.2 h), wie der Barcol-Test gemäß der Norm ASTM D2583:2013-03 oder EN 59:2016, die Wärmeformbeständigkeitstemperatur (HDT) gemäß der Norm ISO 75-1:2013, die thermomechanische Analyse (TMA) gemäß der Norm ISO 11359-1:2014 oder die dynamische thermomechanische Analyse (DMA) gemäß der Norm ISO 6721-11:2019;

1,5 in anderen Fällen;

$K_5$ ein Faktor ist, der sich auf die Anweisung für ortsbewegliche Tanks in Absatz 4.2.5.2.6 bezieht:

1,0 für T1 bis T19;

1,33 für T20;

1,67 für T21 bis T22.

Eine Auslegungsvalidierungsaufgabe unter Verwendung einer numerischen Analyse und eines geeigneten Versagenskriteriums für Verbundwerkstoffe muss durchgeführt werden, um zu überprüfen, ob die Beanspruchungen der Lagen im Tankkörper unter den zulässigen Werten liegen. Geeignete Versagenskriterien für Verbundwerkstoffe sind unter anderem Tsai-Wu, Tsai-Hill, Hashin, Yamada-Sun, Strain Invariant Failure Theory, Maximum Strain oder Maximum Stress. Mit Zustimmung der zuständigen Behörde sind andere Festigkeitskriterien zulässig. Die Methode und die Ergebnisse dieser Auslegungsvalidierungsaufgabe sind der zuständigen Behörde vorzulegen.

Die zulässigen Werte sind mit Hilfe von Versuchen zu ermitteln, um die Parameter abzuleiten, die für die gewählten Versagenskriterien in Verbindung mit dem Sicherheitsfaktor K, den nach Absatz 6.9.2.7.1.2 c) gemessenen Festigkeitswerten und den in Absatz 6.9.2.3.5 vorgeschriebenen Kriterien für die höchste Dehnung erforderlich sind. Die Analyse der Verbindungen ist in Übereinstimmung mit den gemäß Absatz 6.9.2.3.7 ermittelten zulässigen Werten und den gemäß Absatz 6.9.2.7.1.2 g) gemessenen Festigkeitswerten durchzuführen. Das Beulen ist gemäß Absatz 6.9.2.3.6 zu berücksichtigen. Die Auslegung von Öffnungen und metallenen Einschlüssen ist nach Absatz 6.9.2.3.8 zu berücksichtigen.

**[Grenzwerte für resultierende Dehnung]** **6.9.2.3.5**

Bei jeder der in den Absätzen 6.7.2.2.12 und 6.9.2.3.4 definierten Beanspruchungen darf die resultierende Dehnung in jeder Richtung den in der folgenden Tabelle angegebenen Wert oder ein Zehntel der nach der Norm ISO 527-2:2012 ermittelten Bruchdehnung des Harzes, je nachdem, welcher Wert geringer ist, nicht überschreiten.

6.9.2.3.5 (Forts.) Beispiele bekannter Werte sind in nachstehender Tabelle angegeben:

| Harztyp | höchste Dehnung unter Zugbelastung (%) |
|---|---|
| ungesättigtes Polyester- oder Phenolharz | 0,2 |
| Vinylesterharz | 0,25 |
| Epoxyharz | 0,3 |
| Thermoplastharz | siehe Absatz 6.9.2.3.3 |

**6.9.2.3.6 [Äußerer Auslegungsdruck]**

Für den äußeren Auslegungsdruck muss der Mindestsicherheitsfaktor für die lineare Beulanalyse des Tankkörpers dem in dem anwendbaren Regelwerk für Druckbehälter definierten entsprechen, darf jedoch nicht kleiner als drei sein.

**6.9.2.3.7 [Klebeverbindungen und Überlaminat]**

Die für die Verbindungsstellen, einschließlich der Verbindungen an Böden, der Verbindungen zwischen den Ausrüstungsteilen und dem Tankkörper, der Verbindungen zwischen Schwall- und Trennwänden und dem Tankkörper, verwendeten Klebeverbindungen und/oder Überlaminate müssen in der Lage sein, den Belastungen der Absätze 6.7.2.2.12, 6.9.2.2.3.1, 6.9.2.3.2, 6.9.2.3.4 und 6.9.2.3.6 standzuhalten. Um Spannungskonzentrationen im Überlaminat zu vermeiden, sind Neigungen mit einem Steigungsverhältnis von höchstens 1:6 zu verwenden.

Die Scherfestigkeit zwischen dem Überlaminat und den damit verbundenen Tankbauteilen darf nicht kleiner sein als:

$$\tau = \gamma \frac{Q}{l} \leq \frac{\tau_R}{K},$$

wobei:

$\tau_R$ die interlaminare Scherfestigkeit gemäß der Norm ISO 14130:1997 und Cor 1:2003 ist;

Q die Last pro Längeneinheit der Verbindung ist;

K der gemäß Absatz 6.9.2.3.4 ermittelte Sicherheitsfaktor ist;

l die Länge des Überlaminats ist;

$\gamma$ der Kerbfaktor ist, der die mittlere Spannung in der Verbindung und die Spitzenspannung am Ort der Versagensinitiierung in Bezug nimmt.

Andere Berechnungsmethoden für die Verbindungen sind nach Genehmigung durch die zuständige Behörde zulässig.

**6.9.2.3.8 [Metallene Flansche und ihre Verschlüsse]**

Metallene Flansche und ihre Verschlüsse dürfen in FVK-Tankkörpern gemäß den Auslegungsvorschriften des Abschnitts 6.7.2 verwendet werden. Öffnungen im FVK-Tankkörper müssen so verstärkt sein, dass sie mindestens dieselben Sicherheitsfaktoren gegen die in den Absätzen 6.7.2.2.12, 6.9.2.3.2, 6.9.2.3.4 und 6.9.2.3.6 festgelegten statischen und dynamischen Beanspruchungen aufweisen wie der Tankkörper selbst. Die Anzahl der Öffnungen ist zu minimieren. Das Achsenverhältnis der ovalen Öffnungen darf nicht mehr als 2 betragen.

Werden metallene Flansche oder Bauteile durch Kleben in den FVK-Tankkörper integriert, so ist für die Verbindung zwischen Metall und FVK die in Absatz 6.9.2.3.7 genannte Charakterisierungsmethode anzuwenden. Werden die metallenen Flansche oder Bauteile auf andere Weise befestigt, z.B. durch Schraubverbindungen, so gelten die entsprechenden Bestimmungen des anwendbaren Regelwerks für Druckbehälter.

**6.9.2.3.9 [Berechnung der Festigkeitsnachweise]**

Die Festigkeitsnachweise des Tankkörpers müssen mit der Finite-Elemente-Methode berechnet werden, wobei der Lagenaufbau des Tankkörpers, die Verbindungen innerhalb des FVK-Tankkörpers, die Verbindungen zwischen dem FVK-Tankkörper und dem Containerrahmen sowie die Öffnungen simuliert werden. Die Behandlung von Besonderheiten muss mit einer geeigneten Methode gemäß dem anwendbaren Regelwerk für Druckbehälter erfolgen.

**Mindestwanddicke des Tankkörpers** 6.9.2.4
→ D: § 24 Nr. 1

**[Nachberechnung der Mindestwanddicke]** 6.9.2.4.1

Die Mindestwanddicke des FVK-Tankkörpers ist durch Nachberechnungen der Festigkeit des Tankkörpers unter Berücksichtigung der Festigkeitsanforderungen des Absatzes 6.9.2.3.4 zu bestätigen.

**[Bestimmung der Mindestdicke der Tragschichten]** 6.9.2.4.2

Die Mindestdicke der Tragschichten des FVK-Tankkörpers ist gemäß Absatz 6.9.2.3.4 zu bestimmen, die Mindestdicke der Tragschichten muss jedoch mindestens 3 mm betragen.

**Ausrüstungsteile für ortsbewegliche Tanks mit FVK-Tankkörper** 6.9.2.5
→ D: § 24 Nr. 1

Bedienungseinrichtungen, Bodenöffnungen, Druckentlastungseinrichtungen, Füllstandsanzeigevorrichtungen, Traglager, Rahmen, Hebe- und Befestigungseinrichtungen von ortsbeweglichen Tanks müssen den Vorschriften der Unterabschnitte 6.7.2.5 bis 6.7.2.17 entsprechen. Wenn andere metallene Vorrichtungen in den FVK-Tankkörper integriert werden müssen, gelten die Vorschriften des Absatzes 6.9.2.3.8.

**Baumusterzulassung** 6.9.2.6
→ RSEB 6-5

**[Anwendung Unterabschnitt 6.7.2.18]** 6.9.2.6.1

Die Baumusterzulassung von ortsbeweglichen FVK-Tanks muss gemäß den Vorschriften des Unterabschnitts 6.7.2.18 erfolgen. Für ortsbewegliche FVK-Tanks gelten zusätzlich die folgenden Vorschriften. → D: § 12 (1) 1 c)

**[Zusätzlicher Inhalt des Baumusterprüfberichts]** 6.9.2.6.2

Der Baumusterprüfbericht für die Baumusterzulassung muss zusätzlich Folgendes enthalten.

a) Ergebnisse der Prüfungen der Werkstoffe, die für die Herstellung des FVK-Tankkörpers gemäß den Vorschriften des Absatzes 6.9.2.7.1 verwendet wurden.

b) Ergebnisse des Kugelfallversuchs in Übereinstimmung mit den Vorschriften des Absatzes 6.9.2.7.1.4.

c) Ergebnisse der Feuerbeständigkeitsprüfung in Übereinstimmung mit den Vorschriften des Absatzes 6.9.2.7.1.5.

**[Betriebsdauer-Prüfprogramm]** 6.9.2.6.3

Es muss ein Betriebsdauer-Prüfprogramm erstellt werden, das Teil des Betriebshandbuchs ist, um den Zustand des Tanks bei wiederkehrenden Prüfungen zu überwachen. Das Prüfprogramm muss sich auf die Stellen mit kritischer Beanspruchung konzentrieren, die in der gemäß Absatz 6.9.2.3.4 durchgeführten Auslegungsanalyse ermittelt wurden. Die Prüfmethode muss die potenzielle Schadensart an der kritischen Spannungsstelle berücksichtigen (z.B. Zugspannung oder Interlaminatspannung). Die Prüfung muss eine Kombination aus Sichtprüfung und zerstörungsfreier Prüfung sein (z.B. Schallemission, Ultraschallauswertung, Thermografie). Bei Heizelementen muss das Betriebsdauer-Prüfprogramm eine Untersuchung des Tankkörpers oder seiner repräsentativen Bereiche ermöglichen, um die Auswirkungen von Überhitzung zu berücksichtigen.

**[Prüfung eines repräsentativen Prototyps]** 6.9.2.6.4

Ein repräsentativer Prototyp eines Tanks ist den nachstehend dargestellten Prüfungen zu unterziehen. Soweit erforderlich, darf die Bedienungsausrüstung zu diesem Zweck durch andere Teile ersetzt werden.

**[Prüfung auf Übereinstimmung mit Baumusterspezifikation]** 6.9.2.6.4.1

Der Prototyp ist auf Übereinstimmung mit der Baumusterspezifikation zu prüfen. Dies schließt eine innere und äußere Prüfung und eine Maßkontrolle der Hauptabmessungen ein.

**[Aufzeichnung der Dehnungen bei bestimmten Belastungen]** 6.9.2.6.4.2

Der Prototyp, der an allen Stellen mit hoher Dehnung, die bei der Auslegungsvalidierungsaufgabe in Übereinstimmung mit Absatz 6.9.2.3.4 ermittelt wurden, mit Dehnmessstreifen ausgerüstet ist, ist folgenden Belastungen zu unterziehen, wobei die dabei auftretenden Dehnungen aufzuzeichnen sind:

a) Füllung mit Wasser bis zum höchsten Füllungsgrad. Die Messergebnisse sind zur Überprüfung der Auslegungsberechnung nach Absatz 6.9.2.3.4 zu verwenden.

b) Füllung mit Wasser bis zum höchsten Füllungsgrad und Aufbringung statischer Belastungen in allen drei Richtungen, die auf die Bodeneckbeschläge wirken, ohne zusätzliche Masse, die von außen auf

6.9.2.6.4.2 (Forts.) den Tankkörper aufgebracht wird. Für den Vergleich mit der Auslegungsberechnung nach Absatz 6.9.2.3.4 sind die aufgezeichneten Dehnungen im Verhältnis zu den in Absatz 6.7.2.2.12 geforderten und den gemessenen Beschleunigungswerten zu extrapolieren.

c) Füllung mit Wasser und Anwendung des festgelegten Prüfdrucks. Unter dieser Belastung darf der Tankkörper keine sichtbaren Schäden und keine Undichtheit aufweisen.

Die Beanspruchung, die dem gemessenen Dehnungsniveau entspricht, darf den in Absatz 6.9.2.3.4 berechneten Mindestsicherheitsfaktor unter keiner dieser Belastungsbedingungen überschreiten.

**6.9.2.7 Zusätzlich geltende Vorschriften für ortsbewegliche FVK-Tanks**

**6.9.2.7.1 Werkstoffprüfung**

**6.9.2.7.1.1 Harze**

Die Zugdehnung des Harzes ist in Übereinstimmung mit der Norm ISO 5272:2012 zu bestimmen. Die Wärmeformbeständigkeitstemperatur (HDT) des Harzes ist in Übereinstimmung mit der Norm ISO 75-1:2013 zu bestimmen.

**6.9.2.7.1.2 Tankkörperproben**

Vor der Prüfung müssen alle Beschichtungen von den Proben entfernt werden. Wenn Tankkörperproben nicht möglich sind, dürfen Ersatz-Tankkörperproben verwendet werden. Die Prüfungen müssen Folgendes umfassen:

a) Die Dicke der Laminate des Mantels und der Böden des Tankkörpers.

b) Der Massegehalt und die Zusammensetzung der Verstärkung des Verbundwerkstoffs anhand der Norm ISO 1172:1996 oder ISO 14127:2008 sowie die Orientierung und der Aufbau der Verstärkungslagen.

c) Die Zugfestigkeit, die Bruchdehnung und das Elastizitätsmodul gemäß der Norm ISO 527-4:1997 oder ISO 527-5:2009 für die Umfangs- und Längsrichtung des Tankkörpers. Für Bereiche des FVK-Tankkörpers sind Prüfungen an repräsentativen Laminaten in Übereinstimmung mit der Norm ISO 527-4:1997 oder ISO 527-5:2009 durchzuführen, um eine Bewertung der Eignung des Sicherheitsfaktors (K) zu ermöglichen. Es sind mindestens sechs Proben pro Zugfestigkeitsmessung zu verwenden; als Zugfestigkeit gilt der Mittelwert minus zwei Standardabweichungen.

d) Die Durchbiegung und Biegefestigkeit, ermittelt anhand der Drei- oder Vier-Punkt-Biegeprüfung gemäß der Norm ISO 14125:1998 und Amd 1:2011 unter Verwendung einer Probe mit einer Mindestbreite von 50 mm und einem Auflagerabstand von mindestens der zwanzigfachen Wanddicke. Es sind mindestens fünf Proben zu verwenden.

e) Der Kriechfaktor $\alpha$, ermittelt aus dem Mittelwert der Ergebnisse von mindestens zwei Proben mit der in Absatz d) beschriebenen Konfiguration, die bei der in Absatz 6.9.2.2.3.2 angegebenen höchsten Auslegungstemperatur über einen Zeitraum von 1 000 Stunden einem Kriechvorgang in einer Drei- oder Vier-Punkt-Biegung unterzogen werden. An jeder Probe ist die folgende Prüfung durchzuführen:

(i) unbelastetes Einspannen der Probe in die Biegevorrichtung in einem auf die höchste Auslegungstemperatur eingestellten Ofen und Akklimatisierung über mindestens 60 Minuten;

(ii) Belastung der Probe gemäß der Norm ISO 14125:1998 und Amd 1:2011 mit einer Biegespannung, die der in Absatz d) ermittelten Festigkeit geteilt durch vier entspricht. Aufrechterhaltung der mechanischen Belastung bei der höchsten Auslegungstemperatur ohne Unterbrechung für mindestens 1 000 Stunden;

(iii) Messung der Anfangsverformung sechs Minuten nach dem Aufbringen der vollen Last gemäß Absatz e) (ii). Beibehaltung der Belastung der Probe im Prüfstand;

(iv) Messung der endgültigen Verformung 1 000 Stunden nach dem Aufbringen der vollen Last gemäß Absatz e) (ii) und

(v) Berechnung des Kriechfaktors $\alpha$ durch Division der Anfangsverformung aus Absatz e) (iii) durch die endgültige Verformung aus Absatz e) (iv).

f) Der Alterungsfaktor $\beta$, ermittelt aus dem Mittelwert der Ergebnisse von mindestens zwei Proben mit der in Absatz d) beschriebenen Konfiguration, die bei der in Absatz 6.9.2.2.3.2 angegebenen höchsten Auslegungstemperatur einer statischen Drei- oder Vier-Punkt-Biegung in Verbindung mit einem

Eintauchen in Wasser über einen Zeitraum von 1 000 Stunden unterzogen werden. An jeder Probe ist die folgende Prüfung durchzuführen: 6.9.2.7.1.2 (Forts.)

(i) vor der Prüfung oder Konditionierung Trocknung der Proben in einem Ofen bei 80 °C über einen Zeitraum von 24 Stunden;

(ii) Belastung der Probe mit einer Drei- oder Vier-Punkt-Biegung gemäß der Norm ISO 14125:1998 und Amd 1:2011 bei Umgebungstemperatur mit einer Biegespannung, die der in Absatz d) ermittelten Festigkeit geteilt durch vier entspricht. Messung der Anfangsverformung sechs Minuten nach Aufbringen der vollen Last. Entfernung der Probe aus dem Prüfstand;

(iii) Eintauchen der unbelasteten Probe in Wasser bei der höchsten Auslegungstemperatur für eine Dauer von mindestens 1 000 Stunden ohne Unterbrechung der Konditionierungszeit. Entfernung der Proben nach Ablauf der Konditionierungszeit, Feuchthalten bei Umgebungstemperatur und Absolvierung des Schrittes gemäß Absatz f) (iv) innerhalb von drei Tagen;

(iv) Unterziehung der Probe einer zweiten Runde statischer Belastung in der gleichen Weise wie in Absatz f) (ii). Messung der endgültigen Verformung sechs Minuten nach dem Aufbringen der vollen Last. Entfernung der Probe aus dem Prüfstand und

(v) Berechnung des Alterungsfaktors β durch Division der Anfangsverformung aus Absatz f) (ii) durch die endgültige Verformung aus Absatz f) (iv).

g) Die interlaminare Scherfestigkeit der Verbindungen, gemessen durch Prüfung repräsentativer Proben in Übereinstimmung mit der Norm ISO 14130:1997.

h) Für die Laminate je nach Anwendungsfall die Effizienz der Umformeigenschaften für Thermoplastharze oder die Effizienz der Aushärtungs- und Nachhärtungsverfahren für Duroplastharze, bestimmt mit einer oder mehreren der folgenden Methoden:

(i) direkte Messung der Eigenschaften des geformten Thermoplastharzes oder des Aushärtungsgrades des Duroplastharzes: die unter Verwendung der dynamischen Differenz-Thermoanalyse (DSC) in Übereinstimmung mit der Norm ISO 11357-2:2016 bestimmte Glasübergangstemperatur ($T_g$) oder Schmelztemperatur ($T_m$) oder

(ii) indirekte Messung der Eigenschaften des geformten Thermoplastharzes oder des Aushärtungsgrades des Duroplastharzes:

- HDT gemäß der Norm ISO 75-1:2013,
- $T_g$ oder $T_m$ mittels thermomechanischer Analyse (TMA) gemäß der Norm ISO 11359-1:2014,
- dynamische thermomechanische Analyse (DMA) gemäß der Norm ISO 6721-11:2019,
- Barcol-Test gemäß der Norm ASTM D2583:2013-03 oder EN 59:2016.

**[Nachweis der chemischen Verträglichkeit des Liners]** 6.9.2.7.1.3

Die chemische Verträglichkeit des Liners mit den zu befördernden Stoffen und der mit diesen in Kontakt stehenden Flächen der Bedienungsausrüstung ist durch eine der nachstehenden Methoden nachzuweisen. Dieser Nachweis muss alle Aspekte der Verträglichkeit der Werkstoffe des Tankkörpers und seiner Ausrüstungen mit den zu befördernden Stoffen, einschließlich der chemischen Schädigung des Tankkörpers, der Einleitung kritischer Reaktionen des Inhalts und gefährlicher Reaktionen zwischen beiden, berücksichtigen.

a) Für die Feststellung einer Schädigung des Tankkörpers sind aus dem Tankkörper entnommene repräsentative Proben, einschließlich gegebenenfalls vorhandener Liner mit Schweißnähten, der chemischen Verträglichkeitsprüfung nach der Norm EN 977:1997 für eine Dauer von 1 000 Stunden bei 50 °C oder bei der höchsten Temperatur, bei der ein bestimmter Stoff zur Beförderung zugelassen ist, zu unterziehen. Im Vergleich mit ungeprüften Proben darf der im Biegeversuch gemäß der Norm EN 978:1997 gemessene Abfall der Festigkeit und des Elastizitätsmoduls 25 % nicht übersteigen. Risse, Blasen, punktförmige Vertiefungen (Pitting), Trennung von Schichten und Linern sowie Rauigkeit sind nicht zulässig.

b) Bescheinigte und dokumentierte Daten über positive Erfahrungen hinsichtlich der Verträglichkeit der betreffenden Füllgüter mit den Werkstoffen des Tankkörpers, mit denen sie bei den angegebenen Temperaturen, zu den angegebenen Zeiten und unter anderen bedeutsamen Betriebsbedingungen in Kontakt kommen.

6.9.2.7.1.3 (Forts.)
c) In der Fachliteratur, in Normen oder in anderen Quellen veröffentlichte und von der zuständigen Behörde anerkannte technische Daten.
d) Mit Zustimmung der zuständigen Behörde dürfen andere Methoden zur Überprüfung der chemischen Verträglichkeit verwendet werden.

**6.9.2.7.1.4 Kugelfallversuch nach der Norm EN 976-1:1997**

Der Prototyp ist dem Kugelfallversuch nach der Norm EN 976-1:1997 Nr. 6.6 zu unterziehen. Dabei darf am Tank kein sichtbarer innerer oder äußerer Schaden auftreten.

**6.9.2.7.1.5 Feuerbeständigkeitsprüfung**

**6.9.2.7.1.5.1 [Prüfbedingungen]**

Ein zu 80 % seines höchsten Fassungsraumes mit Wasser gefüllter repräsentativer Prototyp, einschließlich seiner Bedienungsausrüstung und baulichen Ausrüstung, ist einer allseitigen dreißigminütigen Brandbelastung durch ein Heizölbeckenfeuer oder einer anderen Art von Feuer mit gleicher Wirkung auszusetzen. Das Feuer muss einem theoretischen Feuer mit einer Flammentemperatur von 800 °C, einem Strahlungskoeffizienten von 0,9 und einem Wärmedurchgangskoeffizienten von 10 W/(m$^2$K) und einem Oberflächenabsorptionsvermögen von 0,8 für den Tank entsprechen. Ein minimaler Nettowärmestrom von 75 kW/m$^2$ ist gemäß der Norm ISO 21843:2018 zu kalibrieren. Die Abmessungen des Beckens müssen den Tank um mindestens 50 cm nach allen Seiten überragen, und der Abstand zwischen dem Brennstoffspiegel und dem Tank muss zwischen 50 cm und 80 cm betragen. Der unterhalb des Flüssigkeitsspiegels verbleibende Tank, einschließlich der Öffnungen und Verschlüsse, muss, abgesehen von Tropfleckagen, dicht bleiben.

**6.9.2.8 Prüfung**

*→ D: § 24 Nr. 2*

**6.9.2.8.1 [Anwendung des Unterabschnitts 6.7.2.19, zusätzlich Funkenprüfung]**

Die Prüfung von ortsbeweglichen FVK-Tanks ist nach den Vorschriften des Unterabschnitts 6.7.2.19 durchzuführen. Darüber hinaus müssen geschweißte Thermoplastliner nach der Druckprüfung, die im Rahmen der in Absatz 6.7.2.19.4 festgelegten wiederkehrenden Prüfung durchzuführen ist, einer Funkenprüfung nach einer geeigneten Norm unterzogen werden.

**6.9.2.8.2 [Wiederkehrende Prüfungen nach Betriebsdauer-Prüfprogramm]**

Darüber hinaus müssen die erstmalige und die wiederkehrende Prüfung nach dem Betriebsdauer-Prüfprogramm und den damit verbundenen Prüfmethoden gemäß Abschnitt 6.9.2.6.3 erfolgen.

**6.9.2.8.3 [Bau des Tanks in Übereinstimmung mit Qualitätssicherungssystem]**

Bei der erstmaligen Prüfung muss überprüft werden, ob der Bau des Tanks in Übereinstimmung mit dem in Unterabschnitt 6.9.2.2.2 vorgeschriebenen Qualitätssicherungssystem erfolgt ist.

**6.9.2.8.4 [Angabe oder Kennzeichnung der Lage beheizter Bereiche]**

Zusätzlich muss bei der Prüfung des Tankkörpers die Lage der durch Heizelemente beheizten Bereiche angegeben oder gekennzeichnet werden, auf Auslegungszeichnungen vorhanden sein oder durch eine geeignete Technik (z.B. Infrarot) sichtbar gemacht werden. Bei der Untersuchung des Tankkörpers sind die Auswirkungen von Überhitzung, Korrosion, Erosion, Überdruck und mechanischer Überlastung zu berücksichtigen.

**6.9.2.9 Aufbewahrung von Proben**

Tankkörperproben (z.B. aus dem Mannlochausschnitt) für jeden hergestellten Tank müssen für zukünftige Prüfungen und Tankkörperüberprüfungen für einen Zeitraum von fünf Jahren ab dem Zeitpunkt der erstmaligen Prüfung und bis zum erfolgreichen Abschluss der erforderlichen wiederkehrenden 5-Jahres-Prüfung aufbewahrt werden.

**6.9.2.10 Kennzeichnung**

*→ D: § 24 Nr. 1*
*→ RSEB 6-6*

**6.9.2.10.1 [Anbringung und Inhalt]**

Die Vorschriften des Absatzes 6.7.2.20.1 mit Ausnahme der Vorschriften des Absatzes 6.7.2.20.1 f) (ii) gelten für ortsbewegliche Tanks mit einem FVK-Tankkörper.

**[Erforderliche Angaben zu verwendeten Werkstoffen]** 6.9.2.10.2

Die in Absatz 6.7.2.20.1 f) (i) geforderten Angaben müssen umfassen:

„Werkstoff der Tankkörperstruktur: Faserverstärkter Kunststoff", die Verstärkungsfaser, z.B. „Verstärkung: E-Glas", und das Harz, z.B. „Harz: Vinylester".

**[Angaben auf dem Tankschild]** 6.9.2.10.3

Die Vorschriften des Absatzes 6.7.2.20.2 gelten für ortsbewegliche Tanks mit einem FVK-Tankkörper.

→ D: § 8 (1) 1 j)
→ D: § 8 (2)
→ D: § 12 (1) 1 b)
→ D: § 12 (1) 2 b)
→ D: GGAV 22
→ D: RSEB Anl. 14a
→ CH: SDR Anh. 1 1.6.3.30a

# Kapitel 6.10
# Vorschriften für den Bau, die Ausrüstung, die Zulassung, die Prüfung und die Kennzeichnung von Saug-Druck-Tanks für Abfälle

**Bem.** 1. Für ortsbewegliche Tanks und UN-Gascontainer mit mehreren Elementen (MEGC) siehe Kapitel 6.7; für festverbundene Tanks (Tankfahrzeuge), Aufsetztanks, Tankcontainer und Tankwechselaufbauten (Tankwechselbehälter), deren Tankkörper aus metallenen Werkstoffen hergestellt sind, sowie für Batterie-Fahrzeuge und Gascontainer mit mehreren Elementen (MEGC) mit Ausnahme von UN-MEGC siehe Kapitel 6.8; für faserverstärkte Kunststofftanks siehe Kapitel 6.9 bzw. 6.13.

2. Dieses Kapitel gilt für festverbundene Tanks, Aufsetztanks, Tankcontainer und Tankwechselaufbauten (Tankwechselbehälter).

## 6.10.1 Allgemeines

→ D: § 19 (2) 13

### 6.10.1.1 Begriffsbestimmungen

**Bem.** Ein Tank, der vollständig den Vorschriften des Kapitels 6.8 entspricht, gilt nicht als „Saug-Druck-Tank für Abfälle".

#### 6.10.1.1.1 [Geschützte Bereiche]

Als „geschützte Bereiche" gelten:

a) der untere Teil des Tanks in einem Abschnitt, der sich über einen Winkel von 60° beiderseits der unteren Mantellinie erstreckt;

b) der obere Teil des Tanks in einem Abschnitt, der sich über einen Winkel von 30° beiderseits der oberen Mantellinie erstreckt;

c) der Bereich am vorderen Tankboden im Falle von Trägerfahrzeugen;

d) die am hinteren Tankboden durch die Einrichtung gemäß Abschnitt 9.7.6 gebildete innere Schutzzone.

### 6.10.1.2 Anwendungsbereich

#### 6.10.1.2.1 [Vorschriftengeltung]

Die besonderen Vorschriften der Abschnitte 6.10.2 bis 6.10.4 ergänzen oder ändern Kapitel 6.8 und gelten für Saug-Druck-Tanks für Abfälle.

Saug-Druck-Tanks für Abfälle dürfen mit öffnungsfähigen Böden ausgerüstet werden, wenn die Vorschriften des Kapitels 4.3 eine Untenentleerung der beförderten Stoffe zulassen (gekennzeichnet durch die Buchstaben „A" oder „B" der Tankcodierung, wie in Kapitel 3.2 Tabelle A Spalte (12) gemäß Absatz 4.3.4.1.1 angegeben).

Saug-Druck-Tanks für Abfälle müssen allen Vorschriften des Kapitels 6.8 entsprechen, sofern in diesem Kapitel keine abweichenden besonderen Vorschriften aufgeführt sind. Die Vorschriften der Absätze 6.8.2.1.19, 6.8.2.1.20 und 6.8.2.1.21 gelten jedoch nicht.

## 6.10.2 Bau

→ D: § 19 (2) 13

### 6.10.2.1 [Berechnungsdruck]

Die Tanks müssen nach einem Berechnungsdruck bemessen sein, der dem 1,3fachen des Füll- oder Entleerungsdrucks, mindestens jedoch 400 kPa (4 bar) (Überdruck) entspricht. Für die Beförderung von Stoffen, für die ein höherer Berechnungsdruck des Tanks in Kapitel 6.8 bestimmt ist, ist dieser höhere Wert anzuwenden.

### 6.10.2.2 [Innendruckbemessung]

Die Tanks sind so zu bemessen, dass sie einem negativen Innendruck von 100 kPa (1 bar) standhalten.

**Ausrüstung** 6.10.3
*→ D: § 19 (2) 13*

**[Geschützte Anbringung]** 6.10.3.1

Die Ausrüstungsteile sind so anzubringen, dass sie während der Beförderung und Handhabung gegen Losreißen oder Beschädigung geschützt sind. Durch die Anordnung der Ausrüstungsteile in einem so genannten „geschützten Bereich" (siehe Absatz 6.10.1.1.1) kann diese Vorschrift erfüllt werden.

**[Untenentleerungseinrichtung]** 6.10.3.2

Die Untenentleerungseinrichtung des Tanks darf aus einem äußeren Auslaufstutzen, der mit einer möglichst nahe am Tankkörper angebrachten Absperreinrichtung versehen ist, und einem zweiten Verschluss in Form eines Blindflansches oder einer anderen gleich wirksamen Einrichtung bestehen.

**[Kontrollierbarkeit Absperreinrichtung]** 6.10.3.3

Die Stellung und die Schließrichtung des oder der Absperreinrichtung(en) am Tankkörper oder an jedem Abteil, im Falle von Tankkörpern mit mehreren Abteilen, muss klar ersichtlich und vom Boden aus kontrollierbar sein.

**[Inhaltsverlust, Vermeidung]** 6.10.3.4

Um jeden Verlust des Inhalts bei Beschädigung der äußeren Füll- und Entleerungseinrichtungen (Stutzen, seitliche Verschlusseinrichtungen) zu vermeiden, müssen die innere Absperreinrichtung oder (gegebenenfalls) die erste äußere Absperreinrichtung und ihr Sitz so beschaffen oder geschützt sein, dass sie unter dem Einfluss äußerer Beanspruchungen nicht abgerissen werden können. Die Füll- und Entleerungseinrichtungen (einschließlich der Flansche oder Schraubverschlüsse) sowie eventuelle Schutzkappen müssen gegen unbeabsichtigtes Öffnen gesichert sein.

**[Öffnungsfähige Böden]** 6.10.3.5

Die Tanks dürfen mit öffnungsfähigen Böden ausgerüstet sein. Diese öffnungsfähigen Böden müssen folgenden Anforderungen genügen:

a) sie müssen so ausgelegt sein, dass sie nach dem Verschließen dicht bleiben;
b) ein unbeabsichtigtes Öffnen darf nicht möglich sein;
c) wird der Öffnungsmechanismus mit Hilfskraft betätigt, muss der öffnungsfähige Boden auch bei einem Ausfall der Kraftversorgung luftdicht verschlossen bleiben;
d) eine Sicherheits- oder Blockiereinrichtung, die sicherstellt, dass der öffnungsfähige Boden so lange nicht geöffnet werden kann, wie sich noch Restüberdruck im Tank befindet, ist einzubauen. Dies gilt nicht für hilfskraftbetätigte öffnungsfähige Böden mit zwangsgesteuertem Öffnungsmechanismus. In diesem Fall muss es sich um eine Betätigung mit „Totmanneinrichtung" handeln, die so angeordnet ist, dass der Benutzer den Vorgang jederzeit beobachten kann und während des Öffnens oder Schließens selbst nicht gefährdet ist;
e) es sind Maßnahmen zum Schutz des öffnungsfähigen Bodens, der beim Umstürzen des Fahrzeugs, des Tankcontainers oder des Tankwechselaufbaus (Tankwechselbehälters) verschlossen bleiben muss, zu treffen.

**[Innerer Schubkolben]** 6.10.3.6

Saug-Druck-Tanks für Abfälle, die zur besseren Entleerung oder Reinigung des Tanks einen inneren Schubkolben haben, sind mit einer Anschlagvorrichtung zu versehen, die verhindert, dass der Schubkolben bei beliebiger Betriebslage aus dem Tank herausgedrückt wird, wenn eine dem höchsten Betriebsdruck des Tanks entsprechende Kraft auf den Schubkolben einwirkt. Der höchste Betriebsdruck von Tanks oder Tankabteilen mit pneumatischem Schubkolben darf 100 kPa (1 bar) nicht übersteigen. Der innere Schubkolben und sein Werkstoff müssen so beschaffen sein, dass durch die Bewegung des Schubkolbens keine Zündquellen entstehen.

Der innere Schubkolben kann auch als Abteilwand verwendet werden, vorausgesetzt, er wird in seiner Lage blockiert. Befindet sich irgendein Teil der Einrichtungen, mit denen der innere Schubkolben in seiner Lage gehalten wird, außen am Tank, so ist hierfür ein Platz zu wählen, an dem jede Gefahr einer versehentlichen Beschädigung ausgeschlossen ist.

**6.10.3.7 [Saugausleger]**

Die Tanks dürfen mit einem Saugausleger ausgerüstet sein, wenn:

a) der Saugausleger mit einer inneren oder äußeren Absperreinrichtung ausgerüstet ist, die direkt am Tankkörper oder an einem mit dem Tankkörper verschweißten Rohrbogen befestigt ist; zwischen dem Tankkörper oder dem Rohrbogen und der äußeren Absperreinrichtung darf ein Drehkranz angebracht sein, wenn dieser Drehkranz im geschützten Bereich angeordnet ist und die Betätigungseinrichtung der äußeren Absperreinrichtung mit einem Gehäuse oder einer Abdeckung gegen Losreißen infolge äußerer Belastungen geschützt ist;

b) die unter a) genannte Absperreinrichtung so angeordnet ist, dass eine Beförderung in geöffnetem Zustand nicht möglich ist, und

c) der Saugausleger so angebracht ist, dass der Tank infolge eines versehentlichen Stoßes auf den Saugausleger nicht undicht wird.

**6.10.3.8 [Zusätzliche Bedienungsausrüstung]**

Die Tanks sind mit folgenden zusätzlichen Bedienungsausrüstungen zu versehen:

a) durch die Anordnung der Öffnung der Druck-Vakuumpumpe ist sicherzustellen, dass giftige oder entzündbare Dämpfe so abgeleitet werden, dass sie keine Gefahren verursachen können;

**Bem.** Diese Vorschrift kann beispielsweise durch die Verwendung eines Rohres, das im oberen Teil ausbläst, oder eines mit einem Anschluss ausgerüsteten Auslasses im unteren Teil, der die Anbringung eines Schlauches ermöglicht, erfüllt werden.

b) Tanks für entzündbare Abfälle müssen an allen Öffnungen der Druck-Vakuumpumpe, die eine Zündquelle darstellen kann, über eine Einrichtung zur Verhinderung des unmittelbaren Flammendurchschlags verfügen oder der Tank muss explosionsdruckstoßfest sein, d.h. er muss einer Explosion infolge eines Flammendurchschlags standhalten können, ohne dass er undicht wird, wobei jedoch Verformungen zulässig sind;

c) Pumpen, die einen positiven Druck erzeugen können, müssen in der Druckleitung mit einem Sicherheitsventil ausgerüstet sein. Das Sicherheitsventil ist auf einen Ansprechdruck einzustellen, der nicht größer ist als der höchste Betriebsdruck des Tanks;

d) zwischen dem Tankkörper oder dem Auslass der am Tankkörper befindlichen Überfüllsicherung und der Rohrleitung zwischen Tankkörper und Druck-Vakuumpumpe ist ein Absperrventil einzubauen;

e) der Tank ist mit einem geeigneten Manometer/Vakuummeter auszurüsten, das so angeordnet ist, dass es von der die Druck-Vakuumpumpe bedienenden Person leicht ablesbar ist. Der höchste Betriebsdruck des Tanks ist durch eine Markierung auf der Anzeigeskala zu kennzeichnen;

f) der Tank oder bei unterteiltem Tank jedes Tankabteil ist mit einem Flüssigkeitsstandanzeiger auszurüsten. Füllstandsanzeiger aus Glas und aus anderen geeigneten durchsichtigen Werkstoffen dürfen als Flüssigkeitsstandanzeiger verwendet werden, sofern:

(i) sie Teil der Tankwand sind und eine Druckfestigkeit haben, die der des Tanks vergleichbar ist, oder die Flüssigkeitsstandanzeiger außen am Tank angebracht sind;

(ii) die oberen und unteren Anschlüsse an den Tank mit direkt am Tankkörper befestigten Absperrventilen ausgerüstet sind, die so angeordnet sind, dass eine Beförderung mit geöffneten Ventilen verhindert wird;

(iii) sie beim höchsten Betriebsdruck des Tanks funktionsfähig sind;

(iv) sie in einem Bereich angeordnet sind, wo jede Gefahr einer versehentlichen Beschädigung ausgeschlossen ist.

**6.10.3.9 [Sicherheitsventil]**

→ *1.6.3.30*
→ *1.6.4.20*

Tankkörper von Saug-Druck-Tanks für Abfälle müssen mit einem Sicherheitsventil mit vorgeschalteter Berstscheibe ausgerüstet sein.

Das Ventil muss in der Lage sein, sich bei einem Druck zwischen dem 0,9- bis 1,0fachen Prüfdruck des Tanks, an dem es angebracht ist, selbsttätig zu öffnen. Die Verwendung von gewichtsbelasteten Ventilen (Schwerkraft oder Gegengewicht) ist untersagt.

Die Berstscheibe darf frühestens beim Ansprechdruck des Ventils und muss spätestens öffnen, wenn der Druck den Prüfdruck des Tanks erreicht hat, an dem das Ventil angebracht ist.

Die Sicherheitseinrichtungen müssen so gebaut sein, dass sie der dynamischen Beanspruchung, einschließlich des Anpralls der Flüssigkeit, standhalten. 6.10.3.9 (Forts.)

Zwischen der Berstscheibe und dem Sicherheitsventil ist ein Druckmesser oder eine andere geeignete Anzeigeeinrichtung vorzusehen, um die Feststellung von Brüchen, Perforationen oder Undichtheiten der Scheibe, durch die das Sicherheitssystem funktionsunfähig werden kann, zu ermöglichen.

**Prüfungen** 6.10.4

→ *D: § 12 (1) 2 b)*

Saug-Druck-Tanks für Abfälle sind bei festverbundenen Tanks oder Aufsetztanks spätestens alle drei Jahre und bei Tankcontainern und Tankwechselaufbauten (Tankwechselbehältern) spätestens alle zweieinhalb Jahre zusätzlich zu der Prüfung nach Absatz 6.8.2.4.3 einer Prüfung des inneren Zustands zu unterziehen.

→ D: § 8 (1) 1 k)
→ D: § 8 (2)

# Kapitel 6.11
# Vorschriften für die Auslegung, den Bau und die Prüfung von Schüttgut-Containern

**6.11.1** (bleibt offen)

## 6.11.2 Anwendungsbereich und allgemeine Vorschriften

**6.11.2.1 [Auslegung]**

Schüttgut-Container und ihre Bedienungsausrüstung und bauliche Ausrüstung müssen so ausgelegt und gebaut sein, dass sie dem Innendruck des Füllguts und den Beanspruchungen durch normale Handhabung und Beförderung ohne Verlust von Füllgut standhalten.

**6.11.2.2 [Entleerungsventil]**

Sofern ein Entleerungsventil angebracht ist, muss dieses in geschlossener Stellung gesichert werden können, und das gesamte Entleerungssystem muss in geeigneter Weise vor Beschädigung geschützt werden. Ventile mit Hebelverschlüssen müssen gegen unbeabsichtigtes Öffnen gesichert werden können, und die offene und geschlossene Stellung müssen leicht erkennbar sein.

**6.11.2.3 Code für die Bezeichnung der Schüttgut-Container-Typen**

In der folgenden Tabelle sind die für die Bezeichnung der Schüttgut-Container-Typen zu verwendenden Codes angegeben:

| Schüttgut-Container-Typ | Code |
|---|---|
| bedeckter Schüttgut-Container | BK1 |
| geschlossener Schüttgut-Container | BK2 |
| flexibler Schüttgut-Container | BK3 |

**6.11.2.4 [Alternative Vereinbarungen]**

Um dem Fortschritt von Wissenschaft und Technik Rechnung zu tragen, kann von der zuständigen Behörde die Anwendung alternativer Vereinbarungen, die mindestens eine den Vorschriften dieses Kapitels gleichwertige Sicherheit bieten, in Betracht gezogen werden.

## 6.11.3 Vorschriften für die Auslegung, den Bau und die Prüfung von Containern, die dem CSC entsprechen und als Schüttgut-Container des Typs BK1 oder BK2 verwendet werden

### 6.11.3.1 Vorschriften für die Auslegung und den Bau

→ D: § 24 Nr. 1

**6.11.3.1.1 [Referenznorm]**

Die allgemeinen Vorschriften dieses Unterabschnitts für die Auslegung und den Bau gelten als erfüllt, wenn der Schüttgut-Container den Anforderungen der Norm ISO 1496-4:1991 („ISO-Container der Serie 1; Anforderungen und Prüfung; Teil 4: Drucklose Schüttgut-Container") entspricht und staubdicht ist.

**6.11.3.1.2 [Container-Norm]**

Container, die in Übereinstimmung mit der Norm ISO 1496-1:1990 („ISO-Container der Baureihe 1; Spezifikation und Prüfung; Teil 1: Universalfrachtcontainer") ausgelegt und geprüft sind, müssen mit einer betrieblichen Ausrüstung ausgestattet sein, die einschließlich ihrer Verbindung zum Container so ausgelegt ist, dass die Stirnseiten verstärkt und der Widerstand gegen Beanspruchungen in Längsrichtung in dem Maße erhöht wird, wie es für die Erfüllung der entsprechenden Prüfanforderungen der Norm ISO 1496-4:1991 notwendig ist.

**6.11.3.1.3 [Staubdichtheit]**

Schüttgut-Container müssen staubdicht sein. Sofern für die Herstellung der Staubdichtheit eine Auskleidung verwendet wird, muss diese aus einem geeigneten Werkstoff sein. Die Festigkeit des verwendeten Werkstoffs und die Bauart der Auskleidung müssen für den Fassungsraum des Containers und für die beabsichtigte Verwendung geeignet sein. Verbindungen und Verschlüsse der Auskleidung müssen den

Drücken und Stößen standhalten, die unter normalen Handhabungs- und Beförderungsbedingungen auftreten können. Für belüftete Schüttgut-Container darf die Auskleidung die Funktion der Lüftungseinrichtungen nicht behindern. 6.11.3.1.3 (Forts.)

**[Mechanische Festigkeit]** 6.11.3.1.4

Die betriebliche Ausrüstung von Schüttgut-Containern, die für eine Kippentleerung ausgelegt sind, muss in der Lage sein, der Gesamtfüllmasse in Kipprichtung standzuhalten.

**[Bewegliche Außenflächen]** 6.11.3.1.5

Bewegliche Dächer oder bewegliche Abschnitte von Seiten- oder Stirnwänden oder Dächern müssen mit Verschlusseinrichtungen, die eine Sicherungseinrichtung umfassen, ausgerüstet sein, die so ausgelegt sind, dass der geschlossene Zustand für einen am Boden stehenden Beobachter sichtbar ist.

**Bedienungsausrüstung** 6.11.3.2

*→ D: § 24 Nr. 1*

**[Auslegung]** 6.11.3.2.1

Füll- und Entleerungseinrichtungen sind so zu bauen und anzuordnen, dass sie während der Beförderung und Handhabung gegen das Risiko des Abreißens oder der Beschädigung geschützt sind. Die Füll- und Entleerungseinrichtungen müssen gegen unbeabsichtigtes Öffnen gesichert werden können. Die geöffnete und geschlossene Stellung sowie die Schließrichtung müssen klar angegeben sein.

**[Dichtungen]** 6.11.3.2.2

Dichtungen von Öffnungen müssen so angeordnet sein, dass Beschädigungen durch den Betrieb sowie das Befüllen und Entleeren des Schüttgut-Containers vermieden werden.

**[Belüftung]** 6.11.3.2.3

Wenn eine Belüftung vorgeschrieben ist, müssen Schüttgut-Container mit Mitteln für den Luftaustausch entweder durch natürliche Konvektion (z.B. durch Öffnungen) oder durch aktive Bauteile (z.B. Ventilatoren) ausgerüstet sein. Die Belüftung muss so ausgelegt sein, dass im Container zu keinem Zeitpunkt ein Unterdruck entsteht. Belüftungsbauteile von Schüttgut-Containern für die Beförderung von entzündbaren Stoffen oder von Stoffen, die entzündbare Gase oder Dämpfe abgeben, müssen so ausgelegt sein, dass sie keine Zündquelle bilden.

**Prüfung** 6.11.3.3

**[Zulassung nach CSC]** 6.11.3.3.1

Container, die nach den Vorschriften dieses Abschnitts als Schüttgut-Container verwendet, unterhalten und qualifiziert werden, müssen in Übereinstimmung mit dem CSC geprüft und zugelassen werden.

**[Wiederkehrende Prüfung nach CSC]** 6.11.3.3.2

Container, die als Schüttgut-Container verwendet und qualifiziert werden, müssen in Übereinstimmung mit dem CSC wiederkehrend geprüft werden.

**Kennzeichnung** 6.11.3.4

*→ D: § 24 Nr. 1*

**[Sicherheitszulassungsschild]** 6.11.3.4.1

Container, die als Schüttgut-Container verwendet werden, müssen in Übereinstimmung mit dem CSC mit einem Sicherheitszulassungsschild („Safety Approval Plate") gekennzeichnet sein.

**Vorschriften für die Auslegung, den Bau und die Zulassung von Schüttgut-Containern der Typen BK1 und BK2, die keine Container gemäß CSC sind** 6.11.4

*→ D: § 24 Nr. 1*
*→ D: BAM-GGR 009*

**Bem.** Wenn Container nach den Vorschriften dieses Abschnitts für die Beförderung von festen Stoffen in loser Schüttung verwendet werden, ist im Beförderungspapier anzugeben:

„SCHÜTTGUT-CONTAINER BK (x)[1] VON DER ZUSTÄNDIGEN BEHÖRDE VON … ZUGELASSEN" (siehe Absatz 5.4.1.1.17).

[1] (x) muss durch „1" bzw. „2" ersetzt werden.

**6.11.4.1 [Begriffsbestimmung]**

Die in diesem Abschnitt behandelten Schüttgut-Container schließen Mulden, Offshore-Schüttgut-Container, Silos für Güter in loser Schüttung, Wechselaufbauten (Wechselbehälter), trichterförmige Container, Rollcontainer und Ladeabteile von Fahrzeugen ein.

**Bem.** Diese Schüttgut-Container schließen auch Container nach den in Abschnitt 7.1.3 genannten, von der UIC veröffentlichten IRS 50591 („Wechselbehälter für den horizontalen Umschlag – Technische Bedingungen für den Einsatz im internationalen Verkehr")[2] und IRS 50592 („Intermodale Ladeeinheiten für Vertikalumschlag, außer Sattelanhänger, zur Beförderung auf Wagen – Mindestanforderungen")[3] ein, die nicht dem CSC entsprechen.

**6.11.4.2 [Auslegung]**

Diese Schüttgut-Container sind so auszulegen und zu bauen, dass sie genügend widerstandsfähig sind, um den Stößen und Beanspruchungen standzuhalten, die normalerweise während der Beförderung, gegebenenfalls einschließlich des Umschlags zwischen verschiedenen Beförderungsmitteln, auftreten.

**6.11.4.3** (bleibt offen)

**6.11.4.4 [Zulassungspflicht]**

Diese Schüttgut-Container müssen von der zuständigen Behörde zugelassen sein; die Zulassung muss den Code für die Typenbezeichnung des Schüttgut-Containers gemäß Unterabschnitt 6.11.2.3 und, sofern angemessen, die Vorschriften für die Prüfung enthalten.

**6.11.4.5 [Auskleidung]**

Sofern die Verwendung einer Auskleidung notwendig ist, um die gefährlichen Güter zurückzuhalten, muss diese den Vorschriften des Absatzes 6.11.3.1.3 entsprechen.

**6.11.5 Vorschriften für die Auslegung, den Bau und die Prüfung von flexiblen Schüttgut-Containern des Typs BK3**

*→ D: § 24 Nr. 1*

**6.11.5.1 Vorschriften für die Auslegung und den Bau**

**6.11.5.1.1 [Staubdichtheit]**

Flexible Schüttgut-Container müssen staubdicht sein.

**6.11.5.1.2 [Verschluss]**

Flexible Schüttgut-Container müssen vollständig verschlossen sein, um ein Austreten von Füllgut zu verhindern.

**6.11.5.1.3 [Wasserdichtigkeit]**

Flexible Schüttgut-Container müssen wasserdicht sein.

**6.11.5.1.4 [Wechselwirkung mit gefährlichen Gütern]**

Teile des flexiblen Schüttgut-Containers, die unmittelbar mit gefährlichen Gütern in Berührung kommen:

a) dürfen durch diese gefährlichen Güter nicht angegriffen oder erheblich geschwächt werden;

b) dürfen keinen gefährlichen Effekt auslösen, z.B. eine katalytische Reaktion oder eine Reaktion mit den gefährlichen Gütern, und

c) dürfen keine Permeation der gefährlichen Güter zulassen, die unter normalen Beförderungsbedingungen eine Gefahr darstellen könnte.

**6.11.5.2 Bedienungsausrüstung und Handhabungseinrichtungen**

**6.11.5.2.1 [Füll- und Entleerungseinrichtungen]**

Füll- und Entleerungseinrichtungen müssen so gebaut sein, dass sie während der Beförderung und Handhabung gegen Beschädigung geschützt sind. Die Füll- und Entleerungseinrichtungen müssen gegen unbeabsichtigtes Öffnen gesichert werden.

---

[2] Erste Fassung der ab 1. Juni 2020 geltenden IRS (International Railway Solution).

[3] Dritte Fassung der ab 1. Dezember 2023 geltenden IRS (International Railway Solution).

**[Schlaufen]** 6.11.5.2.2

Die Schlaufen des flexiblen Schüttgut-Containers müssen, sofern sie angebracht sind, den Drücken und dynamischen Kräften standhalten, die unter normalen Handhabungs- und Beförderungsbedingungen auftreten können.

**[Handhabungseinrichtungen]** 6.11.5.2.3

Die Handhabungseinrichtungen müssen ausreichend widerstandsfähig sein, um einer wiederholten Verwendung standzuhalten.

**Prüfung** 6.11.5.3

**[Prüfungsverfahren]** 6.11.5.3.1

Die Bauart jedes flexiblen Schüttgut-Containers muss den in Abschnitt 6.11.5 vorgesehenen Prüfungen nach den von der zuständigen Behörde, welche die Zuteilung des Kennzeichens bestätigt, festgelegten Verfahren unterzogen und von dieser Behörde zugelassen werden.

**[Wiederholung bei Veränderungen]** 6.11.5.3.2

Die Prüfungen müssen auch nach jeder Änderung des Baumusters, die zu einer Veränderung der Auslegung, des Werkstoffs oder der Bauweise eines flexiblen Schüttgut-Containers führt, wiederholt werden.

**[Prüfungsanforderungen]** 6.11.5.3.3

Die Prüfungen müssen an versandfertigen flexiblen Schüttgut-Containern durchgeführt werden. Die flexiblen Schüttgut-Container müssen bis zur höchsten Masse, für die sie verwendet werden dürfen, befüllt werden, wobei das Füllgut gleichmäßig verteilt werden muss. Die im flexiblen Schüttgut-Container zu befördernden Stoffe dürfen durch andere Stoffe ersetzt werden, sofern dadurch die Prüfergebnisse nicht verfälscht werden. Wird ein anderer Stoff verwendet, muss dieser die gleichen physikalischen Eigenschaften (Masse, Korngröße usw.) haben wie der zu befördernde Stoff. Es ist zulässig, Zusätze wie Säcke mit Bleischrot zu verwenden, um die erforderliche Gesamtmasse des flexiblen Schüttgut-Containers zu erreichen, sofern diese so eingebracht werden, dass sie die Prüfungsergebnisse nicht beeinträchtigen.

**[Qualitätssicherungsprogramm]** 6.11.5.3.4

Flexible Schüttgut-Container müssen nach einem von der zuständigen Behörde als zufrieden stellend erachteten Qualitätssicherungsprogramm hergestellt und geprüft sein, um sicherzustellen, dass jeder hergestellte flexible Schüttgut-Container den Vorschriften dieses Kapitels entspricht.

**Fallprüfung** 6.11.5.3.5

**Anwendungsbereich** 6.11.5.3.5.1

Für alle Arten von flexiblen Schüttgut-Containern als Bauartprüfung.

**Vorbereitung für die Prüfung** 6.11.5.3.5.2

Der flexible Schüttgut-Container muss bis zu seiner höchstzulässigen Bruttomasse befüllt werden.

**Prüfverfahren** 6.11.5.3.5.3

Der flexible Schüttgut-Container muss auf eine nicht federnde und horizontale Aufprallplatte fallen gelassen werden. Die Aufprallplatte muss:

a) fest eingebaut und ausreichend massiv sein, dass sie sich nicht verschieben kann,

b) eben sein, wobei die Oberfläche frei von lokalen Mängeln sein muss, welche die Prüfergebnisse beeinflussen können,

c) ausreichend starr sein, dass sie unter den Prüfbedingungen nicht verformbar ist und durch die Prüfungen nicht leicht beschädigt werden kann, und

d) ausreichend groß sein, um sicherzustellen, dass der zu prüfende flexible Schüttgut-Container vollständig auf die Oberfläche fällt.

Nach dem Fall muss der flexible Schüttgut-Container zur Begutachtung wieder in aufrechte Lage verbracht werden.

**6.11.5.3.5.4 [Fallhöhe]**

Die Fallhöhe beträgt:

Verpackungsgruppe III: 0,8 m.

**6.11.5.3.5.5 Kriterien für das Bestehen der Prüfung**

a) Es darf kein Füllgut austreten. Ein geringfügiges Austreten des Füllgutes beispielsweise aus Verschlüssen oder Nahtstellen beim Aufprall gilt nicht als Versagen des flexiblen Schüttgut-Containers, vorausgesetzt, es tritt kein weiteres Füllgut aus, nachdem der Container wieder in aufrechte Lage verbracht wurde.

b) Es darf keine Beschädigung vorhanden sein, welche die Sicherheit des flexiblen Schüttgut-Containers für die Beförderung zur Verwertung oder Entsorgung beeinträchtigen kann.

**6.11.5.3.6 Hebeprüfung von oben**

**6.11.5.3.6.1 Anwendungsbereich**

Für alle Arten von flexiblen Schüttgut-Containern als Bauartprüfung.

**6.11.5.3.6.2 Vorbereitung für die Prüfung**

Flexible Schüttgut-Container sind mit dem Sechsfachen der höchsten Nettomasse zu befüllen, wobei die Last gleichmäßig zu verteilen ist.

**6.11.5.3.6.3 Prüfverfahren**

Flexible Schüttgut-Container müssen in der Weise hochgehoben werden, für die sie ausgelegt sind, bis sie sich frei über dem Boden befinden, und für eine Dauer von fünf Minuten in dieser Stellung gehalten werden.

**6.11.5.3.6.4 Kriterien für das Bestehen der Prüfung**

Es dürfen keine Beschädigung des flexiblen Schüttgut-Containers oder seiner Hebeeinrichtungen, durch die der flexible Schüttgut-Container für die Beförderung oder Handhabung ungeeignet wird, und kein Verlust von Füllgut auftreten.

**6.11.5.3.7 Kippfallprüfung**

**6.11.5.3.7.1 Anwendungsbereich**

Für alle Arten flexibler Schüttgut-Container als Bauartprüfung.

**6.11.5.3.7.2 Vorbereitung für die Prüfung**

Der flexible Schüttgut-Container muss bis zu seiner höchstzulässigen Bruttomasse gefüllt werden.

**6.11.5.3.7.3 Prüfverfahren**

Der flexible Schüttgut-Container muss so gekippt werden, dass er mit einer beliebigen Stelle seines Oberteils auf eine nicht federnde und horizontale Aufprallplatte fällt; zu diesem Zweck muss der flexible Schüttgut-Container an der am weitesten von der Aufprallkante entfernten Seite angehoben werden. Die Aufprallplatte muss:

a) fest eingebaut und ausreichend massiv sein, dass sie sich nicht verschieben kann,

b) eben sein, wobei die Oberfläche frei von lokalen Mängeln sein muss, welche die Prüfergebnisse beeinflussen können,

c) ausreichend starr sein, dass sie unter den Prüfbedingungen nicht verformbar ist und durch die Prüfungen nicht leicht beschädigt werden kann, und

d) ausreichend groß sein, um sicherzustellen, dass der zu prüfende flexible Schüttgut-Container vollständig auf die Oberfläche fällt.

**6.11.5.3.7.4 [Kippfallhöhe]**

Für alle flexiblen Schüttgut-Container ist folgende Kippfallhöhe festgelegt:

Verpackungsgruppe III: 0,8 m.

**Kriterium für das Bestehen der Prüfung** 6.11.5.3.7.5

Es darf kein Füllgut austreten. Ein geringfügiges Austreten aus Verschlüssen oder Nahtstellen beim Aufprall gilt nicht als Versagen des flexiblen Schüttgut-Containers, vorausgesetzt, es kommt nicht zu weiterer Undichtheit.

**Aufrichtprüfung** 6.11.5.3.8

**Anwendungsbereich** 6.11.5.3.8.1

Für alle Arten flexibler Schüttgut-Container, die für das Heben von oben oder von der Seite ausgelegt sind, als Bauartprüfung.

**Vorbereitung für die Prüfung** 6.11.5.3.8.2

Der flexible Schüttgut-Container muss bis mindestens 95 % seines Fassungsraums und bis zu seiner höchstzulässigen Bruttomasse gefüllt werden.

**Prüfverfahren** 6.11.5.3.8.3

Der auf der Seite liegende flexible Schüttgut-Container muss an höchstens der Hälfte der Hebeeinrichtungen mit einer Geschwindigkeit von mindestens 0,1 m/s angehoben werden, bis er aufrecht frei über dem Boden hängt.

**Kriterium für das Bestehen der Prüfung** 6.11.5.3.8.4

Es darf keine Beschädigung des flexiblen Schüttgut-Containers oder seiner Hebeeinrichtungen auftreten, durch die der flexible Schüttgut-Container für die Beförderung oder Handhabung ungeeignet wird.

**Weiterreißprüfung** 6.11.5.3.9

**Anwendungsbereich** 6.11.5.3.9.1

Für alle Arten flexibler Schüttgut-Container als Bauartprüfung.

**Vorbereitung für die Prüfung** 6.11.5.3.9.2

Der flexible Schüttgut-Container muss bis zu seiner höchstzulässigen Bruttomasse gefüllt werden.

**Prüfverfahren** 6.11.5.3.9.3

Bei dem auf dem Boden befindlichen flexiblen Schüttgut-Container müssen auf einer Breitseite in einer Länge von 300 mm alle Lagen des flexiblen Schüttgut-Containers vollständig durchschnitten werden. Der Schnitt ist in einem Winkel von 45° zur Hauptachse des flexiblen Schüttgut-Containers in halber Höhe zwischen dem Boden und dem oberen Füllgutspiegel vorzunehmen. Der flexible Schüttgut-Container ist dann einer gleichmäßig verteilten überlagerten Last auszusetzen, die dem Zweifachen der höchstzulässigen Bruttomasse entspricht. Die Last muss mindestens fünfzehn Minuten wirken. Ein flexibler Schüttgut-Container, der für das Heben von oben oder von der Seite ausgelegt ist, muss nach Entfernen der überlagerten Last hochgehoben werden, bis er sich frei über dem Boden befindet, und fünfzehn Minuten in dieser Stellung gehalten werden.

**Kriterium für das Bestehen der Prüfung** 6.11.5.3.9.4

Der Schnitt darf sich nicht um mehr als 25 % seiner ursprünglichen Länge vergrößern.

**Stapeldruckprüfung** 6.11.5.3.10

**Anwendungsbereich** 6.11.5.3.10.1

Für alle Arten von flexiblen Schüttgut-Containern als Bauartprüfung.

**Vorbereitung für die Prüfung** 6.11.5.3.10.2

Der flexible Schüttgut-Container ist bis zu seiner höchstzulässigen Bruttomasse zu befüllen.

**Prüfverfahren** 6.11.5.3.10.3

Der flexible Schüttgut-Container muss für eine Dauer von 24 Stunden einer auf die Oberseite des flexiblen Schüttgut-Containers aufgebrachten Last ausgesetzt werden, die dem Vierfachen der Auslegungstragfähigkeit entspricht.

**6.11.5.3.10.4 Kriterium für das Bestehen der Prüfung**

Es darf kein Verlust von Füllgut während der Prüfung oder nach dem Entfernen der Last auftreten.

### 6.11.5.4 Prüfbericht

**6.11.5.4.1 [Erforderliche Angaben]**

Es ist ein Prüfbericht zu erstellen, der mindestens folgende Angaben enthält und der den Benutzern des flexiblen Schüttgut-Containers zur Verfügung gestellt werden muss:

1. Name und Anschrift der Prüfeinrichtung;
2. Name und Anschrift des Antragstellers (soweit erforderlich);
3. eine nur einmal vergebene Prüfbericht-Kennnummer;
4. Datum des Prüfberichts;
5. Hersteller des flexiblen Schüttgut-Containers;
6. Beschreibung der Bauart des flexiblen Schüttgut-Containers (z.B. Abmessungen, Werkstoffe, Verschlüsse, Wanddicke usw.) und/oder Foto(s);
7. höchster Fassungsraum/höchstzulässige Bruttomasse;
8. charakteristische Merkmale des Prüfinhalts, z.B. Teilchengröße bei festen Stoffen;
9. Beschreibung und Ergebnis der Prüfungen;
10. der Prüfbericht muss mit Namen und Funktionsbezeichnung des Unterzeichners unterschrieben sein.

**6.11.5.4.2 [Prüfbericht]**

Der Prüfbericht muss Erklärungen enthalten, dass der versandfertige flexible Schüttgut-Container in Übereinstimmung mit den entsprechenden Vorschriften dieses Kapitels geprüft worden ist und dass dieser Prüfbericht bei Anwendung anderer Umschließungsmethoden oder bei Verwendung anderer Umschließungsbestandteile ungültig werden kann. Eine Ausfertigung des Prüfberichts ist der zuständigen Behörde zur Verfügung zu stellen.

### 6.11.5.5 Kennzeichnung

**6.11.5.5.1 [Anzubringende Kennzeichen/Angaben]**

Jeder flexible Schüttgut-Container, der für die Verwendung gemäß den Vorschriften des ADR hergestellt und bestimmt ist, muss mit dauerhaften, lesbaren und an einer gut sichtbaren Stelle angebrachten Kennzeichen versehen sein. Die Buchstaben, Ziffern und Symbole mit einer Zeichenhöhe von mindestens 24 mm müssen folgende Angaben umfassen:

a) das Symbol der Vereinten Nationen für Verpackungen (u/n); dieses Symbol darf nur zum Zweck der Bestätigung verwendet werden, dass eine Verpackung, ein flexibler Schüttgut-Container, ein ortsbeweglicher Tank oder ein MEGC den entsprechenden Vorschriften des Kapitels 6.1, 6.2, 6.3, 6.5, 6.6, 6.7 oder 6.11 entspricht;
b) den Code BK3;
c) einen Großbuchstaben, der die Verpackungsgruppe(n) angibt, für die die Bauart zugelassen worden ist:
   Z nur für die Verpackungsgruppe III;
d) Monat und Jahr (die letzten zwei Ziffern) der Herstellung;
e) das Zeichen des Staates, in dem die Zuordnung des Kennzeichens zugelassen wurde, angegeben durch das für Kraftfahrzeuge im internationalen Verkehr verwendete Unterscheidungszeichen[4)];
f) Name oder Zeichen des Herstellers und jede andere von der zuständigen Behörde festgelegte Identifizierung des flexiblen Schüttgut-Containers;
g) Prüflast der Stapeldruckprüfung in kg;
h) höchstzulässige Bruttomasse in kg.

---

4) Das für Kraftfahrzeuge und Anhänger im internationalen Straßenverkehr verwendete Unterscheidungszeichen des Zulassungsstaates, z.B. gemäß dem Genfer Übereinkommen über den Straßenverkehr von 1949 oder dem Wiener Übereinkommen über den Straßenverkehr von 1968.

Die Kennzeichen müssen in der Reihenfolge der Absätze a) bis h) angebracht werden; jedes in diesen Absätzen vorgeschriebene Kennzeichen muss zur leichteren Identifizierung deutlich getrennt werden, z.B. durch einen Schrägstrich oder eine Leerstelle. 6.11.5.5.1 (Forts.)

**Beispiel für die Kennzeichnung** 6.11.5.5.2

(un) BK3/Z/11 09
RUS/NTT/MK-14-10
56000/14000.

→ 1.6.5.11
→ D: § 8 (1) 1 l)
→ D: § 8 (2)
→ 1.2.1 „MEMU"

# Kapitel 6.12
# Vorschriften für den Bau, die Ausrüstung, die Zulassung des Baumusters, die Prüfung und die Kennzeichnung von Tanks, Schüttgut-Containern und besonderen Ladeabteilen für explosive Stoffe oder Gegenstände mit Explosivstoff in mobilen Einheiten zur Herstellung von explosiven Stoffen oder Gegenständen mit Explosivstoff (MEMU)

**Bem.** 1. Für ortsbewegliche Tanks siehe Kapitel 6.7; für festverbundene Tanks (Tankfahrzeuge), Aufsetztanks, Tankcontainer und Tankwechselaufbauten (Tankwechselbehälter), deren Tankkörper aus metallenen Werkstoffen hergestellt sind, siehe Kapitel 6.8; für Tanks aus faserverstärkten Kunststoffen siehe Kapitel 6.9 bzw. 6.13; für Saug-Druck-Tanks für Abfälle siehe Kapitel 6.10; für Schüttgut-Container siehe Kapitel 6.11.

2. Dieses Kapitel findet Anwendung auf festverbundene Tanks, Aufsetztanks, Tankcontainer, Tankwechselaufbauten (Tankwechselbehälter), die nicht allen Vorschriften der in der Bem. 1 genannten Kapitel entsprechen, sowie für Schüttgut-Container und für besondere Ladeabteile für explosive Stoffe oder Gegenstände mit Explosivstoff.

## 6.12.1 Anwendungsbereich

Die Vorschriften dieses Kapitels gelten für Tanks, Schüttgut-Container und besondere Ladeabteile, die für die Beförderung gefährlicher Güter in MEMU vorgesehen sind.

## 6.12.2 Allgemeine Vorschriften

### 6.12.2.1 [Vorschriftenkonformität]

Ungeachtet des in Abschnitt 1.2.1 für festverbundene Tanks definierten Mindestfassungsraums müssen die Tanks den Vorschriften des Kapitels 6.8 mit den Änderungen der besonderen Vorschriften dieses Kapitels entsprechen.

### 6.12.2.2 [Schüttgut-Container]

→ 6.11.3

Schüttgut-Container, die für die Beförderung gefährlicher Güter in MEMU vorgesehen sind, müssen den Vorschriften für Schüttgut-Container des Typs BK2 entsprechen.

### 6.12.2.3 [Trennung bei mehr als einem Stoff]

Wenn ein einzelner Tank oder Schüttgut-Container mehr als einen Stoff enthält, muss jeder Stoff durch mindestens zwei Wände mit Luftzwischenraum und Ablauf abgetrennt werden.

## 6.12.3 Tanks

### 6.12.3.1 Tanks mit einem Fassungsraum von mindestens 1 000 Litern

#### 6.12.3.1.1 [Vorschriftenkonformität]

Diese Tanks müssen den Vorschriften des Abschnitts 6.8.2 entsprechen.

#### 6.12.3.1.2 [Zugelassene Druckentlastungseinrichtung]

→ 1.6.5.14

Für die UN-Nummern 1942 und 3375 muss der Tank den Vorschriften der Kapitel 4.3 und 6.8 betreffend die Über- und Unterdruckbelüftungseinrichtungen entsprechen und darüber hinaus mit Berstscheiben oder anderen geeigneten Mitteln zur Notfall-Druckentlastung ausgerüstet sein, die von der zuständigen Behörde des Verwendungslandes zugelassen sind.

#### 6.12.3.1.3 [Leistungsfähigkeitsnachweis, Mindestwanddicke]

Bei anderen als kreisrunden Tankkörpern, z.B. Koffertankkörper oder elliptische Tankkörper, die nicht nach Absatz 6.8.2.1.4 und den dort genannten Normen oder technischen Regelwerken berechnet werden können, darf die Leistungsfähigkeit in Bezug auf die Beanspruchungsfestigkeit in geeigneter Weise durch eine von der zuständigen Behörde festgelegte Druckprüfung nachgewiesen werden.

Diese Tanks müssen den Vorschriften des Unterabschnitts 6.8.2.1 mit Ausnahme der Absätze 6.8.2.1.3, 6.8.2.1.4, 6.8.2.1.13 bis 6.8.2.1.22 entsprechen.

Die Dicke dieser Tankkörper darf nicht geringer sein als die in der folgenden Tabelle angegebenen Werte: 6.12.3.1.3 (Forts.)

| Werkstoff | Mindestwanddicke |
|---|---|
| rostfreie austenitische Stähle | 2,5 mm |
| andere Stähle | 3 mm |
| Aluminiumlegierungen | 4 mm |
| Aluminium, 99,80 % rein | 6 mm |

Ein Schutz des Tanks gegen Beschädigung durch seitlichen Aufprall oder Umkippen muss vorgesehen werden. Der Schutz muss gemäß Absatz 6.8.2.1.20 erfolgen, oder die zuständige Behörde muss alternative Schutzmaßnahmen zulassen.

**[Kennzeichnung]** 6.12.3.1.4

Abweichend von den Vorschriften des Absatzes 6.8.2.5.2 müssen Tanks nicht mit der Tankcodierung und, sofern anwendbar, den Sondervorschriften gekennzeichnet werden.

**Tanks mit einem Fassungsraum von weniger als 1 000 Litern** 6.12.3.2

**[Vorschriftenkonformität]** 6.12.3.2.1

Der Bau dieser Tanks muss den Vorschriften des Unterabschnitts 6.8.2.1 mit Ausnahme der Absätze 6.8.2.1.3, 6.8.2.1.4, 6.8.2.1.6, 6.8.2.1.10 bis 6.8.2.1.23 und 6.8.2.1.28 entsprechen.

**[Zugelassene Druckentlastungseinrichtung]** 6.12.3.2.2 → *1.6.5.14*

Die Ausrüstung dieser Tanks muss den Vorschriften des Absatzes 6.8.2.2.1 entsprechen. Für die UN-Nummern 1942 und 3375 muss der Tank den Vorschriften der Kapitel 4.3 und 6.8 betreffend die Über- und Unterdruckbelüftungseinrichtungen entsprechen und darüber hinaus mit Berstscheiben oder anderen geeigneten Mitteln zur Notfall-Druckentlastung ausgerüstet sein, die von der zuständigen Behörde des Verwendungslandes zugelassen sind.

**[Mindestwanddicke]** 6.12.3.2.3 → *4.7.2.2*

Die Dicke dieser Tankkörper darf nicht geringer sein als die in der folgenden Tabelle angegebenen Werte:

| Werkstoff | Mindestwanddicke |
|---|---|
| rostfreie austenitische Stähle | 2,5 mm |
| andere Stähle | 3 mm |
| Aluminiumlegierungen | 4 mm |
| Aluminium, 99,80 % rein | 6 mm |

**[Abstützende Maßnahmen]** 6.12.3.2.4

Die Tanks dürfen Bauteile haben, die außerhalb des Konvexitätsradius liegen. Alternative abstützende Maßnahmen können gekrümmte Wände, gewellte Wände oder Verstärkungsrippen sein. In mindestens einer Richtung darf der Abstand zwischen parallelen Abstützungen auf jeder Seite des Tanks nicht größer als das Hundertfache der Wanddicke sein.

**[Schweißverbindungen]** 6.12.3.2.5

Die Schweißverbindungen müssen nach den Regeln der Technik ausgeführt sein und volle Sicherheit bieten. Die Schweißarbeiten sind von geprüften Schweißern nach einem Schweißverfahren durchzuführen, dessen Eignung (einschließlich etwa erforderlicher Wärmebehandlungen) durch eine Verfahrensprüfung nachgewiesen wurde.

**[Erstmalige und wiederkehrende Prüfung]** 6.12.3.2.6 → *D: § 24 Nr. 7*

Die Vorschriften des Unterabschnitts 6.8.2.4 finden keine Anwendung. Die erstmalige Prüfung und die wiederkehrenden Prüfungen dieser Tanks müssen jedoch unter der Verantwortung des Verwenders oder Eigentümers des MEMU durchgeführt werden. Tankkörper und ihre Ausrüstung sind spätestens alle drei Jahre zur Zufriedenheit der zuständigen Behörde einer Untersuchung des äußeren und inneren Zustands und einer Dichtheitsprüfung zu unterziehen.

**6.12.3.2.7 [Kennzeichnung]**

Die Vorschriften des Unterabschnitts 6.8.2.3 für die Zulassung des Baumusters und des Unterabschnitts 6.8.2.5 für die Kennzeichnung finden keine Anwendung.

### 6.12.4 Ausrüstung

**6.12.4.1 [Verschlüsse bei UN 1942, UN 3375]**

Tanks für Stoffe der UN-Nummern 1942 und 3375 mit Bodenentleerung müssen mindestens zwei Verschlüsse haben. Einer dieser Verschlüsse kann die Produktmisch- oder Entleerungspumpe oder die Förderschnecke sein.

**6.12.4.2 [Rohre]**

Alle Rohre nach dem ersten Verschluss müssen aus einem schmelzbaren Werkstoff (z.B. Gummischlauch) bestehen oder schmelzbare Bauteile haben.

**6.12.4.3 [Füll- und Entleerungseinrichtungen]**

→ *4.7.2.3*

Um bei einer Beschädigung der äußeren Pumpen und Entleerungsarmaturen (Rohre) den Verlust von Füllgut zu vermeiden, müssen der erste Verschluss und sein Sitz gegen die Gefahr des Abreißens infolge äußerer Beanspruchungen geschützt oder so ausgelegt sein, dass sie diesen Beanspruchungen standhalten. Die Füll- und Entleerungseinrichtungen (einschließlich Flansche oder Gewindeverschlüsse) und Schutzkappen (sofern vorhanden) müssen gegen unbeabsichtigtes Öffnen geschützt werden können.

**6.12.4.4 [Über- und Unterdruckbelüftungseinrichtungen]**

Über- und Unterdruckbelüftungseinrichtungen gemäß Absatz 6.8.2.2.6 an Tanks für die UN-Nummer 3375 dürfen durch „Schwanenhälse" ersetzt werden. Solche Ausrüstungen müssen gegen die Gefahr des Abreißens infolge äußerer Beanspruchungen geschützt oder so ausgelegt sein, dass sie diesen Beanspruchungen standhalten.

### 6.12.5 Besondere Ladeabteile für explosive Stoffe oder Gegenstände mit Explosivstoff

Ladeabteile für Versandstücke mit explosiven Stoffen oder Gegenständen mit Explosivstoff, die Zünder und/oder Zündeinrichtungen enthalten, und Versandstücke mit explosiven Stoffen oder Gegenständen mit Explosivstoff, die Stoffe oder Gegenstände der Verträglichkeitsgruppe D enthalten, müssen für die Gewährleistung einer wirksamen Trennung so ausgelegt sein, dass keine Gefahr der Zündübertragung von den Zündern und/oder Zündeinrichtungen auf Stoffe oder Gegenstände der Verträglichkeitsgruppe D besteht. Die Trennung muss durch die Verwendung getrennter Abteile oder durch Einsetzen einer der beiden Arten von explosiven Stoffen oder Gegenständen mit Explosivstoff in ein besonderes Umschließungssystem erfolgen. Beide Trennungsmethoden müssen von der zuständigen Behörde zugelassen sein. Wenn der für das Ladeabteil verwendete Werkstoff Metall ist, muss die gesamte Innenseite des Ladeabteils mit Werkstoffen abgedeckt sein, die eine geeignete Feuerbeständigkeit aufweisen. Die Ladeabteile für die explosiven Stoffe oder Gegenstände mit Explosivstoff müssen so angeordnet sein, dass sie vor Stößen und vor Beschädigungen in unebenem Gelände und vor gefährlichen Wechselwirkungen mit anderen gefährlichen Gütern an Bord und vor Zündquellen auf dem Fahrzeug, z.B. Auspuffrohre usw., geschützt sind.

**Bem.** Diese Vorschrift der Feuerbeständigkeit gilt bei Verwendung von Werkstoffen, die gemäß Norm EN 13501-1:2007 + A1:2009 der Klasse B-s3, d2 zugeordnet sind, als erfüllt.

# Kapitel 6.13
# Vorschriften für die Auslegung, den Bau, die Ausrüstung, die Zulassung des Baumusters, die Prüfung und die Kennzeichnung von festverbundenen Tanks (Tankfahrzeugen) und Aufsetztanks aus faserverstärkten Kunststoffen (FVK)

→ 1.6.3.56
→ 1.6.4.59
→ 1.6.3.100
→ D: § 8 (1) 1 m)
→ D: § 12 (1) 2 c)
→ D: GGAV 9
→ D: RSEB Anl. 14
→ CH: SDR Anh. 1 1.1.3.6.6

**Bem.** Für ortsbewegliche Tanks und UN-Gascontainer mit mehreren Elementen (MEGC) siehe Kapitel 6.7; für ortsbewegliche FVK-Tanks siehe Kapitel 6.9; für festverbundene Tanks (Tankfahrzeuge), Aufsetztanks, Tankcontainer und Tankwechselaufbauten (Tankwechselbehälter), deren Tankkörper aus metallenen Werkstoffen hergestellt sind, sowie für Batterie-Fahrzeuge und Gascontainer mit mehreren Elementen (MEGC) mit Ausnahme von UN-MEGC siehe Kapitel 6.8, für Saug-Druck-Tanks für Abfälle siehe Kapitel 6.10.

**Allgemeines** 6.13.1

**[QS-Programm]** 6.13.1.1

FVK-Tanks müssen nach einem Qualitätssicherungsprogramm in Übereinstimmung mit Unterabschnitt 6.9.2.2.2 ausgelegt, hergestellt und geprüft werden; insbesondere dürfen Laminations- und Schweißarbeiten von Thermoplastlinern nur durch Personal vorgenommen werden, das nach von der zuständigen Behörde anerkannten Regeln qualifiziert ist.

**[Anwendbarkeit des Kapitels 6.8]** 6.13.1.2

Für die Auslegung und Prüfung von FVK-Tanks sind auch die Vorschriften der Absätze 6.8.2.1.1, 6.8.2.1.7, 6.8.2.1.13, 6.8.2.1.14 a) und b), 6.8.2.1.25, 6.8.2.1.27, 6.8.2.1.28 und 6.8.2.2.3 anzuwenden.

**[Stabilität]** 6.13.1.3

Hinsichtlich der Stabilität von Tankfahrzeugen ist der Unterabschnitt 9.7.5.1 anzuwenden.

**Bau** 6.13.2

**[Anwendbarkeit des Kapitels 6.9]** 6.13.2.1

Die FVK-Tankkörper sind in Übereinstimmung mit den Vorschriften der Absätze 6.9.2.2.3.2 bis 6.9.2.2.3.7 und 6.9.2.3.6 auszulegen und zu bauen.

**[Tragschicht]** 6.13.2.2

Die Tragschicht des Tankkörpers ist der Bereich, der gemäß den Unterabschnitten 6.13.2.4 und 6.13.2.5 besonders ausgelegt sein muss, um den mechanischen Belastungen standzuhalten. Dieser Teil besteht normalerweise aus mehreren faserverstärkten Lagen in definierter Richtung.

**[Außenschicht]** 6.13.2.2.1

Die Außenschicht aus Harz oder Farbe ist der Teil des Tankkörpers mit direktem Kontakt zur Umgebung. Sie muss so beschaffen sein, dass sie äußeren Einflüssen, insbesondere gelegentlich vorkommenden Kontakten mit dem zu befördernden Stoff, standhält. Zum Schutz der Tragschicht des Tankkörpers vor Schädigung durch ultraviolette Strahlung muss das Harz Füllstoffe oder Additive enthalten.

**Ausgangswerkstoffe** 6.13.2.3

**[Spezifikation]** 6.13.2.3.1

Alle für die Herstellung von FVK-Tanks verwendeten Werkstoffe müssen bekannten Ursprungs und spezifiziert sein.

**Harze** 6.13.2.3.2

Es gelten die Vorschriften des Absatzes 6.9.2.2.3.10.

**Verstärkungsfasern** 6.13.2.3.3

Es gelten die Vorschriften des Absatzes 6.9.2.2.3.11.

**6.13.2.3.4 Werkstoffe für Thermoplastliner**

Als Linerwerkstoffe dürfen Thermoplastliner, wie weichmacherfreies Polyvinylchlorid (PVC-U), Polypropylen (PP), Polyvinylidenfluorid (PVDF), Polytetrafluorethylen (PTFE) usw., verwendet werden.

**6.13.2.3.5 Additive**

Es gelten die Vorschriften des Absatzes 6.9.2.2.3.12.

**6.13.2.4 [Auslegung]**

Die Tankkörper, ihre Befestigungseinrichtungen sowie ihre Bedienungsausrüstung und bauliche Ausrüstung müssen so ausgelegt sein, dass sie während der Auslegungslebensdauer ohne Verlust des Inhalts (ausgenommen Gasmengen, die aus eventuell vorhandenen Entlüftungseinrichtungen entweichen) standhalten:

– den statischen und dynamischen Beanspruchungen unter normalen Beförderungsbedingungen;
– den in den Unterabschnitten 6.13.2.5 bis 6.13.2.9 beschriebenen Minimalbelastungen.

**6.13.2.5 [Versagenskriterien, Auslegungsspannung]**

Bei den in den Absätzen 6.8.2.1.14 a) und b) angegebenen Drücken und den statischen Schwerkraftlasten, die durch den Inhalt mit der für die Auslegung festgelegten höchsten Dichte und bei höchstem Füllungsgrad verursacht werden, dürfen die Versagenskriterien (FC) in Längsrichtung, in Umfangsrichtung und in jeder anderen Richtung in der Ebene des Verbundaufbaus den folgenden Wert nicht überschreiten:

$$FC \leq \frac{1}{K},$$

wobei:

$$K = S \times K_0 \times K_1 \times K_2 \times K_3,$$

wobei:

K einen Mindestwert von 4 haben muss;

S ein Sicherheitskoeffizient ist. Für die allgemeine Auslegung beträgt der Wert für S mindestens 1,5, wenn in Kapitel 3.2 Tabelle A Spalte (12) für die Tanks eine Tankcodierung angegeben ist, die im zweiten Teil den Buchstaben „G" enthält (siehe Absatz 4.3.4.1.1). Für Tanks, die für die Beförderung von Stoffen vorgesehen sind, für die ein erhöhtes Sicherheitsniveau erforderlich ist, d.h. wenn in Kapitel 3.2 Tabelle A Spalte (12) für die Tanks eine Tankcodierung angegeben ist, die im zweiten Teil die Ziffer „4" enthält (siehe Absatz 4.3.4.1.1), muss der Wert S verdoppelt werden, sofern der Tankkörper nicht mit einem zusätzlichen Schutz in Form eines den Tankkörper völlig umschließenden Metallrahmenwerkes mit Längs- und Querträgern ausgerüstet ist;

$K_0$ ein Faktor ist, der mit der Minderung der Werkstoffeigenschaften infolge Kriechverhaltens und Alterung unter dem chemischen Einfluss der zu befördernden Stoffe zusammenhängt. Er ist nach der Formel

$$K_0 = \frac{1}{\alpha \times \beta}$$

zu bestimmen, wobei $\alpha$ der Kriechfaktor und $\beta$ der Alterungsfaktor ist, der in Übereinstimmung mit Absatz 6.13.4.2.2 e) bzw. f) bestimmt wird. Alternativ darf konservativ ein Wert von $K_0 = 2$ verwendet werden. Bei der Verwendung in Berechnungen müssen die Faktoren $\alpha$ und $\beta$ zwischen 0 und 1 liegen;

$K_1$ ein Faktor ist, der mit der Betriebstemperatur und den thermischen Eigenschaften des Harzes zusammenhängt und der durch die folgende Gleichung mit einem Minimalwert von 1 ermittelt wird:

$K_1 = 1{,}25 - 0{,}0125\ (HDT - 70)$,

wobei HDT die Wärmeformbeständigkeitstemperatur des Harzes in °C ist;

$K_2$ ein Faktor ist, der mit der Ermüdung des Werkstoffes zusammenhängt; sofern mit der zuständigen Behörde nichts anderes vereinbart worden ist, ist hierfür ein Wert von $K_2 = 1{,}75$ zu verwenden. Für die Auslegung gegenüber dynamischen Belastungen nach Absatz 6.8.2.1.2 ist ein Wert von $K_2 = 1{,}1$ zu verwenden;

$K_3$ ein Faktor ist, der mit dem Aushärten des Harzes zusammenhängt und folgende Werte hat:

1,0 wenn das Aushärten nach einem zugelassenen und dokumentierten Verfahren erfolgt und das in Absatz 6.9.2.2.2 beschriebene Qualitätssicherungssystem eine Überprüfung des Aushärtungsgrades für jeden FVK-Tank unter Verwendung eines direkten Messansatzes, wie die in der Norm ISO 11357-2:2016 bestimmte dynamische Differenz-Thermoanalyse (DSC), gemäß Absatz 6.13.4.2.2 h) (i) umfasst; 6.13.2.5 (Forts.)

1,1 wenn die Formung des Thermoplastharzes oder das Aushärten des Duroplastharzes nach einem zugelassenen und dokumentierten Verfahren erfolgt und das in Unterabschnitt 6.13.1.2 beschriebene Qualitätssicherungssystem die Überprüfung der Eigenschaften des geformten Thermoplastharzes bzw. des Aushärtungsgrades des Duroplastharzes für jeden FVK-Tank unter Verwendung eines indirekten Messverfahrens gemäß Absatz 6.13.4.2.2 h) (ii), wie der Barcol-Test gemäß der Norm ASTM D2583:2013-03 oder EN 59:2016, die Wärmeformbeständigkeitstemperatur (HDT) gemäß der Norm ISO 75-1:2020, die thermomechanische Analyse (TMA) gemäß der Norm ISO 11359-1:2014 oder die dynamische thermomechanische Analyse (DMA) gemäß der Norm ISO 6721-11:2019;

1,5 in anderen Fällen.

Eine Auslegungsvalidierungsaufgabe unter Verwendung einer numerischen Analyse und eines geeigneten Versagenskriteriums für Verbundwerkstoffe muss durchgeführt werden, um zu überprüfen, ob die Beanspruchungen der Lagen im Tankkörper unter den zulässigen Werten liegen. Geeignete Versagenskriterien für Verbundwerkstoffe sind unter anderem Tsai-Wu, Tsai-Hill, Hashin, Yamada-Sun, Strain Invariant Failure Theory, Maximum Strain oder Maximum Stress. Mit Zustimmung der zuständigen Behörde sind andere Festigkeitskriterien zulässig. Die Methode und die Ergebnisse dieser Auslegungsvalidierungsaufgabe sind der zuständigen Behörde vorzulegen.

Die zulässigen Werte sind mit Hilfe von Versuchen zu ermitteln, um die Parameter abzuleiten, die für die gewählten Versagenskriterien in Verbindung mit dem Sicherheitsfaktor K, den nach Absatz 6.13.4.2.2 c) gemessenen Festigkeitswerten und den in Unterabschnitt 6.13.2.6 vorgeschriebenen Kriterien für die höchste Dehnung erforderlich sind. Die Analyse der Verbindungen ist in Übereinstimmung mit den gemäß Absatz 6.13.2.9 ermittelten zulässigen Werten und den gemäß Absatz 6.13.4.2.2 g) gemessenen Festigkeitswerten durchzuführen. Das Beulen ist gemäß Absatz 6.9.2.3.6 zu berücksichtigen. Die Auslegung von Öffnungen und metallenen Einschlüssen ist nach Absatz 6.13.2.10 zu berücksichtigen.

**[Resultierende Dehnung]** 6.13.2.6

Bei jeder der in Absatz 6.8.2.1.2 und in Unterabschnitt 6.13.2.5 definierten Beanspruchungen darf die resultierende Dehnung in jeder Richtung den in der folgenden Tabelle angegebenen Wert oder ein Zehntel der nach der Norm EN ISO 527-2:2012 ermittelten Bruchdehnung des Harzes, je nachdem, welcher Wert geringer ist, nicht überschreiten.

Beispiele bekannter Werte sind in nachstehender Tabelle angegeben:

| Harztyp | höchste Dehnung unter Zugbelastung (%) |
|---|---|
| ungesättigtes Polyester- oder Phenolharz | 0,2 |
| Vinylesterharz | 0,25 |
| Epoxyharz | 0,3 |
| Thermoplastharz | siehe Unterabschnitt 6.13.2.7 |

**[Dehnung ≤ Rissbildungsgrenze]** 6.13.2.7

Beim festgelegten Prüfdruck, der nicht geringer als der in den Absätzen 6.8.2.1.14 a) und b) festgelegte zutreffende Berechnungsdruck sein darf, darf die höchste Dehnung im Tankkörper die Rissbildungsgrenze des Harzes nicht überschreiten.

**[Standhalten Kugelfallversuch]** 6.13.2.8

Der Tankkörper muss in der Lage sein, dem in Absatz 6.13.4.3.3 aufgeführten Kugelfallversuch ohne sichtbare innere oder äußere Schäden standzuhalten.

**[Klebeverbindungen, Überlaminate]** 6.13.2.9

Die für die Verbindungsstellen, einschließlich der Verbindungen der Böden, der Verbindungen zwischen Schwall- und Trennwänden und dem Tankkörper, verwendeten Klebeverbindungen und/oder Überlaminate müssen in der Lage sein, den oben genannten statischen und dynamischen Belastungen standzu-

**6.13.2.9** (Forts.) halten. Um Spannungskonzentrationen im Überlaminat zu vermeiden, sind Neigungen mit einem Steigungsverhältnis von höchstens 1:6 zu verwenden.

Die Scherfestigkeit zwischen dem Überlaminat und den damit verbundenen Tankbauteilen darf nicht kleiner sein als

$$\tau = \gamma \frac{Q}{l} \leq \frac{\tau_R}{K},$$

wobei:

$\tau_R$ die interlaminare Scherfestigkeit gemäß der Norm ISO 14130:1997 und Cor 1:2003 ist;

Q die Last pro Längeneinheit ist, die die Verbindung unter den oben aufgeführten statischen und dynamischen Belastungen zu übernehmen hat;

K der gemäß Unterabschnitt 6.13.2.5 berechnete Faktor für die statischen und dynamischen Spannungen ist;

l die Länge des Überlaminats ist;

γ der Kerbfaktor ist, der die mittlere Spannung in der Verbindung und die Spitzenspannung am Ort der Versagensinitiierung in Bezug nimmt.

**6.13.2.10 [Metallene Flansche]**

Metallene Flansche und ihre Verschlüsse dürfen in FVK-Tankkörpern gemäß den Auslegungsvorschriften des Abschnitts 6.8.2 verwendet werden. Öffnungen im Tankkörper müssen so verstärkt sein, dass sie mindestens dieselben Sicherheitsfaktoren gegen die in Unterabschnitt 6.13.2.5 festgelegten statischen und dynamischen Beanspruchungen aufweisen wie der Tankkörper selbst. Die Anzahl der Öffnungen ist zu minimieren. Das Achsenverhältnis der ovalen Öffnungen darf nicht mehr als 2 betragen.

Werden metallene Flansche oder Bauteile durch Kleben in den FVK-Tankkörper integriert, so ist für die Verbindung zwischen Metall und FVK die in Unterabschnitt 6.13.2.9 genannte Charakterisierungsmethode anzuwenden. Werden die metallenen Flansche oder Bauteile auf andere Weise befestigt, z.B. durch Schraubverbindungen, so gelten die entsprechenden Bestimmungen des anwendbaren Regelwerks für Druckbehälter.

**6.13.2.11 [Flansche und Rohrleitungen]**

Bei der Auslegung von Flanschen und Rohrleitungen, die mit dem Tankkörper verbunden sind, sind zusätzlich Kräfte durch Handhabung und Befestigung von Schrauben zu berücksichtigen.

**6.13.2.12 [Berechnung der Festigkeitsnachweise]**

Die Festigkeitsnachweise des Tankkörpers müssen mit der Finite-Elemente-Methode berechnet werden, wobei der Lagenaufbau des Tankkörpers, die Verbindungen innerhalb des FVK-Tankkörpers, die Verbindungen zwischen dem FVK-Tankkörper, den Befestigungseinrichtungen und der baulichen Ausrüstung sowie die Öffnungen simuliert werden.

**6.13.2.13 [Feuerbeständigkeitsprüfung]**

Der Tank ist so auszulegen, dass er ohne wesentliche Undichtheiten den Auswirkungen einer allseitigen dreißigminütigen Brandbelastung, wie in den Prüfvorschriften nach Absatz 6.13.4.3.4 definiert, standhält. Bei Vorliegen von Daten von Prüfungen mit vergleichbaren Tankbaumustern kann mit Zustimmung der zuständigen Behörde auf eine Prüfung verzichtet werden.

**6.13.2.14 Sondervorschriften für die Beförderung von Stoffen mit einem Flammpunkt von höchstens 60 °C**

**6.13.2.14.1 [Anwendbarkeit des Kapitels 6.9]**

FVK-Tanks zur Beförderung von Stoffen mit einem Flammpunkt von höchstens 60 °C müssen den Vorschriften des Absatzes 6.9.2.2.3.14 entsprechen.

**6.13.2.14.2 [Elektrischer Oberflächen- und Erdableitwiderstand]**

Der elektrische Oberflächen- und Erdableitwiderstand ist erstmalig bei jedem hergestellten Tank oder an einer Probe des Tankkörpers mit einem von der zuständigen Behörde anerkannten Verfahren zu messen.

**6.13.2.14.3 [Erdableitwiderstand]**

Der Erdableitwiderstand ist bei jedem Tank als Teil der wiederkehrenden Prüfungen mit einem von der zuständigen Behörde anerkannten Verfahren zu messen.

**Ausrüstungsteile** 6.13.3

**[Anwendbarkeit des Kapitels 6.8]** 6.13.3.1

Es gelten die Vorschriften der Absätze 6.8.2.2.1, 6.8.2.2.2, 6.8.2.2.4 und 6.8.2.2.6 bis 6.8.2.2.8.

**[Sondervorschriften]** 6.13.3.2

Zusätzlich gelten auch die Sondervorschriften des Abschnitts 6.8.4 b) (TE), sofern diese bei einer Eintragung in Kapitel 3.2 Tabelle A Spalte (13) angegeben sind.

**Prüfung und Zulassung des Baumusters** 6.13.4

**[Werkstoffe, Prototyp]** 6.13.4.1

→ D: § 12 (1) 1 c)

Für jedes Baumuster eines FVK-Tanks sind die Werkstoffe und ein repräsentativer Prototyp der nachstehend aufgeführten Baumusterprüfung zu unterziehen.

**Werkstoffprüfung** 6.13.4.2

**[Normen]** 6.13.4.2.1

Für die zu verwendenden Harze ist die Bruchdehnung in Übereinstimmung mit der Norm EN ISO 527-2:2012 und die Wärmeformbeständigkeitstemperatur in Übereinstimmung mit der Norm EN ISO 75-1:2020 zu ermitteln.

**[Prüfpunkte]** 6.13.4.2.2

Folgende Eigenschaften sind an Proben zu ermitteln, die aus dem Tankkörper herausgeschnitten wurden. Parallel gefertigte Proben dürfen nur verwendet werden, wenn das Ausschneiden von Proben aus dem Tankkörper nicht möglich ist. Vor der Prüfung sind gegebenenfalls vorhandene Liner zu entfernen.

Die Prüfungen müssen Folgendes umfassen:

a) Die Dicke der Laminate des Mantels und der Böden des Tankkörpers.

b) Der Massegehalt und die Zusammensetzung der Verstärkung des Verbundwerkstoffs anhand der Norm EN ISO 1172:1998 oder ISO 14127:2008 sowie die Orientierung und der Aufbau der Verstärkungslagen.

c) Die Zugfestigkeit, die Bruchdehnung und das Elastizitätsmodul gemäß der Norm EN ISO 527-4:1997 oder EN ISO 527-5:2009 für die Umfangs- und Längsrichtung des Tankkörpers. Für Bereiche des FVK-Tankkörpers sind Prüfungen an repräsentativen Laminaten in Übereinstimmung mit der Norm EN ISO 527-4:1997 oder EN ISO 527-5:2009 durchzuführen, um eine Bewertung der Eignung des Sicherheitsfaktors (K) zu ermöglichen. Es sind mindestens sechs Proben pro Zugfestigkeitsmessung zu verwenden; als Zugfestigkeit gilt der Mittelwert minus zwei Standardabweichungen.

d) Die Biegefestigkeit und Durchbiegung, ermittelt anhand des Biegekriechversuchs nach der Norm EN ISO 14125:1998 + AC:2002 + A1:2011 während einer Dauer von 1 000 Stunden unter Verwendung einer Probe mit einer Mindestbreite von 50 mm und einem Auflagerabstand von mindestens der zwanzigfachen Wanddicke.

e) Der Kriechfaktor $\alpha$, ermittelt aus dem Mittelwert der Ergebnisse von mindestens zwei Proben mit der in Absatz d) beschriebenen Konfiguration, die bei der in Unterabschnitt 6.13.2.1 angegebenen höchsten Auslegungstemperatur über einen Zeitraum von 1 000 Stunden einem Kriechvorgang in einer Drei- oder Vier-Punkt-Biegung unterzogen werden. An jeder Probe ist die folgende Prüfung durchzuführen:

   (i) unbelastetes Einspannen der Probe in die Biegevorrichtung in einem auf die höchste Auslegungstemperatur eingestellten Ofen und Akklimatisierung über mindestens 60 Minuten;

   (ii) Belastung der Probe gemäß der Norm EN ISO 14125:1998 + AC:2002 + A1:2011 mit einer Biegespannung, die der in Absatz d) ermittelten Festigkeit geteilt durch vier entspricht. Aufrechterhaltung der mechanischen Belastung bei der höchsten Auslegungstemperatur ohne Unterbrechung für mindestens 1 000 Stunden;

   (iii) Messung der Anfangsverformung sechs Minuten nach dem Aufbringen der vollen Last gemäß Absatz e) (ii). Beibehaltung der Belastung der Probe im Prüfstand;

   (iv) Messung der endgültigen Verformung 1 000 Stunden nach Aufbringen der vollen Last gemäß Absatz e) (ii) und

6.13.4.2.2 (Forts.)

(v) Berechnung des Kriechfaktors α durch Division der Anfangsverformung aus Absatz e) (iii) durch die endgültige Verformung aus Absatz e) (iv).

f) Der Alterungsfaktor β, ermittelt aus dem Mittelwert der Ergebnisse von mindestens zwei Proben mit der in Absatz d) beschriebenen Konfiguration, die bei der in Unterabschnitt 6.13.2.1 angegebenen höchsten Auslegungstemperatur einer statischen Drei- oder Vier-Punkt-Biegung in Verbindung mit einem Eintauchen in Wasser über einen Zeitraum von 1 000 Stunden unterzogen werden. An jeder Probe ist die folgende Prüfung durchzuführen:

(i) vor der Prüfung oder Konditionierung Trocknung der Proben in einem Ofen bei 80 °C über einen Zeitraum von 24 Stunden;

(ii) Belastung der Probe mit einer Drei- oder Vier-Punkt-Biegung gemäß der Norm EN ISO 14125:1998 + AC:2002 + A1:2011 bei Umgebungstemperatur mit einer Biegespannung, die der in Absatz d) ermittelten Festigkeit geteilt durch vier entspricht. Messung der Anfangsverformung sechs Minuten nach Aufbringen der vollen Last. Entfernung der Probe aus dem Prüfstand;

(iii) Eintauchen der unbelasteten Probe in Wasser bei der höchsten Auslegungstemperatur für eine Dauer von mindestens 1 000 Stunden ohne Unterbrechung der Konditionierungszeit. Entfernung der Proben nach Ablauf der Konditionierungszeit, Feuchthalten bei Umgebungstemperatur und Absolvierung des Schrittes gemäß Absatz f) (iv) innerhalb von drei Tagen;

(iv) Unterziehung der Probe einer zweiten Runde statischer Belastung in der gleichen Weise wie in Absatz f) (ii). Messung der endgültigen Verformung sechs Minuten nach dem Aufbringen der vollen Last. Entfernung der Probe aus dem Prüfstand und

(v) Berechnung des Alterungsfaktors β durch Division der Anfangsverformung aus Absatz f) (ii) durch die endgültige Verformung aus Absatz f) (iv).

g) Die interlaminare Scherfestigkeit der Verbindungen, gemessen durch Prüfung repräsentativer Proben in Übereinstimmung mit der Norm EN ISO 14130:1997.

h) Für die Laminate je nach Anwendungsfall die Effizienz der Umformeigenschaften für Thermoplastharze oder die Effizienz der Aushärtungs- und Nachhärtungsverfahren für Duroplastharze, bestimmt mit einer oder mehreren der folgenden Methoden:

(i) direkte Messung der Eigenschaften des geformten Thermoplastharzes oder des Aushärtungsgrades des Duroplastharzes: die unter Verwendung der dynamischen Differenz-Thermoanalyse (DSC) in Übereinstimmung mit der Norm EN ISO 11357-2:2020 bestimmte Glasübergangstemperatur ($T_g$) oder Schmelztemperatur ($T_m$) oder

(ii) indirekte Messung der Eigenschaften des geformten Thermoplastharzes oder des Aushärtungsgrades des Duroplastharzes:

- HDT gemäß der Norm ISO 75-1:2020,
- $T_g$ oder $T_m$ mittels thermomechanischer Analyse (TMA) gemäß der Norm ISO 11359-1:2014,
- dynamische thermomechanische Analyse (DMA) gemäß der Norm ISO 6721-11:2019,
- Barcol-Test gemäß der Norm ASTM D2583:2013-03 oder EN 59:2016.

**6.13.4.2.3 [Füllgutverträglichkeit]**

Für die chemische Verträglichkeit gelten die Vorschriften des Absatzes 6.9.2.7.1.3.

**6.13.4.3 Baumusterprüfung**

Ein repräsentativer Prototyp eines Tanks ist den nachstehend dargestellten Prüfungen zu unterziehen. Soweit erforderlich, darf die Bedienungsausrüstung zu diesem Zweck durch andere Teile ersetzt werden.

**6.13.4.3.1 [Baumusterspezifikationsprüfung]**

Der Prototyp ist auf Übereinstimmung mit der Baumusterspezifikation zu prüfen. Dies schließt eine innere und äußere Sichtprüfung und eine Maßkontrolle der Hauptabmessungen ein.

**6.13.4.3.2 [Dehnprüfung]**

Der Prototyp, der an allen Stellen, für die ein Vergleich mit der Auslegungsberechnung erforderlich ist, mit Dehnmessstreifen ausgerüstet ist, ist folgenden Belastungen zu unterziehen, wobei die dabei auftretenden Dehnungen aufzuzeichnen sind:

a) Füllung mit Wasser bis zum höchsten Füllungsgrad. Die Messergebnisse sind zur Überprüfung der Auslegungsberechnung nach Unterabschnitt 6.13.2.5 zu verwenden.

b) Füllung mit Wasser bis zum höchsten Füllungsgrad und Beschleunigung in allen drei Richtungen durch Fahr- und Bremsversuche mit dem auf einem Fahrzeug befestigten Prototyp. Für den Vergleich mit der Auslegungsberechnung nach Unterabschnitt 6.13.2.5 sind die aufgezeichneten Dehnungen im Verhältnis zu den in Absatz 6.8.2.1.2 geforderten und den gemessenen Beschleunigungswerten zu extrapolieren. 6.13.4.3.2 (Forts.)

c) Füllung mit Wasser und Anwendung des festgelegten Prüfdrucks. Unter dieser Belastung darf der Tankkörper keine sichtbaren Schäden und keine Undichtheit aufweisen.

**[Kugelfallversuch]** 6.13.4.3.3

Es gelten die Vorschriften des Absatzes 6.9.2.7.1.4 für den Kugelfallversuch.

**[Feuerbeständigkeitsprüfung]** 6.13.4.3.4

Es gelten die Vorschriften des Absatzes 6.9.2.7.1.5 für die Feuerbeständigkeitsprüfung.

**Zulassung des Baumusters*)** 6.13.4.4

**[Zulassungsbescheinigung]** 6.13.4.4.1

Die zuständige Behörde hat für jedes neue Baumuster eines Tanks eine Zulassungsbescheinigung auszustellen, die die Eignung des Baumusters für den vorgesehenen Zweck und die Einhaltung der Bau- und Ausrüstungsvorschriften dieses Kapitels sowie der für die zu befördernden Stoffe geltenden Sondervorschriften bescheinigt.

**[Grundlage]** 6.13.4.4.2

Die Zulassung ist auf der Grundlage der Berechnung sowie des Prüfberichtes, einschließlich aller Werkstoff- und Baumusterprüfergebnisse und ihres Vergleiches mit der Auslegungsberechnung, zu erstellen und muss sich auf die Baumusterspezifikation und das Qualitätssicherungsprogramm beziehen.

**[Zugelassene Stoffe]** 6.13.4.4.3

Die Zulassung muss die Stoffe oder Stoffgruppen, für die die Verträglichkeit mit dem Tankkörper nachgewiesen wurde, umfassen. Dabei sind die chemischen Benennungen oder die entsprechende Sammelbezeichnung (siehe Unterabschnitt 2.1.1.2) sowie die Klasse und der Klassifizierungscode anzugeben.

**[Weitere Angaben]** 6.13.4.4.4

Die Zulassung muss ferner veröffentlichte Auslegungs- und Gewährleistungswerte (wie Lebensdauer, Betriebstemperaturbereich, Betriebs- und Prüfdrücke, Werkstoffkennwerte) sowie diejenigen Maßnahmen umfassen, die bei der Herstellung, Prüfung, Zulassung des Baumusters, Kennzeichnung und der Verwendung aller Tanks die nach dem zugelassenen Baumuster gefertigt werden, zu beachten sind.

**[Betriebsdauer-Prüfprogramm]** 6.13.4.4.5

Es muss ein Betriebsdauer-Prüfprogramm erstellt werden, das Teil des Betriebshandbuchs ist, um den Zustand des Tanks bei wiederkehrenden Prüfungen zu überwachen. Das Prüfprogramm muss sich auf die Stellen mit kritischer Beanspruchung konzentrieren, die in der gemäß Unterabschnitt 6.13.2.5 durchgeführten Auslegungsanalyse ermittelt wurden. Die Prüfmethode muss die potenzielle Schadensart an der kritischen Spannungsstelle berücksichtigen (z.B. Zugspannung oder Interlaminatspannung). Die Prüfung muss eine Kombination aus Sichtprüfung und zerstörungsfreier Prüfung sein (z.B. Schallemission, Ultraschallauswertung, Thermografie). Bei Heizelementen muss das Betriebsdauer-Püfprogramm eine Untersuchung des Tankkörpers oder seiner repräsentativen Bereiche ermöglichen, um die Auswirkungen von Überhitzung zu berücksichtigen.

**Prüfungen** 6.13.5

**[Prüfungsarten]** 6.13.5.1

Für jeden Tank, der in Übereinstimmung mit dem zugelassenen Baumuster hergestellt wird, sind die nachstehend aufgeführten Werkstoffprüfungen und Untersuchungen wie folgt durchzuführen.

*) → D: RSEB 6-5; → D: RSEB Anl. 14

**6.13.5.1.1 [Tankkörperproben]**

Mit Proben aus dem Tankkörper sind die Werkstoffprüfungen nach Absatz 6.13.4.2.2 mit Ausnahme des Zugversuches und einer Verringerung der Prüfzeit für die Biegekriechprüfung auf 100 Stunden durchzuführen. Parallel gefertigte Proben dürfen nur verwendet werden, wenn das Ausschneiden von Proben aus dem Tankkörper nicht möglich ist. Die zugelassenen Auslegungswerte sind einzuhalten.

**6.13.5.1.2 [Erstmalige Prüfung]**

Bei der erstmaligen Prüfung muss überprüft werden, ob der Bau des Tanks in Übereinstimmung mit dem in Absatz 6.9.2.2.2 vorgeschriebenen Qualitätssicherungssystem erfolgt ist. Die Tankkörper und ihre Ausrüstung sind entweder zusammen oder getrennt erstmalig vor Inbetriebnahme zu prüfen. Diese Prüfung umfasst:

a) eine Prüfung auf Übereinstimmung mit dem zugelassenen Baumuster;
b) eine Prüfung der Merkmale des Baumusters;
c) eine innere und äußere Untersuchung;
d) eine Wasserdruckprüfung mit dem Prüfdruck, der auf dem in Absatz 6.8.2.5.1 vorgeschriebenen Schild angegeben ist;
e) eine Funktionsprüfung der Ausrüstungsteile;
f) eine Dichtheitsprüfung, sofern der Tankkörper und seine Ausrüstung getrennt druckgeprüft worden sind.

**6.13.5.2 [Wiederkehrende Prüfung]**

*→ D: § 24 Nr. 3*

Für die wiederkehrende Prüfung der Tanks gelten die Vorschriften der Absätze 6.8.2.4.2 bis 6.8.2.4.4. Darüber hinaus muss die Prüfung gemäß Absatz 6.8.2.4.3 die Untersuchung des inneren Zustands des Tankkörpers einschließen.

**6.13.5.3 [Prüfung nach Betriebsdauer-Prüfprogramm]**

Darüber hinaus müssen die erstmalige und die wiederkehrende Prüfung nach dem Betriebsdauer-Prüfprogramm und den damit verbundenen Prüfmethoden gemäß Absatz 6.13.4.4.5 erfolgen.

**6.13.5.4 [Bescheinigung]**

*→ D: § 19 (2) 5 a)*

Die Prüfungen nach den Unterabschnitten 6.13.5.1 und 6.13.5.2 sind von der Prüfstelle durchzuführen. Die Prüfergebnisse sind zu bescheinigen. In diesen Bescheinigungen ist auf die in diesem Tankkörper gemäß Unterabschnitt 6.13.4.4 zur Beförderung zugelassenen Stoffe Bezug zu nehmen.

## 6.13.6 Kennzeichnung

*→ D: RSEB 6-6*

**6.13.6.1 [Besonderheiten]**

*→ 1.6.3.100.2*

Für die Kennzeichnung von FVK-Tanks gelten die Vorschriften des Unterabschnitts 6.8.2.5 mit folgenden Änderungen:

a) das Tankschild darf auch auf den Tankkörper auflaminiert werden oder aus geeigneten Kunststoffen bestehen;
b) der Auslegungstemperaturbereich ist immer anzugeben;
c) sofern gemäß Absatz 6.8.2.5.2 eine Tankcodierung vorgeschrieben ist, muss der zweite Teil der Tankcodierung den höchsten Wert des Berechnungsdruckes des Stoffes (der Stoffe) angeben, der (die) gemäß der Baumusterzulassungsbescheinigung für die Beförderung zugelassen ist (sind).

**6.13.6.2 [Angaben zu den Werkstoffen]**

Die vorgeschriebenen Angaben zu den Werkstoffen müssen lauten:

„Werkstoff der Tankkörperstruktur: Faserverstärkter Kunststoff", die Verstärkungsfaser, z.B. „Verstärkung: E-Glas", und das Harz, z.B. „Harz: Vinylester".

**6.13.6.3 [Sondervorschriften]**

Zusätzlich gelten auch die Sondervorschriften des Abschnitts 6.8.4 e) (TM), sofern diese bei einer Eintragung in Kapitel 3.2 Tabelle A Spalte (13) angegeben sind.

# Teil 7
# Vorschriften für die Beförderung, die Be- und Entladung und die Handhabung

**Was steht wo in Teil 7?**



## Kapitel 7.1 Allgemeine Vorschriften

→ RO-a-IE-4

**[Allgemeine Vorschriften]** 7.1.1

Die Beförderung gefährlicher Güter erfordert die Verwendung einer bestimmten Beförderungsausrüstung nach den Vorschriften dieses Kapitels sowie des Kapitels 7.2 für die Beförderung in Versandstücken, des Kapitels 7.3 für die Beförderung in loser Schüttung und des Kapitels 7.4 für die Beförderung in Tanks. Darüber hinaus sind die Vorschriften des Kapitels 7.5 bezüglich der Be- und Entladung und der Handhabung zu beachten.

In Kapitel 3.2 Tabelle A Spalten (16), (17) und (18) sind die für bestimmte gefährliche Güter anwendbaren Sondervorschriften dieses Teils angegeben.

**[Fahrzeuganforderungen]** 7.1.2

→ D: RSEB 7-1.5
→ CTU-Code Kap. 7

Neben den Vorschriften dieses Teils müssen die für die Beförderung gefährlicher Güter verwendeten Fahrzeuge hinsichtlich ihrer Auslegung, ihres Baus und gegebenenfalls ihrer Zulassung den jeweiligen Vorschriften des Teils 9 entsprechen.

**[CSC-Konformität von Großcontainern, ortsbeweglichen Tanks und Tankcontainern]** 7.1.3

→ D: § 21 (2) 5

Großcontainer, ortsbewegliche Tanks, MEGC und Tankcontainer, die unter die Definition „Container" des CSC in der jeweils geänderten Fassung oder der von der UIC veröffentlichten IRS 50591 („Wechselbehälter für den horizontalen Umschlag – Technische Bedingungen für den Einsatz im internationalen Verkehr")[1] und IRS 50592 („Intermodale Ladeeinheiten für Vertikalumschlag, außer Sattelanhänger, zur Beförderung auf Wagen – Mindestanforderungen")[2] fallen, dürfen für die Beförderung gefährlicher Güter nur verwendet werden, wenn der Großcontainer oder der Rahmen des ortsbeweglichen Tanks, des MEGC oder des Tankcontainers den Bestimmungen des CSC oder den Bestimmungen der IRS 50591 und IRS 50592 der UIC entspricht.

(gestrichen) 7.1.4

**[Anforderungen an Fahrzeugaufbau und Container]** 7.1.5

Die Großcontainer müssen den Vorschriften über den Fahrzeugaufbau genügen, die durch diesen Teil und gegebenenfalls den Teil 9 für die betreffende Ladung vorgesehen sind; der Fahrzeugaufbau muss dann diesen Vorschriften nicht entsprechen.

---

1) Erste Fassung der ab 1. Juni 2020 geltenden IRS (International Railway Solution).

2) Dritte Fassung der ab 1. Dezember 2023 geltenden IRS (International Railway Solution).

7.1.5 (Forts.) Großcontainer, die mit Fahrzeugen befördert werden, deren Boden Isoliereigenschaften und eine Hitzebeständigkeit aufweist, die diesen Vorschriften genügen, müssen diesen Vorschriften jedoch nicht entsprechen.

Diese Vorschrift gilt bei der Beförderung von explosiven Stoffen und Gegenständen mit Explosivstoff der Klasse 1 auch für Kleincontainer.

**7.1.6 [Gültigkeit der Fahrzeuganforderungen]**

Vorbehaltlich der Vorschriften des Abschnitts 7.1.5 letzter Satzteil werden die Vorschriften, die für das Fahrzeug wegen der Art und der Menge der beförderten gefährlichen Güter gelten, dadurch nicht berührt, dass sie in einem Container oder in mehreren Containern enthalten sind.

**7.1.7 Besondere Vorschriften für die Beförderung selbstzersetzlicher Stoffe der Klasse 4.1, organischer Peroxide der Klasse 5.2 und anderer Stoffe (als selbstzersetzliche Stoffe und organische Peroxide), die durch Temperaturkontrolle stabilisiert werden**

**7.1.7.1 [Sonnen- und Wärmeschutz]**

*→ D: § 29 (2) 1*

Alle selbstzersetzlichen Stoffe, organischen Peroxide und polymerisierenden Stoffe dürfen keiner direkten Sonneneinstrahlung und keinen Wärmequellen ausgesetzt sein und müssen an ausreichend belüfteten Stellen abgestellt sein.

**7.1.7.2 [Kritische Menge]**

*→ D: § 29 (2) 2*

Wenn in einen Container oder ein gedecktes Fahrzeug mehrere Versandstücke zusammen verladen werden, darf die Gesamtmenge des Stoffes, die Art und die Anzahl der Versandstücke und die Anordnung in Stapeln keine Explosionsgefahr verursachen.

**7.1.7.3 Vorschriften für die Temperaturkontrolle[*)]**

**7.1.7.3.1 [Stoffarten]**

*→ 2.2.41.1.9*
*→ 2.2.52.1.3*

Diese Vorschriften gelten für bestimmte selbstzersetzliche Stoffe, sofern dies gemäß Absatz 2.2.41.1.17 vorgeschrieben ist, für bestimmte organische Peroxide, sofern dies gemäß Absatz 2.2.52.1.15 vorgeschrieben ist, und für bestimmte polymerisierende Stoffe, sofern dies gemäß Absatz 2.2.41.1.21 oder gemäß Kapitel 3.3 Sondervorschrift 386 vorgeschrieben ist, die nur unter Bedingungen befördert werden dürfen, bei denen die Temperatur kontrolliert wird.

**7.1.7.3.2 [Einzelstoffe]**

Diese Vorschriften gelten auch für die Beförderung von Stoffen, bei denen:

a) die offizielle Benennung für die Beförderung in Kapitel 3.2 Tabelle A Spalte (2) oder gemäß Unterabschnitt 3.1.2.6 den Ausdruck „TEMPERATURKONTROLLIERT" enthält und

b) die für den Stoff (mit oder ohne chemische Stabilisierung) im zur Beförderung aufgegebenen Zustand bestimmte SADT oder SAPT
   (i) höchstens 50 °C für Einzelverpackungen und Großpackmittel (IBC) oder
   (ii) höchstens 45 °C für Tanks
   beträgt.

Wenn zur Stabilisierung eines reaktiven Stoffes, der unter normalen Beförderungsbedingungen gefährliche Mengen Wärme und Gase oder Dämpfe erzeugen kann, keine chemische Stabilisierung verwendet wird, muss dieser Stoff unter Temperaturkontrolle befördert werden. Diese Vorschriften gelten nicht für Stoffe, die durch Hinzufügen chemischer Inhibitoren stabilisiert werden, so dass die SADT oder SAPT höher ist als in Absatz b) (i) oder (ii) vorgeschrieben.

**7.1.7.3.3 [Kritische Beförderungstemperatur]**

Wenn ein selbstzersetzlicher Stoff, ein organisches Peroxid oder ein Stoff, dessen offizielle Benennung für die Beförderung den Ausdruck „STABILISIERT" enthält und der normalerweise nicht unter Temperaturkontrolle befördert werden muss, unter Bedingungen befördert wird, bei denen die Temperatur 55 °C übersteigen kann, kann darüber hinaus eine Temperaturkontrolle erforderlich sein.

---

*) *→ D: § 17 (3); → D: § 18 (2) 2; → D: § 29 (2) 2*

**[Definition Kontrolltemperatur]** 7.1.7.3.4

Die „Kontrolltemperatur" ist die höchste Temperatur, bei der der Stoff sicher befördert werden kann. Es wird davon ausgegangen, dass die Temperatur in der unmittelbaren Umgebung des Versandstücks während der Beförderung 55 °C nicht übersteigt und diesen Wert nur während eines relativ kurzen Zeitraums innerhalb von jeweils 24 Stunden erreicht. Bei Ausfall der Temperaturkontrolle kann es erforderlich werden, Notfallmaßnahmen zu ergreifen. Die „Notfalltemperatur" ist die Temperatur, bei der diese Maßnahmen einzuleiten sind.

**Ableitung von Kontroll- und Notfalltemperatur** 7.1.7.3.5

| Art des Gefäßes | SADT[a)]/SAPT[a)] | Kontrolltemperatur | Notfalltemperatur |
|---|---|---|---|
| Einzelverpackungen und Großpackmittel (IBC) | ≤ 20 °C | 20 °C unter SADT/SAPT | 10 °C unter SADT/SAPT |
| | > 20 °C ≤ 35 °C | 15 °C unter SADT/SAPT | 10 °C unter SADT/SAPT |
| | > 35 °C | 10 °C unter SADT/SAPT | 5 °C unter SADT/SAPT |
| Tanks | ≤ 45 °C | 10 °C unter SADT/SAPT | 5 °C unter SADT/SAPT |

a) Die Temperatur der selbstbeschleunigenden Zersetzung (SADT) oder die Temperatur der selbstbeschleunigenden Polymerisation (SAPT) des für die Beförderung verpackten Stoffes.

**[Definition SADT/SAPT]** 7.1.7.3.6

Die Kontrolltemperatur und die Notfalltemperatur werden unter Verwendung der Tabelle in Absatz 7.1.7.3.5 von der SADT oder der SAPT abgeleitet, die als die niedrigsten Temperaturen definiert sind, bei denen bei einem Stoff in den für die Beförderung verwendeten Verpackungen, Großpackmitteln (IBC) oder Tanks eine selbstbeschleunigende Zersetzung oder Polymerisation auftreten kann. Die SADT oder SAPT wird ermittelt, um zu entscheiden, ob ein Stoff unter Temperaturkontrolle befördert werden muss. Vorschriften für die Bestimmung der SADT und der SAPT sind im Handbuch Prüfung und Kriterien Teil II Abschnitt 28 enthalten.

**[Bekannte Kontroll- und Notfalltemperaturen]** 7.1.7.3.7

Kontroll- und Notfalltemperaturen sind, sofern zutreffend, für die momentan zugeordneten selbstzersetzlichen Stoffe in Unterabschnitt 2.2.41.4 und für die momentan zugeordneten Zubereitungen organischer Peroxide in Unterabschnitt 2.2.52.4 angegeben.

**[Phasentrennung]** 7.1.7.3.8

Die tatsächliche Beförderungstemperatur darf niedriger als die Kontrolltemperatur sein, muss aber so gewählt werden, dass eine gefährliche Phasentrennung vermieden wird.

**Beförderung unter Temperaturkontrolle** 7.1.7.4
*→ D: § 29 (2) 2*

**[Vorkehrungen]** 7.1.7.4.1

Die Aufrechterhaltung der vorgeschriebenen Temperatur ist von wesentlicher Bedeutung für die sichere Beförderung von Stoffen, die durch Temperaturkontrolle stabilisiert werden. Im Allgemeinen ist Folgendes erforderlich:

a) eine sorgfältige Inspektion der Güterbeförderungseinheit vor dem Beladen;

b) Hinweise für den Beförderer über den Betrieb des Kühlsystems, einschließlich einer Liste der an der Fahrstrecke gelegenen Kühlmittellieferanten;

c) Verfahren, die bei Ausfall der Temperaturkontrolle zu befolgen sind;

d) die regelmäßige Überwachung der Betriebstemperaturen und

e) die Verfügbarkeit eines Reservekühlsystems oder von Ersatzteilen.

**[Technische Ausstattung]** 7.1.7.4.2

Alle Kontrolleinrichtungen und Temperaturmesseinrichtungen des Kühlsystems müssen leicht zugänglich und alle elektrischen Verbindungen müssen witterungsbeständig sein. Die Lufttemperatur im Inneren der Güterbeförderungseinheit muss mit zwei voneinander unabhängigen Messfühlern gemessen werden und die Daten müssen so aufgezeichnet werden, dass jede Temperaturänderung leicht festgestellt werden kann. Die Temperatur muss alle vier bis sechs Stunden kontrolliert und aufgezeichnet werden. Wenn

7.1.7.4.2 (Forts.) Stoffe mit einer Kontrolltemperatur von weniger als +25 °C befördert werden, muss die Güterbeförderungseinheit mit einem optischen und akustischen Alarm ausgerüstet sein, der unabhängig vom Kühlsystem mit Energie versorgt wird und bei oder unter der Kontrolltemperatur anspricht.

7.1.7.4.3 **[Alarmverfahren]**

Wenn während der Beförderung die Kontrolltemperatur überschritten wird, muss ein Alarmverfahren eingeleitet werden, das gegebenenfalls eine notwendige Reparatur der Kühlanlage oder eine Erhöhung der Kühlkapazität (z.B. durch Hinzufügen flüssiger oder fester Kühlmittel) umfasst. Außerdem muss die Temperatur häufig kontrolliert werden und es müssen Vorkehrungen für Notfallmaßnahmen getroffen werden. Wird die Notfalltemperatur erreicht, müssen die Notfallmaßnahmen eingeleitet werden.

7.1.7.4.4 **[Eignung der Temperaturkontrolleinrichtung]**

Die Eignung einer bestimmten Temperaturkontrolleinrichtung für die Beförderung ist abhängig von verschiedenen Faktoren. Zu betrachtende Faktoren sind unter anderem:

a) die Kontrolltemperatur(en) des (der) zu befördernden Stoffes (Stoffe);
b) die Differenz zwischen der Kontrolltemperatur und den zu erwartenden Umgebungstemperaturbedingungen;
c) die Wirksamkeit der Wärmedämmung;
d) die Beförderungsdauer und
e) die Berücksichtigung einer Sicherheitsreserve für Verzögerungen.

7.1.7.4.5 **[Methoden zur Temperaturkontrolle]**

Geeignete Methoden zur Vermeidung der Überschreitung der Kontrolltemperatur sind in der Reihenfolge zunehmender Wirksamkeit:

a) ein Fahrzeug, ein Container, eine Verpackung oder eine Umverpackung mit Wärmedämmung, vorausgesetzt, die Anfangstemperatur des (der) zu befördernden Stoffes (Stoffe) liegt in ausreichendem Maße unter der Kontrolltemperatur;
b) ein Fahrzeug, ein Container, eine Verpackung oder eine Umverpackung mit Wärmedämmung und Kältespeicher, vorausgesetzt:
   (i) eine ausreichende Menge nicht entzündbaren Kühlmittels (z.B. flüssiger Stickstoff oder Trockeneis) unter Berücksichtigung einer angemessenen Reserve für Verzögerungen wird mitgeführt oder eine Nachschubmöglichkeit ist sichergestellt;
   (ii) als Kühlmittel wird weder flüssiger Sauerstoff noch flüssige Luft verwendet;
   (iii) eine gleichbleibende Kühlwirkung ist auch dann gewährleistet, wenn der größte Teil des Kühlmittels verbraucht ist, und
   (iv) auf der Tür (den Türen) der Beförderungseinheit befindet sich ein deutlich sichtbarer Warnhinweis, dass die Beförderungseinheit vor dem Betreten belüftet werden muss;
c) ein Fahrzeug oder Container mit Wärmedämmung und einer einzelnen Kühlmaschine, vorausgesetzt, für zu befördernde Stoffe mit einem Flammpunkt, der niedriger ist als die um 5 °C erhöhte Notfalltemperatur, wird innerhalb des Kühlraums eine explosionsgeschützte elektrische Ausrüstung EEx IIB T3 verwendet, um die Entzündung der von den Stoffen freigesetzten entzündbaren Dämpfe zu vermeiden;
d) ein Fahrzeug oder Container mit Wärmedämmung und einer Kombination aus einer Kältemaschine und einem Kältespeicher, vorausgesetzt,
   (i) die beiden Systeme sind voneinander unabhängig und
   (ii) die Vorschriften der Absätze b) und c) sind erfüllt;
e) ein Fahrzeug oder Container mit Wärmedämmung und doppelt vorhandenen Kältemaschinen, vorausgesetzt,
   (i) beide Systeme sind, abgesehen von der gemeinsamen Stromversorgung, voneinander unabhängig;
   (ii) jedes System kann allein eine ausreichende Temperaturkontrolle aufrechterhalten und
   (iii) für zu befördernde Stoffe mit einem Flammpunkt, der niedriger ist als die um 5 °C erhöhte Notfalltemperatur, wird innerhalb des Kühlraums eine explosionsgeschützte elektrische Ausrüstung EEx IIB T3 verwendet, um die Entzündung der von den Stoffen freigesetzten entzündbaren Dämpfe zu vermeiden.

**[Stoffspezifische Methoden]** 7.1.7.4.6

Die in Absatz 7.1.7.4.5 d) und e) beschriebenen Methoden dürfen für alle organischen Peroxide, selbstzersetzlichen Stoffe und polymerisierenden Stoffe angewendet werden.

Die in Absatz 7.1.7.4.5 c) beschriebene Methode darf für organische Peroxide und selbstzersetzliche Stoffe der Typen C, D, E und F und, wenn die zu erwartende höchste Umgebungstemperatur während der Beförderung die Kontrolltemperatur um nicht mehr als 10 °C übersteigt, für organische Peroxide und selbstzersetzliche Stoffe des Typs B sowie für polymerisierende Stoffe angewendet werden.

Die in Absatz 7.1.7.4.5 b) beschriebene Methode darf für organische Peroxide und selbstzersetzliche Stoffe der Typen C, D, E und F sowie für polymerisierende Stoffe angewendet werden, wenn die während der Beförderung zu erwartende höchste Umgebungstemperatur die Kontrolltemperatur um nicht mehr als 30 °C übersteigt.

Die in Absatz 7.1.7.4.5 a) beschriebene Methode darf für organische Peroxide und selbstzersetzliche Stoffe der Typen C, D, E und F sowie für polymerisierende Stoffe angewendet werden, wenn die während der Beförderung zu erwartende Umgebungstemperatur mindestens 10 °C niedriger ist als die Kontrolltemperatur.

**[Anforderungen an Container]** 7.1.7.4.7

Die zur Beförderung von Stoffen unter Temperaturkontrolle verwendeten Container mit Wärmedämmung, Kältespeicher oder Kältemaschine müssen den folgenden Vorschriften entsprechen:

a) der Wärmedurchgangskoeffizient eines Containers mit Wärmedämmung darf 0,4 $W/m^2K$ nicht überschreiten;
b) das Kühlmittel darf nicht entzündbar sein und,
c) es müssen, sofern die Container mit Lüftungsschlitzen oder -klappen versehen sind, Vorkehrungen getroffen werden, um sicherzustellen, dass die Kühlung durch die Lüftungsschlitze oder -klappen nicht beeinträchtigt wird.

Wenn die Stoffe in Fahrzeugen mit Wärmedämmung, Kältespeicher oder Kälte-/Kühlmaschine befördert werden müssen, müssen diese Fahrzeuge den Vorschriften des Kapitels 9.6 entsprechen.

**[Fahrzeug-Ausrüstung]** 7.1.7.4.8

Wenn die Stoffe in mit Kühlmitteln befüllten Schutzverpackungen enthalten sind, sind sie in gedeckte oder bedeckte Fahrzeuge oder in geschlossene oder bedeckte Container zu verladen. Bei Verwendung von gedeckten Fahrzeugen oder geschlossenen Containern muss eine ausreichende Belüftung sichergestellt sein. Bedeckte Fahrzeuge und Container müssen mit Seitenwänden und einer Rückwand versehen sein. Die Plane dieser Fahrzeuge und Container muss aus einem undurchlässigen und nichtbrennbaren Werkstoff bestehen.

→ 1.1.3.6.3

# Kapitel 7.2
# Vorschriften für die Beförderung in Versandstücken

**7.2.1 [Beförderungsmittel]**

→ D: § 28 Nr. 1
→ D: § 29 (2) 3
→ D: GGAV 20

Sofern in den Abschnitten 7.2.2 bis 7.2.4 nichts anderes vorgeschrieben ist, dürfen Versandstücke verladen werden in:

a) gedeckte Fahrzeuge oder geschlossene Container oder
b) bedeckte Fahrzeuge oder bedeckte Container oder
c) offene Fahrzeuge (ohne Plane) oder offene Container ohne Plane.

**7.2.2 [Nässeempfindlichkeit]**

Versandstücke mit Verpackungen aus nässeempfindlichen Werkstoffen müssen in gedeckte oder bedeckte Fahrzeuge oder in geschlossene oder bedeckte Container verladen werden.

**7.2.3** (bleibt offen)

**7.2.4 [Sondervorschriften]**

Folgende Sondervorschriften sind anwendbar, wenn sie in Kapitel 3.2 Tabelle A Spalte (16) bei einer Eintragung angegeben sind:

**V1** Die Versandstücke sind in gedeckte oder bedeckte Fahrzeuge oder in geschlossene oder bedeckte Container zu verladen.

→ RO-bi-SE-12

**V2** (1) Die Versandstücke dürfen nur in Fahrzeuge EX/II oder EX/III, die den jeweiligen Vorschriften des Teils 9 entsprechen, verladen werden. Die Auswahl des Fahrzeugs hängt von der zu befördernden Menge ab, die nach den Vorschriften für die Beladung (siehe Unterabschnitt 7.5.5.2) je Beförderungseinheit begrenzt ist. Wenn eine Beförderungseinheit aus einem Fahrzeug EX/II und einem Fahrzeug EX/III besteht, in denen beiden explosive Stoffe oder Gegenstände mit Explosivstoff befördert werden, gilt die für eine Beförderungseinheit EX/II geltende Mengengrenze des Absatzes 7.5.5.2.1 für die gesamte Beförderungseinheit.

(2) Anhänger, ausgenommen Sattelanhänger, die den Anforderungen für Fahrzeuge EX/II oder EX/III entsprechen, dürfen von Kraftfahrzeugen gezogen werden, die diesen Anforderungen nicht entsprechen.

Wegen der Beförderung in Containern siehe auch Abschnitte 7.1.3 bis 7.1.6.

Werden Stoffe oder Gegenstände der Klasse 1 in Containern in Mengen, für die eine aus einem oder mehreren Fahrzeugen EX/III gebildete Beförderungseinheit erforderlich ist, zu oder von einem Bestimmungspunkt in einem Hafen, einem Bahnhof oder Flughafen im Vor- oder Nachlauf im Rahmen einer multimodalen Beförderung befördert, darf stattdessen eine aus einem oder mehreren Fahrzeugen EX/II gebildete Beförderungseinheit verwendet werden, vorausgesetzt, die beförderten Container entsprechen den jeweiligen Vorschriften des IMDG-Codes, des RID oder der Technischen Anweisungen der ICAO.

**V3** Bei der Beförderung von pulverförmigen, rieselfähigen Stoffen sowie von Feuerwerkskörpern muss der Containerboden eine nicht metallene Oberfläche oder Abdeckung haben.

**V4** (bleibt offen)

**V5** Die Versandstücke dürfen nicht in Kleincontainern befördert werden.

**V6** (gestrichen)

**V7** (bleibt offen)

**V8** Siehe Abschnitt 7.1.7.

**Bem.** Diese Sondervorschrift V8 gilt nicht für Stoffe gemäß Unterabschnitt 3.1.2.6, wenn die Stabilisierung durch den Zusatz chemischer Inhibitoren erfolgt, so dass die Temperatur der selbstbeschleunigenden Zersetzung (SADT) höher als 50 °C ist. In diesem Fall kann eine Temperaturkontrolle bei Beförderungsbedingungen erforderlich werden, bei denen die Temperatur 55 °C überschreiten kann.

**V9** (bleibt offen)

**V10** Großpackmittel (IBC) sind in gedeckten oder bedeckten Fahrzeugen oder in geschlossenen oder bedeckten Containern zu befördern.

**V11** Großpackmittel (IBC), ausgenommen metallene IBC und starre Kunststoff-IBC, sind in gedeckten oder bedeckten Fahrzeugen oder in geschlossenen oder bedeckten Containern zu befördern. **7.2.4** (Forts.)

**V12** Großpackmittel (IBC) des Typs 31HZ2 (31HA2, 31HB2, 31HN2, 31HD2 und 31HH2) sind in gedeckten Fahrzeugen oder geschlossenen Containern zu befördern.

**V13** Wenn der Stoff in Säcken 5H1, 5L1 oder 5M1 verpackt ist, so sind diese in gedeckten Fahrzeugen oder geschlossenen Containern zu befördern.

**V14** Druckgaspackungen und Gaspatronen, die gemäß Kapitel 3.3 Sondervorschrift 327 für Wiederaufarbeitungs- oder Entsorgungszwecke befördert werden, dürfen nur in belüfteten oder offenen Fahrzeugen oder Containern befördert werden.

**V15** Großpackmittel (IBC) sind in gedeckten Fahrzeugen oder in geschlossenen Containern zu befördern.

# Kapitel 7.3
# Vorschriften für die Beförderung in loser Schüttung*)

## 7.3.1 Allgemeine Vorschriften

### 7.3.1.1 [Zulässigkeit lose Schüttung]

Ein Gut darf in loser Schüttung in Schüttgut-Containern, Containern oder Fahrzeugen nur befördert werden, wenn entweder

a) in Kapitel 3.2 Tabelle A Spalte (10) eine mit dem Code „BK" bezeichnete Sondervorschrift oder ein Verweis auf einen bestimmten Absatz angegeben ist, welche/welcher diese Beförderungsart ausdrücklich zulässt, und die anwendbaren Vorschriften des Abschnitts 7.3.2 zusätzlich zu den Vorschriften dieses Abschnitts eingehalten werden oder

b) in Kapitel 3.2 Tabelle A Spalte (17) eine mit dem Code „VC" bezeichnete Sondervorschrift oder ein Verweis auf einen bestimmten Absatz angegeben ist, welche/welcher diese Beförderungsart ausdrücklich zulässt, und die in Abschnitt 7.3.3 aufgeführten Bedingungen dieser Sondervorschrift zusammen mit allen gegebenenfalls angegebenen und mit dem Code „AP" bezeichneten ergänzenden Vorschriften zusätzlich zu den Vorschriften dieses Abschnitts eingehalten werden.

Abgesehen hiervon dürfen ungereinigte leere Verpackungen in loser Schüttung befördert werden, sofern die gefährlichen Güter, die in ihnen enthalten waren, für diese Beförderungsart zugelassen sind. Die in Kapitel 3.2 Tabelle A Spalte (10) oder (17) für diese Güter aufgeführten Anweisungen für die Beförderung in loser Schüttung sind anzuwenden.

**Bem.** Wegen der Beförderung in Tanks siehe Kapitel 4.2 und 4.3.

### 7.3.1.2 [Unzulässigkeit lose Schüttung]

Stoffe, die bei während der Beförderung wahrscheinlich auftretenden Temperaturen flüssig werden können, sind nicht zur Beförderung in loser Schüttung zugelassen.

### 7.3.1.3 [Beförderungsmittelanforderungen]

Schüttgut-Container, Container oder Aufbauten von Fahrzeugen müssen staubdicht und so verschlossen sein, dass unter normalen Beförderungsbedingungen, einschließlich der Auswirkungen von Vibration oder Temperatur-, Feuchtigkeits- oder Druckänderungen, vom Inhalt nichts nach außen gelangen kann.

### 7.3.1.4 [Ladungsverteilung]

Stoffe müssen so verladen und gleichmäßig verteilt werden, dass Bewegungen, die zu einer Beschädigung des Schüttgut-Containers, Containers oder Fahrzeugs oder zu einem Austreten der gefährlichen Güter führen können, auf ein Minimum reduziert werden.

### 7.3.1.5 [Lüftungseinrichtungen]

Sofern Lüftungseinrichtungen angebracht sind, müssen diese durchgängig und betriebsbereit sein.

### 7.3.1.6 [Werkstoffverträglichkeit]

Stoffe dürfen nicht gefährlich mit dem Werkstoff des Schüttgut-Containers, des Containers, des Fahrzeugs, der Dichtungen und der Ausrüstung, einschließlich Deckel und Planen, sowie mit den Schutzauskleidungen, die mit dem Ladegut in Kontakt stehen, reagieren oder diese bedeutsam schwächen. Schüttgut-Container, Container oder Fahrzeuge müssen so gebaut oder angepasst sein, dass die Güter nicht zwischen Bodenabdeckungen aus Holz gelangen oder in Berührung mit den Teilen des Schüttgut-Containers, Containers oder Fahrzeugs kommen können, die durch den Stoff oder Rückstände dieses Stoffes angegriffen werden können.

### 7.3.1.7 [Reinigung vor Befüllen]

Vor der Befüllung und der Übergabe zur Beförderung muss jeder Schüttgut-Container, Container oder jedes Fahrzeug untersucht und gereinigt werden, um sicherzustellen, dass innerhalb und außerhalb des Schüttgut-Containers, Containers oder Fahrzeugs keine Rückstände verbleiben, die

*) → D: § 19 (2) 3; → D: § 23 (2) 8; → D: RSEB 7-2.1 f.; → M329; → CH: SDR-Erlass 5.1

- eine gefährliche Reaktion mit dem für die Beförderung vorgesehenen Stoff verursachen können; 7.3.1.7 (Forts.)
- die bauliche Unversehrtheit des Schüttgut-Containers, Containers oder Fahrzeugs schädigen können oder
- die Tauglichkeit des Schüttgut-Containers, Containers oder Fahrzeugs, die gefährlichen Güter zurückzuhalten, beeinträchtigen können.

**[Rückstandsfreiheit]** 7.3.1.8

Während der Beförderung dürfen an der äußeren Oberfläche des Schüttgut-Containers, Containers oder des Aufbaus des Fahrzeugs keine gefährlichen Rückstände anhaften.

**[Verschluss]** 7.3.1.9

Wenn mehrere Verschlusssysteme hintereinander angebracht sind, ist das System, das sich am nächsten zu dem zu befördernden Stoff befindet, vor dem Befüllen zu verschließen.

**[Leere Beförderungsmittel]** 7.3.1.10

Leere Schüttgut-Container, Container oder Fahrzeuge, mit denen ein gefährlicher fester Stoff befördert wurde, sind in derselben Weise zu behandeln, wie es das ADR für befüllte Schüttgut-Container, Container oder Fahrzeuge vorschreibt, es sei denn, es wurden angemessene Maßnahmen ergriffen, um eine Gefahr auszuschließen.

**[Zündquellenausschluss]** 7.3.1.11

Wenn Schüttgut-Container, Container oder Fahrzeuge für die Beförderung von Gütern in loser Schüttung verwendet werden, die eine Staubexplosion verursachen oder entzündbare Dämpfe abgeben können (z. B. im Fall von bestimmten Abfällen), sind Maßnahmen zu ergreifen, um Zündquellen auszuschließen und eine gefährliche elektrostatische Entladung während der Beförderung, dem Befüllen oder Entladen zu verhindern.

**[Verhinderung gefährlicher Reaktionen]** 7.3.1.12

Stoffe, z.B. Abfälle, die gefährlich miteinander reagieren können, sowie Stoffe verschiedener Klassen und nicht dem ADR unterliegende Güter, die gefährlich miteinander reagieren können, dürfen in ein und demselben Schüttgut-Container, Container oder Fahrzeug nicht miteinander vermischt werden. Gefährliche Reaktionen sind:

a) eine Verbrennung und/oder Entwicklung beträchtlicher Wärme;
b) eine Entwicklung entzündbarer und/oder giftiger Gase;
c) die Bildung ätzender flüssiger Stoffe oder
d) die Bildung instabiler Stoffe.

**[Sichtprüfung vor Befüllen]** 7.3.1.13

Bevor ein Schüttgut-Container, Container oder Fahrzeug befüllt wird, ist eine Sichtprüfung vorzunehmen, um sicherzustellen, dass er/es in bautechnischer Hinsicht geeignet ist, seine Innenwände, seine Decke und sein Boden frei von Ausbuchtungen oder Beschädigungen sind und dass die Innenbeschichtungen oder Rückhalteeinrichtungen frei von Schlitzen, Rissen oder anderen Beschädigungen sind, welche die Tauglichkeit des Schüttgut-Containers, Containers oder Fahrzeugs, die Ladung zurückzuhalten, beeinträchtigen können. „In bautechnischer Hinsicht geeignet" bedeutet, dass die Bauelemente des Schüttgut-Containers, Containers oder Fahrzeugs, wie obere und untere seitliche Längsträger, obere und untere Querträger, Türschwelle und Türträger, Bodenquerträger, Eckpfosten und Eckbeschläge eines Schüttgut-Containers oder Containers, keine größeren Beschädigungen aufweisen. „Größere Beschädigungen" umfassen:

a) Ausbuchtungen, Risse oder Bruchstellen in Bauelementen oder tragenden Elementen oder Beschädigungen an der Bedienungsausrüstung oder der betrieblichen Ausrüstung, welche die Unversehrtheit des Schüttgut-Containers, Containers oder des Aufbaus des Fahrzeugs beeinträchtigen;
b) jede Verwindung der Konstruktion oder jede Beschädigung an Hebeeinrichtungen oder an den Aufnahmepunkten für die Umschlagseinrichtungen, die stark genug ist, um eine ordnungsgemäße Positionierung des Umschlaggeräts, ein Aufsetzen und ein Sichern auf Traggestellen oder Wagen bzw. Fahrgestellen oder Fahrzeugen oder ein Einsetzen in Schiffszellen zu verhindern, und sofern zutreffend

**7.3.1.13** (Forts.) c) Türscharniere, Türdichtungen und Beschläge, die verklemmt, verdreht, zerbrochen, nicht vorhanden oder in anderer Art und Weise nicht funktionsfähig sind.

**7.3.2 Vorschriften für die Beförderung in loser Schüttung bei Anwendung des Unterabschnitts 7.3.1.1 a)**

**7.3.2.1 [Bedeutung BK1, BK2 und BK3]**

Zusätzlich zu den allgemeinen Vorschriften des Abschnitts 7.3.1 gelten die Vorschriften dieses Abschnitts. Die Codes BK1, BK2 und BK3 in Kapitel 3.2 Tabelle A Spalte (10) haben folgende Bedeutung:

BK1: Die Beförderung in bedeckten Schüttgut-Containern ist zugelassen.

BK2: Die Beförderung in geschlossenen Schüttgut-Containern ist zugelassen.

BK3: Die Beförderung in flexiblen Schüttgut-Containern ist zugelassen.

**7.3.2.2 [Vorschriftenkonformität]**

Der verwendete Schüttgut-Container muss den Vorschriften des Kapitels 6.11 entsprechen.

**7.3.2.3 Güter der Klasse 4.2**

Die in einem Schüttgut-Container beförderte Gesamtmasse muss so bemessen sein, dass die Selbstentzündungstemperatur größer als 55 °C ist.

**7.3.2.4 Güter der Klasse 4.3**

Diese Güter müssen in wasserdichten Schüttgut-Containern befördert werden.

**7.3.2.5 Güter der Klasse 5.1**

Die Schüttgut-Container müssen so gebaut oder angepasst sein, dass die Güter nicht mit Holz oder anderen unverträglichen Werkstoffen in Berührung kommen.

**7.3.2.6 Güter der Klasse 6.2**

**7.3.2.6.1 Tierische Stoffe der Klasse 6.2**

Tierische Stoffe, die ansteckungsgefährliche Stoffe (UN-Nummern 2814, 2900 und 3373) enthalten, sind zur Beförderung in Schüttgut-Containern zugelassen, sofern folgende Vorschriften erfüllt werden:

*→ D: D/BAM/ADR*

a) Bedeckte Schüttgut-Container BK1 sind zugelassen, vorausgesetzt, sie werden nicht bis zum höchstzulässigen Fassungsraum befüllt, um zu verhindern, dass Stoffe mit der Abdeckung in Berührung kommen. Geschlossene Schüttgut-Container BK2 sind ebenfalls zugelassen.

b) Geschlossene und bedeckte Schüttgut-Container und ihre Öffnungen müssen bauartbedingt dicht sein oder durch Anbringen einer geeigneten Auskleidung abgedichtet werden.

c) Die tierischen Stoffe müssen vollständig mit einem geeigneten Desinfektionsmittel behandelt werden, bevor sie für die Beförderung verladen werden.

d) Bedeckte Schüttgut-Container müssen mit einer zusätzlichen oberen Auskleidung bedeckt werden, die durch saugfähiges Material, das mit einem geeigneten Desinfektionsmittel behandelt ist, beschwert ist.

e) Geschlossene oder bedeckte Schüttgut-Container dürfen erst nach gründlicher Reinigung und Desinfektion wiederverwendet werden.

**Bem.** Zusätzliche Vorschriften können von den entsprechenden nationalen Gesundheitsbehörden festgelegt werden.

**7.3.2.6.2 Abfälle der Klasse 6.2 (UN-Nummer 3291)**

a) (bleibt offen)

b) Geschlossene Schüttgut-Container und ihre Öffnungen müssen bauartbedingt dicht sein. Diese Schüttgut-Container müssen nicht poröse innere Oberflächen haben und müssen frei von Rissen oder anderen Eigenschaften sein, die zu einer Beschädigung der darin enthaltenen Verpackungen, einer Verhinderung der Desinfektion oder einer unbeabsichtigten Freisetzung führen könnten.

c) Abfälle der UN-Nummer 3291 müssen innerhalb des geschlossenen Schüttgut-Containers in UN-bauartgeprüften und -zugelassenen flüssigkeitsdicht verschlossenen Kunststoffsäcken enthalten sein, die für feste Stoffe der Verpackungsgruppe II geprüft und gemäß Unterabschnitt 6.1.3.1 gekennzeichnet sind. Diese Kunststoffsäcke müssen in der Lage sein, den Prüfungen für die Reiß- und Schlagfestigkeit gemäß ISO 7765-1:1988 „Kunststofffolien und -bahnen – Bestimmung der Schlagfestigkeit nach dem

Fallhammerverfahren – Teil 1: Eingrenzungsverfahren" und ISO 6383-2:1983 „Kunststoffe – Folien und Bahnen – Bestimmung der Reißfestigkeit – Teil 2: Elmendorf-Verfahren" standzuhalten. Jeder Kunststoffsack muss eine Schlagfestigkeit von mindestens 165 g und eine Reißfestigkeit von mindestens 480 g sowohl in paralleler als auch in senkrechter Ebene zur Länge des Kunststoffsacks haben. Die Nettomasse jedes Kunststoffsacks darf höchstens 30 kg betragen. 7.3.2.6.2 (Forts.)

d) Einzelne Gegenstände mit einer Masse von mehr als 30 kg, wie verschmutzte Matratzen, dürfen mit Genehmigung der zuständigen Behörde ohne Kunststoffsack befördert werden.

e) Abfälle der UN-Nummer 3291, die flüssige Stoffe enthalten, dürfen nur in Kunststoffsäcken befördert werden, die ausreichend saugfähiges Material enthalten, um die gesamte Menge flüssiger Stoffe aufzusaugen, ohne dass davon etwas in den Schüttgut-Container gelangt.

f) Abfälle der UN-Nummer 3291, die scharfe Gegenstände enthalten, dürfen nur in UN-bauartgeprüften und -zugelassenen starren Verpackungen befördert werden, die den Vorschriften der Verpackungsanweisung P621, IBC620 oder LP621 entsprechen.

g) Starre Verpackungen gemäß Verpackungsanweisung P621, IBC620 oder LP621 dürfen ebenfalls verwendet werden. Sie müssen ordnungsgemäß gesichert sein, um unter normalen Beförderungsbedingungen Beschädigungen zu verhindern. Abfälle in starren Verpackungen und Kunststoffsäcken, die zusammen in demselben geschlossenen Schüttgut-Container befördert werden, müssen ausreichend voneinander getrennt sein, z.B. durch geeignete starre Absperrungen oder Trennwände, Maschennetze oder andere Mittel zur Sicherung, um eine Beschädigung der Verpackungen unter normalen Beförderungsbedingungen zu verhindern.

h) Abfälle der UN-Nummer 3291 in Kunststoffsäcken dürfen in geschlossenen Schüttgut-Containern nicht so stark komprimiert werden, dass die Säcke nicht mehr dicht bleiben.

i) Nach jeder Beförderung muss der geschlossene Schüttgut-Container auf ausgetretenes oder verschüttetes Ladegut untersucht werden. Wenn Abfälle der UN-Nummer 3291 in einem geschlossenen Schüttgut-Container ausgetreten sind und verschüttet wurden, darf dieser erst nach gründlicher Reinigung und, soweit erforderlich, nach Desinfektion oder Dekontamination mit einem geeigneten Mittel wiederverwendet werden. Mit Ausnahme von medizinischen oder veterinärmedizinischen Abfällen dürfen keine anderen Güter zusammen mit Abfällen der UN-Nummer 3291 befördert werden. Diese anderen, in demselben geschlossenen Schüttgut-Container beförderten Abfälle müssen auf eventuelle Kontaminationen untersucht werden.

**Stoffe der Klasse 7** 7.3.2.7

Für die Beförderung unverpackter radioaktiver Stoffe siehe Absatz 4.1.9.2.4.

**Güter der Klasse 8** 7.3.2.8

Diese Güter müssen in wasserdichten Schüttgut-Containern befördert werden.

**Güter der Klasse 9** 7.3.2.9

**[UN 3509 Altverpackungen, leer, ungereinigt]** 7.3.2.9.1

Für die UN-Nummer 3509 dürfen nur geschlossene Schüttgut-Container (Code BK2) verwendet werden. Die Schüttgut-Container müssen flüssigkeitsdicht sein oder mit einer flüssigkeitsdichten, durchstoßfesten und dicht verschlossenen Auskleidung oder einem flüssigkeitsdichten, durchstoßfesten und dicht verschlossenen Sack ausgerüstet sein und müssen über Mittel verfügen, um die während der Beförderung möglicherweise austretende freie Flüssigkeit zurückzuhalten, z.B. saugfähiges Material. Leere, ungereinigte Altverpackungen mit Rückständen der Klasse 5.1 müssen in Schüttgut-Containern befördert werden, die so gebaut oder angepasst sind, dass die Güter nicht mit Holz oder anderen brennbaren Werkstoffen in Berührung kommen können.

**Verwendung von flexiblen Schüttgut-Containern** 7.3.2.10
*→ D: § 23 (2) 12*

**Bem.** Flexible Schüttgut-Container, die nach Unterabschnitt 6.11.5.5 gekennzeichnet sind, aber in einem Staat zugelassen wurden, der keine Vertragspartei des ADR ist, dürfen dennoch für Beförderungen gemäß ADR verwendet werden.

**[Sichtprüfung vor Befüllen]** 7.3.2.10.1

Bevor ein flexibler Schüttgut-Container befüllt wird, ist eine Sichtprüfung vorzunehmen, um sicherzustellen, dass er in bautechnischer Hinsicht geeignet ist, seine Gewebeschlaufen, seine lasttragenden Gurt-

7.3.2.10.1 (Forts.) bänder, sein Gewebe und die Teile der Verschlusseinrichtung, einschließlich Metall- und Textilteile, keine Ausbuchtungen oder Schäden aufweisen und dass die Innenauskleidungen keine Schlitze, Risse oder andere Beschädigungen aufweisen.

**7.3.2.10.2 [Verwendungsdauer]**

Die zugelassene Verwendungsdauer von flexiblen Schüttgut-Containern für die Beförderung gefährlicher Güter beträgt zwei Jahre ab dem Zeitpunkt der Herstellung.

**7.3.2.10.3 [Lüftungseinrichtung]**

Wenn sich innerhalb des flexiblen Schüttgut-Containers eine gefährliche Anreicherung von Gasen entwickeln kann, muss eine Lüftungseinrichtung angebracht sein. Das Ventil muss so ausgelegt sein, dass unter normalen Beförderungsbedingungen das Eindringen fremder Stoffe oder von Wasser verhindert wird.

**7.3.2.10.4 [Befüllen, Mengengrenze]**

Flexible Schüttgut-Container müssen so befüllt werden, dass beim Verladen das Verhältnis Höhe zu Breite 1,1 nicht überschreitet. Die höchstzulässige Bruttomasse der flexiblen Schüttgut-Container darf 14 Tonnen nicht überschreiten.

## 7.3.3 Vorschriften für die Beförderung in loser Schüttung bei Anwendung des Unterabschnitts 7.3.1.1 b)*)

**7.3.3.1 [Bedeutung VC-Codes]**

Zusätzlich zu den allgemeinen Vorschriften des Abschnitts 7.3.1 gelten die Vorschriften dieses Abschnitts, wenn sie in Kapitel 3.2 Tabelle A Spalte (17) bei einer Eintragung angegeben sind. Die nach den Vorschriften dieses Abschnitts verwendeten bedeckten Fahrzeuge, gedeckten Fahrzeuge, bedeckten Container oder geschlossenen Container müssen nicht den Vorschriften des Kapitels 6.11 entsprechen. Die Codes VC1, VC2 und VC3 in Kapitel 3.2 Tabelle A Spalte (17) haben folgende Bedeutung:

**Bem.** Wenn in Kapitel 3.2 Tabelle A Spalte (17) der Code VC1 angegeben ist, darf daher für den Landverkehr auch ein BK1-Schüttgut-Container verwendet werden, sofern die ergänzenden Vorschriften des Unterabschnitts 7.3.3.2 erfüllt werden. Wenn in Kapitel 3.2 Tabelle A Spalte (17) der Code VC2 angegeben ist, darf daher für den Landverkehr auch ein BK2-Schüttgut-Container für die Beförderung verwendet werden, sofern die ergänzenden Vorschriften des Unterabschnitts 7.3.3.2 erfüllt werden.

**VC1** Die Beförderung in loser Schüttung in bedeckten Fahrzeugen, in bedeckten Containern oder bedeckten Schüttgut-Containern ist zugelassen.

**VC2** Die Beförderung in loser Schüttung in gedeckten Fahrzeugen, in geschlossenen Containern oder in geschlossenen Schüttgut-Containern ist zugelassen.

*→ D: § 8 (1) 12*
*→ D: § 26 (4)*
*→ D: § 36b*
*→ D: Anlage 3*

**VC3** Die Beförderung in loser Schüttung in besonders ausgerüsteten Fahrzeugen oder Containern, die den von der zuständigen Behörde des Ursprungslandes festgelegten Normen entsprechen, ist zugelassen. Ist das Ursprungsland keine Vertragspartei des ADR, so müssen die festgelegten Bedingungen von der zuständigen Behörde der ersten von der Sendung berührten Vertragspartei des ADR anerkannt werden.

**7.3.3.2 [Bedeutung AP-Codes]**

Wenn die Codes VC für die Beförderung in loser Schüttung verwendet werden, gelten die folgenden in Kapitel 3.2 Tabelle A Spalte (17) angegebenen ergänzenden Vorschriften:

**7.3.3.2.1 Güter der Klasse 4.1**

**AP1** Fahrzeuge und Container müssen einen Aufbau aus Metall haben; Planen müssen, sofern angebracht, nichtbrennbar sein.

**AP2** Fahrzeuge und Container müssen über eine angemessene Belüftung verfügen.

**7.3.3.2.2 Güter der Klasse 4.2**

**AP1** Fahrzeuge und Container müssen einen Aufbau aus Metall haben; Planen müssen, sofern angebracht, nichtbrennbar sein.

---

*) *→ D: RSEB 7-3; → D: § 19 (2) 17 b); → D: § 23 (2) 8*

**Güter der Klasse 4.3** 7.3.3.2.3

**AP2** Fahrzeuge und Container müssen über eine angemessene Belüftung verfügen.

**AP3** Bedeckte Fahrzeuge und bedeckte Container dürfen nur verwendet werden, wenn der Stoff in Stücken (nicht als Pulver, Granulat, Staub oder Asche) vorliegt.

**AP4** Gedeckte Fahrzeuge und geschlossene Container müssen mit luftdicht verschlossenen Öffnungen für das Befüllen und Entleeren ausgerüstet sein, um das Austreten von Gas zu verhindern und das Eindringen von Feuchtigkeit auszuschließen.

**AP5** Die Ladetüren der gedeckten Fahrzeuge oder der geschlossenen Container müssen mit folgendem Kennzeichen versehen sein, wobei die Buchstabenhöhe mindestens 25 mm betragen muss:

„ACHTUNG
KEINE BELÜFTUNG
VORSICHTIG ÖFFNEN"

Diese Angaben müssen in einer Sprache abgefasst sein, die vom Absender als geeignet angesehen wird.

**Güter der Klasse 5.1** 7.3.3.2.4

**AP6** Wenn das Fahrzeug oder der Container aus Holz oder einem anderen brennbaren Werkstoff hergestellt ist, muss eine undurchlässige brandbeständige Auskleidung oder eine Beschichtung aus Natriumsilicat oder einem ähnlichen Stoff vorgesehen sein. Planen müssen ebenfalls undurchlässig und nichtbrennbar sein.

**AP7** Die Beförderung in loser Schüttung darf nur als geschlossene Ladung durchgeführt werden.

**Güter der Klasse 6.1** 7.3.3.2.5

**AP7** Die Beförderung in loser Schüttung darf nur als geschlossene Ladung durchgeführt werden.

**Güter der Klasse 8** 7.3.3.2.6

**AP7** Die Beförderung in loser Schüttung darf nur als geschlossene Ladung durchgeführt werden.

**AP8** Bei der Auslegung der Ladeabteile der Fahrzeuge oder Container müssen mögliche Restströme und der mögliche Aufprall von Batterien berücksichtigt werden.

Die Ladeabteile der Fahrzeuge oder Container müssen aus Stahl bestehen, der gegen die in den Batterien enthaltenen ätzenden Stoffe beständig ist. Weniger beständige Stähle dürfen verwendet werden, wenn entweder eine ausreichend starke Wanddicke oder eine gegen die ätzenden Stoffe beständige Beschichtung oder Auskleidung aus Kunststoff vorhanden ist.

**Bem.** Als beständig gelten Stähle, die bei Einwirkung der ätzenden Stoffe eine Korrosionsrate von höchstens 0,1 mm pro Jahr aufweisen.

Die Ladeabteile der Fahrzeuge oder Container dürfen nicht über die Höhe der Wände hinaus beladen werden.

Die Beförderung ist auch in Kleincontainern aus Kunststoff zugelassen, die bei –18 °C einer Fallprüfung unter voller Beladung aus 0,8 m Höhe auf eine harte Oberfläche ohne Bruch standhalten können.

**Güter der Klasse 9** 7.3.3.2.7

**AP2** Fahrzeuge und Container müssen über eine angemessene Belüftung verfügen.

**AP9** Die Beförderung von festen Stoffen (Stoffe oder Gemische wie Präparate, Zubereitungen und Abfälle), die durchschnittlich nicht mehr als 1 000 mg/kg an Stoffen der zugeordneten UN-Nummer enthalten, ist zugelassen. Die Konzentration dieses Stoffes oder dieser Stoffe darf an keiner Stelle der Ladung höher als 10 000 mg/kg sein.

**AP10** Fahrzeuge und Container müssen flüssigkeitsdicht sein oder mit einer flüssigkeitsdichten, durchstoßfesten und dicht verschlossenen Auskleidung oder einem flüssigkeitsdichten, durchstoßfesten und dicht verschlossenen Sack ausgerüstet sein und müssen über Mittel verfügen, um die während der Beförderung möglicherweise austretende freie Flüssigkeit zurückzuhalten, z.B. saugfähiges Material. Leere, ungereinigte Altverpackungen mit Rückständen der Klasse 5.1 müssen in Fahrzeugen und Containern befördert werden, die so gebaut oder angepasst sind, dass die Güter nicht mit Holz oder anderen brennbaren Werkstoffen in Berührung kommen können.

7.3.3.2.7 (Forts.) → 1.6.1.54 → D: Anlage 3 Nr. 1.2

**AP11** In Übereinstimmung mit Unterabschnitt 7.3.3.1 Code VC3 bedeutet „von der zuständigen Behörde des Ursprungslandes festgelegte Normen" für Zwecke der Beförderung von geschmolzenem Aluminium in loser Schüttung, dass die folgenden Anforderungen erfüllt werden müssen:

**1. Allgemeine Anforderungen**

**1.1** *Tiegel:* Ein Behältnis, das für die Beförderung von geschmolzenem Aluminium der UN-Nummer 3257 bestimmt ist, einschließlich des Mantels, der feuerfesten Ausmauerung, der Bedienungsausrüstung und der baulichen Ausrüstung.

**1.2** Die Tiegel müssen so isoliert sein, dass eine Oberflächentemperatur von 130 °C während der Beförderung nicht überschritten wird, und so aufgestellt sein, dass ein Berühren der Umschließungsmittel durch andere Verkehrsteilnehmer unter normalen Beförderungsbedingungen nicht möglich ist. In keinem Fall darf durch die Oberflächentemperatur die Funktion des Fahrzeugs, insbesondere die der Bremsleitungen und elektrischen Leitungen, beeinträchtigt werden.

**1.3** Die Tiegel müssen gemäß den Grundsätzen der Ladungssicherung nach Unterabschnitt 7.5.7.1 auf dem Fahrzeug befestigt sein.

**1.4** An den Tiegeln müssen keine Großzettel (Placards) und Kennzeichen gemäß Kapitel 5.3 angebracht sein, sofern diese Großzettel (Placards) und Kennzeichen am Fahrzeug angebracht wurden.

**2. Brand- und Explosionsschutz**

Jede Brandgefahr durch thermische Einwirkung des geschmolzenen Aluminiums auf den Tiegel, das Fahrzeug oder die Ladungssicherungshilfsmittel sowie jede Explosionsgefahr durch entweichende Dämpfe oder chemische Reaktion entstandener Gase muss verhindert werden (z.B. durch Verwendung von Schutzgasen).

**3. Bau der Tiegel**

Die Tiegel müssen aus Stahl hergestellt sein. Die Tiegel müssen gemäß der Norm EN 13445-3:2014 für einen Prüfdruck von 4 bar ausgelegt und hergestellt sein. Der Hersteller muss im Rahmen des Baus die am stärksten beanspruchten Schweißnähte benennen. Bei der Dimensionierung und der Befestigung der Tiegel auf dem Fahrzeug müssen der hydrostatische Druck und die Schwallwirkung des geschmolzenen Aluminiums berücksichtigt werden. Die Kräfte in Absatz 6.8.2.1.2 sind zu berücksichtigen.

Die Verschlüsse der Tiegel müssen gemäß der Norm EN 13445-3:2014 ausgelegt sein und beim Umkippen eines Tiegels mit Inhalt (Seitenlage und Tiegeloberseite) dicht bleiben.

Die Öffnungen für das Befüllen und Entleeren müssen durch die Konstruktion des Tiegels geschützt werden, z.B. durch Kragen, Abweiser, Käfige oder gleichwertige Konstruktionen.

Die Schutzeinrichtung an der Tiegeloberseite muss so ausgelegt sein, dass sie einer vertikalen statischen Beanspruchung des Fülldeckels ohne bleibende Verformung standhält, die der doppelten zulässigen Gesamtmasse des Tiegels entspricht (2 g).

Die feuerfeste Ausmauerung muss gegenüber dem Füllgut widerstandsfähig und als Isolationswerkstoff geeignet sein.

Die feuerfeste Ausmauerung muss so ausgelegt sein, dass ihre Dichtheit gewahrt bleibt, wie auch immer die Verformungen sein mögen, die unter normalen Beförderungsbedingungen (siehe Absatz 6.8.2.1.2) eintreten können.

Die Prüfstelle, die Prüfungen in Übereinstimmung mit Absatz 6.8.2.4.1 oder 6.8.2.4.4 durchführt, muss die Befähigung des Herstellers oder der Wartungs- oder Reparaturwerkstatt für die Ausführung von Schweißarbeiten und den Betrieb eines Qualitätssicherungssystems für Schweißarbeiten überprüfen und bestätigen. Schweißarbeiten an der Blechummantelung, insbesondere an tragenden Bauteilen, dürfen nur von zugelassenen Schweißbetrieben durchgeführt werden.

Dichtungen an den Deckeln und Verschlüssen von Tiegeln müssen so ausgewählt und eingebaut werden, dass ein Auslaufen von geschmolzenem Aluminium beim Umkippen eines befüllten Tiegels verhindert wird.

**4. Prüfungen der Tiegel** 7.3.3.2.7 (Forts.) → D: § 12 (1) 11

Die in den Abschnitten 4.1 bis 4.5 beschriebenen Prüfungen müssen durch eine von der zuständigen Behörde zugelassene Prüfstelle durchgeführt werden. Die Prüfungen müssen entsprechend den anwendbaren Anforderungen der Norm EN 12972:2018 + A1:2024 durchgeführt werden. Über die Ergebnisse der durchgeführten Prüfungen müssen Prüfberichte ausgestellt werden.

**4.1 Baumusterprüfung der Tiegel**

Die konstruktive Auslegung und Ausführung muss im Rahmen eines Baumusterprüfverfahrens überprüft werden, um sicherzustellen, dass die Tiegel den konstruktiven Anforderungen der Norm EN 13445-3:2014 entsprechen. Die am stärksten beanspruchten Schweißnähte müssen im Baumusterprüfbericht benannt sein.

**4.2 Erstmalige Prüfung**

Die Tiegel müssen vor der Inbetriebnahme geprüft werden.

Die Prüfung muss mindestens Folgendes umfassen:

a) eine Prüfung der Übereinstimmung mit den Baumusterprüfungsunterlagen;
b) eine Prüfung auf Übereinstimmung mit dem Baumuster;
c) eine Prüfung des äußeren Zustands;
d) eine Wasserdruckprüfung mit einem Prüfdruck von 4 bar; die Tiegel dürfen zu diesem Zeitpunkt noch nicht feuerfest ausgemauert sein;
e) eine Prüfung des inneren Zustands (Sichtprüfung der metallenen inneren Oberfläche des Tiegels vor der Einbringung der feuerfesten Ausmauerung und Sichtprüfung der feuerfesten Ausmauerung);
f) eine Funktionsprüfung der Ausrüstungsteile.

Die Wasserdruckprüfung kann auch mit einer alternativen Dichtung durchgeführt werden.

**4.3 Zwischenprüfung**

Die Tiegel müssen spätestens sechs Jahre nach der erstmaligen Prüfung und jeder wiederkehrenden Prüfung Zwischenprüfungen unterzogen werden.

Die Zwischenprüfung muss mindestens Folgendes umfassen:

a) eine Prüfung der Dokumente;
b) eine Prüfung des äußeren Zustands, die auch die Unversehrtheit der Flansch- und Deckelverbindungen einschließt;
c) eine Wanddickenmessung zur Überprüfung der Einhaltung der vorgeschriebenen Mindestwanddicke;
d) eine zerstörungsfreie Prüfung der am stärksten beanspruchten Schweißnähte mittels einer Magnetpulverprüfung, Farbeindringprüfung, Ultraschallprüfung oder Durchstrahlungsprüfung;
e) eine Prüfung des inneren Zustands (Sichtprüfung der feuerfesten Ausmauerung) durch eine fachkundige Person unter der Verantwortung des Betreibers;
f) eine Prüfung der zufriedenstellenden Funktion der Ausrüstung.

Diese Zwischenprüfungen dürfen innerhalb von drei Monaten vor dem festgelegten Datum durchgeführt werden, ohne dass dies einen Einfluss auf den Zeitrahmen der anderen Prüfungen nach den Abschnitten 4.3 und 4.4 hat.

**4.4 Wiederkehrende Prüfung**

Bei jeder Erneuerung der feuerfesten Ausmauerung, spätestens jedoch zwölf Jahre nach der erstmaligen oder letzten wiederkehrenden Prüfung, muss eine wiederkehrende Prüfung durchgeführt werden.

Die wiederkehrende Prüfung muss mindestens Folgendes umfassen:

a) eine Prüfung der Dokumente;
b) eine Prüfung des äußeren Zustands, die auch die Unversehrtheit der Flansch- und Deckelverbindungen einschließt;

7.3.3.2.7 (Forts.)

c) eine Prüfung des inneren Zustands (Sichtprüfung der metallenen inneren Oberfläche des Tiegels vor der Einbringung der feuerfesten Ausmauerung und Sichtprüfung der feuerfesten Ausmauerung);

d) eine zerstörungsfreie Prüfung der am stärksten beanspruchten Schweißnähte mittels einer Magnetpulverprüfung, Farbeindringprüfung, Ultraschallprüfung oder Durchstrahlungsprüfung;

e) eine Wanddickenmessung zur Überprüfung der Einhaltung der vorgeschriebenen Mindestwanddicke;

f) eine Wasserdruckprüfung mit einem Prüfdruck von 4 bar; die Tiegel dürfen dabei noch nicht feuerfest ausgemauert sein;

g) eine Prüfung der zufriedenstellenden Funktion der Ausrüstung.

Die Wasserdruckprüfung kann auch mit einer alternativen Dichtung durchgeführt werden.

**4.5 Außerordentliche Prüfung der Tiegel**

Wenn die Sicherheit des Tiegels oder seiner Ausrüstung durch Ausbesserung, Umbau oder Unfall beeinträchtigt sein könnte, so muss eine außerordentliche Prüfung der ausgebesserten oder umgebauten Teile durchgeführt werden. Wenn eine außerordentliche Prüfung, welche die Vorschriften des Abschnitts 4.4 erfüllt, durchgeführt wurde, darf die außerordentliche Prüfung als wiederkehrende Prüfung angesehen werden. Wenn eine außerordentliche Prüfung, welche die Vorschriften des Abschnitts 4.3 erfüllt, durchgeführt wurde, darf die außerordentliche Prüfung als Zwischenprüfung angesehen werden. Über den genauen Umfang der außerordentlichen Prüfung entscheidet die Prüfstelle unter Berücksichtigung der Norm EN 12972:2018 + A1:2024 Tabelle A1.

**5. Kennzeichnung der Tiegel**

Die Tiegel müssen in Analogie zu Absatz 6.8.2.5.1 mit einem Schild gekennzeichnet werden, wobei die Zulassungsnummer und der äußere Auslegungsdruck entfallen. Bei Prüfungen nach den Abschnitten 4.2 und 4.4 muss auf die Kennzeichnung ein „P" folgen. Bei Prüfungen nach Abschnitt 4.3 muss auf die Kennzeichnung ein „L" folgen.

**6. Anforderungen an den Betrieb**

Der Eigentümer oder der Betreiber muss eine Kopie des Baumusterprüfberichts, die Ergebnisse der erstmaligen Prüfung und aller folgenden Prüfungen in der Tiegelakte aufbewahren.

Jede Erneuerung oder Ausbesserung der feuerfesten Ausmauerung muss vom Betreiber oder Hersteller aufgezeichnet werden.

Dichtungen müssen bei jeder Befüllung geprüft und gegebenenfalls erneuert werden.

**7. Fahrzeuge**

Die folgenden zusätzlichen Vorschriften gelten für Fahrzeuge zur Beförderung im Straßenverkehr:

a) Die für die Beförderung verwendeten Fahrzeuge müssen mit einer gemäß der UN-Regelung Nr. 13[3)] zugelassenen Fahrzeugstabilisierungsfunktion ausgerüstet sein.

b) Die Tiegel müssen auf den Fahrzeugen so ausgerichtet sein, dass die Öffnungen für das Entleeren in oder gegen die Fahrtrichtung angeordnet sind.

**8. Schulung der Fahrzeugführer**

Ergänzend zum Basiskurs nach Unterabschnitt 8.2.1.2 müssen die Fahrzeugführer eine ergänzende Schulung durch eine fachkundige Person über alle Risiken der Beförderung von geschmolzenem Aluminium in Tiegeln erhalten.

Diese Schulung muss die folgenden Schwerpunkte beinhalten:

a) besonderes Fahrverhalten der Trägerfahrzeuge mit Tiegeln,

b) allgemeine Grundlagen der Fahrphysik (Fahrstabilität/Kippverhalten, insbesondere Schwerpunkthöhe, Schwallwirkung),

---

3) UN-Regelung Nr. 13 (Einheitliche Bedingungen für die Genehmigung von Fahrzeugen der Klassen M, N und O hinsichtlich der Bremsen).

c) Grenzen der Fahrdynamikregelung (ESC) und 7.3.3.2.7 (Forts.)

d) besondere Maßnahmen, die bei einem Unfall einzuleiten sind.

Diese Schulung muss mit Datum, Dauer und wesentlichem Inhalt schriftlich oder elektronisch durch den Beförderer dokumentiert werden.

**AP12** Abfälle dürfen in loser Schüttung befördert werden, vorausgesetzt, sie sind in einem Sack von der Größe des Ladeabteils enthalten, der als „Containersack" bezeichnet wird. → 3.3 SV678

Der Containersack ist nur zur Beladung innerhalb eines Schüttgut-Ladeabteils mit starren Wänden bestimmt. Er ist nicht zur Handhabung oder zur alleinigen Verwendung außerhalb dieses Ladeabteils bestimmt.

Für Zwecke dieser Vorschrift müssen Containersäcke aus mindestens zwei Bestandteilen bestehen.

Der innere Bestandteil muss staubdicht sein, um die Freisetzung gefährlicher Mengen von Asbestfasern während der Beförderung zu verhindern. Der innere Bestandteil muss aus einer Folie aus Polyethylen oder Polypropylen bestehen.

Der äußere Bestandteil muss aus Polypropylen bestehen und mit einem Reißverschlusssystem ausgerüstet sein. Er muss die mechanische Widerstandsfähigkeit des mit Abfällen beladenen Containersacks gegenüber den unter normalen Beförderungsbedingungen auftretenden Stößen und Belastungen gewährleisten, insbesondere beim Umladen des mit Containersäcken beladenen Ladeabteils zwischen Fahrzeugen und Lagerhäusern.

Die Containersäcke müssen

a) so ausgelegt sein, dass sie einem Durchstechen oder Zerreißen durch die Kanten oder die Rauheit der kontaminierten Abfälle oder Gegenstände standhalten;

b) ein Reißverschlusssystem haben, das ausreichend dicht ist, um die Freisetzung gefährlicher Mengen von Asbestfasern während der Beförderung zu verhindern. Schnür- oder Klappenverschlüsse sind nicht zugelassen.

Das Ladeabteil muss starre Metallwände mit einer für den vorgesehenen Verwendungszweck ausreichenden Widerstandsfähigkeit haben. Die Wände müssen ausreichend hoch sein, damit sie den Containersack vollständig aufnehmen können. Unter der Voraussetzung, dass der Containersack einen ähnlichen Schutz bietet, kann bei der Verwendung der Sondervorschrift VC1 auf die Plane des Fahrzeugs verzichtet werden.

Die in den Absätzen b) (iii), (iv) und (v) der Sondervorschrift 678 aufgeführten mit freiem Asbest kontaminierten Gegenstände aus beschädigten Bauwerken oder Gebäuden sowie mit freiem Asbest kontaminierten Baustellenabfälle, die bei abgerissenen oder renovierten Bauwerken oder Gebäuden anfallen, sind in einem Containersack, der in einen zweiten Containersack desselben Typs eingesetzt ist, zu befördern. Die Gesamtmasse des enthaltenen Abfalls darf 7 Tonnen nicht überschreiten.

In jedem Fall darf die Höchstmasse des Abfalls das vom Hersteller des Containersacks angegebene Fassungsvermögen nicht überschreiten.

# Kapitel 7.4
# Vorschriften für die Beförderung in Tanks

**7.4.1** **[Zulässigkeit]**

*→ D: GGAV 9*
*→ D: § 19 (2) 3*
*→ D: § 21 (2) 2*
*→ D: § 23 (2) 11*
*→ CH: SDR Anh. 1 7.4.1*

Ein gefährliches Gut darf in Tanks nur befördert werden, wenn in Kapitel 3.2 Tabelle A in der Spalte (10) eine Anweisung für ortsbewegliche Tanks oder in der Spalte (12) eine Tankcodierung angegeben ist oder eine zuständige Behörde eine Genehmigung gemäß Unterabschnitt 6.7.1.3 erteilt hat. Bei der Beförderung müssen die Vorschriften des Kapitels 4.2, 4.3, 4.4 bzw. 4.5 eingehalten werden.

Die Fahrzeuge, unabhängig davon, ob es sich dabei um starre Fahrzeuge, Zugfahrzeuge, Anhänger oder Sattelanhänger handelt, müssen die jeweiligen Vorschriften der Kapitel 9.1, 9.2 und 9.7 bezüglich des gemäß Kapitel 3.2 Tabelle A Spalte (14) zu verwendenden Fahrzeugs erfüllen.

**7.4.2** **[Verwendung der Fahrzeuge]**

*→ CH: SDR-Erlass 5.2*

Die gemäß Unterabschnitt 9.1.1.2 durch den Code EX/III, FL oder AT bezeichneten Fahrzeuge sind wie folgt zu verwenden:

- wenn ein Fahrzeug EX/III vorgeschrieben ist, darf nur ein Fahrzeug EX/III verwendet werden;
- wenn ein Fahrzeug FL vorgeschrieben ist, darf nur ein Fahrzeug FL verwendet werden;
- wenn ein Fahrzeug AT vorgeschrieben ist, dürfen Fahrzeuge AT und FL verwendet werden.

# Kapitel 7.5
# Vorschriften für die Be- und Entladung und die Handhabung

## Allgemeine Vorschriften*) 7.5.1

### [Vorschriftenkonformität Fahrzeug, Fahrzeugführer] 7.5.1.1

→ D: § 23 (2) 4
→ D: RSEB 7-5.S

Bei der Ankunft am Be- und Entladeort, einschließlich Container-Terminals, müssen das Fahrzeug und die Mitglieder der Fahrzeugbesatzung sowie gegebenenfalls der (die) Container, Schüttgut-Container, MEGC, Tankcontainer oder ortsbewegliche(n) Tank(s) (insbesondere hinsichtlich der Sicherheit, der Sicherung, der Sauberkeit und der ordnungsgemäßen Funktion der bei der Be- und Entladung verwendeten Ausrüstung) den Rechtsvorschriften genügen.

### [Unzulässigkeit der Beladung] 7.5.1.2

→ CTU-Code Kap. 9
→ D: § 23 (2) 4
→ D: § 29 (1)
→ D: RSEB 7-5.S
→ D: RSEB 7-6.1 ff.

Sofern im ADR nichts anderes festgelegt ist, darf eine Beladung nicht erfolgen, wenn

- eine Kontrolle der Dokumente oder
- eine Sichtprüfung des Fahrzeugs oder gegebenenfalls der (des) Container(s), Schüttgut-Container(s), MEGC, Tankcontainer(s) oder ortsbeweglichen Tanks sowie ihrer bei der Be- und Entladung verwendeten Ausrüstung

zeigt, dass das Fahrzeug und die Mitglieder der Fahrzeugbesatzung, ein Container, ein Schüttgut-Container, ein MEGC, ein Tankcontainer, ein ortsbeweglicher Tank oder ihre Ausrüstung den Rechtsvorschriften nicht genügt.

Vor dem Beladen muss das Fahrzeug oder der Container von innen und außen untersucht werden, um sicherzustellen, dass keine Beschädigungen vorliegen, welche die Unversehrtheit des Fahrzeugs oder Containers oder des zu verladenden Ladeguts beeinträchtigen könnten. → D: RSEB 7-7

Die Güterbeförderungseinheit muss untersucht werden, um sicherzustellen, dass sie in bautechnischer Hinsicht geeignet ist, dass sie frei von möglichen, mit der Ladung unverträglichen Rückständen ist und dass gegebenenfalls der Boden, die Wände und die Decke innen frei von Erhebungen oder Beschädigungen sind, welche die Ladung im Inneren beeinträchtigen könnten, und dass Großcontainer, sofern erforderlich, frei von Beschädigungen sind, welche die Wetterfestigkeit des Containers beeinträchtigen.

In „bautechnischer Hinsicht geeignet" bedeutet, dass die Bauelemente der Güterbeförderungseinheit keine größeren Beschädigungen aufweisen. Bauelemente von multimodal einsetzbaren Güterbeförderungseinheiten sind z.B. obere und untere seitliche Längsträger, obere und untere Querträger, Eckpfosten, Eckbeschläge und bei Großcontainern Türschwelle, Türträger und Bodenquerträger.

Größere Beschädigungen sind:

a) Ausbuchtungen, Risse oder Bruchstellen in Bauelementen oder tragenden Elementen und Beschädigungen an der Bedienungsausrüstung oder der betrieblichen Ausrüstung, welche die Unversehrtheit der Güterbeförderungseinheit beeinträchtigen;

b) jede Verwindung der Konstruktion oder jede Beschädigung an Hebeeinrichtungen oder an den Aufnahmepunkten für die Umschlagseinrichtungen, die stark genug ist, um eine ordnungsgemäße Positionierung des Umschlaggeräts, ein Aufsetzen und ein Sichern auf Traggestellen oder Wagen bzw. Fahrgestellen oder Fahrzeugen oder ein Einsetzen in Schiffszellen zu verhindern, und sofern zutreffend

c) Türscharniere, Türdichtungen und Beschläge, die verklemmt, verdreht, zerbrochen, nicht vorhanden oder in anderer Art und Weise nicht funktionsfähig sind.

### [Unzulässigkeit der Entladung] 7.5.1.3

→ CTU-Code Kap. 12
→ D: § 23a (2) 4

Sofern im ADR nichts anderes festgelegt ist, darf eine Entladung nicht erfolgen, wenn die vorgenannten Kontrollen Verstöße aufzeigen, die die Sicherheit oder die Sicherung bei der Entladung in Frage stellen können.

### [Geschlossene Ladung] 7.5.1.4

→ D: § 29 (1)

Nach den Sondervorschriften des Abschnitts 7.3.3 oder 7.5.11 gemäß den Angaben in Kapitel 3.2 Tabelle A Spalten (17) und (18) dürfen bestimmte gefährliche Güter nur als geschlossene Ladung (siehe Begriffsbestimmung in Abschnitt 1.2.1) befördert werden. In diesem Fall können die zuständigen Behörden

*) → D: RSEB 7-4.1 f.; → CH: Art. 12

7.5.1.4 (Forts.) verlangen, dass das für die Beförderung verwendete Fahrzeug oder der verwendete Großcontainer nur an einer Stelle beladen und nur an einer Stelle entladen wird.

**7.5.1.5** **[Versandstückausrichtung]**

*→ D: § 29 (1)*

Wenn Ausrichtungspfeile vorgeschrieben sind, müssen die Versandstücke und Umverpackungen in Übereinstimmung mit diesen Kennzeichen ausgerichtet werden.

**Bem.** Flüssige gefährliche Güter müssen, sofern dies durchführbar ist, unter trockenen gefährlichen Gütern verladen werden.

**7.5.1.6** **[Handhabungsmethoden]**

Alle Umschließungsmittel müssen nach einer Handhabungsmethode verladen und entladen werden, für die sie ausgelegt und, sofern vorgeschrieben, geprüft sind.

## 7.5.2 Zusammenladeverbote

*→ D: § 29 (1)*

**7.5.2.1** **[Güter verschiedener Klassen]**

*→ D: GGAV 28*
*→ RO-a-DE-1*

Versandstücke mit unterschiedlichen Gefahrzetteln dürfen nicht zusammen in ein Fahrzeug oder einen Container verladen werden, sofern die Zusammenladung nicht gemäß nachstehender Tabelle auf der Grundlage der angebrachten Gefahrzettel zugelassen ist.

**Bem.** 1. Gemäß Absatz 5.4.1.4.2 müssen für Sendungen, die nicht mit anderen zusammen in ein Fahrzeug oder einen Container verladen werden dürfen, gesonderte Beförderungspapiere ausgestellt werden.

2. Für Versandstücke, die nur Stoffe oder Gegenstände der Klasse 1 enthalten und die mit einem Gefahrzettel nach Muster 1, 1.4, 1.5 oder 1.6 versehen sind, ist eine Zusammenladung gemäß Unterabschnitt 7.5.2.2 zugelassen, unabhängig davon, ob für diese Versandstücke andere Gefahrzettel vorgeschrieben sind. Die Tabelle in Unterabschnitt 7.5.2.1 gilt nur, wenn solche Versandstücke mit Versandstücken mit Stoffen oder Gegenständen anderer Klassen zusammengeladen werden.

| Gefahrzettel | 1 | 1.4 | 1.5 | 1.6 | 2.1, 2.2, 2.3 | 3 | 4.1 | 4.1 +1 | 4.2 | 4.3 | 5.1 | 5.2 | 5.2 + 1 | 6.1 | 6.2 | 7A, 7B, 7C | 8 | 9, 9A |
|---|---|---|---|---|---|---|---|---|---|---|---|---|---|---|---|---|---|---|
| 1 | siehe Unterabschnitt 7.5.2.2 | | | | | | | | | | d) | | | | | | | b) |
| 1.4 | | | | | a) | a) | a) | | a) | a) | a) | a) | | a) | a) | a) | a) | a), b), c) |
| 1.5 | | | | | | | | | | | | | | | | | | b) |
| 1.6 | | | | | | | | | | | | | | | | | | b) |
| 2.1, 2.2, 2.3 | | a) | | | X | X | X | | X | X | X | X | | X | X | X | X | X |
| 3 | | a) | | | X | X | X | | X | X | X | X | | X | X | X | X | X |
| 4.1 | | a) | | | X | X | X | | X | X | X | X | | X | X | X | X | X |
| 4.1 + 1 | | | | | | | | X | | | | | | | | | | |
| 4.2 | | a) | | | X | X | X | | X | X | X | X | | X | X | X | X | X |
| 4.3 | | a) | | | X | X | X | | X | X | X | X | | X | X | X | X | X |
| 5.1 | d) | a) | | | X | X | X | | X | X | X | X | | X | X | X | X | X |
| 5.2 | | a) | | | X | X | X | | X | X | X | X | X | X | X | X | X | X |
| 5.2 + 1 | | | | | | | | | | | | X | X | | | | | |
| 6.1 | | a) | | | X | X | X | | X | X | X | X | | X | X | X | X | X |
| 6.2 | | a) | | | X | X | X | | X | X | X | X | | X | X | X | X | X |
| 7A, 7B, 7C | | a) | | | X | X | X | | X | X | X | X | | X | X | X | X | X |
| 8 | | a) | | | X | X | X | | X | X | X | X | | X | X | X | X | X |
| 9, 9A | b) | a), b), c) | b) | b) | X | X | X | | X | X | X | X | | X | X | X | X | X |

X Zusammenladung zugelassen.

a) Zusammenladung mit Stoffen und Gegenständen der Verträglichkeitsgruppe 1.4S zugelassen.

[b] Zusammenladung von Gütern der Klasse 1 mit Rettungsmitteln der Klasse 9 (UN-Nummern 2990, 3072 und 3268) zugelassen. 7.5.2.1 (Forts.)

[c] Zusammenladung von Sicherheitseinrichtungen, pyrotechnisch, der Unterklasse 1.4 Verträglichkeitsgruppe G (UN-Nummer 0503) mit Sicherheitseinrichtungen, elektrische Auslösung, der Klasse 9 (UN-Nummer 3268) zugelassen.

[d] Zusammenladung von Sprengstoffen (ausgenommen UN 0083 Sprengstoff Typ C) mit Ammoniumnitrat (UN-Nummern 1942 und 2067), Ammoniumnitrat-Emulsion, -Suspension oder -Gel (UN-Nummer 3375), Alkalimetall-Nitraten und Erdalkalimetall-Nitraten zugelassen, vorausgesetzt, die Einheit wird für Zwecke des Anbringens von Großzetteln (Placards), der Trennung, des Verladens und der höchstzulässigen Ladung als Sprengstoffe der Klasse 1 betrachtet. Zu den Alkalimetall-Nitraten gehören Caesiumnitrat (UN-Nummer 1451), Lithiumnitrat (UN-Nummer 2722), Kaliumnitrat (UN-Nummer 1486), Rubidiumnitrat (UN-Nummer 1477) und Natriumnitrat (UN-Nummer 1498). Zu den Erdalkalimetall-Nitraten gehören Bariumnitrat (UN-Nummer 1446), Berylliumnitrat (UN-Nummer 2464), Calciumnitrat (UN-Nummer 1454), Magnesiumnitrat (UN-Nummer 1474) und Strontiumnitrat (UN-Nummer 1507).

**[Güter der Klasse 1]** 7.5.2.2

→ D: GGAV 32
→ RO-a-DK-2

Versandstücke, die Stoffe oder Gegenstände der Klasse 1 enthalten und mit einem Zettel nach Muster 1, 1.4, 1.5 oder 1.6 versehen sind, die aber unterschiedlichen Verträglichkeitsgruppen zugeordnet sind, dürfen nicht zusammen in ein Fahrzeug oder einen Container verladen werden, sofern nicht gemäß nachstehender Tabelle für die jeweiligen Verträglichkeitsgruppen ein Zusammenladen zulässig ist.

| Verträglichkeitsgruppen | A | B | C | D | E | F | G | H | J | L | N | S |
|---|---|---|---|---|---|---|---|---|---|---|---|---|
| A | X | | | | | | | | | | | |
| B | | X | | a) | | | | | | | | X |
| C | | | X | X | X | | X | | | | b), c) | X |
| D | | a) | X | X | X | | X | | | | b), c) | X |
| E | | | X | X | X | | X | | | | b), c) | X |
| F | | | | | | X | | | | | | X |
| G | | | X | X | X | | X | | | | | X |
| H | | | | | | | | X | | | | X |
| J | | | | | | | | | X | | | X |
| L | | | | | | | | | | d) | | |
| N | | | b), c) | b), c) | b), c) | | | | | | b) | X |
| S | | X | X | X | X | X | X | X | X | | X | X |

X Zusammenladung zugelassen.

[a] Versandstücke mit Gegenständen der Verträglichkeitsgruppe B und Versandstücke mit Stoffen oder Gegenständen der Verträglichkeitsgruppe D dürfen zusammen in ein Fahrzeug oder einen Container verladen werden, vorausgesetzt, sie sind wirksam getrennt, so dass keine Gefahr der Explosionsübertragung von Gegenständen der Verträglichkeitsgruppe B auf Stoffe oder Gegenstände der Verträglichkeitsgruppe D besteht. Die Trennung ist durch die Verwendung getrennter Abteile oder durch Einsetzen einer der beiden Arten von explosiven Stoffen oder Gegenständen mit Explosivstoff in ein besonderes Umschließungssystem zu bewerkstelligen. Beide Trennungsmethoden müssen von der zuständigen Behörde zugelassen sein.

→ D: § 8 (1) 11
→ D: § 8 (2)
→ D: § 10 Nr. 4
→ CH: SDR Anh. 1 4.1.1.22
→ CH: SDR Anh. 1 7.5.2.2

[b] Verschiedene Arten von Gegenständen der Klassifizierung 1.6N dürfen nur als Gegenstände der Klassifizierung 1.6N zusammengeladen werden, wenn durch Prüfungen oder Analogieschluss nachgewiesen ist, dass keine zusätzliche Detonationsgefahr durch Übertragung unter den Gegenständen besteht. Andernfalls sind sie als Gegenstände der Gefahrenunterklasse 1.1 zu behandeln.

[c] Wenn Gegenstände der Verträglichkeitsgruppe N mit Stoffen oder Gegenständen der Verträglichkeitsgruppe C, D oder E zusammengeladen werden, sind die Gegenstände der Verträglichkeitsgruppe N so zu behandeln, als hätten sie die Eigenschaften der Verträglichkeitsgruppe D.

[d] Versandstücke mit Stoffen und Gegenständen der Verträglichkeitsgruppe L dürfen mit Versandstücken mit gleichartigen Stoffen und Gegenständen dieser Verträglichkeitsgruppe zusammen in ein Fahrzeug oder einen Container verladen werden.

**[Geschlossene Container]** 7.5.2.3

Bei Anwendung der Zusammenladeverbote in einem Fahrzeug sind die in geschlossenen, vollwandigen Containern enthaltenen Güter nicht zu berücksichtigen. Ungeachtet dessen gelten die Zusammenladeverbote des Unterabschnitts 7.5.2.1 betreffend die Zusammenladung von Versandstücken mit einem Zettel nach Muster 1, 1.4, 1.5 oder 1.6 mit anderen Versandstücken und des Unterabschnitts 7.5.2.2 betreffend die Zusammenladung von explosiven Stoffen und Gegenständen mit Explosivstoff verschiedener Verträglichkeitsgruppen für die in einem Container enthaltenen gefährlichen Güter und die anderen, in dasselbe Fahrzeug verladenen gefährlichen Güter, unabhängig davon, ob die letztgenannten in einem oder in mehreren anderen Containern enthalten sind.

**[Begrenzte Mengen mit Stoffen der Klasse 1]** 7.5.2.4

Die Zusammenladung von in begrenzten Mengen verpackten gefährlichen Gütern mit allen Arten von explosiven Stoffen und Gegenständen mit Explosivstoff, ausgenommen solcher der Unterklasse 1.4 und der UN-Nummern 0161 und 0499, ist verboten.

**7.5.3** (bleibt offen)

### 7.5.4 Vorsichtsmaßnahmen bei Nahrungs-, Genuss- und Futtermitteln

*→ D: § 29 (3)*

Wenn in Kapitel 3.2 Tabelle A Spalte (18) bei einem Stoff oder einem Gegenstand die Sondervorschrift CV28 angegeben ist, müssen folgende Vorsichtsmaßnahmen bei Nahrungs-, Genuss- und Futtermitteln ergriffen werden:

Versandstücke sowie ungereinigte leere Verpackungen, einschließlich Großverpackungen und Großpackmittel (IBC), mit Zetteln nach Muster 6.1 oder 6.2 oder solche mit Zetteln nach Muster 9, die Güter der UN-Nummer 2212, 2315, 2590, 3151, 3152 oder 3245 enthalten, dürfen in Fahrzeugen, in Containern und an Belade-, Entlade- und Umladestellen nicht mit Versandstücken, von denen bekannt ist, dass sie Nahrungs-, Genuss- oder Futtermittel enthalten, übereinander gestapelt werden oder in deren unmittelbarer Nähe verladen werden.

Werden diese Versandstücke mit den genannten Zetteln in unmittelbarer Nähe von Versandstücken verladen, von denen bekannt ist, dass sie Nahrungs-, Genuss- oder Futtermittel enthalten, müssen sie von diesen getrennt sein:

a) durch vollwandige Trennwände. Diese Trennwände müssen so hoch sein wie die Versandstücke mit oben genannten Zetteln; oder

b) durch Versandstücke, die nicht mit Zetteln nach Muster 6.1, 6.2 oder 9 versehen sind, oder durch Versandstücke, die mit Zetteln nach Muster 9 versehen sind, aber keine Güter der UN-Nummer 2212, 2315, 2590, 3151, 3152 oder 3245 enthalten, oder

c) durch einen Abstand von mindestens 0,8 m,

es sei denn, die Versandstücke mit oben genannten Zetteln sind zusätzlich verpackt oder vollständig abgedeckt (z.B. durch Folie, Stülpkarton oder sonstige Maßnahmen).

### 7.5.5 Begrenzung der beförderten Mengen

*→ D: § 29 (1)*

#### 7.5.5.1 [Grundsatz]

Wenn die nachstehenden Vorschriften oder die gemäß den Angaben in Kapitel 3.2 Tabelle A Spalte (18) anwendbaren zusätzlichen Vorschriften des Abschnitts 7.5.11 für ein bestimmtes Gut eine Begrenzung der beförderten Mengen vorschreiben, berührt die Tatsache, dass gefährliche Güter in einem oder in mehreren Containern enthalten sind, nicht die durch diese Vorschriften festgelegten Massebegrenzungen je Beförderungseinheit.

#### 7.5.5.2 Begrenzungen für explosive Stoffe und Gegenstände mit Explosivstoff

#### 7.5.5.2.1 Beförderte Stoffe und Mengen

*→ D: § 19 (2) 4*

Die gesamte Nettomasse in kg der explosiven Stoffe (oder, bei Gegenständen mit Explosivstoff, die gesamte Nettomasse des in allen Gegenständen enthaltenen Explosivstoffs), die in einer Beförderungseinheit befördert werden darf, ist entsprechend den Angaben der folgenden Tabelle begrenzt (siehe auch Unterabschnitt 7.5.2.2 über die Zusammenladeverbote):

Höchstzulässige Nettomasse in kg je Beförderungseinheit von den in Gütern der Klasse 1 enthaltenen explosiven Stoffen

| Beförderungseinheit | Unterklasse | 1.1 | | 1.2 | 1.3 | 1.4 | | 1.5 und 1.6 | ungereinigte leere Verpackungen |
|---|---|---|---|---|---|---|---|---|---|
| | Verträglichkeitsgruppe | 1.1A | außer 1.1A | | | außer 1.4S | 1.4S | | |
| EX/II[a] | | 6,25 | 1 000 | 3 000 | 5 000 | 15 000 | unbegrenzt | 5 000 | unbegrenzt |
| EX/III[a] | | 18,75 | 16 000 | 16 000 | 16 000 | 16 000 | unbegrenzt | 16 000 | unbegrenzt |

[a] Für die Beschreibung von Fahrzeugen EX/II und EX/III siehe Teil 9.

**[Behandlung gemäß gefährlichster Unterklasse]** 7.5.5.2.2

Werden Stoffe und Gegenstände verschiedener Unterklassen der Klasse 1 in eine Beförderungseinheit verladen und sind die Zusammenladeverbote des Unterabschnitts 7.5.2.2 berücksichtigt, ist die gesamte Ladung so zu behandeln, als ob sie zur gefährlichsten Unterklasse gehörte (nach der Reihenfolge 1.1, 1.5, 1.2, 1.3, 1.6, 1.4). Jedoch wird die Nettomasse von explosiven Stoffen der Verträglichkeitsgruppe S bei der Begrenzung der beförderten Mengen nicht berücksichtigt.

Werden Stoffe der Klassifizierung 1.5D in eine Beförderungseinheit zusammen mit Stoffen oder Gegenständen der Unterklasse 1.2 verladen, ist die gesamte Ladung für die Beförderung so zu behandeln, als ob sie zur Unterklasse 1.1 gehörte.

**Beförderung von explosiven Stoffen oder Gegenständen mit Explosivstoff in MEMU** 7.5.5.2.3

*→ 9.2.1.2*
*→ CH: SDR Anh. 3*
*→ D: § 8 (1) 1 l)*
*→ D: § 8 (2)*

Die Beförderung von explosiven Stoffen oder Gegenständen mit Explosivstoff in MEMU ist nur unter folgenden Bedingungen zugelassen:

a) Der Beförderungsvorgang muss von der zuständigen Behörde auf ihrem Hoheitsgebiet genehmigt sein.

b) Der Typ und die Menge der beförderten verpackten explosiven Stoffe oder Gegenstände mit Explosivstoff muss auf Typ und Menge begrenzt werden, die für die in der MEMU herzustellenden Menge des Materials notwendig sind, und dürfen, sofern von der zuständigen Behörde nichts anderes zugelassen ist, in keinem Fall überschreiten:
   - 200 kg für explosive Stoffe oder Gegenstände mit Explosivstoff der Verträglichkeitsgruppe D und
   - eine Gesamtmenge von 400 Einheiten Zündern oder Zündeinrichtungen oder eine Mischung beider.

c) Verpackte explosive Stoffe oder Gegenstände mit Explosivstoff dürfen nur in Ladeabteilen befördert werden, die den Vorschriften des Abschnitts 6.12.5 entsprechen.

d) In demselben Ladeabteil, in dem die verpackten explosiven Stoffe oder Gegenstände mit Explosivstoff enthalten sind, dürfen keine anderen gefährlichen Güter befördert werden.

e) Erst, wenn die Beladung anderer gefährlicher Güter abgeschlossen ist, und erst unmittelbar vor der Beförderung dürfen verpackte explosive Stoffe oder Gegenstände mit Explosivstoff in die MEMU verladen werden.

f) Wenn eine Zusammenladung von explosiven Stoffen oder Gegenständen mit Explosivstoff und Stoffen der Klasse 5.1 (UN-Nummern 1942 und 3375) zugelassen ist, wird die Gesamtmenge für Zwecke der Trennung, der Stauung und der höchstzulässigen Ladung als Sprengstoffe der Klasse 1 behandelt.

**Begrenzungen für organische Peroxide, selbstzersetzliche Stoffe und polymerisierende Stoffe** 7.5.5.3

*→ D: § 19 (2) 4*

Die höchste Menge organischer Peroxide der Klasse 5.2 und selbstzersetzlicher Stoffe der Klasse 4.1 des Typs B, C, D, E oder F sowie polymerisierender Stoffe der Klasse 4.1 ist auf 20 000 kg je Beförderungseinheit begrenzt.

(bleibt offen) 7.5.6

**Handhabung und Verstauung*)** 7.5.7

**[Ladungssicherung Versandstücke]** 7.5.7.1

*→ auch 7.5.1.5*
*→ D: GGAV 32*
*→ CTU-Code Nr. 5.3*
*→ D: § 19 (2) 15*
*→ D: RSEB 7-8*

Die Fahrzeuge oder Container müssen gegebenenfalls mit Einrichtungen für die Sicherung und Handhabung der gefährlichen Güter ausgerüstet sein. Versandstücke, die gefährliche Güter enthalten, und unverpackte gefährliche Gegenstände müssen durch geeignete Mittel gesichert werden, die in der Lage sind, die Güter im Fahrzeug oder Container so zurückzuhalten (z.B. Befestigungsgurte, Schiebewände, verstellbare Halterungen), dass eine Bewegung während der Beförderung, durch die die Ausrichtung der Versandstücke verändert wird oder die zu einer Beschädigung der Versandstücke führt, verhindert wird. Wenn gefährliche Güter zusammen mit anderen Gütern (z.B. schwere Maschinen oder Kisten) befördert werden, müssen alle Güter in den Fahrzeugen oder Containern so gesichert oder verpackt werden, dass das Austreten gefährlicher Güter verhindert wird. Die Bewegung der Versandstücke kann auch durch das Auffüllen von Hohlräumen mit Hilfe von Stauhölzern oder durch Blockieren und Verspannen verhindert

*) *→ D: § 29 (1) und (5) ; → CTU-Code Kap. 9*

7.5.7.1 (Forts.) werden. Wenn Verspannungen wie Bänder oder Gurte verwendet werden, dürfen diese nicht überspannt werden, so dass es zu einer Beschädigung oder Verformung des Versandstücks kommt.[4)]

Die Vorschriften dieses Unterabschnitts gelten als erfüllt, wenn die Ladung gemäß der Norm EN 12195-1:2010 gesichert ist.

**7.5.7.2 [Stapelung von Versandstücken]**

*→ 6.1.5.6.2*
*→ D: § 29 (5)*
*→ D: RSEB 7-9*

Versandstücke dürfen nicht gestapelt werden, es sei denn, sie sind für diesen Zweck ausgelegt. Wenn verschiedene Arten von Versandstücken, die für eine Stapelung ausgelegt sind, zusammen zu verladen sind, ist auf die gegenseitige Stapelverträglichkeit Rücksicht zu nehmen. Soweit erforderlich, müssen gestapelte Versandstücke durch die Verwendung tragender Hilfsmittel gegen eine Beschädigung der unteren Versandstücke geschützt werden.

**7.5.7.3 [Schutz der Versandstücke]**

*→ D: § 23a (2) 4*
*→ D: § 28 Nr. 1*

Während des Be- und Entladens müssen Versandstücke mit gefährlichen Gütern gegen Beschädigung geschützt werden.

**Bem.** Besondere Beachtung ist der Handhabung der Versandstücke bei der Vorbereitung zur Beförderung, der Art des Fahrzeugs oder Containers, mit dem die Versandstücke befördert werden sollen, und der Be- und Entlademethode zu schenken, so dass eine unbeabsichtigte Beschädigung durch Ziehen der Versandstücke über den Boden oder durch falsche Behandlung der Versandstücke vermieden wird.

**7.5.7.4 [Ladungssicherung für Beförderungsmittel]**

*→ 4.3.2.3.2*

Die Vorschriften des Unterabschnitts 7.5.7.1 gelten auch für das Verladen, Verstauen und Absetzen sowie für das Entladen von Containern, Tankcontainern, ortsbeweglichen Tanks und MEGC auf bzw. von Fahrzeugen. Sofern Tankcontainer, ortsbewegliche Tanks und MEGC baubedingt keine Eckbeschläge umfassen, wie sie in der Norm ISO 1496-1 Series 1 freight containers – Specifications and testing – Part 1: General cargo containers for general purposes (Frachtcontainer der Serie 1 – Spezifikationen und Prüfungen – Teil 1: Allgemeine Frachtcontainer für allgemeine Anwendung) festgelegt sind, muss überprüft werden, ob die an den Tankcontainern, ortsbeweglichen Tanks oder MEGC verwendeten Systeme mit dem am Fahrzeug verwendeten System kompatibel sind und den Vorschriften des Abschnitts 9.7.3 entsprechen.

**7.5.7.5 [Öffnungsverbot]**

*→ NL: VLG 7.5.7.5*

Mitglieder der Fahrzeugbesatzung dürfen Versandstücke mit gefährlichen Gütern nicht öffnen.

**7.5.7.6 Verladung von flexiblen Schüttgut-Containern**

**7.5.7.6.1 [Fahrzeuganforderungen]**

Flexible Schüttgut-Container müssen in Fahrzeugen oder Containern mit starren Stirn- und Seitenwänden befördert werden, deren Höhe mindestens zwei Drittel der Höhe des flexiblen Schüttgut-Containers abdeckt. Die für die Beförderung verwendeten Fahrzeuge müssen mit einer gemäß der UN-Regelung Nr. 13[5)] zugelassenen Fahrzeugstabilisierungsfunktion ausgerüstet sein.

**Bem.** Bei der Verladung flexibler Schüttgut-Container in ein Fahrzeug oder einen Container müssen den in Unterabschnitt 7.5.7.1 angegebenen Hinweisen für das Verstauen gefährlicher Güter besondere Beachtung geschenkt werden.

**7.5.7.6.2 [Ladungssicherung]**

Flexible Schüttgut-Container müssen durch Mittel gesichert werden, die geeignet sind, sie im Fahrzeug oder Container so zurückzuhalten, dass Bewegungen während der Beförderung, die zu einer Veränderung der Ausrichtung oder zu einer Beschädigung des flexiblen Schüttgut-Containers führen, verhindert werden. Bewegungen der flexiblen Schüttgut-Container dürfen auch durch das Ausfüllen der Leerräume

---

4) Anleitungen für das Verstauen gefährlicher Güter können im „IMO/ILO/UNECE Code of Practice for Packing of Cargo Transport Units (CTU Code)" (Verfahrensregeln der IMO/ILO/UNECE für das Packen von Güterbeförderungseinheiten) (siehe z.B. Kapitel 9 „Packing cargo into CTUs" (Verladen von Gütern in CTU) und Kapitel 10 „Additional advice on the packing of dangerous goods" (Zusätzliche Hinweise zum Verladen gefährlicher Güter)) und den von der Europäischen Kommission veröffentlichten „European Best Practice Guidelines on Cargo Securing for Road Transport" (Europäische Leitlinien für optimale Verfahren der Ladungssicherung im Straßenverkehr) entnommen werden. Weitere Anleitungen werden auch von zuständigen Behörden und Industrieverbänden zur Verfügung gestellt.

5) UN-Regelung Nr. 13 (Einheitliche Bedingungen für die Genehmigung von Fahrzeugen der Klassen M, N und O hinsichtlich der Bremsen).

mit Hilfe von Stauhölzern oder durch Blockieren und Verspannen verhindert werden. Sofern Rückhalteeinrichtungen, wie Bänder oder Gurtbänder, verwendet werden, dürfen diese nicht so überspannt werden, dass es zu einer Beschädigung oder Deformierung der flexiblen Schüttgut-Container kommt. 7.5.7.6.2 (Forts.)

**[Stapelverbot]** 7.5.7.6.3

Flexible Schüttgut-Container dürfen nicht gestapelt werden.

**Reinigung nach dem Entladen** 7.5.8 → D: § 29 (1)

**[Ausgetretene Gefahrgüter]** 7.5.8.1

Wird nach dem Entladen eines Fahrzeugs oder Containers, in dem sich verpackte gefährliche Güter befanden, festgestellt, dass ein Teil ihres Inhaltes ausgetreten ist, so ist das Fahrzeug oder der Container so bald wie möglich, auf jeden Fall aber vor erneutem Beladen, zu reinigen.

Ist eine Reinigung vor Ort nicht möglich, muss das Fahrzeug oder der Container unter Beachtung einer ausreichenden Sicherheit bei der Beförderung der nächsten geeigneten Stelle, wo eine Reinigung durchgeführt werden kann, zugeführt werden.

Eine ausreichende Sicherheit bei der Beförderung liegt vor, wenn geeignete Maßnahmen ergriffen wurden, die ein unkontrolliertes Freiwerden der ausgetretenen gefährlichen Güter verhindern.

**[Produktwechsel]** 7.5.8.2

Fahrzeuge oder Container, in denen sich gefährliche Güter in loser Schüttung befanden, sind vor erneutem Beladen in geeigneter Weise zu reinigen, wenn nicht die neue Ladung aus dem gleichen gefährlichen Gut besteht wie die vorhergehende.

**Rauchverbot** 7.5.9 → D: § 23 (2) 5 → D: § 29 (2) 4

Bei Ladearbeiten ist das Rauchen in der Nähe der Fahrzeuge oder Container und in den Fahrzeugen oder Containern untersagt. Das Rauchverbot gilt auch für die Verwendung elektronischer Zigaretten und ähnlicher Geräte.

**Maßnahmen zur Vermeidung elektrostatischer Aufladung** 7.5.10 → D: § 23 (2) 9 → D: § 23a (2) 1 → D: § 28 Nr. 15

Bei entzündbaren Gasen, bei flüssigen Stoffen mit einem Flammpunkt bis höchstens 60 °C oder bei UN 1361 Kohle oder Ruß, Verpackungsgruppe II ist vor der Befüllung oder Entleerung der Tanks eine elektrisch gut leitende Verbindung zwischen dem Aufbau des Fahrzeugs, dem ortsbeweglichen Tank oder dem Tankcontainer und der Erde herzustellen. Außerdem ist die Füllgeschwindigkeit zu begrenzen.

**Zusätzliche Vorschriften für bestimmte Klassen oder Güter** 7.5.11 → D: § 29 (1)

Neben den Vorschriften der Abschnitte 7.5.1 bis 7.5.10 gelten folgende Sondervorschriften, sofern diese in Kapitel 3.2 Tabelle A Spalte (18) bei einer Eintragung angegeben sind:

**CV1** (1) Es ist untersagt, → 1.1.3.6.3 → RO-bi-IE-3 → RO-bi-DK-5 → D: RSEB 7-10.1.S f.

a) an einer der Öffentlichkeit zugänglichen Stelle innerhalb von Ortschaften Güter ohne besondere Erlaubnis der zuständigen Behörden auf- oder abzuladen;

b) an einer der Öffentlichkeit zugänglichen Stelle außerhalb von Ortschaften Güter auf- oder abzuladen, ohne die zuständigen Behörden davon benachrichtigt zu haben, es sei denn, dass diese Maßnahmen aus Sicherheitsgründen dringend erforderlich sind.

(2) Sind aus irgendeinem Grund Ladearbeiten an einer der Öffentlichkeit zugänglichen Stelle auszuführen, so müssen Stoffe und Gegenstände verschiedener Art entsprechend den Gefahrzetteln getrennt werden.

**CV2** (1) Vor dem Beladen ist die Ladefläche des Fahrzeugs oder des Containers gründlich zu reinigen.

(2) Die Verwendung von Feuer und offenem Licht ist auf Fahrzeugen und in Containern, die diese Güter befördern, in ihrer Nähe sowie beim Be- und Entladen verboten.

**CV3** Siehe Unterabschnitt 7.5.5.2.

**CV4** Die Stoffe und Gegenstände der Verträglichkeitsgruppe L dürfen nur als geschlossene Ladung befördert werden.

**CV5–CV8** (bleibt offen)

**7.5.11** (Forts.)

**CV9** Die Versandstücke dürfen nicht geworfen oder Stößen ausgesetzt werden.

Die Gefäße sind in den Fahrzeugen so zu verladen, dass sie nicht umkippen oder herabfallen können.

**CV10** Die Flaschen gemäß Begriffsbestimmung in Abschnitt 1.2.1 müssen parallel oder quer zur Längsachse des Fahrzeugs oder Containers gelegt werden; in der Nähe der Stirnwände müssen sie jedoch quer zur Längsachse verladen werden.

Kurze Flaschen mit großem Durchmesser (etwa 30 cm und mehr) dürfen auch längs gelagert werden, wobei die Schutzeinrichtungen der Ventile zur Fahrzeugmitte oder Containermitte zeigen müssen.

*→ D: RSEB 7-11* Flaschen, die ausreichend standfest sind oder die in geeigneten Einrichtungen, die sie gegen Umfallen schützen, befördert werden, dürfen aufrecht verladen werden.

Liegende Flaschen müssen in sicherer und geeigneter Weise so verkeilt, festgebunden oder festgelegt sein, dass sie sich nicht verschieben können.

**CV11** Die Gefäße müssen immer in der Lage verladen werden, für die sie gebaut sind, und sie müssen gegen jede mögliche Beschädigung durch andere Versandstücke geschützt sein.

**CV12** Wenn die Gegenstände auf Paletten verladen sind und die Paletten gestapelt werden, muss jede Palettenlage gleichmäßig auf der darunter liegenden verteilt sein, wenn nötig durch Einlegen eines Materials von genügender Festigkeit.

**CV13** Wenn Stoffe frei geworden sind und in einem Fahrzeug oder Container verschüttet wurden, so darf dieses/dieser erst nach gründlicher Reinigung, gegebenenfalls Desinfektion oder Entgiftung, wiederverwendet werden. Alle anderen in demselben Fahrzeug oder Container beförderten Güter und Gegenstände sind auf mögliche Verunreinigung zu prüfen.

**CV14** Die Güter müssen während der Beförderung vor direkter Sonneneinstrahlung und Wärmeentwicklung geschützt sein.

*→ auch 5.5.3.3.3* Die Versandstücke dürfen nur an kühlen und gut belüfteten Orten, entfernt von Wärmequellen gelagert werden.

**CV15** Siehe Unterabschnitt 7.5.5.3.

**CV16– CV19** (bleibt offen)

**CV20** Die Vorschriften des Kapitels 5.3 und die Absätze 7.1.7.4.7 und 7.1.7.4.8 sowie die Sondervorschrift V1 des Kapitels 7.2 gelten nicht, vorausgesetzt, der Stoff ist gemäß der jeweils vorgeschriebenen Verpackungsmethode OP1 oder OP2 des Unterabschnitts 4.1.4.1 Verpackungsanweisung P520 verpackt und die Gesamtmenge der Stoffe, für die diese Abweichung angewendet wird, beträgt je Beförderungseinheit nicht mehr als 10 kg.

*→ D: RSEB 7-12.S* **CV21** Vor der Beladung ist die Beförderungseinheit einer sorgfältigen Inspektion zu unterziehen.

Vor der Beförderung ist der Beförderer in Kenntnis zu setzen über:

- Anweisungen hinsichtlich der Bedienung des Kühlsystems, gegebenenfalls einschließlich einer Liste der unterwegs vorhandenen Kühlmittellieferanten;
- Vorgehensweise bei Ausfall der Temperaturkontrolle.

Im Falle einer Temperaturkontrolle nach den in Absatz 7.1.7.4.5 b) oder d) beschriebenen Verfahren ist eine ausreichende Menge nicht entzündbarer Kühlmittel (z.B. flüssiger Stickstoff oder Trockeneis), einschließlich eines angemessenen Zuschlags für eventuelle Verzögerungen, mitzuführen, sofern nicht eine Nachschubmöglichkeit sichergestellt ist.

Die Versandstücke müssen so verstaut sein, dass sie leicht zugänglich sind.

Die vorgeschriebene Kontrolltemperatur muss während des ganzen Beförderungsvorgangs, einschließlich des Be- und Entladens sowie eventueller Zwischenhalte, eingehalten werden.

**CV22** Die Versandstücke müssen so verladen werden, dass eine ungehinderte Luftzirkulation im Laderaum eine gleichmäßige Temperatur der Ladung gewährleistet. Wenn der Inhalt eines Fahrzeugs oder eines Großcontainers 5 000 kg entzündbarer fester Stoffe, polymerisierender Stoffe und/oder organischer Peroxide überschreitet, muss die Ladung in Stapel von höchstens 5 000 kg mit Luftzwischenräumen von mindestens 0,05 m unterteilt werden.

**CV23** Bei der Handhabung der Versandstücke sind besondere Maßnahmen zu treffen, damit sie nicht mit Wasser in Berührung kommen.

7.5.11 (Forts.)

**CV24** Vor der Beladung sind die Fahrzeuge und Container gründlich zu reinigen und insbesondere von allen entzündbaren Resten (Stroh, Heu, Papier usw.) zu säubern.

Es ist untersagt, leicht entzündbare Werkstoffe für die Verstauung der Versandstücke zu verwenden. *→ RO-bi-IE-7*

**CV25** (1) Die Versandstücke müssen so verstaut sein, dass sie leicht zugänglich sind. *→ D: RSEB 7-12.S*

(2) Wenn Versandstücke bei einer Umgebungstemperatur von höchstens 15 °C oder gekühlt zu befördern sind, muss diese Temperatur während des Umladens oder der Zwischenlagerung eingehalten werden.

(3) Die Versandstücke dürfen nur an kühlen Orten, entfernt von Wärmequellen gelagert werden.

**CV26** Die Holzteile des Fahrzeugs oder Containers, die mit diesen Stoffen in Berührung gekommen sind, müssen entfernt und verbrannt werden.

**CV27** (1) Die Versandstücke müssen so verstaut sein, dass sie leicht zugänglich sind. *→ D: RSEB 7-12.S*

(2) Wenn die Versandstücke gekühlt zu befördern sind, muss die Aufrechterhaltung der Kühlkette während des Umladens oder der Zwischenlagerung sichergestellt werden.

(3) Die Versandstücke dürfen nur an kühlen Orten, entfernt von Wärmequellen gelagert werden.

**CV28** Siehe Abschnitt 7.5.4.

**CV29** Die Versandstücke müssen aufrecht stehen.

**CV30–CV32** (bleibt offen)

**CV33** **Bem.** 1. „Kritische Gruppe" ist eine Gruppe der Öffentlichkeit, die in Bezug auf ihre Exposition gegenüber einer vorhandenen Strahlungsquelle und einem vorhandenen Expositionspfad hinreichend homogen ist und die charakteristisch ist für Einzelpersonen, die durch den vorhandenen Expositionspfad von der vorhandenen Strahlungsquelle die höchste effektive Dosis erhalten.

2. „Öffentlichkeit" sind im Allgemeinen alle Einzelpersonen aus der Bevölkerung, ausgenommen solche, die aus beruflichen oder medizinischen Gründen einer Strahlung ausgesetzt sind.

3. „Beschäftigte" sind alle Personen, die entweder in Vollzeit, in Teilzeit oder zeitweise für einen Arbeitgeber beschäftigt sind und die bezüglich des beruflichen Strahlenschutzes Rechte und Pflichten übernommen haben.

**(1) Trennung**

(1.1) Versandstücke, Umverpackungen, Container und Tanks, die radioaktive Stoffe enthalten, und unverpackte radioaktive Stoffe sind während der Beförderung getrennt zu halten:

a) von Beschäftigten in regelmäßig benutzten Arbeitsbereichen:

(i) gemäß nachstehender Tabelle A oder

(ii) durch einen Abstand, der unter Verwendung konservativer Modellparameter so berechnet ist, dass die sich in diesem Bereich aufhaltenden Beschäftigten weniger als 5 mSv pro Jahr erhalten;

**Bem.** Beschäftigte, die für Zwecke des Strahlenschutzes einer Individualüberwachung unterliegen, müssen für Zwecke der Trennung nicht in Betracht gezogen werden.

b) von Personen der Öffentlichkeit in Bereichen, zu denen die Öffentlichkeit regelmäßigen Zugang hat:

(i) gemäß nachstehender Tabelle A oder

(ii) durch einen Abstand, der unter Verwendung konservativer Modellparameter so berechnet ist, dass die sich in diesem Bereich aufhaltenden Personen der kritischen Gruppe weniger als 1 mSv pro Jahr erhalten;

c) von unentwickelten Filmen und Postsäcken:

(i) gemäß nachstehender Tabelle B oder

**7.5.11** (Forts.)

(ii) durch einen Abstand, der so berechnet ist, dass die Strahlenexposition für unentwickelte Filme bei der Beförderung radioaktiver Stoffe auf 0,1 mSv pro Filmsendung beschränkt ist; und

**Bem.** Postsäcke müssen so behandelt werden, als ob sie unentwickelte Filme und Fotoplatten enthielten, und müssen daher in gleicher Weise von radioaktiven Stoffen getrennt werden.

d) von anderen gefährlichen Gütern gemäß Abschnitt 7.5.2.

**Tabelle A Mindestabstände zwischen Versandstücken der Kategorie II-GELB oder III-GELB und Personen**

| Summe der Transportkennzahlen nicht größer als | Dauer der Exposition pro Jahr (in Stunden) | | | |
|---|---|---|---|---|
| | Bereiche, zu denen die Öffentlichkeit regelmäßigen Zugang hat | | regelmäßig benutzte Arbeitsbereiche | |
| | 50 | 250 | 50 | 250 |
| | Mindestabstand in Metern, wenn kein abschirmendes Material vorhanden ist | | | |
| 2 | 1 | 3 | 0,5 | 1 |
| 4 | 1,5 | 4 | 0,5 | 1,5 |
| 8 | 2,5 | 6 | 1,0 | 2,5 |
| 12 | 3 | 7,5 | 1,0 | 3 |
| 20 | 4 | 9,5 | 1,5 | 4 |
| 30 | 5 | 12 | 2 | 5 |
| 40 | 5,5 | 13,5 | 2,5 | 5,5 |
| 50 | 6,5 | 15,5 | 3 | 6,5 |

**Tabelle B Mindestabstände zwischen Versandstücken der Kategorie II-GELB oder III-GELB und Sendungen mit der Aufschrift „FOTO" oder Postsäcken**

| Gesamtzahl der Versandstücke nicht mehr als | | Summe der Transportkennzahlen nicht größer als | Dauer der Beförderung oder Lagerung in Stunden | | | | | | | |
|---|---|---|---|---|---|---|---|---|---|---|
| Kategorie | | | 1 | 2 | 4 | 10 | 24 | 48 | 120 | 240 |
| GELB-III | GELB-II | | Mindestabstand in Metern | | | | | | | |
| | | 0,2 | 0,5 | 0,5 | 0,5 | 0,5 | 1 | 1 | 2 | 3 |
| | | 0,5 | 0,5 | 0,5 | 0,5 | 1 | 1 | 2 | 3 | 5 |
| | 1 | 1 | 0,5 | 0,5 | 1 | 1 | 2 | 3 | 5 | 7 |
| | 2 | 2 | 0,5 | 1 | 1 | 1,5 | 3 | 4 | 7 | 9 |
| | 4 | 4 | 1 | 1 | 1,5 | 3 | 4 | 6 | 9 | 13 |
| | 8 | 8 | 1 | 1,5 | 2 | 4 | 6 | 8 | 13 | 18 |
| 1 | 10 | 10 | 1 | 2 | 3 | 4 | 7 | 9 | 14 | 20 |
| 2 | 20 | 20 | 1,5 | 3 | 4 | 6 | 9 | 13 | 20 | 30 |
| 3 | 30 | 30 | 2 | 3 | 5 | 7 | 11 | 16 | 25 | 35 |
| 4 | 40 | 40 | 3 | 4 | 5 | 8 | 13 | 18 | 30 | 40 |
| 5 | 50 | 50 | 3 | 4 | 6 | 9 | 14 | 20 | 32 | 45 |

(1.2) Versandstücke oder Umverpackungen der Kategorie II-GELB oder III-GELB dürfen in von Personen besetzten Abteilen nicht befördert werden; ausgenommen hiervon sind Abteile, die für Personen mit einer Genehmigung zur Begleitung solcher Versandstücke oder Umverpackungen reserviert sind.

(1.3) Außer den Mitgliedern der Fahrzeugbesatzung sind in Fahrzeugen, in denen Versandstücke, Umverpackungen oder Container mit Gefahrzetteln der Kategorie II-GELB oder III-GELB befördert werden, keine anderen Personen zugelassen.

7.5.11 (Forts.)

(2) **Aktivitätsgrenzwerte**

Die Gesamtaktivität darf in einem Fahrzeug zur Beförderung von LSA-Stoffen oder SCO-Gegenständen in Industrieversandstücken Typ 1 (Typ IP-1), Typ 2 (Typ IP-2), Typ 3 (Typ IP-3) oder unverpackt die in nachstehender Tabelle C angegebenen Grenzwerte nicht überschreiten. Für SCO-III-Gegenstände dürfen die Grenzwerte der nachstehenden Tabelle C überschritten werden, vorausgesetzt, der Beförderungsplan enthält Vorkehrungen, die während der Beförderung zu ergreifen sind, um ein allgemeines Sicherheitsniveau zu erreichen, das mindestens dem gleichwertig ist, das gegeben wäre, wenn die Grenzwerte eingehalten worden wären.

**Tabelle C Aktivitätsgrenzwerte je Fahrzeug für LSA-Stoffe und SCO-Gegenstände in Industrieversandstücken oder unverpackt**

| Art des Stoffes oder Gegenstandes | Aktivitätsgrenzwerte für Fahrzeuge |
|---|---|
| LSA-I | unbegrenzt |
| LSA-II und LSA-III<br>nichtbrennbare feste Stoffe | unbegrenzt |
| LSA-II und LSA-III<br>brennbare feste Stoffe und alle flüssigen Stoffe und Gase | 100 $A_2$ |
| SCO | 100 $A_2$ |

(3) **Verstauung für die Beförderung und Zwischenlagerung**

(3.1) Die Sendungen sind sicher zu verstauen.

(3.2) Unter der Voraussetzung, dass der mittlere Wärmefluss an der Oberfläche 15 W/m$^2$ nicht überschreitet und die Güter in unmittelbarer Umgebung nicht in Säcken verpackt sind, darf ein Versandstück oder eine Umverpackung ohne besondere Ladevorschriften zusammen mit anderen verpackten Gütern befördert oder gelagert werden, sofern ein Genehmigungszeugnis der zuständigen Behörde nicht ausdrücklich etwas anderes bestimmt.

(3.3) Die folgenden Vorschriften sind beim Beladen der Container und beim Verladen von Versandstücken, Umverpackungen und Containern anzuwenden:

a) Mit Ausnahme der Beförderung unter ausschließlicher Verwendung und von Sendungen von LSA-I-Stoffen ist die Gesamtzahl von Versandstücken, Umverpackungen und Containern in einem Fahrzeug so zu begrenzen, dass die Summe der Transportkennzahlen im Fahrzeug die in nachstehender Tabelle D aufgeführten Werte nicht überschreitet.

b) Die Dosisleistung unter Routine-Beförderungsbedingungen darf auf der Außenfläche des Fahrzeugs oder Containers an keinem Punkt 2 mSv/h und in einem Abstand von 2 m von der Außenfläche des Fahrzeugs oder Containers an keinem Punkt 0,1 mSv/h überschreiten, ausgenommen Sendungen unter ausschließlicher Verwendung, für die die Dosisleistungsgrenzwerte in der Umgebung des Fahrzeugs in (3.5) b) und c) festgelegt sind.

c) Die Summe der Kritikalitätssicherheitskennzahlen in einem Container oder Fahrzeug darf die in nachstehender Tabelle E aufgeführten Werte nicht überschreiten.

**Tabelle D Grenzwerte für die Transportkennzahl je Container und Fahrzeug, die nicht unter ausschließlicher Verwendung stehen**

| Art des Containers oder Fahrzeugs | Grenzwerte für die Summe der Transportkennzahlen in einem Container oder Fahrzeug |
|---|---|
| Kleincontainer | 50 |
| Großcontainer | 50 |
| Fahrzeug | 50 |

7.5.11 (Forts.)

**Tabelle E Grenzwerte für die Kritikalitätssicherheitskennzahlen je Container und Fahrzeug, die spaltbare Stoffe enthalten**

| Art des Containers oder Fahrzeugs | Grenzwerte für die Summe der Kritikalitätssicherheitskennzahlen in einem Container oder Fahrzeug | |
|---|---|---|
| | nicht unter ausschließlicher Verwendung | unter ausschließlicher Verwendung |
| Kleincontainer | 50 | nicht zutreffend |
| Großcontainer | 50 | 100 |
| Fahrzeug | 50 | 100 |

(3.4) Alle Versandstücke oder Umverpackungen mit einer höheren Transportkennzahl als 10 und alle Sendungen mit einer höheren Kritikalitätssicherheitskennzahl als 50 dürfen nur unter ausschließlicher Verwendung befördert werden.

(3.5) Die Dosisleistung darf bei Sendungen, die unter ausschließlicher Verwendung befördert werden, folgende Werte nicht überschreiten:

a) 10 mSv/h an keinem Punkt der Außenflächen von Versandstücken oder Umverpackungen; sie darf 2 mSv/h nur überschreiten, wenn

(i) das Fahrzeug mit einer Umhüllung ausgerüstet ist, die unter Routine-Beförderungsbedingungen den Zugang Unbefugter in das Innere der Umhüllung verwehrt, und

(ii) Vorkehrungen getroffen worden sind, um das Versandstück oder die Umverpackung so zu befestigen, dass deren Lage innerhalb der Umhüllung des Fahrzeugs während der Routinebeförderung unverändert bleibt, und

(iii) während der Beförderung keine Be- oder Entladung vorgenommen wird;

b) 2 mSv/h an keinem Punkt der Außenfläche des Fahrzeugs, einschließlich der Dach- und Bodenflächen, oder bei einem offenen Fahrzeug an keinem Punkt, der sich auf den von den äußeren Kanten des Fahrzeugs projizierten senkrechten Ebenen, der Oberfläche der Ladung und der unteren Außenfläche des Fahrzeugs befindet, und

c) 0,1 mSv/h an keinem Punkt im Abstand von 2 m von den senkrechten Flächen, die von den Außenflächen des Fahrzeugs gebildet werden, oder, falls die Ladung auf einem offenen Fahrzeug befördert wird, an keinem Punkt im Abstand von 2 m von den durch die äußeren Kanten des Fahrzeugs projizierten senkrechten Ebenen.

**(4) Zusätzliche Vorschriften für die Beförderung und Zwischenlagerung von spaltbaren Stoffen**

(4.1) Jede Gruppe von Versandstücken, Umverpackungen und Containern, die spaltbare Stoffe enthalten und in einem Lagerbereich zwischengelagert werden, ist so zu begrenzen, dass die Gesamtsumme der Kritikalitätssicherheitskennzahlen in der Gruppe den Wert 50 nicht überschreitet. Jede Gruppe ist so zu lagern, dass von anderen derartigen Gruppen ein Mindestabstand von 6 m eingehalten wird.

(4.2) Wenn die Summe der Kritikalitätssicherheitskennzahlen in einem Fahrzeug oder Container in Übereinstimmung mit oben stehender Tabelle E größer ist als 50, so hat die Lagerung so zu erfolgen, dass zu anderen Gruppen von Versandstücken, Umverpackungen oder Containern, die spaltbare Stoffe enthalten, oder anderen Fahrzeugen mit radioaktiven Stoffen ein Mindestabstand von 6 m eingehalten wird.

(4.3) Spaltbare Stoffe, die eine der Vorschriften der Absätze a) bis f) des Absatzes 2.2.7.2.3.5 erfüllen, müssen folgenden Anforderungen entsprechen:

a) je Sendung ist nur eine der Vorschriften der Absätze a) bis f) des Absatzes 2.2.7.2.3.5 zugelassen;

b) je Sendung ist nur ein gemäß Absatz 2.2.7.2.3.5 f) zugeordneter, zugelassener spaltbarer Stoff in Versandstücken zugelassen, es sei denn, im Zulassungszeugnis sind mehrere Stoffe zugelassen;

c) gemäß Absatz 2.2.7.2.3.5 c) zugeordnete spaltbare Stoffe in Versandstücken müssen in einer Sendung mit höchstens 45 g spaltbaren Nukliden befördert werden;

d) gemäß Absatz 2.2.7.2.3.5 d) zugeordnete spaltbare Stoffe in Versandstücken müssen in einer Sendung mit höchstens 15 g spaltbaren Nukliden befördert werden;

e) gemäß Absatz 2.2.7.2.3.5 e) zugeordnete unverpackte oder verpackte spaltbare Stoffe müssen in einem Fahrzeug unter ausschließlicher Verwendung mit höchstens 45 g spaltbaren Nukliden befördert werden. **7.5.11** (Forts.)

**(5) Beschädigte oder undichte Versandstücke, kontaminierte Verpackungen**

(5.1) Ist ein Versandstück offensichtlich beschädigt oder undicht oder wird vermutet, dass das Versandstück beschädigt wurde oder undicht war, ist der Zugang zu diesem Versandstück zu beschränken und das Ausmaß der Kontamination und die daraus resultierende Dosisleistung des Versandstücks durch eine qualifizierte Person so schnell wie möglich abzuschätzen. Der Umfang der Abschätzung muss sich auf das Versandstück, das Fahrzeug, die angrenzenden Be- und Entladebereiche und gegebenenfalls auf alle anderen mit dem Fahrzeug beförderten Güter erstrecken. Falls erforderlich, sind zum Schutz von Personen, Eigentum und der Umwelt in Übereinstimmung mit den von der zuständigen Behörde aufgestellten Bestimmungen zusätzliche Maßnahmen zu ergreifen, um die Folgen derartiger Undichtheiten oder Beschädigungen zu beseitigen und zu verringern.

(5.2) Versandstücke, die beschädigt sind oder aus denen radioaktiver Inhalt über die für normale Beförderungsbedingungen zulässigen Grenzwerte hinaus entweicht, dürfen unter Aufsicht zu einem annehmbaren Zwischenlagerplatz gebracht, aber erst weiterbefördert werden, nachdem sie repariert oder instand gesetzt und dekontaminiert worden sind.

(5.3) Regelmäßig für die Beförderung radioaktiver Stoffe verwendete Fahrzeuge und Ausrüstungen sind wiederkehrend auf Kontamination zu überprüfen. Die Häufigkeit derartiger Überprüfungen richtet sich nach der Wahrscheinlichkeit einer Kontamination und nach dem Umfang, in dem radioaktive Stoffe befördert werden.

(5.4) Sofern in Absatz (5.5) nichts anderes vorgesehen ist, müssen alle Fahrzeuge oder Ausrüstungen oder Teile davon, die während der Beförderung radioaktiver Stoffe über die in Absatz 4.1.9.1.2 festgelegten Grenzwerte hinaus kontaminiert wurden oder auf der Oberfläche eine Dosisleistung von mehr als 5 µSv/h aufweisen, so schnell wie möglich durch eine qualifizierte Person dekontaminiert werden und dürfen nicht wiederverwendet werden, es sei denn, folgende Vorschriften sind erfüllt:

a) die nicht festhaftende Kontamination überschreitet nicht die in Absatz 4.1.9.1.2 festgelegten Grenzwerte;

b) die aus der festhaftenden Kontamination resultierende Dosisleistung an der Oberfläche ist nicht größer als 5 µSv/h.

(5.5) Die für die Beförderung unverpackter radioaktiver Stoffe unter ausschließlicher Verwendung eingesetzten Container oder Fahrzeuge sind von den Vorschriften des Absatzes 4.1.9.1.2 und des vorstehenden Absatzes (5.4) nur bezüglich ihrer Innenflächen und nur so lange ausgenommen, wie es bei dieser speziellen ausschließlichen Verwendung bleibt.

**(6) Sonstige Vorschriften**

Bei Unzustellbarkeit der Sendung ist diese an einem sicheren Ort zu lagern; die zuständige Behörde ist schnellstmöglich zu unterrichten und um Weisung für das weitere Vorgehen zu ersuchen.

**CV34** Vor der Beförderung der Druckgefäße ist sicherzustellen, dass sich der Druck infolge einer potenziellen Wasserstoffbildung nicht erhöht hat.

**CV35** Werden Säcke als Einzelverpackungen verwendet, müssen diese angemessen voneinander getrennt werden, um eine Verteilung der Wärme zu ermöglichen.

**CV36** Die Versandstücke sind vorzugsweise in offene oder belüftete Fahrzeuge oder in offene oder belüftete Container zu verladen. Wenn dies nicht möglich ist und die Versandstücke in anderen gedeckten Fahrzeugen oder anderen geschlossenen Containern befördert werden, muss ein Gasaustausch zwischen dem Ladeabteil und dem Fahrerhaus verhindert werden und die Ladetüren der Fahrzeuge oder Container müssen mit folgendem Kennzeichen versehen sein, wobei die Buchstabenhöhe mindestens 25 mm betragen muss:

*→ D: § 29 (4) 1*
*→ D: RSEB 7-13.1 ff.*
*→ CH: SDR Anh. 1 7.5.11*
*→ CH: SDR-Erlass 5.3.1*

„ACHTUNG
KEINE BELÜFTUNG
VORSICHTIG ÖFFNEN"

**7.5.11** (Forts.) Diese Angaben müssen in einer Sprache abgefasst sein, die vom Absender als geeignet angesehen wird.

Für die UN-Nummern 2211 und 3314 ist dieses Kennzeichen nicht erforderlich, wenn das Fahrzeug oder der Container bereits gemäß der Sondervorschrift 965 des IMDG-Codes[6] gekennzeichnet ist.

→ D: § 29 (4) 2 **CV37** Vor der Verladung müssen diese Nebenprodukte auf Umgebungstemperatur abgekühlt werden, es sei denn, sie wurden zum Entziehen der Feuchtigkeit kalziniert. Fahrzeuge und Container, die eine Ladung in loser Schüttung enthalten, müssen über eine angemessene Belüftung verfügen und während der Beförderung gegen das Eindringen von Wasser geschützt sein. Die Ladetüren der gedeckten Fahrzeuge und der geschlossenen Container müssen mit folgendem Kennzeichen versehen sein, wobei die Buchstabenhöhe mindestens 25 mm betragen muss:

„ACHTUNG
GESCHLOSSENES UMSCHLIESSUNGSMITTEL
VORSICHTIG ÖFFNEN"

Diese Angaben müssen in einer Sprache abgefasst sein, die vom Absender als geeignet angesehen wird.

**CV38** Die Ladeabteile dürfen keine scharfen Innenkanten (Innenstufen usw.) haben, die die Containersäcke beim Entladen aufreißen könnten. Sie müssen vor jedem Ladevorgang kontrolliert werden.

Die Containersäcke müssen für die Beförderung vor jedem Befüllungsvorgang in die Ladeabteile eingesetzt werden. Der äußere Bestandteil des Containersacks muss so ausgerichtet werden, dass der Schlitten des Reißverschlusses in geschlossenem Zustand an der Vorderseite des Ladeabteils ist. Nach dem Befüllen müssen die Containersäcke gemäß den Anweisungen des Herstellers verschlossen werden.

Nach dem Beladen dürfen die Containersäcke nicht angehoben oder von einem Ladeabteil in ein anderes Ladeabteil umgeladen werden. In ein und dasselbe Ladeabteil dürfen nicht mehrere gefüllte Containersäcke verladen werden.

Nach jedem Befüllungsvorgang und nach dem Verschließen müssen die äußeren Oberflächen der Containersäcke dekontaminiert werden.

Das Entladen von Containersäcken, die in abnehmbaren Ladeabteilen befördert werden, erfolgt, wenn das Ladeabteil auf dem Boden steht.

Es ist zulässig, Containersäcke, die mit freiem Asbest kontaminierte Abfälle aus Straßenbauarbeiten oder Böden enthalten, durch Kippen des Ladeabteils zu entladen, sofern ein gemeinsam zwischen dem Beförderer und dem Empfänger vereinbartes Entladeprotokoll eingehalten wird, um zu verhindern, dass die Containersäcke beim Entladen reißen. Das Protokoll muss sicherstellen, dass die Containersäcke während des Entladevorgangs nicht herunterfallen oder reißen.

---

[6] Warnzeichen, das die Worte „VORSICHT – KANN ENTZÜNDBARE DÄMPFE ENTHALTEN" mit einer Buchstabenhöhe von mindestens 25 mm enthält und das an jedem Zugang an einer von Personen, die das Fahrzeug oder den Container öffnen oder betreten, leicht einsehbaren Stelle angebracht ist.

# Anlage B Vorschriften für die Beförderungsausrüstung und die Durchführung der Beförderung

→ 1.1.2.2
→ RO-a-IE-4
→ RO-bi-SE-3
→ RO-bi-DK-3

# Teil 8 Vorschriften für die Fahrzeugbesatzungen, die Ausrüstung, den Betrieb der Fahrzeuge und die Dokumentation

→ D: § 7 (1) 1
→ D: § 7 (2) 1

**Was steht wo in Teil 8?**



## Kapitel 8.1 Allgemeine Vorschriften für die Beförderungseinheiten und das Bordgerät

→ 1.1.3.6.3

**Beförderungseinheiten** 8.1.1 → M342

In keinem Fall darf eine mit gefährlichen Gütern beladene Beförderungseinheit mehr als einen Anhänger (oder Sattelanhänger) umfassen.

**Begleitpapiere** 8.1.2 → D: RSEB 8-1.S

**[Unbedingt mitzuführende Papiere]** 8.1.2.1 → D: § 28 Nr. 10 a) → RO-bi-SE-5

Außer den nach anderen Vorschriften erforderlichen Papieren müssen folgende Papiere im Fahrerhaus der Beförderungseinheit mitgeführt werden:

a) die nach Abschnitt 5.4.1 vorgeschriebenen Beförderungspapiere für alle beförderten gefährlichen Güter; → CH: SDR Anh. 1 8.1.2.1 a

b) die in Abschnitt 5.4.3 vorgeschriebenen schriftlichen Weisungen; → D: § 19 (2) 5 a)

c) (bleibt offen)

d) ein Lichtbildausweis gemäß Unterabschnitt 1.10.1.4 für jedes Mitglied der Fahrzeugbesatzung. → CH: SDR Anh. 1 8.1.2.1 d

**[Bedingt mitzuführende Papiere]** 8.1.2.2 → M364 → RO-bi-SE-5

Falls die Vorschriften des ADR dies vorsehen, müssen im Fahrerhaus der Beförderungseinheit auch mitgeführt werden:

a) die Zulassungsbescheinigung nach Abschnitt 9.1.3 für jede Beförderungseinheit oder jedes ihrer Teile; → D: § 19 (2) 5 b) → D: § 28 Nr. 10 a)

8.1.2.2 (Forts.)
b) die Bescheinigung über die Schulung des Fahrzeugführers wie in Abschnitt 8.2.1 vorgeschrieben;
c) sofern nach Absatz 5.4.1.2.1 c) oder d) oder 5.4.1.2.3.3 vorgeschrieben, eine Kopie der Genehmigung der zuständigen Behörde.*)

**8.1.2.3 [Schriftliche Weisungen]**

Die in Abschnitt 5.4.3 vorgeschriebenen schriftlichen Weisungen müssen leicht zugänglich sein.

**8.1.2.4** (gestrichen)

**8.1.3 Anbringen von Großzetteln (Placards) und Kennzeichnung**

Jede Beförderungseinheit mit gefährlichen Gütern muss gemäß Kapitel 5.3 mit Großzetteln (Placards) und Kennzeichen versehen sein.

**8.1.4 Feuerlöschausrüstung**)**

**8.1.4.1 [Mindestausrüstung bei normaler Beförderung]**
*→ D: § 28 Nr. 10 c)*

Die nachfolgende Tabelle enthält die Mindestvorschriften für tragbare Feuerlöschgeräte für die Brandklassen[1] A, B und C, die für Beförderungseinheiten gelten, die andere gefährliche Güter als die in Unterabschnitt 8.1.4.2 genannten befördern:

| (1) | (2) | (3) | (4) | (5) |
|---|---|---|---|---|
| höchstzulässige Masse der Beförderungseinheit | Mindestanzahl der Feuerlöschgeräte | Mindestgesamtfassungsvermögen je Beförderungseinheit | geeignetes Feuerlöschgerät für einen Motor- oder Fahrerhausbrand; mindestens eines mit einem Mindestfassungsvermögen von: | ein oder mehrere zusätzliche Feuerlöschgeräte; mindestens eines mit einem Mindestfassungsvermögen von: |
| ≤ 3,5 Tonnen | 2 | 4 kg | 2 kg | 2 kg |
| > 3,5 Tonnen<br>≤ 7,5 Tonnen | 2 | 8 kg | 2 kg | 6 kg |
| > 7,5 Tonnen | 2 | 12 kg | 2 kg | 6 kg |
| Das Fassungsvermögen bezieht sich auf Feuerlöschgeräte mit Pulver (bei anderen geeigneten Löschmitteln muss das Fassungsvermögen vergleichbar sein). | | | | |

**8.1.4.2 [Mindestausrüstung bei Beförderungen ≤ 1 000 Punkte nach 1.1.3.6]**
*→ D: § 28 Nr. 10 c)*

Beförderungseinheiten, die gefährliche Güter gemäß Unterabschnitt 1.1.3.6 befördern, müssen mit mindestens einem tragbaren Feuerlöschgerät für die Brandklassen[1] A, B und C mit einem Mindestfassungsvermögen von 2 kg Pulver (oder einem entsprechenden Fassungsvermögen für ein anderes geeignetes Löschmittel) ausgerüstet sein.

**8.1.4.3 [Löschmitteleigenschaften]**
*→ 1.6.1.23*

Die tragbaren Feuerlöschgeräte müssen für die Verwendung auf einem Fahrzeug geeignet sein und die entsprechenden Anforderungen der Norm EN 3 Tragbare Feuerlöscher Teil 7 (EN 3-7:2004 + A1:2007) erfüllen.

Ist das Fahrzeug mit einer festen, automatischen oder leicht auszulösenden Einrichtung zur Bekämpfung eines Motorbrandes ausgerüstet, so muss das tragbare Feuerlöschgerät nicht zur Bekämpfung eines Motorbrandes geeignet sein. Die Löschmittel müssen so beschaffen sein, dass sie weder im Fahrerhaus noch unter Einwirkung der Hitze eines Brandes giftige Gase entwickeln.

**8.1.4.4 [Prüfung der Feuerlöschgeräte]**
*→ D: RSEB 8-2.1.S f.*
*→ D: § 19 (2) 10*
*→ D: § 28 Nr. 10 c)*
*→ D: § 36*

Die den Vorschriften des Unterabschnitts 8.1.4.1 oder 8.1.4.2 entsprechenden tragbaren Feuerlöschgeräte müssen mit einer Plombierung versehen sein, mit der nachgewiesen werden kann, dass die Geräte nicht verwendet wurden.

Die Feuerlöschgeräte müssen in Übereinstimmung mit den zugelassenen nationalen Normen Prüfungen unterzogen werden, um ihre Funktionssicherheit zu gewährleisten. Sie müssen mit einem Konformitäts-

---

*) *→ D: § 19 (2) 5 b); → D: § 28 Nr. 10 a); → D: GGAV 32*

**) *→ D: § 19 (2) 9; → CH: SDR-Erlass 6.2*

1) Für die Definition der Brandklassen siehe Norm EN 2:1992 + A1:2004 Brandklassen.

zeichen einer von einer zuständigen Behörde anerkannten Norm sowie, je nach Fall, mit einem Kennzeichen mit der Angabe des Datums (Monat, Jahr) der nächsten Prüfung oder des Ablaufs der höchstzulässigen Nutzungsdauer versehen sein. 8.1.4.4 (Forts.)

**[Anbringung]** **8.1.4.5**

Die Feuerlöschgeräte müssen so auf der Beförderungseinheit angebracht sein, dass sie für die Fahrzeugbesatzung leicht erreichbar sind. Die Anbringung hat so zu erfolgen, dass die Feuerlöschgeräte so gegen Witterungseinflüsse geschützt sind, dass ihre Betriebssicherheit nicht beeinträchtigt ist. Während der Beförderung darf das nach Unterabschnitt 8.1.4.4 vorgeschriebene Datum nicht überschritten werden.

## Sonstige Ausrüstung und persönliche Schutzausrüstung*) **8.1.5**

**[Grundsatz]** **8.1.5.1**

Jede Beförderungseinheit mit gefährlichen Gütern muss gemäß Unterabschnitt 8.1.5.2 mit Ausrüstungsteilen für den allgemeinen und persönlichen Schutz ausgestattet sein. Die Ausrüstungsteile sind nach der Gefahrzettel-Nummer der geladenen Güter auszuwählen. Die Gefahrzettel-Nummern können anhand des Beförderungspapiers bestimmt werden.

**[Ausrüstung für alle Klassen]** **8.1.5.2**

Die folgende Ausrüstung muss sich an Bord der Beförderungseinheit befinden:

- ein Unterlegkeil je Fahrzeug, dessen Abmessungen der höchsten Gesamtmasse des Fahrzeugs und dem Durchmesser der Räder angepasst sein müssen;
- zwei selbststehende Warnzeichen;
- Augenspülflüssigkeit[2)] und

für jedes Mitglied der Fahrzeugbesatzung

- eine Warnweste (z.B. wie in der Norm EN ISO 20471 beschrieben);
- ein tragbares Beleuchtungsgerät nach den Vorschriften des Abschnitts 8.3.4;
- ein Paar Schutzhandschuhe und
- einen Augenschutz (z.B. Schutzbrille).

**[Ausrüstung für bestimmte Klassen]** **8.1.5.3**

Für bestimmte Klassen vorgeschriebene zusätzliche Ausrüstung:

- an Bord von Beförderungseinheiten für die Gefahrzettel-Nummer 2.3 oder 6.1 muss sich für jedes Mitglied der Fahrzeugbesatzung eine Notfallfluchtmaske[3)] befinden;
- eine Schaufel[4)];
- eine Kanalabdeckung[4)];
- ein Auffangbehälter[4)].

*) *→ D: § 19 (2) 16; → D: § 28 Nr. 10 d); → D: RSEB 8-3.S; → RO-bi-SE-5*

2) Nicht erforderlich für Gefahrzettel der Muster 1, 1.4, 1.5, 1.6, 2.1, 2.2 und 2.3.

3) Zum Beispiel eine Notfallfluchtmaske mit einem Gas/Staub-Kombinationsfilter des Typs A1B1E1K1-P1 oder A2B2E2K2-P2, der mit dem in der Norm EN 14387:2004 + A1:2008 beschriebenen vergleichbar ist.

4) Nur für feste und flüssige Stoffe mit Gefahrzettel-Nummer 3, 4.1, 4.3, 8 oder 9 vorgeschrieben.

# Kapitel 8.2
# Vorschriften für die Schulung der Fahrzeugbesatzung

## 8.2.1 Anwendungsbereich und allgemeine Vorschriften für die Schulung von Fahrzeugführern*)

### 8.2.1.1 [ADR-Schulungsbescheinigung]**)

Führer von Fahrzeugen, mit denen gefährliche Güter befördert werden, müssen im Besitz einer Bescheinigung sein, die von der zuständigen Behörde ausgestellt wurde und mit der bescheinigt wird, dass die Fahrzeugführer an einem Schulungskurs teilgenommen und eine Prüfung über die besonderen Anforderungen bestanden haben, die bei der Beförderung gefährlicher Güter zu erfüllen sind.

### 8.2.1.2 [Basiskurs]

Führer von Fahrzeugen, mit denen gefährliche Güter befördert werden, müssen an einem Basiskurs teilnehmen. Die Schulung muss im Rahmen eines von der zuständigen Behörde anerkannten Kurses erfolgen. Wichtigstes Ziel der Schulung ist es, den Fahrzeugführern die Gefahren bewusst zu machen, die mit der Beförderung gefährlicher Güter verbunden sind, und ihnen Grundkenntnisse zu vermitteln, die erforderlich sind, um die Gefahr eines Zwischenfalls auf ein Mindestmaß zu beschränken und, sofern ein solcher eintritt, ihnen zu ermöglichen, die Maßnahmen zu treffen, die für ihre eigene Sicherheit, die der Allgemeinheit und zum Schutz der Umwelt sowie zur Begrenzung der Folgen des Zwischenfalls erforderlich sind. Diese Schulung, zu der praktische Einzelübungen gehören müssen, muss als Basisschulung für alle Arten von Fahrzeugführern erfolgen und mindestens die in Absatz 8.2.2.3.2 genannten Themen behandeln. Die zuständige Behörde kann Basiskurse zulassen, die auf bestimmte gefährliche Güter oder auf eine oder mehrere bestimmte Klassen beschränkt sind. Diese eingeschränkten Basiskurse berechtigen nicht zum Besuch von Kursen gemäß Unterabschnitt 8.2.1.4.

### 8.2.1.3 [Aufbaukurs Tank]

*→ D: RSEB 8-4.S*

Führer von Fahrzeugen oder MEMU, mit denen gefährliche Güter in festverbundenen Tanks oder Aufsetztanks mit einem Fassungsraum von mehr als 1 $m^3$ befördert werden, Führer von Batterie-Fahrzeugen mit einem Gesamtfassungsraum von mehr als 1 $m^3$ und Führer von Fahrzeugen oder MEMU, mit denen gefährliche Güter in Tankcontainern, ortsbeweglichen Tanks oder MEGC mit einem Einzelfassungsraum von mehr als 3 $m^3$ auf einer Beförderungseinheit befördert werden, müssen an einem Aufbaukurs für die Beförderung in Tanks teilgenommen haben, in dem mindestens die in Absatz 8.2.2.3.3 genannten Themen behandelt wurden. Die zuständige Behörde kann Aufbaukurse für die Beförderung in Tanks zulassen, die auf bestimmte gefährliche Güter oder auf eine oder mehrere bestimmte Klassen beschränkt sind. Diese eingeschränkten Aufbaukurse für die Beförderung in Tanks berechtigen nicht zum Besuch von Kursen gemäß Unterabschnitt 8.2.1.4.

### 8.2.1.4 [Aufbaukurse Klasse 1, Klasse 7]

*→ CH: SDR Anh. 1 8.2.1.7.2*

Führer von Fahrzeugen, mit denen gefährliche Güter der Klasse 1, ausgenommen Stoffe und Gegenstände der Unterklasse 1.4, Verträglichkeitsgruppe S, oder der Klasse 7 befördert werden, müssen an Aufbaukursen teilgenommen haben, in denen mindestens die in Absatz 8.2.2.3.4 bzw. 8.2.2.3.5 genannten Themen behandelt werden.

### 8.2.1.5 [Vorschriftenkonformität]

Alle Schulungskurse, praktischen Übungen und Prüfungen sowie die Aufgaben der zuständigen Behörden müssen den Vorschriften nach Abschnitt 8.2.2 entsprechen.

### 8.2.1.6 [Anerkennung durch andere ADR-Vertragsparteien]

Jede Schulungsbescheinigung nach den Vorschriften dieses Abschnitts, die von der zuständigen Behörde einer Vertragspartei in Übereinstimmung mit Unterabschnitt 8.2.2.8 ausgestellt wurde, muss während ihrer Geltungsdauer von den zuständigen Behörden der anderen Vertragsparteien anerkannt werden.

---
*) *→ RO-bi-BE-7; → RO-bi-SE-6; → RO-bi-DE-6; → RO-bi-DK-2; → RO-bi-SE-11; → RO-bi-FI-4*

**) *→ D: GGAV 31; → D: RSEB 8-4.S; → CH: SDR Anh. 1 8.2.1; → NL: VLG 8.2.1*

**Besondere Vorschriften für die Schulung von Fahrzeugführern*)** 8.2.2

**[Grundsatz]** 8.2.2.1 → *D: § 14 (3) 1*

Die erforderlichen theoretischen Kenntnisse und praktischen Fähigkeiten müssen durch theoretische Schulungskurse und praktische Übungen vermittelt werden. Die Kenntnisse müssen durch eine Prüfung nachgewiesen werden.

**[Schulungsveranstalter, Unterricht, Lehrplan]** 8.2.2.2 → *CH: SDR Art. 8*

Der Schulungsveranstalter muss sicherstellen, dass die Lehrkräfte über gute Kenntnisse hinsichtlich der neuesten Entwicklungen der Regelwerke und Schulungsvorschriften für die Beförderung gefährlicher Güter verfügen und diese berücksichtigen. Die Schulung muss praxisbezogen sein. Das Schulungsprogramm muss hinsichtlich der in den Absätzen 8.2.2.3.2 bis 8.2.2.3.5 genannten Themen der Anerkennung gemäß Absatz 8.2.2.6 entsprechen. Die Schulung muss auch praktische Einzelübungen umfassen (siehe Absatz 8.2.2.3.8).

**Aufbau der Schulung** 8.2.2.3

**[Grundsatz]** 8.2.2.3.1 → *D: § 14 (3) Satz 1 Nr. 1*

Die Schulungen sind im Rahmen von Basiskursen und gegebenenfalls Aufbaukursen durchzuführen. Basiskurse und Aufbaukurse dürfen in Form von Mehrzweckkursen durchgeführt werden, die integral bei gleicher Gelegenheit von demselben Schulungsveranstalter abgehalten werden.

**[Basiskurs]** 8.2.2.3.2

Der Basiskurs muss mindestens folgende Themen umfassen:

a) allgemeine Vorschriften, die für die Beförderung gefährlicher Güter gelten;
b) hauptsächliche Gefahrenarten;
c) Informationen über den Schutz der Umwelt durch die Überwachung der Beförderungen von Abfällen;
d) für die verschiedenen Gefahrenarten geeignete Vorsorge- und Sicherheitsmaßnahmen;
e) Verhalten nach einem Unfall (Erste Hilfe, Verkehrssicherung, Grundkenntnisse über die Verwendung von Schutzausrüstungen, schriftliche Weisungen usw.);
f) Kennzeichnung, Bezettelung, Anbringen von Großzetteln (Placards) und Kennzeichnung mit orangefarbenen Tafeln;
g) was ein Fahrzeugführer bei der Beförderung gefährlicher Güter zu tun und zu lassen hat;
h) Zweck und Funktionsweise der technischen Ausrüstung der Fahrzeuge;
i) Verbote für die Zusammenladung in einem Fahrzeug oder in einem Container;
j) beim Be- und Entladen gefährlicher Güter zu treffende Vorsichtsmaßnahmen;
k) allgemeine Informationen über zivilrechtliche Haftung;
l) Informationen über multimodale Transportvorgänge;
m) Handhabung und Verstauung der Versandstücke;
n) Verkehrsbeschränkungen in Tunneln und Anweisungen über das Verhalten in Tunneln (Vorbeugung von Zwischenfällen, Sicherheit, Maßnahmen im Brandfall oder bei anderen Notfällen usw.);
o) Sensibilisierung für die Sicherung.

**[Aufbaukurs Tank]** 8.2.2.3.3

Der Aufbaukurs für die Beförderung in Tanks muss mindestens folgende Themen umfassen:

a) Fahrverhalten der Fahrzeuge, einschließlich der Bewegungen der Ladung;
b) besondere Vorschriften hinsichtlich der Fahrzeuge;
c) allgemeine theoretische Kenntnisse über verschiedene Befüllungs- und Entleerungssysteme;
d) besondere zusätzliche Vorschriften für die Verwendung dieser Fahrzeuge (Zulassungsbescheinigungen, Zulassungskennzeichen, Anbringen von Großzetteln (Placards) und Kennzeichnung mit orangefarbenen Tafeln usw.).

*) → *CH: SDR Art. 9*

**8.2.2.3.4 [Aufbaukurs Klasse 1]**

*→ CH: SDR Anh. 1 8.2.1.8*

Der Aufbaukurs für die Beförderung von Stoffen und Gegenständen der Klasse 1 muss mindestens folgende Themen umfassen:

a) von explosiven Stoffen und Gegenständen mit Explosivstoff sowie von pyrotechnischen Stoffen und Gegenständen ausgehende Gefahren;

b) besondere Vorschriften für die Zusammenladung von Stoffen und Gegenständen der Klasse 1.

**8.2.2.3.5 [Aufbaukurs Klasse 7]**

*→ CH: SDR Anh. 1 8.2.1.7*

Der Aufbaukurs für die Beförderung von radioaktiven Stoffen der Klasse 7 muss mindestens folgende Themen umfassen:

a) von ionisierender Strahlung ausgehende Gefahren;

b) besondere Vorschriften für die Verpackung, Handhabung, Zusammenladung und Verstauung radioaktiver Stoffe;

c) besondere Maßnahmen, die bei einem Unfall mit radioaktiven Stoffen zu treffen sind.

**8.2.2.3.6 [Unterrichtseinheit – Dauer]**

Die Dauer der Unterrichtseinheiten beträgt grundsätzlich 45 Minuten.

**8.2.2.3.7 [Schulungstag – Dauer]**

Ein Schulungstag darf normalerweise nicht mehr als acht Unterrichtseinheiten umfassen.

**8.2.2.3.8 [Praktische Einzelübungen]**

Die praktischen Einzelübungen müssen im Rahmen der theoretischen Schulung stattfinden und mindestens die Themen Erste Hilfe, Brandbekämpfung und die bei Zwischenfällen und Unfällen zu treffenden Maßnahmen umfassen.

**8.2.2.4 Programm für die Erstschulung**

**8.2.2.4.1 [Mindestdauer Theorieteil]**

Die Mindestdauer des theoretischen Teils jedes Erstschulungskurses oder des Teils des Mehrzweckkurses muss sich wie folgt zusammensetzen:

| | |
|---|---|
| Basiskurs | 18 Unterrichtseinheiten |
| Aufbaukurs für die Beförderung in Tanks | 12 Unterrichtseinheiten |
| Aufbaukurs für die Beförderung von Stoffen und Gegenständen der Klasse 1 | 8 Unterrichtseinheiten |
| Aufbaukurs für die Beförderung radioaktiver Stoffe der Klasse 7 | 8 Unterrichtseinheiten |

Für den Basiskurs und den Aufbaukurs für die Beförderung in Tanks sind zusätzliche Unterrichtseinheiten für die in Absatz 8.2.2.3.8 genannten praktischen Übungen erforderlich, die von der Anzahl der an der Schulung teilnehmenden Fahrzeugführer abhängig sind.

**8.2.2.4.2 [Mehrzweckkurs – Dauer]**

Die Gesamtdauer des Mehrzweckkurses kann von der zuständigen Behörde festgelegt werden, wobei die Dauer des Basiskurses und des Aufbaukurses für die Beförderung in Tanks beizubehalten ist, jedoch durch gekürzte Aufbaukurse für die Klassen 1 und 7 ergänzt werden kann.

**8.2.2.5 Programm für die Auffrischungsschulung**

**8.2.2.5.1 [Zweck]**

Die in regelmäßigen Zeitabständen stattfindende Auffrischungsschulung dient dazu, die Kenntnisse der Fahrzeugführer auf den aktuellen Stand zu bringen, und muss neue technische, rechtliche und die Beförderungsgüter betreffende Entwicklungen behandeln.

**8.2.2.5.2 [Schulungsumfang]**

Die Dauer der Auffrischungsschulung, einschließlich der praktischen Einzelübungen, muss bei Mehrzweckkursen mindestens zwei Tage oder bei Einzelkursen mindestens die Hälfte der Dauer betragen, die für die entsprechenden Erstschulungen des Basiskurses oder Erstschulungen des Aufbaukurses gemäß Absatz 8.2.2.4.1 vorgesehen ist.

**[Ersatz durch Erstschulung]** 8.2.2.5.3

Ein Fahrzeugführer darf eine Auffrischungsschulung und eine Prüfung der Auffrischungsschulung durch eine entsprechende Erstschulung und eine entsprechende Prüfung der Erstschulung ersetzen.

**Anerkennung der Schulung** 8.2.2.6

*→ CH: SDR Art. 8*

**[Behördliche Anerkennung]** 8.2.2.6.1

Die Schulungskurse müssen von der zuständigen Behörde anerkannt sein.

**[Antragspflicht]** 8.2.2.6.2

Diese Anerkennung darf nur auf schriftlichen Antrag hin erteilt werden.

**[Antragsunterlagen]** 8.2.2.6.3

Dem Antrag auf Anerkennung müssen folgende Unterlagen beigefügt werden:

a) ein ausführliches Schulungsprogramm mit Angaben zu Lehrstoff und Zeitplan sowie zu den vorgesehenen Unterrichtsmethoden;
b) Qualifikationen und Tätigkeitsbereiche der Lehrkräfte;
c) Angaben über die Schulungsräume und Lehrmittel sowie über die für die praktischen Übungen bereitgestellten Einrichtungen;
d) Bedingungen für die Teilnahme an den Kursen, wie z.B. die Anzahl der Teilnehmer.

**[Behördliche Aufsicht]** 8.2.2.6.4

Die zuständige Behörde muss die Aufsicht über die Schulungen und Prüfungen führen.

**[Anerkennungsbedingungen]** 8.2.2.6.5

Die Anerkennung muss von der zuständigen Behörde schriftlich unter den folgenden Bedingungen erteilt werden:

a) die Schulung muss in Übereinstimmung mit den Antragsunterlagen durchgeführt werden;
b) die zuständige Behörde muss berechtigt sein, Beauftragte zu den Schulungskursen und Prüfungen zu entsenden;
c) der zuständigen Behörde muss der genaue Termin und der Ort jedes Schulungskurses rechtzeitig mitgeteilt werden;
d) die Anerkennung kann widerrufen werden, sofern die Bedingungen für die Anerkennung nicht eingehalten werden.

**[Anerkennungsschreiben]** 8.2.2.6.6

Aus dem Anerkennungsschreiben muss ersichtlich sein, ob es sich bei den Kursen um Basis- oder Aufbaukurse und dabei um Erst- oder Auffrischungskurse handelt und ob diese auf bestimmte gefährliche Güter oder eine oder mehrere bestimmte Klassen beschränkt sind.

**[Erlaubnispflichtigkeit von Änderungen]** 8.2.2.6.7

Beabsichtigt der Schulungsveranstalter nach Erteilung der Anerkennung für einen Schulungskurs Änderungen in einzelnen Punkten, die für die Anerkennung von Bedeutung sind, so muss er vorher die Erlaubnis der zuständigen Behörde hierzu einholen; dies gilt insbesondere für Änderungen des Schulungsprogramms.

**Prüfungen** 8.2.2.7

**Prüfungen für den Basiskurs** 8.2.2.7.1

**[Grundsatz]** 8.2.2.7.1.1

Nach Abschluss der Basisschulung einschließlich der praktischen Übungen muss eine Prüfung für den entsprechenden Basiskurs durchgeführt werden.

8.2.2.7.1.2 **[Prüfungsziel]**

Der Kandidat muss bei der Prüfung nachweisen, dass er, wie im Basiskurs vorgesehen, über die Kenntnisse, das Verständnis und die Fähigkeiten verfügt, die für den Beruf eines Gefahrgutfahrzeugführers erforderlich sind.

8.2.2.7.1.3 **[Prüfungsfragenkatalog]**

Hierzu muss die zuständige Behörde einen Fragenkatalog erstellen, der die in Absatz 8.2.2.3.2 aufgeführten Themen umfasst. Die bei der Prüfung gestellten Fragen müssen diesem Fragenkatalog entnommen werden. Vor der Prüfung dürfen den Kandidaten die aus dem Fragenkatalog ausgewählten Fragen nicht bekannt sein.

8.2.2.7.1.4 **[Mehrzweckkurse]**

Bei Mehrzweckkursen darf eine einzige Prüfung durchgeführt werden.

8.2.2.7.1.5 **[Überwachung]**

Jede zuständige Behörde muss die Einhaltung der Prüfungsmodalitäten überwachen, einschließlich gegebenenfalls der Infrastruktur und Organisation elektronischer Prüfungen entsprechend Absatz 8.2.2.7.1.8, wenn diese durchgeführt werden sollen.

8.2.2.7.1.6 **[Prüfungsmodalitäten]**

Die Prüfung muss als schriftliche Prüfung oder als kombinierte schriftliche und mündliche Prüfung durchgeführt werden. Die Kandidaten müssen mindestens 25 schriftliche Fragen für den Basiskurs beantworten. Folgt die Prüfung auf einen Auffrischungskurs, müssen mindestens 15 schriftliche Fragen beantwortet werden. Die Dauer dieser Prüfungen muss mindestens 45 bzw. 30 Minuten betragen. Die Fragen dürfen unterschiedliche Schwierigkeitsgrade haben und unterschiedlich bewertet werden.

8.2.2.7.1.7 **[Aufsicht, Teilnehmer, Prüfungsunterlagen]**

Jede Prüfung muss beaufsichtigt werden. Jegliche Manipulation und Täuschung muss weitestgehend ausgeschlossen sein. Eine Authentifizierung des Teilnehmers muss sichergestellt sein. Alle Prüfungsunterlagen müssen durch einen Ausdruck oder elektronisch als Datei erfasst und aufbewahrt werden.

8.2.2.7.1.8 **[Elektronische Prüfung]**

Schriftliche Prüfungen können ganz oder teilweise auch als elektronische Prüfungen durchgeführt werden, bei denen die Antworten in Arbeitsverfahren der elektronischen Datenverarbeitung (EDV) erfasst und ausgewertet werden, wenn folgende Voraussetzungen erfüllt sind:

a) Die Hard- und Software muss von der zuständigen Behörde geprüft und akzeptiert sein.

b) Die einwandfreie technische Funktion ist sicherzustellen. Es müssen Vorkehrungen bei Ausfall von Geräten und Anwendungen getroffen werden, ob und wie die Prüfung fortgesetzt werden kann. Die Geräte dürfen über keine Hilfsmittel (z.B. elektronische Suchfunktion) verfügen; bei der zur Verfügung gestellten Ausrüstung muss die Möglichkeit ausgeschlossen sein, dass die Teilnehmer während der Prüfung mit anderen Geräten kommunizieren können.

c) Die endgültigen Eingaben der jeweiligen Teilnehmer müssen erfasst werden. Die Ergebnisermittlung muss nachvollziehbar sein.

d) Es dürfen nur die von der Prüfungsstelle zur Verfügung gestellten elektronischen Hilfsmittel verwendet werden. Es darf nicht die Möglichkeit bestehen, dass der Teilnehmer auf dem zur Verfügung gestellten elektronischen Hilfsmittel andere Daten aufnimmt; der Teilnehmer darf nur auf die gestellten Fragen antworten.

8.2.2.7.2 **Prüfungen für die Aufbaukurse für die Beförderung in Tanks oder für die Beförderung von Stoffen und Gegenständen der Klasse 1 oder von radioaktiven Stoffen der Klasse 7**

8.2.2.7.2.1 **[Grundsatz]**

Nach Bestehen der Prüfung für den Basiskurs und der Teilnahme am Aufbaukurs für die Beförderung in Tanks oder für die Beförderung von Stoffen und Gegenständen der Klasse 1 oder von radioaktiven Stoffen der Klasse 7 ist der Kandidat berechtigt, an der Prüfung teilzunehmen, die der Schulung entspricht.

**[Durchführung]** 8.2.2.7.2.2

Diese Prüfung muss unter den in Absatz 8.2.2.7.1 genannten Bedingungen durchgeführt und beaufsichtigt werden. Der Fragenkatalog muss sich je nach Fall auf die in Absatz 8.2.2.3.3, 8.2.2.3.4 oder 8.2.2.3.5 aufgeführten Themen beziehen.

**[Fragen, Prüfungsdauer]** 8.2.2.7.2.3

Bei jeder Prüfung der Aufbauschulung müssen mindestens 15 schriftliche Fragen gestellt werden. Folgt die Prüfung auf einen Auffrischungskurs, müssen mindestens 10 schriftliche Fragen beantwortet werden. Die Dauer dieser Prüfungen muss mindestens 30 bzw. 20 Minuten betragen.

**[Prüfung bei eingeschränktem Basiskurs]** 8.2.2.7.2.4

Wenn eine Prüfung auf der Grundlage eines eingeschränkten Basiskurses erfolgt, wird dadurch die Prüfung des Aufbaukurses auf denselben Geltungsbereich beschränkt.

**Bescheinigung über die Fahrzeugführerschulung*)** 8.2.2.8

**[Erteilung der ADR-Bescheinigung]** 8.2.2.8.1

Die Bescheinigung gemäß Unterabschnitt 8.2.1.1 muss erteilt werden:

a) nach Abschluss eines Basiskurses, sofern der Kandidat die Prüfung gemäß Absatz 8.2.2.7.1 bestanden hat;

b) gegebenenfalls nach Abschluss eines Aufbaukurses für die Beförderung in Tanks oder für die Beförderung von Stoffen und Gegenständen der Klasse 1 oder von radioaktiven Stoffen der Klasse 7 oder nach Erwerb der Kenntnisse gemäß den besonderen Vorschriften S1 und S11 in Kapitel 8.5, sofern der Kandidat die Prüfung gemäß Absatz 8.2.2.7.2 bestanden hat;

c) gegebenenfalls nach Abschluss eines eingeschränkten Basiskurses oder eines eingeschränkten Aufbaukurses für die Beförderung in Tanks, vorausgesetzt, der Kandidat hat die Prüfung gemäß Absatz 8.2.2.7.1 oder 8.2.2.7.2 bestanden. In der ausgestellten Bescheinigung muss der auf die entsprechenden gefährlichen Güter oder die entsprechende(n) Klasse(n) begrenzte Geltungsbereich deutlich angegeben werden.

**[Geltungsdauer, Erneuerung der Bescheinigung]** 8.2.2.8.2

Die Geltungsdauer der Schulungsbescheinigung des Fahrzeugführers beträgt fünf Jahre ab dem Zeitpunkt, zu dem der Fahrzeugführer eine Prüfung der ersten Basisschulung oder eine Prüfung der ersten Mehrzweckschulung bestanden hat.

Die Bescheinigung wird erneuert, wenn der Fahrzeugführer die Teilnahme an einer Auffrischungsschulung gemäß Unterabschnitt 8.2.2.5 nachweist und eine Prüfung gemäß Unterabschnitt 8.2.2.7 wie folgt bestanden hat:

a) Innerhalb von zwölf Monaten vor Ablauf der Bescheinigung. Die zuständige Behörde stellt eine neue, für eine Dauer von fünf Jahren gültige Bescheinigung aus, deren Geltungsdauer mit dem Datum des Ablaufs der vorherigen Bescheinigung beginnt.

b) Vor der Frist von zwölf Monaten vor Ablauf der Bescheinigung. Die zuständige Behörde stellt eine neue, für eine Dauer von fünf Jahren gültige Bescheinigung aus, deren Geltungsdauer mit dem Datum beginnt, an dem die Prüfung der Auffrischungsschulung bestanden wurde.

Wenn der Fahrzeugführer den Geltungsbereich seiner Bescheinigung während deren Geltungsdauer unter Einhaltung der Vorschriften des Absatzes 8.2.2.8.1 b) und c) ausdehnt, bleibt die Geltungsdauer der neuen Bescheinigung gegenüber derjenigen der vorherigen Bescheinigung unverändert. Wenn der Fahrzeugführer eine Prüfung der Aufbauschulung bestanden hat, bleibt die Spezialisierung bis zum Datum des Ablaufs der Bescheinigung gültig.

**[Gestaltung der Bescheinigung]** 8.2.2.8.3

Die Gestaltung der Bescheinigung muss der des Musters in Absatz 8.2.2.8.5 entsprechen. Ihre Abmessungen müssen der Norm ISO 7810:2003 ID-1 entsprechen und sie muss aus Kunststoff hergestellt sein. Die Farbe muss weiß mit schwarzen Buchstaben sein. Die Bescheinigung muss ein zusätzliches Sicherheitsmerkmal, wie ein Hologramm, UV-Druck oder ein geätztes Profil, enthalten.

---

*) *→ D: § 19 (2) 6; → D: § 28 Nr. 10 b)*

**8.2.2.8.4 [Sprache]**

*→ D: § 14 (3) Satz 1 Nr. 1*

Die Bescheinigung muss in der (den) Sprache(n) oder in einer der Sprachen des Staates der zuständigen Behörde abgefasst werden, welche die Bescheinigung ausgestellt hat. Wenn keine dieser Sprachen Deutsch, Englisch oder Französisch ist, müssen der Titel der Bescheinigung, der Titel der Ziffer 8 und die Titel auf der Rückseite außerdem in Deutsch, Englisch oder Französisch abgefasst werden.

**8.2.2.8.5 [Muster der Bescheinigung]**

Muster der Schulungsbescheinigung für Führer von Fahrzeugen zur Beförderung gefährlicher Güter

Vorderseite

**ADR-SCHULUNGSBESCHEINIGUNG FÜR FAHRZEUGFÜHRER**

| | |
|---|---|
| ** | 1. (NR. DER BESCHEINIGUNG)*<br>2. (NAME)*<br>3. (VORNAME(N))*<br>4. (GEBURTSDATUM TT/MM/JJJJ)* |
| (Foto des Fahrzeug-führers einfügen)* | 5. (STAATSANGEHÖRIGKEIT)*<br>6. (UNTERSCHRIFT DES FAHRZEUGFÜHRERS)*<br>7. (AUSSTELLENDE BEHÖRDE)*<br>8. GÜLTIG BIS: (TT/MM/JJJJ)* |

Rückseite

**GÜLTIG FÜR KLASSE(N) ODER UN-NUMMERN:**

| **IN TANKS** | **AUSGENOMMEN IN TANKS** |
|---|---|
| 9. (Klasse oder UN-Nummer(n) einfügen)* | 10. (Klasse oder UN-Nummer(n) einfügen)* |

* Text durch entsprechende Angaben ersetzen.

** Das für Kraftfahrzeuge im internationalen Verkehr verwendete Unterscheidungszeichen (für Parteien des Übereinkommens über den Straßenverkehr von 1968 oder des Übereinkommens über den Straßenverkehr von 1949 in der dem Generalsekretär der Vereinten Nationen gemäß Artikel 45 (4) oder Anlage 4 dieser Übereinkommen notifizierten Fassung).

**8.2.2.8.6 [Veröffentlichung der nationalen Muster]**

Die Vertragsparteien müssen dem Sekretariat der UNECE ein Muster jeder nationalen Bescheinigung, die in Übereinstimmung mit diesem Abschnitt zur Ausstellung vorgesehen ist, zur Verfügung stellen. Die Vertragsparteien müssen zusätzlich erläuternde Bemerkungen einreichen, mit denen die Überprüfung der Konformität der Bescheinigungen gegenüber den zur Verfügung gestellten Mustern ermöglicht wird. Das Sekretariat der UNECE muss diese Informationen auf seiner Website zugänglich machen.

## 8.2.3 Unterweisung aller an der Beförderung gefährlicher Güter auf der Straße beteiligten Personen mit Ausnahme der Fahrzeugführer, die im Besitz einer Bescheinigung gemäß Abschnitt 8.2.1 sind

*→ CTU-Code Kap. 13*
*→ CH: SDR Art. 9*

Jede Person, die mit der Beförderung gefährlicher Güter auf der Straße befasst ist, muss entsprechend ihren Verantwortlichkeiten und Funktionen eine Unterweisung nach Kapitel 1.3 über die Bestimmungen erhalten haben, die für die Beförderung dieser Güter gelten. Diese Vorschrift gilt z.B. für das vom Beförderer oder Absender beschäftigte Personal, das die gefährlichen Güter beladende und entladende Personal, das Personal der Spediteure und Verlader sowie die an der Beförderung gefährlicher Güter auf der Straße beteiligten Fahrzeugführer, die nicht im Besitz einer Bescheinigung gemäß Abschnitt 8.2.1 sind.

# Kapitel 8.3 Verschiedene Vorschriften, die von der Fahrzeugbesatzung zu beachten sind

→ D: § 28 Nr. 16

**Fahrgäste** 8.3.1

→ RO-a-FR-5

Abgesehen von den Mitgliedern der Fahrzeugbesatzung dürfen Fahrgäste in Beförderungseinheiten mit gefährlichen Gütern nicht befördert werden.

**Gebrauch der Feuerlöschgeräte** 8.3.2

Die Mitglieder der Fahrzeugbesatzung müssen mit der Bedienung der Feuerlöschgeräte vertraut sein.

**Verbot der Öffnung von Versandstücken[*)]** 8.3.3

Das Öffnen eines Versandstücks mit gefährlichen Gütern durch den Fahrzeugführer oder Beifahrer ist verboten.

**Tragbare Beleuchtungsgeräte** 8.3.4

Die verwendeten tragbaren Beleuchtungsgeräte dürfen keine Oberfläche aus Metall haben, durch die Funken erzeugt werden könnten.

**Rauchverbot** 8.3.5

→ D: § 23 (2) 5
→ D: § 29 (2) 4

Während der Ladearbeiten ist das Rauchen in der Nähe der Fahrzeuge und in den Fahrzeugen verboten. Das Rauchverbot gilt auch für die Verwendung elektronischer Zigaretten und ähnlicher Geräte.

**Betrieb des Motors während des Beladens oder Entladens** 8.3.6

Abgesehen von den Fällen, in denen der Motor zum Betrieb von Pumpen oder anderen für das Beladen oder Entladen des Fahrzeugs erforderlichen Einrichtungen benötigt wird und die Rechtsvorschriften des Staates, in dem sich das Fahrzeug befindet, diese Verwendung gestatten, muss der Motor während der Belade- und Entladevorgänge abgestellt sein.

**Verwendung der Feststellbremse und von Unterlegkeilen** 8.3.7

Fahrzeuge mit gefährlichen Gütern dürfen nur mit angezogener Feststellbremse halten oder parken. Anhänger ohne Bremseinrichtungen müssen durch die Verwendung mindestens eines in Unterabschnitt 8.1.5.2 beschriebenen Unterlegkeils gegen Wegrollen gesichert werden.

**Verwendung von elektrischen Anschlussverbindungen** 8.3.8

Bei Beförderungseinheiten, die mit einem automatischen Blockierverhinderer ausgerüstet sind und aus einem Kraftfahrzeug und einem Anhänger mit einer höchsten Masse von mehr als 3,5 Tonnen bestehen, müssen die elektrischen Anschlussverbindungen gemäß Unterabschnitt 9.2.2.6 das Zugfahrzeug und den Anhänger während der Beförderung ununterbrochen verbinden.

*) → RO-bi-BE-8; → RO-bi-FR-4; → RO-bi-PT-3

# Kapitel 8.4
# Vorschriften für die Überwachung der Fahrzeuge

**8.4.1** **[Überwachungsanforderungen]**

→ D: § 19 (2) 18
→ D: § 28 Nr. 11
→ D: Anl. 2 Nr. 3.3
→ D: RSEB 8-5.1.S f.
→ D: RSEB 8-5.3.S
→ CH: SDR Anh. 1 8.4

Fahrzeuge, die gefährliche Güter in den Mengen befördern, die in den besonderen Vorschriften S1 (6) und S14 bis S24 des Kapitels 8.5 für ein bestimmtes Gut gemäß Kapitel 3.2 Tabelle A Spalte (19) angegeben sind, müssen überwacht werden; ohne Überwachung dürfen sie in einem Lager oder im Werksbereich parken, wenn dabei ausreichende Sicherheit gewährleistet ist. Sind solche Parkmöglichkeiten nicht vorhanden, darf das Fahrzeug, nachdem geeignete Sicherheitsmaßnahmen getroffen wurden, abseits an einem Platz geparkt werden, der den im nachstehenden Absatz a), b) oder c) genannten Bedingungen entspricht:

a) ein Parkplatz, der von einem Beauftragten, der über die Art der Ladung und den Aufenthaltsort des Fahrzeugführers unterrichtet sein muss, bewacht wird;

b) ein öffentlicher oder privater Parkplatz, auf dem für das Fahrzeug wahrscheinlich nicht die Gefahr besteht, durch andere Fahrzeuge beschädigt zu werden, oder

c) eine abseits von öffentlichen Hauptverkehrswegen und Wohngebieten gelegene geeignete Freifläche, die normalerweise nicht als öffentlicher Durchgangs- oder Versammlungsort dient.

Die Parkplätze nach Absatz b) dürfen nur benutzt werden, wenn solche nach Absatz a) nicht vorhanden sind; die nach Absatz c) dürfen nur benutzt werden, wenn solche nach den Absätzen a) und b) fehlen.

**8.4.2** **[Überwachung von MEMU]**

→ D: RSEB 8-5.1.S f.

Beladene MEMU müssen überwacht werden; ohne Überwachung dürfen sie in einem Lager oder im Werksbereich parken, wenn dabei ausreichende Sicherheit gewährleistet ist. Ungereinigte leere MEMU sind von dieser Vorschrift freigestellt.

# Kapitel 8.5
# Zusätzliche Vorschriften für besondere Klassen oder Güter

Wenn in Kapitel 3.2 Tabelle A Spalte (19) hierauf verwiesen wird, gelten zusätzlich zu den Vorschriften der Kapitel 8.1 bis 8.4 die folgenden Vorschriften für die Beförderung der betreffenden Stoffe oder Gegenstände. Stehen sie im Widerspruch zu den Vorschriften der Kapitel 8.1 bis 8.4, gehen die Vorschriften dieses Kapitels vor. *→ D: § 28 Nr. 4 b) → D: § 28 Nr. 11 → D: § 19 (2) 18*

**S1: Vorschriften für die Beförderung von explosiven Stoffen und Gegenständen mit Explosivstoff (Klasse 1)** *→ D: RSEB 8-6.1.S ff. → RO-bi-IE-3 → RO-bi-DK-5*

**(1) Besondere Schulung der Fahrzeugführer**

Hat der Fahrzeugführer nach anderen Vorschriften, die in einem Vertragsstaat gelten, bereits an einer gleichwertigen Schulung teilgenommen, die nach einem anderen Verfahren oder zu einem anderen Zweck durchgeführt wurde und die in Absatz 8.2.2.3.4 festgelegten Themen umfasst, kann er ganz oder teilweise von der Teilnahme an einem Aufbaukurs befreit werden.

**(2) Beauftragter**

Die zuständige Behörde einer Vertragspartei des ADR kann auf Kosten des Beförderers die Anwesenheit eines Beauftragten im Fahrzeug verlangen, wenn nationale Rechtsvorschriften dies vorsehen.

**(3) Rauchverbot sowie Verbot von Feuer und offenem Licht**

Rauchen sowie die Verwendung von Feuer und offenem Licht ist auf Fahrzeugen, die Stoffe und Gegenstände der Klasse 1 befördern, in ihrer Nähe sowie beim Beladen und Entladen dieser Stoffe und Gegenstände verboten. Das Rauchverbot gilt auch für die Verwendung elektronischer Zigaretten und ähnlicher Geräte. *→ 7.5.9 → D: § 23 (2) 5 → D: § 29 (2) 5*

**(4) Belade- und Entladestellen**

a) Es ist untersagt, an einer der Öffentlichkeit zugänglichen Stelle innerhalb von Ortschaften Stoffe und Gegenstände der Klasse 1 ohne besondere Erlaubnis der zuständigen Behörden aufzuladen oder abzuladen. *→ D: RSEB 8-6.1.S ff.*

b) Es ist untersagt, an einer der Öffentlichkeit zugänglichen Stelle außerhalb von Ortschaften Stoffe und Gegenstände der Klasse 1 aufzuladen oder abzuladen, ohne die zuständigen Behörden darüber unterrichtet zu haben, es sei denn, diese Maßnahmen waren aus Sicherheitsgründen dringend erforderlich.

c) Wenn aus irgendeinem Grund Ladearbeiten an einer der Öffentlichkeit zugänglichen Stelle durchgeführt werden müssen, so sind Stoffe und Gegenstände unterschiedlicher Art entsprechend den Gefahrzetteln zu trennen.

d) Wenn Fahrzeuge mit Stoffen oder Gegenständen der Klasse 1 zum Beladen oder Entladen an einer der Öffentlichkeit zugänglichen Stelle zum Halten gezwungen sind, muss zwischen den haltenden Fahrzeugen ein Abstand von mindestens 50 m eingehalten werden. Dieser Abstand gilt nicht für Fahrzeuge, die zu ein und derselben Beförderungseinheit gehören.

**(5) Kolonnen**

a) Wenn Fahrzeuge mit Stoffen oder Gegenständen der Klasse 1 in Kolonnen fahren, so muss zwischen einer Beförderungseinheit und der nachfolgenden ein Abstand von mindestens 50 m eingehalten werden.

b) Die zuständige Behörde kann Vorschriften bezüglich der Reihenfolge oder der Zusammensetzung der Kolonne erlassen.

**(6) Überwachung der Fahrzeuge** *→ D: RSEB 8-5.1.S ff.*

Die Vorschriften des Kapitels 8.4 sind nur anzuwenden, wenn Stoffe und Gegenstände der Klasse 1, die eine Gesamtnettomasse an Explosivstoff über den unten angegebenen Grenzwerten haben, in einem Fahrzeug befördert werden:

| | |
|---|---|
| Unterklasse 1.1: | 0 kg |
| Unterklasse 1.2: | 0 kg |
| Unterklasse 1.3, Verträglichkeitsgruppe C: | 0 kg |

8.5 (Forts.)

Unterklasse 1.3 mit Ausnahme der Verträglichkeitsgruppe C: 50 kg
Unterklasse 1.4 mit Ausnahme der unten aufgeführten: 50 kg
Unterklasse 1.5: 0 kg
Unterklasse 1.6: 50 kg
Stoffe und Gegenstände der Unterklasse 1.4, die unter die UN-Nummern 0104, 0237, 0255, 0267, 0289, 0361, 0365, 0366, 0440, 0441, 0455, 0456, 0500, 0512 und 0513 fallen: 0 kg.

Bei Zusammenladungen ist für die gesamte Ladung der für einen der beförderten Stoffe und Gegenstände geltende niedrigste Grenzwert zu verwenden.

Außerdem müssen diese Stoffe und Gegenstände, sofern sie den Vorschriften des Abschnitts 1.10.3 unterliegen, in Übereinstimmung mit dem Sicherungsplan des Unterabschnitts 1.10.3.2 ständig überwacht werden, um jede böswillige Handlung zu verhindern und den Fahrzeugführer sowie die zuständigen Behörden im Falle von Verlusten oder Feuer zu alarmieren.

Ungereinigte leere Verpackungen sind hiervon ausgenommen.

**(7) Verschließen der Fahrzeuge**

Türen und starre Abdeckungen in Ladeabteilen von Fahrzeugen EX/II und alle Öffnungen in Ladeabteilen von Fahrzeugen EX/III, mit denen Stoffe und Gegenstände der Klasse 1 befördert werden, müssen während der Beförderung mit Ausnahme der Be- und Entladevorgänge verschlossen sein.

**S2: Zusätzliche Vorschriften für die Beförderung entzündbarer flüssiger oder gasförmiger Stoffe**

**(1) Tragbare Beleuchtungsgeräte**

Das Ladeabteil gedeckter Fahrzeuge, die flüssige Stoffe mit einem Flammpunkt bis höchstens 60 °C oder die entzündbare Stoffe oder Gegenstände der Klasse 2 befördern, darf nur mit solchen tragbaren Beleuchtungsgeräten betreten werden, die so beschaffen sind, dass sie entzündbare Dämpfe oder Gase, die sich im Inneren des Fahrzeugs ausgebreitet haben könnten, nicht entzünden können.

**(2) Betrieb von Verbrennungsheizgeräten während der Beladung oder Entladung**

*→ D: § 23 (2) 6*
*→ D: § 23a (2) 2*

Während der Beladung und Entladung sowie an den Ladestellen ist der Betrieb von Verbrennungsheizgeräten der Fahrzeuge des Typs FL (siehe Teil 9) verboten.

**(3) Maßnahmen zur Vermeidung elektrostatischer Aufladungen**

Bei Fahrzeugen des Typs FL (siehe Teil 9) ist vor der Befüllung oder Entleerung der Tanks eine elektrisch gut leitende Verbindung zwischen dem Aufbau des Fahrzeugs und der Erde herzustellen. Außerdem ist die Füllgeschwindigkeit zu begrenzen.

**S3: Sondervorschriften für die Beförderung ansteckungsgefährlicher Stoffe**

Die Vorschriften der Spalten (2), (3) und (5) der Tabelle in Unterabschnitt 8.1.4.1 und des Abschnitts 8.3.4 gelten nicht.

**S4: [Zusätzliche Vorschriften für die Beförderung unter Temperaturkontrolle]**

Siehe Abschnitt 7.1.7.

**Bem.** Diese Sondervorschrift S4 gilt nicht für Stoffe gemäß Unterabschnitt 3.1.2.6, wenn die Stabilisierung durch den Zusatz chemischer Inhibitoren erfolgt, so dass die Temperatur der selbstbeschleunigenden Zersetzung (SADT) höher als 50 °C ist. In diesem Fall kann eine Temperaturkontrolle bei Beförderungsbedingungen erforderlich werden, bei denen die Temperatur 55 °C überschreiten kann.

**S5: Gemeinsame Sondervorschriften für radioaktive Stoffe der Klasse 7 (UN-Nummern 2908, 2909, 2910 und 2911), die nur in freigestellten Versandstücken befördert werden**

Die Vorschriften über schriftliche Weisungen in Unterabschnitt 8.1.2.1 b) und die Vorschriften der Abschnitte 8.2.1, 8.3.1 und 8.3.4 gelten nicht.

**S6: Gemeinsame Sondervorschriften für radioaktive Stoffe der Klasse 7, die nicht in freigestellten Versandstücken befördert werden**

Die Vorschriften des Abschnitts 8.3.1 gelten nicht für Fahrzeuge, die nur Versandstücke, Umverpackungen oder Container mit Zetteln der Kategorie I-WEISS befördern.

Die Vorschriften des Abschnitts 8.3.4 gelten nicht, vorausgesetzt, es sind keine Nebengefahren vorhanden. **8.5** (Forts.)

**Sonstige zusätzliche Vorschriften oder Sondervorschriften**

**S7:** (gestrichen)

**S8:** Wenn eine Beförderungseinheit mehr als 2 000 kg dieses Gutes befördert, dürfen Halte aus Betriebsgründen während der Beförderung möglichst nicht in der Nähe von Wohngebieten oder belebten Plätzen erfolgen. Ein längeres Halten in der Nähe solcher Orte ist nur mit Zustimmung der zuständigen Behörden zulässig. *→ D: RSEB 8-7.S*

**S9:** Während der Beförderung dieses Gutes dürfen Halte aus Betriebsgründen möglichst nicht in der Nähe von Wohngebieten oder belebten Plätzen erfolgen. Ein längeres Halten in der Nähe solcher Orte ist nur mit Zustimmung der zuständigen Behörden zulässig. *→ D: RSEB 8-7.S*

**S10:** Während der Monate April bis Oktober müssen die Versandstücke, wenn es die Vorschriften des Aufenthaltsstaates vorsehen, beim Halten und Parken des Fahrzeugs gegen Sonneneinwirkung wirksam geschützt sein, z.B. durch Planen, die mindestens 20 cm über der Ladung angebracht sind.

**S11:** Hat der Fahrzeugführer nach anderen Vorschriften, die in einem Vertragsstaat gelten, bereits an einer gleichwertigen Schulung teilgenommen, die nach einem anderen Verfahren oder zu einem anderen Zweck durchgeführt wurde und die in Absatz 8.2.2.3.5 festgelegten Themen umfasst, kann er ganz oder teilweise von der Teilnahme an einem Aufbaukurs befreit werden. *→ D: RSEB 8-6.1.S ff. → CH: SDR Anh. 1 8.5*

**S12:** Wenn die Gesamtzahl der Versandstücke mit radioaktiven Stoffen in der Beförderungseinheit nicht größer als 10 ist, die Summe der Transportkennzahlen der in der Beförderungseinheit beförderten Versandstücke 3 nicht übersteigt und keine Nebengefahren vorhanden sind, müssen die Vorschriften des Abschnitts 8.2.1 betreffend die Schulung der Führer von Fahrzeugen nicht angewendet werden. Die Führer von Fahrzeugen müssen dann jedoch an einer geeigneten, ihren Verantwortlichkeiten entsprechenden Schulung über die Beförderung radioaktiver Stoffe teilgenommen haben. Diese Schulung muss ihnen die mit der Beförderung radioaktiver Stoffe verbundenen Gefahren der Strahlung bewusst machen. Eine solche Schulung des Gefahrenbewusstseins muss durch eine von ihrem Arbeitgeber auszustellende Bescheinigung bestätigt werden. Siehe auch Abschnitt 8.2.3. *→ CH: SDR Anh. 1 8.5*

**S13:** (gestrichen)

**S14:** Die Vorschriften des Kapitels 8.4 über die Überwachung der Fahrzeuge gelten für Fahrzeuge, die beliebige Mengen dieser Stoffe befördern.

**S15:** Die Vorschriften des Kapitels 8.4 über die Überwachung der Fahrzeuge gelten für Fahrzeuge, die beliebige Mengen dieser Stoffe befördern. Die Anwendung der Vorschriften des Kapitels 8.4 ist jedoch nicht erforderlich, wenn das Ladeabteil nach der Beladung verschlossen ist oder die beförderten Versandstücke auf andere Weise gegen jedes unrechtmäßige Entladen geschützt sind.

**S16:** Die Vorschriften des Kapitels 8.4 über die Überwachung der Fahrzeuge gelten, wenn die Gesamtmasse dieses Gutes im Fahrzeug 500 kg überschreitet.

Außerdem müssen Fahrzeuge, die mehr als 500 kg dieser Stoffe befördern, sofern diese den Vorschriften des Abschnitts 1.10.3 unterliegen, in Übereinstimmung mit dem Sicherungsplan des Unterabschnitts 1.10.3.2 ständig so überwacht werden, dass böswillige Handlungen verhindert und der Fahrzeugführer sowie die zuständigen Behörden bei Verlusten oder Feuer alarmiert werden.

**S17:** Die Vorschriften des Kapitels 8.4 über die Überwachung der Fahrzeuge gelten, wenn die Gesamtmasse dieses Gutes im Fahrzeug 1 000 kg überschreitet.

**S18:** Die Vorschriften des Kapitels 8.4 über die Überwachung der Fahrzeuge gelten, wenn die Gesamtmasse dieses Gutes im Fahrzeug 2 000 kg überschreitet.

**S19:** Die Vorschriften des Kapitels 8.4 über die Überwachung der Fahrzeuge gelten, wenn die Gesamtmasse dieses Gutes im Fahrzeug 5 000 kg überschreitet.

**S20:** Die Vorschriften des Kapitels 8.4 über die Überwachung der Fahrzeuge gelten, wenn die Gesamtmasse oder das Gesamtvolumen dieser Stoffe im Fahrzeug bei verpackten Gütern 10 000 kg oder 3 000 Liter in Tanks überschreitet.

8.5 (Forts.)

**S21:** Die Vorschriften des Kapitels 8.4 über die Überwachung der Fahrzeuge gelten für alle Stoffe unabhängig von der Masse. Die Anwendung dieser Vorschriften ist jedoch nicht erforderlich, wenn:

a) das Ladeabteil nach der Beladung verschlossen ist oder die beförderten Versandstücke auf andere Weise gegen jedes unrechtmäßige Entladen geschützt sind und

b) die Dosisleistung an jeder erreichbaren Stelle der Fahrzeugoberfläche 5 µSv/h nicht überschreitet.

Außerdem müssen diese Güter, sofern sie den Vorschriften des Abschnitts 1.10.3 unterliegen, in Übereinstimmung mit dem Sicherungsplan des Unterabschnitts 1.10.3.2 ständig so überwacht werden, dass böswillige Handlungen verhindert und der Fahrzeugführer sowie die zuständigen Behörden bei Verlusten oder Feuer alarmiert werden.

**S22:** Die Vorschriften des Kapitels 8.4 über die Überwachung der Fahrzeuge gelten, wenn die Gesamtmasse oder das Gesamtvolumen dieser Stoffe im Fahrzeug bei verpackten Gütern 5 000 kg oder 3 000 Liter in Tanks überschreitet.

**S23:** Die Vorschriften des Kapitels 8.4 über die Überwachung der Fahrzeuge gelten, wenn dieser Stoff in loser Schüttung oder in Tanks befördert wird und die Gesamtmasse oder das Gesamtvolumen im Fahrzeug 3 000 kg bzw. 3 000 Liter überschreitet.

**S24:** Die Vorschriften des Kapitels 8.4 über die Überwachung der Fahrzeuge gelten, wenn die Gesamtmasse dieser Stoffe im Fahrzeug 100 kg überschreitet.

# Kapitel 8.6
# Straßentunnelbeschränkungen für die Durchfahrt von Fahrzeugen mit gefährlichen Gütern

**Allgemeine Vorschriften** 8.6.1

Die Vorschriften dieses Kapitels finden Anwendung, wenn die Durchfahrt von Fahrzeugen durch Straßentunnel gemäß Abschnitt 1.9.5 beschränkt ist.

**Straßenverkehrszeichen für die Regelung der Durchfahrt von Fahrzeugen mit gefährlichen Gütern** 8.6.2

Die Tunnelkategorie, die von der zuständigen Behörde in Übereinstimmung mit Unterabschnitt 1.9.5.1 einem bestimmten Straßentunnel für Zwecke der Beschränkung der Durchfahrt von Beförderungseinheiten mit gefährlichen Gütern zugeordnet wird, muss wie folgt mit Hilfe von Straßenverkehrszeichen angegeben werden:

| Straßenverkehrszeichen | Tunnelkategorie |
|---|---|
| kein Zeichen | Tunnelkategorie A |
| Zeichen mit zusätzlicher Tafel, auf der der Buchstabe B angegeben ist | Tunnelkategorie B |
| Zeichen mit zusätzlicher Tafel, auf der der Buchstabe C angegeben ist | Tunnelkategorie C |
| Zeichen mit zusätzlicher Tafel, auf der der Buchstabe D angegeben ist | Tunnelkategorie D |
| Zeichen mit zusätzlicher Tafel, auf der der Buchstabe E angegeben ist | Tunnelkategorie E |

**Tunnelbeschränkungscodes** 8.6.3

**[Darstellung in Gefahrgutliste]** 8.6.3.1

Die Beschränkungen für die Beförderung bestimmter gefährlicher Güter durch Tunnel basieren auf dem in Kapitel 3.2 Tabelle A Spalte (15) angegebenen Tunnelbeschränkungscode dieser Güter. Die Tunnelbeschränkungscodes sind in Klammern im unteren Teil der Zelle angegeben. Wenn anstelle einer der Tunnelbeschränkungscodes „–" angegeben ist, unterliegen die gefährlichen Güter keiner Tunnelbeschränkung; für gefährliche Güter, die den UN-Nummern 2919 und 3331 zugeordnet sind, können Beschränkungen für die Durchfahrt durch Tunnel jedoch Teil der von der (den) zuständigen Behörde(n) auf der Grundlage des Unterabschnitts 1.7.4.2 genehmigten Sondervereinbarungen sein.

**[Unterschiedliche Tunnelbeschränkungscodes]** 8.6.3.2

→ D: RSEB 8-8.5

Wenn eine Beförderungseinheit gefährliche Güter enthält, denen unterschiedliche Tunnelbeschränkungscodes zugeordnet wurden, ist der gesamten Ladung der restriktivste dieser Tunnelbeschränkungscodes zuzuordnen.

**[Freigestellte Beförderungen]** 8.6.3.3

Gefährliche Güter, die in Übereinstimmung mit Abschnitt 1.1.3 befördert werden, unterliegen nicht den Tunnelbeschränkungen und sind bei der Bestimmung des der gesamten Ladung einer Beförderungseinheit zuzuordnenden Tunnelbeschränkungscodes nicht zu berücksichtigen, es sei denn, die Beförderungseinheit ist mit dem in Abschnitt 3.4.13 unter Vorbehalt des Abschnitts 3.4.14 vorgeschriebenen Kennzeichen versehen.

**Beschränkungen für die Durchfahrt von Beförderungseinheiten mit gefährlichen Gütern durch Tunnel** 8.6.4

→ 1.9.5.3.6
→ D: § 28 Nr. 2

Die Beschränkungen für die Durchfahrt von Tunneln gelten für:

- Beförderungseinheiten, für die gemäß Abschnitt 3.4.13 unter Vorbehalt des Abschnitts 3.4.14 ein Kennzeichen vorgeschrieben ist, bei der Durchfahrt von Tunneln der Kategorie E und
- Beförderungseinheiten, für die in Abschnitt 5.3.2 eine Kennzeichnung mit orangefarbenen Tafeln vorgeschrieben ist, nach den Vorschriften der nachstehenden Tabelle, nachdem der der gesamten Ladung zuzuordnende Tunnelbeschränkungscode bestimmt worden ist.

**8.6.4** (Forts.)

| Tunnelbeschränkungscode der gesamten Ladung | Beschränkung |
|---|---|
| B | Durchfahrt verboten durch Tunnel der Kategorien B, C, D und E |
| B1000C | Beförderungen, bei denen die Nettoexplosivstoffmasse je Beförderungseinheit<br>– 1 000 kg überschreitet: Durchfahrt verboten durch Tunnel der Kategorien B, C, D und E;<br>– 1 000 kg nicht überschreitet: Durchfahrt verboten durch Tunnel der Kategorien C, D und E. |
| B/D | Beförderungen in Tanks: Durchfahrt verboten durch Tunnel der Kategorien B, C, D und E.<br>Sonstige Beförderungen: Durchfahrt verboten durch Tunnel der Kategorien D und E. |
| B/E | Beförderungen in Tanks: Durchfahrt verboten durch Tunnel der Kategorien B, C, D und E.<br>Sonstige Beförderungen: Durchfahrt verboten durch Tunnel der Kategorie E. |
| C | Durchfahrt verboten durch Tunnel der Kategorien C, D und E |
| C5000D | Beförderungen, bei denen die Nettoexplosivstoffmasse je Beförderungseinheit<br>– 5 000 kg überschreitet: Durchfahrt verboten durch Tunnel der Kategorien C, D und E;<br>– 5 000 kg nicht überschreitet: Durchfahrt verboten durch Tunnel der Kategorien D und E. |
| C/D | Beförderungen in Tanks: Durchfahrt verboten durch Tunnel der Kategorien C, D und E.<br>Sonstige Beförderungen: Durchfahrt verboten durch Tunnel der Kategorien D und E. |
| C/E | Beförderungen in Tanks: Durchfahrt verboten durch Tunnel der Kategorien C, D und E.<br>Sonstige Beförderungen: Durchfahrt verboten durch Tunnel der Kategorie E. |
| D | Durchfahrt verboten durch Tunnel der Kategorien D und E |
| D/E | Beförderungen in loser Schüttung oder in Tanks: Durchfahrt verboten durch Tunnel der Kategorien D und E.<br>Sonstige Beförderungen: Durchfahrt verboten durch Tunnel der Kategorie E. |
| E | Durchfahrt verboten durch Tunnel der Kategorie E |
| – | Durchfahrt durch alle Tunnel gestattet (für die UN-Nummern 2919 und 3331 siehe auch Unterabschnitt 8.6.3.1) |

**Bem.** 1. Zum Beispiel ist die Durchfahrt einer Beförderungseinheit mit UN 0161 Treibladungspulver, Klassifizierungscode 1.3C, Tunnelbeschränkungscode C5000D in einer Menge, die einer gesamten Nettoexplosivstoffmasse von 3 000 kg entspricht, durch Tunnel der Kategorien D und E verboten.

2. In begrenzten Mengen verpackte gefährliche Güter, die in Containern oder Beförderungseinheiten befördert werden, die gemäß den Vorschriften des IMDG-Codes gekennzeichnet sind, unterliegen nicht den Beschränkungen für die Durchfahrt von Tunneln der Kategorie E, sofern die Bruttogesamtmasse der Versandstücke mit gefährlichen Gütern in begrenzten Mengen 8 Tonnen je Beförderungseinheit nicht überschreitet.

# Teil 9
# Vorschriften für den Bau und die Zulassung der Fahrzeuge

## Was steht wo in Teil 9?



# Kapitel 9.1
# Anwendungsbereich, Begriffsbestimmungen und Vorschriften für die Zulassung von Fahrzeugen*)

→ *1.1.3.6.3*
→ *1.6.5.4*
→ *1.6.5.8*
→ *1.6.5.15 f.*
→ *1.6.5.18 f.*

**Anwendungsbereich und Begriffsbestimmungen** **9.1.1**

**Anwendungsbereich** **9.1.1.1**

Die Vorschriften des Teils 9 gelten für Fahrzeuge der Kategorien N und O gemäß der Gesamtresolution Kraftfahrzeuge; Fahrzeuge zur Beförderung gefährlicher Güter (R.E.3)[1].

Diese Vorschriften gelten für Fahrzeuge, insbesondere hinsichtlich ihres Baus, ihrer Typgenehmigung, ihrer ADR-Zulassung und ihrer jährlichen technischen Untersuchung.

**Begriffsbestimmungen** **9.1.1.2**

Im Sinne des Teils 9 bedeutet:

*„Fahrzeug"*: Jedes Fahrzeug zur Beförderung gefährlicher Güter auf der Straße, unabhängig davon, ob es vollständig, unvollständig oder vervollständigt ist.

*„Fahrzeug EX/II"* oder *„Fahrzeug EX/III"*: Ein Fahrzeug zur Beförderung von explosiven Stoffen oder Gegenständen mit Explosivstoff (Klasse 1). → *7.2.4 V2*

*) *→ D: § 7 (1) 1; → D: § 7 (2) 1; → CTU-Code Nr. 6.6*

1) Dokument ECE/TRANS/WP.29/78/Rev.3 der Vereinten Nationen.

**9.1.1.2** (Forts.) → *7.2.4*

*„Fahrzeug FL":*

a) Ein Fahrzeug zur Beförderung flüssiger Stoffe mit einem Flammpunkt von höchstens 60 °C (mit Ausnahme von Dieselkraftstoffen entsprechend Norm EN 590:2013 + A1:2017, Gasöl oder Heizöl, (leicht – UN-Nummer 1202 – mit einem Flammpunkt entsprechend Norm EN 590:2013 + A1:2017) in festverbundenen Tanks oder Aufsetztanks mit einem Fassungsraum von mehr als 1 $m^3$ oder in Tankcontainern oder ortsbeweglichen Tanks mit einem Einzelfassungsraum von mehr als 3 $m^3$ oder

b) ein Fahrzeug zur Beförderung entzündbarer Gase in festverbundenen Tanks oder Aufsetztanks mit einem Fassungsraum von mehr als 1 $m^3$ oder in Tankcontainern, ortsbeweglichen Tanks oder MEGC mit einem Einzelfassungsraum von mehr als 3 $m^3$ oder

c) ein Batterie-Fahrzeug mit einem Gesamtfassungsraum von mehr als 1 $m^3$ zur Beförderung entzündbarer Gase oder

d) ein Fahrzeug zur Beförderung von Wasserstoffperoxid, stabilisiert, oder von Wasserstoffperoxid, wässerige Lösung, stabilisiert, mit mehr als 60 % Wasserstoffperoxid (Klasse 5.1 UN-Nummer 2015) in festverbundenen Tanks oder Aufsetztanks mit einem Fassungsraum von mehr als 1 $m^3$ oder in Tankcontainern oder ortsbeweglichen Tanks mit einem Einzelfassungsraum von mehr als 3 $m^3$.

→ *7.2.4* *„Fahrzeug AT":*

a) Ein Fahrzeug, das kein Fahrzeug EX/III oder FL oder kein MEMU ist, zur Beförderung gefährlicher Güter in festverbundenen Tanks oder Aufsetztanks mit einem Fassungsraum von mehr als 1 $m^3$ oder in Tankcontainern, ortsbeweglichen Tanks oder MEGC mit einem Einzelfassungsraum von mehr als 3 $m^3$ oder

b) ein Batterie-Fahrzeug mit einem Gesamtfassungsraum von mehr als 1 $m^3$, das kein Fahrzeug FL ist.

*„Vollständiges Fahrzeug":* Jedes Fahrzeug, das keiner weiteren Vervollständigung bedarf (z.B. Lieferwagen, Lastkraftwagen, Zugmaschinen und Anhänger, die in einem einzigen Produktionsschritt gebaut werden).

*„Unvollständiges Fahrzeug":* Jedes Fahrzeug, das noch einer Vervollständigung in mindestens einem weiteren Produktionsschritt bedarf (z.B. Fahrgestelle mit Fahrerhaus oder Anhängerfahrgestelle).

*„Vervollständigtes Fahrzeug":* Jedes Fahrzeug, das das Ergebnis eines aus mehreren Schritten bestehenden Produktionsprozesses ist (z.B. mit einer Karosserie versehene Fahrgestelle oder Fahrgestelle mit Fahrerhaus).

*„Typgenehmigtes Fahrzeug":* Jedes Fahrzeug, das in Übereinstimmung mit der UN-Regelung Nr. 105[2)] zugelassen wurde.

*„ADR-Zulassung":* Eine durch eine zuständige Behörde einer ADR-Vertragspartei ausgestellte Bescheinigung, wonach ein für die Beförderung gefährlicher Güter vorgesehenes Fahrzeug die anwendbaren technischen Vorschriften dieses Teils als Fahrzeug EX/II, EX/III, FL oder AT oder als MEMU erfüllt.

*„MEMU":* Ein Fahrzeug, das der Begriffsbestimmung für „Mobile Einheit zur Herstellung von explosiven Stoffen oder Gegenständen mit Explosivstoff" in Abschnitt 1.2.1 entspricht.

### 9.1.2 Zulassung der Fahrzeuge EX/II, EX/III, FL und AT und der MEMU[*)]

→ *CH: SDR Anh 1 9.1.2*

**Bem.** Besondere Zulassungsbescheinigungen für andere Fahrzeuge als die Fahrzeuge EX/II, EX/III, FL und AT und die MEMU werden nicht gefordert; das gilt nicht für die Bescheinigungen, die auf Grund allgemeiner Sicherheitsvorschriften vorgeschrieben sind, die gewöhnlich für die Fahrzeuge in ihrem Ursprungsland gelten.

---

2) UN-Regelung Nr. 105 (Einheitliche Bedingungen für die Genehmigung von Fahrzeugen für den Transport gefährlicher Güter hinsichtlich ihrer besonderen konstruktiven Merkmale).

*) *→ D: RSEB 9-5.S; → RO-bi-SE-5; → RO-bi-BE-6*

**Allgemeines** 9.1.2.1

→ 1.6.5.7

Fahrzeuge EX/II, EX/III, FL und AT und MEMU müssen den anwendbaren Vorschriften dieses Teils entsprechen.

Jedes vollständige oder vervollständigte Fahrzeug muss gemäß den administrativen Vorschriften dieses Kapitels einer ersten Untersuchung durch die zuständige Behörde unterzogen werden, um die Übereinstimmung mit den anwendbaren technischen Vorschriften der Kapitel 9.2 bis 9.8 zu überprüfen. → D: § 14 (4)

Die zuständige Behörde kann bei einer gemäß Unterabschnitt 9.1.2.2 typgenehmigten Zugmaschine für einen Sattelanhänger, für die der Hersteller, sein gehörig bevollmächtigter Vertreter oder eine von der zuständigen Behörde anerkannte Stelle eine Erklärung der Übereinstimmung mit den Vorschriften des Kapitels 9.2 ausgestellt hat, auf die erste Untersuchung verzichten. → D: RSEB 9-1.S

Die Übereinstimmung des Fahrzeugs muss durch die Ausstellung einer Zulassungsbescheinigung gemäß Abschnitt 9.1.3 bescheinigt werden. → D: § 14 (4)

Wenn die Fahrzeuge mit einer Dauerbremsanlage ausgerüstet sein müssen, ist vom Fahrzeughersteller oder seinem gehörig bevollmächtigten Vertreter eine Erklärung der Übereinstimmung mit den anwendbaren Vorschriften der UN-Regelung Nr. 13[3] Anhang 5 zu liefern. Diese Erklärung ist bei der erstmaligen technischen Untersuchung vorzulegen.

**Vorschriften für typgenehmigte Fahrzeuge** 9.1.2.2

→ D: § 14 (2)

Auf Antrag des Fahrzeugherstellers oder seines gehörig bevollmächtigten Vertreters dürfen Fahrzeuge, die der ADR-Zulassung gemäß Unterabschnitt 9.1.2.1 unterliegen, von einer zuständigen Behörde typgenehmigt werden. Die anwendbaren technischen Vorschriften des Kapitels 9.2 gelten als erfüllt, wenn von einer zuständigen Behörde in Übereinstimmung mit der UN-Regelung Nr. 105[2] eine Bescheinigung über die Typgenehmigung ausgestellt wurde, vorausgesetzt, die technischen Vorschriften der genannten Regelung entsprechen denen des Kapitels 9.2 und die Gültigkeit der Bescheinigung wird nicht durch eine Änderung des Fahrzeugs beeinträchtigt. Im Fall der MEMU kann das Kennzeichen für die Typgenehmigung gemäß UN-Regelung Nr. 105 das Fahrzeug entweder als MEMU oder als EX/III ausweisen. MEMU müssen nur in der gemäß Abschnitt 9.1.3 ausgestellten Zulassungsbescheinigung als solche ausgewiesen werden.

Diese von einer Vertragspartei erteilte Typgenehmigung muss von den übrigen Vertragsparteien als Nachweis der Übereinstimmung des Fahrzeugs anerkannt werden, wenn das einzelne Fahrzeug der Untersuchung für die ADR-Zulassung unterzogen wird.

Bei der Untersuchung für die ADR-Zulassung müssen nur diejenigen Teile des typgenehmigten unvollständigen Fahrzeugs auf Übereinstimmung mit den anwendbaren Vorschriften des Kapitels 9.2 untersucht werden, die im Rahmen der Vervollständigung hinzugefügt oder verändert wurden.

**Jährliche technische Untersuchung** 9.1.2.3

→ D: § 14 (5)
→ D: RSEB 9-3.3.S

Die Fahrzeuge EX/II, EX/III, FL und AT und die MEMU sind in ihrem Zulassungsstaat jährlichen technischen Untersuchungen zu unterziehen, um sicherzustellen, dass sie den anwendbaren Vorschriften dieses Teils und den in ihrem Zulassungsstaat geltenden allgemeinen Sicherheitsvorschriften (Bremsen, Beleuchtung usw.) entsprechen.

Die Übereinstimmung des Fahrzeugs muss entweder durch die Verlängerung der Gültigkeit der Zulassungsbescheinigung oder durch die Ausstellung einer neuen Zulassungsbescheinigung gemäß Abschnitt 9.1.3 bescheinigt werden.

**Zulassungsbescheinigung** 9.1.3

→ 1.6.5.7

**[Grundsatz]** 9.1.3.1

→ D: § 12 (1) 4
→ D: § 14 (5), (6)
→ D: RSEB 9-2.S
→ D: RSEB 9-4.S
→ D: GGAV 24
→ NL: VLG Art. 10

Die Übereinstimmung der Fahrzeuge EX/II, EX/III, FL und AT und der MEMU mit den Vorschriften dieses Teils ist für jedes Fahrzeug, dessen Untersuchung ein befriedigendes Ergebnis liefert oder gemäß Unterabschnitt 9.1.2.1 zur Ausstellung einer Erklärung auf Übereinstimmung mit den Vorschriften des Kapi-

[3] UN-Regelung Nr. 13 (Einheitliche Bedingungen für die Genehmigung von Fahrzeugen der Klassen M, N und O hinsichtlich der Bremsen).

[2] UN-Regelung Nr. 105 (Einheitliche Bedingungen für die Genehmigung von Fahrzeugen für den Transport gefährlicher Güter hinsichtlich ihrer besonderen konstruktiven Merkmale).

9.1.3.1 (Forts.) tels 9.2 führt, in einer von der zuständigen Behörde des Zulassungsstaates erteilten Zulassungsbescheinigung (ADR-Zulassungsbescheinigung)[4] zu bestätigen.

**9.1.3.2 [Anerkennung ADR-Vertragspartei]**

Eine von den zuständigen Behörden einer Vertragspartei erteilte Zulassungsbescheinigung für ein im Gebiet dieser Vertragspartei zugelassenes Fahrzeug wird während ihrer Geltungsdauer von den zuständigen Behörden der übrigen Vertragsparteien anerkannt.

**9.1.3.3 [Form, Muster, Sicherheitsmerkmale]**

*→ 1.6.1.48*

Die Zulassungsbescheinigung muss dem in Unterabschnitt 9.1.3.5 dargestellten Muster entsprechen. Ihre Abmessungen sind 210 mm × 297 mm (Format A4). Es dürfen Vorder- und Rückseite verwendet werden. Die Farbe ist weiß mit einem diagonalen rosafarbenen Strich.

Die Zulassungsbescheinigung darf zusätzliche Sicherheitsmerkmale, wie ein Hologramm, einen UV-Druck, ein geätztes Profil oder einen Strichcode enthalten.

Die Vertragsparteien, die zusätzliche Sicherheitsmerkmale in die Zulassungsbescheinigung aufgenommen haben, müssen dem Sekretariat der UNECE ein Muster jeder nationalen Bescheinigung, die in Übereinstimmung mit diesem Abschnitt zur Ausstellung vorgesehen ist, zur Verfügung stellen. Die Vertragsparteien müssen zusätzlich erläuternde Bemerkungen einreichen, mit denen die Überprüfung der Konformität der Bescheinigungen gegenüber den zur Verfügung gestellten Mustern ermöglicht wird. Das Sekretariat muss diese Informationen auf seiner Website zugänglich machen.

Sie ist in der Sprache oder in einer der Sprachen des Staates abzufassen, der sie erteilt. Wenn diese Sprache nicht Deutsch, Englisch oder Französisch ist, müssen der Titel der Zulassungsbescheinigung sowie jede unter Nummer 11 aufgeführte Bemerkung außerdem in Deutsch, Englisch oder Französisch abgefasst sein.

Die Zulassungsbescheinigung für ein Saug-Druck-Tankfahrzeug für Abfälle muss folgenden Vermerk enthalten: „Saug-Druck-Tankfahrzeug für Abfälle".

Die Zulassungsbescheinigung für ein Fahrzeug FL oder EX/III gemäß den Vorschriften des Abschnitts 9.7.9 muss unter Punkt 11 die folgende Bemerkung enthalten: „Fahrzeug gemäß Abschnitt 9.7.9 des ADR".

**9.1.3.4 [Gültigkeitszeitraum]**

*→ 4.3.2.1.5*
*→ 1.6.1.48*
*→ D: § 23 (2) 10*

Die Gültigkeit der Zulassungsbescheinigungen endet spätestens ein Jahr nach dem Tag der technischen Untersuchung des Fahrzeugs, die der Erteilung der Bescheinigung vorausging. Wird jedoch die technische Untersuchung innerhalb eines Monats vor oder eines Monats nach diesem Tag durchgeführt, so beginnt der nächste Gültigkeitszeitraum mit dem Tag des Ablaufs des vorhergehenden.

Das Fahrzeug darf nach Ablauf des Gültigkeitszeitraums erst wieder für die Beförderung gefährlicher Güter verwendet werden, wenn das Fahrzeug über eine gültige Zulassungsbescheinigung verfügt.

Diese Vorschriften bedeuten jedoch nicht, dass die Tankprüfungen in kürzeren Abständen als den im Kapitel 6.8, 6.10 oder 6.13 festgelegten durchgeführt werden müssen.

*(Fortsetzung aus technischen Gründen auf Seite 1383)*

[4] Ein Leitfaden für das Ausfüllen der Zulassungsbescheinigung kann auf der Website des Sekretariats der Wirtschaftskommission der Vereinten Nationen für Europa (https://unece.org/guidelines-telematics-application-standards-construction-and-approval-vehicles-calculation-risks) eingesehen werden.

## Muster der Zulassungsbescheinigung für Fahrzeuge zur Beförderung bestimmter gefährlicher Güter

**9.1.3.5**
→ 1.6.5.10
→ 1.6.5.20
→ 1.6.1.48
→ D: § 14 (6)
→ D: GGAV 22
→ D: GGAV 24
→ D: RSEB 1-24.S
→ D: RSEB 9-2.S ff.
→ D: RSEB 9-6.1.S ff.
→ D: RSEB Anl. 16

**ZULASSUNGSBESCHEINIGUNG FÜR FAHRZEUGE**
**ZUR BEFÖRDERUNG BESTIMMTER GEFÄHRLICHER GÜTER**

Mit dieser Bescheinigung wird bestätigt, dass das nachstehend bezeichnete Fahrzeug die Anforderungen des Übereinkommens über die internationale Beförderung gefährlicher Güter auf der Straße (ADR) erfüllt.

| **1. Bescheinigung Nr.:** | **2. Fahrzeughersteller:** | **3. Fahrzeug-Ident.-Nr.:** | **4. amtl. Kennz.** (wenn vorhanden): |
|---|---|---|---|

**5. Name und Betriebssitz des Beförderers, Betreibers (Halters) oder Eigentümers:**

**6. Beschreibung des Fahrzeugs:**[1)]

**7. Fahrzeugbezeichnung(en) gemäß 9.1.1.2 des ADR**[2)]
EX/II EX/III FL AT MEMU

**8. Dauerbremsanlage:**[3)]
□ Nicht zutreffend
□ Die Wirkung nach 9.2.3.1.2 des ADR ist ausreichend für eine Gesamtmasse der Beförderungseinheit von _____ t[4)]

**9. Beschreibung des (der) festverbundenen Tanks / des (der) Batterie-Fahrzeuge(s)** (wenn vorhanden)
9.1 Tankhersteller:
9.2 Zulassungsnummer des Tanks/des Batterie-Fahrzeugs:
9.3 Herstellungsnummer des Tanks/Identifizierung der Elemente des Batterie-Fahrzeugs:
9.4 Herstellungsjahr:
9.5 Tankcodierung gemäß 4.3.3.1 oder 4.3.4.1 des ADR:
9.6 Sondervorschriften TC und TE gemäß 6.8.4 des ADR (falls zutreffend):[6)]

**10. Zur Beförderung zugelassene gefährliche Güter:**
Das Fahrzeug erfüllt die Anforderungen zur Beförderung gefährlicher Güter entsprechend der (den) unter Nummer 7 angegebenen Fahrzeugbezeichnung(en).

10.1 Im Falle eines EX/II- bzw. EX/III-Fahrzeugs[3)]
□ Güter der Klasse 1 einschließlich Verträglichkeitsgruppe J
□ Güter der Klasse 1 ausgenommen Verträglichkeitsgruppe J

10.2 Im Falle eines Tankfahrzeugs/Batterie-Fahrzeugs[3)]
□ Es dürfen nur Stoffe befördert werden, die gemäß der unter Nummer 9 angegebenen Tankcodierung und den unter Nummer 9 angegebenen eventuellen Sondervorschriften zugelassen sind.[5)]
oder
□ Es dürfen nur die folgenden Stoffe (Klasse, UN-Nummer und, falls erforderlich, Verpackungsgruppe und offizielle Benennung für die Beförderung) befördert werden:

Es dürfen nur Stoffe befördert werden, die nicht dazu neigen, gefährlich mit den Werkstoffen des Tankkörpers, der Dichtungen, der Ausrüstung und der Schutzauskleidung (falls vorhanden) zu reagieren.

**11. Bemerkungen:**

**12. Gültig bis:**

Stempel der Ausgabestelle

Ort, Datum, Unterschrift

1) Entsprechend den Begriffsbestimmungen für Kraftfahrzeuge und Anhänger der Kategorien N und O gemäß der Gesamtresolution über die Konstruktion von Fahrzeugen (R.E.3) oder der Richtlinie 2007/46/EG

2) Nicht Zutreffendes streichen

3) Zutreffendes ankreuzen

4) Zutreffenden Wert eintragen. Ein Wert von 44 t beschränkt nicht die im (in den) Zulassungsdokument(en) angegebene «zulässige Zulassungs-/Betriebsmasse»

5) Stoffe, die der unter Nummer 9 angegebenen oder einer anderen gemäß der Hierarchie in Absatz 4.3.3.1.2 oder 4.3.4.1.2 zugelassenen Tankcodierung unter Berücksichtigung der eventuellen Sondervorschrift(en) zugeordnet sind.

6) Nicht erforderlich, wenn die zugelassenen Stoffe unter Nummer 10.2 aufgeführt sind.

9.1.3.5 (Forts.)

| 13. Verlängerung der Gültigkeit | |
|---|---|
| Gültigkeit verlängert bis | Stempel der Ausgabestelle, Ort, Datum, Unterschrift: |
| | |

Bemerkung: Diese Bescheinigung ist der Ausgabestelle zurückzugeben, wenn das Fahrzeug aus dem Verkehr gezogen wird, bei einem Wechsel des unter Nummer 5 genannten Beförderers, Betreibers (Halters) oder Eigentümers, bei Ablauf der Gültigkeit und im Falle einer nennenswerten Änderung wesentlicher Merkmale des Fahrzeugs.

# Kapitel 9.2 Vorschriften für den Bau von Fahrzeugen

→ D: § 14 (4)

**Übereinstimmung mit den Vorschriften dieses Kapitels** 9.2.1

→ 1.6.5.7
→ D: § 19 (2) 17 a)

**[Überblick technische Anforderungen]** 9.2.1.1

→ 1.6.5.12
→ 1.6.5.13
→ D: § 19 (2) 17 b)
→ D: RSEB 9-7.5
→ CH: SDR Anh. 1 1.6.5.1a

Fahrzeuge EX/II, EX/III, FL und AT müssen den Vorschriften dieses Kapitels gemäß nachstehender Tabelle entsprechen.

Für andere Fahrzeuge als die Fahrzeuge EX/II, EX/III, FL und AT:

- gelten die Vorschriften des Absatzes 9.2.3.1.1 (Bremsausrüstung in Übereinstimmung mit der UN-Regelung Nr. 13 oder der Richtlinie 71/320/EWG) für alle erstmalig nach dem 30. Juni 1997 zum Verkehr zugelassenen (oder, sofern eine Zulassung zum Verkehr nicht zwingend vorgeschrieben ist, in Betrieb genommene) Fahrzeuge;
- gelten die Vorschriften des Abschnitts 9.2.6 (Geschwindigkeitsbegrenzer in Übereinstimmung mit der UN-Regelung Nr. 89 oder der Richtlinie 92/24/EWG) für alle erstmalig nach dem 31. Dezember 1987 zum Verkehr zugelassenen Kraftfahrzeuge mit einer höchsten Gesamtmasse von mehr als 12 Tonnen und alle erstmalig nach dem 31. Dezember 2007 zum Verkehr zugelassenen Kraftfahrzeuge mit einer höchsten Gesamtmasse von mehr als 3,5 Tonnen und höchstens 12 Tonnen.

| | | FAHRZEUGE | | | | BEMERKUNGEN |
|---|---|---|---|---|---|---|
| TECHNISCHE MERKMALE | | EX/II | EX/III | AT | FL | |
| 9.2.2 | **Elektrische Ausrüstung** | | | | | |
| 9.2.2.1 | allgemeine Vorschriften | X | X | X | X | |
| 9.2.2.2.1 | Kabel | X | X | X | X | |
| 9.2.2.2.2 | Zusätzlicher Schutz | X[a)] | X | X[b)] | X | a) Gilt für Fahrzeuge mit einer höchsten Gesamtmasse von mehr als 3,5 Tonnen, die nach dem 31. März 2018 erstmalig zum Verkehr zugelassen wurden (oder in Betrieb genommen wurden, sofern eine Zulassung zum Verkehr nicht zwingend vorgeschrieben ist).<br>b) Gilt für Fahrzeuge, die nach dem 31. März 2018 erstmalig zum Verkehr zugelassen wurden (oder in Betrieb genommen wurden, sofern eine Zulassung zum Verkehr nicht zwingend vorgeschrieben ist). |
| 9.2.2.3 | Sicherungen und Schutzschalter | X[b)] | X | X | X | b) Gilt für Fahrzeuge, die nach dem 31. März 2018 erstmalig zum Verkehr zugelassen wurden (oder in Betrieb genommen wurden, sofern eine Zulassung zum Verkehr nicht zwingend vorgeschrieben ist). |
| 9.2.2.4 | Batterien | X | X | X | X | |
| 9.2.2.5 | Beleuchtung | X | X | X | X | |
| 9.2.2.6 | elektrische Anschlussverbindungen zwischen Kraftfahrzeugen und Anhängern | X[c)] | X | X[b)] | X | b) Gilt für Fahrzeuge, die nach dem 31. März 2018 erstmalig zum Verkehr zugelassen wurden (oder in Betrieb genommen wurden, sofern eine Zulassung zum Verkehr nicht zwingend vorgeschrieben ist).<br>c) Gilt für Kraftfahrzeuge, die dafür vorgesehen sind, Anhänger mit einer höchsten Gesamtmasse von mehr als 3,5 Tonnen zu ziehen, und Anhänger mit einer höchsten Gesamtmasse von mehr als 3,5 Tonnen, die nach dem 31. März 2018 erstmalig zum Verkehr zugelassen wurden (oder in Betrieb genommen wurden, sofern eine Zulassung zum Verkehr nicht zwingend vorgeschrieben ist). |
| 9.2.2.7 | Spannung | X | X | | | |
| 9.2.2.8 | Spannungsfreischaltung von Stromkreisen | | X | | X | |

**9.2.1.1** (Forts.)

| TECHNISCHE MERKMALE | | FAHRZEUGE EX/II | EX/III | AT | FL | BEMERKUNGEN |
|---|---|---|---|---|---|---|
| 9.2.2.9 | dauernd versorgte Stromkreise | | | | | |
| 9.2.2.9.1 | | | | | X | |
| 9.2.2.9.2 | | | X | | | |
| **9.2.3** | **Bremsausrüstung** | | | | | |
| 9.2.3.1 | allgemeine Vorschriften | X | X | X | X | |
| | automatischer Blockierverhinderer (ABV) | X[e)] | X[d), e)] | X[d), e)] | X[d), e)] | [d)] Gilt für Kraftfahrzeuge (Zugmaschinen und Trägerfahrzeuge) mit einer höchsten Gesamtmasse von mehr als 16 Tonnen und Kraftfahrzeuge, die Anhänger (d.h. vollständige Anhänger, Sattelanhänger und Zentralachsanhänger) mit einer höchsten Gesamtmasse von mehr als 10 Tonnen ziehen dürfen. Die Kraftfahrzeuge müssen mit einem automatischen Blockierverhinderer der Kategorie 1 ausgerüstet sein.<br>Gilt für Anhänger (d.h. vollständige Anhänger, Sattelanhänger und Zentralachsanhänger) mit einer höchsten Gesamtmasse von mehr als 10 Tonnen. Die Anhänger müssen mit einem automatischen Blockierverhinderer der Kategorie A ausgerüstet sein.<br>[e)] Gilt für alle Kraftfahrzeuge und für Anhänger mit einer höchsten Gesamtmasse von mehr als 3,5 Tonnen, die nach dem 31. März 2018 erstmalig zum Verkehr zugelassen wurden (oder in Betrieb genommen wurden, sofern eine Zulassung zum Verkehr nicht zwingend vorgeschrieben ist). |
| | Dauerbremsanlage | X[f)] | X[g)] | X[g)] | X[g)] | [f)] Gilt für nach dem 31. März 2018 erstmalig zum Verkehr zugelassene Kraftfahrzeuge mit einer höchsten Gesamtmasse von mehr als 16 Tonnen oder Kraftfahrzeuge, die Anhänger mit einer höchsten Gesamtmasse von mehr als 10 Tonnen ziehen dürfen. Das Dauerbremssystem muss vom Typ IIA sein.<br>[g)] Gilt für Kraftfahrzeuge mit einer höchsten Gesamtmasse von mehr als 16 Tonnen oder für Kraftfahrzeuge, die Anhänger mit einer höchsten Gesamtmasse von mehr als 10 Tonnen ziehen dürfen. Das Dauerbremssystem muss vom Typ IIA sein. |
| **9.2.4** | **Antriebssystem des Fahrzeugs** | | | | | |
| 9.2.4.2 | Kraftstoffbehälter und -flaschen | X | X | X[h)] | X | [h)] Gilt für nach dem 31. Dezember 2026 erstmalig zum Verkehr zugelassene Kraftfahrzeuge, die andere Kraftstoffe als Wasserstoff verwenden. |
| 9.2.4.3 | Verbrennungsmotor | X | X | X[i)] | X | [i)] Gilt für nach dem 31. Dezember 2026 erstmalig zum Verkehr zugelassene Kraftfahrzeuge. |
| 9.2.4.3.1 | Motor | X | X | x[i)] | x | [i)] Gilt für nach dem 31. Dezember 2026 erstmalig zum Verkehr zugelassene Kraftfahrzeuge. |
| 9.2.4.3.2 | Auspuffanlage | X | X | | X | |
| 9.2.4.4 | elektrisches Antriebssystem | | | | | |
| 9.2.4.4.1 | allgemeine Vorschriften | | | X | X | |
| 9.2.4.4.2 | wiederaufladbares elektrisches Energiesystem | | | X[i)] | X | [i)] Gilt für nach dem 31. Dezember 2026 erstmalig zum Verkehr zugelassene Kraftfahrzeuge. |
| 9.2.4.4.3 | Maßnahmen gegen Wärmeausbreitung | | | | X | |
| 9.2.4.4.4 | Fahrzeug-Ladeanschluss | | | | X | |
| 9.2.4.5 | wasserstoffbetriebene Brennstoffzelle | | | X | X | |

9.2.1.1 (Forts.)

| TECHNISCHE MERKMALE | | FAHRZEUGE EX/II | EX/III | AT | FL | BEMERKUNGEN |
|---|---|---|---|---|---|---|
| 9.2.5 | Verbrennungsheizung | | | | | |
| 9.2.5.1, 9.2.5.2, 9.2.5.5 | | X[j] | X[j] | X[j] | X[j] | [j] Gilt für nach dem 30. Juni 1999 ausgerüstete Kraftfahrzeuge. Vor dem 1. Juli 1999 ausgerüstete Kraftfahrzeuge sind vor dem 1. Januar 2010 mit diesen Vorschriften in Übereinstimmung zu bringen. Wenn das Datum der Ausrüstung nicht verfügbar ist, muss stattdessen das Datum der erstmaligen Zulassung des Fahrzeugs zum Verkehr verwendet werden. |
| 9.2.5.3, 9.2.5.4 | | | | | X[j] | [j] Gilt für nach dem 30. Juni 1999 ausgerüstete Kraftfahrzeuge. Vor dem 1. Juli 1999 ausgerüstete Kraftfahrzeuge sind vor dem 1. Januar 2010 mit diesen Vorschriften in Übereinstimmung zu bringen. Wenn das Datum der Ausrüstung nicht verfügbar ist, muss stattdessen das Datum der erstmaligen Zulassung des Fahrzeugs zum Verkehr verwendet werden. |
| 9.2.5.6 | | X | X | | | |
| **9.2.6** | **Geschwindigkeitsbegrenzer** | X[k] | X[k] | X[k] | X[k] | [k] Gilt für Kraftfahrzeuge mit einer höchsten Gesamtmasse von mehr als 12 Tonnen, die nach dem 31. Dezember 1987 erstmalig zum Verkehr zugelassen wurden, und für alle Kraftfahrzeuge mit einer höchsten Gesamtmasse von mehr als 3,5 Tonnen und höchstens 12 Tonnen, die nach dem 31. Dezember 2007 erstmalig zum Verkehr zugelassen wurden. |
| **9.2.7** | **Verbindungseinrichtung des Anhängers** | X | X | X[l] | X[l] | [l] Gilt für Verbindungseinrichtungen von Kraftfahrzeugen und Anhängern, die nach dem 31. März 2018 erstmalig zum Verkehr zugelassen wurden (oder in Betrieb genommen wurden, sofern eine Zulassung zum Verkehr nicht zwingend vorgeschrieben ist). |
| **9.2.8** | **Verhinderung anderer von Kraftstoffen ausgehender Risiken** | | | X | X | |

**[Anforderungen an MEMU]** 9.2.1.2 → *1.6.5.11* → *CH: SDR Anh 3*

MEMU müssen den Vorschriften dieses Kapitels für Fahrzeuge EX/III entsprechen.

### Elektrische Ausrüstung 9.2.2

#### Allgemeine Vorschriften 9.2.2.1 → *1.6.5.5* → *D: § 12 (1) 4*

Die elektrische Anlage muss so ausgelegt, gebaut und geschützt sein, dass sie unter normalen Einsatzbedingungen der Fahrzeuge keine unbeabsichtigte Zündung oder keinen unbeabsichtigten Kurzschluss verursachen kann.

Die elektrische Anlage muss den Vorschriften der Unterabschnitte 9.2.2.2 bis 9.2.2.9 entsprechend der Tabelle in Abschnitt 9.2.1 genügen.

Das elektrische Antriebssystem und die mit ihm galvanisch verbundenen Hochspannungskomponenten, die den technischen Vorschriften der UN-Regelung Nr. 100[5], mindestens in der durch die Änderungsserie 03 geänderten Fassung entsprechen, müssen nicht den Vorschriften der Unterabschnitte 9.2.2.2 bis 9.2.2.7 genügen.

#### Leitungen 9.2.2.2

#### Kabel 9.2.2.2.1 → *1.6.5.17*

In einem elektrischen Schaltkreis darf kein Kabel mehr Strom führen als in der Auslegung des Kabels festgelegt. Leiter müssen in geeigneter Weise isoliert sein.

[5] UN-Regelung Nr. 100 (Einheitliche Bedingungen für die Genehmigung der Fahrzeuge hinsichtlich der besonderen Anforderungen an den Elektroantrieb).

9.2.2.2.1 (Forts.) Die Kabel müssen für die Bedingungen in der Umgebung des Fahrzeugs, wie Temperaturbereichs- und Flüssigkeitsverträglichkeitsbedingungen, für deren Einsatz sie vorgesehen sind, ausgelegt sein.

Die Kabel müssen der Norm ISO 6722-1:2011 + Cor 01:2012, ISO 6722-2:2013, ISO 19642-3:2019, ISO 19642-4:2019, ISO 19642-5:2019 oder ISO 19642-6:2019 entsprechen.

Kabel müssen sicher befestigt und so verlegt sein, dass sie gegen mechanische und thermische Beanspruchungen geschützt sind.

**9.2.2.2.2 Zusätzlicher Schutz**

Die hinter dem Fahrerhaus und in den Anhängern verlegten Kabel müssen zusätzlich geschützt sein, um das Risiko einer unbeabsichtigten Zündung oder eines unbeabsichtigten Kurzschlusses bei einem Stoß oder einer Verformung zu minimieren.

Der zusätzliche Schutz muss für die normalen Einsatzbedingungen des Fahrzeugs geeignet sein.

Die Vorschriften für den zusätzlichen Schutz gelten als erfüllt, wenn Mehrleiterkabel in Übereinstimmung mit der Norm ISO 14572:2011, ISO 19642-7:2019, ISO 19642-8:2019, ISO 19642-9:2019 oder ISO 19642-10:2019 oder eines der in den Abbildungen 9.2.2.2.2.1 bis 9.2.2.2.2.4 wiedergegebenen Beispiele oder eine andere Anordnung verwendet wird, die einen ebenso wirksamen Schutz bietet.

**ABBILDUNGEN**

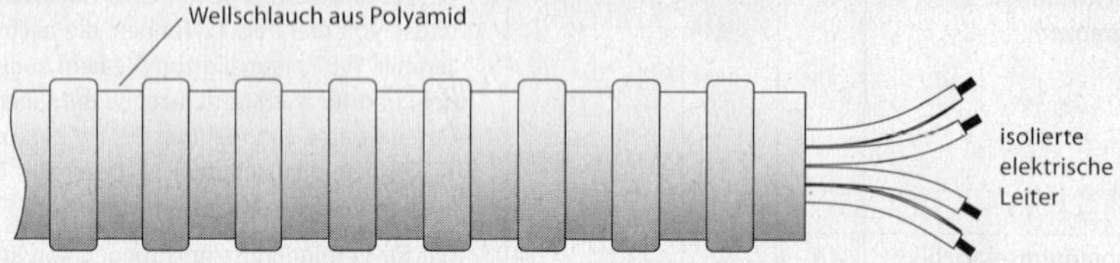


Abbildung 9.2.2.2.2.1

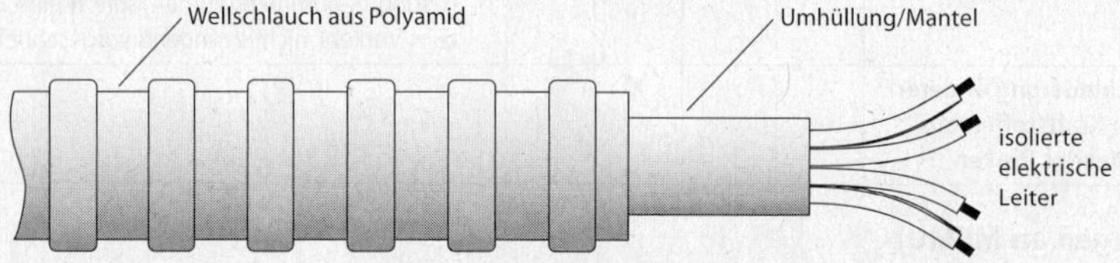


Abbildung 9.2.2.2.2.2

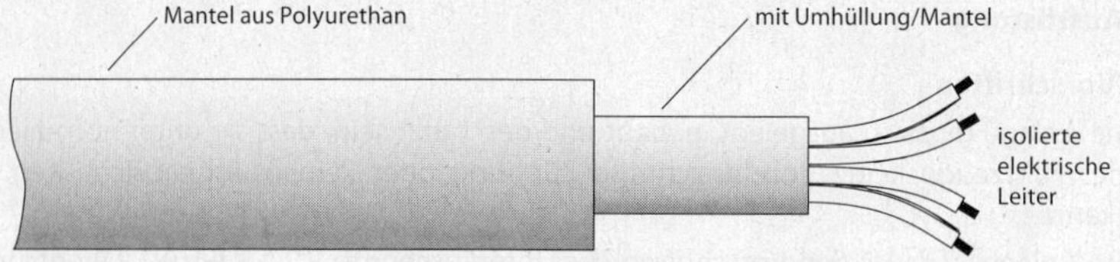


Abbildung 9.2.2.2.2.3

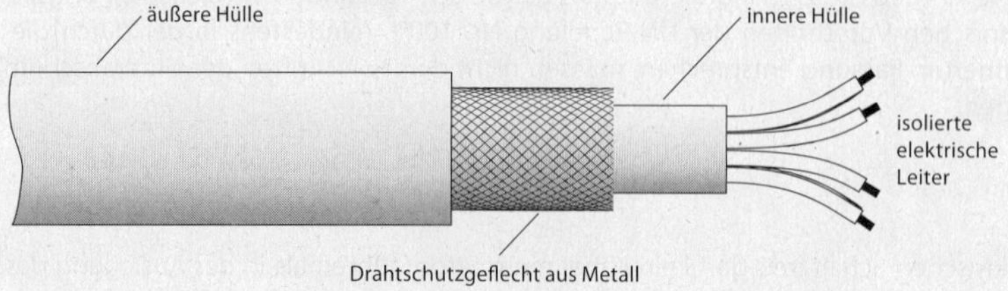


Abbildung 9.2.2.2.2.4

Für die Kabel der Raddrehzahlsensoren ist kein zusätzlicher Schutz erforderlich. 9.2.2.2.2 (Forts.)

Diese Vorschriften gelten für Fahrzeuge EX/II als erfüllt, die in einem einzigen Produktionsschritt gebaute Lieferwagen sind und bei denen die Verkabelung hinter dem Fahrerhaus durch den Fahrzeugaufbau geschützt ist.

**Sicherungen und Schutzschalter** 9.2.2.3

Alle Stromkreise müssen durch Sicherungen oder automatische Schutzschalter geschützt sein, ausgenommen folgende Stromkreise:

- von der Starterbatterie zur Kaltstarteinrichtung,
- von der Starterbatterie zur Lichtmaschine,
- von der Lichtmaschine zum Kasten mit den Sicherungen oder Schutzschaltern,
- von der Starterbatterie zum Motoranlasser,
- von der Starterbatterie zum Leistungsregelgehäuse der Dauerbremsanlage (siehe Absatz 9.2.3.1.2), wenn es sich dabei um ein elektrisches oder elektromagnetisches System handelt,
- von der Starterbatterie zur elektrischen Hebevorrichtung der Liftachse,
- von der Starterbatterie zur elektrischen Lenkanlage.

Die vorgenannten nicht abgesicherten Stromkreise müssen so kurz wie möglich sein.

**Batterien** 9.2.2.4

Die Batterieanschlussklemmen müssen elektrisch isoliert oder die Batterie muss durch einen isolierenden Deckel abgedeckt sein.

Batterien, die entzündbare Gase bilden können und nicht unter der Motorhaube eingebaut sind, müssen in einen belüfteten Kasten eingesetzt sein.

**Beleuchtung** 9.2.2.5

Lichtquellen mit Schraubsockel dürfen nicht verwendet werden.

**Elektrische Anschlussverbindungen zwischen Kraftfahrzeugen und Anhängern** 9.2.2.6 *→ D: RSEB 9-8.1.5 f.*

**[Anforderungen]** 9.2.2.6.1

Elektrische Anschlussverbindungen müssen so ausgelegt sein, dass Folgendes verhindert wird:

- Eindringen von Feuchtigkeit und Schmutz; die verbundenen Teile müssen mindestens der Schutzart IP 54 gemäß Norm IEC 60529 entsprechen;
- unbeabsichtigtes Trennen; Anschlussverbindungen müssen die Anforderungen des Abschnitts 5.6 der Norm ISO 4091:2003 erfüllen.

**[Normen]** 9.2.2.6.2

Die Vorschriften des Absatzes 9.2.2.6.1 gelten als erfüllt:

- für Anschlussverbindungen, die für besondere Zwecke in Übereinstimmung mit der Norm ISO 12098:2004[6], ISO 7638:2003[6], EN 15207:2014 oder ISO 25981:2008[6] standardisiert wurden;
- wenn die elektrischen Anschlussverbindungen Teil eines automatischen Verbindungssystems (siehe UN-Regelung Nr. 55[7]) sind.

**[Elektrische Anschlussverbindungen für andere Zwecke]** 9.2.2.6.3 *→ 1.6.5.12*

Elektrische Anschlussverbindungen für andere Zwecke, die der ordnungsgemäßen Funktion der Fahrzeuge und ihrer Ausrüstungen dienen, dürfen verwendet werden, vorausgesetzt, sie entsprechen den Vorschriften des Absatzes 9.2.2.6.1.

**Spannung** 9.2.2.7

Die Nennspannung der elektrischen Anlage darf nicht mehr als 25 V Wechselstrom oder 60 V Gleichstrom betragen.

6) Die in dieser Norm in Bezug genommene Norm ISO 4009 muss nicht angewendet werden.

7) UN-Regelung Nr. 55 (Einheitliche Vorschriften für die Genehmigung von mechanischen Verbindungseinrichtungen von miteinander verbundenen Fahrzeugen).

9.2.2.7 (Forts.) In galvanisch getrennten Teilen der elektrischen Anlage sind höhere Spannungen zugelassen, vorausgesetzt, diese Teile sind nicht in einem Umkreis von weniger als 0,5 Metern von der Außenseite des Ladeabteils oder des Tanks angebracht.

Zusätzliche Systeme, die mit einer Spannung von mehr als 1 000 V Wechselstrom oder 1 500 V Gleichstrom arbeiten, müssen in einem gekapselten Gehäuse eingebaut sein.

Wenn Xenon-Lampen verwendet werden, sind nur solche zugelassen, die einen integrierten Starter haben.

**9.2.2.8 Spannungsfreischaltung von Stromkreisen**

**9.2.2.8.1 [Anbringungsort]**

Einrichtungen, welche die Spannungsfreischaltung der Stromkreise für alle Spannungsbereiche ermöglichen, müssen so nahe wie möglich an den Energiequellen angebracht sein. Falls die Einrichtung nur eine Leitung der Energiequelle unterbricht, muss diese die spannungsführende Leitung unterbrechen.

**9.2.2.8.2 [Steuereinrichtungen zur Erleichterung des Abschaltens]**

Im Fahrerhaus muss eine Steuereinrichtung zur Erleichterung des Abschaltens eingebaut sein. Sie muss für den Fahrer leicht zugänglich und deutlich gekennzeichnet sein. Sie muss entweder durch eine Schutzabdeckung, durch eine zweifach zu betätigende Einrichtung oder durch eine andere geeignete Vorrichtung gegen unbeabsichtigte Betätigung geschützt sein. Zusätzliche Betätigungseinrichtungen dürfen eingebaut sein, sofern sie deutlich gekennzeichnet und gegen unbeabsichtigte Betätigung geschützt sind. Wenn die Steuereinrichtungen elektrisch betrieben werden, unterliegen ihre Stromkreise den Vorschriften des Unterabschnitts 9.2.2.9.

**9.2.2.8.3 [Bedienungsanforderungen]**

Einrichtungen, welche die Spannungsfreischaltung der Stromkreise ermöglichen, müssen so ausgelegt sein, dass sie bedient werden können, wenn sich das Fahrzeug im Stillstand befindet. Die Spannungsfreischaltung muss innerhalb von 30 Sekunden nach Aktivieren der Steuereinrichtung abgeschlossen sein.

**9.2.2.8.4 [Schutzgrad]**

Die Einrichtung muss so eingebaut sein, dass die Schutzart IP65 gemäß der Norm IEC60529 erfüllt wird.

**9.2.2.8.5 Kabelanschlüsse an der Einrichtung**

Systeme mit einer Spannung von mehr als 25 V Wechselstrom oder 60 V Gleichstrom und Systeme, die unter den Anwendungsbereich der UN-Regelung Nr. 100[5] fallen, müssen den Vorschriften der genannten Regelung entsprechen.

Systeme mit einer Spannung von bis zu 25 V Wechselstrom oder 60 V Gleichstrom müssen der Schutzart IP54 gemäß der Norm IEC 60529 entsprechen. Dies gilt jedoch nicht, wenn sich diese Anschlüsse in einem Gehäuse befinden, das auch der Batteriekasten sein kann. In diesem Fall genügt es, die Anschlüsse gegen Kurzschluss zu isolieren, zum Beispiel durch eine Gummikappe.

**9.2.2.9 Dauerstromkreise**

**9.2.2.9.1 [Dauernd unter Spannung stehende elektrische Ausrüstung]**

a) Die Teile der elektrischen Anlage, einschließlich der Leitungen, die unter Spannung bleiben müssen, wenn die Einrichtung zur Spannungsfreischaltung der Stromkreise aktiviert ist, müssen zur Verwendung innerhalb einer Gefahrenzone geeignet sein. Diese Ausrüstung muss den allgemeinen Vorschriften der Norm IEC 60079 Teile 0 und 14[8] und den zusätzlichen anwendbaren Vorschriften der Norm IEC 60079 Teil 1, 2, 5, 6, 7, 11, 15, 18, 26 oder 28 genügen.

b) Für die Anwendung der Norm IEC 60079 Teil 14[8] gilt folgende Klassifizierung:

Die unter dauernder Spannung stehende elektrische Ausrüstung, einschließlich der Leitungen, die nicht den Vorschriften der Unterabschnitte 9.2.2.4 und 9.2.2.8 unterliegt, muss den für die Zone 1 geltenden Vorschriften für elektrische Ausrüstungen im Allgemeinen oder den für die Zone 2 geltenden Vorschriften für elektrische Ausrüstungen im Fahrerhaus genügen. Sie muss den für die Explosionsgruppe IIC Temperaturklasse T6 geltenden Vorschriften entsprechen.

[5] UN-Reglung Nr. 100 (Einheitliche Bedingungen für die Genehmigung der Fahrzeuge hinsichtlich der besonderen Anforderungen an den Elektroantrieb).

[8] Die Vorschriften der Norm IEC 60079 Teil 14 haben gegenüber den Vorschriften dieses Teils keinen Vorrang.

Jedoch muss für die dauernd unter Spannung stehende elektrische Ausrüstung, die in einer Umgebung angebracht ist, in der die Temperatur, die durch die in dieser Umgebung angebrachte nicht elektrische Ausrüstung entwickelt wird, den Grenzwert der Temperaturklasse T6 überschreitet, die Temperaturklasse der dauernd unter Spannung stehenden elektrischen Ausrüstung mindestens T4 sein. 9.2.2.9.1 (Forts.)

c) Die Zuleitungen der unter dauernder Spannung stehenden elektrischen Ausrüstung müssen entweder den Bestimmungen der Norm IEC 60079 Teil 7 („Erhöhte Sicherheit") entsprechen und durch eine Sicherung oder einen automatischen Schutzschalter geschützt sein, die/der so nahe wie in der Praxis möglich an der Spannungsquelle angebracht ist, oder bei einer „eigensicheren Ausrüstung" durch eine so nahe wie in der Praxis möglich an der Spannungsquelle angebrachte Sicherheitsbarriere geschützt sein.

**[Sicherungen, Schutzschalter, Strombegrenzer]** 9.2.2.9.2

Die nicht über die Einrichtung zur Spannungsfreischaltung der Stromkreise geführten Anschlüsse für die elektrische Ausrüstung, die dauernd unter Spannung bleiben muss, wenn die Einrichtung zur Spannungsfreischaltung der Stromkreise aktiviert ist, müssen durch eine geeignete Einrichtung, wie eine Sicherung, einen Schutzschalter oder eine Sicherheitsbarriere (Strombegrenzer) gegen Überhitzung geschützt sein.

**Bremsausrüstung** 9.2.3

**Allgemeine Vorschriften[*]** 9.2.3.1

**[Alle Gefahrgutfahrzeuge]** 9.2.3.1.1

Kraftfahrzeuge und Anhänger, die zur Verwendung als Beförderungseinheit für gefährliche Güter bestimmt sind, müssen allen zutreffenden technischen Vorschriften der UN-Regelung Nr. 13[9)] in der jeweils geänderten Fassung gemäß den dort festgelegten Anwendungsdaten entsprechen. Fahrzeuge, die mit einem elektrischen regenerativen Bremssystem ausgerüstet sind, müssen allen zutreffenden technischen Vorschriften der UN-Regelung Nr. 13[9)], mindestens in der durch die Änderungsserie 11 geänderten Fassung entsprechen.

Anhänger mit Rekuperationsbremsen oder einem elektrischen Antriebssystem sind nicht zugelassen.

**[Fahrzeuge EX/III, FL und AT]** 9.2.3.1.2

Fahrzeuge EX/III, FL und AT müssen den Vorschriften der UN-Regelung Nr. 13[9)] Anhang 5 entsprechen.

(gestrichen) 9.2.3.2

**Dauerbremse des Fahrzeugs** 9.2.3.3

*→ D: RSEB 9-9.1.S f.*

Fahrzeuge, die mit einer Dauerbremsanlage ausgerüstet sind, die sich hinter der Rückwand des Fahrerhauses befindet und höhere Temperaturen entwickelt, müssen zwischen dieser Anlage und dem Tank oder der Ladung mit einer Hitzeabschirmung (Hitzeschild) versehen sein, die sicher befestigt und so angebracht ist, dass jede – auch eine örtlich begrenzte – Erhitzung der Tankwand oder der Ladung vermieden wird.
Außerdem muss diese Hitzeabschirmung (Hitzeschild) die Anlage auch gegen zufälliges Entweichen oder Ausfließen der Ladung schützen. Ein Schutz durch z.B. eine zweischalige Abdeckung wird als ausreichend angesehen.

**Antriebssystem des Fahrzeugs** 9.2.4

*→ D: GGAV 32*

**Allgemeine Vorschriften** 9.2.4.1

Die nachstehenden technischen Vorschriften gelten gemäß der Tabelle des Abschnitts 9.2.1.

Hybridfahrzeuge, die mit einem Verbrennungsmotor und einem elektrischen Antriebssystem ausgerüstet sind, müssen den anwendbaren Vorschriften der Unterabschnitte 9.2.4.2 bis 9.2.4.5 entsprechen.

---

[*] *→ CH: SDR Anh. 1 1.6.5.1a; → NL: VLG 9.2.3.1*

[9)] UN-Regelung Nr. 13 (Einheitliche Bedingungen für die Genehmigung von Fahrzeugen der Klassen M, N und O hinsichtlich der Bremsen).

**9.2.4.2 Kraftstoffbehälter und -flaschen**
→ *1.6.5.26*

Die Kraftstoffbehälter und -flaschen zur Versorgung des Fahrzeugmotors oder der Brennstoffzelle müssen folgenden Vorschriften entsprechen:

a) Der flüssige Kraftstoff oder die flüssige Phase des gasförmigen Kraftstoffs muss im Falle des Entweichens unter normalen Beförderungsbedingungen zum Boden hin abfließen und darf dabei weder mit der Ladung noch mit heißen Teilen des Fahrzeugs in Berührung kommen.

b) Kraftstoffbehälter für flüssige Kraftstoffe müssen den Vorschriften der UN-Regelung Nr. 34[10] entsprechen; Kraftstoffbehälter, die Benzin enthalten, müssen mit einer wirksamen, der Einfüllöffnung angepassten Flammendurchschlagsicherung oder mit einem Verschluss versehen sein, mit dem die Einfüllöffnung luftdicht verschlossen gehalten werden kann.

c) Kraftstoffbehälter und -flaschen für verflüssigtes Erdgas (LNG) bzw. verdichtetes Erdgas (CNG) müssen den anwendbaren Vorschriften der UN-Regelung Nr. 110[11] entsprechen.

d) Kraftstoffbehälter für Flüssiggas (LPG) müssen den anwendbaren Vorschriften der UN-Regelung Nr. 67[12] entsprechen.

e) Kraftstoffbehälter und -flaschen für Wasserstoff müssen den anwendbaren Vorschriften der UN-Regelung Nr. 134[13], mindestens in der durch die Änderungsserie 02 geänderten Fassung, oder im Falle von Flüssigwasserstoffbehältern den technischen Vorschriften der Globalen Technischen Regelung Nr. 13[14], Änderung 1, Teil 7 entsprechen.

f) Die Austrittsöffnung(en) der Druckentlastungseinrichtungen und/oder der Druckentlastungsventile von Kraftstoffbehältern, die gasförmige Kraftstoffe enthalten, müssen von Lufteinlässen, Kraftstoffbehältern, der Ladung oder heißen Teilen des Fahrzeugs abgewandt sein und dürfen nicht auf geschlossene Räume, andere Fahrzeuge, außen angebrachte Einrichtungen mit Lufteinlass (z.B. Klimaanlagen), Motorzuluftöffnungen, elektrische Speichersysteme oder Motorabgasöffnungen gerichtet sein. Rohrleitungen des Kraftstoffsystems dürfen nicht am Tankkörper, der die Ladung enthält, befestigt sein.

**9.2.4.3 Verbrennungsmotor**

**9.2.4.3.1 Motor**
→ *1.6.5.28*
→ *D: RSEB 9-10.S*

Der Antriebsmotor der Fahrzeuge muss so ausgerüstet und angeordnet sein, dass jede Gefahr für die Ladung durch Erhitzung oder Entzündung vermieden wird. Die Verwendung von Kraftstoffen darf nur zugelassen werden, wenn die Bauteile zugelassen sind und die Anbringung den Vorschriften des Abschnitts 9.2.2 und den folgenden technischen Vorschriften entspricht:

a) UN-Regelung Nr. 110[11] für verdichtetes Erdgas (CNG) oder verflüssigtes Erdgas (LNG);

b) UN-Regelung Nr. 67[12] für Flüssiggas (LPG);

c) UN-Regelung Nr. 134[13] für verdichteten Wasserstoff bzw. die technischen Vorschriften der Globalen Technischen Regelung Nr. 13[14], Änderung 1 für flüssigen Wasserstoff.

Bei Fahrzeugen EX/II und EX/III muss der Motor ein Motor mit Kompressionszündung sein, für den nur flüssige Kraftstoffe mit einem Flammpunkt über 55 °C verwendet werden dürfen. Gase dürfen nicht verwendet werden.

---

10) UN-Regelung Nr. 34 (Einheitliche Bedingungen für die Genehmigung von Fahrzeugen hinsichtlich der Verhütung von Brandgefahren).

11) UN-Regelung Nr. 110 (Einheitliche Bedingungen für die Genehmigung:
I. der speziellen Bauteile von Kraftfahrzeugen, in deren Antriebssystem komprimiertes Erdgas (CNG) und/oder Flüssigerdgas (LNG) verwendet wird,
II. von Fahrzeugen hinsichtlich des Einbaus spezieller Bauteile eines genehmigten Typs für die Verwendung von komprimiertem Erdgas (CNG) und/oder Flüssigerdgas (LNG) in ihrem Antriebssystem).

12) UN-Regelung Nr. 67 (Einheitliche Bedingungen über die:
I. Genehmigung der speziellen Ausrüstung von Fahrzeugen der Klassen M und N, in deren Antriebssystem verflüssigte Gase verwendet werden;
II. Genehmigung von Fahrzeugen der Klassen M und N, die mit der speziellen Ausrüstung für die Verwendung von verflüssigten Gasen in ihrem Antriebssystem ausgestattet sind, in Bezug auf den Einbau dieser Ausrüstung).

13) UN-Regelung Nr. 134 (Einheitliche Bestimmungen für die Genehmigung von Kraftfahrzeugen und Kraftfahrzeugbauteilen hinsichtlich der sicherheitsrelevanten Eigenschaften von mit Wasserstoff und Brennstoffzellen betriebenen Fahrzeugen (HFCV)).

14) Globale Technische UN-Regelung Nr. 13 zu Wasserstoff- und Brennstoffzellenfahrzeugen.

**Auspuffanlage** 9.2.4.3.2 → D: RSEB 9-11.S

Die Auspuffanlage (einschließlich der Auspuffrohre) müssen so geführt oder geschützt sein, dass jede Gefahr für die Ladung durch Erhitzung oder Entzündung vermieden wird. Die Teile der Auspuffanlage, die sich direkt unter dem Kraftstoffbehälter (Diesel) befinden, müssen sich in einem Abstand von mindestens 100 mm von diesen Teilen befinden oder durch eine Hitzeabschirmung (Hitzeschild) geschützt sein.

**Elektrisches Antriebssystem** 9.2.4.4

Elektrische Antriebssysteme dürfen nicht für Fahrzeuge EX verwendet werden. Anhänger mit Rekuperationsbremsen oder einem elektrischen Antriebssystem sind nicht zugelassen.

**Allgemeine Vorschriften** 9.2.4.4.1 → D: RSEB 9-12.S

Das elektrische Antriebssystem muss den Vorschriften der UN-Regelung Nr. 100[15], mindestens in der durch die Änderungsserie 03 geänderten Fassung entsprechen.

Fahrzeuge mit einem elektrischen Antriebssystem müssen mit einem System zur Überwachung des Isolationswiderstands ausgerüstet sein.

Das Fahrzeug muss im Stillstand zusätzlich zu den Warnsignalen, die der Fahrzeugführer im Fahrerhaus erhält, externe Signale gemäß Abschnitt 6.15.1 der UN-Regelung Nr. 100[15], mindestens in der durch die Änderungsserie 03 geänderten Fassung abgeben.

**Wiederaufladbares elektrisches Energiespeichersystem (REESS)** 9.2.4.4.2 → 1.6.5.27

**Bem.** In anderen Dokumenten werden für ähnliche Systeme andere Akronyme anstelle von „REESS" verwendet (z.B. RESS).

Wiederaufladbare Energiespeichersysteme (REESS) von Fahrzeugen mit einem elektrischen Antriebssystem müssen unter Berücksichtigung einer Risikobewertung gemäß der Norm ISO 6469-1:2019/Amd 1:2022 ausgelegt und gebaut sein, um die Sicherheit unter normalen Betriebsbedingungen zu gewährleisten. Von einem technischen Dienst, wie ein technischer Dienst für Fahrzeugzulassungen nach UN-Regelung Nr. 100[15], mindestens in der durch die Änderungsserie 03 geänderten Fassung, muss eine Überprüfung durchgeführt werden.

**Bem.** Zu den normalen Betriebsbedingungen gehören auch Fehlfunktionen und vernünftigerweise vorhersehbare Unfallsituationen.

**Maßnahmen gegen thermische Ausbreitung** 9.2.4.4.3

Für wiederaufladbare Energiespeichersysteme (REESS), die Zellen enthalten, bei denen nicht gewährleistet werden kann, dass die thermische Ausbreitung innerhalb des REESS eingedämmt wird, müssen Maßnahmen getroffen werden, um eine Gefährdung der Ladung durch Erhitzung oder Entzündung zu begrenzen.

**Fahrzeug-Ladeanschluss** 9.2.4.4.4

Der Fahrzeug-Ladeanschluss muss mit einer Temperaturmessfunktion ausgestattet sein, welche die Stromübertragung gemäß der Norm ISO 17409:2020 begrenzt oder unterbricht, wenn die Temperatur die Nennwerte der Bauteile oder die in den geltenden Produktnormen geforderten Grenzwerte überschreitet, siehe z.B. IEC 62196-3-1:2020.

**Wasserstoffbetriebene Brennstoffzellenfahrzeuge** 9.2.4.5

**[Anforderungen an elektrisches Antriebssystem]** 9.2.4.5.1

Wasserstoffbetriebene Brennstoffzellenfahrzeuge müssen den Vorschriften für das elektrische Antriebssystem gemäß Unterabschnitt 9.2.4.4 entsprechen.

**[Anforderungen gemäß UN-Regelung bzw. Globaler Technischer Regelung]** 9.2.4.5.2

Wasserstoffbetriebene Brennstoffzellenfahrzeuge müssen der UN-Regelung Nr. 134[13], mindestens in der durch die Änderungsserie 02 geänderten Fassung entsprechen. Für Fahrzeuge, die flüssigen Wasserstoff

---

15) UN-Regelung Nr. 100 (Einheitliche Bedingungen für die Genehmigungen der Fahrzeuge hinsichtlich der besonderen Anforderungen an den Elektroantrieb).

13) UN-Regelung Nr. 134 (Einheitliche Bestimmungen für die Genehmigung von Kraftfahrzeugen und Kraftfahrzeugbauteilen hinsichtlich der sicherheitsrelevanten Eigenschaften von mit Wasserstoff und Brennstoffzellen betriebenen Fahrzeugen (HFCV)).

**9.2.4.5.2** (Forts.) verwenden, gelten die technischen Vorschriften der Globalen Technischen Regelung Nr. 13[14]), Änderung 1.

**9.2.4.5.3** **[Anforderungen an Absperreinrichtungen von Wasserstoffbehältern]**

Die Absperreinrichtungen von Wasserstoffbehältern müssen sich automatisch schließen:

a) wenn sich das Fahrzeug nicht mehr im Fahrbetrieb befindet;

b) bei einer Verzögerung von 3,25 ḿ · $s^{-2}$ für 0,7 s;

c) bei einem seitlichen Umkippen über einen Winkel von 23°.

Die Absperreinrichtungen können durch eine bewusste Handlung des Fahrers wieder geöffnet werden.

### 9.2.5 Verbrennungsheizgerät

*→ D: RSEB 9-13.1.S ff.*

**9.2.5.1** **[Vorschriftenkonformität]**

Die Verbrennungsheizgeräte müssen den anwendbaren technischen Vorschriften der UN-Regelung Nr. 122[16]) in der jeweils geänderten Fassung gemäß den dort festgelegten Anwendungsdaten sowie den gemäß der Tabelle in Abschnitt 9.2.1 anwendbaren Vorschriften der Unterabschnitte 9.2.5.2 bis 9.2.5.6 entsprechen.

**9.2.5.2** **[Ausschluss von Erwärmung/Entzündung]**

Die Verbrennungsheizgeräte und ihre Abgasanlage müssen so beschaffen, angeordnet und geschützt oder abgedeckt sein, dass jede unannehmbare Gefahr einer Erwärmung oder Entzündung der Ladung vermieden wird. Diese Vorschrift gilt als erfüllt, wenn der Kraftstoffbehälter und die Abgasanlage des Gerätes den Vorschriften entsprechen, die den Vorschriften in Unterabschnitt 9.2.4.2 und Absatz 9.2.4.3.2 für Kraftstoffbehälter und Auspuffanlagen der Fahrzeuge ähnlich sind.

**9.2.5.3** **[Abschaltung]**

Verbrennungsheizgeräte müssen mindestens durch die nachstehend beschriebenen Verfahren außer Betrieb gesetzt werden können:

a) Abschaltung von Hand im Fahrerhaus;

b) Abstellen des Fahrzeugmotors; in diesem Fall darf das Heizgerät vom Fahrzeugführer von Hand wieder eingeschaltet werden;

c) Inbetriebnahme einer eingebauten Förderpumpe im Kraftfahrzeug für beförderte gefährliche Güter.

**9.2.5.4** **[Nachlaufzeit]**

Nach dem Abschalten der Verbrennungsheizgeräte ist eine Nachlaufzeit zulässig. Hinsichtlich der in Unterabschnitt 9.2.5.3 b) und c) beschriebenen Verfahren muss nach einer Nachlaufzeit von höchstens 40 Sekunden die Zuführung von Verbrennungsluft durch geeignete Maßnahmen unterbrochen sein. Es dürfen nur Verbrennungsheizgeräte verwendet werden, für die nachgewiesen wurde, dass der Wärmetauscher während des normalen Verwendungszeitraums der Verbrennungsheizgeräte einer beschränkten Nachlaufzeit von 40 Sekunden widerstehen kann.

**9.2.5.5** **[Verbot automatischer Steuerung]**

*→ D: RSEB 9-13.3.S f.*

Verbrennungsheizgeräte müssen von Hand eingeschaltet werden. Automatische Steuerungen sind verboten.

**9.2.5.6** **[Verbot gasförmiger Brennstoffe]**

Verbrennungsheizgeräte für gasförmige Brennstoffe sind nicht zugelassen.

### 9.2.6 Geschwindigkeitsbegrenzer

Kraftfahrzeuge (Trägerfahrzeuge und Zugmaschinen für Sattelanhänger) mit einer höchsten Gesamtmasse von mehr als 3,5 Tonnen müssen mit einem Geschwindigkeitsbegrenzer oder einer Geschwindigkeits-

---

14) Globale Technische UN-Regelung Nr. 13 zu Wasserstoff- und Brennstoffzellenfahrzeugen.

16) UN-Regelung Nr. 122 (Einheitliche technische Vorschriften für die Typgenehmigung von Fahrzeugen der Klassen M, N und O hinsichtlich ihrer Heizungssysteme).

begrenzerfunktion entsprechend den technischen Vorschriften der UN-Regelung Nr. 89[17] in der jeweils geänderten Fassung ausgerüstet sein. Der Geschwindigkeitsbegrenzer oder die Geschwindigkeitsbegrenzerfunktion ist so einzustellen, dass die Geschwindigkeit 90 km/h nicht übersteigt. 9.2.6 (Forts.)

**Verbindungseinrichtung von Kraftfahrzeugen und Anhängern** 9.2.7

Die Verbindungseinrichtungen von Kraftfahrzeugen und Anhängern müssen den technischen Vorschriften der UN-Regelung Nr. 55[18] in der jeweils geänderten Fassung gemäß den dort festgelegten Anwendungsdaten entsprechen.

**Verhinderung anderer von Kraftstoffen ausgehenden Risiken** 9.2.8

**[Mit LNG angetriebene Motoren]** 9.2.8.1

Kraftstoffsysteme für Motoren, die durch verflüssigtes Erdgas (LNG) und flüssigen Wasserstoff angetrieben werden, müssen so ausgerüstet und angeordnet sein, dass jede Gefahr für die Ladung auf Grund der Tatsache, dass das Gas tiefgekühlt ist, vermieden wird.

17) UN-Regelung Nr. 89: Einheitliche Bedingungen für die Genehmigung von:
I. Fahrzeugen hinsichtlich der Begrenzung ihrer Höchstgeschwindigkeit oder ihrer einstellbaren Geschwindigkeits-Begrenzungsfunktion
II. Fahrzeugen hinsichtlich des Einbaus einer Geschwindigkeits-Begrenzungseinrichtung (SLD) oder einer einstellbaren Geschwindigkeits-Begrenzungseinrichtung (ASLD) eines genehmigten Typs
III. Geschwindigkeits-Begrenzungseinrichtungen (SLD) und einstellbaren Geschwindigkeits-Begrenzungseinrichtungen (ASLD).

18) UN-Regelung Nr. 55 (Einheitliche Vorschriften für die Genehmigung von mechanischen Verbindungseinrichtungen von miteinander verbundenen Fahrzeugen).

→ 1.6.5.8
→ D: § 14 (4)
→ D: § 19 (2) 17 a)

# Kapitel 9.3
# Ergänzende Vorschriften für vollständige oder vervollständigte Fahrzeuge EX/II und EX/III zur Beförderung von explosiven Stoffen und Gegenständen mit Explosivstoff (Klasse 1) in Versandstücken

**9.3.1 Werkstoffe zur Herstellung des Fahrzeugaufbaus**

Für den Aufbau dürfen keine Werkstoffe verwendet werden, die mit den beförderten explosiven Stoffen und Gegenständen mit Explosivstoff gefährliche Verbindungen eingehen können.

**9.3.2 Verbrennungsheizgerät**

**9.3.2.1 [Fahrerhaus, Motorbeheizung]**

Verbrennungsheizgeräte dürfen in Fahrzeugen EX/II und EX/III nur für die Beheizung des Fahrerhauses oder des Motors eingebaut sein.

**9.3.2.2 [Vorschriftenkonformität]**

Die Verbrennungsheizgeräte müssen den Vorschriften der Unterabschnitte 9.2.5.1, 9.2.5.2, 9.2.5.5 und 9.2.5.6 genügen.

**9.3.2.3 [Schalter]**

Der Schalter des Verbrennungsheizgerätes darf außerhalb des Fahrerhauses angebracht sein.

Es muss nicht nachgewiesen werden, dass der Wärmetauscher einer beschränkten Nachlaufzeit widersteht.

**9.3.2.4 [Ladeabteil]**

Im Ladeabteil dürfen keine Verbrennungsheizgeräte und keine zum Betrieb des Verbrennungsheizgerätes erforderlichen Kraftstoffbehälter, Energiequellen, Einlässe für Verbrennungs- oder Heizungsluft oder Auslässe von Abgasrohren eingebaut sein.

**9.3.3 Fahrzeuge EX/II**

→ D: GGAV 32

Die Fahrzeuge müssen so entworfen, gebaut und ausgerüstet sein, dass die explosiven Stoffe oder die Gegenstände mit Explosivstoff vor äußeren Gefahren und vor Witterungseinflüssen geschützt sind. Die Fahrzeuge müssen gedeckt oder bedeckt sein. Die Plane muss reißfest und aus wasserdichtem und schwer entzündbarem[19] Werkstoff bestehen. Die Plane muss so über das Fahrzeug gespannt sein, dass sie den Ladebereich auf allen Seiten abschließt.

Alle Öffnungen im Ladeabteil von gedeckten Fahrzeugen müssen verschließbare, dicht schließende Türen oder starre Abdeckungen haben. Das Fahrerhaus muss vom Ladeabteil durch eine fugenlose Wand getrennt sein.

**9.3.4 Fahrzeuge EX/III**

**9.3.4.1 [Fahrzeugeigenschaften]**

→ D: RSEB 9-14.S

Die Fahrzeuge müssen so entworfen, gebaut und ausgerüstet sein, dass die explosiven Stoffe oder die Gegenstände mit Explosivstoff vor äußeren Gefahren und vor Witterungseinflüssen geschützt sind. Diese Fahrzeuge müssen gedeckt sein. Das Fahrerhaus muss vom Ladeabteil durch eine fugenlose Wand getrennt sein. Die Ladefläche muss fugenlos sein. Verankerungspunkte für die Ladungssicherung dürfen eingebaut sein. Alle Verbindungen müssen abgedichtet sein. Alle Öffnungen müssen verschlossen werden können. Sie müssen so angeordnet und gebaut sein, dass sich die Verbindungen überlappen.

**9.3.4.2 [Aufbau-Werkstoff]**

→ D: RSEB 9-15.S

Der Aufbau muss aus hitze- und flammenbeständigen Werkstoffen mit einer Mindestdicke von 10 mm gebaut sein. Diese Vorschrift gilt bei Verwendung von Werkstoffen, die gemäß Norm EN 13501-1:2007 + A1:2009 der Klasse B-s3, d2 zugeordnet sind, als erfüllt.

[19] Im Falle der Entzündbarkeit gilt diese Vorschrift als erfüllt, wenn Proben der Plane in Übereinstimmung mit dem in der Norm ISO 3795:1989 (Straßenfahrzeuge sowie Traktoren und Maschinen für die Land- und Forstwirtschaft – Bestimmung des Brennverhaltens von Werkstoffen der Innenausstattung) festgelegten Verfahren eine Abbrandgeschwindigkeit von höchstens 100 mm/min haben.

Wenn der für den Aufbau verwendete Werkstoff Metall ist, muss die gesamte Innenseite des Aufbaus mit Werkstoffen, die dieselben Vorschriften erfüllen, abgedeckt sein. 9.3.4.2 (Forts.)

**Motor und Ladeabteil** 9.3.5

Der Antriebsmotor eines Fahrzeugs EX/II oder EX/III muss sich vor der Vorderwand des Ladeabteils befinden. Er darf jedoch auch unter dem Ladeabteil angeordnet sein, wenn die Anlage so beschaffen ist, dass die Abwärme keine Gefahr für die Ladung darstellen kann, die aus einem Temperaturanstieg an der Innenfläche des Ladeabteils auf über 80 °C resultiert.

**Externe Wärmequellen und Ladeabteil** 9.3.6

Die Auspuffanlage der Fahrzeuge EX/II und EX/III oder anderer Teile dieser vollständigen oder vervollständigten Fahrzeuge müssen so gebaut und angeordnet sein, dass die Abwärme keine Gefahr für die Ladung darstellen kann, die aus einem Temperaturanstieg an der Innenfläche des Ladeabteils auf über 80 °C resultiert.

**Elektrische Ausrüstung** 9.3.7 → *1.6.5.5*

**[Konformität]** 9.3.7.1

Die elektrische Anlage muss den zutreffenden Vorschriften der Unterabschnitte 9.2.2.1, 9.2.2.2, 9.2.2.3, 9.2.2.4, 9.2.2.5, 9.2.2.6, 9.2.2.7 und 9.2.2.8 sowie des Absatzes 9.2.2.9.2 entsprechen.

**[Schutzarten]** 9.3.7.2

Die elektrische Anlage im Ladeabteil muss staubgeschützt sein, wobei der Schutz mindestens der Schutzart IP54 gemäß Norm IEC 60529 oder einem gleichwertigen Schutz entsprechen muss. Bei der Beförderung von Artikeln und Gegenständen der Verträglichkeitsgruppe J muss der Schutz mindestens der Schutzart IP65 gemäß Norm IEC 60529 oder einem gleichwertigen Schutz entsprechen.

**[Einwirkungen aus dem Innern des Ladeabteils]** 9.3.7.3

Innerhalb des Ladeabteils dürfen keine elektrischen Leitungen verlegt sein. Vom Inneren des Ladeabteils zugängliche elektrische Ausrüstungen müssen ausreichend vor mechanischen Einwirkungen von innen geschützt sein.

→ D: § 14 (4)
→ D: § 19 (2) 17

# Kapitel 9.4
# Ergänzende Vorschriften für die Herstellung der Aufbauten vollständiger oder vervollständigter Fahrzeuge (andere als Fahrzeuge EX/II und EX/III) zur Beförderung gefährlicher Güter in Versandstücken

**9.4.1 [Verbrennungsheizgeräte]**

Die Verbrennungsheizgeräte müssen folgenden Vorschriften genügen:

a) der Schalter darf außerhalb des Fahrerhauses angebracht sein;

b) das Gerät muss außerhalb des Ladeabteils abgeschaltet werden können und

c) es muss nicht nachgewiesen werden, dass der Wärmetauscher der Luftheizgeräte einer beschränkten Nachlaufzeit widersteht.

**9.4.2 [Explosionsschutz]**

Wenn das Fahrzeug zur Beförderung gefährlicher Güter bestimmt ist, für die ein Zettel nach Muster 1, 1.4, 1.5, 1.6, 3, 4.1, 4.3, 5.1 oder 5.2 vorgeschrieben ist, darf im Ladeabteil kein Kraftstoffbehälter, keine Energiequelle, kein Einlass für Verbrennungs- oder Heizungsluft und kein Auslass von Abgasrohren, die zum Betrieb eines Verbrennungsheizgerätes erforderlich sind, eingebaut sein. Es ist sicherzustellen, dass die Heißluftöffnung nicht durch die Ladung blockiert werden kann. Die Temperatur, der die Versandstücke ausgesetzt sind, darf 50 °C nicht überschreiten. Im Ladeabteil angebrachte Heizgeräte müssen so beschaffen sein, dass die Entzündung einer explosiven Atmosphäre unter Betriebsbedingungen verhindert wird.

**9.4.3 [Aufbauten]**

Ergänzende Vorschriften für die Herstellung der Aufbauten von Fahrzeugen zur Beförderung bestimmter gefährlicher Güter oder besonderer Verpackungen können für einen bestimmten Stoff je nach den Angaben in Kapitel 3.2 der Tabelle A Spalte (16) in Teil 7 Kapitel 7.2 aufgeführt sein.

# Kapitel 9.5 Ergänzende Vorschriften für die Herstellung der Aufbauten vollständiger oder vervollständigter Fahrzeuge zur Beförderung fester gefährlicher Güter in loser Schüttung

→ D: § 14 (4)
→ D: § 19 (2) 17

**[Verbrennungsheizgeräte]** 9.5.1

Die Verbrennungsheizgeräte müssen folgenden Vorschriften genügen:

a) der Schalter darf außerhalb des Fahrerhauses angebracht sein;

b) das Gerät muss außerhalb des Ladeabteils abgeschaltet werden können und

c) es muss nicht nachgewiesen werden, dass der Wärmetauscher der Luftheizgeräte einer beschränkten Nachlaufzeit widersteht.

**[Explosionsschutz]** 9.5.2

Wenn das Fahrzeug zur Beförderung gefährlicher Güter bestimmt ist, für die ein Zettel nach Muster 4.1, 4.3 oder 5.1 vorgeschrieben ist, darf im Ladeabteil kein Kraftstoffbehälter, keine Energiequelle, kein Einlass für Verbrennungs- oder Heizungsluft und kein Auslass von Abgasrohren, die zum Betrieb eines Verbrennungsheizgerätes erforderlich sind, eingebaut sein. Es ist sicherzustellen, dass die Heißluftöffnung nicht durch die Ladung blockiert werden kann. Die Temperatur, der die Ladung ausgesetzt ist, darf 50 °C nicht überschreiten. Im Ladeabteil angebrachte Heizgeräte müssen so beschaffen sein, dass die Entzündung einer explosiven Atmosphäre unter Betriebsbedingungen verhindert wird.

**[Aufbauten]** 9.5.3

Die Aufbauten von Fahrzeugen zur Beförderung gefährlicher fester Stoffe in loser Schüttung müssen je nach Fall den Vorschriften der Kapitel 6.11 und 7.3 entsprechen, und zwar einschließlich der Vorschriften des Abschnitts 7.3.2 oder 7.3.3, die gemäß den Angaben in Kapitel 3.2 Tabelle A Spalte (10) bzw. (17) für einen bestimmten Stoff anwendbar sein können.

→ D: § 14 (4)
→ D: § 19 (2) 17

# Kapitel 9.6
# Ergänzende Vorschriften für vollständige oder vervollständigte Fahrzeuge zur Beförderung von Stoffen unter Temperaturkontrolle

**9.6.1 [Fahrzeugeigenschaften]**

Die zur Beförderung von Stoffen unter Temperaturkontrolle verwendeten Fahrzeuge mit Wärmedämmung, Kältespeicher oder Kältemaschine müssen den folgenden Vorschriften entsprechen:

a) Das Fahrzeug muss hinsichtlich seiner Isolierung und der Kältequelle so beschaffen und ausgerüstet sein, dass die nach Absatz 2.2.41.1.17 oder 2.2.52.1.15 oder in Unterabschnitt 2.2.41.4 oder 2.2.52.4 vorgesehene Kontrolltemperatur für den zu befördernden Stoff nicht überschritten wird. Der Wärmedurchgangskoeffizient darf 0,4 $W/m^2K$ nicht überschreiten;

b) das Fahrzeug muss so eingerichtet sein, dass die Dämpfe der beförderten Stoffe oder Kühlmittel nicht in das Fahrerhaus eindringen können;

c) durch eine geeignete Einrichtung muss vom Fahrerhaus aus jederzeit die im Ladeabteil herrschende Temperatur festgestellt werden können;

d) das Ladeabteil muss mit Lüftungsschlitzen oder -klappen versehen sein, wenn die Gefahr der Bildung eines gefährlichen Überdrucks in diesem Raum besteht. Es müssen Vorkehrungen getroffen werden, um gegebenenfalls sicherzustellen, dass die Kühlung durch die Lüftungsschlitze oder -klappen nicht beeinträchtigt wird;

e) das Kühlmittel darf nicht entzündbar sein, und

f) das Kühlaggregat von Fahrzeugen mit Kältemaschinen muss unabhängig vom Antriebsmotor des Fahrzeugs betrieben werden können.

**9.6.2 [Fahrzeugaufbau]**

Die zur Vermeidung der Überschreitung der Kontrolltemperatur geeigneten Maßnahmen sind in Absatz 7.1.7.4.5 aufgeführt. Je nach angewandtem Verfahren können in Kapitel 7.2 die ergänzenden Vorschriften für die Herstellung des Fahrzeugaufbaus aufgeführt werden.

# Kapitel 9.7 Ergänzende Vorschriften für Tankfahrzeuge (festverbundene Tanks), Batterie-Fahrzeuge und vollständige oder vervollständigte Fahrzeuge für die Beförderung gefährlicher Güter in Aufsetztanks mit einem Fassungsraum von mehr als 1 m³ oder in Tankcontainern, ortsbeweglichen Tanks oder MEGC mit einem Fassungsraum von mehr als 3 m³ (Fahrzeuge EX/III, FL und AT)

*→ D: § 14 (4)*
*→ D: § 19 (2) 17 a)*

**Allgemeine Vorschriften** 9.7.1

**[Tankfahrzeug]** 9.7.1.1

Ein Tankfahrzeug besteht – außer dem eigentlichen Fahrzeug oder dem Achsaggregat – aus einem oder mehreren Tanks sowie ihren Ausrüstungsteilen und den Verbindungsteilen zum Fahrzeug oder zum Achsaggregat.

**[Aufsetztank/Trägerfahrzeug]** 9.7.1.2

Ist der Aufsetztank auf ein Trägerfahrzeug aufgesetzt, muss die Einheit den Vorschriften für Tankfahrzeuge entsprechen.

**Vorschriften für Tanks** 9.7.2

**[Festverbundene Tanks, Aufsetztanks aus Metall]** 9.7.2.1

Festverbundene Tanks oder Aufsetztanks aus Metall müssen den einschlägigen Vorschriften des Kapitels 6.8 entsprechen.

**[Elemente, Flaschen, Druckfässer]** 9.7.2.2

Elemente von Batterie-Fahrzeugen oder MEGC müssen den einschlägigen Vorschriften des Kapitels 6.2 entsprechen, wenn es sich um Flaschen, Großflaschen, Druckfässer und Flaschenbündel handelt; für Tanks gelten die einschlägigen Vorschriften des Kapitels 6.8.

**[Tankcontainer aus Metall, ortsbewegliche Tanks]** 9.7.2.3

Tankcontainer aus Metall müssen den Vorschriften des Kapitels 6.8 entsprechen; ortsbewegliche Tanks müssen den Vorschriften des Kapitels 6.7 oder gegebenenfalls denen des IMDG-Codes (siehe Unterabschnitt 1.1.4.2) entsprechen.

**[FVK-Tanks]** 9.7.2.4

Tanks aus faserverstärkten Kunststoffen müssen den Vorschriften des Kapitels 6.9 bzw. 6.13 entsprechen.

**[Saug-Druck-Tanks]** 9.7.2.5 *→ 1.6.5.9*

Saug-Druck-Tanks für Abfälle müssen den Vorschriften des Kapitels 6.10 entsprechen.

**Befestigungseinrichtungen** 9.7.3 *→ 1.6.5.22*

**[Prinzipielle Auslegung]** 9.7.3.1

Die Befestigungseinrichtungen müssen so beschaffen sein, dass sie unter normalen Beförderungsbedingungen den statischen und dynamischen Beanspruchungen standhalten. Befestigungseinrichtungen umfassen alle Tragrahmen, die für die Anbringung der baulichen Ausrüstung (siehe Begriffsbestimmung in Abschnitt 1.2.1) am Fahrzeug verwendet werden.

**[Belastungswerte]** 9.7.3.2

Die Befestigungseinrichtungen von Tankfahrzeugen, Batterie-Fahrzeugen und Trägerfahrzeugen von Tankcontainern, Aufsetztanks, ortsbeweglichen Tanks, MEGC oder UN-MEGC müssen bei der höchstzulässigen Beladung in der Lage sein, folgende getrennt einwirkende statische Kräfte aufzunehmen:

9.7.3.2 (Forts.)
- in Fahrtrichtung: das Zweifache der Gesamtmasse multipliziert mit der Erdbeschleunigung (g)[20];
- horizontal, im rechten Winkel zur Fahrtrichtung: die Gesamtmasse multipliziert mit der Erdbeschleunigung (g)[20];
- vertikal aufwärts: die Gesamtmasse multipliziert mit der Erdbeschleunigung (g)[20];
- vertikal abwärts: das Zweifache der Gesamtmasse multipliziert mit der Erdbeschleunigung (g)[20].

**Bem.** Die Vorschriften dieses Unterabschnitts gelten nicht für Befestigungseinrichtungen mit Bajonettverschluss in Übereinstimmung mit der Norm ISO 1161:2016 Series 1 freight containers – Corner and intermediate fittings – Specifications (ISO-Container der Reihe 1 – Eck- und Zwischenbeschläge – Anforderungen). Diese Vorschriften gelten jedoch für alle Rahmen oder andere Einrichtungen, die für die Auflage solcher Befestigungseinrichtungen auf dem Fahrzeug verwendet werden.

**9.7.3.3 [Mindestanforderungen]**

Bei Tankfahrzeugen, Batterie-Fahrzeugen und Trägerfahrzeugen von Aufsetztanks müssen die Befestigungseinrichtungen den in den Absätzen 6.8.2.1.11 bis 6.8.2.1.13, 6.8.2.1.15 und 6.8.2.1.16 vorgeschriebenen Mindestbeanspruchungen standhalten.

### 9.7.4 Elektrische Verbindung der Fahrzeuge FL

Tanks aus Metall oder aus faserverstärkten Kunststoffen der Tankfahrzeuge FL und die Teile von Batterie-Fahrzeugen FL müssen mindestens eine gute elektrische Verbindung mit dem Fahrgestell des Fahrzeugs aufweisen. Jeder metallische Kontakt, der eine elektrochemische Korrosion hervorrufen kann, ist zu vermeiden.

**Bem.** Siehe auch Unterabschnitt 6.13.1.2 und Absatz 6.13.2.14.3.

### 9.7.5 Stabilität der Tankfahrzeuge

*→ NL: VLG 9.7.5.1*

**9.7.5.1 [Bauverhältnisse]**

Die Gesamtbreite der Aufstandsfläche am Boden (Entfernung zwischen den äußeren Berührungspunkten des rechten und des linken Reifens derselben Achse mit dem Boden) der Achse mit der größten Breite muss mindestens 90 % der Höhe des Schwerpunkts des beladenen Tankfahrzeugs betragen. Bei Sattelkraftfahrzeugen darf die Achslast des Sattelanhängers 60 % der nominalen Gesamtmasse des beladenen Sattelkraftfahrzeugs nicht übersteigen.

**9.7.5.2 [UN-Regelung zur Kippstabilität]**

*→ 1.6.5.9*
*→ D: RSEB 9-16.S*

Außerdem müssen Tankfahrzeuge mit festverbundenen Tanks mit einem Fassungsraum von mehr als 3 m³, die zur Beförderung gefährlicher Güter in flüssigem oder geschmolzenem Zustand vorgesehen und mit einem Druck von weniger als 4 bar geprüft sind, den technischen Vorschriften der UN-Regelung Nr. 111[21] über die seitliche Stabilität (Kippstabilität) in der jeweils geänderten Fassung gemäß den dort festgelegten Anwendungsdaten entsprechen. Diese Vorschriften gelten für Tankfahrzeuge, die ab 1. Juli 2003 erstmalig zum Verkehr zugelassen werden.

### 9.7.6 Hinterer Schutz der Fahrzeuge

*→ D: RSEB 9-17.1.S f.*

Die Rückseite des Fahrzeugs muss über die gesamte Breite des Tanks durch eine ausreichend feste Stoßstange gegen Heckaufprall geschützt sein. Der Abstand zwischen der Rückwand des Tanks und der Rückseite der Stoßstange muss mindestens 100 mm betragen (wobei dieser Abstand von dem am weitesten nach hinten liegenden Punkt der Tankwand oder von den hervorstehenden Ausrüstungsteilen aus zu messen ist, die mit dem beförderten Stoff in Verbindung stehen). Fahrzeuge mit nach hinten entladbaren Kippbehältern für pulverförmige oder körnige Stoffe und Saug-Druck-Tanks für Abfälle mit kippbarem Behälter müssen nicht mit einer Stoßstange versehen sein, wenn die hinteren Ausrüstungen der Behälter eine Schutzvorrichtung haben, welche die Behälter ebenso schützt wie eine Stoßstange.

**Bem.** 1. Diese Vorschrift gilt nicht für Fahrzeuge zur Beförderung gefährlicher Güter in Tankcontainern, ortsbeweglichen Tanks oder MEGC.

---

[20] Für Berechnungszwecke gilt: g = 9,81 m/s².

[21] UN-Regelung Nr. 111: Einheitliche Bedingungen für die Genehmigung von Fahrzeugen der Klassen N und O hinsichtlich der seitlichen Stabilität (Kippstabilität).

2. Wegen des Schutzes der Tanks gegen Beschädigung durch seitliches Anfahren oder Überschlagen siehe Absätze 6.8.2.1.20 und 6.8.2.1.2; wegen des Schutzes der ortsbeweglichen Tanks siehe Absätze 6.7.2.4.3 und 6.7.2.4.5. 9.7.6 (Forts.)

**Verbrennungsheizgerät** 9.7.7 → 1.2.1

**[Anforderungen]** 9.7.7.1

Die Verbrennungsheizgeräte müssen den Vorschriften der Unterabschnitte 9.2.5.1, 9.2.5.2, 9.2.5.5 und folgenden genügen:

a) der Schalter darf außerhalb des Fahrerhauses angebracht sein;

b) das Gerät muss außerhalb des Ladeabteils abgeschaltet werden können, und

c) es muss nicht nachgewiesen werden, dass der Wärmetauscher der Luftheizgeräte einer beschränkten Nachlaufzeit widersteht.

Für Fahrzeuge FL gelten ebenfalls die Vorschriften der Unterabschnitte 9.2.5.3 und 9.2.5.4.

**[Explosionsschutz]** 9.7.7.2

Wenn das Fahrzeug zur Beförderung gefährlicher Güter bestimmt ist, für die ein Zettel nach Muster 1.5, 3, 4.1, 4.3, 5.1 oder 5.2 vorgeschrieben ist, darf im Ladeabteil kein Kraftstoffbehälter, keine Energiequelle, kein Einlass für Verbrennungs- oder Heizungsluft und kein Auslass von Abgasrohren, die zum Betrieb eines Verbrennungsheizgerätes erforderlich sind, eingebaut sein. Es ist sicherzustellen, dass die Heißluftöffnung nicht von der Ladung blockiert werden kann. Die Temperatur, der die Ladung ausgesetzt ist, darf 50 °C nicht überschreiten. Im Ladeabteil angebrachte Heizgeräte müssen so beschaffen sein, dass die Entzündung einer explosiven Atmosphäre unter Betriebsbedingungen verhindert wird.

**Elektrische Ausrüstung** 9.7.8 → 1.6.5.5 → D: § 12 (1) 4

**[Vorschriftenkonformität]** 9.7.8.1

Ergänzungen oder Änderungen der elektrischen Anlage von Fahrzeugen müssen gegebenenfalls den zutreffenden Vorschriften des Kapitels 9.2 entsprechen (siehe Tabelle 9.2.1.1).

**Bem.** Wegen Übergangsvorschriften siehe Abschnitt 1.6.5.

**[Explosionsschutz]** 9.7.8.2

Die elektrische Ausrüstung von Fahrzeugen FL, die sich in Zonen befindet, in denen eine explosive Atmosphäre in einem Ausmaß besteht oder auftreten kann, dass besondere Vorsichtsmaßnahmen erforderlich werden, muss geeignete Eigenschaften für die Verwendung in einer Gefahrenzone aufweisen. Diese Ausrüstung muss den allgemeinen Vorschriften der Norm IEC 60079 Teile 0 und 14 und den zusätzlichen einschlägigen Vorschriften der Norm IEC 60079 Teil 1, 2, 5, 6, 7, 11, 18, 26 oder 28 genügen. Sie muss den Vorschriften entsprechen, die gemäß den zu befördernden Stoffen für das elektrische Gerät der betreffenden Gruppe oder Temperaturklasse gelten. Für die Anwendung der Norm IEC 60079 Teil 14 gilt folgende Klassifizierung:

ZONE 0

Innenraum der Tankabteile, Befüllungs- und Entleerungsarmaturen und Dampfrückführungsleitungen.

ZONE 1

Innenraum der Schutzkästen für die zur Befüllung und Entleerung verwendete Ausrüstung sowie die Zone in einem Umkreis von weniger als 0,5 m um die Belüftungseinrichtungen und die Druckentlastungsventile.

**[Dauernd unter Spannung stehende elektrische Ausrüstung]** 9.7.8.3

Die dauernd unter Spannung stehende elektrische Ausrüstung von Fahrzeugen FL, einschließlich der Leitungen, die sich außerhalb der Zonen 0 und 1 befindet, muss den für die Zone 1 bezüglich der elektrischen Ausrüstung im Allgemeinen geltenden Vorschriften oder den für die Zone 2 gemäß Norm IEC 60079 Teil 14 geltenden Vorschriften für die elektrische Ausrüstung im Fahrerhaus genügen. Sie muss den Vorschriften entsprechen, die gemäß den zu befördernden Stoffen für das elektrische Gerät der betreffenden Gruppe gelten.

**9.7.9 Zusätzliche Sicherheitsvorschriften für Fahrzeuge FL und EX/III**

**9.7.9.1 [Feuerlöschsysteme für Motorraum]**

*→ 1.6.5.24*

Die folgenden Fahrzeuge müssen in dem Raum, in dem sich der Verbrennungsmotor zum Antrieb des Fahrzeugs befindet, mit einer automatischen Brandunterdrückungsanlage ausgerüstet sein:

a) Fahrzeuge FL zur Beförderung verflüssigter und verdichteter entzündbarer Gase mit einem Klassifizierungscode, der den Buchstaben F enthält;

b) Fahrzeuge FL zur Beförderung entzündbarer flüssiger Stoffe der Verpackungsgruppe I oder II und

c) Fahrzeuge EX/III.

**9.7.9.2 [Schutz vor Reifenbrand]**

*→ 1.6.5.23*
*→ 1.6.5.25*

Die folgenden Fahrzeuge müssen mit einem Hitzeschutz ausgerüstet sein, der die Ausbreitung eines Brandes von allen Rädern aus eindämmen kann:

a) Fahrzeuge FL zur Beförderung verflüssigter und verdichteter entzündbarer Gase mit einem Klassifizierungscode, der den Buchstaben F enthält;

b) Fahrzeuge FL zur Beförderung entzündbarer flüssiger Stoffe der Verpackungsgruppe I oder II und

c) Fahrzeuge EX/III.

**Bem.** Ziel ist es, z.B. durch Hitzeschilde oder andere gleichwertige Systeme, die Ausbreitung eines Brandes auf die Ladung entweder

a) infolge einer direkten Ausbreitung vom Rad auf die Ladung oder

b) infolge einer indirekten Ausbreitung vom Rad auf das Fahrerhaus und weiter auf die Ladung

zu verhindern.

# Kapitel 9.8 Ergänzende Vorschriften für vollständige oder vervollständigte MEMU

→ D: § 8 (1) 1 l)
→ D: § 8 (2)
→ D: § 14 (4)
→ D: § 19 (2) 17 a)

**Allgemeine Vorschriften** 9.8.1

→ 1.6.5.14
→ D: BAM-GGR 010

Ein MEMU besteht – außer dem eigentlichen Fahrzeug oder dem Achsaggregat – aus einem oder mehreren Tanks und Schüttgut-Containern, deren Ausrüstungsteilen und den Verbindungsteilen zum Fahrzeug oder zum Achsaggregat.

**Vorschriften für Tanks und Schüttgut-Container** 9.8.2

Tanks, Schüttgut-Container und besondere Ladeabteile für Versandstücke mit explosiven Stoffen oder Gegenständen mit Explosivstoff von MEMU müssen den Vorschriften des Kapitels 6.12 entsprechen.

**Elektrische Verbindung der MEMU** 9.8.3

Tanks, Schüttgut-Container und besondere Ladeabteile für Versandstücke mit explosiven Stoffen oder Gegenständen mit Explosivstoff, die aus Metall oder aus faserverstärkten Kunststoffen hergestellt sind, müssen mindestens eine gute elektrische Verbindung mit dem Fahrgestell des Fahrzeugs aufweisen. Jeder metallische Kontakt, der eine elektrochemische Korrosion hervorrufen oder mit den in den Tanks und Schüttgut-Containern beförderten gefährlichen Gütern reagieren kann, ist zu vermeiden.

**Stabilität der MEMU** 9.8.4

Die Gesamtbreite der Aufstandsfläche am Boden (Entfernung zwischen den äußeren Berührungspunkten des rechten und des linken Reifens derselben Achse mit dem Boden) der Achse mit der größten Breite muss mindestens 90 % der Höhe des Schwerpunkts des beladenen Tankfahrzeugs betragen. Bei Sattelkraftfahrzeugen darf die Achslast des Sattelanhängers 60 % der nominalen Gesamtmasse des beladenen Sattelkraftfahrzeugs nicht übersteigen.

**Hinterer Schutz der MEMU** 9.8.5

Die Rückseite des Fahrzeugs muss über die gesamte Breite des Tanks durch eine ausreichend feste Stoßstange gegen Heckaufprall geschützt sein. Der Abstand zwischen der Rückwand des Tanks und der Rückseite der Stoßstange muss mindestens 100 mm betragen (wobei dieser Abstand von dem am weitesten nach hinten liegenden Punkt der Tankwand oder von den schützenden Ausrüstungsteilen aus zu messen ist, die mit dem beförderten Stoff in Verbindung stehen). Fahrzeuge mit einem nach hinten entladbaren Kippbehälter müssen nicht mit einer Stoßstange versehen sein, wenn die hinteren Ausrüstungen des Behälters eine Schutzvorrichtung haben, welche den Behälter ebenso schützt wie eine Stoßstange.

**Bem.** Diese Vorschrift gilt nicht für MEMU, bei denen die Tanks durch andere Mittel, z.B. Geräte oder Rohre, die keine gefährlichen Güter enthalten, ausreichend gegen Heckaufprall geschützt sind.

**Verbrennungsheizgeräte** 9.8.6

**[Anforderungen an Verbrennungsheizgeräte]** 9.8.6.1

Die Verbrennungsheizgeräte müssen den Vorschriften der Unterabschnitte 9.2.5.1, 9.2.5.2, 9.2.5.5, 9.2.5.6 und folgenden genügen:

a) der Schalter darf außerhalb des Fahrerhauses angebracht sein;

b) das Gerät muss außerhalb des MEMU-Ladeabteils abgeschaltet werden können, und

c) es muss nicht nachgewiesen werden, dass der Wärmetauscher der Luftheizgeräte einer beschränkten Nachlaufzeit widersteht.

**[Heizgeräte im Ladeabteil]** 9.8.6.2

Im Ladeabteil von MEMU, die Tanks enthalten, darf kein Kraftstoffbehälter, keine Energiequelle, kein Einlass für Verbrennungs- oder Heizungsluft und kein Auslass von Abgasrohren, die zum Betrieb eines Verbrennungsheizgerätes erforderlich sind, eingebaut sein. Es ist sicherzustellen, dass die Heißluftöffnung nicht blockiert werden kann. Die Temperatur, der die Ausrüstung ausgesetzt ist, darf 50 °C nicht überschreiten. Im Ladeabteil angebrachte Heizgeräte müssen so beschaffen sein, dass die Entzündung einer explosiven Atmosphäre unter Betriebsbedingungen verhindert wird.

**9.8.7 Zusätzliche Sicherheitsvorschriften**

*→ D: BAM-GGR 010 Anhang 5*

**9.8.7.1 [Feuerlöschsysteme für den Motorraum]**

MEMU müssen mit selbsttätigen Feuerlöschsystemen für den Motorraum ausgerüstet sein.

**9.8.7.2 [Schutz vor Reifenbrand]**

Der Schutz der Ladung vor Reifenbrand muss durch metallene Wärmeschutzschilde gewährleistet sein.

**9.8.8 Zusätzliche Vorschriften für die Sicherung**

*→ 4.7.2.5*

Die Herstelleinrichtung und die besonderen Ladeabteile in MEMU müssen mit Schlössern ausgerüstet sein.

# Gesetz über die Beförderung gefährlicher Güter

## Gesetz über die Beförderung gefährlicher Güter (Gefahrgutbeförderungsgesetz – GGBefG)

i.d.F. der Bek. vom 7.7.2009 (BGBl. I S. 1774, ber. S. 3975)
zuletzt geändert durch Art. 26 G vom 2.3.2023 (BGBl. I Nr. 56)

### Bekanntmachung der Neufassung des Gefahrgutbeförderungsgesetzes

vom 7. Juli 2009

Auf Grund des Artikels 2 des Gesetzes vom 6. Juli 2009 (BGBl. I S. 1704) wird nachstehend der Wortlaut des Gefahrgutbeförderungsgesetzes in der ab dem 1. Januar 2010 geltenden Fassung bekannt gemacht. Die Neufassung berücksichtigt:

1. die Fassung der Bekanntmachung des Gesetzes vom 29. September 1998 (BGBl. I S. 3114)
2. den am 7. November 2001 in Kraft getretenen Artikel 250 der Verordnung vom 29. Oktober 2001 (BGBl. I S. 2785),
3. den am 1. Januar 2002 in Kraft getretenen Artikel 18 des Gesetzes vom 15. Dezember 2001 (BGBl. I S. 3762),
4. den am 1. November 2002 in Kraft getretenen Artikel 11 § 5 des Gesetzes vom 6. August 2002 (BGBl. I S. 3082),
5. den am 1. Juli 2005 in Kraft getretenen Artikel 45 des Gesetzes vom 21. Juni 2005 (BGBl. I S. 1818),
6. den am 8. November 2006 in Kraft getretenen Artikel 294 der Verordnung vom 31. Oktober 2006 (BGBl. I S. 2407),
7. den am 1. Januar 2010 in Kraft tretenden Artikel 1 des eingangs genannten Gesetzes (BGBl. I S. 1704),

Berlin, den 7. Juli 2009

Der Bundesminister
für Verkehr, Bau und Stadtentwicklung
W. Tiefensee

### § 1
### Geltungsbereich

(1) Dieses Gesetz gilt für die Beförderung gefährlicher Güter mit Eisenbahn-, Magnetschwebebahn-, Straßen-, Wasser- und Luftfahrzeugen sowie für das Herstellen, Einführen und Inverkehrbringen von Verpackungen, Beförderungsbehältnissen und Fahrzeugen für die Beförderung gefährlicher Güter.

Es findet keine Anwendung auf die Beförderung

1. innerhalb eines Betriebes oder mehrerer verbundener Betriebsgelände (Industrieparks), in denen gefährliche Güter hergestellt, bearbeitet, verarbeitet, aufgearbeitet, gelagert, verwendet oder entsorgt werden, soweit sie auf einem abgeschlossenen Gelände stattfindet, *→ D: RSEB 1.1*
2. *(weggefallen)*
3. im grenzüberschreitenden Verkehr, wenn und soweit auf den betreffenden Beförderungsvorgang Vorschriften der Europäischen Gemeinschaften oder zwischenstaatliche Vereinbarungen oder auf solchen Vorschriften oder Vereinbarungen beruhende innerstaatliche Rechtsvorschriften unmittelbar anwendbar sind, es sei denn, diese Vereinbarungen nehmen auf innerstaatliche Rechtsvorschriften Bezug, *→ D: ADR-Gesetz*
4. mit Bergbahnen.

(2) Dieses Gesetz berührt nicht

1. Rechtsvorschriften über gefährliche Güter, die aus anderen Gründen als aus solchen der Sicherheit im Zusammenhang mit der Beförderung erlassen sind,
2. auf örtlichen Besonderheiten beruhende Sicherheitsvorschriften des Bundes, der Länder oder der Gemeinden.

## § 2
## Begriffsbestimmungen

→ ADR 1.2.1 → D: GGVSEB § 2 (7)

(1) Gefährliche Güter im Sinne dieses Gesetzes sind Stoffe und Gegenstände, von denen auf Grund ihrer Natur, ihrer Eigenschaften oder ihres Zustandes im Zusammenhang mit der Beförderung Gefahren für die öffentliche Sicherheit oder Ordnung, insbesondere für die Allgemeinheit, für wichtige Gemeingüter, für Leben und Gesundheit von Menschen sowie für Tiere und Sachen ausgehen können.

→ ADR 1.2.1 → D: GGKontrollV § 2 → CTU-Code Kap. 2

(2) Die Beförderung im Sinne dieses Gesetzes umfasst nicht nur den Vorgang der Ortsveränderung, sondern auch die Übernahme und die Ablieferung des Gutes sowie zeitweilige Aufenthalte im Verlauf der Beförderung, Vorbereitungs- und Abschlusshandlungen (Verpacken und Auspacken der Güter, Be- und Entladen), Herstellen, Einführen und Inverkehrbringen von Verpackungen, Beförderungsmitteln und Fahrzeugen für die Beförderung gefährlicher Güter, auch wenn diese Handlungen nicht vom Beförderer ausgeführt werden. Ein zeitweiliger Aufenthalt im Verlauf der Beförderung liegt vor, wenn dabei gefährliche Güter für den Wechsel der Beförderungsart oder des Beförderungsmittels (Umschlag) oder aus sonstigen transportbedingten Gründen zeitweilig abgestellt werden. Auf Verlangen sind Beförderungsdokumente vorzulegen, aus denen Versand- und Empfangsort feststellbar sind. Wird die Sendung nicht nach der Anlieferung entladen, gilt das Bereitstellen der Ladung beim Empfänger zur Entladung als Ende der Beförderung. Versandstücke, Tankcontainer, Tanks und Kesselwagen dürfen während des zeitweiligen Aufenthaltes nicht geöffnet werden.

## § 3
## Ermächtigungen

→ RSEB

(1) Das Bundesministerium für Verkehr und digitale Infrastruktur wird ermächtigt, mit Zustimmung des Bundesrates Rechtsverordnungen und allgemeine Verwaltungsvorschriften über die Beförderung gefährlicher Güter zu erlassen, insbesondere über

1. die Zulassung der Güter zur Beförderung,
2. das Zusammenpacken, Zusammenladen und die Verpackung, einschließlich deren
   a) Zulassung einschließlich Konformitätsbewertung,
   b) Herstellen, Einführen und Inverkehrbringen,
   c) Betreiben und Verwenden,
3. die Kennzeichnung von Versandstücken,
4. die Beförderungsbehältnisse und die Fahrzeuge, einschließlich deren
   a) Bau, Beschaffenheit, Ausrüstung, Prüfung und Kennzeichnung,
   b) Zulassung einschließlich Konformitätsbewertung,
   c) Herstellen, Einführen und Inverkehrbringen,
   d) Betreiben und Verwenden,
5. das Verhalten während der Beförderung,
6. die Beförderungsgenehmigungen, die Beförderungs- und Begleitpapiere,
7. die Auskunfts-, Aufzeichnungs- und Anzeigepflichten,
8. die Besetzung und Begleitung der Fahrzeuge,
9. die Befähigungsnachweise, auch in den Fällen des § 5 Absatz 2 Satz 3 Nummer 2,
10. die Mess- und Prüfverfahren,
11. die Schutzmaßnahmen für das Beförderungspersonal,
12. das Verhalten und die Schutz- und Hilfsmaßnahmen nach Unfällen mit gefährlichen Gütern,
13. bei der Beförderung beteiligte Personen, einschließlich ihrer ärztlichen Überwachung und Untersuchung, des Erfordernisses von Ausbildung, Prüfung und Fortbildung sowie zur Festlegung qualitativer Anforderungen an Lehrgangsveranstalter und Lehrkräfte,
14. (→ D: GbV) Beauftragte in Unternehmen und Betrieben, einschließlich des Erfordernisses von Ausbildung, Prüfung und Fortbildung sowie zur Festlegung qualitativer Anforderungen an Lehrgangsveranstalter und Lehrkräfte,
15. Bescheinigungen und Meldepflichten für Abfälle, die gefährliche Güter sind,
16. die Stellen für Prüfung und Zulassung einschließlich Konformitätsbewertung der Verpackung nach Nummer 2 sowie der Beförderungsbehältnisse und Fahrzeuge nach Nummer 4,

17. die Geltung von Bescheiden über Zulassung und Prüfung der Verpackung nach Nummer 2 sowie der Beförderungsbehältnisse und Fahrzeuge nach Nummer 4, die in einem anderen Mitgliedstaat der Europäischen Union oder des Abkommens über den Europäischen Wirtschaftsraum oder in Drittstaaten ausgestellt sind,
18. die Zusammenarbeit und den Erfahrungsaustausch der mit Aufgaben der Zulassung einschließlich Konformitätsbewertung und Prüfung betrauten Behörden und Stellen,

soweit dies zum Schutz gegen die von der Beförderung gefährlicher Güter ausgehenden Gefahren und erheblichen Belästigungen erforderlich ist. Die Rechtsverordnungen nach Satz 1 haben den Stand der Technik zu berücksichtigen. Das Grundrecht auf körperliche Unversehrtheit (Artikel 2 Absatz 2 Satz 1 des Grundgesetzes) wird nach Maßgabe des Satzes 1 Nummer 13 eingeschränkt. In den Rechtsverordnungen nach Satz 1 kann auch geregelt werden, dass bei der Beförderung gefährlicher Güter eine zusätzliche haftungsrechtliche Versicherung abzuschließen und nachzuweisen ist.

(2) Rechtsverordnungen und allgemeine Verwaltungsvorschriften nach Absatz 1 können auch zur Durchführung oder Umsetzung von Rechtsakten der Europäischen Gemeinschaften und zur Erfüllung von Verpflichtungen aus zwischenstaatlichen Vereinbarungen erlassen werden. Rechtsverordnungen nach Absatz 1 Satz 1, die der Verwirklichung neuer Erkenntnisse hinsichtlich der internationalen Beförderung gefährlicher Güter auf dem Gebiet der See- und Binnenschifffahrt dienen, sowie Rechtsverordnungen zur Inkraftsetzung von Abkommen nach Artikel 5 § 2 des Anhanges B des Übereinkommens über den internationalen Eisenbahnverkehr vom 9. Mai 1980 (COTIF-Übereinkommen, BGBl. 1985 II S. 132), erlässt das Bundesministerium für Verkehr und digitale Infrastruktur ohne Zustimmung des Bundesrates; diese Rechtsverordnungen bedürfen jedoch der Zustimmung des Bundesrates, wenn sie die Einrichtung der Landesbehörden oder die Regelung ihres Verwaltungsverfahrens betreffen. *→ RL 2008/68/EG*

(3) *(weggefallen)*

(4) Soweit Sicherheitsgründe und die Eigenart des Verkehrsmittels es zulassen, soll die Beförderung gefährlicher Güter mit allen Verkehrsmitteln einheitlich geregelt werden.

(5) In den Rechtsverordnungen nach Absatz 1 sind Ausnahmen für die Bundeswehr, in ihrem Auftrag hoheitlich tätige zivile Unternehmen, ausländische Streitkräfte, die Bundespolizei und die Polizeien, die Feuerwehren, die Einheiten und Einrichtungen des Katastrophenschutzes sowie die Kampfmittelräumdienste der Länder oder Kommunen zuzulassen, soweit dies Gründe der Verteidigung, polizeiliche Aufgaben oder die Aufgaben der Feuerwehren, des Katastrophenschutzes oder der Kampfmittelräumung erfordern. Ausnahmen nach Satz 1 sind für den Bundesnachrichtendienst zuzulassen, soweit er im Rahmen seiner Aufgaben für das Bundesministerium der Verteidigung tätig wird und soweit sicherheitspolitische Interessen dies erfordern. *→ D: GGAV*

**§ 4**

*(weggefallen)*

**§ 5**
**Zuständigkeiten**

(1) Im Bereich der Eisenbahnen des Bundes, Magnetschwebebahnen, im Luftverkehr sowie auf dem Gebiet der See- und Binnenschifffahrt auf Bundeswasserstraßen einschließlich der bundeseigenen Häfen obliegt die Wahrnehmung der Aufgaben nach diesem Gesetz und nach den auf ihm beruhenden Rechtsvorschriften dem Bund in bundeseigener Verwaltung. Unberührt bleiben die Zuständigkeiten für die Hafenaufsicht (Hafenpolizei) in den nicht vom Bund betriebenen Stromhäfen an Bundeswasserstraßen.

(2) Das Bundesministerium für Verkehr und digitale Infrastruktur wird ermächtigt, durch Rechtsverordnung ohne Zustimmung des Bundesrates die für die Ausführung dieses Gesetzes und der auf ihm beruhenden Rechtsvorschriften zuständigen Behörden und Stellen zu bestimmen, soweit es sich um den Bereich der bundeseigenen Verwaltung handelt. Wenn und soweit der Zweck des Gesetzes durch das Verwaltungshandeln der Länder nicht erreicht werden kann, kann das Bundesministerium für Verkehr und digitale Infrastruktur durch Rechtsverordnung mit Zustimmung des Bundesrates das Bundesamt für Logistik und Mobilität, das Bundesamt für die Sicherheit der nuklearen Entsorgung, das Bundesamt für Verbraucherschutz und Lebensmittelsicherheit, die Bundesanstalt für Materialforschung und -prüfung, das Bundesinstitut für Risikobewertung, das Eisenbahn-Bundesamt, das Kraftfahrt-Bundesamt, die Physikalisch-Technische Bundesanstalt, das Robert-Koch-Institut, das Umweltbundesamt und das Wehrwissenschaftliche Institut für Werk-, Explosiv- und Betriebsstoffe auch für den Bereich für zuständig erklären, in *→ D: GGVSEB §§ 6–16 → D: GGAV → D: GbV → D: GGKontrollV*

dem die Länder dieses Gesetz und die auf ihm beruhenden Rechtsvorschriften auszuführen hätten. Das Bundesministerium für Verkehr und digitale Infrastruktur kann ferner durch Rechtsverordnung mit Zustimmung des Bundesrates bestimmen, dass

1. die Industrie- und Handelskammern für die Durchführung, Überwachung und Anerkennung der Ausbildung, Prüfung und Fortbildung von am Gefahrguttransport beteiligten Personen, für die Erteilung von Bescheinigungen sowie für die Anerkennung von Lehrgängen, Lehrgangsveranstaltern und Lehrkräften zuständig sind und insoweit Einzelheiten durch Satzungen regeln sowie
2. Sachverständige und sachkundige Personen für Prüfungen, Überwachungen und Bescheinigungen hinsichtlich der Beförderung gefährlicher Güter zuständig sind. Die in Satz 3 Nummer 2 Genannten unterliegen der Aufsicht der Länder und dürfen im Bereich eines Landes nur tätig werden, wenn sie dazu von der zuständigen obersten Landesbehörde oder der von ihr bestimmten oder der nach Landesrecht zuständigen Stelle entsprechend ermächtigt worden sind.

(3) Soweit zwischenstaatliche Vereinbarungen oder Rechtsakte der Europäischen Gemeinschaften auf die zuständigen Behörden der Vertragsstaaten Bezug nehmen, gilt für die Bestimmung dieser Behörden durch Rechtsverordnung Absatz 2 entsprechend.

(4) *(weggefallen)*

(5) Das Bundesministerium für Verkehr und digitale Infrastruktur wird ermächtigt, durch Rechtsverordnung ohne Zustimmung des Bundesrates zu bestimmen, dass der Vollzug dieses Gesetzes und der auf dieses Gesetz gestützten Rechtsverordnungen in Fällen, in denen gefährliche Güter durch die Bundeswehr, in ihrem Auftrag hoheitlich tätige zivile Unternehmen, ausländische Streitkräfte, den Bundesnachrichtendienst oder die Bundespolizei befördert werden, Bundesbehörden obliegt, soweit dies Gründe der Verteidigung, sicherheitspolitische Interessen oder die Aufgaben der Bundespolizei erfordern.

## § 6
## Allgemeine Ausnahmen

→ *D: GGAV* Das Bundesministerium für Verkehr und digitale Infrastruktur kann allgemeine Ausnahmen von den auf diesem Gesetz beruhenden Rechtsverordnungen durch Rechtsverordnung mit Zustimmung des Bundesrates zulassen für die Beförderung gefährlicher Güter mit

1. Eisenbahn- oder Straßenfahrzeugen im Rahmen des Artikels 6 der Richtlinie 96/49/EG[1] des Rates vom 23. Juli 1996 zur Angleichung der Rechtsvorschriften der Mitgliedstaaten für die Eisenbahnbeförderung gefährlicher Güter und des Artikels 6 der Richtlinie 94/55/EG[1] des Rates vom 21. November 1994 zur Angleichung der Rechtsvorschriften der Mitgliedstaaten für den Gefahrguttransport auf der Straße,
2. Fahrzeugen, die nach Artikel 1 Absatz 2 Buchstabe a der Richtlinie 94/55/EG[1] in den Geltungsbereich des Gesetzes einbezogen werden,
3. Wasserfahrzeugen,
4. Luftfahrzeugen.

## § 7
## Sofortmaßnahmen

(1) Das Bundesministerium für Verkehr und digitale Infrastruktur kann die Beförderung bestimmter gefährlicher Güter mit Wasser- und Luftfahrzeugen untersagen oder nur unter Bedingungen und Auflagen gestatten, wenn sich die geltenden Sicherheitsvorschriften als unzureichend zur Einschränkung der von der Beförderung ausgehenden Gefahren herausstellen und eine Änderung der Rechtsvorschriften in dem nach § 3 vorgesehenen Verfahren nicht abgewartet werden kann. Allgemeine Anordnungen dieser Art trifft das Bundesministerium für Verkehr und digitale Infrastruktur durch Rechtsverordnung ohne Zustimmung des Bundesrates.

(2) Absatz 1 gilt sinngemäß für den Fall, dass sich bei der Beförderung von Gütern, die bisher nicht den Vorschriften für die Beförderung gefährlicher Güter unterworfen waren, eine Gefährdung im Sinne von § 2 Absatz 1 herausstellt.

(3) Auf Grund von Absatz 1 und 2 getroffene Anordnungen gelten ein Jahr, sofern sie nicht vorher zurückgenommen werden.

---
[1] *Anmerkung des Verlags: Die RL 96/49 und 94/55 sind durch die RL 2008/68 aufgehoben worden.*

(4) Das Bundesministerium für Verkehr und digitale Infrastruktur kann nach vorheriger Genehmigung der Kommission der Europäischen Gemeinschaften die Beförderung bestimmter gefährlicher Güter mit Eisenbahn- und Straßenfahrzeugen untersagen oder nur unter Bedingungen oder Auflagen gestatten, wenn sich die geltenden Sicherheitsvorschriften bei einem Unfall oder Zwischenfall als unzureichend herausgestellt haben und dringender Handlungsbedarf besteht. Satz 1 gilt sinngemäß für den Fall, dass sich bei der Beförderung von Gütern, die bisher nicht den Vorschriften für die Beförderung gefährlicher Güter unterworfen waren, eine Gefahr im Sinne von § 2 Absatz 1 herausstellt. Auf Grund von Satz 1 und 2 getroffene Anordnungen werden entsprechend der Festlegung der Kommission der Europäischen Gemeinschaften befristet.

### § 7a
### Anhörung

(1) Vor dem Erlass von Rechtsverordnungen nach den §§ 3, 6 und 7 sollen Sicherheitsbehörden und -organisationen angehört werden, insbesondere

1. das Bundesamt für die Sicherheit der nuklearen Entsorgung,
2. die Bundesanstalt für Materialforschung und -prüfung,
3. das Bundesinstitut für Risikobewertung,
4. die Physikalisch-Technische Bundesanstalt,
5. das Robert-Koch-Institut,
6. das Umweltbundesamt,
7. das Wehrwissenschaftliche Institut für Werk-, Explosiv- und Betriebsstoffe und
8. das Eisenbahn-Bundesamt.

(2) Verbände und Sachverständige der beteiligten Wirtschaft einschließlich der Verkehrswirtschaft sollen vor dem Erlass der Rechtsverordnungen nach Absatz 1 gehört werden. Das Bundesministerium für Verkehr und digitale Infrastruktur bestimmt den jeweiligen Umfang der Anhörung und die anzuhörenden Verbände und Sachverständigen.

### § 7b
### Beirat

→ D: Geschäftsordnung

(1) Beim Bundesministerium für Verkehr und digitale Infrastruktur wird ein Gefahrgut-Verkehrs-Beirat (Beirat) eingesetzt.

(2) Der Beirat hat die Aufgabe, das Bundesministerium für Verkehr und digitale Infrastruktur hinsichtlich der sicheren Beförderung gefährlicher Güter, insbesondere der Durchführung dieses Gesetzes, zu beraten.

(3) Dem Beirat sollen insbesondere sachverständige Personen aus dem Kreis der

1. Sicherheitsbehörden und -organisationen im Sinne von § 7a Absatz 1,
2. Länder,
3. Verbände der Wirtschaft, einschließlich der Verkehrswirtschaft,
4. Gewerkschaften und
5. Wissenschaft

angehören. Das Bundesministerium für Verkehr und digitale Infrastruktur bestimmt die Zahl der Beiratsmitglieder und benennt die dem Beirat angehörenden Stellen im Einzelnen.

(4) Die Bundesministerien haben das Recht, in Sitzungen des Beirats vertreten zu sein und gehört zu werden.

### § 8
### Maßnahmen der zuständigen Behörden

(1) Die jeweils für die Überwachung zuständige Behörde kann im Einzelfall die Anordnungen treffen, die zur Beseitigung festgestellter oder zur Verhütung künftiger Verstöße gegen dieses Gesetz oder gegen die nach diesem Gesetz erlassenen Rechtsverordnungen erforderlich sind. Sie kann insbesondere

1. soweit ein Fahrzeug, mit dem gefährliche Güter befördert werden, nicht den jeweils geltenden Vorschriften über die Beförderung gefährlicher Güter entspricht oder die vorgeschriebenen Papiere nicht vorgelegt werden, die zur Behebung des Mangels erforderlichen Maßnahmen treffen und die Fortsetzung der Fahrt untersagen, bis die Voraussetzungen zur Weiterfahrt erfüllt sind,

2. die Fortsetzung der Fahrt untersagen, soweit eine nach § 46 Absatz 1 des Gesetzes über Ordnungswidrigkeiten in Verbindung mit § 132 Absatz 1 Nummer 1 der Strafprozessordnung angeordnete Sicherheitsleistung nicht oder nicht vollständig erbracht wird,
3. im grenzüberschreitenden Verkehr Fahrzeuge, die nicht in einem Mitgliedstaat der Europäischen Union oder einem anderen Vertragsstaat des Abkommens über den Europäischen Wirtschaftsraum zugelassen sind und in das Hoheitsgebiet der Bundesrepublik Deutschland einfahren wollen, in Fällen der Nummer 1 an den Außengrenzen der Mitgliedstaaten der Europäischen Union zurückweisen.

(2) Absatz 1 gilt für die Ladung entsprechend.

## § 9
## Überwachung

(1) Die Beförderung gefährlicher Güter unterliegt der Überwachung durch die zuständigen Behörden.

(2) Die für die Beförderung gefährlicher Güter Verantwortlichen (Absatz 5) haben den für die Überwachung zuständigen Behörden und deren Beauftragten die zur Erfüllung ihrer Aufgaben erforderlichen Auskünfte unverzüglich zu erteilen. Die von der zuständigen Behörde mit der Überwachung beauftragten Personen sind befugt, Grundstücke, Betriebsanlagen, Geschäftsräume, Fahrzeuge und zur Verhütung dringender Gefahren für die öffentliche Sicherheit oder Ordnung, insbesondere für die Allgemeinheit, für wichtige Gemeingüter, für Leben und Gesundheit von Menschen sowie für Tiere und Sachen auch die Wohnräume des Auskunftspflichtigen zu betreten, dort Prüfungen und Besichtigungen vorzunehmen und die geschäftlichen Unterlagen des Auskunftspflichtigen einzusehen. Der Auskunftspflichtige hat diese Maßnahmen zu dulden. Er hat den mit der Überwachung beauftragten Personen auf Verlangen Proben und Muster von gefährlichen Stoffen und Gegenständen oder Muster von Verpackungen zum Zwecke der amtlichen Untersuchung zu übergeben. Das Grundrecht der Unverletzlichkeit der Wohnung (Artikel 13 des Grundgesetzes) wird insoweit eingeschränkt. Der Auskunftspflichtige hat der für die Überwachung zuständigen Behörde bei der Durchführung der Überwachungsmaßnahmen die erforderlichen Hilfsmittel zu stellen und die nötige Mithilfe zu leisten.

(2a) Überwachungsmaßnahmen können sich auch auf Brief- und andere Postsendungen beziehen. Die von der zuständigen Behörde mit der Überwachung beauftragten Personen sind nur dann befugt, verschlossene Brief- und andere Postsendungen zu öffnen oder sich auf sonstige Weise von ihrem Inhalt Kenntnis zu verschaffen, wenn Tatsachen die Annahme begründen, dass sich darin gefährliche Güter im Sinne des § 2 Absatz 1 befinden und von diesen eine Gefahr ausgeht. Das Grundrecht des Brief- und Postgeheimnisses (Artikel 10 des Grundgesetzes) wird insoweit eingeschränkt. Absatz 2 gilt für die Durchführung von Überwachungsmaßnahmen entsprechend.

(3) Die Absätze 1 und 2 gelten auch für die Überwachung von Fertigungen von Verpackungen, Behältern (Containern) und Fahrzeugen, die nach Baumustern hergestellt werden, welche in den Vorschriften für die Beförderung gefährlicher Güter festgelegt sind.

(3a) Überwachungsmaßnahmen nach den Absätzen 1 und 2 können sich auch auf die Überprüfung der Konformität der in Verkehr befindlichen und verwendeten Verpackungen, Beförderungsbehältnisse und Fahrzeuge beziehen.

(3b) Überwachungsmaßnahmen nach den Absätzen 1 und 2 können sich auch auf die Überprüfung der Hersteller, Einführer, Eigentümer, Betreiber und Verwender von Verpackungen, Beförderungsbehältnissen und Fahrzeugen durch Stellen nach § 3 Absatz 1 Nummer 16 insoweit beziehen, als die Verpackungen, Beförderungsbehältnisse und Fahrzeuge von diesen Stellen konformitätsbewertet, erstmalig oder wiederkehrend geprüft worden sind, soweit dies in Rechtsverordnungen nach § 3 gestattet ist.

(3c) Überwachungsmaßnahmen nach den Absätzen 1 und 2 können sich auch auf die Überprüfung der Herstellung und der Prüfungen durch die Stellen nach § 3 Absatz 1 Nummer 16 beziehen, wenn diese Stellen die Konformitätsbewertung der Verpackung, der Beförderungsbehältnisse oder der Fahrzeuge vorgenommen, das Qualitätssicherungsprogramm oder Prüfstellen des Herstellers oder Betreibers anerkannt haben, soweit dies in Rechtsverordnungen nach § 3 gestattet ist.

(3d) Das Bundesministerium für Verkehr und digitale Infrastruktur wird ermächtigt, durch Rechtsverordnung mit Zustimmung des Bundesrates die Maßnahmen nach Absatz 1 bis 3c näher zu bestimmen, Vorgaben für die Zusammenarbeit der zuständigen Behörden und Stellen zu treffen und die im Zusammenhang mit Meldepflichten und Schutzklauselverfahren nach Vorgaben von Rechtsakten und zwischenstaatlichen Vereinbarungen stehenden Maßnahmen nach § 3 Absatz 2 festzulegen.

(4) Der zur Erteilung der Auskunft Verpflichtete kann die Auskunft auf solche Fragen verweigern, deren Beantwortung ihn selbst oder einen der in § 383 Absatz 1 Nummer 1 bis 3 der Zivilprozessordnung bezeichneten Angehörigen der Gefahr strafrechtlicher Verfolgung oder eines Verfahrens nach dem Gesetz über Ordnungswidrigkeiten aussetzen würde.

(5) Verantwortlicher für die Beförderung ist, wer als Unternehmer oder als Inhaber eines Betriebes gefährliche Güter verpackt, verlädt, versendet, befördert, entlädt, empfängt oder auspackt. Als Verantwortlicher gilt auch, wer als Unternehmer oder als Inhaber eines Betriebes Verpackungen, Beförderungsbehältnisse oder Fahrzeuge zur Beförderung gefährlicher Güter gemäß Absatz 3 herstellt, einführt oder in den Verkehr bringt.

## § 9a
## Amtshilfe und Datenschutz

(1) Die Übermittlung personenbezogener Daten bei der Gewährung von Amtshilfe gegenüber zuständigen Behörden der Mitgliedstaaten der Europäischen Union und anderer Vertragsstaaten des Abkommens über den Europäischen Wirtschaftsraum im Rahmen der Überwachung der Beförderung gefährlicher Güter ist nur zulässig, soweit dies zur Verfolgung von schwerwiegenden oder wiederholten Verstößen gegen Vorschriften über die Beförderung gefährlicher Güter erforderlich ist. → D: GGKontrollV

(2) Schwerwiegende oder wiederholte Verstöße eines Unternehmens mit Sitz in einem Mitgliedstaat der Europäischen Union oder einem anderen Vertragsstaat des Abkommens über den Europäischen Wirtschaftsraum sind den dort zuständigen Behörden im Rahmen ihrer Zuständigkeit mitzuteilen. Zugleich können die genannten Behörden ersucht werden, gegenüber dem betreffenden Unternehmen angemessene Maßnahmen zu ergreifen. Sofern diese Behörden im Rahmen ihrer Zuständigkeit bei schwerwiegenden oder wiederholten Verstößen eines Unternehmens mit Sitz im Inland die zuständige deutsche Behörde ersuchen, angemessene Maßnahmen zu ergreifen, hat diese den ersuchenden Behörden mitzuteilen, ob und welche Maßnahmen ergriffen wurden.

(3) Schwerwiegende oder wiederholte Verstöße mit einem Fahrzeug, das in einem Mitgliedstaat der Europäischen Union oder einem anderen Vertragsstaat des Abkommens über den Europäischen Wirtschaftsraum zugelassen ist, sind den dort zuständigen Behörden im Rahmen ihrer Zuständigkeit mitzuteilen. Zugleich können die genannten Behörden ersucht werden, gegenüber dem betreffenden Fahrzeughalter angemessene Maßnahmen zu ergreifen. Sofern diese Behörden im Rahmen ihrer Zuständigkeit bei schwerwiegenden oder wiederholten Verstößen mit einem Fahrzeug, das im Inland zugelassen ist, die zuständige deutsche Behörde um angemessene Maßnahmen ersuchen, hat diese den ersuchenden Behörden mitzuteilen, ob und welche Maßnahmen ergriffen wurden.

(4) Ergibt eine Kontrolle, der ein in einem anderen Mitgliedstaat der Europäischen Union oder in einem anderen Vertragsstaat des Abkommens über den Europäischen Wirtschaftsraum zugelassenes Fahrzeug unterzogen wird, Tatsachen, die Anlass zu der Annahme geben, dass schwerwiegende Verstöße gegen Vorschriften über die Beförderung gefährlicher Güter vorliegen, die bei dieser Kontrolle nicht festgestellt werden können, wird den zuständigen Behörden der betreffenden Mitgliedstaaten der Europäischen Union und der anderen Vertragsstaaten des Abkommens über den Europäischen Wirtschaftsraum dieser Sachverhalt mitgeteilt. Führt eine zuständige deutsche Behörde auf eine entsprechende Mitteilung einer zuständigen Behörde eines Mitgliedstaates der Europäischen Union oder eines anderen Vertragsstaates des Abkommens über den Europäischen Wirtschaftsraum eine Kontrolle in einem inländischen Unternehmen durch, so werden die Ergebnisse dem anderen betroffenen Staat mitgeteilt.

(5) Mitteilungen und Ersuchen nach den Absätzen 2 bis 4 sind im Straßenverkehr über das Bundesamt für Logistik und Mobilität, im Eisenbahnverkehr über das Eisenbahn-Bundesamt und im Binnenschiffsverkehr über das Bundesministerium für Verkehr und digitale Infrastruktur zu leiten.

(6) Die in Absatz 5 bestimmten Stellen dürfen zum Zweck der Feststellung von wiederholten Verstößen nach den Absätzen 2 und 3 folgende personenbezogene Daten über abgeschlossene Bußgeldverfahren, bei denen sie Verwaltungsbehörde im Sinne des § 36 Absatz 1 Nummer 1 des Gesetzes über Ordnungswidrigkeiten sind, oder die ihnen von einer anderen zuständigen Verwaltungsbehörde übermittelt wurden, speichern und verändern:

1. Name, Anschrift und Geburtsdatum der Betroffenen sowie Name und Anschrift des Unternehmens,
2. Zeit und Ort der Begehung der Ordnungswidrigkeit,
3. die gesetzlichen Merkmale der Ordnungswidrigkeit,

4. Bußgeldbescheide mit dem Datum ihres Erlasses und dem Datum des Eintritts ihrer Rechtskraft, gerichtliche Entscheidungen in Bußgeldsachen mit dem Datum des Eintritts ihrer Rechtskraft und
5. die Höhe der Geldbuße.

Die in Absatz 5 bestimmten Stellen dürfen diese Daten verwenden, soweit es für den in Satz 1 genannten Zweck erforderlich ist. Zur Feststellung der Wiederholungsfälle haben sie die Zuwiderhandlungen der Angehörigen desselben Unternehmens zusammenzuführen. Die nach Satz 1 gespeicherten Daten sind zwei Jahre nach dem Eintritt der Rechtskraft des Bußgeldbescheides oder der gerichtlichen Entscheidung zu löschen, wenn in dieser Zeit keine weiteren Eintragungen im Sinne von Satz 1 Nr. 4 hinzugekommen sind. Sie sind spätestens fünf Jahre nach ihrer Speicherung zu löschen.

(7) Die zuständigen Verwaltungsbehörden im Sinne des § 36 Absatz 1 Nummer 1 des Gesetzes über Ordnungswidrigkeiten übermitteln den in Absatz 5 bestimmten Stellen nach Eintritt der Rechtskraft des Bußgeldbescheides oder nach dem Eintritt der Rechtskraft der gerichtlichen Entscheidung die in Absatz 6 Satz 1 genannten Daten.

(8) Der Empfänger der Mitteilung oder des Ersuchens ist darauf hinzuweisen, dass die übermittelten Daten nur zu dem Zweck verwendet werden dürfen, zu dessen Erfüllung sie ihm übermittelt werden.

(9) Die Übermittlung von Daten unterbleibt, wenn durch sie schutzwürdige Interessen der betroffenen Person beeinträchtigt würden, insbesondere wenn im Empfängerland ein angemessener Datenschutzstandard nicht gewährleistet ist. Daten über schwerwiegende Verstöße gegen anwendbare Vorschriften über die Beförderung gefährlicher Güter dürfen auch übermittelt werden, wenn im Empfängerland kein angemessener Datenschutzstandard gewährleistet ist.

(10) Das Bundesministerium für Verkehr und digitale Infrastruktur wird ermächtigt, mit Zustimmung des Bundesrates Rechtsverordnungen und allgemeine Verwaltungsvorschriften über das Verfahren bei der Erhebung, Speicherung und Übermittlung der Daten nach den Absätzen 2 bis 9 zu erlassen.

## § 10
## Ordnungswidrigkeiten

*→ D: RSEB Anl. 7*
*→ D: GGVSEB § 37*

(1) Ordnungswidrig handelt, wer vorsätzlich oder fahrlässig

1. einer Rechtsverordnung nach
   a) § 3 Absatz 1 Satz 1 Nummer 2 Buchstabe b und c oder Nummer 4 Buchstabe c und d,
   b) § 3 Absatz 1 Satz 1 Nummer 1, 2 Buchstabe a, Nummer 3, 4 Buchstabe a und b, Nummer 5 bis 16 oder Nummer 17

   oder einer vollziehbaren Anordnung auf Grund einer solchen Rechtsverordnung zuwiderhandelt, soweit die Rechtsverordnung für einen bestimmten Tatbestand auf diese Bußgeldvorschrift verweist,

1a. einer Rechtsverordnung nach § 6, § 7 Absatz 1 Satz 2 oder § 7 Absatz 2 in Verbindung mit § 7 Absatz 1 Satz 2 zuwiderhandelt, soweit sie für einen bestimmten Tatbestand auf diese Bußgeldvorschrift verweist,

2. einer vollziehbaren Anordnung oder Auflage nach § 7 Absatz 1 Satz 1, auch in Verbindung mit § 7 Absatz 2, oder nach § 8 Absatz 1 Satz 2, auch in Verbindung mit § 8 Absatz 2, zuwiderhandelt,
3. entgegen § 9 Absatz 2 Satz 1 oder § 9 Absatz 3 in Verbindung mit § 9 Absatz 2 Satz 1 eine Auskunft nicht, nicht richtig, nicht vollständig oder nicht rechtzeitig erteilt,
4. einer Duldungspflicht nach § 9 Absatz 2 Satz 3 oder einer Übergabepflicht nach § 9 Absatz 2 Satz 4, jeweils auch in Verbindung mit § 9 Absatz 3, zuwiderhandelt oder
5. entgegen § 9 Absatz 2 Satz 6 die erforderlichen Hilfsmittel nicht stellt oder die nötige Mithilfe nicht leistet.

(2) Die Ordnungswidrigkeit kann in den Fällen des Absatzes 1 Nummer 1, Nummer 1a und Nummer 2 mit einer Geldbuße bis zu fünfzigtausend Euro, in den übrigen Fällen mit einer Geldbuße bis zu eintausend Euro geahndet werden.

(3) Wird eine Zuwiderhandlung nach Absatz 1 bei der Beförderung gefährlicher Güter auf der Straße, mit der Eisenbahn oder mit Binnenschiffen in einem Unternehmen begangen, das im Geltungsbereich des Gesetzes weder seinen Sitz noch eine geschäftliche Niederlassung hat, und hat auch die betroffene Person im Geltungsbereich des Gesetzes keinen Wohnsitz, so sind Verwaltungsbehörden im Sinne des § 36 Absatz 1 Nummer 1 des Gesetzes über Ordnungswidrigkeiten die in § 9a Absatz 5 genannten Stellen.

(4) § 7 Absatz 4 Satz 2 des Binnenschifffahrtsaufgabengesetzes in der Fassung der Bekanntmachung vom 5. Juli 2001 (BGBl. I S. 2026), das zuletzt durch Artikel 4 des Gesetzes vom 8. April 2008 (BGBl. I S. 706) geändert worden ist, bleibt unberührt.

**§ 11**
**Strafvorschriften**

Mit Freiheitsstrafe bis zu einem Jahr oder mit Geldstrafe wird bestraft, wer eine in § 10 Absatz 1 Nummer 1 Buchstabe a bezeichnete vorsätzliche Handlung beharrlich wiederholt oder durch eine solche vorsätzliche Handlung Leben oder Gesundheit eines Anderen, ihm nicht gehörende Tiere oder fremde Sachen von bedeutendem Wert gefährdet.

**§ 12**
**Kosten**

(1) Für Amtshandlungen einschließlich Prüfungen und Untersuchungen nach diesem Gesetz und den auf ihm beruhenden Rechtsvorschriften werden Kosten (Gebühren und Auslagen) erhoben. Das Verwaltungskostengesetz vom 23. Juni 1970 (BGBl. I S. 821) in der bis zum 14. August 2013 geltenden Fassung findet Anwendung.

(2) Das Bundesministerium für Verkehr und digitale Infrastruktur bestimmt durch Rechtsverordnung die gebührenpflichtigen Tatbestände näher und sieht dabei feste Sätze, auch in der Form von Gebühren nach Zeitaufwand, Rahmensätze oder Gebühren nach dem Wert des Gegenstandes der Amtshandlung vor. Die Gebühr beträgt mindestens fünf Euro. Mit Ausnahme der Gebühr für die Bauartprüfung, Zulassung oder Anerkennung der Muster der Versandstücke der Klasse 7 mit einer Gesamtbruttomasse von mehr als 1 000 Kilogramm darf sie im Einzelfall 25 000 Euro nicht übersteigen. → *D: GGKostV*

(3) In den Rechtsverordnungen nach Absatz 2 kann bestimmt werden, dass die für die Prüfung, Untersuchung oder Überwachung zulässige Gebühr auch erhoben werden darf, wenn die Prüfung, Untersuchung oder Überwachung ohne Verschulden der prüfenden oder untersuchenden Stelle und ohne ausreichende Entschuldigung des Antragstellers am festgesetzten Termin nicht stattfinden konnte oder abgebrochen werden musste.

(4) Rechtsverordnungen über Kosten, deren Gläubiger der Bund ist, bedürfen nicht der Zustimmung des Bundesrates.

**§ 13**
**(Änderungen anderer Gesetze)**

**§ 14**
*(weggefallen)*

**§ 15**
*[Inkrafttreten]*

# Gefahrgutverordnung Straße, Eisenbahn und Binnenschifffahrt (GGVSEB)

## Verordnung über die innerstaatliche und grenzüberschreitende Beförderung gefährlicher Güter auf der Straße, mit Eisenbahnen und auf Binnengewässern (Gefahrgutverordnung Straße, Eisenbahn und Binnenschifffahrt – GGVSEB)[1]

i.d.F. der Bek. vom 18.8.2023 (BGBl. 2023 I Nr. 227)

geändert durch Art. 1 und 2 V vom 19.6.2025 (BGBl. 2025 I Nr. 147)

### Bekanntmachung der Neufassung der Gefahrgutverordnung Straße, Eisenbahn und Binnenschifffahrt

vom 18. August 2023

Auf Grund des Artikels 5 der Verordnung vom 28. Juni 2023 (BGBl. 2023 I Nr. 174) wird nachstehend der Wortlaut der Gefahrgutverordnung Straße, Eisenbahn und Binnenschifffahrt in der seit dem 5. Juli 2023 geltenden Fassung bekannt gemacht. Die Neufassung berücksichtigt:

1. die Fassung der Bekanntmachung der Verordnung vom 26. März 2021 (BGBl. I S. 481),
2. den am 9. Juni 2021 in Kraft getretenen Artikel 3 Absatz 5 des Gesetzes vom 2. Juni 2021 (BGBl. I S. 1295),
3. den am 9. März 2023 in Kraft getretenen Artikel 28 des Gesetzes vom 2. März 2023 (BGBl. 2023 I Nr. 56) und
4. den teils mit Wirkung vom 1. Januar 2023, teils am 5. Juli in Kraft getretenen Artikel 1 der eingangs genannten Verordnung.

Berlin, den 18. August 2023

Der Bundesminister
für Digitales und Verkehr
Volker Wissing

### Inhaltsverzeichnis *(nicht amtlicher Text)*



[1] Diese Verordnung dient der Umsetzung der Delegierten Richtlinie (EU) 2025/149 der Kommission vom 15. November 2024 zur Anpassung der Anhänge der Richtlinie 2008/68/EG des Europäischen Parlaments und des Rates an den wissenschaftlichen und technischen Fortschritt (ABl. L, 2025/149, 24.1.2025).

**Anlagen**

→ D: RSEB 1.1

## § 1
## Geltungsbereich

(1) Diese Verordnung regelt die innerstaatliche und grenzüberschreitende Beförderung einschließlich der Beförderung von und nach Mitgliedstaaten der Europäischen Union (innergemeinschaftliche Beförderung) gefährlicher Güter

→ D: RSEB 70.1.S 1. auf der Straße mit Fahrzeugen (Straßenverkehr),

→ D: RSEB 70.2.E 2. auf der Schiene mit Eisenbahnen (Eisenbahnverkehr) und

→ D: RSEB 70.3.B 3. auf allen schiffbaren Binnengewässern (Binnenschifffahrt)

in Deutschland, soweit nachfolgend nichts Abweichendes bestimmt ist. Sie regelt nicht die Beförderung gefährlicher Güter mit Seeschiffen auf Seeschifffahrtsstraßen und in angrenzenden Seehäfen.

(2) Diese Verordnung gilt hinsichtlich der*)

1. in Absatz 1 Satz 1 Nummer 1 und 2 genannten Beförderungen auch für Fahrzeuge und Transportmittel, die der Bundeswehr und ausländischen Streitkräften gehören oder für die die Bundeswehr und ausländische Streitkräfte verantwortlich sind, und
2. in Absatz 1 Satz 1 Nummer 3 genannten Beförderungen nicht für die Beförderung gefährlicher Güter auf Fahrzeugen der Streitkräfte einschließlich aller Fahrzeuge im Geschäftsbereich des Bundesministeriums der Verteidigung, soweit dies die Aufgaben der Bundeswehr erfordern.

→ D: GGAV 20, 24 (3) Es gelten für die in Absatz 1 Satz 1

1. Nummer 1 genannten
   - → D: GGAV 32 a) innerstaatlichen Beförderungen auf der Straße die Vorschriften der Teile 1 bis 9 der Anlagen A und B zu dem Übereinkommen vom 30. September 1957 über die internationale Beförderung gefährlicher Güter auf der Straße (ADR) in der Fassung der Bekanntmachung der Anlagen A und B vom 16. November 2021 (BGBl. 2021 II S. 1184, Anlagenband), die zuletzt durch die 30. ADR-Änderungsverordnung vom 19. Februar 2025 (BGBl. 2025 II Nr. 57) geändert worden sind, sowie die Vorschriften der Anlage 2 Nummer 2 und 3 und Anlage 3,
   - b) grenzüberschreitenden einschließlich innergemeinschaftlichen Beförderungen auf der Straße die Vorschriften der Teile 1 bis 9 zu dem in Buchstabe a genannten ADR-Übereinkommen sowie die Vorschriften der Anlage 3,
2. Nummer 2 genannten
   - a) innerstaatlichen Beförderungen mit Eisenbahnen die Vorschriften der Teile 1 bis 7 der Anlage der Ordnung für die internationale Eisenbahnbeförderung gefährlicher Güter (RID) – Anhang C des Übereinkommens über den internationalen Eisenbahnverkehr (COTIF) vom 9. Mai 1980 in der Fassung der Bekanntmachung vom 28. März 2024 (BGBl. 2024 II Nr. 145, Anlagenband), die zuletzt durch die 24. RID-Änderungsverordnung vom 24. April 2025 (BGBl. 2025 II Nr. 144) geändert worden ist, sowie die Vorschriften der Anlage 2 Nummer 2 und 4 und Anlage 3,
   - b) grenzüberschreitenden einschließlich innergemeinschaftlichen Beförderungen mit Eisenbahnen die Vorschriften der Teile 1 bis 7 RID sowie die Vorschriften der Anlage 3 und
3. Nummer 3 genannten
   - → D: GGAV 8 a) Beförderungen auf allen schiffbaren Binnengewässern die Vorschriften der Teile 1 bis 9 der Anlage zu dem Europäischen Übereinkommen vom 26. Mai 2000 über die internationale Beförderung von gefährlichen Gütern auf Binnenwasserstraßen (ADN) in der Fassung der Bekanntmachung vom 10. November 2021 (BGBl. 2021 II S. 1150, Anlagenband; 2022 II S. 436), die zuletzt durch die 10. ADN-Änderungsverordnung vom 24. April 2025 (BGBl. 2025 II Nr. 143) geändert worden ist, sowie die Vorschriften der Anlage 2 Nummer 5,
   - b) Beförderungen auf dem Rhein zusätzlich die von der Zentralkommission für die Rheinschifffahrt am 3. Dezember 2009 beschlossenen Bestimmungen in Anlage 2 Nummer 6.

*) → *D: ODV Anl. 2 Abschnitt B*

(4) Für die Anwendung der Teile 1 bis 9 ADR/ADN und der Teile 1 bis 7 RID gilt für innerstaatliche und innergemeinschaftliche Beförderungen anstelle des Begriffes „Vertragspartei" jeweils der Begriff „Mitgliedstaat".

(5) Die in dieser Verordnung für die Teile 4 und 6 ADR/RID getroffenen Regelungen sind nach Maßgabe der Abschnitte 4.1.1 bis 4.1.4 und 6.1.1 bis 6.1.6 ADN auch für die Binnenschifffahrt anzuwenden.

## § 2 Begriffsbestimmungen

→ ADR 1.2.1
→ D: RSEB 2.1

(1) Absender ist das Unternehmen, das selbst oder für einen Dritten gefährliche Güter versendet. Erfolgt die Beförderung auf Grund eines Beförderungsvertrages, gilt als Absender der Absender nach diesem Vertrag. Bei Tankschiffen mit leeren oder entladenen Ladetanks ist hinsichtlich der erforderlichen Beförderungspapiere der Schiffsführer der Absender.

(2) Befüller ist das Unternehmen, das die gefährlichen Güter einfüllt in

1. ein Tankfahrzeug,
2. einen Aufsetztank,
3. einen Kesselwagen,
4. einen Wagen mit abnehmbaren Tanks,
5. einen ortsbeweglichen Tank,
6. einen Tankcontainer,
7. einen MEGC,
8. einen Groß- oder Kleincontainer für die Beförderung in loser Schüttung,
9. einen Schüttgut-Container,
10. ein Fahrzeug für die Beförderung in loser Schüttung,
11. ein Batterie-Fahrzeug,
12. ein MEMU,
13. einen Wagen für die Beförderung in loser Schüttung,
14. einen Batteriewagen,
15. ein Schiff oder
16. einen Ladetank.

Befüller ist auch das Unternehmen, das als unmittelbarer Besitzer das gefährliche Gut dem Beförderer zur Beförderung übergibt oder selbst befördert.

(3) Verlader ist das Unternehmen, das

1. verpackte gefährliche Güter in oder auf ein Fahrzeug gemäß Abschnitt 1.2.1 ADR, einen Wagen gemäß Abschnitt 1.2.1 RID, ein Beförderungsmittel gemäß Abschnitt 1.2.1 ADN oder einen Container verlädt oder
2. einen Container, Schüttgut-Container, MEGC, Tankcontainer oder ortsbeweglichen Tank in oder auf ein Fahrzeug gemäß Abschnitt 1.2.1 ADR, einen Wagen gemäß Abschnitt 1.2.1 RID, ein Beförderungsmittel gemäß Abschnitt 1.2.1 ADN oder einen Container verlädt oder
3. ein Fahrzeug oder einen Wagen in oder auf ein Schiff gemäß Abschnitt 1.2.1 ADN verlädt.

Verlader ist auch das Unternehmen, das als unmittelbarer Besitzer das gefährliche Gut dem Beförderer zur Beförderung übergibt oder selbst befördert. Kein Verlader nach Satz 2 ist das Unternehmen, das Verladevorgänge von ausschließlich gefährlichen Gütern durchführt, die von den Vorschriften des ADR/RID/ADN freigestellt sind, ausgenommen

1. solche gemäß Unterabschnitt 1.1.3.6 ADR/ADN und
2. von in begrenzten Mengen verpackten gefährlichen Gütern nach Kapitel 3.4 ADR/RID/ADN, wenn die Bruttogesamtmasse dieser Versandstücke 100 Kilogramm überschreitet.

(4) Verpacker ist das Unternehmen, das die gefährlichen Güter in Verpackungen einschließlich Großverpackungen und IBC einfüllt oder die Versandstücke zur Beförderung vorbereitet. Verpacker ist auch das Unternehmen, das gefährliche Güter verpacken lässt oder das Versandstücke oder deren Kennzeichnung oder Bezettelung ändert oder ändern lässt. → D: GGBefG § 1 (1) → D: RSEB 2.2

→ D: RSEB 2.2 (5) Versandstück ist das versandfertige Endprodukt des Verpackungsvorganges, bestehend aus der Verpackung, der Großverpackung oder dem IBC und ihrem beziehungsweise seinem Inhalt. Der Begriff umfasst die Gefäße für Gase sowie die Gegenstände, die wegen ihrer Größe, Masse oder Formgebung unverpackt, oder in Schlitten, Verschlägen oder Handhabungseinrichtungen befördert werden dürfen. Mit Ausnahme der Beförderung radioaktiver Stoffe gilt dieser Begriff weder für Güter, die in loser Schüttung, noch für Güter, die in Tanks oder Ladetanks befördert werden. An Bord von Schiffen schließt der Begriff Versandstück auch die Fahrzeuge, Wagen, Container einschließlich Wechselaufbauten, Tankcontainer, ortsbewegliche Tanks, Großverpackungen, IBC, Batterie-Fahrzeuge, Batteriewagen, Tankfahrzeuge, Kesselwagen und MEGC ein.

→ D: GGKontrollV § 2 Nr. 1 → D: RSEB 5.6.S (6) Fahrzeuge sind im innerstaatlichen Verkehr und innergemeinschaftlichen Verkehr – abweichend von der Begriffsbestimmung im ADR – die in Abschnitt 1.2.1 ADR beschriebenen Fahrzeuge mit einer bauartbedingten Höchstgeschwindigkeit von mehr als 25 Kilometer pro Stunde, einschließlich zwei- und dreirädrige Fahrzeuge sowie selbstfahrende Land-, Forst-, Bau- und sonstige Arbeitsmaschinen sowie ihre Anhänger, und Güterstraßenbahnen, die auf einem vom Eisenbahnnetz getrennten Schienennetz verkehren.

→ D: RSEB 2.3.B (7) Gefährliche Güter sind die Stoffe und Gegenstände, deren Beförderung nach Teil 2, Kapitel 3.2 Tabelle A und Kapitel 3.3 ADR/RID/ADN verboten oder nach den vorgesehenen Bedingungen des ADR/RID/ADN gestattet ist.

→ D: RSEB 6-4 (8) Wiederaufarbeiter ist das Unternehmen, das wiederaufgearbeitete Verpackungen, wiederaufgearbeitete Großverpackungen und wiederaufgearbeitete IBC im Sinne des Abschnitts 1.2.1 ADR/RID herstellt.

(9) Rekonditionierer ist das Unternehmen, das rekonditionierte Verpackungen im Sinne des Abschnitts 1.2.1 ADR/RID herstellt.

(10) Auftraggeber des Absenders ist das Unternehmen, das einen Absender beauftragt, als solcher aufzutreten und Gefahrgut selbst oder durch einen Dritten zu versenden.

(11) IBC (Intermediate Bulk Container) ist das in Abschnitt 1.2.1 ADR/RID/ADN beschriebene Großpackmittel.

(12) IMDG-Code (International Maritime Dangerous Goods Code) ist der Internationale Code für die Beförderung gefährlicher Güter mit Seeschiffen, der zuletzt durch die Entschließung MSC.556 (108) geändert worden ist, in der amtlichen deutschen Übersetzung bekannt gegeben am 12. November 2024 (VkBl. S. 764).

(13) MEGC (Multiple-Element Gas Container) ist der in Abschnitt 1.2.1 ADR/RID/ADN beschriebene Gascontainer mit mehreren Elementen. Der Begriff MEGC umfasst auch UN-MEGC.

(14) MEMU (Mobile Einheit zur Herstellung von explosiven Stoffen oder Gegenständen mit Explosivstoff) ist die in Abschnitt 1.2.1 ADR beschriebene Einheit oder ein Fahrzeug.

(15) Ortsbewegliche-Druckgeräte-Verordnung ist die Ortsbewegliche-Druckgeräte-Verordnung vom 29. November 2011 (BGBl. I S. 2349), die zuletzt durch Artikel 1 der Verordnung vom 17. Dezember 2024 (BGBl. 2024 I Nr. 422) geändert worden ist.

(16) OTIF (Organisation Intergouvernementale pour les transports internationaux ferroviaires) ist die Zwischenstaatliche Organisation für den internationalen Eisenbahnverkehr.

(17) UNECE (United Nations Economic Commission for Europe) ist die Wirtschaftskommission der Vereinten Nationen für Europa.

(18) GGVSee ist die Gefahrgutverordnung See in der Fassung der Bekanntmachung vom 21. Oktober 2019 (BGBl. I S. 1475), die zuletzt durch Artikel 16 des Gesetzes vom 12. Dezember 2019 (BGBl. I S. 2510) geändert worden ist.

→ D: ODV (19) Ortsbewegliche Druckgeräte sind die in Artikel 2 Nummer 1 der Richtlinie 2010/35/EU bestimmten Gefäße und Tanks für Gase sowie die übrigen in den Kapiteln 6.2 und 6.8 ADR/RID bestimmten Gefäße und Tanks für Gase.

(20) Bundeswasserstraßen sind die Wasserstraßen nach § 1 Absatz 1 und 6 des Bundeswasserstraßengesetzes in der Fassung der Bekanntmachung vom 23. Mai 2007 (BGBl. I S. 962, 2008 I S. 1980) in der jeweils geltenden Fassung mit Ausnahme der Elbe im Hamburger Hafen.

## § 3
## Zulassung zur Beförderung

→ D: RSEB 3.1
→ D: AtG § 4 (1)
→ D: StrlSchV § 12 ff.

Gefährliche Güter dürfen unbeschadet des § 5 nur befördert werden, wenn deren Beförderung nach den Unterabschnitten 2.2.1.2, 2.2.2.2, 2.2.3.2, 2.2.41.2, 2.2.42.2, 2.2.43.2, 2.2.51.2, 2.2.52.2, 2.2.61.2, 2.2.62.2, 2.2.8.2, 2.2.9.2, Kapitel 3.2 Tabelle A und Kapitel 3.3 ADR/RID/ADN nicht ausgeschlossen ist und die Beförderung unter Einhaltung der anwendbaren Vorschriften des ADR/RID/ADN erfolgt.

## § 4
## Allgemeine Sicherheitspflichten

→ D: RSEB 4.1

(1) Die an der Beförderung gefährlicher Güter Beteiligten haben die nach Art und Ausmaß der vorhersehbaren Gefahren erforderlichen Vorkehrungen zu treffen, um Schadensfälle zu verhindern und bei Eintritt eines Schadens dessen Umfang so gering wie möglich zu halten.

(2) Bilden die beförderten gefährlichen Güter eine besondere Gefahr für andere, insbesondere soweit gefährliches Gut bei Unfällen oder Unregelmäßigkeiten austritt oder austreten kann, und kann diese nicht rasch beseitigt werden, hat → D: GGKontrollV Anl. 3

1. der Fahrzeugführer im Straßenverkehr,
2. der jeweilige Betreiber der Eisenbahninfrastruktur im Eisenbahnverkehr oder
3. der Schiffsführer in der Binnenschifffahrt

die dem Ort des Gefahreneintritts nächstgelegenen zuständigen Behörden unverzüglich zu benachrichtigen oder benachrichtigen zu lassen und mit den notwendigen Informationen zu versehen oder versehen zu lassen. Im Eisenbahnverkehr hat der Beförderer unverzüglich den jeweiligen Betreiber der Eisenbahninfrastruktur zu benachrichtigen.

(3) Beim Feststellen eines Verstoßes, der die Sicherheit der Beförderung beeinträchtigen könnte, hat

1. der Fahrzeugführer im Straßenverkehr,
2. der Beförderer im Eisenbahnverkehr oder
3. der Schiffsführer in der Binnenschifffahrt

die Sendung möglichst rasch anzuhalten. Er darf die Beförderung erst fortsetzen, wenn die anzuwendenden Vorschriften erfüllt oder die Anweisungen oder Genehmigungen der zuständigen Behörden erteilt sind.

## § 5
## Ausnahmen

→ RL 2008/68/EG Anh. I
→ D: RSEB Anl. 1
→ D: RSEB 5.1 ff.

(1) Die nach Landesrecht zuständigen Stellen können

1. im Straßenverkehr auf Antrag Ausnahmen von den Teilen 1 bis 9 – ausgenommen die Kapitel 1.8 und 1.10 – ADR sowie von den §§ 35 bis 35b und Anlage 2 dieser Verordnung,
2. im Eisenbahnverkehr für den Bereich der nichtbundeseigenen Eisenbahnen auf Antrag Ausnahmen von den Teilen 1 bis 7 – ausgenommen die Kapitel 1.8 und 1.10 – RID und → D: RSEB 5.5
→ D: RSEB 5.6.S
→ D: RSEB 5.9
→ D: RSEB 5.10 f.
3. in der Binnenschifffahrt auf Wasserstraßen, die nicht Bundeswasserstraßen sind, auf Antrag Ausnahmen von den Teilen 1 bis 9 – ausgenommen die Kapitel 1.8 und 1.10 – ADN

für Beförderungen innerhalb Deutschlands zulassen, soweit dies nach der Richtlinie 2008/68/EG vom 24. September 2008 des Europäischen Parlaments und des Rates über die Beförderung gefährlicher Güter im Binnenland (ABl. L 260 vom 30.9.2008, S. 13) zulässig ist.

(2) Das Eisenbahn-Bundesamt kann im Eisenbahnverkehr für den Bereich der Eisenbahnen des Bundes auf Antrag Ausnahmen von den Teilen 1 bis 7 – ausgenommen die Kapitel 1.8 und 1.10 – RID für Beförderungen innerhalb Deutschlands zulassen, soweit dies nach der Richtlinie 2008/68/EG zulässig ist. → D: RSEB 5.5

(3) Die Generaldirektion Wasserstraßen und Schifffahrt kann in der Binnenschifffahrt für den Bereich der Bundeswasserstraßen auf Antrag Ausnahmen von den Teilen 1 bis 9 ADN – ausgenommen Abschnitt 1.5.2 ADN, Kapitel 1.8 und 1.10 ADN – für Beförderungen innerhalb Deutschlands zulassen, soweit dies nach der Richtlinie 2008/68/EG zulässig ist. Diese Ausnahmen schließen für den Bereich der Bundeswasserstraßen weitere für das Vorhaben erforderliche Entscheidungen nach Teil 7 ADN – ausgenommen Unterabschnitt 7.2.2.6 und Absätze 7.2.3.7.1 und 7.2.3.7.6 ADN – mit ein; die Entscheidung ergeht insoweit im Benehmen mit der nach § 16 Absatz 6 zuständigen Behörde. → D: RSEB 5.5
→ D: RSEB 5.14.B

(4) Bei Ausnahmen nach den Absätzen 1 bis 3 ist über die erforderlichen Sicherheitsvorkehrungen vom Antragsteller ein Gutachten eines Sachverständigen vorzulegen. In diesem Gutachten müssen insbeson- → D: RSEB 5.7
→ D: RSEB 5.10 f.

dere die verbleibenden Gefahren dargestellt und es muss begründet werden, weshalb die Zulassung der Ausnahme trotz der verbleibenden Gefahren als vertretbar angesehen wird. Die zuständige Stelle kann die Vorlage weiterer Gutachten auf Kosten des Antragstellers verlangen oder diese im Benehmen mit dem Antragsteller selbst erstellen lassen. In begründeten Einzelfällen kann die zuständige Stelle auf die Vorlage eines Gutachtens verzichten.

*→ D: RSEB 5.12*

(5) Ausnahmen nach den Absätzen 1 bis 3 sind schriftlich oder elektronisch und unter dem Vorbehalt des Widerrufs für den Fall zu erteilen, dass sich die auferlegten Sicherheitsvorkehrungen als unzureichend zur Einschränkung der von der Beförderung ausgehenden Gefahren erweisen. Die nach Artikel 6 Absatz 2 der Richtlinie 2008/68/EG vorgesehenen Ausnahmen müssen dem Verfahren nach Artikel 6 Absatz 2 oder 4 unterzogen und von der Kommission anerkannt worden sein; sie sind dem Bundesministerium für Digitales und Verkehr mitzuteilen. Sie dürfen ab dem Zeitpunkt ihrer Genehmigung durch die Kommission für höchstens sechs Jahre erteilt werden; für die Verlängerung einer Ausnahme gilt das Verfahren nach Artikel 6 Absatz 4 der Richtlinie 2008/68/EG.

(6) Das Bundesministerium der Verteidigung oder die von ihm bestimmten Stellen dürfen für die Bundeswehr, in ihrem Auftrag hoheitlich tätige zivile Unternehmen und für ausländische Streitkräfte Ausnahmen von dieser Verordnung zulassen, soweit dies Gründe der Verteidigung erfordern und die öffentliche Sicherheit gebührend berücksichtigt ist. Ausnahmen nach Satz 1 sind für den Bundesnachrichtendienst zuzulassen, soweit er im Rahmen seiner Aufgaben für das Bundesministerium der Verteidigung tätig wird und soweit sicherheitspolitische Interessen dies erfordern.*)

*→ D: RSEB 5.15.S*
*→ D: RSEB Anl. 10*

(7) Die Bundesministerien des Innern und für Heimat, der Justiz und der Finanzen sowie die Innen- und Justizminister (-senatoren) der Länder oder die von ihnen bestimmten Stellen dürfen in ihrem Aufgabenbereich Ausnahmen für Beförderungen innerhalb Deutschlands zulassen, soweit dies nach der Richtlinie 2008/68/EG zulässig ist. Absatz 5 Satz 2 gilt entsprechend. Unabhängig davon dürfen sie Ausnahmen von den §§ 35 bis 35b und von Anlage 2 dieser Verordnung zulassen.

(8) Die für den Bereich

1. der Eisenbahnen des Bundes zugelassenen Ausnahmen nach Absatz 2 gelten auch für den Bereich der übrigen Eisenbahnen. Die von den Ländern nach Absatz 1 Satz 1 Nummer 2 zugelassenen Ausnahmen gelten im Benehmen mit dem Eisenbahn-Bundesamt auch für den Bereich der Eisenbahnen des Bundes;
2. der Bundeswasserstraßen nach Absatz 3 zugelassenen Ausnahmen gelten auch für den Bereich der übrigen schiffbaren Gewässer. Die von den Ländern nach Absatz 1 Satz 1 Nummer 3 zugelassenen Ausnahmen gelten im Benehmen mit der Generaldirektion Wasserstraßen und Schifffahrt auch für den Bereich der Bundeswasserstraßen,

sofern die die Ausnahme erteilende Behörde nicht etwas anderes bestimmt.

*→ D: RSEB 5.13*

(9) Hat die Bundesrepublik Deutschland Vereinbarungen nach Abschnitt 1.5.1 ADR/ RID oder Abkommen nach Abschnitt 1.5.1 ADN in Verbindung mit § 6 Nummer 1 abgeschlossen, dürfen innerstaatliche Beförderungen nach deren Bestimmungen durchgeführt werden.

*→ RL 2008/68/ EG Art. 6*

(10) Eine Ausnahme für eine innerstaatliche Beförderung gilt auch für die Beförderung auf der innerdeutschen Teilstrecke einer innergemeinschaftlichen oder grenzüberschreitenden Beförderung, soweit in der Ausnahme nicht ausdrücklich etwas anderes bestimmt ist.

(11) Bei dem Bescheid nach Absatz 1 bis 3 genügt das Mitführen eines fernkopierten Bescheides oder des Ausdrucks eines elektronisch erteilten und signierten Bescheides sowie dessen digitalisierte Form auf einem Speichermedium, wenn diese derart mitgeführt wird, dass sie bei einer Kontrolle auf Verlangen zuständigen Personen lesbar gemacht werden kann.

*→ D: § 5 (1) 3*
*→ D: RSEB 6.0*

## § 6
## Zuständigkeiten des Bundesministeriums für Digitales und Verkehr

Das Bundesministerium für Digitales und Verkehr ist zuständige Behörde für

1. den Abschluss von Vereinbarungen nach Abschnitt 1.5.1 ADR/RID oder Abkommen nach Abschnitt 1.5.1 ADN und deren Übersendung an die UNECE/OTIF;
2. Aufgaben nach Kapitel 1.15 ADN;
3. die Anerkennung von Untersuchungsstellen nach Unterabschnitt 1.16.4.1 ADN;

---

*) *→ D: GGAV 32; → D: RSEB 5.8; → D: RSEB 5.15.S*

4. die Übermittlung eines Verzeichnisses anerkannter technischer Regelwerke nach Abschnitt 6.2.5 und Unterabschnitt 6.8.2.7 ADR/RID
   a) im Straßenverkehr an das Sekretariat der UNECE und
   b) im Eisenbahnverkehr an das Sekretariat der OTIF;
5. die Prüfung und Auswertung der Berichte über die Meldungen von Ereignissen mit gefährlichen Gütern nach Unterabschnitt 1.8.5.1 ADR/RID/ADN und erforderlichenfalls deren Weiterleitung an das Sekretariat der UNECE, der OTIF oder der Zentralkommission für die Rheinschifffahrt;
6. den Erlass von Vorschriften für Druckbehälter nach den Absätzen 9.3.1.23.1, 9.3.2.23.5 und 9.3.3.23.5 ADN;
7. den Erlass von Vorschriften für Druckbehälter, Armaturen und Druckleitungen nach den Absätzen 9.1.0.40.2.7, 9.3.1.40.2.7, 9.3.2.40.2.7 und 9.3.3.40.2.7 ADN;
8. die Übertragung der Befugnis zur Ausstellung von Zulassungszeugnissen auf eine Untersuchungsstelle nach Unterabschnitt 1.16.2.3 ADN und
9. die Veröffentlichung der Informationen nach Absatz 1.8.6.2.4.1 ADR/RID.

## § 7

→ D: RSEB 6.0

## Zuständigkeiten der vom Bundesministerium der Verteidigung oder vom Bundesministerium des Innern und für Heimat bestellten Sachverständigen oder Dienststellen

(1) Die vom Bundesministerium der Verteidigung bestellten Sachverständigen oder Dienststellen sind für die Bundeswehr und die ausländischen Streitkräfte zuständige Behörden für

1. Aufgaben nach den Teilen 8 und 9 ADR;
2. die Zulassung, erstmalige und wiederkehrende Prüfung von Druckgefäßen nach den Unterabschnitten 6.2.1.4 bis 6.2.1.6 ADR, die Inspektion und Prüfung der IBC nach Unterabschnitt 6.5.4.4 ADR, die Baumusterprüfung von ortsbeweglichen Tanks und UN-MEGC nach den Absätzen 6.7.2.18.1, 6.7.3.14.1, 6.7.4.13.1 und 6.7.5.11.1 in Verbindung mit Kapitel 4.2 und den Absätzen 6.7.2.19.9, 6.7.3.15.9, 6.7.4.14.10 und 6.7.5.12.7 ADR, die erstmalige und wiederkehrende Prüfung, Zwischenprüfung und außerordentliche Prüfungen der Tankkörper und der Ausrüstungsteile von ortsbeweglichen Tanks und UN-MEGC nach Kapitel 6.7 ADR und die Zulassung des Baumusters und die Prüfungen der Tanks nach den Unterabschnitten 6.8.2.3 und 6.8.2.4 ADR;
3. die Prüfungen von Tanks, sofern diese Prüfungen nicht in den Geltungsbereich der Ortsbewegliche-Druckgeräte-Verordnung fallen;
4. das Führen eines Verzeichnisses nach Unterabschnitt 1.10.1.6 ADR über alle gültigen Schulungsbescheinigungen für Fahrzeugführer und
5. die Bescheinigung nach § 35 Absatz 4 und die Fahrwegbestimmung nach § 35a Absatz 3,

soweit dies Gründe der Verteidigung erfordern.

(2) Die vom Bundesministerium des Innern und für Heimat bestellten Sachverständigen oder Dienststellen sind zuständige Behörden für

1. Aufgaben nach den Teilen 8 und 9 ADR;
2. die Zulassung des Baumusters und die Prüfungen der Tanks nach den Unterabschnitten 6.8.2.3 und 6.8.2.4 ADR sowie die Inspektion und Prüfung der IBC nach Unterabschnitt 6.5.4.4 ADR;
3. das Führen eines Verzeichnisses nach Unterabschnitt 1.10.1.6 ADR über alle gültigen Schulungsbescheinigungen für Fahrzeugführer und
4. die Bescheinigung nach § 35 Absatz 4 und die Fahrwegbestimmung nach § 35a Absatz 3,

soweit dies für den Dienstbereich des Bundesministeriums des Innern und für Heimat erforderlich ist.

(3) Die Zuständigkeit der nach Absatz 1 und 2 bestellten Dienststellen gilt auch für Überwachungsmaßnahmen nach § 9 Absatz 1 und 2 des Gefahrgutbeförderungsgesetzes innerhalb von Liegenschaften der Bundeswehr und der ausländischen Streitkräfte sowie von Liegenschaften im Dienstbereich des Bundesministeriums des Innern und für Heimat. Bei der Beförderung gefährlicher Güter auf der Straße durch die Bundeswehr oder durch ausländische Streitkräfte, auch wenn sich die Bundeswehr ziviler Unternehmen bedient, sind die nach Absatz 1 bestellten Dienststellen neben den nach Landesrecht zuständigen Behörden zur Überwachung befugt.

→ D: RSEB 6.0
→ D: RSEB 8.1

## § 8
## Zuständigkeiten der Bundesanstalt für Materialforschung und -prüfung

(1) Die Bundesanstalt für Materialforschung und -prüfung ist zuständige Behörde für

1. Aufgaben nach

→ D: RSEB 8.2

a) den Kapiteln 2.1 und 2.2 mit Ausnahme der Absätze 2.2.62.1.12.1 und 2.2.9.1.11 Bemerkung 4 ADR/RID/ADN und der dem Bundesamt für Ausrüstung, Informationstechnik und Nutzung der Bundeswehr nach § 10 und dem Bundesamt für die Sicherheit der nuklearen Entsorgung nach § 11 zugewiesenen Zuständigkeiten,

b) Kapitel 3.3 ADR/RID/ADN mit Ausnahme der dem Bundesamt für Ausrüstung, Informationstechnik und Nutzung der Bundeswehr nach § 10 zugewiesenen Zuständigkeiten,

c) Kapitel 4.1 mit Ausnahme von Unterabschnitt 4.1.4.1 Verpackungsanweisung P200 ADR/RID und die dem Bundesamt für Ausrüstung, Informationstechnik und Nutzung der Bundeswehr nach § 10 zugewiesenen Zuständigkeiten,

d) Kapitel 4.2 mit Ausnahme der Unterabschnitte 4.2.1.8, 4.2.2.5 und 4.2.3.4 ADR/RID,

e) Kapitel 4.3, in Bezug auf Absatz 4.3.3.2.5 ADR/RID im Einvernehmen mit der Physikalisch-Technischen Bundesanstalt,

f) Kapitel 6.2 mit Ausnahme des Unterabschnitts 6.2.2.12 ADR/RID und der Zuständigkeiten nach Nummer 10 sowie der §§ 13 und 13a,

g) Kapitel 6.7 ADR/RID,

h) Kapitel 6.8 in Bezug auf die Prüfung, die Erteilung der Kennzeichen, die Baumusterzulassung und die Anordnung von Inbetriebnahmeüberprüfungen von festverbundenen Tanks (Tankfahrzeugen), Aufsetztanks, Tankcontainern und Tankwechselaufbauten (Tankwechselbehältern) und die Festlegung von Bedingungen nach Abschnitt 6.8.4 Buchstabe c Sondervorschrift TA2 ADR/RID sowie die Festlegung der Bedingungen für Schweißnähte der Tankkörper nach Absatz 6.8.5.2.2 ADR,

i) Kapitel 6.9 ADR/RID,

j) Kapitel 6.10 ADR/RID,

k) Kapitel 6.11 ADR/RID,

l) Kapitel 6.12 in Verbindung mit Absatz 7.5.5.2.3 und Kapitel 9.8 ADR und

m) Kapitel 6.13 ADR,

soweit die jeweilige Aufgabe keiner anderen Stelle zugewiesen ist;

2. die Prüfung und Zulassung radioaktiver Stoffe in besonderer Form nach Absatz 5.1.5.2.1 in Verbindung mit Unterabschnitt 6.4.22.5 Satz 1, das Zeugnis nach Unterabschnitt 6.4.22.8 Buchstabe a, die Zulassung der Bauart von Verpackungen für nicht spaltbares oder spaltbares freigestelltes Uranhexafluorid nach Absatz 5.1.5.2.1 in Verbindung mit Unterabschnitt 6.4.22.1, das Zeugnis nach Unterabschnitt 6.4.22.8 Buchstabe a, die Prüfung und Zulassung der Bauart gering dispergierbarer radioaktiver Stoffe nach Absatz 5.1.5.2.1 in Verbindung mit Unterabschnitt 6.4.22.5 Satz 2 und für das Zeugnis nach Unterabschnitt 6.4.22.8 Buchstabe a ADR/RID im Einvernehmen mit dem Bundesamt für die Sicherheit der nuklearen Entsorgung;

3. die Anerkennung von Prüfverfahren, die Prüfung, die Anerkennung von Prüfstellen, die Erteilung der Kennzeichen und die Bauartzulassung von Verpackungen, IBC, Großverpackungen, Bergungsverpackungen und Bergungsgroßverpackungen nach den Kapiteln 6.1, 6.3, 6.5 und 6.6 ADR/RID sowie für die Zulassung der Reparatur flexibler IBC nach Abschnitt 1.2.1 ADR/RID/ADN;

4. die Anerkennung und Überwachung von Qualitätssicherungsprogrammen für die Fertigung, Wiederaufarbeitung, Rekonditionierung, Reparatur und Prüfung von Verpackungen, IBC und Großverpackungen, die Anerkennung von Qualitätssicherungsprogrammen für Recycling-Kunststoffe nach Abschnitt 1.2.1 sowie die Anerkennung von Überwachungsstellen für die Prüfung der Funktionsfähigkeit und Wirksamkeit der Qualitätssicherungsprogramme nach den Kapiteln 6.1, 6.3, 6.5 und 6.6 sowie die Anerkennung von Inspektionsstellen für die Inspektionen und Prüfungen von IBC nach den Unterabschnitten 6.5.4.4 und 6.5.4.5 ADR/RID;

5. die Bescheinigung über die Zulassung einer Änderung nach Absatz 6.8.2.3.4 ADR sowie für Tankcontainer und Tankwechselaufbauten (Tankwechselbehälter) nach Absatz 6.8.2.3.4 RID;

6. die Genehmigung der Beförderungsbedingungen für mit Temperaturkontrolle stabilisierte Gase nach Unterabschnitt 3.1.2.6 Satz 2 Buchstabe c ADR/RID/ADN;
7. die Anerkennung und Überwachung von Managementsystemen für die Auslegung, Herstellung, Prüfung, Dokumentation, den Gebrauch, die Wartung und Inspektion von nicht zulassungspflichtigen Versandstücken für radioaktive Stoffe nach Kapitel 6.4 ADR/RID in Verbindung mit Abschnitt 1.7.3 ADR/RID/ADN;
8. die Bauartprüfung zulassungspflichtiger Versandstücke für radioaktive Stoffe nach Kapitel 6.4 ADR/RID;
9. die Überwachung von Managementsystemen für die Auslegung, Herstellung, Prüfung, Dokumentation, den Gebrauch, die Wartung und Inspektion von zulassungspflichtigen Versandstücken für radioaktive Stoffe nach Kapitel 6.4 ADR/RID in Verbindung mit Abschnitt 1.7.3 ADR/RID/ADN;
10. die Anerkennung einer Norm oder eines Regelwerks nach Absatz 6.2.1.1.9 und die Anerkennung von technischen Regelwerken nach Absatz 6.2.1.3.6.5.4, Abschnitt 6.2.5, Absatz 6.7.2.2.1 Satz 1, Absatz 6.7.3.2.1 Satz 1, Absatz 6.7.4.2.1 Satz 1, Absatz 6.7.4.7.4, den Absätzen 6.7.5.2.9, 6.8.2.1.4 sowie den Unterabschnitten 6.8.2.7 und 6.8.3.7 Satz 1 ADR/RID im Einvernehmen mit dem Bundesministerium für Digitales und Verkehr;
11. die Zulassung der Trennungsmethoden nach Unterabschnitt 7.5.2.2 Fußnote a ADR/RID, soweit es sich nicht um den militärischen Bereich handelt;
12. die Festlegung von Normen und Bedingungen nach Unterabschnitt 7.3.3.1 VC3 ADR und die Zulassung zur Weiterverwendung nach Unterabschnitt 1.6.1.54 ADR/ADN und
13. die Erteilung von Ausnahmegenehmigungen für die Beförderung in Tankschiffen nach Abschnitt 1.5.2 ADN.

Satz 1 Nummer 1 Buchstabe h und Nummer 5 gelten nicht, sofern diese Aufgaben in den Geltungsbereich der Ortsbewegliche-Druckgeräte-Verordnung fallen.

(2) Die unter Absatz 1 Satz 1 Nummer 1 Buchstabe c, d und f bis l, Nummer 2 bis 7, 11 und 13 genannten Festlegungen, Zulassungen, Zustimmungen, Anerkennungen und Genehmigungen können widerruflich erteilt, befristet und mit Auflagen versehen werden, soweit dies erforderlich ist, um die Einhaltung der gefahrgutbeförderungsrechtlichen Vorschriften sicherzustellen.

## § 9[1]

→ D: RSEB 6.0

## Zuständigkeiten der von der Bundesanstalt für Materialforschung und -prüfung anerkannten Prüfstellen

Die von der Bundesanstalt für Materialforschung und -prüfung nach § 12 Absatz 1 Nummer 8 der GGVSee anerkannten Prüfstellen sind zuständig für die Baumusterprüfung sowie die erstmalige, wiederkehrende und außerordentliche Prüfung von ortsbeweglichen Tanks und Gascontainern mit mehreren Elementen (MEGC) nach Kapitel 6.7 ADR/RID. Satz 1 gilt nicht, sofern diese Prüfungen in den Geltungsbereich der Ortsbewegliche-Druckgeräte-Verordnung fallen.

## § 10

→ D: RSEB 6.0

## Zuständigkeiten des Bundesamtes für Ausrüstung, Informationstechnik und Nutzung der Bundeswehr

Das Bundesamt für Ausrüstung, Informationstechnik und Nutzung der Bundeswehr ist, soweit es sich um den militärischen Bereich handelt, zuständige Behörde für Aufgaben nach

1. Kapitel 2.2 ADR/RID/ADN in Bezug auf explosive Stoffe und Gegenstände mit Explosivstoff,
2. Kapitel 3.3 ADR/RID/ADN in Bezug auf explosive Stoffe und Gegenstände mit Explosivstoff,
3. Kapitel 4.1 ADR/RID in Bezug auf explosive Stoffe und Gegenstände mit Explosivstoff und
4. Unterabschnitt 7.5.2.2 Fußnote a ADR/RID in Bezug auf explosive Stoffe und Gegenstände mit Explosivstoff.

[1] *Anm. d. Verlags: Gemäß Art. 2 Nr. 2 V vom 19.6.2025 (BGBl. 2025 I Nr. 147) wird § 9 mit Wirkung zum 1.1.2026 aufgehoben.*

→ D: RSEB 6.0
→ D: StrlSchG § 27
→ D: StrlSchG § 186 (1)

## § 11
## Zuständigkeiten des Bundesamtes für die Sicherheit der nuklearen Entsorgung

Das Bundesamt für die Sicherheit der nuklearen Entsorgung ist zuständige Behörde für

1. die Erteilung der multilateralen Genehmigung für die Bestimmung der nicht in Tabelle 2.2.7.2.2.1 aufgeführten Radionuklidwerte und von alternativen Radionuklidwerten nach Absatz 2.2.7.2.2.2 ADR/RID/ ADN;
2. die Genehmigung der Beförderung von radioaktiven Stoffen nach Absatz 5.1.5.1.2 ADR/RID/ADN;
3. die Beförderungsgenehmigung durch Sondervereinbarungen zur Beförderung radioaktiver Stoffe nach Absatz 5.1.5.1.3 in Verbindung mit Abschnitt 1.7.4 ADR/RID/ADN;
4. die Entgegennahme der Benachrichtigung nach Absatz 5.1.5.1.4 ADR/RID/ADN;
5. die Zulassung der Bauart von Versandstücken für radioaktive Stoffe und der Bauart von nach Absatz 2.2.7.2.3.5 Buchstabe f freigestellten spaltbaren Stoffen nach den Absätzen 5.1.5.2.1 und 5.1.5.3.5 ADR/RID/ADN, den Unterabschnitten 6.4.22.2 bis 6.4.22.4 und 6.4.22.6 sowie die Bestätigung nach Unterabschnitt 6.4.22.8 Buchstabe a ADR/RID und
6. die Genehmigung des Strahlenschutzprogramms für die Beförderung von radioaktiven Stoffen mit einem Spezialschiff nach Absatz 7.1.4.14.7.3.7 ADN.

## § 12[2]
## Ergänzende Zuständigkeiten der Benannten Stellen für Tanks

→ D: RSEB 6.0
→ D: RSEB 12.1 ff.

(1) Die Benannten Stellen nach § 16 der Ortsbewegliche-Druckgeräte-Verordnung, die für die Durchführung der nachfolgenden Aufgaben nach der Norm DIN EN ISO/IEC 17020:2012 akkreditiert sein müssen, sind zuständig für

1. die Baumusterprüfung von
   a) ortsbeweglichen Tanks und UN-MEGC nach den Absätzen 6.7.2.18.1, 6.7.3.14.1, 6.7.4.13.1 und 6.7.5.11.1 in Verbindung mit Kapitel 4.2 und den Absätzen 6.7.2.19.9, 6.7.3.15.9, 6.7.4.14.10 und 6.7.5.12.7 ADR/RID,
   b) festverbundenen Tanks, Aufsetztanks, Batterie-Fahrzeugen, Kesselwagen, abnehmbaren Tanks, Batteriewagen, Tankcontainern, Tankwechselaufbauten (Tankwechselbehältern) und MEGC nach Absatz 6.8.2.3.1 in Verbindung mit Kapitel 4.3 und Kapitel 6.10 in Verbindung mit Kapitel 4.5 ADR/RID und
   c) ortsbeweglichen Tanks aus faserverstärkten Kunststoffen (FVK-Tanks) nach Absatz 6.9.2.6.1 in Verbindung mit Unterabschnitt 6.7.2.18 ADR/RID und festverbundenen Tanks und Aufsetztanks aus faserverstärkten Kunststoffen (FVK-Tanks) nach Unterabschnitt 6.13.4.1 in Verbindung mit Kapitel 4.4 ADR im Einvernehmen mit der Bundesanstalt für Materialforschung und -prüfung;

→ D: RSEB 12.4

2. die erstmalige und wiederkehrende Prüfung, Zwischenprüfung und außerordentliche Prüfungen der Tankkörper und der Ausrüstungsteile von
   a) ortsbeweglichen Tanks und UN-MEGC nach Kapitel 6.7 ADR/RID,
   b) festverbundenen Tanks, Aufsetztanks, Batterie-Fahrzeugen, Kesselwagen, abnehmbaren Tanks, Batteriewagen, Tankcontainern, Tankwechselaufbauten (Tankwechselbehältern) und MEGC nach Kapitel 6.8 sowie Kapitel 6.8 in Verbindung mit Kapitel 6.10 ADR/RID und
   c) faserverstärkten Kunststofftanks (FVK-Tanks) nach den Kapiteln 6.9 ADR/RID und 6.13 ADR;
3. Aufgaben nach den Absätzen 4.3.3.2.5, 6.7.2.6.3 und 6.7.2.10.1 ADR/RID und Abschnitt 6.8.4 Buchstabe b und d Sondervorschrift TT 7 ADR – jeweils im Einvernehmen mit der Bundesanstalt für Materialforschung und -prüfung – sowie nach Abschnitt 6.8.4 Buchstabe b und d Sondervorschrift TT 7 RID im Einvernehmen mit dem Eisenbahn-Bundesamt, sowie nach den Absätzen 6.7.2.19.10, 6.7.3.15.10, 6.8.3.4.4, 6.8.3.4.7 und 6.8.3.4.8, Abschnitt 6.8.4 Buchstabe b und d Sondervorschrift TT 2 und Absatz 6.8.5.2.2 ADR/RID;

---

[2] *Anm. d. Verlags: Gemäß Art. 2 Nr. 3 V vom 19.6.2025 (BGBl. 2025 I Nr. 147) wird § 12 mit Wirkung zum 1.1.2026 wie folgt geändert:*
*Die Überschrift erhält folgenden Wortlaut:* „Zuständigkeiten der Prüfstellen für Tanks".
*Absatz 1, Satz 1, Angabe vor Nummer 1: Es wird ersetzt:* „Die benannten Stellen nach § 16 der Ortsbewegliche-Druckgeräte-Verordnung, die für die Durchführung" *durch* „Die nach § 13a Absatz 1 Nummer 2 zugelassenen Prüfstellen und die nach § 13a Absatz 1 Nummer 4 anerkannten Prüfstellen, die jeweils für die Durchführung".
*Absatz 1, Satz 3, beginnend mit* „Für alle vorgenannten Aufgaben...": *wird gestrichen.*
*Absatz 2: die Angabe* „und § 9" *wird gestrichen.*

4. die Prüfung der elektrischen Ausrüstung für die Bedienungsausrüstung der Tanks nach den Abschnitten 9.2.2 und 9.7.8 ADR vor Inbetriebnahme der Tanks nach Absatz 6.8.2.4.1 ADR und bei der Prüfung der Tanks nach den Absätzen 6.8.2.4.2 und 6.8.2.4.4 ADR sowie für nicht vorgeschriebene informelle Änderungen oder Ergänzungen in Nummer 11 von ADR-Zulassungsbescheinigungen nach Unterabschnitt 9.1.3.1 ADR;
5. die Baumusterprüfung und die getrennte Baumusterzulassung von Bedienungsausrüstungen für Tanks nach den Absätzen 6.8.2.3.1 Satz 2 und 6.8.2.3.2 Satz 9, für die in der Tabelle in Absatz 6.8.2.6.1 ADR/RID eine Norm aufgeführt ist;
6. die Prüfung der Zulassung einer Änderung nach Absatz 1.8.7.2.2.3 ADR/RID;
7. die Bescheinigung über die Zulassung einer Änderung an einer getrennt zugelassenen Bedienungsausrüstung für Tanks nach Absatz 1.8.7.2.2.3 ADR/RID;
8. die Bescheinigung über die Zulassung einer Änderung nach Absatz 1.8.7.2.2.3 ADR/RID für Tanks für Gase der Klasse 2, für Batterie-Fahrzeuge und Batteriewagen;
9. die Überwachung der Herstellung nach Unterabschnitt 1.8.7.3 ADR/RID;
10. die Inbetriebnahmeüberprüfung nach Unterabschnitt 1.8.7.5 ADR/RID und
11. die Baumusterprüfung, erstmalige Prüfung, Zwischenprüfung, wiederkehrende Prüfung und außerordentliche Prüfung der Tiegel nach Absatz 7.3.3.2.7 ergänzende Vorschrift AP11 ADR/RID.

Satz 1 Nummer 1 und 2, jeweils Buchstabe b, und Nummer 5, 6 und 7 gilt nicht, sofern diese Aufgaben in den Geltungsbereich der Ortsbewegliche-Druckgeräte-Verordnung fallen. Für alle vorgenannten Aufgaben nach Kapitel 6.7 ADR/RID sind auch die Benannten Stellen nach § 16 der Ortsbewegliche-Druckgeräte-Verordnung zuständig, die nicht nach der DIN EN ISO/IEC 17020:2012 akkreditiert, aber von der Bundesanstalt für Materialforschung und -prüfung nach § 12 Absatz 1 Nummer 8 der GGVSee als Prüfstelle anerkannt sind.

(2) Das Bundesministerium für Digitales und Verkehr richtet einen Erfahrungsaustausch zwischen den zuständigen Stellen nach Absatz 1 und § 9 und der nationalen Akkreditierungsstelle sowie den Baumusterzulassungsbehörden nach § 8 Absatz 1 Satz 1 Nummer 1 Buchstabe g bis l und § 15 Absatz 1 Nummer 10 ein, an dem die vorgenannten Behörden und Stellen teilnehmen müssen. → D: RSEB 12.2

## § 13
## Ergänzende Zuständigkeiten der Benannten Stellen für Druckgefäße

→ D: ODV § 16
→ D: RSEB 6.0
→ D: RSEB 12.1 f.
→ D: RSEB Anl. 11

(1) Die nach § 16 Absatz 1 der Ortsbewegliche-Druckgeräte-Verordnung anerkannten Benannten Stellen sind zuständig für
1. die Bescheinigung über die Zulassung einer Änderung nach Absatz 1.8.7.2.2.3 ADR/RID;
2. die Aufgaben nach Unterabschnitt 4.1.4.1 Verpackungsanweisung P200 mit Ausnahme des Absatzes 9 ADR/RID im Einvernehmen mit dem Bundesministerium für Digitales und Verkehr;
3. die Festlegung der Prüffristen nach Unterabschnitt 4.1.4.1 Verpackungsanweisung P200 Absatz 9 ADR/RID im Einvernehmen mit der Bundesanstalt für Materialforschung und -prüfung;
4. die Prüfung und Zulassung der Druckgefäße nach Absatz 6.2.1.4.1 ADR/RID;
5. die Anerkennung des Qualitätssicherungsprogramms nach Absatz 6.2.1.4.2 ADR/RID;
6. die wiederkehrenden Prüfungen nach den Absätzen 6.2.1.6.1 und 6.2.1.6.2 ADR/RID und
7. die Bewertung der Eignung des Herstellers nach Absatz 6.2.1.7.2 ADR/RID.

(2) Die Benannten Stellen müssen dabei die in den Abschnitten 1.8.7 und 1.8.8 ADR/RID festgelegten Verfahren für die Konformitätsbewertung und für die wiederkehrenden Prüfungen anwenden.

(3) Absatz 1 Nummer 1 und Nummer 4 bis 7 sowie Absatz 2 gelten nicht, sofern diese Aufgaben in den Geltungsbereich der Ortsbewegliche-Druckgeräte-Verordnung fallen.

## § 13a
## Zuständigkeiten der Benennenden Behörde

→ D: RSEB 6.0

Die Benennende Behörde im Sinne des § 2 Nummer 9 der Ortsbewegliche-Druckgeräte-Verordnung ist zuständig für die Registrierung der Unterscheidungszeichen oder der Stempel der Prüfstellen nach Absatz 6.2.2.7.2 Buchstabe d, Absatz 6.2.2.7.7 Buchstabe b, Absatz 6.2.2.9.2 Buchstabe d und Absatz 6.2.2.9.4

Buchstabe b sowie des Kennzeichens des Herstellers nach den Absätzen 6.2.2.7.4 Buchstabe n und 6.2.2.9.2 Buchstabe h ADR /RID[3].

→ D: RSEB 6.0

## § 14
## Besondere Zuständigkeiten im Straßenverkehr

(1) Das Bundesamt für Logistik und Mobilität ist zuständige Behörde für die Entgegennahme der Berichte über Ereignisse mit gefährlichen Gütern nach Unterabschnitt 1.8.5.1 ADR und deren Vorlage an das Bundesministerium für Digitales und Verkehr.

(2) Das Kraftfahrt-Bundesamt ist zuständige Behörde für die Typgenehmigung von Fahrzeugen nach Unterabschnitt 9.1.2.2 Satz 1 ADR.

(3) Die Industrie- und Handelskammern sind zuständig für

1. die Anerkennung und Überwachung der Schulung, die Durchführung der Prüfungen und die Erteilung der Bescheinigung über die Fahrzeugführerschulung nach Abschnitt 8.2.2 ADR, wobei die Schulungs- und Prüfungssprache deutsch ist,
2. die Umschreibung der Bescheinigung über die Fahrzeugführerschulung nach Abschnitt 8.2.2 ADR nach § 7 Absatz 1 Nummer 1 und Absatz 2 Nummer 1 in eine Bescheinigung nach § 14 Absatz 3 Satz 1 Nummer 1 und
3. das Führen eines Verzeichnisses nach Unterabschnitt 1.10.1.6 ADR über alle gültigen Schulungsbescheinigungen für Fahrzeugführer mit Ausnahme der in § 7 Absatz 1 Nummer 4 und Absatz 2 Nummer 3 genannten Schulungsbescheinigungen.

Einzelheiten zu Satz 1 Nummer 1 bis 3 können die Industrie- und Handelskammern durch Satzung regeln.

→ D: RSEB 14.1.S (4) Die amtlich anerkannten Sachverständigen für den Kraftfahrzeugverkehr, die von der zuständigen obersten Landesbehörde oder der von ihr bestimmten Stelle benannt oder die bei einer nach Landesrecht zuständigen Stelle tätig sind, und die Technischen Dienste, die im Rahmen der Benennung für die Prüfung von Gesamtfahrzeugen mindestens für die Prüfung von Gefahrgutfahrzeugen benannt sind, sind zuständig für die erste Untersuchung nach Unterabschnitt 9.1.2.1 Satz 2 zur Übereinstimmung mit den anwendbaren Vorschriften der Kapitel 9.2 bis 9.8 und die Ausstellung einer ADR-Zulassungsbescheinigung nach Unterabschnitt 9.1.2.1 Satz 4 in Verbindung mit Unterabschnitt 9.1.3.1 ADR.

→ D: RSEB 14.1.S (5) Die für Hauptuntersuchungen nach § 29 der Straßenverkehrs-Zulassungs-Ordnung berechtigten Personen sind zuständig für die jährliche technische Untersuchung und die Verlängerung der Gültigkeit von ADR-Zulassungsbescheinigungen nach Unterabschnitt 9.1.2.3 sowie für nicht vorgeschriebene informelle Änderungen oder Ergänzungen in Nummer 11 von ADR-Zulassungsbescheinigungen nach Unterabschnitt 9.1.3.1 ADR.

(6) Die Zulassungsbehörden nach der Fahrzeug-Zulassungsverordnung sind zuständig für Änderungen in Nummer 4 und 5 von ADR-Zulassungsbescheinigungen nach Unterabschnitt 9.1.3.1 ADR.

→ D: §§ 9, 12
→ D: RSEB 6.0

## § 15
## Besondere Zuständigkeiten im Eisenbahnverkehr

(1) Das Eisenbahn-Bundesamt ist zuständige Behörde für

1. die Erteilung einer Genehmigung für die Fortsetzung einer Beförderung nach Absatz 1.4.2.2.4 RID im Bereich der Eisenbahnen des Bundes;
2. die Entgegennahme der Informationen und Mitteilungen nach Unterabschnitt 1.7.6.1 Buchstabe b Gliederungseinheit iv und Buchstabe c RID im Bereich der Eisenbahnen des Bundes;

[3] *Anm. d. Verlags: Gemäß Art. 2 Nr. 4 V vom 19.6.2025 (BGBl. 2024 I Nr. 147) wird dieser Satz ab 1.1.2026 durch folgenden Text ersetzt:*

(1) Die Benennende Behörde im Sinne des § 2 Nummer 7 der Ortsbewegliche-Druckgeräte-Verordnung ist zuständige Behörde für

1. die Registrierung
   a) der Unterscheidungszeichen oder der Stempel der Prüfstellen nach Absatz 6.2.2.7.2 Buchstabe d, Absatz 6.2.2.7.7 Buchstabe b, Absatz 6.2.2.9.2 Buchstabe d und Absatz 6.2.2.9.4 Buchstabe b ADR/RID sowie
   b) der Kennzeichen des Herstellers nach Absatz 6.2.2.7.4 Buchstabe n und Absatz 6.2.2.9.2 Buchstabe h ADR/RID;
2. die Zulassung und Überwachung von Prüfstellen nach § 12 Absatz 1;
3. die Veröffentlichung eines Verzeichnisses der von ihr zugelassenen Prüfstellen nach Absatz 1.8.6.2.4.2 ADR/RID und
4. die Anerkennung von Prüfstellen nach Absatz 1.8.6.2.4.3 ADR/RID.

(2) Die in Absatz 1 Nummer 2 und 4 genannten Zulassungen und Anerkennungen können widerruflich erteilt, befristet und mit Auflagen versehen werden, soweit dies erforderlich ist, um die Einhaltung der gefahrgutbeförderungsrechtlichen Vorschriften sicherzustellen.

3. die Durchführung der behördlichen Gefahrgutkontrollen nach Abschnitt 1.8.1 RID und dieser Verordnung im Bereich der Eisenbahnen des Bundes;
4. die Durchführung der Amtshilfe nach Abschnitt 1.8.2 RID im Bereich der Eisenbahnen des Bundes;
5. die Entgegennahme der Berichte über die Meldung von Ereignissen mit gefährlichen Gütern nach Unterabschnitt 1.8.5.1 RID und deren Vorlage an das Bundesministerium für Digitales und Verkehr; → D: RSEB 1-29.3
6. die Festlegung von ergänzenden Vorschriften oder besonderen Sicherheitsvorschriften nach Kapitel 1.9 im Bereich der Eisenbahnen des Bundes und die Unterrichtung der Zwischenstaatlichen Organisation für den internationalen Eisenbahnverkehr (OTIF) über die Beförderungseinschränkungen nach Abschnitt 1.9.4 RID im Bereich der Eisenbahnen des Bundes, jeweils im Einvernehmen mit dem Bundesministerium für Digitales und Verkehr;
7. das Vorschreiben von Versuchen für Kesselwagen nach Absatz 6.8.2.1.2 Satz 2 sowie die Zulassung der Streckgrenze und Zugfestigkeit nach Absatz 6.8.2.1.16 RID;
8. die Festlegung der Bedingungen für Schweißnähte der Tankkörper nach Absatz 6.8.5.2.2 RID;
9. die Entscheidung über die Ausnahme für Rücksendungen nach Absatz 4.3.2.3.7 Buchstabe b, 6.7.2.19.6.1 Buchstabe b, Absatz 6.7.3.15.6.1 Buchstabe b und Absatz 6.7.4.14.6.1 Buchstabe b RID;
10. die Baumusterzulassung von Kesselwagen und abnehmbaren Tanks nach Kapitel 6.8 RID, sofern diese Zulassungen nicht in den Geltungsbereich der Ortsbewegliche-Druckgeräte-Verordnung fallen, sowie die Anordnung von Inbetriebnahmeprüfungen von Kesselwagen und abnehmbaren Tanks nach Absatz 6.8.1.5.5 und Unterabschnitt 1.8.7.5 RID;
11. die Erteilung der Zustimmung nach Absatz 6.8.3.2.16 RID;
12. die Festlegung der Bedingungen oder Genehmigung eines Prüfprogramms nach Abschnitt 6.8.4 Buchstabe c Sondervorschrift TA2 RID, jeweils im Einvernehmen mit der Bundesanstalt für Materialforschung und -prüfung;
13. die Bescheinigung über die Zulassung einer Änderung nach Absatz 6.8.2.3.4 RID für Kesselwagen und abnehmbare Tanks, sofern diese Aufgabe nicht in den Geltungsbereich der Ortsbewegliche-Druckgeräte-Verordnung fällt;
14. die Verfolgung und Ahndung von Ordnungswidrigkeiten nach § 37 im Bereich der Eisenbahnen des Bundes und
15. die Festlegung von Normen und Bedingungen nach Unterabschnitt 7.3.3.1 VC3 und die Zulassung zur Weiterverwendung nach Unterabschnitt 1.6.1.54 RID.

(2) Die unter Absatz 1 Nummer 8 und Nummer 10 bis 13 genannten Zulassungen, Zustimmungen, Anerkennungen und Genehmigungen können widerruflich erteilt, befristet und mit Auflagen versehen werden, soweit dies erforderlich ist, um die Einhaltung der gefahrgutbeförderungsrechtlichen Vorschriften sicherzustellen.

(3) Die nach Landesrecht zuständigen Behörden sind zuständig für Beförderungen im Bereich der nichtbundeseigenen Eisenbahnen, soweit in dieser Verordnung nichts anderes bestimmt ist.

## § 16
## Besondere Zuständigkeiten in der Binnenschifffahrt

→ D: RSEB 6.0
→ D: RSEB 16.1.B

(1) Die Physikalisch-Technische Bundesanstalt ist zuständige Behörde für
1. die Typzulassung von Flammendurchschlagsicherungen nach Absatz 1.6.7.2.2.2 ADN (Übergangsvorschrift zur Begriffsbestimmung „Flammendurchschlagsicherung"), von Hochgeschwindigkeitsventilen nach Absatz 1.6.7.2.2.2 ADN (Übergangsvorschrift zur Begriffsbestimmung „Hochgeschwindigkeitsventil"), von Deflagrationssicherheit der Probeentnahmeöffnung nach Absatz 1.6.7.2.2.2 ADN (Übergangsvorschrift zur Begriffsbestimmung „Probeentnahmeöffnung"), von Deflagrationssicherheit der Vorrichtung zum gefahrlosen Entspannen von Ladetanks nach Absatz 1.6.7.2.2.2 ADN (Übergangsvorschrift zur Begriffsbestimmung „Vorrichtung zum gefahrlosen Entspannen von Ladetanks") und von Unterdruckventilen nach Absatz 1.6.7.2.2.2 ADN (Übergangsvorschrift zur Begriffsbestimmung „Unterdruckventil-Deflagrationssicherheit") sowie
2. den Erlass von Vorschriften für den Öffnungsdruck von Sicherheitsventilen von Drucktanks nach Abschnitt 1.2.1 ADN Begriffsbestimmung „Öffnungsdruck".

(2) Die Generaldirektion Wasserstraßen und Schifffahrt ist zuständige Behörde für

→ D: RSEB Anl. 3
1. Aufgaben nach Kapitel 1.16 mit Ausnahme der Unterabschnitte 1.16.2.3 und 1.16.13.2 Satz 2 und 3 ADN;
2. die Anerkennung und Überwachung der Schulungen und Prüfungen nach Unterabschnitt 8.2.2.6 sowie die Anerkennung von Dokumenten nach den Unterabschnitten 8.2.1.9 und 8.2.1.10 ADN;
3. die Zulassung von Personen zur Prüfung
   a) der Isolationswiderstände und der Erdung der festinstallierten elektrischen Anlagen und Geräte nach Unterabschnitt 8.1.7.1 ADN und
   b) der Anlagen und Geräte zum Einsatz in explosionsgefährdeten Bereichen, der Geräte vom Typ „begrenzte Explosionsgefahr", der Anlagen und Geräte, die den Unterabschnitten 9.3.1.51, 9.3.2.51 und 9.3.3.51 entsprechen, sowie der autonomen Schutzsysteme oder der Übereinstimmung von Unterlagen mit den Gegebenheiten an Bord nach Unterabschnitt 8.1.7.2 ADN;
4. die Zulassung von Personen für die Nachprüfung und Untersuchung der Feuerlöschgeräte, der Feuerlöschschläuche und der Lade- und Löschschläuche nach den Unterabschnitten 8.1.6.1 und 8.1.6.2 ADN;
5. die Feststellung, ob elektrische Geräte, Mess-, Regel- und Alarmeinrichtungen und Motoren gemäß Absatz 1.6.7.2.2.2 (Übergangsvorschrift zu den Absätzen 9.3.1.53.1, 9.3.2.53.1 und 9.3.3.53.1 ADN) hinsichtlich ihrer Betriebssicherheit in explosionsfähiger Atmosphäre geprüft und zugelassen sind;
6. das Eintragen eines Sichtvermerkes in die Unterlagen zu den elektrischen Betriebsmitteln nach Absatz 1.6.7.2.2.2 (Übergangsvorschrift zu Unterabschnitt 8.1.2.3 Buchstabe r, s, t und v ADN) und das Eintragen eines Sichtvermerkes in die an Bord mitzuführenden Dokumente nach den Unterabschnitten 8.1.2.2 und 8.1.2.3 ADN;
7. das Führen eines Verzeichnisses über alle gültigen Schulungsbescheinigungen für Sachkundige nach Unterabschnitt 1.10.1.6 ADN;

→ D: RSEB 1-29.2.B
8. die Entgegennahme der Berichte über die Meldung von Ereignissen mit gefährlichen Gütern nach Unterabschnitt 1.8.5.1 ADN und deren Vorlage an das Bundesministerium für Digitales und Verkehr;

→ D: RSEB 1-29.4.B
9. die Zulassung von sachkundigen Personen oder Firmen nach Unterabschnitt 3.2.3.1 Tabelle C Spalte 20 Nummer 12 Buchstabe q und Nummer 33 Buchstabe i 2 ADN;
10. die Genehmigung von alternativen Bauweisen und das Verlangen zusätzlicher Berechnungen und Nachweise nach Absatz 9.3.4.1.4 ADN;
11. Gleichwertigkeiten und Abweichungen nach Abschnitt 1.5.3 ADN;
12. die Genehmigung von Ladeplänen nach Unterabschnitt 3.2.3.1 Tabelle C Spalte 20 Nummer 12 Buchstabe p ADN bei der Beförderung von UN 1280 und UN 2983;
13. die Feststellung der Übereinstimmung der Kopie des Zulassungszeugnisses auf der Tafel eines Schubleichters mit dem Original nach den Unterabschnitten 8.1.2.6 und 8.1.2.7 ADN und
14. den Erlass von Betriebsvorschriften nach Absatz 1.6.7.2.2.2 Übergangsvorschrift zu den Absätzen 9.3.1.17.1 und 9.3.3.17.1 ADN.

Die in Satz 1 Nummer 3, 4, 9, 10 und 12 genannten Zulassungen und Genehmigungen können widerruflich erteilt, befristet und mit Auflagen versehen werden, soweit dies erforderlich ist, um die Einhaltung der gefahrgutbeförderungsrechtlichen Vorschriften sicherzustellen.

→ D: RSEB 16.2.B
→ D: RSEB 16.4.B f.

(3) Zuständige Behörde für die Zulassung von Personen zur Feststellung und Bescheinigung der Gasfreiheit nach den Absätzen 7.2.3.7.1.6 Satz 3 und 7.2.3.7.2.6 Satz 3 ADN ist

1. die Generaldirektion Wasserstraßen und Schifffahrt im Bereich der Bundeswasserstraßen und
2. die jeweilige nach Landesrecht zuständige Stelle im Bereich der übrigen schiffbaren Wasserstraßen.

Die Zulassung gilt als erteilt für die von einer Industrie- und Handelskammer öffentlich bestellten und vereidigten Handelschemiker mit der besonderen Qualifikation für die Feststellung von Gaszuständen auf Wasserfahrzeugen und die Ausstellung von Gaszustandsbescheinigungen. Die Zulassung kann widerruflich erteilt, befristet und mit Auflagen versehen werden, soweit dies erforderlich ist, um die Einhaltung der gefahrgutbeförderungsrechtlichen Vorschriften sicherzustellen.

(4) Die Generaldirektion Wasserstraßen und Schifffahrt im Bereich der Bundeswasserstraßen und die jeweilige nach Landesrecht zuständige Stelle im Bereich der übrigen schiffbaren Wasserstraßen ist zuständige Behörde für die Verfolgung und Ahndung von Ordnungswidrigkeiten nach § 37.

(5) Die Generaldirektion Wasserstraßen und Schifffahrt ist zuständige Behörde für

1. das Ausstellen von Bescheinigungen nach den Unterabschnitten 8.2.1.2 und 8.2.2.8 ADN und
2. die Durchführung von Prüfungen nach Unterabschnitt 8.2.2.7 ADN.

(6) Das Wasserstraßen- und Schifffahrtsamt in seinem jeweiligen Amtsbezirk im Bereich der Bundeswasserstraßen und die jeweilige nach Landesrecht zuständige Stelle im Bereich der übrigen schiffbaren Wasserstraßen ist zuständige Behörde für → D: RSEB 16.3.B

1. Aufgaben nach Teil 7 ADN mit Ausnahme von Aufgaben nach Absatz 3 und § 11 Nummer 6;
2. das Genehmigen von Arbeiten an Bord mit elektrischem Strom oder Feuer oder bei deren Ausführung Funken entstehen können nach Abschnitt 8.3.5 ADN;
3. die Entgegennahme der Meldungen über erhöhte Konzentrationen an Schwefelwasserstoff nach Unterabschnitt 3.2.3.2 Tabelle C Spalte 20 Nummer 28 Buchstabe b ADN bei der Beförderung von UN 2448;
4. Kontrollen nach Absatz 1.8.1.1.1 und die Untersagung der Verwendung eines Schiffes für die Beförderung gefährlicher Güter nach Unterabschnitt 1.16.13.2 ADN und
5. die Entgegennahme der Informationen und Mitteilungen nach Unterabschnitt 1.7.6.1 Buchstabe b Gliederungseinheit iv und Buchstabe c ADN.

Zuständige Behörde nach Satz 1 Nummer 4 und 5 sowie Unterabschnitt 7.1.5.5 ADN ist auch die jeweils nach Landesrecht zuständige Stelle. Die in Nummer 2 genannte Genehmigung kann widerruflich erteilt, befristet und mit Auflagen versehen werden, soweit dies erforderlich ist, um die Einhaltung der gefahrgutbeförderungsrechtlichen Vorschriften sicherzustellen.

(7) Die jeweilige nach Landesrecht zuständige Stelle ist zuständige Behörde für Kontrollen nach Unterabschnitt 1.8.1.4 ADN.

(8) Die Berufsgenossenschaft Verkehrswirtschaft Post-Logistik Telekommunikation ist zuständig nach der IMO-Resolution A.749 (18)[4] einschließlich deren Anlage „Code über Intaktstabilität aller Schiffstypen" in der Fassung der Bekanntmachung vom 18. März 1999 (VkBl. S. 164) für die Prüfung der Stabilitätsunterlagen nach Absatz 9.2.0.94.4 ADN.

## § 17 → D: GGAV 20

## Pflichten des Auftraggebers des Absenders

(1) Der Auftraggeber des Absenders im Straßen- und Eisenbahnverkehr sowie in der Binnenschifffahrt hat → D: RSEB 17.01 ff.

1. sich vor Erteilung eines Auftrags an den Absender zu vergewissern, ob die gefährlichen Güter nach Teil 2 ADR/RID/ADN klassifiziert sind und nach § 3 befördert werden dürfen; → D: RSEB 17.4
2. dafür zu sorgen, dass dem Absender die Angaben nach den Unterabschnitten 5.4.1.1, 5.4.1.2 sowie den Absätzen 5.5.2.4.1, 5.5.2.4.3 und 5.5.3.7.1 ADR/RID/ADN, im Straßenverkehr mit Ausnahme von Namen und Anschrift des Absenders nach Absatz 5.4.1.1.1 Buchstabe g ADR, schriftlich oder elektronisch mitgeteilt werden, und ihn, wenn Güter auf der Straße befördert werden, die § 35 Absatz 4 Satz 1 oder § 35a Absatz 1 oder Absatz 4 Satz 1 unterliegen, auf deren Beachtung schriftlich oder elektronisch hinzuweisen und
3. dafür zu sorgen, dass der Absender bei Beförderung nach Kapitel 3.4 auf das gefährliche Gut in begrenzten Mengen unter Angabe der Bruttomasse und bei Beförderung nach Kapitel 3.5 auf das gefährliche Gut in freigestellten Mengen unter Angabe der Anzahl der Versandstücke, ausgenommen bei Beförderungen nach Unterabschnitt 3.5.1.4 ADR/RID/ADN, hingewiesen wird.

(2) Der Auftraggeber des Absenders im Eisenbahnverkehr hat dafür zu sorgen, dass dem Absender die Angaben nach Absatz 1.1.4.4.5 RID schriftlich oder elektronisch mitgeteilt werden.

(3) Der Auftraggeber des Absenders im Straßenverkehr sowie in der Binnenschifffahrt hat dafür zu sorgen, dass dem Absender vor Beförderungsbeginn die erforderlichen Informationen für die Temperaturkontrolle nach Unterabschnitt 7.1.7.3 ADR/ADN zur Verfügung gestellt werden.

[4] *Anmerkung des Verlags: O.-Text BGBl.; gemäß Nomenklatur der IMO müsste es wahrscheinlich heißen: „MSC.749(18)".*

## § 18
## Pflichten des Absenders*)

(1) Der Absender im Straßen- und Eisenbahnverkehr sowie in der Binnenschifffahrt hat

→ D: RSEB 18.1 1. den Beförderer und, wenn die gefährlichen Güter über deutsche See-, Binnen- oder Flughäfen eingeführt worden sind, den Verlader, der als erster die gefährlichen Güter zur Beförderung mit Straßenfahrzeugen, mit der Eisenbahn oder mit Binnenschiffen übergibt oder im Straßenverkehr oder im Binnenschiffsverkehr selbst befördert, mit Erteilung des Beförderungsauftrags
   a) auf das gefährliche Gut durch die Angaben nach Absatz 5.4.1.1.1 Buchstabe a bis d ADR/RID/ADN oder Absatz 5.4.1.1.2 Buchstabe a bis d ADN
   b) und, wenn Güter auf der Straße befördert werden, die den §§ 35 und 35a unterliegen, auf deren Beachtung

   schriftlich oder elektronisch hinzuweisen;

2. den Beförderer vor der Beförderung
   a) nach Abschnitt 3.4.12 ADR/RID/ADN in nachweisbarer Form über die Bruttomasse der in begrenzten Mengen zu versendenden gefährlichen Güter zu informieren und
   b) von in freigestellten Mengen zu versendenden gefährlichen Gütern nach Kapitel 3.5, mit Ausnahme von freigestellten Mengen nach Unterabschnitt 3.5.1.4 ADR/RID/ADN, über die Anzahl der Versandstücke zu informieren;

→ D: RSEB 18.2 3. sich vor Erteilung des Beförderungsauftrags und vor Übergabe gefährlicher Güter zur Beförderung zu vergewissern, ob die gefährlichen Güter nach Teil 2 ADR/RID/ADN klassifiziert sind und nach § 3 befördert werden dürfen;

4. dafür zu sorgen, dass die in einer Ausnahmezulassung, einer Vereinbarung nach § 5 oder einer Ausnahmeverordnung nach § 6 des Gefahrgutbeförderungsgesetzes festgelegten Angaben in das Beförderungspapier eingetragen werden;

5. dafür zu sorgen, dass nur Verpackungen, Großverpackungen, IBC, Tanks, MEMU oder Schiffe verwendet werden, die für die Beförderung der betreffenden Güter nach Kapitel 3.2 Tabelle A ADR/RID, Unterabschnitt 1.1.4.3 ADR/RID oder Kapitel 3.2 Tabelle A und zusätzlich bei Tankschiffbeförderung nach Tabelle C ADN zugelassen und geeignet sind;

→ D: § 11 Nr. 4 6. dafür zu sorgen, dass die zuständige Behörde nach Absatz 5.1.5.1.4 ADR/RID/ADN benachrichtigt wird;

7. im Besitz einer Kopie der Anweisungen nach Absatz 4.1.9.1.9 und einer Kopie der erforderlichen Zeugnisse nach Absatz 5.1.5.2.2 zu sein und auf Anfrage der zuständigen Behörde nach Absatz 5.1.5.2.3 ADR/RID/ADN Aufzeichnungen zur Verfügung zu stellen;

→ D: RSEB 18.3 8. dafür zu sorgen, dass ein Beförderungspapier nach Abschnitt 5.4.1 ADR/RID/ADN mitgegeben wird, das auch die nach den anwendbaren Vorschriften in Unterabschnitt 6.7.1.3 ADR/RID und nach Unterabschnitt 3.2.3.2 Tabelle C Spalte 20 ADN geforderten Angaben, Anweisungen und Hinweise enthält;

9. dafür zu sorgen, dass dem Beförderer die Zeugnisse nach Absatz 5.4.1.2.5.4 ADR/RID/ADN vor dem Be- und Entladen zugänglich gemacht werden;

10. dafür zu sorgen, dass dem Beförderungspapier die erforderlichen Begleitpapiere nach den anwendbaren Sondervorschriften in Kapitel 3.3 ADR/RID/ADN, nach Absatz 4.1.3.8.2 ADR/RID und Unterabschnitt 5.4.1.2 ADR/RID/ADN beigefügt werden;

11. den Verlader auf die Begasung von Einheiten schriftlich oder elektronisch hinzuweisen und

→ D: RSEB 18.4 12. eine Kopie des Beförderungspapiers für gefährliche Güter und der im ADR/RID/ADN festgelegten zusätzlichen Informationen und Dokumentation für einen Mindestzeitraum von drei Monaten ab Ende der Beförderung nach Unterabschnitt 5.4.4.1 ADR/RID/ADN aufzubewahren.

(2) Der Absender im Straßenverkehr hat dafür zu sorgen,

1. dass dem Beförderer vor Beförderungsbeginn die Ausnahmezulassung nach § 5 Absatz 1 Nummer 1, Absatz 6 oder 7 übergeben wird und
2. dass dem Beförderer vor Beförderungsbeginn die erforderlichen Informationen für die Temperaturkontrolle nach Unterabschnitt 7.1.7.3 ADR zur Verfügung gestellt werden.

*) → D: RSEB 17.01 f. → D: GGAV 20

(3) Der Absender im Eisenbahnverkehr hat

1. die Vorschriften für den Versand als Expressgut nach Kapitel 7.6 RID zu beachten;
2. dafür zu sorgen, dass auch an ungereinigten leeren Wagen, Großcontainern und Kleincontainern für die Beförderung in loser Schüttung sowie Schüttgut-Containern
   a) Großzettel (Placards) nach Unterabschnitt 5.3.1.6 RID,
   b) die orangefarbene Tafel nach Absatz 5.3.2.1.7 mit Ausnahme von Absatz 5.3.2.1.5 RID,
   c) Kennzeichen nach Abschnitt 5.3.6 RID und
   d) Rangierzettel nach Abschnitt 5.3.4 RID

   angebracht werden und
3. dafür zu sorgen, dass das Beförderungspapier die Angaben nach Absatz 1.1.4.4.5 RID enthält.

(4) Der Absender in der Binnenschifffahrt hat dafür zu sorgen, → D: RSEB 18.5.B

1. dass dem Beförderer oder Schiffsführer vor Beförderungsbeginn die Ausnahmezulassung nach § 5 Absatz 1 Nummer 3 oder Absatz 3 übergeben wird;
2. dass auch an ungereinigten und nicht entgasten leeren Tankfahrzeugen, Kesselwagen, Fahrzeugen mit Aufsetztanks, Wagen mit abnehmbaren Tanks, Batterie-Fahrzeugen, Batteriewagen, MEGC, MEMU, Tankcontainern und ortsbeweglichen Tanks sowie an ungereinigten leeren Fahrzeugen, Wagen und Containern für die Beförderung in loser Schüttung
   a) Großzettel (Placards) nach Absatz 5.3.1.6.1 ADN und
   b) die orangefarbenen Tafeln nach Absatz 5.3.2.1.7 ADN

   angebracht werden und
3. dass dem Beförderer vor Beförderungsbeginn die erforderlichen Informationen für die Temperaturkontrolle nach Unterabschnitt 7.1.7.3 ADN zur Verfügung gestellt werden.

## § 19
## Pflichten des Beförderers

→ D: RSEB 17.01 f.

(1) Der Beförderer im Straßen- und Eisenbahnverkehr sowie in der Binnenschifffahrt

1. muss den Absender nach Unterabschnitt 1.7.6.1 Buchstabe a Gliederungseinheit i ADR/RID/ADN über die Nichteinhaltung eines Grenzwertes für die Dosisleistung oder die Kontamination informieren; → D: RSEB 19.1
2. darf, wenn er einen Verstoß gegen die in Absatz 1 Nummer 1 und 5 und Absatz 2 bis 4 genannten Vorschriften des ADR/RID/ADN feststellt, die Sendung so lange nicht befördern, bis die Vorschriften erfüllt sind;
3. hat dafür zu sorgen, dass Tanks nach Unterabschnitt 4.3.3.6 Buchstabe f und h ADR/RID nicht zur Beförderung aufgegeben werden;
4. hat eine Kopie des Beförderungspapiers für gefährliche Güter und der im ADR/RID/ADN festgelegten zusätzlichen Informationen und Dokumentation für einen Mindestzeitraum von drei Monaten ab Ende der Beförderung nach Unterabschnitt 5.4.4.1 ADR/RID/ADN aufzubewahren; → D: RSEB 19.2
5. hat dafür zu sorgen, dass die Dokumente im Zusammenhang mit der Beförderung von Güterbeförderungseinheiten, die begast und vor der Beförderung nicht vollständig belüftet worden sind, die Angaben nach Absatz 5.5.2.4.1 ADR/RID/ADN enthalten, und
6. hat dafür zu sorgen, dass die Dokumente im Zusammenhang mit der Beförderung von Fahrzeugen, Wagen oder Containern, die Trockeneis (UN 1845) oder zu Kühl- oder Konditionierungszwecken verwendete Stoffe enthalten oder enthalten haben und vor der Beförderung nicht vollständig belüftet wurden, die Angaben nach Absatz 5.5.3.7.1 ADR/RID/ADN enthalten.

(2) Der Beförderer im Straßenverkehr hat

1. das Verbot der anderweitigen Verwendung nach Abschnitt 4.3.5 Sondervorschrift TU15 ADR einzuhalten;
2. der Fahrzeugbesatzung vor Antritt der Fahrt die schriftlichen Weisungen nach Unterabschnitt 5.4.3.2 ADR zu übergeben und dafür zu sorgen, dass jedes Mitglied der Fahrzeugbesatzung diese verstehen und richtig anwenden kann;
3. dafür zu sorgen, dass die Vorschriften für die Beförderung in loser Schüttung in Fahrzeugen oder Containern nach den anwendbaren Vorschriften in den Kapiteln 3.3 und 7.3 und die Vorschriften für die Beförderung in Tanks nach Abschnitt 7.4.1 ADR beachtet werden;

4. dafür zu sorgen, dass die Vorschriften über die Begrenzung der beförderten Mengen nach Absatz 7.5.5.2.1 und Unterabschnitt 7.5.5.3 ADR eingehalten werden;
5. dafür zu sorgen, dass
   a) die Begleitpapiere nach Unterabschnitt 8.1.2.1 Buchstabe a und Unterabschnitt 8.1.2.2 Buchstabe a und c sowie bei innerstaatlichen Beförderungen in Aufsetztanks die Bescheinigung über die Prüfung des Aufsetztanks nach Absatz 6.8.2.4.5 und Unterabschnitt 6.13.5.4, sofern die Übergangsvorschrift nach Unterabschnitt 1.6.3.41 ADR in Anspruch genommen wird, und
   b) die Ausnahmezulassung nach § 5 Absatz 1 Nummer 1, Absatz 6 oder 7

   dem Fahrzeugführer vor Beförderungsbeginn übergeben werden;
6. dafür zu sorgen, dass nur Fahrzeugführer mit einer gültigen Bescheinigung nach Unterabschnitt 8.2.2.8 ADR eingesetzt werden;
7. dafür zu sorgen, dass ortsbewegliche Tanks nach Unterabschnitt 4.2.3.8 Buchstabe f ADR nicht zur Beförderung aufgegeben werden;
8. dafür zu sorgen, dass für festverbundene Tanks, Aufsetztanks und Batterie-Fahrzeuge die Tankakte nach Absatz 4.3.2.1.7 ADR geführt, aufbewahrt, an einen neuen Beförderer übergeben, auf Anforderung zuständigen Behörden vorgelegt und dem Sachverständigen zur Verfügung gestellt wird;
9. die Beförderungseinheit mit Feuerlöschgeräten nach Abschnitt 8.1.4 ADR auszurüsten;
10. die Prüffristen nach Unterabschnitt 8.1.4.4 ADR in Verbindung mit § 36 oder den zugelassenen nationalen Normen einzuhalten;
11. das Fahrzeug mit den erforderlichen Großzetteln (Placards) nach Abschnitt 5.3.1, den orangefarbenen Tafeln nach Abschnitt 5.3.2 und den Kennzeichen nach den Abschnitten 3.4.15, 5.3.3 und 5.3.6 auszurüsten und hat dafür zu sorgen, dass in den Fällen des Abschnitts 3.4.13 in Verbindung mit Abschnitt 3.4.14 die Kennzeichen nach Abschnitt 3.4.15 ADR angebracht werden;
12. dafür zu sorgen, dass nur Tanks verwendet werden, deren Dicke der Tankwände den in Absatz 4.3.2.3.1 in Verbindung mit den Absätzen 6.8.2.1.17 bis 6.8.2.1.21 ADR genannten Anforderungen entspricht;
13. *→ D: RSEB 19.3.S* dafür zu sorgen, dass der festverbundene Tank, der Aufsetztank, das Batterie-Fahrzeug und der Saug-Druck-Tank auch zwischen den Prüfterminen den Bau-, Ausrüstungs- und Kennzeichnungsvorschriften nach den Unterabschnitten 6.8.2.1, 6.8.2.2, 6.8.2.5, 6.8.3.1, 6.8.3.2 und 6.8.3.5 und den anwendbaren Sondervorschriften in Abschnitt 6.8.4 Buchstabe e, den Abschnitten 6.10.1, 6.10.2 und 6.10.3 für die in der ADR-Zulassungsbescheinigung nach Unterabschnitt 9.1.3.1 oder in der Bescheinigung nach den Absätzen 6.8.2.4.5 und 6.8.3.4.18 ADR angegebenen Stoffe entspricht, mit Ausnahme der durch den Befüller anzugebenden beförderten Stoffe und Gase;
14. dafür zu sorgen, dass nach Maßgabe der Absätze 6.8.2.4.4 und 6.8.3.4.16 ADR eine außerordentliche Prüfung des festverbundenen Tanks und des Batterie-Fahrzeugs durchgeführt wird, wenn die Sicherheit des Tanks oder seiner Ausrüstung beeinträchtigt sein kann;
15. *→ CTU-Code Kap. 6* dem Fahrzeugführer die erforderliche Ausrüstung zur Durchführung der Ladungssicherung zu übergeben;
16. die Beförderungseinheit nach Abschnitt 8.1.5 ADR auszurüsten;
17. dafür zu sorgen, dass an Fahrzeugen,
   a) die nach Unterabschnitt 9.1.2.1 Satz 4 zugelassen sind, für die in der ADR-Zulassungsbescheinigung nach Unterabschnitt 9.1.3.5 unter Nummer 10 angegebenen gefährlichen Güter die Vorschriften über den Bau und die Ausrüstung der Fahrzeuge nach Abschnitt 9.2.1 ADR in Verbindung mit den ergänzenden Vorschriften nach den Kapiteln 9.3 bis 9.8 ADR und
   b) die nach Unterabschnitt 9.1.2.1 Satz 4 nicht zulassungspflichtig sind, die Vorschriften über den Bau und die Ausrüstung der Fahrzeuge nach den anwendbaren Sondervorschriften in Abschnitt 7.3.3, Unterabschnitt 9.2.1.1 Satz 2 und den Kapiteln 9.4 bis 9.6 ADR

   beachtet werden;
18. dafür zu sorgen, dass die Vorschriften über die Überwachung der Fahrzeuge nach Kapitel 8.4 in Verbindung mit Kapitel 8.5 ADR sowie bei innerstaatlichen Beförderungen auch die Vorschrift über das Abstellen von kennzeichnungspflichtigen Fahrzeugen nach Anlage 2 Gliederungsnummer 3.3 beachtet werden, und

19. dafür zu sorgen, dass festverbundene Tanks, Batterie-Fahrzeuge, Aufsetztanks, MEGC, ortsbewegliche Tanks und Tankcontainer nicht verwendet werden, wenn das Datum der nächsten Prüfung überschritten ist.

(3) Der Beförderer im Eisenbahnverkehr

1. muss sicherstellen, dass der Betreiber der von ihm genutzten Eisenbahninfrastruktur zu jedem Zeitpunkt während der Beförderung schnell und uneingeschränkt über die Daten verfügen kann, die es ihm ermöglichen, die Anforderungen des Unterabschnitts 1.4.3.6 Buchstabe b RID zu erfüllen;
2. hat dafür zu sorgen, dass nach Unterabschnitt 1.10.1.4 RID jedes Mitglied der Besatzung eines Zuges, mit dem gefährliche Güter befördert werden, einen Lichtbildausweis während der Beförderung mit sich führt;
3. hat dafür zu sorgen, dass die in § 18 Absatz 1 Nummer 8 und 10 genannten Begleitpapiere während der Beförderung verfügbar sind und zuständigen Personen auf Verlangen zur Prüfung ausgehändigt werden;
4. hat dafür zu sorgen, dass die Vorschriften über den Schutzabstand nach Abschnitt 7.5.3 RID beachtet werden;
5. hat nach Unterabschnitt 5.4.3.2 RID vor Antritt der Fahrt dem Triebfahrzeugführer die schriftlichen Weisungen in einer Sprache bereitzustellen, die der Triebfahrzeugführer lesen und verstehen kann;
6. hat den Triebfahrzeugführer vor Antritt der Fahrt über die geladenen gefährlichen Güter und deren Position im Zug nach Absatz 1.4.2.2.7 in Verbindung mit Unterabschnitt 5.4.3.3 RID zu informieren;
7. hat dafür zu sorgen, dass die in den schriftlichen Weisungen nach Unterabschnitt 5.4.3.4 RID vorgeschriebene Ausrüstung auf dem Führerstand mitgeführt wird;
8. hat dafür zu sorgen, dass im Huckepackverkehr am Anhänger die orangefarbenen Tafeln oder die Großzettel (Placards) oder das Kennzeichen nach Absatz 1.1.4.4.3 RID angebracht sind, und
9. hat, wenn er gefährliche Güter am Abgangsort übernimmt, sich nach Absatz 1.4.2.2.1 Buchstabe c RID durch eine Sichtprüfung zu vergewissern, dass die Wagen und die Ladung keine offensichtlichen Mängel, keine Undichtigkeiten oder Risse aufweisen und dass keine Ausrüstungsteile fehlen;
10. hat, wenn er gefährliche Güter am Abgangsort übernimmt, sich nach Absatz 1.4.2.2.1 Buchstabe f zu vergewissern, dass die für die Wagen in Kapitel 5.3 RID vorgeschriebenen Großzettel (Placards), Kennzeichen und orangefarbenen Tafeln angebracht sind, und
11. hat dafür zu sorgen, dass die Informationen, die nach Absatz 1.4.2.2.8 RID zur Verfügung gestellt werden, auch den Tank und seine Ausrüstung umfassen.

(4) Der Beförderer in der Binnenschifffahrt

1. hat sich zu vergewissern, dass das Schiff nach Abschnitt 7.1.2 oder Abschnitt 7.2.2 ADN zur Beförderung der gefährlichen Güter zugelassen ist;
2. hat dafür zu sorgen, dass nach Unterabschnitt 1.10.1.4 ADN für jedes Mitglied der Besatzung ein Lichtbildausweis an Bord ist;
3. hat dem Schiffsführer vor Antritt der Fahrt die schriftlichen Weisungen nach Abschnitt 5.4.3 ADN in den Sprachen bereitzustellen, die der Schiffsführer und der Sachkundige lesen und verstehen können;
4. hat dafür zu sorgen, dass dem Schiffsführer vor Beförderungsbeginn die erforderlichen Informationen für die Temperaturkontrolle nach Unterabschnitt 7.1.7.3 ADN zur Verfügung gestellt werden;
5. hat dafür zu sorgen, dass
   a) die Besatzung die Vorschriften für das Laden, Befördern, Löschen und sonstige Handhaben der Ladung nach Teil 7 beachtet, mit Ausnahme der Vorschriften über die Klassifikation von Tankschiffen, Gebrauchsanleitungen, Hinweistafeln, Ausrüstungen und Methoden zur Temperaturkontrolle, und
   b) der vorgeschriebene Ladungsrechner nach den Absätzen 9.3.1.13.3, 9.3.2.13.3 und 9.3.3.13.3 ADN benutzt wird;
6. hat dafür zu sorgen, dass die Vorschriften über die Begrenzung der beförderten Mengen nach Unterabschnitt 7.1.4.1 ADN eingehalten werden;
7. hat dafür zu sorgen, dass dem Schiffsführer die Dokumente nach den Unterabschnitten 8.1.2.1 bis 8.1.2.3 ADN übergeben werden;

8. hat dafür zu sorgen, dass Schiffe nur eingesetzt werden, wenn der hauptverantwortliche Schiffsführer oder, wenn ein solcher nicht bestellt ist, jeder Schiffsführer nach den Unterabschnitten 7.1.3.15 und 7.2.3.15 eine gültige Bescheinigung nach den Unterabschnitten 8.2.1.2, 8.2.1.5 oder 8.2.1.7 ADN hat, und
9. hat nach Absatz 1.4.2.2.1 Buchstabe d ADN sicherzustellen, dass beim Laden und Löschen ein zweites Evakuierungsmittel verfügbar ist, sofern die landseitige Einrichtung nicht mit dem vorgeschriebenen zweiten Evakuierungsmittel ausgerüstet ist.

*→ D: RSEB 17.01 f.*
*→ D: RSEB 17.2*

## § 20
## Pflichten des Empfängers

(1) Der Empfänger im Straßen- und Eisenbahnverkehr sowie in der Binnenschifffahrt
1. ist nach Absatz 1.4.2.3.1 ADR/RID/ADN verpflichtet,
   *→ D: RSEB 20.1*
   a) die Annahme des Gutes nicht ohne zwingenden Grund zu verzögern oder zu verweigern und
   b) nach dem Entladen und vor dem Zurückstellen oder vor der Wiederverwendung zu prüfen, dass die ihn betreffenden Vorschriften des ADR/RID/ADN eingehalten worden sind, und

*→ D: RSEB 20.2 f.*
2. hat den Absender nach Unterabschnitt 1.7.6.1 Buchstabe a Gliederungseinheit ii in Verbindung mit Buchstabe c ADR/RID/ADN über die Nichteinhaltung eines Grenzwertes für die Dosisleistung oder die Kontamination zu informieren.

(2) Der Empfänger im Straßenverkehr darf nach Absatz 1.4.2.3.2 ADR, wenn die Prüfung nach Absatz 1 Nummer 1 Buchstabe b im Falle eines Containers einen Verstoß gegen die Vorschriften des ADR aufzeigt, dem Beförderer den Container erst dann zurückstellen, wenn der Verstoß behoben worden ist.

(3) Der Empfänger im Eisenbahnverkehr darf nach Absatz 1.4.2.3.2 RID einen Wagen oder Container erst zurückstellen oder wieder verwenden, wenn die Vorschriften des RID für die Entladung eingehalten worden sind.

(4) Der Empfänger in der Binnenschifffahrt darf, wenn die Prüfung nach Absatz 1 Nummer 1 Buchstabe b einen Verstoß gegen die Vorschriften des ADN aufzeigt, dem Beförderer den Container, das Fahrzeug oder den Wagen erst dann zurückstellen, wenn der Verstoß behoben worden ist.

*→ D: GGAV 20*
*→ D: RSEB 17.01 f.*
*→ D: RSEB Anl. 7a*

## § 21
## Pflichten des Verladers

(1) Der Verlader im Straßen- und Eisenbahnverkehr sowie in der Binnenschifffahrt
1. darf gefährliche Güter dem Beförderer nur übergeben, wenn sie nach § 3 befördert werden dürfen;
2. hat bei der Übergabe verpackter gefährlicher Güter oder ungereinigter leerer Verpackungen zur Beförderung zu prüfen, ob die Verpackung erkennbar unvollständig oder beschädigt oder an der Außenseite mit Anhaftungen gefährlicher Rückstände versehen ist. Er darf ein Versandstück, dessen Verpackung erkennbar unvollständig oder beschädigt, insbesondere undicht ist, sodass gefährliches Gut austritt oder austreten kann oder an der Außenseite mit Anhaftungen gefährlicher Rückstände versehen ist, zur Beförderung erst übergeben, wenn der Mangel beseitigt worden ist. Dies gilt auch für die Beförderung nach den Kapiteln 3.4 und 3.5 ADR/RID/ADN;
3. hat dafür zu sorgen, dass ein Versandstück nach Teilentnahme des gefährlichen Gutes nur verladen wird, wenn die Verpackung den Anforderungen des Unterabschnitts 4.1.1.1 ADR/RID entspricht;
4. hat dafür zu sorgen, dass die Vorschriften über die leeren Verpackungen nach Unterabschnitt 4.1.1.11 in Verbindung mit Unterabschnitt 4.1.1.1 ADR/RID beachtet werden;
5. hat dafür zu sorgen, dass ein Warnkennzeichen nach den Absätzen 5.5.2.3.1 und 5.5.3.6.1 ADR/RID/ADN angebracht wird;
6. hat dafür zu sorgen, dass die Kennzeichnungsvorschriften nach den Abschnitten 3.4.13 bis 3.4.15 ADR/RID/ADN beachtet werden;
7. hat dafür zu sorgen, dass die Anzahl der Versandstücke nach Abschnitt 3.5.5 ADR/RID/ADN nicht überschritten wird, und
8. hat dafür zu sorgen, dass bei Verwendung von unverpacktem Trockeneis die Maßnahmen nach Unterabschnitt 5.5.3.5 ADR/RID/ADN ergriffen werden.

(2) Der Verlader im Straßenverkehr hat

1. den Fahrzeugführer auf das gefährliche Gut mit den Angaben nach Absatz 5.4.1.1.1 Buchstabe a bis d ADR sowie, wenn Güter auf der Straße befördert werden, die § 35 Absatz 4 Satz 1 oder § 35a Absatz 1 oder Absatz 4 Satz 1 unterliegen, auf deren Beachtung schriftlich oder elektronisch hinzuweisen;
2. dafür zu sorgen, dass die Vorschriften über die Trägerfahrzeuge von Tankcontainern, ortsbeweglichen Tanks und MEGC nach Abschnitt 7.4.1 ADR eingehalten werden;
3. dafür zu sorgen, dass die Vorschriften über die Gefahrzettel und Kennzeichen nach Unterabschnitt 5.1.3.1 in Verbindung mit Kapitel 5.2 ADR beachtet werden;
4. dafür zu sorgen, dass an Containern mit Versandstücken Großzettel (Placards) nach Unterabschnitt 5.3.1.2, die orangefarbenen Tafeln nach Absatz 5.3.2.1.4 und das Kennzeichen nach Abschnitt 5.3.6 ADR angebracht sind;
5. dafür zu sorgen, dass nur Container eingesetzt werden, die den technischen Anforderungen nach Abschnitt 7.1.3 ADR entsprechen, und
6. dafür zu sorgen, dass bei Tankcontainern und MEGC die Vorschriften nach Absatz 4.3.2.3.2 und bei ortsbeweglichen Tanks nach Unterabschnitt 4.2.1.2, 4.2.2.3 und 4.2.3.3 und bei UN-MEGC nach Unterabschnitt 4.2.4.3 ADR beachtet werden.

(3) Der Verlader im Eisenbahnverkehr hat

1. dafür zu sorgen, dass die Vorschriften über die Gefahrzettel und Kennzeichen nach Unterabschnitt 5.1.3.1 in Verbindung mit Kapitel 5.2 RID beachtet werden;
2. dafür zu sorgen, dass
   a) an Großcontainern und Wagen mit Versandstücken, an Schüttgut-Containern sowie an Tragwagen Großzettel (Placards) nach den Unterabschnitten 5.3.1.2, 5.3.1.3 und 5.3.1.5 sowie im Huckepackverkehr nach Absatz 1.1.4.4.4, Rangierzettel nach Abschnitt 5.3.4 sowie das Kennzeichen nach Abschnitt 5.3.6 RID,
   b) an einem Wagen oder Container orangefarbene Tafeln nach Absatz 5.3.2.1.1 Satz 1 neunter Anstrich und Absatz 5.3.2.1.2 RID und
   c) orangefarbene Tafeln an Tragwagen nach Absatz 5.3.2.1.5 sowie im Huckepackverkehr die Kennzeichen oder orangefarbenen Tafeln nach Absatz 1.1.4.4.4 RID

   angebracht sind;
3. dafür zu sorgen, dass nur Container eingesetzt werden, die den technischen Anforderungen nach Abschnitt 7.1.3 RID entsprechen;
4. dafür zu sorgen, dass beim Verladen gefährlicher Güter in oder auf Wagen oder in Container oder beim Verladen von Containern, Schüttgut-Containern, MEGC, Tankcontainern oder ortsbeweglichen Tanks auf einen Wagen die Vorschriften über
   a) die Beförderung in Versandstücken nach Kapitel 7.2 RID und
   b) die Beladung und Handhabung nach Kapitel 7.5 RID

   beachtet werden, und
5. dafür zu sorgen, dass bei Tankcontainern und MEGC die Vorschriften nach Absatz 4.3.2.3.2 und bei ortsbeweglichen Tanks nach Unterabschnitt 4.2.1.2, 4.2.2.3 und 4.2.3.3 und bei UN-MEGC nach Unterabschnitt 4.2.4.3 RID beachtet werden.

(4) Der Verlader in der Binnenschifffahrt hat

1. den Schiffsführer auf das gefährliche Gut durch die Angaben nach Absatz 5.4.1.1.1 Buchstabe a bis d ADN hinzuweisen;
2. dafür zu sorgen, dass
   a) an Containern, MEGC, Schüttgut-Containern, Tankcontainern und ortsbeweglichen Tanks Großzettel (Placards) nach Unterabschnitt 5.3.1.2 sowie das Kennzeichen nach Abschnitt 5.3.6 ADN,
   b) an Trägerfahrzeugen, auf denen Container, MEGC, Schüttgut-Container, Tankcontainer oder ortsbewegliche Tanks befördert werden, Großzettel (Placards) nach Unterabschnitt 5.3.1.3 Satz 1 ADN,
   c) an Fahrzeugen für die Beförderung in loser Schüttung, Tankfahrzeugen, Batterie-Fahrzeugen und Fahrzeugen mit Aufsetztanks Großzettel (Placards) nach Unterabschnitt 5.3.1.4 ADN,

d) an Fahrzeugen, in denen nur Versandstücke befördert werden, Großzettel (Placards) nach Unterabschnitt 5.3.1.5 ADN und

e) auch an ungereinigten und nicht entgasten leeren Tankfahrzeugen, Kesselwagen, Fahrzeugen mit Aufsetztanks, Wagen mit abnehmbaren Tanks, Batterie-Fahrzeugen, Batteriewagen, MEGC, MEMU, Tankcontainern und ortsbeweglichen Tanks sowie an ungereinigten leeren Fahrzeugen, Wagen und Containern für die Beförderung in loser Schüttung Großzettel (Placards) nach Absatz 5.3.1.6.1 ADN

angebracht sind;

3. dafür zu sorgen, dass die Vorschriften über das Laden, Befördern und die Handhabung nach Abschnitt 7.1.4 ADN beachtet werden, und

4. nach Absatz 1.4.3.1.1 Buchstabe f ADN sicherzustellen, dass beim Laden die landseitige Einrichtung mit einem oder zwei Evakuierungsmitteln ausgerüstet ist.

*→ D: GGAV 20*
*→ D: RSEB 17.01 f.*

## § 22
## Pflichten des Verpackers

(1) Der Verpacker im Straßen- und Eisenbahnverkehr sowie in der Binnenschifffahrt hat

1. die Vorschriften über das Verpacken, Umverpacken und die Kennzeichnung nach den Abschnitten 3.4.1 bis 3.4.11 ADR/RID/ADN;

2. die Vorschriften über das Verpacken, Umverpacken und die Kennzeichnung nach den Abschnitten 3.5.1 bis 3.5.4 ADR/RID/ADN;

3. die Vorschriften über die Verwendung und Prüfung der Dichtheit nach dem Befüllen von Druckgefäßen, Verpackungen einschließlich IBC und Großverpackungen nach den Abschnitten 4.1.1 bis 4.1.9 und den Absätzen 6.2.6.3.2.1 und 6.2.6.3.2.2.2 ADR/RID sowie den anwendbaren Sondervorschriften in Kapitel 3.3 ADR/RID/ADN;

4. die Vorschriften über das Zusammenpacken nach

   a) Absatz 1.1.4.2.1 Buchstabe b ADR/RID, wenn eine See- oder Luftbeförderung eingeschlossen ist, und

   b) Abschnitt 4.1.10 ADR/RID;

5. die Vorschriften über die Kennzeichnung und Bezettelung

   a) von Versandstücken nach Absatz 1.1.4.2.1 Buchstabe a ADR/RID/ADN, wenn eine See- oder Luftbeförderung eingeschlossen ist, und

   b) von Versandstücken nach Abschnitt 5.1.4, Absatz 5.1.5.4.1, den Abschnitten 5.2.1, 5.2.2, nach Unterabschnitt 5.5.3.4 sowie nach den anwendbaren Sondervorschriften in Kapitel 3.3 ADR/RID/ADN

zu beachten und

6. Versandstücke in den Umverpackungen zu sichern.

(2) Der Verpacker im Straßenverkehr hat die Vorschriften über

1. die Verwendung von Umverpackungen nach Abschnitt 5.1.2 ADR und

2. die Bezettelung von Umverpackungen, die radioaktive Stoffe enthalten, nach Absatz 5.2.2.1.11 ADR

zu beachten.

(3) Der Verpacker im Eisenbahnverkehr hat die Vorschriften über

1. die Verwendung von Umverpackungen nach Abschnitt 5.1.2 RID und

2. die Bezettelung von Umverpackungen, die radioaktive Stoffe enthalten, nach Absatz 5.2.2.1.11 RID

zu beachten.

*→ D: RSEB 17.01 f.*

## § 23
## Pflichten des Befüllers

(1) Der Befüller im Straßen- und Eisenbahnverkehr sowie in der Binnenschifffahrt

1. darf gefährliche Güter dem Beförderer nur übergeben, wenn sie nach § 3 befördert werden dürfen;

2. darf Tanks nach Unterabschnitt 4.2.2.8 Buchstabe c und d, 4.2.3.8 Buchstabe c bis e sowie 4.3.3.6 Buchstabe c bis e und g ADR/RID dem Beförderer nicht übergeben;

3. darf ortsbewegliche Tanks und UN-MEGC nach Unterabschnitt 4.2.1.1, Unterabschnitt 4.2.2.2 in Verbindung mit Absatz 4.2.2.7.1, Unterabschnitt 4.2.3.2 in Verbindung mit Absatz 4.2.3.6.1, Unterabschnitt 4.2.4.1 in Verbindung mit Absatz 4.2.4.5.1 ADR/RID nur mit den für diese Tanks zugelassenen gefährlichen Gütern befüllen, wenn das Datum der nächsten Prüfung nicht überschritten ist;
4. hat dafür zu sorgen, dass an Tanks und UN-MEGC die Dichtheit der Verschlusseinrichtungen geprüft wird und die Tanks und UN-MEGC nach Absatz 4.2.1.9.6 Buchstabe c und Unterabschnitt 4.2.2.8 Buchstabe b, Unterabschnitt 4.2.3.8 Buchstabe b, Unterabschnitt 4.2.4.6 Buchstabe a und Unterabschnitt 4.3.3.6 Buchstabe b ADR/RID nicht befördert werden, wenn sie undicht sind;
5. darf Tanks, deren Datum der nächsten Prüfung nicht überschritten ist, mit den nach Absatz 4.3.2.1.5 zulässigen gefährlichen Gütern nur befüllen, wenn die Beförderung dieser gefährlichen Güter nach Absatz 4.3.2.1.1 ADR/RID in Tanks zulässig ist;
6. hat dafür zu sorgen, dass der zulässige Füllungsgrad, der zulässige Füllungszustand, der zulässige Füllfaktor oder die zulässige Masse der Füllung je Liter Fassungsraum oder die zulässige Bruttomasse nach den Absätzen 4.2.1.9.1.1, 4.2.1.13.13, 4.2.2.7.2, 4.2.2.7.3, Unterabschnitt 4.2.2.8 Buchstabe a, den Absätzen 4.2.3.6.2, 4.2.3.6.3, 4.2.3.6.4, Unterabschnitt 4.2.3.8 Buchstabe a, den Absätzen 4.2.4.5.2 und 4.2.4.5.3, den anwendbaren Sondervorschriften in Unterabschnitt 4.2.5.3, den Vorschriften in Unterabschnitt 4.3.2.2, den Absätzen 4.3.3.2.3 und 4.3.3.2.5, Unterabschnitt 4.3.3.6 Buchstabe a oder den anwendbaren Sondervorschriften in Abschnitt 4.3.5 ADR/RID eingehalten wird;
7. hat dafür zu sorgen, dass bei Tanks nach dem Befüllen nach den anwendbaren Sondervorschriften in Kapitel 3.3 ADR/RID/ADN und den Vorschriften nach Absatz 4.2.4.5.5 die Dichtheit der Verschlüsse und der Ausrüstung geprüft wird oder nach Absatz 4.3.2.3.3 ADR/RID alle Verschlüsse in geschlossener Stellung sind und keine Undichtheit auftritt;
8. hat dafür zu sorgen, dass nach Absatz 4.2.1.9.6 Buchstabe b oder Absatz 4.3.2.3.5 ADR/RID an den Tanks außen keine gefährlichen Reste des Füllgutes anhaften;
9. hat dafür zu sorgen, dass nach Unterabschnitt 4.2.1.6 oder Absatz 4.3.2.3.6 ADR/RID Tanks nicht mit Stoffen, die gefährlich miteinander reagieren können, in unmittelbar nebeneinanderliegenden Tankabteilen oder -kammern befüllt werden;
10. hat dafür zu sorgen, dass Tanks, Batterie-Fahrzeuge, Batteriewagen und MEGC, deren Datum der nächsten Prüfung überschritten ist, nach Absatz 4.3.2.3.7 ADR/RID nicht befüllt und nicht zur Beförderung aufgegeben werden;
11. hat dafür zu sorgen, dass bei wechselweiser Verwendung von Tanks die Entleerungs-, Reinigungs- und Entgasungsmaßnahmen nach Absatz 4.3.3.3.1 ADR/RID durchgeführt werden;
12. hat dafür zu sorgen, dass an ortsbeweglichen Tanks die Bezeichnung des beförderten tiefgekühlt verflüssigten Gases nach Absatz 6.7.4.15.2 ADR/RID angegeben wird;
13. hat dafür zu sorgen, dass an festverbundenen Tanks, Aufsetztanks, Kesselwagen, Tankcontainern, MEGC, Batterie-Fahrzeugen und Batteriewagen die offizielle Benennung der beförderten Stoffe und Gase und bei Gasen, die einer n.a.g.-Eintragung zugeordnet sind, zusätzlich die technische Benennung nach den Absätzen 6.8.3.5.6, 6.8.3.5.11 und 6.8.3.5.12 und die Kennzeichen nach den anwendbaren Sondervorschriften in Abschnitt 6.8.4 Buchstabe e ADR/RID angegeben werden;
14. hat dafür zu sorgen, dass befüllte MEGC nach Maßgabe des Unterabschnitts 4.2.4.6 Buchstabe b bis d ADR/RID nicht zur Beförderung aufgegeben werden, und
15. darf Tanks nur befüllen, wenn sich die Tanks und ihre Ausrüstungsteile in einem technisch einwandfreien Zustand befinden. → D: RSEB 23.1

(2) Der Befüller im Straßenverkehr

1. hat den Fahrzeugführer auf das gefährliche Gut mit den Angaben nach Absatz 5.4.1.1.1 Buchstabe a bis d ADR sowie, wenn Güter auf der Straße befördert werden, den § 35 Absatz 4 Satz 1 oder § 35a Absatz 1 oder Absatz 4 Satz 1 unterliegen, auf deren Beachtung schriftlich oder elektronisch hinzuweisen;
2. hat dem Fahrzeugführer die Nummern zur Kennzeichnung der Gefahr für die orangefarbenen Tafeln nach Abschnitt 5.3.2 ADR mitzuteilen;
3. hat dafür zu sorgen, dass an Tankcontainern, ortsbeweglichen Tanks, MEGC und Containern mit loser Schüttung
   a) Großzettel (Placards) nach Unterabschnitt 5.3.1.2 ADR,
   b) die orangefarbene Tafel nach Abschnitt 5.3.2 ADR,

c) das Kennzeichen nach Abschnitt 5.3.3 ADR mit Ausnahme an MEGC und
d) das Kennzeichen nach Abschnitt 5.3.6 ADR

angebracht werden;

4. hat dafür zu sorgen, dass die Beladevorschriften nach Unterabschnitt 7.5.1.2 ADR beachtet werden;
5. hat das Rauchverbot nach den Abschnitten 7.5.9 und 8.3.5 ADR zu beachten;
6. hat dafür zu sorgen, dass die zusätzliche Vorschrift S2 Absatz 2 und 3 in Kapitel 8.5 ADR beachtet wird;
7. hat dafür zu sorgen, dass der Fahrzeugführer vor der erstmaligen Handhabung der Fülleinrichtung nach Anlage 2 Gliederungsnummer 3.2 Satz 1 eingewiesen wird und die Einweisung nach Anlage 2 Gliederungsnummer 3.2 Satz 3 und 4 dokumentiert und aufbewahrt wird;
8. hat dafür zu sorgen, dass die anwendbaren Sondervorschriften in Kapitel 3.3 und die Vorschriften nach Kapitel 7.3 ADR über die Beförderung in loser Schüttung beachtet werden;
9. hat dafür zu sorgen, dass bei Fahrzeugen, ortsbeweglichen Tanks oder Tankcontainern die Maßnahmen zur Vermeidung elektrostatischer Aufladungen nach Abschnitt 7.5.10 ADR durchgeführt werden;
10. darf Tanks nach Absatz 4.3.2.1.1 nur mit den nach Absatz 4.3.2.1.5 zugelassenen gefährlichen Gütern befüllen, wenn bei den verwendeten Fahrzeugen das Gültigkeitsdatum der ADR-Zulassungsbescheinigung nach Unterabschnitt 9.1.3.4 ADR nicht überschritten ist;
11. hat sich zu vergewissern, dass die Vorschriften für die Beförderung in Tanks nach Abschnitt 7.4.1 ADR eingehalten sind, und
12. hat dafür zu sorgen, dass die Verwendungsvorschriften für flexible Schüttgut-Container nach Unterabschnitt 7.3.2.10 ADR eingehalten werden.

(3) Der Befüller im Eisenbahnverkehr hat

1. dafür zu sorgen, dass vor und nach dem Befüllen von Flüssiggaskesselwagen die Kontrollvorschriften nach den Absätzen 4.3.3.4.1 und 4.3.3.4.3 RID beachtet werden;
2. dafür zu sorgen, dass
   a) Großzettel (Placards) nach den Unterabschnitten 5.3.1.2 und 5.3.1.4 RID,
   b) Rangierzettel nach Unterabschnitt 5.3.4.1 RID,
   c) die orangefarbene Tafel nach Absatz 5.3.2.1.1 Satz 1 und Absatz 5.3.2.1.2 RID,
   d) das Kennzeichen nach Abschnitt 5.3.3 RID und
   e) das Kennzeichen nach Abschnitt 5.3.6 RID

   angebracht werden;
3. dafür zu sorgen, dass die Vorschriften über die Beförderung in loser Schüttung nach Kapitel 7.3 RID beachtet werden;
4. dafür zu sorgen, dass die Beladevorschriften nach den Unterabschnitten 7.5.1.1 und 7.5.1.2 RID beachtet werden;
5. nach Kapitel 3.3 Sondervorschrift 665 Satz 1 Buchstabe b Satz 2 RID sicherzustellen und zu dokumentieren, dass die maximal zulässige Temperatur der Ladung während oder unmittelbar nach dem Befüllen nicht überschritten wird, und
6. dafür zu sorgen, dass die Verwendungsvorschriften für flexible Schüttgut-Container nach Unterabschnitt 7.3.2.10 RID eingehalten werden.

(4) Der Befüller in der Binnenschifffahrt hat

1. den Schiffsführer auf das gefährliche Gut mit den Angaben nach Absatz 5.4.1.1.1 Satz 1 Buchstabe a bis d und Absatz 5.4.1.1.2 Satz 1 Buchstabe a bis d ADN hinzuweisen;
2. dafür zu sorgen, dass an Tankcontainern, ortsbeweglichen Tanks, MEGC und Containern mit gefährlichen Gütern in loser Schüttung
   a) die Großzettel (Placards) nach Unterabschnitt 5.3.1.2 ADN,
   b) die orangefarbene Tafel nach Unterabschnitt 5.3.2.1 ADN,
   c) das Kennzeichen nach Abschnitt 5.3.3 ADN mit Ausnahme an MEGC und
   d) das Kennzeichen nach Abschnitt 5.3.6 ADN

   angebracht werden;

3. dafür zu sorgen, dass ein Tankschiff nur mit den gefährlichen Gütern gemäß der Schiffsstoffliste nach Absatz 1.16.1.2.5 befüllt wird und das Datum nach Absatz 1.16.1.2.1 Satz 3 ADN im Zulassungszeugnis für das Tankschiff nicht überschritten ist;
4. nach Unterabschnitt 1.4.3.3 Buchstabe q und x ADN sicherzustellen, dass beim Laden die landseitige Einrichtung mit einem oder zwei Evakuierungsmitteln ausgerüstet ist;
5. nach Unterabschnitt 1.4.3.3 Buchstabe v, wenn die Sondervorschrift 803 in Abschnitt 3.3.1 ADN Anwendung findet, sicherzustellen und zu dokumentieren, dass die maximal zulässige Temperatur beim Verladen nicht überschritten wird, und dem Schiffsführer die in der Sondervorschrift 803 Buchstabe d genannten Instruktionen zu erteilen;
6. nach Unterabschnitt 1.4.3.3 Buchstabe u ADN sicherzustellen, dass für die gesamte Dauer des Befüllens eine ständige und zweckmäßige Überwachung gewährleistet ist;
7. nach Unterabschnitt 1.4.3.3 Buchstabe m vor dem Befüllen der Ladetanks eines Tankschiffes seinen Teil der Prüfliste nach Unterabschnitt 7.2.4.10 ADN auszufüllen;
8. nach Unterabschnitt 1.4.3.3 Buchstabe r sicherzustellen, dass in der Gasrückfuhrleitung, wenn diese nach Absatz 7.2.4.25.5 ADN erforderlich ist, eine Flammendurchschlagsicherung vorhanden ist, die das Schiff gegen Detonation und Flammendurchschlag von Land aus schützt, und
9. sicherzustellen, dass die Laderate mit der an Bord mitzuführenden Instruktion für die Lade- und Löschraten nach Absatz 9.3.2.25.9 oder 9.3.3.25.9 ADN übereinstimmt und der Druck an der Übergabestelle der Gasabfuhr- und Gasrückfuhrleitung den Öffnungsdruck des Hochgeschwindigkeitsventils nicht übersteigt.

## § 23a
## Pflichten des Entladers

→ D: RSEB 17.01 f.

(1) Der Entlader im Straßen- und Eisenbahnverkehr sowie in der Binnenschifffahrt hat
1. sich nach Absatz 1.4.3.7.1 ADR/RID/ADN durch einen Vergleich der entsprechenden Informationen im Beförderungspapier mit den Informationen auf dem Versandstück, Container, Tank, MEMU, MEGC, Fahrzeug, Wagen oder Beförderungsmittel zu vergewissern, dass die richtigen Güter ausgeladen werden;
2. nach Absatz 1.4.3.7.1 ADR/RID/ADN vor und während der Entladung zu prüfen, ob die Verpackungen, der Tank, das Fahrzeug, der Wagen, das Beförderungsmittel oder der Container so stark beschädigt worden sind, dass eine Gefahr für den Entladevorgang entsteht; in diesem Fall hat er sich zu vergewissern, dass die Entladung erst durchgeführt wird, wenn geeignete Maßnahmen zur Abwehr einer Gefahr ergriffen worden sind;
3. nach Absatz 1.4.3.7.1 ADR/RID/ADN unmittelbar nach der Entladung des Tanks, Fahrzeugs, Wagens, Beförderungsmittels oder Containers
   a) gefährliche Rückstände zu entfernen, die nach dem Entladevorgang an der Außenseite des Tanks, Fahrzeugs, Wagens, Beförderungsmittels oder Containers anhaften, und
   b) den Verschluss der Ventile und der Besichtigungsöffnungen sicherzustellen;
4. nach Absatz 1.4.3.7.1 ADR/RID/ADN sicherzustellen, dass die vorgeschriebene Reinigung und Entgiftung von Fahrzeugen, Wagen, Beförderungsmitteln oder Containern vorgenommen wird;
5. nach Absatz 1.4.3.7.1 ADR/RID/ADN dafür zu sorgen, dass bei vollständig entladenen, gereinigten, entgasten und entgifteten Fahrzeugen, Wagen, Beförderungsmitteln, Containern, MEGC, MEMU, Tankcontainern und ortsbeweglichen Tanks keine Großzettel (Placards), keine Kennzeichen und keine orangefarbenen Tafeln gemäß den Kapiteln 3.4 und 5.3 ADR/RID/ADN mehr sichtbar sind, und
6. das Warnkennzeichen nach Absatz 5.5.2.3.4 ADR/RID/ADN nach der Belüftung und Entladung von begasten Güterbeförderungseinheiten zu entfernen.

(2) Der Entlader im Straßenverkehr hat dafür zu sorgen, dass
1. bei Fahrzeugen, ortsbeweglichen Tanks oder Tankcontainern die Maßnahmen zur Vermeidung elektrostatischer Aufladungen nach Abschnitt 7.5.10 ADR durchgeführt werden;
2. die zusätzliche Vorschrift S2 Absatz 2 und 3 in Kapitel 8.5 ADR beachtet wird;
3. der Fahrzeugführer vor der erstmaligen Handhabung der Entleerungseinrichtung nach Anlage 2 Gliederungsnummer 3.2 Satz 2 in Verbindung mit Satz 1 eingewiesen wird und die Einweisung nach Anlage 2 Gliederungsnummer 3.2 Satz 3 und 4 dokumentiert und aufbewahrt wird, und
4. die Entladevorschriften nach den Unterabschnitten 7.5.1.3 und 7.5.7.3 ADR beachtet werden.

(3) Der Entlader im Eisenbahnverkehr hat dafür zu sorgen, dass die Entladevorschriften nach den Unterabschnitten 7.5.1.3 und 7.5.7.3 RID beachtet werden.

(4) Der Entlader in der Binnenschifffahrt hat

1. nach Absatz 1.4.3.7.1 Buchstabe g ADN sicherzustellen, dass beim Entladen die landseitige Einrichtung mit einem oder zwei Evakuierungsmitteln ausgerüstet ist, und
2. nach Absatz 1.4.3.7.1 ADN betreffend das Entladen von Ladetanks
   a) vor dem Entladen der Ladetanks eines Tankschiffes seinen Teil der Prüfliste nach Unterabschnitt 7.2.4.10 ADN auszufüllen;
   b) sicherzustellen, dass in der Gasrückfuhrleitung, wenn es erforderlich ist, sie an die Gasabfuhrleitung anzuschließen, und nach Unterabschnitt 3.2.3.2 Tabelle C Spalte 17 ADN Explosionsschutz erforderlich ist, eine Flammendurchschlagsicherung vorhanden ist, die das Schiff gegen Detonation und Flammendurchschlag von Land aus schützt;
   c) sicherzustellen, dass die Löschrate mit der an Bord mitzuführenden Instruktion für die Lade- und Löschraten nach Absatz 9.3.2.25.9 oder 9.3.3.25.9 ADN übereinstimmt und der Druck an der Übergabestelle der Gasabfuhr- und Gasrückfuhrleitung den Öffnungsdruck des Hochgeschwindigkeitsventils nicht übersteigt;
   d) sicherzustellen, dass die von ihm zur Verfügung gestellten Dichtungen zwischen den Verbindungsflanschen der Schiff-Land-Verbindung der Lade- und Löschleitungen aus Werkstoffen bestehen, die weder durch die Ladung angegriffen werden noch eine Zersetzung der Ladung oder eine schädliche oder gefährliche Reaktion mit der Ladung verursachen können;
   e) sicherzustellen, dass für die gesamte Dauer des Löschens eine ständige und zweckmäßige Überwachung gewährleistet ist, und
   f) sicherzustellen, dass beim Löschen mit der bordeigenen Löschpumpe diese von der Landanlage aus abgeschaltet werden kann.

→ D: RSEB 23a.1.B f.
→ D: AwSV Kap. 3 Abschn. 3

→ D: RSEB 17.01 f.

## § 24
## Pflichten des Betreibers eines Tankcontainers, ortsbeweglichen Tanks, MEGC, Schüttgut-Containers oder MEMU

Der Betreiber eines Tankcontainers, ortsbeweglichen Tanks, MEGC, Schüttgut-Containers oder MEMU im Straßen- und Eisenbahnverkehr sowie in der Binnenschifffahrt hat dafür zu sorgen, dass

1. Tankcontainer, ortsbewegliche Tanks, MEGC, Schüttgut-Container und flexible Schüttgut-Container auch zwischen den Prüfterminen den Verwendungs-, Bau-, Ausrüstungs- und Kennzeichnungsvorschriften nach den Unterabschnitten 4.2.1.2, 4.2.2.3, 4.2.3.3, 4.2.4.3, dem Absatz 4.3.2.3.2, den Abschnitten 6.7.2, 6.7.3, 6.7.4, 6.7.5, den Unterabschnitten 6.8.2.1, 6.8.2.2, 6.8.2.5, 6.8.3.1, 6.8.3.2, 6.8.3.5 und den anwendbaren Sondervorschriften in Abschnitt 6.8.4 Buchstabe e, den Unterabschnitten 6.9.2.2, 6.9.2.3, 6.9.2.4, 6.9.2.5, 6.9.2.10, 6.11.3.1, 6.11.3.2 und 6.11.3.4 und den Abschnitten 6.11.4 und 6.11.5 ADR/RID entsprechen, mit Ausnahme der durch den Befüller anzugebenden beförderten Stoffe und Gase;
2. nach Maßgabe der Absätze 6.7.2.19.7, 6.7.2.19.11, 6.7.3.15.7, 6.7.4.14.7, 6.7.4.14.12, 6.8.2.4.4, 6.8.3.4.16 und des Unterabschnitts 6.9.2.8 ADR/RID eine außerordentliche Prüfung durchgeführt wird;
3. nur Tankcontainer, ortsbewegliche Tanks oder MEGC verwendet werden, deren Dicke der Tankwände den in Absatz 4.3.2.3.1, den Unterabschnitten 6.7.2.4, 6.7.3.4, 6.7.4.4 und den Absätzen 6.8.2.1.17 bis 6.8.2.1.20 ADR/RID genannten Anforderungen entspricht;
4. MEGC nach Absatz 4.2.4.5.6 ADR/RID nicht zur Befüllung übergeben werden;
5. an ortsbeweglichen Tanks die Druckentlastungseinrichtungen nach Absatz 4.2.1.17.1 ADR/RID geprüft werden;
6. für Tankcontainer und MEGC die Tankakte nach Absatz 4.3.2.1.7 ADR/RID geführt, aufbewahrt, an einen neuen Eigentümer oder Betreiber übergeben, auf Anforderung zuständigen Behörden vorgelegt und dem Sachverständigen zur Verfügung gestellt wird;
7. die MEMU nach Absatz 6.12.3.2.6 ADR untersucht und geprüft werden und
8. bei der Beförderung mit einer MEMU die Schlösser nach Unterabschnitt 4.7.2.5 ADR verwendet werden.

## § 25
## Pflichten des Herstellers, Wiederaufarbeiters und Rekonditionierers von Verpackungen, des Herstellers und Wiederaufarbeiters von IBC und der Stellen für Inspektionen und Prüfungen von IBC

→ D: RSEB 17.01 f.

(1) Der Hersteller oder Wiederaufarbeiter im Straßen- und Eisenbahnverkehr sowie in der Binnenschifffahrt

1. darf an serienmäßig oder einzeln hergestellten Verpackungen, Gefäßen, IBC und Großverpackungen die Kennzeichen nach Abschnitt 6.1.3, den Unterabschnitten 6.2.2.7, 6.2.2.8, 6.2.3.9, 6.2.3.10, den Abschnitten 6.3.4, 6.5.2 und 6.6.3 ADR/RID nur anbringen, sofern diese der zugelassenen Bauart entsprechen und die in der Zulassung genannten Nebenbestimmungen erfüllt sind;
2. muss die ausstellende zuständige Behörde über Änderungen des zugelassenen Baumusters nach Absatz 6.2.2.5.4.10 Buchstabe a ADR/RID in Kenntnis setzen;
3. hat dem Verpacker die Anweisungen für das Befüllen und Verschließen der Versandstücke nach Unterabschnitt 4.1.4.1 Verpackungsanweisung P650 Absatz 12 ADR/RID zu liefern und
4. muss nach Absatz 6.2.3.11.3 ADR/RID dem Eigentümer eines Bergungsdruckgefäßes eine Kopie der Zulassungsbescheinigung zur Verfügung stellen.

(2) Der Rekonditionierer im Straßen- und Eisenbahnverkehr sowie in der Binnenschifffahrt darf an rekonditionierten Verpackungen die Kennzeichen nach Abschnitt 6.1.3 nur anbringen, sofern die Verpackungen in Übereinstimmung mit dem anerkannten Qualitätssicherungsprogramm nach Unterabschnitt 6.1.1.4 ADR/RID rekonditioniert wurden und die im Anerkennungsbescheid genannten Nebenbestimmungen erfüllt sind.

(3) Die Stelle, die Inspektionen und Prüfungen von IBC nach Absatz 6.5.4.4.1, 6.5.4.4.2 oder 6.5.4.5.2 im Straßen- und Eisenbahnverkehr sowie in der Binnenschifffahrt durchführt, darf an IBC die Kennzeichen nach den Absätzen 6.5.2.2.1 und 6.5.4.5.3 ADR/RID nur anbringen, sofern die im Anerkennungsbescheid dieser Stelle genannten Nebenbestimmungen eingehalten werden.

## § 26
## Sonstige Pflichten

→ D: RSEB 17.01 f.

(1) Wer ungereinigte und nicht entgaste leere Tanks und UN-MEGC zur Beförderung übergibt, versendet oder selbst befördert, hat dafür zu sorgen, dass

1. nach Absatz 4.2.1.9.6 Buchstabe b oder Absatz 4.3.2.4.1 ADR/RID den Tanks außen keine gefährlichen Reste des Füllgutes anhaften;
2. nach Absatz 4.3.2.4.2 und den Unterabschnitten 4.2.1.5, 4.2.2.6, 4.2.3.5 und 4.2.4.7 ADR/RID ungereinigte leere und nicht entgaste Tanks und UN-MEGC ebenso verschlossen und dicht sind wie im gefüllten Zustand, und → D: RSEB 26.1
3. die nach Unterabschnitt 5.3.1.6 und den Abschnitten 5.3.2, 5.3.4 und 5.3.6 RID vorgeschriebenen Großzettel (Placards) und Kennzeichen angebracht sind.

(2) Wenn eine Sichtprüfung bei Tanks nach Absatz 1 Nummer 2 ergibt, dass keine offensichtlichen Undichtigkeiten vorliegen, kann davon ausgegangen werden, dass beim vorherigen Entleerungsvorgang nicht betätigte Füll- und Entleerungseinrichtungen unverändert dicht sind.

(3) Der Hersteller von Gegenständen der UN 3164, für die Kapitel 3.3 Sondervorschrift 371 ADR/RID/ADN einschlägig ist, muss vor der Aufgabe zur Beförderung nach Absatz 2 Satz 1 dieser Sondervorschrift eine technische Dokumentation über die Bauart, die Herstellung sowie die Prüfungen und deren Ergebnisse anfertigen.

(4) Der Verlader, Befüller, Beförderer im Straßen- und Eisenbahnverkehr, der Betreiber eines Containers und Fahrzeugführer im Straßenverkehr sowie der Betreiber eines Wagens oder Großcontainers im Eisenbahnverkehr haben bei der Beförderung erwärmter flüssiger und fester Stoffe der UN-Nummern 3257 und 3258 nach Abschnitt 7.3.3 Sondervorschrift VC3 ADR/RID die Vorschriften nach § 36b zu beachten.

(5) Der Betreiber einer Annahmestelle für Gase und Dämpfe aus leeren oder entladenen Ladetanks und Lade- und Löschleitungen eines Tankschiffs hat

1. dafür zu sorgen, dass sein Personal nach Unterabschnitt 1.3.2.2 ADN unterwiesen wird,
2. nach Absatz 1.4.3.8.1 Buchstabe a vor dem Entgasen von leeren oder entladenen Ladetanks und Lade- und Löschleitungen eines Tankschiffs an einer Annahmestelle seinen Teil der Prüfliste nach Absatz 7.2.3.7.2.2 Satz 2 ADN auszufüllen und

3. nach Absatz 1.4.3.8.1 Buchstabe b sicherzustellen, dass, soweit nach Absatz 7.2.3.7.2.3 ADN erforderlich, in allen Leitungen der Annahmestelle, die an das zu entgasende Schiff angeschlossen sind, Flammendurchschlagsicherungen vorhanden sind, welche das Schiff gegen Detonation und Flammendurchschlag von der Annahmestelle aus schützen.

→ D: RSEB 17.01 f.

## § 27

## Pflichten mehrerer Beteiligter im Straßen- und Eisenbahnverkehr sowie in der Binnenschifffahrt

(1) Der Verlader, Befüller, Beförderer, Entlader, Empfänger im Straßen- und Eisenbahnverkehr sowie in der Binnenschifffahrt, der Betreiber der Eisenbahninfrastruktur im Eisenbahnverkehr und der Betreiber einer Annahmestelle in der Binnenschifffahrt haben dafür zu sorgen, dass nach Unterabschnitt 1.8.5.1 ADR/RID/ADN die Vorlage eines Berichts spätestens einen Monat nach dem Ereignis

1. im Straßenverkehr an das Bundesamt für Logistik und Mobilität,
2. im Eisenbahnverkehr an das Eisenbahn-Bundesamt und
3. in der Binnenschifffahrt an die Generaldirektion Wasserstraßen und Schifffahrt

erfolgt.

(2) Der Beförderer, Absender und Empfänger im Straßen- und Eisenbahnverkehr sowie in der Binnenschifffahrt müssen nach Unterabschnitt 1.7.6.1 Buchstabe b ADR/RID/ADN bei Nichteinhaltung eines Grenzwertes für die Dosisleistung oder Kontamination die Nichteinhaltung und ihre Ursachen, Umstände und Folgen untersuchen und geeignete Maßnahmen ergreifen, um diese abzustellen und ein erneutes Auftreten ähnlicher Umstände, die zu der Nichteinhaltung geführt haben, zu verhindern, und haben dafür zu sorgen, dass

1. im Straßenverkehr die nach Landesrecht zuständige Behörde,
2. im Eisenbahnverkehr im Bereich der Eisenbahnen des Bundes das Eisenbahn-Bundesamt und im Bereich der nichtbundeseigenen Eisenbahnen die nach Landesrecht zuständige Behörde und
3. in der Binnenschifffahrt die zuständige Behörde nach § 16 Absatz 6 Satz 1 Nummer 5

informiert wird.

(3) Die an der Beförderung gefährlicher Güter im Straßen- und Eisenbahnverkehr sowie in der Binnenschifffahrt Beteiligten haben entsprechend ihren Verantwortlichkeiten

1. die Vorschriften über die Sicherung nach Kapitel 1.10 zu beachten und insbesondere die in Unterabschnitt 1.10.1.3 ADR/RID/ADN genannten Bereiche, Plätze, Fahrzeugdepots, Liegeplätze und Rangierbahnhöfe ordnungsgemäß zu sichern, gut zu beleuchten und, soweit möglich und angemessen, für die Öffentlichkeit unzugänglich zu gestalten und
2. dafür zu sorgen, dass
   a) die Unterweisung im Bereich der Sicherung nach Unterabschnitt 1.10.2.3 ADR/RID/ADN erfolgt, und
   b) die Aufzeichnungen über die Unterweisung des Arbeitnehmers nach Unterabschnitt 1.10.2.4 ADR/RID/ADN fünf Jahre ab ihrer Fertigung aufbewahrt werden.

(4) Die an der Beförderung gefährlicher Güter mit hohem Gefahrenpotenzial im Straßen- und Eisenbahnverkehr sowie in der Binnenschifffahrt beteiligten Auftraggeber des Absenders, Absender, Verpacker, Verlader, Befüller, Beförderer, Entlader, Empfänger und Betreiber der Eisenbahninfrastruktur müssen Sicherungspläne nach Absatz 1.10.3.2.1, die mindestens den Anforderungen des Absatzes 1.10.3.2.2 ADR/RID/ADN entsprechen, einführen und anwenden. Dies gilt nicht für Auftraggeber des Absenders oder Empfänger, die als Privatpersonen beteiligt sind.

(4a) Die nach Absatz 4 an der Beförderung gefährlicher Güter mit hohem Gefahrenpotenzial im Straßen- und Eisenbahnverkehr sowie in der Binnenschifffahrt Beteiligten haben dafür zu sorgen, dass der zuständigen Polizeibehörde unverzüglich mitgeteilt wird, wenn ihnen Fahrzeuge, Wagen, Beförderungsmittel oder Container mit gefährlichen Gütern mit hohem Gefahrenpotenzial oder diese Güter selbst abhandenkommen. Gleiches gilt im Falle des Wiederauffindens. Beim Abhandenkommen von in Tabelle 1.10.3.1.2 aufgelisteten explosiven Stoffen und Gegenständen mit Explosivstoff und in den Absätzen 1.10.3.1.3 bis 1.10.3.1.5 ADR/RID/ADN genannten radioaktiven Stoffen ist eine gesonderte Mitteilung nach Satz 1 nur erforderlich, sofern die zuständige Polizeibehörde nicht bereits in die entsprechende Meldung nach § 26 Absatz 1 des Sprengstoffgesetzes oder nach § 167 Absatz 1 Satz 1 und 2 der Strahlenschutzverordnung einbezogen worden ist. Die Polizeibehörde, die eine Meldung nach den Sätzen 1 bis 3 entgegennimmt, unterrichtet hierüber unverzüglich das Bundeskriminalamt (BKA) sowie das Bundesamt für Bevölkerungsschutz und Katastrophenhilfe (BBK).

(5) Die Beteiligten im Straßen- und Eisenbahnverkehr sowie in der Binnenschifffahrt haben dafür zu sorgen, dass

1. die Unterweisung von Personen, die an der Beförderung gefährlicher Güter beteiligt sind, nach Kapitel 1.3 ADR/RID/ADN erfolgt und
2. die Aufzeichnungen über die Unterweisung des Arbeitnehmers nach Abschnitt 1.3.3 ADR/RID/ADN fünf Jahre ab ihrer Fertigung aufbewahrt werden.

(6) Die Beteiligten im Straßen- und Eisenbahnverkehr sowie in der Binnenschifffahrt haben dafür zu sorgen, dass

1. die mit der Handhabung von begasten Güterbeförderungseinheiten befassten Personen nach Unterabschnitt 5.5.2.2 ADR/RID/ADN, und
2. die mit der Handhabung oder Beförderung von Fahrzeugen, Wagen oder Containern, mit denen Trockeneis (UN 1845) befördert wird oder die zu Kühl- oder Konditionierungszwecken verwendete Stoffe enthalten, befassten Personen nach Absatz 5.5.3.2.4 ADR/RID/ADN

unterwiesen sind.

(7) Der Beförderer und der Schiffsführer in der Binnenschifffahrt haben nach Absatz 1.4.2.2.1 Buchstabe f ADN sicherzustellen, dass an Bord des Schiffes in den explosionsgefährdeten Bereichen nur elektrische und nichtelektrische Anlagen und Geräte verwendet werden, die mindestens die Anforderungen für den Einsatz in der jeweiligen Zone erfüllen.

## § 28
## Pflichten des Fahrzeugführers im Straßenverkehr

→ D: RSEB 17.01 f.
→ D: RSEB 28.1.S

Der Fahrzeugführer im Straßenverkehr hat

1. kein Versandstück zu befördern, dessen Verpackung erkennbar unvollständig oder beschädigt, insbesondere undicht ist, sodass gefährliches Gut austritt oder austreten kann;
2. die Beförderungsbe- oder -einschränkungen nach Abschnitt 8.6.4 ADR zu beachten;
3. wenn er das Tankfahrzeug, den Aufsetztank, den Tankwechselbehälter oder das Batterie-Fahrzeug selbst befüllt, den vom Befüller angegebenen zulässigen Füllungsgrad, den zulässigen Füllungszustand, den zulässigen Füllfaktor oder die zulässige Masse der Füllung je Liter Fassungsraum und die zulässige Befülltemperatur nach Unterabschnitt 4.3.2.2, den Absätzen 4.3.3.2.3 und 4.3.3.2.5 oder den anwendbaren Sondervorschriften in Abschnitt 4.3.5 ADR einzuhalten; er hat bei flüssigen Stoffen mit Ausnahme bei Gasen einen Füllungsgrad von höchstens 85 Prozent einzuhalten, wenn der Befüller den zulässigen Füllungsgrad nicht angeben und dieser nicht einer anwendbaren Sondervorschrift entnommen werden kann; → D: RSEB 28.2.S → D: § 2 Nr. 2
4. die Vorschriften über
   a) den Betrieb von Tanks nach Unterabschnitt 4.3.2.3, mit Ausnahme der Absätze 4.3.2.3.1, 4.3.2.3.2, 4.3.2.3.3 Satz 4 und 5, 4.3.2.3.6 und 4.3.2.3.7, und Unterabschnitt 4.3.2.4, dem Absatz 4.3.3.3.3 und Abschnitt 4.3.5 Sondervorschrift TU13 und TU14 ADR und
   b) die ihn betreffenden zusätzlichen Vorschriften nach Kapitel 8.5 ADR

   zu beachten;
5. wenn er den Tank, das Batterie-Fahrzeug oder den MEGC selbst befüllt, nach dem Befüllen die Dichtheit der Verschlusseinrichtungen nach Absatz 4.3.2.3.3 Satz 4 und 5 ADR zu prüfen;
6. die Großzettel (Placards) nach den Unterabschnitten 5.3.1.3 bis 5.3.1.6 anzubringen und an Fahrzeugen nach Absatz 5.3.1.1.6 ADR zu entfernen oder abzudecken;
7. an Beförderungseinheiten und Fahrzeugen die Kennzeichen nach Abschnitt 3.4.15, die orangefarbenen Tafeln nach Abschnitt 5.3.2 und das Kennzeichen nach den Abschnitten 5.3.3 und 5.3.6 anzubringen oder sichtbar zu machen, die Kennzeichen nach Abschnitt 3.4.15 und die Tafeln nach Absatz 5.3.2.1.8 sowie das Kennzeichen nach den Abschnitten 5.3.3 und 5.3.6 ADR zu entfernen oder zu verdecken;
8. die in den schriftlichen Weisungen nach Unterabschnitt 5.4.3.4 ADR vorgeschriebenen Maßnahmen zu treffen;

9. sich zu vergewissern, dass ein Warnkennzeichen nach den Absätzen 5.5.2.3.1 und 5.5.3.6.1 ADR am Fahrzeug, Container oder Tank angebracht ist;
10. während der Beförderung
    a) die Begleitpapiere nach den Unterabschnitten 8.1.2.1 und 8.1.2.2 Buchstabe a und c sowie bei innerstaatlichen Beförderungen in Aufsetztanks die Bescheinigung über die Prüfung des Aufsetztanks nach Absatz 6.8.2.4.5, sofern die Übergangsvorschrift nach Unterabschnitt 1.6.3.41 ADR in Anspruch genommen wird,
    b) die Bescheinigung über die Fahrzeugführerschulung nach Unterabschnitt 8.2.2.8 ADR,
    c) die Feuerlöschgeräte nach den Unterabschnitten 8.1.4.1, 8.1.4.2 und 8.1.4.4 Satz 1 ADR,
    d) die Ausrüstungsgegenstände nach Abschnitt 8.1.5 ADR und
    e) die Ausnahmezulassung nach § 5 Absatz 1 Nummer 1, Absatz 6 und 7

    mitzuführen und zuständigen Personen auf Verlangen zur Prüfung auszuhändigen;
11. die Vorschriften über die Überwachung der Fahrzeuge nach Kapitel 8.4 in Verbindung mit Kapitel 8.5 ADR sowie bei innerstaatlichen Beförderungen auch nach Anlage 2 Gliederungsnummer 3.3 zu beachten;
12. nach Absatz 4.2.1.9.6 Buchstabe b oder Absatz 4.3.2.3.5 ADR außen am Tank anhaftende gefährliche Reste des Füllgutes zu entfernen oder entfernen zu lassen, wenn er das Tankfahrzeug, den Aufsetztank, das Batterie-Fahrzeug, den Tankcontainer, den ortsbeweglichen Tank oder den MEGC selbst befüllt;
13. während der Teilnahme am Straßenverkehr mit kennzeichnungspflichtigen Beförderungseinheiten die Einnahme von alkoholischen Getränken oder der Substanz Tetrahydrocannabinol zu unterlassen und die Fahrt mit diesen Beförderungseinheiten nicht anzutreten, wenn er unter der Wirkung solcher Getränke mit einer Wirkung bis zu 0,249 mg/l Atemalkoholkonzentration oder bis zu 0,49 Promille Blutalkoholkonzentration oder unter der Wirkung der Substanz Tetrahydrocannabinol mit bis zu 3,49 ng/ml Tetrahydrocannabinol im Blutserum steht. Satz 1 Nummer 13 gilt nicht, wenn die Substanz Tetrahydrocannabinol aus der bestimmungsgemäßen Einnahme eines für einen konkreten Krankheitsfall verschriebenen Arzneimittels herrührt.
14. sicherzustellen, dass die Verbindungsleitungen und die Füll- und Entleerrohre nach Absatz 4.3.4.2.2 ADR während der Beförderung entleert sind;
15. wenn er den Tank selbst befüllt oder entleert, das Fahrzeug, den ortsbeweglichen Tank oder den Tankcontainer vor und während des Befüllens oder Entleerens mit den in Abschnitt 7.5.10 ADR genannten Stoffen zur Vermeidung elektrostatischer Aufladung zu erden und
16. die Vorschriften nach Kapitel 8.3 ADR zu beachten.

→ D: RSEB 17.01 f.
→ D: RSEB 29.1.S

## § 29
## Pflichten mehrerer Beteiligter im Straßenverkehr

(1) Der Verlader und der Fahrzeugführer im Straßenverkehr haben die Vorschriften über die Beladung und die Handhabung nach den Unterabschnitten 7.5.1.2, 7.5.1.4 und 7.5.1.5 und den Abschnitten 7.5.2, 7.5.5, 7.5.7, ausgenommen Unterabschnitt 7.5.7.4 Satz 2 beim Fahrzeugführer, sowie den Abschnitten 7.5.8 und 7.5.11 ADR zu beachten.

→ CTU-Code Kap. 4

(2) Der Verlader, Beförderer, Fahrzeugführer, Entlader und Empfänger im Straßenverkehr haben die Vorschriften

1. über das Verbot der direkten Sonneneinstrahlung, der Einwirkung von Wärmequellen und die Vorschrift zum Abstellen an ausreichend belüfteten Stellen nach Abschnitt 3.3.1 Sondervorschrift 314 Buchstabe b oder nach Unterabschnitt 7.1.7.1 ADR;
2. über die Temperaturkontrolle nach den Unterabschnitten 7.1.7.2, 7.1.7.3 und 7.1.7.4 ADR;
3. über die Beförderung in Versandstücken nach Kapitel 7.2 ADR;
4. über das Rauchverbot nach Abschnitt 7.5.9 in Verbindung mit Abschnitt 8.3.5 ADR und
5. über das Rauchverbot sowie Verbot von Feuer und offenem Licht nach Kapitel 8.5 zusätzliche Vorschrift S1 Absatz 3 ADR und bei innerstaatlichen Beförderungen nach der Anlage 2 Gliederungsnummer 3.1

zu beachten.

(3) Der Verlader, Fahrzeugführer und Entlader im Straßenverkehr haben die Vorschriften nach Abschnitt 7.5.4 ADR über Vorsichtsmaßnahmen bei Nahrungs-, Genuss- und Futtermitteln zu beachten.

(4) Der Verlader, Beförderer und Fahrzeugführer im Straßenverkehr haben die Vorschriften

1. über die Verladung in offene oder belüftete Fahrzeuge oder in offene oder belüftete Container oder über das Anbringen des Kennzeichens nach Abschnitt 7.5.11 Sondervorschrift CV36 ADR und
2. über die Beförderung von Nebenprodukten der Aluminiumherstellung oder Aluminiumumschmelzung nach Abschnitt 7.5.11 Sondervorschrift CV37 ADR

zu beachten.

(5) Wer während der Beförderung die Ladungssicherung verändert, hat dafür zu sorgen, dass die Vorschriften über die Handhabung und Verstauung nach den Unterabschnitten 7.5.7.1 und 7.5.7.2 ADR beachtet werden.

## § 30
## Pflichten des Betreibers eines Kesselwagens, abnehmbaren Tanks und Batteriewagens im Eisenbahnverkehr

→ D: RSEB 17.01 f.

Der Betreiber eines Kesselwagens, abnehmbaren Tanks und Batteriewagens im Eisenbahnverkehr hat dafür zu sorgen, dass

1. nur Kesselwagen, abnehmbare Tanks und Batteriewagen verwendet werden, deren Dicke der Tankwände den Vorschriften nach Absatz 4.3.2.3.1 in Verbindung mit den Absätzen 6.8.2.1.3 und 6.8.2.1.17 bis 6.8.2.1.20 und den anwendbaren Sondervorschriften in Abschnitt 6.8.4 RID entspricht;
2. Kesselwagen, abnehmbare Tanks und Batteriewagen auch zwischen den Prüfterminen den Bau-, Ausrüstungs- und Kennzeichnungsvorschriften nach den Unterabschnitten 6.8.2.1, 6.8.2.2, 6.8.2.5, 6.8.3.1, 6.8.3.2 und 6.8.3.5 und den anwendbaren Sondervorschriften in Abschnitt 6.8.4 RID entsprechen, mit Ausnahme der durch den Befüller anzugebenden beförderten Stoffe und Gase; → D: RSEB 30.1.E
3. in den Fällen nach den Absätzen 6.8.2.4.4 und 6.8.3.4.16 RID eine außerordentliche Prüfung der Kesselwagen, abnehmbaren Tanks und Batteriewagen durchgeführt wird, wenn die Sicherheit des Tanks oder seiner Ausrüstung beeinträchtigt sein könnte;
4. für Kesselwagen, abnehmbare Tanks und Batteriewagen die Tankakte nach Absatz 4.3.2.1.7 RID geführt, aufbewahrt, an einen neuen Eigentümer oder Betreiber übergeben, auf Anforderung zuständigen Behörden vorgelegt und dem Sachverständigen sowie der für die Instandhaltung zuständigen Stelle (ECM) zur Verfügung gestellt wird;
5. ein Kesselwagen, ein abnehmbarer Tank oder ein Batteriewagen nicht verwendet wird, wenn das Datum der nächsten Prüfung überschritten ist, und
6. die Informationen, die nach Unterabschnitt 1.4.3.5 Buchstabe e RID zur Verfügung gestellt werden, auch den Tank und seine Ausrüstung umfassen.

## § 30a
## Pflichten der für die Instandhaltung zuständigen Stelle im Eisenbahnverkehr

→ D: RSEB 17.01 f.

(1) Die für die Instandhaltung zuständige Stelle (ECM) hat dafür zu sorgen, dass

1. die Instandhaltung des Tanks und seiner Ausrüstung nach Unterabschnitt 1.4.3.8 Buchstabe a in einer Weise sichergestellt wird, die gewährleistet, dass der Kesselwagen unter normalen Betriebsbeanspruchungen auch zwischen den Prüfterminen den Bau-, Ausrüstungs- und Kennzeichnungsvorschriften nach den Unterabschnitten 6.8.2.1, 6.8.2.2, 6.8.2.5, 6.8.3.1, 6.8.3.2 und 6.8.3.5 und den anwendbaren Sondervorschriften in Abschnitt 6.8.4 RID entspricht, mit Ausnahme der durch den Befüller anzugebenden beförderten Stoffe und Gase;
2. die nach Unterabschnitt 1.4.3.8 Buchstabe b RID festgelegten Informationen auch den Tank und seine Ausrüstung umfassen, und
3. die Instandhaltungsarbeiten betreffend den Tank und seine Ausrüstung nach Unterabschnitt 1.4.3.8 Buchstabe c RID in den Instandhaltungsunterlagen aufgezeichnet werden.

(2) Soweit der Betreiber eines Kesselwagens die Organisation der Prüfungen der ECM überträgt, hat sie dafür zu sorgen, dass

1. ein Kesselwagen nicht verwendet wird, wenn das Datum der nächsten Prüfung überschritten ist und
2. in den Fällen nach Absatz 6.8.2.4.4 RID eine außerordentliche Prüfung des Kesselwagens durchgeführt wird, wenn die Sicherheit des Tanks oder seiner Ausrüstung beeinträchtigt sein könnte.

→ D: RSEB 17.01 f.

## § 31
## Pflichten des Betreibers der Eisenbahninfrastruktur im Eisenbahnverkehr

Der Betreiber der Eisenbahninfrastruktur im Eisenbahnverkehr

1. hat dafür zu sorgen, dass sein Personal nach Unterabschnitt 1.3.2.2 RID unterwiesen wird, und
2. hat
   a) dafür zu sorgen, dass nach Kapitel 1.11 RID interne Notfallpläne für Rangierbahnhöfe aufgestellt werden, und
   b) sicherzustellen, dass er während der Beförderung einen schnellen und uneingeschränkten Zugriff zu den Informationen nach Unterabschnitt 1.4.3.6 Buchstabe b RID hat.

→ D: RSEB 17.01 f.

## § 31a
## Pflichten des Triebfahrzeugführers im Eisenbahnverkehr

Der Triebfahrzeugführer im Eisenbahnverkehr muss nach Unterabschnitt 5.4.3.3 RID vor Antritt der Fahrt die schriftlichen Weisungen zu den bei einem Unfall oder Zwischenfall zu ergreifenden Maßnahmen einsehen.

→ D: RSEB 17.01 f.

## § 32
## Pflichten des Reisenden im Eisenbahnverkehr

Der Reisende darf im Eisenbahnverkehr gefährliche Güter als Handgepäck oder Reisegepäck nur mitführen oder in oder auf Fahrzeugen (Auto im Reisezug) nur befördern lassen, wenn die Vorschriften nach Unterabschnitt 1.1.3.8 RID beachtet sind.

→ D: RSEB 17.01 f.

## § 33
## Pflichten des Schiffsführers in der Binnenschifffahrt

Der Schiffsführer in der Binnenschifffahrt

1. hat die allgemeinen Sicherheitspflichten nach Abschnitt 1.4.1 ADN zu beachten;
2. hat dafür zu sorgen, dass das Schiff oder Tankschiff nicht überladen oder der einzelne Ladetank nicht überfüllt ist und nach den Vorgaben des Stabilitätshandbuchs oder des Ladungsrechners gemäß den Absätzen 9.3.1.13.3, 9.3.2.13.3 und 9.3.3.13.3 ADN beladen ist;
3. (→ D: RSEB 33.1.B) hat sich durch eine Sichtprüfung zu vergewissern, dass das Schiff oder Tankschiff und die Ladung keine offensichtlichen Mängel, keine Undichtheiten oder Risse aufweisen und dass keine Ausrüstungsteile fehlen;
4. hat dafür zu sorgen, dass jedes betroffene Mitglied der Besatzung die schriftlichen Weisungen nach Abschnitt 5.4.3 ADN versteht und richtig anwenden kann;
5. hat die in den schriftlichen Weisungen nach Abschnitt 5.4.3 ADN vorgeschriebenen Maßnahmen zu treffen;
6. hat dafür zu sorgen, dass die Vorschriften für das Laden, Befördern, Löschen und sonstige Handhaben der Ladung des Teils 7 ADN eingehalten werden, mit Ausnahme der Vorschriften über die Klassifikation von Tankschiffen, Gebrauchsanleitungen, Hinweistafeln, Ausrüstungen und Methoden zur Temperaturkontrolle;
7. hat zu prüfen, ob der Eigentümer oder Betreiber seinen Pflichten nach § 34 nachgekommen ist;
8. hat während der Beförderung
   a) die Begleitpapiere nach den Unterabschnitten 8.1.2.1 bis 8.1.2.3 ADN und
   b) die Ausnahmezulassung nach § 5 Absatz 1 und 3

   mitzuführen und zuständigen Personen auf Verlangen zur Prüfung auszuhändigen;
9. hat dafür zu sorgen, dass die Vorschriften des Kapitels 8.3 ADN eingehalten werden, mit Ausnahme der Vorschriften über Hinweistafeln;
10. darf, wenn er einen Verstoß gegen die vorgenannten Vorschriften der Nummern 1 bis 9 feststellt, die Sendung so lange nicht befördern, bis die Vorschriften erfüllt sind;
11. hat nach Absatz 1.4.2.2.1 Buchstabe k vor dem Entgasen von leeren oder entladenen Ladetanks und Lade- und Löschleitungen des Tankschiffs an einer Annahmestelle seinen Teil der Prüfliste nach Absatz 7.2.3.7.2.2 Satz 2 ADN auszufüllen und
12. hat nach Absatz 1.4.2.2.1 Buchstabe l vor dem Beladen und Entladen der Ladetanks eines Tankschiffs seinen Teil der Prüfliste nach Unterabschnitt 7.2.4.10 ADN auszufüllen.

## § 34 → D: RSEB 17.01 f.

## Pflichten des Eigentümers oder Betreibers in der Binnenschifffahrt → D: RSEB 1-36.2.B

Der Eigentümer oder, sofern das Schiff von einem Betreiber gechartert wurde, der Betreiber in der Binnenschifffahrt hat dafür zu sorgen, dass → D: RSEB 1-36.3.B

1. die Vorschriften des Teils 7 ADN über die Klassifikation von Tankschiffen, Gebrauchsanleitungen, Hinweistafeln und Ausrüstungen eingehalten werden;
2. die Vorschriften des Kapitels 8.1 ADN eingehalten werden;
3. ein Sachkundiger gemäß den Unterabschnitten 8.2.1.2, 8.2.1.5 und 8.2.1.7 ADN an Bord ist;
4. die Vorschriften des Kapitels 8.3 ADN hinsichtlich der Hinweistafeln eingehalten werden;
5. die Vorschriften des Teils 9 ADN eingehalten werden;
6. bei der Klassifikationsgesellschaft eine Aktualisierung der Schiffsstoffliste nach Absatz 1.16.1.2.5 innerhalb der in Unterabschnitt 1.6.1.1 ADN genannten Frist erfolgt;
7. das Schiff nach Abschnitt 1.16.9 ADN in den dort genannten Fällen einer Sonderuntersuchung unterzogen wird und
8. die Schiffsakte nach den Unterabschnitten 9.1.0.1, 9.3.1.1, 9.3.2.1 und 9.3.3.1 ADN geführt, aufbewahrt und aktualisiert wird.

## § 34a → D: RSEB 17.01 f.

## Pflichten der Besatzung und sonstiger Personen an Bord in der Binnenschifffahrt

Die Besatzung sowie alle sonstigen an Bord befindlichen Personen haben den Anweisungen des Schiffsführers Folge zu leisten. Die Besatzung hat, im Rahmen des Satzes 1, zur Einhaltung dieser Verordnung ihrerseits beizutragen.

## § 35

## Verlagerung

(1) Die in § 35b genannten gefährlichen Güter müssen in dem dort festgelegten Rahmen auf dem Eisenbahn- oder Wasserweg befördert werden, sofern

1. der Verlader und der Befüller am Beginn und der Entlader am Ende der Beförderung über einen dafür geeigneten Gleis- oder Hafenanschluss verfügen, → D: § 17 (1) 2 → D: § 18 (1) 1 b)
2. die Beförderung auf dem Eisenbahn- oder Wasserweg durchführbar ist und → D: RSEB 35.1.1.S
3. die gesamte Beförderungsstrecke im Geltungsbereich dieser Verordnung mehr als 200 Kilometer beträgt.

(2) Liegen die Bedingungen nach Absatz 1 Nummer 1 und 2 nicht vor, sind die in § 35b genannten gefährlichen Güter in dem dort festgelegten Rahmen im multimodalen Verkehr zu befördern, sofern → D: RSEB 35.1.2.S

1. die gesamte Beförderungsstrecke im Geltungsbereich dieser Verordnung mehr als 400 Kilometer beträgt und
2. die Beförderung auf dem größeren Teil der Strecke mit der Eisenbahn oder dem Schiff durchgeführt werden kann.

In diesem Fall hat der Beförderer vor Beginn der Beförderung im Beförderungspapier die Bezeichnung der Bahnhöfe oder Hafenanlagen anzugeben, die er für die Beförderung in Anspruch nimmt, und zusätzlich zu vermerken „Beförderung nach § 35 Absatz 2 GGVSEB".

(3) Eine Pflicht zur Verlagerung nach den Absätzen 1 und 2 besteht nicht, wenn die Entfernung auf dem Eisenbahn- oder Wasserweg mindestens doppelt so groß ist wie die tatsächliche Entfernung auf der Straße. Im multimodalen Verkehr ist die Entfernung im Vor- und Nachlauf auf der Straße mit einzubeziehen.

(4) Sofern die Bedingungen für eine Verlagerung nach Absatz 1 Nummer 1 und 2 und Absatz 2 Satz 1 Nummer 2 nicht vorliegen oder die Bedingung nach Absatz 3 vorliegt und deshalb eine Beförderung auf der Straße durchgeführt werden soll, ist hierfür eine schriftliche oder elektronische Bescheinigung erforderlich. Die Bescheinigung wird für den jeweiligen Verkehrsträger auf Antrag durch das Eisenbahn-Bundesamt oder die Generaldirektion Wasserstraßen und Schifffahrt ausgestellt. Diese Bescheinigung kann widerruflich erteilt, befristet und mit Auflagen versehen werden, soweit dies erforderlich ist, um die Einhaltung der gefahrgutbeförderungsrechtlichen Vorschriften sicherzustellen. Der Beförderer hat dafür zu sorgen, dass die Bescheinigung nach Satz 1 dem Fahrzeugführer vor Beförderungsbeginn übergeben wird. Der Fahrzeugführer muss die Bescheinigung während der Beförderung mitführen und zuständigen Personen auf Verlangen zur Prüfung aushändigen. → D: RSEB 35.1.3.S → D: RSEB Anl. 6

(5) Bei der Bescheinigung nach Absatz 4 Satz 1 genügt das Mitführen einer fernkopierten Bescheinigung oder des Ausdrucks einer elektronisch erteilten und signierten Bescheinigung sowie deren digitalisierte Form auf einem Speichermedium, wenn diese derart mitgeführt wird, dass sie bei einer Kontrolle auf Verlangen zuständigen Personen lesbar gemacht werden kann.

→ D: RSEB 35.2.1.S ff.

## § 35a

## Fahrweg im Straßenverkehr

(1) Beförderungen von in § 35b genannten gefährlichen Gütern, die teilweise oder vollständig im Straßenverkehr erfolgen, sind in dem dort festgelegten Rahmen auf Autobahnen durchzuführen.

(2) Absatz 1 gilt nicht, wenn

1. die Entfernung bei Benutzung der Autobahn mindestens doppelt so groß ist wie die Entfernung bei Benutzung anderer geeigneter Straßen, oder
2. die Benutzung der Autobahn nach den Vorschriften der Straßenverkehrs-Ordnung oder der Ferienreiseverordnung ausgeschlossen oder beschränkt ist.

→ D: RSEB 35.2.1.S ff. → D: RSEB Anl. 4

(3) Der Fahrweg außerhalb der Autobahnen wird von der nach Landesrecht zuständigen Behörde für eine einzelne Fahrt oder bei vergleichbaren Sachverhalten für eine begrenzte oder unbegrenzte Zahl von Fahrten auf Antrag schriftlich oder elektronisch bestimmt. Die Fahrwegbestimmung kann auch durch Allgemeinverfügung erfolgen. Bei Sperrungen dürfen die ausgewiesenen Umleitungsstrecken ohne erneute Fahrwegbestimmung benutzt werden.

(4) Der Beförderer darf die gefährlichen Güter nur befördern, wenn eine Fahrwegbestimmung erteilt ist. Er hat dafür zu sorgen, dass die Fahrwegbestimmung dem Fahrzeugführer vor Beförderungsbeginn übergeben wird. Der Fahrzeugführer muss die Fahrwegbestimmung beachten und sie während der Beförderung mitführen und zuständigen Personen auf Verlangen zur Prüfung aushändigen.

(5) Bei der Fahrwegbestimmung nach Absatz 3 Satz 1 genügt das Mitführen eines fernkopierten Bescheides oder des Ausdrucks eines elektronisch erteilten und signierten Bescheides sowie dessen digitalisierte Form auf einem Speichermedium, wenn diese derart mitgeführt wird, dass sie bei einer Kontrolle auf Verlangen zuständigen Personen lesbar gemacht werden kann.

## § 35b

## Gefährliche Güter, für deren Beförderung die §§ 35 und 35a gelten

Für die nachfolgend genannten gefährlichen Güter gelten die §§ 35 und 35a wie folgt:

**Tabelle**

| lfd Nr. | Klasse/ Unterklasse | Stoff oder Gegenstand | Geltung der §§ 35 und 35a | Beförderung in | | Bemerkungen |
|---|---|---|---|---|---|---|
| | | | | Tanks ab | Versandstücken ab | |
| 1 | 1.1 | explosive Stoffe und Gegenstände mit Explosivstoff | § 35 und § 35a | nicht zulässig | 1 000 kg Nettoexplosivstoffmasse | Siehe Ausnahmen nach § 35c Absatz 9 |
| | 1.2 | explosive Stoffe und Gegenstände mit Explosivstoff | § 35 und § 35a | nicht zulässig | 1 000 kg Nettoexplosivstoffmasse | |
| | 1.5 | explosive Stoffe und Gegenstände mit Explosivstoff | § 35 und § 35a | 1 000 kg Nettoexplosivstoffmasse | 1 000 kg Nettoexplosivstoffmasse | Beförderungen in Tanks sind nur für die UN-Nummern 0331 und 0332 zulässig (Siehe Ausnahmen nach § 35c Absatz 9) |
| 2 | 2 | entzündbare Gase (Klassifizierungscodes, die nur den Buchstaben F enthalten) | § 35 und § 35a | 9 000 kg Nettomasse | entfällt | §§ 35 und 35a gelten nur für Beförderungen in Tanks (Siehe Ausnahmen nach § 35c Absatz 1 und 5 bis 8) |

| lfd Nr. | Klasse/ Unter-klasse | Stoff oder Gegenstand | Geltung der §§ 35 und 35a | Beförderung in | | Bemerkungen |
|---|---|---|---|---|---|---|
| | | | | Tanks ab | Versandstücken ab | |
| 3 | 2 | giftige Gase (Klassifizierungscodes, die den/die Buchstaben T, TF, TC, TO, TFC oder TOC enthalten) | § 35 und § 35a | 1 000 kg Nettomasse | entfällt | §§ 35 und 35a gelten nur für Beförderungen in Tanks |
| 4 | 3 | entzündbare flüssige Stoffe der Verpackungsgruppen I und II, mit Ausnahme der UN-Nummern 1093, 1099, 1100, 1131 und 1921 | § 35a | 3 000 Liter bei Verpackungsgruppe I<br>6 000 Liter bei Verpackungsgruppe II | entfällt | § 35a gilt nur für Beförderungen in Tanks (Siehe Ausnahme nach § 35c Absatz 3) |
| 5 | 3 | UN-Nummern 1093, 1099, 1100, 1131 und 1921 der Verpackungsgruppe I | § 35 und § 35a | 3 000 Liter | entfällt | §§ 35 und 35a gelten nur für Beförderungen in Tanks |
| 6 | 4.1 | desensibilisierte explosive Stoffe der UN-Nummern 3364, 3365, 3367 und 3368 | § 35 und § 35a | nicht zulässig | 1 000 kg Nettomasse | |
| 7 | 4.2 | UN-Nummer 3394 | § 35 und § 35a | 3 000 Liter | entfällt | §§ 35 und 35a gelten nur für Beförderungen in Tanks |
| 8 | 4.3 | UN-Nummern 1928 und 3399 der Verpackungsgruppe I | § 35 und § 35a | 3 000 Liter | entfällt | §§ 35 und 35a gelten nur für Beförderungen in Tanks |
| 9 | 5.1 | entzündend (oxidierend) wirkende flüssige Stoffe der Verpackungsgruppe I der UN-Nummern 1745, 1746, 1873 und 2015 | § 35 und § 35a | 3 000 Liter | entfällt | §§ 35 und 35a gelten nur für Beförderungen in Tanks |
| 10 | 6.1 | giftige flüssige Stoffe der Verpackungsgruppe I | § 35 und § 35a | 3 000 Liter | entfällt | §§ 35 und 35a gelten nur für Beförderungen in Tanks |
| 11 | 8 | ätzende flüssige Stoffe der Verpackungsgruppe I der UN-Nummern 1052, 1739, 1744, 1777, 1790, 1829 und 2699 | § 35 und § 35a | 3 000 Liter | entfällt | §§ 35 und 35a gelten nur für Beförderungen in Tanks |

Die angegebenen Mengen beziehen sich auf die Beförderungseinheit. Werden verschiedene Güter der Klasse 1 jeweils in geringeren Mengen als 1 000 kg Nettoexplosivstoffmasse in einer Beförderungseinheit befördert, sind die §§ 35 und 35a ab einer Summe der Nettoexplosivstoffmassen dieser Güter von 1 000 kg in der Beförderungseinheit anzuwenden.

## § 35c
## Ausnahmen zu den §§ 35 und 35a

→ D: RSEB 35.3.S

(1) Die §§ 35 und 35a gelten nicht für Beförderungen von entzündbaren Gasen nach § 35b Tabelle laufende Nummer 2, wenn Tanks verwendet werden,

1. die als Doppelwandtanks mit Vakuumisolierung gebaut sind,
2. deren Summe der Wanddicken der metallenen Außenwand und des Innentanks die Mindestwanddicke nach Absatz 6.8.2.1.18 ADR nicht unterschreitet,
3. deren Wanddicke des Innentanks die Mindestwanddicke nach Absatz 6.8.2.1.19 ADR nicht unterschreitet und
4. deren Innentanks aus austenitischen Chrom-Nickel- oder Chrom-Nickel-Molybdän-Stählen bestehen.

(2) Für die Tanks nach Absatz 1 ist dies in der ADR-Zulassungsbescheinigung nach Unterabschnitt 9.1.3.1 ADR oder in einer besonderen Bescheinigung des Tankherstellers oder eines Sachverständigen oder Technischen Dienstes nach § 14 Absatz 4 zu bestätigen. Bescheinigungen nach der Ausnahme Nr. 40 (S) der Gefahrgut-Ausnahmeverordnung (GGAV) sowie der Ausnahme 13 (S) der GGAV gelten weiter.

(3) § 35a gilt nicht für Beförderungen von entzündbaren flüssigen Stoffen nach § 35b Tabelle laufende Nummer 4, sofern die Beförderungen in

1. nicht wanddickenreduzierten zylindrischen Tanks nach Kapitel 6.7 oder 6.8 ADR, die nach einem Berechnungsdruck von mindestens 0,4 Mega-Pascal (4 bar) bemessen sind oder mit einem Prüfdruck von mindestens 0,4 Mega-Pascal (4 bar) geprüft sind,
2. Tanks, deren Sicherheitsniveau um 50 Prozent höher ist, als das eines Tanks aus Baustahl nach Absatz 6.8.2.1.18 ADR (Nummer 12 in Bild 21 des Forschungsberichts 203 „Sicherheitsniveaus von Transporttanks für Gefahrgut"[1] und Bekanntmachung zur Anwendung des Forschungsberichts 203[2]), wenn die Kenngröße $f_3$ zur Ermittlung der Risikozahl mindestens 0,5 beträgt und das Sicherheitsniveau von der nach § 12 für die Baumusterprüfung zuständigen Stelle bescheinigt wurde,
3. Doppelwandtanks nach Absatz 6.8.2.1.20 Buchstabe b Nummer 2 und 3 linke Spalte oder
4. Doppelwandtanks nach Absatz 6.8.2.1.20 ADR rechte Spalte, in Aufsetztanks nach Absatz 6.8.2.1.20 Buchstabe b letzter Satz linke Spalte oder in Saug-Druck-Tanks für Abfälle nach Kapitel 6.10 ADR

durchgeführt werden.

(4) Für die Tanks nach Absatz 3 Nummer 1 bis 3 ist dies in der ADR-Zulassungsbescheinigung nach Unterabschnitt 9.1.3.1 ADR oder in einer besonderen Bescheinigung des Tankherstellers oder eines Sachverständigen oder Technischen Dienstes nach § 14 Absatz 4 zu bestätigen. Bescheinigungen nach der Ausnahme Nr. 47 (S) der GGAV sowie der Ausnahme 14 (S) der GGAV gelten weiter.

(5) § 35 gilt nicht für Beförderungen von entzündbaren Gasgemischen der UN-Nummer 1965 (§ 35b Tabelle laufende Nummer 2), sofern die gesamte Beförderungsstrecke im Geltungsbereich dieser Verordnung nicht mehr als 300 Kilometer beträgt.

(6) Die §§ 35 und 35a gelten nicht für Beförderungen von entzündbaren Gasgemischen der UN-Nummer 1965 (§ 35b Tabelle laufende Nummer 2) in Tanks nach Abschnitt 1.2.1 ADR bis 11 000 kg Nettomasse in der Beförderungseinheit, sofern die Fahrzeuge mit einem automatischen Blockierverhinderer (ABV) nach § 41 Absatz 18 oder § 41b der Straßenverkehrs-Zulassungs-Ordnung ausgerüstet sind und dies in der ADR-Zulassungsbescheinigung nach Unterabschnitt 9.1.3.1 ADR vermerkt ist.

(7) Die §§ 35 und 35a gelten nicht für Beförderungen von entzündbaren Gasgemischen der UN-Nummer 1965 (§ 35b Tabelle laufende Nummer 2) in Tanks nach Abschnitt 1.2.1 ADR von mehr als 11 000 kg bis 22 000 kg Nettomasse in der Beförderungseinheit, sofern die Fahrzeuge mit einem automatischen Blockierverhinderer (ABV) nach § 41 Absatz 18 oder § 41b der Straßenverkehrs-Zulassungs-Ordnung und mit einer Fahrdynamikregelung (Electronic Stability Control – ESC) ausgerüstet sind und dies in der ADR-Zulassungsbescheinigung nach Unterabschnitt 9.1.3.1 ADR vermerkt ist.

(8) § 35 Absatz 2 gilt nicht für Beförderungen von entzündbaren Gasen der UN-Nummern 1038, 1961, 1966, 1972, 3138 und 3312 (§ 35b Tabelle laufende Nummer 2).

(9) Die §§ 35 und 35a gelten nicht für Beförderungen zum Ort der Verwendung, sofern die gesamte Beförderungsstrecke im Geltungsbereich dieser Verordnung nicht mehr als 300 Kilometer beträgt, von explosiven Stoffen und Gegenständen mit Explosivstoff (§ 35b Tabelle laufende Nummer 1)

1. der UN-Nummern 0065, 0082 und 0241 (Unterklasse 1.1) und der UN-Nummern 0331 und 0332 (Unterklasse 1.5), wenn für diese explosiven Stoffe und Gegenstände mit Explosivstoff der Konformitätsnachweis nach § 5 des Sprengstoffgesetzes erbracht wurde und diese explosiven Stoffe und Gegenstände mit Explosivstoff eine Schlagempfindlichkeit von mehr als 30 Joule sowie eine Reibempfindlichkeit von mehr als 280 Newton bei Durchführung der Prüfverfahren[3] haben, und

---

1) Der Forschungsbericht 203 ist hinterlegt bei der Bundesanstalt für Materialforschung und -prüfung, 12205 Berlin, Unter den Eichen 87.

2) Die Bekanntmachung ist veröffentlicht im Verkehrsblatt 2002 Heft 16 S. 522.

3) Prüfverfahren nach Anhang Teil A.14 der Verordnung (EG) Nr. 440/2008 der Kommission vom 30. Mai 2008 zur Festlegung der Prüfmethoden gemäß der Verordnung (EG) Nr. 1907/2006 des Europäischen Parlaments und des Rates zur Registrierung, Bewertung, Zulassung und Beschränkung chemischer Stoffe (REACH) (ABl. L 142 vom 31.5.2008, S. 1) in der jeweils jüngsten im Amtsblatt der Europäischen Union veröffentlichten Fassung.

2. der UN-Nummer 0081 (Unterklasse 1.1)
   a) bis 1 000 kg Nettoexplosivstoffmasse in der Beförderungseinheit, sofern die Fahrzeuge mit einem automatischen Blockierverhinderer (ABV) nach § 41 Absatz 18 oder § 41b der Straßenverkehrs-Zulassungs-Ordnung, oder
   b) bis 3 000 kg Nettoexplosivstoffmasse in der Beförderungseinheit, sofern die Fahrzeuge mit einem automatischen Blockierverhinderer (ABV) nach § 41 Absatz 18 oder § 41b der Straßenverkehrs-Zulassungs-Ordnung und mit einer Fahrdynamikregelung (Electronic Stability Control – ESC)

ausgerüstet sind und dies in der ADR-Zulassungsbescheinigung nach Unterabschnitt 9.1.3.1 ADR vermerkt ist. Die Ausnahmen nach Satz 1 Nummer 1 und Nummer 2 Buchstabe a oder b können nebeneinander in Anspruch genommen werden. § 35b Satz 3 ist nicht anzuwenden.

## § 36
## Prüffrist für Feuerlöschgeräte

Die Prüffrist nach Unterabschnitt 8.1.4.4 Satz 2 ADR beträgt für in Deutschland hergestellte Feuerlöschgeräte zwei Jahre ab dem Herstellungsdatum und danach ab dem Datum der nächsten auf dem Feuerlöschgerät angegebenen Prüfung.

## § 36a
## Beförderung gefährlicher Güter als behördliche Asservate

Sofern es aus ermittlungstaktischen Gründen oder zur Wahrnehmung einer behördlichen Aufgabe erforderlich ist, dürfen gefährliche Güter, denen in Kapitel 3.2 Tabelle A Spalte 6 die Sondervorschrift 274 zugeordnet ist, im Straßen- und Eisenbahnverkehr durch Polizeibehörden des Bundes und der Länder sowie durch Zoll- und Justizbehörden und in deren Auftrag tätige private Unternehmen befördert werden, ohne dass die offiziellen Benennungen für die Beförderung mit der technischen Benennung des Gutes nach Absatz 3.1.2.8.1 ADR/RID ergänzt werden. Dies gilt auch für die Angabe in einem Beförderungspapier nach Absatz 5.4.1.1.1 Buchstabe b ADR/RID.

## § 36b
## Beförderung erwärmter flüssiger und fester Stoffe

→ 7.3.3.2.7 AP11

Für die Beförderung erwärmter flüssiger und fester Stoffe der UN-Nummern 3257 und 3258 in besonders ausgerüsteten Fahrzeugen/Wagen und Containern/Großcontainern nach Abschnitt 7.3.3 Sondervorschrift VC3 ADR/RID gelten die Anforderungen der Anlage 3.

## § 37
## Ordnungswidrigkeiten

→ D: GGBefG § 10
→ D: RSEB 37.1 ff.
→ D: RSEB Anl. 7 und 7a

(1) Ordnungswidrig im Sinne des § 10 Absatz 1 Nummer 1 Buchstabe b des Gefahrgutbeförderungsgesetzes handelt, wer vorsätzlich oder fahrlässig

1. entgegen § 4 Absatz 2 Satz 1 Nummer 1 oder Nummer 2, auch in Verbindung mit Satz 2, oder entgegen § 4 Absatz 2 Satz 1 Nummer 3 eine Behörde oder einen Betreiber der Eisenbahninfrastruktur nicht oder nicht rechtzeitig benachrichtigt und nicht oder nicht rechtzeitig benachrichtigen lässt oder nicht, nicht richtig oder nicht vollständig mit einer Information versieht und nicht, nicht richtig oder nicht vollständig mit einer Information versehen lässt,
2. entgegen § 4 Absatz 3 die Sendung nicht oder nicht rechtzeitig anhält oder die Beförderung fortsetzt,
3. entgegen § 17
   a) Absatz 1 Nummer 1 sich nicht oder nicht rechtzeitig vergewissert,
   b) Absatz 1 Nummer 2 nicht dafür sorgt, dass eine dort genannte Angabe schriftlich oder elektronisch mitgeteilt oder auf eine dort genannte Vorschrift schriftlich oder elektronisch hingewiesen wird,
   c) Absatz 1 Nummer 3 nicht dafür sorgt, dass auf ein gefährliches Gut hingewiesen wird,
   d) Absatz 2 nicht dafür sorgt, dass eine dort genannte Angabe schriftlich oder elektronisch mitgeteilt wird, oder
   e) Absatz 3 nicht dafür sorgt, dass eine dort genannte Information zur Verfügung gestellt wird,

4. entgegen § 18
   a) Absatz 1 Nummer 1 einen Hinweis nicht, nicht richtig, nicht vollständig oder nicht in der vorgeschriebenen Weise gibt,
   b) Absatz 1 Nummer 2 den Beförderer nicht, nicht richtig oder nicht rechtzeitig informiert,
   c) Absatz 1 Nummer 3 sich nicht oder nicht rechtzeitig vergewissert,
   d) Absatz 1 Nummer 4 nicht dafür sorgt, dass eine Angabe in das Beförderungspapier eingetragen wird,
   e) Absatz 1 Nummer 5 nicht dafür sorgt, dass nur eine dort genannte Verpackung oder Großverpackung, ein dort genannter IBC oder Tank oder ein dort genanntes MEMU oder Schiff verwendet wird,
   f) Absatz 1 Nummer 6 nicht dafür sorgt, dass die zuständige Behörde benachrichtigt wird,
   g) Absatz 1 Nummer 7 nicht im Besitz einer Zeugnis- oder Anweisungskopie ist oder eine Aufzeichnung nicht oder nicht vollständig zur Verfügung stellt,
   h) Absatz 1 Nummer 8 nicht dafür sorgt, dass ein Beförderungspapier mit einer geforderten Angabe, Anweisung oder einem geforderten Hinweis mitgegeben wird,
   i) Absatz 1 Nummer 9 nicht dafür sorgt, dass ein erforderliches Zeugnis zugänglich gemacht wird,
   j) Absatz 1 Nummer 10 nicht dafür sorgt, dass ein erforderliches Begleitpapier beigefügt wird,
   k) Absatz 1 Nummer 11 den Verlader nicht, nicht richtig, nicht in der vorgeschriebenen Weise oder nicht rechtzeitig auf die Begasung hinweist,
   l) Absatz 1 Nummer 12 eine Kopie des Beförderungspapiers, der Informationen oder Dokumentation nicht oder nicht mindestens drei Monate aufbewahrt,
   m) Absatz 2 Nummer 1 nicht dafür sorgt, dass die Ausnahmezulassung vor Beförderungsbeginn übergeben wird,
   n) Absatz 2 Nummer 2 nicht dafür sorgt, dass eine dort genannte Information zur Verfügung gestellt wird,
   o) Absatz 3 Nummer 1 eine Vorschrift für den Versand als Expressgut nicht beachtet,
   p) Absatz 3 Nummer 2 nicht dafür sorgt, dass ein Großzettel, die orangefarbene Tafel, das Kennzeichen oder der Rangierzettel angebracht wird,
   q) Absatz 3 Nummer 3 nicht dafür sorgt, dass das Beförderungspapier die Angaben enthält,
   r) Absatz 4 Nummer 1 nicht dafür sorgt, dass die Ausnahmezulassung vor Beförderungsbeginn übergeben wird,
   s) Absatz 4 Nummer 2 nicht dafür sorgt, dass ein Großzettel oder die orangefarbene Tafel angebracht wird, oder
   t) Absatz 4 Nummer 3 nicht dafür sorgt, dass eine dort genannte Information zur Verfügung gestellt wird,
5. entgegen § 19 Absatz 1
   a) Nummer 1 den Absender nicht, nicht richtig oder nicht rechtzeitig informiert,
   b) Nummer 2 eine Sendung befördert, die nicht die Vorschriften erfüllt,
   c) Nummer 3 nicht dafür sorgt, dass ein Tank nicht zur Beförderung aufgegeben wird,
   d) Nummer 4 eine Kopie des Beförderungspapiers, der Informationen oder Dokumentation nicht oder nicht mindestens drei Monate aufbewahrt,
   e) Nummer 5 nicht dafür sorgt, dass die Dokumente die erforderlichen Angaben enthalten, oder
   f) Nummer 6 nicht dafür sorgt, dass die Dokumente die erforderlichen Angaben enthalten,
6. entgegen § 19 Absatz 2
   a) Nummer 1 das Verbot der anderweitigen Verwendung nicht einhält,
   b) Nummer 2 der Fahrzeugbesatzung nicht oder nicht rechtzeitig die schriftlichen Weisungen übergibt oder nicht dafür sorgt, dass jedes Mitglied der Fahrzeugbesatzung diese verstehen oder richtig anwenden kann,
   c) Nummer 3 nicht dafür sorgt, dass eine dort genannte Vorschrift über die Beförderung in loser Schüttung oder in Tanks beachtet wird,

d) Nummer 4 nicht dafür sorgt, dass eine dort genannte Vorschrift über die Begrenzung der Mengen eingehalten wird,
e) Nummer 5 nicht dafür sorgt, dass ein Begleitpapier, die Bescheinigung oder eine Ausnahmezulassung vor Beförderungsbeginn übergeben wird,
f) Nummer 6 nicht dafür sorgt, dass nur Fahrzeugführer mit einer gültigen Bescheinigung eingesetzt werden,
g) Nummer 7 nicht dafür sorgt, dass ein ortsbeweglicher Tank nicht zur Beförderung aufgegeben wird,
h) Nummer 8 nicht dafür sorgt, dass die Tankakte geführt, aufbewahrt, übergeben, vorgelegt oder zur Verfügung gestellt wird,
i) Nummer 9 die Beförderungseinheit nicht mit einem Feuerlöschgerät ausrüstet,
j) Nummer 10 eine Prüffrist nicht einhält,
k) Nummer 11 das Fahrzeug nicht mit einem Großzettel, einer orangefarbenen Tafel oder einem Kennzeichen ausrüstet oder nicht dafür sorgt, dass ein dort genanntes Kennzeichen angebracht wird,
l) Nummer 12 nicht dafür sorgt, dass ein Tank verwendet wird, der den dort genannten Anforderungen entspricht,
m) Nummer 13 nicht dafür sorgt, dass ein Tank oder ein Fahrzeug einer dort genannten Bau-, Ausrüstungs- oder Kennzeichnungsvorschrift entspricht,
n) Nummer 14 nicht dafür sorgt, dass eine außerordentliche Prüfung durchgeführt wird,
o) Nummer 15 dem Fahrzeugführer eine erforderliche Ausrüstung nicht übergibt,
p) Nummer 16 die Beförderungseinheit nicht ausrüstet,
q) Nummer 17 nicht dafür sorgt, dass eine dort genannte Vorschrift beachtet wird,
r) Nummer 18 nicht dafür sorgt, dass eine dort genannte Vorschrift beachtet wird, oder
s) Nummer 19 nicht dafür sorgt, dass ein festverbundener Tank, ein Batterie-Fahrzeug, ein Aufsetztank, ein MEGC, ein ortsbeweglicher Tank oder ein Tankcontainer nicht verwendet wird,

7. entgegen § 19 Absatz 3
a) Nummer 1 nicht sicherstellt, dass der Betreiber über Daten verfügen kann,
b) Nummer 2 nicht dafür sorgt, dass ein Besatzungsmitglied einen Lichtbildausweis mit sich führt,
c) Nummer 3 nicht dafür sorgt, dass ein Begleitpapier verfügbar ist oder ausgehändigt wird,
d) Nummer 4 nicht dafür sorgt, dass eine dort genannte Vorschrift beachtet wird,
e) Nummer 5 eine schriftliche Weisung nicht, nicht richtig, nicht vollständig, nicht in der vorgeschriebenen Weise oder nicht rechtzeitig bereitstellt,
f) Nummer 6 den Triebfahrzeugführer nicht, nicht richtig, nicht vollständig oder nicht rechtzeitig informiert,
g) Nummer 7 nicht dafür sorgt, dass die vorgeschriebene Ausrüstung auf dem Führerstand mitgeführt wird,
h) Nummer 8 nicht dafür sorgt, dass die dort genannten Tafeln oder Großzettel (Placards) oder ein dort genanntes Kennzeichen angebracht sind,
i) Nummer 9 sich nicht vergewissert, dass ein Wagen oder eine Ladung keine Mängel, Undichtigkeiten oder Risse aufweist oder kein Ausrüstungsteil fehlt,
j) Nummer 10 sich nicht vergewissert, dass ein Großzettel, ein Kennzeichen oder eine orangefarbene Tafel angebracht ist, oder
k) Nummer 11 nicht dafür sorgt, dass eine dort genannte Information den Tank oder seine Ausrüstung umfasst,

8. entgegen § 19 Absatz 4
a) Nummer 1 sich nicht vergewissert, dass das Schiff zur Beförderung der gefährlichen Güter zugelassen ist,
b) Nummer 2 nicht dafür sorgt, dass für jedes Mitglied der Besatzung ein Lichtbildausweis an Bord ist,
c) Nummer 3 dem Schiffsführer nicht vor Antritt der Fahrt die schriftlichen Weisungen in Sprachen bereitstellt, die der Schiffsführer oder der Sachkundige lesen oder verstehen kann,

d) Nummer 4 nicht dafür sorgt, dass eine dort genannte Information zur Verfügung gestellt wird,
e) Nummer 5 nicht dafür sorgt, dass eine dort genannte Vorschrift beachtet wird,
f) Nummer 6 nicht dafür sorgt, dass eine dort genannte Vorschrift eingehalten wird,
g) Nummer 7 nicht dafür sorgt, dass dem Schiffsführer ein Dokument übergeben wird,
h) Nummer 8 nicht dafür sorgt, dass ein Schiff nur unter der dort genannten Voraussetzung eingesetzt wird, oder
i) Nummer 9 nicht sicherstellt, dass ein zweites Evakuierungsmittel verfügbar ist,

9. entgegen § 20
a) Absatz 1 Nummer 1 Buchstabe a die Annahme des Gutes verzögert oder verweigert,
b) Absatz 1 Nummer 1 Buchstabe b nicht oder nicht rechtzeitig prüft, dass die Vorschriften eingehalten worden sind,
c) Absatz 1 Nummer 2 den Absender nicht oder nicht rechtzeitig über die Nichteinhaltung eines Grenzwertes informiert,
d) Absatz 2 einen Container zurückstellt,
e) Absatz 3 einen Wagen oder Container zurückstellt oder wieder verwendet oder
f) Absatz 4 einen Container, ein Fahrzeug oder einen Wagen zurückstellt,

10. entgegen § 21
a) Absatz 1 Nummer 1 Güter übergibt,
b) Absatz 1 Nummer 2 ein Versandstück zur Beförderung übergibt,
c) Absatz 1 Nummer 3 nicht dafür sorgt, dass ein Versandstück nur verladen wird, wenn die Verpackung den dort genannten Anforderungen entspricht,
d) Absatz 1 Nummer 4 nicht dafür sorgt, dass eine dort genannte Vorschrift beachtet wird,
e) Absatz 1 Nummer 5 nicht dafür sorgt, dass ein Warnkennzeichen angebracht wird,
f) Absatz 1 Nummer 6 nicht dafür sorgt, dass eine dort genannte Kennzeichnungsvorschrift beachtet wird,
g) Absatz 1 Nummer 7 nicht dafür sorgt, dass die Anzahl der Versandstücke nicht überschritten wird,
h) Absatz 1 Nummer 8 nicht dafür sorgt, dass eine dort genannte Maßnahme ergriffen wird,
i) Absatz 2 Nummer 1 einen Hinweis nicht, nicht richtig, nicht vollständig oder nicht in der vorgeschriebenen Weise gibt,
j) Absatz 2 Nummer 2 nicht dafür sorgt, dass eine dort genannte Vorschrift eingehalten wird,
k) Absatz 2 Nummer 3 nicht dafür sorgt, dass eine dort genannte Vorschrift beachtet wird,
l) Absatz 2 Nummer 4 nicht dafür sorgt, dass ein Großzettel, eine Tafel oder ein Kennzeichen angebracht ist,
m) Absatz 2 Nummer 5 nicht dafür sorgt, dass nur ein Container eingesetzt wird, der den dort genannten Anforderungen entspricht,
n) Absatz 2 Nummer 6 nicht dafür sorgt, dass eine dort genannte Vorschrift beachtet wird,
o) Absatz 3 Nummer 1 nicht dafür sorgt, dass eine Vorschrift über die Gefahrzettel oder Kennzeichen beachtet wird,
p) Absatz 3 Nummer 2 nicht dafür sorgt, dass ein Großzettel, ein Rangierzettel, ein Kennzeichen oder eine orangefarbene Tafel angebracht ist,
q) Absatz 3 Nummer 3 nicht dafür sorgt, dass nur ein Container eingesetzt wird, der den dort genannten Anforderungen entspricht,
r) Absatz 3 Nummer 4 nicht dafür sorgt, dass eine dort genannte Vorschrift über die Beförderung in Versandstücken oder die Beladung und Handhabung beachtet wird,
s) Absatz 3 Nummer 5 nicht dafür sorgt, dass eine dort genannte Vorschrift beachtet wird,
t) Absatz 4 Nummer 1 einen Hinweis nicht, nicht richtig oder nicht vollständig gibt,
u) Absatz 4 Nummer 2 nicht dafür sorgt, dass ein Großzettel oder das Kennzeichen angebracht ist,
v) Absatz 4 Nummer 3 nicht dafür sorgt, dass eine dort genannte Vorschrift beachtet wird, oder
w) Absatz 4 Nummer 4 nicht sicherstellt, dass die landseitige Einrichtung mit einem oder zwei Evakuierungsmitteln ausgerüstet ist,

11. entgegen § 22
    a) Absatz 1 Nummer 1 oder 2 eine dort genannte Vorschrift über das Verpacken, das Umverpacken oder die Kennzeichnung nicht beachtet,
    b) Absatz 1 Nummer 3 eine dort genannte Vorschrift über die Verwendung oder Prüfung nicht beachtet,
    c) Absatz 1 Nummer 4 eine dort genannte Vorschrift über das Zusammenpacken nicht beachtet,
    d) Absatz 1 Nummer 5 eine dort genannte Vorschrift über die Kennzeichnung oder Bezettelung nicht beachtet,
    e) Absatz 1 Nummer 6 Versandstücke in Umverpackungen nicht sichert oder
    f) Absatz 2 oder 3 eine dort genannte Vorschrift nicht beachtet,
12. entgegen § 23 Absatz 1
    a) Nummer 1 Güter übergibt,
    b) Nummer 2 einen Tank übergibt,
    c) Nummer 3 einen Tank befüllt,
    d) Nummer 4 nicht dafür sorgt, dass die Dichtheit einer Verschlusseinrichtung geprüft oder dass ein Tank oder UN-MEGC nicht befördert wird, wenn dieser undicht ist,
    e) Nummer 5 einen Tank befüllt,
    f) Nummer 6 nicht dafür sorgt, dass der Füllungsgrad, der Füllungszustand, der Füllfaktor, die Masse oder Bruttomasse eingehalten wird,
    g) Nummer 7 nicht dafür sorgt, dass die Dichtheit der Verschlüsse oder der Ausrüstung geprüft wird oder alle Verschlüsse in geschlossener Stellung sind oder keine Undichtheit auftritt,
    h) Nummer 8 nicht dafür sorgt, dass einem Tank dort genannte Reste nicht anhaften,
    i) Nummer 9 nicht dafür sorgt, dass nebeneinanderliegende Tankabteile oder -kammern nicht mit gefährlich miteinander reagierenden Stoffen befüllt werden,
    j) Nummer 10 nicht dafür sorgt, dass ein Tank, Batterie-Fahrzeug, Batteriewagen oder MEGC nicht befüllt oder nicht zur Beförderung aufgegeben wird,
    k) Nummer 11 nicht dafür sorgt, dass eine Entleerungs-, Reinigungs- oder Entgasungsmaßnahme durchgeführt wird,
    l) Nummer 12 nicht dafür sorgt, dass eine Bezeichnung angegeben wird,
    m) Nummer 13 nicht dafür sorgt, dass eine Benennung oder ein Kennzeichen angegeben wird,
    n) Nummer 14 nicht dafür sorgt, dass der MEGC nicht zur Beförderung aufgegeben wird, oder
    o) Nummer 15 einen Tank befüllt,
13. entgegen § 23 Absatz 2
    a) Nummer 1 einen Hinweis nicht, nicht richtig, nicht vollständig oder nicht in der vorgeschriebenen Weise gibt,
    b) Nummer 2 eine Nummer nicht mitteilt,
    c) Nummer 3 nicht dafür sorgt, dass ein Großzettel, die orangefarbene Tafel oder das Kennzeichen angebracht wird,
    d) Nummer 4 nicht dafür sorgt, dass eine Beladevorschrift beachtet wird,
    e) Nummer 5 das Rauchverbot nicht beachtet,
    f) Nummer 6 nicht dafür sorgt, dass eine dort genannte zusätzliche Vorschrift beachtet wird,
    g) Nummer 7 nicht dafür sorgt, dass der Fahrzeugführer in der vorgeschriebenen Weise eingewiesen oder die Einweisung dokumentiert und aufbewahrt wird,
    h) Nummer 8 nicht dafür sorgt, dass eine Vorschrift über die Beförderung in loser Schüttung beachtet wird,
    i) Nummer 9 nicht dafür sorgt, dass eine Maßnahme zur Vermeidung elektrostatischer Aufladungen durchgeführt wird,
    j) Nummer 10 einen Tank befüllt,
    k) Nummer 11 sich nicht vergewissert, dass die dort genannten Vorschriften eingehalten sind, oder
    l) Nummer 12 nicht dafür sorgt, dass eine dort genannte Vorschrift eingehalten wird,

14. entgegen § 23 Absatz 3
    a) Nummer 1 nicht dafür sorgt, dass eine dort genannte Kontrollvorschrift beachtet wird,
    b) Nummer 2 nicht dafür sorgt, dass ein Großzettel, ein Rangierzettel, die orangefarbene Tafel oder das Kennzeichen angebracht wird,
    c) Nummer 3 nicht dafür sorgt, dass eine dort genannte Vorschrift beachtet wird,
    d) Nummer 4 nicht dafür sorgt, dass eine Beladevorschrift beachtet wird,
    e) Nummer 5 nicht sicherstellt, dass die Temperatur nicht überschritten wird, oder
    f) Nummer 6 nicht dafür sorgt, dass eine dort genannte Vorschrift eingehalten wird,
15. entgegen § 23 Absatz 4
    a) Nummer 1 einen Hinweis nicht, nicht richtig oder nicht vollständig gibt,
    b) Nummer 2 nicht dafür sorgt, dass ein Großzettel, die orangefarbene Tafel oder das Kennzeichen angebracht wird,
    c) Nummer 3 nicht dafür sorgt, dass ein Tankschiff nur mit den zugelassenen gefährlichen Gütern befüllt wird oder das Datum im Zulassungszeugnis nicht überschritten ist,
    d) Nummer 4 nicht sicherstellt, dass die landseitige Einrichtung mit einem oder zwei Evakuierungsmitteln ausgerüstet ist,
    e) Nummer 5 nicht sicherstellt, dass die Temperatur nicht überschritten wird,
    f) Nummer 6 nicht sicherstellt, dass eine Überwachung gewährleistet ist,
    g) Nummer 7 seinen Teil der Prüfliste nicht, nicht richtig, nicht vollständig oder nicht rechtzeitig ausfüllt,
    h) Nummer 8 nicht sicherstellt, dass eine Flammendurchschlagsicherung vorhanden ist, oder
    i) Nummer 9 nicht sicherstellt, dass die Laderate übereinstimmt oder der Druck an der Übergabestelle den Öffnungsdruck des Hochgeschwindigkeitsventils nicht übersteigt,
15a. entgegen § 23a
    a) Absatz 1 Nummer 1 sich nicht vergewissert, dass die richtigen Güter ausgeladen werden,
    b) Absatz 1 Nummer 2 nicht prüft oder sich nicht vergewissert, dass geeignete Maßnahmen ergriffen wurden,
    c) Absatz 1 Nummer 3 Buchstabe a gefährliche Rückstände nicht oder nicht rechtzeitig entfernt,
    d) Absatz 1 Nummer 3 Buchstabe b den Verschluss nicht oder nicht rechtzeitig sicherstellt,
    e) Absatz 1 Nummer 4 die Reinigung oder Entgiftung nicht sicherstellt,
    f) Absatz 1 Nummer 5 nicht dafür sorgt, dass ein Großzettel, ein Kennzeichen oder eine orangefarbene Tafel nicht mehr sichtbar ist,
    g) Absatz 1 Nummer 6 das Warnkennzeichen nicht entfernt,
    h) Absatz 2 Nummer 1 nicht dafür sorgt, dass eine Maßnahme zur Vermeidung elektrostatischer Aufladungen durchgeführt wird,
    i) Absatz 2 Nummer 2 nicht dafür sorgt, dass eine dort genannte zusätzliche Vorschrift beachtet wird,
    j) Absatz 2 Nummer 3 nicht dafür sorgt, dass der Fahrzeugführer in der vorgeschriebenen Weise eingewiesen oder die Einweisung dokumentiert und aufbewahrt wird,
    k) Absatz 2 Nummer 4 oder Absatz 3 nicht dafür sorgt, dass eine dort genannte Vorschrift beachtet wird,
    l) Absatz 4 Nummer 1 nicht sicherstellt, dass die landseitige Einrichtung mit einem oder zwei Evakuierungsmitteln ausgerüstet ist,
    m) Absatz 4 Nummer 2 Buchstabe a den ihn betreffenden Teil der Prüfliste nicht oder nicht rechtzeitig ausfüllt,
    n) Absatz 4 Nummer 2 Buchstabe b nicht sicherstellt, dass eine Flammendurchschlagsicherung vorhanden ist,
    o) Absatz 4 Nummer 2 Buchstabe c nicht sicherstellt, dass der Druck an der Übergabestelle den Öffnungsdruck des Hochgeschwindigkeitsventils nicht übersteigt,
    p) Absatz 4 Nummer 2 Buchstabe d nicht sicherstellt, dass die Dichtungen aus den dort genannten Werkstoffen bestehen,

q) Absatz 4 Nummer 2 Buchstabe e nicht sicherstellt, dass eine Überwachung gewährleistet ist, oder

r) Absatz 4 Nummer 2 Buchstabe f nicht sicherstellt, dass die Löschpumpe abgeschaltet werden kann,

16. entgegen § 24

a) Nummer 1 nicht dafür sorgt, dass ein Tankcontainer, ein ortsbeweglicher Tank, ein MEGC, ein Schüttgut-Container oder flexibler Schüttgut-Container einer dort genannten Verwendungs-, Bau-, Ausrüstungs- oder Kennzeichnungsvorschrift entspricht,

b) Nummer 2 nicht dafür sorgt, dass eine außerordentliche Prüfung durchgeführt wird,

c) Nummer 3 nicht dafür sorgt, dass nur ein Tankcontainer, ein ortsbeweglicher Tank oder MEGC verwendet wird, der den dort genannten Anforderungen entspricht,

d) Nummer 4 nicht dafür sorgt, dass ein MEGC nicht zur Befüllung übergeben wird,

e) Nummer 5 nicht dafür sorgt, dass eine Druckentlastungseinrichtung geprüft wird,

f) Nummer 6 nicht dafür sorgt, dass die Tankakte geführt, aufbewahrt, übergeben, vorgelegt oder zur Verfügung gestellt wird,

g) Nummer 7 nicht dafür sorgt, dass MEMU untersucht oder geprüft werden, oder

h) Nummer 8 nicht dafür sorgt, dass ein Schloss verwendet wird,

17. entgegen § 25

a) Absatz 1 Nummer 1 ein dort genanntes Kennzeichen anbringt,

b) Absatz 1 Nummer 2 die Behörde nicht oder nicht richtig in Kenntnis setzt,

c) Absatz 1 Nummer 3 die Anweisungen nicht liefert,

d) Absatz 1 Nummer 4 dem Eigentümer eines Bergungsdruckgefäßes eine Kopie der Zulassungsbescheinigung nicht zur Verfügung stellt,

e) Absatz 2 ein dort genanntes Kennzeichen anbringt oder

f) Absatz 3 ein dort genanntes Kennzeichen anbringt,

18. entgegen § 26

a) Absatz 1 Nummer 1 nicht dafür sorgt, dass einem Tank dort genannte Reste nicht anhaften,

b) Absatz 1 Nummer 2 nicht dafür sorgt, dass ein Tank oder UN-MEGC verschlossen oder dicht ist,

c) Absatz 1 Nummer 3 nicht dafür sorgt, dass ein Großzettel oder ein Kennzeichen angebracht ist,

d) Absatz 3 eine technische Dokumentation nicht, nicht richtig, nicht vollständig oder nicht rechtzeitig anfertigt,

e) Absatz 4 eine dort genannte Vorschrift nicht oder nicht richtig beachtet,

f) Absatz 5 Nummer 1 nicht dafür sorgt, dass das Personal unterwiesen wird,

g) Absatz 5 Nummer 2 einen dort genannten Teil der Prüfliste nicht, nicht richtig, nicht vollständig oder nicht rechtzeitig ausfüllt oder

h) Absatz 5 Nummer 3 nicht sicherstellt, dass eine Flammendurchschlagsicherung vorhanden ist,

19. entgegen § 27

a) Absatz 1 nicht dafür sorgt, dass die Vorlage eines Berichts rechtzeitig erfolgt,

b) Absatz 2 eine Untersuchung nicht durchführt, eine Maßnahme nicht ergreift oder nicht dafür sorgt, dass eine zuständige Behörde informiert wird,

c) Absatz 3 Nummer 1 eine Vorschrift über die Sicherung nicht beachtet,

d) Absatz 3 Nummer 2 Buchstabe a nicht dafür sorgt, dass die Unterweisung erfolgt,

e) Absatz 3 Nummer 2 Buchstabe b nicht dafür sorgt, dass die Aufzeichnungen fünf Jahre aufbewahrt werden,

f) Absatz 4 Sicherungspläne nicht einführt oder anwendet,

g) Absatz 4a Satz 1, auch in Verbindung mit Satz 2, nicht dafür sorgt, dass eine Mitteilung erfolgt,

h) Absatz 5 Nummer 1 nicht dafür sorgt, dass die Unterweisung erfolgt,

i) Absatz 5 Nummer 2 nicht dafür sorgt, dass die Aufzeichnungen fünf Jahre aufbewahrt werden,

j) Absatz 6 nicht dafür sorgt, dass die Personen unterwiesen sind, oder

k) Absatz 7 nicht sicherstellt, dass nur eine dort genannte Anlage oder ein dort genanntes Gerät verwendet wird,

20. entgegen § 28 Satz 1
    a) Nummer 1 ein Versandstück befördert,
    b) Nummer 2 eine dort genannte Vorschrift über die Beförderungsbe- oder -einschränkungen nicht beachtet,
    c) Nummer 3 den Füllungsgrad, den Füllungszustand, den Füllfaktor, die Masse oder die Befülltemperatur nicht einhält,
    d) Nummer 4 eine dort genannte Vorschrift über den Betrieb von Tanks oder eine zusätzliche Vorschrift nicht beachtet,
    e) Nummer 5 die Dichtheit nicht prüft,
    f) Nummer 6 einen Großzettel nicht anbringt, entfernt oder abdeckt,
    g) Nummer 7 ein dort genanntes Kennzeichen oder eine dort genannte Tafel nicht oder nicht richtig anbringt, nicht oder nicht richtig sichtbar macht, nicht, nicht richtig oder nicht vollständig entfernt oder nicht, nicht richtig oder nicht vollständig verdeckt,
    h) Nummer 8 eine Maßnahme nicht trifft,
    i) Nummer 9 sich nicht vergewissert, dass ein Warnkennzeichen angebracht ist,
    j) Nummer 10 ein Begleitpapier, eine Bescheinigung, ein Feuerlöschgerät, einen Ausrüstungsgegenstand oder die Ausnahmezulassung nicht mitführt oder nicht oder nicht rechtzeitig aushändigt,
    k) Nummer 11 eine dort genannte Vorschrift über die Überwachung nicht beachtet,
    l) Nummer 12 dort genannte Reste nicht oder nicht rechtzeitig entfernt und nicht oder nicht rechtzeitig entfernen lässt,
    m) Nummer 13 die Einnahme eines alkoholischen Getränkes oder der Substanz Tetrahydrocannabinol nicht unterlässt oder die Fahrt antritt,
    n) Nummer 14 nicht sicherstellt, dass eine Verbindungsleitung oder ein Rohr entleert ist,
    o) Nummer 15 ein Fahrzeug, einen ortsbeweglichen Tank oder einen Tankcontainer nicht erdet oder
    p) Nummer 16 eine dort genannte Vorschrift nicht beachtet,
21. entgegen § 29
    a) Absatz 1 eine dort genannte Vorschrift über die Beladung und Handhabung nicht beachtet,
    b) Absatz 2 eine dort genannte Vorschrift nicht beachtet,
    c) Absatz 3 eine dort genannte Vorschrift über Vorsichtsmaßnahmen nicht beachtet,
    d) Absatz 4 Nummer 1 eine Vorschrift über die Verladung oder das Kennzeichen nicht beachtet,
    e) Absatz 4 Nummer 2 eine Vorschrift über die Beförderung nicht beachtet oder
    f) Absatz 5 nicht dafür sorgt, dass eine dort genannte Vorschrift beachtet wird.
22. entgegen § 30
    a) Nummer 1 nicht dafür sorgt, dass nur ein Wagen oder ein Tank verwendet wird, der den dort genannten Anforderungen entspricht,
    b) Nummer 2 nicht dafür sorgt, dass ein Wagen oder ein Tank einer dort genannten Bau-, Ausrüstungs- oder Kennzeichnungsvorschrift entspricht,
    c) Nummer 3 nicht dafür sorgt, dass eine außerordentliche Prüfung durchgeführt wird,
    d) Nummer 4 nicht dafür sorgt, dass die Tankakte geführt, aufbewahrt, übergeben, vorgelegt oder zur Verfügung gestellt wird,
    e) Nummer 5 nicht dafür sorgt, dass ein Kesselwagen, ein abnehmbarer Tank oder ein Batteriewagen nicht verwendet wird, oder
    f) Nummer 6 nicht dafür sorgt, dass eine dort genannte Information den Tank oder seine Ausrüstung umfasst,
22a. entgegen § 30a
    a) Absatz 1 Nummer 1 nicht dafür sorgt, dass die Instandhaltung eines Tanks oder seiner Ausrüstung in einer dort genannten Weise sichergestellt wird,
    b) Absatz 1 Nummer 2 nicht dafür sorgt, dass eine dort genannte Information den Tank oder seine Ausrüstung umfasst,

c) Absatz 1 Nummer 3 nicht dafür sorgt, dass eine Aufzeichnung gefertigt wird,

d) Absatz 2 Nummer 1 nicht dafür sorgt, dass ein Kesselwagen nicht verwendet wird, oder

e) Absatz 2 Nummer 2 nicht dafür sorgt, dass eine außerordentliche Prüfung durchgeführt wird,

23. entgegen § 31

a) Nummer 1 nicht dafür sorgt, dass sein Personal unterwiesen wird,

b) Nummer 2 Buchstabe a nicht dafür sorgt, dass ein interner Notfallplan aufgestellt wird, oder

c) Nummer 2 Buchstabe b nicht sicherstellt, dass er Zugriff zu einer Information hat,

23a. entgegen § 31a eine schriftliche Weisung nicht oder nicht rechtzeitig einsieht,

24. entgegen § 32 ein gefährliches Gut mitführt oder befördern lässt,

25. entgegen § 33

a) Nummer 1 die Sicherheitspflichten nicht beachtet,

b) Nummer 2 nicht dafür sorgt, dass ein Schiff oder Tankschiff nicht überladen oder ein Ladetank nicht überfüllt ist,

c) Nummer 3 sich nicht vergewissert, dass das Schiff oder Tankschiff oder die Ladung keine Mängel, Undichtheiten oder Risse aufweist oder keine Ausrüstungsteile fehlen,

d) Nummer 4 nicht dafür sorgt, dass jedes betroffene Mitglied der Besatzung die schriftlichen Weisungen versteht oder richtig anwenden kann,

e) Nummer 5 eine vorgeschriebene Maßnahme nicht trifft,

f) Nummer 6 nicht dafür sorgt, dass eine dort genannte Vorschrift eingehalten wird,

g) Nummer 7 nicht prüft, ob der Eigentümer oder Betreiber seinen Pflichten nachgekommen ist,

h) Nummer 8 ein Begleitpapier oder die Ausnahmezulassung nicht mitführt oder nicht oder nicht rechtzeitig aushändigt,

i) Nummer 9 nicht dafür sorgt, dass eine dort genannte Vorschrift eingehalten wird,

j) Nummer 10 eine Sendung befördert,

k) Nummer 11 einen dort genannten Teil der Prüfliste nicht, nicht richtig, nicht vollständig oder nicht rechtzeitig ausfüllt oder

l) Nummer 12 einen dort genannten Teil der Prüfliste nicht, nicht richtig, nicht vollständig oder nicht rechtzeitig ausfüllt,

26. entgegen § 34

a) Nummer 1, 2, 4 oder 5 nicht dafür sorgt, dass eine dort genannte Vorschrift eingehalten wird,

b) Nummer 3 nicht dafür sorgt, dass ein Sachkundiger an Bord ist,

c) Nummer 6 nicht dafür sorgt, dass eine Aktualisierung erfolgt,

d) Nummer 7 nicht dafür sorgt, dass ein Schiff einer Sonderuntersuchung unterzogen wird, oder

e) Nummer 8 nicht dafür sorgt, dass eine Schiffsakte nach einer dort genannten Vorschrift geführt, aufbewahrt oder aktualisiert wird,

26a. entgegen § 34a Satz 1 den Anweisungen des Schiffsführers nicht Folge leistet,

27. entgegen § 35

a) Absatz 2 Satz 2 eine Angabe oder einen Vermerk nicht in das Beförderungspapier einträgt,

b) Absatz 4 Satz 4 nicht dafür sorgt, dass eine Bescheinigung übergeben wird, oder

c) Absatz 4 Satz 5 eine Bescheinigung nicht mitführt oder nicht oder nicht rechtzeitig aushändigt,

28. entgegen § 35a

a) Absatz 4 Satz 1 ein gefährliches Gut befördert,

b) Absatz 4 Satz 2 nicht dafür sorgt, dass eine Fahrwegbestimmung übergeben wird, oder

c) Absatz 4 Satz 3 eine Fahrwegbestimmung nicht oder nicht richtig beachtet, nicht mitführt oder nicht oder nicht rechtzeitig aushändigt.

(2) Artikel 32 der Revidierten Rheinschifffahrtsakte vom 17. Oktober 1868 (BGBl. 1969 II S. 597) in der Fassung des Zusatzprotokolls Nummer 6 vom 21. Oktober 1999 (BGBl. 2002 II S. 1772, 1773) hinsichtlich der Geldbußen auf dem Rhein bis zu fünfundzwanzigtausend Euro bleibt unberührt.

## § 38
## Übergangsbestimmungen

(1) Bis zum 30. Juni 2025 darf die Beförderung gefährlicher Güter noch nach den Vorschriften dieser Verordnung in der bis zum 31. Dezember 2024 geltenden Fassung durchgeführt werden.

(2) Bei der Beförderung von geschmolzenem Aluminium der UN-Nummer 3257 nach der Übergangsvorschrift in Unterabschnitt 1.6.1.54 ADR/RID gelten weiterhin die Regelungen nach Anlage 3 dieser Verordnung in der bis zum 31. Dezember 2024 geltenden Fassung.

# Anlagen

## Anlage 1

(weggefallen)

## Anlage 2

### Einschränkungen aus Gründen der Sicherheit der Beförderung gefährlicher Güter zu den Teilen 1 bis 9 des ADR und zu den Teilen 1 bis 7 des RID für innerstaatliche Beförderungen sowie zu den Teilen 1 bis 9 des ADN für innerstaatliche und grenzüberschreitende Beförderungen

1. (weggefallen)

2. **Im Straßenverkehr gelten für innerstaatliche Beförderungen mit Fahrzeugen, die in Deutschland zugelassen sind, und für innerstaatliche Beförderungen im Eisenbahnverkehr die nachstehenden Einschränkungen zu den Teilen 1 bis 7 des ADR/RID:**

2.1 **Regelung zu den Freistellungen in Zusammenhang mit der Art der Beförderungsdurchführung nach Unterabschnitt 1.1.3.1 ADR/RID:** *→ D: RSEB 1-3.1.S*

a) Für die Anwendung des Buchstaben a gilt folgende Regelung:
Bei explosiven Stoffen der Klasse 1 Unterklasse 1.1 bis 1.4 darf die Gesamtnettoexplosivstoffmasse je Beförderungseinheit/Wagen 3 kg nicht überschreiten. Bei Gegenständen mit Explosivstoff der Klasse 1 Unterklasse 1.1 bis 1.3 darf die Bruttomasse je Beförderungseinheit/Wagen 5 kg und bei Unterklasse 1.4 50 kg nicht überschreiten. Selbstzersetzliche feste und flüssige Stoffe, desensibilisierte explosive feste Stoffe und mit selbstzersetzlichen Stoffen verwandte Stoffe der Klasse 4.1, Stoffe der Klasse 4.2 und Stoffe der Klasse 4.3, jeweils Verpackungsgruppe I und II, Stoffe der Klasse 5.1 Verpackungsgruppe I und Stoffe der Klasse 5.2 dürfen je Stoff 1 kg Nettomasse nicht überschreiten. Für die in den Sätzen 1 bis 3 nicht genannten Stoffe und Gegenstände der Klassen 1 bis 9 dürfen die Höchstmengen gemäß Unterabschnitt 1.1.3.6 ADR/RID nicht überschritten werden.

b) (weggefallen)

c) Für die Anwendung des Buchstaben c gilt folgende Regelung: *→ D: RSEB 1-4.1 ff.*

aa) Bei explosiven Stoffen der Klasse 1 Unterklasse 1.1 bis 1.4 darf die Gesamtnettoexplosivstoffmasse je Beförderungseinheit/Wagen 3 kg nicht überschreiten. Bei Gegenständen mit Explosivstoff der Klasse 1 Unterklasse 1.1 bis 1.3 darf die Bruttomasse je Beförderungseinheit/Wagen 5 kg und bei Unterklasse 1.4 50 kg nicht überschreiten. Selbstzersetzliche feste und flüssige Stoffe, desensibilisierte explosive feste Stoffe und mit selbstzersetzlichen Stoffen verwandte Stoffe der Klasse 4.1, Stoffe der Klasse 4.2 und Stoffe der Klasse 4.3, jeweils Verpackungsgruppe I und II, Stoffe der Klasse 5.1 Verpackungsgruppe I und Stoffe der Klasse 5.2 dürfen je Stoff 1 kg Nettomasse nicht überschreiten.

bb) Für die Beförderung nach Unterabschnitt 1.1.3.1 Buchstabe c ADR/RID müssen zusätzlich folgende Vorschriften eingehalten werden:

- Die „Allgemeinen Verpackungsvorschriften" nach den Unterabschnitten 4.1.1.1, 4.1.1.2, 4.1.1.6 und 4.1.1.7 ADR/RID sind zu beachten.
- Für Stoffe und Gegenstände der Klasse 2 gelten die allgemeinen Verpackungsvorschriften nach Unterabschnitt 4.1.6.8 ADR/RID.

2.2 **Regelung zu den Übergangsvorschriften nach den Unterabschnitten 1.6.3.4 und 1.6.3.5 ADR/RID:**

a) Die Randnummern 211 184, 211 185 Satz 1 und die Randnummer 211 186 in der für innerstaatliche Beförderungen geltenden Fassung der Gefahrgutverordnung Straße in der Fassung der Bekanntmachung vom 18. Juli 1995 (BGBl. I S. 1025) und

b) die Vorschriften der Anlage Anhang XI Absatz 1.8.4 Satz 3 und 4 und Absatz 1.8.5 in der für innerstaatliche Beförderungen geltenden Fassung der Gefahrgutverordnung Eisenbahn in der Fassung der Bekanntmachung vom 15. Dezember 1995 (BGBl. I S. 1852)

gelten für innerstaatliche Beförderungen weiter.

**3. Im Straßenverkehr gelten für innerstaatliche Beförderungen mit Fahrzeugen, die in Deutschland zugelassen sind, die nachstehenden Vorschriften und Einschränkungen zu den Teilen 8 und 9 des ADR:**

**3.1 Verbot von Feuer und offenem Licht**

Bei Ladearbeiten ist der Umgang mit Feuer oder offenem Licht in der Nähe der Fahrzeuge oder Container und in den Fahrzeugen oder Containern untersagt.

**3.2 Unterrichtung des Fahrpersonals durch Befüller und Entlader**

Übernimmt der Fahrzeugführer das Befüllen des Tanks, so hat der Befüller ihn in die Handhabung der Fülleinrichtung, soweit diese nicht Bestandteil des Fahrzeugs ist, einzuweisen. Entsprechendes gilt hinsichtlich der Entleerungseinrichtung für das Beförderungsunternehmen, das als Entlader tätig wird. Diese Einweisung ist schriftlich oder elektronisch zu dokumentieren. Hinsichtlich der Aufbewahrung dieser Dokumentation gilt Abschnitt 1.3.3 ADR in Verbindung mit § 27 Absatz 5 Nummer 2 GGVSEB entsprechend.

**3.3 Überwachung der Fahrzeuge und Container**

Ergänzend zu Kapitel 8.4 sind alle mit orangefarbener Tafel kennzeichnungspflichtigen Fahrzeuge und Container entsprechend den Vorgaben nach Abschnitt 8.4.1 ADR zu überwachen. Gleiches gilt für Anhänger einer kennzeichnungspflichtigen Beförderungseinheit, die von dem Kraftfahrzeug getrennt geparkt werden, sofern diese Anhänger mit gefährlichen Gütern in kennzeichnungspflichtiger Menge beladen sind. Satz 2 gilt nicht für die Überwachung von Anhängern mit UN 1202.

**4. Im Eisenbahnverkehr gelten für innerstaatliche Beförderungen die nachstehenden Vorschriften und Einschränkungen zu den Teilen 1 bis 7 des RID:**

**4.1** Hinweise in den Teilen 1 bis 7 RID auf das internationale Frachtrecht finden bei innerstaatlichen Beförderungen keine Anwendung. Bei innerstaatlichen Beförderungen gelten das anwendbare nationale Frachtrecht sowie mit ihm übereinstimmende Beförderungsbedingungen der Beförderer.

**4.2 Gefahrgutbeförderung in Reisezügen**

Gefahrgutbeförderungen in Reisezügen sind vorbehaltlich der Regelungen in den Buchstaben a und b verboten.

a) Die in den Unterabschnitten 1.1.2.2 und 1.1.2.3 in Verbindung mit den Kapiteln 7.6 und 7.7 RID genannten Regelungen bzw. Sicherheitsvorschriften sind auch für die innerstaatliche Beförderung zu beachten.

b) Im Übersetzverkehr mit der Eisenbahn über den Hindenburgdamm zwischen Niebüll und Westerland (Sylt) ist abweichend von den Unterabschnitten 1.1.2.2 und 1.1.2.3 in Verbindung mit den Kapiteln 7.6 und 7.7 RID die Gefahrgutbeförderung in Reisezügen unter Beachtung der nachfolgenden Bestimmungen erlaubt:

aa) Folgende Güter sind in folgenden Beförderungsmitteln zur Beförderung zugelassen:

| Gefahrgüter der Klassen 1.4 und 2 bis 9 | Beförderung in Versandstücken in gedeckten und bedeckten Straßenfahrzeugen |
|---|---|
| a) Gefahrgüter der Klasse 2<br>Gruppen A, O und F ohne Nebengefahr giftig,<br>b) Gefahrgüter der Klasse 3, Verpackungsgruppe II und III ohne Nebengefahr giftig,<br>c) Gefahrgüter der Klasse 8, Verpackungsgruppe II und III ohne Nebengefahr giftig und<br>d) Gefahrgüter der Klasse 9, Verpackungsgruppe II und III | Beförderung in Tanks (Straßentankfahrzeugen, Straßenfahrzeugen mit Aufsetztanks und Straßenfahrzeugen mit Tankcontainern) |

bb) Die Beförderung gefährlicher Güter erfolgt im Huckepackverkehr unter Beachtung der Vorschriften nach Unterabschnitt 1.1.4.4 RID.

cc) Zwischenwagen oder Elemente einer fest gekuppelten Einheit:

Erfolgt die Beförderung mit einzeln gekuppelten Güterwagen, ist zwischen den Güterwagen, auf denen mit gefährlichen Gütern beladene Straßenfahrzeuge verladen sind, und den übrigen Güterwagen, auf denen sich Personenkraftfahrzeuge oder mit Fahrgästen besetzte Busse befinden, mindestens ein unbeladener Güterwagen oder ein Güterwagen, der nur mit Straßenfahrzeugen ohne gefährliches Gut beladen ist, zu befördern.

Erfolgt die Beförderung mit fest gekuppelten Einheiten, sind zwischen den Elementen der Einheit, auf denen mit gefährlichen Gütern beladene Straßenfahrzeuge verladen sind, und den übrigen Elementen, auf denen sich Personenkraftfahrzeuge oder mit Fahrgästen besetzte Busse befinden, mindestens zwei unbeladene Elemente oder zwei Elemente, die nur mit Straßenfahrzeugen ohne gefährliches Gut beladen sind, oder je ein Element der vorstehenden Alternativen zu befördern.

Pro Reisezug darf nur eine kennzeichnungspflichtige Beförderungseinheit am Anfang oder am Ende mitgeführt werden.

dd) Schriftliche Weisungen:

Schriftliche Weisungen sind in den Straßenfahrzeugen nach den Vorschriften des Abschnitts 5.4.3 ADR mitzuführen.

ee) Beförderungsausschluss:

Die Beförderung von Straßenfahrzeugen mit gefährlichen Gütern in Verpackungen, einschließlich Großpackmittel (IBC) und Großverpackungen (Large Packagings), Straßentankfahrzeugen und Straßenfahrzeugen mit Aufsetztanks ist ausgeschlossen, wenn während der Beförderungsdauer mit einer Windstärke von 10 oder mehr (nach Beaufort-Skala) gerechnet werden kann.

ff) Straßenfahrzeuge mit ungereinigten leeren Tanks:

Vorstehende Regelungen sind auch bei der Beförderung von Straßenfahrzeugen mit ungereinigten leeren Tanks anzuwenden.

gg) Angaben im Beförderungspapier:

Die Bezeichnung des gefährlichen Gutes im Beförderungspapier nach dem Sylt-Shuttle-Tarif muss den Vorschriften des RID entsprechen.

**5. In der Binnenschifffahrt gelten für innerstaatliche und grenzüberschreitende Beförderungen die nachstehenden Vorschriften und Einschränkungen zu den Teilen 1 bis 9 des ADN:**

**5.1** Eine Zustimmung nach Unterabschnitt 7.1.6.11 Anforderung ST01 ADN ist nicht erforderlich.

**6. Abweichungen von den Teilen 1 bis 9 ADN für Beförderungen auf dem Rhein**

**6.1** Abweichend von den Abschnitten 7.1.5.1 und 7.2.5.1 ADN dürfen Schiffe, die gefährliche Güter befördern oder nicht entgast sind, nicht in Schubverbänden enthalten sein, deren Abmessungen 195 × 24 m überschreiten.

**6.2 Folgende Übergangsbestimmungen gelten bei der Beförderung nachstehender Stoffe:**

**6.2.1** Folgende Stoffe dürfen in Tankschiffen des Typs N geschlossen mit einem Einstelldruck des Hochgeschwindigkeitsventils von mindestens 6 kPa (0,06 bar) (Prüfdruck der Ladetanks von 10 kPa (0,10 bar)) befördert werden:

a) Alle Stoffe, für die in Kapitel 3.2 Tabelle C ADN mindestens ein Tankschiff des Typs N offen, Typ N offen mit Flammendurchschlagsicherung oder Typ N geschlossen mit einem Einstelldruck des Hochgeschwindigkeitsventils von 10 kPa (0,10 bar) gefordert wird.

b) Das nachstehend aufgeführte Schiff hatte am 31.12.1986 eine Sondergenehmigung für bestimmte Stoffe und ist auf Grund seiner Bauweise, d.h. mit Doppelboden und Wallgängen, zugelassen für die Beförderung von den in der separaten Liste aufgenommenen Stoffen.

| Schiffsname | ENI Nummer | Stoffliste Nummer |
|---|---|---|
| T.M.S. PIZ EVEREST | 0232 6324 | 1 |

**6.2.2** Folgende Stoffe dürfen in Tankschiffen des Typs N geschlossen mit einem Einstelldruck des Hochgeschwindigkeitsventils von mindestens 10 kPa (0,10 bar) (Prüfdruck der Ladetanks von 65 kPa (0,65 bar)) befördert werden:

a) Alle Stoffe, für die in Kapitel 3.2 Tabelle C ADN mindestens ein Tankschiff des Typs N offen, des Typs N offen mit Flammendurchschlagsicherung oder des Typs N geschlossen mit einem Einstelldruck des Hochgeschwindigkeitsventils von 10 kPa (0,10 bar) gefordert wird.

Wenn das Hochgeschwindigkeitsventil umgebaut wird auf 50 kPa (0,50 bar), dürfen alle Stoffe, für die in Kapitel 3.2 Tabelle C ADN ein Einstelldruck des Hochgeschwindigkeitsventils von 50 kPa (0,50 bar) gefordert wird, befördert werden.

b) Das nachstehend aufgeführte Schiff hatte am 31.12.1986 eine Sondergenehmigung für bestimmte Stoffe und ist auf Grund seiner Bauweise, d.h. mit Doppelboden und Wallgängen, zugelassen für die Beförderung von den in der separaten Liste aufgenommenen Stoffen.

| Schiffsname | ENI Nummer | Stoffliste Nummer |
|---|---|---|
| T.M.S. EILTANK 9 | 0430 4830 | 5 |

**6.2.3** Folgende Stoffe dürfen in Tankschiffen des Typs C mit einem Einstelldruck des Hochgeschwindigkeitsventils von mindestens 9 kPa (0,09 bar) befördert werden:

Alle Stoffe, für die in Kapitel 3.2 Tabelle C ADN mindestens ein Tankschiff des Typs N oder des Typs C mit einem Einstelldruck des Hochgeschwindigkeitsventils von 10 kPa (0,10 bar) gefordert wird.

**6.2.4** Folgende Stoffe dürfen in Tankschiffen des Typs C mit einem Einstelldruck des Hochgeschwindigkeitsventils von mindestens 35 kPa (0,35 bar) befördert werden:

Alle Stoffe, für die in Kapitel 3.2 Tabelle C ADN mindestens ein Tankschiff des Typs N oder des Typs C mit einem Einstelldruck des Hochgeschwindigkeitsventils von 35 kPa (0,35 bar) gefordert wird.

Wenn das Hochgeschwindigkeitsventil umgebaut wird auf 50 kPa (0,50 bar), dürfen alle Stoffe, für die in Kapitel 3.2 Tabelle C ADN ein Einstelldruck des Hochgeschwindigkeitsventils von 50 kPa (0,50 bar) gefordert wird, befördert werden.

**Stoffliste Nummer 1:**

| UN-Nummer | Klasse und Klassifizierungscode | Verpackungsgruppe | Benennung und Beschreibung |
|---|---|---|---|
| 1114 | 3, F1 | II | BENZEN |
| 1134 | 3, F1 | III | CHLORBENZEN (Phenylchlorid) |
| 1143 | 6.1, TF1 | I | CROTONALDEHYD, STABILISIERT |
| 1203 | 3, F1 | II | BENZIN MIT MEHR ALS 10 % BENZEN |
| 1218 | 3, F1 | I | ISOPREN, STABILISIERT |
| 1247 | 3, F1 | II | METHYLMETHACRYLAT, MONOMER, STABILISIERT |
| 1267 | 3, F1 | I | ROHERDÖL, MIT MEHR ALS 10 % BENZEN |
| 1267 | 3, F1 | II | ROHERDÖL, MIT MEHR ALS 10 % BENZEN |
| 1268 | 3, F1 | I | ERDÖLDESTILLATE, N.A.G. MIT MEHR ALS 10 % BENZEN oder ERDÖLPRODUKTE, N.A.G. MIT MEHR ALS 10 % BENZEN |
| 1268 | 3, F1 | II | ERDÖLDESTILLATE, N.A.G. MIT MEHR ALS 10 % BENZEN oder ERDÖLPRODUKTE, N.A.G. MIT MEHR ALS 10 % BENZEN |
| 1277 | 3, FC | II | PROPYLAMIN (1-Aminopropan) |
| 1278 | 3, F1 | II | 1-CHLORPROPAN (Propylchlorid) |
| 1296 | 3, FC | II | TRIETHYLAMIN |
| 1578 | 6.1, T2 | II | CHLORNITROBENZENE, FEST, GESCHMOLZEN (p-CHLORNITROBENZEN) |
| 1591 | 6.1, T1 | III | o-DICHLORBENZEN |
| 1593 | 6.1, T1 | III | DICHLORMETHAN (Methylenchlorid) |
| 1605 | 6.1, T1 | I | 1,2-DIBROMETHAN |
| 1710 | 6.1, T1 | III | TRICHLORETHYLEN |
| 1750 | 6.1, TC1 | II | CHLORESSIGSÄURE, LÖSUNG |

| UN-Nummer | Klasse und Klassifizierungscode | Verpackungsgruppe | Benennung und Beschreibung |
|---|---|---|---|
| 1831 | 8, CT1 | I | SCHWEFELSÄURE, RAUCHEND |
| 1846 | 6.1, T1 | II | TETRACHLORKOHLENSTOFF |
| 1863 | 3, F1 | I | DÜSENKRAFTSTOFF MIT MEHR ALS 10 % BENZEN |
| 1863 | 3, F1 | II | DÜSENKRAFTSTOFF MIT MEHR ALS 10 % BENZEN |
| 1888 | 6.1, T1 | III | CHLOROFORM |
| 1897 | 6.1, T1 | III | TETRACHLORETHYLEN |
| 1993 | 3, F1 | I | ENTZÜNDBARER FLÜSSIGER STOFF, N.A.G. MIT MEHR ALS 10 % BENZEN |
| 1993 | 3, F1 | II | ENTZÜNDBARER FLÜSSIGER STOFF, N.A.G. MIT MEHR ALS 10 % BENZEN |
| 2205 | 6.1, T1 | III | ADIPONITRIL |
| 2238 | 3, F1 | III | CHLORTOLUENE (m-, o- oder p-CHLORTOLUEN) |
| 2263 | 3, F1 | II | DIMETHYLCYCLOHEXANE (cis-1,4-DIMETHYLCYCLOHEXAN) |
| 2263 | 3, F1 | II | DIMETHYLCYCLOHEXANE (trans-1,4-DIMETHYLCYCLOHEXAN) |
| 2266 | 3, FC | II | DIMETHYL-N-PROPYLAMIN |
| 2312 | 6.1, T1 | II | PHENOL, GESCHMOLZEN |
| 2333 | 3, FT1 | II | ALLYLACETAT |
| 2733 | 3, FC | II | AMINE, ENTZÜNDBAR, ÄTZEND, N.A.G. (2-AMINOBUTAN) |
| 2810 | 6.1, T1 | III | GIFTIGER, ORGANISCHER, FLÜSSIGER STOFF, N.A.G. (1,1,2-Trichlorethan) |
| 2874 | 6.1, T1 | III | FURFURYLALKOHOL |
| 3295 | 3, F1 | I | KOHLENWASSERSTOFFE, FLÜSSIG, N.A.G. MIT MEHR ALS 10 % BENZEN |
| 3295 | 3, F1 | II | KOHLENWASSERSTOFFE, FLÜSSIG, N.A.G. MIT MEHR ALS 10 % BENZEN |
| 3455 | 6.1, TC2 | II | CRESOLE, FEST, GESCHMOLZEN |

Stofflisten Nummer 2 bis 4
(weggefallen)

**Stoffliste Nummer 5:**

| UN-Nummer | Klasse und Klassifizierungscode | Verpackungsgruppe | Benennung und Beschreibung |
|---|---|---|---|
| 1134 | 3, F1 | III | CHLORBENZEN (Phenylchlorid) |
| 1218 | 3, F1 | I | ISOPREN, STABILISIERT |
| 1247 | 3, F1 | II | METHYLMETHACRYLAT, MONOMER, STABILISIERT |
| 1277 | 3, FC | II | PROPYLAMIN (1-Aminopropan) |
| 1278 | 3, F1 | II | 1-CHLORPROPAN (Propylchlorid) |
| 1296 | 3, FC | II | TRIETHYLAMIN |
| 1547 | 6.1, T1 | II | ANILIN |
| 1750 | 6.1, TC1 | II | CHLORESSIGSÄURE, LÖSUNG |
| 1831 | 8, CT1 | I | SCHWEFELSÄURE, RAUCHEND |
| 2238 | 3, F1 | III | CHLORTOLUENE (m-, o- oder p-CHLORTOLUEN) |
| 2263 | 3, F1 | II | DIMETHYLCYCLOHEXANE (cis-1,4-DIMETHYLCYCLOHEXAN) |
| 2263 | 3, F1 | II | DIMETHYLCYCLOHEXANE (trans-1,4-DIMETHYLCYCLOHEXAN) |
| 2266 | 3, FC | II | DIMETHYL-N-PROPYLAMIN |
| 2333 | 3, FT1 | II | ALLYLACETAT |
| 2733 | 3, FC | II | AMINE, ENTZÜNDBAR, ÄTZEND, N.A.G. (2-AMINOBUTAN) |
| 3446 | 6.1, T2 | II | NITROTOLUENE, FEST, GESCHMOLZEN (o-NITROTOLUEN) |

→ § 38 (2)
→ 7.3.3.2.7
AP11

**Anlage 3**
(zu § 36b)

## Festlegung der Anforderungen für besonders ausgerüstete Fahrzeuge/Wagen und Container/Großcontainer nach Abschnitt 7.3.3 Sondervorschrift VC3 zur Beförderung erwärmter flüssiger und fester Stoffe der UN-Nummern 3257 und 3258 ADR/RID

### 1. Anwendungsbereich

Erwärmtes flüssiges Eisen der UN-Nummer 3257 darf im Eisenbahnverkehr in besonders ausgerüsteten Wagen und erwärmte feste Stoffe der UN-Nummer 3258 dürfen im Straßen- und Eisenbahnverkehr in besonders ausgerüsteten Fahrzeugen, Wagen, Containern oder Großcontainern in loser Schüttung befördert werden, wenn die nachfolgenden Anforderungen erfüllt werden.

1.1 Erwärmte feste Stoffe der UN-Nummer 3258 sind insbesondere

- heiße Brammen (massive Metalle als Halbzeug),
- Stahlcoils (warm gewalzt),
- Aluminiumkrätze, wenn dieses Gut den Grenzwert für die Gasbildung von 1 Liter je Kilogramm Masse in einer Stunde gemäß Absatz 2.2.43.1.5 Buchstabe b ADR/RID nicht überschreitet,

wenn die Temperatur bei Beginn der Beförderung 240 °C oder höher ist.

1.2 Für die Beförderung von erwärmtem flüssigen Aluminium in loser Schüttung sind die Anforderungen nach Abschnitt 7.3.3 Sondervorschrift VC3 ergänzende Vorschrift AP11 ADR/RID einzuhalten. Für die Beförderung anderer erwärmter flüssiger Stoffe der UN-Nummer 3257 in loser Schüttung ist im Straßenverkehr eine Festlegung der Bedingungen durch die Bundesanstalt für Materialforschung und -prüfung nach § 8 Absatz 1 Satz 1 Nummer 12 und im Eisenbahnverkehr eine Festlegung der Bedingungen durch das Eisenbahn-Bundesamt nach § 15 Absatz 1 Nummer 15 erforderlich.

### 2. Allgemeine Anforderungen an die Umschließungen und deren Ladungssicherung

2.1 Die Umschließungen für das Gefahrgut (z.B. Sandbett mit hydraulisch bewegbarer Schutzhaube für den Transport heißer massiver Metalle, Coil-Wannen für den Transport von Coils, in feste Aufleger gesetzte Kübel mit umschließender Schutzhaube unter Schutzgasatmosphäre für den Transport heißer Aluminiumkrätze; siehe dazu auch Anhang ) müssen entweder so isoliert sein, dass eine Oberflächentemperatur von 130 °C während des Beförderungsvorgangs nicht überschritten wird, oder so aufgestellt sein, dass ein Berühren der Umschließung nicht möglich ist. Hiervon ausgenommen ist die Regelung in Nummer 4.13 dieser Anlage. In keinem Fall darf durch die Oberflächentemperatur das Fahrzeug/der Wagen, insbesondere die Bremsleitungen und elektrischen Leitungen, in dessen Funktion beeinträchtigt werden.

2.2 Die Umschließungen sind gemäß den Grundsätzen der Ladungssicherung nach Unterabschnitt 7.5.7.1 ADR/RID auf dem Fahrzeug/Wagen zu befestigen. Die heißen Güter sind in ihren Umschließungen so einzubringen und zu befördern, dass sich die relative Lage der Güter zu ihren Umschließungen bei normaler Beförderung nicht ändert (Beispiel: Sandbett mit Querverstrebungen bei Brammen, Coil-Wannen, Beförderung in loser Schüttung in Behältern).

2.3 Von der Anbringung von Kennzeichen nach Kapitel 5.3 ADR/RID auf den Umschließungen kann abgesehen werden, wenn diese bereits auf dem Fahrzeug/Wagen angebracht wurden.

### 3. Brand- und Explosionsschutz

Jede Brandgefahr durch thermische Einwirkung des Stoffes auf die Umschließung, das Fahrzeug/den Wagen oder Ladungssicherungshilfsmittel sowie jede Explosionsgefahr durch z.B. austretende Dämpfe oder chemische Reaktion entstandener Gase ist zu vermeiden (z.B. durch Schutzgase).

### 4. Sondervorschriften für den Transport von flüssigem Eisen in Torpedo- oder Rohrpfannenwagen (Pfannen) mit der Eisenbahn

4.1 Die Pfannen müssen aus einem Blechmaterial und einer geeigneten feuerfesten Auskleidung bestehen. Der Blechmantel der Pfanne muss als selbsttragendes System auf zwei Stützen aufgebaut sein.

4.2 Die Pfannen, ihre Einfüllöffnungen und ihre baulichen Ausrüstungen müssen so beschaffen sein, dass sie ohne Verlust des Inhalts unter normalen Beförderungsbedingungen den statischen und dynamischen Beanspruchungen, wie sie in Absatz 6.8.2.1.2 RID festgelegt sind, standhalten.

4.3 Bei höchster Betriebslast darf die zulässige Beanspruchung im Blechmantel der Pfanne 6/10 der oberen Streckgrenze (0,6 Re bei 20 °C und 0,75 Re bei 250 °C, je nachdem, welcher Wert niedriger ist) nicht überschreiten.

4.4 Im Blechmantel der Pfannen ist eine ausreichende Zahl von Ausdampflöchern anzubringen, deren Durchmesser maximal 10 mm betragen darf.

4.5 Der feuerfeste Aufbau muss dem Stand der Technik entsprechen. Jede Erneuerung und Reparatur des feuerfesten Aufbaus ist durch den Betreiber bzw. Hersteller aufzuzeichnen.

4.6 Die Eigenschaften der feuerfesten Materialien für die Auskleidung von Pfannen sind im Rahmen der Qualitätskontrollen vom Betreiber oder Lieferanten durch entsprechende Prüfungen zu überwachen. Für die tragenden Teile der Pfannen sind nur geprüfte Werkstoffe zu verwenden. Die Prüfung ist durch das Abnahmezeugnis und die Bescheinigung nachzuweisen. TRT 042 (VkBl. 2003 Heft 7 Seite 178)[5] gilt entsprechend.

4.7 Schweißarbeiten am Blechmantel, insbesondere an tragenden Teilen, dürfen nur von anerkannten Schweißbetrieben und nur von geprüften Schweißern unter Aufsicht einer zugelassenen Schweißaufsichtsperson vorgenommen werden. Die Anforderungen aus Absatz 6.8.2.1.23 RID gelten entsprechend.

4.8 Die Pfannen sind erstmalig vor der Inbetriebnahme zu prüfen.

4.9 Die Pfannen sind wiederkehrenden Prüfungen zu unterziehen. Diese umfassen

- die Wanddickenmessung,
- die Rissprüfung im Bereich der Auflagerstellen,
- die Gefügeuntersuchung.

4.10 Die wiederkehrenden Prüfungen sind spätestens nach acht Jahren durchzuführen. Bei jeder Erneuerung der Feuerfestauskleidung (Verschleiß- und Dauerfutter) muss eine Innenbesichtigung der metallischen Oberfläche erfolgen.

4.11 Wenn die Sicherheit der Pfanne durch Ausbesserung, Umbau oder Unfall beeinträchtigt sein kann, ist eine außerordentliche Prüfung vorzunehmen.

4.12 Alle vorstehenden Prüfungen sind durch eine Stelle nach § 12 der GGVSEB durchzuführen. Über die Prüfungen sind von den Prüfstellen Bescheinigungen auszustellen, die vom Betreiber aufzubewahren sind.

4.13 Während der Beförderung darf die Oberflächentemperatur im frei zugänglichen Bereich des metallischen Außenbehälters 250 °C nicht übersteigen.

4.14 Die feuerfeste Auskleidung der Pfannen ist vom Betreiber vor dem ersten Einsatz zu kontrollieren.

4.15 Das Aufheizen ist nach einem Aufheizplan entsprechend der gewählten Steinqualität und Art der Auskleidung vorzunehmen und zu überwachen.

4.16 Vor jeder Verwendung ist der ordnungsgemäße Zustand der Pfannen vom Betreiber oder Befüller zu überprüfen. Zutreffendenfalls sind Nachbesserungen vorzunehmen. Hierüber sind Aufzeichnungen zu führen.

4.17 Während des Transports ist die Einfüllöffnung der Pfannen mit einem Deckel dicht zu verschließen.

[5] *Anmerkung des Verlags: Jetzt in RSEB Anlage 13 enthalten.*

**Anhang**

**Bild 1**

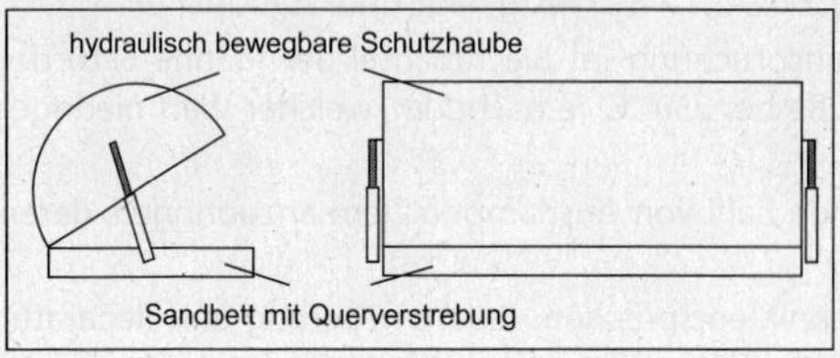


**Bild 2**[6]

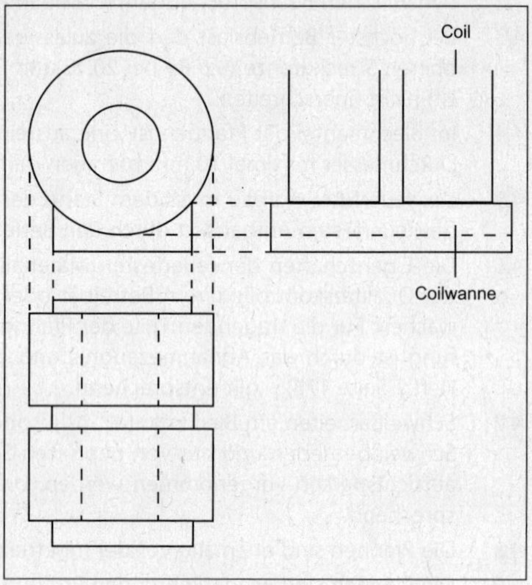


[6] *Anmerkung des Verlags: O.-Text BGBl.; in der Darstellung der Coils fehlt wahrscheinlich bei der Ansicht oben rechts jeweils der obere Abschluss.*

# Gefahrgut-Ausnahmeverordnung (GGAV)

## Verordnung über Ausnahmen von den Vorschriften über die Beförderung gefährlicher Güter (Gefahrgut-Ausnahmeverordnung – GGAV)

i.d.F. der Bek. vom 11.3.2019 (BGBl. I S. 229)
zuletzt geändert durch Art. 3 V vom 19.6.2025 (BGBl. 2025 I Nr. 147)

### Bekanntmachung der Neufassung der Gefahrgut-Ausnahmeverordnung

vom 11.3.2019

Auf Grund des Artikels 5 der Verordnung vom 20. Februar 2019 (BGBl. I S. 124) wird nachstehend der Wortlaut der Gefahrgut-Ausnahmeverordnung in der seit dem 1. Januar 2019 geltenden Fassung bekannt gemacht. Die Neufassung berücksichtigt:

1. die Bekanntmachung der Neufassung der Gefahrgut-Ausnahmeverordnung vom 18. Februar 2016 (BGBl. I S. 275),
2. den am 1. Januar 2017 in Kraft getretenen Artikel 4 der Verordnung vom 17. März 2017 (BGBl. I S. 568),
3. den am 1. Januar 2019 in Kraft getretenen Artikel 2 der eingangs genannten Verordnung

Berlin, den 11. März 2019

Der Bundesminister
für Verkehr und digitale Infrastruktur
Andreas Scheuer

### § 1
### Geltungsbereich

(1) Diese Verordnung enthält allgemeine Ausnahmen von

1. der Gefahrgutverordnung Straße, Eisenbahn und Binnenschifffahrt in der Fassung der Bekanntmachung vom 18. August 2023 (BGBl. 2023 I Nr. 227), die zuletzt durch Artikel 2 der Verordnung vom 19. Juni 2025 (BGBl. 2025 I Nr. 147) geändert worden ist, und
2. der Gefahrgutverordnung See in der Fassung der Bekanntmachung vom 7. Dezember 2017 (BGBl. I S. 3862; 2018 I S. 131).

(2) Die in der Anlage dieser Verordnung aufgeführten Ausnahmen finden nur in dem Geltungsbereich Anwendung, der im Titel der einzelnen Ausnahmen durch Buchstaben gekennzeichnet ist. Die dort verwendeten Buchstaben haben folgende Bedeutung: → D: RSEB 37.5

1. „B" entspricht dem Geltungsbereich der Gefahrgutverordnung Straße, Eisenbahn und Binnenschifffahrt nach § 1 Absatz 1 Satz 1 Nummer 3 für Beförderungen auf allen schiffbaren Binnengewässern (Binnenschifffahrt),
2. „E" entspricht dem Geltungsbereich der Gefahrgutverordnung Straße, Eisenbahn und Binnenschifffahrt nach § 1 Absatz 1 Satz 1 Nummer 2 für Beförderungen auf der Schiene mit Eisenbahnen (Eisenbahnverkehr),
3. „M" entspricht dem Geltungsbereich der Gefahrgutverordnung See nach § 1 Absatz 1 und
4. „S" entspricht dem Geltungsbereich der Gefahrgutverordnung Straße, Eisenbahn und Binnenschifffahrt nach § 1 Absatz 1 Satz 1 Nummer 1 für Beförderungen auf der Straße mit Fahrzeugen (Straßenverkehr).

## § 2
## Geltungsbereich von Ausnahmegenehmigungen nach § 5 Absatz 1 Nummer 2 und Absatz 2 der Gefahrgutverordnung Straße, Eisenbahn und Binnenschifffahrt

Für Beförderungen zum und vom nächstgelegenen geeigneten Bahnhof gelten Ausnahmegenehmigungen nach § 5 Absatz 1 Nummer 2 und Absatz 2 der Gefahrgutverordnung Straße, Eisenbahn und Binnenschifffahrt auch bei Beförderungen im Straßenverkehr. In diesen Fällen ist ein Abdruck der jeweiligen Ausnahmegenehmigung dem Beförderungspapier beizufügen.

## § 3
## Grenzüberschreitende Beförderung

Soweit in einer Ausnahme in der Anlage zu dieser Verordnung nicht ausdrücklich etwas anderes bestimmt ist, darf bei grenzüberschreitenden Beförderungen der innerstaatliche Teil der Beförderung nach den Vorschriften dieser Verordnung erfolgen.

## Anlage
(zu § 1 Absatz 2)

**Erklärung der verwendeten Abkürzungen**

In dieser Anlage bedeuten:

| | |
|---|---|
| ADN | Europäisches Übereinkommen über die internationale Beförderung von gefährlichen Gütern auf Binnenwasserstraßen |
| ADR | Übereinkommen über die internationale Beförderung gefährlicher Güter auf der Straße |
| AGBwGGVSE | Allgemeine Ausnahmegenehmigung der Bundeswehr zur Gefahrgutverordnung Straße und Eisenbahn |
| Bem. | Bemerkung |
| BGBl. | Bundesgesetzblatt |
| CSC | Internationales Übereinkommen über sichere Container |
| CTU | Güterbeförderungseinheit (Cargo transport unit) |
| EmS | Unfallbekämpfungsmaßnahmen für Schiffe, die gefährliche Güter befördern |
| Flp. | Flammpunkt |
| GGVSee | Gefahrgutverordnung See |
| IMDG-Code | International Maritime Dangerous Goods Code |
| MEGC | Gascontainer mit mehreren Elementen |
| MEMU | Mobile Einheit zur Herstellung von explosiven Stoffen oder Gegenständen mit Explosivstoff |
| n.a.g. | nicht anderweitig genannt |
| Richtlinie2008/68/EG | Richtlinie 2008/68/EG des Europäischen Parlaments und des Rates über die Beförderung gefährlicher Güter im Binnenland (ABl. L 260 vom 30.9.2008, S. 13), die zuletzt durch die Richtlinie 2018/1846/EU (ABl. L 299 vom 26.11.2018, S. 58) geändert worden ist |
| RID | Ordnung für die internationale Eisenbahnbeförderung gefährlicher Güter |
| S. | Seite |
| StVZO | Straßenverkehrs-Zulassungs-Ordnung |
| UN | United Nations (Vereinte Nationen) |
| VMBl | Ministerialblatt des Bundesministeriums der Verteidigung |

**Inhaltsverzeichnis**

**Ausnahme 1**

– offen –

**Ausnahme 2**

– offen –

**Ausnahme 3**

– offen –

**Ausnahme 4**

– offen –

**Ausnahme 5**

– offen –

**Ausnahme 6**

– offen –

**Ausnahme 7**

– offen –

→ D: RSEB B-8/1.B

**Ausnahme 8 (B)**
**Beförderung gefährlicher Güter mit Fähren**

**1**

Abweichend von § 1 Absatz 3 Nummer 3 der GGVSEB in Verbindung mit Absatz 1.16.1.1.1, Abschnitt 1.16.3 und 1.16.4, Abschnitt 8.3.1 sowie Teil 7 und Kapitel 9.1 ADN dürfen gefährliche Güter auf Fahrzeugen (Beförderungseinheiten) mit Fähren nur befördert werden, wenn die nachstehenden ergänzenden Vorschriften eingehalten werden. Vorschriften, die nur für offene Fähren oder nur für gedeckte oder geschlossene Fähren gelten, sind mit einer entsprechenden Überschrift unmittelbar vor der betreffenden Bestimmung versehen.

**2 Bau und Ausrüstung**

**2.1 Offene Fähren**

Das Fahrbahndeck muss an mindestens zwei Seiten offen sein.

**Gedeckte/geschlossene Fähren**

Das Fahrzeugdeck muss mit einer mechanischen Lüftung versehen sein, deren Kapazität ausreicht, um einen 20fachen Luftwechsel pro Stunde im Fahrzeugdeck zu erzielen. Hierbei ist mit dem Volumen des leeren Fahrzeugdecks zu rechnen. Der Ventilator muss so ausgeführt sein, dass Funkenbildung bei Berührung eines Flügels mit dem Ventilatorgehäuse sowie elektrostatische Aufladung ausgeschlossen sind. Der Ventilator ist so anzuordnen oder zu schützen, dass keine Gegenstände hineingelangen können. Die Luftführung muss so angeordnet sein, dass die abgesaugte Luft nicht wieder in Schiffsräume eindringen kann. Die Absaugschächte müssen bis zu 50 Millimeter Abstand an das Fahrzeugdeck geführt sein und sich an dessen äußeren Enden befinden. Sind die Absaugschächte abnehmbar, müssen sie für den Zusammenbau mit dem Ventilator geeignet sein und sicher befestigt werden können. Der Schutz gegen Witterungseinflüsse und Spritzwasser muss gegeben sein. Die Zuluft muss während des Ventilierens gewährleistet sein.

**2.2**

Das Fahrbahndeck oder Fahrzeugdeck muss wasserdicht und aus Stahl sein. Ist auf das Fahrbahndeck oder Fahrzeugdeck ein zusätzlicher Belag aufgebracht, muss er aus schwer entflammbarem und nicht saugfähigem Material sein.

**2.3**

Es dürfen keine Zugänge und Ausstiege im Fahrbahndeck oder Fahrzeugdeck vorhanden sein, die während des normalen Betriebs der Fähre begangen werden. Andere Zugänge und Ausstiege müssen in geschlossenem Zustand wasserdicht sein.

**2.4**

Für Beförderungseinheiten sind Stellplätze festzulegen; diese sind auf dem Fahrbahndeck oder Fahrzeugdeck kenntlich zu machen. Die Stellplätze müssen folgende Anforderungen erfüllen:

**2.4.1**

Im Umkreis von 3 Metern um die Stellplätze und 2 Metern über der im Zulassungszeugnis der Fähre festgelegten größten Höhe der Beförderungseinheiten müssen folgende Anforderungen erfüllt sein:

**2.4.1.1 Offene Fähren**

Die elektrischen Anlagen müssen mindestens der Vorschrift für elektrische Einrichtung vom Typ „begrenzte Explosionsgefahr" für die Temperaturklasse T3 im Sinne des Abschnitts 1.2.1 ADN entsprechen.

**Gedeckte/geschlossene Fähren**

Die elektrischen Anlagen müssen mindestens der Vorschrift für elektrische Einrichtung vom Typ „begrenzte Explosionsgefahr" für die Temperaturklasse T4 im Sinne des Abschnitts 1.2.1 ADN entsprechen.

**2.4.1.2**

Zu- und Ablüfter müssen wasserdicht verschließbar sein.

**2.4.1.3 Offene Fähren**

Nieder- und Eingänge zu Unterdecksräumen und Seitenräumen und sonstige Öffnungen müssen sprühwasserdicht und wetterdicht sein, wobei die Süllhöhe nicht unter 300 Millimeter betragen darf.

**2.4.1.4**

Mündungen von Abgasrohren von Maschinen oder Heizanlagen müssen mit Vorrichtungen zum Schutz gegen das Austreten von Funken ausgerüstet sein.

**2.4.2 Offene Fähren**

Die Stellplätze dürfen nicht überbaut sein. Steuerhäuser und Geräteträger dürfen sich über den Stellplätzen befinden, wenn die Vorschriften der Nummer 2.4.1 eingehalten sind.

**2.4.3**

Die Stellplätze sind durch geeignete Maßnahmen gegen den Zutritt Unbefugter zu sichern.

**2.5**

Die Antriebsmaschinen der Fähren müssen unter Deck oder in einem geschlossenen Maschinenraum aufgestellt sein. Der Maschinenraum muss so gebaut und eingerichtet sein, dass ein auf dem Fahrbahndeck oder Fahrzeugdeck frei werdendes Dampf-/Luft-Gemisch weder von der Antriebsmaschine angesaugt werden kann, noch in das Innere des Maschinenraumes gelangen kann.

**2.6**

Es muss eine Sprechfunkanlage für den öffentlichen Fernsprechdienst vorhanden sein.

**2.7**

Unbeschadet der Vorschriften der Binnenschiffsuntersuchungsordnung vom 21. September 2018 (BGBl. I S. 1398) in der jeweils geltenden Fassung

**2.7.1**

Im Maschinenraum und in einem eventuell vorhandenen Heizungsraum muss eine fest eingebaute Feuerlöschanlage vorhanden sein, die im Steuerhaus ausgelöst werden kann. Für Fähren, deren Kiel vor dem 1. Januar 1994 gelegt worden ist, reicht es aus, wenn die Feuerlöschanlage außerhalb des Aufstellungsraumes von gut zugänglicher Stelle an Deck ausgelöst werden kann.

**2.7.2 Gedeckte/geschlossene Fähren**

Das Fahrzeugdeck muss mit einer Feuerlöschanlage ausgerüstet sein. Die Anlage muss entweder automatisch ausgelöst werden oder es muss eine ständige Überwachung der Beförderungseinheiten durch die Besatzung erfolgen oder es muss eine vollständige Videoüberwachung des Fahrzeugdecks vorhanden sein.

**2.7.3**

Im Bereich des Fahrbahndecks oder Fahrzeugdecks und der Aufenthaltsräume für Fahrgäste muss jede beliebige Stelle von mindestens zwei örtlich verschiedenen Hydranten mit je einer einzigen Schlauchlänge von höchstens 20 Meter Länge erreicht werden können. Feuerlöschschläuche müssen an die Hydranten fest angeschlossen sein.

**2.7.4**

Die Hydranten müssen durch eine fest eingebaute Feuerlöschpumpe versorgt werden, die im Steuerhaus oder von einer gut zugänglichen Stelle an Deck in Betrieb genommen werden kann.

**2.7.5 Offene Fähren**

Zusätzlich zu den nach der Binnenschiffsuntersuchungsordnung geforderten Feuerlöschern ist je ein Feuerlöscher vorn und achtern im Bereich des Fahrbahndecks anzubringen.

**Gedeckte/geschlossene Fähren**

Zusätzlich zu den nach der Binnenschiffsuntersuchungsordnung geforderten Handfeuerlöschern sind Feuerlöscher gemäß Notfallplan an Bord zu platzieren.

**2.8**

Wenn die Bau- und Ausrüstungsvorschriften der Nummern 2.1 bis 2.7 nicht eingehalten sind, dürfen nur die freigestellten Mengen nach Unterabschnitt 1.1.3.6 ADN oder Beförderungseinheiten ohne Kennzeichnung nach Unterabschnitt 5.3.2.1 ADR und Tankfahrzeuge mit gefährlichen Gütern der UN-Nummer 1202 befördert werden. Ein Zulassungszeugnis nach Absatz 1.16.1.1.1 ADN ist in diesem Fall nicht erforderlich.

## 3 Betriebsvorschriften

**3.0**

Diese Betriebsvorschriften gelten auch in den Fällen der Nummer 2.8.

### 3.1 Pflichten des Fährbetreibers und des Fährpersonals

**3.1.1**

Der Fährbetreiber hat sicherzustellen, dass der Fahrzeugführer einer Beförderungseinheit mit gefährlichen Gütern in geeigneter Weise auf seine nachfolgend genannten Pflichten hingewiesen wird. Der Hinweis kann insbesondere durch Aufstellen von Hinweisschildern oder durch mündliche Unterrichtung durch den Fährbetreiber oder das Fährpersonal erfolgen.

**3.1.2 Gedeckte/geschlossene Fähren**

Für jede Fähre ist ein Notfallplan aufzustellen, in dem Angaben über die Platzierung der Feuerlöscher, der Hydranten, das Verhalten der Besatzung in Notfällen und der zu unterrichtenden zuständigen Behörden enthalten sind und der EmS-Leitfaden „Unfallbekämpfungsmaßnahmen für Schiffe, die gefährliche Güter befördern" Berücksichtigung findet. Der Notfallplan ist durch die Reederei aufzustellen und muss mit der den Fährbetrieb genehmigenden Behörde abgestimmt sein.

**3.1.3 Gedeckte/geschlossene Fähren**

Während der Beförderung gefährlicher Güter muss ein Sachkundiger gemäß Unterabschnitt 8.2.1.2 ADN mit gültiger Bescheinigung an Bord sein.

**3.1.4 Gedeckte/geschlossene Fähren**

Die Besatzung muss gemäß den Seeverkehrsvorschriften eine Sicherheits- und Brandschutzausbildung erhalten haben und regelmäßig darin unterwiesen werden.

### 3.2 Pflichten des Fährführers

**3.2.1 Offene Fähren**

Der Fährführer darf, wenn Fahrgäste an Bord sind, je Überfahrt nur eine mit gefährlichen Gütern beladene Beförderungseinheit und deren Mitglieder der Fahrzeugbesatzung befördern. Sofern die baulichen Voraussetzungen der Nummer 2, ausgenommen über die Kenntlichmachung der Stellplätze auf dem

Fahrbahndeck, erfüllt sind, dürfen auch mehrere Beförderungseinheiten mit gefährlichen Gütern und deren Mitglieder der Fahrzeugbesatzung befördert werden, wenn keine Fahrgäste an Bord sind.

**3.2.2 Gedeckte/geschlossene Fähren**

Es dürfen nur gefährliche Güter der Klassen 1.4S, 3, 4.1 (mit Ausnahme von selbstzersetzlichen Stoffen), 4.2, 4.3, 5.1, 6.1, 6.2, 7, 8 und 9 befördert werden. Temperaturkontrollierte Stoffe dieser Gefahrgutklassen dürfen nicht befördert werden.

**3.2.3 Gedeckte/geschlossene Fähren**

Während der Be- und Entladung der Fähre sind die Bug- und Hecktore vollständig zu öffnen.

**3.2.4 Gedeckte/geschlossene Fähren**

Der Fährführer hat dafür zu sorgen, dass die Beförderungseinheiten mit gefährlichen Gütern vor dem Auffahren auf die Fähre auf austretendes Gefahrgut hin kontrolliert werden.

**3.2.5 Gedeckte/geschlossene Fähren**

Der Fährführer hat dafür zu sorgen, dass alle Motoren, Fremdheizungen und Kühlgeräte von allen abgestellten Fahrzeugen auf dem Fahrzeugdeck abgeschaltet sind.

**3.2.6 Gedeckte/geschlossene Fähren**

Es dürfen sich während der Überfahrt außer den Mitgliedern der Fahrzeugbesatzung keine Fahrgäste auf dem Fahrzeugdeck aufhalten.

**3.2.7**

Der Fährführer hat sicherzustellen, dass die Beförderungseinheit mit gefährlichen Gütern als erstes oder letztes Fahrzeug auf die Fähre auffährt, sofern nicht ausschließlich Beförderungseinheiten mit gefährlichen Gütern und deren Mitglieder der Fahrzeugbesatzung befördert werden.

**3.2.8**

Der Fährführer hat dafür zu sorgen, dass während der Beförderung rund um die Beförderungseinheit mit gefährlichen Gütern ein Schutzbereich von mindestens 1 Meter frei und begehbar bleibt.

**3.2.9**

Der Fährführer hat einen Abdruck dieser Ausnahme an Bord mitzuführen.

**3.2.10**

Die für die jeweilige Wasserstraße erlassenen Verkehrsvorschriften bleiben unberührt.

**3.3 Pflichten des Fahrzeugführers der Beförderungseinheit mit gefährlichen Gütern**

**3.3.1**

Der Fahrzeugführer muss vor der Auffahrt auf die Fähre den Fährführer durch Vorlage des Beförderungspapiers über die Art der Ladung und die sich daraus ergebenden Gefahren in Kenntnis setzen.

**3.3.2**

Der Fahrzeugführer muss an Bord der Fähre die Beförderungseinheit durch Anziehen der Feststellbremse und Unterlegen von Keilen gegen Wegrollen und Wegrutschen sichern.

**3.3.3 Offene Fähren**

Der Fahrzeugführer ist während der Überfahrt zur Überwachung der Beförderungseinheit verpflichtet.

**3.3.4**

Wird vor Auffahrt auf die Fähre austretendes gefährliches Gut festgestellt oder wird die in Nummer 3.3.1 bestimmte Pflicht nicht erfüllt, darf der Fahrzeugführer die Beförderungseinheit nicht auf die Fähre fahren.

**3.3.5**

Der Fahrzeugführer hat unbeschadet der **Ausnahme 18** das für die Beförderung auf der Straße nach dem ADR erforderliche Beförderungspapier mitzuführen.

**3.3.6**

Der Fahrzeugführer hat die für die Beförderung auf der Straße erforderlichen schriftlichen Weisungen nach Abschnitt 5.4.3 ADR mitzuführen. Werden für die Beförderung nach dem ADR keine schriftlichen Weisungen benötigt, sind diese auch für die Beförderung mit der Fähre nicht erforderlich.

**4 Zulassungszeugnis**

Im Zulassungszeugnis muss für die Fähre abweichend von Abschnitt 1.16.3 ADN von einer Schiffsuntersuchungskommission bestätigt sein, dass die Vorschriften der Nummer 2 eingehalten sind.

**5 Sonstige Vorschriften**

Die Vorschriften der Fährenbetriebsverordnung vom 24. Mai 1995 (BGBl. I S. 752) in der jeweils geltenden Fassung bleiben unberührt.

## Ausnahme 9 (B, E, S)
## Tanks aus glasfaserverstärktem Kunststoff

**1**

Abweichend von § 1 Absatz 3 Nummer 1 bis 3 der GGVSEB in Verbindung mit den Teilen 4 und 6 ADR/ADN sowie Abschnitt 7.4.1 ADR und Kapitel 7.4 RID dürfen bestimmte

a) entzündbare flüssige Stoffe der Klasse 3,
b) entzündend (oxidierend) wirkende Stoffe der Klasse 5.1,
c) giftige Stoffe der Klasse 6.1,
d) ätzende Stoffe der Klasse 8

nach der Ausnahme Nr. 26 der GGAV vom 23. Juni 1993 (BGBl. I S. 994), die zuletzt durch Artikel 1 der Verordnung vom 23. Juni 1999 (BGBl. I S. 1435) geändert worden ist, in Tanks (festverbundene Tanks, Aufsetztanks und Tankcontainer) aus glasfaserverstärktem ungesättigtem Polyesterharz oder glasfaserverstärkten Epoxidharz-Formstoffen (glasfaserverstärktem Kunststoff) befördert werden, für die diese Tanks vor dem 1. Januar 2002 entsprechend der jeweils gültigen Fassung der Ausnahme Nr. 26 der GGAV vom 23. Juni 1993 gebaut, ausgerüstet, bauartgeprüft, zugelassen und gekennzeichnet worden sind. Die neue Bezeichnung der Stoffe (UN-Nummer und Benennung) ist nach Kapitel 3.2 Tabelle A ADR/RID von den nach der GGVSEB für die Prüfung oder Zulassung von Tanks zuständigen Stellen zu ermitteln und in den Bescheinigungen nach Unterabschnitt 6.9.5.3 gemäß den bis zum 31. Dezember 2022 geltenden Vorschriften des Kapitels 6.9 ADR/RID sowie in der ADR-Zulassungsbescheinigung nach Unterabschnitt 9.1.3.1 ADR und bei Tankcontainern zusätzlich auf dem Tankcontainer (auf dem Tank selbst oder auf einer Tafel) nach Absatz 6.8.2.5.2 ADR/RID anzugeben.

**2 Angaben im Beförderungspapier**

Zusätzlich zu den sonst vorgeschriebenen Angaben ist zu vermerken: „Ausnahme 9".

## Ausnahme 10
– offen –

## Ausnahme 11
– offen –

## Ausnahme 12
– offen –

## Ausnahme 13
– offen –

## Ausnahme 14
– offen –

## Ausnahme 15
– offen –

## Ausnahme 16

– offen –

## Ausnahme 17

– offen –

## Ausnahme 18 (S)
## Beförderungspapier

**1**

Abweichend von § 1 Absatz 3 Nummer 1 der GGVSEB in Verbindung mit Abschnitt 5.4.0 und 5.4.1 ADR

a) dürfen gefährliche Güter ohne Beförderungspapier befördert werden oder

b) darf im Beförderungspapier auf folgende Angaben verzichtet werden:

   aa) Empfänger,

   bb) Gesamtmenge der gefährlichen Güter,

   wenn die nachfolgenden Bestimmungen eingehalten werden.

**2 Befreiung vom Beförderungspapier**

**2.1** → D: RSEB B-18/1.S

Gefährliche Güter in Versandstücken und ungereinigte leere Verpackungen, die für die Beförderung nicht an Dritte übergeben werden, dürfen ohne Beförderungspapier befördert werden, wenn die höchstzulässige Gesamtmenge je Beförderungseinheit nach Unterabschnitt 1.1.3.6 ADR nicht überschritten ist und eine Ausnahme dieser Verordnung, nach § 5 der GGVSEB oder eine multilaterale Vereinbarung nach Abschnitt 1.5.1 ADR nicht angewendet wird. Für gefährliche Güter nach Unterabschnitt 1.1.3.6 Beförderungskategorie 4 ADR, ausgenommen ungereinigte leere Verpackungen, sind für die Bestimmung der höchstzulässigen Gesamtmenge die Mengenangaben der Beförderungskategorie 3 in Verbindung mit Absatz 1.1.3.6.4 ADR anzuwenden.

**2.2**

Bei der Beförderung von ungereinigten leeren Tankfahrzeugen, ungereinigten leeren Fahrzeugen, ungereinigten leeren Aufsetztanks, ungereinigten leeren ortsbeweglichen Tanks, ungereinigten leeren Tankcontainern, ungereinigten leeren Containern, ungereinigten leeren Schüttgut-Containern, ungereinigten leeren Batterie-Fahrzeugen, ungereinigten leeren MEGC oder ungereinigten leeren MEMU darf das Beförderungspapier für das zuletzt darin enthaltene Gut mitgeführt werden.

**3 Verzicht auf Angaben im Beförderungspapier**

**3.1**

Bei örtlich begrenzten Beförderungen (Verteilerverkehr, einschließlich Sammelverkehr) darf auf die Angabe

a) des Empfängers verzichtet werden, wenn die Beförderung nicht verpflichtend nach ADR als geschlossene Ladung befördert werden muss und nicht nach §§ 35 und 35a der GGVSEB durchgeführt wird,

b) der Gesamtmenge verzichtet werden, wenn der Unterabschnitt 1.1.3.6 ADR nicht angewendet wird und die übrigen Vorschriften des ADR eingehalten sind.

Satz 1 darf nicht angewendet werden für Beförderungen von Gütern

a) der Klasse 1, ausgenommen solcher der Klassifizierung 1.4S, sowie

b) der Klasse 5.2.

**3.2**

Zusätzlich zu den sonst vorgeschriebenen Angaben ist im Beförderungspapier zu vermerken: „Ausnahme 18".

### 4 Sonstige Vorschriften

Diese Ausnahme darf nicht angewendet werden für Beförderungen von Gütern der Klasse 7.

### 5 Befristung

Die Ausnahme 18 ist bis zum 30. Juni 2027 befristet.

## Ausnahme 19

– offen –

## Ausnahme 20 (B, E, S)
## Beförderung verpackter gefährlicher Abfälle

### 1

Abweichend von § 1 Absatz 3 Nummer 1 bis 3 sowie den §§ 17, 18, 21 und 22 der GGVSEB in Verbindung mit den Teilen 1 bis 5 ADR/RID/ADN dürfen Abfälle, die nach den unter Nummer 2 aufgeführten Bestimmungen nach den Abfallgruppen 1 bis 15 klassifiziert, verpackt, gekennzeichnet und bezettelt sind, unter Einhaltung der Bestimmungen nach den Nummern 3 bis 5 befördert werden.

### 2 Klassifizierung, Verpackung, Kennzeichnung und Bezettelung

### 2.1

Für eine sicherheitsgerechte Beförderung sind Abfälle so zu sortieren, dass sie keine gefährlichen Reaktionen miteinander eingehen können.

### 2.2

Um Gefahren, die während der Beförderung auftreten können, auszuschließen, sind die Abfälle einer der nachstehenden Abfallgruppen zuzuordnen. Ein Vermischen der einzelnen Abfallgruppen ist nicht zulässig. Die Abfallgruppen dürfen nicht auf solche Stoffe angewendet werden, für die ein Beförderungsverbot besteht oder die nach Sondervorschriften befördert werden müssen.

Die Abfallgruppen gliedern sich in Untergruppen. Werden Abfälle mehrerer Untergruppen innerhalb einer Abfallgruppe befördert, sind im Beförderungspapier die für die Klasse der überwiegenden Gefahr gemäß den Absätzen 2.1.3.5.2 und 2.1.3.5.3 in Verbindung mit Unterabschnitt 2.1.3.10 ADR/RID/ADN zutreffenden Gefahrzettel und, soweit vorhanden, die Verpackungsgruppe des höchsten Gefahrengrades, gekennzeichnet durch I, II oder III, anzugeben.

Die Gefahrzettel sind entsprechend den Untergruppen der jeweiligen Abfallgruppe anzubringen.

### 2.3

Wer Abfälle eigenverantwortlich verpackt oder verpacken lässt, muss feststellen, welcher Untergruppe innerhalb der Abfallgruppe die gefährlichen Abfälle zuzuordnen sind, damit der Nachweis der ausreichenden chemischen Verträglichkeit mit den vorgesehenen Verpackungen aus Kunststoff auf Grund der durchgeführten Bauartprüfung mit der/den Standardflüssigkeit(en) geführt werden kann. Werden innerhalb der Abfallgruppe verschiedene Untergruppen gemischt verpackt, muss der Nachweis der ausreichenden chemischen Verträglichkeit nach Unterabschnitt 4.1.1.21 in Verbindung mit Abschnitt 6.1.6 ADR/RID für alle in Spalte 8 der Tabelle in Nummer 2.4 der betreffenden Abfallgruppe aufgeführten Standardflüssigkeiten geführt worden sein. Dabei gilt dieser Verträglichkeitsnachweis für Essigsäure auch als erbracht, wenn die Verpackungsbauart für die Standardflüssigkeit Netzmittellösung zugelassen ist. Für Verpackungen der Codierung 1H2, 3H2 und 4H2 gilt der Nachweis der ausreichenden chemischen Verträglichkeit als erbracht, wenn die Verträglichkeit des Werkstoffs mit den jeweiligen Standardflüssigkeiten im Rahmen einer Bauartprüfung und -zulassung für Verpackungen der Codierung 1H1 oder 3H1 nachgewiesen wurde.

### 2.4 Tabelle der gefährlichen Abfälle

Die in der nachfolgenden Tabelle angegebenen Klassen, Klassifizierungscodes (soweit anwendbar), Verpackungsgruppen (soweit anwendbar), Tunnelbeschränkungscodes (soweit anwendbar) und Nummern der Gefahrzettelmuster beziehen sich auf die jeweiligen gefahrgutrechtlichen Regelwerke ADN für die Binnenschifffahrt (B), RID für die Eisenbahn (E) und ADR für den Straßenverkehr (S).

| Abfall-/Untergruppe | Klasse(n) | Verpackungsgruppe(n) oder für Klasse 2: Klassifizierungscode | Benennung | Angaben im Beförderungspapier | | Gefahrzettelmuster Nummer | Die chemische Verträglichkeit der Werkstoffe der Verpackungen aus Kunststoff muss mindestens gegenüber folgenden Standardflüssigkeiten gegeben sein | |
|---|---|---|---|---|---|---|---|---|
| | | | | Tunnelbeschränkungscode | Verpackungsgruppe | | | |
| (1) | (2) | (3) | (4) | (5) | (6) | (7) | (8) | |
| 1.1 | (aufgehoben) | | | | | | | |
| 1.2 | (aufgehoben) | | | | | | | |
| 1.3 | 2 | 6A | Abfallfeuerlöscher | (D) | | 2.2 | | |
| 2.1 | 3 | II und III | Entzündbare, flüssige, nicht giftige, nicht ätzende Abfälle mit einem Flammpunkt unter 23 °C, deren Dampfdruck bei 50 °C 110 kPa (1,10 bar) nicht übersteigt, z.B. Benzin, Spiritus, Petroleum, Alkohole außer Methanol und mit einem Flammpunkt zwischen 23 °C und 60 °C, z.B. Dieselkraftstoff oder Heizöl, leicht | (D/E) | II | 3 | Essigsäure, Kohlenwasserstoffgemisch | |
| 2.2 | 3 | I bis III | Klebstoffabfälle sowie Farb- und Lackabfälle (außer solche, die der UN 1263 zuzuordnen sind, Beförderung gemäß Sondervorschrift 650 ADR/RID/ADN) einschließlich solcher mit Nitrocellulose mit einem Stickstoffgehalt von höchstens 12,6 % in der Trockenmasse<br>Bem.: Zu Härterpasten siehe Abfallgruppe 8. | (D/E) | I | 3 | | |
| 3.1 | 3 | I bis III | Entzündbare, flüssige, organische halogenhaltige oder organische sauerstoffhaltige, giftige Abfälle und solche, die nicht einer anderen Sammeleintragung zugeordnet werden können, der UN 1992, UN 2603 und UN 3248, z.B. Altöle, auch solche mit geringen Chloranteilen (z.B. polychlorierten Kohlenwasserstoffen) sowie Abfälle mit Methanol | (C/E) | I | 3 + 6.1 | Essigsäure, Kohlenwasserstoffgemisch | |
| 3.2 | 6.1 | I bis III | Abfälle mit halogenhaltigen Kohlenwasserstoffen mit Ausnahme von Isocyanaten der UN 2285, z.B. Trichlorethan, Trichlorethylen (Tri), Perchlorethylen (Per), Methylenchlorid, Tetrachlorkohlenstoff, Chloroform, Filterpatronen aus chemischen Reinigungsbetrieben, Antiklopfmittel | (C/D) | I | 6.1 + 3 | | → *D: RSEB 7-10.2.S* |
| 3.3 | 9 | II | Polychlorierte Biphenyle (PCB) (UN 2315 und UN 3432), polyhalogenierte Biphenyle und Terphenyle (UN 3151 und UN 3152), auch in verpackten Kleingeräten, wie Kleinkondensatoren<br>Bem.: Wegen PCB, PCT und polyhalogenierten Biphenylen und Terphenylen in unverpackten Geräten siehe Klasse 9, UN 2315, UN 3432, UN 3151 und UN 3152. | (D/E) | II | 9 | | → *D: RSEB 7-10.2.S* |
| 3.4 | 3 | I und II | Abfälle mit flüssigen, entzündbaren, giftigen Schädlingsbekämpfungsmitteln und Pflanzenschutzmitteln mit einem Flammpunkt unter 23 °C | (C/E) | I | 3 + 6.1 | | |
| 3.5 | 6.1 | I bis III | Abfälle mit flüssigen, giftigen, entzündbaren Schädlingsbekämpfungsmitteln und Pflanzenschutzmitteln | (C/E) | I | 6.1 + 3 | | → *D: RSEB 7-10.2.S* |
| 4.1 | 3 | I bis III | Entzündbare flüssige, ätzende Abfälle | (C/E) | I | 3 + 8 | Essigsäure, Kohlenwasserstoffgemisch | |
| 4.2 | 3 | I und II | Entzündbare flüssige, giftige und ätzende Abfälle mit einem Flammpunkt unter 23 °C, einschließlich Gegenstände mit diesen Flüssigkeiten | (C/E) | I | 3 + 6.1 + 8 | | |

| Abfall-/Untergruppe | Klasse(n) | Verpackungsgruppe(n) oder für Klasse 2: Klassifizierungscode | Benennung | Angaben im Beförderungspapier | | Gefahrzettelmuster Nummer | Die chemische Verträglichkeit der Werkstoffe der Verpackungen aus Kunststoff muss mindestens gegenüber folgenden Standardflüssigkeiten gegeben sein |
|---|---|---|---|---|---|---|---|
| | | | | Tunnelbeschränkungscode | Verpackungsgruppe | | |
| (1) | (2) | (3) | (4) | (5) | (6) | (7) | (8) |
| 5.1 | 9 | III | Umweltgefährdender Stoff fest oder flüssig | (E) | III | 9<br>Zusätzlich ist dauerhaft die Kennzeichnung nach 5.2.1.8.3 anzubringen | |
| 6.1 | 4.1 | II und III | Abfälle, die aus festen Stoffen bestehen, die nicht giftige und nicht ätzende entzündbare flüssige Stoffe mit einem Flammpunkt bis 60 °C enthalten können, z.B. Holzwolle, Sägespäne, Papierabfälle, Putztücher, gebrauchte Ölfilter, verunreinigte Ölbinder, getränkt oder behaftet mit Ölen und Fetten<br>Bem.: Phosphorsulfide, nicht frei von weißem oder gelbem Phosphor, sind zur Beförderung nicht zugelassen. | (E) | II | 4.1 | |
| 6.2 | 4.1 | II und III | Abfälle, die Metalle oder Metall-Legierungen, pulverförmig oder in anderer entzündbarer Form enthalten | (E) | II | 4.1 | |
| 6.3 | 4.1 | II und III | Abfälle, die entzündbare feste Stoffe, giftig enthalten | (E) | II | 4.1 + 6.1 | |
| 6.4 | 4.1 | II und III | Abfälle, die entzündbare feste Stoffe, ätzend enthalten | (E) | II | 4.1 + 8 | |
| 6.5 | 4.2 | II und III | Gebrauchte Putztücher, Putzwolle und ähnliche Abfälle, nicht giftig, nicht ätzend, die mit selbstentzündlichen Stoffen verunreinigt sind, z.B. bestimmte Öle und Fette<br>Selbsterhitzungsfähige organische feste Stoffe, nicht giftig, nicht ätzend, z.B. körnige oder poröse brennbare Stoffe, die mit der Selbstoxidation unterliegenden Bestandteilen getränkt oder verunreinigt sind, z.B. mit Leinöl, Leinölfirnisse, Firnisse aus anderen analogen Ölen, Petroleumrückstände | (D/E) | II | 4.2 | |
| 6.6 | 4.2 | II und III | Abfälle, die Metalle oder Metall-Legierungen, pulverförmig oder in anderer selbstentzündlicher Form enthalten | (D/E) | II | 4.2 | |
| 6.7 | 4.2 | II und III | Abfälle, die feste selbsterhitzungsfähige Stoffe, giftig enthalten | (D/E) | II | 4.2 + 6.1 | |
| 6.8 | 4.2 | II und III | Abfälle, die feste selbsterhitzungsfähige Stoffe, ätzend enthalten | (D/E) | II | 4.2 + 8 | |
| 6.9 | 4.2 | II und III | Sulfide, Hydrogensulfide und Dithionite, wie Natriumdithionit und Zubereitungen, z.B. Textilentfärber und selbsterhitzungsfähige anorganische feste Stoffe, nicht giftig, nicht ätzend | (D/E) | II | 4.2 | |
| 6.10 | 4.3 | II und III | Abfälle, die Metalle oder Metall-Legierungen, pulverförmig oder in anderer Form enthalten und die mit Wasser entzündbare Gase entwickeln | (D/E) | II | 4.3 | |
| 7.1 | 4.3 | I und II | Metallcarbide und Metallnitride, wie Calciumcarbid, Aluminiumcarbid | (B/E) | I | 4.3 | |
| 7.2 | 4.3 | I | Metallphosphide, giftig, wie Calciumphosphid, Aluminiumphosphid | (B/E) | I | 4.3 + 6.1 | |

| Abfall-/ Unter-gruppe | Klas-se(n) | Verpa-ckungs-gruppe(n) oder für Klasse 2: Klassifizie-rungscode | Benennung | Angaben im Beför-derungspapier | | Gefahrzettel-muster Nummer | Die chemische Verträglichkeit der Werkstoffe der Verpackun-gen aus Kunst-stoff muss min-destens gegen-über folgenden Standard-flüssigkeiten gegeben sein | |
|---|---|---|---|---|---|---|---|---|
| | | | | Tunnel-be-schrän-kungs-code | Verpa-ckungs-gruppe | | | |
| (1) | (2) | (3) | (4) | (5) | (6) | (7) | (8) | |
| 7.3 | 6.1 | I | Phosphidhaltige feste Pflanzenschutz- und Schädlingsbekämpfungsmittel | (C/E) | I | 6.1 | | → *D: RSEB 7-10.2.S* |
| 8.1 | 5.1 | II und III | Abfälle, die entzündend (oxidierend) wirkende Chlorite oder Hypochlorite enthalten, wie feste Schwimmbadchlorierungsmittel mit Natriumchlorit, Kaliumchlorit, Calciumhypochlorit oder Mischungen von Chloriten<br>Bem. 1: Lösungen von Schwimmbadchlorierungsmitteln siehe Abfallgruppe 14.<br>Bem. 2: Chlorit- und Hypochloritmischungen mit einem Ammoniumsalz sind zur Beförderung nicht zugelassen. | (E) | II | 5.1 | Salpetersäure, 55 % | |
| 8.2 | 5.1 | II und III | Abfälle, die entzündend (oxidierend) wirkende Stoffe, fest, giftig enthalten | (E) | II | 5.1 + 6.1 | | |
| 8.3 | 5.1 | II und III | Abfälle, die entzündend (oxidierend) wirkende Stoffe, fest, ätzend enthalten | (E) | II | 5.1 + 8 | | |
| 8.4 | 5.2 | II | Pastenförmige Abfälle mit Dibenzoylperoxid, Dicumylperoxid der UN 3104, UN 3106, UN 3108 oder UN 3110 in Dosen und Tuben, z.B. Härter für Polyesterharze | (D) | II | 5.2 | | |
| 9.1 | 6.1 | I bis III | Abfälle, fest oder flüssig, mit Quecksilberverbindungen | (C/E) | I | 6.1 | Netzmittellösung | → *D: RSEB 7-10.2.S* |
| 9.2 | 8 | III | Abfälle, die metallisches Quecksilber enthalten<br>Bem.: Dieser Gruppe dürfen auch Gegenstände mit Quecksilber beigegeben werden. | (E) | III | 8 | | |
| 9.3 | 6.1 | I bis III | Abfälle mit Cyanidgehalt, z.B. Gold- und Silberputzmittel | (C/E) | I | 6.1 | | → *D: RSEB 7-10.2.S* |
| 9.4 | 6.1 | I bis III | Feste und flüssige Abfälle mit giftigen Stoffen, nicht ätzend und nicht entzündbar | (C/E) | I | 6.1 | | → *D: RSEB 7-10.2.S* |
| 9.5 | 6.1 | I bis III | Feste und flüssige Abfälle mit giftigen Stoffen, ätzend | (C/E) | I | 6.1 + 8 | | → *D: RSEB 7-10.2.S* |
| 9.6 | 6.1 | I und II | Feste und flüssige Abfälle mit organischen giftigen Stoffen, entzündbar | (C/D) | I | 6.1 + 3 | | → *D: RSEB 7-10.2.S* |
| 9.7 | 6.1 | I bis III | Feste und flüssige Pflanzenschutz- und Schädlingsbekämpfungsmittel, ausgenommen solche der Abfallgruppe 7 | (C/E) | I | 6.1 | | → *D: RSEB 7-10.2.S* |
| 10.1 | 8 | II<br>I und II<br><br>II | Abfälle mit Salpetersäure (UN 2031), Nitriersäuremischungen (UN 1796 und UN 1826) und/oder<br><br>Perchlorsäure (UN 1802), z.B. bestimmte Reinigungsmittel<br>Bem. 1: Mischungen aus Salpetersäure und Salzsäure der UN 1798 sind zur Beförderung nicht zugelassen.<br>Bem. 2: Chemisch instabile Nitriersäuremischungen, nicht denitriert, sind zur Beförderung nicht zugelassen.<br>Bem. 3: Perchlorsäure, wässerige Lösungen mit mehr als 72 Masse-% reiner Säure, sind nicht zur Beförderung zugelassen. | (E) | I | 8 | Salpetersäure, 55 %, Netzmittellösung | |

| Abfall-/ Unter-gruppe | Klas-se(n) | Verpa-ckungs-gruppe(n) oder für Klasse 2: Klassifizie-rungscode | Benennung | Angaben im Beför-derungspapier | | Gefahrzettel-muster Nummer | Die chemische Verträglichkeit der Werkstoffe der Verpackun-gen aus Kunst-stoff muss min-destens gegen-über folgenden Standard-flüssigkeiten gegeben sein |
|---|---|---|---|---|---|---|---|
| | | | | Tunnel-be-schrän-kungs-code | Verpa-ckungs-gruppe | | |
| (1) | (2) | (3) | (4) | (5) | (6) | (7) | (8) |
| 11.1 | 8 | II | Abfälle mit Schwefelsäure, z.B. bestimmte Reinigungsmittel, Biersteinentfernerpasten, Bleisulfat<br>Bem.: Chemisch instabile Mischungen von Abfallschwefelsäure sind zur Beförderung nicht zugelassen. | (E) | II | 8 | Netzmittellösung |
| 11.2 | 8 | II | Abfälle mit Flusssäurelösungen, z.B. bestimmte Reinigungsmittel | (E) | II | 8 + 6.1 | |
| 11.3 | 8 | I bis III | Flüssige Abfälle mit ätzenden, giftigen Stoffen | (C/D) | I | 8 + 6.1 | |
| 11.4 | 8 | I bis III | Wässerige Lösungen von Halogenwasserstoffen (ausgenommen Fluorwasserstoff), saure fluorhaltige Stoffe, flüssige Halogenide und andere flüssige halogenierte Stoffe (ausgenommen der Fluorverbindungen, die in Berührung mit feuchter Luft oder Wasser saure Dämpfe entwickeln), flüssige Carbonsäuren und ihre Anhydride, sowie flüssige Halogencarbonsäuren und ihre Anhydride, Alkyl- und Arylsulfonsäuren, Alkylschwefelsäuren und organische Säurehalogenide, wie Salzsäure, Phosphorsäure, Essigsäure, Chlorsulfonsäure, Ameisensäure, Chloressigsäure, Propionsäure, Toluolsulfonsäuren, Thionylchlorid | (E) | I | 8 | |
| 12.1 | 8 | I bis III | Feste Halogenide und andere feste halogenierte Stoffe (ausgenommen der Fluorverbindungen, die in Berührung mit feuchter Luft oder Wasser saure Dämpfe entwickeln) und feste Hydrogensulfate, wie Eisentrichlorid, wasserfrei; Zinkchlorid, wasserfrei; Aluminiumchlorid, wasserfrei; Phosphorpentachlorid | (E) | I | 8 | |
| 12.2 | 8 | I bis III | Feste Abfälle mit ätzenden, giftigen Stoffen | (E) | I | 8 + 6.1 | |
| 13.1 | 8 | III | Abfälle mit wässerigen Ammoniaklösungen mit höchstens 35 % Ammoniak | (E) | III | 8 | Wasser, Netzmittellösung |
| 13.2 | 8 | I bis III | Übrige feste und flüssige basische Abfälle (ausgenommen UN 2029), z.B. bestimmte Reinigungsmittel mit Natrium- und/oder Kaliumhydroxid sowie Natronkalk, Brünierungsmittel mit Natrium- und/oder Kaliumsulfid (Geschirrspülmittel oder Entkalker mit Natriummetasilicat, Kalkmilch mit Calciumhydroxid) | (E) | I | 8 | |
| 13.3 | 8 | III | Abfälle von Formaldehydlösungen, z.B. bestimmte Reinigungsmittel, Desinfektionsmittel | (E) | III | 8 | |
| 14.1 | 8 | II und III | Abfälle mit Chlorit- und Hypochloritlösungen, z.B. bestimmte Chlorbleichlaugen, Lösungen von Schwimmbadchlorierungsmitteln der Abfallgruppe 8 | (E) | II | 8 | Salpetersäure, 55 %, Netzmittellösung |
| 14.2 | 5.1 | II und III | Abfälle, die entzündend (oxidierend) wirkende flüssige Stoffe enthalten | (E) | II | 5.1 | |
| 14.3 | 5.1 | II und III | Abfälle mit Wasserstoffperoxid-Lösungen, z.B. bestimmte Reinigungsmittel, Haarfärbemittel | (E) | II | 5.1 + 8 | |
| 14.4 | 5.1 | II und III | Abfälle, die entzündend (oxidierend) wirkende Stoffe, flüssig, giftig enthalten | (E) | II | 5.1 + 6.1 | |

| Abfall-/ Untergruppe | Klasse(n) | Verpackungsgruppe(n) oder für Klasse 2: Klassifizierungscode | Benennung | Angaben im Beförderungspapier | | Gefahrzettelmuster Nummer | Die chemische Verträglichkeit der Werkstoffe der Verpackungen aus Kunststoff muss mindestens gegenüber folgenden Standardflüssigkeiten gegeben sein |
|---|---|---|---|---|---|---|---|
| | | | | Tunnelbeschränkungscode | Verpackungsgruppe | | |
| (1) | (2) | (3) | (4) | (5) | (6) | (7) | (8) |
| 15.1 | | | Nicht identifizierbare gefährliche Abfälle<br>Bem.: Für diese Abfälle gelten besondere Vorschriften, siehe Nummern 2.6, 2.8 und 4.3 dieser Ausnahme. | (B/E) | | Kennzeichnung gemäß 5.2.1.10.1<br>Zusätzlich ist auf mindestens 2 Seiten dauerhaft die Aufschrift „Gefahrgut, nicht identifiziert" anzubringen. | |

## 2.5 Sonstige Vorschriften

Die Abfälle dürfen bei Sammlungen nur in kleinen Anlieferungsgefäßen bis zu 60 Liter Fassungsraum und 60 Kilogramm Bruttomasse unter Aufsicht einer fachkundigen Person in die Verpackungen und Großpackmittel (IBC) eingegeben werden.

Die Abfälle sind in die folgenden Verpackungen zu verpacken, die für feste Stoffe der Verpackungsgruppe I bauartzugelassen sind:

a) Fässer oder Kanister aus Kunststoff der Codierung 1H2 oder 3H2,

b) Fässer oder Kanister aus Stahl der Codierung 1A2 oder 3A2,

c) Kisten aus Stahl oder starren Kunststoffen der Codierung 4A oder 4H2 oder

d) zusammengesetzte Verpackungen mit einem dicht anliegenden eingesetzten Innenbehälter aus geeignetem Kunststoff als Innenverpackung und Kisten aus Stahl oder Aluminium der Codierung 4A oder 4B als Außenverpackung.

Es sind die Bedingungen für feste Stoffe der Verpackungsgruppe I anzuwenden.

Bei der Verwendung von zusammengesetzten Verpackungen mit einer Kiste aus Pappe der Codierung 4GW als Außenverpackung für die Beförderung von Stoffen der Abfallgruppen 1, 6, 7, 8, 9, 12 und 13 müssen folgende Anforderungen erfüllt werden:

a) Verwendung einer nassfesten Verklebung für die Wellpappe,

b) erfolgreiche Bauartprüfung als zusammengesetzte Verpackung mit Ersatzfüllgut und Originalfüllgut (z.B. Gefäß, klein, mit Gas (Gaspatrone)),

c) Bauartprüfung mit der doppelten Nettomasse wie zugelassen,

d) zusätzliche Kennzeichnung mit dem Herstellungsmonat,

e) Verwendungsbegrenzung der Verpackung auf ein Jahr nach ihrer Herstellung für den einmaligen Transport und

f) Bestehen der Permeationsprüfung in Analogie zu Unterabschnitt 6.1.5.7 ADR/RID.

Innenverpackungen von zusammengesetzten Verpackungen dürfen die gleiche höchstzulässige Füllmenge wie die Außenverpackung besitzen.

## 2.6

Abfälle der Abfallgruppe 15 sind im jeweiligen Anlieferungsgefäß mit inerten Saug- und Füllstoffen einzusetzen in eine Kiste aus Holz der Codierung 4C1, 4C2, 4D oder 4F, aus Pappe der Codierung 4G, aus starren Kunststoffen der Codierung 4H2, in Säcke aus Kunststofffolie der Codierung 5H4 oder in Fässer aus Kunststoff der Codierung 1H2, die mindestens nach der Verpackungsgruppe II bauartgeprüft, -zugelassen und gekennzeichnet sein müssen. Diese Kisten, Säcke oder Fässer sind einzeln oder zu mehreren in Kisten aus Stahl, Aluminium oder starrem Kunststoff der Codierung 4A, 4B, 4H2 oder in Fässern aus Stahl oder Kunststoff der Codierung 1A2, 1H2, die bauartgeprüft, -zugelassen und gekennzeichnet sind, zu verpacken.

**2.7**

Die Abfälle der Abfallgruppen/Abfalluntergruppen 1, 2.1, 5, 6, 7, 8, 13 und 14 in Anlieferungsgefäßen dürfen auch in Großpackmitteln (IBC) aus Stahl mit abnehmbarem Deckel oder in Kombinations-IBC mit Innenbehältern aus starrem Kunststoff verpackt werden.

Außerdem dürfen auch Kombinations-IBC mit Kunststoffinnenbehältern nach Kapitel 6.5 ADR/RID verwendet werden. Die Großpackmittel (IBC) müssen für feste Stoffe der Verpackungsgruppe II bauartgeprüft, -zugelassen und gekennzeichnet sein.

**2.8**

Die Abfälle der Abfallgruppen/Abfalluntergruppen 2.2, 3, 4, 9, 10, 11, 12 und 15 in Anlieferungsgefäßen dürfen auch in metallenen Großpackmitteln (IBC) der Verpackungsgruppe I verpackt werden.

**2.9**

Die Verschlüsse der Anlieferungsgefäße sind vor der Eingabe in die Verpackungen und Großpackmittel (IBC) auf Dichtheit zu kontrollieren.

**2.10**

Bei zerbrechlichen, beschädigten oder nicht ordnungsgemäß verschlossenen Anlieferungsgefäßen sind inerte Saugstoffe so einzufüllen, dass die Freiräume zwischen den Anlieferungsgefäßen vollständig ausgefüllt sind.

**2.11**

Bei Verpackungen mit W-Codierung (z.B. „1H2W") müssen die Saugstoffe so bemessen sein, dass sie die gesamte Flüssigkeitsmenge bei einem eventuellen Freiwerden aufsaugen können. Bei festen Abfällen darf stattdessen das Anlieferungsgefäß in einen dicht zu verschließenden Beutel oder Sack aus Kunststofffolie verpackt werden.

**2.12**

(aufgehoben)

**2.13**

Abfallfeuerlöscher der Abfalluntergruppe 1.3 dürfen auch in folgenden nicht bauartgeprüften und -zugelassenen Verpackungen befördert werden:

Boxpaletten aus Metall oder Kunststoff sowie Gitterboxpaletten, wobei die Palette auch aus Holz bestehen darf.

**2.14**

Die Verpackungen und Großpackmittel (IBC) für Abfälle der Abfallgruppen 1 und 14 müssen mit einer Lüftungseinrichtung nach Unterabschnitt 4.1.1.8 ADR/RID ausgerüstet sein.

**2.15**

Die Stoffe dürfen nur dann mit nicht dem ADR/RID/ADN unterliegenden Gütern zusammengepackt werden, wenn keine gefährlichen Reaktionen entstehen können.

Gefährliche Reaktionen sind:

a) eine Verbrennung und/oder Entwicklung beträchtlicher Wärme;

b) die Entwicklung von entzündbaren und/oder giftigen Gasen;

c) die Bildung von ätzenden flüssigen Stoffen;

d) die Bildung instabiler Stoffe.

## 3 Verantwortlichkeiten

### 3.1

Bei Abfallsammelaktionen hat eine fachkundige Aufsichtsperson die Pflichten nach den §§ 18, 21 und 22 der GGVSEB zu erfüllen.

### 3.2

Die fachkundige Aufsichtsperson muss in der Lage sein,

a) die Abfälle nach ihren gefährlichen Eigenschaften sowie im Hinblick auf Maßnahmen bei Zwischenfällen oder Unfällen zu beurteilen und

b) die Vorschriften dieser Ausnahme und der GGVSEB anzuwenden.

### 3.3

Bei der Eisenbahnbeförderung hat der Verlader nach § 21 Absatz 3 der GGVSEB die Güterwagen – entsprechend der verladenen Güter – auf beiden Längsseiten mit den zutreffenden Großzetteln (Placards) nach der Spalte 7 der Tabelle in Nummer 2.4 und zusätzlich mit einem Rangierzettel nach Muster 13 nach Unterabschnitt 5.3.4.2 RID zu versehen.

## 4 Sonstige Vorschriften

### 4.1

Die Versandstücke sind im Eisenbahnverkehr als Wagenladung mit gedeckten Wagen oder in Containern und im Straßenverkehr mit gedeckten oder bedeckten Fahrzeugen oder in Containern sowie im Binnenschiffsverkehr in Containern mit Schiffen mit wetterdicht schließenden Luken unter ausreichender Belüftung zu befördern.

### 4.2

Versandstücke der Codierungen 1A2, 1H2, 3A2, 3H2, 4A, 4B, 4H2, 11A und 11HZ1 dürfen im Straßenverkehr auch mit offenen Fahrzeugen befördert werden. Zur Ladungssicherung sind hierbei genau passende Gestelle und Vorrichtungen für die Versandstücke zu verwenden.

### 4.3

Versandstücke mit Abfällen der Abfallgruppe 15 sind abseits, das heißt nicht über, nicht unter und nicht unmittelbar neben den übrigen Versandstücken zu stauen und zu sichern.

### 4.4

Die Versandstücke sind so zu sichern, dass sie nicht verrutschen, verkanten, umfallen oder durch andere Versandstücke oder Gegenstände beschädigt werden können.

### 4.5

Beförderungen nach dieser Ausnahme müssen spätestens sechs Monate nach Befüllung der Verpackungen und Großpackmittel (IBC) abgeschlossen sein.

### 4.6

Ungereinigte leere Verpackungen (Anlieferungsgefäße) sind wie die Stoffe zu behandeln, deren Reste in ihnen enthalten sind.

## 5 Beförderungspapier

Im Beförderungspapier sind anzugeben:

a) Name und Anschrift des Absenders und Empfängers,

b) als Bezeichnung des Gutes:

- Abfallgruppe(n) <<...>>
- Nummern der Gefahrzettelmuster <<...>>
- Verpackungsgruppe oder Klassifizierungscode <<...>>
- Tunnelbeschränkungscode <<...>>

  Bem.: Sofern nach Absatz 5.4.1.1.1 Buchstabe k ADR erforderlich.

- Anzahl der Versandstücke und
- Beschreibung der Versandstücke

Anstelle von „<<...>>" sind die entsprechenden Angaben gemäß der Tabelle in Nummer 2.4 einzutragen. Die Verpackungsgruppe ist hierbei der Spalte 6 zu entnehmen.

c) Zusätzlich ist zu vermerken: „Ausnahme 20".

### 6 Befristung

Die Ausnahme 20 ist bis zum 30. Juni 2027 befristet.

## Ausnahme 21 (B, E, S)
## Zusammenpacken von Patronen mit Waffenpflegemitteln

### 1 Zusammenpackungszulassung

#### 1.1

Abweichend von § 1 Absatz 3 Nummer 1 bis 3 der GGVSEB in Verbindung mit Unterabschnitt 4.1.10.4 MP23 ADR/RID und Kapitel 4.1 ADN dürfen

a) Gegenstände mit Explosivstoff der Klassifizierung 1.4S, UN 0012, UN 0014 und UN 0323 mit UN 1950 Druckgaspackungen der Klasse 2, Klassifizierungscode 5A, 5F, 5O, 5T, 5TC, 5TF, 5TFC, 5TO und 5TOC, Kohlenwasserstoffen und deren Gemische der Klasse 3, UN 1136, UN 1147, UN 1288, UN 1299, UN 1300, UN 1307, UN 1918, UN 1920, UN 1999, UN 2046, UN 2048, UN 2049, UN 2052, UN 2055, UN 2057, UN 2247, UN 2286, UN 2303, UN 2319, UN 2324, UN 2325, UN 2330, UN 2364, UN 2368, UN 2520, UN 2541, UN 2618, UN 2709, UN 2850 und UN 3295 sowie UN 2831 1,1,1-Trichlorethan der Klasse 6.1 in der in Nummer 2.1 beschriebenen Verpackung zusammengepackt werden.

b) Gegenstände mit Explosivstoff der Klassifizierung 1.4S, UN 0012, UN 0014 und UN 0323 mit nicht der GGVSEB unterliegenden Gütern in der in Nummer 2.1 beschriebenen Verpackung zusammengepackt werden.

#### 1.2

Die Mengengrenzen in Unterabschnitt 4.1.10.4 MP7, MP17 und MP19 ADR/RID sind bei Beförderungen nach dieser Ausnahme zu beachten.

#### 1.3

Die nach Nummer 1.1 zusammengepackten Stoffe und Gegenstände dürfen ohne besondere Mengenbegrenzung mit einem Binnenschiff, in einem Eisenbahnwagen oder in einem Straßenfahrzeug befördert werden.

### 2 Verpackung

#### 2.1

Als Außenverpackung sind Kisten aus Stahl der Codierung 4A, Kisten aus Aluminium der Codierung 4B, Kisten aus Holz der Codierungen 4C1, 4C2, 4D oder 4F oder Kisten aus Pappe der Codierung 4G zu verwenden.

#### 2.2

Bauartprüfung

Bei der Bauartprüfung sind die Vorschriften für feste Stoffe der Verpackungsgruppe II anzuwenden.

### 3 Sonstige Vorschriften

Ein Versandstück darf nicht schwerer als 100 Kilogramm sein.

### 4 Angaben im Beförderungspapier

Zusätzlich zu den sonst vorgeschriebenen Angaben ist zu vermerken:
„Ausnahme 21".

### 5 Befristung

Die Ausnahme 21 ist bis zum 30. Juni 2027 befristet.

## Ausnahme 22 (E, S)
## Saug-Druck-Tanks

1

Abweichend von § 1 Absatz 3 Nummer 1 und 2 der GGVSEB in Verbindung mit Kapitel 6.10 ADR/RID dürfen gefährliche Güter der Klassen 3, 4.1, 5.1, 6.1, 8 und 9

a) in festverbundenen Tanks (Tankfahrzeugen),

b) in Aufsetztanks,

c) in Tankcontainern,

die als Saug-Druck-Tanks nach der Gefahrgutverordnung Straße vom 12. Dezember 1996 (BGBl. I S. 1886) in Verbindung mit Anhang B.1a oder B.1b der Anlage B zum ADR in der Fassung der 13. ADR-Änderungsverordnung vom 17. Juli 1996 (BGBl. 1996 II S. 1178) und in Verbindung mit der Ausnahme Nr. 63 der GGAV vom 23. Juni 1993 zugelassen worden sind, weiterhin befördert werden.

Die Beförderung ist auf die Stoffe begrenzt, denen in Kapitel 3.2 Tabelle A Spalte 12 ADR/RID die Tankcodierung L4BH oder S4AH oder eine andere gemäß der Hierarchie in Absatz 4.3.4.1.2 ADR/RID zugelassene Tankcodierung zugeordnet ist. Die für bestimmte Stoffe in Kapitel 3.2 Tabelle A Spalte 13 ADR/RID aufgeführten Sondervorschriften sind, soweit zutreffend, einzuhalten.

**2 Sonstige Vorschriften**

a) Bei Beförderung von Stoffen mit einem Flammpunkt von höchstens 60 Grad Celsius und solchen, die auf oder über ihren Flammpunkt erwärmt verladen oder befördert werden, darf eine Vermischung mit entzündend (oxidierend) wirkenden Stoffen nicht erfolgen.

b) Die Tanks sind nach jeder Benutzung zu reinigen und vor der erneuten Befüllung auf Schäden zu untersuchen. Dies gilt auch für die Armaturen und Dichtungen. Werden in festverbundenen Tanks und Aufsetztanks bei aufeinanderfolgenden Beförderungen die gleichen Stoffe befördert, sind die Tanks nach der ersten Beförderung und danach in Abständen von längstens sieben Tagen zu reinigen und zu untersuchen.

**3 Angaben in der ADR-Zulassungsbescheinigung, im Prüfbericht und im Beförderungspapier**

In der ADR-Zulassungsbescheinigung für Tankfahrzeuge nach Unterabschnitt 9.1.3.1 ADR ist unter Nummer 11 Bemerkungen anzugeben: „Ausnahme 22". In den Prüfbescheinigungen für festverbundene Tanks, Aufsetztanks und Tankcontainer nach Absatz 6.8.2.4.5 ADR/RID ist zusätzlich zu vermerken: „Ausnahme 22".

Bei Beförderungen in Tankcontainern ist im Beförderungspapier nach Abschnitt 5.4.1 ADR/RID zusätzlich zu vermerken „Ausnahme 22".

## Ausnahme 23

– offen –

## Ausnahme 24 (S)
## Beförderung von ungereinigten leeren Eichnormalen

1

Abweichend von § 1 Absatz 3 Nummer 1 der GGVSEB in Verbindung mit den Vorschriften des ADR

a) für die Klasse 2, UN 1011 BUTAN, UN 1012 BUT-1-EN, UN 1077 PROPEN, UN 1965 KOHLENWASSERSTOFFGAS, GEMISCH, VERFLÜSSIGT, N.A.G. (Gemisch A, A 01, A 02, A 0, A 1, B 1, B 2, B oder C), UN 1969 ISOBUTAN, UN 1971 METHAN, VERDICHTET oder ERDGAS, VERDICHTET, UN 1972 METHAN, TIEFGEKÜHLT, FLÜSSIG oder ERDGAS, TIEFGEKÜHLT, FLÜSSIG und UN 1978 PROPAN,

b) für die Klasse 3, Klassifizierungscode F1, Verpackungsgruppe II und III und

c) für flüssige Stoffe der Klasse 9

dürfen ungereinigte leere Eichnormale unter Einhaltung der nachfolgenden Bestimmungen befördert werden.

## 2 Vorschriften für die Beförderung von ungereinigten leeren Eichnormalen mit einem Fassungsraum von höchstens 1 000 Liter

**2.1**

Die Vorschriften für ungereinigte leere Gefäße der Unterabschnitte 4.1.1.1, 4.1.1.11 und 5.1.3.1 sowie des Absatzes 5.4.1.1.6.2.1 ADR sind einzuhalten.

**2.2**

Ungereinigte leere Eichnormale mit einem Einzelfassungsraum der Gefäße von höchstens 450 Liter gelten als Verpackung im Sinne des Unterabschnitts 1.1.3.1 Buchstabe c ADR.

**2.3**

Schriftliche Weisungen nach Abschnitt 5.4.3 ADR sind bei jeder Beförderung mitzuführen.

**2.4**

Die Eichnormale sind an beiden Seiten deutlich und dauerhaft mit der zutreffenden UN-Nummer, der die Buchstaben „UN" vorangestellt werden, und mit den zutreffenden Gefahrzetteln nach Absatz 5.2.2.2.2 ADR zu kennzeichnen.

**2.5**

Die Fahrzeuge mit Eichnormalen sind mit orangefarbenen Tafeln nach Absatz 5.3.2.1.1 ADR zu kennzeichnen.

**2.6**

Die Vorschriften des Kapitels 1.3, der Abschnitte 7.5.7, 8.1.1 und 8.1.4, des Unterabschnitts 8.2.1.1 in Verbindung mit 8.2.1.2 sowie der Kapitel 8.3 und 8.5 S2 Absatz 1 ADR sind einzuhalten.

## 3 Vorschriften für die Beförderung von ungereinigten leeren Eichnormalen mit einem Fassungsraum über 1 000 Liter und Fahrzeuge, die ungereinigte leere Eichnormale mit einem Fassungsraum über 1 000 Liter befördern

**3.1**

Die Eichnormale für flüssige Stoffe sind entleert und drucklos und die Eichnormale für Gase sind entleert und mit einem Inertgas beaufschlagt zu befördern. Alle Öffnungen für das Befüllen und für das Entleeren müssen dicht verschlossen sein.

**3.2**

Die Be- und Entlüftungsöffnungen müssen mit einer flammendurchschlagsicheren Armatur ausgerüstet sein.

**3.3**

Schriftliche Weisungen nach Abschnitt 5.4.3 ADR sind bei jeder Beförderung mitzuführen, nicht jedoch die darin aufgeführte Ausrüstung.

**3.4**

Die Eichnormale sind an beiden Seiten deutlich und dauerhaft mit der zutreffenden UN-Nummer, der die Buchstaben „UN" vorangestellt werden, sowie mit dem Kennzeichen für umweltgefährdende Stoffe nach Absatz 5.2.1.8.3 und mit den zutreffenden Gefahrzetteln nach Absatz 5.2.2.2.2 ADR zu kennzeichnen. Diese Kennzeichnungen sind nicht erforderlich, wenn das Fahrzeug bereits mit Kennzeichnungen nach den Nummern 3.5 und 3.6 versehen ist, und die Eichnormale mit dem Fahrzeug fest verbunden sind.

**3.5**

Die Fahrzeuge mit Eichnormalen mit einem Fassungsraum über 1 000 Liter sind mit dem Kennzeichen für umweltgefährdende Stoffe nach Abschnitt 5.3.6 und mit Großzetteln nach Abschnitt 5.3.1 ADR an beiden Längsseiten und hinten zu versehen.

**3.6**

Die Beförderungseinheiten sind vorn und hinten nach Absatz 5.3.2.1.2 ADR mit orangefarbenen Tafeln mit der Nummer zur Kennzeichnung der Gefahr und der UN-Nummer für den Stoff, der zuletzt in den Eichnormalen enthalten war, zu kennzeichnen.

**3.7**

Die Eichnormale sind erstmalig vor Inbetriebnahme sowie wiederkehrend mindestens alle drei Jahre von einer Stelle nach § 12 der GGVSEB einer äußeren und inneren Prüfung sowie einer Dichtheitsprüfung mit Wasser ohne Überdruck zu unterziehen. Über die Prüfung hat die Überwachungsstelle eine Bescheinigung auszustellen, die bei jeder Beförderung mitzuführen ist.

**3.8**

Zusätzlich zu den Vorschriften nach Nummer 2.6 sind die Vorschriften der Absätze 4.3.2.3.6, 4.3.2.4.1, 4.3.2.4.2, 4.3.4.2.2 und 6.8.2.1.27, des Abschnitts 7.5.10, des Unterabschnitts 8.2.1.1 in Verbindung mit 8.2.1.3, des Kapitels 8.5 S2 Absatz 2 und 3 sowie des Abschnitts 9.7.4 ADR einzuhalten.

**3.9**

Die Fahrzeuge für die Beförderung von Eichnormalen müssen den Bau- und Zulassungsvorschriften für Fahrzeuge FL nach Teil 9 des ADR entsprechen.

**3.10**

In der ADR-Zulassungsbescheinigung nach Unterabschnitt 9.1.3.1 ADR darf unter Nummer 9 auf die Angabe zu den Nummern 9.2, 9.5 und 9.6 verzichtet werden. Unter Nummer 11 ist anzugeben: „Ausnahme 24".

**3.11**

Die ADR-Zulassungsbescheinigung nach Unterabschnitt 9.1.3.1 ADR ist für jedes Fahrzeug während der Beförderung mitzuführen.

### 4 Sonstige Vorschriften

Die übrigen Vorschriften des ADR finden keine Anwendung.

### 5 Befristung

Die Ausnahme 24 ist bis zum 30. Juni 2027 befristet.

## Ausnahme 25

– offen –

## Ausnahme 26

– offen –

## Ausnahme 27

– offen –

## Ausnahme 28 (E, S)
## Zusammenladung von Automobilteilen der Klassifizierung 1.4G mit gefährlichen Gütern

**1**

Abweichend von § 1 Absatz 3 Nummer 1 und 2 der GGVSEB in Verbindung mit Unterabschnitt 7.5.2.1 ADR/RID dürfen Automobilteile

- UN 0431 PYROTECHNISCHE GEGENSTÄNDE für technische Zwecke sowie
- UN 0503 SICHERHEITSEINRICHTUNGEN, PYROTECHNISCH

der Klasse 1, Klassifizierungscode 1.4G mit den in der nachfolgenden Tabelle dargestellten Gefahrgütern der Klassen 2, 3, 8 und 9 unter Einhaltung der Bedingungen der Nummern 2 bis 6 zusammengeladen werden.

## 2 Tabelle der Gefahrgüter

| UN-Nummer | Benennung und Beschreibung | Klasse/Klassifizierungscode | Verpackungsgruppe | Höchstzulässige Gesamtmenge je Beförderungseinheit/Wagen/Container |
|---|---|---|---|---|
| 1 | 2 | 3 | 4 | 5 |
| 1090 | ACETON | 3/F1 | II | 333 l |
| 1133 | KLEBSTOFFE | 3/F1 | II und III | 333/1 000 l |
| 1139 | SCHUTZANSTRICHLÖSUNG | 3/F1 | II und III | 333/1 000 l |
| 1170 | ETHANOL, LÖSUNG | 3/F1 | II | 333 l |
| 1173 | ETHYLACETAT | 3/F1 | II | 333 l |
| 1219 | ISOPROPANOL (ISOPROPYLALKOHOL) | 3/F1 | II | 333 l |
| 1263 | FARBE oder FARBZUBEHÖRSTOFFE | 3/F1 | II und III | 333/1 000 l |
| 1268 | ERDÖLDESTILLATE, N.A.G. oder ERDÖLPRODUKTE, N.A.G. | 3/F1 | II | 333 l |
| 1300 | TERPENTINÖLERSATZ | 3/F1 | III | 1 000 l |
| 1805 | PHOSPHORSÄURE, LÖSUNG | 8/C1 | III | 1 000 l |
| 1866 | HARZLÖSUNG, entzündbar | 3/F1 | II und III | 333/1 000 l |
| 1950 | DRUCKGASPACKUNGEN, entzündbar, bis max. 1 l Fassungsraum | 2/5F | – | 333 kg |
| 1987 | ALKOHOLE, N.A.G. | 3/F1 | III | 1 000 l |
| 1993 | ENTZÜNDBARER FLÜSSIGER STOFF, N.A.G. | 3/F1 | II und III | 333/1 000 l |
| 2735 | AMINE, FLÜSSIG, ÄTZEND, N.A.G. oder POLYAMINE, FLÜSSIG, ÄTZEND, N.A.G. | 8/C7 | III | 1 000 l |
| 2796 | SCHWEFELSÄURE mit höchstens 51 % Säure oder BATTERIEFLÜSSIGKEIT, SAUER | 8/C1 | II | 333 l |
| 2797 | BATTERIEFLÜSSIGKEIT, ALKALISCH | 8/C5 | II | 333 l |
| 3077 | UMWELTGEFÄHRDENDER STOFF, FEST, N.A.G. | 9/M7 | III | 1 000 kg |
| 3082 | UMWELTGEFÄHRDENDER STOFF, FLÜSSIG, N.A.G | 9/M6 | III | 1 000 l |

## 3 Verpackung

Die Stoffe und Gegenstände sind in geprüften und zugelassenen Verpackungen nach Kapitel 4.1 ADR/RID zu verpacken.

## 4 Höchstzulässige Gesamtmenge je Beförderungseinheit oder Wagen

Die Gesamtmenge aller gefährlichen Güter in einer Beförderungseinheit oder in einem Wagen darf die höchstzulässige Menge von 1 000 Kilogramm oder 1 000 Liter oder einer entsprechenden Summe beider Maßeinheiten nicht überschreiten. Bei der Berechnung sind die Mengen der gefährlichen Güter, deren Höchstmenge in der Tabelle in Nummer 2 auf 333 Liter oder 333 Kilogramm begrenzt ist, mit dem Faktor 3 zu multiplizieren.

### 5 Sonstige Vorschriften

Die sonstigen, für die Beförderung von UN 0431 PYROTECHNISCHE GEGENSTÄNDE für technische Zwecke sowie UN 0503 SICHERHEITSEINRICHTUNGEN, PYROTECHNISCH der Klasse 1, Klassifizierungscode 1.4G geltenden Vorschriften sind einzuhalten.

### 6 Angaben im Beförderungspapier

Zusätzlich zu den sonst vorgeschriebenen Angaben ist zu vermerken: „Ausnahme 28".

### 7 Befristung

Die Ausnahme 28 ist bis zum 30. Juni 2027 befristet.

## Ausnahme 29

– offen –

## Ausnahme 30

– offen –

## Ausnahme 31 (S)
## Prüfungsfahrten bei technischen Untersuchungen

1

Abweichend von § 1 Absatz 3 Nummer 1 der GGVSEB in Verbindung mit Unterabschnitt 8.2.1.1 ADR müssen die nach § 14 Absatz 4 und 5 der GGVSEB zuständigen Sachverständigen und die Mitarbeiter der Technischen Dienste nicht im Besitz einer Bescheinigung über die Fahrzeugführerschulung sein, wenn die nachfolgenden Bestimmungen eingehalten werden.

2

Bei Prüfungsfahrten im Zusammenhang mit der Durchführung von Untersuchungen nach den §§ 19, 21 und 29 der Straßenverkehrs-Zulassungs-Ordnung sowie technischen Untersuchungen gemäß Teil 9 ADR müssen die Personen von einem Inhaber der vorgenannten Bescheinigung begleitet werden. Der Inhaber der Bescheinigung ist verantwortlich für die Einhaltung der Gefahrgutvorschriften im Sinne der §§ 28 und 29 Absatz 1 bis 4 der GGVSEB.

### 3 Befristung

Die Ausnahme ist bis zum 30. Juni 2027 befristet.

## Ausnahme 32 (S, E)
## Beförderungen durch zivile Unternehmen im Auftrag und unter der Verantwortung der Bundeswehr

1

Abweichend von § 1 Absatz 3 Nummer 1 in Verbindung mit § 5 Absatz 6 der GGVSEB dürfen folgende Allgemeine Ausnahmegenehmigungen der Bundeswehr zur Gefahrgutverordnung Straße, Eisenbahn und Binnenschifffahrt (GGVSEB)[1)] auch durch zivile Unternehmen angewendet werden, die im Auftrag und unter der Verantwortung der Bundeswehr gefährliche Güter befördern:

| | | | |
|---|---|---|---|
| a) | Bw01 (S, E) | AGGABw | „Mitführen" gefährlicher Güter auf der Straße und der Eisenbahn mit Fahrzeugen der Bundeswehr |
| b) | Bw17 (S, E) | AGGABw | Kennzeichnung von Gegenständen/Versandstücken gefährlicher Güter mit Gefahrzetteln geringerer Größe |
| c) | Bw21 (S, E) | AGGABw | Beförderung gefährlicher Güter Klasse 1 in (alt-)palettierten Versandstücken/geeigneten Handhabungseinrichtungen; keine Kennzeichnung mit Gefahrzetteln Nr. 8; Kennzeichnung mit Gefahrzetteln geringerer Abmessungen |
| d) | Bw23 (S, E) | AGGABw | Zusammenpacken von Gegenständen der Klasse 1 mit nicht gefährlichen Gütern (Zubehör) |

1) Die Allgemeinen Ausnahmegenehmigungen können auch beim Bundesamt für Infrastruktur, Umweltschutz und Dienstleistungen der Bundeswehr, Abteilung gesetzliche Schutzaufgaben, Referat Grundsatz Gefahrgutwesen (BAUIDBw GS III 1), Fontainengraben 200, Postfach 29 63, 53123 Bonn, angefordert werden.

| | | | |
|---|---|---|---|
| e) | Bw24 (S, E) | AGGABw | Keine Mitnahme der Genehmigung zur Beförderung von n.a.g.-Gütern und Feuerwerkskörpern der Klasse 1 |
| f) | Bw25 (S) | AGGABw | Beförderung von Resten oder Komponenten gefährlicher Güter Klasse 1, die beim Verschuss anfallen |
| g) | Bw27 (S, E) | AGGABw | Verpackungen für militärische Güter der Klasse 1 |
| h) | Bw29 (S) | AGGABw | Beförderung von Resten und/oder Komponenten gefährlicher Güter der Klasse 1 in Originalverpackungen unter Verzicht auf die vorgeschriebene Metallbebänderung. |

**2 Angaben im Beförderungspapier**

Zusätzlich zu den sonst vorgeschriebenen Angaben ist zu vermerken: „Ausnahme 32 (BwXX)", wobei XX der Nummer der Allgemeinen Ausnahmegenehmigung der Bundeswehr gemäß Nummer 1 Buchstabe a bis h entspricht.

## Ausnahme 33 (M)
## Beförderung gefährlicher Güter auf Fährschiffen

**1**

Abweichend von § 3 Absatz 1 der GGVSee dürfen gefährliche Güter auf Fährschiffen, die Fahrgäste oder Güter an einem Ort im Gebiet der Bundesrepublik Deutschland an Bord nehmen und sie gegen Entgelt an einen Bestimmungsort in diesem Gebiet befördern, sowie auf der Fährstrecke Eemshaven/Borkum befördert werden, wenn die nachfolgenden Bestimmungen beachtet werden.

**2 Anwendungsbereich**

Mit Ausnahme der unter Nummer 3 genannten gefährlichen Güter dürfen gefährliche Güter in CTU nur befördert werden, wenn

a) sie den Klassen 1 bis 9 ADR oder IMDG-Code zugeordnet und zur Beförderung zugelassen sind und
b) während der gesamten Dauer der Beförderung eine Wellenhöhe von nicht mehr als 1,5 Meter zu erwarten ist. Der Schiffsführer sorgt eigenverantwortlich für die Einhaltung dieser Bedingung.

**3 Von der Ausnahme ausgenommene gefährliche Güter**

Es dürfen nicht befördert werden:

a) Güter der Klasse 1, ausgenommen UN 0336, UN 0337, UN 0431 und UN 0503,
b) Güter der Klasse 5.2,
c) Güter der Klassen 4.1, 4.2, 4.3, 6.1 und 8, die der Verpackungsgruppe I zugeordnet sind.

**4 Eignungsbescheinigung**

Für die Fährschiffe muss eine Bescheinigung des Germanischen Lloyds vorliegen, aus der ersichtlich ist, dass das betreffende Schiff CTU des Straßenverkehrs oder andere rollbare CTU befördern darf. In der Bescheinigung ist der Stellplatz so festzulegen, dass rund um die CTU ein Schutzbereich von mindestens 1 Meter frei und begehbar bleibt. Zu den Maschinenräumen, Ventilatorein- und -austritten, sonstigen Zugängen zu Unterdecksräumen, sonstigen Decksöffnungen und zur Begrenzung des Maschinenraumdecks muss mindestens ein Abstand von 1 Meter eingehalten werden. Satz 3 gilt nicht für explosionsgeschützte Zugänge und Öffnungen.

**5 Feuerlöscheinrichtungen**

Der Teil des Fährschiffes, der in der Bescheinigung nach Nummer 4 als Stellplatz für CTU mit gefährlichen Gütern zugelassen ist, muss von Strahlrohren mit einfacher Schlauchlänge erreicht werden können. Alle Strahlrohre müssen zugelassene Mehrzweckstrahlrohre (z.B. Sprüh-/Vollstrahlrohre) mit Absperrung sein. Sofern die Eigenschaften der gefährlichen Güter es erfordern, sind außerdem entsprechende Löschmittel mitzuführen. Zusätzlich müssen zwei mobile Luft-Schaum-Feuerlöscheinrichtungen, bestehend aus Zumischer, Luftschaumrohr mit mindestens 400 Liter/Minute Wasserdurchsatz und transportablen Behältern für Schaummittel, oder gleichwertige Feuerlöscheinrichtungen vorhanden sein. Die mitzuführende Schaummittelmenge muss je Löscher mindestens 300 Liter betragen. Die Feuerlöscheinrichtungen müssen bis zur Entladung der Fährschiffe mit CTU, die gefährliche Güter enthalten, einsatzbereit sein.

### 6 Mengengrenzen

Es darf höchstens eine kennzeichnungspflichtige CTU des Straßenverkehrs (Beförderungseinheit im Sinne des Abschnitts 1.2.1 ADR) oder eine andere rollbare CTU mit gefährlichen Gütern je Fahrt befördert werden. Die gefährlichen Güter müssen hinsichtlich ihrer Klassifizierung, Verpackung, Kennzeichnung, Bezettelung und der Begleitpapiere dem jeweils gültigen ADR entsprechen. Enthalten die CTU gefährliche Güter innerhalb der Mengengrenzen der Tabelle in Unterabschnitt 1.1.3.6 ADR oder gefährliche Güter, die nach Unterabschnitt 1.1.3.1 Buchstabe c ADR freigestellt sind, hat der Fahrzeugführer den Schiffsführer über die Art und Menge der gefährlichen Güter vor Antritt der Fahrt zu informieren.

### 7 Meldepflicht

Werden gefährliche Güter freigesetzt, muss die dem Ort des Gefahreneintritts nächstgelegene zuständige Behörde mit Benennung, Klasse und Menge der gefährlichen Güter unverzüglich informiert werden.

### 8 Sicherungsmaßnahmen

Der Schiffsführer hat durch geeignete Maßnahmen dafür zu sorgen, dass der Stellplatz der CTU mit gefährlichen Gütern einschließlich des freien Schutzbereichs nach Nummer 4 von Unbefugten nicht betreten wird.

Die Beförderungseinheiten sind gegen Wegrollen und Wegrutschen durch Anziehen der Feststellbremse, Unterlegen von Keilen vor und hinter mindestens je einem Rad an allen Achsen, und weitere Sicherungsmaßnahmen (z.B. Einlegen des 1. Ganges) zu sichern.

### 9 Angaben im Beförderungspapier

Zusätzlich zu den sonst vorgeschriebenen Angaben ist zu vermerken: „Ausnahme 33".

### 10 Schriftliche Weisung

Der Schiffsführer hat die schriftlichen Weisungen nach Abschnitt 5.4.3 ADR griffbereit auf der Brücke vorzuhalten.

### 11 Anlaufbedingungsverordnung

Die Anlaufbedingungsverordnung vom 18. Februar 2004 (BGBl. I S. 300), die zuletzt durch Artikel 3 der Verordnung vom 28. Juni 2016 (BGBl. I S. 1504) geändert worden ist, gilt mit der Maßgabe, dass Nummer 2.5 der Anlage zu § 1 Absatz 1 anzuwenden ist.

## Ausnahme 34 (M)
## Beförderung gefährlicher Güter zur Offshore-Versorgung

Abweichend von § 3 Absatz 1 Nummer 1 der GGVSee dürfen gefährliche Güter auf Seeschiffen im Verkehr zu Offshore-Anlagen und -Baustellen unter Einhaltung der nachfolgenden Bestimmungen befördert werden:

### 1 Art der Beförderungsdurchführung

Die gefährlichen Güter werden von Unternehmen in Verbindung mit ihrer Haupttätigkeit als Lieferung oder Rücklieferung zu Offshore-Anlagen oder -Baustellen zum Zweck der Errichtung, des Betriebs, der Instandhaltung und der Wartung befördert.

### 2 Verpackung und Kennzeichnung von Versandstücken

#### 2.1

Die gefährlichen Güter sind nach Kapitel 4.1 in Verbindung mit den Kapiteln 6.1, 6.2, 6.5 und 6.6 des IMDG-Codes oder des ADR/RID zu verpacken.

#### 2.2

Die Versandstücke sind nach Kapitel 5.2 des IMDG-Codes oder des ADR/RID zu kennzeichnen und zu bezetteln. Die Kennzeichnung mit dem richtigen technischen Namen der gefährlichen Güter ist nicht erforderlich.

## 3 Dokumentation

### 3.1

Für alle an Bord befindlichen gefährlichen Güter müssen die auf die jeweiligen Stoffe und Gegenstände zutreffenden Sicherheitsdatenblätter mitgeführt werden. Dies gilt nicht für Gegenstände, für die kein Sicherheitsdatenblatt nach Artikel 31 in Verbindung mit Anlage II der Verordnung (EG) Nr. 1907/2006 des Europäischen Parlaments und des Rates vorgeschrieben ist.

### 3.2

Zusätzlich ist ein Verzeichnis mitzuführen, in dem die gefährlichen Güter mit folgenden Angaben aufgeführt sind:

a) die UN-Nummer, der die Buchstaben „UN" vorangestellt werden,

b) der richtige technische Name nach Spalte 2 der Gefahrgutliste des IMDG-Codes,

c) die Klasse der Hauptgefahr oder, falls zugeordnet, Unterklasse der Güter sowie bei Klasse 1 der Buchstabe der Verträglichkeitsgruppe,

d) die gegebenenfalls zugeordnete(n) Nummer(n) für die Klasse oder Unterklasse der Zusatzgefahr und

e) gegebenenfalls die dem Stoff oder Gegenstand zugeordnete Verpackungsgruppe.

## 4 Ladung

Die Versandstücke sind in geeignete und zugelassene Offshore-Container zu verladen, die den Anforderungen des Unterabschnitts 7.3.2.3 des IMDG-Codes entsprechen. Alternativ können Lagerschränke nach der DIN EN 14470-1:2004 verwendet werden. Die Güter sind unter Beachtung der Vorschriften des Abschnitts 7.3.3 des IMDG-Codes in die Container oder in die Lagerschränke zu stauen, mit der Ausnahme, dass anstelle der in Unterabschnitt 7.3.3.5 des IMDG-Codes in Bezug genommenen Trennvorschriften die Zusammenladeverbote nach den Abschnitten 7.5.2 und 7.5.4 des ADR Anwendung finden. Ist die Zusammenladung verboten, sind verschiedene Container oder Lagerschränke zu verwenden, die in einem Abstand von mindestens 0,5 m an Bord des Schiffes aufgestellt sind. Die Bestimmungen über die Kennzeichnung und Plakatierung in Unterabschnitt 7.3.3.13 erster Satz des IMDG-Codes und die Bestimmungen zum CTU-Packzertifikat in Unterabschnitt 7.3.3.17 des IMDG-Codes finden keine Anwendung.

## 5 Menge der Güter

Die Bruttomasse aller gefährlichen Güter darf 3 000 kg nicht überschreiten, wobei die Bruttomasse der gefährlichen Güter, die der Verpackungsgruppe I zugeordnet sind sowie der gefährlichen Güter der Klassen 1 und 2.3, insgesamt 300 kg nicht überschreiten darf.

## 6 Von der Freistellung ausgenommene Güter

Nicht befördert werden dürfen:

a) gefährliche Güter, die in Tanks befördert werden,

b) gefährliche Güter, deren Beförderung nach den Vorschriften des IMDG-Codes verboten ist oder für die die Verpackungsanweisung P099 vorgeschrieben ist,

c) gefährliche Güter der Klasse 1 mit den Klassifizierungscodes 1.1 A, 1.1 L, 1.2 K, 1.2 L, 1.3 K und 1.3 L sowie der UN-Nummer 0190,

d) selbstzersetzliche Stoffe der Klasse 4.1, organische Peroxide der Klasse 5.2, polymerisierende Stoffe und entzündbare Gase und flüssige Stoffe mit einem Flammpunkt unter 23 °C, die unter Temperaturkontrolle zu befördern sind,

e) Stoffe der Klassen 4.1 und 5.2, die zusätzlich mit dem Gefahrzettel „EXPLOSIVE" Muster 1 zu versehen sind,

f) gefährliche Güter der Klasse 6.2, Kategorie A und

g) gefährliche Güter der Klasse 7 mit Ausnahme der UN-Nummern 2908, 2909, 2910 und 2911.

# Gefahrgutbeauftragtenverordnung (GbV)

## Verordnung über die Bestellung von Gefahrgutbeauftragten in Unternehmen (Gefahrgutbeauftragtenverordnung – GbV)

i.d.F. der Bek. vom 11.3.2019 (BGBl. S. 304)
zuletzt geändert durch Art. 6 V vom 19.6.2025 (BGBl. 2025 I Nr. 147)

### Bekanntmachung der Neufassung der Gefahrgutbeautragtenverordnung

vom 11. März 2019

Auf Grund des Artikels 5 der Verordnung vom 20. Februar 2019 (BGBl. I S. 124) wird nachstehend der Wortlaut der Gefahrgutbeauftragtenverordnung in der seit dem 1. Januar 2019 geltenden Fassung bekannt gemacht. Die Neufassung berücksichtigt:

1. die am 1. September 2011 in Kraft getretene Verordnung vom 25. Februar 2011 (BGBl. I S. 341),
2. die am 1. Januar 2013 in Kraft getretenen Artikel 3 der Verordnung vom 19. Dezember 2012 (BGBl. I S. 2715),
3. die am 1. Januar 2015 in Kraft getretenen Artikel 6 der Verordnung vom 26. Februar 2015 (BGBl. I S. 265),
4. den am 8. September 2015 in Kraft getretenen Artikel 490 der Verordnung vom 31. August 2015 (BGBl. I S. 1474),
5. den am 1. Januar 2017 in Kraft getretenen Artikel 2 der Verordnung vom 17. März 2017 (BGBl. I S. 568) und
6. den am 1. Januar 2019 in Kraft getretenen Artikel 3 der eingangs genannten Verordnung.

Berlin, den 11. März 2019

Der Bundesminister
für Verkehr und digitale Infrastruktur
Andreas Scheuer

### § 1
### Geltungsbereich

(1) Die nachfolgenden Vorschriften gelten für jedes Unternehmen, dessen Tätigkeit die Beförderung gefährlicher Güter auf der Straße, auf der Schiene, auf schiffbaren Binnengewässern und mit Seeschiffen umfasst.

(2) Die in dem jeweiligen Abschnitt 1.8.3 des Übereinkommens vom 30. September 1957 über die internationale Beförderung gefährlicher Güter auf der Straße (ADR), der Anlage der Ordnung für die internationale Eisenbahnbeförderung gefährlicher Güter (RID) – Anhang C des Übereinkommens über den internationalen Eisenbahnverkehr (COTIF) und des Übereinkommens über die internationale Beförderung von gefährlichen Gütern auf Binnenwasserstraßen (ADN) für die Beförderung gefährlicher Güter auf der Straße, auf der Schiene und auf schiffbaren Binnengewässern getroffenen Regelungen sind auch auf die Beförderung gefährlicher Güter mit Seeschiffen anzuwenden.

### § 2
### Befreiungen

(1) Die Vorschriften dieser Verordnung gelten nicht für Unternehmen,

1. denen ausschließlich Pflichten als Fahrzeugführer, Triebfahrzeugführer, Schiffsführer, Besatzung in der Binnenschifffahrt, Betreiber einer Annahmestelle in der Binnenschifffahrt, Empfänger, Reisender, Hersteller und Rekonditionierer von Verpackungen, Wiederaufarbeiter von Verpackungen und Großpackmitteln (IBC) und als Stelle für Inspektionen und Prüfungen von IBC zugewiesen sind,
2. denen ausschließlich Pflichten als Auftraggeber des Absenders zugewiesen sind und die an der Beförderung gefährlicher Güter von nicht mehr als 50 Tonnen netto je Kalenderjahr beteiligt sind, aus-

genommen radioaktive Stoffe der Klasse 7 und gefährliche Güter der Beförderungskategorie 0 nach Absatz 1.1.3.6.3 ADR,

3. denen ausschließlich Pflichten als Entlader zugewiesen sind und die an der Beförderung gefährlicher Güter von nicht mehr als 50 Tonnen netto je Kalenderjahr beteiligt sind,
4. deren Tätigkeit sich auf die Beförderung gefährlicher Güter erstreckt, die von den Vorschriften des ADR/RID/ADN/IMDG-Code freigestellt sind,
5. deren Tätigkeit sich auf die Beförderung gefährlicher Güter im Straßen-, Eisenbahn-, Binnenschiffs- oder Seeverkehr erstreckt, deren Mengen die in Unterabschnitt 1.1.3.6 ADR festgelegten höchstzulässigen Mengen nicht überschreiten,
6. deren Tätigkeit sich auf die Beförderung gefährlicher Güter erstreckt, die nach den Bedingungen des Kapitels 3.3, 3.4 und 3.5 ADR/RID/ADN/IMDG-Code freigestellt sind, und
7. die gefährliche Güter von nicht mehr als 50 Tonnen netto je Kalenderjahr für den Eigenbedarf in Erfüllung betrieblicher Aufgaben befördern, wobei dies bei radioaktiven Stoffen nur für solche der UN-Nummern 2908 bis 2911 gilt.

(2) Die Befreiungstatbestände nach Absatz 1 können auch nebeneinander in Anspruch genommen werden.

### § 3
### Bestellung von Gefahrgutbeauftragten

→ D: RSEB A-3/1

(1) Sobald ein Unternehmen an der Beförderung gefährlicher Güter beteiligt ist und ihm Pflichten als Beteiligter in der Gefahrgutverordnung Straße, Eisenbahn und Binnenschifffahrt oder in der Gefahrgutverordnung See zugewiesen sind, muss es mindestens einen Sicherheitsberater für die Beförderung gefährlicher Güter (Gefahrgutbeauftragter) in Textform bestellen. Werden mehrere Gefahrgutbeauftragte bestellt, so sind deren Aufgaben gegeneinander abzugrenzen und in Textform festzulegen. Nimmt der Unternehmer die Funktion des Gefahrgutbeauftragten selbst wahr, ist eine Bestellung nicht erforderlich.

(2) Die Funktion des Gefahrgutbeauftragten kann nach dem Unterabschnitt 1.8.3.4 ADR/RID/ADN vom Leiter des Unternehmens, von einer Person mit anderen Aufgaben in dem Unternehmen oder von einer dem Unternehmen nicht angehörenden Person wahrgenommen werden, sofern diese tatsächlich in der Lage ist, die Aufgaben des Gefahrgutbeauftragten zu erfüllen. Der Name des Gefahrgutbeauftragten ist allen Mitarbeitern des Unternehmens in Textform bekannt zu geben; die Bekanntmachung kann auch durch schriftlichen Aushang an einer für alle Mitarbeiter leicht zugänglichen Stelle erfolgen.

(3) Als Gefahrgutbeauftragter darf nur bestellt werden oder als Unternehmer selbst die Funktion des Gefahrgutbeauftragten wahrnehmen, wer Inhaber eines für den betroffenen Verkehrsträger gültigen Schulungsnachweises nach § 4 ist.

(4) Wenn ein nach § 2 befreites Unternehmen wiederholt oder schwerwiegend gegen Vorschriften über die Beförderung gefährlicher Güter verstößt, kann die zuständige Behörde die Bestellung eines Gefahrgutbeauftragten anordnen.

(5) Die zuständige Behörde trifft die zur Einhaltung dieser Verordnung erforderlichen Anordnungen. Sie kann insbesondere die Abberufung des bestellten Gefahrgutbeauftragten und die Bestellung eines anderen Gefahrgutbeauftragten verlangen.

### § 4
### Schulungsnachweis

Der Schulungsnachweis wird mit den Mindestangaben nach Unterabschnitt 1.8.3.18 ADR/RID/ADN erteilt, wenn der Betroffene an einer Schulung nach § 5 teilgenommen und eine Prüfung nach § 6 Absatz 1 mit Erfolg abgelegt hat. Der Schulungsnachweis gilt fünf Jahre und kann jeweils um weitere fünf Jahre verlängert werden, wenn der Betroffene eine Prüfung nach § 6 Absatz 4 mit Erfolg abgelegt hat.

### § 5
### Schulungsanforderungen

(1) Die Schulung erfolgt in einem nach § 7 Absatz 1 Nummer 2 anerkannten Lehrgang. Anerkannt werden können Präsenzlehrgänge sowie Lehrgänge, die ganz oder teilweise in elektronischer Form durchgeführt werden.

(2) Die in den Schulungen zu behandelnden Sachgebiete ergeben sich aus den Unterabschnitten 1.8.3.3 und 1.8.3.11 ADR/RID/ADN sowie aus § 8.

(3) Die Schulungssprache ist deutsch. Auf Antrag kann eine Schulung in englischer Sprache zugelassen werden, wenn mit dem Antrag Schulungsunterlagen zu den Sachgebieten nach Absatz 2 und die erforderlichen Rechtsvorschriften in englischer Sprache nachgewiesen werden und die sonstigen Voraussetzungen für die Anerkennung des Lehrgangs nach Absatz 1 vorliegen.

(4) Die Schulung umfasst im Falle der Beförderung durch einen Verkehrsträger mindestens 22 Stunden und 30 Minuten und für jeden weiteren Verkehrsträger mindestens sieben Stunden und 30 Minuten. Dabei muss die Schulung für jeden weiteren Verkehrsträger innerhalb der Geltungsdauer des Schulungsnachweises erfolgen.

(5) Ein Unterrichtstag darf nicht mehr als sieben Stunden und 30 Minuten Unterricht umfassen.

(6) Der Schulungsveranstalter darf Schulungen nur bei Vorliegen aller Voraussetzungen nach Absatz 1 bis 5 durchführen.

## § 6
## Prüfungen

(1) Die Prüfung besteht aus einer schriftlichen Prüfung, die ganz oder teilweise auch als elektronische Prüfung durchgeführt werden kann. Die Grundsätze der Prüfung richten sich nach Absatz 1.8.3.12.2 bis 1.8.3.12.5 ADR/RID/ADN.

(2) Die nach einer Schulung abzulegende Prüfung nach Absatz 1.8.3.12.4 ADR/RID/ADN darf einmal ohne nochmalige Schulung wiederholt werden. Die Prüfung ist bestanden, wenn mindestens 50 vom Hundert der von der Industrie- und Handelskammer in der Satzung nach § 7 Absatz 2 festgelegten Höchstpunktzahl erreicht wird.

(3) Die Prüfungssprache ist deutsch. Auf Antrag kann eine Prüfung nach Absatz 1 in englischer Sprache zugelassen werden, wenn der Prüfling die erforderlichen Rechtsvorschriften in englischer Sprache nachweist sowie die Kosten jeweils für die Erstellung der Prüfungsunterlagen in englischer Sprache und die Durchführung der Prüfung in englischer Sprache übernimmt. Die Teilnahme an einer Prüfung in englischer Sprache ist nur für Prüflinge möglich, die zuvor an einer zugelassenen Schulung nach § 5 Absatz 1 in englischer Sprache teilgenommen haben.

(4) Die Prüfung zur Verlängerung des Schulungsnachweises nach Absatz 1.8.3.16.1 ADR/RID/ADN darf unbegrenzt wiederholt werden, jedoch nur bis zum Ablauf der Geltungsdauer des Schulungsnachweises. Absatz 2 Satz 2 gilt entsprechend. Die Höchstpunktzahl ist jedoch um 50 vom Hundert zu reduzieren.

(5) Die Prüfungsfragen sind aus einer Sammlung auszuwählen, die von der Deutschen Industrie- und Handelskammer veröffentlicht wird.

(6) Prüfungen dürfen nur bei Vorliegen aller Voraussetzungen nach Absatz 1 bis 5 durchgeführt werden.

## § 7
## Zuständigkeiten

(1) Die Industrie- und Handelskammern sind zuständig für

1. die Erteilung der Schulungsnachweise nach § 4,
2. die Anerkennung und Überwachung der Lehrgänge nach § 5 Absatz 1,
3. die Erteilung von Ausnahmen von § 5 Absatz 3 und § 6 Absatz 3,
4. die Durchführung der Prüfungen nach § 6 Absatz 1 bis 4 und
5. die Umschreibung eines Schulungsnachweises nach § 7 Absatz 3 in einen Schulungsnachweis nach § 4.

Für die Erteilung einer Ausnahme nach § 6 Absatz 3 Satz 2 ist die Industrie- und Handelskammer zuständig, die zuvor die Ausnahme nach § 5 Absatz 3 in Verbindung mit § 5 Absatz 1 zugelassen hat.

(2) Einzelheiten nach Absatz 1 regeln die Industrie- und Handelskammern durch Satzung.

(3) Abweichend von Absatz 1 und 2 können Bund, Länder, Gemeinden und sonstige juristische Personen des öffentlichen Rechts für ihren hoheitlichen Aufgabenbereich eigene Schulungen veranstalten, die Prüfung selbst durchführen und die Schulungsnachweise selbst ausstellen. Einzelheiten sind durch die jeweils zuständige oberste Bundes- oder Landesbehörde durch Verwaltungsvorschriften zu regeln.

(4) Das Bundesministerium der Verteidigung und das Bundesministerium des Innern und für Heimat bestimmen die zuständigen Behörden im Sinne des § 3 Absatz 4 und 5 für ihren Dienstbereich.

→ D: RSEB A-8/1

## § 8
## Pflichten des Gefahrgutbeauftragten

(1) Der Gefahrgutbeauftragte hat die Aufgaben nach Unterabschnitt 1.8.3.3 ADR/RID/ADN wahrzunehmen.

(2) Der Gefahrgutbeauftragte ist verpflichtet, Aufzeichnungen in Textform über seine Überwachungstätigkeit unter Angabe des Zeitpunktes der Überwachung, der Namen der überwachten Personen und der überwachten Geschäftsvorgänge zu führen.

(3) (aufgehoben)

(4) Der Gefahrgutbeauftragte hat dafür zu sorgen, dass ein Unfallbericht nach Unterabschnitt 1.8.3.6 ADR/RID/ADN erstellt wird.

→ D: RSEB A-8/2

(5) Der Gefahrgutbeauftragte hat für den Unternehmer einen Jahresbericht über die Tätigkeiten des Unternehmens in Bezug auf die Gefahrgutbeförderung innerhalb eines halben Jahres nach Ablauf des Geschäftsjahres mit den Angaben nach Satz 2 zu erstellen. Der Jahresbericht muss mindestens enthalten

1. Art der gefährlichen Güter unterteilt nach Klassen,

→ D: RSEB A-8/3

2. Gesamtmenge der gefährlichen Güter in einer der folgenden vier Stufen:
   1. bis 5 Tonnen,
   2. mehr als 5 Tonnen bis 50 Tonnen,
   3. mehr als 50 Tonnen bis 1 000 Tonnen,
   4. mehr als 1 000 Tonnen,
3. Zahl und Art der Unfälle mit gefährlichen Gütern, über die ein Unfallbericht nach Unterabschnitt 1.8.3.6 ADR/RID/ADN erstellt worden ist,
4. sonstige Angaben, die nach Auffassung des Gefahrgutbeauftragten für die Beurteilung der Sicherheitslage wichtig sind, und
5. Angaben, ob das Unternehmen an der Beförderung gefährlicher Güter nach Abschnitt 1.10.3 ADR/RID/ADN oder 1.4.3 IMDG-Code beteiligt gewesen ist.

Der Jahresbericht muss keine Angaben über die Beförderung gefährlicher Güter im Luftverkehr enthalten. Die anzugebende Gesamtmenge der gefährlichen Güter schließt auch die empfangenen gefährlichen Güter ein.

(6) Der Gefahrgutbeauftragte muss den Schulungsnachweis nach § 4 der zuständigen Behörde auf Verlangen vorlegen. Er hat dafür zu sorgen, dass dieser Schulungsnachweis rechtzeitig verlängert wird.

## § 9
## Pflichten der Unternehmer

(1) Der Unternehmer darf den Gefahrgutbeauftragten wegen der Erfüllung der ihm übertragenen Aufgaben nicht benachteiligen.

(2) Der Unternehmer hat dafür zu sorgen, dass der Gefahrgutbeauftragte

1. vor seiner Bestellung im Besitz eines gültigen und auf die Tätigkeiten des Unternehmens abgestellten Schulungsnachweises nach § 4 ist,
2. alle zur Wahrnehmung seiner Tätigkeit erforderlichen sachdienlichen Auskünfte und Unterlagen erhält, soweit sie die Beförderung gefährlicher Güter betreffen,
3. die notwendigen Mittel zur Aufgabenwahrnehmung erhält,
4. jederzeit seine Vorschläge und Bedenken unmittelbar der entscheidenden Stelle im Unternehmen vortragen kann,
5. zu vorgesehenen Vorschlägen auf Änderung oder Anträgen auf Abweichungen von den Vorschriften über die Beförderung gefährlicher Güter Stellung nehmen kann und
6. alle Aufgaben, die ihm nach § 8 übertragen worden sind, ordnungsgemäß erfüllen kann.

(3) Der Unternehmer hat die Aufzeichnungen nach § 8 Absatz 2 und den Jahresbericht nach § 8 Absatz 5 fünf Jahre nach deren Vorlage durch den Gefahrgutbeauftragten aufzubewahren und der zuständigen Behörde auf Verlangen in Textform zur Prüfung vorzulegen.

(4) Der Unternehmer hat auf Verlangen der zuständigen Behörde den Namen des Gefahrgutbeauftragten bekannt zu geben.

(5) Der Unternehmer hat auf Verlangen der zuständigen Behörde die Unfallberichte nach Unterabschnitt 1.8.3.6 ADR/RID/ADN vorzulegen.

**§ 10**
**Ordnungswidrigkeiten**

Ordnungswidrig im Sinne des § 10 Absatz 1 Nummer 1 Buchstabe b des Gesetzes über die Beförderung gefährlicher Güter handelt, wer vorsätzlich oder fahrlässig

1. als Unternehmer
   a) entgegen § 3 Absatz 1 Satz 1 einen Gefahrgutbeauftragten nicht, nicht in der vorgeschriebenen Weise oder nicht rechtzeitig bestellt,
   b) entgegen § 3 Absatz 3 einen Gefahrgutbeauftragten bestellt oder die Funktion des Gefahrgutbeauftragten selbst wahrnimmt, ohne im Besitz eines gültigen Schulungsnachweises nach § 4 zu sein,
   c) einer vollziehbaren Anordnung nach § 3 Absatz 4 zuwiderhandelt,
   d) entgegen § 9 Absatz 2 Nummer 1 nicht dafür sorgt, dass der Gefahrgutbeauftragte im Besitz eines dort genannten Schulungsnachweises ist,
   e) entgegen § 9 Absatz 2 Nummer 6 nicht dafür sorgt, dass der Gefahrgutbeauftragte alle Aufgaben ordnungsgemäß erfüllen kann,
   f) entgegen § 9 Absatz 3 eine dort genannte Aufzeichnung oder den Jahresbericht nicht oder nicht mindestens fünf Jahre aufbewahrt oder nicht oder nicht rechtzeitig vorlegt,
   g) entgegen § 9 Absatz 4 den Namen des Gefahrgutbeauftragten nicht oder nicht rechtzeitig bekannt gibt oder
   h) entgegen § 9 Absatz 5 den Unfallbericht nicht oder nicht rechtzeitig vorlegt,
2. als Schulungsveranstalter entgegen § 5 Absatz 6 eine Schulung durchführt oder
3. als Gefahrgutbeauftragter
   a) entgegen § 8 Absatz 2 eine Aufzeichnung nicht, nicht richtig oder nicht vollständig führt,
   b) (aufgehoben)
   c) entgegen § 8 Absatz 4 nicht dafür sorgt, dass ein Unfallbericht erstellt wird,
   d) entgegen § 8 Absatz 5 Satz 1 einen Jahresbericht nicht, nicht richtig, nicht vollständig oder nicht rechtzeitig erstellt oder
   e) entgegen § 8 Absatz 6 Satz 1 den Schulungsnachweis nicht oder nicht rechtzeitig vorlegt.

**§ 11**
**(Übergangsbestimmungen)**

**§ 12**
**(Aufheben von Vorschriften)**

**§ 13**
**(Inkrafttreten)**

# Gefahrgut-Kontrollverordnung (GGKontrollV)

## Verordnung über die Kontrollen von Gefahrguttransporten auf der Straße und in den Unternehmen – GGKontrollV*)

i.d.F. der Bek. vom 26.10.2005 (BGBl. I S. 3104)
zuletzt geändert durch Art. 27 G vom 2.3.2023 (BGBl. I Nr. 56)

**Bekanntmachung**
**der Neufassung der Verordnung über die Kontrollen von Gefahrguttransporten auf der Straße und in den Unternehmen**

vom 26. Oktober 2005

Auf Grund des Artikels 2 der Ersten Verordnung zur Änderung der Verordnung über die Kontrollen von Gefahrguttransporten auf der Straße und in den Unternehmen vom 26. Oktober 2005 (BGBl. I S. 3099) wird nachstehend der Wortlaut der Verordnung über die Kontrollen von Gefahrguttransporten auf der Straße und in den Unternehmen in der ab dem 5. November 2005 geltenden Fassung bekannt gemacht. Die Neufassung berücksichtigt:

1. die am 1. September 1997 in Kraft getretene Verordnung vom 27. Mai 1997 (BGBl. I S. 1306),
2. den mit Wirkung vom 1. Juli 2001 in Kraft getretenen Artikel 4 der Verordnung vom 11. Dezember 2001 (BGBl. I S. 3529) und
3. den am 5. November 2005 in Kraft tretenden Artikel 1 der eingangs genannten Verordnung.

Die Rechtsvorschriften wurden erlassen auf Grund

zu 1. des § 3 Abs. 1 und 2 in Verbindung mit § 4 Abs. 1 und des § 5 Abs. 2 Satz 1 in Verbindung mit den §§ 8 und 9 des Gesetzes über die Beförderung gefährlicher Güter vom 6. August 1975 (BGBl. I S. 2121), § 3 Abs. 1 geändert durch Artikel 36 des Gesetzes vom 28. Juni 1990 (BGBl. I S. 1221) und § 5 Abs. 2 geändert durch Artikel 8 § 4 des Gesetzes vom 24. Juni 1994 (BGBl. I S. 1416), in Verbindung mit § 1 der Verordnung zur Übertragung gefahrgutrechtlicher Ermächtigungen auf den Bundesminister für Verkehr vom 12. September 1985 (BGBl. I S. 1918),

zu 2. des § 3 Abs. 1, 2 und 5 in Verbindung mit § 7a und auf Grund des § 5 Abs. 2 und 3 des Gefahrgutbeförderungsgesetzes in der Fassung der Bekanntmachung vom 29. September 1998 (BGBl. I S. 3114) in Verbindung mit Artikel 56 des Zuständigkeitsanpassungs-Gesetzes vom 18. März 1975 (BGBl. I S. 705) und dem Organisationserlass vom 27. Oktober 1998 (BGBl. I S. 3288) und

zu 3. des § 3 Abs. 1 in Verbindung mit Abs. 2 und § 7a sowie des § 5 Abs. 2 in Verbindung mit Abs. 3 des Gefahrgutbeförderungsgesetzes in der Fassung der Bekanntmachung vom 29. September 1998 (BGBl. I S. 3114), von denen § 3 Abs. 1 und 2 durch Artikel 250 Nr. 1 und 2 der Verordnung vom 29. Oktober 2001 (BGBl. I S. 2785) und § 5 Abs. 2 und § 7a zuletzt durch Artikel 11 § 5 des Gesetzes vom 6. August 2002 (BGBl. I S. 3082) geändert worden sind.

Berlin, den 26. Oktober 2005

DER BUNDESMINISTER
FÜR VERKEHR, BAU- UND WOHNUNGSWESEN
MANFRED STOLPE

*) Diese Verordnung dient der Umsetzung der Richtlinie 95/50/EG des Rates vom 6. Oktober 1995 über einheitliche Verfahren für die Kontrolle von Gefahrguttransporten auf der Straße (ABl. EG Nr. L 249 S. 35), der Richtlinie 2001/26/EG des Europäischen Parlaments und des Rates vom 7. Mai 2001 zur Änderung der Richtlinie 95/50/EG des Rates über einheitliche Verfahren für die Kontrolle von Gefahrguttransporten auf der Straße und der Richtlinie 2004/112/EG der Kommission vom 13. Dezember 2004 zur Anpassung der Richtlinie 95/50/EG des Rates über einheitliche Verfahren für die Kontrolle von Gefahrguttransporten auf der Straße an den technischen Fortschritt (ABl. EU Nr. L 367 S. 23).

## § 1
## Anwendungsbereich

(1) Die Vorschriften dieser Verordnung gelten für die Kontrollen von Gefahrguttransporten durch die nach § 9 Abs. 1 des Gesetzes über die Beförderung gefährlicher Güter zuständigen Behörden auf der Straße, die mit Fahrzeugen durchgeführt werden, die am Straßenverkehr teilnehmen oder aus einem Drittland in Deutschland einfahren, sowie für Kontrollen in den Unternehmen.

(2) Die §§ 2 bis 6 gelten nicht für Kontrollen von Gefahrguttransporten der Streitkräfte, die durch deutsche Behörden und die Streitkräfte gemeinsam durchgeführt werden.

(3) Das Bundesamt für Logistik und Mobilität wendet die §§ 2 bis 6 entsprechend an.

## § 2
## Begriffsbestimmungen

Im Sinne dieser Verordnung bezeichnet der Begriff

1. „Fahrzeug": alle zur Teilnahme am Straßenverkehr bestimmten Kraftfahrzeuge und ihre Anhänger;
2. „gefährliche Güter": die Güter, die in der Richtlinie 94/55/EG des Rates vom 21. November 1994 zur Angleichung der Rechtsvorschriften der Mitgliedstaaten für den Gefahrguttransport auf der Straße (Abl. EG Nr. L 319 S. 7) als gefährlich eingestuft sind;
3. „Beförderung": jeden Transport, der auf den öffentlichen Straßen in Deutschland mit einem Fahrzeug erfolgt, einschließlich der in der Richtlinie 94/55/EG des Rates vom 21. November 1994 zur Angleichung der Rechtsvorschriften der Mitgliedstaaten für den Gefahrguttransport auf der Straße erfassten Tätigkeiten des Ein- und Ausladens der Güter, und zwar unbeschadet der in den Rechtsvorschriften der Mitgliedstaaten hinsichtlich dieser Tätigkeiten vorgesehenen Regelungen über die Verantwortlichkeiten;
4. „Unternehmen": jede natürliche und juristische Person mit oder ohne Erwerbszweck, jede Vereinigung oder jeder Zusammenschluss von Personen mit oder ohne Rechtspersönlichkeit oder mit oder ohne Erwerbszweck sowie jede staatliche Einrichtung, unabhängig davon, ob sie über eine eigene Rechtspersönlichkeit verfügt oder von einer Behörde mit Rechtspersönlichkeit abhängt, die gefährliche Güter befördert – einschließlich des zeitweiligen Aufenthalts im Verlaufe der Beförderung –, lädt, entlädt oder befördern lässt, sowie eine solche, die gefährliche Güter im Zusammenhang mit einer Beförderungstätigkeit verpackt, sammelt oder in Empfang nimmt, sofern sie ihren Sitz im Gebiet der Gemeinschaft hat;
5. „Kontrolle": jede Überwachung, Prüfung oder Untersuchung, die aus Sicherheitsgründen auf der Straße oder in den Unternehmen im Zusammenhang mit der Beförderung gefährlicher Güter von den zuständigen Behörden durchgeführt wird.

## § 3
## Kontrollen auf der Straße

(1) Die oberste Landesbehörde oder die von ihr bestimmte oder nach Landesrecht zuständige Stelle stellt sicher, dass in ihrem Gebiet ein repräsentativer Anteil der Gefahrguttransporte auf der Straße den in dieser Verordnung vorgesehenen Kontrollen unterzogen wird, um zu überprüfen, ob die Vorschriften für die Beförderung gefährlicher Güter auf der Straße eingehalten werden. Diese Kontrollen werden in Ausführung von Artikel 3 der Verordnung (EWG) Nr. 4060/89 und Artikel 1 der Verordnung (EWG) Nr. 3912/92 durchgeführt. Das Bundesamt für Logistik und Mobilität kontrolliert im Rahmen seiner Zuständigkeit nach dem Güterkraftverkehrsgesetz Gefahrguttransporte auf der Straße in angemessenem Umfang.

(2) Bei der Festlegung des repräsentativen Anteils der Gefahrguttransporte im Sinne des Absatzes 1 Satz 1 ist der Anteil der im jeweiligen Land zugelassenen Lastkraftwagen, Zugmaschinen und Sattelzugmaschinen am Gesamtbestand der genannten Kraftfahrzeuge in Deutschland zu berücksichtigen. Die Zahlen über Gefahrgutbeförderungen und Fahrzeugbestände werden jährlich zum 30. Juni für das vorangegangene Jahr durch das Bundesamt für Logistik und Mobilität in Abstimmung mit dem Kraftfahrt-Bundesamt zur Verfügung gestellt.

(3) Die nach Landesrecht für die Überwachung zuständigen Behörden und das Bundesamt für Logistik und Mobilität orientieren sich bei der Durchführung von Kontrollmaßnahmen, die der Umsetzung der Richtlinie 95/50/EG dienen, an der Prüfliste nach Anlage 1. Über das Ergebnis der Kontrolle händigt der Prüfer dem Fahrzeugführer eine geeignete Kontrollbescheinigung aus.

(4) Die Kontrollen nach den Absätzen 1 bis 3 sind im Stichprobenverfahren möglichst auf einem ausgedehnten Teil des Straßennetzes durchzuführen. Sie sind möglichst an Orten durchzuführen, an denen Fahrzeuge, bei denen Verstöße festgestellt wurden, in einen vorschriftsmäßigen Zustand versetzt oder – wenn die Behörde es für angebracht hält – an Ort und Stelle oder an einem von dieser Behörde bezeichneten Platz abgestellt werden können, ohne dass dadurch ein Sicherheitsrisiko entsteht.

(5) Dem Transportgut können Proben entnommen werden, um sie von behördlichen oder von behördlich anerkannten Prüfstellen untersuchen zu lassen. Bei der Entnahme von Proben sind die besonderen Gefahren oder gefährlichen Stoffe und Gegenstände in den einzelnen Klassen zu berücksichtigen.

(6) Die Kontrollen sollen eine angemessene Zeitdauer nicht überschreiten.

(7) Bei Gefahrguttransporten, bei denen ein Verstoß gegen die Vorschriften für die Beförderung gefährlicher Güter, insbesondere einer der in Anlage 3 genannten Verstöße, festgestellt wird, können alle erforderlichen Maßnahmen zum Schutz gegen die von der Beförderung gefährlicher Güter ausgehenden Gefahren getroffen werden; hierzu gehören insbesondere die Verweigerung der Einfahrt in die Europäische Gemeinschaft und das Abstellen des Fahrzeugs an Ort und Stelle oder auf einem hierfür geeigneten Platz.

## § 4
## Kontrollen in den Unternehmen

(1) Die nach § 9 Abs. 1 des Gesetzes über die Beförderung gefährlicher Güter für die Überwachung in den Unternehmen zuständigen Behörden können, vorbeugend oder wenn bei Gefahrguttransporten auf der Straße Verstöße festgestellt wurden, die die Sicherheit des Gefahrguttransports gefährden, Kontrollen in den inländischen Unternehmen durchführen, um sicherzustellen, dass die Vorschriften über die Beförderung gefährlicher Güter auf der Straße eingehalten werden.

(2) Wird vor Durchführung einer Beförderung ein Verstoß gegen die Vorschriften über die Beförderung gefährlicher Güter festgestellt, kann die zuständige Behörde die Fahrt solange untersagen, bis die Beförderung vorschriftsmäßig durchgeführt werden kann; sie kann auch andere geeignete Maßnahmen ergreifen.

(3) § 3 Abs. 3 Satz 2 und Abs. 4 bis 7 gilt entsprechend.

## § 5
## Berichtswesen

(1) Die zuständige oberste Landesbehörde oder eine von ihr beauftragte Stelle und das Bundesamt für Logistik und Mobilität übermitteln dem Bundesministerium für Verkehr und digitale Infrastruktur für jedes Kalenderjahr, spätestens sechs Monate nach dessen Ablauf, einen nach dem Muster in der Anlage 5 erstellten Bericht über die Anwendung dieser Verordnung mit folgenden Angaben:

1. Anzahl der kontrollierten Fahrzeuge, aufgeschlüsselt nach der Zulassung in Deutschland, in anderen Mitgliedstaaten der Europäischen Union oder in Drittländern,
2. Zahl der beanstandeten Fahrzeuge,
3. Anzahl der festgestellten Verstöße und die Art der Verstöße,
4. Anzahl und Art der veranlassten Sanktionen.

(2) Das Bundesamt für Logistik und Mobilität erstellt aufgrund der Berichte nach Absatz 1 einen zusammengefassten Bericht und übersendet diesen dem Ministerium für Verkehr und digitale Infrastruktur zur Weiterleitung an die Kommission der Europäischen Gemeinschaften.

## Anlage 1
(zu § 3 Abs. 3 Satz 1)

# Prüfliste

| | | | | |
|---|---|---|---|---|
| **1.** | **Ort der Kontrolle** ........................................ | **2. Datum** .......... | **3. Zeit** .................................. | |
| **4.** | **Nationalitätskennzeichen und Zulassungsnummer des Fahrzeugs** | ............................................................ | | |
| **5.** | **Nationalitätskennzeichen und Zulassungsnummer des Anhängers/Sattelanhängers** | ............................................................ | | |
| **6.** | **Transportunternehmen/Anschrift** | ............................................................ | | |
| **7.** | **Fahrer/Beifahrer** | ............................................................ | | |
| **8.** | **Absender, Anschrift, Verladeort**[1) 2)] | ............................................................ | | |
| **9.** | **Empfänger, Anschrift, Entladeort**[1) 2)] | ............................................................ | | |
| **10.** | **Gesamtmenge der Gefahrgüter je Beförderungseinheit** | ............................................................ | | |
| **11.** | **Höchstmenge gemäß ADR 1.1.3.6 überschritten** | ☐ ja | ☐ nein | |
| **12.** | **Beförderungsart** | ☐ in loser Schüttung | ☐ Versandstück | ☐ Tank |
| **Dokumente an Bord** | | | | |
| 13. | Beförderungspapier | ☐ kontrolliert | ☐ Verstoß festgestellt | ☐ nicht anwendbar |
| 14. | Schriftliche Weisungen | ☐ kontrolliert | ☐ Verstoß festgestellt | ☐ nicht anwendbar |
| 15. | Bilaterale/multilaterale Vereinbarung oder nationale Genehmigung | ☐ kontrolliert | ☐ Verstoß festgestellt | ☐ nicht anwendbar |
| 16. | Zulassungsbescheinigung für Fahrzeuge | ☐ kontrolliert | ☐ Verstoß festgestellt | ☐ nicht anwendbar |
| 17. | Schulungsbescheinigung des Fahrers | ☐ kontrolliert | ☐ Verstoß festgestellt | ☐ nicht anwendbar |
| **Beförderung** | | | | |
| 18. | Zur Beförderung zugelassene Güter | ☐ kontrolliert | ☐ Verstoß festgestellt | ☐ nicht anwendbar |
| 19. | Zur Beförderung der Güter zugelassene Fahrzeuge | ☐ kontrolliert | ☐ Verstoß festgestellt | ☐ nicht anwendbar |
| 20. | Vorschriften in Bezug auf das Beförderungsmittel (lose Schüttung, Versandstück, Tank) | ☐ kontrolliert | ☐ Verstoß festgestellt | ☐ nicht anwendbar |
| 21. | Verbot der Zusammenladung | ☐ kontrolliert | ☐ Verstoß festgestellt | ☐ nicht anwendbar |
| 22. | Beladen, Sicherung der Ladung und Handhabung[3)] | ☐ kontrolliert | ☐ Verstoß festgestellt | ☐ nicht anwendbar |
| 23. | Austreten von Gütern oder Beschädigung des Versandstücks[3)] | ☐ kontrolliert | ☐ Verstoß festgestellt | ☐ nicht anwendbar |
| 24. | Kennzeichnung des Versandstücks nach UN und des Tanks nach UN/ADR/RID/IMO | ☐ kontrolliert | ☐ Verstoß festgestellt | ☐ nicht anwendbar |
| 25. | Kennzeichnung des Versandstücks (z.B. UN-Nummer) und Bezettelung[2)] (ADR 3.3/3.4/4.1/5.2) | ☐ kontrolliert | ☐ Verstoß festgestellt | ☐ nicht anwendbar |
| 26. | Anbringen von Großzetteln (Placards) auf Tank/Fahrzeug (ADR 5.3.1) | ☐ kontrolliert | ☐ Verstoß festgestellt | ☐ nicht anwendbar |
| 27. | Kennzeichnung von Fahrzeug/Beförderungseinheit (orangefarbene Kennzeichnung, erwärmter Zustand) (ADR 5.3.2/5.3.3) | ☐ kontrolliert | ☐ Verstoß festgestellt | ☐ nicht anwendbar |

**Ausrüstung an Bord**

| | | | | |
|---|---|---|---|---|
| 28. | Allgemeine Sicherheitsausrüstung gemäß ADR | ☐ kontrolliert | ☐ Verstoß festgestellt | ☐ nicht anwendbar |
| 29. | Ausrüstung nach Maßgabe der beförderten Güter | ☐ kontrolliert | ☐ Verstoß festgestellt | ☐ nicht anwendbar |
| 30. | Andere in den schriftlichen Weisungen genannte Ausrüstung | ☐ kontrolliert | ☐ Verstoß festgestellt | ☐ nicht anwendbar |
| 31. | Feuerlöscher | ☐ kontrolliert | ☐ Verstoß festgestellt | ☐ nicht anwendbar |
| 32. | Gegebenenfalls schwerwiegendste Gefahrenkategorie der festgestellten Verstöße | ☐ Kategorie I | ☐ Kategorie II | ☐ Kategorie III |
| 33. | Bemerkungen (z.B. getroffene Maßnahmen) | ............................................ | | |
| **34.** | **Behörde/Beamter, die/der die Kontrolle durchgeführt hat** | ............................................ | | |

1) Nur ausfüllen, wenn für einen Verstoß von Bedeutung.
2) Bei Sammelbeförderungen unter „Bemerkungen" angegeben.
3) Prüfung auf sichtbare Verstöße.

## Anlage 2

*(aufgehoben)*

## Anlage 3

(zu § 3 Abs. 7)

## Verstöße

Für die Zwecke dieser Verordnung stellt die folgende, nicht erschöpfende Liste mit drei Gefahrenkategorien (wobei Kategorie I die schwerwiegendste ist) eine Leitlinie dafür dar, was als Verstoß einzustufen ist.

Die Bestimmung der angemessenen Gefahrenkategorie erfolgt unter Berücksichtigung der besonderen Umstände und liegt im Ermessen der vollziehenden Behörde bzw. des vollziehenden Beamten auf der Straße.

Nicht unter den Gefahrenkategorien aufgeführte Mängel werden entsprechend den Beschreibungen der Kategorien eingestuft.

Bei mehreren Verstößen je Beförderungseinheit wird bei der Berichterstattung (Anlage 5 dieser Verordnung) nur die schwerwiegendste Gefahrenkategorie (wie unter Nummer 32 der Anlage 1 dieser Verordnung angegeben) angewandt.

### A. Gefahrenkategorie I

Wenn der Verstoß gegen die einschlägigen ADR-Bestimmungen mit einer hohen Lebensgefahr bzw. der Gefahr schwerer gesundheitlicher Schäden oder einer erheblichen Schädigung der Umwelt verbunden ist, so dass in der Regel unverzüglich geeignete Maßnahmen zur Beseitigung der Gefahr ergriffen werden, z.B. Untersagung der Weiterfahrt, Stilllegung des Fahrzeugs.

Mängel sind:

1. die Beförderung der beförderten Gefahrgüter ist verboten,
2. Austreten von gefährlichen Stoffen,
3. Beförderung in einer verbotenen Beförderungsart oder einem ungeeigneten Beförderungsmittel,
4. Beförderung in loser Schüttung in einem in bautechnischer Hinsicht ungeeigneten Behälter,
5. Beförderung in einem Fahrzeug ohne entsprechende Zulassungsbescheinigung,
6. das Fahrzeug entspricht nicht mehr den Zulassungsbestimmungen und stellt eine unmittelbare Gefahr dar (sonst Gefahrenkategorie II),
7. nicht zulässige Verpackung,
8. Verpackung ist nicht mit den gültigen Verpackungsanweisungen konform,
9. die besonderen Bestimmungen für die Zusammenpackung wurden nicht eingehalten,
10. die Regeln für die Sicherung der Ladung wurden nicht eingehalten,
11. die Vorschriften für die Zusammenladung von Versandstücken wurden nicht eingehalten,
12. der zulässige Füllungsgrad von Tanks oder Versandstücken wurde nicht eingehalten,

13. die Vorschriften zur Begrenzung der in einer Beförderungseinheit beförderten Mengen wurden nicht eingehalten,
14. Beförderung von Gefahrgütern ohne Hinweis auf ihr Vorhandensein (z.B. Dokumente, Kennzeichnung und Bezettelung der Versandstücke, Anbringen von Großzetteln (Placards) und Kennzeichnung am Fahrzeug),
15. Beförderung ohne Anbringen von Großzetteln (Placards) und Kennzeichnung von Containern, MEGC, Tankcontainern, ortsbeweglichen Tanks und Fahrzeugen,
16. relevante Angaben zu dem beförderten Stoff, die die Feststellung eines Verstoßes der Gefahrenkategorie I ermöglichen, fehlen (z.B. UN-Nummer, offizielle Benennung, Verpackungsgruppe),
17. der Fahrer ist nicht Inhaber einer gültigen Schulungsbescheinigung,
18. Verwendung von Feuer oder offenem Licht oder
19. das Rauchverbot bei Ladearbeiten wird nicht beachtet.

**B. Gefahrenkategorie II**

Wenn der Verstoß gegen die einschlägigen ADR-Bestimmungen mit der Gefahr schwerer Verletzungen oder einer erheblichen Schädigung der Umwelt verbunden ist, so dass in der Regel geeignete Maßnahmen zur Beseitigung der Gefahr ergriffen werden, z.B. wenn möglich und angemessen die Behebung am Kontrollort, spätestens jedoch nach Abschluss der laufenden Beförderung.

Mängel sind:

1. die Beförderungseinheit besteht aus mehr als einem Anhänger/Sattelanhänger,
2. das Fahrzeug entspricht nicht mehr den Zulassungsbestimmungen, stellt jedoch keine unmittelbare Gefahr dar,
3. im Fahrzeug befinden sich nicht die geforderten funktionsfähigen Feuerlöscher; ein Feuerlöscher gilt noch als funktionsfähig, wenn nur das vorgeschriebene Siegel und/oder das Verfallsdatum fehlen; dies gilt jedoch nicht, wenn der Feuerlöscher offensichtlich nicht länger funktionstüchtig ist, z.B. Manometer auf 0,
4. im Fahrzeug befindet sich nicht die im ADR oder den schriftlichen Weisungen vorgeschriebene Ausrüstung,
5. Prüffristen und Verwendungszeiträume von Verpackungen, Großpackmitteln (IBC) oder Großverpackungen wurden nicht eingehalten,
6. Versandstücke mit beschädigter Verpackung, beschädigtem Großpackmittel (IBC), beschädigter Großverpackung oder beschädigte, ungereinigte leere Verpackungen werden befördert,
7. Beförderung verpackter Güter in einem in bautechnischer Hinsicht ungeeigneten Container,
8. Tanks/Tankcontainer (einschließlich leerer und ungereinigter) wurden nicht ordnungsgemäß verschlossen,
9. Beförderung einer zusammengesetzten Verpackung, bei der die Außenverpackung nicht ordnungsgemäß verschlossen ist,
10. falsche Kennzeichnung, Bezettelung oder falsches Anbringen von Großzetteln (Placards),
11. keine schriftlichen Weisungen gemäß ADR vorhanden oder die schriftlichen Weisungen betreffen nicht die beförderten Güter oder
12. das Fahrzeug ist nicht ordnungsgemäß überwacht oder geparkt.

**C. Gefahrenkategorie III**

Wenn der Verstoß gegen die einschlägigen Bestimmungen mit einer geringen Gefahr von Verletzungen oder einer Schädigung der Umwelt verbunden ist und geeignete Maßnahmen zur Beseitigung der Gefahr nicht an der Straße ergriffen werden müssen, sondern zu einem späteren Zeitpunkt auf dem Betriebsgelände getroffen werden können.

Mängel sind:

1. die Größe der Großzettel (Placards) oder Zettel oder der Buchstaben, Zahlen oder Symbole auf den Großzetteln oder Zetteln entspricht nicht den Vorschriften.
2. weitere Angaben als die in Gefahrenkategorie I Nr. 16 sind in den Beförderungsunterlagen nicht verfügbar oder
3. die Schulungsbescheinigung befindet sich nicht an Bord des Fahrzeugs, es gibt jedoch Belege dafür, dass der Fahrer sie besitzt.

## Anlage 4

*(aufgehoben)*

## Anlage 5

(zu § 5 Abs. 1)

### Muster des Formulars für den Bericht an das BMVBW über Verstöße und Maßnahmen

Bundesland: . . . . . . . . . . . . . . . . Jahr: . . . . . . . . . . . . . . . . .

**Auf der Straße durchgeführte Kontrollen**

| | | Ort der Zulassung des Fahrzeugs[1] | | | |
|---|---|---|---|---|---|
| | | Inland | Andere EU-Mitgliedstaaten | Drittländer | Insgesamt |
| 1.1 Anzahl der auf der Grundlage des Inhalts der Ladung (und ADR) kontrollierten Beförderungseinheiten | | . . . . . . . . | . . . . . . . . . . . . . . . | . . . . . . . | . . . . . . . |
| 1.2 Anzahl der nicht mit dem ADR konformen Beförderungseinheiten | | . . . . . . . . | . . . . . . . . . . . . . . . | . . . . . . . | . . . . . . . |
| 1.3 Untersagung der Weiterfahrt/stillgelegte Beförderungseinheiten | | . . . . . . . . | . . . . . . . . . . . . . . . | . . . . . . . | . . . . . . . |
| 2. Anzahl der Verstöße nach Gefahrenkategorie[2] | 2.1 Gefahrenkategorie I | . . . . . . . . | . . . . . . . . . . . . . . . | . . . . . . . | . . . . . . . |
| | 2.2 Gefahrenkategorie II | . . . . . . . . | . . . . . . . . . . . . . . . | . . . . . . . | . . . . . . . |
| | 2.3 Gefahrenkategorie III | . . . . . . . . | . . . . . . . . . . . . . . . | . . . . . . . | . . . . . . . |
| 3. Art und Anzahl der veranlassten Maßnahmen | 3.1 Verwarnungsgeld | . . . . . . . . | . . . . . . . . . . . . . . . | . . . . . . . | . . . . . . . |
| | 3.2 Anzeigen für Bußgeldverfahren | . . . . . . . . | . . . . . . . . . . . . . . . | . . . . . . . | . . . . . . . |
| | 3.3 Sonstige | . . . . . . . . | . . . . . . . . . . . . . . . | . . . . . . . | . . . . . . . |

1) Im Sinne dieser Anlage bezieht sich das Land der Zulassung auf das Fahrzeug.

2) Bei mehreren Verstößen je Beförderungseinheit wird nur die schwerwiegendste Gefahrenkategorie (wie unter Punkt 32 der Anlage 1 angegeben) angewandt.

# Durchführungsrichtlinien-Gefahrgut (RSEB)

## Richtlinien zur Durchführung der Gefahrgutverordnung Straße, Eisenbahn und Binnenschifffahrt (GGVSEB) und weiterer gefahrgutrechtlicher Verordnungen (Durchführungsrichtlinien-Gefahrgut –RSEB–)

vom 19.6.2025 (VkBl. S. 342 mit Sonderdruck B 2207)

G 16/3642.71/2025-3

Hiermit gebe ich die Richtlinien zur Durchführung der Gefahrgutverordnung Straße, Eisenbahn und Binnenschifffahrt und weiterer gefahrgutrechtlicher Verordnungen –RSEB– bekannt. Diese Richtlinien berücksichtigen

- die Gefahrgutverordnung Straße, Eisenbahn und Binnenschifffahrt (GGVSEB) in der Fassung der Bekanntmachung vom 18. August 2023 (BGBl. 2023 I Nr. 227), zuletzt geändert durch Artikel 2 der Verordnung vom 19. Juni 2025 (BGBl. 2025 I Nr. 147),
- die Gefahrgutbeauftragtenverordnung (GbV) in der Fassung der Bekanntmachung vom 11. März 2019 (BGBl. I S. 304), zuletzt geändert durch Artikel 6 der Verordnung vom 19. Juni 2025 (BGBl. 2025 I Nr. 147),
- die Gefahrgut-Ausnahmeverordnung (GGAV) in der Fassung der Bekanntmachung vom 11. März 2019 (BGBl. I S. 229), zuletzt geändert durch Artikel 3 der Verordnung vom 19. Juni 2025 (BGBl. 2025 I Nr. 147), und
- die Ortsbewegliche-Druckgeräte-Verordnung (ODV) vom 29. November 2011 (BGBl. 2023 I S. 2349), die zuletzt durch Artikel 7 der Verordnung vom 19. Juni 2025 (BGBl. 2025 I Nr. 147) geändert worden ist.

Gleichzeitig hebe ich die Durchführungsrichtlinien-Gefahrgut –RSEB– vom 29. August 2023 (VkBl. 2023 S. 515) auf.

Die neuen Durchführungsrichtlinien-Gefahrgut wurden gemeinsam mit den zuständigen obersten Landesbehörden ausgearbeitet und sollen als deren allgemeine Verwaltungsvorschriften eingeführt werden, um eine einheitliche Durchführung der gefahrgutrechtlichen Vorschriften im Straßen-, Eisenbahn- und Binnenschiffsverkehr in Deutschland zu gewährleisten.

Der Wortlaut der Richtlinien wird in einem Sonderdruck zu diesem Heft veröffentlicht. Dieser Sonderdruck (B 2207) kann vom Verkehrsblatt-Verlag, Schleefstraße 14, 44287 Dortmund, Fax 0231/125 640, bezogen werden.

Bundesministerium für Verkehr
Im Auftrag
Gudula Schwan

**Inhaltsverzeichnis**



**Anlagenverzeichnis**



[1] *Anmerkung des Verlags: Diese Anlage (bzw. Teile dieser Anlage) finden Sie im Download-Bereich.*

## Durchführungsrichtlinien-Gefahrgut (RSEB)

Anlage 5: Fahrwegbestimmung nach § 35a Absatz 3 der GGVSEB

Anlage 6: Antrag auf Ausstellung einer Bescheinigung nach § 35 Absatz 4 der GGVSEB

Anlage 7: Buß- und Verwarnungsgeldkatalog

Anlage 7a: Erläuterungen zu Bußgeldverfahren nach der GGVSEB bei gleichzeitigem Verstoß gegen die StVO/StVZO im Hinblick auf die Eintragung von Verstößen im Fahreignungsregister (FAER)

Anlage 8: Muster-Rahmenlehrpläne für die Aus- und Fortbildung von Gefahrgutkontrollpersonal für Länder- und Bundesbehörden[1]

Anlage 9: Muster für die Bekanntgabe der Tunnelkategorien

Anlage 10: Muster-Einzelausnahmen für Kampfmittelräumdienste und unkonventionelle Spreng- und Brandvorrichtungen

Anlage 11: Prüfung und außerordentliche Prüfung von Rohrleitungen an Tanks zur Beförderung von Gasen der Klasse 2

Anlage: 12: – offen –

Anlage 13: Hinweise zur Ausführung der Kapitel 4.3 und 6.8 ADR/RID[1]

Anlage 14: Verfahren zur Zulassung der Baumuster von Tanks zur Beförderung gefährlicher Güter nach der GGVSEB in Verbindung mit Kapitel 6.7 und 6.9 ADR/RID sowie Kapitel 6.13 ADR

Anlage 14a: Verfahren zur Zulassung der Baumuster von Tanks zur Beförderung gefährlicher Güter nach der GGVSEB in Verbindung mit Kapitel 6.8 und 6.10 ADR/RID

Anlage 15: Prüfliste für die Prüfung von Fahrzeugen nach den Vorschriften des ADR zur Ausstellung/Verlängerung der ADR-Zulassungsbescheinigung

Anlage 16: Anleitung zum Ausfüllen der ADR-Zulassungsbescheinigung

Anlage 17: Erklärung über Betriebserfahrungen bezüglich der Korrosion von Werkstoffen

Anlage 18: Erstellung der Tankcodes für spezielle Tanks bzw. Tanks nach den Übergangsvorschriften des ADR mit Festlegung der Verwendung

Anlage 19: Muster für die Bestimmung von Rangierbahnhöfen mit internen Notfallplänen gemäß Kapitel 1.11 RID[1]

Die Durchführungsrichtlinien-Gefahrgut erläutern

**in Abschnitt I:**

- die GGVSEB in der Fassung der Bekanntmachung vom 18. August 2023 (BGBl. 2023 I Nr. 227), zuletzt geändert durch Artikel 2 der Verordnung vom 19. Juni 2025 (BGBl. 2025 I Nr. 147),

**in Abschnitt II A:**

- die GbV in der Fassung der Bekanntmachung vom 11. März 2019 (BGBl. I S. 304), zuletzt geändert durch Artikel 6 der Verordnung vom 19. Juni 2025 (BGBl. 2025 I Nr. 147),

**in Abschnitt II B:**

- die GGAV in der Fassung der Bekanntmachung vom 11. März 2019 (BGBl. I S. 229), zuletzt geändert durch Artikel 3 der Verordnung vom 19. Juni 2025 (BGBl. 2025 I Nr. 147),

**in Abschnitt II C:**

- die ODV vom 29. November 2011 (BGBl. I S. 2349), die zuletzt durch Artikel 7 der Verordnung vom 19. Juni 2025 (BGBl. 2025 I Nr. 147) geändert worden ist,

**in Abschnitt III:**

- das ADR in der Fassung der 30. ADR-Änderungsverordnung vom 19. Februar 2025 (BGBl. 2025 II Nr. 57),
- das RID in der Fassung der 24. RID-Änderungsverordnung vom 24. April 2025 (BGBl. 2025 II Nr. 144) und
- das ADN in der Fassung der 10. ADN-Änderungsverordnung vom 24. April 2025 (BGBl. 2025 II Nr. 143).

Wird in den folgenden Erläuterungen Teil, Kapitel, Abschnitt, Unterabschnitt oder Absatz ohne den Zusatz ADR/RID/ADN angegeben, bezieht sich die Erläuterung immer auf das ADR/RID/ADN.

[1] *Anmerkung des Verlags: Diese Anlage (bzw. Teile dieser Anlage) finden Sie im Download-Bereich.*

## Abschnitt I Erläuterungen zur GGVSEB

### Zu § 1 Geltungsbereich

1.1 Die GGVSEB gilt nicht bei Beförderungen innerhalb eines Betriebes oder mehrerer verbundener Betriebsgelände (Industriepark), sofern es sich um ein abgeschlossenes und mit Zugangskontrollen versehenes Gelände mit einheitlicher Nutzerordnung handelt.

1.2 Nach § 1 Absatz 3 Nummer 1 und 2 der GGVSEB gilt für innerstaatliche und grenzüberschreitende Beförderungen auch die Anlage 3 der GGVSEB. Bei Beförderungen aus dem Ausland nach Deutschland gelten davon abweichend jedoch die von der zuständigen Behörde des Ursprungslandes nach Abschnitt 7.3.3 Sondervorschrift VC3 ADR/RID festgelegten Normen.

### Zu § 2 Begriffsbestimmungen

2.1 In diese Verordnung wurden keine Begriffsbestimmungen aufgenommen, die bereits wortgleich im ADR/RID/ADN enthalten sind. Aufgenommen wurden nur Begriffe, die im Rahmen dieser Verordnung erweitert oder eingeschränkt werden. Außerdem wurden Abkürzungen aufgenommen, um diese in der Verordnung weiter zu verwenden.

2.2 Zu den in Absatz 4 genannten Verpackungen gehören auch Druckgefäße und Bergungsverpackungen bzw. Bergungsgroßverpackungen. Zu den Versandstücken in Absatz 5 gehören auch unverpackte Gegenstände nach Unterabschnitt 4.1.3.8 ADR/RID.

2.3.B Die Begriffsbestimmung für gefährliche Güter in Absatz 7 schließt für die Binnenschifffahrt auch die Tabelle C des ADN ein. Nur so kann Rechtssicherheit für die Verwendung von Tankschiffen erreicht werden.

2.4.S Ein Tunnel im Sinne des Kapitels 1.9 ADR ist ein Bauwerk im Sinne der Richtlinien für den Entwurf, die konstruktive Ausbildung und Ausstattung von Ingenieurbauten (RE-ING), Stand 2024/12. Die RE-ING sind auf der Homepage der Bundesanstalt für Straßen- und Verkehrswesen (BASt) abrufbar: https://www.bast.de/DE/Publikationen/Regelwerke/Ingenieurbau/Entwurf/RE-ING-Gesamt.pdf;jsessionid=6B8416ABBFC2914639EDB1A2DCE43108.live11291?__blob=publicationFile&v=15

### Zu § 3 Zulassung zur Beförderung

3.1 Auskünfte darüber, welche Vorschriften im Einzelfall anzuwenden sind, kann eine Behörde nur erteilen, wenn für das betreffende Gut die UN-Nummer oder die offizielle Benennung für die Beförderung nach Abschnitt 3.1.2 bekannt ist. Ist diese Benennung des Gutes unbekannt und sind die notwendigen Angaben auch nicht vom Hersteller zu erhalten, so können Anfragen zur Klassifizierung an geeignete Stellen (z.B. für die Klassen 1, 2, 4.1, 4.2, 4.3, 5.1 und 5.2 an die Bundesanstalt für Materialforschung und -prüfung (BAM), Unter den Eichen 87, 12205 Berlin) gerichtet werden. Für die Anfrage wird das Formblatt nach **Anlage 1** der RSEB empfohlen. Anfragen zu Klassifizierungen können auch gerichtet werden an die Sicherheitsbehörden und -organisationen in der Anlage 1 der „Geschäftsordnung für den Gefahrgut-Verkehrs-Beirat" vom 1. Mai 2020, veröffentlicht im VkBl. 2020 Heft 6 S. 187.

### Zu § 4 Allgemeine Sicherheitspflichten

4.1 Ob und mit welchen Auswirkungen die Sicherheit der Beförderung beeinträchtigt ist, ist unter Berücksichtigung der Kriterien der Gefahrenkategorien nach der Anlage 3 zur GGKontrollV zu prüfen.

### Zu § 5 Ausnahmen

5.1 Für den Antrag auf Erteilung einer Ausnahme nach § 5 der GGVSEB wird das Formblatt nach **Anlage 1** der RSEB empfohlen.

5.2 Nach § 5 der GGVSEB sind Ausnahmen vom ADR/RID/ADN nur möglich, wenn diese nach der RL 2008/68/EG zulässig sind. Ausnahmen nach Artikel 6 Absatz 2 müssen zuvor das Verfahren nach Artikel 6 Absatz 2 oder 4 durchlaufen. Das Verfahren nach Artikel 6 Absatz 2 der Richtlinie ist nicht erforderlich für zeitlich zu begrenzende Einzelgenehmigungen nach Artikel 6 Absatz 5 der Richtlinie sowie für Genehmigungen nach den zusätzlichen Übergangsbestimmungen gemäß Anhang I.2, II.2 und III.2. Den Wortlaut des Artikels 6 der RL 2008/68/EG enthält die **Anlage 2** der RSEB.

5.3 **Verfahren zur Meldung von Ausnahmen** der Länder, des EBA und der GDWS an das BMV und deren Weiterleitung an die Europäische Kommission (KOM) gemäß Artikel 6 Absatz 2 oder 4 der RL 2008/68/EG:

(1) Die Zuordnung von Ausnahmesachverhalten nach § 5 der GGVSEB zu Artikel 6 Absatz 2 erfolgt zunächst durch die für die Ausnahmen zuständigen Behörden. Diese erstellen bei der beabsichtigten Erteilung einer Ausnahme deren Entwurf zur Vorlage bei der KOM (Vorgaben siehe (5)).

(2) Die Entwürfe für Ausnahmen nach Artikel 6 Absatz 2 sind dem BMV zuzuleiten. Das BMV leitet die Entwürfe kurzfristig der KOM zur Durchführung des Verfahrens nach Artikel 6 Absatz 2 der RL 2008/68/EG zu. Die Ausnahmebehörden werden vom BMV von der Übersendung an die KOM unterrichtet. Sofern als zuständige Behörde eines Landes nicht die oberste Landesbehörde tätig wird, erfolgt die Zuleitung und Unterrichtung über diese.

(3) Das BMV sieht von der Meldung eines Ausnahmesachverhaltes im Einvernehmen mit dem jeweiligen Land/dem EBA/der GDWS ab, wenn der Ausnahmesachverhalt bereits von der KOM beurteilt und für Deutschland akzeptiert worden ist. Danach kann die Ausnahme im Rahmen der 6-Jahresfrist erteilt werden. Der maximale Gültigkeitszeitraum ergibt sich aus den Anhängen I bis III zur RL 2008/68/EG in ihrer jeweils geltenden Fassung.

(4) Das BMV teilt dem jeweiligen Land/dem EBA/der GDWS die Beratungsergebnisse der KOM mit. Die Ergebnisse der KOM-Beratungen sind von den Ländern/dem EBA/der GDWS entsprechend umzusetzen. Nur bei einer zustimmenden Entscheidung der KOM darf eine Ausnahme erteilt werden, fehlt es an dieser positiven KOM-Entscheidung, so scheidet die Erteilung der Ausnahme aus Zulässigkeitsgesichtspunkten aus. Darauf ist in der Mitteilung des Landes/des EBA/der GDWS an den Antragsteller hinzuweisen.

(5) Die Ausnahmesachverhalte für die Meldungen an die KOM sollen folgende Angaben enthalten:

1. Angabe der zuständigen Behörde und Kurzbezeichnung des Ausnahmesachverhalts.
2. Angabe der Fundstellen, von denen in dem Ausnahmesachverhalt abgewichen wird.
3. Angabe „DE" für Deutschland und Angabe des Landes/der Länder/des EBA/der GDWS in Klammern, die diesen Ausnahmesachverhalt zulassen wollen.
4. Angabe des Artikels 6 Absatz 2 der RL 2008/68/EG, auf den sich der Ausnahmesachverhalt stützt.
5. Prägnante Darstellung des Regelungszieles sowie wesentliche Auflagen, mit denen eine adäquate Sicherheit gegenüber den Vorschriften des ADR/RID/ADN erreicht wird. Diese Beschreibung soll der KOM die Beurteilung der Konformität des Ausnahmesachverhaltes mit den Richtlinien ermöglichen.

Diese Mindestangaben sollen auch für die Ausformulierung der Ausnahmeentscheidungen nach Artikel 6 Absatz 5 verwendet werden.

5.4 Bei der Beantragung von Ausnahmen nach Artikel 6 Absatz 2 hat die zuständige Behörde zu prüfen, ob die Sicherheit nicht beeinträchtigt ist und dies ausreichend belegt ist. Sofern dies nicht der Fall ist, ist die Weiterleitung eines Ausnahmeantrags abzulehnen. Da das BMV für den Mitgliedstaat den Antrag bei der KOM stellt, hat es zu prüfen, ob die grundsätzlichen Voraussetzungen für die Erteilung der Ausnahme vorliegen. Ergibt diese Prüfung, dass die Voraussetzungen für die Weiterleitung nicht vorliegen, teilt das BMV dies unter Angabe der Gründe der zuständigen Behörde mit.

5.5 Für **ausnahmsweise Beförderungen** nach Artikel 6 Absatz 5 der RL 2008/68/EG können Ausnahmen durch die Länder/das EBA/die GDWS ohne Beteiligung der KOM zugelassen werden. Bei der Erteilung dieser Ausnahmen sind die nachfolgenden Voraussetzungen des Artikels 6 Absatz 5 zu beachten:

1. Ausnahmen dürfen nur ausnahmsweise erteilt werden, dies bedeutet, dass keine Vielzahl nicht bestimmbarer Transporte im Rahmen einer Einzelausnahme genehmigt werden können.
2. In der Regel ist das Fortbestehen der Sicherheit gutachterlich zu belegen.

3. Unter anderen Bedingungen bedeutet, dass die Vorschrift, von der abgewichen wird, benannt und die „anderen Bedingungen" festgelegt werden.
4. Der Transportvorgang und seine Umstände müssen klar beschrieben werden. Ggf. können mehrere einzelne Beförderungsvorgänge zur Erledigung einer Transportaufgabe erlaubt werden.
5. Der Zeitraum, in dem die Transportvorgänge auf Grund der Einzelgenehmigung erfolgen, ist festzulegen.
6. Einzelgenehmigung bedeutet, dass es sich um einen oder mehrere namentlich genannte Adressaten und einen beschriebenen Vorgang handelt. Dies schließt jedoch nicht aus, dass der Adressat weitere Unternehmen/Beteiligte zur Abarbeitung der einzelnen Beförderungsvorgänge beschäftigt.

5.6.S Ausnahmen dürfen auch für Fahrzeuge erteilt werden, die unter den Begriff „Fahrzeuge" der GGVSEB, nicht jedoch unter den Begriff „Fahrzeuge" der RL 2008/68/EG fallen. Bei diesbezüglichen Ausnahmen gelten die vorgenannten Beschränkungen nicht, allerdings ist auch die gleichwertige Sicherheit nachzuweisen.

5.7 Nach § 5 Absatz 4 Satz 1 der GGVSEB hat der Antragsteller bei Abweichungen vom ADR/RID/ADN in der Regel ein Sachverständigengutachten vorzulegen. In dem Gutachten sind das jeweilige Gefahrenpotential sowie die zur Herabminderung dieser Gefahren notwendigen Sicherheitsvorkehrungen exakt und nachprüfbar darzulegen. Es müssen alle maßgeblichen Daten und Fakten für eine sachgerechte Entscheidung über die Zulassung zum Transport vorgelegt werden. Es bleibt dem Antragsteller überlassen, welche Sachverständige er für geeignet hält, sein Anliegen mit Sachwissen zu vertreten.

Folgende Sachverständige kommen insbesondere in Betracht:

a) Für gefährliche Stoffe und Gegenstände sowie für die Kennzeichnung von Versandstücken mit gefährlichen Gütern:

   Chemische und physikalische Untersuchungsstellen (z.B. wissenschaftliche Institute), anerkannte Chemiker/Physiker.

b) Für Verpackungen (einschließlich Zusammenpacken und Zusammenladen):

   Materialprüfstellen (z.B. Materialprüfämter, TÜV).

c) Für Kraftfahrzeuge und deren Ausrüstung:

   Sachverständige und Technische Dienste nach § 14 Absatz 4 der GGVSEB, berechtigte Personen nach § 14 Absatz 5 der GGVSEB sowie von einer IHK öffentlich bestellte und vereidigte Sachverständige.

d) Für Kesselwagen, Tanks (Tankfahrzeuge, Aufsetztanks, Tankcontainer, ortsbewegliche Tanks) und deren Ausrüstung:

   Stellen nach § 12 der GGVSEB.

e) Für ortsbewegliche Druckgeräte:

   Benannte Stellen nach § 16 der ODV.

f) Für Binnenschiffe und deren Ausrüstung:

   Von der GDWS anerkannte Sachverständige und anerkannte Klassifikationsgesellschaften sowie von einer IHK öffentlich bestellte und vereidigte Sachverständige.

5.8 Für die Bundeswehr und ausländische Streitkräfte bestimmt das Bundesministerium der Verteidigung, welche fachlich geeigneten Personen und Dienststellen gutachterliche Stellungnahmen (Gutachten im Sinne von § 5 Absatz 4 der GGVSEB) erstellen. Diese gutachterlichen Stellungnahmen sind an keine bestimmte Form gebunden. Da die RL 2008/68/EG Beförderungen durch die Streitkräfte nicht regelt, unterliegen die Ausnahmen nach § 5 Absatz 6 der GGVSEB nicht den Einschränkungen und Verfahrensvorschriften der RL 2008/68/EG.

## 5.9 Zuständige Behörden für Ausnahmen sind in:

| | |
|---|---|
| BW:<br>Regierungspräsidium Karlsruhe<br>Postfach 53 43<br>76035 Karlsruhe<br><br>Binnenschifffahrt:<br>Regierungspräsidium Freiburg<br>Abteilung 5<br>79083 Freiburg im Breisgau | NI:<br>Niedersächsische Landesbehörde für Straßenbau und Verkehr<br>Göttinger Chaussee 76 A<br>30453 Hannover<br><br>Binnenschifffahrt:<br>Niedersächsisches Ministerium für Wirtschaft, Verkehr, Bauen und Digitalisierung<br>Friedrichswall 1<br>30159 Hannover |
| BY:<br>Bayerisches Staatsministerium für Wohnen, Bau und Verkehr<br>Franz-Josef-Strauß-Ring 4<br>80539 München | NW:<br>Landesbetrieb Mess- und Eichwesen (LBME) NRW<br>Betriebsstelle Eichamt Dortmund<br>Kronprinzenstraße 51<br>44135 Dortmund<br><br>Binnenschifffahrt:<br>Ministerium für Umwelt, Naturschutz und Verkehr<br>Emilie-Preyer-Platz 1<br>40479 Düsseldorf |
| BE:<br>Landesamt für Bürger- und Ordnungsangelegenheiten<br>Puttkamerstraße 16–18<br>10958 Berlin | RP:<br>Ministerium für Wirtschaft, Verkehr, Landwirtschaft und Weinbau<br>Stiftsstraße 9<br>55116 Mainz |
| BB:<br>Landesamt für Bauen und Verkehr (LBV)<br>Lindenallee 51<br>15366 Hoppegarten | SL:<br>Ministerium für Umwelt, Klima, Mobilität, Agrar- und Verbraucherschutz<br>Franz-Josef-Röder-Straße 17<br>66119 Saarbrücken |
| HB:<br>Senatorin für Wirtschaft, Häfen und Transformation<br>Referat 30<br>Katharinenstr. 37<br>28195 Bremen | SN:<br>Landesamt für Straßenbau und Verkehr<br>Referat 42<br>Hausanschrift:<br>Stauffenbergallee 24<br>01099 Dresden<br>Postanschrift:<br>Postfach 10 07 63<br>01077 Dresden |
| HH:<br>Behörde für Inneres und Sport<br>– Polizei –<br>– WSP 521 –<br>Zentralstelle Gefahrgutüberwachung<br>Wilstorfer Straße 100<br>21073 Hamburg | ST:<br>Ministerium für Infrastruktur und Digitales des Landes Sachsen-Anhalt<br>Turmschanzenstraße 30<br>39011 Magdeburg |
| HE:<br>Hessisches Ministerium für Wirtschaft, Energie, Verkehr, Wohnen und ländlichen Raum<br>Kaiser-Friedrich-Ring 75<br>65185 Wiesbaden | SH:<br>Ministerium für Wirtschaft, Verkehr, Arbeit, Technologie und Tourismus des Landes Schleswig-Holstein<br>Düsternbrooker Weg 94<br>24105 Kiel |
| MV:<br>Ministerium für Wirtschaft, Infrastruktur, Tourismus und Arbeit<br>Referat 610<br>Johannes-Stelling-Str. 14<br>19053 Schwerin | TH:<br>LANDESVERWALTUNGSAMT<br>Referat 520 \| Verkehr<br>Jorge-Semprun-Platz 4<br>99423 Weimar |

| | |
|---|---|
| Eisenbahn-Bundesamt (EBA)<br>Heinemannstraße 6<br>53175 Bonn | Generaldirektion Wasserstraßen und Schifffahrt (GDWS)<br>Am Propsthof 51<br>53121 Bonn |

5.10 Das Verfahren nach Nummer 5.3 gilt für alle Stellen/Behörden nach § 5 der GGVSEB, außer den in § 5 Absatz 6 der GGVSEB genannten Stellen und Behörden.

5.11 Wird die Verlängerung einer Ausnahmegenehmigung nach Artikel 6 Absatz 4 der RL 2008/68/EG angestrebt, so sind die entsprechenden Anträge/Informationen vom Ausnahmeinhaber der für Ausnahmen zuständigen Behörde vorzulegen. Die Festlegungen in den Nummern 5.1 bis 5.10 gelten sinngemäß.

5.12 Sofern die Geltungsdauer einer Ausnahme am Tag der Antragstellung bereits abgelaufen ist, ist das Verfahren nach Artikel 6 Absatz 2 der RL 2008/68/EG erneut zu durchlaufen.

5.13 **Verfahren bei zeitweiligen Abweichungen nach Abschnitt 1.5.1:**

(1) Ausnahmesachverhalte zur unmittelbaren Nutzung des technischen Fortschritts können nur noch über das BMV eingebracht und – sofern keine sicherheitstechnischen Bedenken bestehen – durch Multilaterale Vereinbarungen/Multilaterale Sondervereinbarungen der Vertragsparteien/Vertragsstaaten untereinander entsprechend geregelt werden.

(2) Das BMV prüft auf Plausibilität und bestimmt Art und Umfang der vorzulegenden Unterlagen. Es entscheidet, ob hinsichtlich einer sicherheitstechnischen Beurteilung die Beteiligung von Sachverständigen bzw. fachspezifischen Arbeitsgruppen des AGGB erforderlich ist.

(3) Wird der betreffende Ausnahmesachverhalt positiv in Bezug auf eine notwendige Regelwerksänderung beurteilt und ist ein internationaler Beförderungsbedarf erkennbar, initiiert das BMV eine Multilaterale Vereinbarung/Multilaterale Sondervereinbarung.

(4) Der Regelungsinhalt einer vorgeschlagenen Vereinbarung wird von der zuständigen Behörde der Vertragspartei/des Vertragsstaates, welche/r die Initiative zu einer Vereinbarung ergreift (in D durch das BMV), den entsprechend zuständigen Sekretariaten (UNECE/OTIF), der Europäischen Kommission sowie den übrigen Vertragsparteien/Vertragsstaaten mitgeteilt.

(5) Die Vereinbarung erhält Gültigkeit, sobald sie durch eine weitere Vertragspartei/einen weiteren Vertragsstaat unterzeichnet wird und darf danach in den Hoheitsgebieten dieser Zeichnerstaaten angewendet werden. Ihre Geltungsdauer ist auf maximal fünf Jahre begrenzt.

(6) Das BMV unterrichtet die zuständigen Verkehrsbehörden der Länder/das EBA/das BALM/die GDWS über die Gegenzeichnung einer Multilateralen Vereinbarung/Multilateralen Sondervereinbarung und veröffentlicht die Gegenzeichnung im Verkehrsblatt.

(7) Der Regelungsinhalt sowohl vorgeschlagener als auch gegengezeichneter Multilateraler Vereinbarungen/Multilateraler Sondervereinbarungen sowie deren Zeichnerstaaten können auf den Internetseiten der jeweiligen Sekretariate (UNECE/OTIF) eingesehen werden.

**Zu § 5 Absatz 3**

5.14.B Die GDWS kann für die Beförderung von Feuerwerkskörpern der Klasse 1 in Zusammenhang mit dem Abbrennen eines Feuerwerks eine Einzelausnahme nach § 5 Absatz 3 der GGVSEB erteilen, nach der Feuerwerkskörper abweichend von den Vorschriften des ADN befördert werden dürfen. Die Ausnahme muss Nebenbestimmungen enthalten, die eine diesen Vorschriften entsprechende Sicherheit gewährleisten.

**Zu § 5 Absatz 6 und 7**

5.15.S Die staatlichen Kampfmittelräumdienste der Länder sowie die nach § 5 Absatz 6 und 7 der GGVSEB zuständigen Stellen können die in der **Anlage 10** der RSEB enthaltenen drei Muster-Einzelausnahmen für ihre Zwecke nutzen.

Auf die in diesem Zusammenhang bestehenden Allgemeinverfügungen der BAM zu Fragen der Klassifizierung wird verwiesen:

Allgemeinverfügung zur Klassifizierung von Kampfmitteln:
https://tes.bam.de/kampfmittel

Allgemeinverfügung zur Klassifizierung von Asservaten von Feuerwerk:
https://tes.bam.de/asservate-feuerwerk

**Zu § 6 bis 16 Zuständigkeiten**

6.0 Die Zuständigkeitsregelungen der GGVSEB zur Festlegung der zuständigen Behörden/Stellen/Personen nach ADR/RID/ADN schließen auch die Übergangsvorschriften zu den angegebenen Fundstellen ein.

**Zu § 8 Zuständigkeiten der Bundesanstalt für Materialforschung und -prüfung**

8.1 Die BAM hat zur Erläuterung ihrer Verwaltungsverfahren sogenannte Gefahrgutregeln (GGRs) auf ihrer Internetseite veröffentlicht. Der Wortlaut der GGRs kann unter
https://tes.bam.de/amtliche-mitteilungen
eingesehen werden.

8.2 Die Zuständigkeit der BAM für Aufgaben nach Kapitel 2.2 schließt die Zulassung ein, auf einen Gefahrzettel nach Muster 1 nach Absatz 5.2.2.1.9 Buchstabe a oder b zu verzichten, weil die Prüfungsergebnisse gezeigt haben, dass der Stoff in einer bestimmten Verpackung kein explosives Verhalten aufweist.

**Zu § 12 und 13 Ergänzende Zuständigkeiten der Benannten Stellen**

12.1 Diese Zuständigkeiten sind den Benannten Stellen nach § 16 der ODV zugewiesen. Benannte Stellen nach § 16 der ODV sind nur diejenigen, denen von der Zentralstelle der Länder für Sicherheitstechnik (ZLS) als Benennender Behörde die Befugnis zu Konformitätsbewertungen, Neubewertungen der Konformität, wiederkehrenden Prüfungen, Zwischenprüfungen und außerordentlichen Prüfungen für ortsbewegliche Druckgeräte erteilt wurde und die von der ZLS dem BMV als solche benannt wurden.

Aufgrund des Verweises in § 13 Absatz 2 auf die Verfahren nach Abschnitt 1.8.7 ADR/RID darf für die Tätigkeiten nach § 13 Absatz 1 der GGVSEB auch ein betriebseigener Prüfdienst, der von einer solchen Benannten Stelle anerkannt und überwacht wird, im festgelegten Umfang (Unterabschnitt 6.2.2.12 oder 6.2.3.6 ADR/RID) tätig werden.

12.2 Soweit den Benannten Stellen aufgrund der §§ 12 und 13 der GGVSEB hoheitliche Aufgaben übertragen werden (beliehene Unternehmer), unterliegen sie der Aufsicht des BMV. In Fällen unterschiedlicher Auffassungen über die Anwendung des materiellen Rechts oder von Normen kann das BMV den Stellen entsprechende Weisungen erteilen.

12.3 Ab dem 1. Januar 2026 werden die Aufgaben in Zusammenhang mit der Zulassung, Anerkennung und Überwachung von Prüfstellen gebündelt durch die ZLS wahrgenommen.

**Zu § 12 Absatz 1 Satz 1 Nummer 2**

12.4 Für die Überwachung der Herstellung (Fertigungsprüfung) von Bedienungsausrüstungen für Tanks nach Kapitel 6.7 und für Tanks nach Kapitel 6.8, die nicht die Anforderungen nach Absatz 6.8.2.3.2 Satz 9 bzgl. einer separaten Baumusterzulassung nach ADR/RID erfüllen, kann die Stelle nach § 12 der GGVSEB auch einen betriebseigenen Prüfdienst nach Unterabschnitt 1.8.7.7 ADR/RID beauftragen. Die Fertigungsprüfung ist vom Hersteller zu bescheinigen. Die Beauftragung beschränkt sich auf von der Stelle nach § 12 der GGVSEB baumustergeprüfte Bedienungsausrüstungen. Die von der Stelle nach § 12 der GGVSEB ausgestellte Baumusterprüfbescheinigung ist Grundlage für die Baumusterzulassung des Tanks (Tankkörper und Ausrüstung). Eine separate Baumusterzulassung der Bedienungsausrüstung ist nicht zulässig.

Hat der Hersteller keinen betriebseigenen Prüfdienst nach Unterabschnitt 1.8.7.7 ADR/RID eingerichtet, ist die Fertigungsprüfung der Bedienungsausrüstungen von der Stelle nach § 12 der GGVSEB durchzuführen.

**Zu § 14 Besondere Zuständigkeiten im Straßenverkehr**

14.1.S Die Benennung der Sachverständigen, Personen und Stellen in § 14 Absatz 4 und 5 der GGVSEB gilt als erfolgt, soweit sie in dem Land tätig sind, von dem die Anerkennung für die Prüftätigkeit nach der StVZO bzw. dem KfSachvG erteilt wurde.

14.2.S Die Qualifikation der Technischen Dienste nach § 14 Absatz 4 der GGVSEB muss umfassende Kenntnisse zum Gesamtfahrzeug einschließen. Formell muss eine Unterschriftsberechtigung für „Gesamtfahrzeug" nicht verlangt werden, wenn entsprechende Kenntnisse durch die Anforderungen an die Erteilung der Befugnis für „Gefahrguttransporter" (Prüfumfang 01-07) abgedeckt sind.

**Zu § 16 Besondere Zuständigkeiten in der Binnenschifffahrt**

16.1.B Handlungen oder Sachverhalte im Rahmen der Beförderung auf Binnenwasserstraßen, zu denen eine Maßnahme der zuständigen Behörde erforderlich ist, liegen dann „im Bereich der Bundeswasserstraßen", wenn sich das betroffene Schiff auf der Wasserfläche oder am Ufer einer Bundeswasserstraße nach § 1 Absatz 1 Nummer 1 und Absatz 6 Bundeswasserstraßengesetz (WaStrG) in der jeweils geltenden Fassung befindet. Das schließt Teile einer Bundeswasserstraße ein, die in einen Hafen einbezogen sind, der nicht vom Bund betrieben wird, wenn die Wasserfläche des Hafens mit der Bundeswasserstraße, an der er liegt, eine natürliche Einheit bildet, sodass sich die Ufer des Hafens zugleich als Ufer der Bundeswasserstraße darstellen. Der Bundeswasserstraße nicht zuzuordnen sind diejenigen nicht bundeseigenen Verkehrs- und Umschlagshäfen, deren Hafenwasserflächen von der Bundeswasserstraße deutlich abgegrenzt sind und die bei natürlicher Betrachtungsweise ein in sich geschlossenes selbstständiges Ganzes bilden, das mit dem Gewässer nur durch eine Zufahrt oder einen Stichkanal verbunden ist. Dabei ist auf das äußere Erscheinungsbild abzustellen, wie es sich bei unvoreingenommener Betrachtungsweise darstellt. Unberührt bleiben die Zuständigkeiten für die Hafenaufsicht (Hafenpolizei) in den nicht vom Bund betriebenen Stromhäfen an Bundeswasserstraßen.

16.2.B Für Aufgaben nach § 16 Absatz 3 der GGVSEB kommt es darauf an, wo die betreffende Person oder Firma ihre Tätigkeit ausführt.

16.3.B Die Zuständigkeit der Wasserstraßen- und Schifffahrtsämter für die Erteilung von strom- und schifffahrtspolizeilichen Genehmigungen nach § 31 WaStrG und der nach Landesrecht zuständigen Stellen, z.B. für wasserrechtliche, baurechtliche oder arbeitsschutzrechtliche Entscheidungen, bleibt unberührt.

16.4.B Die Benennung von Stellen für das Entgasen von Tankschiffen nach den Absätzen 7.2.3.7.1 und 7.2.3.7.2 ADN ist eine immissionsschutzrechtliche Angelegenheit der Länder. Die Aufgabe fällt nicht in die Zuständigkeit der Wasserstraßen- und Schifffahrtsämter.

16.5.B Die Zulassung von Stellen für den Betrieb von Annahmestellen (siehe Begriffsbestimmung nach Abschnitt 1.2.1 ADN) für das Entgasen von Binnentankschiffen ist keine Angelegenheit des ADN, weil es hier hauptsächlich um immissionsschutzrechtliche und anlagentechnische Aspekte in Bezug auf die Annahmestelle an Land geht. Es werden daher nach Vorschriften außerhalb des Gefahrgutrechts, insbesondere im Rahmen des Übereinkommens über die Sammlung, Abgabe und Annahme von Abfällen in der Rhein- und Binnenschifffahrt (CDNI), zugelassene Annahmestellen für das Entgasen vorausgesetzt. Die Aufgabe fällt nicht in die Zuständigkeit der Wasserstraßen- und Schifffahrtsämter.

**Zu § 17 bis 34a Pflichten**

17.0.1 Sofern im ADR/RID/ADN Pflichten festgelegt sind, die in der GGVSEB abweichend geregelt sind, gelten in Deutschland immer die Pflichten nach der GGVSEB.

17.0.2 Auch bei von den Vorschriften des ADR/RID/ADN freigestellten Beförderungen kommen die Vorschriften/Pflichten der GGVSEB zur Anwendung, die im Zusammenhang mit der Erfüllung der Bedingungen und Auflagen der jeweiligen Freistellung einschlägig sind.

**Zu § 17 Pflichten des Auftraggebers des Absenders**

17.1 Üblicherweise wird zwischen Auftraggeber des Absenders und Absender/Spediteur ein sogenannter Speditionsvertrag geschlossen. Liegt dem Auftrag ein Speditionsvertrag zugrunde, ist der Auftraggeber des Spediteurs damit Auftraggeber des Absenders. Der Spediteur führt zumeist den eigentlichen Transportauftrag nicht selbst durch, sondern vergibt diesen Auftrag an einen Fuhrunternehmer (Dritten). Der Absender/Spediteur schließt mit dem Dritten (Beförderer) dazu einen Beförderungsvertrag. Beauftragt ein Beförderer einen weiteren Beförderer, die ihm beauftragte Beförderung auszuführen, so ist er der Absender für die nachfolgende Beförderung. Bei jeder weiteren Beauftragung der tatsächlichen Beförderung durch einen weiteren Subunternehmer gilt das gleiche.

17.2 Auch der Empfänger des Gefahrguts kann Auftraggeber des Absenders sein, nämlich wenn er den Beförderungsauftrag gegenüber dem Absender auslöst.

17.3 Im Laufe der Beförderungskette sind Konstellationen denkbar, in denen es mehrere Auftraggeber des Absenders gibt. Dies ist dann der Fall, wenn ein Auftraggeber einen Weiteren mit der Organisation einer Beförderung im Sinne eines Speditionsvertrages beauftragt.

17.4 „Vergewissern" nach § 17 Absatz 1 Nummer 1 der GGVSEB schließt ein, dass die Klassifizierung nach Teil 2 entweder selbst vorzunehmen oder aber sicherzustellen ist, dass die Klassifizierung durch Dritte rechtskonform erfolgt. In jedem Fall ist aber eine Plausibilitätsprüfung erforderlich.

**Zu § 18 Pflichten des Absenders**

18.1 Das „Einführen" gemäß § 18 Absatz 1 Nummer 1 der GGVSEB schließt auch den Transit durch Deutschland ein.

18.2 „Vergewissern" nach § 18 Absatz 1 Nummer 3 der GGVSEB schließt ein, dass die Klassifizierung nach Teil 2 entweder selbst vorzunehmen oder aber sicherzustellen ist, dass die Klassifizierung durch Dritte rechtskonform erfolgt. In jedem Fall ist aber eine Plausibilitätsprüfung erforderlich.

18.3 Bei der Beförderung einer begasten Güterbeförderungseinheit UN 3359, nach einem vorausgegangenen Seetransport, hat der Absender nach § 18 Absatz 1 Nummer 8 der GGVSEB die grundsätzliche Ermittlungspflicht für die nach den Absätzen 5.5.2.4.1 und 5.5.2.4.3 ADR/RID erforderlichen Angaben. Sofern das Beförderungsdokument nach Abschnitt 5.4.1 IMDG-Code die erforderlichen Angaben und Anweisungen nicht enthält und diese vom ursprünglichen Versender für den Seetransport nicht zu erhalten sind, kann die Ermittlung der erforderlichen Angaben und Anweisungen mit Hilfe einer nach Anhang I Nr. 4 GefStoffV bestellten verantwortlichen Person (Befähigungsschein-Inhaber) durch Gasanalyse vor Beginn der Beförderung erfolgen.

18.4 Eine Kopie des Beförderungspapiers und der zusätzlichen Informationen und Dokumentation ist nach § 18 Absatz 1 Nummer 12 der GGVSEB für einen Mindestzeitraum von drei Monaten ab Ende der Beförderung aufzubewahren. Diese Frist beginnt, wenn der Absender seinen sonstigen gefahrgutrechtlichen Pflichten im Rahmen einer aktuellen Beförderung abschließend nachgekommen ist.

18.5.B Bei der Beförderung in Tankschiffen ist Absatz 5.4.1.1.6.5 ADN zu beachten. Bei Tankschiffen mit leeren und entladenen Ladetanks wird hinsichtlich der erforderlichen Beförderungspapiere der Schiffsführer als Absender angesehen. Nach Unterabschnitt 1.1.2.5 gelten die Vorschriften des ADN auch für die leeren oder entladenen Schiffe, solange die Ladetanks nicht frei von gefährlichen Gütern oder Gasen oder gasfrei sind (sofern keine Freistellungen nach Abschnitt 1.1.3 ADN vorgesehen sind).

**Zu § 19 Pflichten des Beförderers**

19.1 Der Beförderer hat nach § 19 Absatz 1 Nummer 1 der GGVSEB den Absender über die Nichteinhaltung eines Grenzwertes für die Dosisleistung oder die Kontamination nach Unterabschnitt 1.7.6.1 zu informieren. Nach Abschnitt 7.5.11 CV33/CW33, jeweils Absatz 2, darf eine Gesamtaktivität nicht überschritten werden. Diese Aktivität fällt nicht unter die Meldungen nach Unterabschnitt 1.7.6.1.

19.2 Eine Kopie des Beförderungspapiers und der zusätzlichen Informationen und Dokumentation ist nach § 19 Absatz 1 Nummer 4 der GGVSEB für einen Mindestzeitraum von drei Monaten ab Ende der Beförderung aufzubewahren. Diese Frist beginnt, wenn der Beförderer seinen sonstigen gefahrgutrechtlichen Pflichten im Rahmen einer aktuellen Beförderung abschließend nachgekommen ist.

19.3.S Die nach § 19 Absatz 2 Nummer 13 der GGVSEB in der ADR-Zulassungsbescheinigung angegebenen Stoffe können alternativ auch durch die angegebene Tankcodierung ersetzt sein.

19.4.S Zu Unrichtigkeiten in der ADR-Zulassungsbescheinigung siehe Nummer 37.8.S der RSEB.

**Zu § 20 Pflichten des Empfängers**

20.1 Nach § 20 Absatz 1 Nummer 1 Buchstabe a der GGVSEB ist der Empfänger verpflichtet, die Annahme des Gutes nicht ohne zwingenden Grund zu verzögern oder zu verweigern. Ein Verweigerungsgrund kann bei einer Falschlieferung oder wenn das Versandstück erkennbar unvollständig oder beschädigt oder an der Außenseite mit Anhaftungen gefährlicher Rückstände versehen ist, vorliegen. „Zwingende Gründe" liegen jedoch z.B. nicht vor, wenn zur Vermeidung einer Lagerhaltung Anlieferungen vor der Einfahrt in das Betriebsgelände für längere Zeit im öffentlichen Verkehrsraum warten.

20.2 Der Empfänger hat nach § 20 Absatz 1 Nummer 2 der GGVSEB den Absender über die Nichteinhaltung eines Grenzwertes für die Dosisleistung oder die Kontamination nach Unterabschnitt 1.7.6.1 zu informieren. Nach Abschnitt 7.5.11 CV33/CW33, jeweils Absatz 2, darf eine Gesamtaktivität nicht überschritten werden. Diese Aktivität fällt nicht unter die Meldungen nach Unterabschnitt 1.7.6.1.

20.3 Ein Beförderungsvorgang ist erst abgeschlossen, wenn der Empfänger das Gut empfangen und in seinen Besitz übernommen hat.

**Zu § 23 Pflichten des Befüllers**

23.1 „Technisch einwandfreier Zustand" – wie in § 23 Absatz 1 Nummer 15 der GGVSEB gefordert – ist auch bei normaler Abnutzung, kleinen Beulen und Schrammen und sonstigen geringfügigen Beschädigungen gewährleistet, sofern die Funktionsfähigkeit des Tanks und seiner Ausrüstung nicht beeinträchtigt ist.

**Zu § 23a Pflichten des Entladers**

**Zu Absatz 4 Nummer 2 Buchstabe e**

23a.1.B Auch die wasserrechtlichen Regelungen für den Umgang mit wassergefährdenden Stoffen bedingen für die gesamte Dauer des Entladens eine **ständige** Überwachung an Land, um sofort reagieren zu können und die notwendigen und ausreichenden Maßnahmen unverzüglich ergreifen oder veranlassen zu können.

23a.2.B Eine Überwachung kann auch als **zweckmäßig** angesehen werden, wenn sie durch technische Hilfsmittel erfolgt, die auch bei schlechten Sichtverhältnissen aussagefähige Bilder (auch Details), insbesondere von der Umschlagleitung und den Anschlussstücken, in den Kontrollraum übertragen. Das Ablesen der Druckmesseinrichtungen muss unter allen Witterungsbedingungen möglich sein. Es muss sichergestellt sein, dass der Umschlagvorgang unverzüglich unterbrochen werden kann und eine Kommunikation zwischen Bord- und Landseite jederzeit gewährleistet ist. Der Hafenbetreiber muss der Nutzung technischer Hilfsmittel zugestimmt haben.

**Zu § 26 Sonstige Pflichten**

26.1 Die Pflicht nach § 26 Absatz 1 Nummer 2 der GGVSEB ist von demjenigen zu erfüllen, der als erster ungereinigte leere und nicht entgaste Tanks und UN-MEGC verschließt. Bei Teilen der Verschlusseinrichtungen, die nicht vom Boden aus einsehbar sind, kann bei nachfolgenden Umschlagvorgängen auf die Einhaltung der Pflichten durch den erstmaligen Übergeber vertraut werden, sofern keine offensichtlichen Undichtigkeiten vorhanden sind.

**Zu § 28 Pflichten des Fahrzeugführers**

28.1.S Belädt der Fahrzeugführer nicht selbst, so bleibt er im Rahmen der zumutbaren Einwirkungsmöglichkeiten neben demjenigen, der tatsächlich belädt, verantwortlich. Von dem Fahrzeugführer ist zu verlangen, dass er vor Abfahrt die Ladungssicherung durch äußere Besichtigung prüft und während der Fahrt erkennbare Störungen behebt oder beheben lässt.

28.2.S Bei flüssigen gefährlichen Gütern, ausgenommen bei verflüssigten Gasen, hat der Fahrzeugführer nach § 28 Satz 1 Nummer 3, 2. Halbsatz der GGVSEB einen Füllungsgrad von höchstens 85 % einzuhalten, wenn der Befüller (Betreiber der Abfüllanlage) den zulässigen Füllungsgrad nicht angeben und dieser nicht einer anwendbaren Sondervorschrift entnommen werden kann. Füllungsgrade, die in anderen Veröffentlichungen (z.B. berufsgenossenschaftlichen Regelungen) genannt werden, finden keine Anwendung.

**Zu § 29 Pflichten mehrerer Beteiligter im Straßenverkehr**

29.1.S Der Bestimmtheitsgrundsatz verlangt eine eindeutige Pflichtenzuweisung, wenn mehrere Adressaten handeln sollen. Durch die Verwendung des Wortes „und" wird zum Ausdruck gebracht, dass bei den Mehrfachverantwortlichen die Adressaten gleichrangig zur Erfüllung der Rechtspflichten nach den Absätzen 1 bis 4 angehalten sind.

**Zu § 30 Pflichten des Betreibers eines Kesselwagens, abnehmbaren Tanks und Batteriewagens im Eisenbahnverkehr**

30.1.E Die Pflichten des Betreibers eines Kesselwagens nach § 30 Nummer 2 der GGVSEB gelten als erfüllt, wenn mindestens die Vorgaben des „VPI-Merkblattes Betreiberpflichten Gefahrgut-Kesselwagen" in der Fassung vom 15.05.2012 eingehalten werden. Das Merkblatt ist zu finden unter

www.vpihamburg.de

unter „News & Presse" – „Publikationen" – „Publikationen des Sektors".

**Zu § 33 Pflichten des Schiffsführers in der Binnenschifffahrt**

33.1.B Die Pflicht des Schiffsführers in § 33 Nummer 3 der GGVSEB sich zu vergewissern, dass keine Ausrüstungsteile fehlen, schließt auch die Schutzausrüstung nach Abschnitt 8.1.5 ADN ein.

**Zu § 34 Pflichten des Eigentümers oder Betreibers in der Binnenschifffahrt**

34.1.B Hinsichtlich des Betreibers in der Binnenschifffahrt siehe Nummer 1-36.2.B und 1-36.3.B der RSEB zu Kapitel 1.16 ADN.

**Zu § 35 bis 35c Verlagerung und Fahrweg im Straßenverkehr**

**Zu § 35 Verlagerung**

35.1.1.S Die Beförderung auf dem Eisenbahn- oder Wasserweg ist nach § 35 Absatz 1 Nummer 2 der GGVSEB nicht durchführbar, wenn zum Beispiel

- der Verkehr witterungsbedingt eingeschränkt oder eingestellt ist,
- der Verkehrsträger bestreikt wird,
- geeignete Beförderungsmittel (z.B. Eisenbahnwagen) aus Gründen, die die Beteiligten nicht zu vertreten haben, nicht zur Verfügung stehen oder nicht eingesetzt werden können.

Darüber hinaus können weitere Kriterien bei der Antragstellung im Rahmen der Ermessensentscheidung Berücksichtigung finden.

35.1.2.S Kann das gefährliche Gut im multimodalen Verkehr verladen und befördert werden (§ 35 Absatz 2 der GGVSEB), darf eine Bescheinigung nach § 35 Absatz 4 der GGVSEB nicht erteilt werden. Das Eisenbahn-Bundesamt/die Generaldirektion Wasserstraßen und Schifffahrt teilt dem Antragsteller bei Bedarf aber die jeweils nächstgelegenen geeigneten Bahnhöfe/Häfen mit.

35.1.3.S Für die Beantragung einer Bescheinigung nach § 35 Absatz 4 der GGVSEB des Eisenbahn-Bundesamtes oder der Generaldirektion Wasserstraßen und Schifffahrt wird das Muster nach **Anlage 6** der RSEB empfohlen. Der Antrag ist jeweils zu richten an

- das Eisenbahn-Bundesamt, Referat 33, Heinemannstraße 6, 53175 Bonn oder
- die Generaldirektion Wasserstraßen und Schifffahrt, Am Propsthof 51, 53121 Bonn.

Der maximale Gültigkeitszeitraum einer Bescheinigung nach § 35 Absatz 4 der GGVSEB beträgt drei Jahre.

**Zu § 35a Fahrweg im Straßenverkehr**

35.2.1.S Für die Beantragung einer Fahrwegbestimmung nach § 35a Absatz 3 Satz 1 der GGVSEB wird das Muster nach **Anlage 4** der RSEB empfohlen.

35.2.2.S Bei der Fahrwegbestimmung nach § 35a Absatz 3 Satz 1 der GGVSEB werden in der Regel zwei nach Landesrecht zuständige Behörden/Stellen unabhängig voneinander auf Antrag tätig. So bestimmt die für den Beladeort zuständige Behörde/Stelle den Fahrweg nur zwischen dem Beladeort und der Autobahn sowie die für den Entladeort zuständige Behörde/Stelle den Fahrweg nur zwischen der Autobahn und dem Entladeort. Liegt der zu bestimmende

Fahrweg jedoch nicht ausschließlich im Bezirk der für den Be- bzw. Entladeort zuständigen Behörde/Stelle, hat diese die anderen Behörden/Stellen bei der Fahrwegbestimmung zu beteiligen, durch deren Bezirk der Fahrweg zum oder vom Anschluss an die Autobahn ebenfalls führt.

Bei grenzüberschreitenden Beförderungen über nicht an Autobahnen liegenden Grenzübergangsstellen ist die nach Landesrecht zuständige Behörde/Stelle zuständig, in deren Bezirk die Grenzübergangsstelle der Einfahrt liegt.

Den Fahrweg zwischen zwei Autobahnabschnitten bei unterbrochenen Autobahnen (auch mit unterschiedlichen Autobahnnummern) bestimmt die nach Landesrecht zuständige Behörde/Stelle, in deren Bezirk der endende Autobahnabschnitt liegt.

Ist die Benutzung von Autobahnen nach § 35a Absatz 2 Nummer 1 unzumutbar oder nach § 35a Absatz 2 Nummer 2 der GGVSEB ausgeschlossen oder beschränkt, liegt die Zuständigkeit bei der für den Beladeort nach Landesrecht zuständigen Behörde/Stelle. Diese hat ggf. die anderen Behörden/Stellen zu beteiligen, durch deren Bezirk der Fahrweg ebenfalls führt.

35.2.3.S Der Fahrweg kann positiv und/oder negativ bestimmt werden. Dies schließt sowohl die Festlegung/den Ausschluss bestimmter Straßen als auch die allgemeine Benennung von Straßen bestimmter Klassifizierung (z.B. Bundesstraßen, Landesstraßen, Kreisstraßen, Vorfahrtstraßen) ein, sofern deren Benutzung nicht durch entsprechende Zeichen der StVO oder durch Allgemeinverfügung nach § 35a Absatz 3 Satz 2 der GGVSEB verboten ist.

35.2.4.S Für die Fahrwegbestimmung nach § 35a Absatz 3 Satz 1 der GGVSEB soll die nach Landesrecht zuständige Behörde/Stelle das Muster nach **Anlage 5** der RSEB verwenden.

35.2.5.S Die für die Fahrwegbestimmung nach § 35a Absatz 3 Satz 1 der GGVSEB nach Landesrecht zuständigen Behörden/Stellen sind:

| | |
|---|---|
| Baden-Württemberg: | Untere Verwaltungsbehörden (Landratsämter und Stadtkreise) |
| Bayern: | Kreisverwaltungsbehörden |
| Berlin: | Senatsverwaltung für Umwelt, Mobilität, Verbraucher- und Klimaschutz Abteilung Verkehrsmanagement |
| Brandenburg: | Landkreise und kreisfreie Städte als Kreisordnungsbehörde |
| Bremen: | Senatorin für Wirtschaft, Häfen und Transformation |
| Hamburg: | Behörde für Inneres und Sport |
| Hessen: | Landräte, in den kreisfreien Städten die Oberbürgermeister |
| Mecklenburg-Vorpommern: | Landräte, in den kreisfreien Städten die Oberbürgermeister (Bürgermeister) |
| Niedersachsen: | Landkreise, kreisfreie Städte und große selbstständige Städte |
| Nordrhein-Westfalen: | Kreise und kreisfreie Städte als Kreisordnungsbehörde |
| Rheinland-Pfalz: | Kreisverwaltungen, kreisfreie Städte, große kreisangehörige Städte |
| Saarland: | Untere Straßenverkehrsbehörden (bei den Landräten, dem Regionalverband Saarbrücken, der Landeshauptstadt Saarbrücken sowie den Mittelstädten) |
| Sachsen: | Landkreise und kreisfreie Städte |
| Sachsen-Anhalt: | Untere Verwaltungsbehörden (Landkreise und kreisfreie Städte) |
| Schleswig-Holstein: | Landräte, in den kreisfreien Städten die Oberbürgermeister (Bürgermeister) |
| Thüringen: | Landkreise und kreisfreie Städte |

35.2.6.S Erfolgt die Fahrwegbestimmung durch Allgemeinverfügung nach § 35a Absatz 3 Satz 2 der GGVSEB, gelten die Bestimmungen zum Übergeben, Beachten, Mitführen und Aushändigen nach § 35a Absatz 4 und 5 der GGVSEB entsprechend, sofern in der Allgemeinverfügung nichts anderes bestimmt ist.

**Zu § 35c Ausnahmen zu den §§ 35 und 35a**

35.3.S Unter dem in § 35c Absatz 9 verwendeten Begriff „Ort der Verwendung" ist sowohl der Steinbruch oder die Baustelle, wo eine Sprengung erfolgt, zu verstehen, als auch in der Nähe befindliche Lager und Zwischenlager, die der unmittelbaren Versorgung des Steinbruchs oder der Baustelle dienen.

**Zu § 37 Ordnungswidrigkeiten**

37.1 Die Verfolgung von Ordnungswidrigkeiten liegt im pflichtgemäßen Ermessen der Verfolgungsbehörde (Opportunitätsgrundsatz, § 47 Absatz 1 Satz 1 des OWiG).

37.2 Die Bußgeldbeträge des Bußgeldkatalogs in der **Anlage 7** der RSEB sind Regelsätze, die von fahrlässiger Begehung, normalen Tatumständen und von mittleren wirtschaftlichen Verhältnissen ausgehen. Bei vorsätzlichem Handeln sind die angegebenen Sätze angemessen bis zum doppelten Satz zu erhöhen. Die Regelsätze, soweit die Angelegenheit nicht strafrechtlich verfolgt wird, erhöhen sich um mindestens 25 %, wenn durch die Zuwiderhandlung ein anderer gefährdet oder geschädigt ist. Liegt Tateinheit vor, so ist der höchste in Betracht kommende Regelsatz um 25 % der Regelsätze für die anderen Ordnungswidrigkeiten zu erhöhen.

37.3 Bei geringfügigen Ordnungswidrigkeiten kann die Verwaltungsbehörde den Betroffenen verwarnen und ein Verwarnungsgeld von fünf bis fünfundfünfzig Euro erheben (§ 56 Absatz 1 Satz 1 des OWiG). Mit der Verwarnung soll bei einer geringfügigen Ordnungswidrigkeit dem Betroffenen sein Fehlverhalten vorgehalten werden; sie ist daher mit einem Hinweis auf die Zuwiderhandlung zu verbinden. Die Beträge des Verwarnungsgeldkatalogs sind Regelsätze für fahrlässige Begehung unter gewöhnlichen Tatumständen. Dies gilt auch bei Verstößen gegen eine Bestimmung einer Ausnahmeregelung. Bei Formalverstößen sollte von einer Ahndung mit einem Bußgeld abgesehen werden.

37.4 Ob eine Ordnungswidrigkeit geringfügig ist, richtet sich nach der Bedeutung der Handlung und dem Grad der Vorwerfbarkeit, wobei die Gesamtbetrachtung entscheidet. Auch bei einem gewichtigeren Verstoß kann die Handlung ausnahmsweise wegen geringer Vorwerfbarkeit insgesamt wenig bedeutsam sein. Dies impliziert die grundsätzliche Möglichkeit, zu jedem gesetzlichen Ordnungswidrigkeitentatbestand unter Berücksichtigung der Umstände des Einzelfalls im Rahmen der angeführten Zulässigkeitsvoraussetzungen und des pflichtgemäßen Ermessens der Verwaltungsbehörde auch eine Verwarnung mit oder ohne Verwarnungsgeld auszusprechen. Eine explizite Ausweisung in einem Verwarnungsgeldkatalog ist dafür nicht notwendig.

37.5 Bei Verstößen gegen eine Bestimmung einer Ausnahme nach der Gefahrgut-Ausnahmeverordnung (GGAV) liegt ein Verstoß gegen die entsprechende Vorschrift des ADR/RID/ADN in Verbindung mit der GGVSEB vor. Demgemäß gelten in diesem Fall die Ordnungswidrigkeitentatbestände der GGVSEB.

37.6 Die Bußgeldnormen des § 37 der GGVSEB sind im Bußgeldkatalog mit Nummer (arabische Zahlen) und Buchstabe (kleine Buchstaben) zitiert. Die einzelnen Verstöße sind in die Kategorien (Gefahrenkategorien I, II und III, wobei I die schwerwiegendste ist) entsprechend der Anlage 3 zur GGKontrollV unterteilt.

37.7.S Erläuterungen zu Bußgeldverfahren nach der GGVSEB bei gleichzeitigem Verstoß gegen die StVO/StVZO im Hinblick auf die Eintragung von Verstößen im Fahreignungsregister (FAER) sind der **Anlage 7a** der RSEB zu entnehmen.

37.8.S Hinsichtlich nicht offensichtlicher Unrichtigkeiten in der ADR-Zulassungsbescheinigung gilt gegenüber dem Beförderer der Vertrauensgrundsatz mangels Vorwerfbarkeit. Das heißt, für das korrekte Ausstellen der ADR-Zulassungsbescheinigung sind grundsätzlich die zuständigen Stellen oder Personen nach § 14 Absatz 4 der GGVSEB verantwortlich.

**Zu Anlage 2**

60. – offen –

**Zu den Vertragsstaaten/Vertragsparteien des ADR/RID/ADN**

**70.1.S Die 54 ADR-Vertragsparteien sind:**

Albanien, Andorra, Armenien, Aserbaidschan, Belgien, Bosnien und Herzegowina, Bulgarien, Dänemark, Deutschland, Estland, Finnland, Frankreich, Georgien, Griechenland, Irland, Island, Italien, Kasachstan, Kroatien, Lettland, Liechtenstein, Litauen, Luxemburg, Malta, Marokko, Republik Moldau (Moldawien), Montenegro, Niederlande, Nigeria, Nordmazedonien, Norwegen, Österreich, Polen, Portugal, Rumänien, Russische Föderation, San Marino, Schweden, Schweiz, Serbien, Slowakei, Slowenien, Spanien, Tadschikistan, Tschechische Republik, Tunesien, Türkei, Uganda, Ukraine, Ungarn, Usbekistan, Vereinigtes Königreich, Weißrussland (Belarus) und Zypern.

**70.2.E Die 45 RID-Vertragsstaaten sind:**

Afghanistan, Albanien, Algerien, Armenien, Aserbaidschan, Belgien, Bosnien und Herzegowina, Bulgarien, Dänemark, Deutschland, Estland, Finnland, Frankreich, Georgien, Griechenland, Iran, Irland, Italien, Kroatien, Lettland, Liechtenstein, Litauen, Luxemburg, Marokko, Monaco, Montenegro, Niederlande, Nordmazedonien, Norwegen, Österreich, Polen, Portugal, Rumänien, Schweden, Schweiz, Serbien, Slowakei, Slowenien, Spanien, Tschechische Republik, Tunesien, Türkei, Ukraine, Ungarn und Vereinigtes Königreich.

Bis zur Wiederaufnahme des internationalen Verkehrs ruht die OTIF-Mitgliedschaft des Iraks, des Libanon und Syriens.

**70.3.B Die 18 ADN-Vertragsparteien sind:**

Belgien, Bulgarien, Deutschland, Frankreich, Kroatien, Luxemburg, Republik Moldau (Moldawien), Niederlande, Österreich, Polen, Rumänien, Russische Föderation, Schweiz, Serbien, Slowakei, Tschechische Republik, Ukraine und Ungarn.

## Abschnitt II

### Abschnitt II A: Erläuterungen zur GbV

#### Zu § 3 Bestellung von Gefahrgutbeauftragten

A-3/1 Auf Grund der Differenzierung der Pflichten zwischen Empfänger und Entlader im ADR/RID/ADN, die in der GGVSEB konkret umgesetzt sind, müssen Unternehmen, denen Pflichten als Entlader (§ 3 Absatz 1 der GbV) zugewiesen sind, einen Gefahrgutbeauftragten bestellen.

#### Zu § 8 Pflichten des Gefahrgutbeauftragten

A-8/1 Bei einer Delegation von Aufgaben nach § 8 der GbV durch den Gefahrgutbeauftragten an Dritte, sind von ihm geeignete Verfahren anzuwenden, mit denen er die Erledigung dieser Aufgaben überwacht und gewährleistet. Der Gefahrgutbeauftragte behält dabei die volle Verantwortung und hat auf Verlangen der zuständigen Behörde nachzuweisen, dass er und die beauftragten Dritten alle Aufgaben erfüllen.

#### Zu § 8 Absatz 5 (Jahresbericht des Gefahrgutbeauftragten)

A-8/2 Ein Jahresbericht für das vergangene Geschäftsjahr darf auch durch einen Gefahrgutbeauftragten erstellt werden, der in dem berichtspflichtigen Geschäftsjahr noch nicht tätig war.

#### Zu § 8 Absatz 5 Satz 2 Nummer 2 (Jahresbericht des Gefahrgutbeauftragten)

A-8/3 Nach Absatz 5 Satz 4 schließt die anzugebende Gesamtmenge der gefährlichen Güter auch die empfangenen gefährlichen Güter ein. In die Ermittlung der Mengen an gefährlichen Gütern nach Satz 2 Nummer 2 müssen freigestellte Beförderungen nach § 2 Absatz 1 Nummer 4 bis 6 jedoch nicht einbezogen werden. Dies gilt auch für empfangene freigestellte gefährliche Güter.

### Abschnitt II B: Erläuterungen zur GGAV

#### Zu Ausnahme 8 (B)

B-8/1.B Für die Beförderung von Fahrzeugen und Geräten der UN-Nummern 3166, 3171, 3556, 3557 und 3558, die von Fahrgästen (Privatpersonen und Unternehmen) auf der Fähre mitgeführt werden, gilt die Freistellung nach Absatz 1.1.3.4.1 in Verbindung mit Kapitel 3.3 Sondervorschrift 666 ADN, wenn diese Fahrzeuge oder Geräte im Straßenverkehr keine anderen gefährlichen Güter als nach den Freistellungen der Unterabschnitte 1.1.3.1 bis 1.1.3.5 und 1.1.3.7 bis 1.1.3.10 ADR/ADN als Ladung mitführen. Die Ausnahme 8 (B) gilt dann, wenn diese Fahrzeuge oder Geräte im Straßenverkehr andere gefährliche Güter als nach den Freistellungen der Unterabschnitte 1.1.3.1 bis 1.1.3.5 und 1.1.3.7 bis 1.1.3.10 ADR/ADN als Ladung mitführen.

#### Zu Ausnahme 18 (S) Nummer 2.1

B-18/1.S Auch wenn eine Beförderung im Werkverkehr im Sinne des § 1 Absatz 2 GüKG stattfindet, handelt es sich nicht um eine Übergabe an Dritte.

## Abschnitt II C: Erläuterungen zur ODV

### Zu § 22 Marktüberwachungsmaßnahmen

C-22/1 Die Maßnahmen der Marktüberwachung stellen sicher, dass die ortsbeweglichen Druckgeräte mit den einschlägigen Anforderungen während ihres Lebenszyklus übereinstimmen. Sie gelten nicht nur für die erstmalige Bereitstellung ortsbeweglicher Druckgeräte auf dem Markt (Inverkehrbringen).

## Abschnitt III Erläuterungen zum ADR/RID/ADN

### Erläuterungen zu Teil 1[2] und Anlage 2 der GGVSEB

### Zu ADR/RID/ADN allgemein

0-1 Die Worte „sofern im ADR/RID/ADN nichts anderes festgelegt ist" oder inhaltsgleiche Formulierungen besagen, dass an anderer Stelle konkrete Vorschriften festgelegt sein können, die dann Vorrang haben.

### Allgemeine Hinweise zu den Freistellungsregelungen in Unterabschnitt 1.1.3.1

1-1.1 Um die Beförderung von Fahrzeugen/Wagen, Maschinen und Geräten mit gefährlichen Gütern in ihren Tanks und Einrichtungen im Straßen-/Schienenverkehr/in der Binnenschifffahrt nur im sicherheitstechnisch notwendigen Umfang zu regeln, gibt es eine Reihe von Vorschriften im ADR/RID/ADN, die entweder zu einer vollständigen oder teilweisen Freistellung von den gefahrgutrechtlichen Vorschriften führen.

1-1.2 Eine vollständige Freistellung vom ADR/RID/ADN ist in den Fällen vorgesehen, in denen

- Privatpersonen unter den in **Unterabschnitt 1.1.3.1 Buchstabe a (i)** genannten Bedingungen befördern (persönlicher/häuslicher Gebrauch oder private Verwendung bei Sport/Freizeit; einzelhandelsgerechte Verpackung (darunter können auch Gegenstände gefasst werden, die gefährliche Güter enthalten) oder im beschränkten Umfang entzündbare flüssige Stoffe in nachfüllbaren Behältern). Der Begriff „Privatpersonen" umfasst auch Fahrgäste, z.B. in Bussen, Taxis, Fahrgastschiffen und Personenzügen;
- bestimmte Beförderungen von Unternehmen in Zusammenhang mit ihrer Haupttätigkeit nach **Unterabschnitt 1.1.3.1 Buchstabe c** durchgeführt werden. Dies kann z.B. die Mitnahme von Brennstoff in einem transportablen Brennstoffbehälter betreffen, den ein Unternehmen für den Betrieb seiner Maschinen an der Baustelle benötigt. Beförderungen zum Zwecke der internen oder externen Verteilung/Versorgung eines Unternehmens fallen nicht unter die Freistellungsregelung des Unterabschnitts 1.1.3.1 Buchstabe c. Dies betrifft u.a. Beförderungen von einer Produktionsanlage zu einer anderen innerhalb eines Unternehmens, jedoch außerhalb des Betriebsgeländes. Die Angabe „450 Liter je Verpackung" in Unterabschnitt 1.1.3.1 Buchstabe c ist eine Angabe der tatsächlich eingefüllten Menge, unabhängig vom Fassungsraum der Verpackung (siehe auch Erläuterung zur Gesamtmenge in Absatz 1.1.3.6.3). Allerdings dürfen die in Unterabschnitt 1.1.3.6 festgelegten höchstzulässigen Gesamtmengen je Beförderungseinheit nicht überschritten werden (z.B. nicht mehr als 1 000 Liter Heizöl oder Diesel).

### Besondere Hinweise zu einzelnen Freistellungen

### Zu Unterabschnitt 1.1.3.1 Buchstabe a, c und f

1-2 Beispiele für erforderliche Maßnahmen im Sinne von „normalen Beförderungsbedingungen" sind:

- ausreichende Ladungssicherung,
- wirksamer Schutz von Verschlussventilen bei verpackten Gütern der Klasse 2 (z.B. Schutzkappen),
- Verwendung sicherer Verschlüsse für flüssige und feste Stoffe.

### Zu Unterabschnitt 1.1.3.1 Buchstabe a ADR

1-3.1.S Im Sinne des Buchstaben a gelten Stoffe der Klasse 1 Unterklassen 1.1 und 1.3 (z.B. UN 0027 Schwarzpulver oder UN 0161 Treibladungspulver) auch dann als einzelhandelsgerecht abge-

[2] *Anmerkung des Verlags: O.-Text VkBl., gemeint ist Teil 1 ADR/RID/ADN.*

packt, wenn die zur Beförderung zulässigen Mengen von Privatpersonen zum Vorderlader- oder Böllerschießen in Einzelladungen, unter Beachtung zutreffender sicherheitlicher Empfehlungen behördlicher Stellen oder von Verbänden, verpackt und befördert werden. Hierbei sind die spezialgesetzlichen Regelungen (z.B. WaffG, SprengG) zu beachten. Sicherheitliche Empfehlungen im genannten Sinne sind zur Zeit die „Empfehlungen für ein sicheres Böllerschießen" des Bayerischen Staatsministeriums für Umwelt und Verbraucherschutz.

1-3.2.S Zusätzlich zu den nach Buchstabe a zulässigen Mengen von bis zu 240 Litern entzündbarer flüssiger Stoffe in für eine Wiederbefüllung vorgesehenen Behältern, dürfen auch noch bis zu 60 Liter in tragbaren Brennstoffbehältern nach Unterabschnitt 1.1.3.3 Buchstabe a ADR als Ersatzbrennstoff für das verwendete Fahrzeug befördert werden (siehe auch Nummer 1-9.1.S der RSEB).

**Zu Unterabschnitt 1.1.3.1 Buchstabe c**

1-4.1 Freigestellt sind Beförderungen zum direkten Verbrauch, wie z.B.

- Farbe im Fahrzeug eines Malers,
- Sauerstoff- und Acetylenflaschen im Fahrzeug eines Schweißers,
- Kraftstoff für die Befüllung von Rasenmähern im Fahrzeug eines städtischen Arbeiters oder in einem Schienenkraftwagen,
- Kraftstoff für die Befüllung von Arbeitsgeräten,
- Mittel zur Schädlingsbekämpfung durch Landwirte für die eigene Verwendung oder
- Lithiumbatterien (Ersatzbatterien), die zum Betrieb seiner Maschinen und Geräte benötigt werden (siehe auch Nummer 1-4.5 der RSEB),

sofern die jeweilige Beförderung z.B. zu oder von einem Kunden bzw. Einsatzort erfolgt.

1-4.2 Zwischenversorgungen zu Tankanlagen fallen nicht unter die Freistellungsregelung des Buchstaben c.

1-4.3 Siehe Nummer 1-1.2, 2. Anstrich der RSEB.

1-4.4 Ungereinigte leere Eichnormale bis 450 Liter Einzelfassungsraum der Gefäße sind als Verpackungen im Sinne des Unterabschnitts 1.1.3.1 Buchstabe c anzusehen und fallen demgemäß unter die Freistellungsregelung dieses Unterabschnitts. Ebenso sind Maßnahmen zu treffen, die unter normalen Beförderungsbedingungen ein Freiwerden des Inhalts verhindern. Eichnormale sind dicht verschlossen oder in dicht verschlossenen Umverpackungen und ohne äußere Anhaftungen zu befördern.

1-4.5 Bei im Rahmen von Unterabschnitt 1.1.3.1 Buchstabe c mitgeführten Lithium-Ionen-Batterien der UN-Nummern 3480 und 3481, Natrium-Ionen-Batterien der UN-Nummern 3551 und 3552 sowie von Lithium-Metall-Batterien der UN-Nummern 3090 und 3091 sind geeignete Maßnahmen zur Vermeidung von Beschädigungen der Batterien zu treffen.

**Zu Unterabschnitt 1.1.3.1 Buchstabe d**

1-5.1 Einsatzkräfte sind nur die für Notfallmaßnahmen nach dem deutschen Recht zuständigen Stellen.

1-5.2 Buchstabe d kommt zur Anwendung, wenn Maßnahmen bei einem Notfall (Gefahr im Verzug) Beförderungen außerhalb des Regelwerks durch staatliche Einsatzkräfte oder die von ihnen überwachten beauftragten Unternehmen erfordern. Hierunter fallen auch die Beförderungen von Sprengstoffen, Munition und Bombenfunden sowie anderen Gefahrgütern (insbesondere ABC-Stoffe), die im Rahmen einer Notfallmaßnahme an einen sicheren Ort verbracht werden müssen. Die Festlegung der Art und Weise der Überwachung der Notfallbeförderung liegt in der Verantwortung der zuständigen Einsatzleitung. Die Einsatzleitung legt unter Berücksichtigung der tatsächlichen Gegebenheiten auch den sicheren Ort und damit das Ende der Notfallbeförderung fest. Wegen der zwingend erforderlichen Mitwirkung der zuständigen Stellen wird im Gegensatz zu Unterabschnitt 1.1.3.1 Buchstabe e nicht ausdrücklich die völlig sichere Beförderung verlangt. D.h., die zuständige Stelle kann ein Restrisiko ggf. durch zusätzliche Maßnahmen kompensieren, z.B. Evakuieren, Sperrung von Verkehrswegen.

1-5.3 Unter den Buchstaben d fallen auch sonstige Fahrten, die zur Aufrechterhaltung der Einsatzfähigkeit erforderlich sind, wie z.B. im Rahmen von Übungen sowie Bewegungs- und Überführungsfahrten, nicht jedoch Versorgungsfahrten.

**Zu Unterabschnitt 1.1.3.1 Buchstabe e**

1-6 Notfallbeförderungen, die unmittelbar zur Rettung menschlichen Lebens oder zum Schutz der Umwelt erforderlich sind, dürfen ohne Anwendung des Regelwerks auch von Dritten durchgeführt werden. Bei den erforderlichen Maßnahmen zur völlig sicheren Durchführung der Beförderung ist die Verhältnismäßigkeit zu berücksichtigen.

**Zu Unterabschnitt 1.1.3.1 Buchstabe f**

1-7 Als übliche Restmengen in einem ungereinigten leeren Tank sind Mengen zu akzeptieren, die nach der vollständigen Entleerung mit der technisch vorhandenen Entnahmeeinrichtung im Tank verbleiben und die sich aus Anhaftungen nach der Entleerung ergeben.

**Zu Unterabschnitt 1.1.3.2 Buchstabe e ADR/RID**

1-8 Unter die Regelungen des Unterabschnitts 1.1.3.2 Buchstabe e ADR/RID können u.a. fallen:

Gase in

- Getränkeschankanlagen in Fahrzeugen,
- Hähnchengrillfahrzeugen,
- Arbeitsmaschinen für Erdarbeiten und Straßenbau, wie Asphalt-Kocher mit oder ohne Spritzeinrichtung,
- Fahrzeugen für Wohn- und Aufenthaltszwecke wie Campinganhänger bzw. Campingfahrzeuge mit Ausrüstung gemäß DVGW Arbeitsblatt G 607,
- Lastkraftwagen mit Ausrüstung gemäß DVGW Arbeitsblatt G 607.

Die Freistellung in Buchstabe e gilt auch

- für nicht fest verbundene, für diesen Verwendungszweck geeignete und zugelassene besondere Einrichtungen, die ladungsgesichert befördert werden und deren Verwendung während der Beförderung erforderlich ist und
- für zugehörige Ersatz- und Tauschgefäße.

Der Begriff „während der Beförderung" im Sinne des Buchstaben e setzt nicht voraus, dass die gasbetriebenen Einrichtungen fortlaufend während der Ortsveränderung im Einsatz sind. Sie können auch mitgeführt werden, um während eines zeitweiligen Aufenthalts im Fahrzeug Verwendung zu finden. Solche Einrichtungen sind u.a. Grilleinrichtungen von Fahrzeugen, die an wechselnden Orten zur Zubereitung von Lebensmitteln verwendet werden.

**Zu Unterabschnitt 1.1.3.3 Buchstabe a ADR**

1-9.1.S Als tragbare Brennstoffbehälter im Sinne des Unterabschnitts 1.1.3.3 Buchstabe a ADR gelten nur solche, die für diese Verwendung vom Hersteller bestimmt sind und während der Beförderung den sicheren Einschluss des Brennstoffs gewährleisten.

1-9.2.S Das Energieäquivalent von maximal 54 000 MJ, bezogen auf den Gesamtfassungsraum nach Bem. 2, schließt die höchstens 60 Liter in tragbaren Brennstoffbehältern nicht mit ein, welche zusätzlich befördert werden dürfen.

**Zu Unterabschnitt 1.1.3.3 RID**

1-10.E Unter die Regelungen des Unterabschnitts 1.1.3.3 RID können u.a. fallen:

- Eisenbahndrehkräne,
- Gleisbaumaschinen mit eigenem Antrieb, wie Bettungsreinigungs- und Gleisstopfmaschinen,
- Fahrzeuge mit oder ohne eigenen Antrieb.

**Zu Unterabschnitt 1.1.3.5**

1-11 Geeignete Maßnahmen zur Beseitigung der Gefahren der Klassen 1 bis 9 sind ergriffen, wenn die Verpackungen z.B.

- keine gefährlichen Dämpfe oder Reste enthalten, die freigesetzt werden können,
- die Verpackungen vollständig entleert sind oder die Restinhalte neutralisiert, gebunden, ausgehärtet, polymerisiert oder chemisch umgesetzt sind

und wenn an der Außenseite der Verpackung keine gefährlichen Rückstände anhaften.

**Zu Unterabschnitt 1.1.3.6 ADR/RID**

1-12.1 Die Freistellungsregelung des Unterabschnitts 1.1.3.6 ADR/RID darf auch für Beförderungen von Versandstücken in Containern, die auf einer Beförderungseinheit/einem Wagen befördert werden, in Anspruch genommen werden, sofern die entsprechenden Mengengrenzen nicht überschritten sind.

1-12.2 Da die Stoffe und Gegenstände der Beförderungskategorie 4 in unbegrenzter Menge je Beförderungseinheit/Wagen befördert werden dürfen, bleiben diese Stoffe und Gegenstände bei der Berechnung nach Absatz 1.1.3.6.4 ADR/RID unberücksichtigt.

1-12.3 Auch für die in der Beförderungskategorie 4 enthaltenen Stoffe und Gegenstände (Höchstmenge je Beförderungseinheit/Wagen unbegrenzt) sind die Vorschriften des ADR/RID anzuwenden, sofern Stoffe und Gegenstände der Beförderungskategorie 0 oder Stoffe und Gegenstände der Beförderungskategorie 1 bis 3 zugeladen werden und für diese Güter der nach Absatz 1.1.3.6.4 ADR/RID berechnete Wert 1 000 überschreitet.

1-12.4 Für ungereinigte leere Verpackungen gilt auch Unterabschnitt 1.1.3.5, wonach mögliche Gefährdungen auszuschließen sind, wenn freigestellt befördert werden soll. Unterabschnitt 1.1.3.6 ADR/RID gilt nicht für Beförderungen in loser Schüttung, sondern nur für verpackte gefährliche Güter. Sofern sich ungereinigte leere Verpackungen in einem ordnungsgemäßen Zustand befinden und wieder verschlossen sind, dürfen sie deshalb ebenso befördert werden wie gefüllte Verpackungen. Eine erneute Verpackung ist nur dann erforderlich, wenn die ungereinigten leeren Verpackungen beispielsweise undicht oder erheblich beschädigt sind.

**Zu Absatz 1.1.3.6.3, 1. Anstrich ADR/RID und 1.1.3.6.1 ADN**

1-13 Für die Berechnung der höchstzulässigen Gesamtmenge ist für Gegenstände der Klasse 1 die Nettoexplosivstoffmasse in kg maßgebend. Für gefährliche Güter in Geräten und Ausrüstungen, die im ADR/RID/ADN näher bezeichnet sind, ist die Gesamtmenge der darin enthaltenen gefährlichen Güter in kg oder Liter maßgebend, dies betrifft u.a. folgende UN-Nummern: 2857, 2870, 2990, 3072, 3091, 3150, 3268, 3316, 3358, 3468, 3473, 3476, 3477, 3478, 3479, 3481, 3552, 3554 und 3559. Das bedeutet, dass z.B. in Kältemaschinen UN 2857 nur das enthaltene nicht entzündbare, nicht giftige Gas berechnet wird oder in Flugzeugnotrutschen als Rettungsmittel UN 2990 nur die dort enthaltenen Zündvorrichtungen zum Auslösen berechnet werden.

**Zu Unterabschnitt 1.1.3.10 und Kapitel 3.3 Sondervorschrift 366**

1-14 Aus der Formulierung „vorausgesetzt, sie enthalten keine radioaktiven Stoffe und sie enthalten kein Quecksilber in größeren als den in der Sondervorschrift 366 des Kapitels 3.3 festgelegten Mengen" ergibt sich, dass für Leuchtmittel mit radioaktiven Stoffen und mit mehr Quecksilber als in Kapitel 3.3 Sondervorschrift 366 festgelegt, die speziellen Beförderungsbedingungen der stoffspezifischen Einträge gelten. Wenn höchstens 1 kg Quecksilber enthalten ist, die sonstigen in Unterabschnitt 1.1.3.10 genannten Bedingungen aber nicht vorliegen, kann für Leuchtmittel mit Quecksilber auch die Freistellung nach der Sondervorschrift 366 angewendet werden. Die Sondervorschrift 366 setzt aber voraus, dass das Quecksilber in dem hergestellten Gegenstand eingeschlossen ist. Wenn dies bei Abfall-Leuchtmitteln nicht gegeben ist, kann im Rahmen von Sammlungen eine freigestellte Beförderung nur unter den Bedingungen nach Unterabschnitt 1.1.3.10 Buchstabe a bzw. c erfolgen.

**Zu Unterabschnitt 1.1.3.10 Buchstabe c**

1-15 Bei Beförderungen nach Unterabschnitt 1.1.3.10 Buchstabe c ist unter Außenverpackung eine allseitige Umschließung zu verstehen, die auch bei einem Fall aus mindestens 1,20 m Höhe in der Lage ist, den festen und flüssigen Inhalt einzuschließen. Die Außenverpackung muss weder verhindern, dass bei einem Zubruchgehen von Leuchtmitteln während der Beförderung Gas austritt, noch, dass bei der Durchführung des Falltests Leuchtmittel zerstört werden. Eine Außenverpackung liegt auch dann vor,

- wenn bewegliche Seiten und Böden durch geeignete Maßnahmen (z.B. Umwickeln mit Stretchfolie) auf einer Rungenpalette eine Umschließung bilden oder
- wenn eine Gitterbox mit festen Seiten, Böden und Deckel versehen ist.

**Zu Unterabschnitt 1.1.3.10 Buchstabe d**

1-16 Die Freistellung nach Buchstabe d bezieht sich auf gasgefüllte Leuchtmittel, mit ausschließlich Gasen der Gruppen A und O und keinen anderen gefährlichen Gütern.

Bei der Inanspruchnahme von Buchstabe d für Leuchtmittel bei der Entsorgung ist von einer Einhaltung der Bedingungen für das Versandstück auszugehen, wenn aus der verwendeten Umschließung keine Splitter, bedingt durch Wurfwirkung beim Zubruchgehen der Leuchtmittel, austreten können. Der Begriff „Versandstück" ist allgemein als geeignete Umschließung zu verstehen. Die Beispiele unter Nummer 1-15 der RSEB zur zulässigen Außenverpackung gelten auch für Buchstabe d, die Einhaltung von Unterabschnitt 4.1.1.1 ADR/RID und eine Fallprüfung sind jedoch nicht erforderlich.

**Zu Absatz 1.1.4.2.1 Buchstabe a**

1-17 Zusätzliche Kennzeichen nach ADR/RID/ADN sind bei anwendbaren Sondervorschriften, wie z.B. Kapitel 3.3 Sondervorschrift 633, nicht erforderlich, wenn das Versandstück gemäß IMDG-Code oder ICAO-TI gekennzeichnet ist.

**Zu Absatz 1.1.4.2.2 ADR**

1-18.S Werden Beförderungseinheiten, die nach ADR zu kennzeichnen sind, statt nach diesen Vorschriften nach den Vorschriften des IMDG-Codes gekennzeichnet und mit Großzetteln versehen, dann ist dies in einer Transportkette, die den Seeverkehr einschließt, zulässig. Die Beförderungseinheit ist mit orangefarbenen Tafeln nach Abschnitt 5.3.2 zu versehen, sofern die Mengengrenzen nach Unterabschnitt 1.1.3.6 ADR überschritten sind.

**Zu Absatz 1.1.4.2.3 ADR**

1-19.S Der Eintrag, der ggf. geforderten zusätzlichen Angaben nach ADR, kann auch in den Beförderungspapieren der Verkehrsträger See oder Luft erfolgen, sofern dies möglich/zulässig ist. Dies betrifft auch Angaben zum Absender.

**Zu Unterabschnitt 1.1.4.3**

1-20 Die Regelung zur Verwendung der für den Seeverkehr zugelassenen ortsbeweglichen Tanks schließt die Tankcontainer und Gascontainer mit mehreren Elementen (MEGC) mit ein.

**Zu Abschnitt 1.2.1**

1-21 Die UN-Modellvorschriften (Recommendations on the Transport of Dangerous Goods, Model Regulations) können über folgende Anschrift bezogen werden:

Sales Office and Bookshop
Bureau E-4
CH-1211 Geneva 10, Switzerland
E-Mail: unpubli@unog.ch

**Zu Abschnitt 1.3.1**

1-22 Personen im Sinne des § 9 Absatz 2 Satz 1 Nummer 2 OWiG, die ausdrücklich beauftragt sind, in eigener Verantwortung Aufgaben im Bereich der Beförderung gefährlicher Güter wahrzunehmen, müssen in den Anforderungen, die die Beförderung gefährlicher Güter an ihren Arbeits- und Verantwortungsbereich stellt, unterwiesen sein.

**Zu Absatz 1.4.2.2.1 RID**

1-23 Bei Beförderungen in einer Transportkette gilt als Abgangsort der Ort, an dem die Eisenbahnbeförderung beginnt. Wird im Verlauf der Beförderung der Wagen, Tank oder Container an ein anderes Eisenbahnverkehrsunternehmen übergeben, handelt es sich nicht um einen neuen Abgangsort. Bei einem zwischenzeitlichen Wechsel des Verkehrsträgers ist der Abgangsort dort, wo erneut an ein Eisenbahnverkehrsunternehmen übergeben wird. Ein neuer Abgangsort entsteht auch, wenn der ursprüngliche Beförderungsvorgang beendet wurde und ein neuer Beförderungsvorgang auf der Schiene beginnt.

**Zu Unterabschnitt 1.6.3.44 ADR**

1-24.S Die Verwendungsmöglichkeit von Additivierungseinrichtungen durch Zustimmung der zuständigen Behörde ist erfüllt, wenn in der ADR-Zulassungsbescheinigung nach Unterabschnitt 9.1.3.5 ADR ein entsprechender Vermerk unter Nummer 11 (Bemerkungen) über die Ausrüstung(en) eingetragen wurde (siehe auch Nummer 3-10.S und 9-2.2.3.S der RSEB).

**Zu Unterabschnitt 1.6.5.20 ADR**

1-25.S Die Übergangsvorschrift schließt ein, dass ADR-Zulassungsbescheinigungen, die für Fahrzeuge EX/II, EX/III, FL, AT und MEMU vor dem 1. Januar 2017 ausgestellt wurden und die dem bis zum 31. Dezember 2016 geltenden Muster des Unterabschnitts 9.1.3.5 ADR entsprechen und in denen die Fahrzeugbezeichnung OX im Muster aufgeführt ist, ebenfalls weiterverwendet werden dürfen. Dies schließt auch die Verlängerung der Gültigkeit vorhandener ADR-Zulassungsbescheinigungen ein.

**Zu Unterabschnitt 1.7.6.1 Buchstabe c**

1-26 Kriterien für eine Notfallexpositionssituation ergeben sich aus Anlage 15 der Strahlenschutzverordnung (StrlSchV).

**Zu Abschnitt 1.8.1 ADR/RID**

1-27 Es wird empfohlen, Gefahrgutpersonal von zuständigen Behörden im Straßen- und Eisenbahnverkehr auf der Basis der Muster-Rahmenlehrpläne für die Aus- und Fortbildung nach der **Anlage 8** der RSEB zu schulen.

**Zu Abschnitt 1.8.4**

1-28.1.S Die Liste der zuständigen Behörden hat die UNECE als nichtamtlichen Teil des ADR veröffentlicht. Sie ist unter
http://www.unece.org/trans/danger/publi/adr/country-info_e.html
in das Internet eingestellt.

1-28.2.E Die Liste der zuständigen Behörden für das RID hat die OTIF unter
https://otif.org/de/?page_id=1105
in das Internet eingestellt.

1-28.3.B Die Liste der zuständigen Behörden für das ADN hat die UNECE unter
http://www.unece.org/trans/danger/publi/adn/country-info_e.html
in das Internet eingestellt.

**Zu Abschnitt 1.8.5**

1-29.1 Die Berichte nach Unterabschnitt 1.8.5.1 sind gemäß dem in Unterabschnitt 1.8.5.4 ADR/RID vorgeschriebenen Muster vom Beförderer, Verlader, Befüller, Entlader oder Empfänger sowie im Eisenbahnverkehr ggf. vom Betreiber der Eisenbahninfrastruktur zu fertigen und gemäß

- § 14 Absatz 1 der GGVSEB für den Straßenverkehr dem
  Bundesamt für Logistik und Mobilität (BALM)
  Referat A1
  Werderstraße 34
  50672 Köln
  Fax: 0221/5776-1750
  E-Mail: a1@balm.bund.de
- § 15 Absatz 1 Nummer 5 der GGVSEB für den Eisenbahnverkehr dem
  Eisenbahn-Bundesamt (EBA)
  Referat 33
  Heinemannstraße 6
  53175 Bonn
  Fax: 0228/9826-9199
  E-Mail: ref33@eba.bund.de

spätestens einen Monat nach dem Ereignis vorzulegen.

Die Vordrucke der Berichte können über die Internetseiten des BALM unter
www.balm.bund.de
oder des EBA unter
www.eba.bund.de
abgerufen werden.

1-29.2.B Die Berichte nach Unterabschnitt 1.8.5.1 sind gemäß dem in Unterabschnitt 1.8.5.4 ADN vorgeschriebenen Muster vom Beförderer, Verlader, Befüller, Entlader, Empfänger oder Betreiber der Annahmestelle zu fertigen und gemäß

§ 16 Absatz 2 Nummer 8 der GGVSEB für den Binnenschiffsverkehr der
Generaldirektion Wasserstraßen und Schifffahrt (GDWS)
Dezernat S12
Brucknerstraße 2
55127 Mainz
Fax: 0228 7090-4223
E-Mail: zsuk@wsv.bund.de

spätestens einen Monat nach dem Ereignis vorzulegen. Die Vordrucke der Berichte können unter
https://www.elwis.de/DE/Untersuchung-Eichung/Befoerderung-gefaehrlicher-Gueter/ADN/Gefahrgut-Unfallbericht/Gefahrgut-Unfallbericht-node.html
abgerufen werden.

1-29.3 Das BALM/EBA reicht diese Berichte an das BMV

- mit/ohne Empfehlung zur Prüfung durch den AGGB oder seiner Arbeitsgruppen,
- mit/ohne Empfehlung zur Weiterleitung an die Sekretariate der UNECE/OTIF

weiter. Zusätzliche Informationen, die zur Abgabe dieser Empfehlung erforderlich sind, ermittelt das BALM/EBA in eigener Zuständigkeit.

1-29.4.B Die Generaldirektion Wasserstraßen und Schifffahrt (GDWS) reicht diese Berichte an das BMV

- mit/ohne Empfehlung zur Prüfung durch den AGGB oder seiner Arbeitsgruppen,
- mit/ohne Empfehlung zur Weiterleitung an die UNECE

weiter. Zusätzliche Informationen, die zur Abgabe dieser Empfehlung erforderlich sind, ermittelt die GDWS in eigener Zuständigkeit.

### Zu Absatz 1.9.5.3.7 ADR

1-30.S Die Tunnelbeschränkungen müssen offiziell bekannt und der Allgemeinheit zugänglich gemacht werden. Dafür soll von den zuständigen Behörden das Muster der **Anlage 9** der RSEB verwendet werden. Die Bekanntgabe erfolgt durch das BMV auf seinen Internetseiten. Die Tunnelbeschränkungen aller Vertragsparteien sind im Internet unter
www.unece.org/trans/danger/publi/adr/country-info_e.html
eingestellt.

### Zu Unterabschnitt 1.10.1.4 ADR

1-31.S Der Lichtbildausweis muss ein amtlicher Ausweis (z.B. Personalausweis, Pass, Führerschein, Fahrerkarte für das digitale Kontrollgerät oder ADR-Schulungsbescheinigung mit Lichtbild) sein.

### Zu Unterabschnitt 1.10.1.4 RID

1-32.1.E Der Lichtbildausweis muss ein amtlicher Ausweis (z.B. Personalausweis, Pass, Führerschein, Triebfahrzeugführerschein gemäß Triebfahrzeugführerscheinverordnung mit Lichtbild) sein.

1-32.2.E Zur Besatzung eines Zuges zählen dienstlich dazu berechtigte Personen, wie Zugbegleiter sowie Triebfahrzeugführer, Triebfahrzeugbegleiter, Bediener von Kleinlokomotiven und Führer von Nebenfahrzeugen gemäß § 47 Absatz 1 Nummer 8 und 9 der Eisenbahn-Bau- und Betriebsordnung (EBO).

**Zu Unterabschnitt 1.10.1.4 ADN**

1-33.B Der Lichtbildausweis muss ein amtlicher Ausweis (z.B. Personalausweis, Pass, Führerschein, Schiffsführerpatent oder Radarpatent mit Lichtbild) sein.

**Zu Abschnitt 1.10.3**

1-34.1 Es wird auf den „Leitfaden zur Umsetzung der gesetzlichen Sicherungsbestimmungen für die Beförderung gefährlicher Güter" der Verbände BGL, DSLV, VCH, VCI, VDV, VPI verwiesen, der als Hilfe zur Umsetzung der Vorschriften für die Sicherung und zur Erstellung der Sicherungspläne entwickelt wurde.

1-34.2 Sicherungspläne sollten durch die Überwachungsbehörden im Rahmen von Stichproben bzw. aus gegebenem Anlass Plausibilitätskontrollen unterzogen werden. Die Notwendigkeit für Prüfungen im Detail kann sich in besonderen Fällen ergeben.

1-34.3 Abschnitt 1.10.3 sieht spezielle Sicherungsmaßnahmen für gefährliche Güter mit hohem Gefahrenpotenzial vor, bei denen die Möglichkeit eines Missbrauchs zu terroristischen Zwecken und damit die Gefahr schwerwiegender Folgen, wie Verlust zahlreicher Menschenleben und massive Zerstörungen, besteht. Für den Fall, dass gefährliche Güter mit hohem Gefahrenpotenzial gleichwohl abhandenkommen, müssen die jeweils zuständigen Behörden unverzüglich in der Lage sein, schnellstmöglich entsprechende Maßnahmen zu treffen (z.B. Strafverfolgung wegen Abhandenkommen durch Diebstahl oder widerrechtliche Entwendung bzw. Gefahrenabwehr in Bezug auf eine mögliche missbräuchliche Verwendung der abhandengekommenen Stoffe).

Die an der Beförderung von gefährlichen Gütern mit hohem Gefahrenpotenzial im Straßen- und Eisenbahnverkehr sowie in der Binnenschifffahrt Beteiligten haben daher gemäß § 27 Absatz 4a der GGVSEB dafür zu sorgen, dass der zuständigen Polizeibehörde unverzüglich mitgeteilt wird, wenn ihnen Fahrzeuge, Wagen, Beförderungsmittel oder Container mit gefährlichen Gütern mit hohem Gefahrenpotenzial oder diese Güter selbst abhandenkommen. Gleiches gilt im Falle des Wiederauffindens. Weitere Einzelheiten hierzu sind im Sicherungsplan zu regeln.

Darüber hinaus sollen auch bereits erkennbare Vorbereitungs- und Versuchsfälle, bei denen es noch nicht zu unberechtigter Entwendung von gefährlichen Gütern mit hohem Gefahrenpotenzial gekommen ist, unverzüglich der zuständigen Polizeibehörde gemeldet werden. Dies könnte beispielsweise der Fall sein bei unvorhergesehener Störung und Abbruch eines entsprechenden Vorhabens.

**Zu Kapitel 1.11 RID**

1-35.E Der Betreiber der Eisenbahninfrastruktur hat dafür zu sorgen, dass für die Beförderung gefährlicher Güter in Rangierbahnhöfen interne Notfallpläne erstellt werden. Dafür soll das Muster in der **Anlage 19** der RSEB verwendet werden.

**Zu Kapitel 1.16 ADN**

1-36.1.B Der Eigner eines Binnenschiffes hat für sein Fahrzeug bei der zuständigen Behörde schriftlich oder elektronisch einen Antrag auf Erteilung eines Zulassungszeugnisses zu stellen. Dem Antrag ist ein Untersuchungsbericht nach Unterabschnitt 1.16.3.1 ADN beizufügen. Für den Bericht soll das Muster wie in der **Anlage 3** der RSEB angegeben verwendet werden.

1-36.2.B Betreiber im Sinne des Abschnitts 1.16.0 ADN in Verbindung mit § 34 der GGVSEB ist das Unternehmen, das ein ihm nicht gehörendes Schiff ohne technische Ausrüstung und ohne Besatzung im Wege der „Bareboat Charter" oder durch eine vergleichbare vertragliche Regelung übernimmt, das Schiff sodann im eigenen Namen und für eigene Rechnung zur Binnenschifffahrt verwendet und es entweder selbst führt oder die Führung einem Schiffsführer anvertraut. Siehe auch § 2 Absatz 1 Binnenschifffahrtsgesetz. Ein Betreiber nach Abschnitt 1.16.0 ADN trägt die rechtliche und wirtschaftliche Verantwortung für das Schiff und hat die Entscheidungsbefugnis für die Ausrüstung und Instandhaltung des Schiffes.

1-36.3.B Ansprechpartner der Behörde ist bei einem Eigner oder Betreiber, der seinen Sitz nicht in Deutschland hat, dessen Schiff aber in einem deutschen Schiffsregister eingetragen ist, der Vertreter gemäß § 4 Absatz 3 der Schiffsregisterordnung (SchRegO).

## Erläuterungen zu Teil 2

### Zu Unterabschnitt 2.1.3.9

2-1 Bei freiwilliger Beförderung von Abfällen unter den UN-Nummern 3077 und 3082, entsprechend den Regelungen nach Unterabschnitt 2.1.3.9, gelten auch die weiteren einschlägigen Vorschriften nach ADR/RID/ADN. In diesem Fall reicht es jedoch aus, wenn im Beförderungspapier anstelle der gefahrenauslösenden Komponente angegeben wird:

„… Abfall (Eintrag der Codenummer des harmonisierten Systems nach Anhang III, IV oder V der Verordnung (EU) 2024/1157 vom 11. April 2024 über die Verbringung von Abfällen – EU-Abfallverbringungsverordnung (ABl. EU L vom 30.4.2024) oder im innerstaatlichen Verkehr der Abfallschlüssel nach dem Abfallverzeichnis zur Verordnung über das Europäische Abfallverzeichnis vom 10. Dezember 2001 (BGBl. I S. 3379), zuletzt geändert durch Artikel 1 der Verordnung vom 30. Juni 2020 (BGBl. I S. 1533))".

Wenn keine freiwillige Zuordnung zu den genannten UN-Nummern erfolgt, dann gelten auch die weiteren Vorschriften nach ADR/RID/ADN nicht.

### Zu Unterabschnitt 2.1.5.5

2-2 Die Formulierung „… gegebenenfalls unter Verwendung der Tabelle der überwiegenden Gefahr in Unterabschnitt 2.1.3.10 …" in Unterabschnitt 2.1.5.5 ist so zu verstehen, dass der Verweis auf die Tabelle nur beispielhaft ist und darüber hinaus sämtliche einschlägigen Vorschriften zur Klassifizierung des ADR/RID/ADN zur Anwendung kommen.

### Zu Abschnitt 2.2.3

2-3 ETHANOL (ETHYLALKOHOL), denaturiert oder ETHANOL, LÖSUNG (ETHYLALKOHOL, LÖSUNG), denaturiert mit einem Flammpunkt von höchstens 60 °C ist der UN-Nummer 1170 zuzuordnen.

### Zu Abschnitt und Absatz 2.2.3, 2.2.9.1.10 und 2.2.9.1.13

2-4 Die Zuordnung von HEIZÖL, SCHWER erfolgt nach den Kriterien zur Klassifizierung auf der Grundlage der konkreten Eigenschaften. Gemäß ADR/RID und, unabhängig von der Beförderung in Tankschiffen, gemäß ADN bedeutet dies:

a) UN 1268 ERDÖLPRODUKTE, N.A.G., Klasse 3, wenn der Flammpunkt bei höchstens 60 °C liegt,

b) UN 3256 ERWÄRMTER FLÜSSIGER STOFF, ENTZÜNDBAR, N.A.G., Klasse 3, wenn der Flammpunkt bei über 60 °C liegt und das Gut mit einer bei oder über dem Flammpunkt liegenden Temperatur befördert oder zur Beförderung aufgegeben wird,

c) UN 3257 ERWÄRMTER FLÜSSIGER STOFF, N.A.G., Klasse 9, wenn das Gut mit einer Temperatur bei oder über 100 °C befördert oder zur Beförderung aufgegeben wird, die Temperatur jedoch unter dem Flammpunkt liegt,

d) UN 3082 UMWELTGEFÄHRDENDER STOFF, FLÜSSIG, N.A.G., Klasse 9, wenn das Gut die Bedingungen der Buchstaben a bis c nicht erfüllt, jedoch den Kriterien für eine Einstufung als umweltgefährdender Stoff (aquatische Umwelt) entspricht, oder

e) ungefährlicher Stoff, wenn das Gut die Bedingungen der Buchstaben a bis d nicht erfüllt (siehe auch Nummer 2-19.1 und 2-19.2 der RSEB).

### Zu Absatz 2.2.41.1.4

2-5 Die Stoffe Holzmehl, Sägemehl, Holzspäne, Holzwolle, Holzschliff, Holzzellstoff, Altpapier, Papierabfälle, Papierwolle, Rohr, Schilf, Schilfrohr, Spinnstoffe pflanzlichen Ursprungs und Kork unterliegen anhand bei der Bundesanstalt für Materialforschung und -prüfung (BAM) durchgeführter Untersuchungen nach dem für die Klasse 4.1 vorgeschriebenen Prüfverfahren bzw. aufgrund von Erfahrungswerten nicht den Vorschriften des ADR/RID/ADN.

### Zu Absatz 2.2.62.1.1

2-6 Unter die Klasse 6.2 fallen nicht alle Stoffe, Materialien, Gegenstände und Abfälle, die Krankheitserreger (pathogene Mikroorganismen oder andere Erreger wie Prionen) enthalten, sondern nur solche, die bei physischem Kontakt mit Menschen oder Tieren Krankheiten hervorrufen können. Als Krankheitserreger gelten Mikroorganismen und andere Erreger der WHO-Risikogruppen 2 bis 4 entsprechend § 3 der Biostoffverordnung (BioStoffV). Falls die Voraussetzungen der Absätze 2.2.62.1.5.1 bis 2.2.62.1.5.9 vorliegen, unterliegen die Beförderungen jedoch nicht dem ADR/RID/ADN.

**Zu Absatz 2.2.62.1.3 – Kulturen**

2-7 Der Begriff „Kultur" wird einheitlich als Ergebnis eines Prozesses definiert, bei dem Krankheitserreger absichtlich vermehrt wurden. Die Möglichkeit der Differenzierung von Kulturen für diagnostische und klinische Zwecke einerseits und Kulturen für alle anderen Anwendungszwecke andererseits wurde mit dem ADR/RID 2007 aufgehoben. Entsprechend werden alle Formen der Kulturen von Krankheitserregern, die in der Beispieltabelle zu ansteckungsgefährlichen Stoffen der Kategorie A aufgeführt sind, auch der UN-Nummer 2814 bzw. 2900 zugeordnet. Ausnahmen sind einzig möglich für die Kulturen von

a) verotoxigenen *Escherichia coli,*

b) *Mycobacterium tuberculosis* und

c) *Shigella dysenteriae type 1,*

wenn diese für diagnostische oder klinische Zwecke vorgesehen sind. In diesen Fällen darf weiterhin eine Klassifizierung als ansteckungsgefährlicher Stoff der Kategorie B erfolgen (vgl. Fußnote a zu Absatz 2.2.62.1.4.1). Unter Kulturen für diagnostische oder klinische Zwecke sind Abimpfungen (Subkulturen) in der Regel aus diagnostischen Proben isolierter Mikroorganismen zu verstehen, die in geringen Mengen zum Zweck weiterer Diagnostik in geeigneter Form (z.B. in einem Transportmedium) befördert werden. Entsprechend hergestellte Subkulturen für Standardisierungs-, Qualitätssicherungs- und ähnliche Zwecke fallen unter diese Definition.

**Zu Absatz 2.2.62.1.4.1 – Kategorie A**

2-8.1 Die Tabelle zu diesem Absatz enthält Beispiele von Krankheitserregern (entsprechend der WHO-Risikogruppe 4), die in jeder Form, d.h. als Kultur jeder Art oder enthalten in Patientenproben, medizinischen Abfällen oder anderen Materialien, der Kategorie A und damit der UN-Nummer 2814 oder der UN-Nummer 3549 zuzuordnen sind, z.B. Ebola-Virus. Ansteckungsgefährliche Stoffe, nur gefährlich für Tiere, werden der UN-Nummer 2900 nur zugeordnet, wenn die Krankheitserreger als Kultur befördert werden.

2-8.2 Daneben sind in der Liste Erreger aufgeführt, bei denen nur Kulturen der Definition nach Absatz 2.2.62.1.3 der Kategorie A zugeordnet werden, z.B. Bacillus anthracis (nur Kulturen). Dies sind in der Regel Erreger, die bisher der WHO-Risikogruppe 3 zugeordnet waren, die normalerweise ernste, aber keine lebensbedrohlichen oder tödlichen Krankheiten hervorrufen.

**Zu Absatz 2.2.62.1.4.1**

2-9 Zur Kategorie A sind wegen des unbekannten Gefährdungsgrades auch bioterroristisch verdächtige Materialien zu zählen. Die Sicherstellung, Probenahme und Beförderung derartiger Materialien von der Fund- zur Untersuchungsstelle erfolgen bei der gegenwärtig geübten Praxis in der Regel durch Polizei- oder Rettungskräfte. In diesem Fall ist die Beförderung nach Unterabschnitt 1.1.3.1 Buchstabe d von den Vorschriften des ADR/RID/ADN freigestellt (siehe auch Nummer 1-5.1 bis 1-5.3 der RSEB).

**Zu Absatz 2.2.62.1.4.2 – Kategorie B**

2-10.1 Bei der Zuordnung ist zu prüfen, ob die Voraussetzungen der Definition nach Absatz 2.2.62.1.1 für ansteckungsgefährliche Stoffe gegeben sind und ob die Bedingungen einer Freistellung nach Absatz 2.2.62.1.5 erfüllt sind.

2-10.2 Zur Kategorie B gehören insbesondere:

- Kulturen für diagnostische oder klinische Zwecke von verotoxigenen *Escherichia coli*, *Mycobacterium tuberculosis* und *Shigella dysenteriae type 1* (Kulturen dieser Erreger für andere Zwecke fallen in die Kategorie A),
- biologische Produkte der UN-Nummer 3373,

- medizinische oder klinische Abfälle, die Krankheitserreger der Kategorie B enthalten (UN-Nummer 3291), und
- ansteckungsgefährliche Stoffe, die den Kriterien für die Aufnahme in die Kategorie A nicht entsprechen.

**Zu Absatz 2.2.62.1.5.1 bis 2.2.62.1.5.9 – Freistellungen**

2-11.1 Nicht unter die Klasse 6.2 fallen alle natürlich vorkommenden Stoffe, Materialien und Gegenstände des täglichen Lebens, bei denen sich die Konzentration und Art möglicherweise enthaltener Krankheitserreger auf einem in der Natur vorkommenden Niveau befindet. Beispiele sind:

- Lebensmittel,
- Wasser- und Umweltproben,
- Hausmüll,
- Abwässer,
- Fäkalien menschlicher und tierischer Herkunft,
- lebende und verstorbene Personen,
- lebende und tote Tiere und
- Stoffe, die so behandelt wurden, dass enthaltene Krankheitserreger inaktiviert sind.

Ebenfalls nicht unter die Vorschriften des ADR/RID/ADN für die Klasse 6.2 fällt getrocknetes Blut, in Form eines auf ein saugfähiges Material aufgetropften Tropfens, oder Blut, Blutbestandteile oder Blutprodukte für Transfusionszwecke sowie Gewebe und Organe für Transplantationen.

2-11.2 Proben von Menschen oder Tieren, mit einer minimalen Wahrscheinlichkeit, dass darin Krankheitserreger enthalten sind, können als „FREIGESTELLTE MEDIZINISCHE PROBE“ bzw. „FREIGESTELLTE VETERINÄRMEDIZINISCHE PROBE“ befördert werden. Voraussetzung dafür ist neben der Einhaltung der entsprechenden Verpackungsvorschriften die zuvor erfolgte fachliche Beurteilung.

**Zu Absatz 2.2.62.1.11.1 Buchstabe b**

2-12 Zu den Abfällen der UN-Nummer 3291 zählen die Abfälle, die bei der Behandlung von Menschen oder Tieren innerhalb von medizinischen Einrichtungen anfallen und aus infektionspräventiver Sicht auch außerhalb dieser Einrichtungen einer besonderen Behandlung bedürfen. Dies ist z.B. der Fall bei Abfällen der Schlüsselnummern „EAK 18 01 03*“ und „EAK 18 02 02*“ nach der „Vollzugshilfe zur Entsorgung von Abfällen aus Einrichtungen des Gesundheitsdienstes“ (Stand: Juni 2021) der Bund/Länder-Arbeitsgemeinschaft Abfall (LAGA).

**Zu Absatz 2.2.62.1.11.2**

2-13 Abfälle, an deren Entsorgung aus infektionspräventiver Sicht nur innerhalb der Einrichtungen des Gesundheitsdienstes besondere Anforderungen zu stellen sind, unterliegen nicht den Vorschriften der Klasse 6.2. Dies ist z.B. der Fall bei Abfällen der Schlüsselnummern „EAK 18 01 02“, „EAK 18 01 04“ und „EAK 18 02 03“ nach der unter Nummer 2-12 der RSEB genannten Vollzugshilfe.

**Zu Absatz 2.2.62.1.11.3**

2-14 Zur Dekontamination infektiöser Abfälle können die Verfahren der chemischen Desinfektion oder thermischen Sterilisation (Autoklavierung) angewendet werden, die eine irreversible Inaktivierung enthaltener Erreger sicherstellen (siehe Liste der vom Robert Koch-Institut anerkannten Desinfektionsmittel und -verfahren).

**Zu Absatz 2.2.62.1.1, 2.2.62.1.12.1, Unterabschnitt 2.2.62.2 und Absatz 2.2.9.1.11 – infizierte und genetisch veränderte lebende Tiere**

2-15.1 Nach Absatz 2.2.62.1.1 Bem. 1 sind nur absichtlich infizierte lebende Tiere der Klasse 6.2 zuzuordnen, wenn sie die Bedingungen dieser Klasse erfüllen. Nicht absichtlich oder auf natürliche Weise infizierte lebende Tiere unterliegen nicht zusätzlich den Vorschriften des ADR/RID/ADN, sondern den einschlägigen veterinärrechtlichen Vorschriften.

2-15.2 Absichtlich infizierte lebende Tiere dürfen nach Absatz 2.2.62.1.12.1 in Verbindung mit Unterabschnitt 2.2.62.2 nur unter den von den zuständigen Behörden genehmigten Bedingungen befördert werden. Die Genehmigung ist auf der Grundlage der einschlägigen veterinärrechtlichen Regelungen zu erteilen, wobei gefahrgutrechtliche Gesichtspunkte zu berücksichtigen sind. Daraus folgt, dass die zuständige Veterinärbehörde das Genehmigungsverfahren durchführt und dabei gegebenenfalls die für das Gefahrgutrecht zuständige Behörde beteiligt.

2-15.3 Genetisch veränderte lebende Tiere sind nach Absatz 2.2.9.1.11 der Klasse 9 zuzuordnen, wenn sie in der Lage sind, Tiere, Pflanzen oder mikrobiologische Stoffe in einer Weise zu verändern, die normalerweise nicht aus natürlicher Reproduktion resultiert. Sie unterliegen nach Absatz 2.2.9.1.11 Bem. 2 nicht den Vorschriften des ADR/RID/ADN, wenn sie von den für das Gentechnikrecht zuständigen Behörden der Ursprungs-, Transit- und Bestimmungsländer zur Verwendung zugelassen wurden (siehe auch Nummer 3-8 der RSEB). Nach Absatz 2.2.9.1.11 Bem. 4 unterliegen sie ebenfalls nicht den Vorschriften des ADR/RID/ADN, wenn sie nach dem derzeitigen Stand der wissenschaftlichen Erkenntnisse keine pathogenen (potentiell krankmachenden) Auswirkungen auf Menschen, Tiere und Pflanzen haben und sie in ausbruchs- und zugriffssicheren Behältnissen befördert werden. Sofern diese Freistellungen nicht in Anspruch genommen werden können, müssen die genetisch veränderten lebenden Tiere nach Absatz 2.2.9.1.11 Bem. 5 nach den von den zuständigen Behörden der Ursprungs- und Bestimmungsländer festgelegten Bedingungen befördert werden. Auch hier begründen ADR/RID/ADN keine gefahrgutrechtlichen Zuständigkeiten. Das Verfahren zur Festlegung der Beförderungsbedingungen wird von der zuständigen Veterinärbehörde durchgeführt, gegebenenfalls unter Beteiligung der für das Gentechnikrecht zuständigen Behörde.

**Zu Absatz 2.2.62.1.12**

2-16 Die Regelung in Absatz 2.2.62.1.12.2, wonach tierische Stoffe (Tierkörper, Tierkörperteile oder aus Tieren gewonnene Nahrungs- oder Futtermittel), die mit Krankheitserregern behaftet sind, die nur in Kulturen der Kategorie A zuzuordnen wären und ansonsten in die Kategorie B fallen, auch dann der Kategorie A zugeordnet werden mussten, wenn diese Krankheitserreger nicht als Kulturen vorlagen, wurde mit dem ADR/RID/ADN 2019 gestrichen. Damit unterliegen auch diese tierischen Stoffe nunmehr den allgemeinen Klassifizierungsgrundsätzen der Klasse 6.2, wonach z.B. ein Tierkörper, der mit der Afrikanischen Schweinepest (ASP) behaftet ist (keine Kultur), der UN-Nummer 3373 BIOLOGISCHER STOFF, KATEGORIE B zuzuordnen ist.

**Zu Absatz 2.2.8.1.5.2 und den zugehörigen Fußnoten**

2-17 Die OECD Guidelines können als kostenloser Download bezogen werden unter: https://www.oecd.org

**Zu Absatz 2.2.9.1.7.1 und 2.2.9.1.7.2**

2-18.1 Die Bem. zu den Buchstaben a sollen klarstellen, dass sowohl die Batterien als auch die Zellen, aus denen die Batterien zusammengesetzt sind, immer einem geprüften Typ entsprechen müssen.

2-18.2 Nach den Absätzen 2.2.9.1.7.1 Buchstabe e (vii) und 2.2.9.1.7.2 Buchstabe e muss das Qualitätssicherungsprogramm geeignete Kontrollmechanismen enthalten, damit Zellen oder Batterien, die aufgrund von Herstellungsfehlern dem geprüften Typ nicht entsprechen, erkannt werden und nicht zur Beförderung gelangen. Ferner muss das Qualitätssicherungsprogramm auch Kontrollmechanismen für Zellen und Batterien aus Kleinserien und für Vorproduktionsprototypen enthalten, die nach Kapitel 3.3 Sondervorschrift 310 befördert werden, weil die Sondervorschrift 310 nur von den Prüfvorschriften des Handbuchs Prüfungen und Kriterien freistellt und nicht von allen Vorschriften des ADR/RID/ADN.

**Zu Absatz 2.2.9.1.10 ADR/RID/ADN und Kapitel 2.4 ADN**

2-19.1 Eine Einstufung als umweltgefährdende Stoffe (aquatische Umwelt) ist im Rahmen der Klassifizierung eigenverantwortlich vorzunehmen (Selbsteinstufung). Dabei sind zuerst die Kriterien nach den Absätzen 2.2.9.1.10.3 und 2.2.9.1.10.4 ADR/RID bzw. den Abschnitten 2.4.3 und 2.4.4 ADN anzuwenden. Liegen hierfür keine Daten vor, erfolgt die Einstufung nach Absatz 2.2.9.1.10.5 ADR/RID bzw. 2.2.9.1.10.3 ADN nach gefahrstoffrechtlichen Kriterien. Die am

20. Januar 2009 in Kraft getretene Verordnung 1272/2008/EG (CLP-Verordnung) hat die bisherigen Richtlinien 67/548/EWG (Stoffrichtlinie) und 1999/45/EG (Zubereitungsrichtlinie) ersetzt, welche zum 1. Juni 2015 aufgehoben wurden. Die in Anhang I der Stoffrichtlinie enthaltene Liste von rechtsverbindlichen Legaleinstufungen enthielt grundsätzlich Kompletteinstufungen hinsichtlich der zugeordneten Gefahrenklassen und Differenzierungen (Endpunkte), einschließlich verbindlich anzuwendender Nichteinstufungen. Die Liste wurde zwar in Anhang VI Teil 3 der CLP-Verordnung überführt, die Legaleinstufungen sind nunmehr allerdings nur noch als Teileinstufungen zu verstehen. Das bedeutet, dass die Einstufung zunächst gemäß dem Eintrag in Anhang VI Teil 3 zu erfolgen hat. Darüber hinaus sind jedoch alle übrigen Endpunkte, die nicht durch eine Legaleinstufung vorgegeben sind, durch den Hersteller bzw. Importeur zu bewerten und gegebenenfalls selbst einzustufen. Nach der Stoffrichtlinie bestand eine solche Ergänzungspflicht nur dann, wenn der entsprechende Eintrag in der Liste der Legaleinstufungen dies über eine zugeordnete Anmerkung explizit verlangte (insbesondere bei der Vergabe der Anmerkung H). Das Nichtvorhandensein einer harmonisierten Einstufung als umweltgefährdend ist demnach nicht als harmonisierte und damit abschließende Nichteinstufung zu bewerten. Hersteller bzw. Importeure sind vielmehr verpflichtet, Nachforschungen zur verfügbaren Datenlage durchzuführen und eine gegebenenfalls notwendige Einstufung als umweltgefährdend eigenverantwortlich vorzunehmen.

2-19.2 Einstufung von Mineralölprodukten als umweltgefährdende Stoffe (aquatische Umwelt) nach gefahrstoffrechtlichen Kriterien:

In Anhang VI Teil 3 der CLP-Verordnung sind diverse Legaleinstufungen für Mineralölprodukte gelistet, die jedoch keine Einstufung der Umweltgefährdung beinhalten. Wie unter Nummer 2-19.1 der RSEB beschrieben, ist diese eigenverantwortlich vorzunehmen. Aufgrund der Zuordnung der Anmerkung H zu den relevanten Einträgen galt diese Ergänzungspflicht bei Mineralölprodukten bereits nach der Stoffrichtlinie. Zur Harmonisierung der gegebenenfalls notwendigen Selbsteinstufung hat die Europäische Vereinigung von Erdölunternehmen für Umweltschutz, Gesundheit und Sicherheit in Raffinerien und Transport (CONCAWE) im Jahr 2001 den Report 01/54 „Environmental classification of petroleum substances – summary data and rationale" und im Jahr 2023 den Report 9/23 „Hazard classification and labelling of petroleum substances in the European Economic Area – 2023" veröffentlicht (https://www.concawe.eu). In diesen Reporten wird die vorhandene Datenlage dargestellt und daraus eine Empfehlung für eine gegebenenfalls notwendige Einstufung als umweltgefährdend abgeleitet. Für z.B. Diesel und Heizöl (UN-Nummer 1202), schweres Heizöl (UN-Nummer 3082) sowie Kerosin (UN-Nummer 1223) empfiehlt CONCAWE eine Einstufung als umweltgefährdend und für Bitumen (UN-Nummer 1999) keine Einstufung als umweltgefährdend. Es liegen keine Erkenntnisse vor, die gegen die Verwendung der Empfehlungen der CONCAWE sprechen würden. Für den Fall, dass konkrete Testdaten nach den Kriterien für eine Einstufung nach den Absätzen 2.2.9.1.10.3 und 2.2.9.1.10.4 ADR/RID bzw. den Abschnitten 2.4.3 und 2.4.4 ADN zu einer abweichenden Einstufung führen, sind diese Testergebnisse jedoch vorrangig anzuwenden (siehe auch Nummer 2-4 der RSEB).

## Erläuterungen zu Teil 3

### Zu Kapitel 3.3 Sondervorschriften

3-0 Versandstücke, die zusätzliche, nicht geforderte Kennzeichen und Bezettelungen tragen, die jedoch auf eine vorhandene Gefahr im Sinne des Gefahrgutrechts hinweisen, begründen keine Ordnungswidrigkeit.

### Zu Kapitel 3.3 Sondervorschrift 168

3-1 Durch die Einhaltung der Technischen Regeln für Gefahrstoffe „Asbest – Abbruch-, Sanierungs- oder Instandhaltungsarbeiten" (TRGS 519), insbesondere nach den Vorgaben unter Nummer 18, oder der „Vollzugshilfe zur Entsorgung asbesthaltiger Abfälle" der Bund/Länder-Arbeitsgemeinschaft Abfall (LAGA) kann gewährleistet werden, dass es während der Beförderung von Gegenständen mit Asbest nach Kapitel 3.3 Sondervorschrift 168 nicht zum Freiwerden gefährlicher Mengen lungengängiger Asbestfasern kommt.

**Zu Kapitel 3.3 Sondervorschrift 327**

3-2 Aus Kapitel 3.3 Sondervorschrift 327 Satz 2 ergibt sich, dass die Anforderung aus der Verpackungsanweisung P207 bzw. der Sondervorschrift für die Verpackung L2 in der Verpackungsanweisung LP200, dass die Verpackungen/Großverpackungen so ausgelegt und gebaut sein müssen, dass übermäßige/gefährliche Bewegungen der Druckgaspackungen und Gaspatronen und eine unbeabsichtigte Entleerung unter normalen Beförderungsbedingungen verhindert werden, bei Beförderungen nach der Sondervorschrift 327 nicht gilt. Die Vorschriften des Absatzes 5.4.1.1.1 Buchstabe f gelten als erfüllt, wenn im Beförderungspapier die Angabe des Fassungsraums der Verpackung/Großverpackung erfolgt.

**Zu Kapitel 3.3 Sondervorschrift 363**

3-3.1 Unter Kapitel 3.3 Sondervorschrift 363 fallen auch festverbundene brennstoffbetriebene Einrichtungen von Fahrzeugen, die nicht für eine Verwendung während der Beförderung bestimmt sind.

3-3.2 Die Vorgabe in Kapitel 3.3 Sondervorschrift 363 Buchstabe h, dass alle Ventile oder Öffnungen (z.B. Lüftungseinrichtungen) während der Beförderung geschlossen sein müssen, bedeutet nicht, dass die Umschließungsmittel luftdicht verschlossen sein müssen. Ein notwendiger Druckausgleich muss stattfinden können.

3-3.3 Bei Anwendung von Kapitel 3.3 Sondervorschrift 363 Buchstabe l gelten die Vorschriften des Absatzes 5.4.1.1.1 Buchstabe f für flüssige Brennstoffe als erfüllt, wenn im Beförderungspapier die Angabe des Fassungsraums erfolgt.

**Zu Kapitel 3.3 Sondervorschrift 371**

3-4 Konfettishooter sind ausschließlich nach Kapitel 3.3 Sondervorschrift 371 zu befördern. Die Anwendung von Kapitel 3.3 Sondervorschrift 594 ist ausgeschlossen, da Konfettishooter mit einer Auslöseeinheit versehen sind.

**Zu Kapitel 3.3 Sondervorschrift 375**

3-5 Versandstücke, die Kapitel 3.3 Sondervorschrift 375 ADR/RID/ADN unterliegen, müssen trotz des Verweises auf Unterabschnitt 5.2.1.10 in Unterabschnitt 4.1.1.5 ADR/RID nicht mit Ausrichtungspfeilen versehen sein. Unterabschnitt 4.1.1.5 ADR/RID fordert lediglich, dass Innenverpackungen, die flüssige Stoffe enthalten, entsprechend den Ausrichtungspfeilen in Außenverpackungen eingesetzt werden müssen, sofern gemäß Unterabschnitt 5.2.1.10 solche anzubringen sind. Sondervorschrift 375 befreit jedoch von der Anwendung des Unterabschnitts 5.2.1.10.

**Zu Kapitel 3.3 Sondervorschrift 389**

3-6 Die nach Kapitel 3.3 Sondervorschrift 389 letzter Satz vorgeschriebenen orangefarbenen Tafeln sind nach ADR/RID/ADN ohne Nummer zur Kennzeichnung der Gefahr und ohne UN-Nummer zulässig. Die Anbringung dieser Tafeln ist an den beiden Längsseiten der Güterbeförderungseinheit mit Lithiumbatterien ausreichend. Falls die Güterbeförderungseinheit mit eingebauten Lithiumbatterien ein Container ist, müssen die Tafeln nicht am Fahrzeug angebracht sein, das Anbringen am Container ist ausreichend.

**Zu Kapitel 3.3 Sondervorschrift 390 Buchstabe b**

3-7 Sofern bei der Beförderung nach Kapitel 3.3 Sondervorschrift 390 für Knopfzellen-Batterien, die in Ausrüstungen (einschließlich Platinen) eingebaut sind, im Beförderungspapier kein Eintrag nach Sondervorschrift 390 Buchstabe b erfolgt, besteht kein öffentliches Interesse an einer Verfolgung dieses Verstoßes als Ordnungswidrigkeit (§ 47 Absatz 1 des OWiG).

**Zu Kapitel 3.3 Sondervorschrift 637**

3-8 Für Kapitel 3.3 Sondervorschrift 637 ist eine separate Zuständigkeitsregelung im Gefahrgutrecht entbehrlich, da im Gentechnikrecht die Zuständigkeiten sowohl auf Landes- und Bundesebene als auch auf EU-Ebene geregelt und in der Praxis unstrittig sind. Die in der Fußnote zur Sondervorschrift 637 genannte Richtlinie 2001/18/EG wurde in Deutschland durch das Gentechnikgesetz umgesetzt. Für die Genehmigungsverfahren nach Teil B (Freisetzung, z.B. Freilandversuche) und Teil C (Inverkehrbringen) dieser Richtlinie ist in Deutschland das Bundesamt für Verbraucherschutz und Lebensmittelsicherheit (BVL) die zuständige Behörde. Das

Inverkehrbringen von gentechnisch veränderten Lebens- und Futtermitteln nach der Verordnung (EG) Nr. 1829/2003 wird in einem von der EU-Kommission zentral geführten Verfahren entschieden. Hier ist das BVL ebenfalls als die für Deutschland national zuständige Behörde am Verfahren beteiligt.

**Zu Kapitel 3.3 Sondervorschrift 650**

3-9 Die Beförderung von befüllten und original verschlossenen, aber überlagerten Verpackungen mit Farbe ist nach Kapitel 3.3 Sondervorschrift 650 zulässig, sofern es sich nachweisbar um eine Beförderung zur Entsorgung handelt.

**Zu Kapitel 3.3 Sondervorschrift 664 ADR**

3-10.S Bei integrierten Additivbehältern oder Sonderformen von Additivbehältern sind nach Kapitel 3.3 Sondervorschrift 664 Buchstabe g ADR keine Kennzeichnung mit der UN-Nummer und Gefahrzettel erforderlich. Zugelassene Verpackungen als Additivbehälter müssen jedoch den Vorschriften entsprechend gekennzeichnet und bezettelt sein (siehe auch Nummer 1-24.S und 9-2.2.3.S der RSEB).

**Zu Kapitel 3.3 Sondervorschrift 666**

3-11 Als Ventil im Sinne von Kapitel 3.3 Sondervorschrift 666 ist jegliche Einrichtung zu verstehen, die in der Leitung zwischen Brennstoffbehälter und Motor bzw. Einrichtung eingebaut und geeignet ist, eine Unterbrechung der Brennstoffzufuhr zu bewirken. Die Funktionselemente Einspritz- und Benzinpumpe gehören dazu.

**Zu Kapitel 3.3 Sondervorschrift 803 ADN**

3-12.B Für die in Kapitel 3.3 Sondervorschrift 803 ADN geforderten Instruktionen, wie im Falle einer wesentlichen Erwärmung der Ladung zu verfahren ist, wird auf das Dokument der „Instruktionen für die Beförderung von Steinkohle, Koks und Anthrazitkohle (UN 1361) mit Binnenschiffen" der Verbände BDB und VdKI verwiesen:

http://binnenschiff.de/content/instruktionen-zum-transport-von-kohle/

Enthält eine Instruktion diese Vorgaben, ist sie für die Einhaltung der Bedingungen der Sondervorschrift 803 geeignet.

**Zu Kapitel 3.4 in Verbindung mit Unterabschnitt 4.1.1.5 ADR/RID**

3-13 Aus Absatz 4.1.1.5.1 ADR/RID folgt nicht, dass bei Beförderungen nach Kapitel 3.4 nur bauartgeprüfte Verpackungen verwendet werden dürfen.

**Zu Abschnitt 3.4.1**

3-14 In den Fällen, in denen in sonstigen Vorschriften weitergehende Freistellungsregelungen enthalten sind, gehen diese Freistellungsregelungen vor.

**Zu Abschnitt 3.4.7 und 3.4.8**

3-15 Sofern Versandstücke zusätzlich zu dem in Abschnitt 3.4.7 oder 3.4.8 geforderten Kennzeichen mit den jeweils zutreffenden Gefahrzetteln oder auch anderen zutreffenden gefahrgutbezogenen Aufschriften (z.B. aus Kapitel 3.3 Sondervorschrift 625) versehen sind, besteht kein öffentliches Interesse an einer Verfolgung dieses Verstoßes als Ordnungswidrigkeit (§ 47 Absatz 1 des OWiG).

**Zu Abschnitt 3.4.12 und 3.4.14**

3-16 Sofern die Angabe einer höheren Bruttomasse als der tatsächlichen Bruttomasse erfolgt, besteht kein öffentliches Interesse an einer Verfolgung dieses Verstoßes als Ordnungswidrigkeit (§ 47 Absatz 1 des OWiG).

**Zu Abschnitt 3.4.12, 3.4.13 und 3.4.14 ADR**

3-17.S Sofern eine vertragliche Vereinbarung zwischen Absender und Beförderer besteht, dass durch den Beförderer ausschließlich Beförderungseinheiten mit einer höchstzulässigen Gesamtmasse von nicht mehr als 12 Tonnen eingesetzt werden und der Absender den Beförderer nicht über die Bruttomasse der in begrenzten Mengen zu versendenden gefährlichen

Güter informiert, besteht kein öffentliches Interesse an einer Verfolgung dieses Verstoßes als Ordnungswidrigkeit (§ 47 Absatz 1 des OWiG).

**Zu Abschnitt 3.4.13 und 3.4.14**

3-18 Das Kennzeichen nach Abschnitt 3.4.13 darf auch sichtbar angebracht sein, wenn die nach Abschnitt 3.4.14 angegebenen Mengengrenzen nicht erreicht sind oder im Verlauf der Beförderung unterschritten (z.B. durch Teilentladung) werden.

**Zu Abschnitt 3.4.13 Buchstabe b**

3-19 Bei der Kennzeichnung von Wechselaufbauten (Wechselbehältern) ist sinngemäß wie nach der Bemerkung in Unterabschnitt 5.3.1.2 zu verfahren. Das bedeutet, dass das Kennzeichen nach Abschnitt 3.4.15 nicht auf Wechselaufbauten (Wechselbehälter), ausgenommen im kombinierten Verkehr Straße/Schiene, anzubringen ist.

**Zu Unterabschnitt 3.5.4.2**

3-20 In dem Kennzeichen für freigestellte Mengen ist unter anderem der Absender anzugeben. Dies ist der ursprüngliche Absender, auch wenn im Verlauf der Beförderung mehrere Absender vorhanden sind, da das Kennzeichen mit seinem Informationsgehalt vom Absender bis zum Empfänger gilt. Demgemäß ist dieser Absender nicht zwingend der Absender nach der Begriffsbestimmung in der GGVSEB.

**Erläuterungen zu Teil 4**

**Zu Unterabschnitt 4.1.1.2 Satz 1 Buchstabe a ADR/RID**

4-1 In Bezug auf die chemische Verträglichkeit wird auf die Ausführungen der Bundesanstalt für Materialforschung und -prüfung (BAM) hingewiesen: https://tes.bam.de/TES/Navigation/DE/Gefahrgut/Werkstoffbewertung/Chemische-Vertraeglichkeit/chemische-vertraeglichkeit.html

**Zu Absatz 4.1.1.5.2 ADR/RID**

4-2 Sofern nach den anwendbaren Vorschriften eine bauartzugelassene Verpackung zu verwenden ist, muss die verwendete Verpackung, einschließlich der Innenverpackungen und zusätzlichen Verpackungen, sofern jeweils vorhanden, einer Bauart entsprechen, die erfolgreich nach den jeweils geltenden Vorschriften des Abschnitts 6.1.5, 6.3.5 oder 6.6.5 ADR/RID geprüft wurde. Die zusätzlichen Verpackungen alleine müssen dies nicht.

**Zu Unterabschnitt 4.1.1.8 ADR/RID**

4-3 Für die Stoffe, bei denen eine Lüftungseinrichtung erforderlich ist, gilt auch der erste Absatz des Unterabschnitts 4.1.1.8 ADR/RID, nach dem das austretende Gas nicht zu einer Gefahr führen darf.

**Zu Unterabschnitt 4.1.1.9 ADR/RID**

4-4 Soweit Lithium- und Natriumbatterien (UN 3090, UN 3091, UN 3480, UN 3481, UN 3551 und UN 3552) für die Beförderung zur Entsorgung oder zum Recycling nach Verpackungsanweisung P909 Absatz 1 ADR/RID verpackt und hierfür Kunststofffässer (Codierung 1H2) verwendet werden, die einer Bauart entsprechen, deren Bauartprüfung mit einem Füllgut durchgeführt wurde, das hinsichtlich seiner physikalischen Eigenschaften nicht den Vorgaben von Absatz 6.1.5.2.1 ADR/RID entspricht, besteht kein öffentliches Interesse an einer Verfolgung der sich daraus ergebenden Verstöße als Ordnungswidrigkeiten (§ 47 Absatz 1 des OWiG) (Siehe VkBl. 2020 Heft 24 S. 847, befristet bis 31.12.2025).

**Zu Unterabschnitt 4.1.1.11 ADR/RID**

4-5 Ungereinigte leere Verpackungen einschließlich Großpackmittel (IBC) und Großverpackungen können nach Unterabschnitt 1.1.3.5 freigestellt werden. Bei der Nutzung der Freistellung sind die Bedingungen nach Nummer 1-11 der RSEB (Ergreifen geeigneter Maßnahmen) zu erfüllen.

**Zu Unterabschnitt 4.1.3.8 ADR**

4-6.S Für die Beförderung von Kraftstofftanks von Kraftfahrzeugen und Schienenfahrzeugen mit Restmengen von entzündbaren flüssigen Stoffen der UN-Nummer 1202 bzw. 1203 darf die Allgemeinverfügung der Bundesanstalt für Materialforschung und -prüfung (BAM) Nr. D/BAM/ADR, Az. 3.12/301549 vom 23. Mai 2014 angewendet werden:
https://tes.bam.de/TES/Content/DE/Downloads/allgemeinverfuegung_301549

**Zu Unterabschnitt 4.1.4.1 ADR/RID**

4-7.1 Sofern bei den Kennzeichen nach den Verpackungsanweisungen P650 Absatz 4 und P904 Absatz 2 eine Schreibweise mit Leerzeichen zwischen den Buchstaben „UN" und der UN-Nummer („UN 3373" bzw. „UN 3245") erfolgt, besteht kein öffentliches Interesse an einer Verfolgung dieses Verstoßes als Ordnungswidrigkeit (§ 47 Absatz 1 des OWiG).

4-7.2 Die Verpackungsoption nach Verpackungsanweisung P801 Absatz 2 ist eine Alternative für gebrauchte Batterien zur Verpackungsoption nach Absatz 1. Beide Verpackungsoptionen gelten unabhängig voneinander. Die Verpackungsanweisung P801 Absatz 2 Buchstabe f sieht vor, dass Maßnahmen getroffen werden, um Kurzschlüsse zu verhindern. Neben Maßnahmen, die auf den individuellen Schutz der Batterien abzielen (z.B. Entladung der Batterien, einzelner Schutz der Batterien, Abkleben der Pole), kommen auch andere geeignete Maßnahmen in Betracht, z.B. die entsprechende Stapelung der Batterien in den Behältnissen.

4-7.3 Gegenstände mit Stoffen der UN-Nummer 2315, 3151, 3152 und 3432 dürfen ohne einzelne Verpackung gemeinsam in einer Verpackung nach der Verpackungsanweisung P906 verpackt werden.

4-7.4 Elektro- und Elektronikaltgeräte mit Lithium- oder Natriumbatterien dürfen nach der Verpackungsanweisung P909 Absatz 3 Satz 3 unverpackt befördert werden, vorausgesetzt, die enthaltenen Zellen und Batterien werden durch das Gerät gleichwertig geschützt. Dies ist z.B. der Fall, wenn die Geräte in Gitterboxpaletten gestapelt werden. Eine Verdichtung oder Umschüttung darf nicht erfolgen, da dies zu einer Beschädigung der enthaltenen Zellen und Batterien führen kann.

4-7.5 Die Maßnahmen zum Schutz gegen gefährliche Wärmeentwicklung in den zusätzlichen Vorschriften 1 und 2 der Verpackungsanweisung P909 beziehen sich auf gefährliche Wärmeentwicklung, die infolge eines äußeren Kurzschlusses entstehen kann.

**Zu Unterabschnitt 4.1.8.7 ADR**

4-8.S Für die Beförderung von ansteckungsgefährlichen tierischen Stoffen der Klasse 6.2 dürfen die entsprechenden Allgemeinverfügungen der Bundesanstalt für Materialforschung und -prüfung (BAM) angewendet werden:
https://tes.bam.de/TES/Content/DE/Standardartikel/Regelwerke/Gefahrgut/amtliche_mitteilungen

**Zu Absatz 4.2.1.9.1, 4.2.2.7.1, 4.2.3.6.1 und 4.3.2.1.5 ADR/RID**

4-9.1 Für die Beurteilung der Beständigkeit der Werkstoffe gegen merkliche Schwächung kann das Verfahren nach der **Anlage 17** der RSEB zu Grunde gelegt werden.

4-9.2 Die Werkstoffbeständigkeit ist ausreichend, wenn die angegebenen Zeiten der Beständigkeit mindestens den Zeitintervallen der wiederkehrenden Prüfungen des Tanks mit Innenbesichtigung entsprechen oder der Zeitpunkt der nächsten wiederkehrenden Prüfung des Tanks mit Innenbesichtigung nicht überschritten ist und die angegebenen stofflichen und betrieblichen Auflagen zur Werkstoffbeständigkeit erfüllt sind (siehe auch Nummer 6-7 der RSEB).

**Zu Absatz 4.3.2.3.3 und 4.3.2.4.3 ADR/RID**

4-10.1 An Tanks der Codierung LGAV, die mit einem Bodenventil und als zweiten Verschluss mit einer Verschlusseinrichtung am Ende eines Stutzens nach Absatz 6.8.2.2.2 ADR/RID verschlossen sind, gilt ein Schnellschieber, der zwischen diesen Absperreinrichtungen eingebaut ist, nicht als Absperreinrichtung des Tanks nach ADR/RID. In diesem Fall muss dieser Schieber bei der Beförderung nicht geschlossen sein.

4-10.2 Sofern für die Beförderung von UN 3257 ERWÄRMTER FLÜSSIGER STOFF, N.A.G. (Bitumen) ein Tank mit einer „B"-Codierung verwendet wird und die äußere Absperreinrichtung nicht verschlossen ist, besteht kein öffentliches Interesse an einer Verfolgung dieses Verstoßes als Ordnungswidrigkeit (§ 47 Absatz 1 des OWiG), wenn gewährleistet ist, dass der Stoff ohne Verlust zurückgehalten werden kann.

4-10.3 Sofern für die Beförderung von Stoffen der UN-Nummer 3256 ERWÄRMTER FLÜSSIGER STOFF, ENTZÜNDBAR, N.A.G. und UN-Nummer 3257 ERWÄRMTER FLÜSSIGER STOFF, N.A.G. (Phthalsäureanhydrid (PSA), Dimethylterephthalat (DMT), deren Derivate, Dimethylisophthalat (DMI) und das Gemisch aus Benzoldicarbonsäure und Dimethylester (315-Co-free) sowie Cyclododecan und Anthracenöl) ein Tank mit einer „B"-Codierung verwendet wird und die innere Absperreinrichtung (Bodenventil) nicht verschlossen ist, besteht kein öffentliches Interesse an einer Verfolgung dieses Verstoßes als Ordnungswidrigkeit (§ 47 Absatz 1 des OWiG), wenn gewährleistet ist, dass die Füll- und Entleerungseinrichtungen am Boden gegen Unfallbelastungen zusätzlich geschützt sind (z.B. durch einen umschließenden Metallkasten) und der Stoff ohne Verlust zurückgehalten werden kann.

**Zu Abschnitt 4.3.5 Sondervorschrift TU 35 ADR/RID**

4-11 Geeignete Maßnahmen im Sinne von Abschnitt 4.3.5 Sondervorschrift TU 35 ADR/RID liegen beispielsweise vor, wenn die Domdeckel in der geöffneten Position mit einer angebauten Einrichtung befestigt sind und der Bereich der Domdeckel gegen den Eintritt von Regenwasser in den Tank ausreichend abgedeckt ist.

**Erläuterungen zu Teil 5**

**Zu Unterabschnitt 5.1.2.1 Buchstabe a**

5-1.1 Der Ausdruck „UMVERPACKUNG" muss nicht in Großbuchstaben erfolgen. In Deutschland wird die englische Schreibweise „OVERPACK" und die französische Schreibweise „SUREMBALLAGE" nicht beanstandet.

5-1.2 Sofern zusätzlich zu einer Umverpackung eine weitere Umhüllung erfolgt, z.B. als Wetterschutz oder als Thermohaube, ist diese ebenfalls als eine Umverpackung zu bewerten und entsprechend zu kennzeichnen und zu bezetteln.

5-1.3 Durch den Bezug auf Kapitel 5.2 in Unterabschnitt 5.1.2.1 Buchstabe a (ii) besteht eine Verknüpfung zu dem Unterabschnitt 5.2.1.2 und den Absätzen 5.2.2.2.1.6 und 5.2.2.2.1.7 und somit gelten die Anforderungen hinsichtlich der Lesbarkeit und Witterungsbeständigkeit auch für Umverpackungen.

**Zu Kapitel 5.2 und 5.3**

5-2 Versandstücke, Tanks, Container, MEGC, MEMU und Beförderungseinheiten/Wagen, die zusätzliche, nicht geforderte Kennzeichen und Bezettelungen tragen, die jedoch auf eine vorhandene Gefahr im Sinne des Gefahrgutrechts hinweisen, begründen keine Ordnungswidrigkeit. Bei der ausschließlichen Beförderung von Gütern in begrenzten Mengen nach Kapitel 3.4 darf die Beförderungseinheit nicht mit orangefarbenen Tafeln gekennzeichnet sein. Das gilt auch für Beförderungseinheiten mit einer höchstzulässigen Gesamtmasse bis 12 Tonnen.

**Zu Unterabschnitt 5.2.1.3**

5-3 Das Kennzeichen „BERGUNG" ist auch bei der Verwendung einer Bergungsverpackung nach Absatz 4.1.1.19.1 Satz 2 ADR/RID erforderlich.

**Zu Unterabschnitt 5.2.1.9**

5-4 In dem Kennzeichen für Batterien dürfen auch mehrere UN-Nummern zur Auswahl vorhanden sein. Es muss aber eindeutig erkennbar sein, z.B. durch Durchstreichen oder Ankreuzen, welche UN-Nummer(n) angewendet wird (werden) und sich tatsächlich in dem Versandstück befindet (befinden).

**Zu Absatz 5.2.2.1.12.2**

5-5 Ob eine Anbringung von Ausrichtungspfeilen an unverpackten Gegenständen möglich ist, hängt von der Beschaffenheit des Gegenstandes ab. Auf eine Anbringung darf nur dann verzichtet werden, wenn diese physisch nicht möglich ist.

**Zu Absatz 5.2.2.2.1.2, 3. Unterabsatz**

5-6 Als beschädigt, aber noch verwendbar sind Gefahrzettel anzusehen, wenn auf einem Teil des Gefahrzettels die Hinweise auf Gefahren wie Symbole oder Ziffer der Klasse erkennbar sind und der Informationsgehalt des Gefahrzettels erkennbar bleibt.

**Zu Absatz 5.2.2.2.1.3 Satz 3 und 5.2.2.2.1.5**

5-7 Auch bei Angabe der UN-Nummer auf dem Gefahrzettel ist auf Versandstücken die UN-Nummer weiterhin anzugeben.

**Zu Unterabschnitt 5.3.1.3 Bem. ADR**

5-8.S Trägerfahrzeuge mit Wechselaufbauten (Wechselbehältern), in denen Container, Tankcontainer, MEGC oder ortsbewegliche Tanks befördert werden, sind nach Unterabschnitt 5.3.1.3 ADR zu kennzeichnen, d.h. es müssen dieselben Großzettel auf beiden Längsseiten und hinten am Fahrzeug oder am Wechselbehälter selbst angebracht werden.

**Zu Absatz 5.3.2.1.1 ADR**

5-9.S Absatz 5.3.2.1.1 Satz 4 und 5 ADR gilt nur, wenn der getrennte Anhänger mit gefährlichen Gütern in kennzeichnungspflichtiger Menge beladen ist.

**Zu Absatz 5.3.2.1.3 ADR**

5-10.S Bei der Beförderung von UN 1202, 1203, 1223, 1268, 1863 und 3475 zusammen mit Biodiesel als Nichtgefahrgut ist eine Kennzeichnung nach Absatz 5.3.2.1.3 ADR zulässig.

**Zu Abschnitt 5.3.2 ADR**

5-11.1.S Wenn mit einer Beförderungseinheit in einem Tank und in Versandstücken der gleiche nach Kapitel 3.2 Tabelle A für Tanks zulässige Stoff befördert wird und nicht nach Absatz 5.3.2.1.1 und 5.3.2.1.2, sondern nach Absatz 5.3.2.1.6 ADR gekennzeichnet ist, besteht kein öffentliches Interesse an einer Verfolgung dieses Verstoßes als Ordnungswidrigkeit (§ 47 Absatz 1 des OWiG).

5-11.2.S Orangefarbene Tafeln dürfen auch sichtbar angebracht sein, wenn die in Absatz 1.1.3.6.3 ADR angegebenen Mengengrenzen nicht erreicht sind oder im Verlauf der Beförderung unterschritten (z.B. durch Teilentladung) werden.

**Zu Absatz 5.3.2.1.4 und 5.3.2.1.6 ADR**

5-12.S Die erleichternde Kennzeichnung nach Absatz 5.3.2.1.6 ADR darf auch bei der Beförderung von Containern oder Schüttgut-Containern angewendet werden, in denen nur ein gefährlicher Stoff oder Gegenstand in loser Schüttung oder ein unter ausschließlicher Verwendung zu befördernder verpackter radioaktiver Stoff enthalten ist.

**Zu Abschnitt 5.3.6 ADR**

5-13.S Wenn in einzelnen Tankabteilen HVO (Hydrotreated Vegetable Oil) der UN-Nummer 1202 ohne umweltgefährdende Eigenschaften befördert wird und das Kennzeichen für umweltgefährdende Stoffe nach Abschnitt 5.3.6 ADR für das gesamte Tankfahrzeug an beiden Längsseiten und hinten angebracht ist, besteht kein öffentliches Interesse an einer Verfolgung dieses Verstoßes als Ordnungswidrigkeit (§ 47 Absatz 1 des OWiG).

**Zu Unterabschnitt 5.4.0.2**

5-14.1 Diese Regelung betrifft alle schriftlichen Dokumentationen, die in Kapitel 5.4 geregelt sind. Die Verfügbarkeit von elektronischen Dokumentationen während der Beförderung entspricht schriftlichen Dokumenten, wenn die EDV-Datensätze auf der Beförderungseinheit (ADR) oder vor Ort (RID) oder an Bord (ADN) bei Bedarf eingesehen und ausgedruckt werden können.

5-14.2 Ein elektronisches Beförderungsdokument kann unter Einhaltung des Verfahrens gemäß dem „Leitfaden für die Anwendung des Unterabschnitts 5.4.0.2 RID/ADR/ADN" (VkBl. 2021 Heft 4 S. 103) verwendet werden. Das zwischen BMV, den Ländern und der beteiligten Wirtschaft abgestimmte nationale Verfahren zur Anwendung eines elektronischen Beförderungspapiers (VkBl. 2015 Heft 14 S. 450) kann seit dem 1. Januar 2023 nicht mehr angewendet werden.

**Zu Unterabschnitt 5.4.1.1**

5-15 Die Angaben im Beförderungspapier im Vor- und/oder Nachlauf des See-/Luftverkehrs dürfen auch in englischer Sprache erfolgen.

**Zu Absatz 5.4.1.1.1 Buchstabe b**

5-16.1 Nicht alle dem Sprengstoffrecht unterliegenden Stoffe sind gefährliche Güter der Klasse 1. Empfohlen wird, bei der Beförderung solcher Stoffe im Beförderungspapier einen entsprechenden Vermerk anzubringen.

5-16.2 Zusätzliche Angaben, die in Kleinbuchstaben als beschreibender Text in Kapitel 3.2 Tabelle A Spalte 2 enthalten sind, dürfen zur Konkretisierung in das Beförderungspapier aufgenommen werden.

**Zu Absatz 5.4.1.1.1 Buchstabe c**

5-17 Unter der Angabe in Absatz 5.4.1.1.1 Buchstabe c „wenn mehrere Nummern der Gefahrzettelmuster angegeben sind, sind die Nummern nach der ersten Nummer in Klammern anzugeben" kann die Angabe im Beförderungspapier sich wie folgt darstellen:

UN 1295 TRICHLORSILAN, 4.3 (3, 8), I oder

UN 1295 TRICHLORSILAN, 4.3 (3 + 8), I oder

UN 1295 TRICHLORSILAN, 4.3 (3) (8), I.

**Zu Absatz 5.4.1.1.1 Buchstabe e**

5-18 Unter der Angabe in Absatz 5.4.1.1.1 Buchstabe e „Beschreibung der Versandstücke" ist die Art der Verpackung – wie in den Kapiteln 6.1, 6.2, 6.3, 6.4, 6.5 und 6.6 bezeichnet – zu verstehen.

Beispiele: 10 Säcke,
3 IBC,
2 Bergungsverpackungen.

Zulässig sind auch in Regelwerken verwendete Bezeichnungen wie z.B. Holzfass, Fasscontainer.

**Zu Absatz 5.4.1.1.1 Buchstabe f ADR**

5-19.S Sofern nur gefährliche Güter einer UN-Nummer unter Anwendung des Unterabschnitts 1.1.3.6 ADR in der Beförderungseinheit befördert werden und dabei der berechnete Wert nach Bem. 1 nicht angegeben wird, besteht kein öffentliches Interesse an einer Verfolgung dieses Verstoßes als Ordnungswidrigkeit (§ 47 Absatz 1 des OWiG).

**Zu Absatz 5.4.1.1.1 Buchstabe h ADR**

5-20.S In Deutschland gibt es hierzu die Ausnahme 18 (S) der GGAV mit der Möglichkeit, bei örtlich begrenzten Verkehren (Verteilerverkehr einschließlich Sammelverkehr) auf den Eintrag des Empfängers im Beförderungspapier zu verzichten.

**Zu Absatz 5.4.1.1.1 Buchstabe k ADR**

5-21.S Bei einer Beförderung innerhalb der Freistellungsregelungen nach Unterabschnitt 1.1.3.6 ADR ist die Eintragung der Tunnelbeschränkungscodes in das Beförderungspapier nicht erforderlich, weil Tunnelbeschränkungen keine Anwendung finden. Für den Verlauf der Beförderung muss jedoch sichergestellt sein, dass die Mengengrenzen nach Unterabschnitt 1.1.3.6 ADR nicht überschritten werden.

**Zu Absatz 5.4.1.1.6.2.1 Buchstabe b ADR**

5-22.S Wird der Tunnelbeschränkungscode bei Anwendung von Absatz 5.4.1.1.6.2.1 Buchstabe b ADR nicht angegeben, besteht kein öffentliches Interesse an einer Verfolgung dieses Verstoßes als Ordnungswidrigkeit (§ 47 Absatz 1 des OWiG).

**Zu Absatz 5.4.1.1.14**

5-23 Bei der Beförderung von erwärmten Stoffen ist unter bestimmten Bedingungen im Beförderungspapier direkt nach der offiziellen Benennung für die Beförderung der Ausdruck „HEISS" anzugeben. Wenn dieser Ausdruck stattdessen vor der offiziellen Benennung angegeben wird, wie dies in der englischen Sprachfassung des ADR/RID/ADN vorgesehen ist, besteht kein öffentliches Interesse an einer Verfolgung dieses Verstoßes als Ordnungswidrigkeit (§ 47 Absatz 1 des OWiG).

**Zu Absatz 5.4.1.1.18**

5-24 Angaben nach Absatz 5.4.1.1.18 ausschließlich in englischer Sprache begründen keine Ordnungswidrigkeit.

**Zu Absatz 5.4.1.1.18 und 5.4.1.1.1**

5-25 Die Angabe nach Absatz 5.4.1.1.18 („UMWELTGEFÄHRDEND" oder „MEERESSCHADSTOFF/UMWELTGEFÄHRDEND") darf nicht in die vorgegebene Reihenfolge der Angaben im Beförderungspapier nach Absatz 5.4.1.1.1 eingefügt werden.

**Zu Absatz 5.4.1.2.5.4**

5-26 Die erforderlichen Zeugnisse für Stoffe der Klasse 7 sind die in Absatz 5.1.5.2.1 aufgeführten Zulassungen und Genehmigungen. Die erforderlichen Antragsinhalte für diese Zulassungen/Genehmigungen sind in Abschnitt 6.4.23 ADR/RID beschrieben.

**Zu Absatz 5.4.1.4.1, 2. Unterabsatz ADR/ADN**

5-27 Der in Absatz 5.4.1.4.1, 2. Unterabsatz verwendete Begriff „Vermerke" bezieht sich auf alle verbindlich in das Beförderungspapier einzutragenden Angaben (siehe auch Unterabschnitt 1.8.3.11 Buchstabe b, 4. Anstrich ADR/ADN).

**Zu Unterabschnitt 5.4.3.4**

5-28 Die Regelung bezieht sich ausschließlich darauf, dass Form und Inhalt dem abgebildeten Muster entsprechen müssen. Eine äußere Umrahmung, um die schriftlichen Weisungen gegenüber anderen Dokumenten hervorzuheben, begründet keine Ordnungswidrigkeit.

**Erläuterungen zu Teil 6**

**Zu Absatz 6.1.5.2.1 ADR/RID**

6-1 Zur Verwendung von Verpackungen zur Entsorgung oder zum Recycling von Lithium- oder Natriumbatterien siehe Nummer 4-4 der RSEB.

**Zu Absatz 6.2.1.1.9 ADR/RID**

6-2 Die Norm ISO 3807:2013, zitiert in Absatz 6.2.2.1.3 und Unterabschnitt 6.2.4.1, deckt die in Absatz 6.2.1.1.9 ADR/RID genannten Anforderungen an Acetylenflaschen mit porösem Material einschließlich der Typprüfungen ab.

**Zu Absatz 6.5.4.4.2 ADR/RID**

6-3 Die erforderliche geeignete Dichtheitsprüfung bezieht sich auf

- alle metallenen IBC, alle starren Kunststoff-IBC und alle Kombinations-IBC für flüssige Stoffe sowie
- alle metallenen IBC, alle starren Kunststoff-IBC und alle Kombinations-IBC für feste Stoffe, die unter Druck eingefüllt oder entleert werden.

**Zu Absatz 6.5.6.14.1 ADR/RID**

6-4 Nach der Wiederaufarbeitung eines IBC darf in dem Prüfbericht nach Absatz 6.5.6.14.1 ADR/RID unter Nummer 5 der „Hersteller des IBC" durch den „Wiederaufarbeiter des IBC (Hersteller im Sinne der GGVSEB)" ersetzt werden.

**Zu Unterabschnitt 6.7.2.18, 6.7.3.14, 6.7.4.13, 6.7.5.11, 6.8.1.5, 6.8.2.3, 6.9.2.6 ADR/RID und 6.13.4.4 ADR**

6-5 Das Verfahren zur Baumusterzulassung von Tanks nach Kapitel 6.7, 6.8, 6.9, 6.10 ADR/RID und 6.13 ADR ausgenommen Tanks für Gase, die nach der ODV zu bewerten und zu kennzeichnen sind, richtet sich nach der **Anlage 14** oder der **Anlage 14a** der RSEB.

**Zu Unterabschnitt und Abschnitt 6.7.2.20, 6.7.3.16, 6.7.4.15, 6.7.5.13, 6.8.2.5, 6.8.3.5, 6.9.2.10 ADR/RID und 6.13.6 ADR**

6-6 Wenn an Tanks, die nicht nach der ODV gekennzeichnet sind, ein Tankschild oder eine zusätzliche Tafel mit Angaben verloren gegangen ist und die Stelle, die die erstmalige Prüfung vorgenommen hat, nicht mehr erreichbar ist, darf eine Stelle nach § 12 der GGVSEB aufgrund vorhandener Unterlagen das Ersatzschild anbringen und die bis zu diesem Termin durchgeführten Prüfungen nach ADR/RID bestätigen.

**Zu Absatz 6.8.2.1.4 und 6.8.2.1.9 ADR/RID**

6-7 Für die Beurteilung zur ausreichenden Bemessung der Wanddicke des Tankkörpers gegen eine merkliche Schwächung während der Frist bis zur nächsten wiederkehrenden Prüfung mit Innenbesichtigung des Tanks kann das Verfahren nach der **Anlage 17** der RSEB unter Berücksichtigung der Angaben in der Erklärung angewendet werden.

**Zu Absatz 6.8.2.1.27 ADR**

6-8.S Bei der Befüllung von Tankfahrzeugen zur Beförderung flüssiger Stoffe mit einem Flammpunkt bis höchstens 60 °C ist der vorgeschriebene Erdungsanschluss durch deren Ausrüstung nach der Zwanzigsten Verordnung zur Durchführung des Bundes-Immissionsschutzgesetzes (20. BImSchV) vom 18. August 2014 (BGBl. I S. 1447), zuletzt geändert durch Artikel 11 des Gesetzes vom 27. Juli 2021 (BGBl. I S. 3146), in Verbindung mit der VOC-Richtlinie 94/63/EG vom 20. Dezember 1994 (ABl. Nr. L 365 S. 24) auch erfüllt. Der Nachweis dieser Ausrüstung kann durch den „Untenbefüllungs-Sicherheits-Pass" nach dem TÜV-Verband-Merkblatt 959 erfolgen. Bei der Entleerung der Tankfahrzeuge erfolgt die Erdung durch den leitfähigen Abgabeschlauch (gekennzeichnet mit „Ω") oder durch den angeschlossenen Grenzwertgeber.

**Zu Absatz 6.8.2.2.1 ADR**

6-9.S Die Anforderungen an die Dichtheit der Bedienungsausrüstung von Tanks sind auch von den Deckeln der Untersuchungsöffnungen (die Domdeckel einschließlich der sogenannten Fülllochdeckel) zu erfüllen. Es dürfen nur Domdeckel und Fülllochdeckel auf neuen Tanks nach den Bestimmungen des Kapitels 6.8 montiert werden, die den Normen nach Absatz 6.8.2.6.1 ADR entsprechen bzw. nach diesen erfolgreich geprüft wurden. Für die Montage der Deckel auf dem Tank müssen Montageanweisungen der Hersteller vorliegen und muss danach verfahren werden.

**Zu Absatz 6.8.2.2.2, 2. und 5. Anstrich, jeweils Satz 3 ADR/RID**

6-10 Die zu treffenden Maßnahmen zur gefahrlosen Druckentlastung im Auslaufstutzen vor der vollständigen Entfernung der Verschlusseinrichtung können konstruktiver oder betrieblicher Art sein.

Eine gefahrlose Druckentlastung über die Verschlusseinrichtung findet z.B. statt,

a) wenn die zum Tank liegenden Absperreinrichtungen geöffnet sind und der Innendruck im Tank über eine Entspannungs- oder Lüftungseinrichtung abgeführt wurde

**oder**

b) wenn die zum Tank liegenden Absperreinrichtungen geschlossen sind

**und**

- die Verschlusseinrichtung nur in drucklosem Zustand entfernt werden kann oder
- beim Lösen der Verschlusseinrichtung durch konstruktive Maßnahmen kraftschlüssiger oder formschlüssiger Art (Hebel, Nuten, Rillen, Bohrungen, ausreichende Gewindelänge usw.) eine gefahrlose Druckentlastung stattfindet oder
- kein oder ein vernachlässigbar geringer Druckaufbau zwischen der Verschlusseinrichtung und der nächsten zum Tank liegenden Absperreinrichtung stattfinden kann (begrenztes Volumen) oder
- ein evtl. vorhandener Druck durch Betätigung einer Entspannungseinrichtung zwischen der Verschlusseinrichtung und der nächsten zum Tank liegenden Absperreinrichtung abgebaut wurde oder
- 

- die Verschlusseinrichtung ein Blindflansch ist und darauf geachtet wird, dass nicht alle Schrauben vollständig entfernt werden, bevor der Flansch gelöst wird (verklebte Dichtung).

Weitere geeignete und zulässige Maßnahmen sind nicht ausgeschlossen.

**Zu Absatz 6.8.2.3.2 ADR/RID**

6-11 Sofern Ausrüstungsteile keine separate Baumusterzulassung (BMZ) besitzen, muss jedes Teil im Rahmen der BMZ des Tanks bewertet werden. Eine Herstellererklärung hinsichtlich einer Normenkonformität von Ausrüstungsteilen reicht alleine nicht aus, um von dieser Prüfung vollständig abzusehen. Für die Bewertung können jedoch alle Prüfergebnisse berücksichtigt werden, die aus vorherigen Baumusterprüfverfahren stammen, die in einer ADR-Vertragspartei/einem RID-Vertragsstaat von einer dort zuständigen akkreditierten Prüfstelle des Typs A nach EN ISO/IEC 17020:2012 oder der dort zuständigen Behörde erstellt wurden.

**Zu Absatz 6.8.2.3.3 ADR/RID**

6-12 Werden in einer Baumusterzulassung (BMZ) Varianten zugelassen, so muss das zur Durchführung der Baumusterprüfung hergestellte Fahrzeug oder der Wagen (Prototyp) repräsentativ sein. Der Prototyp muss nicht die nach der BMZ zulässigen höchsten Belastungen und Beanspruchungen abbilden; diese sind rechnerisch darzulegen und zu bewerten.

**Zu Absatz 6.8.2.4.5 ADR**

6-13.S In die Prüfbescheinigung von Tanks zur Beförderung von UN 1202 DIESELKRAFTSTOFF, der Norm EN 590:2013+A1:2017 entsprechend, oder GASÖL oder HEIZÖL, LEICHT mit einem Flammpunkt gemäß EN 590:2013+A1:2017 (Flammpunkt von 55 °C oder höher), die bis 31. Dezember 2001 unter die Regelung der Ausnahme 6 der GGAV in der Fassung des Artikels 1 der GefÄndV vom 23. Juni 1999 (BGBl. I S. 1435) gefallen sind, ist unter Berücksichtigung von Unterabschnitt 1.6.3.18 ADR sinngemäß folgender Vermerk aufzunehmen:

„Tank darf im innerstaatlichen Verkehr für die Beförderung von UN 1202 Dieselkraftstoff, der Norm EN 590:2013+A1:2017 entsprechend, oder Gasöl oder Heizöl, leicht mit einem Flammpunkt gemäß EN 590:2013+A1:2017 ohne Flammendurchschlagsicherung betrieben werden."

Diese Eintragung für UN 1202, der Norm EN 590:2013+A1:2017 entsprechend, darf auch für DIESELKRAFTSTOFF nach DIN 51628 mit einem Flammpunkt, der der Norm EN 590:2013 +A1:2017 entspricht, verwendet werden.

Werden diese Tanks auf ein neues Basisfahrzeug oder Achsaggregat umgesetzt, sind die Tanks für die Beförderung der o.g. Stoffe entsprechend dem jeweils geltenden ADR mit Flammendurchschlagsicherungen/Flammensperren auszurüsten (siehe auch Nummer 9-6.2.S der RSEB).

**Zu Absatz 6.8.2.5.1 ADR/RID**

6-14.1 Die Angabe des äußeren Auslegungsdrucks ist obligatorisch. Bei Tanks mit einer Lüftungseinrichtung nach Absatz 6.8.2.2.6 ADR/RID ist ggf. die Angabe „0" zulässig.

6-14.2 Die Angabe des Buchstaben „S" muss nicht unbedingt hinter, sondern kann auch in unmittelbarer Nähe der Volumenangabe erfolgen.

**Zu Absatz 6.8.2.5.2 und 6.8.3.5.11 ADR**

6-15.S Bei festverbundenen Tanks und Batterie-Fahrzeugen ist die Angabe der Tankcodierung zulässig.

**Zu Absatz 6.8.3.4.12 ADR/RID**

6-16 Hinsichtlich der Prüffristen der einzelnen Gefäße und Rohrleitungen gelten die Vorschriften nach Unterabschnitt 4.1.4.1 Verpackungsanweisung P200 ADR/RID. Diese Prüffristen stehen nicht in unmittelbarem Zusammenhang mit den Prüfungen nach Absatz 6.8.3.4.12 Satz 2 ADR/RID.

**Erläuterungen zu Teil 7**

**Zu Abschnitt 7.1.2 ADR**

7-1.S Alle Fahrzeuge, die der Begriffsbestimmung nach Artikel 1 Buchstabe a des ADR in Verbindung mit § 2 Absatz 6 der GGVSEB entsprechen, dürfen zur Beförderung gefährlicher Güter eingesetzt werden. Wenn jedoch ein EX/II-, EX/III-, FL-, AT-Fahrzeug oder MEMU vorgeschrieben ist, muss ein Fahrzeug der Kategorie N oder O verwendet werden. Für die Verwendung eines Fahrzeugs der Kategorie N oder O, das kein EX/II-, EX/III-, FL-, AT-Fahrzeug oder MEMU ist, sind in Abschnitt 9.2.1 ADR die geltenden Bedingungen klar bestimmt. Wird ein anderes Fahrzeug als ein Fahrzeug der Kategorie N oder O verwendet, z.B. ein Fahrzeug der Kategorie M (4-rädrige Personenfahrzeuge) oder ein Fahrzeug der Kategorie T (Traktoren für die Land- oder Forstwirtschaft), so ist der Teil 9 ADR nicht anwendbar. Diese Fahrzeuge unterliegen in ihren Ursprungsländern den allgemeinen Sicherheitsbestimmungen der auf sie anwendbaren Regelungen des Übereinkommens von 1958.

**Zu Kapitel 7.3 ADR/RID**

7-2.1 Ist ein gefährliches Gut sowohl zur Beförderung in loser Schüttung als auch in Tanks zugelassen, so kann die Beförderung in loser Schüttung auch in Silotanks erfolgen, wenn der Tank die Anforderungen des ADR/RID an die Umschließungen nach Kapitel 7.3 erfüllt. Dies gilt auch für Silotanks, die nach Kapitel 6.11 ADR/RID als BK2-Schüttgut-Container zugelassen sind. Erfolgt die Beförderung in loser Schüttung in einem gemäß Kapitel 6.7 oder 6.8 ADR/RID zugelassenen Tank, so müssen der Tank und die Durchführung der Beförderung allen vorgeschriebenen Anforderungen für eine Tankbeförderung genügen (u.a. Tankcodierung, ADR-Zulassung der Fahrzeuge, Fahrerschulung mit Aufbaukurs Tank).

7-2.2 Eine Beförderung in loser Schüttung schließt nicht aus, dass das Gut in zusätzlichen Umschließungen (Verpackungen ohne gefahrgutrechtliche Bauartzulassung) enthalten ist. Dabei müssen jedoch alle einschlägigen Vorschriften zur Beförderung in loser Schüttung eingehalten werden. Es reicht deshalb z.B. nicht aus, den staubdichten Einschluss ausschließlich über die zusätzliche Umschließung darzustellen. Die Anforderungen an die Staubdichtheit des Containers oder der Aufbauten von Fahrzeugen nach Unterabschnitt 7.3.1.3 ADR/RID sind ebenfalls zu erfüllen.

**Zu Abschnitt 7.3.3 ADR/RID**

7-3 Bei Beförderungen in loser Schüttung nach den Sondervorschriften sind die allgemeinen Vorschriften nach Unterabschnitt 7.3.1.2 bis 7.3.1.13 ADR/RID fallbezogen zusätzlich einzuhalten.

**Zu Abschnitt 7.5.1 ADR/RID**

7-4.1 Die allgemeinen Vorschriften des Abschnitts 7.5.1 ADR/RID sind grundsätzlich auch für das Befüllen anzuwenden.

7-4.2 Grundsätzlich ist davon auszugehen, dass die in Kapitel 1.4 in Verbindung mit Abschnitt 7.5.1 ADR/RID angestrebte Sicherheitswirkung nur mit einer hundertprozentigen Kontrolle erreichbar ist. Es können jedoch auch stichprobenartige Kontrollen akzeptiert werden, wenn eine gleichwertige Sicherheitswirkung erzielt wird. Sowohl das Vorgehen bei der Stichprobe als auch das zugrunde liegende Qualitätssicherungssystem sind schriftlich und nachvollziehbar zu dokumentieren. Diese Verfahren können durch die Überwachungsbehörden überprüft werden.

**Zu Unterabschnitt 7.5.1.1 und 7.5.1.2 ADR**

7-5.S Die bezüglich des Fahrzeugführers zu prüfenden Rechtsvorschriften betreffen die ADR-Schulungsbescheinigung und die Beachtung des Verbots berauschender Mittel. Bezüglich des Verbots berauschender Mittel beschränkt sich die Prüfung auf die Feststellung offensichtlicher Auffälligkeiten.

**Zu Unterabschnitt 7.5.1.2 Satz 1 ADR/RID**

7-6.1 Der Begriff „Rechtsvorschriften" im Satz 1 umfasst ausschließlich gefahrgutrechtliche Rechtsvorschriften.

7-6.2 Die Verpflichtung zur Kontrolle der Dokumente erfolgt in Hinblick auf die Beurteilung, ob eine nachfolgende Beladung/Befüllung erfolgen darf. Daraus lässt sich keine Verpflichtung des Verladers/Befüllers zur Prüfung der inhaltlichen Richtigkeit und Vollständigkeit der Dokumente ableiten. Offensichtliche Unrichtigkeiten sind jedoch zu berücksichtigen und sind vor der Beladung/Befüllung zu beseitigen. Die originären Pflichten des Verladers und des Befüllers bleiben unberührt.

7-6.3 „Sichtprüfung des Fahrzeugs/Wagens" bedeutet, dass dabei offensichtliche Mängel feststellbar sein sollen, ohne dass hierfür besondere technische Hilfsmittel eingesetzt werden und vertiefte fahrzeug-/wagentechnische Kenntnisse erforderlich sind.

7-6.4 Die „Sichtprüfung der Ausrüstung" beschränkt sich auf die bei der Be- und Entladung verwendete Ausrüstung. Dazu gehören auch die Bestandteile der Ausrüstungen nach Abschnitt 8.1.4 und 8.1.5 ADR, die im Rahmen der schriftlichen Weisungen bei der Be- und Entladung ggf. einzusetzen sind. Auch in diesem Fall bedeutet „Sichtprüfung" nur die Feststellung offensichtlicher Mängel.

**Zu Unterabschnitt 7.5.1.2 Satz 2 ADR/RID**

7-7 Mit den Worten „keine Beschädigungen vorliegen, welche die Unversehrtheit des Fahrzeugs, des Wagens oder Containers oder des zu verladenden Ladeguts beeinträchtigen könnten" sind allgemeine offensichtliche Mängel gemeint (z.B. Reifenschäden/fehlende Bremssohle) und nicht nur gefahrgutrechtliche Mängel.

**Zu Unterabschnitt 7.5.7.1 ADR/RID**

7-8 Bei der Ladungssicherung sogenannter weicher Verpackungen (z.B. Säcke, Fässer aus Kunststoff) sind Verformungen zu akzeptieren, die für die jeweilige Verpackung unschädlich sind und zu keinem Gefahrgutaustritt führen.

**Zu Unterabschnitt 7.5.7.2 ADR/RID**

7-9 Aus der Formulierung des Unterabschnitts 7.5.7.2 ADR/RID ergibt sich kein grundsätzliches Stapelverbot. Für Versandstücke mit UN- und ADR/RID-Kennzeichnung einschließlich von Säcken gilt die Stapelfähigkeit bis zu einer Höhe von 3,0 m, mit Ausnahme der Kombinationsverpackungen mit ADR/RID-Kennzeichnung und der IBC mit Angabe einer Stapellast „0" in der UN-Kennzeichnung, als nachgewiesen. Um den Forderungen dieses Unterabschnitts Rechnung zu tragen, ist beim Stapeln von Versandstücken die Stapelfähigkeit auf der unteren Ladung in geeigneter Weise sicherzustellen. Hierzu können z.B. die Kriterien nach dem CTU-Code (bekannt gegeben im VkBl. 2015 Heft 13 S. 422) herangezogen werden.

**Zu Abschnitt 7.5.11 CV1 ADR**

7-10.1.S Stoffe und Gegenstände der Klasse 1, 6.1 und 9 dürfen an einer der Öffentlichkeit zugänglichen Stelle innerhalb von Ortschaften ohne besondere Erlaubnis der zuständigen Behörde oder außerhalb von Ortschaften ohne die zuständige Behörde zu benachrichtigen in Beförderungseinheiten geladen oder aus Beförderungseinheiten entladen werden, wenn sich die Umschlagstelle vor einer Herstellungsstätte, an einer Verwendungsstelle oder vor einem Lagerraum befindet.

7-10.2.S Stoffe der Klasse 6.1 und Stoffe der Klasse 9 Verpackungsgruppe II dürfen an einer der Öffentlichkeit zugänglichen Stelle innerhalb von Ortschaften auch ohne besondere Erlaubnis der zuständigen Behörde geladen werden, wenn der Beladevorgang im Rahmen der Entsorgung von Abfällen nach der Ausnahme 20 (B, E, S) der GGAV durchgeführt wird und es sich bei den Beladeorten um Apotheken, Laboratorien oder ähnliche Einrichtungen handelt, bei denen die örtlichen Gegebenheiten keine andere Möglichkeit zulassen, als den Beladevorgang auf öffentlichen Wegen oder Plätzen durchzuführen.

**Zu Abschnitt 7.5.11 CV10 ADR/CW10 RID**

7-11 Ausreichend standfest sind Flaschen nur, wenn diese mit einem Fußteil versehen sind. Für Flaschen ohne Fußteil wird z.B. ein geeignetes Ladegestell benötigt, das ladungsgesichert werden muss.

**Zu Abschnitt 7.5.11 CV21, CV25 und CV27 ADR**

7-12.S Die Anforderung, dass die Versandstücke so verstaut sein müssen, dass sie leicht zugänglich sind, schließt neben der leicht zugänglichen Anordnung der Versandstücke auf der Ladefläche auch die Zugänglichkeit der Ladefläche selbst ein. Das bedeutet beispielsweise im Falle zweier 20-Fuß-Container, die hintereinander auf einen Sattelanhänger verladen werden, dass diese so angeordnet werden, dass die Türen jeweils zu einem Fahrzeugende zeigen und nicht verdeckt sind. Die Verwendung sogenannter Seitenlader wird damit nicht ausgeschlossen, weil die Container auch während der Beförderung bei Bedarf schnell und ohne externe Hilfsmittel vom Fahrzeug abgesetzt werden können. Auch ein Verplomben der Zugänge ist zulässig, weil die Kontroll- und Rettungskräfte überwiegend über die erforderlichen Werkzeuge verfügen, um Plomben im Bedarfsfall entfernen zu können. Die Verplombung muss jedoch entfernbar sein. Eine Beeinträchtigung der leichten Zugänglichkeit durch eine erforderliche Ladungssicherung ist nicht zu beanstanden.

**Zu Abschnitt 7.5.11 CV36 ADR/CW36 RID**

7-13.1 Stoffe, denen in Kapitel 3.2 Tabelle A Spalte 18 die Sondervorschrift CV/CW 36 nach Abschnitt 7.5.11 ADR/RID zugeordnet ist, sollen in offenen oder belüfteten Fahrzeugen/Wagen oder Containern befördert werden. Die Wörter „wenn dies nicht möglich ist" in Satz 2 der Sondervorschrift CV/CW 36 sind so zu verstehen, dass hinsichtlich eines konkreten Beförderungsvorgangs von dieser Anforderung nur abgewichen werden darf, wenn damit ein unverhältnismäßig hoher Aufwand verbunden wäre.

7-13.2.S Bei der Verwendung von gedeckten Fahrzeugen ohne Belüftung muss ein Gasaustausch zwischen dem Ladeabteil und der Kabine der Fahrzeugbesatzung verhindert werden.

Hierfür geeignete technische Lösungen müssen in der Lage sein, dieses Schutzziel zu erreichen. Eingebaute Trennwände, welche der Rückhaltung der Ladung und je nach konstruktiver Ausführung des Fahrzeugs der Entlüftung der Kabine und dem erforderlichen Druckausgleich mit dem Ladeabteil beim Auslösen von Airbags dienen, erfüllen diese Anforderung üblicherweise nicht. Allerdings wird durch die Verhinderung des Gasaustauschs nur die Fahrzeugbesatzung während der Beförderung geschützt und nicht Personen, die im Anschluss das Ladeabteil oder den Container öffnen oder betreten, weshalb zusätzlich die Kennzeichnung nach Abschnitt 7.5.11 Sondervorschrift CV 36 ADR anzubringen ist. Darüber hinaus sind die beteiligten Personen über die möglichen Gefahren im Rahmen der Unterweisung nach Kapitel 1.3 bzw. Abschnitt 8.2.3 ADR zu informieren.

**Erläuterungen zu Teil 7 ADN**

**Zu Absatz 7.1.4.3.5, 7.1.4.3.6 und 7.1.4.14.7.3.2 ADN**

7-1.B Die in diesen Absätzen angesprochenen Genehmigungen der zuständigen Behörde sind die vom Bundesamt für die Sicherheit der nuklearen Entsorgung nach § 11 Nummer 3 der GGVSEB erteilten Beförderungsgenehmigungen.

**Zu Unterabschnitt 7.1.4.7 und 7.2.4.7 ADN**

7-2.B Eine Lade- und Löschstelle (Umschlagstelle) für gefährliche Güter gilt als dafür von den zuständigen Behörden der Länder bezeichnet oder zugelassen, wenn an ihr unter Beachtung der anwendbaren Rechtsvorschriften (insbesondere Bau-, Immissionsschutz- und Wasserrecht) durch einen oder mehrere Verwaltungsakte eine Nutzung auch für das Be- oder Entladen von Gefahrgütern allgemein oder für bestimmte Stoffe oder Gegenstände geregelt wird.

Enthält die Bezeichnung/Zulassung der Umschlagstelle keine ausdrückliche Aussage zum Umschlag gefährlicher Güter, ist von der Zulässigkeit des Umschlags auszugehen, wenn sich dies aus der Zweckbestimmung der Anlage ergibt.

Für eine Lade- oder Löschstelle in oder an einer Bundeswasserstraße ist in der Regel auch eine strom- und schifffahrtspolizeiliche Genehmigung erforderlich.

Das Laden und Löschen (d.h. Beladen oder Befüllen und Entladen) von Trockengüter- oder Tankschiffen kann an festen Anlagen oder mittels anderen Beförderungsmitteln (Wagen, Fahrzeugen) erfolgen, wenn dies zugelassen ist.

**Zu Unterabschnitt 7.1.4.9 und 7.2.4.9 ADN**

7-3.B Ein Schubverband oder gekuppelte Schiffe gelten nach Absatz 7.2.2.19.2 ADN als ein Schiff. Soweit rechtlich zulässig, sind Umfüllvorgänge daher nicht als Umladen im Sinne des Unterabschnitts 7.2.4.9 ADN zu betrachten.

Es handelt sich in den Fällen um einen Verband oder gekuppelte Schiffe, in denen die Fahrzeuge im Zuge eines Beförderungsvorgangs zusammengestellt werden. Das kurzzeitige Verbinden eines Fahrzeugs mit einem anderen, außerhalb eines Beförderungsvorgangs, macht die beteiligten Fahrzeuge noch nicht zu einem Verband.

**Zu Unterabschnitt 7.1.4.77 und 7.2.4.77 ADN**

7-4.B Der Begriff „lokales Recht" bestimmt sich in Deutschland nach dem Landesrecht.

**Zu Absatz 7.2.3.1.5 und 7.2.3.1.6 ADN**

7-5.B Es ist zwischen den Regelungen in Absatz 7.2.3.1.5 und 7.2.3.1.6 ADN wie folgt zu unterscheiden:

In Absatz 7.2.3.1.5 ADN geht es um die generelle Vorsichtsmaßnahme, bevor Personen Ladetanks, Restetanks, Pumpenräume unter Deck, Kofferdämme, Wallgänge, Doppelböden, Aufstellungsräume oder andere geschlossene Räume betreten, wenn die Ladetanks noch gefüllt sind.

Nach Absatz 7.2.3.1.6 ADN geht es um ungereinigte leere Tanks und den aus den Ladungsresten resultierenden Gefahren.

Die Regelung zu dem Verhalten bei Notfällen oder bei mechanischen Problemen, wonach der Tank bei einer Konzentration von aus der Ladung herrührenden entzündbaren Gasen und Dämpfen von 10 % bis 50 % der unteren Explosionsgrenze (UEG) betreten werden darf, bezieht sich nur auf ungereinigte leere Tanks.

**Zu Unterabschnitt 7.2.3.7 ADN**

7-6.1.B Die Zulassung von Stellen, an denen Binnentankschiffe entgast werden dürfen, und die hierfür zuständige Behörde (Absätze 7.2.3.7.1.1 und 7.2.3.7.1.3 ADN) bestimmen sich nach den Vorschriften außerhalb des Gefahrgutrechts, z.B. nach immissionsschutzrechtlichen Vorschriften. § 16 Absatz 6 Nummer 1 der GGVSEB ist hier nicht einschlägig.

7-6.2.B Die Zulassungspflicht für Annahmestellen und die zuständigen Behörden nach Absatz 7.2.3.7.2.1 ADN bestimmen sich nach den Ausführungsvorschriften zum CDNI-Übereinkommen oder nach immissionsschutzrechtlichen Vorschriften. § 16 Absatz 6 Nummer 1 der GGVSEB ist hier nicht einschlägig.

**Zu Absatz 7.2.3.20.1 ADN**

7-7.B Kofferdämme dürfen auch während der Fahrt mit Ballastwasser gefüllt werden, wenn die Bestimmungen nach Absatz 7.2.3.20.1 ADN eingehalten werden und durch die Stabilitäts- und Leckstabilitätsberechnung unter Berücksichtigung der Teilfüllungen des Kofferdamms eine ausreichende Stabilität nachgewiesen wird.

**Zu Unterabschnitt 7.2.4.40 ADN**

7-8.B ***„In Bereitschaft halten"*** einer Feuerlöscheinrichtung im Sinne der Vorschrift erfordert:

a) Der Feuerlöschschlauch ist an die Wasserrohrleitung angeflanscht.
b) Der Feuerlöschschlauch muss an Deck ausgerollt sein.
c) Die Sprüh- bzw. Strahlrohrarmatur ist am Feuerlöschschlauch angeflanscht.
d) Die Stellung der Ventile obliegt der Beurteilung des Schiffsführers/Sachkundigen.
e) Das Einschalten der Feuerlöschpumpe muss jederzeit möglich sein.

## Erläuterungen zu Teil 8 und 9 ADR

### Zu Teil 8 ADR

**Zu Unterabschnitt 8.1.2.1 und 8.1.2.2 ADR**

8-1.S Außer den in den Unterabschnitten 8.1.2.1 und 8.1.2.2 ADR genannten Papieren sowie Bescheinigungen nach anderen Vorschriften sind, wenn es die Vorschriften vorsehen, in der Fahrerkabine der Beförderungseinheit insbesondere mitzuführen:

- die Ausnahme gemäß § 5 der GGVSEB bzw. eine Kopie,
- die Bescheinigung bezüglich der Verlagerung nach § 35 Absatz 4 bzw. die Fahrwegbestimmung gemäß § 35a Absatz 3 der GGVSEB.

**Zu Unterabschnitt 8.1.4.4 ADR**

8-2.1.S Das nach Unterabschnitt 8.1.4.4 ADR auf in Deutschland hergestellten Feuerlöschgeräten anzugebende Datum (Monat/Jahr) der ersten wiederkehrenden Prüfung berechnet sich aus der zweijährigen Prüffrist, bezogen auf das tatsächliche Herstellungsdatum des Feuerlöschgeräts. Es ist rechtskonform, wenn dabei das Herstellungsjahr ohne Monatsangabe auf dem Feuerlöschgerät angegeben ist und die zweijährige Prüffrist mit dem Ablauf dieses Jahres beginnt.

8-2.2.S Eine Plombierung im Sinne von Unterabschnitt 8.1.4.4 ADR kann beispielsweise auch eine Kunststoffsicherung an der Abzugsvorrichtung sein, die bei der Benutzung irreversibel zerstört wird. Die Sicherung des Feuerlöschgeräts muss den Eindruck erwecken, dass das Feuerlöschgerät ordnungsgemäß geprüft und einsetzbar ist. Eine Manipulation muss glaubhaft auszuschließen sein.

**Zu Abschnitt 8.1.5 ADR**

8-3.S Die nach den schriftlichen Weisungen mitgeführte Ausrüstung muss dem Schutzziel entsprechend geeignet sein.

**Zu Unterabschnitt 8.2.1.1 und 8.2.1.3 ADR**

8-4.S Zu den in Unterabschnitt 8.2.1.1 ADR genannten Fahrzeugführern werden auch solche zugeordnet, die gefährliche Güter in loser Schüttung gemäß Kapitel 7.3 ADR befördern. Ein Aufbaukurs Tank nach Unterabschnitt 8.2.1.3 ADR ist bei der Verwendung von gemäß ADR zugelassenen Tanks erforderlich.

**Zu Kapitel 8.4 und 8.5 ADR und Anlage 2 Nummer 3.3 der GGVSEB**

8-5.1.S „Ausreichende Sicherheit" im Sinne von Abschnitt 8.4.1 Satz 1 bzw. 8.4.2 ADR ist z.B. gewährleistet, wenn

- das Fahrzeug auf einem abgeschlossenen Werksgelände abgestellt ist; handelt es sich bei dem Ladegut um gefährliche Güter mit hohem Gefahrenpotenzial, muss das Werksgelände die Anforderungen nach Kapitel 1.10 ADR erfüllen, oder
- das Fahrzeug in einem Lager oder Werksbereich parkt und über eine elektronische Wegfahrsperre und eine Alarmanlage verfügt, die auf das Mobiltelefon des Fahrzeugführers aufgeschaltet ist. Voraussetzung dafür ist, dass der Fahrzeugführer bei einem Alarm in angemessener Zeit geeignete Maßnahmen einleiten kann. Bei Tankfahrzeugen müssen der Armaturenschrank sowie alle frei zugänglichen Ventile abgeschlossen sein. Für gefährliche Güter mit hohem Gefahrenpotenzial nach Kapitel 1.10 ADR ist diese Möglichkeit ausgeschlossen.

8-5.2.S Um „geeignete Sicherheitsmaßnahmen" im Sinne von Abschnitt 8.4.1 Satz 2 Buchstabe b und c ADR handelt es sich auch, wenn der Fahrzeugführer am oder im Fahrzeug anwesend ist oder er sich nur kurzfristig vom Fahrzeug entfernt. Eine Überwachung kann auch durch gleichwertige Maßnahmen (z.B. visuelle Überwachung durch Bildübertragung) sichergestellt werden.

8-5.3.S Alarmeinrichtungen ersetzen nicht die vorgeschriebene Überwachung.

**Zu Kapitel 8.5 Sondervorschrift S1 und S11 ADR**

8-6.1.S Stoffe und Gegenstände der Klasse 1 dürfen an einer der Öffentlichkeit zugänglichen Stelle innerhalb von Ortschaften ohne besondere Erlaubnis der zuständigen Behörde auf- oder abgeladen werden, wenn sich die Umschlagstelle vor einer Herstellungsstätte, an einer Verwendungsstelle oder vor einem Lagerraum befindet.

8-6.2.S Gleichwertige Schulungen nach Kapitel 8.5 S1 Absatz 1 und S11 ADR werden derzeit in Deutschland nicht durchgeführt.

8-6.3.S Bei Anwendung der Sondervorschrift S11 in Kapitel 8.5 ist in jedem Fall ein Basiskurs nach Unterabschnitt 8.2.1.2 ADR erforderlich.

**Zu Kapitel 8.5 Sondervorschrift S8 und S9 ADR**

8-7.S Wenn die Zustimmung der zuständigen Behörde nach den Sondervorschriften S8 und S9 in Kapitel 8.5 ADR nicht eingeholt werden kann, wird empfohlen, für ein längeres Halten aus Betriebsgründen die Zustimmung der örtlichen Polizei einzuholen.

**Zu Unterabschnitt 8.6.3.2 ADR**

8-8.S Nachdem der restriktivste Tunnelbeschränkungscode gemäß Unterabschnitt 8.6.3.2 ermittelt wurde, ist die Erläuterung zu diesem Code nach Abschnitt 8.6.4 ADR maßgebend. Demgemäß ist bei Klasse 1 die gesamte Nettoexplosivstoffmasse, die auf einer Beförderungseinheit befördert werden soll, zu addieren, um die Beschränkungen für die Durchfahrt durch Tunnel letztlich zu ermitteln.

**Zu Teil 9 ADR**

**Zu Unterabschnitt 9.1.2.1 Absatz 3 ADR**

9-1.S Die Möglichkeit, auf die erste Untersuchung zu verzichten, besteht nur dann, wenn für eine typgenehmigte Sattelzugmaschine die Erklärung der Übereinstimmung mit den Vorschriften des Kapitels 9.2 ADR vorliegt. Diese Erklärung darf nur ausgestellt werden, wenn die Zugmaschine vollständig der Typgenehmigung entspricht und keinerlei zusätzliche Ausstattungen insbesondere hinsichtlich der elektrischen Anlage oder Zusatzheizungen verwendet wurden.

**Zu Unterabschnitt 9.1.3.1 in Verbindung mit Kapitel 6.8 ADR**

**9-2.S Ausstellung der ADR-Zulassungsbescheinigung**

**9-2.1.S Verfahren der Ausstellung der ADR-Zulassungsbescheinigung**

Die ADR-Zulassungsbescheinigung ist durch die nach § 14 Absatz 4 der GGVSEB zuständigen Stellen oder Personen auszufertigen. Dafür ist das Muster gemäß Unterabschnitt 9.1.3.5 ADR zu verwenden.

- Das amtliche Kennzeichen des Fahrzeugs darf in die ADR-Zulassungsbescheinigung unter Nummer 4 auch von der nach § 14 Absatz 6 der GGVSEB zuständigen Zulassungsbehörde eingetragen werden.
- Zum Eintrag des Namens und Betriebssitzes des Beförderers, Betreibers (Halters) oder Eigentümers ist das in Nummer 5 der **Anlage 16** der RSEB beschriebene Verfahren zu beachten.
- Bei Fahrzeugen mit festverbundenen Tanks oder Batterie-Fahrzeugen erfolgt die Eintragung der Fahrzeugbezeichnung(en) in Nummer 7 der ADR-Zulassungsbescheinigung entsprechend der elektrischen Ausrüstung des Tanks oder der Elemente des Batterie-Fahrzeugs (siehe Bescheinigung nach Nummer 9-2.2.1.S der RSEB), auch bei höherwertiger elektrischer Ausrüstung des Basisfahrzeugs.
- Nebenbestimmungen aus der Bescheinigung nach Nummer 9-2.2.1.S der RSEB sind unter Nummer 11 der ADR-Zulassungsbescheinigung aufzunehmen.
- Sonstige nicht vorgeschriebene Eintragungen können unter Nummer 11 der ADR-Zulassungsbescheinigung durch die zuständigen Stellen nach § 12 und die berechtigten Personen nach § 14 Absatz 5 der GGVSEB vorgenommen werden.
- Die ADR-Zulassungsbescheinigung ist unter Nummer 12 gemäß Unterabschnitt 9.1.3.4 ADR mit dem Tagesdatum der technischen Untersuchung des Fahrzeugs, längstens jedoch für ein Jahr, zu befristen. Gegebenenfalls ist die Gültigkeitsdauer bis zur nächsten Prüfung des Tanks oder der Elemente des Batterie-Fahrzeugs gemäß der Bescheinigung nach Nummer 9-2.2.1.S der RSEB zu befristen; es gilt jeweils der nächstgelegene Termin.

**9-2.2.S Für Tankfahrzeuge und Batterie-Fahrzeuge**

9-2.2.1.S Der festverbundene Tank oder die Elemente und Ausrüstungsteile von Batterie-Fahrzeugen sind gemäß Absatz 6.8.2.4.1 bis 6.8.2.4.3 oder 6.8.3.4.12 ADR durch eine zuständige Stelle nach § 12 der GGVSEB zu prüfen. Über die Prüfung wird eine Bescheinigung gemäß Absatz 6.8.2.4.5 oder 6.8.3.4.18 ADR ausgestellt. Eine Kopie dieser Bescheinigung ist der Tankakte beizufügen. Aus dieser Bescheinigung müssen hervorgehen bzw. darin enthalten sein:

- das Datum (Monat, Jahr) der nächsten wiederkehrenden Prüfung oder Zwischenprüfung des Tanks oder der Elemente des Batterie-Fahrzeugs gemäß Absatz 6.8.2.4.2, 6.8.2.4.3 oder 6.8.3.4.12 ADR,
- die Tankcodierung oder die Codierung des Batterie-Fahrzeugs gemäß Absatz 4.3.3.1.1 oder 4.3.4.1.1 ADR, die der Tank oder das Batterie-Fahrzeug erfüllt,

- die alphanumerischen Codes der zutreffenden Sondervorschriften für den Bau (TC) und die Ausrüstung (TE) nach Abschnitt 6.8.4 ADR,
- soweit erforderlich, die Stoffe mit den Angaben nach Absatz 6.8.2.3.2, 4. Anstrich ADR, die in dem Tank- oder Batterie-Fahrzeug befördert werden dürfen,
- Angabe der Fahrzeugart, die der am Tank verbauten elektrischen Ausrüstung entspricht,
- Angaben über begrenzte Abweichungen nach Absatz 6.8.2.3.3 ADR oder stoffspezifische oder betriebliche Nebenbestimmungen zum Tank oder Batterie-Fahrzeug, sofern diese in der Baumusterzulassung des Tanks oder Batterie-Fahrzeugs enthalten sind,
- Angabe von Nebenbestimmungen in einer Ausnahmeregelung (§ 5 GGVSEB, GGAV, Vereinbarung nach Abschnitt 1.7.4 ADR), sofern dies vorgesehen ist,
- Angabe des Unterabschnitts der Übergangsvorschrift sowie der jeweiligen Fassung des ADR, wenn die Tanks oder Batterie-Fahrzeuge nach einer Übergangsvorschrift nach Kapitel 1.6 ADR betrieben werden dürfen.

9-2.2.2.S Für die Bestimmung der Tankcodierung bei Tanks und Elementen von Batterie-Fahrzeugen, die nach den bis zum 31.12.2002 geltenden Vorschriften zugelassen worden sind, kann die **Anlage 18** der RSEB verwendet werden.

Sofern für Tanks und Elemente von Batterie-Fahrzeugen, die auf Grund von Übergangsvorschriften weiterverwendet werden dürfen, keine Tankcodierung vergeben werden kann, ist eine Stoffaufzählung einzutragen oder beizufügen.

9-2.2.3.S Ist ein Tankfahrzeug, für das die Übergangsvorschrift nach Unterabschnitt 1.6.3.44 ADR anwendbar ist, mit einer Additivierungseinrichtung ausgerüstet, so ist in der ADR-Zulassungsbescheinigung ein Vermerk unter Nummer 11 (Bemerkungen) über die Ausrüstung(en) einzutragen (siehe auch Nummer 1-24.S und 3-10.S der RSEB). Diese Eintragungspflicht gilt nicht für Additivierungseinrichtungen gemäß Kapitel 3.3 Sondervorschrift 664 ADR.

9-2.2.4.S Das Fahrzeug, mit Ausnahme des festverbundenen Tanks oder der Elemente des Batterie-Fahrzeugs, ist gemäß Unterabschnitt 9.1.2.1 ADR durch die nach § 14 Absatz 4 der GGVSEB zuständigen Stellen oder Personen zu untersuchen.

Für diese Untersuchung müssen die Bescheinigung nach Nummer 9-2.2.1.S der RSEB sowie die Dokumente gemäß § 6 der Fahrzeug-Zulassungsverordnung (FZV) oder die Gutachten nach § 21 der StVZO bzw. nach Artikel 44 oder 45 der Verordnung (EU) 2018/858 vorliegen.

Die Untersuchung beinhaltet den Umfang einer Hauptuntersuchung (HU) nach § 29 der StVZO, jedoch ohne Untersuchung der Umweltverträglichkeit, sowie zusätzlich die Untersuchung nach der **Anlage 15** der RSEB, die auf Antrag gemeinsam durchgeführt werden sollten.

Auf die Untersuchung im Umfang einer HU kann bei Neufahrzeugen verzichtet werden, wenn eine Übereinstimmungsbescheinigung (COC) des Herstellers bzw. ein Gutachten nach Artikel 44 oder 45 der Verordnung (EU) 2018/858 vorliegt. Neufahrzeuge sind Fahrzeuge, welche noch nicht zugelassen sind oder Fahrzeuge, bei denen das Datum der Erstzulassung maximal einen Monat vor dem Untersuchungstermin liegt.

Ein befriedigendes Untersuchungsergebnis im Sinne des Unterabschnitts 9.1.3.1 ADR liegt vor, wenn

- das Fahrzeug vorschriftsmäßig ist oder
- nur geringe Mängel festgestellt worden sind und zu erwarten ist, dass diese Mängel unverzüglich beseitigt werden.

**9-2.3.S Für andere Fahrzeuge**

Nummer 9-2.2.4.S der RSEB, mit Ausnahme der Vorlage der Bescheinigung nach Nummer 9-2.2.1.S der RSEB, gilt entsprechend.

**9-3.S Verlängerung der Gültigkeitsdauer der ADR-Zulassungsbescheinigung**

**9-3.1.S Allgemeines**

9-3.1.1.S Die ADR-Zulassungsbescheinigung ist unter Nummer 13 gemäß Unterabschnitt 9.1.3.4 ADR mit dem Tagesdatum der technischen Untersuchung des Fahrzeugs zu befristen.

Bei Verlängerung der Gültigkeitsdauer, taggenau bis spätestens einen Monat nach Ablauf der Gültigkeit, beginnt der nächste Gültigkeitszeitraum mit dem Tag des Ablaufs des vorhergehenden Gültigkeitszeitraums. Innerhalb dieser Karenzzeit von einem Monat darf das Fahrzeug **nicht** für die Beförderung gefährlicher Güter weiterverwendet werden.

Ist diese Karenzzeit von einem Monat abgelaufen, ist für das betreffende Fahrzeug eine neue ADR-Zulassungsbescheinigung erforderlich. Das Fahrzeug ist einer technischen Untersuchung nach Unterabschnitt 9.1.2.1 Satz 2 ADR zu unterziehen.

Eine technische Untersuchung zur Verlängerung der Gültigkeitsdauer nach Unterabschnitt 9.1.3.4 ADR ist auch früher als einen Monat vor Ablauf der Gültigkeit jederzeit möglich. In diesem Fall beginnt der nächste Gültigkeitszeitraum von maximal einem Jahr jedoch mit dem Tagesdatum der technischen Untersuchung.

9-3.1.2.S Hinsichtlich der Übergangsvorschrift in Unterabschnitt 1.6.5.20 ADR siehe auch Nummer 1-25.S der RSEB.

**9-3.2.S Für Tankfahrzeuge und Batterie-Fahrzeuge**

Bei der Verlängerung der Gültigkeitsdauer ist das Fahrzeug, mit Ausnahme des festverbundenen Tanks oder der Elemente des Batterie-Fahrzeugs, gemäß Unterabschnitt 9.1.2.3 ADR durch die berechtigten Personen nach § 14 Absatz 5 der GGVSEB zu untersuchen. Dabei ist nach Nummer 9-2.2.4.S Satz 3 und 6 der RSEB zu verfahren. Es sind die Dokumente gemäß § 6 der Fahrzeug-Zulassungsverordnung (FZV), die ADR-Zulassungsbescheinigung sowie die aktuell gültige Bescheinigung nach Nummer 9-2.2.1.S der RSEB durch den Antragsteller vorzulegen.

Ergibt sich aus der vorgenannten Bescheinigung, dass das Datum der nächsten Prüfung des Tanks oder der Elemente des Batterie-Fahrzeugs innerhalb der nächsten 12 Monate nach der technischen Untersuchung des Fahrzeugs liegt, ist die Gültigkeitsdauer der ADR-Zulassungsbescheinigung auf das Datum der nächsten Prüfung des Tanks oder der Elemente des Batterie-Fahrzeugs zu befristen.

Nach Durchführung der Prüfung des Tanks oder der Elemente des Batterie-Fahrzeugs darf die Gültigkeitsdauer der ADR-Zulassungsbescheinigung ohne erneute technische Untersuchung bis zu dem Datum der ursprünglichen Frist von 12 Monaten verlängert werden, sofern der Fahrzeugzustand keine offensichtlichen Mängel aufweist. Andernfalls ist eine erneute technische Untersuchung durchzuführen. Anschließend beträgt die Gültigkeitsdauer der ADR-Zulassungsbescheinigung wieder 12 Monate.

**9-3.3.S Für andere Fahrzeuge**

Bei der Verlängerung der Gültigkeitsdauer ist das Fahrzeug gemäß Unterabschnitt 9.1.2.3 ADR durch die berechtigten Personen nach § 14 Absatz 5 der GGVSEB zu untersuchen. Dabei ist nach Nummer 9-2.2.4.S Satz 3 und 6 der RSEB zu verfahren. Es sind die Dokumente gemäß § 6 der Fahrzeug-Zulassungsverordnung (FZV) und die ADR-Zulassungsbescheinigung durch den Antragsteller vorzulegen.

**9-4.S Änderung der ADR-Zulassungsbescheinigung**

9-4.1.S Die Änderung der Tankcodierung oder die Ergänzung der Stoffaufzählung in der ADR-Zulassungsbescheinigung darf nur mit Zustimmung der Baumusterzulassungsstelle vorgenommen werden. Das folgt aus Absatz 6.8.2.3.2 ADR. Auf der Grundlage des Prüfberichts der zuständigen Stelle nach § 12 der GGVSEB und der Zustimmung der Baumusterzulassungsstelle wird die Änderung oder Ergänzung durch eine Neuausstellung durch die nach § 14 Absatz 4 der GGVSEB zuständigen Stellen oder Personen vorgenommen.

9-4.2.S Bei nicht vorgeschriebenen informellen Änderungen in der ADR-Zulassungsbescheinigung handelt es sich um solche, die ohne Überprüfung des Fahrzeugs, des Tanks oder der Ausrüstung vorgenommen werden können, wie z.B. die Eintragung des Datums der nächsten Tankprüfung. Diese dürfen durch die zuständigen Stellen nach § 12 und die berechtigten Personen nach § 14 Absatz 5 der GGVSEB in Nummer 11 eingetragen werden.

Die Änderung des Firmennamens/Halters, der Anschrift und des amtlichen Kennzeichens darf nur durch die nach § 14 Absatz 6 der GGVSEB zuständige Zulassungsbehörde vorgenommen werden. Die geänderten Angaben sind in Nummer 11 einzutragen und mit Dienstsiegel bzw. Prüfstempel und Namenszeichen zu versehen. Die Änderungen können wie bisher auch durch eine Neuausstellung der ADR-Zulassungsbescheinigung durch Stellen oder Personen nach § 14 Absatz 4 der GGVSEB vorgenommen werden.

9-4.3.S Für alle anderen Änderungen ist immer eine Neuausstellung durch Stellen oder Personen nach § 14 Absatz 4 der GGVSEB erforderlich.

**9-5.S Zu Abschnitt 9.1.2 für die Anordnung einer Inbetriebnahmeüberprüfung beim Wechsel des Registrierungslandes nach Absatz 6.8.1.5.5 ADR und ADR-Zulassungsbescheinigungen für Tankfahrzeuge mit FVK-Tanks**

9-5.1.S Für den Betrieb von Tankfahrzeugen (internationaler Transport) ist eine gegenseitige Anerkennung der ADR-Zulassungsbescheinigungen durch die ADR-Vertragsparteien in Unterabschnitt 9.1.3.2 ADR geregelt. Die ADR-Zulassungsbescheinigung ist durch die zuständige Behörde des Zulassungsstaates auszustellen (Unterabschnitt 9.1.3.1 ADR). Soll ein Tankfahrzeug, das bereits über eine ausländische ADR-Zulassungsbescheinigung verfügt, mit deutscher Zulassung betrieben werden, ist dazu eine ADR-Zulassungsbescheinigung durch eine nach § 14 Absatz 4 der GGVSEB zuständige Stelle oder Person auszustellen.

Bemerkung: Für Tanks, die nicht in den Geltungsbereich der ODV fallen, ergeben sich Regelungen für die gegenseitige Anerkennung aus Unterabschnitt 6.8.1.5 in Verbindung mit Abschnitt 1.8.7 ADR.

9-5.2.S Gemäß Absatz 6.8.1.5.5 Alt. 2 ADR kann die Bundesanstalt für Materialforschung und -prüfung (BAM) bei einem Wechsel des Registrierungslandes auf gelegentlicher Basis eine Inbetriebnahmeüberprüfung des Tanks gemäß Unterabschnitt 1.8.7.5 ADR verlangen. Um dies zu gewährleisten, hat die nach § 14 Absatz 4 der GGVSEB zuständige Stelle oder Person die BAM über jeden Antrag auf Erteilung einer ADR-Zulassungsbescheinigung für Tankfahrzeuge zu informieren, bei denen bereits eine ausländische ADR-Zulassungsbescheinigung vorhanden ist.

Die Information muss mindestens folgende Angaben umfassen:

- Kopie der ausländischen ADR-Zulassungsbescheinigung,
- Prüfstelle und Datum der erstmaligen Prüfung des Tanks,
- Zulassungsnummer des Tanks,
- Seriennummer des Herstellers des Tanks,
- Betreiber oder Eigentümer inklusive Anschrift,
- Foto des Tankschilds.

Die Information kann postalisch an die

Bundesanstalt für Materialforschung und -prüfung (BAM)
Fachbereich 3.2
Unter den Eichen 87
12205 Berlin

oder elektronisch an Tank-Register@bam.de versendet werden.

Bemerkung: Die Anordnung einer Inbetriebnahmeüberprüfung hat nicht zur Folge, dass der Tank nicht in Betrieb genommen werden darf (vgl. Absatz 1.8.7.5.3 ADR).

Die nach § 14 Absatz 4 der GGVSEB zuständige Stelle oder Person hat die BAM ebenfalls über jeden Antrag auf Erteilung einer ADR-Zulassungsbescheinigung für Tankfahrzeuge mit festverbundenen Tanks aus faserverstärkten Kunststoffen (FVK-Tanks) nach Kapitel 6.13 ADR zu informieren.

**Zu Unterabschnitt 9.1.3.5 ADR**

9-6.1.S Eine Anleitung zum Ausfüllen der ADR-Zulassungsbescheinigung enthält die **Anlage 16** der RSEB.

9-6.2.S In die ADR-Zulassungsbescheinigung von AT-Fahrzeugen mit Tanks zur Beförderung von UN 1202 DIESELKRAFTSTOFF, der Norm EN 590:2013+A1:2017 entsprechend, oder GASÖL oder HEIZÖL, LEICHT mit einem Flammpunkt gemäß EN 590:2013+A1:2017 (Flammpunkt von 55 °C oder höher), die bis 31. Dezember 2001 unter die Regelung der Ausnahme 6 der GGAV in der Fassung des Artikels 1 der GefÄndV vom 23. Juni 1999 (BGBl. I S. 1435) gefallen sind, ist unter Berücksichtigung von Unterabschnitt 1.6.3.18 ADR unter Nummer 11 (Bemerkungen) sinngemäß folgender Vermerk aufzunehmen:

„Tank darf im innerstaatlichen Verkehr für die Beförderung von UN 1202 Dieselkraftstoff, der Norm EN 590:2013+A1:2017 entsprechend, oder Gasöl oder Heizöl, leicht mit einem Flammpunkt gemäß EN 590:2013+A1:2017 ohne Flammendurchschlagsicherung betrieben werden."

Die Nennung der Normen EN 590:1993, EN 590:2004, EN 590:2009+A1:2010 oder EN 590:2013 +AC:2014 in einer gültigen ADR-Zulassungsbescheinigung muss nicht angepasst werden.

Dieser Vermerk ist zu streichen bzw. ist nicht zutreffend, wenn diese Tanks zur Beförderung der o.g. Stoffe auf ein neues Basisfahrzeug oder Achsaggregat umgesetzt wurden und entsprechend dem jeweils geltenden ADR mit Flammendurchschlagsicherungen/Flammensperren ausgerüstet sind (siehe auch Nummer 6-13.S der RSEB).

9-6.3.S Die Verrohrung von Sattelaufliegern mit Tanks zur Beförderung der in der **Anlage 11** der RSEB genannten Gase der Klasse 2, bei denen wegen der angewendeten Schweißverfahren und möglicher Einwirkungen von (Pumpen-)Vibrationen eine Einschränkung der Dichtheit nicht auszuschließen ist, soll – soweit noch nicht erfolgt – im Rahmen einer außerordentlichen Prüfung geprüft werden. Den tatsächlichen Umfang der Prüfung und ggf. eine besondere Festlegung zur Prüfungsfrequenz entscheidet die Benannte Stelle nach § 16 der ODV. Über die außerordentliche Prüfung ist eine Bescheinigung nach der **Anlage 11** der RSEB auszustellen. Die ADR-Zulassungsbescheinigung darf nur bei Vorlage dieser Bescheinigung verlängert werden.

9-6.4.S Die Verrohrung von Tanks an Tankfahrzeugen zur Beförderung der genannten Gase, die keine Probleme aufweist (andere Schweißverfahren, keine wesentlichen Vibrationen), ist im Rahmen der wiederkehrenden Prüfung in angemessenem Umfang zu prüfen. Über die Prüfung ist eine Bescheinigung nach der **Anlage 11** der RSEB auszustellen. Diese Bescheinigung ist bei der Verlängerung der ADR-Zulassungsbescheinigung vorzulegen.

9-6.5.S Bei Tank- oder Batterie-Fahrzeugen mit Erstzulassung ab 01.01.2021 muss im Rahmen der ersten Begutachtung nach Kapitel 9.1 ein Nachweis der Befestigungseinrichtungen gemäß Abschnitt 9.7.3 ADR durch den Fahrzeug- oder Tankhersteller bzw. durch den Hersteller des Aufbaus vorliegen. Bei diesen Fahrzeugen muss die Berechnung von der gesamten Fahrzeugmasse ausgehen. Dies wird in der Regel schon bei der Baumusterzulassung nachgewiesen und vorgemerkt.

9-6.6.S Gleiches gilt auch bei Trägerfahrzeugen von Tankcontainern, Aufsetztanks, ortsbeweglichen Tanks, MEGC oder UN-MEGC. Für Trägerfahrzeuge mit Erstzulassung ab 01.01.2021 muss im Rahmen der erstmaligen Begutachtung nach Kapitel 9.1 ein Nachweis der Befestigungseinrichtungen gemäß Abschnitt 9.7.3 ADR vorliegen. Der Nachweis muss sich gemäß Abschnitt 9.7.3 ADR auf die Aufbaumasse[*)] beziehen.

In Nummer 11 der ADR-Zulassungsbescheinigung ist folgender Vermerk aufzunehmen:

„Die Befestigungseinrichtungen wurden gemäß Unterabschnitt 9.7.3.2 ADR für die maximal zulässige Aufbaumasse von .... t nachgewiesen."

Bei Fahrzeugen, anders als bei Trägerfahrzeugen für austauschbare Ladungsträger, muss ein Aufsetztank in die allgemeinen Fahrzeugpapiere (Zulassungsbescheinigung Teil I nach FZV bzw. Teil II nach StVZO) eingetragen werden.

Ein Trägerfahrzeug liegt nicht mehr vor, wenn Befüll- oder Entleerungsarmaturen fest mit dem Fahrzeug verbunden sind.

*) Aufbaumasse ist die tatsächliche Masse des zu befestigenden und bis zum maximal zulässigen Füllungsgrad befüllten Tankcontainers, Aufsetztanks, ortsbeweglichen Tanks, MEGC oder UN-MEGC.

**Zu Unterabschnitt 9.2.1.1 ADR**

9-7.S Die erstmalige Zulassung der Fahrzeuge zum Verkehr bezieht sich auf die straßenverkehrsrechtliche Zulassung und nicht auf die gefahrgutrechtliche.

**Zu Unterabschnitt 9.2.2.6 ADR**

9-8.1.S Die Normen ISO 25981:2008, ISO 12098:2004, ISO 7638:2003 bzw. EN 15207:2014 sind nur für die in der jeweiligen Norm vorgesehenen Anwendungsbereiche anzuwenden.

9-8.2.S Für den Fall, dass ein Anhänger, der den Anforderungen nicht entsprechen muss (z.B. bestimmte AT-Anhänger) und an dem erforderliche Anschlussverbindungen nach den vorgesehenen Normen nicht installiert sind, mit einem FL-, EX/III- oder MEMU-Zugfahrzeug betrieben wird, darf an dem Anhänger – nicht aber am Zugfahrzeug – ein Adapter zur Herstellung der elektrischen Verbindung angebracht sein.

**Zu Unterabschnitt 9.2.3.3 ADR**

9-9.1.S Eine Wärmeisolierung gemäß Unterabschnitt 9.2.3.3 ADR ist nur erforderlich, wenn die Oberfläche der Dauerbremsanlage betriebsmäßig heiß (über 200 °C) wird. Die Oberflächentemperatur der Wärmeisolierung darf ebenfalls 200 °C nicht überschreiten.

9-9.2.S Ein ausreichender Schutz der Anlage gegen zufälliges Entweichen oder Ausfließen des beförderten Gutes ist zum Beispiel auch gegeben, wenn die isolierende Einrichtung (Haube) seitlich mindestens zwei Drittel der Höhe der Dauerbremsanlage abdeckt.

**Zu Absatz 9.2.4.3.1 ADR**

9-10.S Die Anforderungen in Absatz 9.2.4.3.1 ADR „dass jede Gefahr für die Ladung durch Erhitzung oder Entzündung vermieden wird" sind erfüllt, wenn zum Beispiel folgende Bedingungen alternativ eingehalten sind:

a) Es werden Abdeckungen verwendet, die in der Regel horizontal angeordnete Bleche sind, die je nach den Gegebenheiten als Wanne oder Haube ausgebildet sein können und verhindern, dass Füllgut auf Teile tropfen kann, die betriebsmäßig heiß (über 200 °C) werden.

b) Für flüssige gefährliche Güter (verflüssigte Gase der Klasse 2 gehören nicht dazu) werden Fahrzeuge mit festverbundenen Tanks, Aufsetztanks, ortsbeweglichen Tanks oder Tankcontainern verwendet und diese Tanks sind so ausgerüstet, dass sie ausschließlich über fest angeschlossene Leitungen im geschlossenen System befüllt oder entleert werden können und durch die Motorkonstruktion/-anbringung eine schädliche Hitzeeinwirkung auf die Ladung ausgeschlossen ist.

c) Es werden Fahrzeuge mit Tankcontainern oder ortsbeweglichen Tanks verwendet, die nicht auf den Trägerfahrzeugen befüllt oder entleert werden. In der ADR-Zulassungsbescheinigung nach Unterabschnitt 9.1.3.5 ADR ist unter Nummer 11 (Bemerkungen) aufzunehmen, dass die Tanks nicht auf dem Trägerfahrzeug befüllt oder entleert werden dürfen, wenn für die betreffenden Güter in Kapitel 3.2 Tabelle A Spalte 14 ADR FL-Fahrzeuge vorgeschrieben sind und durch die Motorkonstruktion/-anbringung eine schädliche Hitzeeinwirkung auf die Ladung nicht ausgeschlossen ist. Dies schließt die Verwendung von Aufsetztanks in der Regel aus.

**Zu Absatz 9.2.4.3.2 ADR**

9-11.S Die Anforderungen in Absatz 9.2.4.3.2 ADR gelten zum Beispiel als erfüllt, wenn Folgendes eingehalten wird:

a) Die Auspuffanlage ist vor der Fahrerhausrückwand angeordnet.

b) Alternativ sind die Maßnahmen nach Nummer 9-10.S der RSEB anzuwenden.

**Zu Unterabschnitt 9.2.4.4 ADR**

9-12.S Der Nachweis gemäß der UN-Regelung Nr. 100 Änderungsserie 03 ist bei der ersten Untersuchung des Fahrzeugs der zuständigen Stelle oder Person nach § 14 Absatz 4 der GGVSEB vorzulegen. Begutachtungen auf Basis von § 62 der StVZO in Verbindung mit dem TÜV-Verband-Merkblatt 764 sind kein ausreichender Nachweis. Ebenso sind Nachweise nach TÜV-Verband-Merkblatt 766 nicht ausreichend.

**Zu Abschnitt 9.2.5 ADR**

9-13.1.S Für Verbrennungsheizgeräte muss eine Typgenehmigung nach UN-Regelung Nr. 122 oder nach der Richtlinie 2001/56/EG oder eine nationale Bauartgenehmigung nach § 22a StVZO erteilt sein. Für die Anwendung gelten auf Basis des erstmaligen Inverkehrbringens der Fahrzeuge folgende Abgrenzungen:

- Mit flüssigem Brennstoff betriebene Verbrennungsheizgeräte müssen erstmalig ab dem 09.05.2005 nach der Richtlinie 2001/56/EG und ab dem 01.08.2013 nach UN-Regelung Nr. 122 typgenehmigt sein.
- Mit Flüssiggas betriebene Verbrennungsheizgeräte müssen erstmalig ab dem 01.01.2007 nach der Richtlinie 2001/56/EG und ab dem 01.08.2013 nach UN-Regelung Nr. 122 typgenehmigt sein.

9-13.2.S Verbrennungsheizgeräte mit nationaler Bauartgenehmigung nach § 22a StVZO müssen in den Zulassungsbescheinigungen Teil I und II nach StVZO (Fahrzeugbrief und Fahrzeugschein) eingetragen sein oder es muss eine Bestätigung des ordnungsgemäßen Einbaus gemäß § 19 Absatz 3 StVZO mitgeführt werden.

9-13.3.S Einschalten mit z.B. Funkfernschaltung ist kein Einschalten von Hand im Sinne des Unterabschnitts 9.2.5.5 ADR.

9-13.4.S Verbotene automatische Steuerungen im Sinne des Unterabschnitts 9.2.5.5 ADR sind z.B. Zeitschaltuhren. Die Temperaturregelung mit Raumthermostat ist zulässig, wenn die vorgenannten Bedingungen eingehalten werden, d.h. das Verbrennungsheizgerät zuvor von Hand eingeschaltet wurde.

**Zu Unterabschnitt 9.3.4.1 ADR**

9-14.S Als Verankerungspunkte für die Ladungssicherung gelten auch Ladungssicherungsschienen, vorausgesetzt, es besteht die Möglichkeit, alle ausgetretenen Rieselgüter in den Schienen zu erkennen und aus diesen gefahrlos abzusaugen oder auszublasen.

**Zu Unterabschnitt 9.3.4.2 ADR**

9-15.S Das Schutzziel der Anforderungen in Unterabschnitt 9.3.4.2 ADR besteht darin, die Ladung in EX/III-Fahrzeugen vor Wärmequellen und externen Flammen zu schützen. Funken und elektrostatische Entladungen stellen für die Ladung grundsätzlich keine Gefahr dar, wenn die explosiven Stoffe und Gegenstände mit Explosivstoff dem Regelwerk entsprechend verpackt sind. Metallische Einbauten stellen insofern in der Regel kein Sicherheitsproblem dar. Der Begriff „Aufbau" schließt den Boden der Ladefläche mit ein.

**Zu Unterabschnitt 9.7.5.2 ADR**

9-16.S Die nach § 14 Absatz 4 der GGVSEB zuständigen Stellen oder Personen prüfen die Einhaltung der technischen Vorschriften zur Kippstabilität der Tankfahrzeuge nach den Verfahren der UN-Regelung Nr. 111 vor Inbetriebnahme der Tankfahrzeuge.

**Zu Abschnitt 9.7.6 ADR**

9-17.1.S Der Unterfahrschutz nach UN-Regelung Nr. 58 bzw. nach der Richtlinie 70/221/EWG, zuletzt geändert durch die Richtlinie 2006/20/EG, gilt als hinterer Schutz des Fahrzeugs gemäß Abschnitt 9.7.6 nur dann, wenn er die Bedingungen nach Abschnitt 9.7.6 ADR erfüllt und als feste Stoßstange über die gesamte Breite ausreichend den Tank gegen Heckaufprall schützt.

9-17.2.S Sofern Silofahrzeuge nach Kapitel 6.8 zugelassen sind, gelten auch die Anforderungen an den hinteren Schutz der Fahrzeuge gemäß Abschnitt 9.7.6 ADR. In diesem Fall dürfen Füll- und Entleerungseinrichtungen nicht über die hintere Stoßstange hinausragen bzw. ungeschützt sein. Werden gefährliche Güter zulässigerweise in loser Schüttung in Silofahrzeugen befördert, die keine Tankzulassung besitzen, gelten die Anforderungen gemäß Abschnitt 9.7.6 ADR nicht.

## Erläuterungen zu Teil 8 und 9 ADN

### Zu Teil 8 ADN

**Zu Unterabschnitt 8.1.6.1 ADN**

8-1.B Für diese Aufgabe können von der zuständigen Behörde (GDWS) im Einzelfall oder durch Allgemeinverfügung insbesondere auch von einer IHK öffentlich bestellte und vereidigte Sachverständige für Feuerlöschgeräte oder Feuerlöschschläuche zugelassen werden.

**Zu Unterabschnitt 8.1.6.2 ADN**

8-2.B Es kann bei Bedarf auch ein Mitarbeiter/eine Mitarbeiterin des Herstellers von der GDWS für diese Prüftätigkeit zugelassen werden.

**Zu Unterabschnitt 8.2.2.7 ADN**

8-3.B Soweit Kapitel 8.2 ADN keine abschließenden oder vollständigen Regelungen zur Durchführung der Prüfungen zum Nachweis der besonderen Kenntnisse des ADN (Basiskurs und Aufbaukurse) enthält, sind die Prüfungen bei der GDWS bis zum Erlass einer besonderen Prüfungsordnung in sinngemäßer Anwendung der Vorschriften in Teil III Kapitel 7 Abschnitt 2 der Verordnung über das Schiffspersonal auf dem Rhein (Schiffspersonalverordnung-Rhein – RheinSchPersV) vom 16. Dezember 2011 (BGBl. 2011 II S. 1300 und Anlageband) in der jeweils geänderten Fassung und in sinngemäßer Anwendung der Dienstanweisung Nr. 2 nach § 1.03 RheinSchPersV der Zentralkommission für die Rheinschifffahrt vom 30. Mai 2016 durchzuführen. Die Abnahme der Prüfung zum Basiskurs kann nach Abschnitt I. der Richtlinie des Verwaltungsausschusses für die Verwendung des Fragenkatalogs für die Prüfung von ADN-Sachkundigen (Kapitel 8.2 ADN) auch durch einen einzelnen Prüfer erfolgen.

**Zu Abschnitt 8.3.5 ADN**

8-4.B „Arbeiten an Bord" umfassen alle Arbeiten an der Struktur (am Schiffskörper) oder der Ausrüstung des Schiffes, einschließlich z.B. Ankerketten oder Propeller.

Die Gasfreiheitsbescheinigung für Tankschiffe nach Absatz 7.2.3.7.1.6 oder 7.2.3.7.2.6 ADN muss sich auf das gesamte Schiff beziehen. Die zuständige Behörde kann abweichend davon Arbeiten genehmigen, wenn die Gasfreiheit nur für Teilbereiche eines Schiffes gegeben ist. Die Gasfreiheitsbescheinigung muss für Arbeiten, die im Geltungsbereich der GGVSEB durchgeführt werden, von einer in Deutschland zugelassenen Person ausgestellt werden.

Andere einschlägige Rechtsvorschriften zur Arbeits- und Betriebssicherheit bleiben neben den Vorschriften dieses Abschnitts und bei der Erteilung einer Genehmigung durch die zuständige Behörde unberührt.

### Zu Teil 9 ADN

**Zu Absatz 9.1.0.40.2.7 Buchstabe a, 9.3.1.40.2.7 Buchstabe a, 9.3.2.40.2.7 Buchstabe a und 9.3.3.40.2.7 Buchstabe a ADN**

9-1.B Ortsfeste Druckbehälter, Armaturen und Druckleitungen, die für einen nicht spezifizierten Einsatzzweck hergestellt, in Verkehr gebracht und auf Binnenschiffen für die fest installierte Feuerlöschanlage verwendet werden, müssen den Vorschriften der Vierzehnten Verordnung zum Produktsicherheitsgesetz (Druckgeräteverordnung) vom 13. Mai 2015 (BGBl. I S. 692) in der jeweils geltenden Fassung entsprechen.

Ortsfeste Druckbehälter, Armaturen und Druckleitungen, die speziell für den dauerhaften Einbau in Binnenschiffen, auch in fest installierten Feuerlöscheinrichtungen, bestimmt sind, müssen den Vorschriften einer anerkannten Klassifikationsgesellschaft entsprechen.

Für ortsbewegliche Druckgeräte sind die Vorschriften der Ortsbewegliche-Druckgeräte-Verordnung zu beachten.

**Zu Absatz 9.3.1.23.1 ADN**

9-2.B Druckbehälter, die Teile von Binnenschiffen sind oder speziell für den dauerhaften Einbau in diese bestimmt sind, unterliegen nicht der Vierzehnten Verordnung zum Produktsicherheitsgesetz (Druckgeräteverordnung). Sie müssen den Vorschriften einer anerkannten Klassifikationsgesellschaft entsprechen.

# Anlage 1
# Formblatt für Anträge im Gefahrgutbereich

Bei Anträgen auf Zulassung einer Ausnahme bzw. den Abschluss von Vereinbarungen sowie bei Anregungen von Vorschriftenänderungen sind Angaben zu folgenden Fragen oder Punkten zu machen[1]:

**Antragsteller**

.............................................. ..............................................
(Name) (Firma)

..............................................

(........) ..................................

..............................................
(Anschrift)

**Kurzbeschreibung des Antrags**

(z.B. „Verpackung von ............... in freitragenden Kunststoffgefäßen mit einem Fassungsraum von höchstens ..... Liter"

**oder**

„Zulassung der Beförderung von .............. als Stoff der Klasse .... ")

**Anlagen**

(mit Kurzbeschreibung)

**Aufgestellt:**

Ort: ..............................................................................

Datum: ..............................................................................

Unterschrift: ..............................................................................
(des für die Angaben Verantwortlichen)

**1. Allgemeines**

1.1 Folgende Regelung(en) wird (werden) berührt, mit Angabe der Rechtsgrundlage (z.B. Paragraph, Teil, Kapitel, Abschnitt, Unterabschnitt, Absatz):

- ☐ GGVSEB
- ☐ RID
- ☐ ADR
- ☐ ADN
- ☐ GGVSee
- ☐ IMDG-Code
- ☐ ICAO-TI
- ☐ UN-Modellvorschriften

**1.2 Der Antrag/die Anträge betrifft/betreffen:**

- ☐ einen nach den Beförderungsvorschriften nicht zugelassenen Stoff oder Gegenstand
- ☐ eine nach den Beförderungsvorschriften nicht zulässige Verpackung
- ☐ ein nach den Beförderungsvorschriften nicht zugelassenes Beförderungsmittel
- ☐ eine Ersterteilung, Erweiterung oder Neuerteilung einer Ausnahme gemäß § 5 der GGVSEB *(Gutachten beifügen)*
- ☐ eine Vereinbarung gemäß Abschnitt 1.5.1, einschließlich Anträge auf Erweiterung und Neuerteilung von Vereinbarungen *(Fragebogen und Gutachten dem Antrag beifügen)*

[1] Bei Fragen, die für den betreffenden Antragsgegenstand nicht zutreffen, ist „entfällt" einzutragen. Die Angaben werden nur für amtliche Zwecke verwendet und vertraulich behandelt.

- ☐ eine Ersterteilung, Erweiterung oder Neuerteilung einer Ausnahme gemäß § 5 der GGVSee *(Gutachten beifügen)*
- ☐ die Klassifizierung von Stoffen und Gegenständen
- ☐ die Umklassifizierung
- ☐ die Aufnahme eines Stoffes, einer Verpackungsart oder eines Beförderungsmittels in
  - ☐ UN-Modellvorschriften
  - ☐ ADR
  - ☐ RID
  - ☐ ADN
  - ☐ IMDG-Code
  - ☐ ICAO-TI
- ☐ Sonstige Anträge

1.3 Welche Gründe erfordern das Abweichen von den gesetzlichen Vorschriften?

- ☐ Einhaltung der Vorschriften unzumutbar *(Gründe angeben)*
- ☐ Beförderung sonst ausgeschlossen

1.4 Voraussichtlicher Umfang der vorgesehenen Transporte, soweit bekannt (maximale Größe je Verpackungseinheit, Versandstück oder Ladungseinheit)

1.5 Voraussichtliche Zielgebiete (In-, Ausland, ggf. Staaten)

1.6 Mit welchen Staaten bzw. Eisenbahnverwaltungen soll ggf. eine Vereinbarung getroffen werden?

1.7 Welche Verkehrsträger sind vorgesehen?

**2. Allgemeine Angaben zum Gefahrgut**

2.1 Handelt es sich

- ☐ um einen Stoff
- ☐ um ein Gemisch
- ☐ um eine Lösung
- ☐ um einen Gegenstand

2.2 Chemische Bezeichnung

2.3 Synonyme

2.4 Handelsname

2.5 Strukturformel und/oder Zusammensetzung, Konzentration, technischer Aufbau und Wirkungsmechanismus des Gegenstandes

2.6 Gefahrklasse

- ggf. Verträglichkeitsgruppe (nur bei explosiven Stoffen und Gegenständen mit Explosivstoff der Klasse 1)
- ggf. Prüfung oder Zulassung durch die Bundesanstalt für Materialforschung und -prüfung (nur bei organischen Peroxiden der Klasse 5.2 und gewissen selbstzersetzlichen Stoffen der Klasse 4.1 sowie bei explosiven Stoffen und Gegenständen mit Explosivstoff der Klasse 1)
- ggf. Prüfung und Zulassung durch das Bundesamt für Ausrüstung, Informationstechnik und Nutzung der Bundeswehr (nur bei explosiven Stoffen und Gegenständen mit Explosivstoff der Klasse 1, die ausschließlich militärisch genutzt werden)

2.7 UN-Nummer (soweit vorhanden)

2.8 ggf. Verpackungsgruppe (I, II oder III)

2.9 Angaben zur Umweltgefährdung

**3. Physikalisch-chemische Eigenschaften**

3.1 Zustand während der Beförderung (z.B. gasförmig, flüssig, körnig, pulverförmig, geschmolzen)

3.2 Dichte der Flüssigkeit bei 20 °C

3.3 Beförderungstemperatur (bei Stoffen, die in aufgeheiztem oder gekühltem Zustand befördert werden)

## Anlage 1 Antragsformular

3.4 Schmelzpunkt oder Schmelzbereich . . . °C

3.5 Ergebnis des Penetrometer-Tests gemäß Abschnitt 2.3.4:

- Auslaufzeit nach ISO 2431 (1984) für den

  4-mm-Becher: . . . Sekunden oder

  6-mm-Becher: . . . Sekunden

- Temperatur: . . . °C (vorzugsweise bei 23 °C)

  *(falls nach DIN 53211 bestimmt, Auslaufzeiten für den DIN-Becher sowie die für den geeigneten ISO-Becher umgerechneten Auslaufzeiten angeben)*

3.6 Siedepunkt/Siedebeginn oder Siedebereich . . . °C

3.7 Dampfdruck bei 20 °C . . . , bei 50 °C . . . , bei 55 °C . . .

bei verflüssigten Gasen, Dampfdruck bei 70 °C . . .

bei permanenten Gasen, Druck der Füllung bei 15 °C . . .

Betriebstemperatur (höchster Wert aus Füll-, Transport- und Entleerungstemperatur) . . . °C

3.8 Löslichkeit in Wasser bei 15 °C

Angabe der Sättigungskonzentration in mg/l . . .

bzw. Mischbarkeit mit Wasser bei 15 °C

☐ beliebig

☐ teilweise

☐ keine

*(Konzentration angeben)*

3.9 Farbe

3.10 Geruch

3.11 pH-Wert des Stoffes bzw. einer wässerigen Lösung *(Konzentration angeben)*

3.12 Sonstige Angaben

**4. Sicherheitstechnische Eigenschaften**

4.1 Zündtemperatur nach DIN 51794 . . . °C

4.2 Flammpunkt

im geschlossenen Tiegel . . . °C

im offenen Tiegel . . . °C

*(Prüfmethode angeben, z.B. nach DIN . . . . . . )*

4.3 Explosionsgrenzen (Zündgrenzen):

untere . . . %, obere . . . %

*(Prüfmethode angeben, z.B. nach DIN . . . . . . )*

4.4 Ist der Stoff bei Luftzufuhr brennbar? *(Prüfmethode angeben)*

4.5 Explosionsgefahr bei Stoß/Entzündung/Reibung/Sonstigem?

*(entsprechend den Prüfverfahren in den jeweils zutreffenden Vorschriften)*

4.6 ☐ Bildung explosionsfähiger Dampf/Luft-Gemische

☐ Bildung explosionsfähiger Staub/Luft-Gemische

4.7 ☐ Kann sich der Stoff schon in kleinen Mengen und nach kurzer Zeit (Minuten) bei gewöhnlicher Temperatur an der Luft ohne Energiezufuhr erhitzen und schließlich entzünden?

☐ Kann sich der Stoff nur in größeren Mengen und nach längerer Zeit (Stunden bis Tage) bei gewöhnlicher Temperatur an der Luft ohne Energiezufuhr erhitzen und schließlich entzünden?

4.8 Neigt der Stoff ohne Luftzufuhr zur Selbstzersetzung?

☐ bei gewöhnlicher Temperatur

☐ bei erhöhter Temperatur

Für organische Peroxide der Klasse 5.2 und gewisse selbstzersetzliche Stoffe der Klasse 4.1 angeben:

- SADT . . . °C
- Höchstzulässige Beförderungstemperatur . . . °C
- Notfalltemperatur . . . °C

4.9 Zersetzungsprodukte bei Brand unter Luftzutritt oder bei Einwirkung eines Fremdbrandes: .....

4.10 Ist der Stoff brandfördernd?

☐ Ja

☐ Nein

4.11 Reagiert der Stoff mit Wasser oder feuchter Luft unter Entwicklung entzündlicher oder giftiger Gase?

☐ Ja

☐ Nein

Entstehende Gase: ..............................

4.12 Reagiert der Stoff gefährlich mit Säuren, Alkalien, brandfördernden Stoffen, Metallen?

☐ Ja

☐ Nein

4.13 Ist der Stoff radioaktiv?

☐ Ja

☐ Nein

4.14 Reagiert der Stoff auf andere Weise gefährlich? Wie?

**5. Physiologische Gefahren**

5.1.1 Mögliche schädliche Wirkungen bei Einwirkung auf Augen oder Haut, Aufnahme durch die Haut, die Atemwege oder den Mund?

Die Tabelle ist wie folgt auszufüllen:

1 starke Reizwirkung
2 mittlere Reizwirkung
3 geringe Reizwirkung
4 stark ätzend
5 ätzend
6 schwach ätzend
7 sehr giftig
8 giftig
9 schwach giftig

| Schäden | innerlich | | | äußerlich | | |
|---|---|---|---|---|---|---|
| Bei Einwirkung auf bzw. Aufnahme durch | Haut | Atemwege | Mund | Haut | Atemwege | Augen |
| in fester Form | | | | | | |
| in flüssiger Form | | | | | | |
| in Dampfform | | | | | | |

5.1.2 $LD_{50}$- und/oder $LC_{50}$-Werte bzw. Nekrosewerte

5.2 Ist ein verzögerter Vergiftungseffekt bekannt?

5.3 Entstehen bei Zersetzung oder Reaktion physiologisch gefährliche Stoffe?
*(soweit bekannt, angeben)*

5.4 Sonstige gefährliche physiologische Eigenschaften

**6. Angaben zum Gefahrenpotential**

6.1 Mit welchen konkreten Schäden muss gerechnet werden, wenn die gefährlichen Eigenschaften des zu befördernden Gutes wirksam werden?

- ☐ Verbrennung
- ☐ Verätzung
- ☐ Vergiftung bei Aufnahme durch die Haut
- ☐ Vergiftung beim Einatmen
- ☐ Vergiftung beim Verschlucken
- ☐ mechanische Beschädigung
- ☐ Zerstörung
- ☐ Brand
- ☐ Korrosion
- ☐ Umweltschaden
- ☐ Strahlenbelastung
- ☐ Erstickungsgefahr
- ☐ Sonstiges

6.2 Wie verändert sich daher jeweils die Wirkung

- bei unterschiedlichen Mengen des gefährlichen Gutes?
- bei unterschiedlichen Entfernungen vom Ort des Freiwerdens?

In welchem Zeitraum treten diese Schäden ein?

**7. Angaben zum Beförderungsmittel**

7.1 Welche Beförderungsmittel sind von dem Antrag auf Ausnahmezulassung betroffen?

- ☐ Eisenbahngüterwagen (geschlossen, offen) – Reisegepäckwagen
- ☐ Lastkraftfahrzeuge (Art der Aufbauten)
- ☐ Binnenfrachtschiffe – Überseefrachtschiffe – Containerschiffe – Passagierschiffe
- ☐ Frachtflugzeuge – Passagierflugzeuge
- ☐ Sonstige

7.2 Sind besondere Stauvorschriften vorgesehen/erforderlich? (welche?)

7.3 Wie soll das Beförderungsmittel ausgerüstet sein?
*(z.B. elektrische und Brandschutzausrüstung, Lüftungseinrichtung, Kühleinrichtung)*

**8. Beförderung gefährlicher Güter in Tanks**

8.1 In welchen Tanks soll das gefährliche Gut befördert werden?
*(Tankcontainer, Aufsetztank, MEGC, MEMU, Batterie-Fahrzeug, Tankfahrzeug, Silofahrzeug, Eisenbahnkesselwagen, Batteriewagen, ortsbeweglicher Tank, Binnentankschiff, Seetankschiff, RoRo-Schiff)*

8.2 Liegt hierfür bereits eine Zulassung vor?
*(ggf. Zulassungskennzeichnung und ausstellende Behörde angeben)*

8.3 Gilt die Zulassung für das/die unter 2. beschriebene(n) Gut/Güter?
*(Bei neuen, noch nicht zugelassenen Tanks sind Konstruktionsunterlagen entsprechend Anlage 14 oder Anlage 14a der RSEB sowie ein gutachterlicher Eignungsnachweis erforderlich)*

**9. Angaben zur Verpackung**

9.1 Beschreibung und Codierung der Verpackungsbauart
*(Konstruktionszeichnungen und einen gutachterlichen Eignungsnachweis beifügen)*

9.2 Nach welchen Vorschriften (z.B. Teil 6 ADR/RID/IMDG-Code) geprüft?
*(Prüfbericht beifügen)*

9.3 Soll die Verpackung nur unter zusätzlichem Schutz

☐ einer Palette,

☐ einer Palette mit Schrumpffolie oder Stretchfolie,

☐ eines Containers,

☐ in geschlossener Ladung

verwendet werden?
*(ggf. näher erläutern)*

9.4 Sind mit der Verpackung bereits Erfahrungen beim Transport gesammelt worden?
*(Wenn ja, in welcher Zeitspanne, mit welchem Beförderungsmittel und mit welchen Füllgütern?)*

9.5 Sonstige Hinweise

**10. Sicherheitstechnische Begründung**
*(Sachverständigen-Gutachten beifügen)*

10.1 Welche Sicherheitsvorkehrungen sind nach dem Stand der Technik im Hinblick auf die vom Gut ausgehenden Gefahren sowie die im Verlauf des gesamten Transportes möglichen Gefährdungen erforderlich?

10.2 Welche Sicherheitsvorkehrungen werden vorgeschlagen?
*(z.B. Verpackung, Ladungssicherung, Menge, Verkehrsträger, Weg)*

10.3 Falls die in Nr. 10.2 vorgeschlagenen Sicherheitsvorkehrungen nicht den in Nr. 10.1 angegebenen erforderlichen Sicherheitsvorkehrungen nach dem Stand der Technik entsprechen:

- Darstellung der verbleibenden Gefahren
- Begründung, weshalb die verbleibenden Gefahren als vertretbar angesehen werden.

# Anlage 2
# Artikel 6 (Ausnahmen) der Richtlinie 2008/68/EG

**Artikel 6 (Ausnahmen) der Richtlinie 2008/68/EG (Richtlinie Binnenland) vom 24. September 2008 (ABl. L 260 vom 30.9.2008, S. 13)**

(1) Die Mitgliedstaaten können bei den auf ihrem Hoheitsgebiet durchgeführten Beförderungen die Verwendung anderer als der in den Anhängen vorgesehenen Sprachen gestatten.

(2) a) Sofern die Sicherheit nicht beeinträchtigt ist, können die Mitgliedstaaten Ausnahmen von Anhang I Abschnitt I.1, Anhang II Abschnitt II.1 und Anhang III Abschnitt III.1 für die Beförderung kleiner Mengen bestimmter gefährlicher Güter in ihren Hoheitsgebieten beantragen, wobei die Beförderungsbedingungen jedoch nicht strenger sein dürfen als die in den Anhängen festgelegten Bedingungen; hiervon ausgenommen sind Stoffe mit mittlerer oder hoher Radioaktivität.

b) Sofern die Sicherheit nicht beeinträchtigt ist, können die Mitgliedstaaten ferner Ausnahmen von Anhang I Abschnitt I.1, Anhang II Abschnitt II.1 und Anhang III Abschnitt III.1 für die Beförderung gefährlicher Güter auf ihrem Hoheitsgebiet beantragen für:

i) die örtlich begrenzte Beförderung über geringe Entfernungen oder

ii) die örtlich begrenzte Beförderung mit der Eisenbahn auf genau bestimmten Strecken, die zu einem bestimmten industriellen Prozess gehört und unter genau festgelegten Bedingungen streng kontrolliert wird.

Die Kommission prüft in jedem Einzelfall, ob die Bedingungen der Buchstaben a und b erfüllt sind, und befindet nach dem in Artikel 9 Absatz 2 genannten Verfahren darüber, ob die Ausnahme genehmigt und zum Verzeichnis innerstaatlicher Ausnahmen in Anhang I Abschnitt I.3, Anhang II Abschnitt II.3 oder Anhang III Abschnitt III.3 hinzugefügt wird.

(3) Die in Absatz 2 genannten Ausnahmen gelten ab dem Datum ihrer Genehmigung für einen in der Genehmigungsentscheidung festzulegenden Zeitraum von höchstens sechs Jahren. Für die geltenden Ausnahmen gemäß Anhang I Abschnitt I.3, Anhang II Abschnitt II.3 und Anhang III Abschnitt III.3 gilt der 30. Juni 2009 als Datum der Genehmigung. Falls in einer Ausnahmegenehmigung nicht anders angegeben, gilt sie für einen Zeitraum von sechs Jahren.

Ausnahmen sind nichtdiskriminierend anzuwenden.

(4) Beantragt ein Mitgliedstaat die Verlängerung einer Ausnahmegenehmigung, so überprüft die Kommission die betreffende Ausnahme.

Wurde keine den Gegenstand der Ausnahme betreffende Änderung von Anhang I Abschnitt I.1, Anhang II Abschnitt II.1 oder Anhang III Abschnitt III.1 angenommen, verlängert die Kommission nach dem in Artikel 9 Absatz 2 genannten Verfahren die Genehmigung um einen in der Genehmigungsentscheidung festzulegenden weiteren Zeitraum von höchstens sechs Jahren ab dem Zeitpunkt der Genehmigung.

Wurde eine den Gegenstand der Ausnahmeregelung betreffende Änderung von Anhang I Abschnitt I.1, Anhang II Abschnitt II.1 und Anhang III Abschnitt III.1 angenommen, so kann die Kommission nach dem in Artikel 9 Absatz 2 genannten Verfahren:

a) die Ausnahme für veraltet erklären und aus dem betreffenden Anhang streichen;

b) den Anwendungsbereich der Genehmigung begrenzen und den betreffenden Anhang entsprechend ändern;

c) die Genehmigung um einen weiteren Zeitraum von höchstens sechs Jahren ab dem in der Genehmigung über die Entscheidung festzulegenden Datum der Genehmigung verlängern.

(5) Jeder Mitgliedstaat kann ausnahmsweise, und sofern die Sicherheit nicht gefährdet ist, Einzelgenehmigungen erteilen für gemäß dieser Richtlinie untersagte Transportvorgänge gefährlicher Güter auf seinem Hoheitsgebiet oder für die Durchführung dieser Transportvorgänge unter anderen als den in der Richtlinie festgelegten Bedingungen, sofern diese Transportvorgänge klar bezeichnet und zeitlich begrenzt sind.

# Anlage 4
# Antrag auf Fahrwegbestimmung nach § 35a Absatz 3 der GGVSEB

..........................................................................................................................

(Name und Anschrift des Antragstellers)

An die nach Landesrecht zuständige Behörde/Stelle[1]

☐ .......................................... (Beladung)

☐ .......................................... (Entladung)

☐ .......................................... (Endender Autobahnabschnitt)

**Betr.: Antrag auf Fahrwegbestimmung nach § 35a Absatz 3 der GGVSEB**

1. Folgende gefährliche Güter sollen befördert werden:

   .......................... Gefahrzettel (Klasse) ..... ggf. Verpackungsgruppe ......
   (UN-Nummer und Benennung des Gutes)

   .......................... Gefahrzettel (Klasse) ..... ggf. Verpackungsgruppe ......
   (UN-Nummer und Benennung des Gutes)

   .......................... Gefahrzettel (Klasse) ..... ggf. Verpackungsgruppe ......
   (UN-Nummer und Benennung des Gutes)

2. Beladeort

   ..........................................................................................................................
   (Gemeinde, Straße, Hausnummer, ggf. sonstige Lagebeschreibung)

3. Entladeort

   ..........................................................................................................................
   (Gemeinde, Straße, Hausnummer, ggf. sonstige Lagebeschreibung)

4. Die dem Beladeort (Nummer 2) nächstgelegene Autobahnanschlussstelle

   ..........................................................................................................................

5. Die dem Entladeort (Nummer 3) nächstgelegene Autobahnanschlussstelle

   ..........................................................................................................................

6. Vorschlag des Fahrwegs zwischen dem Beladeort und der nächstgelegenen Autobahnanschlussstelle

   ..........................................................................................................................
   (Beschreibung des Fahrwegs durch Angabe der Straßennamen oder -bezeichnungen, wie beispielsweise Straßenklasse und -nummer)

7. Vorschlag des Fahrwegs zwischen der dem Entladeort nächstgelegenen Autobahnanschlussstelle und dem Entladeort

   ..........................................................................................................................
   (Beschreibung des Fahrwegs durch Angabe der Straßennamen oder -bezeichnungen, wie beispielsweise Straßenklasse und -nummer)

8. Vorschlag des Fahrwegs zwischen Autobahnabschnitten (nur bei „unterbrochenen Autobahnen")

   ..........................................................................................................................
   (Beschreibung des Fahrwegs durch Angabe der Straßennamen oder -bezeichnungen, wie beispielsweise Straßenklasse und -nummer)

9. Zeitraum, in dem die Fahrwegbestimmung gültig sein soll

   ..........................................................................................................................

.......................................... ..........................................

(Ort, Datum) (Unterschrift)

[1] Siehe auch Nummer 35.2.2.S der RSEB.

**Die nach Landesrecht zuständigen Behörden/Stellen sind in**

**Baden-Württemberg** die unteren Verwaltungsbehörden (Landratsämter und Stadtkreise);

**Bayern** die Kreisverwaltungsbehörden;

**Berlin** die Senatsverwaltung für Umwelt, Mobilität, Verbraucher- und Klimaschutz (Abteilung Verkehrsmanagement);

**Brandenburg** die Landkreise und kreisfreien Städte als Kreisordnungsbehörde;

**Bremen** die Senatorin für Wissenschaft und Häfen;

**Hamburg** die Behörde für Inneres und Sport;

**Hessen** die Landräte und in den kreisfreien Städten die Oberbürgermeister;

**Mecklenburg-Vorpommern** die Landräte und in den kreisfreien Städten die Oberbürgermeister (Bürgermeister);

**Niedersachsen** die Landkreise, kreisfreien Städte und großen selbständigen Städte;

**Nordrhein-Westfalen** die Kreise und kreisfreien Städte als Kreisordnungsbehörde;

**Rheinland-Pfalz** die Kreisverwaltungen, kreisfreien Städte und großen kreisangehörigen Städte;

**Saarland** die unteren Straßenverkehrsbehörden (bei den Landräten, dem Regionalverband Saarbrücken, der Landeshauptstadt Saarbrücken sowie den Mittelstädten);

**Sachsen** die Landkreise und kreisfreien Städte;

**Sachsen-Anhalt** die unteren Verwaltungsbehörden (Landkreise und kreisfreien Städte);

**Schleswig-Holstein** die Landräte und in den kreisfreien Städten die Oberbürgermeister (Bürgermeister);

**Thüringen** die Landkreise und kreisfreien Städte.

# Anlage 5
# Fahrwegbestimmung nach § 35a Absatz 3 der GGVSEB

(Ausstellende Behörde)

1. Für die Beförderung von

   ............................[1] Gefahrzettel (Klasse) ..... ggf. Verpackungsgruppe ......
   (UN-Nummer und Benennung des Gutes)

   ............................[1] Gefahrzettel (Klasse) ..... ggf. Verpackungsgruppe ......
   (UN-Nummer und Benennung des Gutes)

   ............................[1] Gefahrzettel (Klasse) ..... ggf. Verpackungsgruppe ......
   (UN-Nummer und Benennung des Gutes)

   zwischen dem/der
   Beladeort/Entladeort/Grenzübergangsstelle/Autobahnanschlussstelle[2]

   ..............................................................................................
   (Gemeinde, Straße, Hausnummer, ggf. sonstige Lagebeschreibung)

   und dem Entladeort/der Grenzübergangsstelle/Autobahnanschlussstelle[2]

   ..............................................................................................
   (Gemeinde, Straße, Hausnummer, ggf. sonstige Lagebeschreibung)

   wird folgender Fahrweg bestimmt:

   ..............................................................................................
   (Beschreibung des Fahrweges durch Angabe der Straßennamen oder -bezeichnungen, wie beispielsweise Straßenklasse und -nummer)

2. Geltungsdauer der Fahrwegbestimmung

   ..............................................................................................

3. Nebenbestimmungen

   ..............................................................................................

4. Antragsteller
   Diese Fahrwegbestimmung wurde auf Antrag von

   ..............................................................................................
   (Name und Anschrift)

   erteilt.

5. Kostenfestsetzung

   ..............................................................................................

6. Rechtsbehelfsbelehrung

   ..............................................................................................

............................................ ............................................
(Ort, Datum) (Unterschrift)

[1] Die UN-Nummer und die Benennung des Gutes ergeben sich aus der Tabelle A in Kapitel 3.2 ADR. Falls der Stoffname nicht namentlich aufgeführt ist, muss die technische Benennung eingesetzt werden.

[2] Nichtzutreffendes streichen.

# Anlage 6
# Antrag auf Ausstellung einer Bescheinigung nach § 35 Absatz 4 der GGVSEB

..............................................................................................................
(Name und Anschrift des Antragstellers)

**An Eisenbahn-Bundesamt/Generaldirektion Wasserstraßen und Schifffahrt[1)]**

1. Die UN-Nummer und die Benennung der zu befördernden Stoffe und Gegenstände sowie Angabe des/der Gefahrzettels/Gefahrzettel (Klasse)

   ..............................................................................................................

2. Beförderungsart
   *(die im Straßenverkehr vorgesehen ist – z.B. in Tankcontainern, in Tankfahrzeugen, Versandstücken, Versandstücken in Containern, Art und Größe der Container)*

   ..............................................................................................................

3. Beladeort
   *(Angabe der Gemeinde, Straße, Hausnummer, ggf. genaue Bezeichnung der Stelle auf dem Betriebsgelände)*

   ..............................................................................................................

4. Name des Befüllers oder Verladers
   *(§ 2 Abs. 2 oder 3 der GGVSEB)*

   ..............................................................................................................

5. Entladeort
   *(Angabe der Gemeinde, Straße, Hausnummer, ggf. genaue Bezeichnung der Stelle auf dem Betriebsgelände)*

   ..............................................................................................................

6. Name des Empfängers

   ..............................................................................................................

7. Zeitraum, in dem die Bescheinigung gültig sein soll

   ..............................................................................................................

8. Voraussichtliche durchschnittliche Beförderungsmengen je Beförderung

   ..............................................................................................................

9. Voraussichtliche Anzahl der Beförderungen

   ..............................................................................................................

10. Entfernung in Kilometern auf der Straße

    ..............................................................................................................

11. Ein gleichlautender Antrag wurde an das Eisenbahn-Bundesamt gestellt
    *(Nur bei Anträgen an die Generaldirektion Wasserstraßen und Schifffahrt auszufüllen)*

    ..............................................................................................................

.................................................... ....................................................
(Ort, Datum) (Unterschrift)

**Anlage 6 Antrag auf „§-35-Bescheinigung"**

Eisenbahn-Bundesamt[1]
Referat 33
Heinemannstraße 6
53175 Bonn

Für die vorstehend durch die Nummern 1 bis 10 bestimmten Beförderungen wird hiermit nach § 35 Absatz 4 der GGVSEB bescheinigt,

☐ dass eine Beförderung auf dem Eisenbahnweg, einschließlich des multimodalen Verkehrs, nicht möglich ist.

☐ dass die Bedingungen des § 35 Absatz 3 der GGVSEB vorliegen.

Generaldirektion Wasserstraßen und Schifffahrt[1]
Am Propsthof 51
53121 Bonn

Für die vorstehend durch die Nummern 1 bis 10 bestimmten Beförderungen wird hiermit nach § 35 Absatz 4 der GGVSEB bescheinigt,

☐ dass eine Beförderung auf dem Wasserweg, einschließlich des multimodalen Verkehrs, nicht möglich ist.

☐ dass die Bedingungen des § 35 Absatz 3 der GGVSEB vorliegen.

Diese Bescheinigung gilt bis zum ..........................................

.......................................... ..........................................
(Ort, Datum) (Unterschrift)

---

1) Nichtzutreffendes streichen.

# Anlage 7
# Buß- und Verwarnungsgeldkatalog

## 1. Bußgeldkatalog*) (G)eltungsbereich: (S)traße (E)isenbahn (B)innenschifffahrt

| G | Lfd. Nr. | Ordnungswidrigkeit, die darin besteht, dass | GGVSEB § 37 Abs. 1 | Euro | Kategorie |
|---|---|---|---|---|---|
| | A | **der Auftraggeber des Absenders** | | | |
| | | **der Auftraggeber des Absenders entgegen § 17 Abs. 1** | | | |
| S,E,B | 1 | Nr. 1 sich nicht oder nicht rechtzeitig vergewissert; | Nr. 3a | 2000,- | I |
| S,E,B | 2 | Nr. 2 nicht dafür sorgt, dass eine dort genannte Angabe in Textform mitgeteilt oder auf eine dort genannte Vorschrift in Textform hingewiesen wird; | Nr. 3b | 800,- | I |
| S,E,B | 3 | Nr. 3 nicht dafür sorgt, dass auf das gefährliche Gut hingewiesen wird; | Nr. 3c | 600,- | I |
| | | **der Auftraggeber des Absenders entgegen § 17 Abs. 2** | | | |
| E | 4 | nicht dafür sorgt, dass eine dort genannte Angabe in Textform mitgeteilt wird; | Nr. 3d | 250,- | III |
| | | **der Auftraggeber des Absenders entgegen § 17 Abs. 3** | | | |
| S,B | 5 | nicht dafür sorgt, dass eine dort genannte Information zur Verfügung gestellt wird; | Nr. 3e | 600,- | I |
| | | **der Auftraggeber des Absenders entgegen § 27 Abs. 4 (auch Absender, Verpacker, Verlader, Befüller, Entlader, Beförderer, Empfänger und Betreiber der Eisenbahninfrastruktur)** | | | |
| S,E,B | 6 | Sicherungspläne nicht einführt und nicht anwendet; | Nr. 19f | 600,- | I |
| | B | **der Absender** | | | |
| | | **der Absender entgegen § 18 Abs. 1** | | | |
| S,E,B | 7 | Nr. 1 einen Hinweis nicht oder nicht richtig oder nicht vollständig oder nicht in Textform gibt; | Nr. 4a | 300,- bis 800,- | III/II/I |
| S,E,B | 8 | Nr. 2 den Beförderer nicht, nicht richtig oder nicht rechtzeitig informiert; | Nr. 4b | 600,- | I |
| S,E,B | 9 | Nr. 3 sich nicht oder nicht rechtzeitig vergewissert; | Nr. 4c | 2000,- | I |
| S,E,B | 10 | Nr. 4 nicht dafür sorgt, dass eine Angabe in das Beförderungspapier eingetragen wird; | Nr. 4d | 250,- | III |
| S,E,B | 11 | Nr. 5 nicht dafür sorgt, | Nr. 4e | | |
| | 11.1 | dass nur eine dort genannte Verpackung oder Großverpackung, ein dort genannter IBC oder Tank oder nur ein dort genanntes MEMU oder | | 1000,- | I |
| B | 11.2 | dass nur ein dort genanntes Schiff verwendet wird; | | 1800,- | I |
| S,E,B | 12 | Nr. 6 nicht dafür sorgt, dass die zuständige Behörde benachrichtigt wird; | Nr. 4f | 1000,- | I |
| S,E,B | 13 | Nr. 7 | Nr. 4g | | |
| | 13.1 | nicht im Besitz einer Zeugnis- oder Anweisungskopie ist, | | 1000,- | I |
| | 13.2 | eine Aufzeichnung nicht oder nicht vollständig zur Verfügung stellt; | | 600,- | I |
| S,E,B | 14 | Nr. 8 nicht dafür sorgt, dass ein Beförderungspapier mit einer geforderten Angabe, Anweisung oder einem geforderten Hinweis mitgegeben, richtig mitgegeben oder vollständig mitgegeben wird; | Nr. 4h | 250,- bis 600,- | III/II/I |

*) *Anmerkung des Verlags: In Klammern stehen häufig weitere Verantwortliche, deren Bußgelder jeweils unter ihrer Bezeichnung nachzuschlagen sind. Z.B. gilt lfd. Nr. 24 nur für den Absender, lfd. Nr. 74 nur für den Beförderer und lfd. Nr. 91 nur für den Empfänger.*

| G | Lfd. Nr. | Ordnungswidrigkeit, die darin besteht, dass | GGVSEB § 37 Abs. 1 | Euro | Kategorie |
|---|---|---|---|---|---|
| S,E,B | 15 | Nr. 9 nicht dafür sorgt, dass ein erforderliches Zeugnis zugänglich gemacht wird; | Nr. 4i | 600,- | I |
| S,E,B | 16 | Nr. 10 nicht dafür sorgt, dass ein erforderliches Begleitpapier beigefügt wird; | Nr. 4j | 600,- | I |
| S,E,B | 17 | Nr. 11 den Verlader nicht oder nicht richtig oder nicht in der vorgeschriebenen Weise oder nicht rechtzeitig auf die Begasung hinweist; | Nr. 4k | 800,- | I |
| S,E,B | 18 | Nr. 12 eine Kopie des Beförderungspapiers, der Information oder Dokumentation nicht oder nicht mindestens 3 Monate aufbewahrt; | Nr. 4l | 600,- | I |
| | | **der Absender entgegen § 18 Abs. 2** | | | |
| S | 19 | Nr. 1 nicht dafür sorgt, dass eine Ausnahmezulassung vor Beförderungsbeginn übergeben wird; | Nr. 4m | 600,- | I |
| S | 20 | Nr. 2 nicht dafür sorgt, dass eine dort genannte Information zur Verfügung gestellt wird; | Nr. 4n | 600,- | I |
| | | **der Absender entgegen § 18 Abs. 3** | | | |
| E | 21 | Nr. 1 eine Vorschrift für den Versand als Expressgut nicht beachtet; | Nr. 4o | 600,- | I |
| E | 22 | Nr. 2 nicht dafür sorgt, dass ein Großzettel, die orangefarbene Tafel, das Kennzeichen oder der Rangierzettel angebracht wird; | Nr. 4p | 600,- | I |
| E | 23 | Nr. 3 nicht dafür sorgt, dass das Beförderungspapier die Angabe enthält; | Nr. 4q | 250,- | III |
| | | **der Absender entgegen § 18 Abs. 4** | | | |
| B | 24 | Nr. 1 nicht dafür sorgt, dass die Ausnahmezulassung vor Beförderungsbeginn übergeben wird; | Nr. 4r | 600,- | I |
| B | 25 | Nr. 2 nicht dafür sorgt, dass ein Großzettel oder die orangefarbene Tafel angebracht wird; | Nr. 4s | 600,- | I |
| B | 26 | Nr. 3 nicht dafür sorgt, dass eine dort genannte Information zur Verfügung gestellt wird; | Nr. 4t | 600,- | I |
| | | **der Absender entgegen § 27 Abs. 2 (auch Beförderer und Empfänger)** | | | |
| S,E,B | 27 | | Nr. 19b | | |
| | 27.1 | eine Untersuchung nicht durchführt, | | 600,- | I |
| | 27.2 | eine Maßnahme nicht ergreift, | | 1000,- | I |
| | 27.3 | nicht dafür sorgt, dass eine zuständige Behörde informiert wird; | | 1000,- | I |
| | | **der Absender entgegen § 27 Abs. 4 (auch Auftraggeber des Absenders, Verpacker, Verlader, Befüller, Beförderer, Entlader, Empfänger und Betreiber der Eisenbahninfrastruktur)** | | | |
| S,E,B | 28 | Sicherungspläne nicht einführt und nicht anwendet; | Nr. 19f | 600,- | I |
| | **C** | **der Beförderer** | | | |
| | | **der Beförderer entgegen § 4 Abs. 2 Satz 2** | | | |
| E | 29 | einen Betreiber der Eisenbahninfrastruktur nicht oder nicht rechtzeitig benachrichtigt und nicht oder nicht rechtzeitig benachrichtigen lässt oder nicht, nicht richtig oder nicht vollständig mit Informationen versieht und nicht, nicht richtig oder nicht vollständig versehen lässt; | Nr. 1 | 1000,- | I |
| | | **der Beförderer entgegen § 4 Abs. 3** | | | |
| E | 30 | Nr. 2 die Sendung nicht oder nicht rechtzeitig anhält oder die Beförderung fortsetzt; | Nr. 2 | 1000,- | I |

## Anlage 7 Buß- und Verwarnungsgeldkatalog

| G | Lfd. Nr. | Ordnungswidrigkeit, die darin besteht, dass | GGVSEB § 37 Abs. 1 | Euro | Kategorie |
|---|---|---|---|---|---|
| | | **der Beförderer entgegen § 19 Abs. 1** | | | |
| S,E,B | 31 | Nr. 1 den Absender nicht, nicht richtig oder nicht rechtzeitig informiert; | Nr. 5a | 600,- | I |
| S,E,B | 32 | Nr. 2 eine Sendung befördert, die nicht die Vorschriften erfüllt;<br>*) Der Bußgeldsatz für die ursprüngliche Pflicht, gegen die verstoßen wurde, wird aufgrund vorsätzlichen Handelns verdoppelt, mindestens aber 600,-. | Nr. 5b | 600,- bis 12 000,- *) | I |
| S,E,B | 33 | Nr. 3 nicht dafür sorgt, dass ein Tank nicht zur Beförderung aufgegeben wird; | Nr. 5c | 1200,- | I |
| S,E,B | 34 | Nr. 4 eine Kopie des Beförderungspapiers, der Information oder Dokumentation nicht oder nicht mindestens 3 Monate aufbewahrt; | Nr. 5d | 600,- | I |
| S,E,B | 35 | Nr. 5 nicht dafür sorgt, dass die Dokumente die erforderlichen Angaben enthalten; | Nr. 5e | 1200,- | I |
| S,E,B | 36 | Nr. 6 nicht dafür sorgt, dass die Dokumente die erforderlichen Angaben enthalten; | Nr. 5f | 800,- | I |
| | | **der Beförderer entgegen § 19 Abs. 2** | | | |
| S | 37 | Nr. 1 das Verbot der anderweitigen Verwendung nicht einhält; | Nr. 6a | 600,- | I |
| S | 38 | Nr. 2 der Fahrzeugbesatzung nicht oder nicht rechtzeitig die schriftlichen Weisungen übergibt oder nicht dafür sorgt, dass jedes Mitglied der Fahrzeugbesatzung diese verstehen oder richtig anwenden kann; | Nr. 6b | 350,- | II |
| S | 39 | Nr. 3 nicht dafür sorgt, dass eine dort genannte Vorschrift über die Beförderung in loser Schüttung oder in Tanks beachtet wird; | Nr. 6c | 800,- | I |
| S | 40 | Nr. 4 nicht dafür sorgt, dass eine dort genannte Vorschrift über die Begrenzung der Mengen eingehalten wird; | Nr. 6d | 800,- | I |
| S | 41 | Nr. 5 nicht dafür sorgt, dass ein Begleitpapier, die Bescheinigung oder eine Ausnahmezulassung vor Beförderungsbeginn übergeben wird, | Nr. 6e | | |
| | 41.1 | Beförderungspapiere nicht übergibt oder Beförderungspapiere übergibt, die aber nicht den Vorschriften entsprechen, | | 250,- bis 600,- | III/II/I |
| | 41.2 | Bescheinigung über die Prüfung des Aufsetztanks (innerstaatlich), | | 600,- | I |
| | 41.3 | Ausnahmezulassung, | | 600,- | I |
| | 41.4.1 | Zulassungsbescheinigung fehlt oder ist nicht verlängert worden, | | 1000,- | I |
| | 41.4.2 | Zulassungsbescheinigung mit fehlenden oder unrichtigen Angaben außer in den Feldern 2 bis 6, | | 350,- bis 600,- | I |
| | 41.4.3 | Zulassungsbescheinigung mit fehlenden oder unrichtigen Angaben in den Feldern 2 bis 6, | | 250,- bis 350,- | II |
| | 41.5 | Kopie der Genehmigung der zuständigen Behörde; | | 350,- bis 1000,- | II/I |
| S | 42 | Nr. 6 nicht dafür sorgt, dass nur Fahrzeugführer mit einer gültigen Bescheinigung eingesetzt werden; es fehlen: | Nr. 6f | | |
| | 42.1 | Basiskurs, | | 800,- | I |
| | 42.2 | Aufbaukurs, | | 800,- | I |
| | 42.3 | Basis- und Aufbaukurs, | | 1000,- | I |
| | 42.4 | abgelaufener Basis- und/oder Aufbaukurs, bei einem Ablauf von bis zu 12 Monaten; | | 150,- bis 600,- | I |
| S | 43 | Nr. 7 nicht dafür sorgt, dass ein ortsbeweglicher Tank nicht zur Beförderung aufgegeben wird; | Nr. 6g | 1200,- | I |
| S | 44 | Nr. 8 nicht dafür sorgt, dass die Tankakte geführt, aufbewahrt, übergeben, vorgelegt oder zur Verfügung gestellt wird; | Nr. 6h | 250,- | III |

| G | Lfd. Nr. | Ordnungswidrigkeit, die darin besteht, dass | GGVSEB § 37 Abs. 1 | Euro | Kategorie |
|---|---|---|---|---|---|
| S | 45 | Nr. 9 die Beförderungseinheit | Nr. 6i | | |
| | 45.1 | nicht mit Feuerlöschgeräten ausgerüstet ist (Weiterfahrt untersagt), | | 600,- | I |
| | 45.2 | nicht mit den vorgeschriebenen Feuerlöschgeräten ausgerüstet ist (andere Mängel), | | 350,- | II |
| | 45.3 | nicht mit den vorgeschriebenen Feuerlöschgeräten ausgerüstet ist (leichte Mängel); | | 150,- | III |
| S | 46 | Nr. 10 eine Prüffrist nicht einhält; | Nr. 6j | 350,- | II |
| S | 47 | Nr. 11 das Fahrzeug nicht mit einem Großzettel, einer orangefarbenen Tafel oder den Kennzeichen nach den Abschnitten 3.4.15, 5.3.3 und 5.3.6 ADR ausrüstet oder nicht dafür sorgt, dass ein Kennzeichen nach Abschnitt 3.4.15 ADR angebracht wird;<br>*) wenn nur ein Großzettel oder ein Kennzeichen fehlt | Nr. 6k | 800,-<br>500,-*) | I<br>II*) |
| S | 48 | Nr. 12 nicht dafür sorgt, dass ein Tank verwendet wird, der den dort genannten Anforderungen entspricht; | Nr. 6l | 1200,- | I |
| S | 49 | Nr. 13 nicht dafür sorgt, dass ein Tank oder ein Fahrzeug einer dort genannten | Nr. 6m | | |
| | 49.1 | Bau- oder Ausrüstungsvorschrift, | | 800,- bis 1500,- | II/I |
| | 49.2 | Kennzeichnungsvorschrift entspricht; | | 300,- bis 800,- | II/I |
| S | 50 | Nr. 14 nicht dafür sorgt, dass eine außerordentliche Prüfung durchgeführt wird; | Nr. 6n | 1200,- | I |
| S | 51 | Nr. 15 dem Fahrzeugführer eine erforderliche Ausrüstung nicht übergibt; | Nr. 6o | 1000,- bis 1500,- | I |
| S | 52 | Nr. 16 die Beförderungseinheit nicht ausrüstet; | Nr. 6p | 350,- | II |
| S | 53.1 | Nr. 17 Buchstabe a nicht dafür sorgt, | Nr. 6q | | |
| | 53.1.1 | dass an Fahrzeugen, die nach Unterabschnitt 9.1.2.1 Satz 4 ADR zugelassen sind, eine dort genannte Vorschrift beachtet wird (Stilllegung/Weiterfahrt untersagt), | | 1200,- | I |
| | 53.1.2 | dass an Fahrzeugen, die nach Unterabschnitt 9.1.2.1 Satz 4 ADR zugelassen sind, eine dort genannte Vorschrift beachtet wird (andere Mängel), | | 500,- | II |
| | 53.2 | Nr. 17 Buchstabe b nicht dafür sorgt, | | | |
| | 53.2.1 | dass an Fahrzeugen, die nicht zulassungspflichtig sind, eine dort genannte Vorschrift beachtet wird (Stilllegung/Weiterfahrt untersagt), | | 1000,- | I |
| | 53.2.2 | dass an Fahrzeugen, die nicht zulassungspflichtig sind, eine dort genannte Vorschrift beachtet wird (andere Mängel); | | 350,- | II |
| S | 54 | Nr. 18 nicht dafür sorgt, dass die Vorschriften über die Überwachung und das Abstellen von kennzeichnungspflichtigen Fahrzeugen eingehalten werden; | Nr. 6r | 600,- | II |
| S | 55 | Nr. 19 nicht dafür sorgt, dass ein festverbundener Tank, ein Batterie-Fahrzeug, ein Aufsetztank, ein MEGC, ein ortsbeweglicher Tank oder ein Tankcontainer nicht verwendet wird; | Nr. 6s | 350,- bis 600,- | II/I |
| | | **der Beförderer entgegen § 19 Abs. 3** | | | |
| E | 56 | Nr. 1 nicht sicherstellt, dass der Betreiber über Daten verfügen kann; | Nr. 7a | 1000,- | I |
| E | 57 | Nr. 2 nicht dafür sorgt, dass ein Besatzungsmitglied einen Lichtbildausweis mit sich führt; | Nr. 7b | 600,- | I |

## Anlage 7 Buß- und Verwarnungsgeldkatalog

| G | Lfd. Nr. | Ordnungswidrigkeit, die darin besteht, dass | GGVSEB § 37 Abs. 1 | Euro | Kategorie |
|---|---|---|---|---|---|
| E | 58 | Nr. 3 nicht dafür sorgt, dass ein Begleitpapier | Nr. 7c | | |
| | 58.1 | verfügbar ist, | | 600,- | I |
| | 58.2 | ausgehändigt wird; | | 350,- | III |
| E | 59 | Nr. 4 nicht dafür sorgt, dass die Vorschriften über den Schutzabstand beachtet werden; | Nr. 7d | 1000,- | I |
| E | 60 | Nr. 5 vor Antritt der Fahrt die Vorschriften über die schriftlichen Weisungen gemäß Unterabschnitt 5.4.3.2 RID nicht beachtet; | Nr. 7e | 350,- | II |
| E | 61 | Nr. 6 den Triebfahrzeugführer nicht, nicht richtig, nicht vollständig oder nicht rechtzeitig informiert; | Nr. 7f | 600,- | I |
| E | 62 | Nr. 7 nicht dafür sorgt, dass die vorgeschriebene Ausrüstung auf dem Führerstand mitgeführt wird; | Nr. 7g | 1000,- | I |
| E | 63 | Nr. 8 nicht dafür sorgt, dass die dort genannten Tafeln oder Großzettel (Placards) oder ein dort genanntes Kennzeichen angebracht sind; | Nr. 7h | 600,- | I |
| E | 64 | Nr. 9 sich nicht vergewissert, dass ein Wagen oder eine Ladung | Nr. 7i | | |
| | 64.1 | keine offensichtlichen Mängel, | | 1200,- | I |
| | 64.2 | keine Undichtheiten oder Risse aufweist oder | | 1200,- | I |
| | 64.3 | kein Ausrüstungsteil fehlt; | | 600,- | I |
| E | 65 | Nr. 10 sich nicht vergewissert, dass ein Großzettel, ein Kennzeichen oder eine orangefarbene Tafel angebracht ist; | Nr. 7j | 600,- | I |
| E | 66 | Nr. 11 nicht dafür sorgt, dass eine dort genannte Information den Tank oder seine Ausrüstung umfasst; | Nr. 7k | 600,- | I |
| | | **der Beförderer entgegen § 19 Abs. 4** | | | |
| B | 67 | Nr. 1 sich nicht vergewissert, dass das Schiff zur Beförderung der gefährlichen Güter zugelassen ist; | Nr. 8a | 1800,- | I |
| B | 68 | Nr. 2 nicht dafür sorgt, dass für jedes Mitglied der Besatzung ein Lichtbildausweis an Bord ist; | Nr. 8b | 600,- | I |
| B | 69 | Nr. 3 dem Schiffsführer nicht vor Antritt der Fahrt die schriftlichen Weisungen in Sprachen bereitstellt, die der Schiffsführer oder der Sachkundige lesen oder verstehen können; | Nr. 8c | 350,- | II |
| B | 70 | Nr. 4 nicht dafür sorgt, dass eine dort genannte Information zur Verfügung gestellt wird; | Nr. 8d | 600,- | I |
| B | 71 | Nr. 5 nicht dafür sorgt, dass eine dort genannte Vorschrift beachtet wird; | Nr. 8e | 200,- bis 6000,- | III/II/I |
| B | 72 | Nr. 6 nicht dafür sorgt, dass eine dort genannte Vorschrift eingehalten wird; | Nr. 8f | 600,- | I |
| B | 73 | Nr. 7 nicht dafür sorgt, dass dem Schiffsführer ein Dokument übergeben wird, | Nr. 8g | | |
| | 73.1 | folgende Dokumente nach Unterabschnitt 8.1.2.1 ADN: | | | |
| | 73.1.1 | a) Zulassungszeugnis nach Unterabschnitt 1.16.1.1 oder 1.16.1.3 ADN und Anlage nach Unterabschnitt 1.16.1.4 ADN, | | 200,- bis 600,- | II/I |
| | 73.1.2 | b) Beförderungspapiere nach Abschnitt 5.4.1 ADN | | | |
| | 73.1.2.1 | nicht vorhanden, | | 600,- | I |
| | 73.1.2.2 | nicht vollständig, | | 250,- | III |
| | 73.1.3 | c) schriftliche Weisungen nach Abschnitt 5.4.3 ADN, | | 350,- | II |
| | 73.1.4 | d) Abdruck des ADN mit der beigefügten Verordnung in der jeweils geltenden Fassung, | | 200,- | II |
| | 73.1.5 | e) Bescheinigungen über die Prüfung nach den Unterabschnitten 8.1.7.1, 8.1.7.2 ADN, | | 200,- bis 600,- | II/I |

| G | Lfd. Nr. | Ordnungswidrigkeit, die darin besteht, dass | GGVSEB § 37 Abs. 1 | Euro | Kategorie |
|---|---|---|---|---|---|
| | 73.1.6 | f) Bescheinigungen über die Prüfung der Feuerlöschschläuche nach Unterabschnitt 8.1.6.1 ADN und der besonderen Ausrüstung nach Unterabschnitt 8.1.6.3 ADN, | | 350,- bis 600,- | II/I |
| | 73.1.7 | g) Prüfbuch für Messergebnisse nach ADN, | | 200,- | II |
| | 73.1.8 | h) Kopie einer Sonderregelung nach Kapitel 1.5 ADN, | | 200,- | II |
| | | | | | |
| | 73.2 | folgende Dokumente nach Unterabschnitt 8.1.2.2 ADN: | | | |
| | 73.2.1 | a) Stauplan nach Unterabschnitt 7.1.4.11 ADN, | | 600,- | I |
| | 73.2.2 | b) Bescheinigung über besondere Kenntnisse nach Unterabschnitt 8.2.1.2 ADN, | | 600,- | I |
| | 73.2.3 | c) Lecksicherheitsplan und Intaktstabilitätsunterlagen nach Unterabschnitt 9.1.0.94 und 9.1.0.95 ADN sowie Bescheinigung der anerkannten Klassifikationsgesellschaft nach Unterabschnitt 9.1.0.88 oder 9.2.0.88 ADN, | | 600,- | I |
| | 73.2.4 | d) Prüfbescheinigungen über die fest installierten Feuerlöscheinrichtungen nach Absatz 9.1.0.40.2.9 ADN, | | 350,- | II |
| | 73.2.5 | e) Liste oder Übersichtsplan mit den erforderlichen Angaben, | | 600,- | I |
| | 73.2.6 | f) Liste oder Übersichtsplan der rot gekennzeichneten fest installierten Anlagen und Geräte nach Absatz 9.1.0.52.2 ADN, | | 600,- | I |
| | 73.2.7 | g) Plan mit den erforderlichen Angaben beim Einsatz fest installierter Anlagen und Geräte in explosionsgefährdeten Bereichen, | | 600,- | I |
| | 73.2.8 | h) Liste über die unter Buchstabe g) aufgeführten Anlagen/Geräte mit den vorgeschriebenen Angaben, | | 600,- | I |
| | 73.2.9 | fehlender Sichtvermerk der zuständigen Behörde auf den unter e) bis h) genannten Unterlagen, | | 150,- | III |
| | 73.3 | folgende Dokumente nach Unterabschnitt 8.1.2.3 ADN: | | | |
| | 73.3.1 | a) Stauplan nach Unterabschnitt 7.2.4.11.2 ADN, | | 600,- | I |
| | 73.3.2 | b) Bescheinigung über besondere Kenntnisse nach Unterabschnitt 8.2.1.2 ADN, | | 600,- | I |
| | 73.3.3 | c) Lecksicherheitsplan und Stabilitätshandbuch nach Unterabschnitt 9.3.1.15, 9.3.2.15 oder 9.3.3.15 ADN sowie Beleg für den Ladungsrechner, | | 600,- | I |
| | 73.3.4 | d) (gestrichen) | | | |
| | 73.3.5 | e) Klassifikationszeugnis nach Absatz 9.3.1.8.1, 9.3.2.8.1 oder 9.3.3.8.1 ADN, | | 600,- | I |
| | 73.3.6 | f) Bescheinigungen über die Prüfung der besonderen Ausrüstung, der Gasspüranlagen und der Sauerstoffmessanlage nach Unterabschnitt 8.1.6.3 ADN, | | 600,- | I |
| | 73.3.7 | g) Schiffsstoffliste nach Absatz 1.16.1.2.5 ADN, | | 1200,- | I |
| | 73.3.8 | h) Bescheinigung über die Prüfung der Schlauchleitungen nach Unterabschnitt 8.1.6.2 ADN, | | 600,- | I |
| | 73.3.9 | i) Instruktion für Lade- und Löschraten nach Absatz 9.3.2.25.9 oder 9.3.3.25.9 ADN, | | 1000,- | I |
| | 73.3.10 | j) Bescheinigung über die Kontrolle der Pumpenräume nach Abschnitt 8.1.8 ADN, | | 600,- | I |
| | 73.3.11 | k) Heizinstruktion nach ADN, | | 1000,- | I |
| | 73.3.12 | l) (gestrichen) | | | |
| | 73.3.13 | m) Reiseregistrierung nach Abschnitt 8.1.11 ADN, | | 600,- | I |
| | 73.3.14 | n) Instruktion nach Unterabschnitt 7.2.3.28 ADN, | | 1000,- | I |

## Anlage 7 Buß- und Verwarnungsgeldkatalog

| G | Lfd. Nr. | Ordnungswidrigkeit, die darin besteht, dass | GGVSEB § 37 Abs. 1 | Euro | Kate-gorie |
|---|---|---|---|---|---|
| | 73.3.15 | o) Bescheinigung über die Kühlanlage nach Absatz 9.3.1.27.10, 9.3.2.27.10 oder 9.3.3.27.10 ADN, | | 600,- | I |
| | 73.3.16 | p) Prüfbescheinigungen über die fest installierten Feuerlöscheinrichtungen nach den Absätzen 9.3.1.40.2.9, 9.3.2.40.2.9 und 9.3.3.40.2.9 ADN, | | 350,- | II |
| | 73.3.17 | q) Berechnung der Haltezeit nach den Absätzen 7.2.4.16.16, 7.2.4.16.17 ADN und die Dokumentation des Wärmeübergangswertes, | | 600,- | I |
| | 73.3.18 | r) Liste oder Übersichtsplan mit den erforderlichen Angaben, | | 600,- | I |
| | 73.3.19 | s) Liste oder Übersichtsplan der rot gekennzeichneten fest installierten Anlagen und Geräte nach Absatz 9.3.1.52.3, 9.3.2.52.3 oder 9.3.3.52.3 ADN, | | 600,- | I |
| | 73.3.20 | t) Plan mit den erforderlichen Angaben beim Einsatz fest installierter Anlagen und Geräte in explosionsgefährdeten Bereichen sowie den autonomen Schutzsystemen, | | 600,- | I |
| | 73.3.21 | u) Liste der unter Buchstabe t) aufgeführten Anlagen und Geräte sowie der autonomen Schutzsysteme mit den vorgeschriebenen Angaben, | | 600,- | I |
| | 73.3.22 | v) Liste oder Übersichtsplan mit den erforderlichen Angaben beim Einsatz fest installierter Anlagen und Geräte außerhalb explosionsgefährdeter Bereiche, | | 350,- | II |
| | 73.3.23 | fehlender Sichtvermerk der zuständigen Behörde auf den unter r) bis v) genannten Unterlagen, | | 150,- | III |
| | 73.3.24 | w) Bescheinigungen nach Unterabschnitt 3.2.3.1, Erläuterungen zur Tabelle C, Erläuternde Bemerkung zu Spalte (20), Zusätzliche Anforderung/Bemerkung 12, Buchstaben p) und q) ADN, wenn zutreffend, | | 600,- | I |
| | 73.3.25 | x) Bescheinigungen nach Unterabschnitt 3.2.3.1, Erläuterungen zur Tabelle C, Erläuternde Bemerkung zu Spalte (20), Zusätzliche Anforderung/Bemerkung 33, Buchstaben i), n) und o) ADN, wenn zutreffend; | | 600,- | I |
| B | 74 | Nr. 8 nicht dafür sorgt, dass das Schiff nur eingesetzt wird, wenn der hauptverantwortliche Schiffsführer oder, wenn ein solcher nicht bestellt ist, jeder Schiffsführer nach den Unterabschnitten 7.1.3.15 und 7.2.3.15 eine gültige Bescheinigung nach Unterabschnitt 8.2.1.2, 8.2.1.5 oder 8.2.1.7 ADN hat, es fehlen: | Nr. 8h | | |
| | 74.1 | Basiskurs nach Unterabschnitt 8.2.1.2 ADN, | | 600,- | I |
| | 74.2 | Aufbaukurs Gase nach Unterabschnitt 8.2.1.5 ADN, | | 600,- | I |
| | 74.3 | Aufbaukurs Chemie nach Unterabschnitt 8.2.1.7 ADN, | | 600,- | I |
| | 74.4 | Basiskurs und Aufbaukurs nach ADN; | | 750,- | I |
| B | 75 | Nr. 9 nicht sicherstellt, dass beim Laden oder Löschen ein zweites Evakuierungsmittel verfügbar ist; | Nr. 8i | 1200,- | I |
| | | **der Beförderer entgegen § 26 Abs. 4 (auch Verlader, Befüller, Betreiber eines Containers, Fahrzeugführer und Betreiber eines Wagens)** | | | |
| S,E | 76 | eine dort genannte Vorschrift nicht oder nicht richtig beachtet; | Nr. 18e | 250,- bis 1000,- | III/II/I |
| | | **der Beförderer entgegen § 27 Abs. 1 (auch Verlader, Befüller, Entlader, Empfänger, Betreiber der Eisenbahninfrastruktur und Betreiber einer Annahmestelle)** | | | |
| S,E,B | 77 | nicht dafür sorgt, dass die Vorlage eines Berichts rechtzeitig erfolgt; | Nr. 19a | 250,- | III |

| G | Lfd. Nr. | Ordnungswidrigkeit, die darin besteht, dass | GGVSEB § 37 Abs. 1 | Euro | Kategorie |
|---|---|---|---|---|---|
| | | **der Beförderer entgegen § 27 Abs. 2 (auch Absender und Empfänger)** | | | |
| S,E,B | 78 | | Nr. 19b | | |
| | 78.1 | eine Untersuchung nicht durchführt, | | 600,- | I |
| | 78.2 | eine Maßnahme nicht ergreift, | | 1000,- | I |
| | 78.3 | nicht dafür sorgt, dass eine zuständige Behörde informiert wird; | | 1000,- | I |
| | | **der Beförderer entgegen § 27 Abs. 4 (auch Auftraggeber des Absenders, Absender, Verpacker, Verlader, Befüller, Entlader, Empfänger und Betreiber der Eisenbahninfrastruktur)** | | | |
| S,E,B | 79 | Sicherungspläne nicht einführt und nicht anwendet; | Nr. 19f | 600,- | I |
| | | **der Beförderer entgegen § 27 Abs. 7 (auch Schiffsführer)** | | | |
| B | 80 | nicht sicherstellt, dass nur eine dort genannte Anlage oder ein dort genanntes Gerät verwendet wird; | Nr. 19k | 1200,- | I |
| | | **der Beförderer entgegen § 29 Abs. 2 (auch Verlader, Fahrzeugführer, Entlader und Empfänger)** | | | |
| S | 81 | eine dort genannte Vorschrift über | Nr. 21b | | |
| | 81.1 | Nr. 1 das Verbot der direkten Sonneneinstrahlung, der Einwirkung von Wärmequellen und zum Abstellen an ausreichend belüfteten Stellen, | | 750,- | I |
| | 81.2 | Nr. 2 die Temperaturkontrolle, | | 600,- | I |
| | 81.3 | Nr. 3 die Beförderung in Versandstücken, | | 600,- | I |
| | 81.4 | Nr. 4 das Rauchverbot, | | 600,- | I |
| | 81.5 | Nr. 5 das Rauchverbot sowie das Verbot von Feuer und offenem Licht<br>nicht beachtet; | | 600,- | I |
| | | **der Beförderer entgegen § 29 Abs. 4 (auch Verlader und Fahrzeugführer)** | | | |
| S | 82 | Nr. 1 eine Vorschrift über die Verladung oder das Kennzeichen nicht beachtet; | Nr. 21d | 750,- | I |
| S | 83 | Nr. 2 eine Vorschrift über die Beförderung nicht beachtet; | Nr. 21e | 750,- | I |
| | | **der Beförderer entgegen § 35** | | | |
| S | 84 | Abs. 2 Satz 2 eine Angabe oder einen Vermerk nicht in das Beförderungspapier einträgt; | Nr. 27a | 300,- | II |
| S | 85 | Abs. 4 Satz 4 nicht dafür sorgt, dass eine Bescheinigung übergeben wird; | Nr. 27b | 300,- | II |
| | | **der Beförderer entgegen § 35a Abs. 4** | | | |
| S | 86 | Satz 1 ein gefährliches Gut befördert; | Nr. 28a | 1000,- | I |
| S | 87 | Satz 2 nicht dafür sorgt, dass eine Fahrwegbestimmung übergeben wird; | Nr. 28b | 300,- | II |
| | **D.** | **der Empfänger** | | | |
| | | **der Empfänger entgegen § 20 Abs. 1** | | | |
| S,E,B | 88 | Nr. 1 Buchstabe a die Annahme des Gutes verzögert oder verweigert; | Nr. 9a | 250,- | III |
| S,E,B | 89 | Nr. 1 Buchstabe b nicht oder nicht rechtzeitig prüft, dass die ihn betreffenden Vorschriften eingehalten worden sind; | Nr. 9b | 250,- bis 600,- | III/II/I |
| S,E,B | 90 | Nr. 2 den Absender nicht oder nicht rechtzeitig über die Nichteinhaltung eines Grenzwertes informiert; | Nr. 9c | 600,- | I |
| | | **der Empfänger entgegen § 20 Abs. 2** | | | |
| S | 91 | dem Beförderer einen Container zurückstellt; | Nr. 9d | 350,- | II |

## Anlage 7 Buß- und Verwarnungsgeldkatalog

| G | Lfd. Nr. | Ordnungswidrigkeit, die darin besteht, dass | GGVSEB § 37 Abs. 1 | Euro | Kategorie |
|---|---|---|---|---|---|
| | | **der Empfänger entgegen § 20 Abs. 3** | | | |
| E | 92 | einen Wagen oder Container zurückstellt oder wieder verwendet; | Nr. 9e | 350,- | II |
| | | **der Empfänger entgegen § 20 Abs. 4** | | | |
| B | 93 | einen Container, ein Fahrzeug oder einen Wagen zurückstellt; | Nr. 9f | 350,- | II |
| | | **der Empfänger entgegen § 27 Abs. 1 (auch Verlader, Befüller, Entlader, Beförderer, Betreiber der Eisenbahninfrastruktur und Betreiber einer Annahmestelle)** | | | |
| S,E,B | 94 | nicht dafür sorgt, dass die Vorlage eines Berichts rechtzeitig erfolgt; | Nr. 19a | 250,- | III |
| | | **der Empfänger entgegen § 27 Abs. 2 (auch Absender und Beförderer)** | | | |
| S,E,B | 95 | | Nr. 19b | | |
| | 95.1 | eine Untersuchung nicht durchführt, | | 600,- | I |
| | 95.2 | eine Maßnahme nicht ergreift, | | 1000,- | I |
| | 95.3 | nicht dafür sorgt, dass eine zuständige Behörde informiert wird; | | 1000,- | I |
| | | **der Empfänger entgegen § 27 Abs. 4 (auch Auftraggeber des Absenders, Absender, Verpacker, Verlader, Entlader, Befüller, Beförderer und Betreiber der Eisenbahninfrastruktur)** | | | |
| S,E,B | 96 | Sicherungspläne nicht einführt und nicht anwendet; | Nr. 19f | 600,- | I |
| | | **der Empfänger entgegen § 29 Abs. 2 (auch Verlader, Entlader, Beförderer und Fahrzeugführer)** | | | |
| S | 97 | eine Vorschrift über | Nr. 21b | | |
| | 97.1 | Nr. 1 das Verbot der direkten Sonneneinstrahlung, der Einwirkung von Wärmequellen und zum Abstellen an ausreichend belüfteten Stellen, | | 750,- | I |
| | 97.2 | Nr. 2 die Temperaturkontrolle, | | 600,- | I |
| | 97.3 | Nr. 3 die Beförderung in Versandstücken, | | 600,- | I |
| | 97.4 | Nr. 4 das Rauchverbot, | | 600,- | I |
| | 97.5 | Nr. 5 das Rauchverbot sowie das Verbot von Feuer und offenem Licht<br>nicht beachtet; | | 600,- | I |
| | **E.** | **der Verlader** | | | |
| | | **der Verlader entgegen § 21 Abs. 1** | | | |
| S,E,B | 98 | Nr. 1 Güter übergibt; | Nr. 10a | 2000,- | I |
| S,E,B | 99 | Nr. 2 | Nr. 10b | | |
| | 99.1 | ein unvollständiges, | | 350,- bis 800,- | II/I |
| | 99.2 | ein beschädigtes, | | 800,- | I |
| | 99.3 | ein an der Außenseite mit Anhaftungen gefährlicher Rückstände versehenes<br>Versandstück zur Beförderung übergibt; | | 800,- | I |
| S,E,B | 100 | Nr. 3 nicht dafür sorgt, dass ein Versandstück nach Teilentnahme nur verladen wird, wenn die Verpackung den dort genannten Anforderungen entspricht; | Nr. 10c | 800,- | I |
| S,E,B | 101 | Nr. 4 nicht dafür sorgt, dass eine dort genannte Vorschrift beachtet wird; | Nr. 10d | 350,- bis 600,- | II/I |
| S,E,B | 102 | Nr. 5 nicht dafür sorgt, dass ein Warnkennzeichen angebracht wird; | Nr. 10e | 800,- | I |

## Anlage 7 Buß- und Verwarnungsgeldkatalog

| G | Lfd. Nr. | Ordnungswidrigkeit, die darin besteht, dass | GGVSEB § 37 Abs. 1 | Euro | Kategorie |
|---|---|---|---|---|---|
| S,E,B | 103 | Nr. 6 nicht dafür sorgt, dass eine dort genannte Kennzeichnungsvorschrift beachtet wird; | Nr. 10f | 600,- | I |
| S,E,B | 104 | Nr. 7 nicht dafür sorgt, dass die Anzahl der Versandstücke nicht überschritten wird; | Nr. 10g | 350,- | II |
| S,E,B | 105 | Nr. 8 nicht dafür sorgt, dass eine dort genannte Maßnahme ergriffen wird; | Nr. 10h | 350,- bis 800,- | II/I |
| | | **der Verlader entgegen § 21 Abs. 2** | | | |
| S | 106 | Nr. 1 einen Hinweis nicht oder nicht richtig oder nicht vollständig oder nicht in Textform gibt; | Nr. 10i | 250,- bis 800,- | III/II/I |
| S | 107 | Nr. 2 nicht dafür sorgt, dass eine dort genannte Vorschrift eingehalten wird; | Nr. 10j | 800,- | I |
| S | 108 | Nr. 3 nicht dafür sorgt, dass eine dort genannte Vorschrift beachtet wird; | Nr. 10k | 350,- bis 600,- | II/I |
| S | 109 | Nr. 4 nicht dafür sorgt, dass Großzettel, die orangefarbenen Tafeln oder das Kennzeichen angebracht sind; | Nr. 10l | 350,- bis 800,- | II/I |
| S | 110 | Nr. 5 nicht dafür sorgt, dass nur ein Container eingesetzt wird, der den dort genannten technischen Anforderungen entspricht; | Nr. 10m | 600,- bis 1000,- | II/I |
| S | 111 | Nr. 6 nicht dafür sorgt, dass eine dort genannte Vorschrift beachtet wird; | Nr. 10n | 600,- | I |
| | | **der Verlader entgegen § 21 Abs. 3** | | | |
| E | 112 | Nr. 1 nicht dafür sorgt, dass eine Vorschrift über die Gefahrzettel oder Kennzeichen beachtet wird; | Nr. 10o | 600,- | I |
| E | 113 | Nr. 2 nicht dafür sorgt, dass ein Großzettel, ein Rangierzettel, ein Kennzeichen oder eine orangefarbene Tafel angebracht ist; | Nr. 10p | 600,- | I |
| E | 114 | Nr. 3 nicht dafür sorgt, dass nur ein Container eingesetzt wird, der den dort genannten Anforderungen entspricht; | Nr. 10q | 600,- bis 1000,- | II/I |
| E | 115 | Nr. 4 nicht dafür sorgt, dass eine dort genannte Vorschrift über die Beförderung in Versandstücken oder die Beladung und Handhabung beachtet wird; | Nr. 10r | 600,- | I |
| E | 116 | Nr. 5 nicht dafür sorgt, dass eine dort genannte Vorschrift beachtet wird; | Nr. 10s | 600,- | I |
| | | **der Verlader entgegen § 21 Abs. 4** | | | |
| B | 117 | Nr. 1 einen Hinweis nicht oder nicht richtig oder nicht vollständig gibt; | Nr. 10t | 350,- bis 600,- | II/I |
| B | 118 | Nr. 2 nicht dafür sorgt, dass ein Großzettel oder das Kennzeichen angebracht ist; | Nr. 10u | 600,- | I |
| B | 119 | Nr. 3 nicht dafür sorgt, dass eine dort genannte Vorschrift beachtet wird; | Nr. 10v | 300,- bis 6000,- | III/II/I |
| B | 120 | Nr. 4 nicht sicherstellt, dass die landseitige Einrichtung mit einem oder zwei Evakuierungsmitteln ausgerüstet ist; | Nr. 10w | 1200,- | I |
| | | **der Verlader entgegen § 26 Abs. 4 (auch Beförderer, Befüller, Betreiber eines Containers, Fahrzeugführer und Betreiber eines Wagens)** | | | |
| S,E | 121 | eine dort genannte Vorschrift nicht oder nicht richtig beachtet; | Nr. 18e | 250,- bis 1000,- | III/II/I |
| | | **der Verlader entgegen § 27 Abs. 1 (auch Befüller, Beförderer, Entlader, Empfänger, Betreiber der Eisenbahninfrastruktur und Betreiber einer Annahmestelle)** | | | |
| S,E,B | 122 | nicht dafür sorgt, dass die Vorlage eines Berichts rechtzeitig erfolgt; | Nr. 19a | 250,- | III |

## Anlage 7 Buß- und Verwarnungsgeldkatalog

| G | Lfd. Nr. | Ordnungswidrigkeit, die darin besteht, dass | GGVSEB § 37 Abs. 1 | Euro | Kategorie |
|---|---|---|---|---|---|
| | | **der Verlader entgegen § 27 Abs. 4 (auch Auftraggeber des Absenders, Absender, Verpacker, Beförderer, Entlader, Befüller, Empfänger und Betreiber der Eisenbahninfrastruktur)** | | | |
| S,E,B | 123 | Sicherungspläne nicht einführt und nicht anwendet; | Nr. 19f | 600,- | I |
| | | **der Verlader entgegen § 29 Abs. 1 (auch Fahrzeugführer)** | | | |
| S | 124 | eine dort genannte Vorschrift über die Beladung und Handhabung nicht beachtet | Nr. 21a | | |
| | 124.1 | Zusammenladung, | | 800,- | I |
| | 124.2 | Begrenzung der beförderten Mengen, | | 800,- | I |
| | 124.3 | Handhabung und Verstauung, | | 800,- | I |
| | 124.4 | Reinigung vor dem erneuten Beladen, wenn Gefahrgut ausgetreten ist, | | 300,- | II |
| | 124.5 | Sondervorschriften für die Beladung und die Handhabung, | | 900,- | I |
| | 124.6 | Ausrichten von Versandstücken und Umverpackungen, | | 800,- | I |
| | 124.7 | Beladung trotz einer bei Dokumentenkontrolle/Sichtprüfung festgestellten Rechtsnonkonformität, | | 250,- bis 1200,- | III/II/I |
| | 124.8 | Unterlassene Untersuchung vor Beladung, | | 300,- | II |
| | 124.9 | Be- oder Entladung an unzulässiger Stelle; | | 250,- | II |
| | | **der Verlader entgegen § 29 Abs. 2 (auch Beförderer, Entlader, Fahrzeugführer und Empfänger)** | | | |
| S | 125 | eine dort genannte Vorschrift über | Nr. 21b | | |
| | 125.1 | Nr. 1 das Verbot der direkten Sonneneinstrahlung, der Einwirkung von Wärmequellen und zum Abstellen an ausreichend belüfteten Stellen, | | 900,- | I |
| | 125.2 | Nr. 2 die Temperaturkontrolle, | | 800,- | I |
| | 125.3 | Nr. 3 die Beförderung in Versandstücken, | | 800,- | I |
| | 125.4 | Nr. 4 das Rauchverbot, | | 600,- | I |
| | 125.5 | Nr. 5 das Rauchverbot sowie das Verbot von Feuer und offenem Licht<br>nicht beachtet; | | 600,- | I |
| | | **der Verlader entgegen § 29 Abs. 3 (auch Fahrzeugführer und Entlader)** | | | |
| S | 126 | eine dort genannte Vorschrift über Vorsichtsmaßnahmen nicht beachtet; | Nr. 21c | 350,- bis 600,- | II/I |
| | | **der Verlader entgegen § 29 Abs. 4 (auch Beförderer und Fahrzeugführer)** | | | |
| S | 127 | Nr. 1 eine Vorschrift über die Verladung oder das Kennzeichen nicht beachtet; | Nr. 21d | 900,- | I |
| S | 128 | Nr. 2 eine Vorschrift über die Beförderung nicht beachtet; | Nr. 21e | 900,- | I |
| | **F.** | **der Verpacker** | | | |
| | | **der Verpacker entgegen § 22 Abs. 1** | | | |
| S,E,B | 129 | Nr. 1 oder 2 eine dort genannte Vorschrift über das Verpacken, das Umverpacken oder die Kennzeichnung nicht beachtet; | Nr. 11a | 600,- | I |
| S,E,B | 130 | Nr. 3 eine dort genannte Vorschrift über die Verwendung oder Prüfung nicht beachtet; | Nr. 11b | 1200,- | I |
| S,E,B | 131 | Nr. 4 eine dort genannte Vorschrift über das Zusammenpacken nicht beachtet; | Nr. 11c | 1200,- | I |
| S,E,B | 132 | Nr. 5 eine dort genannte Vorschrift über die Kennzeichnung oder Bezettelung nicht beachtet; | Nr. 11d | 350,- bis 600,- | II/I |

| G | Lfd. Nr. | Ordnungswidrigkeit, die darin besteht, dass | GGVSEB § 37 Abs. 1 | Euro | Kategorie |
|---|---|---|---|---|---|
| S,E,B | 133 | Nr. 6 Versandstücke in Umverpackungen nicht sichert; | Nr. 11e | 800,- | I |
| | | **der Verpacker entgegen § 22 Abs. 2** | | | |
| S | 134 | eine dort genannte Vorschrift über | Nr. 11f | | |
| | 134.1 | Nr. 1 die Verwendung von Umverpackungen, | | 350,- bis 600,- | II/I |
| | 134.2 | Nr. 2 die Bezettelung von Umverpackungen, die radioaktive Stoffe enthalten,<br>nicht beachtet; | | 600,- | I |
| | | **der Verpacker entgegen § 22 Abs. 3** | | | |
| E | 135 | eine dort genannte Vorschrift über | Nr. 11f | | |
| | 135.1 | Nr. 1 die Verwendung von Umverpackungen, | | 350,- bis 600,- | II/I |
| | 135.2 | Nr. 2 die Bezettelung von Umverpackungen, die radioaktive Stoffe enthalten,<br>nicht beachtet; | | 600,- | I |
| | | **der Verpacker entgegen § 27 Abs. 4 (auch Auftraggeber des Absenders, Absender, Verlader, Beförderer, Entlader, Befüller, Empfänger und Betreiber der Eisenbahninfrastruktur)** | | | |
| S,E,B | 136 | Sicherungspläne nicht einführt und nicht anwendet; | Nr. 19f | 600,- | I |
| | **G.** | **der Befüller** | | | |
| | | **der Befüller entgegen § 23 Abs. 1** | | | |
| S,E,B | 137 | Nr. 1 Güter übergibt; | Nr. 12a | 2000,- | I |
| S,E,B | 138 | Nr. 2 einen Tank übergibt; | Nr. 12b | 1200,- | I |
| S,E,B | 139 | Nr. 3 | Nr. 12c | | |
| | 139.1 | einen nicht zugelassenen Tank befüllt, | | 1200,- | I |
| | 139.2 | einen Tank befüllt, bei dem das Datum der nächsten Prüfung überschritten ist; | | 600,- | II |
| S,E,B | 140 | Nr. 4 nicht dafür sorgt, dass die Dichtheit einer Verschlusseinrichtung geprüft oder dass ein Tank oder UN-MEGC nicht befördert wird, wenn dieser undicht ist; | Nr. 12d | 800,- | I |
| S,E,B | 141 | Nr. 5 | Nr. 12e | | |
| | 141.1 | einen Tank mit gefährlichen Gütern befüllt, für deren Beförderung der Tank nicht zugelassen ist oder die mit den Werkstoffen des Tanks gefährlich reagieren, | | 1200,- | I |
| | 141.2 | einen Tank befüllt, dessen Datum der nächsten Prüfung überschritten ist; | | 600,- bis 1000,- | II/I |
| S,E,B | 142 | Nr. 6 nicht dafür sorgt, dass der Füllungsgrad, der Füllungszustand, der Füllfaktor, die Masse oder Bruttomasse eingehalten wird; | Nr. 12f | 800,- | I |
| S,E,B | 143 | Nr. 7 nicht dafür sorgt, dass die Dichtheit der Verschlüsse oder der Ausrüstung geprüft wird oder alle Verschlüsse in geschlossener Stellung sind oder keine Undichtheit auftritt; | Nr. 12g | 800,- | I |
| S,E,B | 144 | Nr. 8 nicht dafür sorgt, dass einem Tank dort genannte Reste nicht anhaften; | Nr. 12h | 800,- | I |
| S,E,B | 145 | Nr. 9 nicht dafür sorgt, dass nebeneinander liegende Tankabteile oder -kammern nicht mit gefährlich miteinander reagierenden Stoffen befüllt werden; | Nr. 12i | 1200,- | I |
| S,E,B | 146 | Nr. 10 nicht dafür sorgt, dass ein Tank, Batterie-Fahrzeug, Batteriewagen oder MEGC nicht befüllt oder nicht zur Beförderung aufgegeben wird; | Nr. 12j | 600,- bis 1000,- | II/I |

## Anlage 7 Buß- und Verwarnungsgeldkatalog

| G | Lfd. Nr. | Ordnungswidrigkeit, die darin besteht, dass | GGVSEB § 37 Abs. 1 | Euro | Kategorie |
|---|---|---|---|---|---|
| S,E,B | 147 | Nr. 11 nicht dafür sorgt, dass eine Entleerungs-, Reinigungs- oder Entgasungsmaßnahme durchgeführt wird; | Nr. 12k | 600,- | I |
| S,E,B | 148 | Nr. 12 nicht dafür sorgt, dass eine Bezeichnung angegeben wird; | Nr. 12l | 600,- | I |
| S,E,B | 149 | Nr. 13 nicht dafür sorgt, dass eine Benennung oder ein Kennzeichen angegeben wird; | Nr. 12m | 600,- | I |
| S,E,B | 150 | Nr. 14 nicht dafür sorgt, dass der MEGC nicht zur Beförderung aufgegeben wird; | Nr. 12n | 1000,- bis 1500,- | I |
| S,E,B | 151 | Nr. 15 einen Tank befüllt, obwohl sich dieser bzw. seine Ausrüstungsteile nicht in einem technisch einwandfreien Zustand befunden haben; | Nr. 12o | 500,- bis 1000,- | II/I |
| | | **der Befüller entgegen § 23 Abs. 2** | | | |
| S | 152 | Nr. 1 einen Hinweis nicht oder nicht richtig oder nicht vollständig oder nicht in Textform gibt; | Nr. 13a | 250,- bis 800,- | III/II/I |
| S | 153 | Nr. 2 eine Nummer nicht mitteilt; | Nr. 13b | 350,- | II |
| S | 154 | Nr. 3 nicht dafür sorgt, dass ein Großzettel, die orangefarbene Tafel oder das Kennzeichen angebracht wird; | Nr. 13c | 500,- bis 800,- | II/I |
| S | 155 | Nr. 4 nicht dafür sorgt, dass eine Beladevorschrift beachtet wird; | Nr. 13d | 250,- bis 600,- | III/II/I |
| S | 156 | Nr. 5 das Rauchverbot nicht beachtet; | Nr. 13e | 600,- | I |
| S | 157 | Nr. 6 nicht dafür sorgt, dass eine dort genannte zusätzliche Vorschrift beachtet wird; | Nr. 13f | 350,- bis 600,- | II/I |
| S | 158 | Nr. 7 nicht dafür sorgt, dass der Fahrzeugführer vor der erstmaligen Handhabung der Fülleinrichtung in der vorgeschriebenen Weise eingewiesen oder die Einweisung dokumentiert und aufbewahrt wird; | Nr. 13g | 350,- | II |
| S | 159 | Nr. 8 nicht dafür sorgt, dass eine Vorschrift über die Beförderung in loser Schüttung beachtet wird; | Nr. 13h | 800,- | I |
| S | 160 | Nr. 9 nicht dafür sorgt, dass eine Maßnahme zur Vermeidung elektrostatischer Aufladung durchgeführt wird; | Nr. 13i | 300,- | II |
| S | 161 | Nr. 10 | Nr. 13j | | |
| | 161.1 | einen für diesen Stoff nicht zugelassenen Tank befüllt, | | 1200,- | I |
| | 161.2 | einen Tank befüllt, obwohl bei dem verwendeten Fahrzeug das Gültigkeitsdatum der Zulassungsbescheinigung überschritten ist; | | 600,- | I |
| S | 162 | Nr. 11 sich nicht vergewissert, dass die dort genannten Vorschriften für die Beförderung in Tanks eingehalten sind; | Nr. 13k | 800,- | I |
| S | 163 | Nr. 12 nicht dafür sorgt, dass eine dort genannte Vorschrift eingehalten wird; | Nr. 13l | 1500,- | I |
| | | **der Befüller entgegen § 23 Abs. 3** | | | |
| E | 164 | Nr. 1 nicht dafür sorgt, dass eine dort genannte Kontrollvorschrift beachtet wird; | Nr. 14a | 600,- | I |
| E | 165 | Nr. 2 nicht dafür sorgt, dass | Nr. 14b | | |
| | 165.1 | ein Großzettel, | | 800,- | I |
| | 165.2 | ein Rangierzettel, | | 350,- | II |
| | 165.3 | die orangefarbene Tafel oder | | 800,- | I |
| | 165.4 | das Kennzeichen | | 800,- | I |
| | | angebracht werden; | | | |
| E | 166 | Nr. 3 nicht dafür sorgt, dass eine dort genannte Vorschrift beachtet wird; | Nr. 14c | 600,- | I |
| E | 167 | Nr. 4 nicht dafür sorgt, dass eine Beladevorschrift beachtet wird; | Nr. 14d | 600,- | I |

| G | Lfd. Nr. | Ordnungswidrigkeit, die darin besteht, dass | GGVSEB § 37 Abs. 1 | Euro | Kategorie |
|---|---|---|---|---|---|
| E | 168 | Nr. 5 nicht sicherstellt, dass die Temperatur nicht überschritten wird; | Nr. 14e | 600,- bis 1000,- | I |
| E | 169 | Nr. 6 nicht dafür sorgt, dass eine dort genannte Vorschrift eingehalten wird; | Nr. 14f | 600,- | I |
| | | **der Befüller entgegen § 23 Abs. 4** | | | |
| B | 170 | Nr. 1 einen Hinweis nicht oder nicht richtig oder nicht vollständig gibt; | Nr. 15a | 250,- bis 600,- | III/II/I |
| B | 171 | Nr. 2 nicht dafür sorgt, dass ein Großzettel, die orangefarbene Tafel oder das Kennzeichen angebracht wird; | Nr. 15b | 800,- | I |
| B | 172 | Nr. 3 nicht dafür sorgt, dass | Nr. 15c | | |
| | 172.1 | ein Tankschiff nur mit den zugelassenen gefährlichen Gütern befüllt wird oder | | 1800,- | I |
| | 172.2 | das Datum im Zulassungszeugnis nicht überschritten ist; | | 1100,- | I |
| B | 173 | Nr. 4 nicht sicherstellt, dass die landseitige Einrichtung mit einem oder zwei Evakuierungsmitteln ausgerüstet ist; | Nr. 15d | 1200,- | I |
| B | 174 | Nr. 5 nicht sicherstellt, dass die zulässige Temperatur beim Verladen nicht überschritten wird; | Nr. 15e | 600,- bis 1000,- | I |
| B | 175 | Nr. 6 nicht sicherstellt, dass eine Überwachung gewährleistet ist; | Nr. 15f | 600,- bis 1200,- | I |
| B | 176 | Nr. 7 seinen Teil der Prüfliste nicht, nicht richtig, nicht vollständig oder nicht rechtzeitig ausfüllt; | Nr. 15g | 250,- bis 1200,- | III/II/I |
| B | 177 | Nr. 8 nicht sicherstellt, dass eine Flammendurchschlagsicherung vorhanden ist; | Nr. 15h | 1200,- | I |
| B | 178 | Nr. 9 nicht sicherstellt, dass die Laderate übereinstimmt oder der Druck an der Übergabestelle den Öffnungsdruck des Hochgeschwindigkeitsventils nicht übersteigt; | Nr. 15i | 1000,- | I |
| | | **der Befüller entgegen § 26 Abs. 4 (auch Beförderer, Verlader, Betreiber eines Containers, Fahrzeugführer und Betreiber eines Wagens)** | | | |
| S,E | 179 | eine dort genannte Vorschrift nicht oder nicht richtig beachtet; | Nr. 18e | 250,- bis 1000,- | III/II/I |
| | | **der Befüller entgegen § 27 Abs. 1 (auch Verlader, Beförderer, Entlader, Empfänger, Betreiber der Eisenbahninfrastruktur und Betreiber einer Annahmestelle)** | | | |
| S,E,B | 180 | nicht dafür sorgt, dass die Vorlage eines Berichts rechtzeitig erfolgt; | Nr. 19a | 250,- | III |
| | | **der Befüller entgegen § 27 Abs. 4 (auch Auftraggeber des Absenders, Absender, Verpacker, Verlader, Entlader, Beförderer, Empfänger und Betreiber der Eisenbahninfrastruktur)** | | | |
| S,E,B | 181 | Sicherungspläne nicht einführt und nicht anwendet; | Nr. 19f | 600,- | I |
| | **H.** | **der Entlader** | | | |
| | | **der Entlader entgegen § 23a Abs. 1** | | | |
| S,E,B | 182 | Nr. 1 sich nicht vergewissert, dass die richtigen Güter ausgeladen werden; | Nr. 15a. a) | 1000,- | I |
| S,E,B | 183 | Nr. 2 nicht prüft oder sich nicht vergewissert, dass geeignete Maßnahmen ergriffen wurden; | Nr. 15a. b) | 1000,- | I |
| S,E,B | 184 | Nr. 3 Buchstabe a gefährliche Rückstände nicht oder nicht rechtzeitig entfernt; | Nr. 15a. c) | 600,- | I |
| S,E,B | 185 | Nr. 3 Buchstabe b den Verschluss nicht oder nicht rechtzeitig sicherstellt; | Nr. 15a. d) | 1000,- | I |
| S,E,B | 186 | Nr. 4 die Reinigung oder Entgiftung nicht sicherstellt; | Nr. 15a. e) | 600,- | II |

| G | Lfd. Nr. | Ordnungswidrigkeit, die darin besteht, dass | GGVSEB § 37 Abs. 1 | Euro | Kategorie |
|---|---|---|---|---|---|
| S,E,B | 187 | Nr. 5 nicht dafür sorgt, dass ein Großzettel, ein Kennzeichen oder eine orangefarbene Tafel nicht mehr sichtbar ist; | Nr. 15a. f) | 350,- | II |
| S,E,B | 188 | Nr. 6 das Warnkennzeichen nicht entfernt; | Nr. 15a. g) | 350,- | II |
| | | **der Entlader entgegen § 23a Abs. 2** | | | |
| S | 189 | Nr. 1 nicht dafür sorgt, dass eine Maßnahme zur Vermeidung elektrostatischer Aufladung durchgeführt wird; | Nr. 15a. h) | 300,- | II |
| S | 190 | Nr. 2 nicht dafür sorgt, dass eine dort genannte zusätzliche Vorschrift beachtet wird; | Nr. 15a. i) | 350,- bis 600,- | II/I |
| S | 191 | Nr. 3 nicht dafür sorgt, dass der Fahrzeugführer vor der erstmaligen Handhabung der Entleerungseinrichtung in der vorgeschriebenen Weise eingewiesen oder die Einweisung dokumentiert und aufbewahrt wird; | Nr. 15a. j) | 350,- | II |
| S | 192 | Nr. 4 nicht dafür sorgt, dass die Entladevorschriften beachtet werden; | Nr. 15a. k) | 250,- bis 1200,- | III/II/I |
| | | **der Entlader entgegen § 23a Abs. 3** | | | |
| E | 193 | nicht dafür sorgt, dass die Entladevorschriften beachtet werden; | Nr. 15a. k) | 250,- bis 1200,- | III/II/I |
| | | **der Entlader entgegen § 23a Abs. 4** | | | |
| B | 194 | Nr. 1 nicht sicherstellt, dass die landseitige Einrichtung mit einem oder zwei Evakuierungsmitteln ausgerüstet ist; | Nr. 15a. l) | 1200,- | I |
| B | 195 | Nr. 2 Buchstabe a seinen Teil der Prüfliste nicht oder nicht rechtzeitig ausfüllt; | Nr. 15a. m) | 350,- bis 1200,- | III/II/I |
| B | 196 | Nr. 2 Buchstabe b nicht sicherstellt, dass eine Flammendurchschlagsicherung vorhanden ist; | Nr. 15a. n) | 1200,- | I |
| B | 197 | Nr. 2 Buchstabe c nicht sicherstellt, dass der Druck an der Übergabestelle den Öffnungsdruck des Hochgeschwindigkeitsventils nicht übersteigt; | Nr. 15a. o) | 1000,- | I |
| B | 198 | Nr. 2 Buchstabe d nicht sicherstellt, dass die Dichtungen aus den dort genannten Werkstoffen bestehen; | Nr. 15a. p) | 1200,- | I |
| B | 199 | Nr. 2 Buchstabe e nicht sicherstellt, dass eine Überwachung gewährleistet ist; | Nr. 15a. q) | 600,- bis 1200,- | I |
| B | 200 | Nr. 2 Buchstabe f nicht sicherstellt, dass die Löschpumpe abgeschaltet werden kann; | Nr. 15a. r) | 600,- | I |
| | | **der Entlader entgegen § 27 Abs. 1 (auch Verlader, Befüller, Beförderer, Empfänger, Betreiber der Eisenbahninfrastruktur und Betreiber einer Annahmestelle)** | | | |
| S,E,B | 201 | nicht dafür sorgt, dass die Vorlage eines Berichts rechtzeitig erfolgt; | Nr. 19a | 250,- | III |
| | | **der Entlader entgegen § 27 Abs. 4 (auch Auftraggeber des Absenders, Absender, Verpacker, Verlader, Befüller, Beförderer, Empfänger und Betreiber der Eisenbahninfrastruktur)** | | | |
| S,E,B | 202 | Sicherungspläne nicht einführt und nicht anwendet; | Nr. 19f | 600,- | I |
| | | **der Entlader entgegen § 29 Abs. 2 (auch Verlader, Beförderer, Empfänger und Fahrzeugführer)** | | | |
| S | 203 | eine dort genannte Vorschrift über | Nr. 21b | | |
| | 203.1 | Nr. 1 das Verbot der direkten Sonneneinstrahlung, der Einwirkung von Wärmequellen und zum Abstellen an ausreichend belüfteten Stellen, | | 900,- | I |
| | 203.2 | Nr. 2 die Temperaturkontrolle, | | 800,- | I |
| | 203.3 | Nr. 3 die Beförderung in Versandstücken, | | 800,- | I |

| G | Lfd. Nr. | Ordnungswidrigkeit, die darin besteht, dass | GGVSEB § 37 Abs. 1 | Euro | Kategorie |
|---|---|---|---|---|---|
| | 203.4 | Nr. 4 das Rauchverbot, | | 600,- | I |
| | 203.5 | Nr. 5 das Rauchverbot sowie das Verbot von Feuer und offenem Licht | | 600,- | I |
| | | nicht beachtet; | | | |
| | | **der Entlader entgegen § 29 Abs. 3 (auch Verlader und Fahrzeugführer)** | | | |
| S | 204 | eine dort genannte Vorschrift über Vorsichtsmaßnahmen nicht beachtet; | Nr. 21c | 350,- bis 600,- | II/I |
| | **I.** | **der Betreiber eines Tankcontainers, ortsbeweglichen Tanks, MEGC, Schüttgut-Containers oder MEMU** | | | |
| | | **der Betreiber eines Tankcontainers, ortsbeweglichen Tanks, MEGC, Schüttgut-Containers oder MEMU entgegen § 24** | | | |
| S,E | 205 | Nr. 1 nicht dafür sorgt, dass ein Tankcontainer, ein ortsbeweglicher Tank, ein MEGC, ein Schüttgut-Container oder ein flexibler Schüttgut-Container einer dort genannten | Nr. 16a | | |
| | 205.1 | Verwendungs-, Bau- oder Ausrüstungsvorschrift, | | 2500,- | I |
| | 205.2 | Kennzeichnungsvorschrift | | 600,- | II |
| | | entspricht; | | | |
| S,E | 206 | Nr. 2 nicht dafür sorgt, dass eine außerordentliche Prüfung durchgeführt wird | Nr. 16b | | |
| | 206.1 | Personen- und Umweltschäden sind zu erwarten, | | 1200,- | I |
| | 206.2 | Personen- und Umweltschäden sind nicht zu erwarten; | | 600,- | II |
| S,E | 207 | Nr. 3 nicht dafür sorgt, dass nur ein Tankcontainer, ein ortsbeweglicher Tank oder MEGC verwendet wird, der den dort genannten Anforderungen entspricht; | Nr. 16c | 1200,- | I |
| S,E | 208 | Nr. 4 nicht dafür sorgt, dass ein MEGC nicht zur Befüllung übergeben wird; | Nr. 16d | 600,- bis 1200,- | II/I |
| S,E | 209 | Nr. 5 nicht dafür sorgt, dass eine Druckentlastungseinrichtung geprüft wird; | Nr. 16e | 800,- | I |
| S,E | 210 | Nr. 6 nicht dafür sorgt, dass die Tankakte geführt, aufbewahrt, übergeben, vorgelegt oder zur Verfügung gestellt wird; | Nr. 16f | 250,- | III |
| S | 211 | Nr. 7 nicht dafür sorgt, dass MEMU untersucht oder geprüft werden; | Nr. 16g | 2000,- | I |
| S | 212 | Nr. 8 nicht dafür sorgt, dass Schlösser verwendet werden; | Nr. 16h | 600,- | I |
| | | **der Betreiber eines Containers entgegen § 26 Abs. 4 (auch Beförderer, Verlader, Befüller, Fahrzeugführer und Betreiber eines Wagens)** | | | |
| S,E | 213 | eine dort genannte Vorschrift nicht oder nicht richtig beachtet; | Nr. 18e | 250,- bis 1000,- | III/II/I |
| | **J.** | **der Hersteller, der Wiederaufarbeiter und der Rekonditionierer von Verpackungen, der Hersteller und Wiederaufarbeiter von IBC und die Stellen für Inspektionen und Prüfungen von IBC** | | | |
| | | **der Hersteller oder Wiederaufarbeiter entgegen § 25 Abs. 1** | | | |
| S,E,B | 214 | Nr. 1 ein dort genanntes Kennzeichen anbringt; | Nr. 17a | 2500,- | I |
| S,E,B | 215 | Nr. 2 die Behörde nicht oder nicht richtig in Kenntnis setzt; | Nr. 17b | 2500,- | I |
| S,E,B | 216 | Nr. 3 die Anweisungen nicht liefert; | Nr. 17c | 600,- | I |
| S,E,B | 217 | Nr. 4 dem Eigentümer eines Bergungsdruckgefäßes eine Kopie der Zulassungsbescheinigung nicht zur Verfügung stellt; | Nr. 17d | 350,- | II |

| G | Lfd. Nr. | Ordnungswidrigkeit, die darin besteht, dass | GGVSEB § 37 Abs. 1 | Euro | Kategorie |
|---|---|---|---|---|---|
| | | **der Rekonditionierer von Verpackungen entgegen § 25 Abs. 2** | | | |
| S,E,B | 218 | ein dort genanntes Kennzeichen anbringt; | Nr. 17e | 2500,- | I |
| | | **die Stellen für Inspektionen und Prüfungen von IBC entgegen § 25 Abs. 3** | | | |
| S,E,B | 219 | ein dort genanntes Kennzeichen anbringen; | Nr. 17f | 2500,- | I |
| | **K.** | **der Übergeber, Versender oder Beförderer von leeren Tanks** | | | |
| | | **der Übergeber, Versender oder Beförderer von leeren Tanks entgegen § 26 Abs. 1** | | | |
| S,E | 220 | Nr. 1 nicht dafür sorgt, dass einem Tank dort genannte Reste nicht anhaften; | Nr. 18a | 800,- | I |
| S,E | 221 | Nr. 2 nicht dafür sorgt, dass ein Tank oder UN-MEGC verschlossen oder dicht ist; | Nr. 18b | 800,- | I |
| E | 222 | Nr. 3 nicht dafür sorgt, dass ein Großzettel oder die nach Abschnitt 5.3.2, 5.3.4 oder 5.3.6 RID vorgeschriebenen Kennzeichen angebracht sind; | Nr. 18c | 600,- | I |
| | **L.** | **der Hersteller** | | | |
| | | **der Hersteller von Gegenständen der UN 3164 entgegen § 26 Abs. 3** | | | |
| S,E,B | 223 | eine technische Dokumentation über Bauart, Herstellung sowie Prüfungen und deren Ergebnisse nicht, nicht richtig, nicht vollständig oder nicht rechtzeitig anfertigt; | Nr. 18d | 250,- | III |
| | **M.** | **der Beteiligte** | | | |
| | | **der Beteiligte entgegen § 27 Abs. 3** | | | |
| S,E,B | 224 | Nr. 1 eine Vorschrift über die Sicherung nicht beachtet; | Nr. 19c | 600,- | I |
| S,E,B | 225 | Nr. 2 Buchstabe a nicht dafür sorgt, dass die Unterweisung nach Unterabschnitt 1.10.2.3 erfolgt; | Nr. 19d | 350,- | II |
| S,E,B | 226 | Nr. 2 Buchstabe b nicht dafür sorgt, dass die Aufzeichnungen über die Unterweisung der Arbeitnehmer fünf Jahre aufbewahrt werden; | Nr. 19e | 350,- | II |
| | | **der Beteiligte entgegen § 27 Abs. 4a** | | | |
| S,E,B | 227 | Satz 1, auch i.V.m. Satz 2, nicht dafür sorgt, dass eine Mitteilung an die zuständige Polizeibehörde erfolgt; | Nr. 19g | 350,- bis 600,- | II/I |
| | | **der Beteiligte entgegen § 27 Abs. 5** | | | |
| S,E,B | 228 | Nr. 1 nicht dafür sorgt, dass die Unterweisung nach Kap. 1.3 erfolgt; | Nr. 19h | 800,- | I |
| S,E,B | 229 | Nr. 2 nicht dafür sorgt, dass die Aufzeichnungen des Arbeitnehmers nach Abschnitt 1.3.3 fünf Jahre aufbewahrt werden; | Nr. 19i | 600,- | I |
| | | **der Beteiligte entgegen § 27 Abs. 6** | | | |
| S,E,B | 230 | Nr. 1 nicht dafür sorgt, dass die mit der Handhabung von begasten Güterbeförderungseinheiten befassten Personen unterwiesen werden; | Nr. 19j | 800,- | I |
| S,E,B | 231 | Nr. 2 nicht dafür sorgt, dass Personen unterwiesen wurden, die mit der Handhabung oder Beförderung von Fahrzeugen, Wagen oder Containern, mit denen Trockeneis (UN 1845) befördert wird oder die zu Kühl- oder Konditionierungszwecken verwendete Stoffe enthalten, befasst sind; | Nr. 19j | 500,- | II |
| | | **der Beteiligte entgegen § 29 Abs. 5** | | | |
| S | 232 | nicht dafür sorgt, dass eine Vorschrift über die Handhabung und Verstauung nach den Unterabschnitten 7.5.7.1 und 7.5.7.2 ADR beachtet wird; | Nr. 21f | 500,- bis 800,- | II/I |

## Anlage 7 Buß- und Verwarnungsgeldkatalog

| G | Lfd. Nr. | Ordnungswidrigkeit, die darin besteht, dass | GGVSEB § 37 Abs. 1 | Euro | Kategorie |
|---|---|---|---|---|---|
| | N. | **der Fahrzeugführer** | | | |
| | | **der Fahrzeugführer entgegen § 4 Abs. 2** | | | |
| S | 233 | Nr. 1 eine Behörde nicht oder nicht rechtzeitig benachrichtigt und nicht oder nicht rechtzeitig benachrichtigen lässt oder nicht, nicht richtig oder nicht vollständig mit Informationen versieht und nicht, nicht richtig oder nicht vollständig versehen lässt; | Nr. 1 | 300,- | I |
| | | **der Fahrzeugführer entgegen § 4 Abs. 3** | | | |
| S | 234 | Nr. 1 die Sendung nicht oder nicht rechtzeitig anhält oder die Beförderung fortsetzt; | Nr. 2 | 600,- | I |
| | | **der Fahrzeugführer entgegen § 26 Abs. 4 (auch Beförderer, Verlader, Befüller, Betreiber eines Containers und Betreiber eines Wagens)** | | | |
| S | 235 | eine dort genannte Vorschrift nicht oder nicht richtig beachtet; | Nr. 18e | 150,- bis 500,- | III/II/I |
| | | **der Fahrzeugführer entgegen § 28 Satz 1** | | | |
| S | 236 | Nr. 1 ein Versandstück befördert; | Nr. 20a | 300,- | I |
| S | 237 | Nr. 2 eine dort genannte Vorschrift über Beförderungsbe- oder -einschränkungen nicht beachtet; | Nr. 20b | 800,- | I |
| S | 238 | Nr. 3 den Füllungsgrad, den Füllungszustand, den Füllfaktor, die Masse oder die Befülltemperatur nicht einhält; | Nr. 20c | 400,- | I |
| S | 239 | Nr. 4 eine dort genannte Vorschrift über | Nr. 20d | | |
| | 239.1 | den Betrieb von Tanks mit zu erwartenden Personen- und Umweltschäden, | | 600,- | I |
| | 239.2 | den Betrieb von Tanks ohne zu erwartende Personen- und Umweltschäden und | | 300,- | II |
| | 239.3 | die zusätzlichen Vorschriften<br>nicht beachtet; | | 150,- | II |
| S | 240 | Nr. 5 die Dichtheit nicht prüft; | Nr. 20e | 300,- | II |
| S | 241 | Nr. 6 die Großzettel | Nr. 20f | | |
| | 241.1 | nicht anbringt, | | 350,- | I |
| | 241.2 | nicht entfernt oder abdeckt; | | 150,- | II |
| S | 242 | Nr. 7 ein dort genanntes Kennzeichen oder eine dort genannte Tafel | Nr. 20g | | |
| | 242.1 | nicht richtig anbringt oder nicht richtig sichtbar macht oder | | 150,- | II |
| | 242.2 | nicht anbringt oder nicht sichtbar macht oder | | 350,- | I |
| | 242.3 | nicht, nicht richtig oder nicht vollständig entfernt oder verdeckt; | | 150,- | II |
| S | 243 | Nr. 8 eine Maßnahme nicht trifft; | Nr. 20h | 300,- | I |
| S | 244 | Nr. 9 sich nicht vergewissert, dass ein Warnkennzeichen angebracht ist; | Nr. 20i | 300,- | I |
| S | 245 | Nr. 10 ein Begleitpapier, eine Bescheinigung, ein Feuerlöschgerät, einen Ausrüstungsgegenstand oder die Ausnahmezulassung nicht mitführt oder nicht oder nicht rechtzeitig aushändigt: | Nr. 20j | | |
| | 245.1 | Schriftliche Weisung, | | 150,- | II |
| | 245.2 | Beförderungspapier, | | 200,- | I |
| | 245.3 | Beförderungspapier zwar mitführt, aber relevante Angaben zu dem beförderten Stoff fehlen, | | 100,- bis 150,- | III/II/I |
| | 245.4 | Lichtbildausweis, | | 150,- | II |
| | 245.5 | Zulassungsbescheinigung fehlt oder ist nicht verlängert worden, | | 300,- | I |

## Anlage 7 Buß- und Verwarnungsgeldkatalog

| G | Lfd. Nr. | Ordnungswidrigkeit, die darin besteht, dass | GGVSEB § 37 Abs. 1 | Euro | Kategorie |
|---|---|---|---|---|---|
| | 245.6 | Bescheinigung über die Schulung des Fahrzeugführers nicht mitführt, es fehlen: | | | |
| | 245.6.1 | Basiskurs, | | 350,- | I |
| | 245.6.2 | Aufbaukurs, | | 350,- | I |
| | 245.6.3 | Basis- und Aufbaukurs, | | 600,- | I |
| | 245.6.4 | abgelaufener Basis- und/oder Aufbaukurs, bei einem Ablauf von bis zu 12 Monaten, | | 150,- bis 350,- | I |
| | 245.7 | Bescheinigung über die Prüfung des Aufsetztanks (innerstaatlich), | | 300,- | I |
| | 245.8 | Kopie der Genehmigung der zuständigen Behörde, | | 300,- | I |
| | 245.9 | Feuerlöschgeräte, | | 200,- | I |
| | 245.10 | Plombierung der Feuerlöschgeräte, | | 80,- | III |
| | 245.11 | Ausrüstungsgegenstände, | | 200,- | II |
| | 245.12 | Ausnahmezulassung; | | 300,- | I |
| S | 246 | Nr. 11 eine dort genannte Vorschrift über die Überwachung nicht beachtet; | Nr. 20k | 300,- | II |
| S | 247 | Nr. 12 dort genannte Reste nicht oder nicht rechtzeitig entfernt und nicht oder nicht rechtzeitig entfernen lässt; | Nr. 20l | 400,- | I |
| S | 248 | Nr. 13 während der Teilnahme am Straßenverkehr mit kennzeichnungspflichtigen Beförderungseinheiten die Einnahme von alkoholischen Getränken und von Tetrahydrocannabinol-haltigen Substanzen nicht unterlässt oder die Fahrt mit diesen Gütern unter der Wirkung solcher Getränke mit einer Wirkung bis 0,249 mg/l AAK (Alkohol in der Atemluft) oder 0,49 Promille BAK (Alkohol im Blut) oder von Tetrahydrocannabinol bis 3,49 ng/ml im Blutserum antritt; | Nr. 20m | 300,- | I |
| S | 249 | Nr. 14 nicht sicherstellt, dass eine Verbindungsleitung oder ein Rohr entleert ist; | Nr. 20n | 300,- | I |
| S | 250 | Nr. 15 ein Fahrzeug, einen ortsbeweglichen Tank oder einen Tankcontainer nicht erdet; | Nr. 20o | 200,- | II |
| S | 251 | Nr. 16 eine dort genannte Vorschrift nicht beachtet; | Nr. 20p | 150,- bis 300,- | III/II/I |
| | | **der Fahrzeugführer entgegen § 29 Abs. 1 (auch Verlader)** | | | |
| S | 252 | eine dort genannte Vorschrift über die Beladung und Handhabung nicht beachtet: | Nr. 21a | | |
| | 252.1 | Zusammenladung, | | 300,- | I |
| | 252.2 | Begrenzung der beförderten Mengen, | | 300,- | I |
| | 252.3 | Handhabung und Verstauung, | | 500,- | I |
| | 252.4 | Reinigung nach dem Entladen, | | 300,- | II |
| | 252.5 | Sondervorschriften für die Be- und Entladung und die Handhabung, | | 500,- | I |
| | 252.6 | Ausrichten von Versandstücken und Umverpackungen, | | 400,- | I |
| | 252.7 | Beladung trotz einer bei Dokumentenkontrolle/Sichtprüfung festgestellten Rechtsnonkonformität, | | 150,- bis 600,- | III/II/I |
| | 252.8 | Unterlassene Untersuchung vor Beladung, | | 150,- | II |
| | 252.9 | Be- oder Entladung an unzulässiger Stelle; | | 150,- | II |

## Anlage 7 Buß- und Verwarnungsgeldkatalog

| G | Lfd. Nr. | Ordnungswidrigkeit, die darin besteht, dass | GGVSEB § 37 Abs. 1 | Euro | Kategorie |
|---|---|---|---|---|---|
| | | **der Fahrzeugführer entgegen § 29 Abs. 2 (auch Verlader, Entlader, Beförderer und Empfänger)** | | | |
| S | 253 | eine dort genannte Vorschrift über | Nr. 21b | | |
| | 253.1 | Nr. 1 das Verbot der direkten Sonneneinstrahlung, der Einwirkung von Wärmequellen und zum Abstellen an ausreichend belüfteten Stellen, | | 350,- | I |
| | 253.2 | Nr. 2 die Temperaturkontrolle, | | 300,- | I |
| | 253.3 | Nr. 3 die Beförderung in Versandstücken, | | 300,- | I |
| | 253.4 | Nr. 4 das Rauchverbot, | | 300,- | I |
| | 253.5 | Nr. 5 das Rauchverbot sowie das Verbot von Feuer und offenem Licht | | 300,- | I |
| | | nicht beachtet; | | | |
| | | **der Fahrzeugführer entgegen § 29 Abs. 3 (auch Verlader und Entlader)** | | | |
| S | 254 | eine dort genannte Vorschrift über Vorsichtsmaßnahmen nicht beachtet; | Nr. 21c | 200,- bis 300,- | II/I |
| | | **der Fahrzeugführer entgegen § 29 Abs. 4 (auch Beförderer und Verlader)** | | | |
| S | 255 | Nr. 1 eine Vorschrift über die Verladung oder das Kennzeichen nicht beachtet; | Nr. 21d | 350,- | I |
| S | 256 | Nr. 2 eine Vorschrift über die Beförderung nicht beachtet; | Nr. 21e | 350,- | I |
| | | **der Fahrzeugführer entgegen § 35 Abs. 4** | | | |
| S | 257 | Satz 5 eine Bescheinigung nicht mitführt oder nicht oder nicht rechtzeitig aushändigt; | Nr. 27c | 300,- | II |
| | | **der Fahrzeugführer entgegen § 35a Abs. 4** | | | |
| S | 258 | Satz 3 eine Fahrwegbestimmung nicht oder nicht richtig beachtet, nicht mitführt oder nicht oder nicht rechtzeitig aushändigt; | Nr. 28c | 300,- | II |
| | **O.** | **der Betreiber eines Kesselwagens, abnehmbaren Tanks und Batteriewagens** | | | |
| | | **der Betreiber eines Wagens entgegen § 26 Abs. 4 (auch Beförderer, Verlader, Befüller, Fahrzeugführer und Betreiber eines Containers)** | | | |
| E | 259 | eine dort genannte Vorschrift nicht oder nicht richtig beachtet; | Nr. 18e | 250,- bis 1000,- | III/II/I |
| | | **der Betreiber eines Kesselwagens, abnehmbaren Tanks und Batteriewagens entgegen § 30** | | | |
| E | 260 | Nr. 1 nicht dafür sorgt, dass nur ein Wagen oder ein Tank verwendet wird, der den dort genannten Anforderungen entspricht; | Nr. 22a | 1200,- | I |
| E | 261 | Nr. 2 nicht dafür sorgt, dass ein Wagen oder Tank einer dort genannten | Nr. 22b | | |
| | 261.1 | Bauvorschrift oder Ausrüstungsvorschrift, | | 2500,- | I |
| | 261.2 | Kennzeichnungsvorschrift | | 600,- | I |
| | | entspricht; | | | |
| E | 262 | Nr. 3 nicht dafür sorgt, dass eine außerordentliche Prüfung durchgeführt wird; | Nr. 22c | 1200,- | I |
| E | 263 | Nr. 4 nicht dafür sorgt, dass die Tankakte geführt, aufbewahrt, übergeben, vorgelegt oder zur Verfügung gestellt wird; | Nr. 22d | 250,- | III |
| E | 264 | Nr. 5 nicht dafür sorgt, dass ein Kesselwagen, ein abnehmbarer Tank oder ein Batteriewagen nicht verwendet wird; | Nr. 22e | 600,- | I |

## Anlage 7 Buß- und Verwarnungsgeldkatalog

| G | Lfd. Nr. | Ordnungswidrigkeit, die darin besteht, dass | GGVSEB § 37 Abs. 1 | Euro | Kategorie |
|---|---|---|---|---|---|
| E | 265 | Nr. 6 nicht dafür sorgt, dass eine dort genannte Information den Tank oder seine Ausrüstung umfasst; | Nr. 22f | 600,- | II |
| | P. | **Die für die Instandhaltung zuständige Stelle (ECM)** | | | |
| | | **die für die Instandhaltung zuständige Stelle (ECM) entgegen § 30a Abs. 1** | | | |
| E | 266 | Nr. 1 nicht dafür sorgt, dass die Instandhaltung eines Tanks oder seiner Ausrüstung in einer dort genannten Weise sichergestellt wird; | Nr. 22a. a) | 1200,- | I |
| E | 267 | Nr. 2 nicht dafür sorgt, dass eine dort genannte Information den Tank oder seine Ausrüstung umfasst; | Nr. 22a. b) | 600,- | II |
| E | 268 | Nr. 3 nicht dafür sorgt, dass eine Aufzeichnung gefertigt wird; | Nr. 22a. c) | 600,- | II |
| | | **die für die Instandhaltung zuständige Stelle (ECM) entgegen § 30a Abs. 2** | | | |
| E | 269 | Nr. 1 nicht dafür sorgt, dass ein Kesselwagen nicht verwendet wird; | Nr. 22a. d) | 600,- | I |
| E | 270 | Nr. 2 nicht dafür sorgt, dass eine außerordentliche Prüfung durchgeführt wird; | Nr. 22a. e) | 1200,- | I |
| | Q. | **der Betreiber der Eisenbahninfrastruktur** | | | |
| | | **der Betreiber der Eisenbahninfrastruktur entgegen § 4 Abs. 2** | | | |
| E | 271 | Nr. 2 eine Behörde nicht oder nicht rechtzeitig benachrichtigt und nicht oder nicht rechtzeitig benachrichtigen lässt oder nicht, nicht richtig oder nicht vollständig mit Informationen versieht und nicht, nicht richtig oder nicht vollständig versehen lässt; | Nr. 1 | 1000,- | I |
| | | **der Betreiber der Eisenbahninfrastruktur entgegen § 27 Abs. 1 (auch Beförderer, Verlader, Befüller, Empfänger und Betreiber einer Annahmestelle)** | | | |
| E | 272 | nicht dafür sorgt, dass die Vorlage eines Berichts rechtzeitig erfolgt; | Nr. 19a | 250,- | III |
| | | **der Betreiber der Eisenbahninfrastruktur entgegen § 27 Abs. 4 (auch Auftraggeber des Absenders, Absender, Verpacker, Verlader, Befüller, Entlader, Beförderer und Empfänger)** | | | |
| E | 273 | Sicherungspläne nicht einführt und nicht anwendet; | Nr. 19f | 600,- | I |
| | | **der Betreiber der Eisenbahninfrastruktur entgegen § 31** | | | |
| E | 274 | Nr. 1 nicht dafür sorgt, dass sein Personal unterwiesen wird; | Nr. 23a | 300,- | II |
| E | 275 | Nr. 2 Buchstabe a nicht dafür sorgt, dass ein interner Notfallplan aufgestellt wird; | Nr. 23b | 1200,- | I |
| E | 276 | Nr. 2 Buchstabe b nicht sicherstellt, dass er Zugriff zu einer Information hat; | Nr. 23c | 1000,- | I |
| | R. | **der Triebfahrzeugführer** | | | |
| | | **der Triebfahrzeugführer entgegen § 31a** | | | |
| E | 277 | eine schriftliche Weisung nicht oder nicht rechtzeitig einsieht; | Nr. 23a | 250,- | II |
| | S. | **der Reisende** | | | |
| | | **der Reisende entgegen § 32** | | | |
| E | 278 | ein gefährliches Gut mitführt oder befördern lässt; | Nr. 24 | 600,- | I |
| | T. | **der Schiffsführer** | | | |
| | | **der Schiffsführer entgegen § 4 Abs. 2** | | | |
| B | 279 | Nr. 3 eine Behörde nicht oder nicht rechtzeitig benachrichtigt oder nicht oder nicht rechtzeitig benachrichtigen lässt und nicht mit Informationen versieht oder versehen lässt; | Nr. 1 | 1000,- | I |

| G | Lfd. Nr. | Ordnungswidrigkeit, die darin besteht, dass | GGVSEB § 37 Abs. 1 | Euro | Kategorie |
|---|---|---|---|---|---|
| | | **der Schiffsführer entgegen § 4 Abs. 3** | | | |
| B | 280 | Nr. 3 die Sendung nicht oder nicht rechtzeitig anhält oder die Beförderung fortsetzt; | Nr. 2 | 2000,- | I |
| | | **der Schiffsführer entgegen § 27 Abs. 7 (auch Beförderer)** | | | |
| B | 281 | nicht sicherstellt, dass nur eine dort genannte Anlage oder ein dort genanntes Gerät verwendet wird; | Nr. 19k | 1200,- | I |
| | | **der Schiffsführer entgegen § 33** | | | |
| B | 282 | Nr. 1 die Sicherheitspflichten nicht beachtet; | Nr. 25a | 1000,- | I |
| B | 283 | Nr. 2 nicht dafür sorgt, dass ein Schiff oder Tankschiff nicht überladen oder ein Ladetank nicht überfüllt ist; | Nr. 25b | 1200,- | I |
| B | 284 | Nr. 3 sich nicht vergewissert, dass | Nr. 25c | | |
| | 284.1 | das Schiff oder Tankschiff oder die Ladung keine offensichtlichen Mängel, | | 1200,- | I |
| | 284.2 | Undichtheiten oder Risse aufweist oder | | 1200,- | I |
| | 284.3 | keine Ausrüstungsteile fehlen; | | 250,- bis 1200,- | III/II/I |
| B | 285 | Nr. 4 nicht dafür sorgt, dass jedes betroffene Mitglied der Besatzung die schriftlichen Weisungen versteht oder richtig anwenden kann; | Nr. 25d | 350,- | II |
| B | 286 | Nr. 5 eine vorgeschriebene Maßnahme nicht trifft; | Nr. 25e | 1000,- | I |
| B | 287 | Nr. 6 nicht dafür sorgt, dass eine dort genannte Vorschrift eingehalten wird; | Nr. 25f | 200,- bis 6000,- | III/II/I |
| B | 288 | Nr. 7 nicht prüft, ob der Eigentümer oder Betreiber seinen Pflichten nach § 34 nachgekommen ist; | Nr. 25g | 250,- bis 1200,- | III/II/I |
| B | 289 | Nr. 8 Buchstabe a ein Begleitpapier nicht mitführt oder nicht oder nicht rechtzeitig aushändigt; | Nr. 25h | | |
| | 289.1 | folgende Dokumente nach Unterabschnitt 8.1.2.1 ADN: | | | |
| | 289.1.1 | a) Zulassungszeugnis nach Unterabschnitt 1.16.1.1 oder 1.16.1.3 ADN und Anlage nach Unterabschnitt 1.16.1.4 ADN, | | 200,- bis 600,- | II/I |
| | 289.1.2 | b) Beförderungspapiere nach Abschnitt 5.4.1 ADN | | | |
| | 289.1.2.1 | nicht vorhanden, | | 600,- | I |
| | 289.1.2.2 | nicht vollständig, | | 250,- | III |
| | 289.1.3 | c) schriftliche Weisungen nach Abschnitt 5.4.3 ADN, | | 350,- | II |
| | 289.1.4 | d) Abdruck des ADN mit der beigefügten Verordnung in der jeweils geltenden Fassung, | | 200,- | II |
| | 289.1.5 | e) Bescheinigungen über die Prüfung nach den Unterabschnitten 8.1.7.1, 8.1.7.2 ADN, | | 200,- bis 600,- | II/I |
| | 289.1.6 | f) Bescheinigungen über die Prüfung der Feuerlöschschläuche nach Unterabschnitt 8.1.6.1 ADN und der besonderen Ausrüstung nach Unterabschnitt 8.1.6.3 ADN, | | 350,- bis 600,- | II/I |
| | 289.1.7 | g) Prüfbuch für Messergebnisse nach ADN, | | 200,- | II |
| | 289.1.8 | h) Kopie einer Sonderregelung nach Kapitel 1.5 ADN, | | 200,- | II |
| | 289.1.9 | i) Lichtbildausweis nach Unterabschnitt 1.10.1.4 ADN, | | 600,- | I |
| | 289.1.10 | j) Bescheinigung über die Prüfung und die vorgeschriebene Dokumentation nach Unterabschnitt 8.1.6.2 ADN, | | 350,- bis 600,- | II/I |
| | 289.2 | folgende Dokumente nach Unterabschnitt 8.1.2.2 ADN: | | | |
| | 289.2.1 | a) Stauplan nach Unterabschnitt 7.1.4.11 ADN, | | 600,- | I |
| | 289.2.2 | b) Bescheinigung über besondere Kenntnisse nach Unterabschnitt 8.2.1.2 ADN, | | 600,- | I |

| G | Lfd. Nr. | Ordnungswidrigkeit, die darin besteht, dass | GGVSEB § 37 Abs. 1 | Euro | Kategorie |
|---|---|---|---|---|---|
| | 289.2.3 | c) Lecksicherheitsplan und Intaktstabilitätsunterlagen nach Unterabschnitt 9.1.0.94 und 9.1.0.95 ADN sowie Bescheinigung der anerkannten Klassifikationsgesellschaft nach Unterabschnitt 9.1.0.88 oder 9.2.0.88 ADN, | | 600,- | I |
| | 289.2.4 | d) Prüfbescheinigungen über die fest installierten Feuerlöscheinrichtungen nach Absatz 9.1.0.40.2.9 ADN, | | 350,- | II |
| | 289.2.5 | e) Liste oder Übersichtsplan mit den erforderlichen Angaben, | | 600,- | I |
| | 289.2.6 | f) Liste oder Übersichtsplan der rot gekennzeichneten fest installierten Anlagen und Geräte nach Absatz 9.1.0.52.2 ADN, | | 600,- | I |
| | 289.2.7 | g) Plan mit den erforderlichen Angaben beim Einsatz fest installierter Anlagen und Geräte in explosionsgefährdeten Bereichen, | | 600,- | I |
| | 289.2.8 | h) Liste über die unter Buchstabe g) aufgeführten Anlagen/Geräte mit den vorgeschriebenen Angaben, | | 600,- | I |
| | 289.2.9 | fehlender Sichtvermerk der zuständigen Behörde auf den unter e) bis h) genannten Unterlagen, | | 150,- | III |
| | 289.3 | folgende Dokumente nach Unterabschnitt 8.1.2.3 ADN: | | | |
| | 289.3.1 | a) Stauplan nach Unterabschnitt 7.2.4.11 ADN, | | 600,- | I |
| | 289.3.2 | b) Bescheinigung über besondere Kenntnisse nach Unterabschnitt 8.2.1.2 ADN, | | 600,- | I |
| | 289.3.3 | c) Lecksicherheitsplan und Stabilitätshandbuch nach Unterabschnitt 9.3.1.13, 9.3.2.13 oder 9.3.3.13 ADN sowie Beleg für den Ladungsrechner, | | 600,- | I |
| | 289.3.4 | d) (gestrichen) | | | |
| | 289.3.5 | e) Klassifikationszeugnis nach Absatz 9.3.1.8.1, 9.3.2.8.1 oder 9.3.3.8.1 ADN, | | 600,- | I |
| | 289.3.6 | f) Bescheinigungen über die Prüfung der besonderen Ausrüstung, der Gasspüranlagen und der Sauerstoffmessanlage nach Unterabschnitt 8.1.6.3 ADN, | | 1200,- | I |
| | 289.3.7 | g) Schiffsstoffliste nach Absatz 1.16.1.2.5 ADN, | | 600,- | I |
| | 289.3.8 | h) Bescheinigung über die Prüfung der Schlauchleitungen nach Unterabschnitt 8.1.6.2 ADN, | | 1000,- | I |
| | 289.3.9 | i) Instruktion für Lade- und Löschraten nach Absatz 9.3.2.25.9 oder 9.3.3.25.9 ADN, | | 1000,- | I |
| | 289.3.10 | j) Bescheinigung über die Kontrolle der Pumpenräume nach Abschnitt 8.1.8 ADN, | | 600,- | I |
| | 289.3.11 | k) Heizinstruktion nach ADN, | | 1000,- | I |
| | 289.3.12 | l) (gestrichen) | | | |
| | 289.3.13 | m) Reiseregistrierung nach Abschnitt 8.1.11 ADN, | | 1000,- | I |
| | 289.3.14 | n) Instruktion nach Unterabschnitt 7.2.3.28 ADN, | | 600,- | I |
| | 289.3.15 | o) Bescheinigung über die Kühlanlage nach Absatz 9.3.1.27.10, 9.3.2.27.10 oder 9.3.3.27.10 ADN, | | 600,- | I |
| | 289.3.16 | p) Prüfbescheinigungen über die fest installierten Feuerlöscheinrichtungen nach den Absätzen 9.3.1.40.2.9, 9.3.2.40.2.9 und 9.3.3.40.2.9 ADN, | | 350,- | II |
| | 289.3.17 | q) Berechnung der Haltezeit nach den Absätzen 7.2.4.16.16, 7.2.4.16.17 ADN und die Dokumentation des Wärmeübergangswertes, | | 600,- | I |
| | 289.3.18 | r) Liste oder Übersichtsplan mit den erforderlichen Angaben, | | 600,- | I |
| | 289.3.19 | s) Liste oder Übersichtsplan der rot gekennzeichneten fest installierten Anlagen und Geräte nach Absatz 9.3.1.52.3, 9.3.2.52.3 oder 9.3.3.52.3 ADN, | | 600,- | I |

| G | Lfd. Nr. | Ordnungswidrigkeit, die darin besteht, dass | GGVSEB § 37 Abs. 1 | Euro | Kategorie |
|---|---|---|---|---|---|
| | 289.3.20 | t) Plan mit den erforderlichen Angaben beim Einsatz fest installierter Anlagen und Geräte in explosionsgefährdeten Bereichen sowie den autonomen Schutzsystemen, | | 600,- | I |
| | 289.3.21 | u) Liste der unter Buchstabe t) aufgeführten Anlagen und Geräte sowie der autonomen Schutzsysteme mit den vorgeschriebenen Angaben, | | 600,- | I |
| | 289.3.22 | v) Liste oder Übersichtsplan mit den erforderlichen Angaben beim Einsatz fest installierter Anlagen und Geräte außerhalb explosionsgefährdeter Bereiche, | | 350,- | II |
| | 289.3.23 | fehlender Sichtvermerk der zuständigen Behörde auf den unter r) bis v) genannten Unterlagen, | | 150,- | III |
| | 289.3.24 | w) Bescheinigungen nach Unterabschnitt 3.2.3.1, Erläuterungen zur Tabelle C, Erläuternde Bemerkung zu Spalte (20), Zusätzliche Anforderung/Bemerkung 12, Buchstaben p) und q) ADN, wenn zutreffend, | | 600,- | I |
| | 289.3.25 | x) Bescheinigungen nach Unterabschnitt 3.2.3.1, Erläuterungen zur Tabelle C, Erläuternde Bemerkung zu Spalte (20), Zusätzliche Anforderung/Bemerkung 33, Buchstaben i), n) und o) ADN, wenn zutreffend, | | 600,- | I |
| | 289.4 | Nr. 8 Buchstabe b die Ausnahmezulassung nicht mitführt oder nicht oder nicht rechtzeitig aushändigt; | | 600,- | I |
| B | 290 | Nr. 9 nicht dafür sorgt, dass eine in Kapitel 8.3 ADN genannte Vorschrift eingehalten wird: | Nr. 25i | | |
| | 290.1 | nicht dafür sorgt, dass sich nur der in Unterabschnitt 8.3.1.1 ADN genannte Personenkreis an Bord aufhält, | | 300,- bis 600,- | II/I |
| | 290.2 | nicht dafür sorgt, dass sich nach Unterabschnitt 8.3.1.2 ADN Personen nur kurzfristig in den dort genannten Bereichen aufhalten, | | 600,- | I |
| | 290.3 | nicht dafür sorgt, dass nach Unterabschnitt 8.3.1.3 ADN keine Personen unter 14 Jahren an Bord sind, wenn das Schiff eine Bezeichnung mit zwei blauen Kegeln oder zwei blauen Lichtern führt, | | 600,- | I |
| | 290.4.1 | nicht dafür sorgt, dass nach Abschnitt 8.3.2 ADN an Bord von Trockengüterschiffen tragbare Lampen mit eigener Stromquelle verwendet werden und diese die Anforderungen für den Einsatz in der jeweiligen Zone erfüllen, | | 200,- | III |
| | 290.4.2 | nicht dafür sorgt, dass nach Abschnitt 8.3.2 ADN an Bord von Tankschiffen tragbare Lampen mit eigener Stromquelle verwendet werden und diese die Anforderungen für den Einsatz in der jeweiligen Zone erfüllen, | | 300,- | II |
| | 290.5.1 | nicht dafür sorgt, dass nach Abschnitt 8.3.5 ADN das Verwendungsverbot von Feuer, elektrischem Strom und Funkenbildung an Bord von Trockengüterschiffen eingehalten wird, | | 600,- | I |
| | 290.5.2 | nicht dafür sorgt, dass nach Abschnitt 8.3.5 ADN das Verwendungsverbot von Feuer, elektrischem Strom und Funkenbildung an Bord von Tankschiffen eingehalten wird; | | 1200,- | I |
| B | 291 | Nr. 10 eine Sendung befördert, ohne dass die Vorschriften erfüllt sind; | Nr. 25j | 250,- bis 1200,- | III/II/I |
| B | 292 | Nr. 11 vor dem Entgasen eines Tankschiffs an einer Annahmestelle seinen Teil der Prüfliste nicht, nicht richtig, nicht vollständig oder nicht rechtzeitig ausfüllt; | Nr. 25k | 250,- bis 1200,- | III/II/I |
| B | 293 | Nr. 12 vor dem Beladen und Entladen der Ladetanks eines Tankschiffs seinen Teil der Prüfliste nicht, nicht richtig, nicht vollständig oder nicht rechtzeitig ausfüllt; | Nr. 25l | 250,- bis 1200,- | III/II/I |

## Anlage 7 Buß- und Verwarnungsgeldkatalog

| G | Lfd. Nr. | Ordnungswidrigkeit, die darin besteht, dass | GGVSEB § 37 Abs. 1 | Euro | Kategorie |
|---|---|---|---|---|---|
| | U. | **der Betreiber einer Annahmestelle** | | | |
| | | **der Betreiber einer Annahmestelle entgegen § 26 Abs. 5** | | | |
| B | 294 | Nr. 1 nicht dafür sorgt, dass sein Personal nach Unterabschnitt 1.3.2.2 ADN unterwiesen wird; | Nr. 18f | 600,- | I |
| B | 295 | Nr. 2 vor dem Entgasen eines Tankschiffs seinen Teil der Prüfliste nicht, nicht richtig, nicht vollständig oder nicht rechtzeitig ausfüllt; | Nr. 18g | 250,- bis 1200,- | III/II/I |
| B | 296 | Nr. 3 nicht sicherstellt, dass eine Flammendurchschlagsicherung vorhanden ist; | Nr. 18h | 1200,- | I |
| | | **der Betreiber einer Annahmestelle entgegen § 27 Abs. 1 (auch Verlader, Befüller, Beförderer, Empfänger und Betreiber der Eisenbahninfrastruktur)** | | | |
| B | 297 | nicht dafür sorgt, dass die Vorlage eines Berichts rechtzeitig erfolgt; | Nr. 19a | 250,- | III |
| | V. | **der Eigentümer oder Betreiber** | | | |
| | | **der Eigentümer oder Betreiber entgegen § 34** | | | |
| B | 298 | Nr. 1, 2, 4 oder 5 nicht dafür sorgt, dass eine dort genannte Vorschrift eingehalten wird; | Nr. 26a | 150,- bis 6000,- | III/II/I |
| B | 299 | Nr. 3 nicht dafür sorgt, dass ein Sachkundiger an Bord ist; | Nr. 26b | 1200,- | I |
| B | 300 | Nr. 6 nicht dafür sorgt, dass eine Aktualisierung erfolgt; | Nr. 26c | 150,- bis 1200,- | III/II/I |
| B | 301 | Nr. 7 nicht dafür sorgt, dass ein Schiff einer Sonderuntersuchung unterzogen wird; | Nr. 26d | 600,- bis 1800,- | I |
| B | 302 | Nr. 8 nicht dafür sorgt, dass eine Schiffsakte nach einer dort genannten Vorschrift geführt, aufbewahrt oder aktualisiert wird; | Nr. 26e | 200,- bis 350,- | III |
| | W. | **die Besatzung und sonstige Personen an Bord** | | | |
| | | **die Besatzung und sonstige Personen an Bord entgegen § 34a Satz 1** | | | |
| B | 303 | den Anweisungen des Schiffsführers nicht Folge leisten. | Nr. 26a | 150,- bis 1200,- | III/II/I |

### 2. Verwarnungsgeldkatalog Straße (Tatbestände sind der Gefahrenkategorie III zuzuordnen)

| G | Lfd. Nr. | Ordnungswidrigkeit, die darin besteht, dass | GGVSEB § 37 Abs. 1 | Euro |
|---|---|---|---|---|
| | A. | **der Beförderer** | | |
| S | 1 | der Beförderer entgegen § 19 Abs. 2 Nr. 13 nicht dafür sorgt, dass nach Absatz 6.8.2.5.2 ADR auf dem Tankfahrzeug oder auf einer Tafel der Name des Eigentümers oder Betreibers angegeben ist; | Nr. 6m | 40,- |
| S | 2 | der Beförderer entgegen § 19 Abs. 2 Nr. 16 nicht dafür sorgt, dass die Beförderungseinheit (Kraftfahrzeug mit Anhänger) mit dem nach Unterabschnitt 8.1.5.2 ADR vorgeschriebenen Unterlegkeil ausgerüstet ist (beim Fehlen eines Unterlegkeils); | Nr. 6p | 55,- |
| S | 3 | der Beförderer entgegen § 19 Abs. 2 Nr. 13 nicht dafür sorgt, dass der Erdungsanschluss nach Absatz 6.8.2.1.27 ADR mit dem Erdungssymbol kenntlich gemacht ist; | Nr. 6m | 55,- |
| S | 4 | der Beförderer entgegen § 29 Abs. 2 Nr. 3 die Vorschriften des Abschnitts 7.5.9 in Verbindung mit Abschnitt 8.3.5 ADR über das Rauchverbot in der Nähe von Fahrzeugen oder Containern, die mit nicht brennbaren Gasen der Klasse 2 und Gütern der Klassen 6.1, 6.2, 7, 8 und 9 beladen sind, nicht beachtet; | Nr. 21b | 55,- |

| G | Lfd. Nr. | Ordnungswidrigkeit, die darin besteht, dass | GGVSEB § 37 Abs. 1 | Euro |
|---|---|---|---|---|
| | B. | **der Empfänger** | | |
| S | 5 | der Empfänger entgegen § 29 Abs. 2 Nr. 3 die Vorschriften des Abschnitts 7.5.9 in Verbindung mit Abschnitt 8.3.5 ADR über das Rauchverbot in der Nähe von Fahrzeugen oder Containern, die mit nicht brennbaren Gasen der Klasse 2 und Gütern der Klassen 6.1, 6.2, 7, 8 und 9 beladen sind, nicht beachtet; | Nr. 21b | 55,- |
| | C. | **der Verlader** | | |
| S | 6 | der Verlader entgegen § 29 Abs. 2 Nr. 3 die Vorschriften des Abschnitts 7.5.9 in Verbindung mit Abschnitt 8.3.5 ADR über das Rauchverbot in der Nähe von Fahrzeugen oder Containern, die mit nicht brennbaren Gasen der Klasse 2 und Gütern der Klassen 6.1, 6.2, 7, 8 und 9 beladen sind, nicht beachtet; | Nr. 21b | 55,- |
| S | 7 | der Verlader entgegen § 21 Abs. 2 Nr. 4 einen der nach Unterabschnitt 5.3.1.2 vorgeschriebenen Großzettel (Placard) oder ein nach Abschnitt 5.3.6 ADR vorgeschriebenes Kennzeichen für umweltgefährdende Stoffe nicht anbringt; | Nr. 10l | 55,- |
| | D. | **der Befüller** | | |
| S | 8 | der Befüller entgegen § 23 Abs. 2 Nr. 3 Buchstaben a, c oder d einen der nach Unterabschnitt 5.3.1.2 vorgeschriebenen Großzettel (Placard) oder ein nach Abschnitt 5.3.3 vorgeschriebenes Kennzeichen für erwärmte Stoffe oder ein nach Abschnitt 5.3.6 ADR vorgeschriebenes Kennzeichen für umweltgefährdende Stoffe nicht anbringt; | Nr. 13c | 55,- |
| | E. | **der Betreiber eines Tankcontainers, eines ortsbeweglichen Tanks, eines MEGC oder eines Schüttgut-Containers** | | |
| S | 9 | der Betreiber eines Tankcontainers, eines ortsbeweglichen Tanks, eines MEGC oder eines Schüttgut-Containers entgegen § 24 Nr. 1 nicht dafür sorgt, dass nach Absatz 6.7.4.15.2, Absatz 6.8.2.5.2, Absatz 6.8.3.5.11 und Unterabschnitt 6.9.2.10 ADR auf dem ortsbeweglichen Tank, Tankcontainer, MEGC, Schüttgut-Container und FVK-Tank selbst oder auf einer Tafel der Name des Eigentümers und/oder Betreibers angegeben ist; | Nr. 16a | 40,- |
| | F. | **der Fahrzeugführer** | | |
| S | 10 | der Fahrzeugführer entgegen § 28 Satz 1 Nr. 10 Buchstabe d einen nach Unterabschnitt 8.1.5.2 ADR vorgeschriebenen Unterlegkeil nicht mitführt oder nicht oder nicht rechtzeitig aushändigt; | Nr. 20j | 35,- |
| S | 11 | der Fahrzeugführer entgegen § 28 Satz 1 Nr. 10 Buchstabe b die nach Unterabschnitt 8.2.2.8 ADR vorgeschriebene Schulungsbescheinigung nicht mitführt, aber im Verlauf der Straßenkontrolle ermittelt oder nachgewiesen wird, dass eine solche Bescheinigung erteilt worden ist; | Nr. 20j | 35,- |
| S | 12 | der Fahrzeugführer entgegen § 28 Satz 1 Nr. 7 gemäß Abschnitt 5.3.2 ADR | Nr. 20g | |
| | 12.1 | eine orangefarbene Tafel, | | 15,- |
| | 12.2 | mehrere orangefarbene Tafeln nicht parallel/senkrecht zur Längsachse anbringt oder | | 25,- |
| | 12.3 | eine orangefarbene Tafel nicht vollständig entfernt oder verdeckt; | | 40,- |
| S | 13 | der Fahrzeugführer entgegen § 28 Satz 1 Nr. 6 einen der nach den Unterabschnitten 5.3.1.3 bis 5.3.1.6 ADR vorgeschriebenen Großzettel (Placard) nicht anbringt; | Nr. 20f | 40,- |
| S | 14 | der Fahrzeugführer entgegen § 28 Satz 1 Nr. 6 gemäß Absatz 5.3.1.1.6 ADR einen Großzettel (Placard) nicht entfernt oder abdeckt; | Nr. 20f | 40,- |
| S | 15 | der Fahrzeugführer entgegen § 28 Satz 1 Nr. 7 gemäß Abschnitt 5.3.6 ADR ein Kennzeichen für umweltgefährdende Stoffe nicht entfernt oder abdeckt; | Nr. 20g | 40,- |

## Anlage 7 Buß- und Verwarnungsgeldkatalog

| G | Lfd. Nr. | Ordnungswidrigkeit, die darin besteht, dass | GGVSEB § 37 Abs. 1 | Euro |
|---|---|---|---|---|
| S | 16 | der Fahrzeugführer entgegen § 29 Abs. 2 Nr. 4 die Vorschriften des Abschnitts 7.5.9 in Verbindung mit Abschnitt 8.3.5 ADR über das Rauchverbot in der Nähe von Fahrzeugen oder Containern, die mit nicht brennbaren Gasen der Klasse 2 und Gütern der Klassen 6.1, 6.2, 7, 8 und 9 beladen sind, nicht beachtet; | Nr. 21b | 55,- |
| | G. | **der Entlader** | | |
| S | 17 | der Entlader entgegen § 29 Abs. 2 Nr. 4 die Vorschriften des Abschnitts 7.5.9 in Verbindung mit Abschnitt 8.3.5 ADR über das Rauchverbot in der Nähe von Fahrzeugen oder Containern, die mit nicht brennbaren Gasen der Klasse 2 und Gütern der Klassen 6.1, 6.2, 7, 8 und 9 beladen sind, nicht beachtet. | Nr. 21b | 55,- |

## 3. Verwarnungsgeldkatalog Eisenbahn

| G | Lfd. Nr. | Ordnungswidrigkeit, die darin besteht, dass | GGVSEB § 37 Abs. 1 | Euro |
|---|---|---|---|---|
| | A. | **der Absender** | | |
| E | 1 | der Absender entgegen § 18 Abs. 3 Nr. 2 Buchstabe a einen der nach Unterabschnitt 5.3.1.6 RID vorgeschriebenen Großzettel (Placards) nicht vorschriftsmäßig anbringt; | Nr. 4p | 55,- |
| E | 2 | der Absender entgegen § 18 Abs. 3 Nr. 2 Buchstabe b i.V.m. Absatz 5.3.2.1.7 RID | Nr. 4p | |
| | 2.1 | eine orangefarbene Tafel, | | 15,- |
| | 2.2 | zwei orangefarbene Tafeln | | 25,- |
| | | nicht parallel zur Längsachse anbringt; | | |
| E | 3 | der Absender entgegen § 18 Abs. 1 Nr. 8 die gemäß den Sondervorschriften in Unterabschnitt 5.4.1.1 vorgeschriebenen relevanten Angaben – ausgenommen die Angaben nach Absatz 5.4.1.1.6 RID – im Beförderungspapier nicht vermerkt; | Nr. 4h | 55,- |
| | B. | **der Verlader** | | |
| E | 4 | der Verlader entgegen § 21 Abs. 3 Nr. 2 Buchstabe a oder c nicht dafür sorgt, dass einer der nach den Unterabschnitten 5.3.1.2, 5.3.1.3 und 5.3.1.5 vorgeschriebenen Großzettel (Placards) oder einer der nach Abschnitt 5.3.4 RID vorgeschriebenen Rangierzettel oder ein Kennzeichen vorschriftsmäßig angebracht ist; | Nr. 10p | 55,- |
| E | 5 | der Verlader entgegen § 21 Abs. 3 Nr. 2 Buchstabe b oder c gemäß Abschnitt 5.3.2 RID | Nr. 10p | |
| | 5.1 | eine orangefarbene Tafel, | | 15,- |
| | 5.2 | zwei orangefarbene Tafeln | | 25,- |
| | | nicht parallel zur Längsachse anbringt; | | |
| | C. | **der Befüller** | | |
| E | 6 | der Befüller entgegen § 23 Abs. 3 Nr. 2 Buchstaben a, b, d oder e einen der nach Unterabschnitt 5.3.1.2 und 5.3.1.4 vorgeschriebenen Großzettel (Placards) oder einen nach Unterabschnitt 5.3.4.1 Satz 1 vorgeschriebenen Rangierzettel oder das Kennzeichen nach Abschnitt 5.3.3 oder das Kennzeichen nach Abschnitt 5.3.6 RID nicht vorschriftsmäßig anbringt; | Nr. 14b | 55,- |
| E | 7 | der Befüller entgegen § 23 Abs. 3 Nr. 2 Buchstabe c gemäß Abschnitt 5.3.2 RID | Nr. 14b | |
| | 7.1 | eine orangefarbene Tafel, | | 15,- |
| | 7.2 | zwei orangefarbene Tafeln | | 25,- |
| | | nicht parallel zur Längsachse anbringt; | | |

| G | Lfd. Nr. | Ordnungswidrigkeit, die darin besteht, dass | GGVSEB § 37 Abs. 1 | Euro |
|---|---|---|---|---|
| | D. | **der Betreiber eines Tankcontainers, eines ortsbeweglichen Tanks, eines MEGC oder eines Schüttgut-Containers** | | |
| E | 8 | der Betreiber eines Tankcontainers, eines ortsbeweglichen Tanks, eines MEGC oder eines Schüttgut-Containers entgegen § 24 Nr. 1 nicht dafür sorgt, dass nach Absatz 6.7.4.15.2, Absatz 6.8.2.5.2 und Absatz 6.8.3.5.11 RID auf dem ortsbeweglichen Tank, Tankcontainer, MEGC oder Schüttgut-Container selbst oder auf einer Tafel der Name des Eigentümers und Betreibers angegeben ist; | Nr. 16a | 55,- |
| | E. | **der Betreiber eines Kesselwagens, abnehmbaren Tanks oder Batteriewagens** | | |
| E | 9 | der Betreiber eines Kesselwagens, abnehmbaren Tanks oder Batteriewagens entgegen § 30 Nr. 2 nicht dafür sorgt, dass nach Absatz 6.8.2.5.2 auf dem Kesselwagen, abnehmbaren Tank oder Batteriewagen selbst oder auf einer Tafel | Nr. 22b | 55,- |
| | 9.1 | der Name des Betreibers angegeben ist, | | |
| | 9.2 | das Datum der nächsten Zwischenprüfung nach Absatz 6.8.2.4.3 RID um den Buchstaben „L" ergänzt ist. | | |

# Anlage 7a
# Erläuterungen zu Bußgeldverfahren nach der GGVSEB bei gleichzeitigem Verstoß gegen die StVO/StVZO im Hinblick auf die Eintragung von Verstößen im Fahreignungsregister (FAER)

Gemäß § 28 Absatz 3 Nummer 3 Buchstabe c Straßenverkehrsgesetz (StVG) werden im Fahreignungsregister (FAER) Daten über rechtskräftige Entscheidungen wegen einer Ordnungswidrigkeit nach § 10 GGBefG gespeichert, soweit sie in der Rechtsverordnung nach § 6 Absatz 1 Nummer 4 Buchstabe b in Verbindung mit § 4 Absatz 1 Satz 1 StVG bezeichnet ist.

Neu aufgenommen in Anlage 13 zu § 40 Fahrerlaubnis-Verordnung (FeV) sind diesbezüglich in der Nummer 3.6 Zuwiderhandlungen gegen die GGVSEB. Dies entspricht der insoweit erweiterten Ermächtigungsgrundlage und Speichervorschrift im § 28 StVG. Durch die Formulierung der Tatbestände soll sichergestellt werden, dass nur Entscheidungen über solche rechtswidrigen Handlungen gespeichert werden, die auch ohne das Vorliegen eines gefahrgutrechtlichen Verstoßes nach den Vorschriften des Straßenverkehrsrechts registriert werden.

Diese Entscheidungen werden im FAER mit **einem** Punkt bewertet.

In der Bekanntmachung der Neunten Verordnung zur Änderung der Fahrerlaubnis-Verordnung und anderer straßenverkehrsrechtlicher Vorschriften vom 20.11.2013 (VkBl. 2013 Heft 23 S. 1162) heißt es in der Begründung zu Nummer 18 (Neufassung der Anlage 13):

„Die Anlage 13 wird von folgenden Grundgedanken geleitet:

Die Eintragung im Fahreignungsregister soll zum einen davon abhängen, ob die Zuwiderhandlung eine Bedeutung für die Sicherheit im Straßenverkehr hat. Dies wird für sämtliche Straftaten und Ordnungswidrigkeiten der Anlage 13 vom Verordnungsgeber bejaht. Zum anderen muss den Ordnungswidrigkeiten eine nennenswerte objektive Schwere zu Eigen sein."

Vor diesem Hintergrund ist im Hinblick auf den Eintrag der Punkte in das FAER bei Ladungssicherungsverstößen auf Folgendes hinzuweisen: Jede dementsprechende rechtskräftige Bußgeldentscheidung führt zu einem Eintrag **eines** Punktes. In der Vergangenheit konnten im Bereich der Straßenverkehrs-Ordnung (StVO)/Straßenverkehrs-Zulassungs-Ordnung (StVZO) aufgrund der Beurteilung der Gefährdung unterschiedliche Bußgeldhöhen festgesetzt und ein bis drei Punkte eingetragen werden; die Fahrerlaubnis wurde ab 18 Punkten entzogen. Nach dem geltenden Recht erfolgt dies ab 8 Punkten.

Der Eintrag in das FAER ist nur aufgrund eines rechtskräftigen Bußgeldbescheides möglich. Liegt ein solcher vor und ist ein Tatbestand der Nummer 3.6 der Anlage 13 zu § 40 FeV gegeben, muss ein Punkteeintrag erfolgen. Auch in den Fällen, in denen das Bußgeld im weiteren Verfahren auf einen Betrag von unter 60 Euro reduziert wird, würde ein Eintrag erfolgen, da nach § 28 Absatz 3 Nummer 3 Buchstabe c StVG keine Mindestgeldbuße vorgesehen ist (Anmerkung: Für die StVO/StVZO ist nach § 28 Absatz 3 Nummer 3 Buchstabe a eine Geldbuße von mindestens 60 Euro erforderlich.).

Insofern sollte bei geringfügigen Ordnungswidrigkeiten überprüft werden, ob dem Betroffenen eine Verwarnung mit Verwarnungsgeld angeboten werden kann.

Die Eintragung der Punkte bewirkt auch **keine inhaltliche Veränderung des Bußgeldverfahrens.**

Neu aufzunehmen in den Bußgeldbescheid ist lediglich ein informativer Hinweis für den Betroffenen auf die Eintragung im FAER, analog zu dem bereits im Straßenverkehrsordnungswidrigkeitenverfahren praktizierten Vorgehen

(Hinweis: Punkte im FAER sind eine Folge eines rechtskräftigen Ordnungswidrigkeitenverfahrens und können nicht eigenständig angefochten werden.).

Der in Nummer 3.6.1 der Anlage 13 zu § 40 FeV aufgeführte Begriff **„tatsächlicher Verlader"** meint den für die Ladungssicherung im Sinne des § 22 Absatz 1 StVO verpflichteten Verlader. Im Falle eines Verstoßes ist das die für das verladende Unternehmen verantwortlich handelnde Person nach § 9 OWiG, die einen Ladungssicherungsverstoß nach den Gefahrgutvorschriften und tateinheitlich nach der StVO zu verantworten hat. Dies ist in der Regel der Verantwortliche für die Ladearbeiten und nicht der ausführende Gabelstaplerfahrer oder Lagerarbeiter.

Für die Auslegung des Begriffs „**tatsächlicher Verlader**" ist die Begriffsbestimmung zum Verlader nach § 2 Absatz 3 GGVSEB nicht heranzuziehen. Für den Eintrag von Punkten wird ausschließlich die Verantwortlichkeit nach der StVO berücksichtigt, da nur dann ein Punkteeintrag gewollt ist, wenn eine Verfolgung des Verstoßes auch bei der Beförderung von nicht gefährlichen Gütern zu einem Bußgeld nach der StVO für den Verlader führen würde.

Die Pflicht des Beförderers zur Ausrüstung der Fahrzeuge mit Ladungssicherungsmitteln entspricht der Verpflichtung des Halters in der StVZO und ein entsprechender Verstoß wurde insofern in die Anlage 13 zu § 40 FeV aufgenommen.

Datenübermittlung an das Kraftfahrt-Bundesamt (KBA)

Anhand der den Tatbeständen zugeordneten Tatbestandsnummern erfolgt die Übermittlung der Entscheidungen wegen Ordnungswidrigkeiten an das FAER durch die für die Ahndung von Zuwiderhandlungen gegen gefahrgutrechtliche Bestimmungen zuständige Bußgeldbehörde.

Grundlage für die Datenübermittlung ist die Allgemeine Verwaltungsvorschrift zur Datenübermittlung mit dem Verkehrszentralregister (VwV-VZR) vom 16. August 2000 (BAnz. S. 17269). Hiernach hat die Datenübermittlung auf elektronischem Wege zu erfolgen. Die Art der Übermittlung der Daten (Aufbau und Inhalt der Datensätze) ist in den aufgrund dieser VwV festgelegten Standards für die Übermittlung von Mitteilungen an das Verkehrszentralregister (SDÜ-VZR-MIT, BAnz Nr. 188a v. 09.10.2002 S. 23221; VkBl. 2002 Heft 16 S. 529 ff) geregelt. Die Standards stehen auf der Internetseite des KBA (www.kba.de) zur Verfügung.

**Gegenüberstellung der in der Anlage 13 zum § 40 FeV enthaltenen Parallelverstöße nach der GGVSEB und der StVO/StVZO**

| TBNR | Verstöße gegen die Vorschriften der GGVSEB | TBNR | Verstöße gegen die Vorschriften der StVO/StVZO |
|---|---|---|---|
| | Nr. 3.6.1 bis 3.6.3 der Anlage 13 FeV | | Nr. 3.2.14 bzw. 3.5.2 der Anlage 13 FeV in Verbindung mit BKatV |
| **529500/ 529506** | Als tatsächlicher Verlader<br>Versandstücke, die gefährliche Güter enthalten, und unverpackte gefährliche Gegenstände nicht durch geeignete Mittel sichert, die in der Lage sind, die Güter im Fahrzeug oder Container zurückzuhalten, sowie, wenn gefährliche Güter zusammen mit anderen Gütern befördert werden, nicht alle Güter in den Fahrzeugen oder Containern so sichert oder verpackt, dass das Austreten gefährlicher Güter verhindert wird.<br>(Unterabschnitt 7.5.7.1 ADR i.V.m. § 37 Absatz 1 Nummer 21 Buchstabe a der GGVSEB (lfd. Nr. 124.3 Anlage 7 RSEB)) | | 102.1<br>Wer die Ladung oder Ladeeinrichtung nicht so verstaut oder sichert, dass sie selbst bei Vollbremsung oder plötzlicher Ausweichbewegung nicht verrutschen, umfallen, hin- und herrollen oder herabfallen können<br>102.1.1<br>bei Lastkraftwagen oder Kraftomnibussen bzw. ihren Anhängern<br>– mit Gefährdung<br>102.2.1<br>bei anderen als in Nummer 102.1.1 genannten Kraftfahrzeugen bzw. ihren Anhängern<br>– mit Gefährdung<br>(§ 22 Abs. 1 StVO) |
| **529512/ 529518** | Als Fahrzeugführer<br>Versandstücke, die gefährliche Güter enthalten, und unverpackte gefährliche Gegenstände nicht durch geeignete Mittel sichert, die in der Lage sind, die Güter im Fahrzeug oder Container zurückzuhalten, sowie, wenn gefährliche Güter zusammen mit anderen Gütern befördert werden, nicht alle Güter in den Fahrzeugen oder Containern so sichert oder verpackt, dass das Austreten gefährlicher Güter verhindert wird.<br>(Unterabschnitt 7.5.7.1 ADR i.V.m. § 37 Absatz 1 Nummer 21 Buchstabe a der GGVSEB (lfd. Nr. 252.3 Anlage 7 RSEB)) | | |

## Anlage 7a Verstöße gegen StVO/StVZO

| TBNR | Verstöße gegen die Vorschriften der GGVSEB | TBNR | Verstöße gegen die Vorschriften der StVO/StVZO |
|---|---|---|---|
| **519500** | Als Beförderer und in der Funktion als Halter des Fahrzeuges<br>entgegen § 19 Absatz 2 Nummer 15 der GGVSEB dem Fahrzeugführer die erforderliche Ausrüstung zur Durchführung der Ladungssicherung nicht übergeben.<br>(Unterabschnitt 7.5.7.1 ADR i.V.m. § 37 Absatz 1 Nummer 6 Buchstabe o der GGVSEB (lfd. Nr. 51 Anlage 7 RSEB)) | | 189.3<br>Als Halter die Inbetriebnahme eines Fahrzeugs oder Zuges angeordnet oder zugelassen, obwohl die Verkehrssicherheit des Fahrzeugs oder des Zuges durch die Ladung oder die Besetzung wesentlich litt.<br>189.3.1<br>bei Lastkraftwagen oder Kraftomnibussen bzw. ihren Anhängern<br>189.3.2<br>bei anderen als in Nummer 189.3.1 genannten Fahrzeugen<br>(§ 31 Abs. 2 StVZO) |

# Anlage 8
# Muster-Rahmenlehrpläne für die Aus- und Fortbildung von Gefahrgutkontrollpersonal für Länder- und Bundesbehörden

## Anlage 8/1
## Einheitlicher Muster-Rahmenlehrplan gemäß Abschnitt 1.8.1 ADR/RID allgemein

### 1. Vorwort

Bei der Beförderung gefährlicher Güter auf Straße und Schiene handelt es sich um eine besonders sensible und komplexe Materie. Die Regelungen unterliegen ständigen Änderungen durch die UN-Modellvorschriften sowie durch die Übereinkommen über die internationale Beförderung gefährlicher Güter auf der Straße (ADR) und über die internationale Eisenbahnbeförderung gefährlicher Güter (RID).
Nicht nur der Gefahrguttransport selbst, sondern auch die behördlichen Gefahrgutkontrollen und ihre Ergebnisse stehen immer öfter im Blickpunkt der Öffentlichkeit. Von den Betroffenen werden einheitliche und qualitativ hochwertige Kontrollen erwartet. Entscheidungen der Kontrollbehörden sind vor Gericht überprüfbar.

### 2. Ziele

Zur Steigerung der Effizienz und der Einheitlichkeit von Gefahrgutkontrollen ist es erforderlich, für die Aus- und Fortbildung des Kontrollpersonals eine gemeinsame Grundlage zu schaffen. Einheitliche Gefahrgutkontrollen sind kein Selbstzweck, sondern dienen der Einhaltung der Gefahrgutvorschriften und erhöhen die Sicherheit. Die Teilnehmer einer Schulung sollen nach Abschluss in der Lage sein, selbständig Gefahrgutkontrollen bei den Verkehrsträgern Straße und/oder Schiene durchzuführen und die notwendigen Maßnahmen zu treffen.

### 3. Zielgruppen

Der Rahmenlehrplan richtet sich an die Entscheidungsträger für die Aus- und Fortbildung.

1. Zielgruppe der Ausbildung ist das Kontrollpersonal, welches bisher in der Regel keine Erfahrungen in der Durchführung von Gefahrgutkontrollen hat.
2. Zielgruppe der Fortbildung ist das Kontrollpersonal, welches bisher bereits bei der Durchführung von Gefahrgutkontrollen eingesetzt wird.

Im Sinne einer ganzheitlichen Kontrolle wird empfohlen, dass die Schulungsteilnehmer über einschlägige Kenntnisse auch in anderen vorkommenden Rechtsbereichen (z.B. Straßenverkehrs- bzw. Eisenbahnrecht) verfügen.

### 4. Rahmenlehrplan

1. Der Rahmenlehrplan für die Ausbildung des Kontrollpersonals trägt Empfehlungscharakter. Er ist unter praktischen und anwenderbezogenen Aspekten gegliedert und nach einem Bausteinsystem aufgebaut. Er enthält die Mindestanforderungen an Wissensstoff, der für die Durchführung von behördlichen Gefahrgutkontrollen erforderlich ist.
   Die Lehr- und Lerninhalte können in Einzelmodule unterteilt werden. Die Lerninhalte sind durch eine zeitnahe praktische Aus- und Fortbildung zu ergänzen.
   Der Rahmenlehrplan enthält derzeit keine besonderen Bausteine für die Durchführung von Gefahrgutkontrollen für die Klasse 1 und 7. Für diese Themenbereiche sowie bei aktuellen Rechtsänderungen sind zusätzliche Aufbau- und Auffrischungskurse erforderlich. Für den Bereich Klasse 7 ist mit der **Anlage 8/2** der RSEB ein Rahmenlehrplan vorgegeben. Für den Aufbaukurs Klasse 1 werden 8 Unterrichtseinheiten empfohlen (zusätzlich sind Unterrichtseinheiten für die Vorschriften des Sprengstoffrechts einzuplanen).
2. Für die Fortbildung des Kontrollpersonals wird kein festgelegter Rahmenlehrplan vorgegeben. Die Inhalte der Fortbildung sind den Erfordernissen bzgl. neuer Techniken, aktuellen Rechtsänderungen und Erkenntnissen aus den eigenen Kontrollen anzupassen.
   Kleinere Rechtsänderungen mit einem Umfang bis 5 Unterrichtseinheiten können auch durch elektronische Medien vermittelt werden.

## 5. Grundsätze

1. Die Themen sind durch zentrale Veranstaltungen von fachlich qualifizierten Personen zu unterrichten.
2. Diese müssen umfangreiche gefahrgutspezifische Kenntnisse (z.B. einen Schulungsnachweis als Gefahrgutbeauftragter oder eine mehrjährige behördeninterne Berufserfahrung im Bereich Gefahrgutrecht) besitzen und entweder über eine pädagogische Grundausbildung verfügen oder langjährige Erfahrung haben, Lerninhalte zu vermitteln.
3. Die Anzahl der Teilnehmer soll möglichst auf 16 Seminarteilnehmer begrenzt werden.
4. Jedem Teilnehmer sind die aktuellen Rechtsvorschriften zur Verfügung zu stellen.
5. Es wird empfohlen, den Vortragsanteil auf höchstens 5 Unterrichtseinheiten je Unterrichtstag zu beschränken.
6. Bereits bei anderen Lehr-/Lernschwerpunkten behandelte Inhalte können verkürzt oder als Wiederholungsinhalte unterrichtet werden.
7. Die erfolgreiche Vermittlung der Lehrinhalte soll durch Lernzielkontrollen überprüft werden.
8. Die Teilnehmer erhalten nach Abschluss des Seminars eine Bescheinigung über die Teilnahme.

## 6. Zeitansätze

1. Der Zeitansatz für die Ausbildung des Kontrollpersonals von 104 Unterrichtseinheiten (einschließlich des Praxistages) für den Gesamtlehrplan beruht auf Erfahrungswerten und kann individuell an die Bedürfnisse der Teilnehmer angepasst werden.
2. Der Zeitansatz für die regelmäßige Fortbildung des Kontrollpersonals ergibt sich jeweils aus dem Schulungsbedarf aufgrund neuer Techniken, aktuellen Rechtsänderungen und Erkenntnissen aus den eigenen Kontrollen sowie dem vorhandenen Wissensstand des Kontrollpersonals. Er sollte durchschnittlich 8 Unterrichtseinheiten pro Jahr nicht unterschreiten.

## 7. Übersicht der Lehr-/Lernschwerpunkte

| Nr. | Lehr-/Lernschwerpunkt | Unterrichtseinheiten |
|---|---|---|
| 1. | Einführung | 1 |
| 2. | Bestimmungen des Gefahrgutbeförderungsgesetzes | 2 |
| 3. | Bestimmungen der GGVSEB | 5 |
| 4. | Bestimmungen des Gesetzes zum ADR<br>Bestimmungen des Übereinkommens zum COTIF | 1 |
| 5. | Übereinkommen über die internationale Beförderung gefährlicher Güter auf der Straße (ADR)<br>Ordnung für die internationale Eisenbahnbeförderung gefährlicher Güter (RID) | 2 |
| 6. | Gefahreneigenschaften und Klassifizierung | 4 |
| 7. | Relevante Begriffsbestimmungen, Maßeinheiten und Abkürzungen | 1 |
| 8. | Allgemeine Sicherheitspflichten | 1 |
| 9. | Begleitpapiere nach Gefahrgutvorschriften | 8 |
| 10. | Beförderungsarten | 1 |
| 11. | Beförderung in Versandstücken | 20 |
| 12. | Beförderung in Tanks | 12 |
| 13. | Beförderung in loser Schüttung | 8 |
| 14. | Beförderung nach Vorschriften anderer Verkehrsträger | 1 |
| 15. | Freistellungen | 8 |
| 16. | Übergangsvorschriften | 1 |
| 17. | Ausnahmen | 4 |
| 18. | RSEB und sonstige Vollzugshinweise | 1 |
| 19. | Sicherheitsberater/Gefahrgutbeauftragter | 3 |
| 20. | Unterweisung von Personen/Schulungsverpflichtung | 1 |
| 21. | Besondere Verfahren für Konformitätsbewertungen und Prüfungen | 1 |
| 22. | Ermittlung des Verantwortlichen, Verfolgung und Ahndung | 4 |

| | | |
|---|---|---|
| 23. | Kontrollablauf | 5 |
| 24. | Praktische Ausbildungskontrolle | 7 |
| 25. | Lernzielkontrolle | 2 |
| **Gesamtzahl der Unterrichtseinheiten** | | **104** |

## 8. Erläuterung zu den Spalten des Muster-Rahmenlehrplans[1]

1. Lehr-/Lernschwerpunkt

   Die Spalte 1 stellt die Lehr-/Lernschwerpunkte dar. Sie gibt keine für den Unterrichtsaufbau verbindliche Reihenfolge vor.

2. Lehr-/Lerninhalte

   Hier werden alle verbindlich zu unterrichtenden Inhalte unter Bezug auf die einschlägigen Rechtsvorschriften aufgeführt.

3. S/E

   Bedeutung: „S" = Straße, „E" = Eisenbahn

   Der Rahmenlehrplan ist auf die Verkehrsträger Straße und Eisenbahn abgestellt und kann bei Bedarf spezifisch angewendet werden. Spalten ohne Eintrag sind für beide Verkehrsträger gültig.

4. Lehr-/Lernmethode

   Diese ist von dem Vortragenden auf Besonderheiten der Seminargruppe abzustimmen. Da der Lehrplan sich an pädagogisch vorgebildete Lehrkräfte wendet, wird auf eine Erläuterung der einzelnen Methoden (z.B. Vortrag, Einzelarbeit, Gruppenarbeit, Sachverhaltslösungen, erarbeitender Unterricht, Verwendung von Medien) verzichtet.

5. Stufe

   Für die Festlegung der Tiefe der Schulung sind folgende Intensitätsstufen zu unterscheiden:

   | | |
   |---|---|
   | Stufe I: | Kennenlernen und Wiedergeben (Reproduktion) |
   | Stufe II: | Ordnen und Verstehen (Reorganisation) |
   | Stufe III: | Anwenden und Umsetzen (Transfer) |
   | Stufe IV: | Problemlösen (Analyse, Synthese, Beurteilung) |

6. UE (Unterrichtseinheit)

   Eine UE wird mit 45 Minuten angesetzt.

7. Hinweise

   Diese enthalten sowohl Anregungen zur weiteren Feingliederung der Lehrinhalte als auch zusätzliche Differenzierungen zur Intensität der Themenbehandlung.

(…)

**Anlage 8/2**

# Einheitlicher Muster-Rahmenlehrplan gemäß Abschnitt 1.8.1 ADR/RID Teilbereich: Klasse 7 (Radioaktive Stoffe)

## 1. Vorwort

Ergänzend zu dem einheitlichen Muster-Rahmenlehrplan für die behördlichen Gefahrgutkontrollen gemäß **Anlage 8/1** der RSEB soll auch die Aus- und Fortbildung des Personals zur Kontrolle der Beförderung gefährlicher Güter der Klasse 7 (Radioaktive Stoffe) geregelt werden.

## 2. Ziele

Den Schulungsteilnehmern sollen über die Lerninhalte des allgemeinen Muster-Rahmenlehrplans hinaus die besonderen Anforderungen bzgl. der Klasse 7 vermittelt werden. Hierzu zählen u.a. die Vermittlung der relevanten gefahrgutrechtlichen Vorschriften, der sichere Umgang mit Messgeräten und das richtige Einsatzverhalten. Die atomrechtlichen und strahlenschutzrechtlichen Vorschriften, die für die Beförderung radioaktiver Stoffe gelten, sollen vorgestellt werden. Die Teilnehmer sollen am Ende der Schulung in der Lage sein, selbstständig Gefahrgutkontrollen bei der Beförderung radioaktiver Stoffe bei den Verkehrsträgern Straße und Schiene durchzuführen.

[1] *Anmerkung des Verlags: Muster-Rahmenlehrplan siehe im Download-Bereich.*

## 3. Zielgruppen

1. Zielgruppe der Ausbildung für die Klasse 7 ist das Kontrollpersonal, das bereits einen Grundlehrgang gemäß **Anlage 8/1** der RSEB mit Erfolg absolviert oder einen vergleichbaren Kenntnisstand erreicht hat.
2. Zielgruppe der Fortbildung ist das Kontrollpersonal, welches bisher bereits bei der Durchführung von Gefahrgutkontrollen eingesetzt wird.

## 4. Rahmenlehrplan

1. Der Muster-Rahmenlehrplan für die Ausbildung im Teilbereich der Klasse 7 (Radioaktive Stoffe) trägt Empfehlungscharakter.
   Er enthält die Mindestanforderungen an Wissensstoff und praktischer Ausbildung, die für die Durchführung von behördlichen Gefahrgutkontrollen der Klasse 7 erforderlich sind.
2. Für die Fortbildung des Kontrollpersonals wird kein festgelegter Rahmenlehrplan vorgegeben. Die Inhalte der Fortbildung sind den Erfordernissen bzgl. neuer Techniken, aktuellen Rechtsänderungen und Erkenntnissen aus den eigenen Kontrollen anzupassen.
   Kleinere Rechtsänderungen mit einem Umfang bis zu 5 Unterrichtseinheiten können auch durch elektronische Medien vermittelt werden.

## 5. Grundsätze

1. Die Themen sind an zentralen Veranstaltungen von fachlich qualifizierten Personen zu unterrichten. Diese müssen umfangreiche gefahrgutspezifische Kenntnisse sowie Grundkenntnisse im Atomrecht/Strahlenschutzrecht besitzen.
2. Die Anzahl der Teilnehmer soll aufgrund der Komplexität der Vorschriften und der praktischen Übungen möglichst auf 12 bis 16 Seminarteilnehmer begrenzt werden.
3. Jedem Teilnehmer sind die aktuellen Rechtsvorschriften zur Verfügung zu stellen.
4. Es wird empfohlen, den Vortragsanteil auf höchstens 5 Unterrichtseinheiten je Unterrichtstag zu beschränken.
5. Die erfolgreiche Vermittlung der Lehrinhalte soll durch Lernzielkontrollen überprüft werden.
6. Die Teilnehmer erhalten nach Abschluss des Seminars eine Bescheinigung über die Teilnahme.

## 6. Zeitansätze

Der Zeitansatz der Unterrichtseinheiten für den Gesamtlehrplan beruht auf Erfahrungswerten und kann individuell an die Bedürfnisse der Teilnehmer angepasst werden. Der im Lehr- und Lernschwerpunkt angegebene Zeitrahmen bezieht sich dabei auf Kontrollpersonal ohne Vorkenntnisse bei der Beförderung radioaktiver Stoffe.
Die Ausbildung des Kontrollpersonals sowie die bisherige Kontrollerfahrung sind zu berücksichtigen und können den Zeitbedarf erheblich reduzieren.

Der Zeitansatz für die regelmäßige Fortbildung des Kontrollpersonals ergibt sich jeweils aus dem Schulungsbedarf aufgrund neuer Techniken, aktuellen Rechtsänderungen und Erkenntnissen aus den eigenen Kontrollen sowie dem vorhandenen Wissensstand des Kontrollpersonals.

## 7. Übersicht der Lehr-/Lernschwerpunkte

| | | Unterrichtseinheiten |
|---|---|---|
| 1. | Einführung | 1 |
| 2. | Physikalische Grundlagen | 6 |
| 3. | Gefahrgutrechtliche Bestimmungen des ADR/RID zur Klasse 7 | 10 |
| 4. | Atom- und strahlenschutzrechtliche Vorschriften (Atomgesetz, Strahlenschutzgesetz, Strahlenschutzverordnung, Atomrechtliche Entsorgungsverordnung) | 3 |
| 5. | Strahlenschutz | 3 |
| 6. | Strahlungsmessung | 8 |
| 7. | Ahndung von Ordnungswidrigkeiten und Straftaten | 2 |
| 8. | Praktische Ausbildungskontrolle | 5 |
| 9. | Lernzielkontrolle | 2 |
| **Gesamtzahl der Unterrichtseinheiten** | | **40** |

## 8. Erläuterung zu den Spalten des Muster-Rahmenlehrplans[1]

1. Lehr-/Lernschwerpunkt
   Die hier vorgegebene Reihenfolge kann in einem begrenzten Rahmen geändert werden.
2. Lehr-/Lerninhalte
   Hier werden alle verbindlich zu unterrichtenden Inhalte unter Bezug auf die einschlägigen Rechtsvorschriften aufgeführt. Bei den Gliederungspunkten, die auch Vorschriften anderer Klassen beinhalten, sind jeweils die Vorschriften der Klasse 7 zu lehren.
3. S/E (Bedeutung: „S“ = Straße, „E“ = Eisenbahn)
   Der Rahmenlehrplan ist auf die Verkehrsträger Straße und Eisenbahn abgestellt und kann bei Bedarf spezifisch angewendet werden. Spalten ohne Eintrag sind für beide Verkehrsträger gültig.
4. Lehr-/Lernmethode
   Diese ist von dem Vortragenden auf Besonderheiten der Seminargruppe abzustimmen. Da der Lehrplan sich an Lehrkräfte wendet, die entweder pädagogisch vorgebildet sind oder langjährige Erfahrung haben, Lerninhalte zu vermitteln, wird auf eine Erläuterung der einzelnen Methoden (z.B. Vortrag, Einzelarbeit, Gruppenarbeit, Sachverhaltslösungen, erarbeitender Unterricht, Verwendung von Medien) verzichtet.
5. Stufe
   Für die Festlegung der Tiefe der Schulung sind folgende Intensitätsstufen zu unterscheiden:
   Stufe I: Kennenlernen und Wiedergeben (Reproduktion)
   Stufe II: Ordnen und Verstehen (Reorganisation)
   Stufe III: Anwenden und Umsetzen (Transfer)
   Stufe IV: Problemlösen (Analyse, Synthese, Beurteilung)
6. (UE) Unterrichtseinheit
   Eine UE wird mit 45 Minuten angesetzt.
7. Hinweise
   Diese enthalten sowohl Anregungen zur weiteren Feingliederung der Lehrinhalte als auch zusätzliche Differenzierungen zur Intensität der Themenbehandlung.

## 9. Weitere Erläuterungen

Von besonderer Bedeutung ist der Schutz des Kontrollpersonals vor möglichen Gefährdungen. Dies gilt insbesondere bei festgestellten Mängeln bei der Beförderung radioaktiver Stoffe.

Um dies zu gewährleisten, soll den Teilnehmern der sichere Umgang mit den Messgeräten, das entsprechende Einsatzverhalten und die Beachtung der arbeitsschutzrechtlichen Vorschriften vermittelt werden. Hinsichtlich der Strahlenexposition des Kontrollpersonals und daraus abzuleitender Maßnahmen ist sich an dem Strahlenschutzgesetz (StrlSchG) und der Strahlenschutzverordnung (StrlSchV) zu orientieren.

(…)

[1] *Anmerkung des Verlags: Muster-Rahmenlehrplan siehe im Download-Bereich.*

# Anlage 9
# Muster für die Bekanntgabe der Tunnelkategorien

| |
|---|
| |

(Straßenbezeichnung, z.B. A 3, B 56)

| |
|---|
| |

(Streckenkilometer/Ortslage)

| |
|---|
| |

(Tunnelkategorie und ggf. Wochentag, Zeitfenster)

| |
|---|
| |

(Bemerkungen)

# Anlage 10
# Muster-Einzelausnahmen für Kampfmittelräumdienste und unkonventionelle Spreng- und Brandvorrichtungen

**Anlage 10/1**

**Einzelausnahme Nr.**
**für die innerstaatliche Beförderung von großen Kampfmitteln mit Straßenfahrzeugen**

Hiermit wird für *[Name und Anschrift des Antragstellers]*

gemäß § 5 *[Absatz 6 oder 7]*[1)] der Gefahrgutverordnung Straße, Eisenbahn und Binnenschifffahrt (GGVSEB) in der jeweils geltenden Fassung[2)] und gemäß § 46 Absatz 2 der Straßenverkehrs-Ordnung in der jeweils geltenden Fassung[2)] in Verbindung mit der Allgemeinverfügung der BAM zur Klassifizierung von Kampfmitteln für die innerstaatliche Beförderung gefährlicher Güter auf der Straße durch die staatlichen Kampfmittelräumdienste der Länder – Allgemeinverfügung Kampfmittel – vom 27. Juni 2011 (VkBl. 2011 S. 454) für die innerstaatliche Beförderung gefährlicher Güter auf der Straße folgende Ausnahme zugelassen:

**I. Abweichungen**

Abweichend von

- Absatz 2.2.1.1.2 Unterabsatz 1,
- Unterabschnitt 4.1.1.3, Abschnitt 4.1.4,
- Unterabschnitt 5.2.1.5,
- Kapitel 6.1 und
- Absatz 7.5.5.2.1

der Anlagen A und B zu dem Übereinkommen vom 30. September 1957 über die internationale Beförderung gefährlicher Güter auf der Straße (ADR) in der jeweils geltenden Fassung[2)] und

abweichend von § 35 bis 35c der GGVSEB

dürfen die in der Anlage aufgeführten großen Kampfmittel, deren Länge 1,50 m oder deren Durchmesser 15 cm oder deren Masse 50 kg brutto überschreitet,

vom Zwischenlager

*[Anschrift]*

zur Entsorgungsstätte

*[Anschrift]*

am

*[Datum]* in der Zeit vom *[Zeitangabe]* bis *[Zeitangabe]*

auf der Straße befördert werden, wenn die nachstehenden Nebenbestimmungen eingehalten werden.

**II. Nebenbestimmungen**

**1. Behandlung der Kampfmittel vor der Beladung**

Sind Stoffe, für die eine Beförderung unter Luftabschluss erforderlich ist (z.B. Phosphor), in den Kampfmitteln enthalten, ist der Luftabschluss durch geeignete Maßnahmen sicherzustellen.

**2. Versandstücke**

Kampfmittel dürfen unverpackt befördert werden. Sie sind nach den geltenden Regeln der Technik zu sichern oder in Ladungssicherungshilfsmittel zu verladen. Es sind geeignete Maßnahmen zu ergreifen, die ein Austreten des Explosivstoffes verhindern. Die Gegenstände/Ladeeinheiten/Versandstücke müssen nicht mit der offiziellen Benennung für die Beförderung versehen sein.

---

1) Anpassung nach Betroffenheit des Ressorts
2) Bitte Datum und Fundstelle der letzten Neufassung oder Änderung konkret angeben

### 3. Be- und Entladung der Fahrzeuge sowie deren Handhabung

Die höchstzulässige Nettomasse des in den Kampfmitteln enthaltenen Explosivstoffes darf je Beförderungseinheit bei Verwendung eines

- EX/II-Fahrzeugs 1.000 kg,
- EX/III-Fahrzeugs 5.000 kg

nicht übersteigen.

Überschreitet ein Einzelstück (z.B. Großladungsbombe) 1.000 kg Nettoexplosivstoffmasse, kann dieses auch auf einem Fahrzeug EX/II befördert werden. Kampfmittel dürfen nicht gemeinsam mit anderen Gütern, mit Ausnahme von Ladungssicherungshilfsmitteln und Ausrüstungsteilen, auf der Ladefläche des Fahrzeugs verladen werden. Bezünderte Sprengbomben dürfen nur im Einzeltransport befördert werden. Bedeckte Fahrzeuge EX/II dürfen nur bis zur Höhe der Bordwand beladen werden, außer, die Ladungssicherung wird ohne Berücksichtigung der Rückhaltewirkung der Stabilität der Bordwände durchgeführt.

### 4. Fahrzeugführer/Begleitpersonen

Der Fahrzeugführer eines Fahrzeugs, mit dem Kampfmittel befördert werden, muss Inhaber einer gültigen ADR-Schulungsbescheinigung für die Beförderung von Stoffen und Gegenständen der Klasse 1 sein. Die Bescheinigung nach Unterabschnitt 8.2.2.8 ADR ist mitzuführen.

Weiterhin muss sich in jedem Fahrzeug, mit dem Kampfmittel befördert werden, eine Fachkundige Person des staatlichen Kampfmittelräumdienstes/Kampfmittelbeseitigungsdienstes befinden. Fahren die Fahrzeuge in einer Kolonne, reicht es aus, wenn sich nur auf einem Fahrzeug eine Fachkundige Person befindet. Abweichend davon darf sich die Fachkundige Person auch in einem Begleitfahrzeug (Fahrzeug ohne Kampfmittelbeladung) befinden. Die Fachkundige Person muss Inhaber einer gültigen ADR-Schulungsbescheinigung für die Beförderung von Stoffen und Gegenständen der Klasse 1 sein. Die Bescheinigung nach Unterabschnitt 8.2.2.8 ADR ist mitzuführen.

### 5. Fahrwegbestimmung

Eine Fahrwegbestimmung ist abweichend von § 35a der GGVSEB nicht erforderlich.

### 6. Bestimmung der Fahrstrecke (siehe Anlage)

Die Beförderung ist der Entsorgungsstätte (Empfänger) unter Angabe der geplanten Eintreffzeit anzuzeigen. Vor Antritt der Fahrt ist in eigener Verantwortung des Antragstellers zu überprüfen, ob die Beförderung auf der vorgeschriebenen Fahrstrecke durchgeführt werden kann. Gegebenenfalls erforderliche Nutzung von Umleitungsstrecken darf nur dann erfolgen, wenn dies gefahrlos möglich ist.

### 7. Fahrzeugbeleuchtung

Während der Beförderung ist ganzjährig das Abblendlicht bzw. Tagfahrlicht des Fahrzeugs einzuschalten.

### 8. Fahrtunterbrechung

Wird eine Fahrtunterbrechung notwendig, so ist eine Mindestentfernung von 300 m von bewohnten Orten oder Menschenansammlungen einzuhalten.

Während eines Gewitters oder wenn sich ein Gewitter in gefährlicher Nähe befindet, haben die Fahrzeuge die Fahrt zu unterbrechen. Die Fahrzeuge sind möglichst auf einem geeigneten Platz abseits des fließenden Verkehrs abzustellen. Die Fahrzeugbesatzung hat das Fahrzeug zu verlassen und trotzdem weiterhin zu überwachen.

Kann ein mit Kampfmitteln beladenes Fahrzeug im Fall einer Panne nicht vor Ort instand gesetzt werden, so ist es, unter Beteiligung der zuständigen Einsatzkräfte, zum nächstgelegenen geeigneten Ort abzuschleppen, an dem die Ladung ohne Behinderung für den übrigen Verkehr umgeladen werden kann. Dieser Ort soll mindestens 300 m von bewohnten Orten oder Menschenansammlungen entfernt sein. Kann das vorgesehene Fahrtziel innerhalb von 30 Minuten erreicht werden, so ist das Fahrzeug unter Beteiligung der zuständigen Einsatzkräfte dorthin abzuschleppen. Ist das Abschleppen nicht möglich, so ist die Ladung vor Ort unter Beachtung von Schutz- und Sicherungsmaßnahmen umzuladen.

Mit Kampfmitteln beladene Fahrzeuge sind ständig zu überwachen.

### 9. Auflagen

Diese Einzelausnahme oder eine Kopie der Einzelausnahme ist bei jeder Beförderung mitzuführen und bei einer Kontrolle zuständigen Personen unaufgefordert zur Prüfung vorzulegen.

### III. Widerrufsvorbehalt

Diese Ausnahmezulassung erfolgt unter dem Vorbehalt des jederzeitigen Widerrufs für den Fall, dass sich die auferlegten Sicherheitsvorkehrungen als unzureichend zur Einschränkung der von der Beförderung ausgehenden Gefahren erweisen.

Ort, Datum Stempel, Unterschrift

Anlagen:

- Munitionsliste *[beifügen]*
- Fahrstrecken *[beifügen]*

Anlage 10/2

**Einzelausnahme Nr.
für die innerstaatliche Beförderung
von Kampfmitteln mit chemischen Kampfstoffen mit Straßenfahrzeugen**

Hiermit wird für *[Name und Anschrift des Antragstellers]*

gemäß § 5 *[Absatz 6 oder 7]*[1)] der Gefahrgutverordnung Straße, Eisenbahn und Binnenschifffahrt (GGVSEB) in der jeweils geltenden Fassung[2)] und gemäß § 46 Absatz 2 der Straßenverkehrs-Ordnung in der jeweils geltenden Fassung[2)] in Verbindung mit der Allgemeinverfügung der BAM zur Klassifizierung von Kampfmitteln für die innerstaatliche Beförderung gefährlicher Güter auf der Straße durch die staatlichen Kampfmittelräumdienste der Länder – Allgemeinverfügung Kampfmittel – vom 27. Juni 2011 (VkBl. 2011 S. 454) für die innerstaatliche Beförderung gefährlicher Güter auf der Straße folgende Ausnahme zugelassen:

**I. Abweichungen**

Abweichend von

- Absatz 2.2.1.1.2 Unterabsatz 1,
- Absatz 2.2.1.2.2,
- Unterabschnitt 4.1.1.3, Abschnitt 4.1.4,
- Unterabschnitt 5.2.1.5 und
- Kapitel 6.1

der Anlagen A und B zu dem Übereinkommen vom 30. September 1957 über die internationale Beförderung gefährlicher Güter auf der Straße (ADR) in der jeweils geltenden Fassung[2)] und

abweichend von § 35 bis 35c der GGVSEB

dürfen die in der Anlage aufgeführten Kampfmittel mit chemischen Kampfstoffen

vom Zwischenlager

*[Anschrift]*

zur Entsorgungsstätte

*[Anschrift]*

am

*[Datum]* in der Zeit vom *[Zeitangabe]* bis *[Zeitangabe]*

auf der Straße befördert werden, wenn die nachstehenden Nebenbestimmungen eingehalten werden.

**II. Nebenbestimmungen**

**1. Bedingungen**

**1.1 Fahrzeug/Transportbehälter**

Die Kampfmittel mit chemischen Kampfstoffen sind mit den nachfolgend genannten explosionsdruckstoßfesten Transportkugeln[3)]/Transportbehältern[4)] mit einem für die Umsetzung der vorgesehenen Explosivstoffmasse entsprechenden Dichtheitsverhältnis in einem dafür zugelassenen Sprengstoffäquivalent sowie auf einem darauf ausgerichteten Fahrzeug zu befördern:

Transportkugel/-behälter[5)]

Bauart:
Hersteller:
Typ:

---

1) Anpassung nach Betroffenheit des Ressorts
2) Bitte Datum und Fundstelle der letzten Neufassung oder Änderung konkret angeben
3) Zugelassene Behälter nach Stand 5/2013 sind: MECV 5 (bitte anpassen)
4) Zugelassene Behälter nach Stand 5/2013 sind: BOFOS Dynasafe AB (bitte anpassen)
5) Exakte Modelldaten eintragen

Herstellungs-Nr.:
Zugelassenes Sprengstoffäquivalent:

Transportfahrzeug/Anhänger
Amtliches Kennzeichen des Transportfahrzeugs:
Amtliches Kennzeichen des Anhängers:

### 1.2 Mengenbegrenzung

Es ist durch geeignete Maßnahmen sicherzustellen, dass die Menge des nach Nummer 1.1 angegebenen Sprengstoffäquivalents eingehalten wird. Hierzu zählen z.B. gesicherte Datenblätter oder grundsätzlich aussagefähige Röntgenbilder der Kampfmittel, anhand der die Nettoexplosivstoffmasse zu bestimmen ist.

### 1.3 Verwendung eines Anhängers

Bei Verwendung eines Anhängers dürfen nur Kraftfahrzeuge eingesetzt werden, bei denen die zulässige Anhängelast ausreichend ist. Kraftfahrzeuge, bei denen die Anhängelast nur mit Einschränkungen der Steigfähigkeit erreicht wird, dürfen nicht eingesetzt werden.

### 1.4 Bestimmung der Fahrstrecke

Die Beförderung ist der Entsorgungsstätte (Empfänger) unter Angabe der geplanten Eintreffzeit anzuzeigen. Vor Antritt der Fahrt ist in eigener Verantwortung des Antragstellers zu überprüfen, ob die Beförderung auf der vorgeschriebenen Fahrstrecke durchgeführt werden kann. Gegebenenfalls erforderliche Nutzung von Umleitungsstrecken darf nur dann erfolgen, wenn dies gefahrlos möglich ist.

### 1.5 Verwendung der Transportkugel/des Transportbehälters

Die Transportkugel/der Transportbehälter ist vor jeder Beförderung durch eine Fachkundige Person hinsichtlich der Funktionsfähigkeit zu überprüfen. Die Dichtungen sind bei Beschädigungen bzw. gemäß Herstellerangabe zu erneuern. Nach Zwischenfällen wie Unfällen oder Explosionen ist eine zusätzliche Dichtigkeitskontrolle zu veranlassen.

### 1.6 Transportführer

Bei der Beförderung von Kampfmitteln mit chemischen Kampfstoffen ist immer ein „Transportführer" (Fachkundige Person mit zusätzlicher Fachkunde für den Umgang mit Kampfmitteln mit chemischen Kampfstoffen) einzusetzen. Fahren die Fahrzeuge in einer Kolonne, reicht es aus, wenn sich nur auf einem Fahrzeug ein Transportführer befindet. Dieser kann sich auch in einem Begleitfahrzeug (Fahrzeug ohne Kampfstoffbeladung) befinden. Er muss über eine Schulung gemäß Abschnitt 8.2.1 ADR verfügen. Die Bescheinigung nach Unterabschnitt 8.2.2.8 ADR ist mitzuführen.

### 1.7 Fahrzeugbesatzung

Die Fahrzeugbesatzung besteht mindestens aus einem Fahrzeugführer und einem weiteren Mitglied der Fahrzeugbesatzung, das in der Lage sein muss, den Fahrzeugführer abzulösen. Fahrzeugführer und ein weiteres Mitglied der Fahrzeugbesatzung müssen an einer Schulung gemäß Kapitel 8.2 ADR (Basiskurs und Aufbaukurs Klasse 1) erfolgreich teilgenommen haben und im Besitz einer gültigen ADR-Schulungsbescheinigung gemäß Unterabschnitt 8.2.2.8 ADR sein. Diese Bescheinigung ist mitzuführen.

### 1.8 Begleitfahrzeuge

Die Beförderungseinheiten mit Kampfmitteln mit chemischen Kampfstoffen sind auf Autobahnen durch ein dahinter und auf sonstigen Straßen mit Gegenverkehr durch ein davor und ein dahinter fahrendes mehrspuriges Fahrzeug der zuständigen Einsatzkräfte zu begleiten.

### 1.9 Zusätzliche persönliche Schutzausrüstung

In der Beförderungseinheit und in den Begleitfahrzeugen sind mitzuführen:

- mindestens eine Notfallfluchtmaske nach Abschnitt 5.4.3 ADR mit gültig geprüften stoffgeeigneten Filtern für jedes Mitglied der Fahrzeugbesatzung und
- Kampfstoffmessgerät (nur in einem Begleitfahrzeug).

**1.10 Fahrtunterbrechung**

Wird eine Fahrtunterbrechung notwendig, so ist eine Mindestentfernung von 300 m von bewohnten Orten oder Menschenansammlungen einzuhalten.

Während eines Gewitters oder wenn sich ein Gewitter in gefährlicher Nähe befindet, haben die Fahrzeuge die Fahrt zu unterbrechen. Die Fahrzeuge sind möglichst auf einem geeigneten Platz abseits des fließenden Verkehrs abzustellen. Die Fahrzeugbesatzung hat das Fahrzeug zu verlassen und trotzdem weiterhin zu überwachen.

**1.11 Kennzeichnung**

Die Beförderungseinheit ist gemäß Abschnitt 8.1.3 in Verbindung mit Absatz 5.3.2.1.1 ADR mit orangefarbenen Tafeln zu kennzeichnen. Zusätzlich ist das Fahrzeug mit dem Transportbehälter mit Großzetteln (Placards) gemäß Absatz 5.3.1.1.1 in Verbindung mit Unterabschnitt 5.3.1.5 ADR nach Muster 1 ergänzt um die Unterklasse 1.2, Verträglichkeitsgruppe K sowie zusätzlich nach Muster 6.1 zu kennzeichnen.

**1.12 Rauchverbot**

Während der Beförderung (Ortsveränderung) gilt ein absolutes Rauchverbot.

**1.13 Beladung**

Die Beladung der Transportkugel/des Transportbehälters mit Kampfmitteln mit chemischen Kampfstoffen hat nach den jeweiligen Angaben des Herstellers der Transportkugel/des Transportbehälters zu erfolgen.

**1.14 Ersthelfer**

Es ist sicherzustellen, dass der Transportführer und die Fahrzeugbesatzung der Beförderungseinheit über eine Ersthelferausbildung mit zusätzlicher Unterweisung über das Verhalten bei Unfällen mit giftigen Stoffen verfügen.

**1.15 Fernmeldemittel**

In der Beförderungseinheit und ggf. in den Begleitfahrzeugen sind geeignete Fernmeldemittel zur schnellen Verbindungsaufnahme mitzuführen und einsatzbereit zu halten.

**1.16 Verpackungen**

Die Kampfmittel mit chemischen Kampfstoffen sind in gasdichte Verpackungen zu verstauen und so in der Transportkugel/in dem Transportbehälter zu fixieren, dass schädliche Lageveränderungen während der Beförderung ausgeschlossen sind.

**2. Auflagen**

Diese Einzelausnahme oder eine Kopie der Einzelausnahme ist bei jeder Beförderung mitzuführen und bei einer Kontrolle zuständigen Personen unaufgefordert zur Prüfung vorzulegen.

**[III. Widerrufsvorbehalt**

Diese Ausnahmezulassung erfolgt unter dem Vorbehalt des jederzeitigen Widerrufs für den Fall, dass sich die auferlegten Sicherheitsvorkehrungen als unzureichend zur Einschränkung der von der Beförderung ausgehenden Gefahren erweisen.]

Ort, Datum Stempel, Unterschrift

Anlage:

– Kampfmittel mit chemischen Kampfstoffen *[beifügen]*

**Anlage 10/3**

**Einzelausnahme Nr.**
**für die innerstaatliche Beförderung**
**von unkonventionellen Spreng- und Brandvorrichtungen (USBV)**
**sowie von nicht zugelassenen und/oder nicht klassifizierten Stoffen/Gegenständen**
**mit Straßenfahrzeugen**

Hiermit wird für *[Name und Anschrift des Antragstellers]*

gemäß § 5 *[Absatz 6 oder 7]*[1] der Gefahrgutverordnung Straße, Eisenbahn und Binnenschifffahrt (GGVSEB) in der jeweils geltenden Fassung[2] und gemäß § 46 Absatz 2 der Straßenverkehrs-Ordnung in der jeweils geltenden Fassung[2] für die innerstaatliche Beförderung gefährlicher Güter auf der Straße folgende Ausnahme zugelassen:

**I. Abweichungen**

Abweichend von

- Abschnitt 2.1.4, Absatz 2.2.1.1.2 Unterabsatz 1,
- Absatz 2.2.1.2.1,
- Kapitel 3.3 (Sondervorschrift 16, Sondervorschrift 274, Sondervorschrift 311),
- Unterabschnitt 4.1.1.3, Abschnitt 4.1.4, Abschnitt 4.1.9,
- Unterabschnitt 5.2.1.5, Unterabschnitt 5.4.1.1, Unterabschnitt 5.4.1.2,
- Abschnitt 7.2.4 (Sondervorschrift V2),
- Unterabschnitt 7.5.5.2 und
- Kapitel 8.4 i.V.m. Kapitel 8.5

der Anlagen A und B zu dem Übereinkommen vom 30. September 1957 über die internationale Beförderung gefährlicher Güter auf der Straße (ADR) in der jeweils geltenden Fassung[2] und

abweichend von § 35 bis 35c der GGVSEB

dürfen die folgenden Stoffe und Gegenstände:

☐ aus unkonventioneller Spreng- und/oder Brandvorrichtung delaborierte Stoffe und Gegenstände *[sofern möglich Angabe der UN-Nummer]*

☐ nicht zugelassene und/oder nicht klassifizierte Pyrotechnik *[sofern möglich Angabe der UN-Nummer, siehe Hinweise zur Klassifizierung von Pyrotechnik (Anlage)]*

☐ Gegenstände mit ABC-Stoffen *[sofern möglich Angabe der UN-Nummer]*

☐ Gegenstände mit Explosivstoff *[sofern möglich Angabe der UN-Nummer]*

☐ aufgefundene nicht klassifizierte Stoffe der Klasse 1 *[sofern möglich Angabe der UN-Nummer]*

☐ aufgefundene nicht klassifizierte Stoffe der Klassen 2 bis 9 *[sofern möglich Angabe der UN-Nummer]*

☐ Probentransport *[Angaben zu Art und Menge der Probe sowie Zuordnung (siehe Hinweise zur Klassifizierung von Proben (Anlage))]*

☐ Andere oben nicht genannte Stoffe und/oder Gegenstände

vom sicheren Ort

*[Ortsangabe]*

nach

*[Ortsangabe]*

am *[Datum]* in der Zeit vom *[Zeitangabe]* bis *[Zeitangabe]*

auf der Straße befördert werden, wenn die nachstehenden Nebenbestimmungen eingehalten werden.

---

1) Anpassung nach Betroffenheit des Ressorts

2) Bitte Datum und Fundstelle der letzten Neufassung oder Änderung konkret angeben

## II. Nebenbestimmungen

### 1. Bedingungen

#### 1.1 Fahrzeug/Transportbehälter

Die o.g. Stoffe und Gegenstände sind vorrangig mit den nachfolgend genannten explosionsdruckstoßfesten Transportkugeln[3]/Transportbehältern[4] in einem dafür zugelassenen Sprengstoffäquivalent sowie auf einem darauf ausgerichteten Fahrzeug zu befördern. Sollte dies nicht möglich sein, sind auch die alternativ genannten Fahrzeuge verwendbar:

Transportkugel/Transportbehälter[5]

Bauart:

Hersteller:

Typ:

Herstellungs-Nr.:

Zugelassenes Sprengstoffäquivalent:

Transportfahrzeug/Anhänger

Amtliches Kennzeichen des Transportfahrzeugs:

Amtliches Kennzeichen des Anhängers:

Falls die Transportkugel/der Transportbehälter aufgrund von Volumen oder Masse des aufgefundenen Stoffes/Gegenstandes nicht nutzbar ist, dann:

Klasse 1:

☐ Fahrzeug EX/II (max. 1.000 kg NEM je Beförderungseinheit, wenn NEM nicht bekannt, ist die Bruttomasse anzusetzen);
amtliches Kennzeichen:

☐ Fahrzeug EX/III (max. 16.000 kg NEM je Beförderungseinheit, wenn NEM nicht bekannt, ist die Bruttomasse anzusetzen);
amtliches Kennzeichen:

☐ sonstiges geeignetes mehrspuriges Fahrzeug (mit getrennter Fahrgastzelle) für Probentransport zur chemischen oder sonstigen Analyse;
amtliches Kennzeichen:

Klassen 2 bis 9:

☐ geeignetes mehrspuriges Fahrzeug (mit getrennter Fahrgastzelle);
amtliches Kennzeichen:

#### 1.2 Mengenbegrenzung

Es ist durch geeignete Maßnahmen sicherzustellen, dass die Mengenbegrenzungen nach Nummer 1.1 dieser Ausnahme eingehalten werden.

#### 1.3 Verwendung von Anhängern und Krafträdern

Bei Verwendung eines Anhängers dürfen nur Kraftfahrzeuge eingesetzt werden, bei denen die zulässige Anhängelast ausreichend ist. Kraftfahrzeuge, bei denen die Anhängelast nur mit Einschränkungen der Steigfähigkeit erreicht wird, dürfen nicht eingesetzt werden. Krafträder dürfen nicht eingesetzt werden.

#### 1.4 Bestimmung der Fahrstrecke

Eine Fahrwegbestimmung ist abweichend von § 35a GGVSEB nicht erforderlich. Die Beförderung ist dem Empfänger unter Angabe der geplanten Eintreffzeit anzuzeigen. Vor Antritt der Fahrt ist in eigener Verantwortung des Antragstellers zu überprüfen, ob die Beförderung auf der vorgeschriebenen Fahrstrecke durchgeführt werden kann. Gegebenenfalls erforderliche Nutzung von Umleitungsstrecken darf nur dann erfolgen, wenn dies gefahrlos möglich ist. Die Tunnelregelungen gemäß ADR sind zu beachten.

---

3) Zugelassene Behälter nach Stand 5/2013 sind: MECV 5 (bitte anpassen)
4) Zugelassene Behälter nach Stand 5/2013 sind: BOFOS Dynasafe AB (bitte anpassen)
5) Exakte Modelldaten eintragen

### 1.5 Verwendung der Transportkugel/des Transportbehälters

Die Transportkugel/der Transportbehälter ist vor jeder Beförderung durch eine Fachkundige Person hinsichtlich der Funktionsfähigkeit zu überprüfen. Die Dichtungen sind bei Beschädigungen bzw. gemäß Herstellerangabe zu erneuern. Nach Zwischenfällen wie Unfällen oder Explosionen ist eine zusätzliche Dichtigkeitskontrolle zu veranlassen.

### 1.6 Transportführer

Bei der Beförderung von unbestimmbaren Stoffen und Gegenständen ist von der zuständigen Behörde immer ein sachkundiger Transportführer[6)] zu bestimmen. Die Aufgabe des Transportführers kann vom Fahrzeugführer oder einem anderen Mitglied der Fahrzeugbesatzung wahrgenommen werden. Fahren die Fahrzeuge in einer Kolonne, reicht es aus, wenn sich nur auf einem Fahrzeug ein Transportführer befindet. Dieser kann sich auch in einem Begleitfahrzeug (Fahrzeug ohne unbestimmbare Stoffe und Gegenstände) befinden. Er muss über eine Schulung gemäß Abschnitt 8.2.1 ADR verfügen. Die Bescheinigung nach Unterabschnitt 8.2.2.8 ADR ist mitzuführen.

### 1.7 Fahrzeugbesatzung

Die Fahrzeugbesatzung besteht mindestens aus einem Fahrzeugführer und einem weiteren Mitglied der Fahrzeugbesatzung, das in der Lage sein muss, den Fahrzeugführer abzulösen. Fahrzeugführer und ein weiteres Mitglied der Fahrzeugbesatzung müssen an einer Schulung gemäß Kapitel 8.2 ADR (Basiskurs und Aufbaukurs Klasse 1 und in Fällen der Klasse 7 ein Aufbaukurs der Klasse 7) erfolgreich teilgenommen haben und im Besitz einer gültigen ADR-Bescheinigung[1] gemäß Unterabschnitt 8.2.2.8 ADR sein. Diese Bescheinigung ist mitzuführen.

### 1.8 Begleitfahrzeuge

Die Beförderungseinheiten mit unbestimmbaren Stoffen und Gegenständen sind auf Autobahnen durch ein dahinter und auf sonstigen Straßen mit Gegenverkehr durch ein davor und ein dahinter fahrendes mehrspuriges Fahrzeug der zuständigen Einsatzkräfte zu begleiten.

### 1.9 Besondere Ausrüstung

In der Beförderungseinheit ist die nach ADR geforderte Ausrüstung mitzuführen. Aufgrund der vom Stoff und/oder vom Gegenstand ausgehenden besonderen Gefahr *[Benennung der Gefahr]* ist folgende Ausrüstung[7)] zusätzlich mitzuführen:

- ☐ Notfallfluchtmaske nach Abschnitt 5.4.3 ADR mit gültig geprüften stoffgeeigneten Filtern für jedes Mitglied der Fahrzeugbesatzung
- ☐ geeignetes Messgerät für die ausgehenden Gefahren
- ☐ weitere Ausrüstungen (z.B. persönliche Schutzausrüstung)

### 1.10 Fahrtunterbrechung

Fahrtunterbrechungen sind zu vermeiden. Sind Aufenthalte während der Beförderung unumgänglich, ist ein angemessener Sicherheitsabstand zu bewohnten Orten oder Menschenansammlungen einzuhalten. Abweichend von Kapitel 8.4 in Verbindung mit Kapitel 8.5 ADR ist die Beförderungseinheit während der Aufenthalte ständig zu überwachen.

### 1.11 Kennzeichnung

#### 1.11.1 Kennzeichnung der Beförderungseinheit

- ☐ Die Beförderungseinheit ist gemäß Abschnitt 8.1.3 in Verbindung mit Absatz 5.3.2.1.1 ADR mit orangefarbenen Tafeln zu kennzeichnen. Zusätzlich ist die Beförderungseinheit mit den geforderten Großzetteln (Placards) gemäß Absatz 5.3.1.1.1 ADR für die Klasse 1 oder Klasse 7 zu kennzeichnen.
- ☐ Probentransport ohne Kennzeichnung

---

6) Transportführer mit erweiterter Sachkunde nach Vorgabe der zuständigen Behörde.

[1] *Anmerkung des Verlags: O.-Text VkBl.; gemeint ist wahrscheinlich „ADR-Schulungsbescheinigung".*

7) Der notwendige Ausrüstungsumfang ist je nach Stoff und/oder Gegenstand und angedachten Notfallmaßnahmen der Fahrzeugbesatzung zu bestimmen und festzulegen.

### 1.11.2 Kennzeichnung der Verpackung

Auf die Angabe der offiziellen Benennung für die Beförderung bei Stoffen und Gegenständen der Klasse 1 gemäß Unterabschnitt 5.2.1.5 ADR kann verzichtet werden.

### 1.12 Rauchverbot

Während der Beförderung gilt ein absolutes Rauchverbot.

### 1.13 Verpackungen

☐ Die Stoffe und Gegenstände sind in geeigneten und zugelassenen Verpackungen zu verpacken und so in der Umschließung zu sichern, dass Lageveränderungen während der Beförderung weitgehend ausgeschlossen sind.
Benutzt wird: *[Angabe der Verpackungsart und des Verpackungsmaterials]*

☐ Beim Probentransport ist eine geeignete Innenverpackung in einer geeigneten und zugelassenen Außenverpackung aus Pappe oder Kunststoff mindestens der Verpackungsgruppe II zu verwenden.

### 1.14 Beladung

Die Beladung der Transportkugel/des Transportbehälters oder der Verpackung hat nach den jeweiligen Angaben des Herstellers zu erfolgen.

### 1.15 Ersthelfer

Es ist sicherzustellen, dass der Transportführer und die Fahrzeugbesatzung der Beförderungseinheit über eine Ersthelferausbildung mit zusätzlicher Unterweisung über das Verhalten bei Unfällen mit giftigen Stoffen verfügen.

### 1.16 Fernmeldemittel

In der Beförderungseinheit und ggf. in den Begleitfahrzeugen sind geeignete Fernmeldemittel zur schnellen Verbindungsaufnahme mitzuführen und einsatzbereit zu halten.

## 2. Auflagen

Diese Einzelausnahme oder eine Kopie der Einzelausnahme ist bei jeder Beförderung mitzuführen und bei einer Kontrolle zuständigen Personen unaufgefordert zur Prüfung vorzulegen.

## III. Zusätzliche Angaben/Bemerkungen

Hinweise zur Klassifizierung der Stoffe und/oder Gegenstände sind der Anlage zu dieser Ausnahme zu entnehmen.

## [IV. Widerrufsvorbehalt

Diese Ausnahmezulassung erfolgt unter dem Vorbehalt des jederzeitigen Widerrufs für den Fall, dass sich die auferlegten Sicherheitsvorkehrungen als unzureichend zur Einschränkung der von der Beförderung ausgehenden Gefahren erweisen.]

Ort, Datum Stempel, Unterschrift

**Anlage**

**Hinweise zur Klassifizierung von Proben:**

Die Klassifizierung richtet sich nach der überwiegenden Gefahr. Folgende Reihenfolge ist einzuhalten:

1. Prüfung auf Klasse 7
   → Festlegung der UN-Nummer im Benehmen mit der zuständigen Strahlenschutzbehörde
2. Prüfung auf Klasse 1
   → UN 0190 EXPLOSIVSTOFF, MUSTER, 1
3. Prüfung auf Klasse 2
   → UN 3168 GASPROBE, NICHT UNTER DRUCK STEHEND, GIFTIG, N.A.G., 2.3 (2.1)
4. Sind die Prüfungen unter Nr. 1 bis 3 ohne positives Ergebnis verlaufen, ist der Stoff/Gegenstand wie folgt den desensibilisierten explosiven flüssigen oder festen Stoffen zuzuordnen:
   → UN 3379 DESENSIBILISIERTER EXPLOSIVER FLÜSSIGER STOFF, N.A.G., 3, I
   → UN 3380 DESENSIBILISIERTER EXPLOSIVER FESTER STOFF, N.A.G., 4.1, I

**Hinweise zur Klassifizierung von Pyrotechnik:**

Ist eine eindeutige Zuordnung der Pyrotechnik nicht möglich, so wird diese wie folgt zugeordnet:

→ UN 0333 FEUERWERKSKÖRPER, 1.1G

# Anlage 11
# Prüfung und außerordentliche Prüfung von Rohrleitungen an Tanks zur Beförderung von Gasen der Klasse 2

### Allgemeines

Die Rohrleitungen von Tanks zur Beförderung der folgenden Gase der Klasse 2 sind unter Zugrundelegung eines anerkannten Druckbehälter-Regelwerks von einer Benannten Stelle nach § 16 der ODV zu prüfen:

1011 BUTAN,

1012 BUTEN,

1077 PROPEN,

1965 KOHLENWASSERSTOFFGAS, GEMISCH, VERFLÜSSIGT, N.A.G. (Gemisch A, A01, A02, A0, A1, B1, B2, B oder C),

1969 ISOBUTAN,

1978 PROPAN.

### Prüfung und Bescheinigung

Über die Prüfung ist eine Bescheinigung auszustellen. Diese Prüfbescheinigung ist nur zusammen mit der ADR-Zulassungsbescheinigung nach Unterabschnitt 9.1.3.5 ADR gültig. Ein entsprechender Verweis über die Prüfung der Verrohrung ist unter 11. Bemerkungen in die ADR-Zulassungsbescheinigung aufzunehmen.

Die Mindestanforderungen an die Prüfung und die Mindestangaben in der Bescheinigung sind nachstehend wiedergegeben. Bei den Schweißnähten ist besonders auf Wurzelfehler zu achten:

1. Titel der Bescheinigung:

   Bescheinigung über die Prüfung oder außerordentliche Prüfung der Verrohrung eines Tanks zur Beförderung von Gasen der Klasse 2 nach Anlage 11 der RSEB.
2. Angabe des Betreibers.
3. Hersteller des Tanks.
4. Herstell-Nr. des Tanks (Identifikations-Nr.).
5. Beschreibung des Prüfgegenstandes (Rohrleitung, Anzahl der Rohrleitungsabschnitte, ggf. durchgeführte Teilprüfungen mit entsprechenden Beschreibungen).
6. Beschreibung des Prüfumfanges: äußere Prüfung, innere Prüfung, zerstörungsfreie Prüfung/Art, Festigkeitsprüfung (1,5 × höchster Betriebsüberdruck der Rohrleitung bzw. des Rohrleitungsabschnittes, mindestens jedoch der 1,5-fache Prüfüberdruck des Tanks).
7. Prüfergebnis.
8. Angaben zur Kennzeichnung:

   Die geprüften Rohrleitungen sind mit der Herstell-Nr. des Tanks und dem Stempel der Benannten Stelle nach § 16 der ODV zu kennzeichnen.
9. Angaben zu Ort, Datum und Unterschrift des Mitarbeiters der Benannten Stelle nach § 16 der ODV.

**Muster der Bescheinigung**

(Die Bescheinigung enthält Mindestangaben. Die Reihenfolge der Einträge und das Layout können frei gewählt werden.)

Betreiber: ..............................................................................................

**Bescheinigung*)**
**über die Prüfung oder außerordentliche Prüfung der**
**Verrohrung eines Tanks zur Beförderung von Gasen der Klasse 2 nach Anlage 11 der RSEB**

Hersteller des Tanks: ..............................................................................

Herstell-Nr. des Tanks: ............................................................................

**Prüfgegenstand:**

*(Zutreffendes ankreuzen)*

Anzahl Rohrleitungsabschnitte: .......... Stück, dies entspricht ............................

☐ Gesamte Rohrleitung

☐ Teilprüfung – Beschreibung: ...............................

**Prüfumfang:**

*(Zutreffendes ankreuzen)*

☐ Visuelle Prüfung des äußeren und – soweit möglich – des inneren Zustandes

☐ Zerstörungsfreie Prüfung/Art: ...............................

☐ Druckprüfung (Gas-/Flüssigkeitsdruckprüfung) mit einem Prüfüberdruck von ...... bar

**Prüfergebnis:**

.......................................................................................................

Die geprüften Rohrleitungsabschnitte wurden mit der Herstell-Nr. des Tanks und dem Stempel gekennzeichnet.

| | | |
|---|---|---|
| ............................ | ............................ | ............................ |
| (Ort) | (Datum) | Die Benannte Stelle nach § 16 der ODV |

*) Diese Prüfbescheinigung gilt nur bei gleichzeitiger Tankprüfung und Vorliegen der ADR-Zulassungsbescheinigung nach Unterabschnitt 9.1.3.5 ADR.

# Anlage 14
# Verfahren zur Zulassung der Baumuster von Tanks zur Beförderung gefährlicher Güter nach der GGVSEB in Verbindung mit Kapitel 6.7 und 6.9 ADR/RID sowie 6.13 ADR

1. Ortsbewegliche Tanks (OT), festverbundene Tanks (Tankfahrzeuge) (T) und Aufsetztanks (AT) dürfen als Baumuster zugelassen werden, wenn die für die Beförderung der vorgesehenen gefährlichen Güter maßgebenden Vorschriften des ADR/RID eingehalten werden.

2. Zuständige Behörde für die Zulassung der Baumuster von OT, T und AT ist die Bundesanstalt für Materialforschung und -prüfung (BAM), Berlin.

3. Grundlage für die Zulassung der Baumuster ist der Prüfbericht einer Stelle nach § 12 der GGVSEB für die betreffenden Tanks.

4. Der Antragsteller hat mit der Baumusterprüfung eine Stelle nach § 12 der GGVSEB zu beauftragen. Der zuständigen Behörde für die Zulassung des Baumusters ist eine Kopie des Prüfauftrags und gleichzeitig der Antrag auf Zulassung des Baumusters entsprechend dem Muster nach Anhang 1 zu übersenden.

5. Mit dem Antrag zur Baumusterprüfung sind der Stelle nach § 12 der GGVSEB mindestens folgende Angaben und Unterlagen einzureichen:

5.1 Firma und Anschrift des Antragstellers;

5.2 Baubeschreibung des OT, T oder AT:

Mit allen erforderlichen Angaben, z.B. Gesamtmasse, Kammeranzahl und Kammervolumen, Tankform/Tankbauart (z.B. Zylinderform), Wanddicke (reduziert/nicht reduziert), Tankwerkstoff/ Schutzauskleidung, Dichtungswerkstoff, Schweißverfahren, -nahtform, -zusatzwerkstoff, -faktor, Verbindung Tank/Fahrgestell, Schutz der Einrichtung auf der Oberseite, Bedienungsausrüstung, Angaben zu begrenzten Abweichungen (Varianten);

5.3 vorgesehene Verwendung (Rechtsvorschrift, nach der die Zulassung erteilt werden soll);

5.4 vorgesehene Betriebsweise (z.B. Druckentleerung);

5.5 schematische Darstellung des OT, T oder AT durch eine Baumusterskizze:

Beschreibung des konkreten und, im Fall der Beantragung von Varianten, des repräsentativen Baumusters (Prototyp) sowie ggf. bei Varianten alle minimalen und maximalen Hauptabmessungen;

5.6 Schaltschema für Rohrleitungen und Armaturen;

5.7 Datenblatt, das kurz gefasste Angaben über die wichtigsten Betriebsgrößen des OT, T oder AT enthält:

Beispielsweise Angaben zu Leermasse des Tanks und der relevanten Aufbauanteile und Nutzlast, Drücke und Temperaturen, Tankvolumen;

5.8 Berechnung des Tanks und ggf. der Varianten;

5.9 Nachweis darüber, dass der Tank und seine Befestigungseinrichtungen den vorgesehenen Beanspruchungen für die einzelnen Verkehrsträger beim Transport und Umschlag standhalten (z.B. durch Versuch, Berechnung oder nachgewiesen im Vergleich);

5.10 sämtliche zur Beurteilung des OT, T oder AT erforderlichen Zeichnungen einschließlich einer Zusammenstellungszeichnung;

5.11 Verzeichnis der Bedienungsausrüstung mit Armaturendaten und entsprechenden Nachweisen

Beispiel für ein Verzeichnis der Bedienungsausrüstung:

| Laufende Nummer/ Position | Bezeichnung | Hersteller | Typenbezeichnung | Norm | Nennweite | Nachweis der Eignung |
|---|---|---|---|---|---|---|
| | **Domdeckel** | | | | | |
| | ... | | | | | |
| | **1. Absperreinrichtung/Bodenventil** | | | | | |
| | ... | | | | | |
| | ... | | | | | |
| | ... | | | | | |
| | ... | | | | | |
| | ... | | | | | |

- **Herstellerunterlagen** (Beschreibungen/technische Zeichnungen),
- ggf. **vorhandene Baumusterzulassungen** (Normenarmaturen) für Bauteile der Bedienungsausrüstung nach Absatz 6.8.2.6.1 ADR/RID, die von akkreditierten zuständigen Prüfstellen (z.B. in Deutschland nach § 12 der GGVSEB) oder von zuständigen Behörden in anderen ADR/RID-Herstellungsstaaten erteilt wurden,
- ggf. **Prüfberichte** nach Absatz 6.8.2.3.1 ADR/RID (Normenarmaturen) sowie **Prüfnachweise** für Bauteile der Bedienungsausrüstung aus bereits durchgeführten Baumusterzulassungsverfahren und weitere Unterlagen von akkreditierten zuständigen Prüfstellen (z.B. in Deutschland nach § 12 der GGVSEB) oder von zuständigen Behörden in anderen ADR/RID-Herstellungsstaaten,
- ggf. Nachweise nach **Anlage 13** der RSEB (ehemals TRT 002) von Ausrüstungsteilen, die von Stellen nach § 12 der GGVSEB erstellt wurden;

5.12 Nachweis der Eignung und der ausreichenden Bemessung der Sicherheitseinrichtungen (z.B. Be- und Entlüftung, Flammendurchschlagsicherung, Berstscheiben, Sicherheitsventile);

5.13 Zeichnung des unausgefüllten Schildes am OT, T oder AT;

5.14 Darstellung der sonstigen Kennzeichnung des OT, T oder AT;

5.15 Nachweis der Eignung des Tankwerkstoffs oder der Schutzauskleidung und des Dichtungswerkstoffs und/oder Werkstoffgutachten, Ergebnisse der Werkstoffprüfungen von FVK-Tankkörpern;

5.16
- Firma und Anschrift des Herstellers des OT gemäß Kapitel 6.7 ADR/RID mit den Nachweisen/Zertifikaten für den jeweiligen Anwendungsbereich (z.B. Stahl, Aluminium ...) über die zur sachgemäßen Ausführung von Schweißarbeiten durchgeführten qualifizierten Verfahrensprüfungen sowie über die Qualifizierung der Schweißer und über den Betrieb eines Qualitätssicherungssystems für Schweißarbeiten,
- Für ausländische Hersteller können die oben genannten Nachweise/Zertifikate bei der Bewertung berücksichtigt werden, wenn sie von den hierfür zuständigen Prüfstellen oder Behörden ausgestellt wurden. Die Qualifizierung der Schweißer, die Verfahrensprüfungen sowie der Betrieb eines Qualitätssicherungssystems haben auf Grundlage der gültigen anzuwendenden Normen für das Schweißen nach ADR/RID zu erfolgen;

5.16a
- Firma und Anschrift des Herstellers des OT bzw. des T oder AT mit den Nachweisen/Zertifikaten zum Qualitätssicherungssystem gemäß Absatz 6.9.2.2.2 ADR/RID oder Unterabschnitt 6.13.1.1 ADR,
- Für ausländische Hersteller können die oben genannten Nachweise/Zertifikate bei der Bewertung berücksichtigt werden, wenn sie von den hierfür zuständigen Prüfstellen oder Behörden ausgestellt wurden;

5.17 die Benennung der Stoffe oder Stoffgruppen, einschließlich UN-Nummer, Klasse, Klassifizierungscode und Verpackungsgruppe nach Kapitel 3.2 ADR/RID sowie bei Stoffen nach n.a.g.-Eintragungen die Angabe von Dampfdruck (absolut) und Dichte bei 50 °C;

5.18 für jeden genannten Stoff oder Gruppe von Stoffen, zur Beurteilung der Korrosion bzw. Korrosionsgeschwindigkeiten, ein Nachweis z.B. gemäß der **Anlage 17** der RSEB;

5.19 Tankcodierung/Tankanweisung und die Sondervorschriften für den Bau (TC), die Ausrüstung (TE) und die Zulassung des Baumusters (TA) bzw. für OT die Sondervorschriften (TP);

5.20 ein Betriebsdauer-Prüfprogramm für OT nach Kapitel 6.9 ADR/RID bzw. T oder AT.

6. Die Stelle nach § 12 der GGVSEB muss folgende Prüfungen durchführen:

**6.1 Stufe 1:**

6.1.1 Prüfung der Antragsunterlagen auf Vollständigkeit;

6.1.2 Prüfung der Zeichnungen und Berechnungen sowie der Ausrüstungsteile. Berechnung des Tanks:

Für OT nach Kapitel 6.7 ADR/RID gilt Anhang 3 in Verbindung mit der BAM-GGR 019;

6.1.3.1 Erstellung eines Prüfberichts Stufe 1 nach Anhang 2a;

6.1.3.2 Für OT nach Kapitel 6.7 ADR/RID die Bestätigung der Stelle nach § 12 der GGVSEB, dass der Hersteller zur Ausführung von Schweißarbeiten entsprechend der angewendeten Norm/dem technischen Regelwerk zum Bau des Tanks befähigt ist, wie in Nummer 5.16 beschrieben.

Für OT nach Kapitel 6.9 ADR/RID und T oder AT die Bestätigung, dass der Hersteller gemäß Qualitätssicherungssystem zum Bau des Tanks befähigt ist;

**6.2 Stufe 2:**

6.2.1 Es sind die Bau-, Wasserdruck- und Dichtheitsprüfung und eine Prüfung auf Vollständigkeit und Funktionsfähigkeit der Ausrüstungsteile an dem unter Nummer 5.5 beschriebenen Prototypen durchzuführen. Wenn der Tankkörper und seine Ausrüstungsteile getrennt geprüft werden, müssen sie nach dem Zusammenbau gemeinsam einer Dichtheits- und Funktionsprüfung unterzogen werden;

6.2.2 Es muss ferner nachgeprüft werden, ob das Baumuster entsprechend dem vorgesehenen Verwendungszweck den besonderen Anforderungen im Straßen-, Schienenverkehr genügt;

6.2.3 Zusätzlich für OT nach Kapitel 6.9 ADR/RID und T oder AT sind die Ergebnisse der Werkstoffprüfungen sowie die Ergebnisse der Prototypprüfungen zu bewerten;

6.2.4 Erstellung eines Prüfberichts Stufe 2 (nicht erforderlich bei Verlängerung einer Baumusterzulassung) nach Anhang 2b mit einer Darstellung des vollständig ausgefüllten Tankschilds des Baumusters (Prototyps) als Anlage. Weiterhin ist das Tankdatenblatt für T und AT (Anhang 5) beizufügen sowie für OT nach Kapitel 6.7 ADR/RID kann das Datenblatt aus der EN 12792 Anhang B beigefügt werden.

7. Ist die Baumusterzulassung für eine Baureihe von OT, T oder AT beantragt worden, so kann sich die Stelle nach § 12 der GGVSEB mit Zustimmung der zuständigen Behörde auf das Prüfen der Größen beschränken, die eine Beurteilung zulassen, ob die gesamte Baureihe den sicherheitstechnischen Anforderungen entspricht.

8. Zum Prüfbericht Stufe 1 der Stelle nach § 12 der GGVSEB gehören die mit dem Prüfvermerk versehenen eingereichten vollständigen Unterlagen des Antragstellers in schriftlicher oder elektronischer Form sowie ggf. Vorschläge der Stelle nach § 12 der GGVSEB für weitergehende Prüfungen bei der Serienfertigung. Die Einreichung der Unterlagen in schriftlicher Form ist ab dem 1. Januar 2027 nicht mehr möglich. Die Unterlagen in elektronischer Form müssen an tank-zulassung@bam.de versendet werden. Für OT nach Kapitel 6.7 ADR/RID kann die Norm EN 12972 herangezogen werden.

Voraussetzung für die Bearbeitung eines Antrags durch die zuständige Behörde ist die Vorlage des Prüfberichts Stufe 1 mit vollständigen Unterlagen.

9. Auf der Grundlage des erfolgreich geprüften Prüfberichts Stufe 1 entscheidet und informiert die zuständige Behörde über die vorläufige Reservierung einer Zulassungsnummer gemäß den Festlegungen unter Nummer 10 für das Baumuster nach den Rechtsvorschriften für die Beförderung gefährlicher Güter sowie für OT, die der Definition von Containern gemäß dem Internationalen Übereinkommen über sichere Container (CSC) entsprechen, gleichzeitig über die vorläufige Reservierung der Kennzeichnungsnummer nach dem CSC in der jeweils geltenden Fassung.

Nach Vorlage und positiv abschließender Prüfung des Prüfberichts Stufe 2 entscheidet die zuständige Behörde über die endgültige Erteilung der zunächst vorläufig reservierten Zulassungsnummer für die Baumusterzulassung sowie ggf. der vorläufig reservierten Kennzeichnungsnummer nach dem CSC.

10. Die Baumusterzulassungsnummer besteht aus dem Buchstaben „D" (bei OT aus den Buchstaben „UN D"), aus der Kurzbezeichnung der zuständigen Behörde, einer Registriernummer und einer Kodierung der Tankbauart. Für die Kodierung der Tankbauart sind die unter Nummer 1 in Klammern stehenden Großbuchstaben zu verwenden.

Beispiele für Zulassungsnummern:

Ortsbeweglicher Tank nach Kapitel 6.7 ADR/RID = „UN D/BAM/Registrier-Nr./OT",

Ortsbeweglicher Tank nach Kapitel 6.9 ADR/RID = „UN D/BAM/Registrier-Nr./FVK-OT",

Tankfahrzeug = „D/BAM/Registrier-Nr./FVK-T",

Aufsetztank = „D/BAM/Registrier-Nr./FVK-AT".

Die Verwendung eines nach einer gültigen Baumusterzulassung hergestellten Tanks richtet sich nach den jeweils für die Beförderung zu beachtenden Rechtsvorschriften.

In der Baumusterzulassung für OT legt die zuständige Behörde gleichzeitig die Kennzeichnung nach dem CSC fest.

11. Die Verlängerung einer Baumusterzulassung sollte, unter Beifügung aller erforderlichen Unterlagen, mindestens sechs Monate vor dem Auslaufen der in Frage stehenden Baumusterzulassung bei der zuständigen Behörde beantragt werden, falls eine kontinuierliche Verwendung der Baumusterzulassung angestrebt wird. Die Verlängerung wird in Form einer Neufassung der Baumusterzulassung erteilt.

**Anhang 1**

## Antrag auf Zulassung des Baumusters eines ortsbeweglichen Tanks/festverbundenen Tanks/Aufsetztanks*)

Der Antrag auf Baumusterzulassung kann für OT, T, AT unter nachfolgender Internetadresse aufgerufen und ausgefüllt werden:

https://tes.bam.de/zulassung-tank

Alternativ kann auch der nachfolgende Antrag verwendet werden:

1. Hiermit beantrage(n) ich (wir)*)

   ..........................................................................................

   (Name, Anschrift des Antragstellers)

   die Zulassung des in dem beigefügten Prüfantrag vom .................. (einschließlich Anlagen) beschriebenen Baumusters eines OT, T oder AT*) zur Beförderung folgender Güter

   ..........................................................................................

   (Soweit erforderlich, Benennung der Stoffe oder Stoffgruppen, einschl. UN-Nr., Klasse, Klassifizierungscode, Verpackungsgruppe )

   Tankcodierung/Tankanweisung ..........................................................

   Sondervorschriften ..........................................................

   nach den Vorschriften der GGVSEB und, sofern zutreffend, dem Internationalen Übereinkommen über sichere Container (CSC)*)

2. Hersteller des Baumusters und der danach zu fertigenden OT, T oder AT*) ist (sind)*)

2.1 Tank

..........................................................................................

(Name und Anschrift)

2.2 Tankarmaturen

..........................................................................................

(Name und Anschrift)

2.3 Rahmenwerk

..........................................................................................

(Name und Anschrift)

2.4 Zusammenbau

..........................................................................................

(Name und Anschrift)

3. Die Prüfungen nach Nummer 6 der **Anlage 14** der RSEB werden durchgeführt von

   ..........................................................................................

   (Name und Anschrift)

4. Ich (wir)*) erklären uns zur Übernahme der Kosten für die Zulassung bereit.

   ..........................................................................................

   (Name und Anschrift, Unterschrift/Stempel)

---

*) Nichtzutreffendes jeweils streichen.

**Anhang 2a – Stufe 1**

## Bericht über die Prüfung des Baumusters eines Tanks und dessen Varianten gemäß ADR/RID*)

1. Stelle nach § 12 der GGVSEB :

..........................................................................

2. Antragsteller: ..........................................................................

3. Hersteller: ..........................................................................

4. Angaben zum OT, T, AT*) : ..........................................................................

4.1 Form: zylindrisch/sonstige*)

4.2.1 Bauart: einwandig/doppelwandig/selbsttragend/wärmeisoliert/beheizbar/Sandwich-Bauweise*)

4.2.2 Tankcodierung/Tankanweisung, Sondervorschriften für den Bau (TC), die Ausrüstung (TE) und die Zulassung des Baumusters (TA) sowie für OT (TP)*):

..........................................................................

4.3 Berechnet nach: ..........................................................................

4.4 Tankwerkstoffe (Kurzbezeichnung, Werkstoffnummer, Werkstoffnorm, Werkstoffgutachten, für FVK-Tanks – Liner, Tragschicht, Außenschicht):

..........................................................................

4.5 Dichtungswerkstoffe (ggf. Angaben zur Auskleidung, Beschichtung):

..........................................................................

4.6 erforderliche Mindestwanddicken:

Gleichwertige Wanddicke in Bezugsstahl*): .................... mm

Tankmantel**): .................... mm

Endböden**): .................... mm

Schwallwände/Trennwände**): .................... mm

Schutz-/Isolierboden: .................... mm

Isolieraufbau: .................... mm

Mannlochkragen und -deckel**): .................... mm

Korrosionszuschlag*): .................... mm

**) Für FVK-Tanks die Tragschicht.

4.6.1 Wandungsaufbau FVK-Tankkörper:

Liner: ..........................................................................

Tragschicht: ..........................................................................

Außenschicht: ..........................................................................

4.7.1 Vorgesehene Schweißverfahren (gilt nur für OT nach Kapitel 6.7 ADR/RID):

Nahtform: ..........................................................................

Schweißnahtkoeffizient: ..........................................................................

4.7.2 Normen oder angewendetes technisches Regelwerk: ..........................................................................

*) Nichtzutreffendes jeweils streichen.

4.8 Volumen/Masse:
höchstzulässige Gesamtmasse T in kg: ..............................................
höchstzulässige Bruttomasse OT, AT in kg: ..............................................
Fassungsraum des Tanks (gesamt) in l: ..............................................
Anzahl der Abteile: ..............................................
Fassungsraum jedes Abteils in l: ..............................................

4.9 Berechnungstemperatur in °C: ..............................................

4.10 höchstzulässiger Berechnungsdruck nach ADR/RID*) in MPa (Bar): ....................

4.11 Prüfdruck (Überdruck) Tank in MPa (Bar): ..............................................

4.12 höchstzulässiger Betriebsdruck Tank in MPa (Bar): ..............................................

4.13 Äußerer Auslegungsdruck in MPa (Bar): ..............................................

4.14 Angaben zu Tankarmaturen: ..............................................

4.15 Bei OT Angaben zum
Rahmenwerk: ..............................................
Rahmenart (ISO) geschlossen: .................... sonstige: ....................
Hersteller des Rahmenwerkes: ..............................................
Hauptabmessungen: ..............................................
Art der Verbindung zwischen Tank und Rahmenwerk (geschweißt/geschraubt):
..............................................

4.16 Hersteller des Tanks (falls abweichend zu Nummer 3): ..............................................
Herstellnummer: ..............................................
Baujahr: ..............................................

4.17 Beschreibung der Varianten: ..............................................
..............................................

4.18 Sonstiges (z.B. Befestigung des Tanks auf dem Fahrzeug):
..............................................

5. Prüfungen:
Folgende Prüfungen wurden im Rahmen der Baumusterprüfung durchgeführt:

Ja Nein Bemerkungen

5.1 Prüfung der Antragsunterlagen auf Vollständigkeit: ..............................................

5.2 Prüfung der Zeichnungen, Stücklisten, Berechnungen, Beschreibungen, Überprüfung der Antragsunterlagen auf Einhaltung der Anforderungen der Vorschriften des ADR/RID*):
..............................................

5.3 Überprüfung und Bestätigung, dass der Hersteller zur Ausführung von Schweißarbeiten entsprechend der angewendeten Norm/dem technischen Regelwerk zum Bau des Tanks nach Kapitel 6.7 ADR/ RID befähigt ist.

5.3a Überprüfung und Bestätigung, dass der Hersteller gemäß Qualitätssicherungssystem zum Bau des Tanks nach Kapitel 6.9 ADR/RID bzw. T oder AT befähigt ist.

6. Prüfergebnis:

6.1 Die Prüfungen der Baumusterunterlagen nach Nummer 5 dieses Prüfberichts ergaben, dass das Baumuster den Bau- und Ausrüstungsvorschriften nach ADR/RID für die Beförderung folgender Stoffe und/oder Gruppen von Stoffen (soweit zutreffend), der Tankcodierung/Tankanweisung und den Sondervorschriften für den Bau (TC), die Ausrüstung (TE) und die Zulassung des Baumusters (TA) sowie für OT (TP) entspricht:*)

UN-Nummer: ..............................................................

Benennung: ..............................................................

Klasse: ..............................................................

Klassifizierungscode: ..............................................................

Verpackungsgruppe: ..............................................................

Tankcodierung/Tankanweisung*): ..............................................................

Sondervorschriften TC, TE, TA und TP*): ..............................................................

6.2 Grundlage der Prüfungen sind ADR/RID*) mit – sofern zutreffend – den aufgeführten Normen.

7. Vorschläge für Nebenbestimmungen (Beispiele):

7.1 Die Frist für die wiederkehrende Prüfung für dieses Baumuster und die diesem Baumuster nachgebauten OT, T, AT*) beträgt .... Jahre.

7.2 Jeder Tank ist auf einem Tankschild/Fabrikschild dauerhaft zu kennzeichnen mit:

..............................................................

8. Angaben und Unterlagen zu Nummer 5 sind in einer besonderen Liste zu diesem Prüfbericht aufgeführt.*)

..............................................................

(Ort, Datum, Unterschrift)

..............................................................

(Name der Stelle nach § 12 der GGVSEB)

*) Nichtzutreffendes jeweils streichen.

**Anhang 2b – Stufe 2**

**(siehe Anhang 2a – Stufe 1)**

**Bericht über die Prüfung des Baumusters eines Tanks (Prototyp) gemäß ADR/RID*)**

1. Stelle nach § 12 der GGVSEB :
   ..........................................................................................
2. Antragsteller: ..........................................................................................
3. Hersteller: ..........................................................................................
4. Angaben zum OT, T, AT*) : ..........................................................................................

4.1 Form: zylindrisch/sonstige*)

4.2.1 Bauart: einwandig/doppelwandig/selbsttragend/wärmeisoliert/beheizbar/Sandwich-Bauweise:*)
..........................................................................................

4.2.2 Tankcodierung/Tankanweisung, Sondervorschriften für den Bau (TC), die Ausrüstung (TE) und die Zulassung des Baumusters (TA) sowie für OT (TP)*):
..........................................................................................

4.3 Berechnet nach: ..........................................................................................

4.4 Tankwerkstoffe (Kurzbezeichnung, Werkstoffnummer, Werkstoffnorm, Werkstoffgutachten, für FVK-Tanks – Liner, Tragschicht, Außenschicht):
..........................................................................................

4.5 Dichtungswerkstoffe (ggf. Angaben zur Auskleidung, Beschichtung):
..........................................................................................

4.6 Wanddicken (erforderlich/ausgeführt):
Gleichwertige Wanddicke in Bezugsstahl*): .................................... mm
Tankmantel**): .................................... mm
Endböden**): .................................... mm
Schwallwände/Trennwände**): .................................... mm
Schutz-/Isolierboden: .................................... mm
Isolieraufbau: .................................... mm
Mannlochkragen und -deckel**): .................................... mm
Korrosionszuschlag*): .................................... mm

**) Für FVK-Tanks die Tragschicht.

4.6.1 Wandungsaufbau FVK-Tankkörper:
Liner: ..........................................................................................
Tragschicht: ..........................................................................................
Außenschicht: ..........................................................................................

4.7 Angewendete Schweißverfahren (gilt nur für OT nach Kapitel 6.7 ADR/RID):
Nahtform: ..........................................................................................
Schweißnahtkoeffizient: ..........................................................................................

4.8 Volumen/Masse (äquivalent Anhang 2a):
höchstzulässige Gesamtmasse T in kg: ..........................................................................................
höchstzulässige Bruttomasse OT, AT in kg: ..........................................................................................
Fassungsraum des Tanks (gesamt) in l: ..........................................................................................
Anzahl der Abteile: ..........................................................................................
Fassungsraum jedes Abteils in l: ..........................................................................................

4.9 Berechnungstemperatur in °C: ..........................................................

4.10 höchstzulässiger Berechnungsdruck nach ADR/RID*) in MPa (Bar): ..........................

4.11 Prüfdruck (Überdruck) Tank in MPa (Bar): ..............................................

4.12 höchstzulässiger Betriebsdruck Tank in MPa (Bar): ......................................

4.13 Äußerer Auslegungsdruck in MPa (Bar): ..................................................

4.14 Angaben zu Tankarmaturen: ..............................................................

4.15 Bei OT Angaben zum

Rahmenwerk: .............................................................................

Rahmenart (ISO) geschlossen: ................. sonstige: ........................

Hersteller des Rahmenwerkes: ............................................................

Hauptabmessungen: .......................................................................

Art der Verbindung zwischen Tank und Rahmenwerk (geschweißt/geschraubt):

.........................................................................................

4.16 Hersteller des Tanks (falls abweichend zu Nummer 3):

.........................................................................................

Herstellnummer: .........................................................................

Baujahr: ................................................................................

4.17 Sonstiges (z.B. Befestigung des Tanks auf dem Fahrzeug):

.........................................................................................

5. Prüfungen:

Folgende Prüfungen wurden im Rahmen der Baumusterprüfung durchgeführt:

Ja Nein Bemerkungen

5.1 Prüfung der Antragsunterlagen auf Vollständigkeit:

.........................................................................................

(Hier könnte der Verweis auf den Prüfbericht Stufe 1 vorgesehen werden. Falls Änderungen erfolgt sind, wären diese aufzunehmen.)

5.2 Technische Prüfung:

5.2.1 Prüfung der Zeichnungen, Stücklisten, Berechnungen, Beschreibungen, Überprüfung der Antragsunterlagen auf Einhaltung der Anforderungen der Vorschriften des ADR/RID*):

.........................................................................................

(Hier könnte der Verweis auf den Prüfbericht Stufe 1 vorgesehen werden. Falls Änderungen erfolgt sind, wären diese aufzunehmen.)

5.2.2 Bauprüfung:

- Maßprüfung: ............................................................................
- Zerstörungsfreie Prüfung, Art: .........................................................
- Prüfung der Oberflächenbeschaffenheit: .................................................
- Arbeitsprüfung (mitgeschweißte Probestücke): ............................................
- Einsichtnahme in Werkstoffnachweise, Bescheinigungen, Berichte über zerstörungsfreie Prüfungen und Arbeitsprüfungen, Zeichnungen, Stücklisten, Schemata: ......................
- Ergebnisse der Prüfungen der Werkstoffe***) : ...........................................
- Ergebnisse des Kugelfallversuchs***) : ..................................................
- Ergebnisse der Feuerbeständigkeitsprüfung***) : .........................................
- Prüfung des Betriebsdauer-Prüfprogramms***) : ...........................................

***) Gilt für OT nach Kapitel 6.9 ADR/RID und T oder AT.

5.2.3 Druckprüfung:

Prüfmedium: ..............................

Prüfüberdruck MPa (Bar): ..............................

Standzeit: ..............................

5.2.4 Abnahmeprüfung:

- Überprüfung der Vollständigkeit und Anordnung der Ausrüstungsteile: ..................
- Dichtheitsprüfung: ..............................
- Funktionsprüfung: ..............................
- Überprüfung der Kennzeichnung: ..............................

6. Prüfergebnis:

6.1 Die Prüfungen nach Nummer 5 dieses Prüfberichts ergaben, dass das Baumuster den Bau- und Ausrüstungsvorschriften nach ADR/RID für die Beförderung folgender Stoffe und/oder Gruppen von Stoffen (soweit zutreffend), der Tankcodierung/Tankanweisung und den Sondervorschriften für den Bau (TC), die Ausrüstung (TE) und die Zulassung des Baumusters (TA) sowie für OT (TP) entspricht*)

UN-Nummer: ..............................

Benennung: ..............................

Klasse: ..............................

Klassifizierungscode: ..............................

Verpackungsgruppe: ..............................

Tankcodierung/Tankanweisung*): ..............................

Sondervorschriften TC, TE, TA und TP*): ..............................

6.2 Grundlage der Prüfungen sind ADR/RID*) mit – sofern zutreffend – den aufgeführten Normen.

7. Vorschläge für Nebenbestimmungen (Beispiele):

7.1 Die Frist für die wiederkehrende Prüfung für dieses Baumuster und die diesem Baumuster nachgebauten OT, T, AT*) beträgt ........ Jahre.

7.2 Jeder Tank ist auf einem Tankschild/Fabrikschild dauerhaft zu kennzeichnen mit:

..............................

8. Angaben und Unterlagen zu Nummer 5 sind in einer besonderen Liste zu diesem Prüfbericht aufgeführt.*)

..............................

(Ort, Datum, Unterschrift)

..............................

(Name der Stelle nach § 12 der GGVSEB )

*) Nichtzutreffendes jeweils streichen.

**Anhang 3**

## Ortsbewegliche Tanks nach Kapitel 6.7 ADR/RID
## Berechnung der Mindestwanddicke
## (schematisch)

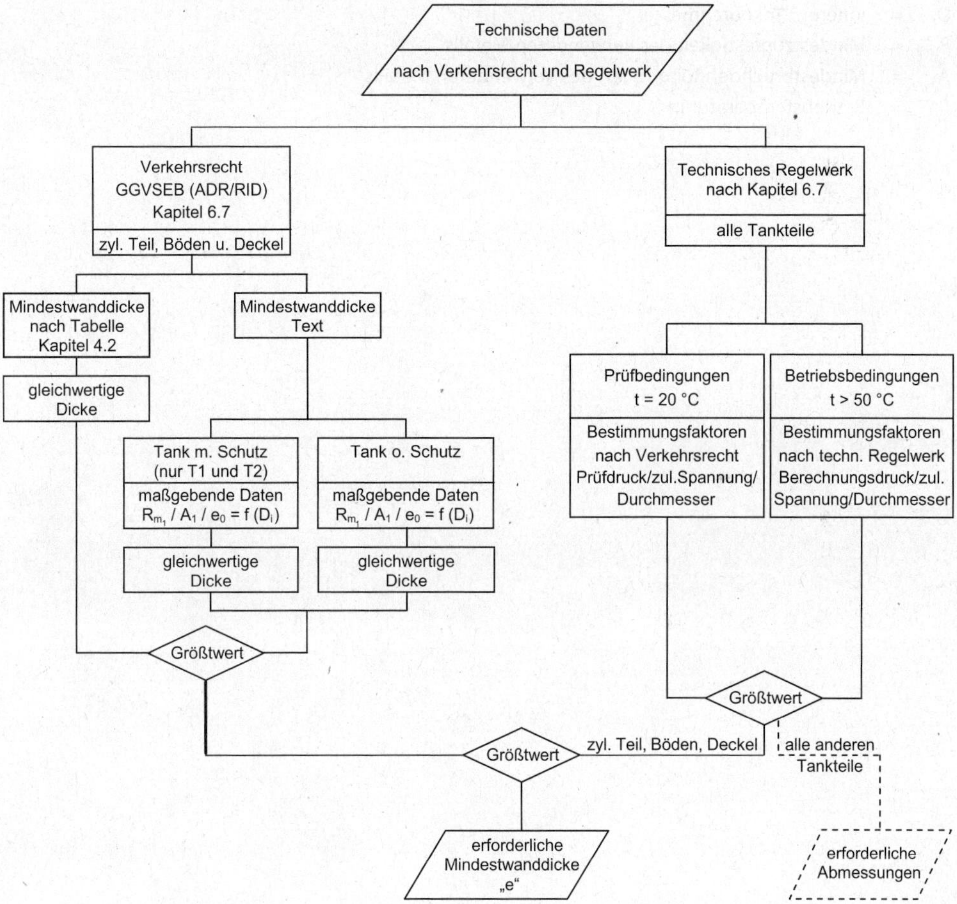

Anhang 4

## Verzeichnis der Abkürzungen für die Berechnung der Mindestwanddicke nach Anhang 3

| | | |
|---|---|---|
| $e$ | = | Mindestwanddicke (Zylinder, Böden, Deckel) |
| $e_0$ | = | Mindestwanddicke bei Baustahl |
| $D_i$ | = | innerer Tankdurchmesser |
| $R_{m1}$ | = | Mindestzugfestigkeit des verwendeten Metalls |
| $A_1$ | = | Mindestbruchdehnung (quer) des verwendeten Metalls |
| $t$ | = | Betriebstemperatur in °C |

**Anhang 5**

## Tankdatenblatt

**Seite 1**

| | | | |
|---|---|---|---|
| Fahrgestellnummer | | **Tankdatenblatt** | Baumusterzulassung |
| Tank-/Seriennummer | | **Tankcodierung** | |

| | | | |
|---|---|---|---|
| Berechnungsdruck: | MPa | Berechnungstemperatur: | °C |
| Prüfüberdruck: | MPa | | |
| Betriebsüberdruck: | MPa | Sondervorschriften: | |
| zul.äußerer Überdruck: | MPa | TE: | |
| | | TC: | |

SKIZZE

Ausrüstung

| Teil | Bezeichnung[2)] | Hersteller Typ/ Zeichnung | Werkstoff / Dichtung[3)] | Zulassungs- / Prüf-Nr. | DN / PN | Bemerkung[1)] |
|---|---|---|---|---|---|---|
| 1 | | | | | | |
| 2 | | | | | | |
| 3 | | | | | | |
| 4 | | | | | | |
| 5 | | | | | | |
| 6 | | | | | | |
| 7 | | | | | | |
| 8 | | | | | | |
| 9 | | | | | | |
| 10 | | | | | | |
| 11 | | | | | | |
| 12 | | | | | | |
| 13 | | | | | | |
| 14 | | | | | | |

Sonstiges:

Medienliste (sofern erforderlich)

UN XXXX, UN XXXX,

Unterschrift des / der Sachverständigen

## Anlage 14 Baumusterzulassung für Tanks

**Seite 2**

| Fahrgestellnummer | | **Tankdatenblatt** | Baumusterzulassung |
|---|---|---|---|
| Tank-/Seriennummer | | **Tankcodierung** | |

-weitere Ausrüstungsteile-

| Teil | Bezeichnung[2] | Hersteller Typ/ Zeichnung | Werkstoff Dichtung[3] | Registrier-Nr. Prüf-Nr. | DN / PN | Bemerkung[1] |
|---|---|---|---|---|---|---|
| 10 | | | | | | |
| | | | | | | |
| 11 | | | | | | |
| | | | | | | |
| 12 | | | | | | |
| | | | | | | |
| 13 | | | | | | |
| | | | | | | |
| 14 | | | | | | |
| | | | | | | |
| 15 | | | | | | |
| | | | | | | |
| 16 | | | | | | |
| | | | | | | |
| 17 | | | | | | |
| | | | | | | |
| 18 | | | | | | |
| | | | | | | |
| 19 | | | | | | |
| | | | | | | |

1) Blinddeckel haben Spritzrand.
2) Aufgebaute Armatur eintragen.
3) Andere Dichtungswerkstoffe dürfen im Rahmen der Verträglichkeitsregelung eingesetzt werden. Der Befüller muss den aktuellen Dichtungswerkstoff kennen.

zuständige Stelle §12 GGVSEB / §16 ODV

Name und Unterschrift des / der Antragstellenden

Name und Unterschrift des / der Sachverständigen

# Anlage 14a
# Verfahren zur Zulassung der Baumuster von Tanks zur Beförderung gefährlicher Güter nach der GGVSEB in Verbindung mit Kapitel 6.8 und 6.10 ADR/RID

1. Tankcontainer (TC), festverbundene Tanks (Tankfahrzeuge) (T), Aufsetztanks (AT) und Kesselwagen (KW), die nicht nach der Ortsbewegliche-Druckgeräte-Verordnung (ODV) konformitätsbewertet werden, dürfen als Baumuster zugelassen werden, wenn die für die Beförderung der vorgesehenen gefährlichen Güter maßgebenden Vorschriften des ADR/RID eingehalten werden.

2. Zuständige Behörden für die Zulassung der Baumuster sind
   1. von TC, T und AT: Bundesanstalt für Materialforschung und -prüfung (BAM), Berlin,
   2. von KW: Eisenbahn-Bundesamt (EBA), Bonn.

3. Grundlage für die Zulassung der Baumuster ist der Prüfbericht gemäß Unterabschnitt 1.8.7.2 ADR/RID und die Prüfberichte Stufe 1 und Stufe 2 des nachstehenden Verfahrens einer Stelle nach § 12 der GGVSEB für die betreffenden Tanks.

4. Der Antragsteller hat mit der Baumusterprüfung gemäß Absatz 1.8.7.1.2 Buchstabe a ADR/RID eine Stelle nach § 12 der GGVSEB zu beauftragen. Der zuständigen Behörde für die Zulassung des Baumusters ist eine Kopie des Prüfauftrags und gleichzeitig der Antrag gemäß Absatz 1.8.7.1.2 Buchstabe b auf Zulassung des Baumusters entsprechend den Anforderungen gemäß Absatz 1.8.7.1.3 und den Unterlagen gemäß Absatz 1.8.7.8.2 ADR/RID zu übersenden.

4.1 Verzeichnis der Bedienungsausrüstung entsprechend Absatz 1.8.7.8.2 Buchstabe f ADR/RID

**Beispiel für ein Verzeichnis der Bedienungsausrüstung:**

| Laufende Nummer/ Position | Bezeichnung | Hersteller | Typenbezeichnung | Norm/ Ausgabe-datum | Nennweite | Baumuster-prüfbericht bzw. -zulassung/Nachweise nach Anlage 13 der RSEB |
|---|---|---|---|---|---|---|
| | **Domdeckel** | | | | | |
| | ... | | | | | |
| | **1. Absperreinrichtung/Bodenventil** | | | | | |
| | ... | | | | | |
| | ... | | | | | |
| | ... | | | | | |
| | ... | | | | | |
| | ... | | | | | |

5. Mit dem Antrag zur Baumusterprüfung gemäß Absatz 1.8.7.1.3 ADR/RID sind der Stelle nach § 12 der GGVSEB die Unterlagen gemäß Absatz 1.8.7.8.1 ADR/RID einzureichen.

6. Die Stelle nach § 12 der GGVSEB muss die Prüfungen zur Baumusterprüfung gemäß Absatz 1.8.7.2.1.2 ADR/RID durchführen.

   Zusätzlich muss die Stelle nach § 12 der GGVSEB folgende Prüfungen/Aufgaben im Verfahren zur Zulassung der Baumuster durchführen:

**6.1 Stufe 1:**

6.1.1 Prüfung der Antragsunterlagen auf Vollständigkeit;

6.1.2 Prüfung der Zeichnungen und Berechnungen sowie der Ausrüstungsteile. Berechnung des Tanks:
- für Drucktanks gilt Bild 1 der Norm EN 14025,
- für drucklose Tanks ist die Norm EN 13094 einschlägig;

6.1.3 Erstellung eines Prüfberichts Stufe 1 nach Anhang 1a;

**6.2 Stufe 2:**

6.2.1 Es sind die Bau-, Wasserdruck- und Dichtheitsprüfung und eine Prüfung auf Vollständigkeit und Funktionsfähigkeit der Ausrüstungsteile an dem Prototypen durchzuführen. Wenn der Tankkörper und seine Ausrüstungsteile getrennt geprüft werden, müssen sie nach dem Zusammenbau gemeinsam einer Dichtheits- und Funktionsprüfung unterzogen werden;

6.2.2 Es muss ferner nachgeprüft werden, ob das Baumuster entsprechend dem vorgesehenen Verwendungszweck den besonderen Anforderungen im Straßen-, Schienenverkehr genügt;

6.2.3 Erstellung eines Prüfberichts Stufe 2 (nicht erforderlich bei Verlängerung einer Baumusterzulassung) nach Anhang 1b mit einer Darstellung des vollständig ausgefüllten Tankschilds des Baumusters (Prototyps) als Anlage. Weiterhin ist das aktuelle Tankdatenblatt (Anhang 2) und das Datenblatt aus der EN 12972 Anhang B dem Prüfbericht beizufügen.

7. Ist die Baumusterzulassung für eine Baureihe von TC, T, AT oder KW beantragt worden, so kann sich die Stelle nach § 12 der GGVSEB mit Zustimmung der zuständigen Behörde auf das Prüfen der Größen beschränken, die eine Beurteilung zulassen, ob die gesamte Baureihe den sicherheitstechnischen Anforderungen entspricht. Siehe auch Absatz 1.8.7.2.1.2 Buchstabe a ADR/RID.

8. Zum Prüfbericht Stufe 1 der Stelle nach § 12 der GGVSEB gehören die mit dem Prüfvermerk versehenen eingereichten vollständigen Unterlagen gemäß Absatz 1.8.7.8.2 ADR/RID und die Befähigung zum Schweißen (Anhang 3) des Antragstellers in schriftlicher oder elektronischer Form sowie ggf. Vorschläge der Stelle nach § 12 der GGVSEB für weitergehende Prüfungen bei der Serienfertigung. Dafür wird die Norm EN 12972 herangezogen. Die Einreichung der Unterlagen in schriftlicher Form ist ab dem 1. Januar 2027 nicht mehr möglich. Die Unterlagen in elektronischer Form müssen für die BAM an tank-zulassung@bam.de und die für das EBA an tank-zulassung@eba.bund.de versendet werden.

Voraussetzung für die Bearbeitung eines Antrags durch die zuständige Behörde ist die Vorlage des Prüfberichts Stufe 1 mit vollständigen Unterlagen.

9. Auf der Grundlage des erfolgreich geprüften Prüfberichts Stufe 1 entscheidet und informiert die zuständige Behörde über die vorläufige Reservierung einer Zulassungsnummer gemäß den Festlegungen unter Nummer 10 für das Baumuster nach den Rechtsvorschriften für die Beförderung gefährlicher Güter sowie für TC, die der Definition von Containern gemäß dem Internationalen Übereinkommen über sichere Container (CSC) entsprechen, gleichzeitig über die vorläufige Reservierung der Kennzeichnungsnummer nach dem CSC in der jeweils geltenden Fassung.

Nach Vorlage und positiv abschließender Prüfung des Prüfberichts Stufe 2 entscheidet die zuständige Behörde über die endgültige Erteilung der zunächst vorläufig reservierten Zulassungsnummer für die Baumusterzulassung sowie ggf. der vorläufig reservierten Kennzeichnungsnummer nach dem CSC.

10. Die Baumusterzulassungsnummer besteht aus dem Buchstaben „D", aus der Kurzbezeichnung der zuständigen Behörde, einer Registriernummer und einer Kodierung der Tankbauart. Für die Kodierung der Tankbauart sind die unter Nummer 1 in Klammern stehenden Großbuchstaben zu verwenden. Für Kesselwagen entfällt die Angabe der Tankbauart.

Beispiele für Zulassungsnummern:

Tankcontainer = „D/BAM/Registrier-Nr./TC",

Tankfahrzeug = „D/BAM/Registrier-Nr./T",

Aufsetztank = „D/BAM/Registrier-Nr./AT",

Kesselwagen = „D/EBA/Registrier-Nr.".

Die Verwendung eines nach einer gültigen Baumusterzulassung hergestellten Tanks richtet sich nach den jeweils für die Beförderung zu beachtenden Rechtsvorschriften.

In der Baumusterzulassung für TC legt die zuständige Behörde gleichzeitig die Kennzeichnung nach dem CSC fest.

11. Die Verlängerung einer Baumusterzulassung sollte, unter Beifügung aller erforderlichen Unterlagen, mindestens sechs Monate vor dem Auslaufen der in Frage stehenden Baumusterzulassung bei der zuständigen Behörde beantragt werden, falls eine kontinuierliche Verwendung der Baumusterzulassung angestrebt wird. Die Verlängerung wird in Form einer Neufassung der Baumusterzulassung erteilt.

**Anhang 1a – Stufe 1**

## Bericht über die Prüfung des Baumusters eines Tanks und dessen Varianten gemäß ADR/RID*)

1. Stelle nach § 12 der GGVSEB:

   ..........................................................................................

2. Antragsteller: ..........................................................................................

3. Hersteller: ..........................................................................................

4. Angaben zum TC, T, AT, KW*): ..........................................................................................

4.1 Form: zylindrisch/kofferförmig/elliptisch/sonstige*)

4.2.1 Bauart: einwandig/doppelwandig/selbsttragend/wärmeisoliert/beheizbar/Sandwich-Bauweise*)

4.2.2 Tankcodierung und Sondervorschriften für den Bau (TC), die Ausrüstung (TE) und die Zulassung des Baumusters (TA)*):

..........................................................................................

4.3 Berechnet nach: ..........................................................................................

4.4 Tankwerkstoffe (Kurzbezeichnung, Werkstoffnummer, Werkstoffnorm, Werkstoffgutachten):

..........................................................................................

4.5 Dichtungswerkstoffe (ggf. Angaben zur Auskleidung, Beschichtung):

..........................................................................................

4.6 erforderliche Mindestwanddicken:

Tankmantel: .......................................................................... mm

Endböden: .......................................................................... mm

Schwallwände/Trennwände: .......................................................................... mm

Schutz-/Isolierboden: .......................................................................... mm

Isolieraufbau: .......................................................................... mm

Mannlochkragen und -deckel: .......................................................................... mm

Korrosionszuschlag: .......................................................................... mm

4.7.1 Vorgesehene Schweißverfahren:

Nahtform: ..........................................................................................

Schweißnahtkoeffizient: ..........................................................................................

4.7.2 Normen oder angewendetes technisches Regelwerk: ..........................................................................................

4.8 Volumen/Masse:

höchstzulässige Gesamtmasse T in kg: ..........................................................................................

höchstzulässige Bruttomasse TC, AT, KW in kg: ..........................................................................................

Fassungsraum des Tanks (gesamt) in l: ..........................................................................................

Anzahl der Abteile: ..........................................................................................

Fassungsraum jedes Abteils in l: ..........................................................................................

4.9 Berechnungstemperatur in °C: ..........................................................................................

4.10 höchstzulässiger Berechnungsdruck nach ADR/RID*) in MPa (Bar): ..........................................................................................

4.11 Prüfdruck (Überdruck) Tank in MPa (Bar): ..........................................................................................

Prüfdruck (Überdruck) je Abteil in MPa (Bar): ..........................................................................................

4.12 höchstzulässiger Betriebsdruck Tank in MPa (Bar): ..........................................................................................

höchstzulässiger Betriebsdruck je Abteil in MPa (Bar): ..........................................................................................

---

*) Nichtzutreffendes jeweils streichen.

4.13 Äußerer Auslegungsdruck in MPa (Bar): ................................................

4.14 Angaben zu Tankarmaturen: ................................................

4.15 Bei TC Angaben zum
Rahmenwerk: ................................................

Rahmenart (ISO) geschlossen: ................. sonstige: ........................

Hersteller des Rahmenwerkes: ................................................

Hauptabmessungen: ................................................

Art der Verbindung zwischen Tank und Rahmenwerk (geschweißt/geschraubt):

................................................

4.16 Hersteller des Tanks (falls abweichend zu Nummer 3): ................................

Herstellnummer: ................................................

Baujahr: ................................................

4.17 Beschreibung der Varianten: ................................................

................................................

4.18 Sonstiges (z.B. Befestigung des Tanks auf dem Fahrzeug):

................................................

5. Prüfungen:

Folgende Prüfungen wurden im Rahmen der Baumusterprüfung durchgeführt:

Ja Nein Bemerkungen

5.1 Prüfung der Antragsunterlagen auf Vollständigkeit: ........................................

5.2 Prüfung der Zeichnungen, Stücklisten, Berechnungen, Beschreibungen, Überprüfung der Antragsunterlagen auf Einhaltung der Anforderungen der Vorschriften des ADR/RID*):

................................................

5.3 Überprüfung und Bestätigung, dass nach Absatz 6.8.2.1.23 ADR/RID der Hersteller zur Ausführung von Schweißarbeiten entsprechend der angewendeten Norm/dem technischen Regelwerk zum Bau des Tanks befähigt ist (Nachweis mit der Befähigung zum Schweißen (Anhang 3)).

6. Prüfergebnis:

6.1 Die Prüfungen der Baumusterunterlagen nach Nummer 5 dieses Prüfberichts ergaben, dass das Baumuster den Bau- und Ausrüstungsvorschriften nach ADR/RID für die Beförderung folgender Stoffe und/oder Gruppen von Stoffen (soweit zutreffend), der Tankcodierung und den Sondervorschriften für den Bau (TC), die Ausrüstung (TE) und die Zulassung des Baumusters (TA) entspricht:*)

UN-Nummer: ................................................

Benennung: ................................................

Klasse: ................................................

Klassifizierungscode: ................................................

Verpackungsgruppe: ................................................

Tankcodierung: ................................................

Sondervorschriften TC, TE und TA*): ................................................

6.2 Grundlage der Prüfungen sind ADR/RID*) mit – sofern zutreffend – den in Unterabschnitt 6.8.2.6 ADR/RID aufgeführten Normen.

## Anlage 14a Baumusterzulassung für Tanks

7. Vorschläge für Nebenbestimmungen (Beispiele):

7.1 Die Frist für die wiederkehrende Prüfung für dieses Baumuster und die diesem Baumuster nachgebauten TC, T, AT, KW*) beträgt .... Jahre.

7.2 Jeder Tank ist auf einem Tankschild/Fabrikschild dauerhaft zu kennzeichnen mit:

..............................................................................................................

8. Angaben und Unterlagen zu Nummer 5 sind in einer besonderen Liste zu diesem Prüfbericht aufgeführt.*)

..............................................................................................................

(Ort, Datum, Unterschrift)

..............................................................................................................

(Name der Stelle nach § 12 der GGVSEB ■)

---

*) Nichtzutreffendes jeweils streichen.

## Anhang 1b – Stufe 2
## (siehe Anhang 1a – Stufe 1)

### Bericht über die Prüfung des Baumusters eines Tanks (Prototyp) gemäß ADR/RID*)

1. Stelle nach § 12 der GGVSEB :
   ..........................................................................
2. Antragsteller: ..........................................................................
3. Hersteller: ..........................................................................
4. Angaben zum TC, T, AT, KW*): ..........................................................................

4.1 Form: zylindrisch/kofferförmig/elliptisch/sonstige*)

4.2.1 Bauart: einwandig/doppelwandig/selbsttragend/wärmeisoliert/beheizbar/Sandwich-Bauweise:*)
..........................................................................

4.2.2 Tankcodierung und Sondervorschriften für den Bau (TC), die Ausrüstung (TE) und die Zulassung des Baumusters (TA)*):
..........................................................................

4.3 Berechnet nach: ..........................................................................

4.4 Tankwerkstoffe (Kurzbezeichnung, Werkstoffnummer, Werkstoffnorm, Werkstoffgutachten):
..........................................................................

4.5 Dichtungswerkstoffe (ggf. Angaben zur Auskleidung, Beschichtung):
..........................................................................

4.6 Wanddicken (erforderlich/ausgeführt):
Tankmantel: .......................................... mm
Endböden: .......................................... mm
Schwallwände/Trennwände: .......................................... mm
Schutz-/Isolierboden: .......................................... mm
Isolieraufbau: .......................................... mm
Mannlochkragen und -deckel: .......................................... mm
Korrosionszuschlag: .......................................... mm

4.7 Angewendete Schweißverfahren:
Nahtform: ..........................................
Schweißnahtkoeffizient: ..........................................

4.8 Volumen/Masse (äquivalent Anhang 1a):
höchstzulässige Gesamtmasse T in kg: ..........................................
höchstzulässige Bruttomasse TC, AT, KW in kg: ..........................................
Fassungsraum des Tanks (gesamt) in l: ..........................................
Anzahl der Abteile: ..........................................
Fassungsraum jedes Abteils in l: ..........................................

4.9 Berechnungstemperatur in °C: ..........................................

4.10 höchstzulässiger Berechnungsdruck nach ADR/RID*) in MPa (Bar): ..........................................

4.11 Prüfdruck (Überdruck) Tank in MPa (Bar): ..........................................
Prüfdruck (Überdruck) je Abteil in MPa (Bar): ..........................................

4.12 höchstzulässiger Betriebsdruck Tank in MPa (Bar): ..........................................
höchstzulässiger Betriebsdruck je Abteil in MPa (Bar): ..........................................

4.13 Äußerer Auslegungsdruck in MPa (Bar): ..............................

4.14 Angaben zu Tankarmaturen: ..............................

4.15 Bei TC Angaben zum
Rahmenwerk: ..............................
Rahmenart (ISO) geschlossen: .................. sonstige: ..............................
Hersteller des Rahmenwerkes: ..............................
Hauptabmessungen: ..............................
Art der Verbindung zwischen Tank und Rahmenwerk (geschweißt/geschraubt):
..............................

4.16 Hersteller des Tanks (falls abweichend zu Nummer 3):
..............................
Herstellnummer: ..............................
Baujahr: ..............................

4.17 Sonstiges (z.B. Befestigung des Tanks auf dem Fahrzeug):
..............................

5. Prüfungen:
Folgende Prüfungen wurden im Rahmen der Baumusterprüfung durchgeführt:

Ja Nein Bemerkungen

5.1 Prüfung der Antragsunterlagen auf Vollständigkeit:
..............................
(Hier könnte der Verweis auf den Prüfbericht Stufe 1 vorgesehen werden. Falls Änderungen erfolgt sind, wären diese aufzunehmen.)

5.2 Technische Prüfung:

5.2.1 Prüfung der Zeichnungen, Stücklisten, Berechnungen, Beschreibungen, Überprüfung der Antragsunterlagen auf Einhaltung der Anforderungen der Vorschriften des ADR/RID*):
..............................
(Hier könnte der Verweis auf den Prüfbericht Stufe 1 vorgesehen werden. Falls Änderungen erfolgt sind, wären diese aufzunehmen.)

5.2.2 Bauprüfung:
- Maßprüfung: ..............................
- Zerstörungsfreie Prüfung, Art: ..............................
- Prüfung der Oberflächenbeschaffenheit: ..............................
- Arbeitsprüfung (mitgeschweißte Probestücke): ..............................
- Einsichtnahme in Werkstoffnachweise, Bescheinigungen, Berichte über zerstörungsfreie Prüfungen und Arbeitsprüfungen, Zeichnungen, Stücklisten, Schemata:
..............................

5.2.3 Druckprüfung: ..............................
Prüfmedium: ..............................
Prüfüberdruck MPa (Bar): ..............................
Standzeit: ..............................

5.2.4 Abnahmeprüfung:
- Überprüfung der Vollständigkeit und Anordnung der Ausrüstungsteile: ..............................
- Dichtheitsprüfung: ..............................
- Funktionsprüfung: ..............................
- Überprüfung der Kennzeichnung: ..............................

6. Prüfergebnis:

6.1 Die Prüfungen nach Nummer 5 dieses Prüfberichts ergaben, dass das Baumuster den Bau- und Ausrüstungsvorschriften nach ADR/RID für die Beförderung folgender Stoffe und/oder Gruppen von Stoffen (soweit zutreffend), der Tankcodierung und den Sondervorschriften für den Bau (TC), die Ausrüstung (TE) und die Zulassung des Baumusters (TA) entspricht*):

UN-Nummer: ..............................................................................

Benennung: ..............................................................................

Klasse: ..............................................................................

Klassifizierungscode: ..............................................................................

Verpackungsgruppe: ..............................................................................

Tankcodierung: ..............................................................................

Sondervorschriften TC, TE und TA*): ..............................................................................

6.2 Grundlage der Prüfungen sind ADR/RID*) mit – sofern zutreffend – den in Unterabschnitt 6.8.2.6 ADR/RID aufgeführten Normen.

7. Vorschläge für Nebenbestimmungen (Beispiele):

7.1 Die Frist für die wiederkehrende Prüfung für dieses Baumuster und die diesem Baumuster nachgebauten TC, T, AT, KW*) beträgt ........ Jahre.

7.2 Jeder Tank ist auf einem Tankschild/Fabrikschild dauerhaft zu kennzeichnen mit:

..............................................................................

8. Angaben und Unterlagen zu Nummer 5 sind in einer besonderen Liste zu diesem Prüfbericht aufgeführt.*)

..............................................................................

(Ort, Datum, Unterschrift)

..............................................................................

(Name der Stelle nach § 12 der GGVSEB )

*) Nichtzutreffendes jeweils streichen.

**Anhang 2**

## Tankdatenblatt

**Seite 1**

| | | | |
|---|---|---|---|
| Fahrgestellnummer | | **Tankdatenblatt** | Baumusterzulassung |
| Tank-/Seriennummer | | **Tankcodierung** | |

| | |
|---|---|
| Berechnungsdruck: ___ MPa<br>Prüfüberdruck: ___ MPa<br>Betriebsüberdruck: ___ MPa<br>zul.äußerer Überdruck: ___ MPa | Berechnungstemperatur: ___ °C<br>Sondervorschriften:<br>TE:<br>TC: |

SKIZZE

**Ausrüstung**

| Teil | Bezeichnung[2] | Hersteller Typ/ Zeichnung | Werkstoff / Dichtung[3] | Zulassungs- / Prüf-Nr. | DN / PN | Bemerkung[1] |
|---|---|---|---|---|---|---|
| 1 | | | | | | |
| 2 | | | | | | |
| 3 | | | | | | |
| 4 | | | | | | |
| 5 | | | | | | |
| 6 | | | | | | |
| 7 | | | | | | |
| 8 | | | | | | |
| 9 | | | | | | |
| 10 | | | | | | |
| 11 | | | | | | |
| 12 | | | | | | |
| 13 | | | | | | |
| 14 | | | | | | |

Sonstiges:

Medienliste (sofern erforderlich)
UN XXXX, UN XXXX,

Unterschrift des / der Sachverständigen

Seite 2

| Fahrgestellnummer | | Tankdatenblatt | Baumusterzulassung |
|---|---|---|---|
| Tank-/Seriennummer | | Tankcodierung | |

-weitere Ausrüstungsteile-

| Teil | Bezeichnung[2] | Hersteller Typ/ Zeichnung | Werkstoff Dichtung[3] | Registrier-Nr. Prüf-Nr. | DN / PN | Bemerkung[1] |
|---|---|---|---|---|---|---|
| 10 | | | | | | |
| | | | | | | |
| 11 | | | | | | |
| | | | | | | |
| 12 | | | | | | |
| | | | | | | |
| 13 | | | | | | |
| | | | | | | |
| 14 | | | | | | |
| | | | | | | |
| 15 | | | | | | |
| | | | | | | |
| 16 | | | | | | |
| | | | | | | |
| 17 | | | | | | |
| | | | | | | |
| 18 | | | | | | |
| | | | | | | |
| 19 | | | | | | |
| | | | | | | |

1) Blinddeckel haben Spritzrand.
2) Aufgebaute Armatur eintragen.
3) Andere Dichtungswerkstoffe dürfen im Rahmen der Verträglichkeitsregelung eingesetzt werden. Der Befüller muss den aktuellen Dichtungswerkstoff kennen.

zuständige Stelle §12 GGVSEB / §16 ODV

Name und Unterschrift des / der Antragstellenden

Name und Unterschrift des / der Sachverständigen

Anhang 3

## Befähigung Schweißen

| | |
|---|---|
| **Bestätigung** | |
| **der Befähigung für die Ausführung von Schweißarbeiten gemäß 6.8.2.1.23 ADR/RID** | |
| Nummer: | CERTIFICATE |
| Name und Anschrift des Standortes: | CERTIF_CLIENT<br>CLIENT_ADDRESS |
| | Hiermit wird bestätigt, dass der oben genannte Standort über folgende Voraussetzungen entsprechend der in Prüfgrundlage genannten Technischen Regeln verfügt:<br>– ein Qualitätssicherungssystem;<br>– qualifiziertes Schweiß-, Aufsichts- und Prüfpersonal;<br>– qualifizierte Fügeverfahren;<br>– betriebliche Einrichtungen,<br>die eine schweißtechnische Ausführung und Prüfung der im Geltungsbereich genannten Produkte sicherstellt. |
| Prüfgrundlage: | 6.8.2.1.23 ADR/RID<br>EN 14025:2013+A1:2016, EN 14025:2018+AC:2020, EN 13094:2015, EN 13807:2017, EN 12972:2018 |
| Geltungsbereich: | Gilt für Hersteller bzw. Wartungs- oder Reparaturwerkstatt von … Ausführung von Schweißarbeiten an Tanks/Kesselwagen, Ausrüstungsteilen (ausgenommen Armaturen nach Norm) und Rohrleitungen. |
| Werkstoffgruppe: | 1.1, 1.2, … |
| Bericht Nr.: | CERTIFICATE |
| Gültig bis: | DD.MM.YYYY (max. 3 Jahre) |
| | Diese Befähigung gilt nur in Verbindung mit der zu Grunde liegenden Zertifizierung nach EN ISO 3834-2. |
| ORT, XX.XX.20XX | |
| | Leiter der Prüfstelle<br>Prüfstelle für Tanks und Ausrüstungsteile |
| | |
| Prüfstelle XXX<br>Adresse | Aktenzeichen |

# Anlage 15
# Prüfliste für die Prüfung von Fahrzeugen nach den Vorschriften des ADR zur Ausstellung/Verlängerung der ADR-Zulassungsbescheinigung

| | | Fundstelle | Fahrzeugbezeichnung | | | | | | Prüfungsumfang | | Bemerkungen |
|---|---|---|---|---|---|---|---|---|---|---|---|
| | | | EX/II | EX/III | EX/III Tank | AT | FL | MEMU | Erste Untersuchung | Jährliche technische Untersuchung | |
| 1. | ELEKTRISCHE AUSRÜSTUNG | | | | | | | | | | |
| 1.1 | Allgemeine Vorschriften | 9.2.2.1 | X | X | X | X | X | X | Ausführung | Erfordernis, Zustand | |
| | Kabel | 9.2.2.2.1 | X | X | X | X | X | X | Ausführung, Wirksamkeit, Kontrolle Herstellernachweis | Erfordernis, Zustand | |
| | Zusätzlicher Schutz | 9.2.2.2.2 | X[a)] | X | X | X[b)] | X | X | Ausführung, Wirksamkeit | Erfordernis, Zustand | a) Gilt für Fahrzeuge mit einer höchsten Gesamtmasse von mehr als 3,5 Tonnen, die nach dem 31. März 2018 erstmalig zum Verkehr zugelassen wurden (oder in Betrieb genommen wurden, sofern eine Zulassung zum Verkehr nicht zwingend vorgeschrieben ist).<br>b) Gilt für Fahrzeuge, die nach dem 31. März 2018 erstmalig zum Verkehr zugelassen wurden (oder in Betrieb genommen wurden, sofern eine Zulassung zum Verkehr nicht zwingend vorgeschrieben ist). |
| | Sicherungen und Schutzschalter | 9.2.2.3 | X[b)] | X | X | X | X | X | Ausführung, Wirksamkeit | Erfordernis, Zustand | b) Gilt für Fahrzeuge, die nach dem 31. März 2018 erstmalig zum Verkehr zugelassen wurden (oder in Betrieb genommen wurden, sofern eine Zulassung zum Verkehr nicht zwingend vorgeschrieben ist). |
| 1.2 | Batterien | 9.2.2.4 | X | X | X | X | X | X | Ausführung | Zustand | |
| 1.3 | Beleuchtung | 9.2.2.5 | X | X | X | X | X | X | Ausführung | Zustand, Kontrolle | |

| | | Fundstelle | Fahrzeugbezeichnung | | | | | | Prüfungsumfang | | Bemerkungen |
|---|---|---|---|---|---|---|---|---|---|---|---|
| | | | EX/II | EX/III | EX/III Tank | AT | FL | MEMU | Erste Untersuchung | Jährliche technische Untersuchung | |
| 1.4 | Elektrische Anschlussverbindungen zwischen Kraftfahrzeugen und Anhängern | 9.2.2.6 | X[c)] | X | X | X[b)] | X | X | Ausführung, Wirksamkeit, Kontrolle Herstellernachweis | Zustand, Kontrolle | b) Gilt für Fahrzeuge, die nach dem 31. März 2018 erstmalig zum Verkehr zugelassen wurden (oder in Betrieb genommen wurden, sofern eine Zulassung zum Verkehr nicht zwingend vorgeschrieben ist).<br>c) Gilt für Kraftfahrzeuge, die dafür vorgesehen sind, Anhänger mit einer höchsten Gesamtmasse von mehr als 3,5 Tonnen zu ziehen, und Anhänger mit einer höchsten Gesamtmasse von mehr als 3,5 Tonnen, die nach dem 31. März 2018 erstmalig zum Verkehr zugelassen wurden (oder in Betrieb genommen wurden, sofern eine Zulassung zum Verkehr nicht zwingend vorgeschrieben ist). |
| 1.5 | Spannung | 9.2.2.7 | X | X | X | | | X | Ausführung | Zustand | |
| 1.6 | Spannungsfreischaltung von Stromkreisen | 9.2.2.8 | | X | X | | X | X | Erfordernis, Ausführung, Wirksamkeit | Zustand, Funktion | |
| 1.7 | Dauernd versorgte Stromkreise | 9.2.2.9.1 | | | | | X | | Ausführung, Wirksamkeit, Kontrolle Nachweis | Zustand, Kontrolle, ggf. Ausführung | |
| | | 9.2.2.9.2 | | X | X | | | X | Erfordernis, Ausführung, Wirksamkeit | | |
| 1.8 | Elektrische Ausrüstung – EX-Fahrzeuge | 9.3.7.1 | X | X | | | | | Ausführung, Wirksamkeit, ggf. Kontrolle Nachweis | Zustand, Kontrolle | |
| | | 9.3.7.2 | X | X | | | | | Ausführung, Wirksamkeit, ggf. Kontrolle Nachweis | Zustand, Kontrolle | |
| | | 9.3.7.3 | X | X | | | | | Ausführung, Wirksamkeit, ggf. Kontrolle | Zustand, Kontrolle | |

| | | Fundstelle | Fahrzeugbezeichnung | | | | | | Prüfungsumfang | | Bemerkungen |
|---|---|---|---|---|---|---|---|---|---|---|---|
| | | | EX/II | EX/III | EX/III Tank | AT | FL | MEMU | Erste Untersuchung | Jährliche technische Untersuchung | |
| 1.9 | Elektrische Ausrüstung – Tankfahrzeuge | 9.7.8.1 | | | X | X | X | | Ausführung, Wirksamkeit, ggf. Kontrolle Nachweis | Zustand, Kontrolle | |
| | | 9.7.8.2 | | | | | X | | Ausführung, Wirksamkeit, ggf. Kontrolle Nachweis | Zustand, Kontrolle | |
| | | 9.7.8.3 | | | | | X | | Ausführung, Wirksamkeit, ggf. Kontrolle Nachweis | Zustand, Kontrolle | |
| 2. | **BREMSAUSRÜSTUNG** | | | | | | | | | | |
| 2.1 | Allgemeine Vorschriften | 9.2.3.1 | X | X | X | X | X | X | Erfordernis, Ausführung | Zustand | |
| 2.2 | Automatischer Blockierverhinderer (ABV) | 9.2.3.1 | X[e)] | X[d), e)] | X[d), e)] | X[d), e)] | X[d), e)] | X[d), e)] | Erfordernis, Ausführung | Zustand, Funktion | d) Gilt für Kraftfahrzeuge (Zugmaschinen und Trägerfahrzeuge) mit einer höchsten Gesamtmasse von mehr als 16 Tonnen und Kraftfahrzeuge, die Anhänger (d.h. vollständige Anhänger, Sattelanhänger und Zentralachsanhänger) mit einer höchsten Gesamtmasse von mehr als 10 Tonnen ziehen dürfen. Die Kraftfahrzeuge müssen mit einem automatischen Blockierverhinderer der Kategorie 1 ausgerüstet sein.<br>Gilt für Anhänger (d.h. vollständige Anhänger, Sattelanhänger und Zentralachsanhänger) mit einer höchsten Gesamtmasse von mehr als 10 Tonnen. Die Anhänger müssen mit einem automatischen Blockierverhinderer der Kategorie A ausgerüstet sein.<br>e) Gilt für alle Kraftfahrzeuge und für Anhänger mit einer höchsten Gesamtmasse von mehr als 3,5 Tonnen, die nach dem 31. März 2018 erstmalig zum Verkehr zugelassen wurden (oder in Betrieb genommen wurden, sofern eine Zulassung zum Verkehr nicht zwingend vorgeschrieben ist). |

| | | Fundstelle | Fahrzeugbezeichnung | | | | | | Prüfungsumfang | | Bemerkungen |
|---|---|---|---|---|---|---|---|---|---|---|---|
| | | | EX/II | EX/III | EX/III Tank | AT | FL | MEMU | Erste Untersuchung | Jährliche technische Untersuchung | |
| 2.3 | Dauerbremsanlage | 9.2.3.1 | X[f)] | X[g)] | X[g)] | X[g)] | X[g)] | X[g)] | Ausführung, Wirksamkeit, Kontrolle Herstellernachweis | Zustand | f) Gilt für nach dem 31. März 2018 erstmalig zum Verkehr zugelassene Kraftfahrzeuge mit einer höchsten Gesamtmasse von mehr als 16 Tonnen oder Kraftfahrzeuge, die Anhänger mit einer höchsten Gesamtmasse von mehr als 10 Tonnen ziehen dürfen. Das Dauerbremssystem muss vom Typ IIA sein.<br>g) Gilt für Kraftfahrzeuge mit einer höchsten Gesamtmasse von mehr als 16 Tonnen oder für Kraftfahrzeuge, die Anhänger mit einer höchsten Gesamtmasse von mehr als 10 Tonnen ziehen dürfen. Das Dauerbremssystem muss vom Typ IIA sein. |
| 2.4 | Dauerbremse des Fahrzeugs (Abdeckung) | 9.2.3.3 | X[f)] | X | X | X | X | X | Erfordernis, Ausführung, Wirksamkeit | Erfordernis, Zustand | f) Gilt für nach dem 31. März 2018 erstmalig zum Verkehr zugelassene Kraftfahrzeuge mit einer höchsten Gesamtmasse von mehr als 16 Tonnen oder Kraftfahrzeuge, die Anhänger mit einer höchsten Gesamtmasse von mehr als 10 Tonnen ziehen dürfen. Das Dauerbremssystem muss vom Typ IIA sein. |

| | | Fundstelle | Fahrzeugbezeichnung | | | | | | Prüfungsumfang | | Bemerkungen |
|---|---|---|---|---|---|---|---|---|---|---|---|
| | | | EX/II | EX/III | EX/III Tank | AT | FL | MEMU | Erste Untersuchung | Jährliche technische Untersuchung | |
| 3. | ANTRIEBSSYSTEM DES FAHRZEUGS | | | | | | | | | | |
| 3.1 | Kraftstoffbehälter und -flaschen | 9.2.4.2 | X | X | X | X[h)] | X | X | Erfordernis, Ausführung, Wirksamkeit | Erfordernis, Zustand | h) Gilt für nach dem 31. Dezember 2026 erstmalig zum Verkehr zugelassene Kraftfahrzeuge, die andere Kraftstoffe als Wasserstoff verwenden. |
| 3.2 | Verbrennungsmotor | 9.2.4.3 | X | X | X | X[i)] | X | X | Erfordernis, Ausführung, Wirksamkeit | Erfordernis, Zustand | i) Gilt für nach dem 31. Dezember 2026 erstmalig zum Verkehr zugelassene Kraftfahrzeuge. |
| | Motor | 9.2.4.3.1 | X | X | X | X[i)] | X | X | Erfordernis, Ausführung, Wirksamkeit | Erfordernis, Zustand | i) Gilt für nach dem 31. Dezember 2026 erstmalig zum Verkehr zugelassene Kraftfahrzeuge. |
| | Motor und Ladeabteil – EX-Fahrzeuge | 9.3.5 | X | X | | | | | Erfordernis, Ausführung, Wirksamkeit | Erfordernis, Zustand | |
| | Auspuffanlage | 9.2.4.3.2 | X | X | X | | X | X | Erfordernis, Ausführung, Wirksamkeit | Erfordernis, Zustand | |
| | Externe Wärmequellen und Ladeabteil – EX-Fahrzeuge | 9.3.6 | X | X | | | | | Erfordernis, Ausführung, Wirksamkeit | Erfordernis, Zustand | |
| | Elektrisches Antriebssystem | 9.2.4.4 | X | X | X | X | X | X | Erfordernis, Ausführung | Zustand | |
| | Allgemeine Vorschriften | 9.2.4.4.1 | | | | X | X | | Erfordernis, Kontrolle, Wirksamkeit, Herstellernachweis | Zustand | |
| | Wiederaufladbares elektrisches Energiesystem | 9.2.4.4.2 | | | | X[i)] | X | | Erfordernis, Kontrolle, Wirksamkeit, Herstellernachweis | Zustand | i) Gilt für nach dem 31. Dezember 2026 erstmalig zum Verkehr zugelassene Kraftfahrzeuge. |
| | Maßnahmen gegen Wärmeausbreitung | 9.2.4.4.3 | | | | | X | | Erfordernis, Kontrolle, Wirksamkeit, Herstellernachweis | Zustand | |
| | Fahrzeug-Ladeanschluss | 9.2.4.4.4 | | | | | X | | Erfordernis, Kontrolle, Wirksamkeit, Herstellernachweis | Zustand | |
| | wasserstoffbetriebene Brennstoffzelle | 9.2.4.5 | | | | X | X | | Erfordernis, Kontrolle, Wirksamkeit, Herstellernachweis | Zustand | |

| | | Fundstelle | Fahrzeugbezeichnung | | | | | | Prüfungsumfang | | Bemerkungen |
|---|---|---|---|---|---|---|---|---|---|---|---|
| | | | EX/II | EX/III | EX/III Tank | AT | FL | MEMU | Erste Untersuchung | Jährliche technische Untersuchung | |
| 4. | VERBRENNUNGSHEIZGERÄTE | | | | | | | | | | |
| 4.1 | Verbrennungsheizgerät | 9.2.5.1<br>9.2.5.2<br>9.2.5.5 | X[j] | X[j] | X[j] | X[j] | X[j] | X[j] | Einbau/Funktionsprüfung | Zustand | j) Gilt für nach dem 30. Juni 1999 ausgerüstete Kraftfahrzeuge. Vor dem 1. Juli 1999 ausgerüstete Kraftfahrzeuge sind vor dem 1. Januar 2010 mit diesen Vorschriften in Übereinstimmung zu bringen. Wenn das Datum der Ausrüstung nicht verfügbar ist, muss stattdessen das Datum der erstmaligen Zulassung des Fahrzeugs zum Verkehr verwendet werden. |
| | | 9.2.5.3<br>9.2.5.4 | | | | | X[j] | | Funktionsprüfung, Kontrolle Herstellernachweis | Erfordernis, Zustand | j) Gilt für nach dem 30. Juni 1999 ausgerüstete Kraftfahrzeuge. Vor dem 1. Juli 1999 ausgerüstete Kraftfahrzeuge sind vor dem 1. Januar 2010 mit diesen Vorschriften in Übereinstimmung zu bringen. Wenn das Datum der Ausrüstung nicht verfügbar ist, muss stattdessen das Datum der erstmaligen Zulassung des Fahrzeugs zum Verkehr verwendet werden. |
| | | 9.2.5.6 | X | X | | | | | Erfordernis | Zustand | |
| 4.2 | Verbrennungsheizgeräte – EX-Fahrzeuge | 9.3.2.1 | X | X | | | | | Einbau/Funktionsprüfung | Zustand | |
| | | 9.3.2.2 | X | X | | | | | Einbau/Funktionsprüfung | Zustand | |
| | | 9.3.2.3 | X | X | | | | | Einbau/Funktionsprüfung | Zustand | |
| | | 9.3.2.4 | X | X | | | | | Einbau/Funktionsprüfung | Zustand | |
| 4.3 | Verbrennungsheizgeräte – Tankfahrzeuge | 9.7.7.1 | | | X | X | X | | Einbau/Funktionsprüfung | Zustand | |
| | | 9.7.7.2 | | | X | X | X | | Einbau/Funktionsprüfung | Zustand | |
| 4.4 | Verbrennungsheizgeräte – MEMU | 9.8.6.1 | | | | | | X | Einbau/Funktionsprüfung | Zustand | |
| | | 9.8.6.2 | | | | | | X | Einbau/Funktionsprüfung | Zustand | |

| | | Fundstelle | Fahrzeugbezeichnung | | | | | | Prüfungsumfang | | Bemerkungen |
|---|---|---|---|---|---|---|---|---|---|---|---|
| | | | EX/II | EX/III | EX/III Tank | AT | FL | MEMU | Erste Untersuchung | Jährliche technische Untersuchung | |
| **5.** | **WEITERE ANFORDERUNGEN** | | | | | | | | | | |
| 5.1 | Geschwindigkeitsbegrenzer | 9.2.6 | X[k)] | X[k)] | X[k)] | X[k)] | X[k)] | X[k)] | Nachweis | Zustand, Kontrolle | k) Gilt für Kraftfahrzeuge mit einer höchsten Gesamtmasse von mehr als 12 Tonnen, die nach dem 31. Dezember 1987 erstmalig zum Verkehr zugelassen wurden, und für alle Kraftfahrzeuge mit einer höchsten Gesamtmasse von mehr als 3,5 Tonnen und höchstens 12 Tonnen, die nach dem 31. Dezember 2007 erstmalig zum Verkehr zugelassen wurden. |
| 5.2 | Verbindungseinrichtungen von Kraftfahrzeugen und Anhängern | 9.2.7 | X | X | X | X[l)] | X[l)] | X | Anbau, Kontrolle, Nachweis | Zustand | l) Gilt für Verbindungseinrichtungen von Kraftfahrzeugen und Anhängern, die nach dem 31. März 2018 erstmalig zum Verkehr zugelassen wurden (oder in Betrieb genommen wurden, sofern eine Zulassung zum Verkehr nicht zwingend vorgeschrieben ist). |
| 5.3 | Verhinderung anderer von Kraftstoffen ausgehenden Risiken | 9.2.8 | | | | X | X | | | | |
| **6.** | **Zusätzliche Anforderungen an vervollständigte oder vollständige Fahrzeuge EX/II und EX/III zur Beförderung von Stoffen und Gegenständen der Klasse 1 in Verpackungen** | | | | | | | | | | |
| 6.1 | Werkstoffe zur Herstellung des Fahrzeugaufbaus | 9.3.1 | X | X | | | | | Erfordernis, Ausführung | Zustand | |
| 6.2 | EX/II-Fahrzeuge | 9.3.3 | X | | | | | | Erfordernis, Ausführung, Nachweis | Zustand | |
| 6.3 | EX/III-Fahrzeuge | 9.3.4.1 | | X | | | | | Erfordernis, Ausführung, Nachweis | Zustand | |
| | | 9.3.4.2 | | X | | | | | Erfordernis, Ausführung, Nachweis | Zustand | |

## Anlage 15 ADR-Zulassungs-Prüfliste

| | | Fundstelle | Fahrzeugbezeichnung | | | | | | Prüfungsumfang | | Bemerkungen |
|---|---|---|---|---|---|---|---|---|---|---|---|
| | | | EX/II | EX/III | EX/III Tank | AT | FL | MEMU | Erste Untersuchung | Jährliche technische Untersuchung | |
| **7.** | **Zusätzliche Anforderungen an Tank- und Batteriefahrzeuge AT, FL und EX/III** | | | | | | | | | | |
| 7.1 | Allgemeine Vorschriften | 9.7.1.2 | | | X | X | X | | Erfordernis, Ausführung | Zustand | |
| 7.2 | Befestigungseinrichtungen | 9.7.3.1 | | | X | X | X | | Wirksamkeit, Ausführung, Nachweis | Zustand | |
| | | 9.7.3.2 | | | X | X | X | | Wirksamkeit, Ausführung, Nachweis | Zustand | |
| | | 9.7.3.3 | | | X | X | X | | Wirksamkeit, Ausführung, Nachweis | Zustand | |
| 7.3 | Elektrische Verbindung der Fahrzeuge FL | 9.7.4 | | | | | X | | Wirksamkeit, Ausführung | Zustand | |
| 7.4 | Stabilität der Tankfahrzeuge | 9.7.5.1 | | | X | X | X | | Berechnung | – | |
| | | 9.7.5.2 | | | | X | X | | Erfordernis, Kontrolle, Nachweis | – | |
| 7.5 | Hinterer Schutz der Fahrzeuge | 9.7.6 | | | X | X | X | | Erfordernis, Ausführung, Wirksamkeit | Zustand | |
| 7.6 | Zusätzliche Sicherheitsvorschriften für Fahrzeuge FL und EX/III | 9.7.9 | | | X | | X | | Erfordernis, Ausführung, Wirksamkeit | Zustand | Anforderung gilt bei FL-Fahrzeugen ab Erstzulassung 01.01.2029 bei Beförderung folgender Stoffe:<br>Fahrzeuge FL zur Beförderung verflüssigter und verdichteter entzündbarer Gase mit einem Klassifizierungscode, der den Buchstaben F enthält.<br>Fahrzeuge FL zur Beförderung entzündbarer flüssiger Stoffe der Verpackungsgruppe I oder II.<br>Diese Fahrzeuge benötigen Wärmeschutzschilde über ALLEN Rädern.<br>Bei EX/III-Tank gilt 9.7.9.2 vor Erstzulassung 01.01.2029 nach den bis 31.12.2022 geltenden Vorschriften. |
| 7.7 | Tankprüfbescheinigung | 6.8.2.4.5 | | | X | X | X | | Prüfung, Kontrolle, Übernahme in ADR-Zulassungsbescheinigung | Kontrolle, Identität | |

| | | Fundstelle | Fahrzeugbezeichnung | | | | | | Prüfungsumfang | | Bemerkungen |
|---|---|---|---|---|---|---|---|---|---|---|---|
| | | | EX/II | EX/III | EX/III Tank | AT | FL | MEMU | Erste Untersuchung | Jährliche technische Untersuchung | |
| 7.8 | Tankwandung | 6.8.2.1.3 | | | X | X | X | | äußerer Zustand | äußerer Zustand | |
| 7.9 | Betreiberangaben | 6.8.2.5.2 | | | X | X | X | | Identität, Vollständigkeit | Identität, Vollständigkeit | |
| 7.10 | Angaben auf Tankschild | 6.8.2.5.1 | | | X | X | X | | Identität, Vollständigkeit | Identität, Vollständigkeit | |
| 7.11 | Tankausrüstung/Bedienungsausrüstung | 6.8.2.2 | | | X | X | X | | Wirksamkeit, Ausführung | äußerer Zustand | |
| 7.12 | Erdung von Tanks | 6.8.2.1.27 | | | | X | X | | Wirksamkeit, Ausführung | Zustand | Fahrzeuge „AT", die auch UN 1202 DIESELKRAFTSTOFF der Norm EN 590:2013+A1:2017 entsprechend oder GASÖL oder HEIZÖL, LEICHT mit einem Flammpunkt gemäß EN 590:2013+A1:2017 befördern dürfen, müssen mit Erdungsanschluss und Symbol versehen sein. Das gilt auch für die Beförderung von UN 1361 KOHLE oder RUSS der Verpackungsgruppe II. In Altbescheinigungen kann anstelle der Norm EN 590:2013+A1:2017 auch die Norm EN 590:2013 +AC:2014 oder EN 590:2009 +A1:2010 oder EN 590:2004 oder EN 590:1993 angegeben sein. |
| **8.** | **Zusätzliche Anforderungen an vervollständigte oder vollständige MEMU** | | | | | | | | | | |
| 8.1 | Vorschriften für Tanks und Schüttgut-Container | 9.8.2 | | | | | | X | Erfordernis, Ausführung | Zustand | |
| 8.2 | Elektrische Verbindung der MEMU | 9.8.3 | | | | | | X | Wirksamkeit, Ausführung | Zustand | |
| 8.3 | Stabilität der MEMU | 9.8.4 | | | | | | X | Berechnung | – | |
| 8.4 | Hinterer Schutz der MEMU | 9.8.5 | | | | | | X | Erfordernis, Ausführung, Wirksamkeit | Zustand | |
| 8.5 | Zusätzliche Sicherheitsvorschriften | 9.8.7.1 | | | | | | X | Erfordernis, Ausführung, Wirksamkeit | Zustand | |
| | | 9.8.7.2 | | | | | | X | Erfordernis, Ausführung, Wirksamkeit | Zustand | |

## Anlage 15 ADR-Zulassungs-Prüfliste

| | | Fundstelle | Fahrzeugbezeichnung | | | | | | Prüfungsumfang | | Bemerkungen |
|---|---|---|---|---|---|---|---|---|---|---|---|
| | | | EX/II | EX/III | EX/III Tank | AT | FL | MEMU | Erste Untersuchung | Jährliche technische Untersuchung | |
| 8.6 | Zusätzliche Vorschriften für die Sicherung | 9.8.8 | | | | | | X | Erfordernis, Ausführung | Zustand | |
| | Prüfungen der Gefahrgutumschließungen sowie Zusammenbau gemäß MEMU-Baumusterzulassung | | | | | | | X | Prüfung, Kontrolle | Kontrolle, Identität | |
| 8.7 | Besondere Ladeabteile für explosive Stoffe oder Gegenstände mit Explosivstoff | 6.12.5 | | | | | | X | Erfordernis, Ausführung, Nachweis | Zustand | |
| 8.8 | Tankausrüstung/Bedienungsausrüstung | 6.12.4 | | | | | | X | Wirksamkeit, Ausführung | äußerer Zustand | |

Erfordernis: Feststellung anhand der Vorschriftentexte, ob diese auf das Fahrzeug zutreffen.
Ausführung: Feststellung, ob das Bauteil den Anforderungen genügt.
Wirksamkeit: Prüfung des Anbaues, ggf. erforderliche Messungen.

# Anlage 16
# Anleitung zum Ausfüllen der ADR-Zulassungsbescheinigung

Die einzelnen nummerierten Felder der ADR-Zulassungsbescheinigung (Muster abgebildet in Unterabschnitt 9.1.3.5 ADR) sind wie folgt auszufüllen:

**1. Bescheinigung Nr.:**

Eine Nummer, die von der zuständigen Stelle zuzuweisen ist.

**2. Fahrzeughersteller:**

Die Angabe ist der Zulassungsbescheinigung Teil I bzw. II (Fahrzeugschein, Fahrzeugbrief), der Übereinstimmungsbescheinigung (COC), dem Gutachten nach § 21 der StVZO bzw. Artikel 44 oder 45 der Verordnung (EU) 2018/858 oder der Angabe auf dem Fahrzeugtypschild zu entnehmen.

**3. Fahrzeug-Ident.-Nr.:**

Die Angabe ist der Zulassungsbescheinigung Teil I bzw. II (Fahrzeugschein, Fahrzeugbrief), der Übereinstimmungsbescheinigung (COC), dem Gutachten nach § 21 der StVZO bzw. Artikel 44 oder 45 der Verordnung (EU) 2018/858 oder der am Fahrzeug eingeschlagenen FIN zu entnehmen.

**4. Amtl. Kennz.:**

Die Angabe ist der Zulassungsbescheinigung Teil I (Fahrzeugschein) zu entnehmen. Wenn das Fahrzeug nicht zugelassen ist, wird dieses Feld zunächst offen gelassen. Es soll bei der Zulassung des Fahrzeugs von der Zulassungsbehörde nach § 14 Absatz 6 der GGVSEB nachgetragen werden. Sofern bei einer wiederkehrenden Prüfung das amtliche Kennzeichen noch nicht eingetragen ist, muss es spätestens bei der Verlängerung der Gültigkeit von der Zulassungsbehörde nachgetragen worden sein.

**5. Name und Betriebssitz des Beförderers, Betreibers (Halters) oder Eigentümers:**

Die Angaben (Halter und Anschrift) sind der Zulassungsbescheinigung Teil I (Fahrzeugschein) zu entnehmen. Wenn das Fahrzeug nicht zugelassen ist, müssen die Angaben zum zukünftigen Eigentümer, Betreiber (Halter) oder Beförderer eingetragen werden. Sind diese Angaben nicht bekannt, muss die ADR-Zulassungsbescheinigung deutlich mit dem Begriff „ENTWURF" gekennzeichnet werden. In diesem Fall dürfen der Stempel der Ausgabestelle und die Unterschrift nicht angebracht werden.

**6. Beschreibung des Fahrzeugs:**

Entsprechend der Fußnote 1 der ADR-Zulassungsbescheinigung sind für die Fahrzeugbeschreibung die Begriffe gemäß der Gesamtresolution über die Konstruktion von Fahrzeugen (R.E.3) oder der Richtlinie 2007/46/EG zu verwenden. Diese Begriffe sind im Einzelnen:

**Beschreibung von Kraftfahrzeugen gemäß R.E.3**

| Höchste zulässige Gesamtmasse (zGM) | Kraftfahrzeuge der Klasse N |
|---|---|
| zGM ≤ 3,5 t | Klasse $N_1$ |
| 3,5 t < zGM ≤ 12 t | Klasse $N_2$ |
| zGM > 12 t | Klasse $N_3$ |

**Beschreibung von Kraftfahrzeugen gemäß Richtlinie 2007/46/EG**

| Höchste zulässige Gesamtmasse (zGM) | Kraftfahrzeuge der Klasse N |
|---|---|
| zGM ≤ 3,5 t | Lastkraftwagen, Straßenzugmaschine, Sattelzugmaschine $N_1$ |
| 3,5 t < zGM ≤ 12 t | Lastkraftwagen, Straßenzugmaschine, Sattelzugmaschine $N_2$ |
| zGM > 12 t | Lastkraftwagen, Straßenzugmaschine, Sattelzugmaschine $N_3$ |

## Anlage 16 Ausfüllanleitung ADR-Zulassungsbescheinigung

**Beschreibung von Anhängern**

| Höchste zulässige Gesamtmasse (zGM) | Anhänger |
|---|---|
| zGM ≤ 0,75 t | Deichselanhänger, Sattelanhänger, Zentralachsanhänger $O_1$ |
| 0,75 t < zGM ≤ 3,5 t | Deichselanhänger, Sattelanhänger, Zentralachsanhänger $O_2$ |
| 3,5 t < zGM ≤ 10 t | Deichselanhänger, Sattelanhänger, Zentralachsanhänger $O_3$ |
| zGM > 10 t | Deichselanhänger, Sattelanhänger, Zentralachsanhänger $O_4$ |

Gegebenenfalls sind weitere fahrzeugbeschreibende Angaben den vorweg aufgeführten Fahrzeugbeschreibungen hinzuzufügen, wie z.B. „Saug-Druck-Tankfahrzeug für Abfälle" gemäß Unterabschnitt 9.1.3.3 ADR. Alternativ kann dieser zusätzliche Vermerk auch in Nummer 11 (Bemerkungen) der ADR-Zulassungsbescheinigung eingetragen werden.

**7. Fahrzeugbezeichnung(en) gemäß 9.1.1.2 des ADR:**

Um unbefugte Änderungen an der Bescheinigung zu verhindern, sind alle nicht zutreffenden Bezeichnungen zu streichen. Es können mehrere Fahrzeugbezeichnungen zutreffend sein. Z.B. erfüllt ein Fahrzeug, das den Anforderungen für FL-Fahrzeuge entspricht, ebenfalls die AT-Anforderungen und ein EX/III-Fahrzeug erfüllt ebenfalls die EX/II-Anforderungen. In diesem Fall sind beide Bezeichnungen in der Bescheinigung aufzuführen. Die Informationen unter Nummer 7 bestimmen zusammen mit den Angaben unter Nummer 10, welche Güter mit einem Fahrzeug befördert werden dürfen.

Die Angabe(n) der Fahrzeugbezeichnung(en) muss/müssen mit den Angaben zur elektrischen Ausrüstung des Tanks übereinstimmen.

**8. Dauerbremsanlage:**

**„Nicht zutreffend"** ist anzukreuzen, in den ADR-Zulassungsbescheinigungen von Anhängern und Kraftfahrzeugen, für die die Vorschriften zur Ausrüstung mit Dauerbremsanlagen nach Unterabschnitt 9.2.3.1 ADR nicht anzuwenden sind, wegen

- ihrer geringen zul. Gesamtmasse oder
- ihrer geringen Anhängelast

in Übereinstimmung mit der Bemerkung f oder g unter Unterabschnitt 9.2.3.1 in der Tabelle in Abschnitt 9.2.1 ADR.

In den anderen Fällen ist die zweite Zeile der Nummer 8 anzukreuzen und die zulässige Zulassungs-/Betriebsmasse (siehe UN-Regelung Nr. 13 Anhang 5) des Fahrzeugs bzw. der Fahrzeugkombination einzutragen.

**9. Beschreibung des (der) festverbundenen Tanks/des (der) Batterie-Fahrzeuge(s):**

Die Angaben können der Baumusterzulassung oder dem Prüfbericht über die letzte Tankprüfung entnommen werden. Die Angaben zu Nummer 9.1 bis 9.5 sind in jedem Fall zwingend anzugeben, die Angabe der TC und TE unter Nummer 9.6 jedoch nicht, wenn die zugelassenen Stoffe unter Nummer 10.2 aufgeführt sind.

**10. Zur Beförderung zugelassene gefährliche Güter:**

Für andere Fahrzeuge als EX/II- und EX/III-Fahrzeuge oder Fahrzeuge mit festverbundenem Tank oder Batterie-Fahrzeuge sind unter Nummer 10 keine Eintragungen erforderlich. Diese Fahrzeuge (z.B. Sattelzugmaschinen) dürfen für die Beförderung der Güter entsprechend der Fahrzeugbezeichnung in Nummer 7 verwendet werden.

10.1 Gemäß Unterabschnitt 9.3.7.2 ADR muss die elektrische Anlage im Ladeabteil von EX/II- und EX/III-Fahrzeugen der Schutzart IP 65 gemäß Norm IEC 60529 oder einem gleichwertigen Schutz entsprechen, wenn das Fahrzeug zur Beförderung von explosiven Artikeln und Gegenständen der Verträglichkeitsgruppe J bestimmt ist. Bei anderen explosiven Stoffen und Gegenständen mit Explosivstoff muss die elektrische Anlage im Ladeabteil der Schutzart IP 54 gemäß Norm IEC 60529 oder einem gleichwertigen Schutz entsprechen. Für Fahrzeuge zur Beförderung von austauschbaren Ladungsträgern sowie für Straßen- und Sattelzugmaschinen ist festgelegt, dass die Verträglichkeitsgruppe J zu bescheinigen ist.

10.2 Für Tankfahrzeuge und Batterie-Fahrzeuge ist eines von zwei Verfahren (welches durch die Baumusterzulassung vorgegeben ist; entscheidend ist, ob diese eine Stoffliste enthält oder nicht) durch Ankreuzen zu wählen:

- Entweder es wird auf die Tankcodierung in Nummer 9.5 und die eventuellen Sondervorschriften TC und TE in Nummer 9.6 Bezug genommen (bei nicht stoffbezogenen Baumusterzulassungen des Tanks) oder
- die Stoffe sind unter Angabe der Klasse, der UN-Nummer und, falls erforderlich, der Verpackungsgruppe und der offiziellen Benennung für die Beförderung aufzulisten (bei stoffbezogenen Baumusterzulassungen des Tanks).

**11. Bemerkungen:**

Platz für vorgeschriebene und freiwillige Bemerkungen.

Beispiele:

- Bemerkung „Fahrzeug gemäß Abschnitt 9.7.9 des ADR" nach Unterabschnitt 9.1.3.3 ADR;
- Datum der nächsten fälligen Tankprüfung;
- Übergangsvorschriften oder Nebenbestimmungen aus der Baumusterzulassung;
- bei der Erstausstellung hat der Sachverständige bzw. der Technische Dienst das Vorliegen der Voraussetzungen des § 35c Absatz 1, Absatz 3 Nummer 1 bis 3, Absatz 6, 7 und 9 der GGVSEB zu bestätigen. Bei vorhandenen Zulassungsbescheinigungen ist dies im Rahmen der nächsten wiederkehrenden Prüfung nachzutragen. Dies ist nicht erforderlich, sofern in den Fällen von § 35c Absatz 1 und 3 Nummer 1 bis 3 der GGVSEB eine besondere Bescheinigung des Tankherstellers, Sachverständigen oder Technischen Dienstes vorliegt;
- Einträge durch die Zulassungsbehörde nach § 14 Absatz 6 der GGVSEB, wie Änderung des Firmennamens/des Halters und/oder der Anschrift, Änderung des amtlichen Kennzeichens;
- Bemerkung „Die Befestigungseinrichtungen wurden gemäß Unterabschnitt 9.7.3.2 ADR für die maximal zulässige Aufbaumasse von ... t nachgewiesen.";
- Angaben zur Prüfung und außerordentlichen Prüfung nach Anlage 11 der RSEB.

**12. Gültig bis:**

Die Gültigkeit ist mit Tagesdatum anzugeben, sowie Ort und Datum der Ausstellung. Die ADR-Zulassungsbescheinigung ist von der zuständigen Stelle oder Person nach § 14 Absatz 4 der GGVSEB abzustempeln und zu unterzeichnen.

**13. Verlängerung der Gültigkeit:**

Die Gültigkeit ist mit Tagesdatum anzugeben. Die Verlängerung der Gültigkeitsdauer erfolgt taggenau für ein Jahr, wird jedoch innerhalb dieses Jahres eine Tankprüfung fällig, so ist die Gültigkeitsdauer auf den letzten Tag des Monats zu befristen, in dem die Tankprüfung fällig ist. Die Gültigkeit kann auch durch Ablaufen einer Übergangsvorschrift begrenzt sein.

# Anlage 17
# Erklärung über Betriebserfahrungen bezüglich der Korrosion von Werkstoffen

Betriebserfahrungen zu den Absätzen 6.7.2.2.2, 6.7.2.2.7 und 6.8.2.1.9 ADR/RID über Widerstandsfähigkeit, Ausschluss der Beeinträchtigung des Transportguts und die merkliche Schwächung des Werkstoffes:

Verbindliche Erklärung über hinreichende Erfahrungen über die Korrosion des Werkstoffes unter Einwirkung des Transportgutes und Ausschluss der Beeinträchtigung des Trahsportgutes. Dieser Nachweis kann durch Betriebsdaten von transportablen Behältern erbracht werden. Er kann auch durch Betriebsdaten von stationären Behältern oder Anlagen erbracht werden, soweit diese auf Tanks übertragen werden können. Die Erklärung soll nach folgendem Muster abgegeben werden:

**Erklärung über Betriebserfahrungen bezüglich der Korrosion von Werkstoffen unter Einwirkung von Transportgütern**

Wir erklären, dass mit dem Tankwandungswerkstoff ........................ sowie dem Armaturenwerkstoff ..........................................................................................

bei Transport auf .................... / bei der Lagerung in ........................

der nachstehend aufgeführten Stoffe

| UN-Nummer | Benennung | Klasse | Verpackungsgruppe |
|---|---|---|---|
| .................. | .................. | .................. | .................. |

unter Berücksichtigung einer maximal auftretenden Temperatur von ......... in transportablen Behältern/stationären Behältern/Anlagen folgende Betriebserfahrungen vorliegen:

Baujahr des transportablen Behälters/stationären Behälters/
der stationären Anlage ..........................................................................

Transportgut ..........................................................................

Beaufschlagungszeit von bis ..........................................................................

Monate/Jahre ..........................................................................

ggf. Anzahl der inneren Prüfungen ..........................................................................

Prüfstelle ..........................................................................

Auf Grund dieser Betriebserfahrungen bestätigen wir, dass die Stoffe mit dem Werkstoff nicht gefährlich reagiert haben, keine gefährlichen Stoffe erzeugt haben, den Werkstoff nicht merklich geschwächt haben und den zu befördernden Stoff nicht beeinträchtigt haben.

Name, Datum, Ort (rechtsverbindliche) Unterschrift

........................................ ........................................

**Anlagen:**

Laboruntersuchungen

Versuchsergebnisse aus Laboruntersuchungen

**Bemerkung:**

Ergibt die Beurteilung mit der angegebenen Nachweismethode, unter Beachtung der Randbedingungen, eine merkliche Schwächung des Werkstoffes, so kann durch Nebenbestimmungen im Zulassungsbescheid eine gleichartige Sicherheit alternativ herbeigeführt werden, z.B. durch die Forderung nach einer Innenauskleidung, die Verkürzung des Prüfzeitraumes oder durch Korrosionszuschläge.

# Anlage 18
# Erstellung der Tankcodes für spezielle Tanks bzw. Tanks nach den Übergangsvorschriften des ADR mit Festlegung der Verwendung

**Bem.:** Tanks sind grundsätzlich nach den Abschnitten 4.3.3 (Klasse 2) oder 4.3.4 (Klasse 1 und 3–9) ADR zu kodieren.

Nachfolgend werden nur Sonderfälle beschrieben.

| Beschreibung des Tanks | | Eintragungen in Bescheinigung nach 6.8.2.4.5 ADR | |
|---|---|---|---|
| | | **Tankcode** | **Verwendung** |
| **1.** | **Mineralöltanks** | | |
| 1.1 | Tanks, die bis zum 31. Dezember 2001 nach Ausnahme Nr. 6 (S) ohne Flammendurchschlagsicherung im innerstaatlichen Verkehr ausschließlich zur Beförderung von UN 1202 Dieselkraftstoff, UN 1202 Gasöl und UN 1202 Heizöl (leicht), jeweils mit einem Flammpunkt von 55 °C oder höher, verwendet und die innerstaatlich betrieben werden durften. | LGBV[1] | „Tank darf im innerstaatlichen Verkehr für die Beförderung von UN 1202 Dieselkraftstoff der Norm EN 590:2013+A1:2017 entsprechend, oder Gasöl oder Heizöl, leicht mit einem Flammpunkt gemäß EN 590:2013+A1:2017 ohne Flammendurchschlagsicherung betrieben werden." |
| **2.** | **Fahrwegbefreite Tanks nach § 35c der GGVSEB** | | |
| 2.1 | Tanks nach § 35c der GGVSEB druckloser Betrieb, Berechnungsdruck von 4 bar und Druck je Tankabteil geringer (z.B. 0,25 bar), mit 4 bar Dom und Flammendurchschlagsicherung. | LGBF | „Tank entspricht § 35c Abs. 3 Nr. 1 der GGVSEB" |
| 2.2 | Tanks nach § 35c der GGVSEB druckloser Betrieb, Berechnungsdruck von 4 bar und Druck je Tankabteil geringer, mit 4 bar Dom ohne Flammendurchschlagsicherung, mit Absperreinrichtung in Lüftungsleitung und ohne Sicherheitsventil, mit Vakuumventil ausgelegt für äußeren Überdruck von ≥ 0,21 bar | LGBV<br>LGBF | „Tank entspricht § 35c Abs. 3 Nr. 1 der GGVSEB"<br>Wenn Flammendurchschlagsicherung im Vakuumventil vorhanden oder nachgerüstet oder Tank explosionsdruckstoßfest |
| 2.3 | Tanks nach § 35c der GGVSEB Berechnungsdruck 4 bar, die nicht für eine Ausrüstung mit Vakuumventilen ausgelegt sind, die einem äußeren Überdruck von ≥ 0,4 bar standhalten, mit Chemiedom, ohne Flammendurchschlagsicherung, mit Absperreinrichtung in Lüftungsleitung | L4BH | „Tank entspricht § 35c Abs. 3 Nr. 1 der GGVSEB" |
| 2.4 | Tanks nach § 35c der GGVSEB Berechnungsdruck 4 bar, mit Chemiedom, ohne Flammendurchschlagsicherung, mit Absperreinrichtung im Tankscheitel, Vakuumventil < 0,21 bar | L4BN | „Tank entspricht § 35c Abs. 3 Nr. 1 der GGVSEB"<br>*Hinweis:*<br>*Ohne Flammendurchschlagsicherung im Vakuumventil oder Tank nicht explosionsdruckstoßfest nur für Flüssigkeiten mit Flammpunkt > 60 °C geeignet (Absatz 6.8.2.2.3 ADR)* |

1) Tanks, die im grenzüberschreitenden Verkehr betrieben werden und alle Tanks, die nach dem 31.12.2001 in Verkehr gebracht wurden, müssen mit Flammendurchschlagsicherungen ausgerüstet sein. Codierung LGBF.

## Anlage 18 Tankcode-Erstellung

| Beschreibung des Tanks | | Eintragungen in Bescheinigung nach 6.8.2.4.5 ADR | |
|---|---|---|---|
| | | **Tankcode** | **Verwendung** |
| **3.** | **Tanks für Reinigungszwecke**<br>(nur zum Zwischenlagern während der Tankreinigung) | | |
| 3.1 | mit Baumusterzulassung | LGBV[1] | „Tank darf im innerstaatlichen Verkehr für die Beförderung von UN 1202 Dieselkraftstoff der Norm EN 590:2013+A1:2017 entsprechend, oder Gasöl oder Heizöl, leicht mit einem Flammpunkt gemäß EN 590:2013+A1:2017 ohne Flammendurchschlagsicherung betrieben werden." |
| **4.** | **Silotanks** | | |
| 4.1 | mit Sicherheitsventil am Tank und Vakuumventil ≤ 0,05 bar | SGAN<br>S1,5AN<br>S2,65AN | |
| 4.2 | Tanks, die vor 2003 gebaut wurden: ohne Sicherheitsventil am Tank und Vakuumventil ≤ 0,05 bar | SGAN<br>S1,5AN<br>S2,65AN | „Der Tank unterliegt der Übergangsvorschrift nach Unterabschnitt 1.6.3.20 ADR"<br>„Verwendung wie SGAH" |
| 4.3 | Tanks, die nach 2003 gebaut wurden: ohne Sicherheitsventil am Tank und Vakuumventil ≤ 0,05 bar | SGAN<br>S1,5AN<br>S2,65AN | Kein Transport von Stoffen, die eine „H"-Codierung erfordern, möglich! |
| 4.4 | für äußeren Überdruck von ≥ 0,05 bar gebaut<br>ohne Sicherheitsventil, mit Vakuumventil ≥ 0,05 bar | SGAH,<br>S4AH | *Hinweis:*<br>*Nur für Stoffe der VG II und III.* |
| **5.** | **Tank mit Mindestberechnungsdruck 4 bar (Chemietanks)** | | |
| 5.1 | mit Sicherheitsventil am Tank<br>mit Vakuumventil < 0,21 bar | L4BN | *Hinweis:*<br>*Ohne Vakuumventil mit Flammendurchschlagsicherung oder Tank nicht explosionsdruckstoßfest nur für Flüssigkeiten mit Flammpunkt > 60 °C geeignet (Absatz 6.8.2.2.3 ADR)* |
| 5.2 | Tanks, die vor 2003 gebaut wurden: ohne Sicherheitsventil<br>mit Vakuumventil < 0,21 bar | L4BN | „Der Tank unterliegt der Übergangsvorschrift in Unterabschnitt 1.6.3.20 ADR"<br>„Verwendung wie L4BH"<br>*Hinweis:*<br>*Ohne Flammendurchschlagsicherung im Vakuumventil oder Tank nicht explosionsdruckstoßfest nur für Flüssigkeiten mit Flammpunkt > 60 °C geeignet (Absatz 6.8.2.2.3 ADR)* |

[1] Tanks, die im grenzüberschreitenden Verkehr betrieben werden und alle Tanks, die nach dem 31.12.2001 in Verkehr gebracht wurden, müssen mit Flammendurchschlagsicherungen ausgerüstet sein. Codierung LGBF.

| Beschreibung des Tanks | | Eintragungen in Bescheinigung nach 6.8.2.4.5 ADR | |
|---|---|---|---|
| | | Tankcode | Verwendung |
| 5.3 | Tanks, die nach 2003 gebaut wurden:<br>ohne Sicherheitsventil<br>mit Vakuumventil < 0,21 bar | L4BN | Kein Transport von Stoffen, die eine „H"-Codierung erfordern, möglich!<br>*Hinweis:*<br>*Ohne Flammendurchschlagsicherung im Vakuumventil oder Tank nicht explosionsdruckstoßfest nur für Flüssigkeiten mit Flammpunkt > 60 °C geeignet (Absatz 6.8.2.2.3 ADR)* |
| 5.4 | ohne Sicherheitsventil<br>mit Vakuumventil ≥ 0,21 bar | L4BH | *Hinweis:*<br>*Ohne Flammendurchschlagsicherung im Vakuumventil oder Tank nicht explosionsdruckstoßfest nur für Flüssigkeiten mit Flammpunkt > 60 °C geeignet (Absatz 6.8.2.2.3 ADR)* |
| 5.5 | mit Sicherheitsventil und Berstscheibe mit Druckmesser zwischen Berstscheibe und Sicherheitsventil und Vakuumventil ≥ 0,21 bar | L4BH | *Hinweis:*<br>*Ohne Flammendurchschlagsicherung im Vakuumventil oder Tank nicht explosionsdruckstoßfest nur für Flüssigkeiten mit Flammpunkt > 60 °C geeignet (Absatz 6.8.2.2.3/6.8.2.2.10 ADR)* |
| 5.6 | ohne Sicherheitsventil, die nicht für eine Ausrüstung mit Vakuumventilen ausgelegt sind, die einem äußeren Überdruck von ≥ 0,4 bar standhalten | L4BH | |
| 5.7 | mit Sicherheitsventil und Berstscheibe mit Druckmesser zwischen Berstscheibe und Sicherheitsventil, die nicht für eine Ausrüstung mit Vakuumventilen ausgelegt sind, die einem äußeren Überdruck von ≥ 0,4 bar standhalten | L4BH | *Hinweis:*<br>*Sicherheitsventil, Berstscheibe, Druckmesser nach Absatz 6.8.2.2.10 ADR* |
| **6.** | **Saug-Druck-Tanks für Abfälle** | | |
| 6.1 | nach ehemaliger Ausnahme Nr. 63 in Verbindung mit TRT 011<br>ohne Sicherheitsventil, Berstscheibe oder ähnliche Sicherheitseinrichtungen am Tank | L4BH | „Ausnahme 22 GGAV"<br>„Saug-Druck-Tank für Abfälle" |
| 6.2 | nach ehemaliger Ausnahme Nr. 63 in Verbindung mit TRT 011<br>mit Sicherheitsventil und Berstscheibe mit Druckmesser zwischen Berstscheibe und Sicherheitsventil nachgerüstet | L4BH | „Saug-Druck-Tank für Abfälle" |
| 6.3 | Saug-Druck-Tanks für Abfälle, die nach dem 1.1.1999 gem. Anhang B.1e gebaut worden sind, mit Sicherheitsventil und vorgeschalteter Berstscheibe | L4AH | „Saug-Druck-Tank für Abfälle"<br>*Bemerkung:*<br>*Ab 1.1.2003 gilt nach Unterabschnitt 4.5.1.1 ADR: „Verwendung auch für die Stoffe, denen in Kapitel 3.2 Tabelle A Spalte 12 ADR der Tankcode L4BH zugeordnet ist"* |

## Anlage 18 Tankcode-Erstellung

| Beschreibung des Tanks | | Eintragungen in Bescheinigung nach 6.8.2.4.5 ADR | |
|---|---|---|---|
| | | **Tankcode** | **Verwendung** |
| 6.4 | Saug-Druck-Tanks für Abfälle, die nach dem 1.1.1999 gem. Kapitel 6.10 ADR gebaut worden sind, mit drei unabhängigen Verschlüssen (z.B. innere und äußere Absperreinrichtung und Schraubkappe) | L4BH | „Saug-Druck-Tank für Abfälle" |
| 6.5 | Saug-Druck-Tanks für Abfälle, die nach dem 1.1.1999 gem. Kapitel 6.10 ADR mit zwei unabhängigen Verschlüssen (z.B. äußere Absperreinrichtung und Schraubkappe) gebaut worden sind | L4AH | „Saug-Druck-Tank für Abfälle"<br>*Bemerkung:*<br>*Ab 1.1.2003 gilt nach Unterabschnitt 4.5.1.1 ADR: „Verwendung auch für die Stoffe, denen in Kapitel 3.2 Tabelle A, Spalte 12 ADR der Tankcode L4BH zugeordnet ist"* |
| **7.** | **Tanks aus Kunststoffen** | | |
| 7.1 | Tank aus glasfaserverstärktem Kunststoff nach ehemaliger Ausnahme 26 (jetzt Ausnahme 9) | Codierung nach Abschnitt 4.3.4 ADR | „Verwendung nach Ausnahme 9 GGAV, nur im innerstaatlichen Verkehr"<br>*Bemerkung:*<br>*Liste der zugelassenen Stoffe nach der Baumusterzulassung in Verbindung mit der Ausnahme 26 (jetzt 9) durch Zulassungsbehörde an das gültige ADR anpassen lassen und beifügen* |
| 7.2 | Tanks aus verstärkten Kunststoffen nach Anhang B.1c ADR | Codierung nach Abschnitt 4.3.4 ADR | „Tank unterliegt der Übergangsvorschrift nach Unterabschnitt 1.6.3.40 ADR 2009"<br>*Bemerkung:*<br>*Liste der zugelassenen Stoffe nach der Baumusterzulassung in Verbindung mit der Ausnahme 26 (jetzt 9) durch Zulassungsbehörde an das gültige ADR anpassen lassen und beifügen* |
| 7.3 | Tanks aus faserverstärkten Kunststoffen (FVK-Tanks) nach Kapitel 6.13 ADR | Codierung nach Abschnitt 4.3.4 ADR | *Bemerkung:*<br>*Liste der zugelassenen Stoffe nach der Baumusterzulassung in Verbindung mit der Ausnahme 26 (jetzt 9) durch Zulassungsbehörde an das gültige ADR anpassen lassen und beifügen* |

# Stichwortverzeichnis

## E

L

S